Eschenbruch

Projektmanagement und Projektsteuerung

Projektmanagement und Projektsteuerung

für die Immobilien- und Bauwirtschaft

Die rechtlichen Grundlagen für
Leistung, Vergütung, Nachträge, Haftung,
Vergabe und Vertragsgestaltung

Das gesamte Recht der Projektsteuerung in einem Band.
Mit ausführlicher Darstellung der praxisrelevanten Leistungsbilder und Vergütungsregelungen sowie einer Darstellung und Kommentierung des Leistungsbildes der AHO-Fachkommission 2014.
Mit einem Vertragsmuster für die Beauftragung von Projektsteuerungsleistungen.

Prof. Dr. jur. Klaus Eschenbruch
Rechtsanwalt in Düsseldorf
Fachanwalt für Bau- und Architektenrecht
Fachanwalt für Steuerrecht
Vereidigter Buchprüfer
Honorarprofessor an der RWTH Aachen

4. Auflage

Werner Verlag 2015

Bibliografische Information der Deutschen Bibliothek

Die Deutsche Bibliothek verzeichnet diese Publikation in der Deutschen Nationalbibliografie; detaillierte bibliografische Daten sind im Internet über http://dnb.ddb.de abrufbar.

ISBN 978-3-8041-1471-5

www.wolterskluwer.de
www.werner-verlag.de

Werner ist eine Marke von Wolters Kluwer Deutschland GmbH.

Umschlag: Martina Busch, Grafikdesign, Homburg Kirrberg
Satz: Innodata Inc., Noida, India
Druck und Weiterverarbeitung: Williams Lea & tag GmbH, München

Gedruckt auf säurefreiem, alterungsbeständigem und chlorfreiem Papier

Vorwort zur 4. Auflage

Seit der 4. Auflage dieses Buches im Jahre 2009 haben sich die wirtschaftlichen und rechtlichen Rahmenbedingungen für die Beauftragung und Erbringung von Projektmanagementleistungen in der Bau- und Immobilienwirtschaft wesentlich geändert.

Eine Reihe neuer Entscheidungen zur Rechtsnatur von Projektsteuererverträgen, zur Haftung und zur Vertragsgestaltung sind ergangen. Vielfältige Stellungnahmen in der Literatur waren zu verarbeiten. Die besonderen Anforderungen an das Großprojektmanagement sind infolge spektakulärer Fehlsteuerungen bei deutschen Großprojekten in das Bewusstsein gerückt. Nicht zuletzt hierdurch beeinflusst stellt der Markt neue Anforderungen an die Projektbeteiligten, unter anderem an die Kompetenz der Teams und an ergänzende Leistungen wie Stakeholder-Management, Green-Building-Konzepten, Lean-Management und Inbetriebnahmemanagement, um nur einige Aspekte zu nennen.

Zudem hat die HOAI-Novelle 2013 mit umfassend neuen Leistungsbildern die Projektmanagementaufgaben des Architekten erweitert und gestärkt. Aufgrund dessen mussten die Schnittstellen zwischen Objektplanung und Projektsteuerung neu ausgerichtet werden. Die AHO-Fachkommission hat darauf im Rahmen der 4. Auflage der Leistungs- und Honorarordnung Projektmanagement 2014 reagiert und dabei auch die Anforderungen an die Projektsteuerungsleistungen im deutschen Markt neu ausgerichtet. Dementsprechend musste auch die in diesem Buch enthaltene Kommentierung des AHO-Leistungsbildes 2014 grundlegend überarbeitet und angepasst werden.

Die vergaberechtlichen Rahmenbedingungen für die Beauftragung von Projektsteuerungsleistungen haben sich seit 2009 grundlegend verändert. Das Kapitel zu den vergaberechtlichen Rahmenbedingungen und zu der Beschaffung von Projektmanagementleistungen musste daher vollständig überarbeitet werden.

Eine Neuauflage des Buches war daher erforderlich. Das Buch soll – wie die Vorauflagen – einen aktuellen und möglichst vollständigen Überblick über die mit dem Projektmanagement für Immobilien- und Bauprojekte verbundenen Rechtsfragen

– **dem *Recht der Projektsteuerung*** –

geben. Das Buch enthält auch in dieser Auflage eine gesamtheitliche Darstellung der mit Projektsteuerungs- und -managementleistungen für Bau- und Immobilienprojekte verbundenen Rechtsfragen betreffend Leistung, Vergütung, Nachträge, Haftung, Vergabe und Vertragsgestaltung. Die im Anhang abgedruckten Leistungsbilder sind gestrafft und aktualisiert worden. Eingang gefunden haben auch die neuen österreichischen Leistungsbilder für das Projektmanagementwesen.

Der Autor dieses Buches ist Mitglied der "AHO Fachkommission Projektmanagement und Projektsteuerung". Soweit in diesem Buch die Leistungs- und Honorarordnung der AHO Fachkommission referenziert oder kommentiert wird, handelt es sich um persönliche Bewertungen des Autors.

Rechtsprechung und Literatur sind bis Dezember 2014 berücksichtigt.

Die Neubearbeitung dieses Werkes war mit erheblichem Arbeitsaufwand verbunden. Ich bedanke mich für die Mitarbeit meiner Kollegen Dr. Elixmann und Dr. Schmitz sowie die fundierten Hilfestellungen von Herrn Referendar Liesegang. Nicht zuletzt aber bedanke ich mich für die tatkräftige Mitarbeit von Frau Bern, die die textliche Herstellung dieses Werkes – wie in den Vorauflagen auch – mit anerkennenswertem Einsatz betreut hat.

Düsseldorf, März 2015

Vorwort zur 1. Auflage

Das Recht der Projektsteuerung galt lange Jahre als terra incognita. Der Nebel um die rechtlichen Rahmenbedingungen der Projektsteuerertätigkeit hat sich inzwischen in Teilbereichen gelichtet. Vermehrte Stellungnahmen in der Literatur und vereinzelte, sogar höchstrichterliche Entscheidungen – vornehmlich zu Vergütungsfragen – haben zu einer breiteren Aufhellung dieses Rechtsgebietes geführt.

Gleichwohl fehlt es bislang an einer zusammenhängenden Darstellung des Rechtes der Projektsteuerung. Dieses Werk soll diese Lücke füllen und die Basis für den sicheren Umgang mit Projektsteuerungsleistung und -verträgen legen.

Dabei wird das Wesen der Projektsteuerungstätigkeit näher beleuchtet und die Rechtsnatur des Projektsteuerervertrages herausgearbeitet. Leistungsbilder und Vergütungsfragen sollen mit Blick auf die in der Praxis virulenten Themenstellungen behandelt, schließlich Empfehlungen zur Vertragsgestaltung und ein Überblick über das Recht der Vergabe von Projektsteuerungsleistungen gegeben werden.

Dieses Werk ist für alle geeignet, die sich mit der Projektsteuerung befassen. Es soll vor allen Dingen den Projektsteuerern selbst und auch ihren Auftraggebern helfen, sich in dem Dickicht rechtlicher Rahmenbedingungen der Projektsteuerungstätigkeit zurechtzufinden.

Rechtsprechung und Literatur sind bis Januar 1999 berücksichtigt. Anregungen und Verbesserungsvorschläge sind willkommen.

Für eine Vielzahl von Anregungen bedanke ich mich bei meinen Kollegen, insbesondere Herrn Dr. Claus von Rintelen sowie bei unserer wissenschaftlichen Assistentin Frau Theißen. Besonderen Dank schulde ich meiner Sekretärin, Frau Bilz, für ihren unermüdlichen Fleiß bei der Erstellung des Manuskriptes.

Düsseldorf, Februar 1999

Inhaltsübersicht

Inhaltsverzeichnis

Seite

Seite

Seite

Seite

Abkürzungsverzeichnis

a. A.	anderer Ansicht
a. a. O.	am angegebenen Ort
Abb.	Abbildung
Abs.	Absatz
ACM	Agency Construction Management
a. E.	am Ende
AG	Auftraggeber
AGB	Allgemeine Geschäftsbedingungen
AGBG	Gesetz zur Regelung des Rechts der Allgemeinen Geschäftsbedingungen
AHO	Ausschuss der Ingenieurverbände und Ingenieurkammern für die Honorarordnung e. V.
a. M.	allgemeine Meinung
AN	Auftragnehmer
Anm.	Anmerkung
AnwBl.	Anwaltsblatt, Zeitschrift
APM	Association for Project Management
ARGE	Arbeitsgemeinschaft
Aufl.	Aufl.
AVB	Allgemeine Vertragsbestimmungen für Architekten- und Ingenieurleistungen
Az.	Aktenzeichen
BAG	Bundesarbeitsgericht
BAK	Bundesarchitektenkammer
BauR	Baurecht, Zeitschrift
BauRB	Der Bau-Rechts-Berater
BBR	Bundesamt für Bauwesen und Raumordnung
BDA	Bund deutscher Architekten
BFH	Bundesfinanzhof
BFHE	Sammlung der Entscheidungen und Gutachten des Bundesfinanzhofs
BGB	Bürgerliches Gesetzbuch
BGH	Bundesgerichtshof
BGHZ	Entscheidungen des Bundesgerichtshofs in Zivilsachen
BHO	Bundeshaushaltsordnung
BIM	Building Information Modeling
Bl.	Blatt
BMF	Bundesminister der Finanzen
BMI	Bundesministerium des Innern
BMUB	Bundesministerium für Umwelt, Naturschutz, Bau und Reaktorsicherheit
BMVBS	Bundesministerium für Verkehr, Bau und Stadtentwicklung (heute BMUB)

BMVg	Bundesministerium der Verteidigung
BRAK	Bundesrechtsanwaltskammer
BRDrucks.	Drucksache des Bundesrates
BRI	Bruttorauminhalt
BStBl. I–III	Bundessteuerblatt, Teile I–III
BTDrucks.	Drucksache des Bundestages
BVerfG	Bundesverfassungsgericht
BW	Bauwirtschaft
bzgl.	bezüglich
bzw.	beziehungsweise
CAFM	Computer Aided Facility Management System
c. i. c.	culpa in contrahendo
CM	Construction Management
CMAA	Construction Management Association of America
CPM	Construction Project Management
CREM	Corporate Real Estate Management
DAB	Deutsches Architektenblatt, Zeitschrift
DB	Der Betrieb
ders.	derselbe
DGN	Deutsche Gesellschaft für nachhaltiges Bauen
DIN	Norm des Deutschen Instituts für Normung e. V.
DStR	Deutsches Steuerrecht, Zeitschrift
DVP	Verband der deutschen Projektmanager in der Bau- und Immobilienwirtschaft
ECU	European Currency Unit
EDV	Elektronische Datenverarbeitung
EFG	Entscheidungen der Finanzgerichte
EG	Europäische Gemeinschaften
Einl.	Einleitung
EnEV	Energieeinsparverordnung
Ergl.	Ergänzungslieferung
EStG	Einkommensteuergesetz
etc.	et cetera
EWiR	Entscheidungen zum Wirtschaftsrecht
ff.	folgende
FG	Finanzgericht
FM	Facility Management
FR	Finanzrundschau Zeitschrift

GDV	Gesamtverband der deutschen Versicherungswirtschaft
GewO	Gewerbeordnung
GewStG	Gewerbesteuergesetz
GEMA	German Facility Management Assocation
ggf.	gegebenenfalls
GMP	»Guaranteed Maximum Price«
GOA	Gebührenordnung für Architekten
GU	Generalunternehmer
GÜ	Generalübernehmer
GWB	Gesetz gegen Wettbewerbsbeschränkungen (Kartellgesetz)
HGB	Handelsgesetzbuch
HGrG	Haushaltsgrundsätzegesetz
HOAI	Honorarordnung für Architekten und Ingenieure
IBM	Inbetriebnahmemanagement
IBR	Immobilien- und Baurecht, Zeitschrift
i. d. R.	in der Regel
IFMA	International Facility Management Assocation
i. S.	im Sinne
inkl.	inklusive
IPMA	International Project Management Assocation
Kap.	Kapitel
KG	Kammergericht
LG	Landgericht
LOI	Letter of intent
LV	Leistungsverzeichnis
LPM	Last Planner System
m.	mit
MaBV	Makler- und Bauträgerverordnung
MRVerbG	Gesetz zur Verbesserung des Mietrechts und zur Begrenzung des Mietanstiegs sowie zur Regelung von Ingenieur- und Architektenleistungen
m. w. N.	mit weiteren Nachweisen
n. F.	neue Fassung
NJW	Neue Juristische Wochenschrift
NJW-RR	NJW-Rechtsprechungsreport Zivilrecht, Zeitschrift
NJOZ	Neue Juristische Online-Zeitschrift

Nr.	Nummer
NZA	Neue Zeitschrift für Arbeitsrecht
NZBau	Neue Zeitschrift für Baurecht
OLG	Oberlandesgericht
OTI	Oberste technische Instanz des Bundes
PartGG	Partnerschaftsgesetz
PC	Projektcontrolling
PM	Projektmanagement, Zeitschrift
PMI	US Headquarter Project Management Institute
PSt	Projektsteuerung
pVV	positive Vertragsverletzung
RBBau	Richtlinien f. d. Durchführung v. Bauaufgaben des Bundes im Zuständigkeitsbereich der Finanzbauverwaltungen
RDG	Rechtsdienstleistungsgesetz
Rdn.	Randnummer
RIW	Zeitschrift für internationales Wirtschaftsrecht
RPW	Richtlinien für Planungswettbewerbe
s.	siehe
S.	Seite
SLA	Service-Level-Agreements
SKR	Sektorenrichtlinie
Sigeko	Sicherheits- und Gesundheitskoordinator
sog.	so genannte
TÜV	Technischer Überwachungsverein
u.	und
u. a.	unter anderem
UrhG	Urheberrechtsgesetz
usw.	und so weiter
v.	von
VDI	Verein Deutscher Ingenieure
VDE	Verband Deutscher Elektrotechniker
VDMA	Verband Deutscher Maschinen- und Anlagenbau
VergabeR	Vergaberecht, Zeitschrift
vgl.	vergleiche

v. H.	vom Hundert
VHB	Vergabe- und Vertragshandbuch für die Baumaßnahmen des Bundes
VOB	Vergabe- und Vertragsordnung für Bauleistungen
VOF	Vergabeordnung für freiberufliche Leistungen
VOL	Vergabe- und Vertragsordnung für Leistungen
Vorb.	Vorbemerkung
WM	Wertpapiermitteilungen, Zeitschrift
WuW	Wirtschaft und Wettbewerb, Zeitschrift
XCM	extended services CM
z. B.	zum Beispiel
ZfBR	Zeitschrift für deutsches und internationales Baurecht
ZfIR	Zeitschrift für Immobilienrecht
Ziff.	Ziffer
ZIP	Zeitschrift für Wirtschaftsrecht und Insolvenzpraxis
zit.	zitiert
ZVgR	Zeitschrift für deutsches und internationales Vergaberecht
zzgl.	zuzüglich

Literaturverzeichnis

AHO-Fachkommission, »Projektmanagement/Projektsteuerung«, Untersuchungen zum Leistungsbild zur Honorierung und zur Beauftragung von Projektmanagementleistungen in der Bau- und Immobilienwirtschaft, Nr. 9 der Schriftenreihe des AHO, 4. Aufl. 2014

AHO-Fachkommission, »Projektmanagement/Projektsteuerung«, Neue Leistungsbilder zum Projektmanagement in der Immobilien- und Bauwirtschaft, Berlin 2004, Nr. 19 der Schriftenreihe des AHO

Ahrens, Hannsjörg/Bastian, Klemens/Muchowski, Lucian, Handbuch Projektsteuerung – Baumanagement, 5. Aufl., Stuttgart 2014

Alda, Willi/Hirschner, Joachim, Projektentwicklung in der Immobilienwirtschaft, Grundlagen für die Praxis, Stuttgart, Leipzig, Wiesbaden 2005

Anker, Axel/Adler, Lars, Die echte Bausummenüberschreitung als ein Problem des Schadensrechts, BauR 1998, 465

Anker, Axel/Klinenfuß, Henning, Kann das praktisch Erforderliche stets wirksam vereinbart werden?, BauR 2005, 1377

Arbeitskreis externe und interne Überwachung der Unternehmung der Schmaldenbach-Gesellschaft für Betriebswirtschaft, Köln, Projekte, Projektorganisation und Projektüberwachung, DB 2002, 281

Ausschuss der Ingenieurverbände und Ingenieurkammern für die Honorarordnung e. V. (AHO), Empfehlungen des AHO zur Definition und Anwendung der Funktionalausschreibung, erarbeitet von dem AHO-Arbeitskreis Funktionalausschreibung, Nr. 10, Schriftenreihe des AHO, Köln 1998

Ax, Thomas, Anmerkung zu VÜA Brandenburg, Beschluss vom 6.5.1998 – 1 VÜA 3/95–2, ZVgR 1998, 488

Baldringer, Sebastian, Forderungsbegründung aus gekündigtem Projektsteuerungsvertrag, NZBau 2007, 421

Barth, Steffen, Die HOAI auf dem Prüfstand, in: ZfIR 1997, 712

Bartsch, Ralph H., Funktionalausschreibung im Tunnelbau, Bauwirtschaft 9/24 (Teil 1), 10/21 (Teil 2)

Bay, Martin/Belter, Bringfried, Projektmanagement bei Großprojekten der Deutschen Bahn AG, in: Erstes Kasseler Projektmanagementsymposium, S. 26/27

Bayat, Sonja/Eschenbruch, Klaus, Der Projektmanagement-Mustervertrag BBR, NZBau 2008, S. 281 f.

Bech, Jan, Die Funktion des öffentlichen Bauherrn im Projektmanagement, Bauherrenaufgaben und Organisationsschäden, dargestellt anhand von Fallstudien, Berlin 2013

Bechler, Klaus J./Lange, Dietmar, DIN-Normen im Projektmanagement, Bonn 2005

Beck, Hans-Joachim/Girra, Hilmar, Bauabzugssteuer, NJW 2002, 1079

Beckhaus, Der Generalplanervertrag, unveröffentlichtes Manuskript 1996

Beck'scher VOB-Kommentar, Verdingungsordnung für Bauleistungen Teil B, 3. Aufl., München 2013, zit.: Bearbeiter, in: Beck'scher VOB-Kommentar, VOB/B

Beck'scher VOB-Kommentar, Verdingungsordnung für Bauleistungen Teil A, 1. Aufl., München 2001, zit.: Bearbeiter, in: Beck'scher VOB-Kommentar, VOB/A

Behr, Ulrich, Vertragstechniken für Architekten- und Ingenieurleistungen, Jahrbuch Baurecht 2001, S. 131 ff.

Berger, Peter L./Luckmann, Thomas, Die Gesellschaftliche Konstruktion der Wirklichkeit, Eine Theorie der Wissenssoziologie, 19. Aufl. 2003, Frankfurt am Main

Bickhoff, Nils, Quintessenz des strategischen Managements, Berlin, Heidelberg 2008

Biebelheimer/Wazlawik, Der GMP-Vertrag – Der Versuch einer rechtlichen Einordnung, BauR 2001, 1639

Biebelheimer, Marc, Der Anspruch auf Herausgabe einer als Austauschsicherheit gewährten Bürgschaft, NZ-Bau 2002, 122

Bitter, Georg/Rauhut, Tilman, Vertragsdurchführungspflicht des Werkbestellers?, JZ 2007, 964

Blecken, Udo, Die Kosten der öffentlichen Bauvorhaben, in: Bautechnik 75 (1998), 180

Blecken, Udo/Gralla, Mike, Neue Wettbewerbsmodelle im Deutschen Baumarkt – Modernisierungserfordernisse der VOB/A, in: Kapellmann/Vygen, Jahrbuch Baurecht 1998, 251

Blecken, Udo/Gralla, Mike, Entwicklungstendenzen in der Organisation des Bauherrn, in: Bautechnik 75 (1998), 472 ff.

Blecken, Udo/Sundermaier, Matthias/Niester, Oliver, Gestaltungsvorschläge einer Vertragsordnung für Architekten und Ingenieure, BauR 2004, 916 f.

Blohm, Karsten, Projektcontrolling bei Totalunternehmerverträgen mit funktionaler Leistungsbeschreibung, Diplomarbeit, Braunschweig 2002 (Matrikelnr. 2443049)

Boesen, Arnold, Vergaberecht, Köln 2000, Kommentar zum 4. Teil des GWB, 1. Aufl.

Boetcher, Max, Praxisrelevante Probleme der Änderungsplanung, BauR 2000, 792

Böggering, Peter, Rechtsfragen des Baucontrolling, BauR 1983, 402

Bolbrügge, Gisela, Selbstorganisation und Steuerbarkeit sozialer Systeme, Weinheim, 1997

Boldt, Antje, Die Kündigung des Bauvertrages aus wichtigem Grund durch den Auftraggeber nach neuem Recht, NZBau 2002, 650 f.

Borg, Britta, Konzeption eines Leistungsbildes und Honoraruntersuchungen für das internationale Bau-Projektmanagement, Wuppertal 2005

Bracht, Uwe/Geckler, Dieter, Messbare Projektstabilität, Projektmanagement 2001, S. 13 ff.

Bremmer, Gerhard/Kamp, Peter/Portz, Evelin, Der Generalplaner, DAB 2000, 1403

Breyer, Wolfgang, Ein Lösungsvorschlag zur Behandlung von Anordnungen des Auftraggebers zur Bauzeit, BauR 2006, 1222 f.

Brors, Christiane, Quasivertragliche Haftung trotz verbotener Rechtsberatung, ZIP 2001, 317

Brößkamp, Marcus, Anm. zu OLG Düsseldorf, Urt. v. 19.12.1997, Az.: 22 U 68/97, BauR 1998, 582, in: IBR 1998, 72

Brunnert, Hans-Georg, Zweiphasiger Wettbewerb – Warum und Wie?, Leitfaden zur ökonomischen Anwendung offener, zweiphasiger Wettbewerbe nach GRW 95, DAB 1998, 1596 ff.

Bruns, Hartmut, Die Haftpflicht im Baugeschehen, Teil 4, Risiken, Versicherungsschutz und Schäden, Bauwirtschaft 1998, 30 ff.

Brych, Friedrich/Pause, Hans-Egon, Bauträgerkauf und Baumodelle, 3. Aufl., München 1999

Budnick, Jörg, Architektenhaftung für Vergabe-, Koordinierungs- und Baukostenplanungsfehler, Rechtslage und Reformüberlegungen unter Berücksichtigung ausgewählter Auslandsrechte, Baurechtliche Schriften Band 45, Düsseldorf 1998

Bühner, Rolf, Betriebswirtschaftliche Organisationslehre, 10. Aufl. 2004, München

Bungard, Walter/Kohnke, Oliver, Zielvereinbarungen erfolgreich umsetzen, 2. Aufl., Wiesbaden 2002

Bunjes, Kommentar zum Umsatzsteuergesetz, 12. Aufl., München 2013; zitiert: Bearbeiter, in: Bunjes, EStG

Bürgermeisterhandbuch, Von der Behörde zum Dienstleistungsunternehmen, Grundwerk 1994, Stadtbergen, zit.: Bearbeiter, in: Bürgermeisterhandbuch

Bürglen, Bernd, Kritische Brennpunkte im Rechtsberatungsgesetz, WRP 2000, 846

Burmann, Christoph/Freiling, Jörg/Hülsmann, Michael, (Hrsg.), Management von ad-hoc-Krisen, Grundlagen – Strategien – Erfolgsfaktoren, Wiesbaden 2005

Busse, Felix, Zum Vergütungsrisiko des Generalunternehmens bei funktionaler Leistungsbeschreibung in Pauschalverträgen mit privaten Auftraggebern außerhalb von Verbraucherverträgen, Festschrift für Jagenburg, 2002, S. 77 f.

Busse, Klaus-Henning, Prüfbemerkungen des Bundesrechnungshofes zur Projektsteuerung öffentlicher Bauinvestitionen, DVP-Fachtagung am 20.3.1992 in Berlin/Tagungsmaterial

Cadez, Ivan, Construction Management Musterverträge, BW 9/2000, 24

Cadez, Ivan, Risikowertanalyse als Entscheidungshilfe zur Wahl des optimalen Bauvertrages, Fortschritt-Berichte VDI, Reihe 4 Nr. 149, Düsseldorf 1998

Calibe, Gabriele, Asset-Backed-Securities-Transaktionen und ihre Vereinbarkeit mit dem Rechtsberatungsgesetz, Betriebsberater 2000, 2369

Cardinal, Julie Stal-Le/Marle, Frank, Project: The just necessary structure to reach your goals, International Journal of Project Management, 2006, 226 f.

Chen, Sheu HUA/Lee, Hong Tau, Performance Evaluation Model for Project Managers using Managerial Practices, International Journal of Project Management 2007, 534.

Claus, Joachim, in: Siebel, Ulf R., Handbuch Projekte und Projektfinanzierung, München 2001, S. 55 ff.

Collier, Construction Contracts, 3. Edition, New Jersey 2001

College, Barbew, Obligations of good faith in partnering of UK construction contracts, The international construction law review 2000, 175

Coridass, Michael E./Dittert, Bernd G., Kooperationsmodell lokale Wirtschaft: Bauteam Mainz, DAB 1999, 194

Craushaar, Götz von, Der Vorunternehmer als Erfüllungsgehilfe des Auftraggebers, Festschrift für Klaus Vygen, S. 154 ff.

Craushaar, Götz von, Die Vollmacht des Architekten zu Anordnung und Vergabe von Zusatzarbeiten, BauR 1982, 421

Cunha, Roland Max, da, Praxiserfahrung mit Projektsteuererverträgen bei der Planungsgesellschaft Bahnbau Deutsche Einheit mbH (PBDE), in DVP, Projektmanagement in Praxisbeispielen

Cuypers, Manfred, Die Vertragsstrafe beim Bauen, in: ZfBR 1998, 272 f.

DAB-Architektenrechts-Report, Gewährleistung und Organisationsverschulden des Architekten – insbesondere im Rahmen der Bauüberwachung, DAB 1998, 937

Dähne, Horst/Schelle, Hans, VOB von A–Z, 3. Aufl. 2001, München, zit.: Dähne/Schelle, VOB

Dähne, Horst, Auftragnehmeransprüche bei lückenhafter Leistungsbeschreibung, BauR 1999, 289

Daub, Walter/Eberstein, Hans-Hermann, Kommentar zur VOL/A, Vergaberecht – Rechtsschutz, 5. Aufl., Düsseldorf 2000

Dauner-Lieb, Barbara/Heidel, Thomas//Ring, Gerhard, BGB, Schuldrecht, Band I und II, zit: Dauner-Lieb/Heidel/Ring, BGB, Schuldrecht, 2. Aufl., Bonn 2012

Deckers, Stefan, Das Honorar des bauleitenden Architekten für die Prüfung nachträglicher Angebote der Bauhandwerker, BauR 2000, 1422

del Mestre, Guido, Projektmanagement-Führungsaufgabe, Bauwirtschaft 1999, 17 ff.

Demuth, Olaf, Bauherr und Bauunternehmer in einem Boot, in: Institut für Bauwirtschaft, Universität Kassel, Forum Baubetrieb 2009, Kassel 2009, S. 27 bis 32

Deutscher Verband der Projektsteuerer e. V., Projektmanagement in Praxisbeispielen – Leistungsbilder, Honorierung, Vertragsgestaltung, Schnittstellen, Kundenzufriedenheit aus der Sicht der Auftraggeber, Beiträge des DVP-Seminars am 16.10.1998 in Königswinter, Wuppertal 1998, zit.: Bearbeiter, in: DVP, Projektmanagement in Praxisbeispielen

Deutscher Verband der Projektsteuerer e. V., Schnittstellen des Projektmanagements, Nutzerbedarf und Nutzungskosten, Seminar am 13.10.2006, DVP Verlag Berlin 2006

Deutscher Verband der Projektsteuerer e. V., Projektmanagement zur Wertoptimierung von Bestandsimmobilien, Seminar am 24.03.2006, DVP Verlag Berlin 2006

Deutscher Verband der Projektsteuerer e. V., Strategien des Projektmanagements, Teil 8: Weiterentwicklung der Projektsteuerung zum Bauprojektmanagement, Frühjahrstagung 2003, DVP Verlag, Wuppertal 2003

Deutscher Verband der Projektsteuerer e. V.: Der Projektmanager in der Vorbereitung der Vergabe- und Nachtragsentscheidungen, Frühjahrsseminar 2005, DVP Verlag, Wuppertal, 2005

Deutscher Verband der Projektsteuerer e. V., Projektmanagementkompetenztagung, Nachhaltigkeit bei Immobilienprojekten – Anforderungen an das Projektmanagement, Vortragsmanuskripte des Seminars am 18.04.2008, DVP Verlag Berlin

Dieblich, Franz, Für wen haftet der Karajan der Baustelle? In: Festschrift für C. J. Diederichs, Berlin 2006, S. 98

Diederichs, Claus Jürgen, Handbuch der strategischen und taktischen Bauunternehmensführung, Wiesbaden/Berlin 1996, zit.: Bearbeiter, in: Diederichs, Handbuch der strategischen und taktischen Bauunternehmensführung

Diederichs, Claus Jürgen, Leitfaden zum Projektsteuerungsvertrag, DVP-Informationen 1994, DVP-Verlag 1994, zit.: Diederichs, Leitfaden zum Projektsteuerungsvertrag

Diederichs, Claus Jürgen/Hutzelmayer, H., Projektsteuerung im Bauwesen – delegierbare Bauherrenaufgaben, Bauwirtschaft 1975, 1488 (Teil 1) und 1629 (Teil 2)

Diederichs, Claus Jürgen, Rechtliche Aspekte der Projektsteuerung aus technisch-wirtschaftlicher Sicht, Bauwirtschaft 1996, 14

Diederichs, Claus Jürgen, Führungswissen für Bau- und Immobilienfachleute, Berlin, Heidelberg 1999, 2. Aufl. 2005

Diederichs, Claus Jürgen (hrsg.), DVP-Leitfaden zur Akquisition von Projektmanagementaufträgen, Qualitätsanforderungen und Vergabekriterien, Wuppertal, März 2003

Diederichs, Claus Jürgen, Projektsteuerung, in aller Regel entbehrlich?, Bauwirtschaft 1984, 975

Diederichs, Claus Jürgen/Preuß, Norbert, Entscheidungsprozesse im Projektmanagement von Hochbauten, Baumarkt 2003, Heft 2, S. 28 f.

Diederichs, Claus Jürgen, Grundleistungen der Projektsteuerung – Beispiele für den Handlungsbereich A Organisation, Information, Koordination und Dokumentation, Wuppertal, 2. Aufl. Juni 2005

Diederichs, Claus Jürgen, in: Grundleistungen der Projektsteuerer – Beispiele für den Handlungsbereich B Qualitäten und Quantitäten, Wuppertal, Juni 2003

Diederichs, Claus Jürgen, in: Grundleistungen der Projektsteuerung – Beispiele für den Handlungsbereich C Kosten und Finanzierung, Wuppertal, Februar 2003

Diederichs, Claus Jürgen, in: Grundleistungen der Projektsteuerung – Beispiele für den Handlungsbereich D Termine und Kapazitäten, Wuppertal, April 2002

Diederichs, Claus Jürgen, Immobilienmanagement im Lebenszyklus, 2. Aufl., Heidelberg 2006

Diethelm, Gerd, Projektmanagement – Band 1: Grundlagen, Herne 2000

Dietrich, Reinhard, Entwicklung werthaltiger Immobilien; Einflussgrößen – Methoden – Werkzeuge, Stuttgart, Leipzig, Wiesbaden, 2005

Dombek, Bernhard, »Rechtsberatungsmonopol« der Anwaltschaft – Berechtigung und Grenzen, Brak-Mitteilungen 2001, 98 ff.

Dörner, Dietrich, Die Logik des Misslingens, Reinbek bei Hamburg, 12. Aufl. 2003

Dreher, Meinrad, Der Anwendungsbereich des Kartellvergaberechts, DB 1998, 2579

Drews, Günter, Neuorientierung oder Glasperlenspiel? Kritik der systemtheoretischen Ansätze im Projektmanagement, Projektmanagement 2003, S. 25 f.

Drews, Günter, Neuorientierung oder Glasperlenspiel; Kritik der systemtheoretischen Ansätze im Projektmanagement, PM 2003, 16, 18

Drey, F., VOF: Immer Verhandlungsverfahren?, Vergaberecht 1997, Heft 5, S. 11

Drittler, Matthias, Freie Kündigung: Ersparte Kosten sind grundsätzlich als tatsächliche Kosten abzuziehen, BauR 2006, 1215

Ebert, Andreas, Transparenz, Neutralität und Unabhängigkeit in VOV-Vergabeverfahren, NZBau 2000, 553

Ebertz, Arnim, Die gesamtschuldnerische Haftung des Architekten und des Bauunternehmers auf Grund eines von ihnen gemeinsam zu vertretenden Bauwerksmangels, in: BauR 1995, 442

Ebisch, Hellmuth,/Gottschalk, Joachim u.a., Preise und Preisprüfungen bei öffentlichen Aufträgen, 7. Aufl. 2001

Eckl, Christoph, Nicht nur Sondervorhaben, BW 3/2000, 36

Edelmann, Hervé, Verstoß gegen das Rechtsberatungsgesetz und Wirksamkeit von Darlehensverträgen bei der Finanzierung von steuerorientierten Immobilienkapitalanlagen, DB 2001, 687

Eich, Rainer, Bewertung der erbrachten und nicht erbrachten Leistung nach Kündigung des Architektenvertrages, DAB 9/2001, 49

Eich, Rainer, Der praktische Fall: Bewertung der erbrachten und nicht erbrachten Leistungen nach Kündigung des Architektenvertrages, NZBau 2001, 546 ff.

Eisenführ, Franz/Weber, Martin, Rationales Entscheiden, 4. Aufl. 2003, Heidelberg

Ellermann, Gunnar, Synergetische Zusammenarbeit zwischen technischem und juristischem Projektmanagement, Musterarbeit, Hochschule Augsburg, 2015

Enders, Christian, VOB/B und BGB-Bauvertrag im Rechtsvergleich, Düsseldorf 1986

Englert, Klaus, Eschenbruch, Klaus, Langen, Werner, Vygen, Klaus, Vom Bau-Soll zum Bau-Ist, Festschrift für Klaus Dieter Kapellmann zum 65. Geburtstag, Köln 2007

Eschenbruch, Klaus, Immobilienleasing und neues Vergaberecht, Leasing-Berater, Beilage 1 zu Heft 5/2000 RIW

Eschenbruch, Klaus/Niebuhr, Frank, Immobilienleasing und öffentliche Vergabe, in: BB 1996, 2417

Eschenbruch, Klaus/Schneider, Werner, Teilleistungsbewertung/Wägungstabelle zur Leistungs- und Honorarordnung im Projektmanagement der AHO-Fachkommission (2014), BauR 2014, 400 f.

Eschenbruch, Klaus, Die Anwendung des Preisrechts der HOAI auf Projektsteuerungsverträge, NZBau 2001, 308

Eschenbruch, Klaus, Construction Management, NZBau 2001, 585

Eschenbruch, Klaus, Generalunternehmereinsatz: Vergütungsfolgen von Teilkündigungen und Änderungsanordnungen, in Festschrift für Jagenburg, 2002, S. 179 f.

Eschenbruch, Klaus/Racky, Peter, Partnering in der Bau- und Immobilienwirtschaft, Stuttgart 2008

Eschenbruch, Klaus, Projektsteuerung im Fokus der BGH-Rechtsprechung, NZBau 2000, 409

Eschenbruch, Klaus, Wechselwirkungen zwischen deutscher und österreichischer Projektmanagementpraxis, in: Festschrift für Claus Jürgen Diederichs, Köln 2006, S. 108 f.

Eschenbruch, Klaus, in: Wirth (Hrsg.), Darmstädter Baurechtshandbuch, Privates Baurecht, Teil IX, 2. Aufl., München 2005

Eschenbruch, Klaus, Die Haftung des Projektleiters, in: Festschrift für Ulrich Werner zum 65. Geburtstag, München 2005

Eschenbruch, Klaus, Projekt-Compliance, ZfIR 2007, 470

Eschenbruch, Klaus, Construction Management, in: DVP, Strategien des Projektmanagements, Teil 9: Optimierte Bauprojektrealisierungen durch Nutzung der Potentiale von Kumulativ-Leistungsträgern und Schnittstellenoptimierung, Frühjahrsseminar 2004, Wuppertal 2004

Eschenbruch, Klaus, Die Haftung des Projektleiters, Festschrift für Werner, S. 247

Eschenbruch, Klaus, Ruinöse Haftungsrisiken für Objektplaner, Immobilienzeitung, 25.07.2013

Eschenbruch, Strukturen des Projektsteuerungsvertrages, Vortragsskript für die 42. Baurechtstagung der arge baurecht am 16.11.2013

Eschenbruch, Klaus/Grüner, Johannes, Ampelsysteme im Projektberichtswesen – ein complianceverträgliches Informationstool für Projektleiter und Entscheidungsträger?, BauR 2013, 1349

Eschenbruch, Klaus, Der Einsatz von Planungsplattformen – Juristische Risiken und deren Beherrschung durch Vertragsgestaltung, in: Festschrift für Kalusche, herausgegeben von Bartsch, Franziska/Herke, Sebastian, Zeitreise der Planungs- und Bauökonomie, Stuttgart 2013

Ewer, Wolfgang, Interdisziplinäre Zusammenarbeit, in: AnwBl 1995, 161

Fels, Anja, Die Sachmängelgewährleistung im Werkvertragsrecht des BGB: Entstehung und Weiterentwicklung, Hamburg 2000

Fett, Valentin, Funktionsausschreibung rechtswidrig!, DAB 1999, 1181

Fiedler, Rudolf, Controlling von Projekten, Braunschweig/Wiesbaden, 6. Aufl. 2014

Fischer, Gero, Aktuelle höchstrichterliche Rechtsprechung zur Bürgschaft und zum Schuldbeitritt (Teil II), WM 2001, 1093

Fischer, Carsten, Projektentwicklung: Leistungsbild und Honorarstruktur, Köln 2004

Floricel, Serghi/Bonneau, Claudine/Aubry, Monique/Sergi, Viviane, Extending Project Management Research: Insights from social theories, International Journal of Project Management, 2014, 1091

Frame, J. Davidson, Managing Projects in Organizations, San Francisco 2003, 3. Aufl.

Franke, Horst/Höfler, Heiko, Anwendungsbereich und Kernvorschriften der VOF, in: ZVgR 1997, 277

Franke, Horst/Kemper, Ralf/Zanner, Christian/Grünhagen, Matthias, VOB-Kommentar, 5. Aufl. 2013

Franneck, Klaus, Projektmanagement, Projektorganisation, Projektsteuerung, Der Architekt als Baumanager, Ein Handbuch für Baupraktiker, Wiesbaden 1994

Frey, Gerhard, Anm. zu BGH BauR 1997, 677, in: BauR 1998, 815

Fröch, Georg, Probabilistische Bewertung und systematische Optimierung von Projektentwicklungen unter Berücksichtigung von Nachhaltigkeitskriterien, Innsbruck 2013, S. 118

Ganten, Hans, Das Systemrisiko im Baurecht, BauR 2000, 643 ff.

Ganten, Hans, Pflichtverletzung und Beschaffenheitsvereinbarung als Kriterien einer Vergütungskürzung bei unvollständiger Architektenleistung, in: Festschrift für Walter Jagenburg, München 2003

Ganten, Hans, Dienstleistungen als Werkleistungen – Zum Erfolgsbegriff in der Rechtsprechung des BGH, in: Festschrift für Reinhold Thode, München 2005, 21 f.

Gareis, Roland, Happy Projects!: Projekt- und Programmmanagement. Projektportfolio-Management. Management der projektorientierten Organisation, 3. Aufl., Wien 2006

Gauch, Das Bauvertragsrecht, in: Festschrift für Walter Jagenburg, München 2003, S. 227 f.

Gehlen, Hans von, Haftung des Auftraggebers bei einem durch seinen Vorunternehmer verursachten Baustillstand, ZfBR 2000, 291

Geldmacher, Christof, Was ist künstlerische Oberleitung?, BauR 2003, 1294

Gemünden, Hans Georg/Lechler, Thomas, Dynamisches Projektmanagement, in: Projektmanagement 1998, 3

Gemünden, Hans Georg/Salomo, Sören/Krieger, Axel, The Influence of project autonomie on project success, The International Journal of Project Management, 2005, 366

Gemünden, Georg/Schoper, Yvonne-Gabriele, Futur Trends in Project Management, Projekt Management Aktuell 2014, 6 f.

Germer, Axel, Konzeption und Zieldefinition eines Projekts, Projektmanagement 4/2001, 16

Girmscheid, Gerhard, Fast-track-Projects – Anforderungen an das moderne Projektmanagement hinsichtlich der Abwicklung der Ausführungsplanung von komplexen Ingenieurbauwerken, Bautechnik 1996, Heft 8, S. 471 f.

Glatzel, Ludwig/Hofman, Olaf/Frikell, Eckhard, Unwirksame Bauvertragsklauseln, 11. Aufl., Stamsried 2008

Glöckner, Jochen, § 649 Satz 2 BGB – Ein künstlicher Vergütungsanspruch?, BauR 1998, 669

Glöckner, Jochen, Ausgewählte Probleme der gesamtschuldnerischen Haftung Baubeteiligter wegen Leistungsstörungen bei der Erstellung des Bauwerks, BauR 2005, 251 f.

Gralla, Mike, Garantierter Maximalpreis. GMP-Partnering-Modelle – Ein neuer und innovativer Ansatz für die Baupraxis, 2001

Gralla, Mike, Neue Wettbewerbs- und Vertragsformen für die deutsche Bauwirtschaft, Diss. Universität Dortmund, 1999

Greiner, Peter/Mayer, Peter/Stark, Karlhans, Baubetriebslehre Projektmanagement, Braunschweig/Wiesbaden, 2000

Greis, Herwig, Neuregelung für öffentliche Dienstleistungsaufträge 1997 – Neue VOF (Teil II), in: DAB 1998, 485

Grieger, Winfried, Die Kooperationspflicht der Bauvertragspartner im Bauvertrag: Anmerkungen zu BGH, BauR 2000, 409 ff.

Grün, Oskar, Taming giant projects, Wien 2004.

Grune, Jörg, Im Brennpunkt: Gemischte Tätigkeiten bei Einzelunternehmen und Personengesellschaften, in: BB 1998, 1081

Grünhoff, Lutz, Die Konzeption des GMP-Vertrages – Mediation und value engineering, NZBau 2000, 313

Grützner, Werner, Der erste Schritt in die Bauinvestition, Projektmanagement 3/1999, 14

Haerendel, Dorothee, Sowieso-Kosten und weitere zusätzliche Kosten infolge Fehlplanung, Baurechtliche Schriften Band 47, Düsseldorf 1999

Halcour, German R., Projektsteuerungs- und Projektmanagementverträge mit Bonus-/Malus-Vergütungsregelung, in: Schriftenreihe Bauwirtschaft, IBW-Symposium 2004, Partnerschaftliche Vertragsmodelle für Bauprojekte, Kassel 2004

Hansen, Karsten, Vertragsmuster als Anachronismus, in DVP, Projektmanagement in Praxisbeispielen, Wuppertal 1998

Haltenhoff, C. Edwin, The CM Contracting System, New Jersey, 1998

Hammond, F A, (RICS), Code of practice for Project Management, The Charteres Institute of Building – Code of Practice for Project Management for Construction and Development, 2. Aufl. London 1996

Hardebusch, Christof, Projektfinanzierung, Auf Partnersuche, Immobilienmanager 2002, 10 ff.

Harris, Frank and McCaffer, Ronald, Modern Construction Management, Oxford, 5. Aufl. 2001

Hartmann, Rainer, VOF – Verdingungsordnung für freiberufliche Leistungen (Loseblattausgabe), Augsburg 1997, zit.: Bearbeiter, in: Hartmann, VOF

Hartmann, Rainer, Die neue Honorarordnung für Architekten und Ingenieure: Handbuch des neuen Honorarrechts (Loseblattausgabe), zit.: Bearbeiter, in: Hartmann, HOAI

Hasselmann, Willi, Praktische Baukostenplanung und -kontrolle, Köln 1997, zit.: Hasselmann, Praktische Baukostenplanung und -kontrolle

Hebler, Wolfgang, Bedeutung juristischer Projektbegleitung bei der Errichtung umfangreicher Bauprojekte durch Großunternehmen, in: ZfIR 1998, 58

Heidemann, Ailke, Bauprojektmanagement – kooperative Projektabwicklung als Schlüssel zum Erfolg komplexer Projekte, Project Management aktuell, 2012, 37

Heiermann, Wolfgang, Der Projektsteuerungsvertrag – Abnahme, Haftung und Gewährleistungspflichten beim Projektsteuerungsvertrag, DVP-Fachtagung in Neuss am 21.2.1992, zit.: Heiermann, in: Der Projektsteuerungsvertrag – Abnahme, Haftung und Gewährleistungspflichten

Heiermann, Wolfgang, Seminarunterlagen zur Fachtagung des DVP am 25.10.1991 in München, herausgegeben vom DVP, zit.: Heiermann, Fachtagung DVP 1991

Heiermann, Wolfgang, Die Tätigkeit der Projektsteuerer unter dem Blickwinkel des Rechtsberatungsgesetzes, in: BauR 1996, 48

Heiermann, Wolfgang/Franke, Horst/Knipp, Bernd, Baubegleitende Rechtsberatung, München 2002

Heinrich, Martin, Baumanagement und die §§ 15, 31 HOAI, in: BauR 1986, 524

Heinrich, Martin, Der Baucontrollingvertrag, 2. Aufl., Düsseldorf 1998, zit.: Heinrich, Der Baucontrollingvertrag

Hellström, Magnus/Wirkström, Kim, Project Business Concepts, Based on modularity – improved manageability through unstable structures, The International Journal of Project Management, 2005, 392–397

Helmus, Manfred/Schmolke, Daniel, Motivationssteigerung durch Anreizmechanismen, Baumanagement 2004

Helmus, Manfred/Weber, Andreas, Zusammenarbeit von General- und Nachunternehmern im schlüsselfertigen Hochbau, Baumarkt 2003, 20 f.

Hennig, Thomas, Die Vermutung beratungsgerechten Verhaltens – mehr als eine Erleichterung zum Kausalitätsnachweis?, VersR 2014, 922

Henssler, Martin/Strohn, Lutz, Gesellschaftsrecht, 2. Aufl. 2014

Henssler, Martin, Die Zukunft des Rechtsberatungsgesetzes, AnwBl 2001, 525

Herrmann, Carl/Heuer, Gerhard/Raupach, Arndt, Kommentar zum Einkommensteuer- und Körperschaftssteuergesetz einschließlich Nebengesetzen, Loseblattsammlung, 265. Lieferung, zit.: Bearbeiter, in: Herrmann/Heuer/Raupach, EStG

Hessing, Oskar, ISO 9001/2000 – Eine praxisgerechte Konzeption – Das Qualitätsmanagementsystem wurde überarbeitet und vereinfacht, DAB 2001, 46, 47

Hille, Christian Peter, Die konkludente Abnahme von Planungsleistungen, NZBau 2014, 339

Hinsich, Christian L./Horn, Norbert, Das Vertragsrecht der internationalen Konsortialkredite und Projektfinanzierungen, Berlin, New York 1985

Hoffmann, Hans-Erland/Schoper, Yvonne-Gabriele/Fitzsimons, Conor John, Internationales Projektmanagement, Interkulturelle Zusammenarbeit in der Praxis, Beck-Wirtschaftsberater in dtv, München 2004, S. 57 f.

Hoffmann, Wilfried, Commissioning – Von der Abnahme zur Inbetriebnahme komplexer Immobilien, Tagungsband der Facility Management Summer School, 2013, hrsg. von Körkemeyer, Karsten/Kurzrock, Björn-Martin/Hohmann, Joachim, Gebäudewirtschaft 2013 für die öffentliche Verwaltung, Energiemanagement, Vergabe und Finanzierung, Bauen und Betreiben, Schriftenreihe des Studiengangs Facility Management der Technischen Universität Kaiserslautern Band 2, Kaiserslautern 2014, S. 38 f.

Hofmann, Olaf/Koppmann, Werner, Erste Streitfragen bei Anwendung des neuen § 648 a BGB, in: BauR 1994, 305

Hök, Sebastian, Das Gesetz über die Bauabzugssteuer und die Auswirkungen auf die Durchsetzung von Werklohnansprüchen ZfBR 2002, 113

Homola, Josef Franz, Die Rolle des Projektsteuerers im Wandel, unveröffentlichtes Manuskript (1996)

Huth, Niklas C., Vorprojektplanung: Grundmodell und Leitfaden zur ganzheitlichen Planung von privaten Bauvorhaben in der Vorbereitungs- und Vorprojektphase, Frankfurt/Main 2000

Ingenstau, Heinz/Korbion, Hermann – Herausgeber Kratzenberg, Rüdiger/Leupertz, Stefan -, Kommentar zur VOB Teile A und B, herausgegeben von Horst Locher und Klaus Vygen, 18. Aufl. 2013, Düsseldorf

Jackson, Paul/Klobas, Jane, Building knowledge in project: Practical application of social constructivism to information systems development, in: International Journal of Project Management, 2008, 329

Jacob, Dieter/Ring, Gerhard/Wolf, Rainer, Freiberger Handbuch zum Baurecht, 3. Aufl. 2009, Bonn

Jagenburg, Walter, Die Entwicklung des Architekten- und Ingenieurrechts seit 1995, in: NJW 1997, 2277

Jagenburg, Walter, Juristisches Projektmanagement – bauvorbereitende und baubegleitende Rechtsberatung bei Projektentwicklung und Projektdurchführung, in: Festschrift für Heiermann (1995), S. 157 ff., zit.: Jagenburg, in: Festschrift für Heiermann, S. 157

Jagenburg, Walter, Fertigstellungsbescheinigung durch den TÜV, BauR 2001, 1816 ff.

Jakobs, Horst-Heinrich/Schubert, Werner, Die Beratung des Bürgerlichen Gesetzbuches in systematischer Zusammenstellung der unveröffentlichten Quellen, Berlin, New York 1980

Jaißle, Thomas, Vortrag auf dem zweiten Weinheimer Architekten- und Ingenieurtag 1997 (Manuskript), zit.: Jaißle, Vortrag Weinheim

Jang, I-Tung, Performing Complex Project Crashing Analysis with aid of Particle Swarm Optimization Algorithm, International Journal of Project Management, 2007, 637

Jochem, Rudolf/Kaufhold, Wolfgang, HOAI-Gesamtkommentar, 5. Aufl. 2012, Wiesbaden, zit.: Jochem, HOAI

Jochem, Rudolf, Planungsänderungen im Baufortschritt und ihre honorarmäßige Bewertung bei Architekten- und Ingenieuraufgaben, in: Festschrift für Heiermann (1995), S. 169 ff.

Jochem, Rudolf, VOF – Verdingungsordnung für freiberufliche Leistungen, in: DAB 1998, 49

Jochem, Rudolf, Der Planungsstop des Auftraggebers und seine Rechtsfolgen für den Architektenvertrag, Festschrift für Gerd Motzke zum 65. Geburtstag, Rechte und Gerechtigkeit am Bau, München 2007, S. 137 f.

Jochem, Rudolf, Zum Wettbewerbsausschluss eines Architekten wegen Vorbefassung bei Vergaben von Planungs- und Bauüberwachungsleistungen, in: Rechtshandbuch des ganzheitlichen Bauens, Festschrift für Hans Ganten, Wiesbaden 2007, S. 285 f.

Kämmerer, Axel, Projektsteuerung und Grundgesetz: § 31 HOAI im Lichte des Verfassungsrechts, in: BauR 1996, 162

Kalusche, Wolfdietrich, Der Architekt als Projektsteuerer, in: DAB 1996, 1667

Kalusche, Wolfdietrich, Planungsentscheidungen des Bauherrn, in: DAB 1998, 931

Kalusche, Wolfdietrich, Projektmanagement für Bauherren und Planer, 3. Aufl., München, Wien 2011

Kalusche, Wolfdietrich, Terminplanung: Aufgaben des Architekten, in Uelsner, Uta, Praxis der Planungs- und Bauökonomie München, 2009, S. 368

Kalusche, Wolfdietrich, BKI-Handbuch HOAI 2013, Stuttgart 2013

Kamphausen, Peter-Andreas/Warmbrunn, Dietmar, Bauschäden vermeiden durch baubegleitende Qualitätsüberwachung mit Sachverständigen (Teil 1), DAB 2002, 64

Kapellmann, Klaus (Herausgeber), Juristisches Projektmanagement, Düsseldorf 2007, zit.: Bearbeiter, in: Kapellmann, Juristisches Projektmanagement

Kapellmann, Klaus, Ein Construction Management Vertragsmodell, NZBau 2001, 592

Kapellmann, Klaus, Schlüsselfertiges Bauen: Rechtsbeziehungen zwischen Auftraggeber, Generalunternehmer, Nachunternehmer, 3. Aufl., Düsseldorf 2013

Kapellmann, Klaus, Die Berechnung der Vergütung nach Kündigung des Bau- oder Architektenvertrages durch den Auftraggeber, in: Kapellmann/Vygen, Jahrbuch Baurecht 1998, 35

Kapellmann, Klaus/Schiffers, Karl-Heinz, Vergütung, Nachträge und Behinderungsfolgen beim Bauvertrag, Band 1: Einheitspreisvertrag, 6. Aufl., Düsseldorf 2011, zit.: Kapellmann/Schiffers, Vergütung, Nachträge und Behinderungsfolgen beim Bauvertrag, Band 1

Kapellmann, Klaus/Schiffers, Karl-Heinz, Vergütung, Nachträge und Behinderungsfolgen beim Bauvertrag, Band 2: Pauschalvertrag, 5. Aufl., Düsseldorf 2011, zit.: Kapellmann/Schiffers, Vergütung, Nachträge und Behinderungsfolgen beim Bauvertrag, Band 2

Kapellmann, Klaus/Langen, Werner, Einführung in die VOB/B, 21. Aufl., Köln 2012, zit.: Kapellmann/Langen, Einführung in die VOB/B

Kapellmann, Klaus/Schiffers, Karl-Heinz, Einige Rechtsfragen zur funktionalen Leistungsbeschreibung, in: Baumarkt 1998, Heft 6, S. 42

Kapellmann, Klaus D., Partnering – ein neues Vertragsmodell, in: Festschrift für Gerd Motzke, S. 160 f.

Kapellmann, Klaus D./Messerschmidt, Burkhard, VOB Teile A und B, 4. Aufl., München 2013

Kaufhold, Wolfgang/Mayerhofer, Werner/Reichl, Georg, Die VOF im Vergaberecht, Gesamtüberblick und Kommentar, Köln 1999

Kemper, J. F., Demko, Daniela, Der Architekt als Generalplaner, DAB 1999, S. 658 ff.

Kemper, Ralf, Die Vereinbarung von Vertragsstrafen bei Fristüberschreitung in Allgemeinen Geschäftsbedingungen, BauR 2001, 1015

Kerzner, Harold, Projekt Management, Ein systemorientierter Ansatz zur Planung und Steuerung, 2. Aufl., Bonn 2008 (Übersetzung aus dem Amerikanischen)

Kesselring, Roland, Die Bauabzugssteuer – Kein Problem für Architekten!, BauR 2002, 1173

Kieserling, Friedhelm/Schmitz, Stefan, Rechtliche und praktische Fragen des Facility Managements, DB 2001, 1544

Klaft, Gary, Die Bauhandwerkersicherung nach § 648 a BGB, 1. Aufl., Düsseldorf 1998, zit.: Klaft, Bauhandwerkersicherung

Kleine-Cosack, Michael, Vom Rechtsberatungsmonopol zum freien Wettbewerb, NJW 2000, 1573 ff.

Kleine-Möller, Niels/Merl, Heinrich/Glöckner, Jochen, Handbuch des privaten Baurechts, 5. Aufl., München 2014

Kleine-Möller, Nils, Die Haftung des Auftraggebers gegenüber einem behinderten Nachfolge-Unternehmer, NZBau 2000, 401 ff.

Kneip, Petra, Projektmanagement: Eine systemtheoretische Analyse organisatorischer Stimmigkeit, Stuttgart 2004

Kniffka, Rolf/Koeble, Wolfgang, Kompendium des Baurechts, 4. Aufl., München 2014

Kniffka, Rolf, IBR-Seminarskript: Bauzeitverzögerung, 22.3.2002 in Hannover

Kniffka, Rolf, Die Zulässigkeit rechtsbesorgender Tätigkeiten durch Architekten, Ingenieure und Projektsteuerer, in: ZfBR 1994, 253 (Teil 1) und ZfBR 1995, 10 (Teil 2)

Kniffka, Rolf, Kürzung des Architektenhonorars wegen fehlender Kostenkontrolle, BauR 1996, 773

Kniffka, Rolf, Honorarkürzung wegen nicht erbrachter Architektenleistungen – Abschied vom Begriff der zentralen Leistung, Festschrift Vygen, S. 20 ff.

Kniffka, Rolf, Die Kooperationspflichten der Bauvertragsparteien im Bauvertrag, Jahrbuch Baurecht 2000, 1 ff.

Kniffka, Rolf, Gesamtschuldnerausgleich im Baurecht, BauR 2005, 274 f.

Kniffka, Bauvertragsrecht, Kommentar zu §§ 631-651 BGB unter besonderer Berücksichtigung der Rechtsprechung des BGH, 2011

Kniffka, Rolf, Vergütung für nicht erbrachte Grundleistungen – schuldrechtliche Grundlagen, Seminarskript, Fachtagung des BVS-Bundesfachbereichs am 23.01.2015, S. 18 f.

Knipp, Bernd, Projektmanagement auf gesicherter Rechtsgrundlage, Eschborn 1996, zit.: Knipp, Projektmanagement

Knipp, Bernd, Rechtsprobleme im dynamischen Planungsprozess, Festschrift für Reinhard Thode, München 2005, 451 f.

Koch, Gottfried/Ostner, Julia/Peisker, Marco/Schülke, Oliver, Eine Analyse ultimaten Verhaltens als Erklärungsansatz des moral hazards, ZVersWiss (2009), 98:315, 318

Kochendörfer, Bernd, Entwicklungstendenzen im Projektmanagement oder: Kundenorientierung versus § 31 HOAI?, in Kapellmann/Vygen, Jahrbuch Baurecht 1999, S. 267

Kochendörfer, Bernd/Liebchen, Jens, Bau-Projektmanagement, Grundlagen und Vorgehensweisen, Stuttgart/Leipzig/Wiesbaden 2010, 4. Aufl.

Kochendörfer, Bernd Mediation bei Bauprojekten, Eine klassische PM-Aufgabe im Rahmen von freiwilligen Konfliktlösungsverfahren, Projektmanagement 2004, Heft 2, S. 20 f.

Koeble, Wolfgang/Grziwotz, Herbert, (Hrsg.), Rechtshandbuch Immobilien, Loseblatt, München, zit.: Koeble, Rechtshandbuch Immobilien

König, Hartmut, Rechtsberatungsgesetz in Gefahr, ZRP 2001, 409 ff.

Korbion, Hermann/Mantscheff, Jack/Vygen, Klaus, HOAI-Kommentar, München, 8. Aufl. 2013

Kraus, Steffen, Bauverzögerungen durch Vorunternehmer, BauR 2000, 1105 ff.

Krause-Allenstein, Florian, Die Haftung des Architekten für Bausummenüberschreitung und sein Versicherungsschutz, Düsseldorf 2001

Krimmling, Jörn, Facility Management, Strukturen und methodische Instrumente, Stuttgart 2005

Krön, Elisabeth, Projekt- und Qualitätsmanagement für Architekten, Projektmanagement 1/2001, 21

Krönung, Hans Dieter, Die Managementillusion, Stuttgart 2007

Kulartz, Hans-Peter, Neue Wege kommunaler Wirtschaftsbetätigung, in: VergabeR 1998, Heft Nr. 2, 25

Kulartz, Hans-Peter/Portz, Norbert/Düsterdiek, Bernd/Röwekamp, Hendrik, VOL und VOF, Kurzerläuterungen für die Praxis, 4. Aufl., Stuttgart/Berlin/Köln 2004

Kulartz, Hans-Peter/Marx, Friedhelm/Portz, Norbert/Prieß, Hans-Joachim, Kommentar zur VOL/A, Düsseldorf 2014, 3. Aufl.

Kulartz, Hans-Peter/Kus, Alexander/Portz, Norbert, Kommentar zum GWB- Vergaberecht, 3. Aufl., Köln 2014

Kyrein, Rolf, Immobilien: Projektmanagement, Projektentwicklung und -steuerung, Köln 2002, 2. Aufl.

Lachnit, Laurenz, Controllingkonzeption für Unternehmen mit Projektsteuerungstätigkeiten, München 1994

Langen, Werner, Die Dach-ARGE im Spannungsfeld zwischen Gesellschafts- und Bauvertragsrecht, in Kapellmann/Vygen, Jahrbuch Baurecht 1999, S. 64 f.

Lansnicker, Frank/Schwirtzek, Thomas, Zum Anwendungsbereich des § 20 HOAI, BauR 2000, 56

Larenz, Karl, Methodenlehre der Rechtswissenschaft, 4. Aufl., Berlin 2014, zit.: Larenz, Methodenlehre

Lauer, Jürgen/Wurm, Christoph, Die Haftung des Architekten bei Bausummenüberschreitung, Düsseldorf 2012, 6. Aufl.

Lauer, Jürgen, Herausgabe der für den Weiterbau erforderlichen Pläne und Zurückbehaltungsrecht des Architekten, BauR 2000, 812

Lawrence, David, Was können Auftraggeber, Generalunternehmer und Projektmanager aus internationalen Erfahrungen, speziell der CPM-Praxis in den USA lernen?, Euroforum-Seminarskript (25.9.2001)

Lechner, Hans, Kommentar zum Leistungsbild für die Projektsteuerung HOPS 2001, Graz 2007

Lechner, Hans, in: LM.VM.2014, Verlag der TU Graz 2014, erstellt mit Unterstützung der Bundeskammer der Architekten und Ingenieurkonsulenten, Wien.

Lederer, Honorarmanagement bei Architekten- und Ingenieurverträgen, 3. Aufl., Berlin 2011

Lehmann, Sascha, Best efforts- und best endeavors-Verpflichtungen im US-amerikanischen und englischen Wirtschaftsrecht, Heidelberg 2004

Leinemann, Ralf, VOB-Vertrag: Leistungsverweigerungsrecht des Bauunternehmers wegen fehlender Nachtragsbeauftragung?, NJW 1998, 3672

Leinemann, Ralf/Sterner, Petra, § 648 a BGB: Zu Art und Höhe der Sicherheit sowie zum Zeitpunkt des Sicherheitsbegehrens, BauR 2000, 1414

Lenzen, Elmar, Fragen zum Architektenpauschalvertrag, in: BauR 1991, 692 ff.

Liepe, Horst, Mängelbeseitigung des Auftragnehmers erst nach Sicherheit gem. § 648 a BGB

Ling, Florence Yean, How project managers can better control the performance, International Journal of Project Management, 2004, 477

Litke, Hans-D., Projektmanagement, Methoden, Techniken, Verhaltensweisen, Evolutionäres Projektmanagement, 5. Aufl., München 2007

Locher, Horst/Koeble, Wolfgang/Frik, Werner, Kommentar zur HOAI, 12. Aufl., Düsseldorf 2014, zit.: Locher/Koeble/Frik, HOAI

Locher, Horst, Das private Baurecht, 8. Aufl., München 2012, zit.: Locher, Das private Baurecht

Locher, Horst, Rechtliche Grundlagen und Einordnung des Projektsteuerers, Vortrag auf den Freiburger Baurechtstagen 1995 (unveröffentlichtes Manuskript), zit.: Locher, Rechtliche Grundlagen und Einordnung des Projektsteuerers

Locher, Horst, Zur Vergabe von Architekten- und Ingenieurleistungen nach der Verdingungsordnung für freiberufliche Leistungen (VOF), in Kapellmann/Vygen, Jahrbuch Baurecht 1999, S. 240, zit.: Locher, in Kapellmann/Vygen, Jahrbuch Baurecht 1999, S. 240 ff.

Lock, Dennis, Projektmanagement, 1. Aufl., Wien 1997, zit.: Lock, Projektmanagement

Löffelmann, Peter/Fleischmann, Guntram, Architektenrecht, 6. Aufl., Düsseldorf 2012, zit.: Löffelmann/Fleischmann, Architektenrecht

Löwe, Hans Peter, Die Vergütungsklage des Unternehmers nach Kündigung des Werkvertrages durch den Auftraggeber nach § 649 Satz 2 BGB unter Berücksichtigung der Entscheidungen des BGH vom 8.2.1996, 10.10.1996 und 7.11.1996, ZfBR 1998, 121

Lück, Wilfried, Projektsteuerung – Bauherrenaufgaben definieren und sinnvoll delegieren, Seminarskript ZEBT der PROMA Ingenieurgesellschaft der Project-Management und Baubetreuung in Berlin

Maaß, Frank, Nachbarrechtliche Probleme bei der Baudurchführung, BauR 2007, 1650

Madauss, Bernd J., Handbuch Projektmanagement, 6. Aufl., Stuttgart 2000, Madauss, Handbuch Projektmanagement

Malik, Fredmund, Strategie des Managements komplexer Systeme, Ein Beitrag zur Management-Kybernetik evolutionärer Systeme, Bern, Stuttgart, Wien 8. Aufl., 2003

Mankowski, Peter, Der internationale Anwendungsbereich des Rechtsberatungsgesetzes, Anwaltsblatt 2001, 73

Marcks, Peter, Makler- und Bauträgerverordnung mit § 34 c GewO und MaBVwV, 9. Aufl., München 2014, zit.: Marcks, Makler- und Bauträgerverordnung

Markus, Jochen/Kaiser, Stefan/Kapellmann, Susanne, AGB-Handbuch Bauvertragsklauseln, 3. Aufl., Köln 2011

Mauritz von Strachwitz, Strategisches Facilities Management (Projektbeispiel), in: DVP, Schnittstellen des Projektmanagements, 2006

Meinen, Heiko/Schriek, Thomas, Akquizieren und Beraten, Baumarkt 2001, 2

Meißner, Martin, Due Diligence Checklist für Immobilien-Projektentwickler, in: ZfIR 1998, 437

Meissner, Kurt, Architektenvertrag: Leistungspflichten und Honorarordnung, Festschrift für Klaus Vygen, Düsseldorf 1999, S. 38, 42

Messerschmidt, Burkhard (Hrsg.)/Voit, Wolfgang, Privates Baurecht, Kommentar zu §§ 631 ff. BGB, München 2012, 2. Aufl.

Messerschmidt, Burkhard, Die Mehraufwendungen des Architekten aus verlängerter Bauzeit, in: Festschrift für Walter Jagenburg, München 2002, S. 607

Meurer, Karsten, Die Haftung der am Bau Beteiligten bei Verletzung der Pflichten nach der Baustellenverordnung, DAB 3/2002, 49

Meurer, Karsten, Über das Vorliegen und die Vergütung von Änderungsleistungen des Architekten, DAB 2000, 1563

Meurer, Karsten, Änderungsbefugnis des Bauherrn im Architekten- oder Planungsvertrag?, BauR 2004, 904 f.

Meurer, Wolfgang, Kooperationspflichten der Bauvertragsparteien – Konsequenzen für die Baupraxis, MDR 2001, 848

Michalski, Lutz/Römermann, Volker, Interprofessionelle Zusammenarbeit von Rechtsanwälten, in: NJW 1996, 3233

Michel, Dietmar, Projektmanagement von Fabrik-Neu- und -Umbauten, in DVP, Projektmanagement in Praxisbeispielen, zit.: Michel, in: DVP, Projektmanagement in Praxisbeispielen

Miegel, Jürgen, Die Haftung des Architekten für höhere Baukosten sowie fehlerhafte und unterlassene Kostenermittlung, Düsseldorf 1995, zit.: Miegel, Die Haftung des Architekten

Minckwitz, Ursula von, Gewährleistung des Projektsteuerers, Vortragsmanuskript IIR-Seminar Dezember 1997

Minckwitz, Ursula von, Zur AGB-Widrigkeit der §§ 1 Nr. 3 und 4 VOB/B im Lichte der Rechtsprechung zu § 315 BGB, BrBp 2005, 170 f.

Minckwitz, Ursula von, Zielkonflikte bei Architektenverträgen, BrBp 2005, 260 f.

Mittelstädt, Norbert, Leitlinie zur projektbezogenen Spezifikation und erfolgsabhängigen Honorarbemessung von extern beauftragten Projektmanagementleistungen im Hochbau, Kassel 2006

Mitter, Gernot, Verschwendung – Maxime öffentlicher Vergaben?, DAB 5/2001, 26

Mochmann, Heinz, Vortrag auf dem zweiten Weinheimer Architekten- und Ingenieurtag 1997 (Manuskript), zit.: Mochmann, Vortrag Weinheim

Möllers, Christoph, in: Korbion, Baurecht, Teil 14, Düsseldorf/Köln 2005

Moog, Ilona, Von Risiken und Nebenwirkungen der Baustellenverordnung, BauR 1999, 795

Morlock, Alfred, Anm. zu OLG Frankfurt/M. IBR 1998, 262, in: IBR 1998, 262

Moeser, Ekkehard, Der Generalunternehmervertrag mit einer GMP-Preisabrede, in: ZfBR 1997, 113

Morris, Peter, Jamieson, Ashley, Shepherd, Miles, Research Updating the APM Body of Knowledge, 4th Edition, International Journal of Project Management, 2006, 461 f.

Motzel, Erhard (Herausgeber), Projektmanagement in der Baupraxis bei industriellen und öffentlichen Bauprojekten, Berlin 1993, zit.: Bearbeiter, in: Motzel, Projektmanagement in der Baupraxis

Motzke, Gerd, Planungsänderungen und ihre Auswirkungen auf die Honorierung, in: BauR 1994, 570

Motzke, Gerd, Die Architektur des Architekten-/Planervertrages – der Verlust eines Leitbildes?, BauR 1999, 1250 ff.

Motzke, Gerd, Der Planervertrag – Beauftragung, Abwicklung, Abrechnung zwischen BGB und HOAI, in: Feschrift für Jagenburg, S. 639 f.

Motzke, Gerd/Wolff, Rainer/Budiner, Erik, Praxis der HOAI, Ein Leitfaden für Architekten, Ingenieure, Sachverständige, Bauherren und deren Berater, München 3. Aufl., 2004

Motzke, Gerd, Architektenvertrag – Rechtspraxis und Parameter für eine Inhaltsvorgabe – Die Wende des BGH, in: Festschrift für Werner, S. 47

Müller, Ralf/Turner, Rodney, The impact of principal-agent relationship and contract type on communication between project owner and manager, The International Journal of Project Management, 2005, 398

Müller, Ursula, Partnerschaftsgesellschaft – eine Rechtsform für freie Berufe aus der Sicht der freiberuflichen Leistung, in: FR 1995, 402

Müller, Wolfgang-Hans, Ziele, Aufgaben und Aktivitäten des Bauherrn – Das Dreiecksverhältnis: Investor, Planer und Unternehmer, Vortragskonzept für den Vortrag am 28.6.1995 in Köln

Müller, Wolfgang-Hans, Aufgabenverteilung zwischen Controlling, Projektleitung, Projektsteuerung, Objektüberwachung und Fachbauleitung, Manuskript für das DVP-Seminar in Berlin 1996

Müller, Wolfgang-Hans, Der Projektsteuerungsvertrag – Honorierung der Projektsteuerung, DVP-Fachtagung in Neuss am 21.2.1992, zit.: Müller, in: Der Projektsteuerungsvertrag – Honorierung der Projektsteuerung

Müller, Wolfgang-Hans, Aufgaben, Honorare und Personalbedarf des öffentlichen Bauherrn bei Planung und Bau, WIBERA-Sonderdruck Nr. 148, Juli 1983

Müller-Wrede, Malte, Die Bedeutung der Mindestsatzregelung der HOAI für die Vergabe von Planungsleistungen im Rahmen der VOF, ZVgR 1998, 375

Müller-Wrede, Malte, Verdingungsordnung für freiberufliche Leistungen (VOF), in: BauR 1998, 470

Müller-Wrede, Malte/Hebel, Peter/Kulartz, Hans-Peter/Marx, Friedhelm/Portz, Norbert/Röwekamp, Hendrik, Verdingungsordnung für freiberufliche Leistungen (VOF), 4. Aufl., Düsseldorf 2011, zit.: Bearbeiter, in: Müller-Wrede, VOF

Müller-Wrede, (Hrsg.) Malte, Verdingungsordnung für Leistungen, VOL/A-Kommentar, 4. Aufl., Köln 2014

Münchener Kommentar zum Bürgerlichen Gesetzbuch, Band 2: Schuldrecht Allgemeiner Teil (§§ 241–432), 6. Aufl., München 2012, zit.: Bearbeiter, in: Münchener Kommentar, BGB

Münchener Kommentar zum Bürgerlichen Gesetzbuch, Band 4: Schuldrecht Besonderer Teil II (§§ 607–704), 6. Aufl., München 2012, zit.: Bearbeiter, in: Münchener Kommentar, BGB (§§ 611 – 704) 6. Aufl. 2012

Mundt, Achim, Die Planfreigabe im Baurecht, NZW 2008, 2891 heute NJOZ, 2008, 3371

Müsse, Hans-Gabriel, Rechtliche Probleme beim Baufortschrittsdarlehen, BauR 1999, 22

Najork, Eike, Der Facility Management-Vertrag, NJW 2006, 2881 f.

Neddermann, Rolf, Die wirtschaftliche Führung des Architektenbüros – Vorausbestimmung von Projektsollzielen, in: DAB 1998, 1021

Neuenfeld, Klaus/Baden, Eberhard/Dohna, Inge/Groscurth, Eberhard, Handbuch des Architektenrechts, Band 2, HOAI, 3. Aufl., Stuttgart/Berlin/Köln 2008, 18. Ergänzungslieferung 2012

Neuenfeld, Klaus, Wirksame Honorarvereinbarungen nach der HOAI in der Rechtsprechung der Obergerichte, in: BauR 1998, 458

Neuenfeld, Klaus, Einige Zweifelsfragen bei Anwendung der VOF für Fachingenieure, in: ZVgR 1998, 508

Neuenfeld, Klaus, Die Grundlagenermittlung nach der HOAI, NZBau 2000, 405

Neuenfeld, Klaus, Der Generalplaner und sein Auftraggeber, in: Rechtshandbuch des ganzheitlichen Bauens, Festschrift für Hans Ganten, Wiesbaden 2007, S. 27 f.

Neuhaus, Kai-Jochen, Die Vollmacht des Architekten, Baurecht und Baupraxis 2004, 54 – 59

Neyhäusel, Fredrik, Rechtsfragen der baubegleitenden Qualitätsüberwachung, BauR 2004, 401

Nikolini, Davide, Practice Theory, Work & Organization, Oxford 2012

Oberhauser, Iris, Formelle Pflichten des Auftragnehmers bei Behinderungen, BauR 2001, 1177

Oberhauser, Iris, Bauvertragsrecht im Umbruch, Werner Verlag, Düsseldorf 1999

Oepen, Ralf-Peter, Bauprojekt-Controlling, Baumarkt 2003/Heft 5, 28

Ohlig, Joachim, C., Projektsprache und Projekterfolg, in: Bechler/Lange, DIN-Normen im Projektmanagement, Berlin 2005, S. 15 f.

Oleniczak, Gregor, Flughafen Frankfurt: Großes Projekt Flugsteig A+plus, Risikomanagement aus kaufmännischer Sicht – ein Praxisbeitrag, Projektmanagement aktuell, 2014, 31 f.

Palandt, Otto, Kommentar zum Bürgerlichen Gesetzbuch, 66. Aufl., München 2007, zit.: Bearbeiter, in: Palandt, BGB und Ergänzungsband zur 73. Aufl. 2014 (Gesetz zur Modernisierung des Schuldrechts)

Patzak, Gerold/Rattay, Günter, Projektmanagement, 6. Aufl., Wien 2014

Pauly, Holger, Zur Frage des Umfangs der Architektenvollmacht, in: BauR 1998, 1143

Pauly, Holger, Die Honorierung des Architekten im Falle fehlender bzw. unvollständiger Teilleistungen, NZBau 2006, 295 f.

Peters, Frank, Das Gebot des wirtschaftlichen Arbeitens beim Stundenlohnvertrag und beim Einheitspreisvertrag, NZBau 2009, 673

Peters, Frank, Die Kündigung des Werkvertrags aus wichtigem Grund, NZBau 2014, 681

Pfarr, Karl-Heinz/Hasselmann, Willi/Will, Ludwig, Bauherrenleistungen und die §§ 15 und 31 HOAI, Essen 1984, zit.: Pfarr/Hasselmann/Will, Bauherrenleistungen

Pfarr, Karl-Heinz/Arlt, J./Hobusch, R., Das Planungsbüro und seine Kosten, Wuppertal 1974, zit.: Pfarr/Arlt/Hobusch, Das Planungsbüro und seine Kosten

Pfeiffer, Astrid, Vom Pyramidenbau zum Manhatten-Project, 25 Jahre GPM: Projektmanagement im Spiegel der Zeit, Teil 1, Projektmanagement, 2004, S. 3.

Pfohl, Hans-Christian/Stölzle, Wolfgang, Planung und Kontrolle, Konzeption, Gestaltung, Implementierung, 2. Aufl., München 1997, zit: Pfohl/Stölzle, Planung und Kontrolle

Phillip, Gerhard, Auf der Suche nach der Realität, 3. Aufl., Norderstedt 2008

Portz, Evelin, Die Honorierung des Sicherheits- und Gesundheitskoodinators nach der Baustellenverordnung, BauR 2002, 1160 ff.

Pott, Werner/Dahlhoff, Willi/Kniffka, Rolf/Rath, Heike, HOAI-Kommentar, 9. Aufl., Essen 2011, zit.: Pott/Dahlhoff/Kniffka, HOAI

Prappe, Dirk, Management von Nutzerleistungen, in: DVP, Strategien des Projektmanagements, Teil 8, Weiterentwicklung der Projektsteuerung zum Bauprojektmanagement, 2003

Preuß, Norbert, Änderungsmanagement in der Angebots- und Ausführungsphase, Vortragsmanuskript (7.3.1996)

Preuß, Norbert, Entscheidungsprozesse im Projektmanagement von Hochbauten bei verschiedenen Unternehmenseinsatzformen, Jahrbuch Baurecht 2001, S 189

Preuß, Norbert, Projektmanagement beim Einsatz von Kumulativ-Leistungsträgern, in: DVP e. V. (Hrsg.), Strategien des Projektmanagements – Teil 8, DVP-Verlag, Wuppertal 2003

Preuß, Norbert/Schöne, Lars, Real Estate und Facility Management; aus der Sicht der Consultingpraxis, 3. Aufl., Berlin 2010

Preussner, Mathias, Anm. zu LG Konstanz, Urt. v. 29.3.1996, Az.: 3 O 508/95, in: IBR 1998, 32

Preussner, Mathias, Der fachkundige Bauherr, Baurechtliche Schriften Band 46, Düsseldorf 1998, zit.: Preussner, Der fachkundige Bauherr

Preussner, Mathias, Architekt und Nacherfüllung, in: Rechtshandbuch des ganzheitlichen Bauens, Festschrift für Hans Ganten, Wiesbaden 2007, S. 37

Project Management Institute Guide to the Project Management Body of Knowledge, 5. Aufl. 2013, Deutsche Übersetzung, USA 2004

Putzier, Dieter, Der unvermutete Mehraufwand für die Herstellung des Bauwerks, Leistungspflicht und Vergütung bei unterbliebener Vertragsanpassung, Baurechtliche Schriften Band 33, Düsseldorf 1997

Quack, Friedrich, Projektsteuerung, ein Berufsbild ohne Rechtsgrundlage, BauR 1995, 27

Quack, Friedrich, Probleme beim Anwendungsbereich der VOF. Was heißt eindeutig und erschöpfend beschreibbar?, BauR 1997, 899

Quack, Friedrich/Thode, Reinhold, Gestaltung von Architektenverträgen, Vortrag Mannheim 3.4.1998

Quack, Friedrich, Über die Verpflichtung des Auftraggebers zur Formulierung der Leistungsbeschreibung nach den Vorgaben von § 9 VOB/A, in: BauR 1998, 381

Quack, Friedrich, Einige Probleme der Vergütungsabrechnung nach § 649 S. 2 BGB, in: Festschrift für von Craushaar (1997), S. 309 ff.

Quack, Friedrich, Fällt der Sicherheits- und Gesundheitskoordinator nach der Baustellenverordnung unter die HOAI?, BauR 2002, 541

Quack, Friedrich, Projektmanagement als vertragsjuristische Aufgabe, in: Festschrift Thode, S. 99 f.

Quack, Friedrich, Vertragsauslegung und Auslegungsvorgaben in technischen Regelwerken, ZfBR 2002, 641

Racky, Peter, Entwicklung einer Entscheidungshilfe zur Festlegung der Vergabeform, Fortschritt-Berichte VDI Reihe 4 Nr. 142, Düsseldorf 1997

Racky, Peter/Stichnoth, P., Die Bemusterung als erfolgskritischer Teilprozess bei der Abwicklung schlüsselfertiger Hochbauprojekte, in: Tagungsband ICC-Seminar »Herausforderungen bei der Entwicklung und Abwicklung von innerstädtischen Großprojekten, Universität Innsbruck, 2008

Rath, Heike, Der Architekt schuldet das Entstehenlassen eines mangelfreien Bauwerks – kritische Anmerkungen zu einer gängigen Behauptung – Überlegungen zu einer Neubestimmung, in: Festschrift Thode, München 2005, S. 487

Rausch, Volker, Facility Management am Planungstisch, in: Oelsner, Uta, Praxis der Planungs- und Bauökonomie, München 2009, S. 177

Ricard, Matthin/Xuan, Thuan Trinh, Quantum und Lotus, München 2001

Rintelen, Claus von, Vergütungsansprüche des Architekten im Falle der sog. freien Kündigung des Architektenvertrages – Zulässigkeit seiner Pauschalierung durch AGB, BauR 1998, 603

Rintelen, Claus von, Lücken im Haftpflichtversicherungsschutz, NZBau 2006, 401

Rintelen, Claus von, Die Sekundärhaftung des Architekten, NZBau 2008, 209

Roberts, John, Management, Über die Gestaltung effektiver Organisationen, München 2007

Roquette, Andreas, J./Otto, Andreas, Vertragsbuch privates Baurecht, 2. Aufl., München 2011

Röhrich, Lothar, Die Honorierung der baubegleitenden Qualitätskontrolle aus Sicht des Sachverständigen, BauR 2004, 413 f.

Roquette, Andreas-J., Vollständigkeitsklauseln: Abwälzung des Risikos unvollständiger oder unrichtiger Leistungsbeschreibungen auf den Auftragnehmer, NZBau 2001, 57

Rösel, Wolfgang, Baumanagement: Grundlagen, Technik, Praxis, 3. Aufl., Berlin 1994, zit.: Rösel, Baumanagement

Ruf, Hans-Ulrich, Projektsteuerung: Zur Diskussion gestellt, in: DAB 1990, 957

Saerbeck, Klaus, Die Abgrenzung der Pflichten des Architekten von denen des Projektsteuerers, in: Festschrift für Rudolf Jochem, herausgegeben von Hans Ganten, Architektenrecht aktuell – Verantwortung und Vergütung bei Architektenleistungen, Wiesbaden 2014, S. 271 f.

Sangenstedt, Hans-Rudolf, Bauherr, Planer, Ausführer, in: Festschrift für Werner, S. 231

Saynisch, Manfred, Systemtheorie und Systembegriff – zur koevolutiven Entwicklung von Systemtheorie und Projektmanagement sowie zur Systematik und Anwendung des Systembegriffs im Projektmanagement, in: Saynisch, Manfred/Lange, Dietmar, Neue Wege im Projektmanagement, Ergebnisse 1996 bis 2000, GPM Deutsche Gesellschaft für Projektmanagement e. V., München/Stuttgart 2002, S. 63 f.

Saynisch, Manfred/Lange, Dietmar (Hrsg.), Neue Wege im Projektmanagement, Ergebnisse 1996 bis 2000, GPM Deutsche Gesellschaft für Projektmanagement, Stuttgart 2002

Schabel, Thomas, VOL/A und VOF: Neue Vorschriften für die Vergabe von Dienstleistungen, in: VergabeR 1997, Heft Nr. 4, 40

Schäfer, Hans/Finnern, R., Rechtsprechung der Bauausführung (Loseblattsammlung), Düsseldorf 1954

Schäfer, Jürgen/Conzen, Georg, Praxishandbuch der Immobilien-Projektentwicklung, 3. Aufl., München 2013, zit. Schäfer/Conzen, Praxishandbuch der Immobilien-Projektentwicklung

Schanz, Günther, Organisationsgestaltung, 2. Aufl., München 1994

Scheer, August-Wilhelm, Projektsteuerung, Wiesbaden 1978

Schelle, Heinz/Reschke, Hasso/Schnopp, Reinhard/Schub, Adolf, Projekte erfolgreich managen (Loseblattausgabe), Köln 1994

Schelle, Heinz, Projektmanager und ihr Ruf in den vergangenen Jahrhunderten, Projektmanagement 2003, Heft 2, S. 4

Schelle, Heinz/Ottmann, Roland/Pfeifer, Astrid, Projektmanager, 3. Aufl., Nürnberg 2008 (GPM Deutsche Gesellschaft für Projektmanagement e. V.)

Schieg, Martin, Asymmetrische Information im Projektmanagement, in: Oelsner, Uta, Praxis der Planungs- und Bauökonomie München 2009, S. 28 f.

Schiffers, Karl-Heinz, Ausführungsfristen – ihre Festlegung und ihre Fortschreibung bei auftraggeberseitig zu vertretenden Behinderungen, in: Kapellmann/Vygen, Jahrbuch Baurecht 1998, S. 275 ff., zit.: Schiffers, in: Kapellmann/Vygen, Jahrbuch Baurecht 1998, 275

Schiffers, Karl-Heinz, Zur Objektivierung der Vergütungsermittlung nach auftraggeberseitiger freier Kündigung von Planungsverträgen, NZBau 2002, 185

Schill, Nicolas, Der Projektsteuerungsvertrag, München 2000

Schill, Nicolas, Die Entwicklung des Rechts der Projektsteuerung seit 1998, NZBau 2002, 201

Schill, Nicolas, Die Entwicklung des Rechts der Projektsteuerung seit 2002, NZBau 2005, 489 f.

Schlapka, Franz-Josef, Kooperationsmodell – ein Weg aus der Krise, BauR 2001, 1646

Schlemminger, Horst, Nachhaltigkeitszertifikate in Immobilienverträgen, NJW 2014, 3185 f.

Schlenke, Egon H./Thomas, Peter, Verpflichtung formell privater Gesellschaften der öffentlichen Hand zur Anwendung des öffentlichen Vergaberechts, in: BauR 1997, 412

Schlüter, Andreas, Management- und Consultingverträge, die Vertragstechnik des internationalen Transfers von Betriebsführungs- und Beratungsleistungen, Berlin, New York 1987

Schmeel, Günter, Aktuelle Entwicklungen im Architektenrecht, MDR 2001, 620

Schmitt, Steffen, Randbedingungen der projektbegleitenden Zusammenarbeit von Jurist und Projektsteuerer bei der Planung und Realisierung komplexer Bauvorhaben, Diplomarbeit Technische Universität Berlin, Fachgebiet Baubetrieb und Baumaschinen, 1998

Schmidt, Ludwig, Kommentar zum Einkommensteuergesetz, 33. Aufl., München 2014, zit.: Bearbeiter, in: Schmidt, EStG

Schmidt, Jörg, Wie sind Planungsänderungen zu honorieren?, BauR 2000, 51 ff.

Schmidt, Jörg, Besondere Gestaltungsmöglichkeiten für Architekten- und Ingenieurverträge, BauR 1999, 538

Schmidt, Burkhard, Erfahrungen mit Partnering und GMP-Verträgen, in: IBW-Symposium 2004, Partnerschaftliche Vertragsmodelle für Bauprojekte, Kassel 2004

Schneider, Klaus-Jürgen, Bautabellen für Architekten mit Berechnungshinweisen und Beispielen, 21. Aufl., Düsseldorf 2014, zit.: Bearbeiter, in: Schneider, Bautabellen

Schneider, W., Alternative Honorarmodelle im Projektmanagement, in: DVP, Neue Leistungsbilder und Honorarmodelle zum Bauprojektmanagement, Wuppertal 2004

Schniewind, Friedrich, Baukostenüberschreitung beim Bauherrenmodell, BB 1983, 2196

Schnoor, Carsten, Projektsteuerung, Einsatz freiberuflicher Projektsteuerer in der staatlichen Bauverwaltung, Die Bauverwaltung + Bauamt; Gemeindebau, 1994, 187 ff.

Scholtissek, Friedrich-Karl, Die Verjährungsregeln zum Architekten- und Ingenieurhonorar sind zu überdenken!, in: ZfJR 1998, 266

Scholtissek, Friedrich-Karl, Rechtsberatung durch Architekt, in: Rechtshandbuch des ganzheitlichen Bauens, Festschrift für Hans Ganten, Wiesbaden 2007, S. 66 f.

Schork, Andreas, Grundlagen zur RBBau, Köln

Schorn, Steuerberatung und Rechtsberatung, in: NJW 1961, 993

Schott, Eric/Campana, Christopf, Strategisches Projektmanagement, Berlin, Heidelberg 2005

Schramm, Clemens/Steeger, Frank, Vorschläge HOAI 2000plus, BauR 2003, 445

Schrammel, Florian, Die Werkaufgabe des Architekten in Abgrenzung zu den anderen Baubeteiligten, Baden-Baden 2004

Schubert, Eberhard/Reister, Dirk, Ist in der Baukalkulation der gesonderte Ausweis des Wagnisses in Abgrenzung zum Gewinn angemessen?, in Kapellmann/Vygen, Jahrbuch Baurecht 1999, S. 253

Schulte, Karl-Werner/Bone-Winkel, Stephan, Handbuch Immobilien-Projektentwicklung, 2. Aufl., Köln 2002

Schulte, Karl-Werner, Baubetrieb und Baurecht in der Immobilienökonomie, in: Festschrift für Karl-Heinz Schiffers zum 60. Geburtstag, Düsseldorf 2001

Schulte, Karl-Werner/Thomas, Matthias, Handbuch Immobilien-Portfolio-Management, Köln 2007

Schulte, Karl-Werner/Schäfers, Wolfgang/Pöll, Eleonore/Amon, Markus, Handbuch Immobilienmanagement der öffentlichen Hand, Köln 2006

Schultz, Wolfgang, Projektmanagement und Baucontrolling, Die Bauverwaltung + Bauamt; Gemeindebau 1996, 423

Schultz-Süchting, Niko/Tegtmeyer, Sonja, Nachhaltige Immobilien: Der Grüne Mietvertrag, Zeitschrift für Immobilienrecht 2010, 117 – 123

Schulze-Wischeler, Thomas/Toffel, Friedrich, Untersuchungen zur Verbesserung der internen Steuerung von Generalplanern, Baumanagement + Bauwirtschaft 2008, 38 f.

Schwenker, Christian, Entscheidung des BGH: Abschied von den zentralen Leistungen?, DAB 2004, 48 f.

Schwenker, Christian/Schramm, Clemens, Das Honorar des Architekten bei Verzögerung der Bauzeit, ZfIR 2005, 121

Schwer, Carl-Stephan, Zum Vertrags- und Urheberrecht des Architekten bei gestalterischen Änderungswünschen, in: BauR 1997, 401

Schulze-Hagen, Alfons, § 648 a BGB – Eine Zwischenbilanz, BauR 2000, 28 ff. Schulze-Hagen, Alfons, § 648 a BGB – Auch nach der Abnahme anwendbar?, BauR 1999, 210

Schulze-Hagen, Mindermengenabrechnung gemäß § 2 Nr. 3 Abs. 3 VOB/B und Vergabegewinn, in Festschrift für Jagenburg, 2002, S. 815 f.

Scriven, John/Pritchard, Nigel/Delmon, Jeff, A Contractual Guide to Major Construction Projects, London 1999

Seeling, Reinhard, Termine planen und durchsetzen – Projekte zielsicher steuern, in: Bauwirtschaft 1982, 1757

Seibert, Siegfried, Agiles Projektmanagement, Projektmanagement 2007, 41 f.

Seifert, Werner/Preußner, Mathias, Baukostenplanung, 4. Aufl., Köln 2012

Seifert, Werner, Zu den Leistungspflichten des Architekten bei der Kostenplanung, in: Festschrift für Gerd Motzke, S. 393 f.

Seifert, Werner, Ermittlung des erbrachten Leistungsanteils des Architekten bei unvollständiger Objektüberwachung, in: Festschrift für Werner, S. 145

Seminar Rechtliche Problemstellungen beim Projektmanagement, Schriftenreihe der Deutschen Gesellschaft für Baurecht e. V., Band 23, Wiesbaden 1995, zit.: Bearbeiter, in: Seminar rechtliche Problemstellungen beim Projektmanagement

Seyfferth, Günter, Praktisches Baustellencontrolling, Handbuch für Bau- und Generalunternehmer, Wiesbaden 2003

Schneyder, Dr. Wolfram von, Stakeholder-Management durch Projektsteuerung – vom Konzept zur konkreten Umsetzung, S. 2 f., in: DVP Projektmanagement Frühjahrstagung, Neues Leistungsbild Projektmanagement mit verschiedenen Anwendungskonstellationen, Berlin 2014

Siebel, Ulf R., Projekte und Projektfinanzierung, Handbuch der Vertragsgestaltung und Risikoabsicherung bei deutschen und internationalen Projekten, München 2001, zit: Siebel, Handbuch Projekt und Projektfinanzierung

Slabik, Lothar, Projektsteuerungsverträge, Vortragsmanuskript IIR 1996, zit.: Slabik, Projektsteuerungsverträge

Slapnicar, Klaus Wilhelm/Wiegelmann, Rafael, Neue Sicherheiten für den Bauhandwerker, in: NJW 1993, 2903

Sommer, Hans, Projektmanagement im Hochbau, Berlin 1994, zit.: Sommer, Projektmanagement im Hochbau

Sommer, Hans, Der Projektsteuerer, in: Der Architekt 1975, 75

Sommer, Hans-Rolf, General-Planung, Ein Dienstleistungsangebot der Architekten, DAB 1999, 313

Sparwasser, Reinhard, Der Anwalt – vom Rechtsberater zum Projektmanager, Anwaltsblatt 2005, 657 f.

Stahl, Rainer, Wegfall der Geschäftsgrundlage im Architekten- und Bauvertrag bei vereinbartem Pauschalhonorar und Festpreis, BauR 1973, 279 ff.

Stammbach, Qualitätssicherung und Mängelgewährleistung, BauR 1999, 523

Stammkötter, Andreas, Die Fälligkeit des Erstattungsanspruchs gem. § 648 a Abs. 3 BGB, in: ZfBR 1998, 225

Stapelfeld, Ait, Der Projektsteuerungsvertrag – juristische terra incognita?, in: BauR 1994, 693

Stassen, Dieter/Grams, Hartmut A., Zur Kooperationspflicht des Auftragnehmers gemäß § 2 Nr. 5 VOB/B 2002 bei Mehrkosten, in: BauR 2003, 943–952

Staudinger, J. v., Kommentar zum Bürgerlichen Gesetzbuch mit Einführungsgesetz und Nebengesetzen, Zweites Buch, Recht der Schuldverhältnisse, §§ 631–651, 15. Aufl., Berlin 2013, zit.: Bearbeiter, in: Staudinger, BGB

Steeger, Frank, Ist der Architekt seinem Auftraggeber zur Vorbereitung von Bauverträgen verpflichtet?, BauR 2001, 554

Steffes-Mies, Martin/Müsch, Thomas, Nicht Abwehr … sondern Partnerschaft, BW 1/2000, 30

Steiger, Friedrich, Erfahrungen bei der Auswahl von Projektbeteiligten im internationalen Projektmanagement, in: Projektmanagement Herbsttagung, DVP, Organisation und Auswahl der Projektbeteiligten als Schlüsselfaktor des Projekterfolges, Düsseldorf 2014, S. 2 f.

Steiner, in: Ulbrich, Formularbuch des Fachanwalts Bau- und Architektenrecht, Würzburg 2012, 2. Aufl., S. 478 f

Stemmer, Michael/Wierer, Karl-Georg, Rechtsnatur und zweckmäßige Gestaltung von Projektsteuerungsverträgen, in: BauR 1997, 935

Sterzinger, Christian, Umsatzsteuerliche Beurteilung vorzeitig aufgelöster Werkverträge, NZBau 2010, 10

Stickan, Edgar/Hüllhorst, Christoph Martin, Die neue Bauabzugsbesteuerung, DB 2001, 1441

Stork, Carsten, Projektsteuerung und Projektmanagement im Bauwesen, Diplomarbeit, Darmstadt 1997, Matr.-Nr.: 307457

Sturmberg, Georg, Die »Mindestsatzmaxime« der HOAI ist erschüttert!, in: ZfIR 1997, 384

Sturmberg, Georg, Noch einmal: § 648 a BGB – Streitfragen, in: BauR 1995, 169

Stuttmann, Martin, Die Pflicht zum Schutz eigener Leistungen und die Gefahrverteilung im Bauvertrag, BauR 2001, 1487

Sykes, Construction Claims, London 1999

Taleb, Nassim Nicholas, The black swan, New York 2007

Taleb, Nassim Nicholas, Fooled by randomness, New York 2004Tautschnig, Arnold/Tegtmeyer, Gerhard, Neue Kooperationsformen mit Bauunternehmen bei einem »Fast-Track-Projekt« eines Chipherstellers, in: DVP, Strategien des Projektmanagements, Teil 6: Künftige Anforderungen an das Baumanagement aus der Sicht von DVP-Mitgliedern, Wuppertal 2001

Terdenge, Hans-Günter, Projektsteuerung gem. § 31 HOAI als Möglichkeit der Rationalisierung, in: Bauwirtschaft 1981, 419

Terdenge, Hans-Günter, Projektsteuerung im Bauwesen, in: Bauwirtschaft 1984, 147

Thierau, Thomas, § 648 a BGB – Nach Abnahme – Rückschlagsicherung gegen Mängeleinreden?, NZBau 2000, 14

Thierau, Thomas, Anwendung und Mindestsätze der HOAI bei GU-Modellen und hiermit verbundenen Planungsverträgen im Rahmen der Immobilienentwicklung, in: Festschrift für Werner, S. 131 f.

Thode, Reinhold, Gewährleistung und Haftung (Manuskript), Vortragsveranstaltung »Vertragsgestaltung in der Projektentwicklung«, Berlin 1996

Thode, Reinhold, Architekten- und Ingenieurverträge 1996 (Vortragsmanuskript)

Thode, Reinhold, Besprechung des Buches »Architekten- und Ingenieurverträge« v. Stephanie Theis, in: ZfIR 1998, 387

Thode, Reinhold/Wirth, Axel/Kuffer, Johann, Praxishandbuch Architektenrecht, München 2004

Thulke, Silke, Abschnittsbildung im Fachplanungsrecht, BauR 2002, 1177

Too, Eric G./Weaver, Patrick, The Management of Project Management: A conceptual framework for Project Governance, International Journal of Project Management, 2014, 1382 f

Ulbrich, Hans-Benno, Gesetz zur Eindämmung illegaler Betätigung im Baugewerbe vom 30.8.2001 oder Einführung einer neuen Bauquellensteuer, BauR 2002, 354

Ulmer, Peter, Wege zum Ausschluss der persönlichen Gesellschafterhaftung in der Gesellschaft bürgerlichen Rechts, ZIP 1999, 509

Unger, Jürgen, Projektmanagement bei Immobilienfonds, in DVP, Projektmanagement in Praxisbeispielen, zit.: Unger, in: DVP, Projektmanagement in Praxisbeispielen

VDI-Gesellschaft Bautechnik, VDI-Berichte 528, Projektsteuerung und Bauleitung, Düsseldorf 1984, zit.: Bearbeiter, in: VDI-Berichte 528, Projektsteuerung und Bauleitung

VDI-Gesellschaft Bautechnik, VDI-Berichte 932, Projektmanagement beim Bauen, Düsseldorf 1992, zit.: Bearbeiter, in: VDI-Berichte 932, Projektmanagement beim Bauen

Vock, Albrecht, Projektmanagement in einem mediativen Kooperationsmodell für das Anlagengeschäft, Projektmanagement 2004, Heft 2, S. 13 f.

Vogel, Olrik, Die Vertragsstrafe im privaten Baurecht, ZfIR 2005, 373, 381

Vogelheim, Markus, Die Kostenermittlung nach DIN im dynamischen Planungsablauf, NZBau 2004, 577

Voit, Wolfgang, Die Änderungen des allgemeinen Teils des Schuldrechts durch das Schuldrechtsmodernisierungsgesetz und ihre Auswirkungen auf das Werkvertragsrecht, BauR 2002, 145

Volkmann, Walter, Der Architekt als Generalplaner, DAB 1997, 545

Volkmann, Walter, Der Bauleiter des Architekten, Baustände des Planungs- und Baumanagements (11), DAB 2000, 942

Volkmann, Walter, Funktionale Leistungsbeschreibung, DAB 3/2002, 43

Volkmann, Walter, Organisationshandbuch für Projekte in Architekturbüros, DAB 1999, 1646

Volkmann, Walter, Planung der Planung, DAB 1999, 227

Volkmann, Walter, Projektabwicklung, 2. Aufl., Essen 2003

Volkmann, Walter, Zeichnungsmanagement, DAB 2000, 443

Volkmann, Walter, Auswahl von Lieferanten und Fachplanern, DAB 2002, 39 ff.

Volkmann, Walter, Öl im Getriebe – nicht Sand; sind die Projektsteuerer Förderer oder Bremser des Bauablaufs?, Deutsches Ingenieurblatt 2003, Juli/August, S. 2

Volkmann, Walter, One page Management – Am Beispiel Raumbuch, Bausteine des Planungs- und Baumanagements, DAB 2002, Heft 10, S. 44

Vygen, Klaus, Die Rolle der Projektsteuerung bei der rechtsgeschäftlichen Abnahme der Ausführungsleistungen, Vortragsmanuskript DVP-Seminar Berlin 1996

Vygen, Klaus/Joussen, Edgar, Bauvertragsrecht nach VOB und BGB, Handbuch des privaten Baurechts, 5. Aufl., Wiesbaden und Berlin 2013, zit.: Vygen, Bauvertragsrecht

Wagner, Klaus-R., Kein generelles Verbot rechtsberatender Tätigkeit für Projektsteuerer, Treuhänder und Immobiliendeveloper, in: ZfBR 1996, 185

Wagner, Klaus-R., Projektmanagement – Treuhandschaft – Immobiliendevelopment, in: BauR 1991, 665

Wang, Xiaojin/Huang, Jing, The Relationships between key stakeholders project performance and project success: Perceptions of Chinese construction supervising engineers, International journal of project managements, 2006, 253

Wapenhans, Wilfried, TÜV oder nicht TÜV, das ist die Frage bei der Qualitätsüberwachung, BauR 2002, 714 ff.

Waschek, Gernot, ISO 10006 bleibt Standard, CMP-News, 8.2.2002, S. 5

Waschek, Gernot, Projektmanagement-Normung in Deutschland; wie alles begann – und wo wir heute sind, Projektmanagement 2006, 37

Waschek, Gernot, Deutsche Normung im Projektmanagement, in: Bechler/Lange, DIN-Normen im Projektmanagement, Berlin 2005, S. 7

Watzlawick, Paul (Hrsg.), Die erfundene Wirklichkeit, 13. Aufl., München, 2006, zit.: Verfasser in Watzlawick

Weidlich, Bodo, Zum neueren Verständnis der Projektsteuerung am Beispiel des Handlungsbereichs Kosten und Finanzierung in: DVP, Strategien des Projektmanagements, Teil 6: Künftige Anforderungen an das Baumanagement aus der Sicht von DVP-Mitgliedern, Wuppertal 2001

Weise, Stefan, Die Sekundärhaftung der Architekten und Ingenieure, Baurechtliche Schriften Band 38, Düsseldorf 1997

Wenner, Christian, Der Generalplaner – Phänomen und Probleme, DAB 1999, 316 ff.

Wenner, Christan, § 31 HOAI, Kurzkommentar zu BGH, Urteil vom 9.1.1997 – VII ZR 48/96, EWiR 1997, 413

Werkl, Michael, Risiko- und Nutzenverhalten in der Bauwirtschaft, Eine entscheidungstheoretische Betrachtung im institutenökonomischen Kontext, Schriftenreihe des Instituts für Baubetrieb und Bauwirtschaft der Technischen Universität Graz, 2013

Werner, Ulrich/Pastor, Walter, Der Bauprozess, 15. Aufl., Köln 2015, zit.: Werner/Pastor, Der Bauprozess

Werner, Ulrich, Die »stufenweise Beauftragung« des Architekten, in: BauR 1992, 695

Werner, Ulrich/Siegburg, Frank, Der »entgangene Gewinn« des Architekten gem. § 649 Satz 2 BGB – im Blickwinkel der neuesten BGH-Rechtsprechung, in: BauR 1997, 181

Werner, Ulrich, Die HOAI-Gebührenordnung mit vielen Lücken – zugleich ein Beitrag zur Honorierung von planerischen Änderungsleistungen, Festschrift für Klaus Vygen, Düsseldorf 1999

Werner, Ulrich, Besprechung zu Nicolas Schill, Der Projektsteuerungsvertrag, BauR 2001, 1307

Werner, Ulrich, HOAI 2013, Die neuen Grundleistungen im Rahmen der Gebäudeplanung, in: Festschrift für Rudolf Jochem, Wiesbaden 2014, S. 147 f.

Werner, Wolfgang, Der Projektsteuerungsvertrag – Theorie und Praxis, Diplomarbeit der Fachhochschule Biberach, 2001

Weyer, Friedhelm, Die Bindung des Architekten an seine Honorarabschlussrechnung: Theorie und Praxis, Festschrift für Klaus Vygen, Düsseldorf 1999

Wierer, Karl-Georg/Stemmer, Michael, Die Bedeutung der Leistungsbeschreibung für den Architektenvertrag, in: BauR 1998, 1129

Will, Ludwig, Projektsteuerungsleistung in der Bauwerksentwicklung, in: Bauwirtschaft 1981, 220

Will, Ludwig, Bauherrenaufgaben: Projektsteuerung und § 31 HOAI contra »Baucontrolling«, in: BauR 1984, 333

Will, Ludwig, Die Rolle des Bauherrn im Planungs- und Bauprozess, Berlin 1982, zit.: Will, Die Rolle des Bauherrn im Planungs- und Bauprozess

Willke, Helmut, Systemtheorie I: Grundlagen einer Einführung in die Grundprobleme der Theorie sozialer Systeme, 7. überarbeitete Aufl., Stuttgart 2006

Wingsch, Dittmar, Der Projektsteuerungsvertrag in rechtlicher Hinsicht, in: Bauwirtschaft 1984, 1056

Wingsch, Dittmar, Die §§ 2 und 3 der Baustellenverordnung als Ohnehinleistung nach der HOAI – oder können bewährte und gefestigte Leistungsgrundlagen, -pflichten und -inhalte der Architekten und Ingenieure durch branchenfremde Theorien unterlaufen werden?, BauR 2002, 1168

Wingsch, Dittmar, Baustellenordnung – §§ 2 und 3 sind Ohnehin-Leistungen der HOAI – oder werden alte Hüte in modischer Verpackung als willkommene Basis für ungerechtfertigte Bereicherung genutzt?, BauR 2001, 314

Wingsch, Dittmar, Leistungsbeschreibungen und Leistungsbewertungen zur HOAI mit Vertragsbeispielen und Checklisten, 2. Aufl., Köln 2007

Wirth, Axel/Theis, Stefanie, Architekt und Bauherr, Essen 1997

Wirth, Axel (Hrsg), Darmstädter Baurechtshandbuch, Privates Baurecht, 2. Aufl., München 2005

Wörmann, Klaus E., Projektsteuerung zwischen Wunsch und Wirklichkeit – Kritisches zu § 31 HOAI, in: DAB 1979, 571

Wolf, Manfred/Horn, Norbert/Lindacher, Walter F./Pfeiffer, Thomas, AGB-Gesetz, 6. Aufl., München 2013, zit.: Wolf/Horn/Lindacher, AGB-Gesetz

Woodward, John F., Construction Project Management, London, 1997

Yazdani, Bijan, Das internationale Bauprojekt und der Sicherungsanspruch des Auftragnehmers nach deutschem Recht, RIW 2001, 124 ff.

Zimmermann, Josef, Die Entwicklung von Vergabeeinheiten im Hinblick auf das Angebot an Bauleistungen zur Generierung von Wettbewerb, in: DVP, Tagungsband Projektmanagement Herbsttagung 2014, Organisation und Auswahl der Projektbeteiligten als Schlüsselfaktor des Projekterfolges, Berlin 2014

Zobel, Markus, Systematische Entwicklung von Leistungsinventionen im Bauprojektmanagement, Schriftenreihe des Lehrstuhls für Baubetrieb und Projektmanagement, IBB-Institut für Baumaschinen und Baubetrieb, Aachen 2014

Zöpfl, Andreas, Rechtsnatur und Rechtsprobleme des Bau-Projektsteuerungsvertrages, Berlin 2003

Zuck, Rüdiger, Wer darf in Rechtsfragen beraten?, BRAK-Mitteilungen 2001, 105 wSchill, Nicolas, Die Entwicklung des Rechts der Projektsteuerung seit 1998, NZBau 2002, 201

1 Projektmanagement und Projektsteuerung

1.1 Einleitung: Berufsbild Projektmanagement und Projektsteuerung

Die Realisierung von komplexen Bau- und Immobilienprojekten innerhalb vordefinierter Terminziele und fester Budgets und in einem zunehmend techniklastigen Umfeld ist mit dem herkömmlichen »Dreigestirn« (Auftraggeber, Planer und Werkunternehmer) immer schwerer zu bewältigen.[1] Die zunehmende Spezialisierung und Arbeitsteilung in den Kernprozessen des Entwickelns, Planens und Bauens erfordert eine vorgedachte Strukturierung, Planung und Steuerung der Projektprozesse und eine Koordinierung der bei der Projektrealisierung eingesetzten Unternehmen für Planungs- und Ausführungsarbeiten. Erforderlich ist ein Führungskonzept zur Bewältigung entsprechender temporärer, interdisziplinärer und neuartig-komplexer Aufgaben[2] – **Projektmanagement**. 1

Architekten und Ingenieure haben sich in der zweiten Hälfte des 20. Jahrhunderts ungeachtet der zu bewältigenden größeren Bau- und Immobilienprojekte vornehmlich auf die Kernprozesse des Planens konzentriert. Die notwendigen Organisations- und Steuerungsprozesse in Bezug auf Kosten, Termine und Qualitäten wurden oft vernachlässigt. Aufgrund der hierdurch besonders bei der Realisierung von größeren und komplexen Projekten zutage getretenen Defizite hat sich die Erkenntnis durchgesetzt, dass diese Aufgabenstellung von den Architekten nicht »nebenher« erledigt werden kann, zumal die Architekten angesichts des immer komplexer werdenden Baugeschehens ebenfalls viele neue Anforderungen zu bewältigen haben und Interessenkonflikte nicht ausgeschlossen sind.[3] Dementsprechend haben sich inzwischen Projektmanagement- und Projektsteuerungsleistungen für Bau- und Immobilienprojekte als **dritte, selbstständige Säule** neben den planenden und errichtenden Tätigkeiten etabliert.[4] Fehlsteuerungen bei komplexen Großprojekten in Deutschland zu Beginn des 21. Jahrhunderts haben die Bedeutung des Projektmanagements noch deutlicher in das Bewusstsein der Fachkreise und der Öffentlichkeit gerückt. 2

Für private und öffentliche Auftraggeber ist es – angesichts der Einmaligkeit bzw. der Besonderheiten der jeweiligen Bauaufgabe – vielfach nicht zweckmäßig, die projektspezifisch erforderlichen **Managementkapazitäten** selbst aufzubauen oder dauerhaft bereitzuhalten.[5] Auftraggeber fragen 3

---

1 Vgl. Volkmann, Projektabwicklung, S. 172; Stapelfeld, BauR 1994, 693; nicht zuletzt haben Konzepte wie »Super fast track«, »Design to cost« und »Value engineering« Eingang in die deutsche Projektpraxis gefunden. Derartige Ansätze bedürfen einer interdisziplinären Vernetzung von Technik, Wirtschaftlichkeit und Recht und einer professionellen Steuerung – diese Besonderheiten können analytisch und systemtheoretisch beschrieben werden; dazu auch Kochendörfer, in: Kapellmann/Vygen, Jahrbuch Baurecht 1999, 267, 281.

2 Kneip, Projektmanagement, S. 152.

3 Fink/Klein, in: Freiberger Handbuch zum Baurecht, § 1, Rn. 30.

4 Auf die Entwicklungstendenzen im Projektmanagement geht Kochendörfer, in Kapellmann/Vygen, Jahrbuch Baurecht 1999, S. 267, 281 ein; vgl. auch Kalusche, DAB 1996, 1667; vgl. auch Pott/Dahlhoff/Kniffka, HOAI, 8. Auflage, 2006, § 31, Rn. 1; zur Identität und Abgrenzung von Projektsteuerungs- und Baucontrollingleistungen; vgl. Böggering, BauR 1983, 402; Heinrich, Der Baucontrollingvertrag, S. 38; in diesem Zusammenhang auch Müller, Ziele, Aufgaben und Aktivitäten des Bauherrn, S. 4: »Anstelle der Begriffe Projektmanagement und Projektsteuerung sind, bedingt durch das 1985 veröffentlichte Konzept zum Bauinvestitionscontrolling der kommunalen Gemeinschaftsstelle für Verwaltungsvereinfachung (KGSt) in Köln vornehmlich in der kommunalen Praxis auch Begriffe wie Controlling, Baucontrolling, technisches Controlling oder Bauinvestitionscontrolling anzutreffen. Hierbei handelt es sich stets um Teilaspekte der Management- bzw. Verwaltungsaufgaben im öffentlichen Bauwesen, die entweder (nahezu) identische Sachverhalte und Funktionen im Projektgeschehen beschreiben oder sich vom operativen Geschäft der Projektsteuerung dadurch unterscheiden, dass sie sich auf das Projekt-Berichtswesen bzw. -reporting oder operative Befugnisse beschränken.«

5 Vgl. Seeling, Bauwirtschaft 1982, 1957: »In sämtlichen Fällen haben die Baubehörden und privaten Auftraggeber langjährige Erfahrungen in der Abwicklung solcher Projekte und verfügen über entsprechendes Fachpersonal. In anderen Fällen kann und will man sich nicht das qualifizierte Personal zulegen, da

Projektmanagementleistungen daher zunehmend extern nach. Entsprechende Bedürfnisse entstehen auch auf Seiten der Auftragnehmer, zumal dann, wenn sie komplexe Projektaufträge (z. B. bei Schlüsselfertigbauunternehmen) zu bewältigen haben.[6]

4 Der Verordnungsgeber hat im Rahmen der **HOAI 2013** die Leistungsbilder für Architekten und Ingenieure novelliert und dabei insbesondere um eine Reihe von Projektmanagementleistungen erweitert. Dadurch sollte erreicht werden, dass Standardprojekte (zumal solche mit anrechenbaren Kosten innerhalb der Tafelwerte der HOAI) auch ohne Hinzuziehung von Projektmanagern/Projektsteuerern bewältigt werden können. Ob sich hierdurch der – in Übereinstimmung mit internationalen Entwicklungen – erkennbare Trend zur Herausbildung einer eigenständigen Leistungsdisziplin des Projektmanagements umkehren lässt, erscheint indessen mehr als fraglich.[7]

5 Die Aufgabenstellung des Projektmanagements bezieht sich bei Bau- und Immobilienprojekten in aller Regel auf die **Handlungsfelder Organisation**, die Einhaltung der **Kosten- und Terminziele** sowie die Gewährleistung der vereinbarten **Qualität**. So hat der BGH formuliert:

> *»Der Projektsteuerer übernimmt beratend oder handelnd die Wahrung der Qualitäts-, Termin- und Kostensicherheit für den Auftraggeber. Er ist damit maßgeblich am Kernbereich der Investitionsentscheidung und des Investitionserfolges beteiligt.«*[8]

6 Das Projektmanagement in Immobilien- und Baumärkten hat sich zu einem gewichtigen Wirtschaftsfaktor – einem **milliardenschweren Markt**[9] – entwickelt. Ehemals aus berufsständischen Gründen vorgetragene Bedenken gegen die Entstehung eines neuen Berufsbildes der Projektmanager haben sich wirtschaftlich überlebt.[10]

7 Die bei der Immobilienprojektrealisierung erforderlich werdenden Managementtätigkeiten werden inzwischen – national wie auch international – durch viele hierauf spezialisierte Projektmanagement- und/oder Projektsteuerungsunternehmen wahrgenommen. Allein in Deutschland sollen **rd. 500 Projektmanagementunternehmen** tätig sein, die sich vornehmlich mit Aufgaben in den

---

keine kontinuierliche Beschäftigung hierfür vorliegt oder weil man die Risiken personeller Vergrößerung umgehen will«; vgl. auch Terdenge, Bauwirtschaft, 1981, 419: »Die Praxis zeigt, dass die Bauherren bei größeren Projekten bzw. kleineren Maßnahmen mit entsprechendem Schwierigkeitsgrad auf Grund von fehlender Zeit oder fehlenden Fachkenntnissen überfordert sind. Die i. d. R. unzureichende Wahrnehmung der Managementfunktionen auf der Auftraggeberseite hat zur Folge, dass gerade in der Vorplanungsphase der Gesamtablauf durch Fehlentscheidungen erheblich belastet werden kann.«

6 Vgl. del Mestre, Bauwirtschaft 1999, 17 ff.: »Für Projektentwickler und Unternehmen des Schlüsselfertigbaus ist Projektmanagement die wichtigste Führungsaufgabe mit dem Ziel einer gesicherten Liquidität und eines stabilen Free Cash Flow.«

7 Eschenbruch, Ruinöse Haftungsrisiken für Objektplaner, Immobilienzeitung, 25.7.2013, S. 13.

8 BGH, Urteil vom 02.09.1999, Az. VII ZR 225/98, in: WM 1999, 2126, 2127.

9 Nach den Schätzungen des Deutschen Verbandes Projektsteuerer (DVP) werden auf dem Markt für Projektsteuererleistungen alljährlich 3,5 Mrd. DM umgesetzt, vgl. Diederichs/Dieblich, in: AHO-Fachkommission, Projektsteuerung, S. 4; Diederichs, in: Hartmann HOAI, Stand: Juni 2009, § 31, Rn. 2 Satz 3; vgl. auch Schill, Der Projektsteuerungsvertrag, S. 3; in den USA hat sich ein Markt herausgebildet, dessen Umsätze im zweistelligen Milliardenbereich liegen, vgl. dazu auch Engineering News-Record, enr. 19. Juli 2000, The Top 100 CM-firms.

10 Zur historischen Diskussion vgl. Ruf, DAB 1990, 957 ff.: vgl. auch Diederichs, in: Hartmann, HOAI, Stand: Juni 2009, § 31, Rn. 2, S. 3; kritisch argumentiert z. B. noch Heinrichs, Der Baucontrollingvertrag, S. 122: »Ohne Not wurde mit dem Projektsteuerer ein »neuer« Baubeteiligter geschaffen und zum Nachteil vor allem der Bauherren künstlich – auf gebührenrechtlichem Wege – eine Marktlücke erzeugt«; der Projektsteuerungsmarkt ist inzwischen umkämpft; selbst Wirtschaftsprüfungs- und Beratungsgesellschaften streben – z. T. nach Übernahme von Projektsteuerungsbüros – danach, auf diesem Feld Fuß zu fassen; auch Wirth/Theis, Architekt und Bauherr, S. 239 ff.; Fischer, in: Thode/Wirth/Kuffer, § 19, Rn. 52.

Märkten für Immobilien- und Bauprojekte befassen.[11] Angebot und Nachfrage bilden einen strukturierten Markt, der sich schnell weiterentwickelt und in Differenzierung begriffen ist.[12] Unterschiedliche Auftraggeberanforderungen finden ihren Widerhall in detaillierten Leistungsangeboten von Projektmanagement- und Projektsteuerungsunternehmen unterschiedlichster Struktur.

Die Leistungserbringung für das Projektmanagement bei Bau- und Immobilienprojekten ist in 8 Deutschland gesetzlich nicht reglementiert. Leistung und Vergütung können frei vereinbart werden. **Als Marktstandard** für die Beauftragung in den deutschen Bau- und Immobilienmärkten hat sich die **Leistungs- und Honorarordnung** der **AHO-Fachkommission** Projektmanagement/Projektsteuerung (2014) herausgebildet. Die ganz überwiegende Anzahl von Beauftragungen von Projektmanagement-/Projektsteuerungsleistungen erfolgt in Deutschland auf dieser Basis. Sowohl öffentliche wie auch private Auftraggeber greifen auf das Leistungsbild und die Honorarordnung zurück oder entwickeln teilweise eigenständige, projektspezifische Leistungsanforderungen und Vergütungsregelungen unter Berücksichtigung dieses Marktstandards.[13]

Die gesetzlich unkonturierte Aufgabenstellung des Projektmanagements/der Projektsteuerung be- 9 darf in besonderem Maße der vertragsrechtlichen Strukturierung, speziell im Hinblick auf die Leistungserbringung, die Vergütung, die Haftung und die Vergabe von Projektsteuerungsleistungen sowie die Vertragsgestaltung im Detail. Dieses Buch soll einen Beitrag zur Schaffung von Rechtssicherheit in diesem Bereich leisten, indem es die tatsächlichen und rechtlichen Grundlagen dieses Wirtschaftsbereiches umfassend behandelt – das ***Recht der Projektsteuerung***.

1.2 Methodische Grundlagen

1.2.1 Projektmanagementtheorie

Die Realisierung von bau- und immobilienwirtschaftlichen Projekten erfolgt in einem durch 10 differenzierte Arbeitsteilung gekennzeichneten dynamischen und komplexen sozialen Umfeld.[14] Projektmanagement und -steuerung haben die Aufgabe, die in einem entsprechenden projektspezifischen Kontext tätigen Personen/Unternehmen und die einzelnen von diesen zu erbringenden Leistungen/Prozesse auf die spezifischen Projektziele auszurichten und zu koordinieren. Projektmanagement und -steuerung beschreiben somit Managementansätze zur besseren Beherrschung der mit den Projekten einhergehenden Kommunikations- und Interaktionsstrukturen sowie der Projektprozesse. Eine einheitliche Theorie des Projektmanagements hat sich bislang weder für die Immobilien- und Baubranche noch für sonstige Wirtschaftszweige herausbilden können. Die konvergente Verbreitung des Managementansatzes innerhalb weniger Jahrzehnte über den gesamten Erdball[15] hat diverse Besonderheiten deutlich werden lassen. Je nach der Sichtweise des Beobachters

11 Vgl. DVP Leitfaden zur Akquisition von Projektmanagementaufträgen, Qualitätsanforderungen und Vergabekriterien, herausgegeben von Claus Jürgen Diederichs, Wuppertal 2003, S. 16; der Statusbericht 2000 plus Architekten/Ingenieure hat für das Jahr 1999 10 812 Ingenieurbüros ermittelt, die sich mit technisch-wirtschaftlicher Beratung befassen und einen Gesamtumsatz von 3,928 Mrd. Euro erwirtschaften.

12 Kolltveit, Bjørn Johs./Karlsen, Jan Terje und Grønhaug, Kjell, Perspectives on Project Management, in: International Journal of Project Management, 2007, S. 4.

13 Zur Durchsetzung der Leistungs- und Honorarordnung Projektmanagement/Projektsteuerung der AHO-Fachkommission vgl. Zobel, Markus, Systematische Entwicklung von Leistungsinventionen im Bauprojektmanagement, 2014, S. 129 f.

14 Vgl. dazu auch Volkmann, Projektabwicklung, 2. Aufl., S. 172: »Der über Jahrhunderte allmählich zunehmende Komplexitätszuwachs bei Investitionsvorhaben ist in den letzten 25 Jahren geradezu dramatisch gewachsen. Dieser Komplexitätszuwachs, aber auch die Konzentration von institutionellen Auftraggebern auf ihre eigentlichen Kernaufgaben haben dazu geführt, Projektsteuerer mit der Wahrnehmung von delegierbaren Auftraggeberaufgaben zu betrauen.«

15 FAZ vom 18.04.2007, S. N3: Prozesse gelten als konvergent, sobald sie für einen Beobachter überraschende Parallelentwicklungen zeigen, durch die verschiedene Gegenstände einander ähnlich werden, ohne unbedingt Identität zu verlieren; Zufall und Notwendigkeit verzahnen sich.

treten einzelne kontextuelle Bezüge und Individualitäten hervor. Die nachfolgenden Theorieansätze und Konzepte stellen dementsprechend nur Bruchstücke und keine einheitliche theoretische Basis des Projektmanagementwesens dar.[16]

1.2.1.1 Technische bzw. instrumentelle Konzepte

11 Hohen Durchsetzungsgrad – speziell für die Abwicklung von Standardprojekten – haben die Handbücher der Projektmanagementorganisationen, wie z. B. PMI[17] (USA), APM[18] (UK), ENAA[19] (Japan), CPMS[20] (China), IPMA[21] sowie DVP[22] (Deutschland) erlangt. Die dort jeweils niedergelegten Methoden und Werkzeuge reflektieren Standardtechniken für die Beherrschung der Projektorganisation und der Projektprozesse weitgehend unabhängig von den Besonderheiten des jeweiligen Kontextes, insbesondere des Projektumfeldes und der Art des jeweiligen Projektes. Diese eher instrumentellen (technischen) Ansätze haben in der Praxis eine erhebliche Bedeutung und beruhen im Wesentlichen auf einer Bewertung der Projektprozesse als kausale, deterministische Abläufe. Wie jede Art deterministischer Vorplanung tragen sie die »Logik des Misslingens« bei komplexeren Projektumständen in sich.[23]

12 Wenngleich die entwickelten Standardtechniken für die hier in Rede stehenden Projekte wichtige Hilfsmittel und Werkzeuge darstellen und heute das Rückgrat der in der Praxis eingesetzten Projektmanagementprozesse bilden, muss immer berücksichtigt werden, dass sich soziale Systeme aufgrund der ihnen innewohnenden Komplexität durch den menschlichen Verstand und menschliche Steuerung allenfalls partiell erfassen, verstehen und steuern lassen.[24] Vermeintliche »Gesetzmäßigkeiten« der Projektrealisierung sind immer nur auf einen mittleren Bereich zugeschnittene Vereinfachungen von hochkomplexen Zusammenhängen (die indessen durch Zufall, Nichtlinearität und Widersprüchlichkeit gekennzeichnet sind).[25] Die instrumentellen Konzepte sind insbesondere nicht in der Lage, der regelmäßigen Tendenz zur Überdosierung von Maßnahmen unter Zeitdruck entgegenzuwirken oder aber die Beurteilung der Neben- und Fernwirkung des Verhaltens der Projektbeteiligten besser einschätzen zu können.[26] Dementsprechend hat auch der Einsatz dieser entwickelten Projektmanagementmodelle nicht verhindern können, dass Projekte in erheblichem Umfang scheitern oder ihre Projektziele ganz wesentlich verfehlen.[27] Die technischen und

16 Zu den unterschiedlichen Ansätzen vgl. Kolltveit, Bjørn Johs./Karlsen, Jan Terje und Grønhaug, Kjell, Perspectives on Project Management, in: International Journal of Project Management, 2007, S. 5 f.: »There is surely not a single theory of project management«; auch Turner, International Journal of Project Management, 2006, S. 1: »Not yet a theory of projects managements«; Winter, Mark/Smith, Charles/Morris, Peter/Cicmil, Swetlana, Directions for future research, in: Project Management: The main findings of a UK government-funded research network, International Journal of Project Management 2006, 640: »There is no single theoretical base from which to explain and guide the management of projects.«

17 US Headquarter Project Management Institute.

18 Association for Project Management.

19 Engeneering Advancement Association.

20 Construction project management system, als chinesische Normierung für organisierte Bauprojekte, dazu Wang, Xiaojin/Huang, Juan, International Journal of Project Managements, 2006, 253.

21 International Project Management Association.

22 Deutscher Verband der Projektmanager in der Bau- und Immobilienwirtschaft.

23 Allgemein zur Logik des Misslingens, Dörner, Die Logik des Misslingens, 1989, S. 1 f.

24 Riedl in Watzlawick, Die erfundene Wirklichkeit, S. 89: Der menschliche Verstand, sagt Jay Forrester, ist nicht geeignet, menschliche Sozialsysteme zu verstehen. So ist es. ... Unser eindimensionales Ursachendenken reicht zur Lösung nicht aus; vgl. auch Berger/Luhmann, Die gesellschaftliche Konstruktion der Wirklichkeit, S. 71.

25 Vgl. Willke, Systemtheorie I, S. 51; Pollack, Julien, International Journal of Project Management, 2007, S. 277.

26 Dazu Dörner, Die Logik des Misslingens, S. 245.

27 Vgl. Dörner, Dietrich, Die Logik des Misslingens, Reinbek bei Hamburg 1989, 50 f.; auch Drews, PM 2003, 16, 18; Pollack, Julien, International Journal of Project Management, 2007, S. 267, 271: Emperical evidence suggests that it is impossible to maintain complete and up to date blame.

instrumentellen Konzepte müssen daher durch kontextuelle und soziale Steuerungsmechanismen ergänzt werden.[28]

Obgleich die technischen und instrumentellen Konzepte den Projekterfolg nicht garantieren können, so leisten sie wichtige Beiträge dazu, das Projektmanagementwesen zu verstehen und zu professionalisieren.[29] Dementsprechend deuten auch empirische Ergebnisse darauf hin, dass die heute im Einsatz befindlichen technischen und instrumentellen Projektmanagementsysteme die Wahrscheinlichkeit des Projekterfolges erhöhen.[30] 13

1.2.1.2 Lean-Construction/Lean-Management/Agiles Projektmanagement

Der Lean-Construction-Ansatz stellt eine Ergänzung der instrumentellen Konzepte dar. Vertreter des Lean-Construction-Ansatzes halten die bisherigen PM-Methoden nicht für ausreichend, um wirklich wertschöpfende Planungs- und Ausführungsprozesse zu gestalten.[31] Die instrumentellen Ansätze sollen mit Konzepten angereichert werden, die der stationären Industrie entnommen sind, nämlich insbesondere just-in-time-Prozesse, die durch integrierte Projektteams bewältigt werden. Bestandteil dieser Methodik ist das sogenannte *last planner-System* (LPS). Hierdurch soll die kooperative Zusammenarbeit gefördert und die am Projekt beteiligten Personen zusammengeführt werden. Die Terminplanungsmethoden sollen dabei immer weiter verdichtet werden, um eine ganz kurzfristige Produktionsplanung der Bautätigkeit sicherzustellen. Diese Konzepte sollen durch Besprechungen und wechselseitige Zusagen der Projektbeteiligten abgesichert werden. Alle Projektbeteiligten sollen möglichst in einem gemeinsamen Arbeitsraum arbeiten (Big room). 14

So genannte **»agile« Managementansätze** sollen ebenfalls die eher instrumentellen Vorgehensmuster ergänzen.[32] Sie versuchen, das eher deterministisch planende Vorgehen zu reduzieren und in Entwicklungsprozessen so früh wie möglich zu Arbeitsergebnissen zu gelangen und in kurzen Abständen Anpassungen und Abstimmungen vorzunehmen.[33] Ihre theoretische Grundlage haben derartige Konzepte in der Activity-Theory.[34] 15

1.2.1.3 Projekte als temporäre Organisationen

Projekte sind Organisationen auf Zeit. Eine leistungsfähige Projektorganisation ist eine wichtige Voraussetzung für die erfolgreiche Abwicklung von Projekten. Dementsprechend ist auch die Organisation als ein maßgebliches Steuerungskonzept für Projekte entdeckt worden. Dabei soll 16

28 Pollak, Julien, International Journal of Project Management, 2006, S. 268, 269; Cicmil Swetlana/Williams, Terry/Thomas, Janice/Hodgson Damian, Rethinking Project Management: Researching the actuality of Projects, International Journal of Project Management 2006, 675, 684; auch Morris, Peter/Jaimieson, Ashley/Shepherd, Miles, Research updating the UPM body of knowledge, 4 th Edition, International Journal of Project Management, 2006, S. 461, 463.

29 Zur Bedeutung der Modelle der Praxis für die Projektmanagementtheorie vgl. Floricel/Bonneau/Aubry/Sergi, International Journal of Project Management, 2014, 1091 sowie Nikolini, Practice Theory, Work & Organization, S. 23 f., S. 213 f.

30 Papke-Shields, Karen, E./Beise, Catherine/Quan, Jing, Do Projectmanagers practice what they preach, and does it matter to project success? International Journal of Project Management, 2010, 650, 659.

31 Dazu auch Heidemann, Bauprojektmanagement – kooperative Projektabwicklung als Schlüssel zum Erfolg komplexer Projekte, in: Project Management aktuell, 2012, 37.

32 Seibert, Siegfried, Agiles Projektmanagement, Projektmanagement 2007, 41 f.; Hammerstein, Oliver-Arne, Scrum, Projectmanagement aktuell, 2009, 28 f. Stettina/Hörz, Agile portfolio management, International Journal of Project Management, 2015, 140.

33 Menschen und Zusammenarbeit sollen vor Prozessen und Werkzeugen gehen; auch Cicmil Swetlana/Williams, Terry/Thomas, Janice/Hodgson Damian, Rethinking Project Management: Researching the actuality of Projects, International Journal of Project Management 2006, 675, 683.

34 Dazu ausführlich Floricel/Bonneau/Aubry/Sergi, International Journal of Project Management, 2014, 1091.

eine eigenständige, der Projektaufgabe angemessene, temporäre Projektorganisation inkl. Entscheidungsstruktur die Kräfte effizient bündeln und die eingegangenen Risiken managen.[35]

1.2.1.4 Das Systemkonzept

17 Aufgrund der nicht abschließend erklärbaren und steuerbaren Projektprozesse hat die Projektwissenschaft auch systemtheoretische Ansätze bemüht. Entsprechende Theorieansätze sollen verdeutlichen, dass die Wechselbeziehungen einzelner Elemente eines Gesamtsystems ganz neue Wirkungen zeigen können und sich die Summe der Elemente anders verhält, als anhand des Verhaltens der einzelnen Teile zu erwarten wäre. Der Systemgedanke stellt Zusammenhänge und Beziehungen zwischen den Systemelementen heraus und betrachtet das System als Gesamtheit. Unter Zuhilfenahme kybernetischer und evolutionärer sowie erkenntnistheoretischer Methoden sollten neue Handlungskonzepte des Projektmanagements erarbeitet werden, mit Erklärungspotential hinsichtlich komplexer Instabilitäten, Situationen der Selbstorganisation und Selbstreferenz.[36] Entsprechende systemische Modellansätze sollen zur Vermeidung der Fehlsteuerungen deterministischer Modelle mehr Freiräume für Selbststeuerungen eröffnen und begreifen die insoweit vorgeschlagenen organisatorischen Ansätze als Managementsystem.[37] Die Ausführungen zu Projektmanagementsystemen in der DIN 69901–1 : 2009–01, dort Ziff. 4 sind Ausdruck dieses Ansatzes. Die systemische Modellbildung hat zu einigen wichtigen Organisations- und Handlungsansätzen geführt, ohne dass ein umfassendes Konzept von umsetzbaren Techniken entwickelt werden konnte (so dass es um diese Art der Erklärung von Projektmanagement in den letzten Jahren stiller geworden ist).[38] In der DIN 69901–1 : 2009–01 wird ausgeführt: »Eine vollständige, alle Details erfassende Beschreibung der Aufgaben, Prozesse und Strukturen der Lösungen für das Projektmanagement ist prinzipiell unmöglich (d. h. ebenso unmöglich wie für jeden anderen Realitätsbereich). Was wir benutzen, ist stets ein mehr oder weniger abstraktes Abbild der Realität: ein Modell«.

1.2.1.5 Soziale Prozesse und Komplexitäten

18 Projektmanagement ist in hohem Maße durch den Umgang mit Komplexität (nicht abschließend möglicher Einschätzungen der Interaktion bei vielen Variablen) und Unsicherheit (Unkenntnis

35 Oeschtering, Reinhard P., Innovationen als Resultat von Projekten – eine systemtheoretische Erklärung, Projektmanagement aktuell, 2010, 28.

36 Vgl. dazu Saynisch, Manfred, in: Saynisch/Lange, Neue Wege im Projektmanagement, Ergebnisse 1996 bis 2000, GPM Deutsche Gesellschaft für Projektmanagement e. V., München/Stuttgart 2002, S. 63 f.; auch Kneip, Petra, Projektmanagement, Eine systemtheoretische Analyse organisatorischer Stimmigkeit, Stuttgart 2004, S. 26 f.; vgl. etwa Lück, Projektsteuerung – Bauherrenaufgaben definieren und sinnvoll delegierten, S. 5: »Das Projekt ist ein offenes, dynamisches und soziotechnisches System. Es erreicht seinen vollen Wert oder ergibt den vollen Nutzen nur, wenn es immer wieder klar abgegrenzt und zu jedem Zeitpunkt als Ganzes bearbeitet und vollendet wird. Der Einfluss des Umfeldes auf das System ›Projekt‹ muss laufend erkannt, analysiert und berücksichtigt werden«; vgl. auch Willke, Systemtheorie I, S. 51 ff., der darauf aufmerksam macht, dass durch Ausgrenzung die Möglichkeit der operativen Geschlossenheit eines Systems herbeigeführt wird und damit anderweitige soziale Prozesse als indifferent behandelt werden können; dazu auch DIN 69904, Anhang, A; zur Messbarkeit von Projektstabilität vgl. Bracht/Geckler, Projektmanagement 2001, 13; dieses Kernelement betrifft die strukturelle ressourcenbestimmende und soziale Autonomie des Projektes, wobei empirisch gesehen ein deutlicher Erfolgsbezug nicht zu ermitteln ist, vgl. Gemünden u. a., International Journal of Project Management, 2005, S. 366, 368; kritisch dazu Drews, PM 2003, 16, 18; vgl. auch Litke, Projektmanagement, S. 163, 258 ff.; Gareis, Happy Projects, S. 40 f.

37 Kolltveit, Bjørn Johs./Karlsen, Jan Terje und Grønhaug, Kjell, Perspectives on Project Management, in: International Journal of Project Management, 2007, S. 3, 4 f.; Jaafari, International Journal of Project Management, 2008, 781.

38 Vgl. aber auch Cicmil Swetlana/Williams, Terry/Thomas, Janice/Hodgson Damian, Rethinking Project Management: Researching the actuality of Projects, International Journal of Project Management 2006, 675 f.; kritisch auch Drews, Projektmanagement 2003, S. 16–18.

betreffend die Einschätzung einzelner Variablen) gekennzeichnet.[39] Immer wieder neue kontextuelle Bedingungen erfordern Abweichungen von bisherigen Planungen und die Entwicklung von Gegensteuerungsmaßnahmen. Steuerungsmaßnahmen haben hier probabilistischen Charakter und können allenfalls die Wahrscheinlichkeit einer Situationsverbesserung erhöhen.[40] Dazu müssen die Handlungsansätze und -muster zum Teil von vorplanendem Charakter gelöst werden.

Die Projektwirklichkeit hat nach diesen Ansätzen kontextuellen, vielschichtigen Charakter. Projekte werden als fractale Artefakte begriffen, deren soziale Prozesse durch die schwer vorhersehbaren Interaktionen der im Wettbewerb stehenden Interessen unterschiedlicher Projektbeteiligter bestimmt werden.[41] Entscheidungstheorie, Spieltheorie und Simulationstechniken sind Elemente dieses Erklärungsansatzes. 19

Aus der Sicht der Erkenntnistheorie lässt sich Komplexität als Ausmaß des Nichtwissens über ein System definieren.[42] Empirische Untersuchungen zeigen, dass sich die Komplexität von Projekten auf die Wahrscheinlichkeit des Gelingens und die Erreichung der Projektziele auswirkt.[43] 20

Je komplexer ein Sachverhalt ist, desto eher suchen die Projektbeteiligten Zuflucht zu rein intuitiven emotionalen Entscheidungen. Es besteht die Tendenz, die Projektkomplexität (bewusst oder unbewusst) zu reduzieren. Komplexität ist allerdings nie objektiv messbar und es kann für Komplexität kein absolut gültiges Maß geben. Die Erfassung setzt sich vielmehr bei analytischer Betrachtung aus einer Vielzahl von subjektiven Urteilen zusammen, die mit Graubereichen und Unsicherheiten behaftet sind.[44] Eine wesentliche Zielstellung des Projektmanagements muss es sein, Komplexität, speziell in Großprojekten, durch organisatorische und prozessorientierte Maßnahmen möglichst zu reduzieren.[45] Die Komplexitätstheorie beinhaltet dementsprechend auch Erklärungselemente für das Projektmanagement.[46] 21

Der Aufbau von **Vertrauen** zwischen Projektbeteiligten kann dabei deutlich zur Komplexitätsreduzierung beitragen und ist deshalb ein wichtiger sozioökonomischer Steuerungsfaktor zur Stabilisierung des Prozessgeschehens.[47] 22

Weiche Steuerungsmittel wie z.B. **Macht**, finanzielle **Anreize** und **Risiken, Vertrauen** und **rechtliche Bindung** können gleichfalls Beiträge dazu liefern, die Komplexität zu begrenzen.

39 Kochendörfer-Liebchen, S. 13 ff.; Lück, Projektsteuerung – Bauherrenaufgaben definieren und sinnvoll delegieren, 1999, S. 5 ff.; vgl. auch Watzlawick, S. 221, der darauf hinweist, dass es dem Denken in Begriffen von Systemen und Systemeigenschaften vorbehalten scheint, einen brauchbaren begrifflichen Zugang zu den prozesshaften Abläufen zu finden.

40 Pollack, Julien, International Journal of Project Management, 2007, S. 268, 271: »In many complex projets, it is impossible to foresee the actions which will be needed in the future. In these situations holding to an adjudicated guess may be more costy than admitting, that the situation is uncertain and that it is to early to make a decision«.

41 Vgl. Winter, Mark/Smith, Charles/Morris, Peter/Cicmil, Swetlana, Directions for future research, in: Project Management: The main findings of a UK government-funded research network, International Journal of Project Management 2006, 638, 644.

42 Patzak, Gerold, Projektmanagement aktuell, 2009, S. 42, 45.

43 Antoniadis, D. M. et. al, International Journal of Project Management, 2011, 808, 814.

44 Patzak, Gerold, Projektmanagement aktuell, 2009, S. 42, 45.

45 Giezen, Mendel, Keeping it simple? A case study into the advantages and disadvantages of reducing complexity in mega project planning, International Journal of Project Management, 2012, 781, 789.

46 Dazu etwa Malik, Strategien des Managements komplexer Systeme, S. 38, 39.

47 Maurer, Indre, How to build trust in inter-organizational projects, The International Journal of Project Management, 2010, 629, 636.

1.2.1.6 Das Projekt als Konstrukt

23 Bedeutung hat auch der konstruktivistische Ansatz des Projektmanagements erlangt. Projekte können hiernach als sozio-ökonomische Konstrukte begriffen werden.[48] Projekte sind daher vornehmlich menschliche Vorstellungen, die mit instrumentellen Mitteln, etwa Terminplänen, Kostenermittlungen, Baufortschrittmodellen oder rückwärtslaufenden Projektuhren ihren Ausdruck finden können. Projekte sind aber nicht real, sondern unvollständige Interpretations- und Erklärungsversuche der Wirklichkeit. Projekte sind gleichzeitig das Ergebnis des eigenen Unterlassens oder Handelns. Sie sind gestaltete Projektwirklichkeit.[49]

24 Diese Projektwirklichkeit ist oftmals auch Ausdruck der (gemeinsamen) Vorstellungen der Beteiligten über die unter dem Begriff »Projekt« zusammengefassten Erscheinungen (auch im Sinne von Trends/Zeitgeist). Projekte sind geprägt durch Wahrnehmungen, denen sich die Beteiligten nicht entziehen können, und die eigene Wirklichkeiten mit konkreten Handlungsnotwendigkeiten schaffen. Deshalb spielen in der Projektwirklichkeit vielfach **weiche Faktoren**, mehr Botschaften als strikte Kausalitäten und nur begrenzte lernbare Verhaltensweisen eine Rolle. Der Erfolg eines Projektes beruht deshalb auch oftmals weniger auf dem stringenten Einsatz von technischen Projektmanagementkonzepten als auf der Kompetenz und der Durchsetzungskraft des Projektleiters.

1.2.1.7 Das Leadership-Konzept

25 Von aktueller Bedeutung sind zudem Untersuchungen, die den Managementstil der im Projekt tätigen Personen in den Vordergrund des Interesses rücken. Teamführung, Kommunikation und Entscheidungsmanagement werden dabei näher betrachtet. Differenzierte angloamerikanische Untersuchungen haben zutage befördert, dass der jeweilige Managementstil Projekterfolge beeinflussen kann, dass es aber auch keinen einzig vorzugswürdigen Managementstil gibt, sondern bestimmte kontextuelle Rahmenbedingungen und Projekttypen unterschiedliche Managementansätze nahe legen.[50]

1.2.1.8 Management by Projects

26 Die Basisidee des Konzeptes Management by Projects ist die Zusammenführung von allgemeinen betriebswirtschaftlichen Steuerungskonzepten mit Projektmanagement. Programmmanagement, Portfoliotheorie, Investitions- und Marketingtheorien werden auch für das Projektmanagement fruchtbar gemacht.[51]

1.2.1.9 Zwischenergebnisse

27 Bisherige Untersuchungen machen deutlich, dass über die rein instrumentellen Projektmanagementansätze hinaus zusätzliche Steuerungsansätze notwendig sind, um Projektprozesse zuverlässig beherrschen zu können. Das gilt vornehmlich bei instabilen Rahmenbedingungen, unsicheren

---

48 Ricard/Xuan, Quantum und Lotus, S. 397; Jackson/Klobas, International Journal of Project Management 2008, 329.

49 Morris/Jamieson/Shepherd, International Journal of Project Management, 2006, 461, 469: »projects are invented not found«.

50 Vgl. Müller, Ralf/Turner, J. Rodney, Matching the Project Manager's Leadership style to project type, in: International Journal of Project Management, 2007, 21, 32: »Goal-oriented leaders are best on low complexity projects, involving leaders are best on medium complexity projects and engaging leaders best on high complexity projects«; dazu auch Srivannaboon, Sabin/Milosevic, Dragan Z., A two-way influence between business strategy und Project Management, in: International Journal of Project Management, 2006, 493 f.; Tyssen, Ana K./Wald, Andreas/Spieth, Patrick, The Challenge of Transactional and Transformational Leadership in Projects, International Journal of Project Managemekt, 2014, 365.

51 Srivannaboon, Sabin/Milosevic, Dragan Z., A two-way influence between business strategy und Project Management, in: International Journal of Project Management, 2006, 493 f.; Kolltveit, Bjørn Johs./Karlsen, Jan Terje und Grønhaug, Kjell, Perspectives on Project Management, in: International Journal of Project Management, 2007, S. 3, 4 f.

Projektprozessen und hohen Anforderungen an einzelne Projektziele. Weiche Faktoren in Projekten werden zunehmend als Schlüssel für den Projekterfolg erkannt.[52] Nach den derzeitigen Forschungsergebnissen spricht indessen vieles dafür, dass auf absehbare Zeit keine einheitliche theoretische Grundlage des Projektmanagements und der Projektsteuerung erarbeitet werden kann, sondern nur einzelne Perspektiven projektspezifischer Organisations- und Prozesssteuerung entwickelbar sind.[53] Was Projektmanagement wirklich ist, kann von der Wissenschaft voraussichtlich gar nicht ergründet werden. Wissenschaftliche Theorien beleuchten allenfalls Aspekte, Funktionen und Eigenschaften, die als relevant angesehen werden, die wiederum zu unterschiedlichen Sichtweisen und Theorien zum Teil ergänzender, zum Teil widersprechender Natur führen können.[54] Die derzeitige Diskussion zu den Grundlagen des Projektmanagements wird bislang vornehmlich in England geführt und ist in besonderem Maße durch das Projekt »*Rethinking Project Management*« gefördert worden.[55]

Projekte lassen sich der Sache nach als »*Wahrscheinlichkeitswolken*« begreifen, deren Erscheinungen wir wahrzunehmen glauben und durch unser Handeln Wirklichkeit werden lassen bzw. gleichzeitig beeinflussen. Projektmanagement hat das Ziel, die **Wahrscheinlichkeit des Gelingens** zu steigern. Die entwickelten technischen Instrumente des Projektmanagements können einen Beitrag leisten. Das Chaos ist aber allgegenwärtig und nur vorübergehend abwendbar; die Stabilisierung von Projekten kann daher nur mit erheblichem organisatorischen, instrumentellem und persönlichem Einsatz gelingen. Für die Steuerung und das Controlling gibt es keine durchgängig »richtigen« Konzepte, Instrumente und Lösungen, weder in der Allgemeinheit, noch im Besonderen. Alle Entscheidungen und Vorgehensweisen haben stets positive wie auch negative Auswirkungen, die im Einzelfall unter Berücksichtigung der Kontextabhängigkeit allen Tuns bewertet werden müssen. Projekte finden nie zur selben Zeit, nie in demselben Umfeld, nie mit denselben Menschen statt. Entscheidungen, die heute richtig gewesen sind, können bei geringfügig geändertem Kontext morgen falsch sein. Es gibt weder eine 100%ige Planung, noch 100 % wasserdichte Verträge, noch 100 % richtiges Projektmanagement. 28

Die Erkenntnisfähigkeit im Projektgeschäft ist mithin beschränkt und besteht vornehmlich darin, aus **negativen Beispielen/Erfahrungen** zu lernen. Wegen der unterschiedlichen Interaktionsmuster in den einzelnen Projekten lassen sich Erfahrungen aus einem Projekt indessen nicht ohne weiteres auf ein anderes übertragen.[56] Zudem führt der Ansatz, negative Erfahrungen aus der Vergangenheit zu vermeiden, nicht allein zu einem erfolgreichen Projekt. Unvorhersehbare Entwicklungen auf mikro- oder makroökonomischer Ebene können jedes noch so gut aufgesetzte Projekt ins Schlingern bringen. Den Erfolg eines Projektes kann daher kein Projektmanager gewährleisten.[57] Erfolgreiches Projektmanagement ist im Kern geprägt durch 29

52 Köhler, Jens, Weiche Faktoren in Projekten: Unvermeidliche Nebensache oder Schlüssel zum Projekterfolg? Projektmanagement, 2012, 43, 44.

53 Morris a. a. O., S. 461, 463: »There is surely not a single theory of project management«.

54 Vgl. Dazu auch Malik, Strategie des Managements komplexer Systeme, S. 169.

55 Siehe dazu die Beiträge in: International Journal of Project Management, Heft 24, November 2006, aber auch die Diskussionsbeiträge von Turner, J. Rodney, Towards theory of Project Management, International Journal of Project Management 2006, S. 1, 93, 187, 277 f.; dazu auch Sauer, Chris/Reich, BH, What do we want from a theory of Project Management? A response to Rodney Turner sowie Pollack, Julian, The changing paradigms of Project Management, International Journal of Project Management, 2007, 266 f.; Kolltveit, Bjørn Johs./Karlsen, Jan Terje und Grønhaug, Kjell, Perspectives on Project Management, in: International Journal of Project Management, 2007, S. 3, 4 f., vgl. auch Gemünden/Schoper, Future Trends in Project Management, Project Management aktuell 5/2014, S. 6 f.

56 »Das Kopieren erfolgreicher Unternehmen kann von vornherein nicht gelingen«, vgl. Krönung, Die Managementillusion, S. 4; auch Taleb, Fooled by randomness, S. 52; Jaafari, International Journal of Project Management, 2007, 781.

57 Vgl. dazu auch Krönung, Die Managementillusion, S. 4; Phillip, Auf der Suche nach der Realität, S. 241, 242.

sachgerechtes, kontextuelles Entscheiden auf der Basis der laufend erfassten und aktualisiert aufbereiteten Daten. Die Bewertung der negativen und positiven Einflussfaktoren möglicher Entscheidungen unter analytischem und empirischem Blickwinkel und die Entscheidung bei Unsicherheit machen das Projektmanagement aus. Je komplexer die Projektrahmenbedingungen und je ehrgeiziger die Projektziele gesetzt werden, umso eher versagen instrumentelle, deterministische Projektansätze. An diese Stelle tritt situatives Entscheiden; Anordnungsbeziehungen müssen durch organisatorische Maßnahmen und vertrauensbasierte, partizipative Abstimmungsprozesse ergänzt werden. Dementsprechend wird es dabei bleiben: Projekte mit gravierenden Zielabweichungen wie Flughafen Schönefeld Berlin und Flughafen Wien, Elbphilharmonie in Hamburg, der europäische Militärtransporter A 400 M von Airbus und viele weitere Beispiele wird es immer geben. Projektmanagement kann mit helfen, die Wahrscheinlichkeit des Projekterfolges deutlich zu erhöhen, kann jedoch nie von vornherein Zielverfehlungen ausschließen.

1.2.2 Die wesentlichen Elemente von Projektmanagement und Projektsteuerung bei Bau- und Immobilienprojekten

30 Kernelemente der Managementsysteme Projektmanagement und Projektsteuerung lassen sich unter instrumentellem Blickwinkel als Maßnahmen der Komplexitätsreduzierung begreifen.[58] Speziell für den Bereich des Projektmanagements/der Projektsteuerung bei Immobilien- und Bauprojekten können wesentliche Aufgabenstellungen und -funktionen einer solchen Komplexitätsreduzierung wie folgt identifiziert werden:[59]

- **Ausgrenzung des Projektes gegen die soziale Umwelt**
  Notwendig ist die Ausgrenzung des Projektes gegen die soziale Umwelt als selbständiges System zur Schaffung klarer Grundlagen für die Projektrealisierung (z. B. durch Projektstrukturplanung/Geschäftsordnung).[60]
- **Komplexitätsreduzierende Maßnahmen i. e. S.**
  Mithilfe komplexitätsreduzierender Maßnahmen (Simplifizierung) soll die Beherrschbarkeit der bei der Projektrealisierung anzutreffenden Abläufe vergrößert werden: Hierzu gehören vornehmlich die Zergliederung des Projekts in handhabbare Teile (**Phasen** und **Arbeitspakete**) für Planung und Ausführung.[61]

58 Vgl. auch Malik, Strategie des Managements komplexer Systeme, S. 184: »Die eigentliche Funktion des Managements besteht in der Bewältigung von Komplexität«.

59 Allgemein zu wesentlichen Eigenschaften von Projektmanagementsystemen DIN 69901–1 : 2009–01.

60 »Das Projekt ist ein offenes, dynamisches und soziotechnisches System. Es erreicht seinen vollen Wert oder ergibt den vollen Nutzen nur, wenn es immer wieder klar abgegrenzt und zu jedem Zeitpunkt als Ganzes bearbeitet und vollendet wird. Der Einfluss des Umfeldes auf das System ›Projekt‹ muss laufend erkannt, analysiert und berücksichtigt werden«, vgl. etwa Lück, Projektsteuerung – Bauherrenaufgaben definieren und sinnvoll delegieren, S. 5; vgl. auch Willke, Systemtheorie I, S. 51 ff., der darauf aufmerksam macht, dass durch Ausgrenzung die Möglichkeit der operativen Geschlossenheit eines Systems herbeigeführt wird und damit anderweitige soziale Prozesse als indifferent behandelt werden können; dazu auch DIN 69904, Anhang, A; zur Messbarkeit von Projektstabilität vgl. Bracht/ Geckler, Projektmanagement 2001, 13; dieses Kernelement betrifft die strukturelle ressourcenbestimmende und soziale Autonomie des Projektes, wobei empirisch gesehen ein deutlicher Erfolgsbezug nicht zu ermitteln ist, vgl. Gemünden u. a., International Journal of Project Management, 2005, S. 366, 368.

61 Die Phasenbildung ist für Projektmanagement von besonderer Wichtigkeit. Dies gilt unabhängig vom Gegenstand der Projektmanagementprozesse. Speziell im anglo-amerikanischen Bereich wird das sog. »Phasing« als wichtige Projektstrukturierungsaufgabe gewertet, vgl. auch ISO 10006, Ziff. 4.4; Patzak, Gerold, Projektmanagement aktuell, 2009, S. 42, 45 zur Messung der Komplexität von Projekten.

- **Professionalisierung**
  Parallel hierzu wird eine Objektivierung der Entscheidungsprozesse und eine Professionalisierung der handelnden Personen angestrebt; ein Mittel ist der Einsatz erfahrener Projektbeteiligter bei allen Kernprozessen.
- **Vorgedachte und in der Frühphase festgelegte Prozesse**
  Vorgedachte und in der Frühphase festgelegte Prozesse bilden die für Systeme kennzeichnenden Techniken zur Herstellung von Wirkungszusammenhängen ab (z. B. Regelabläufe eines Projekthandbuches).[62]
- **Sachgerechtes Entscheiden (Entscheidungsmanagement)**
  Projekte sind das Produkt getroffener Entscheidungen; erforderlich ist ein Entscheidungsmanagement im Sinne sorgsamer Entscheidungsvorbereitung und Entscheidung unter Abschätzung und Berücksichtigung der Folgen.
- **Soll-Ist-Abgleiche**
  Ständige Soll-Ist-Abgleiche im Rahmen eines Projektcontrollings können den notwendigen Abgleich mit der Wirklichkeit sicherstellen.[63]
- **Rückkoppelung durch Information und Kommunikation**
  Die permanente Rückkoppelung durch Information und Kommunikation sichert die Aufrechterhaltung des Systems und die Akzeptanz von Steuerungsmaßnahmen.[64]

Allein durch die Berücksichtigung entsprechender struktureller und komplexitätsreduzierender Elemente von Projektmanagement- und Projektsteuerungsleistungen kann jedoch der Projekterfolg – wie bereits dargestellt – nicht sichergestellt werden. 31

Die **Wechselwirkung mit anderen sozialen Systemen**, insbesondere auch mit dem Rechtssystem, muss beachtet werden.[65] Zum Zwecke der Sicherung eigener Existenz muss ein Projektmanagementsystem die Elemente des Rechtssystems als Grundlage und Grenze von Handlungen und Steuerungsoptionen integrieren.[66] Nicht zuletzt ist jedes Projekt auch ein temporäres Netzwerk von Verträgen.[67] Das vorliegende Buch befasst sich mit den Überschneidungen dieser Systeme und den sich daraus ergebenden Handlungszwängen und Lösungen. Recht ist eines der wichtigsten 32

---

62 Vgl. Willke, Systemtheorie I, S. 141; vgl. dazu auch Kochendörfer, in: Kapellmann/Vygen, Jahrbuch BauR 1999, 267, 184 ff.

63 Vgl. Watzlawick, Die erfundene Wirklichkeit, S. 201: Keine Theorie könne positiv bewiesen werden. Wir lernten nur aus ihrem Versagen, könnten aber niemals mit Sicherheit wissen; vgl. dazu auch Löw/Schulz, in: Schäfer/Conzen, Immobilien-Projektentwicklung, S. 139.

64 Vgl. auch Bolbrügge, Selbstorganisation und Steuerbarkeit sozialer Systeme, S. 98, 103.

65 Vgl. dazu auch DIN 69904, Anhang, A.2: »Je nach Fragestellung und Einschätzung werden Systeme gegen ihre Umwelt abgegrenzt. Außerhalb der Systemgrenzen liegt die Systemumwelt. Aus ihr gewinnt das System seine Eingaben (input), in sie hinein wirkt es mit seinen Ergebnissen (output). Die hierdurch gebildeten Schnittstellen sind Bestandteile des Projektmanagementsystems. Durch die Wahl der Grenzen wird gezeigt, dass Kunde und Trägerorganisation, durch den Auftrag miteinander verbunden, zu der Systemumwelt gehören und auf das Projektmanagementsystem einwirken. Auch andere Einflussgrößen sind der Systemumwelt zugeordnet. Sie sind als Systeminput über die Randelemente unterschiedlich mit den Elementen des Systems verbunden. Als Beispiele seien genannt: Das/die Rechtssystem(e), die den rechtlichen Rahmen durch ihr Vertragsrecht, Arbeitsrecht, Verwaltungsrecht, Sozialrecht u. a. m. vorgeben; Richtlinien und Normen, die den gesicherten Stand der Erfahrungen repräsentieren und zur Qualitätssicherung beitragen können …«

66 Vgl. dazu auch Willke, Systemtheorie I, S. 95, 225: Auch das Rechtssystem ist ein System: Jede Erfahrung kann zur Rechtserfahrung werden. Die anderen ausdifferenzierten sozialen Systeme verhalten sich nicht anders als das Rechtssystem. Dies erklärt, warum jede mögliche Erfahrung möglich ist und warum die Möglichkeit nur innerhalb der sozialen Kommunikation besteht. Rechtssystem ist auf Stabilisierung der Unsicherheit angelegt.

67 Turner, J. Rodney, Towards theory of Project Management, International Journal of Project Management 2006, S. 2.

Ordnungssysteme zur Reduzierung der Komplexität (neben weiteren Steuerungsinstrumenten wie z.B. Vertrauen und der Macht).

33 Etwas provokant hat der frühere Richter des Baurechtssenates beim BGH *Quack* die **Abhängigkeit** der Leistungsfähigkeit von Projektmanagementsystemen **von vertragsrechtlichen Grundlagen** dargestellt und ausgeführt:

> *»Schaut man sich diese Leistungskataloge (der Projektsteuerer, Projektmanager) näher an, so muss man verblüfft feststellen, dass hier verbreitet Dinge versprochen werden, deren Bewältigung umfangreiche vertragliche Vorsorge im Bauvertrag erfordert, und zwar Vorsorge in einer Art, wie sie in den wenigsten Bauverträgen und schon gar nicht in der VOB/B vorzufinden ist. Projektsteuerer und Projektmanager versprechen mit anderen Worten Leistungen, die sie nur bei gutem Glück und Bereitschaft des Bau-Auftragnehmers zur Zusammenarbeit erfüllen können. Zeigt sich der Bauauftragnehmer widerborstig oder blockiert er gar bewusst, dann besteht für die Bemühungen des Projektsteuerers oder Projektmanagers die Gefahr, weitgehend leer zu laufen. Natürlich ist das nicht anders, wenn der Auftraggeber des Bauvertrages die einschlägigen Aufgaben selbst wahrnimmt. Auch er muss sich vertragliche Kontrollen und Einwirkungsmöglichkeiten sichern, die weit über die Regelungen der VOB/B hinausgehen.«*[68]

1.2.3 Projektmanagement für Immobilien- und Bauprojekte

34 Der Immobilien- und Bausektor ist seit jeher ein herausragendes Anwendungsfeld für Projektmanagementsysteme. Die Rahmenbedingungen in diesem speziellen Projektumfeld ermöglichen einen geradezu optimalen Einsatz erprobter Projektmanagementinstrumente. Deshalb ist Projektmanagement als Managementansatz im Immobilien- und Bausektor durchgängig anerkannt und hat hier einen sehr großen Verbreitungsgrad erreicht:

- **Klassische Projekttypen**

  35 Immobilien- und Bauprojekte sind geradezu klassische Typen von Projekten. Sie umfassen einmalige Aufgaben (mit einem geringen Grad standardisierter, industrieller Vorfertigung) bei gleichzeitig abgegrenzten räumlichen und terminlichen Projektbedingungen.
- **Erheblicher Koordinierungsbedarf**

  36 Die Kernfunktionen des Planens und Bauens werden durch eine Vielzahl von spezialisierten Auftragnehmern erbracht, deren Koordinierung eine augenfällige Managementaufgabe begründet.
- **Anforderungen der Finanzierung**

  37 Die mit der Realisierung von Immobilien- und Bauprojekten verbundenen Investitionsrisiken machen ein managementmäßiges, systematisches Vorgehen unabdingbar. Dementsprechend hat der Einsatz qualifizierter Projektmanager und erprobter Projektmanagementsysteme bei der Realisierung von Bauprojekten (sei es auf Auftraggeber-, sei es auf Auftragnehmerseite) eine beachtliche Marktdurchdringung erreicht.
- **Vorgegebene Komplexitätsreduzierung**

  38 Wesentliche Kernelemente von Projektmanagementsystemen sind für Bau- und Immobilienprojekte bereits normativ vorgegeben. Die Komplexitätsreduzierung durch Zergliederung von Managementaufgaben in Phasen/Arbeitspakete ist für die Planung bereits in den Leistungsbildern der HOAI vorgezeichnet; für öffentliche Auftraggeber existieren vielfältige Regulierungen, sowohl betreffend Planung als auch Bauausführung, die bereits Ausdruck normierter Managementsysteme sind (Vergabehandbücher/RBBau). Die insoweit vorgegebenen Vorgehenskonzepte und Leistungsbilder bündeln bereits ein erhebliches Erfahrungswissen und sind Projektmanagementbausteine für die Planungs- und Errichtungsprozesse.
- **Frühe wissenschaftliche und praktische Durchdringung**

  39 Im Bereich der Immobilien- und Bauprojekte lag die Notwendigkeit der Einführung von Managementkonzepten auf der Hand. Dementsprechend fand eine sehr frühe wissenschaftliche und auch praktische Durchdringung von Projektmanagementaufgaben statt. Daraus ist ein

68 Dazu Quack, in: Festschrift Thode, S. 99, 102.

großer Erfahrungsschatz in Bezug auf die einzusetzenden »Werkzeuge« für eine erfolgreiche Projektsteuerung in Bezug auf die kritischen Termin-, Kosten- und Qualitätsziele entstanden. Schon vor einigen Jahrzehnten bildete sich auch ein eigener Berufsstand heraus, der inzwischen auf ausgereifte und markterprobte Leistungs- und Honorarordnungen zurückgreifen kann.

– **Rechtliche Durchdringung**
Projektmanagement in den Immobilien- und Baumärkten ist ein in hohem Maße rechtlich durchdrungenes Projektumfeld. Die Akteure in diesem Wirtschaftszweig haben die in vielfältiger Hinsicht vorgegebenen rechtlichen Rahmenbedingungen zu beachten und werden haftungsrechtlich daran gemessen, ob sie im Rahmen ihrer Projektmanagementaktivitäten die entsprechenden rechtlichen Vorgaben und auch daraus abgeleitete Sorgfaltsanforderungen in Bezug auf die Anwendung von Projektmanagementsystemen beachten. 40

1.2.4 Entwicklungslinien der Projektsteuerung in Deutschland

1.2.4.1 Erste Ansätze

Die Errichtung großer Bauprojekte hat die Menschheit seit der Antike beschäftigt. Projektmanagement-Techniken wurden **seit der Antike** bei einer Vielzahl anspruchsvoller Bauvorhaben eingesetzt. Der Pyramidenbau in Ägypten ist ein Beispiel.[69] Der Turmbau zu Babel und der Dombau zu Köln gelten als Beispiele gescheiterten bzw. mangelhaften Projektmanagements.[70] Projektmanagementmethoden waren daher bereits in der Antike und im Mittelalter gegenwärtig, sie wurden jedoch erst in der Neuzeit wissenschaftlich vertieft und als selbständige Managementdisziplin entdeckt. 41

Während dem Bauherrn bis in das Mittelalter allein der **Baumeister** gegenüberstand, der sowohl die Funktion des Planers als auch des realisierenden Handwerkers übernahm, wurde bereits in der Renaissance die Aufteilung in Realisierung und Planung üblich.[71] In den folgenden Jahrhunderten entwickelte sich auf Planer- und Unternehmerseite immer mehr Spezial-Know-how, so dass die Notwendigkeit der Koordinierung der vielen Projektbeteiligten zu einer eigenständigen Aufgabenstellung wurde.[72] So genannte »Projektemacher« waren seit dem 18. Jahrhundert bekannt.[73] 42

Neuzeitliche Bauprojekte sind von einer zunehmenden Komplexität mit hohen Anforderungen an Realisierungszeit, Einhaltung budgetierter Kosten- und Qualitätsanforderungen geprägt und haben die Nachfrage nach **effizienten Managementmethoden** verstärkt. Einzelne Systemelemente des Projektmanagements haben die überdimensionalen Bau- und Rüstungsprojekte des dritten Reiches und die sich anschließenden Rüstungsanstrengungen der Vereinigten Staaten im Zweiten Weltkrieg gekennzeichnet.[74] Formalisierte Modellansätze des Projektmanagements kristallisierten sich zunächst bei Luft- und Raumfahrtprojekten der Nachkriegszeit heraus.[75] Dort wurde speziell die Netzplantechnik als Form der Terminplanung entwickelt. 43

69 Zum Pyramidenbau in Ägypten als Beispiel für Projektmanagement vgl. Diethelm, Projektmanagement, Band 1, S. 8, 9 m. w. H.; Pfeiffer, Astrid, Projektmanagement, 2004, S. 3.

70 Vgl. Pfeiffer, Projektmanagement, 2004, S. 3, 4.

71 Vgl. zur Historie im Einzelnen: Pfarr, Bauherrenleistungen und ihre Delegation, S. 7 ff.; ausführlich dazu auch Bech, Die Funktion des öffentlichen Bauherrn im Projektmanagement, S. 28 f.

72 Heute hat es der Auftraggeber eines größeren Projektes in der Regel mit 50 bis 100 Vertragspartnern zu tun, vgl. Rausch, in Oelsner, Praxis der Planungs- und Bauökonomie, S. 177.

73 Wobei diese einen zweifelhaften Ruf genossen, vgl. dazu Schelle, in: Projektmanagement, 2003, Heft 2, S. 4.

74 Wobei auch hier wesentliche Fehlsteuerungen nicht ausgeblieben sind: Pfeiffer, Projektmanagement, 2004, Heft 2, S. 3.

75 Vgl. Pfeiffer, Projektmanagement, 2004, Heft 2, S. 3 f.; vgl. zu den Wurzeln des angewandten Projektmanagements in der Nachkriegszeit in den USA, Madauss, Projektmanagement, S. 12.

44 Ende der 60er Jahre/Anfang der 70er Jahre glaubte die Fachwelt in Deutschland, in der nur beiläufigen Behandlung des Themas Projektmanagement eine wesentliche Unzulänglichkeit auch des Bauwesens erkannt zu haben. So kam die in den USA und in Frankreich bereits in Einsatz befindliche **Netzplantechnik** Ende der 60er Jahre erstmals in deutschen Bauprojekten zum Einsatz. Die Olympiabauten in München (1972) sind hierfür ein Beispiel.[76] Gerade bei der Realisierung dieser Projekte ergaben sich jedoch signifikante Kostenüberschreitungen, welche die Notwendigkeit einer ergänzenden Kostensteuerung augenfällig machten.

45 Ohnehin gab es in der damaligen, durch Inflationstendenzen geprägten Zeit einen kräftigen Bauboom mit exorbitant **steigenden Baupreisen**. Untersuchungen des Bundesministeriums für Wirtschaft führten diese Baupreisentwicklung auch auf die mangelnde Koordinierung und schlechtes Projektmanagement sowie überholte Leistungs- und Gebührensysteme für Architekten zurück. Die von dem BDA entwickelte und später von der BAK fortgeschriebene Gebührennovelle (Überarbeitung der GOA 50) wurde vom Bundesministerium für Wirtschaft nicht mehr akzeptiert. Ein vom Bundesministerium für Wirtschaft in Auftrag gegebenes Forschungsvorhaben erbrachte ebenfalls nicht die erwarteten praktikablen Ansätze für eine neue Leistungs- und Honorarstruktur der Architekten und Ingenieure. Der Grundstein hierfür wurde vielmehr erst durch das sog. ***Pfarr-Gutachten*** gelegt, eine im Jahre 1968 von der Vereinigung freischaffender Architekten (VfA) beauftragte Grundlagenstudie über eine dynamische Gebührenordnung für Architekten, die im Jahr 1971 vorgelegt wurde.

46 Etwa zeitgleich empfahl der Sachverständigenrat der damaligen Bundesregierung die Einsetzung einer **Bau-Enquête**. Zur Vermeidung dirigistischer Eingriffe des Staates mit dem Ziel der Eindämmung der Baupreisexplosion sollten vorbeugend Fehlsteuerungen auf den Immobilienmärkten von Experten durchleuchtet und analysiert werden. Diese Anregung griff der damalige Bundesminister für Wirtschaft und Finanzen im Oktober 1971 auf und gab eine Enquête über die Bauwirtschaft in Auftrag.

47 Sowohl die Vorarbeiten für eine neue Honorarordnung für Architekten- und Ingenieurleistungen als auch die Bau-Enquête rückten den **Projektmanager** in den Fokus ihrer Überlegungen. Der Projektmanager sollte bei der Problemlösung helfen und interdisziplinäres Denken und Erfahrungen aus Planung und Ausführung in die Bauprozesse einbringen. Speziell die Bau-Enquête hob die Notwendigkeit verstärkter Untersuchungen in der Frühphase der Projektrealisierung, besonders in Bezug auf Nutzeranforderungen hervor und wies darauf hin, dass diese Leistungen durch die gängigen Gebührenordnungen der Planer nur unzulänglich berücksichtigt würden. Die Form des Zusammenwirkens der Planer sei nicht ausreichend. Defizite bestünden hinsichtlich der Planungsvorbereitung, der Koordinierung verschiedener Fachplaner, der umfassenden und frühzeitigen Einbringung technischen Wissens, der Kontrolle von Leistungen und Abrechnungen. Als Abhilfemaßnahme wurde nicht nur der verstärkte Einsatz von Generalplanung gefordert, sondern auch der Einsatz von Projektmanagern. Die Aufnahme der Projektsteuerung in eine neu zu fassende HOAI wurde begrüßt:[77]

> *»Eine weitere Alternative besteht darin, die einzelnen Fachplaner durch eine dritte Stelle, die im Auftrag des Nachfragers tätig werdenden Treuhänder oder Projektmanager zu koordinieren.*
>
> *Diesem fallen dann Aufgaben der zeitlichen und fachlichen Koordinierung, des Ausgleichs der Einzelinteressen sowie der Kontrolle der Fachplanung im Interesse des Nachfragers zu.«*

76 Gerade hier aber zeigten sich schnell auch die Grenzen von Netzplantechniken – wegen der zunehmenden Komplexität wurde die Terminplanung partiell wieder auf Balkenplantechniken zurückgefahren.

77 Bau-Enquête, zitiert nach Pfarr, Bauherrenleistungen und ihre Delegation, S. 37: »... da die Aufgabe als solche aber begrüßt werden muss, wird sie i. d. R. nur beiläufig und ohne notwendige Sorgfalt behandelt. Ein befriedigendes Ergebnis für den Nachfrager und Nutzer wird sich dann höchstens zufällig ergeben können. Dies hat auch für die Bauausführung insofern negative Folgen, als dazu beigetragen wird, dass der Nachfrager noch während des Planens und Bauens mit Änderungswünschen auftritt und einen rationalen Bauablauf stört.«

Im Zuge der Vorbereitung der neuen Honorarordnung für Architekten und Ingenieure lud der seinerzeitige Staatssekretär im Bundeswirtschaftsministerium *Dr. Schlecht* Projektmanagementexperten (auch aus dem Ausland) zu einer **Anhörung** am 18.02.1974 nach Bonn ein. Die Diskussionsbeiträge der damaligen Beteiligten zu einer Normierung von Projektmanagementleistungen und von Honoraren waren indessen so inhomogen, dass im Bundesministerium für Wirtschaft keine Regelungsfähigkeit gesehen wurde. Die Vorschläge für die Honorierung von Projektmanagementleistungen schwankten zwischen 1–20 % der Investitionssumme. Weder hatten sich bis dahin einheitliche Grundüberzeugungen zu einsatzfähigen Leistungsbildern herausgebildet, noch überzeugende Honorarmodelle. 48

Den damaligen Stand der Überlegungen zur Projektsteuerung im Bauwesen hielten *Diederichs* und *Hutzelmayer* in einem grundlegenden Aufsatz in der Zeitschrift Bauwirtschaft fest.[78] 49

1.2.4.2 Die vormalige Vorschrift des § 31 HOAI a.F.

Die im Jahr 1977 vom Verordnungsgeber in Kraft gesetzte Honorarordnung für Architekten und Ingenieure (HOAI) hatte erstmals eine Norm für die Projektsteuerung vorgesehen. Die Vorschrift (§ 31 HOAI a.F.) war indessen nur ein Fragment. Ihr Kern bestand in einer Grobskizzierung der Aufgaben des Bauprojektmanagements sowie der Hervorhebung der freien Honorarvereinbarung. Der bis dahin auch im Bereich des Bauwesens gebräuchliche **Begriff** des Projektmanagers fiel einer »**Verdeutschungskampagne**« zum Opfer. Aus dem Projektmanager wurde der **Projektsteuerer**.[79] Für diese Umbenennung war auch maßgeblich, dass Projektmanagementleistungen seinerzeit in einem nicht unerheblichen Umfang für die öffentliche Hand erbracht wurden. Die **Projektleitungsfunktionen** öffentlicher Auftraggeber wurden seinerzeit als nicht **delegierbar** angesehen. Der **öffentliche** Auftraggeber sollte das Projekt – unter fachkundiger Betreuung eines Projektsteuerers – in wesentlichem Umfang selbst lenken. Dementsprechend gab es Tendenzen, das bis dahin einheitlich verstandene Projektmanagement für die Immobilien- und Bauobjekte in Aufgaben der Projektleitung, die dem Auftraggeber vorbehalten bleiben sollten, und Aufgaben der Projektsteuerung, die delegiert werden konnten, aufzuspalten. 50

§ 31 Abs. 1 HOAI a.F. hat zum Marktdurchbruch von Projektmanagementleistungen in den Immobilien- und Baumärkten beigetragen. Für die Umsetzung in Geschäftsmodelle, Leistungsordnungen und Verträgen hat die Vorschrift indessen keine wesentlichen Beiträge geleistet. Der Verordnungsgeber hatte die Aufgaben eines Projektsteuerers in § 31 HOAI a.F. mit einer Beispielliste zwar im Kern zutreffend skizziert, ein ausführliches, praxistaugliches Leistungsbild indessen nicht vorgegeben. Hinsichtlich der Honorierung beschied sich der Verordnungsgeber mit einer Klarstellung in Abs. 2 der Vorschrift, wonach das Entstehen von Vergütungsansprüchen eine schriftliche Honorarvereinbarung bei Auftragserteilung voraussetze. Der BGH hatte dieses Schriftlichkeitsgebot in § 31 Abs. 2 HOAI a.F. bereits im Jahre 1997 mangels Ermächtigungsgrundlage für **nichtig** erklärt.[80] Dem verbliebenen Torso der Norm kam somit vornehmlich definitorischer Wert zu, weil der Verordnungsgeber mit den in Abs. 1 genannten Kriterien die Projektsteuerung von sonstigen **preisgebundenen Objekt- und Fachplanungsleistungen** in dem Teil II der HOAI abgegrenzt hatte. 51

§ 31 Abs. 1 HOAI a.F. hatte die Projektsteuerungstätigkeit wie folgt beschrieben: 52

> »*(1) Leistungen der Projektsteuerung werden von Auftragnehmern erbracht, wenn sie Funktionen des Auftraggebers bei der Steuerung von Projekten mit mehreren Fachbereichen übernehmen. Hierzu gehören insbesondere:*
> 1. *Klärung der Aufgabenstellung, Erstellung und Koordinierung des Programms für das Gesamtprojekt,*
> 2. *Klärung der Voraussetzungen für den Einsatz von Planern und anderen an der Planung fachlich Beteiligten (Projektbeteiligte),*

78 Vgl. Diederichs/Hutzelmayer, Projektsteuerung im Bauwesen – delegierbare Bauherrenaufgaben, Bauwirtschaft 1975, 1488.

79 Vgl. Pfarr, Bauherrenleistungen und ihre Delegation, S. 19.

80 BGH, Urteil vom 09.01.1997, Az. VII ZR 48/96, in: BauR 1997, 497 = NJW 1997, 1694 = BGHZ 134, 239 = IBR 1997, 245 (Weyer).

> 3. *Aufstellung und Überwachung von Organisations-, Termin- und Zahlungsplänen, bezogen auf Projekt und Projektbeteiligte,*
> 4. *Koordinierung und Kontrolle der Projektbeteiligten, mit Ausnahme der ausführenden Firmen,*
> 5. *Vorbereitung und Betreuung der Beteiligung von Planungsbetroffenen,*
> 6. *Fortschreibung der Planungsziele und Klärung von Zielkonflikten,*
> 7. *laufende Information des Auftraggebers über die Projektabwicklung und rechtzeitiges Herbeiführen von Entscheidungen des Auftraggebers,*
> 8. *Koordinierung und Kontrolle der Bearbeitung von Finanzierungs-, Förderungs- und Genehmigungsverfahren.«*

53 In der **amtlichen Begründung der HOAI von 1977** sind die Erwägungen des Verordnungsgebers für die Regelung des Projektsteuerungswesens niedergelegt, die noch heute ihre Berechtigung haben:[81]

> *»Mit steigendem Bauvolumen wachsen die Anforderungen an den Auftraggeber, seine Vorstellungen von der Bauaufgabe in die Praxis umzusetzen, wobei er die Geschehensabläufe in technischer, rechtlicher und wirtschaftlicher Hinsicht zu koordinieren, zu steuern und zu überwachen hat. Diese Tätigkeiten sind originäre Aufgaben des Auftraggebers und von den Leistungen des Architekten und Ingenieurs zu trennen. Infolge der zunehmenden Kompliziertheit der Geschehensabläufe, insbesondere durch Einschaltung von anderen an der Planung fachlich Beteiligten, sind Auftraggeber ab einer bestimmten Größenordnung des Projekts nicht immer in der Lage, sämtliche Steuerungsleistungen selbst zu übernehmen. In der Praxis werden in diesen Fällen Aufträge für Leistungen bei der Projektsteuerung erteilt. Diese Aufträge umfassen insbesondere Beratungs-, Koordinierungs-, Informations- und Kontrollleistungen. Es erscheint zweckmäßig, diese Entwicklung zu berücksichtigen und für Leistungen der Projektsteuerung auch Honorarregelungen zu treffen. Da keine repräsentativen Untersuchungen für die angemessene Honorarregelung vorliegen, beschränkt sich die Verordnung darauf, die Leistungen der Projektsteuerung zu umschreiben und hinsichtlich der Honorierung die feste Vereinbarung zuzulassen. So wird die weitere Diskussion über die Honorierung von Leistungen der Projektsteuerung offen gehalten.*
>
> *Abs. 1 Satz 1 definiert die Projektsteuerung im Sinne dieser Verordnung. Satz 2 nennt beispielhaft eine Reihe von Leistungen der Projektsteuerung.*
>
> *Weitere Leistungen der Projektsteuerung dürfen berechnet werden, wenn sie die in Satz 21 aufgeführten Voraussetzungen erfüllen. Entscheidend ist, dass es sich um Funktionen des Auftraggebers handelt, nicht um Leistungen, die z. B. dem Architekten oder Ingenieur bereits nach dem Leistungsbild Objektplanung (§ 15) obliegen. Ferner ist zu beachten, dass diese Leistungen Projekte mit mehreren Fachbereichen betreffen müssen.*
>
> *Abs. 2 fordert eine schriftliche Honorarvereinbarung bei Auftragserteilung.*
>
> *Diese Voraussetzung dient der Rechtssicherheit.*
>
> *Ferner bestimmt Abs. 2, dass die Honorare frei vereinbart werden können.«*

54 Ungeachtet dessen, dass eine Integration von Projektsteuerungsleistungen in eine neue HOAI teilweise für sachangemessen gehalten wurde, sah bereits der *»Statusbericht 2000 plus Architekten/Ingenieure«* den Wegfall des § 31 HOAI vor, und zwar im Hinblick auf die nach der Judikatur des BGH zweifelhafte Rechtsgrundlage wie auch die europarechtlichen Tendenzen, die HOAI auf einen notwendigen Kernbereich zu beschränken.[82]

---

81 Diederichs/Dieblich erläutern in AHO-Fachkommission Projektsteuerung, S. 3, durchaus überzeugend: »Der damalige Gesetzgeber hat Folgendes völlig zutreffend erkannt: Ab einer gewissen Projektgröße werden die überwiegend organisatorischen, technisch-wirtschaftlichen Koordinierungsaufgaben, die Überwachung des Zusammenspiels aller Projektbeteiligten, Planer und Firmen sowie sonstigen Beteiligten, die dabei gleichzeitig erforderliche Sorge für die Einhaltung von Qualitäten, Kosten und Terminen so umfangreich, dass personell und fachlich nicht entsprechend ausgestattete Auftraggeber mit der Wahrnehmung aller dieser Aufgaben schlicht überfordert sind. Natürlich sind an einem Großprojekt auch andere Freiberufler wie Rechtsanwälte, Steuerberater und Wirtschaftsprüfer sowie Banken und Versicherungen beteiligt. Der Schwerpunkt bei großen Projekten liegt aber in der technisch-wirtschaftlichen Oberleitung, um den Projekterfolg im umfassenden Sinne sicherzustellen ...«.

82 Vgl. dazu Schramm/Steeger, BauR 2003, 445, 454; Statusbericht 2000 plus Architekten/Ingenieure, S. 8–31.

Mit der Verabschiedung der HOAI 2009 hat der Verordnungsgeber § 31 HOAI a.F. endgültig gestrichen. Gemäß der amtlichen Begründung sollte diese Vorschrift entfallen, da sie keine klare Honorarregelung enthalte. Sie habe kein preisrechtliches Profil und die Leistungen seien nur kursorisch angesprochen, ohne dass dabei ein klares Leistungsbild entstanden sei.[83] 55

1.2.4.3 Die weitere Entwicklung: DVP und AHO

Die Regelung der Projektsteuerung in § 31 HOAI a.F. hatte einen breiten Meinungsaustausch und eine lebhafte Diskussion ausgelöst. Die schnell erkannte Unzulänglichkeit des Leistungsbildes nach § 31 HOAI a.F. führte zu weiteren Untersuchungen des sog. **Berliner Arbeitskreises,** *Pfarr/Hasselmann/Will.* Zielstellung der Untersuchungen war die Präzisierung des Leistungsbildes und die Entwicklung von Vorschlägen für die Honorierung. Eine erste grundlegende Veröffentlichung dieser Autoren zu den Bauherrenleistungen und den §§ 15 und 31 HOAI erfolgte im Jahre 1984.[84] Die Arbeitsergebnisse hatten bereits eine breitere empirische Basis.[85] Ebenfalls im Jahre 1984 veröffentlichte der Arbeitskreis Münchener Projektsteuerer, dem u. a. *Diederichs* angehörte, den Entwurf eines Leistungsbildes zu § 31 HOAI a.F. Praktisch zeitgleich wurden in der Literatur weitere Leistungsbilder vorgestellt, die über die beispielhafte Benennung von einzelnen Tätigkeiten im Sinne des § 31 HOAI a.F. hinausgingen und geschlossene Leistungssysteme für Projektmanagementtätigkeiten vorsahen.[86] Empirische Untersuchungen von *Müller, WIBERA AG,* bei der nordrhein-westfälischen Staatsbauverwaltung führten zur Entwicklung eines Leistungsbildes und einer Honorarordnung.[87] 56

Anfang der 80er Jahre hatte die Projektsteuerung für die Immobilien- und Baumärkte bereits erhebliche wirtschaftliche Bedeutung erlangt. Viele Spezialunternehmen boten öffentlichen und privaten Auftraggebern Projektsteuerungsleistungen an. In Übereinstimmung mit internationalen Trends organisierten sich auch in Deutschland Projektsteuerungsunternehmen für das Bauwesen in Fachverbänden. National wie international entstanden dabei nicht nur Fachverbände für das allgemeine Projektmanagement (in USA etwa das Projektmanagement Institut [PMI] und in Deutschland die Gesellschaft für Projektmanagement [GMP]), sondern auch speziell auf das Bauwesen ausgerichtete Verbände. In Deutschland wurde im Jahr 1984 der ***Deutsche Verband der Projektsteuerer (DVP)*** gegründet. 57

Unter Berücksichtigung der Vorarbeiten von *Diederichs/Hutzelmayer,*[88] die als erste ein nach Projektstufen und Handlungsbereichen differenziertes Leistungsbild entwickelt hatten, sowie unter Übernahme der empirischen Untersuchungsergebnisse und Erkenntnisse von *Müller, WIBERA AG,* veröffentlichte der DVP – nach interner Vorstellung auf der Jahrestagung am 09.03.1990 in Berlin – im Jahre 1992 erstmals eine Leistungs- und Honorarordnung für die Projektsteuerung. Dieses Leistungs- und Honorarmodell wurde in der Folgezeit unter Federführung des sog. ***Wuppertaler Arbeitskreises***, einer aus vier DVP-Mitgliedern gegründeten **Arbeitsgruppe *Diederichs/Homola/Mittmann/Müller***, fortentwickelt.[89] 58

1993 etablierte sich die **Fachkommission Projektsteuerung des Ausschusses für Ingenieurverbände und Ingenieurkammern für die Honorarordnung e. V. (AHO)**. Diese veröffentlichte im 59

83 Vgl. auch De Oliviera, Vincente Voigt, HOAI 2009, BauR 2009, 1360, 1366.
84 Pfarr/Hasselmann/Will, Bauherrenleistungen, S. 12.
85 100 Projektsteuerungsverträge wurden ausgewertet, vgl. Pfarr, Bauherrenleistungen und ihre Delegation, S. 24.
86 Vgl. etwa Terdenge, Bauwirtschaft 1981, 419; Diederichs, Bauwirtschaft, Heft 28/29, 1984, 975; Volkmann, Deutsches Ingenieurblatt 2003, Juli/August, S. 2.
87 Vgl. dazu Müller, Aufgaben, Honorare und Personalbedarf des öffentlichen Bauherrn bei Planung und Bau, S. 3 ff.
88 Diederichs/Hutzelmayer, Bauwirtschaft 1975, 1488 ff., 1637 ff.
89 Vgl. auch Volkmann, Deutsches Ingenieurblatt 2003, 1, 2.

November 1996 als Nr. 9 der Schriftenreihe AHO die »*Untersuchungen zum Leistungsbild des § 31 HOAI und zur Honorierung der Projektsteuerung*«. In dieser Leistungs- und Honorarordnung gingen die DVP-Leistungs- und Honorarmodelle auf. Die im Jahre 1996 erstmals veröffentlichte und in den folgenden Jahren in kurzen Abständen nachgedruckte bzw. neu aufgelegte Leistungs- und Honorarordnung des AHO entwickelte sich schnell zu einem Standard-Leistungs- und Vergütungsmodell für die Projektsteuerungsbranche.

60 Die AHO Leistungs- und Honorarordnung war auf vollständige **Kompatibilität mit den Leistungsbildern** der Objekt- und Fachplaner nach **der HOAI** ausgerichtet und hatte eine Tätigkeit des Projektsteuerers als Berater des Auftraggebers – eine Tätigkeit in **Stabsfunktion** – vorgesehen. In Anlehnung an Vorschläge von ***Ruf***[90] ist eine heute noch gebräuchliche Gliederung in **5 Projektphasen** ausgewiesen worden; eine stufenweise Beauftragung wurde hierdurch ermöglicht. Die Leistungs- und Vergütungsordnung sah ausschließlich eine **pauschale Honorierung** vor, die grundsätzlich – ebenfalls in Anlehnung an die HOAI – **an die anrechenbaren Kosten des Projekts anknüpfte** und Honorarzonen für Projekte mit geringerem oder höherem Komplexitätsgrad sowie den Umfang der übertragenen Leistungen berücksichtigte. Der Blickwinkel der Initiatoren war seinerzeit noch darauf gerichtet, das Projektsteuerungsmodell als spezifische Ingenieurleistung in der HOAI mit einem festen – HOAI-kompatiblen – Honorarmodell als zwingendes Preisrecht zu verankern.

61 Das vormalige Leistungs- und Honorarmodell der AHO-Fachkommission blieb nicht ohne Kritik. Die **abstrakten und für alle Projekttypen entwickelten Vorgaben** für Leistung und Vergütung erfüllten nicht die Erwartungen sämtlicher Auftraggeber. Zum Teil wurde der Projektsteuerer nach den Leistungsbildern des AHO mit dem negativen Schlagwort »*Projektbuchhalter*« belegt. Zum Teil wurde auch der ehemalige Ansatz kritisiert, die Projektsteuerung als Regelungsgegenstand in der HOAI zu verankern.[91] Gleichwohl wurde das Leistungs- und Honorarmodell über Jahre hinweg zunehmend von öffentlichen Auftraggebern, aber auch von privaten Auftraggebern bei Beauftragungen zugrunde gelegt. Die Bundesbauverwaltung stellte bei ihren Beschaffungs- und Vertragslösungen für Projektmanagementleistungen auf die Gedanken der AHO Leistungs- und Honorarordnung ab, wobei sie die Projektabwicklungsmethodik an die RBBau anpasste.[92]

62 Vornehmlich private Auftraggeber forderten ein, dass der Projektmanager über die Steuerung hinaus auch **Projektleitungsaufgaben** übernimmt und damit in einem noch darzustellenden Sinne umfassendere Projektmanagementaufgaben wahrnehmen sollte. Tendenzen im Sinne eines möglichst weitreichenden **Outsourcings** haben schließlich zu unternehmerischen Risikoübernahmen durch Projektsteuerer geführt, etwa im Rahmen von Baubetreuungsmodellen/Construction Management at risk. Private Auftraggeber haben überdies zunehmend für eine Honorargestaltung plädiert, die keinen Bezug mehr zu anrechenbaren Kosten hat, sondern entweder im Markt frei verhandelt wird oder aber auf konkreten Aufwandsschätzungen beruht. Darüber hinaus haben sie Projektsteuerungsunternehmen alsbald zusammen, mit vor- und nachgelagerten Consultingleistungen, wie etwa der Projektentwicklung oder des Facility-Managements oder SiGeKo-Leistungen beauftragt.

63 Die vormaligen Ziele, die **Projektsteuerung in Stabsfunktion als verbindliches Preismodell** in der HOAI zu verankern, hatten aufgrund sehr divergierender Auftraggeberanforderungen an Durchsetzungskraft verloren. Die Aufnahme der Projektsteuerung in die HOAI wurde angesichts der Anforderungen des Marktes wie auch der zunehmenden europarechtlichen Widerstände gegen das Preisrecht der HOAI von der AHO-Fachkommission als nicht mehr erfolgversprechend angesehen.[93] Ohnehin wurden Projektentwicklung und Realisierung zunehmend durch

90 Vgl. Ruf, DAB 1990, 1957 [1959].
91 Vgl. Quack, BauR 1995, 27, 28, 31.
92 Siehe dazu im Einzelnen 1.2.4.5 und Anhang 2 Rdn. 2036.
93 Tendenziell anders: Schill, Der Projektsteuerungsvertrag, S. 141, der aber für die Übernahme des DVP-AHO-Modells in die HOAI plädiert.

immobilienwirtschaftliche Denkweisen beeinflusst, die das Bauprojektmanagement nur noch als einen Aspekt eines am Immobilienlebenszyklus orientierten Managementmodells auffassen.

64 Aufgrund dieser Marktentwicklungen änderte der Deutsche Verband der Projektsteuerer (**DVP**) am 27.03.2003 den Namen in **Verband der Deutschen Projektmanager in der Immobilien- und Bauwirtschaft**. Die Leistungs- und Honorarordnung wurde von der AHO-Fachkommission in *Untersuchungen zum Leistungsbild, zur Honorierung und zur Beauftragung von Projektmanagementleistungen in der* ***Bau- und Immobilienwirtschaft umbenannt***. Mit der 2. Auflage des Heftes Nr. 9 der Schriftenreihe der AHO (2004) wurde das bisherige Leistungsbild modernisiert und erweitert. Zudem hat die AHO-Fachkommission Vorschläge von *Schneider*[94] aufgegriffen und das früher ausschließlich angebotene Vergütungsmodell, basierend auf anrechenbaren Herstellungskosten, um eine Honorarermittlung nach Aufwand ergänzt. Seit 2004 sieht daher das AHO-Modell als zusätzliches Angebot für den Auftraggeber die Vergütungsermittlung auf der Grundlage von Personaleinsatzplänen/Personaleinsatzkalkulationen vor. Die Pauschalhonorierung auf der Basis anrechenbarer Kosten wird dabei weiterhin als bewährtes und praxistaugliches Honorarmodell vorgehalten. Es ist in den Folgejahren weiterentwickelt worden u.a. dahingehend, dass Zu- und Abschläge für unterschiedliche Einsatzmodelle von Planern und Unternehmen formuliert worden sind.

65 Mit der 3. Auflage der **Leistungs- und Honorarordnung** der **AHO-Fachkommission (2009)** wurde weitergehend auf die Marktanforderungen reagiert und das Leistungsbild systematisiert und überarbeitet. Die Leistungsanforderungen an die Projektmanagementbüros wurden dabei nochmals erweitert, z. B. um Anforderungen an das Entscheidungsmanagement, Änderungsmanagement und Risikomanagement. Die Tätigkeiten zum Vertrags- und Versicherungswesen wurden in einem neuen Handlungsbereich zusammengefasst. Die Vergütungssätze der Leistungs- und Honorarordnung blieben unverändert. Mit der 3. Auflage der Leistungs- und Honorarordnung der AHO-Fachkommission (2009) hat sich der Regelungsvorschlag von einem reinen Verbandsmodell deutlich wahrnehmbar zu einem Marktmodell hin entwickelt.

66 Die **4. Auflage** der Leistungs- und Honorarordnung der **AHO-Fachkommission (2014)** beinhaltet folgende weitere Fortentwicklungen des Leistungs- und Honorarmodells:
- Die verwendeten Begrifflichkeiten bei den Leistungsanforderungen wurden vereinheitlicht. Präzisierungen fanden insbesondere bei den Kerndefinitionen des Leistungsbildes, nämlich den Begriffen des Mitwirkens, des Erstellens/Aufstellens und Abstimmens, des Fortschreibens, des Überprüfens und Prüfens statt. Auf eine möglichst einheitliche Begriffsverwendung im Vergleich mit HOAI- und DIN-Normen sowie (internationalen) Normen des Projektmanagements wurde geachtet.
- 67 Die im Jahr 2013 in Kraft getretene HOAI führte zu einer Anpassung der Leistungsbilder in vielen Punkten. Die Aufgabenverteilung zwischen Objektplanung und Projektsteuerung musste angesichts der Zuweisung diverser Koordinierungs-, Termin- und Kostensteuerungsaufgaben an die Objekt- und Fachplanungen neu ausgestaltet werden. Speziell das Zusammenwirken der Beteiligten bei der Planung der Planung bedurfte einer differenzierteren Abgrenzung der wechselseitigen Leistungen.
- Die HOAI 2013 hat die Phasenstruktur der HOAI-Leistungsbilder noch stärker verankert. Die Leistungsbilder enthalten die Verpflichtung der Architekten und Ingenieure, zum jeweiligen Phasenabschluss eine Ergebnisdokumentation zu erstellen. Insoweit haben sich für die Projektsteuerung neue Kontrollaufgaben ergeben. Die Ergebnisdokumentation ist nach jedem Phasenabschluss zu prüfen.

94 Schneider, Alternative Honorarmodelle im Projektmanagement, in: DVP, Strategien des Projektmanagements, Teil 8: Weiterentwicklung der Projektsteuerung zum Bauprojektmanagement, Wuppertal 2003; derselbe, in: DVP, Neue Leistungsbilder und Honorarmodelle zum Bauprojektmanagement, Herbstseminar 2004, DVP Verlag, 2004.

68 – Mit der Aufnahme zusätzlicher Besonderer Leistungen wurde das Standardleistungsbild der Projektsteuerung präzisiert und von den Leistungen anderer Projektbeteiligter abgegrenzt. Leistungen für die BIM-Planungstechnik wurden als Besondere Leistungen ausgestaltet. Dasselbe gilt für die Bewältigung von Nachhaltigkeitssystemen und Zertifizierungsanforderungen sowie Wirtschaftlichkeitsuntersuchungen bei Projekten.
– Die Honorartafel für die Projektsteuerung wird zum ersten Mal seit 10 Jahren wegen der eingetretenen Preisentwicklung und der Leistungserweiterungen ab 2004 um 10 % erhöht. Die Empfehlungen für die Monatsverrechnungssätze sind hierauf angepasst worden.

69 – Die Verteilung des Honorars auf die einzelnen Projektstufen wurde den Entwicklungen des Leistungsbildes angepasst (Verminderung der »Kopflastigkeit« der Vergütung). Im Hinblick auf den Zusammenhang zwischen Bau- bzw. Projektlaufzeit einerseits und Honorar andererseits wurde ein Hinweis zur Bauzeit und eine Vergütungsregelung aufgenommen.
– Überdies enthält das Heft 9 des HAO nunmehr auch einen Katalog der nach diesem Leistungsmodell verbleibenden Auftraggeberaufgaben (um die Schnittstelle zum Auftraggeber genauer zu definieren).

70 – Gleichzeitig enthält das neue Regelwerk auch Hinweise auf zusätzliche Leistungen, die bei der Realisierung von komplexen Großprojekten erbracht werden müssen. Das AHO-Leistungsbild Projektmanagement/Projektsteuerung deckt zwar die Anforderungen an Projektmanagementleistungen für Standardprojekte vollständig und komfortabel ab. Bei der Realisierung von komplexen Großprojekten ergeben sich jedoch zusätzliche Anforderungen, die nur durch erweiterte Steuerungsleistungen erfolgreich bewältigt werden können. Das Heft 9 verweist in diesem Kontext auf ergänzende Leistungen, die in anderen AHO-Veröffentlichungen beinhaltet sind.

Prozessmodell der wesentlichen Projektsteuerungsleistungen nach AHO

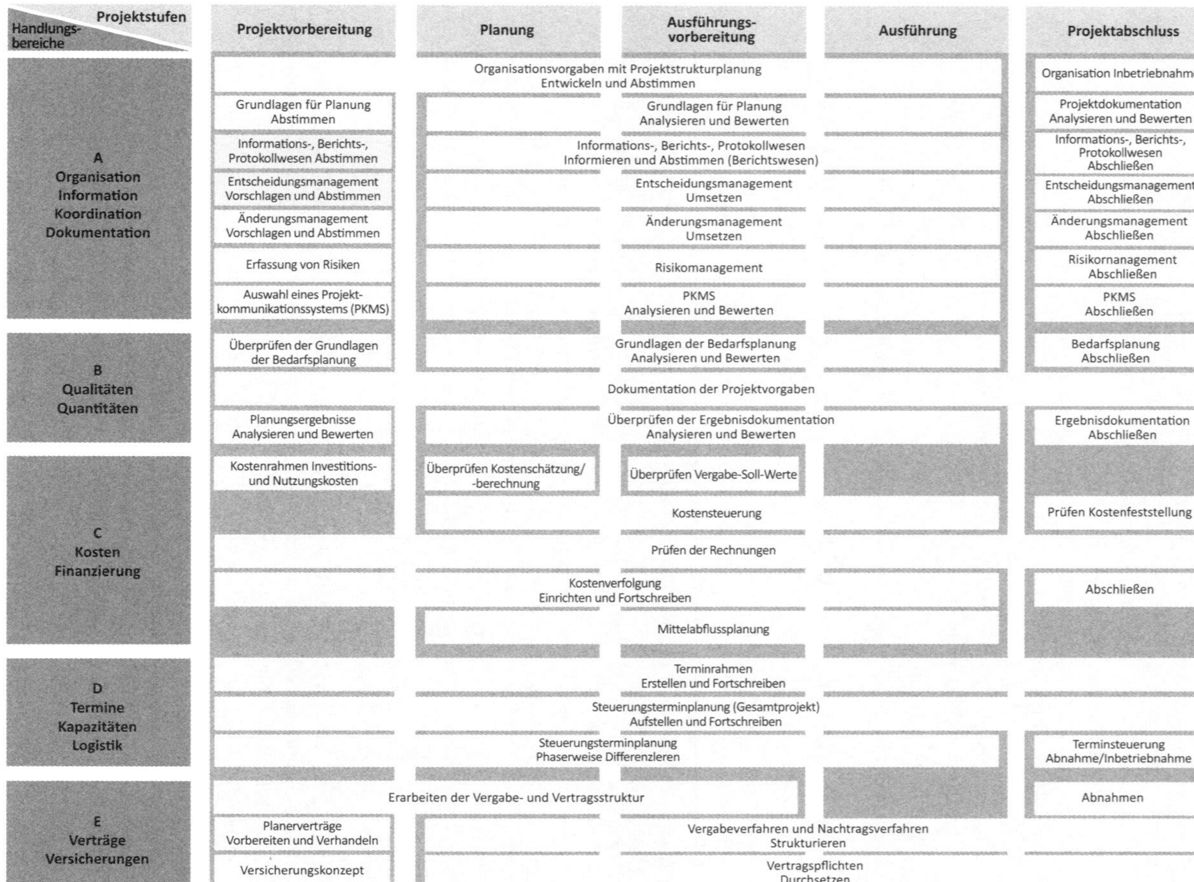

72 In einem weiteren Heft des AHO (Nr. 19 in der Schriftenreihe des AHO) aus 2004 betreffend »***Neue Leistungsbilder zum Projektmanagement in der Bau- und Immobilienwirtschaft***« sind weitere praxisrelevante Leistungsbilder für Projektmanagementunternehmen enthalten.[95] Dazu gehören:
- Implementierung und Anwendung von Projektkommunikationssystemen
- Projektentwicklung im engeren Sinne
- Risikobewertung von Neubau- oder Bestandsimmobilien (Real Estate Due Diligence)
- Nutzerprojektmanagement
- Unabhängiges Projektcontrolling für Investoren, Banken oder Nutzer
- Projektmanagement und Projektrechtsberatung aus einer Hand
- Construction-Management

73 Nr. 21 der Schriftenreihe der AHO-Fachkommission Projektmanagement aus 2006 befasst sich mit ***Interdisziplinären Leistungen zur Wertoptimierung von Bestandsimmobilien***.[96]

1.2.4.4 Grenzen der Leistungsbilder – Interessen und Reaktionen der Marktteilnehmer

74 DVP und AHO haben mithin erfolgreiche Aufbauarbeit geleistet. Sie haben erkennbar mit ihren Bemühungen Erfolg gehabt, Projektmanagementansätze für die Immobilien- und Bauwirtschaft in Deutschland zu strukturieren und der Branche insoweit brauchbare Hilfsmittel zur Verfügung zu stellen. Dementsprechend hat das AHO-Leistungs- und Honorarmodell einen großen Durchsetzungsgrad erreicht[97] und ist zunehmend auch Gegenstand von gerichtlichen Entscheidungen geworden.

75 Wenngleich die AHO-Leistungs- und Honorarordnung im deutschen Markt für Bau- und Immobilienprojekte vielfach angewendet und von den Marktbeteiligten entweder vollständig übernommen oder doch zumindest als Orientierungshilfe der Beteiligten bei der Ausgestaltung projektspezifischer Lösungen herangezogen wird,[98] muss gleichwohl attestiert werden, dass allein die Entwicklung von Standardleistungsbildern des Projektmanagements einen Projekterfolg nicht sicherstellt. Dies liegt zum einen daran, dass Standardleistungsbilder immer einer Anpassung an die jeweils konkreten Projektanforderungen bedürfen, zum anderen aber nicht jedes auf dieser Grundlage verpflichtete – oftmals im Rahmen eines reinen Preiswettbewerbs ausgewählte – Projektsteuerungsunternehmen die Leistungen vollständig und vertragsgemäß erbringt bzw. erbringen kann (wobei unterschiedliche Gründe maßgebend sein können).

76 Zwar sind die Auftraggeber inzwischen ganz überwiegend mit dem Standardleistungsbild der AHO-Fachkommission zufrieden. Sie erwarten jedoch jenseits des festgeschriebenen Leistungsbildes, dass die versprochenen Projektsteuerungsleistungen auch professionell erbracht werden, was nach ihrer Einschätzung nicht immer der Fall ist.[99] Defizite bei der Abarbeitung der übernommenen Projektmanagementleistungen sind ein ganz wesentlicher Kritikpunkt der Auftraggeber. Nicht immer positive Erfahrungen haben Auftraggeber veranlasst, eine ganze Reihe von Strategien zu entwickeln, um eine qualitätsgerechte Projektsteuerungsleistung sicherzustellen:
- Aufbau eigener Projektmanagementkompetenz
- Lediglich situative Ergänzung der eigenen Projektleitung durch ausgewählte Mitarbeiter von Projektsteuerungsunternehmen im Wege der Arbeitnehmerüberlassung oder mittels Zeitarbeitsverträgen

---

95 AHO-Fachkommission, Neue Leistungsbilder zum Projektmanagement in der Immobilien- und Bauwirtschaft, Berlin 2004.

96 AHO-Fachkommission, Interdisziplinäre Leistungen zur Wertoptimierung von Bestandsimmobilien, Berlin 2006.

97 Zur Durchsetzung der Leistungs- und Honorarordnung Projektmanagement/Projektsteuerung der AHO-Fachkommission vgl. Zobel, Markus, Systematische Entwicklung von Leistungsinventionen im Bauprojektmanagement, 2014, S. 129 f.

98 Zobel, Systematische Entwicklung von Leistungsinventionen im Bauprojektmanagement, S. 115 f.

99 Zobel, Systematische Entwicklung von Leistungsinventionen im Bauprojektmanagement, S. 107.

- Beauftragung von Teilfunktionen des AHO-Leistungsbildes an mehrere, parallel tätige Projektsteuerungsunternehmen 77
- Vertragliche Festschreibung und pönalisierte Sicherung des angebotenen Personalkörpers
- Verpflichtung des Projektsteuerungsbüros zur Erbringung aller einzelnen Spiegelstrichleistungen eines Leistungsbildes, die von Anfang an bepreist werden
- Beauftragung des Projektsteuerungsbüros in sog. »Jahresscheiben«
- Ergänzende Vergütungsabreden, unter anderem mit Bonus-Malus-Regelungen

1.2.4.5 Weitere Entwicklungstendenzen/BIM/ Reformkommission für Großprojekte (sog. Ramsauer-/Dobrindt-Kommission)

1.2.4.5.1 Wesentliche Entwicklungsschritte des Projektmanagements im Bauwesen im Überblick

Die **Entwicklungsschritte** hin zu entwickelten Leistungsbildern der Projektsteuerung lassen sich stark vereinfacht wie folgt darstellen: 78
- 50er Jahre: Erste Ansätze: Balkendiagramme und Elemente der Netzplantechnik
- 60er Jahre: Der technische Bauherr/Technologieorientierung; Weiterentwicklung der Planungstechniken
- 70er Jahre: Vordringen hochentwickelter – EDV-gestützter – Netzplantechniken für die Terminplanung; gleichzeitig Beginn der Abschwächung des Technologieglaubens; Teamorientierung
- 80er Jahre: Weiterentwicklung von Kostenkontrollsystemen; Organisationsansätze
- 90er Jahre: Entwicklung der Handlungsbereiche Organisation und Information bzw. Qualitätssicherung; Risikomanagement
- Ab 2000: Informationssysteme, verhaltenssteuernde und sozioökonomische Aspekte, Performance-Steigerung/Erfolgsfaktoren/life cycle-Ansätze[100]

1.2.4.5.2 BIM-Management

Die Projekte in der Zukunft werden auch durch neue Planungstechnologien, insbesondere durch BIM (Building Information Modeling) geprägt werden. BIM beschreibt eine neue Planungstechnologie und Methode im Bauwesen, bei dem alle Beteiligten an einem digitalen, dreidimensionalen Gebäudedatenmodell (parallel) arbeiten. Diese Daten werden zudem mit Mengen (Kosten) und Terminen verknüpft, so dass Planungsänderungen mit ihren Auswirkungen terminlicher und kostenmäßiger Hinsicht gleichzeitig deutlich werden. Automatisierungsprozesse sollen es ermöglichen, auch die Produktion von Leistungsverzeichnissen weitestgehend zu automatisieren. 79

Die BIM-Technologie ist derzeit noch nicht ausgereift. Dass alle Planungsbeteiligten an einem einzigen Datenmodell arbeiten, ist augenblicklich noch eine Zukunftsvision. Zumeist arbeiten die Planungsbeteiligten mit Teilmodellen, die über möglichst einheitliche Schnittstellen (derzeit IFC-Schnittstellen) zu einem Gesamtmodell zusammengeführt werden. Die Technologie ist derzeit noch nicht so weit fortgeschritten, dass über die IFC-Formate Datenverluste ausgeschlossen und einheitliche Planungsprozesse über alle Planungsgewerke hinweg erarbeitet werden können. Auch sind die Daten noch nicht ohne weiteres für den späteren Betrieb (das FM) geeignet.[101] Was sich allerdings bereits abzeichnet, ist die Notwendigkeit einer intensiven Steuerung der Planungsprozesse mit BIM. 80

Dementsprechend wird vorgeschlagen, die Funktion eines BIM-Managers einzuführen, der die Steuerung des BIM-Ansatzes übernimmt. In der Frühphase der Planung geht es um Leistungen zur 81

100 Vgl. dazu mit zum Teil unterschiedlicher Eingruppierung u. a. Grün, Taming giant projects, S. 9 f.; zur Entwicklung von Projektmanagementsystemen auch Kerzner, Projektmanagement, S. 30; Chen/Lee, International Journal of Project Management 2007, 534 f.; Crawford et al, International Journal of Project Management, 2006, 175 f.

101 Vgl. Eschenbruch/Grüner, NZBau 2014, 204 f.

Beratung des Auftraggebers bezüglich des BIM-Einsatzes, der Auswahl von Software, der Erstellung von BIM-Planungshandbüchern und der Durchführung von Schulungsmaßnahmen. Während der Planung selbst geht es um die Überprüfung des ordnungsgemäßen Einsatzes der BIM-Software, die Einhaltung bestimmter Meilensteine für die Freigabe und Weiterbearbeitung von Planungsergebnissen, Abhilfemaßnahmen bei nicht sachgerechter Planung in BIM sowie ein BIM-spezifisches Änderungsmanagement. Bei der Ausführungsvorbereitung und Ausführung steuert der BIM-Manager die BIM-Anforderungen an Leistungsverzeichnisse, die Durchführung von Objektüberwachungsleistungen mit BIM und die Durchführung des Änderungsmanagements mit BIM. Im Rahmen des Projektabschlusses muss das Bereitstellen des BIM-Datenmodells für die Inbetriebnahme und die spätere Nutzung gesteuert werden.

82 Diese BIM-spezifischen Steuerungsleistungen des Planungsprozesses setzen ein entsprechendes Technologie- und Managementwissen voraus, welches heute am Markt noch nicht durchgängig vorhanden ist. Die Leistungen können von unterschiedlichen Beteiligten erbracht werden, von einem ausführenden Unternehmen, einem Generalplaner, von einem Projektsteuerer oder einem neuen hierfür vorgesehenen Sonderfachmann.

Beschaffungsvarianten beim BIM-Einsatz

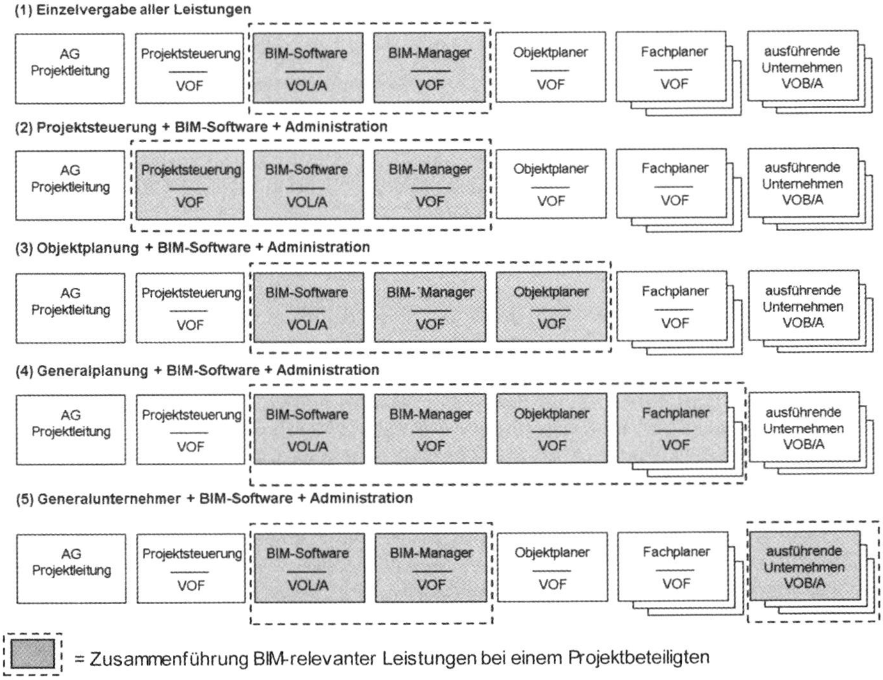

1.2.4.5.3 Reformkommission Großprojekte

83 Spektakuläre Fehlentwicklungen bei deutschen Großprojekten führten dazu, dass von dem vormaligen Bundesminister Ramsauer die **Reformkommission Bau** von Großprojekten initiiert wurde. Die sogenannte Ramsauer-/Dobrindt-Kommission, die in sehr heterogener Zusammensetzung getagt hat, hat als Großprojekte solche Hochbauprojekte qualifiziert, bei denen ein Investitionsvolumen von mehr als 100 Mio. € involviert ist. Kleinere Projekte sollen ebenfalls als Großprojekte zu behandeln sein, wenn

- eine lange Realisierungsdauer vorliegt,
- eine hohe Komplexität des Projektes festzustellen ist (bis zu 100.000 Vorgänge) oder
- ein hohes wirtschaftliches Risiko für die Beteiligten besteht.

Die Diskussionsergebnisse der Reformkommission betreffen die gesamte Prozesskette der Projektrealisierung im Bau- und Immobiliensektor, insbesondere hat eine vertieftere Befassung mit Planungsstrategien stattgefunden. 84

Für den Planungsbereich wird gefordert:
- Vor der Ausschreibung der Planung eine Bedarfsermittlung nach DIN 18205 vorzunehmen und die diesbezüglichen Mittel bereit zu stellen
- Eine Machbarkeitsstudie zu erstellen und diese zu veröffentlichen
- Die Öffentlichkeit stärker zu beteiligten
- Frühzeitig interdisziplinäre Planungsteams einzusetzen
- Modellorientierte Planungs- und Baumethoden, wie z.B. BIM, verstärkt zu nutzen
- Die bauausführungsseitige Projektnotwendigkeit unter Berücksichtigung des Vergaberechts einzubinden
- Ausschreibungen erst nach vollständiger Ausführungsplanung vorzunehmen
- Die Vergabe mittels wettbewerblichen Dialogs stärker zu nutzen
- Projekte nicht auf der Basis von Teilbaugenehmigungen zu beginnen
- Die Planung der Planung sorgfältig zu steuern und von Beginn an ein durchgängiges Risikomanagement einzusetzen

In Bezug auf das Projektmanagement wird empfohlen: 85
- Frühzeitig eine klare Organisationsstruktur zu schaffen und in einem Projekthandbuch festzulegen
- Für Großprojekte ein Projektmanagement einzusetzen, welches international anerkannten Standards entspricht
- Von Anfang an effiziente Soll-Ist-Kontrollen nebst Risikomanagement einzuführen
- Einen Verantwortlichen für die interne Kommunikation zu benennen, der für die umfassende Kommunikation unter den Beteiligten zuständig ist sowie die personellen Voraussetzungen für eine komponente Bauherrenfunktion sicherzustellen.

Die Ergebnisse der Reformkommission entsprechen weitgehend den ohnehin vorhandenen Methoden und Werkzeugen des Projektmanagements. Die Empfehlungen führen den Projektbeteiligten bei Großprojekten nochmals vor Augen, dass diese längst vorhandenen Werkzeuge auch einzusetzen sind. Ob und welche Folgen die Arbeit der Reformkommission für die Weiterentwicklung des Projektmanagements bei Großprojekten haben wird, lässt sich noch nicht abschließend absehen. 86

Wenngleich somit bereits seit geraumer Zeit ein Grundgerüst/ein Basisportfolio der Systeme des Projektmanagements vorhanden ist, wird es auch in der Zukunft Weiterentwicklungen infolge neuer Rahmenbedingungen und betriebswirtschaftlicher bzw. technischer Erfordernisse sowie neuere Einsichten/Erkenntnisse geben. Wie die allgemeine Betriebswirtschaftslehre auch, wird sich die Wissenschaftsdisziplin des Projektmanagements daher auch in der Zukunft dynamisch fortentwickeln. 87

1.2.4.6 Projektmanagementkonzepte des öffentlichen Sektors in Deutschland

1.2.4.6.1 Das Projektmanagementsystem des Bundes

Die Verantwortung des Bauwesens des Bundes liegt bei den zuständigen Bundesministerien (BMUB; BMVg – für die Wehrbereichsverwaltungen) und BMI (für die Bundespolizei)). Die oberste technische Instanz des Bundes (OTI) ist grundsätzlich das BMVBS (für Verteidigungsbauaufgaben das BMVg). 88

Die Bauangelegenheiten der obersten Bundesbaubehörden und Verfassungsorgane in Berlin und Bonn, die Bauaufgaben des BMVg in Berlin und die Bauaufgaben des Bundes im Ausland werden vom Bundesamt für Bauwesen und Raumordnung (BBR) wahrgenommen. Die sonstigen Hochbau- und Verteidigungsbauaufgaben überträgt der Bund auf der Grundlage der mit den Ländern (ausgenommen Berlin) jeweils geschlossenen Verwaltungsabkommen (Organleihe-Abkommen) auf 89 die Bauverwaltungen der Länder. Hierfür erhalten die Länder eine Kostenerstattung, und zwar für Projektleitung und Projektsteuerung ca. 3 %.[102]

90 Auf der Grundlage haushaltsrechtlicher Bestimmungen (Art. 109 GG, § 1 HGrG, § 7 BHO i. V. m. §§ 24, 54, 55 VV-BHO) ist die Aufbau- und Ablauforganisation für die Abwicklung der Bundesbauvorhaben in den Richtlinien für die Durchführung von Bauaufgaben (RBBau) geregelt. In den RBBau finden sich auch Vorschriften für die Vergabe und die Vertragsgestaltung von Verträgen mit freiberuflich Tätigen, die speziell auf die Entscheidungsläufe der öffentlichen Hand abgestimmt sind. Hierneben sind Richtlinien für die Vergabe und die Gestaltung der Vertragsbedingungen bei Bauverträgen für Baumaßnahmen des Bundes im Vergabe- und Vertragshandbuch (VHB) geregelt.[103]

91

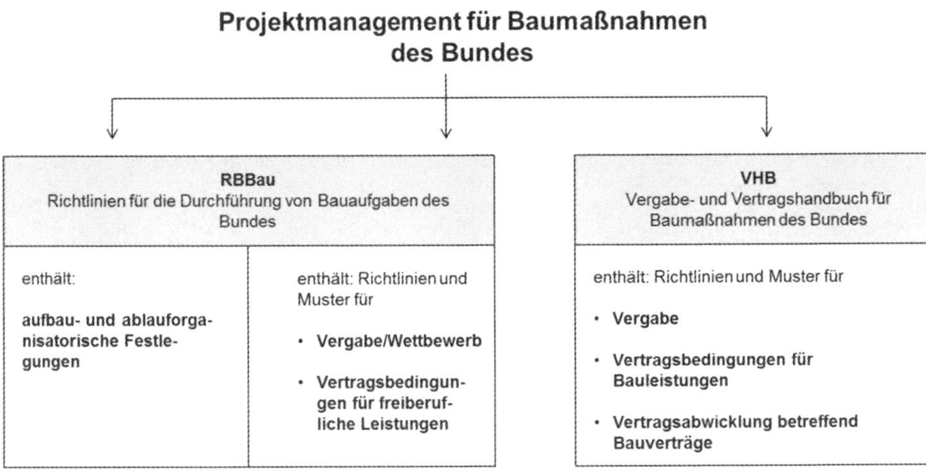

92 RBBau und VHB sind die Grundlage eines in sich geschlossenen Projektmanagementsystems für die Abwicklung von Baumaßnahmen des Bundes. Die grundlegenden organisatorischen Regelungen finden sich in der RBBau. In Bezug auf die mit freiberuflich Tätigen und Bauunternehmungen abzuschließenden Vertragswerke und deren Vergabe und Abwicklung enthalten RBBau und VHB ablauforientiert gegliederte Darstellungen, die in der Praxis bei Baumaßnahmen des Bundes durchgängig angewendet werden. Einzelne Länder haben – zum Teil sogar ausführlichere – eigene Vergabehandbücher herausgegeben, die in ihren Kernbestandteilen jedoch viele Übereinstimmungen mit dem VHB enthalten.

93 Für die Ablauforganisation der Projektabwicklung nach der RBBau ist von Bedeutung, dass der Verantwortungsbereich der Auftraggeberorganisation während der Umsetzung einer Baumaßnahme wechselt. Für die ersten beiden Phasen, nämlich der so genannten Bedarfsbeschreibung und der Entscheidungsunterlage-Bau (ES-Bau), ist der Bedarfsträger verantwortlich. Hiernach wechselt die Zuständigkeit an die Bauverwaltung. Diese ist verantwortlich für die Entwurfsunterlage Bau (EW-Bau), die Ausführungsplanung und die Bauausführung. Die Leistungsphasen stimmen nicht uneingeschränkt mit den Leistungsphasen der HOAI überein, wie die nachfolgende Skizze verdeutlicht.

Länder und Kommunen verfolgen ebenfalls eigenständige Projektmanagementstrategien.[104]

102 Dazu Schork, Grundlagen zur RBBau, 2006, S. 30.
103 Schork, Grundlagen zur RBBau, 2006, S. 9 f.
104 Vgl. dazu beispielhaft Schulte/Schäfers/Pöll/Amon, Handbuch Immobilienmanagement der öffentlichen Hand, S. 205 ff.

Verantwortlichkeiten und Leistungsphasen bei Baumaßnahmen des Bundes 94

Verantwortungsbereich				
des Bedarfsträgers		**der Bauverwaltungen**		
Bedarfsbeschreibung Abschn. E 2 VHB	**Entscheidungsunterlage – Bau** – Abschn. E 2/F1 VHB	**Entwurfsunterlage – Bau** – Abschn. E 3/ F2 VHB	**Ausführungsplanung** Abschn. E 4/F3 VHB	**Bauausführung**, Abnahme, Übergabe Abschn. G, H, J
Entspricht HOAI-Leistungsphasen 1 und teilweise 2 (§ 15)		Entspricht HOAI-Leistungsphasen 1 bis 4 (§ 15)	Entspricht HOAI-Leistungsphasen 5, 6 (§ 15)	Entspricht HOAI-Leistungsphasen 7, 8, 9 (§ 15)
z.B. • Raumbedarfsplan • Angaben zu Raumfunktionen, • Betriebsabläufen, spezielle Nutzungen, • Anforderungsraumbuch usw.	z.B. • Nutzungsbereiche, • Kostenermittlung, • Baunutzungskosten, • Nachweis der Flächen und Rauminhalte, • Baufachliches Gutachten, • Wirtschaftlichkeitsuntersuchung, • Machbarkeitsstudie	z.B. • Vorplanung, • Entwurfs- und Genehmigungsplanung	z.B. • Ausführungsplanung, • Ausführungszeichnungen, • Leistungsverzeichnisse, • Geprüfte Standsicherheitsnachweise und Zeichnungen • bauphysikalische Nachweise usw.	z.B. • Vergabe nach VHB, • Objektüberwachung, • Kostenkontrolle, • Abnahme, • Abrechnung, • Übergabe, • Rechnungslegung, • Kostenfeststellung

Die RBBau regelt in Abschnitt A Ziff. 2.2.3, dass die Bauverwaltung die von ihr grundsätzlich 95
wahrzunehmenden Aufgaben der **Projektsteuerung auch an freiberuflich Tätige**, also externe Projektsteuerer übertragen darf. Ein Vertragsmuster für die Beauftragung von Projektmanagementleistungen enthält die RBBau bislang nicht. Eine beim BMVBS eingesetzte Arbeitsgruppe hatte sich seit etwa 2003 damit befasst, ein entsprechendes Vertragsmuster zu entwickeln. Anhörungen der Verbände hierzu haben stattgefunden. Seit 2005/2006 werden entsprechende Vertragsmuster in der Praxis erprobt.[105] Bis heute ist ein eigenständiges Vertragsmodell für die Projektsteuerung durch den Bund nicht eingeführt worden.

Ein **Entwurf eines Projektmanagementmustervertrag BBR (2005)**, wurde nicht in die RBBau 96
aufgenommen. Die Vertragspraxis der Beschaffung von Projektsteuerungsleistungen durch Bundesbehörden lehnt sich jedoch vielfach an diese einmal entwickelten Vertragsstandards an. Sie beinhalten sehr ambitionierte vertragliche Anforderungen an die Leistungspflichten des Projektmanagers. Die Leistungsanforderungen sind konkret auf die Abläufe, insbesondere das Entscheidungswesen der öffentlichen Hand abgestimmt. Zur weitestgehenden Absicherung sind zum Teil Doppelleistungen unter Einbeziehung von Tätigkeiten der Planungsbeteiligten vorgesehen. Das Vertragsmuster enthält eine Reihe werkvertraglicher Anforderungen und Festlegungen zur Methodik, insbesondere im Hinblick auf das Projekthandbuch, an eine eigenständige Terminplan- und Kostenplanung sowie eine vertiefte Kontrolle der Planungsergebnisse und Einbindung in die genehmigungsrechtlichen Prüfungen bis zu einem Ausführungscontrolling und Gewährleistungsmanagement.[106]

105 Siehe dazu Bayat/Eschenbruch, NZBau 2008, 281 f.; siehe dazu auch den Abdruck des BBR-Mustervertrages im Anhang.
106 Vgl. Bayat/Eschenbruch, NZBau 2008, 281, 285 f.

97

Nr.	Kennzeichen	PM-Mustervertrag BBR (2005)	AHO-Standard
1	**Anwendungsbereich**	Nur für die öffentliche Hand	Für private und öffentliche Auftraggeber
2	**Bestandteile**	Vertrag und Leistungsbild (keine Vergütungsordnung)	Leistungsbild und Vergütungsordnung (kein Vertrag)
3	**Projektabwicklungsmethodik**	Ausschließlich für Projektabwicklung nach der Methodik der RBBau	Ohne systemische Festlegung
4	**Leistungsbild/Struktur**	5 Handlungsbereiche (einschließlich Vertragsmanagement) 5 Leistungsstufen	5 Handlungsbereiche und 5 Leistungsstufen
5	**Festlegung der Leistungsstandards**	Detaillierte Leistungsanforderungen an PM-Tätigkeit	Abstrakte Beschreibung der zu behandelnden Aufgaben
6	**Übernahme von Planungsleistungen**	Erweiterte Übernahme von Teilleistungen aus dem Bereich Objektplanung (insbesondere als Controllingaufgaben)	Grundsätzlich keine Planungsleistungen nach HOAI
7	**Regelvergütungsform**	Pauschalfestpreis auf Wettbewerbsbasis	Pauschalpreis auf Grund Personaleinsatzkalkulation oder anrechenbarer Kosten
8	**Vertragliche Anforderungen**	Konkrete werkvertragliche Anforderungen und Definition von Leistungsergebnissen	Keine detaillierten vertraglichen Anforderungen

1.2.4.6.2 Auszüge aus der RBBau: Projektmanagement für Bauaufgaben des Bundes

98
- *»... 2 Aufgaben*
- *2.2 Objektbezogene Aufgaben*
- *Objektbezogene Aufgaben umfassen für den Einzelfall die Bauherrenaufgaben und die Leistungen, die für die Planung und Ausführung von Baumaßnahmen erforderlich sind.*
- *2.2.1 Bauherrenaufgaben des Bedarfsträgers sind:*
  - *Vorgabe des Ziels, das mit der Baumaßnahme erreicht werden soll,*
  - *Schaffung der Voraussetzungen für die Durchführung der Bauaufgaben,*
  - *Entscheidungen über die Durchführung der Baumaßnahme hinsichtlich Zeit, Qualität und Kosten.*
- *2.2.2 Die Bauverwaltung erbringt insbesondere die baufachlichen Bauherrenaufgaben. Dies sind die Beratung der Bedarfsträger und das Projektmanagement. Dazu gehören unter anderem:*
  - *Klärung der Voraussetzungen für die reibungslose Planung und Ausführung der Baumaßnahmen, Projektorganisation und Projektleitung,*
  - *Wahrnehmung der baurechtlichen Belange auf Grund der Landesbauordnungen,*
  - *Vorgabe baufachlich abgesicherter Termine und Kosten,*
  - *Auswahl der zu Beteiligenden,*
  - *Bereitstellen erforderlicher Unterlagen und Erteilen notwendiger Auskünfte an die Beteiligten,*
  - *Abschluss von Vereinbarungen mit rechtlichen und finanziellen Auswirkungen,*
  - *Vergabe der Leistungen,*
  - *Überwachung der Leistungserfüllung,*
  - *Verhandeln mit Behörden,*
  - *Haushaltsführung und -überwachung,*
  - *Rechtsgeschäftliche Abnahme und Übergabe,*
  - *Leistung von Zahlungen,*
  - *Wahrung von Rechtsansprüchen.*

- *2.2.3 Die Bauverwaltung erbringt z. B. folgende Leistungen für die Planung und Ausführung von Baumaßnahmen entsprechend den Leistungsbildern der HOAI und für die Bauunterhaltung:* 99
  - *Projektsteuerung,*
  - *Planung, Kostenermittlung und Bauausführung,*
  - *Einholen der nach öffentlich-rechtlichen oder sonstigen Vorschriften erforderlichen Genehmigungen oder Zustimmung (einschließlich Anträge auf Ausnahmen oder Befreiungen),*
  - *Kostenkontrolle, Kostenfeststellung,*
  - *Sicherstellung der Entsorgung der im Rahmen einer Baumaßnahme anfallenden Abfälle,*
  - *Anträge auf behördliche Abnahme und Teilnahme hieran,*
  - *Übergabe der Objekte,*
  - *Überwachen der Verjährungsfristen für Mängelansprüche,*
  - *Überwachen der Beseitigung der bei der Abnahme der Bauleistungen festgestellten Mängel,*
  - *Objektbetreuung und Dokumentation.*
- *Dabei kann sie Aufgaben auf freiberuflich Tätige übertragen.*
- *2.2.4 Weitere baufachliche Aufgaben sind ggf.:*
  - *Mitwirkung bei Baumaßnahmen mit staatlichen Zuwendungen,*
  - *Wertermittlungen von bebauten und unbebauten Grundstücken,*
  - *Baufachliche Beratung anderer Verwaltungen,*
  - *Bereitstellung von Daten für das Liegenschafts- und Gebäudemanagement,*
  - *Wahrnehmung der baufachlichen Aufgaben im Bereich der Altlastenbeseitigung und Kampfmittelräumung,*
  - *Erledigung der baufachlichen Aufgaben im Zusammenhang mit dem Allgemeinen Kriegsfolgengesetz (AKG).*
- ***K 2 Projektmanagement*** 100
- *1 Begriffe*
- *Projekt (DIN 69 901)*
- *1.1 Projektmanagement (DIN 69 901)*
- *Die Gesamtheit von Führungsaufgaben, -organisation, -techniken und -mitteln für die Abwicklung des Projektes.*
- *1.2 Projektleitung (DIN 69 901)*
- *Für die Dauer eines Projektes geschaffene Organisationseinheit, welche für Planung, Steuerung und Überwachung dieses Projektes verantwortlich ist.*
- *1.3 Projektleiter (DIN 69 901)*
- *Für die Projektleitung verantwortliche Person.*
- *Der Projektleiter steuert das Projekt zum Erfolg. Er gliedert das Projekt in Teilprojekte, definiert Zielvorgaben innerhalb des vorgegebenen Rahmens, vergibt ggf. Aufgaben an fachlich Beteiligte (z. B. Projektsteuerer, Planer) und überwacht das Erreichen der Ziele. Bei nicht mehr korrigierbaren Abweichungen legt er geänderte Ziele und Maßstäbe im Rahmen der Zielvorgaben des Gesamtprojektes fest.*
- *Dazu gehören folgende Leistungen:*
  - *Zieldefinition,*
  - *Kontrollieren (Einhalten der Vorgaben und Maßstäbe, Überwachen der Vertragserfüllung, Erreichen der Ziele),*
  - *Informieren (der Projektleitung und der Projektbeteiligten),*
  - *Koordinieren (der Beteiligten).*
- *1.4 Projektsteuerung*
- *Projektsteuerung ist die Wahrnehmung delegierter Auftraggeberfunktionen in organisatorischer, rechtlicher, technischer und wirtschaftlicher Hinsicht.*
- *Aufgabe der Projektsteuerung ist das Erreichen der vorgegebenen Ziele im Rahmen der festgesetzten Maßstäbe. Dies verlangt gezieltes Steuern und Eingreifen bei Abweichungen, Anweisungen und Initialisierung notwendiger Schritte zur Einhaltung der Ziele, Entwickeln von Alternativen, Beratung der Projektleitung.*

101 – *2 Projektablauf*
- *2.1 Mit der Erteilung des Auftrages zur Aufstellung der EW – Bau – geht das Projektmanagement auf die Bauverwaltung über. Ihr obliegt die Gesamtkontrolle des Projektes.*
- *2.2 Die Projektorganisation dient als Instrument zur Erfüllung der Aufgabenstellung. Sie ermöglicht eine straffe, aber dennoch flexible Führung der Gesamtbaumaßnahme.*
- *Sie hat folgende Ziele:*
  - *Einleitung und Durchsetzung von Maßnahmen und Entscheidungen zur Einhaltung genehmigter Planziele, rechtzeitige Beteiligung der genehmigenden Behörden,*
  - *Eindeutige Zuordnung von Aufgaben und Kompetenzen, d. h. Vermeidung unklarer Führungsverhältnisse und Verantwortungsbereiche,*
  - *Förderung der Zusammenarbeit der Projektbeteiligten,*
  - *zweckmäßige, rationelle Arbeits-, Informations- und Entscheidungsabläufe,*
  - *einwandfreie, problembezogene Koordination aller Projektbeteiligten in den Entscheidungsprozessen,*
  - *Früherkennung und Anzeige abweichender Tendenzen zur Einhaltung von Terminen, Kosten und Qualitätsstandards,*
  - *Einhaltung der vereinbarten Organisationsformen,*
  - *Durchsetzung von Gewährleistungsansprüchen, Schadensersatz, Rechnungslegung.*

  Die Projektorganisation ist in einem Organigramm darzustellen, ggf. in einem Projekthandbuch.

  2.3 Das haushaltsmäßig anerkannte Kostenziel der ES – Bau – ist als Kostenobergrenze einzuhalten. Die Kostenobergrenze muss in jeder Projektphase eingehalten werden.

  Ein besonderes Augenmerk ist dabei auf die Planung zu legen. Sie hat sich insoweit von Anfang an am Kostenziel zu orientieren (kostenorientierte Planung). In der Kostenberechnung während der Bauausführung sind die Kosten detailliert nach auszuschreibenden Leistungsbereichen oder Bauelementen zu gliedern, so dass die Bildung von Kostenkontrolleinheiten möglich ist. Ziel der Kostenkontrolle während der Bauausführung ist die ständig aktuelle Prognose der Endabrechnungsgesamtkosten. Dabei ist die Entwicklung der Mengen besonders zu beachten. (Muster 16–18).
- *Der Mittelbedarf ist aus der Terminplanung abzuleiten und in Jahresabschnitte aufzuteilen. Zur Steuerung und Sicherung des Mittelabflusses ist eine weitere Aufgliederung bei Bedarf durchzuführen.*
- *Bei erkennbarer Überschreitung der Kostengrenze ist nach Abschnitt E Nr. 5 zu verfahren.*

102 – *2.4 Die Terminplanung erfolgt im Zusammenhang mit der Aufstellung der Entscheidungsunterlage – Bau –.*
- *Die Bauverwaltung unterstützt dabei den Bedarfsträger auf Anforderung.*
- *Die Terminpläne dienen der zeitlichen Steuerung des Projektes. Ihr Detaillierungsgrad hat der Aufgabe zu entsprechen. Sie sind in den Phasen des Projektes entsprechend zu aktualisieren.*
- *Im Grobterminplan (Meilensteine) werden die Phasen in Handlungsabschnitte unterteilt. Er dient u. a. zur terminlichen Abstimmung von wesentlichen Planungs-, Prüfungs-, Genehmigungs- und Ausführungsvorgängen und zur Steuerung des Personalbedarfs.*
- *Im Feinterminplan werden einzelne Arbeitspakete definiert und gesteuert.*
- *Terminpläne sind den jeweiligen Bauunterlagen gemäß Abschnitt D, E und F beizufügen. Ihre Einzelziele sind den Verträgen mit freiberuflich Tätigen sowie den Verträgen über Bauleistungen zu Grunde zu legen.*
- *2.5 Zur Kontrolle der Einhaltung von Qualitätsansprüchen eines Bauvorhabens und um Erkenntnisse für künftige Maßnahmen zu erhalten, sollte der Planungs- und Bauprozess sowie der Zustand des Gebäudes in Bezug auf Investitions-, Betriebskosten, notwendige Bauunterhaltungsmaßnahmen etc. analysiert werden.*
- *3 Qualitäts-, Termin- und Kostenplanung*
- *Zur Sicherung von Qualitäts-, Termin- und Kostenzielen sind auf der Grundlage des Haushaltsrechts bei allen Baumaßnahmen Qualitäts-, Termin- und Kostenplanungen durchzuführen. Sie sind wesentlicher Bestandteil des durch die Bauverwaltung im Rahmen der Gesamtverantwortung durchzuführender Planungs-, Steuerungs- und Informationsprozesse.*

- *Bei der Beteiligung von freiberuflich Tätigen ist sicherzustellen, dass deren Arbeitsergebnisse von der Bauverwaltung im elektronischen Datenaustauschverfahren übernommen werden können.*
- *Qualitäts-, Termin-, Kostenplanung und -kontrolle beginnt mit der Aufstellung der Bedarfsbeschreibung und setzt sich bis zum Betrieb und Unterhalt der Gebäude fort.*
- *3.1 Qualitätsplanung*
- *Die Qualitätsplanung (Standardfestlegung) ist schon bei der Aufstellung der Bedarfsbeschreibung durchzuführen, da sie erheblichen Einfluss auf Kosten und Termine hat. Die Qualitätsplanung ist weiterhin detailliert im Erläuterungsbericht festzulegen und erforderlichenfalls fortzuschreiben.*
- *3.2 Terminplanung* 103
- *Die Terminplanung erfolgt erstmals im Zusammenhang mit der Aufstellung der Entscheidungsunterlage – Bau – durch den Bedarfsträger. Die Bauverwaltung unterstützt dabei den Bedarfsträger auf Anforderung.*
- *Für die fortlaufende Aktualisierung und Abstimmung ist die jeweils für den Verfahrenstakt (im Planungs- und Durchführungsablauf) zuständige Instanz verantwortlich.*
- *Zeit- und Ablaufpläne sind mit Darstellung des frühesten und spätesten Beginns der Aktivitäten und Abhängigkeiten, die Einflüsse auf Planungen, baufachliche Prüfungen bzw. Genehmigungen, Ausschreibungen und Durchführung haben, aufzustellen und fortzuschreiben; sie sollen auch enthalten:*
  - *Dauer der Planung,*
  - *Zeitpunkt der Vergabe von Leistungen,*
  - *Dauer von Ausführungszeiten,*
  - *Termin der Übergabe an den Nutzer.*
- *Sie sind den jeweiligen Bauunterlagen gemäß Abschn. D und E beizufügen.*
- *Die Festlegungen in den Zeit- und Ablaufplänen sind den Verträgen mit freiberuflich Tätigen sowie den Verträgen über Bauleistungen zu Grunde zu legen.*
- *3.3 Kostenplanung und -kontrolle*
- *Die auf der Grundlage von konkreten Nutzerforderungen (Bedarfsbeschreibung) ermittelten und haushaltsmäßig anerkannten Kosten bilden die Kostenobergrenze; sie sind bei der Vorbereitung, Planung und Ausführung von Baumaßnahmen als Kostenziel einzuhalten.*
- *Kostenermittlungen sind entsprechend den jeweiligen Bearbeitungsphasen von Baumaßnahmen (s. Abs. 4) aufzustellen.*
- *Kostenkontrolle hat mindestens auf der Grundlage der Muster 16–18 zu erfolgen.*

104 **Ablaufschema zum Haushaltsvollzug bei großen Neu-, Um- und Erweiterungsbauten**

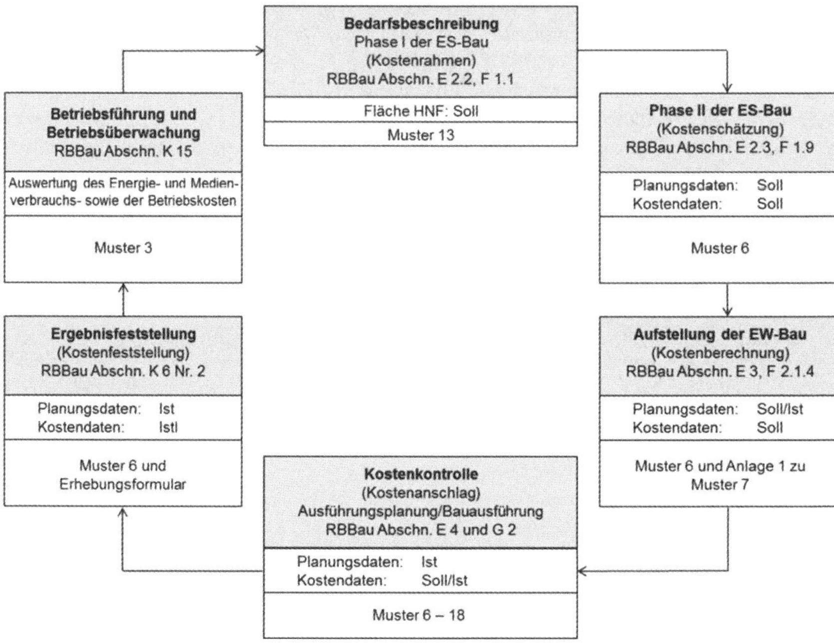

Das gesamte Aufgabenportfolio eines öffentlichen Bauherrn hat *Bech* zusammengestellt und im Einzelnen erläutert.[107]

1.2.5 Entwicklungstendenzen im Ausland

1.2.5.1 Österreich

105 Zwischen der deutschen und österreichischen Projektmanagementpraxis im Immobilien- und Bauwesen hat es intensive Wechselwirkungen gegeben.[108] Schon bei den Bemühungen um eine erste Normung des Themas Netzplantechnik Ende der 70er Jahre **arbeiteten** deutsche und österreichische Projektmanagementspezialisten **zusammen.** Erste DIN-Normen zur Netzplantechnik – insb. DIN 69900 – wurden dementsprechend – mit kleinen Anpassungen – auch als ÖNORM übernommen. In der Folgezeit trennten sich indessen für einige Jahrzehnte die Wege deutscher und österreichischer Projektmanagementpraxis. In Österreich existierte dann 1991 eine Gebührenordnung für Projektmanagement (GOPM). Diese wurde 2001 durch die **Honorarordnung für Projektsteuerung (HO-PS)** ersetzt. Die HO-PS (2001) baute auf den Vorarbeiten von DVP und AHO in Deutschland auf. Dementsprechend gibt es viele Übereinstimmungen der Leistungsbilder für Projektmanagement und Projektsteuerung (AHO und HO-PS).

106 Die Honorarordnung für die Projektsteuerung, HO-PS, wurde von der österreichischen Architektenkammer auf der Basis staatlicher Verordnungen herausgegeben. Die Veröffentlichung wurde 2007 aus europa- und kartellrechtlichen Gründen eingestellt. Die Tabellen werden jedoch in der Praxis weiter verwandt und fortan vom Institut für Baubetrieb und Bauwirtschaft an der

107 Bech, Jan, Die Funktion des öffentlichen Bauherren im Projektmanagement, S. 56 f.

108 Vgl. dazu Eschenbruch, Wechselwirkungen zwischen deutscher und österreichischer Projektmanagementpraxis, in: Festschrift für Claus Jürgen Diederichs, Köln 2006, S. 108 f.

Technischen Universität Graz gepflegt.[109] Unter der Bezeichnung LM.VM.PS wurden sie zuletzt im Jahre 2014 aktualisiert veröffentlicht.

Die Technische Universität Graz hat unter dem Titel LM.VM (2014) ein ganzes Bündel von Leis- 107
tungs- und Vergütungsmodellen für Planungsleistungen herausgegeben. Die Leistungsbilder und die Vergütungsmodelle sind jeweils aufeinander abgestimmt und bilden ein insgesamt geschlossenes System und eine Grundlage für die Beauftragung von Planungs- und Projektsteuerungsbeteiligten. Das dort enthaltene Leistungsbild für die Projektsteuerung (LM.VM.PS) wurde im Jahr 2014 parallel zur Leistungs- und Honorarordnung AHO (2014) herausgegeben. Zwischen Herrn Professor Lechner von der Universität Graz wie auch den Mitgliedern der AHO-Fachkommission hatte ein intensiver Meinungsaustausch stattgefunden. Gleichwohl enthält die österreichische Fassung des Leistungsbildes diverse Abweichungen vom AHO-Fachkommissionsmodell. Dies beruht zum einen darauf, dass sich das Leistungsbild und die Honorierungsvorstellungen in das Gesamtmodell der Leistungs- und Vergütungsvorschläge für Planungsleistungen einordnen müssen. Zum anderen werden unterschiedliche Begrifflichkeiten verwendet und insgesamt erscheint die österreichische Leistungs- und Vergütungsordnung noch differenzierter als die deutsche Fassung. Die Honorare des österreichischen Modells liegen nicht unerheblich über den deutschen Honorarsätzen.

Das LM.VM (2014)-System der Planungs-, Leistungs- und Vergütungsmodelle der Universität 108
Graz enthält neben dem Leistungsbild der Projektsteuerer auch Leistungsbilder für die **Projektleitung** und die **begleitende Kontrolle**. Die Aufgabenstellung des Projektcontrollings wird daher im Anschluss an die frühere HO-PS wie folgt differenziert:

- **Primäre Projektkontrolle (operatives Controlling)**
  Wird übernommen durch Projektleitung und Projektsteuerung sowie örtliche Bauaufsicht und die Fachbauleitungen im Rahmen der jeweiligen Leistungsbilder und Funktionen.
- **Sekundäre Projektkontrolle (begleitende Kontrolle)**
  Wird übernommen im Rahmen eines gesonderten Leistungsbildes, aufbauend auf Projektleitungs- und Projektsteuerungsaufgaben.
- **Tertiäre Projektkontrolle (Verwendungsnachweisprüfung)**
  Wird als nachlaufende Kontrolle im Sinne einer Verwendungsnachweisprüfung durch eine unabhängige Prüfstelle nach Abschluss eines Projektes angeboten.

1.2.5.2 Entwicklung des Projektmanagements in den USA

Die Wurzeln des Projektmanagements in den USA gehen auf Rüstungs- und Raumfahrtprojekte 109
zurück.[110] Entwickelte Projektmanagementansätze gibt es seit den 60er Jahren. 1969 wurde das **Project Management Institute** (PMI) gegründet, die branchenübergreifende Projektmanagementorganisation der USA. Erstmals im Jahre 1996 wurden Projektmanagementstandards mit dem PMBOK Guide (A guide to the project management body of knowledge) dokumentiert. Die Projektmanagementstandards des PMI liegen derzeit in der 5. Auflage der 2013er Edition vor.[111] Die Veröffentlichung befasst sich mit Organisationshinweisen, praktischen Handlungsanleitungen sowie Beispielen zur Durchdringung der Projektmanagementpraxis als maßgeblicher nationaler Projektmanagementstandard in den USA.

Die immobilien- und bauspezifischen Rahmenbedingungen für Projektmanagementleistungen 110
werden in den USA vornehmlich durch die **branchenspezifischen Verbände** und deren Veröffentlichungen geprägt, nämlich:

109 Dazu Lechner, Kommentar zum Leistungsbild für die Projektsteuerung HO-PS, S. 1 f.
110 Vgl. Schott/Campana, Strategisches Projektmanagement, S. 9.
111 Project Management Institute, A guide to the project management body of knowledge, Newtown Square 2004.

- *CMAA Construction Management Association of America*
- *AIA American Institute of Architects*
- *AGC Associated General Contractors*
- *NSPE National Society of Professionel Engineers*

111 Jeder der vorgenannten Berufsverbände hat für verschiedene Projektabwicklungsformen Vertragssysteme und -muster, welche spezielle Aufgabenverteilungen für die Projektabwicklung vorsehen. Das Marktvolumen für Projektmanagementleistungen in den USA wird mit 8 Mrd. $ angegeben.

112 Für das Projektmanagementwesen sind dabei insbesondere die Leistungsbilder des CMAA von Bedeutung, die sowohl das klassische Projektsteuerungssystem (Projektsteuerer als Berater in Stabsfunktion) wie auch den Projektmanager als Construction Manager (siehe dazu unten) vertragsrechtlich vorstellen.[112] Schon in den 60er Jahren entwickelte sich in den einzelnen Staaten der USA eine Nachfrage nach qualifizierten Steuerungsleistungen für Immobilien- und Bauprojekte. Die Nachfrage nach selbstständigen Projektmanagern wurde auch als Antwort der Auftraggeber auf den dort seit Anfang des 20. Jahrhunderts verbreiteten Generalunternehmereinsatz gewertet. Speziell bei der Großprojektrealisierung haben Auftraggeber die Notwendigkeit der Verstärkung ihrer internen Projektleitungsteams erkannt.[113]

113 Wie in Deutschland, entwickelten sich in den USA sehr schnell praxistaugliche Leistungsbilder. Als Grundform entstand dort ebenfalls zunächst ein Leistungsangebot, das die Stärkung der Auftraggeberorganisation durch eine unabhängige Beratungsinstanz beinhaltete. Der externe Projektmanager/Projektsteuerer agierte in Stabsfunktion **(Agency Construction Management/ACM)**. Anders als in Deutschland entwickelten sich in den USA indessen sehr schnell Varianten dieses Projektmanagementmodells. Da eine dem deutschen Preisrecht vergleichbare Aufteilung von Planungs- und Koordinierungsverantwortlichkeiten auf spezielle Berufsträger mit vorgezeichneten Leistungsbildern und Honorarordnungen fehlte, entstanden – abhängig von der Projektstruktur – Leistungsbilder, bei denen der Projektmanager auch ergänzende Aufgaben, die in Deutschland anderen Fachbeteiligten, insbesondere den Architekten, zuzuordnen sind, mit übernimmt. Das sind oftmals Aufgaben der Baulogistik, der Sicherheitskoordination, aber auch der Bau-/Objektüberwachung (**Extended services CM (XCM)**).[114]

114 An dieser Stelle blieb die Entwicklung des Projektmanagements in den USA indessen nicht stehen. Der Projektmanager ist zunehmend in direkten Wettbewerb mit Kumulativleistungsträger-Einsatzformen (General- oder Totalunternehmern) getreten. Im Rahmen eines **Construction Management at risk/Management Contracting** übernimmt der Projektmanager die Projektrealisierung im eigenen Namen. Ähnlich deutschen Baubetreuungsmodellen realisiert er die Projektabwicklung mit »Nachunternehmern«, wobei diese von dem Projektmanager im eigenen Namen beauftragt werden. In der Grundform wird der Projektmanager dabei als Geschäftsbesorger des Auftraggebers tätig, so dass den Auftraggeber nach wie vor die finanziellen Folgen der Projektrealisierung treffen. Bei weiterentwickelten Formen bietet der Projektmanager dem Auftraggeber einen **garantierten Maximumpreis** (Pauschalpreis) als Höchstpreis der Projektrealisierung an. Er entwickelt sich bis zu einem Generalübernehmer fort, sog. **Guaranteed maximum price CM (GMP CM) oder Construction Management at risk.**[115] Die Übergänge zwischen Projektmanagementunternehmen einerseits und Bauunternehmen andererseits sind infolge der Entwicklung der dargestellten Projektmanagementvarianten in den USA fließend geworden. Einige der größten Anbieter von Construction Management-Modellen sind große Bauunternehmen.

---

112 Vgl. dazu im Einzelnen Borg, Konzeption eines Leistungsbildes und Honoraruntersuchungen für das internationale Bau-Projektmanagement, Wuppertal 2005.

113 Vgl. im Einzelnen Haltenhoff, The CM Constructing System, S. XIX ff.

114 Vgl. auch die Darstellung der Leistungsbandbreiten der Projektmanagementmodelle in unterschiedlichen Staaten bei Borg, a. a. O., S. 46.

115 Vgl. dazu im Einzelnen Haltenhoff, The CM Contracting System, S. 66 ff.; umfassend Eschenbruch, NZBau 2001, 585 ff.

Angesichts des **Fehlens zivilrechtlich oder preisrechtlich vorgegebener Berufsbilder**, vor allem fehlender Regulierungen in Bezug auf die Stellung des Architekten wird der Beauftragungsumfang für das Projektmanagement weitestgehend nach Zweckmäßigkeitsüberlegungen und eingeführten Vertragsstandards der einschlägigen Berufsorganisationen festgelegt. Für die Vergütungsfestlegung gibt es keine einheitlichen Standards. Die Vergütungsformen werden ebenfalls von den Marktbeteiligten frei, allein nach Zweckmäßigkeitsgründen festgelegt. Gebräuchlich sind sowohl von den anrechenbaren Kosten abhängige oder im Markt gefundene Pauschalen wie auch Vergütungen auf der Grundlage von Stundungsverrechnungssätzen und schließlich Cost-plus-fee-Verträge.[116] 115

1.2.5.3 Projektmanagement in England

Auch in **England** reichen die Wurzeln des Projektmanagements (dort vornehmlich **Construction project management – CPM** – genannt) für die Immobilien- und Baumärkte in die 60er Jahre des 20. Jahrhunderts zurück. In dieser Zeit setzte eine Methodendiskussion hinsichtlich der bei der Großprojektrealisierung einzusetzenden Werkzeuge zur Beherrschung der Kosten-, Termin- und Qualitätsrisiken[117] ein. 1996 wurde der British Standard BS 6079, Guide to Project Management, veröffentlicht. Diese Industrienorm enthält generelle Definitionen und Strukturvorgaben für Projektmanagementleistungen.[118] 116

In England fungiert der Projektmanager ebenfalls als Berater seines Auftraggebers (z. B. des Bauherrn). Die Wurzeln liegen auch hier in der Entwicklung von Projektmanagementleistungen in Stabsfunktion. Später als in den USA haben sich in England Variationen des **Construction project Management** entwickelt. Das in den USA als construction management at risk bekannte Modell eines im eigenen Namen Nachunternehmer beauftragenden Projektmanagers wird inzwischen in England unter der Bezeichnung **»management contracting«** eingesetzt. Vornehmlich wird diese Leistung allerdings nicht von reinen Projektmanagementunternehmen, sondern von Bauunternehmen erbracht.[119] Bei der englischen Variante des management contracting steuert der Auftraggeber mithilfe von Consultants die Planung i. d. R. selbst. Der Management Contractor beauftragt und steuert die »Nachunternehmer«. Der Management Contractor ist dabei grundsätzlich nicht für Fehler oder den Ausfall von eingeschalteten Nachunternehmen verantwortlich.[120] 117

Die Projektentwicklung im Bau- und Immobiliensektor in Großbritannien wird indessen durch einige Besonderheiten geprägt. Staatliche Organisationen haben relativ großen Einfluss, wie etwa das **Royal Institute of British Architects** (RIBA), das einen *»Plan of work«* für die Architekten entwickelt hat. In Abgrenzung hierzu werden – beinahe ausschließlich in England – so genannte quantity surveyors eingesetzt. Diese Berufsgruppe befasst sich vornehmlich mit der Kostenermittlung und der Abwicklung von Einheitspreisverträgen und dabei auch mit der Beurteilung von Nachtragsforderungen. Chartered surveyors versuchen auch Einfluss auf das Projektmanagementwesen zu nehmen. 118

Der allgemeine britische Projektmanagementverband ist die **Association for Project Management** (APM), die kurze Zeit nach der amerikanischen Schwestergesellschaft PMI entstand und in der Folgezeit ebenfalls Standards durch einen *Body of Knowledge* setzte. Der APM Body of Knowledge liegt derzeit in der 6. Edition 2012 vor.[121] Die APM veröffentlichte im Jahr 1998 auch ein Leistungsbild für das Projektmanagement Bau, das für Neubauten, Umnutzungen und Rückbau anwendbar ist und öffentlichen wie privaten Bauherren zur Anwendung empfohlen wird. Es gibt insgesamt 89 Leistungen des Bauprojektmanagements, untergliedert in 11 Projektstufen.[122] 119

116 Borg, a. a. O., S. 43.
117 Vgl. Woodward, Construction Project Management, Preface.
118 Vgl. dazu im Einzelnen Woodward, Construction Project Management, S. 47.
119 Vgl. Woodward, Construction Project Management. S. 186.
120 Vgl. Scriven in: Scriven/Pritchard Delmon, Contractual Guide to Major Construction Projects, S. 58.
121 Vgl. dazu auch Morris/Jamieson/Shepherd, Research Updating the APM Body of Knowledge, 4 th Edition, International Journal of Project Management, 2006, 461 f.
122 Vgl. Borg, a. a. O., S. 27.

120 Im Jahr 1991 wurde im Rahmen eines interdisziplinären Forums des **Chartered Institute of Building** (CIOB) eine Arbeitsgruppe unter Beteiligung der in England anerkannten Berufsverbände gebildet. Diese entwickelte einen Code of praxis für Project Management for Construction and Development. Dieser umfasst u. a. ein Leistungsbild für das Bauprojektmanagement, das Leistungen in insgesamt 15 Titel untergliedert, wobei traditionell auch Projektorganisationsformen zugrunde gelegt werden.

121 Das Royal Institution of chartered surveyors veröffentlichte parallel ein Memorandum zur Beauftragung von Projektmanagementleistungen, das als Orientierungshilfe ebenfalls einen Leistungskatalog mit 75 Leistungen beinhaltet, welcher in 16 Handlungsschwerpunkte untergliedert ist.[123]

122 Die englische Projektmanagementmethodik ist zum einen durch umfangreichere Leistungspakete für Projektsteuerer, verbunden mit größeren Entscheidungsfreiheiten aber auch einem intensiven Auftraggebercontrolling geprägt. Bedeutsam ist auch, dass die freiberuflich Tätigen einschließlich der Projektsteuerer in der Regel räumlich zusammengefasst werden: »Ein Projekt – ein Team«. Vielfach wird ein Wechsel des beauftragten Projektsteuerungsunternehmens nach Erarbeitung eines Machbarkeitsstatus und Konkretisierung auf eine Planungsvariante zugrunde gelegt. Nach Abschluss der nach der HOAI relevanten Vorplanungsphase wechselt das Projektsteuerungsteam. Es handelt sich um einen gewollten Wechsel, mit all seinen eingestandenen Einarbeitungsverlusten, der jedoch noch eine neue Kontrolle der zur weiteren Bearbeitung vorgesehenen Planungsergebnisse beinhalten soll.

1.2.5.4 Projektmanagement in Frankreich

123 Der französische Markt für Consultingleistungen betreffend Bau- und Immobilienprojekte ist durch **regulatorische Vorgaben** eingeengt. Eine teilweise Öffnung wurde vom EuGH erzwungen, der die französische Praxis, Baubetreuungsleistungen ausschließlich französischen Gesellschaften, die ohne Ausschreibungsverfahren ausgewählt wurden, vorzubehalten, als rechtswidrig qualifiziert hat.[124] Für öffentliche Auftraggeber ist die Rollenverteilung im Bereich Projektleitung und Projektmanagement weitestgehend durch das so genannte LoiMOP festgelegt. Eine Aufgabendelegation im Projektmanagement durch öffentliche Auftraggeber ist nur in geringem Umfang und vornehmlich auf staatliche Stellen vorgesehen. In dem LoiMOP werden Leistungen des Projektsteuerers (Conducteur derópération) und des Projektleiters (Mandataire) beschrieben. Die Leistungsbilder finden vornehmlich bei Projekten der öffentlichen Hand Anwendung. Im privaten Sektor existieren keine verbreiteten Leistungsbilder. Die Veröffentlichung von Berufs- und Honorarordnungen durch Berufsverbände ist ohnehin in Frankreich untersagt, so dass auch der Nachweis entwickelter Honorarsysteme schwer ist.[125]

1.2.5.5 Projektmanagement in Japan

124 Die japanische Engineering Advancement Association (ENAA) publizierte im Jahr 2001 einen eigenen Body of Knowledge, das P2M »A guide book for Project and program Management for Enterprise Innovation«. Der Fokus dieses Projektmanagementleitfadens geht über die europäischen Programme hinaus, weil er eine Vielzahl industrieller Steuerungsansätze enthält, wie insbesondere das Value Management.[126]

1.2.5.6 Projektmanagement in China

125 Eine rasante Aufwärtsentwicklung haben Projektmanagementsysteme in China genommen. Für die Realisierung öffentlicher Projekte ist in China der Einsatz des Construction Project Management Systems (CPMS) zwingend vorgeschrieben. Hiernach soll der Rechtsträger eines entsprechenden Projektes eine »Construction Supervision Company« mit der Übernahme von

123 Vgl. Borg, a. a. O., S. 26 f.
124 EuGH, Urteil vom 20.10.2005, Az. C-264/03, in: WuW 2006, 335/Verg. 1195.
125 Dazu vgl. Borg, a. a. O., S. 35, 36.
126 Vgl. Morris/Jamieson/Shepherd, International Journal of Project Management, 2006, 461, 462.

Projektmanagementverantwortung beauftragen.[127] Heute werden praktisch alle großen Bauprojekte in China mit Projektmanagementsystemen geleitet. Der Projektmanager arbeitet als unabhängiger professioneller Berater und behandelt dabei alle Aspekte der Projektrealisierung wie Qualität, Termine, Kosten und Vertragswesen.[128]

1.2.5.7 Internationale Projektmanagementorganisationen

Auf der internationalen Ebene hat sich die International Project Management Association (IPMA) gebildet, die ebenfalls 1998 ein eigenes Standardisierungsprogramm (ICB) herausgebracht hat. 126

Darüber hinaus existiert ein von Deutschland aus gegründeter Dachverband, der ICPMF, International Construction Project Management Forum. Mitglied des ICPMF ist insbesondere die deutsche Projektmanagementorganisation DVP. 127

Auch die Weltbank hält für die Abwicklung ihrer Projekte einen Projektmanagementleitfaden bereit.[129]

Borg hat unter Auswertung der bekannten Projektmanagementstandards für Immobilien- und Bauprojekte eine Konzeption eines Leistungsbildes und Honoraruntersuchungen für das **internationale Bauprojektmanagement** erstellt und konkrete, umsetzungsfähige Arbeitsergebnisse geliefert.[130] 128

Die Projektmanagementansätze in den einzelnen Nationen sind mit nur jeweils geringem Zeitversatz entstanden und weisen durchaus ähnliche Grundstrukturen auf. Landesspezifisch existieren indessen eine Reihe **unterschiedlicher Schwerpunkte und Schnittstellen** zu den teilweise geschützten Berufsgruppen sowie besondere Anforderungen an Leistungsinhalte und Abwicklungsprozesse. Speziell Informations- und Entscheidungstechniken sind international unterschiedlich ausgeprägt.[131] 129

1.2.6 Zukunftstrends des Projektmanagements für Immobilien- und Bauprojekte

Es gibt nur wenige deutsche Initiativen, die sich mit Entwicklungstrends für Immobilien- und Bauprojekte beschäftigen. Die Deutsche Gesellschaft für Projektmanagement (GPM) initiierte im Jahr 2001 eine Expertenbefragung zur Zukunft des Projektmanagements.[132] *Zobel* hat sich in seiner Dissertation eingehend mit der systematischen Entwicklung von Leistungsinventionen im Bauprojektmanagement befasst.[133] Gemünden/Schoper haben 2014 eine international angelegte Befragung zu Zukunftstrends im Projektmanagement durchgeführt und ausgewertet.[134] Für Großprojekte sind die Initiativen der Reformkommission (sogenannte Ramsauer-Dobrindt-Kommission) von Bedeutung. Der Verfasser selbst hatte bereits in der letzten Auflage dieses Werkes gewisse Zukunftstrends prognostiziert. Unter Berücksichtigung der vorzitierten Quellen sollen einige grundsätzliche Entwicklungslinien, die sich in der Zukunft fortsetzen können, aufgezeigt werden: 130

(1) Ungeachtet der Zielstellung der HOAI-Reform 2013, die Projektsteuerung für Standardprojekte in die Hände der Planungsbeteiligten zurückzuholen, wird die wirtschaftliche **Bedeutung** von **Projektmanagementleistungen** durch selbständige Projektmanagementunternehmen weiter wachsen, zumal die Honorierungsstrukturen der HOAI (2013) keinerlei Anreize für die 131

127 Vgl. Wang/Huang, International Journal of Project Management, 2006, 253 f.
128 Wang/Huang, a. a. O.
129 Guidance Note for project management – strengthening international capacity during project implementation, Oktober 2005.
130 Vgl. Borg, Konzeption eines Leistungsbildes und Honoraruntersuchung für das internationale Bauprojektmanagement, 2005.
131 Hoffmann/Schoper/Fitzsimons, Internationales Projektmanagement, Interkulturelle Zusammenarbeit in der Praxis, Beck-Wirtschaftsberater, München 2004, S. 57 f.
132 Vgl. Projektmanagement 4/2001, 11 ff.
133 Zobel, Markus, Systematische Entwicklung von Leistungsinventionen im Bauprojektmanagement, Aachen 2014.
134 Gemünden, Georg/Schoper, Yvonne-Gabriele, Futur Trends in Project Management, Projekt Management Aktuell 2014, 6 f.

qualifizierte Erbringung von Projektsteuerungsleistungen durch die Planungsbeteiligten bieten. Darüber hinaus benötigen die Auftraggeber von Planungs- und Baubeteiligten unabhängige Berater. Dementsprechend verbleibt es dabei: Bei großen und komplexeren Immobilien- und Bauprojekten (> 20 Millionen €) werden in der Zukunft entsprechende Leistungen **zunehmend** als **externe Dienstleistungen** eingekauft werden.135 Die Vergabe von Managementleistungen ist Ausdruck eines gesamtgesellschaftlichen Trends zur Trennung von Eigentum und Management.136 Der Entwicklungstrend wird noch bestärkt durch den Wechsel großer Immobilienbestände in die Hände von Finanzinvestoren und die Notwendigkeit zur Neustrukturierung und Optimierung der vorhandenen Immobilien.

132 (2) Das **AHO-Leistungsbild** hat sich als **Marktstandard** etabliert. Es deckt die wesentlichen Anforderungen der Auftraggeber bei der Realisierung von Bauprojekten ab.[137] Die öffentliche Hand wird (hoffentlich) an der Entwicklung eines maßgeblichen, auf ihre Prozesse ausgerichteten Leistungs- und Vergütungsmodells arbeiten. Im Übrigen werden speziell technische Innovationen aber auch neue Marktentwicklungen zur Entwicklung differenzierter Leistungsbilder für einzelne Aufgabenstellungen und für bestimmte Projekttypen beitragen.

133 (3) Die **Aufgabendelegation** im Projektmanagement hat bereits eine erhebliche Marktdurchdringung erreicht. Während die wirtschaftliche Bedeutung der an Externe vergebene Projektmanagementleistungen wächst, zeigt sich auf der anderen Seite die Entwicklung, dass Auftraggeber, die mit externen Projektmanagementleistungen unzufrieden gewesen sind, zunehmend wieder an der Verstärkung der eigenen Projektleitungsorganisation arbeiten oder aber Projektmanagementleistungen personalbezogen über Arbeitnehmerüberlassungen oder Arbeitsverträge beschaffen. Auch der Projektmanagementpauschalvertrag steht damit in Zukunft zunehmend in Wettbewerb zu alternativen Beauftragungsmodellen.

134 (4) Während die Aufgabendelegation von Projektsteuerungsleistungen große Bedeutung hat und tendenziell weiter wächst, ist es dabei verblieben, dass **Projektleitungsaufgaben** überwiegend durch die Auftraggeberorganisation selbst erbracht werden. Die Nachfrage nach Projektleitern ist zwar prinzipiell steigend, aber im Verhältnis zu den übertragenen Projektsteuerungsleistungen eher gering geblieben.[138] Hier steht das externe Projektmanagement in größerem Wettbewerb zu anderweitigen Beschaffungsmodellen, wie etwa der Beauftragung einzelner erfahrener Projektmanager auf arbeits- oder dienstvertraglicher Basis (Management on demand).

135 (5) Die Beschaffungsvariante eines aufgrund eines **Preiswettbewerbs** abzuschließenden Projektsteuerungspauschalvertrages scheint ebenfalls den Zenit erreicht zu haben. Zunehmend wird die mehr qualitäts- und personalorientierte Beschaffung mit differenzierten Vergütungsmodellen, abhängig von der Kompetenz und Projekterfahrung der eingesetzten Projektsteuerer, eine Rolle spielen.

136 (6) In der Zukunft wird die **Qualifizierung** der Mitarbeiter in Projektmanagementunternehmen eine größere Rolle spielen. Auch die **Zertifizierung** von Projektmanagern nach Erfahrungs- und Ausbildungsstufen wird an Bedeutung gewinnen. Auftraggeberorganisationen und Projektmanagementunternehmen werden ihre Mitarbeiter zertifizieren lassen müssen, um hierdurch die ausreichende Projektmanagementqualität belegen zu können (so wird das DVP-Zert®-Modell in der Zukunft an Bedeutung gewinnen).

---

135 Eine Untersuchung aus dem Jahre 1997 hat ergeben, dass bei privaten und öffentlichen Auftraggebern die Bereitschaft, Projektsteuerungsleistungen extern zu vergeben, jedenfalls ab einer Größe von 10 Mio. € vorhanden ist. Der Schwerpunkt der Beauftragung liegt bei Projekten um 25 Mio. €, vgl. Stork, Projektsteuerung und Projektmanagement im Bauwesen, 1997, S. 13 ff.; vgl. auch Mittelstädt, Leitlinie zur projektbezogenen Spezifikation und erfolgsabhängigen Honorarbemessung bei extern beauftragten Projektmanagement-Leistungen im Hochbauch, S. 8: »Zusammenfassend kann also festgestellt werden, dass bei wachsender Bedeutung das Projektmanagement die Anforderungen hinsichtlich der Ingetrationsfähigkeit und hinsichtlich der Verantwortlichkeit und Flexibilität von Projektmanagement ständig steigen.«

136 Kalusche, Projektmanagement für Bauherren und Planer, S. 29.

137 Zobel, Systematische Entwicklung von Leistungsinventionen im Bauprojektmanagement, S. 129.

138 Zobel, Systematische Entwicklung von Leistungsinventionen im Bauprojektmanagement, S. 129.

(7) **Neue technische Anforderungen** an den Planungsprozess, wie etwa BIM-Planungstechnologien und Lean-Management-Konzepte, werden Auswirkungen auf die Leistungen der Projektmanager haben. Die Anforderungen an den Beruf werden steigen. Das gilt insbesondere für die Anforderungen an die EDV-Handhabung. 137

(8) Speziell bei Großprojekten wird die Bedeutung betriebswirtschaftlicher Erkenntnisse und deren Anwendung im Projektgeschäft wachsen. Wirtschaftlichkeitsanalysen und Risikomanagement nach betriebswirtschaftlichen Grundsätzen werden bei größeren Projekten eine große Rolle spielen. Stakeholder-Konzepte und betriebswirtschaftliche Führungsmodelle werden ebenfalls an Bedeutung gewinnen. **Mathematische Modelle** und **Simulationen** werden zunehmend auch das Projektmanagementwesen durchdringen. Erste Algorithmen für das projektbezogene Crash-Management sind bereits vorgestellt worden.[139] 138

(9) Die **Internationalisierung** hat auch die Märkte für Projektmanagementleistungen erfasst. Ausländische Investoren haben in großem Umfang deutsche Immobilien erworben und suchen nach international tätigen Managementgesellschaften zur Unterstützung ihrer Geschäftstätigkeit. Auch internationale Projektmanagementgesellschaften werden inzwischen auf dem deutschen Markt tätig. Zum Teil ist es ausländischen, großen Ingenieur- und Maklergesellschaften gelungen, sich bei namhaften deutschen Projektmanagementgesellschaften einzukaufen. Die Praxis des Projektmanagements in Deutschland wird daher zunehmend durch internationale Trends geprägt werden. 139

1.2.7 Projektmanagement als Gegenstand technischer Normung

1.2.7.1 Grundlagen

1964 gründeten Netzplantechnik-Fachleute zum Erfahrungsaustausch den Arbeitskreis »Operational Research« (AKOR). In der »Arbeitsgruppe Netzplantechnik 1965« fanden sich dort Interessenten zusammen, die sich später als eigenständige »Arbeitsgruppe Vereinheitlichung der Bezeichnungen in der **Netzplantechnik**« mit dem Begriffsproblem befassten. Unter Einbeziehung von Vertretern Österreichs und der Schweiz erarbeitete diese Gruppe Vorschläge zur DIN-Norm 69900, die im Jahr 1970 im Normblatt unter dem Namen »Netzplantechnik, Begriffe« veröffentlicht wurden. Im Jahr 1974 brachte der Normenausschuss als weitere Hilfestellung für die Anwendung das Normblatt DIN 69900 Teil 2 »Netzplantechnik, Darstellungstechnik« heraus. Gleichzeitig wurde die vorher entwickelte Begriffsnorm in DIN 69900 Teil 1 umbenannt. 140

Im Jahre 1980 wurde die DIN 69901 »Projektmanagement, Begriffe« entwickelt, die der **Emanzipation des Projektmanagements als selbständige Disziplin** gegenüber der Netzplantechnik als Einzelwerkzeug Rechnung trug und diejenigen Begriffe, die nicht unmittelbar zur Netzplantechnik gehörten, in die DIN 69901 überführten. Als Obertitel für die drei nun vorhandenen Normblätter wurde »Projektwirtschaft« gewählt. Hierneben wurden die Normen DIN 69902 »Einsatzmittel« und DIN 69903 »Kosten und Leistung, Finanzmittel« entwickelt. Die Normen wurden zum Abschluss der Normungsarbeit ergänzt durch die Norm 69905 »Projektabwicklung, Begriffe« (1997) und die DIN 69904 »Projektmanagementsysteme, Elemente und Strukturen« (2000).[140] 141

1.2.7.2 Die Normfamilie Projektmanagement bis 2008

- DIN 69900 Teil 1 Netzplantechniken, Begriffe

Die Norm legte Begriffe für das Sachgebiet Netzplantechnik in der Projektwirtschaft fest, um für die Planung, Steuerung und Dokumentation von Projekten eine Begriffsvereinheitlichung zu erreichen. Sie definierte verschiedene Formen der Netzplantechnik, differenziert zwischen Netzplanarten, 142

139 Vgl. Jang, International Journal of Project Management, 2007, 637 f.; dazu auch Bickhoff, Quintessenz des strategischen Managements, S. 126.

140 Zur Entwicklung der Projektmanagement-Normen in Deutschland Waschek, Projektmanagement, 2006, 37.

Darstellungselementen und Ablaufelementen, Begriffen der Strukturplanung und der Zeitplanung bis hin zur Entscheidungsnetzplantechnik.

- DIN 69900 Teil 2 Netzplantechnik, Darstellungstechnik

143 Diese Norm befasste sich mit Darstellungsformen für das Sachgebiet Netzplantechnik in der Projektwirtschaft, um für die Planung, Steuerung und Dokumentation von Projekten eine Vereinheitlichung der Darstellung zu erreichen.[141] Sie beschrieb die grafische Darstellung von Netzplänen sowie tabellarische Darstellungsformen.

- DIN 69901 Projektmanagement, Begriffe

144 Die Vorschrift beinhaltete die Begriffe für das Sachgebiet Projektmanagement in der Projektwirtschaft. Sie diente zur Vereinheitlichung der Begriffe für die Abwicklung von Projekten. Der »Begriffskalender« der Norm enthielt die zentralen Grundbegriffe (Projekt, Projektmanagement, Projektwirtschaft usw.) wie auch Begriffe der Projektgliederung (Projektstruktur, Arbeitspaket, Projektleitung) bis hin zu Begriffen der Führungsinformation (Projektziel, Projektdefinition, Projektinformation usw.).

- DIN 69902 Einsatzmittel, Begriffe

145 Die Norm legte Begriffe für das Sachgebiet Einsatzmittel in der Projektwirtschaft fest. Sie diente auch der Einsatzmittelplanung und der Projektablaufplanung. Die Norm enthielt Grundbegriffe, Begriffe der Einsatzmitteldisposition und -nutzung sowie Begriffe der Einsatzmittelverwaltung.

- DIN 69903 Kosten und Leistung, Finanzmittel, Begriffe

146 Im Rahmen dieser Norm wurden projektbezogene Begriffe der Kosten- und Leistungsrechnung sowie des Finanzmitteleinsatzes in der Projektwirtschaft definiert.

- DIN 69904 Projektmanagementsysteme, -Elemente und Strukturen

147 Im Anschluss an entsprechende technische Normierungen in den angelsächsischen Ländern sollten mit Hilfe dieser Norm, an deren Erstellung Fachleute der GPM Deutsche Gesellschaft Projektmanagement beteiligt waren, wesentliche Elemente und Prozesse des Projektmanagements beschrieben werden. Die Norm sollte Projektträgerorganisationen bei der Einführung von Projektmanagementsystemen unterstützen. Die Norm enthielt zunächst wiederum Begriffsdefinitionen, aber auch Hinweise für die Gestaltung von Projektmanagementsystemen (Beschreibung von Zielen, Eigenschaften und Erwartungen der Trägerorganisation sowie die Unterstützung des Projektmanagementsystems durch die Trägerorganisation).

- DIN 69905 Projektabwicklung, Begriffe

148 Die Norm legte die Begriffe für das Sachgebiet Abwicklung in der Projektwirtschaft (dem seinerzeit neuen Oberbegriff für alle Projektmanagementnormen) fest.

1.2.7.3 Die neuen DIN-Normen für das Projektmanagement 2009

149 Das Deutsche Institut für Normung e. V. hat im Januar 2009 die Normenfamilie für das Projektmanagement neu gefasst. Die bis dahin geltenden Projektmanagement-Normen waren in unterschiedlichem historischen Kontext entstanden und enthielten Doppelungen und Widersprüchlichkeiten. Sie stellten kein einheitliches Normsystem für das Projektmanagement dar. Dem hat das Deutsche Institut für Normung e. V. nun abgeholfen. Die früher in den DIN-Normen 69900 abgebildeten Netzplantechniken sind jetzt nur noch ein Element der in der neuen DIN 69900 : 2009–01 dargestellten Begrifflichkeiten zur Ablauf- und Terminplanung. Die Inhalte der übrigen DIN-Normen, nämlich DIN 69901 bis 69905 sind in einem einheitlichen Sinne neu strukturiert worden und in den DIN-Normen 69901–1 bis 5 eingegangen. Die nachfolgende Tabelle verdeutlicht die Systematik:

141 Waschek, in: Bechler/Langen, DIN-Normen im Projektmanagement, S. 7, 8.

150

PM-Normen bis 2008	**PM-Normen 2009**
DIN 69900–1 : 1987–08 Netzplantechnik, Begriffe DIN 69900–2 : 1987–08 Netzplantechnik, Darstellungstechnik	DIN 69900 : 2009–01 Projektmanagement – Netzplantechnik; Beschreibungen und Begriffe
DIN 69901 : 1987–08 Projektmanagement, Begriffe DIN 66902 : 1987–08 Einsatzmittel, Begriffe DIN 69903 : 1987–08 Kosten und Leistung, Finanzmittel, Begriffe DIN 69904 : 2000–11 Projektmanagementsysteme, Elemente und Strukturen DIN 69905 : 1997–05 Projektabwicklung, Begriffe	DIN 69901–1 : 2009–01 Projektmanagement – Projektmanagementsysteme Teil 1, Grundlagen DIN 69901–2 : 2009–01 Teil 2 Prozesse, Prozessmodell DIN 69901–3 : 2009–01 Teil 3, Methoden DIN 69901–4 : 2009–01 Teil 4, Daten, Datenmodell DIN 69901–5 : 2009–01 Teil 5, Begriffe

Die Zusammenhänge zwischen den einzelnen Teilen der neuen DIN 69901 verdeutlicht die nachfolgende Skizze:

151

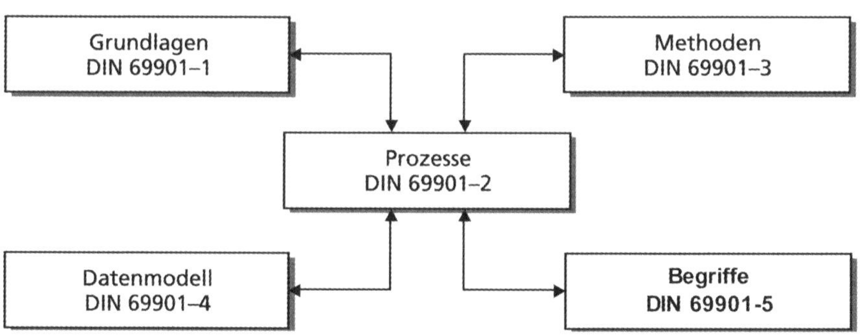

Die auf das Projektmanagement bezogene nationale und internationale technische Normung versucht, **branchenunabhängige Begriffe** und Kategorisierungen für Projekte jedweder Charakteristik zu verwenden. 152

Die Ansätze zur Schaffung **einheitlicher Definitionen** sollen einer sprachlichen Grundverständigung und einer Verminderung von Reibungsverlusten dienen. Zwischen einheitlicher Projektsprache und Projekterfolg bestehen Zusammenhänge.[142] 153

Rechtliche **Verbindlichkeit** erlangen die nachstehend dargestellten, auf das Projektmanagement bezogenen Normungen durch gesetzliche oder **vertragliche Inbezugnahme**. Ohne eine derartige ausdrückliche Bezugnahme sind sie für die Projektabwicklung rechtlich grundsätzlich unerheblich. Allerdings enthalten sie Standards, welche die Verständigung in einem professionellen Rahmen erleichtern und auch bei der Auslegung von rechtlich relevanten Vorschriften und Vertragsregelungen 154

142 Vgl. Ohlig, Projektsprache und Projekterfolg, in: Bechler/Lange, DIN-Normen im Projektmanagement, S. 15 f.

herangezogen werden können. Die Projektpraxis wird sich in der Zukunft zunehmend an der durch die technischen Normen vorgegebenen Begriffswelt orientieren müssen.

1.2.7.4 DIN-Norm zum Multiprojektmanagement DIN 69909

155 In den Jahren 2011/2012 sind die neuen DIN-Norm zum Multiprojektmanagement in Kraft gesetzt worden: E DIN 69909-1:2011-09, Multiprojektmanagement – Management von Projektportfolios, Programmen und Projekten, Teil 1 Grundlagen sowie DIN 69909-1:2012-02, Multiprojektmanagement – Management von Projektportfolios, Programmen und Projekten, Teil 2 Prozesse, Prozessmodell.

156 Teil 1 der Norm bezieht sich auf die Grundlagen, Teil 2 auf Prozesse und das Prozessmodell. Weitere Teile, wie z.B. Methoden, sind für die Zukunft geplant. Der erste Teil (Grundlagen) ist im Wesentlichen in vier Teile unterteilt. Neben den Begriffen wird vor allem auf Projekte, auf Programme und Portfolios im Kontext einer Organisation sowie auf Grundlagen für das Multiprojektmanagement eingegangen. Im zweiten Teil wird dann das Multiprojektmanagement als Teil des Managementsystems näher betrachtet.

157 In der DIN 69909 wird definiert, dass Projekte Teile von Programmen oder Portfolios sein können. Programme bestehen aus einer Vielzahl von Projekten, die zeitlich befristet sind, während Projektportfolios einer dauernden Steuerung unterliegen. Die Projektportfolios sind in Abgrenzung zu den Projektprogrammen permanente Einrichtungen. In Kapitel 6 des Teils 1 der DIN 69909 werden eine Reihe von Vorgaben für das Multiprojektmanagement definiert. Im Teil 2 (Prozesse und Prozessmodell) geht es um Multimanagementprozesse, die zwischen einer operativ temporären Ebene und einer strategisch permamenten Ebene unterscheiden.[143]

1.2.7.5 ISO 21500 Guidance on Project Management

158 Die ISO (International Organization for Standardization) hat im Jahre 2012 eine internationale Norm zum Projektmanagement herausgegeben (21500:2012 E). Diese Projektmanagementnorm beschreibt Begrifflichkeiten, das generelle Projektmanagementkonzept und die Hauptprozesse des Projektmanagements. Dieser allgemeine Rahmen ist industrieübergreifend konzipiert und deckt sich im Wesentlichen mit den Strukturen der Normfamilie DIN 69900 ff.

1.2.7.6 ISO 10006 Quality Guidelines to Quality Project Management

159 Diese Norm ergänzt die ISO 9000 ff. – Qualitätsmanagement-Normfamilie. Sie legt die besonderen Anforderungen an Qualitätsmanagement in Projekten fest. Der ISO-Standard soll dabei keine Regeln für das Projektmanagement selbst enthalten, sondern Begriffsdefinitionen festlegen, Projektcharakteristika herausarbeiten und Qualitätsprozesse identifizieren. Dabei werden unter dem Blickwinkel der Qualität sowohl die Projektprozesse wie auch das Projektprodukt behandelt. Speziell die Phasenbildung (»phasing«) soll angesprochen werden. Darüber hinaus liegt der Schwerpunkt in der Darstellung der einzelnen Projektmanagementprozesse, deren Bedeutung herausgearbeitet und inhaltlich spezifiziert wird.

160 Infolge der Überarbeitung der Qualitätsmanagement-Normfamilie ISO 9000 ff. im Jahr 2000[144] ist auch eine Überarbeitung der ISO 10006 erforderlich geworden. Im Hinblick auf deutsche Ansätze, der Normausuferung (Proliferation) entgegenzuwirken und die Konzentration auf Kern-Normen voranzutreiben, wird sich Deutschland bei der von der ISO vorbereiteten Umfrage nach einer Überarbeitung der Stimme enthalten, jedoch an einer etwaigen Überarbeitung der Norm in der Working Group 18 der ISO über einen DIN-Vertreter mitwirken. Dagegen hat die Überarbeitung

143 Roeschlein, Ralf J., Die DIN-Norm zum Multiprojektmanagement (DIN 69909), Projektmanagement aktuell, 2012, 40 f.

144 Vgl. dazu Hessing, DAB 2001, 46, 47.

der ISO 2007 »Configuration Management« in Deutschland kein Interesse mehr gefunden, so dass die Norm gegebenenfalls ohne deutschen Einfluss weiter entwickelt werden wird.[145]

1.2.7.7 DIN 32736 Technisches Gebäudemanagement, Begriffe und Leistungen

Die Norm definiert Begriffe und beschreibt Leistungen des Gebäudemanagements. Sie dient dem 161
einheitlichen Sprachgebrauch und der Strukturierung von Leistungen zum Gebäudemanagement. Gebäudemanagement ist hiernach die Gesamtheit aller Leistungen zum Betreiben und Bewirtschaften von Gebäuden einschließlich der baulichen und technischen Anlagen auf der Grundlage ganzheitlicher Strategien. Gebäudemanagement gliedert sich hiernach in drei Leistungsbereiche

- Technisches Gebäudemanagement (TGM);
- infrastrukturelles Gebäudemanagement (IGM);
- kaufmännisches Gebäudemanagement (KGM).

Die Norm gliedert die drei Grundleistungen des Gebäudemanagements im Einzelnen auf, so dass 162
die Normierung eine Basisarbeit für die Beauftragung von Leistungen des Gebäudemanagements bildet. Sie ordnet insbesondere das Vertragsmanagement dem kaufmännischen Gebäudemanagement zu. Sie grenzt schließlich das Gebäudemanagement vom Flächenmanagement ab.

1.2.7.8 ÖNORM B 1801–3 und 4 Bauprojekt und Objektmanagement

Für das Immobilien- und Bauprojektmanagement von Bedeutung sind auch die österreichischen 163
Normgebungen zum Bauprojekt- und Objektmanagement in den ÖNormen B 1801–3 und 4.

Die Normgruppe B 1801–3 befasst sich mit Planungskennzahlen. Sie dient der Bildung von Kenn- 164
zahlen für technische und wirtschaftliche Analysen bei Objektplanungen. Die Normen enthalten zum einen Definitionen, zum anderen eine Grundstrukturierung von Kennzahlen für Objektarten nach Kennzahlbereichen (Quantität/Qualität/Termine/Kosten sowie Daten zum Projektumfeld). Diese Kennzahlbereiche werden alsdann tiefer in Kennzahlarten und Kennzahltypen untergliedert. Schließlich enthält die Norm eine Zusammenstellung der Kennzahl-Bezugsgrößen, der Zuordnung von Flächen zu Nutzungsarten der Objekte und der zugehörigen Flächenarten zu Hauptnutzflächen.

Die ÖNORM B 1801–4 enthält eine Darstellung von Gliederungen für die Zuordnung von Infor- 165
mationen und die Anlage von Dokumenten beim Management von Bauprojekten. Sie enthält neben Begriffsbestimmungen Vorschläge für die Datengliederung bei Projekten nach folgenden Kategorien:

0 Kommunikation

1 Organisation

2 Termine

3 Kosten

4 Planung

5 Abwicklung

Diese Grobgliederung wird alsdann in verschiedene Untergruppen verfeinert und bietet damit ein 166
Raster für die Strukturierung der Projektdaten.

Die nationale und europäische Standardisierung eines Projektmanagements hat Grundlagen und Begriffssicherheit für den Umgang mit Projekten geschaffen. Auf das Bau- und Immobilienprojektmanagement sind die Standardisierungen weitestgehend anwendbar. Sie lassen auch den notwendigen Spielraum für bereichsspezifische Besonderheiten, wie sie beim Bau- und Immobilienprojektmanagement anzutreffen sind. Konkrete Vorgaben für bestimmte Projektmanagementstandards oder Vorgehensweisen enthält das bisher veröffentlichte Normenwerk nicht.

145 Vgl. Waschek, ISO 10006 bleibt Standard, GMP-News 8.2.2002, S. 5.

167

Ausgewählte Projekt-Begriffe aus der technischen Normung	
Projekt	
DIN 69901-5 Ziff. 3.44	Vorhaben, das im Wesentlichen durch Einmaligkeit der Bedingungen in ihrer Gesamtheit gekennzeichnet ist.
ISO 10006	Unique process, consisting of a set of coordinated and controlled activities with start and finish dates, undertaken to achieve an objective conforming to specific requirements, including the constraints of time, cost and resources.
Ähnlich, etwas weiter gefasst, bei DIN ISO 21500	
Projektmanagement	
DIN 69901-5 Ziff. 3.64	Gesamtheit von Führungsaufgaben, -organisation, -techniken und -mitteln für die Initiierung, Definition, Planung, Steuerung und den Abschluss von Projekten.
ÖNORM B 1801-3 (1999)	Bauprojektmanagement: Gesamtheit von Führungsaufgaben, -organisation, -techniken und -mitteln für die Abwicklung eines Bauprojekts.
ISO 21500:2012 (E)	Project management is the application of methods, tools, techniques and competencies to a project. Project management includes the integration of the various phases of the project life cycle, as described in 3.10. Project management is performed through processes. The processes selected for performing a project should the aligned in a systemic view. Each phase of the project life cycle should have specific deliverables. These deliverables should be regularly reviewed during the project to meet the requirements of the sponsor, costumers and other stakeholders.
ISO 10006	Project management includes the planning, organising, monitoring and controlling of all aspects of the project in a continuous process to achieve its objectives. The processes and objectives of quality management (see ISO 8402) apply to all project management processes.
Projektmanagementsystem	
DIN 69901-5 Ziff. 3.72	System von Richtlinien, organisatorischen Strukturen, Prozessen und Methoden zur Planung, Überwachung und Steuerung von Projekten
Projekt Controlling	
DIN 69901-5 Ziff. 3.54	Sicherstellung des Erreichens aller Projektziele durch Ist-Datenerfassung, Soll-Ist-Vergleich, Analyse der Abweichungen, Bewertung der Abweichungen, gegebenenfalls mit Korrekturvorschlägen, Maßnahmenplanung, Steuerung der Durchführung von Maßnahmen.
Projekthandbuch	
DIN 69901-5 Ziff. 3.52	Zusammenstellung von Informationen, Standards und Regelungen, die für ein bestimmtes Projekt gelten sollen.
ÖNORM B 1801-4	Handbuch mit der Zuteilung der Aufgaben zu den Leistungsträgern im Projekt, gegliedert nach Bereichen, Phasen, Funktionen und Leistungen.

Projektmanagementelemente und -prozesse

Elemente des Projektmanagements (Ziele, Strukturen, Ressourcen) werden durch Projektmanagementprozesse miteinander verbunden. Eine Auflistung von Projektmanagementelementen findet sich in der DIN 69904 (2000)[146], eine Darstellung von Projektmanagementprozessen in der ISO 10006. 168

169

Projektmanagementelemente nach DIN 69904 (2000)	**Projektmanagementprozesse nach ISO 10006**
1 Zieldefinition **2 Strukturierung** **3 Organisation** **4 Personalmanagement** **5 Vertragsmanagement** **6 Nachforderungsmanagement** **7 Konfigurationsmanagement** **8 Änderungsmanagement** **9 Aufwandsermittlung** **10 Kostenmanagement** **11 Einsatzmittelmanagement** **12 Ablauf- und Terminmanagement** **13 Multiprojektkoordination** **14 Risikomanagement** **15 Informations- und Berichtswesen** **16 Controlling** **17 Logistik** **18 Qualitätsmanagement** **19 Dokumentation**	**1 Strategic process** **2 Interdependency management processes** project initiation and project plan development interaction management change management closure **3 Scope-related processes** concept development scope development and control activity definition activity control **4 Time related processes** activity dependency planning estimation of duration schedule development schedule control **5 Cost related processes** cost estimation budgeting cost control **6 Resource related processes** resource planning resource control **7 Personnel-related processes** definition of project organisational structure staff elocution team development **8 Communication-related processes** communication planning information management communication control **9 Risk-related processes** risk identification risk assessment risk response development risk control **10 Purchasing** planning and control documentation of requirements evaluation of subcontractors subcontracting contract control **11 Learning from the project**

146 Die neue Norm DIN 69901–2 : 2009–01 spricht nicht mehr von Elementen, sondern listet eine Vielzahl von abstrakt formulierten Einzelprozessen auf.

1.2.8 Ausbildung und Zertifizierung im deutschen Projektmanagement

170 Obgleich Projektmanagement an vielen Fachhochschulen und Technischen Hochschulen gelehrt wird, gibt es keinen gesetzlichen vorgegebenen Studienabschluss für Projektmanager. Projektmanager sind in der Regel Bauingenieure. Architekten, aber auch Berufsangehörige anderer Berufe können sich als Projektmanager betätigen. Es gibt keinen geschützten Berufsstand wie er etwa Architekten und Ingenieuren durch die Architekten- und Ingenieurgesetze der Länder vorbehalten wird. Die Aufgabe der Aus- und Weiterbildung von Projektmanagern ist somit nicht reguliert und wird von einer Vielzahl öffentlicher und privater Ausbildungsstätten übernommen. Dieser Umstand war Veranlassung für einen Delegiertenbeschluss auf dem BDB-Baumeistertag 2013 in Münster, wonach der BDB darauf hinwirken soll, dass Aufgaben von Projektsteuerern ausschließlich durch qualifizierte Architekten und Ingenieure durchgeführt werden; dazu auch Diederichs in: BDB-Newsletter 1/2015 sowie DB 22/2015. Um die Erfahrung und Qualität des jeweiligen Projektmanagers messbar zu machen, sind im Ausland bereits seit Jahrzehnten Weiterbildungsinstitutionen und Zertifizierungsstellen damit befasst, Projektmanagementqualität zu testieren.

171 Durch entsprechende Zertifikate soll es den Auftraggebern bei der Beschaffung von Projektmanagementleistungen ermöglicht werden, Nachweise über bestimmte Projektmanagement-Qualifikationen zu verlangen/zu erhalten. Ein entsprechendes Qualifizierungs- und Zertifizierungssystem hat auch der Deutsche Verband der Projektmanager in der Bau- und Immobilienwirtschaft e.V. (DVP) entwickelt. Die Qualifizierung und Zertifizierung reicht vom Projektmanager über den Projektmanager Professional bis zum Senior Projektmanager. Auf die nachfolgende Darstellung wird verwiesen:

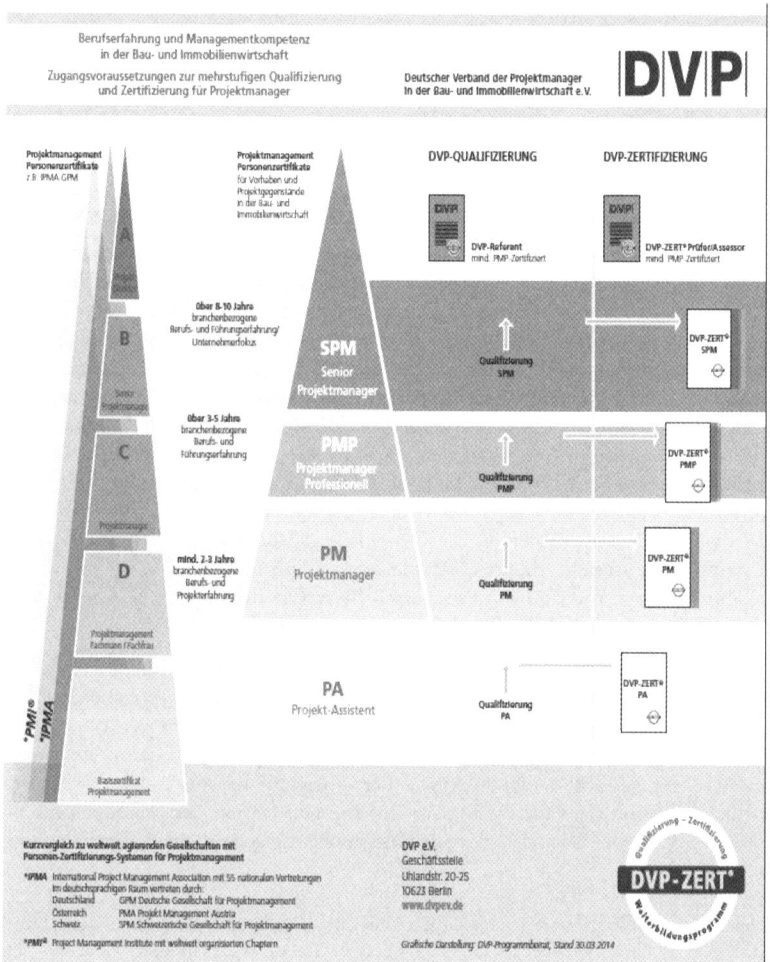

1.3 Definitionen und Abgrenzungen

1.3.1 Unvollständige Merkmalsdefinition im Recht

Die Wesensmerkmale der Projektsteuerung bzw. des Projektmanagements sind in **Rechtsnormen** nicht abschließend festgelegt. Die bei Rdn. 148 ff. dargestellte Beschreibungsdichte in technischen Normen steht in einem auffälligen Gegensatz zu den Regelungslücken im Recht. 172

Nach DIN 69901–5 : 2009–01 ist Projekt ein Vorhaben, dass im Wesentlichen durch Einmaligkeit der Bedingungen in ihrer Gesamtheit gekennzeichnet ist. In Anlehnung an die etwas »griffigere« Vorgängernorm DIN 69001 kann **Projekt** als **eine zeitlich befristete und einmalige (Bau-)Aufgabe verstanden werden, die wegen ihrer Komplexität eine besondere Organisation erfordert.**[147] Folgende Merkmale sollen die Besonderheiten eines Projekts prägen: 173

147 Quack, BauR 1995, 27, 29, hat darauf hingewiesen, dass die Projektdefinition in DIN 69001 tautologisch ist. Projekt ist hiernach, was eine Projektorganisation erfordert; Schelle, in: Schelle/Reschke/Schnopp/Schub, Projekte erfolgreich managen, Kapitel 1, 2, S. 2 ff., hat sich im Einzelnen mit den Merkmalen des Projektbegriffs nach DIN 69901 befasst und die Begriffsbildung gegen Kritik verteidigt.

- Aufgabebezogene Determination
- Merkmal der Singularität/Einmaligkeit
- Merkmal der Komplexität
- Merkmal der Rechtsträgerschaft des Objekts.[148]

174 Eine **Definition der Projektsteuerung** war dem vormaligen § 31 Abs. 1 Satz 1 HOAI a.F., zu entnehmen, wonach Projektsteuerung vorliegt,

> *»wenn Funktionen des Auftraggebers bei der Steuerung von Projekten mit mehreren Fachbereichen übernommen werden«.*

175 Diese mit der HOAI-Novelle 2009 aufgehobene Norm hatte **rein preislichen Charakter**. Sie war dem Honorarrecht der HOAI zuzuordnen. Die HOAI enthält aber keine normativen Leistungsbilder für den Inhalt von Verträgen und hat nicht einmal eine vertragsrechtliche Leitbildfunktion.[149] Der Normzweck liegt daher allein in der Abgrenzung von Leistungen, die bestimmten preisrechtlichen Vorgaben unterliegen. Die Norm beschrieb daher nicht verbindlich, was die Projektsteuerung gegenständlich ausmacht. Deshalb konnte schon in der Vergangenheit dahinstehen, ob der Legaldefinition angesichts ihres rechtlich wenig konturierten Inhaltes überhaupt eine verbindliche Wirkung zukommen kann.[150] § 31 HOAI a.F. durfte auch nicht als Kontrollmaßstab für Allgemeine Geschäftsbedingungen nach § 307 ff. BGB herangezogen werden.[151] In diesem Zusammenhang hatte *Quack* die Auffassung vertreten, § 31 HOAI a.F. liege lediglich eine naiv-soziologische Absicht zugrunde, nämlich die Absicht, die Projektsteuerung als Thema in die HOAI zu bringen. Das sei allerdings keine legitime Funktion von Preisvorschriften. Die Regelung habe einer gesetzlichen Ermächtigung entbehrt und gegen das Rechtsstaatsprinzip verstoßen.[152]

176 Die **Auslegungsbedürftigkeit** der **Begriffselemente des § 31 Abs. 1 Satz 1 HOAI a.F.** führten indessen nicht zur Unwirksamkeit der Norm.[153] Der BGH hatte allerdings angesichts der seinerzeit bestehenden Ermächtigungsgrundlagen in seiner Leitentscheidung vom 9.1.1997 zur Vergütung von Projektsteuerungsleistungen Bedenken gegen die Regelungsfähigkeit von Projektsteuerungsleistungen geäußert, explizit aber lediglich Abs. 2 der Norm für nichtig erklärt. Das dort niedergelegte Schriftlichkeitserfordernis für Honorarvereinbarungen sei von der Ermächtigungsnorm nicht gedeckt. Soweit die Norm klarstelle, dass **Projektsteuerungsleistungen keiner Preisregulierung**

---

148 Vgl. auch Grün, Oskar, Taming giant projects; Schelle, a. a. O.; Madauss, Handbuch Projektmanagement, S. 9; Brösel, Baumanagement, S. 20, erläutert zur sprachlichen Herkunft: »Das Wort Projekt leitet sich vom lateinischen proicere oder proiectum ab und heißt vorwärts werfen, also mit Schwung und Kraft etwas nach vorne bewegen«; vgl. auch Frese, Grundlagen der Organisation, S. 448; Wörmann, DAB 1979, 571.

149 BGH, Urteil vom 24.10.1996, Az. VII ZR 283/95, in: BauR 1997, 154, 155; anders dagegen Schill, Der Projektsteuerungsvertrag, S. 21: § 31 HOAI ist das Leitbild des dispositiven Rechts von der Projektsteuerung.

150 Vgl. Schill, Der Projektsteuerungsvertrag, S. 17: Mit den in § 31 verwendeten Begriffen ist die Bestimmung eines eindeutigen und klaren Leistungsbildes der Projektsteuerung nicht möglich.

151 Unrichtig die entgegenstehende Auffassung von Schill, Der Projektsteuerungsvertrag, S. 21.

152 Quack, BauR 1995, 27, 28, 31; »Honorarlyrik«; Heinrich, Der Baucontrollingvertrag, S. 68: »... die letztere, schon im Ansatz verfehlte Bestimmung hätte jedoch keinesfalls als Rechtsnorm in Kraft gesetzt werden dürfen«; Diederichs, in: Hartmann, HOAI, Stand: Juni 2009, § 31, Rn. 4, S. 9, hält dem entgegen: »Neuerdings wird die gesetzliche Ermächtigung mit der Überlegung in Frage gestellt, die Leistungen nach § 31 könnten nicht mehr als typische herkömmliche Architekten- und Ingenieurleistungen angesehen werden, zur Einführung eines neuen Berufsbildes sei der Verordnungsgeber nicht berechtigt. Außerdem sei die Vorschrift unbestimmt und willkürlich, so dass sie als verfassungswidrig angesehen werden müsse«.

153 Die Unbestimmtheit der Vorschrift wird allgemein als Mangel empfunden. Dies bedeutet jedoch nicht, dass die Vorschrift nicht mit Mitteln der Auslegung rechtsstaatlich gehandhabt werden kann. Die Unbestimmtheit kann nicht als so extrem empfunden werden, dass sie die Annahme der Vertragswidrigkeit rechtfertigt; in diesem Sinne auch Kämmerer, BauR 1996, 162, 172; kritisch demgegenüber auch Quack, a. a. O.

unterlägen, gebe die Norm ohnehin nur wieder, was für Werk- und Dienstleistungen allgemein gelte.[154]

Der unmittelbare **Regelungsgehalt des § 31 HOAI a.F.** war nach Feststellung der Nichtigkeit des Schriftformerfordernisses in Abs. 2 sehr **begrenzt**. Der Norm kam lediglich eine preisrechtliche Abgrenzungsfunktion in Bezug auf die dem zwingenden Preisrecht unterliegenden Leistungen der HOAI, insbesondere die Objektplanungsleistungen zu.[155] 177

Die Begriffe **Projektsteuerung/Projektmanagement** sind daher **rechtlich nicht mit eindeutigen Inhalten** belegt. Vielmehr können den Begriffen durch Rechtsakte – z. B. durch Vertragsgestaltung – auch unterschiedliche Leistungsinhalte zugewiesen werden. Für juristische Fragestellungen kommt es dabei jeweils einzelfallbezogen auf die konkrete, vertragliche Ausprägung der übernommenen Leistungen an.[156] 178

Bei der notwendigen juristischen Auslegung von Begriffen aus dem Bereich des Projektmanagementwesens spielen die gemeinsamen **Vorstellungen der Fachkreise** eine gewichtige Rolle. In diesem Rahmen bleiben auch die vormaligen Einzelelemente der Begriffsdefinition des § 31 HOAI a.F. relevant.[157] Die Definitionsansätze und Wertungen des Verordnungsgebers der HOAI, bestimmte Lebenssachverhalte der Projektsteuerung zuzuweisen, enthalten Anhaltspunkte für eine interdisziplinär widerspruchsfreie Beschreibung als Basis für die weiteren Überlegungen zur Vertragsgestaltung, Vertragsauslegung und sonstigen Rechtsfolgen.[158] Wie nachfolgend zu zeigen sein wird, sind die Begriffselemente auch durchaus geeignet, zur Klärung dessen, was die Projektsteuerung ausmacht, gewichtige Aspekte beizutragen. 179

Nach Auffassung des OLG Düsseldorf lassen sich Projektsteuerungsleistungen wie folgt beschreiben: 180

> *»Gegenstand eines Projektsteuerungsvertrages sind typischerweise Aufgaben, die an sich – auch im Verhältnis zu einem eingeschalteten Architekten – dem Bauherrn obliegen, die dieser aber – z.B. wegen des Umfangs und der Komplexität des Vorhabens – nicht wahrnehmen will oder kann.«*[159]

Das OLG Düsseldorf hat auf Grundlage dieser Definition den Einwand für unerheblich gehalten, die Aufgaben der Steuerung eines Vergabeverfahrens seien per se nicht einem Projektsteuerungsvertrag zuzuordnen, weil sie dem Bauherrn oblägen.[160] 181

---

154 Vgl. BGH, Urteil vom 09.01.1997, Az. VII ZR 48/96, in: BauR 1997, 497, 499.

155 Vgl. Rdn. 1044 f.

156 Siehe dazu auch den von Quack diskutierten Beispielsfall eines Architekten, der einen Ausschnitt der Bauleitungstätigkeit als Projektsteuerung qualifizierte, Quack, in: Seminar rechtliche Problemstellungen beim Projektmanagement, S. 7, 10; Nichtannahmebeschluss des BGH vom 28.04.1994, Az. VII ZR 11/93: »Es ist juristisch gleichgültig, wie der Begriff der Projektsteuerung verwendet wird. Es kommt nur darauf an, was damit im konkreten Fall gemeint ist.«; dazu auch Stork, Projektsteuerung und Projektmanagement im Bauwesen, S. 2.

157 Anderer Ansicht Schill, Der Projektsteuerungsvertrag, S. 17: »Mit den in § 31 verwendeten Begriffen ist die Bestimmung eines eindeutigen und klaren Leistungsbildes der Projektsteuerung nicht möglich.«, dagegen derselbe, S. 21: »§ 31 ist das Leitbild des dispositiven Rechts von der Projektsteuerung.«

158 Vgl. zu den methodischen Schwierigkeiten Quack, in: Seminar rechtliche Problemstellungen beim Projektmanagement, S. 7 ff.; vgl. zur Begriffs- und Systembildung in der Jurisprudenz Larenz, Methodenlehre, S. 339: »Juristische Theorien sollen nichts ›erklären‹, sondern rechtliche Zusammenhänge deutlich machen, insbesondere Rechtssätze oder weitergreifende Regelungsinhalte in ein logisch und wertungsmäßig widerspruchsfreies System – oder Teilsystem – integrieren.«

159 OLG Düsseldorf, Urteil v. 27.06.2014, I 17 U 5/14, NZBau 2014, 644.

160 OLG Düsseldorf, Urteil v. 27.06.2014, I 17 U 5/14, NZBau 2014, 644.

1.3.2 Steuerung und Management

182 Der Begriff der **Steuerung** beschreibt eine **Führungs- und Leitungsaufgabe.**[161] Diese umfasst die Aufgabenstellungen Organisation, Koordination, Anordnung und die Kontrolle der Ausführung (Ausführung hier als Oberbegriff für Planung und Ausführung von Immobilien- und Bauobjekten).[162] Die Steuerung beinhaltet insbesondere alle zukunftsgerichteten Maßnahmen zur Abwendung von Störungen des Projektablaufes.[163] Sie kann – muss aber nicht – die Durchführung der Leitungsmaßnahmen selbst umfassen (also eine Regelungskompetenz beinhalten).[164] Sie übernimmt somit i. d. R. die Ausführung nicht selbst.[165]

183 Bezieht sich die Steuerung auf Durchführung von Projekten, wird folgerichtig von **Projektsteuerung** gesprochen. Projektsteuerung ist mithin eine Organisationsform und eine Arbeitsmethode zur Lösung projektbezogener, komplexer und zeitlich befristeter Aufgaben, bei denen die Zusammenarbeit mehrerer Projektbeteiligter (Planer und ausführende Unternehmen) geleitet werden muss.[166]

184 Im Vergleich zum Begriff der Steuerung weist der Terminus des Managements auf erste Sicht keine wesentlichen Unterschiede auf. Das Wort **Management** leitet sich von dem lateinischen manus, die Hand, ab. Hieraus entwickelte sich im Englischen das Verb to *manage*, und dies bedeutet, etwas geschickt bewerkstelligen, zustandebringen und organisieren. Ganz allgemein bedeutet Management »Leitung, Führung von Betrieben und allen sozialen Systemen«.[167] Kernelement des Managements ist die Leitung soziotechnischer Systeme in personen- und sachbezogener Hinsicht mit Hilfe von professionellen Methoden.[168] Tendenziell ist der Begriff des Managements etwas weiter als der Begriff der Steuerung. Wenngleich die Begriffe Steuerung und Management vielfach gleichbedeutend verwandt werden,[169] differenziert die Praxis inzwischen ganz überwiegend zwischen **Projektmanagement** im Sinne der Begriffsbildung der DIN 69901–5 : 2009–01, mithin als **Gesamtheit aller Führungsaufgaben**, -organisationen, -techniken und -mitteln für die Initiierung, Definition,

161 Vgl. BGH, Urteil vom 02.09.1999, Az. VII ZR 225/98, in: NZBau 2000, 29 = WM 1999, 2126, 2127: »Diesen Vertrag (gemeint ist ein Projektsteuerungsvertrag) prägen Dienst- und Werkleistungen aus dem Bereich der Kontroll- und Organisationsleistungen komplexer Art mit Führungs- und Leitungsaufgaben.«

162 Ähnlich Wörmann, DAB 1979, 571; vgl. auch Kapellmann, Juristisches Projektmanagement, Rn. 3, 4.

163 Vgl. Schill, Der Projektsteuerungsvertrag, S. 10, 11 sowie die Begriffsbestimmung in DIN 19226.

164 Anders – der Steuerung ausschließlich Stabsfunktion zuweisend – Knipp, Projektmanagement, S. 7: »Steuerung im engeren Sinne umfasst den zukunftsgerichteten, vor Eintritt einer als wahrscheinlich oder möglich gedachten Störung des Projektablaufs folgenden Eingriff einer Kontrollinstanz mit dem Ziel der Störabwehr. Hierbei wird die Steuerung der Regelung gegenübergestellt, die ebenfalls einen Kontrollprozess beinhaltet, der jedoch erst nach Eintritt der Störung einsetzt und auf deren Beseitigung abzielt. Steuerung ist also Abwehr einer Störung und Regelung ist Beseitigung der Störung.«

165 Heinrich, Der Baucontrollingvertrag, S. 44; vgl. auch Schill, Der Projektsteuerungsvertrag, S. 2: »Projektsteuerung ist eine Arbeitsmethode und Organisationsform zur Lösung komplexer und zeitlich befristeter Aufgaben, bei dem die Zusammenarbeit mehrerer Mitarbeiter oder Institutionen nötig ist.«

166 Vgl. ausführlich: Heinrich, Der Baucontrollingvertrag, S. 44; ähnlich BGH, Urteil vom 02.09.1999, Az. VII ZR 225/98, in: NZBau 2000, 29 = WM 1999, 2126, 2127.

167 Rösel, Baumanagement, S. 23; vgl. dazu auch Quack, in: Seminar rechtliche Problemstellungen beim Projektmanagement, S. 7, 11.

168 Litke, Projektmanagement, S. 20.

169 Vgl. im Einzelnen Heinrich, Der Baucontrollingvertrag, S. 45; Knipp, Projektmanagement, S. 7; nach Rösel, Baumanagement, S. 24, sind die Begriffe Steuerung und Management jedoch nicht gleichbedeutend. Er formuliert: »Stellt man die Begriffe Management und Steuerung gegenüber, so wird bei sensiblem Sprachverständnis mancher Unterschied deutlich. So rechnet es zum Wesen eines Steuermanns, aufrichtig und mit Durchsetzungsvermögen, gradlinig und geradeaus ein Schiff zu steuern. Dieses Schiff lässt sich jedoch nur steuern, wenn es Fahrt macht und somit dem Ruder gehorcht. Dem Manager rechnet man jedoch ein Quentchen List hinzu, etwas Verschlagenheit, mehr Finesse eines Fechters, der gelegentlich aus taktischen Erwägungen einen Fuß zurücksetzt, um daraufhin blitzschnell mit flinken Vorwärtsschritten den Gegner anzugreifen und zu treffen. Er kann auch aus dem Stand heraus zuschlagen und ist nicht auf eine dritte, tragende Kraft angewiesen.«

Planung, Steuerung vor dem Abschluss von Projekten, während den Steuerungsaufgaben eher operativ unterstützende Funktionen zugewiesen werden.[170] Projektmanagement wird dementsprechend als Summe von Projektleitungs- und Projektsteuerungsaufgaben verstanden:

Projektmanagement* = *Projektleitung* + *Projektsteuerung 185

Dementsprechend haben sich heute unter den Begriffen Projektmanagement und Projektsteuerung unterschiedliche Projektmanagementeinsatzformen im weitesten Sinne entwickelt.[171]

Bei beiden Begriffen geht es um eine Unterstützungstätigkeit in der Form der Wahrnehmung einer **Leitungsaufgabe**. Sofern den Begriffen dementsprechend – z. B. vertraglich – keine anderen Inhalte zugewiesen sind, grenzen sie eine Führungsaufgabe von objekt- und fachplanenden sowie ausführenden Tätigkeiten ab. 186

Vorbehaltlich einer ausdrücklichen anderen **vertraglichen Regelung** ist deshalb grundsätzlich **nicht** davon auszugehen, dass ein beauftragter Projektmanager oder -steuerer **Planungs- oder Ausführungsleistungen** zu erbringen hat. Ihm obliegt es insbesondere nicht, eine fehlerhafte oder unvollständige Objektplanung aufzuarbeiten und speziell Objektüberwachungsleistungen (teilweise) zu ergänzen oder zu ersetzen. Auf einzelne Spezialprobleme der Abgrenzung von Projektmanagement- und Objektplanungsleistungen wird nachfolgend einzugehen sein (siehe dazu im Einzelnen Rdn. 142 f.). 187

Projektmanagement ist damit ein Führungskonzept, welches auf die Lösung temporärer, interdisziplinärer Aufgaben ausgerichtet ist, die einen hohen Grad an Genauigkeit und Komplexität aufweisen.[172] 188

1.3.3 Die Abgrenzung von Projektsteuerung und Planung

1.3.3.1 Projekt versus Objekt/der historische Kontext

In der Literatur wurde versucht, den Begriff des Projektes von demjenigen des Objektes abzugrenzen. Dieser Ansatz sollte der Unterscheidung zwischen der projektorientierten Tätigkeit des Projektmanagers und der objektorientierten Tätigkeit des Objektplaners dienen.[173] 189

---

170 Vgl. beispielhaft Litke, Projektmanagement, S. 160.

171 Vgl. dazu Rdn. 197; dazu kritisch Schill, Der Projektsteuerungsvertrag, S. 54: »Projektmanagement ist ein schillernder Begriff all derjenigen, die ihren Leistungen ein besonderes Etikett geben wollen.«

172 Vgl. Litke, Projektmanagement, S. 18.

173 Grundlegend Pfarr/Hasselmann/Will, Bauherrenleistungen, S. 41: »Das Bauwerk ist – ex post – die materielle Gestalt des in ihm vorhandenen Nutzungspotenzials und somit Objekt, das – ex ante – Gegenstand zweckgerichteter Bemühungen der am Baugeschehen beteiligten Leistungsträger ist. Diese suchen mit ihren Leistungsbeiträgen das Bauwerk zu schaffen oder zu verändern. Solche zweckgerichteten Bemühungen sind – ex ante – nur Absichtserklärungen, nicht aber Gegenstände, materielle Gestalt oder Objekte. Derartige Absichtserklärungen, oft auch als Vorhaben bezeichnet, werden in der technischen Literatur als Projekte bezeichnet. Sie sind niemals selbst Objekt i. S. der HOAI, sondern immer nur auf ein solches gerichtet«; vgl. auch Will, BauR 1984, 333, 339; in Bauwirtschaft 1981, 220, 224 formuliert Will: »Zusammenfassend kann also festgestellt werden, dass zwischen dem Architekten und dem Projektsteuerer weder in der Zeitplanung noch in der Koordination von Leistungsbereichen die eingangs geschilderten Abgrenzungsprobleme auftreten müssen. Sie sind vermeidbar, wenn die Leistungsbilder des Architekten und der Projektsteuerung unter der Prämisse interpretiert werden, dass der Architekt objektorientiert und der Projektsteuerer projektorientiert tätig werden. Objektorientiert heißt, die materielle Gestalt des Bauwerkes betreffend; projektorientiert heißt, die Absicht und das Bemühen von Leistungsträgern, gerichtet auf die Erstellung oder Veränderung eines Bauwerks«; derselbe, in: Die Rolle des Bauherrn im Planungs- und Bauprozess, S. 226 ff.; neuerdings Kniffka, ZfBR 1995, 10, 12: »Gerade in der klaren Abgrenzung von das Bauwerk betreffenden Planungs- und Architektenleistungen kommt deutlich zum Ausdruck, dass die Projektsteuerung jedenfalls weitgehend nicht zum Aufgabenbereich des Architekten gehört, weil diese lediglich in der gestaltenden, technischen, wirtschaftlichen, ökologischen und sozialen Planung von Bauwerken besteht. Der Projektsteuerer plant kein Bauwerk, sondern steuert

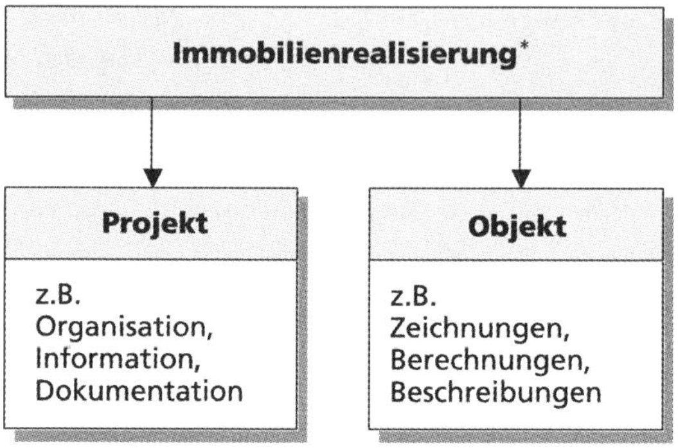

* Vgl. Volkmann, DAB 2000, 992.

190 Diese Begriffsdifferenzierung war Ausfluss eines Grundverständnisses, welches die HOAI in der Urfassung (1977) bis zur 6. HOAI-Novelle (2009) kennzeichnete. Die HOAI sah nämlich – insbesondere auch durch den vormaligen § 31 HOAI a.F. – eine Trennung zwischen Projektsteuerungsleistungen und Planungsleistungen vor.[174]

191 Der HOAI-Verordnungsgeber unterstellte noch, dass mögliche Überschneidungen weitgehend durch eine Beschränkung der Projektsteuerung auf Betätigungsfelder außerhalb des Leistungsbildes der Objektplanung ausgeschlossen werden könnten.[175] Dieser Abgrenzungsversuch wird jedoch schon in der HOAI vor 2013 nicht konsequent durchgehalten.[176] Bereits die Leistungsbilder der §§ 31 und 15 HOAI a.F. überschnitten sich in einer Vielzahl von Punkten.[177] Das galt zwar vornehmlich für die Besonderen Leistungen, aber auch für die Grundleistungen. Insbesondere gab es **Leistungsüberschneidungen** im Zusammenhang mit
- dem Aufstellen eines Zeit- und Organisationsplanes (in der Leistungsphase 2)
- dem Aufstellen eines Finanzierungsplanes (in der Leistungsphase 2)
- Wirtschaftlichkeitsberechnungen (in der Leistungsphase 3)
- dem Aufstellen und Fortschreiben eines Zahlungsplans (in der Leistungsphase 8)
- dem Aufstellen, Überwachen und Fortschreiben von differenzierten Zeit-, Kosten- oder Kapazitätsplänen (in der Leistungsphase 8)
- der Ermittlung und Kostenfeststellung zu Kostenrichtwerten (in der Leistungsphase 9).[178]

192 Ähnliche Überschneidungen gab es von Beginn an in Bezug auf die Aufgaben der Fachplaner.[179]

---

ein Projekt«; diesem folgend auch Heiermann, BauR 1996, 48, 52: »Der Projektsteuerer plant kein Bauwerk, sondern steuert ein Projekt. Dies ist eine andere Tätigkeit als die der Architekten und Ingenieure, was insbesondere von Will herausgestellt worden ist«; zustimmend Aßmann, in: VDI-Berichte 528, Projektsteuerung und Bauleitung, S. 1, 28; für eine Differenzierung zwischen Objekt und Projekt, Letzteres als in der Projektstudie zu realisierendes Ziel, Wagner, BauR 1991, 665, 669; in diesem Sinne auch von Minckwitz, Gewährleistung des Projektsteuerers, S. 7; ausführlich auch Zöpfl, Rechtsnatur und Rechtsprobleme des Bau-Projektsteuerungsvertrages, S. 80, 85 f.

174 Vgl. u. a. Volkmann, DAB 2000, 992; vgl. dagegen Schill, Der Projektsteuerungsvertrag, S. 14, der für eine Unterscheidung zwischen Objekt und Projekt auch in der HOAI keine Grundlage findet.

175 Vgl. BR-Drucks 270/76, S. 39.

176 Vgl. im Einzelnen Heinrich, BauR 1986, 524, 528.

177 Vgl. Locher/Koeble/Frik, HOAI, 9. Auflage, 2005, § 31, Rnd. 4 ff.; Locher, Rechtliche Grundlagen und Einordnung des Projektsteuerers, S. 4, führt ergänzend aus: »Eine saubere Abgrenzung ist jedoch nicht möglich«; im Detail dazu Will, BauR 1984, 333, 346.

178 Vgl. dazu Diederichs, in: AHO-Fachkommission Projektsteuerung, S. 8; a. A. Motzke/Wolff, Praxis der HOAI, S. 224, der darauf hinweist, dass die Projektsteuerung a priori etwas gänzlich anderes sei als die Objektplanung.

179 Vgl. auch Werner/Pastor, Der Bauprozess, Rn. 1927.

Schon nach den vormaligen HOAI-Fassungen war es so, dass – auch unter Zuhilfenahme des § 31 HOAI a.F. – Projektsteuerungsleistungen von den Planungsleistungen nicht trennscharf (begrifflich) abzugrenzen waren.[180]

Bei der Erarbeitung des AHO-Leistungsbildes wurde darauf geachtet, grundsätzlich nicht in die Grundleistungen der Leistungsbilder der HOAI einzugreifen. Leitlinie bei der Erstellung des AHO-Leistungsbildes war eine Präferenzregelung, die lautete: 193
- Planungsergänzende Leistungen sind immer von den Planern durchzuführen;
- dispositive und koordinierende Leistungen können sowohl von den Planern als auch vom Projektsteuerer erbracht werden;
- kontrollierende und steuernde Leistungen können wirksam nur vom Projektsteuerer realisiert werden.[181]

Infolge der neuen Leistungsbilder für Planungsleistungen der 7. HOAI-Novelle (2013), mit welchen dem Objektplaner umfassende Aufgabenstellungen im Rahmen der Koordination der Projektbeteiligten sowie der Termin- und Kostensteuerung zugewiesen wurden, hat sich diese Differenzierung überlebt. Die **Übergänge** zwischen Projektsteuerung und Planung sind heute **fließend**, eine vorgegebene abstrakt-begriffliche Abgrenzung lässt sich nicht finden. 194

Eine Projektsteuerungsleistung kann sich auch auf **ein konkretes Projekt** beziehen. Das maßgebliche Projekt bezieht sich dann auf nichts anderes als ein konkretes (Bau-)Objekt.[182] Die in der Literatur vertretene Auffassung, Projektsteuerungsleistungen müssten sich von vornherein auf mehrere Bauvorhaben beziehen, bei Leistungen für ein einzelnes Bauprojekt seien Besondere Leistungen i. S. des § 15 Abs. 2 HOAI zugrunde zu legen, ist verfehlt[183] und stimmt, worauf *Werner* zutreffend hingewiesen hat, mit der »gelebten Baupraxis« nicht überein.[184] 195

---

180 So auch Dohna, in: Neuenfeld/Baden/Dohna/Groscurth/Schmitz, Handbuch des Architektenrechts, 3. Auflage, Stand 2009, § 31, Rn. 6; Ahrens/Bastian/Muchowksi, Handbuch Projektsteuerung-Baumanagement, S. 100 f.

181 Vgl. Wingsch, Bauwirtschaft 1984, 1056, 1057, 1060; s. auch Motzke/Wolff, Praxis der HOAI, S. 481; vgl. auch Diederichs, in: Hartmann, HOAI, Stand: Juni 2009, § 31, Rn. 6, S. 13 ff. mit umfassenderen Differenzierungen bei den Leistungsüberschneidungen; vgl. Diederichs, in: Führungswissen für Bau- und Immobilienfachleute, S. 312, 313; Diederichs, in: AHO-Fachkommission Projektsteuerung, S. 7, 8, formuliert ausführlicher: »Nach dem klassischen organisatorischen Grundsatz der strikten Trennung, Ausführung und Kontrolle verbietet sich auch die gleichzeitige Wahrnehmung von Projektsteuerungs- und Planerfunktionen bei einem Projekt durch eine Institution. Anders verhält es sich bei Besonderen Leistungen. Diese lassen sich einteilen in: Planungsergänzende Leistung (z. B. Untersuchungen von Lösungsmöglichkeiten nach grundsätzlich verschiedenen Anforderungen), die immer vom Planer durchgeführt werden sollten zur zweifelsfreien Abgrenzung der Leistungsbilder und zur eindeutigen Erhaltung der Haftungsgrenzen; Beratungs-, Koordinierungs-, Informations- und Kontrollleistungen, z. B. Mitwirkung beim Veranlassen und Abstimmen besonderer Anpassungsmaßnahmen (Krisenmanagement), die immer vom Projektsteuerer wahrgenommen werden sollten, damit keine Selbstkontrolle von Planerleistungen entsteht, und Leistungen, die Grundlagen der Planungs- und Entscheidungsvorbereitung schaffen sollen (z. B. Standortanalyse, Aufstellen eines Raum- und Funktionsprogramms, Überprüfen von Wertermittlungen für Grundstücke und Gebäude), die entweder vom Planer oder vom Projektsteuerer erbracht werden können, da hier Interessenkollisionen ausgeschlossen sind.«

182 Quack, in: Seminar rechtliche Problemstellung beim Projektmanagement, S. 7, 12, formuliert zutreffend: »Eine Besonderheit des Projektmanagements am Bau ist es, dass jedes nennenswerte Bauwerk als Projekt i. S. der genannten Definition verstanden werden kann. Etwas anderes als ›Projekte‹ fällt – die Bauwerke insgesamt betrachtet – am Bau praktisch nicht auf. Das ergibt sich daraus, dass die Produktion eines größeren Bauwerks in aller Regel durch die Individualität des Bauwerks als Aufgabe und Zielsetzung jedenfalls überwiegend bestimmt wird.«

183 So aber Schill, Der Projektsteuerungsvertrag, S. 42, 46.

184 Werner, Besprechung zu Nikolaus Schill, Der Projektsteuerungsvertrag, BauR 2001, 1307, 1308; ablehnend auch Locher/Koeble/Frik, HOAI, 9. Auflage 2005, § 31, Rn. 5.

196 **Rechtstatsächlich** werden Projektsteuerungsverträge sowohl für Immobilienprojekte mit einem Bauobjekt wie auch mehreren Bauobjekten abgeschlossen. Die Mehrzahl der Projektsteuerungsverträge dürfte sogar der komplexen Hochbaurealisierung mit einem größeren Bauobjekt zuzuordnen sein. Hierneben gibt es eine Vielzahl von Fallgestaltungen, bei denen sich die Projektsteuerung auch auf mehrere Immobilien- und Bauobjekte beziehen kann, etwa bei der Bebauung oder Sanierung von größeren städtischen Baukomplexen (**Beispiel:** *Potsdamer Platz in Berlin/Europaviertel in Frankfurt/Main/Universitäts-Neubauprogramm Hessen*) wie auch bei größeren Tiefbau- und Infrastrukturmaßnahmen. In diesen Fällen koordiniert der Projektsteuerer mehrere selbstständige Bauobjekte. Indessen kann aus dem alleinigen Bezug zu einem körperlichen Bauobjekt nichts für Wesensmerkmale der Projektsteuerung bzw. des Projektmanagements abgeleitet werden.

197 Die **Gegenüberstellung der Begriffe Projekt und Objekt** schärft allenfalls den Blick dafür, dass die Berufsgruppen der Objektplaner und Projektsteuerer regelmäßig unterschiedliche Aufgaben und Schwerpunkte im Rahmen ihrer technisch-wirtschaftlichen Vertragsleistungen bezüglich desselben Projekts bearbeiten.[185] Sie verdeutlicht, dass der sachliche Aufgabenbereich des Projektsteuerers über die Herstellung des konkreten Bauobjektes hinausreichen kann. *Diederichs* hat formuliert:

198 *»Der Unterschied zu dem an anderen Stellen der HOAI verwendeten Begriff Objekt liegt darin, dass beim Projekt der Prozessablauf der Projektentwicklung, des Planens, des Bauens und der Nutzung im Vordergrund der Betrachtung steht, während der Objektplaner vorrangig das physisch zu planende Gebäude und seine Elemente im Auge hat.«* [186]

1.3.3.2 Maßgeblichkeit der vertraglichen Schnittstellenausbildung bei Vereinbarung von HOAI-Leistungsbildern, insbesondere nach der HOAI-Novelle 2013

199 Die HOAI enthält keine Grundlagen für die Abgrenzungen von Objektplanungs- und Projektsteuerungsleistungen. Die HOAI selbst enthält nur Preisrecht. Sie regelt, dass dann, wenn Grundleistungen aus den Leistungsbildern der HOAI beauftragt werden sollen und die anrechenbaren Kosten innerhalb der Tafelwerte der einzelnen in der HOAI geregelten Planungsaufgaben liegen, das Honorar die preisrechtlichen Vorgaben der HOAI beachten muss, insbesondere die Mindest- und Höchstsätze einhalten muss. Die **HOAI regelt allerdings nicht, wer bestimmte Leistungen zu erbringen hat**, ob dies ein Architekt, Ingenieur oder Projektsteuerer tut oder derartige Aufgaben von einem ausführenden Unternehmen übernommen werden. Die HOAI enthält eben keine normativen Leistungsbilder, die zur Abgrenzung von Projektsteuerungs- und Planungsleistungen herangezogen werden könnten.

200 Der BGH hat in seinem grundlegenden Urteil vom 24.10.1996 ausdrücklich klargestellt:

*»Die **HOAI enthält keine normativen Leitbilder** für den Inhalt von Architekten- und Ingenieurverträgen. Sie hat keine generelle vertragsrechtliche ›Leitbildfunktion‹, im Sinne der Annahmen des Berufungsgerichts und einer verbreiteten Meinung. Die HOAI regelt keine dispositiven Vertragsinhalte, wie etwa das Vertragsrecht des besonderen Schuldrechts, für das i. d. R. die Bezeichnung ›Leitbildfunktion‹ verwendet wird. Für die Frage, was der Architekt oder Ingenieur zu leisten hat, ist allein der geschlossene Werkvertrag nach Maßgabe der Regelungen des BGB und der dazu im Einzelnen getroffenen Vereinbarungen von Bedeutung. Das Honorarrecht der HOAI kann den Werkvertrag auch deshalb nicht regeln, weil sich der werkvertragliche Erfolg nicht als Summe von abschließend enumerativ aufgeführten Dienstleistungen beschreiben lässt, als die sich die Beschreibung der Grundleistungen nach herrschender Meinung darstellt.«*[187]

Das OLG Düsseldorf hat entschieden:

Grundsätzlich regelte die HOAI nur die Vergütung der Architektenleistungen und nicht auch den übrigen Inhalt von Architektenverträgen. Insbesondere ließe sich dem Leistungsbild des § 33 HOAI keine unmittelbare

---

185 Ausführlich und zutreffend Neuenfeld, in: Neuenfeld/Baden/Dohna/Groscurth, Handbuch des Architektenrechts, HOAI, 3. Auflage, Stand: 2009, § 31, Rn. 3 ff.

186 Vgl. Diederichs, in: Hartmann, HOAI, Stand: Juni 2009, § 31, Rn. 2a, S. 4, Stichwort »Projekt«.

187 BGH, Urteil vom 24.10.1996, Az. VII ZR 283/95, in: BauR 1997, 154, 155.

Aussage über den Leistungsinhalt entnehmen. Zur Bestimmung des Vertragsinhalts kann die HOAI indes als Auslegungshilfe herangezogen werden. OLG Düsseldorf, Beschluss vom 14.10.2014, Az. I 22 U 104/14, NZBau 2015, 105.

Mithin kann aus dem Preisrecht der HOAI nichts für die Abgrenzung von Projektsteuerung und Planung gewonnen werden. Erst recht kann aus der HOAI nicht abgeleitet werden, wer derartige Leistungen zweckmäßigerweise zu erbringen hat. Soweit die anrechenbaren Kosten die **Tafelwerte** für die einzelnen, in der HOAI geregelten Planungsbereiche überschreiten, gilt die HOAI ohnehin nicht. Bei größeren Projekten muss dementsprechend ohnehin ohne Bindung an die HOAI entschieden werden, wem Projektmanagement- oder Planungsleistungen übertragen werden. 201

Das Vertragsrecht kennt grundsätzlich **keine Vorbehaltsaufgaben** bzw. geschützten Betätigungsfelder für Projektsteuerer und Objektplaner. Projektsteuerungsleistungen können somit sowohl isoliert als auch zusammen mit Planungsleistungen vergeben werden. Objektplaner können Projektsteuerungsleistungen, Projektsteuerer auch Leistungen aus dem Bereich der Objektplanung mitübernehmen. 202

Zu beachten ist, dass seit der 7. HOAI-Novelle 2013 eine Vielzahl von bis dahin der Projektsteuerung zugeordneten Leistungen der Koordination sowie der Termin- und Kostensteuerung bei den Grundleistungen der Objektplaner verankert worden sind. Im Anwendungsbereich der HOAI gilt dementsprechend für derartige Leistungen das zwingende Preisrecht. Auf die preisrechtlichen Konsequenzen, die sich dann ergeben können, wenn Projektsteuerer diese Grundleistungen erbringen, wird in Kapitel 5 eingegangen (Rdn. 1306). 203

Der Verordnungsgeber wollte mit der 7. HOAI-Novelle deutlich machen, dass Projektsteuerungsleistungen bei kleineren und mittelgroßen Projekten – deren anrechenbare Kosten innerhalb der Tafelwerte liegen – zum Leistungsumfang der Objekt- und Fachplanung gehören. Dabei besteht noch keine Rechtssicherheit hinsichtlich des Umfangs der infolge der HOAI-Novelle 2013 dem Objektplaner obliegenden Koordinierungs-, Termin- und Kostensteuerungsleistungen. 204

- Zum Teil wird angenommen, dass die neuen Grundleistungen in erster Linie den Bereich der technisch-wirtschaftlichen Bearbeitungen betreffen und dementsprechend ausschließlich Abläufe **innerhalb der Planungs- und Überwachungsvorgänge** geregelt werden sollten. Gleichzeitig solle lediglich die Transparenz erhöht werden. Es handele sich eben nicht um neu zugewiesene Aufgaben, sondern mit wenigen Ausnahmen um eine Klarstellung und präzisere Fassung ohnehin vorhandener wirtschaftlicher und organisatorisch ausgerichteter Leistungen des Planungsprozesses. Eine Erweiterung um klassische Projektsteuerungsleistungen habe nicht stattgefunden.[188] 205
- Zum Teil wird darauf hingewiesen, dass etwa die Koordinierungspflichten des Architekten **nur so weit** reichen können, wie sie erforderlich seien, **damit der Architekt selbst seine originären Leistungen** an dieser Stelle **erbringen könne**. Eine koordinierende Projektsteuerungsleistung als Bauaufgabe sei damit nicht gemeint.[189] 206
- Nach anderer Auffassung hat mit der HOAI-Novelle 2013 eine **deutliche Leistungserweiterung** der Leistungsbilder der HOAI in Richtung auf eine **umfassende Koordinierung** der Projektbeteiligten sowie einer durchgängigen Terminplanung und Kostensteuerung stattgefunden.[190] 207

Die augenblicklich noch bestehende **Rechtsunsicherheit** führt auch dazu, dass den HOAI-Leistungskatalogen kein einheitliches Begriffsverständnis und keine praxistauglichen Schnittstellenbildungen in Bezug auf die Abgrenzung von Projektsteuerungs- und Planungsleistungen mehr entnommen werden kann. 208

Schwierigkeiten verbleiben deshalb insbesondere in Fällen, in denen die Pflichtenkreise eines Projektsteuerers und Planers nicht eindeutig vertraglich voneinander abgegrenzt worden sind. Wer dann welche Leistungen zu erbringen und hierfür einzustehen hat, kann nur im Einzelfall unter 209

188 So etwa Budinger/Post, Deutsches Architektenblatt, 2013, 43.
189 Werner/Siegburg, Die neue HOAI, BauR 2013, 1499 f.
190 Dazu Kalusche, BKI-Handbuch HOAI 2013, 103 f.

Berücksichtigung aller vertraglichen Absprachen und der Projektanforderungen festgestellt werden. *Saerbeck* hat hierzu ausgeführt:[191]

210 *»Vor diesem Hintergrund soll der Versuch der Abgrenzung der Pflichten des Projektsteuerers, der den Bauherrn bei der Erfüllung seiner Mitwirkungspflichten unterstützt, von denen des Architekten unternommen werden. Man sollte sich aber auch dessen bewusst sein, dass eine klare Grenze zwischen den jeweiligen Pflichtenkreisen nicht gezogen werden kann, als beide Pflichtenkreise sich überschneiden und im Bereich der gemeinsamen Schnittmenge erhebliche Abgrenzungsprobleme bestehen, die nur von Fall zu Fall unter Berücksichtigung der konkreten Situation gelöst werden können. …*

211 *Bei kleineren oder mittleren Bauvorhaben mit geringeren oder durchschnittlichen Anforderungen, spricht die Interessenlage der Beteiligten, des Auftraggebers, aber auch des Architekten für eine Verpflichtung des Architekten zur Organisation des Bauablaufes und zur Koordinierung der Bauarbeiten. Diese Leistungen wären ein geringerer, ein nicht wesentlicher Teil der von ihm geschuldeten Gesamtleistung. Seine Haupttätigkeit, seine Hauptleistung bliebe die Planung und Überwachung; diese behielten ihren prägenden Charakter. Die Organisation und Koordinierung wären eine nur unselbständige, dennoch aber geschuldete Nebenleistung. Wenn der beauftragte Architekt, der berühmte »Künstler«, sich auch nur bei einfachen oder durchschnittlichen Anforderungen an das Bauvorhaben von der Organisation und Koordination überfordert fühlt, dann ist es seine Sache, durch eine entsprechende Vertragsgestaltung eine Verpflichtung zur Organisation und Koordinierung der Leistungen abzubedingen.*

212 *Umgekehrt ist bei den angesprochenen größeren Bauvorhaben der Umfang der Aufgaben der Organisation, der Koordination, der baubegleitenden Beratung und Betreuung so groß, dass diese nicht mehr im Rahmen einer Nebentätigkeit erledigt werden können. Die Quantität wirkt sich auf die Qualität aus. Die Erledigung dieser Aufgaben erfordert einen solchen Aufwand, macht diese zur Hauptleistung. Der Bauherr kann in einem solchen Fall die Organisation des Bauablaufes und die Koordination der am Bau beteiligten Planer und Unternehmer nicht mehr auf den Architekten abschieben, sondern hat sie selbst wahrzunehmen oder auf einen Dritten, einen Projektmanager oder einen Projektsteuerer zu übertragen.«*

213 Richtig ist an dieser Wertung von *Saerbeck*, dass immer eine Einzelfallbetrachtung notwendig ist. Indessen kann allein die Projektgröße schwerlich als Kriterium für die Abgrenzung von Haupt- und Nebentätigkeit herangezogen werden. Der Anwendungsbereich der HOAI wird durch die Höhe der anrechenbaren Kosten bestimmt. Innerhalb des Anwendungsbereichs existieren keine quantitativen Kriterien zur Abgrenzung von Objektplanung und Projektsteuerung.

Hinzuweisen ist in diesem Kontext auf die Auffassung von *Motzke/Wolf*, die davon ausgehen, dass dann, wenn ein dem Objektplaner übertragenes Werk zur Erfolgssicherung Projektsteuerungsmaßnahmen notwendig mache, diese wegen des Erfolgscharakters des Objektplanungsvertrages ohne Rücksicht auf das Vorliegen eines Projektsteuerungsvertrages allein auf der Grundlage des Architektenvertrages zu erbringen seien.[192] Auch im Rahmen dieses Konzeptes ist allerdings zu berücksichtigen, dass speziell die koordinierenden, steuernden und überwachenden Tätigkeiten der Projektrealisierung entweder dem Auftraggeber oder dem Objektplaner zugeordnet werden können und damit bei der Übertragung von Planungsleistungen nicht ohne weiteres feststeht, dass der Planer alle zur Erfolgssicherung notwendigen Maßnahmen zu erbringen hat. Die werkvertragliche Erfolgssicherung ist allerdings ein Auslegungsgesichtspunkt bei der Schnittstellenabgrenzung.

214 **Wenn bereits ein Objektplanungsvertrag geschlossen worden ist**, dann wird man mit *Fischer* annehmen können, dass ein Aufgabenfeld für Projektsteuerungsaufgaben nur in den Bereichen bleibt, wo unter Berücksichtigung des zur Beauftragung anstehenden Leistungsbildes des Architekten und Ingenieurs noch Steuerungs- und Controllingleistungen verbleiben.[193] Dieser gedankliche Ansatz ist von dem OLG Naumburg vertreten worden. Das OLG Naumburg hatte einen Fall zu beurteilen, bei dem ein **Architekt sowohl mit Objektplanungsleistungen wie auch mit**

191 Saerbeck, in: Festschrift für Jochem, s. 281 f.

192 So Motzke/Wolff, Praxis der HOAI, S. 481; die Auffassung von Motzke/Wolff lässt sich auch nicht mit der an anderer Stelle veröffentlichten Meinung verbinden, die Projektsteuerungsaufgaben seien grundsätzlich verschieden von denjenigen des Architekten/Ingenieurs, S. 482.

193 Vgl. Fischer, in: Thode/Wirth/Kuffer, Praxishandbuch Architektenrecht, § 19, Rn. 54.

Projektsteuerungsaufgaben nach § 31 HOAI a.F. **beauftragt** worden war. Der Auftrag wurde vorzeitig gekündigt. Das OLG Naumburg hat entschieden, dass es nur insoweit zu vergütungspflichtigen Projektmanagementleistungen kommen kann, als nicht bereits Leistungen nach § 15 Abs. 2 HOAI a.F. zu vergüten sind.[194]

Der Grundsatz kann allerdings nicht dahingehend verallgemeinert werden, wie es *Fischer* in einer weiteren Veröffentlichung getan hat, dass Leistungen des Projektsteuerers grundsätzlich eher dort ansetzen, wo unter Berücksichtigung der Leistungsbilder der Architekten und Ingenieure noch Steuerungs- und Controllingaufgaben zu bewältigen sind.[195] Allein der Umstand, dass die HOAI einschlägig ist, lässt eben keinen derartigen Rückschluss zu; es kommt vielmehr auf das vereinbarte Leistungsbild für die Planungsbeteiligten an. Doppelbeauftragungen sind grundsätzlich möglich, oftmals gewollt und prägen die Praxis (Rdn. 222). 215

1.3.3.3 Abgrenzung von Projektsteuerung und Objektplanung als Aufgabe der Vertragsgestaltung

Da somit das Recht keine Vorgaben im Hinblick auf die Beauftragung bestimmter Leistungen bei Projektsteuerern oder (Objekt-) Planern macht, ist es **Aufgabe der Vertragsgestaltung**, die Leistungen sinnvoll voneinander abzugrenzen oder – bewusst – Doppelbeauftragungen vorzusehen. Die Schnittstelle kann nach projektspezifischer Zweckmäßigkeit festgelegt und in Leistungsbildern für die Projektsteuerer und die (Objekt-) Planung sachgerecht konkretisiert werden. Der Auftraggeber wird dabei grundsätzlich eine optimale Schnittstellenabstimmung und eine Vermeidung von Doppelbeauftragungen wünschen.[196] 216

In diesem Kontext sind die Leistungsbilder für die Planung nach der HOAI eine wichtige Orientierungshilfe für die Vertragsgestaltung in Deutschland. Wegen der weiten Verbreitung der Leistungsbilder und des hierin gebundenen Erfahrungsschatzes sollten Abweichungen bei deutschen Projekten nicht ohne Begründung vorgenommen werden. 217

Die deutliche Ausweitung der (Objekt-) Planerleistungen nach der HOAI-Novelle 2013 bedingt die Notwendigkeit zur Neuausrichtung eingeübter Schnittstellen zwischen Planung und Projektsteuerung. Dabei sind folgende Vorgehenskonzepte denkbar:

- Der Auftraggeber kann Aufgaben der Koordinierung, Termin- und Kostensteuerung aus den Leistungsbildern der (Objekt-) Planung **herausnehmen** und diese Projektsteuerern übertragen, etwa aufgrund der Vorstellung, dass im konkreten Fall ohnehin nicht damit zu rechnen ist, dass diese Leistungen von den beteiligten Planern ordnungsgemäß erfüllt werden.
- Der Auftraggeber kann das HOAI-Leistungsbild für die Objektplanung **uneingeschränkt** beauftragen und die Leistungen des Projektsteuerers auf eine Controllingaufgabe beschränken.
- Der Auftraggeber kann Projektsteuerer- und Objektplanungsleistungen, soweit sie sich auf die Koordinierung und Termin- und Kostensteuerung beziehen, **doppelt beauftragen**.
- Letztlich kann er versuchen, eine inhaltlich/sachliche **neue Schnittstellenbildung** unter Berücksichtigung der Leistungsbilder der HOAI (2013) zu entwickeln.

Den letzten Weg schlägt die AHO-Fachkommission mit der neuen Leistungs- und Honorarordnung 2014 vor. Die AHO-Fachkomission berücksichtigt die erweiterten Aufgaben der Objektplaner nach der HOAI 2013 als Grundlage für eine Schnittstellenausbildung zwischen beiden Fachdisziplinen. Dabei soll der Projektsteuerer nicht lediglich die Aufgabe eines Controllers erhalten, sondern als verantwortlicher Projektsteuerer die Projektprozesse weiterhin maßgeblich steuern. Nach Auffassung der AHO-Fachkommission ist dies nur möglich, wenn sich der Projektsteuerer eigenständig in die zu erbringenden Koordinierungs-, Termin- und Kostensteuerungsaufgaben 218

194 Vgl. OLG Naumburg, Urteil vom 30.06.2006, Az. 3 U 4/05, in: IBR 2007, 686.
195 Fischer, BauR 2014, 1998, 2015.
196 Vgl. dazu Kalusche, DAB 1996, 1667, 1670.

einbringt. Dabei werden dem Projektsteuerer vornehmlich die projektübergreifenden Aufgabenstellungen zugewiesen, aber auch federführende Aufgaben in den Kernbereichen der Koordinierung, Termin- und Kostensteuerung, wobei eine differenzierte Behandlung der Aufgabenteilung in den einzelnen Leistungsphasen vorgenommen wird. Nachfolgend ist eine Übersicht über die neue Aufgabenverteilung zum Terminmanagement nach dem AHO-Leistungsbild 2014 abgedruckt. Die Übersicht veranschaulicht die differenzierte Aufteilung der Leistungen und Verantwortlichkeiten zwischen Objektplanung und Projektsteuerung.

Abgrenzung Terminplanung durch Projektsteuerer und Objektplaner gemäß AHO 2014

219 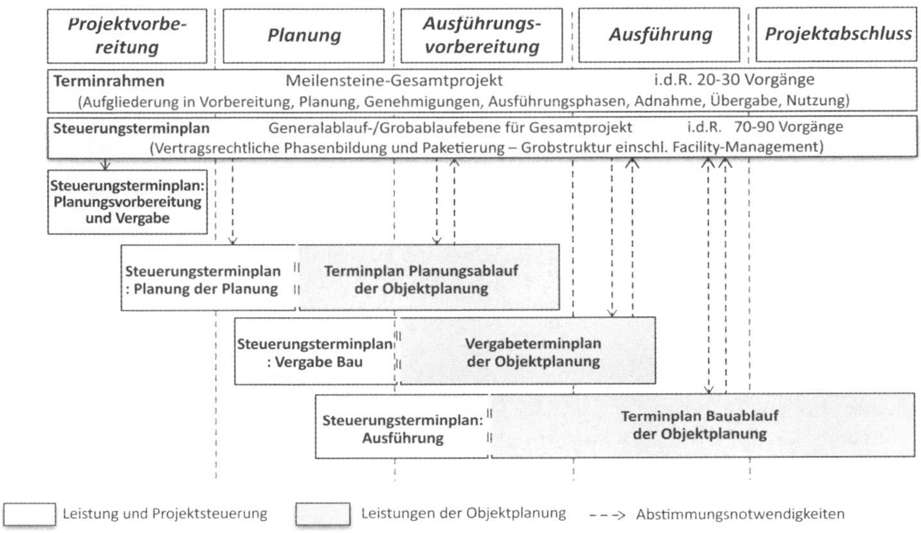

1.3.3.4 Zur Doppelbeauftragung von Projektmanagement- und Objektplanungsleistungen

220 Wenngleich im Bereich der Standardprojekte eine **zweckmäßige Leistungsabgrenzung** dazu führen wird, dass Doppelbeauftragungen möglichst vermieden werden, kann es im Einzelfall zweckmäßig sein, Leistungen sowohl einem Objektplanungs- wie auch einem Projektsteuerungsbüro zu übertragen. Ungeachtet dessen wird es gerade infolge der Leistungsbilder HOAI 2013 vielfach zu ungewollten Leistungsüberschneidungen zwischen Projektsteuerern und Objektplanern kommen.

Gerade bei komplexen Projekten und Großprojekten sowie in Fällen von Kompetenzdefiziten bei Planungsbeteiligten entscheiden sich Auftraggeber häufig für die **gleichzeitige Übertragung** von Leistungen auf Objektplaner und Projektmanager. So kann es zur Risikoabsicherung zweckmäßig sein, mit Ausnahme der Termin- und Kostensteuerung, die bereits zum Leistungsbild des Objektplaners nach § 34 HOAI gehören, parallel und zusätzlich an einen Projektmanager zu vergeben. Dabei wird oftmals dem Projektmanager ein vertiefteres methodisches Vorgehen abgefordert.[197] *Mittelstädt* führt beispielhaft aus:

197 Vgl. etwa für die Kostenplanung Rn. 182, 637 f.; die Überschneidung von Leistungsbereichen kann also bewusst in Kauf genommen werden, vgl. etwa Knipp, Projektmanagement, S. 26: »Überschneidungen der Leistungsbereiche sind ebenso wie eine Personenidentität zwischen Objektplaner, Objektüberwachung und Projektsteuerer zu vermeiden oder bewusst in Kauf zu nehmen.«

»Die Erfahrungen in der Praxis haben gezeigt, dass es häufig sogar wichtig und von positiver Auswirkung für das Projekt ist, wenn bestimmte Leistungen sowohl vom Planer als auch vom Projektmanager parallel durchgeführt werden. Diese Aussage gilt z. B. für das Kostenmanagement. Die vom Architekten hergestellte Kostenschätzung und die Kostenberechnung werden vom Projektmanager möglicherweise in einem anderen Verfahren und in einem zeitlich engeren Anpassungs- und Überarbeitungszyklus parallel zu den Leistungen des Planers erarbeitet. Evtl. entstehende Differenzen der Ergebnisse führen dann in aller Regel zu konstruktiven Diskussionen, Hinterfragungen und ggf. Planungsänderungen, die auf Grundlage des Einvernehmens des gesamten Projektteams eine erhöhte Sicherheit für die Kosteneinhaltung und damit die Einhaltung eines wichtigen Teilziels des Projektes nach sich ziehen.«[198] 221

Bei der Ausgestaltung der Leistungsbilder und der Verträge muss es – abhängig von der jeweiligen Risikostrategie des Auftraggebers und dessen »**Projektsteuerungsphilosophie**« – darum gehen, eine im Einzelfall sachgerechte Schnittstelle zwischen (Objekt-) Planungsleistungen und Projektsteuerungsleistungen zu beschreiben. 222

Nur der Vollständigkeit halber sei an dieser Stelle darauf hingewiesen, dass es speziell bei Großbaustellen und beim **Kumulativleistungsträgereinsatz** (Generalunternehmer- und Totalunternehmervergaben) üblich ist, Objektplanungsleistungen ab Leistungsphase 6 ausschließlich an Projektsteuerungsunternehmen zu vergeben (sogenanntes Baumanagement). Projektsteuerungsunternehmen erarbeiten dann auf der Grundlage der Entwurfs- oder Ausführungspläne die Leistungsverzeichnisse für die ausführenden Unternehmen und betreuen den Auftraggeber bei der Vergabe, um anschließend eine reduzierte Objektüberwachung (Bauoberleitung) durchzuführen. Vielfach werden bei komplexen Projektanforderungen auch Generalplaner mit Projektsteuerungsleistungen beauftragt (sogenanntes Generalplanermanagement; siehe dazu insgesamt Rdn. 347).

Überschneidungen der Leistungsbereiche der Projektsteuerung und Objektplanung – selbst im Bereich der Grundleistungen – sind daher in der Praxis oft vorzufinden. Sie führen nicht zu einer Unwirksamkeit des Projektsteuerervertrages und speziell **nicht zu einer rechtlichen Unmöglichkeit** der Projektsteuererleistung. Entsprechende juristische Argumentationsansätze sind durch die Streichung des ehemaligen § 306 BGB infolge der Schuldrechtsmodernisierung ohnehin überholt (vgl. § 311 a BGB).[199] Das OLG Hamm hat ausgeführt: 223

198 Mittelstädt, a. a. O., S. 54.

199 Vgl. Zöpfl, Rechtsnatur und Rechtsprobleme des Bauprojektsteuerungsvertrages, S. 94; Motzke/Wolff, Praxis der HOAI, S. 481; Fischer, in: Thode/Wirth/Kuffer, Praxishandbuch Architektenrecht, § 19, Rn. 66; dazu auch Preußner, in: Thode/Wirth/Kuffer, Praxishandbuch Architektenrecht, § 9, Rn. 167 f.; KG, Beschluss vom 28.05.2002, Az. 15 U 9892/00, in: IBR 2004, 30, 31; bereits zur alten Rechtslage BGH, Urteil vom 21.12.2000, Az. VII ZR 17/99, in: NZBau 2001, 261, 263 = BauR 2001, 785 = NJW 2001, 1642 f.: Die aus Rechtsgründen gegebene Unmöglichkeit eines Unternehmers, die versprochene Planung umzusetzen, führt nicht zur Nichtigkeit des Vertrages nach § 306 BGB. Grundsätzlich stellen die Gewährleistungsvorschriften des Werkvertragsrechts eine Sonderregelung dar, die die Anwendbarkeit der §§ 306, 307 BGB ausschließt; Mantscheff, in: Hesse/Korbion/Mantscheff/Vygen, HOAI, 4. Auflage 1996, § 31, Rn. 2 a. E.; Locher/Koeble/Frik, HOAI, 9. Auflage 2005, § 31, Rn. 12: »Es ist auch kein schutzwürdiges Interesse des Auftraggebers anzuerkennen, vor einer teilweisen Doppelhonorierung geschützt zu werden, wenn er diese Unschärfe der Abgrenzung und Überschneidung hinnimmt. Dies ist besonders bei öffentlichen Auftraggebern festzustellen, die nicht selten auch zur hausrechtlichen ›Deckung‹ und zur bequemeren Abwicklung Projektsteuerer beauftragen und ein sehr unscharf abgegrenztes Leistungsbild für die Projektsteuerung vereinbaren oder sich ein solches durch Projektsteuerer aufdrängen lassen. Dabei ist gelegentlich festzustellen, dass dieses vom Projektsteuerer vorgeschlagene Leistungsbild mehr in den Bereich der Rechts- und Honorarlyrik gehört, als dass es in fassbarer und klarer juristischer Terminologie vom Leistungsbild der Architekten und Ingenieure abgrenzbar wäre«; vgl. auch Stapelfeld, BauR 1994, 693, 698; so auch Locher, Rechtliche Grundlagen und Einordnung des Projektsteueres, S. 4; Knipp, Projektmanagement, S. 28 ff.; missverständlich Motzke/Wolff, Praxis der HOAI, S. 223: »Objektplanung und Projektsteuerung können nicht in einer Person zusammentreffen. Aus Rechtsgründen ist dies ausgeschlossen …«; anders auch Jagenburg, IBR 2000, 37: Das führt

»Es ist in der Rechtsprechung und Literatur allgemein anerkannt, dass es grundsätzlich zulässig ist, wie vorliegend ein und dieselbe Person sowohl mit Planungsaufgaben als auch mit der Projektsteuerung zu beauftragen. … Eine derartige Doppelbeauftragung des Architekten ist in der Regel durchaus nicht unüblich, wobei es für derartige Konstellationen typisch ist, dass sich ein Teil der mit dem Projektsteuerungsvertrag übertragenen Leistungen mit den Leistungspflichten überschneidet, die der Projektsteuerer als Architekt zu erbringen hat, was aber nicht zur (teilweisen) Nichtigkeit des Projektsteuerungsvertrages führt. … Es ist kein schutzwürdiges Interesse des Auftraggebers anzuerkennen, vor einer teilweisen Doppelhonorierung geschützt zu werden, wenn er diese Unschärfe der Abgrenzung und Überschneidung hinnimmt.«[200]

224 Überträgt etwa ein Bauherr bewusst sowohl einem Generalübernehmer als auch einem Projektsteuerer eine Objektüberwachung mit identischem Leistungsbild (**Doppelbeauftragung**), dann kann er **keine Herabsetzung der Vergütung** verlangen.[201]

Unter **haftungsrechtlichen Gesichtspunkten** sind derartige Überschneidungen allerdings nicht ungefährlich.[202] Übernimmt etwa ein Objektplaner zusätzlich Projektsteuerungsaufgaben, müsste er sich selbst kontrollieren.[203] Unterlaufen ihm dabei Fehler, entstehen auf Grund der wahrzunehmenden Projektsteuererfunktionen zusätzliche Interessenkonflikte und weitere Haftungsrisiken, wobei derartige Risiken von den Berufshaftpflichtversicherungen oftmals nicht aufgefangen werden.[204] Im Zweifelsfall können scheinbare Überschneidungen und Kollisionen durch eine interessengerechte Auslegung aufgelöst werden.[205]

1.3.3.5 Der Bauleiter und Fachbauleiter

225 Einige Landesbauordnungen schreiben bei der Abwicklung von Bauvorhaben den Einsatz eines »*Bauleiters*« oder »*Fachbauleiters*« vor. Nach der vormaligen Musterbauordnung (dort § 57; bis 2002) soll der Bauleiter darüber wachen, dass die Baumaßnahmen dem öffentlichen Baurecht, den technischen Baubestimmungen und den genehmigten Bauvorlagen entsprechend durchgeführt werden und die dafür erforderlichen Weisungen erteilen. Er hat im Rahmen dieser Aufgabe auf den sicheren bautechnischen Betrieb der Baustelle, insbesondere auf das gefahrlose Ineinandergreifen der Arbeiten der Unternehmer zu achten. Die Verantwortlichkeit der Unternehmer bleibt

---

notwendigerweise zu widerstreitenden Interessen, zumal darin außerdem eine auf eine unmögliche Leistung gerichtete »Ämterhäufung« liegt, weil der Projektsteuerer, wenn er auch die Objektüberwachung übernimmt, sich nicht selbst kontrollieren und steuern kann.

200 OLG Hamm, Urteil vom 15.08.2006, Az. 24 U 125/05, NZBau 2009, 48 = BauR 2008, 2062 = IBR 2008, 336 (Revision vom BGH nicht angenommen).

201 KG, Beschluss vom 28.05.2002, Az. 15 U 9892/00, in: BauR 2004, 135, 389 = IBR 2004, 30, 31 (Revision durch BGH nicht angenommen).

202 Werner/Pastor, Der Bauprozess, Rn. 1926, formulieren in diesem Zusammenhang: »Laufen z. B. die Kosten des Bauvorhabens ›aus dem Ruder‹ und haben sowohl Projektsteuerer wie auch der Architekt die jeweiligen Kostenermittlungen und die Kostenkontrollen übernommen, wird die Suche nach dem insoweit Verantwortlichen i. d. R. außerordentlich erschwert. Das gilt auch für andere Doppelbeauftragungen und damit Mehrfachkompetenzen, wie z. B. die Übernahme der Koordinierung aller Projektbeteiligten oder der Zeitplanung. Daher sollten die entsprechenden Tätigkeitsbereiche klar getrennt und eine Personenidentität zwischen Architekt und Projektsteuerer vermieden werden.«; vgl. auch Knipp, Projektmanagement, S. 27.

203 Motzke/Wolff, Praxis der HOAI, S. 223; dazu auch Werner/Pastor, Der Bauprozess, Rn. 1925: »Der Projektsteuerer kann sich nicht selbst kontrollieren; der Interessenkonflikt ist offensichtlich. Dasselbe gilt, wenn dem Architekten auch die Projektsteuerung übertragen wird.«

204 Wingsch, in: Hartmann, HOAI, Stand: März 1998, § 31, Rn. 1, S. 5; die gleichzeitige Übertragung von Planungs- und Kontrollleistungen widerspricht grundlegenden Erkenntnissen der Organisationslehre, vgl. Terdenge, Bauwirtschaft 1984, 147, 149.

205 Vgl. auch Wingsch, in: Hartmann, HOAI, Stand: März 1998, § 31, Rn. 8, S. 20; die HOAI-Leistungsbilder können subsidiäres Auslegungsmittel zur Auslegung des Vertrages sein, so Thode, Architekten- und Ingenieurverträge 1996, S. 9; Heiermann, in: Motzel, Projektmanagement in der Baupraxis, S. 66, 75, formuliert: »Scheinbare Kollisionen sind dabei im Wege der Auslegung aufzulösen.«

unberührt. Der Bauleiter muss dabei über die für seine Aufgaben erforderliche Sachkunde und Erfahrung verfügen. Verfügt er auf einzelnen Teilgebieten nicht über die erforderliche Sachkunde, so sind geeignete Sachverständige (Fachbauleiter) heranzuziehen. Im Hinblick auf die Deregulierungsbemühungen hat die Musterbauordnung ab 2002 auf Vorgaben zur Bestellung des Bauleiters verzichtet. Wegen der daraufhin festgestellten negativen Auswirkungen hat etwa NRW den Bauleiter in § 59 a BauO NRW 2000 wieder eingeführt:

»(1) Die Bauleiterin oder der Bauleiter hat darüber zu wachen, dass die Baumaßnahme dem öffentlichen Baurecht, insbesondere den allgemein anerkannten Regeln der Technik und den genehmigten Bauvorlagen entsprechend durchgeführt wird, und die dafür erforderlichen Weisungen zu erteilen. Sie oder er hat im Rahmen dieser Aufgabe auf den sicheren bautechnischen Betrieb der Baustelle, insbesondere auf das gefahrlose Ineinandergreifen der Arbeiten der Unternehmerinnen oder der Unternehmer und auf die Einhaltung der Arbeitsschutzbestimmungen zu achten. Die Verantwortlichkeit der Unternehmerinnen oder Unternehmer bleibt unberührt.

(2) Die Bauleiterin oder der Bauleiter hat die Anzeigen nach § 75 Abs. 7 und § 82 Abs. 2 zu erstatten, sofern 226
dies nicht durch die Bauherrin oder den Bauherrn geschieht.

(3) Die Bauleiterin oder der Bauleiter muss über die für ihre oder seine Aufgabe erforderliche Sachkunde und Erfahrung verfügen. Verfügt sie oder er auf einzelnen Teilgebieten nicht über die erforderliche Sachkunde und Erfahrung, so hat sie oder er dafür zu sorgen, dass Fachbauleiterinnen oder Fachbauleiter herangezogen werden. Diese treten insoweit an die Stelle der Bauleiterin oder des Bauleiters. Die Bauleiterin oder der Bauleiter hat die Tätigkeit der Fachbauleiterinnen oder Fachbauleiter und ihre oder seine Tätigkeit aufeinander abzustimmen.«

Die Sicherstellung des Einsatzes eines entsprechenden Bauleiters bzw. Fachbauleiters auf der Baustelle ist Ausfluss des Bauordnungsrechts. Die Funktionen werden typischerweise vom objektüberwachenden Architekten mitübernommen und sind Bestandteil des Leistungsbildes nach § 34 Abs. 2 Nr. 8 HOAI (Objektüberwachung), so dass die Aufgabenstellung dem Architekten in der Regel nicht gesondert zu vergüten ist.[206]

1.3.4 Übernahme der Auftraggeberfunktionen

§ 31 Abs. 1 Satz 1 HOAI a.F. hatte davon gesprochen, dass die Projektsteuerung Funktionen des Auftraggebers übernimmt. 227
Die Vorschrift erläuterte aber nicht näher, welche Funktionen ein Auftraggeber denn bei der Abwicklung eines Bauprojektes wahrzunehmen hat. Eine solche generelle Aussage ließe sich auch schwer treffen.[207] Der Umfang der Auftraggeberaktivitäten hängt einerseits von der Art, Struktur und Komplexität der einzelnen Bauaufgabe, andererseits vom Umfang der angestrebten Aufgabendelegation[208] und -kooperation ab.[209]

206 Vgl. dazu BGH, Urteil vom 10.03.1977, Az. VII ZR 278,75, in: BauR 1977, 428 ff.; im Einzelnen zum Bauleiter und Fachbauleiter Lotz, BauR 2003, 957 f.; als Besondere Leistung des § 15 Abs. 2 Nr. 8 HOAI ist die Tätigkeit als verantwortlicher Bauleiter nur aufgenommen, soweit diese Tätigkeit nach dem jeweiligen Landesrecht über die Grundleistungen der Leistungsphase 8 hinausgeht.

207 So auch Quack, BauR 1995, 27, 30.

208 Vgl. Jochem, HOAI, 4. Auflage 1998, § 31, Rn. 2. Es ist missverständlich, wenn Stemmer/Wierer in BauR 1997, 935, 936 von einer Obliegenheit des Auftraggebers zur Wahrnehmung bestimmter Auftraggeberfunktionen im eigenen Interesse sprechen. Vorliegend geht es ausschließlich darum, ob der Auftraggeber bestimmte Funktionen selbst oder durch Dritte wahrnehmen lässt. Auch mittels der auf Dritte übertragenen Aufgabenwahrnehmung kann der Auftraggeber Obliegenheiten gegenüber am Bau Beteiligten erfüllen.

209 Stapelfeld, BauR 1994, 693, 698 formuliert: »Da ist zunächst der Bauherr. Er möchte regelmäßig durch die Bindung eines kompetenten Spezialisten seine Bauherrenaufgaben (teilweise) delegieren, damit sie verantwortungsbewusst und professionell erfüllt werden können. Die individuelle Ausgestaltung des Vertrages sollte sich daher nach den Anforderungen richten, die der Bauherr im Einzelnen nachfragt.«; nach Blecken/Gralla ist die eigene Steuerung/Planung – ohne überhaupt Leerkosten zu rechnen – i. d. R. bereits 5 % bis 15 % teurer als die Inanspruchnahme externer Projektsteuerungsbüros, vgl. Blecken/Gralla, Bautechnik 75 (1998), 472, 474.

1.3.4.1 Die Bauherrenaufgaben – die Gesamtheit des auftraggeberseitigen Projektmanagements

228 Die herkömmlich **vom Bauherrn**[210] (besser: Auftraggeber[211]) im Zusammenhang mit einer Bauprojektrealisierung **wahrgenommenen Funktionen (Aufgaben)** sind in der Frühphase der Entwicklung der Projektsteuerung von *Will* näher untersucht und umfassend beschrieben worden. Er hat die Aufgaben- und Tätigkeitsbereiche der Projektleitung des Bauherrn – unabhängig von einer möglichen Aufgabenübertragung auf Dritte – in der folgenden Fußnote abgedruckten Übersicht näher aufgegliedert.[212] Der Auftraggeber muss die von *Will* herausgearbeiteten Aufgaben indessen nicht sämtlich selbst wahrnehmen und zum Gegenstand einer eigenen Projektleitung machen. Er kann die Aufgaben weitgehend auf Dritte übertragen (das Portfolio der Bauherrenaufgaben nach *Will* war in der Vorauflage abgedruckt – hierauf wird verwiesen).

Die Summe der so gekennzeichneten Einzelleistungen[213] beschreibt eine **Sachaufgabe im Rahmen der Projektrealisierung**. Für ihren Funktionsumfang ist es gleichgültig, ob sie als interne betriebliche Funktion oder externe Consultingleistung erbracht wird.[214] Das bedeutet allerdings nicht, dass die Frage der internen oder externen Leistungserbringung rechtlich irrelevant wäre. Für verschiedene vertragsrechtliche Detailfragen[215] kann diese Differenzierung sehr wohl von Bedeutung sein.[216]

210 Als Bauherr wird nach den Landesbauordnungen derjenige bezeichnet, der rechtlich oder tatsächlich auf eigene Verantwortung ein Bauvorhaben vorbereitet oder ausführt bzw. ausführen lässt und verantwortlich gegenüber der Bauaufsichtsbehörde ist; zur Bauherrendefinition auch Preussner, Der fachkundige Bauherr, S. 7 ff.: Charakteristisch sind die Vorbereitung des Bauvorhabens, der Abschluss der Bauverträge, Weisungs- und Entscheidungsrechte gegenüber den am Bau Beteiligten und Übernahme des Errichtungsrisikos; vgl. dazu auch Schrammel, Die Werkaufgabe des Architekten, S. 22 f.; nach BGH, Urteil vom 26.01.1978, Az. VII ZR 50/77, in: BauR 1978, 220, ist der Bauherr Herr des gesamten Baugeschehens und führt das Bauvorhaben entweder selbst oder durch Dritte im eigenen Namen für eigene oder fremde Rechnung durch; nach BGH, Urteil vom 22.12.1953, Az. V ZR 175/52, in: VersR 1954, 101, 102, ist Bauherr derjenige, der auf seine Rechnung und Verantwortung bauliche Maßnahmen veranlasst dergestalt, dass sein Wille den Bau beherrscht und, abgesehen von der technischen Seite, für die Ausführung derart maßgebend ist, dass der Bauausführende seinen Anordnungen nachzukommen hat.

211 Anstelle des Bauherrenbegriffs, der einen öffentlich-rechtlichen Ursprung hat, sollte für die Zwecke dieser Untersuchung der Auftraggeberbegriff verwendet werden, wie ihn § 31 HOAI oder aber das Bauvertragsrecht, u. a. die VOB, kennt.

212 Will, BauR 1984, 333, 344, 345; Beckhaus, Der Generalplanervertrag, S. 21, beschreibt die Bauherrenaufgaben wie folgt: »Folgende Grundfunktionen sind zur Ableitung der Aufgaben des Bauherrn notwendig und hinreichend: Setzen der obersten Projektziele. Es ist eine Obliegenheit des Bauherrn, präzise mitzuteilen, welche Ziele er mit der Verwirklichung seines Bauvorhabens zu erreichen sucht. Dabei ist zwischen den ursprünglichen Bauherrenzielen (Nutzungsziele, wirtschaftliche Ziele) und den durch Zeittransformation hieraus abgeleiteten operationalen Bauherrenzielen (Qualitäts-, Zeit- und Kostenziele) zu unterscheiden. Treffen von Anordnungen und Abschluss von Verträgen zur Verwirklichung dieser Projektziele. Die Wahrnehmung dieser Bauherrenfunktion dient der praktischen Zielverwirklichung durch Beteiligung anderer Leistungsträger. Dies geschieht üblicherweise durch vertragliche Vereinbarungen (z. B. Architektenverträge, Bauverträge). Bevor es zum Abschluss dieser Verträge kommt, muss der Bauherr auf der Basis eines projektspezifischen Organisationskonzeptes genau definieren, welche Leistungen er jeweils beauftragen möchte und welche er selbst erbringt.

213 Methodisch kann die Projektsteuererfunktion sowohl aus den Bauherrenaufgaben heraus als auch in negativer Abgrenzung zu dem in der HOAI geregelten Planungsprozess und dem in der VOB/C geregelten Ausführungsprozess ermittelt werden, vgl. Blecken/Gralla, Bautechnik 75 (1998), 472.

214 Quack, in: Seminar rechtliche Problemstellungen beim Projektmanagement, S. 7, 15.

215 Z. B. die Qualifizierung von Projektsteuerertätigkeit als Dienst- oder Werkvertrag oder die Einschlägigkeit arbeitsrechtlicher oder gesellschaftsrechtlicher Sondervorschriften.

216 Siehe dazu auch Quack, in: Seminar rechtliche Problemstellungen beim Projektmanagement, S. 7, 11 für das Projektmanagement allgemein.

1.3.4.2 Die Projektleitung

Die **Projektleitung** beschreibt aus organisatorischem Blickwinkel die **auftraggeberseitige Organisationseinheit** zur Abwicklung der Projektaufgabe. Funktional gesehen kann die Projektleitung eine Vielzahl von Aufgaben beinhalten. Üblicherweise behält sich der Auftraggeber die formale Rechtsträgerschaft, die Aufgaben der Außenrepräsentation eines Projektes, die Umsetzung des Bedarfs in ein Programm (Ziele) sowie das Entscheidungsmanagement und die Durchsetzung von Entscheidungen vor. Dabei kann die Projektleitung Teil einer einheitlichen Auftraggeberorganisation sein oder aber auf eine eigenständige Projektgesellschaft übertragen werden, die die entsprechenden Aufgaben wahrnimmt. 229

Der Auftraggeber kann gute Gründe dafür haben, die **Projektleitung weitgehend in eigener Hand** zu behalten, z. B. um sich – z. B. branchenspezifisch – bestimmte Kernkompetenzen zu sichern oder aber – bei sich wiederholenden schwierigen Managementprozessen – steigende Transaktionskosten zu reduzieren.[217] Auch bei einem komplexen, auf die konkreten Bedürfnisse des Auftraggebers zugeschnittenen Projekt können eine Reihe von Gesichtspunkten dafür sprechen, die Leitungs- und Steuerungsfunktionen nicht allzu weit aus der Hand zu geben und auf Dritte zu übertragen.[218] Speziell ein Einmalauftraggeber wird aber für sein Projekt nicht einen ganzen Stab von Mitarbeitern einstellen wollen, die nach der Abwicklung des Bauprojektes nicht mehr benötigt werden, und daher eher an eine Aufgabendelegation denken.[219] 230

Prinzipiell kann der Auftraggeber alle projektbezogenen Steuerungsleistungen bei der Realisierung eines Bauprojektes in kaufmännischer, baubetrieblicher, technischer und juristischer Hinsicht selbst wahrnehmen, und zwar einschließlich aller Mitwirkungshandlungen im Verhältnis zu beauftragten Architekten, Fachplanern und ausführenden Unternehmen. Diese insoweit wahrzunehmenden **Aufgaben des Projektmanagements** lassen sich nach betriebswirtschaftlichen Kategorien in Teilaufgaben wie Information, Planung, Organisation, Koordination und Kontrolle aufspalten.[220] 231

Sofern und soweit der Auftraggeber projektbezogene Aufgaben selbst wahrnimmt, wird die eingerichtete projektbezogene Organisationseinheit als **Projektleitung** bezeichnet.[221] Die Projektleitung

217 Blecken/Gralla, Bautechnik 75 (1998), 472, haben darauf hingewiesen, dass die meisten privaten industriellen Bauherrenorganisationen, und zwar ca. 80 %, alle Auftraggeberfunktionen selbst wahrnehmen. Einzelne Branchen, wie z. B. der internationale Investorenbau, der Automobilbau, Elektroindustrie und Maschinenbau sowie die Energiewirtschaft, reduzierten eigene Projektmanagementteams allerdings auf eine Kernmannschaft. Zur Verminderung der Transaktionskosten werden Hybridformen vorgeschlagen, und zwar in der Form organisatorischer Partnerschaften zwischen Planer und Bauherr, die durch vertragliche Ketten- und Langfristverträge formalisiert sind.

218 Vgl. etwa Diederichs/Hutzelmeyer, Bauwirtschaft 1975, 1488, 1489.

219 Die Organisation einer Behörde und eines Unternehmens ist üblicherweise so ausgelegt, dass eine mögliche wirksame Abwicklung sich wiederholender Aufgaben im »laufenden Betrieb« routinemäßig gewährleistet ist. Bei einem von dieser Routine abweichenden, komplexen Projekt mit mehreren Organisations- und Planungsebenen kann deshalb die vorhandene Aufbauorganisation alle Managementanforderungen, die an die Realisierung dieses Projekts gestellt werden, z. B.
- Planung des Projekts über alle Bereiche und beteiligten Stellen,
- Überwachen und Sichern der Kosten und Termine über eine Vielzahl von Teilleistungen und Projektpartnern,
- Steuern der Gesamtleistung im Hinblick auf die Erfüllung vereinbarter Qualitäts- und Leistungsziele nicht (immer) erfüllen.

Daraus resultiert die Notwendigkeit, für besondere Aufgaben mit Projektcharakter eigene Organisationseinheiten zu schaffen, die dann das besondere Management durch Projekte wahrnehmen, so Müller, Ziele, Aufgaben und Aktivitäten des Bauherrn, S. 3.

220 Vgl. dazu auch Locher/Koeble/Frik, HOAI, 9. Auflage, 2005, § 31, Rn. 1.

221 Vgl. Wingsch, in: Hartmann, HOAI, Stand: März 1998, § 31, S. 12.

umfasst die vom Auftraggeber selbst ausgeübten projektspezifischen Funktionen und wird in aller Regel mit den notwendigen Entscheidungs- und Durchsetzungskompetenzen ausgestattet sein.[222]

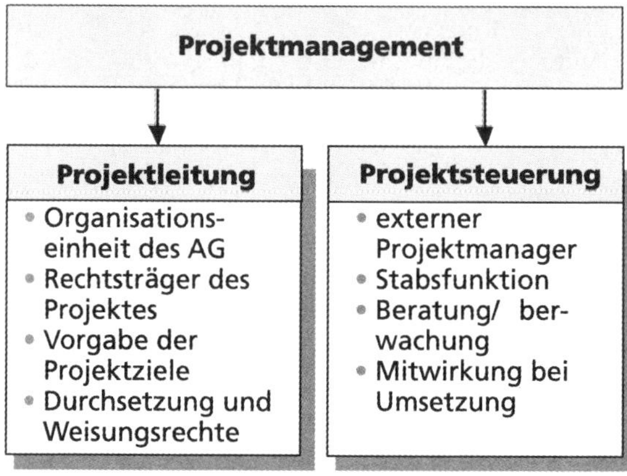

232 Die vom Auftraggeber **projektspezifisch gewählte Schnittstelle** zwischen eigener Projektleitung und externer Projektsteuerung definiert infolgedessen den Leistungsumfang des Projektsteuerers. Dementsprechend kann das jeweilige Leistungsbild für eine Übertragung von Managementaufgaben an einen externen Dienstleister nur anhand des konkreten Vertragswerkes für die Projektsteuerungsleistung ermittelt werden.[223] *Quack* hat insoweit ausgeführt:

233 *»Richtig ist an dem Ansatz nur, dass der Bauherr sich u. U., nämlich bei bestimmten Gestaltungen der vertraglichen Verhältnisse im eigenen Interesse aus Zweckmäßigkeit am Baugeschehen beteiligt (im juristischen irreführenden Baujargon sind das zum Teil ›Leistungen des Auftraggebers‹), wenn er sich denn nicht anderweitig vertraglich gegen das bei Nichtbeteiligung entstehende Risiko absichert. Das hat aber keine juristischen, sondern ausschließlich wirtschaftliche Gründe.«* [224]

1.3.4.3 Rechtsgeschäftliche Aufgabenübertragung auf Projektsteuerer – zur Irrlehre von den delegierbaren und nicht delegierbaren Bauherrenaufgaben

234 Will der Auftraggeber die bei der Projektrealisierung anfallenden Steuerungsaufgaben nicht selbst wahrnehmen, kann er die damit zusammenhängenden **Leitungsfunktionen übertragen**. Eine erste Möglichkeit der Aufgabenverlagerung besteht darin, einen »externen Spezialisten«, nämlich den Projektmanager oder -steuerer, mit einem Teil der Projektleitungsaufgaben zu betrauen. Diese Aufgabenverlagerung erfolgt dann mittels eines Projektmanagementvertrages.

235 In der Literatur wird in diesem Zusammenhang sehr häufig zwischen den sog. **delegierbaren** und den **nicht delegierbaren Bauherrenaufgaben,** wobei die nicht delegierbaren Leistungen der auftraggeberseitigen Projektleitung entsprechen sollen, differenziert.[225]

---

222 Vgl. Diederichs, in: Schulte, Handbuch Immobilien-Projektentwicklung, S. 18, 34.

223 Vgl. Wingsch, in: Hartmann, HOAI, Stand: März 1998, § 31, Rn. 1, S. 5; deshalb ist es auch zu verallgemeinernd, wenn Diederichs, in: Seminar rechtliche Problemstellungen beim Projektmanagement, S. 73, 101, ausführt, dass der Projektleitungsaufwand etwa 50 % des Projektsteuerungsaufwandes umfasst.

224 Quack, BauR 1995, 27, 30; vgl. zu den für den Bauherrn notwendigen Überlegungen zur Kontrolle und Steuerung des Projekts auch Kalusche, DAB 1998, 931 ff.

225 Wingsch, in: Hartmann, HOAI, Stand: März 1998, § 31, Rn. 1, S. 4; Kalusche, DAB 1996, 1667; Heiermann, BauR 1996, 48, 49, 52; Diederichs, in: Schulte, Handbuch Immobilien-Projektentwicklung, S. 18, 34; Kochendörfer, in Kapellmann/Vygen, Jahrbuch Baurecht 1999, 267: »Dagegen werden in der Projektsteuerung i. A. diejenigen Aufgaben des Projektmanagements beschrieben, die an Dritte delegiert werden können. Somit verbleibt die Differenz zwischen der Gesamtheit von Projekt-Führungsaufgaben und den delegierbaren Handlungsbereichen, die i. A als originäre Auftraggeberfunktionen oder als

Die Unterscheidung der sog. »Bauherrenaufgaben« nach dem Gesichtspunkt der Delegierbarkeit findet bereits in den Gesetzesmaterialien der 4. Änderungsnovelle der HOAI Berücksichtigung. *Will* hatte diese Unterscheidung weiter verfeinert und ein **Dreistufenmodell** entwickelt. Er hat zwischen 236

1. Bauherrenaufgaben, die delegiert werden können,
2. Bauherrenaufgaben, die zwar delegierbar sind, jedoch keineswegs an einen Leistungsträger delegiert werden sollten, der bereits in einer anderen Funktion am Bauobjekt beteiligt ist, und
3. den originären Bauherrenaufgaben, die »vernünftigerweise« keineswegs delegiert werden dürfen, wozu gehören
   - Setzen der obersten Projektziele,
   - Treffen von Anordnungen,
   - Abschluss von Verträgen zur Verwirklichung der obersten Projektziele,
   - oberste Kontrolle der Verwirklichung der Projektziele,
   - letzte Verantwortung für die zeit- und mengengerechte Mittelbereitstellung.[226] unterschieden.

Projektleitung bezeichnet werden«; Blecken/Gralla, Bautechnik 75 (1998), 472, 473; Stemmer/Wierer sprechen in BauR 1997, 935, 939, von sog. unabdingbaren Funktionen, die bei dem Bauherrn verbleiben müssen. Als solche identifizieren sie folgende Bauherrenaufgaben:

- Rechtzeitige Entscheidungen (Beschlüsse) zu notwendigen Vorgaben für das Projekt (Qualität, Termine, Kosten)
- Die Umsetzung der vom Projektsteuerer vorgeschlagenen Maßnahmen zur Erreichung der Projektziele gegenüber den anderen Projektbeteiligten
- Die Beantragung erforderlicher Genehmigungen und Erlaubnisse
- Alle Vergabeentscheidungen (Festlegung der Vergabeart, Auswahl der Firmen, Entgegennahme von Angeboten, Führen von Verdingungsverhandlungen, Mitwirken bei Bietergesprächen, Auftragserteilung)
- Die Vertragsentwicklung mit den anderen Projektbeteiligten
- Die Abstimmung mit Nutzern
- Die Zahlungen.

Müller, in: Motzel, Projektmanagement in der Baupraxis, S. 121, 125, formuliert: »Im Ergebnis ist heute festzuhalten: Als Bauherren- oder (soweit delegierbar) Projektsteuerungsleistung werden gemeinhin diejenigen Aufgaben öffentlicher, gewerblicher und privater Bauherren bezeichnet, die neben Architekten-, Ingenieur- und sonstigen Fachleistungen im Planungs- und Baumanagement erbracht werden müssen und die Bauherren (soweit auf Dritte delegierbar) als dienst- oder werkvertragliche Leistungen gegen angemessene Vergütung mit Projektsteuerern vereinbaren können.«

226 Will, BauR 1984, 333, 337; derselbe, in: Die Rolle des Bauherrn im Planungs- und Bauprozess, S. 217 ff.; ähnlich formuliert Beckhaus, a. a. O., S. 21: »Die Beschreibung von Bauherrenaufgaben muss die Bauherrenfunktionen vollständig abdecken und hat auch den Anforderungen zu genügen, die sich aus der Organisation des Planungs- und Bauprozesses in der Praxis ergeben. Es ist deshalb sehr wichtig, die Bauherrenaufgaben im weiteren Sinne nach dem Grad ihrer Delegierbarkeit differenziert zu beschreiben; denn die Mehrzahl der Bauherren verfügt nicht über die notwendigen Voraussetzungen, ihre Aufgaben selbst vollständig wahrzunehmen. Sie sind also darauf angewiesen, diese teilweise zu vergeben. Hinsichtlich der Delegierbarkeit von Aufgaben, deren Wahrnehmung oder Vergabe eine Obliegenheit des Bauherrn ist, können prinzipiell drei Typen unterschieden werden:
Typ 1: Freie Delegation vor allem an Leistungsträger, die das Objekt planen, z. B. Architekten, Haustechnikbüro, Tragwerksplaner etc., aber auch Baufirmen, denen sich der Bauherr bedient. Das sind ›Aufgaben mit Ausführungscharakter‹ und somit keine Bauherrenaufgaben im e. S.
Typ 2: Eingeschränkte Delegation, d. h., diese Aufgaben dürfen bzw. sollen i. d. R. nur Leistungsträgern übertragen werden, die nicht schon in anderer Funktion am Bauprojekt beteiligt sind. Diese Tätigkeiten sind Aufgaben nach § 31 HOAI, die auch als ›Projektsteuerungsleistung‹ bezeichnet werden.
Typ 3: Nicht delegierbare Bauherrenaufgaben: Sie entsprechen in etwa den Grundfunktionen der Tätigkeit des Bauherrn, wie sie oben dargestellt wurden. Würde ein Bauherr auf ihre Wahrnehmung verzichten, verlöre er den bestimmenden Einfluss auf sein Projekt/Bauvorhaben und somit seine Bauherreneigenschaft.«

237 Neuerdings werden sog. originäre »**Bauherrenaufgaben**« **restriktiver** im Sinne einzelner Grundfunktionen und -verantwortlichkeiten aufgefasst, denen keine operativen Tätigkeiten des Bauherrn mehr zugewiesen werden:
- Vorgabe der wesentlichen Projektziele, soweit erforderlich,
- Entscheidung zu Alternativen der Projektbewältigung, soweit dem Auftraggeber zur Entscheidung vorgelegt,
- Bauherrenverantwortung und Risikoübernahme.[227]

238 Alle bisher bekannt gewordenen Abgrenzungsversuche zwischen Projektleitung des Auftraggebers und Projektsteuerung nach Maßgabe des Grades der Delegierbarkeit von Projektleitungsaufgaben sind nicht tragfähig. Die an den **Grad der Delegation** angelehnte Differenzierung zwischen delegierbaren und nicht delegierbaren Aufgaben ist weder nach begrifflichen noch nach rechtlichen Kategorien noch unter Zweckmäßigkeitsgesichtspunkten geeignet, **einen allgemeingültigen Grad von Aufgabenübertragung** bei der Projektsteuerung festzulegen.

239 Rechtlich gibt es keine **zwingenden Vorbehaltsaufgaben des Auftraggebers**. Der Auftraggeber kann alle »sog. Bauherrenaufgaben« auf Dritte übertragen.[228] Es existieren demnach aus rechtlicher Sicht weder von vornherein feststehende – und damit unübertragbare – sog. »originäre Bauherrenaufgaben«, noch das Gegenstück, nämlich sog. »derivative Bauherrenaufgaben«.[229] Der Umfang der Aufgabenübertragung ist damit allein eine Frage der Zweckmäßigkeit im jeweiligen Einzelfall. Rechtstatsächlich ist die Tendenz festzustellen, dass – ungeachtet der fortbestehenden Bedeutung der Projektsteuerungsleistungen auf Stabsebene[230] – zunehmend mehr Projektsteuerungsleistungen mit Linienkompetenzen übertragen werden.[231]

240 Es gibt auch in diesem Zusammenhang keine **allgemeingültigen Zweckmäßigkeitsanforderungen** an die Bestimmung des jeweils maßgeblichen Grades der Aufgabenübertragung (der Entscheidung

227 Mittelstädt hat die in Betracht kommenden, vom Auftraggeber selbst wahrgenommenen Aufgaben (der Projektleitung) systematisiert, vgl. Mittelstädt, a. a. O., S. 51; dazu auch Kapellmann, Juristisches Projektmanagement, Rn. 4; ähnlich formuliert etwa Kyrein, Immobilien: Projektmanagement, Projektentwicklung und -steuerung, S. 78:
»Auftraggeberfunktionen wären demnach
- die Vorgabe von Zielen
- die Entscheidung
- die Risikoübernahme«,

selbst die RBBau, dort S. 303, nennt als Bauherrenaufgaben relativ abstrakt:
- Vorgabe des Zieles, das mit der Baumaßnahme erreicht werden soll;
- Entscheidung über die Durchführung der Baumaßnahme hinsichtlich Zeit, Qualität und Kosten;
- Schaffung der Voraussetzungen für die Durchführung der Baumaßnahme;
- Überwachung der Leistungserfüllung;

Weindorf, in: Seminar rechtliche Problemstellungen beim Projektmanagement, S. 59, 60, formuliert: »Der Projektleitung sind die nicht delegierbaren Aufgaben aufgetragen, wie Herbeiführung von Entscheidungen, Durchsetzung von Maßnahmen, Konfliktmanagement, die Funktionen einer neutralen Anlaufstelle, Vertretung des Projektes nach innen und außen.«

228 Kritisch zur Differenzierung auch, weil unscharf und nicht zwingend: Neuenfeld, in: Neuenfeld/Baden/Dohna/Groscurth, Handbuch des Architektenrechts, 3. Auflage, Stand 2009, HOAI, § 31, Rn. 9.

229 Heinrich, BauR 1986, 524, 531; derselbe in: Der Baucontrollingvertrag, S. 77: »Nur am Rande sei erwähnt, dass eine Umschreibung der vom Projektsteuerer zu erfüllenden originären Bauherrenfunktionen nicht möglich ist. Eine als Gegenstück zu verstehende derivative Bauherrenaufgabe ist mit dem Bauherrenbegriff nicht in Übereinstimmung zu bringen«; in diesem Sinne auch Knipp, Projektmanagement, S. 14; Quack, BauR 1995, 27 ff.

230 So ähnlich für das Baucontrolling auch Krause, in: VDI-Berichte 528, Projektsteuerung und Bauleitung, S. 55, 57.

231 Diederichs/Dieblich, in: AHO-Fachkommission Projektsteuerung, S. 4; die Leistungs- und Honorarordnung Projektsteuerung DVP/AHO sieht seit 1996 auch ein eigenes Leistungsbild für die Projektleitung vor.

»make or buy«). Der jeweilige Auftraggeber wird vielmehr unter Berücksichtigung der bei ihm selbst vorhandenen Managementressourcen und der konkreten Anforderungen des Projektes festlegen, ob und in welchem Umfang er Projektleitungsaufgaben selbst wahrnehmen will. Darüber hinaus wird er die Angebote und Leistungen der Projektsteuererbüros berücksichtigen. Einige namhafte Projektsteuerungsbüros sehen in der Übernahme von Projektleitungsaufgaben ein wesentliches Element erfolgreicher Projektsteuerungstätigkeit. Der Umfang der Aufgabenübertragung wird daher auch durch entsprechende Angebote der Marktgegenseite (»Projektsteuerungsphilosophien«) bestimmt. Der Auftraggeber kann sich der projektspezifischen Aufgaben sehr weitgehend entledigen und insoweit einen Projektsteuerer beauftragen, der die Stärke seines Leistungsangebotes gerade in der verantwortlichen Mitübernahme von Linienfunktionen sieht. Er kann allerdings auch Aufgaben der Projektleitung in wesentlichem Umfang selbst durchführen und die Aufgabe des Projektsteuerers auf eine Projektsteuerung oder ein Projektcontrolling in Stabsfunktion beschränken. Beide Vorgehensweisen können im Einzelfall zweckmäßig sein.

Von den sog. originären »Bauherrenaufgaben« bleibt in der Praxis oftmals auch wenig übrig, z. B. 241
wenn es um die Bautätigkeiten bei Fonds-, Leasingmodellen und dem Investorenbau geht. Ein **Bauherr** im herkömmlichen Sinne ist dann gar **nicht mehr vorhanden.**[232] Dem Auftraggeber verbleibt alsdann lediglich die Definition allgemeiner Rahmenbedingungen (Renditevorgaben, Budgets oder Nutzerwünsche).[233]

Bei Großprojekten ist es schließlich nicht unüblich, dass ein Auftraggeber, der mit einer einmaligen 242
Bauaufgabe konfrontiert wird, sogar **zwei Projektsteuerer** beauftragt, nämlich einen Projektsteuerer für die Wahrnehmung der Projektleitung (als Bauherrenstellvertretung/in der Linie) und einem weiteren Projektsteuerer für die klassischen Projektsteuererarbeiten (auf Stabsebene). In derartigen Fällen wird der Umfang der jeweiligen Projektsteuerungstätigkeit – unter weitgehender Substituierung der Bauherrenaufgaben – ausschließlich durch die vertraglichen Schnittstellenbeschreibungen für die sich ergänzenden Projektsteuererleistungen bestimmt.[234] Allgemein gültige Maßstäbe für

232 Stapelfeld, BauR 1994, 693, 694.

233 Nach Will, Die Rolle des Bauherrn im Planungs- und Bauprozess, S. 13, ist Bauherr derjenige, der ein Bauprojekt
- in dessen Stufen der Entwicklung (Bedarfsermittlung, Planung, Realisierung, Übernahme und Inbetriebnahme)
- auf eigene Gefahr und Verantwortung
- auf eigene oder fremde Rechnung

durchführt oder durchführen lässt, wobei eine vollständige Delegation betreffend der endgültigen Entscheidung, Anordnung und Kontrolle nicht delegiert werden könne.

234 Als Bauherrenstellvertretung können in einem solchen Fall folgende Einzelleistungen beauftragt werden:
1. Prüfung und Bewertung aller Bauanforderungen, einschließlich der Erarbeitung von Entscheidungs- und Handlungsempfehlungen.
2. Wahrnehmung und Vertretung aller Bauherrenanforderungen gegenüber dem Projektsteuerer, den Architekten und Fachplanern sowie ausführenden Firmen nach vorheriger Abstimmung und der Entscheidung durch den AG, einschließlich der aktiven Teilnahme an allen relevanten Fachplanungsgesprächen.
3. Bearbeitung und Beantwortung aller Bauherrenanfragen und Anforderungen nach Abstimmung mit dem AG.
4. Letztinstanzliche Prüfung und Abstimmung aller Planungsvorschläge der Planer-/Bauseite.
5. Kontrolle der Terminplanung und -verfolgung in Abstimmung mit Planungs- und Ausführungsterminen der Teilprojekte.
6. Vorbereitung und Durchführung von Informationsveranstaltungen, Abstimmung mit dem Betriebsrat.
7. Vorbereitung und Leitung von Entscheidungs- und Projektsitzungen auf Auftraggeberseite und Erstellung von Ergebnisprotokollen.
8. Erstellung von Ergebnisberichten bzw. Zwischenterminen zum jeweiligen Planungsstand der Projekte.
9. Koordinierung verschiedener Organisationskonzepte.

den Umfang der Aufgabendelegation bei der Bauprojektrealisierung kann es mithin nicht geben. Die Differenzierung zwischen von vornherein vorgegebenen, sog. delegierbaren und nicht delegierbaren Projektsteuerungsleistungen erscheint überholt.[235]

243 Eine **Checkliste für Projektleitungstätigkeiten**, die an einen Projektsteuerer übertragen werden können, aber nicht müssen, enthält **§ 3 der Leistungs- und Honorarordnung des AHO, 2014** (vgl. dazu Rdn. 1413, vgl. auch Rdn. 3044).[236]

Die **Aufgaben der Projektleitung**, die **üblicherweise vom Auftraggeber selbst wahrgenommen** werden, stellen sich wie folgt dar:

(1) *Basisaufgaben der Rechtsträgerschaft*
(2) *Definition der Hauptziele*
(3) *Sicherstellung des Standortes und der Finanzierung*
(4) *Bestellung des Projektleiters und des weiteren Personals sowie Beauftragung externer Projektmanager*
(5) *Organisations- und Entscheidungsmanagement*
(6) *Vertragsmanagement*
(7) *Grundstücks- und Genehmigungsmanagement*
(8) *Nutzermanagement*
(9) *Controlling*
(10) *Konfliktmanagement; Führung von Rechtsstreitigkeiten*
(11) *Wahrnehmung projektbezogener Repräsentationspflichten*[237]

244 Bei größeren und komplexen Projekten wird die **Projektleitung** nicht selten **auf eine eigene Gesellschaft** ausgegliedert. Dabei wird nicht selten ein sog. Co-Management verankert, nämlich ein technischer und ein kaufmännischer Geschäftsführer.

245 Zu einer nicht nur funktionierenden, sondern auch rechtsträgerbezogenen vollständigen Delegation kommt es etwa auch bei **Projektentwicklungen**. Dort wird vielfach zum Zwecke der Projektrealisierung ein eigenständiger Rechtsträger, eine sog. Projektgesellschaft gegründet. Die Projektleitung wird dabei ggf. an einen sog. »Projektdurchführer« vergeben, ein Unternehmen, das insbesondere Projektmanagementleistungen mit kaufmännischem Schwerpunkt durchführt. Die technischen Steuerungsfunktionen werden an einen Generalplaner zusätzlich beauftragt (Generalplanermanagement, siehe dazu Rdn. 357). Auch bei Großprojekten des Anlagenbaus ist die Beauftragung eines umfassend bevollmächtigten Projektleiters (Operators) nicht unüblich.[238]

1.3.4.4 Zur Aufgabendelegation durch öffentliche Auftraggeber

246 Vormals hatten die öffentlichen Auftraggeber ihre Bauaufgaben im Wesentlichen selbst abgewickelt. Zwischenzeitlich werden immer mehr Aufgaben der Projektsteuerung – zumal bei größeren Projekten – an private Projektsteuerungsbüros delegiert. Das Bayerische Staatsministerium des Innern hatte unter dem 10.1.1994 zur Einschaltung von **Projektsteuerern im kommunalen Bereich** verlautbart:

247 *»Die Tätigkeit eines Projektsteuers kann sich durchaus kostenmindernd auswirken, auch wenn seine Einschaltung zunächst absolut zu Mehrkosten führt, da ein zusätzlicher Aufwand an Baunebenkosten durch die Übertragung der Leistungen nach § 31 HOAI an Architekten oder Ingenieure entsteht. Der Projektsteuerer übernimmt nämlich Leistungen aus dem eigenen Aufgabenbereich des Auftraggebers. An dessen Stelle soll der Projektsteuerer als*

235 Vgl. insoweit zustimmend Möllers, in: Korbion, Baurecht, Teil 14, Rn. 18, Fn. 3.
236 Vgl. dazu auch das Leistungsbild bei Lidke, S. 170.
237 Dazu auch Kalusche, Projektmanagement für Bauherren und Planer, S. 46 f.
238 Siehe dazu Hinsz/Horn, Das Vertragsrecht der internationalen Konsortialkredite und Projektfinanzierung, S. 261, für Erdöl- und Explorationsprojekte.

Spezialist Koordinierungs-, Kontroll- und Kostenüberwachungsaufgaben wahrnehmen und damit einen zügigen und reibungslosen Ablauf der Baudurchführung im Rahmen der veranschlagten Kosten gewährleisten. Insoweit sollen dadurch zumindest Kostensteigerungen vermieden, wenn nicht Kostensenkungen erreicht werden.

Geeignete Fälle i. S. des Landtagsbeschlusses, in denen die Einschaltung von Projektsteuerern zu empfehlen ist, können vorbehaltlich der Prüfung im Einzelfall gegeben sein, wenn 248
- *der Bauträger nicht über eine leistungsstarke eigene Bauverwaltung verfügt,*
- *der Architekt diese Leistungen nicht übernimmt,*
- *das Bauvorhaben einen hohen Schwierigkeitsgrad aufweist und*
- *das Kostenvolumen über 10 Mio. DM liegt.«* [239]

Im Vergabehandbuch Bayern (VHF Bayern 2015) heißt es unter Ziff. 3:

Die Projektsteuerung (siehe Abschnitt A 2.2 RLBau und Erläuterungen hierzu) ist grundsätzlich Aufgabe des Auftraggebers. In besonderen Fällen können Teile dieser Dienstleistung an freiberuflich Tätige vergeben werden. Diese Ausnahmefälle sind mit der DBB abzustimmen.

Die Rechnungsprüfungsämter haben in der Vergangenheit darauf geachtet, dass die Kernleistungen der Projektleitung bei den öffentlichen Auftraggebern verbleiben, insbesondere[240]: 249
- verbindliche Vorgaben für die Planung,
- die Definition des mit dem Bauwerk Gewollten,
- die zu wählende technische Lösung,
- die Entscheidungen über Formen oder die Auswahl der Vertragspartner,
- die Entscheidung über die Erteilung von Aufträgen,
- alle Handlungen, die Rechtsfolgen für die öffentliche Hand entstehend lassen.[241]

Die **Projektleitung** als ganzheitliche Verantwortung für die Bauherrenaufgaben soll grundsätzlich **Aufgabe der öffentlichen Bauverwaltung bleiben**. Diese habe die Pflicht, die übergreifende Koordination und Steuerung wahrzunehmen, auch die unter dem Begriff der Projektsteuerung fallenden Handlungsbereiche Organisation, Qualitäten, Kosten und Termine.[242] 250

---

239 Schreiben des Bayerischen Staatsministeriums des Innern vom 10.1.1994, IB 4–1551.1–2.

240 Nach Pfeiffer, in: Motzel, Projektmanagement in der Baupraxis, S. 38, 41, gelten für Projektsteuerungsleistungen bei der staatlichen Hochbauverwaltung des Landes Hessen folgende Grundsätze: »Einen gewissen Kernbestand an Leistungen muss der fachkundige Bauherrenvertreter (staatlicher Hochbauverwaltung) selbst als Bauherrenleistung erbringen:
1. Definition des Baubedarfes (quantitativ und qualitativ im Rahmen der Bauleitung)
2. Übernahme der Garantenpflicht für die sachgerechte Verwendung der Haushaltsmittel und demzufolge
   a) Wahrnehmung der Haushalts-, Kassen- und Rechnungsaufgaben
   b) Auftragsvergabe an Unternehmer (nach VOB) und Vertragsschluss mit Architekten/Ingenieuren (nach HOAI)
   c) Durchführung von Planungswettbewerben
   d) Überwachung von Qualität der erbrachten Bauleistungen und Endabnahme des Bauwerks
   e) bauaufsichtliche Verantwortung nach § 107 Abs. 7 HBO
   f) Kontrolle der beauftragten Architekten- und Ingenieurbüros auf das Erbringen der Vertragsleistungen. Diese ›Essentials‹ können nicht an Dritte beauftragt werden«;

vgl. auch Wohlfelder, in: Motzel, Projektmanagement in der Baupraxis, S. 150, 151; Bauherrentätigkeiten im koordinierenden, beratenden und informierenden Bereich, letztlich alle entscheidungsvorbereitenden Zuarbeiten, sind delegierbar; vgl. auch Hansen, in DVP, Projektmanagement in Praxisbeispielen, Bild 4 f.; Schultz, Die Bauverwaltung + Bauamt; Gemeindebau, 1996, S. 423 ff.; vgl. dazu auch Schnoor, Die Bauverwaltung + Bauamt; Gemeindebau, 1994, 187.

241 Vgl. Schnoor, Die Bauverwaltung + Bauamt; Gemeindebau, 1994, 187.

242 Schnoor, a. a. O., S. 187, 188.

251 Nach *Busse* hat speziell der Bundesrechnungshof darauf geachtet, dass öffentliche Auftraggeber keine Verantwortung auf Dritte übertragen. Dementsprechend sollten Projektsteuerern keine selbstständigen **Regelungsbefugnisse** verliehen werden, welche die Verantwortlichkeit der Bauverwaltung mindern, insbesondere sollte eine Bauverwaltung keine Aktivsteuerung (und damit auch keine Kostengarantien) des Projektsteuerers anstreben.[243]

252 Eine **empirische Untersuchung** aus dem Jahre 1997 hat ergeben, dass entgegen den in der Literatur geäußerten Erwartungen öffentliche Auftraggeber weit mehr Projektsteuerer in Linienfunktion einsetzen als die Privatwirtschaft. Sowohl öffentliche wie private Auftraggeber beauftragen entsprechende Leistungen mit einem Einsatzschwerpunkt in den Phasen Ausführungsvorbereitung und Ausführung. Dabei ist die »Delegationsfreundlichkeit« bei Bundesbehörden tendenziell größer als bei öffentlichen Auftraggebern auf kommunaler Ebene.[244] Gesamtwirtschaftlich gesehen, insbesondere im Abgleich mit dem Beauftragungsvolumen für Projektsteuerungsleistungen bleibt die Nachfrage nach Projektleitungsleistungen eher gering.[245]

253 **Förderrichtlinien** enthalten zumeist das Verbot des vorzeitigen Vorhabenbeginns. Vorhabenbeginn ist dabei grundsätzlich der Abschluss eines der Ausführung zuzurechnenden Liefer- oder Leistungsvertrages. Die Beauftragung eines Planers wie die Beauftragung eines Projektsteuerers beinhalten noch keinen vorzeitigen Beginn des Bauvorhabens, so dass auch die bereits durchgeführte Beauftragung eines Projektsteuerers in aller Regel den Verwaltungsvorschriften zu § 44 Bundeshaushaltsordnung (BHO) und damit einer entsprechenden Förderung nicht widerspricht.

254 Viele Organisationseinheiten der öffentlichen Hand verfügen über differenzierte und eingeübte **Schnittstellenkataloge**, welche die Aufgabenverteilung bei der Bauprojekterrichtung auf eigene Dienststellen und Projektsteuerer näher präzisieren. Nachfolgend ist als Beispiel eine Zuordnung der Bauherrenleistungen aus der Sicht der Berliner Senatsbauverwaltung abgedruckt. Sie verdeutlicht insbesondere, welche Leistungen aus dem Bereich des § 34 HOAI wie auch aus dem Bereich des Projektmanagements auftraggeberseitig erbracht werden und welche Leistungen für eine Delegation auf Projektsteuerungsunternehmen bei der öffentlichen Hand in Betracht kommen (die HOAI-Paragraphen entsprechen noch der HOAI 2009):

255 **Bauherrenleistungen aus der Sicht der Berliner Senatsbauverwaltung**[246]

Bauherrenleistungen I Objektbezogene Aufgaben		**A**[242]	**B**[243]	**C**[244]	**Öffentliche Vorschriften**
Bauherrenleistungen I Objektbezogene Aufgaben		**A**[247]	**B**[248]	**C**[249]	**Öffentliche Vorschriften**
1. Grundlagenermittlung					
1.1	Definition der Bauaufgabe mit Beschreibung der Notwendigkeit und Zweckmäßigkeit	A			LHO § 24

243 Busse, Prüfbemerkung des Bundesrechnungshofes zur Projektsteuerung öffentlicher Bauinvestitionen, S. 1 ff.
244 Vgl. Stork, Projektsteuerung und Projektmanagement im Bauwesen, S. 24, 44.
245 Zobel, Systematische Entwicklung von Leistungsinventionen im Bauprojektmanagement, S. 129.
246 Nach Peter Bernau, früherer Leiter der sog. »HOAI-Stelle« beim Berliner Senat.

Bauherrenleistungen I Objektbezogene Aufgaben		**A**[242]	**B**[243]	**C**[244]	**Öffentliche Vorschriften**
1.2	Anmeldung zur Investitionsplanung bzw. alternative Finanzierung	A			LHO § 31
1.3	Erarbeitung des Bedarfsprogramms einschließlich Angaben zu den Grundstücks-, städtebaurechtlichen Belangen, zu funktionellen Zuordnungen, zu wirtschaftlichen Gesichtspunkten sowie zum Termin- und Kostenrahmen		B		LHO
§ 24 LHO/ 31 HOAI					
1.4	Klären der organisatorischen Voraussetzungen der Projektplanung			C	HOAI § 15
1.5	Ermitteln und Beauftragen von Bauvorbereitungsmitteln sowie Fortschreibung der Investitionsplanung bzw. alternative Finanzierung	A			LHO § 31
2. Vorplanung (Projekt- und Planungsvorbereitung)					256
2.1	Festlegen der generellen Vorgehensweise bei der Planung	B			HOAI § 31
2.2	Führen von Vertragsverhandlungen mit den an der Projektplanung Beteiligten		B		HOAI § 31
2.3	Beauftragung der an der Projektplanung Beteiligten	A			LHO § 9
2.4	Festlegung der generellen Vorgehensweise bei der Planung		B		HOAI § 31
2.5	Abstimmen der Planungsvorgaben, Realisierungsmöglichkeiten und des Kostenrahmens mit beteiligten Behörden			C	HOAI § 15
2.6	Festlegen der Planungshilfsmittel und -verfahren zur Projektsteuerung	A			LHO § 9
2.7	Leistungs-, Termin- und Kostenüberwachung		B		HOAI § 31[xt]

Bauherrenleistungen I Objektbezogene Aufgaben		**A**[242]	**B**[243]	**C**[244]	**Öffentliche Vorschriften**
2.8	Durchführung von Sonderkontrollen (Planungs- und Projektbegleitung)	A			Bln. Haushaltsrecht
2.9	Information der beteiligten Behörden zur Projekt- und Planungsvorbereitung		B		GGO
257 **3. Entwurfsplan (System- und Integrationsplanung)**					
3.1	Einholen der erforderlichen bauordnungsrechtlichen Vorbescheide			C	HOAI § 15
3.2	Aufstellen des haushaltsrechtlichen Konzepts zur Projektabwicklung, insbesondere Ermitteln des Kostenrahmens für Investitions- und Betriebskosten		B		HOAI § 31
3.3	Einreichen der Bauplanungsunterlagen	A			LHO
3.4	Prüfung der Bauplanungsunterlagen in städtebaulicher, funktioneller und technisch-wirtschaftlicher Hinsicht sowie Prüfung der Kosten	A			LHO § 24
3.5	Einholen der erforderlichen haushaltstechnischen Feststellungen	A			LHO
3.6	Vertreten der Planungskonzeption gegenüber parlamentarischen Gremien und der Öffentlichkeit	A			
3.7	Bearbeiten von Planungsrechtsangelegenheiten	A			GGO/AZG
3.8	Erarbeiten der erforderlichen Unterlagen, organisatorische Betreuung und Abwicklung sowie Vorprüfung und/oder Prüfung für Realisierungswettbewerbe bzw. für Wettbewerbe zur künstlerischen Ausgestaltung von Bauvorhaben		B		

Bauherrenleistungen I Objektbezogene Aufgaben		**A**[242]	**B**[243]	**C**[244]	**Öffentliche Vorschriften**	
4. Genehmigungsplanung						258
4.1	Festlegung detaillierter Projektsteuerungsmaßnahmen für die Planungsphase		B			
4.2	Unterschreiben der Anträge für die erforderlichen bauordnungsrechtlichen Genehmigungen bzw. Zustimmungen	A				
4.3	Wahrnehmen von Anzeige-, Mitteilungs- und Vorlagepflichten gegenüber anderen beteiligten Behörden		B		LHO § 70	
4.4	Wahrnehmung von Widerspruchs- und Einspruchsmöglichkeiten bei Genehmigungs- bzw. Zustimmungsverfahren (als besondere Leistung)			C	HOAI	
4.5	Leitung der Entwurfsarbeiten im Sinne von § 67 BauO Bln im Zustimmungsverfahren	A			Abau	
5. Ausführungsplanung						259
5.1	Mittelbewirtschaftung, Haushaltsüberwachung und Buchführung in der Planungsphase	A			LHO §§ 9, 34, 71	
5.2	Prüfung, Anerkennung der vertraglich vereinbarten Planungsleistungen sowie Anweisung der Planungsvergütungen	A			LHO § 70	
5.3	Herbeiführen von erforderlichen Planungsentscheidungen	A			LHO § 7[xt]	
5.4	Abstimmen der Projektsteuerungsmaßnahmen in der Planungsphase mit beteiligten Behörden		B			
5.5	Information der beteiligten Behörden zur Planungssteuerung		B		GGO	
5.6	Bearbeiten von Baurechtsangelegenheiten in der Planungsphase	A				

Bauherrenleistungen I Objektbezogene Aufgaben		**A**[242]	**B**[243]	**C**[244]	**Öffentliche Vorschriften**
5.7	Durchsetzen von Vertragspflichten gegenüber der an der Projektplanung Beteiligten		B		
5.8	Herbeiführen besonderer Planungsentscheidungen bei beteiligten Behörden	A			LHO § 7
5.9	Durchführen von Sonderkontrollen in der Planungsphase	A			Bln. Haushaltsrecht 19.2 (S. 31)
260 **6. Vorbehaltung bei der Vergabe**					
6.1	Durchsetzen einheitlicher Vertragsgrundlagen bei der Ausschreibung	A			VOB/LHO/ EG-RL
261 **7. Mitwirkung bei der Vergabe**					
7.1	Durchsetzen einheitlicher Vertragsgrundlagen bei der Vergabe	A			VOB/LHO
7.2	Festlegen der Vergabeart	A			Abau
7.3	Bestimmen der aufzufordernden Unternehmen unter Berücksichtigung der Vorschläge des AN	A			Abau
7.4	Einholen und rechnerisches Prüfen der Angebote			C	VOB/A §§ 23, 25 (ab 2009: § 16)/ HOAI
7.5	Durchführung von Submissionen und Vergabeverhandlungen	A			VOB, LHO § 55
7.6	Technisches und wirtschaftliches Prüfen der Angebote		B		
7.7	Verhandeln mit Bietern			C	HOAI
7.8	Beauftragen des an der Projektausführung Beteiligten	A			LHO § 55
7.9	Überprüfen der Einhaltung der Projektziele im Hinblick auf die genehmigten Haushaltsmittel		B		LHO § 55
262 **8. Objektüberwachung – Bauüberwachung**					
8.1	Durchsetzen einheitlicher Vertragsgrundlagen bei der Ausführung und der Abrechnung	A			VOB/LHO

Bauherrenleistungen I Objektbezogene Aufgaben		**A**[242]	**B**[243]	**C**[244]	**Öffentliche Vorschriften**
8.2	Bearbeiten von Bauvertragsangelegenheiten	A			
8.3	Festlegen detaillierter Projektsteuerungsmaßnahmen für die Ausführungsphase	A			
8.4	Mittelbewirtschaftung und Haushaltsüberwachung in der Ausführungsphase	A			LHO § 72
8.5	Prüfung der vertraglich vereinbarten Ausführungsleistungen		B		
8.6	Anweisen der Firmenrechnung	A			LHO § 70
8.7	Überwachung im Sinne von § 67 BauO Bln im Zustimmungsverfahren	A			
8.8	Herbeiführen von erforderlichen Ausführungsentscheidungen	A			
8.9	Prüfen von Ausführungsänderungen und Einholen der dazu erforderlichen Genehmigungen		B		
8.10	Prüfen von Nachtragsforderungen		B		LHO § 70
8.11	Erteilung von Zusatzaufträgen	A			
8.12	Zustimmung zu Ausführungsänderungen	A			
8.13	Abstimmen der Projektsteuerungsmaßnahmen in der Ausführungsphase	A			
8.14	Organisatorische Vorbereitung und Abwicklung von Veranstaltungen, wie Grundsteinlegungen, Richtfeste und/oder Einweihungen	A			Abau
8.15	Durchsetzen von Vertragspflichten gegenüber den an der Projektausführung Beteiligten		B		
8.16	Mitwirken bei Vergleichen, Konkursen, Pfändungen, Abtretungen		B		LHO § 58 Abau IV 14

Bauherrenleistungen **I Objektbezogene Aufgaben**		**A**[242]	**B**[243]	**C**[244]	**Öffentliche Vorschriften**
8.17	Entscheidung bei Vergleichen, Konkursen, Pfändungen, Abtretungen	A			
8.18	Einleitung und Bearbeitung von selbstständigen Beweisverfahren	A			
8.19	Abwenden unberechtigter Drittforderungen		B		
8.20	Veranlassen und/oder Durchführen von Sonderkontrollen in der Ausführungsphase	A			Bln. Haushaltsrecht
8.21	Rechtsgeschäftliche Abnahme der Ausführungsleistungen	A			
8.22	Veranlassung und Mitwirkung an den Endkontrollen und/oder Funktionsprüfungen		B		
8.23	Organisatorische Vorbereitung und Mitwirkung an der Übergabe/Übernahme bzw. Inbetriebnahme/Nutzung des Bauvorhabens sowie der betriebstechnischen Anlagen		B		
8.24	Rechtsgeschäftliche Übergabe des Objektes	A			
8.25	Mitwirken beim Einweisen des Bedienungs- und Wartungspersonals für betriebstechnische Anlagen		B		
8.26	Bearbeiten von Wartungsverträgen für die betriebstechnischen Anlagen		B		
263 **9. Objektbetreuung und Dokumentation**					
9.1	Dokumentation der wesentlichen projektbezogenen Ausführungsdaten		B		
9.2	Organisatorische und baufachliche Unterstützung von Prüfungen innerhalb der Gewährleistungsfrist		B		VOB/B § 13

Bauherrenleistungen I Objektbezogene Aufgaben		A[242]	B[243]	C[244]	**Öffentliche Vorschriften**
9.3	Prüfen und Anerkennen der Abrechnung und Rechnungslegung der fachlich Beteiligten	A			VOB/B §§ 14, 16
9.4	Anerkennen der Projektdokumentation	A			
9.5	Benachrichtigung des Rechnungshofes über den Anschluss der Baumaßnahme	A			Abau
9.6	Ermittlung der Werte für die bauliche Unterhaltung bei Hochbauten	A			
9.7	Organisatorische und baufachliche Unterstützung von Gerichtsverfahren		B		VOB/B § 18
9.8	Überwachung der Prozessführung beauftragter Dritter und/oder Mitwirkung bei Gerichtsverfahren	A			
9.9	Bearbeiten von Prüfungsmitteilungen	A	B		
9.10	Überleiten des Bauvorhabens in die Bauunterhaltung	A			

1.3.4.5 Überwälzung von Bauherrenaufgaben durch Wahl der Unternehmereinsatzform

Die Möglichkeit der Delegation von Bauherrenaufgaben auf den Projektsteuerer im Rahmen eines Dienst- oder Werkvertrages ist nicht die einzige Möglichkeit der Auftraggeberentlastung in Bezug auf Projektmanagementleistungen. Vielmehr kann der Auftraggeber auch durch die **Wahl der Unternehmereinsatzform** Bauherrenaufgaben verlagern. Speziell dann, wenn bei der Projektrealisierung Kumulativleistungsträger eingeschaltet werden, wechseln Koordinierungsaufgaben auf die Auftragnehmerseite. Dementsprechend entlasten bestimmte Planer- und Unternehmereinsatzformen[250] den Auftraggeber hinsichtlich der eigenen Aufgaben bei Projektleitung und Projektsteuerung.[251] Beispielhaft sei hier die Aufgabensubstituierung durch Einschaltung von Generalplanern sowie General- oder Totalunternehmern genannt; bei derartigen Planer- und Unternehmereinsatzformen entfallen von vornherein eine Vielzahl von »Bauherrenaufgaben« im Bereich der 264

247 Sog. nicht delegierbare Bauherrenleistungen, die der öffentliche Bauherr selbst wahrnimmt.
248 Sog. delegierbare Bauherrenleistungen/auf Projektsteuerer zu übertragen.
249 Grundleistungen nach § 15 HOAI, die i. d. R. der öffentliche AG selbst erbringt.
250 Siehe Rdn. 723 f.
251 Vgl. dazu auch Blecken/Gralla, Bautechnik 75 (1998), S. 472, 475 ff., die u. a. ausführen, dass die »Bauherrenkosten« beim GU etwa 6 % betragen.

Koordination von Projektbeteiligten;[252] nach Beauftragung verbleibt dem Auftraggeber dann vornehmlich eine Controllingfunktion.[253]

265 Die Auswirkungen der Einsatzform auf die Bauherrenaufgaben und damit auch auf die Projektsteuereraufgaben sind von *Will*[254] und *Mittelstädt*[255] im Einzelnen untersucht und dargestellt worden. Für jede Planer- und Unternehmereinsatzform hat *Will* ein **typisches Profil von »Bauherrenaufgaben«** ermittelt, dem jeweils eine ebenso typische Struktur von Leistungen und Vergütungen entspricht.[256] Bei Einschaltung eines Generalplaners entfällt für den Auftraggeber i. d. R. die Notwendigkeit einer (vertraglichen) Koordination der verschiedenen Planungsverantwortlichen. Die Verantwortlichkeit für die qualitativ einwandfreie und zeitgerechte Lieferung der Objektplanung sowie aller Fachplanungen wird durch den Generalplaner übernommen.[257] Bei Generalunternehmer- bzw. Generalübernehmermodellen sind die Projektleitungsaufgaben ebenfalls erheblich reduziert, weil dem Auftraggeber ab einem festzulegenden Zeitpunkt nur ein Vertragspartner auf der Ausführungsebene und – je nach Modell – zum Teil auch auf der Planungsebene gegenübertritt.[258] Generalunternehmer(-übernehmer) koordinieren selbstständig die Detailabläufe und übernehmen die Vertragsgestaltung im Verhältnis zu den einzelnen Fachunternehmern der Ausführung. Je nach Generalunternehmermodell werden auch Aufgaben der Planung übernommen.[259] Dem Auftraggeber verbleibt lediglich die vorvertragliche und projektübergreifende Ablaufplanung sowie das Controlling in Bezug auf Qualität, Termine und Kosten.[260] Bei Totalunternehmer- bzw. -übernehmermodellen reduzieren sich die Projektmanagementaufgaben auf der Bauherrenseite regelmäßig auf die Vorbereitung der Vergabe (Definition der Vertragsziele für den Totalunternehmervertrag) und das Controlling.[261]

266 Infolge der Verlagerung von Steuerungsaufgaben auf Generalplaner, Generalunternehmer oder Totalunternehmer entsteht in deren Leistungs- und Aufgabenfeld (also auf der **Auftragnehmerseite) ein zusätzlicher Bedarf für Projektsteuerungsleistungen**.[262] Bei Großprojekten, insbesondere in

252 Quack hat mit Recht darauf hingewiesen, dass auch die General- und Totalübernehmer Projektmanagement/-steuerungsleistungen erbringen, vgl. Quack, in: Seminar rechtliche Problemstellungen beim Projektmanagement, S. 7, 13; derselbe BauR 1995, S. 27, 30; ausführlicher Kapellmann/Schiffers, Vergütung, Nachträge und Behinderungsfolgen beim Bauvertrag, Band 2, Rn. 400 ff.; vgl. auch Seeling, Bauwirtschaft 1982, 1757: »Übergibt aber der AG die Planung und Ausführung einem Generalübernehmer, so geht mit diesem Auftrag auch das Projektmanagement an diesen über.«

253 Nach Seeling, Bauwirtschaft 1982, 1757, »ist der Auftraggeber gut beraten, wenn er sich Kontrollfunktionen vorbehält und diese nicht mit an den Generalübernehmer oder Generalunternehmer vergibt, weil es vom Prinzip her keine echte Eigenkontrolle des Generalunternehmers geben kann«.

254 Will, Die Rolle des Bauherrn im Planungs- und Bauprozess, S. 205 ff.

255 Vgl. Mittelstädt, a. a. O., S. 126 f.

256 Vgl. Will, BauR 1984, 333, 349; weiterführend derselbe in: Die Rolle des Bauherrn im Planungs- und Bauprozess, S. 92 bis 123, 176 bis 205, 342 bis 362.

257 Volkmann, DAB 1997, 545; vgl. auch Sommer, DAB 1999, 313, 314 ff.: »Bei der Beauftragung eines Generalplaners entfallen für den Bauherrn große Teile der Aufgaben der Projektorganisation sowie die Koordination und die Abstimmung einer Vielzahl von Auftragnehmern. Probleme der Vertragsgestaltung und Vertragsabwicklung, aber auch das Geltendmachen von Ansprüchen wird auf ein Vertragswerk mit einem für das Gesamtwerk verantwortlichen Vertragspartner reduziert.«; vgl. auch Wenner, Der Generalplaner – Phänomen und Probleme, DAB 1999, 316; Kemper/Demko, Der Architekt als Generalplaner, DAB 1999, 658 ff.

258 Quack, BauR 1995, 30.

259 Vgl. dazu Rdn. 632 f.

260 Diederichs/Hutzelmeyer, Bauwirtschaft 1975, 1629, 1633.

261 Völlig entledigen kann sich der Auftraggeber seiner Aufgaben (Bauherrenfunktionen) nicht, worauf Terdenge zutreffend hinweist, vgl. Terdenge, Bauwirtschaft 1984, 147.

262 Kapellmann, Schlüsselfertiges Bauen, Rn. 7 f.: »Auch beim Schlüsselfertigbau muss der Auftraggeber ein Controlling, jedenfalls für Qualität (und evtl. Termine und Kosten) einsetzen und folglich bezahlen«; vgl. Diederichs/Hutzelmeyer, Bauwirtschaft 1975, 1629, 1633; Quack, in: Seminar rechtliche

der Vertragsform von Schlüsselfertigbauvorhaben, ist die Einschaltung von externen Projektsteuerern auf Auftragnehmerseite heute verbreitet.[263] Sowohl Generalunternehmer und Totalunternehmer als auch Generalplaner[264] fragen Projektsteuerungsleistungen nach. Praxisrelevant ist dabei insbesondere die Tätigkeit externer Projektsteuerungsbüros bei der Koordinierung der (Fach-)Planer oder der Nachunternehmer sowie im Nachtragsmanagement gegenüber dem Auftraggeber. Die Aufgaben eines »Bauherrn« im klassischen Sinne nimmt der Projektsteuerer in diesen Fällen nicht wahr.

Die Festlegung der in der **Projektleitung des Auftraggebers** verbliebenen sog. Bauherrenaufgaben 267
lässt sich dementsprechend **nur einzelfallbezogen**, nämlich danach bestimmen, welche Aufgaben sich der jeweilige Auftraggeber im Einzelfall selbst vorbehält.[265] *Quack* hält dementsprechend zutreffend fest:[266]

»... was zweckmäßige Beteiligungsaktivitäten (›Leistungen‹, ›Funktionen‹) des Auftraggebers i. S. des § 31 HOAI sind, lässt sich nicht generalisierend, sondern nur auf Grund einer konkreten Prüfung des Einzelfalls entscheiden. Damit ist aber die in der Norm verwendete ›Funktion des Auftraggebers‹ als abstrakt generelles Differenzierungs- und Anknüpfungskriterium ungeeignet.«

Problemstellungen beim Projektmanagement, S. 7, 13, formuliert: »So firmieren keineswegs zu Unrecht eine Reihe von Generalunternehmern als ›Projektmanagement‹-Gesellschaften. Es lässt sich nämlich schwer leugnen, dass General- oder Totalübernehmer schwerpunktmäßig Projektmanagement i. S. der betriebswirtschaftlichen Definitionen betreiben. Dabei werden Projektmanagement-Funktionen, die sonst beim Auftraggeber und Auftragnehmer anfallen, zusammengefasst«; vgl. hierzu auch Wingsch, Bauwirtschaft 1984, 1056.

263 Nach Homola, Die Rolle des Projektsteuerers im Wandel, S. 8 ff., hat der Projektsteuerer heute einen wichtigen Stellenwert auch für die Leistungserbringung bei Generalunternehmermodellen. Er führt aus: »Wenn vor ein paar Jahren der Eindruck entstanden ist, Projektsteuerer und Generalunternehmer schließen sich aus, so bleibt heute festzustellen, dass die meisten (und größten) Generalunternehmer ausnahmslos mit Projektsteuerern arbeiten und (umgekehrt) die etablierten Projektsteuerer plötzlich (fast) alle Generalunternehmer als Auftraggeber verzeichnen. ... So entsteht eine Projektsituation (kein Szenario, sondern Praxisbeispiel), bei der an einem Großprojekt ein Projektsteuerer als Bauherrenvertreter agiert, einer als Terminplaner des Generalübernehmers und ein Dritter als Koordinator der Planung und Ausführung tätig ist, ohne sich gegenseitig den Job streitig zu machen. Keine schlechten Aussichten, zumindest nicht für Projektsteuerer. ... Die Scheinlogik: ›Ich baue mit einem GU, also brauche ich keinen Projektsteuerer‹, ist schlichtweg falsch. Erstens bedarf die Beauftragung eines GUs einer noch sorgfältigeren Planung (und darüber sind sich alle Fachleute einig, da ein Festpreis und ein Termin sich bekanntlich nur für eine klar definierte Leistung ermitteln lassen) und dieser Prozess ist wohl zu steuern und das in allen vier Handlungsbereichen, Organisation, Qualität und Quantität, Kosten, Termine. Zweitens erfordert die Konzentration des Einflusses im Projekt an einen Vertragspartner – eben den GU – eine sorgfältige Kontrolle insbesondere der Qualität und diese kann man nicht nur kontrollieren, diese muss man erarbeiten. So ist die Abnahme aller Gewerke sicherlich notwendig, jedoch ersetzt diese nicht die Qualitätskontrolle vor Ort, welche – baubegleitend – bei allen qualitätsrelevanten Vorgängen stattfinden muss«; vgl. Seeling, Bauwirtschaft 1982, 1757: »Sehr große und komplexe Einzelaufträge erfordern ein eigenes AN-Projektmanagement, das sich aber an den Vorgaben und Bedürfnissen des übergeordneten AG-Projektmanagements orientieren muss.«

264 Der Projektsteuerer des Generalplaners übernimmt die »Planung der Planung«, insbesondere die Terminplanung in Bezug auf die einzelnen Planungspartner, die Kostenplanung (Zusammenstellung der Kostenermittlungen der Einzelplaner), das Kostencontrolling, sonstige wirtschaftliche Belange sowie die Vertragsgestaltung mit Subplanern.

265 So formuliert etwa Kämmerer, BauR 1996, 162, 164: »Das bedeutet aber noch nicht, dass der Bauherr diese Aufgaben nicht auf Architekten übertragen darf. Es gibt keine gesetzlichen Betätigungsverbote für Architekten und Ingenieure, und es gab sie auch nicht vor Erlass des § 31 HOAI. Die HOAI trägt jedoch zur Prägung des Berufsbildes der Architekten und Ingenieure bei, eines Bildes, in dem auch Projektsteuerer (als ihm bis dahin wesensfremde Tätigkeit) ihren Platz findet. Der Wortlaut des § 31 Abs. 1 HOAI ist demnach so zu verstehen, dass Projektsteuerung grundsätzlich nur als Aufgabe (und zwar als eine Obliegenheit, keine Pflicht) des Bauherrn betrachtet wird; schließt dieser einen Projektsteuerungsvertrag, dann wird Projektsteuerung zu einer Aufgabe (und zwar einer Pflicht) des Vertragspartners und als solche zur Auftragnehmerleistung.«

266 Quack, BauR 1995, 27, 30.

268 Als **Wesensmerkmal der Projektsteuerung** kann deshalb – entgegen einer vielfach geäußerten Auffassung – nicht ein bestimmter Umfang von sog. »Bauherrenaufgaben« (speziell sog. »delegierbarer Aufgaben«) verstanden werden. Kennzeichnend ist allenfalls, dass überhaupt projektbezogene Steuerungsfunktionen (i. S. von Organisation, Koordination, Leitung und Kontrolle) bei der Abwicklung eines Bauprojektes durch ein externes Unternehmen wahrgenommen werden.[267]

1.3.5 Fachbereichsübergreifende Tätigkeit

269 § 31 HOAI a.F. verlangte als weiteres Begriffsmerkmal, dass sich die Leistungen des Projektsteuerers auf **Projekte mit** *mehreren Fachbereichen* beziehen. Welche Bedeutung dieses Merkmal für die Qualifizierung von Projektsteuererleistungen hatte, war nicht abschließend geklärt.[268] *Heinrich* sah die Grundlage dieses Begriffselements in der prinzipiellen Unvereinbarkeit der §§ 15 und 31 HOAI a.F. Eine Projektsteuerung sei nur zulässig gewesen, wenn das einzelne Bauwerk Teil eines übergeordneten Gesamtprojektes sei. Für einen Projektsteuerer sei kein Raum, soweit der für das Vorhaben als Ganzes verantwortliche Planer bereits im Architekten vorhanden gewesen sei.[269] Dementsprechend wurde zum Teil angenommen, dass unter mehreren Fachbereichen eigenständige Planungsbereiche zu verstehen sind, die an mehrere Objektplaner zu jeweils eigenverantwortlichen Ausführungen vergeben werden müssten.[270] Auch dieser begrifflich angelegten Differenzierung kann nicht gefolgt werden.[271] Projektsteuerung kann auch bei Projekten, die aus nur einem – ggf. komplexen – Bauvorhaben bestehen, beauftragt werden und im Einzelfall sinnvoll sein. Insoweit reicht es aus, wenn Fachleute mehrerer Disziplinen bei einem Bauvorhaben benötigt werden. Diese Voraussetzung kann genaugenommen schon bei einem kleinen Gebäude erfüllt sein, bei dem Architekt, Statiker und Heizungsfachmann eingeschaltet sind.[272] Die interdisziplinäre Aufgabenstellung ist Kennzeichen jedes Projektrealisierungsprozesses, auch solcher, die sich in der Realisierung einer Bauaufgabe erschöpfen.[273] Das Merkmal der mehreren Fachbereiche will nur verdeutlichen, dass ein Projekt vorliegen muss, bei dem von seiner Komplexität her ein Koordinierungsaufwand zwischen verschiedenen am Bau fachlich Beteiligten zu erbringen ist. Erforderlich ist demnach nur, dass Fachleute unterschiedlicher Fachrichtungen zu koordinieren sind.[274] Die amtliche Begründung zu § 31 HOAI a.F. hatte darauf abgestellt, ob die Realisierung von größeren oder großen Projekten zur Lösung ansteht.[275] Das schließt aber nicht aus, dass auch bei einem Bauobjekt eine Projektsteuerung zulässig ist und auch von Vorteil sein kann.[276]

---

267 Vgl. Bohn/Heinzmann, in: Schäfer/Conzen, Immobilien-Projektentwicklung, S. 240, 241: Auf jeden Fall übernimmt das Projektmanagement – ob intern oder extern – originäre Bauherrenaufgaben.

268 Vgl. Quack, BauR 1995, 27, 29: »Es geht nicht an, eine derart weiche Begriffsbildung als Anknüpfung für eine normative Regelung zu verwenden.«

269 Heinrich, Der Baucontrollingvertrag, S. 74; Schill, Der Projektsteuerungsvertrag, S. 42, 46; ähnlich Quack, BauR 1995, 27, 29: »Es kann auch nicht an dem sein, dass Projektsteuerung bei jedem Einzelvorhaben (= Projekt) in Frage kommt, das mehrere ›Fachbereiche‹ beschäftigt, denn dann wäre bereits ein privater Garagenbau unter Hinzuziehung eines Statikers und eines Architekten ein Anlass für Projektsteuerung.«

270 Pott/Dahlhoff/Kniffka, HOAI, 8. Auflage 2006, § 31, Rn. 2; Löffelmann/Fleischmann, Architektenrecht, Rn. 1045.

271 So auch Locher/Koeble/Frik, HOAI, 9. Auflage 2005, § 31, Rn. 5; vgl. auch Mantscheff, in: Hesse/Korbion/Mantscheff/Vygen, HOAI, 4. Auflage 1996, § 31, Rn. 2.

272 Zutreffend Neuenfeld, a. a. O., § 31, Rn. 9.

273 So beinhaltet die Projektsteuerung immer die Einschaltung aller Fachdisziplinen (Fachbereiche), die zur Projektrealisierung notwendig sind, vgl. Madauss, Handbuch Projektmanagement, S. 9, 10.

274 Dazu noch Quack, BauR 1995, 27, 29.

275 Als Mindestgröße für die Einschaltung externer Projektsteuerer sind nach Diederichs, in: Hartmann, HOAI, Stand: Juni 2009, § 31, Rn. 3, S. 5 Investitionssummen ab 2,6 Mio. Euro zu nennen, in einigen Ausnahmefällen auch bereits ab 0,5 bis 1 Mio. Euro.

276 Zutreffend Wingsch, in: Hartmann, HOAI, Stand März 1998, § 31, Rn. 7, S. 20; Motzke/Wolff, Praxis der HOAI, S. 477: »Dabei bleibt unklar, warum es einem Auftraggeber für ein Gebäude mit nur einer

Angesichts des rein preisrechtlichen Charakters der **HOAI** hatte das Kriterium der fachübergreifenden Tätigkeit **keine zwingende Bedeutung** für die Bestimmung von Leistungsverpflichtungen und Vergütungsfolgen aus Projektsteuererverträgen. Es ist zwar zweckmäßig, Projektsteuerungsleistungen nur dann zu beauftragen, wenn fachübergreifende Koordinierungsleistungen in Frage stehen. Gleichwohl kann sich der Auftraggeber auch bei einem sehr einfach gelagerten Bauprojekt einen Projektsteuerer leisten.[277] 270

1.3.6 Weitere Kriterien

1.3.6.1 Projektsteuerung als Berufsaufgabe für Architekten und Ingenieure

Die vormalige Regelung der Projektsteuerung in der HOAI könnte zu der Annahme verleiten, dass die Projektsteuerung eine berufstypische Vorbehaltsaufgabe für Architekten und Ingenieure darstellt.[278] Das Preisrecht der HOAI hat allerdings nie Berufsbilder festgelegt. Zwar war lange Zeit zweifelhaft, ob die HOAI status- oder leistungsbezogen zu verstehen ist.[279] Der BGH hat mehrfach den leistungsbezogenen Anwendungsbereich der HOAI-Normen bestätigt.[280] Das Preisrecht der HOAI knüpft nach heute vorherrschender Auffassung nicht an das Tätigwerden bestimmter Berufsgruppen an.[281] Erst recht ist die HOAI nicht konzipiert, um bestimmte Vorbehaltsaufgaben für Berufsgruppen zu definieren. Hierfür fehlt es bereits an der entsprechenden Ermächtigung. 271

Es existiert auch außerhalb des Preisrechts – wie z. B. in den Landesarchitekten- und Ingenieurgesetzen – keine Rechtsnorm, welche die Projektsteuerung ausschließlich Architekten und Ingenieuren 272

Fachrichtung verwehrt sein soll, eine Projektsteuerung zu beauftragen oder einem Ingenieurbüro nicht möglich sein soll, einen derartigen Auftrag anzunehmen«; Heinrich, Der Baucontrollingvertrag, S. 44, formuliert: »Die Beschränkung der Projektsteuerungsleistung auf die Abwicklung von Projekten ›mit mehreren Fachbereichen‹, die § 31 Abs. 1 Satz 1 vorsieht, geht als Pleonasmus ins Leere. Komplexität ist ein Wesensmerkmal des Projektes – dass schon der Bau beispielsweise eines Familienhauses regelmäßig ›mehrere Fachbereiche‹ des Bauwesens beschäftigt, muss nicht weiter dargelegt werden.«

277 Die Projektsteuerung sollte aus wirtschaftlichen Gründen nur dort eingesetzt werden, wo Baumaßnahmen auf Grund der Komplexität eine besondere (terminliche und kostenmäßige) Koordination des Projektablaufes verlangen, was i. d. R. erst ab einer Größenordnung von 10 Mio. DM Herstellungskosten empfehlenswert ist. Bei kleineren Projekten empfiehlt sich der Einsatz eines Projektsteuerers dann, wenn sehr kurze Übergangstermine unbedingt eingehalten werden müssen oder sehr schwierige Randbedingungen vorhanden sind, vgl. Sommer, Der Architekt 1975, 75, 78.

278 Wie dies die DVP-Berufungsordnung für ihre Mitglieder vorsieht.

279 Vgl. dazu Kämmerer, BauR 1996, 162, 168 ff.

280 Z. B. BGH, Urteil vom 21.08.1997, Az. VII ZR 13/96, in: BauR 1997, 1062, Urteil vom 22.05.1997, Az. VII ZR 290/95, in: NJW 1997, 2329 m. w. N.

281 Dementsprechend müssen alle Leistungen der Projektsteuerung den allgemeinen Vorschriften der HOAI unterfallen, und zwar ohne Rücksicht auf den Status der leistenden Person; wegen der Unwirksamkeit des § 31 Abs. 2 HOAI spielt allerdings die Frage der Anwendung der HOAI lediglich noch für die Maßgeblichkeit der allgemeinen Bestimmungen der HOAI, insbesondere der §§ 6 bis 8 HOAI eine Rolle, vgl. dazu Rn. 5 u. 325; soweit man dem § 31 HOAI überhaupt einen Anwendungsbereich zuerkennen will. Vgl. Knipp, in: Seminar rechtliche Problemstellungen beim Projektmanagement, S. 21, 24: »Ist die Leistung, die nach der HOAI unter ein Leistungsbild fällt oder von anderen Bestimmungen gedeckt ist, einwandfrei erbracht, resultiert daraus der volle Honoraranspruch ohne Rücksicht auf den Status der leistenden Person. Diese Rechtsprechung (OLG Düsseldorf, Urteil vom 09.02.1979, Az. 22 U 200/78, in: BauR 1979, 352; OLG Köln, Urteil vom 19.04.1983, Az. 9 U 24/81, in: BauR 1985, 338; Urteil vom 03.05.1985, Az. 20 U 134/84, in: BauR 1986, 467) gilt auch für den Projektsteuerer.«

vorbehält.[282] Zwar sind die Berufsbezeichnungen Architekt bzw. Ingenieur geschützt,[283] es gibt jedoch **keinen geschützten Beruf des Projektsteuerers**. Die Projektsteuerertätigkeit kann vielmehr von jedweder Berufsgruppe erbracht werden.[284] Empirische Untersuchungen haben auch gezeigt, dass die als Projektsteuerer auftretenden Berufsträger unterschiedliche Ausbildungsgänge durchlaufen haben. Neben Architekten und Bauingenieuren sind Betriebswirte, Wirtschaftsingenieure und administratives technisches/kaufmännisches Personal als Projektsteuerer eingesetzt. Projektsteuerer entstammen nur etwa zur Hälfte den Universitäten/Hochschulen. Zur Hälfte haben sie sich auch durch Erfahrung, interne Schulungen und Seminare weitergebildet.[285]

273 Nach *Stork* stellt sich die Personalstruktur von Projektsteuerungsunternehmen wie folgt dar:[286]

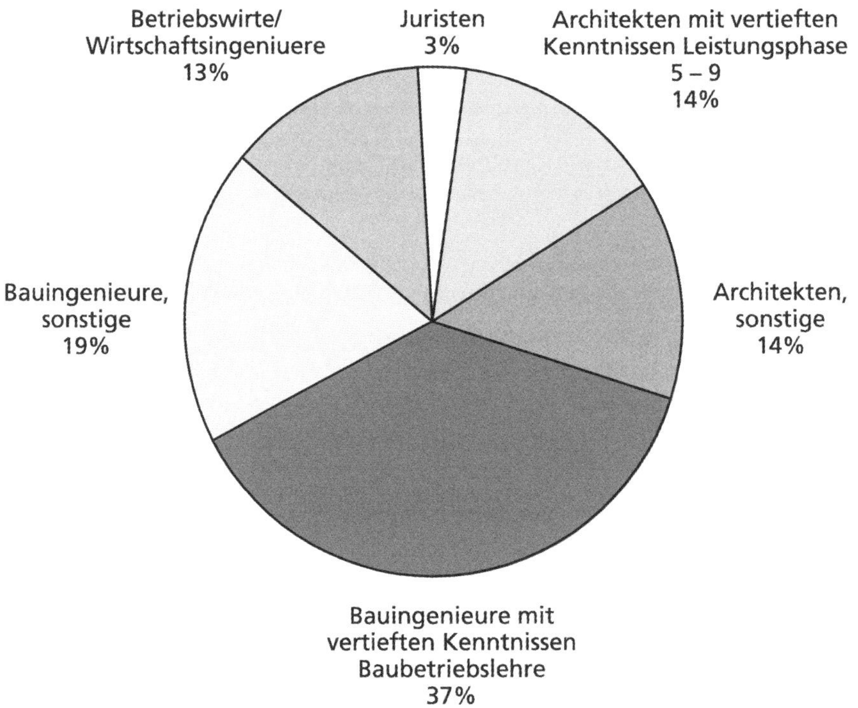

282 Selbst die Landesarchitektengesetze verbieten nicht in der Architektenliste eingetragenen Personen nicht, Architektenleistungen tatsächlich anzubieten oder durch hierzu befähigtes eigenes Personal zu erbringen. Die Architektengesetze definieren lediglich die Berufsaufgaben des Architekten, behalten diese aber nicht den eingetragenen Architekten vor, vgl. dazu ausführlich VGH Bad.-Württ., Urteil vom 06.10.1998, Az. 9 S 2652/96, in: DVBl. 1999, 50 f.; die unbefugte Verwendung der Berufsbezeichnung Architekt ist indessen ordnungswidrig: OLG Frankfurt, Beschluss vom 08.06.2010, Az. 2 Ss-OWi 300/10, in: IBR 2011, 35.

283 OLG Düsseldorf, Beschluss vom 06.12.2002, Az. 2b Ss-Owi 128/02, in: IBR 2004, 77; LG Frankenthal, Urteil vom. 18.02.2003, Az. 1 HK 252/02, in: IBR 2004, 208.

284 Vgl. Kalusche, DAB 1996, 1667; nach Locher, Rechtliche Grundlagen und Einordnung des Projektsteuerers, S. 1, ist zweifelhaft, ob es sich bei den Aufgaben der Projektsteuerung um Bereiche handelt, die Hauptmerkmale des Berufsbildes der Architekten und Ingenieure sind.

285 Vgl. Diederichs, in: Motzel, Projektmanagement in der Baupraxis, S. 16.

286 Stork, Projektsteuerung und Projektmanagement im Bauwesen, S. 53.

Fraglich kann allenfalls sein, ob der Projektsteuerer seinen Auftraggeber auf einen fehlenden Berufsabschluss als Architekt oder Bauingenieur ausdrücklich hinweisen muss. Übernimmt ein Nichtarchitekt Aufgaben der Objektplanung nach § 15 HOAI, ist er seinem Auftraggeber gegenüber grundsätzlich zur Aufklärung über das Fehlen der Architekteneigenschaft (fehlende Eintragung in die Architektenrolle) verpflichtet. Die unterlassene Aufklärung rechtfertigt i. d. R. die Anfechtung des abgeschlossenen Vertrages wegen arglistiger Täuschung durch den Auftraggeber.[287] Die Projektsteuerung ist allerdings nicht bestimmten Berufsgruppen vorbehalten. Schon § 31 HOAI a.F. rechtfertigte es nicht, anzunehmen, dass das Publikum mit dem Leistungsangebot Projektsteuerung regelmäßig einen in die Architekten- oder Ingenieurrolle eingetragenen Berufsträger verbindet. Ein Grund für die Anfechtung eines Projektsteuerervertrages besteht daher i. d. R. bei Verschweigen einer fehlenden Architekten- oder Bauingenieureigenschaft – mangels Irrtumserregung – nicht.[288] 274

Allerdings erwartet der geschäftliche Verkehr von einem Projektsteuerer eine bestimmte **Mindestqualifikation**, die es ihm ermöglicht, das in Rede stehende Bauvorhaben ordnungsgemäß zu steuern:[289] Vielfach werden Fähigkeiten und Kenntnisse erwartet, die denen eines ausgebildeten Architekten oder Bauingenieurs entsprechen. Die entsprechende Sachkompetenz muss aber nicht zwingend durch ein entsprechendes Studium erworben, sondern kann infolge praktischer Betätigung und Fortbildung erlangt worden sein. Verfügt der Projektsteuerer nicht über die Mindestqualifikation oder die Spezialkenntnisse, die bei der konkreten Bauprojektrealisierung von vornherein erkennbar benötigt werden, so muss er den Auftraggeber hierüber informieren.[290] Klärt der Auftragnehmer den Auftraggeber über die mangelnde Sach- und Fachkunde nicht auf, hat er dem Auftraggeber hieraus resultierende Schäden zu ersetzen.[291] Soll der Projektsteuerer etwa als Baubetreuer im sozialen Wohnungsbau tätig werden, hat er seinen Auftraggeber auch darauf hinzuweisen, falls er nicht oder nur mit Verzögerung gemäß den Wohnungsbauförderungsbestimmungen als Baubetreuer zugelassen werden kann.[292] 275

1.3.6.2 Neutralität und Unabhängigkeit

Nach der DVP-Berufsordnung ist die Projektsteuerung die neutrale und unabhängige Wahrnehmung von Auftraggeberfunktionen.[293] Ähnliche Vorgaben haben nationale und ausländische Berufs- und Fachverbände für die bei ihnen zusammengeschlossenen Projektmanager entwickelt.[294] 276

---

287 Vgl. OLG Nürnberg, Urteil vom 12.09.1997, Az. 6 U 2235/96, in: BauR 1998, 1273, 1274 f.; Locher/Koeble/Frik, HOAI, 9. Auflage 2005, § 1, Rn. 15 mit umfassenden weiteren Hinweisen.

288 Es ist auch nicht davon auszugehen, dass Auftraggeber bei der Übertragung von Tätigkeitsfeldern der Projektsteuerung davon ausgehen, dass diese entweder von Architekten oder zumindest Bauingenieuren angeboten werden. Etwas anderes kann allenfalls gelten, wenn dem Projektsteuerer wesentliche Teilaufgaben der Objektplanung, z. B. im Rahmen der Qualitäts- und Plankontrolle, übertragen werden, vgl. auch OLG Nürnberg, Urteil vom 12.09.1997, Az. 6 U 2235/96, in: BauR 1998, 1273, 1274.

289 Ähnlich für den nicht geschützten Begriff des Privatsachverständigen: OLG Köln, Urteil vom 08.08.1997, Az. 6 U 208/96, in: IBR 1998, 218.

290 BGH, Urteil vom 14.02.2001, Az. VII ZR 176/99, in: NZBau 2001, 270, 271 = BauR 2001, 823 = NJW 2000, 1276: Er muss ggf. auch darüber aufklären, dass es gesicherte bautechnische Erkenntnisse für die dem Auftraggeber vorschwebende Planung und Ausführung überhaupt nicht gibt, vgl. OLG Saarbrücken, Urteil vom 28.02.1996, Az. 5 U 553/95, in: NJW-RR 1998, 93, Revision vom BGH nicht angenommen, Beschluss vom 26.02.1997, Az. IV ZR 110/96, in: IBR 1998, 214 (für den Architekten).

291 BGH, Urteil vom 14.02.2001, Az. VII ZR 176/99, in: NZBau 2001, 270, 271 = BauR 2001, 823 = NJW 2000, 1276; OLG Köln, Urteil vom 15.02.2000, Az. 11 U 61/00, in: BauR 2001, 1271.

292 Vgl. OLG Düsseldorf, Urteil vom 10.03.1972, Az. 22 U 26/72, in: MDR 1972, 688.

293 Diederichs, in: Hartmann, HOAI, Stand Juni 2009, § 31, Rn. 2, S. 5 Stichwort »Projektsteuerung«.

294 Vgl. etwa dazu den Ethik-Kodex der GPM Deutsche Gesellschaft für Projektmanagement: »Integrität: Der Projektmanager beachtet die allgemein anerkannten gesellschaftlichen Werte und Gesetze, wo immer er auf der Welt tätig ist. Bei seinen Handlungen und Entscheidungen strebt er stets danach, Schaden vom Wohlergehen der Gesellschaft abzuwehren. Er ist bereit, Rechenschaft für sein Tun abzulegen. Bei

277 Derartige Anforderungen von Berufsverbänden dürfen nicht darüber hinwegtäuschen, dass die Projektsteuerung als Sachaufgabe der Projektrealisierung in den verschiedensten Organisationsformen erbracht werden kann. Sie kann z. B. auch durch interne Abteilungen des Auftraggebers oder durch – ggf. auftraggebernahe – selbstständige Rechtsträger erbracht werden. Von daher ist die **Neutralität** oder **Unabhängigkeit** der Leistungserbringer kein Begriffsmerkmal der Projektsteuerung.

278 Gleichwohl erfährt das Gebot der Wahrung der Interessen des Auftraggebers eine rechtliche Dimension, wenn der Projektsteuerer als **Geschäftsbesorger** entsprechende Leistungen übernimmt. Er darf dann ausschließlich Auftraggeberinteressen vertreten. Es ist ihm insbesondere verboten, Anbieter für Bauleistungen in irgendeiner Form zu bevorzugen. Verstößt der Projektsteuerer gegen dieses Verbot, macht er sich schadensersatzpflichtig und haftet für die dem Auftraggeber insoweit entstandenen Nachteile.[295] Erhält der Projektsteuerer z. B. – versteckte – **Provisionen** im Zusammenhang mit der Beauftragung von Projektbeteiligten, hat er diese nicht nur an den Auftraggeber herauszugeben, sondern macht sich auch strafbar.[296] Einem Projektsteuerer ist es aber nicht per se verboten, für die Vermittlung von Projektsteuerungsaufgaben an ihn eine Provision an einen Dritten zu zahlen.[297]

279 Nach Art. 10 § 3 MRVerbG ist eine Vereinbarung, durch die der Erwerber eines Grundstücks sich im Zusammenhang mit dem Erwerb verpflichtet, bei der Planung oder Ausführung eines Bauwerks auf dem Grundstück die Leistungen eines bestimmten Ingenieurs oder Architekten in Anspruch zu nehmen, unwirksam (**Koppelungsverbot**). Dieses Koppelungsverbot ist verfassungsgemäß.[298] Das Koppelungsverbot verfolgt den Zweck, die freie Wahl des Architekten durch den Bauwilligen allein nach Leistungskriterien und das typische Berufsbild des freien Architekten zu schützen sowie den Wettbewerb unter Architekten zu fördern. Diese Vorschrift setzt lediglich voraus, dass der Begünstigte den Status eines Architekten oder Ingenieurs hat.[299] Sie gilt daher grundsätzlich auch für freiberufliche Architekten, die über ihr Berufsbild prägenden Aufgaben hinaus zusätzliche Leistungen anbieten und damit als Projektsteuerer tätig werden.[300] Das Koppelungsverbot gilt jedoch nicht für Architekten, die gewerbsmäßig als Bauträger usw. tätig werden und nicht für Baubetreuungsunternehmen, Bauträger, Generalunternehmer mit Planungsverpflichtung und Generalübernehmer. Bei letzteren steht die Erstellung des Bauwerks im Vordergrund.[301]

280 Art. 10 § 3 MRVerbG richtet sich generell gegen jede Bindung, die den **Wettbewerb unter freiberuflichen Architekten** beeinträchtigen kann, sofern diese Bindung mit dem Erwerb eines Grundstücks zusammenhängt. Ein derartiger Zusammenhang besteht bei jeder Verpflichtung des

all seinen Handlungen und Entscheidungen bewahrt sich der Projektmanager seine Unabhängigkeit und Neutralität und ist loyaler Sachwalter seines Auftraggebers. Er hält die Vertraulichkeit von Informationen ein und schützt die Urheberrechte. Jede Form unlauterer Beeinflussung lehnt er strikt ab. Gleichzeitig verzichtet er selbst auf jede unlautere Interessenbeeinflussung. …«

295 Siehe zur Haftung Rdn. 1980.

296 Siehe dazu Rdn. 1167 f.

297 Allerdings ist einem Projektsteuerer nicht per se verboten, für die Vermittlung von Projektsteuerungsaufträgen an ihn Provisionen zu zahlen, vgl. dazu BGH, Urteil vom 18.03.1999, in: WM 1999, 1025, 1026 für Architekten; KG, Urteil vom 09.12.2002, Az. 24 U 1059/00, in: IBR 2004, 22; siehe auch LG Oldenburg, Urteil vom 10.01.2003, Az. 6 O 2429/02, in: IBR 2004, 323.

298 BVerfG, Beschluss vom 16.06.2011, Az. 1 BVR 2394/10, in: NZBau 2011, 563 = IBR 2011, 591; BGH, Urteil vom 14.07.2011, Az. VII ZR 142/09, NZBau 2011, 563, 564; BGH, Urteil vom 22.07.2010, VII ZR 144/09, NZBau 2010, 633.

299 Die Vorschrift ist berufsstandsbezogen auszulegen, vgl. BGH, Urteil vom 18.03.1993, Az. VII ZR 176/92, in: BauR 1993, 490.

300 BGH, Urteil vom 22.07.2010, VII ZR 144/09, NZBau 2010, 633; für den Baubetreuer: BGH, Urteil vom 29.09.1988, Az. VII ZR 94/88, in: NJW-RR 1989, 147; vgl. zum Anwendungsbereich des Art. 10 § 3 MRVerbG: Locher/Koeble/Frik, MRVerbG, § 3 Rn. 12.

301 BGH, Urteil vom 14.07.2011, Az. VII ZR 142/09, in: NZBau 2011, 563, 564 → hier gilt das gleiche wie oben in Fn. 175; BGH, Urteil vom 22.07.2010, VII ZR 144/09, NZBau 2010, 633.

Erwerbers eines Grundstücks zur Inanspruchnahme von Architektenleistungen, ohne die er rechtlich oder tatsächlich das Grundstück nicht hätte bekommen können.[302] Ein von einem freiberuflichen Architekten abgeschlossener Projektsteuerervertrag ist hiernach nichtig, wenn ein Erwerber ein Grundstück nur erwerben kann, wenn er mit dem Architekten, welcher Projektsteuerungsleistungen erbringt, einen Projektsteuerervertrag abschließen muss. Ein Vertrag, in dem der Veräußerer eines Grundstücks dem Projektsteuerer verspricht, darauf hinzuwirken, dass der Erwerber des Grundstücks dem Projektsteuerer die zu vergebenden Projektsteuerungsleistungen in Auftrag geben wird, ist indessen nicht ohne weiteres unwirksam.[303] Ist ein Architekt oder Ingenieur als Sieger aus einem Architektenwettbewerb hervorgegangen und wurden ihm zur Verwirklichung der Zielvorstellungen des Wettbewerbs Grundstücke von der Gemeinde an die Hand gegeben und die Bauwilligen an ihn verwiesen, ist eine verfassungskonforme Auslegung des Art. 10 § 3 MRVerbG dahin möglich, dass diese Fälle nicht vom Koppelungsverbot umfasst werden.[304] Ein Vertrag bleibt gleichfalls wirksam, wenn ein Bauwilliger an einen Architekten mit der Bitte herantritt, ein passendes Grundstück für ein bestimmtes Projekt zu vermitteln.[305]

Sofern ein Architekten- oder Ingenieurvertrag wegen Verstoßes gegen das Koppelungsverbot un- 281
wirksam ist, bleibt die **Haftung** für die mangelhafte Leistungserbringung hierdurch unberührt, etwa im Falle von Bauüberwachungsfehlern.[306]

Infolge der dauerhaften Übernahme von Bauherrenaufgaben einer Gebietskörperschaft kann der 282
Projektsteuerer – ohne formellen Bestellungsakt – sogar zum **Amtsträger** im Rechtssinne werden. Die Qualifikation kann unter anderem strafrechtliche Bedeutung haben. Der BGH hat jüngst den Tatbestand der Bestechung in Bezug auf einen »Planungs- und Prüfingenieur« bestätigt, weil dieser für eine Stadt Ausschreibungen durchgeführt und das Projektcontrolling übernommen hatte.[307] Ähnlich hat er zu Lasten eines selbständigen Ingenieurs entschieden, der langfristig von der Deutschen Bahn AG (DB Netz AG) eingesetzt war.[308]

Bewirbt sich ein Projektsteuerer im Rahmen eines **VOF-Vergabeverfahrens** um einen Auftrag, 283
erfordert § 4 Abs. 5 VOF die Neutralität und Unabhängigkeit des Unternehmens. Insbesondere müssen die Leistungen unabhängig von Ausführungs- und Lieferinteressen erbracht werden. Dies bedeutet allerdings nicht, dass sich ein mit einem Planungs- oder Bauunternehmen verbundenes Ingenieurbüro nicht um entsprechende Aufträge bewerben kann. Vielmehr kommt es darauf an, dass projektspezifisch weder eigene Produktions-, Handels- oder Lieferinteressen, noch fremde Interessen vertreten werden, die im Zusammenhang mit der beruflichen Tätigkeit als freiberuflicher Architekt oder Ingenieur stehen.[309]

---

302 Vgl. BGH, Urteil vom 19.02.1998, Az. VII ZR 236/96, in: BauR 1998, 579, 580 = ZfIR 1998, 277, 278; vgl. BGH, Urteil vom 06.04.2000, Az. VII ZR 455/98, in: NJW 2000, 2354, 2355 = NZBau 2000, 343, 344 = BauR 2000, 1213.

303 Vgl. BGH, Urteil vom 06.04.2000, Az. VII ZR 455/98, in: NJW 2000, 2354, 2355 = NZBau 2000, 343, 344 für den Architekten.

304 BGH, Urteil vom 22.07.2010, Az. VII ZR 144/09, in: NZBau 2010, 633.

305 BGH, Urteil vom 25.09.2008, Az. VII ZR 174/07, in: BauR 2008, 2059, 2060 = IBR 2008, 741.

306 OLG Köln, Urteil vom 30.07.2014, Az. 11 U 133/13, in: IBR 2014, 680.

307 Der Projektsteuerer hatte Bieterlisten sowie weitere Informationen gegen Geld freigegeben; vgl. BGH, Urteil vom 29.01.1998, Az. 1 StR 64/97, in: NJW 1998, 2373, 2374.

308 BGH, Urteil vom 19.06.2008, Az. 3 StR 490/07, in: IBR 2008, 583.

309 Vgl. dazu BKartA, Beschluss vom 17.04.2000, Az. VK 1 – 5/00, in: NZBau 2000, 580, 581; zum Teil anders, Ebert, NZBau 2000, 553, 554.

1.3.6.3 Freiberufliche Tätigkeit und Arbeitnehmerüberlassung

1.3.6.3.1 Grundlagen der Freiberuflichkeit

284 Die Frage, ob seine Berufsausübung freiberuflichen Charakter hat, kann für den Projektsteuerer nicht nur berufspolitisch relevant, sondern auch vergaberechtlich,[310] gesellschaftsrechtlich und steuerlich von Bedeutung sein. Es existiert zwar kein allgemein anerkannter, interdisziplinär verbindlicher Begriffsinhalt eines sog. freien Berufs.[311] Unverzichtbarer Kern des Typusbegriffs freiberufliche Leistung ist indessen die **eigenverantwortliche (selbstständige) Berufsausübung** auf der Grundlage einer personal-vertrauensvollen Beziehung zum Auftraggeber und einer qualifizierten Ausbildung.[312] Vergabe- und Steuerrecht knüpfen übereinstimmend an diese im Steuerrecht näher präzisierten Begriffselemente in § 18 Abs. 1 Nr. 1 EStG an. Das neue PartGG enthält in § 1 ebenfalls eine an § 18 Abs. 1 EStG angelehnte Definition freiberuflicher Tätigkeit. Entscheidend ist somit, ob der Betreffende einen der in § 18 Abs. 1 Nr. 1 EStG bzw. § 1 Abs. 2 PartGG genannten **Katalogberufe** ausübt (wozu z. B. Vermessungsingenieure, Ingenieure, Architekten gehören) oder zumindest einen sog. **»ähnlichen Beruf«** innehat.

1.3.6.3.2 Einzelheiten zum »ähnlichen Beruf«

285 Nicht explizit geregelt ist, wann ein sog. »ähnlicher Beruf« vorliegt. Voraussetzung für die Annahme eines privilegierten »ähnlichen Berufs« – z. B. für Projektsteuerer – ist nach herrschender Auffassung, dass der Betreffende auf Grund der Ausbildung, die i. d. R. ein Hoch- oder Fachhochschulstudium umfasst, in einer gewissen fachlichen Breite und Tiefe technische Werke planen, konstruieren, die Ausführung des Geplanten leitend anordnen oder überwachen können muss.[313] Der beratende Bauingenieur, auch der Baucontroller, kann hiernach freiberuflich tätig sein.[314] An den Voraussetzungen der Freiberuflichkeit fehlt es allerdings regelmäßig, wenn keine wissenschaftliche Ausbildung vorliegt, insbesondere kein Hochschul- oder Fachhochschulstudium zur Erlangung entsprechender wissenschaftlich fundierter Kenntnisse durchlaufen worden ist.[315] Es genügt nicht, wenn der Betreffende eine Tätigkeit ausübt, die auch von den Angehörigen der genannten Katalogberufe ausgeübt wird. Wer die für den Katalogberuf vorgeschriebene Ausbildung nicht besitzt, kann zwar die erforderlichen Kenntnisse auf andere Weise, insbesondere auch anhand von Arbeiten in seiner praktischen Berufstätigkeit nachweisen. Die so qualifizierte Arbeit muss aber den wesentlichen Teil der gesamten Berufstätigkeit ausmachen und dem ähnlichen Beruf das Gepräge i. S. des Katalogberufes geben. Auch darf die ausgeübte Tätigkeit nicht bloß einen kleinen Ausschnitt aus dem Katalogberuf darstellen. Nur derjenige, der entsprechend umfangreiche Kenntnisse bereits

---

310 Siehe dazu Rdn. 1707.

311 Vgl. BVerfG, Beschluss vom 25.10.1977, Az. 1 BvR 15/75, in: BStBl. II 1978, 125, 129; als Kennzeichen der Freiberuflichkeit werden eine normativ festgelegte Unabhängigkeit, Qualifikation, Gewissenhaftigkeit und Verschwiegenheit, in gewissem Umfang auch die Reglementierung von Werbung genannt, BVerfG, Beschluss vom 15.03.1967, Az. 1 BvR 575/67, in: NJW 1967, 1315; Kniffka, ZfBR 1995, 10, 12; Lenz, in: Meilicke/Hoffmann/Graf von Westphalen/Lenz, Partnerschaftsgesellschaftsgesetz, § 1, Rn. 23, formuliert: »Bei dem Begriff des freien Berufs handelt es sich um eine soziologische Wortschöpfung; eine justitiable Begriffsbildung würde daher auf unüberwindbare Schwierigkeiten stoßen.«

312 Vgl. hierzu Ulmer, PartGG, § 1, Rn. 32; Müller, FR 1995, 402, 404; Michalski/Römermann, PartGG, § 1, Rn. 30 ff.

313 Vgl. etwa Wacker, in: Schmidt, EStG, § 18, Rn. 125 ff. m. w. N.

314 BFH, Urteil vom 06.09.2006, Az. XI R 3/06, in: DStRE 2007, 92 für den Bauleiter; Urteil vom 11.09.1968, Az. I R 173/66, in: BFHE 93, 468; Urteil vom 30.04.1959, Az. IV 45/58 U, in: BFHE 69, 16; Sächsisches FG, Urteil vom 29.04.2005, Az. 2 K 503/01, in: DStRE 2006, 1514.

315 Dazu BFH, Urteil vom 17.11.1981, Az. VIII R 121/80, in: BFHE 135, 421 für einen selbstständig tätigen Bauleiter; FG Rheinland-Pfalz, Urteil vom 30.08.2000, Az. 1 K 3014/97, in: DstRE 2000, 1244 betreffend Umweltberater; vgl. auch BFH, Urteil vom 05.04.2004, Az. XI R 9/03, in: DStR 2004, 1739 für den freiberuflichen EDV-Berater.

nachgewiesen hat, kann sich auf einen Teilbereich spezialisieren.[316] Der Nachweis entsprechender Kenntnisse kann durch ein Sachverständigengutachten zur Wissensprüfung belegt werden.[317]

Für den Fall, dass Projektsteuererleistungen von Architekten oder Ingenieuren erbracht werden, die **selbstständig tätig** sind, ist grundsätzlich von einer freiberuflichen Berufsausübung auszugehen. Denn die Projektsteuerertätigkeit ist, wie die Aufnahme der Projektsteuerung in die HOAI zeigt, eine mit dem Architektenberuf und Ingenieurberuf eng verbundene Berufstätigkeit. Für den Architekten, der etwa Tätigkeiten auf dem Gebiet der Netzplantechnik ausführt, ist dies vom Finanzgericht Düsseldorf ausdrücklich festgestellt worden.[318] Wenn der Projektsteuerer allerdings keine Hochschulausbildung zum Architekten oder Bauingenieur durchlaufen hat, muss er eine diesem Berufsstand ähnliche wissenschaftliche Fundierung seiner Tätigkeit im beschriebenen Umfang nachweisen können. 286

Da es an einem **gesetzlich geregelten Ausbildungsgang** für den Projektsteuerer **fehlt**, ist eine freiberufliche Betätigungsform keineswegs gesichert.[319] Die Merkmale einer freiberuflichen Betätigung müssen somit in jedem Einzelfall festgestellt werden. Die Freiberuflichkeit ist mithin kein Wesensmerkmal der Projektsteuerung als solche. 287

Ein Ingenieur, der **im eigenen Namen Gebäude errichtet** oder errichten lässt, erzielt keine freiberuflichen, sondern gewerbliche Einkünfte.[320] Die Freiberuflichkeit kann auch entfallen und in eine gewerbliche Tätigkeit – u. a. mit der Konsequenz einer Gewerbesteuerpflichtigkeit der Berufsträger – umschlagen, wenn und soweit bestimmte **organisatorische und gesellschaftsrechtliche Voraussetzungen** nicht beachtet werden. 288

Die Freiberuflichkeit ist nur zu bejahen, solange im Einzelfall eine **eigenverantwortliche Berufsausübung** gesichert ist. Dadurch wird nicht ausgeschlossen, dass der Projektsteuerer seine Arbeitsleistung unter Mithilfe von fachlich vorgebildeten Arbeitskräften erbringen kann. Der Projektsteuerer muss jedoch dafür sorgen, dass die Tätigkeit im gesamten Unternehmen den Stempel seiner Eigenpersönlichkeit trägt. Das ist nur der Fall, sofern er zumindest die Grundzüge der Organisation und die Durchführung der Tätigkeiten festlegt; im Zweifel wird er dabei die Leitung des Projektsteuererteams für große Projekte selbst (oder durch Mitunternehmer/weitere Berufsträger als Gesellschafter) mit übernehmen müssen. Allein das Verhältnis freiberuflicher Berufsträger einerseits und der Zahl der eingesetzten Mitarbeiter andererseits kann schließlich zu einem Umschlagen von Quantität in Qualität führen, weil sich eine unbegrenzte Anzahl von Angestellten nicht mehr so führen und überwachen lässt, dass deren Tätigkeit ebenfalls den Stempel der Eigenpersönlichkeit des Inhabers trägt. Jedenfalls ab dem Einsatz von 20 fachlich vorgebildeten Hilfskräften (pro gesellschaftsrechtlich beteiligtem Projektsteuerer) wird die Aufrechterhaltung des Freiberuflerstatus problematisch.[321] Des Weiteren scheidet eine freiberufliche Tätigkeit aus, wenn der Projektsteuerer teilweise Aufträge an eigenverantwortlich tätige Nachunternehmer weitergibt.[322] Construction-Management-Modelle, 289

316 BFH, Urteil vom 16.10.1997, Az. IV R 19/97, in: DStR 1998, 416.

317 Hessisches FG, Urteil vom 10.05.2012, Az. 8 K 2576/10, in: DStRE 2013, 716; FG München, Urteil vom 27.11.2012, Az. 2 K 2146/10, in: DStRE 2013, 1228.

318 FG Düsseldorf, Urteil vom 29.10.1981, Az. III 185/76 E, in: EFG 1982, 304.

319 So zu Recht Kniffka, ZfBR 1995, 10, 12; im Einzelnen auch derselbe, in: Seminar rechtliche Problemstellungen beim Projektmanagement, S. 125, 140.

320 BFH, Urteil vom 18.10.2006, Az. XI R 10/06, in: NZBau 2007, 661, 662.

321 So FG Düsseldorf, Urteil vom 17.03.1993, Az. 14 K 112/88 G, in: EFG 1993, 512 für Hilfskräfte bei einem Steuerbevollmächtigten; gewerbliche Tätigkeit eines Ingenieurs bei 75 Angestellten, 12 fachlich besonders qualifizierten Kräften: BFH, Urteil vom 11.09.1968, Az. I R 173/66, in: BFHE 93, 468.

322 Vgl. BFH, Urteil vom 20.12.2000, Az. XI R 8/00, in: DStRE 2001, 577, 578: »Eine auf Grund eigener Fachkenntnisse eigenverantwortliche Tätigkeit liegt nur vor, wenn die persönliche Teilnahme des Berufsträgers an der praktischen Arbeit in ausreichendem Umfang gewährleistet ist. Die Eigenverantwortlichkeit erschöpft sich nicht darin, nach außen die Verantwortung für die ordnungsgemäße Durchführung des einzelnen Auftrages zu tragen. Die Ausführung jedes einzelnen Auftrages muss vielmehr

bei denen der Projektsteuerer als Contractor auftritt und damit als Auftraggeber verschiedener Planungs- und Ausführungsleistungen, führen daher unmittelbar zur Annahme einer gewerblichen Tätigkeit.

290 Die Freiberuflichkeit geht grundsätzlich nicht dadurch verloren, dass sich ein Projektsteuerer mit Angehörigen anderer freiberuflicher Berufe zur gemeinsamen Berufsausübung im Rahmen einer **Gesellschaft** zusammenschließt.[323]

291 Allerdings sind auch bei Zusammenschlüssen von Freiberuflern besondere Anforderungen zu beachten. Schließen sich Freiberufler zu einer **Personengesellschaft** (GBR, OHG, KG oder auch einer Partnerschaftsgesellschaft) zusammen, entfällt grundsätzlich nicht der Charakter der freiberuflichen Betätigung.[324] Etwas anderes gilt allerdings bei einem Zusammenschluss zu einer **Kapitalgesellschaft** (oder GmbH & Co.KG), die stets gewerbliche Einkünfte erzielt.

292 Nach der bisherigen Rechtsprechung des BFH wird die Tätigkeit aller Gesellschafter einer Freiberufler-Personengesellschaft gewerblich, wenn auch nur **eine einzige berufsfremde Person**, also eine solche, die nicht den Katalogberufen des § 18 Abs. 1 Nr. 1 EStG zuzuordnen ist oder keinen ähnlichen Beruf im oben genannten Sinne ausübt, gesellschaftsrechtlich beteiligt wird.[325] Bei einer interprofessionellen Freiberufler-Personengesellschaft müssen sämtliche Gesellschafter die Merkmale eines freien Berufs in eigener Person erfüllen.[326] Im Übrigen führt bereits ein relativ geringer Beteiligungsumfang eines Berufsfremden (z.B. 3,35 %) zu einer Infizierung der gesamten Einkünfte einer Freiberuflerpersonengesellschaft.[327]

293 Erbringen Architekten oder Ingenieure Leistungen in einer Personengesellschaft, dann müssen grundsätzlich alle Gesellschafter, auch mittelbar beteiligte Gesellschafter einer Obergesellschaft, Freiberufler sein.[328] Eine Architekten-Personengesellschaft, die letztlich Holdingfunktionen bei mehreren Architekten-/Ingenieurgesellschaften ausübt, ist ebenfalls gewerblich tätig.[329]

1.3.6.3.3 Steuerliche Risiken einer gewerblichen Betätigung des Projektsteuerers

294 Zur Vermeidung der negativen **steuerlichen Folgen der gewerblichen Betätigung** (Gewerbesteuer) hat der Projektsteuerer bei gemischten Tätigkeiten besondere Vorsorge zu treffen, wenn er die freiberufliche Einkunftserzielung wahren möchte. Insoweit unterscheidet die Finanzrechtsprechung danach, ob sich ausgeübte freiberufliche und gewerbliche Tätigkeiten trennen lassen. Bei trennbaren freiberuflichen und gewerblichen Tätigkeiten eines Unternehmers unterliegt ausschließlich die gewerbliche Betätigung der Gewerbesteuer.[330] Bei einer nicht trennbaren, einheitlichen Tätigkeit können auch geringfügigere gewerbliche Nebentätigkeiten die gesamte Tätigkeit eines Freiberuflers gewerblich werden lassen (sog. Infizierungs- und Abfärbetheorie des BFH).[331] Wenn ein selbständig

---

dem Steuerpflichtigen selbst und nicht den qualifizierten (freien) Mitarbeitern zuzurechnen sein. Es genügt daher nicht eine gelegentliche fachliche Überprüfung der Mitarbeiter.«

323 BFH, Urteil vom 06.09.2006, Az. XI R 3/06, in: DStRE 2007, 92.

324 Vgl. dazu BFH, Urteil vom 23.11.2000, Az. IV R 48/99, in: DB 2001, 363, 364.

325 BFH, Urteil vom 14.12.1993, Az. VIII R 13/93, in: DB 1994, 1852.

326 BFH, Urteil vom 28.10.2008, Az. VIII R 69/06, in: DStR 2009, 417.

327 BFH, Urteil vom 28.10.2008, Az. VIII R 69/06, in: DStR 2009, 417.

328 BFH, Urteil vom 28.10.2008, Az. VIII R 69/06, in: BFHE 223, 206.

329 BFH, Urteil vom 28.10.2008, Az. VIII R 73/06, in: IBR 2009, 427.

330 Vgl. dazu BFH, Urteil vom 08.10.2008, Az. VIII R 53/07, in: NJW 2009, 462; BFH, Urteil vom 02.10.2003, Az. IV R 48/01, in: DStR 2004, 221, 223.

331 Entsprechendes gilt, wenn der Projektsteuerer Provisionszahlungen vereinnahmt; vgl. BFH, Urteil vom 13.11.1997, Az. IV R 67/96, in: DStR 1998, 200, 201; zur Vermeidung der negativen steuerlichen Wirkungen kann die gewerbliche Betätigung in eine zweite (personenidentische) Personengesellschaft eingebracht und dort ausgeübt werden, vgl. BFH, Urteil vom 19.02.1998, Az. IV R 11/97, in: DStR 1998, 1379; das BVerfG hatte die Rechtsprechung des BFH jüngst bestätigt, BVerfG, Beschluss vom 15.01.2008, Az. 1 BvL 2/04, in: DStR 2008, 1003.

tätiger und ein angestellter Ingenieur jeweils einzelne Aufträge und Projekte eigenverantwortlich und leitend bearbeiten, so ist trotz der gleichartigen Tätigkeit eine Aufteilung der Einkünfte nicht ausgeschlossen und ggf. im Schätzungswege vorzunehmen mit der Folge, die vom Unternehmensinhaber selbst betreuten Aufträge und Projekte der freiberuflichen Tätigkeit zuzuordnen sind und nur die von dem Angestellten betreuten Aufträge und Projekte zu gewerblichen Einkünften führen.[332] Wenn ein Projektsteuerer neben seiner Projektsteuerungstätigkeit z. B. EDV-Produkte vertreibt, kann dies bei fehlender Aufteilbarkeit dazu führen, dass sämtliche Einkünfte als gewerblich anzusehen sind.[333] Während bislang lediglich unwesentliche Tätigkeiten unterhalb des Schwellenwertes von 1,25 % der Gesamteinkünfte als unerheblich angesehen wurden,[334] darf nach neuerer Auffassung des BFH einerseits eine Umsatzschwelle von 3% am Gesamtumsatz sowie andererseits eine absolute Grenze von 24.500, –€ netto im Veranlagungszeitraum nicht überschritten sein.[335]

1.3.6.3.4 Abgrenzung der freiberuflichen Tätigkeit von der eines Arbeitnehmers (Arbeitnehmerüberlassung)

Projektsteuerungsleistungen können nicht nur von freiberuflichen oder gewerblich tätigen Werk- oder Dienstleistern (freien Dienstleistern/freien Mitarbeitern/Industrieleistern) erbracht werden, sondern auch von angestellten Mitarbeitern, die dem Arbeitsrecht unterliegen.[336] Arbeitnehmer sind jedoch keine Freiberufler. Die Abgrenzung zwischen Freiberufler und Arbeitnehmer vollzieht sich danach, ob der Leistungserbringer seine Tätigkeiten selbstständig (Freiberufler) oder im Rahmen einer drittbestimmten Arbeitsorganisation (Arbeitnehmer) erbringt. Die Eingliederung des Arbeitnehmers in die fremde Arbeitsorganisation zeigt sich insbesondere daran, dass er einem Weisungsrecht seines Arbeitgebers unterliegt, das Inhalt, Durchführung, Zeit, Dauer und Ort der Tätigkeit umfasst.[337] Nach diesen Kriterien bestimmt sich auch, ob ein sog. »freier Mitarbeiter« als Freiberufler oder Arbeitnehmer qualifiziert werden muss. Nach der Rechtsprechung des BAG kommt ein Werkvertrag bei Fehlen eines abgrenzbaren, dem Auftragnehmer als eigene Leistung zurechenbaren und abnahmefähigen Werk kaum in Betracht, weil der Auftraggeber erst durch weitere Weisung den Gegenstand der vom Auftragnehmer zu erbringenden Leistungen erst bestimmen und damit organisieren muss. Zwar 295

332 BFH, Urteil vom 08.10.2008, VIII R 53/07, in: NJW 2009, 462, 464.

333 Vgl. BFH, Urteil vom 03.11.1997, Az. IV R 67/96, in: DStR 1998, 200, 201.

334 BFH, Urteil vom 11.08.1999, Az. XI R 12/98, in: NJW 2000, 312 = BB 1999, 2175, 2176.

335 BFH, Urteil vom 27.8. 2014, Az. VIII R 6/12.

336 Vgl. für einen freien Mitarbeiter (Projektingenieur): BGH, Urteil vom 06.04.1995, Az. VII ZR 36/94, in: BauR 1995, 731 = NJW 1995, 2629 = IBR 1995, 523.

337 Für die Abgrenzung von Bedeutung sind demnach in erster Linie die Umstände, unter denen die Dienstleistung zu erbringen ist, nicht die Bezeichnung, die die Parteien ihrem Rechtsverhältnis gegeben haben oder eine von ihnen gewünschte Rechtsfolge. Der jeweilige Vertragstyp ergibt sich aus dem wirklichen Geschäftsinhalt. Dieser wiederum folgt aus den getroffenen Vereinbarungen oder aus der tatsächlichen Durchführung des Vertrages. Widersprechen sich Vereinbarung und tatsächliche Durchführung, so ist Letztere maßgebend. Der Grad der persönlichen Abhängigkeit hängt auch von der Eigenart der jeweiligen Tätigkeit ab. Manche Tätigkeiten können sowohl im Rahmen des Arbeitsverhältnisses als auch im Rahmen eines freien Mitarbeiterverhältnisses erbracht werden, andere gewerbsmäßig nur im Rahmen eines Arbeitsverhältnisses. Letztlich kommt es zur Beantwortung der Frage, welches Rechtsverhältnis im konkreten Fall vorliegt, auf eine Gesamtwürdigung der maßgeblichen Umstände des Einzelfalls an. Arbeitnehmer ist hiernach insbesondere der Mitarbeiter, der nicht im Wesentlichen frei seine Tätigkeit gestalten und seine Arbeitszeit bestimmen kann, vgl. im Einzelnen BAG, Urteil vom 03.06.1998, Az. 5 AZR 656/97, in: NZA 1998, 1165 – 1167, 1166; vgl. auch LAG Köln, Urteil vom 24.08.1999, Az. 13 Sa 357/99, in: MDR 2000, 402 f. für den mit Planungs- und Bauleitungsaufgaben betreuten Diplom-Ingenieur; OLG Karlsruhe, Beschluss vom 24.10.2001, Az. 9 W 91/01, in: DB 2002, 379 f. für projektbezogene EDV-Arbeit; auch OLG Frankfurt, Urteil vom 14.03.2002, Az. 15 U 180/99, in: BauR 2002, 1874–1876 zum Architekten als freier Mitarbeiter.

stehe auch dem Auftraggeber eines Werkvertrages gegenüber dem Auftragnehmer das Recht zu, Anweisungen für die Ausführung des Werks zu erteilen. Davon abzugrenzen sei jedoch die Ausübung von Weisungsrechten bezüglich des Arbeitsvorgangs und der Zeiteinteilung. Weisungen, die sich ausschließlich auf das vereinbarte Werk beziehen, könnten im Rahmen des Werkvertrages erteilt werden. Werde die Tätigkeit aber durch den Auftraggeber geplant und organisiert, wird der Auftragnehmer in einen arbeitsteiligen Prozess in einer Weise eingegliedert, die eine eigenverantwortliche Organisation der Erstellung des vereinbarten Werkes faktisch ausschließt, liegt ein Arbeitsverhältnis nahe.[338]

296 Der Projektbezug der Tätigkeit eines angestellten Projektsteuerers kann die Befristung von Arbeitsverträgen nach § 14 Abs. 1 Satz 2 Nr. 1 TzBfG rechtfertigen.[339]

297 **Projektsteuerungsverträge im Zivil- und Arbeitsrecht**

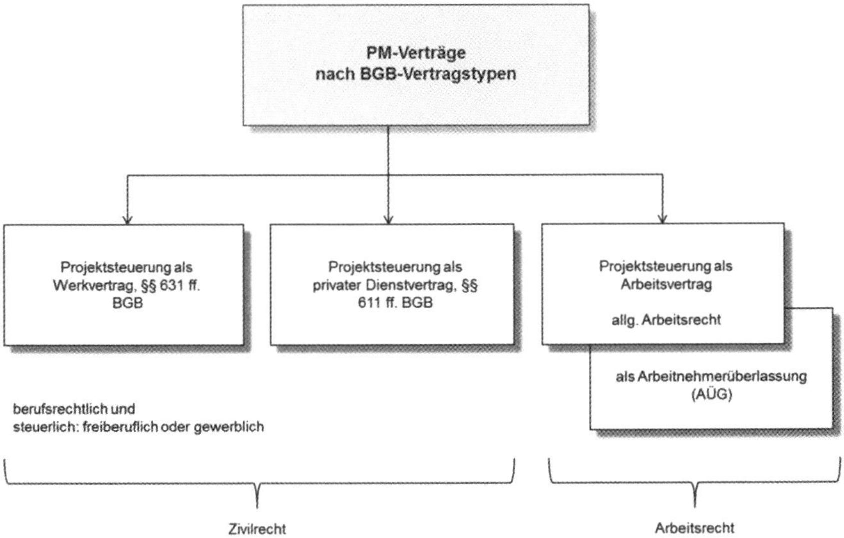

1.3.6.5 Projektsteuerertätigkeiten aufgrund von Arbeitsverhältnissen

298 Projektmanagementtätigkeiten werden vielfach auch von Arbeitnehmern erbracht, und zwar sowohl durch Mitarbeiter einer Auftraggeberorganisation wie auch durch Mitarbeiter eines Projektsteuererunternehmens oder eines sonstigen Planungs- oder ausführenden Unternehmens, welches Projektsteuerungsleistungen erbringt. In allen diesen Fällen liegt der Ausführung von Projektmanagementleistungen ein Arbeitsverhältnis zugrunde, sofern nicht eine hiervon abgrenzbare selbständige Tätigkeit, etwa in Form eines freien Mitarbeitervertrages anzunehmen ist, vgl. dazu Rdn. 245, 892 f.

299 Zunehmend finden auch Verträge Verbreitung, in deren Rahmen Projektsteuerungsunternehmen Arbeitnehmer für Baustellen abstellen. Dabei stehen zwei Konzeptvarianten im Vordergrund:
- Ausleihung von Arbeitnehmern im Rahmen von **Arbeitnehmerüberlassungsverträgen**
- Ermöglichung des Abschlusses von **befristeten Arbeitsverhältnissen** mit (vormaligen) Angestellten des Projektsteuererunternehmens bei Ruhenlassen des bisherigen Arbeitsverhältnisses.

338 BAG, Urteil vom 25.09.2013, Az. 10 AZR 282/12, in: NJW 2013, 3672–3675.
339 Vgl. BAG, Urteil vom 07.11.2007, Az. 7 AZR 484/06, in: NJW 2008, 1688–1692, 1689; BAG, Urteil vom 25.08.2004, Az. 7 AZR 7/04, in: MDR 2005, 582 f., 583.

Diese Varianten spielen insbesondere eine Rolle, wenn der Auftraggeber nur eine **temporäre Unterstützung** oder aber eine **Ergänzung** einer bereits vorhandenen Projektleitungsstruktur sucht. Dabei werden oft gleichzeitig vergaberechtliche Vorteile gesucht, denn der Abschluss von Arbeitsverhältnissen unterliegt nicht dem Vergaberecht des GWB, § 100 Abs. 3 GWB. Das gilt auch für befristete Arbeitsverhältnisse. Allerdings können Ablösevereinbarungen, bei denen das bisher arbeitgebende Projektsteuerungsunternehmen Mitarbeiter für das befristete Arbeitsverhältnis abstellt und das Arbeitsverhältnis im Übrigen ruhen lässt, eine vergabepflichtige Arbeitsvermittlung darstellen (mithin ein vergaberechtliches Dienstverhältnis). Der Schwellenwert ist dann allerdings grundsätzlich nur nach dem Ablöseentgelt für die Dauer des befristeten Arbeitsverhältnisses zu berechnen. Vertragsrechtlich ist immer zu beachten, dass die Zweckbefristung von Arbeitsverhältnissen zwar möglich ist, aber nach dem Teilzeit- und Befristungsgesetz (TzBfG) bestimmten Rahmenbedingungen unterliegt, insbesondere die Befristungsdauer auf 2 Jahre begrenzt ist, § 14 Abs. 2 TzBfG, so dass dieses Instrument für größere Projekte mit längeren Projektdauern oftmals ausscheiden wird.[340] 300

Die Arbeitnehmerüberlassung ist **vergaberechtlich** insofern **privilegiert**, als sie eine sogenannte nicht prioritäre Dienstleistung ist, deren Beauftragung nur sehr eingeschränkten vergaberechtlichen Anforderungen unterliegt, wobei sich diese im Wesentlichen auf Bekanntmachungspflichten beschränken. Vertragsrechtlich müssen die Anforderungen des Arbeitnehmerüberlassungsgesetzes (AÜG) eingehalten werden. 301

Die »Beschaffung« von Projektsteuerungsmitarbeitern im Wege der Arbeitnehmerüberlassung beinhaltet für den Auftraggeber ein **erhebliches Risiko**. Denn im Falle einer unerlaubten Arbeitnehmerüberlassung sind die Verträge zwischen dem Verleiher und dem Leiharbeitnehmer bzw. dem Entleiher nach § 9 Nr. 1 AÜG unwirksam und es kommt automatisch ein Arbeitsverhältnis zwischen dem Leiharbeitnehmer und dem Entleiher (Auftraggeber) nach § 10 Abs. 1 AÜG zustande, abgesehen von den damit verbundenen Ordnungswidrigkeiten. Nach § 9 Nr. 1 AÜG sind Verträge zwischen den Verleihern und Entleihern sowie zwischen Verleihern und Leiharbeitnehmern unwirksam mit der Konsequenz, dass der ausgeliehene Projektsteuerer zum Equal-pay-Grundsatz so wie ein eigener Arbeitnehmer des Auftraggebers zu behandeln ist, wenn 302

- der Verleiher nicht die erforderliche Arbeitnehmerüberlassungserlaubnis hat oder
- bei vorhandener Erlaubnis die Überlassung des Arbeitnehmers nicht eindeutig als Arbeitnehmeüberlassung kenntlich gemacht und als solche bezeichnet wird. Die nicht nur vorübergehende Arbeitnehmerüberlassung löst diese Rechtsfolge indessen nicht aus, vgl. BAG Urteil vom 10.12.2013, Az. 9 AZR 51/13, BB 2014, 700.

Der Auftraggeber sollte zur Vermeidung der gravierenden Folgen einer unzulässigen/verdeckten Arbeitnehmerüberlassung auf Vorlage einer Überlassungserlaubnis des Projektsteuerungsunternehmens bestehen. Zudem sind die weiteren vorgenannten Voraussetzungen einzuhalten.[341] 303

Das beschriebene Problem ist auch deshalb von erheblicher Bedeutung, weil dann, wenn Mitarbeiter in eine auftraggeberseitige Organisation abgestellt worden sind, sehr leicht die Grenze von einem freien Werk- oder Dienstvertrag zu einer **verdeckten Arbeitnehmerüberlassung** überschritten werden kann. Abgrenzungskriterien zwischen einem selbständigen Dienst- oder Werkvertrag und einer verdeckten Arbeitnehmerüberlassung ist wiederum die Eingliederung des Arbeitnehmers in den Betrieb des Unternehmers und dessen Weisungsabhängigkeit. Gegen die Einordnung als Arbeitnehmerüberlassung spricht nicht entscheidend, dass in einem Leistungsverzeichnis zu einem Werkvertrag die Vergütung der Arbeiten nach Einzelerfolgen berechnet wird.[342] Die Grenze zur arbeitsvertraglichen Anweisung wird insbesondere dann überschritten, wenn der Auftraggeber erst durch seine Anweisungen den Gegenstand der zu erbringenden Leistung bestimmt. Weisungen des Auftraggebers, die die Art und Weise der Arbeitsleistung (Inhalt, Zeit, 304

340 Petrovicki, Kolja, Projektbefristung von Arbeitsverhältnissen, NZA 2006, 411.
341 Franken, Johannes Peter, NZA 2013, 1142; Hamann, Wolfgang, NZA 2014, 3 f.
342 LAG Berlin-Brandenburg, Urteil vom 12.12.2012, Az. 15 Sa 1217/12, in: BB 2013, 1020.

Ort, Tempo, Ausführung) betreffen, indizieren eine Arbeitnehmerüberlassung. Allein werkbezogene Anweisungen (z.B. bestimmte Fertigungsmethoden, Qualitätsanforderungen, Reihenfolge, Stückzahl) dagegen nicht.

305 Vereinbaren Auftraggeber und externer Dienstleister das Tätigwerden im Rahmen eines freien Dienstvertrages, hängt die Frage, ob es sich bei der Aufgabenerfüllung durch Arbeitnehmer/freie Mitarbeiter des externen Dienstleisters um einen dienstvertraglichen Einsatz von Erfüllungsgehilfen oder um verkappte Arbeitnehmerüberlassungen handelt, phänomenologisch davon ab, wer (offen oder verdeckt) die arbeitsvertragstypischen Weisungen erteilt. Das Gelingensrisiko, die wirtschaftliche Verantwortlichkeit für den Eintritt des angestrebten Erfolgs, liegt in beiden Fällen beim Auftraggeber, da auch der freie Dienstverpflichtete allein das »Bemühen« schuldet, ebenso wie der Verleiher keine Gewähr für den Erfolg der überlassenen Arbeitstätigkeit trägt.[343] Legen die Vertragsparteien die zu erledigende Aufgabe und den Umfang der Arbeiten konkret fest, kann das für das Vorliegen eines Werkvertrages sprechen. Fehlt es an einem abgrenzbaren, dem Auftragnehmer als Eigenleistung zurechenbaren und abnahmefähigen Werk, kommt ein Werkvertrag kaum in Betracht, weil der »Auftraggeber« durch weitere Weisungen den Gegenstand der vom »Auftragnehmer« zu erbringenden Leistung erst bestimmen und dann mit Arbeit und Einsatz erst bindend organisieren muss. Richten sich die vom Auftragnehmer zu erbringenden Leistungen nach dem jeweiligen Bedarf des Auftraggebers, so kann auch darin ein Indiz gegen eine werk- und für eine arbeitsvertragliche Beziehung liegen.[344]

1.4 Projektmanagementeinsatzformen

306 Das Angebot von Projektmanagementleistungen in den Immobilien- und Baumärkten hat inzwischen einen gewissen Reifegrad erlangt. **Differenzierte Einsatzformen** haben sich herauskristallisiert.[345] Sie sollen nachfolgend im Einzelnen dargestellt werden.

343 LAG Baden-Württemberg, Urteil vom 01.08.2013, Az. 2 Sa 6/13, in: BB 2013, 2809; Lembke, Mark, NZA 2013, 1312.

344 BAG, Urteil vom 25.09.2013, Az. 10 AZR 282/12, in: NZA 2013, 1348.

345 Vgl. auch DVP, Strategien des Projektmanagements, Teil 8: Weiterentwicklung der Projektsteuerung zum Bauprojektmanagement, Frühjahrstagung 2003, DVP Verlag, Wuppertal 2003.

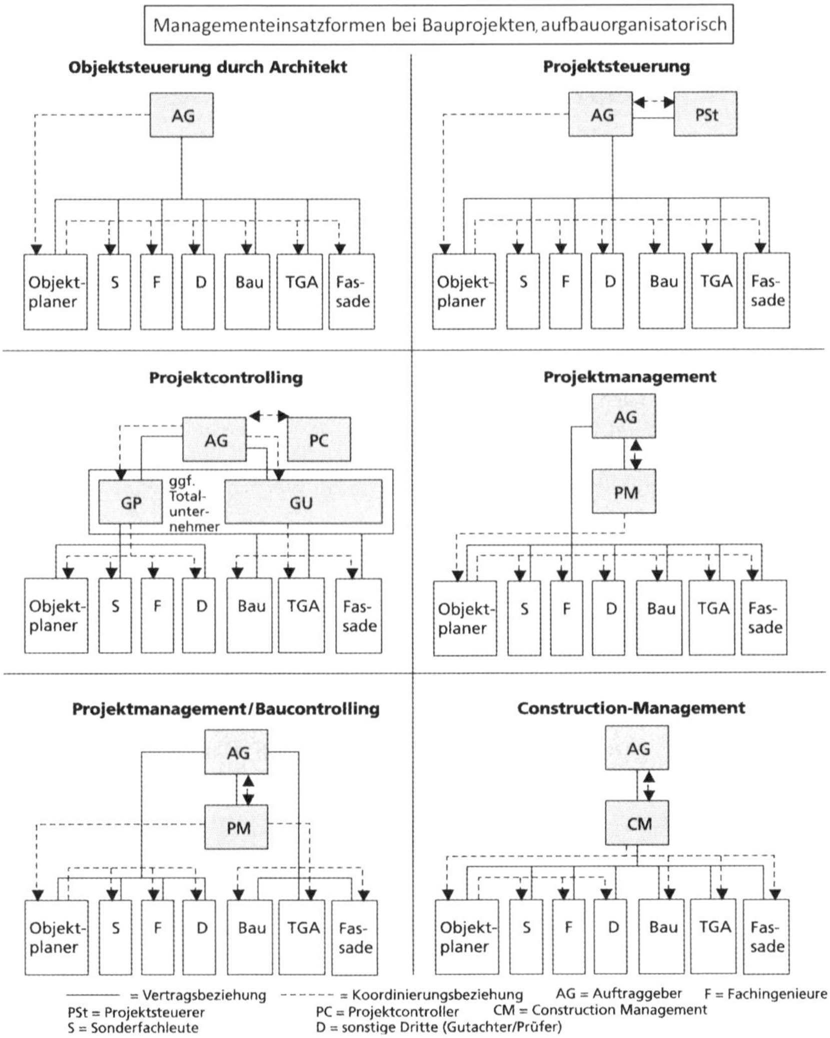

307 Dabei ist vorab darauf hinzuweisen, dass die in der Praxis anzutreffenden **Modelle keineswegs stets »in Reinform«** vorzufinden sind. Vielmehr gibt es eine Vielzahl unterschiedlicher und sich überschneidender Leistungsformen, die auf Grund besonderer Auftraggeberanforderungen und der Spezifika des jeweiligen Projektes ihre Prägung erhalten. Gleichwohl erscheint es zweckmäßig, zwischen verschiedenen Projektmanagementeinsatzformen zu differenzieren.[346]

308 Die Alltagskomplexität erfordert die Herausarbeitung strukturierter Muster, die es dem Durchschnittsverstand ermöglichen, die typischerweise verwickelten Details von komplexen Vorgängen zu ignorieren und mit bestimmten Begriffen operationable Vorstellungen zu verbinden. Eine entsprechende Modellbildung kann auch **Anknüpfungspunkt für die Herausbildung juristischer Vertragstypen** sein. Daraus leiten sich ggf. konkrete Rechtsfolgen ab, etwa Erleichterungen bei der Vertragsgestaltung und der Kontrolle vorformulierter Vertragsbestimmungen. Eine klare

346 Siehe auch die Unterteilungsversuche bei Knipp, in: Heiermann/Franke/Knipp, Baubegleitende Rechtsberatung, S. 393, die zum Teil von der hier vertretenen Differenzierung – unwesentlich – abweichen.

Begriffsdifferenzierung erleichtert zudem die Herausbildung eines gemeinsamen Fachverständnisses und die Professionalisierung.

309 **Begriffe zu Projektmanagementeinsatzformen**

Projektleitung

Ist die für die Dauer eines Projektes geschaffene Organisationseinheit des Auftraggebers, die für die Planung, Steuerung und Überwachung des Objekts verantwortlich ist, insbesondere für die Projektrealisierung notwendigen Bedingungen schafft, Ressourcen bereitstellt und Entscheidungen herbeiführt und ggf. durchsetzt.

Projektsteuerung

Ist die beratende (und in Stabsfunktion erbrachte) Unterstützung des Auftraggebers bei der Realisierung eines Bauprojektes in den Handlungsbereichen Organisation, Qualität, Termin- und Kostensicherheit.

Projektmanagement[346]

Beinhaltet sowohl die beratende Unterstützung des AG als auch – in einem projektspezifischen Umfang – das Treffen von Entscheidungen sowie die eigenverantwortliche Koordination der Projektbeteiligten und Durchsetzung der Rechte des Auftraggebers zur Wahrung der Organisations-, Qualitäts-, Termin- und Kostenziele.

Projektcontrolling

Ist die Summe der Prozesse und Regeln zum Zwecke der begleitenden Überwachung eines Projektes, entweder als Teilfunktion der Projektsteuerung/des Projektmanagements oder aber als selbstständige Einsatzform bei Generalunternehmer-/Generalübernehmereinsatz.

Construction Management

Beinhaltet Projektmanagement-Einsatzformen, bei denen der Projektmanager als Geschäftsbesorger des Auftraggebers ausführende Unternehmen und ggf. auch Planer im eigenen Namen beauftragt und eigenverantwortlich steuert, ggf. unter Übernahme von Termin- und Kostenverantwortung (garantierter Maximumpreis, GMP).

310 Darüber hinaus ergeben sich infolge klarer **Begriffs- und Typenbildung** handfeste wirtschaftliche Vorteile für Anbieter komplexer Dienstleistungen im Projektgeschäft. Denn hier gilt es, auf bestimmte Projekte zugeschnittene Angebote marktfähig zu machen. Der Auftraggeber soll für bestimmte Projektsituationen nicht immer neue – individuelle – Lösungen für projektspezifische Unterstützungsleistungen erarbeiten, sondern von der Anbieterseite entwickelte Modelle aufgreifen können. Aus juristischer Sicht geht es in diesem Zusammenhang darum, Leistungsbilder und Wertungskriterien für die Ausschreibung von Projektmanagementleistungen innerhalb der Rahmenbedingungen der VOF zu erarbeiten.

311 Demnach kann schwerlich darauf verzichtet werden, anhand der in der Praxis aufzufindenden **Grundtypen**, Projektmanagementeinsatzformen herauszuarbeiten. Die unterschiedlichen Projektmanagementeinsatzformen haben sich auch längst verselbständigt und etabliert. Die differenzierteste Zuordnung einzelner Projektmanagementleistungen zu den einzelnen Einsatzformen (entsprechend dem heutigen Kenntnisstand) hat *Mittelstädt* vorgestellt.[348] Nachfolgend werden die in der Praxis vorherrschenden Grundtypen von Projektmanagementeinsatzformen anhand eines »Stufenmodells« dargestellt.

347 Hier: Projektmanagement im engen Sinne. Nach der DIN 69901 wird Projektmanagement als Oberbegriff aller projektbezogenen Managementfunktionen angesehen, umfasst also Projektleitung und Projektsteuerung.

348 Mittelstädt, Leitlinie zur projektbezogenen Spezifikation und erfolgsabhängigen Honorarbemessung bei extern beauftragten Projektmanagement-Leistungen im Hochbauch, Anlage 7, dort Projektmanagementleistungsbild, S. 1 bis 74.

Übersicht Einsatzformen des Projektmanagements 312

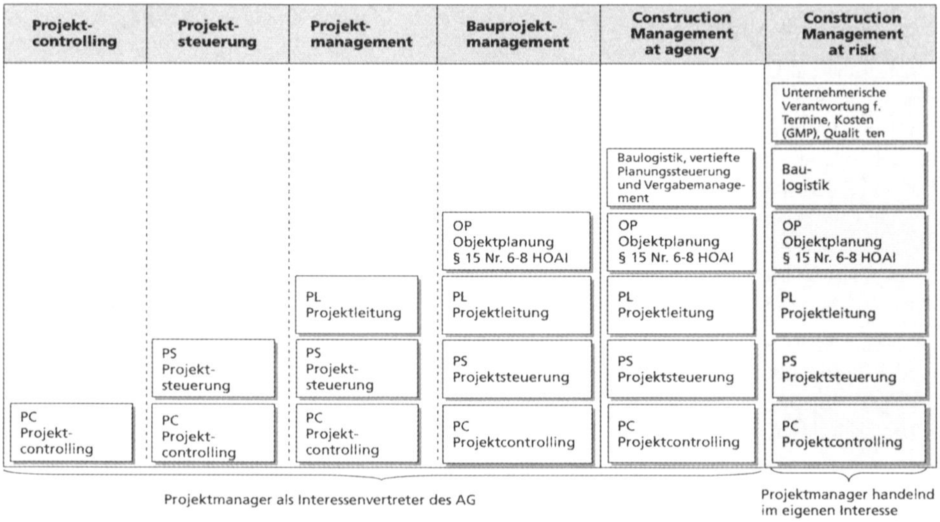

1.4.1 Projektsteuerung

Die Begriffe **Projektsteuerung und Projektmanagement** werden vielfach als **Oberbegriffe** für Managementfunktionen bei einem Projekt verstanden. Oft wird nur auf den Begriff der Projektsteuerung abgestellt. Dies hat im Wesentlichen historische Wurzeln und ist maßgeblich auf die Einflüsse des DVP (Verband Deutscher Projektmanager in der Immobilien- und Bauwirtschaft) zurückzuführen, der mit seiner Leistungs- und Honorarordnung für die Projektsteuerung gewisse Benchmarks gesetzt hat.[349] 313

1.4.1.1 Der Begriff Projektsteuerung

Projektsteuerungsleistungen haben ihre Wurzel in technisch-wirtschaftlichen Unterstützungsangeboten für Auftraggeber, die Bau- und Immobilienprojekte realisieren. Unter den deutschen Marktverhältnissen haben DVP und AHO mit einem eher **»puristischen Ansatz«** versucht, die zunächst sehr heterogenen und diffusen Entwicklungen in Deutschland seit 1968 unter dem Begriff Projektsteuerung zu konturieren. **Maßgebliche Paradigmen dieses Ansatzes** waren: 314
- Neutrale und unabhängige Wahrnehmung von Auftraggeberaufgaben in beratender Stabsfunktion,
- möglichst keine Überschneidung von Grundleistungen der Projektsteuerung mit Grundleistungen anderer Leistungsbilder nach HOAI,
- Honorarermittlung für die Projektsteuerer nach den in der HOAI vorgesehenen Honorarparametern.[350]

Dieses Unterstützungsmodell basiert auf **zwei zentralen Leistungsinhalten der Projektsteuerung**: 315
- Die Aufgabenwahrnehmung zur Stabilisierung des Projektes/der Projektorganisation gegenüber dem sozialen Umfeld (Organisation, Information, Koordination und Dokumentation) sowie
- die auf fachtechnischem Sachverstand basierende Beratung des Auftraggebers zu Kernprozessen der Projektrealisierung (Qualitäten und Quantitäten; Kosten und Finanzierung; Termine und Kapazitäten).

349 Vgl. dazu Rdn. 56 f.

350 Vgl. etwa Diederichs in: Strategien des Projektmanagements, Teil 7, Paradigmenwechsel im Baumanagement, DVP-Verlag, Wuppertal, Referat: Warum brauchen wir einen Paradigmenwechsel im Baumanagement (Einführung)?, S. 2.

316 Mit der im Ausgangspunkt **starken Fixierung** der Unterstützungsleistungen **auf eine reine Beratungsfunktion** (Stabsfunktion) grenzt sich das Projektsteuerungsmodell von den sog. Projektmanagementmodellen ab.[351]

317 Ein Kernbestandteil des Geschäftsmodells ist die Grenzziehung der Projektsteuerungstätigkeiten gegenüber den Leistungsbildern weiterer Projektbeteiligter (insbesondere der Objektplaner) anhand der HOAI. Hierdurch wurde der Projektsteuerer zum Entscheidungsvorbereiter des Auftraggebers und Kontrolleur des Objektplaners (»**Projektsteuerer als Planer des Planers**«).[352] Die Ebene der Ausführung koordiniert er dabei regelmäßig nur mittelbar, nämlich durch die Kontrolle der Objektplaner (z. B. während der Objektüberwachung). Zielstellung des Geschäftsmodells ist die Schließung von Lücken in den Leistungsbildern der Objektplanung wie auch die Steuerung und Kontrolle der objektplanenden Tätigkeit selbst, die zumeist als zu designorientiert und zu wenig kostenbewusst wahrgenommen wird.

318 Dieses in seiner Reinform klar konturierte und auf eingeübten Schnittstellen basierende Geschäftsmodell hat **bis heute seine Bedeutung behalten**. Es kann seiner Aufgabenstellung vornehmlich bei der Steuerung mehrerer Einzelobjekte wie auch mittelgroßer Projekte mit qualifizierten Objektplanern und fachlich Beteiligten gerecht werden (klassische Projektsteuerung).

319 Diese Einsatzform der Projektsteuerung in diesem Sinne wird durch eine Vertragsklausel aus einem Projektsteuerungsvertrag des BMUB (2013) verdeutlicht:

> *»Zur Sicherung der in … genannten Projektziele und der Anforderungen an Quantitäten und Qualitäten, zur Begrenzung der Investitions- und Betriebskosten und zur Einhaltung von Terminen hat der Auftragnehmer den Auftraggeber auf der Grundlage der ihm zur Verfügung gestellten Unterlagen unter Beachtung der für öffentliche Auftraggeber geltenden Vorschriften zu beraten und durch begründete Vorlagen in die Lage zu versetzen,* **rechtzeitig** *die zur Projektleitung* **erforderlichen Entscheidungen zu treffen**.
>
> *Der Auftragnehmer hat zur Wahrung der Projektziele im Rahmen seine Leistungen Soll-Daten vorzugeben, die selben zu kontrollieren und zu steuern. Zur Vorgabe der Soll-Daten wird gehört das Planen, Ermitteln, Überprüfen, Festlegungen und Vorgeben. Zur Kontrolle gehört Überprüfen, Vergleichen und Analysieren mit Soll-Ist-Vergleich, insbesondere hinsichtlich der vereinbarten Termine, Kosten und Qualitäten. Die Steuerung umfasst die Vorlage einer Abweichungsanalyse, das Vorschlagen und Anpassen von Anpassungsmaßnahmen sowie Aktualisieren der Vorgaben und Fortschreiben von Soll-Daten auf der Grundlage Anpassungs- und Steuerungsmaßnahmen.*
>
> 320 *Der Auftragnehmer ist verpflichtet, seine Leistungen in Abstimmung mit den anderen fachlich Beteiligten, insbesondere den Planern, den Fachplanern und den Baubeteiligten zu erbringen, deren Leistungen bei der eigenen Leistungserbringung zu berücksichtigen und auf Einhaltung der Vertrags- und Projektziele zu überprüfen. Der Auftragnehmer hat für eine vertragsgerechte Leistungserfüllung sämtlicher Projektbeteiligter, insbesondere der Planer, der Fachplaner und sonstiger Projektbeteiligter sowie für eine Kontrolle aller planerischen und bauausführenden Fachbereiche im Sinne einer kompetenten, fachlichen und ganzheitlichen Unterstützung des Auftraggebers zur Erreichung der oben genannten Vertrags- und Projektziele Sorge zu tragen. Der Auftragnehmer ist verpflichtet, die Interessen des Auftraggebers gewissenhaft wahrzunehmen und in jedem Stadium der Abwicklung dieses Vertrages eng mit dem Auftraggeber zusammenzuarbeiten, die Leistungen des Auftraggebers und der übrigen Baubeteiligten mit seinen Leistungen abzustimmen, den Auftraggeber fortlaufend zu informieren und alle auftretenden Probleme in enger Zusammenarbeit mit dem Auftraggeber und den Projektbeteiligten zu klären.*
>
> *Die Leistungen des Auftragnehmers haben ihren Schwerpunkt in ihrem Beitrag zur qualitativen und quantitativen sowie technischen, wirtschaftlichen und organisatorischen Erfüllung der Projektziele. Leistungen in rechtlichen Angelegenheiten werden nur als Hilfs- und Nebentätigkeiten i.S. des Rechtsberatungsgesetzes geschuldet.*
>
> *Der Auftragnehmer hat Planung und Bauablauf generell auf Wirtschaftlichkeit und Sparsamkeit zu prüfen und zielgerechte Einsparmöglichkeiten so rechtzeitig entscheidungsreif aufzuzeigen, dass der Auftraggeber noch steuernd eingreifen kann.«*

351 Vgl. dazu Rdn. 332 f.

352 So Motzke/Wolff, Praxis der HOAI, S. 480.

1.4.1.2 Leistungserweiterungen der Projektsteuerung

Infolge der generell gestiegenen Anforderungen an die Immobilienprojektentwicklung und des Bauens sowie daraus resultierender anspruchsvollerer Anforderungsprofile der Auftraggeberschaft sind die Projektsteuerungsmodelle fortentwickelt worden. Das erstmals im Jahre 1996 veröffentlichte AHO-Leistungsbild ist einer derartigen, bereits weiterentwickelten Projektsteuerung zuzuordnen. Im Rahmen derartiger Modelle setzt der Projektsteuerer/Projektmanager eigene Werkzeuge ein, die von der Einrichtung einer eigenen Projektkommunikationsplattform bis hin zu differenzierten Termin- und Kostencontrolling-Werkzeugen für das Projektmanagement bei komplexen Bauprojekten reichen. Die Projektsteuerung einer solchen »entwickelten Form« bestimmt in mannigfachen Ausprägungen die heutige Projektpraxis. 321

Weidlich[353] hat die Entwicklungstendenzen wie folgt skizziert: 322

»Ohne Wertung festzustellen ist, dass sich das Rollen- und Leistungsverhältnis der Projektsteuerer (etwas polarisierend dargestellt) zwischen zwei Positionen einordnen lässt.

a) Projektsteuerung sehr stabsstellenorientiert mit ausgeprägtem Schwerpunkt auf Organisation, Koordination, Verwaltung und Dokumentation. Hinsichtlich der inhaltlichen Handlungsbereiche ›Termine‹, ›Kosten‹ und ›Qualitäten‹ wird im Wesentlichen die Kontrolle der Ausschreibungen wahrgenommen, die von den Architekten und Fachingenieuren im Rahmen der HOAI-Leistungen erbracht werden. Eigene Ausarbeitungen, wie z. B. Kostenermittlungen, werden dabei nur zum Teil oder nicht erbracht. Eigene fachliche Stellungnahmen oder Empfehlungen erfolgen i. d. R. nicht.

b) Projektsteuerung sehr inhaltlich und leitungsorientiert. Neben der Organisation, Koordination und Dokumentation werden weitere eigene Leistungsschwerpunkte in der Bearbeitung der inhaltlichen Handlungsbereiche ›Termine‹, ›Kosten‹ und ›Qualitäten‹ gesehen. Es werden detaillierte Planungsprogramme für Architekten und Ingenieure erarbeitet, die Leistungen der Objektplaner werden kontinuierlich inhaltlich geprüft (Planungsprüfung, Funktionsprüfung, vollständiges Lesen der Leistungsverzeichnisse mit Prüfung auf Übereinstimmung mit den Planungsfestlegungen) und auch die Leistungen der ausführenden Unternehmen werden vor Ort auf der Baustelle auf Übereinstimmung mit den Auftragsleistungsverzeichnissen, Planungsfestlegungen und den Qualitätsvorgaben überwacht. Zum Erreichen von frühzeitiger Kostensicherheit und Kostentransparenz werden eigene Kostenermittlungen nach der Kostenelementmethode durchgeführt. Zur Kostensteuerung werden – sofern erforderlich – eigene Vorschläge für technisch-wirtschaftliche Planungsalternativen zum Kalkulationssystem, zur Fassade, zum Ausbau und zur technischen Ausrüstung erarbeitet, die in den Abstimmungs- und Entscheidungsprozess mit den Architekten und Fachingenieuren und dem Bauherrn einfließen. 323

Projektsteuerung wird bei diesem Rollenverständnis auch als aktives Eingreifen in die Planungsinhalte verstanden.«

Projektsteuerer bieten vielfach **ergänzende Leistungen** an. Hierbei kann es sich handeln um 324

- einzelne Grund- oder Besondere Leistungen aus dem Leistungsbild der Objektplanung,
- vorgelagerte Aufgaben der Projektentwicklung,
- parallele bzw. nachlaufende Aufgaben des Facility Managements,
- Aufgaben der Vermarktung,
- SiGe-Koordination,[354]
- Beratungsleistungen zu Fachplanungsfunktionen (z. B. Fassadenberatung/TGA-Beratung).

Auftraggeber können dementsprechend bei der Beauftragung von Projektsteuerern und -managern vielfach **zusätzliches technisch-wirtschaftliches Know-how** nachfragen. Im Falle des Einsatzes einer entsprechend erweiterten Projektsteuerung erhalten sie ergänzende technische Fachfunktionen 325

353 Weidlich, Rollenverständnis der Projektsteuerung am Beispiel des Handlungsbereiches Kosten und Finanzierung, in DVP, Strategien des Projektmanagements, Teil 6: Künftige Anforderungen an das Baumanagement aus der Sicht von DVP-Mitgliedern, S. 8 ff.

354 Zur Möglichkeit der Übertragung der SiGe-Koordination auf den Projektsteuerer nach § 4 Baustellenverordnung auch Meurer, DAB 2002, 49, 55.

»aus einer Hand«. Sie erreichen eine vereinfachte Koordination und eine einheitliche Verantwortung bei komplexeren Steuerungszusammenhängen.[355]

1.4.1.3 Nutzerprojektmanagement

326 Die gebräuchlichen Leistungsbilder der Projektsteuerung gehen davon aus, dass der Auftraggeber des Projektsteuerers seinen Nutzerbedarf selbst definiert und deshalb die Anforderungen an die Nutzung und die Interessenwahrnehmung aus der Nutzerperspektive eigenverantwortlich vorgibt. Vielfach ist es jedoch so, dass verselbständigte Nutzerorganisationen bestehen oder externe Nutzer (Mieter) mit ihren eigenen Interessen bei dem Projektmanagement der Bauplanung und Bauerrichtung zu berücksichtigen sind. Standardleistungsbilder decken die Koordinierung entsprechender Nutzerinteressen nicht ab. Insbesondere dann, wenn ein Nutzer selbst zur Interessenwahrnehmung im Rahmen der Errichtung eines Bauobjektes durch Dritte unterstützt werden soll, entstehen eigene Anforderungen an ein Projektmanagement. Die Steuerung gesonderter Nutzerinteressen im Rahmen des Immobilienmanagements wird als Nutzermanagement bezeichnet. Speziell bei der Großprojekterrichtung ergeben sich vielfältige Steuerungsnotwendigkeiten in Bezug auf Nutzer im Vorfeld einer Inbetriebnahme/eines Einzuges in das neue Bauobjekt.[356]

---

355 Vgl. auch Eschenbruch, in: DVP, Strategien des Projektmanagements, Teil 7, Paradigmenwechsel im Baumanagement, Referat: Neue Leistungs-Vergütung und Vertragsmodelle für das Baumanagement, S. 3 f., 11.

356 Siehe dazu Wirtschaftswoche vom 14.04.2008. S. 86: Horror von Heathrow: Die Eröffnung des Terminal 5 am Londoner Flughafen ist ein Muster für mieses Management; die 22 größten Fehler:
(1) Bloß weil man alle Fehler erlebt hat, hat man sie noch nicht gelöst.
(2) Es ist riskant, ein komplexes und erprobtes System mit hoher Belastung anzufahren.
(3) Nicht beachtet wurde, dass sich Menschen in ungewohnter Umgebung anders verhalten als sonst; sie suchen Sicherheit und Orientierung.
(4) Mit neuen Systemen tun sich Nutzer schwer. Nur weil Ingenieure die Beschilderung verstehen, versteht sie nicht jeder Mitarbeiter.
(5) Neue Systeme haben Kinderkrankheiten und brauchen eine Absicherung.
(6) Auch wenn sie funktionieren, überfordern sie die Mitarbeiter. Kurze Einführungskurse sind zu wenig.
(7) Gerade weil am ersten Tag oft unerwartete Probleme auftreten, braucht man deutlich mehr Personal als im Normalbetrieb.
(8) Auch Kunden verhalten sich in der neuen Umgebung anders als gewohnt. Dafür braucht man eine Personalreserve.
(9) Für Einzelprobleme gibt es Lösungen, durchgängige Plan-B-Lösungen fehlen aber.
(10) Jede Kette ist nur so stark wie das schwächste Glied. Für jeden möglichen Engpass muss es eine Lösung geben. Notfalls müssen Mitarbeiter kurzfristig umdisponiert werden.
(11) Die Kapazität sollte nicht nur größer sein als erwartet, sondern auch früher als erwartet zur Verfügung stehen. Lieber im Laufe des Tages abbauen als nachordern müssen.
(12) Bei Neuanlauf wurde nur an den eigenen Bereich gedacht. Man muss aber auch die angrenzenden Systeme vorbereiten.
(13) In Krisen darf sich das Management nicht verzetteln, sondern muss stattdessen durchgängige Lösungen organisieren.
(14) Sobald Informationen da sind, müssen sie an die Kunden weitergegeben werden.
(15) Eine offene Kommunikation über zentrale Probleme mit dem Gepäcksystem per Lautsprecher hätte die Situation entschärfen können. Bei Problemen sind alle Mitarbeiter mit Kundenkontakt zu informieren, schlecht informierte Hilfskräfte schüren nur Aggression.
(16) Bei Problemen vermeiden frühe Entscheidungen große Folgen. Statt zu versuchen, die aufgelaufenen Koffer abzuarbeiten, wäre es besser gewesen, früher das Gepäck der ersten Flüge aus dem System zu nehmen und einen kompletten Neuanafang zu versuchen.
(17) Notfälle müssen an allen Schaltern gelöst werden können.
(18) Bei Neuanläufen von komplexen Systemen kommt es immer zu unvorhersehbaren Vorfällen. Bei Maschinenpannen müssen Mitarbeiter mit Betriebserfahrung einspringen, die ad hoc durch den Aufbau von manuellen Prozessketten die Lage entschärfen können.

Die notwendigen Steuerungsprozesse können sich erstrecken auf die **Koordinierung der internen Abteilungen des Nutzers** bereits im Planungsprozess, die Einbeziehung von Nutzern bei der Beschaffung der Möblierung und der Vornahme technischer Einbauten (z. B. Betriebsvorrichtungen, EDV-Verkabelung, küchentechnische Einrichtungen, Beleuchtung und Telekommunikationsressourcen sowie Abnahmen und Inbetriebnahmen und schließlich Besiedelung). Für die Beauftragung entsprechender Leistungsprogramme können Leistungsbilder, die bei Rdn. 3070 abgedruckt sind, hinzugezogen werden. 327

- Nutzerprojektsteuerung gemäß AHO-Fachkommission Heft 19, 2004
- Leistungsbild für Consulting-Leistungen im Facility Management (Preuß)

Nutzerprojektmanagement ist letztlich ein »**Zusatzprogramm**« zur klassischen Projektsteuerung, welches die Berücksichtigung paralleler nutzerspezifischer Aufgabenstellungen der Auftraggeberorganisation oder dritter Nutzer sicherstellt.[357] Die Leistungen werden vielfach gesondert durch den Nutzer an ein zweites Projektsteuerungsunternehmen vergeben. 328

Nutzerprojektmanagement				
Projektvorbereitung	Planung	Ausführungsvorbereitung	Ausführung	Projektabschluss
Aufbau Projektorganisation Nutzer Festlegung der Aufgabenpakete (Arbeitskreise) Nutzerbedarfsprogramm Kostenrahmen Terminrahmen	Planung der Mitwirkungsleistungen der Unternehmenseinheiten Auswahl externer Beteiligter Planung der Kosten für die Nutzermaßnahmen Detailplanung Auszug/Einzug	Entmietung Altflächen Detailabstimmung Umzug im Unternehmen (inkl. Betriebsrat) Belegungsplanung Festlegung der internen Terminabläufe Logistikplanung	Auswahl und Bestellung von Technik und Möblierung Ausschreibung der Umzugslogistik Management der nutzerspezifischen Änderungswünsche Kontrolle nutzerspezifischer Einbauten Tests, Teilabnahmen und Abnahmevorbereitung	Betreuung Inbetriebnahme Mitwirkung bei Abnahme/Übernahme Einzug Möblierung EDV Medien/Technik Räumung altstandort Restfertigstellung und Mängelmanagement Dokumentation

1.4.1.4 Inbetriebnahmemanagement/Commissioning

Im Hinblick auf den **stetig wachsenden Anteil der Gebäudetechnik** bei Hochbauprojekten kann die Inbetriebnahme nicht mehr nur durch eine einfache physische Übernahme eines hergestellten Projektes erfolgen. Vielmehr stellt sich die Inbetriebnahme als ein notwendigerweise managementmäßig zu unterstützender Prozess dar. Dieser Prozess kann vom Bauprojektmanagement oder vom Nutzerprojektmanagement unterstützt oder aber einem dritten Sonderfachmann übertragen werden. Das Inbetriebnahmemanagement (IBM) soll eine systematische Unterstützung aller inbetriebnahmerelevanter Prozesse für den Bauherrn gewährleisten, insbesondere 329

- Unterstützt bei dem Management komplexer Anlagentechnik (Heizung, Lüftung, Klima-Kältetechnik und zugehörige Steuerung, Beleuchtungs- und Tageslichtsteuerung, häusliche Warmwassersysteme, erneuerbare Energiesysteme usw.),

(19) Auf Proteste hätte das Krisenmanagement vorbereitet sein müssen. Widerstand gegen Prestigeprojekte macht sich gerne im Moment der größten Aufmerksamkeit Luft.
(20) Auch bei radikalen Lösungen muss das Management sich bemühen, Strukturen vorzugeben.
(21) Bei Notfällen auch für Extreme vorsorgen. Wer hier seine Kunden über den Tisch ziehen will, verärgert sie dauerhaft.
(22) Um auf Krisen wirklich vorbereitet zu sein, kommen Organisationen wie Flughäfen nicht ohne detaillierte Katastrophenplanung aus. Rechtzeitige Nothilfe wäre das Mindeste gewesen.

357 Vgl. dazu auch Prappe, Dirk, Management von Nutzerleistungen, in: DVP, Strategien des Projektmanagements, Teil 8, Weiterentwicklung der Projektsteuerung zum Bauprojektmanagement, 2003.

- dient der Unterstützung des Bauherrn bei der Koordination der Projektbeteiligten,
- zielt auf eine Senkung des Energieverbrauchs und der Kosten während der Nutzungsphase ab,
- wirkt bei der Sicherstellung der Anlagenfunktionen mit und
- ist erforderlich zur Erfüllung von Zertifizierungsanforderungen.

330 Für das Inbetriebnahmemanagement existieren auch bereits **entwickelte Leistungsbilder**, nämlich
- die VDI-Richtlinie Inbetriebnahmemanagement für Gebäude VDI 6039 – Juni 2011 mit der VDI-Gesellschaft Bauen und Gebäudetechnik (GBG), Fachbereich Facility Management mit einem ausführlichen Leistungsbild
- Commissioning nach US-amerikanischer Praxis, auf welchem auch das Commissioning für die LEED-Zertifizierung aufbaut.[358]

331 Eine Gegenüberstellung der Inhalte einzelner Inbetriebnahmemanagementkonzepte (Commissioning-Konzepte) lässt sich der nachfolgenden Aufstellung von *Müller* entnehmen.[359]

	Tätigkeiten/Leistungsinhalte	Commissioning LEED	Commissioning DGBN	Planung nach HOAI	VDI-Richtlinien 6039
Vorplanungsphase (Leistungsphase 1–4 nach HOAI)	1. Bestimmen eines CxA unabhängig von Planungs- und Ausführungsteam, der Erfahrung von min. 2 Projekten mit ähnlichen Leistungen aufweisen kann				
	2. Projektzielvereinbarungen mit dem Bauherrn entwickeln und dokumentieren in dem z.B. Angaben über Nutzeranforderungen. Ökologische und Nachhaltigkeitsziele, Energieeffizienzziele, Erwartungen an Anlage und Systeme sowie Mindestanforderungen an den Innenraum gemacht werden.				
	3. Überprüfung der Technische Baubeschreibung (BOD) hinsichtlich der Planungsziele des Bauherrn				
	4. Zielsetzung des Inbetriebnahmemanagements (IBM) abstimmen				
	5. Sichtung IBM-relevanter Themen in den Projektunterlangen, z.B. Termine, Gewerke, rechtliche Einflüsse etc.				
	6. Schnittstellenbetrachtung FM- oder GM-relevanter Daten z.B. Datenstruktur und Datenbezeichnung				
	7. Aufstellen einer Gewerkebeziehungsmatrix für alle Gewerke und der dazugehörigen Schnitstellen				

Legende:

E Enhanced Commissioning nach LEED
S Sonderleistung nach HOAI

358 Ausführlich Hoffmann, Wilfried, Commissioning – Von der Abnahme zur Inbetriebnahme komplexer Immobilien, S. 38 f.

359 Müller, Daniel, Georg-Simon-Ohm-Hochschule Nürnberg.

Phase	Tätigkeiten/Leistungsinhalte	Commissioning LEED	Commissioning DGBN	Planung nach HOAI	VDI-Richtlinien 6039
Vorplanungsphase (Leistungsphase 1–4 nach HOAI)	8. Vorgaben an die Dokumentation wie z.B. an Struktur, Form und Inhalt				
	9. Organisation und Koordination der Inbetriebnahmen, wie z.B. Ablauf- und Terminplan aufstellen (Wer macht was und wie?)				
	10. Organisation der Ab- und Übernahme im Organisationshandbuch festlegen, wie z.B. Beteiligte festlegen, Verantwortlichkeiten klären etc.				
	11. Organisation und Koordination der Einweisungen und Schulungen im Organisationshandbuch festlegen, wie z.B. Ablauf, Umfang und Inhalt abstimmen, Beteiligte festlegen	E			
	12. Organisation und Koordination fur den Übergang in den Regelbetrieb, wie z.B. Zugänglichkeiten von Gebäudebereichen				
	13. Organisation des Mängelmanagements im Organisationshandbuch, wie z.B. Entwerfen und Vorbereiten einer Liste zur Mängelerfassung, Festlegung der Mängel verfolgung und Fristen				
Planungsphase (Leistungsphase 5–7 nach HOAI)	14. Checklisten und Formulare entwickeln für Inbetrieb- und Abnahme sowie für die Funktions- und Leistungstests				
	15. Zusammenstellung der Anlagendokumentation zu einem detaillierten Anlagen verzeichnis	E			
	16. Implementierung der Cx-Anforderungen in den Ausführungs- und Ausschreibungsunterlagen				
	17. Commissioning Planungsreview, d.h die Ausführungsunterlagen auf Übereinstimmung mit der Projektzielen des Bauherrn und der Baubeschreibung prüfen	E			
	18. Prüfung der Baudokumentation aller technischen Anlagen hinsichtlich der Cx-Anforderungen, wie z.B. Wartungsanforderungen etc.	E			
	19. Fortschreiben der Gewerkebeziehungsmatrix auf Grundlage der Fachplanung				
	20. Aufstellen eines Inbetriebnahmekonzepts mit Terminplan, Projektbeteiligtenliste etc.				
	21. Bei neuen Techniken Zulassungs- und Genehmigungsverfahren, eventuell mit Tests, einplanen				
	22. Konfliktpotential zu korrespondierenden Maßnahmen analysieren				
	23. Vertragsergänzung/-anpassung vor Vertragsabschluss hinsichtlich gewerkeübergreifender Inbetriebnahmen, sofern nicht bereits berücksichtigt				

Legende:

E Nur Bestandteil des Enhanced Commissioning nach LEED
S Sonderleistung nach HOAI

Phase	Tätigkeiten/Leistungsinhalte	Commissioning LEED	Commissioning DGBN	Planung nach HOAI	VDI-Richtlinien 6039
Ausführungsphase (Leistungsphase 8 nach HOAI)	24. Sicherstellung der Koordination der Gewerke, wie z.B. Baubegehungen vor Ort und Feststellung des Baufortschrittes (Istzustand)				
	25. Sicherstellung der Einbeziehung von Zulassungs- und Genehmigungsbehörden				
	26. Fortschreibung des Inbetriebnahmekonzepts				
	27. Management von Funktions- und Leistungstests/-messungen			S	
	28. Dokumentationsmanagement, d.h. Zusammenführung der gewerkeweisen Objektdokumentation sowie Prüfung auf Vollstädigkeit und Konformität				
	29. Erstellen eines Schlussberichtes nach Abschluss der gesamten Inbetriebnahme- und Abnahmeprozesses				
	30. Einweisungsmanagement in die Anlagentechnik d.h. Schulung und Einweisung des Betreiberpersonals in die Anlagentechnik	E		S	
	31. Entwickeln eines Betriebshandbuch mit Fokus auf den Gebäudebetrieb	E			
	32. Mängelmanagement, wie z.B. Verfolgung der Mängelbehebung durch Soll-Ist-Vergleiche, Mängel dokumentieren, Unterstützen des AG bei der Abwicklung von Mängel während der Bauphase				
Nutzungsphase (Leistungsphase 9 nach HOAI)	33. Mängelfeststellung von Bauleistungen vor Ablauf der Verjährungsfristen von Gewährleistungsansprüchen gegenüber ausführenden Firmen sowie Überwachung der Mängelbeseitigung				
	34. Etwa 1 Jahr nach Beginn der Gebäudenutzung eine Nachbegehung der Anlagen, um Anlagensollwerte und noch ausstehende Commissioningpunkte zu kontrollieren und ggf. Optimierungsmaßnahmen festlegen	E		S	
	35. Management der Sachmängelhaftung inkl. Fristen, wie z.B. Organisieren und Dokumentieren der Endkontrollen sowie Freigabe von Sicherheitsleistungen				
	36. Übergabe aller vertraglich geschuldeten Dokumente, unter anderem zur Sicherstellung der Instandhaltung in der Betriebsphase				

Legende:

E Enhanced Commissioning nach LEED
S Sonderleistung nach HOAI

1.4.2 Projektmanagement

1.4.2.1 Projektmanagement im engen und weiten Sinne

332 Die Begriffe Projektmanagement und Projektsteuerung werden vielfach mit demselben Begriffsinhalt belegt,[360] zum Teil wird eine begriffliche Differenzierung zwischen Projektsteuerung und

360 Vgl. dazu bereits Rdn. 182 f.

Projektmanagement sogar gänzlich abgelehnt.[361] Insoweit kann zunächst auf das zur Abgrenzung der Begriffe Steuerung und Management Gesagte verwiesen werden. Bezogen auf die in der Praxis gebräuchlichen **Einsatzmodelle** lassen sich im Wesentlichen **3 Auffassungen** unterscheiden:

- Nach einer **ersten** – eher begrifflich orientierten – **Meinung** umfassen Projektsteuerung und Projektmanagement im Wesentlichen dieselben Tätigkeiten. So hatte etwa die juristische Literatur bei der Auslegung des Projektsteuerungsbegriffs i. S. des § 31 HOAI a.F. keine entsprechende Differenzierung zwischen Projektsteuerung und Projektmanagement vorgenommen. Vielmehr soll es für die Anwendung der Vorschrift gleichgültig sein, ob infolge eines abgeschlossenen Projektsteuerungsvertrages über Beratungsleistungen hinaus Entscheidungs- und Weisungsbefugnisse übernommen werden, ob also über die Stabsfunktion hinaus auch Linienfunktionen wahrgenommen werden.[362] 333
- Nach einer **zweiten** – eher organisatorisch ausgerichteten – **Auffassung** wird das Projektmanagement als **Oberbegriff** (als Zusammenfassung) einerseits der **Projektleitung** des Bauherrn **und** andererseits der externen **Projektsteuerung** verstanden (dazu auch Rdn. 184, 185).[363] Das ist etwa das Begriffsverständnis der DIN 69901, die hierunter die Gesamtheit aller Führungsaufgaben, -organisationen, -techniken und -mittel für die Abwicklung eines Projektes versteht. ***Quack***[364] hat ausgeführt: 334

  »*Eng am Wortlaut des § 31 orientiert, wie das die einschlägige juristische Literatur macht, so ist die Projektsteuerung eine Teilfunktion dessen, was in der Betriebswirtschaftslehre als Projektmanagement bezeichnet wird. Diese Teilfunktion ist schwerpunktmäßig auf die Optimierung von Organisations-, Zeit- und Kostenfaktoren beim Bau-Projekt-Ablauf ausgerichtet.*«

  Zum Teil wird die Projektsteuerung dabei sehr eng verstanden, und zwar als umsetzungsorientierte Steuerungskomponente, z. B. zur Steuerung der Projektressourcen bei Abweichungen im Bereich von Leistungen, Kosten und Terminen. Die Steuerung soll lediglich eine von insgesamt 6 Hauptaufgaben des Projektmanagements ausmachen.[365] 335

361 Schill, Der Projektsteuerungsvertrag, S. 54, formuliert: »Der Begriff (Projektmanagement) hat keinen weiteren Hintergrund. Insbesondere sind mit diesem Begriff keine Leistungsbilder, Honorare oder Vertragstypen in Verbindung zu bringen. … Projektmanagementleistungen sind auf Grund dessen von Projektsteuerungsleistungen nicht abgrenzbar, da es Projektmanagementleistungen nicht gibt.«; vgl. auch Zöpfl, Rechtsnatur und Rechtsprobleme des Bau-Projektsteuerungsvertrages, Berlin 2003, S. 24.

362 Wingsch, in: Hartmann, HOAI, Stand: März 1998, § 31, S. 15.

363 Vgl. Kochendörfer, in: Kapellmann/Vygen, Jahrbuch Baurecht 1999, 267; in diesem Sinne auch Müller, Aufgabenverteilung zwischen Controlling, Projektleitung, Projektsteuerung, Objektüberwachung und Fachbauleitung, Abb. 6, Begriffe 04 bis 06: Die Projektleitung hat Linienfunktion/die Projektsteuerung hat Stabsfunktion; die Projektleitung entscheidet, setzt durch, vollzieht, veranlasst, gibt Weisungen, lässt sich berichten, übernimmt Verantwortung – die Projektsteuerung bereitet Lösungsvorschläge und Entscheidungen vor, schlägt Anpassungsmaßnahmen vor, sorgt für Aktenlage und Dokumentation, gibt Impulse, berät, berichtet, schätzt Risiken ab, schafft Sicherheit für die Projektleitung. Projektleitung und Projektsteuerung bedingen sich gegenseitig im Projektmanagement; auch Diederichs, in: Hartmann, HOAI, Stand: Juni 2009, § 31, Rn. 2, S. 5: »Projektmanagement ist der Oberbegriff für Projektleitung und Projektsteuerung.«

364 Quack, in: Seminar rechtliche Problemstellungen beim Projektmanagement, S. 9.

365 Neben der Festlegung der Projektziele, der Projektorganisation, des Projektablaufs, der Projektplanung und der Projektführung, vgl. Platz, in: Schelle/Reschke/Schnopp/Schub, Projekte erfolgreich managen, Kapitel 1.7, S. 5: »Die Projektsteuerung sorgt ausgehend von der Planung dafür, dass das Projekt trotz eintretender Störung bestmöglich auf das Projektziel hin abgewickelt wird. Das – allerdings meist nicht vorhandene – System der Frühwarnung sollte rechtzeitig zeigen, wenn Projekte auf Grund äußerer oder innerer Ereignisse von der Planung abweichen, damit frühzeitig steuernd eingegriffen werden kann. Ein entscheidungsorientiertes Reporting an alle Projektbetroffenen ist Basis dieser Steuerung und auch der Koordination des Projektes. Die Aufgaben des Qualitätsmanagements und des Konfigurationsmanagements mit dem Änderungsmanagement sind in die Steuerung des Projektes integriert.«

336 – Nach einer hiermit weitgehend übereinstimmenden, aber eher funktional ausgerichteten **dritten Ansicht** entscheidet die Stellung des Projektsteuerers/Projektmanagers in der Bauherrenorganisation, nämlich die Übernahme von Aufgaben in Stabsfunktion oder Linienfunktion, über die Qualifizierung. Wird der Projektsteuerer lediglich in **Stabsfunktion als Berater des Auftraggebers** tätig, dann ist der Begriff Projektsteuerung richtig, nimmt der Projektmanager **zusätzliche Aufgaben der Linie** wahr, soll vom Projektmanagement gesprochen werden.[366] *Sommer* hat formuliert:

> *»Der Projektmanager vertritt den Bauherrn gegenüber allen anderen an der Planung und dem Bau Beteiligten und zieht den Bauherrn selbst nur in wichtigen Entscheidungsfällen hinzu, die er entsprechend vorbereitet hat.«*[367]

337 Im Folgenden soll von **Projektmanagement** (im weiten Sinne) gesprochen werden, wenn hiermit i. S. der Terminologie der DIN 69901 die Gesamtheit aller Managementaufgaben bezeichnet werden soll. Dann bilden die Projektleitung des Bauherrn und die Projektsteuerung die beiden Aufgabenfelder für die interne und externe Organisationseinheit ab.

338 Vom **Projektmanagement** (im engen Sinne) soll dagegen gesprochen werden, wenn es um die Definition eines bestimmten Auftragnehmer-Leistungsbildes geht. In **Abgrenzung zu reinen Projektsteuerungsmodellen** sollen hierunter Einsatzformen verstanden werden, bei denen der Externe über die bloß beratende, in Stabsfunktion erbrachte Unterstützung des Auftraggebers bei der Abwicklung des Bauvorhabens hinaus Entscheidungskompetenzen im Rahmen der Projektabwicklung übertragen erhält.[368]

339 Der **Projektmanager im engen Sinne** übernimmt dementsprechend **sowohl die beratende Unterstützung** des AG **als auch** – in einem projektspezifischen Umfang – das **Treffen von Entscheidungen** sowie die **eigenverantwortliche Koordination** der Projektbeteiligten und **Durchsetzung** der Rechte des Auftraggebers zur Wahrung der Organisations-, Qualitäts-, Termin- und Kostenziele.

340 Wenn ein Projektmanager im vorgenannten Sinne **Linienfunktionen** übernimmt und damit einen Teil der Projektleitungsaufgaben übertragen erhält, wird die auftraggeberseitige Projektleitung letztlich aufgespalten in eine verbleibende auftraggeberseitige Projektleitung und eine Projektleitung, die das externe Projektmanagement wahrnimmt. Im Umfang der übertragenen **Vertretungsmacht** trifft der externe Projektmanager Entscheidungen und setzt diese um.

366 Vgl. zur Abgrenzung Stapelfeld, BauR 1994, 693, 698 ff.

367 Sommer, Projektmanagement im Hochbau, S. 8; nach Mochmann, Vortrag Weinheim, S. 5, umfasst Projektmanagement alle Führungsaufgaben zur Einhaltung der Projektziele (Ergebnis/Aufwand/Dauer). Die Projektsteuerung umfasst dagegen die Übernahme und Durchführung aller originären Auftraggeber-/Bestellerleistungen, die im weitesten Sinne delegiert werden können.

368 In diesem Sinne auch Bohn/Heinzmann, in: Schäfer/Conzen, Immobilien-Projektentwicklung, S. 231 ff.; zum Teil wird auch eine abweichende Begriffsdifferenzierung vorgeschlagen, vgl. etwa Stork, Projektsteuerung und Projektmanagement im Bauwesen, S. 47:
Stabsstelle = Projektsteuerung = Bauherrenberater
Linienstelle = Projektleitung/Projektmanagement = Bauherrenvertreter.

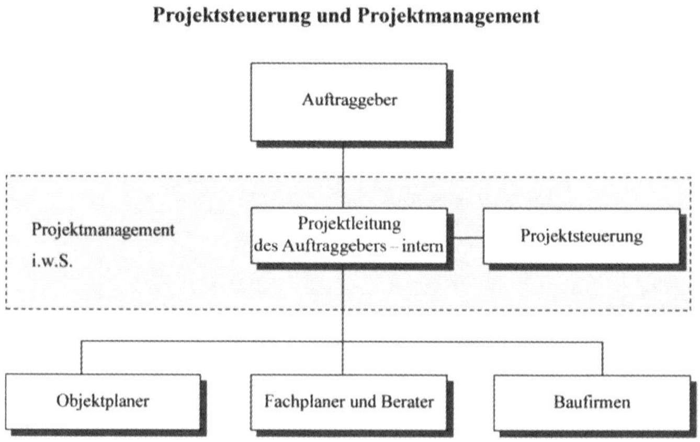
 341

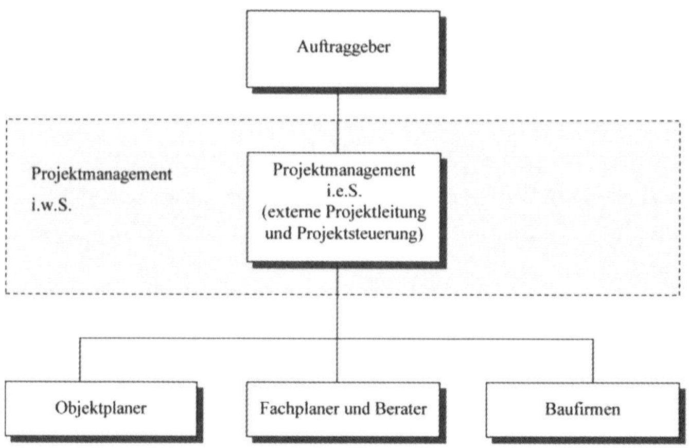

1.4.2.2 (Bau-)Projektmanagement und Immobilienmanagement

Projektmanagement (im weiten Sinne) ist ein Oberbegriff für projektbezogene Managementprozesse. Projektmanagementleistungen für Bau- und Immobilienprojekte können als Unterfälle des Projektmanagements begriffen werden. Beide Unterfälle lassen sich in drei wesentliche Prozessschritte unterteilen, die **Projektentwicklung**, die **Projektrealisierung** und das **Facility Management**, wobei sich überlappende Funktionen ergeben. Immobilien- und Bauprojektmanagement weisen dabei unterschiedliche Schwerpunkte und modifizierte Kernprozesse auf. Die rein errichtungsorientierte Zielstellung des Bauprojektmanagements verschiebt sich beim Immobilienmanagement in Richtung auf eine marktorientierte Bedarfsanalyse, Vermarktungsbemühungen und schließlich ein werterhöhungsorientiertes Facility Management. 342

343

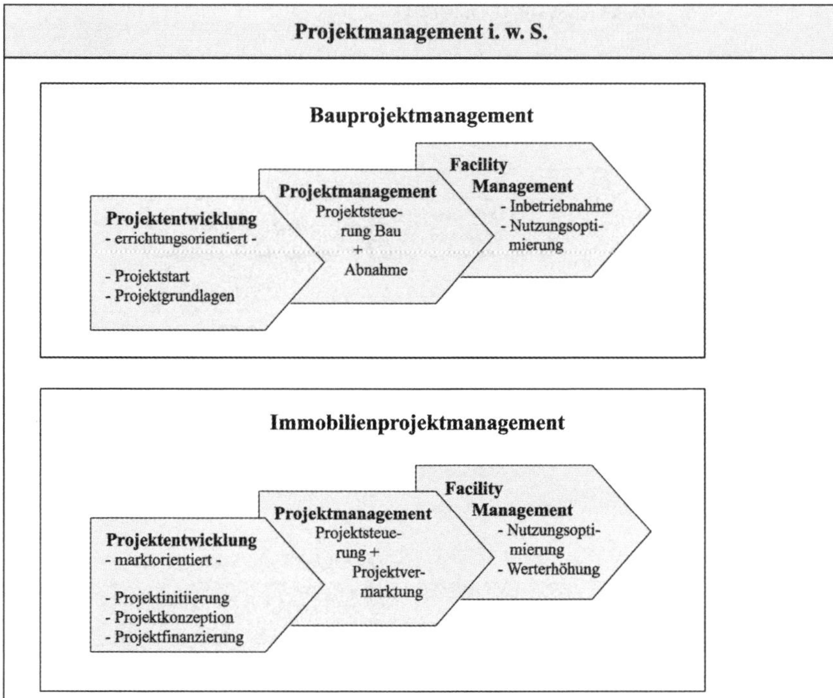

Immobilien- und Baumanagement mit modifizierten Kernprozessen[368]

1.4.2.3 Das klassische Projektmanagement (im engen Sinne)

344 Im Rahmen von Projektmanagementverträgen delegiert der Auftraggeber – über die beratende, fachliche Unterstützung hinaus – Aufgabenstellungen »aus der Linie« an den Projektmanager. Der Projektmanager übernimmt dabei Aufgaben einer zentralen Projektanlaufstelle, **Entscheidungskompetenzen** und/oder Kompetenzen für die Durchsetzung von Entscheidungen gegenüber Projektbeteiligten in einem jeweils projektspezifischen Umfang. Dementsprechend werden dem Projektmanager Geschäftsführungsbefugnisse übertragen. Nicht notwendig, aber organisatorisch zweckmäßig ist es, ihm in einem entsprechenden Umfang auch Vertretungsmacht einzuräumen. **Beispiel** für ein derartiges Projektmanagementmodell ist der in der Entscheidung des *BGH vom 23.06.2005* nachzulesende Sachverhalt, bei dem ein Projektmanagementunternehmen bevollmächtigt war, im Namen und für Rechnung des Auftraggebers sämtliche Einzelaufträge eines Bauvorhabens zu erteilen.[370]

345 Ein weiteres Praxisbeispiel für eine derartige Einsatzform sind die ausgeschriebenen Projektmanagementleistungen für die Infrastrukturmaßnahmen im Zusammenhang mit der Errichtung des Fußballstadions München/Fröttmaning (Allianz-Arena). Hier hatte der Auftraggeber die Funktionen des Auftraggebers und die Vollmachten des Projektsteuerers auszugsweise wie folgt präzisiert:

346 *»Es gibt keinen städtischen Projektleiter. … Der PM hat das Erwirken aller nötigen Genehmigungen und Erlaubnisse, mit Ausnahme derer für die Einzelprojekte der HA U-Bahn-Bau, zu betreiben. Die zur Verfügung gestellten Vertragsmuster und Formblätter muss der PM im Detail immer dem Vertragsgegenstand anpassen. …*

369 Vgl. auch Schulte, Festschrift für Schiffers, S. 285.

370 BGH, Urteil vom 23.06.2005, Az. VII ZR 144/03, in: NZBau 2005, 592 (LS).

Umfang der Vollmachten, Weisungsrechte, Verantwortung:
- *Wertgrenzen für Vergabegenehmigungen bis 5 Mio. € durch PM, darüber hinaus Stadtrat*
- *Vorgaben in terminlicher und qualitativer Hinsicht durch PM*

Projektentscheidungen des Stadtrates:
- *Bekanntgabe der Vorplanung im Stadtrat; Projektgenehmigungen durch den Stadtrat; bei Kostenabweichungen Ausführungsgenehmigungen durch den Stadtrat.*

Nach erfolgter Besitzeinweisung obliegt dem PM die Verkehrssicherung. Der Besitz endet mit der Übernahme der baulichen Anlagen der Landeshauptstadt München am 30.4.2005.«

Im Projektmanagementvertragsentwurf heißt es dementsprechend: 347

»§ 3 Gesamtverantwortung des Auftragnehmers

Der Auftragnehmer trägt die Verantwortung für
- *termingerechte Planung und Ausführung (Terminsteuerung)*
- *die Einhaltung der Gesamtkosten (Kostensteuerung)*
- *die Umsetzung der Qualitätsanforderungen (Qualitätssteuerung)*

Zur Erfüllung der Aufgaben und Übernahme der Verantwortung hat er gegenüber allen an den Einzelprojekten Beteiligten ein projektbezogenes Entscheidungs- und Weisungsrecht. Er erteilt die zur termin-, kosten- und fachgerechten Abwicklung der Einzelprojekte notwendigen Anweisungen unmittelbar. 348

Der Auftragnehmer hat den Grundsatz der Wirtschaftlichkeit, auch im Hinblick auf die Höhe der Folgekosten, zu beachten; er hat dafür zu sorgen, dass die Gesamtkosten des Teilprojektes nicht überschritten werden.«[371]

Das OLG München hatte einen entsprechenden Fall zu entscheiden, bei dem ein Projektmanager weit über § 31 HOAI a.F. hinausgehende Verpflichtungen übernommen hatte, insbesondere ein Baumanagement. Als Zweck des Vertrages war vorgesehen: 349

371 Im Projektmanagementvertrag waren die zu übernehmenden Leistungen der Projektleitung wie folgt spezifiziert:
1. Festlegung der Beteiligten der Einzelprojekte auf einheitliche Ziele hinsichtlich Termine, Kosten und Qualitäten (Projektziele). Bei den Terminen sind die Vorgaben des Schnittstellen- und Terminkoordinators zu beachten.
2. Ergreifen und Durchsetzen aller zur Entscheidung der Projektziele erforderlichen Maßnahmen.
3. Führen von Verhandlungen und Treffen bzw. Herbeiführen sowie Durchsetzen der erforderlichen Entscheidungen.
4. Führen des erforderlichen Schriftverkehrs sowie Vorbereiten und Erstellen der Vorlagen für die Entscheidungsgremien des Auftraggebers (Stadtrat, Bezirksausschuss).
5. Zusammenstellen der Unterlagen für die Zuwendungsantragstellung Straßenbau (GVFG-Fördermittel) und dessen Abwicklung nach den Richtlinien für die Zuwendung des Freistaates Bayern zu Straßen- und Brückenbauvorhaben kommunaler Straßenbaulastträger (RZStra 1999).
6. Erwirken aller nötigen Genehmigungen und Erlaubnisse mit Ausnahme derer für die Einzelprojekte des U-Bahn-Baus.
7. Durchführung der Verfahren zur Vergabe der Bau-, Liefer- sowie Dienst- und Planungsleistungen, soweit nicht bereits erfolgt.
8. Ausarbeiten, Abschließen und Vollziehen der Verträge.
9. Verfolgen von Gewährleistungsansprüchen mit Ausnahme für Einzelprojekte des U-Bahn-Baus.
10. Koordinieren der Leistungen der Beteiligten der Einzelprojekte und Überwachen auf Vollständigkeit und Vertragsmäßigkeit.
11. Klären der anfallenden Rechtsfragen und Führen der notwendigen Rechtsstreitigkeiten mit Ausnahme solcher im Zusammenhang mit der Planfeststellung für die Einzelprojekte des U-Bahn-Baus.
12. Rechnungsprüfung für die Leistungen des Einzelprojekts und Endabrechnung des Teilprojektes getrennt nach Einzelprojekten.

(Achtung: Ein solches Gesamtvertragswerk kann durch Einbeziehung von Rechtsberatungsleistungen nichtig werden, vgl. Rdn. 961 f.)

»Bei der Projektsteuerung mit dem Leistungsbild beauftragt der Bauherr ein Büro auf Zeit für die komplette Abwicklung des Bauvorhabens und entlastet seine Verwaltung, so dass er nur die in seinen Kompetenzbereich fallenden Entscheidungen nach ausgearbeiteten Empfehlungen zu beschließen und den nach den Vertragsverhältnissen erforderlichen Zahlungsverkehr zu erledigen hat.«

350 Das OLG München hat diesen Vertrag als Projektmanagementvertrag qualifiziert, der den Projektmanager zu einer **selbständigen Aufgabenwahrnehmung** verpflichtet. Der Vertrag mit dem Ziel der umfassenden Entlastung des Auftraggebers von Bauherrenaufgaben schließe auch die Pflicht des Projektmanagers zu **eigenständiger Initiative** ein. Er durfte deshalb, insbesondere bei der Abrechnung von Leistungen, nicht auf Nachfragen/Aufforderungen des Auftraggebers warten, sondern musste selbst aktiv werden. Das OLG München hat den Projektmanager zu einer Schadensersatzleistung verurteilt, weil dieser trotz bestehenden Handlungsbedarfs nicht eigeninitiativ tätig geworden war.[372]

351 Eine noch weitergehende Verlagerung von Geschäftsführungs- und Vertretungsbefugnissen findet sich etwa bei **Contracting-Modellen** und **Construction Management-Modellen**, bei denen der Projektmanager wie ein Baubetreuer Vergaben im eigenen Namen durchführt, also selbst Auftraggeber der beteiligten (Planer und) ausführenden Unternehmen wird und diese eigenverantwortlich steuert. Die weitestgehende Delegation findet im Rahmen von Finanzierungsmodellen, etwa Fondskonzeptionen und Leasingfinanzierungen oder anderen Finanzierungsmodellen statt, bei denen zum Zwecke der Projektrealisierung eine **eigene Objektgesellschaft** gegründet wird, die von dem Projektmanager geführt werden soll (dazu auch Rdn. 423).

352 Die Beauftragung von Projektsteuerungsleistungen mit einer weitergehenden Delegation von Aufgaben der Linie (also Projektmanagementmodelle) **gewinnt zunehmend an Bedeutung**. Auftragnehmer waren schnell bereit, die mit der Übernahme von Projektmanagementaufgaben wachsende Verantwortung auf sich zu nehmen. Zurückhaltung gab es zunächst noch bei den Auftraggebern.[373] Die bei der Projektmanagementeinsatzform im engen Sinne übertragenen Leitungsbefugnisse und auch die maßgebliche Vertretungsmacht sind im Projektmanagementvertrag bzw. im Leistungsbild hierzu genau zu regeln.

353 Mit der Entscheidung für ein Projektmanagementmodell entsteht auf Seiten des Auftraggebers ein **Controllingbedarf**. Der Auftraggeber ist nicht mehr bei sämtlichen Entscheidungen beteiligt und muss deshalb im eigenen Interesse dafür sorgen, dass – in einem ebenfalls projektspezifisch festzulegenden Umfang – eine Kontrolle des Projektmanagers stattfindet. Es ist geradezu ein Kennzeichen von Projektorganisationsmodellen mit weitgehender Übertragung von Projektmanagementkompetenz auf Dritte, dass auf Seiten des Auftraggebers ein intensiveres Controllingbedürfnis erwächst. Das gilt insbesondere, wenn der Projektmanager eigenständige wirtschaftliche Interessen verfolgt. Das kann einerseits bei der Vereinbarung von erfolgsbezogenen Vergütungen (Bonus-Malus-Regelungen oder sonstigen Incentives) der Fall sein oder aber bei Construction Management-Modellen »at risk«, bei denen der Projektmanager sogar einen garantierten Maximumpreis zusagt. Speziell im Bereich des Construction Managements sind Projektorganisationen durch ein intensives, auftraggeberseitiges Controlling gekennzeichnet.

1.4.2.4 Generalmanagement/Baumanagement

354 Bei dem Generalmanagement – in der Praxis wird oft von **Baumanagement** gesprochen – findet eine Erweiterung von Projektmanagementleistungen um typische Objektplanungsleistungen nach § 34 HOAI statt. Der Projektmanager übernimmt die Koordination der Planung, ggf. auch die vollständige Ausschreibung sowie die Objektüberwachung/Gesamtbauleitung.[374] Speziell bei großen

---

372 OLG München, Urteil vom 10.07.2001, Az. 9 U 1979/01, in: BauR 2003, 415, 416 = IBR 2002, 674.

373 Vgl. Stork, Projektsteuerung und Projektmanagement im Bauwesen, S. 47 ff.

374 Vgl. Kochendörfer, Liebchen, Bauprojektmanagement, S. 65; auch Bohn/Heinzmann, in: Schäfer/Conzen, Immobilien-Projektentwicklung, S. 233; vgl. auch Rdn. 408.

Bauprojekten, insbesondere auch der Errichtung ganzer Stadtteile oder großer Grundstücksareale mit mehreren (ggf. ausländischen) Architekten, kann die Zusammenfassung derartiger Leistungen beim Projektmanagement sinnvoll erscheinen. Der Auftraggeber erreicht eine klare Strukturierung seiner Großbaustelle und eine einheitliche Koordinierung, Vergabe und Überwachung der Gesamtbaumaßnahme mit mehreren Einzelobjekten mit Hilfe eines Vertragspartners.

Diese Einsatzform ist einerseits mit einer **gesteigerten Verantwortung** des Projektmanagers verbunden, der entscheidenden Einfluss auf die erfolgreiche Durchsetzung der Projektziele hat. Diese gesteigerte Verantwortung geht mit erhöhten Haftungsrisiken einher; infolge der unmittelbaren Steuerung und Koordinierung sowohl der Planung wie auch der Baubeteiligten entstehen zusätzliche Haftungsrisiken. Zudem entstehen, wie beim verwandten Baucontrollingmodell, nicht unerhebliche Interessenkonflikte.[375] 355

Ein Generalmanagement/Baumanagement wird von Auftraggebern u. a. dann ausgewählt, wenn sich für eine angestrebte Generalunternehmervergabe kein ausreichender Markt findet. In derartigen Fällen ist der Auftraggeber oftmals gezwungen, auf eine Paketvergabe auszuweichen. Koordinations- und Steuerungsmaßnahmen, die ehemals als Generalunternehmerleistung vorgesehen waren, werden nunmehr einem Baumanager übertragen. 356

1.4.2.5 Generalplanermanagement

Das Generalplanermanagement ist sozusagen die **spiegelbildliche Alternativlösung** zum Generalmanagement/Baumanagement. Während beim Generalmanagement eine Kumulierung von Management, Vergabe und Objektüberwachungsleistungen (also einschließlich typischer Objektplanungsleistungen der Leistungsphasen 6, 7 und 8 nach HOAI) bei einem Projektmanager stattfindet, wird beim Generalplanermanagement sowohl die **Planung wie auch das Projektmanagement** bei einem Planer (i. d. R. Generalplaner) konzentriert. Bei dieser Modellvariante wird letztlich die Managementfunktion wieder mit der Objektplanungsaufgabe zusammengeführt. Der Generalplaner wird Dreh- und Angelpunkt des Projektgeschehens. 357

Ähnliche Organisationsformen entstehen, wenn in den anglo-amerikanischen Wirtschaftsbereichen die dort vorhandenen großen Ingenieurgesellschaften sowohl die Ausführungsplanung und die Objektüberwachung und hierneben auch das Projektmanagement erbringen. 358

Ein Generalplaner übernimmt – in einem vertraglich festzulegenden Umfang – die Beauftragung aller Planungsbeteiligten im eigenen Namen und damit – über die Integration und Koordination der Fachplanungsleistungen nach den Leistungsbildern der HOAI hinaus – auch die vertragliche Koordinierung und Steuerung der einzelnen Planungspartner.[376] Bei dem Auftraggeber verbleibt in derartigen Fällen neben den allgemeinen Aufgaben des Projektmanagements (in Bezug auf Entscheidungsmanagement, Organisation und Information) die Steuerung des Generalplaners und der ausführenden Unternehmen.[377] Es liegt nun nicht sehr fern, die beim Auftraggeber verbliebenen Projektmanagementtätigkeiten ergänzend einem Generalplaner mitzuübertragen, der damit über 359

375 Vgl. Kochendörfer, Liebchen, Bauprojektmanagement, S. 65 f.

376 Zu einer praktischen Fallgestaltung vgl. OLG Hamm, Urteil vom 15.08.2006, Az. 24 U 125/05, in: BauR 2008, 2062 – 2066 = IBR 2008, 336, 402 Nichtzulassungsbeschwerde vom BGH zurückgewiesen, Beschluss vom 13.03.2008, Az. VII ZR 208/06; vgl. zur Abkürzung von Projektsteuerung und Generalplanung auch Volkmann, Projektabwicklung, S. 66.

377 Sommer, DAB 1999, 313, 315, hält in diesem Zusammenhang fest: »Hieraus wird ersichtlich, dass der Generalplaner in jedem Fall, um den vertraglich geschuldeten Erfolg sicherzustellen, Steuerungsaufgaben mit übernehmen muss, wie sie sonst vom Bauherrn an Projektsteuerer beauftragt werden. In der Regel wird es sich daher für den Bauherrn erübrigen, eine zusätzliche ›Steuerung der Steuerung‹ in Auftrag zu geben. Der Einsatz eines Projektsteuerers für Bauherrenaufgaben, die nicht vom Generalplaner wahrgenommen werden, ist darüber hinaus selbstverständlich möglich«; vgl. dazu auch Rdn. 750 f.

die von ihm ohnehin übernommene Steuerung aller in der Planungssphäre tätigen Unternehmen hinaus zusätzlich die Koordination und Steuerung auch der ausführenden Firmen wahrnimmt.

360 Dieses Modell vermeidet die teilweise als nachteilig angesehene »Aufreihung Architekt-Fachplaner-Projektsteuerer« als jeweils selbständige Leistungserbringer.[378] Das Einsatzmodell führt zu einer engeren Verzahnung der koordinierenden und planenden Tätigkeiten und findet insbesondere dort seinen Anwendungsbereich, wo angesichts ehrgeiziger Terminziele oder besonderer Planungskomplexität eine enge Verbindung dieser Tätigkeiten angezeigt ist. In Deutschland gibt es Anbieter eines solchen Modells, die für Spezialimmobilien – etwa für Shoppingcenter – eine integrierte Projektmanagement- und Planungsleistung anbieten. Auch bei klassischen Hochbauprojekten wird diese Beauftragungsvariante eingesetzt (etwa beim Neubau des ThyssenKrupp-Headquarters in Essen).

361 Die **Vorteile** eines solchen Modells liegen auf der Hand. Die Projektsteuerung findet unmittelbar an der Quelle des Projektgeschehens statt (Wegfall von Abstimmungsproblemen und Informationstransfers). Dem AG bleibt lediglich die übergeordnete Kontrolle, ob die vom Architekten und seinem Projektmanagement gelieferten Ergebnisse den zuvor festgelegten Zielen entsprechen.[379]

362 Die Nachteile folgen aber auf dem Fuße: **Interessenkonflikte** sind – wie generell bei der Kumulierung von Architekten- und Projektmanagementleistungen – nicht auszuschließen. Außerdem wird die ohnehin recht starke Stellung des Generalplaners durch die zusätzliche Kompetenzhäufung weiter verstärkt, so dass eine nicht unerhebliche Machtverschiebung zu seinen Gunsten eintritt.[380] Im Falle einer entsprechenden Beauftragung wird der Auftraggeber tunlichst auf eine personelle Verselbständigung der Projektsteuerungsaufgaben im Generalplanerteam Wert legen und dies vertraglich verankern. Bei größeren Projekten benötigt er aber regelmäßig einen neuen Projektbeteiligten, der den *starken* Generalplaner-Manager kontrolliert. Denn der Generalplaner-Manager hat oftmals einen solchen Informationsvorsprung aus dem Planungsprozess, dass er seine wirtschaftlichen Interessen unschwer durchsetzen kann. Insbesondere bei notwendigen Änderungen des Leistungsumfangs und der Prüfung von Honorarrechnungen des Generalmanagements ist der Auftraggeber nicht selten auf ergänzenden externen Sachverstand angewiesen. In der Praxis zeigt sich, dass entsprechende Generalplaner-Manager auch dazu neigen, eigene Interessen bei der Vorbereitung und Durchführung der Vergabe vorrangig zu berücksichtigen. Bei der Vorbereitung der **Vergabe von Aufträgen an Dritte** werden oftmals Vertragstypen und Vertragsregelungen gewählt, die eine Haftungsübernahme des ausführenden Unternehmens in Bezug auf Planungsleistungen beinhalten. Dadurch soll die Haftung des Generalplaners abgeschirmt werden. Die Kosten für Doppelplanungen bzw. Haftungsübernahme hat in derartigen Fällen allerdings der Auftraggeber zu tragen. Deshalb ist bei größeren Projekten der Einsatz eines Generalplanermanagements regelmäßig mit der Einschaltung eines zusätzlichen Projektcontrollings zur auftraggeberseitigen Überwachung der erweiterten Generalplanertätigkeit verbunden.

363 Zu beachten ist auch, dass die Ausgestaltung eines einheitlichen Vertrages für das Generalplanermanagement spezifische Anforderungen stellt. Wenn etwa die **Honorare** nach anrechenbaren Kosten ermittelt werden sollen, sind die anrechenbaren Kosten für die Planung und das Projektmanagement unterschiedlich zu bemessen, Haftung und Versicherung sind unterschiedlich auszugestalten.

---

378 Vgl. Motzke/Wolff, Praxis der HOAI, 3. Aufl., München 2004, S. 477: Es ist für investierende Bauherren mitunter sinnvoller, einen Architekten als Generalplaner zu beauftragen anstelle der Aufreihung Architekt-Fachplaner-Projektsteuerer jeweils getrennt. Der Generalplaner bietet den fachübergreifenden Zusammenschluss aller zur Realisierung erforderlichen Planungsleistungen an und garantiert dabei dem Bauherrn die treuhänderische Wahrnehmung seiner Interessen.

379 Bremmer, Kamp, Portz, DAB 2000, 1403, 1406.

380 Kritisch etwa Neuenfeld, Der Generalplaner und sein Auftraggeber, S. 28, 29; Roquette/Otto, § 3 Nr. 5 des Generalplanervertragsmusters, S. 124; Heiermann/Franz/Knipp, S. 371 sowie Fischer, in: Thode/Wirth/Kuffer, § 19, Rn. 98.

Ein beispielhaftes Leistungsbild des Generalplanermanagements ist im Anhang abgedruckt (vgl. Rdn. 3031). Ein Beispiel eines fehlgeschlagenen Generalplanermanagements liegt etwa der Entscheidung des OLG Naumburg vom 14.3.2014 zugrunde.[381] In dem entschiedenen Fall hatte sich für den Auftraggeber herausgestellt, dass der Auftragnehmer zuvor die Generalplanungsleistung ordnungsgemäß erbrachte, aber die Kompetenz für die Wahrnehmung der Projektsteuerungsleistung fehlte, sodass eine Teilkündigung erfolgen mußte. 364

Der Generalplaner kann auch die Leistungen der ausführenden Unternehmen im eigenen Namen vergeben. Er wird dann als Designer-Contractor (einer Unterform des Construction Managements) tätig.[382] 365

Die Einsatzform des Generalplanermanagements ist von der internen **Projektsteuerung bei Generalplanern** (sog. »Generalplanersteuerung«) zu unterscheiden. Zur Generalplanerleistung gehört die Steuerung der als Nachunternehmer beauftragten Einzelplaner, insbesondere der Fachplanungsunternehmen. Bei komplexeren Projekten stellt die Steuerung der Planungsunternehmen bereits eine eigenständige und gewichtige Aufgabe dar. Sie wird gelegentlich auch an externe Projektmanager delegiert. Erste Untersuchungen zu Leistungen und Vergütungsabreden liegen vor.[383] 366

1.4.2.6 Quantity surveyor

In den angloamerikanischen Märkten des Bauens umfasst die Aufgabe des Architekten i. d. R. nicht die **Kostenermittlung und Kostenkontrolle**. Diese obliegt vielmehr dem sog. quantity surveyor.[384] Dieser wird regelmäßig verantwortlich sein für die Entwicklung und Kontrolle von Einheitspreislisten (mit ihren Vordersätzen) und weiteren Ausschreibungsunterlagen, speziell auch des Kostencontrollings beim Änderungsmanagement.[385] Zudem übernimmt er oft Aufgaben des Kostencontrollings im Rahmen von Machbarkeitsstudien und value engineering-Prozessen.[386] Während der quantity surveyor in England vornehmlich parallel zum Architekten beauftragt wird, erfolgt in Nordamerika vielfach eine Beauftragung neben einem Construction Manager. Der Auftraggeber wird durch zwei Experten mit unterschiedlichen Aufgabenschwerpunkten beraten.[387] 367

1.4.2.7 Projektmanagement im Unternehmen

Der Unterschied des Projektmanagements zu anderen betrieblichen Leitungsfunktionen (allgemeines Unternehmensmanagement) liegt in der **projektbezogenen Begrenzung** der Managementaufgabe. 368

Die **Managementaufgaben im Unternehmen** beschreiben i. d. R. permanente Prozesse, während es bei der Projektsteuerung bzw. dem Projektmanagement um eine eingegrenzte, nämlich projektbezogene Steuerungsaufgabe geht, die einen Anfang und ein Ende hat.[388] Allerdings ergibt sich auch im unternehmerischen Umfeld die Notwendigkeit, sachlich und zeitlich begrenzte Aufgaben mit den Mitteln des Projektmanagements zu bearbeiten. Neben die Primärorganisation des Unternehmens tritt dann die Projektorganisation als Sekundärorganisation. Bei dem Einsatz des Projektmanagements innerhalb eines Unternehmens wird von internem Projektmanagement, außerhalb eines Unternehmens auch von externem Projektmanagement gesprochen. 369

381 OLG Naumburg, Beschl. v. 14.3.2014, Az. 2 Verg. 1/14 IBR 2014, 43.
382 Vgl. Collier, Construction Contracts, S. 177.
383 Dazu Schulze-Wischeler/Toffel, Baumarkt + Bauwirtschaft 2008, S. 38 f.
384 Dazu auch Kalusche, Projektmanagement für Bauherren und Planer, 2. Aufl., S. 56 f.
385 Vgl. Harris/McCaffer, Modern Construction Management, S. 108.
386 Vgl. Collier, Construction Contracts, S. 45.
387 Vgl. Collier, Construction Contracts, S. 39, S. 44 ff.
388 Zutreffend Diederichs, in: Hartmann, HOAI, Stand: Juni 2009, § 31, Rn. 2, S. 4/5, Stichwort »Projektmanagement«.

370 In den letzten Jahren ist die Erkenntnis gewachsen, dass in bestimmten Branchen eine Vielzahl **projektorientierter Unternehmen** existieren. Hierbei handelt es sich um Gebilde, deren Kerngeschäft die Projektabwicklung ist. Typischer Beispielsfall für derartige projektorientierte Unternehmen sind etwa Projektentwickler und auch Baufirmen. Ihr wirtschaftlicher Erfolg liegt zu einem wesentlichen Teil in der optimierten **Multiprojektsteuerung**. Die Beherrschung des Projektmanagements und des Controllings sind Kernprozesse der unternehmerischen Tätigkeit. Wie im Zusammenhang mit der Darstellung des Kumulativleistungsträgereinsatzes erläutert wurde, ist es durchaus üblich, dass bei derartigen projektorientierten Unternehmen externe Projektsteuerer Teilaufgaben des Wertschöpfungsprozesses übernehmen. Speziell beim Generalunternehmereinsatz werden vielfältig Projektsteuerer zur Koordinierung der Planungsprozesse, ggf. auch im Bereich des Termincontrollings oder des Kostencontrollings, einbezogen.

1.4.3 Projektcontrolling

1.4.3.1 Projekt und Projektcontrolling

371 **Projektcontrolling** – im weiten Sinne – umschreibt diejenigen Prozesse und Regeln, die innerhalb des Projektmanagements zur **Sicherung des Erreichens der Projektziele** beitragen.[389] Projektcontrolling ist ein Teilprozess von Projektsteuerung und Projektmanagement.[390] Es umfasst Maßnahmen, die zur **Unterstützung der Planungs- und Abwicklungssteuerung** erforderlich sind. Dabei liegt das Hauptgewicht der Tätigkeit des Projektcontrollings in der Vorgabe von Strukturen und Zielen, der Beschaffung entscheidungsrelevanter Informationen, der Vornahme von Soll-Ist-Abgleichen (Abweichungsanalyse) und der Erarbeitung von Gegenmaßnahmen bei Abweichungen. Das Projektcontrolling liefert daher wichtige Grundlagen für das Projektmanagement im weiten Sinne, dessen Schwerpunkt auf der Projektplanung, Koordinierung und Umsetzung (Durchsetzung) projektgestaltender Aktivitäten liegt.[391] Projektcontrolling sorgt im Rahmen seiner **systembildenden Koordination** für die grundsätzliche Abstimmung zwischen Planung und Kontrolle (Überwachung). Sie übernimmt den permanenten Abgleich von Erfassungs-, Kontroll- und Analyseaufgaben im Rahmen des sog. **Controlling-Regelkreises**.[392]

372 Das Projektcontrolling ist unterstützender Bestandteil eines Managementprozesses und sollte dementsprechend in planender Form Abweichungsgefahren vorhersehen und hierauf vorausschauend reagieren (Gegenmaßnahmen vordenken – **proaktives Projektcontrolling**).[393] Als Hilfsfunktion für das Projektmanagement im weiten Sinne erfasst das Projektcontrolling grundsätzlich auch sämtliche Handlungsbereiche des Projektmanagements (der Projektsteuerung). Im Bereich der **Projektsteuerung Bau** erfassen dementsprechend die Controllingprozesse regelmäßig die Organisation, Termine, Kosten und Qualitäten.

373 **Projektcontrolling** Bau ist somit die Summe aller Informationsbeschaffungs-, Analyse-, Entwicklungs- und Anpassungsmaßnahmen zum Zwecke der begleitenden Überwachung eines Projektes.[394]

---

389 Die Betriebswirtschaftslehre hat keine einheitliche Begriffsvorstellung zum Controlling entwickelt. Dementsprechend gibt es unterschiedliche Aussagen zu den Aufgaben des Projektcontrollings, vgl. zur Unterstützungsfunktion des Controllings Fiedler, Controlling von Projekten, Braunschweig/Wiesbaden 2001, S. 7 ff.; vgl. auch Pfohl/Stölzle, Planung und Kontrolle, 2. Auflage, München 1997, S. 15 ff.; Koreimann, Project Controlling – Eine vergessene Disziplin?, Projektmanagement 2003, 18 f.

390 Gareis, Happy Projects, S. 158.

391 Anders zum Teil Diethelm, Projektmanagement, Band 1, S. 224, der Controlling in Überwachungs- und Planungsfunktionen unterteilt.

392 Vgl. Pfohl/Stölzle, Planung und Kontrolle, a. a. O., S. 47.

393 Vgl. dazu auch Fiedler, Controlling von Projekten, S. 12.

394 Vgl. auch Lachnit, Controllingkonzeption für Unternehmen mit Projektsteuerungstätigkeit, S. 25: Das Projektcontrolling i. e. S. umfasst alle Maßnahmen konzeptioneller, informatorischer und methodentechnischer Art zur Unterstützung von Planung, Steuerung und Kontrolle des einzelnen Projektes in allen Projektlebensphasen, reichend von der Projektvorbereitung (Initiierung, Vorstudie, Angebotserstellung)

Projektcontrolling – Regelkreis[395]

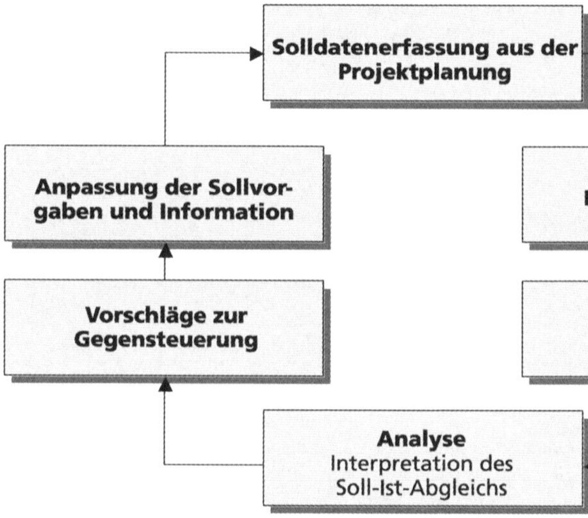

Aufgabe des **Einzelprojektcontrollings** ist es, das Projektmanagement für ein einzelnes Projekt betreffend Organisation, Termine, Kosten, Qualität zu unterstützen. Beim Multiprojektmanagement werden mehrere Projekte mit unterschiedlichen Terminen und Fertigstellungsständen zusammengefasst betrachtet. Ziel ist es dabei, die Projektmanagement- und Projektablaufplanung unter Beachtung von 374

- Kapazitätsgegebenheiten,
- Kosten- und Finanzwesen sowie
- möglichen weiteren Nebenbedingungen

zu einem gemäß den Bereichs- bzw. Unternehmenszielen bestmöglichen Gesamtgefüge zu koordinieren.[396]

Bauprojekt-Controlling ist eine wichtige Controllingaufgabe nicht nur für Auftraggeber, sondern auch für die Unternehmungen der Bauwirtschaft und wird als solches in der Zwischenzeit als zentraler Erfolgsfaktor zur Produktivitätsverbesserung erkannt.[397] 375

über die Projektabwicklung (Auftragserhalt bzw. Projektbewilligung, Realisierung in technischer, organisatorischer und wirtschaftlicher Hinsicht, Projektübergabe und Endabrechnung) bis zur Projektnachbereitung (Projektabschlussberichte und Erfahrungsauswertung, Kontrolle der Projektzielerreichung und Abweichungsanalysen).

395 Vgl. Diethelm, Projektmanagement, Band 1, S. 371, sowie Fiedler, Controlling von Projekten, S. 102: Die Projektsteuerung setzt eine laufende und objektive Projektkontrolle voraus. Projektkontrolle umfasst im Einzelnen:
- Ermittlung der Ist-Daten,
- Gegenüberstellung der entsprechenden Plandaten,
- Untersuchung der auftretenden Abweichungen mit dem Ziel, deren Ursachen herauszufinden und ggf.
- Planung und Einleitung von Gegenmaßnahmen.

396 Fiedler, Controlling von Projekten, S. 180.

397 Oepen, Baumarkt 2003, 28; Seyffert, Baumarkt, 2003, 33; auch Wirth, Controlling in der Baupraxis, 16 f.

1.4.3.2 Revision/Controlling/Projektcontrolling

376 Projektcontrolling ist von anderen (unternehmensinternen) Überwachungseinheiten abzugrenzen. Projektcontrolling unterscheidet sich von der Revision durch den **prozessbezogenen Inhalt** (Soll-Ist-Analysetätigkeit) und von dem betrieblichen Controlling sowie dem Unternehmenscontrolling durch die Fokussierung auf die Projektziele.[398]

377

Funktion Merkmale	Revision	Betriebliches Controlling	Projektcontrolling
Aufgaben	Feststellen, vorbeugen, verbessern	Planen, abgleichen, analysieren, vorschlagen	Erfassen, abgleichen, analysieren, vorschlagen
Zeitbezug	Vergangenheit	Gegenwart/Zukunft	Gegenwart/Zukunft
Gegenstand	Abgeschlossene Sachverhalte: prozessunabhängig	Soll-Ist-Analysen: prozessbezogen	Soll-Ist-Analysen: prozessbezogen
Ziele	Vermögenssicherung	Unternehmensrentabilität, Gewinn	Sicherung der Projektziele

378 Auf Grund der wachsenden Bedeutung des Projektgeschäftes für die Unternehmenstätigkeit hat sich die **Betriebswirtschaft** mit der Integration des Projektcontrollings in die Unternehmensorganisation befasst. Speziell im Hinblick auf Fragen der Corporate Governance und verschärften gesetzlichen Bestimmungen (KonTraG/§ 76 Abs. 1 AktG) ist das Projektcontrolling (bei Realisierung größerer Projekte) als wesentliche Unternehmensaufgabe, insbesondere auch für die Geschäftsführungsorgane, erkannt worden. Der Arbeitskreis externe und interne Überwachung der Unternehmen der **Schmalenbach-Gesellschaft für Betriebswirtschaft**, Köln, hat zur ordnungsgemäßen Abwicklung von Projekten und zur Projektüberwachung im Jahre 2002 Stellung genommen. Auszugsweise heißt es in der die Schnittstellen zur Unternehmensorganisation beschreibenden Veröffentlichung:[399]

»Das Projektcontrolling ist Bestandteil des Projektmanagements. Die Betriebswirtschaftslehre hat Steuerungs- und Kontrollinstrumente für das Management zum Zweck der laufenden Überwachung und Anpassung der betrieblichen Aktivitäten im Hinblick auf vorgegebene Pläne und Standards entwickelt. Wichtig ist die dauerhafte und gleichzeitige Betrachtung von Leistung, Zeit und Kosten. Die Entscheidungsträger koordinieren mit Hilfe des Projektcontrollings das Projekt, bereiten die Informationen hinsichtlich der Planung, Steuerung und Überwachung auf und realisieren das Projekt. Das Projektcontrolling sorgt dafür, dass die zutreffenden Informationen auf den verschiedenen hierarchischen Ebenen zum richtigen Zeitpunkt vorliegen. Dem Projektcontrolling obliegt also das Informationsmanagement einschließlich des Projektberichtswesens und der Projektdokumentation. Die Projektleitung und die wesentlichen Steuerungsfunktionen verbleiben also beim Auftraggeber/Entscheidungsträger. Das Projektcontrolling stellt personell bei Großprojekten oft eine eigene Instanz innerhalb des Projektteams dar.

379 *Dem Projektcontrolling fällt vor allem die Aufgabe zu, im komplexen Projektgeschehen (Planungsprozess und Planungsinhalte) die Projektziele in qualitative und quantitative Soll-Daten für die einzelnen Projektphasen umzusetzen und die Beurteilung der Zielerreichung durch die Bereitstellung von entsprechenden Ist-Daten laufend zu ermöglichen. Dies setzt ein installiertes Informationsgewinnungssystem voraus. Planabweichungen müssen durch den Vergleich von geplanten und realisierten Werten frühzeitig erkannt werden (Frühwarnfunktion). Die Projektphasen müssen überschaubar und steuerbar und mit möglichst einfachen Rahmenbedingungen*

398 Vgl. zum Unternehmenscontrolling Fiedler, Controlling von Projekten, S. 185: Ziel ist es, alle Informationen zu einem in sich konsistenten Gesamtsystem einer integrativen Unternehmensplanung und -analyse zusammenzustellen.

399 Der Betrieb 2002, 281, 283.

versehen sein, um unter oft hohem Kosten- und Zeitdruck eine für eine effiziente Steuerung ausreichende Datenaufbereitung zu ermöglichen. Zur Gewährleistung seiner Neutralität sollten dem Projektcontrolling keinesfalls operative Aufgaben im Projekt übertragen werden. Die Gestaltung der Informationsgewinnungssysteme orientiert sich an den mit ihnen verfolgten Zwecken.«

1.4.3.3 Projektcontrolling im engen Sinne (Projektmonitoring)

Die Projektcontrollingfunktionen in einem Projekt können auf eine reine Hilfsfunktion i. S. ei- 380
nes Informationsmanagements, insbesondere Projektberichtswesen und Projektdokumentation, beschränkt sein. Aufgabe des Projektcontrollings ist es dann, die Ist-Daten aus dem aktuellen Projektverlauf mit den Soll-Daten abzugleichen und der Projektleitung oder Dritten ausreichende Informationen für Entscheidungen und Steuerungsmöglichkeiten an die Hand zu geben. In der Praxis existieren verschiedene Erscheinungsformen des Projektmonitorings.

1.4.3.3.1 Projektmonitoring als Teilfunktion des Projektmanagements

Sofern für ein größeres Projekt externe Projektmanagementleistungen beauftragt werden, sind hier- 381
in typischerweise auch Controllingaufgaben enthalten. In einem solchen Falle ist das Projektcontrolling eine unselbstständige Teilfunktion des Projektmanagements und dient vornehmlich der Datenerfassung zur Eröffnung ausreichender Handlungsspielräume für die Projektleitung/Projektsteuerung. Die Analyse der gewonnen Daten, die Ermittlung der Vorschläge zur Gegensteuerung wie auch die Umsetzung von Anpassungsmaßnahmen bleibt der Projektleitung/Projektsteuerung vorbehalten. Bei **unternehmensinternen Projekten** dient das Projektmonitoring (als Projektcontrolling im engen Sinne) der Wahrnehmung der Überwachungsfunktion durch Geschäftsleitungsgremien, z. B. Vorstände, Aufsichtsräte, Geschäftsführer und Beiräte.[400] Der aufgezeigte Projektcontrolling-Regelkreis wird nicht voll durchlaufen, sondern endet bei der Erstellung von Projektberichten für die Entscheidungs- und Prüfgremien des Unternehmens.

1.4.3.3.2 Projektmonitoring für projektfinanzierende Banken

Große praktische Bedeutung hat das Projektmonitoring (Projektcontrolling im engen Sinne) für die 382
Projektfinanzierung. Die bei einem größeren Projekt involvierten Abwicklungs- und Kreditrisiken führen zu einem Controllingbedarf bei den projektfinanzierenden Bankenkonsortien. Sie müssen bei auftretenden Problemlagen unabhängig von der Entscheidung und Gegensteuerung durch den Auftraggeber und dessen Projektleitung in der Lage sein, die für das Kreditverhältnis relevanten Informationen zu erhalten und die notwendigen Maßnahmen zu ergreifen. Dementsprechend ist es bei einer Großprojektfinanzierung durchaus üblich, dass die Konsortialfinanzierer ein eigenständiges Projektcontrolling aufsetzen.[401]

Ein derartiges Projektcontrolling umfasst speziell ein Leistungs- und Kostencontrolling als Grund- 383
lage für die Mittelabflusskontrolle.[402] Sowohl der Auftraggeber als auch die finanzierenden Kreditinstitute, nicht zuletzt aber auch der Projektcontroller werden – angesichts der involvierten Interessengegensätze – sehr sorgfältig zu erwägen haben, ob die Projektcontrollingfunktion für unterschiedliche Beteiligte (i. d. R. Auftraggeber und Kreditinstitut) von ein und demselben Projektcontroller wahrgenommen werden kann. Wird ein derartiges **Einheitsmodell** realisiert und der Projektcontroller sowohl für Auftraggeber als auch für die finanzierenden Banken tätig, gerät dieser sehr leicht in eine Doppelrolle, bei deren Ausfüllung Interessenkonflikte und Haftungsgefahren auftreten.[403]

400 Vgl. dazu Arbeitskreis Externe und interne Überwachung der Unternehmung der Schmalenbach-Gesellschaft für Betriebswirtschaft, Köln, Der Betrieb 2002, 281.
401 Vgl. für die Projektentwicklung Hardebusch, Immobilienmanagement, 2002, 10, 14, Rn. 14.
402 Vgl. zu den rechtlichen Problemen bei Baufortschrittsdarlehen Müssen, BauR 1999, 22.
403 BGH, Urteil vom 07.02.2002, Az. III ZR 1/01, in: NJW 2002, 1196, 1197.

384 Eine mögliche **Haftungsgefahr gegenüber einer finanzierenden Bank** ergibt sich nicht nur dann, wenn der Projektcontroller selbst in einem Vertragsverhältnis zu dem Projektfinanzierer steht. Eine entsprechende Schadensersatzverpflichtung kann bereits entstehen, wenn eine Bank erstellte Berichte oder Gutachten erkennbar zur Grundlage von Finanzierungsentscheidungen macht, § 311 Abs. 3 BGB.[404] Speziell bei der unsorgfältigen Ausstellung von Bautenstandsbestätigungen als Grundlage von Zahlungsfreigaben, muss der Projektcontroller mit Schadensersatzansprüchen nicht nur des Auftraggebers, sondern auch der finanzierenden Bank rechnen. Der Bundesgerichtshof hat die mögliche Haftung eines Projektcontrollers bejaht, der bei der Bautenstandsaufnahme Mängel übersehen und hierdurch vorzeitige Abschlagszahlungen der projektfinanzierenden Bank ausgelöst hatte. Auf Grund der Inanspruchnahme besonderen Vertrauens – Bestätigung eines Fachmanns mit besonderen Kenntnissen in Bauangelegenheiten – sei die Bank in den Schutzbereich des Projektcontrollingvertrages einbezogen worden.[405]

385 Bei größeren Projekten ist die Einheitslösung eher unüblich. Der Gesichtspunkt der **Unabhängigkeit** – auch im Sinne einer Second opinion – ist den Projektfinanzierern i. d. R. wichtiger als der Vorteil der unmittelbaren Einbeziehung des Projektcontrollers in den Projektmanagementprozess. In derartigen Fällen tritt der Projektcontroller der Banken (Independant Engineering bzw. Techical advisor to the lenders) neben den auf Seiten der Auftraggeberschaft tätigen Projektcontroller (Owner's Engineer) – **Trennungslösung**.[406] Dem für die Projektfinanzierer tätigen Projektcontroller wird i. d. R. auch die Aufgabe einer due diligence übertragen. Hierbei handelt es sich um einen mehrstufigen Prozess, der einen due diligence-Bericht als Basis für Finanzierungszusagen (Financial closing) beinhaltet sowie ein anschließendes Projektmonitoring (Projektberichtswesen). Der due diligence-Bericht erfasst regelmäßig alle technisch relevanten Projekt- und Vertragsdokumente und schließt mit einer Risikoeinschätzung.[407]

1.4.3.4 Generalunternehmercontrolling

1.4.3.4.1 Grundlagen

386 Sofern der Auftraggeber sein Projekt mit **Kumulativleistungsträgern** (z. B. Generalplanern, Generalunternehmern oder Totalunternehmern) realisieren will, entfallen viele bei der Einzelvergabe regelmäßig vom Auftraggeber zu erledigende Steuerungsmaßnahmen. Die Koordinierungs- und Steuerungsaufgaben des Auftraggebers in Bezug auf Objekt-/Fachplaner einerseits und ausführende Unternehmen andererseits werden bereits auf Grund der Wahl des Unternehmereinsatzmodells oft so deutlich zurückgedrängt, dass auftraggeberseits vornehmlich noch **Projektcontrollingaufgaben** das Leistungsbild bestimmen.

---

404 Vgl. noch zum alten Recht: BGH, Urteil vom 02.04.1998, Az. III ZR 245/96, in: NJW 1998, 1948, 1949 (für Wirtschaftsprüfer); Urteil vom 19.12.1996, Az. IX ZR 327/95, in: NJW 1997, 1235 (für Steuerberater); Grüneberg, in: Palandt, BGB, § 328, Rn. 31 mit weiteren Hinweisen.

405 BGH, Urteil vom 07.02.2002, Az. III ZR 1/01, in: NJW 2002, 1196, 1197; OLG Saarbrücken, Urteil vom 15.05.2008, Az. 8 U 119/07, in: IBR 2008, 660; vgl. auch Rdn. 1988.

406 Vgl. Claus in: Siebel, Handbuch Projekte und Projektfinanzierung, S. 55, 57 ff.

407 Nach Claus in: Siebel, Handbuch Projekte und Projektfinanzierung, S. 55, 58: Dabei typischerweise zwischen mehreren Risikoklassen differenziert:
Risikokategorie 1: Risiken, die vor financial close am Ende gelöst werden müssen (meist in Form von vertraglichen Regelungen oder Nachbesserungen im technischen Konzept).
Risikokategorie 2: Risiken, die im Zuge der Bauausführung, d. h. nach financial close und vor Projektabnahme auftreten können und spezieller Beachtung bedürfen und für die im Falle des Eintretens eine Lösung vorhanden ist (anderenfalls stellt dies ein Risiko der Kategorie 1 dar).
Risikokategorie 3: Risiken, die im laufenden Betrieb auftreten können und spezieller Beachtung bedürfen und für die im Falle des Eintretens eine Lösung vorhanden ist (anderenfalls stellt dies ein Risiko der Kategorie 1 dar). Dabei soll in der Projektphase zwischen dem Beginn der due diligence und financel close das Ziel bestehen, im Zusammenspiel zwischen den Projektbeteiligten möglichst alle Probleme der Kategorie 1 zu lösen.

Der Umfang der Aufgabendelegation durch Funktionsübertragung auf einen entsprechenden Kumulativleistungsträger hängt jeweils von dem konkret gewählten Einsatzmodell ab: 387

- Die weitestgehende Delegation findet bei **Totalunternehmern** statt, hier verbleibt von vornherein vornehmlich eine Controllingfunktion in Bezug auf einen Vertragspartner, da sämtliche Koordinierungs- und Organisationsaufgaben in Bezug auf Planer und ausführende Unternehmen vom Totalunternehmer wahrgenommen werden.
- Ähnlich verhält es sich, wenn für die Planung ein **Generalplaner und** für die Ausführung ein **Generalunternehmer** beauftragt wird. Dann sind zwei einzelne Unternehmen zu steuern, die in ihrem Fachbereich jeweils alle maßgeblichen Organisations- und Koordinierungsaufgaben abwickeln.
- Beim **Generalunternehmereinsatz** können Projektsteuerungsaufgaben und Controllingaufgaben zusammenfallen:
  - Nach dem Standard-GU-Einsatzmodell in Deutschland beendet das Planungsteam des Auftraggebers die planende Tätigkeit mit der Genehmigungsplanung. Der Generalunternehmer übernimmt zusätzlich zu allen Ausführungsleistungen auch die Ausführungsplanung. Die Planung bis zur Einholung der Baugenehmigung und die Vorbereitung der Vergabe an einen Generalunternehmer setzt noch einen auftraggeberseitigen Planungsprozess voraus, der gesteuert werden muss. Hier wird oft ein Projektsteuerer in klassischer Funktion tätig, dessen Leistungsbild sich ab der Beauftragung des GU in das eines Controllings verwandelt. 388
  - Wenn der Auftraggeber – entgegen dem vorgenannten GU-Einsatzmodell – die Ausführungsplanung nicht dem Generalunternehmer überlässt, sondern während der Ausführung weiter mit seinem Planungsteam Planungsleistungen für das Projekt erbringt, ergeben sich ebenfalls, und zwar durchgängig während des gesamten Projekts, gleichzeitig Projektsteuerungs- und Controllingaufgaben für den Auftraggeber. 389

Bei dem Generalunternehmercontrolling obliegt dem **Projektcontroller** zumeist die Unterstützung des Auftraggebers bei der Vergabe der Generalunternehmerleistung, bei der Erarbeitung von Vorschlägen zur Gegensteuerung bei Projektstörungen und auch Mitwirkung bei der Umsetzung von Steuerungsmaßnahmen. Dementsprechend geht dieses Modell **über das reine Projektmonitoring hinaus**. 390

Mit dem Vordringen von Kumulativleistungsträgereinsatzformen im Markt hat sich auch das Projektcontrolling als eine **selbstständige Einsatzform** des Projektmanagements entwickelt. In den Fällen, in denen ein externer Projektmanager/Projektsteuerer die Aufgabe eines Generalunternehmercontrollings übernimmt, wird typischerweise von einem Projektcontrolling gesprochen. Entsprechendes gilt beim Generalübernehmer-, Totalunternehmer- oder Totalübernehmereinsatz. 391

Die verbreitete Vorstellung, mit der Einschaltung eines **Generalunternehmers** entstehe für den Auftraggeber ein **Rund-um-Sorglospaket**, trifft nicht zu. Zumindest bei technisch anspruchsvolleren, komplexen Projekten ist gerade beim Generalunternehmermodell ein intensives Projektcontrolling erforderlich: 392

- Die vertragsgemäße Planungsfortschreibung bedarf im Hinblick auf Tendenzen des Generalunternehmers, die Planung kostenmindernd zu »optimieren«, einer intensiven Kontrolle.
- Speziell zur Qualitätssicherung bedarf es eines intensiven Abgleiches der Planungs- und Bemusterungsabläufe mit den vertraglichen Vorgaben.
- Leistungen und Mitwirkungshandlungen des Auftraggebers müssen rechtzeitig bereitgestellt werden (etwa noch ausstehende behördliche Genehmigungen oder bauinhaltliche Festlegungen).
- Im Hinblick auf Abschlagszahlungspläne müssen Leistungsstände und Qualitäten genauestens nachvollzogen werden.
- Nutzereinbauten müssen parallel geplant und koordiniert werden. 393
- Test- und Abnahmeverfahren sind rechtzeitig vorzubereiten und zu steuern.
- Bei einem Generalunternehmer, der Terminprobleme ungern transparent macht, muss begleitend nachvollzogen werden, ob die Vertragstermine voraussichtlich eingehalten werden.

394 – Im Falle der Übernahme einer reduzierten Objektüberwachung (Oberbauleitung) ist sicherzustellen, dass entsprechend den vertraglichen Anforderungen gebaut (und nicht vollendete Tatsachen geschaffen werden) sowie keine Qualitätsminderungen durch die oftmals nur »ausgedünnten« Projektmanagementressourcen auf der Seite des Generalunternehmers auftreten.
– Etwa erforderliche Projektänderungen sollen zu nachvollziehbaren und vertragsgemäßen Preisen durch den Generalunternehmer umgesetzt werden (Änderungsmanagement).[408]

1.4.3.4.2 Aufgaben und Werkzeuge des Generalunternehmercontrollings

395 Die Handlungsbereiche des Projektcontrollings und der Projektsteuerung stimmen damit weitgehend überein. Die Tätigkeit des Projektcontrollers lässt sich in ein
- Organisationscontrolling,
- Leistungs- und Kostencontrolling,
- Termincontrolling und
- Qualitätscontrolling

396 aufgliedern.[409] Das Plancontrolling und das Ausführungscontrolling (einschließlich Bemusterungen) stellen einen Schwerpunkt der Aufgabenstellungen des Projektcontrollers dar.[410]

397 Die **Reduzierung der Koordinierungskomponente** im Vergleich zu Projektsteuerungsmodellen (speziell bei den Generalunternehmercontrollings) führt **nicht notwendigerweise** dazu, dass gegenüber den klassischen Projektsteuerungsmodellen eine **Aufwandsreduzierung** eintritt. Im Regelfall mindert sich zwar der Personaleinsatz, was etwa die AHO-Fachkommission veranlasste, Möglichkeiten einer Honorarminderung vorzusehen.[411] In der Praxis steht der prinzipiellen Aufwandsminderung aber ein erheblicher Mehraufwand im Rahmen des Änderungsmanagements gegenüber. Vereinfacht lässt sich sagen, dass sich die Aufgaben des Projektcontrollers beim Kumulativleistungsträgereinsatz unter Zurückdrängung der Koordinierungsfunktion vornehmlich in Richtung kontrollierender Tätigkeiten verschieben, wobei das Nachtragsmanagement im Verhältnis zum Generalunternehmer typischerweise einen Schwerpunkt der Tätigkeit bildet.

398 Bereits in seiner Grundvariante enthält das Leistungsbild Projektcontrolling **Überschneidungen mit Teilleistungen** aus dem Leistungsbild der Objektplanung des **§ 34 HOAI**. Nicht selten werden Controllingleistungen in Bezug auf die Ausführung von Tragwerken/Standsicherheitsnachweisen gem. § 49 HOAI übernommen. Darüber hinaus findet in der Praxis vielfach eine ergänzende

408 Weiss, in: Schäfer/Conzen, Immobilien-Projektentwicklung, S. 415, formuliert: »Auch die Beauftragung eines Generalüber- oder Generalunternehmers bedeutet nicht, dass sich der Auftraggeber vom Zeitpunkt der Beauftragung bis zur Übernahme des Bauwerks nicht mehr um das Vorhaben kümmern müsste. Vielmehr ist ein enges Controlling einer Baumaßnahme durch den Auftraggeber aus zwei wesentlichen Gründen erforderlich:
- Auch bei noch so penibler Beschreibung des Bestellwerks verbleibt i. d. R. ein weiterer Interpretationsspielraum für die ausführenden Firmen im Hinblick auf die bestellten Leistungen.
- Erfahrungsgemäß erkennt der Auftraggeber erst während der Baudurchführung im Detail, was er bestellt hat und nimmt im Regelfall aus den unterschiedlichsten Gründen Veränderungen am Bestellwerk vor. Hinzu kommt, dass der Auftraggeber während der Bauausführung in einer Reihe von Fällen aktiv werden muss. ...«

409 Vgl. auch Diethelm, Projektmanagement, Band 1, S. 67.

410 Vgl. Hansen, in: DVP, Projektmanagement in Praxisbeispielen, S. 8 ff.: I. d. R. wirkt der Projektcontroller bei der Erstellung der Auftraggeberorganisation und der Erstellung des Mieterbedarfsprogramms mit, konzipiert Organisations- und Projekthandbücher, wählt die an der Projektrealisierung fachlich Beteiligten, insbesondere Planer und ausführende Unternehmen mit aus, unterstützt den Auftraggeber bei der Vergabe (Angebotsauswertung), übernimmt die Kostenkontrolle mit Nachweisen und Berichten über den aktuellen Kostenstand aus Plan-, Vergabe-, Nachtrags- und Abrechnungswerten und kontrolliert die Ausführungsqualität und Termine; da Cunha, in: DVP, Projektmanagement in Praxisbeispielen, S. 10:

411 Vgl. Rdn. 1447.

Tätigkeit im Sinne eines TGA-Controllings statt.[412] Dann umfasst die Controllingaufgabe auch die Gas-, Wasser-, Abwasser- und Feuerlöschtechnik, Wärmeversorgungs-, Brauchwassererwärmungs- und Raumlufttechnik, Elektrotechnik, Aufzugs-, Förder- und Lagertechnik (gem. der Anlage 1 zu § 3 Abs. 1 HOAI, Beratungsleistungen). Ergänzt werden kann die Controllingaufgabe durch Leistungen aus den Leistungsbildern betreffend thermische Bauphysik, sommerlicher Wärmeschutz, Feucht- und Wärmehaushalt, Schallschutz. Die durch die Übernahme von Planungsleistungen nach der HOAI im Rahmen von Projektcontrollingmodellen entstehenden preisrechtlichen Problemstellungen werden an anderer Stelle dieses Buches behandelt.[413]

Projektcontrolling kann dabei im Rahmen des **Grundmodells des Projektmanagements** oder aber der **Projektsteuerung** abgewickelt werden. Für die Differenzierung ist maßgeblich, ob der Projektcontroller beim Generalunternehmercontrolling eigenständig Entscheidungen treffen und im Verhältnis zum Generalunternehmer umsetzen kann. Im Regelfall verbleibt die Projektleitung beim Auftraggeber, so dass ein Projektcontrolling in Stabsfunktion vorliegt. 399

Der Projektcontroller sollte beim Generalunternehmereinsatz bereits das Vergabeverfahren begleiten und steuern. Eine **Schwerpunktaufgabe** ist es dabei, die Vollständigkeit und Widerspruchsfreiheit der Vergabeunterlagen sicherzustellen, insbesondere zur Nachtragsprophylaxe Lücken oder Widersprüche in Detailunterlagen im Abgleich mit funktionalen Anforderungen aufzudecken und bei ihrer Beseitigung mitzuwirken. Nach Vergabe an den Generalunternehmer steht zunächst das Plancontrolling im Vordergrund. Nach Abschluss des Plancontrollings geht es um das Ausführungscontrolling, einschließlich Nachunternehmervergabe- und Bemusterungscontrolling. Während der gesamten Dauer der Projektcontrollingtätigkeit kommt schließlich dem Kostencontrolling eine wesentliche Funktion zu. 400

Ein Projektcontroller kann nur dann sinnvoll arbeiten, wenn seine »Werkzeuge« bereits bei der Konzeption eines Generalunternehmervertrages hinreichend berücksichtigt worden sind. Der **Generalunternehmervertrag** muss daher Anforderungen an den Plancontrollingprozess, Regelabläufe, Genehmigungsvorbehalte und Prüfmaßstäbe genauso beinhalten, wie Details zum Ausführungscontrolling, speziell hinsichtlich Bemusterungs-, Baustellencontrolling und Abnahmeprozessen. 401

412 Vgl. dazu Rdn. 427 f.
413 Vgl. Rdn. 1392 f.

Werkzeuge des Generalunternehmercontrollings

Organisationscontrolling
- Organisationshandbuch, Projekthandbuch, Regelabläufe

Vertragscontrolling und Vorbereitung der Vergabe
- eindeutige Festlegung der Projektziele (Planungs- und Bausoll) in den Vertragsunterlagen
- Festlegung der Controllingverfahren im GU-Vertrag

Leistungscontrolling
- Plancontrolling
- NU-Vergabecontrolling
- Ausführungscontrolling

Kostencontrolling
- Kostenermittlungen
- Abschlagszahlungekontrolle, Nachtragscontrolling, Vergütungsfragen bei Kündigung

Termincontrolling
- Aufstellen von Terminplänen
- Detailterminkontrolle, Anpassungsmaßnahmen, Mahnwesen

Leistungsmatrix Projektcontrolling

Handlungsbereiche \ Projektstufen	Projektvorbereitung	Planung	Ausführungsvorbereitung	Ausführung	Projektabschluss
A Organisations-controlling	Controlling Organisationskonzept EDV Prozessabläufe Informationskonzept	Controlling der Projektorganisation über alle Phasen Information der Projektbeteiligten, insb. Soll-Ist-Abgleiche			Kontrolle Projektdokumentation
B Controlling der Qualitäten und Quantitäten	Controlling Qualitative Projekt-ziele Nutzerbedarfs-programm	Plancontrolling Planungsprozesse und -ergebnisse Vertragssysteme und Regelungen	Vergabecontrolling Verdingungsunterlagen Funktionale Leistungs-ziele für Verträge	Ausführungscontrolling Bemusterungen	Abnahmecontrolling Mängelbeseitigung
C Kostencontrolling	Budgetcontrolling	Durchgängige Kostenkontrolle – Empfehlungen für Gegensteuerungen einschl. Nachtragcontrolling Durchgängige Mittelabflusskontrolle			Kontrolle der Gesamt-kosten Schlussrechnungs-controlling Verantwortlichkeiten für Kostenüberschrei-tungen
D Termine Kapazitäten	Controlling Generalablaufplan Vertragstermine	Durchgehende Terminkontrolle der Planer, Ingenieure und ausführenden Unternehmen Durchgängige Empfehlungen für Gegensteuerungen bei Terminabweichungen			Fertigstellungs-controlling
E Verträge Versicherungen	Controlling Vertragsstrukturen und Versicherungs-konzept	Controlling der Vertragsgestaltung und der Vertragsabwicklung einschl. Vertragsänderungen Controlling zur Abwicklung des Versicherungskonzeptes/Schadensfälle			Controlling der Gel-tendmachung von Ak-tivansprüchen/Abwehr von Claims Vertragsstrafen und Sicherheit

1.4.3.4.3 Generalunternehmercontrolling und Objektplanung: Die projektspezifische Feinabstimmung

402 Bei Generalunternehmermodellen stellt sich nach Abschluss der auftraggeberseitigen Planungsleistungen die Frage, mit welcher Aufgabenverteilung Objektplaner und Projektcontroller weiterarbeiten sollen. Hierbei geht es insbesondere um die weitere Beteiligung im Rahmen des Plancontrollings und des Ausführungscontrollings. Dabei ist zu berücksichtigen, dass das Ausführungscontrolling nicht in vollem Umfang mit der Objektüberwachung nach § 34 Abs. 3 Nr. 8 HOAI verglichen werden kann. Denn es entfallen für den Auftraggeber beim Generalunternehmereinsatz Koordinationsaufgaben bezüglich der Einzelgewerke (der Nachunternehmer). In der Projektpraxis wird bei einem entsprechend reduzierten Aufgabenfeld oft von einer sog. **Oberbauleitung** gesprochen.[414]

403 Alle nachfolgend dargestellten **Einsatzvarianten des Generalunternehmercontrollings** bei diesem Grundsachverhalt haben ihre spezifischen Vorteile und Nachteile und sind typischerweise für bestimmte Projektkonstellationen geeignet:

– **Vollauftrag des Architekten nach § 34 HOAI (HOAI-Modell)**

404 – Wenn der Objektplaner des Auftraggebers einen Vollauftrag (§ 34 Leistungsphasen 1–9) erhält, obliegt dem Projektcontroller des Auftraggebers vornehmlich die **Kontrolle des Objektplaners**. Der Controller wird ganz überwiegend nicht direkt gegenüber dem Generalunternehmer tätig. Der Objektplaner ist in dieser Fallgestaltung über die rein planenden Tätigkeiten hinaus insbesondere für die Leistungsphasen 6 bis 9 nach § 34 HOAI verantwortlich und wirkt bei der Beauftragung des Generalunternehmers mit und überwacht die Ausführung. Das HOAI-Phasenmodell erfährt dabei zwar eine Veränderung. Denn anstelle der Ausführungsplanung wird als sog. ersetzende Besondere Leistung die Aufstellung einer detaillierten Objektbeschreibung als Baubuch/Raumbuch – als Grundlage der Leistungsbeschreibung mit Leistungsprogramm – beauftragt. Während der Mitwirkung an der Vergabe (Leistungsphase 7 nach § 34 HOAI) erfolgt das Prüfen und Werten der Angebote, einschließlich Preisspiegel. Während der Ausführung erbringt der Objektplaner alsdann als Besondere Leistung der Ausführungsplanung das Prüfen der Ausführungspläne auf Übereinstimmung mit der Entwurfsplanung (sog. Plancontrolling). Schließlich verbleibt dem Architekten bei diesem Modell die Objektüberwachung des ausführenden Generalunternehmers mit der Besonderheit, dass sich die Ausführungsüberwachung auf einen einzigen Unternehmer bezieht (Ausführungscontrolling).

405 – Diese Einsatzform ist besonders beim **design- oder qualitätsorientierten Hochbau** geeignet. Das Planungs-Know-how bleibt während der gesamten Projektrealisierung – auf Auftraggeberseite – erhalten. Zielrichtung der Tätigkeit des Objektplaners ist u. a. die Erhaltung der geschaffenen Planungsqualität. Nachteile dieser Projektrealisierung sind die relativ hohen Objektüberwachungskosten nach HOAI sowie die allenthalben festzustellenden Versuche der Planer, im Rahmen des Plancontrollings ihre eigene bis dahin unzureichende Planung »weiterzuentwickeln«.[415]

---

414 Vgl. Weiss, in: Schäfer/Conzen, Immobilien-Projektentwicklung, S. 442: »Der Oberbauleiter übernimmt keine koordinierenden Aufgaben mehr, sondern beschränkt sich auf die Überprüfung der Qualität der durch den Generalunternehmer/Generalübernehmer erstellten Leistung, die Freigabe von Rechnungen und die Teilnahme an der Abnahme«; Weiss hat der AHO ein entsprechendes Leistungsbild aufgezeigt.

415 Vgl. Weiss, in: Schäfer/Conzen, Immobilien-Projektentwicklung, S. 446: »Hier entsteht eine ausgeprägte Neigung, die Planung im eigenen Interesse weiterzuentwickeln und durch Plankorrekturen Tatbestände zu schaffen, die zu Mehrkostenforderungen und Behinderungen durch den Auftragnehmer führen können. Beauftragt man die Planprüfung an einen unabhängigen Dritten, der lediglich die Richtigkeit der vom Auftragnehmer gefertigten Pläne prüft und keine eigenen Intentionen hat, die Planung weiterzuentwickeln, grenzt man die Gefahr von Behinderungen und Nachträgen erheblich ein. Allerdings wird man in diesem Fall nicht immer das gewünschte Optimum an Planungsinhalten erreichen, das scharf an der Grenze zwischen zulässiger Interpretation des Bestellwerkes und nachtragsrelevanter Zusatzleistung liegt.«

- **Beendigung der Tätigkeit des Objektplaners mit der Genehmigungsplanung/Durchführung der Vergabe und Bauoberleitung durch Projektcontroller**
- Bei diesem Einsatzmodell begleitet der Objektplaner das Projekt nur bis zum Abschluss der Genehmigungsplanung (Einholung der Baugenehmigung). Je nach Besonderheiten der Projektrealisierung übernimmt entweder der Objektplaner oder der Projektsteuerer die (Vorbereitung der) Vergabe an den Generalunternehmer. Der Objektplaner erbringt jedoch weder das Plancontrolling noch das Ausführungscontrolling (insbesondere nicht die Leistungsphase der Objektüberwachung). Das Planungs- und Ausführungscontrolling geht vielmehr auf den Projektcontroller über, der – zur Absicherung der Soll-Vorgaben (Controllingziele) – i. d. R. bereits mit Beginn der Vorbereitung der Vergabe eingeschaltet wird. Bei dieser Einsatzvariante gibt es wiederum zwei praxisrelevante Unterformen: 406
  - **Beendigung der Tätigkeit des Objektplaners des Auftraggebers mit der Genehmigungsplanung/Durchführung der Vergabe und Bauoberleitung durch Projektcontroller, der Objektplaner behält die »künstlerische Oberleitung«**[416]
- Wenn die planende Tätigkeit des Objektplaners nach Einholung der Baugenehmigung enden soll, entschließt sich der Auftraggeber oft – z. B. wenn Urheberrechtsprobleme nicht geklärt sind –, dem Architekten noch eine Art künstlerische Oberleitung zu übertragen. Dieses bereits zur Zeit der Geltung der GOA nicht ausdifferenzierte Leistungsbild kann in einer Art **Plancontrollingfunktion** bestehen, die der Objektplaner alsdann entweder unmittelbar für den Auftraggeber oder aber in einer Nachunternehmerfunktion/als Konsortialpartner **für den Projektcontroller** erbringt. 407
- Vorteile der beiden letztgenannten Einsatzvarianten sind typischerweise anfängliche Kostenersparnisse.[417] Zudem bleibt der Architekt in gewissem Umfang dem Projektcontrollingteam erhalten. Interessengegensätze werden vermieden. Der Generalunternehmer plant mit eigenen Architekten weiter. 408
- Nachteilig wirkt sich aus, dass **Planungs-Know-how verlorengeht**. Es kommt zu einem Bruch der Planung und der Gefahr der Qualitätsreduzierung durch die Planer des Generalunternehmers. Der Zeitverzug durch den Planerwechsel muss aufgeholt werden.
- Die Einsatzform ist geeignet für den Generalunternehmereinsatz im **Standard- und gewerblichen Hochbau**, bei dem der Generalunternehmer durch optimierte Prozesse und praxiserprobte Planungsteams und bewährte Nachunternehmerbeziehungen in der Lage ist, Bauabläufe – auch terminlich – zu optimieren. 409
- **Der Objektplaner wechselt ab Ausführungsplanung auf die Seite des Generalunternehmers**
- Der Objektplaner kann ab Beginn der Ausführungsplanung in die Organisation des Generalunternehmers einbezogen werden. Er übernimmt in einem solchen Fall für den Generalunternehmer die Ausführungsplanung. Das Planungs- und Ausführungscontrolling muss alsdann vom auftraggeberseitigen Projektcontrolling wahrgenommen werden. 410
- Dieses Modell dient der **Beschleunigung der Planung**. Es stellt den Know-how-Transfer in der Planung im Gegensatz zum zuvor dargestellten Modell sicher. Es ist zudem kostenneutral, weil sich kein neuer Planer einarbeiten muss. Nachteil für den Auftraggeber ist der Verlust von Controllingkompetenz. 411
- Die Einsatzform ist in besonderem Maße geeignet bei Großprojekten mit Generalunternehmern auf der Grundlage einer anspruchsvollen Planung, z. B. im **High-Tech-Industriebau** sowie bei sog. **Fast-Track-Projekten**.[418] 412

416 Zur künstlerischen Oberleitung vgl. Geldmacher, BauR 2003, 1294; auch § 15 Abs. 3 HOAI.

417 Vgl. aber KG, Urteil vom 30.07.1999, Az. 4 U 122/97, in: IBR 2002, 148, wonach für die funktionale Leistungsbeschreibung und die Mitwirkung bei der Vergabe die vollen HOAI-Gebühren anfallen.

418 Vgl. Tautschnig/Tegtmeyer in: DVP, Strategien des Projektmanagements, Teil 6: Künftige Anforderungen an das Baumanagement aus der Sicht von DVP-Mitgliedern, S. 5 ff.: »Diese nicht unumstrittene Vorgehensweise ist im öffentlichen Bereich nicht möglich (Unvereinbarkeit wegen Mitwirkung an Ausschreibungsunterlagen), hatte aber bei diesem Projekt den Vorteil, dass einerseits ohne Verzögerung vom

1.4.3.5 Projektcontrolling bei dem Erwerb von Bauträgern/due diligence

413 Eine noch weitergehende Funktionsübertragung in Bezug auf Projektmanagementaufgaben findet bei dem Erwerb einer Immobilie von einem Projektentwickler oder Bauträger statt. Bei dem Kauf konzipierter oder bereits in Bau befindlicher Immobilien für Investoren, Fonds usw. ergibt sich vielfach während der Planungs- und Bauphase ein Controllingbedürfnis der Erwerbsgesellschaft. Der Projektcontroller überwacht hier u. a. das Projektmanagement des Erstellers.

414

Aufgaben des Projektcontrollers beim Immobilienerwerb für einen Fonds	
1. Erarbeiten der technisch-wirtschaftlichen Anlagen zum Grundstückskaufvertrag 2. Mitwirken beim Vertragsschluss 3. Kontrolle der Planfortschreibung der Ausführungsplanung 4. Kontrolle der Ausführungsplanung 5. Mitwirkung bei der Fortschreibung der Bau- und Ausstattungsbeschreibung 6. Mitwirkung bei der Bemusterung 7. Teilnahme an Jour-Fixe-Besprechungen 8. Durchführung von 14-tägigen Besprechungen mit der Verkäuferin 9. Erstellung von Begehungsprotokollen und Festhalten der jeweiligen Sachverhalte nach jeder Begehung (ca. zweimal monatlich), insbesondere – Bautenstandsfeststellung/Freigabe von Zahlungen – Terminabgleiche – Erstellung von Bestandsunterlagen und -fotos	– stichprobenweise Qualitätskontrolle der ausgeführten Bauleistungen – Erfassen von Mehr-/Minderleistungen 10. Beratung bei Mietersonderwünschen 11. Mitwirkung bei der Vorbegehung zur Abnahme 12. Mitwirkung bei der Abnahme 13. Mitwirkung bei der Kontrolle der Beseitigung der Abnahmemängel 14. Beratung hinsichtlich des Abschlusses von Wartungsverträgen 15. Mitwirkung bei der Übergabe des Objektes an das FM 16. Prüfung und Zusammenstellung der Bestandsunterlagen einschließlich Inventar- und Ausrüstungsverzeichnis 17. Kontrolle des endgültigen Flächenaufmaßes mit den vertraglichen Bestimmungen 18. Beratung zu endgültigen Flächenaufmaßen und Mietberechnungen im Hinblick auf die Kaufpreisfestsetzung.

1.4.3.6 Projektcontrollingeinsatz der öffentlichen Hand (Bauinvestitionscontrolling)

415 Mehrfachauftraggeber wie Industrieunternehmen oder Projektentwicklungsunternehmen stellen oft besondere Anforderungen an das Projektcontrolling. Anwendungsfälle ausführlicher **Projektcontrollingkonzepte** existieren auch **bei öffentlichen Auftraggebern**.[419]

416 In der kommunalen Praxis sind – unter Einbeziehung der Erfahrungen aus dem Einsatz externer Projektsteuerer – spezielle Methoden des **Bauinvestitionscontrollings** entwickelt worden. Beispielhaft seien hier die Konzepte der kommunalen Gemeinschaftsstelle für Verwaltungsvereinfachung in Köln (KGSt-Konzept Bauinvestitionscontrolling).[420] Elemente des Bauinvestitionscontrollings der kommunalen Gemeinschaftsstelle sind:
- Investitionskonferenz konstituieren
- Entscheidungskompetenz der Investitionskonferenz bestimmen
- Projektablauf (Planung und Ausführung) in Phasen unterteilen
- Begleitende Wirtschaftlichkeitskontrolle/Investitionsberatung einführen
- Externe Kostenplanungsbüros bei schwierigen Projekten und in der Lernphase des Bauinvestitionscontrollings einschalten

---

beauftragten DBC (Design & Build Contractor) mit der Werkplanung weitergearbeitet werden konnte, andererseits der Generalplaner für den Baubereich eine kaufmännische GMP-Mitverantwortung übernahm. Dadurch war der DBC für den Baubereich planungs- und nicht ausführungsgesteuert, weshalb keine langwierigen Qualitäts- und Nachtragsdiskussionen entstanden, die das Vertrauen zwischen AG und DBC untergraben hätten.«

419 Vgl. Hansen, in: DVP, Projektmanagement in Praxisbeispielen, S. 2 ff.

420 Weiterführend Müller, in: Bürgermeisterhandbuch, Ziff. 5–2.3, S. 4 ff.

- Kostenermittlungen für jede Planungs- und Ausführungsphase nach aufeinander aufbauenden Verfahren vorschreiben
- Zuständigkeiten klären durch generelle Bestimmung des Projektführers
- Bauinvestitionskonzept verwaltungsintern und im Rat/Kreistag absichern.

Alle diese Controllingkonzepte verfolgen das Ziel der Abstimmung eines ganzheitlichen Investitionscontrollings auf die Besonderheiten kommunaler Organisationen und Aufgabenerledigung. 417

1.4.3.7 Baucontrolling

Unter dem – vielfach auch anderweitig belegten[421] – Begriff des Baucontrollings wird ein bestimmtes Leistungsprogramm verstanden, bei dem ein Projektcontroller mit einem Aufgabenschwerpunkt im Bereich Kostenverfolgung wesentliche **Objektplanungsaufgaben** übernimmt. Der Baucontroller übernimmt typischerweise Projektsteuerungs- und Controllingaufgaben,[422] substituiert darüber hinaus in erweitertem Umfang Leistungen der Objektplanung.[423] 418

Von den Grundleistungen des § 34 Abs. 3 HOAI, die traditionell die Objektplanung ausfüllen, soll der Baucontroller die Leistungsphasen 1 (Grundlagenermittlung), 6 (Vorbereitung der Vergabe), 7 (Mitwirkung bei der Vergabe), 8 (Objektüberwachung) und 9 (Objektbetreuung und Dokumentation) übernehmen. Der **eigentliche Bauentwurf** wird dagegen nach wie vor von dem **Architekten** erstellt. Der Baucontroller soll zusätzlich eine Reihe Besonderer Leistungen übernehmen, wie z. B. die Aufstellung von Bauwerks- und Betriebs-Kosten-Nutzen-Analysen gem. Anhang 10 zu § 34 Abs. 4 HOAI, die Anfertigung von Wirtschaftlichkeitsberechnungen, die Vornahme einer elementweisen Baukostenschätzung und -berechnung nach DIN 276, Spalten 3 und 4 der Kostengliederung sowie den entsprechenden Vorgaben des Standardleistungsbuches.[424] Der Baucontroller erledigt daher – mit Ausnahme eines Kerns der planenden Tätigkeit – in weitergehendem Umfang Aufgaben des Architekten. Die Reinform dieses Modells hat in der Praxis keine große Verbreitung gefunden. Die Gefahr von Interessenkonflikten ist diesem Modell immanent.[425] Es ist weitgehend mit dem Generalmanagement (Baumanagement) vergleichbar, beschränkt sich jedoch auf Controllingleistungen.[426] 419

1.4.3.8 Baustellencontrolling

Baustellencontrolling beschreibt das **Projektcontrolling auf Auftragnehmerseite**. Es handelt sich um eine Methodik zur Unterstützung des Ziels des Auftragnehmers, einen Bauauftrag mit den niedrigstmöglichen Kosten auszuführen und dabei den höchstmöglichen Erlös zu erzielen. Es ist im Wesentlichen komplementär zur auftraggeberseitigen Projektsteuerung ausgestaltet. Es umfasst einen Controllingansatz, der von der Auftragsverhandlung bis zur Schlussabrechnung reicht. Das 420

---

421 Vgl. KGSt Bauinvestitionscontrolling zur Vermeidung von Baukostenüberschreitungen und unwirtschaftlichem Bauen, S. 1 f.; so bezeichnen die TÜV-Baumanagementorganisationen mit Baucontrolling eine baubegleitende Qualitätsüberwachung, s. dazu Rdn. 349.

422 Ausführlich Krause, in: VDI-Berichte 528, Projektsteuerung und Bauleitung, S. 55, 58; anders dagegen Schill, Der Projektsteuerungsvertrag, S. 50: »Wird der Baucontroller – wie oben beschrieben – verstanden, entstehen Überschneidungen mit der Tätigkeit des Projektsteuerers nicht. Insbesondere ist entgegen Ansichten in der Literatur der Baucontroller in keiner zu definierenden Weise zwischen den verschiedenen Formen der Bauplanung angesiedelt oder etwa weitgehend mit dem Projektsteuerer identisch. Erklärbar sind diese Ansichten nur durch die unzureichende Regelung des § 31. Im Ansatz richtig ist, dass der Baucontroller Leistungen des Architekten erbringt.«

423 Böggering, BauR 1983, 402 ff.; Heinrich, Der Baucontrollingvertrag, S. 5 ff.; dazu Diederichs, in: Hartmann, HOAI, Stand: Juni 2009, § 31, Rn. 6 ff., S. 13 ff.

424 Heinrich, Der Baucontrollingvertrag, S. 7.

425 So zutreffend Diederichs, in: Hartmann, HOAI, Stand: Juni 2009, § 31, Rn. 6, S. 13 ff.; vgl. auch Will, BauR 1984, 333, 343: Eine neutrale Controllingtätigkeit ist letztlich nicht gesichert.

426 Vgl. Rdn. 354.

Baustellencontrolling soll auch die notwendigen Informationen für das Unternehmenscontrolling des Auftragnehmers liefern.[427] Teilaufgaben des Baustellencontrollings, speziell die Terminsteuerung der Planung beim Generalunternehmereinsatz, werden zunehmend auch von externen Projektsteuerern wahrgenommen.

1.4.4 Praxisrelevante Teilleistungen des Projektcontrollings

421 In der bau- und immobilienwirtschaftlichen Praxis werden vielfach Leistungen **aus einzelnen Handlungsbereichen** des Projektcontrollings an einen externen Spezialisten vergeben. Hierbei kann es sich z. B. um ein separates Termincontrolling, ein isoliertes Kostencontrolling oder aber ein Qualitätscontrolling handeln.

422 Speziell im Bereich des **Qualitätscontrollings** haben sich praxisrelevante Leistungsmodelle entwickelt. Die Angebote der baubegleitenden Qualitätsüberwachung reichen von einer **stichprobenhaften Bautenstands- und Qualitätsüberwachung durch Sachverständige**[428] bis hin zu einem umfassenden **technisch-wirtschaftlichen Controlling** (das sogar Elemente des Facility Managements in sich aufnehmen kann). Die TÜV-Organisationen, die in der GTÜ zusammengeschlossenen öffentlich bestellten und vereidigten Sachverständigen sowie Architekten und Projektsteuerungsunternehmen stehen insoweit im Wettbewerb.[429]

1.4.4.1 Baubegleitende Qualitätsüberwachung

423 Speziell das Qualitätscontrolling wird zunehmend als wichtige Teilfunktion des Projektcontrollings erkannt und **vermehrt an Projektcontroller beauftragt**. Dabei kann sich die Beauftragung an einen Architekten richten, der nach Maßgabe des § 34 Abs. 3 Nr. 8 HOAI Objektüberwachungsleistungen erbringt, oder an einen Projektsteuerer als Qualitätscontroller. Neuerdings bieten auch **Sachverständigenorganisationen** eine baubegleitende Qualitätsüberwachung an.[430] Die baubegleitende Qualitätsüberwachung kann sich dabei einerseits auf die Umsetzung der bautechnischen Planung, andererseits auf die handwerksgerechte Ausführung der technischen Gebäudeausrüstung beziehen.[431] In Abgrenzung zur Objektüberwachung beinhaltet die baubegleitende Qualitätsüberwachung eine von vornherein fixierte Anzahl von stichprobenartigen Bauzustandsbewertungen durch Sachverständige und deren Auswertung. Die Schnittstelle der stichtagsbezogenen und oft nur visuellen Soll-Ist-Abweichungsanalyse zur Objektüberwachung bedarf besonderer Aufmerksamkeit. Die honorarrechtliche Abgrenzung zwischen den preisgebundenen Objektüberwachungsleistungen nach § 34 Abs. 3 Nr. 8 HOAI einerseits und der Gutachtertätigkeit andererseits ist schwierig.

424 Wenn lediglich eine **stichprobenhafte** und **keine ganzheitliche Überwachung** der Ausführung stattfindet, ist die HOAI nicht einschlägig. Bei der parallelen baubegleitenden Qualitätskontrolle eines Sachverständigen neben einer Objektüberwachung ist die HOAI erst recht nicht einschlägig.[432] Wegen weiterer Einzelheiten zur Vergütung wird auf Rdn. 1324 verwiesen.

425 Für kleinere Projekte bietet etwa der **TÜV** ein **standardisiertes Baucontrolling** durch Sachverständige an. Dabei geht es um eine Unterlagenprüfung (als Soll-Aufnahme) und deren Abgleich durch stichprobenartige Baustellenbesuche und Sichtkontrollen auf den Ist-Zustand. Die Tätigkeit beinhaltet darüber hinaus eine Dokumentation und Beratung zur Mängelverfolgung und schließlich eine Schlussabnahme mit TÜV-Zertifikat. Die sowohl für den Eigenheimbau wie auch für den Erwerb von Eigentumsobjekten ausgerichteten Modelle stellen eine kostengünstige,

---

427 Vgl. dazu umfassend Seyfferth, Praktisches Baustellencontrolling, S. 142 f.
428 Vgl. Kamphausen/Warmbrunn, DAB 2002, 64 ff.
429 Wapenhans, BauR 2002, 714 ff.
430 Vgl. Kamphausen/Warmbrunn a. a. O.; Jagenburg, BauR 2001, 1816 ff.
431 Wapenhans, a. a. O., S. 714, 718.
432 Vgl. Röhrich, BauR 2004, 413 f.

projektbegleitende Qualitätsüberwachung durch Sachverständige dar. Sie bieten allerdings nur eine begrenzte Sicherheit für Bauqualität gegen einen überschaubaren Preis.[433] In den Grundmodellen beinhalten sie lediglich bis zu vier Baustellenbegehungen zum Zwecke eines Qualitätscontrollings.

Der BGH hatte bereits ein entsprechendes Modell zu beurteilen, bei dem ein Qualitätscontroller eine Mängelerfassung während der Bauausführung übernommen hatte. Die Leistung sollte u. a. 5 Mängelerfassungen »audits« und eine Mängelerfassung pro Monat enthalten. Vergütet werden sollte die Leistung mit 9 750 € zzgl. der »audits«, die mit Beträgen zwischen 1 750 € und 2 850 € angesetzt waren. Angesichts der nur **stichprobenhaften Baukontrolle** wollte sich der Qualitätscontroller von der Haftung für nicht erkannte Mängel freizeichnen. Der BGH hat indessen den Vertrag ungeachtet der nur stichprobenartigen Tätigkeit als Werkvertrag eingeordnet und den Haftungsbegrenzungsversuchen des Qualitätsüberwachungsbüros in allgemeinen Geschäftsbedingungen die Wirksamkeit versagt.[434] 426

1.4.4.2 TGA-Controlling

Speziell bei Verwendung von funktionalen Leistungsbeschreibungen kommt vielfach ein **technisch-wirtschaftliches Controlling** und/oder **Energiemanagement** zum Einsatz.[435] 427

Das TGA-Controlling legt den Schwerpunkt auf Gewerke, deren vertiefte und eigenständige Beurteilung **besondere technische Kenntnisse** voraussetzt, wie etwa Gas-, Wasser-, Kältetechnik, Beleuchtungs- und Förderanlagen. Hierbei geht es darum, bautechnische Möglichkeiten auszuschöpfen (z. B. hinsichtlich Verglasung und Sonnenschutz/Fensterflächenanteil/Wärmedämmung usw.), die Möglichkeiten der freien Lüftung zu nutzen sowie umweltverträgliche und technisch-wirtschaftliche Optimierungen anzubieten und dabei insbesondere Vorschläge zu alternativen, wirtschaftlich günstigeren Anlagenkonfigurationen zu entwickeln, und zwar unter Vorlage von Berechnungen zur Kühllast, zum Wärmebedarf, zur Leistungsbilanz Starkstrom, Auslegung von Feuerlöschanlagen, Dimensionierung und Trassenführung und Anlagenschemata. 428

► **Praxisbeispiel: Leistungsbild für ein Technisch-wirtschaftliches Controlling**[436] 429

Grundlagenermittlung
- Mitwirkung bei Klärung der Aufgabenstellung, insbesondere der Nutzer- und Investorenvorgaben,
- Mitwirkung bei der Klärung der technischen Erschließung,
- Kontrolle und Dokumentation der Ergebnisse.

Vorplanung
- Qualifizierte, stichprobenartige Kontrolle der überschlägigen Bemessung wesentlicher Anlagensysteme,
- Kontrolle vorgeschlagener Anlagensysteme; Beratung und Vorschläge zu alternativen Anlagenkonfigurationen,
- stichprobenartige Prüfung der Planungsergebnisse im Hinblick auf die Realisierung, insbesondere der Lokalisierung der Technikzentralen (Platzbedarf),
- Kontrolle der Kostenschätzung für die Kostengruppe 4.

---

433 Der TÜV rechnet hierfür 1 % der Finanzierungssumme ab und je nach Fallgestaltung zwischen 1 225 und 2 400 € (Bau) und 1 000 bis 1 400 € (Erwerb).

434 Vgl. BGH, Urteil vom 11.10.2001, Az. VII ZR 475/00, in: BauR 2002, 315, 317 = NJW 2002, 749, 750; Neyhäusel, BauR 2004, 401; ausführlich dazu Vygen, in: Festschrift für Jagenburg, S. 933 f., vgl. auch Rdn. 1141, 2106.

435 Vgl. dazu ausführlich Bohn/Heinzmann, in: Schäfer/Conzen, Immobilien-Projektentwicklung, S. 313 ff.

436 Zum Teil handelt es sich um Leistungen, die dem Facility Management zugeordnet werden können; hierzu existiert als Arbeitspapier des VBI-Arbeitskreises FM ein Leistungsbild für Consulting-Leistungen im Facility Management; vgl. Rdn. 504.

430 **Entwurfs-, Genehmigungs- und Ausführungsplanung**

- Qualifizierte, stichprobenartige Kontrolle der Bemessung wesentlicher Anlagensysteme im Hinblick auf zugrunde liegende Berechnungen, z. B.
  - Kühllastberechnung
  - Wärmbedarfsberechnung
  - Leistungsbilanz Starkstrom
  - Auslegung Feuerlöschanlagen (Sprinkler, Gase),
- Abgleich der stichprobenartig vorgeschlagenen Systeme auf die Projektplanung,
- Kontrolle der Pläne auf Ausschreibungsreife, speziell im Hinblick auf:
  - Beschreibung der wesentlichen Anlagenbestandteile und Dimensionierungen (z. B. Lüftungskanäle, Luftablass, Rohrdurchmesser)
  - wirtschaftliche Trassenführung
  - ordnungsgemäße Anlagenschemata,
- Kontrolle der Kostenberechnung.

431 **Vorbereitung der Vergabe**

- Kontrolle der Leistungsverzeichnisse/Funktionalleistungsbeschreibungen der technischen Ausrüstung, insbesondere
  - stichprobenartige Prüfung wesentlicher Leistungsdaten auf Übereinstimmung mit der Ausführungsplanung
  - stichprobenartige Prüfung der Mengen- und Schwerpunktpositionen.
- Prüfung eingehender Angebote auf Übereinstimmung mit den Ausschreibungsunterlagen,
- Mitwirkung bei der Wertung von Sondervorschlägen auf Funktionstüchtigkeit und Wirtschaftlichkeit,
- Teilnahme an Bietergesprächen.

432 **Ausführungscontrolling in Bezug auf**

- Übereinstimmung der Ausführung mit vertraglichem Ausführungssoll,
- Qualitätskontrolle wesentlicher Baugruppen von Anlagesystemen (Luftverteilsysteme, **Rohrleitungsnetze, Zentralen),**
- Dokumentation der Qualitätskontrolle,
- Vorbereiten der Abnahme (insbesondere Kontrolle der rechtzeitigen Erstellung und Übergabe der Revisionsunterlagen/Anweisung des Betriebspersonals),
- Mitwirkung bei der Abnahme, insbesondere
  - schwerpunktmäßige Qualitätskontrolle wesentlicher Anlagen
  - Kontrolle vollständiger Mängelerfassung
  - Überprüfung der überreichten Revisionsunterlagen auf Vollständigkeit.

1.4.5 Construction Management (CM)

433 Als weniger bekannte Projektmanagementeinsatzform hat das sog. Construction Management (CM) auch bei deutschen Großprojekten Verbreitung gefunden.[437] Das Einsatzmodell soll die Vorteile der Einzelvergabe mit denen des Generalunternehmereinsatzes verbinden. Diese Projektmanagementform hat ihre Wurzeln in den USA. Sie war die Antwort auf negative Erfahrungen mit den dort dominierenden Generalunternehmer- bzw. Design-Build-Unternehmereinsatzformen. Der Construction Manager ist hiernach ein unabhängiger Projektmanager, der die Realisierung des Projektes mit einem von ihm maßgeblich bestimmten Projektteam übernimmt und dabei als Auftraggeber der planenden und ausführenden Unternehmen auftreten kann.[438]

---

437 Eschenbruch, NZBau, 2001, 585 ff.; Kapellmann, NZBau, 2001, 592 ff.; dazu auch Cadez, Bauwirtschaft 2000, Heft 9, S. 24 ff.; Gralla, Neue Wettbewerbs- und Vertragsformen für die Deutsche Bauwirtschaft, Dortmund 1999, S. 85 ff.

438 Vgl. zur Geschichte des Construction Managements in den USA Haltenhoff, The CM-Contracting-System, New-Jersey 1999, S. XIX ff.; Collier, Construction Contracts, S. 39 ff.; so auch in England, vgl. Hammond (RICS), Code of practice for Project Management, 2. Aufl., London 1996, S. 3 ff.

1.4.5.1 Kennzeichen von CM-Verträgen

Der Construction Manager unterstützt den Auftraggeber und integriert die Funktionen Management, Planung und Bau. Er steuert nach den Vorgaben des Auftraggebers das Bauprojekt in Bezug auf Kosten, Termine und Qualitäten.[439] Die erste wichtige Besonderheit von Construction Management-Modellen liegt in dem **umfassenderen Beratungs- und Steuerungsansatz** (unter Einbeziehung von – auch ausführungsbasiertem – Fachwissen) zur Sicherstellung der Planungs- und Bauabläufe.[440] **Value-Engineering-Prozesse** und/oder -workshops während der Planungsphase sind typischer Bestandteil dieser Modelle. Dem Projektmanager kommt die Aufgabe zu, die Vorstellungen des Auftraggebers und seiner Planer in technisch-wirtschaftlicher Hinsicht zu optimieren.[441] Architekten sollen einen ständigen Verbesserungsprozess während des Planungsgeschehens akzeptieren. Dabei kommt es nicht selten vor, dass der Construction Manager zusätzliche Planungskompetenz und/oder -aufgaben (etwa aus dem Bereich der Objektplanung nach HOAI) mit übernimmt (Extended Services CM).[442] Soweit der Construction Manager Planungsoptimierungen initiiert, verbleibt – nach angelsächsischer Vertragspraxis – die Planungsverantwortung in aller Regel bei dem auftraggeberseitigen Architekten, der die Vorschläge in die eigene Planung integriert.[443] 434

Die Zusammensetzung des **Projektmanagement-Teams** wird zumeist passgenau auf die vorhandene Projektleitungsstruktur abgestimmt. Der Auftraggeber kann ggf. verlangen, dass das vom Auftraggeber beauftragte Construction Management-Büro seinen Mitarbeitereinsatz in Spezialdisziplinen verstärkt, ggf. auch Mitarbeiter austauscht und das Team an die Bedürfnisse des Auftraggebers anpasst. Der Construction Manager darf neue Mitarbeiter zur Lösung spezieller Projektfragen hinzuziehen. Er muss allerdings die Kosten des Personal-Mehreinsatzes dann selbst tragen, wenn er die Teamergänzung mit dem Auftraggeber nicht abgestimmt hat. Die Verträge regeln vielfach, dass der Auftraggeber Construction Management-Verträge ohne weiteres kündigen kann. Die Bindung des Auftraggebers an das projektbezogen zusammengestellte Mitarbeiterteam des Construction Management-Unternehmens ist im Vergleich zum deutschen Vertragsrecht eher schwach ausgestaltet.[444] 435

Bei Einschaltung eines Construction Managers wird die (zusätzliche) Vertragsebene Generalunternehmer zumeist vermieden. Bauleistungen werden vom Construction Manager (entweder im eigenen oder im Namen des Auftraggebers) in Gewerkepaketen direkt an **leistungsfähige Nachunternehmer** vergeben. 436

Die **Verträge** sind zumeist **zweiphasig angelegt**. Die Aufgabenstellung des Construction Managers in der Phase 1 ist die Erstellung einer vergabereifen Planung nebst marktfähiger Leistungsbeschreibung, so dass am Markt entsprechende Nachunternehmerleistungen angefragt werden können. Die Phase 2 beginnt mit der Entscheidung des Auftraggebers über die Durchführung, die der Construction Manager alsdann nach Maßgabe der Weisungen des Auftraggebers steuert. 437

Eine weitere **Besonderheit** betrifft die **Vergütungsseite**: Construction Management-Verträge sehen seltener durchgängige, projektbezogene Vergütungspauschalen, seien sie herstellkostenabhängig (wie nach dem AHO-Honorar-Modell) oder herstellkostenunabhängig, vor. Abgesehen von ggf. pauschalen Honoraren für die sog. Preconstruction Phase werden im Übrigen 438

---

439 Haltenhoff, a. a. O. S. 44; vgl. auch CMAA Document No. A.1.

440 Vgl. Racky, Entwicklung einer Entscheidungshilfe zur Festlegung der Vergabeform, 35.

441 Vgl. dazu im Einzelnen Haltenhoff, a. a. O., S. 212; auch CMAA Document No. A.1.

442 Haltenhoff, a. a. O., S. 66; vgl. auch die von der amerikanischen Architektenorganisation herausgegebene Vertragsfamilie AIA, speziell die Vertragsformen, 121, 131.

443 Vgl. etwa CMAA Document No. GMP-1 Art. 3.3.1.5 und 3.4.1.7; AIA doc A 121, 2.18, A 131 2.1.8; vgl. aber für das deutsche Recht, OLG Celle, Urteil vom 23.12.1999, Az. 22 U 15/99, in: BauR 2000, 1073, 1074: Zur Mitverantwortung bei Vorschlägen zur Bauausführung.

444 Die »Kündigungsvergütung« ist entweder auf eine bestimmte Anzahl begrenzt oder beträgt 20 % bzw. 10 % des Resthonorars, vgl. etwa CMAA Document NOA-1 Ziff. 10.1.

cost-plus-fee-Vereinbarungen bevorzugt.[445] Der Construction Manager erhält insoweit die Kosten des abredegemäß eingesetzten Personals und Materials ersetzt und zudem eine fee, welche regelmäßig Allgemeine Geschäftskosten, Wagnis und Gewinn beinhaltet.[446] Dem liegt der Gedanke zugrunde, dass hierdurch partnerschaftliches Zusammenwirken gefördert wird und es auch auf lange Sicht für den Auftraggeber nicht unwirtschaftlich sein muss, für die Leistungen zu bezahlen, die tatsächlich angefallen sind.

439 Zum Teil wird für die übergreifenden Projektmanagementleistungen auch ein **fester Teil-Pauschalpreis** (eine fee) vereinbart, während alle übrigen Leistungen speziell aus Nachunternehmerbeziehungen über die Kostenerstattung abgerechnet werden. In einem solchen Fall werden mit der fee u. a. folgende Leistungen abgegolten:[447]
- General Management (Managementplan),
- Controlling System (shedule control, cost control, financial control),
- Planungsentwicklung, -optimierung und -kontrolle,
- Einkaufssteuerung, speziell betreffend Schlüssellieferanten,
- Vertragsmanagement (im Hinblick auf überlappende Planung und Ausführung),
- Marktanalyse und Bieterauswahl,
- Arbeitssicherheitsprogramme (SiGeKo),
- Gewerkschaftskontakte,
- Changemanagement und Claimmanagement,
- Value Management.[448]

Zum Teil beinhaltet die fee auch Kosten der allgemeinen Baustellenorganisation.

440 Schließlich enthalten Construction Management-Verträge typischerweise ein außergerichtliches **Streitschlichtungskonzept**. Generell wird als erste Stufe der Konfliktlösung die Mediation vorgesehen, als zweite Stufe die Schiedsgerichtsbarkeit.[449]

---

445 Vgl. etwa Article 5 der Standardvertragsmuster AIA 121, 131; anders zu Unrecht, Gralla, Neue Wettbewerbs- und Vertragsformen für die Deutsche Bauwirtschaft, S. 88, der meint, auf Grund des gesteigerten Einflusses auf die Projektabwicklung sei die Honorierung des Construction Managers dieser Einsatzform i. d. R. prozentual von der Bausumme abhängig; vgl. ausführlich Haltenhoff, S. 381 ff., der auf die auch in Deutschland übliche Variationsbreite von Vergütungsmöglichkeiten hinweist; vgl. auch Racky, a. a. O., S. 35; CMAA: A Survey of Construction Management Costs (2000), S. 3, hat für die USA empirisch – über alle PM-Formen hinweg – ermittelt, dass feste Honorarpauschalen zu 36 %, Zeithonorare zu 28 %, herstellkostenabhängige Honorare zu 19 % und Cost plus fixed-fee-Abreden zu 15 % verwendet werden.

446 Zu derartigen Vergütungsformen auch Gralla, Neue Wettbewerbs- und Vertragsformen für die Deutsche Bauwirtschaft, S. 98, 100.

447 Vgl. Collier, Construction Contracts, S. 168 ff.

448 Zum Value Management vgl. auch VDI-Richtlinie zur Wertanalyse, VDI 2801.

449 Auf Grund der englischen Gesetzgebung besteht hier eine Besonderheit, nämlich die zwingende Adjudication, vgl. NEC Document, Option F Ziff. 9.

Kennzeichen von Construction Management-Modellen
– Ausrichtung des Projektmanagements auf die Interessen des AG – mit Hilfe eines umfassenderen Beratungsansatzes und eines gemeinsam abgestimmten Projektteams
- stärkerer Einfluss des AG auf Projektrealisierung; Vermeidung der frühzeitigen Abhängigkeit von einem Unternehmer
- Wegfall einer Vertragsebene (GU); Projektrealisierung mit qualifizierten Nachunternehmern
- umfassendere Integrationsfunktion des Projektmanagements, auch im Hinblick auf die Erbringung von Fachplanungs- und Beratungsleistungen
- stärkere Verzahnung von Planen und Bauen; frühzeitige Nutzung des Nachunternehmer-Know-how's
- Zusammenfassung der projektbeteiligten Manager und Planer in Teams (funktional und räumlich)
- Value Engineering-Prozesse
- Möglichkeit der Übertragung von Kosten- und Terminverantwortung auf Projektmanager

441

1.4.5.2 Grundtypen von Construction Management-Verträgen

442 Construction Management-Modelle eröffnen die Möglichkeit, dem Projekt-Manager eine weitergehende Verantwortung für den Projekterfolg aufzuerlegen. Heute finden sich vornehmlich zwei Grundtypen von Construction Management-Vertragstypen:

- **Construction Management »as adviser«** (UK) oder **Agency-Construction Management** (USA) – auch ACM oder Project Management genannt,[450] die traditionelle Form des Construction Management.
- **»Management Contracting«** (UK)[451] oder **Construction Management »at risk«** (USA)[452] – auch Construction Management i. e. S. genannt.[453]

Entsprechende Modelle werden auch auf dem deutschen Markt angeboten und eingesetzt.[454]

443 Wird der Construction Manager als »adviser« tätig, dann handelt er – in der Basis-Form des Construction Management – treuhänderisch für den Auftraggeber. Die Einsatzform ähnelt der deutschen Projektsteuerung.[455] Der Projektmanager ist vornehmlich beratend – in Stabsfunktion – tätig. Der Auftraggeber bleibt Vertragspartner der Planer und ausführenden Unternehmen. Je nach Ausgestaltung können die Verträge dienst- oder werkvertraglichen Charakter haben.[456]

444 Wird der Construction Manager als Contractor tätig, ändern sich die Vertragsbeziehungen. Er selbst wird Auftraggeber der Projektbeteiligten und handelt daher in Linienfunktion. Er beauftragt Projektbeteiligte geschäftsbesorgend im eigenen Namen.

450 Vgl. dazu Haltenhoff, a. a. O., S. 62 ff.; Collier, Construction Contracts, S. 39.
451 Vgl. dazu Cadez, Bauwirtschaft 2000, Heft 9, S. 24 ff.; Gralla, Neue Wettbewerbs- und Vertragsformen für die Deutsche Bauwirtschaft, S. 89 ff.
452 Vgl. Hammond (RICS), a. a. O., S. 30; Scirven, Contractual Guide to Major Construction Projekts, London 1999, S. 57.
453 Vgl. Collier, Construction Contracts, S. 39.
454 Vgl. das Praxisbeispiel bei Eschenbruch, Construction Management, in: DVP, Strategien des Projektmanagements, Teil 9: Optimierte Bauprojektrealisierungen durch Nutzung der Potentiale von Kumulativ-Leistungsträgern und Schnittstellenoptimierung, Frühjahrsseminar 2004, Wuppertal 2004; vgl. auch Kortyka/Treml/Richter, »Best 4-Bürogebäude und großflächiger Einzelhandel« in: DVP, a. a. O.
455 So auch Cadez, Bauwirtschaft 2000, Heft 9, S. 24, 25.
456 Vgl. dazu Eschenbruch, Recht der Projektsteuerung, Düsseldorf 1999, Rn. 288; a. A. Cadez, Bauwirtschaft 2000, Heft 9, S. 24, 25, der davon spricht, dass lediglich Dienstleistungen erbracht werden sollen; vgl. auch Rdn. 1103.

1.4.5.3 Management Contractor/Construction Management

445 Eine spezielle Einsatzform des Projektmanagements ist der Management Contractor (UK). Hier tritt der **Projektmanager – »auf dem Wege zum Generalübernehmer«**[457] – zwischen Auftraggeber und Nachunternehmer. Die Nachunternehmerverträge werden vom Projektmanager im eigenen Namen, aber für Rechnung des Auftraggebers abgeschlossen. Unmittelbare Rechtsbeziehungen zwischen dem Auftraggeber und den Nachunternehmern bestehen bei dieser Einsatzform nicht.[458] Gewisse Ähnlichkeiten hat diese Strukturierung des Projektmanagements mit deutschen Baubetreuungsmodellen, bei denen der Baubetreuer nicht selten ebenfalls im eigenen Namen Planungs- und Bauleistungen erbringt/vergibt.[459] In dem Vertrag mit dem Management Contractor muss geregelt werden, ob dieser die Nachunternehmer im Namen des Auftraggebers oder im eigenen Namen beauftragt. Im Zweifel wird nicht davon auszugehen sein, dass der Construction Manager als Management Constructor tätig sein will.[460]

In den USA ist dagegen das Construction Management verbreitet. Der Construction Manager kann ebenfalls als Geschäftsbesorger im eigenen Namen handeln, insbesondere Nachunternehmerverträge abschließen.

446

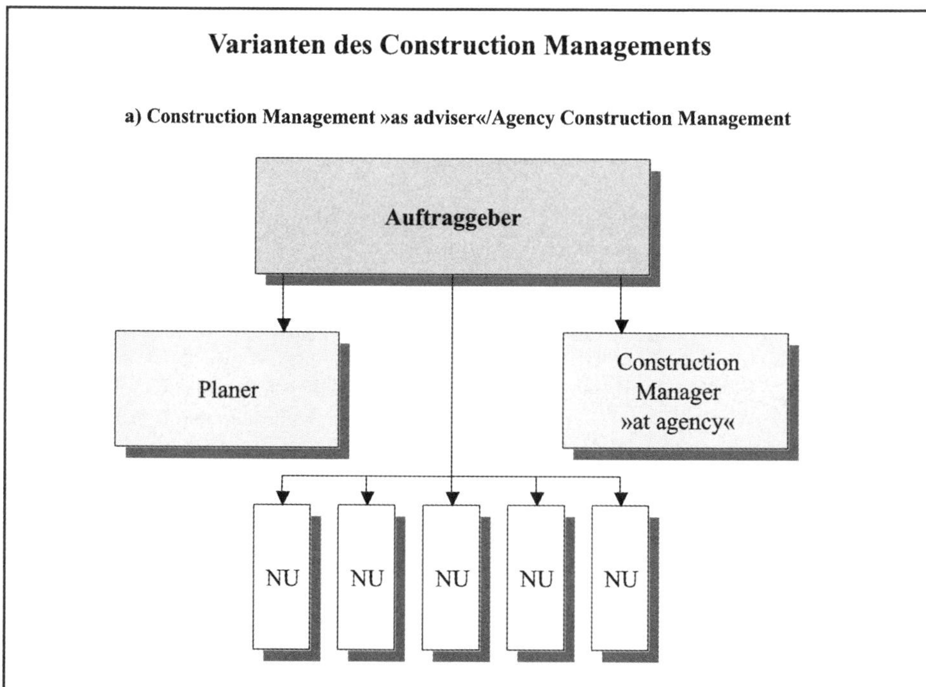

457 Vgl. Scriven, Contractual Guide to Major Construction Projects, S. 58; Gralla, Garantierter Maximumpreis, S. 78, 79.

458 Vgl. OLG Köln, Beschluss vom 26.10.1993, Az. 19 W 45/93, in: OLGR Köln 1994, 66 = IBR 1995, 188 für die Baubetreuung.

459 Vgl. Brych/Pause, Bauträgerkauf und Baumodelle, 3. Aufl. Rn. 35; vgl. dazu auch Rdn. 536.

460 Vgl. zur entsprechenden Fragestellung bei Baubetreuungsmodellen, OLG Frankfurt, Urteil vom 09.12.1994, Az. 10 U 242/92, in: OLGR Frankfurt 1995, 42 = IBR 1995, 289; auch OLG Hamm, Urteil vom 27.09.1991, Az. 26 U 31/91, in: IBR 1992, 139.

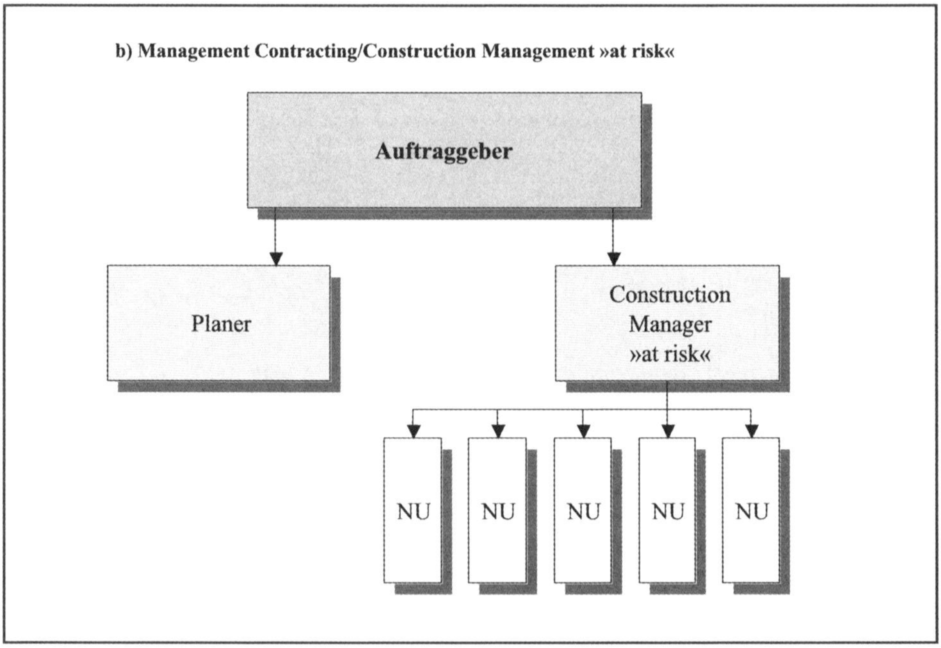

Der Construction Manager ist dabei regelmäßig ein Projektmanagement-Unternehmen. Er kann aber auch ein Bauunternehmen sein und insoweit, als er das annehmbarste Angebot abgibt, Bauleistungen mittels eigener Ressourcen ausführen lassen (Contractor-CM). In diesen Fällen soll nach amerikanischen Vertragsmustern die Nachunternehmervergabe ebenfalls in der Form eines gesonderten Nachunternehmer-Vertrages dokumentiert werden.[461] 447

Bei dem Management Contracting/dem Construction Management lassen sich wiederum **verschiedene Vertragstypen** unterscheiden, u. a. danach, ob der Manager durch das Angebot eines »Garantierten Maximum-Preises (GMP)« unternehmerische Kostenverantwortung übernimmt: 448
- **Management Contractor ohne GMP-Vereinbarung/Geschäftsbesorgender Construction Manager**
- *The Construction Management Association of America, doc. No. A.1*
- *The American Institute of Architects, doc. A 131*
- *NEC Standard Form of Management contract, option F.*
- **Management Contractor mit GMP-Vereinbarung/Construction Management »at risk«** 449
- *The Construction Management Association of America, doc. No. GMP-1*
- *The American Institute of Architects, doc. A 121.*

Der **Garantierte Maximumpreis** ist dabei keine Garantie im Rechtssinne, sondern ein Pauschalhöchstpreis, der sich verändern kann, sofern sich Projekteinflüsse auswirken, die der Projektmanager nicht zu vertreten hat. 450

Allen Modellen ist gemeinsam, dass sich der Projektmanager weiterhin als **unabhängiger »Dienstleister«** eines Auftraggebers versteht und gleichzeitig Mitglied des Planungs- und Bauteams ist. Der Auftraggeber kann bei dieser Einsatzform – ggf. verstärkt durch einen Projektcontroller – flexibel 451

461 Vgl. CMAA Doc. No. GMP-1 Art. 7.2.2.2 und 7. A 1.1.7.

in das Projektgeschehen eingreifen.[462] Die Modelle sind mehrphasig, oft zweiphasig, strukturiert[463] (Phase 1: Preconstruction-Phase; Phase 2: Construction-Phase).[464]

452 Der Projektmanager wird in derartigen Fällen regelmäßig mit **umfassenden Entscheidungs- und Weisungsbefugnissen** ausgestattet. Ob eine derartig weitgehende Delegation von Befugnissen nach der jeweiligen Unternehmensorganisation des Auftraggebers möglich ist, bedarf der Feststellung im Einzelfall. In Deutschland ist die Übernahme von Bausummen- und Fertigstellungsgarantien durch Projektmanager nur von zweifelhaftem Wert, weil diese Leistungen letztlich nicht versicherbar sind und die mittelständische Struktur der Projektmanagement-Unternehmen (mit nur begrenztem Eigenkapital) bei Großprojekten keine ausreichende Haftungsbasis darstellt. Hier müssen, soweit ein entsprechendes Modell gewünscht wird, Wege gefunden werden, die Bonität anderer Projektbeteiligter mitzunutzen.[465]

1.4.5.3.1 Management Contractor/Construction Manager (ohne GMP)

453 Der Projektmanager ist in dieser Einsatzform als **Geschäftsbesorger** des Auftraggebers tätig. Die Besonderheit der Einsatzform besteht darin, dass er zwar Auftraggeber der Nachunternehmer (im eigenen Namen) wird. Die einzelne Nachunternehmervergabe wird nach den Weisungen des AG ausgeführt. Sie ist vom Construction Manager – z. B. durch Vorschlagslisten – vorzubereiten und anschließend durchzuführen. Bei all seinen Tätigkeiten hat der Projektmanager die Sorgfalt eines qualifizierten Berufsangehörigen anzuwenden. Je nach Vertragsgestaltung obliegt dem Management Contractor – wie der BGH für vergleichbare Gestaltungen der Baubetreuung entschieden hat – eine intensive Überwachung der für den Auftraggeber eingeschalteten Firmen.[466] Er haftet darüber hinaus jedoch nicht für bestimmte wirtschaftliche Ergebnisse (»no-loss rule«).[467]

454 Die **wirtschaftlichen Folgen** der Nachunternehmervergabe trägt der AG. Der Construction Manager bezahlt die Nachunternehmer regelmäßig mit den vom Auftraggeber bereitgestellten Baugeldern. Die Baugelder/Finanzierungsmittel werden auf Treuhandkonten mit definierten Auszahlungsregelungen bereitgestellt.[468] Der Auftraggeber trägt die Risiken der Projektabwicklung, auch die Folgen der Insolvenz von Nachunternehmern, Schnittstellenrisiken, Nachträge aus der Nachunternehmerebene etc., es sei denn, die Mehrkosten beruhen auf einem Fehler des Projektmanagers. Zusätzlich zur Kostenerstattung aus Nachunternehmerbeauftragungen erhält der Projektmanager regelmäßig die Kosten des eingesetzten eigenen Personals, der ihm entstandenen sonstigen Kosten sowie eine fee für Allgemeine Geschäftskosten, Wagnis und Gewinn. Infolge der Anbindung der Nachunternehmer an den Projektmanager erreicht der Auftraggeber eine gewisse Haftungsabschirmung und eine Entlastung beim Vertrags- und Vergabewesen sowie eine klare Projektstrukturierung.

1.4.5.3.2 Management Contracting mit GMP/Construction Manager »at risk«

455 Diese Variante unterscheidet sich von der zuvor dargestellten Einsatzform durch die Vereinbarung eines **»garantierten« Maximumpreises**. Typischerweise einigen sich Auftraggeber und Construction

462 Vgl. Gralla, Neue Wettbewerbs- und Vertragsformen für die Deutsche Bauwirtschaft, S. 124: Der CM ermöglicht dem Bauherrn die Teilnahme an der Entscheidungsfindung für alle Phasen des Entwurfes und der Bauausführung und sichert somit eine hohe Konsumentensouveränität.

463 Vgl. CMAA Vertragsfamilie: 6-phasig; AIA Vertragsfamilie: 2-phasig.

464 Entgegen Cadez, Bauwirtschaft 2000, Heft 9, S. 24, 25, werden nicht zwingend zwei selbstständige Verträge geschlossen; vgl. auch Gralla, Garantierter Maximumpreis, S. 116.

465 Bedenken äußert etwa Mittelstädt, a. a. O., S. 24.

466 BGH, Urteil vom 30.06.1994, Az. VII ZR 116/93, in: BauR 1994, 776 = NJW 1994, 2825 = IBR 1995, 3: eingehendes Plancontrolling; einschränkender OLG Düsseldorf, Urteil vom 15.06.1989, Az. 5 U 248/88, in: NJW-RR, 1991, 219 = IBR 1991, 169.

467 Scriven, Contractual Guide to Major Construction Project, S. 59.

468 Zur vertragsrechtlichen Problematik vgl. auch Quick/Davis, The Construction Trust – An empty Remedy, The International Construction Law Review, 2002, 474.

Manager am Ende der Preconstruction-Phase, ggf. auch später, nach Durchführung eines Teils der Vergaben, über einen »garantierten« Maximumpreis.[469] Je später der GMP-Preis vereinbart wird, desto geringer kann die Risikomarge (Contingency oder »Eventual- und Reservefonds«) angesetzt werden.[470] Durch die Vereinbarung eines solchen Höchstpreises nähert sich das Modell der Einsatzform des Generalübernehmers an.[471]

Darüber hinaus erreicht der Auftraggeber eine **echte Risikobegrenzung** durch Vereinbarung des Maximumpreises für die Gesamtleistung.[472] Kosten, die den einmal vereinbarten Maximumpreis übersteigen, trägt der Construction Manager selbst.[473] Auch das Terminrisiko wird bei diesen Modellen regelmäßig i. S. eines vertraglichen Gesamtfertigstellungstermins auf den Construction Manager übertragen.[474] Sofern der Maximumpreis nicht erreicht wird, teilen sich die Vertragsparteien – i. d. R. nach einem vertraglich definierten Verteilungsschlüssel – die Ersparnis. 456

457

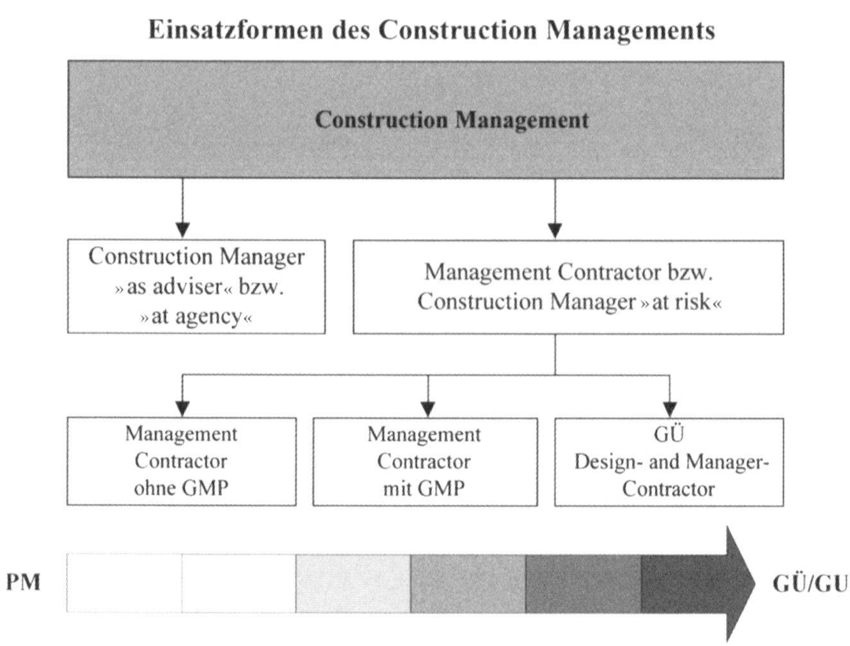

469 An der Schnittstelle zur Construction-Phase wird etwa bei dem Vertragsmuster AIA 121 (vgl. dort Ziff. 2.2.1) ein Guarenteed Maximum Price (GMP-Preis) gebildet. Bei der CMAA Vertragsfamilie kann der Auftraggeber während der Designphase bis 60 Tage vor der Bekanntmachung der Vergabe der Nachunternehmerleistungen von dem Construction Manager ein GMP-Angebot verlangen.

470 Vgl. Cadez, Bauwirtschaft 2000, Heft 9, S. 24, 25; vgl. auch Haltenhoff, a. a. O., S. 67, der darauf hinweist, dass der Pauschalpreis schon gebildet werde, bevor die Planungsphase abgeschlossen sei: The CM should be asked to provide the GMP on the base design only. When multiple bids are received from contractors on the base bid documents, the differents between the total of the bids and the GMP can be used to purchase selected alternates, S. 82.

471 Vgl. zur Abgrenzung schon bei deutschen Baubetreuungsmodellen, OLG Hamm, Urteil vom 27.09.1991, Az. 26 U 31/91, in: IBR 1992, 139.

472 Cadez, a. a. O., S. 27.

473 Vgl. etwa CMAA Doc. GMP-1, Art. 12.1.6.

474 Vgl. Racky, a. a. O. S. 36; CMAA.

458 **Nachtragsrisiken** werden durch die Nachunternehmereinsatzform nicht von vornherein ausgeschlossen. Zwar führen die gemeinsame Planungsphase und die Value-Engineering-Prozesse dazu, dass Nachträge wegen der intensiver betreuten Planungsphase reduziert werden können. Treten indessen Änderungen auf, die aus der Sphäre des Auftraggebers stammen, hat der Construction Manager einen Anspruch auf Anpassung des garantierten Maximumpreises wie auch etwaiger Nachunternehmerbudgets.[475] Entsprechendes gilt bei einer GMP-Kalkulation auf EP-Basis und auftraggeberseitig verursachten Mengenabweichungen.[476] Der GMP wird insoweit nicht anders behandelt als ein Pauschalpreis (vgl. auch Rdn. 792). Auf die Ebene der Selbstkostenerstattung schlagen prinzipiell alle Kostenmehrungen durch, es sei denn, sie beruhen auf einem vertragswidrigen Verhalten des Construction Managers. Gleichwohl existieren Praxisberichte, wonach das Claimvolumen bei entsprechenden Partnerschaftsmodellen unterhalb 1 % der Auftragssumme liegt.[477]

459 **Gibt der AG** nach Bildung des GMP-Preises einen **anderen Nachunternehmer** als denjenigen vor, der das annehmbarste Angebot unterbreitet hat, muss er indessen grundsätzlich die hiermit verbundenen Mehrkosten tragen.

460

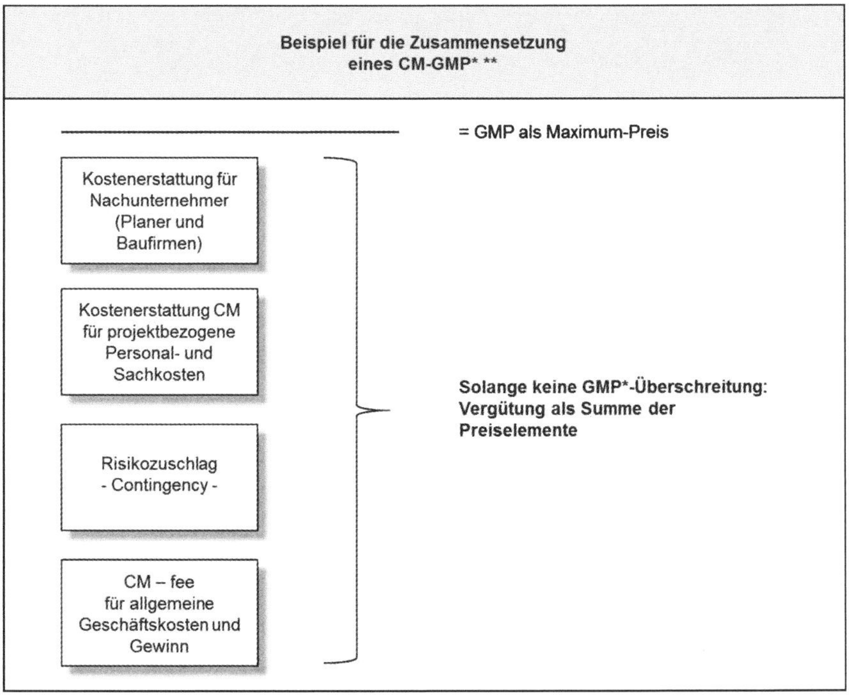

* Der sich durch geänderte oder zusätzliche Leistungen noch verändern kann
** Vgl. Cadez, Bauwirtschaft 2000, Heft 9, S. 24, 25.

475 CMAA, doc. No. GMP Art. 7A 3.1; 3.4.
476 CMAA, doc. No. GMP-1, Art. 7A 3.1; 3.3.
477 Vgl. Schmidt, Erfahrungen mit Partnering- und GMP-Verträgen, a. a. O., S. 85.

GMP-Preisbildung bei Construction-Management-Verträgen 461
nach CMAA-Document No. GMP-1 (1999 edition)

- Während der Design-Phase – nicht später als 60 Tage vor Bekanntmachung der Vergaben – kann der AG vom AN das Angebot eines GMP-Preises einfordern.
- Nach Aufforderung hat der AN innerhalb von 30 Tagen ein GMP-Preisangebot zu unterbreiten. Der AG hat dann 15 Tage Zeit, dieses zu akzeptieren. Erklärt er sich nicht, gilt dies als Zurückweisung (Folge: Auflösung des Vertrages), soweit das Projekt nicht fortgeführt wird.
- Entschließt sich der AG, mit der Projektrealisierung fortzufahren, ohne das GMP-Preisangebot anzunehmen, wird der bestehende Vertrag als reiner Projektmanagementvertrag weitergeführt.
- Im Falle des Zustandekommens einer GMP-Preisvereinbarung schließt der Construction Manager die Nachunternehmerverträge im eigenen Namen ab. Die Verträge werden grundsätzlich mit dem günstigsten Bieter abgeschlossen.
- Der Construction Manager ist berechtigt, Bauleistungen selbst auszuführen, muss allerdings ein förmliches Angebot abgeben und sich im Wettbewerb mit den übrigen Bietern stellen. Gibt der Construction Manager das günstigste Angebot ab, soll auch diese Vertragsbeziehung mit einem gesonderten Bauvertrag unterlegt werden.
- In die Bildung des GMP-Preises gehen alle Projektkosten – einschließlich übernommener Planungskosten – ein. Der AN trägt die Risiken der Überschreitung der Kosten über den GMP-Preis sowie die Risiken aus etwaigen Bauzeitverlängerungen. Wünscht der AG die Ausführung durch einen Bieter, der nicht günstigster Bieter ist, muss er die Mehrkosten tragen.
- Änderungen der Projektbedingungen durch den AG führen zu Änderungen des GMP-Preises. Der »garantierte« Preis wird den geänderten Leistungen (Erschwernissen, zusätzlichen Leistungen, Mengenabweichungen) angepasst.

1.4.5.4 Vor- und Nachteile der Construction Management-Modelle

1.4.5.4.1 Steuerungskompetenz des Auftraggebers

Construction Management steigert im Gegensatz zu herkömmlichen Generalunternehmer-/Ge- 462
neralübernehmer-Einsatzformen das Auftraggeberengagement und auch dessen **Verantwortung bei der Projektrealisierung**. Der Construction Manager ermöglicht dem Bauherrn die Teilnahme an der Entscheidungsfindung in allen Phasen der Planung und der Bauausführung. Speziell im Bereich der Planung kommt ihm eine gesteigerte Integrationsfunktion zu. Ohne die rechtliche Verantwortung des Objektplaners für die Planungsergebnisse in Frage zu stellen, bringt er die Optimierungsbeiträge aller Projektbeteiligten in den Planungsprozess ein. Construction Manager, Fachplaner und sonstige Projektbeteiligte akzeptieren den Entwurf des Objektplaners nicht mehr als unabdingbare Randbedingung, sondern forcieren die Integration ihrer Leistungen. Speziell in

der Preconstruction-Phase arbeiten beide Vertragsparteien partnerschaftlich zusammen. Die Fachunternehmen/Nachunternehmer (seien es Planer oder ausführende Unternehmen) werden als die eigentlichen Partner erkannt. Die Nachunternehmer sollen frühzeitig in die Planung einbezogen werden und einen größeren Beitrag zur Projektrealisierung liefern können, als dies bei den hierzulande dominierenden Generalunternehmer-/Generalübernehmer-GMP-Modellen üblich ist.

1.4.5.4.2 Bauteam auf Zeit

463 Die Modelle erlauben es, erfahrenes eigenes Personal des Construction Managers frühzeitig in die Projektmanagement-, Planungs- und Optimierungsprozesse einzubinden. D. h., der Projektmanager versteht sich nicht nur als Organisator, sondern kann eigenes Know-how, speziell aus den Fachplanungsbereichen, einbringen.[478] Der **Personaleinsatz** lässt sich dabei **flexibel steuern**. Der Auftraggeber hat grundsätzlich – zumindest bis zur Bildung einer GMP-Vergütung – nur das tatsächlich eingesetzte Personal zu bezahlen (»cost plus fee«). Er kann so dafür sorgen, dass sein Projekt lediglich von qualifiziertem, spezialisiertem Projektmanagement-Personal bearbeitet wird. Der Auftraggeber ist insbesondere nicht genötigt, sich frühzeitig in einer vornehmlich preisorientierten Vergabe für ein Komplett-Paket (Dienst- oder Werkauftrag) zu entscheiden.[479] Construction Management ermöglicht grundsätzlich einen frühen Beginn der Ausführung. Paralleles Planen und Bauen wird hierdurch gefördert.[480]

1.4.5.4.3 Komplexe Vergütungsform

464 Als Vertragsform, welche Elemente von Selbstkostenerstattungsverträgen und Leistungsverträgen miteinander kombinieren soll,[481] vereint das Construction Management auch Nachteile aus beiden Vergütungsformen. Speziell die für Selbstkostenerstattungsverträge typische **Ist-Kosten-Rechnung** erschwert die Kontrolle wirtschaftlichen Arbeitens auf Seiten des Auftragnehmers.[482] Der Umfang der Kostenerstattung bedarf einer präzisen vertraglichen Ausgestaltung. Standardvertragsmuster für diese Einsatzform enthalten eine enumerative, ausführliche Auflistung aller zu erstattenden Kosten. Die zu erstattenden Kosten müssen von den vereinbarten Pauschalen – etwa für die Baustellenorganisation – abgegrenzt werden.[483] Die werkvertragliche Rechtsnatur entsprechender Verträge fordert dem Construction Manager ein ökonomisches und effektives Tätigwerden ab. Kosten, die bei sorgfältigem Management vermeidbar gewesen wären, muss der Auftraggeber nicht erstatten.[484] Die Vereinbarung eines »garantierten Maximumpreises« ist die – bereits aus dem öffentlichen Preisrecht bekannte – Reaktion auf die Unzulänglichkeiten von Selbstkostenerstattungspreisen.[485] Das erweiterte Leistungsangebot führt überdies regelmäßig zu gegenüber in Deutschland verbreiteten Projektsteuerungsmodellen erhöhten externen Projektmanagementkosten.[486]

---

478 Vgl. Cadez, Bauwirtschaft 2000, Heft 9, S. 26: Auch Machbarkeitsstudien und Wirtschaftlichkeitsberechnungen.

479 Vgl. Cadez, Bauwirtschaft 2000, Heft 9, S. 24, 25.

480 John F. Woodward, Construction Projekt Management, a. a. O., S. 189. E.

481 Vgl. dazu Ingenstau/Korbion, VOB, 16. Auflage, 2006, A § 5 Nr. 3, Rn. 32 ff.

482 Kritisch hierzu, als auch in allen angelsächsischen Ländern tendenziell rückläufige Vergütungsform in Baumärkten, John F. Woodward, a. a. O., S. 187; vgl. auch Ebisch/Gottschalk, Preise und Preisprüfungen bei öffentlichen Aufträgen, 7. Aufl., Nr. 4 LSP, Rn. 30.

483 Vgl. Collier, Construction Contracts, S. 79.

484 Vgl. dazu Rdn. 1377 f.; zur entsprechenden Rechtslage in den USA, Collier, Construction Contracts, S. 82.

485 Vgl. Ebisch/Gottschalk, Preise und Preisprüfungen bei öffentlichen Aufträgen, 7. Auflage, 2001, § 7 VO PR, Nr. 30/53, Rn. 9 ff.

486 Vgl. dazu Eschenbruch, NZBau 2001, 585 ff.; in der »agency«-Variante ist mit einer Vergütung von 2 % bis 3 % der anrechenbaren Kosten, in der »at risk«-Variante mit zusätzlichen 3 % bis 5 % für die Risikoübernahme zu rechnen.

1.4.5.4.4 Stärkere Abhängigkeit und größerer Controllingbedarf

Die Kumulierung von Leistungen auf Seiten des Construction Managers speziell bei den Modellen »at risk« führt wiederum zu einer zunehmenden Abhängigkeit des AG von einem Vertragspartner. Das Construction Management-Modell wandelt sich in diesem Falle zu einem Kumulativleistungsträger-Modell unter Inkaufnahme der damit zusammenhängenden Interessenkonflikte.[487] 465

Interessenskonflikte bei Construction Management-Modellen 466

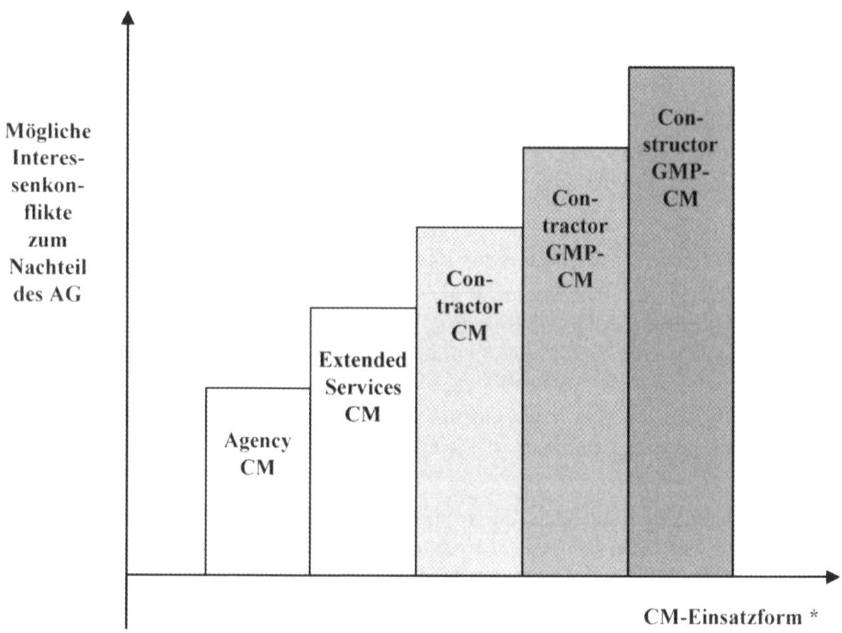

* vgl. dazu auch Haltenhoff, The CM Contracting-System, S. 73

Die Renaissance der Auftraggeberverantwortlichkeit bei der Projektrealisierung führt andererseits zu einem **zusätzlichen Controllingbedarf**. Echte Transparenz (sog. »gläserne Taschen«) lässt sich bei Construction Management-Modellen eher erzielen als bei Generalunternehmer-GMP-Modellen. Das GMP-Modell bedarf eines intensiven Controllings. Entsprechende Maximumpreisverträge werden im Hinblick auf den Höchstpreis wie sonstige Pauschalpreise behandelt; im Übrigen aber sind Selbstkostenerstattungselemente (cost-plus-fee) prägend, die ebenfalls erhebliche Controllinganstrengungen erfordern.[488] In der Regel schaltet der Auftraggeber zur Wahrung seiner Interessen einen zusätzlichen Kostencontroller ein.[489] Construction Management ist eine Einsatzform ausschließlich **für den erfahrenen, entscheidungsstarken Bauherrn**. 467

Der Auftraggeber muss auch beachten, dass er ggf. keinen finanzkräftigen Generalunternehmer mit ausreichender Haftungsmasse zum Vertragspartner hat. Konzernbürgschaften oder die **»Durchstellung« von Sicherheiten** aus der Nachunternehmerebene sichern den Auftraggeber – speziell in Fällen der Insolvenz einzelner Unternehmer – nur unvollkommen. 468

487 Vgl. Haltenhoff, a. a. O., S. 73; vgl. auch zu einzelnen Aspekten, Garantierter Maximumpreisvertrag, S. 111.

488 Vgl. Collier, Construction Contracts, S. 84, 243.

489 Vgl. auch Sykes, Construction Claims, S. 95; so tritt etwa beim NEC-Doc Option F der Projektmanager auf Seiten des AG auf; er kontrolliert sehr eng den CM.

1.4.5.4.5 Schwierige Vertragsgestaltung

469 Die Vertragsgestaltung bei Construction Management-Modellen ist, zumal in der Form des managing contracting und erst recht bei der Variante des GMP, komplex. Schon bei der Konzeption der Generalunternehmer-GMP-Modelle nach deutschem Recht haben sich **erhebliche Stolpersteine** herausgestellt, wie z. B. die Definition des garantierten Maximumpreises, die Anpassung des GMP an geänderte Verhältnisse sowie die Bestimmung der übrigen Vergütungsparameter, die auf Kostenerstattung und auch auf der Entwicklung der Nachunternehmerverträge beruhen. Ein besonderes Problem von Construction Management-Modellen stellen dabei die **zweistufigen Vertragskonzepte** dar. Im Rahmen der Stufe 1 wird die Planung gemeinsam entwickelt und eine Leistungsbeschreibung erarbeitet. Schon vor Beauftragung der Stufe 2 müssen Kriterien für die spätere Bestimmung des GMP-Preises definiert werden. Die Vertragspraxis sieht hier unterschiedliche Lösungs-Szenarien für den Fall vor, dass Construction Manager und Auftraggeber keine Einigung über den GMP-Preis erzielen können. Da der Construction Manager in aller Regel Verträge mit Nachunternehmern im eigenen Namen, aber auf Kosten des Auftraggebers abschließt, muss für Fälle schädigenden Verhaltens von Nachunternehmern die Einbeziehung des Auftraggebers in die Schutzwirkung der Verträge bzw. die Möglichkeit einer Drittschadensliquidation ausgestaltet werden.[490] Die vom Auftraggeber zu erstattenden Kosten müssen einerseits von etwaigen pauschal vergüteten Leistungen des Construction Managers, andererseits von durch unsorgfältiges oder uneffektives Handeln des Construction Managers entstandenen Kosten abgegrenzt werden.[491]

1.4.5.5 Spielräume

470 Die unter dem Begriff »Construction Management« zusammengefassten Leistungsangebote schaffen für Auftraggeber und Auftragnehmer neue Spielräume. Gleichzeitig begründen sie **neue Chancen und Risiken**.

471 Der Projektmanager kann unterschiedliche Funktionen und Verantwortlichkeiten übernehmen. Er kann sich auf die Rolle des reinen Beraters des Bauherrn beschränken (und als Projektsteuerer auftreten), aber auch eine unterstützende Funktion **bis hin zu einer Generalübernehmer-Tätigkeit** entwickeln.[492] Dieser Sachverhalt macht augenfällig, dass Projektmanager und Generalübernehmer (die selbst keine Planungs- und Bauleistungen mehr erbringen) nunmehr in Wettbewerb treten.[493]

472 In den USA ist dieser **Wettbewerb weit fortgeschritten**. Die größten Construction Management-Anbieter sind dort gleichzeitig große Bauunternehmen, die sich wiederum freiberuflicher Projektsteuerer bei der Abwicklung ihrer Bauvorhaben bedienen. Generell ist der Trend feststellbar, dass die Auftraggeber Construction Management-Leistungen bei Generalunternehmern nachfragen, wenn die bautechnische Kompetenz und die Baustellenkoordination für die Realisierung eines Projektes im Vordergrund stehen. Dagegen werden freiberufliche Construction Manager bevorzugt, wenn Kompetenz in der Planungssteuerung und Kostenkontrolle besonders wichtig ist.[494]

1.4.6 Contracting-Modelle banknaher Baumanagementgesellschaften

473 Banken oder Finanzierungsgesellschaften halten zum Teil Anteile an Projektmanagementgesellschaften. Dies dient dem Ziel, **Finanzieren und Bauen aus einer Hand** anbieten zu können. Einige größere Investoren-/Leasinggesellschaften mit zugehörigen Contracting- und Baumanagementgesellschaften bearbeiten einen nicht unwesentlichen Teil des Marktes für Projektmanagementleistungen.

---

490 Vgl. Sciven, a. a. O., S. 59.

491 Vgl. Collier, Construction Contracts, S. 84.

492 Vgl. Gralla, a. a. O., S. 119; derselbe, Garantierter Maximumpreis, S. 78, 79.

493 Gralla, a. a. O., S. 128: Der Management Contractor als Spielart des Construction Managements weist enge Parallelen zum Schlüsselfertigbau auf.

494 Vgl. Lawrence, Was können Auftraggeber, Generalunternehmer und Projektmanager aus internationalen Erfahrungen, speziell der CPM-Praxis in den USA lernen?, Euroforum-Seminarskript (25.9.2001), S. 17.

Finanzieren Bankinstitute ein Projekt unter Einsatz einer eigens hierfür gegründeten Projektgesellschaft, vergibt diese oft die notwendigen Projektmanagementleistungen an eine bankeigene Baumanagementgesellschaft.

In einem solchen Umfeld können die **Baumanagementeinheiten der Banken** verschiedene Aufgaben übernehmen. Diese reichen von der Übernahme reiner Projektmanagement-/Projektsteuerungsaufgaben bis hin zu Construction Management-Modellen. Vielfach ist es so, dass die Banken die Projektmanagementgesellschaften bereits in einer Frühphase einsetzen, um Kundenvorstellungen i. S. einer umsetzbaren Planung zu entwickeln und die Bankability des Projekts zu gewährleisten. Nach Abschluss der Planungsphase wird alsdann ein garantierter Maximumpreis oder ein Pauschalfestpreis gebildet, der dann von einer Contracting-Gesellschaft akzeptiert wird. 474

Die vertragsgestalterischen Schwierigkeiten derartiger Einsatzformen liegen in der **Verknüpfung der Finanzierung mit den Projektmanagement- und Bauverträgen**. Bei Leasing- und Investorenkonzeptionen spielt die Abstimmung von bauvertraglicher Abnahme und mietvertraglicher Übernahme, die Einbeziehung sämtlicher anfallenden Kosten in die Gesamtinvestitionskosten (GIK), die »Durchstellung/Weiterreichung« von Gewährleistungs- und Vertragsstrafeansprüchen an den Kunden, ggf. die Verweisung auf abgetretene Gewährleistungsansprüche und Sicherheiten wie auch Probleme von Teilabnahmen Rolle. Bei der Einbeziehung von GMP-Modellen in derartige Konzepte spielt auch die Aufteilung der GMP-Unterschreitung/der Vergabegewinne auf die Objektgesellschaft (den Kunden), die Baumanagementeinheit und den Contractor/den Generalunternehmer eine Rolle. 475

Projektrealisierung durch Leasinggesellschaften

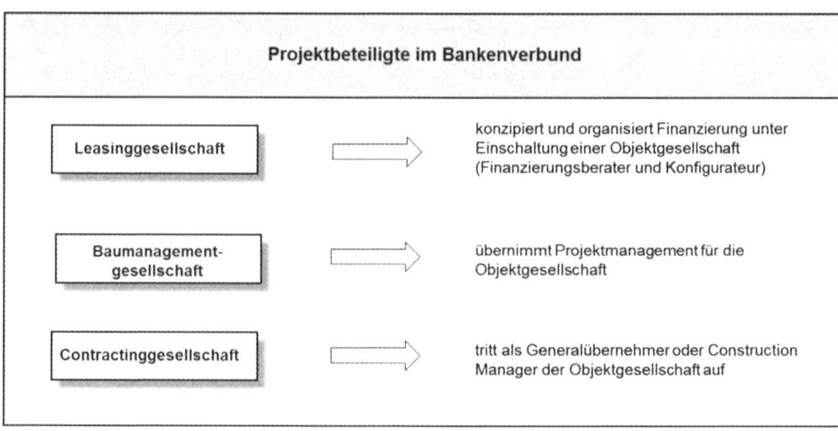

476 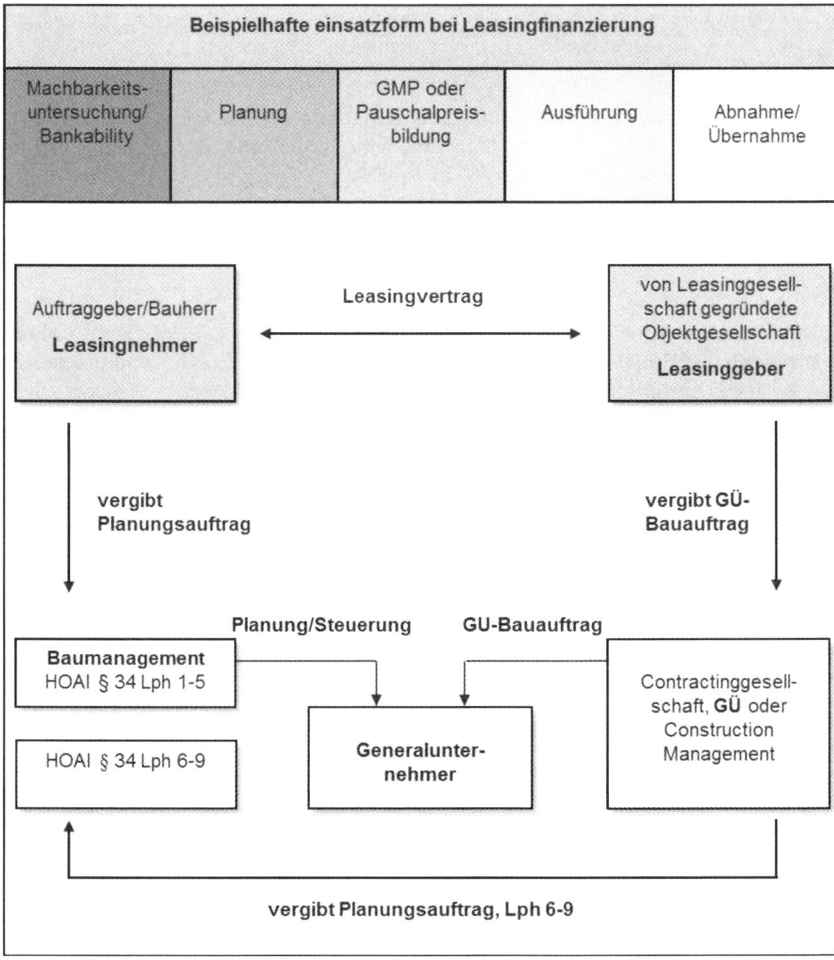

1.5 Ergänzende Leistungen

1.5.1 Projektentwicklung

1.5.1.1 Grundlagen

477 Dem Begriff Projektentwicklung werden **verschiedene Inhalte** zugewiesen. Der Kern der Projektentwicklungsleistung besteht darin, die drei wesentlichen Initialfaktoren der Projektrealisierung, nämlich Standort, Projektidee und Kapital, so miteinander zu kombinieren, dass ein umsetzungsfähiges Projektprogramm erarbeitet werden kann.[495]

495 Ähnlich etwa Diederichs, in: Schulte, Handbuch Immobilien-Projektentwicklung, S. 29 (noch 1. Aufl. 1996): »Kombination der Faktoren Standort, Projektidee und Kapital, so dass einzelwirtschaftlich wettbewerbsfähige und zugleich gesamtwirtschaftlich sozial und umweltverträgliche Immobilienprojekte geschaffen und gesichert werden«; nach Schulte, in: Schulte/Bone-Winkel, Handbuch Immobilien-Projektentwicklung, 2. Aufl., S. 41, umfasst die Projektentwicklung sämtliche Tätigkeiten, die erforderlich sind, um ein Projekt von der Initiierung bis zur Baufertigstellung und Nutzungsübergabe heranzubilden; dazu auch Alda/Hirschner, Projektentwicklung in der Immobilienwirtschaft, Grundlagen für die Praxis, S. 6 f.

Die der Projektentwicklung zuzurechnenden Tätigkeiten können **im Rahmen unterschiedlicher Unternehmereinsatzformen** erbracht werden: 478

- Der sog. »**Projektentwickler**« ist **als Unternehmer** damit befasst, **im eigenen Namen** ein Grundstück zu sichern, baureif zu machen und die finanziellen Grundlagen für eine Projektinvestition zu schaffen. Dabei tritt der Projektentwickler regelmäßig im eigenen Namen und im eigenen Interesse auf. Er akquiriert ein Grundstück und einen zum Abschluss eines langfristigen Mietvertrages bereitwilligen Nutzer sowie ggf. einen Finanzinvestor für den Erwerb des entwickelten Projektes. Projektmanagementressourcen hält der Projektentwickler entweder selbst vor oder beauftragt insoweit externe Projektsteuerer/Projektmanager. Projektmanagement-, Planungs- und Bauleistungen vergibt er regelmäßig im eigenen Namen. Der Projektentwickler tritt dabei im Markt für Bauleistungen zumeist wie ein Bauträger auf.
- Der **Projektentwickler** muss aber nicht notwendigerweise im eigenen Interesse handeln und 479
  ein von ihm akquiriertes Grundstück entwickeln. Er kann auch von einem Grundstückserwerber/Grundstückseigentümer beauftragt sein, dessen Immobilie zu entwickeln. Dann ist der Projektentwickler **als Geschäftsbesorger** tätig (*fee development*). Er schließt mit dem Grundstückseigentümer einen Projektentwicklungsvertrag ab, der unter anderem Komponenten eines Construction-Management-Vertrages enthalten kann.[496]

Speziell in der letzteren Einsatzform ist der **Projektentwickler** oftmals auch ein **Projektsteuerer.** 480
Die Hauptaufgaben der Projektentwicklung werden als Leistungsphase »0« der Projektsteuerung miterledigt.

Bei einem Projektentwicklungsunternehmen handelt es sich typischerweise um ein **projektorientiertes Unternehmen**. Der Geschäftserfolg eines Projektentwicklers beruht im Wesentlichen auf der Beherrschung von Multiprojektmanagementprozessen. 481

Nach einer Entscheidung des OLG Düsseldorf hat der im Rahmen einer Projektentwicklung tätige 482
Projektmanager – zumal bei größeren Bauinvestitionen – das Aufgabenportfolio der Projektentwicklung nach einer **bestimmten Methodik** abzuwickeln: Zunächst ist eine Machbarkeitsstudie, anschließend eine Investitions- und Finanzplanung und schließlich eine Wirtschaftlichkeitsberechnung zu erstellen. Soll eine Bauvoranfrage eingeholt werden, müssen – sofern die Vertragsparteien nicht etwas anderes vereinbart haben – sowohl die Machbarkeitsstudie und die Finanzplanung als auch die Wirtschaftlichkeitsberechnung bereits vorliegen, bevor der Antrag eingereicht wird.[497]

1.5.1.2 Begriffliche Abgrenzung

Ist ein Projektsteuerungsvertrag geschlossen worden, kann mangels entgegenstehender Anhalts- 483
punkte nicht davon ausgegangen werden, dass ein **Projektsteuerer ohne weiteres auch eine Projektentwicklung übernimmt** oder gar im eigenen Namen als Projektentwickler tätig werden soll. In der Praxis ergeben sich erhebliche Abgrenzungsschwierigkeiten zwischen Projektentwicklung und Projektsteuerung dort, wo die Projektsteuerung in der Frühphase des Projektes erbracht wird.[498]

Für das vorliegende Buch wird die **Projektentwicklung** als die **erste Stufe des Projektrealisierungsprozesses** verstanden. Sie ist die Basis für die Projektsteuerung (als Teilfunktion des Projektmanagements).[499] *Kyrein* formuliert insoweit plastisch: 484

> *»Aufgabe der Projektsteuerung ist es, den Rahmen, den die Projektentwicklung erarbeitet hat und der in der Machbarkeitsstudie definiert ist, einzuhalten.«*[500]

496 Vgl. zur letzteren Alternative: Kapellmann/Schiffers, Vergütung, Nachträge und Behinderungsfolgen beim Bauvertrag, Band 2, Rn. 419.
497 OLG Düsseldorf, Urteil vom 24.05.2006, Az. 15 U 43/05, in: IBR 2006, 458.
498 Dazu auch Zöpfl, Rechtsnatur und Rechtsprobleme des Bau-Projektsteuerungsvertrages, S. 54 f.
499 Ein Projektsteuerervertrag darf durchaus auch Leistungen der Projektentwicklung umfassen.
500 Kyrein, Immobilien: Projektmanagement, Projektentwicklung und -steuerung, S. 81.

Die Leistungs- und Honorarordnung Projektsteuerung der **AHO-Fachkommission** (2014) regelt in § 1 (5):

485 *»Leistungen der Projektentwicklung sind Aufgabenstellungen, die den Leistungen nach dieser Leistungs- und Honorarordnung entweder zeitlich vorgelagert sind oder rein immobilienwirtschaftliche Sachverhalte betreffen. Entsprechende Leistungen, wie das Erstellen eines Bedarfsprogramms gemäß DIN 18205: 1996-04, gehören nicht zu den Grundleistungen des Projektmanagements und bedürfen daher einer zusätzlichen Beauftragung (z.B. als Besondere Leistung).«*

1.5.1.3 Der Projektsteuerer während der Projektentwicklung

486 Projektmanager und Projektsteuerer nehmen in der Praxis im großen Umfang Projektentwicklungsaufgaben wahr.[501] Bei Entwicklungsmaßnahmen, etwa ganzer Stadtteile, koordinieren Projektsteuerungsunternehmen eine Vielzahl von Aufgaben, auch mit **Schwerpunkten im kaufmännisch-wirtschaftlichen Bereich**. Über das technisch-wirtschaftliche Baumanagement hinausgehend sind sie mit der Leitung von Logistik, bauplanungsrechtlichen Abstimmungsprozessen, Immobilienmarketing und Veredelung von Immobilienprodukten befasst.[502] Projektsteuerungsverträge im Bereich der Projektentwicklung sind nicht selten durch eine zeitlich befristete Aufgabenstellung, einen erhöhten Vertraulichkeitsschutz und auf der Vergütungsebene durch Incentive-Lösungen geprägt (gelegentlich gekoppelt an Vermarktungserfolge).

487 Will ein Bauherr Projektsteuererleistungen zu einem Zeitpunkt beauftragen, zu dem die Projektentwicklungsphase im engen Sinne noch nicht abgeschlossen ist, muss er auf eine **sachgerechte Abgrenzung** von Projektentwicklungs- und Projektsteuerungsleistungen achten. Da eine Reihe von Managementtätigkeiten aus der Projektentwicklung in die Projektabwicklung fortwirken, bedarf es insbesondere einer inhaltlichen Abgrenzung der Tätigkeitsbereiche. Insoweit hat es sich bewährt, auf die Erstellung des Bedarfsprogramms als Meilenstein/Schnittstelle abzustellen. In dem Bedarfsprogramm (gem. DIN 18205) werden die Projektziele abschließend definiert. Hierauf baut die Projektsteuerung auf.

488 Zwar sieht auch das AHO-Leistungsbild als Grundleistung der Projektvorbereitung des Handlungsbereiches B das **Überprüfen der bestehenden Grundlagen zum Bedarfsprogramm auf Vollständigkeit und Plausibilität** vor. Wie die 1. Besondere Leistung der entsprechenden Leistungsphase/des Handlungsbereiches zeigt, sind Leistungen im Zusammenhang mit dieser Projektentwicklung nicht Standardbestandteil eines Projektsteuerungsleistungsbildes. Soweit also in einem Projektsteuerungsvertrag bzw. dem entsprechenden Leistungsbild nicht etwas anderes geregelt ist, setzen die Leistungen des Projektsteuerers erst nach Abschluss der Projektentwicklung ein. Der analytische Prozess der Projektentwicklung im Sinne der Erarbeitung eines entsprechenden Bedarfsprogramms mit Festlegung eines Funktions-, Raum- und Ausstattungsprogramms gehört zur Projektentwicklung.[503] Der Projektsteuerer hat dagegen die Durchführung des Projektes in den durch die Projektentwicklung bestimmten Bahnen zu halten und bei drohenden Abweichungen von festgelegten Kosten-, Termin- und Qualitätsvorgaben korrigierend in das laufende Geschehen einzugreifen. Seine Tätigkeit umfasst das gesamte Spektrum der **Projektabwicklung**.[504]

---

501 Zu den Anbieter- und Nachfragemärkten vgl. etwa Diederichs, in: AHO-Fachkommission Projektsteuerung/Projektmanagement, Neue Leistungsbilder zum Projektmanagement in der Bau- und Immobilienwirtschaft, Nr. 19 der Schriftenreihe des AHO, S. 15.

502 Vgl. Preuss in: Strategien des Projektmanagements, Teil 7: Paradigmenwechsel im Baumanagement, Referat: Interdisziplinäre Projektentwicklung am Beispiel des Europa Viertels in Frankfurt/Main, S. 12 ff.

503 Vgl. auch Diederichs, in: AHO-Fachkommission, Projektsteuerung/Projektmanagement, Neue Leistungsbilder zum Projektmanagement in der Bau- und Immobilienwirtschaft, Nr. 19 der Schriftenreihe des AHO, S. 26 zum Umfang der Projektentwicklungsaufgaben im Bereich Nutzungskonzeption.

504 So Heinrich, Der Baucontrollingvertrag, S. 45; dazu auch Kallusche, in: Schulte/Bohne-Winkel, Handbuch Immobilienprojektentwicklung, 2. Aufl., S. 287 f.

Durch entsprechende vertragliche Regelungen (Beauftragung von Besonderen Leistungen) kön- 489
nen dem Projektsteuerer aber auch Leistungen der Projektentwicklung übertragen werden. Das ist speziell bei Großprojekten zweckmäßig, bei denen der Auftraggeber seine **Interessen erst nach Durchlaufen eines komplexen Zielfindungsprozesses definieren kann**. Ohne Hinweise auf einen entsprechenden Parteiwillen ist aber nicht davon auszugehen, dass der Projektsteuerer ohne weiteres derartige Leistungen zu übernehmen hat.[505]

Zusammenfassend ergibt sich, dass die – jeweils auf Stabsebene beratend oder im Namen des Auf- 490
traggebers erbrachte – Projektentwicklung und die Projektsteuerung regelmäßig **zeitlich nacheinander gestaffelte Steuerungstätigkeiten** auf der Ziellinie zur Projektrealisierung sind.

491

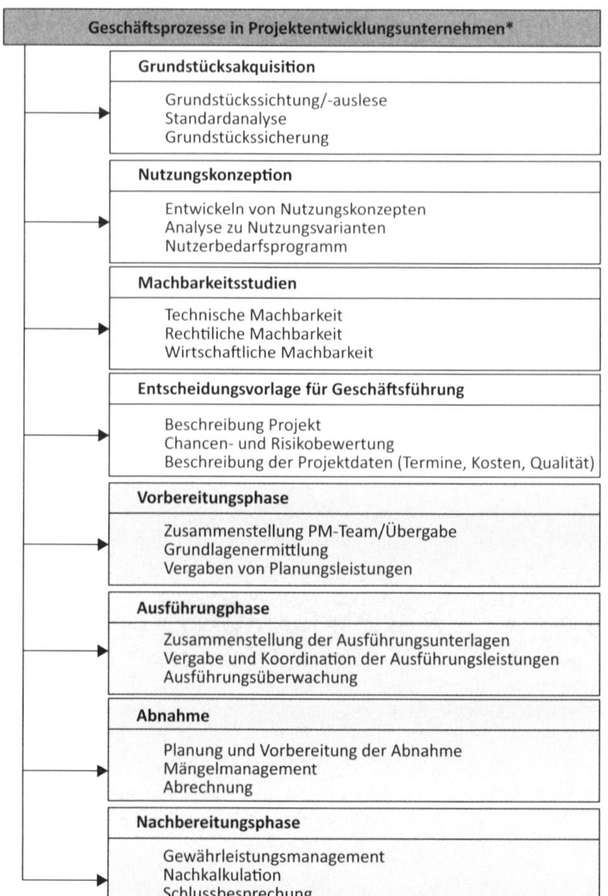

* Vgl. auch die prozessablaufbezogene Auflistung von Entscheidungsstufen bei Bohn/Heinzmann, in: Schäfer/Conzen, Immobilienentwicklung, S. 235.

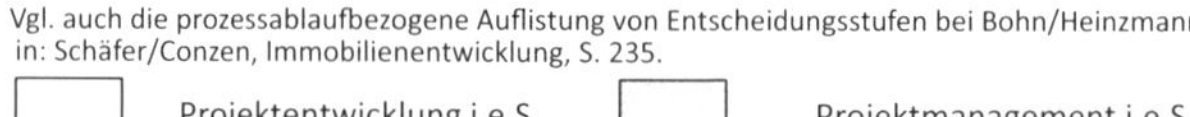

505 Vgl. auch Rdn. 663 f.

492 *Diederichs* empfiehlt die Beauftragung des Projektentwicklers mittels eines **Werkvertrages**, wenn er als externer Consultant tätig werden soll, und eine **Vergütung** bestehend aus Basishonorar und einer erfolgsabhängigen Leistungshonorierung. Dabei präferiert er die Festlegung des Basishonorars anhand der Kalkulation nach Zeitaufwand gemäß Heft 9 der Schriftenreihe des AHO.[506] In der immobilienwirtschaftlichen Praxis werden für Teilprozesse des Projektentwicklungsprozesses aber auch Pauschalen vereinbart.[507]

493 Wegen der im Falle der Delegation auf einen externen Projektmanager zugrunde zu legenden **Leistungsbilder** wird auf das Leistungsbild der Projektentwicklung der AHO-Fachkommission, Heft Nr. 19 der Schriftenreihe des AHO, Neue Leistungsbilder zum Projektmanagement in der Bau- und Immobilienwirtschaft, sowie auf das im Anhang abgedruckte Leistungsbild Rdn. 3056 verwiesen.

494 **Die Struktur einer Machbarkeitsuntersuchung**[506]

1 Projektübersicht

1.1 Projektbeschreibung mit Beurteilung von Projektidee, Nutzungs- und Vermarktungskonzept

1.2 Projektstandort und Marktlage

1.3 Projektaufwand

1.4 Projekterträge – Wirtschaftlichkeit

1.5 Besondere Projektrisiken und Verwertbarkeit

2 Projektgrundlagen

2.1 Person des Entwicklers

2.2 Grund der Anfrage

2.3 Aufgabenstellung für die Projektbeurteilung

2.4 Grundlagen der Beurteilung

2.5 Fehlende Unterlagen bzw. Angaben zum Projekt

3 Projektidee, Projektorganisation

3.1 Projektidee und Nutzungskonzept

3.2 Vermarktungskonzept

3.3 Projektbeteiligte und Organisation des Projektträgers

495 **4 Markt- und Standortuntersuchung**

4.1 Standortbeschreibung – Lage des Grundstücks

4.2 Makrostandort

4.3 Mikrostandort

4.4 Marktbetrachtung

4.5 Standortbeurteilung

506 Vgl. Diederichs, in: AHO-Fachkommission, Projektsteuerung/Projektmanagement, Neue Leistungsbilder zum Projektmanagement in der Bau- und Immobilienwirtschaft, Nr. 19 der Schriftenreihe des AHO, S. 35.

507 Vgl. Rdn. 1576.

508 In Anlehnung an Preuss.

5 Grundstück, Baurecht und Erschließung

5.1 Beschreibung des Baugrundstückes

5.2 Eigentumsverhältnisse Grundbuch

5.3 Baurecht und Bebaubarkeit

5.4 Erschließung

5.5 Besondere Auflagen

5.6 Ablösen/Stellplatznachweis

5.7 Grundstückskaufpreis

5.8 Erwerbsnebenkosten und sonstige Kostenrisiken

5.9 Bewertung der Eigentums- und Grundstücksverhältnisse

6 Planungs- und Ausstattungskriterien 496

6.1 Stand der vorhandenen Planung und der Genehmigungssituation

6.2 Wesentliche Bebauungskriterien (Bauabschnitte, Bauteile, Baukörper mit Gebäudeerschließung)

6.3 Gestaltungsqualität und Erscheinungsbild des Gebäudes

6.4 Flächen- und Höhenentwicklung des Gebäudes und der Bauteile

6.5 Funktionalität und Flächenwirtschaftlichkeit

6.6 Flexibilität in der Gebäudenutzung

6.7 Raumorganisation und -qualität

6.8 Nutzungskonzept mit Aufteilung der Mietflächen

6.9 Stellplatzkonzept

6.10 Ausstattungsstandard mit Schnittstelle zu Mieterausbau

6.11 Besondere Einrichtungen

6.12 Baukonstruktion mit seinen wesentlichen konstruktiven Grundlagen

6.13 Technische Gebäudeausstattung

6.14 Außenanlagen

6.15 Ökologische und energetische Kriterien

6.16 Maßnahmen/Einbauten zur Reduzierung und Optimierung der Baunutzungskosten (FM)

6.17 Einschätzung der Baufolge/-nutzungskostenansätze auf Basis der Ausstattungskriterien

6.18 Bewertung der Planungssicherheit und der Gebäude- und Ausstattungsqualität

7 Termine 497

7.1 Rahmenterminplan

7.2 Stand der derzeitigen Planung

7.3 Kennzeichnung der wesentlichen Meilensteine für Finanzierungsschritte

7.4 Point of no return

7.5 Einschätzung und Bewertung der Terminvorgaben

8 Flächenübersicht – Bezugsmengen und -größen

8.1 Grundstückskennwerte und -größen

8.2 Gebäudekennwerte und -größen

8.3 Flächenübersicht nach Ebenen/Bauabschnitten und Nutzungseinheiten über Bau- und Vermietungskenngrößen

8.4 Wesentliche Kennwerte der Flächenkontrolle mit Bewertung

498 **9 Kostenübersicht**

9.1 Grundstücks-/Grundstücksnebenkosten und sonstige Grundstücksnebenkosten (z. B. Provisionen/ Freimachung/Altlasten)

9.2 Kosten der Erschließung/Abgaben (z. B. Nachzahlung Erschließungskosten/Stellplatzablösen)

9.3 Kosten des Bauwerks mit Auswertung der Kostenkennwerte und Bewertung der Risikofaktoren

9.4 Kosten der Außenanlagen und Anlagen für Sonderzwecke

9.5 Kosten der Ausstattung und Kunst

9.6 Baunebenkosten unter Einbezug der Finanzierungskosten

9.7 Kostenansätze für Wagnis und Gewinn und den Aufwand des Projektentwicklers

9.8 Einschätzung und Bewertung der dargelegten Kostensituation

499 **10 Ertragsbetrachtung**

10.1 Mietertragserwartung zum Ist-Stand und unter Einschätzung der Mietertragsentwicklung

10.2 Netto-Anfangsrendite unter Sensibilisierungsbetrachtungen

10.3 Erwarteter Projektgewinn – Wertzuwachs – Verkaufswert

10.4 Cash-flow-Betrachtung über den Entwicklungszustand

10.5 Wert- und Kostenentwicklung über die Meilensteine der Projektlaufzeit

10.6 Ergebnisbewertung unter Betrachtung der Risiken und Aussichten

11 Gesamtbeurteilung

11.1 Projekteinschätzung unter Hinweis auf kosten- und ertragsseitige Risiken

11.2 Verbesserungsmöglichkeiten zur Gesamtwirtschaftlichkeit

11.3 Zur Erhöhung der Projektsicherheit notwendige Überarbeitungs- und Prüfungselemente.

1.5.2 Wertoptimierung von Bestandsimmobilien/Portfolio-Management

500 Projektmanagement zur Wertoptimierung von Bestandsimmobilien ist dem Immobilienprojektmanagement zuzurechnen.[509] Das Bauprojektmanagement ist nur ein nicht im Vordergrund stehender Bestandteil dieser am **Lebenszyklus** ausgerichteten Managementaufgabe.

501 Der Managementansatz dient dazu, das Corporate Real Estate Management (CREM) umzusetzen. **CREM** ist das aktive, umfassend ergebnisorientierte, strategische und operative Management betriebsnotwendiger und nicht betriebsnotwendiger Liegenschaften von Unternehmen mit der Zielsetzung, diese Liegenschaften optional zur Unterstützung der Unternehmensziele zu nutzen. Bestandteile entsprechender Managementmodelle sind insbesondere das Portfoliomanagement,

509 Zum Portfolio-Management vgl. Teller, Juliane/Unger, Barbara Natalie/Kock, Alexander, Gemünden, Hans Georg, Formalization of project portfolio management: The moderating role of project portfolio complexity, The International Journal of Project Management, 2012, 596 f.

Due Diligence-Leistungen, Projektentwicklungsleistungen für Bestandsimmobilien und Projektmanagement beim Bauen im Bestand.

Die hierzu gehörenden – zumeist **interdisziplinären – Leistungen** sind im Heft 21 der AHO-Fachkommission bearbeitet worden.[510] Die praktischen Lösungsansätze waren Gegenstand des Frühjahrsseminars des DVP im Jahre 2006.[511] 502

Im Rahmen des **Immobilien-Portfolio-Managements** werden Immobilienbestände nach qualitativen Merkmalen zusammengestellt (geplant) oder fortentwickelt. Maßstäbe können die zukünftige Wertentwicklung, Erträge, Wettbewerbsposition usw. sein. Mit Kennzahlen und Benchmarking-Methoden wird der Immobilienbestand durch ständige Investition und Desinvestition optimiert.[512] 503

1.5.3 Facility Management

1.5.3.1 Grundlagen

Während die Projektentwicklung der Projektsteuerung vorgelagert ist, ist das Facility Management der Projektsteuerung **nachgelagert**. 504

Facility Management beschreibt alle Maßnahmen der Planung und Organisation, die eine wirtschaftlich **optimierte Nutzung** des Objektes und eine Erhöhung des Gebäudekapitalwertes sicherstellen sollen.[513] Bei neu zu errichtenden Gebäuden setzt das Facility Management i. d. R. bereits in der Projektentwicklungs- und Planungsphase ein. Bei bestehenden Gebäuden ist zumeist eine Bestandsaufnahme notwendig, um Optimierungspotenziale aufzuzeigen.

Wesentliche **Zielsetzungen des Facility Managements** sind: 505
- Die möglichst hohe Auslastung der nutzbaren Flächen durch Veranstaltungs-/Flächenmanagement,
- die Verbesserung der Gebäudequalität durch Raumorganisation, technische Funktionen, das Erscheinungsbild sowie die Kommunikation,
- die Senkung von Betriebs-, insbesondere Energie- und Instandhaltungskosten und
- das Entwickeln und Verfolgen von Strategien und Programmen zur Werterhaltung des Gebäudebestandes.[514]

Das deutsche **Marktvolumen** für FM-Leistungen wird mit 50 Mrd. € eingeschätzt, so dass ein wichtiger Dienstleistungsmarkt betroffen ist.[515] 506

510 AHO-Fachkommission, Projektmanagement und Projektsteuerung, Interdisziplinäre Leistungen zur Wertoptimierung von Bestandsimmobilien, Berlin 2006, Nr. 21 der Schriftenreihe des AHO.

511 DVP, Projektmanagement zur Wertoptimierung von Bestandsimmobilien, Seminar am 24.03.2006, DVP Verlag Berlin 2006.

512 Vgl. dazu etwa Schulte/Thomas, Handbuch Immobilien-Portfolio-Management, S. 126 f., 207 f.

513 Ausführlich zum Ursprung und der Entwicklung und dem Gegenstand des Facility Managements Kahlen in: Schneider, Bautabellen, S. 1.79 ff.; nach der GEFMA soll folgender Begriff verwendet werden: »Facility Management ist ein unternehmerischer Prozess, der durch die Integration von Planung, Kontrolle und Bewirtschaftung bei Gebäuden, Anlagen und Einrichtungen (facilities) und unter Berücksichtigung von Arbeitsplatz und Arbeitsumfeld eine verbesserte Nutzungsflexibilität, Arbeitsproduktivität und Kapitalrentabilität zum Ziel hat. ›Facilities‹ werden als strategische Ressourcen in den unternehmerischen Gesamtprozess integriert«; vgl. auch Kochendörfer, in: Kapellmann/Vygen, Jahrbuch Baurecht 1999, 280 ff.

514 Diederichs, in: Schulte, Handbuch Immobilien-Projektentwicklung, S. 18, 39

515 Dazu Krimmling, Facility-Management, S. 13 mit detaillierter Darstellung der unterschiedlichen Abschätzungen.

1.5.3.2 Entwicklung des Facility Managements

507 Die **Ursprünge** des Facility Managements reichen in die 70er Jahre zurück.[516] 1980 wurde in den USA bereits ein eigenständiger Berufsverband der Facility Manager gegründet, der 1982 in die International Facility Management Association (IFMA) umbenannt wurde. Entsprechende Berufsverbände etablierten sich 1986 in England und 1996 in Deutschland. Zudem haben sich in Deutschland die German Facility Management Association (GFMA e. V.) mit Sitz in München und auch die Vereinigung Deutscher Maschinen- und Anlagenbauer (VDMA) intensiv mit dem Thema Facility Management befasst.[517] Der GFMA e. V. hat Richtlinien für das Facility Management herausgegeben. Die Gruppe 100 – Begriffe und Leistungsbilder enthält die Kernpublikationen der GFMA zum Facility Management. Auch der Verband beratender Ingenieure (VBI) hat in einem Arbeitskreis ein Leistungsbild für Consultingleistungen im Facility Management erstellt. Nachfolgend ist ein **Auszug der die Kernprozesse** des Baumanagements betreffenden Leistungen des Facility Managements nach VBI in den Phasen Projektvorbereitung/Planung/Objektrealisierung abgedruckt.[518]

508 Eine weitere **Standardisierung** des Facility Managements ist durch die technischen Normen
- EN 15221–1 Facility Management-Teil 1: Begriffe und
- EN 15221–2 Facility Management-Teil 2: Leitfaden zur Ausarbeitung von Facility Management-Vereinbarungen

509 aus Oktober 2006 erfolgt. Während die Norm EN 15221–1 vornehmlich der Begriffsklärung dient, enthält Teil 2 eine Auflistung von Anforderungen an Facility Management-Verträge und mögliche Formen von Vertragsgestaltungen. Als Preis- und Tarifgestaltungsmethoden werden Pauschal- und Einheitspreise, aber auch »Kosten plus Aufschlag« vorgesehen (Teil 2, Ziff. 5.4). Eine mögliche Vertragsstruktur mit den einzelnen Klauseln wie auch der vorgeschlagene Inhalt eines Facility Management-Vertrages werden beschrieben.

516 Vgl. dazu Diederichs in: Führungswissen für Bau- und Immobilienfachleute, S. 326.
517 Vgl. dazu im Einzelnen Diederichs, a. a. O.
518 Vgl. dazu auch Krimmling, S. 66 mit Darstellung der Unterschiede bei den einzelnen Leistungsmodellen.

Leistungsbild für Consultingleistungen FM (Auszug/VBI) 510

1. Projektvorbereitung/Planung	2. Objektrealisierung	
A Organisation, Information, Koordination und Dokumentation 1 Grundlagenermittlung und Mitwirken bei der Zieldefinition zum Facility Management 2 Mitwirken bei der Erstellung der Dokumentation 3 Festlegen der notwendigen Bestands- und Vertragsdaten 4 Mitwirken bei der Konzeption zum Aufbau der Betreiberorganisation 5 Festlegen des Informationsflusses mit dem Nutzer/Auftraggeber 6 Festlegen von Strategien für Teilnutzung, Umnutzung, Außerbetriebnahme, Abriss und Verwertung 7 Mitwirken bei der Bestandsbewertung	**A Organisation, Information, Koordination und Dokumentation** 1 Ableiten der Kenngrößen aus den Zieldefinitionen und Konzeption des Benchmarking 2 Mitwirken beim Dokumentenmanagement 3 Mitwirken beim Aufbau der Bestands- und Vertragsdaten 4 Mitwirken bei der Umsetzung der Betreiberorganisation 5 Laufende Information des Nutzers/Auftraggebers zur Vorbereitung von Entscheidungen 6 Festlegen von Strategien für Teilnutzungen, Außerbetriebnahme, Umnutzung, Abriss und Verwertung 7 Mitwirken bei der Bestandsbewertung	
B Qualitäten und Quantitäten 1 Konzeption der Datenübernahme, -aufbereitung sowie -auswertung 2 Festlegen des Aufbaus und der Koordination für Planungsdokumente 3 Festlegungen zum Umgang mit Betriebs-, Mängel- und Störungsmeldungen 4 Mitwirken beim Festlegen der Verbrauchswerterfassung 5 Definition der Anforderungen sowie Konzeption der Informationstechnologien 6 Erarbeiten von Strategien für operative Dienstleistungen einschließlich des Bedarfs und der Anforderungen	**B Qualitäten und Quantitäten** 1 Mitwirken bei der Datenübernahme, -aufbereitung sowie -auswertung 2 Plausibilitätsprüfung und Steuerung der Dokumentation 3 Überwachen der Umsetzung der Betriebs-, Mängel- und Störungskonzeption 4 Planung/Überwachung der Verbrauchswerterfassung 5 Mitwirken bei der Auswahl, Beschaffung, Aufbau und Einführung eines Informationssystems 6 Planen der Dienstleistungen, Mitwirken bei der Ausschreibung und Vergabe	
C Kosten und Finanzierung 1 Erstellen der Nutzungskostenschätzung und später der Nutzungskostenberechnung 2 Konzeption des Marketing für die Vermittlung von Mietflächen 3 Wirtschaftlichkeitsberechnung (WB) sowie Nutzen-Kosten-Untersuchung (NKU) 4 Konzeption der Kontenführung hinsichtlich der laufenden Nutzungskosten	**C Kosten und Finanzierung** 1 Erstellen des Nutzungskostenanschlages 2 Mitwirken beim Marketing und der Vermittlung von Mietflächen 3 Wirtschaftlichkeitsberechnung (WB) sowie Nutzen-Kosten-Untersuchung (NKU) 4 Mitwirken beim Aufbau der Kontenführung hinsichtlich der laufenden Nutzungskosten	511
D Termine und Kapazitäten 1 Aufstellen und Abstimmen des Terminrahmens sowie der notwendigen Kapazitäten zum strategischen FM 2 Mitwirken bei der Erstellung von betriebsrelevanten Terminplänen	**D Termine und Kapazitäten** 1 Überwachen der Einhaltung des Terminrahmens zum strategischen FM hinsichtlich der Aufnahme des operativen FM 2 Aktualisieren der betriebsrelevanten Terminpläne 3 Erstellen eines Detailterminplans zur Dienstleisterkoordination	512

1.5.3.3 Strategisches und operatives Facility Management

513 Herkömmlich wird zwischen dem sog. **strategischen Facility Management** und dem **operativen Facility Management** differenziert. Bei dem strategischen Facility Management geht es um die konzeptionelle Berücksichtigung von Zielen des Facility Managements bereits bei der Planung und Errichtung einer Immobilie, insbesondere die Erzielung von Einsparungen bei den Energie-, Reinigungs-, Sicherheits-, Wartungs- und Gebäudemanagementkosten.[519]

514 Dagegen betrifft das **operative Facility Management** das sog. **Gebäudemanagement** während der Nutzungsphase. Nach den einschlägigen Begriffsvorgaben der DIN 32736 beinhaltet das Gebäudemanagement die Gesamtheit aller Leistungen zum Betreiben und Bewirtschaften von Gebäuden einschließlich der baulichen und technischen Anlagen auf der Grundlage ganzheitlicher Strategien. Die DIN 32736 unterteilt Leistungen des Gebäudemanagements in
- **Technisches Gebäudemanagement (TGM):** Es umfasst alle Leistungen, die zum Betreiben und Bewirtschaften der baulichen und technischen Anlagen eines Gebäudes erforderlich sind.
- **Infrastrukturelles Gebäudemanagement (IGM):** Es umfasst die geschäftsunterstützenden Dienstleistungen, welche die Nutzung von Gebäuden verbessern.
- **Kaufmännisches Gebäudemanagement (KGM):** Es umfasst alle kaufmännischen Leistungen aus den Bereichen TGM und IGM unter Beachtung der Immobilienökonomie.

In der Literatur werden auch anderweitige Teilfunktionen und Untergliederungen vorgeschlagen.[520]

1.5.3.4 Vertragsrecht

515 Facility Management-Vertragsverhältnisse sind zwischenzeitlich auch juristisch durchleuchtet worden. Sie werden als **Dauerschuldverhältnisse** qualifiziert, die in der Regel dienstvertraglichen, ggf. aber auch werkvertraglichen Inhalt haben können. Ihre Kündigung ist nach § 314 BGB zu beurteilen.[521]

1.5.3.5 Facility Management durch Projektsteuerer

516 Der Projektsteuerer kann – je nach vertraglichem Leistungsbild – auch das Facility Management übernehmen. Wenngleich aktuelle Entwicklungstendenzen im Bereich der Projektsteuerung nicht nur der Projektentwicklung im engeren Sinne, sondern auch dem Facility Management immer größere Bedeutung zuweisen,[522] gehört auch das Facility Management – sofern nicht vertraglich etwas anderes vereinbart ist – nicht zum **Leistungsumfang** eines Projektsteuerervertrages.

517 **Vertragtypologisch** ergeben sich bei der Übertragung von Facility Management-Leistungen auf den Projektsteuerer keine Besonderheiten. Mit Recht wird in der Literatur darauf hingewiesen, dass die vertragsrechtlichen Problemstellungen denen des verwandten Projektsteuerungsvertrages

---

519 Vgl. dazu Diederichs in: Führungswissen für Bau- und Immobilienfachleute, S. 329 ff.; dazu auch Preuß/Schöne, Real Estate und Facility Management, S. 317 f.; mit Praxisbeispiel auch Mauritz von Strachwitz, in: DVP, Schnittstellen des Projektmanagements, Nutzerbedarf und Nutzungskosten, 2006.

520 Diederichs, in: AHO-Fachkommission Projektsteuerung, S. 7:
- Kaufmännisches Gebäudemanagement (Vermietung, Verwaltung Rechnungswesen, Controlling)
- Technisches Gebäudemanagement (Wartung, Instandhaltung, Sicherheit, Energiemanagement)
- Flächen- und Veranstaltungsmanagement (Verwaltungsorganisation, Büroausstattung, Transporte, Umzüge)
- Kommunikationsmanagement (Telefon- und EDV-Anlagen, Netzwerke, Personalinformationssysteme)

Zentrale Dienste (Hausmeister, Poststelle, Fuhrpark, Müllentsorgung, Reinigung, Pflege der Außenanlagen).

521 Vgl. Najork, NJW 2006, 2881 f.; auch Fink/Nagel, BrBp. 2005, 310 f.

522 Vgl. Kochendörfer, in: Kapellmann/Vygen, Jahrbuch Baurecht 1999, 267, 279.

gleichkommen.[523] Weder in Bezug auf die Leistungsbeschreibung, noch hinsichtlich der Struktur der Honorierung ergeben sich gravierende Unterschiede.[524]

Für die Praxis ist die **frühzeitige Integration von Facility Management-Leistungen** in den Planungsprozess von Bedeutung. Schon bei der Beauftragung der Objekt- und Fachplaner muss das Facility Management gedanklich vorgenommen werden. Die Umsetzung der hieraus resultierenden Planungsvorgaben muss sichergestellt sein. Für diese Vorgaben, die zumeist erst sukzessiv entwickelt werden, muss die Vertragsgestaltung einen koordinierten Planungsprozess unter Beteiligung des Facility Managers vorsehen. Sträflich vernachlässigt wird das Thema Facility Management oft bei der Einschaltung von Kumulativleistungsträgern, speziell Generalunternehmern. Sowohl Auftraggeber wie auch Nutzer einer entsprechenden Immobilie sollten die funktionale Baubeschreibung vor Beauftragung eines Generalunternehmers durch einen Facility Manager analysieren lassen und nutzerorientierte Optimierungen für den weiteren Planungs- und Errichtungsprozess vorgeben. 518

1.5.4 Sicherheits- und Gesundheitskoordination

1.5.4.1 Grundlagen

In Umsetzung der EU-Baustellenrichtlinie vom 24.6.1992[525] erließ die Bundesregierung, gestützt auf § 19 des Arbeitsschutzgesetzes vom 7.8.1996 die sog. **Baustellenverordnung** (Verordnung über Sicherheit und Gesundheitsschutz auf Baustellen). 519

Nach § 1 der Verordnung bezweckt diese die **Verbesserung von Sicherheit und Gesundheitsschutz der Beschäftigten** auf Baustellen. Zu diesem Zweck schreibt die Verordnung für die Planung und Ausführung eines Bauvorhabens die Einhaltung bestimmter organisatorischer und verfahrensmäßiger Anforderungen vor. Zunächst muss der zuständigen Behörde spätestens 2 Wochen vor der Einrichtung der Baustelle eine Vorankündigung übermittelt werden (gem. dem Anhang 1 der Baustellenverordnung), sofern 520

- die voraussichtliche Dauer der Arbeiten mehr als 30 Arbeitstage beträgt und auf der Baustelle mehr als 20 Beschäftigte gleichzeitig tätig werden, oder
- der Umfang der Arbeiten voraussichtlich 500 Personentage überschreitet.

Die **Vorankündigung** muss sichtbar auf der Baustelle ausgehängt und bei erheblichen Änderungen angepasst werden. 521

In den vorgenannten Fällen, wie auch dann, wenn **besonders gefährliche Arbeiten** nach Anhang 2 der Baustellenverordnung ausgeführt werden, ist dafür zu sorgen, dass vor Einrichtung der Baustelle zusätzlich ein **Sicherheits- und Gesundheitsschutzplan erstellt** wird. Der Plan muss die für die betreffende Baustelle anzuwendenden Arbeitsschutzbestimmungen erkennen lassen und besondere Maßnahmen für die besonders gefährlichen Arbeiten enthalten. 522

Sofern auf einer Baustelle Beschäftigte mehrerer Arbeitgeber tätig werden, müssen ein oder mehrere **geeignete Koordinatoren** bestellt werden, welche während der Planung Arbeitsschutzmaßnahmen koordinieren, Sicherheits- und Gesundheitsschutzpläne ausarbeiten, die erforderlichen Unterlagen zusammenstellen und bei der Ausführung des Bauvorhabens darauf achten, dass die Bestimmungen und der Sicherheits- und Gesundheitsschutzplan eingehalten werden sowie die Zusammenarbeit der Arbeitgeber organisieren und die Arbeitsverfahren überwachen. 523

---

523 Vgl. Kieserling/Schmidt, Der Betrieb 2001, 1544, 1545; dazu auch Zöpfl, Rechtsnatur und Rechtsprobleme des Bau-Projektvertrages, S. 57.

524 Vgl. Kieserling/Schmidt a. a. O.

525 Richtlinie des Rates über die auf zeitlich begrenzte oder ortsverändernde Baustellen anzuwendenden Mindestvorschriften für die Sicherheit und den Gesundheitsschutz (8. Einzelrichtlinie i. S. des Artikels 16 Abs. 1 der Richtlinie 89/398/EWG).

524 Die Sicherheits- und Gesundheitskoordinatoren nach der Baustellenverordnung übernehmen die Funktion eines **neutralen Fachzuständigen** im Hinblick auf die planende und überwachende Gesundheitskoordination. Obgleich die Tätigkeit fachspezifische Vorkenntnisse voraussetzt, gibt es insoweit keinen geschützten Berufszweig. Entsprechende Aufgaben nach der Baustellenverordnung werden zum Teil als ergänzende Leistungen durch Objektplaner erbracht, zum Teil durch Projektsteuerer,[526] zum Teil aber auch durch eine besondere Berufsgruppe, nämlich die selbstständig am Markt tätigen **Baustellenkoordinatoren**.

1.5.4.2 Leistungsbilder

525 Ausführliche Leistungsbilder betreffend die Sicherheits- und Gesundheitskoordination sind insbesondere von der Architektenkammer Nordrhein-Westfalen wie auch der AHO-Fachkommission Baustellenverordnung ausgearbeitet worden.[527] Auszugsweise stellt sich das Leistungsbild der SiGeKo-Koordination nach Baustellenverordnung gem. den Vorschlägen des AHO wie folgt dar:

II. Leistungsbild Koordination nach Baustell V

526 *Grundlage eines lngenieurvertrages und der damit verbundenen angemessenen Honorierung ist ein exakt definiertes leistungsbild Das gilt gleichermaßen für die zu erbringenden Aufgaben des Koordinators nach Baustell V.*

Das nachfolgend dargestellte Leistungsbild muss zwingend im Zusammenhang mit den in Kapitel II.2 dargestellten Erläuterungen verstanden werden.

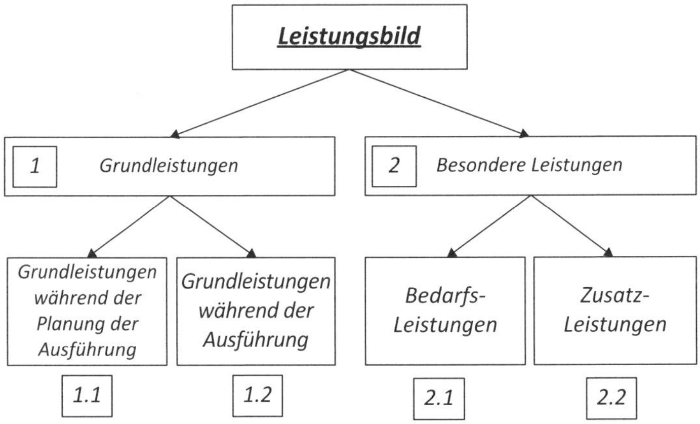

527 *11.1 Leistungsbild*

1 Grundleistungen

1.1 Grundleistungen während der Planung der Ausführung

- *Koordinieren der in § 2 Abs. 1 BaustellV vorgesehenen Maßnahmen*
- *Ausarbeiten des Sicherheits- und Gesundheitsschutzplanes*
- *Zusammenstellen der Untrlage*
- *Mitwirken bei der Vorankündigung*

526 Zur Möglichkeit entsprechender Aufgabenübertragung auf Projektsteuerer nach § 4 Baustellenverordnung vgl. Meurer, DAB 2002, 49, 53.

527 Vgl. etwa AHO, Ausschuss der Ingenieurverbände und Ingenieurkammern für die Honorarordnung e. V., Leistungen nach der Baustellenverordnung Nr. 15 der Schriftenreihe des AHO, 2. Auflage März 2011.

1.2 Grundleistungen während der Ausführung des Bauvorhabens

- *Beraten und Mitwirken bei der Planung der Baustelleneinrichtung im Hinblick auf Arbeitssicherheit und Gesundheitsschutz*
- *Bekanntmachen der Sicherheits- und Gesundheitsschutzplanung und Erläutern der festgelegten Maßnahmen*
- *Koordinieren der Anwendung der allgemeinen Grundsätze nach § 4 des Arbeisschutzgesetzes (vgl, § 3 Abs. 3 Nr. 1 Baustell V)*
- *Hinwirken auf die Einhaltung und die Umsetzung der nach Sicherheits- und Gesundhertsschutzplanung erforderlicher Arbeitsschutzmaßnahmen sowie der pflichten nach Baustellenvcrordnung durch die beteiligten Unternehmen (vgl. § 3 Abs. 3 Nr.2 BausteIIV)*
- *Anpasse und Fortschreiben des Sicherheits- und Gesundheitsschutzplanes und der Unterlage (analog § 3 Abs. 3 Nr. 3 Baustell V)*
- *Organisieren des Zusammenwirkens der Arbeitgeber hinsichtlich Arbeitssicherheit und Gesundheitsschutz (vgl. § 3 Abs. 3 Nr. 4 Baustell V)*
- *Koordinieren der Überwachung der ordnungsgemäßen Anwendung der Arbeitsverfahren durch die Arbeitgeber, zum Beispiel durch das Einfordern von Nachweisen (vgl. § 3 Abs. 3 Nr. 5 BaustellV)*
- *Organisieren und Durchführen von Sicherheitsbegehungen und Sicherheitsbesprechungen*
- *Stichprobenartiges Überprüfen der gemeinsam genutzten Sicherheitseinrichtungen auf ordnungsgemäßen Zustand, ggf. durch Einsichtnahme in Prüfnachweise*
- *Dokumentation*

2 Besondere Leistungen 528

2.1 Bedarfsleistungen, die nicht immer, bei speziellen Randbedingungen aber in jedem Fall erbracht werden müssen

- *Anpassen des Sicherheits- und Gesundheitsschutzplanes bei erhebliche Änderungen*
- *Zusätzlicher Koordinationsaufwand in der Ausführungsphase*
- *Anpassen der Unterlage bei erheblichen Änderungen*
- *Erstellen der Vorankündigung und deren Übermittlung an die zuständige Stelle*
- *Abstimmen beim Vorhandensein mehrerer Koordinatoren*

2.2 Zusatzleistungen, die sich nicht unmittelbar aus der Baustell V ableiten, aber zusätzlich vereinbart werden können 529

- *Übernahme der Funktion des beauftragten Dritten (nach § 4 BaustellV)*
- *Analysieren der Vor- oder mehrerer Entwurfsplanungen und Feststellen von arbeitssicherheits- und gesundheitsschutzrelevanten Wechselwirkungen zwischen den Arbeiten der einzelnen Gewerke auf der Baustelle und anderen betrieblichen Tätigkeiten oder Einflüssen auf oder in der Nähe der Baustelle*
- *Kostenanalysen zu technischen oder organisatorischen Maßnahmen für Arbeitssicherheit und Gesundheitsschutz*
- *Vorbereiten und Mitwirken bei der Vergabe sicherheitstechnischer Einrichtungen*
- *Überprüfen von Angeboten in sicherheitstechnischer Hinsicht (z.B. bei Funktionalausschreibungen, Alternativangeboten oder Sondervorschlägen)*
- *Regelmäßige Teilnahme an allgemeinen Baubesprechungen*
- *Erstellen eines Baustellen-Einrichtungsplanes*
- *Erstellen einer Baustellen-Ordnung*
- *Erstellen von Fluchtwegplänen und/oder Rettungskonzepten*
- *Beraten zu notwendigen verkehrssichernden Maßnahmen des Bauherrn oder der ausführenden Firmen (im Sinne von § 823 Abs. 1 BGB)*
- *Erstellen von Verkehrslenkungsplänen*
- *Einholen von straßenverkehrsrechtlichen Anordnungen*
- *Entwickeln von Konzepten und Organisieren von Maßnahmen zu Sicherheitsfragen (im Sinne von »security«)*

Das Leistungsbild wird ergänzt durch Hinweise für beauftragungsfähige Grundleistungen für 530
spezielle Randbedingungen wie auch **Besonderen Leistungen**, zu denen u. a. die Erstellung eines Baustelleneinrichtungsplans, die Entwicklung einer Baustellenordnung, die Erstellung eines Flucht- und Rettungswegkonzeptes und die Konzeption von Verkehrslenkungsplänen und Sicherheitskonzepten gehören können.

531 Die **Abgrenzung der SiGeKo-Leistung** zu denen der Projektsteuerung und der Objektüberwachung ist organisatorisch und **vertragsrechtlich auszugestalten**, um klare Verantwortlichkeiten zu schaffen. Dazu gehört es insbesondere, dass die Schnittstelle der Objektüberwachung zur SiGeKo geklärt wird und für die Objektüberwachung klar herausgearbeitet wird, dass diese im Rahmen ihrer Objektüberwachungstätigkeit auch den ordnungsgemäßen Einsatz des SiGeKo und dessen ordnungsgemäße Leistungserbringung überwachen soll. Der Projektsteuerer wiederum schuldet eine »Oberleitung« insofern, als er üblicherweise die Kontrolle der Objektüberwachungsleistung zu übernehmen hat.

1.5.4.3 Rechtsnatur der SiGeKo-Tätigkeit/Haftung

532 Das OLG Köln hat die SiGeKo-Tätigkeit als **dienstvertragliche Tätigkeit** bewertet. Ein solcher Vertrag stelle gleichzeitig einen Geschäftsbesorgungsvertrag dar.[528] Sofern der Dienstverpflichtete eine juristische Person sei und der Vertrag die Ausführung der Dienste durch einen bestimmten Mitarbeiter nicht vorsehe, handele es sich nicht um eine Dienstleistung höherer Art im Sinne von § 627 Abs. 1 BGB, welche die jederzeitige Kündigung des Vertrages ermögliche.[529]

533 Waren Sicherheitskoordinatoren bestellt und haben diese eine Gefahrenquelle erkennen können, jedoch **keine rechtzeitige Vorsorge** angeordnet, dann können sie im späteren Schadensfall auf Schadensersatz haften, und zwar gegenüber dem Auftraggeber aus Vertrag, gegenüber Dritten nach § 823 BGB. Der Geschädigte muss jedoch stets den Nachweis führen, dass dem Sicherheitskoordinator eine Verletzung der ihm nach der Baustellenverordnung obliegenden Sicherheitsmaßnahmen vorzuwerfen ist. Ein Sicherheitskoordinator haftet dementsprechend nicht für den Unfall eines Arbeiters, der durch eine nicht gesicherte Öffnung einer Geschossdecke stürzt, wenn er eine ausreichende Sicherung angeordnet hatte, diese ursprünglich auch angebracht worden war, wobei nicht feststeht, durch wen und wie sie vor dem Unfall wieder beseitigt wurde.[530]

1.5.4.4 Vergütung/Anwendbarkeit der HOAI

534 Nach Inkrafttreten der Baustellenverordnung ist ein Streit über die Vergütungspflichtigkeit der Leistungen des Sicherheits- und Gesundheitskoordinators entsprechend dem zwingenden Preisrecht der HOAI entstanden. *Wingsch* hat die These vertreten, derartige Leistungen **unterfielen den Grundleistungen der HOAI** und damit dem zwingenden Preisrecht.[531] Dem ist *Quack* mit Recht entgegengetreten und hat darauf hingewiesen, dass derartige Leistungen vom Verordnungsgeber der HOAI überhaupt nicht berücksichtigt worden sind und auch nicht berücksichtigt werden konnten. Er präferiert gegenüber den Pauschalhonoraren der HOAI flexible Stundenvereinbarungen.[532] *Portz und Werner/Pastor* sind dieser Auffassung beigetreten und halten die Honorare für frei vereinbar.[533] Das OLG Celle hat entschieden, dass sich die Vergütung des Sicherheits- und Gesundheitskoordinators nicht nach der HOAI richtet. Die HOAI als öffentliches Preisrecht knüpfe an bestimmte Leistungsbilder des Architekten und Ingenieurs an. Eine Ausweitung der in der HOAI nicht vorgesehenen Sicherheits- und Gesundheitskoordination sei vom Gesetzgeber nicht gewollt gewesen.[534]

535 Die **Architektenkammer Nordrhein-Westfalen** hat einen Honorierungsvorschlag nach HOAI-Systematik (beruhend auf anrechenbaren Kosten) erstellt, der sowohl die isolierte Beauftragung mit SiGeKo-Aufgaben, wie auch die ergänzende Beauftragung eines Objektplaners berücksichtigt. Für

528 OLG Köln, Urteil vom 08.06.2004, Az. 22 U 212/03, in: BauRB 2004, 361.
529 OLG Köln, Urteil vom 08.06.2004, Az. 22 U 212/03, in: BauRB 2004, 361.
530 OLG Bamberg, Urteil vom 11.09.2002, Az. 8 U 29/02, in: NZBau 2003, 615 = BauR 2004, 549 = IBR 2004, 143; näher dazu auch Meyer, NZBau 2003, 607 f.; auch Schwenker, SiGeKo-Haftung, Deutsches Architektenblatt 2005, 46 f.
531 Vgl. Wingsch, BauR 2001, 314; ders., BauR 2002, 1169 ff.
532 Vgl. Quack, BauR 2002, 541 ff.
533 Portz, BauR 2002, 1160, 1162; Werner/Pastor, Der Bauprozess, Rn. 853.
534 OLG Celle, Beschluss vom 05.07.2004, Az. 14 W 63/03, in: NZBau 2005, 529 = BauR 2004, 1649 = IBR 2004, 431.

die letztere Fallgestaltung ist in der Honorartabelle eine Vergütungsreduzierung eingearbeitet. Die **Vorschläge des AHO** sehen in der SiGe-Koordination eine selbstständige zusätzliche Aufgabe und nicht eine Planeraufgabe, die mit dem Objektplanerhonorar nach HOAI abgegolten werden kann. Auf der Grundlage einer empirischen Untersuchung hat die AHO-Fachkommission gleichfalls ein Pauschalhonorarmodell auf Basis anrechenbarer Kosten entwickelt, das zwischen Gefährdungszonen 1 bis 3 differenziert und überdies Zuschlagssätze nach Maßgabe spezieller Randbedingungen bei Bauvorhaben enthält. Das OLG Celle hat eine Vergütung in Höhe von 0,4 % der Nettobausummen für einen Sicherheits- und Gesundheitskoordinator noch als übliche Vergütung qualifiziert.[535]

1.5.5 Baubetreuung und Bautreuhand

1.5.5.1 Baubetreuung in weitem Sinne

Abgrenzungsschwierigkeiten gibt es auch im Verhältnis von Projektsteuerung und Baubetreuung. 536
Ein einheitlicher Begriff für die Baubetreuung hat sich nicht herausgebildet.[536] Der Begriff stammt aus der Wohnungswirtschaft. Die Tätigkeit eines Baubetreuers besteht in der Vorbereitung und Durchführung eines Bauvorhabens auf einem i. d. R. dem Betreuten gehörenden Grundstück. Der Baubetreuer handelt in fremdem Namen und für fremde Rechnung; er bereitet das Bauvorhaben technisch und wirtschaftlich vor und führt es schließlich durch.[537] Das Durchführungsrisiko liegt ausschließlich bei dem Bauherrn.[538] Der in Vertretung des Bauherrn handelnde Baubetreuer unterstützt den Bauherrn, indem er **im Namen des Bauherrn und auf dessen Rechnung Verträge** mit den am Bau Beteiligten abschließt und das Bauprojekt steuert. Die Einräumung von Vollmachten, im Namen des Auftraggebers Bauleistungen zu vergeben, ist allerdings als Allgemeine Geschäftsbedingung unwirksam, wenn sie an einen Generalübernehmer erfolgt.[539]

Der Umfang der dem Baubetreuer zweckmäßigerweise zu übertragenden Aufgaben ist vom Ein- 537
zelfall abhängig. Der Baubetreuer kann mit einer wirtschaftlichen oder technischen Teilbetreuung oder auch mit einer Vollbetreuung die letztlich auch alle sog. Bauherrenfunktionen umfasst beauftragt werden.[540] Die umfassende Aufgabenstellung des Baubetreuers bringt jedenfalls eine gesteigerte Verantwortlichkeit mit sich, die auf dem treuhänderischen Charakter der Tätigkeit beruht.

535 OLG Celle, Beschluss vom 05.07.2004, Az. 14 W 63/03, in: NZBau 2005, 529 = BauR 2004, 1649 = IBR 2004, 431.

536 Vgl. Schill, Der Projektsteuerungsvertrag, S. 53: »Bei der wirtschaftlichen Betreuung sind hingegen keinerlei Überschneidungen mit den Leistungen des Projektsteuerers denkbar. Insbesondere ist der Baubetreuer im Rahmen der wirtschaftlichen Betreuung nicht verpflichtet, die Bauwerkserrichtung hinsichtlich Kosten, Qualitäten und Quantitäten zu optimieren.«

537 Vygen, Bauvertragsrecht, Rn. 22 m. w. N.; Koeble, Rechtshandbuch Immobilien, Band I, Kap. 15, Rn. 52.

538 Locher, Das private Baurecht, Rn. 397.

539 BGH, Urteil vom 27.06.2002, Az. VII ZR 272/01, in: BauR 2002, 1544.

540 Vygen, a. a. O., Rn. 22: »Bei der Vollbetreuung hat der Baubetreuer neben der technischen Betreuung, die dinglichen Rechtsverhältnisse am Grundstück zu regeln, einen Finanzierungsplan zu erstellen, Fremdfinanzierungsmittel zu beschaffen, den Rechnungs- und Zahlungsverkehr abzuwickeln«; nach Rüping, in: VDI-Berichte 528, Projektsteuerung und Bauleitung, S. 39, 44, kann die Vollbetreuung folgende Leistungen umfassen:
- Anmeldung der Veröffentlichung im Bundesanzeiger und/oder in der Tagespresse und Fachzeitschriften
- Auswertung der Bieterbewerbungsliste bei öffentlichen und beschränkten Ausschreibungen
- Vorschläge bei Bieterauswahl
- Einholen von Angeboten, Sammeln und Aufbewahren
- Prüfung und Wertung der Angebote
- Erstellen des Vergabevorschlages zwecks Freigabe durch den Bauherrn
- Erstellen des Kostenanschlages
- Auftragserteilung im eigenen Namen und für fremde Rechnung
- Fortschreibung des Raumbuches für die Phase Objektüberwachung
- Verantwortliche Bauleitung im Sinne des Landesrechts

Der mit weitreichenden Vollmachten ausgestattete Baubetreuer ist insbesondere Empfänger von Baugeld im Sinne des Gesetzes über die Sicherung von Bauforderungen (GSB).[541]

538 Bei Übertragung einer **Vollbetreuung** liegt i. d. R. ein Werkvertrag mit Geschäftsbesorgungscharakter vor, bei bloßer **Teilbetreuung** mit einem Schwerpunkt auf wirtschaftlichen und rechtlichen Betreuungsleistungen zumeist ein Dienstvertrag. Dagegen ist bei vornehmlicher Betreuung auf technischem Gebiet (insbesondere Planung) von einem Werkvertrag auszugehen.[542] Die technische Baubetreuung entspricht einem Projektsteuerungsmodell, bei welchem dem Projektsteuerer in weitgehendem Umfang Vertretungsmacht übertragen worden ist.

539 Im Rahmen einer sog. Vollbeauftragung beauftragt der Baubetreuer nicht selten auch Planungs- und ausführende Unternehmen **im eigenen Namen, aber für Rechnung des Auftraggebers**. In der Praxis hat sich der Baubetreuungsvertrag oftmals als eine rein quantitative Ausweitung des Architektenvertrages auf die kaufmännische Abwicklung des Erbbauprojektes dargestellt.[543] In dieser Einsatzform gleicht die Baubetreuung den neuerdings auch in Deutschland verbreiteten Construction Management-Modellen. Hier wie dort tritt der Construction Manager/Baubetreuer als geschäftsführender Besorger des Auftraggebers auf und beauftragt im eigenen Namen Nachunternehmer für den Bereich der Planung und Ausführung. Er kann dabei auch Kostenzusagen, etwa in der Form eines garantierten Maximumpreises oder echter Preisgarantien geben.[544]

540 Auch der in klassischer Aufgabenstellung tätige Projektsteuerer kann ergänzend baubetreuende Tätigkeiten übertragen erhalten. Er muss dann nur beachten, dass er den Sondervorschriften der **Makler- und Bauträgerverordnung** für die Baubetreuung im engen Sinne unterliegen kann. Umgekehrt beauftragen Baubetreuer nicht selten Projektsteuerer mit der technisch-wirtschaftlichen Aufgabenstellung.

- Überwachen der Bauausführung anhand der freigegebenen Pläne und Leistungsbeschreibung anerkannter Regeln der Technik und einschlägigen Vorschriften
- Beobachten der Bauarbeiten in gestalterisch-künstlerischer Hinsicht
- Stichprobenartige Prüfung der Baustoffe und Bauteile
- Koordination der an der Bauüberwachung fachlich Beteiligten
- Einholung erforderlicher besonderer Genehmigungen und behördlicher Bauabnahmen
- Aufstellen, Überwachen und Fortschreiben von differenzierten Zeit-, Kosten- und Kapazitätsplänen
- Entgegennahme der Leistungen und deren technische Durchführung, Rechnungsprüfung, d. h. fachliche und rechnerische Beurteilung sämtlicher Rechnungen von Unternehmern und Lieferanten
- Führung des Rechnungseingangs- und -ausgangsbuches
- Baukontenführung
- Aufstellen, Überwachen und Fortschreiben eines Zahlungsplans
- Schreiben von Kassenanweisungen. Die Anweisung erfolgt durch den Bauherrn
- Kostenfeststellung in Übereinstimmung mit dem Kostenanschlag
- Antrag auf behördliche Abnahme und Teilnahme daran
- Übergabe des Objektes einschließlich Zusammenstellung und Übergabe der erforderlichen Unterlagen (Bedienungsanleitung)
- Auflisten von Gewährleistungsfristen
- Fortschreibung des Raumbuchs für die Phase der Objektdokumentation
- Objektbewertung zur Mängelfeststellung vor Ablauf der Gewährleistungsfristen
- Mitwirken bei der Freigabe von Sicherheitsleistungen
- Aufstellen von Bestandsplänen
- Einrichten einer Instandhaltungs- und Wartungsorganisation
- Aufstellen von Ausrüstungs- und Inventarverzeichnissen und Erstellen von Wartungs- und Pflegeanweisungen
- Ermittlung und Kostenfeststellung zu Kostenrichtwerten
- Raumbuchübergabe an die Verwaltung des Bauherrn
- Betriebsvorbereitung (Einzug) einschließlich Terminplanung.

541 OLG Düsseldorf, Urteil vom 07.03.2003, Az. 22 U 129/02, in: IBR 2004, 505.

542 Vgl. Rdn. 1138; ausführlich Koeble, Rechtshandbuch Immobilien, Band I, Kap. 15, Rn. 76.

543 Vgl. Heinrich, der Baucontrollingvertrag, S. 88 m. w. N.

544 Vgl. dazu Rdn. 455.

1.5.5.2 Baubetreuung im engen Sinne (§ 34 c GewO)

Nach § 34 c Abs. 1 Satz 2 b GewO ist Baubetreuer derjenige, der in fremdem Namen und für fremde Rechnung Bauvorhaben wirtschaftlich vorbereitet oder durchführt. Für fremde Rechnung bedeutet in diesem Zusammenhang, dass der Auftraggeber/Baubetreuer während des Errichtens des Bauwerkes die Risiken der Projektrealisierung trägt. Die wirtschaftliche Vorbereitung und Durchführung betrifft insbesondere die **finanzielle Betreuung**. Der Baubetreuer (in diesem engen Sinne) beschafft und verwaltet die Baufinanzierungsmittel, disponiert über das Baukonto usw.[545] Für § 34 c GewO kommt es nicht darauf an, ob der Betreuer auch mit der Planung oder Überwachung der Ausführung der Bauaufträge befasst wird.[546] Verwaltet mithin ein Projektsteuerer allein oder zusammen mit dem Auftraggeber Baugelder und wickelt er das Bauvorhaben in dessen Namen und auf Rechnung des Bauherrn ab, dann hat er die besonderen Rahmenbedingungen der Gewerbeordnung und der Makler- und Bauträgerverordnung zu beachten, die insbesondere Genehmigungserfordernisse sowie Vermögensverwaltungs-, Rechnungslegungs- und Buchführungspflichten umfassen.[547] Die Einhaltung der Vorschriften wird durch Buß- und Strafvorschriften geschützt.[548] Bei einer Betätigung als gewerblicher Baubetreuer kann der Projektsteuerer den Status eines Freiberuflers und auch seinen Versicherungsschutz verlieren.[549] 541

Soweit der Baubetreuung zuzurechnende Tätigkeiten indessen lediglich **unwesentlicher Teil** der Projektsteuerertätigkeit sind, wird die Erlaubnispflicht nicht ausgelöst. Der Projektsteuerer unterliegt in einem solchen Fall untergeordneter Baubetreuungstätigkeit im dargestellten engen Sinne des § 34 GewO nicht den weiteren Bestimmungen der Gewerbeordnung und der Makler- und Bauträgerverordnung.[550] 542

Unabhängig von den Anforderungen der Gewerbeordnung kann ein Projektsteuerer, der die finanzielle Betreuung eines Bauprojektes übernimmt, auch dem **Baugeldsicherungsgesetz** unterliegen (Gesetz über die Sicherung der Bauforderungen). Hiernach unterliegt der Empfänger von Baugeld besonderen Beschränkungen hinsichtlich des Umgangs mit Baugeldbeträgen. Er darf sie nicht ohne weiteres und erst recht nicht in voller Höhe für die von ihm geleistete Arbeit oder geleistete Auslagen verwenden und ist zudem ggf. zur Führung eines Baubuches verpflichtet. 543

1.5.5.3 Bautreuhand

Die Baubetreuung darf nicht mit der **Bautreuhandschaft** verwechselt werden. Der Bautreuhänder wird zwar ebenfalls im Namen und in Vertretung des Auftraggebers tätig. Während aber der Baubetreuer die Aufgabenerfüllung des Bauherrn im Außenverhältnis zu den weiteren Projektbeteiligten bearbeitet, bündelt der Bautreuhänder die Rechte der Anleger eines Immobilienmodells (er gehört i. d. R. zur Binnenstruktur des Auftraggebers). Oft stellt er erst die Handlungsfähigkeit einer **Vielzahl von Bauherrn** her.[551] Aufgabe des Treuhänders ist es dabei vornehmlich, die Einhaltung der entsprechenden Prospektvorgaben zu überwachen und – soweit wie möglich – sicherzustellen. Er verpflichtet sich jedoch nicht zur Herstellung einer Immobilie oder zur technisch-wirtschaftlichen Mitwirkung bei der Realisierung. Die Rechtsliteratur unterscheidet dabei wiederum verschiedene Sonderformen wie Basistreuhänder, Mittelverwendungs- und Kontotreuhänder. Der Bautreuhänder verpflichtet sich aber regelmäßig nicht zur Herstellung einer Immobilie.[552] 544

545 Marcks, MaBV, GewO, § 34 c, Rn. 41; Höfling/Breustedt, in: Friauf, GewO, § 34 c, Rn. 45.

546 Marcks, MaBV, GewO, § 34 c, Rn. 42 → in der aktuellen Auflage findet sich in Rn. 41 diesbezüglich folgende Aussage: »Der Baubetreuer ist weder mit der Planung noch mit der Überwachung beschäftigt«….; Höfling/Breustedt, in: Friauf, GewO, § 34 c, Rn. 45.

547 Vgl. Heinrich, Der Baucontrollingvertrag, S. 87/88.

548 § 144 ff. GewO, § 18 der MaBV.

549 Vgl. Schamir, in: Seminar rechtliche Problemstellungen beim Projektmanagement, S. 111, 124.

550 Marcks, in: Landmann/Rohmer, GewO, § 34 c, Rn. 43.

551 Locher, Das private Baurecht, Rn. 398.

552 Vgl. Wagner, BauR 1991, 665, 672, 673, der darauf hinweist, dass der Treuhandvertrag in aller Regel Dienstleistungsvertrag ist, und zwar mit Geschäftsbesorgungscharakter.

1.5.6 Bauträger

545 Ein Bauträger verpflichtet sich in einem Bauträgervertrag zur Errichtung und Übereignung eines Bauobjektes. Im Gegensatz zum Baubetreuer **bebaut der Bauträger regelmäßig ein eigenes Grundstück**, das nach vollständiger Fertigstellung und Bezahlung auf den Erwerber übergehen soll. Vertraglich kann auch ein Eigentumsübergang des Grundstücks auf den Erwerber vor Beginn der Bebauung vorgesehen werden. Darüber hinaus erstellt der Bauträger das Bauobjekt mit von ihm im eigenen Namen beauftragten Unternehmen (und trägt damit das Bauerrichtungsrisiko), während der Baubetreuer zumeist im Namen und für Rechnung des Bauherrn handelt. Ähnlichkeiten bestehen bei den beiden Errichtungsformen insoweit, als der Auftraggeber nicht lediglich Projektmanagementleistungen technischer Art delegiert/überträgt, sondern der Baubetreuer wie auch der Bauträger eine Vielzahl wirtschaftlicher Unterstützungsleistungen übernehmen.[553]

1.5.7 Generalübernehmer

546 Der Generalübernehmer verspricht dem Auftraggeber – wie der Generalunternehmer –, alle Herstellungsleistungen und Projektmanagementleistungen und zusätzlich – je nach Vertragsgestaltung – auch Planungsleistungen im eigenen Namen und für eigene Rechnung für das Bauprojekt zu erbringen. Allerdings führt der Generalübernehmer keine Bau- und Planungsleistungen selbst aus; er lässt diese Arbeiten durch Dritte, nicht selten Generalunternehmer und Generalplaner erbringen. Der Generalübernehmer kauft quasi alle erforderlichen Leistungen bei Dritten ein.[554] Er übernimmt materiell die Rolle eines umfassend beauftragten Baubetreuers mit dem Unterschied, dass er nicht in fremdem Namen, sondern in eigenem Namen tätig wird[555] und damit das wirtschaftliche Risiko der Bautätigkeit trägt.

547 Vom Projektentwickler unterscheidet er sich dadurch, dass er einerseits seine Tätigkeiten nicht nach der Klärung der Realisierungsvoraussetzungen des Projektes beendet, sondern auch die Ausführung übernimmt und andererseits lediglich mit der Planung und Errichtung befasst wird, nicht mit der Finanzierung/Vermarktung. Die **Kernleistung** des Generalübernehmers liegt in der **Koordinierung der von ihm beauftragten Planer und Bauunternehmer**. Sein Know-how ist oftmals mit dem eines Projektmanagers deckungsgleich. Es kann daher nicht verwundern, dass im Zeitalter der Aufgabendezentralisierung und des Outsourcings Tendenzen erkennbar werden, dass Projektsteuerer auf Grund entsprechender Marktnachfragen in das Lager der Generalübernehmer überwechseln.

548 Speziell in der Einsatzform des **Construction Managements** kann sich der Projektsteuerer bis hin zu einem Generalübernehmer *»entwickeln«*. Einige Projektsteuerungsunternehmen unterhalten in der Zwischenzeit auch Tochtergesellschaften, die sich ausschließlich als Generalübernehmer betätigen.

549 Das rechtliche Umfeld für den so tätigen **»Projektsteuerer«** ändert sich allerdings grundlegend. Betätigt er sich als **Generalübernehmer**,

- wird er i. d. R. nicht mehr auf Grund eines Projektsteuerungsvertrages, sondern zumeist eines Schlüsselfertig-GÜ-Vertrages tätig;
- übernimmt er die volle Verantwortung und das wirtschaftliche Risiko für das Gelingen des Gewerks mit einheitlicher Haftung und Gewährleistungsverpflichtung für alle Leistungen;
- trägt er das typische Generalunternehmerrisiko, nämlich die regelmäßig fehlende Möglichkeit der »Durchstellung« aller ihm gegenüber dem Auftraggeber obliegenden Vertragspflichten an die Nachunternehmer;
- verliert er den Status eines Freiberuflers und den Versicherungsschutz aus der Architektenhaftpflichtversicherung; er ist gewerblich tätig;

553 Vgl. ausführlich Koeble, Rechtshandbuch Immobilien, Band I, Kap. 15, Rn. 20 ff., 49 ff.

554 Vgl. Kapellmann/Schiffers, Vergütung, Nachträge und Behinderungsfolgen beim Bauvertrag, Band 2, Rn. 412.

555 Die Vollmachtsübertragung zum Abschluss von Bauverträgen an einen Generalübernehmer ist in AGB nicht möglich, vgl. BGH, Urteil vom 27.06.2002, Az. VII ZR 272/01, in: BauR 2002, 1544.

– wird er Bauunternehmer mit der Konsequenz, dass seine Leistungen anstelle der VOF (oder VOL/A) nach VOB/A ausgeschrieben werden müssen.

Ähnlich tiefe Einschnitte in die Rechtsstellung des Projektsteuerers ergeben sich, wenn der Projektsteuerer eine **gesellschaftsrechtliche Verbindung** auf Bauherrenseite eingeht, etwa sich an einer Projektgesellschaft beteiligt. Rechte und Pflichten aus abgeschlossenen Projektsteuererverträgen können durch die gesellschaftsrechtliche Ebene entscheidend abgewandelt sein. 550

Für **öffentliche Auftraggeber** galt traditionell der Grundsatz der so genannten Selbstausführung; dementsprechend war die Vergabe von Bauleistungen an Generalübernehmer nach nationalem Vergaberecht unzulässig. Der EuGH hat allerdings für den Anwendungsbereich der EU-Vergabekoordinierungsrichtlinien – also oberhalb der für Bauleistungen geltenden Schwellenwerte nach dem GWB – klargestellt, dass sich auch Generalübernehmer an Bauausschreibungen beteiligen dürfen.[556] 551

Dieses Buch wird sich vornehmlich und vertieft mit dem **Projektsteuerer als Berater des Auftraggebers** und nicht mit dem »Projektsteuerer« als im eigenen Namen auftretenden Generalübernehmer[557] oder mit den Besonderheiten einer gesellschaftsrechtlichen Einbindung des Projektsteuerers bei einer Projektgesellschaft befassen. 552

1.6 Zwischenergebnis

Die Projektsteuerung ist eine die Organisation, Steuerung und Kontrolle von Leistungsprozessen bei Bauerrichtung umfassende Fachaufgabe. Sie kann kaufmännische, baubetriebliche, technische und in einem eng begrenzten Umfang auch juristische Leistungen umfassen[558] Die Tätigkeit bezieht sich regelmäßig auf alle bei der Projektrealisierung tätigen Leistungsträger, in der klassischen Ausgestaltung unmittelbar auf Architekten und Fachplaner, aber auch – wenngleich zumeist mittelbar – auf bauausführende Unternehmen. In der Einsatzform des Projektmanagements beinhaltet sie auch Entscheidungskompetenzen und/oder sonstige Aufgaben aus der Linie. Je nach vertraglicher Ausgestaltung können auch ergänzende Tätigkeiten aus dem Bereich der Projektentwicklung, des Facility Managements, der SiGe-Koordination und sogar der Objektplanung oder anderer Fachplanungen hinzustoßen. In der Einsatzform des Construction Managements nähert sich der Projektsteuerer 553

556 Vgl. umfassend dazu Hausmann/Wendenburg, NZBau 2004, 315; Schneevogl, NZBau 2004, 418; EuGH, Urteil vom 18.03.2004, Az. C-314/01, in: NZBau 2004, 340.

557 Vgl. zum Generalübernehmer Kapellmann, Schlüsselfertiges Bauen, Rn. 17.

558 Die Projektsteuerung ist nach der Berufsordnung des DVP die neutrale und unabhängige Wahrnehmung delegierbarer Auftraggeberfunktionen in technischer, wirtschaftlicher und rechtlicher Hinsicht im Sinne des § 31 HOAI; in diesem Sinne auch Diederichs, in: Hartmann, HOAI, Stand: Juni 2009, § 31, Rn. 2, S. 5, Stichwort »Projektsteuerung«, der weiter ausführt: »Projektsteuerung hat Stabsfunktion. Sie bereitet Lösungsvorschläge, Anpassungsmaßnahmen und Entscheidungen vor, gibt Impulse, berät, berichtet, sorgt für Aktenlage und Dokumentation, schätzt Risiken ab und schafft Sicherheit für die Projektleitung.« Sie wird verstanden als Architekten- bzw. Ingenieurleistung. Vgl. Kniffka, ZfBR 1995, 10, 11; nach Kniffka, ZfBR 1994, 253 f., lautet die Definition: »Der Projektsteuerer nimmt Bauherrenaufgaben wahr, die zur reibungslosen technischen, wirtschaftlichen und organisatorischen Durchführung des gesamten Bauvorhabens (Projekts) notwendig sind und von dem planenden Architekten nicht erledigt werden. Dazu gehören vor allem die Organisation, Koordination und Dokumentation sowie die Sicherung von Qualitäten, Quantitäten, Kosten und Finanzierung sowie von Terminen und Kapazitäten«; Kyrein versteht unter Projektsteuerung die architektonische/technische, wirtschaftliche und rechtliche Programmstellung, Projektvorbereitung, Projektdurchführung und Projektnachsorge konkreter Einzelvorhaben, vgl. Kyrein, Immobilien: Projektmanagement, Projektentwicklung und -steuerung, S. 78; Pfarr/Arlt/Hobusch, Das Planungsbüro und seine Kosten, S. 65, beschreiben die Projektsteuerung als eine Arbeitsmethode und Organisationsform zur Lösung komplexer und zeitlich befristeter Aufgaben, bei denen die Zusammenarbeit mehrerer Mitarbeiter und/oder die Abteilungen, Institutionen usw. nötig ist (Planung, Steuerung, Kontrolle).

einem Generalübernehmer. Er beauftragt ggf. im eigenen Namen planende und ausführende Unternehmen, ggf. verbunden mit Termin- und Preiszusagen/Garantien.

554 Je nach Projektmanagementeinsatzform und vertraglicher Ausgestaltung ergibt sich ein **unterschiedlicher Grad der Bauherrenentlastung**, die etwa *Aßmann* im Einzelnen dargestellt hat.[559] Die Übergänge zwischen den einzelnen Leistungsformen sind indessen fließend. Ganzheitliche Projektsteuerungsmodelle nehmen sehr viele ergänzende Aufgaben aus der Projektleitung und Baubetreuung in sich auf.

Veränderung der Bauherrenaufgaben und der Objektplanungsaufgaben bei Projektmanagementeinsatz*

555

Nr.	Einsatzform	Bauherrenaufgaben	Objektplanungsaufgaben	Erläuterung
1	Klassische Realisierung mit Objektplaner			Projekt wird ohne gesondertes Projektmanagement realisiert.
2	Projektcontrolling	Projekt-controlling		Projektcontroller entlastet AG partiell bei der Überwachung der Projektrealisierung.
3	Projektsteuerung	Projekt-steuerung		Projektsteuerung entlastet den AG durch Entscheidungsvorbereitung und teilweise Übernahme (besonderer) Objektplanungsleistungen.
4	Projektmanagement	Projekt-management		Wie vor, allerdings übernmmt das Projektmanagement auch Entscheidungsbefugnisse der Projektleitung.
5	Bauprojektmanagement	Bauprojektmanagement		Projektmanagement übernimmt zusätzlich Planungsaufgaben, insbesondere Lph 6, 7 nach HOAI.
6	Constructionmanagement	Construction-Management		Weitere Entlastung des AG beim Vertragsmanagement und intensivere Planungsbetreuung, insbesondere Value Engineering.

* vgl. dazu auch Ahrens, Bastian, Muchowski, Handbuch Projektsteuerung – Baumanagement, Stuttgart, 2004, S. 89

556 Leistungen der **Projektsteuerung** können somit im Rahmen **verschiedener Vertragstypen und Unternehmereinsatzformen** erbracht werden, und zwar u. a. im Rahmen

- von Arbeitsverhältnissen zur Ausführung von Steuerungsaufgaben in der Auftraggeberorganisation;
- von klassischen Projektsteuererverträgen, wobei der Projektsteuerer als externer Berater des Auftraggebers tätig wird;
- von Projektcontrollingverträgen, wobei der Projektsteuerer entweder einzelne Überwachungstätigkeiten oder die Kontrolle von Generalplanern bzw. Generalunternehmern übernimmt;
- von Projektmanagementverträgen (Projektsteuerertätigkeit mit zusätzlicher Aufgabenwahrnehmung in der Linie aus dem Bereich der Projektleitung);
- von Baubetreuungsverträgen (Projektsteuerertätigkeit zzgl. ergänzender kaufmännischer, zum Teil juristischer und ggf. objektplanerischer Funktionen);
- 557 von Totalübernehmer- und Generalübernehmerverträgen, wobei die Projektsteuerertätigkeit lediglich eine Teilfunktion auf dem Weg zum kontrahierten Werkerfolg darstellt;
- von Construction Managementverträgen (Projektsteuerertätigkeit mit der Beauftragung von planenden und ausführenden Unternehmen im eigenen Namen und ggf. Übernahme von Projektverantwortung);
- von Projektentwicklungsverträgen (Projektsteuerungsleistung zzgl. weiterer immobilienwirtschaftlicher Vertragsleistungen zur Definition des Projektprogramms).[560]

In den folgenden Kapiteln des Buches wird vornehmlich die Tätigkeit des **selbstständigen Projektmanagers/Projektsteuerers** auf der Auftraggeberseite näher untersucht.

559 Vgl. Aßmann, in: VDI-Berichte 528, Projektsteuerung und Bauleitung, S. 14, 15.

560 Zu den möglichen Vertragsleistungen vgl. Quack, in: Seminar rechtliche Problemstellungen beim Projektmanagement, S. 7, 16.

2 Leistungen und Leistungsbilder der Praxis

2.1 Grundstrukturen der Leistungsbilder für Projektsteuerer

Leistungsbilder sind Beschreibungen und Auflistungen von Leistungen, die ein Auftragnehmer, u.a. ein Projektsteuerer, auf der Grundlage eines abgeschlossenen Vertrages zu erbringen hat. Derartige Leistungsbilder konkretisieren die **vertraglichen Anforderungen** an die Dienst- oder Werkleistungen. Soweit in Dienst- und Werkverträgen für die Projektsteuerer Leistungsbilder verwendet werden, beschreiben sie die von den Vertragsparteien für notwendig erachteten Prozessschritte auf dem Weg zur Erreichung des Projektziels bzw. Projekterfolges. Speziell werkvertragliche Anforderungen können über die einzelnen definierten Teilerfolge hinausgehen. Andererseits muss nicht jede benannte Einzelleistung einen werkvertraglichen Teilerfolg darstellen (dazu Rdn. 1279).[1] 558

Die Projektpraxis arbeitet wie im Bereich der Architekten- und Ingenieurleistungen mit **vordefinierten Leistungsbildern für Standardprojekte**. Die Arbeit an entsprechenden Leistungsbildern für bestimmte Werk- oder Dienstleistungen begründet einen erheblichen **Rationalisierungseffekt** und vermindert die Transaktionskosten in einem entsprechenden Wirtschaftszweig. Vordefinierte Leistungsbilder haben für die Marktbeteiligten zumindest Checklistencharakter und vermitteln gewonnene Erfahrungen. Sie dienen zudem der **Professionalisierung** von Marktbeteiligten und Marktangeboten und schaffen Grundlagen für die **Aus- und Fortbildung** der Marktbeteiligten. Die ständige Arbeit an den Leistungsbildern der Projektsteuerung durch die AHO-Fachkommission Projektmanagement und Projektsteuerung hat u.a. das Ziel, entsprechende Standards der Projektmanagementpraxis zu setzen und eine für die Praxis taugliche Plattform für die Ausgestaltung von Projektmanagement- und Projektsteuerungsverträgen und für die Beauftragung entsprechender Leistungen zu schaffen. 559

2.1.1 Kein allgemeingültiges Leistungsbild

Ein gesetzlich **vorgeschriebenes Leistungsbild** für die Projektsteuerung **gibt es nicht**. Die inzwischen aufgehobene Vorschrift des § 31 Abs. 1 Satz 1 HOAI a.F. enthielt lediglich ein beispielhaftes – »Insbesondere – Leistungsbild« der Projektsteuerung.[2] Dieses listete gewisse Kernaufgaben der Projektsteuerung ohne Anspruch auf Vollständigkeit auf. Darüber hinaus war die dem Preisrecht entstammende Norm – wie bereits aufgezeigt – nicht in der Lage, ein praxistaugliches Leistungsbild mit bestimmten Leistungspflichten für den jeweiligen Auftragnehmer aufzuzeigen oder festzulegen (Rdn. 175 f.). 560

Für die Feststellung der maßgeblichen Leistungspflicht des Projektmanagers/Projektsteuerers im Einzelfall kommt es jeweils darauf an, welche Aufgaben der Projektsteuerer **im Projektsteuerungsvertrag** und dessen Vertragsanlagen (wozu i.d.R. auch ein Leistungsbild gehört) im Einzelnen übernommen hat. 561

Für die Abgrenzung, welche Arbeiten von der vertraglich vereinbarten Leistung erfasst sind und welche Leistungen zusätzlich zu vergüten sind, kommt es vornehmlich auf den Inhalt der Leistungsbeschreibung an. Dabei können die Parteien eines Projektmanagement-/-steuerungsvertrages durch eine eindeutige Bezugnahme auf die Leistungsbilder oder Leistungsphasen eines Honorarmodells (z. B. AHO) diese **zum Gegenstand der vertraglichen Leistungspflicht machen**. Die in 562

1 BGH, Urteil vom 24.06.2004, Az. VII ZR 259/02, in: NZBau 2004, 509, 510 = BauR 2004, 1640, 1643.

2 Gem. Motzke/Wolff, Praxis der HOAI, S. 477, handelt es sich mangels eines abgeschlossenen Kataloges von Grundleistungen schon nicht um ein Leistungsbild, sondern um eine Leistungsbeschreibung im weiteren Sinne, die nicht als abschließend zu verstehen ist; nach Heiermann, in: Motzel, Projektmanagement in der Baupraxis, S. 66, 69, kann § 31 HOAI nur als Anregung an die Vertragspartner zur Festlegung von Leistungen verstanden werden und ist in jedem Fall konkretisierungsbedürftig.

derartigen Modellen aufgelisteten Einzelleistungen stellen dann eine Auslegungshilfe zu Bestimmungen der vertraglich geschuldeten Leistung dar.[3]

563 Die **Beschreibung der Leistungspflichten des Auftragnehmers** ist der **Kern eines Projektsteuerungsvertrages**. In der Vergangenheit wurde gelegentlich, aber eher selten auf das Leistungsmodell des Verordnungsgebers nach § 31 HOAI a.F. Bezug genommen. Das Leistungsbild war nicht durchgängig praxistauglich, enthielt insbesondere keine abschließende Beschreibung der Tätigkeiten sowie keine Aufgliederung in Handlungsbereiche und Projektphasen und war daher für eine begrenzte, z. B. stufenweise Beauftragung ungeeignet.[4] Es hatte sich in der Praxis nicht durchgesetzt.[5] Die Baupraxis ist durch unterschiedlichste, größtenteils detaillierter gegliederte Leistungsbilder und Vertragsmodelle geprägt gewesen.[6]

564 Im Kapitel 1 dieses Buches ist ausführlich dargestellt worden, welch differenzierte Leistungen auf den Märkten für Projektsteuerungsleistung inzwischen nachgefragt und angeboten werden. Das den Wurzeln des Projektsteuerungsgedankens entstammende HOAI-konforme Betreuungsmodell in Stabsfunktion hat inzwischen vielfältige **Abwandlungen** erfahren. Auch in der Zukunft werden die Märkte für Projektmanagementleistungen durch eine Vielzahl unterschiedlicher Leistungsbilder geprägt sein.[7] Gerade die Regelungen der VOF fordern – speziell von öffentlichen Auftraggebern –

---

3 BGH »Hauptbahnhof Berlin«, Urteil vom 27.07.2007, Az. VII ZR 42/05, in: NZBau, 2007, 653, 654 f.

4 Vgl. dazu auch Diederichs, in: Hartmann, HOAI, Stand: Juni 2009, § 31, Rn. 5, S. 11–13.

5 Heinrich, Der Baucontrollingvertrag, S. 73, hat einen aktuellen Präzisierungsversuch unternommen und die Leistungen nach § 31 wie folgt aufgelistet:
1. Definition des Projekts als Ganzes und Erstellung einer Durchführbarkeitsstudie
2. Klärung der Voraussetzungen für den Einsatz der Objektplaner
3. Aufstellung und Überwachung der Durchführung von Organisations-, Termin- und Kostenplänen für das Projekt als Ganzes
4. Koordinierung und Kontrolle der Objektplaner und objektübergreifende Tätigkeiten ausführender Unternehmer
5. Betreuung von Planungsbetroffenen, die nicht Baubeteiligte sind
6. Fortschreibung der Ziele des Projekts als Ganzes und Klärung solcher Zielkonflikte, die Wirkung über den Bereich eines Objekts hinaus entfalten können
7. Laufende Informationen des Auftraggebers über die Projektentwicklung
8. Herbeiführung anstehender Auftraggeberentscheidungen
9. Koordinierung und Kontrolle des Ablaufs von Genehmigungsverfahren.

6 Vgl. z. B. Will, Baurecht 1984, 333, 343; s. auch die Auflistung bei Locher/Koeble/Frik, HOAI, 9. Auflage 2005, § 31, Rn. 3, Aufl. 2005.

7 Vgl. dazu im Einzelnen Kochendörfer, in: Kapellmann/Vygen, Jahrbuch Baurecht 1999, 267, 271: Knipp, Projektmanagement, S. 35, formuliert mit Recht: »Eine allgemeingültige Definition des Leistungsbildes ›Projektsteuerung‹ ist ohnehin nicht möglich, da im Gegensatz zur Architekten- und Fachplanerleistung die Aufgaben der Projektsteuerung so vielfältiger Natur sein können, dass eine abschließende Konkretisierung und damit eine Leistungsinhaltsbegrenzung kaum Sinn macht. Dies wurde auch vom Verordnungsgeber bereits bei Einführung des § 31 HOAI bedacht. Eine abschließende Aufzählung der Grundleistungen und besonderen Leistungen für Projektsteuerung hätte deshalb auch abschließenden Charakter und wäre innovationshemmend, insbesondere würde die gegebene Vertragsgestaltungsmöglichkeit trotz bestehender Vertragsfreiheit der Vertragspartner grundlos eingeschränkt. Es sollte den Vertragsparteien deshalb überlassen bleiben, wie sie das Leistungsbild Projektsteuerung sehen und welche Aufgaben ein Projektsteuerer konkret übernehmen soll. … Eine Leistungsbeschreibung, der ein totaler Perfektionismus anhaftet, führt dazu, dass Arbeitsschritte beschrieben, die sich als Einzelbaustein in der Projektphase später nicht wiederfinden, und damit als Vertragsgegenstand vom Auftraggeber bezahlt werden, ohne dass sie vom Projektsteuerer als Leistungsverpflichtung erbracht werden müssen. Diese Diskrepanz zwischen Leistung und Gegenleistung sollte in jedem Fall bei der Vertragsgestaltung vermieden werden, so dass sich auch eine Einfügung eines abschließenden Leistungskataloges der Projektsteuerung in die HOAI verbietet.«

eine projektorientierte Aufgabenbeschreibung/Definition notwendiger Leistungspflichten.[8] Letztlich erzwingt jedes Projekt eine besondere Antwort auf sich stellende Vertragsprobleme, insbesondere in Bezug auf Leistung und Vergütung, so dass Vereinheitlichungstendenzen hier ihre Grenzen haben.[9]

Die vor nahezu 25 Jahren von *Diederichs/Hutzelmeyer* geprägte Feststellung, dass es kein allgemein akzeptiertes Leistungsbild und keine allgemein gültige Gebührenordnung für die Projektsteuerungstätigkeit gebe, gilt – unabhängig davon, dass DVP und AHO hier Standards gesetzt haben – noch heute.[10] Da es auch kein normativ verankertes Leistungsbild der Projektsteuerung gibt, lässt sich der vertragliche Leistungsumfang nur anhand des **konkreten Projektsteuerervertrages** ermitteln. Zur Ermittlung des Leistungsumfangs im Einzelfall müssen dabei die Auslegungsmethoden des allgemeinen Teils des BGB herangezogen werden. 565

Frühere HOAI-Kommentare enthielten **Kommentierungen** von Leistungen nach § 31 HOAI a.F.[11] Die in Heft 9 der AHO-Fachkommission enthaltenen Kommentierungen zur Leistungs- und Honorarordnung Projektsteuerung haben nicht den Charakter einer juristischen Kommentierung. Sie verfolgen nicht das Ziel, die einzelnen Positionen des Leistungskataloges mit juristischer Präzision – vollständig oder abschließend – zu beschreiben. Vielmehr legt diese »Kommentierung« in allgemeiner Form dar, welche Projektsteuererleistungen unter den genannten Positionen erbracht werden **können**. Eine Festlegung, welche Einzelleistungen von dem Projektsteuerer bei Verwendung des Leistungsbildes auch erbracht werden **müssen**, findet sich in der »Kommentierung« nicht. Eine **ausführliche Kommentierung des AHO-Leistungsbildes wird in diesem Buch** (Rdn. 2692) vorgestellt. 566

Die **AHO-Fachkommission** hatte bereits in der Vergangenheit in dem Heft 9 ein Leistungsbild für die Projektsteuerung und das Projektmanagement sowie in den ergänzenden Heften 19 und 21 zusätzliche und ergänzende Leistungsbilder des Projektmanagements vorgestellt. Die AHO-Fachkommission hat sich für die Zukunft eine Vereinheitlichung und Neuausrichtung der gesamten Leistungsbilder für das Projektmanagementwesen zum Ziel gesetzt. Die derzeitigen Planungen zur Überarbeitung der Leistungsbilder (später zur Veröffentlichung vorgesehen in den AHO-Heften 9, 19 und 21) ergeben sich aus dem nachfolgenden Schaubild: 567

8 In diesem Sinne auch Kochendörfer, in: Kapellmann/Vygen, Jahrbuch Baurecht 1999, 267, 273; vgl. dazu auch Rdn. 2318 f.

9 So mit Recht Kochendörfer, in: Kapellmann/Vygen, Jahrbuch Baurecht 1999, 267, 271.

10 Vgl. Diederichs/Hutzelmeyer, Bauwirtschaft 1975, 1488 ff.

11 Vgl. die jüngere Kommentierung von Diederichs, in: Hartmann, HOAI, Stand: Juni 2009, § 31, Rn. 6 ff., S. 13 ff.; vgl. zudem Heinrich, Der Baucontrollingvertrag, S. 73.

Geplante Aufteilung der Projektsteuerungs-/Managementleistungsbilder auf die AHO-Hefte 9, 19 und 21

568 **– Planung November 2014 –**

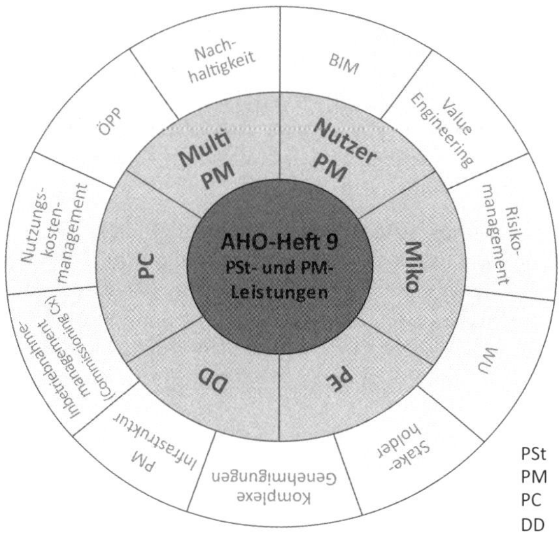

PSt = Projektsteuerung
PM = Projektmanagement
PC = Projektcontrolling
DD = Due Diligence
PE = Projektentwicklung
Miko = Mieterkoordination

AHO-Heft 19, Band 1:
Zusätzliche Leistungsbilder

AHO-Heft 19, Band 2 (oder Heft 21):
Ausgestaltung Besonderer Leistungen

569 Entsprechende Kommentierungen können nur Auslegungshinweise für bestimmte vordefinierte Leistungsbilder enthalten. Unabdingbar ist jedoch die **einzelfallbezogene Auslegung** des jeweiligen Projektsteuerungsvertrages im Hinblick auf die dort niedergelegten wechselseitigen Leistungspflichten.

2.1.2 Beschreibungstechniken für Projektsteuerungs-Leistungsbilder

570 Die **Leistungsbeschreibung ist der Kern** eines jeden Projektmanagement-/-steuerungsvertrages. Die Beschreibungstechnik muss sicherstellen, dass die Leistungsbeschreibung so detailliert ist, dass eine Erreichung der gesteckten Ziele gewährleistet werden kann, andererseits aber genügend Flexibilität verbleibt, um nicht die Tätigkeit des Projektmanagers durch zu starre Vorgaben in unnötiger Weise einzuengen. Welcher Grad von Genauigkeit anzustrengen ist, hängt vom Inhalt der übertragenen Aufgaben ab.[12] Das Maß der Genauigkeit einer Leistungsbeschreibung für Projektmanagement-/-steuerungsleistungen wird durch die gewählte Beschreibungstechnik mitbestimmt. Sowohl tätigkeitsorientierte Beschreibungstechniken wie auch gegenstandsbezogene und funktionale Beschreibungselemente spielen in der Praxis eine Rolle.

2.1.2.1 Tätigkeitsorientierte Leistungsbilder/Beschreibung der Prozesse

571 Leistungsbilder von Projektsteuerungsverträgen beruhen i. d. R. auf einer **prozessorientierten Beschreibungstechnik.**[13] Die Projektsteuererleistung ist Teil eines dynamischen Planungs- und

12 Schlüter, Management- und Consultingverträge, S. 120.
13 Grundlegend Pfarr/Hasselmann/Will, Bauherrenleistungen, S. 28.

Koordinierungsprozesses, dessen Schritte inhaltlich im Detail nicht im Vorhinein bestimmt werden können. Die einzelnen während der Projektrealisierung regelmäßig erforderlichen Tätigkeiten (Steuerungshandlungen) und Aufgabenfelder, auf die sich diese Aktivitäten beziehen, werden in den Leistungsbildern entweder detailliert oder in allgemeiner Form benannt. Dabei ähnelt die Beschreibungstechnik den Leistungskatalogen für Planungstätigkeiten (etwa der HOAI).[14]

Bei strikt dienstleistungsorientierten Projektsteuerungsverträgen besteht das Leistungsbild zumeist 572
ausschließlich aus **tätigkeits-** bzw. **handlungsorientierten** Beschreibungstechniken. Sie legen fest, welche projektspezifischen Prozesse der Projektsteuerer zu bewältigen hat. Auch werkvertraglich basierte Projektsteuerungsverträge können ein prozessorientiertes Leistungsbild verwenden. Bei werkvertraglich strukturierten Leistungsangeboten werden jedoch oft ergänzend **Leistungsergebnisse** wie auch **Projektziele** festgelegt.[15]

Allgemeingültige Begrifflichkeiten für tätigkeitsorientierte Beschreibungen finden sich etwa in 573
der Leistungs- und Honorarordnung AHO (2014), z. B. heißt es bei § 2 Abs. 4:

(4) *Diesem Leistungsbild liegen folgende Definitionen zugrunde:*

a) ***Mitwirken** bedeutet:*
Der beauftragte Projektsteuerer fasst die genannten Teilleistungen in Zusammenarbeit mit anderen Projektbeteiligten inhaltlich abschließend zusammen und übermittelt diese mit einer eigenen Bewertung dem Auftraggeber zur Entscheidung.

b) ***Erstellen/Aufstellen** bedeutet:*
Die schriftliche Ausarbeitung eines Arbeitsergebnisses.

c) ***Abstimmen** bedeutet:*
Die Vorlage von Arbeitsergebnissen unter Herbeiführung der Zustimmung des AG zur Umsetzung.

d) ***Umsetzen** bedeutet:*
Abgestimmte Prozesse über das Informations- und Besprechungswesen einzuführen und deren Einhaltung zu überprüfen.

e) ***Fortschreiben** bedeutet:*
Die laufende Aktualisierung der erarbeiteten Unterlagen.

f) ***Prüfen** bedeutet:*
Eine umfassende inhaltliche Prüfung auf Vertragskonformität und Richtigkeit. Entsprechende Unterlagen sind mit einem Prüfvermerk zu versehen und vom Bearbeiter zu unterzeichnen. Die Prüfung der Rechnungen der Planungsbeteiligten und der sonstigen freiberuflich Tätigen umfasst eine entsprechende inhaltliche Kontrolle.

g) ***Überprüfen** bedeutet:* 574
Kontrolle eines abgeschlossenen Arbeitsergebnisses in Stichproben, mit dem Ziel der Freigabe des Arbeitsergebnisses oder der Verwerfung/Zurückweisung. Der Auftragnehmer ist insbesondere nicht verpflichtet, Leistungen von Planern und Gutachtern im Detail zu kontrollieren. Vielmehr schuldet er eine stichprobenhafte Kontrolle der Leistungsergebnisse, u. a. auf Vollständigkeit, Plausibilität und Übereinstimmung mit den Projektzielen. Die Stichproben sind vom Auftragnehmer eigenverantwortlich so vorzunehmen, dass besonders kritische und fehlerträchtige Vorgänge fachgerecht kontrolliert und etwaige Mängel aufgedeckt werden können. Auch die Stichprobe ist zu dokumentieren.

14 Vgl. insoweit zur Tätigkeit als Beauftragungsinhalt des Planervertrages Motzke, in: Festschrift für Jagenburg, S. 639, 648.

15 Ob dabei die Tätigkeitspflicht als subsidiäre Leistung gegenüber der primären Erfolgsverpflichtung anzusehen ist, ist Gegenstand rechtswissenschaftlicher Überlegungen, soll hier allerdings nicht weiter diskutiert werden; Motzke, BauR 1999, 1251, 1260; Peters/Jacoby in: Staudinger, § 631 BGB, Rn. 14, 15.

h) ***Analysieren und Bewerten*** *bedeutet:*
Die Kontrolle eines laufenden Projektprozesses/Projektfortschritts bzw. von Leistungen der Projektbeteiligten in Stichproben, mit dem Ziel einer Handlungsempfehlung an den Auftraggeber. Ansonsten beinhaltet die Leistung die Definition wie Ziff. g.

i) ***Steuern*** *bedeutet:*
Die zielgerichtete Beeinflussung der Beteiligten zur Umsetzung der gestellten Aufgabe.

575 Handelt es sich um ein mehr tätigkeitsorientiertes Leistungsbild, kommt es insbesondere darauf an, die Aufgabenstellung des Projektsteuerers im Rahmen des **Entscheidungsmanagements** herauszuarbeiten. In diesem Kontext fällt dem in Stabsfunktion tätigen Projektsteuerer die Aufgabe des **Entscheidungsvorbereiters** zu. Bei der Aufgabenverteilung zwischen dem entscheidenden Auftraggeber (der Auftraggeberprojektleitung) und dem entscheidungsvorbereitenden Auftragnehmer (Projektsteuerer) bedarf es der näheren Ausgestaltung der entscheidungsvorbereitenden Tätigkeit des Projektsteuerers. Hier kommt es darauf an, ob der Projektsteuerer als vornehmlich Kommunikationsbindeglied oder »negativ ausgedrückt« als »Buchhalter des Projektgeschehens« lediglich die Ergebnisse anderer Beteiligter zusammenzutragen hat oder aber als »emanzipierter Fachbeteiligter mit eigener Verantwortung« eine verantwortliche Entscheidungsvorbereitung vornehmen soll. Diese wichtige Weichenstellung wird durch die Ausgestaltung und Konkretisierung des **Mitwirkungsbegriffs** vollzogen.

576 Während in früheren Fassungen des AHO-Leistungsbildes dem Projektsteuerer grundsätzlich nur das Zusammentragen der Leistungen der übrigen fachlichen Beteiligten oblag, sind mit der AHO-Fassung des Leistungsbildes 2014 weitergehende Anforderungen an die Entscheidungsvorbereitung des Projektsteuerers gestellt worden. Der Mitwirkungsbegriff lautet nun:

> *»Mitwirken bedeutet:*
>
> *Der beauftragte Projektsteuerer fasst die genannten Teilleistungen in Zusammenarbeit mit den anderen Projektbeteiligten inhaltlich abschließend zusammen und übermittelt diese mit einer eigenen Bewertung dem Auftraggeber zur Entscheidung.«*

577 Das heißt, dass der Auftraggeber nach dieser Mitwirkungsbegriffsdefinition von dem Projektsteuerer einen **eigenen, verantwortlichen Beitrag** zur Entscheidungsvorbereitung abverlangen kann. Der Projektsteuerer hat dementsprechend eine **eigene Bewertung oder Empfehlung** gegenüber dem Auftraggeber abzugeben. Dies bedeutet zwar nicht, dass er dabei die Leistungen der Fachbeteiligten, insbesondere Planungsleistungen inhaltlich nachbearbeiten muss. Er hat allerdings im Rahmen einer Plausibilitätskontrolle und unter Berücksichtigung seines Erfahrungs- und Kenntnishorizontes eine eigene Bewertung hierzu abzugeben. Im Einzelfall kann dies auch dazu führen, dass der Projektsteuerer auf die Arbeitsergebnisse anderer Beteiligter verweisen kann, weil er im Rahmen einer Plausbilitätskontrolle zu der Auffassung gelangt, dass hierdurch die Entscheidung des Auftraggebers bereits ausreichend vorbereitet wird. Soweit allerdings Fachbeiträge Dritter unvollständig oder unplausibel sind, hat er nachzuhaken und in Empfehlungen gegenüber dem Auftraggeber auch deutlich zu machen, dass ggf. noch weitere Untersuchungen und Klärungen erforderlich sind.

578 Durch die so ausgestaltete Definition des Mitwirkungsbegriffs im AHO-Leistungsbild wird der Projektsteuerer zu einem Fachbeteiligten mit einer **erhöhten Verantwortung**. Die praktische Folge dieser höheren Anforderungen an die Projektsteuerungsleistung kann sein, dass der Projektsteuerer im Rahmen der Entscheidungsvorbereitung eher vorsichtig agiert und weniger gefahrträchtigere (i.d.R. weniger rechtlich geprägte oder mit weniger Widerstand verbundene), mithin für ihn sicherere (aber oftmals teurere) Vorgehensweisen empfiehlt. Sofern dies erkennbar ist, sollte der Auftraggeber diesen Tendenzen entgegenwirken und von den Projektsteuerern objektiv sachangemessene Entscheidungsvorschläge einfordern.

2.1.2.2 Ergebnisorientierte, gegenstandsbezogene Leistungsbilder

579 Leistungsbilder der Projektsteuerung gehen sehr oft über die Auflistung einzelner Beratungsfelder und -tätigkeiten durch den Projektsteuerer hinaus. Vielmehr enthalten derartige Leistungsbilder

ergänzende Festlegungen für **Arbeitsergebnisse** (z. B. Erstellung von Organisations- und Projekthandbüchern, Erstellung eines Terminrahmens sowie Generalablaufplanung, Zusammenstellung der voraussichtlichen Baunutzungskosten usw.). Für derartige Leistungsbilder ist kennzeichnend, dass der Projektsteuerer nicht nur einzelne Tätigkeiten zu verrichten, sondern konkret vorgegebene Arbeitsergebnisse zu erzeugen hat.

In entsprechenden Projektsteuerungsverträgen wird dementsprechend **zwischen** vorzunehmenden **Tätigkeiten und** vorzulegenden **Ergebnissen differenziert**. 580

Entsprechend heißt es beispielhaft in einer Ausschreibung des Hochbauamtes Liechtenstein zur Überbauung Giessenareal zum Leistungsbereich Termine, hier der Einzelleistung Terminrahmen (Leistungserbringung in der Grundlagenermittlungsphase): 581

»Leistungen:
- *Erfassen und Auswerten der Grundlagen für den Terminrahmen;*
- *Zusammenstellen der maßgeblichen Vorgaben und Einschränkungen (wesentliche Ecktermine, Grundsatzentscheidungen u. a.);*
- *Aufstellen des Terminrahmens für Planungs- und Entscheidungsprozesse;*
- *Aufstellen des Terminrahmens für Ausführung und Inbetriebnahme;*
- *Abklären der Termine für die Nutzungsphase;*
- *Aufstellen eines Erläuterungsberichtes zum Terminrahmen;*

Ergebnisunterlagen: 582
- *Grundlagen für den Terminrahmen;*
- *Vorgaben und Einschränkungen;*
- *Terminrahmen für Planungs- und Entscheidungsprozesse;*
- *Terminrahmen für Ausführung und Inbetriebnahme;*
- *Terminangaben für Nutzungsphase;*
- *Erläuterungsbericht zum Terminrahmen.«*

Eine entsprechende Form der Leistungsbeschreibung **erleichtert** dem Auftraggeber insbesondere das **Controlling** der Projektsteuerungstätigkeit. 583

Entsprechende Techniken der Leistungsbeschreibung verwenden der Bund, die Bahnunternehmen und viele institutionelle Auftraggeber.

2.1.2.3 Funktionale Leistungsbilder

Speziell werkvertraglich orientierte Leistungsbilder für die Projektsteuerung beinhalten auch **funktionale Leistungsbeschreibungstechniken**. Hierunter ist die Beschreibung der Leistung mittels **Projektzielen** zu verstehen. So können im Projektsteuerungsvertrag konkrete Qualitäts-, Termin- und Kostenziele vorgesehen werden. Das Führungsprinzip »Management by Objectives« erfreut sich generell in der Unternehmenswirklichkeit zunehmender Beachtung.[16] Bei der Verwendung entsprechender Zielvorgaben wird die Leistungsbeschreibung zu einer funktionalen Leistungsbeschreibung. 584

Die Vorgabe von Qualitäts-, Termin- und Kostenzielen führt oft zu Problemen, weil **Widersprüche und Zielkonflikte** auftreten können. Wenn sich derartige Zielkonflikte zeigen, dann obliegt es bei der Beauftragung eines Projektsteuerers in Stabsfunktion grundsätzlich dem Auftraggeber, diese Zielkonflikte zu entscheiden. Dem Projektmanager kommt in diesem Fall die Aufgabe zu, den Auftraggeber auf das Vorliegen eines Zielkonfliktes und die Möglichkeiten zur Auflösung des Zielkonfliktes hinzuweisen.[17] 585

---

16 Vgl. Riesenhuber/v. Steinau-Steinrück, NZA 2005, 785 f.
17 Vgl. dazu auch von Minckwitz, BrBp 2005, 260.

586 In der Regel werden funktionale Beschreibungselemente nicht als einzige Beschreibungstechnik, sondern ergänzend (additiv) zu prozessorientierten oder ergebnisorientierten Beschreibungselementen verwendet. Die funktionale Beschreibung der Projektsteuererleistungen kann dabei mehr oder weniger detailliert sein. Beschränkt sich der Projektsteuerungsvertrag vornehmlich auf die Benennung einzelner Projektziele, Leistungszeiträume und Handlungsbereiche, stehen **globale Beschreibungselemente**, nämlich noch nicht ausgefüllte Bereiche künftiger Konkretisierung und Detaillierung, im Vordergrund. Sind wesentliche globale Elemente in der Leistungsbeschreibung vorhanden, kann von einem **global-funktionalen Charakter** des Leistungsbildes gesprochen werden.[18] Die Leistungsbeschreibung kann aber auch eine genauere, aufgegliederte Auflistung von Einzeltätigkeiten und Zwischenergebnissen auf dem Weg zur Projektrealisierung enthalten. In diesem Fall dominiert der **detailliert-funktionale Charakter** des Vertragswerkes. Dementsprechend muss auch bei Projektsteuererverträgen zwischen global-funktionalen und detailliert-funktionalen Leistungsbeschreibungen differenziert werden. In der Praxis dominieren Mischformen.[19]

587 In welcher Art und wie genau die Leistung beschrieben wird, schreibt das Recht – außerhalb zwingenden Vergaberechts – nicht vor. Die Leistung muss lediglich bestimmbar sein.[20] Insbesondere bei Projektsteuerungsverträgen zwischen privaten Unternehmen ist die Beschreibungsdichte ausschließlich eine Frage der vertragsgestalterischen Zweckmäßigkeit unter den Gesichtspunkten Streitvermeidung, Qualitätssicherung, Planungskosten, Planungsrisiken, Kalkulationsrisiken und Zuweisung zum besseren Know-how.[21] Die Methodenwahl ist – sofern dem Transparenzgebot Rechnung getragen wird – der AGB-Kontrolle entzogen. Die Beschreibung der Leistung – soweit es um den Gegenstand der Hauptleistungspflichten geht – fällt nicht unter die §§ 307 ff. BGB.[22] Auch die mit einer **(global-)funktionalen Leistungsbeschreibung** verbundene Risikoverlagerung ist rechtlich grundsätzlich unbedenklich.[23] AGB-rechtliche Probleme ergeben sich allenfalls dann, wenn ein detailliert strukturiertes Leistungsbild mit abgegrenzten handlungs- und ergebnisspezifischen Leistungselementen über eine in Allgemeinen Geschäftsbedingungen vorgesehene **Komplettheitsklausel** (dazu Rdn. 600) modifiziert und erweitert werden soll. Dann kann eine Unwirksamkeit nach § 307 BGB vorliegen.[24]

588 **Individualvertraglich** vereinbarte Komplettheitsklauseln oder sonstige **Risikozuweisungen** sind dagegen auch bei detailliert-funktional geprägten Projektsteuerungsverträgen wirksam.[25]

589 Sofern eine **Komplettheitsklausel** darauf verweist, dass alle **erforderlichen** Leistungen zu erbringen sind, ist es Sache des Projektsteuerers, die zweckentsprechende Vorgehensweise festzulegen.[26]

---

18 Zum Kennzeichen von Globalverträgen Kapellmann, Schlüsselfertiges Bauen, Rn. 18 ff.; Kapellmann/Schiffers, Vergütung, Nachträge und Behinderungsfolgen beim Bauvertrag, Band 2, Rn. 402 ff.

19 Schill, Der Projektsteuerungsvertrag, S. 20, meint: »Bei dem Leistungsbild der AHO-Fachkommission handele es sich um eine derartige detailliert-funktionale Leistungsbeschreibung.«

20 Vgl. dazu ausführlich Bachmann, in: Münchener Kommentar, § 241 BGB, Rn. 12 ff.

21 Vgl. Quack, BauR 1998, 381, 383.

22 BGH, Urteil vom 26.09.1996, Az. VII ZR 318/95, in: BauR 1997, 123 mit weiteren Nachweisen.

23 BGH, Urteil vom 27.06.1996, Az. VII ZR 59/95, in: BauR 1997, 126, 462 → Inwiefern das in BauR 1997, 462 abgedruckte Urteil hier einschlägig sein soll ist mir schleierhaft. Dort finden sich allein Ausführungen über die Anforderungen an einen Vertragsschluss nach dem VertragsG der DDR; vgl. auch LG Mainz für den Globalpauschalvertrag, Urteil vom 28.10.1998, Az. 9 O 521/97, in: IBR 1999, 412; kritisch Schill, Der Projektsteuerungsvertrag, S. 21 ff.

24 Im Regelfall kein Verstoß, vgl. Busse, in: Festschrift für Jagenburg, 2002, S. 77, 82 f.; enger Kapellmann, Schlüsselfertiges Bauen, Rn. 112 f.; Kapellmann/Schiffers, Vergütung, Nachträge und Behinderungsfolgen beim Bauvertrag, Band 2, Rn. 512 f.; Roquette, NZBau 2001, S. 57 ff.; ähnlich wohl Schill, Der Projektsteuerungsvertrag, S. 22, der allerdings zu Unrecht von einem vorgefassten »Vertragstypus Projektsteuerungsvertrag« ausgeht.

25 Vgl. zu diesem Problemkomplex Kapellmann, Schlüsselfertiges Bauen, Rn. 55.

26 BGH, Urteil vom 13.03.2008, Az. VII ZR 194/06, in: NJW 2008, 2106, 2108.

Je globaler die Leistungsbeschreibung ausgebildet ist, umso bedeutsamer werden das **Leistungsrisiko** 590
und das Interesse des Projektsteuerers, diejenigen Tätigkeiten negativ auszugrenzen, zu deren Leistung er sich nicht verpflichten will (z. B.: in Bezug auf Aufgaben der Projektleitung). Mit fortschreitender Detaillierung des Projektsteuererleistungskataloges wächst dagegen die Gefahr für den Auftraggeber, dass Einzelleistungen im positiven Leistungskatalog nicht erwähnt sind und diese lückenhafte Benennung mit der Konsequenz zu seinen Lasten geht, dass eine entsprechende Leistung nicht geschuldet ist (sog. Vollständigkeitsvermutung). Vertragsinhalt ist nämlich grundsätzlich einzig und allein die detailliert beschriebene Leistung (»was nicht geregelt ist, wird auch nicht Vertragsinhalt«).[27]

Ein Praxisbeispiel ist im Kapitel zur Vertragsgestaltung (Rdn. 2467) benannt. Als weiteres Praxisbei- 591
spiel kann folgende Regelung zu ***Projektzielen*** aus dem Projektmanagementvertrag eines öffentlichen Auftraggebers herangezogen werden:

»2. Projektziele

2.1 Die Vertragsparteien verfolgen zur Realisierung des in Nr. 1 genannten Projektes folgende Projektziele:

2.1.1 Die Planungs- und Baukosten für das Projekt (bei Gebäuden Kostengruppe 200 bis 700 … lt. DIN 276 in der Fassung von …) dürfen den Betrag von … € nicht überschreiten (Kostenobergrenze). Eingeschlossen ist darin eine Risikoreserve in Höhe von … €, die nicht durch die Planung in Anspruch genommen werden darf.

2.1.2 Die Planung muss den Grundsätzen der Wirtschaftlichkeit und Sparsamkeit entsprechen, sie soll Betriebsabläufe funktionell optimieren und ermöglichen, die künftigen Betriebs- und Unterhaltungskosten des Gebäudes gering zu halten.

2.1.3 Die Planung und Ausführung des Projektes muss den allgemein anerkannten Regeln der Technik sowie
…
entsprechen.

2.1.4 Bei der Planung zu beachten sind ferner: 592

- *Die Vorgaben zum Austausch von CAD-Planungsdaten gemäß Anlage CAD.*
- *Pflichtenheft »Projektplanung« mit Anhängen für den Aufbau und Fortschreibung eines digitalen Raumbuches.*
- *Pflichtenheft CAD/Raum- und Gebäudebuch zur digitalen Bestandsdokumentation.*

2.1.5 Die Planung muss den im … geltenden öffentlich-rechtlichen Vorschriften entsprechen. Sie unterliegt einem …

2.1.6 Das Projekt ist bis zum … für den bestimmungsgemäßen Gebrauch fertigzustellen (Fertigstellungstermin).

2.1.7 Das Projekt soll auf der Grundlage des als Anlage … beigefügten Plankonzeptes realisiert werden.

2.2. Der Auftraggeber ist berechtigt, die Projektziele nach Beratung mit dem Auftraggeber zu ändern und zu ergänzen, soweit dies im Zuge der Projektentwicklung, zur Anpassung an geänderte Rechtsvorschriften, wegen Kosten- und Terminentwicklung, wegen geändertem Raumprogramm oder anderer qualitativer, funktionaler und besonderer technischer Anforderungen erforderlich wird.«

Die Vereinbarung entsprechender global-funktionaler **Leistungsziele** hebt die **Erfolgsbezogenheit** 593
der Projektsteuerungstätigkeit und den werkvertraglichen Charakter des Vertrages besonders deutlich hervor. Wie weit dieser werkvertragliche Erfolg das Leistungsbild prägt, kann allerdings nur anhand einer Vertragsanalyse (Auslegung) im Einzelfall festgestellt werden.[28]

Der Projektsteuerer hat in jedem Fall sachgerecht – ggf. in Abweichung von der in einem detail- 594
lierten Leistungsbild vorgegebenen Tätigkeit und Ausführungsart – auf die Einhaltung der vorgegebenen Projektziele hinzuarbeiten. Sofern und soweit der Projektsteuerer von einer im Vertrag

27 Kapellmann, Schlüsselfertiges Bauen, Rn. 64; Kapellmann/Schiffers, Vergütung, Nachträge und Behinderungsfolgen beim Bauvertrag, Band 2, Rn. 255 ff.

28 Zielvereinbarungen kann es sowohl bei Werk- wie auch bei Dienstverträgen geben, vgl. Riesenhuber/v. Steinau-Steinrück, NZA 2005, 785, 786; siehe dazu Rdn. 1103 f.

vorgesehenen **Methodik/Ausführungsart** abweichen soll und hierdurch ein Mehraufwand entsteht, ist seine Vergütung entsprechend anzupassen.[29]

2.1.2.4 Leistungsbilder mit Grundleistungen und Besonderen Leistungen

595 Einzelne Leistungsbilder der Projektsteuerung differenzieren – in Anlehnung an die Leistungsbilder der HOAI – zwischen Grundleistungen und Besonderen Leistungen. Diese Systematik liegt etwa auch dem AHO-Leistungsbild für die Projektsteuerung zugrunde. Eine solche **Differenzierung** ist vornehmlich **vergütungsorientiert.**[30] Sie soll sicherstellen, dass eine Vergütungspauschale nur für die bei Standardaufgaben und -projekten typischerweise relevanten Grundleistungen gebildet werden muss. Kommen wegen spezieller Projektanforderungen Besondere Leistungen zur Ausführung, sollen diese nach den Regelungen für Besondere Leistungen zusätzlich vergütet werden. Eine entsprechende Vergütungssystematik verhindert, dass Vergütungspauschalen von vornherein zu hoch ausfallen müssen, weil sie sämtliche auch nur denkbaren Leistungen einer Projektrealisierung zugrunde legen müssen. Honorarmodelle mit Grund- und Besonderen Leistungen sind daher eher geeignet, wettbewerbsgerechte Preise sicherzustellen. Für den Auftragnehmer wird zudem eine Honorarsicherheit erreicht, weil in besonderen Fällen zusätzlich erforderlich werdende Leistungen additiv vergütet werden sollen.

596 In diesem Zusammenhang muss berücksichtigt werden, dass **zwischen Leistungsverpflichtung und Vergütung zu trennen ist.**[31] Für die Feststellung des Umfangs beauftragter Steuerungsleistungen wird es mangels anderweitiger konkreter vertraglicher Regelungen vornehmlich darauf ankommen, welche Projektsteuerungsleistungen für die Realisierung eines konkreten Projektes erforderlich sind. Oder anders ausgedrückt: Fehlt eine anderweitige konkrete vertragliche Regelung, kann der Projektsteuerer auch zur Erbringung von Besonderen Leistungen verpflichtet sein, ohne dass es einer gesonderten Beauftragung bedarf.[32] Das schließt es jedoch nicht aus, dass zur Ausführung kommende **Besondere Leistungen besonders zu vergüten sind**. Soweit vertraglich nicht etwas anderes geregelt ist, wird grundsätzlich davon auszugehen sein, dass die Vertragsparteien lediglich die Grundleistungen zum von der Vergütungsvereinbarung umfassten Gegenstand erheben, während Besondere Leistungen auch besonders zu vergüten sind. Dieser vom BGH für die HOAI bestätigte Grundsatz[33] gilt auch für Projektsteuerungsleistungen, die zwischen Grund- und Besonderen Leistungen differenzieren.

597 Überwiegend ermitteln die Parteien vor der Beauftragung von Projektsteuerern den **projektbezogenen notwendigen Leistungsumfang**. Dabei orientieren sich die Parteien an den Einzelleistungen der in der Praxis gebräuchlichen Leistungsbilder, wie etwa des AHO-Leistungs- und Vergütungsmodells, und gelangen sodann zu einer abschließend (positiv wie negativ) definierten Komplettleistung als Grundlage für eine Beauftragung.

598 Der Umfang der Inanspruchnahme von Projektsteuerungsleistungen wird dabei von Bedarfs-, Zweckmäßigkeits- und Vergütungsüberlegungen geprägt. *Volkmann* hat dabei den Versuch unternommen, Projektsteuerungsleistung **prioritätsmäßig** zu gewichten, um Auftraggebern zu ermöglichen, mit verhältnismäßig geringem Aufwand einen hohen Erfolg zu erzielen.[34]

---

29 BGH, Urteil vom 08.11.2007, Az. VII ZR 183/05, in: ZfIR 2008, 495 f.; Urteil vom 11.11.1999, Az. VII ZR 403/98, in: NZBau 2000, 74, 75 = BauR 2000, 411, 412 f. = IBR 2000, 65 für den Bauvertrag; zur Problematik widersprüchlicher und lückenhafter Leistungsbeschreibungen auch Dähne, BauR 1999, 289 ff. für Bauleistungen; vgl. auch BGH, Urteil vom 16.07.1998, in: BauR 1999, 37, 38 = ZfIR 1998, 692, 693 = ZIP 1998, 1877, 1878 für Bauverträge; alles andere sind Sowiesokosten, wobei als Regelungsgrundlagen § 2 Nr. 5, 6 VOB/B oder §§ 683 BGB i. V. mit 670 BGB in Betracht kommen, vgl. Haerendel, Sowiesokosten und weitere zusätzliche Kosten infolge Fehlplanung, S. 94 ff.

30 Vgl. Motzke, BauR 1999, 1259, 1264.

31 Vgl. BGH, Urteil vom 24.10.1996, Az. VII ZR 283/95, in: BauR 1997, 154, 155 m. w. N.

32 Vgl. auch Motzke, BauR 1999, 1250, 1266.

33 Vgl. BGH, Urteil vom 26. 07.2007, Az. VII ZR 42/05, in: NZBau 2007, 653, 655 = BauR 2007, 1761, 1764.

34 Volkmann, Deutsches Architektenblatt 2000, 155 ff.

Schon *Pfarr/Hasselmann/Will* haben darauf hingewiesen, dass speziell **gewerbliche Auftraggeber** eine Aufteilung der Projektsteuererleistungen in Grundleistungen und Besondere Leistungen, wie sie die Leistungskataloge der HOAI prägen, regelmäßig nicht akzeptieren wollen.[35] 599

Auftraggeber neigen in der Tat dazu, eine **Komplettleistung** für die Projektsteuerung nachzufragen. Sie streben danach, alle mit dem Projekt verbundenen Leistungen für einen Pauschalpreis zu beauftragen, unabhängig davon, ob die Notwendigkeit der Leistungserbringung bereits bei der Beauftragung erkennbar wird oder nicht. Sie müssen bei einer solchen Vorgehensweise damit rechnen, dass sie Leistungen zu teuer einkaufen. 600

Zu beachten ist, dass einige Leistungs- und Honorarmodelle für den Fall der **Beauftragung von Teilleistungen** eine **Anhebung der Honorare** für die übrigen Leistungen vorsehen (etwa das AHO-Modell: Werden ausnahmsweise einzelne Projektstufen nicht beauftragt, so erhöht sich das Honorar für die beauftragten Stufen um maximal 50 % des Honorars dieser nicht beauftragten Projektstufen, § 6 Abs. 2 AHO). 601

2.1.2.5 Mischformen

Die **Praxis trennt nicht scharf** zwischen den einzelnen Möglichkeiten, Leistungen der Projektsteuerung zu beschreiben. Die verwendeten Leistungsbilder sind zumeist eine Kombination sowohl tätigkeitsorientierter (prozesshafter) Beschreibungstechniken wie auch ergebnisorientierter Festlegungen. Diese unterschiedlichen Beschreibungsarten werden alsdann oft noch von Projektzielen überlagert. Auch hier gilt, dass es keine von vornherein systemgerechte und allgemein vorzuziehende Art der Leistungsbeschreibung geben kann. Vielmehr ist diese jeweils nach den konkreten Projekterfordernissen auszugestalten. 602

2.1.3 Methodenneutrale, abstrakte Leistungsbeschreibungen

Seit den grundlegenden Untersuchungen von *Pfarr, Hasselmann* und *Will* werden die Leistungen des Projektsteuerers i. d. R. abstrakt beschrieben.[36] Speziell die prozessorientierten und funktionalen Leistungsbeschreibungen werden üblicherweise allgemeingültig und **methodenneutral** formuliert. Welche Methoden der Projektsteuerer etwa bei der Terminplanung und Kostensteuerung zugrunde legt, ist in den so entwickelten Leistungsbildern üblicherweise nicht geregelt. Eine derartige Ausgestaltung kann als Ausdruck werkvertraglicher Leistungspflichten angesehen werden. Daraus folgt die Freiheit des Unternehmers in der Wahl der Arbeitsmethode.[37] 603

Wenn derartige Leistungsbilder bei der Vertragsgestaltung verwendet werden, kann dies sowohl für den Auftraggeber als auch für den Projektsteuerer Gefahren mit sich bringen. Ein sorgsamer und fachkundiger Auftraggeber wird ungeachtet der Zielorientierung der Projektsteuererarbeit **Wert auf bestimmte methodische Vorgehensweisen** legen. Je nach Projektart wird er den Einsatz eines bestimmten Projektkommunikationssystems, eines besonders leistungsfähigen Kostencontrollingprogramms und/oder eines Terminplanungsprogramms für die Terminsteuerung mit Ausweis kritischer Wege verlangen. Achtet er bei Abfassung der Leistungsbilder nicht auf diese Anforderungen, hat er hierauf keinen Anspruch, es sei denn, es liegt ein werkvertraglich geprägter Projektsteuerungsvertrag vor und das konkrete Projekt erfordert zwingend eine bestimmte Leistungserbringungsmethode.[38] Als Beispiel für Methodenvorgaben kann aus einem Projektsteuerungsvertrag der Bundesrepublik Deutschland (Bundesministerium für Verkehr, Bau- und Wohnungswesen) zitiert 604

35 Pfarr/Hasselmann/Will, Bauherrenleistungen, S. 39.

36 Pfarr/Hasselmann/Will, Bauherrenleistungen, S. 28.

37 Vgl. Schramme, Die Werkaufgabe des Architekten, S. 102; auch Peters/Jacoby in: Staudinger, § 631 BGB, Rn. 15 sowie § 633 BGB, Rn. 54.

38 So unterscheidet etwa der BGH für die Beurteilung des Leistungsumfangs bei Architektenverträgen nicht mehr, ob Leistungen zu den sog. Grundleistungen oder zu den Besonderen Leistungen des § 15 HOAI gehören, vgl. BGH, Urteil vom 24.10.1996, Az. VII ZR 283/95, in: BauR 1997, 154.

werden, bei dem es auszugsweise zum Leistungsbereich Kostenplanung und Kontrolle unter **detaillierter Festlegung der Methodik** heißt:

»1. Überprüfung der Kostenschätzung (Programmkosten) des Generalplaners bzw. der Fachplaner und Gegenüberstellung mit der durchzuführenden Parallelermittlung auf der Grundlage von Leistungspositionen/ Kostenelementen, gegliedert nach den Leistungsbereichen gem. Standardleistungsbuch und Gewerken nach VOB Teil C sowie Kostengruppen der DIN 276 (einschließlich Transformation 1993 auf 1981),

2. Analyse der Ergebnisse der Kostenschätzung durch Analyse der Abweichungen zwischen den Ermittlungen des Generalplaners bzw. der Fachplaner und den eigenen Ermittlungen,

605 *3. Vorschlagen und Abstimmen von möglichen Alternativen und Anpassungsmaßnahmen zur Erhöhung der Wirtschaftlichkeit im Hinblick auf Investitions- und Baunutzungskosten,*

4. Vorbereiten und gemeinsam mit dem Auftraggeber Durchführen der erforderlichen Abstimmungsgespräche mit dem Generalplaner und den vom AG direkt beauftragten fachlich Beteiligten zur Beseitigung der Abweichungen und Erzeugung einer abgestimmten Kostenschätzung unter Einhaltung der Kostenziele,

5. Prüfbericht zum Erläuterungsbericht zur Kostenschätzung des Generalplaners bzw. der Fachplaner,

606 *6. Überprüfen der Kostenberechnung des Generalplaners bzw. der Fachplaner durch Fortschreiben der abgestimmten Kostenschätzung nach der Leitpositionsmethode, gegliedert nach Bauteilen, Kostengruppen der DIN 276 (Juli 1993), Leistungsbereiche nach dem Standardleistungsbuch sowie nach Vergabeeinheiten unter Heranziehung und Plausibilitätsprüfungen der Mengen des Generalplaners bzw. der Fachplaner sowie Ermittlung der Einheitspreise auf der Grundlage der Entwurfspläne,*

...«

607 Für den Projektsteuerer hat die **abstrakte Leistungsbeschreibung** den **Vorteil**, dass ihm die Auswahl zwischen mehreren möglichen Leistungen verbleibt. Wird dagegen eine konkrete Leistungsmethode vereinbart und stellt sich heraus, dass ein werkvertraglich versprochener Erfolg mit der vereinbarten Ausführungsart nicht zu erreichen ist, dann schuldet der Projektsteuerer gleichwohl die notwendigen zusätzlichen Leistungen auf dem Weg zum Projekterfolg, kann aber ggf. Mehrvergütungsansprüche geltend machen.

2.1.4 Stufen- und handlungsbereichsbezogene Leistungsgliederungen

608 Eingebürgert hat sich eine zeitlich-ablaufbezogene Strukturierung der Projektsteuererleistungen nach Stufen (Phasen) und eine Unterteilung nach inhaltlich-aufgabenbezogenen Maßstäben (Handlungsbereichen).[39] Derartige Systematisierungen sind **Ausdruck der Arbeitsweise des Projektmanagements**, komplexe Vorhaben in überschaubare Teilaufgaben und Schritte zu zerlegen, um sie dann wieder zu aggregieren.[40] Meilensteine an den Phasenübergängen erleichtern die Auflösung von schwierigen Entscheidungssituationen. Durch unterteilte Projektabschnitte wird auch die Fortschrittskontrolle handhabbar und werden Missstände besser erkannt.[41] Vertragsrechtlich dienen derartige Leistungsbilder einer vereinfachten Beauftragung des Projektsteuerers mit terminbezogenen oder handlungsbezogenen Teilleistungen.

2.1.4.1 Stufengegliederte Leistungsbilder

609 Aus ablaufbezogener Sicht kann die Projektrealisierung in sog. Phasen oder Stufen unterteilt werden. Das Denken in Phasenmodellen ist ein Kernbestandteil der Systemtechnik des Projektmanagements und keine ausschließlich Bauprojekte kennzeichnende Betrachtungsweise. Die **Phasenorganisation** ist vielmehr ein **bei allen Projektarten** gebräuchliches Denkmodell (und zwar bei Bau-, EDV- oder industriellen Projekten). Bei dem Projektphasenmodell handelt es sich um ein prozessorientiertes Projektablaufmuster. Unter der jeweiligen Phase ist der Zeitabschnitt zu

39 Grundlegend Pfarr/Hasselmann/Will, Bauherrenleistungen, S. 27.

40 Denn Komplexität lässt sich reduzieren, indem man das Entscheidungsproblem in Komponenten zerlegt, die dann jede einzelne für sich modelliert wird. Die Modellierung ist aber in der Regel nicht unabhängig voneinander möglich, die einzelnen Komponenten beeinflussen sich gegenseitig, vgl. dazu Eisenführ/Weber, Rationales Entscheiden, Berlin, Heidelberg 2003, S. 9.

41 Vgl. Hoffmann u. a., Internationales Projektmanagement, S. 38.

verstehen, der notwendig ist, um bestimmte Aufgabenstellungen im Projekt abzuarbeiten.[42] Für jede Projektart sind dementsprechend typische Phasenmodelle entwickelt worden.[43] Diese zeitlich ablaufbezogene Unterteilung und Differenzierung projektbezogener Aufgaben und Tätigkeiten hat bereits die Erstellung der HOAI maßgeblich beeinflusst (z. B. die Leistungsphasen des § 34 HOAI) und ist mit der HOAI-Novelle 2013 deutlich verfestigt worden.

42 Patzak/Rattay, Projektmanagement, S. 24.

43 Saynisch, in: Schelle/Reschke/Schnopp/Schub, Projekte erfolgreich managen, Kapitel 7.32, S. 1 ff.; bei Patzak/Rattay, Projektmanagement, S. 172 ff., werden folgende typische Phasengliederungen dargestellt:

Projektarten	***Typische Phasen des Projektes***
Technische Projektaufgaben werden meist in die für das Projekt ***relevanten Phasen*** *des gesamten Systemlebenszyklus untergliedert*	• *Konzeptionsphase* • *Planungsphase* • *Realisierungsphase* • *Einführungsphase* • *Nutzungsphase* • *Außerdienststellungsphase* • *Recycling/Modifikationsphase*
Vorprojekt, *Vorbereitung von Realisierungsprojekten,* *Machbarkeitsstudie u. Ä.*	• *Projektstart und Projektplanung* • *Erfassung Istzustand* • *Situationsanalyse* • *Entwicklung alternativer Sollkonzepte* • *Bewertung der Alternativen und Auswahl* • *Planung der Umsetzung* • *Projektabschluss*
Organisationsprojekte *(Organisationsentwicklung, EDV-Einführung, Qualitätsmanagement-Einführung, Strategieentwicklung)*	• *Projektstart und Projektplanung* • *Ist-Analyse* • *Zielplanung* • *Soll-Konzeption* • *Pilotanwendung* • *Evaluierung Pilotversuch* • *Umsetzung Gesamtkonzept* • *Schulung* • *Evaluierung*
Investitionsprojekte, *Anlagenbauprojekte,* *Bauprojekte*	• *Projektstart und Projektplanung* • *Engineering* • *Behördenverfahren* • *Beschaffung* • *Bau und Montage* • *Inbetriebnahme* • *Schulung und Dokumentation* • *Planung der Nutzung*
Entwicklung von Produkten, *Forschungs- und Entwicklungsprojekte (F+E)*	• *Projektstart und Projektplanung* • *Markt-und Eigenanalyse* • *Machbarkeitsstudie (Feasibility Analysis)* • *Produktentwicklung* • *Produkttest und Freigabe* • *Null-Serie* • *(Planung der) Markteinführung*
Veranstaltungsprojekte	• *Projektplanung* • *Konzepterstellung* • *Vorbereitung* • *Durchführung* • *Nachbereitung*

610 Auch im Bereich der Projektsteuerung hat sich eine phasenweise Leistungseinteilung durchgesetzt. Das AHO-Modell baut dabei auf der Phasengliederung der HOAI auf, um überflüssige Schnittstellen zu den in Deutschland üblichen Planungsabläufen zu vermeiden.

611 Die Phaseneinteilung soll i. d. R. sog. **Meilensteine** beinhalten, die zum Ende einer jeden Projektphase gesetzt werden und zur Überprüfung eines jeweiligen Projektabschnitts dienen. Die Phasenbildung wird im Bereich der Immobilienentwicklung und des Bauens weitgehend durch die gesetzlichen Rahmenbedingungen für öffentliche Genehmigungs- und Abnahmeverfahren wie auch typischer Planungsabläufe aus dem Bereich der Architekten- und Ingenieurleistungen vorgezeichnet (etwa der Phasen der Leistungsbilder der HOAI). Nachdem früher durchaus andere Unterteilungen üblich waren, hat sich im Anschluss an Vorschläge von *Ruf* die Unterscheidung von **5 Phasen (Stufen) der Projektsteuererleistung** durchgesetzt, nämlich:
- Projektvorbereitung
- Planung
- Ausführungsvorbereitung
- Ausführung
- Projektabschluss.[44]

612 Einzelne Stufen der Projektsteuerung nehmen dabei mehrere HOAI-Leistungsstufen auf. Diese Gliederung in 5 zeitlich aufeinander folgende Projektphasen lehnt sich an die aus der HOAI bekannten Planungsprozesse wie auch die durch Haushaltsrecht und besondere Richtlinien zur Durchführung von Bundes- und Landesbauten vorgezeichneten Entscheidungs- und Genehmigungsschritte für öffentliche Bauvorhaben an.[45] Wenngleich sich die Einteilung der Projektsteuererleistungen in **5 Phasen** oder Stufen heute weitgehend eingebürgert hat, ist sie **keineswegs für alle Fälle vorgegeben** oder gar rechtlich zwingend. Abweichende zeitbezogene Abschnittsbildungen werden nach Maßgabe der Besonderheiten des jeweiligen Projektes wie auch für spezielle Projektsteuerungstätigkeiten vorgestellt und sind auch in der Praxis gebräuchlich.[46] Je nach Projektsteuerungsauftrag können auch andere Phasen und Stufeneinteilungen bei der Vertragsgestaltung zugrunde gelegt werden und zweckmäßig sein.[47]

---

44 Vgl. Ruf, DAB 1990, 957, 959, dessen Vorschläge frühere Konzepte des DVP (10 Projektstufen) und der Wibera AG (8 Projektstufen) ersetzten.

45 Müller, in: Der Projektsteuerungsvertrag – Honorierung der Projektsteuerung, S. 1, 8; vgl. auch RL Bau NW, Ministerialblatt für das Land Nordrhein-Westfalen Nr. 84 vom 18.12.1991, Ziffer 1.2.

46 Vgl. etwa Kyrein, Immobilien: Projektmanagement, Projektentwicklung und -steuerung, S. 269 ff.: Projektprogrammstellung, Projektvorbereitung, Projektdurchführung und Projektnachsorge; nach Terdenge, Bauwirtschaft 1981, 419, 420, soll eine Untergliederung in 4 Phasen vorgenommen werden, nämlich:
1. Vorplanungsphase
2. Planungsphase
3. Realisierungsphase
4. Projektbetreuungsphase

vgl. auch Unger, in: DVP, Projektmanagement in Praxisbeispielen, S. 6, der das Leistungsbild für Projektcontrollingleistungen bei einer GÜ-Abwicklung grundsätzlich in 4 Phasen unterteilt, nämlich:
1. Phase: Projektbesorgung während der Projektplanungsphase
2. Phase: Projektbesorgung während der Realisierung
3. Phase: Projektbesorgung während der Abnahmephase
4. Phase: Projektbesorgung während der Gewährleistungsverfolgung.

47 Ohnehin dürfte es der selbstständige Charakter der Projektsteuererleistung eher nahe legen, Steuerungsleistungen betreffend Vorbereiten der Vergabe oder Mitwirken bei der Vergabe als »Ausführung« der Projektsteuererleistung zu qualifizieren.

Die **AHO-Fachkommission** hat im Zusammenhang mit der Neuauflage des Leistungsbildes 2009 erwogen, die Zergliederung des Leistungsbildes in Leistungsphasen aufzugeben, weil viele der üblicherweise beauftragten Projektmanagementleistungen während der gesamten Projektrealisierung durchgängig erbracht werden müssen und das Leistungsbild dadurch Wiederholungen enthält und unübersichtlich wird. Im Hinblick auf die als erforderlich angesehene Schaffung von Grundlagen für eine stufenweise Beauftragung wurde hiervon jedoch abgesehen. Außerdem wurden die phasenübergreifenden Leistungen weitestgehend im Handlungsbereich Organisation gebündelt. 613

Es ist eine wesentliche Aufgabe der stufenweisen Gliederung, von Leistungsbildern auch zu einer **stufenweisen Beauftragung** gelangen zu können. Der Auftraggeber kann sich damit entscheiden, ob er bereits zu Beginn eines Projektes über ausreichende Planungssicherheit verfügt und das gesamte Leistungsbild beauftragen kann. Liegt ein stufenweise gegliedertes Leistungsbild zugrunde und wird eine spätere Leistungsphase (etwa die Leistungsphase 2 oder 3) beauftragt, kann daraus nicht ohne weiteres von einer Beauftragung auch mit vorangegangenen Leistungsstufen ausgegangen werden. Allein der Umstand, dass es sich um typischerweise vorher zu erbringende oder notwendig vorangehende Entwicklungsschritte handelt, rechtfertigt die Annahme einer (konkludenten) Mitbeauftragung der vorangehenden Leistungsphase nicht.[48] 614

Die – HOAI-konforme – **zeitlich-ablaufbezogene Gliederung** in einzelne Projektphasen ist sehr **anschaulich**, weil die Projektphasen sehr leicht in das Verhältnis zu den in der Praxis bekannten Planungsabschnitten der Architekten und Ingenieure gesetzt werden können. Schnittstellen lassen sich so leichter erkennen und bearbeiten. Auf die nachfolgend abgedruckte Gliederung der Leistungen des Bauherrn, des Architekten, des Projektsteuerers sowie des Juristischen Projektmanagements nach Projektphasen gem. *Schmitt* wird verwiesen.[49] Gleichzeitig bietet die phasenweise Strukturierung der Leistungsbilder die Möglichkeit, werkvertragliche Teilerfolge zu definieren.[50] 615

48 BGH, Urteil vom 06.12.2007, Az. VII ZR 157/06, in: NJW 2008, 1880; Urteil vom 23.11.2006, Az. VII ZR 110/05, in: NZBau 2007, 180 = BauR 2007, 571, 572 = IBR 2007, 143.

49 Vgl. Schmitt, Randbedingungen der projektbegleitenden Zusammenarbeit von Jurist und Projektsteuerer bei der Planung und Realisierung komplexer Bauvorhaben, Abbildung aus Anhang 2, Projektphasen.

50 Vgl. auch Motzke, BauR 1999, 1251, 1260 ff.; derselbe, in: Festschrift für Werner, S. 47, 50; davon wird in der Regel auch auszugehen sein, vgl. Schrammel, Die Werkaufgabe des Architekten, S. 114.

Zeitlich ablaufbezogene Gliederung von Leistungen nach Projektphasen nach *Schmitt*[51]

616

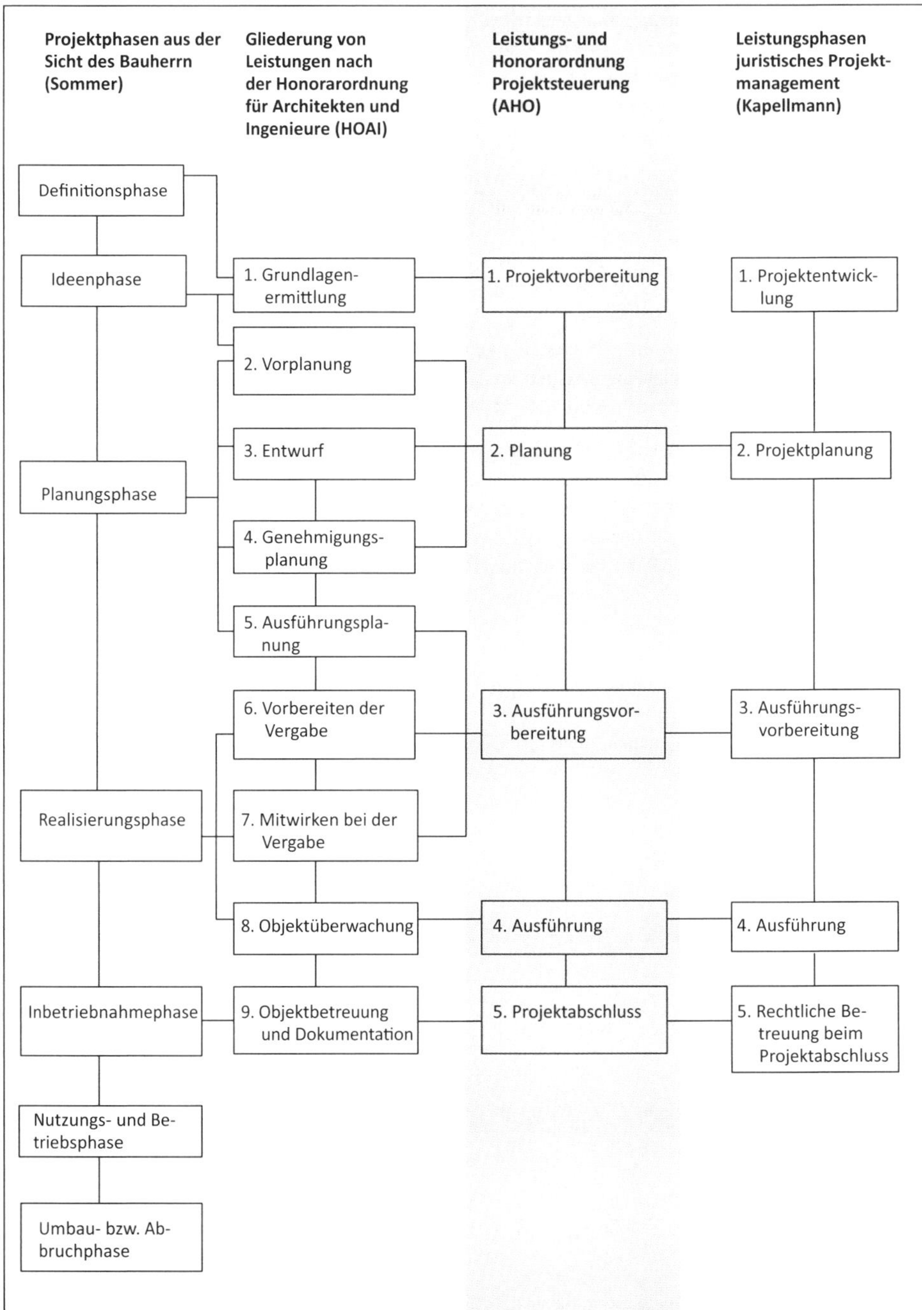

51 Vgl. Schmitt, Randbedingungen der projektbegleitenden Zusammenarbeit von Jurist und Projektsteuerer bei der Planung und Realisierung komplexer Bauvorhaben, Abb. aus Anhang 2, Projektphasen.

Die **schematisch-zeitliche Strukturierung** in einzelne Leistungsphasen beschreibt indessen einen **idealen Zustand**. Unabhängig von der gewählten Phaseneinteilung kommt es vor, dass während der Projektabwicklung, beispielsweise durch aufgetretene Schwierigkeiten und neue Erkenntnisse, wieder in eine frühere Entwicklungsphase zurückgegangen werden muss. Es ist eine wesentliche Aufgabe des Projektmanagements, die Projektphasen unter Berücksichtigung begrenzter Rücksprungmöglichkeiten zu definieren.[52] 617

Selbst das zeitliche Ablaufschema/Phasenmodell **der HOAI** stimmt mit der Wirklichkeit **nicht vollständig überein**. Dementsprechend überschneiden sich bei der Einzelgewerkevergabe zeitversetzt zu erbringende Steuerungsleistungen, so dass die Phaseneinteilung die tatsächlichen Projektabläufe nur vergröbernd wiedergibt. Wenn die Planungsabläufe der HOAI zum Zwecke der Beschleunigung – etwa i. S. einer Synchronplanung – modifiziert werden müssen, hat dies Auswirkungen auf zu beauftragende Projektmanagementleistungen und auch die Phasenbildung im Projekt.[53] Ähnliche Unstimmigkeiten ergeben sich nach dem Phasenmodell der HOAI, wenn für die Ausführung ein Kumulativleistungsträger eingesetzt wird.[54] 618

Bestimmte Projektmanagementeinsatzformen sehen eine **zweiphasige Ablaufstrukturierung** vor. Diese Art der Unterteilung beruht auf einer »prozessbrücken-bezogenen« Betrachtungsweise. Die erste Phase dauert grundsätzlich bis zum Abschluss der Genehmigungsplanung an (»point of no return«). Die zweite Phase beginnt alsdann mit der Beauftragung der Bauleistungen. Nach Erstellung der Genehmigungsplanung sind die Kostenbeeinflussungsmöglichkeiten deutlich reduziert. Der Auftraggeber muss an dieser Stelle – gestützt auf die Projektsteuerung – überlegen, ob er das Projekt in der bis dahin konkretisierten Form realisieren will oder nicht. Vertragstypologisch ist eine zweiphasige Ausgestaltung von Leistungsbildern insbesondere dann notwendig und in der Praxis vorzufinden, wenn Construction Management-Modelle mit GMP zum Einsatz kommen sollen. Nach einer ersten Phase der Projektvorbereitung soll sich der Projektmanager verpflichten, bei der Realisierung des Projektes einen garantierten Maximumpreis einzuhalten.[55] 619

Diederichs hat die 5 Projektstufen der Projektsteuerung und die unter ihnen ablaufenden Entscheidungsprozesse plastisch in einer Grafik dargestellt, die nachfolgend abgedruckt ist: 620

52 Vgl. etwa Greiner/Mayer/Stark, Baubetriebslehre Projektmanagement, S. 12.
53 Vgl. dazu im Einzelnen Greiner/Mayer/Stark, Baubetriebslehre Projektmanagement, S. 16 ff.
54 Vgl. Rdn. 402 f.
55 Vgl. dazu im Einzelnen Rdn. 455 ff.

Projektstufen und Entscheidungspunkte bei der Projektsteuerung von Immobilienprojekten nach *Diederichs*[56]

621

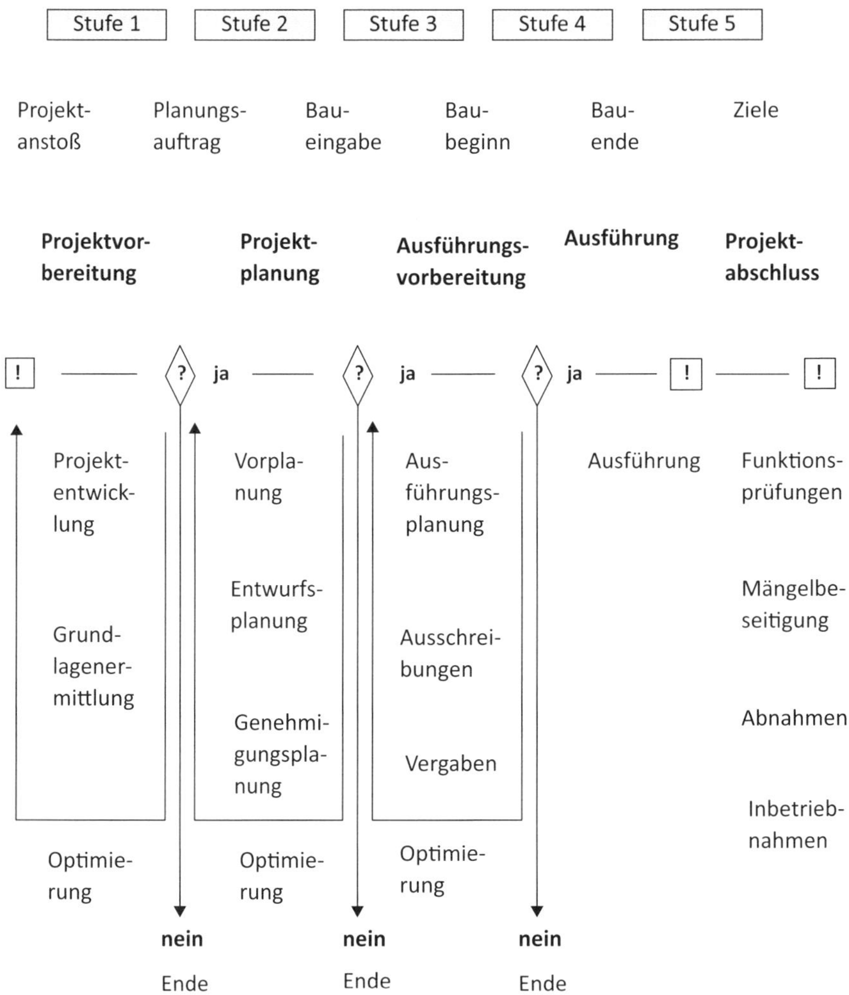

2.1.4.2 Leistungsbilder nach Handlungsbereichen

622 Es ist zudem üblich geworden, aus inhaltlich-aufgabenbezogenem Blickwinkel sog. **Handlungsbereiche** zu unterscheiden (inhaltlich-aufgabenbezogene Leistungsbilder). Die von Projektsteuerern übernommenen technisch-wirtschaftlichen Unterstützungsleistungen beziehen sich in aller Regel auf:

– Organisation
– Quantitäten, Qualitäten

56 Diederichs, in: Seminar rechtliche Problemstellungen beim Projektmanagement, S. 75.

- Kosten
- Termine.[57]

Seit der 3. Auflage (2009) enthält die Leistungs- und Honorarordnung AHO auch einen 5. Handlungsbereich, nämlich: 623
- Verträge und Versicherungen

In diesem zusätzlichen Handlungsbereich wurden ehemals im Leistungsbild verstreute Einzeltätigkeiten zusammengefasst. Die Herausbildung eines eigenen Handlungsbereiches für Verträge und Versicherungen entspricht Vorbildern in Praxis und Literatur.[58] Sie trägt auch dem Umstand Rechnung, dass die Projekte immer mehr rechtlich durchdrungen werden. Durch diesen neuen Handlungsbereich sollten allerdings keine neuen Pflichten der Projektsteuerer im Vertragswesen begründet werden. 624

Die **Differenzierung** zwischen einzelnen Handlungsbereichen **verdeutlicht die Aufgabenstellung in den Kernprozessen** des Projektmanagements. Sie erleichtern ebenfalls eine Vergabe von Teilleistungen im Hinblick auf einzelne Handlungsbereiche. Gleichzeitig wird durch die vertragliche Definition von Handlungsbereichen die werkvertragliche Erfolgsverpflichtung auf den jeweils übertragenen Leistungsbereich zurückgeführt und im Sinne der Arbeitsteilung eingegrenzt.[59] Ähnliches gilt für die aus dem Fachplanungsrecht bekannte Abschnittsbildung bei Großprojekten.[60] 625

---

57 Die Unterscheidung von 4 Handlungsbereichen entspricht den praktischen Bedürfnissen und der Anschaulichkeit in besonderem Maße. Sie ist übersichtlicher als anderweitige Gliederungsansätze für die Immobilienprojektsteuerung, vgl. Ruf, DAB 1990, 957, 958; Müller, in: Motzel, Projektmanagement in der Baupraxis, S. 121, 126, formuliert: »Öffentliches und privates Bauherren- oder Auftraggebermanagement muss sich deshalb aus den zuvor genannten Gründen beziehen auf mindestens 4 Handlungs- oder Eingriffsfelder bzw. Leistungskomponenten im Projektgeschehen, nämlich auf
- organisatorische Aktivitäten zur Beauftragung aller Planenden und Ausführenden sowie zur Vorbereitung, Überwachung und Ausführung des Bauvorhabens,
- leistungssteuernde Eingriffe zur Prüfung von, Entscheidung über, Genehmigung und Abnahme der zuvor vertraglich vereinbarten Planungs- und Bauleistungen,
- finanzielle Vorkehrungen und Dispositionen zur Deckung der im Projektablauf anfallenden Planungs- und Baukosten sowie
- Koordinierung und Steuerung des Projektablaufs nach Kapazitäten, Fristen und Terminen für Planungs- und Bauleistungen«;

die Anforderungen an Projektsteuerungsleistung sind jedoch von Fall zu Fall unterschiedlich. Für den Industriebau formuliert etwa Huber, in: VDI-Berichte 932, Projektmanagement beim Bauen, S. 155, 158, folgende Anforderungen:
»Aufgabenklärung und Programmaufstellung
1. Vertretung gegenüber Behörden und Prüfinstitutionen
2. Koordination der Fachabteilungen
3. Festlegung und Sicherung der Qualitätsstandards
4. Zeitplanung und Terminfortschreibung
5. Kostenplanung
6. Bauherreninformation und Entscheidungsvorbereitung.«

58 Vgl. dazu Bohn/Heinzmann, in: Schäfer/Conzen, Immobilienentwicklung, S. 238, 239: Im Bereich des Vertragswesens werden durch das Projektmanagement die notwendigen Leistungsinhalte von zu beauftragenden Planern, Beratern, Gutachtern und ausführenden Firmen definiert und deren Leistungsschnittstellen bestimmt. In Zusammenarbeit mit juristischen Beratern werden die Vertragsbedingungen für die externen Projektbeteiligten erstellt, die dann Grundlage für die Auftragsvergabe sind. Eine laufende Kontrolle der vertraglichen Leistungserfüllung und die Prüfung und Freigabe von Abschlags- und Schlussrechnungen stellen die projektbegleitenden Projektmanagementleistungen im Bereich des Vertragswesens dar.

59 Vgl. auch Motzke, BauR 1999, 1251, 1260.

60 Thulke, BauR 2002, 1177.

626 Der **Zusammenhang** zwischen diesen inhaltlich-aufgabenbezogenen Handlungsbereichen und den zeitlich-ablaufbezogenen Projektphasen wird in der Praxis durch Leistungsmatrixgrafiken verdeutlicht. Ein Praxisbeispiel für eine Abwicklungsmatrix ist bei Rdn. 828 abgedruckt.[61] Die Unterscheidung zwischen den Handlungsbereichen erleichtert auch die Beauftragung von Projektsteuerungsunternehmen mit einzelnen Spezialdisziplinen und die Kosten- und Terminsteuerung. Einzelne Unternehmen haben sich hierauf bereits spezialisiert.

627 Die handlungsbereichsbezogene Differenzierung zwischen einzelnen Kernleistungen des Projektmanagements in den Immobilien- und Baumärkten, nämlich Organisation, Quantitäten/Qualitäten, Kosten und Termine beruht auf **nationalen wie auch internationalen Erfahrungen** mit Projekten. Umfasst sind regelmäßig die in technisch-wirtschaftlicher Hinsicht erforderlichen oder zweckmäßigen Unterstützungshandlungen für die Auftraggeberorganisation.

628 Ein Projekt muss als **multidisziplinäre Aufgabenstellung** mit jeweils projektbezogen wechselndem Schwerpunkt verstanden werden.[62] Die Projektsteuerung Bau erfordert als systemtheoretische Disziplin die Vernetzung von Technik, Recht und Wirtschaftlichkeit. Gleichwohl setzen die Ausbildung, die Erfahrung sowie das Rechtsberatungsverbot der Ausbildung einheitlicher, fachdisziplinübergreifender Leistungsbilder der Projektsteuerung Grenzen.[63] Dementsprechend wächst die Bedeutung neuer selbstständiger projektspezifischer Fachdisziplinen aus dem Bereich Recht und Wirtschaft, wie z. B. das Juristische Projektmanagement[64] und die Projektfinanzierung.[65] Neue interdisziplinär ausgerichtete Studiengänge an Universitäten und Fachhochschulen tragen diesem Bedarf Rechnung.

629 Ohne konkrete vertragliche Regelungen wird indessen **nicht** davon auszugehen sein, dass der Projektsteuerer über die in den vorgenannten Handlungsbereichen angesprochenen Leistungen hinaus weitere nennenswerte **Aufgaben aus dem Bereich Recht und Wirtschaft** zu übernehmen hat (allerdings wird der Projektsteuerer die Schnittstellen und die Leistungselemente zu den fremden Fachdisziplinen zu definieren haben, damit die Einzelleistungen aus den verschiedenen Fachdisziplinen zum Zwecke der Erarbeitung projektspezifischer Lösungsvorschläge zusammengeführt werden können).[66]

---

61 In Anlehnung an die Leistungsmatrix der Firma WIBERA AG; andere Darstellungen sind in der Praxis gebräuchlich, vgl. Diederichs, in: Schulte, Handbuch Immobilien-Projektentwicklung, S. 36/37.

62 So zutreffend Quack, in: Seminar rechtliche Problemstellungen beim Projektmanagement, S. 7, 13, 14.

63 Vgl. zu den Grenzen rechtsberatender Tätigkeit des Projektsteuerers Rn. 888 sowie betreffend ein gemeinsames Leistungsbild Projektsteuerung und Juristisches Projektmanagement Rn. 2014.

64 Siehe dazu Rdn. 994; auch Quack hält den überwiegend technischen Ansatz der Projektsteuerungsleistungsbilder für zu eng. Er formuliert in: Seminar rechtliche Problemstellungen beim Projektmanagement, S. 7, 13: »Ich halte es auch für zweifelhaft, ob Projektmanagement am Bau nur als schwerpunktmäßig baubetrieblich-ingenieurwissenschaftliche Disziplin (= Projektsteuerung) verstanden werden muss, ob also schwerpunktmäßig betriebswirtschaftlich oder juristisch orientierte Dienstleistungen ausgeklammert werden können. Meines Erachtens handelt es sich ohnehin eher um eine multidisziplinäre Aufgabenstellung, bei der die Schwerpunkte der Anforderungen mal im einen, mal im anderen Bereich zu finden sein werden.«

65 Vgl. zur Projektfinanzierung Lock, Projektmanagement, S. 118 ff.

66 Vgl. Kochendörfer, in: Kapellmann/Vygen, Jahrbuch Baurecht 1999, 267, 286: »Die Veränderungen im Immobilienmarkt führen zu einer Ausweitung der PM-orientierten Handlungsbereiche und zur Notwendigkeit, die Wechselwirkungen zwischen Technik, Recht und Wirtschaftlichkeit in den für Bauprojekte notwendigen Führungsaufgaben zu beachten. Die hierbei entstehenden Schnittstellen erfordern zunächst den Rückgriff auf systemtheoretische Ansätze, um darauf aufbauend Leistungsinhalte zu definieren, die sowohl auf die Projektziele als auch auf die beteiligten Fachdisziplinen ausgerichtet sind und die verdeutlichen, dass insbesondere der zunehmenden Vernetzung von Technik und Recht entsprechende Aufmerksamkeit gewidmet werden muss.«

2.1.5 Beispiele für Projektsteuerungs-Leistungsbilder

Im **Anhang zu diesem Buch** sind verschiedene **Leistungsbilder abgedruckt** (vgl. Rdn. 2687 f.). Darunter befinden sich insbesondere das Leitmodell der AHO-Fachkommission für die Projektsteuerung, aber auch andere in der Literatur vorgestellte detaillierte Leistungsbilder. Diese Detailleistungsbilder werden nach Arbeitsaufnahme des Projektsteuerers oft durch eine **Zuständigkeitsmatrix** ergänzt, welche eine Zuordnung und Verteilung der Projektaufgaben auf die verschiedenen Beteiligten mit einer ablauforganisatorischen Darstellung enthält. 630

In dieser Auflage wurde auf den Abdruck **älterer – durch die neue HOAI (2013) teilweise überholte – Leistungsbilder** verzichtet. Wegen der nachfolgenden Leistungsbilder wird daher auf die Vorauflage verwiesen:
- § 31 HOAI-Leistungsbild mit Erläuterungen und Beispielen gem. *Pfarr, Hasselmann, Will*[67] (»Berliner Arbeitskreis« – 1984),
- 3-Phasen-Leistungsbild nach *Stemmer/Wierer* (ohne Differenzierung zwischen Grundleistungen und Besonderen Leistungen) – 1997,[68]
- 4-Phasen-Modell von *Terdenge* (1981),[69]
- Leistungsbild *Ahrens/Bastian/Muchowski* (2014),[70]
- Leistungsmatrix von *Kyrein* mit Schwerpunkten im wirtschaftlichen und juristischen Bereich (1997),[71]
- Leistungsbild Projektsteuerung einer Kommune (2000).

Der Anhang enthält zunächst das **5-Phasen-Leistungsbild AHO, Heft 9, 2014** mit einer **Kommentierung** hierzu **sowie** 631
- Praxisbeispiel für einen Vertragsauszug Projektsteuerung Bund mit Leistungsbild (Leistungsbild 2004),
- Leistungsbild Projektcontrolling nach *AHO*, Heft 19(2004)[72]
- Projektcontrolling nach GU-Beauftragung,
- Projektcontrolling bei GÜ-Vergabe von Immobilienfonds,
- Projektsteuerung und Projektcontrolling bei Einsatzmodell des Generalplanermanagements,
- Projektrevision, *Preuss (2003)*[73],
- Auftraggeberbetreuung bei Abschluss eines gewerblichen Mietvertrages für eine Spezialimmobilie mit Bauerrichtungsverpflichtung,
- Leistungsbild Projektleitung *Preuss/Eschenbruch* (2005),
- Projektentwicklung gem. *AHO*-Fachkommission, Heft 19 (2004)[74],
- Nutzerprojektsteuerung gem. AHO-Fachkommission, Heft 19 (2004)[75],
- Leistungsbild für Consultingleistungen im Facility Management,
- Leistungsbild Construction Management – Leistungsbild nach *Racky* (2004),

---

67 Pfarr/Hasselmann/Will, Bauherrenleistungen, S. 12 ff.; eine Grobstrukturierung findet sich auch bei Diederichs, in: Hartmann, HOAI, Stand: Juni 2009, § 31, Rn. 5, S. 10 ff.
68 Stemmer/Wierer, BauR 1997, 935.
69 Terdenge, Bauwirtschaft 1981, 419 ff.
70 Ahrens, Hannsjörg/Bastian, Klemens/Muchowski, Lucian, Handbuch Projektsteuerung-Baumanagement, 5 Aufl.
71 Vgl. Kyrein, Immobilienprojektmanagement, S. 270, 271.
72 AHO-Fachkommission Projektsteuerung/Projektmanagement, Heft 19, S. 55 ff.
73 DVP, Strategien des Projektmanagements, Teil 8.
74 AHO-Fachkommission Projektsteuerung/Projektmanagement, Heft 19, S. 19 ff.
75 AHO-Fachkommission Projektsteuerung/Projektmanagement, Heft 19, S. 48 ff.

- Leistungsbild Construction Management at agency gem. *AHO*, Heft 19 (2004)[76],
- Leistungsbild Internationale Projektsteuerung nach *Borg* (2005)[77].

632 Die Vertragsparteien können entsprechende Leistungsbilder durch Bezugnahme zum Gegenstand der vertraglichen Leistungspflicht machen. Sie stellen dann eine Auslegungshilfe zur Bestimmung der vertraglich geschuldeten Leistung dar.[78]

633 Viele der vorgenannten Leistungsbilder zeichnen sich durch folgende allgemeine **Strukturmerkmale** aus:

- Sie umschreiben eine **Komplettleistung**, durchgehend für alle Projektphasen, wobei etwa die Leistungsbilder des AHO Grundlage für eine **stufenweise Beauftragung** sein können.
- Sie **basieren** vornehmlich **auf** den Leistungsmodellen der **HOAI**; die Übernahme von Teilleistungen der Objekt- und Fachplaner in den Leistungsumfang der Projektsteuerung ist nicht vorgesehen.
- Sie betreffen im Grundmodell regelmäßig die **Projektrealisierung durch Einzelunternehmer**, zum Teil auch durch Kumulativleistungsträger.
- Sie enthalten eine detaillierte Leistungsbeschreibung **ohne Komplettheitsklausel**.
- Sie sind **abstrakt und methodenneutral aufgebaut**, so dass bei ihrer Verwendung im Einzelfall immer überlegt werden muss, ob nicht projektspezifische Festlegungen hinsichtlich der einzusetzenden Verfahren betreffend die Informationsverarbeitung, die Kostensteuerung und die Terminsteuerung notwendig sind.

634 Im Hinblick auf die hohe Marktdurchdringung und die inzwischen gewachsene Erfahrung mit dem **AHO-Modell** kann dieses bei Vergaben von Projektsteuerungsleistungen für Standardprojekte **grundsätzlich bedenkenfrei** zur Grundlage einer Beauftragung gemacht werden. Immer aber ist erforderlich, über projektspezifisch angezeigte Modifizierungen nachzudenken, und zwar sowohl hinsichtlich der Leistungs- wie auch der Vergütungsparameter.

635 Die in dem Anhang vorgestellten Detailleistungsbilder stellen **nur einen Ausschnitt** vielgestaltiger Leistungsangebote der Praxis dar, geben aber einen recht plastischen Überblick über praxisrelevante Vertragsleistungen für Projektsteuerer.

2.2 Projektorganisation – Projektsteuerungsleistung im Bereich Information, Organisation, Koordination

636 Eine der ersten Aufgaben des Projektmanagements besteht darin, das Projekt »gegen die Außenwelt« **abzugrenzen** und ihm eine **eigenständige Ordnung** zu geben.[79] Die Projektorganisation beinhaltet dementsprechend die Zusammenführung aller Aktivitäten des Handlungsträgersystems für die Projektabwicklung. Ziel der Projektorganisation ist die Schaffung von Voraussetzungen für eine störungsfreie Projektrealisierung. Es gibt nicht **die** per se erfolgreiche Organisation. Eine effiziente Organisationsgestaltung muss immer die spezifischen situativen Gegebenheiten berücksichtigen.[80] Gelingt es, eine sachangemessene Projektorganisation aufzubauen, ist dies ein Schlüsselfaktor für den Projekterfolg.[81]

---

76 AHO-Fachkommission Projektsteuerung/Projektmanagement, Heft 19, S. 83 ff.

77 Britta Borg, Konzeption eines Leistungsbildes und Honoraruntersuchungen für das internationale Bau-Projektmanagement, Wuppertal 2005.

78 So der BGH für die Leistungsbilder der HOAI, vgl. BGH, Urteil vom 26.07.2007, Az. VII ZR 42/05, in: BauR 2007, 1761, 1764.

79 Vgl. Kochendörfer/Liebchen, Bau-Projektmanagement, S. 49: »Das eigene Chaos wird von den wenigsten als solches empfunden. Aus dem unterschiedlichen Verständnis der Projektbeteiligten für die »Ordnung« ergibt sich bei der Abwicklung von Bauprojekten der Zwang, klare Richtlinien für das Zusammenwirken vorzugeben.«

80 Vgl. Kneip, Projektmanagement, S. 78, 82.

81 Cheung, Sai On/Wong, Peter S.P./Wu, Ada W.Y./Towards an organizational culture framework in construction, International Journal of Project Management, 2011, 33 f.

Der **Projektorganisation** unterfallen im Wesentlichen folgende **Aufgabenstellungen**: 637
- Präzisierung der Projektziele und Projektrahmenbedingungen
- Festlegung der Aufbauorganisation
- Entwicklung der Ablauforganisation
- Sicherstellen ordnungsgemäßer Dokumentationssysteme und Informationsflüsse.

Die Erarbeitung einer Projektorganisation ist eine zentrale Aufgabe des Projektmanagers. Das Leistungsbild AHO enthält als erste Grundleistung der Projektvorbereitung das »Entwickeln, Abstimmen und Dokumentieren der projektspezifischen Organisationsvorgaben mit Projektstrukturplanung«.[82] In diesem Kontext ist bewusst nicht von Organisations- und Projekthandbüchern die Rede, sondern von **projektspezifischen Organisationsvorgaben**, weil es heute nicht mehr üblich ist, Projekthandbücher in körperlicher Form zu erzeugen, sondern Organisationsvorgaben zumeist auf EDV-Plattformen abgelegt werden und dort für jedes Projektmitglied zugriffsfähig sein müssen. 638

Diese Aufgabenstellung ist Bestandteil des umfassenden Ansatzes der **Komplexitätsreduzierung (Decompensation)**.[83] Die Aufgabenstellung der Projektorganisation wird mit der größeren Komplexität eines Projektes gewichtiger. Der Umstand, dass ein Großprojekt mit vielen zu betreuenden Projektbeteiligten und Einzelaufgaben vorliegt, entlastet den Auftraggeber hinsichtlich seiner Pflichten gegenüber den Projektbeteiligten nicht, wie der **BGH** ausdrücklich klargestellt hat. Nach seiner Auffassung mögen die Anforderungen an die Koordinierung bei Großprojekten erhöht sein. Auch Großprojekte könnten aber so organisiert werden, dass sie klare Zuständigkeiten, klare Ausgestaltungen und Überwachung von Schnittstellen zwischen den unterschiedlichen Beteiligten, insbesondere zwischen Planung und Ausführung und exakte Terminvorgaben haben. In der Regel seien Großprojekte anders nicht sachgerecht zu bewältigen.[84] Es ist eine wesentliche Aufgabe der Projektsteuerung, eine derartige Projektorganisation speziell bei Großprojekten sicherzustellen. 639

Wesentliche **Umsetzungsstrategie** aller Maßnahmen der Projektorganisation ist das »Aufbrechen« der Projektkomplexität durch Schaffung von **handhabbaren Struktureinheiten**. Das bezieht sich sowohl auf die Identifizierung der einzelnen Aufgabenfelder in inhaltlicher, räumlicher und terminlicher Hinsicht, die Entwicklung von Vertrags- und Vergabestrategien, die Bildung von Leistungsphasen und Arbeitspaketen und die Definition von Schnittstellen zwischen den Handlungsfeldern der einzelnen Projektbeteiligten. Nur so kann die Übersicht gesichert werden. 640

Die involvierten Strukturierungsaufgaben finden ihren Niederschlag in der Regel in schriftlichen Aufzeichnungen, etwa **Projektgeschäftsordnungen, Strukturplanungen, Organisations- und Projekthandbüchern usw**. Dabei sind wiederum Unterziele zu beachten, nämlich: 641
- Die erarbeiteten Ergebnisse der Projektorganisation müssen die Aufgabenstellungen und deren Umsetzung während des gesamten Projektablaufes zuverlässig wiedergeben (**Vollständigkeit** der Projektorganisation). Dass in der Frühphase der Projektsteuerung Grundlagen der Projektorganisation erst noch geschaffen werden müssen, steht dem nicht entgegen. Die Projektorganisation wird bis zum Ende des Projektes fortentwickelt.
- Die Strukturierung des Projektes durch Definition von Zuständigkeiten in Prozessen und Verträgen sollte **eindeutig und widerspruchsfrei** erfolgen (Grundsatz der Eindeutigkeit). 642
- Der Ressourceneinsatz für die Organisationsaufgaben muss der Größe und Komplexität des Projektes entsprechen. Je größer und komplexer das Projekt, umso mehr sind organisatorische Hilfsmittel erforderlich. Indessen muss stets darauf geachtet werden, dass die Projektmanager den Überblick

82 AHO-Fachkommission Projektsteuerung/Projektmanagement, Heft 9 (2014), S. 13.
83 Dazu im Einzelnen auch Cardinal/Marle, International Journal of Project Management, 2006, 226.
84 BGH, Urteil vom 26.07.2007, Az. VII ZR 42/05, in: NZBau 2007, 653, 657 = BauR 2007, 1761, 1764; vgl. auch bereits BGH, Beschluss vom 05.06.2003, Az. VII ZR 186/01, »Schürmann-Bau«, in: NZBau 2003, 433 = BauR 2003, 1382 = IBR 2003, 467.

behalten können, so dass Wert auf projektangemessene effiziente Strukturen und Hilfsmittel zu legen ist.. Wert ist auf die Entwicklung möglichst **schlanker, robuster Systeme** zu legen.[85]

643 Größere Projekte einer Unternehmensorganisation bedürfen der Einbindung in das unternehmensweite **Risikomanagement- und Compliancesystem**. Derartige Systeme erfordern die eindeutige Definition von Verhaltensmaßstäben und Aufgabenzuweisungen in Verträgen zur Sicherstellung der rechtskonformen Projektabwicklung und der Vermeidung von erkennbaren Haftungsgefahren. Deshalb muss die Projektorganisation die typischerweise bei der Realisierung des jeweiligen Projekts auftretenden Risiken identifizieren und inhaltliche und personelle Maßnahmen zu deren Bewältigung vorsehen. Die Aufgaben der **Projektcompliance** können mit den Mitteln einer Projektgeschäftsordnung, eines Organisations- und Projekthandbuchs sowie einer Baustellenordnung beherrscht werden.[86]

644

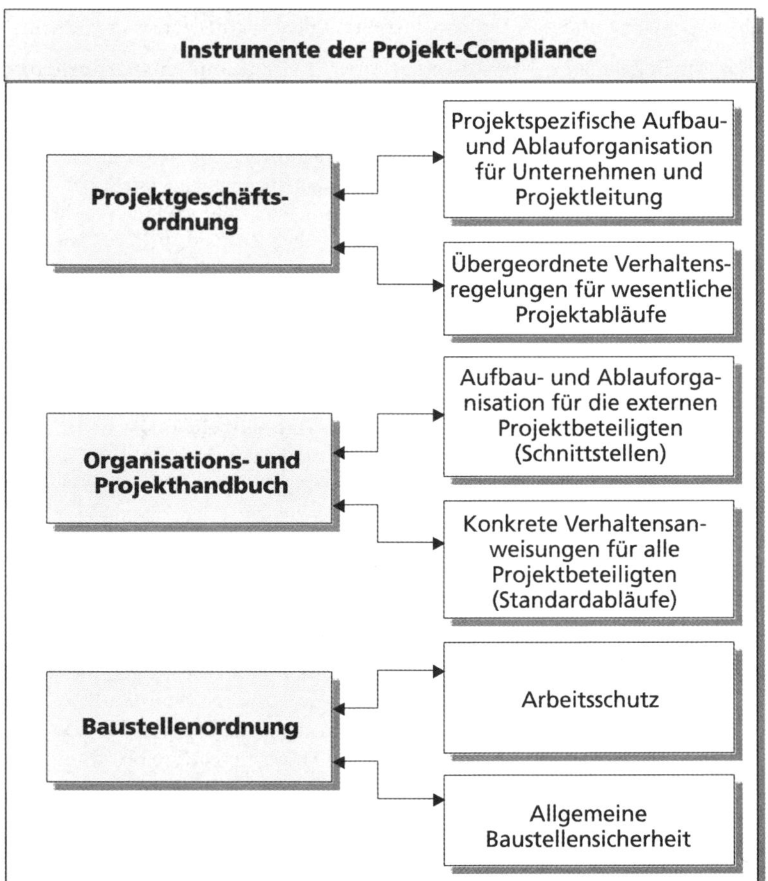

645 Bestandteil der Projektorganisation sind insbesondere Vorkehrungen zur Sicherstellung des **Arbeitsschutzes**. Denn mit Inkrafttreten der Baustellenverordnung sind die bestehenden Verkehrssicherungspflichten des Bauherrn im Hinblick auf die Arbeitssicherheit näher konkretisiert und

85 Dazu Volkmann, DAB 2002, 44, bis hin zum »one page management«.
86 Im Einzelnen Eschenbruch, ZfIR 2007, 470, 475; dazu auch Too, Eric G./Weaver, Patrick, International Journal of Project Management, 2014, 1382 f.; Biesenthal, Christopher/Wilden, Ralf, Multi-Level Project Governance: Trans an opportunities, International Journal of Project Management, 2014, 1291.

als originäre (primäre) Verkehrssicherungspflichten ausgestaltet worden.[87] Dem Auftraggeber fällt somit die Aufgabe zu, eine den Unfallverhütungsvorschriften und dem Arbeitsschutz entsprechende Organisation sicherzustellen. Wenngleich der Projektsteuerer ohne gesonderte Beauftragung keine SiGeKo-Aufgaben wahrzunehmen hat, hat er den Auftraggeber so zu beraten und die Projektorganisation so zu entwickeln, dass der Arbeitsschutz auf der Baustelle in umfassender Form gewährleistet werden kann.

Die **effiziente Organisationsgestaltung** ist immer von den spezifischen und situativen Gegebenheiten des jeweiligen Projektes abhängig.[88] Dementsprechend eröffnet eine qualifizierte Projektstruktur allein noch nicht den Projekterfolg; andererseits begründet eine ungeeignete Projektstruktur sozusagen die Wahrscheinlichkeit für ein späteres Fehlschlagen eines Projektes. Die nicht ausreichende Planung der Projektstruktur ist somit die Planung des Fehlschlagens.[89] Zentrale Aufgabe des Projektsteuerers ist die Mitwirkung bei der Festlegung der Projektziele. Im AHO-Leistungsbild Projektsteuerung 2014 ist dementsprechend als 3. Grundleistung der Projektvorbereitung vorgesehen *»Mitwirken bei der Festlegung der Projektziele und der Dokumentation der Projektvorgaben«*. 646

2.2.1 Festlegung der Projektziele und Rahmenbedingungen des Projektes

2.2.1.1 Projektziele

Die **Bedeutung** der Entwicklung **klarer Projektziele** wird oft unterschätzt. Die Formulierung klarer Auftraggeberziele ist ganz wesentlich für den Projekterfolg.[90] Stehen die Projektziele noch nicht fest, sollte der Auftraggeber sich bei der Formulierung sachkundiger Hilfe bedienen, z. B. einen Projektmanager hinzuziehen. Die Zielentwicklung sollte auf die Definition und Vorgabe klar formulierbarer und sicher erreichbarer Ziele gerichtet werden. Je ungenauer die Zieldefinition, je ehrgeiziger die Projektziele, umso ungewisser wird der Projekterfolg.[91] 647

Nicht selten ergibt sich in der Praxis das Problem, dass der Auftraggeber seine **Ziele zum Zeitpunkt der Beauftragung** des Projektmanagements noch gar nicht **abschließend definieren kann**. Für den Auftraggeber ergeben sich im Hinblick auf die anstehende Projektmanagementbeauftragung dann folgende denkbaren Vorgehensmöglichkeiten: 648
- Vollbeauftragung des Projektmanagements ohne klare Projektziele (mit einer allein tätigkeitsorientierten Leistungsbeschreibung) und ggf. Besonderen Leistungen aus der Projektentwicklung
- Rahmenbeauftragung mit der Vorgabe, die Projektziele mit jeweils weiterem Leistungsabruf zu konkretisieren
- Stufenweise Beauftragung mit dem Vorbehalt, die Projektziele der nächsten Phase jeweils noch zu entwickeln.

Die Definition der Projektziele ist der **erste Schritt der Projektplanung**. Ziele beschreiben einen angestrebten Zustand und weisen in die Richtung zukünftiger Handlungen. Ziele zu vereinbaren heißt, Ziele und Wege zu trennen. Die Wege zur Zielerreichung werden erst in den weiteren Schritten der Projektplanung, insbesondere in den Verträgen mit Planern und ausführenden Unternehmen festgelegt.[92] 649

Projektziele sind im Wesentlichen Bauinhaltsziele, Kostenziele und Terminziele, aus denen sich weitere Subziele, wie z. B. Projektstrukturziele und Prozessziele, ableiten lassen. Besondere Bedeutung 650

87 Vgl. in diesem Zusammenhang Meurer, DAB 2002, 49, 53; zur Verkehrssicherungspflicht des Auftraggebers vgl. auch OLG Köln, Urteil vom 09.01.2002, Az. 11 U 228/99, in: BauR 2003, 723 f.

88 Kneip, Projektmanagement, S. 78, 544; Roberts, Management, S. 25: »Es gibt keine alleinige beste Strategie und es gibt nicht *den* besten Weg etwas zu strukturieren.«

89 Vgl. dazu ausführlich Cardinal/Marle, International Journal of Project Management, 2006, 226 f.

90 Vgl. Kneip, Projektmanagement, S. 362; Ahrens/Bastian/Mucowski, Handbuch Projektsteuerung, S. 142 ff.

91 Im Einzelnen zur Zielformulierung auch Litke, Projektmanagement, S. 34.

92 Vgl. Bungard/Kohnke, Zielvereinbarungen erfolgreich umsetzen, S. 142.

haben in der Baupraxis **Nachhaltigkeitsziele** erlangt, insbesondere wenn eine Green-Building-Zertifizierung angestrebt wird oder ein »grüner Mietvertrag« geschlossen werden soll.[93] Nachhaltigkeitszertifizierungen haben auch eine rechtliche Dimension. Wer ein Nachhaltigkeitszertifikat erlangen will, muss mit einer Zertifizierungsorganisation einen Zertifizierungsvertrag schließen. Das Zertifikat wird erteilt, wenn bestimmte, vorab definierte formale Voraussetzungen erfüllt sind. Oft wird dabei die Inanspruchnahme eines sogenannten Auditors verlangt.

651 Bei der *DGNB*-Zertifizierung ist die Einschaltung eines dort zugelassenen Auditors zwingend. In aller Regel werden auch von den anderen Zertifizierungsstellen entsprechende Auditorenleistungen verlangt. Neben dem Abschluss des Zertifizierungsvertrages mit der Zertifizierungsorganisation wird deshalb der Abschluss eines Auditorenvertrages erforderlich.[94] Das Zertifikat wird auf der Grundlage der Eigenerklärungen des Antragstellers, die dieser ggf. mithilfe des Auditors erarbeitet und verlautbart, ausgestellt. Die Zertifizierungsstelle übernimmt keine Eigenüberprüfungen vor Ort. Ein **Green-Building-Zertifikat** ist also keine Garantie dafür, dass das Gebäude tatsächlich nach den zur Konformitätsprüfung eingereichten Unterlagen errichtet worden ist und genutzt wird.[95] Zudem handelt es sich um eine Momentaufnahme und die Zertifizierungsstelle kann das Zertifikat widerrufen, wenn sich nachträglich herausstellt, dass die eingereichten Unterlagen oder abgegebenen Erklärungen unrichtig waren. Der **Auditorenvertrag** wiederum ist nach herrschender Auffassung – wie der Projektsteuerervertrag – ein Werkvertrag. Die Erfolgskomponente liegt in der Bearbeitung von Unterlagen zur Erreichung der Erteilung des Zertifikats.[96]

652 Wenn eine entsprechende Zertifizierung angestrebt ist, setzt dies auch die Einbeziehung der **Zertifizierungsanforderungen** in alle

- Objektplaner- und Fachplanerverträge
- Bauverträge und schließlich
- Mietverträge (»Green Lease«)

voraus.

653 Dabei ist zu beachten, dass eine rein funktionale Leistungsbeschreibung wenig geeignet ist, die Anforderungen an einen **»grünen Bauvertrag«** umzusetzen. In der Regel setzt die Umsetzung von Nachhaltigkeitszielen einen hierauf gerichteten Planungsprozess voraus, bei dem der Auftraggeber eine Vielzahl von Zielabwägungen zu treffen hat. Soll dieser Planungsprozess erst während der Tätigkeit und unter Verantwortung von Baufirmen abgeschlossen werden, hat dies in der Regel Doppelplanungen, jedenfalls aber zeitliche Verzögerungen zur Folge.[97]

654 Im Rahmen nachhaltigen Bauens wird in der Regel eine möglichst **ressourcenschonende Bauweise und** ein ressourcenschonender **Betrieb** gefordert. Derartige ökonomische Aspekte sind Bestandteil umfassender Nachhaltigkeitsmanagementsysteme, die wiederum zertifiziert werden. Wenn entsprechende Nachhaltigkeitsziele in Anlehnung an bestehende Bewertungssysteme definiert werden, hat dies Auswirkungen für den gesamten Planungs- und auch für den Bauprozess. Dem **Projektsteuerer** kommt in diesem Kontext die Aufgabe zu, diesen Prozess unter Einbeziehung der typischerweise involvierten Nachhaltigkeitsberater und Auditoren zu steuern. Die Steuerung von Nachhaltigkeits- und Zertifizierungsprozessen ist eine **Besondere Leistung** des AHO-Leistungsbildes Projektsteuerung (2014). Dieser Umstand beruht darauf, dass Nachhaltigkeitsanforderungen ganz unterschiedlich sein können und keineswegs von vornherein feststeht, dass bei einem Projekt ein bestimmtes Bewertungssystem zur Anwendung kommen soll/muss. In der Praxis finden 3 Bewertungssysteme für nachhaltiges Bauen breite Verwendung, nämlich das deutsche Siegel *DGNB*, das

93 Dazu vgl. Schultz-Süchting/Tegtmeyer, Nachhaltige Immobilien: Der grüne Mietvertrag, ZfIR 2010, 396.

94 Dazu im Einzelnen Schlemminger, NJW 2014, 3185, 3187 f.

95 Dazu Schlemminger, a.a.O., 3186.

96 Schlemminger, a.a.O., 3187.

97 Zu diesen Problemen auch Schlemminger, NJW 2014, 3188.

englische Siegel *BREEAM* sowie das *LEED*-Zertifikat aus den USA. Die Modelle unterscheiden sich hinsichtlich der Einbeziehung und Gewichtung der Kriterien aus dem Bereich ökologische, ökonomische und soziokulturelle/funktionale Qualität.[98]

655

Bezeichnung des Bewertungssystems	**DGNB Neubau Büro und Verwaltung 2009**	**BREEAM Europe Commercial 2009**	**LEED New Construction 2009**
Zertifizierungssystem	Deutsches Gütesiegel Nachhaltiges Bauen	Building Research Establishment Environmental Assessment Method	Leadership in Energy and Environmental Design
Organisation	Deutsche Gesellschaft für nachhaltiges Bauen	BRE (Building Research Establishment, UK)	USGBC (US Green Building Council)
Gründungsjahr	2007	1990	1998
Anzahl/Zertifizierungen/Registrierungen	208/171	200 000 / knapp 1 Mio.	24 288 / 94 890
Bewertungskategorien und Gewichtung	– Ökologische Qualität (22,5 %) – Ökonomische Qualität (22 %) – Soziokulturelle und funktionale Qualität (22,5 %) – Technische Qualität (22,5 %) – Prozessqualität (10 %) – Standortqualität	– Management (12 %) – Gesundheit und Komfort (15 %) – Energie (19 %) – Wasser (6 %) – Materialien (12,5 %) – Abfall (7,5 %) – Landverbrauch und Ökologie (10 %) – Emissionen (10 %) – Transport (8 %) – Innovation (10 %)	– Nachhaltige Grundstücke (26 Pkt.) – Wassereffizienz (10 Pkt.) – Energie und Atmosphäre (35 Pkt.) – Materialien und Ressourcen (14 Pkt.) – Innenraumklima (15 Pkt.) – Innovationen und Design (6 Pkt.) – Regionale Vorzüge (4 Pkt.)

Das Aufbrechen des einheitlichen Projektziels in **Unterziele** wie die klassischerweise verfolgten Ziele der Qualität, Kosten und Termine erleichtert die Steuerung und Kontrolle. 656

Diese Projektziele können vom Auftraggeber zwar prinzipiell frei generiert werden. Sie sind jedoch i. d. R. **durch eine Vielzahl von Umständen determiniert** (wie z. B. durch die Lage des Grundstücks, feststehende Investitionssummen, Wirtschaftlichkeitsziele usw.). Baut z. B. ein Finanzinvestor, werden die Projektziele oftmals vollständig durch einen Nutzer bestimmt, dessen Vorgaben von dem Projektsteuerer alsdann umgesetzt werden müssen. In jedem Fall sollte der Projektsteuerer darauf achten, dass eine verbindliche Festschreibung der Projektziele – auch dokumentiert, z. B. in einem Organisations- oder Projekthandbuch – vorliegt, damit eine sichere Basis für sein späteres Tätigwerden besteht. 657

Auch die konkurrierende **Wechselwirkung** zwischen den einzelnen Zielen muss von Anfang an berücksichtigt werden. Dabei ist es unerlässlich, eine angemessene Zielkonfiguration zu finden.[99] So wirken sich höhere Anforderungen an die Qualität in der Regel in höheren Kosten, jedoch nicht unbedingt in Terminverlängerungen aus. Terminverkürzungen verursachen in der Regel höhere 658

98 Dazu im Einzelnen Fröch, Georg, Probabilistische Bewertung und systematische Optimierung von Projektentwicklungen unter Berücksichtigung von Nachhaltigkeitskriterien, Innsbruck 2013, S. 118 f.

99 Vgl. Germer, PM 2001, 16 f.

Kosten, haben allerdings in der Regel auch Auswirkungen auf die Qualität. Zu weiträumige Terminziele haben wiederum negativen Einfluss auf die Kosten usw. Im Ablauf des Projektes verschiebt sich überdies das Gewicht der einzelnen Zielstellungen. Eine abstrakte Rangordnung von Projektzielen lässt sich dabei nicht entwickeln. Eine solche Rangordnung kann nur gebildet werden, wenn konkrete Handlungsalternativen in Betracht gezogen werden.[100]

659 Die DIN 18205:1996-04, »**Bedarfsplanung im Bauwesen**«, bildet den **Rahmen für die Definition der Projektziele** ab. Nach Ziff. 3.1 der Norm ist der Bedarfsplan ein Arbeitsdokument, welches zu jedem beliebigen Zeitpunkt die wesentlichen Bedürfnisse, Ziele und Mittel des Bauherrn und Nutzers sowie die Rahmenbedingungen des Projektes und alle erforderlichen Anforderungen an den Entwurf darstellt. Der Anhang B zur Norm enthält eine Checkliste für die Bedarfsplanung, anhand derer einzelne Elemente des Bedarfs und mithin die Projektziele erarbeitet werden können. Die Definition der Projektziele ist Bestandteil der Projektentwicklung. Sie ist der Projektvorbereitung, der ersten Leistung des Leistungsbildes AHO für die Projektsteuerung (2014), vorgeschaltet.

660

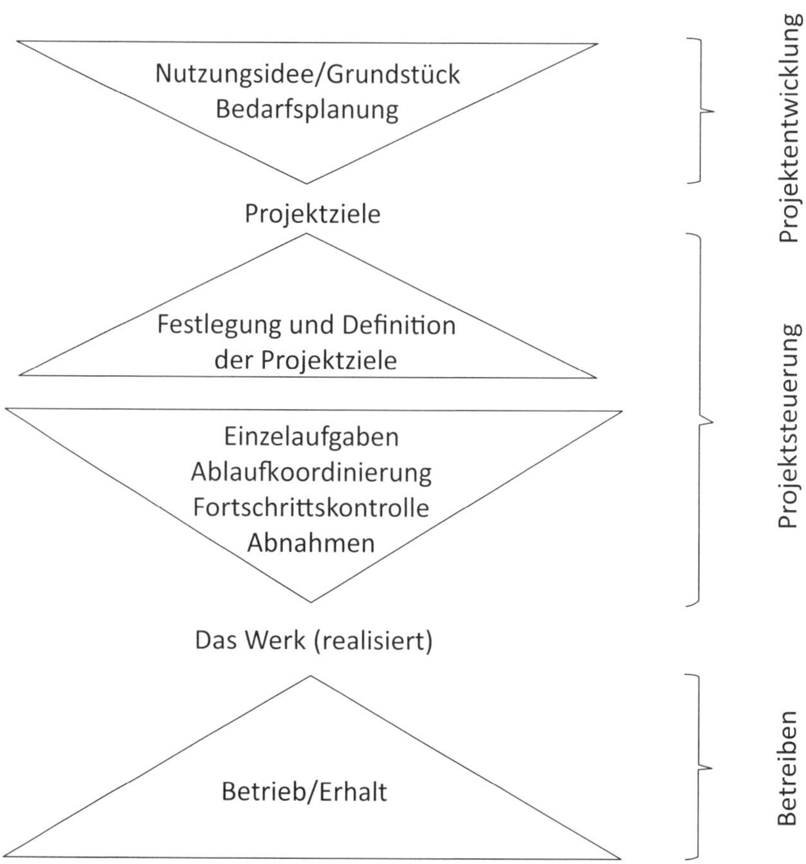

Skizze nach Volkmann, Walter (2014)

661 Die **Projektziele** werden von den Beteiligten **im Laufe des Projektes unterschiedlich stark gewichtet**. Während bei Abschluss von Bauverträgen vielfach der Preis im Vordergrund steht, wird

100 Malik, Strategie des Managements komplexer Systeme, S. 328.

im Rahmen der Realisierung die Termintreue wichtiger und am Ende (des Beginns der Betriebsphase) hat die Qualität höheres Gewicht.

Projektsteuerungsleistungen setzen in der Regel das Vorhandensein einer auftraggeberseitigen Bedarfsplanung voraus. Ob und in welchem Umfang der Projektsteuerer selbst Aufgaben im Zusammenhang mit der Erstellung einer Bedarfsplanung und der Zieldefinition des Auftraggebers zu übernehmen hat, ist anhand der jeweiligen vertraglichen Regelungen zu überprüfen. Das AHO-Leistungsbild 2014 enthält folgende Regelungssystematik:

- Als Grundleistung ist in der Projektvorbereitung (1 B 1) vorgesehen: Überprüfen der bestehenden Grundlagen zur Bedarfsplanung auf Vollständigkeit und Plausibilität
- Als Besondere (in der Regel zusätzlich zu beauftragende) Leistung ist vorgesehen (1 B 1. Besondere Leistung): Erstellen und Abstimmen der Bedarfsplanung

Aus dieser Differenzierung ist zu ersehen, dass nach dem **AHO-Leistungsbild** (2014) eine **auftraggeberseitige Bedarfsplanung** vorausgesetzt wird. Der Projektsteuerer überprüft hiernach die Bedarfsplanung auf Vollständigkeit und Plausibilität, erstellt sie jedoch nicht selbst. Das Erstellen und Abstimmen einer Bedarfsplanung ist vielmehr Gegenstand einer Besonderen Leistung (dazu auch Rdn. 898). 662

Sofern nicht das AHO-Leistungsbild zugrunde gelegt wurde, ist anhand der **Auslegung** des jeweils vertraglich in Bezug genommenen Leistungsbildes zu klären, von welchen Grundlagen der Projektmanager/Projektsteuerer bei seiner Beauftragung ausgehen konnte und musste. Im Zweifel wird bei der Beauftragung von Projektsteuerungsleistungen nicht davon auszugehen sein, dass der Projektsteuerer die komplette Projektentwicklung mittels einer Bedarfsplanung erst noch zu erbringen hat. Allenfalls dann, wenn er Leistungen im Rahmen einer funktionalen Leistungsbeschreibung und in der Kenntnis fehlender Projektziele übernommen hat, mag die Auslegung ergeben, dass er selbst die noch fehlenden Projektziele mit zu erarbeiten hat. 663

Die Erarbeitung und die Definition der **Projektziele** geschieht dementsprechend typischerweise in der Leistungsphase 0 (Projektentwicklung) und ist der Projektsteuerung vorgeschaltet. Der Projektsteuerer kann somit – zumal dann, wenn das AHO-Leistungsbild Projektsteuerung vereinbart wurde – davon ausgehen, dass diese Projektziele bei seiner Arbeitsaufnahme im Wesentlichen feststehen und er die Leistungsziele des Auftraggebers lediglich noch dokumentieren muss. 664

Übernimmt der Projektsteuerer allerdings, z.B. im Rahmen einer global-funktionalen Leistungsbeschreibung und in Erkenntnis fehlender Projektziele Projektsteuererleistungen, kann die **Auslegung** ergeben, dass er die noch fehlenden Projektziele mit erarbeiten will. 665

2.2.1.2 Projektrahmenbedingungen – Genehmigungsprozesse, Koordination im Verhältnis zu Nachbarn, Behörden und Baubeteiligten

Die Realisierung eines Bauprojektes berührt eine Vielzahl von Planungs-, Gestaltungs-, Mitbestimmungs- und sonstigen Rechten Dritter. Je nach Grundstückslage müssen öffentlich-rechtliche und private Genehmigungs- und Abstimmungsverfahren durchlaufen werden. Die Vielzahl der möglichen **Genehmigungsverfahren**, die der Projektsteuerer zu begleiten und auch zu steuern hat, lässt sich nicht allgemeingültig festlegen. Die diesbezüglichen Leistungspflichten des Projektsteuerers werden durch den konkreten Vertrag und bei Fehlen detaillierter Regelungen durch die besonderen Anforderungen des konkreten Projektes bestimmt. 666

Zum Aufgabenbereich des Projektsteuerers gehört es, die **Erforderlichkeit** von Genehmigungen und auch die Notwendigkeit von Mitwirkungshandlungen Dritter herauszuarbeiten. Im Anschluss hieran wird er die zur Erlangung der Genehmigungen und Zustimmungen zweckmäßigen Mitwirkungsleistungen des Auftraggebers und der weiteren fachlich Beteiligten (vornehmlich in terminlicher Hinsicht) steuern müssen. Im Bereich der Genehmigungsprozesse ist der Projektsteuerer auf die Mithilfe einer Vielzahl – i. d. R. vom Auftraggeber beizustellender – Fachleute, wie Planer, technische Gutachter und Juristen, angewiesen, auf deren rechtzeitige Hinzuziehung er hinzuwirken 667 verpflichtet ist. Auf das sog. Stakeholder-Management wird nachfolgend gesondert eingegangen (vgl. Rdn. 735).

668 Soweit es um die öffentlich-rechtlichen Genehmigungserfordernisse geht, steht die **Bauleitplanung** (Raumordnungspläne, Flächennutzungspläne und Bebauungspläne) im Vordergrund notwendiger Prüfungen und Entscheidungsvorbereitungen. Hierneben treten komplexere Formen der Schaffung des Baurechts wie Vorhaben- und Erschließungspläne. Die Einholung von projektbezogenen Baugenehmigungen (ggf. über vorgeschaltete Vorbescheide) beinhaltet langwierige Prüfungs- und Abstimmungsprozesse mit vielen rechtlichen, wirtschaftlichen und auch politischen Interdependenzen. Zudem sind ggf. noch öffentlich-rechtliche Vertragswerke wie städtebauliche Verträge, Erschließungsverträge und sonstige Vereinbarungen abzuschließen.

669 Bei großen Projekten, bei denen eine Vielzahl von Nutzern zusammengeführt wird, kommt es im Nachhinein zu einem oftmals umfänglichen **Änderungs- und Ergänzungsbedarf in Bezug auf erteilte Baugenehmigungen**. Standardproblem ist es dabei, ein System zu finden, in dessen Rahmen nicht für jede auftretende Änderung eine neue Tekturgenehmigung oder Änderungsgenehmigung einzuholen ist. Für alle Änderungen, die nicht die Genehmigungsfrage für das gesamte Bauvorhaben neu aufwerfen, hat sich hierbei eine formale Abstimmung mit dem jeweils zuständigen Bauordnungsamt als tragfähiger Managementbaustein erwiesen, wonach bevorstehende Abweichungen im Rahmen sukzessiver Paketierungen von Änderungen verfolgt und ggf. auch im Rahmen eines sog. »**Kenntnisnahmeverfahrens**« frühzeitig angezeigt werden. Sofern kein zeitnaher Widerspruch der Behörde erfolgt, sollen entsprechende Änderungen im Nachhinein im Rahmen einer Änderungsbaugenehmigung gesamtheitlich nachgeführt werden können.

670 Auch auf der privatrechtlichen Ebene – z. B. im Verhältnis zu Grundstücksnachbarn – müssen oft Abstimmungen durchgeführt und Verträge geschlossen werden. Schon im Vorfeld des Grundstückskaufvertrages sind ggf. Grundbuchbereinigungen durchzuführen, nachbarschaftsrechtliche Belange zu klären[101] und privatrechtliche Umlegungen zu organisieren. Hinzu kommt die Klärung der dem **Bauordnungsrecht und Bodenrecht** immanenten Problembereiche, wie z. B. Abstandsregelungen und altlastenbezogene Vereinbarungen.

671 Alle diese Prozeduren und Abstimmungsnotwendigkeiten sind Gegenstand der Steuerungsleistungen im Projektentwicklungs- und ggf. auch im Projektsteuerungsprozess,[102] und zwar auch dann, wenn es sich um vornehmlich juristische Problembereiche handelt. Lediglich dann, wenn sich bei der Abwicklung der öffentlich-rechtlichen Projektentwicklung Rechtsprobleme herauskristallisieren, deren Beantwortung eine juristische Ausbildung voraussetzt, hat der Projektmanager dies dem Auftraggeber anzuzeigen, damit dieser einen für diese **Spezialfrage** versierten **Juristen** hinzuziehen kann.[103] In der Literatur veröffentlichte Checklisten für Immobilienentwickler oder Schlüsselfertiges Bauen stellen wertvolle Hilfsmittel für die Abarbeitung der vorgenannten Rahmenbedingungen dar.[104]

2.2.2 Die Aufbauorganisation des Projektes

2.2.2.1 Grundlagen

672 Im Rahmen der Aufbauorganisation werden die einzelnen Projektbeteiligten und deren Aufgaben identifiziert und zugeordnet. Die **Aufbauorganisation** stellt dabei die **Organisationsstruktur des**

101 Maaß, BauR 2007, 1650.
102 Vgl. Kyrein, Immobilien: Projektmanagement, Projektentwicklung und -steuerung, S. 272 ff.; Heiermann, in: Motzel, Projektmanagement in der Baupraxis, S. 66/67.
103 Zum Juristischen Projektmanagement im öffentlich-rechtlichen Bereich vgl. etwa Sparwasser, Anwaltsblatt 2005, 657 f.; dazu auch Oehmen, in: Kapellmann (Hrsg.), Juristisches Projektmanagement, 2. Aufl., Rn. 257.
104 Vgl. Meißner, ZfIR 1998, 437 ff.; Kapellmann, Schlüsselfertiges Bauen, Rn. 288.

Projektes dar. Ihre inhaltliche und hierarchische Ordnung wird typischerweise auch grafisch dargestellt. Elemente der Aufbauorganisation sind:
- Definition der funktions- und objektorientierten Teilaufgaben
- Zuordnung der ermittelten Teilaufgaben an einzelne Stellen/Organisationseinheiten
- Zuweisung von Kompetenzen
- Darstellung der Projektstruktur, z. B. in Organigrammen.[105]

Hauptzweck der aufbauorganisatorischen Regelungen ist das Erreichen eines hohen Maßes an Vollständigkeit und Widerspruchsfreiheit der Beschreibung und Zuordnung von Aufgaben, die Umsetzung der Aufgabenverteilung in eine widerspruchsfreie Vertragsgestaltung, die Vermeidung von Störungen bei der Bauwerksentwicklung und das Etablieren von wirksamen Kontrollinstrumenten des Auftraggebers.[106] Besondere Bedeutung kommt dabei der Schnittstellenplanung zu.[107] 673

Die **ideale Organisationsform** für die Projektrealisierung existiert nicht. Es muss vielmehr von Fall zu Fall entschieden werden, wie die Aufgaben der Planung, der Ausführung und der Projektsteuerung verteilt werden. Gleichgültig, ob der Bauherr die Projektsteuerung selbst wahrnimmt, ob er sie für die Planung weitgehend einem Generalplaner, ob er sie für die Bauausführung einem Generalunternehmer oder ob er sie einem Projektsteuerer überträgt, immer tritt das Problem auf, dass die richtigen Spezialisten damit betraut werden müssen, projektbezogene Aufgaben wahrzunehmen. Logik und Stimmigkeit der Organisationsgestaltung erhöhen die Wahrscheinlichkeit des Projekterfolges.[108] 674

Bei der Ausbildung von **Arbeitspaketen** und **vertraglichen Schnittstellen** ist zu beachten, dass sich rein objektspezifische Schnittstellen (z. B. teilprojektbezogen) einfacher steuern lassen als Querschnitts-/funktionale Schnittstellen. Eine Projektaufbauorganisation, bei der einzelne Objekte eines Gesamtprojektes an den Einzelprojekten zugeordnete (General-)Unternehmer übertragen werden, lässt sich leichter handhaben und kontrollieren als eine Projektstruktur, bei der für verschiedene Objekte Rohbau- und Fachgewerke projektübergreifend eingesetzt werden. 675

Eine noch so optimale Projektorganisation kann nicht verhindern, dass angesichts der systemtheoretischen **Unzulänglichkeiten** menschlichen Planens und Strukturierens Fehlsteuerungen bei der Projektabwicklung auftreten.[109] Dementsprechend kann die Arbeit an einer ausgefeilten Projektorganisation eine optimierte Projektabwicklung erleichtern; den Erfolg jedoch allein nicht sicherstellen. Eine Vielzahl von Widrigkeiten, unvorhersehbaren Ereignissen und vertragswidrigen Vorgehensweisen einzelner Projektbeteiligter kann dazu führen, dass wesentliche Projektziele ungeachtet einer optimalen Projektorganisation nicht erreicht werden. Auftraggebern muss daher immer wieder vorgehalten werden, dass ausreichende **Spielräume für »Unvorhergesehenes«** (Möglichkeiten für Qualitätsreduzierungen, Kostenbudgets für Unvorhergesehenes und Terminpuffer) vorzusehen sind. Selbst dort, wo der Auftraggeber für Unzulänglichkeiten nicht verantwortlich ist, sorgen unzulängliche Erkenntnismethoden, zufällige Entscheidungen von staatlichen Behörden und Gerichten, generell hohe Anspruchshürden bezüglich der Durchsetzung von Ersatzansprüchen gegen Projektbeteiligte und sonstige Anpassungszwänge im Projekt dafür, dass ein erheblicher Anteil der bei der Projektrealisierung anfallenden Reibungsverluste letztlich doch vom Auftraggeber getragen (d. h. bezahlt) werden muss. So führen Fehler bei der Erstellung von Leistungsverzeichnissen (Weglassen von Leistungen) nicht notwendigerweise zu Schadensersatzansprüchen, wenn das Projekt später teurer wird. Denn die für die zusätzlich erforderlichen Leistungen aufzuwendenden Kosten wären ohnehin entstanden, sog. »Sowieso-Kosten«; nur in Ausnahmefällen wird es dem Auftraggeber gelingen, derartige Fehlleistungen in Schadensersatzansprüche umwandeln zu können. 676

105 Kochendörfer/Liebchen, Bau-Projektmanagement, S. 51.
106 Will, Die Rolle des Bauherrn im Planungs- und Bauprozess, S. 171.
107 Kröhn, Projekt- und Qualitätsmanagement für Architekten, PM 2001, 21, 22.
108 Roberts, Management, S. 38.
109 Vgl. dazu auch Huth, Vorprojektplanung, S. 109 f.

677 Die **Erfolgswirkungen der formalen Projektorganisation** sind nicht ohne weiteres messbar. Nach den Untersuchungen von *Huth* soll den Organisationsfaktoren ein Einfluss von ca. 20 % auf die Bauprojektziele Qualität, Kosten, Termine zugerechnet werden können. Die Erfolgswirksamkeit einzelner Organisationsfaktoren wie Qualifikation, Planung und Steuerung des Projektablaufes, Information und Projektaufbauorganisation soll dabei nicht wesentlich voneinander abweichen.[110] Andere Untersuchungen haben den entscheidungsstarken Projektmanager als wichtigste Erfolgskomponente ausgemacht.[111] Dem entspricht die heutige Tendenz, dem Projektsteuerer – über die Stabsfunktion hinaus – wesentliche Funktionen aus der Projektleitung mitzuübertragen.

678 Speziell **Gefahrtragungsregelungen** müssen beachtet werden. Einerseits sorgen zwar § 644 BGB und in eingeschränkter Form auch § 7 VOB/B dafür, dass eine Beschädigung oder Zerstörung des jeweiligen Werkes vor Abnahme in die Risikosphäre der ausführenden Unternehmer fällt. Dementsprechend haben die eingesetzten Unternehmer ihre Leistungen vor Abnahme grundsätzlich auch vor Beschädigungen durch andere auf der Baustelle tätige Unternehmer auf eigene Kosten zu schützen. Die Risiken schlagen allerdings auf den Auftraggeber zurück, wenn er durch die Organisation auf der Baustelle besondere Gefährdungslagen für die bereits erbrachten Leistungen einzelner Unternehmer schafft.[112] Der Auftraggeber muss sich daher von Anfang an mit einer sachangemessenen Bauorganisation beschäftigen. Die Problematik kann sich selbst bei der Einschaltung von Kumulativleistungsträgern stellen, wenn es z. B. zu vorgezogenen Nutzereinbauten kommt.

2.2.2.2 Projektstrukturplan

679 Die Projektstrukturplanung beschreibt nach DIN 69901-5:2009-01 die vollständige, hierarchische Darstellung aller Elemente der Projektstruktur als Diagramm oder Liste. Ziel der Projektstrukturplanung ist es, genau die Aufgaben in genau der Größe zu erkennen und operativ zu formulieren, die den einzelnen Projektbeteiligten verantwortlich übertragen werden können und bei denen davon auszugehen ist, dass diese jeweilige definierte Aufgabenziel auch erreichen können.[113] Der Projektstrukturplan (= PSP) gliedert dementsprechend das Gesamtvorhaben in Teilaufgaben. Eine entsprechende Strukturierung kann nach der Kostengruppeneinteilung der DIN 276 – nach Aufgabenverteilung oder aber auch objektorientiert (z. B. nach einzelnen Bauteilen) oder nach ablaufbedingten Gesichtspunkten (prozessorientiert) – ausgebildet werden. Arbeitspakete stellen dabei die feinste Gliederungseinheit des Projektstrukturplans dar.[114] Im Jahre 2001 hat das PMI den »PMI Practice Standard for work breakdown structures« veröffentlicht, wonach sowohl eine produkt- wie auch zielorientierte Aufklärung in »breakdown structures« (WBS) möglich sein soll.[115] Seit der 4. Auflage (2014) ist die Projektstrukturplanung Grundleistung des Leistungsbildes Projektsteuerung nach AHO (1 A 1).

110 Vgl. Huth, Vorprojektplanung, S. 82, 85.
111 Gemünden/Lechler, Projektmanagement 1998, 3, 11, vgl. auch Rdn. 636.
112 Vgl. dazu Stuttmann, BauR 2001, 1487 f.
113 Vgl. dazu Bech, Die Funktion des öffentlichen Bauherrn im Projektmanagement, S. 93.
114 Vgl. Greiner/Mayer/Stark, Baubetriebslehre Projektmanagement, S. 33; Kochendörfer/Liebchen, Bau-Projektmanagement, S. 73.
115 PMI, Guide to Project Management Body of Knowledge, S. 112 f.

Praxisbeispiel Projektstrukturplan nach Zimmermann[116] 680

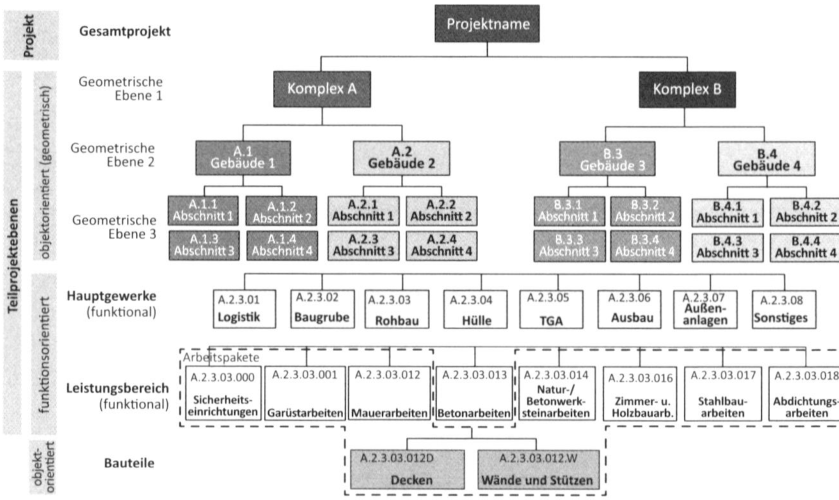

2.2.2.3 Leistungsübersicht/Abwicklungsmatrix

Ein weiteres Mittel zur Projektstrukturierung, das ggf. parallel zu einem Projektstrukturplan eingesetzt werden kann, ist eine sog. Leistungsübersicht (Abwicklungsmatrix siehe auch Rdn. 808). Die Leistungsübersicht enthält eine Auflistung der einzelnen Projektbeteiligten (Funktionsträger) und ordnet diesen bestimmten Aufgaben zu. Diese Liste der Projektbeteiligten und Leistungen ist sukzessive mit dem Projektfortschritt zu erweitern.[117] 681

2.2.2.4 Aufbauorganisationsdiagramme

Die Aufbauorganisation, insbesondere die Zusammenhänge zwischen den einzelnen Organisationseinheiten werden oftmals – zumeist in hierarchischer Form – in Organigrammen dargestellt. Dabei wird zumeist zwischen der Projekthierarchie und der Vertragsordnung unterschieden.[118] 682

2.2.2.5 Satzung/Geschäftsordnung des Projektes

Die Festlegung der rechtlichen Anordnungs- und Kompetenzbeziehungen zwischen den einzelnen Projektorganisationseinheiten wird zumeist nur stiefmütterlich behandelt. Anordnungs- und Vertragsbeziehungen werden zwar in Projekthandbüchern zumeist aufgegriffen und ggf. in Organigramme übernommen.[119] Oft fehlt es jedoch an der hinlänglichen rechtlichen Präzisierung der Funktionen und Kompetenzen. Selbst bei Großprojekten bestehen oft Unsicherheiten, welche Kompetenzen der Projektleitung bezüglich der Erteilung von Aufträgen, speziell Nachtragsbeauftragungen, zustehen und insbesondere, inwieweit der Projektsteuerung ihrerseits **Geschäftsführungs-** bzw. **Vertretungsmacht** übertragen werden darf. 683

116 Zimmermann, Josef, Die Entwicklung von Vergabeeinheiten im Hinblick auf das Angebot an Bauleistungen zur Generierung von Wettbewerb, DVP-Tagungsband Projektmanagement Herbsttagung 2014, S. 3.

117 Qureshi, Sheheryar Mohsin/Kang, Chang Wook, Analysing the organisazional factors of project complexity using structural equation modelling, International Journal of Project Management, 2015, 165; Diederichs, in: AHO-Fachkommission Projektsteuerung, S. 26.

118 Ahrens/Bastian/Muchowski, Handbuch Projektsteuerung – Baumanagement, S. 147 ff.; Greiner/Mayer/Stark, Baubetriebslehre Projektmanagement, S. 37; Diederichs, Immobilienmanagement im Lebenszyklus, S. 159.

119 Dazu auch Volkmann, Projektabwicklung, S. 233 mit Beispielen für eine Ausschussverfassung.

684 In der Projektpraxis hat es sich bewährt, größeren Projekten eine eigene rechtliche Verfassung zu geben, etwa in der Form von Satzungen, Geschäfts- und Vertretungsregelungen. Je nach Organisation des Auftraggebers kann eine entsprechende Projektorganisation durch unterschiedliche Unternehmensorgane in Kraft gesetzt werden. Handelt es sich bei dem Auftraggeber um eine GmbH, erfolgt die Umsetzung der Geschäftsordnung regelmäßig durch eine GF-Anweisung. Die typischen Inhalte einer **Projektgeschäftsordnung** ergeben sich aus der anliegenden Checkliste.

685 **Checkliste Projektgeschäftsordnung**

1. **Grundsätzliche Organisationsstruktur des Projektes/Projektorgane**
1.1 Geschäftsführung des AG
1.2 Projektleitung
1.3 Weitere Projektgremien (Projektbeirat, Steuerungskreise etc.)
1.4 Verhältnis zu Stabsstellen (Revision/Controlling)

2. **Die Geschäftsführungs- und Vertretungsbefugnis der Geschäftsführung**

686 3. **Geschäftsführungs- und Vertretungsbefugnis der Projektleitung/des Projektleiters**
3.1 Unterstellung unter die Geschäftsführung
3.2 Berichtspflicht an die Geschäftsführung
3.3 Stellung des Projektleiters in der Projektleitung
3.4 Geschäftsführungsbefugnis der Projektleitung/des Projektleiters
3.5 Vertretungsbefugnisse des Projektleiters
- Vergabe von Architekten-, Ingenieur- und Beratungsleistungen (Auftragsvolumen bis …)
- Vergabe von Bauleistungen und Lieferleistungen (Vergabevolumen bis …)
- Vertragsänderungen und -ergänzungen (… % des ursprünglichen Auftragsvolumens, begrenzt durch feststehenden Betrag …)
- Festlegung der Ablauforganisation
- Vertragskündigungen (im Rahmen der o. g. Auftragsvolumina)
- Entgegennahme von Erklärungen und auch von Sicherheiten
- Außergerichtliche Geltendmachung projektbezogener Erfüllungs-, Schadensersatz-, Gewährleistungs- und Haftungsansprüche
- Vornahme von Abnahmeerklärungen
- Anordnungen bei Gefahr in Verzug

Vorbehalt zur Ergänzung der Vertretungsregelung durch die Geschäftsführung
3.6 Weisungsbefugnisse und Abstimmungspflichten im Hinblick auf andere unternehmensinterne Stellen

687 4. **Aufgabendelegation an die Projektsteuerung**
4.1 Aufgaben der Projektsteuerung
4.2 Geschäftsführungsbefugnis der Projektsteuerung
4.3 Einräumung von Vertretungsmacht an die Projektsteuerung

5. **Vorgaben für den Planungs- und Durchführungsprozess**
5.1 Zusammenarbeit im Projektteam
5.2 Vorgabe von Projektzielen
5.3 Partnering
5.4 Beachtung öffentlichen Vergaberechts/öffentlich-rechtlicher Förderrichtlinien, ggf. auch Baurichtlinien des jeweiligen Auftraggebers bzw. der öffentlichen Hand (RBBau)

6. **Konfliktschlichtung**
6.1 Grundsatz
6.2 Verfahren bei Auftreten von Konflikten
6.3 Schlichtungsgremium
6.4 Mediation
6.5 Schiedsgutachter/Schiedsrichter
6.6 Informationspflichten

2.2.2.6 Die Organisation der Projektleitung des Auftraggebers

Eine wichtige Aufgabe im Rahmen der Aufbauorganisation ist die **Strukturierung der Projektleitung.**[120] Üblicherweise wird der Bauherr (gleichgültig, ob er ein öffentlicher Auftraggeber oder ein privates Unternehmen ist) zahlreiche interne und externe Stellen an der Projektrealisierung beteiligen wollen. Dabei stehen ihm verschiedene Organisationsmöglichkeiten offen: 688

- Er kann die Projektorganisation als **neue Stabsstelle** bei der Unternehmens- bzw. Behördenleitung ansetzen,
- er kann das Projekt in eine **vorhandene Linienorganisation** integrieren, wobei die Einbindung der temporären Projektorganisation in die permanente Linienorganisation sorgsam abgewogen werden muss,[121]
- bei größeren Projekten wird er das Projekt aus der eigenen Organisation ausgliedern und eine **eigenständige Projektorganisation** aufbauen wollen,
- schließlich kann er für die Projektdurchführung eine **Matrixorganisation** vorsehen.[122]

Wenn der Auftraggeber die Projektleitung als eigenständige Projektorganisation aufbaut, wird er diese oftmals auch gesellschaftsrechtlich verselbständigen wollen und eine **eigene Projektgesellschaft** einsetzen. Der Einsatz einer eigenen Projektgesellschaft hat dabei verschiedene Vorteile, nämlich:

- Klare Entscheidungs- und Verantwortungsstrukturen
- Bessere Zusammenführung aller Ressourcen
- Rechtsträger für alle Verträge
- Professionelle Personalbeschaffung (unabhängig von den Restriktionen der Stammorganisation)
- Schaffung der Grundlagen für eine eigenständige Finanzierung
- Steuerrechtliche Verselbständigung
- Ermöglichung der Vermarktung des Projektes mittels Share-Deal (insbesondere bei der Projektentwicklung)

Gesellschafter einer solchen Projektgesellschaft können mehrere Bauherrn sein, die mit der Investition ihre jeweiligen Interessen verfolgen. Im Projektentwicklungsgeschäft schließen sich oftmals schon Joint-Venture-Partner zu einer entsprechenden Projektgesellschaft zusammen, um Projekte gemeinsam zu realisieren und zu vermarkten.

---

120 Vgl. zur Aufgabenstellung der Projektleitung auch Rdn. 3054; zur Stellenbeschreibung eines Projektleiters etwa Litke, Projektmanagement, S. 170.

121 Müller, in: Bürgermeisterhandbuch, Ziff. 5–2.3, S. 29.

122 Dazu auch Schelle/Ottmann/Pfeifer, Projektmanager, S. 102 f.; ausführlich auch zu den Vor- und Nachteilen der einzelnen Organisationsansätze Gareis, Happy Projects, S. 72 f.

Übersicht über Organisationsformen: Stabs- und Projektorganisation

689 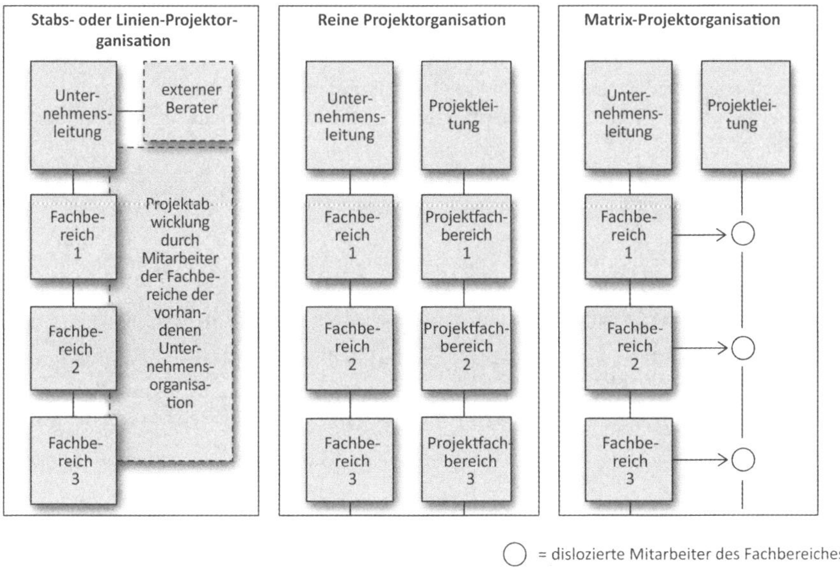

690 Welche der Organisationsvarianten gewählt wird, hängt vornehmlich von den vorhandenen Ressourcen (Managementkapazitäten) und dem Fachwissen der bestehenden Organisationseinheiten sowie der Projektaufgabe ab.[123] Ein Zusammenhang zwischen den beschriebenen **Projektorganisationsformen und Projekterfolgen** lässt sich nur schwer feststellen. Je größer und komplexer das Projekt wird, umso schlagkräftiger muss die Projektorganisation sein. Deshalb werden bei großen und komplexen Projekten vornehmlich reine Projektorganisationen umgesetzt. Im Übrigen hat der Projektmanager in diesem Zusammenhang eine geeignete Organisationsform unter Berücksichtigung der projektspezifischen Vor- und Nachteile vorzuschlagen.

691 Bei der **Matrixorganisation** wird die Linienorganisation des Betriebes beibehalten und um die Organisation des Projektmanagements als Querfunktion erweitert. Die Matrixorganisation ist damit eine Organisationsform, die »verstreutes« unternehmensinternes Know-how und entsprechende

123 Vgl. dazu Kochendörfer, in: Kapellmann/Vygen, Jahrbuch Baurecht 1999, 267, 278: »Abschließend bleibt festzuhalten, dass die erfolgreiche Abwicklung zwar auch juristisch eindeutiger Abgrenzungen bedarf, diese aber nicht an erster Stelle stehen dürfen, da der Erfolg im Projekt ganz entscheidend davon abhängt, dass die Führungsaufgaben im Projekt umfassend, geordnet und rechtzeitig erledigt werden. Diese können zusammenfassend und im Hinblick auf die technisch-wirtschaftliche Ausrichtung der Projektsteuerung im herkömmlichen Sinne wie folgt beschrieben werden:
- Definition der Zielvorgaben für Zweck, Umfang und Qualität der Bauaufgaben
  Unterstützung durch die Projektsteuerung
- Aufbau der Projektstruktur und Definition der Projektorganisation
  Vorbereitung durch die Projektsteuerung
- Entscheidungsfindung und Entscheidungsumsetzung
  Vorbereitung und Verfolgung durch die Projektsteuerung
- Sicherstellung der Genehmigungsfähigkeit
  Fachliche Unterstützung durch die Projektsteuerung
- Überwachung der Qualitäts-, Kosten- und Terminziele
  Durchführung durch die Projektsteuerung
- Sicherstellung der Finanzierung und Vermarktung
  Unterstützung durch die Projektsteuerung.«

Management-Kapazitäten zu Projektzwecken zusammenführt. Die Matrixorganisation fordert von allen Beteiligten ein hohes Verständnis zur ganzheitlichen Lösung der Projektaufgabe.[124]

Im Zusammenhang mit der Ausbildung einer projektangemessenen Kompetenzabgrenzung zwischen Linie und Projekt sind in der Regel folgende **Prüfpunkte** zu beachten: 692

- Anforderung der eindeutigen Abgrenzung der Aufgaben und Verantwortlichkeiten (keine Kompetenzvermischung).
- Insbesondere Abgrenzung der arbeitsvertraglichen Zuständigkeit für die Projektmitarbeiter auf Projektleitung und Unternehmensorganisation (in der Praxis wird die Weisungsbefugnis projektangemessen aufgeteilt).
- Sicherstellung des optimalen, flexiblen und kostengünstigen Ressourcen- und Know-how-Einsatzes (Wirtschaftlichkeit).
- Sicherstellung optimaler Arbeitserbringung (sachliche Entscheidungsfindung möglichst nach Leistungsnähe).
- Sicherstellung der Prozesse durch operative Steuerung des Mitarbeitereinsatzes durch die Projektleitung (Zuordnung des Mitarbeitereinsatzes).
- Sicherstellung der Bewahrung unternehmensweiter Fachziele durch Entscheidungszuständigkeiten der Fachbereiche (Restzuständigkeiten der Unternehmensbereiche).
- Sicherstellung der ordnungsgemäßen arbeitsvertraglichen Mitarbeiterführung und Integration nach Beendigung des Projektes.

In der passgenauen **Abstimmung** zwischen Bauherrenorganisation und Projektstruktur liegen oft 693 ungeahnte Problembereiche. Das gilt speziell bei großen öffentlich-rechtlichen und privaten Bauherren, deren historisch gewachsene Organisation mit der einmaligen Bauaufgabe konfrontiert wird. Die Integration der Projektleitung und die Verabschiedung einer Organisationsstruktur – insbesondere mit der Festlegung von Zuordnungen zu einer oder mehreren Hauptabteilungen oder Vorstands- oder Geschäftsbereichen sowie mit Entscheidungskompetenzen für Vertragsabschlüsse, Nachträge usw. – bringen oftmals nicht unerhebliche Schwierigkeiten mit sich.[125] Das gewählte Organisationskonzept der Projektleitung (Stabsstelle/Linienorganisation/Matrixorganisation) kann noch durch temporäre oder projektbegleitende Gremien ergänzt werden.

Bei größeren Projekten, speziell solchen mit politischem Bezug, sind so genannte **Lenkungs-** 694 **ausschüsse** – als temporäre, projektbegleitende Gremien – gebräuchlich. Im Lenkungsausschuss sind die jeweiligen Entscheidungs- und Verantwortungsträger für das Projekt zusammengefasst.

---

124 Die Vor- und Nachteile der Matrixorganisation werden von Lock, Projektmanagement, S. 38 ff., durch eine Übersicht und textliche Beschreibungen ausführlich dargestellt. Lock führt insbesondere aus: »Die Matrixorganisation dagegen ermöglicht die Einrichtung von spezialisierten Fachbereichsgruppen, die ›ewiges Leben‹ haben, unabhängig von der Dauer der einzelnen Projekte. Diese Arbeitskontinuität fördert den schrittweisen Auf- und Ausbau von Fachkenntnissen und Erfahrungen. Spezialisierte Fähigkeiten sind konzentriert. Die Bündelung der Fertigkeiten ermöglicht Flexibilität bei der Ressourcenanwendung. Jedes Mitglied jeder Spezialistengruppe kommt in den Genuss eines einigermaßen sicheren Beschäftigungsverhältnisses (vorausgesetzt, die Auftragsbücher sind voll). Es gibt klare Beförderungswege innerhalb der Berufsgruppen, mindestens bis hinauf zur Ebene des technischen Leiters. Außerdem hat jeder in der Gruppe die Möglichkeit, um höhere Positionen innerhalb der Gruppe zu konkurrieren, sobald langfristig Stellen freigegeben werden.«

125 Kalusche, DAB 1996, 1667, 1668, formuliert: »Stattdessen haben es nicht nur Architekten, sondern gerade die Projektsteuerer mit Bauherrenorganisationen zu tun, welche in der praktischen Zusammenarbeit aus mehreren Bauherrenvertretern bestehen. Diese werden, wenn es sich nicht um eine erfahrene Planungs- oder Bauabteilung einer größeren Behörde oder eines Unternehmens handelt, oft von vielen unterschiedlichen Zielen geleitet, die es im Vorfeld der Planung zu koordinieren und nachfolgend zu steuern gilt. Es bedarf keiner umfangreichen Erläuterung, um sich vorstellen zu können, dass bei großen Organisationseinheiten die Entscheidungsfindung auf der Bauherrenseite und die fachgerechte Formulierung des Bauherrenwillens eine anspruchsvolle Aufgabe ist, die erheblich über die vom Architekten zu erbringenden Leistungen in der Leistungsphase 1 Grundlagenermittlung hinausgehen kann.«

Gemeinsam treffen sie die für die Durchführung des Projektes herausgehobenen Entscheidungen und überwachen die Tätigkeit des Projektleiters.

695 Die **Aufgaben des Lenkungsausschusses** sind projektbezogen festzulegen. Häufig sind Hauptaufgaben des Lenkungsausschusses:
- Definition von Projektziel und Projektaufgabe (zusammen mit dem Projektleiter)
- Kontrolle und Genehmigung der Projektplanung
- Prüfung und Genehmigung der erarbeiteten Phasenergebnisse
- Prüfung und Genehmigung der vom Projektleiter erstellten Statusberichte
- Unterstützung und Beratung des Projektleiters bei allen auftretenden Problemen größeren Umfangs
- Entscheidungen fällen, die die Kompetenz des Projektleiters übersteigen
- Schlichtung von auftretenden Problemen zwischen den am Projekt beteiligten Stellen.[126]

696 Bei Auftraggebern mit einer projektorientierten Unternehmensstruktur wird die Zuarbeit des Projektsteuerers nicht selten sowohl auf der Ebene der Geschäftsleitung (Holding) als auch auf der Ebene der einzelnen Projekteinheiten (Projektgesellschaften) benötigt. In derartigen Fällen wird der Projektsteuerung ein **zweistufiges Projektsteuerungs- bzw. Controllingsystem** abverlangt, das sowohl die Unterstützung der Zentrale als auch der einzelnen Projekteinheiten beinhaltet.[127]

697 Besonderheiten sind auch bei einigen **»komplexeren« Realisierungsformen** zu beachten. Der Auftraggeber eines Großprojektes ist heute seltener ein Bauherr, der alle projektspezifischen Funktionen in sich vereint. Zunehmend werden Eigentümer-, Nutzer- und Bauherrenrolle aufgespalten. Rechtliche Rahmenbedingungen, steuerliche Konzeptionen sowie besondere organisatorische und finanztechnische Anforderungen erfordern besondere Strukturen. Diese reichen von der Verselbstständigung der Projektrealisierung auf eine für das konkrete Objekt gegründete Objektgesellschaft (Projektgesellschaft) bis hin zu Leasing-, Betreiber- und Konzessionsmodellen. Im Rahmen derartiger Realisierungsmodelle wird der Projektsteuerer typischerweise bei der für die Projektrealisierung gebildeten Projektgesellschaft angebunden. Wegen der Strukturmerkmale der einzelnen Modellvarianten muss auf anderweitige Veröffentlichungen verwiesen werden.[128] Festzuhalten ist im vorliegenden Zusammenhang, dass die besonderen Strukturen und auch Anforderungen (wie die Einbeziehung öffentlicher Körperschaften, die Notwendigkeit der Nutzung steuerlicher Vorteile oder auch besondere organisatorische und finanztechnische Anforderungen) besondere Vorkehrungen zur Sicherstellung einer erfolgreichen Projektsteuerertätigkeit erfordern und den Pflichtenkreis des Projektsteuerers näher konkretisieren und auch erweitern können.[129]

698 Zur Fortentwicklung der gewählten **Aufbauorganisation** hat der Projektsteuerer projektbegleitend zu beraten, wobei seine Leistung zum Zeitpunkt der Inbetriebnahme in ein Facility-Management-Konzept übergehen kann.[130]

2.2.2.7 Die »gemischte Projektleitung« (Bauherr und Bauunternehmung in einem Boot)

Besondere Abwicklungsprobleme haben etwa bei der Errichtung der neuen ADAC-Zentrale in München (2009) dazu geführt, dass sich der Auftraggeber mit einem Generalunternehmer in einer ARGE verbunden hat. Dem Auftraggeber verblieben dabei übergreifende Controllingaufgaben. Die ARGE aus Auftraggeber und Generalunternehmer erbrachte im Übrigen sämtliche Management- und Controllingleistungen. Die notwendigen Planungs- und Ausführungsleistungen wurden

126 Vgl. Litke, Projektmanagement, S. 65.

127 Vgl. die Darlegungen von da Cunha, in: DVP, Projektmanagement in Praxisbeispielen, S. 6 ff., betreffend die Erfahrungen der Planungsgesellschaft Bahnbau Deutsche Einheit mbH.

128 Vgl. dazu im Einzelnen Eschenbruch, in: Kapellmann, Juristisches Projektmanagement, Rn. 98 f.

129 Vgl. Kochendörfer, in: Kapellmann/Vygen, Jahrbuch Baurecht 1999, 267, 279.

130 Vgl. in diesem Zusammenhang bereits Diederichs/Hutzelmeyer, Bauwirtschaft 1975, 1488, 1490.

(teilweise) untervergeben. Die Erfahrung mit dieser Projektabwicklungsform war nicht durchgängig positiv.[131]

2.2.3 Die Aufbauorganisation der Projektsteuerung

2.2.3.1 Schnittstellen zur Projektleitung/Projektmanagementeinsatzformen

Das Projektmanagement setzt sich aus der Aufgabenwahrnehmung in der Form der Projektleitung und der Projektsteuerung zusammen.[132] Dementsprechend ist nach Festlegung der Aufgaben der Projektleitung das **Aufgabenfeld für die Projektsteuerung** festzulegen. Typischerweise wird im Zusammenhang mit der Beauftragung eines Projektsteuerers anhand der Leistungsbeschreibung oder aber – speziell bei größeren Projekten – einer ergänzenden **Aufgabenverteilungsmatrix** festgelegt, wie die Aufgaben zwischen Projektleitung und Projektsteuerung verteilt werden.[133] 699

Alsdann hat die Schnittstellenausbildung des Projektmanagements zu den Planer- und Unternehmeraufgaben stattzufinden. Dabei ist die projektadäquate Projektmanagementeinsatzform festzulegen. Diese steht wiederum in einer Wechselbeziehung zu Planer- oder Unternehmereinsatzformen. Die **Einsatzformen des Projektmanagements** sind in Kapitel 1 im Einzelnen dargestellt worden. Es handelt sich im Wesentlichen um 700
- Projektsteuerung,
- Projektmanagement,
- Projektcontrolling,
- Construction Management.

2.2.3.2 Aufbauorganisation der Projektsteuerung

Große Projekte, insbesondere solche, die aus mehreren Einzelobjekten bestehen, wie bei Neubauprogrammen für Flughäfen, Hochschulen eines Landes, ganzer Stadtteile (z. B. Potsdamer Platz), Bahnneubaustrecken usw., lassen sich durch ein einheitliches Projektmanagement nur schwer steuern. Derartige Projekte bestehen oft aus mehreren Einzelobjekten, deren Bewältigung eine jeweils getrennte Projektsteuerungsfunktion für die Einzelobjekte und die **übergeordnete Steuerung** erfordert. Es entsteht eine Aufgabenstellung, die dem **Multiprojektmanagement** zuzuordnen ist. Vielfach erfordert auch die Größe eines Projektes in diesen Fällen eine weitergehende Strukturierung mit mehreren Projektmanagement- oder Projektsteuerungseinheiten. 701

In derartigen Fällen eines **Multiprojektmanagements** entsteht vielfach der Bedarf für eine **übergeordnete Projektsteuerung oder eine sogenannte übergeordnete Programmsteuerung**. Für die einzelnen Teilprojekte werden dann – unterhalb des übergeordneten Projektmanagements – einzelne Teilprojektmanagementeinheiten gebildet und die entsprechenden Leistungen gesondert beauftragt. Entsprechende Strukturierungen haben sich als ausreichend robust erwiesen. Sie tragen einerseits dem Umstand Rechnung, dass eine übergeordnete Steuerung notwendig ist und sich objektspezifische Aufgliederungen von Managementleistungen leichter handhaben und kontrollieren lassen, als funktionale Aufgliederungen. Sie schaffen andererseits klare Verantwortlichkeiten für einzelne Teilaufgaben und für die übergreifende Zusammenführung aller Managementaufgaben. 702

131 Dazu vgl. im Einzelnen Demuth, Bauherr und Bauunternehmer in einem Boot, S. 27.
132 Vgl. dazu Rdn. 344 f.
133 Vgl. dazu Diederichs, in: Diederichs/Eschenbruch, Construction Project Management, S. 13 f.

703 Die übergeordnete Projektsteuerung bzw. Programmsteuerung beinhaltet in der Regel folgende Aufgabenstellungen:
- Systematisches und ganzheitliches Management der Projektanforderungen über alle Einzelobjekte hinaus.
- Koordinierung der Schnittstellen zwischen den einzelnen Projekten.
- Einheitliches und ganzheitliches Kosten- und Risikomanagement.
- Zentrales Management von Verträgen und Nachträgen.
- Entscheidungsvorbereitung und Gremienberichterstattung.
- Moderation und Konfliktlösung.
- Einrichten und Betreiben eines Projektkommunikationssystems für das Gesamtprojekt.

Unterhalb dieser übergeordneten Steuerungsebene werden für die Einzelobjekte zumeist Projektsteuerungsleistungen an ein einzelnes oder an mehrere Projektsteuerungsunternehmen – objektbezogen – übertragen.

704 Probleme ergeben sich bei derartigen Systemanforderungen für das Projektmanagement bei öffentlichen Auftraggebern. Diese wollen es zumeist vermeiden, bei jedem weiteren Teilprojekt neue Projektmanagementleistungen ausschreiben zu müssen. Dem kann teilweise durch eine phasenbezogene stufenweise Vergabe Rechnung getragen werden.

705 Die Praxis zeigt, dass die ganzheitliche Beauftragung von Projektmanagementleistungen für eine übergeordnete Projektsteuerung und einzelne Teilprojektsteuerungen an ein Büro bei großen Projekten zumeist zu keinen zufriedenstellenden wirtschaftlichen Ergebnissen für den Auftraggeber führt. Die Personalressourcen der Projektmanagementbüros sind in der Regel nicht so groß, dass für derartige Projekte an allen Stellen leistungsfähige Mitarbeiter eingesetzt werden können. Dementsprechend zeigt sich oftmals, dass einzelne (Teil-)Projekte schlecht besetzt sind. Mit einer zu frühen Beauftragung umfassender - ggf. zweistufiger - Projektmanagementsysteme bei großen Projekten an ein einzelnes Projektsteuerungsunternehmen ist daher Zurückhaltung zu üben,.[134]

706 *Bay/Belter*[135] haben aufgrund von Erfahrungen im Projektmanagement bei einem großen Projekt folgende Anforderungen definiert:
- Aufteilung des Großprojektes in eine übergeordnete Steuerung und eine Steuerung einzelner objektbezogener Einheiten
- Verstärkung von Projektleitung und Projektsteuerung, insbesondere im Hinblick auf fachlich qualifizierte Mitarbeiter
- Jedem Abschnittsleiter der Projektleitung wurde ein Projektsteuerer zugeordnet
- Regelung einer Holpflicht von Informationen durch den einzelnen Projektsteuerer
- Initiierung einer eigenen Kosten- und Terminplanung des Projektsteuererbüros
- Budgetzuteilung und Verantwortung liegt bei den Abschnittsleitern.

134 Dazu auch Bay, Martin/Belter, Bringfried, Projektmanagement bei Großprojekten der Deutschen Bahn AG, in: Erstes Kasseler Projektmanagementsymposium, S. 26/27; zur mehrstufigen Projektorganisation vgl. Madauss, Handbuch Projektmanagement, S. 117; zu den Zielen der Projektsteuerung und dem Steuerzyklus vgl. Platz, in: Schelle/Reschke/Schnopp/Schub, Projekte erfolgreich managen, Kapitel 49, 1, S. 1, 2.

135 Bay/Belter, a. a. O., S. 26, 27.

Unabhängig davon, dass große Projekte zunächst einer Aufgliederung in einzelne Projektmanagementeinheiten (objektbezogene Gliederung) bedürfen, ist **innerhalb des jeweiligen Projektmanagementteams** in aller Regel eine funktionale **Aufgabenverteilung** erforderlich. Einzelaufgaben der Projektsteuerung müssen auf bestimmte Teammitglieder (ggf. auch Nachunternehmer-Projektsteuerungsfirmen) verteilt werden, so z. B. hinsichtlich Organisation/Koordination, Projektinformationssystem, Termine, Kosten/Verträge, Qualitätskontrolle, Sekretariat. Besonderer Aufmerksamkeit bedarf dabei der Einsatz projektspezifischer EDV-Systeme für die Projektsteuerung. Für den Auftraggeber ist es im Regelfall vorzugswürdig, das Projekt gegenständlich (objektbezogen) in Teilprojekte aufzugliedern, für die wiederum Teilprojektleiter verantwortlich sind. Eine funktionale, gewerkebezogene Aufgliederung der Projektsteuerungsorganisation erfordert zwar weniger umfassend qualifiziertes Personal, ist jedoch mit einem erhöhten Koordinierungsaufwand verbunden. 707

Sofern ein größeres Projektsteuererbüro mit komplexen und umfangreichen Projektsteuererleistungen beauftragt wird, kann es gleichwohl zweckmäßig sein, die Projektsteuerungsorganisation **matrixartig zu organisieren**, also etwa ein in mehrere Einzelprojekte zerlegtes Gesamtprojekt mit einzelprojektübergreifenden Spezialisten für Teilfragen bearbeiten zu lassen. 708

Gleichgültig, ob die Projektsteuerung vornehmlich objektbezogen, funktionsbezogen oder matrixartig gegliedert ist, wird an der Spitze der Projektsteuererorganisation regelmäßig eine **Leitung der Projektsteuerung** stehen, die – entweder auf Gesamtprojektebene oder Teilprojektebene – organisatorisch der Projektleitung des Bauherrn zuarbeitet (»Flaschenhals«). 709

Die Arbeitsteilung schreitet auch im Bereich der Projektsteuerung voran. Bei großen Projekten kommen gelegentlich **mehrere Projektsteuerungsbüros** mit unterschiedlicher Aufgabenzuweisung zum Einsatz. Vielfach wünscht der Auftraggeber in derartigen Fällen die Zusammenfassung der Projektsteuerungsbüros in eine **Projektsteuerungs-ARGE** oder aber die Ausbildung einer Hauptunternehmer-/Nachunternehmerstruktur im Organisationsbereich der Projektsteuerung. Speziell bei dem Einsatz von Projektcontrollingmodellen anlässlich des Generalunternehmereinsatzes ist es nicht unüblich, dass frühere Planer nach der Vergabe in die Controllingorganisation überwechseln. Dabei kann es nicht nur aus Gründen der Außenwirkung und des Selbstverständnisses der beteiligten Freiberufler, sondern auch aus dem Gesichtspunkt der Vermeidung von Vergütungsrisiken nach dem zwingenden Preisrecht der HOAI (wenn HOAI-gebundene Teilleistungen unterhalb der Mindestsätze eingekauft worden waren) vorzugswürdig sein, anstelle einer Nachunternehmerbeziehung eine ARGE-Bildung zwischen verschiedenen Projektsteuerer- und/oder Planungsbüros vorzusehen. Entsprechende **ARGEN oder Konsortien** werden typischerweise als BGB-Gesellschaft gegründet. Dabei ist darauf hinzuweisen, dass allein durch die gesellschaftsrechtliche Ausgestaltung bei einem entsprechenden Konsortium eine Haftungsbegrenzung nach außen nicht erreicht werden kann.[136] Wenn etwa eine Haftungsbegrenzung auf die Leistungen des einzelnen Konsortialpartners umgesetzt werden soll, müsste hierzu eine individuelle Vereinbarung mit dem Auftraggeber geschlossen werden. Die Eckpunkte eines entsprechenden Konsortialvertrages ergeben sich aus der nachfolgend abgedruckten Übersicht: 710

136 Vgl. BGH, Urteil vom 27.09.1999, Az. II ZR 371/98, in: ZIP 1999, 1755 = IBR 2000, 29.

711

Gliederung des Konsortialvertrages Projektsteuerung
Vertragsparteien (Konsorten)
Präambel
Projekt/Projektmerkmale
Name des Konsortiums
§ 1 Leistungsanteile der Konsorten
1.1 Beitrags- und Leistungspflichten
1.2 Leistungsaufteilung
1.3 Beteiligung am Gewinn und Verlust
1.4 Kostenverteilung
§ 2 Federführung
2.1 Aufteilung der Federführung
2.2 Aufgaben der technischen Federführung
2.3 Aufgaben der kaufmännischen Federführung
§ 3 Konsortialsitzungen und Beschlüsse
§ 4 Vergütung/Zahlungen
4.1 Grundsätzliche Beteiligung an Abschlagszahlungen und Schlusszahlung
4.2 Anteile an Vergütungen für Zusatzleistungen und Änderungsleistungen
4.3 Zahlungen für Erschwernisse, Behinderungen und Beschleunigungen
4.4 Verrechnung von Leistungen untereinander
4.5 Vergütung für Federführungsaufgaben
§ 5 Haftung
§ 6 Versicherung, Steuern
§ 7 Mitgliedschaft
§ 8 Geheimhaltung
§ 9 Gültigkeit des Vertrages
§ 10 Vertragsänderungen
§ 11 Kündigung und Ausscheiden aus dem Konsortium
11.1 Kündigung nur aus wichtigem Grund
11.2 Kündigungsgründe
11.3 Kündigungsfolgen
§ 12 Salvatorische Klausel
§ 13 Streitschlichtung/Gerichtsstand

2.2.3.3 Projektsteuerungssystem

712 Ein Projektsteuerungssystem ist eine Zusammenfassung von Prozessen und zugehörigen Steuerungsfunktionen, die zu einem funktionsfähigen, vereinheitlichten Ganzen konsolidiert und kombiniert werden.[137]

713 Darüber hinaus können die relevanten Projektspezifika besondere inhaltliche Anforderungen an das Projektsteuerungssystem stellen. Handelt es sich um klassische Bauaufgaben (z. B. die Errichtung von Bürokomplexen), kann die Projektaufgabe im Wesentlichen durch standardisierte Abläufe und ein auf Anordnungen beruhendes Steuerungsmodell abgewickelt werden (hierarchische Projektsteuerung). Anders verhält es sich jedoch bei Projektaufgaben, in Bezug auf deren Realisierung noch wenig Erfahrungswissen besteht (z. B. Industrie- oder Infrastrukturbauten mit einem hohen Lösungsanteil innovativer Technik). In diesen Fällen müssen die Projektbedingungen und die Projektziele stetig neu formuliert werden, was i. d. R. ein flexibleres Projektsteuerungssystem, basierend u. a. auf Konsensfindung in Expertengremien, erfordert (partizipative Projektsteuerung). In der Praxis finden sich vielfältige Mischformen.

137 PMI, Guide to the Project Management Body of Knowledge, S. 33.

Die rechtlichen Strukturen werden bei einem hierarchischen Projektsteuerungssystem im Wesentlichen durch den Projektsteuerungsvertrag, das auf dieser Basis in Abstimmung mit dem Auftraggeber erstellte Projekthandbuch mit seiner Ablaufplanung und die Übertragung der darin geregelten Anforderungen in Einzelverträge sowie Anordnungen geprägt. 714

Demgegenüber gewinnen bei partizipativen Projektsteuerungssystemen Projektorgane, wie Lenkungskreise (Steering-Comitees), Planungs- und Realisierungsausschüsse sowie Sonderausschüsse erhebliches Gewicht. Neben dem Regelungswerk des Projekthandbuches bestehen in diesen Fällen oft Geschäftsordnungen für das System Projektmanagement und die Projektausschüsse. 715

Merkmale von Projektsteuerungssystemen

System	hierarchische Projektsteuerung	partizipative Projektsteuerung
– **Anwendung**	– klassische Bauaufgaben	– komplexe Projektaufgaben, z. B. mit hohem Technikanteil, auch bei GMP-Modellen
– **Organisation**	– Projekthandbücher – Vertragliche Leistungsvorgaben und Anordnungen	– Gremien treten neben die Vertragsbeziehungen – Geschäftsordnungen ergänzen Projekthandbücher
– **Steuerungsmittel**	– Anordnungen – Genehmigungen	– Konsensfindung in Projektorganen
– **Streitschlichtung**	– § 315 BGB – Schiedsgutachter/Schiedsgerichte – staatliche Gerichte	– Eskalationsregeln für Gremien – Streitschlichtung in Gremien – Mediation

716

Aufmerksamkeit ist der Anpassungsfähigkeit des gewählten Projektsteuerungssystems auch in **Krisenfällen** zu widmen. Je größer die Entscheidungszentralisierung, umso weniger anpassungsfähig bleibt ein System bei Krisensituationen. Aber auch bei sehr niedrigem Zentralisationsgrad sinkt die Anpassungsfähigkeit. Darüber hinaus hat die Intensität der Informationsbearbeitung und des Informationsaustausches Einfluss auf die Anpassungsfähigkeit. Schließlich gewährt die Selbstabstimmung in kleinen Teams eine effektive Form von Koordination.[138] 717

2.2.3.4 Vertretungsmacht des Projektsteuerers

Ein wichtiger Problemkreis ist die Festlegung einer projektadäquaten **Vertretungsmacht** für den Projektsteuerer. Dabei ist immer zwischen der rechtsgeschäftlichen Vertretungsmacht zu unterscheiden (also den Auftraggeber wirksam zu verpflichten) und der Wissensvertretung (also der Zurechnung von Kenntnissen, die der Projektsteuerer hat). 718

Da eine **gesetzliche Vertretungsmacht** des Projektsteuerers zur rechtsgeschäftlichen Verpflichtung des Auftraggebers nicht existiert, muss er – wie der Architekt – seine Vertretungsmacht vom Auftraggeber ableiten (**Vollmacht**).[139] Fraglich ist in diesem Zusammenhang, ob allein in der Beauftragung mit Projektsteuerungsleistungen die Erteilung einer Vollmacht für einen gewissen Bereich von Rechtsgeschäften gesehen werden kann (sog. originäre Projektsteuerungs-Vollmacht).[140] 719

Nach der Rechtsprechung des BGH erfasst die einem Architekten **konkludent erteilte Vollmacht** nur die üblicherweise zur Erfüllung der Bauausführung erforderlichen rechtsgeschäftlichen 720

138 Burmann/Freiling/Hülsmann, Management von ad-hoc-Krisen, S. 133.

139 BGH, Urteil vom 10.11.1977, Az. VII ZR 252/75, in: NJW 1978, 995: »Eine umfassende Vertretungsmacht kann nur angenommen werden, wenn sich ein dahingehender Wille des Bauherrn aus seiner Erklärung oder den Umständen zweifelsfrei feststellen lässt.«

140 Vgl. zur Vollmacht des Architekten: OLG Düsseldorf, BauR 2002, 1878 OLG Düsseldorf, Urteil vom 09.12.1999, Az. 12 U 195/98, in: BauR 2000, 1198; Locher/Koeble/Frik, HOAI, Einl., Rn. 101 ff.; Pauly, BauR 1998, 1143, 1147 ff.

Erklärungen, nicht die Befugnis, Verträge abzuschließen oder den Vertrag mit einem Baubeteiligten in wesentlichen Punkten zu ändern.[141] Insbesondere ist der Architekt nicht zur Erteilung von Nachtragsaufträgen befugt.[142] Eine weitergehende Vertretungsmacht kann sich nur aus dem abgeschlossenen Architekten- bzw. Projektsteuerervertrag ergeben.[143]

721 Aus der Beauftragung eines Projektsteuerers als solcher folgt mithin nicht, dass dem Projektsteuerer bereits eine irgendwie geartete Vollmacht eingeräumt werden soll. Da es keine einheitlichen Leistungsbilder der Projektsteuerung und des Projektcontrollings gibt und nicht feststeht, ob ihnen über die rein beratende Tätigkeit hinaus überhaupt außenwirksame Kompetenzen zugewiesen werden sollen, kann es auch **keinen allgemeingültigen Umfang einer Projektsteuerervollmacht** geben (keine originäre Projektsteuerervollmacht).[144] Entgegen *Schill*[145] und entsprechenden Strömungen in der architektenrechtlichen Literatur[146] ist auch nicht anzunehmen, dass dem Projektsteuerer generell eine Vollmacht eingeräumt ist, den Auftraggeber zur Abwendung einer dem Projekt drohenden Gefahr rechtsgeschäftlich zu verpflichten. Eine für alle Projektsteuerungsverträge gültige originäre Projektsteuerervollmacht gibt es nicht.[147]

722 Wohl kann die **Auslegung des Projektsteuerungsvertrages**, insbesondere des Leistungsbildes, ergeben, dass dem Projektsteuerer ausdrücklich oder konkludent eine entsprechende Vollmacht eingeräumt wird. Im Hinblick auf die Leistungs- und Honorarordnung AHO nimmt etwa *Schill* an, dass dem Projektsteuerer zumindest Vollmacht erteilt sei, Erklärungen entgegenzunehmen, Projektbeteiligte zu koordinieren, wie auch Anordnungen gegenüber Objekt- und Fachplanern zu erteilen.[148]

723 Auch hier ist allerdings **Zurückhaltung** zu üben. Speziell der **in Stabsfunktion** tätige Projektsteuerer ist nicht ohne weiteres mit Außenwirkung als befugt anzusehen, den Auftraggeber zu verpflichten. Selbst Anordnungen im Planerbereich können erhebliche terminliche und kostenmäßige Konsequenzen haben. Im Zweifel wird daher eine mit Vertragsabschluss bereits eingeräumte Vertretungsmacht zu verneinen sein. Bei **Projektmanagementverträgen im engen Sinne**, also Einsatzmodellen, bei denen der Projektmanager auch Leitungsaufgaben übernimmt, kann dies anders zu beurteilen sein. Der BGH hatte in seiner Entscheidung vom 23.06.2005 einen entsprechenden Fall zu beurteilen, in dem dem Projektsteuerer eine starke Stellung als Projektmanager (mit Vertretungsmacht) eingeräumt worden war:

---

141 BGH, Urteil vom 17.06.2004, Az. VII ZR 337/02, in: NZBau 2004, 503, 504; BGH, Urteil vom 07.03.2002, Az. VII ZR 1/00, in: NZBau 2002, 571 = ZfBR 2002, 767; OLG Stuttgart, Urteil vom 31.05.2002, Az. 5 U 98/01, in: IBR 2004, 407; OLG Koblenz, Beschluss vom 11.08.2011, Az. 2 U 140/10, in: IBR 2012, 260; OLG Oldenburg, Urteil vom 18.01.2007, Az. 8 U 181/06, in: BauR 2009, 1917.

142 KG, Urteil vom 10.10.2006, Az. 21 U 75/04, in: BauR 2008, 97 = IBR 2007, 599 (Nichtzulassungsbeschwerde vom BGH zurückgewiesen, Beschluss vom 27.09.2007, Az. VII ZR 232/06).

143 OLG Oldenburg, Urteil vom 18.01.2007, Az. 8 U 181/06, BauR 2009, 1917.

144 Zutreffend auch Zöpfl, Rechtsnatur und Rechtsprobleme des Bauprojektsteuerungsvertrages, S. 34/35; auch Kapellmann/Schiffers, Vergütung, Nachträge und Behinderungsfolgen beim Bauvertrag, Band 1, Rn. 905 ff.; Fischer, in: Thode/Wirth/Kuffer, Praxishandbuch Architektenrecht, § 19, Rn. 84; auch Motzke/Wolff, Praxis der HOAI, S. 224: »Keine Anordnungs-, Entscheidungs- und Weisungsbefugnisse.«; a. A. Heinrich, Der Baucontrollingvertrag, S. 151, insbesondere für das Baucontrolling. Heinrich meint, dass weder der Objektplaner noch der Baucontroller seine Aufgaben ohne Erteilung einer Vollmacht ordnungsgemäß erledigen könne.

145 Schill, Der Projektsteuerungsvertrag, S. 77.

146 Von Craushaar, BauR 1982, 421; Keldungs, in: Festschrift für Vygen, S. 208.

147 Dazu auch Fischer, in: Thode/Wirth/Kuffer, Praxishandbuch Architektenrecht, § 19, Rn. 84.

148 Vgl. Schill, Der Projektsteuerungsvertrag, S. 77, 78; in der Praxis ist es auch durchaus üblich, in Projektsteuerungsverträgen rechtsgeschäftliche Vollmacht für Anordnungen gegenüber Planern, nicht aber ausführenden Unternehmern zu erteilen; Möllers, in: Korbion, Baurecht, Teil 14, Rn. 122; für den Bauleiter, der im Bauwesen übliche technische Anordnungen in der Form von Angaben für die Erstellung einer Statik verlautbart, ist von einer Bevollmächtigung auszugehen, OLG Koblenz, Beschluss vom 11.08.2011, Az. 2 U 140/10, IBR 2012, 260.

»Schlossen die … einen Projektsteuerungsvertrag. Darin übernahm die … für die Beklagte u. a. die Beauftragung, Koordination und Abwicklung der erforderlichen Einzelgewerke für das Gebäude. Die Beklagte bevollmächtigte die … in ihrem Namen und für ihre Rechnung, Einzelaufträge für sämtliche zur bezugs- und schlüsselfertigen Herstellung und Errichtung des Gebäudes erforderlichen Bauleistungen zu erteilen, soweit die Beklagte bei Abschluss des Projektsteuerungsvertrages nicht bereits entsprechende Aufträge erteilt habe.«[149]

Für weitere Praxisbeispiele wird auf das Kapitel Vertragsgestaltung (Rdn. 2444) verwiesen.

Wenn etwa der Projektsteuerer auftraggeberseitig damit befasst wird, in Baubesprechungen Fest- 724
legungen zur Aufholung von Terminverzögerungen wegen Behinderungen zu treffen, kann eine konkludente Bevollmächtigung vorliegen.[150]

Die notwendige Vollmacht kann allerdings – auch im weiteren Verlauf der Tätigkeit als Projektsteue- 725
rer oder Projektcontroller – konkludent erteilt werden. Dem Projektsteuerer kann Vertretungsmacht in Form einer **Duldungsvollmacht** eingeräumt sein, wenn er im Rechtsverkehr als Vertreter des Auftraggebers auftritt und dieser das Verhalten des Projektsteuerers kennt und duldet, etwa wenn der Auftraggeber einen Auftragnehmer im Hinblick auf Zusatz- oder Änderungsaufträge an seinen Projektsteuerer verweist[151] oder über mehrere Monate zulässt, dass der Ingenieur Mängel rügt und Leistungen abnimmt.[152] Entsprechendes gilt, wenn jemand einen Projektsteuerer zur Abnahmeverhandlung entsendet, in Bezug auf die typischerweise bei entsprechenden Abnahmeverhandlungen abzugebenden rechtlichen Erklärungen.[153] Ist dem Projektsteuerer die Prüfung von Rechnungen Projektbeteiligter übertragen, kann sich der Auftraggeber nach erfolgter Prüfung durch den Projektsteuerer nicht mehr darauf beziehen, die erteilten Rechnungen seien nicht prüffähig.[154]

Über eine sog. **Anscheinsvollmacht** muss sich der Auftraggeber das Handeln des Projektsteuerers 726
ausnahmsweise zurechnen lassen, wenn er dessen vollmachtloses Handeln bei pflichtgemäßer Sorgfalt hätte erkennen und verhindern können und der Vertragspartner annehmen durfte, der Auftraggeber dulde und billige das Handeln des Vertreters.[155] Dies setzt ein Handeln von gewisser Häufigkeit und Dauer voraus und weiter, dass der Geschäftsgegner ohne Fahrlässigkeit annehmen durfte, der Auftraggeber kenne und dulde das Handeln des Projektsteuerers.[156] Von einer Anscheinsvollmacht ist indessen nicht auszugehen, wenn in den Verträgen mit weiteren Projektbeteiligten – sei es auch in formularmäßiger Form – klargestellt ist, dass dem Projektsteuerer keine entsprechende Vollmacht zusteht.[157] Eine Vollmacht zum Abschluss von Nachträgen kann sich daraus ergeben, dass ein Architekt oder Projektmanager schon den Hauptvertrag im Namen des Auftraggebers verhandelt und unterzeichnet hat.[158] Wenn der Auftraggeber den Projektsteuerer in Verhandlungen entsendet und das Verhandlungsprotokoll bestimmte Verhandlungsergebnisse festhält, dann kann der Auftraggeber unter dem Gesichtspunkt der Anscheinsvollmacht an die Ergebnisse der Verhandlungen gebunden sein.[159] Die Übersendung des Baustellenverhandlungsprotokolls muss sich der

149 BGH, Urteil vom 23.06.2005, Az. VII ZR 144/03, in: NZBau 2005, 592 = IBR 2005, 459.
150 Vgl. für den Architekten KG, Urteil vom 29.04.2008, Az. 7 U 108/07, in: BauR 2009, 107, 108.
151 Vgl. für den Architekten OLG Düsseldorf, Urteil vom 29.02.2000, Az. 5 U 10/99, in: BauR 2000, 891 = IBR 2000, 365.
152 OLG Brandenburg, Urteil vom 30.10.2008, 12 U 101/08, in: NZBau 2009, 313, 314.
153 Vgl. OLG Saarbrücken, Urteil vom 01.03.2000, Az. 1 U 576/99, in: NZBau 2000, 252 = NJW-RR 2000, 826.
154 OLG Nürnberg, Urteil vom 26.02.1999, Az. 6 U 3167/98, in: MDR 1999, 802.
155 Vgl. BGH, Urteil vom 12.03.1981, Az. III ZR 60/80, in: NJW 1981, 1728; für den Bauleiter etwa: OLG Koblenz, Urteil vom 29.04.2009, Az. 1 U 1148/08, NJW-RR 2010, 235, 236.
156 Zum Architektenrecht BGH, Urteil vom 24.06.1999, Az. VII ZR 120/98, in: BauR 1999, 1300 = NJW 1999, 2889 = IBR 1999, 477.
157 Vgl. OLG Düsseldorf, Urteil vom 08.09.2000, Az. 22 U 47/00, in: NZBau 2001, 334 = BauR 2000, 1878 = NJW-RR 2001, 14.
158 KG, Urteil vom 10.10.2006, Az. 21 U 75/04, in: BauR 2008, 97 = IBR 2007, 599.
159 BGH, Urteil vom 27.01.2011, Az. VII ZR 186/09, in: IBR 2011, 189; a.A. noch OLG Brandenburg, Urteil vom 30.11.2011, Az. 4 U 144/07, in: IBR 2012, 69: Der Auftraggeber schuldet das Handeln des bauleitenden Architekten nicht bereits dadurch, dass dieser bei den Baubesprechungen anwesend war;

Auftraggeber ggf. nach den Grundsätzen des kaufmännischen Bestätigungsschreibens zurechnen lassen, wenn er dem Verhandlungsprotokoll nicht unverzüglich widerspricht.[160]

727 Immer ist zu prüfen, ob der Auftraggeber vertragsbegründende Willenserklärungen des Projektsteuerers **nicht genehmigt** hat, § 177 Abs. 1 BGB. Wie der BGH entschieden hat, kann die Genehmigung eines vom Projektsteuerer abgeschlossenen Rechtsgeschäftes durch den Auftraggeber auch konkludent erfolgen. Dafür reicht es aus, dass der Auftraggeber nach seinem gesamten Verhalten im Rahmen der Bauabwicklung zum Ausdruck bringt, dass er für die vertragliche Verpflichtung einstehen und die Vergütung bezahlen wolle.[161] Bei einem einseitigen Rechtsgeschäft, wie etwa einer Kündigung, einer Mängelrüge usw., kommt allerdings eine nachträgliche Genehmigung grundsätzlich nicht in Betracht, § 180 Satz 1 BGB.

728 Beauftragt der Projektsteuerer, der sich fehlsam als entsprechend bevollmächtigt ansieht, einen Projektbeteiligten mit zusätzlichen oder geänderten Leistungen, dann ist der Auftraggeber verpflichtet, den Auftragnehmer frühestmöglich auf die Überschreitung der Vertretungsmacht **hinzuweisen**. Unterlässt er dies, ist der Auftraggeber zum Schadensersatz verpflichtet, außerdem steht dem Projektsteuerer nach §§ 684, 812 BGB ein Erstattungsanspruch in Höhe des beim Auftraggeber ersparten Aufwandes zu.[162]

729 Für die rechtsgeschäftliche **Erteilung von Vertretungsmacht** (Vollmacht) gelten folgende **Grundsätze**:

Eine Vertretungsregelung sollte aus organisatorischen Gründen dem Umfang der Aufgabenübertragung folgen. Wird der Projektsteuerer beauftragt, Projektleitungsaufgaben in der Linie (d. h., auch in der Auftraggeberorganisation) wahrzunehmen, ist dies typischerweise mit der Übertragung von Entscheidungskompetenzen verbunden. Im Umfang der übertragenen **Geschäftsführungsbefugnis** sollte der Projektsteuerer auch im Außenverhältnis legitimiert sein, seine Entscheidungen wirksam werden zu lassen. Wird der Projektsteuerer dagegen in Stabsfunktion beauftragt, ist er vornehmlich in der Entscheidungsvorbereitung tätig; die Entscheidungen werden nach außen immer von der Projektleitung des Auftraggebers getroffen. Eine Vollmachtserteilung ist hier weniger von Nöten, kann aber – zum Beispiel für Fälle akuten Entscheidungsbedarfs (**Gefahr im Verzug**) – zweckmäßig sein.[163] Da es in der Praxis allerdings eine vielfältige Typenmischung von Projektsteuerungseinsatzformen in Stabsfunktion und Linienfunktion gibt, existiert keine allgemein gültige Vorgabe hinsichtlich der zweckmäßigen inhaltlichen Reichweite einer Vertretungsregelung. Neben organisatorischen, projektbezogenen Entscheidungskriterien spielen die vorhandene Controllingorganisation des Auftraggebers, insbesondere auch die unternehmensinterne Umsetzung des Vorsichtsprinzips, eine Rolle.

730 Je nach Einzelfall kann es zweckmäßig sein, dem Projektsteuerer **Vertretungsmacht für folgende Entscheidungen**[164] zu erteilen:
- Planungs- und bauinhaltliche sowie organisatorische Anordnungen an die Projektbeteiligten im Rahmen der abgeschlossenen Verträge ohne Anordnung solcher Maßnahmen, die zu Mehrvergütungsansprüchen oder Terminverlängerungsansprüchen führen können;
- Einforderung von Leistungen der Projektbeteiligten, einschließlich Inverzugsetzungen und Geltendmachung von Mängelrügen;

---

die Kenntnis einfacher Angestellter ist mit der des Auftraggebers nicht gleichzusetzen. Auch die Zusendung von Abschriften von Baustellenprotokollen begründet eine entsprechende Bildung nicht.

160 BGH, Urteil vom 27.01.2011, Az. VII ZR 186/09, IBR 2011, 190.

161 BGH, Urteil vom 23.06.2005, Az. VII ZR 144/03, in: BauR 2005, 1628; vgl. auch OLG Brandenburg, Urteil vom 30.10.2008, Az. 12 U 101/08, NZBau 2009, 313.

162 BGH, Urteil vom 26.04.2001, Az. VII ZR 222/99, in: BauR 2001, 1412 = NJW 2001, 3184,3186 = IBR 2001, 490.

163 Vgl. auch Rdn. 2447.

164 Vgl. zu den zumeist aus dem technischen Bereich stammenden Bereichen der Vertretungsmacht des Architekten, Neuhaus, BrBp 2004, 54, 56.

- Geltendmachung von Auskunfts- und Einsichtsrechten;
- Organisation von Baubesprechungen und Festlegung von Terminen und Qualitäten in Baubesprechungen;
- Koordinierung der Beteiligten zur Erarbeitung von Entscheidungsvorlagen;
- Entscheidungen zu Planungsfreigaben und Bemusterungen;
- Vertretung des Auftraggebers bei Abnahmen;
- Anordnungen bei Gefahr im Verzug.

Das LG Berlin hatte mangels eindeutiger Regelung in einem Vertrag eine Mängelrüge eines Projektsteuerers als unwirksam und dementsprechend die Mängelhaftungsansprüche des Auftraggebers als verjährt angesehen, weil dieser lediglich mit dem Zusatz »i.a.« gehandelt hatte.[165] 731

Außerdem ist es zweckmäßig zu regeln, inwieweit sich der Auftraggeber Kenntnisse des Projektsteuerers **zurechnen lassen** muss. **Wissensvertreter** ist derjenige, der nach der Arbeitsorganisation des Auftraggebers dazu berufen ist, im Rechtsverkehr als dessen Repräsentant bestimmte Aufgaben in eigener Verantwortung zu erledigen und die dabei angefallenen Informationen zur Kenntnis zu nehmen und ggf. weiterzuleiten. Es reicht dabei aus, wenn sich der Auftraggeber seiner im rechtsgeschäftlichen Verkehr wie eines Vertreters bedient, während eine Anwendung von § 166 Abs. 1 BGB ausscheidet, wenn der Wissensträger den Geschäftsherrn nur intern berät.[166] Ohne besondere Regelung kommt eine Wissenszurechnung im Bereich der Projektsteuerung nur dann in Betracht, wenn sich die Aufgabenstellung des Projektsteuerers nicht auf die bloße Beratung beschränkt, sondern dieser auch Projektleitungsaufgaben übernimmt (Projektmanagementaufgaben). So hat etwa das OLG Brandenburg angenommen, dass der Architekt im Rahmen der Bauüberwachung regelmäßig auch nach außen hin tätig wird und ggf. als entsprechender Repräsentant des Bauherrn qualifiziert werden muss, während dies bei einem Baubetreuer nicht ohne weiteres unterstellt werden kann.[167] Entsprechendes gilt für die Projektsteuerung. Im Rahmen der organisatorischen Festlegung ist deshalb insbesondere zu definieren, ob etwa der Projektsteuerer Wissensvertreter im Hinblick auf Behinderungsanzeigen, Bedenkenanmeldungen, Nachtragsangeboten usw. sein soll. Bei einem reinen in Stabsfunktion tätigen Projektsteuerer wird man diese Zweifel verneinen müssen. 732

Wenngleich die **Vertretungsmacht im Außenverhältnis** aus organisatorischen Gründen der internen Geschäftsführungsbefugnis des Projektsteuerers entsprechen sollte, ist dies rechtlich nicht zwingend. Das heißt, dem Projektsteuerer kann im Außenverhältnis eine Vertretungsmacht eingeräumt werden, die er jedoch ohne zusätzliche Absprache mit dem Auftraggeber nicht ausüben darf. 733

Der Umfang der erteilten **Geschäftsführungsbefugnis** im Verhältnis zum Auftraggeber bedarf der Klärung im Einzelfall. Da der Auftraggeber Entscheidungsbefugnisse i. d. R. nicht ohne sachlichen Grund übertragen wird, wird im Zweifel anzunehmen sein, dass ein Projektsteuerer für außenwirksame Maßnahmen eine interne Weisung seines Auftraggebers einzuholen hat. Mit der Übertragung von Entscheidungsbefugnissen aus dem Bereich der Projektleitung – wie dies für die Einsatzform des Projektmanagements kennzeichnend ist – wird indessen auch die Einräumung einer entsprechenden Geschäftsführungsbefugnis verbunden sein. 734

2.2.3.5 Stakeholder-Management

Das Management von großen und komplexen, zum Teil lang dauernden Projekten, setzt eine managementmäßige Steuerung der Beziehungen zu allen relevanten Projektbetroffenen voraus. Dies reicht von der Einbeziehung der wirtschaftlich eingebundenen Investoren und Banken bis hin zu betroffenen Kommunen und einzelnen Nachbarn. Mittels einer **transparenten und bürgernahen Betreuung** aller Projektbetroffenen wird versucht, die anfälligen Projektstrukturen von Großprojekten zu 735

165 LG Berlin, Urteil vom 07.09.2009, Az. 6 O 231/07, in: IBR 2009, 1366.
166 OLG Brandenburg, Urteil vom 25.08.2011, Az. 12 U 69/10, in: NJW-RR 2011, 1470, 1471.
167 OLG Brandenburg, Urteil vom 25.08.2011, Az. 12 U 69/10, in: NJW-RR 2011, 1470, 1471.

stabilisieren.[168] Das Stakeholder-Management ist vornehmlich eine strukturierte Kommunikationsleistung, die nur teilweise von Projektsteuerungsunternehmen erbracht wird. Teilweise sind aber auch spezielle Berufsgruppen mit spezifischer Kommunikationskompetenz angetreten, um diese Aufgaben wahrzunehmen.[169] Nach dem AHO-Leistungsbild 2014 ist das Stakeholder-Management unter der Bezeichnung *»Mitwirken bei der Einbeziehung zu beteiligender Dritter und der Öffentlichkeit bei der weiteren Projektrealisierung«* Besondere Leistung der Leistungsphase 2.

736 Die bei einem Projekt zu steuernden Stakeholder werden etwa in der Projektmanagementnorm **ISO 21500:2012 (E)** dargestellt:[170]

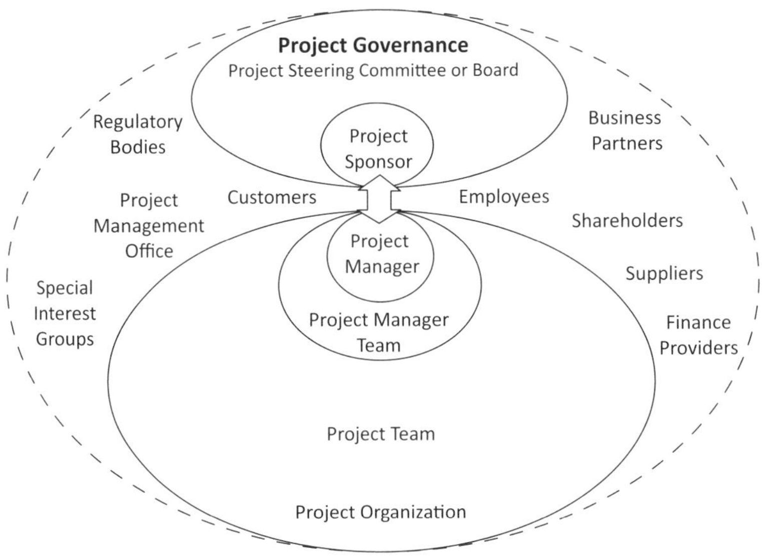

Project stakeholders

2.2.4 Unternehmer- und Planereinsatzformen

2.2.4.1 Allgemeine Grundsätze

737 Im Zusammenhang mit der Konzeption der Aufbau- und Ablauforganisation müssen die **Aufgaben/Leistungen der Planer und ausführenden Unternehmen** festgelegt werden. In diesem Zusammenhang fällt dem Projektsteuerer die Aufgabe zu, den Auftraggeber hinsichtlich der zweckmäßigen Auswahl von Projektbeteiligten und deren Aufgaben im Projekt zu beraten.[171]

738 Dabei geht es zunächst darum, für das konkrete Projekt eine **vollständige und widerspruchsfreie** – Auftragslücken und Mehrfachbeauftragungen vermeidende – **Organisation** von **Projektbeteiligten** zu konzipieren. Darüber hinaus besteht die Aufgabenstellung darin, durch eine projektadäquate

168 Yang, Jing/Qiping Chen, Geoffrey/Manfong, Ho/Drew, Derek S./Xue, Xiaolong, Stakeholder management in construction: An empirical study to address research gaps in previous studies, International Journal of Project Management, 2011, 900; Steeger, Oliver, Londoner Bürger wirken mit am Olympischen Gelände, Project Management aktuell, 2012, 3 f.

169 Vgl. dazu Schneyder, Dr. Wolfram von, Stakeholder-Management durch Projektsteuerung – vom Konzept zur konkreten Umsetzung, S. 2 f.

170 ISO 21500:2012(E) International organization for standardization, S. 7.

171 Vgl. auch AHO, Empfehlungen des AHO zur Definition und Anwendung der Funktionalausschreibung, Nr. 10 der Schriftenreihe des AHO, S. 10; Neuenfeld sieht hierin auch eine wichtige Aufgabe des Architekten im Rahmen der Grundlagenermittlung, vgl. Neuenfeld, NZBau 2000, 405, 408.

Auswahl von Planer- und Unternehmereinsatzformen eine Optimierung der Qualität, des Kosten-Nutzen-Verhältnisses und der Termingestaltung bei möglicher Reduzierung der Risiken zu erreichen.[172] Die Übergänge zwischen den einzelnen Organisations- und Einsatzformen sind fließend. Sie regeln im Wesentlichen, wer für wen bestimmte Leistungen zu erbringen und vertraglich zu verantworten hat. Der Gesamtumfang der zu erbringenden Leistungen bleibt stets gleich.

Speziell im Bereich der **Abgrenzung und Zuweisung von Planungsaufgaben** erwächst dem Projektsteuerer eine anspruchsvolle Aufgabe. Dabei geht es z. B. um die im Vorfeld einer Beauftragung von Planern zu klärenden Planungsbereiche (den Umfang von Fachplanungsaufgaben) und -inhalte sowie den Umfang einer geplanten vertragsrechtlichen Beauftragung (z. B. stufenweise Beauftragung). Speziell bei größeren Projekten hat der Projektsteuerer genau zu prüfen, ob die Planer nicht von vornherein auch solche Leistungen miterbringen sollen, die in den Leistungskatalogen der HOAI als Besondere oder Zusätzliche Leistungen ausgewiesen sind. Das schließt z. B. spezielle Gründungsvarianten, Abbruchplanung, Planung von Winterbetrieb usw. ein.[173] Schon bei der Abklärung der Aufbauorganisation ist zudem zu prüfen, ob die Objektplanung in einer Hand bleiben soll oder eine Trennung in Planungs- und Bauüberwachungsleistungen oder eine sonstige horizontale Trennung der Planerleistungen erfolgen soll. 739

Zudem ist zu prüfen, ob auf Seiten der **ausführenden Unternehmen** mit Einzelunternehmern oder aber Kumulativleistungsträgern, wie Generalunternehmern oder Totalunternehmern, gearbeitet werden soll.[174] Über Jahre hinweg war ein Trend zur Kumulativleistungsträgervergabe festzustellen, um aus Auftraggebersicht ein Optimum an Schnittstellenvermeidung und Risikotransfer auf die Auftragnehmerseite zu erreichen. Aktuell werden ca. 50 % aller Hochbauprojekte im Rahmen des Schlüsselfertigbaus i. d. R. auf der Basis eines Generalunternehmereinsatzes abgewickelt.[175] Auf- 740

172 Vgl. Meinen/Schriek, Baumarkt 2001, 2 f.

173 Diederichs, in: AHO-Fachkommission Projektsteuerung, S. 29.

174 Diederichs, in: AHO-Fachkommission Projektsteuerung, S. 100, 101, 114, definiert die einzelnen Unternehmereinsatzformen wie folgt:

»1. Generalplaner:
Bei Einschaltung eines Generalplaners liegt die gesamte Verantwortung einschließlich Haftung und Gewährleistung für alle Planungsleistungen sowie für die Überwachung der Bauausführung in einer Hand. Dem Generalplaner steht es frei, alle Planungsleistungen mit eigenen Mitarbeitern zu erfüllen. Fallweise kann er Fachplaner im Nachunternehmerverhältnis für diejenigen Aufgaben einschalten, die zu leisten er nicht im Stande ist, wobei sich der Auftraggeber i. d. R. ein Mitspracherecht bei der Auswahl vorbehält.

2. Generalunternehmer:
Einem Generalunternehmer werden vom Auftraggeber die Bauleistungen aller Gewerbezweige für ein Bauwerk übertragen. Dabei hat er ggf. auch Teile der Ausführungsplanung zu erbringen. In diesem Fall spricht man von einem ›qualifizierten Generalunternehmer‹. Häufig übernimmt der Generalunternehmer eine Kosten- und Termingarantie unter Vereinbarung einer Vertragsstrafe bei Nichteinhaltung. Er führt wesentliche Teile der Bauleistungen selbst aus, z. B. die Rohbauarbeiten. Die übrigen Bauleistungen vergibt er an Nachunternehmer, die ihre Leistungen selbstständig und eigenverantwortlich auch im Rahmen von Werkverträgen erfüllen.

3. Generalübernehmer:
Der Generalübernehmer unterscheidet sich vom Generalunternehmer dadurch, dass er die Ausführung der Bauleistungen aller Gewerbezweige für ein Bauwerk übernimmt, jedoch selbst keine Bauleistungen im eigenen Betrieb ausführt. Generalübernehmer haben für den Auftraggeber den Vorteil, dass ihr Betriebsvermögen durch Fehlen eines eigenen Baubetriebes meistens niedriger ist als das eines Generalunternehmers.

4. Totalunternehmer:
Er übernimmt neben der Ausführung der Bauleistungen aller Gewerbezweige für ein Bauwerk auch die Planungsleistungen nach der Entwurfsplanung mit einem Vertrag, d. h. sämtliche Leistungen eines Generalplaners und eines Generalunternehmers zusammen. Teilweise besorgt der Totalunternehmer für den Auftraggeber auch noch das Grundstück und regelt Finanzierungsfragen.«

175 Vgl. Daten und Fakten, in: Jahrbuch Baurecht 2001, S. 324.

grund der geänderten Marktverhältnisse ist aber in jüngerer Zeit – auch für große Projekte – wieder ein Vordringen von Paket- und Einzelvergaben festzustellen. Sehr vereinfacht lassen sich die Vertragsbeziehungen bei den unterschiedlichen Planer- und Unternehmereinsatzformen wie folgt grafisch darstellen.[176]

Unternehmer- und Planereinsatzformen (vereinfachte Darstellung)

741

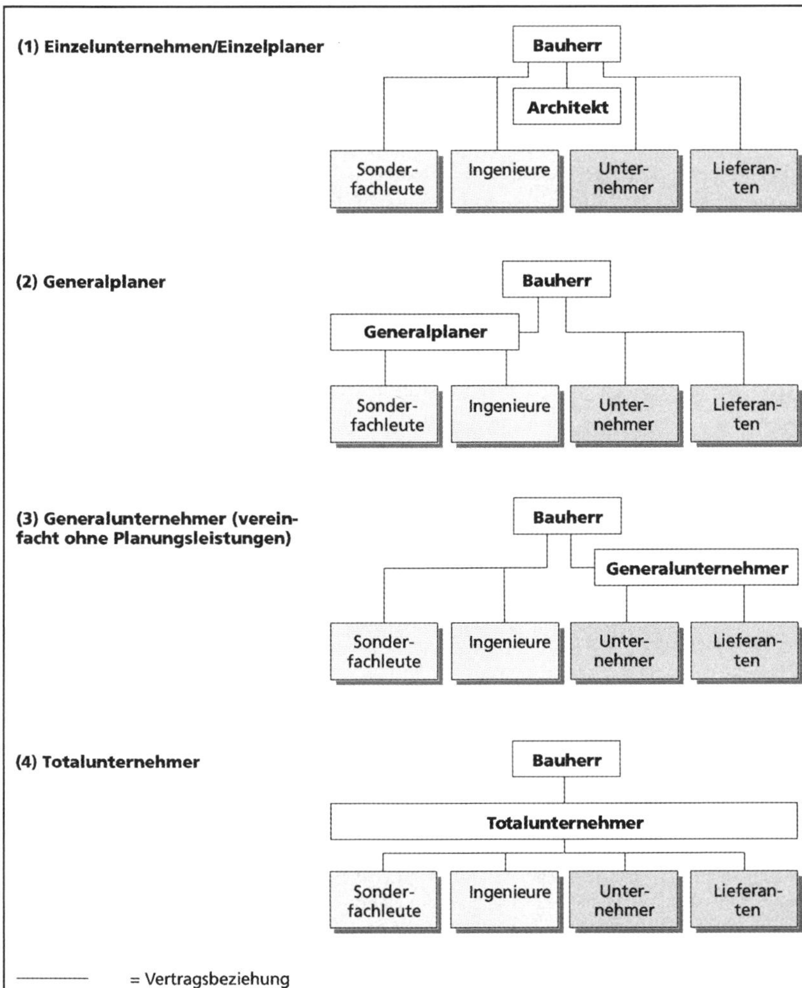

Immer muss bedacht werden, dass bei einem Projekt unterschiedliche Einsatzstrategien für die Beteiligten zum Tragen kommen können. Bei Großprojekten ist es gar nicht selten, dass für einzelne Teilprojekte GU-Modelle gewählt werden, für andere Teilprojekte ein Einsatz von Einzelunternehmern präferiert wird. Auch kann bei einem einzelnen Objekt für einige Pakete ein GU-Konzept umgesetzt, im Übrigen – etwa für den Ausbau – mit Einzelunternehmen gearbeitet werden. Die einzelnen Unternehmereinsatzformen sind daher sowohl objekt- wie auch funktionsbezogen kombinierbar.

176 Vgl. dazu im Einzelnen Diederichs/Hutzelmeyer, Bauwirtschaft 1975, 1488, 1489; auch Greiner/Mayer/Stark, Baubetriebslehre Projektmanagement, S. 39; Kochendörfer/Liebchen, Bau-Projektmanagement, S. 57.

Zwischen Planer- und **Unternehmereinsatzformen und Vertragstypen** besteht ein **Zusammenhang**. So sind bei dem Einsatz von **Einzelunternehmern** auf der Seite der Planer HOAI-Verträge, auf der Seite der ausführenden Unternehmen **Einheitspreis-** oder **Detailpauschalverträge** üblich. Bei einem Generalunternehmer- oder Totalunternehmereinsatz werden dagegen i. d. R. mit ausführenden Unternehmen Pauschalverträge in der Form **einfacher Globalpauschalverträge** oder **komplexer Globalpauschalverträge** abgeschlossen.[177] Den einzelnen Vertragstypen und Unternehmereinsatzformen entsprechen jeweils bestimmte Arten der **Leistungsbeschreibung**, nämlich entweder mit **Leistungsverzeichnis** oder mit **Leistungsprogramm** (vgl. auch Rdn. 688 f.).[178] 742

Es lässt sich nicht im Vorhinein sagen, welche der genannten Planer- und Unternehmereinsatzformen für den jeweiligen Auftraggeber zweckmäßig sind. Die Erwartung einer **allgemeingültigen Konzeption aufbauorganisatorischer Strukturierung** der Projektrealisierung kann nicht erfüllt werden.[179] Die Entscheidung muss nach einer individuellen Bewertung durch den Bauherrn fallen, wobei die Aspekte des Bauherrenaufwandes (Schnittstellenvermeidung), speziell des Aufwandes für die Vergabe, der zu realisierenden Qualität, der Kosten- und Terminsicherheit eine Rolle spielen. Darüber hinaus sind die Rahmenbedingungen des **öffentlichen Vergaberechts** zu beachten. Letztlich hat auch der Angebotsmarkt eine entscheidende Bedeutung. 743

Keine der nachfolgend im Einzelnen dargestellten **Unternehmereinsatzformen** ist **generell besser geeignet**, Qualitäts-, Termin- und Kostenziele zu erreichen. Bei qualifizierter Projektdurchführung sind – empirisch gesehen – Abhängigkeiten zwischen Unternehmer- und Planereinsatzformen und Ausführungszeiträumen nicht festzustellen.[180] Auch zwischen Vergabeform und Nachtragsvolumen lässt sich ein signifikanter Zusammenhang nicht herstellen.[181] Fortschreitende Arbeitsteilung und Spezialisierung bringen überdies regelmäßig neue Berufsgruppen und ergänzenden Koordinierungsbedarf hervor, so dass sich fortlaufend neue Aufgaben aufbauorganisatorischer Strukturierung stellen.[182] 744

Da jede Organisationsform ihre Vor- und Nachteile hat, obliegt es dem Projektsteuerer, den Auftraggeber auf die für das konkrete Projekt relevanten Besonderheiten der Vergabe- und Unternehmereinsatzformen **hinzuweisen**, was z. B. auf der Grundlage einer Bewertungstabelle geschehen kann, aus der die Vorteile der einzelnen Varianten für das zu realisierende hervorgehen.[183] Eine solche **Bewertungsmatrix** ist nachfolgend abgedruckt. Sie beleuchtet den Zusammenhang zwischen den einzelnen Vergabevarianten und typischen, bedeutsamen Projektzielen des Auftraggebers. Die einzelnen Bewertungsgesichtspunkte haben für bestimmte Auftraggebertypen und bestimmte Arten von Bauvorhaben unterschiedliches Gewicht. So scheiden für einen Auftraggeber Unternehmereinsatzformen ab der Spalte E der nachfolgend abgedruckten Bewertungsmatrix aus, wenn er ganz spezielle **qualitative Anforderungen** an die Ausführung stellt und diese bis zum Schluss selbst bestimmen will (z. B. »Die Vorstandsetage wird nach einer noch festzulegenden Planung eines 745

177 Die Zusammenhänge von Vertragstypen und zugehörigen Unternehmereinsatzformen sind insbesondere von Cadez, Risikowertanalyse, S. 7 ff., insbesondere Seite 17 ff., im Einzelnen erläutert.

178 Vgl. dazu Cadez, Risikowertanalyse, S. 17.

179 Will, Die Rolle des Bauherrn im Planungs- und Bauprozess, S. 169.

180 Vgl. dazu sehr instruktiv Racky, Entscheidungshilfe, S. 57 ff.; in der Praxis wird die Dauer der vorlaufenden Vertragsverhandlungen bei Kumulativleistungsvergaben unterschätzt. Hier werden oft Monate benötigt, um zu einem unterzeichnungsreifen Gesamtvertragswerk zu gelangen. In dieser Zeit hätte im Rahmen der Einzelvergabe bereits gebaut werden können!

181 Vgl. Racky, Entscheidungshilfe, S. 102.

182 So hat die zunehmende Spezialisierung starke Nachunternehmer und Lieferanten hervorgebracht, vgl. Collier, Construction Contracts, S. 28.

183 Dazu umfassend Cadez, Risikowertanalyse, S. 17; die Vor- und Nachteile des Generalunternehmereinsatzes sind insbesondere von Kehrberg, in: Diederichs, Handbuch der strategischen und taktischen Bauunternehmensführung, S. 383 ff., ausführlich beschrieben worden; dazu ausführlich Lederer, in: Kapellmann, Juristisches Projektmanagement, S. 162 ff.

Innenarchitekten ausgebaut«, oder: »Die Bauinhalte werden noch durch eine bis zum letztmöglichen Zeitpunkt offen gelassene technische Ausrüstung – technische Vorreiterschaft – bestimmt«). Dagegen gewinnen bei einem Investorenbau die Aspekte der **einheitlichen Gewährleistung**, möglichst frühzeitiger (vertraglicher) **Kostensicherheit** und frühzeitiger (vertraglicher) **Terminsicherheit** so erhebliches Gewicht, dass die klassischen Arten der Bauausführung gem. den Spalten A bis C der Bewertungsmatrix letztlich nicht zum Einsatz gelangen können.[184] Zwischen den Qualitäts-, Zeit- und Kostenzielen des Bauherrn und der Wahl der Organisationsform der Bauwerksentwicklung besteht ein Zusammenhang, wobei die jeweilige Zielverfolgung wiederum die Inkaufnahme von speziellen anderen Risiken mit sich bringt.[185]

746 *Cadez* hat im Rahmen einer detaillierten Untersuchung zur **Wahl des optimalen Bauvertrages** bei Anwendung einer Risikowertanalyse die These aufgestellt, dass der Schlüsselfertigbau-Pauschalvertrag mit einem Generalunternehmer bei auftraggeberseitiger Ausführungsplanung nach Vertragsschluss der Vertragstyp sei, der die geringsten Risikowerte für den Auftraggeber beinhalte (bei einer Bewertung der Eintrittswahrscheinlichkeit und der Zielabweichung von insgesamt 46 Zielkriterien).[186] Die Ergebnisse dieser Untersuchung machen indessen eine Vorteils- und Risikobewertung im konkreten Einzelfall nicht überflüssig.

747 Die Bewertung der **Einzelziele** kann nur unter Berücksichtigung der konkreten Auftraggeberinteressen und des jeweiligen Projektes vorgenommen werden. Oftmals hat der Auftraggeber jedoch bereits in einer Frühphase des Projektes Projektbeteiligte fest unter Vertrag genommen, so dass eine optimale Beratung und Strukturierung durch einen Projektsteuerer nicht mehr möglich ist. Soweit dies nicht der Fall ist, entwickeln Projektsteuerungsunternehmen – zumal bei Großprojekten – regelmäßig eine **Vergabestrategie** in Bezug auf Planer- und Unternehmereinsatzformen. Entsprechende Vorüberlegungen zur projektadäquaten Auswahlsteuerung der Projektbeteiligten und ihrer Aufgaben haben Rückwirkung auf die maßgeblichen Vergabeprozesse. Bei komplexeren Projekten werden zur Vorbereitung einer Bieterauswahl gelegentlich **Projektforen** initiiert, in deren Rahmen – unter Steuerung eines Projektmanagers – Planungsansätze hinterfragt, **Value Engineering** betrieben und Einsparpotentiale durch Sondervorschläge aufgedeckt werden sollen, um alsdann auf dieser Grundlage eine möglichst optimierte Vergabe an leistungsfähige Unternehmen durchzuführen.

---

184 Vgl. Kapellmann, Schlüsselfertiges Bauen, Rn. 6, der formuliert: »Bei Großprojekten, die über eine spezielle Projektfinanzierung dargestellt werden, ist eine feste Investitionsgrößenordnung, d. h. ein Pauschalpreis, völlig unabdingbar – ohne diese Voraussetzung würde kein Bankenkonsortium finanzieren.«; vgl. Zoller/Wilhelm, in: Schäfer/Conzen, Immobilien-Projektentwicklung, S. 113: Aus Bankensicht wird grundsätzlich der Generalunternehmer präferiert, da dieser für die ihm obliegenden Verpflichtungen üblicherweise Sicherheiten in Form von Bürgschaften zur Verfügung stellt, deren zugrunde liegende Forderung sich die Bank abtreten lassen kann. Außerdem kann die Bank mit dem Projektentwickler vereinbaren, dass sie in den Auswahlprozess mit einbezogen wird, so dass nur renommierte Unternehmen mit einem entsprechenden Track-Record in die engere Wahl kommen. Denn die gute terminliche Abwicklung ähnlicher Projekte lässt erwarten, dass der Generalunternehmer den ihm obliegenden Aufgaben gewachsen ist.

185 So grundlegend und zutreffend Pfarr/Hasselmann/Will, Bauherrenleistungen, S. 83.

186 Cadez, Risikowertanalyse, S. 216 ff.

748

Unternehmereinsatzform*

Einzelunternehmer
Ein Hauptunternehmer, der ein oder mehrere Gewerke ausführt und sich mit anderen Einzelunternehmen zu einer ARGE zusammenschließen kann, um eine Komplettleistung anzubieten

Generalunternehmer
Ein Hauptunternehmer, der sämtliche für die Herstellung eines Bauwerkes erforderlichen Bauleistungen erbringt, ggf. auch Objektplanungsleistungen ab Ausführungsplanung, oder wesentliche Teile hiervon selbst ausführt.

Generalübernehmer
Geht wie ein Generalunternehmer vor, führt aber keinerlei Leistungen selbst aus, sondern bedient sich ausschließlich Nachunternehmern im Planungs- und Ausführungsbereich.

Totalunternehmer
Der Totalunternehmer ist ebenfalls Hauptunternehmer, der sämtliche für die Herstellung eines Bauwerkes erforderlichen Bauleistungen zu erbringen hat, Planungsleistungen ab der Entwurfsplanung zusätzlich erbringt und wesentliche Teile hiervon selbst ausführt.

Totalübernehmer
Wie vor, mit der Besonderheit, dass er überhaupt keine eigenen Leistungen ausführt, sondern vollständig Nachunternehmer für Planung und Bau beauftragt.

* Vgl. auch Rdn. 604.

749

Bewertungsmatrix Unternehmereinsatzformen

Funktion \ Einsatzform	A) Einzellosvergabe (Einheitspreis)	B) Einzellosvergabe (Funktional)	C) Teil-GU Gewerkegruppenvergabe	D)[187] GP und GU (ohne Planungsaufgabe)	E)[188] GU: übernimmt ab Ausführungsplanung	F) GU: übernimmt ab Genehmigungsplanung	G) GU: übernimmt ab Entwurfsplanung	H) Totalunternehmer
Aufwand des Bauherrn für Koordination/Schnittstellen Management	– –	–	o	+	+	+	+	++
Einflussnahmemöglichkeit[189] und Macht des Bauherrn auf Qualität, Termine, Kosten	+	+	+	o	–	–	– –	– –
Beeinflussung der Wirtschaftlichkeit des Betriebes	++	+	o	o	–	–	– –	– –
Zeitpunkt der Kostensicherheit	– –	– –	–	+	+	++	++	++
Zeitpunkt der Terminsicherheit	– –	– –	–	o	+	++	++	++
Einheitliche Gewährleistung	– –	– –	–	o	+	++	++	++
Zeitraum bis zur Vergabeentscheidung	++	++	+	o	–	–	– –	– –
Gewährleistung wettbewerbsgerechter Preise	++	+	o	–	–	– –	– –	– –

++ = sehr vorteilhaft für den Bauherrn
\+ = vorteilhaft für den Bauherrn
o = neutral
– = ungünstig für den Bauherrn
— = sehr ungünstig für den Bauherrn

187 Die Spalte erfasst die gleichzeitige Beauftragung eines Generalplaners und Generalunternehmer; dem Generalunternehmer stellt der AG die Ausführungsplanung zur Verfügung.

188 Der Typ E stellt in der Praxis den weniger häufig vorkommenden Vertragstyp dar; vielmehr dominiert der Typ F, dem vom AG die Genehmigungsplanung zur Verfügung gestellt wird.

189 Hier ist jeweils die Einflussnahmemöglichkeit nach Vertragsschluss gemeint.

2.2.4.2 Einzelplaner und Generalplaner

In der klassischen Abwicklungsform bedient sich der Auftraggeber eines **Architekten** sowie einer **Mehrzahl von Fachplanern** und Sonderfachleuten, die jeweils mittels gesonderter Verträge bei ihm angebunden sind. Bei dieser Organisationsform der Planung verbleiben dem Auftraggeber ungeachtet der fachlichen Integrationsverpflichtung des Architekten nach den Leistungsbildern der HOAI erhebliche Koordinationsaufgaben und Schnittstellenrisiken. Diese Umstände haben – speziell bei der Großprojektrealisierung – das Vordringen von Kumulativleistungsträgern im Planungsbereich begünstigt. Zumeist wird ein **Generalplaner** als zentraler Ansprechpartner für die Planungsprozesse und die Ausführungsüberwachung eingeschaltet. Dieser übernimmt Objekt- und Fachplanungsleistungen als Eigenleistung oder vergibt sie fremd. Der Auftraggeber hat dann einen einzigen verantwortlichen Vertragspartner, der die fachübergreifende Koordination über alle Planungsfachgewerke sicherstellt. Diese Einsatzform soll insbesondere eine höhere Terminsicherheit bei der Planungsabwicklung sicherstellen, um damit einen wesentlichen Teil der zu erwartenden Störpotentiale bei der Projektrealisierung auszuschließen. Zumeist übernimmt ein Objektplaner die Generalplanerfunktion und vergibt die notwendigen Fachplanungen, wie z. B. Tragwerksplanung und technische Gebäudeausrüstung, an einzelne Planungsbüros (als Nachunternehmer) weiter.[190] Das Generalplanermodell impliziert bereits in erheblichem Umfang die Funktionsübertragung von Projektmanagementleistungen. Die Übertragung entsprechender Koordinierungsaufgaben auf einen Generalplaner kostet Geld, in der Regel 5 bis zu 12 % des Gesamthonorars für die Planungsleistungen.[191] Der Schritt zur Übernahme weiterer Projektmanagementleistungen im Sinne eines Generalplanermanagementmodells[192] liegt daher nicht fern. 750

In der Praxis der **Großprojektrealisierung** haben sich zunehmend auch die **Schwächen entsprechender Generalplanermodelle** offenbart. Die Aufgabenstellung der Koordination der Fachplanungsbeteiligten und die Sicherstellung einer fachlichen Integration von Nachunternehmerplanungsleistungen sowie deren Controlling sind in der Praxis oft sträflich vernachlässigt worden. Die Folge davon ist, dass sich erst in einem späten Planungsprozess gravierende Mängel von Fachplanungsleistungen zeigen, die dann aufwendig nachbearbeitet werden müssen, mit erheblichen terminlichen und finanziellen Folgen für den Auftraggeber. Die Generalplanermodelle sind für den Auftraggeber in gewisser Form intransparent. Störungen werden erst viel zu spät erkannt. Fehlsteuerungen realisieren sich oft in Fällen, in denen ein Objektplaner auftraggeberseits veranlasst wird, eine für ihn ungeübte Generalplanerfunktion zu übernehmen. 751

Als Alternative zur Nachunternehmervergabe kommt die Bildung einer **Planer-ARGE** in Betracht. Nicht selten schließen sich Planungsbüros zu einem sog. Planungsteam zusammen. Derartige Wege werden oftmals auch zur Verminderung der HOAI-Preisrisiken aus der Nachunternehmerebene beschritten. Der Projektmanager wird dann aus dem Planerteam rekrutiert.[193] 752

Vermeiden sollte der Auftraggeber die **Aufhebung** der dem Objektplaner obliegenden **Integration** der Leistungen der anderen fachlich beteiligten Planer nach dem Leistungsbild des § 34 HOAI. So hat es sich auch bei techniklastigen Hochbauprojekten nicht in allen Fällen bewährt, neben der Objektplanung eine selbstständige Generalplanung Technik zu etablieren. Bei Industrieprojekten mag dies anders zu beurteilen sein. 753

190 Zu einer Generalplanerlösung und der dort eingesetzten »Pay-when-payed« Klausel: OLG München, Urteil vom 25.01.2011, Az. 9 U 1953/10, in: NJW-RR 2011, 887 f.

191 Dazu Kalusche, Projektmanagement für Bauherren und Planer, S. 84.

192 Vgl. dazu Rdn. 354.

193 Vgl. dazu auch Coridass/Dittert, DAB 1999, 194, 195.

2.2.4.3 Vergabe an Einzelunternehmer

754 Die traditionelle Vergabeart der Bauausführung ist die Einzelgewerk- und **Einzellosvergabe.**[194] Architekten und Ingenieure erstellen Ausschreibungstexte mit Leistungsverzeichnissen (positionsweise Beschreibung) und vorermittelten Massen. Beauftragt werden Einzelplaner und Einzelunternehmen. Der größte Vorteil des Bauens in dieser Form ist es, dass der Auftraggeber sowohl für die Planung als auch für die Einzelgewerke der Ausführung die nach Preis, Qualität und Leistungsfähigkeit jeweils besten Firmen aussuchen und verpflichten kann. Hinzu kommt die große Flexibilität. Planungsänderungen und -verzögerungen können sehr viel besser aufgefangen werden. Planung und Bauausführung können parallel betrieben werden, so dass die Bauausführungszeiten relativ kurz sind.[195] Die Einzellosvergabe (Fachlosvergabe) kann – abhängig von den Marktverhältnissen bei Vergabe – auch unter Berücksichtigung des zusätzlichen Bauherrenaufwandes kostengünstiger sein als die Vergabe an Generalunternehmer.[196] Je nach Marktsituation (insbesondere bei einer projektspezifisch begrenzten Anzahl von Bietern aus dem Kreis der Generalunternehmer) muss ein Auftraggeber zur Wahrung seiner Budgetziele als Ausweichstrategie von einer angestrebten Generalunternehmervergabe Abstand nehmen und auf eine Gewerkevergabe ausweichen. Renommierte Werkunternehmer mit Spezial-Know-how lehnen es oftmals ab, unter dem »Dach« von Generalunternehmern tätig zu werden. Speziell aus dem Bereich des Fassadenbaus und der TGA ist die Tendenz der Unternehmen festzustellen, möglichst Aufträge im Wege der Direktvergabe oder als Konsortialpartner zu akquirieren.

755 Dem Bauherrn verbleibt allerdings bei der Fachlosvergabe die gesamte **Koordination** einschließlich aller Risiken, die aus den unterschiedlichen Schnittstellen zwischen den am Bau Beteiligten herrühren.[197] Infolge erheblicher gegenseitiger Abhängigkeiten entstehen sehr zeitaufwendige Abstimmungskreisläufe. Außerdem ist für die Projektbeteiligten verständlicherweise die Optimierung der Leistungsprozesse im eigenen Zuständigkeitsbereich vorrangig vor einer möglichen Gesamtoptimierung. Die Detailplanung der Einzelgewerke hat aber zum Teil erheblichen Einfluss auf die Nachbargewerke. Dadurch entstehen in aller Regel neue Randbedingungen, die neben planerischen auch wieder kostenmäßige Auswirkungen haben und für die Auftraggeber zu zusätzlichen Kosten führen.[198] Speziell bei der Durchsetzung von Gewährleistungsansprüchen scheitert der Auftraggeber bei der gewerkeweisen Vertragsstruktur mit seinen Ansprüchen oftmals infolge der sehr vielen und meist unklaren Schnittstellen zwischen den einzelnen Gewerken (speziell Beweisprobleme bestimmen die Prozesspraxis). Die von den einzelnen Unternehmen **für ihre Teilleistungen gestellten Bürgschaften** sind im Ernstfall nicht ausreichend, um eingetretene Bauschäden abzudecken. Die notwendige Erfassung unterschiedlicher Gewährleistungszeiträume erschwert die Qualitätssicherung für den Bauherrn. Zwar ist der Auftraggeber bei einer Einzelgewerkevergabe in der Regel in der Lage, eher mit Ausführungsleistungen zu beginnen, weil zur Vergabe ein Generalunternehmer bereits die Gesamtplanung bis zu einer bestimmten Schnittstelle vorangetrieben haben muss und die Vertragserstellung und -verhandlung erhebliche Zeit in Anspruch nimmt. Das kann aber auch anders sein, wenn der Auftraggeber, wie im Kraftwerksbau üblich, zunächst ohnehin erhebliche Zeiträume benötigt, um vorweg die Turbinenbestellung auszuschreiben. Die Ausführungsform der Einzelgewerkevergabe ist indessen das traditionelle Beauftragungsfeld für die Projektsteuerung, für die hier, weil alle Steuerungspotenziale eingesetzt werden müssen, die meisten Einflussmöglichkeiten gegeben sind.[199]

---

194 Dazu Lederer, in: Kapellmann, Juristisches Projektmanagement, S. 266 ff.

195 Insbesondere kann sehr früh mit vorbereitenden Baumaßnahmen, insbesondere dem Abbruch begonnen werden, vgl. insoweit (auch hinsichtlich der Schnittstellen zu den weiteren Ausführungsleistungen) Weiss, in: Schäfer/Conzen, Immobilienprojektentwicklung, S. 408.

196 Vgl. Mittler, DAB 2001, 26, 27: Das Bundesland Rheinland-Pfalz will daher nur noch nach Fachlosvergaben ausschreiben; vgl. dazu aber auch Rdn. 771.

197 Vgl. Sommer, Projektmanagement im Hochbau, S. 13.

198 Bühring, in: VDI-Berichte 932, Projektmanagement beim Bauen, S. 93, 110.

199 Vgl. Sommer, Projektmanagement im Hochbau, S. 13.

2.2.4.4 Paketvergabe

Einen Übergang von der klassischen Einzelgewerkevergabe zur Generalunternehmervergabe stellt die **Gewerkegruppenvergabe (Paketvergabe)** dar. Diese Vergabeform dient im Wesentlichen dazu, mehrere sachlich in Verbindung stehende Gewerke in einem Vergabepaket zusammenzufassen, damit dem Bauherrn überflüssige Schnittstellen erspart werden.[200] Darüber hinaus erlaubt diese Vergabeform eine frühzeitige Beauftragung der Unternehmer für Erd- und Rohbauarbeiten und schafft im Gegensatz zu den durch eine längere Vergabedauer gekennzeichneten Generalunternehmervergaben die Möglichkeit eines vorzeitigen Baubeginns. Das Konzept ermöglicht eine flexiblere Projektabwicklung mit der Chance, Schnittstellenprobleme und Vergütungsrisiken weitgehend zu reduzieren. 756

Die **Zusammenfassung von Vergabeeinheiten** ist u. a. bei folgenden Gewerken sinnvoll: 757

- Rohbau, bestehend aus den Einzellosen Baugrube, Rohbau, Dacharbeiten, Mauerwerksarbeiten, Betonwerksteinarbeiten, Estricharbeiten, Natursteinarbeiten (ggf. auch Innenausbauarbeiten)
- Fassade (Stahl/Aluminium-Struktur, Glas, einschließlich aller Anschlüsse)
- Technische Gebäudeausrüstung, bestehend aus den Einzellosen Heizungstechnik, Lüftungstechnik, Sprinkler, Elektrotechnik, Nachrichtentechnik, ZLT-Blitzschutz, Beleuchtung usw.
- Außenanlagen, Freianlagen, bestehend aus den Einzellosen Aushub, Bodenmodellierung, Beton- und Natursteinarbeiten, gärtnerische Arbeiten und Außenbeleuchtung.

Der Deutsche Vergabe- und Vertragsausschuss (**DVA**) hat ein **Konzept** betreffend Möglichkeiten und Grenzen der Zusammenfassung von Fach- und Teillosen bei der Vergabe von Bauleistungen nach der VOB/A entwickelt. Die Ausarbeitung enthält Richtlinien für die Zusammenfassung von Leistungspaketen auch nach Maßgabe des öffentlichen Vergaberechts und bietet eine gute Grundlage für eine Paketbildung im Rahmen einer Gewerkegruppenvergabe.[201] 758

Die Gewerkegruppenvergabe erfolgt i. d. R. an einen **Teil-Generalunternehmer**. Dieser unterscheidet sich von dem Generalunternehmer durch einen geringeren Umfang der beauftragten Leistung.[202] Der Auftraggeber steht mithin einer Mehrzahl von Teil-Generalunternehmern gegenüber, was die Machtverhältnisse im Projekt für ihn ungünstig beeinflusst und Steuerungsmöglichkeiten erschwert. 759

Als weitere Nachteile der gewerkeweisen Vergabe sind – im Vergleich zu einer Voll-Generalunternehmer-Beauftragung – hervorzuheben, dass nach wie vor eine **erhebliche Anzahl von Schnittstellen** bestehen und die Planungsbeteiligten für die Ausführungsplanung weiterhin beim Bauherrn angebunden werden müssen. Auf Grund der verbleibenden Schnittstellen zwischen den Gewerkepaketen verbleiben nennenswerte Termin- und auch Kostenrisiken. Vergaberechtlich kann eine losweise Vergabe für Einzelpakete vorgesehen werden. 760

200 Aus Bankensicht erläutern Zoller/Wilhelm, in: Schäfer/Conzen, Immobilienentwicklung, S. 113: Um diesen Generalunternehmeraufschlag, der bisweilen eine Größenordnung von 10 % bis 15 % über der Einzelvergabe ausmachen dürfte, zu umgehen, erfolgt teilweise auch die Aufteilung in mehrere Großgewerke, bei denen dann eine größere Konkurrenz und damit mehrere Anbieter bestehen. Damit dies aber auf der Baustelle richtig organisiert wird, bedarf es in diesem Fall eines Projektbetreuers, der schwerpunktmäßig die Arbeitsabläufe auf der Baustelle koordiniert. Er ist dann für die Einhaltung von Kosten, Terminen und Qualitäten zuständig.

201 Vgl. DVA-Papier Fach- und Teillose, NZBau 2000, 555 f.

202 Cadez, Risikowertanalyse, S. 23.

Übersichtsdiagramm zur Entwicklung von Vergabeeinheiten nach Zimmermann[203]

761

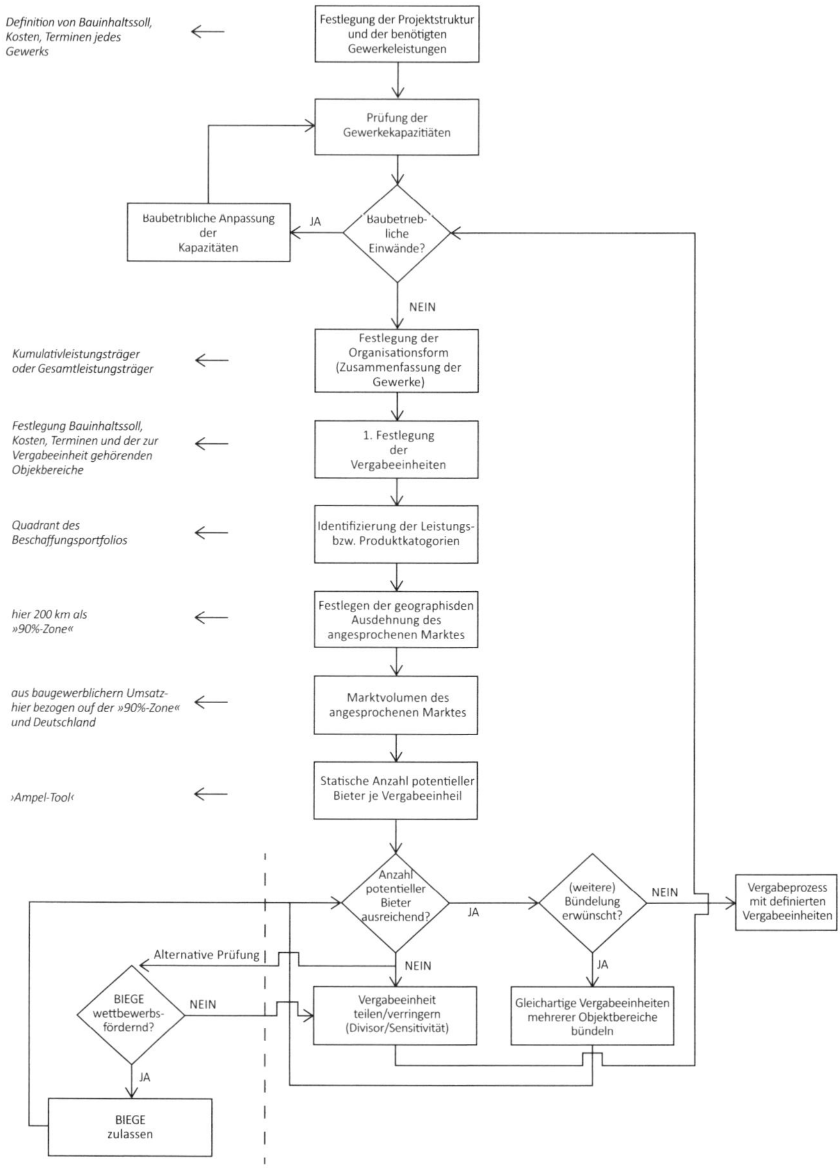

2.2.4.5 Vergabe an Generalunternehmer und Totalunternehmer

762 Als **Generalunternehmer** bezeichnet man Unternehmer, die vom Bauherrn mit der gesamten Bauausführung beauftragt werden und diese Leistungen bzw. wesentliche Teile hiervon selbst ausführen. Wie nachfolgend im Einzelnen noch darzulegen sein wird, kann der Generalunternehmer auch

203 Zimmermann, Josef, Die Entwicklung von Vergabeeinheiten im Hinblick auf das Angebot an Bauleistungen zur Generierung von Wettbewerb, DVP-Tagungsband Projektmanagement Herbsttagung 2014, S. 32.

Teile der Architekten- und Ingenieurleistungen übernehmen (i. d. R. sind dies Teile der Objektplanung, ab Ausführungsplanung und darüber hinaus häufig Ingenieurleistungen der technischen Ausrüstung und technischen Bauphysik).[204] Die Genehmigungsplanung und die Baugenehmigung einschließlich Prüfstatik bringt bei diesen Modellen in der Regel noch der Auftraggeber bei, individualvertraglich (nicht in AGB) ist es indessen möglich, dass der Generalunternehmer auch das Risiko voraussehbarer Auflagen aus Baugenehmigungen etc. übernimmt.[205] Während der Generalunternehmer noch wesentliche Teile der Bauausführung selbst durchführt, lässt der **Generalübernehmer** – bei im Übrigen vergleichbarer Vertragskonstellation in Richtung Auftraggeber – die Leistungen ausschließlich durch Drittfirmen ausführen. Der **Totalunternehmer** schließlich übernimmt zusätzlich zur gesamten Bauausführung auch sämtliche Architekten- und Ingenieurleistungen.[206] Er erbringt aus einer Hand – zumindest ab Leistungsphase 3 des § 34 Abs. 3 HOAI – die komplette Planung und die komplette Erstellung (Design-Build-Contractor).[207] Der **Totalunternehmer** übernimmt insbesondere auch die Beibringung der Baugenehmigungen und trägt damit auch das Genehmigungsrisiko.[208]

Bei der Generalunternehmervergabe **erspart der Bauherr** erhebliche ansonsten selbst zu erbringende **Koordinationsaufgaben**. Die bei dem Auftraggeber zu steuernden Schnittstellen werden deutlich vermindert (aber entstehen bei dem Generalunternehmer neu). Das gilt speziell für die Schnittstellen zwischen den ausführenden Unternehmen, aber auch für das Schnittstellenproblem betreffend die Koordinierung von Planung und Ausführung.[209] Die Einschaltung des Kumulativleistungsträgers führt auch zu einer **Funktionsverlagerung betreffend das Projektmanagement**. Das Projektmanagement wechselt zu einem gewichtigen Anteil auf die Seite des Kumulativleistungsträgers.[210] 763

Die wirtschaftlichen **Vorteile** der Generalunternehmer- und Generalübernehmervergaben liegen des Weiteren in der Einbringung des speziellen Know-how dieser Unternehmer bei der Bauausführung.[211] Insbesondere wird eine straffere Abwicklung und eine höhere Termintreue im Hinblick auf die Planungs- und Ausführungsbeteiligten erwartet.[212] Bei qualifizierter Vertragsgestaltung kann auch sehr früh eine belastbare Risikoübernahme in Bezug auf Kosten und Termine erreicht werden. Im Rahmen der vertraglich übernommenen Planungsaufgaben haften die Unternehmer für ihre eigene Planung, so dass aus der Schnittstelle zwischen der übernommenen Planungsleistung und der Ausführung grundsätzlich keine Nachträge und Mehrkostenforderungen abgeleitet werden können.[213] Wohl verbleibt als wichtiger Problembereich und als Streitpotential sowie Quelle von Nachträgen die Planungsschnittstelle zur auftraggeberseitig an den GU zu übergebenden Entwurfs- bzw. Genehmigungsplanung. 764

204 Er kann auf der Grundlage einer fertigen Ausführungsplanung beauftragt werden, aber auch auf der Grundlage einer Genehmigungsplanung mit selbst zu fertigender Ausführungsplanung oder sogar zusätzlichen Ingenieurleistungen, vgl. Kapellmann/Schiffers, Vergütung, Nachträge und Behinderungsfolgen beim Bauvertrag, Band 2, Rn. 415; vgl. dazu auch Lederer, in: Kapellmann, Juristisches Projektmanagement, S. 166 ff.

205 OLG Düsseldorf, Urteil vom 06.07.2006, Az. 5 U 89/05, in: BauR 2006, 1887.

206 Vgl. dazu Lederer, in: Kapellmann, Juristisches Projektmanagement, S. 273.

207 Vgl. Kapellmann, Schlüsselfertiges Bauen, Rn. 18.

208 OLG Köln, Urteil vom 14.02.2003, Az. 19 U 152/02, in: BauR 2003, 1088 = IBR 2003, 530.

209 Kapellmann, Schlüsselfertiges Bauen, Rn. 3.

210 Vgl. Kapellmann, Schlüsselfertiges Bauen, Rn. 18: »Funktionsverlagerung betreffend Planung beim Schlüsselfertigbau.«

211 Racky, Entscheidungshilfe, S. 107 ff., weist darauf hin, dass die bestmögliche Minimierung des Kostenrisikos durch frühzeitigen Abschluss der Bauverträge erreicht werden könne, was ein eindeutiges Argument für die Unternehmereinsatzform GU-Vergabe sei.

212 Vgl. Preuß, Jahrbuch Baurecht 2001, S. 211.

213 Bühring, in: VDI-Berichte 932, Projektmanagement beim Bauen, S. 93, 110.

765 Generalunternehmer und Totalunternehmer koordinieren nicht nur die einzelnen am Bau Beteiligten, sondern tragen auch deren Insolvenzrisiko. Der Auftraggeber erhält schließlich alle Werkleistungen aus einer Hand, und zwar mit einer einheitlichen Gewährleistung, die speziell im gewerblichen Bereich von erheblicher Bedeutung ist.[214]

766 Nicht unüblich ist auch der Einsatz von **Teil-GU's**. Hierbei handelt es sich – wie bereits im Zusammenhang mit der **Gewerkepaket-Vergabe** dargestellt – um Generalunternehmer, die nicht sämtliche Ausführungsleistungen übernehmen, sondern zusammengehörige Gewerke, etwa aus den Bereichen Haustechnik (Heizung, Lüftung, Sanitär). Derartige Teil-GU's verkörpern zum Teil noch erhebliches Fach-Know-how aus den übernommenen Gewerken. Ihr Einsatz reduziert aus Auftraggebersicht die Schnittstellen und damit seinen Aufwand. Das Bauen mit Teil-GU's kann zu einer Verbesserung der Termin- und Logistikabläufe führen, da ein Vertragspartner seine Prozesse über mehrere Gewerke planen und ausführen kann.[215]

767 Die **Verhandlungs- und Vertragsphase** nimmt allerdings bei der Generalunternehmervergabe erhebliche Zeit in Anspruch. Da derartige Verträge erst nach abschließender Definition der baulichen Anforderungen und zumeist erst nach längeren Verhandlungen abgeschlossen werden können, ist es schwierig, wettbewerbsgerechte Preise und Bedingungen sicherzustellen.[216] Die Leistungsgarantien des Generalunternehmers sind schließlich oft nur etwas wert, wenn eine ausgereifte und koordinierte Planung mindestens bis zum Baugesuch vorliegt.[217] Nach Vertragsschluss kann der Auftraggeber keinen nennenswerten Einfluss auf die Bauabwicklung nehmen. Die Qualität der von dem Generalunternehmer erwarteten Kosten- und Terminsicherheit hängt darüber hinaus im Wesentlichen von einem juristisch ausgefeilten Generalunternehmervertrag ab. Die Vergabe an einen Generalunternehmer oder Generalübernehmer, erst recht an einen Totalunternehmer, ist i. d. R. für den Bauherrn nur dann wirklich von Vorteil, wenn er sich von vornherein für ein im Einzelnen feststehendes Gebäude mit einer zuvor im Vertrag definierten Ausstattung entscheiden kann. Will er später seinen Nutzerwillen noch ändern/konkretisieren, ist dies mit – i. d. R. überteuerten – Nachträgen und erheblichen Machtverschiebungen im Projekt verbunden. Änderungen widersprechen der Grundstruktur eines Generalunternehmereinsatzes mit Pauschalpreis – die Einsatzform ist mit einem erheblichen Flexibilitätsverlust verbunden.[218]

768 Nicht zu unterschätzen ist auch die **starke Stellung** der Generalunternehmer/-übernehmer und Totalunternehmer während der Ausführungsphase. Der Generalunternehmer ist für den Auftraggeber nur sehr schwer austauschbar. Eine Kündigung und Anschlussbeauftragung an einen Wettbewerber ist nur unter Schwierigkeiten und i. d. R. nur zu erheblichen Mehrkosten und unter Inkaufnahme erheblichen Zeitverzuges möglich. Bei unkonkreten Vorstellungen des Bauherrn zum Bausoll und/oder Unzulänglichkeiten in Verträgen kann der Generalunternehmer während des Projektes erheblichen Druck hinsichtlich der Durchsetzung von Nachträgen ausüben. Zu bedenken ist schließlich, dass die Nachunternehmerketten immer tiefer reichen. Ungeachtet der Einschaltung marktführender Generalunternehmer wird der Auftraggeber nicht selten mit Problemen konfrontiert, die aus der Einschaltung unzulänglich qualifizierter und geführter Nachunternehmer entstehen.[219] In der Praxis kommt es auch vor, dass Generalunternehmer zum Ende des Projektes hin ihr Bauleitungspersonal extrem ausdünnen, so dass sich in dieser kritischen Projektphase die Nachunternehmer teilweise selbst koordinieren müssen. Dann sind Störungen der Abwicklungsprozesse wie auch Qualitätsmängel die Folge.

214 Vgl. auch Kapellmann, Schlüsselfertiges Bauen, Rn. 3 f.
215 Vgl. Kochendörfer/Liebchen, Bau-Projektmanagement, S. 60.
216 Vgl. Collier, Construction Contracts, S. 171.
217 Sommer, Projektmanagement im Hochbau, S. 15.
218 Vgl. Collier, Construction Contracts, S. 71.
219 Vergabegewinne werden in der Nachunternehmerkette mehrfach abgeschöpft.

Die Machtkurve des Generalunternehmers 769

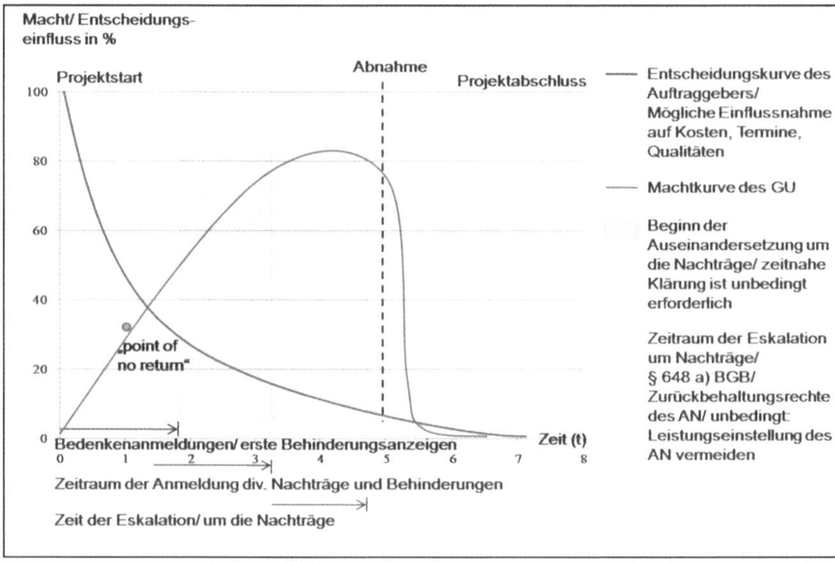

Die zunehmende Spezialisierung bringt es mit sich, dass Bauausführung **ohne Nachunternehmereinsatz** kaum noch denkbar ist. Zumindest Teil-GU-Lösungen gehören immer mehr zum Alltag. Andererseits geht auf der Generalunternehmerebene zunehmend das Know-how für komplexe Einzelgewerke (wie Fassade und TGA) verloren. Zunehmend besteht auch auf dieser Ebene ein Bedürfnis für fachlich-technische Unterstützung und ggf. auch von Managementleistungen für Planungs- und Ausführungsprozesse. Des Weiteren werden die Zusammenarbeitsmodelle von Generalunternehmern und Nachunternehmern aufgrund ihrer steigenden Bedeutung immer neu ausgelotet.[220] 770

Der Generalunternehmer/-übernehmer und Totalübernehmer lässt sich die Koordinierung der am Bau Beteiligten (mithin die bei ihm durchgeführte Projektsteuerung) und die Risikoübernahme bezahlen.[221] Der »**Generalunternehmerzuschlag**« beträgt regelmäßig 8 bis 20 % auf die Beauftragungssumme (je nach Marktverhältnissen).[222] Bei einer hohen Nachfrage nach Bauleistungen ist die Bauwerksentwicklung mit einem Generalunternehmer grundsätzlich deutlich teurer als bei Einschaltung von Einzelleistungsträgern; in den rezessiven Baumärkten verhält es sich gerade umgekehrt. Als Grund hierfür wird angegeben, dass schlüsselfertig anbietende Generalunternehmer nicht selten Tochterunternehmen größerer Unternehmen sind, die ihren Töchtern in Rezessionsphasen ökonomischen Rückhalt bieten, so dass diese kostengünstiger anbieten können als ihre Konkurrenz.[223] Schließlich rechnen sie bei einer derartigen Marktlage mit der Erzielung von 771

220 Vgl. Helmus/Weber, Baumarkt 2003, Heft 2, S. 20 f.

221 Dem sog. Generalunternehmerzuschlag stehen behauptete ersparte Projektleitungskosten (Transaktionskosten) gegenüber, die in der Sonderform des Schlüsselfertigbaus für den Auftraggeber mit 10 bis 20 % geschätzt werden, vgl. in diesem Zusammenhang auch Kapellmann, Schlüsselfertiges Bauen, Rn. 8.

222 Er umfasst anteilige Baustellengemeinkosten, Allgemeine Geschäftskosten sowie Wagnis und Gewinn; empirische Untersuchungen haben ergeben, dass die Einschaltung eines Generalunternehmers um 13–18 % teurer ist als die Einzelvergabe, vgl. Volkmann, DAB 2002, 43, 45.

223 Vgl. Will, Die Rolle des Bauherrn im Planungs- und Bauprozess, S. 298; nach Racky, Entscheidungshilfe, S. 149, liegt der bei der Kalkulation von Fremdleistungen übliche Zuschlagssatz zwischen 10 und 15 %. Da bei der Kalkulation einer schlüsselfertig ausgeschriebenen Bauleistung etwa 60 % der gesamten Einzelkosten auf Gebäudetechnik und Ausbauleistung entfielen, erhöhe sich die Angebotssumme für die Gesamtleistung etwa um 6 bis 9 %.

Vergabegewinnen. Bei hoher Baunachfrage müssen die Generalunternehmer das Risiko erheblicher Mehrkosten bei Nachunternehmervergaben einkalkulieren (anstelle von Vergabegewinnen drohen Vergabeverluste).

772 Die Unternehmereinsatzform **Generalunternehmer** kennt wiederum **verschiedene Varianten**, die von dem Zeitpunkt der Einschaltung des Generalunternehmers und damit verbunden **von dem Fertigstellungsgrad der Planung abhängen**. Im Prinzip lassen sich 3 Varianten unterscheiden.[224]

Amerikanische Methode

773 – Bei dieser Variante liegt die Ausführungsplanung (Maßstab M 1: 50) im Wesentlichen vor, und die Leistungen sind vor der Beauftragung des Generalunternehmers qualitativ und quantitativ definiert.
– Vorteile dieser Art von Generalunternehmervergabe sind klare Kalkulationsgrundlagen, hohe Vergleichbarkeit in der Vergabe und hohe Kostensicherheit. Nachteilig ist der relativ späte Beauftragungszeitpunkt (Abwicklungszeitraum bis zu 12 Monate länger als bei den übrigen Generalunternehmereinsatzformen). Die Rationalisierungsgewinne durch die GU-Einschaltung sind begrenzt, da die Leistung ohnehin im Detail festliegt und somit auch Einzelvergaben durchgeführt werden könnten, bei denen der Vorteil der Parallelbearbeitung gegeben wäre. Diese Methode ist somit für die Abwicklung eines Projektes mit einem Generalunternehmer grundsätzlich nur begrenzt geeignet, da die Rationalisierungs- und Kreativitätsspielräume des GU nicht voll genutzt werden können.[225] Die amerikanische Variante kommt in Deutschland seltener zum Einsatz.

Klassische deutsche GU-Vergabe

774 Basis dieser in der Praxis in Deutschland am häufigsten angewendeten Vergabeform ist die zur Verfügungstellung einer Entwurfsplanung (M 1: 100) nebst Baugenehmigung und Prüfstatik, ggf. auch unter Einschluss sog. Leitdetails,[226] zuzüglich einer grundsätzlichen Beschreibung in der Form eines Raum- und Baubuchs durch den Auftraggeber.

Der Generalunternehmer führt die ihm zur Verfügung gestellten Entwurfspläne bis zur Ausführungsreife weiter (er übernimmt die Objektplanungsleistung ab der Leistungsphase 5, die Schal- und Bewehrungspläne aus dem Bereich der Tragswerksplanung sowie die Planungsleistungen der Gebäudetechnik ab Leistungsphase 5 Ausführungsplanung).[227]

Hinsichtlich des weiteren Einsatzes der bisher für den Auftraggeber tätigen Objektplaner haben sich wiederum unterschiedliche praxisrelevante Fallgestaltungen herausgebildet:
– Der Objektplaner beendet die Tätigkeit und übernimmt lediglich die **künstlerische Oberleitung** während der Bauausführung:

775 – Bei dieser Modellvariante stellt der Objektplaner seine Leistungen nach Abschluss der Entwurfsplanung ein; ggf. hat er noch Nacherfüllungsleistungen zu erbringen, mithin Mängel der überreichten Planungsunterlagen nachzuarbeiten bzw. Planungslücken zu schließen. Im Übrigen übernimmt er ein Plancontrolling für den Auftraggeber, welches sich auf die so genannte künstlerische Oberleitung beschränkt oder sich darüber hinausgehend auf eine fachlich-inhaltliche Planprüfung beziehen kann. Die Objektüberwachung wird dabei ggf. durch ein Projektcontrolling des Projektmanagers ersetzt.
– Der Objektplaner **wechselt** nach Beauftragung des Generalunternehmers und erbringt für den Generalunternehmer die Ausführungsplanung:

776 – Bei dieser Variante verliert der Auftraggeber einen wesentlichen Know-how-Träger und späteren Kontrolleur. Auch der Generalunternehmer ist nicht ohne weiteres gewillt, die bisherigen Planer

224 Vgl. Sommer, Projektmanagement im Hochbau, S. 17 ff.; auch Kochendörfer/Liebchen, Bau-Projektmanagement, S. 62 f.
225 So zutreffend Sommer, a. a. O., S. 17.
226 Vgl. Rdn. 696.
227 Vgl. Racky, Entscheidungshilfe, S. 11.

des Auftraggebers zu übernehmen, weil er deren Kompetenzen nicht ohne weiteres einschätzen kann. Diese Variante kommt aber zumeist dann zur Anwendung, wenn Fast-track-Projekte anstehen, also sehr enge Ausführungs- und Planungszeiten, bei denen die Einarbeitungszeit für einen neuen Objektplaner nicht zur Verfügung steht. Auch bei Partnering-gestützten Realisierungsmodellen findet sich diese Variante.

- **Der Objektplaner bleibt mit vollem Leistungsbild** nach HOAI (Ausnahme: restliche Ausführungsplanung), allerdings einschließlich so genannter Ersetzender und Besonderer Leistungen, für den Auftraggeber tätig:
- Bei dieser Variante wird der bisherige Objektplaner in weiten Bereichen unverändert – gemessen an den Leistungsbildern der HOAI – für den Auftraggeber tätig. Er hat mit den Leitdetails Teile der Ausführungsplanung vorzeitig zu liefern. Er wirkt bei der Vergabe der Generalunternehmerleistung mit. Er übernimmt auch eine auf den Generalunternehmereinsatz angepasste Objektüberwachung (Bauoberleitung) für den Auftraggeber. 777
- Bei der klassischen Beauftragung kann der GU ggf. noch sein **Ausführungs-Know-how** in den Planungsprozess einbringen und kostengünstige Ausführungsformen wählen. Andererseits wird es schwieriger, die Interessen des Bauherrn vertraglich abzusichern, die Qualitätsansprüche durchgehend sicherzustellen und Nachträge auf Grund der nicht vollständig fertiggestellten arbeitgeberseitigen Planung einzudämmen. 778
- Für **normale Projekte** handelt es sich jedoch um ein grundsätzlich geeignetes Verfahren, das die Vorteile des Generalunternehmereinsatzes überhaupt erst voll erschließt.

GU-Einsatz mit fortlaufender AG-seitiger Ausführungsplanung

- Eine in der deutschen Praxis mitunter angewendete Mischform besteht darin, dass die Ausführungsplanung auch nach Beauftragung eines GU vollständig vom Architekten des Auftraggebers erstellt wird (Generalunternehmervergabe mit auftraggeberseitiger Ausführungsplanung). Die Ausführungsplanung des Auftraggebers wird dabei zumeist parallel zu den Leistungen des beauftragten GU vorangetrieben. Voraussetzung hierfür ist die Definition von Planungsterminplänen und Planungskorridoren für die Planer des AG. 779
- Dieses Einsatzmodell beinhaltet für den GU das Risiko der Kalkulation auf Basis eines noch nicht abgeschlossenen fremdgesteuerten Planungsprozesses, für den AG das Risiko, mit seinem Planungsteam rechtzeitig und inhaltlich korrekt die Auftraggeberplanung beistellen zu müssen. Die Modellvariante wird insbesondere beim design- oder qualitätsorientierten Hochbau eingesetzt.

Investorenprojekte

- Bei **Investorenprojekten** steht i. d. R. die kostengünstige und schlüsselfertige Erstellung des Gebäudes im Vordergrund. Der Auftraggeber liefert lediglich ein Planungskonzept, welches die funktionalen Anforderungen an das zu errichtende Gebäude beschreibt. Oft beinhalten die Vorgaben des Auftraggebers die Überreichung einer Objektplanung bis einschließlich Leistungsphase 2 (mit oder ohne Tragwerkskonzept). Im Übrigen wird das vertragliche Bausoll im Wesentlichen durch die Nutzeranforderungen bestimmt (Stichwort: Mieterbaubeschreibungen), auf welche in den GU-Verträgen regelmäßig verwiesen wird. Übernimmt der Auftragnehmer sämtliche Planungsleistungen nach Abschluss der Vorplanung, liegt eine **Totalunternehmervergabe** vor.[228] 780
- Bei derartigen Beauftragungen kann der GU seine **Rationalisierungsspielräume** und seine Kreativität voll ausschöpfen. Die Verantwortlichkeit für Planungsfehler und die Schnittstellenrisiken zwischen Planung und Ausführung werden in erweitertem Umfang auf den Auftragnehmer übertragen. Dafür arbeiten Planer und Unternehmer in einem Lager und verfolgen dieselben Interessen.[229] Die Flexibilität im Hinblick auf Änderungen nimmt weiter ab. Nachteilig kann sich auswirken, dass zu dem frühen Vergabetermin eine Baugenehmigung nicht vorliegt und Verträge mit Nutzern und Investoren noch nicht abgeschlossen sind. Durch derartige

228 Vgl. Racky, Entscheidungshilfe, S. 12.
229 Collier, Construction Contracts, S. 188 ff., zu den Vor- und Nachteilen von Design-Build-Verträgen.

Unsicherheiten veranlasste Änderungen des vertraglichen Bausolls führen oftmals zu gewichtigen Nachträgen. Eine detaillierte Risikoallokation in Generalunternehmer- bzw. Totalunternehmerverträgen im Hinblick auf derartige Unsicherheiten ist zwingend erforderlich. Einsatzfeld dieser Variante ist insbesondere der Systembau.

781 Für den Projektsteuerer des Auftraggebers bringen alle **Varianten unterschiedliche Anforderungen** mit sich. Bei dem amerikanischen GU-Modell kann der Projektsteuerer die Arbeit – Koordinierung der Planung – wie bei Einzelvergaben beginnen. Für die Ausführung ist der Generalunternehmer verantwortlich und ab diesem Zeitpunkt verbleibt dem Projektsteuerer vornehmlich ein Controlling in Bezug auf die Ausführungsqualität und etwaige Nachträge. Bei der klassischen GU-Vergabe verschiebt sich der Schwerpunkt seiner Aufgabe hin zur Steuerung und Planung bis zur Genehmigungsreife sowie zur Steuerung/Entwicklung funktionaler Vertragsinhalte und deren Kontrolle im Rahmen der Ausführungsplanung und der Ausführung. Bei der Beurteilung funktionaler Anforderungen treten allerdings rechtliche Auslegungsfragen zum sog. Bausoll in den Vordergrund, die der Projektsteuerer fachlich selten in vollem Umfang selbst bearbeiten kann. Bei einer Totalunternehmervergabe findet die weitestgehende Delegation von Projektmanagementleistungen auch von Planungsleistungen und auf den Unternehmer statt. Diesen hat der Projektmanager/-steuerer sehr sorgfältig auch im Hinblick auf die Planungskompetenzen auszuwählen; er hat die Planungstätigkeiten zwar zu überwachen, sollte jedoch möglichst nicht selbst in das Planungsgeschehen eingreifen.[230] Bei dem Investoren-GU tritt die koordinierende Tätigkeit des Projektsteuerers im Zeitpunkt der Vergabe zurück. Hier dominieren juristische Vertragsbeschreibungen, die im Wesentlichen an Inhalte anknüpfen, welche durch Mieterbaubeschreibungen usw. vorbestimmt sind. Die Projektsteuerungsleistungen wechseln hier überwiegend auf die Auftragnehmerseite. Es bleiben allerdings Aufgaben in Bezug auf Plan-, Ausführungs- und Nachtragscontrolling.

2.2.4.6 Der Generalunternehmervertrag mit garantiertem Maximumpreis (GU-GMP)

782 Mit dem Kumulativleistungsträgereinsatz (»Bauen einer Hand«) verbundene Nachteile (Unflexibilität; fehlender Einfluss des Auftraggebers; hohe Nachtragsrisiken) sollen durch GMP-Abreden vermindert werden.[231] Ungeachtet der Vielzahl von Varianten dieses Einzelmodells besteht die Besonderheit des GU-GMP-Einsatzes darin, dass je nach der vertraglichen Absprache auf der Leistungsseite eine gemeinsame Planungsentwicklung stattfindet sowie Nachunternehmervergaben gemeinsam durchgeführt werden und auf der Vergütungsseite ein Höchstpreis (garantierter Maximumpreis) vereinbart wird. Nach oben soll absolute Preissicherheit bestehen, nach unten hin sollen preisliche Optimierungserfolge Auftraggeber und Auftragnehmer gemeinsam zugute kommen. Solange der Höchstpreis nicht überschritten wird – das Risiko des Überschreitens trägt bei dieser Modellvariante allein der Generalunternehmer –, wird der endgültige Preis durch Addition der Nachunternehmerkosten, etwaiger Kosten für Eigenleistungen sowie einer Vergütung (Pauschale) für allgemeine Geschäftskosten, Wagnis und Gewinn gebildet. Die gegenüber den vereinbarten Einzelbudgets oder dem Höchstpreis ersparten Kosten werden nach einem zu vereinbarenden Aufteilungsmodus geteilt.

783 Zumeist streben die Vertragsparteien eine wirtschaftliche Optimierung durch Einbeziehung des Generalunternehmers in Planungsprozesse, ggf. **Planungsänderungen** und **bautechnische (Verfahrens-)Änderungen** an. Soweit die Planung bereits abgeschlossen und die Standards festgelegt sind, wird vorgesehen, dass der Generalunternehmer die Planung prüfen und Optimierungen vorschlagen kann. Optimierungsgewinne sollen aufgeteilt werden. Die Verteilung derartiger »Optimierungsgewinne« kann gegenüber dem Regelmodell eines Generalunternehmervertrages (auf der Basis der VOB/B) für den Generalunternehmer günstiger sein, wenn er anders als bei der Durchsetzung

230 Ling, International Journal of Project Management, 2004, 477.

231 Dazu ausführlich Bartel, Der Guaranteed Maximum Price Bauvertrag, Baumarkt, 2003, Heft 4, 28 f.; Baumarkt 2003, Heft 5, 38 f.; Baumarkt 2003, Heft 6, 26 f.; auch Thierau, in: Festschrift für Jagenburg, S. 895 f.

von einseitigen Änderungsrechten des Auftraggebers nach § 1 Nr. 3, 4 VOB/B nicht nur seine anteiligen Deckungsbeiträge behalten darf, sondern darüber hinaus an Kostenersparnissen – auch auf Grund von Leistungsreduktion – beteiligt wird. Die Vereinbarung eines GMP-Abrechnungsmodells kann für den Generalunternehmer ungünstiger sein, weil ihm Vergabegewinne in der Regel nicht mehr vollständig zugute kommen.

Das Modell soll dem Auftraggeber nämlich eine Beteiligung an dem sog. »**Vergabegewinn**« sichern. 784
Die durch die möglichst günstige Vergabe von Nachunternehmerleistungen ansonsten bei dem Generalunternehmer verbleibenden Einsparpotentiale sind für die Auftraggeber ein ständiger Stein des Anstoßes. Das oftmals rein kostenorientierte Vergabeverhalten der Generalunternehmer führt dazu, dass vielfältig Nachunternehmer zum Einsatz kommen, deren Leistungen nicht den Qualitätsansprüchen des Auftraggebers genügen. Infolge einer **Aufteilung** dieser **Vergabegewinne** erreicht der Auftraggeber eine wirtschaftliche Annäherung an eine Fachunternehmervergabe. Die Ausgestaltung des Aufteilungsmechanismus muss wohldurchdacht sein. Einerseits sollten die Anreize für Generalunternehmer nachhaltig sein, damit sein Interesse an kostenoptimierenden Maßnahmen während der gesamten Projektdauer erhalten bleibt (vor einer allzu degressiven Staffelung ist allerdings zu warnen). Andererseits überschätzen Auftraggeber oft den Umfang möglicher Einsparpotenziale und sollten daher bei der vertraglichen Aufteilung der ersten erwirtschafteten Einsparungen (also z.B. der ersten Million Euro Ersparnis) nicht zu großzügig sein. Darüber hinaus wird bei der Festlegung des Aufteilungsprozentsatzes der Planungs- und Informationsstand eine Rolle spielen.[232] Schließlich muss der Auftraggeber sicherstellen, dass alle erkennbaren Einsparpotenziale schon bei der Bildung des Maximumpreises berücksichtigt werden.

Entsprechende Modelle können **einstufig** oder **zweistufig** ausgebildet werden. Im Rahmen der 785
ersten Stufe optimiert der Generalunternehmer vorhandene Planungen und Beschreibungen so, dass sie die Qualität einer Funktionalleistungsbeschreibung erlangen und somit der endgültige Realisierungswille des Auftraggebers konkretisiert (das Bausoll festgelegt) wird. Dabei kann der Generalunternehmer während dieser Phase einen reinen Planungsauftrag erhalten oder aber bereits – im Rahmen einer stufenweisen Beauftragung – einen Generalunternehmervertrag mit einem GMP 1 vereinbaren. In der Phase 2 übernimmt der Generalunternehmer alsdann die endgültige Bauleistungsverpflichtung nach Maßgabe der gemeinsam erarbeiteten Planungsvorgaben, wobei dieser Beauftragung ein (endgültiger) garantierter Maximumpreis – GMP 2 – zugrunde liegt. Die zweistufigen Modelltypen beinhalten allerdings nach dem Abschluss der Phase 1 zumeist eine »Ausstiegsmöglichkeit«. Vertragsgestalterische Versuche, den Generalunternehmer zu verpflichten, den Bauauftrag während der Ausführungsphase nach einem zuvor definierten Berechnungskonzept zu übernehmen, haben in der Praxis noch keine brauchbaren vertraglichen Umsetzungskonzepte hervorgebracht. Zumeist wird bei den zweistufigen Modellen nach Abschluss der Phase 1 neu verhandelt!

Ein zentraler Vorteil der GMP-Beauftragung liegt darin, einen Generalunternehmer bereits in 786
einem sehr frühen Projektprozess mit der Chance für den Auftraggeber zu binden, während des Ablaufes des Projektes noch Einfluss auf Qualität und den Preis des Projektes zu behalten. GMP-Modelle sind deshalb insbesondere dort geeignet, wo in einem frühen Projektstadium (mit geringer Planungsdichte) Kosten- und Terminsicherheit geschaffen werden muss, insbesondere bei sog. **Fast-track-Projekten**. Darüber hinaus werden sie bei komplexen, technisch anspruchsvollen Großprojekten eingesetzt,[233] bei denen der Auftraggeber sich noch Einflussmöglichkeiten während der Projektabwicklung sichern will, oder auch im Auslandsbau, etwa wenn noch erhebliche Unsicherheiten hinsichtlich der Preisgestaltung für bestimmte Bauleistungen bestehen.

232 Collier, Construction Contracts, S. 88.
233 Collier, Construction Contracts, S. 89: A GMCPF contract generally is superior to any other kind of contract for large and complex projects.

787 Die **Vorteile** eines GMP-Modells für den Auftraggeber lassen sich wie folgt beschreiben:
- Das GU-GMP-Modell führt zu einer frühen Verzahnung von Planung und Bauen. Ausführungsorientiertes Know-how kann bereits in den Planungsprozess einbezogen werden.
- Der Auftraggeber kann in einer frühen Projektphase einen Generalunternehmer fest binden und hierdurch schnell vertragliche Preis- und Terminsicherheit für die Projektrealisierung erlangen.
- Dem Auftraggeber verbleibt zudem die Chance, während des Projektes Einfluss auf den Preis und die Qualitäten zu nehmen, indem er an Optimierungen und Nachunternehmervergaben mitwirkt.
- Je nach Vertragsgestaltung kann er bei kostenmäßiger Risikoabschirmung entscheidenden Einfluss auf die Auswahl der Nachunternehmer und die Projektabwicklung behalten.
- GMP-Modelle werden als Ausprägung sog. Partnering-Konzepte gesehen, eines Ansatzes, der zur Überwindung der Konfrontation zwischen den Projektbeteiligten während der Bauabwicklung führen soll.[234]

788 GMP-Modelle sind allerdings **keine Allheilmittel**. Solange sie nicht vom Auftraggeber zur Verfügung gestellte Budgets für die Übernahme von Risiken beinhalten, sind sie auch nicht geeignet, die klassischen Baurisiken zu verlagern. Insbesondere bei Baumaßnahmen im Bestand hat sich gezeigt, dass GMP-Modelle hier eher anfälliger und konfliktträchtiger sind, als klassische GU-Abwicklungen (wenn die Vertragsparteien die Besonderheiten der GMP-Abwicklungsstruktur nicht vorgedacht und ausreichende Budgets eingerechnet haben).

789 Das **GU-GMP-Modell** hat aber auch **nicht unerhebliche Nachteile**. Der garantierte Maximumpreis ist üblicherweise höher als ein klassischer Pauschalfestpreis. Denn der Generalunternehmer hat nicht nur zusätzliche Aufgaben im Rahmen von Planung und Projektmanagement zu übernehmen, sondern verliert zumindest teilweise die Möglichkeit, Vergabegewinne zu erzielen. Auch sind Generalunternehmer wenig geneigt, entsprechende GMP-Verträge ausschließlich mit dem Ziel der Teilung der Vergabegewinne abzuschließen.

790 Darüber hinaus sind die Modelle aufgrund der nachfolgend behandelten vertragsrechtlichen Problemstellungen in **hohem Maße instabil**. Die »Chemie« zwischen den Projektbeteiligten muss stimmen, damit ein solches Projekt erfolgreich sein kann. Das System der »gläsernen Taschen« ist in der Praxis oftmals nicht verinnerlicht und damit zusammenhängende Abstimmungskreisläufe schaffen erheblichen Ressourcenverzehr. In der Praxis ist daher zu beobachten, dass GU-GMP-Modelle nach Herstellung von Projektsicherheit oftmals wieder in feste Pauschalvereinbarungen umgewandelt werden. Bauunternehmen tendieren heute zunehmend dazu, eine Phase der Planungsoptimierung gegen Kostenerstattung und eine Anschlussbeauftragung auf GU-Basis anzustreben, statt einen durchgängigen GMP-Vertrag vorzuschlagen.

791 Dementsprechend sind die ersten, relativ euphorischen Stellungnahmen zu diesem Bauausführungsmodell inzwischen einer **differenzierten Einschätzung** gewichen. Speziell die Vertragsgestaltung stellt hohe Anforderungen an die Projektbeteiligten. Da die Preisbildung – soweit der garantierte Maximumpreis nicht überschritten wird – auf Selbstkostenerstattungsbasis erfolgt, implizieren die Modelle ein **hohes Kontrollbedürfnis** (was für Partnering-Konzepte indessen nicht ungewöhnlich ist). Dieses intensive Controlling soll durch sog. »gläserne Taschen« (»Open books«) gewährleistet werden. Das Controlling der Abwicklung, speziell der Durchsetzung der Auftraggeberwünsche innerhalb des »Optimierungsprozesses« und der Vergaben sowie die Kontrolle der Kosten als Bestandteile der abschließenden Vergütungsfeststellung, erfordern entsprechendes Know-how bei der eingesetzten Projektsteuerung (speziell in Bezug auf Kostenermittlungsmethoden). Projektsteuerer vereinbaren dementsprechend zumeist einen Zuschlag zu Regelvergütungssätzen,

234 Vgl. Rdn. 899.

wenn ein GMP-Modell zur Anwendung gelangt.[235] Folgende weitere **Problembereiche** müssen beachtet werden:

- Über den **Begriff** des **garantierten Maximumpreises** (»garanteed Maximumprice«) bestehen oft Unklarheiten. Auftraggeber verbinden hiermit oftmals die Vorstellung, der genannte Garantiepreis sei unabänderlich. So wird aber die GMP-Abrede weder im internationalen Rechtskreis verstanden, noch – bei zutreffender Auslegung – nach deutschem Recht.[236] Zwar impliziert der Garantiebegriff, dass die Höchstpreiszusage grundsätzlich verschuldensunabhängig eingehalten werden muss. Aber auch eine Kostengarantie nach deutschem Recht ist anzupassen, wenn sich die Projektgrundlagen durch Änderungsanordnungen und Zusatzbeauftragungen des Auftraggebers verändern.[237] 792
- Der Höchstpreis einer GMP-Abrede wird – was die Anpassung an geänderte Projektgrundlagen angeht – nicht anders behandelt als ein Pauschalpreis.[238] Die unterschiedlichen Interpretationsmöglichkeiten zum **Garantiepreis** führen dazu, dass die Details des Garantieverständnisses vertraglich festgelegt werden müssen.[239] 793
- Der GU-GMP-Vertrag ist kein normaler Bauvertrag mit zusätzlichen Vereinbarungen zur Vergütungsbestimmung![240] Der GU-GMP-Vertrag ist zwar seiner Grundstruktur nach ein Globalpauschalvertrag. So enthält er typischerweise eine Komplettheits-/Schlüsselfertigklausel. Der GU ist auch bei diesem Realisierungsmodell verpflichtet, eine schlüsselfertige Gesamteinheit zu errichten, auch wenn bei der Preisbildung mehrere selbstständige Preisbestandteile berücksichtigt werden müssen.[241] Sowohl die **Leistungs- als auch die Vergütungselemente** müssen bei diesem Vertragstyp **detailliert ausgestaltet** werden. Beim Leistungsumfang geht es um die Einbindung des GU in den Planungsprozess, die Definition seiner Aufgaben und Verantwortlichkeiten in diesem Rahmen, die Festlegung des Umfangs und Inhalts von Eigenleistungen sowie **Schnittstellen zu Nachunternehmern**. Darüber hinaus muss die gemeinsame Vergabe der Nachunternehmerleistungen genau beschrieben werden. Auf der Vergütungsebene müssen die Pauschalpreisbestandteile, insbesondere auch die Fee, unter Abgrenzung zu den erstattungsfähigen Kosten genauestens spezifiziert werden, damit später eine Abrechnung auch unter Berücksichtigung etwa aufgetretener Änderungen und zusätzlicher Leistungen möglich bleibt. 794
- Speziell bei den zweistufigen GMP-Modellen arbeitet der GU **vertieft in der Planungsphase** mit. Er optimiert die parallel von den Architekten des AG entwickelte Entwurfsplanung. Infolge der Einschaltung des GU in den Planungsprozess entstehen verschiedene Schnittstellenprobleme. Tendenziell kann der AG hierdurch erreichen, dass der GU Planungsverantwortung (mit) übernimmt und Nachtragsrisiken aus der Planungsphase (beruhend auf unklarer, unvollständiger oder fehlerhafter Planung) reduziert werden. Es ist dabei vertraglich genau festzulegen, ob und inwieweit der GU Planungsverantwortung übernimmt. Sofern keine klare Regelung erfolgt, kann die Verpflichtung des Auftragnehmers, Optimierungsvorschläge zu erarbeiten, dahingehend zu 795

235 Vgl. dazu Rdn. 1512.
236 Vgl. Biebelheimer/Wazlawik, BauR 2001, 1639; Grünhoff, NZBau 2000, 313; vgl. auch Rdn. 458, 1515.
237 Vgl. dazu Rdn. 1705.
238 Vgl. Biebelheimer/Wazlawik, BauR 2001, 1639; Kapellmann, Der GMP-Vertrag: Die Wunderlösung? Skript des IBR-Kongresses: Der GMP-Vertrag, Philosophie, Grundlagen und Erfahrungen, am 24.10.2000 in Mannheim, S. 23; Oberhauser, BauR 2000, 1397, 1409; Grünhoff, NZBau 2000, 313, 316; Thierau, in: Festschrift für Jagenburg, S. 895, 903.
239 Vgl. Kapellmann, Der GMP-Vertrag: Die Wunderlösung?, Skript des IBR-Kongresses: Der GMP-Vertrag, Philosophie, Grundlagen, Erfahrungen am 24.10.2000 in Mannheim, S. 23; a. A. Oberhauser, BauR 2000, 1397, 1409; Grünhoff, NZBau 2000, 313, 316.
240 Anders etwa Thierau, Vortragsskript IBR-Kongress, Der GMP-Vertrag, Philosophie, Grundlagen, Erfahrungen, am 24.10.2000 in Mannheim, S. 3.
241 A. A. Grünhoff, NZBau 2000, 316, Fn. 18; wie hier Oberhauser, BauR 2000, 1397 ff.; Oberhauser, BauR 2000, 1397, 1403: »Verkappter Pauschalvertrag mit garantierter Obergrenze und Teilhabe an Vergabegewinnen.«; Gralla BW 2000, 20: Schlüsselfertigbau-Pauschalvertrag mit garantierter Maximumpreis-Vergütung.

verstehen sein, dass der GU selbst keine (Objekt-)Planungstätigkeit und keine (Detail-)Kontrolle schuldet, sondern allenfalls geeignete kostenoptimierte Planungsleistungen der Architekten des AG anzuregen hat.[242]

796 – Wie jedes cost-targeting-Verfahren muss für die Planungsphase (wie auch für die Vergabephase) die Definition von Standards und Zielen erfolgen. Für die Ausführungsphase ist zu definieren, ob und inwieweit der Auftraggeber **Qualitätsminderungen** hinnehmen muss. Eine Abgrenzung von zulässigen »Verbesserungen«/»**Optimierungen**« gegenüber den festgelegten Standards einerseits und unzulässigen »Leistungsminderungen« andererseits ist zwingend erforderlich.[243]

797 – Die Mitwirkung des AG in der Vergabephase – die zunächst nur positiv ausschaut[244] – birgt eine Vielzahl von Problemen. In den durch Selbstkostenerstattungselemente gebildeten Gesamtpreis gehen eine Reihe von typischen GU-Risiken ein, etwa die Aufspaltung der Gesamtleistung in einzelne **Vergabepakete** und die damit zusammenhängenden **Schnittstellenprobleme**. Wenn der AG indessen gemeinsam mit dem GU Leistungspakete ausschreibt, dann wird der GU im Rahmen der Abrechnung der Nachunternehmerleistung auch die wegen unvollständiger Schnittstellenbildung zusätzlich notwendig gewordene Leistung in die Abrechnung einbeziehen wollen. Insoweit sind Diskussionen im Hinblick auf mögliche Nachträge schwer zu vermeiden. Ähnliches gilt für das typische Durchstellungsrisiko von AGB-Problemen auf die Nachunternehmerebene. Die hier zusätzlich entstehenden Risiken wird der GU bei einer Beteiligung des AG an der Nachunternehmervergabe in seiner Endabrechnung einbringen wollen, soweit vertraglich nichts Abweichendes geregelt ist. Zudem bedürfen die Abläufe im Vergabeprozess, insbesondere die **Mit- und Einwirkungsrechte des AG**, einer klaren vertraglichen Ausgestaltung. Das schließt insbesondere folgende Fragen ein:

798 – Wer führt die **Nachunternehmervergaben** im eigenen oder fremden Namen durch, welche Mitwirkungsrechte hat die jeweils andere Vertragspartei?
- Unbegrenzte Vetorechte
- Vetorechte nur bei wichtigem Grund
- Vetorechte mit Konsequenzen:
  - Herausnahme der NU-Leistung aus dem GU-Paket
  - Reduzierung der Verantwortlichkeit des GU auf das Projektmanagement (Koordinierung)
  - Einschränkung der GU-Verantwortlichkeit in Bezug auf Insolvenzrisiken, Gewährleistung
- Regelung der **zeitlichen Abläufe**; insbesondere Sicherung der rechtzeitigen NU-Vergabe durch
- Verlust der Mitwirkungsrechte des AG bei Verzögerungen
- Vertragsstrafen für den AN bei Verzögerungen.[245]

799 – Speziell bei Großprojekten erfordert die Mitwirkung des AG bei den Nachunternehmervergaben sehr **hohe Personalressourcen**. Hierdurch können die erwarteten preislichen Vorteile des Modells ggf. wieder aufgewogen werden. Auftraggeber werden in diesen Fällen regelmäßig bereits im Vorfeld – mit Hilfe der Projektsteuerung – im Rahmen einer »ABC-Analyse« festlegen müssen, bei welchen preiskritischen Vergabepaketen sie an den Vergaben mitwirken wollen.

800 – Die **Nachtragsgefahr** wird bei GU-GMP-Modellen nur insoweit reduziert, als sich der GU bereits in der Planungsphase optimierend beteiligt hat. Im Übrigen verbleibt es aber speziell bei den für Großprojekte typischen Nachtragsrisiken aus unfertiger Planung und unklarer bzw. widersprüchlicher teilfunktionaler Leistungsbeschreibung.[246] Beim GMP-Vertrag kommen jedoch zusätzliche Schwierigkeiten hinzu. Zunächst gibt es auf Grund der einzelnen Pauschalpreisbestandteile

242 Vgl. Oberhauser, BauR 2000, 1397, 1402: »Insoweit wird der GU im Regelfall eine beratende Tätigkeit entfalten, die vom Architekten des Bauherrn umgesetzt wird – Einstandspflicht für seine Beratungstätigkeit als werkvertragliche Verpflichtung.«; vgl. auch Rdn. 355.

243 Zur Abgrenzung mit Beispielen Thierau, in: Festschrift für Jagenburg, S. 895, 909 f.

244 Vgl. Oberhauser, BauR 2000, 1397, 1402: »Dieses kräfte- und nervenaufreibende Gegeneinander wird durch die Grundidee des GMP-Vertrages vermieden. Die Vertragspartner können ihre Schaffenskraft für eine optimale Umsetzung und Verwirklichung des Projektes einsetzen.«

245 Dazu Kapellmann, a. a. O., S. 22.

246 Kapellmann, a. a. O., S. 9.

wiederum Abgrenzungsschwierigkeiten, so dass die Anforderungen an das Änderungsmanagement insgesamt nicht geringer, sondern eher komplexer werden. Schnittstellenprobleme können bei der Abgrenzung der Eigenleistungen und der NU-Vergabepakete entstehen. So kann zweifelhaft werden, ob ein bestimmter Leistungsbestandteil der Eigenleistung des GU zuzurechnen ist oder den Nachunternehmerpaketen. Im letzteren Fall könnte der GU die zusätzlich erkannte Leistung nach Maßgabe der nachgewiesenen Kosten (zusätzlich) abrechnen.[247]

– Darüber hinaus ergeben sich zusätzliche **Abrechnungsprobleme** bei Änderungen. Bei Zugrunde- 801
legung der VOB/B sind gem. § 2 Abs. 5 und 6 VOB/B nicht nur etwaige Einzelbudgets, sondern auch garantierte Maximumpreise (sog. »Floating-GMP«) anzupassen.[248] Es ist dementsprechend unerlässlich, im Einzelnen zu regeln, welche Vorgänge zu einer Anpassung des GMP-Preises führen können. Genauso ist zu regeln, wie sich die Kostenfolgen auftraggeberseitiger Behinderungen oder aber von Dritten zu vertretende Störungen auswirken können. Schließlich ist es in diesem Zusammenhang eminent schwierig, bei Fehlsteuerungen und Mehrkosten festzustellen, aus welcher Sphäre diese resultieren. Zwar sehen Vertragsgestaltungen regelmäßig vor, dass durch den Generalunternehmer verursachte Mehraufwendungen nicht in die Preisbildung eingehen dürfen. Dementsprechend ist jeweils genau zu prüfen, ob Mehrkosten aus dem Nachunternehmerbereich nicht ihre Ursache in unsorgfältigem Projektmanagement des Generalunternehmers haben und dementsprechend bei der Kostenerstattung keine Auswirkung haben dürfen. Dagegen bleibt es insbesondere bei der Auftraggeberverantwortung hinsichtlich von Terminverzögerungen seiner Projektleitungsorganisation und etwa noch für ihn tätiger Planer. In der Praxis ergeben sich hinsichtlich der Abgrenzung der Verantwortungsbereiche erhebliche Problemlagen, wobei der GU oftmals situativ entscheidet, ob er sich in dem einen oder anderen Nachtragsfall mit dem Auftraggeber oder dem Nachunternehmer »verbündet« (GU und NU wissen am besten, woher die Nachtragsursachen stammen!).

– Beim GMP-Modell trägt der Auftragnehmer wesentliche **Risiken aus der Nachunternehmer-** 802
beziehung (Mängel, Insolvenz etc.). Dies kann allerdings anders zu beurteilen sein, wenn der Auftraggeber selbst die verbindliche Auswahl des Nachunternehmers vornimmt oder aber sich sonstige Eingriffsbefugnisse in Bezug auf die Nachunternehmerebene sichert.[249] Die Konsequenzen von AG-Eingriffen auf die Nachunternehmerbeziehung sind alsdann genauso detailliert zu regeln, wie vom GU zu vertretende Fehlsteuerungen der Nachunternehmer. Dieser Aspekt zeigt auch, dass zusätzliche Schnittstellen im Rahmen des Projektmanagements entstehen.

– GU-GMP-Modelle sind dem **Wettbewerb** oft **entzogen**.[250] Auftraggeber wollen sich zwar bei 803
der Beauftragung eines Generalunternehmers für die Beteiligung an der Planungsoptimierung (Phase 1) möglichst noch nicht hinsichtlich der endgültigen Beauftragung mit der Ausführung (Phase 2) binden. Auftragnehmer sind indessen oft nicht gewillt, sich bei einem zweistufigen Modell nach Abschluss der ersten Stufe dem Wettbewerb zu stellen und den endgültigen GMP-Preis im Wettbewerb bilden zu lassen. Die GMP-Abrede soll nach ihrer Auffassung den entfallenen Wettbewerb ausgleichen. Dazu ist dieses Modell indessen nicht immer in der Lage. Zum

247 Kapellmann, a. a. O., S. 20: »Geht es um die Abgrenzung zu Eigenleistungen, ist im Wege der Auslegung in Zweifelsfällen davon auszugehen, dass diese Leistung zur Eigenleistung gegen Teilpauschale gehört; nach allgemeinen Grundsätzen müsste der Auftragnehmer das Gegenteil beweisen, soweit es sich nicht ausnahmsweise um einen vom Auftraggeber ohne Mitwirkung des Auftragnehmers detailliert geplanten Bereich handelt. Geht es um die Abgrenzung der NU-Leistungen untereinander, ist das bedeutungslos, wenn nur der Saldo aller NU-Leistungen den tatsächlichen Preis bildet und nicht NU-Leistungen einzeln bonusfähig sind.«

248 Vgl. Gralla, Garantierter Maximumpreis, S. 149, 150: Nachträgliche Änderungen des Bausolls ändern den GMP; Oberhauser, BauR 2000, 1397, 1402: Insoweit tritt bei fortlaufender Konkretisierung der Planung die Problematik der Abgrenzung einer bereits geschuldeten von einer Mehrkosten auslösenden und den GMP erhöhenden Leistung auf, wobei hierzu auf die im Pauschalbetrag, insbesondere zum komplexen Global-Pauschalvertrag, entwickelten Kriterien zurückgegriffen werden kann.

249 So Kapellmann, a. a. O., S. 21.

250 Vgl. Oberhauser, BauR 2000, 1397, 1402: Es liegt i. d. R. kein preislich bewertbares Angebot vor.

einen sind die Preisbildungsfaktoren und Schnittstellen unsicher, so dass ein marktkonformer Endpreis keineswegs gesichert ist, zum anderen ist das Angebot der »gläsernen Taschen« vielfach schon deshalb untauglich, weil das Beziehungsgeflecht des GU zu seinen Nachunternehmern für den Auftraggeber weder durchschaubar noch nachhaltig überprüfbar ist.[251] Bei mehrstufigen Beauftragungen entsteht ohnehin schon in der Planungsphase ein mehr oder weniger starkes Abhängigkeitsverhältnis, und zwar wegen des einmal erworbenen Wissens des GU, das i. d. R. einen späteren Austausch in den sich anschließenden Projektphasen ausschließt.[252] Für öffentliche Auftraggeber ist der Weg eines GU-GMP-Vertrages von vornherein nicht möglich.[253] Abgesehen von der eingeschränkten Zulässigkeit von GÜ-Vergaben[254] sowie von Selbstkostenerstattungsverträgen nach öffentlichem Vergaberecht[255] als solchen, müsste er bei einer Beteiligung auf der Vergabeebene sicherstellen, dass auch die NU-Leistungen konform zum öffentlichen Vergaberecht ausgeschrieben würden. Bei zweistufigen Modellen hätte der GU zwar einen Informationsvorsprung, dieser würde allerdings seine Beteiligung an der Vergabe für die Phase 2 gefährden (Projektantenproblem).

804 – Infolge der Einbeziehung des GU in die Planungsprozesse muss der AG darauf achten, dass ihm die aus dem **Urheberrecht** abgeleiteten Nutzungsrechte für die Planung übertragen werden. Dazu bedarf es Klauseln zur Nutzungsrechtsübertragung in Bezug auf den in der Planungsphase tätigen Generalunternehmer und etwaiger von ihm eingeschalteter Subplaner. Werden derartige Rechte nicht übertragen, entsteht eine Abhängigkeit des Auftraggebers ggf. schon auf Grund des einmal entstandenen Urheberrechts des GUs.

805 – Die Abrechnung nach dem **»open-books-Prinzip«** erscheint auf erste Sicht einfach, birgt in der Praxis jedoch erhebliche Probleme. Zunächst sind umfassende Informationsrechte des AG vertraglich zu sichern. Ebenfalls bedarf der Regelung, dass Rabatte, Skonti etc. aus der Nachunternehmerebene sowie sonstige Preisvorteile des GUs an den AG weiterzureichen sind.[256] Fehlen vertragliche Vorschriften zur Offenlegung der tatsächlich entstandenen Kosten, steht dem Auftraggeber ein Auskunftsanspruch zur Seite.[257] Eine Kostenerstattung des Generalunternehmers kommt nur in Betracht, soweit Projektkosten nicht durch unsorgfältiges oder uneffektives Handeln entstanden sind.[258] Eine Endabrechnung ist jedenfalls erst möglich, nachdem sämtliche Nachunternehmerabrechnungen (einvernehmlich) erfolgt sind. Soweit und solange der GU die Nachunternehmerleistung nicht abrechnen kann, etwa weil noch Prozesse anhängig sind, scheitert die Schlussabrechnung im Verhältnis zum AG. Die Schlussabrechnung kann sich über Jahre hinziehen. Das macht eine gesonderte vertragliche Vorsorge im Hinblick auf Teilschlusszahlungen notwendig, wobei sich auch die Frage stellt, ob und inwieweit bereits vorab eine vorläufige Abrechnung der erwarteten »Gewinne« möglich ist. Die Abhängigkeit der Teilschluss- bzw. Schlussrechnung von den NU-Abrechnungen, der Konfliktlösung zwischen GU und NU und etwaigen Prozessergebnissen verdeutlicht, dass dem AG auch insoweit Einflussnahmen möglich sein müssen, die vertraglich genau zu regeln sind.

806 – Zudem muss nicht erst bei der **Schlusszahlung**, sondern schon bei Abschlagszahlungen ein Abgleich mit dem auf die erbrachten Leistungen »heruntergebrochenen« GMP erfolgen, damit Überzahlungen vermieden werden können. Schließlich ergeben sich praktische Probleme bei Abschlagszahlungen, wenn einerseits Pauschalpreisbestandteile für Eigenleistungen nach Leistungsfortschritt und andererseits Fremdleistungen nach Rechnungsstellung/Bezahlung ausgegli-

251 Vgl. Collier, Construction Contracts, S. 85: In any subcontract there is privity of contract only between the subcontractor and contractor and a subcontractor has privity of contract with no others.

252 So auch Oberhauser, BauR 2000, 1397, 1403.

253 Kemper in: Franke/Kemper/Zanner/Grünhagen, VOB-Kommentar, Anhang zu § 2, Rn. 269.

254 Großzügiger gegenüber GÜ-Vergaben nunmehr VKBund, IBR 2002, 271.

255 Vgl. Eschenbruch, NZBau 2001, 585, 592.

256 Oberhauser, BauR 2000, 1397, 1404, empfiehlt, diese Verpflichtung mit Vertragsstrafen abzusichern.

257 OLG Dresden, Urteil vom 21.05.2008, Az. 13 U 1953/07, in: NZBau 2008, 650, 651

258 Vgl. dazu Rdn. 1377 f.

chen werden müssen.[259] An die vertraglichen Zahlungspläne sind daher besondere Anforderungen zu stellen.

- GMP-Modelle sind als **Partnering-Konzepte** auf eine projektbegleitende Konsensregelung angewiesen. Die Inanspruchnahme von Schiedsgerichten oder Gerichten ist für derartige Projektrealisierungsformen von vornherein ungeeignet. Mediative Elemente sowie projektbezogene Schlichtungsgremien gewinnen an Bedeutung. Der Partnering-Charakter stellt die Notwendigkeit eines leistungsfähigen Projektcontrollings nicht in Frage. 807

GMP-Modelle können dementsprechend bei bestimmten Projektumständen sinnvoll sein, insbesondere dann, wenn eine frühzeitige Kosten- und Terminsicherheit erforderlich ist und die Planung ansonsten noch keinen vergabereifen Standard aufweist. Sie machen allerdings ein intensives Projektcontrolling unabdingbar. Hier ist der Auftraggeber zwingend gehalten, sich Experten-Knowhow zu sichern. Ein neues Einsatzfeld der Projektsteuerung hat sich bei derartigen komplexen Abwicklungsmodellen herausgebildet. 808

2.2.4.7 Construction Management

Das Generalunternehmer-GMP-Modell stellt eine Annäherung an die aus dem anglo-amerikanischen Rechtskreis bekannten Construction-Management-Modelle dar, die bereits zu Beginn dieses Buches ausführlich dargestellt worden sind. Insbesondere treten derzeit das GU-GMP-Modell und das Construction-Management-at-Risk in Wettbewerb. Sowohl Generalunternehmer wie auch Projektmanagementunternehmen bewerben sich um Aufträge, die einerseits eine Integration in Planungsprozesse wie auch eine komplette Bauleistung vorsehen, auf der Vergütungsseite aber Elemente von Kostenerstattungsverträgen mit Höchstpreis enthalten. Die Einschaltung eines Projektsteuerungsbüros als Construction-Manager-at-Risk kann daher durchaus eine Alternative zum GMP-Modell sein. Insoweit wird auf die umfangreichen Darlegungen bei Rdn. 433 verwiesen. 809

Controllingaufgaben beim GMP-Vertrag 810

1 Controlling während der Vorvertragsphase

- Controlling bei der Auswahl des GMP-Modells als geeignetes Realisierungsmodell (in Abgrenzung zu alternativ in Betracht kommenden Modellen, z. B. Construction Management)
- Konzeption des konkreten GMP-Modells
- Leistungs- und Vergütungsregelungen
- Einbeziehung des GU in die Planungsoptimierung?
- Verfahren zur Einbeziehung des AG in die Vergaben
- Controllingorganisation
- Sicherstellung sachangemessener Vertragsgestaltung
- Sachangemessenes Vergütungs- und Anreizsystem
- Vorbereitung der Vergabe an den GU-GMP (Definition von Wertungskriterien)

259 Vgl. Oberhauser, BauR 2000, 1397, 1409, 1410.

811 **2 Controlling während der Vergabephase**

- Auswahl des GU anhand vorbestimmter Kriterien
- Kompetenzen, Referenzen
- Festlegung des konkreten Projektteams in Bezug auf Projektleitung, Planungs-Know-how und Steuerungskompetenz, Einkaufskompetenz, Projektmanagement-Kompetenz sowie Überzeugungskraft der einzelnen Teammitglieder
- GMP-Preis/Struktur und Aufteilungsmechanismus
- Präsenz in der Region
- Konzepte für die Projektabwicklung im GMP-Modell (Verfahren der Planungsoptimierung und Nachunternehmervergabe)

812 **3 Controlling bei der Planungsoptimierung**

- Soweit der GU bereits in der Planungsoptimierung tätig ist, bezieht sich das Controlling auf:
- Qualität der Mitwirkung des GU im Planungsprozess
- Erreichen der Planungsziele
- Mitwirkung bei der Überwindung von Zielkonflikten
- Mediator zwischen Architekten des AG und GU
- Dokumentation der Planungsschnittstellen und Planungstätigkeiten
- Generell: Plancontrolling

813 **4 Controlling der Nachunternehmervergabe**

- Controlling bei der Bildung der Vergabepakete und der Leistungsbeschreibungen (u. a. zur Vermeidung von Schnittstellenrisiken zum Nachteil des AG)
- Controlling des Nachunternehmer-Vergabe-Procederes
- Einhaltung der Prozeduren
- Vorgaben für Abläufe, Qualitäten und Preise
- Abstimmung der Bieterlisten
- Prüfung der Qualifikationen der potenziellen Nachunternehmer
- Preiscontrolling (Marktpreise/Transparenz/Preisspiegel)

814 **5 Ausführungscontrolling**

- Allgemeines Kosten-, Termin- und Qualitätscontrolling (u. a. Bemusterungen)
- Nachtragsmanagement
- Controlling der Mitverantwortung des GU als Planungsverantwortlicher
- Controlling der Schnittstelle Eigenleistung versus GU/NU-Leistungen
- Controlling der Ursachen von Nachunternehmernachträgen (AG-Verantwortlichkeit versus PM-Verantwortlichkeit des GU)
- Controlling möglicher Einwirkungen des AG zur Nachtragsvermeidung und Durchsetzung
- Vermeidung der »Allianz-GU/NU im Nachtragwesen«
- Prüfung der Auswirkungen von geänderten und zusätzlichen Leistungen auf Einzelbudgets und GMP-Preis

815 **6 Abrechnungscontrolling**

- Abschlagszahlungscontrolling für Eigenleistungen des GU und Leistungen der Nachunternehmer unter Berücksichtigung der GMP-Grenze
- Teil- und Schlussrechnungscontrolling für Eigenleistungen des GU und Leistungen der Nachunternehmer und GMP

816

Modell- und Vergütungsvarianten bei Generalunternehmer-GMP-Verträgen[260]

Zeitpunkt der GMP-Bildung	Anreizmechanismus	Bindung bei zweistufigen Modellen	Einbeziehung des AG in NU-Vergaben
• AN wird mit Planung beauftragt • Planungsauftrag verbunden mit Vereinbarung über GMP-Preisbildungsprozess • Planungsauftrag mit GMP-Abrede als Ergebnis der Phase Vorbereitung der Vergabe bzw. nach Eingang erster Submissionsergebnisse der NU-Vergaben • AG hat (zum Teil) Planungen bereits erstellt – Vereinbarung des AG-Budgets als GMP – Vereinbarung des GMP als Ergebnis eines Wettbewerbs	• Festes Aufteilungsverhältnis (50 : 50 oder 30 : 70 zu Gunsten des Bauherrn) • Variables Aufteilungsverhältnis (Staffelung oder Kappung ab bestimmter Größe) • Zielkostenaufteilungsverhältnis[261] • Prozentuale oder pauschalierte Deckungsbeitragsvereinbarung[262] - - - - - - - - - - • Bei Überschreitung des GMP übernimmt AN die Mehrkosten • Ggf. variables Aufteilungsverhältnis bei GMP-Überschreitungen	• Stufenweise Beauftragung ohne Bindung • Letter of intent / Absichtserklärung für Stufe 2 • Feste Anschlussbeauftragung für den Fall des Erreichens bestimmter Ziele • Feste Anschlussbeauftragung mit definierten Rücktrittsrechten • Bei einem Construction-Management-Vertrag (ACM) kann vereinbart werden, dass der Verlag bei Nichtzustandekommen einer GMP-Bindung als reiner Projektmanagementvertrag weitergeführt wird	• AG und GU führen Vergabe gemeinsam durch • GU führt die Vergaben durch – mit oder ohne Vetorecht (ggf. nur bei wichtigem Grund) des AG • bei Ausübung Vetorecht AG: – Herausnahme des NU-Gewerkes aus der Beauftragung – wie zuvor, GU behält Projektmanagement (Koordinierungsverpflichtung) oder – AG übernimmt das Insolvenzrisiko, ggf. auch das Gewährleistungsrisiko

260 Gralla, Garantierter Maximumpreis, S. 132.
261 Wenn zusätzlich zu frühem GMP 1 nach 40 % bis 70 % der Vergaben eine zusätzliche Zielkostenvereinbarung getroffen wird.
262 Mit dem GU wird vereinbart, dass diese pauschalierte oder prozentuale Deckungsbeiträge auf Herstellkosten erhält, ggf. verbunden mit einem zusätzlichen Bonus, um Leistungsanreize zu gewähren, vgl. Gralla, Garantierter Maximumpreis, S. 141.

817 **Generalunternehmer (mit GMP) und Construction Management (mit GMP)**

Realisierungsmodelle	**GU (GMP)** **Einphasig**	**CM (GMP)** **CM als Projektmanager**
Kennzeichen	Generalunternehmer GU-gesteuertes Projekt Projektmanagement- und Technik-Know-how beim GU GMP-Bildung als Budget oder als Ergebnis von Wettbewerb	Projektmanager AG/CM-gesteuertes Projekt Projektmanagementkompetenz beim CM; Technik-Know-how bei Planer und NU GMP-Bildung nach Ausführungsvorbereitung bzw. ersten Vergabeergebnissen
Vorteile	Frühzeitige Termin- und Kostensicherheit Einfache Verantwortungsstruktur/wenig Schnittstellen Komplettleistung (schlüsselfertig) gegen Pauschalpreis Absicherung der Gesamtleistung durch umfassende Haftung und Bank-Erfüllungsbürgschaften	Flexibilität und stärkere Einflussnahme des AG auf Planung und Ausführung Entwurfsplanung muss bei Projektbeginn nicht abgeschlossen sein frühzeitiger Baubeginn AG kann entscheiden, ob er den Construction Manager nach Cost plus Fee oder (2. Phase) pauschal – mit oder ohne GMP – bezahlt
Ganzheitliche Leistungszusage	GU gewährleistet Einhaltung des GMP und der Terminzusagen sowie eine umfassende Gewährleistung über alle Gewerke	CM stellt in Grundform NU-Risiken auf AG durch, soweit GMP nicht überschritten; Detailrisikoabgrenzung betr. eigenständige Gewährleistung und Terminzusagen erforderlich
Projekte	Projekte mit großen Schnittstellenrisiken Projekte in Märkten mit unsicherer Preisentwicklung Vollständiges Outsourcing (z. B. für Fonds etc.)	Technikorientierte Projekte Projekte mit hohem Änderungsbedarf Projekte mit unvollständiger Planung
Öffentlich-rechtliche Vergabe	Unzulässig: Beteiligung des AG bei Vergaben führt zur Notwendigkeit der Beachtung öffentlichen Vergaberechts auf der NU-Vergabeebene Bei zweistufigen Modellen muss die Projektantenproblematik beachtet werden[263] GU-Vergaben bedürfen besonderer Rechtfertigung	Zulässig: CM-Beauftragung nach VOB/A, soweit Beauftragung mit der Ausführung vorgesehen im Übrigen wie GU-GMP

263 Vgl. für zweistufige Vertragsgestaltung mit einer Beteiligung des öffentlichen Auftraggebers auf der zweiten Vergabeebene Eschenbruch, Beilage 1 zu Heft 5/2000 BB (Leasingberater), S 10 ff.; darüber hinaus für die Projektantenproblematik, Rn. 1353; a. A. dagegen U. Blecken/T. Schriek, Leitfaden GMP-Wettbewerbs- und Vertragsmodell, mit Hinweis auf ein bei der Deutschen Bahn AG durchgeführtes GMP-Vergabemodell, S. 8.

2.2.4.8 Auswirkungen der unterschiedlichen Einsatzformen für Planer und Unternehmer auf das Projektmanagement

Die unterschiedlichen Einsatzformen für die Planungs- und Ausführungsbeteiligten haben unmittelbare Auswirkungen auf Leistungsschwerpunkte und Leistungsumfang des Projektmanagements und wirken sich deshalb – wie an anderer Stelle noch auszuführen sein wird – auch auf das jeweils angemessene Projektmanagementhonorar aus. Die besonderen **Anforderungen und Schwerpunkte** sollen für die nachfolgenden 4 gängigen Modelltypen nochmals zusammenfassend dargestellt werden:[264] 818

- **Einzelplaner/Einzelvergabe** 819
  - Hoher Kontroll-, Koordinations- und Steuerungsaufwand
  - Umfangreicher AG-Entscheidungsbedarf und dadurch intensive Tätigkeit des Projektmanagements zur rechtzeitigen Vorbereitung solcher Entscheidungen
  - Umfassendes Risikomanagement aufgrund der vielfältigen Schnittstellen notwendig
  - Zusammenführung der detaillierten Projektdaten in Planung und Kontrolle, da nur eine Zentralstelle für das Gesamtprojekt existiert (PM des AG)
  - Intensives Vertrags- und Nachforderungsmanagement erforderlich
  - Starke Projektleitung erforderlich, die sowohl Entscheidungen des Auftraggebers rechtzeitig herbeizuführen, als auch die Vertragspflichten aller Projektbeteiligten durchzusetzen vermag.
- **Generalplaner/Paketvergabe** 820
  - Geringerer Koordinations- und Steuerungsaufwand in der Planungsphase und innerhalb der Bauausführungspakete
  - Erhöhter Kontrollaufwand, insbesondere aufgrund fehlender Transparenz innerhalb der Vergabepakete für Planen und Bauen
  - Frühzeitige Einbindung des Know-how und der Synergieeffekte der Paket-Unternehmer in die verbleibenden Planungsprozesse
  - Verstärktes Vertrags- und Nachforderungsmanagement erforderlich
  - Starke Projektleitung als Gegenpart zu den umfassenden Funktionen des Generalplaners und der Paket-Unternehmer
- **Generalplanung/Generalunternehmer** 821
  - Detaillierte Vorgaben für die Generalplanervergabe mit Zielvorgaben bezüglich Inhalte, Kosten und Termine
  - Intensive Qualitäts- und Vollständigkeitsüberwachung der Planung und Detailplanung des Generalplaners zur Verminderung von Nachtragsrisiken
  - Erhöhter Kontrollaufwand sowohl in der Planungs- als auch in der Bauausführungsphase, um die vorhandene Intransparenz des Gesamtprozesses auszugleichen
  - Intensive Mitwirkung bei der Herstellung des Bauvertrages, insbesondere in Hinblick auf die terminlichen und organisatorischen Randbedingungen
  - Ausgeprägtes Risiko- und Vertrags- sowie Nachtragsmanagement sowohl in der Vorbereitung der Bauausführung als auch während der gesamten Bauausführungsphase erforderlich
- **Generalplanung/Generalunternehmer mit Ausführungsplanung** 822
  - Umfangreiche Mitwirkung des externen Projektmanagements bei der Herstellung des Generalplaner- und Generalunternehmervertrages zur exakten Definition der Projektziele und des Leistungssolls

264 Vgl. dazu auch ausführlich Mittelstädt, a. a. O., S. 179 f.

- Hohe Bedeutung der Planung und Vorgabe organisatorischer Regelungen für den Planungs- und Bauprozess zur Erhöhung der Transparenz für den Bauherrn
- Intensive Qualitätskontrolle und Kontrolle der Vollständigkeit der Ausführungsplanung des Generalunternehmers in Übereinstimmung mit dem Bauvertrag
- Ausgeprägtes Risiko-, Vertrags- und Nachtragsmanagement sowohl in Bezug auf die Generalplaner als auch die Generalunternehmerleistungen
- Durchgängiges, intensives Controlling während der Planungs- und Bauphase mit detaillierter Dokumentation zur Beförderung des gesamten Prozesses und zur Vermeidung von ungerechtfertigten Nachträgen und Zusatzvergütungen.

2.2.5 Projektbüro/Project Office

823 Das Projektbüro ist die Organisationseinheit, die als Anlaufstelle für alle Projektbeteiligten dient und Adressat der »Projektpost« ist. Das Projektbüro ist damit zentrale Stelle des Informationswesens.

824 In der Regel wird dem Projektbüro die Aufgabe übertragen, die eingehende Projektpost zu dokumentieren (heute in der Regel auf EDV-Basis) und zu verwalten.[265] Gleichzeitig ist das Projektbüro auch die zentrale Kommunikationseinheit für alle Projektbeteiligten.[266]

2.2.6 Ablauforganisation des Projektes

825 Die Ablauforganisation beschreibt das Zusammenwirken der einzelnen Projektbeteiligten während des Projektrealisierungsprozesses. Abläufe sind in Projekten ab einer bestimmten Größenordnung ohne klares Ordnungsprinzip nicht mehr beherrschbar.[267] Die Ablauforganisation regelt insbesondere die Abläufe von Aufgabenerledigungen, Zuständigkeiten für die Abwicklungsschritte, Abstimmungsprozeduren, Büroorganisation, Besprechungen und Dokumentenlauf sowie Berichtsorganisation.[268]

826 Die Ablauforganisation des Immobilien- oder Bauprozesses ist im Wesentlichen durch die sukzessive, zum Teil auch parallele Abarbeitung der definierten Phasen des Projektes geprägt. Die Grobstruktur der Abwicklung ist durch die klassischen Projektphasen der einschlägigen Leistungsbilder für das Projektmanagement und die Planung bestimmt. Die Abarbeitungssystematik entspricht in etwa dem aus der IT-Branche bekannten Wasserfallmodell (V-Modell).[269]

2.2.6.1 Abwicklungsmatrix

827 Zur Darstellung der Aufgabenverteilung im Hinblick auf projektspezifische Arbeitsprozesse bedient sich die Praxis der Darstellungsform der Abwicklungsmatrix. Eine derartige Abwicklungsmatrix listet die **einzelnen Vorgänge** auf und beschreibt, welcher der Projektbeteiligten den Vorgang verantwortlich oder nur kontrollierend zu bearbeiten hat. Hierdurch wird für die wesentlichen Projektprozesse eine klare Arbeitsorganisation sichergestellt.[270]

265 Kerzner, Projektmanagement, S. 147.

266 Vgl. zu den Merkmalen des Projektbüros: Kalusche, Projektmanagement für Bauherren und Planer S. 103.

267 Kochendörfer/Liebchen, Bau-Projektmanagement, S. 78.

268 Greiner/Mayer/Stark, Baubetriebslehre Projektmanagement, S. 41.

269 Schelle/Ottmann/Pfeifer, Projektmanager, S. 121.

270 Vgl. Kochendörfer/Liebchen, Bau-Projektmanagement, S. 79; Greiner/Mayer/Stark, Baubetriebslehre Projektmanagement, S. 42.

▶ Beispiel: Regelung von Verantwortlichkeiten/Leistungsübersicht

Regelung von Verantwortlichkeiten/Leistungsübersicht 828

Zeichenerklärung:

I = Initiative
E = Entscheidung/Freigabe und Genehmigung
M = Mitarbeit
P = Protokollführung
F = Finanz- und Mittelfreigabe

Phasenübergreifende Leistungen	**AG**	**Projsteuer**	**Architekt**	**Freianlagen**	**Tragwerk**	**TGA**	**Bauphys.**	**Bau Leit.**
Vorbereitung der Sitzungen		IP						
Abgrenzung von Aufgaben, Verantwortungen und Kompetenzen	E	IP						
Formulierung der Entscheidungsanträge an AG	F	IP						
Vertretung des AG gegenüber Planern, Spezialisten, Lieferanten und Dritten	E	IP				IP		IP
Einhaltung von Gesetzen, Verordnungen, Auflagen	M	M	M	M	M	M	M	M
Vorgaben bzgl. Termine, Kosten, Qualität	E	IP	M	M	M	M	M	M
Informations-/Dokumentations-System initiieren	E	IPM	M	M	M	M	M	M
Projektadministration								
Koordination aller Planungsarbeiten zwecks Durchsetzung der Projektziele hinsichtlich: – Wirtschaftlichkeit – Erbringen der vertraglichen Leistung – Terminfortschritte – Kostenentwicklung – Vertragsgemäße Ausführung des Projektes		IPE		IPM	MP	IPM	IPM	IPM
Teilnahme an Sitzungen gemäß Sitzungskalender	M	IP	M	M	M	M	M	M
Sicherstellung der Protokollführung und -verteilung		IP						
Information aller Beteiligten		IP						
Öffentlichkeitsarbeit	IE							
Finanzierung/Sicherstellung des Zahlungsverkehrs	IE							
...								
...								

Leistungen in der Planungsphase	AG	Proj-steuer	Archi-tekt	Freian-lagen	Trag-werk	TGA	Bau-phys.	Bau Leit.
Endgültige Projektentscheidung	E	IP						
Planung, Organisation und Ingangsetzung der Projektgruppenarbeit		IP						
Maßnahmen bei Planungsänderungen (Änderungsmanagement)	E	IP	M	M	M	M	M	M
Terminplanung		IP	M	M	M	M		M
Kostenplanung		IP	M	M	M	M		M
Qualitätsplanung		IP	M	M	M	M		
Objektkennwerte aufstellen		I	M	M				
...								
...								

2.2.6.2 Regelabläufe

829 Projektsteuererbüros haben für die wichtigsten und sich stets wiederholenden Abläufe (Prozesse) sog. Regelabläufe entwickelt, die sich z. B. auf das Verfahren bei Architektenwettbewerben, die Optimierung der Planung, der Rechnungslegung, der Planfreigabe usw. beziehen. In den **Regelabläufen** spiegelt sich das Erfahrungswissen aus vielen Projekten wider. Derartige Regelabläufe bedürfen indessen der stetigen Kontrolle, ob sie auch für das konkrete Projekt Verwendung finden können.

830 Die Abläufe werden regelmäßig in Teilprozesse, so genannte Phasen, zerlegt, die sachlogisch aufeinander folgen müssen. Dadurch lassen sich auch Teilprozesse erkennen. Derartige Phasenmodelle bieten folgende Vorteile im Rahmen organisatorischer Komplexitätsreduzierung:

- Sie ermöglichen die schrittweise Abarbeitung von überschaubaren Arbeitspaketen und damit die notwendige Orientierung.
- Sie unterstützen systemisches Problemlösen.
- Sie erleichtern zum Abschluss einer Teilphase als so genannter geborener Kontrollpunkt das Projektcontrolling.
- Sie ermöglichen den Rückgriff auf anerkannte Phasenmodelle und damit materialisierte Erfahrungen.
- Schritte werden immer nachvollziehbar gestaltet; Transparenz und Einheitlichkeit werden gewährleistet.[271]

831 Neben die Abwicklungsmatrix treten somit **Flussdiagramme** mit Regelabläufen, die sich z. B. auf Verfahren bei Architektenwettbewerben, die Optimierung der Planung/Planfreigabe, die Rechnungsprüfung, die Nachtragsprüfung etc. beziehen können.[272] Die Regelabläufe für die Planung

271 Wimmer/Heinz/Schulz, Projekte managen, S. 34 f.

272 Vgl. Diederichs, Immobilienmanagement im Lebenszyklus, S. 160; Diederichs, in: AHO-Fachkommission Projektsteuerung, S. 26; Diederichs/Hutzelmeyer, Bauwirtschaft 1975, 1491; Franneck, Projektmanagement, S. 22 ff., unterscheidet die Ablaufplanung der Projektplanung und der Projektausführung:

a) Ablaufplanung der Projektplanung:
- additiver und akkumulativer Arbeitsanfall durch das Zusammentragen vieler verschiedenartiger Vorgänge
- Zusammenfügen dieser Einzelvorgänge zu einem übergeordneten Ganzen
- Sichtbarmachen der essentiellen Zusammenhänge und Abhängigkeiten
- Einbringen einer stringenten Systematik in die Ablaufplanung der Projektplanung
- Bestimmung der Manpower-Kapazitäten und des vorhandenen Equipment-Potentials der beteiligten Büros
- Vermeidung von Überladungen und Überschneidungen der Planungsbereiche
- Bestimmung des Detaillieferumfangs der Projektplanung
- Interdisziplinäre Verknüpfung und Abgleich

sehen insbesondere vor, wie die Freigabeprozeduren im Einzelnen ablaufen, z. B. ob jeder einzelne Planungsschritt kontrolliert wird oder aber Arbeiten erst am Ende einer definierten Planungsphase förmlich abgenommen werden.[273]

▶ Beispiel für einen Ablaufplan betreffend die Terminplanung in die Vorentwurfsphase 832

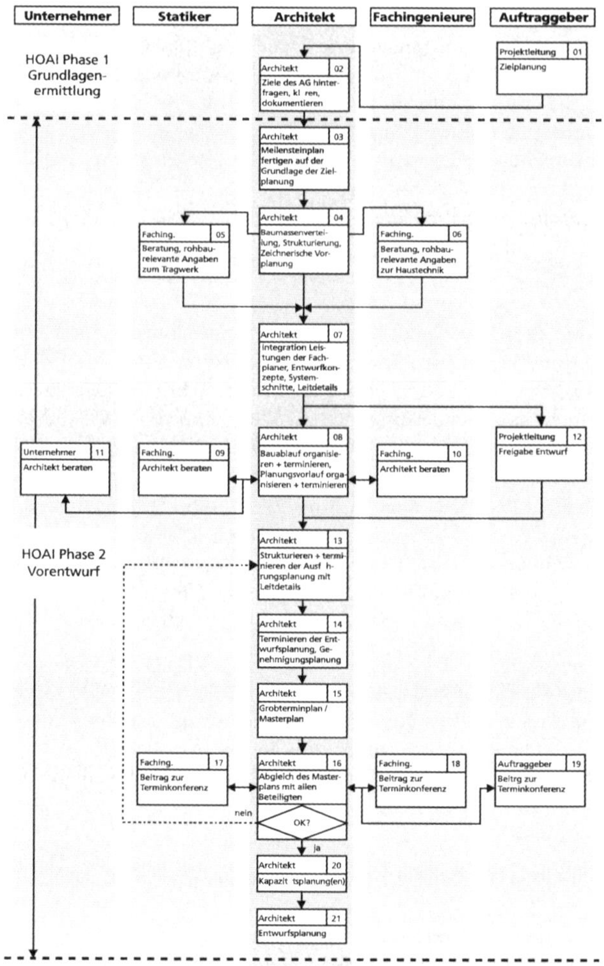

---

b) Ablaufplanung der Projektausführung:
- Übernahme aller relevanten Daten aus dem Strang I »Ablaufplanung der Projektplanung«
- Zusammenfügung dieser Daten mit relevanten Daten aus Strang II »Ablaufplanung der Projektausführung«
- Sichtbarmachen der essentiellen Zusammenhänge und Abhängigkeiten
- Einbringen einer stringenten Systematik in die Ablaufplanung der Ausführung
- Bestimmung der Manpower und Kapazitäten der Maschinen und Baustoffe
- Abstimmung der einzusetzenden Produktionsmittel, Transportmittel, Bau- und Werkstoffe und Arbeitskräfte durch logische Vorwegnahme
- Vorbereitung der erforderlichen Infrastruktur für Baustelle und Umfeld
- Interdisziplinäre Verknüpfung und ständige Anpassung der Ablaufplanung an die aktuellen Erkenntnisse.

273 Vgl. Greiner/Mayer/Stark, Baubetriebslehre Projektmanagement, S. 43; Kochendörfer/Liebchen, Bau-Projektmanagement, S. 80 f.

2.2.6.3 Informations- und Besprechungswesen/ Entscheidungsmanagement

833 Kommunikation und Information sind das Herz des Projektes. Viele Störpotentiale ergeben sich aus gestörten Informationswegen. Besonders bei großen Projekten muss ein **strukturiertes, effizientes Informationswesen** gesichert werden. Mit der Anzahl der Projektbeteiligten wächst der Informationsaufwand inflationär.[274]

834 Unentbehrliches Hilfsmittel sind weiterhin Festlegungen und Detailablaufpläne für das **Besprechungs- und Berichtswesen**, für Schriftverkehre und zu verwendende Protokolle und Formulare. Insbesondere sind die **Besprechungsebenen** festzulegen, z. B.
- die **Planungsbesprechungen** unter Federführung der Objektplaner,
- **Baubesprechungen/Koordinationsbesprechungen**, ebenfalls in der Regel geführt durch den Objektplaner,
- die gesonderte **Jour-Fixe-Organisation** des Projektsteuerers.[275]

835 Hierneben können weitere Besprechungsforen treten, etwa für Nutzergespräche oder spezielle fachtechnische Problemkreise.[276]

836 Informationsverarbeitung in größeren Projekten findet heute praktisch ausnahmslos unter Einsatz sogenannter **Projektkommunikations-Managementsysteme** statt. Entsprechende Kommunikationssysteme haben eine EDV-Basis, die sowohl den projektrelevanten Schriftverkehr wie auch insbesondere das gesamte Management eingehender und ausgehender Pläne verwaltet und dokumentiert. Ohne ein entsprechendes Projektkommunikationssystem lassen sich bei großen Projekten die Datenmengen nicht verwalten und ein sachgerechtes Planmanagement ist nicht möglich. Es existieren diverse Untersuchungen zu den vorhandenen Projektkommunikationssystemen und deren Einsatz, etwa von Arbeitskreisen beim DVP oder aber eine Untersuchung der Bayerischen Ingenieurkammer Bau zu Projektkommunikationssystemen.[277] Der Einsatz entsprechender Projektkommunikationssysteme wie auch der damit zusammenhängenden EDV-Verwaltung von Plänen (Planungsplattformen) erfordert zusätzliche organisatorische und vertragsrechtliche Maßnahmen betreffend die Informations- und Planverwaltung, insbesondere:

837 (1) Bezüglich des Rechtsrahmens für die Planungsplattform:
  - Regelungen zur infrastrukturellen Bereitstellung der Planungsplattform des Projektkommunikationssystems einschließlich Planungsplattform mit Konfigurationsvorgaben
  - Verpflichtung des interaktiven Zusammenwirkens und der Mitarbeit der Beteiligten unter Verwendung des Projektkommunikationssystems
  - Eigentum an Daten, Datenhoheit/Urheberrechte

838 (2) Regelungen zur infrastrukturellen Bereitstellung der Planungssoftware einschließlich Konfigurationsvorgaben:
  - Systembeschreibung und Systemverfügbarkeiten
  - Zur Verfügung gestellte Speichervolumina sowie nutzbare Arbeitsplätze

---

274 Nach der Formel für den Anstieg der Informationsbeziehungen bei n Projektbeteiligten = ^{n} (n – 1): 2 vgl. Frame, J. Davidson, S. 85.

275 Vgl. Kalusche, Projektmanagement für Bauherren und Planer, S. 106.

276 Dazu ausführlich Kalusche, Projektmanagement für Bauherren und Planer, S. 104 f.

277 Vgl. Bayerische Ingenieurkammer Bau, Projekt-Kommunikations-Management-Systeme, München 2013.

- Nutzungsbedingungen, z.B. Konfigurationsvorgaben (einheitliche Rahmenbedingungen für zu verwaltende Plandateien)
- Lizenzfragen (zumeist abgeleitet vom Bestellvertrag zum Plattformanbieter)
- Anleitungen/Schulungen/Lehrmaterial
- Einzelheiten zum Datenzugriff/Datenschutz/Vertraulichkeit
- Ggf. Haftungsbegrenzungsklauseln für Bereitsteller oder Verwender und Nutzer

(3) Verpflichtung zur interaktiven Zusammenarbeit/Mitarbeit 839
- Verpflichtung aller Planungsbeteiligten zur Übermittlung, zum Abbruch und zur Überarbeitung von Planungsergebnissen auf der Planungsplattform gemäß den Konfigurationsvorgaben
- Verpflichtung zur Einhaltung von Rahmenbedingungen für die Lieferung von Einzelversionen von Plänen, Angaben von Verknüpfung und Mitteilungspflichten an weitere Planungsbeteiligte, speziell die Verpflichtung zur Einstellung ausschließlich abgeschlossener Planungsergebnisse einzelner Planungsschritte auf der Planungsplattform
- Anforderungen an die formale und inhaltliche Qualität von Plänen
- Gesamtheitliche formale Mitteilung des Abschlusses frei zu gebender Planungspakete für den Auftraggeber bzw. die Auslieferung an den Auftragnehmer
- Ggf. Vorgaben zur Vermeidung des sogenannten »Haufenproblems«: Anforderungen an die strukturierte Auslieferung von Planungspaketen
- Regelung von Hol- und Bringschulden einzelner Planungsbeteiligter
- Regelung zur Verbindlichkeit des Austauschs von Mitteilungen/Schriftlichkeitserfordernisse

(4) Für Bauunternehmen ist ggf. zu regeln: 840
- Beobachtungs- und Abholpflichten betreffend Ausführungspläne
- Vorgaben zur Prüfung und zur Form von Hinweisen auf Planungsmängel
- Verpflichtung zur Nutzung der Planungsabläufe für eigene Planungen, ggf. Teile der Ausführungsplanung oder der Werkstatt- und Montageplanung
- Regelung ggf. von Fristen für Planprüfungen und Planfreigaben

Die Verwendung von **Planungsplattformen** stellt sich als technologische Vorstufe zum BIM-Planungsmodell dar (vgl. dazu Rdn. 79). Die praktischen Gefahren des Einsatzes von Projektplattformen liegen insbesondere darin, dass die einzelnen Zusammenarbeitsprozesse zumeist nicht abschließend geregelt sind. Außerdem führt die erleichterte Ablieferungsmöglichkeit von Plänen dazu, dass vielfach große Planpakete in letzter Minute zur Verfügung gestellt werden, wobei das Fehlen des Ausplottens der Pläne zum leichtfertigen Umgang mit noch nicht vollständig durchgearbeiteten und koordinierten Planungen führt. In der Praxis hat es millionenschwere Behinderungsclaims von ausführenden Unternehmen gegeben, weil die in letzter Minute ausgelieferten Ausführungspläne nicht abschließend koordiniert und ausgearbeitet waren.[278] 841

278 Dazu im Einzelnen Eschenbruch, Der Einsatz von Planungsplattformen – Juristische Risiken und deren Beherrschung durch Vertragsgestaltung, in: Zeitreise der Planungs- und Bauökonomie, Festschrift für Kalusche, S. 308 f.

842 Die vorgenannten beiden **Hauptbesprechungsebenen** (für Planung und Ausführung einerseits und Projektsteuerung andererseits) sollten i. d. R. getrennt werden, damit sich Planungsprozess sowie Aufgaben- und Kontrollprozess nicht vermischen.[279]

843 Bei dem **Kumulativleistungsträgereinsatz** ist es üblich geworden, die Besprechungsebenen für Planung und Ausführung zusammenzufassen. Es finden dann **einheitliche Projektbesprechungen** statt. Angesichts der reduzierten Steuerungsfunktionen bei der Übertragung von Planungs- und Ausführungsleistungen auf einen Generalunternehmer bilden derartige Projektbesprechungen vornehmlich ein Forum, auf welchem Entscheidungsanforderungen gestellt, vorbereitete Entscheidungen weitergegeben und dokumentiert werden sowie weitere Abläufe diskutiert, festgelegt und geändert werden.[280]

844 In Bezug auf die Vorbereitung und die Durchführung von Besprechungen hat die Praxis eine Vielzahl von Hilfsmitteln wie Checklisten entwickelt.[281]

845 Dem Projektsteuerer obliegt eine umfassende Informationspflicht gegenüber dem Bauherrn. Einzelheiten der **Informationspflicht**, insbesondere die Abfolge und Qualität der vorzulegenden Berichte, sollten vertraglich geregelt werden. Zu definieren ist auch, welche Gremien Informationen erhalten sollen.

846 Wenn dem Bauherrn bei der Projektabwicklung Entscheidungen obliegen, sind diese vom Projektsteuerer vorzubereiten; i. d. R. wird der Projektsteuerer schriftlich verfasste **Entscheidungsvorlagen** zu liefern haben. Diese Entscheidungsvorlagen umfassen in Bezug auf den jeweiligen Sachverhalt folgende formelle Schritte:
- eine Problemdefinition[282]
- eine Festlegung der Entscheidungskriterien
- eine Gewichtung der Entscheidungskriterien
- eine Darstellung der Varianten
- eine Bewertung der Varianten
- einen Entscheidungsvorschlag
- eine Darstellung der Konsequenzen bei Annahme des Entscheidungsvorschlages.[283]

279 Homola, in: AHO-Fachkommission Projektsteuerung, S. 67.

280 Vgl. Unger, in: DVP, Projektmanagement in Praxisbeispielen, S. 8; generell zum Thema Besprechungsorganisation auch Kochendörfer/Liebchen, Bau-Projektmanagement, S. 81; Greiner/Mayer/Stark, Baubetriebslehre Projektmanagement, S. 44.

281 Vgl. mit vielen Praxisbeispielen Diederichs, Immobilienmanagement im Lebenszyklus, S. 290 f.

282 Schon die Problemdefinition ist schwierig, da nie ausreichend Informationen zur Verfügung stehen, um eine vollständige Beschreibung vorzunehmen. Immer besteht eine gewisse »Freiheit« betreffend gewünschte Informationen. Deshalb können Problembeschreibungen nie objektiv richtig sein. Sie müssen allerdings je nach praktischer Vernunft die offensichtlich relevanten Tatsachen enthalten.

283 Zum methodischen Vorgehen, auch mit einer anderweitigen Untergliederung Diederichs, Immobilienmanagement im Lebenszyklus, S. 241 f.

Bei der Gewichtung können Entscheidungskriterien wie Funktion, Konstruktion, Investition, Betriebs- und Unterhaltungsaufwand sowie Gestaltung von Bedeutung sein.[284] 847

Bei großen Projekten ist ein **systematisches Entscheidungsmanagement** erforderlich.[285] Im Rahmen des Entscheidungsmanagements geht es darum, den projektspezifischen Entscheidungsbedarf über die Projektrealisierung hinweg zu erkennen, Termine für Entscheidungen zu definieren, Prioritäten zu setzen und die rechtzeitige Einbindung der betroffenen Projektbeteiligten sicherzustellen. Insbesondere ist dabei festzuhalten, wer die entsprechende Entscheidungsvorbereitung vorzunehmen und die entsprechende Entscheidung zu treffen hat. Wichtiges Instrument des Entscheidungsmanagements sind sog. **Entscheidungslisten**, die für wichtige Entscheidungsprozesse die notwendigen Entscheidungssachverhalte sowie Entscheidungskriterien aufzeigen sowie eine hierauf aufbauende Entscheidungsterminplanung (z. B. in Form eines Balkendiagramms). Nachfolgend ist eine Entscheidungsliste Bemusterung abgedruckt. Zumeist ist es zweckmäßig, entsprechende Entscheidungslisten in Balkendiagrammform vorzusehen und abzufordern.[286] Verschiedene Studien haben erwiesen, dass der wesentliche Grund für das Scheitern von Immobilien- und Bauprojekten auf menschlichen Irrtümern und Fehleinschätzungen, mithin fehlerhaftem Entscheidungsmanagement beruht.[287] Speziell bei großen Projekten ist das situative, kontextabhängige richtige Entscheiden der wesentliche Erfolgsfaktor.[288] Projektperformance ist weniger das Produkt organisatorischer und prozesshafter Vorplanung in Projekten als vielmehr das Ergebnis richtiger Entscheidungsfindung in einem unsicheren Projektumfeld.[289] 848

Die Aufgabe der Vorbereitung terminlich rechtzeitiger und inhaltlich sachgerechter Entscheidungen obliegt grundsätzlich dem Projektmanager. Allerdings kann sich beim Einsatz von **Kumulativleistungsträgermodellen** (insbesondere Generalunternehmermodellen) empfehlen, den Generalunternehmer zur Vorlage einer Entscheidungsterminplanung zu verpflichten. Denn durch die bei entsprechenden Modellen involvierte Übertragung von Projektmanagementaufgaben auf die Unternehmerseite wie auch durch die dort verankerte Verantwortung für die Termine, hat der Generalunternehmer hier einen Kompetenzvorsprung. Der Auftraggeber kann hierdurch auch das unvorbereitete Konfrontiertsein mit Entscheidungssachverhalten abmildern. 849

---

284 Vgl. Rüping, in: VDI-Berichte 528, Projektsteuerung und Bauleitung, S. 39, 44; nach Diederichs, in: AHO-Fachkommission Projektsteuerung, S. 38, besteht das sog. Entscheidungsmanagement aus folgenden Elementen:
1. Entscheidungsstandardablauf (projektspezifischer Flussplan/einmal zu Beginn des Projektes festgelegt)
2. Entscheidungsantrag, wobei immer zu nennen sind:
   - Grundlagen
   - Bewertung im Hinblick auf Qualität
   - Die Auswirkungen auf Termine und Ziele
   - Eine Empfehlung der Projektsteuerung
   - Datum, bis wann die Entscheidung spätestens zu treffen ist
   - Freigabe der entscheidenden Stelle durch Unterschrift
3. Entscheidungen.

285 Vgl. Preuß, Jahrbuch Baurecht 2001, S. 189 f.; Diederichs/Preuß, Entscheidungsprozesse im Projektmanagement von Hochbauten, Baumarkt 2003, Heft 2, 28.

286 Zur EDV-mäßigen Umsetzung und Praxisbeispielen vgl. Diederichs, Immobilienmanagement im Lebenszyklus, S. 250 f.

287 Eweje, John/Turner, Rodney/Müller, Ralf, Maximizing strategic value from megaprojects: The influence of information-feed on decision-making by the project manager, International Journal of Project Management, 2012, 639, 642.

288 Eweje, John/Turner, Rodney/Müller, Ralf, Maximizing strategic value from megaprojects: The influence of information-feed on decision-making by the project manager, International Journal of Project Management, 2012, 647.

289 Dazu Sanderson, Joe, Risk, uncertainty and governance in megaprojects: A critical discussion of alternative explanations, International Journal of Project Management, 2012, 432 f.

Entscheidungsliste nach Preuß[290]

Nr.	THEMA	Position Alternativen	Bezeichnung	Kosten in € brutto	VORBEREIT. PLANER		ENTSCHEIDUNG		KURZFASSUNG DER ENTSCHEIDUNG
					Zuständig	Soll	Soll		
							Bauherr	Nutzer	
1	Standardbüro								
1.1	Teppich	2316.A.04	Teppichboden Poleinsatzgewicht reduziert auf 600–800 g/qm	–101.044,10	Arch.				kommt zur Ausführung
1.1.1	Sockelanschluss	2316.A.02	Sockel aus Teppich statt Aluminium	–498.727,33	Arch.				Entschieden!
1.2	Decke				Arch.				
1.2.1	Deckenputz/Spachtelung	2301.A.02	Entfall Deckenputz; Spachtelung der Decken in Standard-Bürobereichen	–567.666,12	Arch.				Entschieden!
1.2.2	Deckensegel	2313.A.05	Deckensegel in Standardbüros statt Metallausführung in Alu	311.123,56	Arch.				kommt nicht zur Ausführung
		2313.A.06	Deckensegel in Standardbüros in jeder Achse	899.766,89	Arch.				kommt nicht zur Ausführung
1.3	Bürotrennwände flexibel/teilflexibel	2306.A.04	Bürotrennwand teilflexibel	–465.200,74	Arch.				Entschieden!
		2306.A.04/1	Bürotrennwand vollflexibel – 700 Stück –	465.274,00	Arch.				kommt nicht zur Ausführung
		2306.A.04/2	Sondervorschlag VOKO-Trennwände	112.852,47	Arch.				kommt zur Ausführung
		2306.A.21	Bürotrennwände Wandoberfläche magnetisch	0,00	Arch.				Kein Angebot abgegeben!
1.4	Türen				Arch.				
1.4.1	Höhe/Material	2306.A.13	Mehrkosten Türhöhe 2,50 m statt 2,135 m; Oberfläche Holz Ahorn	353.272,58	Arch.				kommt zur Ausführung
		2306.A.14	Mehrkosten Türhöhe 2,50 m statt 2,135 m; Oberfläche melaminharzbeschichtet	299.823,10	Arch.				kommt nicht zur Ausführung
		2306.A.17	Flurtüren h = 2.135m jedoch nicht Ahorn, sondern melaminharzbeschichtet	–56.228,89	Arch.				kommt nicht zur Ausführung
		2306.A.16	100 Stück Büro-Verbindungstüren statt Ahorn: Melaminharzbeschichtet	–3.449,20	Arch.				Oberfläche wie Trennwand
		2306.A.18	Mehrkosten Türhöhe 2,26 m statt 2,135 m; Oberfläche Holz Ahorn	89.520,20	Arch.				kommt nicht zur Ausführung
1.4.2	Beschläge	2306.A.12	Minderpreis für Türdrücker nach Wahl des AN	–89.778,20	Termin nach Bemusterungsterminplan der Firma				Bemusterung erforderlich

290 Vgl. Preuß, Jahrbuch Baurecht 2001, 219.

Bemusterungsliste nach Preuß[291]

Bemusterungsgegenstand			Zuständig	Fabrikat ausgeschrieben	Alternative	Bemusterung notwendig ja	Bemusterung notwendig nein	Handmuster	Musterhaus	Musterfläche/-raum	NU abhängig	Gew	Bem-Term	Ausführ. Zeitraum	Techn. Datenblätter	
													KW			
1				2	3	4	5		6			7	8	9	10	11
1.	BÜRORÄUME															
	1.1	Standardbüroräume														
		1.1.1	Teppich (Farbe, Muster)	Arch.	Qualität: 600–800 g		×		×		×		A	42–44	Dez 00	×
		1.1.2	Teppichsockel	Arch.	Textil		×		×		×		A	42–44	Dez 00	×
		1.1.3	Trennwand (Oberfläche, Farbe)	Arch.	VOKO		×		×		×		A	42–44	Nov 00	×
		1.1.4	Türen (Beschläge, Zarge usw.)	Arch.	Ogro 8111, Simons		×		×	×			A	42–44	Nov 00	×
		1.1.5	Türen (Furniermuster)	Arch.	Ahorn	ja?	×		×	×			A	42–44	Nov 00	×
		1.1.6	Wandanstrich (Glasfasertapete)	Arch.			×				×		A	42–44	Nov 00	×
		1.1.7	Deckenanstrich (auf Spachtelung)	Arch.			×				×		A	20–22	Okt 00	×
		1.1.8	Sichtbetonstützen	Arch.	Muster Untergeschosse		×				×		R	Mai 00		
		1.1.9	Wandakustikpaneel mit Luftauslass	Arch.		ja	×			×			A+T	Jun 00	Nov 00	×
		1.1.10	Anschluss Glasschwert	Arch.	mit 1.1.3		×				×		F	Mai 00	Okt 00	
		1.1.11	Fenstergriff	Arch.	FSB 3476		×		×				F	Mai 00	Okt 00	×
		1.1.11	Fensterbank (bei Massivbrüstung)	Arch.			×		×				F	Mai 00	Okt 00	×
		1.1.12	Blendschutz (Farbe)	Arch.	Krülland (Sonderanfert.)	ja	×		×	×			F	Mai 00	Dez 00	×
		1.1.13	Sonnenschutz (Oberfläche)	Arch.	Krülland Horiso 100	ja	×		×	×			F	Mai 00	Dez 00	×
		1.1.14	Mobile Trennwände	Arch.			×			×			A	42–44		×
		1.1.15	Türbeschläge Fassade	Arch.	FSB 1023/62/04		×		×				F	Mai 00		×

Legende: A=Ausbau/T=TGA/A+T=Ausbau und TGA/R=Rohbau/F=Fassade/K=Küche/L=Leitsystem/M=Möbel-Einbauten/S=Sonderbauteile/Gew=Gewerke

291 Vgl. Preuß, Jahrbuch Baurecht 2001, 220 f.; vgl. dazu auch Rdn. 937.

2.2.6.4 Projekthandbuch und Kennzeichnungssysteme

852 Eine wesentliche Organisationsaufgabe der Projektsteuerung besteht darin, das Gesamtprojekt **transparent zu steuern**. Speziell große Projekte mit ungewöhnlich vielen Beteiligten und langen Planungs- und Durchführungszeiten erfordern von Beginn an ein durchdachtes System der Informationserfassung, Verteilung und Verarbeitung sowie ein System der Dokumentation von Schriftstücken, Protokollen, Berechnungen und Plänen **(Dokumentenmanagement)**.[292] Die Informationsflut ist bei Großprojekten so groß, dass die Abwicklung zumeist ohne Einsatz eines geeigneten EDV-Systems des Projektsteuerers nicht möglich ist.[293] Einzelheiten des EDV-Einsatzes, insbesondere die eingesetzte Software und die Rechte am Datenbestand (auch bei vorzeitiger Auftragsbeendigung) sowie Zugriffsbefugnisse durch den Auftraggeber sollten vertraglich festgelegt werden.

853 Projektsteuerer verwenden heute überwiegend internetgestützte Projektkommunikationssysteme. Ohne besondere vertragliche Vereinbarung kann der Auftraggeber jedoch nicht verlangen, dass er Zugriff auf ein solches System hat oder weitere Projektbeteiligte – in den Projektverträgen mit allen Beteiligten – eingebunden werden. Er muss sich vielmehr entsprechende Lizenzen für die Nutzung zusichern lassen. Auch ist es wichtig, in diesen Fällen alle Projektbeteiligten zu verpflichten, sich des Projektkommunikationssystems zu bedienen. Insbesondere im Hinblick auf die Organisation der Planläufe ist es wichtig, hier von vornherein die notwendigen Festlegungen zu treffen (vgl. auch Rdn. 836 f.).

854 Ein wesentliches Arbeitsmittel sind die vom Projektsteuerer zu erstellenden Organisationsvorgaben, z. B. in der Form eines **Organisationshandbuches**, das ggf. später zu einem **Projekthandbuch** fortentwickelt wird.[294]

855 Soweit getrennte Handbücher erstellt werden, enthält das Organisationshandbuch in der Regel die aufbau- und ablauforientierten Festlegungen, im Projekthandbuch werden die Arbeitsergebnisse der Projektabwicklung, insbesondere auch Planungs- und Genehmigungsergebnisse, dokumentiert. In dem Organisations- bzw. Projekthandbuch ist nicht nur das Projekt näher zu beschreiben, sondern sind die Projektbeteiligten im Einzelnen zu benennen, **Verantwortlichkeiten** und **Schnittstellen** zu definieren.[295]

856 Das Organisations-/Projekthandbuch enthält i. d. R. eine Beschreibung der Projektziele und eine Projektgliederung/einen **Projektstrukturplan** (Organigramm - dazu Rdn. 680). Es folgt alsdann die **Liste der Projektbeteiligten**, wobei diese nach ihren Aufgaben und nach ihren Anschriften, Vertretern usw. spezifiziert werden. Auch **Standardabläufe** für sich wiederholende Projektprozesse sind im Organisationshandbuch zu dokumentieren.

857 Typischerweise schließt sich eine **Projektcodierung** an, die eine Codierung der Objekte und Bauteile, der Pläne und der Aktenordnung/Registratur enthält. Speziell die Codierung von Plänen ist bei größeren Projekten von erheblicher Bedeutung. Anhand der Codierung auf dem Plankopf muss eindeutig erkennbar sein, wer den Plan erstellt hat, welcher Plantyp vorliegt, welche Bauteile und Ebenen angesprochen werden und welchen Änderungsstand der Plan ausweist. Zusätzlich müssen Änderungen entweder auf dem Plankopf oder in einer beiliegenden Tabelle genau spezifiziert werden, um später feststellen zu können, wer die Änderung veranlasst hat und durch wen sie im Plan

292 Zur Dokumentenbeförderung und Dokumentenverteilungsmatrix vgl. Lock, Projektmanagement, S. 384, 385.

293 Vgl. Aßmann, in: VDI-Berichte 528, Projektsteuerung und Bauleitung, S. 1, 37.

294 Vgl. auch Volkmann, DAB 1999, 646.

295 Zur Bedeutung des in derartigen Checklisten gebündelten Erfahrungspotentials vgl. Lock, Projektmanagement, S. 387, 388; derselbe zur Notwendigkeit von Handlungsanweisungen auf der Grundlage der Projektorganisation, S. 392; dazu auch Kalusche, Projektmanagement für Bauherren und Planer, S. 102.

umgesetzt wurde.[296] Dabei sollten die Definitionen für Bauzeichnungen nach der DIN 1356–1 berücksichtigt werden.

Für Großprojekte werden **CAFM-Pflichtenhefte**[297] erstellt. Diese enthalten als Vorgabe für den Planungs-, Ausführungs- und späteren Gebäudemanagementprozess Festlegungen zum Datenaustausch, zur Kennzeichnungssystematik für das Gesamtprojekt, Vorgaben für die CAD-Bearbeitung, Datenbankbeschreibung und Dokumentation. 858

Das Organisations-/Projekthandbuch enthält überdies die Ergebnisse der Festlegungen zum **Besprechungs- und Berichtswesen**. 859

Das Organisations- und Projekthandbuch ist dem **Projektfortschritt** anzupassen. Die ursprünglich festgelegte Aufbauorganisation ist nach Vergabe der Leistungen der Architekten und Fachplaner sowie der ausführenden Unternehmer um die neuen Projektbeteiligten zu ergänzen, bei Generalunternehmern werden zweckmäßigerweise auch die Nachunternehmer mit den jeweiligen Ansprechpartnern und Fachbauleitern aufgeführt.[298] 860

Im Falle der Einschaltung eines Juristischen Projektmanagements wird das Projekthandbuch des Projektsteuerers um das Juristische Projekthandbuch ergänzt. Das **Juristische Projekthandbuch** ist die Grundlage für ein erfolgversprechendes Vertragsmanagement.[299] Es beinhaltet eine Vertragsanalyse und die Umsetzung der vertraglichen Anforderungen in Regelabläufe für die operative Praxis. In der Regel ist es mit einem Schlagwortverzeichnis versehen, das den Projektleiter in die Lage versetzt, bei typischen Problemlagen der Projektrealisierung sogleich die zu treffenden und vertragsgemäßen Schritte zu erkennen und zutreffend umzusetzen.[300] 861

Für den **Aufbau von Organisations- und Projekthandbüchern** gibt es eine Reihe von Vorschlägen. Ein Aufbaukonzept ist nachfolgend abgedruckt. Die konkrete Bauaufgabe sowie der Zeitpunkt und der Umfang der Projektsteuerungsbeauftragung bestimmen, welcher Aufbau im Einzelfall zweckmäßig ist. 862

Da Organisations- und Projekthandbücher inzwischen nicht mehr in Buchform, sondern zunehmend auf internetbasierten Plattformen zur Verfügung gestellt und gepflegt werden und auch nicht bei jedem Projekt in dem zuvor beschriebenen Umfang erforderlich sind, spricht das AHO Leistungsbild – ab der 3. Auflage – nur noch von **Organisationsvorgaben** 863

Die klare und transparente Steuerung von Projekten muss zwar als Grundlage jeder professionellen Projektsteuerertätigkeit angesehen werden. Gleichwohl darf die Bedeutung der **Standardisierung von Erfahrungswissen** in Handbüchern und Ablaufbeschreibungen nicht überschätzt werden. Empirische Untersuchungen haben gezeigt, dass der Projekterfolg nicht nur von der Formalisierung der Entscheidungsprozesse (formalstatisches Projektmanagement) abhängt, sondern auch, wenn nicht gar vornehmlich von der Kompetenz und den Befugnissen des Projektleiters, die dieser in das Projekt einbringen kann (dynamisches Projektmanagement).[301] 864

296 Vgl. Kochendörfer/Liebchen, Bau-Projektmanagement, S. 76, zum Zeichnungsmanagement auch Volkmann, DAB 2000, 443.
297 CAFM= Computer Aided Facility Management System.
298 Homola, in: AHO-Fachkommission Projektsteuerung, S. 66.
299 Vgl. Volkmann, DAB 2001, 36, 37.
300 Vgl. Hunger, in: Kapellmann u. a., Juristisches Projektmanagement, Rn. 900 f.
301 Vgl. Gemünden/Lächler, Projektmanagement, 1998, 3, 11:
»Projekte sind dann erfolgreicher,
wenn das Topmanagement die Projekte unterstützt,
wenn der Projektleiter große Befugnisse besitzt,
wenn das Projektteam eine fachliche und soziale Kompetenz besitzt,
wenn die Ziele des Projektes partizipativ vereinbart werden,
wenn die Kommunikation frühzeitig, offen, verständlich und problemgerecht erfolgt,
wenn die Aktivitäten gründlich geplant und gesteuert werden.«

Gliederung des Organisations- und Projekthandbuchs nach *Diederichs*[302]

865

Organisationshandbuch	Projekthandbuch
1 Beschreibung der Bauaufgabe	**1 Projektziele**
2 Beschreibung der Projektziele	**2 Nutzerforderungen**
3 Aufbauorganisation/die Projektbeteiligten	2.1 Nutzerbedarfsprogramm NBP
4 Beschreibung der Ablauforganisation	2.2 Weitere Nutzererfordernisse
4.1 Vorgesehenes Verfahren der Planungs- und Bauabwicklung	**3 Planungsunterlagen**
4.2 Inhalte der Planungsphasen	4 Stand der Baugenehmigungsverfahren
4.3 Projektänderungen/Projektergänzungen während der Planung und Ausführung	5 Flächen und Kubaturen (mit jeweiligem Planungsstand)
4.4 Planungsfreigaben	**6 Qualitäten**
4.5 Regelschema Planumlauf für Ausführungsplanung	6.1 Baubeschreibung
4.6 Regelschema für Rechnungsprüfung/-legung	6.2 Raumbuch
5 Besprechungen	6.3 Sonstige Festlegungen
5.1 Nutzer-/Projekt-/Ablauf-/Planungs-/Baubesprechungen	**7 Kosten**
6 Informationsfluss und Berichtswesen	7.1 Kostenermittlungen
6.1 Informationssystem	7.2 Sonstige Kostengrößen
6.2 Verteilerliste, Schriftstücke, Zeichnungsunterlagen	**8 Termine**
6.3 Gestaltung des Schriftfeldes auf Zeichnungen	8.1 Terminpläne
6.4 Plan-, Gebäude- und Raumcode	8.2 Terminänderungen und Maßnahmen
6.5 Registrierung	
7 Verzeichnis der Anlagen	

2.2.6.5 Risikomanagement

866 Ein **wichtiger Bestandteil von Projektsteuerungsleistungen** in der Bau- und Immobilienwirtschaft ist das Risikomanagement. Zuviele Projekte schlagen fehl und vernichten eingesetztes Kapital. Dementsprechend ist das Risikomanagement seit geraumer Zeit Bestandteil der Projektmanagementleistungsbilder in Deutschland. Mit der 4. Auflage des AHO-Leistungsbildes und der Honorarordnung ist die ursprüngliche Beschränkung der Leistung des Risikomanagements auf allein technologische Risiken aufgegeben worden. Nunmehr gehört die Mitwirkung beim Risikomanagement zu den Grundleistungen des Projektsteuerers im Handlungsbereich A. Der Kommentar zu dieser Grundleistung (Projektvorbereitung) lautet auszugsweise:

867 *»Mitwirken beim Risikomanagement beinhaltet die Beratung des Auftraggebers bei der Identifikation von Risiken unter Berücksichtigung der Beiträge der weiteren Projektbeteiligten und Sonderfachleute/Gutachter.*

Es beinhaltet ferner die laufende Bewertung der Risiken und das Vorschlagen von Maßnahmen zur Eingrenzung der Risiken unter Berücksichtigung der Beiträge der weiteren Projektbeteiligten.

Risikoerfassung und Risikomanagement sind eine gesamtheitliche Aufgabenstellung der Auftraggeberorganisation. Der Projektsteuerer wirkt, bezogen auf die von ihm übernommenen Aufgaben, bei der Risikoerfassung und dem Risikomanagement mit. Er wird tätig, soweit der Auftraggeber seine Mitwirkung beim Einsatz eines

302 In Anlehnung an Diederichs, Leitfaden zum Projektsteuerungsvertrag, S. 23/24.

entsprechenden Risikomanagementsystems einfordert. Die Entscheidung über die Bewertung von Risiken und das Auslösen von etwaigen Kompensationsmaßnahmen trägt allein der Auftraggeber.«[303]

Grundsätze und allgemeine Leitlinien für das Risikomanagement sind in der **Norm** ISO 31 000:2009-11 sowie in der deutschen DIN ISO 31 000:2011-01 beschrieben. Die Normtexte beinhalten eine sektorübergreifende Darstellung allgemeiner Grundsätze des Risikomanagements. Beide vorgeschriebenen Normen wurden von den Herausgebern zurückgezogen, so dass hierauf nachfolgend nicht näher eingegangen wird. 868

Bei **komplexen Projekten** können sich **besondere Anforderungen** an Risikomanagementsysteme stellen, die von einem Projektsteuerer mit seinem technisch-wirtschaftlichen Sachverstand nicht ohne weiteres beherrschbar sind bzw. angeboten werden können. Bei großen Projekten kommen betriebswirtschaftliche Risikomanagementmodelle zur Anwendung.[304] Das AHO-Leistungsbild trägt diesem Umstand dadurch Rechnung, dass das Konzipieren, Vorbereiten und Abstimmen von Risikomanagementsystemen mit besonderen Anforderungen eine Besondere Leistung ist und dementsprechend je nach Bedarf gegenüber einem Projektsteuerer gesondert beauftragt und auch bezahlt werden muss. 869

2.2.6.6 Vertragsformen und Vertragsmanagement

Zwischen den gewählten Einsatzformen für das Projektmanagement, der Planer und der ausführenden Unternehmen sowie den zur Verfügung stehenden Vertragstypen bestehen Zusammenhänge (vgl. auch Rdn. 742). Der Fertigstellungsgrad der Planung und bestehende Informationsdefizite bestimmen weitgehend die Notwendigkeit der Funktionsübertragung von Planungsrisiken wie auch von Projektmanagementaufgaben. Ist die Planung abgeschlossen und stehen alle erforderlichen Informationen zur Verfügung, kann die Projektrealisierung mit **Einzelunternehmern** und **Einheitspreisverträgen** durchgeführt werden. Das Mengenermittlungsrisiko liegt bei diesen Verfahren beim Bauherrn. Die endgültigen Massen und Kosten werden erst bei Aufstellung der Schlussrechnung ermittelt. Ggf. pauschalieren die Vertragsparteien auf der Basis eines EP-Leistungsverzeichnisses die Vergütung. Im Falle der Vereinbarung eines Pauschalpreises entsteht dann regelmäßig ein **Detailpauschalvertrag**, weil die Leistung detailliert bestimmt ist, die Vergütung allerdings mengenunabhängig ausgestaltet wird. Der Wechsel vom Einheitspreisvertrag zum Pauschalpreisvertrag hat wiederum Folgen für das Kostencontrolling, denn im letzteren Fall spielen Mengenabweichungen bei der Rechnungsprüfung grundsätzlich keine Rolle.[305] 870

Bei dem Generalunternehmer- und Totalunternehmereinsatz wird überwiegend mit **funktionalen Leistungsbeschreibungen** gearbeitet.[306] Die Projektziele werden vornehmlich durch juristisch beeinflusste Zielvorgaben geprägt. Diese detaillierte Beschreibung von Einzelleistungen tritt zurück. Die Planungsprozesse sind nicht mehr mit einem klaren Handlungsprogramm versehen. Der Verlust von Vorsteuerung erfordert eine Kompensation durch verstärktes Projektcontrolling, nämlich die ständige Rückkoppelung der einzelnen Planungsschritte im Sinne von Soll-Ist-Kontrollen. Außerdem treten vornehmlich juristisch geprägte Auslegungsprobleme zum Bausoll in den Vordergrund. 871

Überwiegen in diesem Zusammenhang noch detaillierte Leistungsvorgaben, die lediglich mit einer Komplettheitsklausel versehen sind (im Sinne einer Schlüsselfertiganforderung), dann liegt ein sog. **einfacher Globalpauschalvertrag** vor. Besteht die Leistungsbeschreibung ausschließlich in einem Leistungsprogramm, ist von einem **komplexen Globalpauschalvertrag** auszugehen, wobei in der 872

303 Siehe dazu AHO-Fachkommission Projektsteuerung/Projektmanagement, Projektmanagementleistungen in der Bau- und Immobilienwirtschaft, 4. Aufl., 2014, S. 44.

304 Vgl. etwa Oleniczak, Flughafen Frankfurt: Großes Projekt Flugsteig A+plus, Projektmanagement aktuell, 2014, 31 f.

305 Vgl. OLG Schleswig, Urteil vom 30.09.1999, Az. 7 U 196/98, in: BauR 2000, 1201; auch OLG Karlsruhe, Urteil vom 22.12.1998, Az. 17 U 220/96, in: IBR 2000, 361.

306 Vgl. Empfehlungen des AHO zur Definition und Anwendung der Funktionalausschreibung, Nr. 10 der Schriftenreihe der AHO, Köln 1998.

Praxis verschiedene Zwischenformen eine Rolle spielen. Je nach Vertragstyp verändern sich die Grundlagen und Prüfkriterien des Nachtragsmanagements.

873 **Zusammenhang zwischen Unternehmereinsatzform und Vertragsform**[307]

Einsatzform Vertrags-form	**Einzelunter-nehmen Fachlosver-gabe**	**Teil-GU Gewerkepa-ketvergabe**	**Generalunterneh-mer AG-seitige Aus-führungsplanung**	**Generalunter-nehmer AN-seitige Ausführungs-planung**	**Totalunter-nehmer**
Einheitspreis-vertrag	✓	O	O	--	--
Kostenerstat-tungsvertrag (mit GMP)	✓	✓	✓	✓	✓
Detailpau-schalvertrag	✓	✓	✓	O	O
Globalpau-schalvertrag	--	O	O	✓	✓

✓ geeignet O weniger geeignet -- nicht geeignet

874 Durch eine **funktionale Ausschreibung** erspart der Auftraggeber die Positionsbeschreibung und Massenermittlung und ggf. Planungsaufgaben.[308] Typischerweise ist mit der funktionalen Ausschreibung ein **Pauschalpreis** verbunden, weil die Einzelleistungen der Ausführung vom Auftraggeber nicht mehr ermittelt und dargestellt werden (können), so dass der Bieter auch keine Preise für Einzelleistungen angeben muss. Ist ein Pauschalvertrag zustande gekommen, geht das Mengenrisiko grundsätzlich auf den Unternehmer über. Verändert der Auftraggeber die **Mengenermittlungskriterien**, führt dies grundsätzlich auch bei Pauschalverträgen zu Vergütungsanpassungen.[309]

875 Die Ausschreibungsform der **funktionalen Ausschreibung bietet sich an**,
- wenn auch der planerische Entwurf für die Leistungen dem Wettbewerb unterstellt werden soll, um die technische, wirtschaftliche und gestalterisch beste und funktionsgerechteste Lösung der Bauaufgabe zu ermitteln,
- wenn die Leistungen so stark vom technischen Know-how des Unternehmers abhängen, dass die Einheitspreisausschreibung nicht sinnvoll erscheint (z. B. Fassade, haustechnische Anlagen, Aufzüge usw.),
- die Vergabe an einen (oder mehrere) Generalunternehmer angestrebt wird,
- die geringe Bearbeitungstiefe der technischen Unterlagen eine seriöse Einzelausschreibung (noch) nicht zulässt,
- die Planungsphasen auf die Werkplanung (terminlich) nicht abgestimmt werden können.[310]

876 Die **Gefahren der funktionalen Ausschreibung** für den Auftraggeber liegen in der Ungenauigkeit der vorgegebenen Leistungsinhalte sowie der fehlenden Markttransparenz der Preise.[311]

307 Vgl. zum Teil abweichend Ahrens/Bastian/Muchowski, Handbuch Projektsteuerung – Baumanagement, S. 369 ff.

308 Vgl. dazu im Einzelnen Kapellmann/Schiffers, Baumarkt 1998, Heft 6, 42, 43.

309 Vgl. Kapellmann/Schiffers, Vergütung, Nachträge und Behinderungsfolgen beim Bauvertrag, Band 2, Rn. 41 ff.

310 Dazu Volkmann, DAB 2002, 43, der einen weiteren Grund anführt, nämlich dass »der Auftraggeber es so will«.

311 Auch die Gewerkegruppenvergabe ist i. d. R. mit einer Funktionalausschreibung und einem Pauschalfestpreis verbunden; vgl. zur Funktionalausschreibung auch Bartsch, Bauwirtschaft 1999, Heft 9, 24, Heft 10, 21; zu den vergaberechtlichen Grenzen Fett, DAB 1999, 1181.

Planungskosten werden nicht erspart, sondern auf einen anderen unmittelbaren Kostenträger (nämlich den Auftragnehmer) übertragen (der diese Kosten allerdings in seine Angebotskalkulation einstellen wird). Für den Auftragnehmer sind mit funktionalen Ausschreibungen Risikoübernahmen (aus dem Bereich Mengenermittlung und Planung) verbunden.[312]

Sofern eine ausreichend sichere Planungsbasis erarbeitet worden ist, kann im Rahmen von Leistungsverträgen eine **feste Vergütung** vereinbart werden (etwa ein Pauschalpreis bei einem Schlüsselfertigbauvertrag). Bestehen noch erhebliche Planungs- und Informationsunsicherheiten, muss der Auftraggeber – will er nicht unwirtschaftliche Kalkulationszuschläge in Kauf nehmen – regelmäßig auf cost-plus-fee-Verträge/Selbstkostenerstattungsverträge ausweichen.[313] 877

In der Projektpraxis finden sich **Modifizierungen der reinen Funktionalausschreibung** (der Leistungsbeschreibung mit Leistungsprogramm). Zur näheren Konkretisierung des Bausolls fertigen Architekten und Fachingenieure nicht nur Entwurfszeichnungen, sondern auch vorgezogen **Leitdetails** aus dem Bereich der Ausführungsplanung. Diese werden ergänzt durch eine detaillierte Baubeschreibung und zum Gegenstand von Bauverträgen gemacht.[314] Leitdetails sind dabei Detailzeichnungen im Maßstab 1: 1, 1: 10, 1: 20, aus denen wesentliche, die Gestaltung des späteren Gebäudes bestimmende Angaben zur Detailgestaltung hervorgehen.[315] 878

Die **Handlungsspielräume des Projektmanagements** werden durch das geschaffene projektspezifische Vertragswesen eingegrenzt. Die jeweiligen rechtlichen Anforderungen müssen nicht nur erfasst und ggf. auch dem Projektfortschritt entsprechend fortgeschrieben werden. Sie bedürfen auch des planmäßigen, managementmäßigen Einsatzes im Projekt. 879

Die **Vertragsplanung**, u. a. die modulare Strukturierung verschiedener Verträge für ein Großprojekt, die vorausschauende Integration der Anforderungen des Projektmanagements in Vertragsinhalte wie auch die Umsetzung der Vertragsinhalte in die Prozesse des Projektes (etwa bei der Abwicklung von Nachtragsforderungen) sind regelmäßig ohne Einsatz qualifizierter Projektjuristen nicht möglich und angesichts des Rechtsdienstleistungsgesetzes auch nicht zulässig.[316] Zu achten ist insbesondere auf eine systemgerechte und ausgewogene Ausgestaltung der Bauverträge.[317] 880

Zusammenhang zwischen Vergabezeitpunkt (Planungsschnittstelle gem. § 15 HOAI) und Vertragsform für Bauleistungen 881

Vergabezeitpunkt/ Planungsschnittstelle	Typische Unternehmereinsatzform	Art der Leistungsbeschreibung	Typische Vergütungsform
Vergabe nach Grundlagenermittlung	Totalunternehmervergabe	Leistung kann nur funktional beschrieben werden	Pauschale Vergütung (komplexer Globalpauschalvertrag) oder Selbstkostenerstattungsvertrag mit oder ohne GMP (z. B. Construction Management)

312 Dazu im Einzelnen Rebmann, Baumarkt 2006, 25 f.

313 Vgl. in diesem Zusammenhang auch Collier, Construction Contracts, S. 46, 75, 77.

314 Vgl. im Einzelnen, auch zum Aufbau entsprechender Baubeschreibungen, Weiss, in: Schäfer/Conzen, Immobilien-Projektentwicklung, S. 386.

315 Vgl. zu typischen Leitdetails Weiss, in: Schäfer/Conzen, Immobilien-Projektentwicklung, S. 388, 389.

316 Vgl. dazu Rdn. 1192 f.; zum Vertragsmanagement auch Kochendörfer/Liebchen, Bau-Projektmanagement, S. 203; auch Bohn/Heinzmann, in: Schäfer/Conzen, Immobilienprojektentwicklung, S. 309.

317 Vgl. auch Collier, Construction Contracts, S. 51; allein das Recht und die Verträge werden allerdings die Projekte nicht retten können, dazu Rosendahl, in: Niklisch, Nationale und Internationale privatfinanzierte Projekte, 2002, S. 73.

Vergabezeitpunkt/ Planungsschnittstelle	Typische Unternehmereinsatzform	Art der Leistungsbeschreibung	Typische Vergütungsform
Vergabe nach Vorplanung	AG hat aus Vorplanung ggf. auch schon Vorgaben für Entwurf entwickelt		
Vergabe nach Entwurfsplanung	Generalunternehmervergabe	Leistung wird funktional ausgeschrieben, jedoch mit Leitdetails	Pauschale Vergütung (einfacher Globalpauschalvertrag) oder Selbstkostenerstattungsvertrag mit oder ohne GMP (z. B. GU-GMP)
Vergabe nach Genehmigungsplanung			
Vergabe nach Ausführungsplanung	Einzelunternehmer oder im Einzelfall auch Generalunternehmer	Leistung wird mit Leistungsverzeichnis ausgeschrieben/AG hat Ausführung bereits festgelegt	Einheitspreisvertrag oder Detailpauschalvertrag

882 **Zusammenhang zwischen Vertragsformen und Baumodellen**

Leistungsverträge nach VOB	Unternehmereinsatzform
Einheitspreisvertrag ▶ positionsweiser Leistungsbeschrieb/ermittelter Leistungsumfang ▶ Vergütung mengenabhängig	**Einzelunternehmer**
Detailpauschalvertrag ▶ positionsweise Leistungsbeschreibung/ermittelter Leistungsumfang ▶ pauschale, mengenunabhängige Vergütung	**Einzelunternehmer** **Teil-GU** **Generalunternehmer**
Einfacher Globalpauschalvertrag ▶ Leistungsbeschrieb mit zusätzlicher Komplettheitsklausel ▶ pauschale, mengenunabhängige Vergütung	**Teil-GU** **Generalunternehmer** **– auftraggeberseitige Planung –**
Komplexer Globalpauschalvertrag ▶ funktionale Leistungsbeschreibung mit globalen Elementen / AN übernimmt Planungsaufgaben ▶ pauschale, mengenunabhängige Vergütung	**Generalunternehmer** **– AN erstellt Ausführungsplanung –** **Totalunternehmer** **– AN erstellt Entwurfs- und Ausführungsplanung –**

2.2.6.7 Tätigkeiten des Projektsteuerers im Rahmen der Vergabe

Der Projektsteuerer hat nicht nur die Aufgabe, den Auftraggeber hinsichtlich der für sein Projekt 883
optimalen Bauherrenorganisation und Unternehmereinsatzform zu beraten, er hat den Auftraggeber vielmehr auch bei der **Auswahl der fachlich beteiligten Planer und ausführenden Unternehmen** zu unterstützen. Dabei kommt es insbesondere darauf an, dass einerseits alle notwendigen Planungs- und Ausführungsarbeiten erfasst und beauftragt werden, andererseits Doppelbeauftragungen vermieden und ausnahmslos leistungsfähige Auftragnehmer ausgewählt werden. Schließlich hat der Projektsteuerer darauf hinzuwirken – zumal wenn der Auftraggeber ein öffentlicher Auftraggeber ist –, dass die Auswahl der Projektbeteiligten im Rahmen eines **rechtlich zulässigen** und **zweckmäßigen Vergabeverfahrens** erfolgt. Das schließt insbesondere ein

- Beratung zu europaweiten Vergaben/auch Vergabezwängen nach den EU-Vergaberichtlinien, VOB/A, VOL/A und VOF;
- Beratung zur Durchführung von Planerwettbewerben (RPW 2008);
- Beratung zur Zweckmäßigkeit und Zulässigkeit von Einheitspreis- und Pauschalpreisvergaben sowie funktionalen Leistungsbeschreibungen;
- Beratung zur vergaberechtlichen Zulässigkeit und sachlichen Geeignetheit von Kumulativleistungsträgervergaben (z. B. an Generalunternehmer oder Totalunternehmer).

Übernimmt der Projektsteuerer Leistungen im Zusammenhang mit der Entscheidung über die zu 884
beauftragenden Unternehmen, dann hat er auch die Rahmenbedingungen des **Vergaberechts** zu beurteilen und die notwendigen Schritte zu dokumentieren. Ihm obliegt dann auch die Mitwirkung bei der Umsetzung der nach dem öffentlichen Vergaberecht relevanten Beschaffungsschritte (z.B. der VOB/A).[318]

Entsprechendes gilt in Bezug auf **Finanzierungs- und Förderverfahren**, deren Rahmenbedingun- 885
gen und Dokumentationspflichten ebenfalls bei der Übernahme entsprechender Leistungen zu beachten sind.[319]

Nach Festlegung der **Ausschreibungsart** (europaweit, offen, beschränkt, freihändig) und der **Ver-** 886
gabeart (Einzelgewerke, Paketvergabe, Vergabe an Generalunternehmer) fällt dem Projektsteuerer ggf. die Aufgabe zu, den Auftraggeber hinsichtlich der Auswahl geeigneter Bewerber, bei privaten Auftraggebern auch in Bezug auf die **Erstellung der Firmenlisten**, welche die zur Abgabe des Angebotes aufzufordernden Firmen festlegen, zu beraten.

Der Projektsteuerer hat i. d. R. von den Planern erstellte **Vergabeunterlagen** für die Vergabeeinhei- 887
ten vor der Versendung zu überprüfen und auf Versandfertigkeit zu **kontrollieren**.[320] Dies entspricht auch der Leistungsbeschreibung AHO (2014), welche die Aufgabenstellung in der Leistungsstufe Ausführungsvorbereitung, dort im Handlungsbereich Verträge und Versicherungen, abbildet. Die Verdingungsunterlagen werden zwar in der Regel von dem Objektplaner, der insoweit die Fachplaner koordiniert, verantwortlich erarbeitet und zusammengestellt. Der Projektsteuerer schuldet auch grundsätzlich keine derartige Objekt- und Fachplanerleistungen ersetzenden Tätigkeiten. Er hat die Vergabeunterlagen nicht selbst zu erstellen oder zu komplettieren. Von ihm kann – ohne ausdrückliche vertragliche Regelung – auch nicht verlangt werden, dass er die Fachkenntnisse unterschiedlicher technischer Disziplinen bereithält, um die planerische Richtigkeit der zusammengestellten Unterlagen im Detail zu beurteilen. Im Bereich der Projektsteuerung Bau muss allerdings erwartet werden, dass der Projektsteuerer über Durchschnittskenntnisse eines Bauingenieurs oder Architekten verfügt, die ihn befähigen, eine Vollständigkeits- und Plausibilitätskontrolle und ggf. auch eine Stichprobenprüfung durchzuführen. Inhaltliche Stichproben hat der Projektsteuerer durchzuführen, wenn und soweit konkrete Anhaltspunkte für ein unsorgfältiges Vorgehen des Objektplaners

---

318 OLG Düsseldorf, Urteil v. 27.06.2014, I 17 U 5/14, NZBau 2014, 644.
319 OLG Düsseldorf, Urteil v. 27.06.2014, I 17 U 5/14, NZBau 2014, 644.
320 Volkmann, in: AHO-Fachkommission Projektsteuerung, S. 57.

bestehen. Sofern fachliche Inhalte nachbesserungsbedürftig sind, hat der Projektsteuerer den Auftraggeber zu informieren und Gegensteuerungsmaßnahmen vorzuschlagen.

888 Dem Projektsteuerer fällt auch nicht ohne weiteres die Aufgabe zu, Vertragstexte und rechtlich relevante Teile der **Verdingungsunterlagen** für komplexe Projekte selbst zu entwerfen.[321] Besonderheiten und Auffälligkeiten der ihm vorgelegten Verdingungsunterlagen muss er allerdings zum Anlass nehmen, den Auftraggeber hierauf hinzuweisen bzw. eine ergänzende rechtliche Aufklärung bzw. Beratung durch den Auftraggeber anzufordern: Er muss in jedem Fall darauf achten und darauf hinwirken, dass die **Grundlage für eine erfolgreiche Steuerungstätigkeit in den Verträgen** mit Architekten und Ingenieuren ihre Verankerung findet. Speziell bei dem Abschluss von Kumulativleistungsträgerverträgen hat er sein Augenmerk darauf zu richten, dass klare vertragliche Grundlagen für die verantwortliche Betätigung des Projektsteuerers im Bereich Plankontrolle, Bemusterungen, Ausführungskontrolle und Abnahme gewährleistet sind. Dazu gehört es auch, für die vorgenannten Kontrollaufgaben Verfahren vorzusehen, die eine kontinuierliche Prüfung und formelle Freigabe in einem geordneten Geschäftsgang ermöglichen.

889 Sofern dem Projektsteuerer die Betreuung von Beschaffungsprozessen übertragen worden ist, hat er auch an der **Angebotsauswertung** teilzunehmen, diese zu dokumentieren und auf Vermeidung typischerweise vorkommender Fehler hinzuwirken.[322] Speziell Vergabeverfahren mit funktionaler Leistungsbeschreibung stellen erhebliche Anforderungen an die inhaltliche Auswertung und Bewertung eingehender Angebote.

890 Die von dem Projektsteuerer im Rahmen der Vergabeprozesse übernommenen **Detailaufgaben** sollten im Einzelnen festgelegt werden. Projektsteuerer werden oft beauftragt, im Projektsteuerungsvertrag die wirtschaftliche Vergleichbarkeit sowie die Vor- und Nachteile von eingehenden Alternativangeboten und Sondervorschlägen zu untersuchen und dem Auftraggeber insoweit Vergabevorschläge zu unterbreiten.[323] Des Weiteren übernehmen es Projektsteuerer nicht selten, anstelle der Architekten einen **Preisspiegel und Erläuterungsberichte** hierzu zu erstellen.

891 Der Projektsteuerer wird schließlich die von den Planern erstellten oder die von ihm mitermittelten **Sollwerte für die Vergabeeinheiten** mit den Angebotssummen der zur Beauftragung vorgesehenen Vergabeeinheiten vergleichen und ggf. (z. B. bei erheblichen Kostenauswirkungen) Anpassungsmaßnahmen vorschlagen.[324]

2.2.6.8 Baustellenorganisation und Sicherheit

892 Im Rahmen der Ablaufplanung hat der Projektsteuerer die Anforderungen an die **Baulogistik** vorausschauend zu analysieren und deren Umsetzung zu steuern. Dabei geht es einerseits um die Reservierung einzelner Baustellenbereiche, wie auch Infrastruktureinrichtungen, für einzelne Unternehmen, die Einrichtung und Freihaltung allgemeiner Verkehrsflächen und Medien. Speziell bei Großbaustellen werden eigene Baustellenordnungen/Logistikordnungen geschaffen, die oftmals von hierauf spezialisierten Unternehmen konzipiert werden. Diese Baustellenordnungen enthalten Regelungen betreffend den Baustellenverkehr, die Nutzung von Infrastruktur, die Zugangskontrolle wie auch Einzelregelungen zur Baustellensicherheit. Die Regelungsinhalte einer Baustellenordnung lassen sich der nachfolgenden Gliederung entnehmen.

---

321 Vgl. dazu Rdn. 1221.

322 Dazu im Einzelnen Volkmann, in: AHO-Fachkommission Projektsteuerung, S. 58.

323 Pellar, in: AHO-Fachkommission Projektsteuerung, S. 61, empfiehlt: »Durch einen Erläuterungsbericht ist darzustellen, welche Unterschiede sich in technischer, wirtschaftlicher, gestalterischer und funktionsbedingter Hinsicht – auch hinsichtlich der Folgekosten – bei den Angeboten ergeben haben. Die sich daraus ergebende Rangfolge hinsichtlich des wirtschaftlichsten Angebotes ist als Auswahlempfehlung des Projektsteuerers in den Erläuterungsbericht aufzunehmen.«

324 Im Einzelnen Pellar, in: AHO-Fachkommission Projektsteuerung, S. 60–62.

893

Baustellenordnung	
1. Allgemeines 1.1 Geltungsbereich (Projektbeschreibung/Verbindlichkeit) 1.2 Bauleitung (Weisungsrechte) **2. Zugang zur Baustelle und Verkehr** 2.1 Mitarbeiterlisten (Unternehmer und Nachunternehmer) 2.2 Lichtbildausweise/Registrierung 2.3 Ein- und Ausgangskontrolle 2.4 Aufenthalt auf der Baustelle 2.5 Material- und Geräteanlieferung 2.6 Abladen, Weitertransport und Lagerung 2.7 Parkplätze 2.8 KFZ-Verkehr auf der Baustelle 2.9 Besucher, Fotografien **3. Zusammenarbeit mit der Bauleitung** 3.1 An- und Abmeldung 3.2 Besprechungen	3.3 Arbeitszeitordnung 3.4 Qualifikation der Arbeitskräfte 3.5 Ausländische Arbeitnehmer 3.6 Schlüsseldienst **4. Baustelleneinrichtung und Arbeitsplätze** 4.1 Unterkünfte, Werkstätten und Lagerplätze 4.2 Versorgung, Entsorgung und Lagerung 4.3 Sanitäre Einrichtungen 4.4 Fernsprecheinrichtung 4.5 Abfälle/Sauberkeit auf der Baustelle 4.6 Lärmschutz 4.7 Beschädigungen 4.8 Sicherungen der Baustelle **5. Bau- und Montageausführungen** 5.1 Informationspflicht des Auftragnehmers 5.2 Ausführung der Leistung 5.3 Abgrenzung der Arbeitsbereiche
5.4 Mitbenutzung von Montagegeräten und Anlageteilen **6. Arbeitssicherheit** 6.1 Aufgaben der Fachkräfte Arbeits-sicherheit/Sicherheitsbeauftragte 6.2 Verantwortlichkeiten 6.3 Koordinierungen 6.4 Unfallverhütungsvorschriften 6.5 Erste Hilfe 6.6 Unfallmeldung 6.7 Überweisungen und Begehungen 6.8 Persönliche Schutzausrüstungen 6.9 Gerüste, Schutzeinrichtungen, Abdeckungen, Absperrmaßnahmen	6.10 Veränderung und Entfernen von Schutzeinrichtungen 6.11 Hebezeuge und Aufzüge 6.12 Arbeiten unter erschwerten Bedingungen 6.13 Schweißanlagen 6.14 Elektrische Anlagen 6.15 Kabel- und Rohrleitungsnetz 6.16 Wasser 6.17 Brandschutz 6.18 Rettungswege 6.19 Nottelefon **7. Umweltschutz** **8. Alkoholverbot**

894 Speziell die Thematik des **Arbeitsschutzes** und der **Sicherheitskoordination** gewinnt bei der Abwicklung von Großprojekten, die vielfach unter extremem Termindruck realisiert werden, besondere Bedeutung. Die Baustellenverordnung fordert bei größeren Vorhaben, bei denen mehrere Unternehmen zusammenwirken, die Einschaltung eines SiGeKo. Bei der Verrichtung von Arbeiten mit besonderen Gefahren gemäß der Anlage zur Baustellenverordnung ist die Erstellung eines SiGe-Plans zwingend.[325] Durch die Einschaltung eines SiGe-Koordinators entfällt die Verantwortung des Projektmanagers/Projektsteuerers für diesen Bereich nicht vollständig (dazu auch Rdn. 519). Stellt er nämlich bei seinen Koordinierungsmaßnahmen fest, dass innerhalb bestimmter Zeitabschnitte oder in Teilbereichen der Baustelle gefährliche Arbeitsabläufe stattfinden – etwa durch zu starke Komprimierungen und Überlappung von Arbeiten bei der Hochhausrealisierung –, dann muss er dem Auftraggeber Abhilfemaßnahmen vorschlagen, den SiGe-Koordinator zur Tätigkeit anhalten und ggf. staatliche Überwachungsstellen konsultieren. Die Untätigkeit bei erkennbaren Schwachstellen kann zur Außenhaftung des Projektsteuerers in Schadensfällen führen.[326]

325 Vgl. etwa EuGH, Urteil vom 07.10.2010, Az. C-224/09, in: IBR 2010, 625.

326 Vgl. dazu Rdn. 645, 2067 f.

2.2.6.9 Konfliktschlichtungsstrategien

895 **Konflikte** sind der **Feind der geordneten und effizienten Projektabwicklung**. Speziell bei der Großprojektrealisierung führt ein Baustillstand auf Grund einer Eskalation zwischen den Bauvertragsparteien schnell zum sog. Worst Case. Schon ein einmaliger Baustopp kann die geplanten Terminketten endgültig zerstören und den wirtschaftlichen Erfolg des Projektes in Frage stellen. Ein nachträgliches Intaktsetzen und ein Nachvollzug von Verantwortlichkeiten ist oft – erst recht bei sich kumulierenden weiteren Störungen – nicht mehr möglich. Entsprechende negative Auswirkungen hat ein Baustillstand auf Qualitäten und Kosten. Vor diesem Hintergrund müssen Konflikte bei der Projektabwicklung möglichst vermieden werden, jedenfalls dürfen sie sich nicht auf die Projektrealisierung auswirken, vgl. auch § 18 Abs. 5 VOB/B.

896 Das Streitpotenzial und auch die **Eskalationsbereitschaft** der Vertragsparteien sind von der Vertragsform abhängig und in den jeweiligen Projektphasen unterschiedlich. Besonders streitanfällig sind Verträge des Schlüsselfertigbaus auf Basis von funktionalen Baubeschreibungen bei größeren/großen Projekten. Speziell im letzten Drittel der Vertragslaufzeit, also dann, wenn die Projektrealisierung auf »Hochtouren« läuft und ein Austausch der Auftragnehmer nur mit großen Schwierigkeiten möglich wäre, haben diese die eigenen Kosten- und Terminrisiken aus dem übernommenen Auftrag voll realisiert und wollen/müssen ihre Nachtragspotenziale geltend machen. Zudem werden von Auftragnehmern häufig erkennbare terminliche Engpässe möglichst lange intransparent gehalten und anspruchsvolle technische Anforderungen des Auftraggebers durch Schaffung nicht mehr rückgängig zu machender Bauzustände unterlaufen. Die Auftraggeber reagieren auf derartige Verhaltensweisen i. d. R. mit der Zurückhaltung von Vergütungsanteilen und der Verweigerung von Nachtragsvereinbarungen. Derartige **Konflikte** müssen indessen **zeitnah geklärt** werden. Jeder Versuch einseitiger Interessenoptimierung verschärft die bereits vorhandene Konfliktlage. Maßnahmen zur Deeskalation vorhersehbarer Konflikte müssen vorgedacht und in Projekten umgesetzt werden.[327] Ein wesentlicher Erfolgsfaktor für das Projektmanagement ist es, im Projektablauf – vor und nach Vertragsunterzeichnung, diejenigen Phasen und Handlungsbereiche zu identifizieren, in denen durch asymmetrische Information der Projekterfolg gestört werden könnte. Bei der Gestaltung der Projektorganisation muss die Interaktion der Projektbeteiligten hinsichtlich opportunistisch ausnutzbarer Spielräume untersucht werden. Ein besonderer Schwerpunkt ist auf die Gestaltung der Informationspflichten der beteiligten Planer und ausführenden Unternehmen zu richten.[328]

897 Herkömmliche Streitschlichtungskonzepte, wie gerichtliche Austragung von **Rechtsstreiten** oder **Schiedsgerichtsverfahren**, haben sich für die Projektpraxis als ungeeignet erwiesen. Der ehemals hohe Beliebtheitsgrad des Schiedsgerichtswesens im Baubereich ist aufgrund der zunehmenden Beschleunigung der Projektprozesse und der hohen Verfahrenskosten deutlich gesunken. Gerichtsbarkeit und Schiedsgerichtsbarkeit finden daher vornehmlich zur nachträglichen Bewältigung von Projektproblemen Anwendung, das Schiedsgerichtswesen vornehmlich im Auslandsgeschäft.

898 Im Vordringen sind die außergerichtliche Konfliktschlichtung durch **Schiedsgutachter** bzw. **Schiedsrichter** (auch Adjudication), die projektinterne Konfliktschlichtung und die Mediation. Bei großen Projekten hat sich die Konzeption einer **projektinternen Konfliktschlichtungssystematik** bewährt[329]. Dabei geht es darum, dass unter Berücksichtigung der Hierarchiestufen in einem Projekt ein Weg zur Klärung auftretender Konflikte vorgezeichnet und vertraglich verbindlich gestellt wird, der Konfliktschlichtungsversuche auf unterschiedlichen Ebenen bis hin zur Geschäftsleitung/Projektleitung sicherstellt. Derartige Modellgestaltungen sind der sicherste und erfolgversprechendste Weg, mit Konflikten im Projekt umzugehen. Wo die Vertragsparteien sich selbst nicht

327 Vgl. Rdn. 899.
328 Vgl. dazu Schieg in: Oelsner, Praxis der Planungs- und Bauökonomie, S. 35.
329 Eschenbruch/Racky, Partnering in der Bau- und Immobilienwirtschaft, S. 92 f.

mehr helfen können, kommt auch eine **Mediation** in Betracht.[330] Mediation ist ein interessenbasiertes, freiwilliges Streitverhandlungsverfahren, in dem ein Mediator die Parteien in einer strukturierten, vertraulichen Verhandlung dabei unterstützt, eigenverantwortlich eine Konfliktlösung zu entwickeln.[331] Nachfolgend ist ein Vertragsauszug für eine projektinterne Konfliktschlichtung abgedruckt. Die Mediation bei Bauprojekten wird von Vertretern der Branche als eine klassische Projektmanagementaufgabe gesehen.[332] Das Rechtsdienstleistungsgesetz hat hier für diejenigen Projektmanager, die eine Mediation ergänzend zu den übrigen Leistungen des Projektmanagementvertrages erbringen wollen, Spielräume eröffnet.[333] Auch die interprofessionelle Mediation ist rechtlich grundsätzlich zulässig.[334]

Im anglo-amerikanischen Bereich haben entwickelte **Partnering-Konzepte** Einzug in den Projektalltag gehalten. Dabei soll austauschvertragliches Interessendenken durch eine umfassende kooperative und vertrauensvolle Zusammenarbeit während des gesamten Projektes ersetzt werden. Die Umsetzung dieser Strategien ist umso einfacher, als es um die dauerhafte Zusammenarbeit eines Mehrfachauftraggebers mit Partnern aus der Immobilien- oder Bauindustrie geht, jedoch umso schwieriger, wenn die Realisierung eines einzelnen Projektes in Rede steht.[335] 899

Im Rahmen der **Vertragsgestaltung** können dabei folgende Elemente eines Partnering-Konzeptes umgesetzt werden: 900
- Nähere Ausgestaltung der Verpflichtung der Parteien zur Kooperation[336] (Partnering-Agreement)
- Ausgewogene Vertragsgestaltung/Angemessene Risikoallokation
- Incentives (anstelle von Pauschalen und Vertragsstrafen)
- Abgestimmter, permanenter Verbesserungsprozess
- Projektcontrolling auf Basis vertraglich festgeschriebener »gläserner Taschen«
- Mediation und außergerichtliche Konfliktschlichtung, möglichst innerhalb des Projektes.[337]

Operativ können derartige Vertragsstrukturen z. B. durch **»weichere«**, **organisatorische** Maßnahmen begleitet werden: 901
- Abstimmung einer Partnering-Charta,
- Bestimmung eines Partnering-Verantwortlichen/eines Partnering-Kernteams,
- monatliche Partnering-Review-Meetings,
- Coaching-Maßnahmen für Projektmitarbeiter zur Sicherstellung eines einheitlichen »Teamgeistes« und der durchgängigen vertrauensvollen Zusammenarbeit,
- Veranstaltung gemeinsamer Aktionstage außerhalb des Projektalltages, ggf. auch Workshops/Seminare,
- gemeinsame Diskussion auftretender Projektprobleme und Suche nach Lösungen,

---

330 Vgl. Vock, Projektmanagement 2004, Heft 2, S. 13 f.; Kochendörfer, Projektmanagement 2004, Heft 2, S. 20.

331 Generell auch zur interprofessionellen Mediation: Hartung, Markus/Wendenburg, Felix, NJW 2009, 1551 f.

332 Vgl. Kochendörfer, a. a. O.

333 Vgl. dazu Rdn. 1198.

334 Hartung, Markus/Wendenburg, Felix, NJW 2009, 1551 f.

335 Dazu Eschenbruch/Racky, Partnering in der Bau- und Immobilienwirtschaft, S. 60 f.; University of Reading, The seven pillows of partnerchip, S. 1 f.; Hobeck, in Nicklisch, Netzwerke komplexer Langzeitverträge, S. 162 f.; Kapellmann, Festschrift für Gerd Motzke, S. 161.

336 Allgemein zur bauvertraglichen Kooperationsverpflichtung vgl. Schwarze, BauR 2004, S. 895.

337 Zu einem entsprechenden Kooperationsmodell auch Schlapka, BauR 2001, 1648, 1649, der ein Lenkungsausschussmodell mit ergänzender schiedsgutachterlicher Streitschlichtung für Mängel und baubetriebliche Fragen sowie Schiedsgremien für Vertragsauslegung/rechtliche Bestimmung des Bausolls und schließlich den Zugriff auf sog. »Parteiöffentliche Unterlagen« proklamiert; vgl. auch Volkmann, DAB 1999, 227; Steffes-Mies/Müsch, Bauwirtschaft 2000, 30, 31.

- Unterstützung eines gemeinsamen Teamgeistes durch gemeinsame Unterbringung, Bewirtung, Logos und Kleidung, gemeinsame Website oder Project-Plattform,
- Offene Bücher-Führung zur Vermeidung von Misstrauen, speziell bei der Abrechnung von Nachträgen.[338]

902 Entsprechende Partnering-Konzepte sind an die Stelle wenig erfolgreicher Versuche in der englischen Bauvertragspraxis getreten, den **Projektmanager** (Architekten oder Ingenieur) des Auftraggebers gleichzeitig **als Streitschlichter bzw. Schiedsrichter** vorzusehen.[339] Der Projektmanager ist regelmäßig – schon auf Grund seiner vertraglichen Anbindung an den Auftraggeber – viel zu sehr in die auftraggeberseitige Projektrealisierung eingebunden, als dass er gleichzeitig in die Rolle eines neutralen Streitschlichters schlüpfen könnte.

903 In jedem Fall sollte bereits die Projektorganisation ein Verfahren zur Konfliktschlichtung bereithalten. **Von vornherein** können dabei **Schlichtungsgremien** bestimmt werden, denen die Aufgabe zufällt, aufgetretene Krisen/Konflikte zeitnah und außergerichtlich zu lösen. Derartige Gremien sollten jeweils auch durch Vertreter der Geschäftsleitungsebene der Vertragsbeteiligten besetzt werden. Andererseits ist darauf zu achten, dass entsprechende Gremien über das entsprechende Projekt-Know-how verfügen müssen. Die rein kaufmännische – von den realen Projektproblemen abgehobene – Schlichtung führt oft zur Demotivation der beteiligten Projektteams.[340]

904 ► Praxisbeispiel: Vertragstext zur Konfliktschlichtung

1. Konfliktschlichtung
Den Vertragsparteien ist bewusst, dass ungeachtet der Verpflichtung zur partnerschaftlichen und kooperativen Projektabwicklung Meinungsverschiedenheiten auftreten können. Für diesen Fall stimmen die Vertragsparteien darin überein, dass die Einleitung gerichtlicher Schritte vermieden und zunächst eine projektinterne Schlichtung versucht werden soll. Konflikte sollen deshalb unter Inanspruchnahme folgender Systematik gelöst werden:

a) Soweit immer möglich, sollen Konflikte auf der jeweiligen Arbeitsebene zeitnah thematisiert, verhandelt und gelöst werden.
b) Wenn auf der Arbeitsebene eine Konfliktschlichtung innerhalb einer angemessenen Zeit (i. d. R. 4 Wochen) nicht möglich ist, kann jede Vertragspartei verlangen, dass ein Besprechungs- und Verhandlungstermin unter Beteiligung der Teilprojektleitung stattfindet. An einem solchen Gespräch nimmt für den Auftraggeber ein Bauherrenvertreter und von der … teil, auf Seiten des Auftragnehmers die Niederlassungsleitung.
c) Gelingt es auch den Teilprojektleitungen innerhalb einer angemessenen Frist (i. d. R. 4 Wochen) nicht, einen Kompromiss/eine Lösung zu erarbeiten, dann kann jede Vertragspartei verlangen, dass eine Schlichtung auf der Ebene des Gesamtprojektes unternommen wird. In diesem Fall werden die Vertragsparteien eine Besprechung vereinbaren, an der auf Seiten des Auftraggebers Herr … oder ein von diesem benannter Vertreter, und auf Seiten des Auftragnehmers ebenfalls ein Vertreter der Geschäftsleitung mitwirkt.
d) Vor Ausloten der Möglichkeiten einer einvernehmlichen Lösung auf den vorgenannten Ebenen darf ein gerichtliches Verfahren nicht eingeleitet werden. Etwas anderes gilt nur dann, wenn eine Partei nach Führung ernsthafter Verhandlung durch ihre Geschäftsleitung erklärt, dass weitere Verhandlungen endgültig abgelehnt werden. Maßnahmen des einstweiligen Rechtsschutzes in Dringlichkeitsfällen bleiben durch die vorstehende Regelung unberührt.

338 Vgl. College, The international construction law review, 2000, 175, 189.
339 Vgl. auch Collier, Construction Contracts, S. 36.
340 Vgl. generell zum Krisenmanagement auch Weiss, in: Schäfer/Conzen, Immobilien-Projektentwicklung, S. 448 ff.

Vor Anrufung eines Gerichts wird der Vertragspartner, der den entsprechenden Schritt in Erwägung zieht, die jeweils andere Vertragspartei über die bevorstehende Anrufung des Gerichts unter Übersendung des Entwurfes der Anspruchsschrift/Klageschrift informieren und nochmals eine Stellungnahmefrist von 2 Wochen gewähren.

2. Schiedsgutachten/Schiedsgerichte 905
Sofern sich auf den einzelnen Stufen der Konfliktschlichtung ergibt, dass eine einvernehmliche Konfliktschlichtung wegen unterschiedlicher tatsächlicher oder rechtlicher Einschätzung erschwert ist, werden die Vertragsparteien prüfen, ob anstelle der Anrufung der Gerichte eine Klärung durch Schiedsgutachten oder Schiedsgerichte möglich ist.

Speziell bei Streit über Mängel, über die kalkulatorische Bewertung/Ist-Kostenbewertung bei Nachtragsforderungen oder aber baubetrieblichen Fragestellungen anlässlich von Terminstörungen und deren Auswirkungen werden die Vertragsparteien darüber verhandeln, ob eine Klärung des Streites durch Sachverständige möglich und sinnvoll ist.

Sind in nicht unerheblichem Umfang Rechtsfragen betroffen und kommt deshalb eine schiedsgutachterliche Klärung (allein) nicht in Betracht, werden die Vertragsparteien prüfen und darüber verhandeln, ob nicht eine schiedsrichterliche oder schiedsgerichtliche Klärung in Frage kommt.

3. Verhandlungsverpflichtung 906
Die Vertragsparteien verpflichten sich, auf allen vorgenannten Ebenen der Konfliktschlichtung einvernehmliche Lösungen zu suchen und unter Berücksichtigung der jeweils wechselseitigen Interessen sachangemessene Verhandlungsergebnisse zu erzielen. Die Vertragsparteien werden in diesem Zusammenhang die jeweils eigene tatsächliche und rechtliche Position deutlich machen, die Rahmenbedingungen eigener Handlungsmöglichkeiten aufzeigen und keine Sachverhalte verschweigen, die bei der Beurteilung des Streitpotenzials von Bedeutung sind. In diesem Zusammenhang wird auch der Auftragnehmer sämtliche Informationen erteilen, die im Hinblick auf das Rechtsverhältnis mit dem jeweiligen Nachunternehmer von Bedeutung sind. Beide Vertragsparteien werden davon Abstand nehmen, Verhandlungen mit einseitiger Interessenpolarisierung und Eskalationsmechanismen zu belasten. Der Auftraggeber wird eine etwa bevorstehende Kündigung oder Vergütungskürzung, der Auftragnehmer eine etwaige Leistungseinstellung oder zusätzliche Sicherheitsanforderung mit einer angemessenen Frist vor der Geltendmachung ankündigen.«

2.3 Projektsteuererleistungen im Bereich Qualitäten und Quantitäten

Der Projektsteuerer hat mit dafür zu sorgen, dass die bei Vertragsabschluss vorgegebenen oder gemeinsam erarbeiteten ökonomischen **Zielvorstellungen** des Bauherrn in qualitativer Hinsicht auch tatsächlich realisiert werden können.[341] 907

Die Bauwerkserstellung folgt regelmäßig dem sog. **Minimalprinzip**. Bestimmte Qualitätsvorgaben werden durch die Planung definiert. Im Rahmen der Vergabe unternimmt der Auftraggeber den Versuch, die Realisierung seiner Vorgaben mit dem geringsten Mitteleinsatz umzusetzen. Dieses Spannungsverhältnis zwischen objektbezogenen Qualitätsanforderungen einerseits und wirtschaftlicher Optimierung andererseits bestimmt den gesamten Projektrealisierungsprozess und bedarf der einzelfallbezogenen Feinabstimmung. 908

Der Sicherstellung der Qualität muss bereits im **frühen Projektstadium** die ausreichende Aufmerksamkeit gewidmet werden. Denn die Beeinflussbarkeit der Qualität nimmt zum Projektende hin immer mehr ab. Ohne frühzeitige Qualitätsfestlegung lässt sich in einem relativ späten Zeitpunkt die Qualitätssicherheit und Kostentransparenz nicht mehr erzeugen. Die sog. **»10er-Regel«** bedeutet in diesem Zusammenhang, dass die Kosten für die Beseitigung von Qualitätsmängeln 909

341 Insoweit gilt das, was das Kammergericht erst kürzlich für den Architekten entschieden hat, erst recht für den Projektsteuerer, vgl. BGH, BauR 1998, 356.

von der Phase der Planung zur Ausschreibung und über die Vergabe zur Bauausführung nach der Inbetriebnahme in die Nutzung jeweils um das 10-fache steigen. Für die Beseitigung eines Mangels, dessen Behebung in der Planungsphase z. B. 1 € erfordern würde, müssten im Rahmen der Ausschreibung bereits 10 € und später in der Ausführungsphase 100 € aufgewendet werden.[342]

910 **Fehlerkosten im Bauwesen** beeinträchtigen den Projekterfolg in einem wesentlichen Umfang. Sie machen 4 bis 12 % der gesamten Investitionskosten aus. Dabei sind die größten Fehlerquellen bei der Planung (30 %), der Sorglosigkeit im Umgang mit Qualität (30 %) wie auch Materialfehlern (8 %) und unpräzisen Zielvorgaben (8 %) anzutreffen.[343]

911 Der Wettbewerbsdruck auf den Bau- und Immobilienmärkten wird die Qualität noch weiter in den Vordergrund des Interesses der Projektbeteiligten rücken. Die Qualitätssteuerung muss Strukturen, Prozesse und Ergebnisse behandeln. Im Rahmen eines durchgängigen **Qualitätsmanagementprozesses** sollen die Qualitätsanforderungen während des gesamten Projektes gewahrt werden. *Greiner/Mayer/Stark* haben in diesem Zusammenhang formuliert:

> *»Die überkommene Vorstellung, Qualität würde Geld kosten, wurde in letzter Zeit nachhaltig widerlegt. Qualität kostet nichts. Qualitätsbezogene Verluste hingegen kosten Gewinne und die Existenz.«*[344]

912 Dementsprechend geht es vornehmlich um die **Vermeidung** typischer qualitätsrelevanter **Störfallpotentiale**. Diese können durch die frühe Festlegung und Steuerung eindeutiger Qualitätsvorgaben durch den Auftraggeber, eine qualitätsorientierte Kontrolle und Steuerung der Planung und Ausführung vermieden, zumindest aber reduziert werden.

913 Projektsteuerer und -controller schulden grundsätzlich **keine Bauüberwachung** nach dem Leistungsbild der HOAI.[345] Wenn der Projektsteuerer allerdings nach dem abgeschlossenen Vertrag die Bauqualität zu überwachen hat, sind seine Leistungen mangelhaft, wenn er der Bauqualität nicht die notwendige Aufmerksamkeit widmet. Dabei kann ein Mangel der Projektsteuererleistung schon vorliegen, wenn er die Ziele des Auftraggebers nicht ausreichend präzisiert bzw. auf eine nicht hinreichende Präzisierung nicht aufmerksam macht. Ein Fehler des Projektsteuerungsgewerkes kann auch darin liegen, dass der Projektsteuerer nicht verhindert, dass zur Erreichung der vom Auftraggeber gesetzten Qualitätsziele ein übermäßiger Aufwand betrieben wird. Entsprechendes gilt, wenn er nicht von vornherein auf die Optimierung der Nutzung eines Gebäudes, beispielsweise das Verhältnis Nutzflächen/Verkehrsflächen, hinwirkt.[346] Daran ändert nichts, dass der Auftraggeber Konkretisierungen noch im weiteren Planungsprozess vornehmen kann.[347]

914 Speziell größere Projekte erfordern ein **projektbezogenes Qualitätsmanagement**. Dieses soll sicherstellen, dass die Projektanforderungen an die Qualität in allen Projektphasen innerhalb vorgegebener Toleranzspektren erfüllt werden. Auf die Entwicklung eines derartigen Qualitätsmanagementsystems hat der Projektmanager hinzuwirken und dabei die Normenfamilie DIN EN ISO 9000 ff. zu berücksichtigen.

915 Das Qualitätsmanagementsystem findet seinen Niederschlag i. d. R. im Organisations- und Projekthandbuch, den dort niedergelegten Regelabläufen sowie der systematischen Verfolgung der projektbezogenen Qualität während der gesamten Projektabwicklung.[348]

---

342 Vgl. Greiner/Mayer/Stark, Baubetriebslehre Projektmanagement, S. 176; dazu auch Haenes/Welch, DAB 2002, 39.
343 Vgl. Kochendörfer/Liebchen, Bau-Projektmanagement, S. 145, 146.
344 Greiner/Mayer/Stark, Baubetriebslehre Projektmanagement, S. 176 f.
345 LG Heidelberg, Beschluss vom 26.11.2012, Az. 3 O 237/12, in: IBR 2013, 126.
346 Vgl. BGH, Urteil vom 22.01.1998, Az. VII ZR 259/96, in: BauR 1998, 354, 355.
347 Vgl. BGH, a. a. O.
348 Vgl. zum projektbezogenen Qualitätsmanagement Kochendörfer/Liebchen, Bau-Projektmanagement, S. 145 f.; Greiner/Mayer/Stark, Baubetriebslehre Projektmanagement, S. 178; vgl. auch Eschenbruch, NZBau 2000, 409 ff.

2.3.1 Bedarfsplanung

916 Die Projektziele des Auftraggebers werden in der Regel im Rahmen einer Bedarfsplanung nach DIN 18 205:1996-04 ermittelt (vgl. dazu auch Rdn. 659 f.). In vielen Fällen, insbesondere bei Investorenvorhaben, bestimmt ein Dritter, ein Mieter (Nutzer) die Anforderungen an die zu errichtende Immobilie. Er definiert seine Anforderungen dann in einem Nutzerbedarfsprogramm (NBP), das ebenfalls unter Berücksichtigung von DIN 18 205:1996-04 erstellt werden kann. Das Nutzerbedarfsprogramm hat die Aufgabe, den (voraussichtlichen) **Nutzerwillen** in eindeutiger, erschöpfender und nachhaltiger Form zu definieren und zu beschreiben. Es ist das Ergebnis der vom künftigen Nutzer federführend erarbeiteten Bedarfsanforderung im Hinblick auf Nutzung, Funktion, Flächen- und Raumbedarf, Gestaltung und Ausstattung, Budget und Zeitrahmen.[349]

917 Sofern die Bedarfsziele nicht durch die späteren Nutzer vorgegeben werden, hat der Bauherr seine Bedarfsanforderungen im Rahmen einer Bedarfsplanung nach DIN 18 205:1996-04 hinreichend detailliert zu ermitteln und zu dokumentieren. Das schließt insbesondere eine Flächenbedarfsermittlung ein, die in ein Raum- und Flächenprogramm mündet. Anforderungen an die tragenden und nicht tragenden Baukonstruktionen werden regelmäßig durch ein sog. **Gebäude- und Raumbuch** dokumentiert.[350] Dazu werden die Flächenbedarfswerte der einzelnen Organisations- oder Funktionsbereiche in eine Gebäude- und Geschossbelegung überführt. Hieraus wird eine Raumkonzeption abgeleitet. In Verbindung mit einem Ausstattungsprogramm ergeben sich dann **Raumbücher** (die bereits Bestandteil der Vorentwurfs- und Entwurfsplanung sein können – sie enthalten Festlegungen zu Geräten, Mobiliar, Beleuchtung, Strom, Fernmelde- und Datentechnik/Wandverkleidungen und Einbauten/geometrische Größen). Nicht selten fließen in ein Nutzerbedarfsprogramm auch Wirtschaftlichkeitsberechnungen ein.[351]

918 Die Projektziele und -anforderungen aus der Bedarfsplanung nach DIN 18 205:1996-04 oder des Nutzerbedarfsprogramms (als Teilelement der Bedarfsplanung) bilden zumeist die **Schnittstelle zwischen der Projektentwicklung** im engeren Sinne und der **Projektsteuerung**. Im Projektsteuerungsvertrag ist – soweit er nicht die Projektentwicklung ausdrücklich umfasst – genau festzulegen, welche Aufgaben der Projektsteuerer im Hinblick auf die Entwicklung einer Bedarfsplanung/eines Nutzerbedarfsprogramms des Auftraggebers übernimmt. Sofern im Projektsteuerungsvertrag keine besonderen Festlegungen getroffen sind und keine Anhaltspunkte dafür bestehen, dass eine ausreichende Bedarfsdefinition des Auftraggebers noch nicht vorliegt, wird nicht davon auszugehen sein, dass der Projektsteuerer mit derartigen Aufgaben der Projektentwicklung beauftragt worden ist (dazu auch Rdn. 661 f.). Er ist in diesen Fällen auch nicht verpflichtet, derartige Leistungen der Projektentwicklung ohne zusätzliche Vergütung selbst zu erarbeiten, solange ihm dies nicht als eine Besondere Leistung beauftragt worden ist. Zu beachten ist allerdings, dass der werkvertragliche Erfolgscharakter des Vertrages dazu führen kann, dass eine entsprechende Mitwirkung an Bedarfsplanungen/Nutzerbedarfsprogrammen erforderlich wird und dementsprechend der Projektsteuerer zur Vermeidung von Mängelansprüchen zu einer Mitwirkung verpflichtet ist. Dann aber kann er für diese Aufgaben eine zusätzliche Vergütung verlangen.

919 In jedem Fall hat der Projektsteuerer dem **Auftraggeber** einen **Hinweis** zu erteilen, wenn eine ausreichende Definition der Bedarfsermittlung nicht vorhanden ist, zumal eine Bedarfsplanung die Grundlage für die weitere Projektrealisierung bildet und ihr Fehlen eine typische Fehlentwicklung qualitätsorientierter Bauprojektrealisierung darstellt. Wenn der Projektsteuerer indessen den Auftraggeber im Zusammenhang mit Vertragsgesprächen nicht auf die **erkennbar fehlenden Anforderungen** hinweist, kann dieser Umstand ggf. im Wege der Auslegung dahin zu werten sein, dass er diesen Leistungsbereich mit zu übernehmen hat. Auch kann hierin eine Pflichtverletzung liegen, die dazu führt, dass der Auftraggeber insoweit Ersatz des Vertrauensschadens (Mehrkosten einer

349 Vgl. Diederichs, in: AHO-Fachkommission Projektsteuerung, S. 31; ders., in: Diederichs, Handbuch der strategischen und taktischen Bauunternehmensführung, S. 372.

350 Vgl. im Einzelnen Diederichs, in: AHO-Fachkommission Projektsteuerung, S. 34.

351 Siehe dazu Diederichs, in: AHO-Fachkommission Projektsteuerung, S. 31.

verspätet erstellten Bedarfsplanung bzw. Schäden auf Grund fehlender rechtzeitiger Definition eines Nutzerbedarfsprogramms) verlangen kann.

920 Die Ergebnisse der Bedarfsplanung/des Nutzerbedarfsprogramms müssen in späteren Projektphasen weiter konkretisiert werden. In diesem Zusammenhang obliegen dem Projektsteuerer eine Vielzahl von Konzeptions- und Dokumentationsarbeiten. Unter Berücksichtigung der betrieblichen Anforderungen werden aus dem Nutzerbedarfsprogramm **Funktions-, Bau- und Ausstattungsprogramme** abgeleitet.[352]

921 An die Erstellung der Bedarfsplanung/des Nutzerbedarfsprogramms schließt sich die sog. **Konzeptionsphase** an. Dabei geht es um die Konkretisierung der zuvor definierten Ziele und Anforderungen. Die diesbezüglichen Arbeiten sind i. d. R. Bestandteil der Grundlagenermittlung und Vorplanung (Leistungsphasen 1 und 2 nach § 15 HOAI). Dabei übernehmen die Projektsteuerer oftmals die in der HOAI insoweit vorgesehenen Besonderen Leistungen.[353]

2.3.2 Kontrolle und Steuerung der Quantitäten und Qualitäten während der Planung und Ausführung

922 Durch die ständige **Steuerung und Kontrolle der Qualität** der Planerleistungen und – nach Maßgabe des jeweiligen Projektmanagementmodells (mittelbar) auch – der Leistungen ausführender Unternehmen trägt der Projektsteuerer dazu bei, dass die Vorstellungen des Auftraggebers hinsichtlich der im Bedarfsprogramm definierten Qualitäten und Quantitäten auch tatsächlich realisiert werden.

2.3.2.1 Planung der Planung

923 Die sorgfältige Steuerung der Planungsprozesse ist eine der wesentlichen Aufgaben der Projektsteuerung. Das Leistungsbild AHO (2014) enthält in der Phase Projektvorbereitung die Grundleistung 1 A 2 »*Entwickeln und Abstimmen der Grundlagen für die Planung der Planung*«. In der folgenden Projektphase Planung gehört das »*Laufende Analysieren und Bewerten der Leistungen der Planungsbeteiligten*« sowie die »*Überprüfung der Ergebnisdokumentation der Planungsbeteiligten*« zu den Grundleistungen (2 B 1, 3).

924 Der Projektsteuerer hat in diesem Rahmen die Prozesse und Ergebnisse der Planungsphase und der Ausführungsphase auf Konformität mit den vorgegebenen **Projektzielen** zu überprüfen. Über Abweichungen und Widersprüche hat er den Auftraggeber zügig zu informieren, damit mit diesem erörtert werden kann, wie auf Zielabweichungen reagiert werden kann. Soweit der Projektsteuerer nicht über die notwendige Vertretungsmacht verfügt, um unmittelbare rechtliche Konsequenzen gegenüber Planern und ausführenden Unternehmen umzusetzen, muss er den Auftraggeber durch umfassende Information und Dokumentation rechtzeitig in die Lage versetzen, seine Steuerungsmöglichkeiten ausschöpfen zu können.

925 Der Projektsteuerer kann und muss die zuvor definierten Projektziele in den weiteren Planungs- und Realisierungsprozessen **verfolgen, Optimierungen initiieren** und in ihren Auswirkungen (Nutzwertanalyse) **überprüfen**.

926 Der gesamte **Planungsprozess** ist durch den Projektsteuerer vorausschauend zu **strukturieren**. Dazu gehört die **»Planung der Planung«** im Detail, einschließlich der Entwicklung der Planungspflichtenhefte (Definition der Leistungsinhalte), der Ablaufplanung der Planung[354] und des Zeichnungsmanagements.[355] Auch die Freigabeprozedere[356] sind zu definieren. Die Planung muss

352 Vgl. dazu Diederichs, in: AHO-Fachkommission Projektsteuerung, S. 35/36 mit umfassenden weiteren Darlegungen.

353 Vgl. dazu Kochendörfer/Liebchen, Bau-Projektmanagement, S. 163.

354 Vgl. etwa Volkmann, DAB 1999, 227.

355 Dazu Volkmann, Zeichnungsmanagement, DAB 2000, 443 ff.

356 Von der Haftung für die Richtigkeit einmal genehmigter Pläne kann sich der Auftraggeber in AGB nicht freizeichnen, LG Berlin, Urteil vom 18.07.2001, Az. 26 O 489/00, in: NZBau 2001, 559 = IBR 2001, 524.

so gesteuert werden, dass einmal abgeschlossene Planungen grundsätzlich nicht mehr geändert werden müssen. Auch kleinere Änderungen führen in der Regel zu Mehrvergütungsansprüchen wegen wiederholter Grundleistungen (Null-Toleranz-Rechtsprechung).[357] Die Häufigkeit der Änderung von Planungsleistungen steht in einem direkten Zusammenhang zur Projektlaufzeit.[358] Aufgabe der Projektsteuerung muss es daher sein, von vornherein auf qualitätsorientierte Planungsprozesse zu achten und die Häufigkeit und die Rücksprungradien zu reduzieren.

Hinsichtlich der **Planungssteuerung** sollten **Prüfkriterien** wie 927
- Berücksichtigung einheitlicher Flächenkennzahlen, Bauelement- und Positionsbeschreibungen
- Vollständigkeit
- Plausibilität
- Planqualität (insbesondere Einhaltung vertraglich definierter Qualitätsstandards, Betriebskosten, Flächen, Qualitätssicherung etc.)
- Fortentwicklungskontrolle, auch Richtigkeit der Planung in Bezug auf Übereinstimmung mit der Statik und widerspruchsfreie Bemaßung
- Vorgehen bei Zusatz- und Änderungsleistungen sowie Behinderungen

festgelegt werden. *Volkmann* hat die einschlägigen **Zeichnungsnormen** wie auch Prüfpunkte zur Vollständigkeitsprüfung von Plänen zusammengestellt.[359] Auch *Diederichs* hat Prüflisten für die Überprüfung von Vorplanungs- und Entwurfsplanungsunterlagen erstellt und die einzelnen Prozessschritte erläutert.[360] 928

Je nach übertragenem Aufgabenumfang hat der Projektsteuerer Planungsleistungen auch inhaltlich zu überprüfen, z. B. hinsichtlich der Berücksichtigung der allgemein **anerkannten Regeln der Technik** und der Energieeinsparverordnung. Das AHO-Leistungsbild verlangt indessen vom Projektsteuerer keine Planungsüberprüfung im Detail, so dass derartige Leistungen als Besondere Leistungen zusätzlich zu beauftragen wären. 929

Darüber hinaus obliegt dem Planungsmanagement in aller Regel die **Erfassung, Verteilung und Versionskontrolle** (Kontrolle des Änderungsindexes) **von Plänen**. Speziell bei der baubegleitenden Planung muss ein unkoordinierter Planungslauf vermieden werden, da sich vertauschte, falsch bezeichnete oder verspätet gelieferte Pläne direkt auf den Bauablauf auswirken können und oftmals zu erheblichen Behinderungen führen. Dabei ist genau zu prüfen, ob entsprechend vertiefte Managementleistungen vom Leistungsumfang des Projektmanagementvertrages umfasst sind.[361] 930

Auch als Bestandteil eines Generalunternehmercontrollings wird zumeist ein **Plancontrolling** vorgesehen. Dieses dient der Kontrolle vorgelegter Pläne im Hinblick auf die im Generalunternehmervertrag niedergelegten Projektziele sowie die Einhaltung bzw. Übereinstimmung mit den technischen Regelwerken und allgemein die Planqualität. Dazu können auch Prüfungen betreffend die Betriebsführung, Redundanzen, Betriebssicherheit, schließlich Qualitätsmerkmale wie gewerkeübergreifende Durchgängigkeit der Fabrikatswahl usw. gehören. Der Planfreigabeprozess ist im Einzelnen auszugestalten (Zeiträume für Lieferung und Prüfung, Prüfkriterien, Freigabeerklärungen). Freigabe- und Abstimmungsanforderungen nach den DIN-Normen sind zu beachten.[362] 931

Der Projektsteuerer hat insbesondere den Tendenzen der Planer entgegenzutreten, nur **eine Vorplanungsidee** zu verfolgen und zu Ende zu führen. Er hat den Auftraggeber auf die Bedeutung der 932

357 Vgl. BGH »Hauptbahnhof Berlin«, Urteil vom 26.07.2007, Az. VII ZR 42/05, in: BauR 2007, 1761, 1764.

358 Bracht, Uwe/Geckler, Dieter/Motschmann, Tino, Projektsimulation als Instrument zur änderungsrobusten Konfiguration von Planungsprojekten, Projektmanagement aktuell, 2009, 19, 23.

359 Vgl. Volkmann, DAB 2000, 443, 448.

360 Diederichs, Immobilienmanagement im Lebenszyklus, S. 271 f.

361 Vgl. Kochendörfer/Liebchen, Bau-Projektmanagement, S. 188, die hier eine zusätzliche Leistung verwirklicht sehen.

362 Dazu Mundt NJOZ 2008, 3371.

Vorplanungsphase hinzuweisen, damit dieser die Optimierungspotentiale dieser Phase ausschöpfen kann.[363] Mit der Genehmigung der Vorplanung durch den Auftraggeber werden wesentliche Strukturen der späteren Projektrealisierung festgeschrieben. Gerade in dieser Projektphase ist es notwendig, Wirtschaftlichkeitsüberlegungen einzufordern und Planungsalternativen entwickeln zu lassen.[364]

933 Speziell bei der Einzelgewerkevergabe kommt der **präventiven Mängelvermeidung** bei Zusammenwirken mehrerer Unternehmen erhebliche Bedeutung zu. Dem Auftraggeber obliegt es grundsätzlich, die komplizierte Zusammenarbeit mehrerer Gewerke zu ermöglichen. Stellt er dies nicht sicher, kann ihn bei Mängelsachverhalten ein Mitverschulden treffen.[365]

934 Im Rahmen der Vorbereitung der Vergabe hat der Projektsteuerer darauf zu achten, dass die **Qualitätsziele** in den Verdingungsunterlagen **ausreichend beschrieben** werden. Auftraggeber haben hier typischerweise erheblichen Beratungsbedarf und neigen dazu, das Ausschreibungsverfahren innerhalb zu enger Zeitvorgaben abzuwickeln, mit der Konsequenz erheblicher Qualitätsminderungen in der Folge. Speziell bei funktionalen Ausschreibungen muss das Projektmanagement sehr genau prüfen, ob das sog. Bausoll vollständig beschrieben ist, damit Nachträge möglichst vermieden werden können.

935 Während der Ausführung obliegt dem Projektsteuerer in einem im Projektsteuerungsvertrag näher festzulegenden Rahmen die **Qualitätssteuerung** bezüglich der ausführenden Unternehmen. Dazu gehört einerseits die Schaffung der organisatorischen Rahmenbedingungen für ein ordnungsgemäßes Zusammenwirken der einzelnen Firmen, andererseits auch eine Kontrolle der Qualitätsüberwachung. Nach dem AHO-Leistungsmodell überwacht der Projektsteuerer die Arbeit der Objektüberwachung – auch bezogen auf das Kontrollieren vor Ort – ersetzt jedoch die Objektüberwachungsleistung nicht.

936

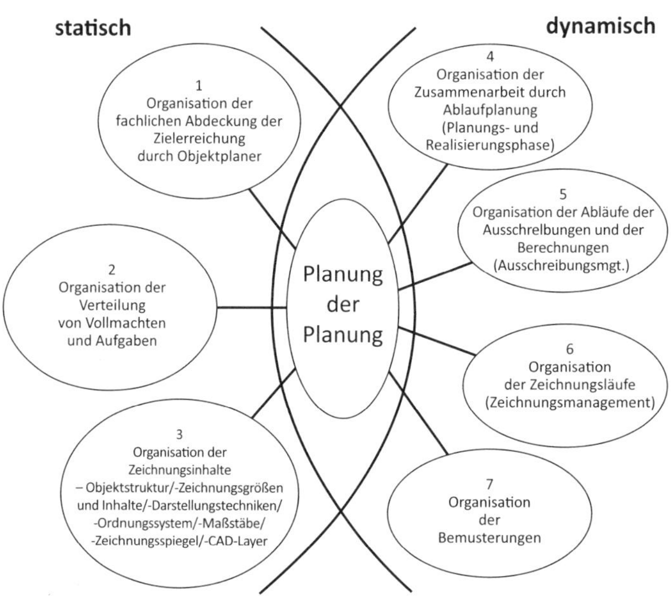

Struktur der Planung der Planung

Skizze nach Volkmann, Walter (2014)

363 Vgl. im Einzelnen Mittmann, in: AHO-Fachkommission Projektsteuerung, S. 50.
364 Vgl. Greiner/Mayer/Stark, Baubetriebslehre Projektmanagement, S. 170 f.
365 OLG Dresden, Urteil vom 11.12.2002, Az. 11 U 1142/02, in: IBR 2004, 9.

Insbesondere gehört hierzu auch die vorausgedachte Festlegung von Bemusterungsanforderungen, Bemusterungsverfahren und deren Dokumentation.[366] Schon der Bauvertrag muss die Anforderungen an die **Bemusterungsverfahren** festlegen. Dabei spielt in der Praxis insbesondere der **Bemusterungsterminplan**, wie auch die inhaltliche Festlegung von **Bemusterungsarten** in Bemusterungslisten eine wesentliche Rolle. Zu unterscheiden ist insbesondere zwischen folgenden Bemusterungsformen, die jeweils festzulegen sind: 937

- Bemusterung 1: 1 im eingebauten Zustand (Musterräume) 938
- Bemusterung in großflächiger Teilausführung (z. B. Fassadenflächen)
- Handmuster (Originalmuster)
- Katalogbemusterung
- Bemusterung in Herstellbetrieben (Werkstattbemusterung)
- Bemusterung anhand von Referenzobjekten.[367]

► Praxisbeispiel einer Bemusterungsliste (dazu auch Rdn. 851): 939

Muster-EKZ, Kassel

Gesamtübersicht Bemusterungsprotokolle

Gewerk: Rohbau/Ausbau

Nr.	Gewerk	Bezeichnung/Einbauort	Hersteller/Fabrikat/Farbe	Handmuster	Katalogmuster	Einbaumuster	Werksabnahme	Übergabe	Freigegeben	Abgelehnt	Rücklauf	Bemerkungen
1	Rohbau	Kantenschutzprofil TRH neu, TG	Nr. 203, schwarz	X				22.09.07	X		27.09.07	Profile sind bestellt
2	Innentüren	Türdrücker	ZS 8100 8mm mit ZK 6500 und Schlüsselrosette	X				29.09.07		X	19.10.07	
3	Innentüren	Türdrücker	1023 8mm mit Schild 1451 03 PZ bzw. WC-Ausf.	X				29.09.07	X		19.10.07	Kommentar beachten
4	Rohbau	Kantenschutzprofil Fertigteiltreppenl. Fluchttreppenh.	Nr. 203, schwarz	X				07.10.07	X		10.10.07	
5	Rohbau	Sichtbetonfläche Wand Basement				X		20.10.07	X		27.10.07	Kommentare und Schreiben vom 17.01.05 beachten
6	Ausbau	Rahmen Fluchtwegepläne TG	Fa. Müller, silber, eloxiert		X			24.11.07	X		23.07.08	Vorab freigegeben, siehe Protokoll Nr. 25
7	Ausbau	Bodenmarkierungen TG	XY FM/Relius Coatings		X			24.11.07	X		23.07.08	
8	Rohbau	Fertigteiltreppenläufe Fluchttreppenhäuser	Betonfertigteile			X		24.01.08	X		08.06.08	
9	Moblierung	Oberflächen Arbeitsplatten Küchen	Muster-Möbelwerk GmbH, Kunststoff	X				24.01.08	X		27.04.08	Farbe nach Farbmuster
10	Bodenbeläge	Bodenbelag Flur-/Bürobereiche	Linoleum	X				24.01.08	X		27.04.08	abgesetztes Fries
11	Bodenbeläge	Holzsockelleiste Flur-/Bürobereiche	Buche	X				24.01.08	X		27.04.08	Höhe
12	Decken	Abgehängte Mineralfassrdecke Bürobereich	Mineralfaserplatten	X				24.01.08	X		27.04.08	

Racky, P./Stichnoth, P. (2008), S. 1 f.

Das Ergebnis der Bemusterung ist in den **Bemusterungsprotokollen/Bemusterungsblättern** zu dokumentieren. Außerdem sind in Verträgen Regelungen dazu zu treffen, wie Handmuster präsentiert, verwahrt und gesichert und schließlich entsorgt werden. 940

366 Vgl. dazu Rdn. 851.
367 Vgl. dazu Weiss, in: Schäfer/Conzen, Immobilien-Projektentwicklung, S. 401.

► Praxisbeispiel für ein Bemusterungsblatt:

Projekt: Muster-EKZ, Kassel

Bauherr:

Generalunternehmer:

Bemusterungsprotokoll Nr.: Muster Nr.:

Tag der Bemusterung: ________________

Teilnehmer:

Gewerk
Ausbau ☐
HLS ☐
Elektro ☐
Fassade ☐

Bezeichnung Muster: ________________

Bezug zur Leistungsbeschreibung: ________________

Element / Beschreibung	Oberfläche / Farbe / Material	Größe	Hersteller / Fabrikat / Typ	Bemusterungshinweis / Bemerkungen / Mehr-/Minderkosten

Bestätigung durch AG:

Muster zur Ausführung freigegeben:

JA ☐ NEIN ☐

JA (unter Beachtung der Bemerkungen) ☐

Bemerkungen durch AG:

Datum und Unterschriften:

Bauherr: ________________

Generalunternehmer: ________________

Racky, P./Stichnoth, P. (2008), S. 1 f.

941 Schließlich geht es um die **Sicherstellung ordnungsgemäßer Mängelerfassung**, die Geltendmachung von Nacherfüllungsansprüchen und ggf. Teilkündigungen/Selbstvornahmen.

942 Es ist aber grundsätzlich nicht Aufgabe des Projektsteuerers, den Objektplaner hinsichtlich seiner Aufgaben im Bereich der **Objektüberwachung** zu entlasten oder an deren Stelle entsprechende Leistungen zu erbringen. Seine Aufgabe beschränkt sich – vorbehaltlich anderweitiger vertraglicher Regelungen – darauf, den objektüberwachenden Architekten zu überprüfen. Das setzt indessen regelmäßig voraus, dass in angemessenen Abständen auch Baustellenkontrollen vorgenommen werden. Bei der Einschaltung von **Generalunternehmern** wechseln zumeist wesentliche Elemente der Objektüberwachung auf die Auftragnehmerseite.[368] Gleichwohl ist ein Controlling der Ausführungsqualität auch bei Generalunternehmermodellen nicht überflüssig, sondern i. d. R. sehr sinnvoll, wenn nicht gar unabdingbar. Voraussetzung für eine wirksame Kontrolle des Generalunternehmers – und das wird oft übersehen – ist die Institutionalisierung von vertraglichen Kontrollrechten des Auftraggebers im Generalunternehmervertrag, wie z. B. ausreichend detaillierte Qualitätsvorgaben, Mitwirkungsrechte bei Planfreigaben und Bemusterungen sowie Teilnahme- und

368 Vgl. z. B. Jochem, HOAI, 4. Auflage 1998, § 15, Rn. 64, 66; oftmals werden auf der Vergütungsebene 15 von 31 Teilleistungspunkten für den Objektplaner sowie den Haustechniker in der Leistungsphase 8 des § 15 zugrunde gelegt.

Informationsrechte für den eingeschalteten Projektsteuerer. Ohne diese vertraglichen Weichenstellungen muss ein effektives Controlling der Generalunternehmerleistung von vornherein scheitern.

Eine wesentliche Aufgabe obliegt dem Projektsteuerer auch hinsichtlich der Beratung zur Strukturierung **projektangemessener Abnahme-/Übernahmeprozesse**. Hier geht es vornehmlich darum, dass – unter Berücksichtigung der Projektstruktur in inhaltlicher und terminlicher Hinsicht – Vorbegehungen, Tests, Inbetriebnahmen, Teilabnahmen, Abnahmen, ggf. auch Nachabnahmen (oder eine Strukturierung im Sinne einer Substantial and Final Completion entsprechend dem angelsächsischen Bauvertragsrecht[369]) geplant und möglichst vertraglich verankert werden müssen. Die Mitwirkungshandlungen der Beteiligten sind detailliert festzulegen (z. B. Bereitstellung von Geräten, Personal sowie Vorlage von Prüf- und Gütezertifikaten zu vorab definierten Zeitpunkten[370]). Etwaige Wechselwirkungen im Hinblick auf vorlaufende nutzerspezifische Ausbauten, Mietereinzugskoordination etc. sind vorauszuplanen und zu integrieren. 943

Auftraggeber unterschätzen zumeist den bei der Großprojektrealisierung anfallenden **Aufwand für Vorbegehungen, Tests, Inbetriebnahmen und Abnahmen**. Allein die technischen Vorbegehungen nehmen erheblichen Zeitbedarf in Anspruch. Nach *Weiss*[371] schafft ein Team bei der technischen Vorbegehung von Rohbau/Ausbau eines Bürogebäudes ca. 2 500 m^2 am Tag, bei der Begehung von Wohnungen ca. 8 bis 12 Wohnungen am Tag. Allein dies verdeutlicht, dass eine ordnungsgemäße Abnahmevorbereitung ohne **Abnahmeterminplan** kaum möglich ist. Bei größeren Projekten müssen mehrere Teams parallel arbeiten und ein Abnahmeterminplan ist zwingend erforderlich.[372] 944

Soweit nicht vertraglich etwas anderes bestimmt ist, wirkt der Projektsteuerer i. d. R. bei der **Abnahme** mit. Er prüft die Voraussetzungen für die Abnahme, begleitet deren Vorbereitung und Durchführung und zeichnet i. d. R. das Abnahmeprotokoll gegen. Dabei hat der Projektsteuerer in Zusammenarbeit mit dem Objektplaner darauf zu achten, dass sämtliche nach den Vertragswerken beizubringenden Begleitdokumente, Prüfungen, Messungen, Revisionspläne und Bedienungsanleitungen erstellt sind bzw. vorliegen. 945

Die **Rolle des Projektsteuerers** bei der Abnahme ist schon im Projektsteuerervertrag festzulegen. Das gilt insbesondere für eine etwaige Vertretungsmacht des Projektsteuerers. Von der Einräumung einer Vertretungsmacht für die Abnahme kann nicht ohne weiteres ausgegangen werden.[373] Wegen der gravierenden rechtlichen Folgen der Abnahme (wie z. B. Bestätigung des Gewerkes als im Wesentlichen vertragsgemäß, Umkehrung der Beweislast und Fälligkeit der Vergütung sowie Verlust von Vertragsstrafeansprüchen, wenn kein Vorbehalt erfolgt) muss die Vertretungsmacht geklärt sein. Bei der Abnahme ist ein sorgfältiges Vorgehen der Projektsteuerung geboten.[374] 946

Der **Mängelerfassung** bei der Abnahme kommt wesentliche Bedeutung zu. Dabei ist es Aufgabe des Projektsteuerers, den Auftraggeber hinsichtlich einer sachangemessenen Abnahmedurchführung und Gewährleistungsverfolgung zu beraten. Insbesondere geht es darum, die strukturierte Erfassung der Gewährleistungsmängel sicherzustellen. Er sollte kontrollieren, ob die Ergebnisse einer Nachbegehung bzw. Nachfristen zur Mängelbeseitigung dokumentiert sind und auf deren Grundlage alsdann die Gewährleistungsfristen notiert werden können.[375] Bei großen Projekten ist eine EDV-gestützte Mängelerfassung und -verwaltung beginnend mit der Ausführung unabdingbar. 947

369 Vgl. Collier, Construction Contracts, S. 133.
370 Vgl. zu den vor Abnahme zu überreichenden Unterlagen Motzke/Racky, DAB 2002, 30.
371 Vgl. Weiss, in: Schäfer/Conzen, Immobilien-Projektentwicklung, S. 462 ff.
372 Beispiel bei Diederichs, Immobilienmanagement im Lebenszyklus, S. 394.
373 Siehe dazu Rdn. 717 ff.
374 Vgl. dazu auch Homola, in: AHO-Fachkommission Projektsteuerung, S. 70, 72.
375 Vgl. Weiss, in: Schäfer/Conzen, Immobilien-Projektentwicklung, S. 468.

948 Nach der Abnahme hat der Projektsteuerer – soweit nicht vertraglich etwas anderes bestimmt ist – die **Gewährleistungsverzeichnisse** für die **bei Abnahme festgestellten Mängel** zu überprüfen, wobei seine Aufgabe im Wesentlichen darin besteht, die Auflistung von fachlich Beteiligten abzurufen und durch Stichproben auf formale und inhaltliche Richtigkeit zu überprüfen.[376]

949 Im Zusammenhang mit der Abnahme sind auch die (ggf. vorlaufenden) **behördlichen Abnahmen** zu koordinieren.[377] Nach Maßgabe des jeweiligen Vertrages hat der Projektsteuerer den Auftraggeber bei **Inbetriebnahmen** zu unterstützen (siehe dazu auch die Darstellung des Nutzerprojektmanagements, Rdn. 268), bei der **Archivierung der Bauakten** mitzuwirken sowie den Bauherrn hinsichtlich der Installation eines Gebäudemanagementsystems und dem Abschluss von Wartungsverträgen zu beraten.[378]

2.3.4 Value Engineering

950 In den letzten Jahren sind viele Projekte an einer **mangelnden Planungsqualität** gescheitert. Fehlsteuerungen beruhen oftmals bereits auf einer fehlerhaften Planungsstrategie (z.B. der Ungeeignetheit des gestalterischen Konzeptes für die spätere Gebäudefunktion). Darüber hinaus berücksichtigen die Planungsbeteiligten oft nicht die in Betracht kommenden realen Planungsalternativen und den Grundsatz der Wirtschaftlichkeit. Zudem sind Planungen vielfach unvollständig oder mit groben Mängeln behaftet. Speziell bei komplexen oder großen Projekten, bei denen die Planung internetgestützten Planungsplattformen abgewickelt wird, werden Planungen quasi in letzter Minute ins Netz gestellt und zum Abruf durch ausführende Unternehmen vorgesehen. Nicht selten entsteht hier ein erhebliches Behinderungspotential mit millionenschweren Nachtragssachverhalten, weil der Auftraggeber erst in diesem Moment mit den unvollständigen und unbrauchbaren Planungslösungen konfrontiert wird.

951 Dementsprechend wird zunehmend auch in Deutschland das Value Engineering als **Strategie** benutzt, **Planungsergebnisse durch Drittbeteiligte bewerten zu lassen,** um deren Ideen zur Planungsoptimierung in den Planungsprozess einzubringen. Das Value Engineering ist im angloamerikanischen Projektmanagementsektor bereits seit Jahren institutionalisiert.[379] In Deutschland hat es bislang wenig Eingang in Projekte gefunden. Sowohl die HOAI 2013 wie auch das Projektsteuerungsleistungsbild AHO 2014 sehen allerdings inzwischen das Value Engineering als eine für den Planungsprozess bzw. Steuerungsprozess abrufbare Besondere Leistung vor.

952 Je nach Projekt oder Planungsaufgabe kann das Value Engineering **parallel zum Planungsprozess oder** als **reine Ergebnisüberprüfung** durchgeführt werden. Sowohl der Gegenstand der Überprüfung im Einzelnen wie auch die zu erwartenden Ergebnisse für das durchzuführende Verfahren müssen vertraglich festgeschrieben werden. Gesetzliche oder preisrechtliche Vorgaben hierzu gibt es nicht. In der Regel befasst sich der Value Engineer mit der Erarbeitung von Optimierungsvorschlägen und nimmt an Besprechungen mit Planungsbeteiligten teil (Value Engineering Workshops), mit denen die Ergebnisse der Überprüfungen des Value Engineers diskutiert werden. Soweit nicht ausdrücklich etwas anderes vereinbart wird, ist die nationale wie auch internationale Praxis dadurch geprägt, dass die Haftung der Planungsbeteiligten infolge der Einschaltung des Value Engineerings nicht reduziert wird. Der Value Engineer unterbreitet lediglich Vorschläge, die Gesamtverantwortung für die Planung bleibt grundsätzlich beim Objektplaner. Sofern allerdings der Value Engineer

376 Diederichs, Immobilienmanagement im Lebenszyklus, S. 400 f.; Diederichs, in: AHO-Fachkommission Projektsteuerung, S. 79; zur Auflistung der Gewährleistungsfristen im Einzelnen Locher, BauR 1991, 135.

377 Vgl. dazu die Auflistung der möglichen Prüfungs- und Abnahmestellen bei Diederichs, Immobilienmanagement im Lebenszyklus, S. 392.

378 Vgl. Kochendörfer/Liebchen, Bau-Projektmanagement; zur Inbetriebnahme auch Kalusche, Projektmanagement für Bauherren und Planer, S. 266 f.

379 Vgl. auch Chen, Wei Tong/Chang, Po-Yi/Huang, Ying-Hua, Assassing the overall performance of value engineering workshops for construction projects, International Journal of Project Management, 2010, 514 f.

fehlerhafte Planungsvorschläge unterbreitet und diese sorgfaltswidrig vom Objektplaner umgesetzt werden, kann sich eine gesamtschuldnerische Haftung beider Beteiligter ergeben.

Sofern als Value Engineer ein selbständiger Ingenieur oder ein Projektsteuerer tätig wird, unterliegt die Tätigkeit grundsätzlich nicht dem Preisrecht der **HOAI**. Dies kommt schon dadurch zum Ausdruck, dass das Value Engineering als Besondere Leistung unter dem Stichwort Optimierung in der Leistungsphase 3 des Leistungsbildes der HOAI für die Objektplanung angesprochen ist. In der Praxis wird oftmals eine geringere Basisvergütung für die Analyse der vorliegenden Planungsergebnisse und die Teilnahme an Value Engineering Workshops vorgesehen und im Übrigen auch eine Bonus-Vereinbarung mit Anknüpfung an die infolge des Value Engineerings erzielten Kosteneinsparungen vereinbart. 953

(nicht besetzt) 954

Value-Engineering-Prozesse sollen dazu beitragen, wirtschaftliche Planungs- und Ausführungsergebnisse zu erzielen. Erste deutschsprachige Strukturierungen für Value-Engineering-Angebote enthält die österreichische **ÖNormB 2118:2009**. Die Norm regelt, dass der Auftraggeber vor der Entscheidung den Nachweis über die technische Gleichwertigkeit, die Darstellung der Auswirkungen der Leistungsabweichung und verbindliche Angaben über die finanziellen Konsequenzen erhalten soll. Die Vergütung derartiger Leistungen soll nach Pauschalen oder anhand einer Kostenersparnisaufteilung erfolgen. 955

2.4 Projektsteuereraufgaben im Bereich Kosten und Finanzierung

2.4.1 Grundlagen

Der Erfolg der Projektrealisierung hängt neben der Erfüllung sonstiger Vertragsziele entscheidend von dem Erreichen der Kostenziele ab. Dabei stehen bei der Bauprojektrealisierung die Kostenziele für die **Investitionskosten** im Vordergrund; aus immobilienwirtschaftlicher Sicht rücken jedoch zunehmend auch die Folgekosten in den Vordergrund. Der nachhaltige Erfolg der Nutzung einer Immobilie erfordert es, bereits bei der Planung des Projektes die Kosten der Nutzungsphase zu berücksichtigen. Die **Baunutzungskosten** machen typischerweise ein Vielfaches der Investitionskosten für ein Bauwerk aus.[380] Sie werden in der DIN 18960 »Nutzungskosten im Hochbau« im Einzelnen definiert. Sie umfassen Kapitalkosten, Verwaltungskosten, Instandsetzungskosten.[381] Eine differenziertere Untergliederung einzelner Kostenbereiche findet sich in der DIN 32736 »Gebäudemanagement«.[382] Soweit der Projektsteuerervertrag dies vorsieht, hat der Projektsteuerer auch die Baunutzungskosten zu erfassen. 956

Typischerweise bildet allerdings die **Kostensteuerung** den Schwerpunkt der Tätigkeit des Kostenmanagements Bau und soll deshalb nachfolgend intensiver erörtert werden. Dabei sind auch insoweit zunächst **unterschiedliche Kostenbegriffe** zu berücksichtigen. Zumeist wird bei der Kostenermittlung auf die 276–1 : 2008–12 (fortan: DIN 276 oder DIN 276 (2008)) zurückgegriffen. Der DIN 276 (2008) liegt ein **planungsorientierter Kostenbegriff** zugrunde. Entsprechend dem Fortgang des Planungsprozesses werden bestimmte Kostengruppen fortentwickelt, die allerdings keinen Bezug zur späteren Gewerkegliederung und einzelnen Leistungspositionen nach dem Standardleistungsbuch haben. Diese planungsorientierten Kostenermittlungsverfahren können von den Ergebnissen ausführungsorientierter Verfahren abweichen. Unterschiede zeigen sich zumeist dann, wenn außergewöhnliche Kostenentwicklungen bei bestimmten Unternehmereinsatzformen auftreten. So bilden die planungsorientierten Kostenverfahren nicht sämtliche Kalkulations- und 957

380 Vgl. Greiner/Mayer/Stark, Baubetriebslehre Projektmanagement: Die kumulierten Baunutzungskosten machen nicht selten das drei- bis vierfache der Erstinvestition aus; auch Kochendörfer/Liebchen, Bau-Projektmanagement, S. 117.

381 Vgl. dazu im Einzelnen Kochendörfer/Liebchen, Bau-Projektmanagement, S. 123, 124.

382 Vgl. dazu Rdn. 161, 505 f.

Risikozuschläge für den Generalunternehmereinsatz ab. In Zeiten steigender Generalunternehmerkosten kommt es daher oft zu Diskrepanzen zwischen den von den Architekten nach den planungsorientierten Kostenverfahren erstellten Kostenermittlungen und den Ermittlungen auf Basis ausführungsorientierter Vorgehenskonzepte. Im Grunde aber bietet die DIN 276 – speziell während des Planungsprozesses – eine qualifizierte Grundlage für die Kostenplanung und -steuerung.

958 **Kostenermittlungsverfahren**[383]

1 Planungsorientierte Einwertverfahren
Es wird nur auf einen einzelnen Bezugswert zurückgegriffen
Gesamtkosten = Bezugswert × Kostenkennwert
a) Geometrische Verfahren, zum Beispiel Bruttorauminhalt (oder BGF, HNF, WF nach II. BerechnungsVO)
b) Funktionale Verfahren nach Wohneinheiten, Bettenplätzen, Schülern, Arbeitsplätzen, KFZ-Stellplätzen

2 Planungsorientierte Mehrwertverfahren
Vorgehen im Rahmen planerischen Denkens und in Bauelementen, insbesondere in frühen Planungsphasen. (Wie Gründung, Außenwände, Decken, Dächer – noch nicht in Gewerken.)
a) Grobelement-Verfahren bis 2. Ebene DIN 276 (2008)
b) Feinelemente-Verfahren bis 3. Ebene DIN 276 (2008)

959 **3 Ausführungsorientierte Verfahren**
a) Verfahren nach Leistungspositionen (dazu A 2 DIN 276–1: 2006)
Einheitspreise werden in Leistungspositonen eingesetzt, wobei die Leistungsbereiche entsprechend dem Standardleistungsbuch (StLB) bzw. dem Standardleistungskatalog (StLK) bzw. nach Gewerkestrukturen, zum Beispiel in den DIN-Normen gem. VOB/C gebildet werden können.
b) Verfahren nach Leitpositionen
Hier dienen die Leitpositionen als Grundlage der Kostenermittlung.

4 Statistische Verfahren
Kostenermittlung anhand statischer Kennwerte

5 Mischwerte
Verbindung von planungsorientierten und ausführungsorientierten Verfahren.
a) Aufteilung der planungsorientiert ermittelten Gesamtkosten nach Prozentschlüssel.[384]
b) Die 3. Gliederungsebene nach DIN 276 wird in eine 4. ausführungsorientierte Ebene untergliedert.[385]

960 Die **Kostensteuerung** ist eine der wichtigsten Projektsteuereraufgaben. Sie kann unterteilt werden in
- **Kostenplanung** (Investitionsrahmen und Baukostenplanung), als Leistung zur Ermittlung der Sollwerte (Definition der vertraglichen Anforderungen, z. B. hinsichtlich elementweiser Kostenermittlungen).
- **Kostenverfolgung** (Kostencontrolling/Kostensteuerung im engen Sinne), als ständige Soll-Ist-Kontrolle während des gesamten Ablaufs bis zur Kostendokumentation.

383 Vgl. Seifert/Preußner, Baukostenplanung, 3. Aufl., S. 57 ff.; auch Kapellmann/Schiffers, Vergütung, Nachträge und Behinderungsformen beim Bauvertrag Band 2, Rn. 872 ff.; vgl. auch DIN 276, 1993, Ziffer. 3.1.1: Kostenermittlungen dienen als Grundlage für die Kostenkontrolle, für Planungs-, Vergabe- und Ausführungsentscheidungen sowie zum Nachweis der entstandenen Kosten.

384 Diese Methode teilt die vorher über ein planungsorientiertes Verfahren ermittelten Gesamtkosten nach einem Prozentschlüssel in Teilkosten der Leistungsbereiche, Gewerke oder Gewerbeeinheiten auf. Ein solches Verfahren kann bei der Kostenberechnung insbesondere dann angewendet werden, wenn in der Kostenkontrolle die Kosten des Kostenanschlages mit der Kostenberechnung verglichen werden, vgl. Seifert, Praxis des Baukostenmanagements, S. 182.

385 Nach dieser Methode wird die 3. Gliederungsebene nach der DIN 276 (1993 Gliederung nach Feinelementen, 3. Ebene) in eine 4. ausführungsorientierte Ebene weiter untergliedert. Eine solche Untergliederung führt besonders bei komplexen Baumaßnahmen zu Kostenelementen, die wesentlich differenzierter handhabbar sind, vgl. Seifert, a. a. O., S. 182.

Die **Kostensteuerung** des Projektsteuerers erschöpft sich nicht in der Kostenverfolgung/-überwachung. Das Aufgabenfeld des Projektsteuerers umfasst vielmehr über die bloß nachträgliche Kontrolle hinaus die **vorausschauende Prüfung**, ob die vom Auftraggeber erarbeiteten Ziele, Pläne und insbesondere Budgets erreicht und ggf. verbessert werden können. Insbesondere ist zu untersuchen, ob und wo nach Maßgabe von Soll-Ist-Vergleichen gegenzusteuern ist, um die selbstgesetzten Vorgaben zu erreichen.[386] Er hat insbesondere auf angemessene **Risikobudgets** hinzuweisen. 961

Die **Hauptursachen für Kostenüberschreitungen** liegen zumeist in der Planungsphase. Gerade hier ist das Projektmanagement gefordert, die Planungsprozesse zu steuern, um optimale und kostenorientierte Lösungen zu erarbeiten.[387] 962

Herausgehobener Gegenstand der Kostenverfolgungspflicht des Projektsteuerers sind daher zu erwartende **Kostenüberschreitungen**.[388] Der Projektsteuerer schuldet eine projektbegleitende Information und fachkundige Beratung des Auftraggebers mit dem Ziel, dass sich dieser der finanziellen Konsequenzen von Änderungswünschen bewusst wird.[389] 963

2.4.2 Abgrenzung der Leistungen des Objektplaners und des Projektsteuerers

Die **Vertragsleistungen des Projektsteuerers im Rahmen des Kostenmanagements** müssen besonders sorgfältig von den Objektplanungsleistungen abgegrenzt werden. Spätestens seit der 5. HOAI-Novelle (1996) ist geklärt, dass auch dem Objektplaner eine permanente Kostenkontrolle nach Maßgabe des vorgesehenen Baubudgets obliegt.[390] Weist der Objektplaner etwa nicht auf Kostenerhöhungen hin, macht er sich schadensersatzpflichtig.[391] 964

Mit der 7. HOAI-Novelle 2013 sind die Anforderungen der Kostenplanung an die Objekt- und Fachplaner nochmals erhöht worden. Die Anforderungen an die Kostenschätzung und die Kostenberechnung sind in § 2 Abs. 10 und 11 HOAI (2013) präzisiert worden. Das Leistungsbild der Anlage 10 für die Objektplanung – entsprechendes gilt für die Fachplanungen – enthält die ausdrückliche Klarstellung, dass über eine rein statische Kostenermittlung zu bestimmten Zeitpunkten auch der jeweilige Abgleich mit den Vergangenheitswerten (Soll-Ist-Kontrolle) gehört (vgl. dazu auch Rdn. 955 f.). 965

Zwar sieht die Anlage 10 zu § 34 Abs. 4 HOAI in der Leistungsphase 1 keine Leistungen zur Ermittlung eines Kostenrahmens explizit vor. Doch gehört nach allgemeiner Auffassung zum Leistungsumfang der Grundlagenermittlung auch die Ermittlung der finanziellen Rahmenbedingungen, wie dies auch in der Grundleistung der Leistungsphase 2 g der Anlage 10 zum Ausdruck kommt (dazu auch Rdn. 977).[392] In der Leistungsphase 2 (Vorplanung) ist die Kostenschätzung nach DIN 276 zu erstellen und ein Vergleich mit den finanziellen Rahmenbedingungen vorzunehmen. 966

Die Kostenschätzung beinhaltet eine überschlägige Ermittlung der Gesamtkosten, die i. d. R. bei der **ersten Ebene der Kostengliederung** endet. Bei ihr werden die Hauptkostengruppen nach DIN 276 bearbeitet, wobei das Hauptaugenmerk auf den Kostengruppen 300 (Bauwerk – Baukonstruktionen) und 400 (Bauwerk – technische Anlagen) liegt. Als Bezugsbasis werden üblicherweise nutzungsbezogene Flächen- oder gebäudebezogene Geometriewerte (Rauminhalte) verwendet.[393]

386 Vgl. Wagner, BauR 1991, 665, 669.

387 Vgl. Kochendörfer/Liebchen, Bau-Projektmanagement, S. 141; zur ausführungsorientierten Planungsoptimierung Racky, Entscheidungshilfe, S. 111, 112.

388 Vgl. Miegel, Die Haftung des Architekten, S. 15, 16.

389 Miegel, Die Haftung des Architekten, S. 16.

390 Vgl. z. B. Jochem, HOAI, 4. Auflage 1998, § 15, Rn. 22, 34; vgl. auch Rdn. 975.

391 OLG Braunschweig, Urteil vom 07.02.2007, Az. 8 U 10/01, in: BauR 2003, 1066 = IBR 2003, 425; Seifert, in: Festschrift für Motzke, S. 393, 394 f.; Vogelheim, NZBau 2004, 577 f.

392 Werner, in: Festschrift für Jochem, S. 152.

393 Die Baukostenplanung unterscheidet vier Kostenermittlungsverfahren, nämlich nutzungsbezogene Verfahren (gem. Nutzfläche, Hauptnutzfläche), gebäudebezogene Verfahren (nach Bruttorauminhalt,

Die so ermittelten Quadratmeter bzw. Kubikmeter (nach DIN 277) werden mit einem aus dem Erfahrungspotential des Planers oder aus der Literatur entnommenen Kostenkennwert belegt. Das Ergebnis wird unter Verwendung der Baupreisindexzahlen hochgerechnet. Die Kostenschätzung soll die ergebnisorientierte Feststellung ermöglichen, ob der Vorentwurf überhaupt weiterentwickelt werden soll oder erneut in Planungsoptimierungen/eine neue Vorentwurfsplanung zur Kosteneinhaltung eingetreten werden muss. Nach der HOAI 2013 obliegt dem Objektplaner nach der Leistungsphase 2 auch der Abgleich und Schätzung mit dem Kostenrahmen.

Eine erst am Ende der Leistungsphase 2 erstellte Kostenschätzung kommt im Hinblick auf die Beurteilung von Planungsvarianten in der Leistungsphase 2 oft zu spät. Der Projektsteuerer wird daher vielfach darauf hinwirken müssen, dass unterschiedliche Alternativen kostenmäßig beurteilt werden. Eine Bewältigung des Planungsprozesses speziell in der Vorplanungsphase ohne parallele Berücksichtigung der Kosten führt nicht zu tragfähigen Ergebnissen.

967 In der Leistungsphase 3 obliegt dem Architekten die Kostenberechnung nach DIN 276 und ein Vergleich mit der Kostenschätzung, Die Kostenberechnung ist eine genauere Kostenermittlungsart, die auf den Grundlagen der Kostenschätzung, jedoch unter Berücksichtigung der Entwurfs- und Detailpläne sowie Mengenberechnungen, aufbaut. Die Kostendifferenzierung erfolgt zumindest bis zur zweiten Ebene der Kostengliederung.[394] Die Kostenberechnung dient der Absicherung der Entscheidung des Bauherrn über die Ausführung des Entwurfs.

In der Leistungsphase 6 sind die Kosten erneut auf der Grundlage vom Planer bepreister Leistungsverzeichnisse zu ermitteln und eine Kostenkontrolle durch Vergleich der vom Planer bepreisten Leistungsverzeichnisse mit der Kostenberechnung ist vorzunehmen. In der Leistungsphase 7 sind die Ausschreibungsergebnisse mit den vom Planer bepreisten Leistungsverzeichnissen oder der Kostenberechnung zu vergleichen. In der Leistungsphase 8 erfolgt der Vergleich der Ergebnisse der Rechnungsprüfung mit den Auftragssummen einschließlich Nachträgen und der Architekt hat eine Kostenfeststellung zu erarbeiten. Entfallen ist der in der DIN 276 (2008) noch enthaltene Kostenanschlag.

968 Infolge der umfassenden Anforderungen an das Kostenmanagement der Planungsbeteiligten nach den Leistungsbildern der HOAI kommt es vielfach zu Überlappungen der Tätigkeiten der Planer und Projektsteuerer. Eine bestimmte Schnittstelle/Arbeitsteilung sieht das Gesetz nicht vor, zumal die HOAI allein Preisrecht beinhaltet. Die vertragliche Schnittstelle muss daher jeweils im Einzelfall gefunden werden. Anhaltspunkte dafür liefert etwa die AHO-Leistungs- und Honorarordnung (2014). Nachfolgend ist eine Zusammenstellung der Leistungen des Objektplaners und des Projektsteuerers dargestellt:

Bruttogrundfläche, Grobelementen und Bauteilmethode), ausführungsorientierte Verfahren (Teilleistungen, Kalkulation, Leitpositionen) und statistische Verfahren (Kostenflächenarten), vgl. übersichtlich Budnick, Architektenhaftung, S. 100 ff.

394 Vgl. Jochem/Kaufhold, HOAI, § 33, Rn. 59.

Kostenplanung und Kostensteuerung durch Objektplaner und Projektsteuerer 969

Leistungsphasen nach HOAI	Planung HOAI Grundleistungen – Kosten –	Projektsteuerung AHO Grundleistungen – Kosten –	Leistungsphasen AHO
Leistungsphase 1 Grundlagenermittlung § 34 Abs. 3 HOAI	Bedarfsplanung/ finanzielle Rahmenbedingungen*	Mitwirken bei der Erstellung des Kostenrahmens	Projektstufe 1 Projektvorbereitung
Leistungsphase 2 Vorplanung § 34 Abs. 3 Nr. 2 HOAI	Kostenschätzung nach DIN 276	– Überprüfen der Kostenschätzung und -berechnung der Objekt- und Fachplaner/Anpassungsmaßnahmen – Kostensteuerung und -verfolgung – Planen von Mittelbedarf und Mittelabfluss	Projektstufe 2 Planung
Leistungsphase 3 Entwurfsplanung § 34 Abs. 3 Nr. 3 HOAI	Kostenberechnung nach DIN 276		
Leistungsphase 4 Genehmigungsplanung § 34 Abs. 3 Nr. 4 HOAI			
Leistungsphase 5 Ausführungsplanung § 34 Abs. 3 Nr. 5 HOAI		– Überprüfen der Sollwerte der Planer für Vergaben und Überprüfen der bepreisten Leistungsverzeichnisse – Überprüfen der Angebotsauswertungen – Vorgaben von Deckungsbestätigungen für Aufträge – Kostensteuerung und -verfolgung – Planen von Mittelbedarf und Mittelabfluss	Projektstufe 3 Ausführungsvorbereitung
Leistungsphase 6 Vorbereitung der Vergabe § 34 Abs. 3 Nr. 6 HOAI	bepreiste Leistungsverzeichnisse		
Leistungsphase 7 Mitwirkung bei der Vergabe § 34 Abs. 3 Nr. 7 HOAI	Aufstellen Preisspiegel; Vergleich Ausschreibungsergebnisse		
Leistungsphase 8 Objektüberwachung § 34 Abs. 3 Nr. 8 HOAI	Kostenkontrolle im Hinblick auf die Vertragspreise; Kostenfeststellung	– Kostensteuerung und -verfolgung – Fortschreiben von Mittelbedarf und Mittelabfluss	Projektstufe 4 Ausführung
Leistungsphase 9 Objektbetreuung § 34 Abs. 3 Nr. 9 HOAI	Freigabe von Sicherheiten	– Überprüfen der Kostenfeststellung – Rechnungsüberprüfung – Abschluss der Kostenverfolgung	Projektstufe 5 Projektabschluss

* nicht explizit in der Anlage 10 zu § 34 Abs. 4 HOAI ausgewiesen

↔ Weiterentwicklung und Kontrolle

Zur zweckmäßigen **Arbeitsteilung** von Objektplanung und Projektsteuerung werden unterschiedliche Vorgehenskonzepte befürwortet: 970

- Nicht bewährt hat sich der Ansatz, den **Objektplaner aus der Verpflichtung zur Kostenplanung** gänzlich **zu entlassen**; Gebäudeplanung und Kostenplanung sind eng verzahnt. Die externe Kostenverfolgung kann den Planungsprozess in der Regel nicht eng genug begleiten.
- Nach Auffassung von *Seifert* beschränkt sich der Aufgabenbereich der Projektsteuerer auf die 971 Ermittlung von Vorgaben und die Überwachung der Einhaltung von Planungsdaten in den Bereichen Qualitäten, Mengen, Kosten und Terminen. Der Aufgabenbereich der Objektplanung beziehe sich dagegen auf die planerische Umsetzung. Weil sich die Umsetzung von Planungsvorgaben nicht auf den gestalterisch-konstruktiven Bereich beschränken lässt, sondern auch die aufgrund der Planungstätigkeit zu erwartenden Kosten erfassen müsse, könne eine Kostenplanung oder ein darüber hinausgehendes Kostenmanagement nicht der Projektsteuerung vorbehalten

bleiben. Sofern solche Leistungen in den Aufgabenbereich des Projektsteuerers hinein verlagert würden, erbringe dieser Objektplanungsleistungen.[395]

972 Die Ausführungen von *Seifert* dürfen allerdings nicht dahingehend missverstanden werden, dass es eine vordefinierte Schnittstelle oder gesetzlich definierte Aufgabenbereiche des Objektplaners oder Projektsteuerers gibt. Die Überlegungen sind nur insoweit gerechtfertigt, als bei fehlenden anderweitigen vertraglichen Klarstellungen ein derartiges Verständnis zur Schnittstellenbildung sinnhaft sein kann. Diese Abgrenzungsvariante beinhaltet zwar bereits gewisse interaktive Abstimmungsnotwendigkeiten, lässt jedoch die **Kostenplanungsverpflichtung vollständig bei den Planungsbeteiligten**, während sich der Projektsteuerer auf die Vorgabe von Daten und die Kontrolle zu konzentrieren habe (Controlling-Modell).[396]

- Leistungsbilder der Praxis, speziell das AHO-Leistungsbild sehen ein differenziertes Zusammenwirken von Objektplanung und Projektsteuerung vor. Dabei hat der Projektsteuerer den Kostenrahmen zu definieren und diesen fortzuschreiben. Im Anschluss daran hat er die Ausrichtung der Planungstätigkeit auf diese Ziele, insbesondere auch die einzelnen Kostenermittlungen der Architekten zu kontrollieren.

973 – Das Recht verbietet es jedoch nicht und es ist oftmals zweckmäßig, dem Projektsteuerer ebenfalls Kostenplanungsverpflichtungen zu übertragen (**parallele Kostenplanung**). Bei dieser Variante übernimmt der Projektsteuerer selbst die Aufgabe, Kostenermittlungen – ggf. parallel zu dem Objektplaner – zu erstellen, wobei er sich – je nach Ausgestaltung des Leistungsbildes – einer unterschiedlichen, ggf. vertieften Kostenermittlungsmethodik und eines alternative Kostenermittlungsverfahrens bedienen kann/muss.

974 Einzelheiten der Aufgabenstellung sind im **Projektsteuerungsvertrag** festzulegen, damit die Verantwortlichkeiten zwischen Projektsteuerung und Objektplanung abgegrenzt werden können.

395 Seifert/Preußner, Baukostenplanung, S. 7, 8.

396 Vgl. Aßmann, in: VDI-Berichte 528, Projektsteuerung und Bauleitung, S. 1, 34.

975

Kostenbegriffe nach DIN 276-1:2008-12

1 Kostenplanung

Kostenplanung ist die Gesamtheit aller Maßnahmen der Kostenermittlung, der Kostenkontrolle und der Kostensteuerung. Ziel der Kostenplanung ist es, ein Bauprojekt wirtschaftlich und kostentransparent sowie kostensicher zu realisieren. Die Kostenplanung ist auf der Grundlage von Planungsvorgaben (Quantitäten und Qualitäten) und von Kostenvorgaben kontinuierlich und systematisch über alle Phasen eines Bauprojektes durchzuführen.

2 Kostenvorgabe

Festlegung der Kosten als Obergrenze oder als Zielgröße für die Planung. Ziel der Kostenvorgabe ist es, die Kostensicherheit zu erhöhen, Investitionsrisiken zu vermindern und frühzeitig Alternativüberlegungen in der Planung zu fördern. Eine Kostenvorgabe kann auf der Grundlage von Budget- oder Kostenermittlungen festgelegt werden. Vor der Festlegung einer Kostenvorgabe ist ihre Realisierbarkeit im Hinblick auf die weiteren Planungsziele zu überprüfen. Bei Festlegung der Kostenvorgabe ist zu bestimmen, ob sie als Kostenobergrenze oder als Zielgröße für die Planung gilt. Diese Vorgehensweise ist auch für eine Fortschreibung der Kostenvorgabe – insbesondere aufgrund von Planungsänderungen – anzuwenden.

3 Kostenermittlung

Die Kostenermittlung ist die Vorausberechnung der entstehenden Kosten bzw. die Feststellung tatsächlich entstandener Kosten. Entsprechend dem Planungsfortschritt werden die nachfolgenden Kostenermittlungen unterschieden:

4 Kostenschätzung

Die Kostenschätzung ist die Ermittlung der Kosten auf der Grundlage der Vorplanung. Die Kostenschätzung dient als eine Grundlage für die Entscheidung über die Vorplanung. In der Kostenschätzung werden insbesondere folgende Informationen zugrunde gelegt: Ergebnisse der Vorplanung, Berechnung der Mengen von Bezugseinheiten der Kostengruppen nach DIN 277, Erläuterung von planerischen Zusammenhängen, Angaben zum Baugrundstück und Erschließung; Gliederungstiefe bis zur ersten Ebene der Kostengliederung.

5 Kostenberechnung

Die Kostenberechnung ist die Ermittlung der Kosten auf der Grundlage der Entwurfsplanung. Sie dient als Grundlage für die Entscheidung über die Entwurfsplanung. In der Kostenberechnung sind insbesondere folgende Informationen zugrunde gelegt: Planungsunterlagen, z. B. durchgearbeitete Entwurfszeichnungen, Berechnung der Mengen von Bezugseinheiten der Kostengruppen, Erläuterungen, z. B. Einzelheiten in der Systematik der Kostengliederung (Gliederungstiefe mindestens 2. Ebene der Kostengliederung).

6 Kostenanschlag

Der Kostenanschlag ist die Ermittlung der Kosten auf der Grundlage der Ausführungsvorbereitung. Der Kostenanschlag dient als eine Grundlage für die Entscheidung über die Ausführungsplanung und die Vorbereitung der Vergabe. In dem Kostenanschlag werden insbesondere folgende Informationen zugrunde gelegt: Planungsunterlagen, z. B. endgültige vollständige Ausführungs-, Detail- und Konstruktionszeichnungen, Berechnungen, Berechnung der Mengen von Bezugseinheiten der Kostengruppen, Erläuterungen zur Bauausführung, Zusammenstellung von Angeboten (Gliederungstiefe bis zur 3. Ebene der Kostengliederung).

7 Kostenfeststellung

Die Kostenfeststellung dient zum Nachweis der entstandenen Kosten sowie ggf. zu Vergleichen und Dokumentationen. In der Kostenfeststellung sind zugrunde gelegt geprüfte Abrechnungsbelege, Planungsunterlagen, Erläuterungen. In der Kostenfeststellung müssen die Gesamtkosten nach Kostengruppen bis zur 3. Ebene der Kostengliederung unterteilt werden.

8 Kostenkontrolle und Kostensteuerung

Kostenkontrolle und Steuerung dienen der Überwachung der Kostenentwicklung und der Einhaltung der Kostenvergabe. Bei der Kostenkontrolle und Kostensteuerung sind die Planungs- und Ausführungsmaßnahmen eines Bauprojekts hinsichtlich ihrer resultierenden Kosten kontinuierlich zu bewerten. Wenn bei der Kostenkontrolle Abweichungen festgestellt wurden, insbesondere beim Eintreten von Kostenrisiken, sind diese zu benennen. Es ist dann zu entscheiden, ob die Planung unverändert fortgesetzt wird, oder ob zielgerichtete Maßnahmen der Kostensteuerung ergriffen werden. Die Ergebnisse der Kostenkontrolle sowie der vorgeschlagenen und durchgeführten Maßnahmen der Kostensteuerung sind zu dokumentieren.

9 Kostensteuerung

Die Kostensteuerung ist das Eingreifen in die Planung zur Einhaltung von Kostenvorgaben.

10 Kostenkennwert

Ein Kostenkennwert ist ein Wert, der das Verhältnis von Kosten zu einer Bezugseinheit (zum Beispiel Grundfläche oder Rauminhalte nach DIN 277, Teil 1 und Teil 2) darstellt.

11 Kostengruppe

Eine Kostengruppe ist die Zusammenfassung einzelner nach den Kriterien der Planung oder des Projektablaufs zusammengehörender Kosten.

2.4.3 Kostenplanung

976 Es existieren **unterschiedliche Kostenermittlungsverfahren**. Sie kommen in Abhängigkeit vom Projektfortschritt (Planungsstand) zur Anwendung. Solange noch keine Angebotspreise vorliegen, müssen die Investitionskosten über Schätzverfahren oder spezielle Planungsmethoden berechnet werden, entweder mit den sog. **Einwertverfahren** oder **planungsorientierten Mehrwertverfahren**. Die in der Planungsphase so ermittelten Kosten auf Basis der Kostengruppengliederung der DIN 276 lassen einen Vergleich mit ausführungsorientierten Leistungsverzeichnis-Positionen der späteren Phasen nicht zu. Dementsprechend muss später eine **Kostentransformation** stattfinden. Somit ergeben sich, abhängig vom Projektfortschritt (und damit entsprechend den Leistungsphasen nach § 34 HOAI) unterschiedliche Kostenermittlungsformen und unterschiedliche Aufgabenstellungen für die Projektsteuerung und die Objektplanung.

977 Die **Kostenplanung muss so früh wie möglich beginnen**. Der Objektplaner ist im Rahmen des Leistungsbildes des § 34 HOAI bereits innerhalb der Leistungsphase Grundlagenermittlung verpflichtet, die finanziellen Rahmenbedingungen mit dem Bauherrn abzustimmen (auch wenn das Leistungsbild dies nicht explizit vorsieht).[397] Der BGH hat in Bezug auf die Beratungspflicht des Objektplaners entschieden:

978 *»Der Architekt ist bereits im Rahmen der Grundlagenermittlung gehalten, den wirtschaftlichen Rahmen für ein Bauvorhaben abzustecken. Die Kostenberatung durch den Architekten hat den Zweck, den Besteller über die zu erwartenden Kosten des Bauvorhabens zu informieren, damit dieser die Entscheidung über die Durchführung des Bauvorhabens auf einer geeigneten Grundlage treffen kann. Die allgemeine Beratungspflicht erfährt keine Einschränkungen dadurch, dass Kostenangaben des Architekten zu besonderen Zwecken benötigt werden. Sofern sich aus den Umständen nichts Besonderes ergibt, darf der Besteller davon ausgehen, dass zu solchen Zwecken abgegebene Kostenschätzungen zutreffend sind. Ist das nicht der Fall, muss der Architekt über die Schwächen der Kostenangaben aufklären. Er muss deshalb darüber aufklären, dass seine Kostenangaben im Bauantrag oder zur Unterstützung von Kreditanträgen sowie zur Sicherung der Förderungsmöglichkeiten ungenau oder sogar fehlerhaft und deshalb keine geeignete Grundlage für Investitionsentscheidungen sein können.*

979 *Hat der Architekt die Vorlage verschiedener Kostenermittlungen wie Kostenberechnung, Kostenanschlag und Kostenfeststellung übernommen, ist er jedenfalls zu den Zeitpunkten, in denen diese Kostenermittlungen vorgelegt werden, zu zutreffenden Kostenangaben verpflichtet. Legt der Architekt unabhängig davon fehlerhafte Kostenschätzungen zu besonderen Zwecken vor, so besteht eine gesteigerte Aufklärungspflicht über deren Fehler in diesem Zeitpunkt.«*[398]

980 Im Rahmen der ihm übertragenen Managementaufgaben hat der Projektsteuerer darauf hinzuwirken, dass der Objektplaner dieser Aufgabenstellung nachkommt.

Die HOAI sieht keine terminlichen und inhaltlichen Anforderungen an die Beratung zu den finanziellen Rahmenbedingungen durch den Objektplaner vor. Detailliertere Arbeitsergebnisse sind vom Architekten erst zum Abschluss der Vorplanung vorzulegen, nämlich im Rahmen der Kostenschätzung. Diese kommt aber oft viel zu spät, weil zuvor wichtige Weichenstellungen erfolgen mussten. Ein Projektsteuerer sollte daher möglichst schon vor der ersten Kostenermittlung der Architekten beauftragt werden, um schon in der Projektvorbereitung entweder selbst einen Kostenrahmen zu erstellen oder für eine verlässliche, vertiefte Ausarbeitung des Objektplaners zum Kostenrahmen Sorge zu tragen.

981 Dementsprechend wird oftmals dem Projektsteuerer die Aufgabe übertragen, den Kostenrahmen/den Investitionsrahmen zu ermitteln bzw. an der Ermittlung mitzuwirken. Dies entspricht der Leistungs- und Honorarordnung AHO (2014), die als Grundleistung der Projektvorbereitung das Mitwirken bei der Erstellung des Kostenrahmens für Investitionskosten und Nutzungskosten vorsieht. Wenn der Projektsteuerungsvertrag insoweit nichts Konkretes vorschreibt, ist der Projektsteuerer in

397 Vgl. z. B. Locher/Koeble/Frik, HOAI, § 34, Rn. 29; dazu auch Rdn. 965.

398 BGH, Urteil vom 11.11.2004, Az. VII ZR 128/03, in: NZBau 2005, 158, 160 = BauR 2005, 400= IBR 2005, 100; auch OLG Hamm, Urteil vom 15.02.2005, Az. 21 U 27/04, in: NZBau 2005, 525, 526.

der Wahl der Kostenermittlungsmethoden frei. Die verwandten Methoden müssen dem Auftraggeber allerdings eine sachgerechte Entscheidung über die grundsätzliche Finanzierbarkeit und Machbarkeit des Projektes ermöglichen. Die im Einzelfall erforderliche Methode und auch die Tiefe der Kostenermittlung hängen – soweit der Projektsteuerungsvertrag keine anderweitigen Vorgaben enthält – letztlich von Anforderungen, insbesondere von der Struktur und der Größe des Projektes ab.

Während der Projektvorbereitung liegen noch keine Planungs- und damit Bewertungsgrundlagen 982
vor. Stattdessen muss mit **Kostenkennwerten** gearbeitet werden. Diese Kostenkennwerte können sich auf geometrische Bezugsgrößen (HNF, BGF, BRI) oder auf Nutzeinheiten (Büroarbeitsplätze usw.) beziehen. Veröffentlichte Kostenkennwerte, wie etwa *BKI*-Kostendaten oder NHK, können übernommen werden und sind ggf. entsprechend der Preisentwicklung fortzuschreiben.[399]

Die Bedeutung der sog. **ersten Zahl** (Kosten- bzw. Investitionsrahmen) darf nicht unterschätzt 983
werden. Sie dient als Maßstab für alle späteren Kostenaussagen bis zur Kostenfeststellung.[400]

Die Festlegung des **Kostenrahmens** sollte als erste Stufe der Kostenplanung die Gesamtkosten 984
sowie die Jahresdaten für Planung, Bauausführung und Finanzierung beinhalten. Der Investitionsrahmen enthält regelmäßig ein Investitionslimit, das die Gesamtkosten begrenzen[401] und Grundlage für die Festlegung von Kostengrenzen in Planerverträgen werden soll.

Die Kostenplanung des Projektsteuerers muss entsprechend den Kostenermittlungen der Archi- 985
tekten **im Laufe der folgenden Projektphasen** weiter **vertieft** werden. Parallel zur Ermittlung des Investitionsrahmens bzw. Kostenbudgets obliegt dem Projektmanager vielfach auch die Erarbeitung eines Nutzungskostenrahmens nach DIN 18960 (ohne Kostengruppe 100, Kapitalkosten).[402]

Das **Kostenplanungssystem der HOAI** ist ungeachtet der Erweiterungen infolge der HOAI- 986
Novelle 2013 nicht für jedes Projekt ausreichend. Das Interesse des Auftraggebers an einer eindeutigen Kostenbegrenzung wie auch die Spezifika des jeweiligen Projektes können eine **vertieftere Kostenplanung** erfordern. Wer diese Aufgabe übernimmt, schreibt das Recht nicht vor. Der Auftraggeber kann insoweit sowohl den Objektplaner mit ergänzenden Kostenplanungsaufgaben betrauen, etwa Besonderen Leistungen der HOAI (2013), oder aber mit derartigen vertiefenden Leistungen auch den Projektsteuerer beauftragen. Die Frage, welche der möglichen Varianten umgesetzt wird, hängt von der maßgeblichen Kompetenz der beteiligten Architekten oder Projektsteuerer wie auch der Vermeidung unnötiger Kosten und zusätzlicher Schnittstellen ab. Zum Teil wird in diesem Zusammenhang empfohlen, die Kostenverantwortung einheitlich bei dem Objektplaner bzw. den Fachingenieuren zu belassen, während das Projektmanagement mit der Festlegung des Investitionsrahmens, der Kostenplanung für das gesamte Projekt und mit der Überprüfung der Arbeitsergebnisse von Architekten und Ingenieuren beauftragt werden sollte. Zum Teil werden aber auch originäre Kostenplanungen des Projektsteuerers im Sinne von Parallelermittlungen vorgesehen. Zum Teil wird schließlich eine eigenständige tiefergehende Kostenermittlung des Projektsteuerers eingefordert.[403]

399 Vgl. dazu Diederichs, Immobilienmanagement im Lebenszyklus, auch zu dem methodischen Vorgehen, S. 201, 203 f.

400 Vgl. Hasselmann, Praktische Baukostenplanung und -kontrolle, S. 141.

401 Vgl. Diederichs/Hutzelmeyer, Bauwirtschaft 1975, 1629, 1630.

402 Dazu im Einzelnen mit Beispielen Diederichs, Immobilienmanagement im Lebenszyklus, S. 214.

403 Selbst für das HOAI-Modell wird die Empfehlung ausgesprochen, dass der Projektsteuerer vorher oder zeitgleich eigene Kostenschätzungen und Kostenberechnungen anstellt, um diese Berechnung mit den von Objekt- und Fachplanern vorgelegten vergleichen zu können. Unabhängig von der Gliederungstiefe der Kostenplanung des Architekten sollte jedenfalls der Projektsteuerer die Kostenermittlungen nach DIN 276 nach Kostengruppen in der dritten Stelle durchführen bzw. das Bauwerk in Kostenelemente zerlegen, da sich nur dann das Endergebnis der Kostenberechnung zuverlässig mit der Kostenschätzung vergleichen lasse, vgl. Mittmann, in: AHO-Fachkommission Projektsteuerung, S. 52.

987 Im Projektsteuerungsvertrag ist genau festzulegen, in welchem Umfang und **mit welchen Methoden und welchem Detaillierungsgrad der Projektsteuerer** Kostenplanungen und Kostenkontrollen vorzunehmen hat. Sofern der Projektsteuerervertrag weder ausdrücklich, noch im Wege der Auslegung – gem. den Besonderheiten des konkreten Projektes – etwas anderes fordert, kann sich der Projektsteuerer ab Erstellung des Kostenrahmens grundsätzlich auf Kontrollen hinsichtlich der vom Objektplaner ermittelten und verwendeten Methoden und Daten beschränken, wobei er ggf. auf eine nach dem Projektablauf erforderliche zeitgerechte und ordnungsgemäße Erstellung hinzuwirken hat. Im Rahmen der Kontrolle der Kostenplanungen der Architekten wird der Projektsteuerer folgende Leistungsergebnisse überprüfen: Planungsgrundlagen, verwendete Kostenermittlungsmethoden, Bezugsgrößen, Mengengerüste, Kostenkennwerte und Ergebnisberichte.[404]

988 Aber auch dann, wenn der Projektsteuerer keine eigenständige Kostenplanung vorzunehmen hat, muss er den Auftraggeber beraten, wie eine projektspezifisch ausreichende Kostenplanung durch den Architekten sichergestellt werden kann. Er wird Empfehlungen geben müssen, welche weitergehenden vertraglichen Verpflichtungen dem Architekten in den einzelnen Leistungsphasen der Kostenplanung auferlegt werden bzw. alternativ oder zusätzlich zum Gegenstand der Projektsteuerertätigkeit gemacht werden sollen. Verletzt der Projektsteuerer seine **Beratungspflicht**, kann er sich schadensersatzpflichtig machen. Immer ist zu berücksichtigen, dass der Projektsteuerer selbst keine Baukostenplanung nach den Leistungsbildern der HOAI schuldet, es sei denn, es ist in seinem Leistungsbild etwas anderes geregelt. Insbesondere muss er nicht ohne zusätzliche Vergütung (nicht vertragsgerechte) Kostenplanungsaufgaben der Planungsbeteiligten ersetzen.

989 Im Rahmen der Leistungsphase 3 des § 34 HOAI **(Entwurfsplanung)** ist projektspezifisch oft eine Kostenplanung bis in eine Feingliederung erforderlich. Dabei nehmen Projektsteuerungsbüros zumeist über die Kostengruppengliederung der DIN 276 hinaus eine Unterteilung in Konstruktionselemente und Leitpositionen vor. Zur Verbesserung des Kostenermittlungssystems werden dabei zunächst die dreistelligen Kostenuntergruppen der DIN 276 um eine vierte Gliederungsebene mit zweistelligen Ordnungszahlen für die Kennzeichnung technisch, herstellungsmäßig oder lokal unterschiedlicher Kostengruppen erweitert.[405] Dafür werden die Bauteile in ihre Kostenfeinelemente, z. B. eine Stahlbetonstütze in Schalung der Stütze, Ortbeton der Stütze, Bewehrung der Stütze, Bekleidung der Stütze, zerlegt. Die kostenmäßige Bewertung erfolgt für diese Einzelelemente. Eine weitere Aufgliederung in eine 5. Ebene (Leitposition) ist möglich und ggf. angezeigt.[406]

990 **Nach Abschluss der Planungsphase** ist eine **Transformation** der Kosten in ausführungsorientierte Leistungseinheiten notwendig. An die Stelle der Kostengruppen und Gebäudeelemente treten nunmehr Leistungsbereiche, die eine baubetriebliche Sichtweise verlangen. Denn die hierfür in der DIN 276 vorgeschlagenen vereinfachten Verfahren stellen einen durchgängigen Kostenvergleich nicht sicher. Hierfür sind gewerkebezogene Budgets zu definieren. In der Leistungsphase 6 nach § 34 HOAI hat der Objektplaner seit den im Jahre 2013 novellierten Leistungsbildern der HOAI bepreiste Leistungsverzeichnisse zu erstellen und in der Leistungsphase 7 eingehende Angebote hier mit abzugleichen.

---

404 Racky, Entscheidungshilfe, S. 110, empfiehlt: »Deshalb ist bei Einzelvergaben dem AG und dem Architekten eine äußerst exakte Kostenplanung zu empfehlen. Hierbei sollte die Kostenermittlung eine über die Vorgaben der DIN 276 hinausgehende Gliederung nach ausführungsorientierten Konstruktionselementen aufweisen. Die während der Projektanalyse gesammelten Erfahrungen zeigen, dass sich durch eine solche Vorgehensweise die Vertragssummen, unter Zuhilfenahme aktueller Kostendaten, bereits vor Ausschreibung der Rohbauarbeiten innerhalb eines Toleranzbereichs von ca. 5 % vorausberechnen lassen.

405 Vgl. Budnick, Architektenhaftung, S. 104, 105 ff.

406 Vgl. Kochendörfer/Liebchen, Bau-Projektmanagement, S. 122.

2.4.4 Kostensteuerung/Kostencontrolling

Die Kostensteuerung dient der Einhaltung der vom Auftraggeber vorgegebenen Kostenziele. Sie beinhaltet die Einleitung von Anpassungsmaßnahmen bei unbeabsichtigten Kostenabweichungen. Die Kostensteuerung baut auf den Ergebnissen der Kostenkontrolle auf. Die Kostenkontrolle umfasst vornehmlich **Soll-Ist-Vergleiche**. Die Ergebnisse der Ist-Aufnahme der Kosten werden den geplanten Soll-Daten der Kosten gegenübergestellt und Abweichungen zu den Zielvorgaben analysiert. 991

Ergänzend werden vielfach **Kostenprognosen** erstellt, welche die Daten aus den Kostenanalysen aufbereiten und auf die zu erwartende Fertigstellung hochrechnen. Die Gesamtheit der Maßnahmen wird als Kostensteuerungs-Regelkreis verstanden.[407] 992

Bis einschließlich zur 6. HOAI-Novelle (2009) sahen die Leistungsbilder der HOAI keine explizite Verpflichtung der Planungsbeteiligten vor, auch ein Kostencontrolling durchzuführen. Gleichwohl hatte die Rechtsprechung bereits gefordert, dass der Bauherr vom Objektplaner eine durchgängige Kostenkontrolle verlangen kann, um in jeder Phase des Bauvorhabens die sich entwickelnden Kosten überblicken zu können.[408] Mit der 7. HOAI-Novelle (2013) ist die Kostenkontrollverpflichtung für alle Schritte der Kostenplanung zum Gegenstand des Leistungsbildes der Planungsbeteiligten gemacht worden (siehe dazu Rdn. 957 ff.). 993

Die **in der Praxis oft nur beiläufige Erledigung der Kostenplanungsaufgaben** durch den Architekten hatte schon in der Vergangenheit zu einem verstärkten Einsatz von Projektsteuerern im Bereich des Kostencontrollings geführt. Auch im Bereich der Kostensteuerung ist zu beachten, dass sich die Aufgaben von Objektplanung und Projektsteuerung überschneiden können und dass eine genaue Aufgabenverteilung in den einschlägigen Verträgen vorbereitet und umgesetzt werden sollte. Obliegt dem Projektsteuerer nach dem abgeschlossenen Projektsteuerungsvertrag eine umfassende eigenverantwortliche Kostensteuerung/Kostenkontrolle, dann ist er gehalten, über bloße Plausibilitäts- und Stichprobenkontrollen der Objektplanungstätigkeiten hinaus im Bereich Kostensteuerung eigenständige Kostenermittlungen zu erstellen und Analysen zu erarbeiten. 994

Ist vertraglich nichts anderes geregelt, schuldet der Projektsteuerer dem Auftraggeber ein Kostencontrolling (eine Kostenkontrollmethode), welches Soll-Ist-Abweichungen (insbesondere Kostenerhöhungen) so rechtzeitig erkennt, dass **frühzeitig** genügend Möglichkeiten der Verhinderung erarbeitet werden können und dem Auftraggeber noch ein ausreichender Entscheidungsspielraum bleibt. Basis erster Kontrollmaßnahmen der Projektsteuerung sind Urbudgets in der Form von Kostenvorgaben oder eines Kostenrahmens.[409] Diesem Kostenrahmen und den daraus abgeleiteten Konkretisierungen des Kostenermittlungsprozesses sind die jeweils aktuellen Kostenwerte gegenüberzustellen.[410] 995

Die Intensität der Planungs- und Kontrolltätigkeit des Projektsteuerers hängt wesentlich von den konkreten Projektanforderungen, insbesondere von der **Komplexität des Projektes** und auch von dem Verlauf der Projektarbeit ab. Projekte, die nach Plan ablaufen, brauchen nicht so intensiv und häufig kontrolliert zu werden, wie solche, die stark abweichen. Der Projektsteuerer hat sich grundsätzlich auf Vorgänge zu konzentrieren, die kritisch sind, **Tendenzen** im Sinne von Abweichungen erkennen lassen oder knappe Betriebsmittel benötigen. In Projekten mit mehrjährigen Bauzeiten sind im Regelfall **Kostenkontrollen im Abstand von 2 bis 4 Wochen** angezeigt. Besondere Ereignisse im Baugeschehen, wie längere Witterungsausfälle, Bauferien oder sonstige ungewöhnliche 996

407 Vgl. Kochendörfer/Liebchen, Bau-Projektmanagement, S. 141, sowie Greiner/Mayer/Stark, Baubetriebslehre Projektmanagement, S. 96 f.

408 OLG Brandenburg, Urteil vom 09.04.1999, Az. 4 U 128/98, in: BauR 1999, 1202, 1203 = IBR 1999, 490.

409 Siehe dazu Rdn. 977 f.

410 Vgl. Hasselmann, Praktische Baukostenplanung und -kontrolle, S. 107.

Ereignisse, sollten indessen stets Anlass zu eingehender Planüberprüfung sein (das gilt im Übrigen sowohl für die Kostensteuerung als auch für die Terminsteuerung).[411]

997 Der Projektsteuerer hat – soweit der Projektsteuerungsvertrag nicht etwas anderes vorsieht – wie der Architekt, eine **permanente Controlling- und Beratungspflicht** und muss den Auftraggeber durchgängig auf zu erwartende Kostensteigerungen aufmerksam machen.[412] Stellt der Projektsteuerer fest, dass die tatsächlichen Kosten von dem Kostenbudget des Auftraggebers abweichen, hat er diesen hierauf unverzüglich hinzuweisen. Diese Informationspflicht ist unabhängig davon, zu welchem Zeitpunkt nach dem geschlossenen Projektsteuerervertrag förmliche Kostenermittlungen und -berichte vorzulegen sind. Werden auf Grund von Soll-Ist-Vergleichen und daraus abgeleiteter Kostentrends maßgebliche Abweichungen festgestellt, muss der Projektsteuerer dem Auftraggeber auch **konkrete Steuerungsmaßnahmen** vorschlagen.

998 Der Katalog möglicher **Steuerungsmaßnahmen** des Projektsteuerers umfasst Beratungsleistungen zu:
- Optimierung in den frühen Projektphasen (Initiierung der Suche nach Alternativen);
- Value engineering (soweit beauftragt);
- Anregung von Umplanungen mit dem Ziel, Kosten einzusparen;
- Forderung nach Verbesserung der Planungsqualität (Überarbeitung der Ausschreibungsunterlagen);
- Veränderung der Vergabeart (mehr öffentliche bzw. offene Verfahren/Systemwettbewerbe oder Pauschalpreisvereinbarungen; Aufspaltung großer Pakete in Einzelvergaben);
- Inkaufnahme von Qualitätsminderungen;
- Einsparungen durch Wegfall kompletter Leistungspakete;
- Mittelumschichtungen, Verwendung von Reservemitteln, Rückstellungen, Unvorhergesehenes;[413]
- Systematisches Vorgehen bei Änderungen (Change Management).

999 Das Leistungsspektrum des Projektsteuerers im Bereich Kostenplanung und -steuerung verändert sich zudem in Abhängigkeit von der jeweiligen **Unternehmereinsatzform**. Die vorstehenden Ausführungen beziehen sich auf die Projektrealisierung mit Einzelunternehmen. Beim **Generalunternehmercontrolling**[414] gelten Besonderheiten. Hier ist es zweckmäßig, schon vor der Vergabe eine vertiefte, ggf. bauelementweise Kostenplanung auf der Grundlage des Vorentwurfes oder Entwurfes erstellen zu lassen, um die Vergabe an den Generalunternehmer auf einer nachvollziehbaren Basis durchführen zu können (wobei wiederum zu entscheiden ist, ob diese vertieften Kostenermittlungen zweckmäßigerweise von den eingeschalteten Architekten oder von dem Projektsteuerer zu erbringen sind). Nach einer Generalunternehmervergabe reduzieren sich die Aufgaben des Projektsteuerers im Bereich Kostencontrolling erheblich. Denn die Kostenziele werden regelmäßig durch die Vereinbarung eines Pauschalpreises für die schlüsselfertige Errichtung abgesichert. Die Aufgaben des Projektsteuerers im Bereich Kosten konzentrieren sich i. d. R. auf die Kontrolle des Leistungsfortschritts als Voraussetzung für Abschlagszahlungsregelungen und Verzugsfolgen sowie die Steuerung und Überprüfung von Leistungsänderungen im Projekt mit Blick auf Vergütungsfolgen (Änderungs- und Nachtragsmanagement).

2.4.5 Mittelabflussplanung

1000 Die Mittelabflussplanung **verknüpft** die **Kostenplanung mit der Ablaufplanung** und liefert eine zeitliche Verteilung der Kostenströme. Finanzierungsengpässe und unnötige Bereitstellungszinsen für die Aufnahme von Fremdmitteln sollen hierdurch vermieden werden.

411 Vgl. Seeling, Bauwirtschaft 1982, 1757, 1761.

412 Auch Krause, in: VDI-Berichte 528, Projektsteuerung und Bauleitung, S. 55, 67; s. auch Rdn. 2150; zu den Kontrollmaßnahmen im Einzelnen, Kalusche, Projektmanagement für Bauherren und Planer, S. 166 f.

413 Vgl. Hasselmann, Praktische Baukostenplanung und -kontrolle, S. 114 ff.

414 Vgl. Rdn. 386, 402.

Entsprechende Kostenverläufe werden heute i. d. R. unter Zuhilfenahme von entsprechenden EDV-Programmen erstellt und stellen den Mittelabfluss in Abhängigkeit von der Ablaufstruktur nachvollziehbar dar.[415] Gleichwohl ist die Mittelabflussplanung bei größeren Projekten mit erheblichen Unsicherheiten behaftet. Denn der tatsächliche Kostenverlauf folgt nicht unmittelbar dem Leistungsverlauf. Vorauszahlungen, Verzögerungen bei der Rechnungsstellung und -bearbeitung, abweichende Zahlungspläne, Einbehalte und weitere Ablaufstörungen können zu erheblichen Abweichungen führen. Dementsprechend muss die Mittelabflussplanung während des Projektes regelmäßig den Gegebenheiten angepasst werden.[416] 1001

Speziell bei der Einbindung von **öffentlichen Fördermitteln** muss geprüft werden, ob der Mittelabfluss den Förderbedingungen entspricht. Nicht nur der Architekt, sondern auch der Projektmanager ist verpflichtet, den Auftraggeber rechtzeitig darauf hinzuweisen, wenn sich aufgrund von Planungs- oder Änderungsentscheidungen Auswirkungen auf die öffentlichen Fördermittel ergeben können.[417] 1002

2.4.6 Projektbuchhaltung

Die Projektbuchhaltung erfasst ein ganzes Bündel von Verrichtungen. Es ist anhand des jeweiligen Projektsteuerervertrages (Leistungsbildes) genau zu analysieren, inwieweit der Projektsteuerer die Projektbuchhaltung übernommen hat. Soweit keine anderweitige vertragliche Regelung erfolgt ist, erfasst die Projektbuchhaltung alle Verträge, Rechnungen und Abrechnungen sowie sonstige kostenrelevante Vorgänge, die Verwaltung und Überwachung von Geldern, Urkunden und zahlungsrelevanten Projektabläufen (Einbehalte, Bürgschaften usw.). Sie beinhaltet die Rechnungsbearbeitung, wobei die Projektsteuererbüros im Rahmen der Projektorganisation üblicherweise **Regelabläufe** erstellen, um eine organisierte Rechnungsbearbeitung zu sichern. Übernimmt der Projektsteuerer eine derartige umfassende Projektbuchhaltung, muss er sicherstellen, dass alle projektbezogenen, buchhalterischen Fragen in der von ihm eingerichteten Projektbuchhaltung bearbeitet werden und keine Zahlungen ohne seinen Freigabevermerk erfolgen.[418] 1003

Die Struktur der zu beauftragenden **Projektbuchhaltung** hängt wesentlich davon ab, ob der Auftraggeber privat oder öffentlich-rechtlich organisiert ist. Öffentliche Bauherren sind an die besonderen Vorschriften des öffentlichen Haushaltsrechtes gebunden.[419] Sie müssen darüber hinaus 1004

415 Dazu Praxisbeispiele bei Diederichs, Immobilienmanagement im Lebenszyklus, S. 324.

416 Vgl. Kochendörfer/Liebchen, Bau-Projektmanagement, S. 142; Greiner/Mayer/Stark, Baubetriebslehre Projektmanagement, S. 101 f.

417 OLG Köln, Urteil vom 07.05.2003, Az. 13 U 158/02, in: BauRB 2003, 232; vgl. auch Rdn. 1984.

418 Diederichs, in: AHO-Fachkommission Projektsteuerung, S. 42; Diederichs, Immobilienmanagement im Lebenszyklus, S. 257 mit Praxisbeispielen; vgl. zur Rechtsnatur des Prüfvermerks als Wissenserklärung gegenüber dem Auftraggeber BGH, Urteil vom 06.12.2001, Az. VII ZR 241/00, in: BauR 2002, 613, 614.

419 Vgl. Schultz, Die Bauverwaltung + Bauamt & Gemeindebau, 1996, 424: »Nach Ausstellen der Bescheinigung sind die Kostenrechnungen (der Freiberufler) unter Beifügung der sie im Einzelnen belegenden Unterlagen dem Auftraggeber unverzüglich auszuhändigen. Die Rechnungen sind durch Erstellung der Kassenanordnung dem Auftraggeber anweisungsreif zu übergeben. Die Bescheinigung ›sachlich richtig‹ gibt der Auftraggeber. Mit der Bescheinigung übernimmt der Auftragnehmer auch in Fällen, in denen diese Bescheinigung durch seinen Erfüllungsgehilfen ausgestellt wird, die Verantwortung dafür, dass

- nach den Grundsätzen der Wirtschaftlichkeit verfahren worden ist
- die Lieferungen und Leistungen in Art, Güte und Umfang, wie berechnet, vertragsgemäß und fachgerecht ausgeführt worden sind
- die Vertragspreise eingehalten worden sind
- alle Maße, Mengen, Einzelansätze und Ausrechnungen richtig sind

Baurechnungen: Dem Auftragnehmer wird die sachliche Feststellung gem. § 70 LHO und die Erstellung der Kassenanordnung für die von den FBT geprüften und bescheinigten Kostenrechnungen übertragen.«

Kontrollinstanzen, wie Rechnungshöfe, berücksichtigen. Private Bauherren werden dagegen ein Projekt regelmäßig nach den Grundsätzen kaufmännischer Buchführung abwickeln,[420] wobei aber auch hier ggf. Besonderheiten – wie z. B. eine förderungs- oder steuerbezogene Anlagenkontierung (speziell bei Leasingfinanzierungen) – einbezogen werden müssen. Schon beim Abschluss von Verträgen mit ausführenden Unternehmen, speziell in Generalunternehmerverträgen, müssen die Anforderungen an etwa notwendige Aufgliederungen eines Pauschalpreises, an steuerliche Bilanzierungsstrukturen und Anforderungen des betrieblichen Kostenwesens definiert werden.[421]

1005 **Im Vordergrund** der Aufgabenstellung des Projektsteuerers steht regelmäßig die fachtechnische und rechnerische **Überprüfung der Honorarrechnungen** der freiberuflich tätigen Büros (Objektplaner/Fachplaner und Gutachter). Soweit im Vertrag oder Leistungsbild nichts Abweichendes vereinbart ist, gilt für die Prüfdichte und Haftung in Bezug auf die fachtechnische und rechnerische Überprüfung der Honorarrechnungen der Planer dasselbe wie für die Objektüberwachung im Hinblick auf die Rechnungen der Bauunternehmer. Diese sind nach der Rechtsprechung des BGH darauf hin zu überprüfen, ob sie fachtechnisch und rechnerisch richtig und ob die zugrunde gelegten Leistungen erbracht sind und ob diese der vertraglichen Vereinbarung entsprechen.[422]

1006 Die Prüfung der **Abschlagsrechnungen** und der **Schlussrechnungen** der ausführenden Unternehmen auf fachtechnische und rechnerische Richtigkeit obliegt nach dem HOAI-Leistungsmodell grundsätzlich dem Objektplaner. Auch das AHO-Leistungsbild ändert daran nichts; dem Projektsteurer obliegt insoweit lediglich die Kontrolle des Objektplaners. Ungeachtet dessen kann diese Aufgabe vertraglich auch einem Projektsteuerer übertragen werden. In einem solchen Fall muss der Projektsteuerer alle Rechnungen der beteiligten Planer, Berater und Gutachter wie auch ausführenden Unternehmen eigenständig darauf hin untersuchen, ob diese in vertraglicher, fachlich/sachlicher und rechnerischer Hinsicht zutreffend erstellt worden sind. Soweit die Prüfung der Rechnungen der ausführenden Unternehmen von dem Objektplanungsbüro durchgeführt wird und Anhaltspunkte für Unregelmäßigkeiten bestehen, ist es grundsätzlich Aufgabe des Projektsteuerers, im Rahmen von Stichproben festzustellen, ob die den Rechnungen zugrunde liegenden Leistungsnachweise aussagefähig sind und diese von den Objekt- und Fachplanern verantwortlich geprüft wurden.[423]

1007 Soweit ihm die **Prüfung von Rechnungen** übertragen worden ist (Abschlagszahlungsrechnungen und Schlussrechnungen), hat der Projektsteuerer insbesondere zu prüfen, ob die erforderlichen Nachweise für Leistungsstände oder erbrachte Stunden (§§ 14 ff. VOB/B) vorliegen und ob die vertraglichen Voraussetzungen für eine Auszahlung gegeben sind. Abzüge für Skonti, Mitbenutzung von Material und Umlagen sowie Abschlagszahlungen und Zahlungen an Gläubiger nach § 16 Abs. 6 VOB/B sind zu berücksichtigen.[424] Des Weiteren muss auch die **Bauabzugsbesteuerung** (Steuereinbehalt von 15 % der Gegenleistung) – sofern nicht eine Freistellungsbescheinigung vorliegt – geprüft werden.[425] Im Zuge mehrerer Gesetzesnovellen sind überdies die **Verzugsvorschriften** zu Lasten des Auftraggebers so verschärft worden, dass verzögerte Rechnungsprüfungen und Zahlungen einen erheblichen wirtschaftlichen Schaden auslösen können. Der Projektsteuerer ist daher gehalten, für eine rechtzeitige Prüfung der Rechnungen und einen rechtzeitigen Ausgleich der Zahlungen zu sorgen.[426] Hat der Projektsteuerer für den Auftraggeber eine Rechnung geprüft und/

420 Vgl. Diederichs/Hutzelmeyer, Bauwirtschaft 1975, 1629, 1631.

421 Vgl. Weiss, in: Schäfer/Conzen, Immobilien-Projektentwicklung, S. 399.

422 BGH, Urteil vom 04.04.2002, Az. VII ZR 295/00, in: NJW-RR 2002, 1174.

423 Johannsen, in: AHO-Fachkommission Projektsteuerung, S. 82.

424 Johannsen, a. a. O.

425 Siehe dazu Stickan, DB 2001, 1441; Beck/Girra, NJW 2002, 1079; Hök, ZfBR 2002, 113; Ulbrich, BauR 2002, 354, 356; eine entsprechende Prüfpflicht verneint dagegen zu Unrecht Kesselring, BauR 2002, 1173, 1176.

426 Vgl. auch zu den Konsequenzen des nicht rechtzeitigen Ausgleiches der Schlusszahlung (2-Monatsfrist): BGH, Urteil vom 18.01.2001, Az. VII ZR 416/99, in: NZBau 2001, 314 = NJW 2001, 1649 = BauR 2001, 784.

oder diese freigegeben, kann sich der Auftraggeber regelmäßig nicht auf die fehlende Prüffähigkeit berufen.[427]

Besonderer Aufmerksamkeit bedarf auch die **Verwaltung von Sicherheiten** (z. B. Bürgschaften). 1008
Dabei muss der Projektsteuerer zumindest über Grundkenntnisse des Bauvertragsrechts hinsichtlich der wirksamen Ausgestaltung von Bürgschaften verfügen, speziell was deren AGB-mäßige zulässigkeit angeht.[428] Bürgschaften müssen entsprechend der Sicherungsabrede zeitnah zurückgereicht werden.[429] Beachtung bedürfen auch die gesetzlichen und vertraglichen Regelungen betreffend Sicherheitseinbehalten, insbesondere sofern sie mit einer Ablösungsbefugnis in der Form der Gestellung einer Bürgschaft verbunden sind. Hier kann die Nichtbeachtung einer Aufforderung des Auftragnehmers, den Sicherheitseinbehalt auf ein Sperrkonto auszuzahlen, zum Verlust der vereinbarten Sicherheiten führen.[430]

Der Projektsteuerer hat die **Projektbuchhaltung formell abzuschließen** und dabei i. d. R. fol- 1009
gende Kostenblöcke übersichtlich darzustellen:
- Abgerechnete Leistungen mit deckungsgleichem Zahlungsstand,
- abgerechnete Leistungen mit abweichendem Zahlungsstand, z. B. weil noch Sicherheitseinbehalte bestehen,
- nicht abgerechnete Leistungen mit zu erwartender, voraussichtlicher Abrechnungshöhe,
- Vergleich der Kostendaten gem. Kostenfeststellung, Kostenberechnung und Kostenanschlag.[431]

2.4.7 Änderungs- und Nachtragsmanagement

Das **Änderungswesen** ist mit Bau- und Immobilienprojekten von vornherein immanent verbun- 1010
den. Neue Erkenntnisse, Unzulänglichkeiten des Planungsprozesses, geänderte Bauumstände wie auch sonstige Rahmenbedingungen können sich maßgeblich auf den Inhalt der geplanten Realisierungsprozesse wie auch die Kosten auswirken. Das Änderungsmanagement ist eine zentrale Aufgabe für das Bauprojektmanagement.[432] Die Leistungs- und Honorarordnung AHO hat hierauf reagiert und seit der 3. Auflage (2009) ist das Änderungsmanagement als übergreifende Projektaufgabe fester Bestandteil des Leistungsbildes.

Projektsteuerern wird zunehmend die Aufgabe übertragen, in vorgeplanter Form auf Änderungs- 1011
sachverhalte zu reagieren.[433] Zur Steuerung des Änderungsmanagements haben die Projektsteuerungsbüros diverse Werkzeuge entwickelt. Projekthandbücher sehen hierfür Standardabläufe

427 BGH, Urteil vom 22.11.2001, Az. VII ZR 168/00, in: NJW 2002, 676.

428 Vgl. etwa BGH, Urteil vom 08.03.2001, Az. IX ZR 236/00, in: NZBau 2001, 311 = BauR 2001, 1093; BGH, Urteil vom 24.01.2002, Az. IX ZR 204/00, in: NZBau 2002, 216 = BauR 2002, 796; BGH, BauR 2002, 463, 464 f.; Vogel, BauR 2002, 131.

429 Vgl. BGH, Urteil vom 13.09.2001, Az. VII ZR 467/00, in: NJW 2001, 3629, 3630: Stellt der Auftragnehmer eine Austauschbürgschaft, hat der Auftraggeber den Sicherheitseinbehalt auch dann auszuzahlen, wenn später ein Sicherungsfall eintritt.

430 Vgl. in diesem Zusammenhang BGH, Urteill vom 02.03.2000, Az. VII ZR 475/98, in: NZBau 2000, 285 = BauR 2000, 1052; OLG Bamberg, IBR 2002, 131; OLG Dresden, Beschluss vom 24.10.2001, Az. 11 W 1608/01, in: BauR 2002, 807 = IBR 2002, 251; Biebelheimer, NZBau 2002, 122.

431 Johannsen, a. a. O., S. 84.

432 DVP: Der Projektmanager in der Vorbereitung der Vergabe- und Nachtragsentscheidungen, Frühjahrsseminar 2005, DVP Verlag, Wuppertal, 2005.

433 Volkmann, in: AHO-Fachkommission Projektsteuerung (2004), S. 56, formuliert: »Das Instrument zur Verfolgung von Änderungen ist Änderungsmanagement. Das Änderungsmanagement besteht aus folgenden 3 Teilen:
1. Änderungsstandardablauf
   Der Standardablauf (projektspezifischer Flussplan) muss zu Beginn eines Projektes einmal verbindlich geklärt werden. Bei einvernehmlicher Festlegung können Abweichungen von der festgelegten Prozedur leichter geahndet werden; d. h. Spielregeln erleichtern den Umgang miteinander.
2. Änderungs- und Entscheidungsantrag

vor. Zudem wird regelmäßig versucht, die Änderungen durch Verwendung von **Testatverfahren/Verfahren der Entscheidungsvorlage** zu dokumentieren und die Änderungsfolgen transparent zu machen.[434] Hilfsmittel sind auch Nachtrags- und Behinderungslisten, mit Hilfe derer die Abarbeitung einer Mehrzahl von Änderungen in konzentrierter Form erfolgen kann. Umfassende Dokumentationssysteme für das Änderungsmanagement gibt es insbesondere bei großen Projekten, bei denen besondere Anforderungen an Transparenz, standardisierte Abläufe und Dokumentation zu stellen sind.

1012 Mit **Verfahren zur Entscheidungsvorlage** wird der Versuch unternommen, Veränderungen gegenüber den vertraglichen Anforderungen, gleich welcher Art (ob planerisch, technisch, kostenmäßig oder terminlich), nur umzusetzen, wenn zuvor freigegebene Entscheidungsvorlagen existieren. Für die Entscheidungsvorlagen werden Formblätter verwendet, welche die Projektleitung auszufüllen und aus denen änderungsbedingte Auswirkungen auf Qualität, Kosten und Termine verbindlich hervorgehen sollen. Die Voraussetzungen für Verfahren zur Entscheidungsvorlage müssen in den Verträgen mit ausführenden Unternehmern (oder auch dem Generalunternehmer) vertraglich vereinbart werden.[435] Ansonsten sind die Unternehmer grundsätzlich nicht verpflichtet, sich einem derartig strengen Reglement zu unterwerfen. Entsprechende formale Instrumente erweisen sich dann als unbrauchbar, wenn Projekte mit hohem Änderungsbedarf vorliegen und der Auftraggeber gar nicht mehr in der Lage ist, die Einzelvorgänge vorgeplant abzuarbeiten. Die Vertragsparteien weichen dann zumeist auf Ergänzungsvereinbarungen aus, mit denen in zeitlichen Abständen aufgelaufene Nachtragssachverhalte abgegolten werden.

1013 **Nachträge haben unterschiedliche Ursachen**. Sie reichen von allgemeinen Änderungswünschen des Auftraggebers über geänderte technische Anforderungen, fehlerhafte Planungsleistungen, Mängel der Leistungsbeschreibung, unzureichende Vorunternehmerleistungen, Verletzungen der Mitwirkungspflichten des Auftraggebers, bis hin zu höherer Gewalt.[436]

1014 Die **Nachtragsprophylaxe** muss zunächst darauf gerichtet sein, Änderungen schon im Ansatz zu vermeiden. Dies zwingt dazu, das Augenmerk auf eine sorgfältige Definition vertraglicher Anforderungen, die Selbstdisziplin des Auftraggebers und ein sorgfältiges Planungscontrolling zu legen.

Dieses Formblatt soll beinhalten: Laufende Nummer, Datum, Projektbezeichnung, Projektnummer, Vergabeeinheiten-Nummer, Betreff/Beschreibung, Entscheidungsfrist, notwendiger Beschluss/Entscheidung, Stellungnahme des Verursachers/Antragstellers, Qualitätsauswirkungen, Kostenauswirkungen, Terminauswirkungen, Stellungnahme auf Empfehlung des Projektsteuerers, Freigabe/Ablehnung, Vermerk Rücksendung an Projektsteuerer.

3. Liste der Änderungen
Die Liste der Änderungen und die laufende Saldierung der daraus resultierenden Kosten ist Voraussetzung, die Kosten im Griff zu halten.«

434 Vgl. dazu auch Kochendörfer/Liebchen, Bau-Projektmanagement, S. 137.

435 Vgl. dazu Weiss, in: Schäfer/Conzen, Immobilien-Projektentwicklung, S. 397, S. 430 ff., der auch den Lauf für eine Entscheidungsvorlage und die Vorteile des Verfahrens zur Entscheidungsvorlage wie folgt spezifiziert:
- Der Auftragnehmer und alle übrigen Parteien haben zu jedem Zeitpunkt eine klare Übersicht über den Stand des Projektes und über die hinsichtlich der ursprünglichen Vertragsgrundlage durchgeführten Veränderungen von Qualitäten, Kosten und Terminen.
- Der Auftraggeber sieht für jede Änderung vor Ausführung der Änderung die daraus resultierenden Kosten- und Terminauswirkungen.
- Der häufig ungebrochene Änderungswille einzelner Parteien wird durch das stark formalisierte Verfahren eingedämmt. Man überlegt sich im Vorfeld, ob eine Änderung tatsächlich sinnvoll und notwendig ist, oder ob man nicht besser beim ursprünglich beauftragten Leistungsumfang verbleibt.
- Die im Verfahren vereinbarte Bring- und Holschuld macht jede einzelne Partei sensibel gegenüber Änderungen, die von anderen Parteien vorgenommen werden.
- Das in der Entscheidungsvorlage enthaltene Abstimmungsverfahren stellt sicher, dass Entscheidungen zu Änderungen nicht einsam getroffen werden, sondern in Abstimmung mit allen übrigen Parteien.

436 Vgl. sehr übersichtlich Racky, Entscheidungshilfe, S. 94.

Speziell die Wahl bestimmter Unternehmereinsatz- und Ausschreibungsformen beeinflusst das Nachtragswesen. Bei der Wahl einer (teil-)funktionalen Ausschreibung wird typischerweise das Risiko in Kauf genommen, dass wegen der noch nicht zu Ende geführten Planung Streitigkeiten wegen unklaren Bausolls entstehen.

Unabhängig von der jeweiligen Vergabeform muss bei einer im Wesentlichen **reibungslos abgewickelten Hochbaumaßnahme** mit einem **Nachtragsvolumen von ca. 5 %** der ursprünglichen Vertragssumme gerechnet werden.[437] Signifikante Häufigkeiten gibt es in Bezug auf bestimmte Gewerkegruppen und die zeitliche Verteilung von Nachträgen. Der zeitliche Schwerpunkt der Nachtragsentstehung liegt zwischen 50 und 75 % der Projektdauer. In diesen Zeitraum fällt bezeichnenderweise der Beginn der Gebäudetechnik- und Ausbaugewerke. Dementsprechend überproportional hoch ist der Nachtragsanteil der Ausbaugewerke.[438] 1015

Änderungswünsche des Auftraggebers (also fehlende Auftraggeberdisziplin oder schlechte Vorbereitung der Auftraggeberorganisation) spielen eine entscheidende Rolle beim Änderungsmanagement. Diesen Änderungswünschen kann im Rahmen der Projektorganisation dadurch entgegengetreten werden, dass Veranlasser eine Kostenübernahmeerklärung abzugeben haben. Mangelhafte Pläne und Leistungsbeschreibungen bilden die zweithäufigste Nachtragsursache. Auch bedeutsam, aber kaum mehr als 10 % des gesamten Nachtragsvolumens ausmachend, sind Anordnungen auf Grund technischer oder behördlicher Auflagen. Dagegen ist ein eher geringerer Teil der Nachträge auf die Verletzung der Mitwirkungspflichten des Auftraggebers zurückzuführen.[439] 1016

Liegt einmal ein Nachtrag auf dem Tisch, hat der Projektsteuerer unverzüglich dafür zu sorgen, dass die zugrunde liegenden **Sachverhalte geklärt** und dokumentiert werden. Er hat – ggf. unter Einbeziehung der Objektüberwachung und ggf. juristischen Know-how's – die maßgebliche Abweichung vom vertraglichen Bausoll festzustellen, die auftraggeberseitige Verantwortung hierfür zu evaluieren, die Auswirkungen des Nachtrags auf den Bauablauf und die Kosten zu untersuchen sowie Entscheidungen des Auftraggebers zur Beauftragung und Abwehr von Nachtragsleistungen vorzubereiten. Die typischen Aufgaben der Nachtragsbearbeitung werden durch die maßgeblichen Vorschriften der abgeschlossenen Verträge oder entsprechende Standardvertragsbedingungen wie die VOB/B vorgezeichnet. Auf die anliegende Übersicht wird insoweit Bezug genommen. 1017

---

437 So die empirischen Ergebnisse der Untersuchungen von Racky, Entscheidungshilfe, S. 95; zum Teil differenzierter Blecken/Gralla, Bautechnik 75 (1998), S. 472, 479, die zu ähnlichen, allerdings nach Sparten differenzierten Ergebnissen gelangen.

438 Im Einzelnen Racky, Entscheidungshilfe, S. 97 ff.

439 Vgl. Racky, Entscheidungshilfe, S. 100.

1018 **Nachtragsbearbeitung für Projektsteuerer im Überblick**[440]

Checkliste Änderungsmanagement	
1 Änderungsnotwendigkeit erkennen und festhalten – Änderungsnotwendigkeit im Einzelnen beschreiben – Festhalten des Änderungsgrundes – erste Durchführbarkeitsanalyse – Feststellung des Änderungsumfangs in Planung und Ausführung – Überprüfung der Änderungsmeldung auf Plausibilität **2 Feststellung der Auswirkungen auf die Planungs- und Ausführungsbereiche** – Feststellung der geänderten Planungs- und Ausführungsinhalte – Erkennen der Folgewirkungen auf Planungs- und Ausführungstermine – Ermittlung der Mehrkosten/ – Prüfung auf Budgeteinhaltung – Erfassung der Stellungnahmen aller Beteiligten **3 Vergleich von Planungs- und Bausoll sowie Planungs- und Bau-Ist** – Feststellung des Bau- und/oder Planungssolls – Feststellung der Ist-Abweichung – Analyse der Abweichungen	**4 Ermittlung möglicher Steuerungsmaßnahmen** – Überprüfen der Steuerungsmaßnahmen auf Auswirkungen auf Termine und Kosten – Überprüfung der Steuerungsmaßnahmen nach vertraglichen Vorgaben **5 Entscheidungsvorbereitung** – Fachliche Prüfung des Nachtrages – Juristische Prüfung – Risikoanalyse unter Berücksichtigung der Terminlage und des Störungspotentials – Entwurf einer Entscheidungsvorlage für den Bauherrn **6 Entscheidung/Genehmigung** – Herbeiführung der Entscheidung des Bauherrn – Dokumentation der Entscheidung – Information aller Beteiligten **7 Umsetzen der Änderungen** – Anpassen von Budget- und Terminplänen – Vorbereitung weiterer Beauftragungen – Durchführung sonstiger Änderungen **8 Kontrolle der Auftragsdurchführung** – Die Leistungen sind in Zusammenarbeit mit der Objektüberwachung zu erbringen.

1019 Besondere Anforderungen an die Dokumentation stellen auch (auftraggeberseitig zu vertretende) **Behinderungen**. Derartige Umstände führen nicht nur zur Verlängerung von Ausführungsfristen, sondern bei einer Mehrung von Vorfällen im Rahmen der Großprojektrealisierung zu im Nachhinein kaum mehr isolierbaren Verantwortlichkeiten und nicht belastbaren Terminketten. Der Projektsteuerer muss deshalb auf eine unverzügliche Feststellung des Behinderungssachverhaltes durch die Objektüberwachung hinwirken. Auch kann es geboten sein, **Zwischenvereinbarungen/ Ergänzungsvereinbarungen** zu treffen, um die Fortschreibung der Vertragstermine erneut zu fixieren (dem späteren Streit zu entziehen). Der Projektsteuerer hat die Objektüberwachung anzuhalten, Behinderungsanzeigen der ausführenden Unternehmen zu dokumentieren und insbesondere die äußerst strengen formellen Voraussetzungen zu prüfen bzw. prüfen zu lassen, die die Rechtsprechung an Behinderungsanzeigen stellt.[441] Generell stellt das Nachtragsmanagement erhebliche Anforderungen an die Erfahrung und Kompetenz des eingeschalteten Projektsteuerers, weil hier baubetriebliche, technisch-wirtschaftliche und juristische Aspekte zusammenwirken, die im Projektablauf einer zügigen und pragmatischen Lösung zugeführt werden müssen.

440 In Anlehnung an Preuß, Änderungsmanagement in der Angebots- und Ausführungsphase, Bild 10.

441 Vgl. BGH, Urteil vom 21.03.2002, Az. VII ZR 224/00, in: NZBau 2002, 381 = NJW 2002, 2716, 2717 = BauR 2002, 1249; BGH, Urteil vom 21.10.1999, Az. VII ZR 185/98, in: NZBau 2000, 187 = BauR 2000, 722 = WM 2000, 916, 917 = ZfIR 2000, 452, 453; Kraus, BauR 2000, 1105; Kniffka, Jahrbuch BauR 2000, 1, 10; Kleine-Möller, NZBau 2000, 401; Stamm, BauR 2002, 1.

Das **Änderungsmanagement** sollte zu Beginn des Projektes strukturiert und vorbereitet werden. 1020
Insbesondere müssen projektadäquate Änderungsbefugnisse des Auftraggebers (Anordnungen/Construction Change Directions) wie auch die Vergütungsfolgen derartiger Eingriffe vertraglich geregelt sein.[442]

Checkliste: Methodik der Nachtragsbegrenzung 1021

1. **Sicherstellung der Projektrahmenbedingungen** wie Finanzierung, Baugrundstück, Infrastruktur für's Bauen (Strom, Wasser etc.), Nachbarvereinbarungen
2. Einhaltung und Sicherstellung einer fachkundigen und **erfahrenen Projektleitung** und **-steuerung** bzw. eines **Projektcontrollings** – unter Einbeziehung erfahrener Projektjuristen – Sicherstellung zeitnaher Entscheidungen
3. Einschaltung **leistungsfähiger Planer** mit vorgegebenen Planlieferfristen
4. Entwurf von **Auftragsbedingungen für Bauvergaben** mit angemessener Risikoverteilung und Implementierung eines funktionstüchtigen **Nachtragssystems**
5. **Reduzierung von Änderungsanordnungen**
6. Aufbau eines **Erfassungs- und Behandlungssystems für Nachträge und Behinderungen**
   - Festlegung einer Claims- und Nachtragspolitik
   - Entwicklung von Regelabläufen und deren Einführung
   - Vorgaben für Anzeigepflichten gem. Nachtragssystem
   - Einführung von Nachtragserfassungs- und Behinderungslisten
   - Sofortige Tatsachensicherung im Falle bekanntgegebener Nachtragssachverhalte oder Behinderungen
   - Prüfung der Bausoll-/Bauistverhältnisse; Überprüfung des Einsatzes des angeblich behinderten Personals, Suche nach Alternativen
7. **Sicherstellung** einer allgemeinen **Dokumentation** und Kontrolle durch: 1022
   - Vorgaben für den Aufbau von Bautagebüchern und deren Führung und Übermittlung
   - Protokollierung der Jour-Fixe- und Planerbesprechungen
   - Regelmäßige Dokumentation der Baubegehungen bzw. der Durchführung der Objektüberwachung
   - Dokumentation des Planungsfortschritts, von Planänderungen und des Planausgangs
   - detaillierte Monats- bzw. Quartalsberichte der Projektsteuerung/Objektüberwachung über den Projektablauf/keine Schönwetterberichterstattung!
8. Durchführung von **Workshops mit beteiligten Planern und Bauleitern zur Nachtragsbehandlung** (Einführung in das Nachtragssystem, Anzeigepflichten, Behandlung von Behinderungsanzeigen, Dokumentation etc.)
9. **Bewertung** der Nachträge und Behinderungen in technischer (auch in Bezug auf Alternativen) und rechtlicher Hinsicht in Zusammenarbeit mit der Objektüberwachung
10. **Anpassung der Vertragstermine und ggf. Vereinbarung neuer Terminpläne und ggf. neuer Vertragstermine** bei wesentlichen behinderungsbedingten Terminverschiebungen (Anpassung von Vertragsstrafen und Bürgschaften)
11. Insgesamt **zeitnahe Klärung** und ggf. Vergütung aufgetretener Nachträge[444]

---

442 Etwa durch Übernahme des Regelungsmodells der VOB/B oder anderer standardvertraglicher Regelungen, vgl. auch Collier, Construction Contracts, S. 322.

443 Vgl. auch Diederichs, Führungswesen für Bau- und Immobilienfachleute, S. 135; vgl. dazu auch Weiss, in: Schäfer/Conzen, Immobilien-Projektentwicklung, S. 432 ff.

1023 Planer- und Unternehmernachträge/Grobraster des Prüfungsablaufes für Sachnachträge

↓	Aufgaben des Nachtragsmanagements	Prüfungsschritte: VOB-Bauvertrag oder BGB-Bauvertrag		Prüfungsschritte: Planervertrag auf Basis HOAI-Leistungsbild
1	Planung des Bau- und Planungssolls	Entwicklung der Qualitäten, Termine und Kosten		Planung/Kontrolle des Leistungsbildes
2	Vorgabe des vertraglichen Bausolls und Planungssolls	Festlegung des Bausolls (EP-Vertrag – Pauschalvertrag)		Planungssoll (ggf. unabhängig von der HOAI festzulegen)
3	Abweichungskontrolle und Abweichungsfeststellung	Feststellung der Änderungen gegenüber dem Bausoll		Feststellung der Änderungen gegenüber dem Planungssoll
4	Feststellung der Ursachen und der Auswirkungen auf Planung und Bauausführung	Feststellung der Ursachen und der Auswirkungen und Überprüfung auf Kosten und Termine		Feststellung der Ursachen und der Auswirkungen auf Kosten und Termine
5	Feststellung der Vergütungsrelevanz – soweit nicht lediglich Mengenänderungen bei Einheitspreisverträgen (§ 2 Nr. 3 VOB/B vorliegen –	Änderung durch Anordnung des Auftraggebers: §§ 2 Nr. 5, 6 VOB/B (direkt oder bei BGB-Vertrag analog) ↓ Zusätzliche Leistung: § 2 Nr. 6 /Ankündigung erforderlich; oder geänderte Leistung: § 2 Nr. 5 VOB/B	Anordnung fehlt oder unwirksam: § 2 Nr. 8 VOB/B und § 812 BGB ↓ Anerkenntnis oder Notwendigkeit und mutmaßlicher Wille des AG; sonst keine Vergütung	→ bei wiederholten Grundleistungen ohne Änderung anrechenbarer Kosten oder Flächen: erneut volles Honorar, § 10 Abs. 2 HOAI → Planungsänderungen bei geänderten anrechenbaren Kosten oder Flächen: Neuberechnung des Honorars für die geänderte Planung, § 10 Abs. 1 HOAI → Besondere Leistungen, z.B. § 3 Abs. 3 HOAI i.V.m. 34 Abs. 4 i.V.m. Anlage 10
6	Feststellung der neuen Vergütung	Neue Vergütung auf der Grundlage der Vertragskalkulation		Neue Vergütung auf der Grundlage der HOAI
7	Dokumentation	Schriftliche Fixierung der Leistungs- und Vergütungsänderungen (Nachträge): Dokumentation des Änderungsmanagements		

2.5 Projektsteuerungsaufgaben im Bereich Termine und Kapazitäten/Ablaufsteuerung

2.5.1 Grundlagen

Die Projektrealisierung steht regelmäßig unter Zeitdruck. Dabei sind die Ansprüche an das Terminmanagement in den letzten Jahrzehnten stetig gewachsen. Nicht mehr nur von »Fast-track« ist die Rede, sondern von **»Super-fast-track«**. Dementsprechend gewachsen ist die Bedeutung der terminlichen Ablaufplanung von Projekten. Dabei kommt der Terminplanung der Planung dieselbe Bedeutung zu, wie die Terminplanung der Ausführung.[444] Gleichwohl führen die in der Praxis regelmäßig zu ehrgeizigen Terminanforderungen zu erheblichen Komplexitätsrisiken. Eine sachgerechte Terminplanung sollte daher **Terminpuffer** in angemessener Form enthalten. 1024

Nach dem Konzept des **Critical Chain Project Management** führt die optimale Zeitplanung mit einzelnen Arbeitsabschnitten indessen nicht zu einer Terminoptimierung für das Gesamtprojekt. Ein erheblicher Prozentsatz der Projektzeit wird durch Terminpuffer für die einzelnen Arbeitspakete verplant. Die Einzelpuffer seien für das Projekt verloren. Der Projektmanager soll sich vielmehr auf die so genannte »kritische Kette« konzentrieren; sie beschreibt den Engpass des Projektes. Schneller als auf dieser Kette kann das Projekt nicht voranschreiten.[445] 1025

Die Ablaufplanung folgt in besonderem Maße den Methoden der Systemtechnik: Das komplexe Projektgeschehen soll möglichst weitgehend in Teilvorgänge des Projektablaufes zerlegt, die logische Abfolge unter Berücksichtigung technischer, technologischer, produktionsbedingter und kapazitativer Abhängigkeiten festgelegt und deren Dauer bestimmt werden.[446] Der **Ablaufsteuerung** der Projektsteuerung fallen dabei folgende **Grundfunktionen** zu: 1026

- Erfassen aller relevanten Vorgänge und zeitliche Zuordnung/Verknüpfung der Vorgänge im Bereich der Handlungsbereiche Planung, Rohbau, technische Montage, Ausbau und Inbetriebnahme;
- Vorgabe der Vertragstermine für Planerverträge und Verträge mit ausführenden Unternehmen;
- terminliche Koordination der Planung und Ausführung;
- Vergleich der geplanten mit den tatsächlichen Terminen über alle Phasen (Soll-Ist-Abweichung, Analyse);
- Koordination von Anpassungsmaßnahmen.[447]

Die Leistungsbilder der **HOAI** für die **Objektplanung** wurden lange Zeit den Anforderungen an die notwendige zeitliche Abstimmung der Bauleistungen bei Großprojekten nicht gerecht. Die HOAI kannte den Begriff des Bauzeitenplans bis zur HOAI-Novelle 2013 überhaupt nicht. § 15 Abs. 2 Nr. 2 HOAI a.F. (Vorplanung) führte lediglich einen Zeitplan als Besondere Leistung an. Erst nach Abschluss des Bauvertrages in der Leistungsphase 8 (Objektüberwachung) sah die HOAI (2009) das »Aufstellen und Überwachen eines Zeitplans (Balkendiagramm)« als Leistung der Objektüberwachung vor. Dieser Sachverhalt ist durch die HOAI 2013 grundlegend geändert worden, nunmehr hat der Objektplaner **schon in der Vorplanung** einen **Terminplan mit den wesentlichen Vorgängen des Planungs- und Bauablaufs** zu erstellen und in den späteren Leistungsphasen fortzuschreiben. Gemäß dem Leistungsbild für Objektplan der HOAI 2013 schuldet der Architekt eine durchgehende Terminplanung und -steuerung. Leistungsbild und die ohnehin bereits weitergehenden Anforderungen der Rechtsprechung an eine werkvertragliche Objektplanerverantwortung wurden hierdurch wieder zusammengeführt.[448] 1027

444 Vgl. Greiner/Mayer/Stark, Baubetriebslehre Projektmanagement, S. 106; Kochendörfer/Liebchen, Bau-Projektmanagement, S. 86.

445 Dazu Goldratt, E. M., Die kritische Kette – Das neue Konzept im Projektmanagement, Frankfurt 2002; Techt, Uwe, PM 2005, Heft 2, S. 15; Steeger, Oliver, PM 2005, Heft 2, S. 8 f.; dazu auch Kerzner, Projektmanagement, S. 749; PMI, Guide to the Project Management Body of Knowledge, S. 347.

446 Vgl. Greiner/Mayer/Stark, Baubetriebslehre Projektmanagement, S. 106 ff.

447 Vgl. dazu Kochendörfer/Liebchen, Bau-Projektmanagement, S. 85.

448 Vgl. dazu auch Rdn. 997.

Terminplanung und -steuerung durch Objektplaner und Projektsteuerer

Leistungsphasen nach HOAI	Planung HOAI Grundleistungen – Termine –	Projektsteuerung AHO Grundleistungen – Termine –	Leistungsphasen AHO
Leistungsphase 1 Grundlagenermittlung § 34 Abs. 3 HOAI	Bedarfsplanung /terminliche Rahmenbedingungen*	– Aufstellen Terminrahmen – Steuerungsterminplan für Gesamtprojekt – Kapazitätsableitungen	Projektstufe 1 Projektvorbereitung
Leistungsphase 2 Vorplanung § 34 Abs. 3 Nr. 2 HOAI	Erstellen eines Terminplans mit den wesentlichen Vorgängen des Planungs- und Bauablaufs	– Fortschreiben des Terminrahmens – Überprüfen Terminpläne der Planer – Fortschreiben der Steuerungsterminplanung für Planungs- und Bauablauf – Terminsteuerung – Terminrahmen für Einbeziehung FM	Projektstufe 2 Planung
Leistungsphase 3 Entwurfsplanung § 34 Abs. 3 Nr. 3 HOAI	Fortschreiben des Terminplans		
Leistungsphase 4 Genehmigungsplanung § 34 Abs. 3 Nr. 4 HOAI			
Leistungsphase 5 Ausführungsplanung § 34 Abs. 3 Nr. 5 HOAI	Fortschreiben des Terminplans	– Fortschreiben Terminrahmen – Überprüfung Vergabeterminplan – Fortschreiben Steuerungsterminplan – Angebotsüberprüfungen im Hinblick auf Terminziele – Terminsteuerung	Projektstufe 3 Ausführungsvorbereitung
Leistungsphase 6 Vorbereitung der Vergabe § 34 Abs. 3 Nr. 6 HOAI	Aufstellen Vergabeterminplan		
Leistungsphase 7 Mitwirkung bei der Vergabe § 34 Abs. 3 Nr. 7 HOAI			
Leistungsphase 8 Objektüberwachung § 34 Abs. 3 Nr. 8 HOAI	Aufstellen, Fortschreiben und Überwachen eines Terminplans (Balkendiagramms)	– Fortschreiben des Terminrahmens – Überprüfen der Terminplanung der Planungsbeteiligten – Fortschreiben der Steuerungsterminplanung – Terminsteuerung	Projektstufe 4 Ausführung
Leistungsphase 9 Objektbetreuung § 34 Abs. 3 Nr. 9 HOAI	———	– Terminliche Steuerung der Inbetriebnahmen, Abnahme und Übergabe	Projektstufe 5 Projektabschluss

* nicht explizit in der Anlage 10 zu § 34 Abs. 4 HOAI ausgewiesen
↔ Weiterentwicklung und Kontrolle

1028 Die **HOAI** hat indessen **keine Leitbildfunktion** für die Terminplanung der Projektabwicklung. In der Praxis gebräuchliche parallele und integrale Planungstechniken führen zu einer mehr oder weniger großen Abkehr von dem Phasenmodell der HOAI. Dementsprechend sind im Rahmen einer Projektrealisierung Vorüberlegungen der Projektleitung/des Projektmanagements zur Entwicklung einer projektspezifischen Ablaufsteuerung unabdingbar.

1029 Sieht der Projektmanagementvertrag **keine konkreten Anforderungen** an die Terminsteuerungsaufgaben des Projektsteuerers vor, kann dieser seine Aufgaben unter Zuhilfenahme der Leistungen beauftragter Objektplaner erbringen. Soweit die Projektprozesse keine weitergehenden Leistungen des Projektsteuerers erfordern, genügt dieser seiner Aufgabenstellung mit einer sachgerechten Kontrolle der Objektplaner im Bereich Termine.

1030 Die Planung und Überwachung der Termine ist in der Praxis eine der wichtigsten Aufgaben einer extern beauftragten Projektsteuerung. Diese betrifft – ggf. parallel zur Tätigkeit des Objektplaners – typischerweise den gesamten terminlichen Ablauf eines Projektes. Das beinhaltet die Koordinierung aller am Projekt Beteiligten durch regelmäßige Kontrolle der Ablaufpläne und Entwicklung von Ablaufalternativen.[449] Der jeweilige Projektmanagementvertrag sollte dabei genau festlegen, ob und inwieweit der Projektmanager/-steuerer insoweit auf den Leistungen eines Objektplaners aufbauen kann oder eine völlig eigenständige Terminplanung und -steuerung zu übernehmen hat. Die **AHO-Fachkommission** hat ein **Terminsteuerungsmodell** für die Projektsteuerung entwickelt, bei dem Projektsteuerung und Objektplanung interaktiv zusammenwirken und der Projektsteuerer eine **Initiativfunktion** hat. Er hat insbesondere dafür zu sorgen, dass die Terminplanungen der Objektplaner rechtzeitig vorliegen und die projektspezifisch erforderliche Aktualität und Gliederungstiefe aufweisen (vgl. Rdn. 218 ff.).

Bei der Terminplanung hat der Projektmanager/-steuerer Erfahrungswerte für den **Planungsvorlauf**, die **Vergabe** und die **Ausführungszeiten** zu beachten.[450] Gleichzeitig hat er zu berücksichtigen, dass die Ausführungszeiten mit der Baustellenverordnung vereinbar sind. Die Organisation der Ausführungszeiten darf die Arbeiten nicht so strukturieren, dass eine Gefährdung von Leben und Gesundheit (z. B. der Bauarbeiter) entstehen kann. Speziell im Hochhausbau (Übereinanderarbeiten unterschiedlicher Gewerkeunternehmer) sind besondere sicherheitstechnische Vorkehrungen zu planen. 1031

2.5.2 Terminplanungsstufen

Bei der Aufstellung von **Ablaufplänen** werden im Allgemeinen **vier Detaillierungsgrade** unterschieden, nämlich: 1032
- Rahmenterminplanung,
- Generalterminplanung,
- Grobterminplanung,
- Detailterminplanung/Steuerungsterminplanung.[451]

Der **Rahmenterminplan** legt die Termine für die wesentlichen Planungs- und Ausführungsphasen vor. Zweck des Rahmenterminplans ist die Darstellung des gesamten Ablaufs der Projektrealisierung.[452] Er beinhaltet signifikante Projektphasen wie Planungsbeginn bis Baueingabe und ist Grundlage für Projekt-Start-up-Entscheidungen für Finanzierungsplanungen. Dem Rahmenterminplan liegt im Allgemeinen ein Balkenplan zugrunde, der regelmäßig zwischen 15 und 25 Vorgänge aufweist.[453] Die Rahmenterminplanung ist nicht explizit Gegenstand der Grundlagenermittlung (Leistungsbild Objektplanung, Leistungsphase 1). Im Hinblick auf die Rechtsprechung des BGH, die dem Objektplaner die Aufgabe zuweist, die Zielvorstellungen des Auftraggebers zu untersuchen, zu analysieren und zu klären, hat der Objektplaner an der rechtzeitigen Ermittlung der Rahmentermine zumindest mitzuwirken.[454] 1033

449 Vgl. Sommer, Der Architekt, 1975, 75, 76.

450 Vgl. zu den Vorlaufzeiten im Einzelnen Sommer, Projektmanagement im Hochbau, S. 43 ff.

451 Vgl. Diederichs/Hutzelmeyer, Bauwirtschaft 1975, 1488, 1492; Greiner/Mayer/Stark, Baubetriebslehre Projektmanagement, S. 110; Kochendörfer/Liebchen, Bau-Projektmanagement, S. 97; auch Bohn/Heinzmann, in: Schäfer/Conzen, Immobilienprojektentwicklung, S. 324.

452 Diederichs, in: AHO-Fachkommission Projektsteuerung, S. 100 definiert:
»Generalablaufplanung
Sie dient der Gewinnung eines Terminüberblicks über sämtliche Projektstufen der Projektvorbereitung, der Planung, der Ausführungsvorbereitung, der Ausführung und des Projektabschlusses. Wichtige Eckdaten/Meilensteintermine sind darin die Zeitpunkte für den Planungsbeginn, die Baueingabe, den Baubeginn, die Rohbaufertigstellung, die Wintersicherung der Gebäudehülle, die Baufertigstellung sowie Beginn und Ende der Übergabe an den Nutzer.«

453 Vgl. Greiner/Mayer/Stark, Baubetriebslehre Projektmanagement, S. 111; Kochendörfer/Liebchen, Bau-Projektmanagement, S. 100; auch Diederichs, Immobilienmanagement im Lebenszyklus, S. 216 mit Praxisbeispielen.

454 Vgl. etwa BGH, Urteil vom 10.07.2014, Az. VII ZR 55/13, in: NJW 2014, 3511, 3512.

1034 Der **Generalterminplan** (Generalablaufplan) betrifft zwar noch die gesamte Baumaßnahme, untergliedert jedoch die einzelnen Vorgänge bereits vertieft in Phasen, z. B. entsprechend der Phasengliederung der HOAI. Er ist Grundlage für die Entwicklung der weiteren Grob- und Steuerungsablaufpläne und muss jeweils den »kritischen Weg« (nach DIN 69900) zur Erreichung des Fertigstellungstermins ausweisen.[455] Dabei sind auch Kapazitätsbetrachtungen anzustellen.[456]

1035 Der Generalablaufplan beinhaltet den Terminrahmen für die Planung, die Bauvorbereitung und die Bauausführung. Er definiert als sog. **Meilensteinplan** die Eckdaten des Planungs- und Bauablaufs. Der Meilensteinplan enthält zumeist 20 bis 70 Vorgänge.[457] In der Regel handelt es sich um einen Balkenplan, der ggf. mit einem Erläuterungsbericht versehen ist. Er sollte bereits die wichtigsten Abhängigkeiten und den Ablauf des Gesamtprojektes plastisch vor Augen führen[458] und bildet zumeist die Grundlage für die Definition der Vertragstermine in der Planungsphase.[459] Im Gegensatz zum Rahmenterminplan sind die Vorgänge im Generalterminplan bereits durch Anordnungsbeziehung miteinander verknüpft, so dass über Netzplanberechnungen kritische Vorgänge ausgewiesen werden können. Nach der phasenspezifischen Projekteinteilung in § 34 Abs. 3 HOAI ist dieser Leistungsbereich der Phase der **Vorplanung** zuzuweisen.[460]

1036 **Grobterminpläne** beziehen sich i. d. R. auf einzelne Bauwerke und Bauabschnitte und werden i. d. R. **getrennt für die Planungs- und Ausführungsphase** aufgestellt. Der Grobablauf für die Planung wird regelmäßig während der Vorplanungsphase, spätestens zu Beginn der Entwurfsphase, der Groblauf für die Bauausführung während der Entwurfsphase entwickelt. Es handelt sich i. d. R. um Balkenpläne mit dahinter liegender Netzplanverknüpfung. Die Vorgangszahl bei dem Grobablauf für die Planung kann 50 bis 150, diejenige für die Bauausführung 50 bis 250 (pro Bauwerk) umfassen.[461] Der Grobablaufplan enthält regelmäßig den voraussichtlichen Ausführungsbeginn und das voraussichtliche Ausführungsende wie auch mögliche **Ausführungsfristen** einschließlich zu beachtender **Zwischentermine**.[462] Wichtig ist, dass die Definition der Vertragsfristen (soweit noch nicht erfolgt für Planer und) für ausführende Unternehmen in den Bereich der Grobablaufplanung fällt.[463] Dabei können bloße Ca.-Termine ohne kalendermäßige Bestimmtheit[464] vereinbart oder aber feste Zwischen- oder Endtermine oder feste Ausführungszeiträume für die Leistungen der Planer und ausführenden Unternehmen festgelegt werden. In Einzelfällen, speziell Projekten, die in Einzelgewerkevergaben abgewickelt werden, kommt die Vereinbarung fester Ausführungszeiträume mit flexiblen Beginnzeitpunkten (§ 5 Abs. 2 VOB/B) in Betracht oder eine individuell ausgebildete Zeitfenstertechnik, die dem Auftraggeber innerhalb vordefinierter Zeitfenster die Definition von Anfangszeitpunkten von Ausführungszeiträumen überlässt.

455 Diederichs, in: AHO-Fachkommission Projektsteuerung, S. 43.
456 Vgl. dazu Diederichs, Immobilienmanagement im Lebenszyklus, S. 219 f. mit Praxisbeispielen.
457 Sommer, Der Architekt, 1975, 75, 76; nach Diederichs, in: AHO-Fachkommission Projektsteuerung, S. 43, enthält der Generalablaufplan i. d. R. je Bauwerk ca. 30 bis 40 Vorgänge; Greiner/Mayer/Stark, Baubetriebslehre Projektmanagement, S. 112: Vorgangszahl 20 bis 50; Kochendörfer/Liebchen, Bau-Projektmanagement, S. 100: Vorgangszahl 30 bis 40.
458 Vgl. dazu Diederichs, in: AHO-Fachkommission Projektsteuerung, S. 43/44.
459 Kochendörfer/Liebchen, Bau-Projektmanagement, S. 100.
460 Motzke, in: Beck'scher VOB-Kommentar, 2. Auflage, 2008, Vor § 5, Rn. 29.
461 Greiner/Mayer/Stark, Baubetriebslehre Projektmanagement, S. 114; Sommer, Der Architekt, 1975, 75, 76: 300 bis 500 Vorgänge.
462 Diederichs/Hutzelmeyer, a. a. O.
463 Vgl. hierzu Althaus, in: Beck'scher VOB-Kommentar, Vor § 5, Rn. 27 ff.
464 OLG Koblenz, Urteil vom 23.04.2013, Az. 3 U 838/12, in: NZBau 2013, 500, 501.

Detailterminpläne (oder Steuerungsterminpläne) beziehen sich dagegen auf einzelne Bauwerke und Bauabschnitte und einzelne Phasen der Planung und Ausführung.[465] Sie enthalten auch Einzeltermine für die einzelnen Leistungen während der Projektrealisierung. Sie sind die Instrumente für die zeitnahe Koordinierung und Kontrolle des Bauablaufes. 1037

Die **Detailablaufplanung der Planung** beinhaltet die Festlegung von Detailabläufen innerhalb von Planungsphasen, die **Detailablaufplanung der Bauausführung** die Ablaufsteuerung der Firmen (Planung der Ausführungs-, Werk- und Montageplanung) für die Gebäudetechnik, den Rohbau (Fertigteile) sowie die detaillierte Einordnung der Gewerke der Gebäudetechnik und des Ausbaus in den Gesamtablauf. Die Detailplanung für die Planung wird i. d. R. zu Beginn der darzustellenden Planungsphase, der Detailablauf für die Bauausführung im Rahmen der ersten Ausschreibungen entwickelt. Die **Detailterminpläne** werden vorrangig für den baubegleitenden **Soll-Ist-Vergleich** herangezogen.[466] 1038

Das **AHO-Leistungsbild (2014)** kennt lediglich noch die Rahmenterminplanung und Steuerungsterminplanung. Die gesamtprojektbezogene Steuerungsterminplanung entspricht der Generalablaufplanung und gliedert sich in Einzelsteuerungsterminpläne für Planung und Bau auf (vgl. Rdn. 218 ff.). 1039

Unterhalb der Detailterminplanebene des Projektsteuerers existiert eine Ebene weiterer Detaillierung für die **Arbeitsvorbereitung**. Diese fällt normalerweise in den Verantwortungsbereich der ausführenden Unternehmen und wird von dem Projektsteuerer allenfalls auf ihre Übereinstimmung mit der eigenen Ablaufplanung untersucht.[467] Zwischen der projektorientierten Terminplanung des Auftraggebers bzw. Projektsteuerers einerseits und der produktionsorientierten Terminplanung der ausführenden Unternehmen ist also zu unterscheiden.[468] 1040

Obgleich die Aufgabe der Projektsteuerung i. d. R. nicht darin besteht, die Arbeitsvorbereitung der Firmen zu übernehmen, fällt dem Projektsteuerer – abhängig vom jeweiligen Leistungsbild – bei der Behandlung von Folgen gestörter Bauabläufe und der vorlaufenden Prüfung terminkritischer Bauteile ggf. die Aufgabe zu, einzelne Probleme mit noch tieferem Detaillierungsgrad zu untersuchen.[469] Dann kann das Projektsteuerungsbüro auch verpflichtet sein, sog. **Feinterminpläne** zu erstellen, um den Bauablauf unmittelbar zu beeinflussen.[470] Auch im Rahmen von **Lean-Management-Konzepten** kann dem Projektsteuerer die Aufgabe übertragen werden, die Projektbeteiligten durch eine sehr engmaschige Detailterminplanung zu steuern. Übernimmt ein Projektmanager/-steuerer z. B. Aufgaben für eine *ganzheitliche Fabrikplanung*, dann hat er zu beachten, dass neben die Industriebauplanung (die klassische Bauplanung) die so genannte Fabrikplanung tritt, deren Planungsschritte mit der Industriebauplanung eng verzahnt werden müssen, zum Teil jedoch andere Planungszeiten in Anspruch nehmen. 1041

Besondere Anforderungen an die Planungskoordinierung stellen auch so genannte **Fast-track-Projekte** dar. Das sind Projekte, bei denen die Planung und Bauausführung aus Termingründen praktisch parallel verlaufen muss. Die Komprimierung der Planungsprozesse stellt spezifische 1042

465 Diederichs formuliert in: AHO-Fachkommission Projektsteuerung, S. 99:
»Detailablaufplanung
Sie dient der kurz- und mittelfristigen detaillierten Planung von Projektabläufen in den verschiedenen Projektstufen und ist Grundlage der detaillierten Kapazitätseinsatzplanung sowie der Ablaufkontrolle und Ablaufsteuerung. Ergebnis ist eine Ablaufstruktur in Form eines Feinnetzplanes oder eines vernetzten Balkenplanes, die einen Einblick in viele Details des Projektablaufes zulässt.«

466 Kochendörfer/Liebchen, Bau-Projektmanagement, S. 102.

467 Vgl. Sommer, Der Architekt, 1975, 75, 76.

468 Schiffers, in: Kapellmann/Vygen, Jahrbuch Baurecht 1998, 275.

469 Kochendörfer/Liebchen, Bau-Projektmanagement. S. 102.

470 Kochendörfer/Liebchen, Bau-Projektmanagement, S. 103.

Anforderungen an die Teamorganisation (insbesondere auch Verzicht auf Planungsdetaillierungen, verkürzte Prüffristen bzw. Verzicht auf erneute Prüfkreisläufe bei Änderungseintragungen, Bestimmung eines Planungskoordinators, zeitnahes Qualitätsmanagement, Belastungsanalyse und detaillierte Ressourcenplanung für die Planung).[471]

2.5.3 Darstellungstypen von Ablaufplänen

1043 Bei der Abwicklung von Immobilien- und Bauprojekten haben sich die Darstellungsformen der

- Balkenpläne,
- Terminlisten,
- Netzpläne,
- Liniendiagramme/Taktzyklendiagramme

bewährt.

1044 Alle vorgenannten Darstellungsformen werden heute unter Zuhilfenahme von EDV-Programmen erarbeitet.

2.5.3.1 Balkenplan

1045 Der Balkenplan ist die **einfachste und verbreitetste Darstellungsform** von Terminplänen. Trotz verstärkten EDV-Einsatzes hat der Balkenplan seine Rolle in der Projektpraxis behalten. Dies liegt an der Einfachheit und Übersichtlichkeit, die es erlauben, wesentliche Vorgänge des Ablaufplans relativ einfach und schnell zu erfassen. Balkenpläne können eine hierarchische Gliederung bestimmter Vorgänge durch Darstellung sog. Sammelvorgänge enthalten. Allerdings verliert der Balkenplan mit zunehmender Vorgangszahl an Übersichtlichkeit. Abhängigkeiten zwischen einzelnen Vorgängen untereinander sind oftmals nicht mehr erkennbar. Ein Zwang zur genauen Ablauflogik ist nicht vorhanden. Gleichwohl werden durch die heute verwendeten EDV-Programme des Projektmanagements vernetzte Balkenpläne hergestellt/dargestellt, so dass die Abhängigkeiten bereits berücksichtigt und Veränderungen sehr flexibel übernommen werden können.[472]

2.5.3.2 Terminliste

1046 Terminlisten beinhalten Anfangs- und Endtermine für bestimmte Vorgänge. Terminlisten haben sich wegen ihrer guten Lesbarkeit bewährt und dienen in der Praxis zumeist der Festlegung von Zwischen- und Endterminen in den Verdingungsunterlagen und bei zeitlich begrenzten Regelabläufen (z. B. Ausschreibungs- und Vergabeverfahren oder Planlieferungen).[473] Die Ausgabe von Terminlisten ist eng mit der von Balkenplänen verbunden, da der Tabellenteil in Balkenplänen i. d. R. einer Terminliste gleichkommt. Vereinfacht lässt sich eine Terminliste als Balkenplan ohne Balkendiagramm darstellen.[474] Terminplanungsprogramme produzieren heute sehr oft Balkenpläne, denen eine Terminliste vorangestellt ist, so dass eine sehr übersichtliche Kombination beider Vorgehenskonzepte erzeugt wird.

2.5.3.3 Liniendiagramm

1047 Liniendiagramme finden als sog. Weg-, Zeit- oder als Volumen-Zeitdiagramme Anwendung. Sie ermöglichen die Abbildung von Arbeitsvorgängen und deren Dauer und stellen auch den

471 Dazu im Einzelnen Girmscheid, Fast-track-Projects, Bautechnik 1996, Heft 8, S. 471 f.; dazu auch Helmus/Höllrigl, Baumarkt + Bauwirtschaft 2003, Heft 3, S. 18.

472 Vgl. dazu im Einzelnen Greiner/Mayer/Stark, Baubetriebslehre Projektmanagement, S. 125 f.; Kochendörfer/Liebchen, Bau-Projektmanagement, S. 86 f.

473 Vgl. Bohn/Heinzmann, in: Schäfer/Conzen, Immobilienentwicklung, S. 329 mit beispielhaftem Abdruck einer entsprechenden Terminliste.

474 Kochendörfer/Liebchen, Bau-Projektmanagement, S. 86, 88; Weiss, in: Schäfer/Conzen, Immobilien-Projektentwicklung, S. 418.

zurückgelegten Weg/die geleistete Menge und damit den Leistungsfortschritt dar (graphische Fahrpläne).[475] Mit entsprechenden Diagrammen können insbesondere **Taktfrequenzen** dargestellt werden. Entsprechende Taktpläne sind bei der Abwicklung von Hochhausprojekten gebräuchlich. Sie stellen mit einzelnen Vorgangslinien den Fortschritt der Stahlbetonarbeiten, der nachfolgenden Fassadenarbeiten und der sich anschließenden TGA- und Ausbauarbeiten dar. Kritische Annäherungen lassen sich so planend vermeiden und ein unterbrechungsfreier Betrieb der parallel bearbeiteten Gewerke soll sichergestellt werden.[476] Die Taktplanung wird insbesondere zur Erzielung kürzerer Durchlaufzeiten eingesetzt, wird jedoch bei auftretenden Behinderungen leicht gestört.

2.5.3.4 Netzplan

Die Netzplantechnik ist ein Verfahren zur Planung, Steuerung und Kontrolle des Ablaufs von Pro- 1048
jekten aller Art. Voraussetzung für die Darstellung des Ablaufs eines Projektes durch den Netzplan ist die Möglichkeit, das **Projekt** in Teilarbeiten **(Vorgänge) aufzulösen** und die Beziehungen, die zwischen den Teilarbeiten bestehen, zu bestimmen.[477] In einem Netzplan werden Projektbestandteile (Vorgänge, Ereignisse und Anordnungsbeziehungen) durch graphische Elemente (Knoten und Pfeile) dargestellt. Anfangs- und Endzeitpunkte können so zeichnerisch ausgearbeitet und sog. **kritische Wege** ausgewiesen werden.[478] Die Netzpläne zeigen auf, welche **Vorgänge terminbestimmend** und welche nicht terminbestimmend sind. Die Netzplantechnik lässt insbesondere die ausdrückliche Ausweisung von **Zeitreserven** (Puffer) zu, welche bei der Beurteilung von Nachträgen erhebliche Bedeutung haben.[479]

Die Netzplantechnik ist zwar die **abstrakteste Planungsmethode**, aber auch die umfassendste. 1049
Gleichwohl beschränkt sich die Netzplantechnik heute nicht mehr nur auf große oder komplexe Projekte. Denn durch die heute leicht zugänglichen Projektmanagementanwendungsprogramme können die Vorteile der Netzplantechnik auch für kleinere Projekte nutzbar gemacht werden. Dabei erfolgt zur besseren Veranschaulichung die Darstellung des Netzplanes zumeist in der Form eines Balkenplans. Die Aufzeichnungen des entworfenen Netzes dienen nur der Kontrolle, ob alle Vorgänge entsprechend ihren Anordnungsbeziehungen bearbeitet wurden. Von der Darstellung des Netzes selbst wird in der Praxis des Bauprojektmanagements nach wie vor wenig Gebrauch gemacht.[480]

Die Netzplantechnik wird in den **Leistungskatalogen der Projektsteuererbüros** i. d. R. nicht als 1050
verbindliche Terminplanungsmethode erwähnt. Der Auftraggeber kann deshalb bei Abschluss eines Projektsteuerervertrages grundsätzlich nicht damit rechnen, dass die Projektsteuererbüros diese auch tatsächlich einsetzen. Denn der Projektsteuerer ist bei der Terminplanung i. d. R. nicht auf eine bestimmte Terminplanungsmethode festgelegt. Er muss deshalb nicht in jedem Fall Netzpläne und vernetzte Balkenpläne verwenden. Die zugrunde zu legende Terminplanungsmethode wird mangels ausdrücklicher vertraglicher Regelung vielmehr durch das konkrete Projekt, insbesondere durch die Komplexität der Planungs- und Ausführungsprozesse, vorgegeben. So wird mit der Größe

475 Kochendörfer/Liebchen, Bau-Projektmanagement, S. 89.
476 Kochendörfer/Liebchen, Bau-Projektmanagement, S. 90; Greiner/Mayer/Stark, Baubetriebslehre Projektmanagement, S. 133 f.
477 Vgl. dazu im Einzelnen Scheer, Projektsteuerung, S. 41 ff.
478 Vgl. Sommer, Projektmanagement im Hochbau, S. 118 ff.; im Detail zur Netzplantechnik Fleischmann/Tripler, in: Schneider, Bautabellen, S. 1.29; ausführlich auch Lock, Projektmanagement, S. 173 ff.
479 Vgl. Budnick, Architektenhaftung, S. 71 ff.; Schiffers, in: Kapellmann/Vygen, Jahrbuch Baurecht 1998, 275, 304; Biesterfeld Bauwirtschaft 1992, 36.
480 Zu Ursachen und Behebungsmöglichkeiten ausführlich Seeling, Bauwirtschaft 1982, 1757, 1760; vgl. zu diesem Komplex Sommer, Projektmanagement im Hochbau, S. 118 f.; Patzak/Rattay, Projektmanagement, S. 183.

des Projektes auch die Notwendigkeit wachsen, Netzpläne und daraus abgeleitete Darstellungen (wie z. B. vernetzte Balkenpläne) in die Terminplanung zu integrieren.[481]

1051 Die Netzplantechnik verliert indessen mit zunehmender **Änderungsrate** ihre Praxistauglichkeit.[482] Bei einer Vielzahl kritischer Vorgänge wird der Netzplan äußerst empfindlich gegen Störungen und weniger beherrschbar.[483]

2.5.4 Kapazitätsplanung

1052 Eine geordnete Terminplanung ist nur möglich, wenn der Projektsteuerer in der Lage ist, Vorgangsdauern für die einzelnen **Planungs- und Ausführungsleistungen** zu definieren. Derartige **Zeitbedarfswerte** können mittels Grobkennwerten oder über Aufwandswerte ermittelt werden. In der Regel verfügt die Projektsteuerung für die Berechnung entsprechender Vorgangsdauern neben den kalkulatorischen Aufwandswerten der Literatur auch über eigene Daten aus abgewickelten Projekten.[484]

1053 Sowohl für die Zeitbedarfswerte der Planung, wie auch für die Ausführung liegen inzwischen ausführliche literarische Stellungnahmen vor.[485] Die so berechneten Vorgangsdauern bedürfen einer **ständigen Kontrolle** und Plausibilitätsüberprüfung. Dazu gehört insbesondere der Abgleich, ob die ermittelten Termine die geplanten Abhängigkeiten unter technologischen oder kapazitativen Bedingungen berücksichtigen, die Termindaten den jahreszeitlichen Bedingungen und dem Kalender entsprechen (in Bezug auf Feiertage, Sommerferien, Wintereinbruch etc.).[486]

2.5.5 Terminsteuerung

1054 Die Ablaufsteuerung ist ein wesentlicher Aufgabenbereich des Projektsteuerers. Sie umfasst permanente Soll-Ist-Kontrollen zur Termineinhaltung und die Vorbereitung und Durchführung von Reaktionen auf Terminüberschreitungen **(Änderungsmanagement)**. Projektsteuererbüros haben für diesen Bereich zumeist Methoden und Abläufe festgelegt, um auf Terminänderungen standardisiert reagieren zu können.

1055 Im Rahmen des Termincontrollings werden sog. **Terminrückmeldelisten** eingesetzt, die von den betreffenden Projektbeteiligten in bestimmten Zeitabständen auszufüllen und dem Projektmanagement zu übergeben sind. Ihr Einsatz soll angesichts der schwierigen Abschätzung von Erledigungsgraden hilfreich sein, Terminabweichungen möglichst frühzeitig zu erkennen.[487]

1056 Instrumente der Terminsteuerung sind Soll-Ist-Analysen und Projektbesprechungen (**Steuerungsbesprechungen** – Jour-Fixe[488] – und **Baubesprechungen**), in denen Maßnahmen der Ablaufsteue-

481 Zu den Vor- und Nachteilen der Terminplanungsmethoden ausführlich Patzak/Rattay, Projektmanagement, S. 206/207.

482 Bracht/Geckeler, PM 2001, 13.

483 Vgl. Greiner/Mayer/Stark, Baubetriebslehre Projektmanagement, S. 138.

484 Vgl. Kochendörfer/Liebchen, Bau-Projektmanagement, S. 103.

485 Vgl. dazu Greiner/Mayer/Stark, Baubetriebslehre Projektmanagement, S. 143; Kochendörfer/Liebchen, Bau-Projektmanagement, S. 103.

486 Greiner/Mayer/Stark, Baubetriebslehre Projektmanagement, S. 156.

487 Vgl. dazu Bohn/Heinzmann, in: Schäfer/Conzen, Immobilienprojektentwicklung, S. 331.

488 Jour-Fixe werden von Diederichs, in: AHO-Fachkommission Projektsteuerung, S. 102, wie folgt definiert: »Sie sind regelmäßige Projektbesprechungen (meistens 14-tägig) zur Diskussion der anstehenden Probleme sowie zur Fälligkeit und Durchsetzung von Entscheidungen. Der Bauherr/Projektleiter lädt ein und der Projektsteuerer verfasst das Protokoll. Ständiger Teilnehmer ist der Architekt. Weitere Teilnehmer (Planer und während der Ausführung auch Unternehmer) nehmen bei Bedarf teil und werden jeweils separat eingeladen.
Als wesentliches Ergebnis der Projektbesprechungen wird ein Entscheidungs- und Maßnahmenkatalog geführt, in den alle noch ausstehenden Entscheidungen aufgenommen werden. Ferner wird eine Liste der getroffenen Entscheidungen geführt. Im Anschluss an die Projektbesprechungen werden auch

rung besprochen und auch festgelegt werden. Diese Steuerungsbesprechungen beziehen regelmäßig auch die Architekten und Fachingenieure ein.[489]

Soll-Ist-Analysen werden auf der Basis der bereits vorgestellten Terminplanungstechniken erarbeitet. Vielfach werden Terminvorschaulisten über einen Zeitraum von zwei bis drei Monaten als Grundlage der Ablaufkontrolle/-steuerung verwandt.[490] Auf der Grundlage der auf Soll-Ist-Analysen beruhenden Projektfortschrittskontrolle sollten möglichst Trendanalysen erarbeitet werden, um proaktiv tätig werden zu können. 1057

Projektmanager setzen im Rahmen der Projektberichterstattung, speziell im Hinblick auf das Termincontrolling zunehmend eine sogenannte **Ampeltechnik** ein. Speziell in Projektstatusberichten werden mit einer grünen Ampel der planmäßige Verlauf der Projektabwicklung, mit einer gelben Ampel Abweichungen und mit einer roten Ampel nicht mehr vermeidbare Zielabweichungen beschrieben. Derartige Formen der Projektberichterstattung bergen ein gewisses Risiko und Haftungspotential. Sie sind einerseits ein begrüßenswertes Instrument zur Vereinfachung der Informationsweitergabe und Visualisierung. Auf der anderen Seite bringt ihre Verwendung die Gefahr mit sich, dass dem Entscheidungsträger nicht alle verfügbaren Informationen zugänglich gemacht werden, bzw. dass diese nicht richtig gewürdigt werden. Für die Verwendung entsprechender Ampelsysteme sind folgende Bedingungen zu beachten: 1058

- Keine Verwendung einer Projektberichterstattung mit Statusampeln ohne explizite Definition der Ampelkriterien. 1059
- Verbot des Wechsels der Kriterien für die Vergabe von Ampelphasen während eines Projektes ohne expliziten schriftlichen Hinweis und Begründung an die Entscheidungsträger.
- Klare Regelungen für die Aggregation von Ampelphasen im Hinblick auf die Erreichung der Gesamtprojektziele.
- Definition von Verantwortlichkeiten interner und externer Beteiligter im Hinblick auf die Ordnungsgemäßheit der Berichterstattung – Unterzeichnung der Ampelberichte durch die entsprechenden Projektmitarbeiter bzw. Projektsteuerer und Objektüberwacher.
- Speziell in kritischen Projektsituationen müssen ergänzende schriftliche Darstellungen/schriftliche Berichte der Projektverantwortlichen als Entscheidungsgrundlage vorliegen.[491]

Nach Maßgabe der festgestellten Ursachen einer Terminstörung kommen unterschiedliche **Steuerungsmaßnahmen** in Betracht: 1060

- Analyse der Terminfolgen der Störung: Nicht jede Missachtung eines Planliefertermins bedeutet für das Projekt eine problematische Situation, weil es z. B. auch Pläne gibt, deren verspätete Lieferung keine Auswirkung haben muss.[492]
- Einforderung von Vertragstreue: Gespräche mit in Verzug geratenen Unternehmen zur Einholung aufgetretener Rückstände, etwa bei kurzfristigen Kapazitätsengpässen etc.
- Beschleunigungsanordnungen: Anordnung von Überstunden/längeren Arbeitszeiten oder Kapazitätserhöhungen durch Hinzuziehung weiterer Firmen.
- Teilkündigungen/Ersatzvornahmen in Fällen, in denen entweder der Auftragnehmer erkennbar nicht in der Lage ist, Terminziele zu halten oder aber auf Grund auftraggeberseitig zu vertretender Änderungen eine Anpassung des Terminplans in einer Form verlangen kann, die das Projekt zurückwirft, während ein Drittunternehmer die Arbeiten ohne wesentliche Mehrkosten schneller zu Ende bringen kann.

---

die Ablaufbesprechungen geführt über den jeweils erreichten Stand der Planung und Ausführung mit Soll-Ist-Vergleich und Abweichungsanalyse sowie Diskussion erforderlicher Anpassungsmaßnahmen bei drohenden oder eintretenden Terminüberschreitungen nebst Auswirkungen auf kritische Termine.«

489 Vgl. dazu etwa die Darstellung bei Sommer, Der Architekt, 1975, 75, 77.

490 Vgl. Weiss, in: Schäfer/Conzen, Immobilien-Projektentwicklung, S. 421.

491 Dazu Eschenbruch/Grüner, Ampelsysteme im Projektberichtswesen, BauR 2013, 1348.

492 Dazu im Einzelnen Greiner/Mayer/Stark, Baubetriebslehre Projektmanagement, S. 158.

- Umstellung der Terminplanung – i. d. R. als letztes Mittel.
- Vereinbarung neuer Vertragsfristen/Anpassung von Vertragsstrafen.[493]

1061 Im Rahmen der Terminsteuerung wird der Projektsteuerer immer wieder mit der schwierigen Frage konfrontiert, ob gravierende Änderungen im Projekt zu einer Empfehlung an den Auftraggeber zwingen, vertraglich **fixierte Termine neu zu verhandeln**. Dies kann zweckmäßig sein, wenn sich eine Vielzahl von Störungen ergeben hat und die Auswirkungen auf den Vertrag (Termine und Kosten) unübersehbar geworden sind.[494] Eine solche Zwischenvereinbarung ist in der Regel erst sinnvoll, wenn der störende Vorgang abgeschlossen ist.

1062 Es entspricht der ständigen Rechtsprechung des BGH, dass bei einer vom Auftraggeber zu vertretenden erheblichen Bauzeitverzögerung, welche eine durchgreifende Neuordnung des Terminplans erzwingt, z. B. infolge der Beauftragung geänderter und zusätzlicher Leistungen, eine einmal getroffene **Vertragsstrafenzusage** hinfällig werden kann.[495]

1063 Bei gravierenden Ablaufstörungen kann auch ein vereinbarter **Fertigstellungstermin ganz entfallen**.[496] Jedenfalls ergibt sich bei Terminänderungen, z. B. auf Grund von Zusatzaufträgen, die Notwendigkeit, zum Zwecke der Inverzugsetzung nach Ablauf des verschobenen Termins eine neue Mahnung auszusprechen.[497] Im Einzelfall kann sich aus der Geltendmachung von Änderungswünschen durch den Auftraggeber sogar eine stillschweigende Verschiebung des Fertigstellungstermins ergeben.[498] Bei Großprojekten empfiehlt es sich, in regelmäßigen Abständen eine Terminvereinbarung zu treffen, welche die zeitlichen Folgen von Leistungsänderungen und Behinderungen festschreibt.[499] Eine solche Vereinbarung erfordert oft auch eine Anpassung von Sicherheiten

1064 Übernimmt der Projektsteuerer das Projektcontrolling, weil **Generalplaner oder Generalunternehmer** eingeschaltet sind, so entfallen wesentliche Aufgaben der Terminplanung und -steuerung. Die Steuerungspläne (Detailablaufpläne) werden von den Generalplanern bzw. Generalunternehmern für ihren Bereich erstellt. Sie sind die Grundlage für ein geordnetes Termincontrolling, so dass der Generalunternehmervertrag Regelungen zur Einforderung entsprechender Terminplanungen bei dem Generalunternehmer enthalten muss.

1065 Bei vorgesehener Einschaltung von Generalunternehmern gewinnt die zeitliche Steuerung der Planung **vor der Vergabe** besondere Bedeutung. Die Planungsleistungen müssen bis zu einer klar definierten Schnittstelle abgeschlossen werden. Darüber hinaus verschiebt sich für den Projektsteuerer der Schwerpunkt der Aufgaben auf die Erarbeitung von Vorgaben für die Vertragsgestaltung, insbesondere hinsichtlich der Fertigstellungs- und Zwischenfristen sowie hierauf abgestimmter Zahlungspläne, und auf die Vorgabe weiterer Eckpunkte eines Controllingsystems.

---

493 Vgl. dazu Greiner/Mayer/Stark, Baubetriebslehre Projektmanagement, S. 159.

494 Vgl. dazu Kapellmann, Schlüsselfertiges Bauen, Rn. 189: Die neuen Fristen sollten erneut »als verbindlich« vereinbart werden, es ist darauf zu achten, dass nicht schon entstandene Ansprüche durch diese Vereinbarung untergehen.

495 Vgl. BGH, Urteil vom 10.05.2001, Az. VII ZR 248/00, in: NZBau 2001, 446, 448; BGH, Urteil vom 14.01.1999, Az. VII ZR 73/98, in: BauR 1999, 645 = NJW 1999, 1108; BGH, Urteil vom 29.11.1973, Az. VII ZR 205,71, in: BauR 1974, 206; BGH, Urteil vom 13.01.1966, Az. VII ZR 262/63, in: NJW 1966, 971; OLG Jena, Urteil vom 22.10.1996, Az. 8 U 474/96, in: IBR 1998, 199.

496 OLG Düsseldorf, Urteil vom 16.12.1999, Az. 23 U 75/99, in: IBR 2000, 120; so auch OLG München, IBR 2001, 356 für den Fall verspäteter Zahlung durch den Auftraggeber.

497 OLG Düsseldorf, Urteil vom 30.05.2000, Az. 22 U 214/99, in: NZBau 2000, 430, 431 = BauR 2000, 1336.

498 Vgl. BGH, Urteil vom 24.11.1998, Az. X ZR 21/96, in: NJW-RR 1999, 347 betreffend Softwareprojektvertrag.

499 Entsprechende Terminvereinbarungen während der Ausführungszeit begründen i. d. R. kalendertagbestimmte Vertragsfristen, vgl. BGH, Urteil vom 17.01.2002, Az. VII ZR 488/00, in: BauR 2002, 784.

2.5.5.1 Steuerungsleistungen in Bezug auf Planer

Planungsmängel stellen ein zentrales Projektrisiko, wenn nicht gar das größte Risiko für die planmäßige Realisierung von Bauprojekten dar.[500] Insbesondere der **Verzug der Planer**, speziell bezüglich der rechtzeitige Auslieferung von Ausführungsplänen, bildet eine der wichtigsten Ursachen für Projektverzögerungen.[501] Gerade deshalb ist es wichtig, dass der Projektsteuerer auch die Planlieferungsfristen sorgsam plant und so konkretisiert, dass sie entweder als Vertragsfristen in Architekten- und Fachingenieurverträge eingehen oder zumindest als Organisations- und Kontrolltermine Gegenstand allgemeiner Projektmanagementarbeit werden können. 1066

Problematisch ist die Festlegung der Fälligkeit bei nicht ausdrücklich als Vertragsfristen geregelten **Leistungszeiten für den Planer**. Das in § 271 BGB beschriebene Grundmodell, wonach der Gläubiger mangels Vertragsregelung die Leistung sofort verlangen kann und der Schuldner sie sofort zu bewirken hat, ist auf das Baugeschehen, bei dem die Einzelleistungen der Beteiligten von verschiedenen Mitwirkungshandlungen der Auftraggeber und Vorleistungen sonstiger Projektbeteiligter abhängen, nicht ohne weiteres anwendbar.[502] Damit ist jedoch nicht gesagt, dass der Planer außerhalb von Vertragsterminen seine Leistungszeit selbst bestimmen kann. Vielmehr hat er seine Leistungen auf die voraussehbaren Bedürfnisse und Abläufe auf der Baustelle/bei dem Projekt einzustellen.[503] Die Fälligkeit einer Planerleistung richtet sich grundsätzlich danach, welcher Zeitaufwand nach den Umständen des Einzelfalls für eine solche Leistung angemessen ist.[504] Im Zweifel hat der Planer mit seinen Leistungen alsbald nach Vertragsschluss zu beginnen und die Arbeiten in angemessener Form zügig zu Ende zu führen.[505] 1067

Hält der Planer eine im Planervertrag benannte **Planlieferfrist** nicht ein oder überschreitet er bei der Herstellung seiner Planungsleistungen einen Zeitaufwand, der nach den Umständen angemessen ist, kann der Auftraggeber im Rahmen einer Mahnung Abhilfe verlangen. Nach einer Mahnung kommt der Planer in jedem Fall in Verzug.[506] Eine Mahnung ist nach § 286 Abs. 2 BGB nicht erforderlich, wenn 1068

- für die Leistung eine Zeit nach dem Kalender bestimmt ist,
- der Leistung ein Ereignis vorauszugehen hat und eine angemessene Zeit für die Leistung in der Weise bestimmt ist, dass sie sich von dem Ereignis an nach dem Kalender berechnen lässt,
- der Schuldner die Leistung ernsthaft und endgültig verweigert,
- aus besonderen Gründen unter Abwägung der beiderseitigen Interessen der sofortige Eintritt des Verzuges gerechtfertigt ist.

Der Planerverzug führt zu einer **Schadensersatzpflicht des Planers**, wegen der Verzögerungsschäden nach §§ 280, 286 BGB, wegen Nichterfüllungsschäden nach § 281 BGB (Schadensersatz statt der Leistung). Gerät der Planer in Verzug und entstehen dadurch Behinderungsschadensersatzansprüche eines ausführenden Unternehmens, stellt der Behinderungsschaden in der Regel einen vom Planer zu ersetzenden Verzögerungsschaden dar. 1069

Es stellt sich die Frage, ob im Architektenvertrag geregelt werden kann, dass die **erst im weiteren Projektplanungsprozess** – z. B. in Steuerungsterminplänen – konkretisierten Planvorlagefristen 1070

500 Vgl. Werkl, Risiko- und Nutzenverhalten in der Bauwirtschaft, S. 18.
501 Vgl. dazu im Einzelnen Langen, in: Kapellmann, Juristisches Projektmanagement, Rn. 604 f.
502 Vgl. BGH, Urteil vom 08.03.2001, Az. VII ZR 470/99, in: BauR 2001, 946 = NJW-RR 2001, 806 = ZfIR, 2001, 450.
503 Es kommt eine nach den Umständen des Falles angemessene Zeit zum Tragen, wenn keine vertraglichen Vereinbarungen zustande gekommen sind, BGH, Urteil vom 28.03.1996, Az. VII ZR 228/94, in: BauR 1996, 544, 545; Langen, in: Kapellmann, Juristisches Projektmanagement, Rn. 29, S. 198: »In angemessener Zeit.«
504 OLG Düsseldorf, Urteil vom 29.11.1996, Az. 22 U 116/96, in: NJW-RR 1998, 1749 = IBR 1998, 265.
505 BGH, Urteil vom 08.03.2001, Az. VII ZR 470/99, in: BauR 2001, 946 = ZfIR, 2001, 450.
506 Schramm, Clemens/Schwenker, Christian, ZfBR 2012, 211, 212.

Verbindlichkeit erlangen. Das hätte den Vorteil, dass die Vertragspflichten des Architekten parallel zu dem dynamischen Projektentwicklungsprozess konkretisiert werden, ohne dass es vertraglicher Sonderabsprachen bedarf und ohne dass dies mit Mehrvergütungsansprüchen für die Architekten verbunden ist.[507] Mit § 307 Abs. 2 Nr. 1 BGB wäre allerdings eine **formularmäßige, allgemeine dynamische Verweisung**, wonach sich der Planer nach dem jeweils von dem Projektsteuerer erst im Projektrealisierungsprozess erstellten Planlisten zu richten hat, unvereinbar. Die einseitige und verbindliche Vorgabe von Bauzeiten nach einem erst noch zu erstellenden Zeitenplan ist grundsätzlich in Allgemeinen Geschäftsbedingungen nicht möglich.[508] Als nach dem AGB-Gesetz unwirksam sind auch formularmäßige Klauseln anzusehen, wonach der Auftraggeber bestimmte Zwischenfristen für die Planung vorgeben kann, wenn der Auftragnehmer nicht innerhalb einer bestimmten Frist widerspricht.[509]

1071 Die **formularmäßige** Regelung eines einseitigen **Leistungsbestimmungsrechtes** in Bezug auf Termine durch den Auftraggeber gem. § 315 BGB ist nach §§ 307, 308 Nr. 4 BGB unwirksam. Regelungsfähig ist dagegen eine **sukzessive Konkretisierung der Planlieferfristen** dergestalt, dass die wichtigsten Meilensteine für Planlieferungen möglichst bereits im Planervertrag – als Vertragsfristen – festgelegt werden und im Übrigen eine Konkretisierung gemäß den Festlegungen in Planerbesprechungen und dem Projektfortschritt erfolgt.[510] Wo Planlieferfristen noch nicht definiert werden können, ist es empfehlenswert, von vornherein bestimmte **Ausführungszeiträume für Planerleistungen** festzulegen und dem Auftraggeber die Möglichkeit des Abrufes (bei Einhaltung einer angemessenen Vorlauffrist) einzuräumen. Dann kann sich auch der Architekt bei seinen Betriebsabläufen rechtzeitig auf die Erfüllung der Leistungspflicht einstellen.

1072 **Terminkontrollen** werden durch die Projektsteuerer regelmäßig auf der Grundlage der Detailterminpläne (Steuerungsterminpläne) durchgeführt. Der Überprüfungsrhythmus hängt vom jeweiligen Projekt ab. Kontrollzeiträume von 2 bis 4 Wochen für Planung und Ausführung sind die Regel.

1073 Im Bereich **terminbezogener Steuerung der Planer** ergeben sich zusammengefasst folgende **Anforderungen** für die Projektsteuerertätigkeit:

- Spätestens im Zeitpunkt der Beauftragung des Objektplaners muss der Projektsteuerer die wichtigsten Meilensteine als Vertragstermine (und damit verbindliche Fristen) für die Vertragsgestaltung bereithalten.
- Der Projektsteuerer hat die Leistungen der Planer in terminlicher Hinsicht sehr sorgfältig zu planen und zu organisieren. Das schließt eine Kapazitätsplanung und darauf basierend eine Ablaufplanung (Planlieferfristen) ein. Er kann dabei grundsätzlich auf die eigenen Terminplanungen des Objektplaners für den Planungsprozess zurückgreifen und hierauf aufbauen.

---

507 Vgl. z. B. Langen, in: Kapellmann, Juristisches Projektmanagement, Rn. 29, S. 199.

508 Vgl. Kaiser, in: Markus/Kaiser/Kapellmann, AGB-Handbuch Bauvertragsklauseln, Rn. 393 ff.; Kapellmann, Schlüsselfertiges Bauen, Rn. 285, sieht keinen Verstoß gegen § 9 AGBG, wenn die Verweisungsmöglichkeit inhaltlich eingeschränkt ist, also wenn
a) die Fristverschiebung zuvor vom Auftraggeber rechtzeitig angekündigt werden muss,
b) sich auf vertraglich festgelegte »billige« Maximalverschiebungsfristen beschränkt,
c) eine maximal zulässige »billige« Gesamtverzögerung nicht überschritten wird und
d) diese Verschiebungen als solche nicht völlig unangemessen sind;
werden derartige Eingrenzungen zulässigerweise vereinbart, müssen in diesem Rahmen auch Mehrvergütungsansprüche der Architekten entsprechend § 2 Nr. 5 bzw. Nr. 6 VOB/B von vornherein ausscheiden.

509 Vgl. § 10 Nr. 5 b AGBG; Kaiser, in: Markus/Kaiser/Kapellmann, AGB-Handbuch Bauvertragsklauseln, Rn. 395.

510 Mittmann, in: AHO-Fachkommission Projektsteuerung (2004), S. 52, empfiehlt zu Recht, den Detailablaufplan für die Planung (Planung der Planung) allen Beteiligten ausgiebig zu erläutern, zu diskutieren und anschließend von allen Beteiligten unterschreiben zu lassen. Er irrt indessen, wenn er meint, hiermit sei lediglich eine psychologische Verantwortlichkeit verbunden.

– Bei der Ablaufsteuerung geht es vornehmlich um die Kapazitäts- und Terminkontrolle[511] und um Abhilfemaßnahmen im Falle von Verzögerungen. Für eine rechtzeitige Fälligstellung, Inverzugsetzung und Durchsetzung von Verzugsfolgeansprüchen unter Inanspruchnahme qualifizierter juristischer Beratung des Bauherrn sollte der Projektsteuerer Sorge tragen.

2.5.5.2 Steuerungsleistungen in Bezug auf ausführende Unternehmen

Von wesentlicher Bedeutung ist zunächst die Entwicklung und Einfügung geplanter Termine in die **Verträge mit ausführenden Unternehmen**. Dieser Prozess muss spätestens mit der Erstellung der Grobterminplanung aufgenommen werden.[512] In diesem Zusammenhang ist die unterschiedliche Qualität der in Verträge einzubeziehenden Termine und Fristen zu berücksichtigen. So differenziert etwa die VOB/B bei den Ausführungsfristen zwischen Vertragsfristen und Nichtvertragsfristen. Nichtvertragsfristen sind unverbindliche Einzelfristen, z. B. die im Bauzeitenplan genannten Termine, § 5 Abs. 1, Satz 2 VOB/B. Die Differenzierung trägt dem Gesichtspunkt Rechnung, dass es keinen Sinn machen kann, sämtliche bauablaufbezogenen Einzeltermine zum unmittelbaren Gegenstand der vertraglichen Leistungsverpflichtung des Auftragnehmers zu machen. Denn damit wäre dem Unternehmer jede Flexibilität genommen. Für den Auftraggeber bestünde die Gefahr, dass jede Änderung gegenüber den vertraglich festgeschriebenen Terminketten, soweit sie ihm zuzurechnen wäre, Entschädigungs- oder Schadensersatzansprüche auslösen könnte.[513] Zu Vertragsfristen, also den unmittelbar geltenden oder verbindlich Fristen, sollten nur solche Einzelfristen gemacht werden, die wichtige Meilensteine auf dem Weg für die Verwirklichung des Projektes darstellen.[514] Hier ist an die Fertigstellung von Gewerken zu denken, die für den weiteren Bauablauf von Bedeutung sind, etwa die Herstellung einer geschlossenen Bodenplatte oder einer geschlossenen Hülle, ggf. auch die Herstellung des sog. veredelten Rohbaus als Grundlage für Mieterausbauten etc. 1074

Die Projektsteuerung/das Projektmanagement hat also darauf zu achten, dass die für die Verträge maßgeblichen Fristen im Einzelnen benannt werden und dabei auch klargestellt wird, ob es sich um **Vertragsfristen** oder um **zunächst unverbindliche Einzelfristen** (z. B. des Bauzeitenplans) handelt. Baubeginn und Fertigstellungstermin werden i. d. R. als Vertragsfristen zu qualifizieren sein, auch wenn dies nicht ausdrücklich herausgestellt worden ist. Im Übrigen werden bei Anwendung der VOB/B nur ausdrücklich als solche bezeichnete Fristen als Vertragsfristen anzusehen sein.[515] Haben die Vertragspartner keine bestimmte Zeit für die Erbringung der Leistung vereinbart, ist zunächst zu prüfen, ob sich nicht aus den Umständen eine solche Frist ergibt, die Vertragsparteien also durch schlüssiges Verhalten eine verbindliche Leistungszeit vereinbart haben. Ist dies nicht der Fall, hat der Auftragnehmer im Zweifel alsbald nach Vertragsschluss zu beginnen und seine Leistungen in angemessener Form zügig zu Ende zu führen.[516] Bei der Auslegung sind die objektiven Anforderungen der jeweiligen Baustelle zu berücksichtigen. 1075

Für VOB/B-Verträge gilt § 5 Abs. 1 VOB/B, wonach die Ausführung nach verbindlichen Fristen (Vertragsfristen) zu beginnen, angemessen zu fördern und zu vollenden ist. Sofern keine Frist für den Ausführungsbeginn vereinbart ist, sieht § 5 Abs. 2 VOB/B vor, dass der Auftraggeber dem Auftragnehmer auf Verlangen Auskunft über den voraussichtlichen Beginn zu erteilen hat 1076

511 Zu den Anforderungen an die Kapazitäts- und Terminkontrolle vgl. ausführlich Kalusche, in: Oelsner, Praxis der Planungs- und Bauökonomie, S. 55.
512 Siehe dazu Rdn. 1036 f.
513 Althaus, in: Beck'scher VOB-Kommentar, § 5 Abs. 1, Rn. 25 ff. VOB/B; Langen, in: Kapellmann/Messerschmidt, VOB/B, § 5, Rn. 28; Schiffers, Jahrbuch Baurecht, 1998, 275/285.
514 Nach § 11 Abs. 2 Nr. 2 VOB/A sollen bei der Aufstellung eines Bauzeitenplans nur die für den Fortgang der Gesamtarbeit besonders wichtigen Einzelfristen zu Vertragsfristen gemacht werden; so auch Kapellmann/Langen, Einführung in die VOB/B, Rn. 61.
515 Vgl. Althaus, in: Beck'scher VOB-Kommentar, § 5 Abs. 1, Rn. 9, 25.
516 BGH, Urteil vom 08.03.2001, Az. VII ZR 470/99, in: BauR 2001, 946 = ZfIR 2001, 450.

und der Auftragnehmer dann innerhalb von 12 Werktagen nach Aufforderung mit der Leistung beginnen muss. Nach § 5 Abs. 3 VOB/B kann der Auftraggeber Abhilfe verlangen, wenn Arbeitskräfte, Geräte, Gerüste, Stoffe oder Bauteile so unzureichend sind, dass die Ausführungsfristen offenbar nicht eingehalten werden können. Die Versuche, die Unwägbarkeit der Terminplanung und die Vorgabe verbindlicher Termine in Verträgen wegen der involvierten Planungsunsicherheiten durch Regelung einseitiger Änderungsrechte zugunsten des Auftraggebers auf die Schultern des Auftragnehmers zu verlagern, sind jedenfalls in vorformulierter Form nach § 307 Abs. 2 BGB unwirksam. Das gilt insbesondere für Klauseln, wonach im Projekthandbuch später benannte geänderte Termine oder später überreichte Bauzeitenpläne als verbindlich anerkannt werden müssen.[517]

1077 Soweit **Vertragsfristen vereinbart** sind, muss der bauausführende Unternehmer die Leistung innerhalb der vorgesehenen Frist erbringen. Die Leistung ist zum Zeitpunkt des Ablaufes der Vertragsfrist fällig. Die – z. B. im Bauzeitenplan – vorgegebenen Einzelfristen bleiben indessen keineswegs völlig unverbindlich. Der Auftraggeber kann nämlich bei Verstreichen von Einzelfristen nach § 5 Abs. 3 VOB/B eine Abhilfeaufforderung stellen und dann Ansprüche aus § 5 Abs. 4 VOB/B geltend machen.

1078 § 323 Abs. 4 BGB sieht im Übrigen für sämtliche Schuldverhältnisse die Möglichkeit des Auftraggebers vor, sogar bereits vor endgültiger Fälligkeit einer Leistung **zurückzutreten**, wenn offensichtlich ist, dass die Voraussetzungen des Rücktritts eintreten werden, z. B. ein Auftragnehmer so weit in Leistungsrückstand geraten ist, dass er die vereinbarte Fertigstellungsfrist nicht mehr einhalten kann.

1079 Im Hinblick auf die Verzugsregelungen und -folgen ist des Weiteren zwischen sog. **Kalenderfristen** und **Nichtkalenderfristen** zu differenzieren. Ist die Vertragsfrist eine nach dem Kalender bestimmte Frist im Sinne des § 286 Abs. 2 Nr. 1 BGB, dann bedarf es keiner gesonderten Mahnung. Der Auftraggeber gerät mit dem Verstreichen der Frist in Verzug. Die bloße Ca.-Fristangabe begründet in der Regel keine derartige Kalenderfrist.[518] Entsprechendes gilt nach § 286 Abs. 2 Nr. 2 BGB, wenn der Leistung ein Ereignis vorauszugehen hat und eine angemessene Zeit für die Leistung in der Weise bestimmt ist, dass sie sich von dem Ereignis an nach dem Kalender berechnen lässt (**Ereignisfrist**).[519] Schließlich bedarf es keiner Mahnung, wenn der Auftragnehmer die Leistung ernsthaft und endgültig verweigert oder aus besonderen Gründen unter Abwägung der beiderseitigen Interessen der sofortige Eintritt des Verzuges gerechtfertigt ist, § 286 Abs. 2 Nr. 3, 4 BGB. Der Projektmanager hat deshalb bei der Geltendmachung von Verzugsfolgenansprüchen genau zu prüfen, ob ein Verstoß gegen eine Vertragsfrist in der Form einer Kalenderfrist vorliegt, oder aber eine gesonderte Mahnung erforderlich ist, um die Verzugsfolgen, etwa eine Vertragsstrafe, auszulösen.

1080 Wenn es auf Grund einseitiger Anordnungen des Auftraggebers oder aber geänderter Projektumstände Terminverschiebungen gegeben hat, können sich als Kalenderfristen definierte Vertragsfristen verschieben. In der VOB/B ist dies in § 6 Abs. 2 VOB/B detailliert geregelt. Die Ausführungsfristen werden nach dieser Vorschrift verlängert, soweit eine Behinderung auf Grund von Umständen eintritt, die der Sphäre des Auftraggebers zuzuordnen sind. In all diesen Fällen einer Terminverschiebung wird die **Kalenderfrist zu einer Nichtkalenderfrist** mit der Konsequenz, dass Verzugsfolgen erst eintreten, wenn zuvor eine wirksame Mahnung ausgesprochen worden ist (es sei denn, nach § 286 Abs. 2 Nr. 2 bis 4 ist eine solche ausnahmsweise entbehrlich). Dabei gilt die Besonderheit, dass die Mahnung **nach Fälligkeit** ausgesprochen werden muss. Wird sie vorher

517 Vgl. Markus/Kaiser/Kapellmann, AGB-Handbuch Bauvertragsklauseln, Rn. 393 ff.; Vgl. Althaus, in: Beck'scher VOB-Kommentar, § 5 Nr. 1, Fn. 50 in Rn. 25.

518 OLG Koblenz, Urteil vom 23.04.2013, Az. 3 U 838/12, in: NZBau 2013, 500, 501.

519 Zur Definition von Kalenderfristen BGH, Urteil vom 25.10.2000, Az. VIII ZR 326/99, in: NJW 2001, 365.

ausgesprochen, ist sie wirkungslos.[520] Dieser Umstand führt dazu, dass bei gestörten Terminabläufen für den Projektsteuerer/Projektmanager nur sehr schwer feststellbar ist, wann er eine Mahnung nun konkret auszusprechen hat. Die Verzugsfolgen, nämlich Rücktritt/Kündigung nach §§ 323 BGB, 5 Nr. 4 VOB/B oder Schadensersatz nach §§ 281, 286 BGB, 5 Abs. 4 VOB/B i. V. m. 6 Abs. 6 VOB/B wie auch die Verwirkung einer Vertragsstrafe setzen aber eine ordnungsgemäße Inverzugsetzung voraus.

Treten Terminstörungen auf, wird der Auftragnehmer hierfür regelmäßig **auftraggeberseitige** 1081 **Behinderungen** verantwortlich machen wollen und Behinderungsanzeigen nach § 6 Abs. 1 VOB/B verfassen. Dem Projektsteuerer kommt hierbei die Aufgabe zu, die Sachverhaltsklärung und Dokumentation zu sichern und Behinderungsschreiben daraufhin zu überprüfen, ob sie den vertraglichen Anforderungen nach § 6 VOB/B entsprechen. Dabei ist festzuhalten, dass der BGH in diesem Zusammenhang sehr **strenge Anforderungen** stellt. Die Behinderungsanzeige muss alle Informationen enthalten, damit der Auftraggeber erkennen kann, ob er auf Störungen zu reagieren hat. Es muss außerdem deutlich werden, ob und inwieweit der vermeintlich störende Umstand in die laufende Arbeitsorganisation eingreift. Die bloß pauschale Benennung von Behinderungsgründen reicht dementsprechend nicht aus.[521] Auch bei der späteren Durchsetzung etwaiger Behinderungsschadensersatzansprüche muss der Auftragnehmer – auch bei **Großbaustellen** – spezifiziert und bauablaufbezogen darstellen, wie sich einzelne Bauablaufstörungen auf die Arbeitsprozesse ausgewirkt haben.[522]

Zeichnet sich ab, dass ein Terminverzug auftritt, wird der Projektsteuerer/Projektmanager 1082 **Beschleunigungsmaßnahmen** erwägen. Dabei ist zu beachten, dass Beschleunigungen für den Auftraggeber nur dann kostenfrei sind, wenn sie auftragnehmerseitig zu vertreten, vgl. § 5 Abs. 3 VOB/B oder im Rahmen von § 6 Abs. 3 VOB/B zu erbringen sind. Treten Verschiebungen von Terminketten auf Grund von Umständen ein, die der Auftraggeber zu vertreten hat, dann kann der Auftraggeber nicht verlangen, dass der Auftragnehmer seine Leistungen zur Terminaufholung beschleunigt. Insbesondere gibt § 1 Abs. 3, 4 VOB/B hierfür keine Handhabe. Dementsprechend muss der Auftraggeber von ihm selbst veranlasste Beschleunigungsmaßnahmen **in der Praxis teuer »erkaufen«**.

Der Projektmanager/-steuerer hat den Auftraggeber auch zur Vereinbarung von **Vertragsstrafen** in 1083 Verträgen ordnungsgemäß zu beraten.[523] Dabei hat er eine wirksame Ausgestaltung der Vertragsstrafe zu empfehlen und muss insoweit über die notwendigen vertragsrechtlichen Kenntnisse verfügen oder auf die Einschaltung eines Juristen verweisen. Verwendet der Projektmanager/-steuerer Vertragsformulare mit unwirksamen Vertragsstrafenklauseln oder setzt er solche in Verträge ein, ohne seiner Prüf- oder Hinweispflicht nachzukommen, kann sich der Projektmanager/-steuerer schadensersatzpflichtig machen. Die Bedeutung von Vertragsstrafen darf indessen nicht überschätzt werden. In der Praxis sind die Vertragsstrafen selten durchsetzbar. Dies liegt einerseits daran, dass die formularmäßige Einbeziehung von Vertragsstrafen in Verträge engen Grenzen unterliegt und die Geltendmachung der Vertragsstrafe speziell unter den bereits dargestellten Gesichtspunkten des Verzugseintritts wie auch der Verteidigungsmöglichkeiten der Auftragnehmerschaft auf besondere Schwierigkeiten stößt. Insoweit wird auf die nachfolgende **Übersicht »Vertragsstrafen«** verwiesen.

---

520 Vgl. BGH, Urteil vom 29.04.1992, Az. XII ZR 105/91, in: NJW 1992, 1956; BGH, Urteil vom 27.03.1980, Az. VII ZR 214/79, in: BGHZ 77, 60, 64.

521 Vgl. BGH, Urteil vom 21.10.1999, Az. VII ZR 185/98, in: NZBau 2000, 187 = NJW 2000, 1336 = BauR 2000, 722; Urteil vom 21.03.2002, Az. VII ZR 224/00, in: NZBau 2002, 381, 383 = NJW 2000, 2716 = BauR 2002, 1249; vgl. auch Rdn. 1019 m. w. N.

522 Vgl. BGH, Urteil vom 21.03.2002, Az. VII ZR 224/00, in: NZBau 2002, 381, 382 =BauR 2002, 1249, 1251.

523 Siehe auch Rdn. 2526.

1084 Im Bereich der Steuerung der Termine für die **bauausführenden Unternehmen** geht es für den Projektsteuerer vornehmlich um folgende Aufgaben, soweit diese nach dem Projektsteuerervertrag nicht den Objektplanern vorbehalten sind:
- Sorgfältige Aufstellung der Bauablaufpläne; Grob- und Detailablaufpläne sind regelmäßig graphisch darzustellen und – soweit erforderlich – durch einen Erläuterungsbericht zu ergänzen.
- Vorgabe von Vertragsfristen und Einzelfristen für die Vertragsgestaltung sowie Hinwirken auf eine ausreichende Verzugsfolgenregelung.
- Controlling der Termine und Erarbeitung von Vorschlägen zur Überwindung von Soll-Ist-Abweichungen.

1085 Soweit nicht der Projektsteuerungsvertrag etwas anderes regelt, umfasst die Verpflichtung des Projektsteuerers zur **Terminsteuerung** im Zweifel **auch wiederholte und alternative Terminplanungen** unter Berücksichtigung geänderter Bauumstände. Das gilt insbesondere, wenn der Projektsteuerer das Nachtragsmanagement (Changemanagement[524]) übernimmt und sich auch bezahlen lässt. Steuerungstätigkeiten bei geänderten Projektbedingungen sind durchaus berufstypisch und gehören im Zweifel zum vertraglichen Leistungssoll.[525] Etwas anderes kann aber dann gelten, wenn gravierende Änderungen der Projektumstände auftreten, die zu einer für den Projektsteuerer unvorhergesehenen und vom Vertrag nicht erfassten Leistungserschwernis führen und vom Projektsteuerer im Rahmen seiner Koordinationspflicht nicht zu verhindern waren (Störung der Geschäftsgrundlage); vgl. dazu auch Rdn. 1726.

524 Zu den Grenzen rechtsberatender Tätigkeit des Projektsteuerers vgl. Rdn. 961.
525 Vgl. Wingsch, in: Hartmann, HOAI, Stand: März 1998, § 31, Rn. 15, S. 36.

Terminmanagement in Bezug auf Planer und Unternehmer 1086

	Aufgaben des Nachtragsmanagements	Prüfungsschritte: VOB-Vertrag		Prüfungsschritte: Planervertrag: BGB-Bauvertrag	
1	Terminplanung	zeitliche Strukturierung des Planungs- und Bauprozesses (Rahmentermine) Bestimmung der Vertragstermine für den Planungs- und Bauprozess Vorgabe der Ausführungsfristen (Vertragsfristen – Einzelfristen des Bauzeitenplans), Regelung: Verzugsfolgen Bestimmung der Einzelfristen für den Bauzeitenplan			
2	Analyse der relevanten Fristen	Vertragsfristen z.B. für Meilensteine, Beginn- und Fertigstellungsfrist	Nichtvertragsfristen z.B. Einzelfristen und Bauzeitenplan	Vertragsfristen z.B. Frist für die Fertigstellung der Planungsergebnisse	Nichtvertragsfristen z.B. Einzelfrist der Planlieferung im Bauzeitenplan
3	Terminüberwachung (Soll-Ist-Vergleiche)	Abweichungsfeststellung	Abweichungsfeststellung	Abweichungsfeststellung	Abweichungsfeststellung
4	Reaktionen auf festgestellte Abweichungen Abhilfeaufforderung/ Fälligstellung von Fristen	bei Fristüberschreitung sofort fällig	bei Fristüberschreitung ggf. Abhilfeaufforderung, § 5 Abs. 3 VOB nach Fristablauf: Fälligkeit	bei Fristüberschreitung sofort fällig	bei Fristüberschreitung ggf. Abhilfeaufforderung, §§ 242, 271 BGB nach Fristablauf: Fälligkeit
5	Reaktionen auf Fristversäumnisse Inverzugsetzung/ Mahnung	Kalenderfrist/ Ereignisfrist (Mahnung entbehrlich) sofort Verzug	Nichtkalenderfrist/ Nichtereignisfrist Mahnung Verzug	Kalenderfrist/ Ereignisfrist (Mahnung entbehrlich) sofort Verzug	Nichtkalenderfrist/ Nichtereignisfrist Mahnung Verzug
6	Feststellung der Verzugsfolgen	• Ermittlung der Auswirkungen des Verzuges von Planern und Unternehmern nach dem weiteren Planungs- und Ausführungsprozess/Feststellung von Schäden			
7	Änderung der Planung/ Feststellung der Auswirkungen der neuen Fälligkeit auf Planung und Ausführung	• Festlegung der Änderungsfolgen in Planer- und Baubesprechungen: z.B. Anpassung von Terminen und des Bauzeitenplans			
8	Prüfung, Festlegung und Durchsetzung verzugsbedingter Rechtsfolgen	• Vorbehalt und Geltendmachung der Vertragsstrafe – soweit wirksam vereinbart – • Schadensersatz wegen Verzug (§§ 5 Abs. 4, 6 Abs.6 VOB/B oder §§ 280, 286 BGB) • Kündigung (§ 323 BGB) oder Rücktritt			
9	Abschluss des Änderungsmanagements	• Änderung der Terminplanung/ggf. Anpassung der Verträge • Abschließende Dokumentation der Auswirkung von Terminänderungen und der Durchsetzung von Verzugsfolgen			

1087

Checkliste Vertragsstrafen bei Bauverträgen
1 Grenzen formularmäßiger Vertragsstrafen in Bauverträgen
1.1 Vertragsstrafenregelungen unabhängig vom Verzug sind unwirksam[526]; im Wege der Auslegung ist festzustellen, ob eine verzugsunabhängige Vertragsstrafe gewollt ist.[527]
1.2 Voraussetzung für die Geltendmachung der Vertragsstrafe ist der Vorbehalt bei der Abnahme.[528] Das vollständige Abbedingen des Vertragsstrafevorbehaltes ist unzulässig; der Vorbehalt kann allerdings bis zur Schlusszahlung hinausgeschoben werden.[529]
1.3 Schadensersatzansprüche müssen auf verwirkte Vertragsstrafen angerechnet werden.[530]
1.4 Die Vertragsstrafenfestlegung erfordert eine sachgerechte Bestimmung der Einzelstrafe für die Fristüberschreitung pro Tag wie auch eine feste Gesamtobergrenze. Die feste Gesamtobergrenze für alle Vertragsstrafen beträgt max. 5 % der Auftragssumme.[531]
1.5 Die Einzelvertragsstrafe kann bei 0,2 % pro Kalendertag bis 0,3 % pro Werktag liegen.[532] Unzulässig ist bereits die Vereinbarung einer Vertragsstrafe in Höhe von 0,5 % pro Arbeitstag, auch bei einer Deckelung von insgesamt 5 %[533] und erst recht bei einer Deckelung von 10 %.[534]
1.6 Die Vertragsstrafe für Zwischenfristen darf nicht in derselben Höhe verwirkt werden wie diejenige für die Überschreitung des Endtermins.[535] Vielmehr muss die Druckfunktion der Vertragsstrafe grundsätzlich in einem angemessenen Verhältnis zum Werklohn stehen. Für eine Vertragsstrafenregelung bei einer Zwischenfrist darf dementsprechend nicht an die Gesamtauftragssumme angeknüpft werden, wenn gleichzeitig der höchste Tagessatz von 0,3 % oder die Obergrenze von 5 % auf dieser Grundlage zur Anwendung kommen soll. In aller Regel kann deshalb für Zwischenfristen nur an die jeweils anteilige Bausumme angeknüpft werden.[536]

526 BGH, Urteil vom 03.04.1998, Az. V ZR 6/97, in: NJW 1998, 2600, 2601; Kemper, BauR 2001, 1015, 1016; vgl. zur Auslegung als verschuldensabhängige Vertragsstrafe BGH, Urteil vom 13.12.2001, Az. VII ZR 432/00, in: NZBau 2002, 265 f. = IBR 2002, 184.

527 BGH, Urteil vom 08.07.2004, Az. VII ZR 231/03, in: BauR 2004, 1611 = IBR 2004, 490.

528 OLG Naumburg, Urteil vom 08.01.2004, Az. 4 U 154/03, in: BauR 2004, 1831 = IBR 2004, 681.

529 OLG Dresden, Urteil vom 18.09.1997, Az. 7 U 763/97, in: IBR 2000, 428; BGH, Urteil vom 18.11.1982, Az. VII ZR 305/81, in: BauR 1983, 80.

530 Vgl. etwa OLG Bremen, Urteil vom 07.10.1986, Az. 1 U 151/85, in: NJW-RR 1987, 468.

531 BGH, NZBau 2013, 22; NZBau 2014, 100, 102; BGH, Urteil vom 08.07.2004, Az. VII ZR 24/03, in: NZBau 2004, 609 = BauR 2004, 1609 = IBR 2004, 561; BGH, Urteil vom 23.01.2003, Az. VII ZR 210/01, in: NZBau 2003, 321 = BauR 2003, 870 = NJW 2003, 1805 = IBR 2003, 355; Minuth, NZBau 2003, 315.

532 0,3 % pro Kalendertag kann bereits zur Unwirksamkeit führen, OLG Dresden, Urteil vom 08.02.2001, Az. 16 U 2057/00, in: IBR 2001, 413; vom BGH gebilligt wurden 0,3 % pro Werktag, vgl. BGH, Urteil vom 06.12.2007, Az. VII ZR 28/07, in: IBR 2008, 143.

533 Vgl. BGH, Urteil vom 07.03.2002, Az. VII ZR 41/01, in: NZBau 2002, 383 = BauR 2002, 1086; BGH, Urteil vom 20.01.2000, Az. VII ZR 46/98, in: NZBau 2000, 327 = BauR 2000, 1049.

534 BGH, Urteil vom 07.03.2002, Az. VII ZR 41/01, in: NZBau 2002, 383; Urteil vom 17.01.2002, Az. VII ZR 198/00, in: BauR 2002, 790 = IBR 2002, 241; OLG Düsseldorf, Urteil vom 14.09.2001, Az. 22 U 37/01, in: NZBau 2002, 276; vgl. auch OLG Dresden, Urteil vom 08.02.2001, Az. 16 U 2057/00, in: BauR 2001, 949, Unzulässigkeit bei 0,3 % pro Kalendertag und Deckelung bei 10 % der Bruttoabrechnungssumme.

535 OLG Jena, Urteil vom 10.04.2002, Az. 7 U 938/01, in: BauR 2003, 1416 = NJW-RR 2002, 1178 = IBR 2002, 542.

536 BGH, NZBau 2013, 222.

1.7 Bei der Kumulation von Vertragsstrafen für Zwischen- und Fertigstellungsfristen bedarf es einer Regelung zur Anrechnung der Vertragsstrafe für Zwischenfristen auf diejenige für die Fertigstellungsfrist, um eine übermäßige Kumulation zu vermeiden.[537] Bei einer teilbaren Vertragsstrafenregelung führt die unwirksame Vertragsregelung für Zwischenfristen nicht zur Unwirksamkeit der Vertragsstrafe für die Überschreitung der Endfrist.[538]

1.8 Ändern die Vertragsparteien die Ausführungsfristen, ohne die Vertragsstrafe neu festzulegen, kann nicht ohne weiteres davon ausgegangen werden, dass die Vertragsstrafe aufrechterhalten werden soll.[539] Die formularmäßige Erstreckung des Vertragsstrafeversprechens auf geänderte oder neu vereinbarte Termine ist i. d. R. unwirksam.[540]

2 Durchsetzungsprobleme bei Vertragsstrafen

2.1 Das formularmäßig nicht abdingbare Verzugserfordernis stellt eine erhebliche Erschwerung der Geltendmachung von Vertragsstrafen dar: Es muss jeweils der genaue Fälligkeitszeitpunkt der ggf. verschobenen Ausführungsfrist festgestellt und erst hiernach gemahnt werden, um den Verzug herbeizuführen. Wegen der Intransparenz gestörter Bauabläufe stellt diese Feststellung in der Praxis erhebliche Anforderungen an die Beteiligten.

2.2 Die vereinbarte Vertragsstrafe kann entfallen, wenn der Terminplan durch auftraggeberseitig zu vertretende Ereignisse völlig umgeworfen wird.[541]

2.3 An dem notwendigen Verschulden kann es fehlen, wenn die Verzögerung darauf beruht, dass der Auftraggeber trotz Vorliegens einer Leistungsänderung eine solche nicht bestreitet sowie eine Preisänderung grundsätzlich ablehnt und der Auftragnehmer deshalb von seinem Leistungsverweigerungsrecht Gebrauch gemacht hat.[542]

2.4 Ausführungsfristverlängerung auf Grund von Umständen, die der Sphäre des Auftraggebers zuzuordnen sind, führen zu einer Terminverlängerung, die sich auch auf Vertragsstrafen auswirkt. In diesem Zusammenhang ist wichtig, dass der Auftragnehmer sich zur Verteidigung gegen die Vertragsstrafe auch auf Behinderungen berufen kann, wegen derer er keinerlei Behinderungsanzeige während des Bauablaufes geschrieben hat.[543]

---

537 OLG Koblenz, Urteil vom 23.03.2000, Az. 2 U 792/99, in: BauR 2000, 1338 = NJW-RR 2000, 1042; OLG Hamm, Urteil vom 10.02.2000, Az. 21 U 85/98, in: BauR 2000, 1202; vgl. auch BGH, Urteil vom 14.01.1999, Az. VII ZR 73/98, in: BauR 1999, 645, 646.

538 KG, Urteil vom 07.01.2002, Az. 24 U 9084/00, in: IBR 2003, 183.

539 OLG Celle, Urteil vom 21.09.2004, Az. 16 U 111/04, in: BauR 2006, 1478, 1479; OLG Celle, Urteil vom 05.06.2003, Az. 14 U 184/02, in: BauR 2004, 1307 = OLGR 2004, 292 = IBR 2004, 236.

540 Kemper, BauR 2001, 1015, 1019; Werner/Pastor, Der Bauprozess, Rn. 2593 a. E.; vgl. aber auch OLG Naumburg, Urteil vom 21.12.1998, Az. 2 U 21/98, in: BauR 2000, 919 = IBR 2000, 66, Revision vom BGH nicht angenommen, Beschluss vom 25.11.1999, Az. VII ZR 95/99: Verschieben die Parteien die Ausführungsfrist ohne erneute Abrede einer Vertragsstrafe, hängt es vom Einzelfall ab, ob die Parteien die Vertragsstrafe aufrechterhalten wollen.

541 Siehe dazu BGH, Urteil vom 10.05.2001, Az. VII ZR 248/00, in: NZBau 2001, 446, 448 = IBR 2001, 412; BGH, Urteil vom 14.01.1999, Az. VII ZR 73/98, in: NJW 1999, 1108 = BauR 1999, 645, 648; BGH, Urteil vom 29.11.1973, Az. VII ZR 205/71, in: BauR 1974, 206, 207; BGH, Urteil vom 13.01.1966, Az. VII ZR 262/63, in: NJW 1966, 971; OLG Köln, Urteil vom 20.06.2013, Az. VII ZR 82/12, in: NZBau 2013, 567, 568; ergänzend OLG Köln, Urteil vom 30.08.2000, Az. 11 U 25/99, in: BauR 2001, 1105, 1107: Der Auftragnehmer hat konkrete, zeit- und mengenmäßig fassbare, durch Verschiebung verursachte Behinderungen vorzutragen; dazu ausführlich Vogel, in: ZfIR, 2005, 373.

542 OLG Düsseldorf, Urteil vom 14.09.2001, Az. 22 U 37/01, in: NZBau 2002, 276.

543 Vgl. BGH, Urteil vom 14.01.1999, Az. VII ZR 73/98, in: BauR 1999, 645; OLG Zweibrücken, Urteil vom 03.03.2006, Az. 1 U 48/00, in: IBR 2006, 246.

2.6 Beauftragter Leistungsumfang der Projektsteuerung im Einzelfall

1088 Das vorstehend erläuterte Leistungsprogramm der Projektsteuerer muss nicht stets vollständig beauftragt oder erbracht werden. Entscheidend ist, welchen Leistungsumfang der **Projektsteuerungsvertrag** für die Abwicklung des konkreten Projektes vorsieht.

1089 Der Auftraggeber kann den Projektsteuerer mit einzelnen **Teilleistungen**, und zwar sowohl beschränkt auf einzelne Leistungsphasen (Stufen) – zeitlich ablaufbezogen – oder mit einzelnen Handlungsbereichen – inhaltlich aufgabenbezogen – beauftragen. Die Praxis ist durch vielfältige Teilbeauftragungen geprägt. Das gilt insbesondere für das Vergabemanagement, das Qualitätsmanagement wie auch das Termin- oder Kostencontrolling. Selbst Projektsteuererbüros vergeben Teilaufträge der Projektsteuerung an qualifizierte Nachunternehmer. Das gilt insbesondere bei der Übernahme von Projektcontrollingaufträgen im Hinblick auf technisch geprägte Einzelleistungen wie Kontrolle der Fassadenplanung, TGA-Controlling oder Abnahmecontrolling.

1090 Generell scheint der **Trend** zur Delegation von Projektsteuerungsleistungen auf externe »Dienstleister« ungebrochen. Dieser Entwicklung liegt zugrunde, dass sich vielfach die Einstellung und dauerhafte Vorhaltung entsprechend qualifizierten Personals nicht rechnet.

1091 Soweit der Projektsteuerungsvertrag nichts Spezielles regelt und auch sonstige Auslegungsgesichtspunkte nicht vorhanden sind, hat der Projektsteuerer nur solche Einzelleistungen aus dem Programm der Projektsteuerung zu übernehmen, die für die Projektrealisierung **erforderlich sind**. Ohne besondere Anhaltspunkte im Vertrag wird i. d. R. **nicht** anzunehmen sein, dass der Projektsteuerer folgende Leistungen zu erbringen hat:

- Aufgaben der Projektentwicklung wahrzunehmen;
- den Auftraggeber zu Finanzierungsfragen zu beraten;[544]
- Nutzerentscheidungen herbeizuführen;
- Facility Management zu betreiben, sofern dieses nicht ausschließlich darin besteht, schon während des Projektrealisierungsprozesses eine Nutzungsoptimierung zu berücksichtigen;[545]

---

544 Bei der Definition der Projektziele hat der Projektsteuerer auch zu klären, ob und ggf. welche Finanzierungsalternative in Betracht kommt und welche weiteren Abhängigkeiten sich hierdurch ergeben. Die Förderungsfähigkeit selbst muss der Projektsteuerer nur dann untersuchen, wenn dies ausdrücklich zum Vertragsgegenstand gemacht worden ist. Dasselbe gilt für die Unterstützung des Auftraggebers bei der Einholung von Fördermitteln und der Fremdkapitalfinanzierung; das ist eine besondere Leistung nach der Leistungs- und Honorarordnung Projektsteuerung, DVP/AHO; vgl. dazu Diederichs, in: AHO-Fachkommission Projektsteuerung, S. 40. Wie der Architekt muss auch der Projektsteuerer den Auftraggeber vor Schäden im Zusammenhang mit der Möglichkeit, öffentliche Fördergelder in Anspruch zu nehmen, bewahren. Es ist aber zunächst eine Frage der Reichweite der Beauftragung, ob insoweit weitere Vertragspflichten als generelle Warnpflichten übernommen werden. Soweit dies naheliegt, hat auch der Projektsteuerer den Architekten auf die Inanspruchnahme öffentlicher Fördermittel hinzuweisen. Wie der Architekt haftet auch der Projektsteuerer, wenn auf Grund seiner allgemeinen Vertragspflichten kein ordnungsgemäßes Kostencontrolling durchgeführt wird und deshalb der Antrag auf Bewilligung von Fördermitteln nicht pflichtgemäß erstellt werden kann, vgl. für den Architekten: BGH, Urteil vom 07.07.1988, Az. VII ZR 72/87, in: BauR 1988, 734; für den Umfang der Berufshaftpflichtversicherung in derartigen Fällen: OLG Bamberg, Urteil vom 23.10.1997, Az. 1 U 57/97, in: OLGR Bamberg 1998, 71 = IBR 1998, 217.

545 Nicht selten werden Projektsteuerer mit der Unterstützung des Auftraggebers bei der Entwicklung und Einführung eines Facility-Management-Systems beauftragt. Hierbei geht es oft um folgende Leistungen:
1. Festlegen der Grundsätze eines Facility-Management-Systems.
2. Festlegung der Organisationsstruktur und – während der Bauerrichtung – der Schnittstelle zu den Architekten
   - Ermittlung der Grundlagen für den Einsatz eines zukünftigen Facility-Management-Systems
   - Aufgabenfelder und Aufgabenverteilung
   - Schnittstellendefinition (Vermögensverwaltung, interne Revision, Rechnungswesen usw.).
3. Erarbeitung eines Anforderungs- und Pflichtenheftes als Grundlage für die Auswahl geeigneter Facility-Management-Systeme einschließlich Softwarebestandsdatenpflege usw.

- die Aufgaben anderer fachlicher Beteiligter ganz oder teilweise zu übernehmen (etwa die Objektplanung nachzuarbeiten);
- Rechtsberatungsleistungen zu erbringen, insbesondere komplexe Verträge auszuarbeiten, da der Projektsteuerer derartige Tätigkeiten gar nicht vornehmen darf;[546]
- den Auftraggeber nach Abschluss des Projektes in gerichtlichen Verfahren zu unterstützen (soweit mehr verlangt wird als die allgemeine Information der Prozessbeteiligten oder die Überreichung der ohnehin erstellten Dokumente aus dem Projekt);
- den Auftraggeber hinsichtlich steuerlicher Gestaltungen zu beraten;
- Wertermittlungen vorzunehmen;
- Übernahme der SiGe-Koordination;
- Gestellung einer DV-Plattform für das Projekt.

2.7 Vorteilhaftigkeit der Projektsteuerung

Durch Einschaltung eines Projektsteuerers können wesentliche wirtschaftliche Vorteile erzielt werden.[547] Dabei sind folgende Aspekte herauszustellen: 1092

- Infolge der Einschaltung eines Projektsteuerers kann während der Gesamtdauer des Projektes ein **professionelles Entscheidungsmanagement** sichergestellt werden. Der Projektsteuerer soll wichtige Entscheidungen des Auftraggebers so vorbereiten, dass dessen Zielsetzung eindeutig erkannt, formuliert und verwirklicht werden kann. Die Projektsteuerung ist daher auch ein wichtiges Element des **Risikomanagementsystems** des Auftraggebers. Eine Breitenumfrage hat ergeben, dass die Verringerung von Unsicherheiten im Projekt ein Hauptbeweggrund für die Beauftragung von Projektsteuerungsleistungen durch Auftraggeber ist.[548]
- Die Projektsteuerung soll die Schnittstellen zwischen den einzelnen am Projekt Beteiligten 1093 genau definieren und für eine **klare** und überschaubare **Projektorganisation** sorgen. Wichtige Aufgaben fallen dem Projektsteuerer insbesondere hinsichtlich der projektspezifischen Festlegung der Planer- und Unternehmereinsatzformen zu. Dabei kann die Projektsteuerung für eine verstärkte Verzahnung von Planen und Bauen sorgen.
- Die **Transparenz** und die **Kontrolle** der Leistungsprozesse in kostenmäßiger, qualitativer und 1094 zeitlicher Hinsicht kann mit den Instrumenten des Projektmanagements **während der gesamten Projektdauer** sichergestellt werden.[549]

546 Vgl. zu den Grenzen rechtsberatender Tätigkeit des Projektsteuerers Rn. 956 f.

547 Vgl. zum Nutzen des Projektmanagements Diederichs, in: Seminar rechtliche Problemstellungen beim Projektmanagement, S. 73, 92; ders., formuliert in: Hartmann, HOAI, Stand: Juni 2009, § 31, Rn. 3, S. 7: »Die Nutzenstiftung ganzheitlichen Projektmanagements aus Projektleitung und Projektsteuerung und damit sämtlicher Auftraggeberfunktionen besteht damit in der Sicherung der Qualitäts-, Kosten- und Terminziele einerseits sowie in der Sicherung angemessener Produktions-, Arbeits- und Nutzungsbedingungen für Projektbeteiligte und künftige Nutzer sowie der Umweltverträglichkeit andererseits.«; vgl. auch Harmuth, Ulrich, Erfolgsfaktoren für Projekte – Analyse von PM-Award-Projekten nach gemeinsamen Erfolgsfaktoren, Diplomarbeit, Wuppertal 2003.

548 Vgl. Zobel, Systematische Entwicklung von Leistungsinventionen im Bauprojektmanagement, S. 129.

549 Vgl. Diederichs, in: Hartmann, HOAI, Stand: Juni 2009, § 31, Rn. 2, 3 (bis zur 63. Ergl. März 1998); Sommer definiert die Vorteile des Einsatzes eines Projektsteuerers, in: Der Architekt 1975, 75, 78, wie folgt: »Das gesamte Projekt wird transparent gemacht und ermöglicht allen Beteiligten stets eine gute Übersicht über den tatsächlichen Stand. Der Fertigstellungstermin wird langfristig vorausberechnet und dabei so geplant, dass sich eine kostengünstige Herstellung ergibt, da insbesondere auf gleichmäßige Kapazitätsauslastung der Unternehmen geachtet wird. Der Bauherr kann auf Grund eines langfristigen zielsicheren Ablaufplans frühzeitig disponieren (Personal, Umzug, Einzugsvorbereitungen). Durch Einbeziehung der gesamten Planung in die Ablaufsteuerung wird der notwendige Verbund zwischen Planung und Fertigung erreicht, der eine grundlegende Voraussetzung für einen termingemäßen Ablauf ist. Durch die Entwicklung eines rationellen Bauablaufs werden kurze Bauzeiten erreicht, die erfahrungsgemäß zu kostengünstigen Angeboten führen. Durch rechtzeitiges Erkennen von Schwierigkeiten (z. B. unumgängliche Funktionsänderungen mit den entsprechenden zeitraubenden Umplanungen) können frühzeitig Alternativen entwickelt werden, die das Entstehen von Mehrkosten infolge der

1095 – Infolge der Festlegung der organisatorischen Anforderungen sowie der Protokollierung der Projektsteuerer-Jour-Fixes entsteht eine **Dokumentation des Bauablaufes**, die später auftretenden tatsächlichen Unsicherheiten entgegenwirkt.

1096 – Die Tätigkeit des Projektsteuerers schafft für den Auftraggeber eine »**Waffengleichheit**« im Verhältnis zu branchenerfahrenen Planungsbüros und ausführenden Unternehmen. Ein nicht professionell beratener Bauherr kann vielfach die Relevanz ihm von den Planern abverlangter Entscheidungen in kostenmäßiger, zeitlicher und qualitativer Hinsicht nicht abschließend beurteilen. Für die Planer haben typischerweise Gestaltungsfragen eine solch herausragende Bedeutung, dass weitere Projektrahmenbedingungen in den Hintergrund treten.[550] Infolge der asymmetrischen Informationsverteilung bei Übertragung von Planungsaufgaben entstehen zugunsten der Planer diskretionäre Handlungsspielräume, die der Kontrolle des unerfahrenen Bauherrn entzogen sind.[551] Der Projektsteuerer kann hier für einen Ausgleich sorgen. Er kann auch die Voraussetzungen dafür schaffen, dass Verzögerungen bei der Planlieferung – einer der Hauptgründe für Projektverzögerungen und Behinderungsschadensersatzansprüche – weitgehend ausgeschaltet werden. Schließlich setzt er den Auftraggeber in die Lage, als gleichberechtigt qualifizierter Partner mit Vertretern ausführender Unternehmen zu sprechen.

1097 – Der Projektsteuerer kann einen **Beitrag zur Kostenreduzierung** in Bezug auf die Auftraggeberorganisation leisten. Generell scheint es so zu sein, dass die Einschaltung eines Projektsteuererbüros wirtschaftlicher ist als die Vorhaltung und der Einsatz eigenen Personals für die Wahrnehmung der Auftraggeberfunktionen.[552] Speziell bei öffentlichen Bauverwaltungen sollen hohe, nicht immer marktadäquate Bauherrenkosten anfallen.[553] Das ist die Basis für vielfältige Privatisierungskonzepte, die neben dem Einsatz privatrechtlich organisierter Realisierungsformen auch privates Projektmanagement fordern.[554]

1098 – Projektsteuerungsunternehmen bringen die »**Projektinfrastruktur**« sozusagen gleich mit. Sie verfügen zumeist über erprobte Hilfsmittel und brauchbare, internetgestützte Kommunikations- und Datenverarbeitungssysteme für die Kernprozesse der Projektrealisierung, die ein Auftraggeber ansonsten zunächst mit nicht unerheblichem Aufwand gesondert zu beschaffen hätte.

Bauzeitverlängerung vermeiden. Durch Herausstellen der Entscheidungstermine kann der Bauherr seine internen Planungsgremien frühzeitig informieren und somit genau überlegte Entscheidungen treffen. Die Kontrolle des Ablaufs wird durch einen neutralen Fachingenieur durchgeführt; hierdurch werden die Beziehungen zwischen allen am Bau Beteiligten merklich entspannt. Durch die exakte Kostenberechnung und deren Kontrolle haben Bauherr und Architekt die finanzielle Seite sicher im Griff und sind vor unliebsamen Überraschungen geschützt«; dazu auch Terdenge, Bauwirtschaft 1984, 147, 148; Knipp, Projektmanagement, S. 11, formuliert: »Dies führt zu einer besseren Transparenz, die erst die – hoffentlich richtigen – Entscheidungen des Auftraggebers möglich macht. Selbstverständlich übernimmt die Projektsteuerung auch Teilfunktionen der Qualitätssicherung. Sie gewährleistet die Anwendung bewährter Methoden, Verfahren, Programme und Instrumentarien und verhindert, dass etwas übersehen und vergessen wird. Hierbei werden Kosteneinsparungen erzielt, die natürlich quantitativ nur schwer messbar sind, die jedoch folgende Komponenten beinhalten: Reduzierter Änderungsaufwand durch bessere Planungsqualität, Organisation und Information, Preisvorteil durch bessere Leistungsangebote, bessere Terminsteuerung und der damit verbundenen wirtschaftlichen Abläufe und Fristen, Einsparung der Investitionskosten und nicht-quantifizierbarer unternehmerischer Nutzen.«

550 Vgl. dazu auch Knipp, in: Seminar rechtliche Problemstellungen beim Projektmanagement, S. 21/22.

551 Vgl. Blecken/Sundermeier/Nister, BauR 2004, 916, 920.

552 Vgl. Blecken/Gralla, Bautechnik 75 (1998), S. 472, 474 (ohne Leerkosten ist die Selbststeuerung/Planung ca. 5 % bis 15 % teurer).

553 Blecken/Gralla, Bautechnik 75 (1998), S. 472, 477, sprechen davon, dass bei »Best-practice-Organisationen« bei Investoren 3 %, beim Industriebau 4,5 % und bei der öffentlichen Verwaltung 10 % Aufwand an sog. Bauherrenkosten entsteht.

554 Moderne Managementtechniken, GU- und Totalunternehmervergaben, Mietkauf- und Leasingmodelle, vgl. Blecken/Gralla, Bautechnik 75, 180 ff.

Die **Leistung »Projektsteuerung«** hat sich am Markt **längst durchgesetzt**. Es gibt sowohl genügend Anbieter als auch Nachfrager. Zwar lässt sich der Wert der Projektsteuerung am konkreten Projekt schwerlich messen. Es herrscht jedoch Konsens, dass gerade bei großen, komplexen Vorhaben die Einschaltung eines professionellen Projektmanagements effektiv und sinnvoll ist.[555] Der Gesamtnutzen der Projektsteuerung ist bei Industrieprojekten mit 15 bis 28 % im Durchschnitt ermittelt worden (auf reduzierten Änderungsaufwand entfallen 6 bis 12 %, auf Preisvorteile wegen qualifizierterer Vergaben 5 bis 8 % und auf professionelle Steuerung 4 bis 8 %).[556] Auch mittels Simulationstechniken ist bestätigt worden, dass Grundleistungen des Projektmanagements nach dem AHO-Modell die Schadenseintrittswahrscheinlichkeit (Gefahren des Misslingens eines Projektes) deutlich absenkt.[557] Eine gute Übersicht über die empirischen Nachweise zum Projekterfolg ist bei *Ahrens/Bastian/Muchowski* abgedruckt.[558] 1099

Diese objektiven Vorteile der Projektsteuerung spiegeln sich auch in **empirischen Befragungen** der Auftraggeber hinsichtlich der Zufriedenheit mit Projektsteuerungsleistungen wider. Die Untersuchungen von *Stork* (1997) haben belegt, dass der Anteil unzufriedener Auftraggeber mit Projektsteuerungsleistungen deutlich unter 10 % liegt. Diese Aussage gilt für alle Auftraggebergruppen, seien es öffentliche oder private Auftraggeber. Etwa 1/3 aller Bauherren war mit den Projektsteuerungsleistungen sehr zufrieden. Ein sehr breites Feld, zumindest eingeschränkt zufriedener Bauherren machte 60 bis 80 % der Befragten aus.[559] Die höchsten Präferenzen für eine Aufgabendelegation wie auch der Zufriedenheit mit Projektsteuerern bestand bei öffentlichen Auftraggebern der Bund-Länder-Ebene. Die Untersuchungen von *Zobel* (2014) haben ebenfalls eine überwiegende Zufriedenheit der Auftraggeber mit den Projektsteuerungsleistungen auf Basis des AHO-Leistungsbildes bestätigt.[560] 1100

Wohl muss gesehen werden, dass die Interessen des Auftraggebers und des Projektsteuerers, zumal wenn eine werkvertragliche Basis für die Leistungserbringung besteht, nicht deckungsgleich sein müssen. Zwischen Auftraggeber und Projektmanager besteht eine sogenannte **Principal-Agent-Beziehung**. Die wirtschaftlichen Vorteile, die mittels der Einschaltung eines Projektsteuerers/Projektmanagers durch Transaktion von Leistungen erzielt werden, bringen in aller Regel eine Informationsasymmetrie mit sich. Das zeigt sich etwa dadurch, dass der Projektsteuerer/Projektmanager bereits kurze Zeit nach der Beauftragung über einen höheren Informationsgrad betreffend die Projektverhältnisse verfügt als der Auftraggeber und diese für sich ausnutzen kann. Insbesondere ist ein Projektsteuerer/Projektmanager nach einiger Zeit der Leistungserbringung aufgrund des ansonsten drohenden Informationsverlustes nicht mehr ohne weiteres austauschbar. Den hierdurch eintretenden Machtverschiebungen zugunsten des Auftragnehmers kann nach der Principal-Agent-Theorie nur durch Monitoring und Reporting, Bestrafung und Belohnung (Bonus/Malus-Regelungen) sowie Aufbau des Vertrauens entgegengewirkt werden.[561]

Größenspezifisch liegt der Schwerpunkt der Inanspruchnahme von externen Projektsteuerungsleistungen bei Projekten im Bereich von 25 Mio. €. Ein konkretes Bedürfnis nach einer entsprechenden externen Vergabe von Projektsteuerungsleistungen setzt bei Projekten in der Größenordnung 1101

555 Stapelfeld, BauR 1994, 693, 706, unter Hinweis auf entsprechende Erkenntnisse und Feststellungen des Bundes der Steuerzahler; vgl. auch Diederichs/Hutzelmeyer, Bauwirtschaft 1975, 1629, 1635; ders., in: Seminar rechtliche Problemstellungen beim Projektmanagement, S. 73, 96.

556 So Diederichs, in: Motzel, Projektmanagement in der Baupraxis, S. 19, unter Hinweis auf Untersuchungen der BMW AG; dazu auch ders. in: Hartmann, HOAI, § 31, Rn. 3, S. 6 ff.

557 Im Einzelnen dazu Diederichs, Immobilienmanagement im Lebenszyklus, S. 549.

558 Ahrens/Bastian/Muchowski, Handbuch Projektsteuerung – Baumanagement, S. 82; weitergehende Übersichten bietet etwa Kneip, Projektmanagement, S. 313, 323, 718.

559 Dazu ausführlich Stork, Projektsteuerung und Projektmanagement im Bauwesen, S. 55.

560 Vgl. Zobel, Markus, Systematische Entwicklung von Leistungsinventionen im Bauprojektmanagement, 107 ff.; vgl. auch Rdn. 59.

561 Zur Principal-Agent-Theorie beispielhaft: Koch/Ostner/Peisker/Schultze, ZVersWiss (2009), 98:315, 318.

von 10 Mio. € ein. Eine Untergrenze scheint bei Projekten mit Herstellkosten von 2,5 Mio. € zu liegen. Auf die Art des Projektes scheint es indessen nicht anzukommen. Wohl zeigen sich gewisse Präferenzen hinsichtlich des Einsatzschwerpunktes von externen Leistungsträgern. So wird nach den empirischen Erkenntnissen die Projektsteuerung in besonderem Maße in den Phasen Ausführungsvorbereitung bzw. Ausführung für sinnvoll gehalten.[562]

1102 Generell werden die **Anforderungen an das Projektmanagement** für Immobilien- und Bauprojekte wie folgt definiert:[563]
- Unabhängigkeit von Interessen Dritter
- Projektspezifische und technische Fachkompetenz
- Ausbildung in Managementmethoden
- Umfangreiche Projekterfahrung
- Integrationsfähigkeit
- Projektleitungsautorität.

562 Stork, Projektsteuerung und Projektmanagement im Bauwesen, S. 22.
563 Bohn/Heinzmann, in: Schäfer/Conzen, Immobilienentwicklung, S. 240 ff.

3 Rechtsnatur der Projektsteuerungsleistungen

3.1 Projektsteuererleistung als Dienst- oder Werkleistung

Projektmanagement-/Projektsteuerungsleistungen werden in **vielgestaltiger Form** beauftragt. Sie enthalten zumeist eine mehr oder weniger große Anzahl sowohl tätigkeitsorientierter wie auch erfolgsorientierter Leistungszusagen. Es ist daher nicht verwunderlich, dass die Qualifizierung der Projektsteuerungsleistungen als Dienst- oder Werkleistung eine der zentralen juristischen Fragestellungen gewesen ist. 1103

Die Unterscheidung zwischen Dienst- oder Werkvertragsrecht ist für eine Reihe von Rechtsfolgen von Bedeutung. Die **Zuordnung** entscheidet zudem über die Klauselkontrolle bei der Gestaltung Allgemeiner Geschäftsbedingungen nach den §§ 307 ff. BGB. 1104

Für die rechtliche Einordnung eines Projektsteuerungsvertrages ist **weder** die von den Vertragsparteien **gewünschte Rechtsnatur noch** die von ihnen **gewählte Bezeichnung** maßgeblich. Es ist daher in der Regel unerheblich, ob ein Projektmanagement-/Projektsteuerungsvertrag als Werk- oder Dienstvertrag überschrieben ist und/oder einen entsprechenden Hinweis in den Vertragsbestandteilen enthält.[1] Entscheidend ist vielmehr der sich aus dem Text des Vertrages und dessen praktischer Durchführung ergebende wirkliche Wille der Vertragspartner zum Geschäftsinhalt und damit dem Vertragstyp.[2] Das schließt es indessen nicht aus, dass die Vertragsparteien in einem Projektmanagement-/Projektsteuerungsvertrag werk- oder dienstvertraglichen Inhaltes einzelne Vorschriften aus dem jeweils anderen Vertragstyp wirksam einbeziehen können.[3] 1105

Für die Abgrenzung von Dienst- und Werkvertrag ist somit der **im Vertrag selbst zum Ausdruck kommende Wille der Parteien** maßgebend. Dabei ist entscheidend, ob hiernach eine **Dienstleistung als solche oder** als Arbeitsergebnis **deren Erfolg** geschuldet sein soll.[4] 1106

Unterschiedliche Rechtsfolgen ergeben sich bei einer Einordnung als Dienst- oder Werkvertrag u. a. in folgender Hinsicht: 1107

- **Haftungsgrundlagen und Haftungsfolgen:** Verschuldenshaftung wegen Pflichtverletzung (kein Minderungsrecht!) bei dienstvertraglichen Rechtsverhältnissen einerseits und verschuldensunabhängige Mängelhaftung bei Werkverträgen nach §§ 633 ff. BGB andererseits,[5]
- **Verjährungsproblematik:** 3-jährige Regelverjährung bei der Verletzung dienstvertraglicher Verpflichtungen/5-jährige Verjährung bei der Verletzung werkvertraglicher Verpflichtungen nach § 638 BGB,

---

1 Motzke/Wolff, Praxis der HOAI, 3. Aufl., S. 484: Dabei kommt es nicht darauf an, auf welche Weise die Parteien die Qualifizierung vornehmen; maßgeblich ist, was die Parteien nach dem Vertragsinhalt wollen.

2 BGH, Urteil vom 25.06.2002, Az. X ZR 83/00, in: ZfBR 2002, 778 = DB 2002, 2216, 2217; Zöpfl formuliert insoweit zutreffend: Es bleibt somit festzuhalten, dass es den Parteien nicht möglich ist, die gewollten und damit den Vertragstyp qualifizierenden Pflichten rechtsnaturgestaltend einem anderen Vertragstyp zuzuordnen. Im Schuldrecht kann daher insoweit von einem Typenzwang gesprochen werden, als den Parteien die Kompetenz fehlt, den frei zu wählenden Inhalt ihrer Vereinbarung einem anderen als den gesetzlich vorgesehenen Eingangsparagraphen zuzuordnen, Zöpfl, Rechtsnatur und Rechtsprobleme des Bau-Projektsteuerungsvertrages, S. 117, 118.

3 So auch Zöpfl, a. a. O., S. 118.

4 BGH, Urteil vom 16.07.2002, Az. X ZR 27/01, in: NJW 2002, 3323 = WM 2003, 1373 mit Anm. v. Roth, in: JZ 2003, 371.

5 Siehe dazu im Einzelnen Rdn. 1994 f.; OLG Düsseldorf, Beschluss vom 31.05.2011, Az. I 24 U 58/11, in: MDR 2012, 16; Peters/Jacoby, in: Staudinger, BGB, Vorb. zu § 631 ff., Rn. 25, 126 f., weisen allerdings darauf hin, dass die Unterschiede in der Praxis nicht so gravierend sind, weil es für den Auftraggeber oftmals auf Schadensersatzansprüche und nicht so sehr auf Wandlung und Minderung ankommt und das Nachbesserungsrecht bei einer realisierten Planung häufig keine Rolle mehr spielt.

- **Fälligkeit der Vergütung:** für Dienstverträge gilt § 614 BGB, für Werkverträge § 641 BGB,
1108 – **Nachträge:** führt der Projektsteuerer auftragsgemäß zusätzliche oder geänderte Leistungen aus, erhält er hierfür bei dienstvertraglicher Absprache ein zeitanteilig zu ermittelndes Mehrhonorar, während bei der Anpassung werkvertraglicher Pauschalen und Vorhandensein eines entsprechenden Parteiwillens auf die Preisermittlungsgrundlage, hilfsweise auf den ortsüblichen Preis nach § 632 Abs. 2 BGB abzustellen ist,
- **Anwendung arbeitsrechtlicher Sonder- und Schutzbestimmungen:** Z. B. Anwendung des Arbeitnehmerüberlassungsgesetzes,[6] Anwendung des § 619 a BGB,[7]
- **Leistungserbringung in Person:** § 613 BGB sieht für Dienstverträge als Auslegungsregel vor, dass der Verpflichtete die Dienste im Zweifel in Person zu erbringen hat und nicht durch Dritte, etwa Nachunternehmer, erbringen darf,[8]

1109 – **Gefahrtragung:** Im Werkvertragsrecht gelten §§ 644, 645 BGB, im Dienstvertragsrecht trägt der Dienstberechtigte die Leistungsgefahr und der Dienstpflichtige die Preisgefahr,[9]
- **Kündigungsmöglichkeiten und ihre Folgen:** Für Dienstverträge sind §§ 621 ff. BGB, für Werkverträge ist § 649 BGB einschlägig,[10]
- **Sicherheiten:** Anwendbarkeit der Vorschriften über die Sicherungshypothek (§ 648 BGB) und für die Vorleistungssicherheit (§ 648 a BGB) nur bei Werkverträgen,
- **Detailfragen der Vergütung:** Die Rechtsnatur des Vertrages hat Auswirkungen auf die Auswahl der geeigneten Vergütungsformen sowie auf Anpassungsmechanismen bei geänderten Projektanforderungen und Behinderungen.

1110 **Wesentliche Unterschiede** sind in der nachstehenden **Tabelle** zusammengestellt:

Unterscheidungskriterien	**Dienstvertrag**	**Werkvertrag**
Leistung	**Tätigkeit**	**Erfolg**
Vergütung	§§ 611, 612, 616 BGB	§§ 631, 632 BGB
Nachträge	I.d.R. zeitabhängige Anpassung	Preisanpassung nach dem Parteiwillen, i.d.R. nach den Preisermittlungsgrundlagen, d.h. entweder Urkalkulation bzw. zugrunde gelegte anrechenbare Kosten oder Personaleinsatzplanung/bei Pauschalverträgen
Gewährleistung (Mängelhaftung)	Schadensersatz: § 280 BGB – keine Minderung sowie grds. kein Nachbesserungsrecht – Verjährung: 3 Jahre, § 195 BGB grds. ab Entstehung und Kenntnis	Mängelhaftung nach §§ 633 f. BGB: Nacherfüllung, Selbstvornahme, Minderung, Rücktritt, Schadensersatz Verjährung: 5 Jahre nach Abnahme, § 634 a BGB
Abnahme	Nicht erforderlich – Vergütung pro rata temporis, § 614 BGB –	Erforderlich, § 640 BGB – Vergütung grds. nach Abnahme, aber § 632 a BGB –
Übertragbarkeit	grds. nicht übertragbar, § 613 BGB	Nachunternehmereinsatz grds. möglich

6 BGH, Urteil vom 25.06.2002, Az. X ZR 83/00, in: ZfBR 2002, 778, 779 = DB 2002, 2216, 2217.
7 Vgl. dazu auch Rdn. 1998.
8 Zur Reichweite dieser Vorschrift bei Projektsteuerungsverträgen vgl. Zöpfl, a. a. O., S. 168.
9 Im Einzelnen zu den für Projektsteuerungsverträge im Ergebnis nicht zu deutlichen Unterschieden: Zöpfl, a. a. O., S. 183 f.
10 Vgl. dazu auch Locher/Koeble/Frik, HOAI, Einleitung, Rn. 423; Peters/Jacoby, in: Staudinger, BGB, Vorb. zu § 631 ff., Rn. 25, 139; vgl. auch Lederer, in: Schneider, Bautabellen, S. 1.113.

Unterscheidungskriterien	Dienstvertrag	Werkvertrag
Kündigung	ordentlich: § 621 BGB außerordentlich: §§ 626, 627 BGB i. d. R. jederzeitige Kündigung ohne Ausgleich für entgangenen Gewinn; darüber hinaus bei wichtigem Grund unter Einhaltung einer 2-Wochen-Frist[11]	ordentlich: § 649 BGB außerordentlich: §§ 242, 314 BGB[12]

3.1.1 Grundlagen

Die schwierige, aber – wie zuvor gezeigt – **praxisrelevante Differenzierung** zwischen Dienst- und Werkverträgen für das Projektmanagement/die Projektsteuerung kann ohne Berücksichtigung der **historischen Entwicklung** von Gesetzgebung, Rechtsprechung und Literatur zu dieser Problematik nicht zuverlässig vorgenommen werden. 1111

3.1.1.1 Der historische Kontext: Entstehung und Novellierung des BGB

Das heutige Werkvertragsrecht hat seine Wurzeln im römischen Recht. Einen eigenen Vertragstyp des Werkvertrages gab es dort jedoch noch nicht. Das Allgemeine Bürgerliche Gesetzbuch für die deutschen Erblande von 1811 enthielt als Oberbegriff den sog. Lohnvertrag, der sowohl dienstvertragliche wie auch werkvertragliche Leistungen in sich aufnahm. Im Bürgerlichen Gesetzbuch für das Königreich Bayern (1861 bis 1864) sowie dem Sächsischen BGB von 1863 gab es erstmals eine Verselbstständigung des Werkvertragsrechts (sog. Verdingungsvertrag).[13] Im sog. Dresdener Entwurf eines Allgemeinen Gesetzes über die Schuldverhältnisse von 1866 war bereits das Werkvertragsrecht gesondert geregelt. Die vertragstypische Leistung war in Artikel 634 definiert, und zwar als die Verpflichtung des Unternehmers, gegen Leistung einer Vergütung ein Werk auszuführen. 1873 wurde die sog. Vorkommission zur Ausarbeitung eines Bürgerlichen Gesetzbuches eingesetzt, die in wesentlichen Punkten auf den Dresdener Entwurf verwies. Die im Jahre 1874 etablierte erste Kommission stützte sich – angesichts der dauerhaften Erkrankung des zuständigen Kommissionsmitgliedes für das Werkvertragsrecht – ebenfalls im Wesentlichen auf den Dresdener Entwurf.[14] 1112

Das Problem der Abgrenzung von Dienst- und Werkvertrag ist bereits bei den Verhandlungen zum Bürgerlichen Gesetzbuch gesehen worden. Die Notwendigkeit der Differenzierung ist dabei als ein *»Übelstand«* bezeichnet worden, der jedoch in der Natur der Dinge liege, sich nicht beseitigen lasse, im Übrigen im großen Umfang auch dann bestehen bleiben müsse, wenn die Vorschriften über den Werkvertrag auf den Fall beschränkt seien, in welchem ein Werk im engeren Sinne geschaffen werde.[15] Während der Beratungen der Kommission wurde die Frage, ob der Werkvertrag auch für **unkörperliche Werke** Geltung haben sollte, **zunächst zurückgestellt**, nach Beratung durch 1113

11 Vgl. auch BGH, Urteil vom 09.06.2005, Az. III ZR 436/04, in: NZBau 2005, 509 = BauR 2005, 1772 = IBR 2005, 499: Ein auf wirtschaftliche Betreuung eines Bauvorhabens (finanzwirtschaftliche Baubetreuung) gerichteter Dienstvertrag mit dem Bauherrn verpflichtet den Dienstverpflichteten regelmäßig zur Leistung von »Diensten höherer Art«. Das Recht zur fristlosen Kündigung dieses Dienstverhältnisses kann grundsätzlich nicht durch allgemeine Geschäftsbedingungen einer Vertragspartei ausgeschlossen werden.

12 Vgl. auch OLG Karlsruhe, Urteil vom 19.04.2005, Az. 17 U 217/04, in: NZBau 2006, 50 = BauR 2005, 1661 = IBR 2005, 385: Äußert ein Projektsteuerer gegenüber Dritten, dass der Auftraggeber seine Auftraggeberpflichten gegenüber dem Projektsteuerer und gegenüber Dritten nicht einhält, berechtigt dies den Auftraggeber in der Regel zur fristlosen Kündigung aus wichtigem Grund.

13 Vgl. dazu Fels, Die Sachmengengewährleistung im Werkvertragsrecht des BGB, S. 42 ff.

14 Vgl. Enders, VOB/B und BGB-Bauvertrag im Rechtsvergleich, S. 16 ff.

15 Protokolle I, 2365, zitiert nach Jakobs/Schubert, Die Beratung des Bürgerlichen Gesetzbuches, Recht der Schuldverhältnisse II, S. 838.

die Mehrheit **jedoch bejaht** und die Erstreckung der Werkvertragsleistungen auf erfolgsbezogene Arbeiten, die nicht der Herstellung oder Änderung einer Sache dienten oder sich nicht körperlich darstellten, ausdrücklich befürwortet.

1114 Die auch im Zusammenhang mit der Projektsteuerung geführte Diskussion über die Zuordnung von vornehmlich geistigen Leistungen zu einem Dienst- oder Werkvertrag ist somit bereits von den »Vätern« des BGB gesehen worden. Bereits sie haben deutlich gemacht, dass es insoweit nur eine **einzelfallbezogene, kasuistische Abgrenzung** geben kann.[16]

1115 Das Werkvertragsrecht des BGB hat auch in der Folgezeit den Charakter eines Sorgenkindes nicht verloren.[17] Die **Schuldrechtsreform** hat zu einer partiellen Verbesserung geführt. Immerhin hat der Gesetzgeber in **§ 634 a BGB** einen Fingerzeig im Hinblick auf die Qualifizierung von Planungs- und Überwachungsleistungen als Werk- oder Dienstvertrag gegeben. Denn er hat in § 634 a Abs. 1 Nr. 2 BGB für Planungs- und Überwachungsleistungen bei einem Bauwerk die werkvertragliche Verjährungsfrist von 5 Jahren vorgesehen. Diese 5-jährige Verjährungsfrist soll gelten »bei einem Bauwerk und einem Werk, *dessen Erfolg in der Erbringung von Planungs- oder Überwachungsleistungen hierfür besteht*«. Damit qualifiziert der **Gesetzgeber Planungs- und Überwachungsleistungen als Werkleistungen**, deren Erfolg in der Erbringung der Tätigkeit selbst liegt. Als derartige Planungs- und Überwachungsleistungen sind auch Projektmanagement- und Projektsteuerungsleistungen, die sich auf ein Bauvorhaben beziehen, zu betrachten.[18]

3.1.1.2 Behandlung von Architekten- und Ingenieurverträgen in der Rechtsprechung

1116 Wenngleich auch die Rechtsprechung für einen Werkvertrag nicht notwendigerweise ein körperliches Arbeitsergebnis forderte, sondern hierunter auch durch Arbeit oder Dienstleistung herbeizuführende Erfolge subsumierte,[19] war **lange Jahre streitig**, ob die Leistungen der planenden und bauüberwachenden Architekten nach Dienst- oder Werkvertragsrecht zu behandeln waren.

1117 Nach mehr als **50-jährigem** Streit über die rechtliche Einordnung des Architektenvertrages hatte sich der **BGH** in einer Grundsatzentscheidung des Jahres 1959 für eine **werkvertragliche Qualifikation** der Architektenvertragsleistung ausgesprochen, sofern die Beauftragung der **Vollarchitektur** erfolgt.[20] Bei Übertragung einer Vollarchitektur besteht nach der Auffassung des BGH der Schwerpunkt des Leistungsgegenstandes in der **verkörperten Planung**, die sich zudem ergebnisbezogen auf die Verwirklichung eines bestimmten Projektes beziehe. Auf dieser Judikatur aufbauend hat der BGH in den Folgejahren entschieden, dass die Architektenleistung auch dann werkvertraglichen

16 So heißt es in den Protokollen, a. a. O.: »Der konkrete Vertrag könne auch ein gemischter, nämlich einmal für das Werk und daneben für die Arbeiten eine Vergütung zugesichert sein, möglicherweise aber auch in der auf die Vergütung der Arbeit sich beziehenden Vereinbarung eine Übereinkunft sich verstecken, durch welche der Besteller sich nur durch eine Vorschussleistung auf die für das Werk zugesicherte Vergütung verpflichtet habe. Es sei nicht Aufgabe des Gesetzes, durch kasuistische Vorschriften für diese oder ähnliche Fälle besondere Vorsorge zu treffen, wodurch sich auch das Bedenken erledige, ob nicht in dem oben mitgeteilten § 7 der Fall vorzusehen sei, wenn vereinbart worden ist, die Gegenleistung nach Zeitabschnitten zu entrichten, ein Fall, der stets zur näheren Prüfung Anlass geben werde, ob nicht der Vertrag als Dienstvertrag zu betrachten sei«; vgl. Protokolle I, 2364, zitiert nach Jakobs/Schubert, Die Beratung des Bürgerlichen Gesetzbuches, S. 838, 839, 841.

17 Peters spricht von dem »notorisch tristen Dasein eines Stiefkindes« in: NZBau 2007, 1, 2.

18 Vgl. dazu Rdn. 1162, 2038.

19 Vgl. jüngst BGH, Urteil vom 11.10.2001, Az. VII ZR 475/00, in: NZBau 2002, 150 = NJW 2002, 749, 750 = BauR 2002, 315 = WM 2002, 127, 128.

20 BGH, Urteil vom 26.11.1959, Az. VII ZR 120/58, in: BGHZ 31, 224: Die planende wie die bauleitende Tätigkeit des Architekten dienen der Herbeiführung desselben Erfolges (§ 631 Abs. 2 BGB), der Erstellung des Bauwerks. Der auch mit der Oberleitung und Bauführung betraute Architekt schuldet zwar nicht das Bauwerk selbst als körperliche Sache. Er hat aber durch zahlreiche ihm obliegende Einzelleistungen dafür zu sorgen, dass das Bauwerk plangerecht und frei von Mängeln entsteht und zur Vollendung kommt.

Charakter habe, wenn der Architekt zwar nicht den Vorentwurf, den Entwurf und die Bauvorlagen fertige, wohl aber die sonstigen Architektenleistungen nach der GOA.[21] Entsprechendes soll für Leistungen von Fachplanern gelten, wie etwa die Beauftragung einer Tragwerksplanung, die nach der Rechtsprechung des BGH ebenfalls als Werkvertrag zu qualifizieren ist.[22] In Weiterführung dieser Entscheidung hat der BGH schließlich auch die isoliert übertragene **Objektüberwachung** nach der HOAI als Werkleistung angesehen.[23] Für den Fall eines Planungs- und Fertigungscontrollings hat der BGH ebenfalls Werkvertragsrecht bejaht.[24]

Im Bereich des Architektenrechts ist lediglich streitig geblieben, ob die Übertragung bloßer Teil- 1118
leistungen aus den Leistungsbildern der HOAI werk- oder dienstvertraglich zu qualifizieren ist.[25] Die Rechtsentwicklung geht dabei eher dahin, zumindest bei wesentlichen Teilleistungen einzelner Leistungsphasen von Planungsaufgaben den werkvertraglichen Charakter der Beauftragung zu bejahen.[26] Auch diese Entwicklung wird durch § 634 a Abs. 1 Nr. 2 BGB, der infolge der Schuldrechtsreform eingeführt wurde, sowie die Entscheidung des BGH zur **stichprobenhaften Baukontrolle**[27] bestätigt. Auf diese Entscheidung wird nachfolgend noch näher einzugehen sein.

In seiner Rechtsprechung zur Mankohaftung (Nichterbringung von einzelnen Teilleistungen) hat 1119
der BGH inzwischen herausgestellt, dass der vom **Architekten geschuldete Gesamterfolg** im Regelfall **nicht darauf beschränkt** ist, dass er die Aufgaben wahrnimmt, die für die **mangelfreie Errichtung des Bauwerks** erforderlich sind. Vielmehr stelle sich der geschuldete Gesamterfolg als Summe der Einzelleistungen dar, welche nach dem Parteiwillen für das Gelingen des Vorhabens wichtig sind. Bei einer an Leistungsphasen orientierten Leistungsbeschreibung spreche bereits eine Vermutung dafür, dass der Architekt die vereinbarten **Arbeitsschritte** als **Teilerfolge des geschuldeten Gesamterfolges** zu erbringen habe.[28]

3.1.1.3 Die Bewertung von Baubetreuungsverträgen in der Rechtsprechung

Ähnlich hat sich die Rechtsprechung des BGH zum **Baubetreuungsvertrag** entwickelt. In einer 1120
Entscheidung aus dem Jahre 1991 hatte sich der BGH mit einem Baubetreuungsvertrag zu befassen, der sich aus einem technischen und einem wirtschaftlichen Betreuungskomplex zusammensetzte.

21 BGH, Urteil vom 07.03.1974, Az. VII ZR 217/72, in: BauR 1974, 211.

22 BGH, Urteil vom 15.05.2013, Az. VII ZR 257/11, in: NZBau 2013, 519, 520.

23 BGH, Urteil vom 22.10.1982, Az. VII ZR 310/79, in: BauR 1982, 79; so auch OLG Naumburg, Urteil vom 29.05.2006, Az. 1 U 27/06, in: IBR 2006, 574; in Bezug auf die ausschließlich die Bauüberwachung betreffende Architektentätigkeit hat auch das OLG Düsseldorf die werkvertragliche Rechtsnatur bestätigt: »Der Architekt ist verpflichtet, einen erfolgsbedingten Beitrag und nicht nur eine Arbeitsleistung dahingehend zu erbringen, dass er die Arbeiten der an den Bauausführungen unmittelbar Beteiligten leitet und überwacht, damit das Bauwerk mangelfrei zur Ausführung kommt. Plangerechtigkeit und Mangelfreiheit sind der Erfolg, den der bauaufsichtsführende Architekt schuldet«, vgl. OLG Düsseldorf, Urteil vom 19.12.1997, in: BauR 1998, 582, 583.

24 Vgl. BGH, Urteil vom 03.03.1998, Az. X ZR 4/95, in: NJW-RR 1998, 1027 (Controlling bei einer Yachtfertigung).

25 Vgl. dazu OLG Hamm, Urteil vom 11.10.1994, Az. 28 U 26/94, in: NJW-RR 1995, 400.

26 Ausführlich dazu Schrammel, Die Werkaufgabe des Architekten, S. 48 f.; Locher/Koeble/Frik, HOAI, Einleitung, Rn. 420 ff., insb. Rn. 425; dienstvertraglich sind lediglich einzelne Beratungs-, Informations- und Koordinationsleistungen.

27 Vgl. BGH, Urteil vom 11.10.2001, Az. VII ZR 475/00, in: NZBau 2002, 150 = WM 2002, 127, 128; vgl. auch Rdn. 1141, 2105.

28 BGH, Urteil vom 24.06.2004, Az. VII ZR 259/02, in: NZBau 2004, 509, 510 = BauR 2004, 1640, 1642 = IBR 2004, 512, 513; kritisch dazu Motzke, NZBau 2005, S. 361, 364: Der BGH macht aus letztlich dienstvertraglich zu verstehenden Arbeitsschritten, an deren Erfüllung der Auftraggeber durchaus ein Interesse haben mag oder hat, im Wege der Auslegung Teilerfolge, wenn auch nähere Details für eine solche Wertung gerade hinsichtlich der als Teilerfolg bezeichneten Zusammenstellung der Vorplanungsergebnisse fehlen.

Der technische Teil des Baubetreuungsvertrages entsprach in etwa dem Leistungsbild eines Projektsteuerers. Darüber hinaus übernahm der Baubetreuer finanzielle Beratungs- und Unterstützungsleistungen. Für beide Leistungselemente bejahte der BGH eine erfolgsbezogene Tätigkeit.[29] Der BGH sah in der Verpflichtung des Baubetreuers, die übernommenen Aufgaben ordnungsgemäß wahrzunehmen, eine den gesetzlichen Vorschriften der §§ 633, 634 BGB vergleichbare Verpflichtung. Er stellte des Weiteren darauf ab, dass der Betreute ähnlich § 642 BGB Mitwirkungspflichten übernommen hatte, die Vergütung im Übrigen von vornherein pauschal festgelegt war und die Leistung abgenommen werden musste. Insgesamt bejahte der BGH für dieses Vertragsverhältnis, das durch wesentliche Leistungen der Projektsteuerung geprägt war, ein **Geschäftsbesorgungsverhältnis mit werkvertraglichem Charakter**.[30]

1121 In der Literatur werden Baubetreuungsverträge danach unterschieden, ob eine Vollbetreuung oder eine Teilbetreuung vorliegt. Vollbetreuungsverträge seien i. d. R. Werkverträge. Zusätzliche wirtschaftliche Beratungsleistungen änderten daran nichts. Bei bloßer Teilbetreuung komme es darauf an, ob sich die Betreuungsleistungen vornehmlich auf den wirtschaftlichen Bereich bezögen. Dann wäre die Teilbetreuung als Dienstvertrag zu qualifizieren. Stehe jedoch die technische Leistungsverpflichtung, insbesondere eine solche mit Planungscharakter, im Vordergrund, sei von einer werkvertraglichen Prägung auszugehen.[31] Im Jahre 2005 hat der BGH eine Baubetreuung mit finanzwirtschaftlichem Schwerpunkt schließlich im Sinne dieser Differenzierung als Dienstvertrag qualifiziert.[32]

3.1.2 Der Inhalt des werkvertraglichen Erfolges

1122 Für die Abgrenzung zwischen Dienst- und Werkvertrag kommt es darauf an, ob eine **Dienstleistung als solche oder** deren **Arbeitsergebnis als Erfolg** geschuldet wird.[33] Die Differenzierung lässt sich aber speziell bei unkörperlichen Leistungen nur schwer vornehmen. Wie die Leistungspflicht des Architekten ist auch die Leistungspflicht des Projektmanagers/Projektsteuerers nicht »eindimensional« auf eine im Bauwerk verkörperte Leistung gerichtet. Die Ausrichtung der Planungs- wie auch Managementleistung auf die Bauerrichtung darf indessen nicht – wie *Kniffka* ausgeführt hat – zu einer schablonenhaften verengten Sicht eines einzigen Erfolges führen.[34] *Heinrich* hat zutreffend auf § 631 Abs. 2 BGB hingewiesen, der bereits das Erzeugen eines geistigen Effektes, die Herbeiführung eines insoweit noch so flüchtigen Erfolges für die Annahme eines Werkvertrages ausreichen lässt. *Heinrich* sieht »die funktionale Verantwortlichkeit aller Baubeteiligten für das Bauwerk«, die gemeinsame Übernahme der »Gefahr für das Gelingen« in Bezug auf den Beitrag eines jeden Baubeteiligten als ausreichende werkvertragliche Komponente bei Projektsteuerungsverträgen an.[35] Die Planungstätigkeit in Bezug auf Bauprojekte sei **stets Tätigkeit und Leistungsergebnis zugleich**. Ob ihr eine Projektsteuerungs- oder Baucontrollingtätigkeit oder ein Architekten- oder

29 BGH, Urteil vom 17.04.1991, Az. IV ZR 112/90, in: BauR 1991, 475, 476, 477.

30 BGH, Urteil vom 17.04.1991, Az. IV ZR 112/90, in: BauR 1991, 475, 478; dazu auch Stapelfeld, BauR 1994, 693, 697.

31 Vgl. Locher, Das private Baurecht, Rn. 397 m. w. N., sowie Vygen, Bauvertragsrecht, Rn. 22.

32 Vgl. BGH, Urteil vom 09.06.2005, Az. III ZR 436/04, in: NZBau 2005, 509 = BauR 2005, 1772, 1773 = IBR 2005, 499 = MDR 2005, 1285.

33 A. A. Ganten, in: Festschrift für Thode, S. 28: »Erfolgversprechen« oder »Tätigkeitsübernahme« sind Anknüpfungspunkte, aber keine Entscheidungsmerkmale. Ein Werkvertrag liegt vor, wenn der Unternehmer vertraglich bereit ist, das Vergütungsrisiko eines bestimmten und konkreten Misserfolgs seiner Leistung zu übernehmen. Für die Frage, ob werkvertragliche Risiken übernommen werden sollen, kommt es alleine auf die konkrete vertragliche Risikobereitschaft und das vertragliche Einverständnis darüber an.

34 Kniffka, BauR 1996, 773, 777.

35 Heinrich, Der Baucontrollingvertrag, S. 142; so auch Krause-Allenstein, Die Haftung des Architekten für Bausummenüberschreitung und sein Versicherungsschutz, S. 32 ff.; ähnlich OLG Düsseldorf, Urteil vom 19.12.1997, Az. 22 U 68/97, in: BauR 1998, 582, 583 für den bauüberwachenden Architekten.

Ingenieurvertrag zugrunde liege, sei unerheblich; die nur im Hinblick auf Planungsintensität und Planungsgegenstand bestehenden Unterschiede rechtfertigten keine Ungleichbehandlung.[36]

Mithin: Der für den Werkvertrag maßgebliche **Erfolg** ist der nach dem Leistungsversprechen **in** 1123
der Arbeit liegende Erfolg, nicht der daraus resultierende Erfolg des Arbeitserfolges.[37] Der Projektsteuerer wird in aller Regel nicht das uneingeschränkte Erreichen bestimmter Projektziele zusagen, er verspricht zumeist – mit den Mitteln des Projektmanagements – **bestimmte Arbeitsschritte** erfolgreich zu durchlaufen, damit die Bauwerkserrichtung vollbracht werden kann – bereits die hierauf gerichtete Tätigkeit ist ein werkvertragliches Versprechen, das er auch zu gewährleisten hat.[38]

Festzuhalten ist, dass die Annahme eines Werkvertrages einerseits nicht von einer gegenstandsbezo- 1124
genen Leistung abhängt, andererseits nicht ein über das konkrete Schaffensergebnis hinausgehender körperlicher Erfolg notwendig ist.[39] Vielmehr kann der für den Werkvertrag maßgebliche Erfolg in der Leistung (und dem angestrebten Leistungsergebnis) liegen und nicht erst im Erfolg des Arbeitsergebnisses.[40] Dementsprechend hat der BGH schon in seiner Grundsatzentscheidung aus dem Jahre 1959 unter Überwindung der sog. **erweiterten Werktheorie**, die das **Bauwerk** selbst als **geschuldetes materielles** Ergebnis der Architekten- und Ingenieurtätigkeit angesehen hat, darauf hingewiesen, dass der von dem Architekten auf Grund des geschlossenen Architektenvertrages geschuldete Erfolg nicht das Bauwerk als körperliche Sache sei. Der Architekt schulde einen gegenständlichen Erfolg vielmehr nur insoweit, als ihm die Planung übertragen worden sei. Hinsichtlich der Bauaufsicht habe er durch zahlreiche ihm obliegende Einzelleistungen dafür zu sorgen, dass das Bauwerk plangerecht und frei von Mängeln entstehe und zur Vollendung komme.[41]

Der **werkvertragliche Erfolg** kann somit auch **in der Kontrolle der Planungs- und Ausfüh-** 1125
rungstätigkeit liegen, die dazu dienen soll, zum Gelingen des Werkes beizutragen.[42] Nicht das materielle Bauwerk, sondern die versprochene, auf ein Ergebnis ausgerichtete Vertragsleistung macht den Werkerfolg aus. Die Leistungshandlung muss als solche **geeignet sein**, den angestrebten Bauwerkserfolg herbeizuführen.[43] Im Zusammenhang mit der Beurteilung der Verpflichtung, ein Fläche von Schnee und Eisglätte freizuhalten, hat der BGH erst jüngst entschieden, dass es nicht auf die Verpflichtung des Auftragnehmers ankomme, bestimmte Handlungen wie Wetterbeobachtungen, vorzunehmen, sondern darauf, dass eine Gefahrenquelle beseitigt werden solle.[44]

Das Ergebnis hält auch einer Verprobung mit der an den Werkbegriff anknüpfenden **Mängelhaftung** 1126
stand. Mängel des Bauwerks lassen einen Rückschluss auf Mängel des Projektsteuerungsgewerks nur zu, wenn sie durch eine objektiv mangelhafte Erfüllung der dem Projektsteuerer übertragenen Aufgaben verursacht sind.[45] Der Projektsteuerer haftet dementsprechend gewährleistungsrechtlich nur insoweit, als er nach seinem Vertrag Teilleistungen auf dem Wege zur Erreichung der Projektziele versprochen und diese nicht ordnungsgemäß erbracht hat. Anhand seines Vertrages und der Auslegung ist zu ermitteln, welche einzelnen werkvertraglichen Teilleistungen der Projektmanager/-steuerer übernommen hat, für die er nach gewährleistungsrechtlichen Grundsätzen einstehen muss.[46]

36 Heinrich, Der Baucontrollingvertrag, S. 138.
37 Richardi/Fischinger, in: Staudinger, Vorbem. z. §§ 611 ff., Rn. 33; Zöpfl, a. a. O., S. 152, 153.
38 Zöpfl, Rechtsnatur und Rechtsprobleme des Bauprojektsteuerungsvertrages, S. 154, vgl. zum Architektenvertrag und Rohrmüller BauR 2015, 19.
39 Zur Frage, ob die Tätigkeit subsidiär gegenüber der werkvertraglichen Erfolgsverpflichtung zurücktreten muss, Motzke, BauR 1999, 1250, 1260.
40 Richardi/Fischinger, in: Staudinger, BGB, Vor § 611 ff., Rn. 33.
41 Vgl. BGH, Beschluss vom 01.02.1965, Az. GSZ 1/64, in: BGHZ 43, 227, 230.
42 BGH, Urteil vom 03.03.1998, Az. X ZR 4/95, in: NJW-RR 1998, 1027 m. w. N.
43 Vgl. für den Architekten BGH, Urteil vom 25.10.1973, Az. VII ZR 181/72, in: BauR 1974, 63, 64; Schrammel, Die Werkaufgabe des Architekten, S. 89 f.; ausführlich auch Rat, Heike, in: Festschrift Thode, S. 485, 495.
44 BGH, Urteil vom 06.06.2013, Az. VII ZR 355/12, in: VersR 2014, 472, 473.
45 Ähnlich für den Architekten BGH, Urteil vom 25.10.1973, Az. VII ZR 181/72, in: BauR 1974, 63, 64.
46 Vgl. Zöpfl, a. a. O., S. 152 f.

1127 Durch den im Zusammenhang mit der **Schuldrechtsreform** eingeführten § 634 a Abs. 1 Nr. 2 BGB ist nunmehr **endgültig klargestellt**, dass allein Teilleistungen – wie die im Zusammenhang mit der Errichtung eines Bauvorhabens beauftragten Planungs- und Controllingleistungen – selbständige Werkerfolge beinhalten, so dass die Ergebnisse der rechtswissenschaftlichen Diskussion inzwischen auch dem Willen des Gesetzgebers entsprechen.[47]

1128 Lediglich *Motzke/Wolff* nehmen an, dass die Einordnungsfrage auch nach dem neuen Schuldrecht ungeklärt sei. Im Hinblick auf eine fehlende Verpflichtung zur Herstellung eines körperlichen Bauwerks könnten die Projektsteuerungsleistungen nach wie vor nicht als Werkleistung begriffen werden.[48] Immerhin halten es auch *Motzke/Wolff* nicht für ausgeschlossen, dass die Neufassung des § 634 a BGB Auswirkungen auf die Qualifizierung von Projektsteuerungsleistungen als Werkleistungen haben kann. Sofern dies zu bejahen sei, wollen allerdings *Motzke/Wolff* aus der Differenzierung zwischen Objekt und Projekt als Gegenstand der Projektsteuerungsleistung ableiten, dass nicht etwa die 5-jährige Verjährungsfrist des § 634 a Abs. 1 Nr. 2 BGB, sondern die regelmäßige Verjährungsfrist nach § 634 a BGB maßgeblich sei.[49] Diese Auffassung ist erst recht abzulehnen, da die Differenzierung zwischen Objekt und Projekt für die Einordnung der Projektsteuerungsleistungen nichts hergibt (siehe dazu schon Rdn. 189). § 634 a BGB setzt in Abs. 1 Nr. 2 auch nicht voraus, dass sich die Steuerungs- und/oder Controllingleistung direkt auf ein Bauwerk bezieht. Es muss lediglich eine entsprechende Leistung »hierfür« erbracht werden.

3.1.3 Der Meinungsstreit zur Projektsteuerung im Detail

1129 Die Rechtswissenschaft hat sich intensiv mit der **methodischen Behandlung von** Verträgen befasst, die sich aus **gemischten Leistungen** zusammensetzen. Sie ordnen die in der Praxis vorkommenden Vertragstypen entweder einheitlich einem bestimmten gesetzlichen Vertragsmuster zu oder stellen auf die jeweils betroffene Vertragsklausel ab bzw. übertragen einzelne Vorschriften im Wege analoger Rechtsanwendung.[50] Alle in der Rechtswissenschaft zur Abgrenzung herangezogene Methoden haben bei der Qualifizierung der Projektsteuerung als Dienst- oder Werkleistung eine Rolle gespielt. Es gab einen heftigen Meinungsstreit zur Rechtsnatur entsprechender Leistungen, der letztlich bis heute nicht vollständig abgeklungen ist.[51] Dabei haben sich verschiedene Auffassungen herauskristallisiert (die inzwischen teilweise bereits überholt sind).[52]

3.1.3.1 Projektsteuerung als Dienstleistung (Einheitslösung Dienstvertrag)

1130 Nach einer speziell in der Anfangsphase der **Projektsteuerung** stark vertretenen Auffassung sind Projektsteuerungsleistungen **typischerweise Dienstleistungen**, und zwar selbst dann, wenn umfassende Leistungsbilder nach Maßgabe des § 31 HOAI a.F. oder AHO vereinbart worden sind. Die Leistungen des Projektsteuerers seien stets als Dienstleistungen zu qualifizieren.[53] Für diesen Ansatz

---

47 Vgl. zur Schuldrechtsreform auch Motzke, in: Festschrift für Jagenburg, S. 639, 643.

48 Motzke/Wolff, Praxis der HOAI, S. 486.

49 Motzke/Wolff, Praxis der HOAI, S. 487.

50 Vgl. zur Absorptionstheorie, Kombinationstheorie und Theorie der analogen Rechtsanwendung Zöpfl, a. a. O., S. 106 f.

51 Vgl. zum Streitstand ergänzend Zöpfl, a. a. O., S. 122 f.; Stork, Projektsteuerung und Projektmanagement im Bauwesen, S. 58; Schill, Der Projektsteuerungsvertrag, S. 55; ders., NZBau 2002, 201; Eschenbruch, NZBau 2000, 409.

52 Vgl. zur ähnlichen Situation im Schweizer Recht: Gauch, in: Festschrift für Jagenburg, S. 234.

53 Mantscheff, in: Hesse/Korbion/Mantscheff/Vygen, HOAI, 4. Auflage, 1996, § 31, Rn. 1, 1 a; Jochem, HOAI, 4. Auflage, 1998, § 31, Rn. 2; Quack, in: Seminar rechtliche Problemstellungen beim Projektmanagement, S. 7, 18; Brößkamp, IBR 1998, 72, formuliert: »Der bauleitende Architekt muss sich seiner werkvertraglichen Erfolgsverpflichtung bewusst sein. Hiervon zu unterscheiden ist die Leistung eines Projektsteuerers, der nur die Leitung und Koordination in seinem Auftrag als Leistung definiert hat. Bauherr und Architekt sollten sich daher ihre jeweiligen Chancen und Risiken der vorzunehmenden Beauftragung als bauleitender Architekt oder als Projektsteuerer vor dem Hintergrund hiermit verbundener Honorar- und Haftungsfolgen vor Augen halten und die Leistungen exakt vertraglich festschreiben.«

wurden die ersten veröffentlichten Entscheidungen des BGH zur Rechtsnatur der Projektsteuerungsleistung herangezogen.[54] Die erste Entscheidung vom 26.1.1995 betraf einen Projektsteuerervertrag mit einem Leistungsbild nach § 31 HOAI a.F., bei dem ein Erfolgshonorar vereinbart worden war. Der BGH argumentierte i. S. einer negativen Abgrenzung,[55] dass die Vereinbarung eines Erfolgshonorars keinen Rückschluss auf den werkvertraglichen Charakter der Leistungen des Projektsteuerers zulasse. Er stellte darauf ab, dass der Eintritt der Kostenersparnis gerade nicht die primäre Leistungsverpflichtung sein sollte, wie sich schon aus dem Aspekt ergebe, dass das Nichterreichen dieses Ziels lediglich zum Verlust des Honorars führen sollte. Dementsprechend komme die Anwendung des Werkvertragsrechts und insbesondere § 649 BGB nicht in Betracht.[56] In einer weiteren Entscheidung vom 6.4.1995 bejahte der BGH bei dem Einsatz eines Projektingenieurs als freien Mitarbeiter Dienstvertragsrecht.[57]

Quack hat die Entscheidungen seines damaligen Senates mit dem Hinweis kommentiert, dass sämtliche Projektmanagementfunktionen als Dienstleistung zu qualifizieren gewesen seien. Die verbreitete Einordnung des Projektsteuerervertrages als Werkvertrag dürfe eher auf einer Verkennung des werkvertraglichen Erfolgsbegriffs beruhen. Das Werkvertragsrecht führe auch nicht zu einem angemessenen Interessenausgleich; da die geschuldeten Erfolge des Projektsteuerers unkontrollierbar vage blieben, begünstige es vielmehr den Projektsteuerer zum Nachteil des Auftraggebers. Seines Erachtens beschäftige der Auftraggeber einen Projektsteuerer mit einer Erfolgserwartung, die qualitativ »etwa der Erwartung der Eltern an den Klavierlehrer ihrer Kinder entspreche«.[58] Auf derselben Argumentationsebene bewegt sich eine ältere Entscheidung des OLG München, die hervorhebt, dass Projektsteuerungsleistungen, welche eine wirtschaftliche und kostenreduzierende Objektabwicklung zum Gegenstand haben, auch dann als Dienstleistungen zu qualifizieren seien, wenn ein Projektsteuerer erfolgsbezogen an den (ersparten) Kosten partizipieren soll.[59] In ähnlicher Form haben zwei Senate des OLG Düsseldorf in Fällen entschieden, bei denen Leistungsbilder nach § 31 HOAI a.F. bzw. dem DVP-Modell (1990) mit vornehmlich unterstützenden Leistungen zugrunde lagen.[60] Auch das OLG Celle hatte in einem Fall, dem ein Leistungsbild der Projektsteuerung nach § 31 HOAI a.F. zugrunde lag, einen dienstvertraglichen Charakter des Vertrages bejaht.[61] 1131

54 BGH, Urteil vom 26.01.1995, Az. VII ZR 49/94, in: BauR 1995, 572 = NJW-RR 1995, 855 = IBR 1995, 327 sowie Urteil vom 06.04.1995, Az. VII ZR 36/94, in: BauR 1995, 731 = NJW 1995, 2629 = IBR 1995, 523.

55 Vgl. dazu auch Werner/Pastor, Der Bauprozess, Rn. 1929 ff.

56 BGH, Urteil vom 26.01.1995, Az. VII ZR 49/94, in: BauR 1995, 572, 573 = NJW-RR 1995, 855 = IBR 1995, 327.

57 BGH, Urteil vom 06.04.1995, Az. VII ZR 36/94, in: BauR 1995, 731 = NJW 1995, 2629 = IBR 1995, 523.

58 Quack, in: Seminar rechtliche Problemstellungen beim Projektmanagement, S. 7, 17, 18.

59 OLG München, Urteil vom 07.11.1995, Az. 9 U 3153/95, in: IBR 1997, 377 mit Hinweis von Knipp.

60 OLG Düsseldorf, Urteil vom 16.04.1999, Az. 22 U 174/98, in: NJW 1999, 3129 = BauR 1999, 1049 = IBR 1999, 379 (zu DVP); OLG Düsseldorf, Urteil vom 01.10.1998, Az. 5 U 182/97, in: BauR 1999, 508 = IBR 1999, 332 (zu § 31: Da § 31 Abs. 1 HOAI sowohl werk- als auch dienstvertragliche Elemente enthält, ergibt sich aus dieser Vereinbarung des Leistungsbildes nicht Entscheidendes für die Bestimmung des Vertragstyps. Aus der Einzelaufstellung über die auszuführenden Leistungen in dem Projektsteuerungsvertrag ergebe sich jedoch, dass hier vorrangig Beratungs- und Koordinationsleistungen erbracht werden sollten.).

61 OLG Celle, Urteil vom 04.06.1998, Az. 22 U 119/97: Geschuldet wurden Leistungen nach den Leistungsphasen 1 bis 7 gemäß § 31 HOAI, die unter den Nr. 1 bis 8 der Verträge nur näher erläutert wurden. Danach ergab sich als »eine der wichtigsten Aufgaben … die Sicherung des Projektzieles durch ein rechtzeitiges Erkennen evtl. Schwierigkeiten bei der Bauabwicklung. Den Klägern oblag dabei – wie originär einem Bauherrn – die Kontrolle und Prüfung des Baufortschritts namentlich durch die im Vertrag ausdrücklich genannten Baustellen-Besprechungstermine unter Zugrundelegung der genehmigten Planungen. Die dazu kommende Kontrolle von Prüfberichten und Baustellenkontrolle vor Ort sollte nach dem Vertrag ergänzt werden durch die (verantwortliche) Hinzuziehung eines IHK-Sachverständigen. Werkvertragliche Erfolgspflichten begründen die Kontrollfunktionen für die Kläger nicht.«

3.1.3.2 Projektsteuerungsleistungen als Werkleistung (Einheitslösung Werkvertrag)

1132 Nach einer anderen Auffassung ist zumindest dann, wenn ein **ganzheitliches Leistungsbild** der Projektsteuerung beauftragt worden ist, von einer Werkleistung auszugehen. Das gelte etwa bei Zugrundelegung des AHO-Leistungsbildes, speziell dann, wenn der Projektsteuerer die Verpflichtung habe, für ein in qualitativer, finanzieller und zeitlicher Hinsicht optimiertes Projekt zu sorgen.[62]

1133 Nach *Zöpfl* prägt der planungsprozessorientierte **Systemgedanke** zumindest den Vollprojektsteuerungsvertrag dergestalt, dass er sich nicht in einzelne Leistungskomponenten zerlegen ließe. Der **Vollprojektsteuerungsvertrag** sei kein gemischter Vertrag, sondern bei ganzheitlicher Betrachtung als Werkvertrag zu qualifizieren.[63]

3.1.3.3 Kombinationstheorie

1134 Nach einer weiteren vertretenen Auffassung sollen die **verschiedenen Hauptleistungspflichten** bei Projektsteuerungsverträgen, jeweils ihrem rechtlichen Charakter entsprechend, entweder nach Dienst- oder nach Werkvertragsrecht behandelt werden. Innerhalb des Vertragswerkes müsse deshalb genau differenziert werden, welche Vertragsqualität die maßgebliche Einzelregelung habe.[64] *Wagner* hat darauf hingewiesen, dass isoliert betrachtet die »Serviceleistungen für den Auftraggeber« i. d. R. dem Dienstvertragsrecht zuzuordnen seien. Es liege allerdings auch bei den Parteien selbst, die Rechtsfolgen durch Vertragsgestaltung anderweitig auszugestalten oder nach unterschiedlichen Vertragstypen aufzuteilen.[65] *Wingsch* hat in diesem Zusammenhang Elemente herausgehoben, anhand derer zu entscheiden sein soll, welche Rechtsnatur die einzelnen Vertragsregelungen haben. Er differenziert wie folgt: Leistungen der Kostenplanung hätten dienstvertraglichen Charakter, wenn die Vertragspartner vereinbart haben, dass das Arbeitsergebnis in der Kontrolle der Architektenleistung bestehen soll. Insoweit handele es sich also lediglich um das Bemühen, den Erfolg des Auftraggebers durch Kontrolle der Leistungen Dritter zu erreichen. Von werkvertraglichen Leistungen des Projektsteuerers sei dagegen dann auszugehen, wenn infolge einer differenzierten Kostenplanung auf die Kostenermittlungen nach § 34 HOAI durch den Architekten vertraglich verzichtet werden könne. Hier handele es sich bei dem Arbeitsergebnis Kostenplanung des Projektsteuerers selbst um ein Werk. Bei der Terminplanung sei wie folgt zu differenzieren: Diene die Terminplanung lediglich der Steuerung der übrigen Projektbeteiligten (mit Ausnahme der ausführenden Firmen), so handele

62 Vgl. Locher/Koeble/Frik, HOAI, Einleitung, Rn. 425; Wingsch, in: Hartmann, HOAI, Stand: März 1998, § 31, Rn. 3; Heiermann, Fachtagung DVP 1991, S. 4, 6; so auch Heiermann, in: Motzel, Projektmanagement in Baupraxis, S. 66, 70: »Ich bin deshalb der Auffassung, dass ein Projektsteuerungsvertrag unter Zugrundelegung des Entwurfes des deutschen Verbandes der Projektsteuerer nach dem Werkvertragsrecht zu beurteilen ist. Etwas anderes gilt lediglich für solche Vertragsgestaltungen, bei denen lediglich und ausschließlich rein tätigkeitsbezogen Koordinations- und Informationsleistungen wahrgenommen werden. Das gilt jedoch gerade nicht für das erarbeitete Leistungsbild des Projektsteuerers im Entwurf des DVP, bei dem nicht der Charakter einzelner Leistungen, sondern die Tatsache entscheidend ist, dass das in der Summe dieser Einzelleistungen verkörperte Projektsteuererwerk erfolgs- und nicht tätigkeitsbezogen ist«; Aßmann, Der Architekt 1993, 213; Heinrich, Der Baucontrollingvertrag, S. 138 ff.; a. A. in Bezug auf das DVP-Leistungsbild Seifert, in: Korbion/Mantscheff/Vygen, HOAI, § 31, Rn. 1.: Jedenfalls in der 6. und 7. Auflage trifft Seifert keine Aussage dazu, wie sich die Vereinbarung des DVP- oder des § 31-Leistungsbildes auf die Einordnung als Werk- oder Dienstvertrag auswirkt. Er führt – wie auch Korbion in der aktuellen 8. Auflage (Einleitung, Rn. 690) – aus, dass es stets eine Frage des Einzelfalles ist und der Vertrag nach dem jeweiligen Schwerpunkt zu beurteilen ist.

63 Zöpfl, Rechtsnatur und Rechtsprobleme des Bauprojektsteuerungsvertrages, S. 145, 148.

64 Vgl. z. B. Weindorf, in: Seminar rechtliche Problemstellungen beim Projektmanagement, S. 59, 70; so wohl auch Diederichs, in: Hartmann, HOAI, § 31, Rn. 11, S. 57 ff.; Slabik, Projektsteuerungsverträge, Ziff. 6.1; vgl. auch Vygen, Bauvertragsrecht, Rn. 27; vgl. auch von Minckwitz, Gewährleistung des Projektsteuerers, S. 15: »Beide Teile, d. h. Erfolg und die Tätigkeit können nach Projektsteuerungsverträgen geschuldet sein. Im Vordergrund steht die Einzelfallbetrachtung.«

65 Wagner, BauR 1991, 665, 670.

es sich um eine dienstvertragliche Leistung, weil mit Hilfe dieses Terminplans nur der beabsichtigte Erfolg des Auftraggebers erreicht werden soll. Habe die Terminplanung unter anderem auch die Ermittlung der für die Bauausführung wesentlichen Termine (Vertragstermine) zum Gegenstand, sei von einer Werkleistung auszugehen, zumal dieser Teil der Terminplanung ganz wesentlich auf das Entstehenlassen des Werkes (z. B. Bauwerkes) ausgerichtet ist.[66]

3.1.3.4 Schwerpunkttheorie (Absorptionstheorie)

Nach dieser Auffassung ist darauf abzustellen, **ob** bei dem konkreten Projektsteuerungsvertrag **tätigkeitsbezogene oder erfolgsorientierte Elemente überwiegen**.[67] Lägen vornehmlich Beratungs-, Berichterstattungs- sowie Informationsleistungen vor, wäre von einem dienstvertraglichen Charakter auszugehen. Nach Maßgabe entsprechender Schwerpunktbildung könne selbst bei Leistungsbildern nach § 31 HOAI a.F. sowie AHO Dienst- oder Werkvertragsrecht vorliegen. So hatten vormals das OLG Oldenburg[68] wie auch das OLG Düsseldorf[69] bei Projektsteuerungsverträgen unter Hinweis auf den Schwerpunkt der Leistung einen Dienstvertragscharakter bejaht. 1135

Umfasse die Projektsteuerung jedoch die eigenständige Sicherung und Steuerung von Kosten, Terminen und Qualitäten durch Planungsleistungen sowie die Gesamtkoordination und die Gesamtorganisation des Bauprojektes, sei von einer insgesamt werkvertraglich geprägten Vertragsbeziehung auszugehen.[70] Vertretern der Kombinationstheorie wird insbesondere entgegengehalten, dass »die Steuerung« nicht nur die Planung von Abläufen und die »passive« Feststellung von Abweichungen zum Gegenstand habe, sondern im Sinne eines Regelkreises dazu dienen müsse, permanent Abweichungen festzustellen und (Gegen-)Steuerungsmaßnahmen vorzunehmen, um dem Leistungsziel gerecht zu werden.[71] Speziell bei einer so facettenreichen Tätigkeit wie der Projektsteuerung könne **schwerlich auf einzelne Teiltätigkeiten** abgestellt werden.[72] 1136

Kritisch hierzu hat sich etwa *Zöpfl* geäußert: 1137

> *»Auch die Anwendung einer Schwerpunkttheorie ist methodisch abzulehnen. Die ganzheitliche Betrachtung bedingt letztlich eine Gleichwertigkeit aller Leistungskomponenten und Leistungsphasen. Beispielhaft ist es bei Übertragung der »Vollprojektsteuerung« nicht entscheidend, ob der Projektsteuerer im Einzelfall etwas mehr, im anderen Fall etwas weniger Beratungsleistungen zu erbringen hat. Dies ergibt sich oft erst während der Vertragsdurchführung, welche zur Ermittlung des Parteiwillens unbehelflich ist. Entscheidend ist, dass der Projektsteuerer nach dem Willen der Parteien zur Zeit des Vertragsschlusses beraten hat. Welches Gewicht die Beratungsleistungen im Verhältnis zu den übrigen Leistungen haben, darf aber nicht erst zum Abschluss des Projektes festgestellt werden. Die Komplexität und die relative Neuartigkeit der Aufgaben bringt es mit sich, dass die Konsequenzen der Arbeit schwer abschätzbar sind.«*[73]

3.1.4 Die Entscheidung des Methodenstreites durch den BGH

In seiner Grundsatzentscheidung vom 10.6.1999 hat der Bundesgerichtshof den Meinungsstreit im Sinne der **Schwerpunkttheorie** entschieden. In dieser Entscheidung hat der Bundesgerichtshof formuliert: 1138

66 Wingsch, in: Hartmann, HOAI, Stand: März 1998, § 31, Rn. 3.

67 Vgl. auch Ganten, in: Festschrift für Thode, S. 21, 24 aus Gründen der Rechtssicherheit.

68 OLG Oldenburg, Urteil vom 25.10.2000, Az. 2 U 210/00, in: IBR 2000, 619.

69 OLG Düsseldorf, Urteil vom 01.10.1998, Az. 5 U 182/97, in: BauR 1999, 508, 509 = IBR 1999, 332.

70 So jüngst Werner/Pastor, Der Bauprozess, Rn. 1929 ff.; zum Teil auch auf den Schwerpunkt abstellend Knipp, Projektmanagement, S. 37.

71 Vgl. Kochendörfer, in: Kapellmann/Vygen, Jahrbuch Baurecht 1999, 267, 275.

72 In diesem Sinne auch Werner/Pastor, Der Bauprozess, Rn. 1930; für den Projektsteuerer auch von Minckwitz, Gewährleistung des Projektsteuerers, S. 15; Locher, Das private Baurecht, Rn. 397 für den Baubetreuer; vgl. auch Knipp, Projektmanagement, S. 37; OLG Frankfurt, Urteil vom 24.04.2006, Az. 8 U 131/05, in: IBR 2007, 317.

73 Zöpfl, Rechtsnatur und Rechtsprobleme des Bauprojektsteuerungsvertrages, S. 149.

»Die Rechtsnatur eines Projektsteuerungsvertrages hängt von den getroffenen Vereinbarungen ab. Sie bestimmen, ob der Vertrag eine Geschäftsbesorgung zum Gegenstand hat und ob er als Dienst- oder Werkvertrag einzuordnen ist. Das Recht des Werkvertrages ist anwendbar, wenn der Projektsteuerer durch seine vertragliche Leistung einen Erfolg im Sinne des § 631 Abs. 2 BGB schuldet (BGH, NJW-RR 1995, 855 = BauR 1995, 572, 573). Dabei ist es nicht notwendig, dass der Projektsteuerer ausschließlich erfolgsorientierte Pflichten wahrnimmt. Werkvertragsrecht kann auch dann anwendbar sein, wenn der Unternehmer ein Bündel an verschiedenen Aufgaben übernommen hat und die **erfolgsorientierten Aufgaben** *dermaßen* **überwiegen**, *dass sie den Vertrag prägen. Das hat der BGH bereits für den Baubetreuungsvertrag entschieden (es folgen Nachweise). Für den Projektsteuerungsvertrag gilt nichts anderes.«*[74]

1139 Der zu beurteilende Projektsteuerungsvertrag hatte ein **Generalunternehmercontrolling** zum Gegenstand. Planungsleistungen und Materialien waren auf Vertragskonformität zu überprüfen. Der Projektsteuerer sollte an der Abnahme teilnehmen, Mängel kontrollieren und Mängelbeseitigungsmaßnahmen vorantreiben. Die Leistungen hatten nach der Auffassung des BGH den zentralen Zweck, die vertragsgemäße Ausführung des Bauvorhabens zu gewährleisten und entsprachen daher den Aufgaben eines mit der Bauüberwachung beauftragten Architekten, der dafür zu sorgen hat, dass das Bauvorhaben plangerecht und frei von Mängeln entsteht.

1140 In einer weiteren Entscheidung hatte der BGH einen Vertrag im Sinne des **Generalmanagements/ Baucontrollings**[75] zu beurteilen, in dessen Rahmen der Projektsteuerer neben Projektsteuerungsleistungen nach § 31 HOAI a.F. Architektenleistungen gem. den Leistungsphasen 6 bis 9 des § 15 HOAI a.F. (jetzt § 34 HOAI) übernommen hatte. Der BGH hatte in diesem Fall eine vorzeitige Kündigung aus wichtigem Grund zu beurteilen und stellte dabei ausschließlich auf werkvertragliche Kategorien (Kündigung aus wichtigem Grund nach allgemeinen Rechtsgrundsätzen) ab.[76]

1141 In einem weiteren Urteil hatte der Bundesgerichtshof die Rechtsnatur eines auf **Qualitätscontrolling** gerichteten Vertragswerkes zu beurteilen. Hier hatte eine Sachverständigenorganisation (TÜV) eine **stichprobenartige Qualitätsüberwachung** übernommen. Mit der nachfolgenden Begründung hat der BGH für den Fall einer nur sehr begrenzten Controllingleistung einen werkvertraglichen Charakter des Vertrages bejaht:

»Nach § 631 Abs. 2 BGB kann Gegenstand eines Werkvertrages sowohl die Herstellung oder die Veränderung einer Sache als auch ein anderer durch Arbeit oder Dienstleistung herbeizuführender Erfolg sein. Für den Werkvertrag kennzeichnend ist nach ständiger Rechtsprechung des Bundesgerichtshofs, dass ein erfolgsbezogener Beitrag zur Verwirklichung eines Werkes zu leisten ist. So hat der Bundesgerichtshof für den mit der Bauaufsicht beauftragten Architekten angenommen, dass dieser einen derartigen Erfolg und nicht einen nur für das Arbeitsergebnis nur mittelbar bedeutsamen Arbeitseinsatz schuldet. Auch die Geschäftsbesorgung der Ermittlung des Verkehrswertes eines Grundstücks und der sich danach richtenden Beleihungsgrenze ist vom Bundesgerichtshof als Werkvertrag qualifiziert worden. Bei der Frage, ob ein Projektsteuerungsvertrag ein Dienst- oder Werkvertrag ist, hat der Bundesgerichtshof es für die Qualifizierung als Werkvertrag maßgebend gehalten, ob die zentrale Aufgabe des Projektsteuerers die technische Bauüberwachung ist.«[77]

1142 Der BGH bejaht in dieser Entscheidung eine erfolgsbezogene Tätigkeit im Hinblick auf Inhalt und Zweck des Vertrages sowie die Interessenlage der Parteien. Gegenstand der Vertragsleistungen soll die Abgleichung der Ist-Beschaffenheit mit der Soll-Beschaffenheit sowie die Prüfung sein,

---

74 BGH, Urteil vom 10.06.1999, Az. VII ZR 215/98, in: NJW 1999, 3118 = BauR 1999, 1317, 1318 = IBR 1999, 423 (Eschenbruch) = ZfIR 1999, 899, 900 = BB 1999, 1728, 1729 = Der Betrieb 1999, 1900, 1901; dazu Eschenbruch, NZBau 2000, 409; so auch OLG Frankfurt, Urteil vom 24.04.2006, Az. 8 U 131/05, in: BauR 2007, 1107.

75 Siehe zum Generalmanagement Rdn. 354.

76 BGH, Urteil vom 02.09.1999, Az. VII ZR 225/98, in: BauR 1999, 1469 = WM 1999, 2126, 2127 = BB 1999, 2160 = IBR 2000, 37 (Jagenburg); dazu Eschenbruch, NZBau 2000, 409.

77 Vgl. BGH, Urteil vom 11.10.2001, Az. VII ZR 475/00, in: NJW 2002, 749, 750 = NZBau 2002, 150, 151 = BauR 2002, 315 = WM 2002, 127, 128 = IBR 2002, 87; auch LG Hamburg, Urteil vom 04.12.2012, Az. 321 O 87/12, in: NJW-RR 2013, 594; anders noch OLG München, Urteil vom 16.05.2000, Az. 13 U 4315/99, in: IBR 2001, 683.

ob die Leistung nach objektiven Kriterien mangelfrei sei. Die hierin liegende Erfolgsbezogenheit ändere sich nicht dadurch, dass die Mängel lediglich erfasst und präventiv und stichprobenartig aufgenommen werden sollten und damit eine Bauüberwachung nicht ersetzt werden könne. Auch **stichprobenartige Kontrollen seien erfolgsbezogene**, auf die Erfassung der bei der jeweiligen Begutachtung erkennbaren Mängel gerichtete Tätigkeiten. Der geschuldete Erfolg beziehe sich darauf, dass die bei den vereinbarten Baustellenbesuchen von einem Fachkundigen erkennbaren Mängel ermittelt und beanstandet werden.

Der 3. Zivilsenat des BGH hat sich der Bewertung der Projektsteuerungsverträge als Werkverträge 1143
durch den für Bausachen zuständigen 7. Zivilsenat des BGH angeschlossen.[78]

Kniffka, der Vorsitzende des 7. Zivilsenates des BGH (Bausenat), hat sich explizit dafür ausgespro- 1144
chen, dann, wenn Projektsteuerungsverträge erfolgsorientierte Pflichten enthalten, das Werkvertragsrecht anzunehmen und die hier vertretene Auffassung bestätigt.[79]

3.1.5 Die Instanzrechtsprechung und die rechtswissenschaftliche Literatur

Das Oberlandesgericht München hat in einer Entscheidung, deren Revision beim BGH nicht an- 1145
genommen wurde und der Projektsteuerungsleistungen sowie Leistungen der wirtschaftlichen Baubetreuung zugrunde lagen, ausgeführt:

> *»Entsprechend der Rechtsprechung des Bundesgerichtshofs (vgl. BGH, BauR 1999, 1317 m. w. N.), der der Senat folgt, ist bei einem Projektsteuerungsvertrag bzw. Baubetreuungsvertrag Werkvertragsrecht anwendbar, wenn der Unternehmer ein Bündel von verschiedenen Aufgaben übernommen hat und die erfolgsorientierten Aufgaben dermaßen überwiegen, dass sie den Vertrag prägen. Dies ist vorliegend schon deswegen der Fall, weil die Parteien in dem Vertrag vom 9.7./24.9.1986 auch vereinbart haben, dass die Beklagte während der Bauzeit die beauftragten Architekten, Ingenieure und Sonderfachleute bezüglich der Herbeiführung der vertraglich vereinbarten Leistungen zu überwachen und die Kontrolle der beauftragten Unternehmer bezüglich der vereinbarten Qualitäts-, Kosten- und Terminfestlegungen zu kontrollieren hatte. Weiter gehört zu den von der Beklagten vertraglichen übernommenen Aufgaben die Durchführung von Abnahmen, Festlegung von Mängeln, Gewährleistungs- und Sicherheitseinbehalte sowie die Überwachung der Beseitigung von Mängeln, die bei der Abnahme der Bauleistung festgestellt wurden. Diese unter 6.2.6 unter »Durchführung der Bauwerke« angeführten vertraglichen Verpflichtungen der Beklagten begründen werkvertragliche Erfolgspflichten und haben den zentralen Zweck, die vertragsgerechte Ausführung des Bauvorhabens zu gewährleisten.«*[80]

Der der Entscheidung zugrunde liegende Projektsteuerungsvertrag knüpfte an Aufgaben der Pro- 1146
jektsteuerung nach § 31 Abs. 1 Satz 2 HOAI a.F. an.

In einer jüngeren Entscheidung hat das OLG Düsseldorf einen Projektsteuerungsvertrag auf der Grundlage des **AHO-Leistungsbildes** als **Werkvertrag** qualifiziert und dabei ausgeführt:

> *»Die rechtliche Einordnung des Projektsteuerungsvertrages als Geschäftsbesorgungsvertrag mit Dienst- oder Werkvertragscharakter entscheidet sich danach, worin der Schwerpunkt der Leistungspflichten des Projektsteuerers liegt. Die Projektsteuerung betrifft regelmäßig Beratungs-, Koordinierungs- und Kontrollleistungen. Damit sind sowohl dienstvertragliche als auch werkvertragliche Elemente Gegenstand der Leistungspflichten. Durch Auslegung des Vertrages ist festzustellen, ob die erfolgsorientierten Leistungspflichten oder die rein tätigkeitsbezogenen Aufgaben des Projektsteuerers den Vertrag prägen. Wird dem Projektsteuerer die Ermittlung von Vorgaben für die Projektbeteiligten sowie deren Überwachung auf Einhaltung und ggf. ein steuerndes Eingreifen bei einem Bauprojekt übertragen, wird in aller Regel das werkvertragliche Element den Vertrag prägen. Denn Ziel ist ein erfolgreicher Projektabschluss und damit ein werkvertraglicher Leistungserfolg. Von daher wird der Projektsteuerungsvertrag nur im Ausnahmefall als Dienstvertrag anzusehen sein. Insbesondere dann, wenn Kontroll- und Überwachungspflichten geschuldet werden, ist der Vertrag als Werkvertrag zu klassifizieren. Überwachungsaufgaben des Projektsteuerers,*

---

78 Vgl. BGH, Urteil vom 07.03.2002, Az. III ZR 12/01, in: NZBau 2002, 327, 328.

79 Kniffka, Bauvertragsrecht, Kommentar zu §§ 631–651 BGB unter besonderer Berücksichtigung der Rechtsprechung des BGH, München 2012, Einf. v. § 631, Rn. 70.

80 OLG München, Urteil vom 28.3.2000, Az. 28 U 3035/99, in: IBR 2002, 373; Nichtzulassungsbeschluss des BGH, Beschluss vom 21.03.2002, Az. VII ZR 396/00; dazu auch IBR 2002, 373.

insbesondere die technische Überwachung, ist eine erfolgsbezogene und damit werkvertragliche Angelegenheit. Überwachung und Steuerung sind werkvertragliche Kardinalpflichten des Projektsteuerers.

1147 *Der Schwerpunkt der vertraglichen Leistungspflichten des Klägers war nach Maßgabe der vorstehenden Grundsätze erfolgsbezogen. In Ziff. 3.2 des Vertrages sind als Leistungspflichten festgehalten: Die Vorbereitung der Beantragung der Baugenehmigung, die Erstellung der Projektstatusdokumentation, die Abstimmung mit dem Auftraggeber wegen des zu verwirklichenden Projektprogramms zu Qualitäten, Quantitäten, Kosten, Termine und Wirtschaftlichkeit, die Vorbereitung der stufenweisen Beauftragung der an der Planung fachlich zu Beteiligenden sowie die Steuerung der Projektbeteiligten während der Fertigung der für die Beantragung der Baugenehmigung unerlässlichen Objektunterlagen. Die Leistungen dienten danach der weitgehenden Entlastung des Auftraggebers und der Sicherung und Steuerung von Kosten, Terminen und Qualitäten sowie die Koordinierung des Ablaufs. Derartige Koordinierungs- und Kontrollleistungen sind typische erfolgsorientierte Leistungen (so auch OLG Naumburg, Urt. v. 14.03.2008, 10 U 64/07, IBR 2009; OLG Frankfurt, Urt. v. 24.04.2006, 8 U 131/05, BauR 2007, 1107, IBR 2007, 317; OLG Dresden, Urt. v. 21.06.2001, 16 U 3229/98; OLG Hamburg, Urt. v. 03.09.2002, 9 U 8/02, NJW-RR 2003, 1670).*

1148 *Der Beklagten als Auftraggeberin kommt es auf das Arbeitsergebnis an, das mithilfe der Steuerung des Klägers erreicht werden sollte. Sie wollte, dass als Erfolg die kostengünstige und gleichzeitig qualitätswahrende Umsetzung ihrer Vorstellungen erbracht wird. Der Auftragnehmer seinerseits versprach die Erzielung dieses Erfolges. Da er die Vorgaben der Auftraggeberin kannte und die Möglichkeiten der Umsetzung abzuschätzen vermochte, übernahm er eine kalkulierbare Erfolgshaftung. Der erfolgreiche Projektabschluss und damit ein Werkvertrag war nach dem Verständnis der Vertragspartner Ziel der Leistungen des Klägers. Dies wird durch die Beschreibung der Einzelleistung in der Anlage 1 des Vertrages noch verdeutlicht. Darin sind die Einzelleistungsbilder verschiedenen Handlungsbereichen zugeordnet. Neben unterstützender, mitwirkender und vorbereitender Tätigkeit ist zum Leistungsbild »Organisation, Information, Koordination und Dokumentation« unter anderem festgehalten, dass der Kläger die Koordination, die Dokumentation, die Qualitätskontrolle, die Statusermittlung und -bewertung, die Kosten- und Terminkontrolle sowie die Erstellung eines Berichts als Grundlage für die Abstimmung im Hinblick auf die weitere Projektentwicklung schulde. Im Handlungsbereich »Qualitäten und Quantitäten« übernahm der Kläger unter anderem die Mitwirkung bei der Auswahl von Planern, die Einholung, Prüfung und Bewertung von Angeboten, schriftliche Vergabeempfehlungen einschließlich Vergabevorschlag mit Begründung, Prüfung der Arbeitsergebnisse der Planer mit Einbeziehung sachgerechter Varianten, Kontrolle der Vorgehensweise der Planer bei der Prüfung von Angeboten und die Kontrolle der Planer im Hinblick auf die sachgerechte Objektüberwachung. Im Handlungsbereich »Kosten und Finanzierung« übernahm der Kläger unter anderem die Planung und Fortschreibung von Mittelbedarf und Mittelabfluss, die Prüfung von Zahlungsfreigaben, die Kostenkontrolle oder Kostensteuerung, Kontrolle der von den Planern vorzunehmenden Rechnungsprüfung sowie die Freigabe von Sicherheitsleistungen. Im Handlungsbereich »Termine und Kapazitäten« oblag es dem Kläger, den Rahmenterminplan für das Gesamtprojekt sowie Teilterminpläne und Feinterminpläne zu erstellen und fortzuschreiben sowie den Ablauf des Bauvorhabens zu steuern.*

1149 *Alle diese aufgeführten Tätigkeiten, die den Kernbereich der jeweiligen Handlungsbereiche ausmachen, sind Tätigkeiten, bei denen der Kläger den Erfolg seiner Leistungen und nicht nur die Dienstleistung als solche schuldete. Auch in sonstigen Bereichen der Leistungspflichten, z.B. im Rahmen der Prüfung und der Erstellung von Vorgaben für den Versicherungsschutz, bezogen sich die Aufgaben des Klägers auf den Leistungserfolg. Die dienstvertraglichen Elemente in den einzelnen Handlungsbildern, etwa die Teilnahme an Besprechungen und Beratungen, sind dagegen von untergeordneter Bedeutung. Die Vertragspartner haben zudem auch in den Regelungen des Vertrages zur Haftung deutlich gemacht, dass die Leistungen des Klägers hinsichtlich der Gewährleistung und Schadensersatzhaftung an dem geschuldeten Erfolg zu messen waren. Denn in der Anlage 2 des Vertrages heißt es unter Ziff. 9, dass der Auftragnehmer die Einhaltung der allgemein anerkannten Regeln der Technik schuldet und verlangen kann, ihm die Mängelbeseitigung zu übertragen. Kläger und Beklagte haben damit die Erfolgshaftung, die maßgebliches Kennzeichen des Werkvertrages ist, ausdrücklich vereinbart.«*[81]

1150 Das OLG Hamm hat sich der Schwerpunkttheorie des BGH ebenfalls angeschlossen und formuliert:

»Erfolgsbezogen im Sinne des § 631 BGB sind die vom Auftragnehmer geschuldeten Leistungen auch dann, wenn er als »Projektmanager« lediglich mit der Betreuung des Bauvorhabens beauftragt worden ist. Denn seine vertraglich vorgesehenen Aufgaben sind im Schwerpunkt auf die ordnungsgemäße Verwirklichung des Bauvorhabens als Werkerfolg gerichtet (BGH NJW 1999, 3118 – »Projektsteuerungsvertrag«).«

81 OLG Düsseldorf, Urteil v. 23.06.2009, 23 U 140/08, BeckRS 2009, 20329 = IBR 2009, 530.

Auch das OLG Dresden hat in einem Urteil aus dem Jahre 2001, dessen Revision der BGH nicht angenommen hat, auf die Schwerpunkttheorie des BGH abgestellt und bei einem Baubetreuungs- und Projektsteuerungsvertrag wegen der im Schwerpunkt erfolgsorientierten Verpflichtungen Werkvertragsrecht angewendet.[82] Ähnlich hat das OLG Naumburg auf die Schwerpunkttheorie abgestellt und ausgeführt, dass die Übernahme eines Qualitätsmanagements sowie eines Generalmanagements zur Annahme eines Werkvertrags führe.[83] 1151

Entsprechend hat das OLG Hamburg, ebenfalls mit Nichtannahmebeschluss des BGH, für einen Projektsteuerungsvertrag nach dem AHO-Leistungs- und Honorarmodell entschieden und Werkvertragsrecht angewendet.[84] 1152

Auch das OLG Karlsruhe hat im Zusammenhang mit der Beurteilung der Kündbarkeit eines Projektsteuerungsvertrages auf Werkvertragsrecht abgestellt.[85] In diesem Sinne hat auch das OLG Frankfurt entschieden.[86] Das OLG Frankfurt hat – wie schon der BGH[87] – bei Übernahme von Aufgaben eines Generalmanagements bzw. einer Qualitätskontrolle Werkvertragsrecht angenommen.[88] 1153

Das Landgericht Düsseldorf hat ebenfalls für einen auf AHO-Basis entwickelten Projektsteuerungsvertrag auf die Schwerpunkttheorie abgestellt und den Werkvertragscharakter bejaht.[89] 1154

Die in der jüngsten Rechtsprechung vertretene Schwerpunkttheorie ist in der Literatur auf überwiegende Zustimmung gestoßen und hat sich schnell durchgesetzt.[90] 1155

3.1.6 Die Anwendung der maßgeblichen Rechtsgrundsätze zur Qualifizierung der Rechtsnatur eines Projektmanagement-/Projektsteuerungsvertrages auf das konkrete Vertragsmodell

Nach der **Rechtsprechungsentwicklung** und der **Schuldrechtsreform ist somit davon auszugehen**, 1156
- dass der Gesamtvertrag einem einheitlichen schuldrechtlichen Vertragstypus folgt, wenn er im Schwerpunkt durch dienst- oder werkvertragliche Verpflichtungen geprägt wird,
- dass der Werkerfolg auch in einer übernommenen Projektsteuerungsleistung selbst liegen kann. Das ist insbesondere der Fall, wenn auf die Errichtung eines Bauwerks bezogene planende oder überwachende Leistungen im Sinne des § 634 a Abs. 1 Nr. 2 BGB vereinbart werden,
- bei den auf die Errichtung oder das Redevelopment von Bauprojekten gerichteten Projektsteuerungs- und Projektmanagementleistungen ist nach den vorstehenden Ausführungen schon wegen des üblicherweise dominierenden Charakters von Planungs- und Überwachungsleistungen von einer werkvertraglichen Rechtsnatur auszugehen.[91] Dies deckt sich auch mit der Behand-

82 Vgl. OLG Dresden, Urteil vom 21.06.2001, Az. 16 U 3229/98, in: IBR 2003, 90 sowie Nichtannahmebeschluss des BGH, Beschluss vom 14.11.2002, Az. VII ZR 470/01.

83 OLG Naumburg (Dreso I) Urteil vom 14.03.2008, Az. 10 U 64/07, in: BauR 2009, 1171.

84 OLG Hamburg, Urteil vom 03.09.2002, Az. 9 U 8/02, in: IBR 2003, 487.

85 Vgl. OLG Karlsruhe, Urteil vom 19.04.2005, Az. 17 U 217/04, in: NZBau 2006, 50 f. = BauR 2005, 1661 = IBR 2005, 385.

86 OLG Frankfurt, Urteil vom 24.04.2006, Az. 8 U 131/05, in: IBR 2007, 317.

87 BGH, Urteil vom 11.10.2001, Az. VII ZR 475/00, in: NJW 2002, 749 f.

88 OLG Frankfurt, Urteil vom 24.04.2006, Az. 8 U 131/05, in: IBR 2007, 317.

89 LG Düsseldorf, Urteil vom 30.07.2008, Az. 8 O 247/07.

90 Vgl. Eschenbruch, NZBau 2000, 409; Schill, Der Projektsteuerungsvertrag, S. 61, 62; Fischer, IBR 2000, 619; auch Motzke/Wolff, Praxis der HOAI, S. 487; Preußner, in: Thode/Wirth/Kuffer, Praxishandbuch Architektenrecht, § 9, Rn. 9; Schill, in: Heiermann/Franke/Knipp, Baubegleitende Rechtsberatung, S. 399.

91 Vgl. auch Möllers, in: Korbion, Baurecht, Teil 14, Rn. 64: Danach dürfte für die ganz überwiegende Zahl der regelmäßig abgeschlossenen Projektsteuerungsverträge eine Qualifikation als Werkvertrag anzunehmen sein. Zwar werden auch weiterhin Projektsteuerungsverträge in Betracht kommen, die als Dienstvertrag einzuordnen sind. Allerdings dürfte sich dies auf solche Fälle beschränken, in denen der Projektsteuerer vorrangig oder ausschließlich informierende, beratende oder allgemein koordinierende Arbeiten übernimmt.

lung der Baubetreuungsverträge, bei denen die Rechtsprechung den werkvertraglichen Charakter anerkannt hat, sobald entsprechende technische Leistungen im Vordergrund gestanden haben. Für rein dienstvertragliche Rechtsverhältnisse bleiben nur abgrenzbare Anwendungsfelder.

1157 Unklar ist, ob nach diesen Prämissen noch **zusätzliche Indizien** berücksichtigt werden müssen, die eher für die dienst- oder werkvertraglich Ausgestaltung eines Vertrages sprechen. In der Rechtsprechung sind bei entsprechenden Abgrenzungsbemühungen immer wieder unterschiedliche indizielle Aspekte diskutiert worden, die auch bei der Bestimmung der Rechtsnatur von Projektsteuerungsverträgen eine Rolle spielen könnten. Dabei ist festzuhalten:

- Allein die Beschreibung eines **Vertragsziels**, etwa eines Entwicklungsziels, ist kein hinreichendes Indiz für die Annahme eines Werkvertrages. Auch bei einem Dienstvertrag kann die geschuldete Leistung der Erreichung eines bestimmten Ziels dienen. Deshalb ist im Einzelfall unter Berücksichtigung der relevanten Vertragsumstände zu ermitteln, ob lediglich der Rahmen einer dienstvertraglichen Tätigkeit oder ein konkreter Werkerfolg beschrieben ist.[92]
- 1158 Nach der Rechtsprechung des BGH zur Mankohaftung (Nichterbringung einzelner Leistungen) hat der BGH eine an Leistungsphasen orientierte vertragliche Vereinbarung als Auslegungskriterium für die Annahme einer werkvertraglich basierten Abrede angenommen.[93] Bei **stufenweisen Beauftragungen** liegt in der Regel eine werkvertragliche Gestaltung vor, sofern die Stufen – wie zumeist – an erfolgsbezogen ausgestaltete Meilensteine anknüpfen.[94]
- 1159 Ein zugrunde gelegtes **Honorarmodell** als solches lässt in aller Regel keinen sicheren Rückschluss auf eine bestimmte Rechtsnatur eines Vertrages zu.[95] Dies hat der 7. Zivilsenat bestätigt und angenommen:[96]

> *»Der Einordnung eines sogenannten Winterdienstvertrags als Werkvertrag steht auch nicht entgegen, dass der Auftraggeber ein pauschales,* **nach Zeitabschnitten bemessenes Entgelt** *zu entrichten hat. Ebenso wenig entscheidend, dass der Vertrag* **auf eine bestimmte Zeitdauer angelegt** *ist und somit Züge eines Dauerschuldverhältnisses aufweist. Angesichts des auf einen Erfolg bezogenen Vertragszwecks kommt diesen Umständen kein entscheidendes Gewicht zu.«*[97]

Der 3. Zivilsenat des BGH hat angenommen, dass eine **Risikoprämie** für einen Werkvertrag sprechen kann. Auch könne eine rein personal- und zeitaufwandsbezogene, abschnittsweise Vergütungszahlung Bedeutung für die Rechtsnatur der vertraglich geschuldeten Leistung gewinnen.[98]

- Die Vereinbarung einer **festen Zeitdauer** für Leistungen des Projektsteuerers spricht nicht zwingend für einen Dienstleistungscharakter.[99]
- 1160 Die im Vertrag geregelte **selbständige Leistungserbringung** bzw. der **Umfang der Weisungsgebundenheit** des Projektsteuerers kann indizielle Bedeutung haben.[100]

---

92 BGH, Urteil vom 16.07.2002, Az. X ZR 27/01, in: NJW 2002, 3323, 3325 = ZIP 2003, 442, 444.

93 BGH, Urteil vom 24.06.2004, Az. VII ZR 259/02, in: NZBau 2004, 509, 510 = BauR 2004, 1640, 1642 = IBR 2004, 512, 513.

94 Stemmer/Wierer, BauR 1997, 935, 938.

95 Vgl. dazu Zöpfl, a. a. O., S. 137, 158, 159.

96 Vgl. BGH, Urteil vom 26.01.1995, Az. VII ZR 49/94, in: BauR 1995, 572 = NJW-RR 1995, 855 = IBR 1995, 327; vgl. dazu auch Rdn. 1130.

97 BGH, Urteil vom 06.06.2013, Az. VII ZR 355/12, in: VersR 2014, 472, 473.

98 Vgl. BGH, Urteil vom 26.01.1995, Az. VII ZR 49/94, in: BauR 1995, 572 = NJW-RR 1995, 855 = IBR 1995, 327; vgl. dazu auch Rdn. 1130; BGH, NZBau 2002, 327, 328: Die Vereinbarung einer Vergütung nach Zeitabschnitten steht der werkvertraglichen Leistung nicht entgegen.

99 So ausdrücklich BGH, Urteil vom 07.03.2002, Az. III ZR 12/01, in: NZBau 2002, 327, 328; die feste Zeitdauer hat allenfalls indizielle Bedeutung, vgl. Richardi/Fischinger, in: Staudinger, BGB, Vor § 611 ff., Rn. 34.

100 Siehe dazu Zöpfl, a. a. O., S. 177 f.

- Letztlich kann – ungeachtet der insoweit eingeschränkten Dispositionsbefugnis (siehe Ziff. 3.1) – auch die von den Parteien **vorgesehene Rechtswahl** (z. B. die explizite Benennung einzelner Rechtsnormen oder eines Vertragstyps) bei der Auslegung berücksichtigt werden.[101]

Hiernach ergibt sich für die wesentlichen Einsatzmodelle des Projektmanagements/der Projektsteuerung: 1161

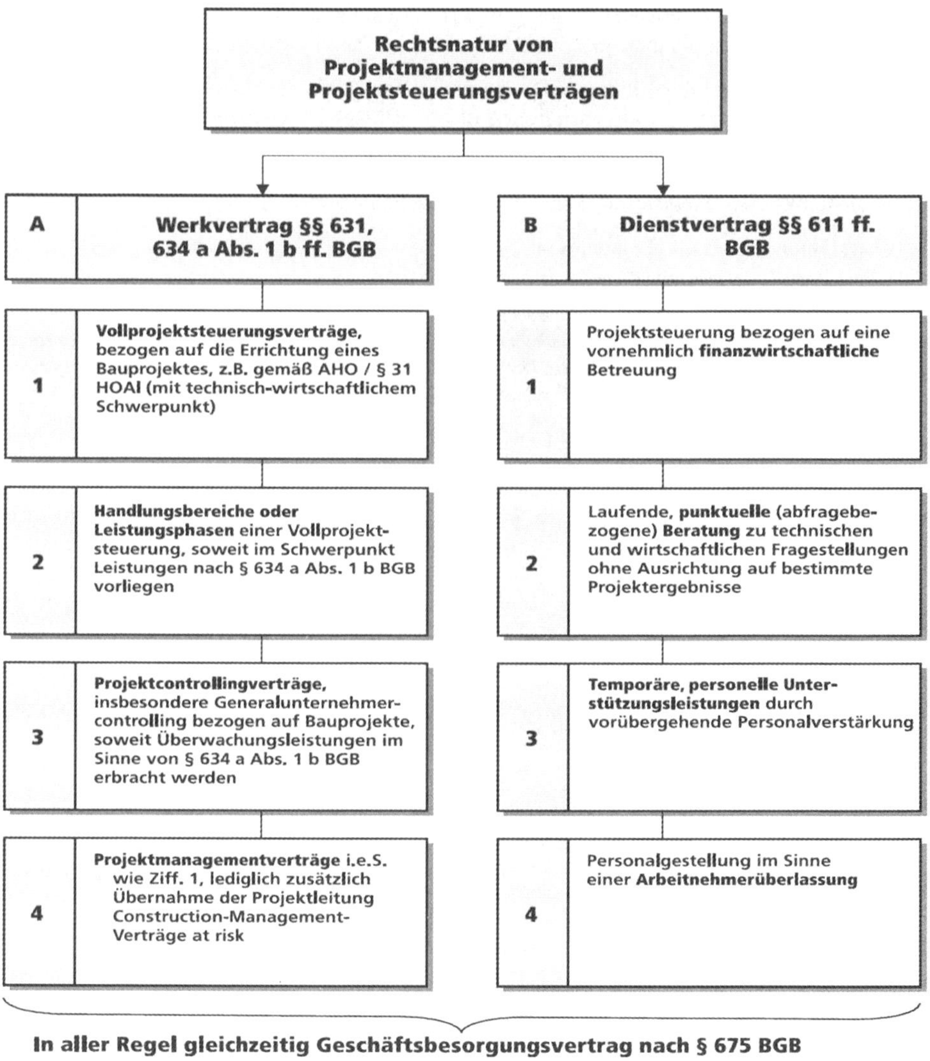

101 Vgl. Stemmer/Wierer, BauR 1997, 935, 938.

3.1.6.1 Umfassende Projektmanagement-/Projektsteuerungsmodelle etwa nach § 31 HOAI a.F. oder AHO (»Vollprojektsteuerung«)

1162 **Umfassende Steuerungsmodelle**, wie sie etwa in der Praxis in Fortentwicklung des § 31 HOAI a.F. oder aber nach dem AHO-Leistungsbild gebräuchlich sind, haben im Schwerpunkt **werkvertraglichen Charakter**. Sie beinhalten im Schwerpunkt organisierende, planende und überwachende Aufgaben, die den oben benannten werkvertraglichen Inhalt haben.[102] Der entgegenstehenden Auffassung von *Motzke/Wolff*, wonach die Überprüfung desjenigen, der für bestimmte Leistungserfolge verantwortlich ist, nicht werkvertraglich qualifiziert werden könne und dementsprechend auch die Novellierung des neuen Schuldrechts nicht maßgeblich sei, kann nicht gefolgt werden.[103]

1163 Wenn schon die **rein kontrollierende Tätigkeit** des Projektsteuerers nach der Rechtsprechung des BGH dem Werkvertragsrecht zuzuordnen ist, ist nicht nachzuvollziehen, weshalb die umfassendere Verantwortung bei klassischen Projektmanagement- und -steuerungsmodellen, die dem Projektmanager/-steuerer weitergehende Verantwortung im Hinblick auf steuernde Eingriffe auferlegen, nicht auch dem Werkvertragsrecht unterfallen sollen.[104]

1164 In diesem Sinne hat das OLG Naumburg[105] ausgeführt:

»*Mit diesen bedeutsamen Projektsteuerungsaufgaben, nämlich Sicherung und Steuerung der Kosten, Termine und Qualitäten im Rahmen eines Qualitätsmanagements sowie der Gesamtkoordinierung des Bauablaufs, hat die Klägerin erfolgsbezogene Tätigkeiten übernommen, die einen beachtlichen Anteil an einer erfolgreichen Realisierung des Gesamtprojekts einnehmen. Diese von der Klägerin vertraglich geschuldeten Leistungen begründen werkvertragliche Erfolgspflichten und verfolgen den zentralen Zweck, die vertragsgerechte Ausführung des Bauvorhabens zu gewährleisten. Sie stehen keineswegs hinter den Aufgaben eines mit der Bauüberwachung beauftragten Architekten zurück und sind insgesamt nach Werkvertragsrecht zu beurteilen.*«

1165 Für die Qualifizierung als Werkvertrag kommt es nicht darauf an, **wie die Planungs- und Überwachungsleistungen** des Projektsteuerers im Einzelnen **ausgestaltet sind**. Dementsprechend ist nicht entscheidend, ob der Projektsteuerungsvertrag – HOAI-kompatibel – im Wesentlichen eine Überwachung des planenden oder objektüberwachenden Architekten oder aber eigenständige und parallele Leistungspflichten mit direkter Einflussnahme auf die Unternehmen beinhaltet und das

102 So etwa auch LG Düsseldorf, Urteil vom 30.07.2008, Az. 8 O 247/07 für einen Projektmanagementvertrag auf AHO-Basis: »*Entsprechend diesen Maßgaben unterliegt der von den Parteien geschlossene Vertrag Werkvertragsrecht. Der Kläger schuldete keine bloße Dienstleistung, sondern eine erfolgsbezogene Tätigkeit. Dies ergibt sich aus Inhalt und Zweck des Vertrages sowie der Interessenlage der Parteien. Der Auftrag des Klägers war nicht auf eine bestimmte Zeit währende Unterstützung, sondern auf die Herbeiführung konkreter Erfolge gerichtet. Gesamtziel der dem Kläger nach dem Projektsteuerungsvertrag bezüglich der Koordinierung und Beratung bei der Planung und Bauausführung obliegenden Leistungen ist die ordnungsgemäße Bauherstellung. Vereinbart wurde nicht ein in zeitlicher Dimension berechnetes Honorar, sondern ein solches, das sich aus an bestimmten Erfolgen orientierten Pauschalen zusammensetzt. Die Haftung soll sich gemäß Nr. 9.1, Anlage 2 zum Projektsteuerervertrag »nach den gesetzlichen Vorschriften« richten, wobei der Vertrag ausdrücklich auf die Bestimmungen über den Werkvertrag verweist. In zahlreichen Punkten schuldet der Kläger »Mitwirkung«, was in Kennziffer A 5.2 i. V. m. A6 der Anlage 1 zum Projektsteuerungsvertrag dahingehend konkretisiert ist, dass der Kläger letztlich alle zu treffenden Entscheidungen so vorzubereiten hat, dass die Beklagte lediglich ihr Einverständnis mit der vom Kläger abzugebenden Empfehlung zu erklären hat. Dies belegt jedenfalls im Zusammenhang mit der Regelung der Haftung, dass der Kläger nach den vertraglichen Vereinbarungen der Parteien in vielen Punkten für den Erfolg seiner Leistung einzustehen hat*«; vgl. auch OLG Frankfurt, Urteil vom 24.04.2006, Az. 8 U 131/05, in: IBR 2007, 317; umfassend zur werkvertraglichen Qualifizierung der Vollprojektsteuerung auch Zöpfl, a. a. O., S. 139 f., 148. Dabei nimmt Zöpfl an, dass der Vollprojektsteuerungsvertrag von vornherein kein gemischter Vertrag sei, weil im Rahmen der notwendigen systemischen Betrachtung ein einheitliches werkvertragliches Vertragsverhältnis vorliege.

103 Motzke/Wolff, Praxis der HOAI, 3. Aufl., S. 486.

104 So auch Knipp, in: Heiermann/Franke/Knipp, Baubegleitende Rechtsberatung, S. 400.

105 OLG Naumburg (Dreso I) Urteil vom 14. 3. 2008, Az. 10 U 64/07, in: BauR 2009, 1171 f.

Projektmanagementunternehmen deshalb zusätzliches technisches, ingenieurmäßiges Know-how einsetzen muss.[106]

Selbst dann, wenn dem Projektsteuerer lediglich die **Mitwirkung** bei der Entscheidungsvorbereitung des Auftraggebers obliegt und seine Beiträge zur Organisation, Planung und Überwachung vom Auftraggeber erst umgesetzt werden müssen, wird der Werkvertragscharakter der entsprechenden Tätigkeiten nicht in Frage gestellt. Denn ein Projektmanagementvertrag ist nicht nur dann werkvertraglich basiert, wenn der Projektsteuerer das komplette Entscheidungsmanagement übernimmt. Dabei ist etwa zu berücksichtigen, dass der Mitwirkungsbegriff im AHO-Leistungsbild (2014) konkret definiert ist. Der Projektsteuerer ist hiernach nicht lediglich »Briefträger« oder »Projektbuchhalter«, sondern hat Entscheidungen durch Beratung und Zusammenfassung der Ergebnisse der Projektbeteiligten und einer eigenen Empfehlung herbeizuführen. 1166

»*Kniffka*, Vorsitzender Richter des 7. Zivilsenates beim Bundesgerichtshof, hat hierzu formuliert: 1167

> *In dieser Entscheidung hat der Bundesgerichtshof es offengelassen, ob ein Vertrag, der sich (nur) an dem Leistungskatalog des § 31 HOAI a.F. orientiert, als Dienst- oder Werkvertrag einzuordnen ist. Er hat allerdings dann später keine Bedenken gegen die Annahme des Berufungsgerichtes geäußert, einen Vertrag nach der Leistungs- und Honorarordnung Projektsteuerung nach dem AHO-/DVP-Modell müsse nach Werkvertragsrecht beurteilt werden und auf dieser Basis § 649 BGB angewandt (BGH, Beschl. v. 25.01.2007 – VII ZR 112/06; vgl. auch OLG Hamburg, Urt. v. 03.09.2002 – 9 U 8/02). Auch wenn der Bundesgerichtshof darauf hingewiesen hat, dass die Beurteilung des Berufungsgerichts im Verfahren der Nichtzulassungsbeschwerde nicht angegriffen worden ist, ist diese Entscheidung ein Hinweis darauf, dass nach AHO-/DVP-Modell geschlossene Verträge als Werkverträge eingeordnet werden können. Denn die rechtliche Beurteilung richtet sich nicht nach den Angriffen einer Partei. Ältere Entscheidungen der Instanzgerichte (OLG München, Urt.v. 07.11.1995 – 9 U 3153/95; OLG Düsseldorf, Urt. v. 01.10.1998 – 5 U 182/98) könnten dadurch in Frage gestellt sein.*«[107]

3.1.6.2 Handlungsbereiche und Leistungsphasen

Selbst bei der **Übernahme von Einzelleistungen** kann ein werkvertraglicher Charakter zu bejahen sein. Denn seit der Entscheidung des BGH zur Mankohaftung (Nichterbringung von Einzelleistungen in einem Planervertrag) steht fest, dass im Wege der Auslegung zu ermitteln ist, ob nicht auch einzelne Teilleistungen bereits selbständige werkvertragliche Teilerfolge definieren. Davon soll sogar im Regelfall ausgegangen werden, wenn nach einem vereinbarten Leistungsbild der Leistende entsprechende Arbeitsschritte als Teilerfolge eines geschuldeten Gesamterfolges übernommen habe.[108] Dementsprechend ist auch bei der Übernahme von Einzelleistungen zu untersuchen, ob ein entsprechender Teilerfolg zugrunde gelegt worden ist oder lediglich eine temporäre Tätigkeit im Sinne einer Personalgestellung oder einer punktuellen Verstärkung der Auftraggeberorganisation in Frage steht. 1168

Dem Werkvertragsrecht unterfallen erst recht Teilbeauftragungen aus einem Vollprojektsteuerungsleistungsbild, etwa nach AHO, sofern sie ganze **Handlungsbereiche** oder **Leistungsphasen** umfassen. Die Aufteilung des Leistungsbildes bezieht sich auf jeweils inhaltlich oder terminlich abgeschlossene Projektaufgaben, für die nichts anderes gilt, als für die Gesamtbeauftragung auch. Erst recht ist bei stufenweisen Beauftragungen von einem werkvertraglichen Charakter auszugehen, weil der bereits vorgesehene Leistungsabruf auf dem Weg zur Vollprojektsteuerung die vorgesehene 1169

106 Vgl. auch Zöpfl, Rechtsnatur und Rechtsprobleme des Bauprojektsteuerungsvertrages, S. 157: Aus der Leistungsbeschreibung als solcher kann somit ohne Hinzuziehung weiterer Umstände zur Bestimmung der Rechtsnatur des Projektsteuerungsvertrages nur wenig gewonnen werden. Sie hat allenfalls indizielle Bedeutung.

107 Kniffka, Bauvertragsrecht, Kommentar zu §§ 631–651 BGB unter besonderer Berücksichtigung der Rechtsprechung des BGH, München 2012, Einf. v. § 631, Rn. 71.

108 BGH, Urteil vom 24.06.2004, Az. VII ZR 259/02, in: NZBau 2004, 509, 510 = BauR 2004, 1640, 1641 = IBR 2004, 512, 513.

stufenweise Abarbeitung von Projektergebnissen (Meilensteinen) verdeutlicht.[109] Insoweit gilt nichts anderes als hinsichtlich der isolierten Übertragung von Bauüberwachungstätigkeiten an einen Architekten; auch diese unterfallen Werkvertragsrecht.[110]

1170 Etwas anderes kann nur bei der **Übernahme von Einzelleistungen** gelten, bei denen entweder lediglich temporäre Personalgestellungen bzw. eine Verstärkung der Auftraggeberorganisation oder finanzwirtschaftliche Unterstützungsleistungen in Frage stehen.

3.1.6.3 Projektcontrolling

1171 Für **Projektcontrollingmodelle**, unter anderem auch das Generalunternehmercontrolling, ist ebenfalls **Werkvertragsrecht** maßgeblich. Der BGH sieht gerade in der Übernahme entsprechender technischer Überwachungs- und Kontrollaufgaben einen wesentlichen Grund für die Bejahung eines werkvertraglichen Schwerpunktes (entsprechend dem Rechtsgedanken des § 634 a Abs. 1 Nr. 2 BGB).[111]

1172 In Fällen des Generalunternehmercontrollings – wie auch des **Projektcontrollings allgemein** und selbst bei einem bloß stichprobenartigen Qualitätscontrolling – wird mit der Rechtsprechung des BGH ebenfalls eine werkvertragliche Tätigkeit anzunehmen sein. Nichts anderes kann im Übrigen für das **Projektmonitoring** gelten, solange Soll-Ist-Abgleiche als Ergebnisunterlagen durch den Projektsteuerer vorgelegt werden müssen. Gehört die Festlegung der Qualitätskriterien, der Meilensteine und Vertragstermine sowie die Festlegung des Kostenbudgets und die nach diesen Zielen durchzuführende Kontrolle der Planungsleistungen zum Gegenstand der Projektsteuererleistung, ist dies ein Indiz für eine werkvertragliche Leistung.[112] Wenn die Objektüberwachung des Architekten nach § 34 Abs. 2 Nr. 8 HOAI werkvertraglich einzuordnen ist, kann dies auch für das Ausführungscontrolling des Projektsteuerers schwerlich anders beurteilt werden. Der Projektsteuerer hat unter dem speziellen Blickwinkel der Organisation, Qualitätsüberwachung, Kosten- und Terminkontrolle bestimmte Projekterfolge im Auge, die er bei Abnahme des erstellten Bauwerks ebenso bestätigt finden will, wie der Architekt seine urheberrechtliche Gestaltung. Der Gesetzgeber hat mit der **Schuldrechtsmodernisierung**, nämlich der Regelung einer gesonderten werkvertraglichen Verjährung, auch für **Überwachungsleistungen** in § 634 a Abs. 1 Nr. 1 und 2 BGB klargestellt, dass er entsprechende Vertragsverhältnisse werkvertraglich einordnen will.[113]

3.1.6.4 Projektmanagementmodelle i. e. S.

1173 Erst recht ist das Werkvertragsrecht bei **Projektmanagementeinsatzmodellen** einschlägig. In diesen Fällen übernimmt der Projektsteuerer – über die klassischen Projektsteuerungsaufgaben hinaus – **zusätzlich auch Projektleitungsaufgaben**. In diesen Fällen arbeitet der Projektmanager noch selbständiger. Ihm werden Weisungs- oder Vertretungsbefugnisse gegenüber den Projektbeteiligten

109 Stemmer/Wierer, BauR 1997, 935, 938; darauf stellt auch LG Düsseldorf, Urteil vom 30.07.2008, Az. 8 O 247/07 ab.

110 BGH, Urteil vom 15.05.2013, Az. VII ZR 257/11, in: NZBau 2013, 519, 520; OLG Frankfurt, Urteil vom 29.04.2009, Az. 4 U 149/08, in: NZBau 2009, 718; OLG Naumburg, Urteil vom 29.05.2006, Az. 1 U 27/06, in: IBR 2006, 574.

111 Vgl. dazu die bereits bei Rdn. 1138 dargestellte Rechtsprechung des BGH; dazu auch Fischer, in: Thode/Wirth/Kuffer, Praxishandbuch Architektenrecht, § 19, Rn. 56.

112 Knipp formuliert in: Seminar rechtliche Problemstellungen beim Projektmanagement, S. 21, 31: »Dient die Terminplanung lediglich der Steuerung der übrigen Projektbeteiligten, so steht die dienstvertragliche Leistung im Vordergrund. Hat die Terminplanung dagegen auch die Ermittlung der für die Bauausführung wesentlichen Ecktermine und Vertragstermine zum Gegenstand, so ist von einer werkvertraglichen Leistung auszugehen …«

113 Vgl. Voit, BauR 2002, 145.

eingeräumt, die er eigenverantwortlich wahrnehmen kann.[114] Die Möglichkeit der Erfolgsbeeinflussung wird hierdurch erhöht.

Auch ein Vertrag, der auf eine Projektmanagementleistung im Sinne des **Generalmanagementmodells** gerichtet ist, ist als Werkvertrag einzustufen.[115] 1174

Entsprechendes gilt für Einsatzmodelle, die den Übergang zu Generalübernehmereinsatzformen darstellen, wie etwa das **Construction-Management** at risk. Hier wird der Projektmanager bereits als **Werkunternehmer** tätig. Er übernimmt selbst werkvertragliche Termin- und Kostenverantwortung. 1175

3.1.6.5 Finanzwirtschaftlich geprägte Projektsteuerung bzw. Baubetreuung/ Projektentwicklungsleistungen

Sind die übernommenen Leistungen im Schwerpunkt keine auf die Einhaltung von Terminen, Kosten und Qualitäten ausgerichteten klassischen Projektmanagementleistungen, sondern mehr wirtschaftlich geprägte Betreuungsleistungen, die sich auf die finanzielle Abwicklung des Bauvorhabens konzentrieren, dann kann ein **Dienstvertrag** vorliegen. Der BGH hat dies insbesondere für die finanzwirtschaftliche Betreuung eines Bauvorhabens angenommen.[116] 1176

Das OLG Düsseldorf und das OLG Celle haben **Projektentwicklungsverträge**, bei denen neben einzelnen technischen Betreuungsleistungen vornehmlich wirtschaftliche Aufgaben, speziell solche der Vermarktung, übernommen worden waren, als Dienstverträge qualifiziert.[117] 1177

3.1.6.6 Zeitlich befristete Beratungsleistungen zur Unterstützung des Auftraggebers

Übernimmt der Projektsteuerer lediglich punktuelle Beratungsleistungen oder Unterstützungsleistungen nach Abruf durch den Auftraggeber, kann ein Dienstvertrag in Betracht kommen.[118] Zu denken ist einerseits an die freie Mitarbeiterschaft – etwa von Projektingenieuren – in einem Projektsteuerungsunternehmen[119] oder etwa an zeitlich befristete Verträge mit Projektsteuerungsunternehmen über die Zurverfügungstellung bestimmter Personalressourcen zur Ergänzung der Projektleitung/des Bauteams auf Auftraggeberseite. Beispielhaft kann hier etwa die Personalüberlassung für die Nutzerbedarfsermittlung auf Auftraggeberseite bzw. die Steuerung der Nutzerbelange während der Besiedelung eines Projektes in Stabsfunktion angeführt werden. Der Umstand, dass der Auftraggeber auch in diesen Fällen ein Interesse am Erfolg des Auftragnehmers hat, macht den Vertrag noch nicht zum Werkvertrag.[120] *Knipp* meint, dass abgegrenzte Beratungs- und Dokumentationsleistungen, wie die Beratung zum Aufbau eines QM-Systems, dienstvertraglichen Charakter hätten.[121] 1178

3.1.6.7 Angemessenheit der Rechtsfolgen

Soweit das Werkvertragsrecht einschlägig ist, führt dessen Anwendung **zu einem angemessenen Interessenausgleich**.[122] Denn nach Werkvertragsrecht haftet der Projektsteuerer in ausreichendem Maße für das Erreichen der Vertragsziele, insbesondere für eine nicht ordnungsgemäße Planung, 1179

114 So auch Thiele, in: Messerschmidt/Voit, Privates Baurecht, C, Rn. 191.

115 OLG Frankfurt, Urteil vom 24.04.2006, Az. 8 U 131/05, in: IBR 2007, 317.

116 BGH, Urteil vom 09.06.2005, Az. III ZR 436/04, in: NZBau 2005, 509, 510 = BauR 2005, 1772, 1773.

117 Dazu OLG Düsseldorf, IBR 1999, 379; OLG Celle, Urteil vom 11.07.2002, Az. 14 U 225/01, in: IBR 2004, 379.

118 Vgl. für einen entsprechenden Fall etwa OLG Celle, Urteil vom 11.07.2002, Az. 14 U 225/01, in: NZBau 2004, 684 = BauR 2004, 1800 = IBR 2004, 379.

119 Vgl. BGH, Urteil vom 06.04.1995, Az. VII ZR 36/94, in: BauR 1995, 731 = NJW 1995, 2629 = IBR 1995, 523.

120 BGH, Urteil vom 18.10.2001, Az. III ZR 265/00, in: NJW 2002, 595.

121 Dazu Heiermann/Franke/Knipp, Baubegleitende Rechtsberatung, S. 401 (zweifelhaft).

122 Dazu auch ausführlich Schill, Der Projektsteuerungsvertrag, S. 70; auführlich auch Zöpfl, a. a. O., S. 177 ff.

Koordinierung und Kontrolle sowie eine ordnungsgemäße Dokumentation.[123] Die **Mängelhaftung** ist sogar **strenger ausgestaltet** als die Haftung nach Dienstvertragsrecht. Denn die dienstvertragliche Haftung ist grundsätzlich verschuldensabhängig ausgestaltet und vornehmlich auf Schadensersatzansprüche ausgerichtet, die dem Vergütungsanspruch des Projektsteuerers ggf. im Wege der Aufrechnung entgegengesetzt werden können. Diese sind jedoch oftmals, speziell im Falle bloß nachlässiger Leistungen, kaum zu beziffern und durchzusetzen. Besonders bei der Nichterreichung vorgegebener Termin- und Kostenrahmen kann das werkvertragliche Modell Vorteile für den Auftraggeber haben.

1180 Ist etwa der Projektsteuerer nicht in der Lage, ein grundsätzlich realisierungsfähiges Projekt in Richtung auf eine genehmigungsfähige Planung zu steuern oder misslingt ihm die Kostenplanung und -steuerung infolge fehlerhafter Annahmen oder inhaltlich fehlerhafter Beratungsleistungen, dann erhält er, sofern der Auftraggeber die Leistungen nicht abnimmt, z. B. wegen Scheiterns des Projektes, keine Vergütung. Erhaltene Abschlagszahlungen muss er zurückzahlen.[124] Die Tatsache, dass Gewährleistungsansprüche gegen Projektsteuerer oftmals nur schwer durchsetzbar sind, weil in dem Dickicht der Abhängigkeiten eines großen Projekts Verantwortlichkeiten für das Nichterreichen eines bestimmten Projekterfolges nur schwer auszumachen sind, kann indessen die zutreffende Qualifizierung der Projektsteuererleistung als Werkvertrag bei einem im Schwerpunkt erfolgsbezogenen Leistungsbild nicht in Frage stellen. Diese Schwierigkeiten bestehen bei der Durchsetzung dienstvertraglicher Ansprüche ebenfalls.

3.2 Projektsteuerungsleistungen als geschäftsbesorgende Tätigkeit

1181 Dienst- oder werkvertragliche Leistungspflichten des Projektsteuerers können als **Geschäftsbesorgung i. S. des § 675 BGB** zu qualifizieren sein.

1182 Eine geschäftsbesorgende Tätigkeit liegt i. d. R. vor, wenn der Auftragnehmer eine selbstständige Tätigkeit wirtschaftlicher Art ausübt, die einen besonders nahen Bezug zum Vermögen des Auftraggebers hat. Erforderlich ist, dass dem Auftragnehmer Raum für eigenverantwortliche Überlegung und Willensbildung verbleibt und er seine Konzepte – zumeist durch rechtsgeschäftliches Handeln – auch umsetzen kann. Die Tätigkeit muss also darauf gerichtet sein, den Auftraggeber bei der Wahrnehmung seiner Vermögensinteressen zu entlasten.[125] Als Kern der Geschäftsbesorgung i. S. des § 675 BGB lässt sich mithin die **selbstständige Wahrnehmung fremder Vermögensinteressen** ansehen.[126]

1183 Wegen der den Projektsteuerungsverträgen in der Regel immanenten Ausrichtung des Auftragnehmers auf die Vermögensinteressen des Auftraggebers bei der Abwicklung eines Bauprojektes werden **Bauprojektsteuerungsverträge** als geradezu **klassische Form** von Geschäftsbesorgungsverträgen bezeichnet.[127] In der Tat werden die Voraussetzungen einer Geschäftsbesorgung regelmäßig zu bejahen sein, wenn der Projektsteuerer in umfassender, den Auftraggeber bei der Projektrealisierung auch in wirtschaftlicher Hinsicht entlastender Form als selbstständiger Leistungsträger beauftragt

123 Siehe dazu BGH, Urteil vom 17.04.1991, Az. IV ZR 112/90, in: BauR 1991, 475, 477 für einen Projektsteuerungsleistungen umfassenden Baubetreuungsvertrag.

124 Vgl. etwa OLG Düsseldorf, Urteil vom 31.05.1996, Az. 22 U 176/95, in: BauR 1997, 159 ff. = IBR 1996, 469.

125 BGH, Urteil vom 17.10.1991, Az. III ZR 352/89, in: NJW-RR 1992, 560; Dohna, in: Neuenfeld/Baden/Dohna/Groscurth/Schmitz, HOAI, 3. Auflage, 2008, § 31, Rn. 10: »Bei einem umfassenden Projektsteuerungsleistungsbild, wie es § 31 HOAI – in Ansätzen – ermöglicht, vor allem aber in der Diktion des Verbandes der Projektsteuerer, lässt sich ein anderes Ergebnis als das eines Werkvertrages nicht denken.«

126 Heinrich, Der Baucontrollingvertrag, S. 148.

127 Vgl. dazu ausführlich Zöpfl, Rechtsnatur und Rechtsprobleme des Bauprojektsteuerungsvertrages, S. 210 f., 221.

und tätig wird.[128] Diese Anforderungen erfüllt ein Projektsteuerervertrag unabhängig davon, ob er seiner Rechtsnatur nach ein Dienst- oder Werkvertrag ist.[129] Ein Geschäftsbesorgungscharakter der Projektsteuerertätigkeit wird insbesondere dann, aber nicht nur dann, anzunehmen sein, wenn dem Projektsteuerer im Rahmen eines Projektmanagementmodells in nennenswertem Umfang Vertretungsbefugnisse eingeräumt worden sind.[130]

Entgegen der Auffassung von *Schill*[131] spricht der Umstand, dass der BGH die Einordnung der Architektentätigkeit als Geschäftsbesorgung wegen fehlender Vermögensnähe verneint hat, nicht gegen die Bejahung des Geschäftsbesorgungscharakters von Projektsteuererverträgen.[132] In seiner Grundsatzentscheidung vom 10.6.1999 hat der BGH ausdrücklich hervorgehoben, dass Projektsteuererverträge eine Geschäftsbesorgung zum Gegenstand haben können.[133] In einer Entscheidung zur finanzwirtschaftlichen Baubetreuung, bei der der BGH eine dienstvertragliche Grundlage angenommen hat, ist er ebenfalls davon ausgegangen, dass eine Geschäftsbesorgung vorlag.[134] Das OLG Düsseldorf[135] und das OLG München[136] haben Projektsteuererverträge ebenfalls als Geschäftsbesorgungsverträge eingeordnet. 1184

Typischerweise enthalten Projektsteuerungsverträge Verpflichtungen zur Interessenwahrung des Auftraggebers, Einzelleistungen, die die Budgetplanung und -verwaltung, das Rechnungswesen sowie die Projektbuchhaltung selbst beinhalten. Der BGH hat in seiner Entscheidung vom 2.9.1999 die Stellung des Projektsteuerers wie folgt herausgearbeitet: 1185

»Der Projektsteuerer übernimmt beratend oder handelnd die Wahrung der Qualitäts-, Termin- und Kostensicherheit für den Auftragnehmer. Er ist damit maßgeblich am Kernbereich der Investitionsentscheidung und des Investitionserfolges beteiligt. Für Leistungen dieser Art kann der Auftraggeber die Identifikation mit seinen Interessen, Loyalität und Vertrauenswürdigkeit erwarten.«[137]

128 Locher/Koeble/Frik, HOAI, Einleitung, Rn. 427; weitergehend dagegen Kämmerer, BauR 1996, 162, 167: »Unabhängig davon, ob er im Übrigen als Dienst- oder Werkvertrag zu qualifizieren sein mag, hat der Projektsteuerervertrag stets auch Geschäftsbesorgungscharakter, denn es wird eine an sich dem Bauherrn obliegende Aufgabe übernommen.«; OLG Düsseldorf, Urteil vom 01.10.1998, Az. 54182/97, bejaht Geschäftsbesorgungsvertrag mit dienstvertraglichem Charakter. Vgl. auch Quack, in: Seminar rechtliche Problemstellungen beim Projektmanagement, S. 7, 18.

129 So zutreffend Möllers, in: Korbion, Baurecht, Teil 14, Rn. 67; Wingsch, Bauwirtschaft 1984, 1056, 1058, 1059; Korbion, in: Korbion/Mantscheff/Vygen, HOAI, Einführung, Rn. 690, 692; Kniffka, ZfBR 1995, 10, 13; Locher/Koeble/Frik, HOAI, Einleitung, Rn. 427; Diederichs, in: Hartmann, HOAI, Stand: Juni 2009, § 31, Rn. 11, S. 54 ff.

130 Locher/Koeble/Frik, HOAI, Einleitung, Rn. 428; vgl. auch Sprau, in: Palandt, BGB, § 675, Rn. 3, 8; Locher, Rechtliche Grundlagen und Einordnung des Projektsteuerers, S. 5, bejaht insbesondere die Anwendung des § 675 bei Zugrundelegung des DVP-Modells – generell für einen geschäftsbesorgenden Charakter: Diederichs, in: Hartmann, HOAI, Stand: Juni 2009, § 31, Rn. 11, S. 57 f.; gegen den Geschäftsbesorgungscharakter der Projektsteuererleistungen spricht sich im Hinblick auf die Gleichbehandlung mit Architekten und Bauunternehmern Knipp, in: Seminar rechtliche Problemstellungen beim Projektmanagement, S. 21, 33, aus.

131 Schill, Der Projektsteuerungsvertrag, S. 72.

132 Vgl. BGH, Urteil vom 25.04.1966, Az. VII ZR 120/65, in: BGHZ 45, 223, 228 f.; kritisch zu dieser Rechtsprechung Heinrich, Der Baucontrollingvertrag, S. 147.

133 Vgl. BGH, Urteil vom 10.06.1999, Az. VII ZR 215/98, in: NJW 1999, 3118 = BauR 1999, 1317, 1318 = BB 1999, 1728, 1729 = Der Betrieb 1999, 1900, 1901 = ZfIR 1999, 899, 900: Die Rechtsnatur des Projektsteuerervertrages hängt von den getroffenen Vereinbarungen ab. Sie bestimmen, ob der Vertrag eine Geschäftsbesorgung zum Gegenstand hat und ob er als Dienst- oder Werkvertrag einzuordnen ist.

134 BGH, Urteil vom 09.06.2005, Az. III ZR 436/04, in: NZBau 2005, 509, 510 = BauR 2005, 1772, 1773 = MDR 2005, 1285 = IBR 2005, 499.

135 OLG Düsseldorf, Urteil vom 01.10.1998, Az. 5 U 182/97, in: BauR 1999, 508, 509.

136 OLG München, IBR 1997, 337. → Die Fundstelle enthält ein Urteil des OLG Oldenburg zur Störung der Geschäftsgrundlage.

137 Vgl. BGH, Urteil vom 02.09.1999, Az. VII ZR 225/98, in: NZBau 2000, 29 = BauR 1999, 1469 = WM 1999, 2126.

1186 Der Geschäftsbesorgungscharakter der Projektsteuerung kann jedoch bei weiterentwickelten Steuerungsmodellen verlorengehen, bei denen der Projektsteuerer vornehmlich **eigenwirtschaftliche Interessen** verfolgt. Davon kann etwa ausgegangen werden, wenn der Projektsteuerer im Rahmen von Construction Management-Modellen als Constructor oder Contractor und damit als Auftraggeber der Nachunternehmer tätig wird und ggf. mit dem Auftraggeber einen garantierten Maximumpreis vereinbart.

1187 Die Vorschrift des § 675 BGB verweist für Vertragsverhältnisse mit Geschäftsbesorgungscharakter ergänzend auf einzelne Normen aus dem Bereich des **Auftragsrechts** (§§ 663, 665 bis 670, 672 bis 674 BGB). Die Vorschriften aus dem Bereich des Auftragsrechts sind indessen abdingbar und werden typischerweise in Projektsteuererverträgen vertraglich ausgestaltet, so dass die Frage, ob eine Geschäftsbesorgung i. S. des § 675 BGB vorliegt, in der Praxis keine wesentliche Rolle spielt. Praktisch relevant sind – bei fehlender vertraglicher Regelung –folgende Aspekte:

1188 – § 666 BGB begründet eine **Auskunfts- und Rechenschaftspflicht**. Der Beauftragte ist verpflichtet, dem Auftraggeber die erforderlichen Nachrichten zu geben, auf Verlangen über den Stand der Geschäfte Auskunft zu erteilen und nach der Ausführung des Auftrages Rechenschaft abzulegen. Dazu kann es gehören, ein Bestandsverzeichnis über den Schriftwechsel mit den am Projekt beteiligten Planern und/oder Behörden zu erstellen.[138]

1189 – § 667 BGB regelt, dass der Beauftragte verpflichtet ist, an den Auftraggeber alles, was er zur Ausführung des Auftrages erhält und was er aus der Geschäftsbesorgung erlangt, **herauszugeben**. Hiervon sind nicht die Arbeitsergebnisse erfasst, die der Projektsteuerer bereits aufgrund des Projektsteuerungsvertrages in Erfüllung seiner Hauptleistungspflichten schuldet.[139] Gleichfalls umfasst sind die vom Projektsteuerer über die Geschäftsbesorgung selbst angelegten Akten, sonstigen Unterlagen und Dateien – mit Ausnahme von privaten Aufzeichnungen.[140] Bedeutsam ist die Herausgabepflicht auch in Bezug auf finanzielle Vorteile, die der Projektsteuerer in Abwicklung seiner Tätigkeit von Dritten erhalten hat, wie Provisionen, Rabatte und Skonti, die an den Auftraggeber herauszugeben sind.[141]

1190 – Im Einzelfall kann auch § 670 BGB relevant werden, wonach dem Auftragnehmer (hier Projektsteuerer) einen Anspruch auf **Ersatz seines** in Ausübung des Auftrages entstandenen **Aufwandes** zusteht.[142] Diese Anspruchsnorm kann insbesondere Bedeutung gewinnen, wenn und soweit ein vertraglich geregelter Vergütungsanspruch unwirksam ist.[143]

1191 – Ein Geschäftsbesorgungsvertrag **erlischt** mit der **Eröffnung des Insolvenzverfahrens** insgesamt; durch die Eröffnung des Insolvenzverfahrens fällt nicht nur die Geschäftsbesorgungsbefugnis weg. Der Geschäftsbesorger ist zur weiteren Wahrnehmung der Interessen des Auftraggebers in einem solchen Fall im Grundsatz weder berechtigt noch verpflichtet und erlangt auch keine Rechte mehr gegen die Masse.[144]

---

138 Vgl. für den Architekten KG, Urteil vom 08.11.2005, Az. 7 U 45/05, in: NZBau 2006, 582 = IBR 2006, 510.

139 Vgl. BGH, Urteil vom 11.03.2004, Az. IX ZR 178/03, in: WM 2004, 2216, der auf die insolvenzrechtlichen Folgen dieser Differenzierung hinweist.

140 Vgl. BGH, a. a. O.

141 BGH, Urteil vom 02.04.2001, Az. II ZR 217/99, in: NJW 2001, 2476; Heinrich, Der Baucontrollingvertrag, S. 148.

142 Dabei ist fraglich, ob die eigene Arbeitskraft hierunter fällt, vgl. Kämmerer, BauR 1996, 162, 167.

143 Kämmerer, BauR 1996, 162, 168; die vertragliche Vergütung für die Dienstleistungen des Auftragnehmers ist indessen vom Aufwendungsbegriff des § 670 BGB i. d. R. nicht umfasst, vgl. Seiler, in: Münchener Kommentar, BGB, § 670, Rn. 20.

144 BGH, Urteil vom 06.07.2006, Az. IX ZR 121/05, in: VersR 2006, 1637.

4 Grenzen rechtsberatender Tätigkeit des Projektsteuerers

4.1 Das Rechtsdienstleistungsgesetz – RDG

Die Leistungen eines Projektsteuerers können nur dann effizient sein, wenn dieser während der Projektdurchführung sicherstellt, dass bestehende rechtliche Rahmenbedingungen – insbesondere das geltende zivile und öffentliche Baurecht – beachtet und rechtliche Handlungsspielräume ausgeschöpft werden. Die **Aufgabenstellung der Projektsteuerung** ist **ohne Berührungspunkte zur Projektaufgabe Recht nicht zu bewältigen**. Es kann deshalb nicht verwundern, wenn es in der amtlichen Begründung zu § 31 HOAI a.F. hieß, der Projektsteuerer habe die Geschehensabläufe bei der Projektabwicklung nicht nur in technischer und wirtschaftlicher Hinsicht zu koordinieren, sondern **auch in rechtlicher Hinsicht zu steuern**. Da dem Projektmanagement im Kern eine organisierende und koordinative Aufgabenstellung innewohnt, die zumeist in interdisziplinären Leistungsangeboten zum Ausdruck kommt, kann es nicht überraschen, dass Projektmanager (national wie auch international) zunehmend auch Aufgaben des Vertragsmanagements anbieten.[1] 1192

Die Befugnis, Rechtsdienstleistungen zu erbringen ist **ab dem 01.07.2008 im Rechtsdienstleistungsgesetz (RDG)** geregelt. Mit Inkrafttreten des Rechtsdienstleistungsgesetzes ist das frühere Rechtsberatungsgesetz abgelöst worden. Das Gesetzgebungsvorhaben hatte eine wechselhafte Geschichte und ursprünglich geplante weitergehende Liberalisierungsansätze haben sich letztlich nicht durchsetzen können. Ungeachtet einer Reihe von wichtigen strukturellen Änderungen und Klarstellungen sind für den hier in Rede stehenden Bereich der Erbringung von Rechtsdienstleistungen durch Projektmanager/-steuerer gegenüber der vormaligen Rechtslage (siehe dazu die 2. Auflage) nur Änderungen **mit begrenzten Auswirkungen** festzustellen: 1193

Soweit nicht einer der Ausnahmetatbestände des RDG vorliegt, ist die **Erbringung von Rechtsdienstleistungen verboten**, § 3 RDG. Bei der Prüfung, ob ein entsprechender Verstoß gegen die Verbotsnorm vorliegt, ist jeweils **zweistufig vorzugehen**. Zunächst ist zu prüfen, ob der Begriff der Rechtsdienstleistung erfüllt ist. Bei positiver Feststellung müssen die im Gesetz geregelten Ausnahmetatbestände untersucht werden. 1194

Das Rechtsdienstleistungsgesetz enthält in § 2 Abs. 1 RDG eine relativ weitreichende **Definition der Rechtsdienstleistung**. Rechtsdienstleistung ist nach § 2 Abs. 1 RDG **jede Tätigkeit in konkreten fremden Angelegenheiten, *sobald sie eine rechtliche Prüfung des Einzelfalls erfordert*.** Gleichzeitig grenzt das Gesetz einzelne Tätigkeiten aus dem Anwendungsbereich der Rechtsdienstleistung klarstellend aus. 1195

Der **Begriff der Rechtsdienstleistung** knüpft an die bisherige Rechtsprechung zum Rechtsberatungsgesetz an, wonach der Kern der Rechtsdienstleistung darin liegt, konkrete fremde Rechte zu verwirklichen oder fremde Rechtsverhältnisse zu gestalten,[2] wovon in der Regel auszugehen ist, wenn der Betreffende durch den Abschluss von Verträgen auf fremde Rechtsverhältnisse einwirkt.[3] Die Begründung des Gesetzesentwurfes der Bundesregierung[4] enthält Klarstellungen zu den einzelnen Begriffsmerkmalen. Zum Erfordernis der »**rechtlichen Prüfung**« wird dort ausgeführt, dass zunächst alle Lebensvorgänge aus dem Anwendungsbereich des Gesetzes ausscheiden, die ohne jede rechtliche Prüfung auskommen, weil sie nach Inhalt, Form und Rechtsfolgen jedermann derart 1196

---

1 Vgl. dazu auch Eckl, Bauwirtschaft 2000, 36, 37, ausführlich Ellermann, Synergetische Zusammenarbeit zwischen technischem und juristischem Projektmanagement, 2015, S. 7 f.

2 Vgl. BGH, Urteil vom 18.09.2001, Az. XI ZR 321/00, in: ZIP 2001, 1990, 1991; BGH, Urteil vom 20.04.1989, Az. VII ZR 35/88, in: NJW 1989, 2124, 2125; BGH, Urteil vom 24.06.1987, Az. I ZR 74/85, in: NJW 1987, 3003; Kniffka, ZfBR 1994, 253, 254.

3 BGH, Urteil vom 18.09.2001, Az. XI ZR 321/00, in: ZIP 2001, 1990, 1991.

4 Vom August 2006.

vertraut sind, dass sie nicht als rechtliche »Lebensvorgänge« empfunden werden. Auch Tätigkeiten, die objektiv nicht über die bloße schematische Anwendung des Rechts hinausgehen, also insbesondere alle Fälle bloßer Stellvertretung im Rechtsverkehr,[5] fallen damit künftig nur dann in den Verbotsbereich des Gesetzes, wenn der Rechtssuchende eine **besondere rechtliche Betreuung oder Aufklärung** erkennbar erwartet. Liegt eine Tätigkeit vornehmlich auf wirtschaftlichem Gebiet, scheidet die Annahme einer Rechtsdienstleistung aus.[6] Auch Treuhandfälle, wie sie für Bauträger- und Baubetreuerkonstellationen (auch Construction Management) kennzeichnend sind, sind hiernach nicht ohne weiteres als Rechtsdienstleistung zu qualifizieren. Das Rechtsdienstleistungsgesetz soll nur dort zur Anwendung gelangen, wo der Auftraggeber bei Abschluss eines Geschäftsbesorgungsvertrages erkennbar zum Ausdruck bringt, dass er nicht lediglich die Durchführung des Vertrages durch die Treuhänder, sondern eine besondere rechtliche Prüfung, Beratung und Betreuung wünscht.

1197 An einer Rechtsdienstleistung fehlt es nach der Begründung zum Regierungsentwurf zudem dann, wenn eine Handlung **kein besonderes rechtliches Wissen** voraussetzt. Erforderlich ist vielmehr für die Anwendung des Gesetzes die Notwendigkeit eines spezifisch juristischen Subsumtionsvorgangs auf Seiten des Dienstleistenden, eine substantielle Rechtsprüfung. Das Gesetz soll verhindern, dass letztlich jedwede Tätigkeit, die sich in dem Auffinden, der Lektüre, der Wiedergabe und der bloßen Anwendung von Rechtsnormen erschöpft, als Ergebnis einer vorausgegangenen »Rechtsprüfung« und damit als Rechtsdienstleistung eingestuft wird.[7] Nach der Gesetzesbegründung ist z. B. die bloße Mitwirkung bei einer Vertragskündigung (z. B. durch formularmäßige Erklärungen) keine Rechtsdienstleistung. Bei **Managementleistungen** wie dem Schadensmanagement ist die Grenze dort zu ziehen, wo eine besondere rechtliche Prüfung erforderlich wird.[8]

1198 Nach der **relativ weiten Begriffsdefinition** der Rechtsdienstleistung in § 2 des RDG werden viele Tätigkeiten des Projektmanagers/-steuerers unter den Begriff einer Rechtsdienstleistung fallen. Von besonderer Bedeutung sind daher die **Ausnahmetatbestände**. Nach den Ausnahmeregelungen des neuen Rechts sind folgende **Tätigkeiten eines Projektmanagers/-steuerers von vornherein unbedenklich**:

- Keine Rechtsdienstleistung ist die Erstattung rechtswissenschaftlicher Gutachten, § 2 Abs. 3 Nr. 1 RDG.
- Die Tätigkeit von Einigungs- und Schlichtungsstellen, Schiedsrichterinnen und Schiedsrichtern, § 2 Abs. 3 Nr. 2 RDG.
- Die Mediation oder jede vergleichbare Form der alternativen Streitbeilegung, sofern keine rechtlichen Regelungsvorschläge unterbreitet werden, § 2 Abs. 3 Nr. 4 RDG.[9]
- Die Erledigung von Rechtsangelegenheiten innerhalb verbundener Unternehmen (§ 15 AktG), § 2 Abs. 3 Nr. 6 RDG.
- Die Fördermittelberatung, § 5 Abs. 2 Nr. 3 RDG.
- Unentgeltliche Dienstleistungen aufgrund persönlicher Beziehungen gemäß § 6 Abs. 1 und 2 RDG.

---

5 Vormals hatte die Rechtsprechung des BGH Vollmacht an einen Treuhänder zum Abschluss von Verträgen dem Rechtsberatungsgesetz unterworfen und die Vollmacht oftmals für nichtig erklärt, wobei sich die Rechtsprechung der einzelnen Senate des BGH durchaus unterschieden hatte, dazu BGH, Urteil vom 10.10.2006, Az. XI ZR 265/05, in: NJW 2007, 1131; BGH, Urteil vom 08.10.2004, Az. V ZR 18/04, in: BauR 2005, 99 f.; BGH, Urteil vom 22.10.2003, Az. IV ZR 33/03, in: NZBau 2004, 36; vgl. auch OLG München, Beschluss vom 17.07.2003, Az. 2Z BR 45/03, in: NZBau 2003, 670; Gutmann, ZBB 2003, 424.

6 OLG Karlsruhe, Urteil vom 09.07.2003, Az. 6 U 51/08, in: NJW 2008, 3229.

7 Vgl. zur Begriffsdefinition unter Entstehung der maßgeblichen Fassung des Gesetzes im Gesetzgebungsprozess Sabel, AnwBl. 2007, 816, 817.

8 Vgl. S. 95 ff. der Begründung des Regierungsentwurfes.

9 Zur früheren Rechtslage vgl. auch Henssler, NJW 2003, 241 f.; Kretschmer, NJW 2003, 1500.

- Satzungsgemäße, aber nicht übergeordnete Rechtsdienstleistungen innerhalb von Vereinen, Interessenvereinigungen und ähnlichen Einrichtungen, § 7 RDG.
- Rechtsdienstleistungen im Zusammenhang mit einer anderen (Haupt-) Tätigkeit, § 5 RDG.

Schon nach dem alten Recht war klargestellt, dass es dem Projektsteuerer **nicht gestattet** ist, eine 1199
unzulässige Rechtsdienstleistung durch **angestellte Rechtsanwälte** erbringen zu lassen.[10] Die Gesetzesmaterialien stellen klar, dass es auch ohne besondere gesetzliche Regelung selbstverständlich ist, dass angestellte Rechtsanwälte für ihren Arbeitgeber nur in dem Umfang rechtsberatend tätig werden können, in dem der Arbeitgeber selbst berechtigt ist, Rechtsdienstleistungen zu erbringen.[11]

Die ersten Entwürfe des Rechtsdienstleistungsgesetzes sahen in § 5 Abs. 3 RDG vor, dass Unter- 1200
nehmen auch Rechtsdienstleistungen als selbständige entgeltliche Leistungen erbringen können, wenn ein Rechtsanwalt den rechtsdienstleistenden Teil der Tätigkeit eigenverantwortlich erbringt. Dies hätte für Projektmanager/-steuerer die Möglichkeit eröffnet, einen auch die Rechtsdienstleistung beinhaltenden Service anzubieten und insoweit **Rechtsanwälte als Nachunternehmer** einzuschalten.[12] § 5 Abs. 3 RDG-Entwurf ist indessen nicht Gesetz geworden, sondern im Rahmen des Gesetzgebungsverfahrens endgültig entfallen. Es bleibt deshalb dabei, dass es einem Unternehmen, das nicht zur Erbringung von Rechtsdienstleistungen berechtigt ist, nicht erlaubt ist, derartige Leistungen mit Rechtsanwälten als Nachunternehmer im eigenen Namen anzubieten/zu erbringen. Der Projektmanager/-steuerer erledigt selbst dann eine unzulässige Rechtsdienstleistung, wenn er der Form nach einen Anwalt nur vermittelt, tatsächlich jedoch selbst Geschäftsherr der rechtsbesorgenden Angelegenheit bleibt.[13]

Der BGH hat dementsprechend ausgeführt:[14] 1201

> *»Der Senat hat bereits in der Entscheidung »Schuldenregulierung« ausgesprochen, dass eine ohne entsprechende Erlaubnis vorgenommene Besorgung fremder Rechtsangelegenheiten nicht dadurch gerechtfertigt wird, dass der Handelnde sich dabei der Hilfe eines Rechtsberaters bedient. Denn auch dann, wenn er sich insoweit eines Rechtsanwalts bedient, verpflichtet er sich gegenüber dem Vertragspartner, die Rechtsbesorgung zu übernehmen. … Der Senat sieht auch unter der Geltung des Rechtsdienstleistungsgesetzes keinen Anlass, von dieser Auffassung abzurücken.«*

Bezüglich einer Ingenieurgesellschaft, die sich intern der Leistung eines Rechtsanwaltes bediente, hat das Oberlandesgericht Düsseldorf ebenfalls eine unzulässige Rechtsdienstleistung

---

10 Vgl. BGH, Urteil vom 03.07.2008, Az. III ZR 260/07, in: NJW 2008, 3069, 3070: »Nach der ständigen Rechtsprechung des BGH kommt es für den Erlaubnisvorbehalt nach dem Rechtsberatungsgesetz nicht darauf an, ob der Vertragspartner des Rechtsuchenden sich zur Erfüllung seiner Beratungspflichten eines zugelassenen Rechtsberaters bedient«; BGH, Urteil vom 16.03.1989, Az. I ZR 30/87, in: NJW 1989, 2125; Kniffka, ZfBR 1995, 10, 13; Heiermann, BauR 1996, 48, 55.

11 Begründung des Regierungsentwurfes, S. 105; Zöpfl, Rechtsnatur und Rechtsprobleme des Bauprojektsteuerungsvertrages, S. 40.

12 Vgl. hierzu auch Hund, DStR 2006, 2001 f.

13 So schon nach altem Recht Kniffka, ZfBR 1995, 10,13: »Das gilt auch dann, wenn Projektsteuerungsunternehmen sich der Hilfe eines Rechtsanwaltes bedienen, der nicht Vertragspartner des Kunden wird. Wer fremde Rechtsangelegenheiten besorgt, muss dazu in eigener Person befugt sein. Die Beauftragung eines Rechtsanwaltes rechtfertigt nicht die Besorgung fremder Rechtsangelegenheiten. Selbst wenn der Projektsteuerer einen Anwalt vermittelt, jedoch Geschäftsherr der rechtlichen Angelegenheiten bleibt, kann noch unerlaubte Rechtsbesorgung vorliegen«; von Minckwitz, Gewährleistung des Projektsteuerers, S. 13, bejaht eine unerlaubte Rechtsberatung in zwei Fallgestaltungen:
(1) Der Projektsteuerer/Planer lässt sich von einem Anwalt beraten und verwendet dessen Ratschläge und Gutachten gegenüber dem Bauherrn.
(2) Der Projektsteuerer/Planer ist mit Rechtsberatungs- und Besorgungsleistungen beauftragt und würde mit einer Leistungsverweigerung seine Vertragspflichten verletzen. Zöpfl, Rechtsnatur und Rechtsprobleme des Bauprojektsteuerungsvertrages, S. 40.

14 BGH, Versäumnisurteil vom 29.06.2009, Az. I ZR 166/06, in: WM 2009, 1953.

bejaht.[15] Die Einschaltung von Rechtsanwälten als Subunternehmer verstößt daher gegen das Rechtsdienstleistungsgesetz.[16]

4.2 Der Ausnahmetatbestand des § 5 RDG

1202 § 5 RDG betrifft den für viele Berufsgruppen relevanten Fall, dass **neben** einer **Haupttätigkeit auf wirtschaftlichem Gebiet** auch **Rechtsdienstleistungen** erbracht werden. Die Vorschrift betrifft also gerade die Problematik, die bei Architekten, Ingenieuren und Projeksteuerern auftritt, dass nämlich die ordnungsgemäße Aufgabenerfüllung die Miterledigung bestimmter rechtlicher Tätigkeiten mit einschließt. Dass der Beruf des Architekten sowie auch des Projektsteuerers prinzipiell die Erledigung einzelner Rechtsbesorgungen mit sich bringt, diese Dienstleistungserbringer zur Rechtsbesorgung im Einzelfall sogar verpflichtet sein können, ist in der Rechtsprechung und Literatur anerkannt.[17] So wurde der Architekt von der Rechtsprechung nicht nur als »Bauanwalt« des Auftraggebers qualifiziert,[18] sondern auch als verpflichtet angesehen, die öffentlich-rechtlichen Rahmenbedingungen des Bauobjektes zu prüfen, nachbarrechtliche Zustimmungen einzuholen, den Bauherrn im Widerspruchs-, Klage- und ähnlichen Verfahren fachlich zu unterstützen und Vergabeunterlagen zusammenzustellen.[19] Ähnliches gilt für den Projektsteuerer im Bereich seiner Steuerungsaufgaben. Die Anforderungen an die Rechtskenntnisse müssen in diesem Zusammenhang bei dem Projektsteuerer eher höher angesetzt werden als bei dem Architekten.[20] § 5 Abs. 1 RDG lautet:

1203 *»Erlaubt sind Rechtsdienstleistungen in Zusammenhang mit einer anderen Tätigkeit, wenn sie als Nebenleistung zum Berufs- oder Tätigkeitsbild gehören. Ob eine Nebenleistung vorliegt, ist nach ihrem Inhalt, Umfang und sachlichen Zusammenhang mit der Haupttätigkeit und unter Berücksichtigung der Rechtskenntnisse zu beurteilen, die für die Haupttätigkeit erforderlich sind.«*

1204 Eine solche Nebenleistung liegt allerdings nach der Begründung des Regierungsentwurfes des RDG nur vor, wenn die rechtsberatende oder rechtsbesorgende Tätigkeit die Leistung insgesamt nicht prägt, wenn es sich also insgesamt nicht um eine spezifisch rechtliche Leistung handelt. Abzustellen ist allein darauf, ob die **Dienstleistung als überwiegend rechtlich oder wirtschaftlich bzw. technisch geprägt** anzusehen ist.[21] Nachdem die Rechtsprechung des Bundesverfassungsgerichts und des BGH die Öffnung des Ausnahmetatbestandes des vormaligen Art. 1 § 5 RBerG eingefordert hatte,[22] speziell um die Entwicklung von Spezialberufen, die Ausschnitte aus dem Berufsbild des Rechtsanwaltes beinhalten, in verfassungskonformer Art und Weise zu fördern, soll nun auch der

15 OLG Düsseldorf, Urteil vom 15.06.2010, Az. 20 U 175/09, in: NJW-RR 2011, 120, 121: Danach ist die Erbringung von Rechtsdienstleistungen durch einen Dienstleister, der sich lediglich intern einer Person mit Befähigung zum Richteramt bedient, nur dann erlaubt, wenn sie unentgeltlich oder von einer Vereinigung im Rahmen ihres satzungsgemäßen Aufgabenbereichs für Mitglieder erfolgt. Demzufolge genügt ein entgeltlich tätig werdender Dienstleister dem Erlaubnisvorbehalt des § 3 RDG allein durch den Einsatz eines Volljuristen nicht.

16 VK Brandenburg, Beschluss vom 03.09.2014, Az. VK 14/14, in: NZBau 2014, 793, 799; kritisch dazu Kleine-Cosack, Rechtsanwälte als Subunternehmer, NJW 2010, 1553 f.

17 Vgl. die ausführliche Darstellung bei Kniffka, ZfBR 1994, 253, 255.

18 OLG Stuttgart, Urteil vom 14.01.1966, Az. 2 U 69/65, in: NJW 1966, 1461; zu den Rechtsberatungspflichten des Architekten ausführlich Bruns, NZBau 2007, 737 f.; auch Scholtissek, Festschrift für Hans Ganten, S. 66 f.

19 Vgl. im Einzelnen Kniffka, ZfBR 1994, 253, 254; BGH, Urteil vom 11.06.1976, Az. I ZR 55/75, in: NJW 1976, 1635, 1636.

20 Heinrich, Der Baucontrollingvertrag, S. 184; so auch Wingsch, Bauwirtschaft 1984, 1056.

21 So der Text des Regierungsentwurfes S. 107.

22 Vgl. dazu BVerfG, Beschluss vom 08.01.2007, Az. 1 BvR 1117/03, in: NJW 2007, 2389, 2390; BVerfG, »Erbenermittler«, Beschluss vom 27.09.2002, Az. 1 BvR 2251/01, in: NJW 2002, 3531; BGH, »Testamentsvollstreckung«, Urteil vom 11.11.2004, Az. I ZR 182/02, in: NJW 2005, 968 f.; Kleine-Cosack, NJW 2003, 3009 f.

Ausnahmetatbestand des § 5 RDG mit einer neuen, weiteren Auslegung der zulässigen Nebentätigkeit entsprechende Entwicklungen eröffnen.[23]

Anders als bisher im Rahmen des Art. 1 § 5 RBerG kommt es nicht entscheidend darauf an, ob die 1205
Dienstleistung ohne rechtsdienstleistenden Anteil überhaupt erbracht werden kann. Maßgeblich für den Ausnahmetatbestand ist vielmehr, ob die Rechtsdienstleistung nach der Verkehrsanschauung ein solches Gewicht innerhalb der Gesamtleistung hat, dass noch von einer bloßen Nebenleistung ausgegangen werden kann. § 5 RDG findet damit nur Anwendung, wenn die fragliche Rechtsdienstleistung selbst **nicht wesentlicher Teil** der eigentlichen Hauptleistung ist. Der **Schwerpunkt** der übernommenen Tätigkeit muss daher stets **auf nicht-rechtlichem Gebiet liegen**.

Entscheidend ist darüber hinaus, ob die Rechtsdienstleistung ein solches Gewicht hat, dass für sie 1206
die volle Kompetenz eines Rechtsanwaltes oder die besondere Sachkunde einer registrierten Person erforderlich ist. Insoweit verweist die Begründung zum Regierungsentwurf auf die vormalige Rechtsprechung des BGH.[24]

Der Begriffsbestandteil des »**Gehörens**« erfordert auch keinen unmittelbaren, unlösbaren Zusam- 1207
menhang mit der wirtschaftlichen oder technischen Tätigkeit. Ein sachlicher Zusammenhang reicht vielmehr aus. Das Kriterium lässt die Entwicklung und Erweiterung sowie Schaffung neuer Berufsbilder ausdrücklich zu, setzt aber stets voraus, dass die im Zusammenhang mit einer beruflichen Tätigkeit angebotenen Rechtsdienstleistungen sich in die eigentliche Tätigkeit einpassen und nicht isoliert als gesonderte Dienstleistung angeboten werden. Ausgeschlossen ist damit insbesondere die

23 Vgl. zur Rechtsprechungsentwicklung BGH, Urteil vom 30.09.1999, Az. IX ZR 139/98, in: WM 1999, 2360, 2361, 2362; dazu auch umfassend die Vorauflage, Rn. 808 f.

24 Etwa BGH, Urteil vom 24.02.2005, Az. I ZR 128/02, in: NJW 2005, 2458 (»Fördermittelberater«): Die angebotene Fördermittelberatung stellt sich als sachlich notwendiger Teilaspekt der beworbenen Finanzberatung dar. Sie ist ersichtlich darauf gerichtet, dem Existenzgründer das Know-how zu vermitteln, welche vorhandenen Fördermittelprogramme aus betriebswirtschaftlicher Sicht auf das neu zu gründende Unternehmen zugeschnitten sind; sowie BGH, Urteil vom 11.11.2004, Az. I ZR 213/01, in: NJW 2005, 969 (»Testamentsvollstrecker«): »*Nach der Rechtsprechung des BGH liegt eine erlaubnispflichtige Besorgung fremder Rechtsangelegenheiten i. S. des Art. 1 § 1 Abs. 1 RBerG vor, wenn eine geschäftsmäßige Tätigkeit darauf gerichtet und geeignet ist, konkrete fremde Rechtsangelegenheiten zu verwirklichen oder konkrete fremde Rechtsverhältnisse zu gestalten. Dabei ist zur Abgrenzung erlaubnisfreier Geschäftsbesorgung von erlaubnispflichtiger Rechtsbesorgung auf den Kern und den Schwerpunkt der Tätigkeit abzustellen, weil eine Besorgung wirtschaftlicher Belange vielfach auch mit rechtlichen Vorgängen verknüpft ist. Es ist daher zu fragen, ob die Tätigkeit überwiegend auf wirtschaftlichem Gebiet liegt oder ob die Wahrnehmung wirtschaftlicher Belange bezweckt oder die rechtliche Seite der Angelegenheit im Vordergrund steht und es wesentlich um die Klärung rechtlicher Verhältnisse geht. … Für die Einstufung als erlaubnispflichtige Rechtsberatung kann angesichts dessen, dass nahezu alle Lebensbereiche rechtlich durchdrungen sind und eine wirtschaftliche Betätigung kaum ohne rechtsgeschäftliches Handeln möglich ist oder ohne rechtliche Wirkung bleibt, nicht allein auf die rechtlichen Formen und Auswirkungen des Verhaltens abgestellt werden. Unter dem Gesichtspunkt der Verhältnismäßigkeit des Eingriffs in die grundgesetzlich geschützte Berufsfreiheit des Einzelnen, der geschäftsmäßig die Tätigkeit des Testamentsvollstreckers ausüben will, ist vielmehr eine abwägende Beurteilung des jeweils beanstandeten Verhaltens danach erforderlich, ob es sich bei ihm um eine Rechtsbesorgung oder um eine Tätigkeit handelt, die ohne Beeinträchtigung ihrer Qualität und der Funktionsfähigkeit der Rechtspflege auch von anderen Dienstleistern erfüllt werden kann. … In diesem Zusammenhang ist insbesondere von Bedeutung, ob der Auftraggeber im Rahmen der Geschäftsbesorgung eine besondere rechtliche Prüfung des Inhalts des Geschäfts oder der mit diesem verbundenen Risiken ausdrücklich wünscht oder zumindest erkennbar erwartet*«; vgl. auch Zöpfl, Rechtsnatur und Rechtsprobleme des Bauprojektsteuerungsvertrages, S. 40: Wer in erster Linie rechtliche Kompetenz und nicht wirtschaftliche, organisatorische und technische Leistungen verkauft, will damit in der Hauptsache Rechtsbesorgung betreiben, mag dazu auch technisches und betriebswirtschaftliches Wissen notwendig sein; siehe dazu auch OLG Düsseldorf, Urteil vom 30.10.2007, Az. 24 U 200/06, in: MDR 2008, 775, 776.

beliebige Vereinbarung von untergeordneten Rechtsdienstleistungen, die nicht im Zusammenhang mit der eigenen Tätigkeit stehen.

1208 Da schon nach der Begründung des Regierungsentwurfes im Wesentlichen auf die vormalige Rechtsentwicklung zurückgegriffen werden kann, spielt auch für die Abgrenzung der nach § 5 RDG zugelassenen Rechtsberatung durch Projektmanager die unter Berücksichtigung der **bisherigen Rechtsprechung und Literatur** maßgebliche Frage eine Rolle, ob und inwieweit es sich bei miterledigten Rechtsberatungsleistungen um bloße Nebenleistungen handelt oder nicht.

4.3 Zulässige und unzulässige Rechtsdienstleistungen eines Projektmanagers/-steuerers

1209 Das Rechtsdienstleistungsgesetz betrifft lediglich **außergerichtliche Rechtsdienstleistungen**. Durch eine Anpassung der einzelnen Verfahrensordnungen (insbesondere § 79 ZPO) werden diejenigen Beteiligten spezifiziert, die die Interessen einer Partei gerichtlich wahrnehmen können.[25] Dazu gehören Projektmanager/Projektsteuerer grundsätzlich nicht.

1210 Im Einzelfall kann die Erbringung einer Rechtsdienstleistung bereits nach § 4 RDG unzulässig sein. Das ist der Fall, wenn eine **vertragliche Leistungspflicht durch die Erbringung der Rechtsdienstleistung gefährdet wird**. Das kann bei vorliegenden Interessenkollisionen der Fall sein, etwa in Fällen, in denen der Projektmanager/-steuerer eigene Vertragsverstöße und deren Folgen dadurch zu kompensieren sucht, dass er dem Auftraggeber die Geltendmachung von Ansprüchen gegenüber Dritten anbietet. Derartige Fallgestaltungen können etwa auftreten, wenn eine **gesamtschuldnerische Haftung** mit projektbeteiligten Planungs- und Ausführungsfirmen in Betracht kommt.[26]

1211 Im Übrigen kann auch dann, wenn eine Rechtsdienstleistung zu bejahen ist, etwa rechtliche Regelungsvorschläge im Rahmen von **Mediationsversuchen** nach § 2 Abs. 3 Nr. 4 RDG erbracht werden sollen, nach § 5 RDG eine zulässige Nebentätigkeit vorliegen. Wenn also ein Projektmanager/-steuerer im Rahmen eines projektspezifisch erarbeiteten Konfliktschlichtungsmodells Mediationsleistungen auch mit Regelungsvorschlägen unterlegt, welche die Rechtspositionen der Beteiligten klären sollen, ist damit nicht notwendigerweise ein Verstoß gegen das Rechtsberatungsgesetz verbunden. Voraussetzung dafür ist, dass die Mediation nach § 5 RDG lediglich eine Nebenleistung darstellt.

1212 Im Übrigen kann die Frage, ob einzelne Tätigkeiten bloße Nebentätigkeiten sind oder aber einer Haupttätigkeit gleichstehen, welche die volle Kompetenz eines Rechtsanwaltes erfordert, nicht ohne Blick auf die vereinbarte Haupttätigkeit entschieden werden. Im Hinblick auf die Vielgestaltigkeit der denkbaren, einem Projektmanager/-steuerer zu übertragenden Aufgaben hat das OLG Köln mit Recht herausgestellt, dass eine **generelle Aussage** zur Vereinbarkeit von Projektmanagement-/-steuerungsverträgen und dem Rechtsberatungsgesetz (jetzt Rechtsdienstleistungsgesetz) **nicht getroffen werden kann**, sondern auf den jeweiligen Einzelfall abzustellen ist. Diese Aussage gilt unverändert fort.[27] Maßgeblich ist die Schwierigkeit und Komplexität der Rechtsdienstleistung im Einzelfall.[28] In einer Entscheidung aus dem Jahre 1997 hat der **BGH für einen Projektentwicklungsvertrag** ebenfalls entschieden, dass für die Beurteilung, ob Rechtsdienstleistungen als Haupt- oder Nebenleistung vereinbart worden sind, auf die Auslegungsbedürftigkeit der Verträge und die notwendige Abwägung der unterschiedlichen vertraglichen Leistungen abzustellen ist.[29]

---

25 Nach dem neuen Recht stellt sich deshalb die Frage nicht mehr, ob die Prozessvertretung eine Rechtsdienstleistung ist. Dies hat immerhin das OVG Rheinland-Pfalz, Beschluss vom 17.11.2003, Az. 8 E 11797/03, in: BauR 2004, 312 = IBR 2004, 108, bejaht.

26 Vgl. dazu S. 105 der Begründung zum Regierungsentwurf.

27 Vgl. OLG Köln, Urteil vom 16.04.2003, Az. 13 U 83/02, in: BauR 2005, 741, 742 = IBR 2004, 632.

28 Scholtissek, in: Festschrift für Hans Ganten, S. 66, 67.

29 BGH, Urteil vom 04.12.1997, Az. VII ZR 177/96, in: BauR 1998, 193 = ZfBR 1998, 94.

Nachfolgend soll anhand einer Grobdifferenzierung versucht werden, für die **unterschiedlichen Einsatzformen** des Projektmanagements/der Projektsteuerung **Lösungen** unter dem Blickwinkel zulässigerweise erbrachter Rechtsdienstleistungen zu entwickeln. Angesichts der Vielschichtigkeit möglicher Vertragsgestaltungen ist aber im jeweiligen Einzelfall zu überprüfen, ob und inwieweit die Grenzen einer bloßen Nebenleistung überschritten sind: 1213

4.3.1 Bauträger, Generalübernehmer und Generalunternehmer

Verspricht ein Bauträger, ein Generalübernehmer oder -unternehmer die Errichtung eines Bauvorhabens unter Übernahme der hiermit verbundenen Bauleistungen und ggf. auch Planungsleistungen, dann steht die **Bauerrichtungsverpflichtung** so **im Vordergrund**, dass die Klärung der damit im Zusammenhang stehenden Rechtsfragen, ggf. über eine eigene Rechtsabteilung, allenfalls eine Nebenleistung darstellt. Die Miterledigung von Rechtsdienstleistungen durch einen Bauträger oder Generalübernehmer/-unternehmer stellt sich stets als nur untergeordnete Teilleistung auf dem Wege der Projektrealisierung dar.[30] 1214

4.3.2 Baubetreuung (Vollbetreuung)

Ähnliches gilt, wenn ein Baubetreuer in der Form einer Vollbetreuung (also unter Übernahme der gesamtheitlichen kaufmännischen und technischen Betreuung eines Bauvorhabens im eigenen Namen für einen Auftraggeber) oder als Construction Manager mit entsprechendem Leistungsbild die **werkvertragliche Verpflichtung übernimmt, ein Bauwerk nach den Wünschen des Auftraggebers herzustellen.**[31] Dementsprechend hat der BGH schon im Jahre 1976 für den eine Vollbetreuung übernehmenden Baubetreuer entschieden, dass die im Zusammenhang mit der Verpflichtung zur Errichtung eines Bauwerks notwendigerweise entstehende rechtliche Betreuung nur einen Nebenzweck bildet.[32] Zulässig ist etwa auch die Übertragung aller mit der Führung eines Immobilienfonds verbundenen Geschäfte, einschließlich der kaufmännischen Projektsteuerung und der Bewirtschaftung von Wohnanlagen auf einen Geschäftsbesorger.[33] 1215

30 Vgl. dazu BGH, Urteil vom 18.07.2006, Az. XI ZR 143/05, in: ZIP 2006, 1622; auch BGH, Urteil vom 11.10.2001, Az. III ZR 182/00, in: WM 2001, 2260 = ZfIR 2002, 36, 37: Es mag schließlich sein, dass zwischen einer »Vollbetreuung« durch einen gewerblichen Baubetreuer, die nach der Rechtsprechung des Bundesgerichtshofes mit Rücksicht auf den Ausnahmetatbestand des Artikels 1 § 5 RBerG erlaubnisfrei ist (vgl. BGH, Urteil vom 28.09.2000, Az. IX ZR 279/99, in: BGHZ 145, 265, 272 ff. m. w. N.), und den im Bauträgermodell auf mehrere Personen verteilten Gesamtleistungen wenig Unterschied besteht (so Edelmann, DB 2001, 687, 688; Maaß, ZNotP 2001, 170, 171). Diese Aufspaltung der Verträge ist indes von den Parteien gewollt und der rechtlichen Beurteilung daher zugrunde zu legen. Bietet sonach der Initiator den Interessenten den Abschluss mehrerer voneinander unabhängiger Verträge mit rechtlich selbstständigen Gesellschaften an, muss jeder dieser Verträge unabhängig von den anderen am Maßstab des RBerG gemessen werden.

31 OLG Düsseldorf, Urteil vom 31.03.2009, Az. 6 U 156/08, in: DStRE 2010, 901; auch BGH, Urteil vom 08.05.2006, Az. II ZR 123/05, in: WM 2006, 1154.

32 Vgl. dazu BGH, Urteil vom 11.06.1976, Az. I ZR 55/75, in: NJW 1976, 1635, 1637; bestätigend BGH, Urteil vom 16.03.2002, Az. XI ZR 60/03, in: WM 2004, 1127, 1128 sowie BGH, Urteil vom 10.11.1977, Az. VII ZR 321/75, in: WM 1978, 33, 35; auch OLG München, Urteil vom 03.08.2006, Az. 19 U 5567/05, in: ZIP 2006, 1667, 1669; nach Auffassung des OLG Dresden soll indessen ein gewerblicher Baubetreuer baurechtliche Genehmigungen beantragen und Teilungsgenehmigungen für den Auftraggeber abgeben dürfen, ohne gegen das Rechtsberatungsgesetz zu verstoßen, vgl. OLG Dresden, Urteil vom 17.02.1999, Az. 6 U 968/95, in: NZBau 2000, 250 = BauR 2000, 743, 746 = IBR 2000, 133 (Eschenbruch); insoweit gelte etwas anderes als für den Rechtsdienstleistungen erbringenden Bauberater, der seine Auftraggeber bei allen mit der Vorbereitung und Durchführung des Bauvorhabens zusammenhängenden Rechtsfragen umfassend berät, insoweit bestätigend BGH, Urteil vom 16.03.2004, Az. XI ZR 60/03, in: WM 2004, 1127, 1128.

33 BGH, Urteil vom 18.07.2006, Az. XI ZR 143/05, in: NJW 2006, 2980.

4.3.3 Generalplaner

1216 Der Generalplaner verpflichtet sich, eine **gesamthafte Planungsleistung** für ein oder mehrere Bauprojekte zu erbringen. Zu seinem Hauptleistungsfeld gehört es, die Planungsleistungen seiner Nachunternehmer-Planer zu integrieren und zu koordinieren. Dementsprechend wird er auch alle diejenigen Rechtsdienstleistungen mitübernehmen können, die typischerweise einem Architekten gestattet sind und auch solche, die sich mit dem Vertragsmanagement in Bezug auf seine Nachunternehmer (Planer) beziehen. Hinsichtlich aller darüber hinausgehenden Rechtsdienstleistungen gilt für ihn nichts anderes wie für den Projektmanager/-steuerer (siehe Ziff. 4.3.4) auch.

4.3.4 Projektmanager/-steuerer/technischer Baubetreuer

1217 Sofern der Projektmanager/-steuerer – wie der Objektplaner – Aspekte des öffentlichen Baurechts beurteilt oder einzelne Störpotentiale mit vertraglichen Auswirkungen in qualitativer, kostenmäßiger und terminlicher Hinsicht prüft und bewertet sowie Handlungsvarianten und Vorschläge entwickelt/unterbreitet, liegt in der Regel noch keine unerlaubte Rechtsberatung vor. Denn die Notwendigkeit der Klärung entsprechender Rechtsfragen auf dem Weg der Projektrealisierung führt allein nicht dazu, dass eine Tätigkeit der Projektsteuerung mit ihren grundsätzlich technisch-wirtschaftlichen Schwerpunkten nicht mehr als Haupttätigkeit angesehen werden kann. Vielmehr liegt eine Rechtsdienstleistung in diesem Zusammenhang erst vor, wenn eine nach dem **Umfang oder** der **Komplexität** so bedeutsame Behandlung von Rechtsfragen erforderlich wird/erbracht wird, dass ihre ordnungsgemäße Abarbeitung in objektiver Hinsicht die **Ausbildung** und **Kompetenz eines Rechtsanwaltes erfordert**. Auch die Geltendmachung von Erfüllungs- und Nacherfüllungsansprüchen, Inverzugsetzungen und ggf. auch Kündigungen überschreiten nicht ohne weiteres die Grenzen zur unerlaubten Rechtsdienstleistung. So heißt es in der Gesetzesbegründung[34]:

1218 *»Schon zum geltenden Recht hat das Bundesverwaltungsgericht entschieden, dass eine kleinliche Sicht bei der Beurteilung, ob eine zulässige Annextätigkeit vorliegt, nicht angezeigt ist (BVerwG NJW 2005, 1293 ff. – »Insolvenzberater«). … Auch die Tätigkeit von Architekten und **Bausachverständigen**, die im Zuge der Betreuung und Beaufsichtigung von Fertigstellungs- und Mängelbeseitigungsarbeiten für den Bauherrn Ansprüche gegen den Werkunternehmer geltend machen, ist angesichts der besonderen Qualifikation dieser Berufsangehörigen bereits nach geltendem Recht zulässig (vgl. jüngst OLG Düsseldorf, NJW-RR 2006, 562).«*

1219 Ein Verstoß kann dagegen vorliegen, wenn **komplexe Fragen des Baugenehmigungsrechts** zu prüfen sind oder aber **Vertragsstrafen**, deren Grundlage und Höhe streitig sind, berechnet und beigetrieben werden sollen. Bei einem Großprojekt können auch die gesamtheitliche Beratung zur Vergabestruktur, zur sachangemessenen Paketierung und Vertragsform eine solche Bedeutung haben, dass von einem selbständigen wirtschaftlich bedeutsamen juristischen Inhalt ausgegangen werden kann.[35] Die Klärung schwierigerer Rechtsfragen aus dem Bereich des Baunebenrechts (Planungsrechts) kann dagegen auch vom Architekten nicht verlangt werden, da er einem Rechtsberater des Bauherrn nicht gleichgestellt werden darf.[36]

1220 Die Grenze zur unzulässigen Rechtsdienstleistung ist auch überschritten, wenn bei der Prüfung von Kündigungssachverhalten eine Beratung außerhalb von anerkannten Fallgruppen berechtigter **Kündigungsinteressen** erfolgt.[37] Ein Bausachverständiger, der mit der Prüfung von Mängeln befasst ist, darf allerdings grundsätzlich die Prüfung vornehmen, ob **Mängelansprüche** bestehen, wenn eine besondere rechtliche Prüfung weder üblich noch im Einzelfall geboten ist. Er darf in diesem Fall auch **Mängelrügen** aussprechen und Fristen zur Nachbesserung setzen.[38]

34 BT-Drs. 16/3655 zu Art. 1, § 5 Abs. 1 Satz 2; Beilage zu NJW, Heft 27/2008, S. 34.
35 Von Minckwitz, Gewährleistung des Projektsteuerers, S. 13, stellt ebenfalls auf den Schwierigkeitsgrad der zu bewältigenden rechtlichen Aufgabe ab.
36 KG, Urteil vom 20.03.2006, Az. 24 U 48/05, in: IBR 2006, 571 für naturschutzrechtliche Befreiungen.
37 BGH, Urteil vom 06.10.2011, Az. I ZR 54/10, in: MDR 2012, 360.
38 OLG Düsseldorf, Urteil vom 20.09.2005, Az. 20 U 213/04, in: NJW-RR 2006, 562.

Generell schwierig wird die Abgrenzung zur erlaubten Rechtsdienstleistung **im Bereich des Vertragswesens**. Das Management der Verträge, insbesondere das Mitwirken des Projektmanagers bei der **Gestaltung** und **Verhandlung** von Planungs- und Bauverträgen allein führt noch nicht zur Annahme einer unzulässigen Rechtsdienstleistung. Deshalb kann auch nicht ohne weiteres infolge der Verwendung des Begriffs »**Vertragsmanagement**« eine Überschreitung der Grenze zur unerlaubten Rechtsdienstleistung gesehen werden. Entscheidend ist auch hier der Inhalt der übernommenen Vertragspflichten (der Umfang des übernommenen Leistungsversprechens im Hinblick auf übernommene Rechtsdienstleistungen). So hat der Projektmanager/-steuerer in der Regel dafür zu sorgen, dass technisch-wirtschaftliche Voraussetzungen für Vertragsabschlüsse, für Leistungsinhalte, wirtschaftlich adäquate Vergütungsversprechen, Schnittstellen und ähnliche vertragsrelevante Punkte konkretisiert, abgestimmt und verhandelt werden. 1221

Bei der Vorbereitung und Realisierung von Bau- und Immobilienprojekten bis zu einem mittleren Schwierigkeitsgrad kann er auch im Markt **gebräuchliche** sonstige **Vertragsmuster**, die in vielfältiger Form veröffentlicht werden (z.B. im Vergabehandbuch Bund), benutzen und projektspezifisch anpassen, insbesondere auch auf der Grundlage der VOB/B zu erstellende besondere und zusätzliche Vertragsbedingungen. So hat etwa das OLG Brandenburg entschieden, dass ein bezüglich der Mitwirkung bei der Vergabe beauftragter Architekt die Vorbereitung der Bauverträge mit wirksamen Vertragsbedingungen zu übernehmen habe. Beachte er insoweit die Rechtsprechung zu unwirksamen Vertragsklauseln nicht, hafte er auf Schadensersatz.[39] Die Entscheidung ist zum Teil kritisiert worden. *Scholtissek* möchte etwa aus dem »Mitwirkungsbegriff« ableiten, dass der Architekt allenfalls eine begleitende Rolle habe und dementsprechend nicht zentral für die Vertragsgestaltung verantwortlich sei, sowie dem Bauherrn keine Vertragsunterlagen vorlegen dürfe.[40] Anders ist es jedenfalls dann, wenn der Projektmanager für komplexere Projekte, insbesondere Großprojekte (das sind in der Regel Projekte mit anrechenbaren Herstellkosten von mehr als 25 Mio. €[41]), die Erstellung individuell erarbeiteter und aufeinander abgestimmter Projektverträge verspricht. Dann übernimmt er als wesentlichen Teil seines Tätigkeitsbereichs ein Hauptleistungsversprechen, welches ein solches Gewicht hat, dass es objektiv gesehen von einem Rechtsanwalt bearbeitet werden müsste. Auch das Entwerfen einzelner gewichtiger/komplexer Verträge kann bereits die Schwelle zu einer unzulässigen Rechtsdienstleistung überschreiten.[42] 1222

Wenn ein Projektsteuerer **Controllingleistungen** erbringt, darf er auch die ordnungsgemäße Leistungserfüllung und -abrechnung von Beteiligten prüfen. Das ist selbst dann keine unerlaubte Rechtsberatung, wenn damit die Geltendmachung von Ansprüchen vorbereitet wird. So hat der BGH die fachtechnische Überprüfung von Architektenabrechnungen und die Berechnung von Rückforderungsansprüchen nicht als unerlaubte Rechtsdienstleistung qualifiziert.[43] 1223

In einem zum früheren Rechtsberatungsgesetz entschiedenen Fall hat das OLG Köln hervorgehoben, dass die Übernahme des **Vertragsmanagements** durch einen Projektsteuerer (einschließlich des Fertigens von Vertragsentwürfen) zwar nicht unterbewertet werden dürfe. Gleichwohl stelle ein solches Vertragsmanagement im Abgleich mit dem Gesamtleistungsversprechen, bei dem 1224

---

39 OLG Brandenburg (Nichtzulassungsbeschwerde zurückgewiesen), Urteil vom 26.09.2002, Az. 12 U 63/02, in: IBR 2003, 426.

40 Scholtissek, Friedrich-Karl, Rechtsberatung durch Architekt?, in: Rechtshandbuch des ganzheitlichen Bauens, Festschrift für Hans Ganten, S. 66.

41 Eschenbruch, BauR 2004, 1 f.

42 OLG Düsseldorf, Urteil vom 30.10.2007, Az. 24 U 200/06, in: MDR 2008, 775, 776 = WM 2008, 750, 751.

43 BGH, Urteil vom 07.12.2006, Az. VII ZR 290/04, in: NZBau 2007, 182, 183 = BauR 2007, 576, 577 = IBR 2007, 140; dazu auch Weise, NJW-Spezial, 2007, 165.

technisch-wirtschaftliche Leistungsinhalte dominierten, eine bloße Nebentätigkeit dar.[44] Bei der gesamtheitlichen Wahrnehmung der Rechtsfragen einschließlich der Vertragsgestaltung für ein größeres komplexes Projekt wird aber zumindest dann ein Verstoß gegen das Rechtsdienstleistungsgesetz anzunehmen sein, wenn der Projektmanager das Vertragsmanagement als gewichtigen Teil seiner Gesamtleistung herausstellt und damit deutlich macht, dass er letztlich die umfassende Besorgung von Rechtsangelegenheiten während der Projektrealisierung verspricht.[45] Ähnlich hat das OLG Naumburg entschieden und darauf hingewiesen, dass ein übernommenes Vertragsmanagement sowie **Nachtragsmanagement** die Grenzen zulässiger Rechtsberatung noch nicht überschreiten, wenn die Kerntätigkeit des Projektsteuerers auf eine Überprüfung unter bautechnischen und wirtschaftlichen Gesichtspunkten gerichtet sei. Auch die Übernahme eines »**Belastungsmanagements**« (Regressmanagements) im Sinne der Ermittlung von Regressansprüchen gegen Projektbeteiligte überschreite diese Grenze nicht, wenn der Projektsteuerer im Kern eine technisch-wirtschaftliche Vorbereitung für eine spätere Durchsetzung von Ansprüchen durch den Auftraggeber übernehme.[46]

1225 *Kniffka* hat bereits zum alten Recht – insoweit hat sich durch das RDG nichts geändert – prägnant formuliert:

> »*Eine andere Beurteilung ist jedoch gerechtfertigt, wenn die Aufgabenstellung im Einzelfall in der Hauptsache rechtlich geprägt ist. Es ist zu beobachten, dass Projektsteuerer das Vertragsmanagement sowohl in der vorvertraglichen Leistungsbeschreibung als auch in der vertraglichen Ausgestaltung ihrer Pflichten ganz eindeutig in den Vordergrund stellen. Sie versprechen wasserdichte Verträge und heben das Vertragsmanagement als die eigentliche Methode zum Geldverdienen hervor. Termin-, Kosten- und Qualitätskontrolle sind danach Produkt vernünftiger Verträge und nicht die Verträge Hilfsmittel für die sonstigen Aufgaben. Die Aufgaben werden mit Vertragsanalyse, Vertragsdatei, Vertragsnetz, Vertragsbüro und Nachtragsforderungsmanagement beschrieben usw. Wer dermaßen auf den Markt tritt, verkauft in erster Linie rechtliche Kompetenz und nicht wirtschaftliche, organisatorische und technische Leistungen. Er will damit in der Hauptsache Rechtsbesorgung betreiben, mag dazu auch technisches und betriebswirtschaftliches Wissen notwendig sein. Die Rechtsbesorgung gibt seiner unternehmerischen Tätigkeit das entscheidende Gepräge und wird wesentlicher, gewichtiger und vollwertiger Gegenstand der beruflichen Tätigkeit.*«[47]

1226 Wenn der Projektmanager/-steuerer – sei es auch mit der Unterstützung juristischer Mitarbeiter des eigenen Unternehmens – es für den Auftraggeber übernimmt, komplexe Verträge zu verhandeln oder zu Spezialproblemen des Nachtragsmanagements zu beraten, liegt eine unzulässige Rechtsberatung vor.[48]

1227 *Kniffka* führt weiter aus:

> »*Inwieweit die rechtsbesorgende Tätigkeit in diesem Sinne dienende Funktion hat, ist anhand des Berufsbildes, der übernommenen Tätigkeit und sämtlicher auf den Einzelfall bezogener Umstände zu entscheiden. Der Umfang der rechtsbesorgenden Tätigkeit ist nicht das entscheidende Abgrenzungskriterium, kann aber Indiz dafür sein, dass Rechtsbesorgung zu den eigentlichen Berufsaufgaben zählt und selbstständig neben sie tritt. Bei der gebotenen umfassenden Prüfung sind auch die vertragsbegleitenden Umstände zu berücksichtigen, insbesondere auch, wie der Berufsausübende seine Leistung anbietet, also mit ihr wirbt.*«[49]

44 OLG Köln, Urteil vom 16.04.2003, Az. 13 U 83/02, in: BauR 2005, 741, 742: Das OLG Köln vergleicht den Projektmanager insoweit allerdings unzulässigerweise mit einem Baubetreuer.

45 Vgl. BGH, Urteil vom 11.06.1976, Az. I ZR 55/75, in: NJW 1976, 1635; BGH, Urteil vom 18. 05.1995, Az. III ZR 109/94, in: BB 1995, 2126, 2127; dazu auch Kniffka, ZfBR 1994, 253, 256; ders., ZfBR 1995, 10, 12 ff.; Wagner, ZfBR 1996, 185; Heiermann, BauR 1996, 48, 53.

46 OLG Naumburg, Urteil vom 14.03.2008, Az. 10 U 64/07, in: BauR 2009, 1171 ff.; dazu auch die Rechtsprechung zur Schadensregulierung von Versicherungsagenten und Versicherungsmaklern: OLG Köln, Urteil vom 11.04.2014, Az. 6 U 187/13, AnwBl 2014, 964.

47 Kniffka, ZfBR 1995, 10, 13; wiederholend Heiermann, BauR 1996, 48, 54.

48 Zustimmend Fischer, in: Thode/Wirth/Kuffer, Praxishandbuch Architektenrecht, § 19, Rn. 63.

49 Kniffka, ZfBR 1995, 10, 12.

Die Übertragung eines **Vergabemanagements** für ein größeres Projekt überschreitet in der Regel eine bloße Annextätigkeit, so dass die einheitliche Beauftragung eines Projektmanagementunternehmens mit diesen Leistungen gegen § 5 RDG verstößt. So hat etwa die VK Brandenburg ausgeführt:

> *»Betrachtet man die Vergabeunterlagen, beinhaltet die rechtliche Beratung hier die rechtliche Prüfung anspruchsvoller Einzelfragen als auch allgemeine vergaberechtliche Beratungsleistungen, die rechtliche Beratung und Begleitung des Vergabeverfahrens bis zur Zuschlagserteilung, die Dokumentation des Vergabeverfahrens und die rechtlich unangreifbare Umsetzung der technologischen Anforderungen in eine Leistungsbeschreibung. Im Kern geht es dabei um eine umfassende Rechtsberatung bei der Vorbereitung und Durchführung eines Vergabeverfahrens, die für den Auftraggeber ohne Zweifel von hoher Bedeutung ist. Es handelt sich insbesondere aufgrund der spezifischen vergaberechtlichen Fragestellungen, die für das avisierte Vergabeverfahren zu beantworten sind, nicht um eine bloße Annextätigkeit zum eigentlichen Berufsbild technologischer Beratungsunternehmen. Daran ändert sich auch nichts dadurch, dass die Betreuung etwaiger vergaberechtlicher Nachprüfungsverfahren nicht zum Leistungsumfang gehören soll.«*[50]

Problematisch ist die Feststellung der Grenze zur unerlaubten Rechtsdienstleistung speziell beim **Nachtragsmanagement**. Die Berücksichtigung von Änderungssachverhalten bei der Projektrealisierung ist ein wichtiger Teilaspekt des Leistungsportfolios von Projektmanagern und -steuerern. Bei der Behandlung dieser Aufgabenstellung sind notwendigerweise bestehende Verträge zu prüfen, deren Auswirkungen zu berücksichtigen und auch Untersuchungen über notwendigen Änderungsbedarf anzustellen. Speziell baubetriebliche Fragen gewinnen hier erheblich an Bedeutung. Terminketten sind üblicherweise darauf hin zu untersuchen, wer für bestimmte Verzögerungen verantwortlich ist und in welchem Umfang dies auf die vertraglichen Termine Auswirkungen hat. Alle diese Leistungen gehören zum klassischen Hauptleistungsbild eines Projektmanagers/-steuerers bei Bau- und Immobilienprojekten und überschreiten die Grenze einer unzulässigen Rechtsdienstleistung nicht.[51] Die Grenze zur unzulässigen Rechtsdienstleistung wird aber auch hier überschritten, sobald der Projektmanager mit einem Leistungsversprechen an den Markt tritt, eine umfassende, auch rechtliche Beratungen hinsichtlich notwendiger Vertragsanpassungen zu übernehmen und die Änderung von komplexeren Verträgen herbeizuführen.[52] Dasselbe gilt für die Übernahme eines Claim- bzw. Anti-Claim-Managements auch hinsichtlich der rechtlichen Durchsetzung von Ansprüchen als wesentliche Vertragsleistung. 1228

Wenn bei schwierigen, **komplexen Projektrealisierungen** von vornherein deutlich wird, dass rechtliche Sachaufgaben mit Gewicht zu bewältigen sind, tut der Projektsteuerer gut daran, seinen Auftraggeber dahin zu beraten, die rechtsberatende Tätigkeit gesondert an Rechtsanwälte zu beauftragen.[53] Insoweit existieren ebenfalls praxistaugliche und auf die Bau- und Immobilienwirtschaft zugeschnittene Leistungsangebote spezialisierter Büros (z. B. Juristisches Projektmanagement).[54] Der Umstand, dass erfahrene Architekten und Ingenieure sowie speziell Projektmanager/-steuerer in bauvertraglichen Fragen oftmals versierter sind als mit dieser Materie nicht vertraute Rechtsanwälte, 1229

50 VK Brandenburg, Beschluss vom 03.09.2014, Az. VK 14/14, in: NZBau 2014, 793, 799.

51 So auch OLG Naumburg (Dreso I), Urteil vom 14.03.2008, Az. 10 U 64/07, in: BauR 2009, 1171 f.

52 Vgl. dazu BGH, Urteil vom 07.12.2006, Az. VII ZR 290/04, in: NZBau 2007, 182, 183 = BauR 2007, 576, 577, 578 = IBR, 2007, 140.

53 Kniffka meint: »Der richtige Weg zur Lösung ist freilich auch nicht der häufig geforderte Baujurist. So wenig der Techniker in der Lage ist, qualifiziert zu beraten, weil ihm das juristische Verständnis fehlt, so wenig ist der Rechtsanwalt allein in der Lage, qualifiziert zu beraten, weil ihm das technische Verständnis fehlt. Der richtige Weg zur Lösung kann deshalb nur die interdisziplinäre und entsprechende interprofessionelle Zusammenarbeit der betroffenen Berufsgruppen sein«; Kniffka, ZfBR 1995, 10, 14.

54 Vgl. dazu Eschenbruch, in: Kapellmann, Juristisches Projektmanagement, 2. Aufl., Rn. 1027 sowie derselbe in: Nr. 19 der Schriftenreihe des AHO, Projektmanagement in der Bau- und Immobilienwirtschaftlich, Berlin, S. 170 f.; Jagenburg, in: Festschrift für Heiermann, S. 157 ff.; ders. NJW 1997, 2277, 2289; auch Steeger, BauR 2001, 554 ff.

ändert an dieser Erkenntnis nichts.[55] Ein auf derartige Fragen spezialisierter Fachanwalt für Bau- und Architektenrecht kann hier überlegene Expertise einbringen. Zwar mögen die Auftraggeber und Projektsteuerer den Wunsch haben, die Gesamtleistung quasi aus einer Hand zu erhalten/zu erbringen. Dies ist aber mit anderen Mitteln möglich, wie nachfolgend noch darzustellen sein wird.

1230 Der **Parteidisposition** ist die Grenze zur unzulässigen Rechtsdienstleistung nicht zugänglich. Die Gesetzesmaterialien stellen eindeutig klar, dass die Frage, ob eine Nebenleistung vorliegt, stets objektiv anhand der im Gesetz genannten Kriterien zu bestimmen ist und der Anwendungsbereich somit nicht durch eine vertragliche Vereinbarung festgelegt werden kann.[56]

4.3.5 Gutachter/Bausachverständige

1231 Gutachtern und Bausachverständigen ist grundsätzlich die Erbringung von Rechtsdienstleistungen nicht gestattet. Wenn ein Bausachverständiger indessen technische Mängel an einem Bauwerk feststellt und darauf zu stützende Gewährleistungsrechte geltend machen soll, liegt eine unzulässige Rechtsdienstleistung nach Auffassung des OLG Düsseldorf noch nicht vor, da die Wahrnehmung von Gewährleistungsrechten in Bausachen auch Nichtjuristen durchaus geläufig sei (siehe auch Rdn. 1218).[57]

4.3.6 Projektmanagementleistungsbilder

1232 Messlatte für die Prüfung der Anwendung des Rechtsdienstleistungsgesetzes ist somit der **konkrete Projektmanagement-/Projektsteuerungsvertrag und das dazugehörige Leistungsbild**. Hiernach müssen die technisch-wirtschaftlichen Aufgabenstellungen eindeutig in den Vordergrund treten und mitübernommene Rechtsdienstleistungen die Qualität einer bloßen Nebenleistung – ohne wesentliches Gewicht – aufweisen. Während bei den ersten marktgängigen Leistungsbildern für Projektmanagementleistungen in Deutschland (etwa DVP 1990/1992) in weitem Umfang auch Rechtsdienstleistungen als wesentliche Vertragsleistungen angepriesen wurden – speziell zum Vertragsmanagement und Nachtragsmanagement – und somit die Grenze zur unzulässigen Rechtsdienstleistung überschritten war,[58] enthalten die heute marktgängigen Leistungsbilder für Projektmanagement- und Projektsteuerungsleistungen zumeist keine »dominanten« Rechtsdienstleistungen mehr (vgl. auch Rdn. 1243). In ihnen wird zumeist herausgestellt, dass der Projektmanager/-steuerer vornehmlich technisch-wirtschaftliche wie auch organisatorische Leistungen erbringt und nur in dieser Hinsicht bei der Klärung von Rechtsfragen mitwirkt.[59] Das AHO-Leistungsbild 2014 enthält in § 1 Abs. 9 eine Klarstellung, dass Rechtsdienstleistungen nicht übernommen werden.

1233 Ab der 3. Auflage enthält die Leistungs- und Honorarordnung AHO (2009) einen gesonderten Handlungsbereich Verträge und Versicherungen. Hier sind allerdings nur Anforderungen zusammengefasst worden, die ansonsten bei anderen Handlungsbereichen geregelt waren. Das Leistungsbild ist deshalb gleichwohl unbedenklich im Hinblick auf das Rechtsdienstleistungsgesetz. Im Zweifel ist – im Rahmen der Auslegung – anzunehmen, dass ein Projektmanagement-Leistungsbild notwendige Rechtsberatungsleistungen nicht als Kernleistungen erfassen will.

---

55 Vgl. dazu Wirth/Theis, Architekt und Bauherr, S. 236.

56 Vgl. Begründung zum Regierungsentwurf, S. 108; vgl. auch BGH, Urteil vom 28.10.1997, Az. 4 U 759/97, in: NJW-RR 1998, 1675, 1677: »Das Verbot der Rechtsbesorgung muss die wirtschaftliche Beratung unangemessen erschweren; sie muss ohne Rechtsberatung nicht sinnvoll vorgenommen werden können«; eine Voraussetzung, die angesichts der inzwischen weitgehend um Rechtsberatung bereinigten Projektsteuerer-Leistungsbilder schwerlich bejaht werden kann; sehr restriktiv auch Wirth/Theis, Architekt und Bauherr, S. 238.

57 Dazu OLG Düsseldorf, Urteil vom 20.09.2005, Az. 20 U 213/04, in: NJW-RR 2006, 562.

58 Vgl. Kniffka, ZfBR 1995, 10, 13, der feststellt, dass sich der Verstoß gegen das Rechtsberatungsmissbrauchsgesetz wie ein roter Faden durch den DVP-Entwurf zieht.

59 Kritisch insoweit zum Mitwirkungsbegriff nach § 204 Abs. 2 Nr. 2 DVP-Entwurf, Kniffka, ZfBR 1995, 10, 13.

Bei der Verwendung eines Standardleistungsbildes wie dem AHO-Leistungs- und Honorarmodell bedarf es daher keiner vertraglichen Klarstellungen zum Umfang übertragener Rechtsdienstleistungen. Bei »selbst gestrickten« Leistungsbildern ist hier allerdings Vorsicht geboten. 1234

▶ **Praxisbeispiel für eine Vertragsklausel zu Rechtsdienstleistungen im Rahmen eines Projektmanagementvertrages** 1235

»Die Parteien sind sich darüber einig, dass die nach diesem Vertrag geschuldete Tätigkeit des AN ihren Schwerpunkt in der technischen, wirtschaftlichen und organisatorischen Aufgabenwahrnehmung hat. Leistungen zu rechtlichen Angelegenheiten sind, soweit rechtlich zulässig, als Hilfs- und Nebentätigkeiten i, Sinne des RDG ebenfalls geschuldet. Dementsprechend sind Leistungspflichten des AN mit Schnittstelle zur Rechtsberatung, soweit es sich nicht um Hilfs- oder Nebentätigkeiten im Sinne des RDG handelt, nicht als Wahrnehmung rechtlicher Sachaufgaben zu verstehen; der AN schuldet jedoch eine nachhaltige Mitwirkung in technisch-wirtschaftlicher Hinsicht, die die Grundlage für das vom AG wahrzunehmende, juristische Projektmanagement schafft.

Im Rahmen der vom AN geschuldeten Übernahme der Vergabestelle, schuldet der AN – als Hilfs- und Nebentätigkeit im Sinne des RDG – ein rechtssicheres Vergabeverfahren. Rechtsfragen, die nach der Verkehrssitte von einem Rechtsanwalt geklärt werden oder die Durchführung von Nachprüfungsverfahren schuldet der AN jedoch nicht. Er ist jedoch verpflichtet, den AG darauf hinzuweisen, wenn die Einschaltung eines Rechtsanwalts erforderlich ist. Weiter ist er verpflichtet, dem vom AG etwa eingeschalteten Rechtsanwalt unterstützend zuzuarbeiten.« 1236

4.4 Rechtsfolgen bei unzulässiger Übernahme von Rechtsdienstleistungen durch einen Projektmanager/-steuerer

Verstöße gegen das Rechtsdienstleistungsgesetz sind sowohl für den Projektmanager/-steuerer als auch für den Auftraggeber mit **gewichtigen Rechtsnachteilen** verbunden. 1237

Verträge, die eine unzulässige Rechtsbesorgung zum Gegenstand haben, sind nämlich **nichtig**, § 134 BGB.[60] Das Überschreiten der Grenzen zulässiger Nebenleistungen bedeutet einen Verstoß gegen ein gesetzliches Verbot, § 3 RDG.[61] Selbst die Nichtigkeit einzelner unzulässiger, auf Rechtsbesorgung gerichteter Bestimmungen führt nach der – allerdings abdingbaren[62] – Vorschrift des § 139 BGB im Zweifel zur Gesamtnichtigkeit des Projektsteuerervertrages.[63] Der Gegenbeweis ist zwar grundsätzlich möglich, in der Praxis jedoch schwer zu führen, da sich insbesondere bei 1238

60 Dies folgt nach neuem Recht unmittelbar aus § 3 RDG, vgl. zum alten Recht: BGH, Urteil vom 17.02.2000, Az. IX ZR 50/98, in: NJW 2000, 1560, 1562; BGH, Urteil vom 30.09.1999, Az. IX ZR 139/98, in: WM 1999, 2360, 2361, 2362: Das gilt auch, wenn der Einzelauftrag Bestandteil eines Dauermandates ist; BGH, Urteil vom 04.12.1997, Az. VII ZR 177/96, in: ZfBR 1998, 94; VK Brandenburg, Beschluss vom 03.09.2014, Az. VK 14/14, in: NZBau 2014, 793, 797.

61 Vgl. dazu Sabel, AnwBl. 2007, 816, 819; dazu auch die Begründung zum Regierungsentwurf, dort S. 104.

62 Vgl. dazu BGH, Urteil vom 11.10.2001, Az. III ZR 182/00, in: NZBau 2002, 92, 93 = NJW 2002, 66, 67.

63 Soweit nicht die Parteien § 139 BGB im Vertrag abbedungen haben, vgl. BGH, Urteil vom 11.10.2001, Az. III ZR 182/00, in: WM 2001, 2260, 2261 = ZfIR 2000, 36, 37 = IBR 2001, 699; von Minckwitz, Gewährleistung des Projektsteuerers, S. 13; Kniffka formuliert insoweit: »Inwieweit darüber hinaus der gesamte Vertrag nichtig ist, ergibt sich aus § 139 BGB. Danach ist bei Teilnichtigkeit eines Rechtsgeschäfts das ganze Rechtsgeschäft nichtig, wenn nicht anzunehmen ist, dass es auch ohne den nichtigen Teil vorgenommen sein würde. Ob diese Voraussetzungen vorliegen, ist eine Frage des Einzelfalls, je gewichtiger der nichtige Teil ist, umso eher wird die Gesamtnichtigkeit angenommen werden müssen. Die Projektsteuerungsverträge, die sich ganz überwiegend nur mit dem Vertragsmanagement befassen, dürften danach insgesamt nichtig sein. Denn an Teilleistungen hat der Auftraggeber kein Interesse mehr, wenn er sowieso einen Rechtsanwalt beauftragen muss, der die Teilleistung mitübernimmt«, Kniffka, ZfBR 1995, 10, 14.

pauschaliertem Leistungsumfang und vereinbartem Pauschalhonorar eine Abgrenzung von Einzeltätigkeiten schwerlich vornehmen lässt.[64]

1239 Jedenfalls dann, wenn Rechtsberatungsleistungen mit einem eigenen wirtschaftlichen Schwerpunkt – wie z. B. im Vertragsmanagement – angeboten werden, führt das Vorgehen des Projektsteuerers zu einer Gesamtnichtigkeit des Vertrages mit der Konsequenz, dass ein vertraglicher **Vergütungsanspruch** scheitert.[65] Ansprüche aus Geschäftsführung ohne Auftrag scheiden in derartigen Fällen regelmäßig ebenfalls aus.[66] Zwar steht dem Projektsteuerer die Möglichkeit offen, **Bereicherungsansprüche** nach §§ 812, 818 Abs. 2 BGB, gerichtet auf Wertersatz,[67] geltend zu machen. Bereichungsansprüche sind jedoch von vornherein zu verneinen, wenn der Projektsteuerer sich eines Verstoßes gegen das gesetzliche Verbot bewusst war,[68] wovon nach dem derzeitigen Diskussionsstand in aller Regel ausgegangen werden muss.[69] Ein etwaiger Anspruch auf Wertersatz des gutgläubigen Projektsteuerers berechnet sich nach der üblichen, hilfsweise nach der angemessenen, vom Auftraggeber ersparten Vergütung (die im Einzelfall nur schwer festzustellen ist). Soweit Rechtsanwaltskosten erspart werden, ist für die Wertermittlung grundsätzlich auf das RVG abzustellen.[70] Ein Abstellen auf das ersparte Anwaltshonorar kommt allerdings nur in Betracht, soweit feststeht, dass der Auftraggeber einen Anwalt mit der Erledigung der Aufgaben betraut hätte.[71]

1240 Die Konsequenzen der Vertragsnichtigkeit sind für den Auftraggeber nicht minder schwer. Er verliert die vertraglichen **Erfüllungsansprüche**. Schadensersatzansprüche wegen unsorgfältiger Auftragserledigung durch den Projektsteuerer bleiben dem Auftraggeber jedoch als sog. quasivertragliche Schadensersatzansprüche ungeachtet der Nichtigkeit des Vertrages erhalten.[72] Wenn der Projektsteuerer Rechtsberatungsleistungen übernimmt, hat er hierfür schadensersatzrechtlich so einzustehen, als habe er sich zu einer sonstigen Dienstleistung verpflichtet.[73] Wenn dementsprechend ein Projektsteuerer eine fehlerhafte Beratung zu Vertragsstrafen vornimmt, kann er sich nicht auf den Sorgfaltsmaßstab eines durchschnittlich rechtserfahrenen Projektsteuerers zurückziehen.[74] Die Nichtigkeit kann sich auch auf dem Projektsteuerer erteilte Vollmachten erstrecken,[75] so dass speziell bei Einsatzformen des Projektmanagements oder des Construction Managements

64 Vgl. ausführlich Eschenbruch/Lederer, in: Kapellmann, Juristisches Projektmanagement, Rn. 30.
65 Vgl. Kniffka, ZfBR 1995, 10, 14; diesem folgend Heiermann, BauR 1996, 48, 56.
66 BGH, Urteil vom 17.02.2000, Az. IX ZR 50/98, in: NJW 2000, 1560, 1562.
67 Vgl. BGH, Urteil vom 04.12.1997, Az. VII ZR 177/96, in: BauR 1998, 193 = ZfBR 1998, 94.
68 Vgl. BGH, Urteil vom 17.02.2000, Az. IX ZR 50/98, in: NJW 2000, 1560, 1562; Urteil vom 25.02.1999, Az. IX ZR 384/97, in: WM 1999, 970, 971; mitversichert sind allerdings die zulässigen Rechtsdienstleistungen des Projektsteuerers, wie etwa auch die Prüfung von Bebauungswünschen auf deren baurechtliche Zulässsigkeit, OLG Hamm, Urteil vom 07.02.2007, Az. 20 U 118/06, in: VersR 2007, 980, 981.
69 So Cramer, in: Messerschmidt/Voit, Privates Baurecht, Kommentar zu §§ 631 ff. BGB, C, Rn. 179.
70 Vgl. BGH, Urteil vom 17.02.2000, Az. IX ZR 50/98, in: NJW 2000, 1560, 1562 = WM 2000, 1342, 1343, 1344 noch für die BRAGO.
71 Vgl. BGH, Urteil vom 26.07.2001, Az. III ZR 172/00, in: NJW 2001, 3541, 3542, 3543 = WM 2001, 1861, 1863.
72 Vgl. BGH, Urteil vom 30.09.1999, Az. IX ZR 139/98, in: WM 1999, 2360, 2361; dazu Brors, ZIP 2001, 217, 221; einschränkend allerdings OLG Saarbrücken, Urteil vom 16.10.2007, Az. 4 U 149/07, in: DStRE 2008, 662.
73 OLG Hamm, Urteil vom 15.02.2005, Az. 21 U 27/04, in: NZBau 2005, 525.
74 Anders aber OLG Saarbrücken, Urteil vom 03.03.2009, Az. 4 U 143/09, in: Beck RS 2009, 12824.
75 Nach neuem Recht ist allerdings allein die Erteilung der Vollmacht nicht ausreichend, um einen Verstoß gegen das Verbot unzulässiger Rechtsdienstleistungen zu begründen, vgl. zum alten Recht BGH, Urteil vom 11.10.2001, Az. III ZR 182/00, in: NZBau 2002, 92, 93 = NJW 2002, 66, 67 = WM 2001, 2260, 2261 = ZfIR 2000, 36, 37 = IBR 2001, 699; vgl. aber auch BGH, Urteil vom 18.09.2001, Az. XI ZR 321/00, in: ZfIR 2002, 38, 40.

Unsicherheiten hinsichtlich der Wirksamkeit abgeschlossener Verträge mit Beratern, Planern und ausführenden Unternehmen entstehen können.

Zudem müssen beide Vertragsparteien beachten, dass der **Haftpflichtversicherungsschutz** des Projektsteuerers keine unzulässigen Rechtsdienstleistungen umfasst. Eine versicherungsrechtliche Abdeckung im Kern rechtsberatender Tätigkeiten des Projektsteuerers ist nicht möglich.[76] Eine ausreichende Haftungsgrundlage für Schadensersatzansprüche des Auftraggebers besteht daher zumeist nicht. 1241

Anders als nach altem Recht stellt die unzulässige Miterledigung von Rechtsdienstleistungen **keinen Bußgeldtatbestand** dar, weil § 5 Abs. 1 RDG als flexibler, offener Erlaubnistatbestand gefasst ist, wohingegen jede Bußgeldvorschrift ein konkretes formuliertes Gebot oder Verbot voraussetzt,[77] vgl. § 20 RDG. Nur besondere Fallgestaltungen, die bei der bloßen Miterledigung von Rechtsdienstleistungen durch Projektsteuerer in der Regel nicht einschlägig sind, stellen hiernach eine Ordnungswidrigkeit dar.[78] Wohl kann die Mitübernahme von Rechtsberatungsdienstleistungen durch einen Projektsteuerer eine **Wettbewerbswidrigkeit** i. S. des § 1 UWG sein, so dass der Projektsteuerer insoweit auf Unterlassung und ggf. Schadensersatz in Anspruch genommen werden kann.[79] 1242

4.5 Interdisziplinäre Lösungsansätze

Die Projektsteuerer haben die Problematik inzwischen erkannt. Die Leistungs- und Honorarordnung Projektsteuerung der AHO-Fachkommission ab 1996 beinhaltet die Klarstellung, dass rechtsberatende Leistungen durch den Projektmanager/-steuerer nicht erbracht werden sollen.[80] § 1 Abs. 9 AHO (2014) lautet: 1243

> *»Rechtsberatungsleistungen i.S.d. Rechtsdienstleistungsgesetzes sind nicht Gegenstand dieser Leistungs- und Honorarordnung.«*

Homola hat insoweit klargestellt:

> *»**Der Projektsteuerer ist nicht, kann nicht und darf nicht Rechtsberater sein.**«*[81]

Vorstehend ist bereits dargelegt worden, dass das Projektsteuerungsunternehmen Rechtsberatung nicht als wesentlichen Bestandteil eigener Leistungsangebote übernehmen darf, und zwar unabhängig davon, ob die Tätigkeiten durch eigene juristische Mitarbeiter, Rechtsanwälte als Nachunternehmer (die dem Projektsteuerungsunternehmens zuarbeiten) oder in sonstiger Form eng verbundene Rechtsanwälte, die letztlich auf Geheiß des Projektsteuerers tätig werden, erbracht werden dürfen. Welche Lösungsmöglichkeiten zur Sicherstellung einer interprofessionellen Zusammenarbeit sind indessen denkbar? **Vier Lösungsansätze** sind diskussionsfähig vgl. dazu auch Ellermann, Synergetische Zusammenarbeit zwischen technischem und juristischem Projektmanagement, 2015, S. 41. 1244

76 Versicherungsschutz für die Beratung in Rechtsangelegenheiten wird durch die Versicherer nicht gewährt, worauf auch Schamir, in: Seminar rechtliche Problemstellungen beim Projektmanagement, S. 111, 117 hinweist.

77 Vgl. auch Sabel, AnwBl. 2007, 816, 819.

78 Vgl. Römermann, AnwBl 2009, 22, 23.

79 OLG Hamm, Urteil vom 15.06.1999, Az. 4 U 10/99, in: NJW-RR 2000, 509.

80 Homola, in: AHO-Fachkommission Projektsteuerung (2004), S. 7, 9; so sieht Diederichs, in Hartmann, HOAI, Stand: Juni 2009, § 31, Rn. 2, S. 22 ff. den DVP-/AHO-Entwurf als rechtsberatungsgesetzkonform an; vgl. auch Locher/Koeble/Frik, HOAI, Einleitung, Rn. 445.

81 Homola, in: in AHO-Fachkommission Projektsteuerung, S. 68; dem weitergehenden Hinweis Homolas, der Projektsteuerer solle bei einem Tätigwerden im Namen des Auftraggebers »rechtlich geprüfte Standardbriefe« verwenden, ist zumindest bei komplexeren Problemlagen nicht zu folgen, weil derartige Maßnahmen eine Prüfungskompetenz hinsichtlich der Anwendbarkeit der jeweiligen Musterbriefe voraussetzen würden.

4.5.1 Interdisziplinäre Betreuung auf Grund selbstständiger Vertragsbeziehungen

1245 In der Praxis vorherrschend und juristisch einwandfrei möglich ist die **koordinierte projektspezifische Leistungserbringung von Projektmanagement- und Rechtsberatungsleistungen durch voneinander unabhängige Büros**. Dabei kann die Vertragsgestaltung so erfolgen, dass die Büros für die Koordinierung ihrer Leistungserbringung verantwortlich sind und auch die Leistungsbilder im Detail aufeinander abgestimmt werden (vernetzte Variante). Mit dieser Einsatzform sichert sich der Auftraggeber eine interessengerechte, umfassende Unterstützungsleistung. Er erhält jeweils gesamtheitliche **Lösungsvorschläge aus einer Hand**.

Diese **Kooperation** beinhaltet noch keine gemeinsame Berufsausübung im Außenverhältnis und grundsätzlich keine gesamtschuldnerische Haftung.[82] Der einheitliche Versicherungsschutz der unterschiedlichen Berufsdisziplinen lässt sich jedoch nur schwerlich herstellen, zumal Versicherungskonzepte der Vermögensschadenshaftpflichtversicherung für Rechtsanwälte und die allgemeine Haftpflichtversicherung der technischen Berufe (Verstoßprinzip auf der einen, Schadensereignisprinzip auf der anderen Seite) nicht völlig deckungsgleich sind. Auch muss bedacht werden, dass das Verhalten des jeweils anderen Beteiligten ggf. auch zu einem Deckungsausschluss, z.B. wegen wissentlicher Pflichtverletzung führen kann.[83]

1246 **Auch vergaberechtlich** ist indessen die Zusammenfassung von Projektsteuerungs- und Rechtsberatungsleistungen nicht unkritisch. Immer ist hierbei zu prüfen, ob der Grundsatz der **Fachlosaufteilung nach § 97 Abs. 3 GWB** sowie das in § 97 Abs. 5 GWB verankerte Wirtschaftlichkeitsgebot eingehalten sind. Die VK Brandenburg hat entschieden, dass die **Zusammenfassung von Projektsteuerungs- und Rechtsdienstleistungen** in einer Vergabe in der Regel **unzulässig** ist, wenn nicht der Auftraggeber zwingende Gründe für die Zusammenfassung angeben kann. Bloße Ersparnisse bei der Koordination der Projektbeteiligten reichten nicht aus, um eine interdisziplinäre Leistung des Vergabemanagements auszuschreiben.[84]

1247 ***In der Praxis wird für derartige Leistungsangebote etwa geworben mit folgenden Vorteilen einer integralen Leistung:***

»
- *Integrale Projektmanagementleistungen aus einer Hand*
- *Umfangreiche und langjährige technische und juristische Praxiserfahrung*
- *Juristische Ansprechpartner als Mitglied des Projektteams*
- *Vorbereitende und aufwandsreduzierende Schnittstelle zur Rechtsberatung*

...«

4.5.2 Rechtsberatungsleistungen durch »Vertrag zu Gunsten Dritter«?

1248 Bedenken begegnen Abwicklungsmodelle, wonach ein Projektmanager die Rahmenbedingungen für die Einschaltung eines rechtlichen Beraters und dessen Leistungsbild im eigenen Vertrag festlegt, dem Auftraggeber aber anheim stellt, die juristische Leistung bei einem von ihm, dem Projektmanager vorgegebenen Anwalt, abzurufen. In der Regel führt eine derartige Gestaltung dazu, dass der Projektmanager/-steuerer Rechtsdienstleistungen über einen Erfüllungsgehilfen erbringen lässt, wenn er entweder maßgeblich auf die Auswahl des Anwaltes oder auf Einzelheiten der Anwaltsleistung einwirkt. In den letztgenannten Fällen läge ein Fall einer unzulässig erbrachten Rechtsdienstleistung vor.[85]

82 Jungk, Antje, Anwaltsblatt 2014, 956, 957.
83 Jungk, Antje, Anwaltsblatt 2014, 956, 958.
84 VK Brandenburg, Beschluss vom 03.09.2014, Az. VK 14/14, in: NZBau 2014, 793, 797.
85 Vgl. für derartige Fallgestaltungen BGH, Urteil vom 24.06.1987, Az. I ZR 74/85, in: NJW 1987, 3003, 3004; vgl. neuerdings auch BGH Urteile vom 26.9.2002, Az. I ZR 44/00, in: NJW 2003, 819 ff. und I ZR 102/00, in: DStR 2003, 1852 ff. zur Anwaltshotline; dazu auch Rdn. 1200.

4.5.3 Die Projekt-ARGE aus Projektmanagern und Juristen

Als weiterer Problemlösungsansatz kommt eine projektspezifische ARGE-Bildung in Betracht.[86] 1249
Eine dauerhafte berufliche Verbindung zwischen einem Projektmanager/-steuerer und einem Rechtsanwalt ist Letzterem nach § 59 a BRAO nicht gestattet. Ob § 59 a BRAO auch einem bloßen vorhabenbezogenen Zusammenschluss, wie er durch eine ARGE erfolgt, entgegensteht, ist nicht abschließend geklärt.[87] Im Rahmen einer verfassungskonformen Auslegung sollten indessen hier keine Bedenken bestehen. Unter dem Blickwinkel des Rechtsdienstleistungsgesetzes muss der ARGE-Vertrag allerdings ausdrücklich klarstellen, dass **Rechtsberatungsleistungen ausschließlich von dem beteiligten Anwaltsbüro erbracht werden**.

Risiken für die Beteiligten ergeben sich aus der Gefahr möglichen Parteiverrates im Sinne von § 43 1250
a Abs. 4 BRAO und § 356 StGB. Die Verpflichtung des anwaltlichen Vertreters, die Parteiinteressen des Auftraggebers uneingeschränkt wahrzunehmen, kollidiert ggf. mit der gesellschaftsrechtlichen Treuepflicht. Wie will der beteiligte Rechtsanwalt unvoreingenommen beraten, wenn bei einem Nachtragssachverhalt eine nicht zweckmäßige Steuerung durch den beteiligten Projektmanager erfolgt ist? Formal kann dem dadurch Rechnung getragen werden, dass im ARGE-Vertrag der Auftraggeberberatung eindeutig der Vorrang gegenüber der **gesellschaftsrechtlichen Treuepflicht** gegeben wird. Zudem muss gesehen werden, dass die zwingende gesamtschuldnerische Außenhaftung der BGB-Gesellschafter nur im Wege einer **individuellen Haftungsbeschränkungsvereinbarung** mit dem Auftraggeber eingegrenzt werden kann.[88]

Der geschaffenen Haftungsstruktur muss zudem mit einem individuellen **Versicherungskonzept** 1251
begegnet werden. Darüber hinaus haben die ARGE-Partner die **gewerbesteuerrechtlichen Folgen** des projektspezifischen Zusammenschlusses zu berücksichtigen. Nach § 2 a GewStG gilt als Gewerbebetrieb nicht die Tätigkeit der Arbeitsgemeinschaft, deren alleiniger Zweck in der Erfüllung eines einzigen Werkvertrages oder Werklieferungsvertrages besteht. Die Betriebsstätten der Arbeitsgemeinschaften gelten insoweit anteilig als Betriebsstätten der Beteiligten. Entscheidend ist immer, ob die Tätigkeit der einzelnen ARGE-Mitglieder gewerblich ist. Eine freiberufliche Tätigkeit kann aber zumindest dadurch zu einer gewerblichen werden (damit »infiziert« werden), dass der Freiberufler auch nur geringfügige gewerbliche Tätigkeiten erbringt (dazu im einzelnen Rdn. 294).[89]

4.5.4 Beauftragung einer interprofessionellen Sozietät

Inzwischen existieren vereinzelte interprofessionelle Sozietäten, denen sowohl Juristen als auch frei- 1252
beruflich tätige Architekten und Ingenieure angehören. Die **berufsrechtliche Zulässigkeit** derartiger Zusammenschlüsse war lange Zeit nicht geklärt; mit der Neufassung des **§ 59 a BRAO** hat der Gesetzgeber klargestellt, dass eine derartige Zusammenarbeit **nicht** zu den gestatteten Formen gemeinschaftlicher Berufsausübung gehört.[90] Auch ist die interprofessionalle Sozietät als solche nicht berechtigt, Rechtsberatungsleistungen zu übernehmen.[91] Ob und inwieweit diese Einschränkung

86 Zur standesrechtlichen Zulässigkeit derartiger Arbeitsgemeinschaften vgl. Ewer, AnwBl 1995, 161; Michalski/Römermann, NJW 1996, 3233; zur gewerbesteuerrechtlichen Problematik bei Arbeitsgemeinschaften vgl. § 2 a GewStG.

87 Vgl. Ewer, Anwaltsblatt 1995, 161, 163; Michalski/Römermann NJW 1996, 3223, 3237 ff.; a. A. Jungk, AnwBl. 2014, 957.

88 Vgl. BGH, Urteil vom 27.09.1999, Az. II ZR 371/98, in: ZIP 1999, 1755, 1756, 1757, dazu Ulmer, ZIP 1999, 509.

89 BFH, BStBl. 1995, 171; DB 1999, 2495.

90 Die dortige Aufzählung der Berufe ist enumerativ, vgl. BGH, Beschluss vom 29.09.2003, Az. AnwZ (B) 24/00, in: ZIP 2004, 268; Forderungen, § 59 a BRAO für weitere Berufe zu öffnen, ist der Gesetzgeber nicht nachgekommen, siehe dazu etwa Henssler/Streck, Handbuch des Sozietätsrechts, Rn. 772.

91 Posegga, Volker, DStR 2009, 2391, 2395.

der Berufsfreiheit verfassungsrechtlich zulässig ist, wird derzeit diskutiert und ist Gegenstand eines Verfahrens vor dem Bundesverfassungsgericht.[92]

1253 Der Beauftragung einer gemischten Sozietät mit Projektmanagement- und rechtlichen Beratungsleistungen steht indessen das **Rechtsdienstleistungsgesetz** nicht entgegen. Voraussetzung ist allerdings, dass die Rechtsberatung ausschließlich durch die in der Gesellschaft tätigen Rechtsanwälte erbracht wird. Der Vertrag einer derartigen gemischten Sozietät ist i. d. R. dahingehend auszulegen, dass nur die Mitglieder der Sozietät die Vertragserfüllung übernehmen sollen, die berufsrechtlich und fachlich hierzu in der Lage sind.[93] Vorsorglich ist auch im Gesellschaftsvertrag klarzustellen, dass Rechtsberatungsleistungen ausschließlich von den beteiligten Rechtsanwälten erbracht werden.

1254

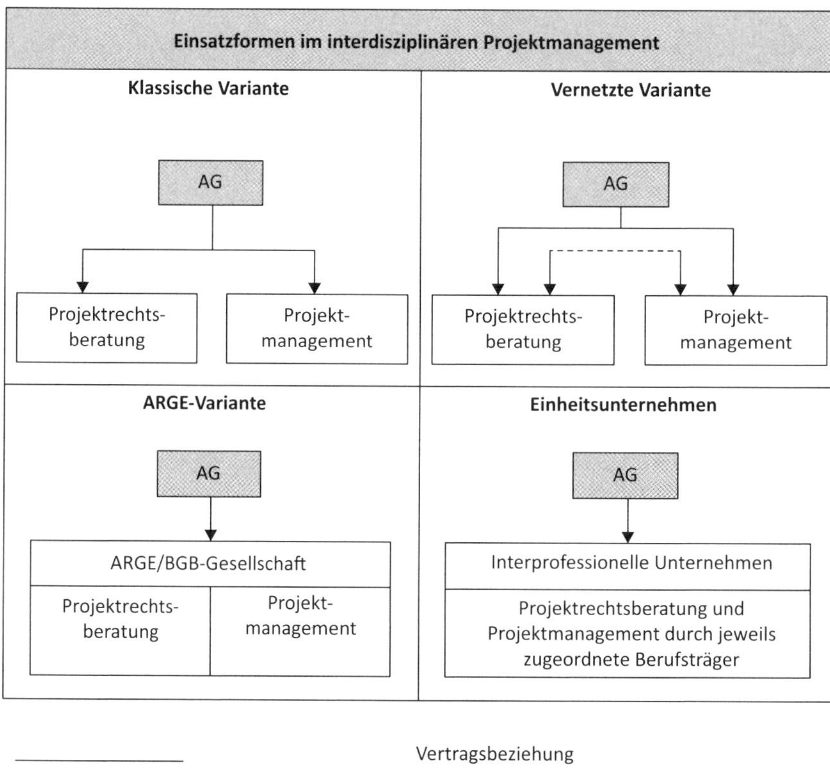

92 Jungk, AnwBl. 2014, 956.

93 BGH, Urteil vom 17.02.2000, Az. IX ZR 50/98, in: NJW 2000, 1560, 1561 = WM 2000, 1342, 1343, 1344.

5 Vergütung des Projektsteuerers

5.1 Auftragsumfang und Vergütungspflicht

5.1.1 Vertragsschluss

Voraussetzung für einen vertraglichen Vergütungsanspruch ist – unabhängig von der Rechtsnatur des Vergütungsversprechens – das **rechtswirksame Zustandekommen** eines Projektmanagement-/Projektsteuerungsvertrages. Fehlt es an einem Vertrag, können sich Vergütungsansprüche nur nach den allgemeinen gesetzlichen Bestimmungen, insbesondere Geschäftsführung ohne Auftrag und ungerechtfertigte Bereicherung, ergeben (dazu Rdn. 1329). 1255

Aus dem bloßen Tätigwerden eines Projektmanagers allein kann noch nicht auf einen entsprechenden **rechtsgeschäftlichen Bindungswillen** der Beteiligten geschlossen werden. Erforderlich ist vielmehr, dass eine entsprechende Willensübereinstimmung beider Vertragsteile feststeht. Es existiert keine Vermutung für das Vorliegen eines rechtsgeschäftlichen Bindungswillens, wenn ein Projektmanager Leistungen erbringt. Die **Vermutungsregelung** des §§ 612 Abs. 1, 632 Abs. 1 BGB, wonach eine Vergütung als vereinbart gilt, wenn die Herstellung des Werks den Umständen nach nur gegen eine Vergütung zu erwarten ist, erstreckt sich nur auf die Frage der Entgeltlichkeit eines einmal erteilten Auftrages, nicht auf die Frage des Vertragsabschlusses selbst. Die Anwendung der Vorschrift setzt daher voraus, dass es überhaupt zu einer schuldrechtlichen Bindung gekommen ist.[1] Für die Voraussetzung des Eingreifens der Vermutung trägt im Übrigen der Projektsteuerer die Darlegungs- und Beweislast. 1256

Ein Projektmanagementvertrag kann unbedingt oder unter einer aufschiebenden **Bedingung** geschlossen werden. Als Bedingung kann z.B. vereinbart werden, dass ein bestimmtes Projekt überhaupt realisiert wird.[2] Ist streitig, ob ein Vertrag unbedingt oder unter einer aufschiebenden Bedingung geschlossen worden ist, trägt der Projektsteuerer die Beweislast für den unbedingten Vertragsabschluss.[3] Ein abgeschlossener schriftlicher Vertrag beinhaltet aber die Vermutung der Vollständigkeit und Richtigkeit. Will der Auftraggeber behaupten, er habe entgegen dem schriftlichen Vertrag Bedingungen gestellt, hat er diese Vermutung zu entkräften.[4] 1257

Auch **Vorverträge** für Projektsteuerungsleistungen werden gelegentlich geschlossen. Sie enthalten aber typischerweise noch nicht alle regelungsbedürftigen Punkte, die einem endgültig zu vereinbarenden Projektsteuerungsvertrag vorbehalten bleiben.[5] Ein wirksamer Vorvertrag für Projektsteuerungsleistungen setzt allerdings voraus, dass der Inhalt des demnächst abzuschließenden endgültigen Vertrages hinreichend bestimmt ist. Dabei ist diesem Erfordernis in der Regel nur genügt, wenn 1258

1 OLG München, Urteil vom 04.11.2011, Az. 9 U 3217/10, in: IBR 2013, 689; OLG Düsseldorf, Urteil vom 19.04.2007, Az. 5 U 113/06, in: IBR 2008, 31 (Nichtannahmebeschluss des BGH vom 25.10.2007, Az. VII ZR 83/07); OLG Düsseldorf, Urteil vom 16.01.2003, Az. 5 U 41/02, in: NZBau 2003, 442 = BauR 2003, 1251, 1252 = IBR 2003, 309; OLG Düsseldorf, Urteil vom 20.08.2001, Az. 23 U 214/00, in: BauR 2002, 1726, 1727; auch BGH, Urteil vom 24.06.1999, Az. VII ZR 196/98, in: NJW 1999, 3554, 3555 = BauR 1999, 1319, 1321.

2 Vgl. für den Architekten etwa BGH, Urteil vom 18.12.2008, Az. VII ZR 189/06, in: NZBau 2009, 255, 256 = NJW-RR 2009, 598, 600; BGH, Urteil vom 19.02.1998, Az. VII ZR 236/96, in: BauR 1998, 579; für einen Architekten- und Projektmanagementvertrag OLG Hamm, Urteil vom 15.08.2006, Az. 24 U 125/05, in: BauR 2008, 2063.

3 Vgl. BGH, Urteil vom 10.06.2002, Az. II ZR 68/00, in: WM 2003, 594, 595 = IBR 2002, 670 = NJW 2002, 2862.

4 Vgl. OLG Bamberg, Urteil vom 28.01.2004, Az. 3 U 65/00, in: BauR 2004, 1623 = IBR 2004, 302.

5 BGH, Urteil vom 18.12.2008, Az. VII ZR 189/06, in: NZBau 2009, 255, 256 = NJW-RR 2009, 598, 600,

eine Einigung über Art und Umfang der zu erbringenden Leistungen sowie des Vertragsgegenstandes (Ausgestaltung des Bauwerks) erfolgt ist.[6]

1259 Projektmanagementverträge werden oftmals auch als **Rahmenverträge** ausgestaltet. Sie enthalten die im Falle eines einzelnen Leistungsabrufes anwendbaren Vertragsregelungen. Mit dem Abschluss des Rahmenvertrages sind zukünftige Aufträge erst in Aussicht gestellt oder von Bedingungen abhängig gemacht.[7] Derartige rahmenvertragliche Regelungen sind bei institutionellen Auftraggebern, insbesondere Großunternehmen nicht selten, die für den nationalen oder weltweiten Einsatz einen beschränkten leistungsfähigen Kreis von Projektmanagementunternehmen ausgewählt haben, die dann bei einer zu realisierenden Maßnahmen entweder über ihre Vorortbüros oder den Key-Account-Manager im deutschen Büro konkrete Vertragsangebote für Einzelabrufe abgeben.

1260 Projektmanagement- und Projektsteuerungsverträge können **schriftlich, mündlich** und sogar **konkludent** zustande kommen.[8] Dabei kann auch die Inanspruchnahme bestimmter Leistungen einen konkludenten Beauftragungswillen verdeutlichen.[9] Wer Dienste eines Projektmanagers oder Architekten in Anspruch nimmt, speziell ihn zur Erbringung wesentlicher Leistungen auffordert, muss grundsätzlich mit Vergütungspflichten rechnen.[10] Auch ein **kaufmännisches Bestätigungsschreiben** kann vertragliche Rechte und Pflichten im Sinne eines Projektsteuerungsvertrages begründen.[11] Das ehemals für die Vergütungsabrede in Projektsteuerungsverträgen vorgesehene Schriftformerfordernis in § 31 Abs. 2 HOAI a.F. hatte der BGH – worauf nachfolgend noch im Einzelnen einzugehen sein wird – für unwirksam erklärt.[12]

5.1.2 Entgeltlichkeit und Akquisition

5.1.2.1 Der notwendige Rechtsbindungswille

1261 Die **Abgrenzung zwischen bloßer Akquisition im Vorfeld** einer rechtsgeschäftlichen Bindung **und dem schlüssigen Zustandekommen eines Vertrages** bietet erhebliches Streitpotential. Von einem Rechtsbindungswillen der Vertragsparteien wird regelmäßig auszugehen sein, wenn der Projektmanager nicht nur einzelne Tätigkeiten verrichtet, sondern der Bauherr über die Entgegennahme von Leistungen hinaus durch die Verwertung der Leistung oder in sonstiger Weise zu erkennen gibt, dass die Tätigkeiten des Projektmanagers als vertraglich geschuldet angesehen werden.[13] Gerade bei großen Bauprojekten (Großprojekten), bei denen Projektsteuerer nicht selten in der Akquisitionsphase umfangreiche Vorleistungen erbringen, z.B. auch an Workshops teilnehmen, sind hohe Anforderungen an die Feststellung des beiderseitigen Rechtsbindungswillens zu stellen.[14] Die Initiatoren bzw. Investoren und die Architekten oder Ingenieure bilden in der Projektentwicklungsphase oftmals eine Art ***»Projektentwicklungsgemeinschaft«*** und sitzen dann gemeinsam in einem »Boot«, in der Hoffnung, bei der Verwirklichung des Bauvorhabens einen interessanten

6 Vgl. für den Architektenvertrag OLG Hamburg, Urteil vom 21.12.2007, Az. 10 U 1/07, in: IBR 2009, 719; OLG Koblenz, Urteil vom 12.05.2005, Az. 5 U 1408/04, in: NZBau 2006, 184 = BauR 2005, 1370 = IBR 2005, 428.

7 BGH, Urteil vom 18.12.2008, Az. VII ZR 189/06, in: NJW-RR 2009, 598, 600.

8 Beispielhaft für den Architektenvertrag: OLG Celle, Urteil vom 04.05.2011, Az. 14 U 167/10, in: NJW 2011, 3462.

9 OLG Celle, Urteil vom 04.05.2011, Az. 14 U 167/10, in: NJW 2011, 3462; OLG Karlsruhe, Urteil vom 27.07.2007, Az. 8 U 243/06, in: BauR 2009, 1170.

10 OLG Hamburg, Urteil vom 21.12.2007, Az. 10 U 1/07, in: IBR 2009, 719.

11 Vgl. OLG Koblenz, Urteil vom 26.06.2006, Az. 12 U 685/05, in: NJW-RR 2007, 813 = NZBau 2007, 727 für den Architektenvertrag.

12 BGH, Urteil vom 09.01.1997, Az. VII ZR 48/96, in: BauR 1997, 497, 499; vgl. dazu auch Rdn. 1302 f.

13 Vgl. dazu auch OLG Düsseldorf, Urteil vom 20.08.2001, Az. 23 U 214/00, in: BauR 2002, 1726, 1728.

14 OLG Düsseldorf, Urteil vom 16.01.2003, Az. 5 U 41/02, in: NZBau 2003, 442 = BauR 2003, 1251 = IBR 2003, 309; OLG Düsseldorf, Urteil vom 29.06.1999, Az. 21 U 192/98, in: NZBau 2000, 253; auch OLG Frankfurt, Urteil vom 27.08.2008, Az. 3 U 125/07, in: IBR 2009, 215.

Auftrag zu bekommen.[15] Es ist dementsprechend nicht gerade ein untypisches Verhalten für Projektmanagement-/Projektsteuerungsbüros, den Auftraggeber durch Vorleistungen während der Akquisition an sich binden und den Wechsel zu einem anderen Anbieter angesichts des bereits entstandenen Know-how erschweren zu wollen.[16] Eine gesetzliche oder tatsächliche Vermutung (im Sinne eines sogenannten Anscheinsbeweises) dahin, dass auch umfangreichere Projektmanagement- oder Architektenleistungen nur im Rahmen eines Vertrages erbracht werden, gibt es nicht.[17]

Ob ein **Rechtsbindungswille** vorhanden gewesen ist, ist nicht nach dem inneren Willen des 1262 jeweiligen Vertragspartners zu beurteilen, sondern danach, ob der jeweils andere Vertragspartner aus dem Handeln nach Treu und Glauben mit Rücksicht auf die Verkehrssitte auf einen solchen Willen schließen durfte. Es kommt also darauf an, wie sich dem objektiven Betrachter das Handeln der Beteiligten darstellt (**Empfängerhorizont**). Insbesondere die wirtschaftliche Bedeutung einer Angelegenheit, das erkennbare Interesse des potentiellen Auftraggebers und die nicht ihm, wohl aber dem Auftragnehmer erkennbare Gefahr, in die er durch eine fehlerhafte Leistung geraten kann, können auf einen entsprechenden Rechtsbindungswillen schließen lassen.[18] Einer rechtsgeschäftlichen Bindung steht die Kenntnis des Architekten oder Ingenieurs entgegen, dass die Finanzierung eines Großprojektes noch nicht gesichert ist und dass seine Bemühungen mit der Vorstellung des Großprojektes bei der öffentlichen Hand, bei der Presse und bei Banken erst dazu dienen sollen, die finanzielle und sonstige Realisierbarkeit – evtl. – erreichen zu können. Widerspricht in derartigen Fällen der Auftragnehmer – auch zu einem späteren Zeitpunkt – nicht dem Hinweis eines Beteiligten des Projektteams des Auftraggebers darauf, dass alle an dem Projekt Mitarbeitenden erst Entgelt bekommen können, wenn ein Investor gefunden ist, lässt auch ein solches nachträgliches Verhalten Rückschlüsse auf seinen tatsächlichen Willen zu, lediglich Akquisitionsleistungen ohne rechtsgeschäftliche Bindung zu erbringen.[19] Diese Grundsätze gelten auch für den Projektsteuerer.

Aber auch die **längste Akquisitionsphase ist endlich**.[20] Sie endet zumeist dann, wenn der Auf- 1263 traggeber die Leistungen des Projektmanagers verwertet und diesen veranlasst, Änderungs- und Verbesserungsvorschläge zu entwickeln. Für den Architekten wurde entschieden: Werden dementsprechend Leistungen der Genehmigungsplanung abverlangt, liegt in der Regel ein konkludenter Vertragsschluss zugrunde.[21] Nur in ganz besonderen Ausnahmefällen sind auch noch Leistungen der Leistungsphase 4 nach HOAI im Rahmen einer Akquisition zu erbringen.[22]

Wenn ein Projektsteuerer, der zugleich Geschäftsführer einer mit der Erbringung von Bauleistun- 1264 gen befassten Gesellschaft ist, dem Auftraggeber die **schlüsselfertige Errichtung** des Projektes auf Basis eines Bauwerksvertrages angeboten hat, dieser Vertrag aber nicht zustande gekommen ist, dann kann nicht ohne weiteres darauf geschlossen werden, es seien vergütungspflichtige Konzeptionierungs-, Planungs- oder Projektsteuerungsleistungen erbracht worden.[23]

Zu berücksichtigen ist in diesem Zusammenhang, dass sich ein Vertragspartner auch nach **länger** 1265 **andauernden Verhandlungen** grundsätzlich ohne rechtliche Nachteile von einmal aufgenommenen

15 OLG Frankfurt, Urteil vom 07.12.2012, Az. 10 U 183/11, in: NZBau 2013, 311; OLG Düsseldorf, Urteil vom 29.02.2008, Az. I 23 U 85/07, in: NZBau 2009, 457, 458.

16 Im Hinblick auf das sog. Projektantenproblem, Rdn. 2371, kann ein derartiges Verhalten kontraproduktiv sein; zur betriebswirtschaftlichen Zweckmäßigkeit der Projektarbeit ohne Vertrag vgl. Lock, Projektmanagement, S. 380, 381.

17 OLG Frankfurt, Urteil vom 07.12.2012, Az. 10 U 183/11, in: NZBau 2013, 311.

18 OLG Frankfurt (Revision durch BGH nicht zugelassen, Beschluss vom 27.04.2006, Az. VII ZR 234/05), Urteil vom 20.09.2005, Az. 22 U 210/02, in: BauR 2006, 1922, 1923 = IBR 2006, 453.

19 OLG Düsseldorf, Urteil vom 29.02.2008, Az. I 23 U 85/07, in: NZBau 2009, 457.

20 OLG Naumburg, Urteil vom 21.04.2010, Az. 5 U 54/08, in: IBR 2011, 528.

21 OLG Karlsruhe, Beschluss vom 17.02.2010, Az. 8 U 143/09, in: BauR 2010, 1279.

22 OLG Celle, Urteil vom 26.10.2011, Az. 14 U 54/11, in: BauR 2012, 528; OLG Düsseldorf, Urteil vom 21.06.2011, Az. 21 U 129/10, in: IBR 2011, 529.

23 OLG Schleswig, Urteil vom 06.01.2009, Az. 3 U 29/07, in: IBR 2009, 393.

Verhandlungen zurückziehen kann.[24] Die Erbringung von Leistungen genügt dementsprechend allein dann nicht für die Annahme eines konkludenten Vertragsschlusses, wenn die Vertragsparteien später noch einen schriftlichen Vertrag abschließen wollten.[25] Wird indessen ein in den Essentialia gewollter Vertrag, ungeachtet dessen, dass über einzelne Nebenabreden noch keine Einigung erzielt worden ist, einvernehmlich mit beiderseitigem Bindungswillen umgesetzt, kann ein konkludenter Vertragsschluss vorliegen.[26]

1266 Dass die Parteien zu dem Zeitpunkt der maßgeblichen Einschaltung eines Projektsteuerers noch **keine Einigung über die zu beanspruchende Vergütung** erzielt haben, steht der Annahme eines Vertragsschlusses nicht entgegen. Insoweit ist ausreichend, dass sie sich über das Objekt selbst und den Umfang der Leistungen des Projektmanagers einig sind. Nicht erforderlich ist dagegen, dass auch eine Einigung über die Höhe des Honorars erfolgt ist, da in einem solchen Fall die Honorierungspflicht aus §§ 612 Abs. 1, 632 Abs.1 BGB folgt.[27]

5.1.2.2 Vermutung der Entgeltlichkeit

1267 Steht fest, dass aufgrund des Rechtsbindungswillens der Vertragsparteien ein Vertragsverhältnis zustande gekommen ist, dann muss der Projektsteuerer eine Abrede über die Entgeltlichkeit seiner Tätigkeit nicht zusätzlich beweisen. Denn das Gesetz hilft dem Auftragnehmer in derartigen Fällen mit einer Vermutung. Nach den §§ 612 Abs. 1, 632 Abs. 1 BGB gilt eine Vergütung als stillschweigend vereinbart, wenn die Leistung nur gegen Vergütung zu erwarten war. Umstände, die belegen, dass Projektsteuerungsleistungen **nur gegen Vergütung zu erwarten** sind, muss der Projektsteuerer darlegen und beweisen.[28] Er muss auch den Sachvortrag des Auftraggebers widerlegen, es sei eine unentgeltliche Leistung – z.B. bis zu einem bestimmten Projektstatus – vereinbart worden.[29] Gelingt ihm ein entsprechender Nachweis, dann obliegt es dem Auftraggeber nachzuweisen, dass die Projektsteuerungsleistungen ausnahmsweise kostenlos erbracht werden sollten.[30] Kann aber eine – ausdrückliche oder stillschweigende – Vereinbarung der Vertragsparteien über die Vergütung nicht positiv festgestellt werden, darf ein Vergütungsanspruch auch dann nicht zugesprochen werden, wenn durchgreifende Zweifel bestehen, dass die Herstellung des Werks **nur gegen eine Vergütung zu erwarten war.**[31] Eine Beweislast des Auftraggebers für die Vereinbarung der Unentgeltlichkeit kommt erst in Betracht, wenn der Abschluss eines Vertrages feststeht (Rdn. 1256).[32]

---

24 Vgl. BGH, Urteil vom 07.12.2000, Az. VII ZR 360/98, in: BauR 2001, 623, 624; nur ausnahmsweise kommt eine Schadensersatzhaftung wegen Verschuldens bei Vertragsschluss in Betracht, s. nunmehr § 311 Abs. 2 BGB.

25 OLG Hamm, Urteil vom 16.10.2008, Az. I 17 U 1/08, in: BauR 2010, 239, 240.

26 OLG Jena, Urteil vom 09.01.2008, Az. 2 U 413/07, in: IBR 2009, 392.

27 BGH, Urteil vom 12.01.2006, Az. VII ZR 2/04, in: NZBau 2006, 248, 249 = BGHZ 165, 382 = MDR 2006, 869 = IBR 2006, 272.

28 Vgl. BGH, Urteil vom 05.06.1997, Az. VII ZR 124/96, in: BauR 1997, 1060, 1061; OLG Celle, Urteil vom 04.05.2011, Az. 14 U 167/10, in: NJW 2011, 3462.

29 Vgl. OLG Saarbrücken, Urteil vom 13.03.2002, Az. 1 U 702/01, in: NZBau 2002, 576; BGH, Urteil vom 09.04.1987, Az. VII ZR 266/86, in: NJW 1987, 2742.

30 OLG Köln (Nichtannahmebeschluss des BGH vom 23.11.2006, Az. VII ZR 32/06), Urteil vom 25.01.2006, Az. 11 U 57/03, in: IBR 2007, 141; BGH, Urteil vom 09.04.1987, Az. VII ZR 266/86, in: BauR 1987, 454; Werner/Pastor, Der Bauprozess, Rn. 638, formulieren: »Auf Grund ständiger Rechtsprechung des BGH ist davon auszugehen,
- dass die Umstände, nach denen Architektenleistungen nur gegen Vergütung zu erwarten sind, der Architekt darzulegen und zu beweisen hat,
- während den Auftraggeber die Darlegungs- und Beweislast dafür trifft, dass die Leistungen gleichwohl unentgeltlich erbracht werden sollten.«

31 BGH, Urteil vom 08.06.2004, Az. X ZR 211/01, in: NZBau 2004, 498, 499 = ZfBR 2005, 243, 244 = IBR 2004, 480.

32 OLG Celle, Urteil vom 04.05.2011, Az. 14 U 167/10, in: NJW 2011, 3462, 3463.

Aspekte, die für den Umstand sprechen, dass eine Projektsteuerungsleistung **nur gegen Vergütung zu erwarten** war, sind: 1268

- **Klarstellung des Honorierungswunsches:** Wenn der Projektsteuerer in zeitlichem Zusammenhang mit dem ersten Tätigwerden deutlich macht, dass er nur gegen Honorar tätig wird, kann dies ein wichtiges Indiz dafür sein, dass die Leistung den Umständen nach nur gegen eine Vergütung zu erwarten ist.[33] Erst recht spricht für einen Honorierungswillen, wenn die Vertragsparteien zu einem späteren Zeitpunkt eine Honorarvereinbarung schließen wollten.[34] Wenn der Projektmanager indessen erklärtermaßen auf eigenes Risiko – z.B. im Rahmen der Akquisition – tätig wird, erhält er die Leistungen nicht vergütet, und zwar auch dann nicht, wenn es später zur Auftragserteilung für weitere Leistungen kommt.[35]
- **Gewicht der Leistung: Je umfangreicher** die mit Willen des Auftraggebers ausgeführten Pla- 1269
ner- bzw. Projektsteuererleistungen sind, **desto eher** wird von einem **entgeltlichen Geschäft** auszugehen sein.[36] Dabei muss allerdings ein rechtsgeschäftlicher Bindungswille beider Parteien zum Ausdruck kommen.[37] Für den Architekten beginnt – sofern die Beauftragung nicht nur bedingt erfolgt ist – die Schwelle der Entgeltlichkeit i. d. R. dort, wo er mit Willen des Bauherrn die Entwurfsplanung fertigt oder aber eine Bauvoranfrage stellt.[38] Für den Architektenvertrag liegt die Grenze zwischen Akquisition/Freundschaftsdienst einerseits und einem Rechtsbindungswillen zum Abschluss eines Vertrages vielfach zwischen der Leistungsphase 2 und 3 nach HOAI.[39] Wenn der Architekt mit Billigung des Auftraggebers Bestandspläne fertigt, Vorplanungsleistungen erbringt, eine Baukostenermittlung und Wirtschaftlichkeitsberechnungen vornimmt, dann werden derartige Leistungen üblicherweise nicht mehr unentgeltlich erbracht.[40] Im Zweifel ist nicht davon auszugehen, dass ein Projektsteuerer ähnlich werthaltige Leistungen ohne Vergütung erbringen will. Wenn der Projektsteuerer auf Wunsch des Auftraggebers wesentliche Aufgaben der Projektentwicklung klärt und in diese Fragestellungen in Kenntnis des Bauherrn erheblichen Aufwand investiert, wird i. d. R. bereits ein schlüssig zustande gekommener Projektsteuerervertrag vorliegen, der eine übliche Vergütung rechtfertigt.

33 Vgl. für den Architekten: OLG Stuttgart, Urteil vom 17.12.1996, Az. 10 U 130/96, in: BauR 1997, 681, 684.

34 OLG Düsseldorf, Urteil vom 24.05.2006, Az. 15 U 43/05, in: IBR 2006, 458.

35 BGH, Urteil vom 28.03.1985, Az. VII ZR 180/84, in: BauR 1985, 467.

36 Nach Knipp, Projektmanagement, S. 70, muss im Regelfall davon ausgegangen werden, dass die Parteien einen entgeltlichen Projektsteuerervertrag schließen wollten; richtigerweise muss jedoch auf den Einzelfall abgestellt werden: Je größer der Umfang einer Architektenleistung ist, umso eher ist davon auszugehen, der Architekt würde nur gegen Vergütung arbeiten, vgl. OLG Düsseldorf, Urteil vom 13.08.1996, Az. 22 U212/95, in: OLG-Report Düsseldorf 1998, 115 = NJW-RR 1998, 1317, 1320, Revision durch den BGH nicht angenommen, Beschluss vom 08.01.1998, Az. VII ZR 285/96; allein die Fertigung von Entwürfen oder Kostenvoranschlägen, Leistungsbeschreibungen usw. führt indessen nicht zur Annahme der Entgeltlichkeit, vgl. OLG Koblenz, Urteil vom 31.07.1997, Az. 5 U 90/97, in: MDR 1998, 343, dagegen aber OLG München, Urteil vom 11.10.1995, Az. 27 U 12/95, in: NJW-RR 1996, 341, 342.

37 OLG Koblenz, Urteil vom 05.03.2001, Az. 13 U 641/00, in: NZBau 2001, 510.

38 OLG Rostock, Urteil vom 18.04.2001, Az. 2 U 10/95, in: IBR 2002, 371; OLG Düsseldorf, Urteil vom 11.02.2000, Az. 22 U 133/99, in: NZBau 2000, 295 = IBR 2000, 440; OLG Saarbrücken, Urteil vom 10.02.1999, Az. 1 U 379/98, in: BauR 2000, 753 = IBR 2000, 331; OLG Hamm, Urteil vom 29.01.2001, Az. 17 U 181/98, in: NZBau 2001, 508 = BauR 2001, 1466 = IBR 2001, 205; OLG Celle, Urteil vom 16.03.2000, Az. 13 U132/99, in: BauR 2000, 1069; OLG Celle, Urteil vom 09.11.2000, Az. 14 U 14/00, in: IBR 2000, 592 = BauR 2001, 1135.

39 OLG Dresden, Urteil vom 16.02.2011, Az. 1 U 261/10, in: IBR 2013, 86.

40 BGH, Urteil vom 09.04.1987, Az. VII ZR 266/86, in: BauR 1987, 454; dagegen sind Vorarbeiten eines ausführenden Unternehmens (wie Zeichnungen, Kostenvoranschläge, Leistungsbeschreibung, Modelle) i. d. R. akquisitorischer Aufwand, so dass derartige Leistungen grundsätzlich keinen Vergütungsanspruch begründen können; vgl. etwa BGH, Urteil vom 12.07.1979, Az. VII ZR 154/78, in: NJW 1979, 2202; OLG Düsseldorf, Urteil vom 11.12.2001, Az. 21 U 30/01, in: BauR 2002, 658, 659; OLG Koblenz, Urteil vom 31.07.1997, Az. 5 U 90/97, in: MDR 1998, 343.

1270 – **Große Projekte und komplexe Projektumstände:** Speziell bei großen Bauvorhaben, insbesondere dann, wenn ihre Realisierung nicht gesichert ist, ist mit der Annahme einer konkludenten Vergütungsabrede Zurückhaltung zu üben.[41] Derartige Bauvorhaben erfordern im besonderen Maße organisatorische und kaufmännische Vorkehrungen, die auch der Projektsteuerer im eigenen Interesse nicht vernachlässigen darf. Speziell bei einer **noch unsicheren Projektrealisierung** kann eine konkludente Bedingung bezogen auf die Honorarvereinbarung anzunehmen sein. Der Projektsteuerer erhält trotz umfangreicher Bemühungen dann keine Vergütung, wenn schließlich die Projektrealisierung scheitert.[42] Auch bei Großprojekten ist aber die Grenze der Akquisitionstätigkeit überschritten, wenn der Auftraggeber nennenswerte Leistungen entgegennimmt und eine Abschlagsleistung anforderungsgemäß erbringt.[43]

– Nach Auffassung des OLG Düsseldorf ist bei der Übernahme einer auch nur teilweisen Betreuung eines Bauprojektes im Wert zweistelliger Millionenbeträge regelmäßig ein Rechtsbindungswille anzunehmen.[44]

1271 – **Formelle Anforderungen:** Bei der Beauftragung von Projektsteuerung durch die öffentliche Hand sind ggf. formelle Anforderungen, etwa hinsichtlich der schriftlichen Beauftragung durch hierfür bestimmte Personen zu beachten. In diesen Fällen kann der Projektsteuerer regelmäßig nicht erwarten, dass es ungeachtet der Missachtung entsprechender Verwaltungsvorschriften zu einer konkludenten Beauftragung kommt.[45]

1272 Schließen der Auftraggeber und der Projektsteuerer einen Vertrag auf Projektsteuerungsleistungen, **ohne die Vergütung** der durch den Projektsteuerer in der Vergangenheit erbrachten Leistungen **zu regeln**, spricht i. d. R. viel dafür, dass eine Vergütung für die zuvor erbrachten Leistungen nicht erwartet werden konnte und damit ein Vergütungsanspruch ausscheidet.[46] **Leistungen** des Projektsteuerers oder Architekten, die im Wege **der Akquisition** erbracht worden sind, lösen auch keine Bereicherungsansprüche aus.[47]

5.1.3 Vollauftrag oder Teilauftrag bei fehlender schriftlicher Vereinbarung

1273 Macht der Projektsteuerer geltend, ihm sei bereits ein werkvertraglicher **Vollauftrag** (Auftrag für die gesamte Dauer der Projektrealisierung) erteilt, dann obliegt es ihm, zu beweisen, dass die Parteien zum einen nicht von einem nach § 621 BGB kündbaren Dienstvertrag ausgegangen sind und zum anderen schon – von vornherein – alle anstehenden Projektsteuererarbeiten (Handlungsbereiche und Stufen) auf den Projektsteuerer übertragen wollten. Gerade Letzteres wird nach der objektiven Interessenlage der Parteien nur selten zu bejahen sein.[48] Eine **Vermutung für Vollaufträge** besteht auch im Recht der Projektsteuerung nicht.

---

41 OLG Düsseldorf, Urteil vom 29.06.1999, Az. 21 U 192/98, in: NZBau 2000, 253 = NJW-RR 2000, 19 für den Architekten.

42 Vgl. für Architektenleistungen: BGH, Urteil vom 19.02.1998, Az. VII ZR 236/96, in: BauR 1998, 579 = ZfIR 1998, 277, 279; für den Fall eines Projektes im spekulativen Bereich auch OLG Oldenburg (Revision vom BGH nicht angenommen, Beschluss vom 16.04.1998, Az. VII ZR 156/97), Urteil vom 10.04.1997, Az. 8 U 151/96, in: IBR 1998, 393.

43 So für den Architekten OLG Hamm (Nichtannahmebeschluss des BGH vom 09.01.2003, Az. VII ZR 288/01), Urteil vom 21.06.2001, Az. 24 U 100/00, in: IBR 2003, 138.

44 OLG Düsseldorf, Urteil vom 24.05.2006, Az. 15 U 43/05, in: IBR 2006, 458.

45 OLG Stuttgart, Urteil vom 15.02.2000, Az. 10 U 118/99, in: BauR 2001, 288; OLG Dresden, Urteil vom 02.12.1999, Az. 9 U 585/99, in: BauR 2001, 1769 = NZBau 2001, 505, 506 = IBR 2001, 317; OLG München, Urteil vom 10.07.2001, Az. 9 U 1979/01; dazu auch Rdn. 1303.

46 So für den Architektenvertrag BGH, Urteil vom 05.06.1997, Az. VII ZR 124/96, in: ZIP 1997, 1885, 1886.

47 OLG Celle, Beschluss vom 07.03.2011, Az. 14 U 7/11, in: IBR 2011, 341.

48 Vgl. für den Architektenvertrag, OLG Celle, Urteil vom 03.04.2003, Az. 14 U 158/02, in: IBR 2003, 313; OLG Düsseldorf, Urteil vom 11.12.2001, Az. 21 U 30/01, in: BauR 2002, 658, 659; OLG Düsseldorf, Urteil vom 11.02.2000, Az. 22 U 133/99, in: NZBau 2000, 295 = IBR 2000, 440; OLG

Nur ausnahmsweise wird festgestellt werden können, dass die Parteien schon vor endgültiger Festlegung aller Vertragsmodalitäten eine werkvertragliche Bindung für die Dauer des gesamten Projektes eingehen wollten. Im Regelfall, insbesondere dann, wenn der Projektsteuerer in Kenntnis noch fortdauernder und damit nicht abgeschlossener Vertragsverhandlungen tätig wird, und selbst dann, wenn **erste Entwürfe eines schriftlichen Projektsteuerervertrages** eine Vollbeauftragung vorsehen, wird nicht ohne weiteres davon ausgegangen werden können, dass bereits eine Vollbeauftragung zustande gekommen ist. Sofern ausnahmsweise eine konkludente Vollbeauftragung anzunehmen wäre, müsste der Projektsteuerer zusätzlich die Voraussetzungen für eine von ihm behauptete Pauschalvergütung als übliche Vergütung beweisen.[49] 1274

Auch dann, wenn eine spätere Leistungsphase beauftragt worden ist, beinhaltet dies nicht, dass auch **zeitlich vorhergehend zu erledigende Leistungsphasen** mitübertragen werden. Das gilt selbst dann, wenn diese notwendig vorangehende Entwicklungsschritte enthalten, welche der Projektmanager tatsächlich erbringt. Vertragliche Leistungen sind nur die konkret beauftragten Leistungsstufen.[50] Hinsichtlich der Leistungsphasen, für die keine Beauftragung vorliegt, kann der Projektmanager allenfalls Ansprüche wegen Geschäftsführung ohne Auftrag oder Bereicherung geltend machen. 1275

Darüber hinaus ist bei einer möglichen konkludenten Beauftragung jeweils zu prüfen, welcher Raum angesichts der konkret in Aussicht genommenen **Planer- und Unternehmereinsatzformen** für eine Projektsteuerung sinnvollerweise überhaupt verbleibt. Bei einem in Aussicht genommenen Generalunternehmer- oder Generalplanereinsatz ändert/ermäßigt sich der Leistungsumfang des Projektsteuerers. Für die Projektsteuerervergütung bei Generalplanereinsatz werden Vergütungsabschläge diskutiert, die bis 1/3 des üblichen Projektsteuererhonorars ausmachen können (Rdn. 1482).[51] Auch bei ersparten Koordinierungen auf der Bauausführungsebene, insbesondere bei Generalunternehmer- und Generalübernehmermodellen, sind Leistungsmodifizierungen und ggf. -ersparnisse und daraus resultierend auch Vergütungsabschläge zu erwarten.[52] 1276

Auch bei einer Vollbeauftragung kann der Projektsteuerer – soweit nicht vertraglich etwas anderes geregelt ist – nicht davon ausgehen, dass sein Gesamthonorar bereits endgültig über alle Projektstufen gesichert ist, wenn sich herausstellt, dass das Projekt endgültig nicht durchgeführt werden kann. Im Einzelfall kann nämlich der Vertrag so auszulegen sein, dass er bei Feststellung des **Scheiterns des Projektes** aus objektiven, vom Auftraggeber nicht zu vertretenden Gründen ohne Vergütungsansprüche für noch nicht erbrachte Teilleistungen beendet werden kann. Dabei mag dahinstehen, ob dieses Ergebnis im Rahmen einer ergänzenden Vertragsauslegung zu gewinnen ist oder ein **Kündigungsrecht aus wichtigem Grund** herangezogen werden muss.[53] 1277

München, Urteil vom 11.10.1995, Az. 27 U 12/95, in: NJW-RR 1996, 341, 343; BGH, Urteil vom 04.10.1979, Az. VII ZR 319/78, in: NJW 1980, 122; OLG Düsseldorf, Urteil vom 15.06.1982, Az. 12 U 18/82, in: BauR 1982, 597; OLG Düsseldorf, Urteil vom 23.02.1978, Az. 13 U 182/77, in: BauR 1979, 262, 263; allgemein zur Beweislast in Bezug auf umfassende Beratungsbeauftragungen, OLG Oldenburg, Urteil vom 18.07.2013, Az. 14 U 44/12, in: DStR 2014, 2094.

49 Vgl. Rdn. 1579.

50 BGH, Urteil vom 23.11.2006, Az. VII ZR 110/05, in: NZBau 2007, 180 = BauR 2007, 571 = IBR 2007, 143 = ZfBR 2007, 253.

51 Volkmann, DAB 1997, 545, 548: Eine Ersparnis von 1/4 bis 1/3 des üblichen Projektsteuererhonorars bei Einsatz eines Generalplaners; ausführlich dazu Rdn. 1480 f.

52 So auch § 214 der Honorarordnung DVP/AHO: 10 % Ersparnis auf Stufen 2 und 3 bei Generalplanereinsatz und entsprechender Reduzierung in der Stufe Ausführung bei Generalunternehmereinsatz, vgl. Rdn. 1448, 1482 f.

53 So für den Architekten bei Nichtherbeiführung der grundsätzlichen Bebaubarkeit des Grundstückes OLG Hamm, Urteil vom 21.05.1997, Az. 12 U 150/96, in: IBR 1998, 116; vgl. auch Rdn. 1267.

1278 Zu einer schlüssigen Auftragserteilung kann es auch bei Vorliegen einer **stufenweisen Beauftragung**[54] kommen. Ruft der Auftraggeber bei einer stufenweisen Beauftragung über die von ihm ausdrücklich abgerufenen Stufen weitere Projektsteuererleistungen ab, dann kann darin sowohl eine Beauftragung des Projektsteuerers mit zusätzlichen Leistungen liegen, die entsprechend den vertraglichen Regeln für zusätzliche Leistungen zu vergüten sind, als auch bereits ein Abruf der nächsten Stufe liegen. Welchen Inhalt die jeweilige Willenserklärung des Auftraggebers hat, kann nur im Rahmen einer **Auslegung** unter Berücksichtigung aller Aspekte des Einzelfalls festgestellt werden. Von einem Leistungsabruf bezüglich der weiteren Stufe wird regelmäßig nur auszugehen sein, wenn dem Auftraggeber bekannt oder ohne weiteres erkennbar war, dass die Leistungen der nächsten Stufe zuzurechnen waren. Der geheime Vorbehalt des Auftraggebers, diese weiteren Leistungen – mangels ausdrücklicher Beauftragung der nächsten Stufe – nicht bezahlen zu müssen, ist indessen unerheblich, § 116 BGB.

5.1.4 Nichterbringen übertragener Leistungen (sog. Mankohaftung)

1279 Bei der Verwendung detaillierter gegliederter Leistungsbilder (mit vielen »Spiegelstrichleistungen«) neigen Auftraggeber dazu, einen Abgleich der im Leistungsbild niedergelegten Einzelleistungen mit der tatsächlichen Leistungserbringung durch den Projektsteuerer vorzunehmen. Insbesondere dann, wenn der Auftraggeber mit den Leistungen des Projektsteuerers nicht zufrieden ist, wird er Abweichungen zum Anlass nehmen wollen, das Projektsteuererhonorar zu »mindern«. Diese Problematik ist aus dem Architektenrecht bekannt (welches durch die ohnehin nicht stets übereinstimmenden werkvertraglichen Leistungsanforderungen einerseits und die preisrechtlichen Leistungsbilder der HOAI andererseits geprägt ist). Die in diesem Zusammenhang auftretenden Problemstellungen sind rechtlich komplex und umstritten. Bei Projektsteuerungsverträgen ist auf Folgendes zu achten:

5.1.4.1 Maßgeblichkeit der Rechtsnatur des Vertrages

1280 Hat der Projektsteuerervertrag eine **dienstvertragliche Basis**, rechtfertigt die Nichterbringung von Dienstleistungen durch den Projektsteuerer auch eine Honorarreduzierung.[55] Etwas anderes kann nur gelten, wenn die Auslegung des Dienstvertrages ergibt, dass die Einzelleistungen eines Leistungsbildes nur nach Bedarf zu erbringen und im Einzelfall auch verzichtbar sind.[56] Dagegen geht der dienstvertraglich tätige Projektsteuerer seines Anspruchs auf Vergütung nicht verlustig, wenn er für eine verhältnismäßig nicht erhebliche Zeit durch einen in seiner Person liegenden Grund ohne sein Verschulden an der Dienstleistung verhindert war, § 616 Abs. 1 Satz 1 BGB.[57] Dementsprechend hat der BGH einem zeitweise krankheitsbedingt abwesenden freien Mitarbeiter/Projektingenieur nach § 616 BGB die Vergütung für die Ausfallzeit zuerkannt. Nach Auffassung des BGH sind an die Vereinbarung eines Ausschlusses des § 616 BGB bei dienstvertraglich basierten Projektverträgen strenge Anforderungen zu stellen.[58]

1281 Ist der Projektsteuerungsvertrag ein **Werkvertrag**, kommt es – wie im Einzelnen nachfolgend darzustellen sein wird – darauf an, ob die nicht erbrachte Einzelleistung eine **werkvertraglich verselbstständigte Teilleistung** darstellt. Entfällt eine solche Teilleistung, kann dem Auftraggeber ein

54 Die stufenweise Beauftragung beinhaltet i. d. R. eine Teilbeauftragung und vorvertragliche Vereinbarung über evtl. Beauftragung weiterer Leistungsphasen, vgl. OLG Naumburg, Urteil vom 31.08.2000, Az. 7 U 40/98, in: IBR 2001, 551.

55 »Ohne Arbeit kein Lohn«, vgl. hierzu Oetker, in: Staudinger, BGB, § 616, Rn. 14.

56 So Ganten, in: Festschrift für Jagenburg, S. 215, 221.

57 § 616 Abs. 1 Satz 1 ist eine Abweichung von dem aus §§ 275 Abs. 2, 323 Abs. 1 BGB folgenden Grundsatz »Ohne Arbeit kein Lohn«, vgl. Oetker, in: Staudinger, BGB, § 616, Rn. 14; vgl. auch BGH, Urteil vom 18.10.2001, Az. III ZR 265/00, in: NJW 2002, 595 für den Fall des Ausfalls einer Konzerttournee.

58 Vgl. BGH, Urteil vom 06.04.1995, Az. VII ZR 36/94, in: BauR 1995, 731 = NJW 1995, 2629 = IBR 1995, 523.

Mängelanspruch, insbesondere ein Minderungsrecht nach § 638 BGB zu stehen.[59] Etwas anderes gilt nur, wenn die Vertragsparteien explizit festgelegt haben, dass bei Nichterbringen (Weglassen) einzelner Teilleistungen die Vergütung automatisch um das darauf entfallende Honorar gemindert werden soll. Nachfolgend soll für rein werkvertraglich basierte Projektmanagement-/-steuerungsverträge untersucht werden, wie sich die Nichterbringung einzelner Leistungen auf den Vergütungsanspruch auswirken kann:

5.1.4.2 Ermittlung des maßgeblichen Leistungssolls (vorgefertigtes Leistungsbild versus projektspezifische Anforderungen)

In der Praxis kommt es nicht selten vor, dass die Parteien zu standardisierten Leistungsbildern greifen, welche nicht zu den für die konkrete Projektrealisierung erforderlichen Einzelleistungen passen. Oft werden somit Leistungsbilder komplett beauftragt ohne zu prüfen, ob wirklich alle Teilleistungen erforderlich sind, um die Projektziele zu erreichen. *Kniffka* hat auf diesen Umstand hingewiesen und deshalb gefordert, dass die Gerichte zunächst untersuchen sollten, ob die jeweilige Leistung überhaupt beauftragt worden sei. Speziell dann, wenn von vornherein feststeht, dass einzelne Grundleistungen eines Leistungsbildes aus tatsächlichen Gründen nicht notwendig seien, könne viel dafür sprechen, dass sich die Parteien von vornherein oder jedenfalls während der Vertragsdurchführung darüber einig waren bzw. werden, dass diese Leistungen nicht unter den Vertrag fallen sollten. Das gelte insbesondere, wenn der Auftraggeber von vornherein vorhabe, bestimmte Tätigkeiten im Rahmen der eigenen Projektorganisation zu erledigen.[60] 1282

Eich hat darauf hingewiesen, dass die Kataloge von Einzelleistungen in Leistungsbeschreibungen für Architekten und Ingenieure oftmals lediglich klarstellen sollen, welche Leistungen vergütungsmäßig vom Grundhonorar abgedeckt sein sollen, jedoch nicht als Leistungserbringungskataloge betrachtet werden dürfen.[61] Diesen Aspekt hat das OLG Düsseldorf für einen Projektsteuerervertrag aufgegriffen und entschieden, dass auf ein vertraglich in Bezug genommenes, umfassenderes Leistungsbild jedenfalls dann nicht mehr abgestellt werden könne, wenn die Parteien nachträglich über eine Veränderung des Projektes einig waren und aus diesem Anlass auch die Vergütung geändert hätten.[62] Für den Auftraggeber bedeutet dies, dass er allein aus dem »Abgleichen von Spiegelstrichen« eines umfangreicheren Leistungsbildes, z.B. AHO, mit der tatsächlichen Arbeit des Projektsteuerers nicht ohne weiteres einen Minderungsanspruch ableiten kann. Vielmehr ist zunächst im Wege der Auslegung festzustellen, ob nach dem gemeinsamen Parteiwillen überhaupt sämtliche Einzelleistungen (und insbesondere die weggelassenen Leistungen) des Leistungsbildes überhaupt erbracht werden sollten. Bei ausdrücklicher Bezugnahme auf ein detailliertes Leistungsbild spricht hierfür aber zunächst eine **tatsächliche Vermutung**. 1283

5.1.4.3 Leistungsphasen/zentrale Leistungen/Leistungen als selbstständige Teilerfolge

Die Frage, wie sich der Wegfall einzelner erfüllungsrelevanter Leistungen bei einem werkvertraglich basierten Projektsteuerungsvertrag auswirkt, berührt die rechtsdogmatische Frage nach der Rechtsnatur von Werkverträgen. Dabei haben sich (zum Architektenrecht) drei grundsätzliche Meinungsbilder herausgeschält: 1284

- **Lehre vom ganzheitlichen objektbezogenen Erfolg:** In mehreren älteren Entscheidungen des BGH hatte dieser bei Fehlen einzelner Leistungen darauf abgestellt, dass es dem Auftraggeber grundsätzlich gleichgültig sein könne, wie der Planer seine Arbeit verrichte. Entscheidend sei 1285

59 So auch Werner, in: Werner/Pastor, Der Bauprozess, Rn. 1929 ff.; Kniffka, BauR 1996, 775, 777 f., sowie derselbe, in: Festschrift Vygen, S. 20 f., hat zutreffend darauf hingewiesen, dass auch für das Architektenrecht insoweit kein vergütungsrechtliches, sondern ein gewährleistungsrechtliches Problem besteht.

60 Kniffka, in: Festschrift für Vygen, S. 20, 22.

61 Eich, NZBau 2001, 546.

62 Vgl. OLG Düsseldorf, Urteil vom 26.01.2001, Az. 36 U 45/2000.

allein, ob er den angestrebten objektbezogenen Erfolg (hinsichtlich des Bauwerks) herbeigeführt habe. Dementsprechend könne es nicht darauf ankommen, ob einzelne Leistungen erbracht worden seien oder nicht.[63] Eine Minderung wegen Weglassen von Einzelleistungen komme nach Fertigstellung des Bauvorhabens nicht in Betracht.

1286 – **Lehre von den zentralen oder wesentlichen Leistungen:** Nach dieser Auffassung soll der Auftraggeber berechtigt sein, die Vergütung zu kürzen, wenn entweder ganze Leistungsphasen nicht erbracht worden sind oder doch zumindest im Vergleich zur Gesamtleistung wesentliche oder zentrale Teilleistungen entfallen.[64]

1287 **Lehre vom selbstständigen Leistungserfolg:** Nach dieser Auffassung kommt es darauf an, ob einzelne Leistungen nicht erbracht worden sind, welche nach dem im Wege der Auslegung festzustellenden Parteiwillen einen selbstständigen werkvertraglichen Leistungserfolg darstellen.[65] In diesen Fällen könne nach gewährleistungsrechtlichen Grundsätzen eine Minderung des Honorars (gemäß § 634 BGB) erfolgen.[66] Auch nach dieser Auffassung soll eine überhaupt nicht erbrachte Leistungsphase auch nicht vergütet werden.[67]

1288 – **Der vergütungsrechtliche Ansatz:** Nach dieser Auffassung ist eine Kürzung des Vergütungsanspruchs möglich, wenn und soweit Leistungen ausbleiben, die nach dem Vertragswillen mit einem Vergütungsanteil bewertet sind.[68]

1289 Der **BGH** hat in seinem **Grundsatzurteil vom 24.06.2004 die Lehre vom selbständigen Leistungserfolg** aufgegriffen und die Folgen der Nichterbringung von einzelnen Leistungen ausschließlich **gewährleistungsrechtlich behandelt**. Für den Architekten hat er entschieden:

»Erbringt der Architekt eine vertraglich geschuldete Leistung teilweise nicht, dann entfällt der Honoraranspruch des Architekten ganz oder teilweise nur dann, wenn der Tatbestand einer Regelung des allgemeinen Leistungsstörungsrechts des BGB oder des werkvertraglichen Gewährleistungsrechts erfüllt ist, die den Verlust oder die Minderung der Honorarforderung als Rechtsfolge vorsieht.«

1290 Wenn der Planer einen von den Vertragsparteien im Wege der Auslegung festzustellenden selbständigen Teilerfolg seines Leistungsbildes nicht erbringt, ist sein Werk mangelhaft und die Vergütung kann gemindert werden, sofern die Voraussetzungen des § 634 BGB vorliegen.[69] Der im Wege der Auslegung zu erschließende Parteiwillen definiert im Einzelfall, welche Leistungen **eigenständige werkvertragliche Elemente** auf dem Weg zur Projektrealisierung darstellen sollen. In aller Regel kann der Begriff des Teilerfolgs gleichgesetzt werden mit dem Begriff der Teilleistung. Die Bedeutung der Teilleistung für die werkvertragliche Zielerreichung ist dabei auf der Rechtsfolgenseite (Minderung) zu berücksichtigen[70] (sodass lediglich »mitbeauftragte«, aber für das konkrete Projekt

63 Vgl. BGH, Urteil vom 11.03.1982, Az. VII ZR 128/81, in: BauR 1982, 290; BGH, Urteil vom 20.06.1966, Az. VII ZR 40/64, in: NJW 1966, 1713.

64 Vgl. OLG Naumburg, Urteil vom 01.03.2000, Az. 12 U 63/98, in: BauR 2001, 1615 = IBR 2001, 677; Urteil vom 02.12.1997, Az. 9 U 325/96, in: IBR 1999, 220.

65 OLG Köln, Urteil vom 24.11.1993, Az. 11 U 106/93, in: BauR 1994, 271; Kniffka, BauR 1996, 773, 775 f.; ders., Festschrift Vygen, S. 20.

66 Kritisch dazu Ganten, Pflichtverletzung und Beschaffenheitsvereinbarung als Kriterien einer Vergütungskürzung bei unvollständiger Architektenleistung, in: Festschrift für Jagenburg, S. 215, 220 f.

67 Vgl. Kniffka, Festschrift Vygen, S. 20, 22 m. w. N.

68 Vgl. Ganten, a. a. O., S. 215, 225 f.

69 BGH, Urteil vom 24.06.2004, Az. VII ZR 259/02, in: NZBau 2004, 509, 510 = BauR 2004, 1640, 1643 = IBR 2004, 512, 513 = NJW 2004, 2588; bestätigt durch BGH, Urteil vom 28.07.2011, Az. VII ZR 65/10, in: NJW-RR 2011, 1463, 1464; OLG Düsseldorf, Urteil vom 15.05.2008, Az. I 5 U 68/07; dazu Schwenker, DAB 2004, 48 f.; Pauly, NZBau 2006, 295 f.; Motzke, NZBau 2005, 361 f.; Brückl, NZBau 2006, 491.

70 Ausführlich Kniffka, Rolf, Vergütung für nicht erbrachte Grundleistungen – schuldrechtliche Grundlagen, Seminarskript, Fachtagung des BVS-Bundesfachbereichs am 23.01.2015, S. 18 f.

nicht relevante Leistungen ggf. keine Gewährleistungsrechte begründen können).[71] Diese Rechtsprechung ist auch auf den Projektmanagementvertrag anwendbar.[72]

Für den Fall eines vorzeitig gekündigten Projektsteuerungsvertrages hat das OLG Hamburg formuliert: 1291

»Unstreitig ist die Auftragsvergabe mit dem abgeschlossenen Generalunternehmervertrag erfolgt. Damit haben die Kl. den Erfolg der dazu führenden Abschnitte erbracht, so dass es letztlich nicht darauf ankommt, was die Kl. im Einzelnen in den einzelnen Unterabschnitten getan haben. Denn Honorarabzüge würden allenfalls dann in Betracht kommen, wenn trotz des eingetretenen Erfolges wesentliche Leistungen nicht erbracht sind oder sich durch Weglassen einzelner Leistungen die Tätigkeit insgesamt als mangelhaft erweist.«[73]

Das OLG Naumburg hat ausgeführt:[74] 1292

»Im Hinblick darauf, dass das Projektziel zwischenzeitlich erreicht ist, hat die Klägerin zu dem von ihr vertraglich geschuldeten Leistungserfolg ausreichend vorgetragen. Das pauschale Bestreiten vermag demgegenüber in Anbetracht des substantiierten Sachvorbringens der Klägerin nicht zu genügen. Da der Gesamterfolg der Fertigstellung des Gesamtvorhabens eingetreten ist, wäre es Aufgabe des Beklagten gewesen, sein Bestreiten zu substantiieren und im Einzelnen darzulegen, welche wesentlichen Leistungsteile die Klägerin erbracht hat und inwiefern sich dies auf die Gesamtleistung ausgewirkt habe. Da der Enderfolg eingetreten ist, kann es nur dann darauf ankommen, was die Klägerin in den Unterabschnitten getan hat, wenn trotz des eingetretenen Erfolges wesentliche Leistungen nicht erbracht worden sind oder sich durch Weglassen einzelner Leistungen die Tätigkeit insgesamt als mangelhaft erweisen würde. Wird eine vertraglich geschuldete Leistung nämlich teilweise nicht erbracht, so entfällt der Honoraranspruch entsprechend dem Rechtsgedanken des § 649 S. 2 BGB nur dann, wenn der Tatbestand einer Regelung des allgemeinen Leistungsstörungsrechts des BGB oder des werkvertraglichen Gewährleistungsrechts erfüllt ist, die den Verlust oder die Minderung vorsieht.«

Das OLG Düsseldorf und das OLG Frankfurt haben für Fälle vorzeitig gekündigter Projektsteuerverträge entsprechend entschieden (vgl. Rdn. 1870).

Einzelleistungen, die im Projektmanagementleistungsbild enthalten sind, sich jedoch nach dem 1293
konkreten Projektzuschnitt oder aber nach der Entwicklung der einzelnen Projektprozesse **nicht als für die Realisierung relevant erweisen**, berechtigen daher nicht zur Minderung. Wenn aufgrund des Entwicklungsstandes des Projektes oder Entscheidungen des Auftraggebers bestimmte Entscheidungen, Alternativen oder Optimierungen nicht mehr in Betracht kommen, kann ihr Fehlen keine Grundlage für eine Honorarminderung begründen.[75] Im Zweifel aber – so der BGH – begründet eine **leistungsphasenorientierte vertragliche Vereinbarung** die Vermutung, dass der Planer (hier Projektmanager) die vereinbarten Arbeitsschritte als Teilerfolg des geschuldeten Gesamterfolges schulde.[76]

In diesem Zusammenhang kommt auch der Art der **Leistungsbeschreibung** ein nicht unerhebli- 1294
ches Gewicht zu:

- Ist ein Projektsteuerungsvertrag ohne detailliertes Leistungsbild (»Spiegelstrichaufzählung«) geschlossen worden, etwa in der Form, dass er vornehmlich **funktionale Zielvorgaben** enthält, dann ist nur auf diese konkreten Funktionalziele und deren Erreichen abzustellen. Die Parteien haben dann bewusst darauf verzichtet, die Arbeitsmethodik und auch erzielbare/notwendige Zwischenergebnisse auf dem Weg zum Projekterfolg zu definieren. In einem solchen Fall kann der

71 Vgl. OLG Düsseldorf, Urteil vom 23.01.2007, Az. 23 U 115/06, in: BauR 2007, 1767, 1770

72 Vgl. etwa OLG Hamm, Urteil vom 15.08.2006, Az. 24 U 125/05, in: BauR 2008, 2062 ff. Nichtzulassungsbeschwerde vom BGH zurückgewiesen, Beschluss vom 13.03.2008, Az. VII ZR 208/06, siehe auch IBR 2008, 402; OLG Hamburg, Urteil vom 03.09.2002, Az. 9 U 8/02, in: NZBau 2003, 686.

73 Vgl. OLG Hamburg, Urteil vom 03.09.2002, Az. 9 U 8/02, in: NZBau 2003, 686 = IBR 2003, 487.

74 OLG Naumburg (Dreso I), Urteil vom 14.03.2008, Az. 10 U 64/07, in: BauR 2009, 1171 ff.

75 Vgl. dazu auch Motzke, NZBau 2005, S. 361, 365.

76 BGH, Urteil vom 24.06.2004, Az. VII ZR 259/02, in: NZBau 2004, 509, 510 = BauR 2004, 1640, 1643 = IBR 2004, 512, 513; dazu Schwenker, DAB 2004, 48 f.; Pauly, NZBau 2006, 295 f.; Motzke, NZBau 2005, 361 f.

Auftraggeber von vornherein nicht einwenden, der Projektsteuerer habe bestimmte (ggf. typische) Einzelleistungen eines Projektsteuerers nicht abgearbeitet.

– Differenzierter stellt sich das Bild schon dann dar, wenn die Parteien **phasengegliederte Leistungsbilder** abgestimmt und dem Vertrag zugrunde gelegt haben. Nach der vorgenannten Rechtsprechung des BGH ist nicht zweifelhaft, dass bei Wegfall einer ganzen Leistungsphase, die typischerweise einen erfolgsorientierten Teilerfolg definiert, eine anteilige Honorarminderung vorzunehmen ist.[77]
  Im Einzelfall kann aus dem Umstand, dass am Ende jeder geschuldeten Leistungsphase/Projektstufe von den Parteien ein zu erreichender vertraglicher Leistungserfolg festgelegt worden ist, gefolgert werden, dass die einzelnen Spiegelstrich-Leistungen eines Projektsteuerungsleistungsbildes keine selbständigen Teilerfolge darstellen.[78]
– Auch **innerhalb einer Leistungsphase** können Einzelleistungen vereinbart sein, denen die Vertragsparteien einen selbstständigen Leistungserfolg zugeordnet haben. Entgegen einer früheren Entscheidung des OLG Düsseldorf zu Projektsteuerungsverträgen ist eine Minderung nicht bereits ausgeschlossen, wenn eine Tätigkeit des Projektsteuerers stattgefunden hat und das Leistungsbild der jeweiligen Phase erreicht worden ist.[79] Zumindest bei solchen Einzelleistungen, die nach der Interessenlage der Parteien wichtige Bausteine auf dem Weg zum Projekterfolg darstellen, ist ein eigenständiger werkvertraglicher Charakter anzurechnen. Wenn derartige Leistungen einfach nicht erbracht werden, kann der Auftraggeber die Leistung mindern. Zum Architektenrecht besteht die inzwischen gefestigte Rechtsprechung, dass die Nichterledigung vertraglich abgeforderter **Kostenermittlungen** zu einer entsprechenden Vergütungsreduzierung führt.[80] Dasselbe gilt für gewichtige Teilleistungen aus dem Bereich der **Terminplanung**. Nicht zuletzt kommt eine Mankohaftung auch bei nicht ordnungsgemäßen Controllinghandlungen wie einer nicht ausreichenden Überwachung von Baukosten bzw. unzureichenden Informationspflicht zur Kostenentwicklung in Betracht.

In einer jüngeren Entscheidung hat der BGH darauf hingewiesen, dass gemäß dem mit der Schuldrechtsmodernisierung eingefügten § 633 Abs. 2 Satz 3, 2. Alternative BGB eine in zu geringer Menge erbrachte Leistung einem mangelhaften Werk gleichsteht und allein die zu geringe Menge der erbrachten Leistungen eine Minderung rechtfertigen kann.[81]

1295 Wenn der geschuldete relevante Teilerfolg nicht erbracht wird, wird die Sachleistung mithin in der Regel mangelhaft sein. Der Auftraggeber kann dann unter den Voraussetzungen des § 634 BGB das Honorar für die entsprechende Leistungsphase/Projektstufe mindern. Eine Honorarminderung setzt deshalb in aller Regel eine vorherige Nachfristsetzung durch den Auftraggeber voraus, insb. in Fällen, in denen er eine Ersatzvornahme durchführt. OLG Brandenburg, Urteil vom 13.03.2014 Az. 12 U 136/13 IBR 2014, 4a. Eine Fristsetzung mit Ablehnungsandrohung ist ausnahmsweise entbehrlich, wenn die Einzelleistung von vornherein nicht mehr nachgeholt oder nicht mehr zuverlässig erstellt werden konnte.[82]

77 BGH, Urteil vom 24.06.2004, Az. VII ZR 259/02, in: NZBau 2004, 509, 510 = BauR 2004, 1640, 1643 = IBR 2004, 512, 513; dazu Schwenker, DAB 2004, 48 f.; Pauly, NZBau 2006, 295 f.; Motzke, NZBau 2005, 361 f.; Meissner, in: Festschrift für Klaus Vygen, S. 43.

78 LG Köln, Urteil vom 18.02.2011, Az. 32 O 113/09, in: IBR 2011, 344.

79 Vgl. OLG Düsseldorf, Urteil vom 16.04.1999, Az. 22 U 174/98, in: NJW 1999, 3129.

80 BGH, Urteil vom 11.11.2004, Az. VII ZR 128/03, in: NZBau 2005, 158 = BauR 2005, 400 = ZfBR 2005, 178 = IBR 2005, 96; OLG Hamm, Urteil vom 24.01.2006, Az. 21 U 139/01, in: NZBau 2006, 584 = BauR 2006, 1766 = IBR 2006, 506; OLG Braunschweig, BauR 2003, 1066, 1067 = IBR 2003, 425, Revision vom BGH nicht zugelassen, Beschluss vom 19.12.2002, Az. VII ZR 101/02, in: NZBau 2003, 218 = BauR 2003, 573; OLG Düsseldorf, Urteil vom 17.06.1999, Az. 5 U 225/98, in: BauR 2000, 290 = IBR 2000, 233; Kniffka, BauR 1996, 773, 778 f.

81 BGH, Urteil vom 06.06.2013, Az. VII 355/12, in: VersR 2014, 472, 474.

82 BGH, Urteil vom 28.07.2011, Az. VII ZR 65/10, in: NJW-RR 2011, 1463, 1464; dazu Schwenker, Deutsches Architektenblatt, 2006, 47.

Für die Berechnung der Gewährleistungsansprüche, insbesondere der Minderung, gelten die allgemeinen Grundsätze.[83] Der BGH hat für den Fall einer in zu geringer Menge erbrachten Leistung und einem daraus abgeleiteten Minderungsrecht entschieden: 1296

> »Der Senat weist darauf hin, dass die Minderung, soweit erforderlich, durch Schätzung zu ermitteln ist (§§ 638 Abs. 3 Satz 2 BGB, 287 Abs. 2 ZPO). Ausgehend davon, dass der Wert der vereinbarten Leistung dem wirklichen Wert entspricht, bestimmt sich die Minderung nach dem Wert des nicht erbrachten Teils. Im vorliegenden Fall bietet es sich an, nicht erbrachte Teilleistungen im Ausgangspunkt nach Maßgabe des **offengelegten Preisgefüges des Vertrages** zu bewerten.«[84]

Insoweit gelten die allgemeinen gewährleistungsrechtlichen Grundsätze. Im Zweifel wird auf das Gewicht der vertragswidrig nicht erbrachten Leistungen im Verhältnis zur Gesamtleistung abzustellen sein.[85] Bei der **Bewertung der entfallenden Einzelleistungen** kann grundsätzlich an die veröffentlichten **Teilleistungs-** oder **Wägungstabellen**[86] angeknüpft werden. Diese ermöglichen eine Aufgliederung der Gesamtvergütung in Vergütungsteile, die den Einzelleistungen des jeweiligen Leistungsbildes entsprechen.[87] Soweit diese im Einzelfall keine passgenaue Aufgliederung vorsehen, kann jedoch eine eigenständige erfolgsbezogene Neubewertung erforderlich sein, bei der das Leistungsbild zunächst um die nicht erforderlichen/geschuldeten Einzelleistungen (vgl. Ziff. 5.6.3.2) bereinigt werden muss und die Vergütungsanteile auf die übrigen – verbleibenden – Einzelleistungen angemessen verteilt werden müssen.[88]

Auch bei einem Pauschalvertrag besteht in aller Regel ein Zusammenhang zwischen pauschaler Vergütung und Leistungsversprechen. Das OLG Celle hat dies so zum Ausdruck gebracht:[89] 1297

> *»Die Auffassung eines Gerichts, aus dem Begriff »pauschal« in einem Baubetreuungsvertrag für Projektmanagement sei zu folgern, dem Unternehmer solle ein Honorar versprochen werden, unabhängig davon, ob er eine Leistung erbringe oder nicht, stellt eine grob fehlerhafte Behandlung von Parteivorbringen dar, das die Aufhebung des Urteils und Zurückverweisung rechtfertigt.«*

Immer ist zu beachten, dass sich der Wegfall einer Teilleistung eines Leistungsbildes nicht in Vergütungsminderungen nach der sogenannten Mankohaftung beschränken muss. Vielmehr kann die Nichterbringung von Einzelleistungen (das Weglassen einzelner Leistungen) auch zu **Schadensersatzansprüchen** führen, etwa im Falle der Nichtbearbeitung von Kostenermittlungen.[90] 1298

5.2 Preisrecht der HOAI

5.2.1 Regelungen zur Projektsteuerung im vormaligen § 31 HOAI a.F.

Der mit der Einführung der HOAI in Kraft getretene, aber mit der 6. HOAI-Novelle (2009) aufgehobene § 31 Abs. 2 HOAI a.F. lautete: 1299

> *»Honorare für Leistungen bei der Projektsteuerung dürfen nur berechnet werden, wenn sie bei Auftragserteilung schriftlich vereinbart worden sind; sie können frei vereinbart werden.«*

Der historische **Verordnungsgeber wollte** angesichts fehlender repräsentativer Erkenntnisse über eine angemessene Honorierung der Projektsteuererleistungen **keine detaillierten preisrechtlichen Bestimmungen** zur Höhe des zugrunde zu legenden Honorars **vorgeben**. Er beschied sich 1300

83 Vgl. etwa Pauly, NZBau 2006, 295, 299.
84 BGH, Urteil vom 06.06.2013, Az. VII ZR 355/12, in: VersR 2014, 472, 474.
85 Vgl. etwa Pauly, NZBau 2006, 295, 299.
86 Vgl. dazu Rdn. 1294; so auch OLG Hamm, Urteil vom 12.05.2006, Az. 12 U 44/05, in: BauR 2007, 1773; OLG Karlsruhe, Urteil vom 24.05.2006, Az. 9 U 113/05, in: BauR 2007, 1770.
87 Kritisch hierzu etwa Pauly, NZBau 2006, 295, 299.
88 Eich, NZBau 2001, 546, 547.
89 OLG Celle, Urteil vom 07.12.2011, Az. 14 U 130/11, in: MDR 2012, 77.
90 BGH, Urteil vom 09.03.2006, Az. VII ZR 268/04, in: NZBau 2006, 383.

damit, eine schriftliche Honorarvereinbarung einzufordern. Hiernach war die bei Auftragserteilung gewahrte Schriftform Wirksamkeitserfordernis für Vergütungsansprüche des Projektsteuerers.[91]

1301 Diese **Formvorschrift** in § 31 Abs. 2 HOAI a.F. führte in der Vergangenheit **zu erheblichen Härten**, insbesondere in Fällen, in denen bei Auftragserteilung lediglich eine mündliche Honorarvereinbarung getroffen worden war. Sie wurde alsbald wegen fehlender Ermächtigungsgrundlage und nicht ausreichender verfassungsrechtlicher Legitimation kritisiert.[92]

1302 Die in **§ 31 Abs. 2 HOAI** a.F. niedergelegten formalen Wirksamkeitserfordernisse für Honorarvereinbarungen sind schließlich im Jahre 1997 **vom BGH für nichtig erklärt** worden. In seiner Leitentscheidung vom 9.1.1997 hat der BGH ausgeführt:

»Die in § 31 Abs. 2 HOAI für Projektsteuererleistungen angesprochene Rechtsfolge, dass sie keiner Preisregulierung unterliegen, enthält keine Regelung im Sinne der Ermächtigungsnorm. Sie gibt nur wieder, was für Werk- und Dienstleistungen allgemein gilt. Nach dem bürgerlichen Recht können die Entgelte für Werk- und Dienstleistungen nach dem Grundsatz der im Übrigen auch verfassungsrechtlich geschützten Vertragsfreiheit ›frei vereinbart‹ werden. § 31 Abs. 2 HOAI enthält insoweit nichts anderes. Anders als nach dem BGB führt § 31 Abs. 2 HOAI zusätzliche Anforderungen für eine sonst privatrechtlich freie Vertragsgestaltung ein. Das ist von der Ermächtigung nicht gedeckt, weil es keine preisrechtliche Funktion hat.

Mangels gesetzlicher Ermächtigungen sind somit die Tatbestandselemente ›schriftlich‹ und ›bei Auftragserteilung‹ nichtig, wobei es hier nicht darauf ankommt, ob der Verordnungsgeber überhaupt zu Regelungen befugt war, die nicht ›Leistungen von Architekten und Ingenieuren‹ (in der Terminologie der HOAI ›Auftragnehmer‹), sondern definitionsgemäß solche von ›Auftraggebern‹ erfassen.

Die Vereinbarung über die Honorierung der Projektsteuerungsleistungen der Klägerin musste somit nicht ›schriftlich bei Auftragserteilung‹ getroffen werden, die Parteien konnten sich vielmehr jederzeit über das Honorar einigen und auch ändernde Vereinbarungen treffen.«[93]

1303 Nach dieser Rechtsprechung konnten die Parteien schon während der Geltung des § 31 HOAI a.F. die **Vergütung** für Projektsteuerungsleistungen **frei und formlos vereinbaren**. § 31 HOAI a.F. hat dementsprechend schon früh einen Teil seiner Bedeutung verloren.[94]

1304 Nachdem der BGH seine Auffassung bestätigt hatte, wonach der Projektsteuerer keine der für Architekten und Ingenieure in der HOAI beschriebenen Aufgaben erbringe und dementsprechend auch die allgemeinen Honorarvorschriften der HOAI auf die Projektsteuerung nicht zur Anwendung gelangen sollen,[95] diente die Vorschrift des § 31 HOAI a.F. im Wesentlichen noch dazu, die dem Preisrecht nicht unterliegenden Projektsteuerungsleistungen zu definieren und diese somit aus dem Anwendungsbereich der preisrechtlich gebundenen Architekten- und Ingenieurleistungen des Teils II der HOAI **auszugrenzen**.[96]

1305 § 31 HOAI a.F. ist bereits mit der HOAI-Novelle 2009 ersatzlos aufgehoben worden. Die Vorschrift des § 31 HOAI a.F. hatte schon während ihrer Geltungsdauer weder für den Vertragsschluss noch

91 Vgl. in diesem Sinne noch Locher/Koeble/Frik, HOAI, 4. Auflage, 1985, § 31, Rn. 20 m. w. N.

92 Vgl. Jochem, HOAI, 4. Auflage, 1998, § 31, Rn. 12; Seifert, in: Korbion/Mantscheff/Vygen, HOAI, 7. Auflage, 2009, § 31, Rn. 11; Neuenfeld, BauR 1998, 458, 460; vgl. auch Quack, BauR 1995, 27 ff.; Kämmerer, BauR 1996, 162 ff., der die erhobene Kritik weitgehend zurückweist.

93 Vgl. BGH, Urteil vom 09.01.1997, Az. VII ZR 48/96, in: BauR 1997, 497, 499 = NJW 1997, 1694 = ZfBR 1997, 187 = IBR 1997, 245 (Weyer); zustimmend Neuenfeld, BauR 1998, 458, 460; sehr ausführlich und zustimmend auch Zöpfl, Rechtsnatur und Rechtsprobleme des Projektsteuerungsvertrages, S. 60 f.

94 BGH, Urteil vom 09.01.1997, Az. VII ZR 48/96, in: EWiR 1997, 413 f. mit Anmerkung Wenner; zu den Folgen dieser Entscheidung auch Barth, ZfIR 1997, 712 ff.

95 BGH, Beschluss vom 25.01.2007, Az. VII ZR 112/06, in: NZBau 2007, 315 = BauR 2007, 724 = ZfBR 2007, 338 = IBR 2007, 207; dazu auch Baldringer, NZBau 2007, 421.

96 BGH, Urteil vom 09.01.1997, Az. VII ZR 48/96, in: BauR 1997, 497, 499 = NJW 1997, 1694 = ZfBR 1997, 187; so auch OLG Nürnberg, Urteil vom 28.09.2000, Az. 13 U 2401/00, in: NZBau 2001, 337.

für die Bestimmung des Leistungsinhaltes eines Projektsteuerungsvertrages eine Leitbildfunktion entfaltet.[97] Heute hat sie allenfalls noch rechtshistorische Bedeutung.

5.2.2 Anwendung allgemeiner Honorarvorschriften der HOAI auf die Projektsteuerung

Da die Vertragsparteien die Vergütung für die Projektmanagement- und/oder Projektsteuerungsleistungen der Höhe nach frei vereinbaren können, sind sie auch **nicht an bestimmte Honorarfestsetzungsschemata gebunden**. Eine bestimmte Relation zu den anrechenbaren Kosten oder zu den Honoraren für Leistungen des § 34 HOAI muss nicht gegeben sein.[98] Die Vereinbarung von Pauschalhonoraren für Projektsteuerungsleistungen ist uneingeschränkt zulässig.[99] Auch vereinbarte **Erfolgshonorare** sind wirksam.[100] 1306

Wegen der vormaligen Regelung von Projektsteuerungsleistungen in § 31 HOAI a.F. hatte sich die 1307 Frage ergeben, ob nicht zumindest die allgemeinen Honorarvorschriften der HOAI (wie z.B. die früheren §§ 6 bis 9 HOAI (2009) bzw. aktuell § 14 ff. HOAI (2013)), auch für die Projektsteuerung im Bauwesen anzuwenden sind. Nach § 1 HOAI gelten die allgemeinen Bestimmungen der HOAI für alle Leistungen, die durch die Leistungsbilder oder andere Bestimmungen der Verordnung erfasst werden. Der BGH hatte allerdings bereits in seiner Entscheidung vom 09.01.1997 Zweifel geäußert, ob Leistungen der Projektsteuerer »definitionsgemäß solche von Auftraggebern seien« und nicht etwa »Leistungen von Architekten und Ingenieuren«.[101] Die Begründung für die vom BGH geäußerten Zweifel knüpften gedanklich an die überholte Differenzierung von sog. delegierbaren und nicht delegierbaren Auftraggeberfunktionen an.[102] Da es einen allgemeingültigen Grad der Auftraggeberdelegation bei der Bearbeitung von Projekten nicht gibt und dementsprechend auch Leistungen der Projektsteuerung ohne weiteres delegiert werden können, erschienen die vom BGH geäußerten Zweifel fragwürdig. In der Literatur wurde daher angenommen, dass zumindest die allgemeinen Honorarvorschriften der HOAI, insbesondere der frühere § 8 HOAI (2009) – entspricht dem derzeitigen § 15 HOAI (2013) – zur Fälligkeit der Vergütung, auch auf Projektsteuerungsleistungen anwendbar seien.[103] Der BGH hat jedoch seine Rechtsprechungslinie fortgesetzt und entschieden, dass die Preisvorschriften der **HOAI nur auf Personen anwendbar** seien, die **Architekten- und Ingenieuraufgaben** erbringen, welche in der HOAI beschrieben sind. Das sei bei den zu beurteilenden **Projektsteuerungsleistungen nach AHO nicht der Fall**. Dementsprechend könnten auch die allgemeinen Honorarvorschriften und insbesondere der damalige § 8 HOAI (2009) – entspricht § 15 HOAI (2013) – auf Projektsteuerungsverträge nicht angewandt werden.[104] Somit ist davon auszugehen, dass sich ein Projektmanager/Projektsteuerer bei seiner Honorarabrechnung nicht auf die allgemeinen Vorschriften der HOAI, wie z.B. derzeit §§ 14 bis 16 HOAI (2013) stützen kann.

Nach Auffassung des BGH ist die Prüffähigkeit der Schlussrechnung keine Fälligkeitsvoraussetzung 1308 für die Honorarforderung eines Projektsteuerers. Dennoch müsse der Auftraggeber in die Lage

97 Dazu zutreffend Motzke/Wolff, Praxis der HOAI, S. 478.

98 So Locher, Rechtliche Grundlagen und Einordnung des Projektsteuerers, S. 7; Locher/Koeble/Frik, HOAI, Einleitung, Rn. 437; zustimmend auch Möllers, a. a. O., Rn. 135.

99 OLG Hamm, Urteil vom 15.08.2006, Az. 24 U 125/05, in: BauR 2008, 2061 Revision vom BGH nicht angenommen, Beschluss vom 13.03.2008, Az. 24 U 125/05, dazu auch IBR 2008, 402.

100 BGH, Urteil vom 07.12.2006, Az. VII ZR 290/04, in: NJW 2007, 842, 843 = BauR 2007, 576, 577 = IBR 2007, 140.

101 Vgl. BGH, Urteil vom 09.01.1997, Az. VII ZR 48/96, in: BauR 1997, 497, 499 = NJW 1997, 1694 = ZfBR 1997, 187.

102 Vgl. dazu Rdn. 234.

103 So die Vorauflage zu Rn. 838; auch Werner/Pastor, Der Bauprozess, 11. Aufl., Rn. 1430.

104 Vgl. BGH Beschluss vom 25.01.2007, Az. VII ZR 112/06, in: NZBau 2007, 315 = BauR 2007, 724 = ZfBR 2007, 335 = IBR 2007, 207;; zustimmend auch Baldringer, NZBau 2007, 421, 422.

versetzt werden, die in der **Schlussrechnung** vorgenommene Berechnung zu überprüfen. Ohne eine diesen Anforderungen genügende Abrechnung kann eine Honorarforderung grundsätzlich nicht hinreichend substantiiert geltend gemacht werden.[105]

5.2.3 Die Vergütung von durch den Projektsteuerer miterbrachten Architekten- oder Ingenieurleistungen

5.2.3.1 Einführung

1309 Von der Frage, ob **Preisvorschriften der HOAI generell auf Projektsteuerungsleistungen anwendbar** sind, ist die Frage zu trennen, ob dann, wenn ein Projektsteuerer einzelne Leistungen aus den Leistungskatalogen der HOAI mitübernimmt, dies zur Anwendung der HOAI auf Leistungen eines Projektsteuerungsvertrages führt.

1310 Die – vormals in § 31 HOAI a.F. geregelte – **Ausgrenzung der Projektsteuerungsleistungen** aus dem Anwendungsbereich des zwingenden Preisrechtes galt unabhängig davon, ob Projektsteuerungsleistungen isoliert an hierauf spezialisierte Projektsteuerungsunternehmen vergeben werden oder additiv an mit Architekten- und/oder Ingenieurleistungen beauftragte Büros.[106]

1311 Spiegelbildlich unterliegt allerdings der **Projektsteuerer** dem zwingenden Preisrecht der HOAI, wenn er **Leistungen miterledigt, die den Grundleistungsbildern der HOAI entsprechen**. Dabei ist unerheblich, ob der als Projektsteuerer tätige Berufsträger Architekt oder Ingenieur ist. Denn die HOAI ist keine berufsständische Vergütungsregelung. Ihr Anwendungsbereich ist vielmehr leistungsbezogen zu bestimmen. Entscheidend ist, dass eine Leistung ausgeführt wird, die in den Grundleistungsbildern der HOAI angesprochen ist.[107] Auf die Rechtsnatur der übertragenen Leistungen als Dienst- oder Werkleistungen kommt es für die Anwendung des Preisrechts der HOAI ebenfalls nicht an.[108]

1312 Für die Praxis sehr bedeutsam ist die Frage, ob bereits die **Übernahme** von **einzelnen Leistungen** aus dem Anwendungsbereich des zwingenden Preisrechtes dazu führt, dass für diese **Teile der Projektsteuererleistung die HOAI maßgeblich** ist, zumal die Abgrenzung zwischen Projektsteuerungsleistungen und Architekten- und Ingenieurleistungen nach Maßgabe der HOAI im Einzelfall schwierig ist.[109]

1313 Eine abstrakt/begriffliche **Abgrenzung** zwischen den einzelnen Leistungsarten ist schon deshalb nicht möglich, weil durchaus einzelne, in den in der Praxis verwendeten Leistungskatalogen der Projektsteuerungsunternehmen enthaltenen Leistungen mit Teilleistungen aus den Bereichen der

105 BGH, a. a. O.

106 Vgl. BGH, Urteil vom 09.01.1997, Az. VII ZR 48/96, in: BauR 1997, 497, 499: »Sinn des § 31 HOAI ist es erkennbar, Projektsteuerungsleistungen aus dem Anwendungsbereich vor allem von Teil II HOAI auszunehmen. Dieser Regelungszweck ist sachlich davon unabhängig, ob Projektsteuerungsleistungen isoliert oder i. V. m. Architektenleistungen i. S. beispielsweise von Teil II vereinbart werden. Aus der Amtlichen Begründung zur Verordnung ist nicht zu entnehmen, dass Projektsteuerungsleistungen nur erfasst werden, wenn sie Annex zu anderen Architektenleistungen sind.«; zustimmend OLG Nürnberg, Urteil vom 28.09.2000, Az. 13 U 2401/00, in: NZBau 2001, 337, 338 = BauR 2001, 438.

107 Heute herrschende Auffassung: BGH, Urteil vom 22.05.1997, Az. VII ZR 290/95, in: BauR 1997, 677 ff. OLG Nürnberg, Urteil vom 28.09.2000, Az. 13 U 2401/00, in: NZBau 2001, 337, 338 = BauR 2001, 438; OLG Düsseldorf, Urteil vom 05.02.1993, Az. 22 U 235/92, in: BauR 1993, 630; OLG Frankfurt, Urteil vom 04.11.1992, Az. 21 U 103/91, in: NJW-RR 1993, 1305; dazu auch Frey, BauR 1998, 815 ff.; vgl. zur generellen Ausklammerung fremder Leistungen OLG Köln, Urteil vom 18.01.2000, Az. 22 U 152/99, in: NZBau 2000, 298, 299.

108 Vgl. BGH, Urteil vom 18.05.2000, Az. VII ZR 69/99, in: BauR 2000, 1511, 1513 = WM 2000, 1803, 1804.

109 Vgl. BGH, Urteil vom 13.09.2001, Az. VII ZR 380/00, in: WM 2001, 2076, 2077; vgl. auch Rdn. 191.

Objektplanung deckungsgleich sind.[110] Schon bei der Konzeption des § 31 HOAI a.F. war dem Verordnungsgeber klar, dass es zu Überschneidungen kommen konnte. Die Problematik hatte sich bereits mit der Anerkennung einer durchgehenden Verpflichtung des Architekten zur Kostenkontrolle ab der 5. HOAI-Novelle ergeben und stellt sich nach der mit der 7. HOAI-Novelle (2013) erfolgten deutlichen Leistungserweiterung der HOAI-Leistungskataloge in Bezug auf Koordinierungs- sowie Kosten- und Terminsteuerungsmaßnahmen in verschärfter Form (dazu Rdn. 1320).[111]

5.2.3.2 Leistungen von Kumulativanbietern und Projektsteuerern

Der BGH hat bereits entschieden, dass sich die HOAI nicht auf solche Anbieter erstreckt, die **neben oder zusammen mit Bauleistungen** auch Architekten- und Ingenieurleistungen erbringen sollen. Das gilt insbesondere für **Bauträger** und andere **Anbieter kompletter Bauleistungen** (u. a. Generalunternehmer), die die dazu erforderlichen Ingenieur- oder Architektenleistungen mit anbieten.[112] Die HOAI gilt insbesondere nicht für einen Generalübernehmer, der Architekten- oder Ingenieurleistungen erbringt.[113] In Fortführung seiner Rechtsprechung zu entsprechenden Anbietern von Komplettleistungen hat der BGH inzwischen entschieden, dass die HOAI nicht auf Leistungen der **Projektentwicklung** oder auch der **Baubetreuung** anwendbar sei. Die HOAI gelte zwar für alle natürlichen und juristischen Personen, die die in der HOAI beschriebenen Aufgaben bearbeiteten, sie gelte jedoch nicht für Anbieter, die neben oder zusammen mit anderen Leistungen, beispielsweise Bauleistungen, auch Architekten- und Ingenieurleistungen ausführten. Sei der Vertragsgegenstand im **Schwerpunkt eine Projektentwicklung**, gelte nichts anderes:[114] 1314

»Der vom Kl. geschuldete Erfolg erfordert, wie die nicht abschließende Aufzählung der nach der Vorstellung der Vertragsparteien wichtigsten Leistungselemente in den Verträgen zeigt, neben typischen Architektenleistungen eine Reihe von Leistungen, die nicht von den Leistungsbildern der HOAI erfasst werden. Diese Leistungen stehen ersichtlich ganz im Vordergrund und prägen den Gesamtcharakter des Vertrages.«[115] 1315

In einer weiteren Entscheidung hat das OLG Düsseldorf diesen Ansatz präzisiert und ausgeführt:

»Dies steht damit im Einklang, dass die HOAI nicht ohne weiteres für Tätigkeiten (auch von Architekten) in Zusammenhang mit der hier von der Kl. beabsichtigten Projektentwicklung gilt (es folgen Nachweise). Dies gilt auch für den Fall, dass einzelne – nach den Vereinbarungen und Umständen im Gesamtzusammenhang untergeordnete Tätigkeiten – Teilleistungen aus einem Leistungsbild der HOAI enthalten mögen.«[116] 1316

---

110 OLG Hamm, Urteil vom 15.08.2006, Az. 24 U 125/05, in: IBR 2008, 336; vgl. auch Rdn. 191.

111 Vgl. dazu Rdn. 766.

112 BGH, Urteil vom 22.05.1997, Az. VII ZR 290/95, in: BauR 1997, 677, 679; dazu auch Kapellmann/Schiffers, Vergütung, Nachträge und Behinderungsfolgen beim Bauvertrag, Band 2, Rn. 473; die HOAI bleibt jedoch anwendbar, wenn ein Generalunternehmer ohne gleichzeitigen Abschluss eines Bauvertrages Architektenleistungen erbringt, vgl. OLG Jena, Urteil vom 21.05.2002, Az. 3 U 28/02, in: BauR 2002, 1724, 1725.

113 OLG Frankfurt, Urteil vom 13.03.2012, Az. 5 U 116/10, in: IBR 2013, 218.

114 BGH, Urteil vom 04.12.1997, Az. VII ZR 177/96, in: BauR 1998, 193 = ZfBR 1998, 94 = IBR 1998, 64 m. Anm. v. Weyer (Projektentwicklung); Urteil vom 22.05.1997, Az. VII ZR 290/95, in: BauR 1997, 677 = NJW 1977, 2329 = IBR 1997, 286 (Baubetreuung); so auch OLG Nürnberg, Urteil vom 28.09.2000, Az. 13 U 2401/00, in: NZBau 2001, 337, 338 = BauR 2001, 438; OLG Düsseldorf, Urteil vom 01.09.1999, Az. 5 U 267/98, in: NZBau 2000, 85, 86; OLG Köln, Urteil vom 10.12.1999, Az. 19 U 19/99, in: NZBau 2000, 205 = BauR 2000, 910 für den Fall, dass der Vertrag im Planungsstadium stecken bleibt.

115 BGH, Urteil vom 04.12.1997, Az. VII ZR 177/96, in: BauR 1998, 193 = ZfBR 1998, 94 = IBR 1998, 64 m. Anm. v. Weyer; so auch OLG Nürnberg, Urteil vom 28.09.2000, Az. 13 U 2401/00, in: NZBau 2001, 337, 338 = BauR 2001, 438; OLG Düsseldorf, Urteil vom 01.09.1999, Az. 5 U 267/98, in: NZBau 2000, 85, 86 = BauR 1999, 1477.

116 OLG Düsseldorf, Urteil vom 22.11.2013, Az. I 22 U 57/13, in: NZBau 2014, 298.

1317 Diese Entscheidung lässt sich auf Projektsteuerungsleistungen übertragen,[117] wie das OLG Nürnberg bestätigt hat. Dementsprechend ist das Preisrecht der HOAI nicht einschlägig, wenn der Auftraggeber neben Projektsteuerungsleistungen, die den **Schwerpunkt des Vertrages** bilden, auch preisgebundene Architekten- und Ingenieurleistungen vergibt.[118] *Fischer* hat dies zutreffend wie folgt formuliert:

1318 *»Die HOAI als Honorarordnung findet für den Projektsteuerer nur dann Anwendung, wenn er Leistungen aus dem Bereich des Architekten erbringt und diese Architektenleistungen nicht Nebenleistungen einer Projektsteuerungsleistung darstellen.«*[119]

1319 Allerdings hat das OLG Köln entschieden, dass dann, wenn Bauleitungstätigkeiten wie freie Baubetreuungsleistungen, die üblicherweise von einem Architekten oder Bauingenieur wahrgenommen würden, erbracht würden, die HOAI einschlägig sei, wenn ansonsten eine ungerechtfertigte **Ungleichbehandlung** von Berufsgruppen vorläge.[120]

5.2.3.3 Feststellung des Leistungsschwerpunktes im Einzelfall

1320 In der Praxis stellt sich die Frage, wie der Schwerpunkt der Leistung im Einzelfall zu ermitteln ist. In Anlehnung an die Rechtsprechung des BGH zu Verbundleistungen wird dabei **vertragstypologisch vorzugehen** sein. Das bedeutet, dass berücksichtigt werden darf, ob einzelne Leistungen typischerweise – in Präzisierung oder Ergänzung des vormaligen Leistungskataloges des § 31 HOAI a.F. – zum Leistungsumfang eines Projektsteuerers gehören. Darüber hinaus ist entscheidend auf das **Gewicht der einzelnen Leistungen** abzustellen. Allgemeine Aussagen dazu, ob die Grenze der Wesentlichkeit erreicht ist, lassen sich wegen der notwendigen Einzelfallbeurteilung nicht treffen.

1321 – Werden etwa **lediglich einzelne Beratungsleistungen** erbracht, ohne das Gesamtbild von Leistungen entsprechend der HOAI zu übernehmen, ist die HOAI nicht anwendbar.[121]

1322 – Ausgenommen von der HOAI sind **Construction-Management-Einsatzformen**, bei denen der Projektmanager im Rahmen einer übernommenen Herstellungsverpflichtung Planungsleistungen im eigenen Namen oder im Namen des Auftraggebers vergibt.[122] Wie bei einer Baubetreuung sind die Planungsleistungen hier nur untergeordneter Bestandteil eines Gesamtleistungsbildes.

1323 – Zum Leistungsumfang von Projektsteuerungs- und/oder -managementverträgen gehören i. d. R. eine **Kostensteuerung** und ein **Kostencontrolling**, ggf. parallel zu den Leistungen der beauftragten Architekten. Schon bei Inkrafttreten des § 31 HOAI a.F. war klar, dass es im Bereich der Kostenkontrolle und -steuerung zu nicht unerheblichen Überschneidungen mit Architekten- und Ingenieurleistungen kommen konnte. Zumindest bei der Übertragung ganzheitlicher Projektsteuerungskonzepte, bei denen die Kostenkontrolle und -steuerung nur einen Teil eines umfassenden Kontroll- und Steuerungssystems darstellt, wird die Anwendbarkeit des Preisrechts der HOAI auf entsprechende Teilleistungen zu verneinen sein. Dementsprechend sind auch Verträge über eine bloß stichprobenhafte Baukontrolle – auch wenn Einzelleistungen mit der Leistungsphase 8 des § 34 Abs. 2 HOAI identisch sein können – nicht ohne Weiteres HOAI-Leistungen. Die Entscheidung des LG Berlin, welches entsprechende Baucontrollingleistungen des TÜV als der HOAI unterliegend qualifiziert hat, überzeugt daher nicht.[123]

---

117 OLG Nürnberg, Urteil vom 28.09.2000, Az. 13 U 2401/00, in: NZBau 2001, 337, 338 = BauR 2001, 438; Eschenbruch, NZBau 2001, 308; Frey, BauR 1998, 815, 816, spricht sich generell für eine enge Eingrenzung der leistungsbezogenen Architektentätigkeiten in Abgrenzung zu Tätigkeiten anderer Berufsgruppen aus.

118 Vgl. OLG Nürnberg, Urteil vom 28.09.2000, Az. 13 U 2401/00, in: NZBau 2001, 337, 338; Eschenbruch, NZBau 2001, 308, 309.

119 Vgl. Fischer, in: Thode/Wirth/Kuffer, Praxishandbuch Architektenrecht, § 19, Rn. 61.

120 OLG Köln, Urteil vom 20.01.2009, Az. 22 U 77/08, in: NZBau 2009, 790.

121 OLG Nürnberg, Urteil vom 16.03.2001, Az. 6 U 1330/00, in: NJW-RR 2003, 961 = IBR 2002, 81.

122 Vgl. Rdn. 433.

123 LG Berlin, Vergleich vom 30.05.2002, Az. 16 O 576/01, in: IBR 2003, 89.

- Größere Probleme ergeben sich dann, wenn etwa im Rahmen einer **Systemleistung baubegleitender Qualitätsüberwachung** oder etwa eines **Generalunternehmercontrollings** wesentliche Leistungsteile aus der Objektüberwachung (§ 34 Abs. 2 Nr. 8 HOAI) von einem Projektsteuerungsunternehmen mitübernommen werden. Die Objektüberwachung stellt nämlich mit 31 Prozentpunkten einen wesentlichen Teil des Leistungsbildes der Objektplanung für Gebäude im Sinne des § 34 Abs. 2 HOAI dar. Wenn etwa im Rahmen eines Generalunternehmercontrollings von der Projektsteuerung das vollständige Programm der Objektüberwachungsleistungen übernommen wird, dürfte der Umfang der wahrzunehmenden preisgebundenen Aufgaben vielfach ausreichen, um eine Anwendbarkeit des HOAI-Preisrechts auf diese Teilleistung zu begründen.[124] 1324

Die Praxis zeigt aber, dass gerade bei derartigen Fallgestaltungen regelmäßig eine deutliche **Reduzierung des Leistungsbildes der Objektüberwachung vereinbart** wird, zumal ein Generalunternehmer ohnehin seine Nachunternehmer koordiniert und überwacht (bei dem Projektcontroller verbleibt die sog. Bauoberleitung). Wenn daher der Leistungsumfang gegenüber dem »Regelmodell« des § 34 Abs. 2 Nr. 8 HOAI deutlich reduziert wird und gegenüber den weiteren Leistungen der Projektsteuerung an Bedeutung zurücktritt, unterliegt auch das Generalunternehmercontrolling in seiner Gesamtheit nicht dem Preisrecht der HOAI. Wenn der Projektsteuerer zudem – z.B. im Rahmen von Construction-Management-Modellen – selbst als Auftraggeber der eingeschalteten Nachunternehmer tätig wird, gilt die Rechtsprechung des BGH zu Verbundleistungen auch insoweit mit der Konsequenz, dass die Verantwortlichkeit des Projektsteuerers als Hauptunternehmer im Vordergrund steht und es nicht mehr darauf ankommt, ob einzelne Leistungen mit den Teilleistungskatalogen der HOAI für preisgebundene Leistungen deckungsgleich sind. 1325

- Fraglich ist, ob es für die Unterstellung der Leistung unter den Schwerpunkt eines Projektsteuerungsvertrages darauf ankommt, ob dem Preisrecht der HOAI unterliegende **selbstständige Auftragsteile sogleich** mit der Beauftragung von Projektsteuerungsleistungen **oder erst im Nachhinein** beauftragt worden sind. Grundsätzlich wird anzunehmen sein, dass es auf den Zeitpunkt der Beauftragung dem Preisrecht der HOAI unterliegender Leistungen nicht ankommt, sondern ausschließlich auf den Schwerpunkt der Gesamtleistung. Wohl kann sich bei der nachträglichen Übertragung selbstständiger Auftragsteile indiziell ergeben, dass es sich um nicht von vornherein vertragstypische und damit umso eher abtrennbare und nach HOAI zu vergütende Leistungen handelt.[125] 1326
- Die Schwerpunkttheorie darf indessen nicht zu einer **Umgehung** des HOAI-Preisrechts missbraucht werden. Entscheidend ist nicht, welche Überschrift der Vertrag trägt, sondern welche Leistungen durch ihn übertragen werden.[126] Das OLG Hamm hat in diesem Zusammenhang entschieden, dass eine Umgehung von § 7 HOAI in der Regel nur angenommen werden kann, wenn Projektsteuerungsleistungen mit Architektenleistungen in einer Vertragsurkunde beauftragt worden sind und ein einheitliches Pauschalhonorar vorgesehen wurde. Davon sei jedoch nicht auszugehen, wenn der Auftraggeber einen Auftragnehmer mit zwei unterschiedlichen Verträgen und gesonderten Vergütungsabreden sowohl mit Planungs- wie auch Projektsteuerungsleistungen beauftragt habe.[127] 1327

---

124 Vgl. dazu KG, Urteil vom 30.01.1996, Az. 4 U 4115/94, in: IBR 1998, 115, Revision vom BGH nicht angenommen, Beschluss vom 02.10.1997, Az. VII ZR 108/96.

125 Vgl. Eschenbruch, NZBau 2001, 308, 309.

126 Vgl. OLG Düsseldorf, Urteil vom 01.09.1999, Az. 5 U 267/98, in: NZBau 2000, 85, 86 = BauR 1999, 1477; die HOAI ist immer anwendbar, wenn im konkreten Fall Architekten- und Ingenieurleistungen übertragen werden, vgl. OLG Oldenburg, Urteil vom 19.09.2001, Az. 2 U 170/01, in: BauR 2002, 332, 333.

127 OLG Hamm, Urteil vom 15.08.2006, Az. 24 U 125/05, in: IBR 2008, 336 = NZBau 2009, 48, 50 = BauR 2008, 2062, 2064.

5.2.3.4 Besonderheiten infolge der HOAI-Novelle 2013

1328 Mit der HOAI 2013 sind die Leistungen der preisgebundenen Architekten- und Ingenieurleistungen modernisiert, neu ausgerichtet und auch erweitert worden. Während bis zur HOAI 2013 eine mehr oder weniger eindeutige Leistungsabgrenzung zwischen Architekten- und Ingenieurleistungen einerseits und Projektsteuerungsleistungen andererseits möglich war, ist dies mit der Inkraftsetzung der HOAI 2013 nicht ohne weiteres mehr der Fall (dabei kann hier dahin stehen, ob diese Konkretisierung der Leistungspflicht der Architekten nicht ohnehin der pauschalen Abgeltung aller erforderlichen werkvertraglichen Leistungen ausgerichteten Honorarordnung immanent war).[128] Teilweise gibt es nun Überschneidungen neu definierter Grundleistungen mit den klassischen Leistungen der Projektsteuerung. Teilweise sind Leistungen der Projektsteuerung nunmehr als Besondere Leistungen der HOAI vorgesehen. Nun sind Besondere Leistungen der HOAI solche Leistungen, die außerhalb der preisrechtlich gebundenen Architekten- und Ingenieurleistungen stehen, so dass die Vergütung für derartige Leistungen frei vereinbart werden kann, § 3 Abs. 3 Satz 3 HOAI. Auf diese Leistungen sind auch die allgemeinen Vorschriften der HOAI wie etwa zu Nebenkosten, Zahlungen und Umsatzsteuer nicht anwendbar.[129] Es gibt deshalb **vier wesentliche Fallgestaltungen**, die im Hinblick auf die Honorarfindung bei sich überschneidenden Architekten-/Ingenieurleistungen nach der HOAI (2013) einerseits und Projektsteuererleistungen andererseits zu beachten sind:

1329 **(1) Fall 1** *Objekt- oder Fachplaner erbringen neben den HOAI-Grundleistungen auch Grundleistungen nach dem AHO-Leistungsbild Projektsteuerung*

Die verbindlichen preisrechtlichen Bestimmungen der HOAI gelten nur für die Grundleistungen der HOAI. Sie gelten weder für die Besonderen Leistungen nach HOAI noch für die Grund- oder Besonderen Leistungen der Projektsteuerung. Wenn dementsprechend ein Objekt- oder Fachplaner Projektsteuererleistungen übernimmt, gleichgültig, ob es sich um Grundleistungen oder Besondere Leistungen der Projektsteuerung handelt, unterliegen diese nicht dem gesetzlichen Preisrecht. Denkbar ist es sogar, dass der Objektplaner/Fachplaner verspricht, diese Leistungen zusätzlich und unentgeltlich zu erbringen. Darin liegt nicht notwendigerweise ein Verstoß gegen das Verbot der Mindestsatzunterschreitung nach § 7 Abs. 3 HOAI, da die Mindestsätze nur für die preisrechtlich gebundenen Architekten- und Ingenieurleistungen eingehalten werden müssen (vgl. auch Rdn. 1306, 1342).

1330 **(2) Fall 2** *Objekt- oder Fachplaner erbringen zusätzlich zu den HOAI-Grundleistungen auch Besondere Leistungen nach der HOAI, die gleichzeitig Grund- oder Besondere Leistung der Projektsteuerung darstellen*

Hier gelten keine Besonderheiten. Die Besonderen Leistungen nach der HOAI unterliegen nicht dem Preisrecht, ihre Vergütung kann frei vereinbart werden. Deshalb ist es letztlich nicht relevant, dass Besondere Leistungen der HOAI gleichzeitig auch Grund- oder Besondere Leistungen aus dem Leistungsbild Projektsteuerung nach AHO darstellen. Diese Leistungen unterliegen freier Preisvereinbarung und sind vom verbindlichen Preisrecht nicht umfasst.

1331 **(3) Fall 3** *Ein Projektsteuerer erbringt zusätzlich zu den im AHO-Leistungsbild Projektsteuerung enthaltenen Grund- oder Besonderen Leistungen auch Leistungen, die in der HOAI geregelt sind. Hier sind verschiedene Fallgestaltungen zu unterscheiden:*

a) Soweit der Projektsteuerer lediglich Besondere Leistungen nach den HOAI-Leistungsbildern erbringt, bestehen keine preisrechtlichen Problemstellungen.

128 Vgl. zur Auslegung der HOAI: BGH, NZBau 2012, 244.
129 Vgl. Locher/Koeble/Frik, Kommentar zur HOAI, § 3, Rn. 13, 16.

Denn die Besonderen Leistungen der HOAI unterliegen eben nicht dem verbindlichen Preisrecht. Deshalb ist es letztlich nicht entscheidend, dass auch der Projektsteuerer Besondere Leistungen erbringt, die in der HOAI angesprochen sind. Die Vergütung kann frei geregelt werden.

b) Besonderheiten gelten, wenn der Projektsteuerer über die Leistungen nach dem Leistungsbild Projektsteuerung gemäß AHO hinausgeht und Grundleistungen aus den Leistungskatalogen der HOAI erbringt. Es stellt sich die vorstehend bei Rdn. 1309 f. geregelte Fragestellung, ob auf diese zusätzlichen Grundleistungen aus der HOAI nicht das zwingende Preisrecht zur Anwendung gelangt. Hier sind grundsätzlich folgende Varianten zu beachten: 1332

aa) Soweit nur einzelne preisrechtlich gebundene Grundleistungen der HOAI als **unselbständige Nebenleistungen** zur Erfüllung der Projektsteuererleistungen bei Übertragung der Projektsteuererleistung mit beauftragt werden, ist aufgrund des Schwerpunktes der Projektsteuererleistung keine gesonderte Bewertung der einzelnen HOAI-Leistungen unter Zuhilfenahme von Teilleistungskatalogen vorzunehmen. Die bloße unselbständige Nebenleistung der Projektsteuerung unterfällt nicht der HOAI.

bb) Wenn der Projektsteuerer gleichzeitig entweder als Projektentwickler oder als Construction-Manager wie ein Generalübernehmer für die komplette Errichtung eines Bauvorhabens verantwortlich ist, sind mitübernommene Planungsleistungen ebenfalls nur Nebenleistungen, die nicht der HOAI unterliegen. 1333

cc) Anders verhält es sich lediglich dann, wenn von vornherein **gewichtige abgrenzbare Zusatzleistungen** aus der HOAI durch einen Projektsteuerer übernommen werden, etwa in Fällen, wenn der Projektsteuerer Objektüberwachungsleistungen der Leistungsphase 8 nach § 34 HOAI übernimmt, z.B. auch im Kontext eines Generalunternehmercontrollings. Solange die Leistungen nicht grundverschieden zu denen in der HOAI angesprochenen Überwachungsleistungen sind, wird man der Übernahme einer derart gewichtigen Leistungsphase davon ausgehen müssen, dass dann für diese Teilleistungen eine Honorarermittlung nach der HOAI stattfinden muss. 1334

dd) Dem Projektsteuerer werden nachträglich einzelne Grundleistungen der HOAI, z.B. aus dem Bereich der Termin- und Kostenplanung übertragen, weil der Planungsbeteiligte nicht ordnungsgemäß leistet, etwa als Besondere Leistung des AHO-Leistungsbildes: Auch hier wird die Grundleistung gemäß dem HOAI-Preisrecht zu vergüten sein, soweit es sich nicht um unwesentliche Nebenleistungen handelt. 1335

(d) Fall 4 *Der Projektsteuerer erbringt ausschließlich Leistungen nach dem Leistungsbild Projektsteuerung gemäß AHO* 1336

Hier stellt sich die Frage, ob nicht durch die Leistungserweiterung der HOAI (auch bezüglich der Grundleistungen) einzelne Leistungen des AHO-Leistungsbildes nach der HOAI bewertet werden müssen.

Ein Detailvergleich der Leistungsbilder Projektsteuerung nach AHO (2014) mit den Grundleistungen der Objektplanung nach §§ 33 ff. HOAI (2013) zeigt, dass es bei einigen Leistungen zu Überschneidungen kommen kann, etwa in Bezug auf die Abstimmung der Projektziele (AHO Ziff. 1A3 und HOAI, Lph. 2 b), bei dem Mitwirken der Auswahl von Fachplanungsbeteiligten (AHO Ziff. 1E3 und HOAI, Lph. 1 d), bei der Terminplanung (AHO Ziff. 2D1-4 und HOAI, Lph. 2 h), Mitwirken bei der Klärung von Standortfragen (AHO Ziff. 1B2 und HOAI Lph. 2 d) sowie z.B. Kostensteuerung zur Einhaltung der Kostenziele (AHO Ziff. 4C1 und HOAI, Lph. 8 h) bis j)). Selbst wenn in diesem Zusammenhang zum Teil Leistungsüberschneidungen attestiert werden müssen, ist gleichwohl der unterschiedliche Schwerpunkt der Leistungen zu berücksichtigen. Die

Projektsteuererleistungen beziehen sich in der Regel auf das Gesamtprojekt. Zielrichtung ist es nicht, den Objektplaner in den Kerntätigkeiten seiner Planung zu ersetzen. Im Gegenteil wird zumeist vorausgesetzt, dass diejenigen Koordinierungs- und Steuerungsleistungen, die die Planungsaufgabe direkt betreffen, vom entsprechenden Planer bearbeitet und von dem Projektsteuerer kontrolliert und verarbeitet werden. Das AHO-Leistungsbild setzt vielmehr auf ein interaktives Zusammenwirken der Beteiligten, welches durch die Einzelleistungen des Leistungsbildes näher ausgeprägt wird. Unter diesem Blickwinkel erscheinen die Leistungsüberschneidungen eher unwesentlich im Sinne der vorstehenden Darlegungen. Es liegt deshalb nahe, auch insoweit anzunehmen, dass dann, wenn nicht mehr Leistungen vergeben werden als im Leistungsbild Projektsteuerung AHO ausgewiesen sind, etwaige Überschneidungen mit den HOAI-Grundleistungen nicht so wesentlich sind, dass sie zu einer gesonderten preisrechtlichen Bewertung von einzelnen Grundleistungen nach der HOAI führen. Zielstellung der AHO-Fachkommission war es zudem, sachangemessene Leistungsbilder und Vergütungsvorschläge außerhalb einer preisrechtlichen Normierung für die Marktbeteiligten zur Verfügung zu stellen, ein Regelungsansatz der sich seit Jahren bewährt hat.

5.2.3.5 Abrechnung gemischter Leistungen

1337 Beinhaltet das dem Projektsteuerer übertragene Leistungspaket auch (teilweise) preisgebundene Architekten- oder Ingenieurleistungen, stellt sich die Frage, ob der Projektsteuerer verpflichtet ist, für die preisrechtlich gebundenen Leistungen eine **Abrechnung nach der HOAI-Systematik** vorzulegen.[130] Die Frage hat erhebliches praktisches Gewicht, weil befürchtet wird, dass das bereits »durchlöcherte« Vergütungssystem der HOAI durch die kumulative Übertragung von Architekten- und Ingenieurleistungen an Projektsteuerer weitergehend gefährdet wird.[131] So hat etwa das OLG Nürnberg entschieden, dass bei der Übernahme preisrechtlich geregelter Leistungen durch einen Projektsteuerer für die der HOAI unterliegenden Teilleistungen eine gesonderte Abrechnung nach Maßgabe der HOAI-Abrechnungsvorschriften vorgenommen werden müsse. Auch bei Abschluss von Pauschalverträgen solle zwischen den Projektsteuerungsleistungen und den preisrechtlich gebundenen Architektenleistungen differenziert werden. Für Letztere sei das Abrechnungssystem der HOAI maßgeblich.[132]

1338 Die Entscheidung ist in dieser Allgemeinheit rechtlich nicht haltbar. Sie trifft lediglich dort zu, wo die Vertragsparteien auch für die Projektsteuererleistungen eine Abrechnung nach HOAI-Systematik vorgesehen haben. Sind dagegen die dem Preisrecht der HOAI unterliegenden Leistungen in das Abrechnungssystem eines Projektsteuerervertrages einbezogen, speziell bei einer ganzheitlichen **Pauschalpreisvereinbarung**, dann fordert das Preisrecht der HOAI keineswegs eine Abrechnung nach HOAI-Systematik, welche die Einhaltung der Mindest- und Höchstsätze nach § 7 HOAI unmittelbar transparent macht. Zwar führt die Vereinbarung einer Pauschalvergütung dazu, dass sich ein Verstoß gegen das zwingende Honorarrecht der HOAI bei Verbundleistungen nur schwer nachweisen lässt.[133] Dies rechtfertigt es allerdings nicht, bei Zusammenfassung von Projektsteuerungs- und Architekten- oder Ingenieurleistungen eine getrennte Abrechnung zu fordern.[134]

---

130 Dazu auch OLG Hamburg, Urteil vom 10.02.2011, Az. 3 U 81/06, in: IBR 2011, 413.

131 Vgl. Pott/Dahlhoff/Kniffka, HOAI, 8. Auflage 2006, § 31, Rn. 3.

132 OLG Nürnberg, Urteil vom 28.09.2000, Az. 13 U 2401/00, in: NZBau 2001, 337, 338 = BauR 2001, 438; zustimmend Schill, NZBau 2002, 203; ablehnend Eschenbruch, NZBau 2001, 308, 309; Locher/Koeble/Frik, HOAI, Einleitung, Rn. 444; Fischer, in: Thode/Wirth/Kuffer, Praxishandbuch Architektenrecht, § 19, Rn. 61.

133 Sturmberg weist in ZfIR 1997, 384, 385, 386, darauf hin, dass der Bundesgerichtshof dennoch auf der personalen Ebene differenziert und die Leistungsbezogenheit der HOAI nicht stringent durchhält. Speziell bei Pauschalverträgen sei daher genau darauf zu achten, dass keine planmäßige Unterschreitung der Mindestsätze vorliege.

134 So auch Fischer, in: Thode/Wirth/Kuffer, Praxishandbuch Architektenrecht, § 19, Rn. 61.

Die **Entscheidung des OLG Nürnberg,** wie auch die ihr folgenden Literaturstimmen, sind bereits durch die Entscheidung des BGH zu Pauschalpreisvereinbarungen bei Architekten- und Ingenieurleistungen **überholt**. In einem Fall, der speziell die hier in Rede stehende Thematik betrifft, konnte der BGH die Frage, ob der Vertrag Projektsteuerungs- oder Architekten-/Ingenieurleistungen beinhaltete, dahinstehen lassen. Er unterstellte, dass die Preisbindung der HOAI einschlägig gewesen sei und führte aus, dass selbst in diesem Fall eine Pauschalpreisabrede keineswegs infolge mangelnder Transparenz unwirksam sei. Auch zwinge das Preisrecht den Projektsteuerer/Architekten nicht dazu, die ihm nach zwingendem Preisrecht zustehenden Ansprüche anstelle in pauschaler Form nach der Vergütungssystematik der HOAI abzurechnen. Vielmehr müsse sich derjenige, der sich auf die Unwirksamkeit eines Pauschalvertrages wegen Verstoßes gegen Mindest- oder Höchstsätze nach der HOAI berufe, den Verstoß (Unwirksamkeitsgrund) darlegen und beweisen.[135] 1339

In einer weiteren Entscheidung hat der BGH ausgeführt:

> *»Liegt das für einen Auftrag bei Auftragserteilung schriftlich vereinbarte Honorar in dem Rahmen, der sich unter Zugrundelegung der Mindest- und Höchstsätze der Honorarordnung ergibt, so ist die Vereinbarung auch dann wirksam, wenn von den Honorarbemessungsgrundlagen der HOAI abgewichen wird oder diese ganz außer Kraft gesetzt werden (es folgen Nachweise). Kommt es danach für den Honorarvergleich nicht darauf an, wie sich das Honorar nach der Honorarordnung im Einzelnen zusammensetzt, so ist es auch nicht zulässig, den Vergleich auf einzelne Honorarbestandteile zu reduzieren und nur insoweit die Prüfung vorzunehmen, ob ein nach der Honorarordnung zu berechnendes Teilhonorar für bestimmte Leistungen die Mindestsätze unterschreitet. Die preisrechtliche Einteilung der gesamten Vertragsleistung in mehrere Abrechnungseinheiten ist ein allein der Honorarordnung zuzuordnender Berechnungsmodus. Er ist nicht der Maßstab für die Prüfung, ob das Honorar für einen Auftrag wirksam vereinbart worden ist. Denn die Honorarordnung für Architekten und Ingenieure hat nicht den Zweck, ein Mindesthonorar für einzelne Teilleistungen zu garantieren.«*[136] 1340

Wenn aber nach dieser Entscheidung des BGH **selbst reine Architekten- und Ingenieurleistungen**, die dem Preisrecht der HOAI in vollem Umfang unterliegen, pauschal vergütet werden können, ohne dass zwingend eine Abrechnung nach der HOAI-Systematik notwendig ist, gilt dies erst recht für gemischte Leistungen. Den Vertragsparteien steht es dementsprechend frei, auch die additiv übernommenen Leistungen aus dem Bereich Architekten- oder Ingenieurleistungen (aus dem Anwendungsbereich der HOAI) in eine einheitliche Vergütungssystematik des Projektsteuerungsvertrages einzufügen, ohne allein wegen damit verbundener Intransparenz mit einer Nichtigkeit der Regelungen rechnen zu müssen.[137] Das gilt nicht nur für Vergütungsvereinbarungen im Sinne von Pauschalpreisvereinbarungen, sondern auch solche in der Form von zeitabhängigen Vergütungen oder Cost-plus-fee-Regelungen. Der jeweilige Auftraggeber muss sich lediglich darüber im Klaren sein, dass im Falle der Übernahme wesentlicher Leistungen aus den preisrechtlich geschützten Leistungskatalogen der HOAI grundsätzlich eine nachträgliche Kontrolle auf die Einhaltung der Mindest- und Höchstsätze möglich bleibt. 1341

Wenn ein und demselben Auftragnehmer mit **getrennten Verträgen sowohl Projektmanagement- wie auch Planungsleistungen übertragen worden sind**, sind auch die Vergütungsabreden grundsätzlich unabhängig voneinander zu behandeln. Die Unwirksamkeit oder Anpassungsbedürftigkeit der Vergütung eines Vertrages hat nicht unmittelbar Auswirkungen auf die Vergütungsabrede in dem zweiten Vertrag. Im Einzelfall kann jedoch etwas anderes gelten. Ist nämlich feststellbar, dass die Vertragsparteien die Vergütung aus einem Projektmanagementvertrag und einem Planervertrag als Gesamtheit betrachtet haben und insbesondere eine Gesamtsumme für beide Verträge berechnet hatten, dann kann im Falle einer Berufung des Auftragnehmers auf eine Unterschreitung der **Mindestsätze** nach § 7 Abs. 3 HOAI beim Planervertrag und eine darauf gestützte Vergütungsanpassung dazu führen, dass die Vergütung – im nicht dem Preisrecht unterliegenden Projektmanagementvertrag – im Wege der ergänzenden Vertragsauslegung reduziert wird, so dass die Gesamtsumme 1342

135 Vgl. BGH, Urteil vom 13.09.2001, Az. VII ZR 380/00, in: NZBau 2001, 690, 691 = WM 2001, 2076 = IBR 2001, 675.

136 BGH, Urteil vom 09.02.2012, Az. VII ZR 31/11, in: NZBau 2012, 298, 300.

137 So auch Werner/Pastor, Der Bauprozess, Rn. 1929 ff.; auch Motzke/Wolff, Praxis der HOAI, S. 489.

unverändert bleibt.[138] Bei gemischten Leistungen liegt eine relevante Mindestsatzunterschreitung im Hinblick auf die preisgebundenen Leistungen vor, wenn für die nicht gebundenen Leistungen im Rahmen der Pauschalvergütung ein Preisansatz von 0 € getroffen wurde und die preisgebundenen Leistungen hinsichtlich des Honorars selbst unterhalb der Mindestsätze liegen.[139]

1343 Haben die Vertragspartner in einem **Baubetreuungsvertrag** ein Honorar für die Erbringung von Planungsleistungen nach der HOAI in Höhe von pauschal 8 % und 2 % für die technische Baubetreuung vereinbart, so führt ein Verstoß der Honorierung der anteiligen Planungsleistungen gegen das Verbot der Überschreitung der Höchstsätze nach HOAI (§ 7 Abs. 1 HOAI) zur Gesamtnichtigkeit der Vergütungsabrede nach § 139 BGB.[140]

1344 Immer ist zu berücksichtigen, dass das Preisrecht der HOAI grundsätzlich nur für die in den Leistungsbildern der HOAI geregelten **Grundleistungen** gilt. Das Preisrecht umfasst darüber hinaus lediglich diejenigen Leistungen, die in den Leistungsbildern nicht explizit erwähnt sind, welche notwendig sind, um einen vollständigen Planungsentwurf zu erstellen.[141] Nicht dem Preisrecht der HOAI unterliegen Besondere Leistungen. Die Anwendung der HOAI setzt überdies voraus, dass ein Architektenvertrag geschlossen worden ist; bei Architektenwettbewerben kommt die Anwendung nicht in Betracht. Die HOAI gilt auch nur für Objekte mit anrechenbaren Kosten, die innerhalb der Tafelwerte der HOAI liegen.[142] Außerhalb der Tafelwerte ist das Honorar frei vereinbar. Deshalb gibt es bei Überschreitungen der Tafelhöchstwerte auch kein Mindesthonorar.[143] Eine Honorarabrede ist überdies nur dann gemäß § 7 Abs. 1 HOAI wegen Unterschreitens des Mindestsatzes unwirksam, wenn das gesamte, nach den vertraglichen Regelungen berechnete Honorar niedriger ist als die Vergütung, die sich bei einer fiktiven Honorarabrechnung nach den zutreffenden Bemessungsgrundlagen der HOAI ergibt.[144]

1345 Den Parteien steht es frei, zur Vermeidung der Rechtsfolgen etwaiger HOAI-widriger Pauschalpreisvereinbarungen **im Nachhinein** (d. h. nach Beendigung der Tätigkeit) einen **Vergleich** zu schließen. Denn §§ 3 Abs. 1, 7 Abs. 1 HOAI sind auf Vereinbarungen nach Abschluss der preisgebundenen Tätigkeit nicht mehr anwendbar.[145]

5.2.4 Vertragliche Leistungsabgrenzung zur Vermeidung von Doppelhonorierungen

1346 Wenngleich es dem Auftraggeber frei steht, Objektplanungs- und Projektsteuerungsleistungen zusammenzufassen und einem Auftragnehmer zu übertragen (sei es einem Architekten oder einem Projektsteuerer),[146] ist die Praxis durch Aufgaben- und Arbeitsteilung geprägt. Zumeist werden – nach Maßgabe der erwarteten Kompetenz wie auch zur Vermeidung von Interessenkonflikten – Projektsteuerungs- und Objektplanungsleistungen getrennt vergeben. Da das Vertragsrecht **keine** von **vornherein festgelegte Schnittstelle** für die jeweilige Aufgabenverteilung vorsieht, spielt in der Praxis die Feinabstimmung zwischen den einzelnen Leistungsträgern (Projektsteuerer/Architekt und Ingenieur) eine wichtige Rolle. Das betrifft zum einen die Fälle der speziellen Aufgabendelegation vom Auftraggeber auf einen Projektsteuerer und einen Planer, zum anderen die Fälle von Funktionsübertragungen bei der Wahl bestimmter Unternehmereinsatzformen.[147]

138 OLG Hamm, Urteil vom 15.08.2006, Az. 24 U 125/05, in: NZBau 2009, 48 = BauR 2008, 2062–2066 = IBR 2008, 336 (Revision vom BGH nicht angenommen, Beschluss vom 13.03.2008, Az. VII ZR 208/06)

139 BGH, Urteil vom 08.03.2012, Az. VII ZR 195/09, in: NZBau 2012, 370; dazu Boldt, NZBau 2012, 482.

140 OLG Brandenburg, Urteil vom 07.12.2005, Az. 4 U 151/02, in: BauR 2008, 118 (Nichtannahmebeschluss des BGH vom 26.07.2007, Az. VII ZR 18/06).

141 BGH, »Brandschutzplanung«, Urteil vom 26.01.2012, Az. VII ZR 128/11, in: NJW 2012, 1575.

142 BVerfG, Beschluss vom 26.09.2005, Az. 1 BvR 82/03, in: NJW 2006, 495 f.

143 BGH, Urteil vom 08.03.2012, Az. VII ZR 195/09, in: NZBau 2012, 370; dazu Boldt, NZBau 2012, 482.

144 OLG Rostock, Urteil vom 25.02.2009, Az. 2 U 21/07, in: IBR 2010, 339.

145 Vgl. BGH, Urteil vom 21.06.2001, Az. VII ZR 435/99, in: NZBau 2001, 572, 573 = BauR 2001, 1612; OLG Hamm, Urteil vom 08.12.2010, Az. 12 U 85/10, in: IBR 2012, 399.

146 Vgl. OLG Hamm, Urteil vom 15.08.2006, Az. 24 U 125/05, in: IBR 2008, 336.

147 Vgl. dazu Rdn. 234.

Soweit nicht ausdrücklich eine Doppelbeauftragung – z.B. zum Zwecke der Risikominimierung – gewünscht wird,[148] wird der Auftraggeber die Überschneidung von Aufgabenzuständigkeiten wie auch **Doppelhonorierungen** möglichst ausschließen wollen. Er wird dementsprechend einzelfallbezogen festlegen wollen, wo – etwa im Bereich der Projektentwicklung, des Projektmanagements oder auch bei dem Generalunternehmercontrolling[149] – die Schnittstelle zwischen Architekten- und Ingenieurleistungen einerseits und Projektsteuerungsleistungen andererseits vorzusehen ist. Im Zweifel wird der Vertrag bzw. das Leistungsbild so auszulegen sein, dass keine Doppelbeauftragung vorliegt. Bei fehlenden Anhaltspunkten in den vertraglichen Regelungen kann bei Abschluss eines HOAI-Vertrages für die Architektenleistungen auf das Leistungsbild nach § 34 i.V.m. Anlage 10 abgestellt werden, so dass für eine solche Fallgestaltung auch die Auffassung des OLG Naumburg für einen vorzeitig gekündigten Architekten- und Projektsteuerungsvertrag vertretbar erscheint, wonach Projektsteuerungsleistungen (nach § 31 HOAI a.F.) nur gesondert vergütungspflichtig sind, soweit sie nicht bereits als Objektplanungsleistungen vergütet werden.[150] 1347

Liegt eine bewusste oder unbewusste **Doppelbeauftragung** von Leistungen sowohl an einen Planer/Ingenieur als auch einen Projektmanager/-steuerer vor, dann führt die Doppelbeauftragung **keineswegs zur Nichtigkeit** des Vertrages oder der getroffenen Honorarregelung.[151] Beauftragt der Bauherr bewusst Leistungen doppelt an einen Projektsteuerer und einen Planer, dann kann er auch später keine Herabsetzung der Vergütung des Projektsteuerers verlangen.[152] 1348

Besonderheiten können allerdings gelten, wenn sowohl Projektmanagement- wie auch Objektplanungsleistungen einem Auftragnehmer übertragen worden sind (etwa einem Architekten). Dann wird **im Zweifel nicht** davon auszugehen sein, dass der Auftraggeber Leistungen **doppelt vergüten** wollte. Eine Doppelvergütung ein und derselben Leistung, teilweise als HOAI-Leistung, teilweise als Projektmanagementleistung, ist jedoch auch in einem solchen Fall nicht von vornherein ausgeschlossen.[153] Ist etwa einem Architekten die Objektplanung nach § 34 HOAI übertragen und hat er zusätzlich Projektsteuerungsleistungen nach AHO übernommen und ergeben sich hiernach von beiden Vertragsparteien gewollte Überschneidungen der Leistungen, kann der Auftraggeber weder im Falle der vorzeitigen Kündigung, noch bei Aufrechterhaltung des Vertrages nachträglich eine Honorarreduzierung verlangen. 1349

5.2.5 § 8 HOAI

Seltener kommt es vor, dass ein Auftraggeber aufgrund der Beauftragung eines Projektsteuerers Leistungen des Objektplaners einsparen (streichen) will. Wenn einem Projektmanager in einem solchen Fall Objektplanungsleistungen übertragen worden sind und im Hinblick auf Überschneidungen der Leistungsbilder eine »Reduzierung« der Objektplanungsleistungen erfolgt, ist § 8 HOAI zu beachten. § 8 HOAI gilt indessen nicht für die Projektmanagementleistungen selbst, da auch die allgemeinen Vorschriften der HOAI auf die Projektsteuerung nicht übertragbar sind.[154] 1350

- Gem. § 8 Abs. 1 HOAI dürfen die in der HOAI vorgesehenen (Teil-) **Honorare nur für die** Leistungsphasen nach HOAI abgerechnet werden, die dem auftragnehmenden Architekten auch zur **Bearbeitung** übertragen wurden. Sind Leistungsphasen nicht beauftragt worden, gibt es hierfür keine Vergütung. Sofern daher in einem Vertrag einzelne Grundleistungen vom Leistungsumfang ausgenommen werden, ist bei der Honorarberechnung nur der Anteil der übertragenen Leistungen zu berücksichtigen. Dabei kommt es nicht darauf an, aus welchen Gründen einzelne Grundleistungen nicht übertragen wurden.[155] 1351

148 Vgl. dazu Rdn. 220.
149 Vgl. dazu Rdn. 386 ff.
150 OLG Naumburg, Urteil vom 30.06.2006, Az. 3 U 4/05, in: IBR 2007, 686.
151 Vgl. Rdn. 220.
152 Vgl. KG, Beschluss vom 28.05.2002, Az. 15 U 9892/00, in: BauR 2004, 389 = IBR 2004, 30, 31.
153 A. A. Schill, IBR 2007, 686.
154 Vgl. dazu Rdn. 1303.
155 OLG Hamm, Urteil vom 08.12.2010, Az. 12 U 85/10, in: IBR 2012, 399.

1352 – § 8 Abs. 2 HOAI regelt darüber hinaus die honorarmäßigen Konsequenzen einer **von vornherein eingeschränkten Übertragung von Grundleistungen.**[156] Nach dieser Vorschrift besteht nur eine eingeschränkte, anteilige Vergütungspflicht, soweit nicht sämtliche Grundleistungen oder wesentliche Teile von Grundleistungen an den Auftragnehmer übertragen werden (wobei ein hierdurch notwendiger zusätzlicher Koordinierungs- und Einarbeitungsaufwand berücksichtigt werden soll). Bei der Bewertung der übertragenen Einzelleistungen haben die Vertragschließenden einen Bewertungsspielraum.[157] Dabei können für die Bewertung der Teilleistungen die in der Praxis verwendeten Tabellen (Teilleistungs- und Wägungstabellen) herangezogen werden.[158]

1353 – Mit der HOAI-Reform 2013 ist der frühere § 5 Abs. 3 HOAI a.F. ersatzlos entfallen. Die Auslegungsprobleme zu dieser Vorschrift betreffend Leistungsverschiebungen nach Vertragsschluss müssen deshalb nicht weiter diskutiert werden. Insoweit wird auf die Vorauflage, dort Rdn. 1073 f. verwiesen. Nach allgemeinen vertragsrechtlichen Grundsätzen wird allerdings anzunehmen sein, dass dann, wenn der Projektsteuerer **im Einvernehmen** mit Auftraggeber und Architekt Teile der Leistungen der HOAI mitübernimmt, entsprechend § 8 Abs. 2 HOAI eine entsprechende Vergütungsreduzierung vorzunehmen ist.

5.3 Allgemeine zivilrechtliche Honorargrundlagen für die Projektsteuerungsleistung

1354 Soweit das Projektsteuerungsunternehmen nicht ausnahmsweise nach der HOAI preisgebundene Architekten- und Ingenieurleistungen erbringt, richtet sich die Vergütung nach den »dispositiven« Vorschriften des BGB. Abhängig von dem dienstvertraglichen oder werkvertraglichen Charakter des Vertrages kommen unterschiedliche Rechtsnormen zur Anwendung:

»§ 611 Vertragstypische Pflichten beim Dienstvertrag

1355 *(1) Durch den Dienstvertrag wird derjenige, welcher Dienste zusagt, zur Leistung der versprochenen Dienste, der andere Teil zur Gewährung der vereinbarten Vergütung verpflichtet.*

(2) Gegenstand des Dienstvertrages können Dienste jeder Art sein.

§ 612 Vergütung

1356 *(1) Eine Vergütung gilt als stillschweigend vereinbart, wenn die Dienstleistung den Umständen nach nur gegen eine Vergütung zu erwarten ist.*

(2) Ist die Höhe der Vergütung nicht bestimmt, so ist bei dem Bestehen einer Taxe die taxmäßige Vergütung, in Ermangelung einer Taxe die übliche Vergütung als vereinbart anzusehen.

§ 631 Vertragstypische Pflichten beim Werkvertrag

1357 *(1) Durch den Werkvertrag wird der Unternehmer zur Herstellung des versprochenen Werkes, der Besteller zur Entrichtung der vereinbarten Vergütung verpflichtet.*

(2) Gegenstand des Werkvertrags kann sowohl die Herstellung oder Veränderung einer Sache als ein anderer durch Arbeit oder Dienstleistung herbeizuführender Erfolg sein.

§ 632 Vergütung

1358 *(1) Eine Vergütung gilt als stillschweigend vereinbart, wenn die Herstellung des Werkes den Umständen nach nur gegen eine Vergütung zu erwarten ist.*

(2) Ist die Höhe der Vergütung nicht bestimmt, so ist bei dem Bestehen einer Taxe die taxmäßige Vergütung, in Ermangelung einer Taxe die übliche Vergütung als vereinbart anzusehen.

(3) Ein Kostenanschlag ist im Zweifel nicht zu vergüten.

156 Dazu auch BGH, Urteil vom 12.01.2006, Az. VII ZR 2/04, in: NZBau 2006, 248, 250 = BGHZ 165, 382 = ZfBR 2006, 345 = IBR 2006, 272.

157 Vgl. Seifert, in: Korbion/Mantscheff/Vygen, HOAI, § 8, Rn. 32.

158 So z.B. die sog. Steinfort-Tabelle, abgedruckt in Pott/Dahlhoff/Kniffka, HOAI, 8. Auflage, 2006, Anh. III, oder die Tabelle bei Seifert, in: Korbion/Mantscheff/Vygen, HOAI, § 8, Rn. 36.

§ 632 a Abschlagszahlungen

Der Unternehmer kann von dem Besteller für in sich abgeschlossene Teile des Werkes Abschlagszahlungen für die erbrachten vertragsgemäßen Leistungen verlangen. Dies gilt auch für die erforderlichen Stoffe oder Bauteile, die eigens angefertigt oder angeliefert sind. Der Anspruch besteht nur, wenn dem Besteller Eigentum an Teilen des Werkes, an den Stoffen oder Bauteilen übertragen oder Sicherheit hierfür geleistet wird.« 1359

Die vorstehend zitierten dienst- und werkvertraglichen Vorschriften wiederholen übereinstimmend, dass es für die Bestimmung der Vergütung **vorrangig** auf die von den Parteien zur Vergütung getroffenen **Vereinbarungen** ankommt. Vergütungsabreden der Parteien gehen dem dispositiven Gesetzesrecht des BGB grundsätzlich vor. 1360

Vereinbarungen zur Höhe der **Vergütung** von Projektsteuerungsleistungen werden in einer freien Wirtschaft durch eine Reihe von Faktoren bestimmt: 1361

- **Anforderungen an die Leistungen**
  - Leistungstiefe der Projektleitung des AG/Schnittstelle AG/Projektsteuerung
  - Schnittstellen zu Leistungen anderer Projektbeteiligter, etwa den Planern
  - Projektanforderungen allgemein
- **Aufbau- und Ablauforganisation für das Projekt**
- **Vergabe und Vertragsstrukturen**
- **Knappheitsgrad**/Verfügbarkeit/Marktentwicklung
- **Marktstellung** der angefragten Büros
- **Kalkulationsansätze** des Projektmanagement-Unternehmens (auch in Bezug auf Wagnis- und Gewinnzuschläge).[159]

Vergütungsabreden für Projektsteuerungsleistungen finden ihre Grenze an den zwingenden gesetzlichen Bestimmungen, u.a. bei einer Sittenwidrigkeit der Vergütungsabsprache, § 138 BGB. Allein die Festlegung der Vergütung eines Projektsteuerers in Höhe von 5 % der anrechenbaren Baukosten lässt indessen den Rückschluss auf eine Überschreitung der Grenze der Sittenwidrigkeit nicht zu.[160] Auch die Nichtbeachtung von Vorschriften über die Aufstellung eines Haushaltsplans hat keine Nichtigkeit nach § 134 BGB zur Folge.[161] Die Nichtigkeit eines Projektsteuerungsvertrags ist gemäß § 138 BGB bei einem kollusiven Zusammenwirken der Partein zur Umgehung des Vergaberechts zu bejahren.[162] 1362

Treffen die Vertragsparteien im Zusammenhang mit der Beauftragung des Projektsteuerers/-managers eine **Schwarzgeldabrede**, führt diese grundsätzlich zur Nichtigkeit des Vertrages.[163] Aus einem entsprechenden Vertrag können die Vertragsparteien grundsätzlich keine Erfüllungsansprüche ableiten.[164] Selbst Bereicherungsansprüche sind in der Regel nach § 817 Satz 1, 2 BGB ausgeschlossen.[165] 1363

5.3.1 Vergütungsformen

Das Gesetz stellt es den Parteien frei, die **Berechnungsart** für die Vergütung selbst zu wählen. Sie können dabei folgende, auch für Architekten- und Bauverträge in Betracht kommende Vergütungsformen wählen: 1364

---

159 Wegen einzelner Aspekte vgl. auch Mittelstädt, a. a. O., S. 129.
160 LG Saarbrücken, Urteil vom 06.11.2014, Az. 3 O 260/11, VPRRS 2014, 0595 = NZBau 2015, 121.
161 BGH, Urteil vom 24.04.2014, Az. VII 2 R 164/13, ZfBR 2014, 474.
162 LG Saarbrücken Urteil v. 6.11.2014, Az. 3 O 260/11 NZBau 2015, 121.
163 BGH, Urteil vom 01.08.2013, Az. VII ZR 6/13, in: NZBau 2013, 627; BGH, Urteil vom 10.04.2014, Az. VII ZR 241/13, in: NZBau 2014, 425. Anders noch BGH, Urteil vom 21.12.2000, Az. VII ZR 192/98, in: BauR 2001, 630, 631; Beschluss vom 25.01.2001, Az. VII ZR 296/00, in: BauR 2001, 632.
164 BGH, Urteil vom 01.08.2013, Az. VII ZR 6/13, in: NZBau 2013, 627; BGH, Urteil vom 10.04.2014, Az. VII ZR 241/13, in: NZBau 2014, 425; dazu Stamm, NZBau 2014, 131.
165 BGH, Urteil vom 10.04.2013, Az. VII ZR 241/13, in: NZBau 2014, 425, 426.

- **Zeitabhängige Vergütungsformen** (z.B. nach Personenstunden-, Personentages- oder Personenmonatssätzen),[166] ggf. begrenzt durch einen Höchstbetrag (Cap). Stundenlohnvereinbarungen enthalten i. d. R. die kleinste »Zeiteinheit« und kommen insoweit den – mangels gegenständlicher, positionsweiser Beschreibung – Einheitspreisen gleich.
- Hierneben gibt es **Pauschalvergütungsformen.**[167] Die Pauschale wiederum kann unter Zuhilfenahme unterschiedlicher Berechnungsparameter gebildet werden, etwa
  - als **vorläufige Pauschalsumme**, die noch von den endgültig **festzustellenden anrechenbaren Kosten** abhängt (entsprechend der HOAI-Systematik – AHO-/DVP-Basis-Modell),
  - **als endgültige/feste Pauschalsumme**, wobei folgende Preisermittlungsgrundlagen in Betracht kommen:
  - Ein **Budget**,
  - eine im **Wettbewerb gefundene Pauschale** für ein bestimmtes Leistungsbild,
  - eine **Personaleinsatzkalkulation**.

1365 Entsprechende Pauschalverträge können durch **Bonus-/Malus-Klauseln** ergänzt werden.

- Schließlich kommen **Selbstkostenerstattungsverträge**, vornehmlich in der Form von **Cost-plus-fee-Regelungen**, in Betracht. Speziell im anglo-amerikanischen Rechtskreis sind Cost-plus-fee-Vergütungsformen für die Projektsteuerung weit verbreitet, und zwar auch in der Grundform des dortigen Construction-Managements at agency (Projektsteuerung in Stabsfunktion – Construction-Manager as adviser). In diesen Fällen erhält der Projektsteuerer i. d. R. eine Kostenerstattung für Personal- und Sachkosten (auch Nachunternehmerkosten) und einen vereinbarten Aufschlag für Gewinn, Wagnis und allgemeine Geschäftskosten (»fee«).
- Wird der Projektsteuerer/-manager als Management-Contractor/Construction-Manager at risk tätig, erhält er vielfach eine Vergütung, die durch einen **garantierten Maximumpreis** geprägt wird.[168]

1366 Es gibt keine **allgemeingültige Präferenz** für bestimmte Vergütungsformen, insbesondere nicht für eine zeitabhängige Vergütungsform oder eine Pauschalvergütung. Haben die Parteien keine eindeutige Regelung getroffen, ist die übliche Vergütung i. S. der §§ 612 Abs. 2 bzw. 632 Abs. 2 BGB festzustellen.[169]

5.3.2 Beratungspflicht zu Vergütungsmodellen

1367 Die vorgenannten Vergütungsformen können für den Auftraggeber und den Projektsteuerer ganz unterschiedliche finanzielle Folgen haben. Es stellt sich daher die Frage, ob der Projektsteuerer den Auftraggeber über die **finanziellen Konsequenzen** der Wahl einer bestimmten Vergütungsform aufklären muss. Dieses Problem wird insbesondere virulent, wenn es um die Vereinbarung von Pauschalpreisen in einer Frühphase des Projektes geht oder aber bei von anrechenbaren Kosten abgeleiteten Pauschalvergütungen. Auftraggeber übersehen die Auswirkungen der Wahl der Vergütungsform oftmals nicht.

1368 Grundsätzlich aber trifft den Projektsteuerer keine **Aufklärungspflicht** hinsichtlich der Auswirkung der einzelnen Vergütungsmodelle. Nach den Grundsätzen von Treu und Glauben (§ 242 BGB) kann sich ausnahmsweise eine entsprechende Unterrichtungspflicht ergeben, wenn der Auftraggeber besonders unerfahren und auf eine entsprechende Aufklärung angewiesen ist.[170] Das kann

---

166 Vgl. Richardi/Fischinger, in: Staudinger, BGB, § 611, Rn. 780 f.

167 Dazu Rdn. 1397 f.; auch OLG Düsseldorf, Urteil vom 16.04.1999, Az. 2 U 174/98 für den Projektsteuerer.

168 Vgl. dazu Rdn. 455 f.

169 Vygen, Bauvertragsrecht, Rn. 27; Heinrich, Der Baucontrollingvertrag, S. 94.

170 Vgl. BGH, Beschluss vom 14.12.2005, Az. IX ZR 210/03, in: FamRZ 2006, 478 für den Anwalt: »Allerdings kann sich aus besonderen Umständen des Einzelfalls nach Treu und Glauben (§ 242 BGB) eine Pflicht des RA ergeben, auch ohne Frage des Auftraggebers diesen über die voraussichtliche Höhe seiner Vergütung zu belehren. Insoweit hat er die erforderliche Gesamtwürdigung zu berücksichtigen einerseits

insbesondere gelten, wenn der Bauherr erkennbar falsche Vorstellungen von der Honorarhöhe hat, etwa ein vorgegebenes enges Budget hierdurch gesprengt würde.[171] Entsprechendes gilt, wenn Vergütungsvereinbarungen in einem frühen Projektstadium stattfinden und die Projektbedingungen noch so unsicher sind, dass nur eine stufenweise Beauftragung sinnvoll sein kann.[172]

Nach Auffassung des OLG Hamm kommt eine Aufklärungsverpflichtung über die Auswirkungen einer Honorarabrede, anknüpfend an **anrechenbare Kosten**, zumindest dann nicht in Betracht, wenn es sich bei den Beteiligten um erfahrene Marktteilnehmer handelt, die über die Vergütung intensiv verhandelt haben.[173] 1369

Liegt eine **Verletzung der Aufklärungspflicht** vor, stellt dies einerseits einen Grund für eine fristlose Kündigung dar,[174] rechtfertigt aber andererseits die Geltendmachung von Schadensersatzansprüchen.[175] 1370

5.4 Vergütungsmodelle für das Projektmanagement: Zur Festlegung der Höhe der Vergütung

5.4.1 Zeithonorare

5.4.1.1 Allgemeine Grundsätze

Zeithonorarverträge werden oft als Stundenlohnverträge bezeichnet. Diese Bezeichnung knüpft an den maßgeblichen **Berechnungsfaktor** für die Vergütung, nämlich den Zeitaufwand des Auftragnehmers für seine Leistung, an. Die Berechnung muss allerdings nicht nach Stunden erfolgen, sie kann auch nach einem anderweitigen Zeitmaßstab, etwa nach Personentagen oder Personenmonaten erfolgen. 1371

Zeithonorarverträge können sowohl bei **dienstvertraglich** als auch bei **werkvertraglich** basierten Projektsteuerungsverträgen in Betracht kommen. Die Erfolgsbezogenheit des Leistungsversprechens führt nicht dazu, dass die Vergütung notwendigerweise ebenfalls leistungsbezogen zu definieren ist. Dementsprechend ist es möglich und im Einzelfall auch sinnvoll, bei Werkverträgen eine Zeithonorarvereinbarung zu treffen, die ihrem Charakter nach nicht an ein bestimmtes Leistungsergebnis, sondern an einen Aufwand anknüpft. Die Vergütung nach Aufwand begründet die Schwäche und Stärke der Vertragsart. Der Vorteil des Zeithonorarvertrages liegt in der hohen Anpassungsfähigkeit an noch nicht abschließend definierte bzw. nicht vorhersehbare Projektabläufe. Die Vereinbarung eines Zeithonorars vermeidet insbesondere zu hohe Risikozuschläge des Projektsteuerers bei nicht ausreichenden Kalkulationsgrundlagen.[176] Der Nachteil eines entsprechenden Aufwandsvertrages liegt in dem fehlenden unmittelbaren Leistungsbezug der Vergütung und der 1372

den Schwierigkeitsgrad und den Umfang der anwaltlichen Aufgabe, einen ungewöhnlich hohen Gegenstandswert und sich daraus ergebende Gebühren, die das vom Auftraggeber erstrebte Ziel wirtschaftlich sinnlos machen können, andererseits die Bedeutung der Angelegenheit für den Mandanten sowie dessen Vermögensverhältnisse und Erfahrungen im Umgang mit Rechtsanwälten«; ferner Pauly, BauR 2000, 808 mit umfassenden weiteren Nachweisen.

171 Vgl. OLG Hamm, Urteil vom 11.08.1999, Az. 12 U 100/98, in: BauR 1999, 1479; OLG Saarbrücken, Urteil vom 12.09.2007, Az. 1 U 676/06, in: NJW-RR 2008, 509; auch OLG Köln, Urteil vom 16.01.1998, Az. 19 U 98/97, in: VersR 2000, 335, für den Fall zeitabhängiger Vergütung bei einem Entwicklungsauftrag.

172 Vgl. OLG Saarbrücken, Urteil vom 10.02.1999, Az. 1 U 379/98, in: BauR 2000, 753, 755 für den Architekten, vgl. insoweit zur Belehrungspflicht eines Rechtsanwaltes über Anwaltsgebühren: BGH, Urteil vom 02.07.1998, Az. IX ZR 63/97, in: WM 1998, 2243, 2245; vgl. auch BGH, Urteil vom 24.05.2007, Az. IX ZR 89/06, in: FamRZ 2007, 1322.

173 Vgl. OLG Hamm, Urteil vom 15.08.2006, Az. 24 U 125/05 (Nichtzulassungsbeschwerde vom BGH zurückgewiesen, Beschluss vom 13.03.2008, Az. VII ZR 208/06); dazu auch IBR 2008, 336.

174 OLG Hamm, Urteil vom 11.08.1999, Az. 12 U 100/98, in: BauR 1999, 1479.

175 OLG Saarbrücken, Urteil vom 10.02.1999, Az. 1 U 379/98, in: BauR 2000, 753, 755.

176 Vgl. Kleine-Möller, in Kleine-Möller/Merl/Oelmaier, Handbuch des privaten Baurechts, § 10, Rn. 24 f.

Gefahr unwirtschaftlichen Arbeitens bzw. der schweren Kontrollierbarkeit der Leistungen.[177] Dem Wesen nach handelt es sich bei dem Zeithonorarvertrag um einen Selbstkostenerstattungsvertrag mit vereinfachter Abrechnung.[178]

1373 Die Geltendmachung von Zeithonoraren setzt voraus, dass eine entsprechende **Vergütungsvereinbarung** getroffen wurde. §§ 612, 632 BGB schließen im Falle einer fehlenden Festlegung der Vergütungsart die Anerkennung von Zeithonoraren als **übliche Vergütung** nicht aus. Eine entsprechende Vereinbarung wird nur dann in Betracht kommen, wenn die Besonderheiten des jeweiligen Projektes eine derartige Vergütungsabrede nahe legen. Das ist der Fall, wenn keine hinreichend abgegrenzte Projektaufgabe vorliegt. Entsprechendes gilt bei kleineren Sanierungs- oder Umbauprojekten mit vielen Einzelunternehmen oder zeitlich begrenzten Aufträgen, z. B. Crash-Management-Einsätzen.[179]

1374

Zeithonorar für PM-Leistungen	
Kennzeichen	Bezugseinheit der Vergütung ist der nachgewiesene Verbrauch von Personaleinsatzstunden-, -tages- oder -monatssätzen
Vorteile	Honorargerechtigkeit (enge Verzahnung von Leistung und Vergütung) Hohe Anpassungsfähigkeit, speziell bei komplexen Projekten und Projekten mit Änderungsbedarf Hohe Transparenz und Nachvollziehbarkeit
Nachteile	Fehlender Anreiz zu wirtschaftlicher Betriebsführung Bei Vertragsabschluss der Höhe nach nicht kalkulierbar Hoher Aufwand für Zeiterfassung und Controlling
Präferierte Einsatzfelder	Begrenzte Aufgabenübertragung, z. B. partielle Unterstützung der AG-Organisation Projekte mit unklaren Randbedingungen und komplexe Projekte Projekte mit hohem Änderungsbedarf Internationale Projekte[178]

Typische Ergänzungsabreden:	Deckelung der Gesamtvergütung durch CAP oder GMP Verpflichtung nur besonders leistungsfähiger Mitarbeiter Vereinbarung von Incentives für das Erreichen bestimmter Projektziele Basisregelung für spätere Pauschalierung

1375 Haben sich die Vertragsparteien auf eine Vergütung nach Zeitaufwand verständigt, dann genügt es, dass ein Vertrag in allgemeiner Form die Maßstäbe angibt, nach denen die Vergütung zu berechnen ist. Eine **rahmenmäßige Abrede** i. S. einer Stundenlohnvereinbarung reicht aus. Sind Stundensätze festgelegt, ergibt sich die vereinbarte Vergütung ohne weiteres aus der Vervielfältigung des jeweiligen Stundensatzes mit der Zahl der geleisteten Stunden.[181] Allein aus der Abzeichnung von Stundenlohnnachweisen kann jedoch nicht ohne weiteres gefolgert werden, dass hierdurch eine nachträgliche Vereinbarung über eine Zeithonorarvergütung zustande gekommen ist.[182]

177 Vgl. etwa Vygen, Bauvertragsrecht nach VOB und BGB, Rn. 756; vgl. etwa Wingsch BauR 2002, 1168, 1172: Stunden- und Tagessatzvereinbarungen sind programmierter Betrug und ein ergiebiges und breites Betätigungsfeld für Juristen und Revisoren.

178 Vgl. Kleine-Möller, a. a. O.

179 Vgl. dazu auch Kleine-Möller, a. a. O., § 10, Rn. 28.

180 Vgl. Britta Borg, Bauprojektmanagement aus internationaler Sicht, Vortrag im Rahmen des Herbstseminars des DVP 2004, S. 22.

181 BGH, Urteil vom 01.02.2000, Az. X ZR 198/97, in: NJW 2000, 1107 = BauR 2000, 1196, 1197.

182 Vgl. für den VOB-Vertrag BGH, Urteil vom 24.07.2003, Az. VII ZR 79/02, in: NZBau 2004, 31 = BauR 2003, 1892 = ZfBR 2004, 37 = IBR 2003, 666.

Der Parteiwille entscheidet im Übrigen darüber, ob und inwieweit eine **Verpflichtung** des Auftragnehmers zur **wirtschaftlichen Betriebsführung** besteht und wie diese vom Auftraggeber im Rahmen einer entsprechenden Zeithonorarabrede eingefordert werden kann. Dabei sind folgende Gestaltungen zu unterscheiden: 1376

5.4.1.2 Dienstvertragliche Zeithonorarverträge/arbeitsrechtliche Gestaltungen

Bei einem rein dienstvertraglich basierten Projektsteuerungsvertrag, etwa dann, wenn der Projektsteuerer als Arbeitnehmer in der Projektleitungsorganisation des Auftraggebers tätig ist, sind sog. **reine Zeithonorarabreden** üblich, wonach das Honorar ausschließlich nach Dauer der geleisteten Arbeit bemessen wird. In einem solchen Fall ist die Zeitvergütung grundsätzlich von dem Maß der Qualität der geleisteten Arbeit unabhängig. Der Auftraggeber bleibt auch im Falle uneffektiver Arbeit zur Zahlung der vereinbarten Vergütung verpflichtet; er hat allenfalls die Möglichkeit, mit Schadensersatzansprüchen wegen Verletzung von Vertragspflichten aufzurechnen (was den Nachweis einer konkreten Verletzung der im Dienstvertrag niedergelegten qualitativen Leistungspflicht voraussetzt).[183] Nach dieser Vergütungsform kommt es also nicht darauf an, wie viele Stunden der eingesetzte Projektsteuerer effektiv tätig war, sondern seine Vergütung wird allein nach der tatsächlich geleisteten Arbeitszeit berechnet.[184] 1377

5.4.1.3 Werkvertragliche Zeithonorarverträge

Aufgrund der Risikoverteilung des Werkvertrages trägt der Unternehmer grundsätzlich das Erfüllungsrisiko für die versprochene Leistung, unabhängig von dem dafür erforderlichen Aufwand.[185] Ungeachtet dessen ist auch bei Werkverträgen eine Zeithonorarvereinbarung möglich. Der werkvertragliche Charakter soll sich aber nach der Rechtsprechung dergestalt auswirken, dass der **Werkunternehmer** zu einer **wirtschaftlichen Betriebsführung** verpflichtet ist und dementsprechend nur die wirklich erforderlichen Leistungen abrechnen kann.[186] 1378

Der BGH hat insoweit formuliert:

> *»Die Vereinbarung einer Stundenlohnvergütung für Werkleistungen begründet nach Treu und Glauben eine vertragliche Nebenpflicht zur wirtschaftlichen Betriebsführung, deren Verletzung sich nicht unmittelbar vergütungsmindernd auswirkt, sondern einen vom Besteller geltend zu machenden Gegenanspruch aus § 280 Abs. 1 BGB entstehen lässt. Dessen tatsächliche Voraussetzungen muss der Besteller nach allgemeinen Grundsätzen darlegen und beweisen.«*[187] 1379

Zur schlüssigen Begründung eines nach Zeitaufwand zu bemessenden Vergütungsanspruchs muss der Auftragnehmer (auch Projektsteuerer) grundsätzlich nur darlegen, wie viele Stunden für die Erbringung der Vertragsleistungen angefallen sind.[188] Die Darlegungs- und Beweislast für die Richtigkeit der Abrechnung eines werkvertraglichen Vergütungsanspruchs liegt auch bei einer prüfbaren Abrechnung beim Auftragnehmer.[189] 1380

---

183 Vgl. dazu etwa Müller-Glöge, in Münchener Kommentar, BGB, § 611, Rn. 711.

184 Richardi/Fischinger, in Staudinger, BGB, § 611, Rn. 780 f.

185 Vgl. BGH, Urteil vom 06.12.2001, Az. VII ZR 241/00, in: NZBau 2002, 338, 339.

186 Vgl. OLG Düsseldorf, Urteil vom 06.12.2002, Az. 5 U 93/01, in: BauR 2003, 1418, 1419 = NJW-RR 2003, 1241 = IBR 2003, 488; OLG Karlsruhe, Urteil vom 15.10.2002, Az. 17 U 96/01, in: BauR 2003, 737 = IBR 2003, 404; OLG Düsseldorf, Urteil vom 05.05.2000, Az. 22 U 203/99, in: NZBau 2000, 378, 379 = OLGR Düsseldorf 2000, 367; OLG Bamberg, Urteil vom 28.01.2004, Az. 3 U 65/00, in: IBR 2004, 303 = BauR 2004, 1623.

187 BGH, Urteil vom 17.04.2009, Az. VII ZR 164/07, in: NZBau 2009, 450 f.; BGH, Urteil vom 28.05.2009, Az. VII ZR 74/06, in: NZBau 504 f.; OLG München, Urteil vom 19.10.2010, Az. 9 U 4496/09, in: NZBau 2011, 172; OLG Köln, Urteil vom 16.09.2008, Az. 24 U 167/07, in: BauR 2009, 257; dazu auch Digel/Knickenberg, BauR 2010, 21 f.

188 BGH, Urteil vom 17.04.2009, Az. VII ZR 164/07, in: NZBau 2009, 450 f.; BGH, Urteil vom 28.05.2009, Az. VII ZR 74/06, in: NZBau 2009, 504 f.; dazu auch Digel/Knickenberg, BauR 2010, 21 f.

189 BGH, Urteil vom 28.05.2009, Az. VII ZR 74/06, in: NZBau 2009, 504 f.

1381 Der Auftragnehmer muss zu Art und Inhalt der nach Zeitaufwand abgerechneten Leistungen jedenfalls so viel vortragen, dass dem für die Unwirtschaftlichkeit der Leistungsausführung darlegungspflichtigen Besteller eine sachgerechte Rechtswahrung ermöglicht wird. Insoweit trifft ihn eine sekundäre Darlegungslast. Welchen Sachvortrag der Unternehmer danach zur Erfüllung seiner sekundären Darlegungslast konkret zu führen hat, ist einer generalisierenden Betrachtung nicht zugänglich und muss im Einzelfall unter Berücksichtigung des jeweiligen Vorbringens der Gegenseite beurteilt werden. Maßstab hierfür ist das Informations- und Kontrollbedürfnis des Auftraggebers.[190]

5.4.1.4 Nachweis der aufgewandten Zeit

1382 Generell gilt bei der Zeithonorarabrede des Projektsteuerers, dass den Projektsteuerer die Verpflichtung des Nachweises der angefallenen Stunden trifft. Den Beweis des entsprechenden Stundenaufwandes kann er – soweit nicht in Anlehnung an § 15 VOB/B formelle Dokumentations- und Abrechnungsanforderungen gestellt sind – nicht nur durch abgezeichnete Stundenzettel, sondern auch durch andere Beweismittel, notfalls durch Zeugenbeweis führen.[191] Selbst die unterbliebene Vorlage von vertraglich vereinbarten Stundenzetteln führt nicht ohne weiteres zum Verlust eines Werklohnanspruchs. Jedoch muss der Auftragnehmer dann nachträglich alle notwendigen Angaben machen, die in den Stundenzetteln hätten enthalten sein müssen, um den Vergütungsanspruch schlüssig darzulegen.[192]

1383 Die Anerkenntniswirkung der Abzeichnung von Tage- bzw. Stundenlohnzetteln erstreckt sich nicht auf die Erforderlichkeit der darin angegebenen Stunden.[193] Zum Teil nimmt die Rechtsprechung an, dass der Auftraggeber bei einem abgezeichneten Zeitaufwand beweisen muss, dass die Stundenlohnabrechnung des Werkunternehmers nicht zutreffe.[194] Zum Teil wird angenommen, dass zumindest die substantiierte Darlegung notwendig sei, inwieweit Stunden nicht erforderlich gewesen sind. Die bloße Angabe einer niedrigeren Stundenzahl reiche insoweit nicht aus.[195]

1384 Bei der Abrechnung eines Zeithonorars ist es grundsätzlich nicht erforderlich, ob die aufgewendete Zeiteinheit auf die ursprünglich vereinbarte Vertragsleistung oder aber auf Zusatzarbeiten entfällt.[196] Der Auftraggeber muss eine Zeithonorarabrechnung im Detail prüfen. Er kann sich nicht pauschal mit Nichtwissen erklären.[197] Soweit die Vertragsparteien nichts Abweichendes regeln, sind **Wegezeiten** nicht gesondert vergütungspflichtig.[198]

1385 Wenn ein Architekt oder Ingenieur im Rahmen einer Zeithonorarvereinbarung die Verfügbarkeit von montags bis freitags verspricht, dann hat er in diesen Zeiten auch den **vollen Arbeitseinsatz** zu erbringen. Wenn er gleichwohl andere Tätigkeiten, ggf. auch für andere Auftraggeber, erledigt,

190 BGH, Urteil vom 17.04.2009, Az. VII ZR 164/07, in: NZBau 2009, 450 f.; BGH, Urteil vom 28.05.2009, Az. VII ZR 74/06, in: NZBau 504 f.; dazu auch Digel/Knickenberg, BauR 2010, 21 f.; Peters, Das Gebot wirtschaftlichen Arbeitens beim Stundenlohnvertrag und beim Einheitspreisvertrag, NZBau 2009, 673 f.

191 Vgl. BGH, Urteil vom 01.02.2000, Az. X ZR 198/97, in: NJW 2000, 1107 = BauR 2000, 1196, 1197; OLG Hamm, Urteil vom 08.02.2011, Az. 21 U 88/10, in: IBR 2011, 252.

192 OLG Düsseldorf, Urteil vom 09.08.2013, Az. 22 U 161/12, in: BauR 214, 709.

193 OLG Köln, Urteil vom 16.09.2008, Az. 24 U 167/07, in: IBR 2009, 314; OLG Frankfurt, Urteil vom 14.06.2000, Az. 23 U 78/99, in: NZBau 2001, 27, 28 = NJW-RR 2000, 1470 = IBR 2001, 163; KG, Urteil vom 29.02.2000, Az. 4 U 1926/99, in: NJW-RR 2000, 1690, 1691.

194 Vgl. dazu etwa OLG Karlsruhe, Urteil vom 15.10.2002, Az. 17 U 96/01, in: BauR 2003, 737 = IBR 2003, 404.

195 KG, Urteil vom 09.08.2002, Az. 7 U 203/01, in: BauR 2003, 726.

196 Vgl. OLG Frankfurt, Urteil vom 14.06.2000, Az. 23 U 78/99, in: NZBau 2001, 27 = IBR 2001, 163.

197 KG, Urteil vom 03.03.2000, Az. 7 U 6021/98, in: NZBau 2000, 257 = KGR Berlin 2000, 136.

198 LG Bonn, Urteil vom 13.09.2000, Az. 5 S 50/00, in: BauR 2001, 1267, 1268; a.A. OLG Hamm, Urteil vom 08.02.2011, Az. 21 U 88/10, in: IBR 2011, 252: Es ist im Baugewerbe nicht üblich, dass Fahrtkosten nach Stundenaufwand berechnet werden.

ist das Honorar anteilig zu kürzen.[199] Etwas anderes kann nur dann gelten, wenn gar keine Zeithonorarvereinbarung, sondern vielmehr eine Pauschalhonorarvereinbarung zustande gekommen ist und die Einsatzzeit lediglich Kalkulationsgrundlage für die Pauschalenbildung gewesen ist. Selbst in diesem Fall kann sich aber bei gravierenderen Abweichungen ein Anspruch auf Anpassung der Vergütungspauschale aus § 313 BGB (Störung der Geschäftsgrundlage) ergeben.

Im Einzelfall kann das »**eigensüchtige Ausweiten**« von Einzeltätigkeiten im Rahmen einer Zeit- 1386
honorarabrede zu einem sittenwidrigen und damit unwirksamen Abrechnungsverhalten führen.[200]

Den Risiken aufwandsbezogener Honorarvereinbarungen begegnen die Parteien des Öfteren 1387
dadurch, dass
- besonders leistungsfähige Mitarbeiter verpflichtet,
- Höchstsummen für den Zeithonoraraufwand bestimmt,[201]
- Incentives für den Fall der Erreichung bestimmter Ziele vorgesehen werden.

Die Ausrichtung des jeweiligen Vergütungsmodells auf die Anforderungen des jeweiligen Projektes 1388
ist Aufgabe sachangemessener Vertragsgestaltung.

5.4.1.5 Höhe des Zeithonorars

Das Zeithonorar wird in der Regel durch so genannte Verrechnungssätze bestimmt. Diese Verrech- 1389
nungssätze beinhalten die vollen Personalkosten einschließlich Sozialkosten, die Deckungsbeiträge für die projektbezogenen und die Allgemeinen Geschäftskosten sowie Wagnis und Gewinn, etwa wie folgt:

	Personalkosten p. a.
+	Sozialkosten p. a.
+	Deckungsbeitrag Projektgemeinkosten p. a.
+	Deckungsbeitrag Allgemeine Geschäftskosten p. a.
+	Wagnis und Gewinn
	Honorar p. a. und Mitarbeiter

Nicht umfasst sind dabei die Nebenkosten und die jeweils geltende Mehrwertsteuer. 1390

a) Vorschlagssätze nach AHO (2014)

Funktion	**Monatsverrechnungssatz**
Projektleiter/in	16 500–18 800 €/Mon
Projektbearbeiter/in	12 500–14 500 €/Mon
Technisch-wirtschaftliche/r MA	8 400–10 500 €/Mon

Die Vorschläge der AHO-Honorarordnung sehen vor, dass die oben genannten Personenverrech- 1391
nungssätze sowohl die direkten Personalkosten aus Gehalt, Soziallöhnen und Sozialkosten als auch die indirekten Personalkosten der Geschäftsführung und des Sekretariats, die Allgemeinen Geschäftskosten sowie Wagnis und Gewinn enthalten. Es handelt sich um Nettohonorare, die um etwaige Nebenkosten und Umsatzsteuer zu erhöhen sind (§ 9 Nr. 3 Abs. 2 AHO). Zwischen dem Projektleiter und dem Unternehmensinhaber ist dabei zu unterscheiden. Ein Vorschlag für einen Monatsverrechnungssatz existiert nach den AHO-Vorschlägen nur in Bezug auf die Person des

199 OLG Frankfurt, Urteil vom 21.05.2008, Az. 19 U 190/07, in: IBR 2009, 397.
200 OLG Düsseldorf, Urteil vom 29.06.2006, Az. I 24 U 196/04, in: NJW-RR 2007, 129 für den Anwaltsvertrag.
201 Vgl. etwa Peters/Jacoby, in Staudinger, § 632, Rn. 25.

Projektleiters/der Projektleiterin. Nur dann, wenn ein Inhaber eigenständig Projektsteuerungsleistungen erbringt, sind für den Inhaber gesonderte Verrechnungssätze vorzusehen. Dieser Verrechnungssatz muss individuell angeboten und bestimmt werden. Festzuhalten ist lediglich, dass der Monatsverrechnungssatz für den Inhaber und den Projektleiter nicht identisch sind.[202]

b) Vorschlag nach Mittelstädt (2006)

1392

	Tagessatz	**Stundensatz**
Projektleiter/in	720 €/Tag	90 €/Std.
Senior Ingenieur/in	600 €/Tag	75 €/Std.
Junior Ingenieur/in/Techniker/in	440 €/Tag	55 €/Std.

c) HO-PS (Österreich, 2001 – nicht mehr aktualisiert, siehe dazu Rdn. 105, 1461)

1393

Leistungsklasse	in %	Leistungsbild	EURO/Std.
VIII	100,0	Persönlicher Einsatz des Unternehmensinhabers in Bezug auf nicht delegierbare Leistungen, wie Urkundstätigkeit, Gutachter- bzw. Sachverständigentätigkeit.	116,57
VII	75,0	Leistungen spezieller, fachlicher Art mit besonderem Maße an Kenntnissen.	85,43
VI	62,5	Leistungen bzw. Tätigkeiten, die besonders verantwortungsreich bzw. schöpferisch sind (Projektleiter).	72,85
V	57,5	Leistungen schwieriger und verantworungsreicher Art, die besondere theoretische und praktische Kenntnisse erfordern (Entwerfer, Konstrukteure, Bauleiter, Baukaufleute, EDV-Analytiker).	67,03
IV	50,0	Leistungen bzw. Tätigkeiten schwieriger Art, wozu besondere Kenntnisse erforderlich sind (Ingenieure und technische Spezialisten).	58,28
III	40,0	Leistungen bzw. Tätigkeiten einfacher technischer oder kaufmännischer Art nach allgemeinen Richtlinien und Weisungen (Ingenieure und Fachtechniker, Sekretäre/Sekretärinnen).	46,63
II	32,5	Leistungen bzw. Tätigkeiten einfacher, nicht schematischer oder mechanischer Art nach gegebenen Richtlinien (z. B. technischer Zeichner/technische Gehilfen).	37,88
I	25,0	Hilfsleistungen bzw. Hilfstätigkeiten schematischer oder mechanischer Art (Schreibkräfte, Bürogehilfen).	29,14

1394 In Österreich gibt es einen pauschalen Zuschlag für Leistungen außerhalb normaler Arbeitszeit zwischen 20.00 und 06.00 Uhr sowie an Sonn- und Feiertagen in Höhe von 2/3.

d) Empirische Erkenntnisse:

1395 Das Institut für Freie Berufe Nürnberg (IFB) führt in regelmäßigen Abständen Untersuchungen über die wirtschaftliche Lage der Architekten und Ingenieure durch. Die bei Drucklegung veröffentlichte Untersuchung betrifft das Jahr 2013. Die IFB-Studie, die im Auftrag des AHO, der Bundesingenieurkammern und des VDI und des BDB erarbeitet worden ist, enthält statistische

202 Vgl. zur Abgrenzung auch KG, Urteil vom 08.05.2007, Az. 7 U 37/05, in: BauR 2008, 855.

Angaben über die Monatsbruttogehälter von Architekten und Ingenieuren und technischen Mitarbeitern sowie einen Bürostundensatz und auch Ermittlungen zum **Gemeinkostenfaktor**, der je nach Ermittlungsart **zwischen 2,8 und 3** liegt.

Die Bruttomonatsgehälter und die Bürostundensätze ergeben sich aus den nachfolgenden Übersichten:

IFB

Brutto-Monatsgehälter von Vollzeit angestellten Mitarbeitern nach Berufserfahrung (arithmetische Mittel)

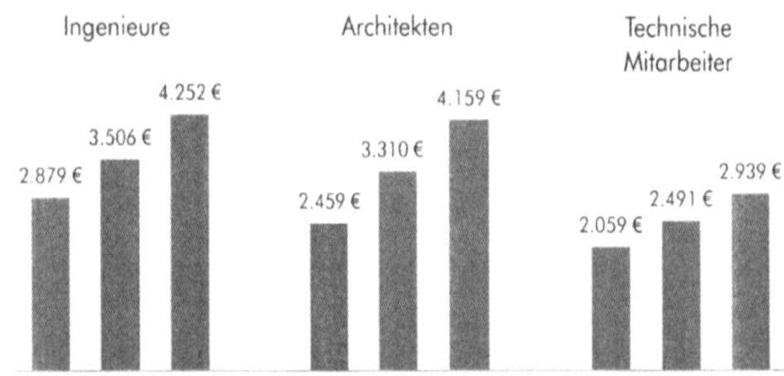

Berufs-erfahrung:	Ingenieure 1 bis 2 Jahre	Ingenieure 3 bis 10 Jahre	Ingenieure über 10 Jahre	Architekten 1 bis 2 Jahre	Architekten 3 bis 10 Jahre	Architekten über 10 Jahre	Technische Mitarbeiter 1 bis 2 Jahre	Technische Mitarbeiter 3 bis 10 Jahre	Technische Mitarbeiter über 10 Jahre
n	63	70	71	15	24	20	52	64	73
Minimum	1.500 €	2.300 €	2.500 €	1.700 €	2.700 €	3.000 €	1.200 €	1.600 €	1.600 €
Maximum	5.513 €	5.500 €	8.000 €	3.000 €	4.500 €	8.500 €	3.000 €	4.500 €	6.000 €
Median	2.800 €	3.500 €	4.100 €	2.500 €	3.225 €	4.000 €	2.000 €	2.500 €	2.800 €

IFB

Bürokostenstundensatz, ohne Fremdleistungen, insgesamt und nach Bürogröße (arithmetische Mittel) 1396

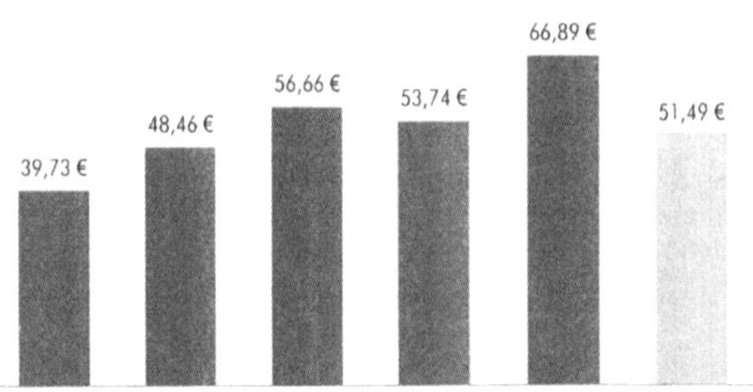

Tätige Personen:	bis 1	über 1 bis 5	über 5 bis 10	über 10 bis 50	über 50	insgesamt
n	39	74	42	90	15	266
Minimum	13,86 €	10,13 €	20,83 €	24,71 €	34,84 €	10,13 €
Maximum	86,67 €	132,60 €	232,14 €	125,45 €	151,71 €	232,14 €
Median	37,50 €	41,59 €	47,33 €	53,81 €	62,59 €	47,06 €

5.4.2 Die Pauschalvergütung des Projektsteuerers

5.4.2.1 Grundlagen

1397 Pauschalverträge sind durch eine von der Leistungsmenge unabhängige, von vornherein feste Vergütung gekennzeichnet. Ihr Merkmal ist die Loslösung der Vergütung von der Menge der vom Auftragnehmer erbrachten Einzelleistungen (auch der hierfür aufgewandten Zeit). Charakteristisch ist die **Abkopplung der Vergütung von der Leistungsmenge.**[203] Der Vereinbarung derartiger Pauschalvergütungen für Projektsteuerungsleistungen stehen rechtliche Bedenken nicht entgegen.[204]

1398 Die **Loslösung** der Vergütung **von einzelnen Leistungen/Tätigkeiten** erfolgt typischerweise bei werkvertraglich basierten Projektsteuerungsverträgen. Um die Vergütung zu verdienen, muss der Auftragnehmer i. d. R. ein konkretes werkvertragliches Leistungsziel erreichen; welchen Aufwand er hierfür benötigt, ist grundsätzlich gleichgültig. Er trägt das Mengenrisiko, und zwar grundsätzlich bis zur Grenze des Fortfalls der Geschäftsgrundlage.[205] Wird dementsprechend für Projektsteuerungsleistungen eine pauschale Vergütung vereinbart, kommt es auf die Frage des Umfangs der jeweils erbrachten Einzelleistungen nicht an.[206]

5.4.2.2 Unechte (herstellkostenabhängige) Pauschalvergütungen

1399 Verträge über **Architekten- und Ingenieurleistungen auf HOAI-Basis sind** – abgesehen von Verträgen auf Stunden- oder Tageshonorarbasis – **regelmäßig werkvertraglich basierte Pauschalverträge**. Die HOAI ist so aufgebaut, dass die Einzelleistungen der Architekten und Ingenieure zu Phasen zusammengefasst sind, an deren Ende jeweils ein Arbeitsergebnis steht. Die Vergütung gilt immer die gesamte Tätigkeit (ggf. einer bestimmten Leistungsphase) ab. Pauschal ist die Vergütung deshalb, weil sie (wie bei allen Planungsleistungen) an die Erfüllung bestimmter Leistungspflichten/-ziele anknüpft und grundsätzlich unabhängig von der ausgeführten Arbeit entsteht.[207] Welchen Aufwand der Objektplaner für seine Planungsleistungen hat, wie viele Stunden sein Personal verbraucht, ist für die Bemessung der Pauschalvergütung grundsätzlich gleichgültig.[208] *Kapellmann* hat formuliert:

1400 *»Die Vergütung von Architekten- und Ingenieurleistungen auf der Basis der HOAI führt immer – Stundenabrechnungen ausgenommen – zur Pauschalvergütung mit Gleitklausel. Dass dabei nach der neueren Rechtsprechung des BGH die Leistungsbilder der HOAI wenig über den vertraglich geschuldeten Leistungsumfang aussagen sollen, hat damit nichts zu tun: Wir sprechen nur über die Vergütungsmethoden, und insofern erhält der Objektplaner oder der Tragwerksplaner nun einmal eine pauschale Vergütung, die entsprechend den Phasen der HOAI (bei voller Beauftragung) in 9 Teilpauschalen aufgegliedert ist. Pauschal ist die Vergütung deshalb, weil sie unabhängig von der ausgeführten Menge ist – nur das ist das entscheidende Kriterium des Pauschalvertrages. Ob der Objektplaner für den Entwurf 10 Stunden braucht oder 250 Stunden, die Vergütung ist dieselbe.«*[209]

1401 In der architektenrechtlichen Literatur werden unter Planerpauschalverträgen dagegen i. d. R. Verträge verstanden, bei denen eine herstellkostenunabhängige (also von den anrechenbaren Kosten abgekoppelte) Honorierung vereinbart worden ist.[210] Diese Begriffsverwendung beruht offenbar auf der Annahme, dass durch die Anknüpfung der Vergütung gem. § 10 Abs. 1 HOAI an die anrechenbaren Kosten das Mengenrisiko weitgehend auf den Auftraggeber übertragen wird. Ein zwingender Zusammenhang

203 Vgl. Kapellmann/Schiffers, Vergütung, Nachträge und Behinderungsfolgen beim Bauvertrag, Band 2, Rn. 53.

204 OLG Hamm, Urteil vom 15.08.2006, Az. 24 U 125/05, in: BauR 2008, 2062 (Revision vom BGH nicht angenommen, Beschluss vom 13.03.2008, Az. VII ZR 208/06), dazu auch IBR 2008, 402.

205 Zur Bedeutung der Geschäftsgrundlage vgl. Locher/Koeble/Frik, HOAI, § 7, Rn. 41 f.

206 Vgl. dazu OLG Düsseldorf, Urteil vom 16.04.1999, Az. 22 U 174/98, in: BauR 1999, 1049; vgl. auch zu den Rechtsfolgen der Nichterbringung einzelner übertragener Projektsteuererleistungen Rdn. 1027 f.

207 Vgl. Kleine-Möller, in: Kleine-Möller/Merl/Oelmaier, Handbuch des privaten Baurechts, § 10, Rn. 399.

208 Kapellmann, in: Kapellmann/Vygen, Jahrbuch Baurecht 1998, 35 ff., Rn. 26.

209 Kapellmann, in: Kapellmann/Vygen, Jahrbuch Baurecht 1998, 35 ff., Rn. 26.

210 Locher/Koeble/Frik, HOAI, § 7, Rn. 37 ff.

zwischen anrechenbaren Herstellkosten und Arbeitsmenge für den Planer besteht indessen nicht.[211] Infolge der Einführung des Kostenberechnungsmodells mit der 6. HOAI-Novelle wird die Vergütung von der Entwicklung der anrechenbaren Kosten ab Erstellung der Kostenberechnung entkoppelt. Gestiegene Baukosten müssen auch nicht zwingend zu Mehrleistungen des Architekten führen.

Andererseits ist es fraglich, ob Architekten- und Ingenieurverträge, bei denen die Vergütung von 1402
den anrechenbaren Herstellkosten des Objektes losgelöst wird, als Festpreisverträge qualifiziert werden sollten.[212] Bei einem **Festpreisvertrag** handelt es sich zwar um keinen gesetzlich vorgegebenen Vergütungs- bzw. Vertragstyp. Üblicherweise soll hiermit beschrieben werden, dass die Vergütungskomponenten keinerlei Lohn- oder Materialgleitklauseln enthalten.[213] Der Klarstellung halber soll daher nachfolgend von herstellkostenabhängigen (unechten) und herstellkostenunabhängigen (echten) Pauschalen gesprochen werden.

Die Vertragsparteien können die Vergütungssystematik für Projektsteuerungsleistungen **frei festle-** 1403
gen. Das gilt auch für die **Varianten von Vergütungspauschalen**, also herstellkostenabhängige und herstellkostenunabhängige Vergütungspauschalen für die Projektsteuerungstätigkeit.

So enthält etwa die **AHO-Leistungs- und Honorarordnung** auch ein Vergütungsmodell, welches 1404
das Projektsteuerungshonorar – wie bei der HOAI-Methodik – von den anrechenbaren Kosten abhängig macht.[214] Auf dieser Grundlage sowie der Einstufung in eine Honorarzone kann die maßgebliche Vergütung in einer Honorartafel abgelesen werden. Die Honorarordnung sieht dabei vor, dass sich die anrechenbaren Kosten grundsätzlich nach der Kostenberechnung richten, § 5 (1) c AHO (Rdn. 1486). Will der Auftraggeber eine höhere Honorarsicherheit erreichen, kann er die für die Honorarbestimmung maßgeblichen anrechenbaren Kosten auf der Grundlage einer in einem frühen Projektstadium zu erstellenden Kostenschätzung für die gesamte Projektdauer festschreiben.[215] Speziell öffentliche Auftraggeber folgen vielfach diesem Vergütungsmodell und bestimmen die anrechenbaren Kosten nach den für die jeweilige Projektstufe maßgeblichen Kostenermittlungen. Sie nutzen zumeist als Anknüpfungspunkt die genehmigte HU-Bau (jetzt ES-Bau).[216]

Zu beachten ist, dass in Abweichung zur Definition der anrechenbaren Kosten bei Planerverträgen als 1405
Bemessungsgrundlage für die anrechenbaren Kosten der Projektsteuerung regelmäßig **auch die Baunebenkosten** in die **Honorarbemessungsgrundlage** einbezogen werden.[217] Bei einer entsprechend herstellkostenabhängigen Vergütungsfestlegung ist projektbezogen festzustellen, ob sich die Leistungen des Projektsteuerers wirklich auf sämtliche Kostengruppen der in Bezug genommenen DIN 276-1:2008-12 beziehen. Auch ist entsprechend § 10 Abs. 2–6 HOAI festzulegen, ob und inwieweit bestimmte Kosten, z. B. Grundstückskosten oder Baukosten, bei der Honorarbemessungsgrundlage zu berücksichtigen sind oder nicht. § 10 HOAI ist auf Projektsteuerungsleistungen nicht anwendbar. Das AHO-Leistungs- und Honorarmodell enthält auch keine entsprechende Verweisung.[218]

---

211 Werner/Pastor, Der Bauprozess, Rn. 1098, formulieren: »Gestiegene Baukosten können, müssen aber nicht immer mit einer Mehrleistung des Architekten verbunden sein; i. d. R. wird dies jedoch der Fall sein.«

212 So allerdings Kapellmann, in: Kapellmann/Vygen, Jahrbuch Baurecht 1998, 35 ff., Rn. 27.

213 Vgl. Ingenstau/Korbion, VOB/A, § 4, Rn. 7; Kleine-Möller, in: Kleine-Möller/Merl/Oelmaier, Handbuch des privaten Baurechts, § 2, Rn. 211, 259.

214 Siehe dazu Rdn. 1435 f.

215 Siehe dazu insbesondere § 202 des DVP/AHO-Fachkommission-Entwurfes.

216 Vgl. Hansen, in: DVP, Projektmanagement in Praxisbeispielen, S. 12.

217 Vgl. Stapelfeld, BauR 1994, 693, 701; Diederichs, in: AHO-Fachkommission Projektsteuerung, § 202 Abs. 1 des Entwurfes, S. 10.

218 Kritisch insoweit Schill, Der Projektsteuerungsvertrag, S. 122.

1406 Wie bei der HOAI sind die **anrechenbaren Kosten objektiv festzustellen**. Die subjektive Vorstellung beider oder einer Vertragspartei bei Vertragsschluss ist nicht erheblich.[219] Die anrechenbaren Kosten werden überdies durch den Vertragsgegenstand bestimmt und begrenzt.[220]

1407 Im Hinblick auf die zum Teil objektübergreifende Aufgabenstellung der Projektsteuerung knüpft die Honorarbildung nach der AHO-Leistungs- und Honorarordnung – anders als die HOAI – **nicht** strikt **an das** zu bearbeitende **Einzelobjekt** an. Nach § 5 Abs. 1 b AHO können sogar die anrechenbaren Kosten mehrerer Bauvorhaben eines Gesamtauftrages zusammengerechnet werden und nur dann, wenn einzelne Bauvorhaben durch gesonderte Projektteams geleitet/gesteuert werden müssen, sollen diese honorartechnisch gesondert betrachtet werden.

1408 Vereinbaren der Auftraggeber und der Projektmanager eine **Kostenobergrenze** als Vorgabe für die Projektsteuerungsleistung, dann bildet dieser Betrag auch die Obergrenze der anrechenbaren Kosten für eine entsprechende Honorarberechnung.[221]

1409 Die Vertragsparteien eines Projektsteuerungsvertrages sind allerdings nicht gezwungen, auf die Tafelwerte der AHO-Leistungs- und Honorarordnung zurückzugreifen. Sie können auch einfachere Lösungen zugrunde legen, etwa ein Projektsteuererhonorar durch die Multiplikation anrechenbarer Kosten mit einem Erfahrungsprozentsatz (z.B. für einen bestimmten Projekttyp: 2 %) berechnen (**Berechnungshonorar**[222]).

1410 In der Praxis sind auch Modelle vorzufinden, die **nicht ausschließlich an die baulichen Herstellkosten anknüpfen**. So hatte etwa das OLG Hamm einen Fall zu entscheiden, bei dem ein in der Projektentwicklung tätiger Projektsteuerer zur stärkeren Erfolgsorientierung der Vergütung eine Vergütung erhalten sollte, die prozentual an das Verhältnis zwischen Jahresmieteinnahme und Baukosten anknüpfte. Der Projektmanager sollte an den Projektergebnissen partizipieren, wenn es gelang, den Anteil der **Baukosten im Vergleich zur Jahresmiete** gering zu halten. Der vom OLG Hamm entschiedene Fall macht deutlich, dass bei derartigen Honorarabsprachen die Bemessungsgrundlage sowohl für die Mieteinnahmen wie auch die Bauleistungen detailliert festzulegen ist, weil sich ansonsten von den Parteien nicht bedachte Verzerrungen des Honorarsystems ergeben können.[223]

1411

Projektkostenabhängige Vergütung für PM-Leistungen	
Kennzeichen	Bezugseinheit der Vergütung sind die anrechenbaren Herstellkosten (z. B. Kostengruppe 100 bis 700 ohne 110, 710 und 760 nach DIN 276-1:2008-12) unter Vereinbarung eines degressiven Honorarprozentsatzes
Vorteile	Erprobte Vorkalkulation von PM-Vergütungen für Standardprojekte Relative Honorarsicherheit zum Zeitpunkt der Beauftragung Leichte, nachvollziehbare Honorarermittlung
Nachteile	Der Projektmanager »verdient« – ggf. ohne Rechtfertigung – an Projektkostensteigerungen Konfliktfälle wegen fehlender Honorargerechtigkeit häufig Honorarsystem geht auf Projektspezifika nur im begrenzten Umfang ein
Präferierte Einsatzfelder	Projekte mit klar definierten und überschaubaren Bedingungen Revisionssichere Beauftragung, speziell für öffentliche Auftraggeber geeignet

219 Für die HOAI: BGH, Urteil vom 24.06.2004, Az. VII ZR 259/02, in: NZBau 2004, 509 = BauR 2004, 1640, 1641 = IBR 2004, 626; ZfBR 2004, 981.

220 BGH, Urteil vom 12.01.2006, Az. VII ZR 2/04, in: NZBau 2006, 248, 249 = ZfBR 2006, 345 = IBR 2006, 272.

221 So für den Architekten BGH, Urteil vom 23.01.2003, Az. VII ZR 362/01, in: NZBau 2003, 281 = BauR 2003, 566 = NJW-RR 2003, 593 = IBR 2003, 203.

222 Beispielsweise dafür aus dem Bereich der Bauüberwachung BGH, Urteil vom 11.02.2010, Az. VII ZR 218/08, in: BauR 2010, 793.

223 OLG Hamm, Urteil vom 15.08.2006, Az. 24 U 125/05, in: BauR 2008, 2062 (Nichtzulassungsbeschwerde vom BGH zurückgewiesen, Beschluss vom 13.03.2008, Az. VII ZR 208/06), dazu auch IBR 2008, 402.

Typische Ergänzungsabreden:	Deckelung der anrechenbaren Herstellkosten Verpflichtung leistungsfähiger Teams Vereinbarung von Bonus-Malus-Abreden Basisregelung für spätere Pauschalierung

5.4.2.3 Vorschläge für Pauschalvergütungen

Die **Honorarermittlung über anrechenbare Kosten** ist für das Projektmanagement-/Projektsteuerungswesen nicht nur weit verbreitet, sondern durch differenzierte Leistungs- und Honorarmodelle und auch **empirische Untersuchungen fundiert**. Der Auffassung von *Motzke/Wolff*, die denkbare Spreizung der Leistungsbilder lasse Aufwandsprognosen als Basis einer Honorareinstufung von vornherein nicht zu und Empfehlungen über prozentuale Honorarsätze seien effektiv nicht möglich,[224] kann nicht gefolgt werden. Die Praxis hat standardisierte Leistungsbilder mit ebenso nachvollziehbaren Honorarsätzen hervorgebracht: 1412

5.4.2.3.1 Pfarr-Gutachten[225]

In dem Gutachten von **Pfarr, Arlt** und **Hobusch** wird eine an die anrechenbaren Projektkosten anknüpfende Pauschalvergütung vorgeschlagen: 1413

Anrechenbare Kosten in EURO	**Honorarsatz in Prozent der anrechenbaren Kosten**
bis 1 000 000	0,8 bis 2,4
von 1 000 000 bis 2 500 000	0,5 bis 1,3
über 2 500 000	0,4 bis 1,0

Die im Pfarr-Gutachten vorgeschlagenen Pauschalsätze beziehen sich auf einen (eingegrenzten) Leistungsumfang der Projektsteuerung i. S. des § 31 HOAI a.F. und liegen für die heute üblichen umfassenderen Leistungsmodelle an der Untergrenze auskömmlicher Vergütungssätze.[226]

5.4.2.3.2 Honorarvorschläge von Pfarr, Hasselmann, Will[227]

In ihrer grundlegenden, im Jahr 1984 veröffentlichten Untersuchung haben *Pfarr, Hasselmann* und *Will* unter Einbeziehung erster repräsentativer empirischer Daten Honorarsätze in Relation zu anrechenbaren Kosten gesetzt. Die mittlere Honorarkurve für alle Objektbereiche weist dabei folgende Eckwerte auf: 1414

Anrechenbare Kosten in EURO	**Honorarsatz in Prozent der anrechenbaren Kosten**
1 000 000	3,23
25 000 000	2,20
50 000 000	1,41
75 000 000	1,09
100 000 000	0,96

224 Vgl. dazu Motzke/Wolff, Praxis der HOAI, S. 477.

225 Pfarr, Grundlagen für die Bewertung von Planungsleistungen der Architekten und Ingenieure (unveröffentlicht), zit. nach Stapelfeld, BauR 1994, 693, 701

226 Vgl. Neuenfeld, in: Neuenfeld/Baden/Dohna/Groscurth, Handbuch des Architektenrechts, HOAI, Stand: April 2012, § 31, Rn. 12.

227 Pfarr/Hasselmann/Will, Bauherrenleistungen, S. 51.

1415 Diese pauschalen Honorarsätze sind zwar auch heute noch annähernd geeignet, den Steuerungsaufwand für größere Projekte zu beschreiben, sofern die genannten Schwellenwerte entsprechend der Entwicklung des Baupreisindex seit Erstellung der Honorarvorschläge angepasst wurden. Zu berücksichtigen ist zudem, dass die heutigen Leistungsmodelle in erheblichem Umfang zusätzliche Aufgabenstellungen enthalten, die gegenüber den Honoraransätzen von *Pfarr, Hasselmann* und *Will* eine höhere Vergütung rechtfertigen können.

5.4.2.3.3 *Honorarvorschlag von* Will[228]

1416 Für die von ihm im Detail beschriebenen Steuerungsleistungen der Handlungsbereiche B (Zielsetzung des Bauherrn) und C (Sicherung der Zielverwirklichung des Bauherrn[229]) hat *Will* eine differenzierte Honorartabelle entwickelt, die den Schwierigkeitsgrad des Projektes in die Honorarermittlung einbezieht. Für die Projekte mittleren Schwierigkeitsgrades werden die von *Pfarr, Hasselmann* und *Will* entwickelten Honorarsätze weitergeführt.[230]

Anrechenbare Kosten in EURO	**Honorarsatz in Prozent der anrechenbaren Kosten in Abhängigkeit vom Schwierigkeitsgrad des Projektes**		
	niedrig	**mittel**	**hoch**
1 000 000	2,75	3,23	4,20
25 000 000	1,87	2,20	2,86
50 000 000	1,20	1,41	1,83
75 000 000	0,93	1,09	1,42

5.4.2.3.4 *Honorarvorschlag von* Wingsch

1417 *Wingsch*[231] hatte folgende Vergütungstabelle vorgeschlagen:

Anrechenbare Kosten in EURO	**Honorarsatz in Prozent der anrechenbaren Kosten**	
	Mindestsatz	**Höchstsatz**
2 500 000	3,23	3,94
25 000 000	2,63	3,38
50 000 000	2,16	2,91
75 000 000	1,81	2,50
100 000 000	1,52	2,14
125 000 000	1,29	1,82
150 000 000	1,12	1,53

228 Will, BauR 1984, 333, 348.

229 Vgl. Rdn. 228.

230 Kommen zu den Handlungsbereichen B und C Aufgaben aus dem Handlungsbereich A hinzu, soll – gem. Will – das Honorar erhöht werden, und zwar – bei vollem Leistungsbild – um den Faktor 100/84. Die Teilaufgaben des Handlungsbereiches B wären nach seiner Auffassung wie folgt zu untergliedern:

Qualität	40 %
Zeit	30 %
Kosten	30 %

Der Handlungsbereich C kann nach Auffassung von Will in folgende Teilleistungen zerlegt werden:

Finanzierung und buchhalterische Abwicklung	45 %
Organisation	15 %
Dokumentation	25 %
Recht und Versicherung	15 %

vgl. auch Rdn. 228.

231 Wingsch, in: Hartmann, HOAI, Stand: März 1998, § 31, Rn. 29, S. 57; dazu auch Knipp, Projektmanagement, S. 74.

Für Projekte mit anrechenbaren Kosten von mehr als 150 Mio. € soll das Honorar geringfügig degressiv zur Tabelle ermittelt werden. Bemessungsgrundlage sollen alle Projektherstellungskosten sein mit Ausnahme des Honorars für die Projektsteuerung. Grunderwerbskosten sollen miteinbezogen werden, wenn die Projektsteuerung bei der Grundstücksbeschaffung mitgewirkt hat. Baunebenkosten sollen ebenfalls einbezogen werden, weil die Projektsteuerung sich hierauf bezieht.[232] 1418

Für Teilleistungen hat *Wingsch*[233] die nachfolgende Tabelle erstellt: 1419

Leistung	**Honorar**
Projektentwicklung und Bedarfsermittlung	nach Aufwand oder Pauschale
Durchführung von Planungswettbewerben	wie vor
Personalberatung	wie vor
Mitwirken bei der Objektverwertung	wie vor
Mikroverfilmung und Archivierung	wie vor
Terminplanung und -überwachung für die Realisierung	0,85 %–1,15 % der anrechenbaren Kosten
Baubetriebs- und Bauablaufplanung	0,30 %–0,45 % der anrechenbaren Kosten
Kostenplanung und -überwachung	1,10 %–1,75 % der anrechenbaren Kosten[232]

5.4.2.3.5 Honorarstruktur nach Stemmer/Wierer

In ihrer Untersuchung zur Projektsteuererhonorierung sind *Stemmer/Wierer* auf Grund einer empirischen Auswertung von Projektsteuerungsverträgen zu Honorarsätzen für ein umfassendes Projektsteuererleistungsbild[235] gelangt: 1420

Anrechenbare Kosten in EURO	**Honorarsatz in Prozent der anrechenbaren Kosten**
5 000 000	Bis zu 3,5
10 000 000	Bis 2,5
15 000 000	Bis zu 2,0
20 000 000	Bis zu 1,95
25 000 000	Bis zu 1,9[234]

5.4.2.3.6 AHO-Fachkommission (2014)

Den ausführlichsten veröffentlichten Honorarermittlungsvorschlag beinhaltet die Honorarordnung der AHO-Fachkommission Projektsteuerung.[237] Die Honorarvorschläge gehen auf empirische Untersuchungen von *Müller* (WIBERA AG) bei der nordrhein-westfälischen Staatsbauverwaltung zurück (1983). Die darauf basierende WIBERA-Bauherrenleistungs- und Honorarordnung ging später in der DVP-Honorarordnung auf.[238] Der Entwurf dieser modifizierten, auf HOAI-Kompatibilität angelegten und als Ersatz für die als unzureichend erkannten Regelungen in § 31 der HOAI 1421

232 Wingsch, in: Hartmann, HOAI, Stand: März 1998, § 31, Rn. 29, S. 57.
233 Wingsch, in: Hartmann, HOAI, Stand: März 1998, § 31, Rn. 29, S. 59.
234 Nach Sommer, Der Architekt 1975, 75, 77, beträgt das Gesamthonorar der Ablaufplanung bei Bauwerken von 100 000 DM bis 10 000 000 DM etwa 0,4 bis 1,3 % der anrechnungsfähigen Herstellungskosten.
235 Stemmer/Wierer, BauR 1997, 935 ff.
236 Stemmer/Wierer, BauR 1997, 935, 945.
237 Vgl. Diederichs, in: AHO-Fachkommission Projektsteuerung, S. 10 ff.
238 Vgl. Müller, in: Motzel, Projektmanagement in der Baupraxis, S. 121, 136.

vorgesehenen Honorarordnung entstammt dem sog. Wuppertaler Arbeitskreis, einer von 4 DVP-Mitgliedern gegründeten Arbeitsgruppe (*Diederichs, Homola, Mittmann, Müller*).[239] Dieses Honorarmodell ist schließlich 1994 zu einem modifizierten Honorarvorschlag des AHO (Ausschusses für Honorarordnung der Ingenieurkammern und Verbände) fortentwickelt worden. Die im Jahre 1996 veröffentlichte Fassung berücksichtigt eine weitere Honorarumfrage der AHO-Fachkommission aus dem Frühjahr 1995, die die bisher zugrunde gelegten Tafelwerte aus der WIBERA-Untersuchung in hohem Maße bestätigt hat.[240]

1422 Die AHO-Fachkommission hat die bisherige herstellkostenunabhängige Honorarermittlung in mehreren Auflagen des Heftes 9 zur Leistungs- und Honorarordnung Projektmanagement – derzeit 4. Aufl. 2014 – fortgeschrieben. Hierneben hat sie die Möglichkeit vorgesehen, das Honorar nach Maßgabe einer Personaleinsatzkalkulation zu ermitteln. Mit der 3. und 4. Auflage des Honorarvorschlages (2009 und 2014) sind die Leistungsbilder nochmals grundlegend überarbeitet worden. Ungeachtet der weiteren Präzisierungen des Leistungsbildes sind die Berechnungsparameter für die herstellkostenabhängige Vergütung im Wesentlichen unverändert geblieben.

1423 Die Honorarkurven (herstellkostenabhängige Vergütungselemente) haben eine weitere empirische Bestätigung durch neuere Untersuchungen von *Mittelstädt* (vgl. dazu Rdn. 1476 f.) im Jahre 2006 gefunden. Mit der 4. Auflage der Leistungs- und Vergütungsordnung der AHO-Fachkommission (2014) wurden die Honorartafelsätze um 10 % angehoben.

Gleichwohl hatte es in Bezug auf frühere Auflagen der Leistungs- und Honorarordnung AHO nicht an Kritik gefehlt, welche die Honorarbildung als interessenbezogen qualifizierte.[241]

Die Honorarvorschläge der AHO-Fachkommission, 4. Aufl., Stand: 2014, lauten:[242]

1424 ***Leistungs- und Honorarordnung Projektmanagement in der Bau- und Immobilienwirtschaft***

§ 1 Anwendungsbereich

(1) *Diese Leistungs- und Honorarordnung beinhaltet Vertragsvorschläge für Projektmanagementleistungen in der Bau- und Immobilienwirtschaft. Sie gelten, soweit die Vertragsparteien in abgeschlossenen Verträgen auf sie verwiesen haben.*

(2) *Projektmanagementleistungen sind entsprechend DIN 69901-5:2009-01 alle (technisch-wirtschaftlichen) Führungsaufgaben, -organisationen, -techniken und -mittel für die Initiierung, Definition, Planung, Steuerung und den Abschluss von Projekten. Projektmanagementleistungen im Sinne dieser Leistungs- und Honorarordnung setzen sich aus Leistungen der Projektleitung und der Projektsteuerung zusammen.*

(3) *Leistungen der Projektsteuerung sind Unterstützungsleistungen des Auftragnehmers (Projektsteuerers) für einen Bauherrn (Auftraggeber) bei der Realisierung von Projekten in beratender Funktion (Stabsfunktion), wie sie in § 2 näher beschrieben sind.*

(4) *Leistungen der Projektleitung sind Unterstützungsleistungen des Auftragnehmers (Projektmanagers) für den Bauherrn (Auftraggeber) bei der Realisierung eines Projekts in Organisations-, Entscheidungs- und Durchsetzungsfunktion (Linienfunktion), wie sie in § 3 definiert sind.*

(5) *Leistungen der Projektentwicklung sind Aufgabenstellungen, die den Leistungen nach dieser Leistungs- und Honorarordnung entweder zeitlich vorgelagert sind oder rein immobilienwirtschaftliche Sachverhalte betreffen. Entsprechende Leistungen, wie etwa das Erstellen eines Bedarfsprogramms, gemäß DIN 18205:1996-04, gehören nicht zu den Grundleistungen des Projektmanagements und bedürfen daher einer zusätzlichen Beauftragung (z. B. als Besondere Leistung).*

---

239 Müller, in: Der Projektsteuerervertrag – Honorierung der Projektsteuerung, S. 7; zur Historie auch Diederichs, in: Hartmann, HOAI, Stand: Juni 2009, § 31, Rn. 10, S. 51 ff.

240 Diederichs, in: AHO-Fachkommission Projektsteuerung, S. 9; zur Historie auch Diederichs, in: Hartmann, HOAI, Stand: Juni 2009, § 31, Rn. 10, S. 51 ff.

241 Vgl. z. B. Stapelfeld, BauR 1994, 693, 701, 704; vgl. auch Dohna, in: Neuenfeld/Baden/Dohna/Groscurth, Handbuch des Architektenrechts, Stand: April 2012, Rn. 7: »In der Praxis sind dabei häufig Honorare herauskommen, für die der Begriff der Angemessenheit eine höfliche Übertreibung gewesen wäre.«

242 AHO-Fachkommission Projektsteuerung, S. 10 f.

(6) *Projektmanagementleistungen sind von Leistungen der Planungsbeteiligten zu unterscheiden, wie sie z. B. in der HOAI beschrieben sind. Wenn Projektmanagern derartige Planungs- und Überwachungsleistungen übertragen werden sollen, bedarf dies einer besonderen Vereinbarung. Originäre HOAI-Leistungen sind unter Beachtung des Preisrechts der HOAI zu vergüten.*

(7) *Diese Leistungs- und Honorarordnung gilt insbesondere für folgende Projekttypen:*
- *Hochbauten (gem. §§ 33 ff. HOAI)*
- *Ingenieurbauwerke (gem. §§ 41 ff. HOAI)*
- *Verkehrsanlagen (gem. §§ 45 ff. HOAI)*
- *Anlagenbauprojekte (z. B. Kraftwerke, Produktionsanlagen)*

Bei anderen Aufgabenstellungen, insbesondere auch bei größeren, komplexen Projekten und größeren Infrastrukturmaßnahmen, sind das Leistungsbild und die Honorarregelung individuell anzupassen. Auf § 9, Abs. 3 wird hingewiesen.

(8) *Rechtsberatungsleistungen i. S. d. Rechtsdienstleistungsgesetzes sind nicht Gegenstand dieser Leistungs- und Honorarordnung.*

§ 2 Leistungsbild Projektsteuerung 1425

(1) *Sofern die Vertragsparteien keine anderweitigen Festlegungen treffen, gilt das Leistungsbild Projektsteuerung dieser Leistungs- und Honorarordnung zu den Grundleistungen als vereinbart.*

(2) *Das Leistungsbild der Projektsteuerung ist zeitlich in fünf Projektstufen und fünf Handlungsbereiche untergliedert. Die Untergliederung soll den Vertragsparteien eine leichtere Orientierung und stufenweise Beauftragungen sowie Teilbeauftragungen ermöglichen. Sofern die Vertragsparteien nicht etwas anderes vereinbaren, umfasst die Beauftragung sämtliche Projektstufen und Handlungsbereiche.*

(3) *Den Vertragsparteien steht es frei, die für Standardprojekte definierten Leistungen an die konkreten Projektumstände anzupassen, zu konkretisieren und ggf. um Besondere Leistungen zu ergänzen, die im Leistungsbild nicht abschließend beschrieben sind. Die Besonderen Leistungen des Leistungsbildes Projektsteuerung können auch für andere Leistungsphasen, denen sie nicht zugeordnet sind, vereinbart werden. Bei Änderungen des Leistungsbildes sind die Honorarvorschläge dieser Leistungs- und Honorarordnung zu überprüfen.*

(4) *Diesem Leistungsbild liegen folgende Definitionen zugrunde:*

a) ***Mitwirken*** *bedeutet:* 1426
Der beauftragte Projektsteuerer fasst die genannten Teilleistungen in Zusammenarbeit mit anderen Projektbeteiligten inhaltlich abschließend zusammen und übermittelt diese mit einer eigenen Bewertung dem Auftraggeber zur Entscheidung.

b) ***Erstellen/Aufstellen*** *bedeutet:*
Die schriftliche Ausarbeitung eines Arbeitsergebnisses.

c) ***Abstimmen*** *bedeutet:*
Die Vorlage von Arbeitsergebnissen unter Herbeiführung der Zustimmung des AG zur Umsetzung.

d) ***Umsetzen*** *bedeutet:*
Abgestimmte Prozesse über das Informations- und Besprechungswesen einzuführen und deren Einhaltung zu überprüfen.

e) ***Fortschreiben*** *bedeutet:*
Die laufende Aktualisierung der erarbeiteten Unterlagen.

f) ***Prüfen*** *bedeutet:*
Eine umfassende inhaltliche Prüfung auf Vertragskonformität und Richtigkeit. Entsprechende Unterlagen sind mit einem Prüfvermerk zu versehen und vom Bearbeiter zu unterzeichnen. Die Prüfung der Rechnungen der Planungsbeteiligten und der sonstigen freiberuflich Tätigen umfasst eine entsprechende inhaltliche Kontrolle.

g) ***Überprüfen*** *bedeutet:* 1427
Kontrolle eines abgeschlossenen Arbeitsergebnisses in Stichproben, mit dem Ziel der Freigabe des Arbeitsergebnisses oder der Verwerfung/Zurückweisung. Der Auftragnehmer ist insbesondere nicht verpflichtet, Leistungen von Planern und Gutachtern im Detail zu kontrollieren. Vielmehr schuldet er eine stichprobenhafte Kontrolle der Leistungsergebnisse, u. a. auf Vollständigkeit, Plausibilität und Übereinstimmung mit den Projektzielen. Die Stichproben sind vom Auftragnehmer eigenverantwortlich so vorzunehmen, dass besonders kritische und fehlerträchtige Vorgänge fachgerecht kontrolliert und etwaige Mängel aufgedeckt werden können. Auch die Stichprobe ist zu dokumentieren.

h) ***Analysieren und Bewerten** bedeutet:*
Die Kontrolle eines laufenden Projektprozesses/Projektfortschritts bzw. von Leistungen der Projektbeteiligten in Stichproben, mit dem Ziel einer Handlungsempfehlung an den Auftraggeber. Ansonsten beinhaltet die Leistung die Definition wie Ziff. g.

i) ***Steuern** bedeutet:*
Die zielgerichtete Beeinflussung der Beteiligten zur Umsetzung der gestellten Aufgabe.

1428

	Grundleistungen		**Besondere Leistungen**
1.	**Projektvorbereitung**		
A	**Organisation, Information, Koordination und Dokumentation (übrige Handlungsbereiche einbeziehend)**		
1	Entwickeln, Abstimmen und Dokumentieren der projektspezifischen Organisationsvorgaben mit Projektstrukturplanung	1	Koordination von speziellen Organisationseinheiten des Auftraggebers
2	Entwickeln und Abstimmen der Grundlagen für die Planung der Planung	2	Erstellen von Vorlagen und besondere Berichterstattung in Auftraggeber- und sonstigen Gremien
3	Mitwirken bei der Festlegung der Projektziele und der Dokumentation der Projektvorgaben	3	Einrichten eines eigenen Projektkommunikationssystems
4	Vorschlagen und Abstimmen der Kommunikationsstruktur des Informations-, Berichts- und Protokollwesens	4	Erstellen der aufbau- und ablauforganisatorischen Grundlagen zur Planung, übergreifenden Überwachung und Steuern von mehreren verknüpften Projekten (Programme, Projektportfolios)
5	Vorschlagen und Abstimmen des Entscheidungsmanagements	5	Konzipieren, Vorbereiten und Abstimmen von Risikomanagementsystemen mit besonderen Anforderungen
6	Vorschlagen und Abstimmen des Änderungsmanagements	6	Mitwirken bei den Vorbereitungen besonderer behördlicher Genehmigungsverfahren (z. B. Planfeststellungsverfahren)
7	Mitwirken beim Risikomanagement	7	Erstellen eines Konzepts zur Erfassung aller betroffenen Dritten und der relevanten Öffentlichkeit sowie deren Beteiligung im weiteren Projektablauf
8	Mitwirken bei der Auswahl eines Projektkommunikationssystems		
B	**Qualitäten und Quantitäten**		
1	Überprüfen der bestehenden Grundlagen zur Bedarfsplanung auf Vollständigkeit und Plausibilität	1	Erstellen und Abstimmen einer Bedarfsplanung
2	Mitwirken bei der Klärung der Standortfragen, bei der Beschaffung der standortrelevanten Unterlagen, bei der Grundstücksbeurteilung hinsichtlich Nutzung in privatrechtlicher und öffentlich-rechtlicher Hinsicht	2	Durchführen einer differenzierten Anfrage bezüglich der Infrastruktur (Ver- und Entsorgungsmedien, Verkehr etc.) und Beschaffen der relevanten Informationen und Unterlagen
		3	Vorbereiten und Durchführen von Ideen-, Programm- und Realisierungswettbewerben
3	Überprüfen der Ergebnisse der Grundlagenermittlung der Planungsbeteiligten	4	Strukturieren der Prozesse zur Formulierung und Umsetzen der Nachhaltigkeitsstrategie in der Aufbau- und Ablauforganisation
1429 **C**	**Kosten und Finanzierung**		
1	Mitwirken bei der Erstellung des Kostenrahmens für Investitionskosten und Nutzungskosten	1	Erstellen von Wirtschaftlichkeitsuntersuchungen
		2	Verwenden von auftraggeberseitig vorgegebenen EDV-Programmen mit besonderen Anforderungen in Bezug auf die Informationsverarbeitung und Dokumentation
2	Mitwirken bei der Ermittlung und Beantragung von Investitions- und Fördermitteln		
3	Prüfen und Freigabevorschläge bezüglich der Rechnungen der Planungsbeteiligten und sonstigen Projektbeteiligten (außer bauausführenden Unternehmen) zur Zahlung		
4	Abstimmen und Einrichten der projektspezifischen Kostenverfolgung		

Grundleistungen	Besondere Leistungen
D Termine, Kapazitäten und Logistik	
1 Aufstellen und Abstimmen des Terminrahmens	
2 Aufstellen und Abstimmen des Steuerungsterminplanes für das Gesamtprojekt und Ableiten des Kapazitätsrahmens	
3 Erfassen logistischer Einflussgrößen unter Berücksichtigung relevanter Standort- und Rahmenbedingungen	
E Verträge und Versicherungen	
1 Mitwirken bei der Erstellung einer Vergabe- und Vertragsstruktur für das Gesamtprojekt	
2 Vorbereiten und Abstimmen der Inhalte der Planerverträge	
3 Mitwirken bei der Auswahl der zu Beteiligenden, bei Verhandlungen und Vorbereitungen der Beauftragungen	
4 Vorschlagen der Vertragstermine und -fristen für die Planerverträge	
5 Mitwirken bei der Erstellung eines Versicherungskonzeptes für das Gesamtprojekt	

2. Planung 1430

A Organisation, Information, Koordination und Dokumentation (übrige Handlungsbereiche einbeziehend)

Grundleistungen	Besondere Leistungen
1 Fortschreiben der projektspezifischen Organisationsvorgaben mit Projektstrukturplanung	1 Vertreten der Planungskonzeption gegenüber der Öffentlichkeit unter besonderen Anforderungen und Zielsetzungen sowie bei mehr als fünf Erläuterungs- oder Erörterungsterminen
2 Analysieren und Bewerten der Planungsprozesse auf Konformität mit den vorgegebenen Projektzielen	2 Betreiben eines eigenen Projektkommunikationssystems
3 Fortschreiben der Dokumentation der Projektvorgaben	3 Umsetzen von Risikomanagementsystemen mit besonderen Anforderungen
4 Überprüfen und Umsetzen der Kommunikationsstruktur – regelmäßiges Informieren und Abstimmen mit dem Auftraggeber (Berichtswesen)	4 Mitwirken bei der Einbeziehung zu beteiligender Dritter und der Öffentlichkeit bei der weiteren Projektrealisierung
5 Umsetzen des Entscheidungsmanagements	
6 Umsetzen des Änderungsmanagements	
7 Analysieren und Bewerten der Koordinationsleistungen des Objektplaners	
8 Mitwirken beim Risikomanagement	
9 Analysieren und Bewerten der ordnungsgemäßen Nutzung des Projektkommunikationssystems durch die Projektbeteiligten	
10 Mitwirken bei der Herbeiführung der behördlichen Genehmigung	
B Qualitäten und Quantitäten	
1 Laufendes Analysieren und Bewerten der Leistungen der Planungsbeteiligten	1 Steuern der Nachhaltigkeits- und Zertifizierungsprozesse
2 Steuern der Planung der Bemusterungen	2 Steuern der Planung bei 3- bis n-dimensionaler Gebäudemodellbearbeitung sowie BIM-Administration
3 Überprüfen der Ergebnisdokumentation der Planungsbeteiligten zu den einzelnen Leistungsphasen der Planung	

Grundleistungen	Besondere Leistungen
C Kosten und Finanzierung	
1 Überprüfen der Kostenschätzung und -berechnung der Objekt- und Fachplaner sowie Veranlassen erforderlicher Anpassungsmaßnahmen 2 Kostensteuerung zur Einhaltung der Kostenziele 3 Planen von Mittelbedarf und Mittelabfluss 4 Prüfen und Freigabevorschläge bezüglich der Rechnungen der Planungsbeteiligten und sonstigen Projektbeteiligten (außer bauausführenden Unternehmen) zur Zahlung 5 Fortschreiben der projektspezifischen Kostenverfolgung (kontinuierlich)	1 Erstellen einer Kostenschätzung/Kostenberechnung nach DIN 276-1:2008-12 2 Erstellen der Nutzungskostenschätzung, -berechnung sowie Nutzungskostensteuerung 3 Erstellen von Wirtschaftlichkeitsberechnungen 4 Durchführen eines Value Engineering mit Überprüfen der Planung auf Wirtschaftlichkeit, Vergabefähigkeit, Nachhaltigkeit, Energieverbrauch, Materialeignung, Logistik, Workflow
D Termine, Kapazitäten und Logistik	
1 Fortschreiben des Terminrahmens 2 Überprüfen des Terminplans der Planungsbeteiligten für den Planungs- und Bauablauf, insbesondere auf Einhaltung des Terminrahmens 3 Fortschreiben des Steuerungsterminplanes unter Berücksichtigung des Terminplans der Planungsbeteiligten für den Planungs- und Bauablauf 4 Terminsteuerung der Planung einschließlich Analyse und Bewertung der Terminfortschreibungen der Planungsbeteiligten 5 Mitwirken bei der Aktualisierung der logistischen Einflussgrößen 6 Aufstellen und Abstimmen des Terminrahmens zur Integration des strategischen Facility Managements	1 Erstellen eines Terminplans für Planung und Bauablauf bei (noch) nicht vorliegenden Terminplänen der Planungsbeteiligten 2 Erstellen des Vergabeterminplans bei (noch) nicht vorliegenden Terminplänen der Planungsbeteiligten 3 Erstellen eines Logistikkonzepts 4 Abgleichen logistischer Maßnahmen mit Anlieger- und Nachbarschaftsinteressen
E Verträge und Versicherungen	
1 Mitwirken bei der Durchsetzung von Vertragspflichten gegenüber den Beteiligten 2 Mitwirken bei der Umsetzung des Versicherungskonzeptes für alle Projektbeteiligten	

1431 **3. Ausführungsvorbereitung**

A Organisation, Information, Koordination, Dokumentation (übrige Handlungsbereiche einbeziehend)

Grundleistungen	Besondere Leistungen
1 Fortschreiben der projektspezifischen Organisationsvorgaben mit Projektstrukturplanung 2 Analysieren und Bewerten der Planungsprozesse auf Konformität mit den vorgegebenen Projektzielen 3 Fortschreiben der Dokumentation der Projektvorgaben 4 Überprüfen und Umsetzen der Kommunikationsstruktur – regelmäßiges Informieren und Abstimmen mit dem Auftraggeber (Berichtswesen) 5 Umsetzen des Entscheidungsmanagements 6 Umsetzen des Änderungsmanagements 7 Analysieren und Bewerten der Koordinationsleistungen des Objektplaners	1 Betreiben eines eigenen Projektkommunikationssystems 2 Umsetzen von Risikomanagementsystemen mit besonderen Anforderungen 3 Mitwirken bei der Einbeziehung zu beteiligender Dritter und der Öffentlichkeit bei der weiteren Projektrealisierung

Grundleistungen	Besondere Leistungen
8 Mitwirken beim Risikomanagement	
9 Analysieren und Bewerten der ordnungsgemäßen Nutzung des Projektkommunikationssystems durch die Projektbeteiligten	
B Qualitäten und Quantitäten	
1 Laufendes Analysieren und Bewerten der Planungsergebnisse auf Konformität mit den vorgegebenen Projektzielen	1 Versenden der Ausschreibungsunterlagen 2 Steuern der Nachhaltigkeits- und Zertifizierungsprozesse
2 Überprüfen der von den Planungsbeteiligten erstellten Angebotsauswertungen und Vergabevorschläge	
3 Überprüfen der unmittelbaren und mittelbaren Auswirkungen von Nebenangeboten auf Konformität mit den vorgegebenen Projektzielen	
4 Mitwirken bei den erforderlichen Bemusterungen	
C Kosten und Finanzierung	
1 Überprüfen der von den Planern ermittelten Soll-Werte für die Vergaben auf Basis der aktuellen Kostenberechnung	1 Erstellen von Wirtschaftlichkeitsberechnungen
2 Überprüfen der von den Planungsbeteiligten auf der Grundlage bepreister Leistungsverzeichnisse erstellten Kostenermittlungen	
3 Überprüfen der Angebotsauswertungen im Hinblick auf die Angemessenheit der Preise	
4 Vorgeben der Deckungsbestätigungen für Aufträge	
5 Kostensteuerung unter Berücksichtigung der Angebotsprüfungen und Kostenvergleiche der Planungsbeteiligten	
6 Prüfen und Freigabevorschläge der Rechnungen der Planungsbeteiligten und sonstigen Projektbeteiligten (außer bauausführenden Unternehmen) zur Zahlung	
7 Planen von Mittelbedarf und Mittelabfluss	
8 Fortschreiben der projektspezifischen Kostenverfolgung (kontinuierlich)	
D Termine, Kapazitäten und Logistik	
1 Fortschreiben des Terminrahmens 2 Überprüfen der Vergabeterminplanung der Planungsbeteiligten 3 Fortschreiben des Steuerungsterminplanes unter Berücksichtigung des Terminplans der Planungsbeteiligten für den Planungs- und Bauablauf	1 Fortschreiben der Terminplanung für Planung und Bauablauf 2 Erstellen und Fortschreiben des Vergabeterminplans 3 Fortführen des Abgleichens logistischer Maßnahmen mit Anliefer- und Nachbarschaftsinteressen
4 Überprüfen der vorliegenden Angebote im Hinblick auf vorgegebene Terminziele	
5 Terminsteuerung mit Soll-Ist-Vergleichen betreffend Ausführungsplanung sowie Vorbereitung und Durchführung der Vergabe	
6 Mitwirken bei der Aktualisierung und Prüfung der Entwicklung der logistischen Einflussgrößen	

Grundleistungen	Besondere Leistungen
E Verträge und Versicherungen	
1 Mitwirken bei der Durchsetzung von Vertragspflichten gegenüber den Beteiligten	1 Mitwirken bei der Auswahl, Beschaffung, dem Aufbau und der Einführung von speziellen Informationssystemen (z. B. für das Facility Management)
2 Mitwirken bei der Strukturierung des Vergabeverfahrens	
3 Überprüfen der Vertragsunterlagen für die Vergabeeinheiten auf Vollständigkeit und Plausibilität sowie Bestätigen der Versandfertigkeit	
4 Mitwirken bei den Vergabeverhandlungen bis zur Unterschriftsreife	
5 Mitwirken bei der Vorgabe der Vertragstermine und -fristen für die Besonderen Vertragsbedingungen der Ausführungs- und Lieferleistungen	

1432 **4. Ausführung**

A Organisation, Information, Koordination, Dokumentation (übrige Handlungsbereiche einbeziehend)

Grundleistungen	Besondere Leistungen
1 Fortschreiben der projektspezifischen Organisationsvorgaben mit Projektstrukturplanung	1 Koordinieren besonderer Anforderungen der Betreiber/-Nutzerorganisation
2 Analysieren und Bewerten der Planungsprozesse auf Konformität mit den vorgegebenen Projektzielen	2 Betreiben eines eigenen Projektkommunikationssystems
3 Fortschreiben der Dokumentation der Projektvorgaben	3 Organisatorisches und baufachliches Unterstützen bei Gerichtsverfahren
4 Überprüfen und Umsetzen der Kommunikationsstruktur – regelmäßiges Informieren und Abstimmen mit dem Auftraggeber (Berichtswesen)	4 Umsetzen von Risikomanagementsystemen mit besonderen Anforderungen
5 Umsetzen des Entscheidungsmanagements	5 Mitwirken bei der Einbeziehung zu beteiligender Dritter und der Öffentlichkeit bei der weiteren Projektrealisierung
6 Umsetzen des Änderungsmanagements	
7 Analysieren und Bewerten der Koordinationsleistungen der Objektüberwachung	
8 Mitwirken beim Risikomanagement	
9 Analysieren und Bewerten der ordnungsgemäßen Nutzung des Projektkommunikationssystems durch die Projektbeteiligten	
10 Unterstützen des Auftraggebers bei der Einleitung von selbständigen Beweisverfahren	
B Qualitäten und Quantitäten	
1 Analysieren und Bewerten der Leistungen der Objektüberwachung sowie Vorschlagen und Abstimmen von Anpassungsmaßnahmen bei Gefährdung von Projektzielen	1 Steuern der Nachhaltigkeits- und Zertifizierungsprozesse
2 Anlassbezogenes örtliches Überprüfen der Leistungen der Objektüberwachung	
C Kosten und Finanzierung	
1 Kostensteuerung zur Einhaltung der Kostenziele	
2 Prüfen und Freigabevorschläge bezüglich der Rechnungen der Planungsbeteiligten und sonstigen Projektbeteiligten (außer bauausführenden Unternehmen) zur Zahlung	

	Grundleistungen		Besondere Leistungen
3	Überprüfen und Freigabevorschläge bezüglich der Rechnungsprüfung der Objektüberwachung zur Zahlung an ausführende Unternehmen	1	Prüfen der Rechnungen der ausführenden Unternehmen
4	Vorgeben von Deckungsbestätigungen für Nachträge		
5	Fortschreiben der Planung zu Mittelbedarf und Mittelabfluss		
6	Fortschreiben der projektspezifischen Kostenverfolgung (kontinuierlich)		
D	**Termine, Kapazitäten und Logistik**		
1	Fortschreiben des Terminrahmens	1	Erstellen einer detaillierten Inbetriebnahmeplanung unter Integration aller Projektbeteiligten einschließlich Nutzer
2	Überprüfen des Terminplans der Planungsbeteiligten, insbesondere auf Einhaltung des Terminrahmens		
3	Fortschreiben der Steuerungsterminpläne unter Berücksichtigung des Terminplans der Planungsbeteiligten		
4	Terminsteuerung der Ausführung unter Berücksichtigung der Objektüberwachungsleistungen		
E	**Verträge und Versicherungen**		
1	Mitwirken bei der Durchsetzung von Vertragspflichten gegenüber den Beteiligten	1	Koordinieren der versicherungsrelevanten Schadensabwicklung
2	Unterstützen des Auftraggebers bei der Abwendung von Forderungen Dritter (Nachbarn, Bürgerinitiativen etc.)		
3	Überprüfen der Nachtragsprüfungen durch die Objektüberwachung und Mitwirken bei der Beauftragung		
4	Mitwirken bei der Abnahmevorbereitung sowie bei der Durchführung der Abnahmen und Inbetriebnahme		
5.	**Projektabschluss**		1433
A	**Organisation, Information, Koordination und Dokumentation (übrige Handlungsbereiche einbeziehend)**		
1	Mitwirken bei der organisatorischen und administrativen Konzeption und bei der Durchführung der Übergabe/Übernahme bzw. Inbetriebnahme/Nutzung	1	Organisatorisches und baufachliches Unterstützen bei Gerichtsverfahren
		2	Organisieren des Abschlusses des eigenen Projektkommunikationssystems
2	Veranlassen der systematischen Zusammenstellung und Archivierung der Projektdokumentation	3	Abschließen des Risikomanagementsystems mit besonderen Anforderungen
3	Überprüfen der Zusammenstellung von Dokumentationsunterlagen durch die Planungsbeteiligten		
4	Überprüfen und Umsetzen der Kommunikationsstruktur – regelmäßiges Informieren und Abstimmen mit dem Auftraggeber (Berichtswesen)	4	Prüfen der Projektdokumentation der fachlich Beteiligten
5	Abschließen des Entscheidungs-/Änderungs- und Risikomanagements		
6	Organisieren des Abschlusses des Projektkommunikationssystems		

Grundleistungen	Besondere Leistungen
B Qualitäten und Quantitäten	
1 Analysieren und Bewerten der Auflistung der Verjährungsfristen für Mängelansprüche	1 Veranlassen, Koordinieren und Steuern der Beseitigung nach der Abnahme aufgetretener Mängel
	2 Steuern der Nachhaltigkeits- und Zertifizierungsprozesse
C Kosten und Finanzierung	
1 Überprüfen der Kostenfeststellung der Objekt- und Fachplaner	1 Erstellen des Verwendungsnachweises
2 Prüfen und Freigabevorschläge bezüglich der Rechnungen der Planungsbeteiligten und sonstigen Projektbeteiligten zur Zahlung	
3 Überprüfen und Freigabevorschläge bezüglich der Rechnungsprüfung der Objektüberwachung zur Zahlung an ausführende Unternehmen	
4 Überprüfen der Leistungen der Planungsbeteiligten bei der Freigabe von Sicherheitsleistungen	
5 Abschließen der projektspezifischen Kostenverfolgung	
D Termine, Kapazitäten und Logistik	
1 Steuern der Inbetriebnahme, Abnahme und Übergabe	
E Verträge und Versicherungen	
1 Mitwirken bei der rechtsgeschäftlichen Abnahme der Planungsleistungen	

1434 ***§ 3 Leistungsbild Projektleitung***

(1) Zu Leistungen der Projektleitung gehören – soweit die Vertragsparteien keine anderweitige Festlegung treffen – folgende Grundleistungen:

a) Rechtzeitiges Herbeiführen bzw. Treffen der erforderlichen Entscheidungen, sowohl hinsichtlich Funktion, Konstruktion, Standard und Gestaltung, als auch hinsichtlich Organisation, Qualität, Kosten, Terminen sowie Verträgen und Versicherungen

b) Durchsetzen der erforderlichen Maßnahmen und Vollziehen der Verträge unter Wahrung der Rechte und Pflichten des Auftraggebers in dessen Namen

c) Herbeiführen der erforderlichen Genehmigungen, Einwilligungen und Erlaubnisse im Hinblick auf die Genehmigungsreife

d) Konfliktmanagement zur Ausrichtung der unterschiedlichen Interessen der Projektbeteiligten auf einheitliche Projektziele hinsichtlich Qualitäten, Kosten und Terminen, u. a. im Hinblick auf

- *die Pflicht der Projektbeteiligten zur fachlich-inhaltlichen Integration der verschiedenen Planungsleistungen und*
- *die Pflicht der Projektbeteiligten zur Untersuchung von alternativen Lösungsmöglichkeiten*

e) Leiten von Projektbesprechungen auf Geschäftsführungs- bzw. Vorstandsebene zur Vorbereitung/Einleitung/Durchsetzung von Entscheidungen

f) Führen von Verhandlungen mit projektbezogener, vertragsrechtlicher oder öffentlich-rechtlicher Bindungswirkung für den Auftraggeber

g) Wahrnehmen der zentralen Projektanlaufstelle; Sorge für die Abarbeitung des Entscheidungs-/Maßnahmenkatalogs

h) Wahrnehmen von projektbezogenen Repräsentationspflichten gegenüber dem Nutzer, dem Finanzier, den Trägern öffentlicher Belange und der Öffentlichkeit

(2) Soweit Interessen unterschiedlicher interner und externer Nutzer in einem Projekt zu koordinieren sind, gehört die Koordination der Nutzer dann zu den beauftragten Projektleitungsaufgaben, wenn der Auftraggeber diese Leistungen (siehe dazu im Einzelnen Heft 19 der AHO-Fachkommission »Neue Leistungsbilder zum Projektmanagement in der Bau- und Immobilienwirtschaft«, 2004) beauftragt hat.

(3) Soweit der Auftraggeber den Projektsteuerer nach Vertragsschluss mit Entscheidungskompetenzen/Vertretungsmacht gegenüber anderen Projektbeteiligten (in der Regel durch Vollmacht) ausstatten will, ist dies von den Vertragsparteien einvernehmlich abzustimmen.

§ 4 Honorierung von Projektmanagementleistungen 1435

(1) Die Vertragsparteien sind hinsichtlich der Honorierung von Projektmanagementleistungen grundsätzlich frei und können diese eigenverantwortlich regeln. Soweit die Vertragsparteien auf diese Leistungs- und Honorarordnung Bezug nehmen, gelten die nachfolgenden Bestimmungen für die Ermittlung des Projektmanagementhonorars.

(2) Diese Honorarordnung enthält Vorschläge für folgende Honorierungsalternativen:

a) Die Honorierung nach anrechenbaren Kosten, entweder als Abrechnungsauftrag oder Pauschalauftrag

b) Die Honorierung nach Zeitaufwand, entweder als Abrechnungsauftrag oder Pauschalauftrag

Insbesondere bei der Beauftragung von Teilleistungen oder besonderen Aufgabenstellungen, etwa Bauen im Bestand, kann sich ein entsprechender Abrechnungsauftrag nach Zeitaufwand empfehlen.

Treffen die Vertragsparteien keine andere Art der Bestimmung, erfolgt eine Honorierung nach anrechenbaren Kosten, die zum maßgeblichen Zeitpunkt gem. §§ 6 und §§ 7 ermittelt wird. Die Anwendung der Honorartafel gilt in diesem Falle als vereinbart.

(3) Dieser Leistungs- und Honorarordnung liegt zugrunde, dass der Auftragnehmer die übernommenen Leistungen sorgfältig und zuverlässig erbringt und dadurch den Projekterfolg fördert. Das schließt die Vereinbarung von Bonus-/Malus-Honorarvereinbarungen nicht aus, wenn wichtige Projektziele, die typischerweise einen herausragenden Einsatz des Auftragnehmers voraussetzen, erreicht werden sollen. Solche Regelungen bedürfen einer besonderen Vereinbarung. Der Anteil der Erfolgsvergütung soll 10 % der Gesamtvergütung nicht übersteigen.

(4) Die nachfolgend geregelten Pauschalhonorare nach anrechenbaren Kosten betreffen Projektsteuerungsleistungen (§ 2). Sofern der Auftraggeber dem Auftragnehmer Projektleitungsaufgaben (§ 3) überträgt, sind diese gesondert zu vergüten. Wird dem Auftragnehmer das Leistungsbild Projektleitung des § 3 ergänzend zur Projektsteuerung übertragen, erhält der Auftragnehmer vorbehaltlich einer anderweitigen Bestimmung der Vertragsparteien 50 % des Honorars für die Projektsteuerungsleistungen zusätzlich vergütet.

Falls die Projektleitung getrennt von der Projektsteuerung beauftragt wird, wird das Honorar aufwandsbezogen vereinbart.

§ 5 Bemessung des Projektsteuerungshonorars nach anrechenbaren Kosten 1436

(1) Das Honorar nach anrechenbaren Kosten ist für die Grundleistungen des Leistungsbildes gemäß § 7, insbesondere der dortigen Honorartafel, zu ermitteln. Dabei sind folgende Festlegungen zu beachten:

a) Anrechenbare Kosten sind Teile der Kosten für die Herstellung, den Umbau, die Modernisierung, Instandhaltung oder Instandsetzung von Bauvorhaben sowie für die damit zusammenhängenden Aufwendungen. Sie sind nach den allgemein anerkannten Regeln der Technik oder nach Verwaltungsvorschriften (Kostenvorschriften) auf der Grundlage ortsüblicher Preise zu ermitteln. Sofern die Vertragsparteien nicht etwas anderes bestimmen, gilt für die Ermittlung der anrechenbaren Kosten die Kostenermittlung der DIN 276 in der Fassung vom Dezember 2008 (DIN 276-1:2008-12). Maßgeblich sind die Kostengruppen 100 bis 700 ohne 110, 710 und 760. Umsatzsteuer, die auf die Kosten von Bauvorhaben entfällt, ist nicht Bestandteil der anrechenbaren Kosten. Der Umfang der mitzuverarbeitenden Bausubstanz ist bei den anrechenbaren Kosten angemessen zu berücksichtigen.

b) Die anrechenbaren Kosten mehrerer Bauvorhaben des Gesamtauftrags werden addiert (auftragsbezogene Addition). Etwas anderes gilt dann, wenn die einzelnen Bauvorhaben durch gesonderte Projektteams geleitet/gesteuert werden müssen.

c) Die anrechenbaren Kosten bestimmen sich nach der Kostenberechnung, soweit diese nicht vorliegt, nach der Kostenschätzung und soweit diese nicht vorliegt, nach dem Kostenrahmen.

d) Die Honorarpauschalierung ist vorläufig, solange die Kostenberechnung vom Auftraggeber noch nicht freigegeben ist. Die Parteien können bei Beauftragung vereinbaren, dass sich die anrechenbaren Kosten für die Projektstufen 1 bis 5 nach einer gemeinsam abgestimmten Kostenschätzung oder einem Kostenbudget richten sollen.

e) Die Einstufung in die Honorarzone der Honorartafel richtet sich nach Abs. 2.

f) Beim Bauen im Bestand gilt Abs. 4 dieser Vorschrift.

(2) Die Honorarzone wird bei Leistungen der Projektsteuerung wie folgt ermittelt: 1437

a) Für die Ermittlung der Honorarzone ist auf folgende Bewertungsmerkmale abzustellen:

Honorarzone I:
Projekte mit sehr geringen Projektsteuerungsanforderungen, d. h. mit
- *sehr geringer Komplexität der Projektorganisation*
- *sehr hoher spezifischer Projektroutine des Auftraggebers*
- *sehr wenigen Besonderheiten in den Projektinhalten*
- *sehr geringem Risiko bei der Projektrealisierung*
- *sehr geringen Terminanforderungen oder Anforderungen an die Termineinhaltung*
- *sehr geringen Kostenanforderungen oder Anforderungen an die Budgeteinhaltung*

Honorarzone II:
Projekte mit geringen Projektsteuerungsanforderungen, d. h. mit
- *geringer Komplexität der Projektorganisation*
- *hoher spezifischer Projektroutine des Auftraggebers*
- *wenigen Besonderheiten in den Projektinhalten*
- *geringem Risiko bei der Projektrealisierung*
- *geringen Terminanforderungen oder Anforderungen an die Termineinhaltung*
- *geringen Kostenanforderungen oder Anforderungen an die Budgeteinhaltung*

Honorarzone III:
Projekte mit durchschnittlichen Projektsteuerungsanforderungen, d. h. mit
- *durchschnittlicher Komplexität der Projektorganisation*
- *durchschnittlicher spezifischer Projektroutine des Auftraggebers*
- *durchschnittlichen Besonderheiten in den Projektinhalten*
- *durchschnittlichem Risiko bei der Projektrealisierung*
- *durchschnittlichen Terminanforderungen oder Anforderungen an die Termineinhaltung*
- *durchschnittlichen Kostenanforderungen oder Anforderungen an die Budgeteinhaltung*

1438 ***Honorarzone IV:***
Projekte mit überdurchschnittlichen Projektsteuerungsanforderungen, d. h. mit
- *hoher Komplexität der Projektorganisation*
- *geringer spezifischer Projektroutine des Auftraggebers*
- *vielen Besonderheiten in den Projektinhalten*
- *hohem Risiko bei der Projektrealisierung*
- *hohen Terminanforderungen oder Anforderungen an die Termineinhaltung*
- *hohen Kostenanforderungen oder Anforderungen an die Budgeteinhaltung*

Honorarzone V:
Projekte mit sehr hohen Projektsteuerungsanforderungen, d. h. mit
- *sehr hoher Komplexität der Projektorganisation*
- *sehr geringer spezifischer Projektroutine des Auftraggebers*
- *sehr vielen Besonderheiten in den Projektinhalten*
- *sehr hohem Risiko bei der Projektrealisierung*
- *sehr hohen Terminanforderungen oder Anforderungen an die Termineinhaltung*
- *sehr hohen geringen Kostenanforderungen oder Anforderungen an die Budgeteinhaltung*

1439 *b) Bei der Zurechnung eines Projekts zu einer Honorarzone sind entsprechend dem Schwierigkeitsgrad der Projektsteuerungsanforderungen die vorstehenden Bewertungsmerkmale bezüglich Komplexität der Projektorganisation, spezifischer Auftraggeberroutine, Besonderheiten in den Projektinhalten und Risiko der Projektrealisierung mit je bis zu 10 Punkten zu bewerten, bezüglich Termin- und Kostenvorgaben mit je bis zu 5 Punkten. Das Projekt ist dann nach der Summe der Bewertungspunkte folgenden Honorarzonen zuzurechnen:*

Honorarzone I:
- *Projektsteuerungsleistungen mit bis zu 10 Punkten*

Honorarzone II:
- *Projektsteuerungsleistungen mit 11 bis 20 Punkten*

Honorarzone III:
- *Projektsteuerungsleistungen mit 21 bis 30 Punkten*

Honorarzone IV:
- *Projektsteuerungsleistungen mit 31 bis 40 Punkten*

Honorarzone V:
- *Projektsteuerungsleistungen mit 41 bis 50 Punkten*

(3) *Soweit dem Auftragnehmer Besondere Leistungen der Projektsteuerung übertragen werden, sind diese zusätzlich zu vergüten, wobei als Orientierungshilfe der maßgebliche Aufwand (unter Berücksichtigung der Vergütungssätze nach § 9 Abs. 2) herangezogen werden soll. Die Vertragsparteien können Abweichendes vereinbaren.* 1440

(4) *Werden Projektsteuerungsleistungen für Bauvorhaben im Bestand beauftragt, können die Vertragsparteien das Honorar um bis zu 50 % erhöhen. Treffen sie keine besondere Vereinbarung, gilt eine Honorarerhöhung um 25 % als vereinbart.*

(5) *Die bloße Änderung von anrechenbaren Kosten nach Freigabe der Kostenberechnung führt nicht dazu, dass eine Anpassung des Honorars verlangt werden kann. Entsprechendes gilt, soweit die Vertragsparteien eine Pauschalierung des Honorars auf Basis anfänglich zugrunde gelegter anrechenbarer Kosten vereinbart haben. Der Auftraggeber kann jedoch geänderte oder zusätzliche Projektsteuerungsleistungen anordnen, soweit dies für die Projektrealisierung zweckmäßig oder hinsichtlich der Projektdauer zumutbar ist. Sofern und soweit der Auftraggeber die vertraglich festgelegten Projektsteuerungsleistungen – inhaltlich oder zeitlich – ändert, ist die Vergütung entsprechend anzupassen.*

§ 6 Teilleistungen der Projektsteuerung als Einzelleistung 1441

(1) *Dem Auftraggeber steht es frei, lediglich einzelne Projektstufen oder Handlungsbereiche zu beauftragen.*

(2) *Die anteilige Vergütung für die Grundleistungen einzelner Projektstufen ist wie folgt zu ermitteln:*

Projektstufen		*Bewertung der Grundleistungen in v. H. des Grundhonorars nach § 7*
1	*Projektvorbereitung (inkl. Grundlagenermittlung)*	*19*
2	*Planung (Vor-, Entwurfs- und Genehmigungsplanung)*	*21*
3	*Ausführungsvorbereitung (Ausführungsplanung, Vorbereiten der Vergabe und Mitwirken bei der Vergabe)*	*22*
4	*Ausführung (Objektüberwachung und Dokumentation)*	*30*
5	*Projektabschluss (Objektbetreuung)*	*8*
Summe		*100*

Bild 8 *Honoraranteile in v. H. des Grundhonorars für die Grundleistungen der Projektsteuerung*

Werden ausnahmsweise einzelne vorangehende Projektstufen nicht beauftragt, so erhöht sich das Honorar für die beauftragten Projektstufen um max. 50 v. H. des Honorars dieser nicht beauftragten Projektstufen.

(3) *Werden nicht alle Handlungsbereiche der Projektsteuerung übertragen, sondern ausschließlich die nachfolgenden Kombinationen von einzelnen Handlungsbereichen, so mindert sich das Honorar für die Grundleistungen gemäß Honorartafel nach § 7 (5) um folgende Prozentsätze:* 1442
- *nur Handlungsbereiche Organisation und Verträge (A + E) um 25 %*
- *nur Handlungsbereiche Kosten und Termine (C + D) um 25 %*
- *nur Handlungsbereiche Qualitäten und Kosten (B + C) um 25 %*
- *nur Handlungsbereiche Qualitäten und Termine (B + D) um 25 %*
- *nur Handlungsbereiche Qualitäten und Verträge (B + E) um 25 %*
- *nur Handlungsbereiche Kosten und Verträge (C + E) um 25 %*
- *nur Handlungsbereich Qualitäten (B) um 40 %*
- *nur Handlungsbereich Kosten (C) um 40 %*
- *nur Handlungsbereich Termine (D) um 40 %*
- *nur Handlungsbereich Verträge und Versicherungen (E) um 40 %*

Den Vertragsparteien steht es frei, die anteilige Vergütung unter Berücksichtigung des Mehraufwands für Bereithaltung des Projektsteuerungssystems und des notwendigen Koordinierungs- und Abstimmungsaufwands in anderer Form festzulegen.

§ 7 Honorartafel für die Grundleistungen der Projektsteuerung 1443

(1) *Die Honorarsätze für die in § 2 aufgeführten Grundleistungen der Projektsteuerung ergeben sich für Hochbauten, Ingenieurbauwerke, Verkehrsanlagen und Anlagenbauten aus der Honorartafel in Abs. 5. Das Honorar für die Projektsteuerung bei anderen Aufgabenstellungen, wie beispielhaft der Altlastensanierung*

inkl. Abbruch, Rückbau, Wiederverwendung und Verwertung ist unter Berücksichtigung des (zu erwartenden) Aufwands festzulegen.

(2) *Die Honorarsätze für Zwischenwerte der in der Honorartafel angegebenen anrechenbaren Kosten sind durch lineare Interpolation zu ermitteln.*

(3) *Das Honorar für Grundleistungen der Projektsteuerung bei anrechenbaren Kosten unter 0,5 Mio. € und über 500 Mio. € ist unter Berücksichtigung des (zu erwartenden) tatsächlichen Aufwands zu vereinbaren.*

(4) *Die Honorartabelle berücksichtigt mittlere Projektlaufzeiten für die Projektstufen 1–5 (z. B. für Hochbauprojekt, Investition 30 Mio. € (KGR 200–700 netto): 30–35 Monate). Lange Projektlaufzeiten, insbesondere Bauzeiten, etwa durch abschnittsweise Realisierung oder Projektverzögerungen, sind bei den Tafelwerten nicht berücksichtigt.*

1444 (5) Honorartafel zu § 7 – Teil 1

ANRECHENBARE KOSTEN	HONORARE IN EURO									
	Zone I		Zone II		Zone III		Zone IV		Zone V	
	von	bis	von	bis	von	bis	von	bis	von	bis
Euro	Euro	Euro	Euro	Euro	Euro	Euro	Euro	Euro	Euro	Euro
500.000	18.065	22.164	22.164	28.248	28.248	33.962	33.962	38.121	38.121	44.082
1.000.000	32.442	39.696	39.696	50.578	50.578	60.718	60.718	68.179	68.179	78.814
1.500.000	45.426	55.480	55.480	70.674	70.674	84.755	84.755	95.194	95.194	110.017
2.000.000	57.507	70.128	70.128	89.319	89.319	107.026	107.026	120.232	120.232	138.929
2.500.000	68.915	83.932	83.932	106.886	106.886	127.983	127.983	143.801	143.801	166.136
3.000.000	79.787	97.064	97.064	123.593	123.593	147.894	147.894	166.199	166.199	191.985
3.500.000	90.214	109.636	109.636	139.585	139.585	166.935	166.935	187.623	187.623	216.705
4.000.000	100.259	121.728	121.728	154.964	154.964	185.230	185.230	208.213	208.213	240.459
4.500.000	109.971	133.403	133.403	169.809	169.809	202.875	202.875	228.074	228.074	263.367
5.000.000	119.387	144.705	144.705	184.179	184.179	219.940	219.940	247.287	247.287	285.524
5.500.000	128.537	155.672	155.672	198.121	198.121	236.485	236.485	265.918	265.918	307.005
6.000.000	137.444	166.336	166.336	211.674	211.674	252.557	252.557	284.020	284.020	327.873
6.500.000	146.129	176.720	176.720	224.871	224.871	268.195	268.195	301.636	301.636	348.178
7.000.000	154.609	186.847	186.847	237.739	237.739	283.433	283.433	318.804	318.804	367.963
7.500.000	162.899	196.736	196.736	250.302	250.302	298.299	298.299	335.557	335.557	387.266
8.000.000	171.012	206.401	206.401	262.580	262.580	312.819	312.819	351.921	351.921	406.120
8.500.000	178.958	215.858	215.858	274.591	274.591	327.013	327.013	367.922	367.922	424.551
9.000.000	186.747	225.118	225.118	286.351	286.351	340.902	340.902	383.580	383.580	442.586
9.500.000	194.389	234.192	234.192	297.874	297.874	354.502	354.502	398.915	398.915	460.246
10.000.000	201.890	243.090	243.090	309.171	309.171	367.828	367.828	413.944	413.944	477.551
10.500.000	209.259	251.821	251.821	320.256	320.256	380.894	380.894	428.682	428.682	494.518
11.000.000	216.501	260.393	260.393	331.136	331.136	393.712	393.712	443.143	443.143	511.164
11.500.000	223.621	268.813	268.813	341.823	341.823	406.294	406.294	457.339	457.339	527.503
12.000.000	230.626	277.088	277.088	352.324	352.324	418.650	418.650	471.283	471.283	543.549
12.500.000	237.521	285.223	285.223	362.647	362.647	430.790	430.790	484.984	484.984	559.314
13.000.000	244.308	293.225	293.225	372.799	372.799	442.721	442.721	498.452	498.452	574.809
13.500.000	250.994	301.098	301.098	382.787	382.787	454.453	454.453	511.697	511.697	590.045
14.000.000	257.580	308.847	308.847	392.617	392.617	465.992	465.992	524.726	524.726	605.030
14.500.000	264.072	316.477	316.477	402.294	402.294	477.345	477.345	537.547	537.547	619.775
15.000.000	270.472	323.992	323.992	411.825	411.825	488.519	488.519	550.168	550.168	634.288
15.500.000	276.783	331.396	331.396	421.212	421.212	499.520	499.520	562.595	562.595	648.575
16.000.000	283.009	338.691	338.691	430.462	430.462	510.353	510.353	574.834	574.834	662.645
16.500.000	289.151	345.882	345.882	439.579	439.579	521.024	521.024	586.891	586.891	676.504
17.000.000	295.212	352.972	352.972	448.566	448.566	531.537	531.537	598.772	598.772	690.158
17.500.000	301.196	359.964	359.964	457.427	457.427	541.897	541.897	610.482	610.482	703.614
18.000.000	307.103	366.860	366.860	466.167	466.167	552.109	552.109	622.026	622.026	716.878
18.500.000	312.937	373.664	373.664	474.788	474.788	562.176	562.176	633.408	633.408	729.954
19.000.000	318.698	380.377	380.377	483.294	483.294	572.103	572.103	644.633	644.633	742.848
19.500.000	324.390	387.002	387.002	491.687	491.687	581.893	581.893	655.705	655.705	755.564
20.000.000	330.013	393.541	393.541	499.970	499.970	591.550	591.550	666.628	666.628	768.107
20.500.000	335.569	399.997	399.997	508.147	508.147	601.077	601.077	677.405	677.405	780.482
21.000.000	341.061	406.371	406.371	516.220	516.220	610.477	610.477	688.041	688.041	792.692
21.500.000	346.490	412.666	412.666	524.191	524.191	619.753	619.753	698.538	698.538	804.742
22.000.000	351.856	418.883	418.883	532.063	532.063	628.908	628.908	708.899	708.899	816.634
22.500.000	357.162	425.024	425.024	539.838	539.838	637.946	637.946	719.129	719.129	828.374
23.000.000	362.409	431.091	431.091	547.518	547.518	646.867	646.867	729.229	729.229	839.963
23.500.000	367.598	437.085	437.085	555.105	555.105	655.676	655.676	739.203	739.203	851.406
24.000.000	372.731	443.008	443.008	562.601	562.601	664.374	664.374	749.053	749.053	862.706
24.500.000	377.808	448.862	448.862	570.009	570.009	672.964	672.964	758.782	758.782	873.865
25.000.000	382.831	454.647	454.647	577.329	577.329	681.448	681.448	768.392	768.392	884.886

Honorartafel zu § 7 – Teil 2 1445

ANRECHENBARE KOSTEN	HONORARE IN EURO									
	Zone I		Zone II		Zone III		Zone IV		Zone V	
	von	bis	von	bis	von	bis	von	bis	von	bis
Euro	Euro	Euro	Euro	Euro	Euro	Euro	Euro	Euro	Euro	Euro
25.500.000	387.800	460.366	460.366	584.564	584.564	689.828	689.828	777.886	777.886	895.772
26.000.000	392.718	466.019	466.019	591.715	591.715	698.106	698.106	787.265	787.265	906.526
26.500.000	397.584	471.608	471.608	598.784	598.784	706.284	706.284	796.533	796.533	917.151
27.000.000	402.400	477.133	477.133	605.772	605.772	714.364	714.364	805.692	805.692	927.648
27.500.000	407.167	482.597	482.597	612.681	612.681	722.347	722.347	814.742	814.742	938.020
28.000.000	411.885	488.000	488.000	619.513	619.513	730.236	730.236	823.687	823.687	948.270
28.500.000	416.556	493.343	493.343	626.269	626.269	738.033	738.033	832.527	832.527	958.399
29.000.000	421.180	498.628	498.628	632.949	632.949	745.738	745.738	841.266	841.266	968.410
29.500.000	425.758	503.855	503.855	639.556	639.556	753.353	753.353	849.905	849.905	978.304
30.000.000	430.292	509.026	509.026	646.091	646.091	760.881	760.881	858.445	858.445	988.084
30.500.000	434.781	514.141	514.141	652.554	652.554	768.321	768.321	866.888	866.888	997.752
31.000.000	439.226	519.201	519.201	658.948	658.948	775.677	775.677	875.235	875.235	1.007.309
31.500.000	443.628	524.207	524.207	665.272	665.272	782.949	782.949	883.489	883.489	1.016.758
32.000.000	447.988	529.160	529.160	671.529	671.529	790.138	790.138	891.650	891.650	1.026.099
32.500.000	452.307	534.061	534.061	677.719	677.719	797.246	797.246	899.721	899.721	1.035.335
33.000.000	456.584	538.910	538.910	683.843	683.843	804.274	804.274	907.702	907.702	1.044.468
33.500.000	460.822	543.709	543.709	689.903	689.903	811.223	811.223	915.595	915.595	1.053.498
34.000.000	465.019	548.458	548.458	695.899	695.899	818.095	818.095	923.401	923.401	1.062.427
34.500.000	469.177	553.158	553.158	701.832	701.832	824.890	824.890	931.122	931.122	1.071.257
35.000.000	473.297	557.810	557.810	707.704	707.704	831.610	831.610	938.758	938.758	1.079.990
35.500.000	477.379	562.413	562.413	713.514	713.514	838.256	838.256	946.311	946.311	1.088.626
36.000.000	481.424	566.970	566.970	719.264	719.264	844.828	844.828	953.783	953.783	1.097.167
36.500.000	485.431	571.480	571.480	724.955	724.955	851.329	851.329	961.173	961.173	1.105.614
37.000.000	489.402	575.945	575.945	730.587	730.587	857.758	857.758	968.484	968.484	1.113.969
37.500.000	493.337	580.364	580.364	736.162	736.162	864.117	864.117	975.716	975.716	1.122.233
38.000.000	497.237	584.739	584.739	741.680	741.680	870.406	870.406	982.871	982.871	1.130.407
38.500.000	501.101	589.070	589.070	747.142	747.142	876.627	876.627	989.949	989.949	1.138.492
39.000.000	504.931	593.357	593.357	752.548	752.548	882.781	882.781	996.952	996.952	1.146.490
39.500.000	508.727	597.601	597.601	757.899	757.899	888.868	888.868	1.003.880	1.003.880	1.154.401
40.000.000	512.489	601.804	601.804	763.196	763.196	894.889	894.889	1.010.734	1.010.734	1.162.227
40.500.000	516.218	605.964	605.964	768.440	768.440	900.845	900.845	1.017.516	1.017.516	1.169.969
41.000.000	519.914	610.084	610.084	773.632	773.632	906.738	906.738	1.024.226	1.024.226	1.177.627
41.500.000	523.578	614.162	614.162	778.771	778.771	912.566	912.566	1.030.865	1.030.865	1.185.203
42.000.000	527.209	618.200	618.200	783.859	783.859	918.332	918.332	1.037.434	1.037.434	1.192.697
42.500.000	530.809	622.199	622.199	788.896	788.896	924.037	924.037	1.043.934	1.043.934	1.200.112
43.000.000	534.378	626.158	626.158	793.883	793.883	929.680	929.680	1.050.365	1.050.365	1.207.447
43.500.000	537.915	630.078	630.078	798.820	798.820	935.262	935.262	1.056.728	1.056.728	1.214.704
44.000.000	541.423	633.960	633.960	803.708	803.708	940.785	940.785	1.063.025	1.063.025	1.221.883
44.500.000	544.899	637.804	637.804	808.547	808.547	946.249	946.249	1.069.256	1.069.256	1.228.985
45.000.000	548.346	641.610	641.610	813.339	813.339	951.654	951.654	1.075.421	1.075.421	1.236.012
45.500.000	551.764	645.380	645.380	818.083	818.083	957.002	957.002	1.081.522	1.081.522	1.242.964
46.000.000	555.152	649.112	649.112	822.780	822.780	962.293	962.293	1.087.559	1.087.559	1.249.841
46.500.000	558.511	652.808	652.808	827.431	827.431	967.527	967.527	1.093.532	1.093.532	1.256.646
47.000.000	561.842	656.469	656.469	832.036	832.036	972.705	972.705	1.099.443	1.099.443	1.263.377
47.500.000	565.144	660.093	660.093	836.595	836.595	977.828	977.828	1.105.292	1.105.292	1.270.037
48.000.000	568.418	663.683	663.683	841.109	841.109	982.896	982.896	1.111.080	1.111.080	1.276.627
48.500.000	571.665	667.238	667.238	845.579	845.579	987.910	987.910	1.116.807	1.116.807	1.283.145
49.000.000	574.884	670.758	670.758	850.005	850.005	992.870	992.870	1.122.475	1.122.475	1.289.595
49.500.000	578.076	674.244	674.244	854.388	854.388	997.778	997.778	1.128.083	1.128.083	1.295.975
50.000.000	581.241	677.697	677.697	858.727	858.727	1.002.632	1.002.632	1.133.632	1.133.632	1.302.287

1446 Honorartafel zu § 7 – Teil 3

ANRECHENBARE KOSTEN	HONORARE IN EURO									
	Zone I		Zone II		Zone III		Zone IV		Zone V	
Euro	von Euro	bis Euro	von Euro	bis Euro	von Euro	bis Euro	von Euro	bis Euro	von Euro	bis Euro
51.000.000	586.306	683.602	683.602	866.210	866.210	1.012.581	1.012.581	1.144.881	1.144.881	1.315.210
75.000.000	814.970	950.213	950.213	1.204.039	1.204.039	1.408.552	1.408.552	1.592.588	1.592.588	1.829.524
100.000.000	1.039.639	1.212.164	1.212.164	1.535.964	1.535.964	1.797.968	1.797.968	2.032.884	2.032.884	2.335.324
125.000.000	1.253.988	1.462.085	1.462.085	1.852.646	1.852.646	2.169.796	2.169.796	2.453.293	2.453.293	2.818.279
150.000.000	1.460.117	1.702.421	1.702.421	2.157.180	2.157.180	2.527.607	2.527.607	2.857.854	2.857.854	3.283.029
175.000.000	1.659.407	1.935.882	1.935.882	2.451.613	2.451.613	2.873.762	2.873.762	3.249.237	3.249.237	3.732.640
200.000.000	1.852.844	2.160.320	2.160.320	2.737.398	2.737.398	3.209.940	3.209.940	3.629.338	3.629.338	4.169.290
225.000.000	2.041.164	2.379.891	2.379.891	3.015.622	3.015.622	3.537.393	3.537.393	3.999.576	3.999.576	4.594.609
250.000.000	2.224.938	2.594.162	2.594.162	3.287.129	3.287.129	3.857.096	3.857.096	4.361.049	4.361.049	5.009.861
275.000.000	2.404.621	2.803.662	2.803.662	3.552.593	3.552.593	4.169.826	4.169.826	4.714.640	4.714.640	5.416.057
300.000.000	2.580.587	3.008.829	3.008.829	3.812.565	3.812.565	4.476.219	4.476.219	5.061.065	5.061.065	5.814.020
325.000.000	2.753.145	3.210.024	3.210.024	4.067.504	4.067.504	4.776.805	4.776.805	5.400.924	5.400.924	6.204.442
350.000.000	2.922.560	3.407.553	3.407.553	4.317.798	4.317.798	5.072.031	5.072.031	5.734.722	5.734.722	6.587.902
375.000.000	3.089.056	3.601.678	3.601.678	4.563.779	4.563.779	5.362.281	5.362.281	6.062.896	6.062.896	6.964.899
400.000.000	3.252.827	3.792.626	3.792.626	4.805.735	4.805.735	5.647.887	5.647.887	6.385.817	6.385.817	7.335.863
425.000.000	3.414.045	3.980.598	3.980.598	5.043.918	5.043.918	5.929.139	5.929.139	6.703.817	6.703.817	7.701.173
450.000.000	3.572.858	4.165.766	4.165.766	5.278.551	5.278.551	6.206.294	6.206.294	7.017.184	7.017.184	8.061.160
475.000.000	3.729.403	4.348.289	4.348.289	5.509.830	5.509.830	6.479.580	6.479.580	7.326.177	7.326.177	8.416.123
500.000.000	3.883.798	4.528.305	4.528.305	5.737.932	5.737.932	6.749.201	6.749.201	7.631.026	7.631.026	8.766.326

Bild 9 *Honorartafel für die Grundleistungen der Projektsteuerung zu § 7*

1447 ***§ 8 Das Projektsteuerungshonorar bei Einsatz von Kumulativleistungsträgern (Generalplanern, Generalunternehmern etc.)***

(1) *Bei Einsatz von Kumulativleistungsträgern wirken sich folgende Einflussfaktoren auf die Leistungserbringung und damit auf die Honorarhöhe aus:*

- *Art des Kumulativleistungsträgers (Generalplaner, Generalunternehmer, Totalunternehmer, Generalübernehmer, Totalübernehmer),*
- *Aufteilung des Gesamtprojekts in Teilprojekte,*
- *Schnittstelle zwischen Planung und Ausführung gemäß Vertrag zwischen Bauherr und Kumulativleistungsträger (z. B. bei Generalunternehmer: »Ausführungsplanung wird vom Auftraggeber beigestellt« oder »Ausführungsplanung wird vom Generalunternehmer erstellt«) sowie*
- *Anzahl der Pakete bei Beauftragung mehrerer Generalunternehmer.*

(2) *Die nachfolgende Tabelle enthält die Bewertungsvorschläge für mögliche Honorarsätze in v. H. des Grundhonorars nach § 7 (5) für verschiedene Einsatzformen von Kumulativleistungsträgern).*

Nr.	*AHO Projektstufe*	*HOA I Phase*	*AHO Honoraraufteilung*	*Einzelplaner/GU*		*Generalplaner (1-9)/ Einzelfirmen*	*Generalplaner/GU*		*Generalübernehmer/ Totalübernehmer nach PE* 1448
				GU (ohne Lph. 5)	*GU (mit Lph. 5)*		*Lph. 5 bei GP*	*Lph. 5 bei GU*	
1	*Projektvorbereitung*	*PE + 1*	*19*	*19*	*19*	*16*	*16*	*16*	*15*
2	*Planung*	*2, 3, 4*	*21*	*21*	*21*	*16*	*16*	*16*	*11*
3	*Ausführungs-vorbereitung*	*5, 6, 7*	*22*	*20*	*18*	*20*	*18*	*16*	*9*
4	*Ausführung*	*8*	*30*	*23*	*23*	*28*	*23*	*23*	*20*
5	*Projektabschluss*	*9*	*8*	*6*	*6*	*7*	*6*	*6*	*5*
			100	*89*	*87*	*87*	*79*	*77*	*60*

Quelle: Preuß (2003, S. 48), fortgeschrieben (2014)

***Bild 10** Honoraranteile bei Einsatz von Kumulativleistungsträgern*

Unter Berücksichtigung der Veränderungen in § 6 »Teilleistungen der Projektsteuerung als Einzelleistung« wurden die mit der Zeit gewonnenen Erfahrungen bei der Projektbearbeitung mit Kumulativleistungsträgern in der Tabelle berücksichtigt. Die Herleitung der grundsätzlichen Unterschiede in den Honoraransätzen erfolgte in der 3. Auflage des Hefts 9 (Stand 2004).

§ 9 Honorierung nach Zeitaufwand 1449

(1) Die Vertragsparteien können die Honorierung für Projektsteuerungsleistungen von den anrechenbaren Kosten dadurch entkoppeln, dass sie eine Honorierung nach Zeitaufwand vereinbaren. Dabei kann eine Abrechnung auf Basis des tatsächlich anfallenden Personalaufwands (Abrechnungsauftrag) oder eine Pauschalierung auf der Grundlage eines vorab geschätzten Personalaufwands vorgenommen werden (Pauschalauftrag).

(2) Eine Pauschalierung wird empfohlen, wenn die Projektrahmenbedingungen hinreichend klar sind, so dass eine verlässliche Kapazitätsplanung im Vorfeld ermöglicht ist.
Bei besonderen Projektanforderungen, insbesondere beim Bauen im Bestand, bei Sonderbauwerken, bei Infrastruktur- und Ingenieur- sowie Anlagenbauprojekten sowie bei besonderen nutzerspezifischen Leistungsanforderungen kann dagegen eine Honorarermittlung nach tatsächlichem Zeitaufwand (Abrechnungsauftrag) – insbesondere in der Anfangsphase der Tätigkeit – zweckmäßig sein.

(3) Im Falle einer Honorierung nach Zeitaufwand (als Abrechnungsauftrag oder als Pauschalauftrag) sol- 1450
len die Vertragsparteien markt- und leistungsgerechte Mitarbeiterverrechnungssätze zugrunde legen. Sofern die Vertragsparteien keine anderweitige Bestimmung getroffen haben, gelten die nachfolgend aufgelisteten Monatsverrechnungssätze als vereinbart.
Die Verrechnungssätze enthalten sowohl die direkten Personalkosten aus Gehalt, Soziallöhnen und Sozialkosten, als auch die indirekten Personalkosten der Geschäftsführung und des Sekretariats, die Allgemeinen Geschäftskosten sowie Wagnis und Gewinn. Die projektbezogenen Nebenkosten sind projektspezifisch als Prozentsatz der Verrechnungssätze zu berücksichtigen. Bei Projektlaufzeiten von mehr als 30 Monaten sind die Verrechnungssätze mit den voraussichtlichen Gehaltssteigerungssätzen zu versehen. Die Verrechnungssätze unterscheiden nach drei unterschiedlichen Qualifikationen. Die genannten Monatsverrechnungssätze enthalten keine Umsatzsteuer und keine projektspezifischen Nebenkosten. Falls der Inhaber eigenständig Projektsteuerungsleistungen erbringt, werden im Einzelfall gesonderte Verrechnungssätze vereinbart.

1451

Funktion	**Monatsverrechnungssatz**
Projektleiter/in	16.500 – 18.800 €/Mon.
Projektbearbeiter/in	12.500 – 14.500 €/Mon.
Technisch-wirtschaftliche/r MA	8.400 – 10.500 €/Mon.

Bild 11 *Mitarbeitermonatsverrechnungssätze für projektbezogene Einsatzzeiten*

(4) *Soll der Personalaufwand pauschaliert werden, so ist er anhand eines Terminrahmens und einer konkreten Personaleinsatzplanung für das jeweilige Projekt zu ermitteln.*
Soweit die Vertragsparteien auf dieser Basis eine Honorarpauschale vereinbaren, ist das an den Auftragnehmer zu zahlende Honorar unabhängig von dem später tatsächlich notwendig werdenden Zeitaufwand. Sofern der Auftraggeber die vertragliche Projektsteuerungsleistung ändert, ist das Honorar entsprechend anzupassen.

1452 ***§ 10 Nebenkosten***

(1) *Der Auftragnehmer erhält als pauschale Abgeltung für die Nebenkosten, die ihm bei der Projektsteuerungsleistung entstehen, eine pauschale Entschädigung in Höhe von 5 % des maßgeblichen Grundhonorars, sofern die Vertragsparteien nicht etwas anderes vereinbaren.*

(2) *In der Nebenkostenpauschale sind enthalten*
- *Das Bereithalten des vorhandenen eigenen Büros, einschließlich der eigenen EDV-Infrastruktur*
- *Kosten für die Datenübertragung oder Kosten für die Versandkosten für eigene Arbeitsergebnisse in sonstigen Medien (z. B. per Post)*
- *Vervielfältigungskosten für die selbst erstellten Arbeitsergebnisse*
- *Fahrtkosten für projektbedingte Reisetätigkeit, soweit diese nicht über einen 50-km-Umkreis um das Projekt hinausgehen, in Höhe der steuerlich zulässigen Pauschalsätze, sofern nicht höhere Aufwendungen nachgewiesen werden.*

(3) *Die Vertragsparteien können auch eine konkrete Nebenkostenabrechnung auf Nachweis vereinbaren.*

1453 ***§ 11 Zahlungen***

(1) *Das Honorar wird fällig, wenn die Leistung vertragsgemäß erbracht und eine prüffähige Honorarschlussrechnung überreicht worden ist, wenn nicht etwas anderes vertraglich vereinbart ist.*

(2) *Abschlagszahlungen können zum vereinbarten Zeitpunkt oder in angemessenen zeitlichen Abständen für nachgewiesene Leistungen gefordert werden.*
Haben die Vertragsparteien einen Abschlagszahlungsplan vereinbart, ist dieser maßgeblich, es sei denn, eine Änderung der Projektabläufe macht eine Anpassung/Fortschreibung notwendig.

(3) *Nebenkosten sind auf Nachweis fällig, sofern bei der Auftragserteilung nicht eine pauschale Vergütung (als zusätzlicher Honorarprozentsatz) vereinbart worden ist.*

(4) *Andere Zahlungsweisen können schriftlich vereinbart werden.*

1454 ***§ 12 Umsatzsteuer***

(1) *Der Unternehmer hat Anspruch auf Ersatz der gesetzlich geschuldeten Umsatzsteuer für nach dieser Leistungs- und Honorarordnung abrechenbare Leistungen, soweit nicht die Kleinunternehmerregelung nach § 19 des Umsatzsteuergesetzes angemeldet wird.*
Satz 1 gilt auch hinsichtlich der um die nach § 15 des Umsatzsteuergesetzes abziehbare Vorsteuer gekürzten Nebenkosten, soweit diese weiter berechenbar sind.

(2) *Auslagen gehören nicht zum Entgelt für die Leistungen des Auftragnehmers. Sie sind als durchlaufende Posten im umsatzsteuerlichen Sinn, einschließlich einer ggf. enthaltenen Umsatzsteuer, weiterzuberechnen.*

5.4.2.3.7 *Einzelheiten zu den Vergütungsvorschlägen betreffend Pauschalhonorare auf Basis anrechenbarer Kosten der AHO-Fachkommission (2014)*

Die Honorarermittlung auf der Grundlage anrechenbarer Kosten findet **analog zur HOAI-Systematik** statt. Auch bei der Honorarermittlung nach anrechenbaren Kosten für Projektsteuerungsleistungen sind die anrechenbaren Kosten nach DIN 276-1:2008-12 zu ermitteln und das Honorar ist unter Berücksichtigung einer festzustellenden Honorarzone in einer Honorartafel abzulesen. Die wesentlichen Unterschiede zum HOAI-Berechnungsmodell sind: 1455

- Es gilt kein zwingendes Preisrecht. Die AHO-Honorarvorschläge müssen von den Vertragsparteien vertraglich vereinbart worden sein. Immer ist zu prüfen, ob nicht der Vertrag abweichende Regelungen zu dem Standardvergütungsmodell AHO beinhaltet. 1456
- Der AHO-Honorarvorschlag berücksichtigt grundsätzlich alle anrechenbaren Kosten der Kostengruppen 1 – 700 ohne 110, 710 und 760, schließt also mithin die Kosten für Planungsleistungen ein (weil diese auch mitgesteuert werden), § 5 Abs. 1 a AHO.
- Das Bauvorhaben wird ähnlich dem Objekt im Rahmen der HOAI durch den Vertragsgegenstand bestimmt; das gilt auch in Bezug auf die Einordnung des Objektes in eine Honorarzone.[243] 1457
- Bei den Projektsteuerern gibt es keine Anknüpfung der Honorierung an ein Einzelobjekt. Vielmehr findet eine sogenannte auftragsbezogene Addition einzelner Objekte/Bauvorhaben statt, § 5 Abs. 1 b AHO. Etwas anderes soll nur gelten, wenn die einzelnen Bauvorhaben durch gesonderte Projektteams begleitet/gesteuert werden.
- Das AHO-Honorarmodell folgt dem Kostenberechnungsmodell der HOAI. Die anrechenbaren Kosten werden dementsprechend auf den Zeitpunkt der Kostenberechnung festgeschrieben. Spätere Kostenveränderungen alleine führen nicht zu einer Honorarveränderung. Auch Nachtragsbeauftragungen für Planungs- und Baubeteiligte erhöhen die anrechenbaren Kosten grundsätzlich nicht.[244] 1458
- Nachträge, die nach der Vergabe der Bauleistung an einen Unternehmer entstehen, dürfen bei der Honorarermittlung nach dem Kostenberechnungsmodell der HOAI nicht berücksichtigt werden.[245] Entsprechendes gilt für das AHO-Leistungsbild.
- Gemäß § 5 Abs. 3 AHO werden Besondere Leistungen der Projektsteuerung nach Aufwand zusätzlich vergütet, sofern nicht etwas Abweichendes im Vertrag festgelegt ist. 1459
- Nach Abs. 4 derselben Vorschrift findet bei Bestandsbauvorhaben eine Erhöhung des Honorars von linear 25 % statt, soweit nichts anderes vereinbart ist. Die Vertragsparteien können das Honorar in einem solchen Fall auch bis zu 50 % erhöhen.
- Für Änderungsleistungen gilt § 5 Abs. 5 AHO, der zunächst klarstellt, dass die bloße Änderung von anrechenbaren Kosten nach der Freigabe der Kostenberechnung nicht dazu führt, dass eine Anpassung des Honorars verlangt werden kann. Wenn jedoch der Auftraggeber geänderte oder zusätzliche Projektsteuerungsleistungen anordnet, was nach der AHO-Leistungs- und Honorarordnung möglich ist, soweit diese zweckmäßig oder hinsichtlich der Projektdauer zumutbar sind, hat der Auftragnehmer einen zusätzlichen Anspruch auf Vergütung und die vereinbarte Vergütung ist entsprechend anzupassen. Wie beim Architekten kann dem Projektsteuerer nach dem AHO-Leistungsbild dann ein zusätzlicher Vergütungsanspruch im Zusammenhang mit Nachträgen an Unternehmer zustehen, wenn er in diesem Kontext Grundleistungen wiederholen muss.[246] 1460

243 BGH, Urteil vom 11.12.2008, Az. VII ZR 235/06, in: IBR 2009, 148.
244 So für die HOAI bereits BGH, Urteil vom 28.07.2011, Az. VII ZR 65/10, in: NJW-RR 2011, 1463, 1464; BGH, Urteil vom 05.08.2010, Az. VII ZR 14/09, in: NZBau 2010, 706 = BauR 2010, 1957.
245 BGH, Urteil vom 05.08.2010, Az. VII ZR 14/09, in: NZBau 2010, 706.
246 BGH, Urteil vom 05.08.2010, Az. VII ZR 14/09, in: NZBau 2010, 706.

5.4.2.3.8 *Pauschalhonorarsätze für die Projektsteuerung in Österreich*

1461 In Österreich waren Leistungen und Vergütung für die Projektsteuerung in der HO-PS bzw. für die begleitende Kontrolle in der HO-BK geregelt. Diese Regelwerke wurden aus kartellrechtlichen und europarechtlichen Gründen nicht weiter verfolgt (vgl. Rdn. 105). Die Fortentwicklung entsprechender Leistungsbilder wird seither an der Universität Graz durch die Professoren Lechner und Heck verantwortet. Die Professoren haben im Jahre 2014 einen ganzen *»Blumenstrauß«* von Leistungsbildern und Vergütungsordnungen für Steuerungs-, Controlling- und Planungsleistungen veröffentlicht (LM.VM. 2014).[247] Für die entsprechenden Leistungsbilder, die teilweise in diesem Buch abgedruckt sind (Rdn. 2945 f.) enthalten die Veröffentlichungen jeweils Vergütungsordnungen. Das Vergütungsmodell Projektsteuerung ist nachfolgend abgedruckt. Es unterscheidet sich von dem deutschen Modell durch eine differenziertere Bewertung der einzelnen Projektanforderungen nach einzelnen Bewertungspunkten. Besonderen Anforderungen im Hinblick auf den Koordinierungs- und Dokumentationsaufwand, etwa bei großen Projekten, wird mit Zusatzpunkten Rechnung getragen. Entsprechendes gilt für Projekte mit vielen Projektbeteiligten usw. Das Honorarniveau der österreichischen Tabelle liegt deutlich über den Vergütungsvorschlägen der AHO-Fachkommission.

Vergütungsmodell Projektsteuerung [VM.PS]

1462 Die Ermittlung der Vergütung für eine Projektsteuerung kann im Zusammenhang mit den Allgemeinen Regelungen für Planerverträge (AR) nach mehreren Modellen verhandelt und vertraglich festgelegt werden. Zentrales Ziel ist dabei:

- die möglichst konkrete Erfassung der Projektziele zur Abschätzung der künftigen Bearbeitungstiefe und
- der angemessene Ausgleich der Interessen zwischen Auftraggeber und Auftragnehmer.

PS.3 Leistungsumfang

(1) Die Gesamtleistung der Projektsteuerung umfasst als einheitliches Ganzes die Grundleistungen der PPHen 1-5.

(2) Werden ausdrücklich nur Teilleistungen vereinbart, so können die erbrachten Teilleistungen mit (anteiligen) Teilvergütungen nach Maßgabe der Gliederung in Projektphasen bewertet werden.
Für Projektsteuerer, die eine Leistung eines Vorplaners fortsetzen, kann eine angemessene, gesonderte Vergütung zur Einarbeitung in die bereits erarbeiteten Ergebnisse angesetzt werden.

(3) Optionale Leistungen können vertraglich vereinbart und zusätzlich zu den Grundleistungen vergütet werden.

(4) Für ungewöhnlich kurze oder lange Projektdauern, bei Unterbrechungen, Forcierungen infolge Verzögerungen sind im Anlassfall gesonderte Vereinbarungen zu treffen.

(5) Leistungen der Planer (darunter werden Objektplanung Innenräume, Freianlagen, Ingenieurplanungen, Tragwerksplanung, Verkehrstechnik, Vermessung, Heizung, Lüftung, Sanitär, Akustik, Bauphysik, Versorgungseinrichtungen, elektrische und maschinelle Anlagen usw. verstanden) können nach den Leistungs- und Vergütungsmodellen dieser Fachgebiete gesondert ermittelt werden.

(6) Nebenkosten und Umsatzsteuer sind nicht in den Ermittlungsgrundlagen enthalten. Die Nebenkosten können unter Anwendung der Allgemeinen Regelungen für Planerverträge [AR] getrennt von der Vergütung angesetzt werden.

(7) Die Vergütung richtet sich nach der Vereinbarung, die die Vertragsparteien zB. auf Basis dieser LM.VM schriftlich treffen.

---

247 Lechner, Hans in: LM.VM 2014, Verlag der TU Graz 2014, erstellt mit Unterstützung der Bundeskammer der Architekten und Ingenieurkonsulenten, Wien.

PS.4 Projektphasen Projektsteuerung 1463

PPH 1	Projektvorbereitung	
	Projektetablierung, strategische Entscheidungen, Projektl-grundlagen, Vertragsgestaltung	19 %
PPH 2	Planung Vorentwurfs-, Entwurfs- und Einreichplanung	21 %
PPH 3	Ausführungsvorbereitung Ausführungsplanung, Vorbereiten der Vergabe und Mitwirken bei der Vergabe	22 %
PPH 4	Ausführung Projektüberwachung (ÖBA), Dokumentation	30 %
PPH 5	Projektabschluss Projektbetreuung	8 %
	Summe Projektsteuerungsleistung	100 %

ohne Doku

PS.5 Berechnungswege: 1464

(1) über Referenzkosten (objektivierte Kosten)
Der Berechnungsweg über Bauwerksreferenzkosten erfolgt hier in den Schritten

- Einteilung der Projekte nach Bewertungspunkten
- Einvernehmen zwischen AG und AN zu aufwandsadäquatem Abwägen der Referenzkosten (objektivierte Kosten), zB. aus der Dokumentation des BKI[1)]
- Ermittlung des Prozentsatzes, infolge der Vergütung
- ggf. Anpassung für GU, Umbauten, abweichende Dauern, etc.

(2) über Bemessungsgrundlage, anrechenbare Kosten
Der Berechnungsweg über die »Herstellkosten« erfolgt hier in den Schritten

- Einteilung der Projekte nach Bewertungspunkten
- Ermittlung der vorläufigen anrechenbaren Kosten, Feststellen der tatsächlichen Bemessungsgrundlage (zB. nach ÖN B 1801-1), mit angemessener Einbeziehung der Reserven (KGR 9),2)
- Ermittlung des Prozentsatzes, infolge der Vergütung,
- ggf. Anpassung für GU, Umbauten, abweichende Dauern, etc.

(3) Abschätzen des zeitbezogenen Büro-, Personalaufwandes
Der künftige Büroaufwand kann in Relation zu den Leistungsbildern und einer Bewertung nach PS.6, zB, auf Basis von Personaleinsatzprognosen abgeschätzt und dem individuellen Vertrag zugrunde gelegt werden.

PS.6 Einteilung für Projekte nach Bewertungspunkten 1465

Die Bewertungspunkte können nach den Anforderungsprofilen, aufgrund folgender Anforderungsmerkmaie in einem Punktesystem ermittelt werden:

Anforderungsmerkmale	**Bewertungspunkte**
(A) Komplexität der Projektorganisation	1 – 10
(B) Vielfalt der Besonderheiten in den Projektinhalten	1 – 10
(C) Risiko bei der Projektrealisierung	1 – 10
(D) Anforderungen an die Terminvorgaben	1 – 5
(E) Anforderungen an die Kostenvorgaben	1 – 5

1466 **(1) Bewertungsmatrix für Anforderungsmerkmale**

Bewertungsmatrix Projektsteuerung	Projektsteuerungsanforderungen					
	Spalte 1	Spalte 2	Spalte 3	Spalte 4	Spalte 5	
	sehr gering	gering	durch-schnittlich	hoch	sehr hoch	
	1-2	3-4	5-6	7-8	9-10 x)	Punkte
(A) Vielfalt der Besonderheiten in den Projektinhalten						
(B) Komplexität der Projektorganisation						
(C) Risiko bei der Projektrealisierung						

	1	2	3	4	5 x)	Punkte
(D) Anforderungen an die Terminvorgaben						
(E) Anforderungen an die Kostenvorgaben						

ggf. Zusatzpunkte aus PS.6 (5) [ ]

Summe der Bewertungspunkte [bw] = [ ]

(2) Zusammengesetzte Bauwerke
können anhand der Bewertungsmerkmale anteilsmäßig (in mehreren Rechengängen) ermittelt werden.

(3) Veränderungen der Bewertung
Gravierende Abweichungen von den im Vertrag vorläufig ermittelten Bewertungspunkten in der Projektabwicklung (15–20 %) sollten mit einer Revision der vertraglichen Vergütung ausgeglichen werden.

(4) Besondere Anforderungenx)
Für überdurchschnittliche Projekte/ Anforderungen können Zusatzpunkte angerechnet werden.

1467 **(5) Hinweise für die Ermittlung der Bewertungs- und Zusatz punkte:**

1. Die Bewertungspunkte für (A) »Komplexität der Projektorganisation« sind abhängig von der Zahl und Diversität der zu beteiligenden Bestellerorganisationen, der Zahl der Planungs- und Ausführungsbeteiligten, sowie von der Zahl der Schnittstellen in Planung und Ausführung.
2. Die Bewertung der Projektanforderungen (B), (C), (D) und (E) sollte zB. in Form eines Protokolls, als Ergebnis des Verhandlungsvorfahrens aufgestellt werden.
   Sie ist in »kleineren« Projekten regelmäßig höher anzusetzen, da dort der Beratungsaufwand bis dato stark unterschätzt wurde.
   In großen Projekten ist der stark gestiegene Koordinierungs- und Dokumentationsaufwand zu berücksichtigen:
   - Projekte über 100 Mio € können in (A) mit 1–5 Zusatzpunkten bewertet werden,
   - Projekte mit mehr als 20 Nutzer- und Planungsbeteiligten können in (B) mit 1–3 Zusatzpunkten bewertet werden,
   - Projekte mit starker terminlicher Verdichtung, zB. der PPH 3 mit PPH 4 können risikoadäquat im (C) und/oder (D) mit 1–3 Zusatzpunkten bewertet werden,

Kostendeckel / design to cost: ▸

Die Arbeit mit Kostendeckel (Kostenobergrenze) erfordert

- hohe Qualifikation aller Planer
- Wiederholung einzelner Gewerkeplanungen, wenn die Angebotspreise die geplanten Budgets übersteigen
- das Arbeiten in Alternativen
- Vorziehen der Kostenentscheidungen, da je früher die Kosten im Projektverlauf bekannt, desto besser könen sie gesteuert werden.

Jedenfalls ist design to cost ein höherer Aufwand als »cost to design«.

- Projekte mit Kostendeckel (design to cost) können in (A) für ev. Wiederholungsleistungen mit 3–5 Punkten und in (D) mit 2–3 Zusatzpunkten bewertet werden.
- Projekte mit mehr als 50 beteiligten ausführenden Unternehmen können in (A) mit 3–5 Zusatzpunkten bewertet werden.
- Die Aufstellung
  - einer vertieften Kostenschätzung (PPH 2.C.1) kann mit 3–5 Zusatzpunkten,
  - einer vertieften Kostenberechnung (PPH 2.C.1) kann mit 5–6 Zusatzpunkten,
- die durchgehende Bearbeitung einer vertieften Kostensteuerung (Kostenmanagement nach PPH 2.C.3 ff) kann mit 12–14 Zusatzpunkten,
- die durchgehende Bearbeitung einer vertieften Terminplanung+ kontrolle nach PPH 2.D.3 ff kann mit 8–10 Zusatzpunkten bewertet werden.

3. Umbauten und Modernisierungen sowie Instandhaltungen und Instandsetzungen erhöhen die Bewertungspunkte nicht, wenn
   - die mitzuverarbeitende Bausubstanz nach AR.16 (3) bzw. PS.7 (2) einbezogen und
   - der Umbauzuschlag nach PS.11 berechnet wurde.
4. Änderungen, wiederholte Bearbeitungen oder die zeitliche Trennung von Leistungen sind durch die Bewertung der Anforderungsmerkmale nicht erfasst.

PS.7 Zusammenstellung der Bemessungsgrundlage [BMGL] 1468

(1) Die Vergütung richtet sich nach den Errichtungskosten lt. Definition der ÖNORM B 1801-1 (Kostenbereiche 1 bis 9) des Vorhabens, die sämtliche Kosten (ohne USt.) enthalten, die zur Fertigstellung des Werkes vom Investor aufzuwenden sind, inklusive der Vergütung aller fachlich Beteiligten und etwaiger weiterer beigezogener Konsulenten, abzüglich der Vergütung für Projektsteuerung, der Kosten des Grunderwerbes und der Kosten von Sonderfinanzierungen.

(2) Der Umfang der mitzuverarbeitenden Bausubstanz (mvB) im Sinne [AR. 15 (7) bzw. AR. 16 (13)] kann bei den anrechenbaren Kosten (BMGL) zB, auf Basis einer Kostenschätzung oder Kostenberechnung angerechnet werden.

(3) Nachlässe vor Submission werden von der BMGL abgezogen. Nachlässe, die der Planer für den Auftraggeber erwirkt, werden für die BMGL doppelt dazugezählt.
Skonti und andere Finanzierungsvorteile werden für die BMGL nicht abgezogen.

(4) Die Bemessungsgrundlage richtet sich:
- für die Projektphasen PPH 1 und PPH 2 nach der Kostenberechnung (zzgl. der vom Auftraggeber freigegebenen Änderungsevidenzen), solange diese nicht vorliegt, nach der Kostenschätzung,
- für die Projektphasen PPH 3 bis PPH 5 nach der Kostenfeststellung, solange diese nicht vorliegt, nach dem Kostenanschlag,
- für alle Kostenziele ist Einvernehmen herbeizuführen.

PS.8 Grundlagen der Vergütung 1469

Die Vergütung richtet sich
1. nach der Fläche / Kubatur oder den anrechenbaren Kosten, zzgl. der mitzuverarbeitenden Bausubstanz (mvB)
2. nach dem Leistungsbild
3. nach den Projektphasen
4. nach den Bewertungspunkten
5. nach dem Formel- oder Tabellenwert

und bei Umbauten, Modernisierungen etc. zusätzlich
6. nach dem Umbauzuschlag gemäß PS.11.

1470 **PS.9 Vergütungsermittlung PS**

(1) Vergütung für Projektsteuerung;
V_{PS} = BMGL x h_{PS} x f_{PPH} [€] = Vergütung PS
BMGL = Bemessungsgrundlage [€]
bw = Bewertungspunkte
f_{bw} = Faktor aus Bewertungspunkten = 0,0188 x bw + 1,0219
h_{PS} = Prozentsatz für die Projektsteuerung [%]
f_{PPH} = Prozentwert der beauftragten Projektphasen zzgl. Zuschläge für eventuelle Leistungsteilung

(2) Die Bemessungsgrundlage (BMGL) kann anhand von
- Referenz-Kosten (z.B. nach BKI) oder
- nach »Zusammenstellung der Bemessungsgrundlage« ermittelt werden.

(3) Ist die Bemessungsgrundlage niedriger als 2.000.000 €, sollte der Ermittlungsweg Ober »Abschätzen des Büro-/Personalaufwandes« gewählt werden.

(4) Prozentsatz [h_{PS}]
Sobald die Bemessungsgrundlage geschätzt, berechnet oder festgestellt und die Bewertungspunkte ermittelt sind, kann der Prozentsatz
- nach der nachstehenden Formel berechnet werden:
  h_{PS} = (-0,249 x In(BMGL) 6,470) x f_{bw} x (1,05 bis 0,95) oder
- aus der tabellarischen Zusammenstellung abgelesen werden,
  wobei mit dem Faktor 1,05 bis 0,95 eine Bandbreite von +/- 5 % ermittelt, verhandelt und vertraglich festgelegt werden kann.

(5) Die Arbeit in den Projektphasen ergibt eine für die bauliche Umsetzung notwendige Bearbeitungstiefe (Qualität), wenn die wirtschaftlich-personellen Ressourcen nach (4) bereitgestellt werden.

(6) Ab einer Abweichung von 10 % von diesen Proportionen ist davon auszugehen, dass die Bearbeitungstiefe und die Inhalte der Leistung nicht mehr den Grundleistungen entsprechen werden und die Qualitätsziele gefährdet sein können.

1471 **PS.10 Einschaltung eines Generalplaners und / oder Generalunternehmers**

(1) Bei Einschaltung eines Generalplaners und/oder eines Generalunternehmers erfordert das Änderungsmanagement einen besonderen Aufwand. Daher ist in diesen Fällen das Änderungsmanagement im Rahmen des Handlungsbereiches Qualitäten und Quantitäten als zusätzliche Leistung anzusetzen.

(2) Unter dieser Voraussetzung kann bei Einschaltung eines Generalplaners die Vergütung durch schriftliche Vereinbarung in den Projektphasen RPH 2 Planung und PPH 3 Ausführungsvorbereitung durch schriftliche Vereinbarung um bis zu 10 v.H gekürzt werden.

(3) Bei Einschaltung eines Generalunternehmers und Voraussetzungen wie Pkt. (1)+(2) definiert kann die Vergütung in der Projektphase PPH 4 Ausführung durch schriftliche Vereinbarung um bis zu 10 v.H. gekürzt werden.

1472 **PS.11 Umbauten und Modernisierungen, Umbauzuschlag**

(1) Für Umbauten und Modernisierungen kann ein Umbauzuschlag vereinbart werden. Der Umbauzuschlag kann unter Berücksichtigung des Schwierigkeitsgrades der Leistung mit einem Zuschlag von 20–30 % in Ansatz genommen werden.

(2) Bei Umbauten unter Betrieb kann für den zusätzlichen Aufwand ein über den o.a. Werten für Umbauten liegender weiterer Zuschlag von 10–25 % auf die BMGL oder den Vergütungssatz angesetzt werden.

(3) Für Instandsetzungen und Instandhaltungen kann ein Zuschlag von 30–50 % auf die PPH 4 angesetzt werden.

1473 **PS.12 Dauern, Leistungsfristen**

Die Dauer der Bearbeitung der Projekte sollte (gegliedert in Projektphasen) schriftlich festgelegt werden.

Falls keine schriftliche Festlegung erfolgt gellen die Fristen und Termine der Rahmenterminplanung in PPH 1 als vorläufige Festlegung und die Fortschreibung in PPH 2 als Vereinbarung.

PS.13 Änderungsbearbeitung [AR 19 (2.2), (3), (4)]

Mit der Entwurfsfreigabe sollte das ausführungsfähige Projekt soweit konkretisiert sein, dass ev. danach noch erforderliche Bedarfsfortschreibungen, Änderungen, Optimierungen gesondert vergütet werden.

Der Hinweis, dass nicht beschreibbare Leistungen nicht nur mit einem Tabellenwert korreliert werden 1474
können muss deutlich hervorgehoben werden Eine Bandbreite von ± 5 % (0,95 ÷ 1,05 als Faktor) ist in der Verhandlung in Bezug auf die projektindividuellen Gegebenheiten vertraglich zu vereinbaren.

Bemessungsgrundlage ↓ / Bewertungspunkte → b_w	5	6	7	8	9	10	11	12	13	14	15	16	17	18	19
	Klasse 1				Klasse 2										
	1,12	1,13	1,15	1,17	1,19	1,21	1,23	1,25	1,27	1,28	1,30	1,32	1,34	1,36	1,38
2.000.000	3,19	3,24	3,29	3,35	3,40	3,46	3,51	3,56	3,62	3,67	3,72	3,78	3,83	3,88	3,94
3.000.000	3,08	3,13	3,18	3,23	3,28	3,33	3,39	3,44	3,49	3,54	3,59	3,64	3,70	3,75	3,80
4.000.000	3,00	3,05	3,10	3,15	3,20	3,25	3,30	3,35	3,40	3,45	3,50	3,55	3,60	3,65	3,70
5.000.000	2,93	2,98	3,03	3,08	3,13	3,18	3,23	3,28	3,33	3,38	3,43	3,48	3,52	3,57	3,62
6.000.000	2,88	2,93	2,98	3,03	3,08	3,12	3,17	3,22	3,27	3,32	3,37	3,42	3,46	3,51	3,56
7.000.000	2,84	2,89	2,94	2,98	3,03	3,08	3,13	3,17	3,22	3,27	3,32	3,36	3,41	3,46	3,51
8.000.000	2,80	2,85	2,90	2,94	2,99	3,04	3,09	3,13	3,18	3,23	3,27	3,32	3,37	3,41	3,46
9.000.000	2,77	2,82	2,86	2,91	2,96	3,00	3,05	3,10	3,14	3,19	3,24	3,28	3,33	3,38	3,42
10.000.000	2,74	2,79	2,83	2,88	2,92	2,97	3,02	3,06	3,11	3,16	3,20	3,25	3,29	3,34	3,39
11.000.000	2,71	2,76	2,81	2,85	2,90	2,94	2,99	3,03	3,08	3,12	3,17	3,22	3,26	3,31	3,35
12.000.000	2,69	2,74	2,78	2,83	2,87	2,92	2,96	3,01	3,05	3,10	3,14	3,19	3,23	3,28	3,32
13.000.000	2,67	2,71	2,76	2,80	2,85	2,89	2,94	2,98	3,03	3,07	3,12	3,16	3,21	3,25	3,30
14.000.000	2,65	2,69	2,74	2,78	2,83	2,87	2,91	2,96	3,00	3,05	3,09	3,14	3,18	3,23	3,27
15.000.000	2,63	2,67	2,72	2,76	2,80	2,85	2,89	2,94	2,98	3,03	3,07	3,11	3,16	3,20	3,25
16.000.000	2,61	2,65	2,70	2,74	2,79	2,83	2,87	2,92	2,96	3,00	3,05	3,09	3,14	3,18	3,22
17.000.000	2,59	2,64	2,68	2,72	2,77	2,81	2,85	2,90	2,94	2,99	3,03	3,07	3,12	3,16	3,20
18.000.000	2,58	2,62	2,66	2,71	2,75	2,79	2,84	2,88	2,92	2,97	3,01	3,05	3,10	3,14	3,18
19.000.000	2,56	2,61	2,65	2,69	2,73	2,78	2,82	2,86	2,91	2,95	2,99	3,04	3,08	3,12	3,17

Bandbreite

Abkürzungen

ÄEV	Änderungsevidenzen
AFP	Ausführungsplan
AG	Auftraggeber
AN	Auftragnehmer
AT	Auftrag
ATP	Ausführungsterminplan
BBP	Bebauungsplan
BIM	Building Information Modelling
BKI	Baukosteninformationszentrum Deutscher Architektenkammern
BPM	Projektmanagement in der Bau- und Immobilienwirtschaft
FWP	Flächenwidmungsplan
GU	Generaluntemehmer
HMN	hoch / mittel / niedrig
KB	Kostenberechnung
KGR	Kostengruppe
KOM	Kostenänderungsmeldung
LGR	Leistungsgruppe
LPH	Leistungsphase
LV	Leistungsverzeichnis
MW	Mitwirkung
oAT	offene Aufträge
OHB	Organisationshandbuch
oRE	offene Rechnungen
öBA	örtliche Bauaufsicht
PDM	Projektdokumentensystem
PE	Projektentwicklung
PHB	Projekthandbuch
PKM	Projektkommunikationssystem
PLF	Planungsfortschreibung
PPH	Projektphase
PTP	Planungsterminplan
RE	Rechnung
RSK	Risiko, Risiko-Managementsystem
RTP	Rahmenterminplan
SUP	strategische Umweltprüfung
TP	Terminplan
ULG	Unterleistungsgruppe
UVE	Umweltverträglichkeitserklärung
vKOM	vertieftes Kostenmanagement
VTP	Vertragsterminplan

1475 Prozentsatz Projektsteuerung nach Bewertungspunkten

Bemessungsgrundlage ↓ / Bewertungspunkte → b_w	5	6	7	8	9	10	11	12	13	14	15	16	17	18	19	20	21	22	23	24
	Klasse 1				Klasse 2								Klasse 3							
	1,12	1,13	1,15	1,17	1,19	1,21	1,23	1,25	1,27	1,28	1,30	1,32	1,34	1,36	1,38	1,40	1,42	1,43	1,45	1,47
2.000.000	3,19	3,24	3,29	3,35	3,40	3,46	3,51	3,56	3,62	3,67	3,72	3,78	3,83	3,88	3,94	3,99	4,04	4,10	4,15	4,21
3.000.000	3,08	3,13	3,18	3,23	3,28	3,33	3,39	3,44	3,49	3,54	3,59	3,64	3,70	3,75	3,80	3,85	3,90	3,95	4,01	4,06
4.000.000	3,00	3,05	3,10	3,15	3,20	3,25	3,30	3,35	3,40	3,45	3,50	3,55	3,60	3,65	3,70	3,75	3,80	3,85	3,90	3,95
5.000.000	2,93	2,98	3,03	3,08	3,13	3,18	3,23	3,28	3,33	3,38	3,43	3,48	3,52	3,57	3,62	3,67	3,72	3,77	3,82	3,87
6.000.000	2,88	2,93	2,98	3,03	3,08	3,12	3,17	3,22	3,27	3,32	3,37	3,42	3,46	3,51	3,56	3,61	3,66	3,71	3,75	3,80
7.000.000	2,84	2,89	2,94	2,98	3,03	3,08	3,13	3,17	3,22	3,27	3,32	3,36	3,41	3,46	3,51	3,56	3,60	3,65	3,70	3,75
8.000.000	2,80	2,85	2,90	2,94	2,99	3,04	3,09	3,13	3,18	3,23	3,27	3,32	3,37	3,41	3,46	3,51	3,56	3,60	3,65	3,70
9.000.000	2,77	2,82	2,86	2,91	2,96	3,00	3,05	3,10	3,14	3,19	3,24	3,28	3,33	3,38	3,42	3,47	3,51	3,56	3,61	3,65
10.000.000	2,74	2,79	2,83	2,88	2,92	2,97	3,02	3,06	3,11	3,16	3,20	3,25	3,29	3,34	3,39	3,43	3,48	3,52	3,57	3,62
11.000.000	2,71	2,76	2,81	2,85	2,90	2,94	2,99	3,03	3,08	3,12	3,17	3,22	3,26	3,31	3,35	3,40	3,44	3,49	3,54	3,58
12.000.000	2,69	2,74	2,78	2,83	2,87	2,92	2,96	3,01	3,05	3,10	3,14	3,19	3,23	3,28	3,32	3,37	3,41	3,46	3,50	3,55
13.000.000	2,67	2,71	2,76	2,80	2,85	2,89	2,94	2,98	3,03	3,07	3,12	3,16	3,21	3,25	3,30	3,34	3,39	3,43	3,47	3,52
14.000.000	2,65	2,69	2,74	2,78	2,83	2,87	2,91	2,96	3,00	3,05	3,09	3,14	3,18	3,23	3,27	3,31	3,36	3,40	3,45	3,49
15.000.000	2,63	2,67	2,72	2,76	2,80	2,85	2,89	2,94	2,98	3,03	3,07	3,11	3,16	3,20	3,25	3,29	3,33	3,38	3,42	3,47
16.000.000	2,61	2,65	2,70	2,74	2,79	2,83	2,87	2,92	2,96	3,00	3,05	3,09	3,14	3,18	3,22	3,27	3,31	3,36	3,40	3,44
17.000.000	2,59	2,64	2,68	2,72	2,77	2,81	2,85	2,90	2,94	2,99	3,03	3,07	3,12	3,16	3,20	3,25	3,29	3,33	3,38	3,42
18.000.000	2,58	2,62	2,66	2,71	2,75	2,79	2,84	2,88	2,92	2,97	3,01	3,05	3,10	3,14	3,18	3,23	3,27	3,31	3,36	3,40
19.000.000	2,56	2,61	2,65	2,69	2,73	2,78	2,82	2,86	2,91	2,95	2,99	3,04	3,08	3,12	3,17	3,21	3,25	3,29	3,34	3,38
20.000.000	2,55	2,59	2,63	2,68	2,72	2,76	2,81	2,85	2,89	2,93	2,98	3,02	3,06	3,10	3,15	3,19	3,23	3,28	3,32	3,36
21.000.000	2,53	2,58	2,62	2,66	2,70	2,75	2,79	2,83	2,88	2,92	2,96	3,00	3,05	3,09	3,13	3,17	3,22	3,26	3,30	3,34
22.000.000	2,52	2,56	2,61	2,65	2,69	2,73	2,78	2,82	2,86	2,90	2,95	2,99	3,03	3,07	3,11	3,16	3,20	3,24	3,28	3,33
23.000.000	2,51	2,55	2,59	2,64	2,68	2,72	2,76	2,80	2,85	2,89	2,93	2,97	3,02	3,06	3,10	3,14	3,18	3,23	3,27	3,31
24.000.000	2,50	2,54	2,58	2,62	2,67	2,71	2,75	2,79	2,83	2,88	2,92	2,96	3,00	3,04	3,09	3,13	3,17	3,21	3,25	3,29
25.000.000	2,49	2,53	2,57	2,61	2,65	2,70	2,74	2,78	2,82	2,86	2,90	2,95	2,99	3,03	3,07	3,11	3,15	3,20	3,24	3,28
26.000.000	2,48	2,52	2,56	2,60	2,64	2,68	2,72	2,77	2,81	2,85	2,89	2,93	2,97	3,02	3,06	3,10	3,14	3,18	3,22	3,27
27.000.000	2,46	2,51	2,55	2,59	2,63	2,67	2,71	2,75	2,80	2,84	2,88	2,92	2,96	3,00	3,04	3,09	3,13	3,17	3,21	3,25
28.000.000	2,45	2,50	2,54	2,58	2,62	2,66	2,70	2,74	2,78	2,83	2,87	2,91	2,95	2,99	3,03	3,07	3,11	3,16	3,20	3,24
29.000.000	2,44	2,49	2,53	2,57	2,61	2,65	2,69	2,73	2,77	2,81	2,86	2,90	2,94	2,98	3,02	3,06	3,10	3,14	3,18	3,23
30.000.000	2,44	2,48	2,52	2,56	2,60	2,64	2,68	2,72	2,76	2,80	2,84	2,89	2,93	2,97	3,01	3,05	3,09	3,13	3,17	3,21
31.000.000	2,43	2,47	2,51	2,55	2,59	2,63	2,67	2,71	2,75	2,79	2,83	2,87	2,92	2,96	3,00	3,04	3,08	3,12	3,16	3,20
32.000.000	2,42	2,46	2,50	2,54	2,58	2,62	2,66	2,70	2,74	2,78	2,82	2,86	2,91	2,95	2,99	3,03	3,07	3,11	3,15	3,19
33.000.000	2,41	2,45	2,49	2,53	2,57	2,61	2,65	2,69	2,73	2,77	2,81	2,85	2,89	2,94	2,98	3,02	3,06	3,10	3,14	3,18
34.000.000	2,40	2,44	2,48	2,52	2,56	2,60	2,64	2,68	2,72	2,76	2,80	2,84	2,88	2,93	2,97	3,01	3,05	3,09	3,13	3,17
35.000.000	2,39	2,43	2,47	2,51	2,55	2,59	2,63	2,67	2,71	2,75	2,79	2,83	2,88	2,92	2,96	3,00	3,04	3,08	3,12	3,16
36.000.000	2,38	2,42	2,46	2,51	2,55	2,59	2,63	2,67	2,71	2,75	2,79	2,83	2,87	2,91	2,95	2,99	3,03	3,07	3,11	3,15
37.000.000	2,38	2,42	2,46	2,50	2,54	2,58	2,62	2,66	2,70	2,74	2,78	2,82	2,86	2,90	2,94	2,98	3,02	3,06	3,10	3,14
38.000.000	2,37	2,41	2,45	2,49	2,53	2,57	2,61	2,65	2,69	2,73	2,77	2,81	2,85	2,89	2,93	2,97	3,01	3,05	3,09	3,13
39.000.000	2,36	2,40	2,44	2,48	2,52	2,56	2,60	2,64	2,68	2,72	2,76	2,80	2,84	2,88	2,92	2,96	3,00	3,04	3,08	3,12
40.000.000	2,36	2,40	2,43	2,47	2,51	2,55	2,59	2,63	2,67	2,71	2,75	2,79	2,83	2,87	2,91	2,95	2,99	3,03	3,07	3,11
41.000.000	2,35	2,39	2,43	2,47	2,51	2,55	2,59	2,62	2,66	2,70	2,74	2,78	2,82	2,86	2,90	2,94	2,98	3,02	3,06	3,10
42.000.000	2,34	2,38	2,42	2,46	2,50	2,54	2,58	2,62	2,66	2,70	2,74	2,77	2,81	2,85	2,89	2,93	2,97	3,01	3,05	3,09
43.000.000	2,34	2,37	2,41	2,45	2,49	2,53	2,57	2,61	2,65	2,69	2,73	2,77	2,81	2,85	2,88	2,92	2,96	3,00	3,04	3,08
44.000.000	2,33	2,37	2,41	2,45	2,49	2,52	2,56	2,60	2,64	2,68	2,72	2,76	2,80	2,84	2,88	2,92	2,96	2,99	3,03	3,07
45.000.000	2,32	2,36	2,40	2,44	2,48	2,52	2,56	2,60	2,64	2,67	2,71	2,75	2,79	2,83	2,87	2,91	2,95	2,99	3,03	3,06
46.000.000	2,32	2,36	2,39	2,43	2,47	2,51	2,55	2,59	2,63	2,67	2,71	2,75	2,78	2,82	2,86	2,90	2,94	2,98	3,02	3,06
47.000.000	2,31	2,35	2,39	2,43	2,47	2,50	2,54	2,58	2,62	2,66	2,70	2,74	2,78	2,82	2,85	2,89	2,93	2,97	3,01	3,05
48.000.000	2,30	2,34	2,38	2,42	2,46	2,50	2,54	2,58	2,61	2,65	2,69	2,73	2,77	2,81	2,85	2,89	2,92	2,96	3,00	3,04
49.000.000	2,30	2,34	2,38	2,42	2,45	2,49	2,53	2,57	2,61	2,65	2,69	2,72	2,76	2,80	2,84	2,88	2,92	2,96	2,99	3,03
50.000.000	2,29	2,33	2,37	2,41	2,45	2,49	2,52	2,56	2,60	2,64	2,68	2,72	2,76	2,79	2,83	2,87	2,91	2,95	2,99	3,03
55.000.000	2,27	2,31	2,34	2,38	2,42	2,46	2,50	2,53	2,57	2,61	2,65	2,69	2,72	2,76	2,80	2,84	2,88	2,91	2,95	2,99
60.000.000	2,24	2,28	2,32	2,36	2,39	2,43	2,47	2,51	2,54	2,58	2,62	2,66	2,70	2,73	2,77	2,81	2,85	2,88	2,92	2,96
65.000.000	2,22	2,26	2,30	2,33	2,37	2,41	2,44	2,48	2,52	2,56	2,59	2,63	2,67	2,71	2,74	2,78	2,82	2,86	2,89	2,93
70.000.000	2,20	2,24	2,27	2,31	2,35	2,38	2,42	2,46	2,50	2,53	2,57	2,61	2,64	2,68	2,72	2,75	2,79	2,83	2,87	2,90
75.000.000	2,18	2,22	2,25	2,29	2,33	2,36	2,40	2,44	2,47	2,51	2,55	2,58	2,62	2,66	2,69	2,73	2,77	2,80	2,84	2,88
100.000.000	2,10	2,14	2,17	2,21	2,24	2,28	2,31	2,35	2,38	2,42	2,45	2,49	2,52	2,56	2,60	2,63	2,67	2,70	2,74	2,77
200.000.000	1,91	1,94	1,97	2,00	2,04	2,07	2,10	2,13	2,17	2,20	2,23	2,26	2,29	2,33	2,36	2,39	2,42	2,45	2,49	2,52
300.000.000	1,80	1,83	1,86	1,89	1,92	1,95	1,98	2,01	2,04	2,07	2,10	2,13	2,16	2,19	2,22	2,25	2,28	2,31	2,34	2,37
400.000.000	1,72	1,74	1,77	1,80	1,83	1,86	1,89	1,92	1,95	1,98	2,00	2,03	2,06	2,09	2,12	2,15	2,18	2,21	2,23	2,26
500.000.000	1,65	1,68	1,71	1,74	1,77	1,79	1,82	1,85	1,88	1,90	1,93	1,96	1,99	2,02	2,04	2,07	2,10	2,13	2,15	2,18

$[h_{PS}]$ in % →

$$f_{bw} = 0{,}0188 \times b_w + 1{,}0219$$

$$h_{PS} = (-0{,}249 \times \ln(BMGL) + 6{,}470) \times f_{bw}$$

Zusatzpunkte →

25	26	27	28	29	30	31	32	33	34	35	36	37	38	39	40	Bemessungsgrundlage ↓
Klasse 4								Klasse 5								
1,49	1,51	1,53	1,55	1,57	1,58	1,60	1,62	1,64	1,66	1,68	1,70	1,72	1,73	1,75	1,77	
4,26	4,31	4,37	4,42	4,47	4,53	4,58	4,63	4,69	4,74	4,79	4,85	4,90	4,96	5,01	5,06	2.000.000
4,11	4,16	4,21	4,26	4,32	4,37	4,42	4,47	4,52	4,57	4,63	4,68	4,73	4,78	4,83	4,88	3.000.000
4,00	4,05	4,10	4,15	4,20	4,25	4,30	4,35	4,40	4,46	4,51	4,56	4,61	4,66	4,71	4,76	4.000.000
3,92	3,97	4,02	4,07	4,12	4,17	4,21	4,26	4,31	4,36	4,41	4,46	4,51	4,56	4,61	4,66	5.000.000
3,85	3,90	3,95	4,00	4,05	4,09	4,14	4,19	4,24	4,29	4,34	4,38	4,43	4,48	4,53	4,58	6.000.000
3,79	3,84	3,89	3,94	3,99	4,03	4,08	4,13	4,18	4,22	4,27	4,32	4,37	4,41	4,46	4,51	7.000.000
3,74	3,79	3,84	3,89	3,93	3,98	4,03	4,07	4,12	4,17	4,22	4,26	4,31	4,36	4,40	4,45	8.000.000
3,70	3,75	3,79	3,84	3,89	3,93	3,98	4,03	4,07	4,12	4,17	4,21	4,26	4,31	4,35	4,40	9.000.000
3,66	3,71	3,75	3,80	3,85	3,89	3,94	3,98	4,03	4,08	4,12	4,17	4,21	4,26	4,31	4,35	10.000.000
3,63	3,67	3,72	3,76	3,81	3,85	3,90	3,95	3,99	4,04	4,08	4,13	4,17	4,22	4,27	4,31	11.000.000
3,59	3,64	3,68	3,73	3,78	3,82	3,87	3,91	3,96	4,00	4,05	4,09	4,14	4,18	4,23	4,27	12.000.000
3,56	3,61	3,65	3,70	3,74	3,79	3,83	3,88	3,92	3,97	4,01	4,06	4,10	4,15	4,19	4,24	13.000.000
3,54	3,58	3,63	3,67	3,71	3,76	3,80	3,85	3,89	3,94	3,98	4,03	4,07	4,12	4,16	4,20	14.000.000
3,51	3,56	3,60	3,64	3,69	3,73	3,78	3,82	3,86	3,91	3,95	4,00	4,04	4,09	4,13	4,17	15.000.000
3,49	3,53	3,58	3,62	3,66	3,71	3,75	3,79	3,84	3,88	3,93	3,97	4,01	4,06	4,10	4,15	16.000.000
3,46	3,51	3,55	3,60	3,64	3,68	3,73	3,77	3,81	3,86	3,90	3,94	3,99	4,03	4,08	4,12	17.000.000
3,44	3,49	3,53	3,57	3,62	3,66	3,70	3,75	3,79	3,83	3,88	3,92	3,96	4,01	4,05	4,09	18.000.000
3,42	3,47	3,51	3,55	3,60	3,64	3,68	3,73	3,77	3,81	3,85	3,90	3,94	3,98	4,03	4,07	19.000.000
3,40	3,45	3,49	3,53	3,58	3,62	3,66	3,70	3,75	3,79	3,83	3,88	3,92	3,96	4,00	4,05	20.000.000
3,39	3,43	3,47	3,51	3,56	3,60	3,64	3,68	3,73	3,77	3,81	3,86	3,90	3,94	3,98	4,03	21.000.000
3,37	3,41	3,45	3,50	3,54	3,58	3,62	3,67	3,71	3,75	3,79	3,84	3,88	3,92	3,96	4,00	22.000.000
3,35	3,39	3,44	3,48	3,52	3,56	3,61	3,65	3,69	3,73	3,77	3,82	3,86	3,90	3,94	3,99	23.000.000
3,34	3,38	3,42	3,46	3,50	3,55	3,59	3,63	3,67	3,71	3,76	3,80	3,84	3,88	3,92	3,97	24.000.000
3,32	3,36	3,41	3,45	3,49	3,53	3,57	3,61	3,66	3,70	3,74	3,78	3,82	3,86	3,91	3,95	25.000.000
3,31	3,35	3,39	3,43	3,47	3,52	3,56	3,60	3,64	3,68	3,72	3,76	3,81	3,85	3,89	3,93	26.000.000
3,29	3,33	3,38	3,42	3,46	3,50	3,54	3,58	3,62	3,67	3,71	3,75	3,79	3,83	3,87	3,91	27.000.000
3,28	3,32	3,36	3,40	3,44	3,49	3,53	3,57	3,61	3,65	3,69	3,73	3,77	3,82	3,86	3,90	28.000.000
3,27	3,31	3,35	3,39	3,43	3,47	3,51	3,55	3,60	3,64	3,68	3,72	3,76	3,80	3,84	3,88	29.000.000
3,25	3,30	3,34	3,38	3,42	3,46	3,50	3,54	3,58	3,62	3,66	3,70	3,75	3,79	3,83	3,87	30.000.000
3,24	3,28	3,32	3,36	3,41	3,45	3,49	3,53	3,57	3,61	3,65	3,69	3,73	3,77	3,81	3,85	31.000.000
3,23	3,27	3,31	3,35	3,39	3,43	3,47	3,51	3,56	3,60	3,64	3,68	3,72	3,76	3,80	3,84	32.000.000
3,22	3,26	3,30	3,34	3,38	3,42	3,46	3,50	3,54	3,58	3,62	3,66	3,70	3,75	3,79	3,83	33.000.000
3,21	3,25	3,29	3,33	3,37	3,41	3,45	3,49	3,53	3,57	3,61	3,65	3,69	3,73	3,77	3,81	34.000.000
3,20	3,24	3,28	3,32	3,36	3,40	3,44	3,48	3,52	3,56	3,60	3,64	3,68	3,72	3,76	3,80	35.000.000
3,19	3,23	3,27	3,31	3,35	3,39	3,43	3,47	3,51	3,55	3,59	3,63	3,67	3,71	3,75	3,79	36.000.000
3,18	3,22	3,26	3,30	3,34	3,38	3,42	3,46	3,50	3,54	3,58	3,62	3,66	3,70	3,74	3,78	37.000.000
3,17	3,21	3,25	3,29	3,33	3,37	3,41	3,45	3,48	3,52	3,56	3,60	3,64	3,68	3,72	3,76	38.000.000
3,16	3,20	3,24	3,28	3,32	3,36	3,39	3,43	3,47	3,51	3,55	3,59	3,63	3,67	3,71	3,75	39.000.000
3,15	3,19	3,23	3,27	3,31	3,35	3,38	3,42	3,46	3,50	3,54	3,58	3,62	3,66	3,70	3,74	40.000.000
3,14	3,18	3,22	3,26	3,30	3,34	3,37	3,41	3,45	3,49	3,53	3,57	3,61	3,65	3,69	3,73	41.000.000
3,13	3,17	3,21	3,25	3,29	3,33	3,37	3,40	3,44	3,48	3,52	3,56	3,60	3,64	3,68	3,72	42.000.000
3,12	3,16	3,20	3,24	3,28	3,32	3,36	3,40	3,43	3,47	3,51	3,55	3,59	3,63	3,67	3,71	43.000.000
3,11	3,15	3,19	3,23	3,27	3,31	3,35	3,39	3,43	3,46	3,50	3,54	3,58	3,62	3,66	3,70	44.000.000
3,10	3,14	3,18	3,22	3,26	3,30	3,34	3,38	3,42	3,45	3,49	3,53	3,57	3,61	3,65	3,69	45.000.000
3,10	3,13	3,17	3,21	3,25	3,29	3,33	3,37	3,41	3,45	3,48	3,52	3,56	3,60	3,64	3,68	46.000.000
3,09	3,13	3,17	3,20	3,24	3,28	3,32	3,36	3,40	3,44	3,48	3,51	3,55	3,59	3,63	3,67	47.000.000
3,08	3,12	3,16	3,20	3,23	3,27	3,31	3,35	3,39	3,43	3,47	3,51	3,54	3,58	3,62	3,66	48.000.000
3,07	3,11	3,15	3,19	3,23	3,27	3,30	3,34	3,38	3,42	3,46	3,50	3,54	3,57	3,61	3,65	49.000.000
3,06	3,10	3,14	3,18	3,22	3,26	3,30	3,33	3,37	3,41	3,45	3,49	3,53	3,57	3,60	3,64	50.000.000
3,03	3,07	3,11	3,14	3,18	3,22	3,26	3,30	3,33	3,37	3,41	3,45	3,49	3,52	3,56	3,60	55.000.000
3,00	3,03	3,07	3,11	3,15	3,19	3,22	3,26	3,30	3,34	3,37	3,41	3,45	3,49	3,52	3,56	60.000.000
2,97	3,00	3,04	3,08	3,12	3,15	3,19	3,23	3,27	3,30	3,34	3,38	3,41	3,45	3,49	3,53	65.000.000
2,94	2,98	3,01	3,05	3,09	3,12	3,16	3,20	3,24	3,27	3,31	3,35	3,38	3,42	3,46	3,49	70.000.000
2,91	2,95	2,99	3,02	3,06	3,10	3,13	3,17	3,21	3,24	3,28	3,32	3,35	3,39	3,43	3,46	75.000.000
2,81	2,84	2,88	2,91	2,95	2,98	3,02	3,05	3,09	3,13	3,16	3,20	3,23	3,27	3,30	3,34	100.000.000
2,55	2,58	2,61	2,65	2,68	2,71	2,74	2,77	2,81	2,84	2,87	2,90	2,93	2,97	3,00	3,03	200.000.000
2,40	2,43	2,46	2,49	2,52	2,55	2,58	2,61	2,64	2,67	2,70	2,73	2,76	2,79	2,82	2,85	300.000.000
2,29	2,32	2,35	2,38	2,41	2,44	2,47	2,49	2,52	2,55	2,58	2,61	2,64	2,67	2,70	2,73	400.000.000

5.4.2.3.9 Honoraruntersuchungen von Mittelstädt (2006)

Mittelstädt hat die bisher veröffentlichten Honorarsätze verglichen und folgende tabellarische Übersicht erstellt:

1476 **Vergleich der Mittelwerte für Projektsteuerungsleistungen nach** *Mittelstädt*[248]:

Anr. Kosten (Mio. EUR)	AHO III u.	HO-PS III u.	Pfarr	Will Hon. hoch	Wingsch Hon. mittel	Stemmer
1	4,60 %		3,23 %	4,20 %		
2	4,06 %	3,71 %			3,59 %	
5	3,35 %	3,42 %				3,50 %
10	2,81 %	3,19 %				2,50 %
15	2,50 %	3,06 %				2,00 %
20	2,27 %	2,97 %				1,95 %
25	2,10 %	2,90 %	2,20 %	2,86 %	3,01 %	1,90 %
50	1,56 %	2,67 %	1,41 %	1,83 %	2,54 %	
75	1,46 %	2,54 %	1,09 %	1,42 %	2,16 %	
100	1,40 %	2,45 %	0,96 %		1,83 %	
125	1,45 %	2,45 %			1,56 %	
150	1,31 %	2,45 %			1,33 %	

Mittelstädt hat darauf hingewiesen, dass zwar alle Vorschläge von einem sinkenden Honorarprozentsatz bei steigenden anrechenbaren Kosten ausgehen und die Varianten ab anrechenbaren Kosten von 5 Mio. € sehr voneinander abweichen. Im Hinblick auf den AHO-Vorschlag weist *Mittelstädt* darauf hin, dass die Honorarkurve letztlich eine Verbindung zweier selbständiger Funktionen für anrechenbare Kosten unter und über 50 Mio. € darstellt. Eine vereinheitlichte Tabelle auf den AHO-Werten beschreibt *Mittelstädt* mit folgender Potentialformel:

$$Y = 0{,}0447\, x^{-0{,}2448249}$$

1477 *Mittelstädt* hat darüber hinaus entsprechend dem Volumen früherer Untersuchungen zum AHO-Leistungsbild 76 relativ gleichartige Projekte ausgewählt, um empirische Grundlagen für die Honorarbemessung zu erarbeiten.[250] Dabei ergaben sich deutliche Übereinstimmungen mit der AHO-Honorartabelle für die mittlere Honorarzone III unten.

1478 Differenziert für die einzelnen Einsatzmodelle ermittelte *Mittelstädt* unterschiedliche Honorarkurven, nämlich für

- Projektcontrolling: $Y = 0{,}0756\, x^{-0{,}6493}$
- Projektsteuerung: $Y = 0{,}0678\, x^{-0{,}3767}$
- Projektmanagement: $Y = 0{,}0797\, x^{-0{,}3389}$ [251]

248 Mittelstädt, Norbert, Leitlinie zur projektbezogenen Spezifikation und erfolgsabhängigen Honorarbemessung von extern beauftragten Projektmanagementleistungen im Hochbau, S. 198.
249 Mittelstädt, a. a. O., S. 204.
250 Vgl. Mittelstädt, a. a. O., S. 205 f.
251 Mittelstädt, a. a. O., S. 209.

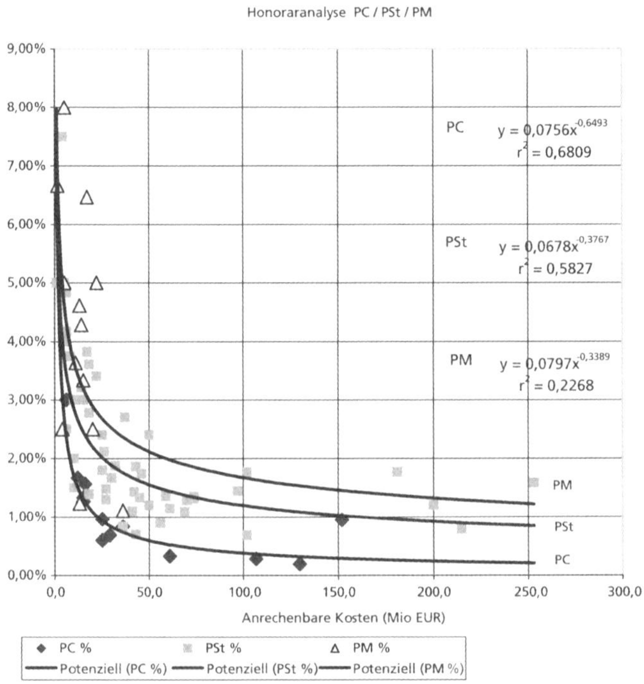

In Fortentwicklung der bislang bekannten Honorarkurven hat *Mittelstädt* auch den Faktor Zeit mitbetrachtet. Denn die Pauschalhonorarsumme ist bei Projektmanagementleistungen ganz wesentlich von der Dauer des Projektes abhängig. Er hat deshalb Funktionen für Honorarprozentsätze in Abhängigkeit vom Quotienten anrechenbare Kosten/Projektdauer gebildet. 1479

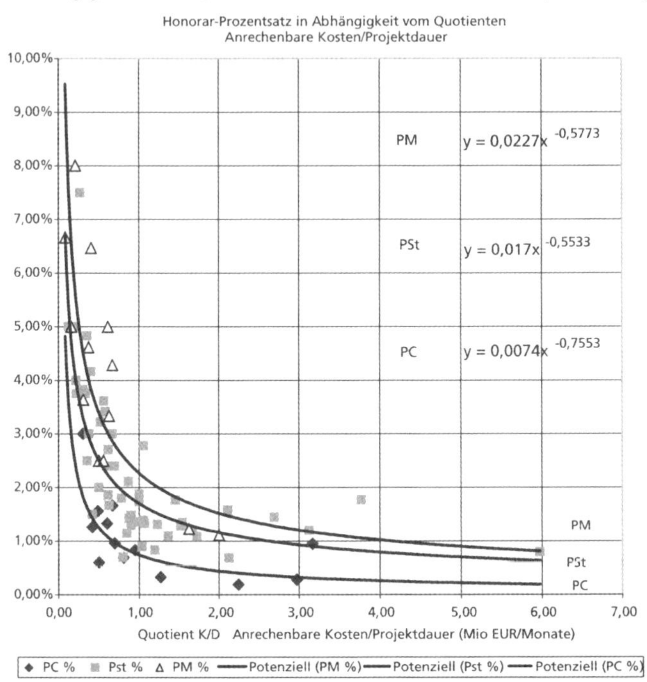

5.4.2.3.10 Weitere (empirische) Untersuchungen unter Berücksichtigung unterschiedlicher Unternehmereinsatzformen

– Diederichs:

1480 *Diederichs* berichtet über die Umfrage der AHO-Fachkommission aus dem Jahre 1995, wonach bei 47 ausgewählten Hochbauprojekten mit durchschnittlichen anrechenbaren Kosten von 28 Mio. EURO Projektsteuerhonorare im gewichteten **Mittelwert von 1,5 % der anrechenbaren Kosten** – und damit unterhalb der AHO/DVP-Tabellenwerte – vereinbart wurden. [252] Der Prozentsatz von 1,5 bei Projekten von 28 Mio. EURO (und daraus abgeleiteten niedrigeren Prozentsätzen bei größeren Projekten und höheren Prozentsätzen bei kleineren Projekten) kann für die Praxis durchaus als **Faustformel** verwendet werden. Bei **Projektcontrollingmodellen** ergibt sich zumeist eine etwas geringere Vergütung, wobei ca. 1,2 % der anrechenbaren Kosten als Anhaltspunkt dienen können.[253]

1481

Durchschnittshonorarwerte in Abhängigkeit von der Einsatzform – Praxisbeispiel	
Einsatzform	Honorarprozentsatz auf anrechenbare Kosten
Einzelgewerkevergabe	1,50 %
Generalunternehmereinsatz	1,25 %
Generalunternehmer – GMP	1,40 %

– Bewertung der Projektsteuerungsleistungen bei Kumulativleistungsträgereinsatz durch *Preuß, Blohm, Wingsch* und *Mittelstädt*:

1482 *Preuß*[254] hatte für unterschiedliche Einsatzmodelle modifizierte Honorarprozentsätze vorgeschlagen; seine Vorarbeiten sind in die AHO-Honorarordnung ab 2009 eingegangen. Die Untersuchungen decken sich zum großen Teil mit den jüngsten empirischen Untersuchungen von *Mittelstädt*, der 76 Vergleichsprojekte herangezogen hat. Ein Vergleich der Prozentwerte von *Preuß* und *Mittelstädt* ist nachfolgend abgedruckt:

	EP/ EU	GP/ EU	EP/ PU	GP/ PU	EP/ GU	EP/ GU 5	GP/ GU	GP/ GU 5	TU	TU-GMP	INV
PSt-Honorare nach Preuß [25]	100 %	82 %	– –	– –	88 %	85 %	74 %	72 %	66 %	– –	– –
PSt-Honorare nach Mittelstädt (Anlage 4)	100 %	81 %	94 %	77 %	87 %	85 %	68 %	65 %	58 %	98 %	58 %

252 Diederichs, in: AHO-Fachkommission Projektsteuerung, S. 87; vgl. auch die Erfahrungswerte von Knipp, Projektmanagement, S. 74: »Anrechenbare Kosten 150 Mio. DM: 1,81 % bis 2,5 %; anrechenbare Kosten 200 Mio. DM: 1,25 % bis 2,14 %; anrechenbare Kosten 250 Mio. DM: 1,29 % bis 1,82 %; anrechenbare Kosten 300 Mio. DM: 1,12 % bis 1,25 %.«; Niehaus, in: Schäfer/Conzen, Immobilien-Projektentwicklung, beziffert die Kosten für die Projektsteuerung mit 2 %, diejenigen der Projektentwicklung mit 4 %.

253 Vgl. da Cunha, in: DVP, Projektmanagement in Praxisbeispielen, S. 9; vgl. auch § 214 des DVP-/AHO-Honorarmodells; in der Literatur finden sich weitere Honoraraufgliederungen, z. B. bezogen auf spezifische Betreuungsaufgaben im Rahmen der Projektsteuerung oder des Projektcontrollings, so etwa nach Unger, in: DVP, Projektmanagement in Praxisbeispielen, S. 16, eine Aufteilung des Gesamtprojektcontrollinghonorars in allgemeine Projektbetreuung 25 %, Fachbereich Gebäudeausbau, Freianlagen 18 %, Klima, Lüftung 10 %, Elektro 10 % usw.

254 Preuß, Norbert, Projektmanagement beim Einsatz von Kumulativ-Leistungsträgern, in: DVP e. V. (Hrsg.), Strategien des Projektmanagements – Teil 8, S. 48.

Legende:		
EP: Einzelplaner	EU: Einzelunternehmer	GP: Generalplaner
PU: Paketunternehmer	GU: Generalunternehmer	
GU 5: Generalunternehmer mit HOAI-Leistungsphase 5		TU: Totalunternehmer
TU-GMP: Totalunternehmer mit GMP-Vertrag		INV: Investorenmodell

Die Tabelle für Bewertungsvorschläge bei Kumulativleistungsträgern nach § 8 Abs. 2 AHO beruht auf diesen Vorüberlegungen (dazu Rdn. 1448). Bei der Ermittlung eines angemessenen Honorars für das Projektmanagement in Abhängigkeit von den Einsatzformen ist immer darauf zu achten, dass die hier diskutierten Abmilderungen von Honorarprozentsätzen bei Kumulativleistungsträgereinsatzmodellen nur für die Projektmanagementleistung Geltung haben. Wenn etwa eine angedachte Generalunternehmervergabe fehlschlägt und auf eine Einzelvergabe oder Paketvergabe umgestellt wird, müssen neben einer Erweiterung der Projektmanagementleistung auch weitere Planungsleistungen und Koordinierungsleistungen auftraggeberseits übernommen werden (z. B. Ausführungsplanungsleistungen und Objektüberwachung). Diese Mehrleistungen auf der Planungsseite werden durch die in diesem Abschnitt diskutierten Honorarmehrungen und -minderungen bei unterschiedlichen Einsatzformen nicht berührt, sondern sind selbständig zu bewerten. 1483

Blohm[255] hat für den Fall der Einschaltung mehrerer Kumulativleistungsträger folgende Honorarminderungssätze gegenüber dem AHO/DVP-Honorarmodell angegeben: 1484

Minderungssätze (%) Projektstufen	Unternehmer-/Planereinsatzform		
	GP	GU	TU
Projektvorbereitung	–	–	10
Planung	10	–	10
Ausführungs- bzw. Vergabevorbereitung	–	10	–
Ausführung	–	10	–
Projektabschluss	–	–	–

Wingsch[256] gibt folgende Honorarminderungen an: 1485
- Generalplaner 90 %
- zwei bis sieben Paketvergaben 95 %
- Generalunternehmer 90 %.

Auch hier ergeben sich wesentliche Übereinstimmungen. 1486

Für die wichtigsten Einsatzmodelle hat *Mittelstädt* gesonderte Honorarkurven entwickelt. Diese Honorarkurven für 1487
- Generalplaner – Einzelunternehmer (GP/EU)
- Generalplaner – Paketunternehmer (GP/PU)
- Generalplaner – Generalunternehmer (GP/GU)
- Generalplaner – Generalunternehmer (mit HOAI-Leistungsphase5) (GP/GU5)

sind nachfolgend abgedruckt: 1488

255 Blohm, Projektcontrolling bei Totalunternehmerverträgen mit funktionaler Leistungsbeschreibung, S. 139.
256 Wingsch, Leistungsbeschreibungen und Leistungsbewertungen zur HOAI, S. 65.

GP/EU Honorartabelle in Abhängigkeit vom Quotienten K/D

(Honorarprozente von anrechenbaren Kosten)

K/D	PC	PSt	PM
0,50	2,06 %	2,85 %	3,95 %
0,60	1,79 %	2,58 %	3,55 %
0,70	1,59 %	2,37 %	3,25 %
0,70	1,44 %	2,20 %	3,01 %
0,90	1,32 %	2,06 %	2,81 %
1,00	1,22 %	1,94 %	2,65 %
1,10	1,13 %	1,84 %	2,50 %
1,20	1,06 %	1,76 %	2,38 %
1,29	1,00 %	1,69 %	2,28 %
1,30	1,00 %	1,68 %	2,27 %
1,40	0,94 %	1,61 %	2,18 %
1,50	0,90 %	1,55 %	2,09 %
1,60	0,85 %	1,50 %	2,02 %
1,70	0,82 %	1,45 %	1,95 %
1,80	0,78 %	1,40 %	1,88 %
1,90	0,75 %	1,36 %	1,83 %
2,00	0,72 %	1,33 %	1,77 %
2,10	0,70 %	1,29 %	1,72 %
2,20	0,67 %	1,26 %	1,68 %
2,30	0,65 %	1,23 %	1,64 %
2,40	0,63 %	1,20 %	1,60 %
2,50	0,61 %	1,17 %	1,56 %
2,60	0,59 %	1,15 %	1,52 %
2,70	0,58 %	1,12 %	1,49 %
2,80	0,56 %	1,10 %	1,46 %
2,90	0,54 %	1,08 %	1,43 %
3,00	0,53 %	1,06 %	1,40 %
3,10	0,52 %	1,04 %	1,38 %
3,20	0,51 %	1,02 %	1,35 %
3,30	0,49 %	1,00 %	1,33 %
3,40	0,48 %	0,99 %	1,31 %
3,50	0,47 %	0,97 %	1,28 %
3,80	0,46 %	0,96 %	1,26 %
3,70	0,45 %	0,94 %	1,24 %
3,80	0,44 %	0,93 %	1,22 %
3,90	0,44 %	0,92 %	1,21 %

K/D	PC	PSt	PM
4,00	0,43 %	0,90 %	1,19 %
4,10	0,42 %	0,89 %	1,17 %
4,20	0,41 %	0,88 %	1,16 %
4,30	0,40 %	0,87 %	1,14 %
4,40	0,40 %	0,86 %	1,13 %
4,50	0,39 %	0,85 %	1,11 %
4,80	0,38 %	0,84 %	1,10 %
4,70	0,38 %	0,83 %	1,08 %
4,80	0,37 %	0,82 %	1,07 %
4,90	0,37 %	0,81 %	1,06 %
5,00	0,36 %	0,80 %	1,05 %

PC: $y = 0{,}0122 \times K/D^{-0{,}7553}$

PSt: $y = 0{,}0194 \times K/D^{-0{,}5533}$

PM: $y = 0{,}0265 \times K/D^{-0{,}5773}$

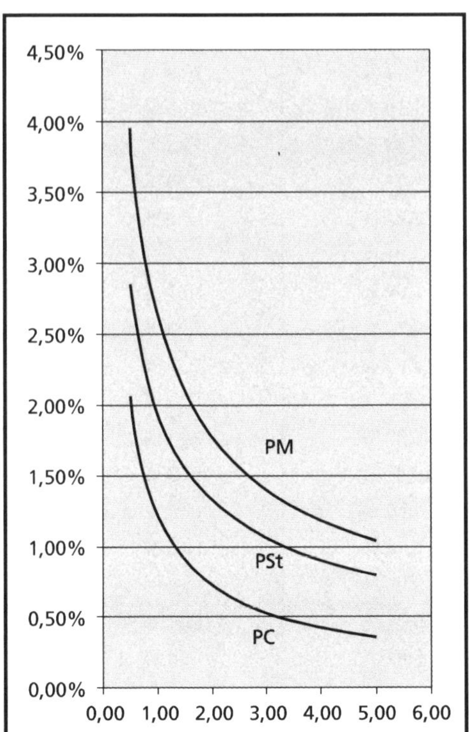

1489 **GP/PU Honorartabelle in Abhängigkeit vom Quotienten K/D**

(Honorarprozente von anrechenbaren Kosten)

K/D	PC	PSt	PM
0,50	1,89 %	2,63 %	3,61 %
0,60	1,65 %	2,37 %	3,25 %
0,70	1,47 %	2,18 %	2,97 %
0,80	1,33 %	2,02 %	2,75 %
0,90	1,21 %	1,90 %	2,57 %
1,00	1,12 %	1,72 %	2,42 %
1,10	1,04 %	1,70 %	2,29 %
1,20	0,98 %	1,62 %	2,18 %
1,21	0,97 %	1,61 %	2,17 %
1,30	0,92 %	1,55 %	2,08 %
1,40	0,87 %	1,49 %	1,99 %
1,50	0,83 %	1,43 %	1,91 %
1,60	0,79 %	1,38 %	1,84 %
1,70	0,75 %	1,33 %	1,78 %
1,80	0,72 %	1,29 %	1,72 %
1,90	0,69 %	1,25 %	1,67 %
2,00	0,66 %	1,22 %	1,02 %
2,10	0,64 %	1,19 %	1,58 %
2,20	0,62 %	1,16 %	1,53 %
2,30	0,60 %	1,13 %	1,50 %
2,40	0,58 %	1,10 %	1,46 %
2,50	0,56 %	1,08 %	1,43 %
2,60	0,54 %	1,05 %	1,39 %
2,70	0,53 %	1,03 %	1,36 %
2,60	0,52 %	1,01 %	1,34 %
2,90	0,50 %	0,99 %	1,31 %
3,00	0,49 %	0,97 %	1,28 %
3,10	0,48 %	0,95 %	1,26 %
3,20	0,47 %	0,94 %	1,24 %
3,30	0,45 %	0,92 %	1,21 %
3,40	0,44 %	0,91 %	1,19 %
3,50	0,44 %	0,89 %	1,17 %
3,60	0,43 %	0,88 %	1,16 %
3,70	0,42 %	0,87 %	1,14 %
3,80	0,41 %	0,86 %	1,12 %
3,90	0,40 %	0,84 %	1,10 %
4,00	0,39 %	0,83 %	1,09 %

K/D	PC	PSt	PM
4,10	0,39 %	0,82 %	1,07 %
4,20	0,38 %	0,81 %	1,06 %
4,30	0,37 %	0,80 %	1,04 %
4,40	0,37 %	0,79 %	1,03 %
4,50	0,36 %	0,78 %	1,02 %
4,60	0,35 %	0,77 %	1,00 %
4,70	0,35 %	0,76 %	0,99 %
4,80	0,34 %	0,75 %	0,98 %
4,90	0,34 %	0,74 %	0,97 %
5,00	0,33 %	0,73 %	0,96 %

PC: $y = 0{,}0112 \times K/D^{-0{,}7553}$

PSt: $y = 0{,}0179 \times K/D^{-0{,}5533}$

PM: $y = 0{,}0242 \times K/D^{-0{,}5773}$

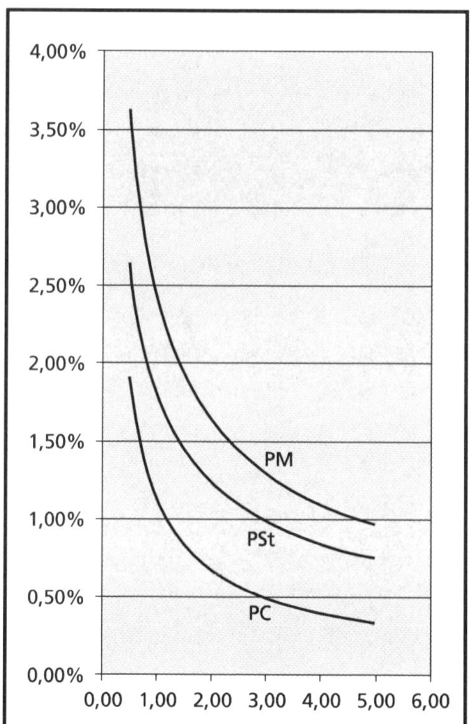

1490 **GP/GU Honorartabelle in Abhängigkeit vom Quotienten K/D**

(Honorarprozente von anrechenbaren Kosten)

K/D	PC	PSt	PM
0,50	1,51 %	2,16 %	3,02 %
0,60	1,32 %	1,96 %	2,71 %
0,70	1,17 %	1,80 %	2,48 %
0,80	1,06 %	1,67 %	2,30 %
0,90	0,97 %	1,56 %	2,15 %
1,00	0,89 %	1,48 %	2,02 %
1,08	0,84 %	1,41 %	1,93 %
1,10	0,83 %	1,40 %	1,91 %
1,20	0,78 %	1,33 %	1,82 %
1,30	0,73 %	1,28 %	1,74 %
1,40	0,69 %	1,22 %	1,66 %
1,50	0,66 %	1,18 %	1,60 %
1,60	0,63 %	1,14 %	1,54 %
1,70	0,60 %	1,10 %	1,49 %
1,80	0,57 %	1,07 %	1,44 %
1,90	0,55 %	1,03 %	1,40 %
2,00	0,53 %	1,01 %	1,35 %
2,10	0,51 %	0,98 %	1,32 %
2,20	0,49 %	0,95 %	1,28 %
2,30	0,48 %	0,93 %	1,25 %
2,40	0,46 %	0,91 %	1,22 %
2,50	0,45 %	0,89 %	1,19 %
2,60	0,43 %	0,87 %	1,16 %
2,70	0,42 %	0,85 %	1,14 %
2,80	0,41 %	0,83 %	1,12 %
2,90	0,40 %	0,82 %	1,09 %
3,00	0,39 %	0,80 %	1,07 %
3,10	0,38 %	0,79 %	1,05 %
3,20	0,37 %	0,78 %	1,03 %
3,30	0,36 %	0,76 %	1,01 %
3,40	0,35 %	0,75 %	1,00 %
3,50	0,35 %	0,74 %	0,S8 %
3,60	0,34 %	0,73 %	0,96 %
3,70	0,33 %	0,72 %	0,95 %
3,80	0,33 %	0,70 %	0,94 %
3,90	0,32 %	0,69 %	0,92 %
4,00	0,31 %	0,69 %	0,91 %
4,10	0,31 %	0,68 %	0,50 %

K/D	PC	PSt	PM
4,20	0,30 %	0,67 %	0,88 %
4,30	0,30 %	0,66 %	0,87 %
4,40	0,29 %	0,65 %	0,86 %
4,50	0,29 %	0,64 %	0,85 %
4,60	0,28 %	0,63 %	0,84 %
4,70	0,28 %	0,63 %	0,83 %
4,80	0,27 %	0,62 %	0,82 %
4,90	0,27 %	0,61 %	0,81 %
5,00	0,27 %	0,61 %	0,80 %

PC: $y = 0{,}0089 \times K/D^{-0{,}7553}$

PSt: $y = 0{,}0148 \times K/D^{-0{,}5533}$

PM: $y = 0{,}0202 \times K/D^{-0{,}5773}$

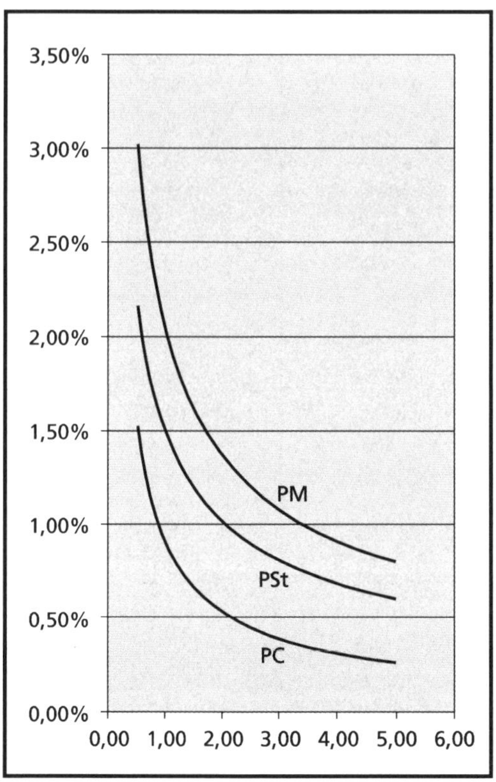

1491 GP/GU5 Honorartabelle in Abhängigkeit vom Quotienten K/D

(Honorarprozente von anrechenbaren Kosten)

K/D	PC	PSt	PM
0,50	1,58 %	2,21 %	3,10 %
0,60	1,38 %	2,00 %	2,79 %
0,70	1,23 %	1,83 %	2,55 %
0,80	1,11 %	1,70 %	2,36 %
0,90	1,01 %	1,60 %	2,21 %
1,00	0,94 %	1,51 %	2,08 %
1,10	0,87 %	1,60 %	1,97 %
1,20	0,82 %	1,36 %	1,87 %
1,21	0,81 %	1,35 %	1,86 %
1,30	0,77 %	1,30 %	1,79 %
1,40	0,73 %	1,25 %	1,71 %
1,50	0,69 %	1,20 %	1,64 %
1,60	0,66 %	1,16 %	1,58 %
1,70	0,63 %	1,12 %	1,53 %
1,80	0,60 %	1,09 %	1,48 %
1,90	0,58 %	1,06 %	1,43 %
2,00	0,55 %	1,03 %	1,39 %
2,10	0,53 %	1,00 %	1,35 %
2,20	0,52 %	0,97 %	1,32 %
2,30	0,50 %	0,95 %	1,28 %
2,40	0,48 %	0,93 %	1,25 %
2,50	0,47 %	0,91 %	1,22 %
2,60	0,45 %	0,89 %	1,20 %
2,70	0,44 %	0,87 %	1,17 %
2,80	0,43 %	0,85 %	1,15 %
2,80	0,42 %	0,84 %	1,12 %
3,00	0,41 %	0,82 %	1,10 %
3,10	0,40 %	0,80 %	1,08 %
3,20	0,39 %	0,79 %	1,06 %
3,30	0,38 %	0,78 %	1,04 %
3,40	0,37 %	0,76 %	1,03 %
3,50	0,36 %	0,75 %	1,01 %
3,60	0,35 %	0,74 %	0,99 %
3,70	0,35 %	0,73 %	0,98 %
3,80	0,34 %	0,72 %	0,96 %
3,90	0,33 %	0,71 %	0,95 %
4,00	0,33 %	0,70 %	0,93 %
4,10	0,32 %	0,68 %	0,32 %

K/D	PC	PSt	PM
4,20	0,32 %	0,68 %	0,91 %
4,30	0,31 %	0,67 %	0,90 %
4,40	0,31 %	0,66 %	0,88 %
4,50	0,30 %	0,65 %	0,87 %
4,60	0,30 %	0,65 %	0,86 %
4,70	0,29 %	0,64 %	0,82 %
4,80	0,29 %	0,63 %	0,34 %
4,90	0,28 %	0,62 %	0,83 %
5,00	0,28 %	0,62 %	0,82 %

PC: $y = 0{,}0094 \times K/D^{-0{,}7553}$

PSt: $y = 0{,}0151 \times K/D^{-0{,}5533}$

PM: $y = 0{,}0208 \times K/D^{-0{,}5773}$

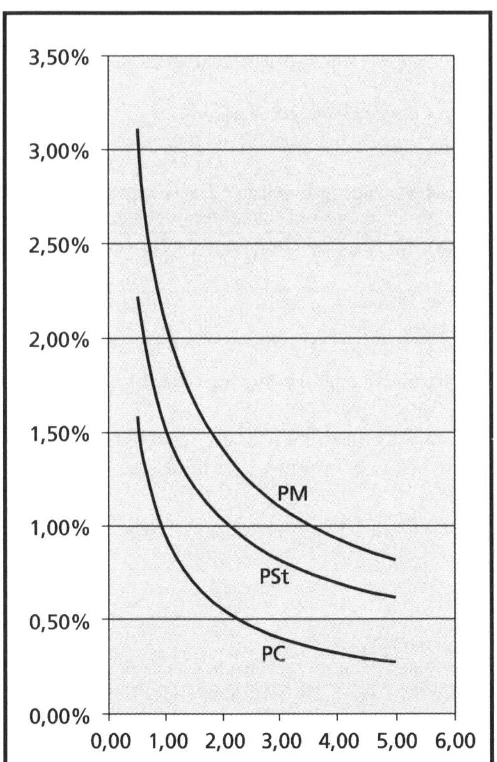

5.4.2.4 Echte (herstellkostenunabhängige) Pauschalvergütungen

1492 Die herstellkostenabhängige Vergütungsermittlung wird oftmals kritisiert, weil dem Projektsteuerer in besonderem Maße eine Verantwortung im Hinblick auf die Kostensteuerung und -kontrolle obliegen müsse.[257] Er gerate in Interessenkonflikte, wenn er – wie der Architekt – **bei Kostensteigerungen belohnt** und bei Kosteneinsparungen honorarmäßig bestraft würde. Mit der Abkopplung der Vergütung von den anrechenbaren Kosten soll erreicht werden, dass die Zielstellung des Projektsteuerers, Kostenabweichungen zu vermeiden, ohne Interessenkollision erreicht werden kann. In der Praxis werden dementsprechend vornehmlich herstellkostenunabhängige Pauschalvergütungen vereinbart.[258] Speziell private Auftraggeber bedienen sich i. d. R. einer entsprechenden herstellkostenunabhängigen Vergütungsermittlung. Diese Vergütungsform findet auch bei öffentlichen Auftraggebern immer mehr Verwendung.

1493

Feste Pauschalvergütung für PM-Leistungen	
Kennzeichen	– Bezugseinheit der Vergütung ist eine bei Vertragsschluss vereinbarte Pauschalsumme, die grundsätzlich unabhängig ist vom Personaleinsatz und der Entwicklung anrechenbarer Herstellkosten
Vorteile	– Weitgehende Honorarsicherheit bei Beauftragung – Wettbewerbsgerechte Preisbildung – Geringer Controllingaufwand in Bezug auf Vergütungsermittlung
Nachteile	– Gefahr fehlender Honorargerechtigkeit (fehlender Bezug von Leistung und Vergütung) – Fehlende Honorarflexibilität, daher vornehmlich für Projekte ohne Änderungsbedarf – Problematik der Projektsteuerungsnachträge bei geänderten Projektleistungen
Präferierte Einsatzfelder	– Projekte mit definierten und überschaubaren Bedingungen – Erfahrene Mehrfachauftraggeber mit Marktmacht
Unterfälle (nach Maßgabe der Kalkulationsbasis des AN):	– Honorarpauschale als reines Wettbewerbsergebnis geeignet bei kleineren und weniger komplexen Projektaufgaben mit klaren Randbedingungen – **Honorarpauschale auf Basis Personaleinsatzkalkulation** geeignet für komplexe Projekte mit besonderen Anforderungen an Aufgabenstellung und Team – **Honorarpauschale auf Basis fest zugrunde gelegter anrechenbarer Kosten** geeignet für – auch größere – Standardprojekte ohne großen Änderungsbedarf
Typische Ergänzungsabreden:	– Vertragsregime für Projektänderungen und daraus resultierende Vergütungsanpassungen – Verpflichtung leistungsfähiger Teams – Vereinbarung von Bonus-Malus-Abreden

1494 Bei der Bildung des Pauschalhonorars können die Vertragsparteien von **unterschiedlichen Preisermittlungsgrundlagen** ausgehen:

- vielfach ermitteln die Parteien auf der Grundlage angenommener Projektkosten in Anlehnung an ein **bestimmtes Honorarmodell** (z. B. AHO), eine Pauschalsumme, über die sie dann endgültig verhandeln und als eine Honorarpauschale festlegen

257 Vgl. bereits Schlüter, Management- und Consultingverträge, S. 139.

258 Derartige Pauschalverträge sind auch im Bereich der Objektplanung dort üblich, wo es um Großprojekte geht, deren anrechenbare Kosten über die 50-Mio.-DM-Grenze des § 16 Abs. 3 HOAI hinausgehen; Entsprechendes gilt für sonstige Ingenieurleistungen oberhalb der in §§ 17 Abs. 1 und 2, 56 Abs. 1 und 2, 65 Abs. 1 und 2 sowie 74 Abs. 1 und 2 HOAI genannten Grenze, übersichtlich Lederer, in: Schneider, Bautabellen für Architekten, S. 1 121.

- genauso häufig werden Honorarpauschalen auf der Grundlage einer bei der Angebotsprüfung vorliegenden **Personaleinsatzkalkulation** ermittelt und verhandelt
- gelegentlich legen die Vertragsparteien auch ein vorab definiertes **Budget** zugrunde
- letztlich kann ein Pauschalhonorar auch **im Wettbewerb** als preisgünstigstes oder wirtschaftlichstes Angebot gefunden werden.

In allen diesen Fällen stellt sich die Frage, ob und inwieweit spätere Änderungen der bei der Honorarermittlung zugrunde gelegten anrechenbaren Herstellkosten oder Personalkosten zu einer Änderung der Vergütung führen. Durch die **Systemwahl Pauschalvertrag** ist indessen die unmittelbare Anknüpfung an die entsprechenden Vertragsgrundlagen entfallen. Nur ausnahmsweise, nämlich nach Maßgabe der Grundsätze über die **Störung der Geschäftsgrundlage** – unter genauer Analyse der Willensbildung der Parteien –, sind hiervon Ausnahmen möglich. Darüber hinaus können Honoraranpassungen notwendig werden, soweit der Auftraggeber das Steuerungssoll ändert. Darauf wird gesondert im Zusammenhang mit den Projektsteuerernachträgen einzugehen sein. 1495

Spezielle Problemstellungen ergeben sich bei der Vereinbarung von Pauschalhonoraren auf der Grundlage einer **Personaleinsatzkalkulation**. Lässt sich der Auftraggeber ein bestimmtes Lösungskonzept, unterlegt mit einem definierten Mitarbeitereinsatz anbieten, führt dieses Honorarmodell häufig zu Streitigkeiten, wenn sich später herausstellt, dass die vertraglich vereinbarte Leistungsspezifikation und der der Pauschalierung zugrunde liegende kalkulierte Mitarbeitereinsatz nicht übereinstimmen. Ist der kalkulierte Mitarbeitereinsatz nicht ausreichend, um die vertraglich zugesagten Leistungen zu erbringen, reagieren Projektsteuerungsunternehmen hierauf nicht selten mit Nachverhandlungen oder Nachtragsangeboten.[259] 1496

Im Rahmen der Vorgabe von Projektmanagementleistungen fragen Auftraggeber den geplanten Personaleinsatz zumeist mit vorgegebenen Tabellen ab. Insoweit wird auf das nachstehend abgedruckte Praxisbeispiel Bezug genommen:

Formblatt Personaleinsatzplan (BBR) 1497

Formblatt Personaleinsatzplan des BBR

Anlage zu § 10 Ziffer 10.1 Vertrag für Projektsteuerungsleistungen (wird nicht Vertragsbestandteil)

Leistungstufen (LS)	Leistungseinsatz zeitdauerbezogen in % * (Angaben gemäß voraussichtlichem Terminplan anpassen oder auf der Grundlage eines "0"-Terminplans) >>>												Σ Anzahl Monate	
	Jan	Feb	Mär	Apr	Mai	Jun	Jul	Aug	Sep	Okt	Nov	Dez	X.		
Leistungsstufe 1															Monate
Leistungsstufe 2															Monate
Leistungsstufe 3															Monate
Leistungsstufe 4															Monate
Leistungsstufe 5															Monate
Leistungseinsatz ges.	0	0	0	0	0	0	0	0	0	0	0	0	0	-	Monate

Mitarbeitereinsatz	Leistungseinsatz mitarbeiterbezogen in % * (Angaben gemäß voraussichtlichem Terminplan anpassen oder auf Grundlage eines "0"-Terminplans) >>>													Projekteinsatz ges. i. %	
	Jan	Feb	Mär	Apr	Mai	Jun	Jul	Aug	Sep	Okt	Nov	Dez	X.		
Dipl.-Ing.															%
Dipl.-Ing.															%
Dipl.-Ing.															%
															%
															%
															%
															%
Leistungseinsatz ges.	0	0	0	0	0	0	0	0	0	0	0	0	0		

Zahlungsplan	Vergütung (brutto inkl. Nebenkosten) in € (Angaben gemäß voraussichtlichem Terminplan anpassen oder auf Grundlage eines "0"-Terminplans) >>>													€	Gesamt
	Jan	Feb	Mär	Apr	Mai	Jun	Jul	Aug	Sep	Okt	Nov	Dez	X.		
Leistungsstufe 1														€	-
Leistungsstufe 2														€	-
Leistungsstufe 3														€	-
Leistungsstufe 4														€	-
Leistungsstufe 5														€	-
Summe je Monat in €	-	-	-	-	-	-	-	-	-	-	-	-	-	€	-

*) Kompletter Monat = 100

259 Zutreffend Mittelstädt, a. a. O., S. 13.

1498 In derartigen Fällen muss festgestellt werden, ob ein **echter Pauschalvertrag** vorliegt. Dazu muss geklärt werden, ob der vom Projektmanager kalkulierte Mitarbeitereinsatz lediglich eine (gemeinsam) zugrunde gelegte kalkulative Grundlage darstellt. Ergibt die Auslegung des Vertrages, dass die Honorarpauschale von dem tatsächlichen Mitarbeitereinsatz (sei es im Falle eines geminderten oder erhöhten Mitarbeitereinsatzes – z. B. aufgrund hoher Professionalität, eines hohen Einarbeitungsgrades oder aufgrund der komplexen Aufgabenstellung) abgekoppelt bleiben sollte, dann liegt ein echter Pauschalvertrag vor. Das Mengen- bzw. Volumenänderungsrisiko in Bezug auf den Personaleinsatz übernimmt – bis zur Grenze des Fortfalls der Geschäftsgrundlage – in einem solchen Fall der Auftragnehmer.

1499 Etwas anderes kann gelten, wenn der Vertrag **Leistungsspezifikation** und **kalkulierten Mitarbeitereinsatz** zu **gleichberechtigten Vertragsgrundlagen** macht. Dann kann sich schon aus dem Vertrag ergeben, dass bei einer notwendigen Anpassung des Mitarbeitereinsatzes aufgrund der vorgegebenen Anforderungen auch das Honorar entsprechend anzupassen ist.

1500 Entsprechende Problemstellungen ergeben sich typischerweise, wenn **Projektstörungen** auftreten und sich hierdurch die **vorgesehene Projektlaufzeit verlängert**. Beruht ein solcher Umstand auf vom Auftraggeber zu vertretenden Änderungen des Projektes/Projektzuschnitts, ergeben sich zumeist Streitigkeiten darüber, ob und inwieweit der kalkulierte Mitarbeitereinsatz ohne weiteres fortgeschrieben werden kann oder gemäß dem konkreten Mehraufwand infolge der Laufzeitverlängerung anzupassen ist (Rdn. 1667).

1501 Wenn das auf eine Personaleinsatzkalkulation zurückgehende Pauschalhonorar zeitlich gestaffelte **Einzelhonorare für bestimmte Leistungsphasen** vorsieht, muss für jede Leistungsphase gesondert festgestellt werden, ob die jeweils geltende Teilpauschale aufgrund auftraggeberseitiger Änderungen anzupassen ist.

1502 Wenn ein Großprojekt mit mehreren **Teilprojekten** keine teilprojektspezifische Aufteilung des Honorars vorsieht und der Mitarbeitereinsatz »über alles« kalkuliert worden ist und sich dann bei einzelnen Teilprojekten Abweichungen ergeben, lässt sich die Frage einer Honoraranpassung nur klären, wenn nachträglich der vertragsgerecht kalkulierte Mitarbeitereinsatz für jedes Teilprojekt ermittelt wird. In einem solchen Fall muss für das Änderungswesen nachträglich die Kalkulation auf die Einzelprojekte aufgegliedert werden. Die entsprechenden Grundlagen seiner Kalkulation hat der Projektmanager als Auftragnehmer darzulegen und deren Angemessenheit im Streitfall auch zu beweisen.

1503 Auch bei einer von anrechenbaren Kosten abgeleiteten Honorarpauschale muss geprüft werden, ob eine Abkopplung von der späteren Kostenentwicklung tatsächlich gewollt war. Haben die Vertragsparteien eine Pauschalvergütung gewählt, dann existiert keine **Vermutung** für einen bestimmten **Typus der Pauschalvergütung**. Insbesondere kann nicht ohne weiteres davon ausgegangen werden, dass diese herstellkostenabhängig ausgestaltet ist. Vielmehr muss anhand des Parteiwillens ermittelt werden, ob die pauschale Vergütung von den Herstellkosten oder einem bestimmten Personaleinsatz abhängig sein sollte. Selbst wenn die Vertragsparteien bei der Bildung der Honorarsumme bestimmte geschätzte Bausummen oder einem bestimmten Personaleinsatz zugrunde gelegt haben, bedeutet dies nicht, dass hierdurch eine herstellkosten- oder personaleinsatzabhängige Vergütungspauschale abgeleitet werden kann. Im Zweifel bilden diese Umstände Preisermittlungsgrundlagen, die bei auftraggeberseitigen Änderungen und hierauf beruhenden Vergütungsanpassungen relevant werden. Herstellkostenunabhängige und personaleinsatzunabhängige Vergütungspauschalen können ihre Preisermittlungsgrundlage in anrechenbaren Kosten haben.[260]

1504 In der Praxis existieren auch **Mischformen** zwischen herstellkostenunabhängigen und herstellkostenabhängigen Vergütungspauschalen. So findet sich nicht selten die Vereinbarung einer herstellkostenunabhängigen (echten) Vergütungspauschale, die auf Grundlage einer Kostenschätzung

260 Eine derartige Vertragsregelung kann nach den Grundsätzen über den Fortfall der Geschäftsgrundlage zu behandeln sein, aber auch als Hinweis auf ein Preisermittlungskriterium mit Wirkungen in Änderungsfällen entsprechend § 2 Nr. 5, 6 VOB/B. Der Parteiwille muss hier genau ermittelt werden.

festgelegt worden ist. Spätere Änderungen der anrechenbaren Kosten sollen erst nach **Überschreiten bestimmter Schwellenwerte** eine Honoraranpassung ermöglichen.

Je nach Aufbau des Leistungsbildes kann ein Pauschalvertrag als 1505
- **Detailpauschalvertrag** oder
- **Globalpauschalvertrag**

ausgestaltet sein. Übernimmt etwa der Auftragnehmer ohne spezifiziertes Leistungsbild die Bauherrenaufgaben »zur umfassenden Entlastung des AG« oder als »Generalkümmerer« und werden die Leistungen nicht im Detail beschrieben, liegt ein Globalpauschalvertrag vor. Die Differenzierung zwischen diesen Vertragstypen hat im Wesentlichen Auswirkungen auf die Feststellung des Steuerungssolls und der daran anknüpfenden Nachtragsproblematik.

Auftraggeber versuchen bei Großprojekten teilweise, den Unsicherheiten bei der Vorkalkulation 1506
des angemessenen Mitarbeitereinsatzes und des anteiligen Pauschalhonorars dadurch zu entgehen, dass zunächst für einen überschaubaren Zeitraum eine feste Pauschale gebildet wird. Im Wege der **stufenweisen Weiterbeauftragung** soll alsdann vor jeder weiteren Projektphase das Honorar auf der Grundlage vorab definierter Honorarparameter neu verhandelt werden. Eine entsprechende Vertragsgestaltung hat etwa die DB Projektbau GmbH bei der Realisierung diverser Großprojekte in Berlin zugrunde gelegt. Dort wurden jeweils ***»Jahresscheiben«*** (allein zeitlich und nicht inhaltlich abgegrenzte Beauftragungsphasen) optional beschrieben. Auch eine derartige Lösung schützt den Auftraggeber nicht umfassend vor den Risiken der noch unsicheren Projektabwicklung in der Zukunft. Denn einerseits führen auftraggeberseits zu vertretende Projektänderungen in den einzelnen Phasen zur Abänderung der insoweit fest vereinbarten Honorarpauschalen. Zum anderen ist die Möglichkeit einer gesicherten wirtschaftlichen Anschlussbeauftragung bei jeweils notwendigen Neuverhandlungen über die Höhe des Honorars nicht rechtssicher zu gewährleisten.

Neuenfeld hatte vorgeschlagen, die Vergütung des Projektsteuerers nicht an die Herstellungskosten 1507
anzuknüpfen. Denn weder der Auftraggeber noch der Projektsteuerer könnten insoweit ernsthaft kalkulieren. Vielmehr sollten die Vertragspartner **von Monat zu Monat** oder auch von Vierteljahr zu Vierteljahr festlegen, wer auf Seiten des Projektsteuerers für die Erfüllung des Vertrages tätig sei. Dann könnte für einen überschaubaren Zeitraum das Honorar festgelegt werden, wobei die Rechnung wie folgt aussehen soll:

Brutto-Personalkosten

\+ Gemeinkosten (durchschnittlich 110 %)
\+ Nebenkosten (§ 14 HOAI)
\+ 15 % Gewinnaufschlag
\+ Mehrwertsteuer
Monatspauschale

Als Vorteil seines Systems hebt *Neuenfeld* hervor, dass das Kostenrisiko für beide Parteien kalkulier- 1508
bar bleibe. Den Vorschlag von *Neuenfeld* hat *Dohna* aufgegriffen.[261]

Die Vorschläge von *Neuenfeld* und *Dohna* werden den Interessen **budgetgebundener Auftraggeber**, 1509
die Wert darauf legen, die Kosten von vornherein genau ermitteln zu können, in der Regel nicht gerecht. Eine zeitabschnittsbezogene Honorarfestlegung hat sich dementsprechend in der Praxis für größere Projekte nicht durchsetzen können. Auf Grund der mit der Projektsteuerung gewonnenen Erfahrungen sind Auftraggeber und Projektsteuerer heute in der Lage, den Steuerungsaufwand – selbst bei Großprojekten – für die gesamte Projektdauer näherungsweise zu schätzen.

Allerdings gibt es durchaus Anwendungsfälle für dieses Vergütungskonzept. Es ist etwa dann 1510
sachangemessen, wenn – speziell in der Frühphase eines Projektes – der externe Unterstützungsbedarf

261 Dohna, in: Neunfeld/Baden/Dohna/Groscurth/Schmidt, Handbuch des Architektenrechts, HOAI, § 31, Rn. 8.

noch nicht abschließend abgeschätzt werden kann. Die Grundgedanken *Neuenfelds* enthalten auch die heute gebräuchlichen pauschalen Vergütungsvereinbarungen auf Basis einer Personaleinsatzkalkulation. Dabei wird der voraussichtliche Personalaufwand durch detaillierte Erfassung der einzelnen Projektmitglieder aus einzelnen Fachdisziplinen, die Abschätzung der Verweildauer im Projekt sowie der hierfür voraussichtlich anzusetzenden Kosten – bei Auslandsprojekten sog. »All-In-Monatssätze«, die alle auslandsbezogenen Zulagen enthalten – genau ermittelt. Allerdings wird am Ende regelmäßig eine Pauschale gebildet oder zumindest ein Abrechnungsmodus mit einem Höchstbetrag festgelegt, so dass das auftraggeberseitige Ziel der Honorarsicherheit erreicht wird.

1511 Der Projektsteuerungspauschalvertrag dominiert die Vertragspraxis; gleichwohl hat sich dieser Vertragstyp nicht durchgängig bewährt. Im Hinblick auf die Vertragsgestaltung und ergänzende Optimierungsstrategien der Beteiligten wird auf Rdn. 2412 verwiesen.

5.4.3 Selbstkostenerstattungsverträge/Cost-plus-fee-Verträge

1512 Diese Vertragsart ist dadurch geprägt, dass der Aufwand des Auftragnehmers Ausgangspunkt für die Berechnung der Vergütung ist.[262] Der Selbstkostenerstattungsvertrag ist damit mit dem Zeithonorarvertrag verwandt.[263] Maßgebend für die Vergütungsbestimmung ist der Gesamtaufwand des Unternehmers nach **Ist-Kosten**. Während beim Stundenlohnvertrag die Selbstkosten in einem vereinfachten Verfahren abgerechnet werden, ist beim Selbstkostenerstattungsvertrag auf die tatsächlichen Selbstkosten des Auftragnehmers und einen Zuschlag für Allgemeine Geschäftskosten und für Gewinn abzustellen.[264] Erst im Rahmen der Abrechnung werden die tatsächlich verbrauchten Güter und Arbeitsleistungen ermittelt und der Gesamtpreis endgültig festgelegt. Auch wenn die ehemalige Baupreisverordnung mit Wirkung vom 1.7.1999 aufgehoben wurde, kann die LSP-Bau bei der Auslegung entsprechender Selbstkostenerstattungsabreden und vertraglichen Gestaltungen herangezogen werden. Sie enthält insbesondere in den Nr. 6 ff. eine Aufgliederung der Preiselemente (Kalkulationsbereiche).[265]

1513 In den zu bildenden Preis (die **Selbstkosten**) gehen sowohl die Kosten für Material, Personal und Nachunternehmer wie auch Gemeinkosten, Sonderkosten, Wagnis und kalkulierter Gewinn ein.[266] Mit einer derartigen Vergütungsabrede können die Vertragsparteien zwar eine große Preisgerechtigkeit herstellen, weil einerseits nur der Kostenaufwand bezahlt wird, der tatsächlich angefallen ist und insbesondere der Auftragnehmer keine wirtschaftlichen Risiken eingeht. Andererseits entzieht sich die Vergütungsform i. d. R. einer Kontrolle hinsichtlich der Marktverhältnisse und der Wirtschaftlichkeit. Bei großen Projekten stößt die Selbstkostenerstattung schnell an die Grenzen des organisatorisch Machbaren, und die wirtschaftlichen Risiken, die der Auftraggeber eingeht, werden erheblich.[267]

1514 Gleichwohl spielen **Selbstkostenerstattungsverträge** in der Vertragspraxis für **Projektmanagementverträge** eine **erhebliche Rolle**. Da die Verträge i. d. R. auf eine Geschäftsbesorgung ausgerichtet sind, entspricht die »Durchstellung« der entstandenen Kosten an den Auftraggeber einem vertragstypologisch naheliegenden Vorgehen. Speziell im angelsächsischen Bereich und im Anlagenbau sind derartige Vergütungsabreden unter dem Begriff **»Cost-plus-fee«** (CPF) gebräuchlich. In derartigen Fällen vereinbart der Projektmanager mit dem Auftraggeber eine sog. fee, eine Teilpauschale, die die allgemeinen Geschäftskosten, Wagnis und Gewinn abdeckt. Darüber hinaus hat der Auftraggeber die projektbezogen eingesetzten/entstandenen Sach- und Personalkosten zu

262 Dazu Schlüter, Management- und Consultingverträge, S. 139.
263 Vgl. Keldungs, in: Ingenstau/Korbion, 16. Auflage, 2007, § 5 VOB/A, Rn. 30; Kleine-Möller, in: Kleine-Möller/Merl/Oelmaier, Rn. 33.
264 Kleine-Möller, a. a. O., Rn. 33.
265 Vgl. dazu im Einzelnen Ebisch/Gottschalk, Preise für Preisprüfungen bei öffentlichen Aufträgen, 7. Aufl., Nr. 10 LSP, S. 292 f.; dazu auch Motzke, in: Motzke/Pietzcker/Pries, VOB/A, § 5, Rn. 163.
266 Vgl. auch Motzke, in: Beck'scher VOB-Kommentar, VOB/A, 1. Auflage, 2001, § 5, Rn. 163.
267 Kleine-Möller, in: Kleine-Möller/Merl, § 10, Rn. 33; Vygen, Bauvertragsrecht nach VOB und BGB, 3. Aufl., Rn. 758.

erstatten. Entsprechende Verträge sehen eine genaue Abgrenzung der erstattungsfähigen von den nicht erstattungsfähigen Kosten vor. In der Regel werden diejenigen Kosten von der Erstattung ausgenommen, die der Projektmanager aufgrund Verletzung von Vertragspflichten verursacht hat.

Den **Nachteilen** der die Selbstkostenerstattungsverträge kennzeichnenden Ist-Kosten-Betrachtung 1515
wird vertragsgestalterisch auf **zwei Ebenen begegnet**. Zum einen kann der Auftraggeber bei Cost-plus-fee-Verträgen i. d. R. sehr weitgehenden **Einfluss auf den Material- und Personaleinsatz** ausüben. Zumeist legt er das Projektteam des Projektmanagers mit fest. Er kann dementsprechend durch die Verpflichtung und Bindung qualifizierten Personals mit dafür sorgen, dass der Gefahr unwirtschaftlichen Managementeinsatzes vorgebeugt wird. Diese im anglo-amerikanischen Rechtskreis typische Vorgehensweise führt naturgemäß dazu, dass die unternehmerischen Spielräume der Projektsteuerungsunternehmen (infolge der unflexiblen Personalbindung in Projekten) erheblich eingeschränkt werden.[268] Zum anderen vereinbaren die Vertragsparteien oftmals einen Höchstpreis über alle Leistungen. Dabei wird gelegentlich auch der Begriff der Preisgarantie (**garantierter Maximumpreis** – GMP) verwandt. Ein derartiger Höchstbetrag (eine Preisgarantie) kann, wie der BGH für vergleichbare deutsche Einsatzformen der Baubetreuung entschieden hat, sowohl in Betracht kommen, wenn der Projektmanager (Baubetreuer) im eigenen Namen Leistungen vergibt (Management-Contracting), wie auch, wenn er Verträge im Namen des Auftraggebers unmittelbar abschließt.[269] Die Reichweite des Garantieversprechens ist i. d. R. erst durch eine Auslegung zu erschließen.[270] In einem Fall, der Projektsteuerungs- und Baubetreuungsleistungen betraf, hat der BGH die vereinbarte Garantie (Versprechen, dass die geplanten Gesamtkosten um nicht mehr als 5 % überschritten werden) dahingehend ausgelegt, dass eine Einstandspflicht nicht durch solche Kostenmehrungen begründet wird, welche die Baubetreuerin nicht zu vertreten hatte und die für sie nicht vorhersehbar waren.[271] Sonderwünsche und Änderungswünsche des Bauherrn führen ebenfalls regelmäßig zu einer Anpassung der Garantie. Dasselbe gilt für nicht voraussehbare Fehlbeurteilungen etwa zum Baugrund.[272]

1516

Cost + fee-Vergütung für PM-Leistungen	
Kennzeichen	– Selbstkostenerstattungsregelung: AG übernimmt Ist-Kosten des PM-Tams, zzgl. offen ausgewiesener kalkulierter allgemeiner Geschäftskosten, Wagnis und Gewinn
Vorteile	– Hohe Honorargerechtigkeit – Projektspezifische Personalsauswahl bestimmt Honorar – Hohe Anpassungsfähigkeit und Transparenz
Nachteile	– Vertragsschluss der Höhe nach nicht kalkulierbar – Fehlender Anreiz zur wirtschaftlichen Betriebsführung – Hoher Controllingaufwand
Präferierte Einsatzfelder	– Erfahrene Auftraggeber und komplexe Projekte – Internationale Projekte
Typische Ergänzungsabreden:	– Deckelung der Gesamtkosten durch CAP oder GMP – Vereinbaren von Incentives für das Erreichen von Projektzielen – Vereinbarung von Teilpauschalen für besondere Aufgaben, insbesondere der Pre-Construction-Phase – Basisregelung für spätere Gesamtpauschalierung

268 Vgl. dazu Rdn. 2488 f.
269 Vgl. BGH, Urteil vom 18.11.1976, Az. VII ZR 150/75, in: BauR 1977, 58, 59.
270 Vgl. Koeble, in: Rechtshandbuch Immobilien, Band 1: Bauen und Finanzieren, Kap. 17, Rn. 51 (dazu auch Rdn. 455 f.).
271 Vgl. BGH, Urteil vom 06.11.1986, Az. VII ZR 36/85, in: BauR 1987, 105, 107.
272 Vgl. Schneider BB 1983, 2169, 2204; Koeble, a. a. O., Kap. 17, Rn. 51.

1517 Ohne eine entsprechende ausdrückliche vertragliche Regelung wird nicht davon auszugehen sein, dass der Baubetreuer an der Differenz zwischen dem garantierten Höchstpreis und den tatsächlichen Herstellkosten **wirtschaftlich zu beteiligen** ist. Wohl ist es möglich und bei Cost-plus-fee-Vereinbarungen in der Praxis vielfach vorzufinden, dass dem Projektmanager als **Incentive** vertraglich eine Beteiligung an der Differenz zum Höchstpreis belassen wird.[273] In derartigen Fällen eines vereinbarten GMP-Modells können unterschiedliche Beteiligungsmöglichkeiten des Projektmanagers an der Höchstkostenunterschreitung festgelegt werden (insbesondere werden prozentuale Aufteilungsmechanismen vereinbart). Die den Höchstpreis überschreitenden Kosten trägt der Projektsteuerer, der einen GMP-Vertrag akzpetiert, indessen selbst. Die Vor- und Nachteile einer entsprechenden Risikobeteiligung müssen gesehen werden. Insoweit kann auf die Darlegungen zur Einsatzform des Construction Management verwiesen werden.[274]

5.4.4 Incentives/Bonus-Malus-Regelungen

5.4.4.1 Grundlagen

1518 Zielvereinbarungen sind zu einem wichtigen Führungsinstrument im unternehmerischen Alltag geworden (Management by objectives-concept).[275] Auch in der Projektmanagementpraxis werden Vergütungsabreden oftmals durch sog. **Incentives** ergänzt. Die Vereinbarung entsprechender Erfolgsvergütungen ist rechtlich uneingeschränkt zulässig, vertragsgestalterisch indessen nicht einfach umsetzbar.[276]

1519 Wenn **zusätzlich** zu einem Pauschalhonorar eine **Erfolgsvergütung** vereinbart wird, dann kann das Erfolgshonorar unabhängig von der Feststellung eines bestimmten verdienten Teils des Pauschalgrundhonorars beansprucht werden.[277] Deshalb kann ein Erfolgshonorar auch bei vorzeitiger Kündigung des Vertrages und bei Streitigkeiten zum pauschalen Grundhonorar nach § 649 Satz 2 BGB verlangt werden, wenn die Voraussetzungen für die Pauschalvergütung erfüllt sind. In einem solchen Fall beansprucht der Projektmanager/-steuerer lediglich eine Vergütung für erbrachte Leistungen nach § 631 BGB.[278]

1520 Erfahrungen mit **Anreizmechanismen** haben gezeigt, dass die Verwendung von entsprechenden Incentives wesentlich effektiver wirken als die Androhung von Vertragsstrafen und Schadensersatz.[279] Andererseits darf die Wirkung von Zielvereinbarungen auch nicht überschätzt werden. Denn die Nachhaltigkeit der Wirkung von Zielvereinbarungen ist begrenzt.[280] Anreizmechanismen werden von deutschen Marktteilnehmern bei der Vertragsanbahnung kalkulatorisch zumeist nicht ausreichend berücksichtigt. Vielfach stellen sich »Mitnahmeeffekte« ein und die Motivation bricht ein, wenn sich schon in der Frühphase eines Projektes zeigt, dass die vorgebenen Ziele nicht erreicht werden können.

5.4.4.2 Arten von Bonus-Malus-Regelungen

1521 Incentives werden im Regelfall als **Bonus- oder Malus-Regelungen** oder sog. **Zufriedenheitsklauseln** vereinbart. Im Falle von Bonus-Malus-Regelungen erhält der Projektsteuerer einen

---

273 Vgl. auch Koeble, a. a. O., Kap. 17, Rn. 53.
274 Vgl. Rdn. 455 f., auch Rdn. 782 f.
275 Vgl. dazu Lischka, Führen und Entlohnen mit Zielvereinbarungen, BB 2007, 552; dazu auch Helmus/Schmolke, Motivationssteigerung durch Anreizmechanismen, Baumanagement 2004, S. 36.
276 Vgl. auch BGH, Urteil vom 07.12.2006, Az. VII ZR 290/04, in: NZBau 2007, 182 = NJW 2007, 842, 843 = BauR 2007, 576, 577 = IBR 2007, 140.
277 BGH, Urteil vom 07.12.2006, Az. VII ZR 290/04, in: NZBau 2007, 182 = NJW 2007, 842, 843 = BauR 2007, 576, 577 = IBR 2007, 140.
278 BGH, Urteil vom 07.12.2006, Az. VII ZR 290/04, in: NZBau 2007, 182 = NJW 2007, 842, 843 = BauR 2007, 576, 577 = IBR 2007, 140; dazu auch Rdn. 1708,
279 Vgl. etwa Helmus/Schmolke, a. a. O., S. 39.
280 Vgl. dazu Bungard/Kohnke, Zielvereinbarungen erfolgreich umsetzen, S. 122.

Honorarzuschlag oder muss einen Honorarabzug hinnehmen, wenn er bestimmte vertraglich definierte Ziele erreicht bzw. nicht erreicht.

Die **rechtliche Einordnung** kann im Einzelfall zweifelhaft sein. In aller Regel wird es sich bei Bonus- und Malus-Regelungen um einen integralen Bestandteil einer gesamtheitlichen Vergütungsregelung handeln. Isolierte Malus-Regelungen können rechtlich eine pauschalierte Mängelhaftung oder eine Vertragsstrafe bzw. eine Schadensersatzpauschalierung darstellen. Bei der Wirksamkeitsprüfung nach AGB-Gesichtspunkten (§ 307 BGB), kann eine isolierte Malus-Regelung unwirksam sein, wenn sie eine unangemessene »Bestrafung« des Auftragnehmers beinhaltet, die wesentlich von den gesetzlichen Regelungen abweicht. 1522

Erfolgsabhängige Vergütungsbestandteile können an **unterschiedliche Erfolgskriterien** anknüpfen; das können sein: 1523
- Ergebnisziele (Sach- und Dienstleistungen in der geforderten Qualität)
- Zeitziele (Dauer und Termine)
- Aufwandsziele (Stunden und Kosten)

Die höchste Kundenzufriedenheit ist in der Regel erreicht, wenn die **harten Ziele** eingehalten wurden.[281] Die Vertragsparteien sind allerdings bei der Ausgestaltung von Incentives nicht auf die Vorgabe von harten Zielen beschränkt. Auch so genannte »weiche« Ziele, die ähnlich wie unbestimmte Rechtsbegriffe bei der Feststellung der Zielerreichung im konkreten Fall ausfüllungsfähige und ausfüllungsbedürftige Beurteilungsspielräume lassen, sind vertragsrechtlich grundsätzlich zulässig.[282] Zielvorgaben für eine Bonusregelung können dabei von der Leistung eines Einzelnen, einer Abteilung/eines »Teams« oder aber des Projektes/Unternehmens abhängig gemacht werden.[283] 1524

Jede Zielgröße muss aber operationalisierbar sein. *Mittelstädt* schlägt vor, insoweit auf das **SMART-Modell** abzustellen, wonach Zielvereinbarungen folgende Eigenschaften haben sollen: 1525

S	specific (klare Eingrenzung)
M	measurable (messbare Kriterien)
A	achievable (unter normalen Umständen erreichbar)
R	realistic (realistische Einschätzung von Chancen und Risiken)
T	timed (zeitlich abgegrenzt)

Bei der Vorgabe **mehrerer Ziele** (z. B. Leistungen/Termine/Kosten) müssen diese projektspezifisch **gewichtet** werden. Eine bestimmte Art der Gewichtung ist weder aus rechtlicher, noch aus ökonomischer Sicht zwingend vorgegeben. Die Gewichtung ist vielmehr nach den Projektanforderungen festzulegen. Allerdings ist die Gewichtung bereits bei Vertragsschluss eindeutig zu definieren, zumal sich die Einschätzung der Projektbeteiligten über die Bedeutung der einzelnen Zielgrößen während der einzelnen Projektphasen typischerweise verschiebt. *Mittelstädt* schlägt vor, zumindest die **Termin- und Kostenziele gleichwertig zu gewichten**.[284] 1526

Die vorstehend behandelten Anforderungen werden in der Projektmanagementpraxis durch nachfolgende Lösungskonzepte umgesetzt: 1527

- **Kostenbonus/Kostenmalus:** Dem Projektsteuerer wird ein Vergütungszuschlag in Höhe eines vorab definierten Anteils (oftmals Prozentsatzes, der ggf. degressiv ermittelt wird und/oder gedeckelt ist) an erzielten Kosteneinsparungen gegenüber einem vorab definierten Budget versprochen.[285] Dem entsprechen Malus-Regelungen, die Vergütungsabzüge im Falle von Kostenüberschreitungen vorsehen. Zur Absicherung des Auftraggebers im Falle der Vereinbarung von

281 Dazu Mittelstädt, Leitlinien für externe Projektmanagement-Leistungen, a. a. O., S. 265.
282 BAG, Urteil vom 12.12.2007, Az. 10 AZR 97/07, in: NJW 2008, 872, 874.
283 BAG, a. a. O.
284 Mittelstädt, a. a. O., S. 268, 269.
285 Vgl. hierzu BGH, Urteil vom 26.01.1995, SFH, § 632 BGB, Nr. 20.

Malus-Klauseln werden gelegentlich Einbehalte oder Erfüllungssicherheiten in Höhe des möglichen Malus vereinbart.

- **Terminbonus/Terminmalus:** In derartigen Fällen vereinbaren die Vertragsparteien, dass sich ein bestimmter Anteil der Gesamtvergütung danach richtet, ob der Projektsteuerer/Projektmanager die bei Abschluss des Vertrages festgelegten Terminziele erreicht. Der Terminbonus bzw. -malus beinhaltet pauschale Zuschläge oder Abschläge auf die Vergütung für Bauleistungen oder im Falle der Errichtung vermieteter Immobilien eine Beteiligung an den bei einer vorzeitigen Fertigstellung erzielbaren zusätzlichen Mieten.

1528 Ein **Praxisbeispiel** für einen Kosten und Terminbonus wird wie folgt zitiert:

► **Praxisbeispiel für die Vereinbarung eines Kosten-Bonus-Malus:**

- *»Wenn die tatsächlichen anrechenbaren Kosten (Kostengruppen 100 bis 700) nach Kostenfeststellung die nach Ziff. 4.2 festgelegten anrechenbaren Kosten von … Mio. € einschließlich Umsatzsteuer um mehr als 10 % aus Gründen überschreiten, die der AN nicht (mit) zu vertreten hat oder diese unterschreiten aus Gründen, die der AG veranlasst hat bzw. veranlassen musste, erfolgt eine entsprechende (lineare) Honoraranpassung nach dem gem. Ziff. … vereinbarten Pauschalhonorar, jedoch mit der Maßgabe, dass eine Anpassung erst für den einen vereinbarten Toleranzrahmen von 10 % übersteigenden oder unterschreitenden Betrag erfolgt.*
- *Für Kostenunterschreitungen der Herstellungs- und/oder Baukosten im Vergleich zur genehmigten Kostenberechnung (gem. Ziff. …), die unter Ausschöpfung technisch-wirtschaftlicher oder umweltverträglicher Lösungsmöglichkeiten, an denen der AN mitgewirkt und die er im Rahmen seiner Leistungsverpflichtung gefördert hat, zu einer entsprechenden Kostensenkung der herstellungs- bzw. baukostenbezogen auf die Kostengruppen 300, 400 und 700 der DIN 276-1:2008 führen, erhält der AN pro 100.000 € Einsparung einen Betrag in Höhe von 3 % aus dieser Einsparung, höchstens jedoch 5 % des vereinbarten Pauschalhonorars netto.*
- *Werden die Herstellkosten (anrechenbare Kosten der Kostengruppen nach Ziff. …) im Vergleich zur Kostenberechnung gem. Ziff. … netto aus Gründen überschritten, die der AN zu vertreten oder mitverursacht hat, zahlt der AN einen Malus von 5 % der Kostenüberschreitung, höchstens jedoch 5 % des vereinbarten Pauschalhonorars netto. Der AG ist berechtigt, das Pauschalhonorar des AN um den jeweiligen fälligen Malusbetrag zu kürzen. Mit der Malusregelung sind sämtliche Ansprüche des AG wegen der etwaigen Baukostenüberschreitung erledigt, es sei denn, der AG weist einen höheren Schaden nach. Dann wird der Malusbetrag auf den entstandenen Schaden angerechnet.«*

Ein Praxisbeispiel für einen isolierten Terminbonus lautet:

»Bei Terminunterschreitung enthält der AN 10 % der durchschnittlichen vom AG für diesen Zeitraum von 3 Jahren vereinnahmten Mieterträge der vorfristig übergebenen Teilbereiche für den Zeitraum, der durch die Beschleunigungsmaßnahmen realisiert wird. Basis hierfür ist der in der Anlage benannte Generalablaufplan bzw. dessen Fortschreibung in Abhängigkeit der Hotelkündigung durch den AG.«

1529 **Sonstiger Bonus-Malus:** Die Projektpraxis ist durch vielfältige weitere **Sonderformen** von Incentive-Lösungen geprägt:

1530 – **Projektentwickler** gewähren nicht selten Incentives, die an bestimmte **Vermarktungserfolge** anknüpfen; ggf. werden sogar Vermittlungsprovisionen ausgelobt, sofern der Projektmanager gleichzeitig die Vermarktung des Projektes ganz oder teilweise übernimmt. Projektsteuerer, die im Projektentwicklungsgeschäft tätig werden, erhalten oftmals ein Bonusversprechen, bei dem die Baukosten und die Vermietungserfolge in ein Verhältnis gesetzt werden. Derartige Abreden sind gefährlich, weil die Beteiligten die Konsequenzen der Berechnungsmodelle oftmals nicht vor Augen haben, können aber selbst bei einer sich daraus abzuleitenden sehr hohen Vergütung wirksam bleiben.[286]

286 OLG Hamm, Urteil vom 15.08.2006, Az. 24 U 125/05, in: NZBau 2009, 48 f.

- Dem Projektmanager/-steuerer kann auch ein **Zusatzhonorar** für die Erreichung eines bestimmten **Gewinns einer Projektgesellschaft** versprochen werden (dazu Rdn. 2550). 1531
- Zur **Sicherung der Personalkontinuität** – ein kritischer Erfolgsfaktor für Projektmanagementsysteme – kann ebenfalls ein **Bonus** ausgelobt werden, sofern hinsichtlich des Schlüsselpersonals keine Veränderungen oder nur zahlenmäßig definierte Veränderungen eintreten.
- Ein Erfolgshonorar kann ausgelobt werden, falls sich aufgrund einer **fachtechnischen Überprüfung der Abrechnung Projektbeteiligter** (z. B. für Architektenleistungen) durchsetzbare Erstattungsansprüche ableiten lassen. In einem vom BGH entschiedenen Fall wurde ein Anspruch auf Bezahlung eines Erfolgshonorars bejaht, welches sich auf 10 % der Honorarersparnis aufgrund der Überprüfung der Honoraransprüche der Architekten belaufen sollte.[287] 1532
- Im Rahmen von PPP-Verträgen sind Bonus- und Malus-Regelungen vielfach an die Einhaltung von Service-Level-Agreements (SLA) geknüpft.[288] 1533

Seltener finden sich in der Projektpraxis sog. **Zufriedenheitsklauseln**. Derartige Klauseln sehen vor, dass der Projektsteuerer/Projektmanager einen Vergütungszuschlag erhält, wenn der Bauherr mit den Leistungen des Projektsteuerers/Projektmanagers zufrieden ist. Wie die Zufriedenheit definiert wird, sollte im Vertrag näher definiert werden. Vielfach geschieht dies mit der Festlegung einer sog. Zufriedenheitsmatrix mit **Punktebewertungssystem**. Die Bewertung des Bauherrn kann in einem solchen Fall nach § 315 Abs. 3 Satz 2 BGB zur Überprüfung durch die Gerichte gestellt werden.[289] Wegen aller weiteren Einzelheiten wird auf das Kapitel »Vertragsgestaltung« verwiesen.[290] 1534

Weitere **Praxisbeispiele** für Bonus-Malus-Regelungen sind bereits an anderer Stelle veröffentlicht worden.[291] Nachfolgend ist ein **ergänzendes Praxisbeispiel** für einen **Baucontrolling-Vertrag** betreffend Erschließungsmaßnahmen mit einer komplexeren Bonus-Regelung, abhängig vom Nachtragsvolumen und von der Einhaltung von Vertragsterminen abgebildet: 1535

► ***Honorarangebot über das Baucontrolling der Erschließungsmaßnahmen*** 1536

1. Grundhonorar: ……… €

2. Ergebnisorientiertes Honorar

2.1 Honorierung auf Basis der Nachtragssumme,

ohne Leistungen nach VOB § 2 (5)

(mit Wichtung × % von der Basis, Differenz Grundhonorar zur Angebotssumme

Ausgehend davon, dass mit Nachträgen in Höhe von *12,50 %*

zu rechnen ist

Auftragssumme brutto: ……… €

Basis Nachtragssumme: ……… €

Basis Abrechnungssumme: ……… €

A 2.1.1 Basis: Nachtragssumme 12,5 % der Auftragssumme

Über- oder Unterschreitung von 0,5 %, Basis 12,0–13,0 %

Wichtung *50 %*

287 BGH, Urteil vom 07.12.2006, Az. VII ZR 290/04, in: NZBau 2007, 182 = NJW 2007, 842 = BauR 2007, 576 = IBR 2007, 140.
288 Dazu im Einzelnen Schweiger, Malus-Regelungen in PPP-Verträgen, NZBau 2011, 137 f.
289 Vgl. in diesem Zusammenhang BGH, Urteil vom 12.12.2007, Az. 10 AZR 97/07, in: NJW 2008, 872, 874.
290 Vgl. Rdn. 2557 f.
291 Vgl. Eschenbruch, in: Wirth (Hrsg.), Darmstädter Baurechtshandbuch, Privates Baurecht, Teil IX, 1. Abschnitt, Rn. 42 f.; dazu auch Rdn. 2549 f.

A 2.1.2 Bonus: Bei Unterschreitung 0 – 11,99 %

Abrechnungssumme	*.......... €*	*12,00 %*
+ 20 % der eingesparten Nachtragsumme		
gedeckelt max.	*+ .... €*	
(wenn Betrag kleiner .... €)		
Abrechnungssumme IST:	*.......... €*	
Einsparung:	*.......... €*	
A 2.1.3 Malus: Überschreitung ab 13,01 %		
Abrechnungssumme:	*.......... €*	*13 %*
– 5 % der erhöhten Nachtragssumme		
gedeckelt max.	*– .... €*	
(wenn Betrag größer .... €)		
Abrechnungssumme IST:	*.......... €*	
Erhöhung:	*.......... €*	

2.2 Honorierung auf Basis Einhaltung von Vertragsterminen

Basis Vertragstermine, Zwischentermine Investoren TG C und GU

(mit Wichtung, × % von der Basis, Differenz Grundhonorar zur Angebotssumme (VB, Teil A)

2.2.1 Basis: Termincontrolling und -steuerung aller Projektbeteiligten

Wichtung *50 %*

2.2.2 Bonus: Einhaltung der Termine

mit Ausnahme Einfluss durch höhere Gewalt oder Insolvenz

2.2.3 Malus: Einhaltung der Termine

Pro Überschreitung eines Zwischentermins (ab 14 Kalendertagen)

Summe ergebnisorientiertes Honorar, netto, inkl. Nebenkosten: ***.......... €«***

1537 Soweit der **Projektmanager** als **angestellter Mitarbeiter** in der Auftraggeberorganisation tätig ist, muss die Rechtsprechung der Arbeitsgerichte zu Bonus-Zahlungen berücksichtigt werden. Hier ist zunächst zwischen Rahmenvereinbarungen zu unterscheiden, bei denen der Arbeitgeber Zielvorgaben im Rahmen seines unternehmerischen Ermessens ausfüllen darf, und konkret gefassten, selbständigen Zielvereinbarungen. Zielvorgaben, die der Arbeitgeber – z. B. zur Ausfüllung einer Rahmenvereinbarung – innerhalb des Direktionsrechts trifft, unterliegen dabei der Billigkeitskontrolle nach § 315 BGB. Bei konkreten Zielvereinbarungen kommt es grundsätzlich auf die Erfüllung der dort genannten Ziele an. Probleme ergeben sich, wenn die Vertragsparteien zwar grundsätzlich Einigung über eine Bonus-Zahlung erzielt haben, diese Vereinbarung jedoch inhaltlich nicht fortgeschrieben/ausgefüllt worden ist. Dann kommt eine Ersatzbestimmung durch die Gerichte nach § 315 Abs. 3 Satz 2 BGB nur in Betracht, wenn sich Anhaltspunkte dafür finden, dass sich die Parteien einer richterlichen Bestimmung unterwerfen wollten. Das ist z. B. dann nicht der Fall, wenn die Vertragsparteien deren Gewichtung gemeinsam festlegen wollten, dies aber unterlassen haben. In einem solchen Fall kommt – auch noch nach Ablauf der Zielperiode – die Geltendmachung von Schadensersatzansprüchen gegen den Arbeitgeber in Betracht, wenn dieser schuldhaft eine Ausfüllung der Bonus-Vereinbarung durch konkrete Zielvereinbarung unterlassen hat.[292]

292 BAG, Urteil vom 12.10.2011, Az. 10 AZR 746/10, in: NZA 2013, 1150 = Die AG, 2012, 290; BAG, Urteil vom 12.12.2007, Az. 10 AZR 97/07, in: NJW 2008, 872, 874 f.; dazu auch Lembke, NJW 2010, 321 f.

Ist eine Bonus-Zahlung versprochen, dann sind Einschränkungen derselben, wonach der Bonus nur freiwillig gezahlt wird und kein Rechtsanspruch besteht, nach der Rechtsprechung der Arbeitsgerichte unwirksam. Auch eine Ausschlussklausel, wonach Bonus-Zahlungen nur bis zu einem bestimmten Stichtag geltend gemacht werden können, verstößt gegen § 307 BGB.[293] Selbst wenn der Arbeitgeber lediglich einen Bonus-Pool oder ein Bonus-Volumen für Beschäftigte bestimmt hat, die einer Bonus-Regelung unterliegen, kann er sich hiervon nur bei Vorliegen ganz besonderer Umstände (außergewöhnlich hohe Verluste) lösen.[294] 1538

Treffen ein Arbeitgeber und dessen angestellter Projektmanager eine entgeltrelevante Zielvereinbarung und vereinbaren sie gemeinsam für jedes Geschäftsjahr Ziele, wird der Projektmanager nicht unangemessen im Sinne von § 307 Abs. 1 Satz 1 BGB benachteiligt, wenn der Anspruch auf die Bonus-Zahlung daran gebunden ist, dass das Arbeitsverhältnis am Ende des Geschäftsjahres noch besteht.[295] 1539

1540

Incentives als Vergütungskomponenten bei PM-Leistungen	
Kennzeichen	– Additive Bonus- oder Malus-Regelung, abhängig von dem Erreichen definierter Projektziele (z. B. Unterschreiten Kostengrenze/Terminziele)
Vorteile	– Schaffung von Leistungsanreizen für die Projektsteuerung – Erfolgsorientierte Verfügungsform
Nachteile	– Gefahr des Fehlschlagens bei ungeeigneten Zielkriterien – Nicht immer vorhandene Honorargerechtigkeit – angestrebte Erfolge werden ggf. durch Leistung Dritter erzielt – Gefahr von Streitigkeiten betreffend Zielerreichung bei geänderten Projektbedingungen – Gefahr von Zielkonflikten – Besondere Anforderungen an Vertragsgestaltung und Controlling
Präferierte Einsatzfelder	– Bei Übertragung weitgehender Entscheidungskompetenzen auf den Projektmanager (sonst fehlt innere Rechtfertigung) – Bei herausragender Bedeutung einzelner Projektziele
Typische Ergänzungsabreden:	– Aufteilung Basishonorar und Incentiv (z. B. 95 % der Standardvergütung zzgl. 20 % erfolgsabhängige Prämie, maximal 115 % des Gesamthonorars) – Vertragsregime für Projektänderungen und -auswirkungen auf Incentives erforderlich – Zielvereinbarungen (in differenzierter Form) bei Vorgabe mehrerer sich wechselseitig beeinflussender Ziele – Deckelung nach (unten und) oben

5.4.4.3 Zur Ausgestaltung von Bonus-Malus-Regelungen im Einzelnen

Bonus-Malus-Klauseln stellen hohe Anforderungen an die Konzeption und die vertragliche Ausgestaltung. Entgegen diesen Anforderungen werden Bonus-Vereinbarungen **in der Praxis** zumeist **nachlässig formuliert**. Vielfach werden die Zielstellungen nicht genau beschrieben. Nicht selten muss erst im Nachhinein im Wege ergänzender Vertragsauslegung festgestellt werden, ob ein Bonus geschuldet ist oder nicht. Folgende Besonderheiten sind zu berücksichtigen: 1541

- Wenn dem Projektsteuerer ein Bonus für ein bestimmtes Ziel versprochen worden ist, etwa ein Kostenbonus, kann dies dazu führen, dass **andere Projektziele** – wie z. B. die Qualität – vernachlässigt werden.[296]

293 BAG, Urteil vom 24.10.2007, Az. 10 AZR 825/06, in: NZA 2008, 40, 41 f.
294 BAG, Urteil vom 12.10.2011, Az. 10 AZR 746/10, in: Die AG, 2012, 290.
295 BAG, Urteil vom 06.05.2009, Az. 10 AZR 443/08, in: NZA 2009, 738.
296 Vgl. Stapelfeld, BauR 1994, 693, 704.

1542 – Zudem ist zu berücksichtigen, dass entsprechende Incentives nicht bei allen **Projektsteuerungseinsatzformen** sinnvoll sind.[297] Sie können das Engagement des Projektsteuerers/Projektmanagers dort anregen, wo dieser selbst entscheidenden Einfluss auf die Projektrealisierung hat. Das ist vornehmlich bei **Projektmanagementmodellen**, bereits weniger im Falle von Projektsteuerungsmodellen der Fall. Erst recht werden derartige Anreize im Falle eines Projektcontrollings in Frage zu stellen sein. Denn im Falle eines Projektcontrollings hat der Projektsteuerer/Projektmanager weniger Einfluss auf die Projektabläufe, die er vornehmlich überwacht.

1543 – Eine weitere wichtige Fragestellung ist, ob **»unter normalen Umständen erreichbare« Ziele** besonders prämiert werden sollen. Ein anderer Ansatz – wie er etwa im Projektmanagementvertrag BBR verankert gewesen ist – sieht vor, dass lediglich **außergewöhnliche Anstrengungen** prämiert werden sollen; das heißt, das Erreichen unter normalen Umständen erfüllbarer Projektziele ist allein kein Grund für die Vorsehung von Incentives.

1544 – Aber auch hier lassen sich **keine allgemeingültigen Anforderungen** stellen. Die Ambitioniertheit der zu stellenden Zielsetzungen hängt von einer Reihe von Faktoren ab, die bei der Vereinbarung von Prämien geklärt werden müssen:
  - Abhängigkeit des Projekterfolges von dem spezifischen Einsatz des Projektmanagements
  - Bedeutung der Zielerreichung für den Projekterfolg (den wirtschaftlichen Wert der Zielerreichung für den Auftraggeber)

1545
  - Die objektive Wahrscheinlichkeit der Zielerreichung/der Umfang vorhandener Unwägbarkeiten
  - Marktorientierte Anforderungen (inwieweit bietet ein Auftraggeber generell Incentives an; inwieweit fordert der Markt entsprechende Incentives ein).

1546 Weitere wichtige Faktoren bei der Festlegung der Erfolgsabhängigkeit der Honorarbemessung sind allerdings:

– Ein **angemessenes Verhältnis** zwischen Erfolg und Leistungsbeitrag des Projektmanagers muss sichergestellt werden. Anhand von Modellüberlegungen sollte für jeden Einzelfall festgestellt werden, ob das Prämienmodell nach Maßgabe denkbarer Projektabläufe in allen Fällen zu angemessenen Ergebnissen führt. In diesem Zusammenhang müssen folgende Ausgestaltungsvarianten berücksichtigt werden:

1547
  - Die Prämie kann **ab** einer **bestimmten Höhe gekappt** werden (sog. Cab).
  - Die Prämienzusage kann **degressiv ausgestaltet** werden, so dass die Steigerung der Prämie mit dem Maß der Zielüberschreitung abgeschwächt wird.

1548
  - Es können feste Prämienprozentsätze, anknüpfend an operationale Ziele oder **Kurvenverläufe** vorgesehen werden (Letztere dienen vielfach dazu, die Erreichung besonders ehrgeizig gesetzter Ziele in besonderem Maße zu fördern – der Bonus steigt also mit der Nähe der Zielerreichung).

1549
  - Abgewogen werden muss das **Verhältnis** eines etwaigen Bonus **zur Hauptvergütung** wie auch das Verhältnis zu einem etwaigen Malus. *Borg* hält aufgrund ihrer Auswertung internationaler Projektmanagementeinsatzformen fest, dass das auf einer Personaleinsatzplanung ermittelte **Basishonorar** bei erfolgsabhängiger Honorierung eines Projektmanagement-Unternehmens **auf 95 % zu fixieren** sei. Ein weiteres Abschmelzen des Basishonorars im Falle der Verfehlung der Projektziele sei unangemessen. Darüber hinaus sollte eine Begrenzung des zusätzlich erzielbaren Zusatzhonorars auf 20 % vorgesehen werden. Bei **Erreichung aller vereinbarten Projektziele** ergebe sich somit ein Honorar von maximal **115 %**.[298]

1550
  - Bei Projekten, bei denen die Zielerreichung eine **ganz besondere Bedeutung** hat, können vereinbarte Boni auch einen Umfang annehmen, der deutlich **über 20 %** hinausgeht. So ist

297 Allgemein zu Consultingverträgen Schlüter, Management- und Consultingverträge, S. 138.

298 Borg, Konzeption eines Leistungsbildes und Honoraruntersuchungen für das internationale Bauprojektmanagement, Wuppertal 2005, S. 147, mit einer konkreten Beispielrechnung; ähnlich auch Mittelstädt, Leitlinien zur projektbezogenen Spezifikation und erfolgsabhängigen Honorarbemessung von extern beauftragten Projektmanagement-Leistungen im Hochbau, a. a. O., S. 268 f.

etwa bei der Realisierung eines Großprojektes bei einem Verkehrsflughafen für die beauftragten Construction-Management-Leistungen ein Bonus-Honorar von rd. 75 % (zusätzlich zum Basishonorar) ausgelobt worden.

- Angesichts der mittelständischen Struktur der deutschen Projektmanagement-Wirtschaft ist 1551
eine Malus-Regelung ein in aller Regel weniger geeignetes Instrument. Eine Malus-Regelung macht nur Sinn, wenn von vornherein entsprechende Einbehalte vorgenommen oder Sicherheiten gestellt werden. Das ist für die tätigen Büros oftmals nur schwer darstellbar, wenn aufgrund des **Wettbewerbsumfeldes** ohnehin knapp kalkuliert werden muss. Darüber hinaus kalkulieren die Büros nicht ernsthaft mit dem Eintritt des Malus, so dass sehr schnell eine Demotivation eintritt wird, wenn sich ein Malus abzeichnet. Richtig erscheint es daher, allenfalls der Höhe nach begrenzte Mali vorzusehen.
- Bei der Ausgestaltung einer isolierten Bonus-Gewährung an den Projektmanager/-steuerer kön- 1552
nen sich Interessengegensätze zu anderen Projektbeteiligten ergeben. Speziell bei Kostenboni ist zu berücksichtigen, dass der Projektmanager eine Kostenersparnis oftmals nur durch **Eingriffe in die Architektur** umsetzen kann. Dies hat regelmäßig nicht unerhebliche Spannungen zwischen Projektmanager und Objektplaner zur Folge. Während der Projektmanager infolge der Kosteneinsparung Zusatzhonorare erzielt, vermindert sich die herstellkostenabhängige Vergütung des Objektplaners. Für den Objektplaner besteht überhaupt kein Anreiz, an entsprechenden Kostenoptimierungen mitzuarbeiten, wenn er selbst nach klassischer HOAI-Systematik vergütet wird. Aus der Praxis sind Fälle bekannt, in denen es zu erheblichen Spannungen im Projekt gekommen ist, weil Projektmanager zur Erzielung eines möglichst hohen Bonus – letztlich gebilligt durch den Auftraggeber – eine wesentliche Abmagerung der Qualitäten durchgesetzt haben. Zur Vermeidung entsprechender Interessengegensätze unter Projektbeteiligten ist es ggf. zu empfehlen, die **Incentive-Struktur nicht auf das Projektmanagement/die Projektsteuerung allein** zu erstrecken, sondern auch weitere Projektbeteiligte, insbesondere Planer und Objektüberwacher, einzubeziehen, ggf. sogar entsprechende Incentives für ausführende Unternehmen auszusetzen. Speziell **Partnering-Systeme** nach anglo-amerikanischem Vorbild sind dadurch geprägt, dass ein gemeinsames Anreizsystem für eine Mehrzahl von Planungs- und Ausführungsbeteiligten erarbeitet wird, das die Grundlagen für parallele Interessen und gleichlaufende Anstrengungen aller Projektbeteiligten legen soll.
- Bei der Verwendung von Incentives muss sich der Auftraggeber darüber im Klaren sein, dass er 1553
auch die Grundlagen für Anpassungen der Bonusgrundlagen bei Projektänderungen zu regeln hat. Denn wenn es zu Änderungen der Projektziele durch den Auftraggeber kommt, indem dieser z. B. die Projektziele ändert oder aber kosten- bzw. terminwirksame Änderungsanordnungen erteilt, bedarf es in aller Regel einer Anpassung auch der Incentives. Zwar ist es möglich, ein Bonus-Versprechen **rein erfolgsabhängig** auszugestalten, so dass eine Prämie nur gezahlt wird, wenn bestimmte unverrückbare Vorgaben eingehalten werden und selbst auftraggeberseitige Eingriffe keinen Anspruch des Projektmanagers auf eine Bonusanpassung begründen sollen. Im Zweifel wird allerdings von einer derartigen Regelung nicht auszugehen sein. Vielmehr wird die **ergänzende Vertragsauslegung** in aller Regel dazu führen, dass der Projektmanager so gestellt werden muss, wie er stünde, wenn der Auftraggeber nicht selbst die Kosten- bzw. Terminziele geändert hätte. Bei direkten Eingriffen des Auftraggebers mit Kosten- oder Terminauswirkungen, etwa der Entscheidung des Auftraggebers, ein zu errichtendes Hochbauobjekt um eine Etage zu erweitern, sind die ursprünglichen Kosten- und Terminziele im Umfang der durch die auftraggeberseitigen Änderungen hervorgerufenen Mehrkosten bzw. verlängerten Ausführungsfristen anzupassen, so dass der Projektmanager hierdurch keine Nachteile erleidet.
Auslegungsfrage ist bei derartigen Konstellationen auch, ob es für einen Anpassungsanspruch des Projektmanagers bereits ausreicht, wenn die Grundlagen der Bonus-Regelung weder aus einem vom Auftraggeber, noch vom Auftragnehmer zu vertretenden Umstand verändert worden sind, etwa durch höhere Gewalt oder sonstige vom Projektmanager nicht zu beeinflussende Umstände. In aller Regel ist es das Ziel der Einschaltung eines Projektmanagers, das Projekt auch durch widrige Projektumstände zum Erfolg zu führen. Dementsprechend besteht grundsätzlich

keine Veranlassung, auch solche Umstände, die keine direkten Eingriffe des Auftraggebers und seiner Erfüllungsgehilfen auf die Rahmenbedingungen der Projektabwicklung beinhalten, zur Grundlage von Anpassungsansprüchen des Projektmanagers zu machen.
Erst recht scheidet ein Anspruch auf Anpassung einer Bonus-Regelung aus, soweit die **Zielabweichung** nach dem abgeschlossenen Projektmanagementvertrag **auf Umständen beruht, die der Projektmanager gerade zu steuern hatte** und **beeinflussen konnte**. Deshalb können auch Fehlleistungen von Vertragskräften des Auftraggebers (wie Architekten) dann nicht zu einer Bonus-Anpassung führen, wenn die Kontrolle und Steuerung entsprechender Projektbeteiligter zur Aufgabe des Projektmanagements gehörte. Dem Projektmanager verbleiben in derartigen Fällen Ansprüche nach § 642 BGB. Sofern der Vertrag nicht etwas anderes regelt, gibt es darüber hinaus keine Ansprüche auf Bonus-Anpassung.
Mittelstädt schlägt vor, in den Fällen, in denen Änderungen aus der Einflusssphäre des Auftraggebers stammen, einen gesonderten **Prozess der Zielanpassung** vorzusehen.[299] Die Dokumentation eines entsprechenden Verhandlungsprozesses über die Zielanpassung kann hilfreich sein. Dabei kann vorgesehen werden, dass eine analoge Fortschreibung der Zielvereinbarung entsprechend der vom Auftraggeber zu vertretenden Änderungen durchgeführt wird.

1554 – Besondere Schwierigkeiten ergeben sich, wenn der Projektmanager (z. B. nach dem AHO-Leistungs- und Honorarmodell) **in Abhängigkeit von den festzustellenden Kosten** vergütet werden soll. Wird bei einer derartigen Basishonorarregelung ein Kostenmalus vereinbart, können sich erhebliche, kaum noch im Einzelnen abschätzbare negative Vergütungsauswirkungen ergeben.

1555 – Bei der Ausgestaltung entsprechender Bonus-Klauseln sind auch die Fälle der **vorzeitigen Vertragsauflösung**, insbesondere der freien Kündigung durch den Auftraggeber und auch die Fälligkeit entsprechender Vergütungsbestandteile zu regeln (dazu Rdn. 2556 f.).

1556 – Besondere Aufmerksamkeit ist der Ausgestaltung der **Nebenkosten** zu widmen. Denn es ist nicht ohne weiteres selbstverständlich, dass eine Nebenkostenpauschale auch ein Erfolgshonorar erfassen soll. So hat das LG München entschieden, dass sich eine Klausel, wonach der Projektmanager pauschal 5 % des Nettohonorars auf Nebenkosten geltend machen kann, im Zweifel nicht auf ein zusätzlich vereinbartes Erfolgshonorar erstreckt. Denn eine Nebenkostenpauschale sei typischerweise ein Ersatz für entstandene Auslagen und es sei nicht ohne weiteres erkennbar, dass bei Gewährung eines Erfolgshonorars zusätzliche Auslagen veranlasst werden.[300]

1557 Zu Konflikten bei Vereinbarung eines Erfolgshonorars kann es typischerweise kommen, wenn der Projektmanager im Laufe seiner Tätigkeit erkennt, dass eine von ihm für ein bestimmtes Problem als richtig erkannte Lösung in **Konflikt mit der angestrebten Maximierung** des eigenen Gewinns gerät.[301]

1558 ***Mittelstädt*** hat ein **System** vorgestellt, welches mit der auf anrechenbaren Kosten beruhenden Honorarfindung vereinbar ist. Er liest das infolge der Incentiveregelung erhöhte bzw. verminderte Honorar anhand der endgültig festgestellten Kosten in der Tabelle ab. Die Besonderheit besteht bei dem Vorschlag von *Mittelstädt* darin, dass er eine **Honorarkurve** verwendet, die gleichzeitig von den anrechenbaren Kosten und der Projektdauer abhängig ist.

In der Praxis werden daher speziell zur Regelung von bonuswirksamen Terminveränderungen unterschiedliche Szenarien (Projektdauern) durch modifizierte Honorarkurven vereinbart.

1559 Leichter umzusetzen ist die Kombination eines Pauschalhonorars, verbunden mit einer Bonus-Regelung. Ein **Praxisbeispiel** aus einem Großprojekt ist nachfolgend auszugsweise zitiert:

---

299 Vgl. Mittelstädt, a. a. O., S. 266, 267.
300 LG München, Urteil vom 11.04.2008, Az. 11 O 24026/07, in: IBR 2008, 464.
301 Vgl. Schlüter, Management- und Consultingverträge, S. 138.

▶ 8.7 Bonusregelung

Der AN erhält zusätzlich zu den Basispauschalen Boni, soweit die nachfolgenden Voraussetzungen erfüllt sind:

8.7.1 Bonus betreffend Stabilität des Mitarbeitereinsatzes

Sofern und soweit die vertragsgemäß vorgesehenen Mitarbeiter (gem. der mit dem optimierten Angebot vorzulegenden Bietererklärung 3 a) während der gesamten Projektlaufzeit bis zum Projektabschluss (Ende der Regellaufzeit) unverändert für das Projekt tätig sind, erhält der AN einen Bonus in Höhe von 500 000,00 € zzgl. Umsatzsteuer in der gesetzlichen Höhe.

Für jeden Mitarbeiter, der entgegen der vertraglichen Regelung während der vorgenannten Projektlaufzeit ausgetauscht wird oder für die Dauer von mehr als 2 Monaten nicht zur Verfügung steht, reduziert sich der Bonus um jeweils 100 000,00 €.

Es wird klargestellt, dass der Bonus nicht dadurch in Frage gestellt wird, dass Mitarbeiter aufgrund gesetzlich anerkannter Gründe ihre Tätigkeit nicht erbringen können oder müssen, etwa wegen Krankheit, Erholungsurlaub usw.

8.7.2 Terminboni 1560

Der AG gewährt zusätzlich zu dem Pauschalhonorar einen Terminbonus in Höhe von 30 % des Pauschalhonorars, jedoch max. 3 Mio. €. Dieser Terminbonus gliedert sich in folgende Einzelboni auf:

8.7.2.1 Terminal

Gesamtfertigstellung gemäß Rahmenterminplan vom … … … …;

alle Gewerke spätestens … … … … 10 % – max. 1 Mio. Euro

Inbetriebnahme … … … … 15 % – max. 1,5 Mio. Euro

8.7.2.2 Betriebsspezifische Gebäude

Inbetriebnahme … … … … 5 % – 500 000,– Euro

Die vorstehenden Boni werden rein erfolgsbezogen gewährt. Verzögerungen/Behinderungen durch Dritte führen nicht zu einer Verlängerung der vorgenannten Fristen, auch soweit der AN derartige Umstände nicht zu vertreten hat. Eine Anpassung der Terminvorgaben findet nur in dem Umfang statt, soweit Verzögerungen auf verspätete Entscheidungen und Leistungsänderungen des AG zurückgehen. Dabei ist Anspruchsvoraussetzung, dass der AN dem AG unverzüglich, d. h. binnen zwei Wochen nach Bekanntwerden eines solchen Umstandes anzeigt, dass er aus einem Umstand aus der AG-Sphäre einen entsprechenden Anpassungsanspruch ableiten will.

8.7.3 Kostenboni 1561

Der AG gewährt dem AN überdies zusätzlich zu dem Basispauschalhonorar einen Kostenbonus bezogen auf die Einhaltung der Kostenvorgaben bei dem Teilprojekt XXX. Sofern und soweit die Kosten gemäß der anliegenden Kostenaufgliederung nach DIN 276-1:2008-12 für das Terminal XXX einen Betrag zwischen 627 Mio. € und 775 Mio. € nicht überschreiten.

Der Kostenbonus berechnet sich gemäß der nachfolgenden Honorarkurve:

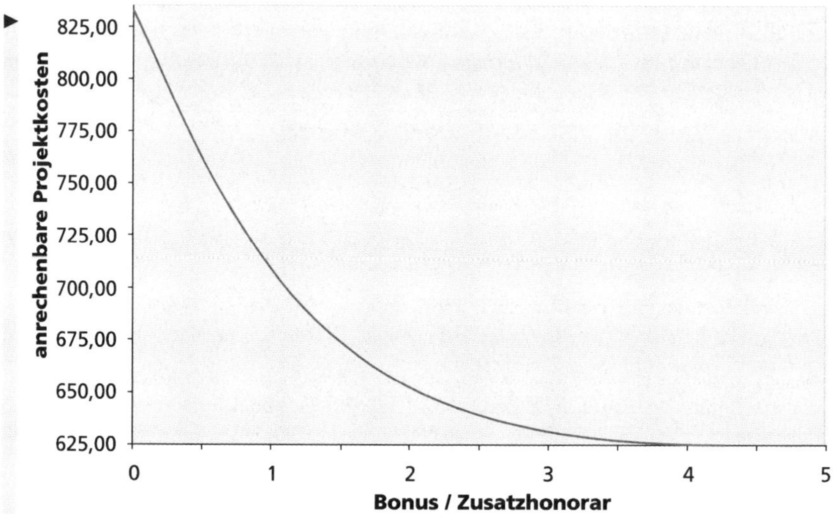

Der Kostenbonus ist limitiert auf max. 5 Mio. €.

1562 *Wird z. B. das Bonusziel in Höhe von 627 Mio. € gem. DIN 276-1:2008-12 erreicht oder unterschritten, erhält der AN einen zusätzlichen Bonus in Höhe von 50 % des Basispauschalhonorars (jedoch max. 5 Mio. €) zzgl. Umsatzsteuer in der gesetzlichen Höhe. Zwischen den aufgeführten Werten des Bonuszieles wird linear interpoliert. Ändert der AG den vertraglichen Leistungsumfang dadurch, dass er zusätzliche Leistungen ausführen lässt, werden die darauf beruhenden zusätzlichen Kosten bei der Bonus-Berechnung nicht berücksichtigt.*

Basis für die Berechnung des Bonus sind die abgerechneten Gesamtkosten des Teilprojektes Terminal. Verzögert sich die Kostenfeststellung in Bezug auf einzelne Unternehmen, kann jede Vertragspartei verlangen, dass die zu erwartenden Kosten geschätzt werden. Bei der Berechnung der anrechenbaren Kosten dürfen folgende Positionen nicht abgezogen werden:
- *Kostenminderungen aufgrund reiner Qualitätsminderungen*
- *Einsparungen wegen Leistungsänderungen mit erhöhten Folgekosten*
- *Einbehalte wegen Mängeln*
- *Verrechnungen mit Vertragsstrafen oder Mängelansprüchen*
- *Verrechnungen mit Schadensersatzansprüchen*
- *Skonti*

1563 *Der AN kann eine Auszahlung des Kostenbonus grundsätzlich erst nach Bezahlung sämtlicher Unternehmerrechnungen verlangen. Der AG wird prüfen, ob ausreichende Grundlagen für eine Abschlagszahlung auf den Bonus schon vor diesem Zeitraum bestehen. Eine solche Abschlagszahlung kann frühestens ab dem … … … … erfolgen.*

Sollte das Vertragsverhältnis vor Fertigstellung des Bauvorhabens aus Gründen, die der AN nicht zu vertreten hat, vorzeitig aufgelöst werden, so steht ihm, sofern zum Zeitpunkt der Beendigung des Vertrages aus objektiver Sicht zu erwarten war, dass die Bonusziele erreicht werden, ein Anspruch aus der Bonus-Regelung zu, höchstens jedoch entsprechend dem Verhältnis der tatsächlichen Vertragsdauer bis zur vorzeiten Auflösung des Vertrages und der Regellaufzeit des Vertrages.

5.4.5 Bewertung der Honorarmodelle

1564 Es existiert **keine allgemeingültige Präferenz** für bestimmte Vergütungsformen des Projektmanagements/der Projektsteuerung:

»Jede Vergütungsform kennt systembedingte Probleme und weist Nachteilspotentiale auf – eine ideale Vergütungsform ist nicht konzipierbar.«[302]

Im Einzelfall kann eine zeitabhängige Vergütung, eine Pauschalvergütung (sei sie herstellkosten- 1565 abhängig oder herstellkostenunabhängig ausgestaltet) oder aber eine Selbstkostenerstattung bzw. Cost-plus-fee-Regelung zweckmäßig sein. Von wesentlicher Bedeutung für die Auswahl eines bestimmten Modells sind insbesondere die Struktur der Auftraggeberorganisation und die Besonderheiten des jeweiligen Projektes. Gleichwohl lassen sich gewisse Zusammenhänge zwischen bestimmten Vertrags- und Projekttypen und Vergütungsmodellen aufzeigen.

Zeitabhängige Vergütungsformen werden vornehmlich bei dienstvertraglich basierten Projekt- 1566 steuerungs-/Projektmanagementeinsatzformen verwandt. Aber auch bei werkvertraglichen Projektmanagementeinsätzen finden sich zeitabhängige Vergütungsformen, speziell bei komplexen Projekten mit erheblichem Änderungsbedarf (bei denen eine Vorauskalkulation des Honorars nur mit Schwierigkeiten möglich ist). Bei kleineren, inhaltlich oder zeitlich begrenzten Aufträgen bietet sich ebenfalls eine Vergütung nach **Stundensätzen** an.[303]

Wie die **internationale Projektmanagementpraxis** zeigt, kann der Projektmanagementeinsatz 1567 auch bei Großprojekten auf der Grundlage vereinbarter Monatspersonensätze (i. d. R. All-in-Sätze, einschließlich aller auslandsbezogenen Zulagen) vergütet werden. Bei dieser Vorgehensweise definiert der Auftraggeber zuvor das Projektmanagementteam und dessen Zusammensetzung und versucht durch Vereinbarung von Höchstsummen (Cap) die mit der zeitabhängigen Vergütung verbundenen Honorarrisiken zu begrenzen. Da die Kontrolle des Personaleinsatzes bei Großprojekten besondere Schwierigkeiten aufweist, regeln entsprechende Verträge zumeist die Mindestbesetzung des Projektmanagementbüros sowie auch Einzelheiten zum Nachweis aufgewandter Stunden.

Bei großen Projekten bereitet nicht nur die Kontrolle des Zeiteinsatzes, sondern auch die **Kon- 1568 trolle wirtschaftlichen Personaleinsatzes** Schwierigkeiten. Dementsprechend ist – zumindest im deutschsprachigen Raum – eher die Vereinbarung einer Pauschalvergütung üblich geworden. Auch Projektsteuerungsunternehmen scheinen Pauschalvereinbarungen zu bevorzugen. Aus der Sicht der Projektmanagementunternehmen spricht gegen eine Vertragspraxis, welche den Personaleinsatz detailliert regelt, ein Verlust von unternehmerischer Flexibilität (speziell im Hinblick auf den Einsatz der qualifiziertesten Mitarbeiter). Generell muss gesehen werden, dass qualifizierte Projektsteuerungs- und Managementbüros heute ganzheitliche Projektmanagementsysteme anbieten. Die Tätigkeit erschöpft sich nicht in der Zurverfügungstellung von qualifiziertem Personal. Darüber hinaus müssen allgemeine Geschäftskosten und dabei zunehmend Haftungsrisiken kalkulatorisch bewertet werden. Die hierfür etwa bei *Neuenfeld* angeführten kalkulatorischen Aufschläge sind für größere Projektsteuerungs-/-managementbüros zu gering gegriffen.[304] Die Gemeinkostenzuschlagsätze betragen zumeist mehr als 200 %.

Die **herstellkostenabhängigen Pauschalhonorarmodelle** haben ihre praktische Bedeutung behal- 1569 ten. Das gilt insbesondere für das Honorarmodell des AHO, das sich als Gesamtentwurf prinzipiell durch eine gelungene Strukturierung und die HOAI-Konformität empfiehlt. Für Standardprojekte bietet das AHO-Honorarmodell auf Basis anrechenbarer Kosten eine sachgerechte Vorkalkulation und auch ein praxistaugliches Honorierungsmodell. Es erleichtert die Honorarfindung zu Beginn des Projektes und reduziert den Controllingaufwand. Indessen ist zu beachten, dass alle vorgestellten herstellkostenabhängigen Honorarordnungen auf bestimmte **Vereinfachungen** (Fiktionen) angewiesen sind, die nicht bei jedem Projekt passen, nämlich:

302 Vgl. Kilian, AnwBl 2004, 688, 690 (für die entsprechenden Honorarmodelle bei Anwälten).
303 Vgl. zur Angemessenheit der Höhe nach Rdn. 1587.
304 Kritisch insoweit zu den Vorschlägen von Neuenfeld: Schill, Der Projektsteuerungsvertrag, S. 123; vgl. auch Rdn. 1587.

1570 – Fiktion identischer Leistungsfähigkeit der Projektsteuerungsunternehmen und der Qualifikation der Mitarbeiter;
– Fiktion einer Regelprojektdauer – ohne Beachtung der Dimension Zeit[305] –;
– Fiktion gleicher Gemeinkostenanteile über alle Betriebsgrößenklassen, Unternehmensformen und Unternehmenstypen von Projektsteuerungsbüros hinweg;
– Fiktion verbrauchskonformer Wertübergänge bei bestimmten betrieblichen Potentialfaktoren (Arbeitsverträge, Mietverträge und dgl. mehr), unabhängig von deren Auslastung, sowie
– Fiktion aufwandskonformer Wertproportionalitäten über alle Anforderungsprofile und Leistungsphasen im Projektablauf hinweg.

1571 Die Modellansätze basieren mithin auf **Durchschnittsbetrachtungen**, d. h. Standardprojekte mit Regel-Zeitmodellen zum Projektgeschehen und einem durchschnittlichen Steuerungsaufwand.[306] Diese festgelegten Strukturen werden den immer differenzierter werdenden Anforderungen des Marktes (speziell der Auftraggeber) nicht in allen Fällen gerecht. Speziell im Großprojektgeschäft findet zunehmend in der Angebotsphase eine passgenaue Strukturierung der zu beauftragenden Projektsteuerungs-/Projektmanagementleistungen im Hinblick auf die konkreten Bedürfnisse und die vorhandene Auftraggeberorganisation statt. Hinzu kommt die üblich gewordene Anpassung des Projektsteuerungsmodells auf bestimmte Planer- und Unternehmereinsatzformen. Dementsprechend finden sich heute sehr vielfältige individuelle Lösungen und Konzepte zu Honorarfragen.

1572 Generell ist eher ein **Trend** weg von den herstellkostenabhängigen Vergütungskonzepten festzustellen.[307] Der Gedanke, dass der Projektsteuerer honorarmäßig nicht an Kostensteigerungen partizipieren soll, die er eigentlich zu verhindern hätte, spielt in der Praxis eine erhebliche Rolle. Zwar bedeutet ein nach den anrechenbaren Kosten größeres, oft teureres, Projekt auch für den Projektsteuerer zumeist mehr Arbeit. Ein zwingender Zusammenhang besteht jedoch nicht. Dementsprechend gehen Auftraggeber zunehmend – zumal bei der Einsatzform des Projektmanagements – dazu über, **herstellkostenunabhängige Honorarpauschalen** zu vereinbaren. Vermehrt wird dabei von anbietenden Projektsteuerungs-/Projektmanagementunternehmen eine klare Strukturierung ihres Managementangebotes **(Methode-Statement)** wie auch die Vorlegung einer **Personaleinsatzkalkulation** erwartet, aus der hervorgeht, mit welchen Mitarbeitern und welcher Einsatzdichte das Projekt bearbeitet werden soll. Der Nachweis des erwarteten Aufwandes für den Projektsteuerer wird von vielen kaufmännisch orientierten Auftraggebern auch wesentlich leichter akzeptiert als die oftmals schwer nachvollziehbare Einordnung und Ableitung des Honorars aus Honorartabellen und Honorarzonen.[308]

1573 Durch derartige Trends hat allerdings das herstellkostenunabhängige Honorarmodell seine Bedeutung nicht verloren. Speziell bei dem AHO-Leistungs- und Honorarmodell handelt es sich um eine sehr handhabbare Honorarregelung, die weiterhin vielfach verwendet wird, unter anderem durch die öffentliche Hand (die hier ein gesichertes Vorgehensmodell vorfindet). Selbst dort, wo auf der Grundlage von Personaleinsatzplänen Honorarpauschalen gebildet werden, wird der Auftraggeber i. d. R. einen Honorarabgleich mit der **»Benchmark«** des Honorarmodells **AHO** vornehmen, um die Übereinstimmung einer individuell gebildeten Honorarpauschale mit dem markterprobten Modell

305 Die AHO-Fachkommission Projektsteuerung befasst sich derzeit mit der Entwicklung von Zuschlagsmodellen, welchen den Zeitbezug der Leistung zum Ausdruck bringen sollen.

306 Vgl. Müller, in: Der Projektsteuerungsvertrag – Honorierung der Projektsteuerung, S. 1, 14.

307 Vgl. etwa Bohn/Heinzmann, in: Schäfer/Conzen, Immobilienprojektentwicklung, S. 245: »Die Erfahrung zeigt, dass eine variable Vergütungsregelung in Abhängigkeit von den Investitionskosten, wie sie von der AHO-Fachkommission »Projektsteuerung« vorgeschlagen wird, nur selten durchsetzbar ist. Investitionsabhängige Vergütung widerspricht nicht nur bei Planern und Beratern, die nach HOAI vergütet werden, der meist vorhandenen Forderung nach kostengünstigen und wirtschaftlichen Gebäuden, sondern kann insbesondere auch bei der Projektsteuerung und beim Projektmanagement zu Interessenkonflikten bei der Leistungserfüllung führen.«

308 Hansen, in: DVP, Projektmanagement in Praxisbeispielen, S. 12.

abzugleichen.[309] Auch wenn aus den bereits genannten Gründen kaum Chancen bestehen dürften, dass das AHO-Honorarmodell noch in die HOAI integriert und dies angesichts der Vielgestaltigkeit der Projekte und Vergütungsformen auch nicht sinnvoll wäre,[310] wird das AHO-Modell voraussichtlich seine Bedeutung als ein ausgereifter Marktstandard behalten.

Ein ausdifferenziertes herstellkostenabhängiges Honorarmodell (wie etwa nach AHO) kann nicht 1574
immer zu 100 % mit den **aktuellen Marktgegebenheiten** übereinstimmen. Die sich im Wettbewerb herauskristallisierenden Vergütungsabreden sind vielmehr von Konjunkturzyklen abhängig. So hatte in den 90er Jahren ein starker Verdrängungswettbewerb unter Projektsteuerungs-/Projektmanagementunternehmen eingesetzt und die Preise für entsprechende Leistungen waren – wie generell Preise auf den Baumärkten – weitgehend verfallen. Projektsteuerungsunternehmen konnten während dieser Zeit bei Zugrundelegung des AHO-Vorschlages grundsätzlich davon ausgehen, eine auskömmliche Vergütung zu erhalten. Wegen der in dieser Zeit feststellbaren Differenz zwischen Marktpreisen einerseits und Honorierung nach AHO/DVP andererseits ist die Honorarordnung als interessenbezogen kritisiert worden.[311] Dies allerdings zu Unrecht. Denn auch im internationalen Vergleich der Vergütungssysteme sind die Vergütungssätze keineswegs zu hoch. Speziell die vom Leistungsbild her vergleichbare Vergütungsregelung der österreichischen Praxis (vgl. Rdn. 1461 f.) weist deutlich höhere Vergütungssätze aus. Jüngste empirische Untersuchungen von *Mittelstädt* haben überdies gezeigt, dass die im deutschen Markt gefundenen Honorarpauschalen weitgehend mit der AHO/DVP-Honorartabelle übereinstimmen (vgl. Rdn. 1476).

Zudem muss im jeweiligen Einzelfall der **Zusammenhang zwischen Leistung und Vergütung** 1575
gesehen werden. Versuche der Auftraggeber, Kosten der Projektsteuerer so zu reduzieren, dass sie nicht mehr auskömmlich sind, werden notwendigerweise zu Leistungseinschränkungen führen, so dass Steuerungsziele vielfach nicht mehr erreicht werden können.[312] Wohl bedarf es bei der Anwendung des AHO-Honorarmodells einer Feinsteuerung im Hinblick auf die Spezifika des jeweiligen Projektes. So kann im Einzelfall eine Erhöhung der Honorarsätze angezeigt sein, etwa eine besonders lange Projektdauer vorhanden ist (vgl. § 7 Abs. 4 AHO) oder wenn die Notwendigkeit der Zergliederung eines Projektes mit mehreren Teilprojekten und Teilprojektleitern entsteht, was regelmäßig mit erheblichem Mehraufwand verbunden ist.[313] Eine durchgängig ansteigende Honorarkurve kann derartigen Besonderheiten des einzelnen Projektes nicht immer Rechnung tragen.

5.5 Exkurs: Vergütung des Projektentwicklers

Projektentwicklungsleistungen werden in ganz unterschiedlicher Struktur erbracht. Sie kön- 1576
nen ebenfalls von hierauf spezialisierten »Dienstleistern« auf dienst- oder werkvertraglicher Basis erbracht werden (*fee development*). Sie werden aber teilweise auch von Projektentwicklungsunternehmen und Bauträgern im eigenen Namen und für eigene Rechnung erbracht und alsdann auf Endnutzer oder Investoren übertragen. In Abhängigkeit von der jeweiligen Einsatzform und der damit zusammenhängenden Risikoübernahme ergeben sich unterschiedliche Vergütungssätze. Ein Projektentwickler kalkuliert nach ersten empirischen Untersuchungen ganz überwiegend zwischen 10 und 20 %, vielfach 15 % **»Entwicklergewinn«** bezogen auf die anrechenbaren Herstellkosten. *Fischer*[314] hat die Honorarstruktur für Projektentwicklungsleistungen ohne Eigenkapitalbeteiligung des Projektentwicklers vorgestellt. Insoweit wird auf die nachfolgende Tabelle verwiesen.

309 Vgl. etwa Michel, in: DVP, Projektmanagement in Praxisbeispielen, S. 11; Kalusche, Projektmanagement für Bauherren und Planer, S. 76.

310 Anders Schill, Der Projektsteuerungsvertrag, S. 124.

311 Vgl. Locher/Koeble/Frik, HOAI, Einleitung, Rn. 441; Stapelfeld, BauR 1994, 693, 701, 704; Wirth; Schill, Der Projektsteuerungsvertrag, S. 122.

312 Vgl. zum Entfall von Teilleistungen Rdn. 1278 f.

313 Ab etwa 400 bis 500 Mio. DM Herstellaufwand steigen auf Grund der notwendigen Aufgliederung des Projektes wiederum die Honorarkurven.

314 Vgl. im Einzelnen Fischer, Carsten, Projektentwicklung: Leistungsbild und Honorarstruktur, Köln 2004, S. 71.

1577 Bei Einschaltung einer **Projektgesellschaft** wird typischerweise eine Geschäftsbesorgungsvergütung geltend gemacht, die 0,3 bis 0,5 % der geplanten Investitionskosten pro Geschäftsjahr ausmachen kann.

1578

	Grundhonorar und Honorargrundlage	Honorarstruktur
LP 1: Akquisitionsvorprüfung/Objektsicherung	~0,2–0,4 % des Nettokaufpreises	Erfolgsabhängige Leistungshonorierung
LP 2: Machbarkeitsstudie	~0,5–0,1 % des Nettokaufpreises	Basishonorar Erfolgsabhängige Leistungshonorierung Kapitalbeteiligung anzuraten
LP 3: Nutzungskonzept	~0,5–1,0 % der Baukosten auf Basis Kostenschätzung	Basishonorar Erfolgsabhängige Leistungshonorierung Kapitalbeteiligung anzuraten
LP 4: Projektfinanzierung	In Abhängigkeit von den Kapitaldiensten (vgl. Abb. 53)	Kein Basishonorar für Managementleistung Kapitalbeteiligung zwingend erforderlich
LP 5: Objektkauf	~1,0 % des Nettokaufpreises	Kein Basishonorar Erfolgsabhängige Leistungshonorierung Kapitalbeteiligung anzuraten
LP 6: Baurechtschaffung	~0,8–1,2 % der Baukosten auf Basis Kostenberechnung	Basishonorar Erfolgsabhängige Leistungshonorierung Kapitalbeteiligung bedingt erforderlich
LP 7: Baudurchführung	~1,0–1,5 % der Baukosten auf Basis Kostenberechnung	Basishonorar Erfolgsabhängige Leistungshonorierung Kapitalbeteiligung nicht erforderlich
LP 8: Marketing/PR	~0,6–1,0 Monatsmieten (nettokalt)	Basishonorar Erfolgsabhängige Leistungshonorierung Kapitalbeteiligung bedingt erforderlich
LP 9: Vermietung	~1,0–5,0 Monatsmieten (nettokalt)	Kein Basishonorar Erfolgsabhängige Leistungshonorierung Kapitalbeteiligung nicht erforderlich
LP 10: Investment	~0,5–3,0 % (bei Gesamtprojekt) des Netto-Verkaufspreises	Erfolgsabhängige Leistungshonorierung

5.6 Bei fehlender Vergütungsvereinbarung: Übliche Vergütung

5.6.1 Grundlagen

1579 Haben die Vertragsparteien einen Projektsteuerungsvertrag geschlossen, ohne die Vergütung des Projektsteuerers zu regeln, dann muss der Auftraggeber gleichwohl eine Vergütung zahlen, wenn eine Vergütung für die Leistung den Umständen nach zu erwarten gewesen ist, §§ 612 Abs. 1, 632 Abs. 1 BGB.[315] Hierzu kann es auch kommen, wenn eine Vergütungsregelung nicht ausreichend

315 Dies hat Knipp für Projektsteuererverträge zutreffend herausgestellt, vgl. Knipp, in: Seminar rechtliche Problemstellungen beim Projektmanagement, S. 21, 37.

bestimmt ist.[316] Für die Höhe der nicht geregelten Vergütung kommt es bei Bestehen einer Taxe auf die **taxmäßige Vergütung**, wenn eine solche fehlt, auf die **übliche Vergütung** an, §§ 612 Abs. 2, 632 Abs. 2 BGB. Eine Taxe i. S. eines behördlich festgesetzten Preises besteht für Projektsteuerungsleistungen nicht.[317] Die Mindest- und Höchstsätze der HOAI sind jedenfalls nicht anwendbar.[318] Auch die Honorarvorschläge AHO oder die sonst in der Literatur vorgestellten Honorarordnungen beinhalten keine taxmäßige Vergütung.[319]

Angesichts des Fehlens einer taxmäßigen Vergütung muss sowohl für dienst- als auch für werkvertraglich geprägte Projektsteuererverträge auf die sog. übliche Vergütung abgestellt werden.[320] Die Kriterien für die Ausfüllung des **Begriffs der Üblichkeit** sind im Dienst- und Werkvertragsrecht identisch.[321] 1580

Was ist nun die übliche Vergütung bei Projektsteuererverträgen? Für die Üblichkeit einer Vergütung ist das entscheidend, was zur Zeit des Vertragsschlusses nach allgemeiner Auffassung der beteiligten Kreise am Ort der Leistung für eine Dienst- oder Werkleistung dieser Art gewährt zu werden pflegt.[322] Sind die Leistungen einem als einheitlich empfundenen Wirtschaftsbereich zuzuordnen, kann sich eine Üblichkeit im Sinne des § 632 Abs. 2 BGB auch über eine **im Markt verbreitete Berechnungsregel** ergeben.[323] Dementsprechend kann auch ein Honorarberechnungsmodell, wie es ein Verband anbietet (z. B. DVP/AHO), eine übliche Vergütung darstellen.[324] 1581

Darüber hinaus ist die übliche Vergütung regelmäßig nicht mit einem von vornherein festgelegten Betrag oder Satz identisch, sondern bewegt sich innerhalb einer bestimmten **Bandbreite**. Fehlen somit feste Sätze oder Beträge, kann es daher für die Annahme einer üblichen Vergütung ausreichen, dass für die Leistung innerhalb einer solchen Bandbreite liegende Sätze verlangt werden, innerhalb derer die im Einzelfall von den Parteien als angemessen angesehene Vergütung ohne weiteres auszumachen und ggf. zu ermitteln ist.[325] 1582

Nach der Auffassung des BGH kann eine übliche Vergütung nicht nur ein fester Satz oder gar ein fester Betrag sein, sondern die Üblichkeit kann auch über eine **im Markt verbreitete Berechnungsregel bestimmt werden**. Vorrangig seien die Regeln über die ergänzende Vertragsauslegung heranzuziehen. Erst wenn hiernach keinerlei Anhaltspunkte gegeben seien, könne auf ein einseitiges Bestimmungsrecht nach §§ 316, 315 BGB zurückgegriffen werden.[326] 1583

Haben sich am Ort der Werkleistung feste, von einer allgemeinen Übung abweichende Spannen herausgebildet, innerhalb derer die Leistung des Auftragnehmers üblicherweise vergütet wird, sind 1584

316 Vgl. OLG Koblenz, Urteil vom 25.05.2012, Az. 10 U 754/11, IBR 2014, 421 für den Fall, dass ein Honorarprozentsatz von anrechenbaren Kosten vereinbart war, ohne klarzustellen, an welche Kostenermittlung anzuknüpfen war.
317 So auch Locher/Koeble/Frik, HOAI, Einleitung, Rn. 438, sowie Schill, Der Projektsteuerungsvertrag, S. 124.
318 Siehe dazu Rdn. 1306 f.
319 So auch Locher/Koeble/Frik, HOAI, Einleitung, Rn. 437, und Schill, Der Projektsteuerungsvertrag, S. 124; vgl. auch BGH, Urteil vom 29.09.1969, Az. VII ZR 108/67, in: NJW 1970, 699; Knipp, Projektmanagement, S. 39.
320 Vgl. Vygen, Bauvertragsrecht, Rn. 27.
321 Vgl. Kämmerer, BauR 1996, 162, 169.
322 Vgl. BGH, Urteil vom 26.10.2000, Az. VII ZR 239/98, in: NZBau 2001, 17 = NJW 2001, 151, 152; BGH, Urteil vom 29.09.1969, Az. VII ZR 108/67, in: BB 1969, 1413; dazu auch Kilian MDR 2008, 780.
323 BGH, Urteil vom 04.04.2006, Az. X ZR 80/05, in: NZBau 2007, 169, 170 = NJW-RR 2007, 56 = IBR 2006, 459.
324 Vgl. dazu BGH, Urteil vom 04.04.2006, Az. X ZR 80/05, in: NZBau 2007, 169 für einen Schadenssachverständigen.
325 BGH, Urteil vom 04.04.2006, Az. X ZR 80/05, in: NZBau 2007, 169, 170 = NJW-RR 2007, 56 = IBR 2006, 459.
326 BGH, Urteil vom 04.04.2006, Az. X ZR 122/05, in: NJW 2006, 2472.

diese zur Feststellung, welche Vergütung üblich ist, für den Ort maßgeblich, an dem die Leistung des Auftragnehmers erbracht wird.[327]

1585 Nach Maßgabe der objektiven, **typisierten Interessen der Vertragsparteien** ist die übliche Vergütung im Rahmen einer ergänzenden Vertragsauslegung zu bestimmen.[328]

1586 Der **Maßstab** der Üblichkeit **ist ein tatsächlicher**. Die übliche Vergütung ist – wegen ihrer Abhängigkeit von der Verkehrsgeltung bei den beteiligten Berufsgruppen – nicht unbedingt die angemessene Vergütung. Zumeist wird aber die ergänzende Vertragsauslegung nach dem Parteiwillen ergeben, dass eine angemessene Vergütung maßgeblich sein soll.[329]

5.6.2 Zeitabhängige oder pauschale Vergütung als übliche Vergütung

1587 Die Frage nach dem Regelvergütungstyp ist kein Sonderproblem von Projektsteuerungsverträgen. So ist etwa bei Bauleistungsverträgen bis heute umstritten, ob der Einheitspreisvertrag oder der Pauschalvertrag als Regelvertragstyp und damit übliche Vergütung i. S. des Gesetzes zu qualifizieren ist. Hier wie dort geht es um die Frage, ob es eine von vornherein angemessene Verteilung von Vergütungsrisiken, etwa in Bezug auf Mengen/Aufwand, gibt.[330] Wie im Bauvertragsrecht lässt sich auch im Projektsteuerungsrecht **keine Präferenz für eine bestimmte Vergütungsform** feststellen. Übliche Vergütung kann ein Festbetrag sein oder eine Vergütung nach einer im Markt verbreiteten Berechnungsregel.[331] Sowohl nach Dienst- wie auch nach Werkvertragsrecht kommen **zeitaufwandsbezogene und pauschale Vergütungen** als gleichwertige Vergütungsformen in Betracht.[332]

1588 Die Feststellung der Üblichkeit erfordert dementsprechend zunächst eine Berücksichtigung der Interessen der Vertragsparteien in einer objektivierenden Form sowie die Zuordnung eines für entsprechende Fallgestaltungen mit Verkehrsgeltung ausgestatteten Vergütungssystems. Es ist dementsprechend eine **konkrete und einzelfallbezogene Feststellung** im Rahmen einer Vertragsauslegung notwendig. Verallgemeinerungen sind nur in engen Grenzen möglich:

1589 – Haben die Vertragsparteien bereits **Vertragsentwürfe** gefertigt, kann die vorgesehene Vergütungsform ein Indiz für eine übliche Vergütung darstellen, es sei denn, eine Partei lehnt den Abschluss eines entsprechenden Vertrages auch wegen der vorgeschlagenen Vergütungssystematik ab.

1590 – Sofern die Parteien die Übertragung abgegrenzter Beratungs- und Unterstützungsleistungen – etwa für die Auftraggeberorganisation – vorsehen, zumal auf dienstvertraglicher Basis, wird typischerweise eine zeitaufwandsbezogene Vergütungsform als übliche Vergütung in Betracht kommen. Soweit nach Üblichkeit von einer **zeitabhängigen Vergütung** auszugehen ist,[333] mithin einer Vergütung nach Stunden, Tagen oder Monaten, muss zusätzlich die Höhe der üblichen Vergütung für die jeweilige Zeiteinheit festgestellt werden.

1591 – Fehlt bei umfassenderen Projektmanagement- oder -steuerungseinsatzmodellen eine vertragliche Vergütungsfestlegung, dann kommen bei der Festlegung der üblichen Vergütung **auch**

327 BGH, Urteil vom 04.04.2006, Az. X ZR 122/05, in: NJW 2006, 2472, 2473.

328 BGH, Urteil vom 04.04.2006, Az. X ZR 80/05, in: NZBau 2007, 169, 170 = NJW-RR 2007, 56 = IBR 2006, 459.

329 In diesem Sinne BGH, Urteil vom 13.03.1985, Az. IV a ZR 211/82, in: BGHZ 94, 98 für Maklerverträge; in diesem Sinne auch Palandt/Sprau, BGB, § 632, Rn. 16; kritisch Peters/Jacoby, in: Staudinger, BGB, § 632, Rn. 51.

330 Für den Einheitspreisvertrag als üblicher Vertragstyp bei BGB-Verträgen: Ingenstau/Korbion, VOB/B, § 2, Rn. 19; Peters/Jacoby, in: Staudinger, BGB, § 632, Rn. 6; für den VOB-Vertrag vgl. BGH, BauR 1981, 388; dagegen für Pauschalvertrag als Grundtypus: Quack, BauR 1995, 27, 30; Kapellmann/Schiffers, Vergütung, Nachträge und Behinderungsfolgen beim Bauvertrag, Band 2, Rn. 98 ff.

331 BGH, Urteil vom 04.04.2006, Az. X ZR 80/05, in: NZBau 2007, 169, 170 = NJW-RR 2007, 56 = IBR 2006, 459.

332 Vgl. für den Dienstvertrag: Müller-Glöge, in: Münchener Kommentar, BGB, § 611 Rn. 711 ff.; vgl. Peters/Jacoby, in: Staudinger, BGB, § 632, Rn. 49: »Ihrer Struktur nach können übliche Vergütungssätze Pauschalbeträge sein.«

333 Vgl. dazu auch Rdn. 1371.

Pauschalhonorare zur Anwendung. Sofern kein Wettbewerbsergebnis vorliegt und auch keine sonstigen Rahmenbedingungen für die Vergütungsfestlegung als Pauschale von den Parteien genannt worden sind, kann eine Pauschalvergütung auf der Basis anrechenbarer Kosten, etwa nach dem **Modell der AHO-Fachkommission** in Betracht kommen.[334] So hat etwa auch das OLG Hamburg im Falle eines vorzeitig beendeten Projektsteuerungsvertrages das **AHO-Honorarmodell als Benchmark** herangezogen.[335]

Die **Beweislast** für das Vorliegen der Voraussetzungen der Üblichkeit trifft grundsätzlich den Auftragnehmer (hier den Projektsteuerer).[336] Ihm kommt in diesem Zusammenhang keine Vermutung zu Hilfe. Im Streitfalle wird das Gericht zur Klärung der Höhe der Vergütung zumeist einen Sachverständigen hinzuziehen müssen, der dann die übliche Vergütung feststellt. 1592

5.6.3 Widerlegung des Auftraggebervortrages

Fraglich ist, ob der Projektsteuerer auch die Behauptung des Auftraggebers zu widerlegen hat, es sei – mündlich – eine geringere als eine übliche Pauschale vereinbart worden. Da die Verweisung in §§ 612 Abs. 2, 632 Abs. 2 BGB auf die übliche Vergütung nur greift, wenn das Fehlen einer vertraglichen Vergütungsvereinbarung feststeht, **muss der Projektsteuerer**, der sich auf die übliche Vergütung beruft, den **substantiierten Vortrag des Auftraggebers**, eine niedrigere Pauschale sei vereinbart, grundsätzlich **widerlegen**.[337] Behaupten beide Parteien, es sei eine Pauschale – allerdings unterschiedlicher Höhe – vereinbart worden, trägt der Projektsteuerer ebenfalls die Beweislast für die vereinbarte höhere Pauschale.[338] 1593

5.6.4 Fehlen einer üblichen Vergütung

Lässt sich eine übliche Vergütung – auch unter Berücksichtigung einer ergänzenden Vertragsauslegung (vgl. Rdn. 1560) – nicht feststellen, dann ist der Projektsteuerer berechtigt, die Vergütung **einseitig** gem. den §§ 315, 316 BGB festzulegen.[339] Die Vorschriften zielen nicht darauf ab, einen »gerechten Preis von Amts wegen zu ermitteln«. Vielmehr geht es darum, festzustellen, ob die getroffene Honorarfestlegung des Projektmanagers/-steuerers sich noch in den Grenzen der Billigkeit hält. Erst wenn der Projektmanager/-steuerer die ihm durch die Billigkeit gesetzten Grenzen bei der Preisbemessung überschritten hat, ist die Bestimmung durch die Entscheidung des Gerichts zu ersetzen, nicht aber bereits dann, wenn das Gericht eine andere Festsetzung für besser hält. Bei der Frage, ob die Bestimmung der Gegenleistung **billigem Ermessen** entspricht, sind nach der Rechtsprechung des BGH der Vertragszweck und die Interessenlage der Parteien zu berücksichtigen, wobei es entscheidend darauf ankommt, welche Bedeutung die Leistung hat, deren angemessener Gegenwert zu ermitteln ist. Die Rechtsprechung hat daher in Fällen, in denen der Vertragszweck 1594

334 Ähnlich für einen Schadenssachverständigen BGH, Urteil vom 04.04.2006, Az. X ZR 80/05, in: NZBau 2007, 169, 170 = NJW-RR 2007, 56 = IBR 2006, 459.

335 OLG Hamburg, Urteil vom 03.09.2002, Az. 9 U 8/02, in: IBR 2003, 487 (Nichtzulassungsbeschwerde durch den BGH zurückgewiesen; Beschluss vom 05.06.2003, Az. VII ZR 350/02).

336 Vgl. BGH, Urteil vom 04.04.2006, Az. X ZR 122/05, in: NJW 2006, 2472, 2473.

337 Vgl. BGH, Urteil vom 04.04.2006, Az. X ZR 80/05, in: NZBau 2007, 169, 170 = NJW-RR 2007, 56 = IBR 2006, 459; BGH, Urteil vom 23.01.1975, Az. VII ZR 192/73, in: BauR 1975, 281; BGH, Urteil vom 14.04.1983, Az. VII ZR 198/82, in: BauR 1983, 366; OLG Düsseldorf, Urteil vom 19.11.1999, Az. 22 U 229/98, in: BauR 2000, 269; OLG Frankfurt, Urteil vom 21.06.2000, Az. 19 U 38/98, in: IBR 2001, 468; KG, Urteil vom 31.10.1997, Az. 4 U 4281/96, in: BauR 1999, 431, 432 (Revision vom BGH nicht angenommen, Beschluss vom 20.08.1998, Az. VII ZR 468/97).

338 Vgl. in diesem Zusammenhang Kapellmann/Schiffers, Vergütung, Nachträge und Behinderungsfolgen beim Bauvertrag, Band 2, Rn. 100 generell für Pauschalverträge.

339 Für den Projektsteuerer wie hier: Locher/Koeble/Frik, HOAI, Einleitung, Rn. 439; allgemein auch: BGH, Urteil vom 04.04.2006, Az. X ZR 80/05, in: NZBau 2007, 169, 171; vgl. auch BGH, Urteil vom 02.04.1964, Az. KZR 10/62, in: BGHZ 41, 271; AG Essen, Urteil vom 07.01.1999, Az. 12 C 208/96, in: VersR 2000, 68 (für Sachverständige).

nicht in der Erreichung eines Erfolgs, sondern in der Erbringung von Dienstleistungen liegt, entscheidend darauf abgestellt, welche Bedeutung die geschuldete Arbeit für den anderen Teil hat, wobei Schwierigkeit, Unmöglichkeit oder Dauer der verlangten Tätigkeit in die Abwägung ebenso einzubeziehen sind, wie sonstige übliche Bemessungsfaktoren für die Bewertung der Leistung, etwa besondere, mit der Dienstleistung erzielte Umsätze und Erfolge. Andererseits fällt ebenso entscheidend ins Gewicht, dass das von einem Werkleister begehrte Honorar die Gegenleistung für die als Erfolg geschuldeten Leistungen darstellt, so dass das Honorar in einem angemessenen Verhältnis zu dem stehen muss, was der Auftraggeber durch die Leistungen am wirtschaftlichen Wert erhalten soll, weil nicht außer Acht gelassen werden darf, welche Honorare andere Projektmanager/-steuerer für ähnliche Tätigkeiten verlangen.[340]

1595 Ist die durch den Projektmanager/-steuerer festgelegte Vergütung als billig anzusehen, ist sie mit der Leistungsbestimmung verbindlich geworden und damit auch **fällig**. Überschreitet dagegen der Projektmanager/-steuerer den ihm eingeräumten Gestaltungsspielraum, tritt die Fälligkeit erst mit der Gestaltungswirkung des Urteils des feststellenden Gerichtes ein.[341]

5.7 Der Projektsteuerernachtrag: Vergütungsfolgen bei Leistungsänderungen (zusätzliche, geänderte Leistungen und Behinderungen)

5.7.1 Methodische Grundlagen

1596 Untersuchungen zum Nachtragswesen bei Projektsteuerungsverträgen existieren bislang nicht.

1597 Das deutsche Recht kennt kaum einen Normbereich, in dem es gelungen ist, Vergütungsfolgen auf Grund von Leistungsänderungen bei Austauschverträgen überzeugend zu lösen. Die Kategorien des Bürgerlichen Gesetzbuches regeln Einzelheiten des Problemkreises in verstreuten Einzelvorschriften, vornehmlich des **allgemeinen Schuldrechts**. Speziellere Normbereiche, wie etwa die Standardvertragsbedingungen der VOB/B oder das Preisrecht der HOAI, enthalten komplexere Ansätze zur Lösung der Vergütungsproblematik bei Leistungsänderungen. Diese Lösungsansätze sind gleichwohl nicht geglückt.[342] Zwar enthält die VOB/B in §§ 2 Nr. 5 und 6 eine im Grundsatz durchaus sachgemäße Regelung. Aber bereits der Versuch der Aufspaltung des Sachkomplexes in verschiedene Tatbestände von Leistungsänderungen und zusätzlichen Leistungen mit unterschiedlichen Zurechnungskriterien, unterschiedlichen formalen Voraussetzungen und unterschiedlichen Preisanpassungsmechanismen hat zu einem völlig unübersichtlichen Rechtsgebiet geführt, das heute nur noch von Spezialisten beherrscht wird. Die preisrechtlichen Strukturen der HOAI haben das Nachtragswesen bei Planerverträgen zu einer bis heute nicht einmal im Ansatz dogmatisch durchdrungenen Materie gemacht.[343]

1598 Da die Projektsteuerungsleistungen grundsätzlich **nicht dem Preisrecht der HOAI** unterliegen, kann auch für die Bestimmung der Folgen geänderter Leistungen nicht auf HOAI-Strukturen zurückgegriffen werden. Soweit in entsprechenden Projektsteuerungsverträgen auf das Regelungsmodell der HOAI verwiesen wird oder ausnahmsweise auch der HOAI unterliegende Leistungen miterbracht werden, müssen die dortigen Vorgaben allerdings berücksichtigt werden.

1599 Im Regelfall kann an **allgemeine zivil-, insbesondere auch bauvertragsrechtliche Prinzipien** angeknüpft werden. Von wesentlicher Bedeutung ist dabei die Erkenntnis, dass das Rechtsgebiet der geänderten und zusätzlichen Leistungen nur bei einer strikten Differenzierung zwischen Leistung

340 Vgl. zu alledem BGH, Urteil vom 04.04.2006, Az. X ZR 80/05, in: NZBau 2007, 169, 171 = NJW-RR 2007, 56 = IBR 2006, 459.

341 BGH, Urteil vom 04.04.2006, Az. X ZR 80/05, in: NZBau 2007, 169, 171.

342 Vgl. Kapellmann/Langen, Einführung in die VOB/B, Rn. 51; vgl. auch Oberhauser, Bauvertragsrecht im Umbruch, S. 201.

343 Vgl. etwa Motzke, BauR 1994, 570; Jochem, Festschrift für Heiermann, S. 169 ff.; Werner, Festschrift Vygen, S. 67 f.; Meurer, DAB 2000, 1563 ff.

und Vergütung einer Lösung zugeführt werden kann. Diese Ansätze sollen nachfolgend zugrunde gelegt werden.

1600

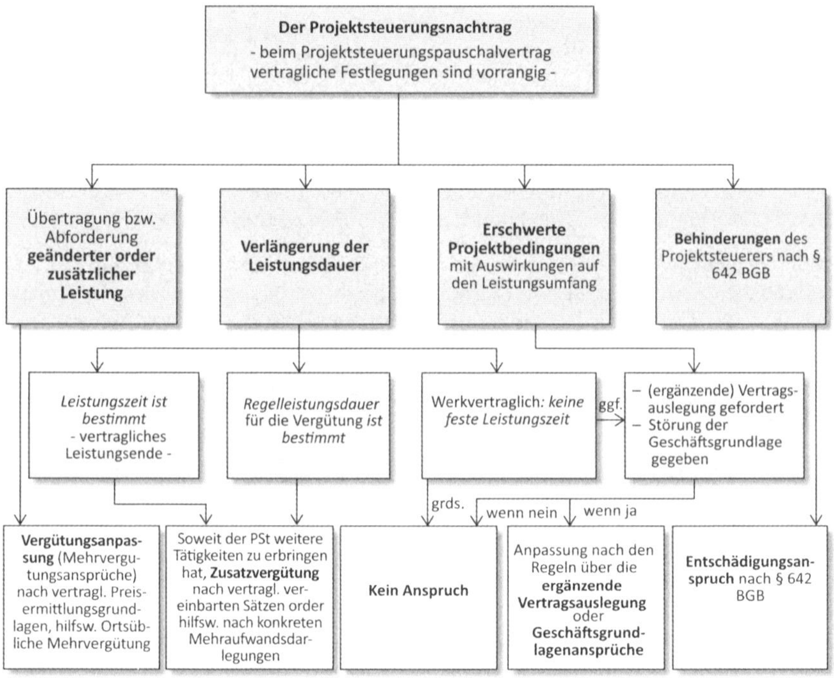

Vorrangig sind auch bezüglich der Nachträge von Projektsteuerungsabreden die **vertraglichen Grundlagen**. Ist etwa die **AHO-Leistungs- und Vergütungsordnung** vereinbart, kann der Projektsteuerer im Falle von Leistungsänderungen des Auftraggebers eine Vergütungsanpassung gemäß § 5 Abs. 5 AHO verlangen (vgl. Rdn. 1419). 1601

5.7.2 Das Steuerungssoll

5.7.2.1 Die prägenden Elemente des Steuerungssolls

Das vertragliche Leistungssoll des Projektsteuerers/-managers soll nachfolgend als »Steuerungssoll« bezeichnet werden. Gesetzlich vorgegebene Anforderungen an das Steuerungssoll eines Projektsteuerungsvertrages gibt es nicht. Das Steuerungssoll muss daher vertragsspezifisch anhand des im **Projektmanagement-/-steuerungsvertrag** zum Ausdruck gekommenen **Parteiwillens** festgestellt werden. Es gibt auch keine Auslegungsregel, nach der ein Vertrag mit einer unklaren Aufgabenbeschreibung allein deshalb zu Lasten des Auftraggebers oder Auftragnehmers auszulegen ist.[344] 1602

Entscheidend ist im jeweiligen Einzelfall, wie die Leistungsvorgaben im Projektsteuerungsvertrag nach dem maßgeblichen **Empfängerhorizont** unter Berücksichtigung von Treu und Glauben ausgelegt werden müssen.[345] Für die Frage, welche Leistungen versprochen worden sind und welche Leistungen zusätzlich vergütet werden müssen, ist entscheidend auf den Inhalt des jeweiligen Leistungsbildes/der Leistungsbeschreibung abzustellen. Vertrag und Leistungsbeschreibung sind dabei als Einheit auszulegen.[346] 1603

344 Dazu BGH, Urteil vom 13.03.2008, Az. VII ZR 194/06, in: NJW 2008, 2106 f.

345 Das Leistungssoll wird definiert durch den auszulegenden Inhalt der Vertragsregelung unter Berücksichtigung des Empfängerhorizontes des Bieters, vgl. Kapellmann/Schiffers, Vergütung, Nachträge und Behinderungsfolgen beim Bauvertrag, Band 2, Rn. 1017; Kapellmann, Schlüsselfertiges Bauen, Rn. 62 für Bauverträge.

346 BGH, Urteil vom 27.07.2006, Az. VII ZR 202/04, in: NJW 2006, 3413, 3414.

1604 Die Ausführung von Leistungen, die in einem zum Vertragsinhalt gewordenen **Leistungsverzeichnis** nicht vorgesehen sind, kann vom Auftraggeber grundsätzlich nur gegen Zahlung einer zusätzlichen Vergütung verlangt werden.[347]

1605 Soweit die Vertragsparteien Projektmanagement-/Projektsteuerungsleistungen nur **funktional beschrieben** haben, wird im Zweifel davon auszugehen sein, dass der Projektmanager/Projektsteuerer die nach dem konkreten Projektzuschnitt **erforderlichen** Projektmanagement-/Projektsteuerungsleistungen auf dem Wege zum Projekterfolg zu erbringen hat.[348] Enthält die Leistungsbeschreibung weitere Konkretisierungen, etwa im Hinblick auf bestimmte Ziele, bestimmte zu erbringende Leistungsergebnisse oder prozessbezogene Konkretisierungen einzelner vorzunehmender Tätigkeiten, hat der Projektsteuerer auch nur diese Leistungen zu erbringen.

1606 Wenn bestimmte **Projektziele** definiert worden sind, legen diese das Leistungsprogramm des Projektsteuerers vertraglich fest. Ändert der Auftraggeber später die Ziele, etwa weil sich die Projektanforderungen aus nicht zu erwartenden Umständen ändern und führt dies zu einer Änderung des Steuerungssolls, kann der Projektsteuerer eine entsprechende Anpassung seiner Vergütung verlangen.

1607 Schuldet der Projektmanager/-steuerer nach dem Leistungsbild für bestimmte Leistungen nur ganz **abgegrenzte Tätigkeiten** (z. B. im Bereich Finanzierung oder Projektbuchhaltung und wünscht der Auftraggeber darüber hinaus eine Fördermittelberatung), dann sind diese Leistungserweiterungen vom Steuerungssoll nicht umfasst. Sie müssten zusätzlich beauftragt werden.

1608 Entsprechendes gilt, wenn nach dem jeweiligen Projektmanagement- bzw. Projektsteuerungsvertrag **nur bestimmte Leistungsergebnisse** zu erarbeiten sind. Wünscht der Auftraggeber nach Vertragsschluss ein im Vertrag nicht vorgesehenes Berichtswesen für den Aufsichtsrat unter besonderen Anforderungen, dann handelt es sich ebenfalls um eine zusätzliche Leistung.

1609 Probleme ergeben sich immer dann, wenn der Auftraggeber – wie bei vielen Leistungsbildern üblich – die **Ausführungsart/Methodik nur abstrakt beschreibt** und nach Vertragsschluss eine besondere Abwicklungsmethodik verlangt, die nach den Anforderungen der jeweiligen Projektrealisierung nicht generell erforderlich ist. Sofern nicht vertraglich etwas anderes bestimmt ist, kann der Projektmanager/Projektsteuerer bei einem werkvertraglichen Projektsteuerungsvertrag selbst endgültig festlegen, **wann** bestimmte Leistungen **spätestens** zu erbringen sind und auch **in welcher Form** dies zu geschehen hat (es sei denn, objektive Projekterfordernisse setzen voraus, dass die Leistungen entsprechend den Anforderungen des Auftraggebers zu einem bestimmten Zeitpunkt oder in bestimmter Form erbracht werden müssen). Nicht mehr vom Steuerungssoll umfasste Leistungen liegen etwa vor, wenn

1610 – der Auftraggeber eine für den Projektsteuerer bei Vertragsschluss nicht erkennbare ungewöhnlich **aufwendige/hierarchische Projektabwicklungsmethodik** pflegt und dementsprechend mehrfache Bearbeitungskreisläufe abgefordert werden oder ein unübliches Formularwesen verwendet werden muss;

1611 – der Auftraggeber – ohne dies im Vertrag beschrieben zu haben – **besondere buchhalterische Anforderungen** stellt, z. B. im Hinblick auf eine SAP-Schnittstelle oder ein sonstiges aufwendiges EDV-Tool eingesetzt haben möchte, mit dem der Projektmanager bei Abschluss des Vertrages nicht rechnen musste;

1612 – wenn bei einem werkvertraglich konzipierten Projektmanagementvertrag der Auftraggeber nach dem Vertragsschluss die einzelnen **Schritte der Abarbeitung in terminlicher und qualitativer Hinsicht** vorgeben will (ohne dies im Leistungsbild im Einzelnen beschrieben zu haben) und hierdurch Mehraufwand entsteht;

1613 – der Auftraggeber eine **Controlling-Organisation** einsetzt, die einen ungewöhnlich hohen und nicht zu erwartenden Bearbeitungsaufwand auf der Projektsteuerungsebene auslöst.

347 BGH, Urteil vom 13.03.2008, Az. VII ZR 194/06, in: NJW 2008, 2106 f.; BGH, Urteil vom 08.01.2002, Az. X ZR 6/00, in: NZBau 2002, 325, 326.

348 Vgl. BGH, Urteil vom 13.03.2008, Az. VII ZR 194/06, in: NJW 2008, 2106 f.

Haben die Vertragsparteien im Projektsteuerervertrag die **Ausführungsart oder -methode festgelegt** (z. B. hinsichtlich der Vornahme der Steuerung und Kontrolle), dann umfasst die vereinbarte Vergütung grundsätzlich auch nur die so beschriebene Ausführungsart. Zusatzarbeiten, die notwendig sind, damit der Projektsteuerer seine Arbeiten nach dem konkret geschuldeten Projekt ohne Inkaufnahme von Gewährleistungsansprüchen abschließen kann, hat der Auftraggeber grundsätzlich gesondert zu vergüten. Das gilt z. B. auch für besondere Methoden, wie eine **elementweise Baukostenschätzung** oder die **Netzplantechnik**, soweit sich nicht im Rahmen der Auslegung des Vertrages ergibt, dass diese bereits als Steuerungssoll geschuldet sind. 1614

Entsprechendes gilt für sonstige **Projektgrundlagen/Projektumstände**. Das zu bearbeitende Projekt sollte zur Konkretisierung des Steuerungssolls im Projektsteuerungsvertrag genau bezeichnet werden. Vom Leistungssoll umfasst sind nur Projektmanagement/-steuerungsleistungen, die sich auf das konkrete, vereinbarte Projekt beziehen. Auch sonstige im Projektsteuerungsvertrag spezifizierte Projektumstände konkretisieren das Steuerungssoll. So grenzen etwa Festlegungen zur Unternehmer- und Planereinsatzform, zur Vergabeform, zur Vertragsform oder zu sonstigen Abwicklungsmodalitäten die Leistungspflichten des Projektmanagers/-steuerers ein. Ähnliches gilt für die Ausführungszeit. Den Parteien steht es frei, eine bestimmte Projektlaufzeit festzulegen, etwa in der Form, dass die Tätigkeit des Projektsteuerers auf einen bestimmten Zeitraum beschränkt ist. Sie können alternativ eine sog. vergütungsrechtliche **Regelleistungszeit** festlegen, welche die erfolgsorientierte Verpflichtung zur Abarbeitung aller Projektprobleme bis zur Fertigstellung des Projektes unberührt lässt, aber die Vergütungsrisiken eingrenzt.[349] Das AHO-Honorarmodell legt für Hochbauprojekte mit 30 Mio. € anrechenbaren Herstellkosten, mittlere Projektlaufzeiten von 30–35 Monaten zugrunde, § 7 Abs. 3 AHO. Wesentlich längere Laufzeiten rechtfertigen eine Erhöhung des Honorars. 1615

Oftmals wird ein Projektmanagementbüro erst eingeschaltet, wenn die Projektbearbeitung schon begonnen hat. Dann ist es besonders wichtig, die terminlich/inhaltliche **Schnittstelle** zu beschreiben, ab der der Projektmanager Aufgaben zu übernehmen hat. Gehört zum Leistungsumfang etwa auch die Überarbeitung einer aus einer frühen Projektphase stammenden Planung (an der der Projektmanager noch gar nicht mitgewirkt hat)? Fallen unter das Leistungsbild auch solche Tätigkeiten, die eigentlich zu dem Zeitpunkt des Leistungsbeginns nach den Vertragsunterlagen längst hätten abgearbeitet werden müssen? Diese Fragen werden in der Regel zu verneinen sein, es sei denn, der Projektmanager/-steuerer musste zum Zeitpunkt der Beauftragung damit rechnen, dass entsprechende Arbeiten mitzuerledigen waren und/oder das Leistungsbild enthält ausreichende Hinweise auf einen entsprechenden Leistungsumfang. 1616

Haben die Vertragsparteien keine weiteren Detaillierungen getroffen, können sich Anhaltspunkte für den Parteiwillen aus der **Projektmanagementeinsatzform** wie auch dem Projektbezug des Vertragsverhältnisses ergeben. So hat ein Projektsteuerer andere Aufgaben als ein Projektmanager und insbesondere als ein Construction Manager. 1617

Wenn der Projektmanagement-/Projektsteuerungsvertrag ausdrücklich vorsieht, dass der Projektsteuerer über die im Einzelnen beschriebenen Teilleistungen hinausgehend alle Leistungen erbringen muss, die das Projekt erfordert (**Komplettheitsklausel**) oder aus gewährleistungsrechtlichen Gründen bestimmte zusätzliche Teilleistungen gegenüber dem vertraglichen Leistungskatalog erforderlich werden, ist stets zu prüfen, ob derartige Leistungen gleichwohl nicht zusätzlich zu vergüten sind. Im Zweifel ist davon auszugehen, dass Leistungen, die im Leistungsverzeichnis nicht enthalten sind, die jedoch für eine ordnungsgemäße Projektmanagement-/Projektsteuerungsleistung erforderlich sind – z. B. aus gewährleistungsrechtlichen Gründen erbracht werden müssen – aber vom Projektsteuerer bei Vertragsschluss nicht vorhergesehen werden konnten, zusätzlich zu honorieren

349 Vgl. OLG Naumburg (Dreso I), Urteil vom 14.01.2008, Az. 10 U 64/07, in: NZBau 2009, 318; dazu Rdn. 2530.

sind. Im Gewährleistungsfall könnte der Projektmanager Sowieso-Kosten in Höhe der von vornherein notwendig gewesenen Zusatzarbeiten geltend machen.[350]

1618 Die Benennung der **auftraggeberseitigen Mitwirkungsleistungen** in einem Vertrag kann eine Vertragsauslegung dahin nahelegen, dass der Auftragnehmer die übrigen Leistungen, die für den Werkerfolg erforderlich sind, ohne gesonderte Berechnung zu erbringen hat.[351] In diesem Rahmen können auch die Mitwirkungshandlungen des Auftraggebers nach dem AHO-Leistungsmodell 2014 für das Nachtragswesen relevant werden.[352]

1619 Darüber hinaus kann eine **unzumutbare Vielzahl von Wiederholungen** von Planungs- und Steuerungsprozessen die Grenze zur Störung der Geschäftsgrundlage, § 313 BGB, überschreiten.[353]

1620 Mehrleistungen, die darauf beruhen, dass der Projektmanager/Projektsteuerer **fehlerhaft arbeitet**, etwa vermeidbare Projektstörungen nicht voraussieht und/oder ihnen nicht entgegensteuert, rechtfertigen keinesfalls zusätzliche Vergütungsansprüche.[354]

5.7.2.2 Störpotentiale bei der Projektabwicklung

1621 Eine wesentliche Aufgabenstellung eines Projektmanagers ist es in der Regel, bei auftretenden Störpotentialen (mit der Folge von Zielabweichungen) Gegensteuerungsmaßnahmen zu entwickeln und an deren Umsetzung mitzuwirken. Dementsprechend führen Störpotentiale, die bei der Abwicklung des Projektes auftreten, grundsätzlich nicht zu einer Änderung der Leistung und infolgedessen der Vergütung des Projektsteuerers. Auch Störungen/Behinderungen, die aus der »Sphäre des Auftraggebers« stammen, wie z. B. auf von ihm eingeschaltete Architekten, Ingenieure, Sonderfachleute und sonstige Dritte zurückgehen, rechtfertigen nicht ohne weiteres die Annahme, das Leistungssoll habe sich verändert und die Vergütung sei anzupassen. Nicht entscheidend ist in diesem Zusammenhang auch, ob sich der Auftraggeber das Verhalten einzelner Projektbeteiligter zurechnen lassen muss, § 278 BGB. Soweit nämlich die Koordinierung und Steuerung der Projektbeteiligten auf einen Projektmanager delegiert ist, tritt dieser in die Stellung des Auftraggebers ein.

1622 Dementsprechend hat der Projektmanager – vorbehaltlich etwaiger anderer Regelungen im Projektmanagementvertrag/Projektsteuerungsvertrag und der Anwendung des § 642 BGB oder der Grundsätze über die Störung der Geschäftsgrundlage – grundsätzlich **keinen Anspruch auf Vergütungsanpassung** in folgenden Fällen:

- Verzögerungen aufgrund **verspäteter Genehmigungen** (soweit der Projektmanager auch bei der Einholung der Genehmigung mitzuwirken hatte),
- **Verzögerungen** aufgrund von **Streiks und Lieferschwierigkeiten**[355],
- **Insolvenzen** einzelner Unternehmen und die Beauftragung von Ersatzunternehmen,[356]

350 BGH, Beschluss vom 25.01.2007, Az. VII ZR 41/06, in: NZBau 2007, 243, 244; Urteil vom 27.07.2006, Az. VII ZR 202/04, in: NZBau 2006, 777; Urteil vom 16.07.1998, Az. VII ZR 350/96, in: ZIP 1998, 1877, 1878.

351 OLG Düsseldorf, Urteil vom 14.01.2011, Az. 22 U 198/07, in: NJW 2011, 1081.

352 Anhang A zum Leistungsbild und Honorierung Nr. 9, Projektmanagementleistungen in der Bau- und Immobilienwirtschaft, 4. Aufl., 2014, S. 157.

353 Vgl. dazu auch Motzke, BauR 1994, 570. 573; Werner/Pastor, Der Bauprozess, Rn. 1016, formulieren: »Für diesen selbstverständlichen Optimierungsvorgang einer Planungsabwicklung kann ein Architekt kein zusätzliches Honorar verlangen. In welchem Umfang der Architekt zu ›optimieren‹ hat, d. h. wie oft er Planungsleistungen nach unterschiedlichen Anforderungen i. S. von Varianten/Alternativen erbringen muss, ist stets eine Frage des Einzelfalls und insbesondere der Zumutbarkeitsgrenze. Hinreichende Beurteilungskriterien gibt es insoweit weder in der HOAI, noch sind sie bisher in der Literatur und Rechtsprechung herausgearbeitet worden.«

354 Vgl. Schmidt, BauR 2000, 51, 55.

355 Neuenfeld, IBR 2000, 99, 100, etwa für Streiks, Lieferschwierigkeiten und Konkurse.

356 KG, Urteil vom 16.03.2010, Az. 7 U 53/08, in: IBR 2010, 399.

- Behandlung von **Änderungssachverhalten**, insbesondere Nachträgen und Behinderungsschadensersatzansprüchen von Projektbeteiligten, soweit das Änderungsmanagement nach dem abgeschlossenen Vertrag vom Projektmanager übernommen worden ist,[357]
- **verzögerte oder mängelbehaftete Leistungen** einzelner Projektbeteiligter, deren Steuerung der Projektmanager übernommen hatte.

Etwas anderes gilt dann, wenn der Auftraggeber seine Mitwirkungsbefugnisse im Verhältnis zum Projektsteuerer verletzt (§ 642, vgl. Rdn. 1688) oder die Zumutbarkeitsschwelle nach § 313 BGB überschritten ist (Störung der Geschäftsgrundlage, Rdn. 1202). 1623

Das **OLG München** hat für den Fall eines Projektmanagementmodells entschieden, dass der Projektmanager die Mehraufwendungen infolge eines **Konkurses** von Auftragnehmern zu tragen hat und ausgeführt: 1624

> *»Dass im Verlaufe eines erfolgreichen Bauprojektes nicht von vornherein vorhersehbare und einkalkulierte Umstände eintreten können, war den Parteien bewusst. Bei unwesentlichen Umständen sollte nach Ziff. 6.1 Abs. 2 des Vertrages die Beklagte selbstständig und ohne Rücksprache mit der Klägerin das Notwendige veranlassen und bei wesentlichen Ereignissen Lösungen ausarbeiten und einen Beschluss der Klägerin herbeiführen.*
>
> *Die Insolvenz eines Auftragnehmers ist kein seltenes Ereignis und überschreitet somit die Geschäftsgrundlage des Vertrages nicht. Vielmehr handelte es sich um ein wesentliches Ereignis i. S. des soeben Ausgeführten. …*
>
> *Wie bereits ausgeführt, schuldete die Beklagte eine umfassende Entlastung der Klägerin als Bauherrin, wozu auch die Konsequenz aus dem konkursbedingten Ausfall der zunächst beauftragten Firma … bis hin zur Mehrkostenabrechnung gehörte. Für diese vertraglich geschuldete Leistung kann kein gesondertes Honorar berechnet werden, weil ein auch diese Leistung abdeckendes Pauschalhonorar vereinbart ist.«*[358]

Das einem Projektmanager bei dem Projektmanagementmodell übertragene umfassende Bündel von Aufgaben/Befugnissen soll gerade dazu dienen, ein Projekt auch unter **schwierigeren Umfeldbedingungen** zum Projekterfolg zu führen.[359] Wird in einem Vertrag oder in einem Leistungsbild auf möglicherweise auftretende Erschwernisse hingewiesen und daraufhin ein Pauschalangebot abgegeben, so ist in aller Regel davon auszugehen, dass aus der Sicht des Angebotsempfängers nach dessen Empfängerhorizont die Pauschalierung auch die in diesem Punkt angesprochene Problematik mitumfasst.[360] 1625

Ein **Anspruch auf Vergütungsanpassung** wegen Projektstörungen kann dementsprechend nur in Betracht kommen, wenn: 1626

- Der **Auftraggeber selbst Handlungen** vornimmt, die in das vertragliche **Steuerungssoll** eingreifen, etwa das Projekt **verändert**, zusätzliche Anforderungen stellt etc.,
- der Anordnung von Änderungen steht es gleich, wenn der Auftraggeber **Vorschläge von anderen Projektbeteiligten**, etwa Planern hinsichtlich möglicher Projektänderungen, übernimmt und **sich** damit **zu eigen macht**,
- der Auftraggeber bei Auftreten von Störungen aus dem Bereich seiner Vertragskräfte rechtzeitige **Bedenkenhinweise** des Projektsteuerers **nicht beachtet** und die Projektbeteiligten weiter »störend« gewähren lässt,
- der Auftraggeber weder selbst handelt, noch dem Projektmanager die Rechtsmacht verschafft, **Rechte** aus abgeschlossenen **Verträgen geltend zu machen, um Leistungsstörungen** aus dem Bereich eigener Vertragskräfte **abzustellen**
- oder die Grenze zur Störung der Geschäftsgrundlage überschritten ist.

---

357 Selbst beim Architekten lösen Nachträge ausführender Unternehmen grundsätzlich keine Honoraränderung aus; dort kann es lediglich dazu kommen, dass unter dem Blickwinkel der preisrechtlichen Bestimmungen infolge zu wiederholender Grundleistungen ein Mehrvergütungsanspruch entstehen kann: KG, Urteil vom 14.02.2012, Az. 7 U 53/08, in: IBR 2013, 221.

358 OLG München, Urteil vom 10.07.2001, Az. 9 U 1979/01, in: BauR 2003, 415; vgl. auch Deckers, BauR 2000, 1422.

359 Vgl. etwa für Planerverträge Boettcher, BauR 2000, 794, 795.

360 OLG München, Urteil vom 10.06.2008, Az. 9 U 2192/07, in: BauR 2009, 1156.

1627 Speziell dann, wenn etwa der Projektsteuerer auch das »**Nachtragsmanagement**« mit übernimmt, kann er nicht später, wenn bei der Steuerung von Einzelunternehmen oder einem Generalunternehmer erhebliche Mehraufwendungen auf Grund von Claims der Unternehmen auftreten, von einer Abweichung des Steuerungssolls sprechen. Vielmehr hat er es gerade übernommen, das Projekt mit dem zu erwartenden Änderungswesen zu managen. Soweit in derartigen Fällen das im Projektsteuerungsvertrag beschriebene Projekt im Wesentlichen unverändert bleibt und der Auftraggeber keine neuen Anforderungen an die Projektrealisierung stellt, sind Hindernisse, die sich auf dem Weg zum Projekterfolg ergeben, grundsätzlich vom Steuerungssoll umfasst. Die Leistungsgrenze ergibt sich in derartigen Fällen erst nach den Rechtsgrundsätzen über den Fortfall der Geschäftsgrundlage. Diese Grundsätze gelten auch für das AHO-Leistungsbild, welches dem Projektsteuerer ein durchgehendes Änderungsmanagement auferlegt.

1628 Ist das Leistungsbild der Architekten und/oder Ingenieure **phasengegliedert** aufgebaut und schließt die entsprechende Phase mit einem Leistungserfolg ab, dann hat der Planer in aller Regel seine Leistungsverpflichtung einmal vollständig erfüllt. Zu wiederholende Grundleistungen sind im Anwendungsbereich der HOAI zusätzlich zu vergüten. Für die Projektsteuerung gilt in diesem Zusammenhang: Soweit die jeweiligen Leistungen einer Leistungsphase ordnungsgemäß abgeschlossen worden sind, hat auch der Projektmanager/Projektsteuerer in der Regel seine diesbezüglichen Steuerungsleistungen erfüllt. Ändert daraufhin der Auftraggeber seinen Willen und ordnet eine Neuausrichtung und damit **Wiederholung** der zugrunde liegenden Leistungen einer abgeschlossenen Leistungsphase an, dann handelt es sich auch für den Projektsteuerer um eine **zusätzlich zu vergütende Leistung**, es sei denn, die Anordnung zur wiederholten Leistung durch den Auftraggeber beruht auf vom Projektmanager/-steuerer erkennbaren Leistungsmängeln oder auf im Leistungsbild übernommenen Planungsoptimierungsleistungen.

1629 Im Übrigen kann eine zusätzlich vergütungspflichtige **Wiederholung von Leistungen** nur zugrunde gelegt werden, wenn
- eine in sich **abgeschlossene werkvertragliche Steuerungsleistung** vorliegt;[361] i. d. R. eine abgeschlossene Leistungsphase; *Motzke* verlangt keine abgeschlossene Leistungsphase, allerdings den Abschluss einer selbständigen Teilleistung,[362]
- nach dem beiderseitigen Willen der Vertragsparteien die **Teilleistung endgültig fertig gestellt** ist;[363]
- **nicht erforderlich** ist dabei ein **Anerkenntnis**, ähnlich einer Abnahme, wenngleich eine entsprechende Vertragsstrukturierung zu empfehlen sein kann.[364]

5.7.3 Die Befugnis des Auftraggebers, das Steuerungssoll zu ändern

1630 Eine **Änderung des Steuerungssolls** kann vielfältige Ursachen haben und notwendig oder zweckmäßig werden, z. B.
- bei einer Änderung von Projektzielen,
- bei einem Verlangen, zusätzliche, nicht vereinbarte Projektmanagement-/Projektsteuerungsleistungen zu erbringen,
- bei einem Verlangen nach zusätzlichen Arbeitsergebnissen,
- bei zusätzlichen oder geänderten Anforderungen an die vertraglich niedergelegte Abwicklungsmethodik,
- bei Änderung sonstiger Projektgrundlagen und Projektumstände, die im Vertrag festgelegt sind (z. B. Änderung der Vergabestrategie).

---

361 Auf abgeschlossene Planungsleistungen im Sinne von Planungsphasen, einzelnen Grundleistungen oder Teile von Grundleistungen stellen etwa Werner/Pastor, Der Bauprozess, Rn. 1017 f. ab.

362 Motzke, NZBau 2010, 137, 142.

363 Ähnlich für Architektenleistungen Werner/Pastor, Der Bauprozess, Rn. 1020; Neuenfeld, Architekt und Bauherr, § 3, Rn. 127; Boettcher, BauR 2000, 792, 795.

364 Zur ähnlichen Problematik bei Architektenverträgen und diesbezüglicher Honorarmanagementempfehlungen Lederer, in: Schneider, Bautabellen, S. 1.135.

Die Vertragsparteien können das im Projektmanagement-/Projektsteuerungsvertrag niedergelegte Steuerungssoll jederzeit **einvernehmlich ändern**. Fraglich ist allerdings, ob dem Auftraggeber ein **einseitiges Anordnungsrecht** zusteht, die Leistung zu modifizieren, sei es i. S. von Änderungs- oder Zusatzanordnungen. 1631

Hat der Projektsteuerervertrag **dienstvertraglichen Charakter**, dann wird sich oftmals bereits aus dem Vertrag selbst ergeben, dass dem Auftraggeber ein Direktionsrecht zusteht und er dementsprechend anordnen kann, welche Aufgaben der Projektsteuerer für die i. d. R. zeitabhängig bestimmte Vergütung zu leisten hat.[365] Die für Dienstvertragsverhältnisse typische zeitabhängige Vergütungsregelung führt zudem bei Leistungsänderungen in der Regel zu einer entsprechenden Vergütungsanpassung. Wird auf Grund der Anordnung des Auftraggebers eine höherwertige Dienstleistung oder eine Mehrleistung gefordert, findet eine Anpassung der Vergütung nach § 612 BGB statt.[366] Die übliche Vergütung i. S. des § 612 Abs. 2 Satz 1 BGB wird in diesen Fällen regelmäßig aus der vertragsgemäßen Vergütung zu entwickeln sein. Diese Fälle bereiten in der Praxis keine wesentlichen Schwierigkeiten. 1632

Schwieriger sind die Fälle zu beurteilen, in denen der Auftraggeber bei Planungs- und Steuerungsverträgen auf **Werkvertragsbasis Änderungen einseitig anordnen** will. Für Bauverträge auf der Grundlage der VOB finden sich in § 1 Abs. 3 und 4 VOB/B entsprechende Regelungen. Diese lauten: 1633

»(3) Änderungen des Bauentwurfs anzuordnen, bleibt dem Auftraggeber vorbehalten.

(4) Nicht vereinbarte Leistungen, die zur Ausführung der vertraglichen Leistung erforderlich werden, hat der Auftragnehmer auf Verlangen des Auftraggebers mit auszuführen, außer wenn sein Betrieb auf derartige Leistungen nicht eingerichtet ist. Andere Leistungen können dem Auftragnehmer nur mit seiner Zustimmung übertragen werden.«

Es entspricht nicht nur der deutschen, sondern auch der internationalen Bauvertragspraxis, dem Bauherrn die Befugnis einzuräumen, die auf die Errichtung eines Bauwerks auf seinem Grundstück ausgerichteten Leistungen auch nach Vertragsabschluss zu ändern oder entsprechende Verträge sogar frei zu kündigen. Daran ändert nichts, dass die Frage der AGB-Widrigkeit einseitiger Leistungsbestimmungsrechte wie der § 1 Abs. 3 und 4 VOB/B angesichts ihrer konkreten Ausgestaltung in jüngster Zeit in Frage gestellt worden ist.[367] 1634

Für projektspezifische BGB-Werkverträge – außerhalb des Anwendungsbereiches der VOB/B – war lange Zeit unklar, ob ebenfalls – ohne ausdrückliche gesetzliche Regelung – eine **Anordnungsbefugnis** des Auftraggebers zu bejahen ist.[368] Der BGH hat inzwischen entschieden, dass sich derartige Gestaltungsrechte des Auftraggebers auch bei BGB-Werkverträgen ohne ausdrückliche Regelung ausnahmsweise aus den **Grundsätzen von Treu und Glauben** ergeben können.[369] Bauverträge seien grundsätzlich durch den Befund geprägt, dass Änderungen erst im Rahmen der Realisierung erkannt werden und unvermeidbar auch umzusetzen sind, so dass dem Auftraggeber eine 1635

365 Das Weisungsrecht/Direktionsrecht des Auftraggebers ist ein Merkmal von Dienstverträgen, insbesondere Arbeitsverträgen, vgl. Weidenkaff, in: Palandt, BGB, § 611, Rn. 45; a. A. offenbar Meurer, BauR 2004, 904, 906.

366 Vgl. Richardi/Fischinger, in: Staudinger, BGB, § 612, Rn. 25 ff..

367 Vgl. etwa von Minckwitz, BrBp 2005, 170; Anker/Klingenfuß, BauR 2005, 1377 f. zu Bauzeitänderungen; auch Breyer, BauR 2006, 1222; für die Zulässigkeit der VOB/B-Regelung etwa BGH, Urteil vom 27.11.2003, Az. VII ZR 346/01, in: NZBau 2004, 207 = BauR 2004, 495 f. = ZfBR 2004, 254 = IBR 2004, 124.

368 Bejahend aus rechtshistorischer Sicht: Enders, VOB/B und BGB-Bauvertrag im Rechtsvergleich, S. 45 ff.

369 BGH, Urteil vom 25.01.1996, Az. VII ZR 233/94, in: BauR 1996, 378: »Das in § 1 Nr. 4 VOB/B (§ 1 Abs. 4 VOB/B n.F.) geregelte Gestaltungsrecht des Auftraggebers kann sich mit den dort genannten Einschränkungen im Einzelfall auch beim BGB-Werkvertragsrecht aus Treu und Glauben gem. §§ 157, 242 als Vertragspflicht ergeben.«

entsprechende Anordnungsbefugnis zustehen müsse. Diese Anordnungsbefugnis habe allerdings Folgen auf der Vergütungsseite.[370] In der Entscheidung *Hauptbahnhof Berlin* hat der BGH vertragliche Änderungsbefugnisse in einem Vertrag mit einem Generalunternehmer auch auf die von diesem zu erbringenden Planungsleistungen erstreckt.[371] Mit unterschiedlicher Begründung im Detail wird dementsprechend heute auch bei Planerverträgen auf Werkvertragsbasis eine entsprechende Anwendung der Anordnungsrechte bejaht.[372] Das OLG Düsseldorf hat dementsprechend auch eine notwendige Honoraranpassung bei **einseitig angeordneten Änderungen eines Projektsteuerungsvertrages** durch den Auftraggeber bejaht.[373] Voraussetzung ist in der Regel, dass der Auftragnehmer keine vernünftigen Gründe hat, die Ausführung der geänderten Leistung zu verweigern.[374]

1636 Ein auf eine Projektrealisierung gerichteter Vertrag ist kein verlängerter Kaufvertrag. Bei Bauprojekten ist die Anerkennung eines einseitigen Änderungsrechtes des Auftraggebers vertragstypologisch gerechtfertigt. Wenn entsprechende Anordnungsrechte in Bezug auf das Bausoll grundsätzlich anerkannt werden, muss dies auch für Planungsleistungen und letztlich auch für Projektsteuerungsleistungen gelten, weil anderenfalls eine Umsetzung entsprechender Anordnungswünsche des Auftraggebers gar nicht möglich wäre.[375] Der Projektmanager/-steuerer soll ja gerade erst den Willen des Bauherren in Bezug auf die Umsetzung von Änderungswünschen bei Planern und Bauherren verwirklichen helfen. Dementsprechend wird der maßgebliche **Parteiwille** beim Abschluss von Projektmanagement-/-steuerungsverträgen in der Regel darauf gerichtet sein, dass eine entsprechende Anordnungsbefugnis des Auftraggebers gegeben ist. Das gilt speziell, wenn der Projektsteuerer mit der Wahrnehmung des Änderungsmanagements beauftragt ist (etwa nach dem AHO-Leistungsbild).

1637 Immer ist zu beachten, dass Änderungen auf der Planer- und Unternehmerebene nicht stets zu Änderungen der vertraglich vereinbarten Projektsteuerungsleistung führen müssen. Die Projektsteuerungsleistung enthält **eigenständige Leistungsverpflichtungen** und ist nicht mit dem Planungs- oder Bauerfolg gleichzusetzen. Dementsprechend kann auch im Falle geänderter Planungs- und Bauleistungen das Steuerungssoll unverändert bleiben. Im Einzelfall ist nach den vorbenannten Kriterien festzustellen, ob es einer Änderungsanordnung überhaupt bedarf.

1638 Vorbehaltlich weitergehender vertraglicher Abreden wird ein einseitiges **Änderungsrecht** des Auftraggebers auch hinsichtlich der Projektsteuerungsverträge **nur in engen Grenzen** anerkannt werden können. Zum einen muss es sich um Änderungen handeln, die zur weiteren Projektbearbeitung **erforderlich** sind. Eine Änderungsbefugnis im Hinblick auf bloß zweckmäßige Änderungsleistungen scheidet vorbehaltlich anderweitiger Vertragsregelungen aus.[376] Darüber hinaus muss das Projektsteuerungsunternehmen über **Ressourcen verfügen**, um eine entsprechend geänderte Leistung erbringen zu können, und die abverlangte geänderte Leistung muss dem

---

370 Dementsprechend nimmt auch die Literatur bei BGB-Bauverträgen i. d. R. eine entsprechende Anwendung der §§ 1 Abs. 3, Nr. 4 an, vgl. Drossart, in: Messerschmidt/Voit, Privates Baurecht, Kommentar zu §§ 631 ff. BGB, § 633, Rn. 8; Kapellmann, Schlüsselfertiges Bauen, Rn. 72; Kapellmann/Schiffers, Vergütung, Nachträge und Behinderungsfolgen beim Bauvertrag, Band 2, Rn. 1001; die Grenzen des Anordnungsrechts bei BGB-Werkverträgen werden nicht einheitlich beurteilt, tendenziell erfolgt eine Anlehnung an die Regelungen der VOB/B.

371 Siehe dazu BGH, Urteil vom 26.07.2007, Az. VII ZR 42/05, in: NZBau 2007, 653, 655.

372 Vgl. BGH, Urteil vom 25.01.1996, Az. VII ZR 233/94, in: BauR 1996, 378 für Bauverträge; methodisch über § 315 BGB; Motzke, BauR 1994, 570, 586 in Analogie zu §§ 1, 2 VOB/B; auch Meurer, BauR 2004, 904 f.; anders noch Knipp, Projektmanagement, S. 46, der annimmt, es seien jeweils übereinstimmende Willenserklärungen erforderlich.

373 OLG Düsseldorf, Urteil vom 26.01.2001, Az. 36 U 45/00.

374 Vgl. Kniffka/Koeble, Kompendium des Baurechts, 5. Teil, Rn. 98 ff.

375 Vgl. Knipp, in: Feschrift für Thode, S. 451, 457 m. w. H.

376 Handelt es sich um Leistungen, die nicht mehr vom Leistungsziel des Hauptvertrages gedeckt sind, liegt ein zweiter selbstständiger Auftrag vor, über dessen Inhalt sich die Parteien einigen müssen, vgl. BGH, Urteil vom 13.12.2001, Az. VII ZR 28/00, in: NZBau 2002, 215 = NJW 2002, 1492 = BauR 2002, 618.

Projektsteuerungsunternehmen insgesamt **zuzumuten** sein. Verlässt der Auftraggeber diesen Rahmen, dann bleibt ihm nur die Wahl, sich entweder einvernehmlich mit dem Projektsteuerer über eine Vertragsänderung zu verständigen oder aber von seinen dienst- oder werkvertraglichen Kündigungsrechten Gebrauch zu machen.

Ungeachtet eines im Rahmen **ergänzender Vertragsauslegung** oder entsprechend § 242 BGB zu bewilligenden einseitigen Änderungsrechtes des Auftraggebers kann der Projektmanager/-steuerer die Ausführung angeordneter geänderter oder zusätzlicher Leistungen verweigern, wenn der Auftraggeber klar zum Ausdruck bringt, dass der Mehraufwand für die Ausführung der geänderten Leistung von ihm nicht bezahlt wird.[377] 1639

5.7.4 Vergütungsanpassung bei Änderungen des Steuerungssolls

Unter einer Änderung des Steuerungssolls sollen nachfolgend sowohl inhaltlich **geänderte Leistungen wie** auch **zusätzliche Leistungen** verstanden werden. Soweit dem Auftraggeber ein einseitiges Anordnungsrecht zusteht, gelten die nachfolgenden Ausführungen betreffend Vergütungsänderungen für beide Formen einer modifizierten Vertragsleistung. 1640

Regeln die Vertragsparteien bei einer einvernehmlichen Leistungsänderung die Vergütungsfolgen nicht ausdrücklich[378] oder aber macht der Auftraggeber von einem einseitigen Leistungsänderungsrecht in Bezug auf geänderte oder zusätzliche Leistungen Gebrauch, dann stellt sich die Frage nach den vergütungsrechtlichen Konsequenzen. Dabei gilt der Grundsatz, dass jede auftraggeberseitig zu vertretende **Änderung des Steuerungssolls** mit Auswirkung auf die Leistungserbringung des Projektmanagers **auch zu einer entsprechenden Vergütungsanpassung** führt.[379] § 5 Abs. 5 AHO regelt für diese Vergütungsordnung explizit, dass im Falle durch den Auftraggeber geänderter Leistungen auch die Vergütung entsprechend anzupassen ist. 1641

Die §§ 612 Abs. 2, 632 Abs. 2 verdeutlichen, dass der Projektsteuerer (wie jeder andere Werkunternehmer) **grundsätzlich nicht unentgeltlich** arbeiten muss.[380] Nach der Auffassung des BGH ist der Grundsatz, dass ein Freiberufler für zusätzliche Arbeit auch zusätzlich zu vergüten ist, sogar 1642

377 OLG Oldenburg, Urteil vom 10.06.2003, Az. 2 U 13/03, in: IBR 2004, 430 (Nichtannahmebeschluss des BGH vom 27.05.2004, Az. VII ZR 177/03) für Planungsleistungen; dazu ausführlich Rdn. 1331.

378 Die vorstehenden Grundsätze zur Vergütungsanpassung gelten nicht nur bei einseitigen Leistungsänderungen, sondern auch dann, wenn die Vertragsparteien über die Ausführung geänderter oder Zusätzlicher Leistungen einig sind, ohne jedoch eine einvernehmliche Festlegung der zusätzlichen Vergütung der Höhe nach getroffen zu haben; Kapellmann/Schiffers, Vergütung, Nachträge und Behinderungsfolgen beim Bauvertrag, Band 2, Rn. 1089.

379 Für einen werkvertraglich basierten Pauschalvertrag hat der 10. Zivilsenat des BGH (Urteil vom 08.01.2002, Az. X ZR 6/00, in: NZBau 2002, 325, 326 = BauR 2002, 787, 790) entschieden: »Besteht allerdings zwischen den Parteien wie im Streitfall bereits ein Werkvertrag mit einer Pauschalpreisabrede, dann können darin nicht vorgesehene zusätzliche Werkleistungen auch ohne Abschluss eines sie betreffenden zusätzlichen Werkvertrages vom Besteller zu vergüten sein. Denn nach ständiger höchstrichterlicher Rechtsprechung rechtfertigt nach Treu und Glauben eine nicht unerhebliche Veränderung des in einem Pauschalpreisvertrag vorgesehenen Leistungsinhalts, die an die Grundlagen der getroffenen Preisvereinbarung rührt, eine Anpassung der Pauschale an die veränderten Verhältnisse. Das gilt in gleicher Weise für den Fall der Erbringung erheblicher zusätzlicher Leistungen, wie für den Fall erheblicher Minderleistungen. Voraussetzung eines solchen erhöhten Vergütungsanspruchs durch Vertragsanpassung ist, dass zu dem Leistungsinhalt, der einer Pauschalpreisvereinbarung zugrunde liegt, erhebliche, zunächst nicht vorgesehene Leistungen auf Veranlassung des Bestellers hinzukommen. Das gilt unabhängig davon, ob die Parteien über die neue Preisgestaltung eine Einigung erzielt haben.«

380 Putzier, Mehraufwand, S. 5, 132, 149.

verfassungsrechtlich verankert.[381] Auch für Architektenpauschalverträge wird die Vergütungspflicht zusätzlich beauftragter Leistungen bejaht.[382]

1643 Durch die Vereinbarung eines **Pauschalpreises** wird für die Vergütung lediglich klargestellt, dass der tatsächliche Ressourceneinsatz des Projektmanagers/-steuerers für die im Vertrag vorgesehenen Leistungen keine Auswirkungen auf die Vergütung hat. Der Auftragnehmer trägt insoweit das Mengenermittlungsrisiko. Wenn aber die der Pauschalpreisbildung zugrunde liegende Leistung/das Steuerungssoll geändert wird, führt das vertragliche Synallagma dazu, dass auch der Preis entsprechend fortgeschrieben werden muss.

1644 Für Bauverträge auf der Grundlage der VOB regelt § 2 Abs. 5 bis 7 VOB/B die auf Grund entsprechender Änderungsanordnungen des Auftraggebers notwendige Vergütungsanpassung, und zwar identisch und weitgehend unabhängig davon, ob ein Einheitspreisvertrag oder Pauschalvertrag vorliegt. Die Vorschriften lauten:

»(5) *Werden durch Änderung des Bauentwurfs oder andere Anordnungen des Auftraggebers die Grundlagen des Preises für eine im Vertrag vorgesehene Leistung geändert, so ist ein neuer Preis unter Berücksichtigung der Mehr- oder Minderkosten zu vereinbaren. Die Vereinbarung soll vor der Ausführung getroffen werden.*

(6) *(1) Wird eine im Vertrag nicht vorgesehene Leistung gefordert, so hat der Auftragnehmer Anspruch auf besondere Vergütung. Er muss jedoch den Anspruch dem Auftraggeber ankündigen, bevor er mit der Ausführung der Leistung beginnt.*

(2) Die Vergütung bestimmt sich nach den Grundlagen der Preisermittlung für die vertragliche Leistung und den besonderen Kosten der geforderten Leistung. Sie ist möglichst vor Beginn der Ausführung zu vereinbaren.

(7) *(1) Ist als Vergütung der Leistung eine Pauschalsumme vereinbart, so bleibt die Vergütung unverändert. Weicht jedoch die ausgeführte Leistung von der vertraglich vorgesehenen Leistung so erheblich ab, dass ein Festhalten an der Pauschalsumme nicht zumutbar ist (§ 242 BGB), so ist auf Verlangen ein Ausgleich unter Berücksichtigung der Mehr- oder Minderkosten zu gewähren. Für die Bemessung des Ausgleichs ist von den Grundlagen der Preisermittlung auszugehen.*

(2) Die Regelungen der Nr. 4, 5 und 6 gelten auch bei Vereinbarung einer Pauschalsumme.«

1645 § 2 Abs. 7 Nr. 2 VOB/B verdeutlicht, dass eine Vergütungsanpassung auf Grund von Änderungsanordnungen des Auftraggebers auch bei Pauschalverträgen entsprechend Abs. 5 und 6 durchgeführt werden muss, sofern sich die Preisermittlungsgrundlagen ändern: Die Vergütungsanpassung ist die unmittelbare Folge der Änderungsanordnung des Auftraggebers, sofern diese in die Preisermittlungsgrundlagen eingreift. Die Rechtsfolge der Vergütungsanpassung tritt unabhängig davon ein, ob der Auftraggeber sie bei seiner Anordnung will oder nicht. Allein entscheidend ist, dass er die Leistungspflichten ändert (also das Vertragssoll modifiziert).[383]

1646 Dieser Grundgedanke, der etwa in den §§ 2 Abs. 5, 6, 7 VOB/B zum Ausdruck kommt, ist durch die Literatur inzwischen auf das BGB-Werkvertragsrecht übertragen worden. Die Ansätze werden von der architektenrechtlichen Literatur auch bei Architektenverträgen für anwendbar gehalten, sofern und soweit die Anknüpfung der Vergütung an die anrechenbaren Kosten nicht ausreicht, um

---

381 Vgl. BGH, Urteil vom 17.09.1998, Az. IX ZR 237/97, in: NJW 1998, 3567, 3569 für die Rechtsanwaltsvergütung: »Die Regelung über die Voraussetzungen, unter denen ein zusätzlicher Anspruch auf Anwaltshonorar entsteht, ist Ausdruck eines allgemeinen, schon durch Art. 12 I GG vorgegebenen Grundsatzes, dass nämlich dem Freiberufler, der seine Arbeitskraft zur Erledigung einer solchen Aufgabe einsetzt, für die Tätigkeiten, die seine speziellen beruflichen Fähigkeiten und Kenntnisse erfordern, auch eine angemessene Vergütung zustehen muss.«

382 Vgl. dazu Lenzen, BauR 1991, 692, 696; vgl. auch BGH, Urteil vom 29.06.2000, Az. VII ZR 186/99, in: BauR 2000, 1754 = WM 2000, 1910, 1911.

383 Vgl. Kapellmann/Schiffers, Vergütung, Nachträge und Behinderungsfolgen beim Bauvertrag, Band 2, Rn. 1088 f.

das Vergütungsrisiko der Architekten zu kompensieren.[384] Beispielhaft kann auf die Ausführungen von *Vygen*[385] verwiesen werden, der anführt:

»Dabei ist aber zu bedenken, dass mit der Pauschalhonorarvereinbarung immer nur die vereinbarten Architekten- oder Ingenieurleistungen abgegolten werden. Kommen dagegen zu den vertraglich vereinbarten Grundleistungen z. B. Besondere Leistungen auf Wunsch des Auftraggebers hinzu, so kann der Auftragnehmer dafür unter Beachtung der Anforderungen des § 5 Abs. 4 HOAI auch ein zusätzliches Honorar verlangen, das zu dem vereinbarten Pauschalhonorar hinzutritt. Ebenso kann der Auftragnehmer ein zusätzliches oder erhöhtes Pauschalhonorar vereinbaren, wenn sich nachträglich herausstellt, dass von ihm außergewöhnliche Leistungen oder Leistungen von ungewöhnlicher Dauer i. S. des § 4 Abs. 3 HOAI zu erbringen sind. Dabei handelt es sich nicht um Fälle des Wegfalls oder der Änderung der Geschäftsgrundlage, sondern um nachträgliche Änderungen der von dem Auftragnehmer zu erbringenden Leistungen, die von ihm nach dem Vertrag nicht geschuldet waren. Immer, wenn diese Änderungen des Leistungsumfangs im Verantwortungsbereich des Auftraggebers liegen, kann der Auftragnehmer die Vereinbarung eines zusätzlichen Honorars verlangen. Die Grundsätze über die Änderung oder den Wegfall der Geschäftsgrundlage greifen nur als letzter Ausweg ein.« 1647

Der BGH hat in der Entscheidung »*Hauptbahnhof Berlin*«[386] nicht nur ein Leistungsbestimmungsrecht des Auftraggebers in Bezug auf Planungsleistungen anerkannt, sondern auch eine daraus resultierende Änderung der Vergütung für sachangemessen gehalten. 1648

Die **Pauschalvergütung** in einem Projektmanagement-/-steuerungsvertrag ist dementsprechend anzupassen, wenn es zu einer Änderung der vertraglichen Leistungsanforderungen kommt und sich hierdurch Mehr- oder Minderkosten für den Auftragnehmer ergeben. Dabei ist Folgendes zu berücksichtigen: 1649

Eine **Ankündigungspflicht** in Bezug auf eine etwaige Mehrvergütung für geänderte Leistungen besteht – soweit der Vertrag nicht etwas anderes vorsieht – nicht. Für den BGB-Bauvertrag wird eine derartige Ankündigungspflicht verneint.[387] Obgleich der Projektsteuerer somit prinzipiell nicht verpflichtet ist, darauf hinzuweisen, dass Anordnungen des Auftraggebers eine zusätzliche Vergütung auslösen, weil die Leistung im Vertrag nicht enthalten ist, tut er gut daran, gleichwohl eine entsprechende Anzeige auszufertigen. Denn er hat gegenüber dem Auftraggeber vertragliche Nebenpflichten, deren Verletzung zu Schadensersatzpflichten führen kann.[388] Dazu kann es gehören, den Auftraggeber, der ohne einen entsprechenden Hinweis erkennbar anders über seine Mittel verfügen würde, frühzeitig auf die zusätzlich aufzubringende Liquidität hinzuweisen. Außerdem sollten Streitigkeiten über Vergütungsfragen generell nicht in die Zukunft verlagert werden. 1650

Verlangt der Auftraggeber eine Modifizierung des Steuerungssolls, ist zu untersuchen, wie sich diese Leistungsänderungen auf die vereinbarte Vergütung auswirken.[389] Die **Art der Vergütungsanpassung** 1651

---

384 Vgl. dazu Locher/Koeble/Frik, HOAI, 9. Auflage, 2005, § 20, Rn. 9 ff. mit einer umfassenden Darlegung des Sach- und Streitstandes.

385 Vygen, in: Hesse/Korbion/Mantscheff/Vygen, HOAI, 4. Auflage, 1996, § 4, Rn. 52; ähnlich Locher/Koeble/Frik, HOAI, § 7, Rn. 41, die die §§ 2 Nr. 5 bis 7 VOB/B lediglich als Orientierungsmarke für die Anpassung des Honorars nach den Grundsätzen über den Fortfall der Geschäftsgrundlage und im Übrigen darauf hinweisen, dass bei außerordentlichen Leistungen oder Leistungen von ungewöhnlicher Dauer i. S. des § 4 Abs. 3 HOAI eine ausdrückliche schriftliche Honorarvereinbarung nötig ist. Fehle eine solche Vereinbarung, so könne der Auftragnehmer i. d. R. nicht im Nachhinein über den Wegfall der Geschäftsgrundlage den Abschluss einer Vereinbarung erzwingen.

386 BGH, Urteil vom 26.07.2007, Az. VII ZR 42/05, in: NZBau 2007, 653, 655: »Soll, wie das Ber-Ger. in rechtlich nicht zu beanstandender Weise annimmt, für im Zusammenhang mit der Errichtung des Bauwerks zu erbringende Planungsleistungen auch das Leistungsbestimmungsrecht des Auftraggebers nach § 1 Nr. 3 und 4 VOB/B gelten, so liegt es nahe, die Vergütungspflicht für besondere Planungsleistungen unter den Voraussetzungen des § 2 Nr. 5 und 6 VOB/B zu bejahen.«

387 Peters/Jacoby, in: Staudinger, BGB, § 632, Rn. 88; Werner/Pastor, Der Bauprozess, Rn. 1097; Putzier, Mehraufwand, S. 149, allerdings Nebenpflicht zur Anzeige.

388 Kapellmann/Schiffers, a. a. O., Rn. 1009.

389 Vgl. KG, BauR 2000, 575: Erforderliche Voraussetzung für eine Vergütungsanpassung ist ein dem Auftraggeber zurechenbares Verhalten.

richtet sich nach dem im Projektsteuerungsvertrag insoweit zum Ausdruck gekommenen **Parteiwillen**. Zu untersuchen ist dabei, welche Preisermittlungsgrundlagen die Vertragsparteien dem Vertrag zugrunde gelegt haben. Nicht selten werden Anhaltspunkte dafür vorliegen, dass nach dem Willen und der Interessenlage der Vertragsparteien die **Preisermittlungsgrundlagen** des Vertrages für den Fall von Änderungen fortzuschreiben sind. Denn infolge auftraggeberseitig zu verantwortender Leistungsänderungen soll sich die wirtschaftliche Situation des Projektsteuerers nach den Vorstellungen der Parteien in aller Regel weder verbessern noch verschlechtern.[390] Kalkulationsgrundlagen stellen in diesem Zusammenhang – soweit an sie für die Fortschreibung der Vergütung in Änderungsfällen nicht bereits nach dem abgeschlossenen Vertrag ausdrücklich angeknüpft worden ist – ein Hilfsmittel dar, um eine angemessene Vergütungsfortschreibung zu erreichen. Wenn die kalkulatorischen Grundlagen des abgeschlossenen Vertrages für die Vertragsparteien transparent waren und die Auftragsvergabe damit auf entsprechenden gemeinsamen Parteivorstellungen über eine zugrunde liegende Kalkulation aufbaut, wird es im Regelfall angemessen sein, die Vergütungsfortschreibung hiernach vorzunehmen. Sofern indessen keinerlei Preisermittlungsgrundlagen offen gelegt worden sind, wie dies bei Pauschalverträgen nicht selten vorkommt, muss im Nachhinein der Parteiwille im Wege der Auslegung ermittelt, ggf. eine schlüssige Nachkalkulation vorgenommen werden.[391] Im Zweifel wird anzunehmen sein, dass die Bedingungen des Hauptvertrages auch für Zusatzaufträge gelten, die in unmittelbarem zeitlichen und sachlichen Zusammenhang mit der Hauptvertragsleistung stehen.[392]

1652 Lässt sich allerdings ein Parteiwille dahingehend, die Vergütung anhand der Preisermittlungsgrundlagen des Vertrages festzustellen, nicht erkennen, dann ist die **Vergütungsanpassung nach § 632 BGB** (mit ortsüblichen Preisen) vorzunehmen.[393]

1653 Haben die Vertragsparteien einen Vertrag/ein Leistungsbild mit **Grundleistungen** und **Besonderen Leistungen** vereinbart, dann ist in der Regel davon auszugehen, dass die Parteien lediglich die Grundleistungen zum von der Vergütungsvereinbarung erfassten Vertragsgegenstand erheben wollten, während die in den einzelnen Leistungsphasen erfassten Besonderen Leistungen – dann, wenn sie anfallen – besonders zu vergüten sind, es sei denn, die Vertragsparteien haben etwas anderes vertraglich bestimmt.[394] Dieser Grundgedanke liegt auch dem AHO-Leistungsbild zugrunde.

1654 Bestimmte **Wesentlichkeitsschwellen** sind – außerhalb des Bereichs der Regeln über die Störung der Geschäftsgrundlage (§ 313 BGB) – nicht relevant, es sei denn, die Vertragsparteien haben etwas anderes bestimmt. Grundsätzlich führt jede auftraggeberseitig zu vertretende Änderung des Steuerungssolls auch zu einer Vergütungsanpassung.[395] Nur in Fällen, in denen die Mehraufwendungen so gering sind, dass üblicherweise dafür kein Entgelt verlangt wird, kann keine zusätzliche Vergütung verlangt werden.[396]

1655 Durch die Wahl eines bestimmten **Vertragstypus** und auch die Wahl einer bestimmten Vergütungsform ergeben sich bereits gewisse, typisierte Folgen für eine Vergütungsanpassung:

---

390 Auch die inzwischen kodifizierten Grundsätze über die Störung der Geschäftsgrundlage gehen davon aus, dass die vertragliche und gesetzliche Risikoverteilung grundsätzlich unverändert bleiben muss, vgl. § 313 Abs. 1 BGB.

391 Vgl. z. B. für den Bauvertrag Kapellmann, Schlüsselfertiges Bauen, Rn. 124.

392 Vgl. OLG Schleswig, Urteil vom 11.11.1999, Az. 2 U 8/99, in: IBR 2002, 16 (Revision vom BGH nicht angenommen, Beschluss vom 13.09.2001, Az. VII ZR 469/99).

393 Vgl. für den Bauvertrag BGH, Urteil vom 27.11.2003, Az. VII ZR 53/03, in: BauR 2004, 488, 493.

394 BGH, Urteil vom 26.07.2007, Az. VII ZR 42/05, in: NZBau 2007, 653, 655.

395 Ähnlich Motzke, BauR 1994, 370, 378 für die Architektenleistung; vgl. Kapellmann/Langen, Einführung in die VOB/B, Rn. 57; insoweit auch BGH, Beschluss vom 12.09.2002, Az. VII ZR 81/01, in: NZBau 2002, 669, auch BGH, Urteil vom 15.12.1994, Az. VII ZR 140/93, in: BauR 1995, 237.

396 BGH, Urteil vom 27.11.2003, Az. VII ZR 53/03, in: NZBau 2004, 146 = BauR 2004, 488, 493 = IBR 2004, 125.

5.7.5 Anpassung bei zeitabhängigen Vergütungsformen

Wenn die Vergütung an den konkreten Verbrauch von Personenstunden bzw. Personentagen oder Personenmonaten anknüpft und eine weitergehende Pauschalierung fehlt, ist im Zweifel die **zeitabhängige Vergütung** um die infolge der Leistungsänderung notwendige Verlängerung des Arbeitseinsatzes bzw. Ausführungszeitraumes **fortzuschreiben**. Das gilt sowohl bei dienstvertraglich basierten, wie auch werkvertraglich geprägten Projektmanagement-/Projektsteuerungsverträgen. Kommt es auf Grund der dem Auftraggeber zuzurechnenden Leistungsänderung zu einer erhöhten Leistungsintensität und dementsprechend einem höheren Zeiteinsatz, so sind die vereinbarten oder dem Vertrag zugrunde gelegten Stunden- bzw. Personentagessätze oder -monatssätze hierauf anzuwenden. Etwas anderes gilt allerdings dann, wenn sich die Projektlaufzeit über die im Vertrag definierte Bindung hinaus verlängert: Sieht der Vertrag einen Preisanpassungsmechanismus vor, ist dieser zugrunde zu legen, fehlt ein solcher, wird im Zweifel davon auszugehen sein, dass dem Projektsteuerer für die Zeit nach dem Auslaufen der vertraglich zugrunde gelegten Projektlaufzeit ein Anspruch auf Anpassung der Stunden-/Tages-/Monatssätze an Lohn- und Materialkostensteigerungen zusteht. Nichts anderes gilt im Übrigen, wenn auf Grund von auftraggeberseitigen Änderungen eine modifizierte Personalstruktur im Projektsteuerungsteam erforderlich wird; dann sind die für das jeweils zusätzlich oder in geänderter Form eingesetzte Personal aktuell maßgeblichen Stunden-/Tages-/Monatssätze zugrunde zu legen.[397] 1656

Soweit die zeitabhängige Vergütungsform mit einer Höchstpreisvereinbarung (**Cap/garantierter Maximumpreis**) verbunden ist, muss auch eine mögliche Anpassung der Höchstsatzvereinbarung geprüft werden. Insoweit wird auf die Regeln zur Vergütungsanpassung bei Cost-plus-fee-Vereinbarungen verwiesen.[398] 1657

5.7.6 Anpassung bei pauschalen Vergütungsformen

Schwieriger gestaltet sich die Anpassung der – speziell bei Werkverträgen typischen – Pauschalvergütungsabreden bei geänderten Leistungen. Die Gemeinsamkeit der Pauschalverträge liegt zunächst in der **Mengenunabhängigkeit der Vergütungsabrede**. Das bedeutet, dass bei der Vereinbarung einer Pauschalpreisabrede das Mengenermittlungsrisiko bei dem Projektsteuerer liegt. Damit ist aber auch bei Pauschalverträgen nicht verbunden, dass hierdurch bei vom Auftraggeber zu vertretenden Änderungen des Steuerungssolls eine Vergütungsanpassung ausgeschlossen wäre. Vielmehr ist auch in diesen Fällen eine Anpassung der Pauschale entsprechend dem änderungsbedingten Mehraufwand möglich und geboten.[399] Mit Recht hat deshalb das OLG Düsseldorf entschieden, dass auch das Pauschalhonorar des Projektsteuerers in diesen Fällen entsprechend § 2 Abs. 7 VOB/B bzw. § 242 BGB angepasst werden kann.[400] 1658

Auch bei dem Pauschalhonorar ist nach der gemäß dem Parteiwillen maßgeblichen – ggf. fortzuschreibenden – **Preisermittlungsgrundlage** zu suchen. Dabei kommen nach dem Ergebnis der Vertragsauslegung unterschiedliche Anpassungsgrundlagen in Betracht: 1659

5.7.6.1

Haben die Vertragsparteien eine Pauschalierung nach einem **bestimmten Leistungs- und Vergütungsmodell** zugrunde gelegt, dann spricht der Parteiwille in der Regel dafür, dass das Honorarmodell auch bei angeordneten Änderungen fortzuschreiben ist. In Bezug auf entfallende oder neu hinzukommende Leistungen wie auch die Auswirkungen von Leistungsänderungen in einzelnen Bereichen, kann deshalb auf sog. **Wägungsanteile** für das jeweilige Honorarmodell abgestellt 1660

397 Vgl. dazu auch Kapellmann/Schiffers, Vergütung, Nachträge und Behinderungsfolgen beim Bauvertrag, Band 2, Rn. 330, 1147.
398 Vgl. Rdn. 1705.
399 Vgl. BGH, Urteil vom 08.01.2002, Az. X ZR 6/00, in: NZBau 2002, 325, 327.
400 OLG Düsseldorf, Urteil vom 26.01.2001, Az. 36 U 45/00.

werden.[401] Auch der BGH hat anerkannt, dass bei der Bewertung nicht erbrachter Planungsleistungen etwa die *Steinfort-Tabelle* oder andere Bewertungsmodelle als Orientierungshilfe herangezogen werden können (dazu näher Rdn. 1672 f.).[402]

1661 Zu berücksichtigen ist stets, dass die Wägungsvorschläge von einem bestimmten Leistungsbild ausgehen. Deshalb ist immer zu prüfen, ob die Wägungsvorschläge ohne Modifizierung auf den maßgeblichen Fall angewandt werden können. Bei der Ermittlung des konkreten Honoraranteils ist – auch bei Anwendung der Wägungstabellen – wie folgt vorzugehen:[403]

- Feststellung der vorliegenden Leistungen und **Zuordnung zu notwendigen Arbeitsschritten**: Im Hinblick auf die Erfolgsorientiertheit werkvertraglicher Projektmanagement/-steuerungsverträge ist bei einer Vertragsanpassung nach Wägungsanteilen zu beachten, dass im Falle einer pauschalen Übernahme eines entsprechenden Honorarmodells zunächst festgestellt werden muss, welche der aufgelisteten Spiegelstrichleistungen (nach der Parteiabsprache wie auch den Erfordernissen des Projektes) überhaupt benötigt werden. Das anteilige Honorar ist alsdann auf die verbliebenen, projektbezogen notwendigen Leistungen zu verteilen, bevor es infolge der geänderten Projektbedingungen fortgeschrieben werden kann.
- Ermittlung des **Umfangs der erbrachten Leistungen** bei den notwendigen Arbeitsschritten.
- **Aufteilung** der Vomhundert-Sätze **auf die notwendigen Arbeitsschritte**.
- **Gesamtbewertung** des erbrachten Auftragsumfangs.

Wegen aller weiteren Einzelheiten wird auf die ausführliche Darstellung bei Rdn. 1696 verwiesen.

5.7.6.2

1662 Beruht die vereinbarte **Pauschalsumme** auf einem **vorgegebenen Budget** oder einer **Preisfindung im Wettbewerb**, ist es nicht möglich, die Honorarermittlungsgrundlagen ohne weiteres zu bestimmen. Für diese Fälle muss ein für die Vergütungsanpassung ggf. fortzuschreibendes Vertragspreisniveau nachträglich erschlossen werden. Im Zweifel ist auf die **übliche** Vergütung für die zusätzlichen oder geänderten Leistungen abzustellen. Dabei spielen neben den Sachkosten die zu berücksichtigenden Personalkosten eine gewichtige Rolle. Denn Personalkosten machen mit rd. 75 % die umfangreichste Kostenart bei der Projektsteuerung aus. Sachkosten fallen dagegen nur in verhältnismäßig geringem Umfang an. Die Gewichtung hat sich in der jüngsten Zeit zwar auf Grund des immer wichtiger werdenden EDV-Einsatzes etwas zugunsten der Sachkosten verschoben. Selbst

401 Vgl. Müller, in: Der Projektsteuerervertrag – Honorierung der Projektsteuerung, S. 11;

Projektentwicklung	16 %
Grundlagenermittlung	10 %
Projektvorbereitung insgesamt	26 %
Vorplanung	12 %
Entwurfsplanung	8 %
Planung insgesamt	20 %
Genehmigungsplanung	1 %
Ausführungsplanung	9 %
Vorbereitung der Vergabe	6 %
Mitwirkung bei der Vergabe	4 %
Ausführungsvorbereitung insgesamt	20 %
Objektüberwachung	26 %
Ausführung insgesamt	26 %
Objektbetreuung, Dokumentation	8 %
Projektabschluss insgesamt	8 %.

402 BGH, Urteil vom 16.12.2004, Az. VII ZR 174/03, in: IBR 2005, 159.

403 Vgl. dazu im Einzelnen Seifert, in: Festschrift für Werner, S. 145, 161.

neuere Untersuchungen gehen aber noch von einem Personalkostenanteil von mehr als 70 % aus.[404] Darüber hinaus sind die Schwierigkeit und die Bedeutung der betroffenen Teilleistungen für die jeweilige Leistungsphase bzw. den Handlungsbereich sowie hiermit verbundene Haftungsrisiken zu berücksichtigen.

Ob und inwieweit gewährte **Nachlässe** bei geänderten und zusätzlichen Leistungen fortzuschreiben sind, ist eine Frage des Parteiwillens bei Abgabe des entsprechenden Nachlassangebotes.[405] 1663

5.7.6.3

Ist die Pauschalvergütung auf der Grundlage einer **Personaleinsatzkalkulation** gebildet worden, wird in der Regel die Personaleinsatzkalkulation fortzuschreiben sein. Dazu bedarf es einer Fortschreibung des Einsatzes der jeweiligen Mitarbeiter und der hierfür zugrunde gelegten Stunden-, Tages-, Monatssätze (sowie der genauen Abgrenzung des Vertragssolls einerseits und der änderungsbedingten Mehraufwendungen andererseits).[406] Bei Projektmanagement-/Projektsteuerungsverträgen mit einer Pauschale auf Basis einer Personaleinsatzkalkulation ist immer zu prüfen, ob nicht der konkrete Vertrag lediglich eine vorläufige Pauschalierung enthält, so dass jede Änderungsleistung ohnehin zu einer Änderung auch der Pauschalvergütung führt. Die Vertragsparteien können nämlich durchaus – wie beim Bau-Einheitspreisvertrag – regeln, dass die Personaleinsatzkalkulation stets zugrunde zu legen ist und die Pauschalvergütung dementsprechend bei Änderungen ohne Einschränkungen fortgeschrieben werden muss (vgl. dazu Rdn. 1498). 1664

404 Eine prozentuale Verteilung der Kosten des Planungsbüros haben etwa Pfarr/Arlt/Hobusch, Das Planungsbüro und seine Kosten, S. 13 vorgestellt:

	Arch.	Ing.
1. Personalkosten insgesamt	76,4 %	73,7 %
2. Kosten für Raumnutzung	4,1 %	5,8 %
3. Sachkosten des Bürobetriebes	6,1 %	9,4 %
4. Kosten der Fahrzeughaltung	4,0 %	3,1 %
5. Reisekosten	1,0 %	1,0 %
6. Kosten der Bürosicherung	3,1 %	2,3 %
7. Repräsentation, Akquisition	1,1 %	0,9 %
8. Sonstige Kosten	4,2 %	3,8 %
1–8 Kosten insgesamt	100,0 %	100,0 %

Hieran hat sich bis heute wenig geändert. Nach dem Statusbericht 2000 plus Architekten/Ingenieure machen die Personalkosten einschließlich Honorare für freie Mitarbeiter und Leistungen Dritter rd. 76,42 % der Gesamtkosten aus (siehe S. 49 AHO). Zu den Kosten der Planungsbüros auch ausführlich Schiffers, NZBau 2002, 185 ff.; nach der IFB-Studie 2014 liegt der Personalkostenanteil im Jahr 2013 bei insgesamt 73 % der Gesamtkosten; je nach Bemessungsgrundlage liegt der Gemeinkostenfaktor zwischen 2,8 bis 3.

405 Vgl. BGH, Urteil vom 24.07.2003, Az. VII ZR 79/02, in: NZBau 2004, 31 = BauR 2003, 1892 = IBR 2003, 591; Pauly, MDR 2004, 608.

406 Vgl. etwa Unger, in: DVP, Projektmanagement in Praxisbeispielen, S. 17.

1665 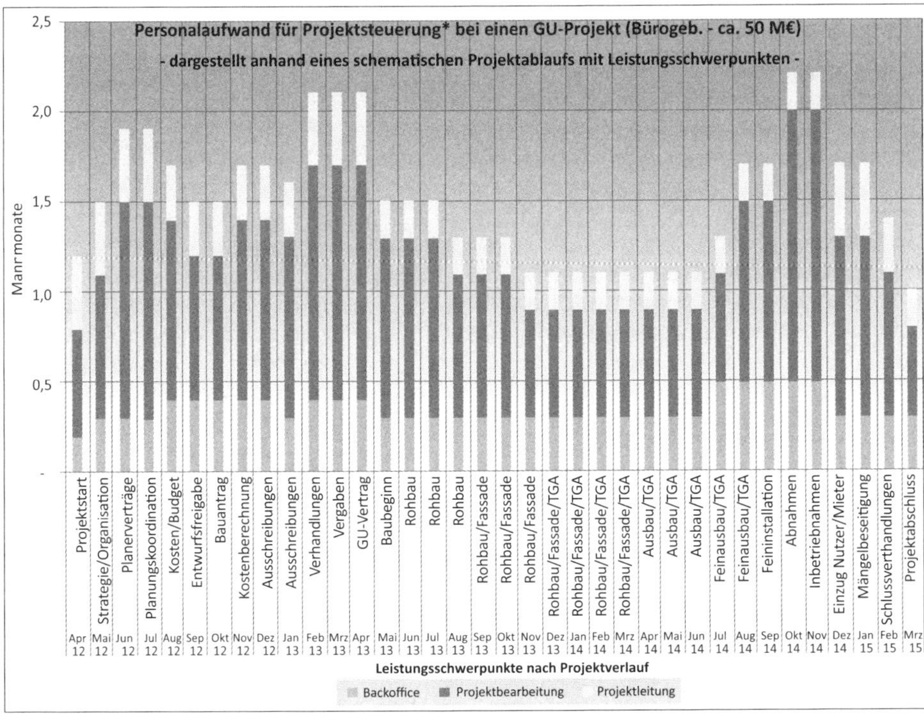

* nach Prof. Clauß - IQ Real Estate Gmbh - 10/2014

5.7.6.4

1666 Bei einer Vergütungsabsprache in der Form einer **herstellkostenabhängigen Pauschale** ist zu prüfen, ob dem mit der Änderung verbundenen Mehraufwand nach dem Parteiwillen nicht bereits über die geänderten Herstellkosten und die daraus resultierende Erhöhung des Honorars in ausreichender Weise Rechnung getragen wird.[407] In aller Regel wird bei der Beauftragung zusätzlicher Leistungen davon auszugehen sein, dass der durch die Ausführung der zusätzlichen Leistungen bedingte Mehraufwand bereits durch die herstellkostenabhängige Pauschale ausreichend abgegolten ist.

1667 Entsprechendes kann für geänderte Leistungen anzunehmen sein, weil die Vereinbarung herstellkostenabhängiger Pauschalen in der Regel in der Vorstellung erfolgt, dass sehr wohl Änderungen auftreten können, mit der herstellkostenabhängigen Pauschale allerdings eine Vergütungsform gewählt worden ist, die den typischen Änderungen und Mehrleistungen, die bei der Projektabwicklung typischerweise auftreten, in ausreichender Form Rechnung getragen worden ist. Bei Verträgen mit einer herstellkostenunabhängigen Pauschale bleibt die Herstellkostensteigerung grundsätzlich unerheblich. Erst ab Erreichen der Zumutbarkeitsgrenze nach den Grundsätzen zur Störung der Geschäftsgrundlage (§ 313 BGB) können sich Kostensteigerungen auswirken.[408]

5.7.6.5

1668 Bei einer auf auftraggeberseitigen Änderungen des Steuerungssolls beruhenden **verlängerten Projektdauer** muss zunächst die nach dem Vertrag maßgebliche Aufwandskurve ermittelt werden.

407 Vgl. OLG Düsseldorf, Urteil vom 13.05.1986, Az. 12 U 165/85, in: BauR 1986, 719, 722; Lenzen, BauR 1991, 692, 694 (für den Architekten).

408 Vgl. Kleine-Möller, in: Kleine-Möller/Merl, Handbuch des privaten Baurechts, § 10, Rn. 401.

Alsdann ist festzustellen, welche Verschiebungen sich hinsichtlich des Aufwandes in die Zukunft ergeben haben. Eine Verlängerung der Projektdauer führt nämlich nicht notwendigerweise dazu, dass der Mehraufwand mit dem Aufwand mit Verlängerungszeitraum gleichgesetzt werden kann. Vielmehr können sich Aufwandsverschiebungen in die Zukunft ergeben. Dabei ist aber zu berücksichtigen, dass der Aufwand per Saldo bei einer Streckung der Laufzeit in aller Regel nicht gleich bleibt. Denn infolge der längeren Personalvorhaltung, inflationsbedingter Kostensteigerungen usw. treten zumeist Zusatzkosten auf.

Mit der Rechtsprechung des BGH zu Planerverträgen ist davon auszugehen, dass der Mehraufwand 1669
konkret ermittelt werden muss. Für eine durch den Auftraggeber verursachte Bauzeitverlängerung hat der BGH festgestellt, dass der Auftragnehmer den Mehraufwand nach Zeit, Personen und Tätigkeitsinhalten exakt aufschlüsseln muss. Die pauschale Behauptung, Bauingenieure seien für die Dauer von mehreren Monaten für das Projekt zusätzlich tätig gewesen, reiche nicht aus, wenn der Auftraggeber dies bestreite. In einem solchen Fall könne auf Einzelnachweise nicht verzichtet werden.[409]

Der Mehraufwand für die verlängerte Projektlaufzeit ist grundsätzlich nach Maßgabe des ver- 1670
traglichen Preisniveaus für den Personaleinsatz zu bestimmen, wobei allerdings für die Zeit ab der ursprünglich vorgesehenen Beendigung des Vertrages Personal- und Sachkostensteigerungen berücksichtigt werden müssen (ausführlich dazu bei Rdn. 1735).[410]

Sieht die Pauschalvereinbarung speziell für den Fall von Leistungsänderungen Zeitvergütungen als 1671
Bedarfspositionen vor, dann kann grundsätzlich bei allen Vergütungsformen – sofern kein gravierender Änderungsaufwand auftritt – vereinfachend eine Honoraranpassung nach Maßgabe des zeitlichen Mehraufwandes stattfinden. Dieser Mehraufwand ist von der vertraglichen Sollleistung abzugrenzen und nach zusätzlich in Anspruch genommenen Tätigkeiten, Zeitmehraufwand und zusätzlichem Personaleinsatz zu benennen und zu spezifizieren.[411]

5.7.7 Teilleistungsbewertungen/Wägungstabellen für die Anpassung von Projektsteuerungs-Pauschalverträgen

5.7.7.1 Methodische Grundlagen

– **Teilleistungskataloge als sachverständige Orientierungshilfe** 1672
  Teilleistungskataloge sind in der Vergangenheit zunächst für Architekten- und Ingenieurverträge entwickelt worden und haben in diesem Bereich eine große Verbreitung gefunden. Eine Reihe von Architektenkommentaren enthalten entsprechende Teilleistungskataloge für Planungsleistungen.[412] Die Rechtsprechung hat die Teilleistungskataloge als Praxishilfe anerkannt und legt sie auch bei prozessualen Auseinandersetzungen als grundsätzlich sachgerechte Orientierungshilfe zugrunde.[413]

  Überhaupt erst erforderlich sind solche Teilleistungskataloge geworden, weil die in der HOAI 1673
  benannte kleinste Berechnungseinheit dem v.H.-Satz einer Leistungsphase entspricht. Der Verordnungsgeber hat bewusst davon abgesehen, die Honorargliederung weiter zu verfeinern, weil angesichts der unterschiedlichen Planungsaufgaben eine solche Detaillierung als nicht

409 BGH, Urteil vom 03.07.1997, Az. VII ZR 319/95, in: NJW-RR 1997, 1377 = IBR 1998, 29 mit Anm. von Schulze-Hagen.

410 OLG Brandenburg, Urteil vom 16.12.1999, Az. 12 U 34/99, in: BauR 2001, 1772 = IBR 2001, 553; Rosenbrück, Die RBBau, S. 205; auch OLG Karlsruhe, Urteil vom 28.11.1996, Az. 9 U 188/95, in: IBR 1999, 171.

411 Vgl. BGH, Urteil vom 03.07.1997, Az. VII ZR 319/95, in: NJW-RR 1997, 1377 = IBR 1998, 29.

412 Vgl. etwa *Simmendinger/Frey*, in: *Locher/Koeble/Frik*, HOAI, S. 1320 f.; *Seifert*, in: *Korbion/Mantscheff/Vygen*, HOAI, § 8 Rn. 32 ff.

413 BGH, NZBau 2005, S. 163 f.; KG BeckRS 2012, S. 19582; dazu auch: *Simmendinger/Frey*, a.a.O.; *Seifert*, a.a.O.

sinnvoll und durchführbar angesehen wurde.[414] Eine ähnliche Situation ist bei der Beschreibung von Projektmanagementleistungen im Leistungsbild AHO und den zugehörigen Honorarvorschlägen festzustellen. Bei der Bemessung des Projektsteuerungshonorars nach anrechenbaren Kosten gem. § 5 AHO wird eine an die HOAI angelehnte Honorarberechnung vorgesehen. Auch hier werden grundsätzlich nur Honorarvorschläge für einzelne Projektstufen unterbreitet, § 6 Abs. 2 AHO. Es ergibt sich daher ein vergleichbares Bedürfnis für eine Differenzierung der Honoraranteile in einzelne sogenannte *»Spiegelstrichleistungen«* des Leistungsbildes.

1674 – **Teilleistungen als Besonderheit des Projektsteuerungs-Pauschalvertrages**
Teilleistungskataloge/Wägungstabellen haben ihren Anwendungsbereich bei Pauschalverträgen. Bei einer Honorierung nach Zeitaufwand, wie sie mangels Preisrecht im Bereich Projektsteuerungsverträge ohne Weiteres vorgenommen werden kann, spielen die Teilleistungskataloge keine wesentliche Rolle. Denn hier können etwaige Änderungsfolgen ohne Weiteres nach Zeitaufwand berechnet werden. Sie können ggf. zur Plausibilisierung des Aufwandes herangezogen werden. Mehr Relevanz haben die Teilleistungskataloge dort, wo zwischen Auftraggeber und Projektsteuerer ein Pauschalhonorar vereinbart worden ist. Ein solches Honorar kann an anrechenbare Kosten anknüpfen, wie dies in § 5 f. AHO vorgesehen ist oder auf andere Art und Weise nach dem freien Willen der Vertragsparteien berechnet werden. Wenn Vergütungsabreden an anrechenbare Kosten anknüpfen, sind diese Honorarvereinbarungen im Ergebnis ebenfalls als Pauschalvergütungen zu qualifizieren. Denn die Vergütung hängt eben nicht vom eingesetzten (Personal-) Aufwand des Projektsteuerungsunternehmens ab. Die Entwicklung der anrechenbaren Kosten steht weder bei der HOAI noch bei der Vergütung von Projektsteuerungsleistungen in einem direkten Zusammenhang zum Aufwand des Planungs- oder Projektsteuerungsunternehmens. Das gilt erst recht infolge der Verwendung der bei beiden Honorarordnungen zugrunde gelegten Kostenberechnungsmodelle. Spätere Anstiege anrechenbarer Kosten nach Feststellung der Kostenberechnung haben grundsätzlich keinerlei Auswirkung mehr auf die hiernach vereinbarte Vergütung.

1675 Dementsprechend hat es bereits in der Vergangenheit Teilleistungsbewertungen/Wägungsvorschläge für die Projektsteuerung gegeben. Sie sind in der Literatur wie folgt vorgestellt worden:

- *Müller* hatte das Leistungsbild AHO/DVP (1996) weiter in differenzierte Wägungsanteile aufgespalten.[415]
- *Blohm* hatte das AHO/DVP Leistungs- und Vergütungsmodell für das Totalunternehmercontrolling modifiziert und Wägungsanteile ermittelt.[416]
- Für ein auf Basis des § 31 HOAI entwickeltes, ausführliches Leistungsbild wurden von *Wingsch* ebenfalls konkrete Honoraranteile wie auch Vergütungsanteile nach Leistungsstufen benannt.[417]
- Darüber hinaus hat *Mittelstädt* aufgrund empirischer Untersuchungen Wägungsanteile für das Projektmanagement zusammengestellt, die nachfolgend ebenfalls abgedruckt sind.[418]
- *Eschenbruch/Schneider* hatten eine Teilleistungsbewertung/Wägungstabelle zur Leistungs- und Honorarordnung AHO 2009 erarbeitet und vorgestellt.[419]

1676 Im Hinblick auf die Novellierung der Leistungs- und Vergütungsordnung AHO 2014 haben die zuletzt genannten Autoren eine Teilleistungsbewertung/Wägungstabelle für das aktuelle AHO-Leistungsbild 2014 entwickelt, deren wesentlicher Inhalt nachfolgend abgedruckt

414 Vgl. etwa *Seifert*, in: *Korbion/Mantscheff/Vygen*, HOAI, § 8 Rn. 32.

415 Vgl. Müller, in: DVP, Strategien des Projektmanagements, Teil 3, 31.3.2000, Herausforderungen für das Bauprojektmanagement, Anlage 3 zum Seminarbeitrag; dazu die vorgenannten Fußnoten; zur Aufgliederung von Einzelleistungen und deren honorarmäßiger Bewertung auch Werner, Der Projektsteuerungsvertrag – Theorie und Praxis, S. 48 ff.

416 Blohm, Projektcontrolling bei Totalunternehmerverträgen mit funktionaler Leistungsbeschreibung, S. 130 f.

417 Wingsch, Leistungsbeschreibungen und Leistungsbewertungen zur HOAI, S. 44 ff., 62 f.

418 Vgl. Rdn. 1296.

419 Eschenbruch/Schneider, BauR 2010, 389.

ist.[420] Außerdem wird auf die Wägungsvorschläge von *Mittelstädt* verwiesen, die nachfolgend abgedruckt sind, weil sie eigenständige Leistungsbilder des Autors betreffen und zudem einen Zusammenhang zur Dauer der Projektsteuerungsleistung aufweisen, die in dieser Detailliertheit im AHO-Leistungsbild bislang nicht vorhanden ist.

– **Eckpunkte und Neuverteilung des Honorars auf die einzelnen Projektstufen (AHO 2009 und 2014)** 1677
Gemäß § 6 Abs. 2 AHO wird die anteilige Vergütung für Grundleistungen der Projektsteuerung einzelner Projektstufen wie folgt verteilt:

Projekt-stufen		Bis 2009	2014
1	Projektvorbereitung	26 %	19 %
2	Planung (Vor-, Entwurfs- und Genehmigungsplanung)	21 %	21 %
3	Ausführungsvorbereitung (Ausführungsplanung, Vorbereiten der Vergabe und Mitwirken bei der Vergabe	19 %	22 %
4	Ausführung (Objektüberwachung)	26 %	30 %
5	Projektabschluss (Objektbetreuung, Dokumentation	8 %	8 %
Summe		100 %	100 %

Die Bewertung der Projektstufen infolge der AHO-Novelle 2014 hat somit zu einer deutlichen Verschiebung des anteiligen Honorars in spätere Projektphasen geführt. Diese Neuverteilung soll den sukzessive gewachsenen Anforderungen an Projektsteuerungsleistungen auch in den Phasen Ausführungsvorbereitung und Ausführung Rechnung tragen. Insbesondere sollte vermieden werden, dass im Falle einer vorzeitigen Beendigung eines Projektsteuerungsvertrages nach Erbringung einzelner Projektstufen für die Steuerung der späteren Projektstufen kein ausreichendes Honorar mehr zur Verfügung steht. 1678

– **Einarbeitungseffekte bei der Beauftragung einzelner Projektstufen** 1679
Zu berücksichtigen ist des Weiteren, dass dann, wenn vorangehende Projektstufen nicht beauftragt werden, üblicherweise ein nicht unerheblicher Mehraufwand entsteht, weil Einarbeitungsnotwendigkeiten auftreten. Deshalb regelt § 6 Abs. 2 Satz 2 der Leistungs- und Honorarordnung Projektmanagement AHO (2014):

»Werden ausnahmsweise einzelne vorangehende Projektstufen nicht beauftragt, so erhöht sich das Honorar für die beauftragten Projektstufen um max. 50 v.H. des Honorars der nicht beauftragten Projektstufen.«

– **Honorarverteilung auf Handlungsbereiche** 1680
Während für die zeitliche Aufgliederung der Leistung auf Projektstufen feste Prozentsätze für die einzelnen Projektstufen vorgegeben wurden, ist dies für die inhaltliche Aufgliederung des Leistungsbildes in einzelne Handlungsbereiche wie Organisation/Information, Qualitäten und Quantitäten, Kosten und Finanzierung sowie Termine, Kapazitäten und Logistik und schließlich Verträge und Versicherungen nicht der Fall. Es werden lediglich gewisse *»Abminderungsfaktoren«* für Fälle vorgesehen, in denen einzelne Handlungsbereiche oder Kombinationen von Handlungsbereichen beauftragt werden sollen. Die Abminderungsprozentsätze beschreiben eine Reduzierung des Gesamthonorars für den Fall der inhaltlichen Teilbeauftragung. Auch diese Regelung, die nicht mit einer detaillierten Aufgliederung im Sinne eines Teilleistungskataloges verglichen werden kann, trägt dem Umstand Rechnung, dass bei einer Einzelbeauftragung einzelner Handlungsbereiche immer wieder Schnittmengen zum Handlungsbereich Organisation/Information und zu anderen Handlungsbereichen auftauchen, die es nicht zulassen, ohne Weiteres feste Honorar-Wägungsanteile für einzelne Handlungsbereiche zu definieren. Hierzu

420 Eschenbruch/Schneider BauR 2015, 400 f.

wird auch auf die Veröffentlichung von *Eschenbruch/Schneider* aus 2010[421] und eine weitere Veröffentlichung von *Schneider*[422] im gleichen Jahr verwiesen.

1681 – **Anwendungsfälle der Teilleistungsbewertung**

Teilleistungskataloge werden in der Praxis bei unterschiedlichen Fallgestaltungen herangezogen. Üblicherweise handelt es sich um folgende Fallgestaltungen:

- Bewertung erbrachter Teilleistungen bei gekündigten Projektsteuerungsverträgen
- Beauftragung zusätzlicher Leistungen nach Erteilung einer Basisbeauftragung
- Anordnung bzw. Vereinbarung von Leistungsänderungen durch den Auftraggeber
- Nichterbringung (Weglassen) von übertragenen einzelnen Grundleistungen durch das Projektsteuerungsunternehmen
- Bei der Bewertung von Ansprüchen des Projektsteuerungsunternehmens nach § 642, 645 BGB im Falle einzelleistungsbezogener Verletzung von Mitwirkungshandlungen durch den Auftraggeber
- Bei der Honorarverteilung innerhalb einer ARGE über eine Gesamtleistung Projektmanagement oder aber im Verhältnis Hauptauftragnehmer/Nachunternehmer
- Die von vornherein vorgesehener Beauftragung bloßer Teilleistungen innerhalb einer Projektstufe durch den Auftraggeber (hier gelten allerdings Besonderheiten – dazu Ziff. 3.4).

1682 Im vorliegenden Kontext nicht relevant ist dagegen die aus dem Anwendungsbereich der HOAI bekannte Problemstellung der rein preislichen Beurteilung, ob durch die Nichtbeauftragung mit einzelnen Teilgrundleistungen bei Vereinbarung eines Pauschalhonorars eine unzulässige Unterschreitung von Mindestsätzen vorliegt.[423]

5.7.7.2 Grenzen des Einsatzes von Teilleistungsbewertungen

– **Vorzeitige Beendigung/Kündigung von Projektsteuerungsverträgen**

1683 Die in der Praxis wichtigste Fallgestaltung der Anwendung von Teilleistungskatalogen ist der Fall der vorzeitigen Beendigung eines Projektsteuerungsvertrages. Dann tritt für alle Vertragsparteien die unerwartete Notwendigkeit auf, erbrachte Leistungen von nicht erbrachten Leistungen abzugrenzen und hierfür anteilige Honorare zu bestimmen. Hier liegt auch der sachgerechteste Anwendungsbereich entsprechender Teilleistungskataloge. Denn die Vertragsparteien haben bereits ein Gesamthonorar gefunden und es geht ausschließlich darum, innerhalb des Gesamthonorars anteilige Vergütungswerte für Teilleistungen zu finden.

1684 Die Teilleistungsbewertung erschöpft sich auch bei dieser Fallgestaltung nicht in einer reinen Rechenoperation, sondern es sind vielmehr weitere juristische Wertungen vorzunehmen:

- Den Vertragsparteien steht es zunächst frei, für den Fall der vorzeitigen Beendigung eines Projektmanagementvertrages Regelungen zur Teilleistungsbewertung zu treffen. Haben sie etwa im Projektsteuerungsvertrag selbst (wie in einer Einheitspreisliste) eine Bewertung von Teilleistungen vorgenommen und bestimmt, dass im Falle einer vorzeitigen Kündigung hiernach abzurechnen ist, dann hat eine derartige Abrede Vorrang. Zu beachten ist allerdings, dass der BGH für die Abrechnung des gekündigten, werkvertraglichen Pauschalvertrages eine Ermittlung der ersparten Aufwendungen nicht nach den kalkulierten Aufwendungen, sondern nach den tatsächlich ersparten Aufwendungen fordert.[424] Wenn sich im Kündigungsfall abzeichnet, dass die ursprüngliche Teilleistungsbewertung entsprechend den konkreten Projektanforderungen nicht mehr mit den tatsächlich erforderlichen Aufwendungen übereinstimmt, wäre eine Abrechnung nach einer kalkulierten Teilleistungsbewertung nicht

421 Eschenbruch/Schneider, BauR 2010, 389.

422 Schneider, Die Honorierung von Projektsteuerungsleistungen auf dem empirischen Prüfstand in Projektmanagementstandards in Deutschland 2010: DVP-Verlag.

423 *Simmendinger/Frey*, in: *Locher/Koeble/Frik*, HOAI, Anh. 3, S. 1320; *Seifert*, in: *Korbion/Mantscheff/Vygen*, HOAI, § 8 Rn. 33.

424 BGH, BauR 1999, 1292, 1294; BGH, IBR 2005, 662.

mit dem Grundgedanken des § 649 BGB vereinbar. Die strikte Bindung an einen vorkalkulierten Teilleistungskatalog kann daher als Allgemeine Geschäftsbedingung an der Inhaltskontrolle nach § 307 BGB scheitern, weil die Abrechnung mit § 649 BGB nicht vereinbar ist.

- Sofern die Vertragsparteien keine konkreten Regelungen getroffen haben, ist immer zu prüfen, ob das im Einzelfall im Projektsteuerungsvertrag in Bezug genommene Leistungsbild einfach als Standardleistungsbild – ohne Anpassung an die Projektspezifika – übernommen oder konkret auf die Projektbedürfnisse angepasst worden ist. Wenn die Vertragsparteien feststellbar aus bloßen Vereinfachungsgründen auf ein Standardleistungsbild zurückgegriffen haben, ohne die Passgenauigkeit im Detail zu hinterfragen, dann kann der Parteiwille auch ergeben, dass der Wegfall im Einzelfall gar nicht relevanter Teilleistungen keine Auswirkungen auf das Gesamthonorar hat oder aber die Gewichtung von Einzelleistungen entsprechend den tatsächlichen Besonderheiten der Projektanforderungen anzupassen ist.[425] 1685

– **Teilleistungsbewertung bei bloßem Weglassen von übertragenen, einzelnen Grundleistungen durch den Projektsteuerer** 1686
Auch in diesem Fall ist zunächst im Wege der Auslegung festzustellen, ob die Teilleistung nach dem Vertragswillen überhaupt ein einschlägiges Gewicht hat, um hierauf gestützt zu einer Reduzierung des Honorars zu gelangen. Das kann nur im Rahmen der Vertragsauslegung festgestellt werden. Im Einzelfall kann z.B. aufgrund des Umstandes, dass der Auftraggeber in Kenntnis des Ausbleibens einzelner Teilleistungen diesen Umstand nicht rügt, im Wege der Auslegung davon ausgegangen werden, dass eine Reduzierung wegen nicht erbrachter Spiegelstrichleistungen gar nicht stattfinden soll.
Handelt es sich bei dem Projektsteuerungsvertrag um einen Werkvertrag (wie in der Regel), dann führt eine weggelassene Leistung nicht ohne Weiteres dazu, dass die Vergütung zu vermindern ist. Denn nach der Rechtsprechung des BGH hat der Auftraggeber nur dann einen Anspruch auf Honorarreduzierung wegen der Nichterbringung von Teilleistungen, wenn diese nach dem Parteiwillen einen selbstständigen werkvertraglichen Leistungserfolg darstellen.[426] D.h. es muss – sofern keine anderweitigen Anhaltspunkte gegeben sind – nach gewährleistungsrechtlichen Gesichtspunkten geprüft werden, ob der Wegfall der Teilleistung zu einem Mangel der Projektsteuerungsleistung geführt hat, um sodann die Voraussetzungen für eine Minderung nach §§ 634, 638 BGB zu begründen. In der Regel ist eine Nachfristsetzung erforderlich. Ohne besondere Hinweise kann nicht einfach – wie es etwa *Simmerdinger* und *Frey* in der Kommentierung bei *Locher/Koeble/Frik* beschreiben[427] – dem Wegfall einzelner Teilleistungen durch einen mathematisch nachvollzogenen Abzug entsprechender Honorarprozentsätze Rechnung getragen werden. 1687

– **Leistungsänderungen und -störungen** 1688
Im Falle von Leistungsänderungen und -störungen in Teilbereichen der Projektsteuerungsleistung kann die Teilleistungsbewertung ebenfalls Anhaltspunkte für eine sachgerechte Honoraranpassung bieten. Allerdings sind die Störungsfolgen zumeist unter Berücksichtigung des durch die Störung verursachten konkreten Mehraufwandes (unter Berücksichtigung der maßgeblichen Preisermittlungsgrundlagen) zu bestimmen.

– **Teilleistungsbewertung bei von vornherein vorgesehenen Teilbeauftragungen sowie ergänzenden Beauftragungen** 1689
Bei der von vornherein vorgesehenen eingeschränkten Beauftragung von Projektsteuerungsleistungen sind Teilleistungskataloge als Basis der Honorarabrechnung nur unter besonderer Beachtung der Auskömmlichkeit einzusetzen. Die Summe der zu beauftragenden einzelnen Teilleistungen darf nicht ohne Weiteres mit einem angemessenen Honorar nach dem AHO-Leistungs- und Honorarmodell gleichgesetzt werden. Denn § 6 Abs. 2 und 3 AHO verdeutlichen, dass im Falle der isolierten Beauftragung einzelner Teilleistungen ggf. erhöhte Aufwendungen entstehen. So kann die Teilbeauftragung im Hinblick auf den erforderlichen Einsatz von

425 *Eschenbruch/Schneider*, BauR 2010, S. 389, S. 393.
426 Vgl. BGH, BauR 2004, S. 1640, S. 1643 = NZBau 2004, S. 509 f.
427 Vgl. dazu: *Simmendinger/Frey*, a.a.O., S. 1323.

Projektsteuerern einerseits nicht zielführend für den Auftraggeber, andererseits unwirtschaftlich für den Projektsteuerer sein und ein erhöhter Aufwand für notwendige Abstimmungen mit anderen, mit den nicht beauftragten Teilleistungen befassten Organisationseinheiten oder Projektmitarbeitern entstehen. Grundsätzlich ist eine umfangreiche Informationsbeschaffung durch den Projektsteuerer erforderlich, um einzeln beauftragte Teilleistungen in der erforderlichen Qualität zu erbringen. Die isolierte Beauftragung der Teilleistung »Kostensteuerung« wäre z.B. ohne eine Teilnahme an den übergeordneten Besprechungen (z.B. Projektbesprechungen) nicht erfolgversprechend. Die aus Informations-, Koordinations- und Integrationsgründen erforderliche Teilnahme an den übergeordneten Besprechungen würde wiederum die Beauftragung anderer Teilleistungen oder die Vergütung eines erhöhten Aufwandes auslösen. Häufig werden in Angebotsverfahren Teilleistungen vom Auftraggeber einfach weggelassen mit dem Ziel, sie über »Umfassungsklauseln« unentgeltlich einzufordern. In diesen Fällen muss die anteilige Vergütung für von vornherein isoliert beauftragte Teilleistungen ggf. sogar deutlich erhöht werden. Das gilt auch in den in der Praxis vorzufindenden Fällen, bei denen – bei größeren Projekten – unterschiedliche Projektsteuerungsbüros für einzelne Handlungsbereiche eingesetzt werden. Auf die diesbezüglichen Ausführungen in § 6 Abs. 2 und 3 AHO kann insoweit Bezug genommen werden. *Schneider* hat aus diesem Grunde flexiblere von-/bis-Sätze entwickelt.[428]

5.7.7.3 Wägungstabelle für das Leistungsbild Projektsteuerung nach AHO (2014)

1690 Unter Berücksichtigung dieser Vorbemerkungen haben *Eschenbruch/Schneider* den nachfolgend abgedruckten Teilleistungskatalog des AHO-Leistungsbildes Projektsteuerung 2014 entwickelt.[429] Bei der Aufstellung der Wägungstabelle wurde von folgenden Voraussetzungen ausgegangen:

1691
- Die Wägungstabelle betrifft die Beauftragung von Projektsteuerungsleistungen auf der Grundlage des Leistungsbildes und der Honorarordnung der AHO-Fachkommission (2014), wobei ein Pauschalhonorar auf Basis anrechenbarer Kosten gebildet worden ist.
- Die Vertragsparteien haben entweder in ihrem Projektsteuerungsvertrag auf den nachfolgend abgedruckten Teilleistungskatalog Bezug genommen oder aber die Abreden enthalten keinerlei konkrete und vorrangige Regeln zu Behandlung der Bewertung von einzelnen Teilleistungen.
- Die dargestellten werkvertraglichen Implikationen müssen beachtet werden. Insbesondere ist bei entsprechenden Pauschalvergütungsabreden auf werkvertraglicher Basis eine Bewertung nach Wegfall einzelner Leistungen nach gewährleistungsrechtlichen Grundsätzen vorzunehmen.
- Die nachfolgend abgedruckten Teilleistungsbewertungen beziehen sich auf Standardprojekte, für welche die Leistungs- und Honorarordnung Projektmanagement anwendbar ist. Bei komplexen Projekten sind individuelle Bewertungen vorzunehmen, da sich das Gewicht der Einzelleistungen bei den atypischen Projektanforderungen deutlich verschieben kann.
- Bei der Beauftragung von Teilleistungen sind aufwandsbezogene Zuschläge zu berücksichtigen oder die üblichen von-/bis-Sätze anzusetzen.
- Der Teilleistungskatalog bezieht sich nur auf Grundleistungen der Leistungs- und Honorarordnung AHO. Die Vergütung für Besondere Leistungen ist ohnehin von individuellen Anforderungen geprägt und daher in der Regel konkret bepreist worden, so dass sich standardisierte Ansätze hierfür verbieten.

1692 Zu berücksichtigen ist auch, dass die Leistungs- und Honorarordnung AHO ab der 4. Auflage 2014 klargestellt hat, dass die Honorartabellen für mittlere Projektlaufzeiten gelten. Für ein Hochbauprojekt mit einer Investition von 30 Mio. € (Kostengruppen 200 bis 700 netto) werden 30 bis 35 Monate genannt. Bei deutlich kürzeren oder längeren Projektlaufzeiten muss ebenfalls eine einzelfallbezogene Gewichtung der Teilleistungen erfolgen.

---

428 Schneider Die Honorierung von Projektsteuerungsleistungen auf dem empirischen Prüfstand in Projektmanagementstandards in Deutschland 2010: DVP-Verlag.

429 Eschenbruch/Schneider, Teilleistungbewertung/Wägungstabelle zur Leistungs- und Honorarordnung im Projektmanagement der AHO- Fachkommission (2014), BauR 2015, 400.

In der folgenden exemplarischen Abbildung wurden für dieses Hochbauprojekt die Aufwendungen, die sich aus den neuen Wägungssätzen ableiten lassen, dargestellt. Hierzu wurden die Teilleistungen über das Grundhonorar einzeln ermittelt und ein durchschnittlicher Stundensatz von 80 € angenommen. Dieser resultiert aus den gemittelten Monatsverrechnungssätzen gem. § 10 AHO und dem gemittelten Einsatz von Projektleiter/-in, -bearbeiter/-in und technisch/wirtschaftlichem/-r Mitarbeiter. 1693

Die für die Projektbearbeitung notwendigen Aufwendungen lassen sich am ehesten aus dem Personaleinsatzplan des Projektsteuerers, der im Rahmen der Angebots- und Auftragsvorbereitungsphase erstellt wird, ableiten. Insofern können z.B. bei besonderen Einsatzbedingungen, kürzeren oder längeren Projektlaufzeiten projektspezifische Analysen über die Wägungssätze bis hin zu Soll-Ist-Vergleichen zur Plausibilisierung der Honorarwerte vorgenommen werden. 1694

Zwischenergebnis: Wägungstabellen erfüllen auch bei Projektsteuerungs-Pauschalverträgen eine praxisrelevante Funktion. Immer muss aber geprüft werden, welche Bedeutung die einzelne Leistung für den (Personal-)Aufwand des Projektsteuerers angesichts der besonderen Projekterfordernisse hat. Die Werte der Wägungstabelle sind daher nur Anhaltswerte, die in jedem Einzelfall einer Überprüfung bedürfen. Bei Standardprojekten wird den konkreten Projektanforderungen jeweils durch Zu- bzw. Abschläge in Höhe von bis zu 10 % Rechnung getragen werden können. 1695

5.7.7.4 Zusammenfassung zur Teilleistungsbewertung für das AHO-Vergütungsmodell

Unter Berücksichtigung der vorbezeichneten Rahmenbedingungen können Teilleistungskataloge/Wägungstabellen für die Projektsteuerung eine wichtige Orientierungshilfe liefern. Der nachfolgend abgedruckte Teilleistungskatalog enthält Orientierungswerte für die Ermittlung der Vergütungsanteile für einzelne Grundleistungen des AHO-Leistungsbildes Projektsteuerung 2014. 1696

1. Projektvorbereitung		**19 %**
A Organisation		**5,75 %**
1	Entwickeln, Abstimmen und Dokumentieren der projektspezifischen Organisationsvorgaben mit Projektstrukturplanung	1 %
2	Entwickeln und Abstimmen der Grundlagen für die Planung der Planung	0,25 %
3	Mitwirken bei der Festlegung der Projektziele und der Dokumentation der Projektvorgaben	1 %
4	Vorschlagen und Abstimmen der Kommunikationsstruktur des Informations-, Berichts- und Protokollwesens	1,5 %
5	Vorschlagen und Abstimmen des Entscheidungsmanagements	0,5 %
6	Vorschlagen und Abstimmen des Änderungsmanagements	0,5 %
7	Mitwirken beim Risikomanagement	0,5 %
8	Mitwirken bei der Auswahl eines Projektkommunikationssystems	0,5 %
B Qualitäten		**3,25 %**
1	Überprüfen der bestehenden Grundlagen zur Bedarfsplanung auf Vollständigkeit und Plausibilität	1,5 %

2	Mitwirken bei der Klärung der Standortfragen, bei der Beschaffung der standortrelevanten Unterlagen, bei der Grundstücksbeurteilung hinsichtlich Nutzung in privatrechtlicher und öffentlich-rechtlicher Hinsicht	0,75 %
3	Überprüfen der Ergebnisse der Grundlagenermittlung der Planungsbeteiligten	1 %
C Kosten		**2,75 %**
1	Mitwirken bei der Erstellung des Kostenrahmens für Investitionskosten und Nutzungskosten	1 %
2	Mitwirken bei der Ermittlung und Beantragung von Investitions- und Fördermitteln	1 %
3	Prüfen und Freigabevorschläge bzgl. der Rechnungen der Planungsbeteiligten und sonstigen Projektbeteiligten (außer bauausführenden Unternehmen) zur Zahlung	0,25 %
4	Abstimmen und Einrichten der projektspezifischen Kostenverfolgung	0,5 %
D Termine		**2,75 %**
1	Aufstellen und Abstimmen des Terminrahmens	0,75 %
2	Aufstellen und Abstimmen des Steuerungsterminplans für das Gesamtprojekt und Ableiten des Kapazitätsrahmens	1,5 %
3	Erfassen logistischer Einflussgrößen unter Berücksichtigung relevanter Standort- und Rahmenbedingungen	0,5 %
E Verträge und Versicherungen		**4,5 %**
1	Mitwirken bei der Erstellung einer Vergabe- und Vertragsstruktur für das Gesamtprojekt	0,5 %
2	Vorbereiten und Abstimmen der Inhalte der Planerverträge	1,5 %
3	Mitwirken bei der Auswahl der zu Beteiligenden, bei Verhandlungen und Vorbereitungen der Beauftragungen	1,5 %
4	Vorschlagen der Vertragstermine und -fristen für die Planerverträge	0,5 %
5	Mitwirken bei der Erstellung eines Versicherungskonzeptes für das Gesamtprojekt	0,5 %

1697

2. Planung		**21 %**
A Organisation		**6,75 %**
1	Fortschreiben der projektspezifischen Organisationsvorgaben mit Projektstrukturplanung	0,25 %
2	Analysieren und Bewerten der Planungsprozesse auf Konformität mit den vorgegebenen Projektzielen	1,5 %
3	Fortschreiben der Dokumentation der Projektvorgaben	0,25 %
4	Überprüfen und Umsetzen der Kommunikationsstruktur – regelmäßiges Infomieren und Abstimmen mit dem Auftraggeber (Berichtswesen)	1,25 %
5	Umsetzen des Entscheidungsmanagements	1 %
6	Umsetzen des Änderungsmanagements	1 %
7	Analysieren und Bewerten der Koordinationsleistungen des Objektplaners	0,5 %
8	Mitwirken beim Risikomanagement	0,5 %

9	Analysieren und Bewerten der ordnungsgemäßen Nutzung des Projektkommunikationssystems durch die Projektbeteiligten	0,25 %
10	Mitwirken bei der Herbeiführung der behördlichen Genehmigung	0,25 %
B Qualitäten		**3,5 %**
1	Laufendes Analysieren und Bewerten der Leistungen der Planungsbeteiligten	1 %
2	Steuern der Planung der Bemusterungen	0,5 %
3	Überprüfen der Ergebnisdokumentation der Planungsbeteiligten zu den einzelnen Leistungsphasen der Planung	2 %
C Kosten		**5,25 %**
1	Überprüfen der Kostenschätzung und -berechnung der Objekt- und Fachplaner sowie Veranlassen erforderlicher Anpassungsmaßnahmen	3 %
2	Kostensteuerung zur Einhaltung der Kostenziele	1 %
3	Planen von Mittelbedarf und Mittelabfluss	0,25 %
4	Prüfen und Freigabevorschläge bzgl. der Rechnungen der Projektbeteiligten und sonstigen Projektbeteiligten (außer bauausführenden Unternehmen) zur Zahlung	0,75 %
5	Fortschreiben der projektspezifischen Kostenverfolgung (kontinuierlich)	0,25 %

1698

D Termine, Kapazitäten und Logistik		**3 %**
1	Fortschreiben des Terminrahmens	0,25 %
2	Überprüfen des Terminplans der Planungsbeteiligten für den Planungs- und Bauablauf, insbesondere auf Einhaltung des Terminrahmens	0,5 %
3	Fortschreiben des Steuerungsterminplans unter Berücksichtigung des Terminplans der Planungsbeteiligten für den Planungs- und Bauablauf	0,5 %
4	Terminsteuerung der Planung einschließlich Analyse und Bewertung der Terminfortschreibungen der Planungsbeteiligten	1,25 %
5	Mitwirken bei der Aktualisierung der logistischen Einflussgrößen	0,25 %
6	Aufstellen und Abstimmen des Terminrahmens zur Integration des strategischen Facility Managements	0,25 %
E Verträge und Versicherungen		**2,5 %**
1	Mitwirken bei der Durchsetzung von Vertragspflichten gegenüber den Beteiligten	2 %
2	Mitwirken bei der Umsetzung des Versicherungskonzeptes für alle Projektbeteiligten	0,5 %

1699

3. Ausführungsvorbereitung		**22 %**
A Organisation, Information, Koordination, Dokumentation		**6,25 %**
1	Fortschreiben der projektspezifischen Organisationsvorgaben mit Projektstrukturplanung	0,25 %
2	Analysieren und Bewerten der Planungsprozesse auf Konformität mit den vorgegebenen Projektzielen	2 %

3	Fortschreiben der Dokumentation der Projektvorgaben	0,25 %
4	Überprüfen und Umsetzen der Kommunikationsstruktur – regelmäßiges Informieren und Abstimmen mit dem Auftraggeber (Berichtwesen)	1,25 %
5	Umsetzen des Entscheidungsmanagements	0,5 %
6	Umsetzen des Änderungsmanagements	1 %
7	Analysieren und Bewerten der Koordinationsleistungen des Objektplaners	0,25 %
8	Mitwirken beim Risikomanagement	0,5 %
9	Analysieren und Bewerten der ordnungsgemäßen Nutzung des Projektkommunikationssystems durch die Projektbeteiligten	0,25 %
B Qualitäten		**3,75 %**
1	Laufendes Analysieren und Bewerten der Planungsergebnisse auf Konformität mit den vorgegebenen Projektzielen	2 %
2	Überprüfen der von den Planungsbeteiligten erstellten Angebotsauswertungen und Vergabevorschlägen	1 %
3	Überprüfen der unmittelbaren und mittelbaren Auswirkungen von Nebenangeboten auf Konformität mit den vorgegebenen Projektzielen	0,25 %
4	Mitwirken bei den erforderlichen Bemusterungen	0,5 %

1700

C Kosten		**4,25 %**
1	Überprüfen der von den Planern ermittelten Soll-Werte für die Vergaben auf Basis der aktuellen Kostenberechnung	0,25 %
2	Überprüfen der von den Planungsbeteiligten auf der Grundlage bepreister Leistungsverzeichnisse erstellten Kostenermittlungen	1,5 %
3	Überprüfen der Angebotsauswertungen im Hinblick auf die Angemessenheit der Preise	0,25 %
4	Vorgeben der Deckungsbestätigungen für Aufträge	0,25 %
5	Kostensteuerung unter Berücksichtigung der Angebotsprüfungen und Kostenvergleiche der Planungsbeteiligten	0,5 %
6	Prüfen und Freigabevorschläge der Rechnungen der Planungsbeteiligten und sonstigen Projektbeteiligten (außer bauausführenden Unternehmen) zur Zahlung	0,75 %
7	Planen von Mittelbedarf und Mittelabfluss	0,25 %
8	Fortschreibung der projektspezifischen Kostenverfolgung (kontinuierlich)	0,5 %
D Termine		**3 %**
1	Fortschreiben des Terminrahmens	0,25 %
2	Überprüfen der Vergabeterminplanung der Planungsbeteiligten	0,25 %
3	Fortschreiben des Steuerungsterminplans unter Berücksichtigung des Terminplans der Planungsbeteiligten für den Planungs- und Bauablauf	0,5 %
4	Überprüfen der vorliegenden Angebote im Hinblick auf vorgegebene Terminziele	0,25 %
5	Terminsteuerung mit Soll-Ist-Vergleichen betreffend Ausführungsplanung sowie Vorbereitung und Durchführung der Vergabe	1,5 %
6	Mitwirken bei der Aktualisierung und Prüfung der logistischen Einflussgrößen	0,25 %

E Verträge und Versicherungen		**4,75 %**
1	Mitwirken bei der Durchsetzung von Vertragspflichten gegenüber den Beteiligten	1,5 %
2	Mitwirken bei der Strukturierung des Vergabeverfahrens	0,25 %
3	Überprüfen von Vertragsunterlagen für die Vergabeeinheiten auf Vollständigkeit und Plausibilität sowie Bestätigen der Versandfertigkeit	2,25 %
4	Mitwirken bei den Vergabeverhandlungen bis zur Unterschriftsreife	0,5 %
5	Mitwirken bei der Vorgabe der Vertragstermine und -fristen für die Besonderen Vertragsbedingungen der Ausführungs- und Lieferleistungen	0,25 %

1701

4. Ausführung		**30 %**
A Organisation		**7 %**
1	Fortschreiben der projektspezifischen Organisationsvorgaben mit Projektstrukturplanung	0,25 %
2	Analysieren und Bewerten der Planungsprozesse und Konformität mit den vorgegebenen Projektzielen	1 %
3	Fortschreiben der Dokumentation der Projektvorgaben	0,5 %
4	Überprüfen und Umsetzen der Komunikationsstruktur – regelmäßiges Informieren und Abstimmen mit dem Auftraggeber (Berichtswesen)	2,25 %
5	Umsetzen des Entscheidungsmanagements	0,5 %
6	Umsetzen des Änderungsmanagements	0,75 %
7	Analysieren und Bewerten der Koordinationsleistungen der Objektüberwachung	0,5 %
8	Mitwirken beim Risikomanagement	0,5 %
9	Analysieren und Bewerten der ordnungsgemäßen Nutzung des Projektkommunikationssystems durch die Projektbeteiligten	0,25 %
10	Unterstützen des Auftraggebers bei der Einleitung von selbstständigen Beweisverfahren	0,5 %

1702

B Qualitäten		**4,25 %**
1	Analysieren und Bewerten der Leistungen der Objektüberwachung sowie Vorschlagen und Abstimmen von Anpassungsmaßnahmen bei Gefährdung von Projektzielen	2,75 %
2	Anlassbezogenes örtliches Überprüfen der Leistungen der Objektüberwachung	1,5 %
C Kosten		**7 %**
1	Kostensteuerung zur Einhaltung der Kostenziele	1,5 %
2	Prüfen und Freigabevorschläge bzgl. der Rechnungen der Rechnungen der Planungsbeteiligten und sonstigen Projektbeteiligten (außer bauausführenden Unternehmen) zur Zahlung	1 %
3	Überprüfen und Freigabevorschläge bzgl. der Rechnungsprüfung der Objektüberwachung zur Zahlung an ausführende Unternehmen	2,5 %
4	Vergeben von Deckungsbestätigungen für Nachträge	0,75 %
5	Fortschreiben der Planung zu Mittelbedarf und Mittelabfluss	0,25 %
6	Fortschreiben der projektspezifischen Kostenverfolgung (kontinuierlich)	1 %

D Termine		**5,25 %**
1	Fortschreiben des Terminrahmens	0,25 %
2	Überprüfen des Terminplans der Planungsbeteiligten, insbesondere auf Einhaltung des Terminrahmens	1 %
3	Fortschreibung der Steuerungsterminpläne unter Berücksichtigung des Terminplans der Planungsbeteiligten	2,5 %
4	Terminsteuerung der Ausführung unter Berücksichtigung der Objektüberwachungsleistungen	1,5 %
E Verträge und Versicherungen		**6,5 %**
1	Mitwirken bei der Durchsetzung von Vertragspflichten gegenüber den Beteiligten	2,5 %
2	Unterstützen des Auftraggebers bei der Abwendung von Forderungen Dritter (Nachbarn, Bürgerinitiativen etc.)	0,5 %
3	Überprüfen der Nachtragsprüfungen durch die Objektüberwachung und Mitwirken bei der Beauftragung	3 %
4	Mitwirken bei der Abnahmevorbereitung sowie bei der Durchführung der Abnahmen und Inbetriebnahme	0,5 %

1703

5. Projektabschluss		**8 %**
A Organisation		**2,5 %**
1	Mitwirken bei der organisatorischen und administrativen Konzeption und bei der Durchführung der Übergabe/ Übernahme bzw. Inbetriebnahme/Nutzung	0,5 %
2	Veranlassen der systematischen Zusammenstellung und Archivierung der Projektdokumentation	0,25 %
3	Überprüfen der Zusammenstellung von Dokumentationsunterlagen durch die Planungsbeteiligten	0,25 %
4	Überprüfen und Umsetzen der Kommunikationsstruktur – regelmäßiges Informieren und Abstimmen mit dem Auftraggeber (Berichtswesen)	1 %
5	Abschließen des Entscheidungs-/Änderungs- und Risikomanagement	0,25 %
6	Organisieren des Abschlusses des Projektkommunikationssystems	0,25 %
B Qualitäten		**0,25 %**
1	Analysieren und Bewerten der Auflistung der Verjährungsfristen für Mängelansprüche	0,25 %
C Kosten		**2,75 %**
1	Überprüfen der Kostenfeststellung der Objekt- und Fachplaner	0,5 %
2	Prüfen und Freigabevorschläge bzgl. der Rechnungen der Planungsbeteiligten und sonstigen Projektbeteiligten zur Zahlung	0,5 %
3	Überprüfen und Freigabevorschläge bzgl. der Rechnungsprüfung der Objektüberwachung zur Zahlung an ausführende Unternehmen	1 %
4	Überprüfen der Leistungen der Planungsbeteiligten bei der Freigabe von Sicherheitsleistungen	0,25 %
5	Abschließen der projektspezifischen Kostenverfolgung	0,5 %

D Termine		**2 %**
1	Steuern der Inbetriebnahme, Abnahme und Übergabe	2 %
E Verträge und Versicherungen		**0,5 %**
1	Mitwirken bei der rechtsgeschäftlichen Abnahme der Planungsleistungen	0,5 %

5.7.7.5 Wägungsanteile nach *Mittelstädt*, beispielhaft für die Einsatzformen (vgl. Rdn. 1476 f. – noch nicht aktualisiert!)

a) Einzelplaner/Einzelunternehmer

1704

EP/EU Anteile vom Gesamthonorar **PM**

Phase 1	**11,15%**	davon	Integration	2,79%
			Quali,Sachz	1,90%
			Finanzen	2,17%
			Termine	1,89%
			Ressourcen	0,33%
			Verträge	1,35%
			Konfig,Risk	0,70%
Phase 2	**20,05%**	davon	Integration	4,00%
			Quali,Sachz	3,96%
			Finanzen	3,97%
			Termine	3,22%
			Ressourcen	0,77%
			Verträge	2,31%
			Konfig,Risk	1,83%
Phase 3	**6,44%**	davon	Integration	1,12%
			Quali,Sachz	1,04%
			Finanzen	1,18%
			Termine	1,11%
			Ressourcen	0,42%
			Verträge	0,82%
			Konfig,Risk	0,76%
Phase 4	**24,69%**	davon	Integration	2,96%
			Quali,Sachz	3,77%
			Finanzen	4,36%
			Termine	4,04%
			Ressourcen	1,54%
			Verträge	5,70%
			Konfig,Risk	2,32%
Phase 5	**30,09%**	davon	Integration	7,25%
			Quali,Sachz	4,32%
			Finanzen	3,60%
			Termine	5,05%
			Ressourcen	2,03%
			Verträge	5,81%
			Konfig,Risk	2,03%
Phase 6	**7,59%**	davon	Integration	2,57%
			Quali,Sachz	1,32%
			Finanzen	0,76%
			Termine	0,99%
			Ressourcen	0,37%
			Verträge	1,27%
			Konfig,Risk	0,32%

Anteile Handlungsbereiche:

Integration	**20,69%**
Qualität,Sachziel	**16,31%**
Finanzen	**16,03%**
Termine	**16,30%**
Ressourcen	**5,46%**
Verträge	**17,26%**
Konfiguration,Risiken	**7,96%**
Gesamt	100,00%

Anteile Phasen:

Phase 1	**11,15%**
Phase 2	**20,05%**
Phase 3	**6,44%**
Phase 4	**24,69%**
Phase 5	**30,09%**
Phase 6	**7,59%**
Gesamt	100,00%

b) **Generalplaner/Projektunternehmer**

GP/PU Anteile vom Gesamthonorar **PM**

Phase 1	**13,12%**	davon	Integration	3,28%
			Quali,Sachz	2,17%
			Finanzen	2,66%
			Termine	2,31%
			Ressourcen	0,34%
			Verträge	1,50%
			Konfig,Risk	0,85%
Phase 2	**16,27%**	davon	Integration	3,05%
			Quali,Sachz	3,15%
			Finanzen	3,44%
			Termine	2,36%
			Ressourcen	0,50%
			Verträge	2,14%
			Konfig,Risk	1,63%
Phase 3	**5,28%**	davon	Integration	0,86%
			Quali,Sachz	0,71%
			Finanzen	1,12%
			Termine	0,86%
			Ressourcen	0,38%
			Verträge	0,72%
			Konfig,Risk	0,61%
Phase 4	**26,56%**	davon	Integration	3,29%
			Quali,Sachz	3,68%
			Finanzen	4,69%
			Termine	4,09%
			Ressourcen	1,85%
			Verträge	6,50%
			Konfig,Risk	2,45%
Phase 5	**31,11%**	davon	Integration	7,37%
			Quali,Sachz	3,71%
			Finanzen	3,97%
			Termine	5,06%
			Ressourcen	1,54%
			Verträge	6,86%
			Konfig,Risk	2,61%
Phase 6	**7,66%**	davon	Integration	2,43%
			Quali,Sachz	1,16%
			Finanzen	0,79%
			Termine	0,94%
			Ressourcen	0,37%
			Verträge	1,57%
			Konfig,Risk	0,41%

Anteile Handlungsbereiche:

Integration		**20,28%**
Qualität,Sachziel		**14,58%**
Finanzen		**16,67%**
Termine		**15,63%**
Ressourcen		**4,98%**
Verträge		**19,30%**
Konfiguration,Risiken		**8,56%**
	Gesamt	100,00%

Anteile Phasen:

Phase 1		**13,12%**
Phase 2		**16,27%**
Phase 3		**5,28%**
Phase 4		**26,56%**
Phase 5		**31,11%**
Phase 6		**7,66%**
	Gesamt	100,00%

c) **Generalplaner/Generalunternehmer mit Ausführungsplanung**

GP/GU5 Anteile vom Gesamthonorar **PM**

Phase 1	**14,27%**	davon	Integration	3,79%
			Quali,Sachz	2,53%
			Finanzen	2,91%
			Termine	2,03%
			Ressourcen	0,35%
			Verträge	1,75%
			Konfig,Risk	0,91%
Phase 2	**18,67%**	davon	Integration	3,46%
			Quali,Sachz	3,67%
			Finanzen	4,00%
			Termine	2,69%
			Ressourcen	0,58%
			Verträge	2,49%
			Konfig,Risk	1,77%
Phase 3	**3,73%**	davon	Integration	0,68%
			Quali,Sachz	0,49%
			Finanzen	0,75%
			Termine	0,56%
			Ressourcen	0,27%
			Verträge	0,54%
			Konfig,Risk	0,45%
Phase 4	**27,79%**	davon	Integration	3,38%
			Quali,Sachz	3,19%
			Finanzen	4,61%
			Termine	4,07%
			Ressourcen	1,50%
			Verträge	8,83%
			Konfig,Risk	2,22%
Phase 5	**29,91%**	davon	Integration	8,28%
			Quali,Sachz	3,38%
			Finanzen	3,13%
			Termine	3,23%
			Ressourcen	1,14%
			Verträge	8,51%
			Konfig,Risk	2,24%
Phase 6	**5,63%**	davon	Integration	1,91%
			Quali,Sachz	0,88%
			Finanzen	0,50%
			Termine	0,43%
			Ressourcen	0,22%
			Verträge	1,40%
			Konfig,Risk	0,29%

Anteile Handlungsbereiche:

Integration	**21,51%**
Qualität,Sachziel	**14,13%**
Finanzen	**15,90%**
Termine	**13,00%**
Ressourcen	**4,06%**
Verträge	**23,51%**
Konfiguration,Risiken	**7,88%**
Gesamt	100,00%

Anteile Phasen:

Phase 1	**14,27%**
Phase 2	**18,67%**
Phase 3	**3,73%**
Phase 4	**27,79%**
Phase 5	**29,91%**
Phase 6	**5,63%**
Gesamt	100,00%

5.7.8 Vergütungsanpassung bei Cost-plus-fee-Vereinbarungen (mit oder ohne Maximumpreis)

1705 Cost-plus-fee-Vereinbarungen stellen eine Kombination von Selbstkostenerstattungs- und Pauschalpreisverträgen dar. Was die Ebene der Selbstkostenerstattung angeht, ergeben sich bei geänderten Leistungen keine Besonderheiten. Denn hier ist ohnehin eine **Istkostenbetrachtung** vorzunehmen.

D. h., die aus der geänderten Projektabwicklung herstammenden Kosten werden – soweit sie nicht vom Projektsteuerer zu verantworten sind – vergütungsrechtlich auf den Auftraggeber »durchgestellt«. Probleme bereitet dementsprechend allenfalls die Anpassung der Fee (die zumeist als Pauschalsumme vereinbart wurde). Hier kommt es im Wesentlichen darauf an, wie sich diese Fee zusammensetzt. Maßgeblich ist dabei, wie – z. B. im Rahmen von Vertragsverhandlungen – die Bestandteile (z. B. Gewinn, Wagnis und allgemeine Geschäftskosten) ermittelt worden sind. Finden sich keine Anhaltspunkte für eine detaillierte Fortschreibung einer pauschalen Fee, dann dürfte es angemessen sein, diese Fee entsprechend der prozentualen Erhöhung der Selbstkostenerstattung anzupassen. Bei prozentualen Zuschlagssätzen können diese auf Basis der geänderten Istkosten angewandt werden.

Haben die Parteien einen **Höchstpreis** oder **»garantierten Maximumpreis«** vereinbart, muss auch 1706 dieser den geänderten Projektgrundlagen angepasst werden, soweit die Leistungsänderungen dem Auftraggeber zuzurechnen sind. Dabei sind entsprechende Garantieabreden auszulegen. Speziell bei der Übernahme des Begriffs »guaranteed Maximumprice« ins Deutsche ist durch die Verwendung des Wortes Garantie die Gefahr einer Begriffsverwechslung (falsche Übersetzung) gegeben. Im amerikanischen steht Garantie nicht zwangsläufig für eine Garantie im deutschen Rechtssinne.[430] Vielmehr ist hiermit oft ein Höchstpreis im Sinne eines Pauschalpreises gemeint. Dieser ist dementsprechend im Zweifel genauso an geänderte Projektumstände anzupassen wie eine sonstige Pauschalvergütung auch.[431] Auch in der deutschen Projektpraxis wird der GMP regelmäßig wie ein Pauschalpreis behandelt,[432] so dass bei Zugrundelegung der VOB/B die Anpassungsmechanismen des § 2 Abs. 5 bis 7 VOB/B zur Anwendung gelangen können.

5.7.9 Anpassung von Baukostengarantien und Bonus-Malus-Regelungen

Haben die Vertragsparteien eine **echte Baukostengarantie** vereinbart, dann verändert diese sich 1707 nicht, wenn **Änderungen des Steuerungssolls** auftreten, die **aus der Sphäre Dritter** herrühren (wie etwa Konkurse von Baufirmen, Leistungseinstellung derselben usw.). Wohl ist auch eine Baukostengarantie betragsmäßig anzupassen, wenn der Auftraggeber Anordnungen in Bezug auf nicht erforderliche, wohl aber zweckmäßige Leistungsänderungen trifft. Die Baukostengarantie kann sogar ihre rechtliche Wirksamkeit insgesamt verlieren, wenn der Bauherr die ursprüngliche Planung grundlegend ändert.[433]

Ändern sich die Bauumstände aus Gründen, die dem Auftraggeber zuzurechnen sind, müssen zeit- 1708 und kostenbezogene **Bonus-Malus-Regelungen**[434] ebenfalls entsprechend angepasst werden. Dabei muss der einer Bonus-Malus-Regelung zugrunde liegende Parteiwille genau analysiert werden. Es ist darauf zu achten, dass die mit der Bonus-Malus-Regelung verbundenen (Leistungs-)Anreize für beide Vertragsparteien auch unter den geänderten Projektbedingungen erhalten bleiben. Führen etwa Änderungsanordnungen des Auftraggebers zu Mehrkosten, muss die Bemessungsgrundlage für den Kostenbonus regelmäßig um die angefallenen Mehrkosten bereinigt werden. Bei Änderungsanordnungen des Auftraggebers, die Leistungsminderungen herbeiführen, muss genau untersucht werden, ob diese durch die Bonus-Regelung prämiert werden sollen.

Das Erfolgshonorar kann ggf. unabhängig vom Basishonorar fällig werden.[435] 1709

430 Biebelheimer/Wazlawik, BauR 2001, 1639; auch Grünhoff, NZBau 2000, 313 f.
431 Vgl. dazu auch Rdn. 379, 646.
432 Vgl. dazu Rdn. 379, 637, 1181 f.
433 So zutreffend für das Architektenrecht: OLG Düsseldorf, Urteil vom 15.11.1994, Az. 21 U 98/94, in: BauR 1995, 411; ausführlich auch Rdn. 792.
434 Vgl. dazu im Einzelnen Rdn. 1518 f.
435 Vgl. BGH, Urteil vom 07.12.2006, Az. VII ZR 290/04, in: NZBau 2007, 182, 183 = BauR 2007, 576, 577 = IBR 2007, 140; siehe auch Rdn. 1518 f.

5.7.10 Schadensersatzansprüche aus Unmöglichkeit und/oder Behinderung

1710 Bislang ist nicht untersucht worden, ob und inwieweit der Projektsteuerer anlässlich der Ausübung seiner Vertragsleistung Ansprüche wegen Unmöglichkeit und/oder Behinderungen geltend machen kann.

5.7.10.1 Unmöglichkeit der Leistung

1711 Infolge der Schuldrechtsnovellierung bleibt ein Vertrag bei anfänglicher Unmöglichkeit in Kraft, § 311 a Abs. 1 BGB. Die Leistung kann jedoch in diesem Fall gemäß § 275 BGB nicht mehr gefordert werden. Der Anspruch auf Leistung verwandelt sich dann in einen eigenständigen Schadensersatzanspruch statt der Leistung nach § 311 a Abs. 2 Satz 1 BGB um.[436] In Bezug auf einen Architektenvertrag hatte der BGH die Frage zu beantworten, ob die Leistung des Architekten unmöglich wird, wenn eine **Planung nicht umsetzbar** ist. Entschieden worden ist die Frage bezüglich eines auf Bauen im Bestand gerichteten Architektenvertrages, bei dem sich später herausstellte, dass der Bestand gar nicht erhalten werden konnte. Dazu hat der BGH ausgeführt, dass die Unmöglichkeit, eine Planung umzusetzen, nicht zur Nichtigkeit des Werkvertrages nach § 306 BGB a. F. führt. Beruhe die Undurchführbarkeit des Werkes auf einem Mangel des **vom Auftraggeber gelieferten Stoffes**, ist es sachgerecht, dass dieser nach § 645 BGB haftet. Wenn sich ein Architekt verpflichtet, eine Planung in Bezug auf eine bestimmte vorhandene Bausubstanz vorzunehmen und der Bestand in der vorausgesetzten Form nicht zur Verfügung gestellt werden kann, haftet somit der Auftraggeber nach § 645 BGB.[437] Nach § 645 BGB erhält der Auftragnehmer einen der geleisteten Arbeit entsprechenden Teil der Vergütung und den Ersatz der in der Vergütung nicht inbegriffenen Auslagen, falls im Falle des Untergangs, der Verschlechterung oder Unausführbarkeit der vertraglichen Leistungen kein Umstand mitgewirkt hat, den der Auftragnehmer zu vertreten hat. Diese Grundsätze gelten auch für den Projektsteuerungsvertrag. Ist dementsprechend das **Projekt nicht mehr durchführbar**, weil der Auftraggeber bestimmte Projektvoraussetzungen nicht (mehr) beschaffen kann, kann auch der Projektsteuerer nach § 645 BGB abrechnen.

5.7.10.2 Ansprüche wegen Erschwernissen und Behinderungen/§§ 280 BGB, 642 BGB

1712 Der BGH hat im Rahmen seiner Vorunternehmerentscheidung die Rechtslage zu Behinderungsansprüchen neu geordnet.[438] Danach ist zwischen **Schadensersatzansprüchen**, im vorliegenden Zusammenhang nach § 280 BGB, einerseits und **Ansprüchen auf Entschädigung** nach § 642 BGB andererseits zu differenzieren.

1713 Kann der Projektmanager/-steuerer seine Leistung nicht ordnungsgemäß erfüllen, weil der **Auftraggeber** ihm **obliegende Verpflichtungen** nicht rechtzeitig oder ordnungsgemäß erfüllt, dann hat der Auftraggeber für die Folgen der Vertragsverletzung nach den §§ 280 ff. BGB einzustehen. Dies kann insbesondere die rechtzeitige Zurverfügungstellung eines Baugrundstücks für die Projektrealisierung, die Bereitstellung der Finanzierung für die Abwicklung der Verträge, das rechtzeitige Herbeiführen von Entscheidungen betreffen. Darüber hinaus hat der Auftraggeber für alle diejenigen Gehilfen einzustehen, derer er sich zur Erfüllung seiner dem Projektsteuerer gegenüber obliegenden Pflichten bedient. Das kann im Einzelfall der Architekt sein, wenn nach der Aufgabenverteilung zwischen Auftraggeber, Architekt und Projektsteuerer der Architekt Vor- oder Mitwirkungsleistungen des Auftraggebers für den Projektsteuerer bereitzustellen hat.

436 Dazu im Einzelnen Preußner, in: Thode/Wirth/Kuffer, Praxishandbuch Architektenrecht, § 9, Rn. 167.
437 Vgl. BGH, Urteil vom 16.12.2004, Az. VII ZR 16/03, in: NZBau 2005, 285 = BauR 2005, 735, 736, 737 = ZfIR 2005, 414 = IBR 2005, 215; vgl. auch OLG Karlsruhe, NZBau 2006, 322.
438 Vgl. BGH, Urteil vom 21.10.1999, Az. VII ZR 185/98, in: NZBau 2000, 187 f. = BauR 2000, 722 f. = ZfIR 2000, 452 f.; dazu Kleine-Möller, NZBau 2000, 401 f.; Kraus, BauR 2000, 1105 f.; von Craushaar, in: Festschrift für Klaus Vygen, S. 154 f.; von Gehlen, ZfBR 2000, 291; Stamm, BauR 2002, 1 f.

Soweit **Projektbeteiligte**, z. B. Architekten, Ingenieure und insbesondere ausführende Unternehmen, »lediglich« ihre **Vertragspflichten** gegenüber dem Auftraggeber **nicht ordnungsgemäß erfüllen**, ist mit dem BGH davon auszugehen, dass der Auftraggeber hierdurch seine Vertragspflichten gegenüber dem Projektmanager grundsätzlich nicht verletzt. Die Zurechnung von Vorunternehmerleistungen, also Leistungen, auf denen eine Werkleistung aufzubauen hat, ist nach der Auffassung des BGH nur ausnahmsweise und nur dann begründet, wenn auf Grund besonderer Umstände anzunehmen ist, dass der Auftraggeber dem Nachfolgeunternehmer (hier dem Projektsteuerer) gegenüber für die mangelfreie Erfüllung der Planungs- oder Bauleistungen einstehen will.[439] Denn die für das Projekt in planender und ausführender Hinsicht tätigen Unternehmen handeln grundsätzlich in Erfüllung einer gesonderten Vertragsbeziehung. Ihre Leistungen sollen nach dem mit dem Projektsteuerer abgeschlossenen Vertrag nicht gleichzeitig der Erfüllung des Projektsteuerervertrages dienlich sein. Es ist gerade die Aufgabe des Projektsteuerers, die Projektstrukturierung und -abwicklung so zu steuern, dass Leistungsstörungen nicht auftreten. Wo der Projektsteuerer sie selbst nicht verhindern kann, kann er auch den Auftraggeber hierfür schwerlich verantwortlich machen. 1714

Dementsprechend sieht der BGH **Sonderfachleute nicht als Erfüllungsgehilfen** des Bauherrn in dessen Vertragsverhältnis mit dem Architekten an.[440] Das OLG Düsseldorf hat für das Verhältnis des planenden Architekten und des überwachenden Architekten entschieden, dass sich der Auftraggeber nicht etwa ein Verschulden des planenden Architekten zurechnen lassen muss. Wörtlich hat das OLG Düsseldorf ausgeführt: 1715

»Der bauplanende Architekt kann nicht als Erfüllungsgehilfe des Bauherrn angesehen werden, dessen Verschulden die Schadensersatzpflicht des bauleitenden Architekten nach § 254 BGB beschränkt. Es ist nicht die Verpflichtung des Bauherrn, dem bauleitenden Architekten mangelfreie Pläne zur Verfügung zu stellen, um Baumängel zu verhindern: Vielmehr ist es die eigentliche Aufgabe des bauleitenden Architekten, für die mangelfreie Errichtung des Bauwerks zu sorgen.«[441] 1716

Der BGH hat zwar im Rahmen des **»Glasfassaden-Urteils«** bestätigt, dass der Bauherr gegenüber Auftragnehmern die Obliegenheit haben kann, sachgerechte Informationen, Unterlagen und Pläne zur Verfügung zu stellen und daraus abgeleitet, dass der Auftraggeber insbesondere gehalten sein kann, dem bauaufsichtsführenden Architekten einwandfreie Pläne zu übermitteln und dem Tragwerksplaner sachgerechte Angaben zu Boden- und Grundwasserverhältnissen zu verschaffen. Der BGH hat aber gleichzeitig deutlich gemacht, dass er hieraus keine schuldrechtliche Verpflichtung, sondern lediglich eine Obliegenheit ableiten will, die im Rahmen der Haftungsproblematik zu einem Mitverschulden des Auftraggebers nach § 254 BGB führen kann. Im vorliegenden Kontext bestätigt diese Entscheidung, dass der Bauherr und Auftraggeber im Verhältnis zum Projektsteuerer nicht unmittelbar für die von ihm eingeschalteten Projektbeteiligten nach §§ 280 ff. BGB einzustehen hat, die neue Rechtsprechung eröffnet jedoch die Möglichkeit einer Obliegenheitsverletzung und damit der Anwendung des § 642 BGB.[442]

Dementsprechend kann in allen Fällen, in denen der Auftraggeber die Störung durch andere Vertragskräfte nicht zu vertreten hat, gleichwohl eine Entschädigungspflicht nach **§ 642 BGB** in Betracht kommen, insbesondere dann, wenn der Auftraggeber infolge einer auf Vorunternehmerhandeln beruhenden Abwicklungsstörung eigene Mitwirkungshandlungen nicht mehr vornehmen 1717

---

439 Vgl. BGH, Urteil vom 21.10.1999, Az. VII ZR 185/98, in: NZBau 2000, 187, 188 = BauR 2000, 722, 723.

440 Vgl. BGH, Urteil vom 04.07.2002, Az. VII ZR 66/01, in: NZBau 2002, 616, 617 für das Verhältnis Statiker/Architekt, auch BGH, Urteil vom 04.03.1971, Az. VII ZR 204/69, in: BauR 1971, 265.

441 OLG Düsseldorf, Urteil vom 19.12.1997, Az. 22 U 68/97, in: BauR 1998, 582 = IBR 1998, 72 m. Anm. v. Brößkamp; unter Hinweis auf OLG Köln, Urteil vom 12.09.1996, Az. 18 U 171/95, in: NJW-RR 1997, 597, 598.

442 BGH »Glasfassaden-Urteil«, Urteil vom 27.11.2008, Az. VII ZR 206/06, in: NZBau 2009, 185, 188; vgl. auch Rdn. 2186.

kann. § 642 BGB gewährt dabei einen **verschuldensunabhängigen Entschädigungsanspruch** bei Gläubigerverzug. Er knüpft an die Obliegenheit des Bestellers an, bei der Herstellung des Werkes mitzuwirken, wobei die Mitwirkungsverpflichtung im weitesten Sinne zu verstehen ist. Wenn dementsprechend der Auftraggeber auf Grund einer von ihm nicht zu vertretenden Leistungsstörung aus dem Bereich der Planer oder Unternehmer nicht in der Lage ist, dem Projektsteuerer die Projektarbeit zu ermöglichen, dann hat der Projektsteuerer die Möglichkeit, Entschädigungsansprüche auf § 642 BGB zu stützen. § 642 BGB kommt bei Architekten- und Ingenieurverträgen erst recht zur Anwendung, wenn der Auftraggeber ausdrücklich einen **Projektstopp**, z. B. einen Stopp für Planung und Projektsteuerung ausspricht.[443]

1718 Es ist deshalb **genau zu differenzieren** zwischen den Abwicklungsstörungen, die auf Grund einer **dem Projektsteuerer gegenüber obliegenden Vertragspflicht** des Auftraggebers entstehen (weshalb es sich aus der Sicht des Projektsteuerers empfiehlt, die Aufgaben des Auftraggebers im Projektsteuerungsvertrag konkret zu definieren), sowie durch Leistungsstörungen der Planer und Unternehmer – in Abwicklung deren Verträgen – entstandenen Abwicklungsstörungen, an deren Überwindung der Auftraggeber nicht mitwirken kann oder will, die zur Anwendung des § 642 BGB führen können. Immer wird dabei vorausgesetzt, dass die Abwicklungsstörung nicht durch den Projektsteuerer in Wahrnehmung seiner Vertragspflichten zu verhindern gewesen wäre.

1719 Voraussetzung für Entschädigungsansprüche nach § 642 BGB ist, dass der Projektsteuerer **selbst zur Leistung bereit und imstande** ist und seine Leistung wie geschuldet dem Auftraggeber anbietet, §§ 294 bis 297 BGB. Für Bauverträge hat der BGH in diesem Zusammenhang gefordert, dass der Auftragnehmer – obwohl dies in § 642 BGB nicht ausdrücklich verlangt ist – zuvor eine **qualifizierte Behinderungsanzeige** an den Auftraggeber richtet.[444] Ein wörtliches Angebot der Leistung genügt nach § 295 BGB, wenn eine Mitwirkungshandlung des Gläubigers erforderlich ist. Ein solches wörtliches Angebot kann nach der zu Bauverträgen ergangenen Rechtsprechung des BGH auch dadurch zum Ausdruck gebracht werden, dass der Auftragnehmer (hier Projektmanager) seine Mitarbeiter auf der Baustelle zur Verfügung hält und zu erkennen gibt, dass er bereit und in der Lage ist, seine Leistung zu erbringen. Eine Behinderungsanzeige ist auch entbehrlich, wenn dem Auftraggeber offenkundig die Tatsache und deren hindernde Wirkung bekannt waren.[445] Auch für den Projektmanagementvertrag ist anhand der §§ 294 ff. BGB zu prüfen, ob ein tatsächliches Angebot notwendig ist, ein wörtliches Angebot ausreicht oder ein solches sogar wegen Offenkundigkeit der Behinderung ausnahmsweise sogar entbehrlich ist. Nicht stets ist somit eine Behinderungsanzeige Anspruchsvoraussetzung. Da jedoch die Voraussetzungen für ein ordnungsgemäßes Angebot der §§ 294 ff. BGB nicht einfach festzustellen sind, empfiehlt sich in jedem Fall, eine entsprechende schriftliche Behinderungsanzeige abzusetzen.

1720 Gerät der Auftraggeber bei der Vornahme von **Mitwirkungshandlungen in Annahmeverzug**, kommen § 304 BGB sowie § 642 BGB nebeneinander zur Anwendung. Als Rechtsfolge des Annahmeverzuges gewährt § 304 BGB dem Auftragnehmer den Ersatz von Mehraufwendungen. Nach § 642 BGB ist für die Dauer des Annahmeverzuges eine angemessene Entschädigung zu zahlen. § 642 BGB gewährt dem Projektmanager bei der Verletzung von Mitwirkungshandlungen des Auftraggebers **»für die Dauer des Annahmeverzuges«** eine angemessene Entschädigung. Rechtsprechung und Lehre begrenzen daher etwaige Entschädigungsansprüche auf den Zeitraum des Annahmeverzuges selbst. Ersatzfähig sind hiernach nur Vorhalte-, Personal- und Verwaltungskosten, die dem Unternehmer während des Annahmeverzuges entstehen. Nach Beendigung des

443 Jochem, in: Festschrift für Gerd Motzke, S. 137 f., 140.
444 BGH, Urteil vom 21.10.1999, Az. VII ZR 185/98, in: NZBau 2000, 187 = BauR 2000, 722.
445 Vgl. BGH, Urteil vom 19.12.2002, Az. VII ZR 440/01, in: NJW 2003, 1601 = NZBau 2003, 325, 326 = BauR 2003, 531, 532 = IBR 2003, 182.

Annahmeverzuges kommt ein Anspruch aus § 642 BGB nicht in Betracht.[446] Dementsprechend kann aus § 642 BGB kein Anspruch auf Beschleunigungskosten abgeleitet werden.[447] Erforderlich werdende Überstunden, um die Arbeiten nach Beendigung des Annahmeverzuges schneller herbeiführen zu können, sollen nicht ersatzfähig sein.[448] Im Übrigen sind über § 642 BGB ersatzfähig alle Einzelkosten der Teilleistungen, Gemeinkosten der Baustelle (Gerätevorhaltekosten, Versicherungsbeiträge usw.) und allgemeine Geschäftskosten (Kosten der Geschäftsführung und der allgemeinen Verwaltung, Repräsentation von Rechtsberatungskosten).[449] Nach herrschender Auffassung umfasst § 642 BGB indessen, anders als ein Schadensersatzanspruch, **nicht den entgangenen Gewinn** und auch keine Entschädigung für einzelprojektbezogen kalkulierte Wagnisse.[450] Im Falle der Einschlägigkeit des § 642 BGB erhält somit der Projektsteuerer als angemessene Vergütung seinen Mehraufwand in Höhe des vertraglichen Preisniveaus abzüglich Gewinn- und Wagnisanteile ersetzt. § 642 BGB ist ein Anspruch, der eine **Umsatzsteuerpflicht** auslöst.[451]

Allerdings hat er sich dasjenige anrechnen zu lassen, was er **an Aufwendungen erspart** oder durch 1721
anderweitige Verwendung seiner Arbeitskraft erwerben kann, § 642 Abs. 2 BGB. Soweit es die Auftragslage erlaubt, ist der Projektmanager daher verpflichtet, seine Mitarbeiter während der Dauer des Annahmeverzuges auch auf anderen Baustellen einzusetzen.[452]

Nach § 643 BGB kann der Auftragnehmer den Vertrag überdies **kündigen**, wenn er dem Auftrag- 1722
geber eine angemessene Frist zur Nachholung der Mitwirkungshandlungen bestimmt hat, und zwar verbunden mit der Erklärung, dass er den Vertrag kündigen werde, wenn die Handlung nicht bis zum Ablauf der Frist vorgenommen wird. Die Rechtsfolge ist, dass der Vertrag als aufgehoben gilt, wenn nicht die Nachholung bis zum Ablauf der Frist erfolgt.[453]

Die Geltendmachung eines Entschädigungsanspruchs nach **§ 642 BGB** erfordert eine **konkrete** 1723
bauablaufbezogene Darstellung der einzelnen Verzugszeiträume und der Schadensauswirkungen.[454]

Besonderheiten gelten im Übrigen für Projektsteuerungsverträge auf **Dienstvertragsbasis**. Hier 1724
schuldet der Auftraggeber, wenn er in Annahmeverzug gerät, die vereinbarte Vergütung für den Verzugszeitraum, ohne dass der Projektsteuerer nachzuleisten hat. Ersparte Aufwendungen und die anderweitige Verwendung der Arbeitskraft sind nach § 615 BGB anzurechnen.

---

446 Dazu Glöckner, BauR 2014, 368 f.; Leupertz, BauR 2014, 381 f.; Sienz, BauR 2014, 390 f.; BGH, NZBau 2010, 47, 49; BGH, Urteil vom 19.12.2002, Az. VII ZR 440/01, in: NJW 2003, 1601 = NZBau 2003, 325, 326 = BauR 2003, 531, 532 = IBR 2003, 182; OLG Jena, Urteil vom 11.10.2005, Az. 8 U 849/04, in: NZBau 2006, 510 = IBR 2006, 14; OLG Braunschweig, Urteil vom 22.04.2004, Az. 8 U 227/02, in: BauR 2004, 1621 = IBR 2004, 364; OLG Köln, Urteil vom 14.08.2003, Az. 12 U 114/02, in: NJW-RR 2004, 818 = BauR 2004, 1500 = IBR 2004, 411; so auch Roskosny, BauR 2006, 1804, 1811 f.

447 Vgl. OLG Brandenburg, IBR 2012, 381; OLG Jena, Urteil vom 11.10.2005, Az. 8 U 849/04, in: NZBau 2006, 510 = IBR 2006, 14.

448 OLG Köln, Urteil vom 14.08.2003, Az. 12 U 114/02, in: NJW-RR 2004, 818, 819 = BauR 2004, 1500 = IBR 2004, 411.

449 Dazu im Einzelnen Roskosny, a. a. O., S. 1813, 1814.

450 Vgl. BGH, Urteil vom 21.10.1999, Az. VII ZR 185/98, in: NZBau 2000, 187, 189 = BauR 2000, 722, 725; Kniffka, Jahrbuch Baurecht 2000, 1, 18; anders OLG Celle, Urteil vom 24.02.1999, Az. 14a (6) U 4/98, in: BauR 2000, 416; zur Differenzierung zwischen allgemeinen und individuellen Wagnissen auch OLG Braunschweig, Urteil vom 22.04.2004, Az. 8 U 227/02, in: BauR 2004, 1621, 1622 = IBR 2004, 364; kritisch auch Kleine-Möller, NZBau 2000, 401, 404.

451 BGH, Urteil vom 24.01.2008, Az. VII ZR 280/05, in: BauR 2008, 821 = ZfBR 2008, 724; OLG Düsseldorf, Urteil vom 19.02.2013, Az. I 21 U 24/12, in: IBR 2013, 523.

452 Vgl. Jochem, in: Festschrift für Gerd Motzke, a. a. O., S. 142.

453 Vgl. für den Fall, dass der Bauherr einen Ingenieur nach Vertragsabschluss über die Realisierung des Projektes und eine Sicherheitsleistung im Unklaren lässt und dieser kündigt: OLG Stuttgart, Urteil vom 14.03.2006, Az. 10 U 219/05, in: IBR 2006, 275.

454 Vgl. OLG Hamm, Urteil vom 12.02.2004, Az. 17 U 56/00, in: NZBau 2004, 439 = BauR 2004, 1304 = IBR 2004, 237.

1725 Umgekehrt muss der **Auftraggeber** im Verhältnis zu ausführenden Unternehmen nicht nur für seine Architekten, sondern auch für seinen **Projektsteuerer einstehen**. Das gilt jedoch nur, soweit der Projektsteuerer Weisungen an und Vorleistungen für sonstige Projektbeteiligte ausspricht oder fertigstellt. Etwas anderes gilt indessen, soweit dem Projektsteuerer bei seiner **Controllingleistung** Fehler unterlaufen. Insoweit hat der BGH in der Entscheidung »Schürmann-Bau I«[455] ausgeführt:

»Daraus wird zum einen zu entnehmen sein, dass bei der Projektrealisierung fachlich Beteiligte ihrerseits keine Behinderungsschadensersatzansprüche geltend machen können, wenn der Projektsteuerer bei seinen Controllingleistungen Fehler macht, die zu Behinderungen/Verzögerungen führen.«

5.7.11 Störung der Geschäftsgrundlage

1726 Das Rechtsinstitut der Störung der Geschäftsgrundlage ist inzwischen in § 313 BGB gesetzlich geregelt worden. Hiernach kann ein Vertragspartner die Anpassung des Vertrages verlangen, wenn Umstände, die zur Grundlage des Vertrages geworden sind, sich nach Vertragsschluss schwerwiegend geändert haben und die Parteien den Vertrag nicht oder mit anderem Inhalt geschlossen hätten, wenn sie diese Änderung vorausgesehen hätten, soweit einer Vertragspartei unter Berücksichtigung aller Umstände des Einzelfalls, insbesondere der vertraglichen oder gesetzlichen Risikoverteilung, das Festhalten am unveränderten Vertrag nicht zugemutet werden kann, § 313 Abs. 1 BGB. Einer Veränderung der Umstände steht es nach dieser Vorschrift gleich, wenn wesentliche Vorstellungen, die zur Grundlage des Vertrages geworden sind, sich als falsch herausstellen, § 313 Abs. 2 BGB. Das Institut der Störung der Geschäftsgrundlage kommt als Grundlage für Nachtragsansprüche, insbesondere bei Projektsteuerungspauschalverträgen in Betracht, bei denen sich Leistungserschwernisse einstellen, die der Projektsteuerer zwar grundsätzlich zu bearbeiten hat, deren Bewältigung allerdings nach Maßgabe der vereinbarten Vergütung unzumutbar wäre.

1727 Eine Vergütungsanpassung kommt nach den Grundsätzen über die Störung der Geschäftsgrundlage in Betracht, wenn die eine Geschäftsgrundlage bildenden Umstände gegenüber den Vorstellungen der Parteien bei Vertragsabschluss entfallen oder grundlegend geändert werden und diese Änderungen so schwerwiegend sind, dass dem Projektsteuerer ein Festhalten an der vereinbarten Vergütung, zumeist einer Pauschale, unzumutbar ist, d. h. zu einem **schlechthin untragbaren Ergebnis** führen würde. Genau so wenig wie der Auftraggeber auf Grund der nachträglichen Erkenntnis, das Projekt sei so problemlos gelaufen, so dass der Projektsteuerer eigentlich überzahlt sei, eine Vergütungsminderung verlangen kann, steht dem Projektsteuerer das Recht zu, eine Vergütungsanhebung nach den Grundsätzen über die Störung der Geschäftsgrundlage zu verlangen, wenn er bei Hereinnahme des Auftrages die Komplexität und den Aufwand des Projektes einfach unterschätzt hatte. Es müssen vielmehr **unvorhersehbare** Elemente eine Rolle spielen, die den von den Parteien zugrunde gelegten Risikorahmen eindeutig sprengen, wobei viele Einzelaspekte des jeweiligen Falles bei der Zumutbarkeitsprüfung berücksichtigt werden müssen.[456]

1728 Für den Architekten hat das OLG Köln entschieden – und diese Entscheidung ist auf Projektsteuererverträge entsprechend anwendbar:[457]

»Die Erhöhung des Pauschalhonoraranspruchs eines Architekten wegen nachträglicher Erschwernisse setzt die Vorlage einer Kalkulation eines ursprünglichen Honorarangebots voraus.

Die Grundsätze der Störung der Geschäftsgrundlage greifen, wenn sich der Zeitaufwand des Architekten so wesentlich verändert, dass diesem ein Festhalten am vereinbarten Pauschalhonorar schlechterdings nicht zumutbar ist.

Eine Störung der Geschäftsgrundlage kann sich auch daraus ergeben, dass sich der Umfang der Tätigkeit des Architekten inhaltlich erhöht hat.«

455 BGH, a. a. O., S. 721.

456 Ausführlich Stahl, BauR 1973, 279 ff.

457 OLG Köln, Urteil vom 06.05.2008, Az. 24 U 119/05, in: IBR 2010, 277.

Im Zusammenhang mit der Feststellung der Zumutbarkeitsschwelle sind bei Pauschalverträgen folgende **Abwägungsgesichtspunkte** zu berücksichtigen: 1729
- Vorhersehbarkeit der Mehrleistung unter Berücksichtigung der besonderen Fachkenntnisse einzelner Vertragspartner;
- wer das Mengenrisiko unrichtig eingeschätzt und die Pauschale gebildet hat;
- die Art des Vergütungsmodells;
- ob der Pauschalpreis im Wettbewerb gefunden wurde;
- ob eine der Parteien das Risiko der Mehrbelastung ausdrücklich übernommen hat;
- ob die Mehrleistung nur in Einzelpositionen auftritt oder die Gesamtheit des Auftrages betrifft.[458]

Allgemeingültige Prozentsätze für die Festlegung einer so genannten »**Opferschwelle**« lassen sich nicht angeben. Die Zumutbarkeitsgrenze kann nur im Einzelfall unter Abwägung der vertraglichen und gesetzlichen Risikoverteilung ermittelt werden.[459] Insbesondere gilt nicht eine vielfach in diesem Zusammenhang benannte pauschale Risikogrenze von 20 %.[460] Wenn der Auftraggeber durch irreführende Angaben in einer Ausschreibung zu einer Fehlkalkulation des Auftragnehmers beigetragen hat, erscheint es nach der Auffassung des BGH nicht von vornherein ausgeschlossen, dass diesem eine Mehrvergütung zuerkannt wird, die weniger als 20 % eines vereinbarten Pauschalpreises ausmacht.[461] Wenn die Parteien eines Architekten- oder Ingenieurvertrages bei Überschreitung einer bestimmten Bauzeit einen Anspruch auf Verhandlung über eine angemessene Entgelterhöhung vorsehen, kann dies als vertragliche Regelung der Folgen einer Störung der Geschäftsgrundlage zu verstehen sein.[462] 1730

Verträge nach RBBau-Grundsätzen enthalten oftmals eine Klausel, wonach eine Überschreitung von bis zu 20 % der festgelegten Ausführungszeit, max. jedoch 6 Monate, durch das Honorar abgegolten sei. Der BGH sieht in dieser Klausel eine Konkretisierung der Schwelle für die Störung der Geschäftsgrundlage, hat aber bisher offengelassen, ob derartige Klauseln einer Inhaltskontrolle standhalten.[463] Eine solche Klausel sei jedenfalls dahin zu verstehen, dass sie sämtliche Mehraufwendungen des Auftragnehmers erfasse. Zu den Mehraufwendungen gehören allerdings solche Aufwendungen nicht, die ohnehin für die vertragliche Leistung im vorgesehenen Zeitraum erforderlich gewesen wären. Ein Anspruch auf Ersatz der Mehraufwendungen bestehe auch unabhängig davon, inwieweit die Gesamtaufwendungen durch das gesamte Honorar abgegolten seien. Der Mehraufwandsanspruch des Auftragnehmers setze somit nicht voraus, dass zuvor der kalkulierte Gewinn aufgezehrt sein muss (vgl. dazu auch Rdn. 2582).[464] 1731

Bei Projektmanagementverträgen sind folgende Einzelfälle zu berücksichtigen:

5.7.11.1 Anordnungen des Auftraggebers in Bezug auf geänderte und zusätzliche Leistungen

Vorrangig ist stets eine etwa mögliche Vergütungsanpassung aufgrund auftraggeberseitig angeordneter Änderungen des Steuerungssolls (s. o. Rdn. 1578 f.). Die Grundsätze über die Störung und 1732

458 Vgl. etwa Kapellmann/Schiffers, Vergütung, Nachträge und Behinderungsfolgen beim Bauvertrag, Band 2, Rn. 1500 ff. für Bauverträge.

459 Vgl. dazu BGH, Urteil vom 30.06.2011, Az. VII ZR 13/10, in: NJW 2011, 3287, 3290; BGH, Urteil vom 02.11.1995, Az. VII ZR 29/95, in: BauR 1996, 250, 251; OLG Stuttgart, Urteil vom 07.08.2000, Az. 6 U 64/00, in: IBR 2000, 593; OLG Schleswig, Urteil vom 30.09.1999, Az. 7 U 196/98, in: MDR 2000, 580; OLG Frankfurt a. M., Urteil vom 31.01.1986, Az. 22 U 103/85, in: MDR 1986, 407; OLG München, Urteil vom 16.01.1987, Az. 23 U 3869/86, in: BauR 1987, 479.

460 BGH, Urteil vom 02.11.1995, Az. VII ZR 29/95, in: BauR 1996, 250, 251.

461 BGH, Urteil vom 30.06.2011, Az. VII ZR 13/10, in: NJW 2011, 3287, 3290.

462 BGH, Urteil vom 30.09.2004, Az. VII ZR 456/01, in: BauR 2005, 118 f.

463 BGH, Urteil vom 10.05.2007, Az. VII ZR 288/05, in: BauR 2007, 1592, 1595.

464 BGH, Urteil vom 10.05.2007, Az. VII ZR 288/05, in: BauR 2007, 1592, 1595.

Anpassung der Geschäftsgrundlage sind dagegen nur eine Auffangregelung nach Treu und Glauben, die nur dann in Betracht kommt, wenn eine anderweitige Anpassung wegen abgrenzbarer Leistungsänderungen ausscheidet.[465]

5.7.11.2 Maßgeblichkeit der Vergütungssysteme

1733 Für die Frage, ab wann eine Anpassung der Geschäftsgrundlage notwendig ist, spielen die im Zusammenhang mit der Übernahme von Vergütungssystemen maßgeblichen Vertragstypen und Risikoübernahmen eine Rolle.[466] **Bloße Kalkulationsirrtümer** einer der Vertragsparteien (hier insbesondere des Projektsteuerers) berechtigen auch dann zu keiner Vergütungsanpassung, wenn sie nach außen hin erkennbar geworden oder sogar erkannt worden sind (externer Kalkulationsirrtum).[467]

1734 Verändern sich aber durch **äußere Einflüsse**, die vom Projektmanager nicht zu vertreten sind, **die Anforderungen** an die Projektsteuerungsleistung, insbesondere in der Form intensiverer Leistungserbringung mit der Notwendigkeit erhöhten Personaleinsatzes, etwa die Projektziele, der Projektzuschnitt oder die Projektdauer, dann kommt eine Vertragsanpassung nach den Grundsätzen über die Störung der Geschäftsgrundlage in Betracht. Nach dem jeweils abgeschlossenen Vertrag spielen folgende Gesichtspunkte eine Rolle:

1735 – Bei einem **Pauschalvertrag** ist zunächst zu prüfen, auf welcher Grundlage die Pauschale vereinbart wurde. Handelt es sich um eine frei im Wettbewerb gefundene Pauschale, müsste nachträglich bestimmt werden, welche Verhältnisse der pauschalen Honorarbildung zugrunde gelegen haben, insbesondere, ob der beauftragte Projektmanager bewusst Preisrisiken in Kauf genommen hat. Bei einer Pauschalenbildung **auf Basis eines feststehenden Honorarmodells** (wie z. B. AHO) oder auf Basis einer **Personaleinsatzkalkulation** ist zu prüfen, ob die vorgenannten Vergütungsgrundlagen Spielräume für die Übernahme nachhaltiger unternehmerischer Risiken beinhalten. In terminlicher Hinsicht kann insbesondere die Vereinbarung einer Regelbauzeit von Bedeutung sein, welche die gemeinsamen Vorstellungen über die voraussichtliche Projektdauer verdeutlicht und daher eine Geschäftsgrundlage bilden kann (etwa nach § 7 Abs. 4 AHO).

1736 – Dort, wo der Auftraggeber den Personaleinsatz nach einer detaillierten Personaleinsatzkalkulation **vertraglich festgeschrieben** hat, kann die Opfergrenze nicht allzu hoch angesetzt werden. Da der Personaleinsatz in diesen Fällen die ganz dominierende Kalkulationsgröße darstellt, werden hier eher Obergrenzen unter 5 % diskutiert werden können. Zur Schaffung von Rechtssicherheit wird in der Praxis gelegentlich vereinbart, dass eine bestimmte **Personalstärke »mindestens«** einzukalkulieren ist. Sofern der tatsächliche Personaleinsatz alsdann bei der Projektrealisierung nicht überschritten wird, scheidet in der Regel ein Rückgriff auf die Grundsätze des Fortfalls der Geschäftsgrundlage aus.

5.7.11.3 Die Bemessungsgrundlage für die Festlegung der Zumutbarkeitsschwelle

1737 Oft wird die Frage relevant, ob im Falle einer Änderung der Geschäftsgrundlage die finanziellen Auswirkungen anhand des **Gesamtvertrages, einzelner Leistungsstufen/-phasen oder einzelner Leistungspositionen zu prüfen** sind. Auch insoweit gibt es keine einheitlichen Lösungen:

– Zunächst bestehen gravierende Unterschiede zwischen der einheitlichen und der **stufenweisen Beauftragung** von Projektmanagement- bzw. Projektsteuerungsleistungen. Bei einer stufenweisen Beauftragung sind die einzelnen Leistungsstufen als selbständige Werkerfolge zu beurteilen.[468]

---

465 Lederer, Honorarmanagement bei Architekten- und Ingenieurverträgen, 2. Aufl., Rn. 143; vgl. Krebs, in: Dauner-Lieb/Heidel/Ring, BGB, Schuldrecht, § 313, Rn. 1 ff.

466 Kapellmann/Schiffers, Vergütung, Nachträge und Behinderungsfolgen beim Bauvertrag, Band 2, Rn. 1508 ff.

467 Vgl. dazu auch BGH, Urteil vom 07.07.1998, Az. X ZR 17/97, in: BauR 1998, 1089 = NJW 1998, 3192; insoweit gilt nichts anderes als beim Bauvertrag nach § 2 Nr. 7 Abs. 1 Satz 1 und Satz 3 VOB/B.

468 BGH, Urteil vom 18.09.1997, Az. VII ZR 300/96, in: BauR 1997, 1065, 1066.

Daraus folgt, dass dann, wenn bereits gravierende Projektänderungen in einer der ersten Projektstufen auftreten und die Anschlussbeauftragung hinsichtlich weiterer Projektstufen noch gar nicht erfolgt ist, für die Prüfung der Notwendigkeit einer Änderung der Vergütung nach den Grundsätzen über die Störung der Geschäftsgrundlage ausschließlich auf einen Vergleich der bis zu diesem Zeitpunkt abgerufenen Leistungen der ersten Projektstufen abzustellen ist. Die noch ausstehenden, noch nicht einmal beauftragten Leistungen können nicht herangezogen werden, um die Zumutbarkeitsschwelle nach Maßgabe einer gesamtvertraglichen Beurteilung zu berücksichtigen. Vielmehr sind für die Festlegung der Opfergrenze ausschließlich die **jeweils abgerufenen Leistungsstufen** zu betrachten.

- Im Übrigen ist im Zusammenhang mit dem Rechtsinstitut der Störung der Geschäftsgrundlage bislang nicht geklärt, ob bei der Ermittlung der Opfergrenze auf den Gesamtvertrag oder auf **einzelne Leistungspositionen** abgestellt werden muss.[469] Allgemeingültige Lösungen wird es in diesem Zusammenhang kaum geben. Entscheidend wird darauf abzustellen sein, wirklich vergleichbare Sachverhalte miteinander ins Verhältnis zu setzen.[470] Bei phasen- und handlungsbereichsbezogenen Leistungsbildern ist deshalb im Zweifel die Auswirkung einer entsprechenden Störung in der entsprechenden **Leistungsphase** und dem entsprechenden Handlungsbereich zu untersuchen. Denn wenn die Vertragsparteien eine entsprechende Strukturierung des Leistungsbildes vornehmen, dokumentieren sie den vertraglichen Willen, unter bestimmten terminlichen oder inhaltlichen Gesichtspunkten zusammengehörige Leistungen auch nach einheitlichen Grundsätzen zu behandeln. Wirkt sich eine Änderung im Übrigen nur auf einen bestimmten Leistungsteil aus, kommt es darauf an, ob die Änderung einen wesentlichen in sich geschlossenen werkvertraglichen Teilerfolg betrifft oder es sich um eine unselbständige Einzelleistung handelt. 1738

5.7.11.4 Insbesondere: Bauzeitverzögerungen

Notwendige Verlängerungen der Leistungsdauer lösen auch bei Projektmanagementverträgen oftmals Streit über erforderliche Vergütungsanpassungen aus. Einheitliche Lösungen lassen sich angesichts der Vielgestaltigkeit der vertraglichen Regelungsmöglichkeiten in Projektmanagement-/-steuerungsverträgen kaum erarbeiten. Für die Frage, ob und inwieweit Verlängerungen der Leistungszeit gegenüber ursprünglich zugrunde gelegten Vertragsdauern zu Mehrvergütungsansprüchen führen können, sind folgende Varianten zu berücksichtigen: 1739

Wenn bei einem Projektsteuerungsvertrag mit **dienstvertraglichem Charakter** eine zeitabhängige Vergütung vorgesehen ist, verlängert sich automatisch mit der verlängerten Tätigkeitszeit des Projektsteuerers auch der Vergütungsanspruch zeitanteilig. 1740

Bei Projektsteuerungsleistungen auf Basis von **Werkverträgen** ist die Rechtslage differenzierter zu beurteilen:

- Wenn bei einem Werkvertrag eine **Personaleinsatzkalkulation** zur vertraglichen Grundlage des Vergütungsanspruchs gemacht worden ist, und zwar dergestalt, dass die **Pauschalvergütung** einen **lediglich vorläufigen** – von dem notwendigen Personaleinsatz abhängigen – **Charakter** hat, dann erfolgt die Anpassung der Vergütung entsprechend dem durch die verlängerte Projektdauer notwendigen zusätzlichen Personaleinsatz. Davon wird individuell auszugehen sein, wenn die Personaleinsatzplanung nicht nur als Geschäftsgrundlage – wie eine Urkalkulation – zum Vertrag gehört, sondern zu einem mit der Pauschalhonorarabrede gleichwertigen Vertragsbestandteil gemacht wird. 1741
- Liegt ein Werkvertrag vor und ist eine **echte Pauschalvergütung** mit **fester Vertragsdauer** bzw. **Regelleistungszeit/Regelbauzeit** vereinbart worden, dann gilt Folgendes: Weist der Werkvertrag 1742

---

469 Vgl. dazu etwa Kleine-Möller, in: Englert/Eschenbruch/Langen/Vygen, Festschrift für Klaus Dieter Kapellmann, S. 195.

470 So schon BGH, Urteil vom 02.11.1995, Az. VII ZR 29/95, in: BauR 1996, 250, 251.

eine **feste Vertragsdauer** auf, dann enden die Leistungspflichten des Auftragnehmers im Zweifel mit dem Erreichen des Endes der Vertragsdauer. Eine Vertragsverlängerung müssen beide Vertragsparteien einvernehmlich herbeiführen, sofern nicht wirksam einseitige Verlängerungsrechte vorgesehen worden sind. Im Falle der Vereinbarung einer so genannten **Regelleistungszeit/ Regelbauzeit** wird mangels entgegenstehender Anhaltspunkte im Vertrag anzunehmen sein, dass die werkvertragliche Leistungsverpflichtung nicht zeitabhängig ist, dagegen der Projektsteuerer im Falle einer notwendigen Laufzeitverlängerung eine Mehrvergütung, in der Regel nach Maßgabe der Preisermittlungsgrundlagen des Vertrages – ggf. nach dem Ergebnis der Auslegung des Vertrages – auch nach üblichen Sätzen, § 632 Abs. 2 BGB, verlangen kann, es sei denn, die Vertragsverlängerung ist vom Projektsteuerer zu vertreten. Wird ein Projektsteuerungsvertrag auf der Grundlage der AHO-Leistungs- und Honorarordnung Projektmanagement (2014) geschlossen, dann ist zu berücksichtigen, dass die Honorarbildung nach § 7 Nr. 4 **AHO eine mittlere Projektlaufzeit von 30 bis 35 Monaten** zugrunde legt. Längere Projektlaufzeiten, insbesondere Bauzeiten, etwa durch abschnittsweise Realisierung und Projektverzögerung, sind in den Tafelwerten nicht berücksichtigt. Soweit also der Projektsteuerer selbst nicht dazu beigetragen hat (zu vertreten hat), dass es zu einer entsprechenden Projektlaufzeitverlängerung gekommen ist, ergibt sich schon aus dem Honorarmodell selbst ein Anpassungsanspruch für die Projektzeitverlängerung, wobei auch hier der Mehraufwand konkret zu berechnen ist. Die AHO-Fachkommission hat nämlich keine abstrakte Methodik vorgegeben, die eine Anpassung von Tafelwerten und daraus abgeleiteten Pauschalhonoraren vorsieht.

1743 – Liegt ein **Werkvertrag** mit einer **Pauschalvergütungsabrede** vor, **ohne** dass eine **bestimmte Leistungszeit** ausdrücklich vorgesehen oder zugrunde gelegt worden ist, dann obliegen dem Projektmanager/-steuerer grundsätzlich sämtliche Leistungen, die bei der Projektabwicklung erforderlich werden. Das kann auch dann der Fall sein, wenn sich der Anspruch auf Honorar ausschließlich nach den anrechenbaren Kosten, eine Honorarzone und eine Honorartafel berechnet und die Honorarermittlung ohne einen Bezug zur Leistungszeit bestimmt worden ist. Ein zusätzlicher Vergütungsanspruch wegen gegenüber der Kalkulation des Projektmanagers entstandenen Mehraufwandes wegen verlängerter Ausführungszeit, kommt in einem solchen Fall grundsätzlich nicht in Betracht.[471] Gleichwohl kann sich ausnahmsweise auch in derartigen Fällen bei einer Laufzeitverlängerung ein Mehrvergütungsanspruch nach den Grundsätzen über die Störung der Geschäftsgrundlage ergeben, dies allerdings nur unter den folgenden engen Voraussetzungen:

1744 – Haben die Vertragsparteien eine **Honorarpauschale auf der Basis anrechenbarer Kosten** vereinbart, dann ist zunächst zu prüfen, ob die in Rede stehende Bauzeitverlängerung nicht auf Umständen beruht, die ohnehin bereits bei der Festlegung der anrechenbaren Kosten berücksichtigungsfähig sind und infolge endgültiger Vergütungsberechnung auf Basis anrechenbarer Kosten eine angemessene Kompensation des zusätzlichen Zeitaufwandes erfolgt. Soweit die Bauzeitverlängerung nicht/nicht vollständig durch eine Erhöhung der anrechenbaren Kosten kompensiert wird, dann kann sich ein Anpassungsanspruch nach den Grundsätzen des **Fortfalls der Geschäftsgrundlage** ergeben. Hier ist die Rechtslage nicht anders zu beurteilen als im Anwendungsbereich der HOAI.

1745 – Für den Architektenvertrag nach Leistungsbildern der HOAI hat der BGH entschieden, dass den Parteien nicht zugemutet werden kann, spekulative Vergütungen für noch nicht vorhersehbare Verlängerungen der Bauzeit zu vereinbaren. Vielmehr stelle es eine interessengerechte Lösung dar, eine **bestimmte Bauzeit als Geschäftsgrundlage festzulegen** und bei deren Wegfall einen vertraglichen Preisanpassungsanspruch zu begründen. Dabei seien die Vertragsparteien vertraglich nicht gehindert, einzelne Kriterien des sich ohnehin aus § 242 BGB ergebenden gesetzlichen Preisanpassungsanspruchs im Vertrag zu regeln.[472] Der BGH geht also davon

471 KG, Urteil vom 13.04.2010, Az. 21 U 191/08, in: IBR 2012, 586 für den Architekten/Ingenieur.

472 Vgl. BGH, Urteil vom 30.09.2004, Az. VII ZR 456/01, in: NZBau 2005, 46 = BauR 2005, 118 = ZfBR 2005, 169 = IBR 2005, 95.

aus, dass eine Bauzeit auch Geschäftsgrundlage sein kann, wenn sich die Parteien hierüber nicht konkret verständigt haben. Geschäftsgrundlage ist – wenn die Parteien insofern nichts anderes vereinbart haben – die bei Vertragsschluss **angenommene**, aber nicht zum Vertragsgegenstand gemachte **oder** aber **objektiv zu erwartende Bauzeit**. Dabei steht den Parteien bei der Beurteilung der Frage, welche Bauzeit bei Vertragsschluss zu erwarten war, ein gewisser Beurteilungsspielraum zu.[473] Speziell in den Fällen, in denen der Vertrag auf eine Personaleinsatzkalkulation Bezug nimmt, wird genau zu prüfen sein, ob die dort niedergelegte Projektlaufzeit nicht auch Geschäftsgrundlage des Vertrages geworden ist. Der Umstand, dass die Personaleinsatzkalkulation für die Bemessung von Vergütungsfolgen bei geänderten Leistungen nach den vertraglichen Regelungen herangezogen werden soll, lässt indessen allein den Rückschluss auf eine Qualifizierung als Geschäftsgrundlage nicht zu. In allen anderen Fällen, etwa dann, wenn eine Pauschalierung ausschließlich anhand von Marktangeboten ohne Anknüpfung an eine bestimmte Bauzeit erfolgt ist, kann gleichwohl bei übereinstimmenden Vorstellungen der Vertragsparteien Geschäftsgrundlage die objektiv zu erwartende, **übliche Bauzeit** sein. Auch in diesen Fällen kommt eine Honoraranpassung bei einer Bauzeitverlängerung nach den vorgenannten Grundsätzen über den Fortfall der Geschäftsgrundlage in Betracht.[474]
In diesem Zusammenhang hat das OLG Düsseldorf ebenfalls entschieden, dass eine Vertragsklausel, wonach der Architekt die nachgewiesenen Mehrkosten erhält, wenn sich die Bauausführung über einen bestimmten Zeitraum hinaus verlängert, eine vertragliche Ausgestaltung der Grundsätze über den Fortfall der Geschäftsgrundlage, § 313 BGB, darstellt.[475]

- Liegen die vorgenannten Voraussetzungen für die Anpassung der Honorarpauschale nicht vor, 1746
  muss stets noch geprüft werden, ob nicht die **aufgetretene Verzögerung als Folge einer Leistungsänderung des Auftraggebers** zu einer Vergütungsänderung führen muss (z. B. auch im Hinblick auf eine wiederholte Leistung[476]) oder aber nach § 642 BGB einen Entschädigungsanspruch begründet.

Die zusätzliche Inanspruchnahme, die infolge einer Bauzeitverlängerung entsteht, muss in der 1747
Weise **dokumentiert** werden, dass der Zeitaufwand für das überlange konkrete Bauvorhaben demjenigen im Normalfall gegenüberzustellen ist.[477] Als Mehraufwand kommt etwa die Erhöhung von Löhnen sowie ein erhöhter Personaleinatz in Betracht. In jedem Fall ist zu verlangen, dass der Auftragnehmer die Tätigkeiten, die er auf die Bauzeitverlängerung zurückführt, im Einzelnen nachweist, das heißt nach Zeit (= Tagen und Stunden), Personen und Tätigkeitsinhalten darlegt und unter Beweis stellt.[478] Die Anforderungen an die Substantiierungslast dürfen dabei nicht überzogen werden; es reicht aus, wenn der Auftragnehmer konkrete, durch die Bauzeitverzögerung bedingte Mehraufwendungen, z. B. hinsichtlich der Vorhaltung zusätzlichen Personals, vorträgt.[479] Dass der Auftragnehmer durch die Verzögerung nur ineffizient arbeiten kann, verringert seinen Aufwand nicht.[480] Auch sind die Mehraufwendungen zunächst nicht aus dem Gewinn des Projektmanagers

473 BGH, Urteil vom 30.09.2004, Az. VII ZR 456/01, in: NZBau 2005, 46 = BauR 2005, 118 = ZfBR 2005, 169 = IBR 2005, 95.

474 Vgl. auch Schwenker/Schramm, Das Honorar des Architekten bei Verzögerung der Bauzeit, ZfIR 2005, S. 121; Messerschmidt, in: Festschrift für Walter Jagenburg, S. 607 f.; auch Messerschmidt, NZBau 2007, 746.

475 Vgl. OLG Düsseldorf, Urteil vom 26.10.2006, Az. 5 U 100/02, in: NZBau 2007, 109 = BauR 2007, 1270 f. = IBR 2007, 376.

476 OLG Düsseldorf, Urteil vom 26.10.2006, Az. 5 U 100/02, in: NZBau 2007, 109 = BauR 2007, 1270, 1276 = IBR 2007, 376.

477 Dazu vgl. Messerschmidt, NZBau 2007, 746 f.

478 OLG Celle, Urteil vom 27.02.2003, Az. 14 U 31/01, in: BauR 2003, 1248, 1249 = IBR 2003, 259.

479 BGH, Urteil vom 10.05.2007, Az. VII ZR 288/05, in: NZBau 2007, 587 = BauR 2007, 1592, 1597 = ZfBR 2007, 667 = IBR 2007, 494.

480 BGH, Urteil vom 10.05.2007, Az. VII ZR 288/05, in: NZBau 2007, 587 = BauR 2007, 1592, 1597 = ZfBR 2007, 667 = IBR 2007, 494.

zu finanzieren.[481] Die Mehrvergütungsansprüche sind durch eine Differenzhypothese zu ermitteln, nämlich durch einen Vergleich der tatsächlich für die Projektmanagementleistung aufgewandten Stunden und damit einhergehenden Kosten und denjenigen Aufwendungen, die gemäß ursprünglich vereinbarter Vertragsdauer entstanden wären. Zu den Mehrkosten für die verzögerungsbedingten Arbeitsstunden zählen neben den reinen Lohnkosten auch ein Bürokostenzuschlag auf die Subunternehmerkosten und ein Gemeinzuschlag auf die Mitarbeiterkosten.[482]

5.8 Geschäftsführung ohne Auftrag, ungerechtfertigte Bereicherung

1748 Leistungen, die **rechtsgrundlos erbracht werden**, etwa zusätzliche Leistungen ohne vertragliche Grundlage, z. B. ohne Anordnung zur Ausführung, können ausnahmsweise nach §§ 677 ff., 812 ff. BGB vergütungspflichtig sein.[483] Gem. § 683 BGB erhält der Projektsteuerer Aufwendungsersatz, wenn seine Tätigkeit dem Interesse und dem wirklichen oder mutmaßlichen Willen des Auftraggebers entsprochen hat.[484] Eine Anzeige der Mehrleistung vor Ausführung ist in einem solchen Fall nicht erforderlich.[485] Der Aufwendungsersatz steht bei einem gewerblichen Dienstleister wie dem Projektsteuerer regelmäßig seiner üblichen Vergütung gleich. Lässt sich ein entsprechender Wille des Auftraggebers nicht feststellen, können Mehrleistungen oder geänderte Leistungen ohne wirksame Änderungsanordnung des Bauherrn auch nach §§ 684, 812 BGB in Höhe der erlangten Bereicherung herausgabepflichtig sein. Auch in einem solchen Fall ist, sofern die Projektsteuerungsleistungen erforderlich waren und zu einem wirtschaftlichen Wertzuwachs geführt haben, grundsätzlich die üblicherweise gezahlte Vergütung erstattungsfähig.[486]

1749 Hat der Auftraggeber bereits **Vorausleistungen** auf einen Projektsteuerervertrag geleistet und wird dem Projektsteuerer die **Leistungserbringung unmöglich**, so kann der Auftraggeber Rückerstattung der Vorauszahlung verlangen, es sei denn, die Parteien hätten Abweichendes vereinbart.[487]

5.9 Durchsetzung von Projektsteuerernachträgen

1750 Das Gesetz sieht für ein Preisanpassungsverlangen aufgrund geänderter Leistungen **keine zeitliche Begrenzung** vor. Es gelten die allgemeinen Verjährungsfristen für Vergütungsansprüche. Die Vertragspartner sind aber aufgrund des Kooperationsgrundsatzes gehalten, das Preisanpassungsverlangen möglichst beschleunigt geltend zu machen und zu verhandeln. Das Recht zur Preisanpassung kann nach allgemeinen Grundsätzen verwirkt werden.[488]

1751 Macht der Auftraggeber von seinem Anordnungsrecht Gebrauch, trifft ihn im Rahmen der bauvertraglichen Kooperationsverpflichtung die vertragliche Nebenverpflichtung, möglichst zügig mit dem Projektsteuerer eine Vereinbarung über die geänderte Vergütung herbeizuführen. Verbleibende unterschiedliche Auffassungen hinsichtlich der Grundlagen und Methoden der Preisanpassung führen nicht ohne weiteres dazu, dass der Projektsteuerer ein Zurückbehaltungsrecht hinsichtlich der zusätzlichen oder geänderten Leistung ausüben darf. Ausnahmsweise kann der Projektsteuerer allerdings ein **Zurückbehaltungsrecht** geltend machen, wenn sich der Auftraggeber seiner

---

481 BGH, Urteil vom 10.05.2007, Az. VII ZR 288/05, in: NZBau 2007, 587 = BauR 2007, 1592, 1597 = ZfBR 2007, 667 = IBR 2007, 494.

482 Vgl. OLG Düsseldorf, Urteil vom 26.10.2006, Az. 5 U 100/02, in: NZBau 2007, 109 = BauR 2007, 1270 = IBR 2007, 376.

483 Vgl. Kapellmann/Schiffers, Vergütung, Nachträge und Behinderungsfolgen beim Bauvertrag, Band 2, Rn. 1257 ff.

484 Vgl. Werner/Pastor, Der Bauprozess, Rn. 2409 für den Architekten.

485 Kapellmann/Schiffers, Vergütung, Nachträge und Behinderungsfolgen beim Bauvertrag, Band 2, Rn. 1257.

486 Vgl. Werner/Pastor, Der Bauprozess, Rn. 2422.

487 So OLG Köln, Urteil vom 13.1.1998, Az. 15 U 185/96 (unveröffentlicht).

488 Vgl. BGH, Urteil vom 14.04.2005, Az. VII ZR 14/04, in: NZBau 2005, 455 = BauR 2005, 1152 = IBR 2005, 359.

Kooperationsverpflichtung verschließt und Verhandlungen über die Nachtragsforderungen nachhaltig verzögert oder grundsätzlich eine Vergütungsanpassung zu Unrecht verweigert.[489] Einseitig angeordnete Änderungen der Projektmanagementleistung muss der Projektmanager/-steuerer somit nicht ausführen, wenn der Auftraggeber von vornherein klarstellt, dass er den Mehraufwand nicht bezahlen will.[490]

Die **Kooperationsverpflichtung** gilt aber erst recht für den Projektsteuerer. Auf Grund seiner her- 1752
ausgehobenen Stellung bei der Projektabwicklung muss er die Abgrenzung der Vertragsleistung zu etwaigen änderungsbedingten Mehrleistungen im Detail erläutern und begründen.[491] Er darf insbesondere nicht Streitigkeiten über weniger gewichtige Vergütungsansprüche zur Geltendmachung eines Zurückbehaltungsrechts[492] und erst recht nicht zur Kündigung des Gesamtvertrages aus wichtigem Grund heranziehen. Stellt sich die Ankündigung der Arbeitsniederlegung angesichts der besonderen Umstände des Sachverhaltes als **widerrechtliche Drohung** dar, kann der Auftraggeber die Rückgängigmachung einer zu Stande gekommenen Nachtragsvereinbarung verlangen.[493]

Unabhängig davon verbleibt dem Projektsteuerer die Möglichkeit, nach § 648 a BGB eine **Vorleis-** 1753
tungssicherheit zu fordern.[494]

Selbst wenn die Vertragsparteien eine bestimmte Leistung zunächst übereinstimmend als Nach- 1754
tragsleistung angesehen haben und eine entsprechende Beauftragung erfolgt ist, kann der Projektmanager/-steuerer nicht ohne weiteres davon ausgehen, dass eine Rückforderung der zusätzlichen Vergütung ausgeschlossen ist. Denn wenn eine Leistung aufgrund eines Werkvertrages bereits geschuldet ist, kann der Auftragnehmer **dieselbe Leistung** aufgrund einer Nachtragsvereinbarung in der Regel nicht ein **zweites Mal** verlangen. Etwas anderes gilt nur, wenn der Auftraggeber in der Nachtragsvereinbarung eine gesonderte Vergütungspflicht selbständig anerkannt hat oder die Vertragsparteien sich gerade in Ansehung dieser Frage verglichen haben.[495]

489 Vgl. zur Kooperationsverpflichtung insbesondere: BGH, Urteil vom 28.10.1999, Az. VII ZR 393/98, in: BauR 2000, 409 = NZBau 2000, 130 = IBR 2000, 110; OLG Brandenburg, Urteil vom 07.05.2002, Az. 11 U 77/01, in: IBR 2003, 662; OLG Düsseldorf, Urteil vom 07.06.2000, Az. 5 U 184/99, in: NZBau 2000, 427, 428; Kniffka, Jahrbuch Baurecht 2001, S. 1; Stassen/Grams, BauR 2003, 943; Boettcher, BauR 2000, 792, 795; Grieger, BauR 2000, 969 f.; Meurer, MDR 2001, 848 f.

490 BGH, Urteil vom 13.03.2008, Az. VII ZR 194/06, in: NJW 2008, 2106 f.; BGH, Urteil vom 24.06.2004, Az. VII ZR 271/01, in: NZBau 2004, 612 = BauR 2004, 1613 = IBR 2004, 486; OLG Koblenz, Urteil vom 06.11.2014, Az. 6 U 245/14, in: IBR 2015, 9: »Ausnahmsweise steht ihm aber ein Leistungsverweigerungsrecht nach den Grundsätzen von Treu und Glauben zu, wenn entweder die Leistungsaufnahme oder die Leistungsfortführung bei objektiver Betrachtung und unter Berücksichtigung der Umstände des Einzelfalls für ihn unzumutbar ist. Die Leistungsfortführung ist für den Auftragnehmer unzumutbar, wenn der Auftraggeber endgültig nicht bereit ist, eine zusätzliche Leistung zu vergüten, und die neue Vergütung von der ursprünglich vereinbarten Vergütung nicht unerheblich abweicht«; OLG Oldenburg, Urteil vom 10.06.2003, Az. 2 U 13/03, in: IBR 2004, 430 (für den Planervertrag).

491 Vgl. OLG Dresden, Urteil vom 21.11.1997, Az. 7 U 1905/97, in: NJW-RR 1998, 672 für Bauverträge; vgl. auch OLG Frankfurt, Urteil vom 26.11.1996, Az. 8 U 105/96, in: NJW-RR 1998, 1477, 1478.

492 Vgl. BGH, Urteil vom 13.03.2008, Az. VII ZR 194/06, in: NJW 2008, 2106, 2110: Ein Zurückbehaltungsrecht besteht ausnahmsweise in Anwendung des Rechtsgedankens aus § 320 Abs. 2 BGB nicht, wenn die neue Vergütung von der ursprünglich vereinbarten Vergütung nur unerheblich abweicht; dazu auch Kues/Kaminsky, BauR 2008, 1368.

493 BGH, Urteil vom 13.09.2001, Az. VII ZR 415/99, in: BauR 2002, 89 = IBR 2001, 657.

494 Vgl. dazu Rdn. 1939.

495 Vgl. BGH, Urteil vom 26.04.2005, Az. X ZR 166/04, in: NZBau 2005, 453, 454 = BauR 2005, 1317 = ZfIR 2005, 542 = IBR 2005, 358; auch OLG Celle (Vorinstanz), Urteil vom 14.10.2004, Az. 5 U 148/03, in: BauR 2005, 106 = IBR 2004, 671; KG, Urteil vom 04.11.2004, Az. 10 U 300/03, in: BauR 2005, 723 = IBR 2005, 71: Die Nachtragsleistung kann jedoch aufgrund des Nachtragsauftrages als speziellere Regelung zu vergüten sein.

5.10 Vergütungsanpassung und Allgemeine Geschäftsbedingungen

1755 Der **formularmäßige Ausschluss der Mehrvergütungspflicht** wegen auftraggeberseitiger Änderungen **verstößt gegen §§ 305 ff. BGB**.[496] Das gilt auch für formularmäßige Klauseln, die die Vergütung für geänderte Planungs- und Steuerungsleistungen von einer vorherigen Vereinbarung mit dem Bauherrn abhängig machen.[497] Entsprechendes gilt für Klauseln, mit denen von vornherein Ansprüche aus §§ 642 ff. BGB eingeschränkt werden sollen.[498] Auch Klauseln, die eine Nachtragsvergütung davon abhängig machen, dass Arbeiten erst nach Vorlage eines schriftlichen Auftrags ausgeführt werden dürfen und die Vergütung ohne eine schriftliche Beauftragung durchgeführter Nachtragsleistungen ausgeschlossen ist, werden als unangemessen und daher unwirksam betrachtet.[499] Nach Auffassung des BGH verbietet es eine an den beiderseitigen Interessen der Parteien orientierte **Auslegung** der Vertragsklauseln, einen Regelungsgehalt anzunehmen, der dem Auftragnehmer die Durchsetzung eines Anspruchs wegen einer von ihm nicht zu vertretenden Bauverzögerung unangemessen erschwert.[500]

1756 Unwirksam sind nach der Rechtsprechung des BGH insbesondere Klauseln, wonach **gesetzliche Ansprüche** für notwendige, zusätzliche Leistungen **ausgeschlossen** sind, wenn diese nicht unverzüglich angezeigt wurden. Dasselbe gelte, wenn gesetzliche Ansprüche für zusätzliche und geänderte Leistungen insgesamt ausgeschlossen werden (insbesondere Ansprüche für Geschäftsführung ohne Auftrag und Bereicherung). Das Interesse des Auftraggebers an Kostenklarheit, Kostensicherheit und Vermeidung unliebsamer Überraschungen sowie von Auseinandersetzungen über häufig umstrittene Nachforderungen vermag nicht ausreichend zu begründen, dass der Auftraggeber die Leistung ohne geldwerten Ausgleich behalten und nutzen könne. Überdies könnten weder gesetzliche noch vertragliche Ansprüche von einer **Schriftform** abhängig gemacht werden. Eine Klausel, die daher Nachtragsforderungen von der Einhaltung der schriftlichen Beauftragung abhängig macht, ist nach § 307 BGB unwirksam.[501] Gegen § 307 BGB verstößt auch eine Klausel in einer Leistungsbeschreibung, wonach dem Auftraggeber einschränkungslos **Änderungen** des vertraglich vereinbarten **Leistungsbildes** vorbehalten bleiben.[502]

5.11 Einzelheiten zur Vergütung und Abrechnung

5.11.1 Nebenkosten

1757 Nach § 14 Abs. 1 HOAI kann der Architekt/Ingenieur die bei der Ausführung des Auftrags entstehenden erforderlichen Auslagen (Nebenkosten) **zusätzlich verlangen**. Die Vertragsparteien eines Architekten- und Ingenieurvertrages nach HOAI können dabei schriftlich vereinbaren, dass eine Kostenerstattung ganz oder teilweise ausgeschlossen ist oder in pauschaler Form stattfindet, §§ 14 Abs. 1 Satz 2, 14 Abs. 3 HOAI. Zu den Nebenkosten gehören nach § 14 Abs. 2 HOAI Post- und Fernmeldegebühren, Vervielfältigungskosten, Kosten des Baustellenbüros, Fahrtkosten, die über einen Umkreis von mehr als 15 km vom Geschäftssitz des Auftragnehmers hinausgehen, Trennungsentschädigungen usw. Im Anwendungsbereich des § 14 Abs. 1 HOAI bedarf es für die

---

496 Vgl. Werner/Pastor, Der Bauprozess, Rn. 1024; vgl. auch BGH, Urteil vom 17.09.1998, Az. IX ZR 237/97, in: NJW 1998, 3567, 3569.

497 Jochem, in: Festschrift für Heiermann, S. 169, 177.

498 Zu weitgehend: Oberhauser, BauR 2001, 1172, 1183.

499 OLG Koblenz, Urteil vom 01.07.2009, Az. 1 U 1535/08, in: NJW-RR 2010, 594.

500 BGH, Urteil vom 10.05.2007, Az. VII ZR 288/05, in: NZBau 2007, 587 = BauR 2007, 1592, 1596 = ZfBR 2007, 667 = IBR 2007, 494.

501 BGH, Urteil vom 27.11.2003, Az. VII ZR 53/03, in: NZBau 2004, 146 = BauR 2004, 488 f. = ZfBR 2004, 258 = IBR 2004, 125.

502 Vgl. BGH, Urteil vom 23.06.2005, Az. VII ZR 200/04, in: NZBau 2005, 511 = BauR 2005, 1473 = ZfIR 2005, 632 = IBR 2005, 491 für den Bauträgervertrag.

Geltendmachung der erforderlichen und auf Einzelnachweis abgerechneten Nebenkosten keiner gesonderten vertraglichen Vereinbarung.[503]

Da die **allgemeinen Vorschriften der HOAI auf Projektsteuerungsverträge** nach dem Verständnis des BGH generell **nicht anwendbar** sind,[504] kann der Projektsteuerer nicht ohne entsprechende Verweisung im Vertrag auf die Norm des § 14 HOAI zurückgreifen. Vielmehr muss hierauf im Projektmanagementvertrag gesondert verwiesen oder eine eigenständige Regelung zu den Nebenkosten getroffen werden. Enthält ein Projektsteuerungsvertrag zwar Vergütungsbestimmungen, aber keine Regelungen über Nebenkosten, ist davon auszugehen, dass diese vom Auftraggeber nicht gesondert zu ersetzen sind. 1758

Nach § 10 Abs. 1 AHO erhält der Projektsteuerer eine pauschale Nebenkostenerstattung von 5 %, soweit die Vertragsparteien nicht etwas anderes vereinbaren. 1759

5.11.2 Umsatzsteuer/Bauabzugssteuer

Nach § 16 Abs. 1 HOAI hat der Auftragnehmer – auch ohne ausdrückliche Vereinbarung – Anspruch auf zusätzliche Erstattung der jeweils gültigen Umsatzsteuer. Auch diese Norm ist auf Projektsteuerungsverträge nicht unmittelbar anwendbar.[505] 1760

Vielmehr müssen die Vertragsparteien Wert darauf legen, dass die Verpflichtung des Auftraggebers, zusätzlich anfallende **Umsatzsteuer** zu tragen, **vertraglich geregelt** ist. Fehlt eine vertragliche Regelung über die Tragung der Mehrwertsteuer durch den Auftraggeber und ergeben sich hierfür auch keine sonstigen Auslegungsgesichtspunkte, dann ist davon auszugehen, dass die Umsatzsteuer in dem vereinbarten Preis enthalten ist. Das gilt grundsätzlich auch im kaufmännischen Rechtsverkehr.[506] 1761

Nach § 12 Abs. 1 AHO hat der Auftraggeber – bei Vereinbarung der AHO-Leistungs- und Honorarordnung – auch die auf die Vergütung entfallende Umsatzsteuer zu zahlen.

Seit dem 01.01.2002 müssen Auftraggeber von Bauleistungen von zu erbringenden Zahlungen jeweils 15 % **Bauabzugssteuer** einbehalten und an das Finanzamt abführen, es sei denn, es liegt eine gültige und vom zuständigen Finanzamt des Leistenden ausgestellte Freistellungsbescheinigung vor oder bestimmte Freigrenzen sind nicht überschritten. Die Annahme einer **Bauleistung** setzt voraus, dass sich die Leistung unmittelbar auf die Substanz des Bauwerks auswirkt. Deshalb sind planerische Leistungen (z. B. von Architekten und Ingenieuren) von der Bauabzugssteuer genauso ausgenommen wie Aufgaben der Bauüberwachung, der Prüfung von Bauabrechnungen und der Durchführung von Ausschreibungen.[507] Auch die Projektsteuerungsleistung ist keine Bauleistung, so dass ein Abzug von der Vergütung nicht zulässig ist.[508] 1762

Vergütungsansprüche wegen angeordneter zusätzlicher oder geänderter Leistungen unterliegen der Umsatzsteuer; das gilt auch für Ansprüche aus § 642 BGB nicht jedoch für Schadensersatzansprüche.[509] 1763

503 BGH, Urteil vom 28.10.1993, Az. VII ZR 192/92, in: BauR 1994, 131.

504 Vgl. dazu BGH, Beschluss vom 25.01.2007, Az. VII ZR 112/06, in: NZBau 2007, 315 = BauR 2007, 724 = ZfBR 2007, 338 = IBR 2007, 207; siehe dazu auch Rdn. 1043 f., 1045.

505 Vgl. dazu BGH, Beschluss vom 25.01.2007, Az. VII ZR 112/06, in: NZBau 2007, 315 = BauR 2007, 724 = ZfBR 2007, 338 = IBR 2007, 207; siehe dazu auch Rdn. 1043 f., 1045.

506 BGH, Urteil vom 28.02.2002, Az. I ZR 318/99, in: NJW 2002, 2312; Urteil vom 11.05.2001, Az. V ZR 492/99, in: NJW 2001, 2464.

507 Vgl. dazu BMF-Schreiben zur Bauabzugssteuer ZfIR 2003, 125; Ebeling, DStR 2003, 402; Beck/Girra, Bauabzugssteuer, NJW 2002, 1079.

508 BFH, DStRE 2005, 1333: Planungsleistungen von Ingenieuren und Architekten sowie deren Leistungen im Bereich der Bauaufsicht stellen keine Bauleistung im Sinne von § 48 EStG dar.

509 BGH, Urteil vom 24.01.2008, Az. VII ZR 280/05, in: NZBau 2008, 318.

5.11.3 Fälligkeit

1764 Wenn eine vertragliche Abrede fehlt, ist der Eintritt der Fälligkeit der Vergütung für Projektsteuererleistungen davon abhängig, ob ein **Dienst- oder Werkvertrag** vorliegt. Die Fälligkeit wird dann entweder durch § 614 BGB oder § 641 BGB bestimmt. Nach § 614 BGB ist die Vergütung nach der Leistung der Dienste zu entrichten, bei einer zeitabschnittsweisen Erbringung auch nach Ablauf der einzelnen Zeitabschnitte. Nach § 641 BGB wird die Vergütung erst nach Abnahme des Werkes fällig, bei vereinbarten Teilabnahmen auch nach der Teilabnahme. Der BGH hat klargestellt, dass für Projektmanagement- und -steuerungsleistungen § 8 Abs. 1 HOAI nicht eingreift.[510] Bei werkvertraglich basierten Projektsteuerungsverträgen kommt deshalb § 641 BGB zur Anwendung.[511]

1765 Auch das Projektsteuerergewerk ist **abnahmefähig** und grundsätzlich auch abnahmebedürftig. Die Vertragsparteien können aber im Projektsteuerervertrag oder während der weiteren Projektabwicklung regeln, dass die Abnahme entbehrlich ist.[512] Der Auffassung des OLG Naumburg, der Abnahmefähigkeit stehe entgegen, dass Projektsteuerleistungen nicht gegenständlich verkörpert seien, ist nicht zu folgen,[513] denn für die Abnahme kommt es auf eine Verkörperung nicht an. Zwar hat der BGH für einen geschuldeten Winterdienst als Werkleistung entschieden, dass der Auftraggeber die Leistungen weder im jeweiligen Einzelfall, noch am Ende der Wintersaison abnehmen müsse, da er gerade eine Aufgabendelegation anstrebe.[514] Auch dieser Aspekt kann nicht ohne weiteres auf Planer- oder Projektsteuerungsverträge übertragen werden, weil es sich hierbei um komplexe Leistungserbringungsformen handelt, bei denen zumindest zum Ende einer werkorientierten Projektdauer eine Billigungserklärung des Auftraggebers zweckmäßig ist. Bei Fehlen einer ausdrücklichen Abnahmeerklärung ist zumindest dann von einer schlüssigen Abnahme auszugehen, wenn der Projektsteuerer alle ihm übertragenen Leistungen vollendet und der Auftraggeber die Schlussrechnung ohne Beanstandung entgegengenommen bzw. sogar bezahlt hat.[515]

1766 Eine **konkludente Abnahme** kann indessen wie beim Architektenwerk regelmäßig erst angenommen werden, wenn das Werk abnahmefähig hergestellt ist.[516] Denn erst nach Beendigung der Leistungen wird in der Regel ein bestimmtes Verhalten des Bestellers als Billigung zu verstehen sein.[517] Gleichwohl schließt die Unvollständigkeit der Leistung eine schlüssige Abnahme nicht generell

---

510 BGH, Beschluss vom 25.01.2007, Az. VII ZR 112/06, in: NZBau 2007, 315 = BauR 2007, 724 = ZfBR 2007, 338 = IBR 2007, 207.

511 Vgl. auch Baldringer, NZBau 2007, 421.

512 OLG Karlsruhe, Urteil vom 23.09.2003, Az. 17 U 234/02, in: NZBau 2004, 331 = BauR 2004, 518 = IBR 2004, 66.

513 OLG Naumburg (Dreso I), Urteil vom 14.03.2008, Az. 10 U 64/07, in: BauR 2009, 1171.

514 BGH, Urteil vom 06.06.2013, Az. VII ZR 355/12, in: VersR 2014, 472, 473.

515 BGH, Urteil vom 25.09.2013, Az. VII ZR 220/12, in: BauR 2013, 2031; BGH, Urteil vom 25.02.2010, Az. VII ZR 64/09, in: BauR 2010, 795 = NZBau 2010, 318 f. konkludente Abnahme des Architektengewerks; OLG Hamm, Urteil vom 14.02.2008, Az. 23 U 4/05, in: BauR 2008, 1480; OLG Hamm, Urteil vom 14.02.2008, Az. 23 U 4/05, in: BauR 2008, 1480: »Die vorbehaltslose Bezahlung der Schlussrechnung des Architekten durch den Bauherrn stellt eine Abnahme des Architektenwerks dar«; Möllers, in: Korbion, Baurecht, Teil 14, Rn. 71; Wingsch formuliert in: Hartmann, HOAI, Stand: März 1998, § 31, Rn. 12, S. 57: »Dies setzt die Vollendung der Projektsteuerungsleistungen und deren billigende Entgegennahme voraus, die jedenfalls dann anzunehmen ist, wenn die Schlussrechnung des Projektsteuerers vom Auftraggeber ohne Vorbehalt bezahlt wird«; Stapelfeld, BauR 1994, 693, 705; so auch Baldringer, NZBau 2007, 421, 423.

516 Zur konkludenten Abnahme Hille, in: NZBau 2014, 339.

517 BGH, Urteil vom 20.10.2005, Az. VII ZR 155/04, in: NZBau 2006, 122 = BauR 2006, 396, 397 = ZfBR 2006, 148 = IBR 2006, 99.

aus.[518] Eine konkludente Abnahme scheidet in der Regel aus, wenn noch wesentliche Teilleistungen ausstehen.[519] Die Vertragsparteien können auch eine **Teilabnahme** vereinbaren.[520]

Fälligkeit tritt gem. § 640 Abs. 1 Satz 3 BGB auch im Falle einer **fiktiven Abnahme** ein. Denn der Abnahme steht es gleich, wenn der Auftraggeber die Projektsteuerungsleistungen nicht innerhalb einer ihm vom Projektsteuerer bestimmten angemessenen Frist abnimmt, obwohl er dazu verpflichtet ist. Dementsprechend ist Projektsteuerern zu empfehlen, nach Abschluss der Leistungen eine Abnahmeaufforderung mit Fristsetzung an den Auftraggeber zu versenden, damit die Abnahmefiktion eintritt.[521] Die Abnahmewirkungen treten auch dann ein, wenn der Auftraggeber die förmliche Abnahme wegen unwesentlicher Mängel unberechtigt, aber ausdrücklich verweigert.[522] Entsprechendes gilt, wenn der Auftraggeber die Abnahme von vornherein zu Unrecht endgültig verweigert.[523] 1767

Hält man entgegen den vorstehenden Ausführungen eine Abnahme wegen der Beschaffenheit des Werks für ausgeschlossen, tritt für die Abnahmefolgen die Vollendung des Werks an die Stelle der Abnahme, § 646 BGB.[524] Als Fälligkeitsvoraussetzung kann die Abnahme zudem entbehrlich sein, wenn der Erfüllungsanspruch nach § 631 BGB, einschließlich des Nacherfüllungsanspruchs nach § 634 BGB – z. B wegen Beendigung des Projektes – entfallen ist.[525] Schließlich ist die **Abnahme entbehrlich**, wenn der Auftraggeber Mängelansprüche geltend macht, die eine Abstandnahme vom Vertrag beinhalten (etwa Schadensersatzansprüche statt der Leistung geltend macht) oder er nicht mehr Erfüllung des Vertrages, sondern Minderung verlangt.[526] Die Abnahme als Fälligkeitsvoraussetzung des Werklohnanspruchs ist somit entbehrlich, wenn der Auftraggeber nicht mehr die Erfüllung des Werkvertrages verlangt, sondern nur noch auf Zahlung gerichtete Gegenansprüche geltend macht.[527] Schreitet der Auftraggeber zur Ersatzvornahme, tritt das Vertragsverhältnis auch ohne Abnahme in ein Abrechnungsstadium.[528] **Verweigert** der Auftraggeber des Projektmanagers die Abnahme wegen Mängeln, kann sich der Auftraggeber auch nach längerer Nutzung des Bauwerks noch auf die fehlende Fälligkeit berufen.[529] 1768

Im Einzelfall kann dem Projektsteuerer auch die sog. »**Durchgriffsfälligkeit**« im Sinne des § 641 Abs. 2 BGB helfen. Wenn er nämlich eine werkvertraglich basierte Projektsteuerungs-/managementleistung für einen Auftraggeber erbringt, der seinerseits ein Werk an einen Dritten abzuliefern hat (also z. B. in Fällen der Tätigkeit für einen Projektentwickler, Generalunternehmer oder -übernehmer) und der Auftraggeber für die Leistungen des Projektsteuerers eine Vergütung von dem Dritten erhalten hat, kann er die Vergütung ggf. schon vor Abnahme fordern. 1769

Die Fälligkeit tritt hiernach spätestens ein, 1770
- wenn und soweit der Auftraggeber von dem Dritten für die Projektsteuerungsleistung eine Vergütung erhalten hat,
- wenn und soweit die Leistungen des Auftraggebers von dem Dritten abgenommen worden sind oder als abgenommen gelten oder

518 Dazu auch BGH, Urteil vom 18.02.2003, Az. X ZR 245/00, in: BauR 2004, 337 = IBR 2003, 596.
519 OLG München, Urteil vom 17.07.2012, Az. 13 U 4106/11, in: NZBau 2012, 711.
520 Ausführlich, auch zum Stand der Rechtsprechung bei Teilabnahmen des Architektenwerks, Scholtissek NZBau 2006, 623.
521 So auch Baldringer, NZBau 2007, 421, 423.
522 OLG Dresden, Urteil vom 13.12.2006, Az. 6 U 946/06, in: IBR 2009, 701.
523 BGH, Beschluss vom 18.05.2010, Az. VII ZR 158/09, in: NZBau 2010, 557.
524 OLG Naumburg (Dreso I), Urteil vom 14.03.2008, Az. 10 U 64/07, in: BauR 2009, 1171.
525 OLG Naumburg (Dreso I), Urteil vom 14.03.2008, Az. 10 U 64/07, in: BauR 2009, 1171.
526 BGH, Urteil vom 16.09.1999, Az. VII ZR 456/98, in: ZIP 1999, 1922 mit Anm. von Siegburg, in: EwiR 2000, 423; BGH, Urteil vom 16.05.2002, Az. VII ZR 479/00, in: BauR 2002, 1399; OLG Brandenburg, Beschluss vom 19.11.2008, Az. 12 W 52/08, in: IBR 2010, 315.
527 OLG Brandenburg, Beschluss vom 19.11.2008, Az. 12 W 52/08, in: IBR 2010, 315.
528 OLG München, Urteil vom 02.06.2009, Az. 9 U 2141/06, in: BauR 2009, 1923.
529 Vgl. BGH (zum Bauvertrag), Urteil vom 08.01.2004, Az. VII ZR 198/02, in: NZBau 2004, 210.

– wenn der Projektsteuerer dem Besteller erfolglos eine angemessene Frist zur Auskunft über die vorstehenden Umstände gesetzt hat.

1771 Eine Klausel, wonach ein Projektsteuerer seine Vergütung nur und erst dann erhält, wenn sein Auftraggeber den Zahlungseingang für diese Leistungen erhält, kann dagegen nur individualvertraglich wirksam vereinbart werden.[530]

1772 Entsprechend dem Rechtsgedanken des § 641 Abs. 2 Satz 1 soll dann, wenn der Auftraggeber des Architekten oder Ingenieurs deren Rechnungen aus Nachträgen gegenüber dem Auftraggeber abrechnet, diese auch gegenüber ihrem Auftraggeber abrechnen können (§ 242 BGB).[531]

1773 Der BGH hat entschieden, **dass bei vorzeitig gekündigten Bauverträgen** die Fälligkeit des Werklohns ebenfalls von einer vorherigen Abnahme abhängig ist. Er hat allerdings ausdrücklich offen gelassen, ob diese Judikatur für Werkverträge aller Art gilt und die Frage aufgeworfen, ob nicht auch Werkverträge existieren, bei denen eine Teilabnahme von erbrachten Leistungen gar nicht möglich ist.[532] Eine solche Abnahme von Teilleistungen mag bei einem gekündigten Bauvertrag sinnvoll sein. Bei Projektmanagementleistungen ist dies indessen zweifelhaft. In vielen Fällen wird im Falle einer Kündigung gar nicht feststellbar sein, ob und in welchem Umfang einzelne Teilleistungen als im Wesentlichen vertragsgemäß erbracht qualifiziert werden können.

1774 Nach § 15 Abs. 1 HOAI wird das Honorar bereits fällig, wenn die Leistung vertragsgemäß erbracht und eine **prüffähige Honorarschlussrechnung** überreicht worden ist. Die Vorschrift ändert die Regelung des § 641 BGB ab. Die Regelung des **§ 15 Abs. 1 HOAI** ist nach Auffassung des BGH indessen auf Projektsteuerungsverträge **nicht anwendbar.**[533] Der frühere Meinungsstreit darüber, ob für § 15 Abs. 1 HOAI eine ausreichende preisrechtliche Ermächtigungsgrundlage bestanden hat, bedarf in diesem Zusammenhang keiner Entscheidung mehr.[534]

1775 Soweit allerdings die Vertragsparteien für die Vergütung generell **auf die Vorschriften der HOAI verweisen** – was nicht selten vorkommt –, ist im Rahmen der Vertragsauslegung zu prüfen, ob nicht auch die Anwendung des § 15 Abs. 1 HOAI mit der Konsequenz vereinbart werden soll, dass die Fälligkeit nach vertragsgemäßer Leistungserbringung und Erteilung einer prüffähigen Honorarschlussrechnung eintritt.[535]

1776 Bei Vereinbarung des **AHO-Leistungs- und Honorarmodells** wird das Honorar nach § 1 Abs. 1 AHO ebenfalls fällig, wenn die Leistung vertragsgemäß erbracht und eine prüffähige Honorarschlussrechnung übereicht worden ist.

1777 Sind die **Vergütungsansprüche** im Rahmen eines Finanzierungsmodells (hier Forfaitierung mit Testatverfahren) **aufschiebend bedingt** durch die Erteilung eines Bautestats abgetreten, liegt eine Stundung des Honorars vor. Das Projektsteuerungsunternehmen kann in einem solchen Fall nicht direkt auf Zahlung klagen, sondern muss den Auftraggeber zunächst auf Erteilung des Testates in Anspruch nehmen.[536]

530 OLG Köln, Urteil vom 06.05.2008, Az. 24 U 119/05, in: IBR 2010, 277.

531 LG Magdeburg, Urteil vom 21.10.2008, Az. 31 O 77/08, in: IBR 2009, 398.

532 BGH, Urteil vom 11.05.2006, Az. VII ZR 146/04, in: BauR 2006, 1294, 1295, 1296; BGH, Urteil vom 19.12.2002, Az. VII ZR 103/00, in: NZBau 2003, 265 = BauR 2003, 689, 692 = IBR 2003, 191.

533 BGH, Beschluss vom 25.01.2007, Az. VII ZR 112/06, in: NZBau 2007, 315 = BauR 2007, 724 = IBR 2007, 207; OLG Naumburg (Dreso I), Urteil vom 14.03.2008, Az. 10 U 64/07, in: BauR 2009, 1171; zustimmend Baldringer, NZBau 2007, 421, 422; siehe dazu auch Rdn. 1307 f.

534 Vgl. dazu BGH, Urteil vom 27.11.2003, Az. VII ZR 288/02, in: NZBau 2004, 216 = NJW-RR 2004, 445, sowie Sangenstedt, NJW 2004, 1990; OLG Düsseldorf, Urteil vom 26.01.2001, Az. 36 U 45/00, wonach Fälligkeit eintrete, wenn die Fertigstellung des Bauobjektes erfolgt sei und der Projektsteuerer die Schlussrechnung gelegt habe; dazu auch die Vorauflage bei Rn. 1041.

535 Vgl. dazu OLG Celle, Urteil vom 10.02.2000, Az. 14 U 36/99, in: NJW-RR 2000, 899 = IBR 2000, 129.

536 OLG Naumburg (Dreso I), Urteil vom 14.03.2008, Az. 10 U 64/07, in: BauR 2009, 1171: Dem Bautestat kommt die Wirkung eines deklaratorischen Schuldanerkenntnisses zu.

Der BGH hat deutlich gemacht, dass nur eine **hinreichend detaillierte Honorarabrechnung** des Projektsteuerers den zivilprozessualen Substantiierungsansprüchen genügt und daher **einklagbar** ist.[537] Dementsprechend muss zwischen dem Eintritt der Fälligkeit und Substantiiertheit der Honorarforderung unterschieden werden. Die Fälligkeit der Honorarforderung ist nach wie vor für den Beginn des Laufes der Verjährungsfrist maßgeblich. Der Beginn der Verjährung der Vergütungsansprüche eines Projektmanagers/-steuerers ist somit nicht von der Vorlage einer prüffähigen Rechnung abhängig, sondern grundsätzlich von der Abnahme gemäß § 641 BGB. Abschlagszahlungen können unabhängig davon nach § 632 a BGB fällig werden. Die Schlussrechnung des Projektmanagers wird daher nicht erst mit Überreichen einer prüffähigen Schlussrechnung fällig, sondern bereits mit der Abnahme.[538] Eine hinreichend detaillierte Honorarabrechnung (auch Schlussrechnung) spielt lediglich für die Frage eine Rolle, ob der Anspruch bei der prozessualen Durchsetzung ausreichend spezifiziert ist. Somit besteht die Gefahr, dass die Verjährungsfrist für die Vergütungsansprüche des Projektmanagers schon zu Laufen beginnt, bevor eine prüffähige Schlussrechnung erteilt ist.[539] 1778

Regelungen in Allgemeinen Geschäftsbedingungen, die den Eintritt der Fälligkeit erschweren, können nach § 307 Abs. 1 BGB unwirksam sein. Das gilt etwa für von der DB AG verwandte Allgemeine Geschäftsbedingungen, die zum optimierten SAP-Einsatz vorsehen, dass Rechnungen nicht vor Erstellung eines SAP-Bestellscheins eingereicht werden dürfen.[540] 1779

5.11.4 Besonderheiten bei Abschlagszahlungen

Das Recht der Dienstleistungsverträge kennt keine gesetzliche Vorschrift über Abschlagszahlungen. Dort werden in der Regel auch zeitanteilige Vergütungsregelungen getroffen. Bei umfassenden Projektsteuerungsverträgen auf dienstvertraglicher Basis ist indessen eine Regelung zu Abschlagszahlungen zweckmäßig. Für die werkvertraglich basierten Verträge regelt § 632 a BGB, dass ein Anspruch auf Abschlagszahlungen für die erbrachten vertragsgemäßen Leistungen besteht. Die Regelung war bis zum 31. 12. 2008 beschränkt auf **in sich abgeschlossene Teile des Werkes**.[541] Ab dem 1. 1. 2009 gilt § 632 a BGB in der Fassung des Forderungssicherungsgesetzes. Nach Absatz 1 der Vorschrift kann der Projektsteuerer von seinem Auftraggeber für eine vertragsgemäß erbrachte Leistung eine **Abschlagszahlung in der Höhe** verlangen, in der der Auftraggeber durch die Leistung einen **Wertzuwachs** erlangt hat. Wegen unwesentlicher Mängel kann die Abschlagszahlung nicht verweigert werden. Nach § 641 Abs. 3 BGB kann der Auftraggeber bei Vorliegen von Mängeln einen Einbehalt in Höhe des doppelten Mängelbeseitigungsaufwandes vornehmen. Die der Abschlagszahlungsanforderung zugrunde liegenden Leistungen sind durch eine Aufstellung nachzuweisen, die eine rasche und sichere Beurteilung der Leistungen ermöglichen muss. Der »Wertzuwachs« wird bei Werkleistungen unkörperlicher Art wie Projektsteuerleistungen nur schwer feststellbar sein. Im Regelfall wird der Wertzuwachs in Höhe der vereinbarten Vergütung anzunehmen sein, es sei denn, der Auftraggeber trägt nachvollziehbar vor, die Leistungen des Projektsteuerers seien ganz oder teilweise wertlos gewesen. Die Abschlagszahlungsregelung des § 15 Abs. 2 HOAI gilt für Projektsteuerungsverträge nicht.[542] 1780

Der **Anspruch auf Abschlagszahlung endet** dann, wenn der Projektmanager/der Projektsteuerer seine Leistungen vollständig erbracht hat und die Abnahme durch den Auftraggeber erfolgt ist.[543] 1781

537 BGH, a. a. O.
538 Vgl. BGH, Beschluss vom 25.01.2007, Az. VII ZR 112/06, in: NZBau 2007, 315 = BauR 2007, 724 = IBR 2007, 207; Baldringer, NZBau 2007, 421, 422.
539 Baldringer, NZBau 2007, 421, 423.
540 LG Frankfurt, Urteil vom 03.12.2007, Az. 3/1 O 104/07, in: IBR 2008, 76.
541 Vgl. Motzke, NZBau 2000, 489, 490.
542 BGH, Beschluss vom 25.01.2007, Az. VII ZR 112/06, in: NZBau 2007, 315 = BauR 2007, 724 = IBR 2007, 207; dazu auch Rdn. 1044 f.
543 Vgl. für Bauverträge BGH, Urteil vom 15.04.2004, Az. VII ZR 471/01, in: BauR 2004, 1146 = IBR 2004, 361.

Auch der Projektsteuerer kann, wie der BGH entschieden hat, hilfsweise die Abrechnung der bis zur Kündigung erbrachten Leistungen als Abschlagszahlungsanspruch geltend machen. Dabei ist zu prüfen, ob die behaupteten Leistungen tatsächlich erbracht worden sind.[544]

1782 Abschlagszahlungsansprüche hat der Projektmanager/Projektsteuerer auch dann nicht, wenn der Vertrag **vorzeitig gekündigt** worden ist. Der BGH hat für einen Projektsteuerungsvertrag entschieden, dass sich der Projektsteuerer auf einen vereinbarten Zahlungsplan für Abschlagszahlungen nicht mehr stützen kann, wenn der Vertrag gekündigt ist.[545] Etwas anderes kann nach der Auffassung des BGH dann gelten, wenn die Parteien eine **Teilzahlungsvereinbarung** getroffen haben. Davon ist aber nicht auszugehen, wenn die vereinbarten Raten lediglich einen Abschlag auf die endgültig abzurechnende Vergütung darstellen und im Zeitpunkt des Vertragsschlusses noch nicht feststehen.[546] Keine Abschlagszahlungs-, sondern eine Teilzahlungsabrede hat etwa das OLG Düsseldorf im Falle eines dienstvertraglich basierten Projektsteuerungsvertrages angenommen:

1783 *»Als Vergütung für die Tätigkeit der Projektsteuerung sollte nach dem Vertrag ein Pauschalhonorar in monatlich festgelegten Raten gezahlt werden. Ausdrücklich heißt es in § 3.3 des Vertrages, dass die Vergütungszahlung gem. dem Zahlungsplan erfolgen soll, und dieser Plan sieht 16 Zahlungen á 8 000,00 DM und eine Schlusszahlung von 32 000,00 DM vor. Es handelt sich bei diesen Raten nicht nur um vorläufige, letztlich auf Grund einer Schlusszahlung auszugleichende Abschlagszahlungen, sondern um Teilzahlungen eines Pauschalhonorars. Derartige Teilzahlungen sind anders als Abschlagszahlungen auch bei Fertigstellung des Bauwerks oder sonstiger Beendigung des Vertragsverhältnisses ohne Erstellung einer Schlussrechnung fällig und einklagbar.«*[547]

1784 Ähnlich hat das Landgericht Darmstadt im Falle eines werkvertraglich basierten Pauschalvertrages für Projektsteuerungsleistungen entschieden und angenommen, dass infolge des Verweises auf **Zahlungspläne** die Fälligkeit einzelner **Teilvergütungsansprüche** begründet werde.[548] Die Entscheidung beruht noch auf der früher vorherrschenden Auffassung, dass auch bei Projektsteuerungsverträgen Abschlagszahlungen nach § 15 Abs. 2 HOAI geltend gemacht werden könnten. Im Zweifel liegt bei der Verweisung auf einen Zahlungsplan keine Teilzahlungsabrede, sondern eine Abschlagszahlungsregelung vor.

1785 Auf der Grundlage des vormaligen § 8 Abs. 4 HOAI a.F. (jetzt § 15 HOAI) hat der BGH für Abschlagsforderungen der Architekten und Ingenieure entschieden, dass diese erst fällig werden, wenn dem Auftraggeber eine prüffähige Abschlagsrechnung zugegangen ist. Er hat zudem angenommen, dass etwaige **Einwendungen gegen die Prüffähigkeit der Abschlagsrechnung innerhalb** von **zwei Monaten** nach Zugang der Rechnung vorgebracht werden müssten.[549] Da beim BGB-Werkvertrag, insbesondere auch bei Projektmanagement- und Projektsteuerungsverträgen, die Fälligkeit nicht ohne weiteres von der Erteilung einer prüffähigen Schlussrechnung abhängt (siehe dazu Rdn. 1791), gibt es hier grundsätzlich keine – von vornherein feststehende – Ausschlussfrist für Einwendungen. Wohl kann der Auftraggeber Einwendungen nach den allgemeinen Rechtsgrundsätzen der Verwirkung verlieren. Etwas anders gilt dann, wenn der Projektsteuerer - wie etwa nach der AHO-Honorarordnung - verpflichtet ist, eine Schlussrechnung zu erstellen (vgl. Rdn. 1792).

1786 Die Fälligkeit des Werklohns kann auch beim BGB-Werkvertrag von der **Erteilung einer Rechnung** abhängig gemacht werden und eine entsprechende konkludente Vereinbarung ist anzunehmen,

544 Vgl. BGH, Urteil vom 10.06.1999, Az. VII ZR 215/98, in: NJW 1999, 3118 = DB 1999, 1900, 1901 = BB 1999, 1728, 1729 = ZfIR 1999, 899, 900 = IBR 1999, 423 (Eschenbruch); BGH, Urteil vom 08.12.2005, Az. VII ZR 191/04, in: NZBau 2006, 175, 176 = BauR 2006, 414 = IBR 2006, 119; BGH, Urteil vom 15.06.2000, Az. VII ZR 30/99, in: NZBau 2000, 507 = BauR 2000, 1482 = WM 2000, 1909.

545 Vgl. BGH, Urteil vom 10.06.1999, Az. VII ZR 215/98, in: NJW 1999, 3118 = DB 1999, 1900, 1901 = BB 1999, 1728, 1729 = ZfIR 1999, 899, 900 = IBR 1999, 423 (Eschenbruch).

546 BGH, a. a. O.

547 OLG Düsseldorf, Urteil vom 01.10.1998, Az. 5 U 182/97, in: BauR 1999, 508 f. unter Hinweis auf BGH, Schäfer/Finnern, Z 2.330.1 Bl. 7.

548 LG Darmstadt, Urteil vom 15.04.2003, Az. 17 O 259/02, in: BauR 2005, 1499, 1500.

549 Vgl. BGH, Urteil vom 16.03.2005, Az. XII ZR 269/01, in: BauR 2005, 1951, 1953.

wenn der Werklohn erst noch durch bestimmte Berechnungsparameter festzustellen ist (wie die anzurechnenden Massen, erforderlicher Arbeitsaufwand usw.).[550] Wird von dem Projektsteuerer – etwa nach dem AHO-Leistungs- und Honorarmodell – eine Abschlagsrechnung erstellt, wird man den Auftraggeber ebenfalls für verpflichtet erachten müssen, Einwendungen gegen die Prüffähigkeit innerhalb von zwei Wochen nach Zugang geltend zu machen.

Der Projektsteuerer hat seine Abschlagsrechnungen **prüfbar abzurechnen**.[551] Der Projektsteuerer 1787
als Werkunternehmer muss darlegen und beweisen, dass seine Leistung keine oder nur unwesentliche Mängel aufweisen.[552] Strengt der Auftraggeber wegen angeblich überhöhter Abschlagszahlungen einen Rückforderungsprozess an, hat der Projektsteuerer die Beweislast für die Berechtigung der Abschlagszahlungsforderung.[553] Der Anspruch des Auftraggebers auf Rückzahlung überzahlter Honorarvorschüsse gegen einen Ingenieur ist vertraglicher, nicht bereicherungsrechtlicher Natur. Die Verjährung des Anspruchs beginnt dann, wenn der Projektsteuerer Kenntnis von den den Anspruch begründenden Umständen besitzt oder ohne grobe Fahrlässigkeit hätte erlangen müssen.[554] Der Anspruch auf Rückzahlung des überzahlten Honorars verjährt vorbehaltlich § 199 Abs. 4 in der regelmäßigen Verjährungsfrist des § 195 BGB.

An § 632 a BGB sind auch Einschränkungen des Rechts auf Abschlagszahlungen in Allgemeinen 1788
Geschäftsbedingungen zu messen. So wie der BGH eine Beschränkung der Abschlagszahlung eines HOAI-Honorars auf 95 % als AGB-widrig angesehen hat, gilt dies auch in Bezug auf das Leitbild des § 632 a BGB.[555]

Soweit entsprechende Vergütungsansprüche des Projektmanagers fällig sind, vom Auftraggeber 1789
allerdings nicht bezahlt werden, steht dem Projektmanager ein Leistungsverweigerungsrecht nach § 320 BGB zu.[556]

Nach Abschluss des Bauprojekts wie auch nach Beendigung des Projektsteuerungsvertrags ist die 1790
Schlussrechnungsreife gegeben. Abschlagszahlungsansprüche können nicht mehr geltend gemacht werden; im Klageverfahren muss auf eine Schlussrechnung umgestellt werden. Ein Vertrag mit Abschlagszahlungsforderungen erlischt; Verzugsfolgenansprüche bleiben allerdings erhalten.[557]

5.11.5 Anforderungen an die Schlussrechnung

Auch wenn die Erteilung einer Schlussrechnung grundsätzlich keine Fälligkeitsvoraussetzung für 1791
die Honorarforderung des Projektmanagers/-steuerers ist (dazu Rdn. 1749), muss der Projektsteuerer seine Leistungen prüfbar abrechnen. Hierzu hat der BGH ausgeführt:

»Auch wenn daher die Prüffähigkeit der Schlussrechnung keine Fälligkeitsvoraussetzung für die Honorarforderung des Projektsteuerers ist, muss dennoch der Auftraggeber in die Lage versetzt werden, die in der Schlussrechnung vorgenommene Berechnung zu überprüfen. Ohne eine diesen Anforderungen genügende Abrechnung kann eine Honorarforderung grundsätzlich nicht hinreichend substantiiert geltend gemacht werden. Insoweit wird das

550 OLG Düsseldorf, Urteil vom 21.06.2011, Az. 21 U 119/12.

551 Vgl. BGH, Beschluss vom 25.01.2007, Az. VII ZR 112/06, in: NZBau 2007, 315 = BauR 2007, 724 = IBR 2007, 207; allgemein für den BGB-Werkvertrag auch BGH, Urteil vom 24.01.2002, Az. VII ZR 196/00, in: NZBau 2002, 329, 330.

552 Vgl. etwa OLG Brandenburg, Urteil vom 26.11.2008, Az. 4 U 58/08, in: NZBau 2009, 381.

553 Vgl. für den Architekten: BGH, Urteil vom 22.11.2007, Az. VII ZR 130/06, in: NZBau 2008, 256, 257; KG, Urteil vom 09.04.2001, Az. 24 U 3445/99, in: NZBau 2001, 636; für den Bauvertrag auch BGH, Urteil vom 24.01.2002, Az. VII ZR 196/00, in: NZBau 2002, 329, 330.

554 BGH, Urteil vom 11.10.2012, Az. VII 10/11, in: MDR 2012, 1405; OLG Saarbrücken, Urteil vom 13.07.2010, Az. 4 U 569/09, in: NZBau 2010, 772.

555 BGH, Beschluss vom 22.12.2005, Az. VII ZR 84/05, in. NZBau 2006, 245, 246 = ZfBR 2006, 338 = IBR 2006, 212; dazu Scholtissek, NZBau 2006, 299 f.

556 BGH, Urteil vom 24.10.2006, Az. X ZR 124/03, in: WM 2007, 303, 306.

557 OLG Naumburg (Dreso I), Urteil vom 14.03.2008, Az. 10 U 64/07, in: BauR 2009, 1171.

Berufungsgericht nochmals zu prüfen haben, ob die von der Klägerin erbrachten Leistungen bereits hinreichend substantiiert abgerechnet waren, ohne dass es weiterer Erläuterungen bedürfte.«[558]

1792 Zu beachten ist, dass § 11 Abs. 1 AHO für das **AHO-Leistungs- und Honorarmodell** eine entsprechende Schlussrechnung fordert, so dass es bei Vereinbarung des AHO-Leistungsbildes auf die BGH-Entscheidung insoweit nicht ankommt.

1793 Soweit bei Projektsteuerungsverträgen keine Schlussrechnung als Fälligkeitsvoraussetzung gefordert wird, ist somit das Problem der Prüfbarkeit der Schlussrechnung **von der Fälligkeit auf die ausreichende Substantiiertheit**, mithin die schlüssige Darlegung der inhaltlichen Begründetheit der Forderung, **verlagert**.[559] Insoweit sind aber die Anforderungen, die die Rechtsprechung bislang an die Prüffähigkeit von Rechnungen der Architekten und Ingenieure gestellt hatte, im Rahmen der Substantiiertheit zu prüfen.

1794 Das OLG Köln hat die Rechtsprechung des BGH zu Architekten- und Ingenieurverträgen hinsichtlich der Prüffähigkeit seiner Honorarschlussrechnung auch auf Projektsteuerungsverträge übertragen und entschieden, dass die **Prüffähigkeit kein Selbstzweck** sei, sondern maßgeblich von den Informations- und Kontrollinteressen des jeweiligen Auftraggebers und damit von dessen Kenntnisstand abhängt.[560]

5.11.5.1 Substantiierte Darlegungen

1795 Das Erfordernis der Prüfbarkeit (auch im Sinne substantiierter Darlegung der Honorarforderung des Projektsteuerers) dient lediglich dazu, den Auftraggeber in die Lage zu versetzen, die Rechnung zu prüfen und die **Richtigkeit der einzelnen Ansätze zu beurteilen**.[561] Grundsätzlich muss die Rechnung alle für die Prüfung relevanten Angaben enthalten; weitere Erläuterungen dürfen nicht erforderlich sein.[562] Dafür ist u. a. der beiderseitige Kenntnisstand über die tatsächlichen und rechtlichen Umstände von Bedeutung, auf denen die Berechnung des Honorars beruht.[563] Bei der Frage, welche Anforderungen an die Schlussrechnung zu stellen sind, spielt auch die Sachkunde und der Kenntnisstand des Auftraggebers eine wesentliche Rolle.[564] Im jeweils konkreten Fall ist zu prüfen, was die berechtigten Informationsinteressen des Auftraggebers an Umfang und Differenzierung erfordern.[565] Der Projektsteuerer hat darzulegen und ggf. zu beweisen, dass er die abgerechneten Leistungen tatsächlich erbracht hat. Der Auftraggeber darf den Vortrag allerdings nicht pauschal bestreiten, sondern muss konkret darlegen, welche Leistungen ganz oder teilweise nicht erbracht worden sind.[566]

558 Vgl. BGH, Beschluss vom 25.01.2007, Az. VII ZR 112/06, in: NZBau 2007, 315 = BauR 2007, 724 = ZfBR 2007, 338 = IBR 2007, 207.

559 OLG Naumburg (Dreso I), Urteil vom 14.03.2008, Az. 10 U 64/07, in: BauR 2009, 1171.

560 OLG Köln, Urteil vom 16.04.2003, Az. 13 U 83/02, in: BauR 2005, 741 (BGH, Nichtzulassungsbeschwerde zurückgewiesen, Beschluss vom 23.09.2004, Az. VII ZR 169/03, in: IBR 2004, 632).

561 BGH, Urteil vom 19.04.2005, Az. X ZR 191/02, in: NZBau 2005, 639, 640 = NJW-RR 2005, 1103 = IBR 2005, 412.

562 So BGH, Beschluss vom 25.01.2007, Az. VII ZR 112/06, in: NZBau 2007, 315 = BauR 2007, 724 = ZfBR 2007, 335 = IBR 2007, 207.

563 BGH, Urteil vom 26.10.2000, Az. VII ZR 99/99, in: NZBau 2001, 85; BGH, Urteil vom 30.09.1999, Az. VII ZR 231/97, in: BauR 2000, 124, 125; BGH, Urteil vom 30.09.1999, Az. VII ZR 206/98, in: NZBau 2000, 140; BGH, Urteil vom 18.05.2000, Az. VII ZR 69/99, in: NZBau 2000, 388, 389 = NJW 2000, 2587, 2588; OLG Brandenburg, BauR 2000, 538; BGH, Urteil vom 25.11.1999, Az. VII ZR 388/97, in: NZBau 2000, 204 = BauR 2000, 591; BGH, Urteil vom 18.06.1998, Az. VII ZR 189/97, in: BauR 1998, 1108, 1109; BGH, Urteil vom 29.04.1999, Az. VII ZR 127/98, in: BauR 1999, 1185, 1886; BGH, Urteil vom 08.10.1999, Az. VII ZR 296/97, in: BauR 1999, 63, 64.

564 BGH, Urteil vom 26.10.2000, Az. VII ZR 99/99, in: NZBau 2001, 85; BGH, Urteil vom 30.09.1999, Az. VII ZR 231/97, in: BauR 2000, 124, 125.

565 BGH, Urteil vom 25.11.1999, Az. VII ZR 388/97, in: NZBau 2000, 204 = BauR 2000, 591.

566 OLG Naumburg (Dreso I), Urteil vom 14.03.2008, Az. 10 U 64/07, in: BauR 2009, 1171.

Wie bei der Prüfbarkeit einer Schlussrechnung nach § 15 HOAI kann auch bei Projektsteuerungsverträgen der **Auftraggeber nicht geltend machen**, die Honorarsumme sei nicht schlüssig vorgetragen, wenn: 1796
- Der Auftraggeber die Rechnung prüfen konnte und diese geprüft hat.[567]
- Die sachliche und rechnerische Richtigkeit der Schlussrechnung nicht bestritten wird.
- Einzelne Angaben zu anrechenbaren Kosten fehlen, der Auftraggeber diese Kosten jedoch nicht in Zweifel zieht. Das gilt erst recht, wenn die anrechenbaren Kosten auf Angaben/Ermittlungen des Auftraggebers selbst beruhen.[568]
- Dem Auftraggeber die Überprüfung trotz einzelner fehlender Angaben möglich war.
- Sowie nach Treu und Glauben, wenn der Auftraggeber den Einwand fehlender Prüffähigkeit verspätet erhebt, wobei angesichts des Umstandes, dass die Prüffähigkeit keine Fälligkeitsvoraussetzung darstellt, nicht ohne weiteres auf einen 2-Monatszeitpunkt abgestellt werden kann.[569]
- Des Weiteren, wenn die Kontroll- und Informationsinteressen des Auftraggebers auch ohne Vorlage einer prüffähigen Rechnung gewahrt sind oder die Erteilung einer Schlussrechnung im Hinblick auf die gegebene Sachlage eine reine Förmelei wäre (etwa wenn der Auftraggeber selbst eine eigene Abrechnung vornimmt).[570]

Hat der Auftraggeber die Rechnung geprüft und deren objektiv fehlende Prüffähigkeit nicht beanstandet, sondern nur gegen die Richtigkeit gerichtete, sachliche oder überhaupt keine Einwendungen erhoben, so ist er mit dem Einwand der fehlenden Prüffähigkeit ebenfalls ausgeschlossen. Ausreichend ist allerdings nicht allein die Rüge, eine Rechnung sei nicht prüffähig. Vielmehr muss die Rüge den Auftragnehmer in die Lage versetzen, die fehlenden Anforderungen an die Prüffähigkeit nachzuholen.[571] 1797

Auch Erläuterungen dieser Vertragspartei im Prozessverfahren sind im Rahmen der Feststellung der Prüfbarkeit der Schlussrechnung nicht heranzuziehen.[572] Ein Gericht muss mit den Parteien und einem etwa hinzugezogenen Sachverständigen erörtern, welche Punkte der Abrechnung noch aufklärungsbedürftig sind und wie die Aufklärung möglich ist. Soweit sich bei dieser Erörterung ergibt, dass noch einzelne Punkte erklärungsbedürftig sind, muss das Gericht konkrete Hinweise erteilen; im Übrigen hat das Gericht – ggf. unter Hinzuziehung eines Sachverständigen bzw. der Vernehmung von Zeugen – die Billigkeit der Abrechnung aufzuklären.[573] 1798

Bei einer Honorarberechnung auf Basis anrechenbarer Kosten muss die Abrechnung alle honorarrelevanten Angaben enthalten, insbesondere die maßgebliche Kostenermittlung, die Ergebnisse der maßgeblichen Kostenermittlung, den Umfang der Leistungen, die Honorarzone und den jeweiligen Tafelwert (dazu Rdn. 1444).[574] Ob die angesetzten **Kosten** bei einer herstellkostenabhängigen Vergütungsabrede **richtig** sind, ist **keine Frage der Prüfbarkeit**, sondern der sachlichen 1799

567 BGH, Urteil vom 12.01.2006, Az. VII ZR 2/04, in: NZBau 2006, 248 (für den Architekten).
568 OLG Köln, Urteil vom 16.04.2003, Az. 13 U 83/02, in: BauR 2005, 741 (Nichtzulassungsbeschwerde vom BGH zurückgewiesen, Beschluss vom 23.09.2004, Az. VII ZR 169/03).
569 Zu den entsprechenden Voraussetzungen für die Prüffähigkeit einer Honorarschlussrechnung vgl. BGH, Urteil vom 27.11.2003, Az. VII ZR 288/02, in: NZBau 2004, 216, 218 = BauR 2004, 316 = ZfBR 2004, 262 = IBR 2004, 148.
570 BGH, Urteil vom 12.01.2006, Az. VII ZR 2/04, in: NJW-RR 2006, 667.
571 BGH, Urteil vom 22.12.2005, Az. VII ZR 316/03, in: NZBau 2006, 231, 232; BGH, Urteil vom 27.11.2003, Az. VII ZR 288/02, in: NZBau 2004, 216, 218 = BauR 2004, 316, 319 = IBR 2004, 148.
572 OLG Naumburg (Dreso I), Urteil vom 14.03.2008, Az. 10 U 64/07, in: BauR 2009, 1171. So auch schon BGH, Urteil vom 22.12.2005, Az. VII ZR 316/03, in: NZBau 2006, 231, 232.
573 OLG Hamm, Urteil vom 22.01.2008, Az. 24 U 46/07, in: BauR 2008, 2077, 2078 für den Bauvertrag.
574 Für den Architekten OLG Düsseldorf, Urteil vom 14.05.2009, Az. I 5 U 131/08, in: BauR 2010, 241.

Richtigkeit.[575] Ist eine Rechnung **teilweise prüfbar**, wird der Rechnungsbetrag in diesem Umfang auch fällig.[576]

1800 Sofern der Projektsteuerer vertraglich zur Schlussrechnungslegung verpflichtet ist und eine solche erstellt, ist der **Einwand** der fehlenden Prüffähigkeit einer Rechnung des Auftraggebers nur dann **rechtzeitig**, wenn er binnen einer angemessenen Frist erfolgt. Wenn der Auftraggeber die Prüffähigkeit binnen einer 2-Monatsfrist nicht rügt, dann wird er in der Regel mit dem Einwand fehlender Prüffähigkeit ausgeschlossen sein (dazu Rdn. 1785).[577] Ein Auftraggeber, der nicht alsbald Bedenken gegen die Prüffähigkeit der Schlussrechnung erhebt, ist uneingeschränkt in der Lage, die sachliche Berechtigung der berechneten Forderung anzugreifen. Das kann er auch mit Gründen, die gleichzeitig die fehlende Prüffähigkeit belegen. Defizite der Prüffähigkeitsanforderungen führen nach Ablauf der 2-monatig. Frist nach Zugang der Rechnung im Honorarprozess dazu, dass die Klageforderung nicht schlüssig dargestellt ist.[578]

1801 Anderenfalls kann dem Einwand der Verwirkungsgrundsatz entgegenstehen. Auf ein Verschulden des Auftraggebers kommt es insoweit nicht an. Der Einwand geht also sowohl in den Fällen verloren, in denen der Auftraggeber die fehlende Prüffähigkeit erkennt und nicht reagiert, als auch in Fällen, in denen er, häufig ebenso wie der Auftragnehmer, von der Prüffähigkeit ausgeht. Dem Auftraggeber ist nach Erhalt der Rechnung eine ausreichend angemessene Zeit zur Verfügung zu stellen, in der er die Prüffähigkeit der Rechnung beurteilen und die regelmäßig gleichzeitig damit einhergehende Prüfung vornehmen kann.

5.11.5.2 Einzelheiten zur Schlussrechnung bei Honorarabrede auf Basis anrechenbarer Kosten (analog HOAI)

1802 Wenn der Projektsteuerervertrag vorsieht, dass das Projektsteuererhonorar entsprechend der HOAI an die anrechenbaren Kosten anknüpft (wie zum Beispiel in der AHO-Leistungs- und Vergütungsordnung angeboten), dann sind alle notwendigen Berechnungsfaktoren, wie etwa die nach DIN 276 ermittelten anrechenbaren Kosten des Objekts und der Umfang der Leistung und deren Bewertung zur Honorarzone, der das Objekt angehört sowie der zu dem anwendbaren Honorarsatz berechnete Tafelwert anzugeben (dazu auch Rdn. 1791).[579] Das Gliederungsschema der DIN 276 muss allerdings nicht zwingend eingehalten werden. Erforderlich ist eine nachvollziehbare Aufstellung, aus der hervorgeht, welche Kosten voll, gemindert oder gar nicht Grundlage der Honorarabrechnung werden sollen.[580] Bei Abstellen auf ein Kostenermittlungssystem, das zeitbezogen unterschiedliche Kostenermittlungen vorsieht, dürfen indessen keine zu strengen Anforderungen gestellt werden.[581]

1803 Wenn der Projektsteuerer nicht die vollen, sondern nur reduzierte Vomhundertsätze einer einzelnen Leistungsphase berechnet, weil diese nicht vollständig erbracht worden sind, ist er zu einer nachvollziehbaren Darstellung verpflichtet, wie diese Vomhundertsätze von ihm berechnet wurden. Fehlt es an solchen Angaben, ist die Honorarrechnung intransparent und nicht prüfbar.[582]

---

575 Vgl. BGH, Urteil vom 24.06.1999, Az. VII ZR 229/98, in: BauR 1999, 1318 f. = IBR 1999, 485.

576 BGH, Urteil vom 22.12.2005, Az. VII ZR 316/03, in: NZBau 2006, 231, 232.

577 BGH, Urteil vom 22.04.2010, Az. VII ZR 48/07, in: NZBau 2010, 443; OLG Düsseldorf, Urteil vom 14.05.2009, Az. I 5 U 131/08, in: BauR 2010, 241; dazu Scholtissek, Abrechnung des Architektenhonorars – weitere Klarheit, NZBau 2010, 683.

578 OLG Düsseldorf Urteil vom 25.03.2014, Az. I-21 490/13.

579 Dazu vgl. für das HOAI-Honorar BGH, Urteil vom 27.11.2003, Az. VII ZR 288/02, in: NZBau 2004, 216, 218 = BauR 2004, 316, 319 = IBR 2004, 148; OLG Düsseldorf, Urteil vom 14.05.2009, Az. 5 U 131/08, in: NJW-RR 2010, 28.

580 OLG Karlsruhe, Urteil vom 24.05.2006, Az. 9 U 113/05, in: BauR 2007, 1770, für Ansprüche nach der HOAI.

581 BGH, Urteil vom 30.09.1999, Az. VII ZR 206/98, in: NZBau 2000, 140 = BauR 2000, 126.

582 OLG Düsseldorf, Urteil vom 14.05.2009, Az. I 5 U 131/08, in: NZBau 2010, 54 = NJW-RR 2010, 28 für den Architekten.

Kennt der Projektsteuerer die anrechenbaren Kosten nicht oder kann er sie nicht vollständig darlegen, wenn er selbst nicht im Besitz der dafür erforderlichen Unterlagen ist und verweigert der Auftraggeber vertragswidrig die erforderlichen Auskünfte und/oder die Herausgabe der Unterlagen, genügt er im Hinblick auf die anrechenbaren Kosten seiner Darlegungslast, wenn er aufgrund der ihm zugänglichen Unterlagen und Informationen den Anteil der anrechenbaren Kosten sorgfältig schätzt.[583] 1804

Die Bestimmung der Höhe der anrechenbaren Kosten sowie der Honorarzone und der Umfang der erbrachten Leistungen sind – wie die sonstigen Grundlagen der Honorarabrechnung nach dem jeweils maßgeblichen Projektsteuerungsvertrag – Rechtsfragen. Die Fragen sind vom Gericht ggf. auf der von einem Sachverständigen ermittelten Tatsachengrundlage zu beantworten. Die rechtliche Beurteilung darf ein Gericht einem Sachverständigen nicht überlassen. 1805

5.11.5.3 Schlüssigkeitsvoraussetzungen bei Pauschalpreisabreden

Wenn ein Projektsteuerer ein Pauschalhonorar vereinbart hat, dann gelten für die Abrechnung die allgemeinen Abrechnungsgrundsätze für Pauschalverträge.[584] Im Falle der Vereinbarung einer Pauschalhonorarabrede genügt – wie das Landgericht Düsseldorf inzwischen auch für den Projektsteuerungsvertrag entschieden hat[585] – die Benennung des vereinbarten Pauschalhonorars und der erhaltenen Abschlagszahlungen für die Erstellung einer ordnungsgemäßen Schlussrechnung.[586] Im Falle einer vorzeitigen Kündigung genügt es, wenn der Projektmanager/-steuerer den abgerechneten Leistungsstand unter Eingehen auf die einzelnen Arbeitsphasen und die dafür angesetzten Prozentzahlen nach der Leistungs- und Honorarordnung erläutert.[587] Eine Schlussrechnung ist nicht erforderlich, wenn die Vertragsparteien im Projektsteuerungsvertrag nicht lediglich Abschlagszahlungen, sondern Teilzahlungen auf das Pauschalhonorar vereinbart haben.[588] 1806

5.11.5.4 Schlüssigkeitsvoraussetzungen bei Zeithonorarverträgen

Zur schlüssigen Begründung eines nach Zeitaufwand zu bemessenden Vergütungsanspruchs muss der Projektsteuerer grundsätzlich nur darlegen, wieviel Zeiteinheiten (Stunden/Tage/Monate) für die Erbringung der Vertragsleistungen angefallen sind (dazu Rdn. 1382). 1807

5.11.5.5 Bindung an die einmal erteilte Schlussrechnung?

Eine einmal erteilte Schlussrechnung bindet den Projektmanager/Projektsteuerer grundsätzlich nicht. Ist die Schlussrechnung fehlerhaft, kann der Projektmanager/Projektsteuerer sie nachträglich berichtigen, ohne an frühere Ansätze gebunden zu sein. Er kann auch vergessene Positionen nachschieben. Die Schlüssigkeit einer Honorarabrechnung wird auch nicht dadurch in Frage gestellt, dass der Projektsteuerer zuvor abweichende Berechnungen vorgelegt hat.[589] Die Rechtslage ist hier nicht anders als bei Werkverträgen für Planer und bauausführende Unternehmen zu beurteilen.[590] Nach der Rechtsprechung des BGH ist allerdings ein Architekt ausnahmsweise unter dem Gesichtspunkt des **widersprüchlichen Verhaltens** daran gehindert, eine **Nachforderung** zur 1808

583 OLG Düsseldorf, Urteil vom 14.05.2009, Az. I 5 U 131/08, in: NZBau 2010, 54 = NJW-RR 2010, 28.

584 BGH, Beschluss vom 25.01.2007, Az. 112/06, in: NZBau 2007, 315 = BauR 2007, 724 = IBR 2007, 207.

585 Vgl. LG Düsseldorf, Urteil vom 26.01.2001, Az. 36 O 45/00, in: IBR 2001, 267 (Eschenbruch); auch OLG Düsseldorf, Urteil vom 26.01.2002, Az. 36 U 45/00; zustimmend Schill, NZBau 2002, 201, 203; generell für Bauverträge BGH, Urteil vom 08.11.2001, Az. VII ZR 480/00, in: NJW 2002, 676, 677.

586 Vgl. für den Architektenvertrag OLG Düsseldorf, Urteil vom 14.06.1996, Az. 22 U 30/96, in: NJW-RR 1996, 1421; Urteil vom 05.02.1993, Az. 22 U 235/92, in: NJW-RR 1993, 1173.

587 OLG Köln, Urteil vom 16.04.2003, Az. 13 U 83/02, in: BauR 2005, 741 (Nichtzulassungsbeschwerde vom BGH zurückgewiesen, Beschluss vom 23.09.2004, Az. VII ZR 169/03, in: IBR 2004, 632).

588 OLG Düsseldorf, Urteil vom 01.10.1998, Az. 54182/97; vgl. auch Rdn. 1781.

589 Vgl. für den Architekten BGH, Urteil vom 25.07.2002, Az. VII ZR 263/01, in: BauR 2002, 1695, 1696.

590 Vgl. dazu etwa OLG Hamm, Urteil vom 22.01.2008, Az. 24 U 46/07, in: BauR 2008, 2077, 2078.

Schlussrechnung geltend zu machen, wenn der Auftraggeber auf die Schlussrechnung vertraut hat und sein Vertrauen schutzwürdig ist. In jedem Einzelfall müssen die Interessen des Architekten oder Ingenieurs und des Auftraggebers umfassend geprüft und gegeneinander abgewogen werden.[591] Aus der vormaligen Erteilung der Schlussrechnung allein ergibt sich noch nicht, dass ein entsprechender Vertrauenstatbestand zu berücksichtigen ist.[592] Anders kann es zu bewerten sein, wenn der Architekt oder Ingenieur in vier aufeinander folgenden Rechnungen den offenstehenden Betrag auf das 7 ½-fache erhöht hat.[593] In diesen Fällen muss der Auftraggeber darlegen und beweisen, dass ausnahmsweise – unter Abwägung der beiderseitigen Interessen – ein schutzwürdiges Vertrauen entstanden ist und ihm daher eine Nachforderung nicht mehr zugemutet werden kann.[594] Ein derartiger Vertrauensschutz des Auftraggebers kommt grundsätzlich nicht in Betracht, wenn

1809 – der Auftragnehmer erkennbar seine Leistungen nicht in Gesamtheit abrechnen will;[595]
- der Auftraggeber selbst die mangelnde Prüffähigkeit der Schlussrechnung gerügt hat;[596]
- der Auftraggeber die Zahlung der Schlussrechnung verweigert hat, gleich aus welchen Gründen;[597]
- der Auftraggeber hinreichend sachkundig gewesen ist;[598] auch der kundige Auftraggeber kann aber schutzwürdiges Vertrauen entwickeln, wenn er vertretbar davon ausgeht, dass sich der Vertragspartner an die vormalige Abrechnung halten würde;[599]
- der Auftraggeber keine bindenden Dispositionen getroffen hat[600] (etwa die neue Abrechnung kurze Zeit nach der erstmaligen Erstellung der Schlussrechnung erfolgt, so dass schädliche

591 Vgl. BGH, Urteil vom 23.10.2008, Az. VII ZR 105/07, in: NZBau 2009, 33; BGH, Beschluss vom 23.11.2006, Az. VII ZR 249/05, in: NZBau 2007, 252, 253 = BauR 2007, 586 = IBR 2007, 81; BGH, Urteil vom 26.10.2000, Az. VII ZR 99/99, in: NZBau 2001, 85 = BauR 2001, 251; BGH, Urteil vom 30.09.1999, Az. VII ZR 231/97, in: NZBau 2000, 141, 142 = BauR 2000, 124; BGH, Urteil vom 06.07.2000, Az. VII ZR 22/98, in: BauR 2000, 1485, 1486; Urteil vom 18.05.2000, Az. VII ZR 69/99, in: BauR 2000, 1511; BGH, Urteil vom 15.04.1999, Az. VII ZR 309/98, in: NJW-RR 1999, 1108, 1109; BGH, Urteil vom 19.02.1998, Az. VII ZR 236/96, in: ZfIR 1998, 277, 279; BGH, Urteil vom 05.11.1992, Az. VII ZR 52/91, in: BauR 1993, 236, 239; OLG München, Beschluss vom 29.06.2012, Az. 9 U 1410/12, in: IBR 2013, 91; OLG Naumburg, BauR 2014, 2115; OLG Naumburg, Urteil vom 10.10.2013, Az. 1 U 9/13, in: NJW 2014, 1673; OLG Naumburg, Urteil vom 30.11.2007, Az. 1 U 86/06, in: NZBau 2008, 774, 775; OLG Düsseldorf, Urteil vom 09.01.2001, Az. 23 U 90/00, in: BauR 2001, 1137; OLG Köln, Urteil vom 12.12.2006, Az. 3 U 191/05, in: NZBau 2007, 725, 726 = IBR 2007, 311; OLG Köln, Urteil vom 25.09.1998, Az. 20 U 19/98, in: NJW-RR 1999, 1109 = IBR 1999, 223; umfassend zur Problematik Pauly, MDR 1999, 649; Weyer, in: Festschrift Vygen, S. 79 f.

592 BGH, Urteil vom 23.10.2008, Az. VII UR 105/07, in: BauR 2009, 262.

593 OLG Saarbrücken, Urteil vom 20.12.2005, Az. 4 U 473/04, in: NZBau 2006, 655.

594 BGH, Urteil vom 23.10.2008, Az. VII UR 105/07, in: BauR 2009, 262.

595 OLG Frankfurt, Urteil vom 03.07.1997, Az. 15 U 93/96, in: NJW-RR 1998, 374 = IBR 1998, 262.

596 Vgl. BGH, Urteil vom 19.02.1998, Az. VII ZR 236/96, in: BauR 1998, 579 = IBR 1998, 303; OLG Düsseldorf, Urteil vom 23.01.2007, Az. 23 U 115/06, in: BauR 2007, 1767, 1768 sowie Urteil vom 07.10.1993, Az. 5 U 155/90, in: IBR 1994, 115, sowie OLG Frankfurt, Urteil vom 03.07.1997, Az. 15 U 93/96, in: NJW-RR 1998, 374, 376, für den Fall, dass der Auftraggeber angibt, er habe mit der Schlussrechnung »nichts anfangen können«.

597 OLG Düsseldorf, Urteil vom 26.09.1997, Az. 22 U 10/97, in: IBR 1998, 70 = NJW-RR 1998, 454.

598 OLG Stuttgart, Urteil vom 23.03.2003, Az. 14 U 42/02, in: BauR 2003, 1424, 1425; OLG Celle, Urteil vom 17.07.2003, Az. 14 U 83/01, in: BauR 2003, 1923, 1924; OLG Oldenburg, Urteil vom 04.09.2003, Az. 8 U 103/03, in: BauR 2004, 526, 527; OLG Köln, Urteil vom 03.11.1999, Az. 26 U 14/99, in: IBR 2000, 83; für erfahrene Auftraggeber, z. B. Generalunternehmer bei einem verbundenen Architekten- und Projektsteuervertrag, OLG Hamm, Urteil vom 15.08.2006, Az. 24 U 125/05, in: BauR 2008, 2062, 2064.

599 OLG Naumburg, Urteil vom 10.10.2013, Az. 149/13 NZBau 2014, 439.

600 Vgl. dazu OLG Düsseldorf, Urteil vom 26.09.1997, Az. 22 U 10/97, in: NJW-RR 1998, 454 = IBR 1998, 70 mit Anm. v. Schulze-Hagen.

Dispositionen nicht erkennbar sind).[601] Entsprechendes gilt, wenn feststeht, dass der Auftraggeber sich auf die abschließende Berechnung in der Schlussrechnung nicht eingerichtet hat.[602]

Die Unzumutbarkeit der Nachforderung setzt voraus, dass die dadurch entstehende zusätzliche Belastung unter Berücksichtigung aller Umstände des Einzelfalls für den Auftraggeber eine besondere Härte bedeutet. Allein die Bezahlung der Schlussrechnung ist alleine keine Maßnahme, die Vertrauensschutz begründet.[603] 1810

Die Voraussetzungen eines widersprüchlichen Verhaltens des Projektsteuerers hat der Auftraggeber darzutun.[604] 1811

Fordert der Auftraggeber nach einer **Kündigung** des Projektsteuerervertrages Abschlags- oder Vorauszahlungen zurück, so muss der Projektsteuerer beweisen, in welcher Höhe ihm ein entsprechender Vergütungsanspruch zusteht.[605] 1812

5.11.6 Verjährung der Honorarforderungen

Für Vergütungsansprüche von Projektmanagern und Projektsteuerern aus nach dem 1.1.2002 abgeschlossenen Verträgen gilt die neue **Regelverjährungsfrist von 3 Jahren**, § 195 BGB.[606] Die regelmäßige Verjährungsfrist beginnt nach § 199 Abs. 1 BGB mit dem Schluss des Jahres, in dem 1813
- der Anspruch entstanden ist, und
- der Projektsteuerer von den den Anspruch begründenden Umständen und der Person des Schuldners Kenntnis erlangt oder infolge grober Fahrlässigkeit nicht erlangt hat.

Entstanden ist der Anspruch, **sobald** er **fällig** geworden ist.[607] Sofern der Fälligkeitszeitpunkt im Projektsteuerungsvertrag nicht ausdrücklich geregelt ist, kommt es gem. § 641 BGB auf die Abnahme an. Wie bereits ausgeführt (siehe Rdn. 1345, 1367), ist die Erteilung einer prüffähigen Schlussrechnung grundsätzlich nicht Fälligkeitsvoraussetzung.[608] Die Honorarforderung des Projektsteuerers kann daher ggf. verjähren, auch wenn noch keine Abschlags- oder Schlussrechnung erstellt ist. 1814

Die **Abschlagszahlungsforderung** kann gemäß § 632 a BGB vorzeitig fällig werden und gesondert verjähren. Ist die Abschlagszahlungsforderung verjährt, kann sie zwar nicht mehr selbstständig 1815

601 Vgl. dazu auch OLG Düsseldorf, Urteil vom 31.05.1996, Az. 22 U 237/95, in: BauR 1997, 165 = IBR 1996, 431, sowie Morlock, IBR 1998, 262; nach Neuenfeld, BauR 1998, 458, 464, ist Vertrauensschutz nur bei einem privaten Bauherrn denkbar, der mit seinem Pauschalhonorar die Gesamtfinanzierung erreicht hat, nicht jedoch für öffentliche und private Bauherren. Vertrauensschutz soll aber gegeben sein, wenn etwa ein Baubetreuer im Rahmen eines Bauherrenmodells dem Bauherrn eine Kostengarantie abgegeben hat und dies dem Architekten bekannt war, so OLG Zweibrücken, Urteil vom 12.03.1998, Az. 6 U 47/97, in: IBR 1998, 259 mit Anm. von Schulze-Hagen; für Vertrauensschutz bei HOAI-kundigen Fachleuten OLG Hamm, Urteil vom 16.01.1998, Az. 12 U 74/97, in: IBR 1998, 260.

602 OLG Düsseldorf, Urteil vom 12.05.2000, Az. 22 U 191/99, in: BauR 2001, 277, 278.

603 BGH, Urteil vom 23.10.2008, Az. VII ZR 105/07, in: NJW 2009, 435.

604 Weyer, in: Festschrift Vygen, S. 78, 87.

605 So für den Architekten zutreffend OLG Brandenburg, Urteil vom 17.10.1997, Az. 4 U 234/96, in: OLGR Brandenburg 1998, 141 = IBR 1998, 108; nur ausnahmsweise kann eine Abschlagszahlung ein bestätigendes Anerkenntnis darstellen, wenn sie z. B. auf der Grundlage gemeinsamer exakter Mengen- und Leistungsermittlungen erbracht wurde, BGH, Urteil vom 10.07.1995, Az. X ZR 42/93, in: NJW 1995, 3311 = IBR 1996, 94.

606 So auch Baldringer, NZBau 2007, 421, 422.

607 Vgl. Ellenberger, in Palandt, § 199, Rn. 3; Locher/Koeble/Frik, HOAI, Einl. Rn. 286.

608 BGH, Beschluss vom 25.01.2007, Az. VII ZR 112/06, in: NZBau 2007, 315 = BauR 2007, 724 = ZfBR 2007, 338 = IBR 2007, 207.

geltend gemacht werden, als Teilforderung darf sie jedoch in der späteren Schlussrechnung berücksichtigt werden, um sie mit dieser ggf. gerichtlich einzufordern.[609]

1816 Die Verjährung wird durch die **Aufnahme von Verhandlungen** über den Anspruch oder die den Anspruch begründenden Umstände **gehemmt**, bis der eine oder andere Teil die Fortsetzung der Verhandlungen verweigert, § 203 BGB. Der Begriff der »Verhandlungen« ist weit auszulegen. Die Voraussetzungen sind erfüllt, wenn der Auftragnehmer in die Prüfung bzw. Verhandlung über ihm seitens des Auftraggebers benannte Mängelsymptome eintritt.[610] Eine Hemmung der Verjährung erfolgt auch durch Erhebung der Klage, Zustellung des Mahnbescheides, Geltendmachung der Aufrechnung im Prozess, Zustellung der Streitverkündung sowie Antrag auf Durchführung eines selbstständigen Beweisverfahrens, § 204 BGB. Der Zeitraum, während dessen die Verjährung gehemmt ist, wird in die Verjährungsfrist nicht eingerechnet, § 209 BGB. Wird die Verjährung infolge von Verhandlungen gehemmt, tritt die Verjährung frühestens 3 Monate nach Ende der Hemmung ein. Die Verjährung beginnt nur ausnahmsweise neu, nämlich wenn der Auftraggeber den Anspruch durch Abschlagszahlung, Zinszahlung, Sicherheitsleistung oder in anderer Weise anerkennt oder eine gerichtliche oder behördliche Vollstreckungshandlung vorgenommen wird, § 212 Abs. 1 BGB. Ausnahmsweise kann eine Honorarforderung auch verwirkt sein. Eine Verwirkung kommt aber nur in Betracht, wenn sich der Auftraggeber im Vertrauen auf das Verhalten des Berechtigten in seinen Maßnahmen so eingerichtet hat, dass ihm durch die verspätete Durchsetzung des Rechts ein unzumutbarer Nachteil entstünde. Diese Voraussetzungen sind nicht allein deshalb erfüllt, weil der Auftraggeber angibt, er habe aufgrund der Honorarabrechnung bereits in anderer Weise kalkuliert.[611]

5.11.7 Durchsetzung mittels Vorbehaltsurteil

1817 Der Gesetzgeber hat die Durchsetzung von Vergütungsansprüchen der Auftragnehmer erleichtert. Der Auftraggeber soll nicht durch Geltendmachung von Mängelansprüchen Prozesse verschleppen können. Dementsprechend sieht § 302 ZPO die Möglichkeit vor, dass der Projektsteuerer hinsichtlich seiner Vergütungsansprüche ein Vorbehaltsurteil beantragen kann, welches ihm bei Erlass eine zügige Vollstreckung/Beitreibung der Ansprüche ermöglicht. Der Auftraggeber kann deshalb ggf. auch wegen seiner Mängelansprüche auf ein Nachverfahren verwiesen werden.[612] Allerdings hat der BGH entschieden, dass ein Vorbehaltsurteil grundsätzlich als ermessensfehlerhaft ausgeschlossen ist, wenn der Auftraggeber gegenüber der Werklohnforderung mit einem Anspruch aus demselben Vertragsverhältnis auf Ersatz der Kosten der Mängelbeseitigung oder der Fertigstellung aufrechnen. Es wäre unbillig, den Auftragnehmer bezüglich der Möglichkeit eines Vorbehaltsurteils besser zu stellen, zumal die aufgerechneten Gegenansprüche ebenso wie das Leistungsverweigerungsrecht dazu dienen, das Gleichgewicht von Leistung und Gegenleistung herzustellen.[613] Für einen Projektsteuerervertrag hat das Oberlandesgericht Düsseldorf indessen entschieden, dass ein Vorbehaltsurteil durchaus in Betracht kommt und der Auftraggeber daher an einer Aufrechnung gehindert ist, wenn der Anspruch lediglich einen Behinderungsschaden zum Gegenstand hat. Hier gehe es wie bei sonstigen Mangelfolgeschäden nicht mehr um das synallagmatische Verhältnis wechselseitiger Ansprüche. Gleichwohl sei ein Vorbehaltsurteil zugunsten des Projektsteuerers dann ausgeschlossen, wenn auch die zur Aufrechnung gestellte Forderung entscheidungsreif sei.[614]

609 BGH, Urteil vom 05.11.1998, Az. VII ZR 191/97, in: BauR 1999, 267 = NJW 1999, 713.
610 BGH, Urteil vom 30.10.2007, Az. X ZR 101/06, in: NZBau 2008, 177.
611 BGH, Urteil vom 23.01.2014, Az. VII ZR 177/13, in: NZBau 2014, 237 für den Architekten.
612 Vgl. dazu auch OLG Düsseldorf, Urteil vom 19.12.2000, Az. 21 U 38/00, in: NJW-RR 2001, 882.
613 BGH, Urteil vom 24.11.2005, Az. VII ZR 304/04, in: BauR 2006, 411.
614 OLG Düsseldorf, Urteil vom 23.06.2009, Az. 23 U 140/08, in: BeckRS 2009, 20329.

5.12 Vorzeitige Beendigung des Auftrages

5.12.1 Fallgestaltungen vorzeitiger Beendigung

Ein Projektsteuerervertrag kann aus vielfältigen Gründen vor Ablauf der vorgesehenen Vertrags- 1818
dauer beendet werden:

- Die Vertragsparteien können den Vertrag vorzeitig **einvernehmlich aufheben**. Sie können die Rechtsfolgen einer entsprechenden Aufhebung grundsätzlich frei regeln.[615]
- Beide Vertragsparteien können den Vertrag bei Vorliegen der vertraglichen und gesetzlichen Voraussetzungen eines **Kündigungsgrundes** durch eine **einseitige Gestaltungserklärung (Kündigungserklärung)** zur Aufhebung bringen.
- Der Vertrag kann durch eine **Rücktrittserklärung** wegen nicht oder nicht vertragsgemäß erbrachter Leistungen bzw. mängelbehafteter Leistungen gem. §§ 634, 636, 323 BGB oder auf Basis eines vertraglich vereinbarten Rücktrittsrechts zur Aufhebung gebracht werden.
- Der Vertrag kann aufgrund des **Untergangs oder der Unausführbarkeit des Projektes** seine Erledigung finden, § 645 BGB.[616]

Nachfolgend soll die einseitige **Aufhebung** des Projektsteuerungsvertrages **durch Kündigung** 1819
näher erläutert werden. Projektmanagement- und Projektsteuerungsverträge sind **im besonderen Maße kündigungsanfällig**. Die Mehrzahl aller Gerichtsentscheidungen zu Projektmanagement- bzw. Projektsteuerungsverträgen haben eine vorzeitige Kündigung eines Projektmanagementvertrages zum Gegenstand. Die Häufigkeit der Kündigung von Projektmanagern/Projektsteuerern hat unterschiedliche Gründe:

- Überzogene Erwartungen des Auftraggebers an die beauftragte Projektmanagementleistung,
- Beauftragung eines nicht passenden Projektmanagementmodells/einer nicht ausreichenden Projektmanagementleistung,
- Vertragsverstöße von Projektmanagern/-steuerern.

Die Beendigungsmöglichkeiten sind für werk- und dienstvertragliche Abreden unterschiedlich aus- 1820
gestaltet. Deshalb muss auch insoweit für Projektsteuerungsverträge differenziert werden.

5.12.2 § 314 BGB als Rechtsgrundlage für eine vorzeitige Kündigung aus wichtigem Grund[617]

Nach § 314 BGB kann ein **Dauerschuldverhältnis** von jeder Vertragspartei aus wichtigem Grund 1821
ohne Einhaltung einer Kündigungsfrist gekündigt werden. Ein solcher wichtiger Grund liegt insbesondere vor, wenn dem kündigenden Teil unter Berücksichtigung aller Umstände des Einzelfalls und unter Abwägung der beiderseitigen Interessen die Fortsetzung des Vertragsverhältnisses bis zur vereinbarten Beendigung oder bis zum Ablauf einer Kündigungsfrist nicht zugemutet werden kann. Dabei ist nach Abs. 2 der Vorschrift eine Kündigung wegen Vertragsverletzung nur nach erfolglosem Ablauf einer in einer Abhilfeaufforderung oder Abmahnung gesetzten Frist zulässig, wobei diese ausnahmsweise entbehrlich sein kann, § 323 Abs. 2 BGB. Überdies kann der Berechtigte nur nach Ablauf einer angemessenen Frist kündigen, nachdem er von dem Kündigungsgrund Kenntnis erlangt hat, § 314 Abs. 3 BGB. Die Berechtigung, Schadensersatz zu verlangen, wird durch die Kündigung nicht ausgeschlossen. Die Vorschrift stellt grundsätzlich zwingendes Recht dar und kann durch Allgemeine Geschäftsbedingungen nicht eingeschränkt werden.[618]

---

615 Vgl. BGH, Urteil vom 29.04.1999, Az. VII ZR 248/98, in: NJW 1999, 2661, 2662: Die Rechtsfolgen einer vertraglich vereinbarten Reduzierung der geschuldeten Leistung sind, wenn die Parteien dazu nichts vereinbart haben, durch Auslegung zu ermitteln. Dabei ist maßgeblich auf die Umstände abzustellen, die zur Aufhebung geführt haben.

616 BGH, Urteil vom 16.12.2004, Az. VII ZR 16/03, in: NZBau 2005, 285 = BauR 2005, 735 = NJW-RR 2005, 669 = IBR 2005, 215.

617 Vgl. dazu auch Eschenbruch, NZBau 2000, 409 ff.

618 Vgl. Grüneberg, in: Palandt, § 314 BGB, Rn. 3.

1822 Ob auf Bauprojekte ausgerichtete **Werkverträge als Dauerschuldverhältnisse** im Sinne des § 314 BGB aufzufassen sind oder diese Vorschrift auf derartige Verträge entsprechend anzuwenden ist, ist dogmatisch nicht abschließend geklärt. In seiner Entscheidung vom 09.06.2005 hat der BGH – allerdings für § 309 Nr. 9 BGB – herausgestellt, bei Baubetreuungsverträgen »sei die zu erbringende Leistung allein mit dem jeweils betroffenen Bauvorhaben verknüpft und insoweit nur auf einen einmaligen Erfolg ausgerichtet«.[619] Ein Dauerschuldverhältnis setzt regelmäßig wiederkehrende Leistungen auf Grundlage eines langfristig angelegten Vertragsverhältnisses voraus, wie dies etwa bei Miet-, Darlehens-, Dienst- oder Versicherungsverträgen kennzeichnend sein kann.[620] Bei reinen Bauverträgen bezieht sich dagegen eine Vielzahl von Einzelleistungen auf die Errichtung eines einzigen Bauvorhabens.

1823 Gleichwohl hat die Instanzrechtsprechung zum Teil auch Planungsverträge als Dauerschuldverhältnisse im Sinne des § 314 BGB behandelt.[621] Das OLG Karlsruhe, das OLG Düsseldorf und das LG Düsseldorf haben in Entscheidungen zur Kündigung von Projektsteuerungsverträgen auf § 314 BGB abgestellt. Nach einer in der Literatur vertretenen Auffassung gilt **§ 314 BGB auch für den Projektsteuerungsvertrag.**[622] Es spricht daher einiges dafür, entweder direkt oder zumindest entsprechend § 314 BGB anzuwenden.[623] Wegen aller weiteren Einzelheiten wird auf die Darstellung bei Rdn. 1907 verwiesen.

1824 Überdies ist zu berücksichtigen, dass § 314 BGB durch sondervertragliche Kündigungsvorschriften, wie etwa **§ 626 BGB** für Dienstverträge in deren Anwendungsbereich **verdrängt** wird.[624]

1825 Wird dem anderen Vertragspartner eine Verletzung von Vertragspflichten vorgeworfen, ist die Kündigung aus wichtigem Grund sowohl nach § 314 Abs. 2 BGB sowie nach allgemeinen Rechtsgrundsätzen erst möglich, wenn zuvor eine zur Abhilfe bestimmte Frist oder eine Abmahnung erfolglos geblieben sind. Eine solche nochmalige Abhilfeaufforderung ist entbehrlich, wenn sie unter den gegebenen Umständen sinnlos erscheint. Dasselbe gilt – wie das OLG Karlsruhe für einen Projektmanagementvertrag entschieden hat –, wenn die Folgen der Vertragsverletzung nicht mehr rückgängig gemacht werden können, etwa ein **Vertrauensverhältnis bereits endgültig zerstört ist.**[625]

5.12.3 Die Kündigung des dienstvertraglich geprägten Projektsteuerungsvertrages

5.12.3.1 Rechtsgrundlagen

1826 Das Dienstvertragsrecht enthält Regelungen zur Kündigung in den §§ 621, 626, 627 BGB. Die Vorschriften gelten auch für dienstvertraglich basierte Projektsteuerungsverträge.[626] Die Kündigung eines Vertrages betreffend die finanzwirtschaftliche Baubetreuung hat der **BGH** nach Dienstvertragsrecht, speziell den Kündigungsvorschriften der **§§ 621, 627 BGB,** behandelt.[627]

---

619 BGH, Urteil vom 09.06.2005, Az. III ZR 436/04, in: NZBau 2005, 509, 510 = BauR 2005, 1772 = IBR 2005, 499.

620 Vgl. Boldt, NZBau 2002, 655, 656.

621 OLG Nürnberg, Urteil vom 27.07.2005, Az. 6 U 117/05, in: NZBau 2006, 320, 321 = BauR 2006, 2083.

622 Vgl. dazu ausdrücklich Grüneberg, in: Palandt, § 314 BGB, Rn. 5, so auch Boldt, NZBau 2002, 655, 656.

623 Dazu im Einzelnen Rdn. 1453.

624 Vgl. Grüneberg, in: Palandt, § 314 BGB, Rn. 4; Gaier, in: Münchener Kommentar, § 314 BGB, Rn. 9.

625 OLG Karlsruhe, Urteil vom 19.04.2005, Az. 17 U 217/04, in: NZBau 2006, 50, 52 = BauR 2005, 1661 = IBR 2005, 385.

626 OLG Düsseldorf, Urteil vom 16.04.1999, Az. 22 U 174/98, in: NJW 1999, 3129, 3130 = BauR 1999, 1049, 1050; OLG Celle, Urteil vom 04.06.1998, Az. 22 U 119/97, vgl. auch BGH, Urteil vom 19.11.1998, Az. III ZR 261/97, in: ZIP 1999, 121, 122.

627 Vgl. BGH, Urteil vom 09.06.2005, Az. III ZR 436/04, in: NZBau 2005, 509= BauR 2005, 1772 = IBR 2005, 499.

Das Dienstvertragsrecht enthält in § 626 BGB eine allgemeine Kündigungsregelung aus wichtigem Grund. Diese wird ergänzt durch die Sonderregelung in § 627 BGB, die ein zusätzliches, speziell dienstvertragliches Kündigungsrecht bei einer Vertrauensstellung vorsieht. Die Vorschriften lauten: 1827

*»**§ 621 Kündigungsfristen bei Dienstverhältnissen***

Bei einem Dienstverhältnis, das kein Arbeitsverhältnis im Sinne des § 622 ist, ist eine Kündigung zulässig,

1. *wenn die Vergütung nach Tagen bemessen ist, an jedem Tag für den Ablauf des folgenden Tages;*
2. *wenn die Vergütung nach Wochen bemessen ist, spätestens am 1. Werktag einer Woche für den Ablauf des folgenden Sonnabends;*
3. *wenn die Vergütung nach Monaten bemessen ist, spätestens am 15. eines Monats für den Schluss des Kalendermonats;*
4. *wenn die Vergütung nach Vierteljahren oder längeren Zeitabschnitten bemessen ist, unter Einhaltung einer Kündigungsfrist von 6 Wochen für den Abschluss eines Kalendervierteljahres;*
5. *wenn die Vergütung nicht nach Zeitabschnitten bemessen ist, jederzeit; bei einem die Erwerbstätigkeit des Verpflichteten vollständig oder hauptsächlich in Anspruch nehmenden Dienstverhältnis ist jedoch eine Kündigungsfrist von 2 Wochen einzuhalten.*

§ 626 Außerordentliche Kündigung 1828

Das Dienstverhältnis kann von jedem Vertragsteil aus wichtigem Grund ohne Einhaltung einer Kündigungsfrist gekündigt werden, wenn Tatsachen vorliegen, auf Grund derer dem Kündigenden unter Berücksichtigung aller Umstände des Einzelfalls und unter Abwägung der Interessen beider Vertragsteile die Fortsetzung des Dienstverhältnisses bis zum Ablauf der Kündigungsfrist oder bis zu der vereinbarten Beendigung des Dienstverhältnisses nicht zugemutet werden kann.

Die Kündigung kann nur innerhalb von 2 Wochen erfolgen. Die Frist beginnt mit dem Zeitpunkt, in dem der Kündigungsberechtigte von den für die Kündigung maßgeblichen Tatsachen Kenntnis erlangt. Der Kündigende muss dem anderen Teil auf Verlangen den Kündigungsgrund unverzüglich schriftlich mitteilen.

§ 627 Fristlose Kündigung bei Vertrauensstellung

Bei einem Dienstverhältnis, das kein Arbeitsverhältnis im Sinne des § 622 ist, ist die Kündigung auch ohne die in § 626 bezeichnete Voraussetzung zulässig, wenn der zur Dienstleistung Verpflichtete, ohne in einem dauernden Dienstverhältnis mit festen Bezügen zu stehen, Dienste höherer Art zu leisten hat, die auf Grund besonderen Vertrauens übertragen zu werden pflegen.

Der Verpflichtete darf nur in der Art kündigen, dass sich der Dienstberechtigte die Dienste anderer beschaffen kann, es sei denn, dass ein wichtiger Grund für die unzeitige Kündigung vorliegt. Kündigt er ohne einen solchen Grund zur Unzeit, so hat er dem Dienstberechtigten den daraus entstehenden Schaden zu ersetzen.«

Die vorstehenden Regelungen der §§ 621 und 627 gelten für die Kündigung des Arbeitsverhält- 1829
nisses mit einem **angestellten Projektmanager** nicht, die Regelung des § 626 BGB nur bedingt. Hier kommen die Sonderregelungen des Arbeitsrechts zur Anwendung Kündigungsschutzgesetz/Teilzeitbefristungsgesetz/tarifvertragliche Bindungen). Die befristete Einstellung eines Arbeitnehmers für die Mitwirkung an einem Projekt ist arbeitsrechtlich zulässig (dazu auch Rdn. 298 f.).[628]

5.12.3.2 Die ordentliche Kündigung des dienstvertraglichen Projektmanagement-/Projektsteuerungsvertrages

Soweit vertraglich nicht etwas anderes bestimmt ist, kann ein dienstvertraglich geprägter Projekt- 1830
management- oder Projektsteuerungsvertrag nach § 621 BGB von jeder Vertragspartei (ordentlich) **gekündigt** werden. Hiernach kann die **Aufhebung** eines Projektmanagementvertrages sehr **kurzfristig** herbeigeführt werden, und zwar in Abhängigkeit von den vereinbarten Vergütungszeiträumen. In der Regel wird die ordentliche Kündigungsfrist in entsprechenden Projektmanagement- oder Projektsteuerungsverträgen ausgeschlossen, was zweckmäßig ist, wenn der Vertrag auf eine gesamte Projektdauer ausgerichtet ist. Der Ausschluss der Kündigungsmöglichkeit wird regelmäßig

628 BAG, Urteil vom 07.11.2007, Az. 7 AZR 484/06, in: NZA 2008, 467, 469.

schon konkludent in der Festlegung einer bestimmten Laufzeit des Projektes/des Vertrages liegen. Ein entsprechender Ausschluss der ordentlichen Kündigungsmöglichkeit ist nicht nur individualvertraglich, sondern auch in Allgemeinen Geschäftsbedingungen wirksam. § 309 Nr. 9 BGB ist nach der Auffassung des BGH nicht anwendbar, da Projektsteuerungsverträge keine Dauerschuldverhältnisse im Sinne dieser Vorschrift sind (vgl. dazu auch Rdn. 1844). Eine unangemessene Benachteiligung im Sinne des § 307 Abs. 1 und Abs. 2 BGB kann nicht in der Festlegung einer Laufzeit gesehen werden, die an die Projektdauer anknüpft. Etwas anderes kann nur bei außergewöhnlichen Fallgestaltungen mit sehr langfristiger Projektlaufzeit gelten.

1831 So hat der BGH in seiner Entscheidung zur finanzwirtschaftlichen Baubetreuung ausgeführt, dass gute Gründe für eine Regelung in Dienstverträgen denkbar sind, durch die bei umfangreichen Projekten zur Sicherung beider Vertragspartner die (jederzeitige) ordentliche Kündigung für beide Seiten ausgeschlossen wird.[629]

5.12.3.3 Die Kündigung des dienstvertraglichen Projektmanagement-/ Projektsteuerungsvertrages aus wichtigem Grund

5.12.3.3.1 Allgemeine Kündigung aus wichtigem Grund nach § 626 BGB

1832 Nach § 626 BGB kommt eine Kündigung eines dienstvertraglich geprägten Projektsteuerungsvertrages aus wichtigem Grund (nur) in Betracht, wenn Tatsachen vorliegen, auf Grund derer dem Kündigungen unter Berücksichtigung aller Umstände des Einzelfalls und umfassender Interessenabwägung eine Fortsetzung des Dienstverhältnisses bis zur nächsten Kündigungsmöglichkeit nicht zugemutet werden kann. Eine entsprechende Kündigung ist i. d. R. die ultima-ratio. Die Gründe, die die Auflösung des Vertragsverhältnisses legitimieren, müssen auch für die Zukunft Gewicht haben (der wichtige Kündigungsgrund muss zukunftsbezogen sein).[630] Die außerordentliche Kündigung ist nur zulässig, wenn sie nach Maßgabe der zu berücksichtigenden Interessen die letzte Möglichkeit des Kündigungsberechtigten darstellt. Dementsprechend setzt eine Kündigung, die an das Verhalten des Projektsteuerers anknüpft, i. d. R. eine vorangehende Abmahnung/Kündigungsandrohung mit der Aufforderung zur Änderung des vertragswidrigen Verhaltens voraus. Bei besonders gravierenden Vertragsverletzungen kann eine solche Abmahnung indessen auch überflüssig sein.[631] Auch kann ausnahmsweise ein verschuldensunabhängiger objektiver Umstand eine entsprechende Kündigung rechtfertigen.[632] Das OLG Dresden hatte die Kündigung eines Vertrages zu beurteilen gehabt, der die Ablaufkontrolle, Kosten- und Vergabekontrolle, Terminkontrolle und Kontrolle über Verwendungsnachweise betreffend zwei Gewerbegebiete zum Gegenstand hatte. Es hat die Kündigung des Auftraggebers aus wichtigem Grund für berechtigt gehalten, weil das Consulting-/ Projektsteuerungsunternehmen das Dienstverhältnis mit dem maßgeblichen **Projektmitarbeiter und Know-how-Träger gekündigt** und es nicht für nötig gehalten hatte, **den Auftraggeber hierüber zu informieren.**[633] Bei Projektsteuerungsverträgen auf Dienstvertragsbasis kann der Entscheidung zugestimmt werden, da § 613 BGB im Grundsatz von einer persönlichen Leistungserbringung ausgeht und die Übertragung der Dienste im Zweifel der Zustimmung des Auftraggebers unterliegt.

629 BGH, Urteil vom 09.06.2005, Az. III ZR 436/04, in: NZBau 2005, 509, 511 = BauR 2005, 1772 = IBR 2005, 499; für die Zulässigkeit des Ausschlusses der ordentlichen Kündigung auch OLG Düsseldorf, Urteil vom 01.10.1998, Az. 5 U 182/97, in: BauR 1999, 508, 509.

630 Vgl. OLG Düsseldorf, Beschluss vom 27.06.2011, Az. I 24 U 193/10, in: MDR 2011, 1326; OLG Düsseldorf, Urteil vom 27.11.2007, Az. 24 U 67/07, in: WM 2008, 1375.

631 Etwa bei Untreuehandlungen, vgl. BGH, Urteil vom 12.05.2011, Az. III ZR 107/10, in: MDR 2011, 823.

632 Weidenkaff, in: Palandt, § 626 BGB, Rn. 41.

633 OLG Dresden, Urteil vom 29.07.1999, Az. 16 U 1687/98, in: NJW-RR 2000, 652 = IBR 2000, 558 (Eschenbruch); dazu auch Rdn. 1923.

Auch **wiederholte abfällige Äußerungen** über den Auftraggeber können – wenn sie gravierend sind – eine Kündigung aus wichtigem Grund ohne vorherige Abmahnung rechtfertigen.[634]

Im Übrigen gelten hier die **Grundsätze** entsprechend, die nachfolgend für die Kündigung von **werkvertraglichen Projektsteuerungsverträgen** aus wichtigem Grund dargestellt werden. 1833

Eine Besonderheit des § 626 BGB besteht allerdings dahingehend – und diese ist sehr praxisrelevant –, dass bei dienstvertraglich geprägten Projektsteuerungsverträgen die Kündigung **nur innerhalb von 2 Wochen nach Kenntnis** von den Kündigungsgründen erfolgen kann. D. h., dass jede Verschleppung/Verzögerung des Kündigungsausspruchs über diese Frist hinaus zu einem endgültigen Verlust des Kündigungsrechts führen kann. 1834

5.12.3.3.2 Kündigung bei Bestehen einer Vertrauensstellung

Besondere Relevanz hat schließlich das **Sonderkündigungsrecht bei Bestehen** einer **Vertrauensstellung nach § 627 BGB**. Soweit der Projektsteuerungsvertrag kein Arbeitsverhältnis und kein dauerndes (d. h. unbefristetes oder auf Verlängerung angelegtes) Dienstverhältnis mit festen Bezügen darstellt, kommt eine vorzeitige Kündigung wegen bestehender Vertrauensstellung in Betracht. 1835

Für die Annahme eines dauernden Dienstverhältnisses ist nicht entscheidend, dass es auf unbestimmte Zeit eingegangen ist. Ein dauerndes Dienstverhältnis im Sinne des § 627 Abs. 1 BGB ist auch ein befristetes, sofern es auf längere Zeit abgeschlossen ist. Ein solches Dienstverhältnis kann durch einen auf ein Jahr abgeschlossenen Vertrag begründet werden, wenn es sich um die Verpflichtung für ständige und langfristige Arbeiten handelt und beide Vertragsparteien von einer Verlängerung ausgehen oder aber einem auf zwei Jahre angelegten Vertrag.[635] Ein dauerndes Dienstverhältnis mit festen Bezügen erfordert, dass das Dienstverhältnis ein gewisses Maß an wirtschaftlicher Erheblichkeit und persönlicher Bindung für den Dienstverpflichteten mit sich bringt, um ein schützenswertes und gegenüber der Erschließungsfreiheit des Dienstberechtigten vorrangiges Vertrauen auf die Fortsetzung des Dienstverhältnisses begründen zu können.[636] 1836

Darüber hinaus setzt § 627 Abs. 1 BGB voraus, dass 1837
- **Dienste höherer Art** zu leisten sind sowie
- diese **auf Grund besonderen Vertrauens** übertragen zu werden pflegen.

Beide Voraussetzungen müssen vorliegen, damit das Sonderkündigungsrecht anwendbar wird. Dagegen ist ein wichtiger Grund bei Vorliegen dieser Voraussetzungen nicht erforderlich. Der Auftraggeber muss auch grundsätzlich keine »Kündigungsentschädigung« leisten, wenn er sich vorzeitig von seinem so dienstvertraglich verpflichteten Projektsteuerer lösen will.

Dienste höherer Art sind solche, die ein überdurchschnittliches Maß an Fachkenntnis, Kunstfertigkeit oder wissenschaftlicher Bildung, eine hohe geistige Fantasie oder Flexibilität voraussetzen und dem Auftragnehmer auf Grund dessen eine herausgehobene Stellung verleihen.[637] Diese Voraussetzung ist auch bei einem Architekten erfüllt.[638] Auch der **Projektsteuerer erbringt Dienste höherer Art** im Sinne dieser Vorschrift, wie u. a. der BGH und das OLG Düsseldorf anerkannt haben.[639] 1838

634 Vgl. für den Sanierungsberater: OLG Düsseldorf, Urteil vom 27.11.2007, Az. 24 U 67/07, in: WM 2008, 1375.
635 BAG, Urteil vom 12.07.2006, Az. 5 AZR 277/08, in: BB 2006, 2199, 2200 mit umfassenden weiteren Hinweisen.
636 BGH, Urteil vom 22.09.2011, Az. XIII R 95/11, in: NJW 2011, 3575, 3576.
637 Vgl. Preis, in: Staudinger, BGB, § 627, Rn. 18.
638 BGH, Urteil vom 19.11.1998, Az. III ZR 261/97, in: ZIP 1999, 121, 122.
639 Vgl. BGH, Urteil vom 09.06.2005, Az. III ZR 436/04, in: NZBau 2005, 509, 511 = BauR 2005, 1772 = IBR 2005, 499; OLG Düsseldorf, Urteil vom 16.04.1999, Az. 22 U 174/98, in: NJW 1999, 3129, 3130 = BauR 1999, 1049, 1051 = IBR 1999, 379, sowie OLG Celle, Urteil vom 04.06.1998, Az. 22 U 119/97.

1839 Genau zu prüfen ist allerdings, ob Projektsteuerungsleistungen **auf Grund *besonderen Vertrauens*** übertragen zu werden pflegen. Das besondere Vertrauen muss sich auf die Person des Vertragspartners beziehen. Es darf nicht auf die fachliche Kompetenz und allgemeine Vertragstreue oder Seriosität eines Unternehmens gestützt sein.[640] Es ist fraglich, ob bei Projektsteuerungsverträgen von vornherein eine entsprechende persönliche Vertrauensbasis anzunehmen ist oder dies im Einzelfall festgestellt werden muss:

- Das OLG Düsseldorf wie auch das OLG Celle haben **in zwei Entscheidungen** herausgestellt, dass Projektsteuerungsleistungen auf Grund **besonderen Vertrauens** übertragen werden, und die Kündigungsmöglichkeit nach § 627 BGB **bejaht.**[641] Für diesen Ansatz könnte auch die Grundsatzentscheidung des BGH zur Kündigung von Projektsteuerungsverträgen vom 12.5.1999 sprechen. In dieser Entscheidung hat der BGH die besondere Vertrauensbindung des Projektsteuerers hervorgehoben und ausgeführt:[642]

1840 *»Diesen Vertrag prägen Dienst- oder Werkleistungen aus dem Bereich der Kontroll- und Organisationsleistungen komplexer Art mit Führungs- oder Leitungsfunktionen. Elemente des persönlichen Vertrauens und der sich daraus ergebenden, schlecht überschaubaren Risiken für den Vertragspartner stehen im Vordergrund. Ihre Leistungen hatte die Klägerin im Schwerpunkt persönlich zu erbringen. Die Weitergabe war ihr nur für einzelne Leistungen und nur mit Zustimmung der Beklagten gestattet. Der Vertrag stellte also unmittelbar auf das Vertrauen der persönlichen Leistungserbringung ab. Leistungen der Bauüberwachung, vor allem aber solche der Projektsteuerung, erfordern ein hohes Maß an Vertrauenswürdigkeit und Loyalität.«*

1841 – Der BGH hat in seinem Urteil vom 09.06.2005 zur **finanzwirtschaftlichen Baubetreuung** entschieden, dass diese als Dienstvertrag zu qualifizieren sei und hat sie der Kündigungsregelung des § 627 BGB unterstellt. In den Entscheidungsgründen hat der BGH auch auf seine Rechtsprechung zu Projektsteuerungsverträgen verwiesen.[643] Für einen dienstvertraglich geprägten Vertrag über die Erbringung von Projektentwicklungsleistungen hat das OLG Celle entsprechend entschieden und **§ 627 BGB angewendet.**[644]

1842 – Gleichwohl ist es nicht entbehrlich, im Einzelfall festzustellen, ob die Beauftragung an einen Projektsteuerer auf Grund des besonderen Vertrauens erfolgt ist.[645] Denn Projektsteuerungsbüros werden vielfach auf Grund der besonderen fachlichen – technisch-wirtschaftlichen – Kompetenz hinzugezogen. Vielfach bieten Projektsteuerungsbüros technisch geprägte Beratungsmodelle und Systemlösungen an, für die ein besonderes persönliches Vertrauen nicht mehr in Anspruch genommen wird. Deshalb wird das freie Kündigungsrecht bei der Projektsteuerung teilweise nicht als sachangemessen angesehen.[646] Ob und inwieweit deshalb Projektsteuerungsleistungen aufgrund besonderen Vertrauens übertragen zu werden pflegen, **ist für jeden Einzelfall gesondert festzustellen.** Dementsprechend hat der BGH in der vorgenannten Entscheidung auf die im konkreten Vertrag zugrunde gelegten Leistungen und die persönliche Leistungsverpflichtung abgestellt. Somit erscheint es erforderlich, vertragsbezogen genau zu prüfen, ob über die rein fachliche Kompetenz der einzusetzenden Projektsteuerer und über die Marktgeltung des Projektsteuerungsbüros hinaus ein persönliches Vertrauensverhältnis begründet werden sollte. Es sind durchaus Fälle denkbar, bei denen es an einer entsprechenden Vertrauensstellung bei Abschluss eines Projektsteuerungsvertrages fehlen kann. Mit einer Entscheidung des OLG Köln,

---

640 Vgl. Urteil vom 26.11.1959, Az. VII ZR 120/58, in: BGHZ 31, 224, 228.

641 OLG Düsseldorf, Urteil vom 16.04.1999, Az. 22 U 174/98, in: NJW 1999, 3129, 3130 = BauR 1999, 1049, 1051 = IBR 1999, 379, sowie OLG Celle, Urteil vom 4.6.1998, Az. 22 U 119/97.

642 BGH, Urteil vom 02.09.1999, Az. VII ZR 225/98, in: BauR 1999, 1469 = WM 1999, 2126, 2127 = BB 1999, 2160 = IBR 2000, 37.

643 BGH, Urteil vom 09.06.2005, Az. III ZR 436/04, in: NZBau 2005, 509, 511 = BauR 2005, 1772 = IBR 2005, 499.

644 OLG Celle, Urteil vom 11.07.2002, Az. 14 U 225/01, in: NZBau 2004, 684 = BauR 2004, 1800 = IBR 2004, 379.

645 Vgl. dazu ausführlich Eschenbruch, NZBau 2000, 409.

646 Vgl. Zöpfl, Rechtsnatur und Rechtsprobleme des Bauprojektsteuerungsvertrages, S. 188.

ergangen zur SiGeKo-Tätigkeit, wird anzunehmen sein, dass zumindest dann, wenn eine **juristische Person beauftragt** worden ist und der Vertrag keine Verpflichtung zur Leistungserbringung durch bestimmte Mitarbeiter vorsieht, keine Dienstleistung höherer Art in Rede steht.[647]

Die jederzeitige Beendbarkeit eines Projektmanagement- oder Projektsteuerungsvertrages auf dienstvertraglicher Grundlage nach § 627 BGB kommt für die Vertragsparteien oft überraschend. Sie sind zumeist der Auffassung, dass ein entsprechender Kündigungsgrund konkludent infolge der Vereinbarung einer bestimmten Projektdauer ausgeschlossen sei. Zwar ist es möglich, § 627 BGB rechtsgeschäftlich **auszuschließen**. Hierfür bedarf es jedoch hinlänglicher tatsächlicher Anhaltspunkte. Auch wenn der konkludente Ausschluss eines freien Kündigungsrechts angesichts der Interessenlage der Parteien oft nahe liegt, darf der konkludent mögliche Ausschluss nicht ohne weiteres unterstellt werden.[648] Allein die Regelung einer festen Vertragslaufzeit im Projektsteuerungsvertrag enthält nach der Auffassung des OLG Düsseldorf keineswegs ausreichende Anhaltspunkte, um § 627 BGB auszuschließen.[649] 1843

Ein Ausschluss des § 627 BGB ist zudem nur **individualvertraglich** möglich. In **Allgemeinen Geschäftsbedingungen** kann die Vorschrift nicht abbedungen werden, weil es sich um einen vertragstypologisch wesentlichen Bestandteil des Dienstvertragsrechts handelt.[650] In seinem Urteil vom 09.06.2005 zur finanzwirtschaftlichen Baubetreuung als Dienstleistung höherer Art hat der BGH ausgeführt: 1844

»Die Klausel betreffend die Beschränkungen der Kündigungsmöglichkeiten auf die Kündigung aus wichtigem Grund hält der Angemessenheitskontrolle nach § 9 g AGB a. F. aber im Blick auf § 627 I BGB nicht stand. Nach dieser Vorschrift ist bei einem Dienstverhältnis die Kündigung auch ohne die in § 626 BGB bezeichnete Voraussetzung zulässig, wenn der zur Dienstleistung Verpflichtete, ohne in einem dauernden Dienstverhältnis mit festem Bezug zu stehen, Dienste höherer Art zu leisten hat, die aufgrund besonderen Vertrauens übertragen zu werden pflegen. Revisionsrechtlich ist davon auszugehen, dass der Tatbestand dieser Bestimmung für die Vertragsverhältnisse nach den hier in Rede stehenden »Baubetreuungsverträgen« gegeben ist. § 627 I BGB trägt mit der jederzeitigen Kündigungsmöglichkeit für beide Teile dem gegenseitigen Vertrauensverhältnis in der Weise Rechnung, dass er für den Fall des Vertrauensverlustes, aus welchem Grunde er auch immer eintreten sollte, eine sofortige Beendigung des Vertragsverhältnisses ermöglicht. Bei derartigen, ganz auf persönliches Vertrauen gestellten und zudem lockeren, nicht auf ständige Tätigkeiten gerichteten Dienstverhältnissen soll die Freiheit der persönlichen Entschließung eines jeden Teils im weitesten Ausmaß gewahrt werden. Das ist ein auf einem Gerechtigkeitsgebot beruhender Rechtsgrundsatz, mit dem die Verweisung auf das Kündigungsrecht aus § 626 BGB in den Allgemeinen Geschäftsbedingungen unvereinbar ist.

Dementsprechend vertritt die a. M. in der Rechtsprechung und der Fachliteratur den Standpunkt, dass durch Allgemeine Geschäftsbedingungen das außerordentliche Kündigungsrecht des § 627 I BGB grundsätzlich nicht ausgeschlossen werden kann. Ob und inwieweit Ausnahmen in Betracht kommen können, braucht hier nicht vertieft zu werden. Es gibt keinen Gesichtspunkt, wegen dessen der genannte Grundsatz für die – stark auf persönliches Vertrauen ausgerichteten – »Baubetreuungsverträge« zwischen der Kl. und dem Bekl. nicht gelten soll, nicht anders als etwa für Steuerberatungsverträge ***oder auch für Projektsteuerungsverträge****, soweit sie als Dienstverträge einzuordnen sind (OLG Düsseldorf, NJW 1999, 3129, 3130; vgl. auch BGH NJW-RR 1995, 855).«* 1845

Die Unwirksamkeit einer entsprechenden Allgemeinen Geschäftsbedingung folgt nach Auffassung des BGH aus § 307 Abs. 1 und Abs. 2 BGB. § 309 Nr. 9 BGB sei dagegen nicht anwendbar. 1846

Erfolgt eine Kündigung aus wichtigen Gründen nach § 626 BGB oder nach § 627 BGB wegen Vorliegens einer besonderen Vertrauensstellung, entfallen grundsätzlich die Vergütungsansprüche 1847

---

647 OLG Köln, Urteil vom 08.06.2004, Az. 22 U 212/03, in: BauRB 2004, 361.

648 Für eine großzügigere Anwendung wohl Zöpfl, Rechtsnatur und Rechtsprobleme des Bauprojektsteuerungsvertrages, S. 189.

649 OLG Düsseldorf, Urteil vom 16.04.1999, Az. 22 U 174/98, in: NJW 1999, 3129, 3130 = BauR 1999, 1049, 1059.

650 Vgl. BGH, Urteil vom 11.02.2010, Az. IX ZR 114/09, in: WM 2010, 626, 628; Urteil vom 05.11.1998, Az. III ZR 226/97, in: WM 1999, 133, 134.

für die Zukunft. Der Projektsteuerer erhält die bis zum Wirksamwerden der Kündigung erbrachten Leistungen bezahlt. Eine Kündigung des Projektmanagers/-steuerers wegen Vorliegens einer Vertrauensstellung nach § 627 BGB darf von diesem nach Abs. 2 der Vorschrift allerdings nicht zur Unzeit erfolgen. Bei einer **Kündigung zur Unzeit** schuldet er dem Auftraggeber Schadensersatz.

1848 Kündigt eine der Vertragsparteien ein Dienstverhältnis auf Grund der §§ 626 oder 627 BGB, dann kann der Projektsteuerer grundsätzlich (nur) einen **seinen bisherigen Leistungen entsprechenden Teil der Vergütung** verlangen, § 628 Abs. 1 Satz 1 BGB. Der entsprechende Leistungsanteil kann bei einem entsprechenden Projektsteuerungsvertrag als Dienstvertrag zeitanteilig ermittelt werden – Zahlungspläne sind für die Abschätzung des anteiligen Leistungsumfangs nicht zwingend maßgeblich.[651] Kündigt der Projektsteuerer, ohne durch vertragswidriges Verhalten des Auftraggebers dazu veranlasst zu sein oder veranlasst er durch sein vertragswidriges Verhalten die Kündigung des Auftraggebers, so steht ihm ein Anspruch auf die Vergütung insoweit nicht zu, als seine bisherigen Leistungen infolge der Kündigung für den anderen Teil kein Interesse haben, § 628 Abs. 1 Satz 2 BGB. Der Wegfall des Interesses an der erbrachten Leistung eines dienstleistenden Projektsteuerers infolge einer fristlosen Kündigung ist indessen nur ausnahmsweise gegeben. Wenn der Auftraggeber den Projektsteuerer rügelos arbeiten lässt und später auf dem Projektstand aufbaut, kann ein Wegfall des Interesses nicht angenommen werden.[652] Hat der Projektsteuerer bereits zu viel an Vorauszahlungen erhalten, hat er diese nach § 628 Abs. 1 Satz 3 BGB nach den Grundsätzen über die ungerechtfertigte Bereicherung zurückzuerstatten.

1849 Der Projektsteuerer hat im Falle einer vorzeitigen Kündigung nach den §§ 626, 627 BGB **darzulegen**, in welchem Umfang er Leistungen erbracht hat und welcher Teil der vertraglich vereinbarten Vergütung hierauf entfällt. Dazu bedarf es substantiierten Sachvortrages. Eine Schätzung kommt nur bei tragfähigen Anknüpfungspunkten in Betracht.[653] Für die Bewertung der erbrachten Leistungen kann der Projektsteuerer ähnlich der Rechtslage bei vorzeitig gekündigten Werkverträgen (siehe dazu Rdn. 1453 f.) auf die einem Projektsteuerungsvertrag zugrunde liegende leistungs- und phasenorientierte Honorargliederung Bezug nehmen. Soweit der Projektsteuerungsvertrag als dienstvertragliche Regelung keine konkreten Leistungserfolge vorsieht und eine Vergütung auf Zeithonorarbasis vereinbart ist, wird die Vergütung für die erbrachten Leistungen zumeist zeitanteilig berechnet. In Zahlungsplänen niedergelegte Abschlagszahlungen sind dabei kein abschließendes Kriterium für die Festlegung der anteiligen Vergütung.[654] Etwas anderes gilt, wenn die Vertragsparteien des Projektsteuerungsvertrages keine Abschlagszahlungen, sondern feste monatliche Vergütungssätze vereinbart haben, die im Falle der Kündigung ausschließlich zeitanteilig abzugrenzen sind.[655]

1850 Gemäß § 628 Abs. 1 Satz 2 BGB verliert der Auftragnehmer seinen Honoraranspruch u.a. auch dann, wenn er durch ein erheblich schuldhaft vertragswidriges Verhalten die Kündigung des Auftraggebers veranlasst hat oder wenn er, ohne einen wichtigen Grund dafür zu haben, das Mandatsverhältnis selbst kündigt (sogenanntes Auflösungsverschulden) und wenn seine bisherigen Leistungen für den Auftraggeber ohne Interesse sind, weil der Auftraggeber wegen der Beendigung des Vertrages einen Dritten beauftragen muss und aus diesem Grunde die entsprechenden Kosten nochmals anfallen.[656] Wird die Kündigung durch vertragswidriges Verhalten eines Teiles veranlasst,

651 OLG Celle, Urteil vom 04.06.1998, Az. 22 U 119/97.

652 OLG Celle, Urteil vom 04.06.1998, Az. 22 U 119/97.

653 OLG Celle für einen Projektentwicklungs- und Projektsteuerungsvertrag, Urteil vom 11.07.2002, Az. 14 U 225/01, in: NZBau 2004, 684 = BauR 2004, 1800 = IBR 2004, 379.

654 OLG Celle, Urteil vom 04.06.1998, Az. 22 U 119/97, das in dem entschiedenen Fall darauf abstellt, dass der Auftraggeber schon dadurch begünstigt sei, dass bei einer zeitanteiligen Aufteilung des Honorars der erhöhte Arbeitsaufwand zu Beginn des Projektes unberücksichtigt geblieben sei.

655 Vgl. OLG Düsseldorf, Urteil vom 01.10.1998, Az. 5 U 182/97, in: BauR 1999, 508, 509.

656 BGH, Urteil vom 29.03.2011, Az. VI ZR 133/10, in: NJW 2011, 1674: Ein vertragswidriges Verhalten im Sinne der Vorschrift setzt, obwohl nach dem Wortlaut ein objektiv vertragswidriges Verhalten genügen würde, schuldhaftes Verhalten im Sinne der §§ 276, 278 BGB voraus. Nicht erforderlich ist, dass das

so ist dieser darüber hinaus zum **Ersatz des** durch die Aufhebung des Dienstverhältnisses bestehenden **Schadens** verpflichtet, § 628 Abs. 2 BGB.

Zu beachten ist, dass **beiden Vertragsparteien** des Dienstvertragsverhältnisses ein entsprechendes Kündigungsrecht zusteht. Auch der Projektsteuerer kann frei kündigen.[657] 1851

5.12.4 Kündigung bei werkvertraglich geprägten Projektmanagement- bzw. Projektsteuerungsverträgen

5.12.4.1 Auslegung der Kündigungserklärung als ordentliche oder außerordentliche Kündigung

Oftmals ist nicht feststellbar, auf welchen Kündigungsgrund sich der Auftraggeber oder Projektsteuerer beziehen will. Gelegentlich wird eine Kündigung aus wichtigem Grund ausgesprochen und es ist unklar, ob sich der Kündigende für den Fall des Nichtvorliegens von außerordentlichen Kündigungsgründen auch auf das freie Kündigungsrecht des § 649 BGB berufen will. **Im Wege der Auslegung** ist dann zu klären, wie die Willenserklärung des Kündigenden verstanden werden musste. Dabei ist eine außerordentliche Kündigung nicht »automatisch« als freie Kündigung zu werten. Vielmehr kann eine unwirksame außerordentliche Kündigung nur dann als freie Kündigung ausgelegt bzw. umgedeutet werden, wenn nach der Sachlage anzunehmen ist, dass diese dem Willen des Erklärenden entspricht und dieser Wille in seiner Erklärung gegenüber dem Empfänger zum Ausdruck gekommen ist.[658] 1852

Für den Bauvertrag hat der BGH angenommen, dass im Falle einer – unwirksamen – außerordentlichen Kündigung **im Zweifel auch die Rechte nach § 649 BGB** ausgeschöpft werden sollen. Denn die Kündigung eines entsprechenden Vertrages habe nicht nur rechtliche, sondern auch tatsächliche Wirkungen, insbesondere sollen die Voraussetzungen für den Einsatz eines Drittunternehmers oder den vollständigen Abbruch des Bauvorhabens geschaffen werden. Der Auftraggeber habe in der Regel kein Interesse an einer Rechtslage, die die Frage, ob die Kündigung wirksam war, in der Schwebe halte. Der Auftragnehmer habe ebenfalls kein schutzwürdiges Interesse daran, dass die Kündigung nicht als freie Kündigung verstanden werde, denn ihm bleibt in diesem Fall der volle Vergütungsanspruch nach Maßgabe des § 649 Satz 2 BGB. Ebenso wie der Auftraggeber hat er regelmäßig kein Interesse an einer Rechtslage, die die Frage der Wirksamkeit der Kündigung ungeklärt belässt. Denn er muss nach der Kündigung neu disponieren. Immer müssen jedoch die Erklärungen im Einzelfall ausgelegt werden.[659] Diese Rechtsgrundsätze sind auf den Projektsteuerungsvertrag zu übertragen. Auch ein unwirksamer Rücktritt kann in eine ordentliche Kündigung umzudeuten sein.[660] 1853

Wenn der Auftraggeber aus wichtigem Grund kündigt, für eine Kündigung aus wichtigem Grund allerdings die Voraussetzungen nicht vorliegen und daraufhin entweder der Projektsteuerer berechtigt aus wichtigem Grund kündigt oder aber die Vertragsparteien im Anschluss an die unberechtigte Kündigung des Auftraggebers die Zusammenarbeit nicht weiter fortgesetzt haben und den Vertrag damit letztlich einvernehmlich beendet haben, kann eine nochmalige (spätere) Kündigung des Auftraggebers aus wichtigem Grund keine Auswirkungen mehr haben. 1854

---

vertragswidrige Verhalten als schwerwiegend oder als wichtiger Grund anzusehen ist; OLG Düsseldorf, Beschluss vom 27.06.2011, Az. I 24 U 193/10, in: MDR 2011, 1326.

657 Vgl. dazu auch Zöpfl, Rechtsnatur und Rechtsprobleme des Bauprojektsteuerungsvertrages, S. 188.

658 Vgl. BGH, Urteil vom 24.07.2003, Az. VII ZR 218/02, in: NZBau 2003, 665, 666 = ZfBR 2004, 41 = IBR 2003, 595; BGH, Urteil vom 18.01.2001, Az. VII ZR 247/98, in: BauR 2001, 621, 622.

659 BGH, Urteil vom 24.07.2003, Az. VII ZR 218/02, in: NZBau 2003, 665, 666 = ZfBR 2004, 41 = IBR 2003, 595.

660 OLG Jena, Urteil vom 18.04.2007, Az. 7 U 946/06, in: BauR 2008, 534 = IBR 2008, 83 (Nichtzulassungsbeschwerde vom BGH zurückgewiesen, Beschluss vom 08.11.2007, Az. VII ZR 87/07).

1855 Im Falle einer vorangegangenen **einvernehmlichen Vertragsaufhebung** haben die Vertragsparteien grundsätzlich diejenigen Rechte, die sie im Zeitpunkt der Vertragsaufhebung geltend machen könnten.[661] Entscheidend ist, welchen Hintergrund die einvernehmliche Vertragsaufhebung gehabt hat. Der Anspruch auf Vergütung für nicht erbrachte Leistungen entfällt dann, wenn im Zeitpunkt der Vertragsbeendigung ein vom Unternehmer zu vertretender wichtiger Kündigungsgrund vorlag. Entscheidend ist aber die objektive Kündigungslage zum Zeitpunkt der Vertragsbeendigung, so dass noch **Kündigungsgründe nachgeschoben** werden können. Ebenso ist nach § 649 Satz 2 BGB abzurechnen, wenn für keine der beiden Seiten Anlass zur Kündigung aus wichtigem Grund bestand.[662]

1856 Wenn indessen eine einvernehmliche Vertragsauflösung erfolgt, weil das ursprünglich zu sanierende **Gebäude abgerissen** werden muss, dann entsteht kein Anspruch des Projektsteuerers im Hinblick auf die Vergütung für zukünftige (entfallene) Leistungen.[663]

5.12.4.2 Die Kündigung des werkvertraglich geprägten Projektmanagement- bzw. Projektsteuerungsvertrages nach § 649 BGB

5.12.4.2.1 Zur grundsätzlichen Ausgestaltung des § 649 BGB

1857 Bei einem **werkvertraglich geprägten Projektsteuerervertrag** scheidet ein ordentliches Kündigungsrecht **des Auftragnehmers** von vornherein aus. Denn der Auftragnehmer hat sich verpflichtet, einen werkvertraglichen Erfolg zu erbringen. Eine jederzeitige Lösungsmöglichkeit vom Vertrag sieht das Gesetz in § 649 BGB ausschließlich zu Gunsten des Auftraggebers vor. Diese Kündigungsnorm gilt auch für den Auftraggeber des auf Basis eines Werkvertrags tätigen Projektsteuerers.[664] Die Norm lautet:

»§ 649 Kündigungsrecht des Bestellers

1858 *Der Besteller kann bis zur Vollendung des Werkes jederzeit den Vertrag kündigen. Kündigt der Besteller, so ist der Unternehmer berechtigt, die vereinbarte Vergütung zu verlangen; er muss sich jedoch dasjenige anrechnen lassen, was er infolge der Aufhebung des Vertrages an Aufwendungen erspart oder durch anderweitige Verwendung seiner Arbeitskraft erwirbt oder zu erwerben böswillig unterlässt.«*

1859 Die Zubilligung dieses »freien« Kündigungsrechts beruht auf der gesetzgeberischen Überlegung, dass vorzugsweise der Auftraggeber an der Ausführung der Werkleistung und der Erreichung des Werkerfolges interessiert ist und er deshalb die Möglichkeit einer Lösung vom Vertrag für den Fall erhalten soll, dass dieses Interesse entfällt. Dem in erster Linie auf die Vergütung gerichteten Interesse des Werkunternehmers trägt § 649 Satz 2 BGB dadurch Rechnung, dass ihm der Anspruch auf die Gegenleistung im Ausgangspunkt auch für diejenigen Leistungen verbleibt, die er wegen der Kündigung des Vertrages nicht mehr erbringen muss.[665]

1860 Der BGH hat – anders noch als in früheren Urteilen – offen gelassen, ob ein Ausschluss des § 649 BGB in Allgemeinen Geschäftsbedingungen wirksam ist, allerdings entschieden, dass allein die Vorsehung einer Mindestvertragslaufzeit eines Vertrages mit Verlängerungsoption das freie Kündigungsrecht nicht ausschließt.[666]

---

661 LG Düsseldorf, Urteil vom 30.07.2008, Az. 8 O 247/07; anders OLG Karlsruhe, IBR 2006, 566 für den Architekten.

662 OLG Saarbrücken, Urteil vom 06.07.2011, Az. 1 U 408/09, in: NJW-RR 2011, 1465 mit weiteren Hinweisen.

663 OLG Karlsruhe, Urteil vom 17.01.2006, Az. 17 U 168/04, in: IBR 2006, 566.

664 Vgl. Werner/Pastor, Der Bauprozess, Rn. 1929 ff., insb. 1933; Kniffka, in: Jahrbuch Baurecht 2000, 1, 3.

665 BGH, Urteil vom 27.01.2011, Az. VII ZR 133/10, in: NZBau 2011, 225.

666 BGH, Urteil vom 27.01.2011, Az. VII ZR 133/10, in: NZBau 2011, 225, 226.

§ 649 BGB ermöglicht auch **Teilkündigungen**.[667] Im Falle einer Teilkündigung wird der Vertrag im Übrigen weiter abgewickelt; lediglich die gekündigte Teilleistung entfällt.[668] Dem steht der Fall gleich, dass infolge einer vom Auftraggeber angeordneten Leistungsänderung eine einzelne Leistung des Projektsteuerers ganz entfällt. 1861

Anders als es § 8 Nr. 1 Abs. 1 Satz 2 VOB/B vorsieht, setzt die Teilkündigung **keineswegs in sich abgeschlossene Teile der vertraglichen Leistung voraus**. Allerdings muss der teilgekündigte Leistungskomplex so identifizierbar sein, dass dem Auftragnehmer keine erheblichen Nachteile entstehen.[669] Beim Projektsteuerungsvertrag sind hiernach ohne weiteres einzelne Leistungsteile oder Handlungsbereiche kündbar, aber auch abgegrenzte Einzelleistungen einer einzelnen Leistungsphase oder eines Handlungsbereiches. 1862

Bei einer freien Kündigung des Auftraggebers **soll der Auftragnehmer** (hier Projektsteuerer) **keine Nachteile haben**. Der kalkulierte Gewinn und die kalkulierten Deckungsbeiträge für die allgemeinen Geschäftskosten sollen ihm erhalten bleiben.[670] Dieses Ziel wird bei der Abrechnung wie folgt umgesetzt: Während der Projektsteuerer bei einer außerordentlichen Kündigung des Auftraggebers lediglich die Vergütung für die ausgeführten und verwertbaren Leistungen erhält, bleibt bei einer freien Kündigung des Auftraggebers nach § 649 BGB grundsätzlich der Anspruch des Projektsteuerers auf die gesamte vertragliche Vergütung erhalten, also auch für den nicht ausgeführten Teil; er muss sich hierauf jedoch anrechnen lassen, was er infolge der Kündigung an Aufwendungen erspart hat bzw. durch andere Verwendung der Arbeitskraft erwirbt oder zu erwerben böswillig unterlässt. 1863

5.12.4.2.2 Berechnungsmethodik

Mit Beschluss vom 25.01.2007 hat der BGH entschieden, dass für den Projektsteuerungspauschalvertrag die **allgemeinen Abrechnungsgrundsätze für gekündigte Pauschalpreisverträge** Geltung haben sollen.[671] Dem hat sich das OLG Düsseldorf angeschlossen. Verlange der Projektsteuerer Vergütung für erbrachte Leistungen, müsse er diese darlegen und vom nicht erbrachten Leistungsteil abgrenzen. Er müsse sodann das Verhältnis der bewirkten Leistung zur vereinbarten Gesamtleistung und des Preisansatzes zum Pauschalpreis darstellen.[672] 1864

Nach der allgemeinen Rechtsprechung des BGH zur vorzeitigen Kündigung von Pauschalverträgen muss nach einer Kündigung gemäß § 649 BGB das **Auftragsverhältnis in zwei Teile zerlegt** werden, weil zwar die ausgeführten Leistungen, jedoch nicht die auf Grund der Kündigung nicht mehr erbrachten Leistungen mit Umsatzsteuer beaufschlagt werden müssen (das gilt im Regelfall – zu Ausnahmen vgl. Rdn. 1902). Für die bis zur Kündigung erbrachten Leistungen erhält der Auftragnehmer (Projektsteuerer) – wie auch bei der Kündigung aus wichtigem Grund – die volle vertragliche Vergütung, zzgl. der gesetzlichen Mehrwertsteuer; für die nichterbrachten Leistungen 1865

667 Busche, in: Münchener Kommentar, BGB, § 649, Rn. 13.

668 Vgl. Kapellmann/Schiffers, Vergütung, Nachträge und Behinderungsfolgen beim Bauvertrag, Band 2, Rn. 1312 ff. m. w. N.; der Auftraggeber kann den »Vergütungsanspruch« nach § 649 BGB für die nichterbrachten Leistungen nicht aktivieren, derartige Aufwendungen sind vielmehr nur als Werbungskosten abziehbar, BFH, Urteil vom 08.09.1998, Az. IX R 75/95, in: NJW 1999, 1352 = ZfIR 1998, 736.

669 Vgl. zur Zulässigkeit der Teilkündigung Kleine-Möller, in: Kleine-Möller/Merl/Oelmaier, Handbuch des privaten Baurechts, § 14, Rn. 40, 50, dagegen für eine Einschränkung auch in sich abgeschlossener Leistungsteile: Busche, in: Münchener Kommentar, § 649, Rn. 13.

670 Vgl. Kapellmann/Schiffers, Vergütung, Nachträge und Behinderungsfolgen beim Bauvertrag, Band 2, Rn. 1368.

671 BGH, Beschluss vom 25.01.2007, Az. VII ZR 112/06, in: NZBau 2007, 315 = BauR 2007, 724 = ZfBR 2007, 338 = IBR 2007, 207 unter Hinweis auf die Rechtsprechung BGH, Urteil vom 29.06.1995, Az. VII ZR 184/94, in: BauR 1995, 691; BGH, Urteil vom 06.03.1997, Az. VII ZR 47/96, in: BauR 1997, 643.

672 BGH, a. a. O.; vgl. für den Architektenvertrag auch OLG Düsseldorf, Urteil vom 26.03.2013, Az. 23 U 102/12, in: IBR 2013, 693; OLG Naumburg, Urteil vom 10.10.2014, Az 149/13 NZBau 2014, 439.

muss der anteilige Restvergütungsanspruch unter Abzug der ersparten Aufwendungen nach § 649 Satz 2 BGB ermittelt werden.[673]

1866 Die Notwendigkeit der **Aufspaltung** des Vertragsverhältnisses **in zwei Teile** für erbrachte und nicht erbrachte Leistungen gilt für sämtliche denkbaren Vergütungs-/Abrechnungsmodelle. Das OLG Düsseldorf hat zur Abrechnung eines gekündigten Projektsteuerungsvertrages entschieden:[674]

> *»Bei einem vorzeitig gekündigten Projektsteuerungsvertrag wird die Vergütung für bereits erbrachte Leistungen nach § 631 BGB ermittelt. Die bis zur Kündigung nicht erbrachten aber fällig gewordenen Teilleistungen rechtfertigen eine anteilige Minderung des Honorars. Die Minderung muss im Streitfall der Auftraggeber beweisen, wobei es dem Auftragnehmer im Rahmen einer sekundären Darlegungslast obliegt, die auf die nicht erbrachten Teilleistungen entfallenden Vergütungsanteile darzulegen.*
>
> *Für die nicht erbrachten Leistungen ist auf § 649 Satz 2 BGB abzustellen, wenn der Projektsteuerer nach der Kündigung die Arbeiten einstellt und abgerechnet hat. Unerheblich ist, ob in einem solchen Fall die unberechtigte außerordentliche Kündigung als freie Kündigung auszulegen ist.«*

1867 Soweit für die Honorarermittlung eine Ermittlung der anrechenbaren Kosten notwendig ist, muss jeweils die **Kostenermittlungsart** zugrunde gelegt werden, die der jeweiligen Leistungsphase zum Zeitpunkt der Kündigung entspricht.[675] Werden **Bedarfspositionen**, im Falle von Projektsteuerungsverträgen i. d. R. Stundensätze für nicht vorgesehene Leistungen vereinbart, dann müssen diese bei dem Gesamtauftragsvolumen berücksichtigt werden, wenn feststeht, dass sie bei ungehindertem Ablauf realisiert worden wären und nicht lediglich eine unbeachtliche Erwerbschance bestand.[676] Für im Vertrag bereits fest vereinbarte variable Vergütungskomponenten, z. B. Bonus-Malus-Regelungen, kommt es darauf an, wie sich die Grundlagen im Rahmen der prognostizierbaren Projektrealisierung entwickelt hätten.[677] Bereits verdiente Sonderzahlungen bleiben auch nach einer Kündigung zahlbar.[678]

Ausnahmsweise hat der BGH für zwei Fallgestaltungen eine **vereinfachte Vergütungsabrechnung** (»von oben«) nach Kündigung zugelassen. Bei einem teilweise gekündigten Pauschalpreisvertrag soll dann, wenn lediglich ganz geringfügige Leistungen ausstehen und keine kalkulatorischen Verschiebungen zu Lasten des Bestellers verdeckt werden können, auch auf die Weise berechnet werden, dass die nicht erbrachten Leistungen bewertet und von der Gesamtvergütung abgezogen werden.[679] Der BGH meint zudem, dass der Auftragnehmer die Vergütungsberechnung nach Kündigung anhand der vertraglichen Grundlagen vornehmlich zum Schutze des Auftraggebers vornehmen müsse. Die Abrechnung solle verhindern, dass der Auftragnehmer die erbrachten Leistungen beliebig bewerte und dadurch ungerechtfertigte Vorteile erlange. Zum einen könne aber der Auftraggeber auf diesen Schutz verzichten und sich damit einverstanden erklären, dass der Auftragnehmer den ihm nach einer Kündigung noch zustehenden Werklohn in der Weise berechnet, dass er vom vereinbarten Werklohn die unstreitigen Drittunternehmerkosten des Auftraggebers für die Fertigstellung des Werks abzieht. Zum anderen könne ein Widerspruch des Auftraggebers gegen die Abrechnung des Auftragnehmers, der sich die Drittunternehmerkosten vom vereinbarten Werklohn abziehen

673 Vgl. BGH, Urteil vom 22.11.2007, Az. VII ZR 83/05, in: NZBau 2008, 247, 248; BGH, Urteil vom 18.04.2002, Az. VII ZR 164/01, in: NZBau 2002, 507, 508; BGH, Urteil vom 04.05.2000, Az. VII ZR 394/97, in: BauR 2000, 1191, 1193; BGH, Urteil vom 04.07.1996, Az. VII ZR 227/93, in: BauR 1996, 846, 848; BGH, Urteil vom 07.11.1996, Az. VII ZR 82/95, in: BauR 1997, 304; BGH, Urteil vom 06.03.1997, Az. VII ZR 47/96, in: BauR 1997, 643, 644; auch Kniffka, in: Jahrbuch Baurecht 2000, 1, 6.

674 OLG Düsseldorf, Urteil vom 23.06.2009, Az. 23 U 140/08, in: IBR 2009, 595.

675 Vgl. BGH, Urteil vom 08.07.1999, Az. VII ZR 194/98, in: BauR 1999, 1467.

676 Vgl. Glöckner, BauR 1998, 669, 674, der annimmt, dass der Pauschalpreis entsprechend zu erhöhen ist, wenn die Leistungen bei ungehindertem Ablauf realisiert worden wären.

677 Vgl. dazu im Einzelnen Rdn. 154 f.; aber auch Rdn. 1910; dazu auch Möllers, in: Korbion, Baurecht, Teil 14, Rn. 108.

678 Siehe dazu Rdn. 1517 f.

679 BGH, Urteil vom 16.10.2014, Az. VII ZR 176, 12, in: NZBau 2015, 27.

lässt, unbeachtlich sein.[680] Das OLG Düsseldorf lässt eine vereinfachte Abrechnung »von oben« zu, wenn feststeht, dass der Drittunternehmer für die Restfertigstellung teurer ist als der Auftragnehmer. Gleiches gilt, wenn der Auftraggeber eine Berechnung unter Abzug der Fertigstellungskosten akzeptiert.[681]

5.12.4.2.3 Wert der erbrachten Leistung

In einem **ersten Berechnungsschritt** sind die erbrachten Leistungen zu bewerten, die unabhängig von der Frage vergütet werden müssen, ob ein wichtiger Kündigungsgrund vorlag oder nicht.[682] Hierzu muss der Auftragnehmer schlüssig vortragen, wenn sich dieser Anteil nicht ohne weiteres aus dem Vertrag ergibt. Maßgebend ist der Betrag, der dem auf die erbrachten Leistungen entfallenden Teil der vereinbarten Vergütung entspricht. Eine im Vertrag getroffene Regelung über Ratenzahlung muss insoweit nicht maßgebend sein für die Bemessung der erbrachten Teilleistungen.[683] Der Vergütungsanspruch für die erbrachten Leistungen entfällt bei einer berechtigten außerordentlichen Kündigung eines Projektsteuerungsvertrages nur dann, wenn die erbrachten Teilleistungen insgesamt unbrauchbar sind oder selbst bei Mangelfreiheit der erbrachten Teilleistungen, deren Verwertung dem Auftraggeber aus sonstigen Gründen nicht zugemutet werden kann.[684] 1868

Schwierigkeiten bei der Ermittlung des Wertes der erbrachten Leistungen können sich insbesondere einstellen, weil 1869
- keine ausreichend spezifizierten Leistungsbilder vorliegen, die einen Abgleich des erreichten Leistungsstandes zulassen (etwa grob-funktionale Leistungskataloge wie z.B. gemäß § 31 HOAI a.F.),
- selbst bei tiefer gegliederten Leistungsbeschreibungen, wie etwa der AHO-Leistungs- und Vergütungsordnung angesichts gewerkespezifisch unterschiedlicher Projektfortschritte differenzierte Betrachtungen zur Erfüllung der einzelnen Vertragsleistungen vorgenommen werden müssen,
- generell zumeist Uneinigkeit der Vertragsparteien über die Bewertung der erbrachten Leistungen anhand des vereinbarten Leistungsbildes besteht.

Bei der Bewertung der erbrachten Leistungen ist kein detailgenauer Abgleich mit »Spiegelstrichen« detaillierter Leistungskataloge vorzunehmen. Die Bewertung ist nicht rückwärts gerichtet, sondern **vorwärts gerichtet** vorzunehmen. Das bedeutet, dass jeweils zu prüfen ist, ob nach den tatsächlichen Projektanforderungen noch notwendige Leistungen zu erbringen sind. Nur wenn solche entfallen, kann sich auch die Vergütung mindern. Etwas anderes gilt allerdings dann, wenn Leistungen mit einem eigenständigen werkvertraglichen Erfolgsinhalt entfallen (sog. Mankohaftung, vgl. dazu Rdn. 1279 f.). Diese Grundsätze hat das OLG Hamburg in einem Fall bestätigt, in dem das Projekt ohne den gekündigten Projektsteuerer fertiggestellt worden ist.[685] Das OLG Düsseldorf hat in diesem Kontext folgendes entschieden: 1870

»Die nicht erbrachten fällig gewordenen Teilleistungen rechtfertigen eine Minderung des Honorars. Haben die Parteien vereinbart, dass der Projektsteuerer bestimmte Leistungen als Teilerfolge der Gesamtleistung zu erbringen hat, die in bestimmten Zeiträumen zu erbringen sind und deren Nachholung für den Auftraggeber ohne Interesse 1871

680 BGH, Beschluss vom 10.04.2014, Az. VII ZR 124/13, in: VersR 2014, 885, 886.

681 OLG Düsseldorf, Urteil vom 28.08.2014, Az. I-5 U 139/13, in: NZBau 2015, 28.

682 OLG Düsseldorf, Urteil vom 23.06.2009, Az. I 23 U 140/08, 23 U 140/08, in: IBR 2009, 530, IBR 2009, 595.

683 BGH, Urteil vom 27.01.2011, Az. VII ZR 133/10, in: NZBau 2011, 225.

684 OLG Düsseldorf, Urteil vom 23.06.2009, Az. I 23 U 140/08, 23 U 140/08, in: IBR 2009, 530, IBR 2009, 595.

685 OLG Hamburg, Urteil vom 03.09.2002, Az. 9 U 8/02, in: IBR 2003, 487: Handelt es sich bei dem Projektsteuerungsvertrag um einen Werkvertrag, können Honorarabzüge nicht erbrachter Leistungen allenfalls dann in Betracht kommen, wenn trotz des eingetretenen Erfolges wesentliche Leistungen nicht erbracht sind oder sich durch Weglassen einzelner Leistungen die Tätigkeit insgesamt als mangelhaft erweist.

ist, ist die Vergütung zu mindern. Dies entspricht der vom Bundesgerichtshof entwickelten Rechtsprechung zur Minderung des Architektenhonorars im Falle geschuldeter, aber nicht erbrachter Teilleistungen (es folgen Nachweise). Die Höhe der Minderung muss, da die Kürzung auf Leistungsstörungsrecht bzw. Gewährleistungsrecht beruht, im Streitfall der Auftraggeber beweisen, wobei es zunächst dem Auftragnehmer im Rahmen einer sekundären Darlegungslast obliegt, die auf die nicht erbrachten Teilleistungen entfallenden Vergütungsanteile darzulegen. Dieser sekundären Darlegungslast ist der Kläger nachgekommen. Er hat detailliert erläutert, wie die Vergütung für das nicht erstellte Projekthandbuch, Projektberichte, Leistungs- und Risikoanalysen zu berechnen sind. Hierzu hat er den Umfang der geschuldeten, aber nicht erbrachten Teilleistung dargelegt und diesen in das Verhältnis zu den Gesamtleistungen gesetzt. Daraus ergibt sich, dass die bis zur Kündigung geschuldeten aber nicht erbrachten Leistungen eine Kürzung des Honorars um 0,55 % rechtfertigen. Mit diesen Ausführungen hat sich der Beklagte nicht mehr auseinandergesetzt, sondern lediglich pauschal »ins Blaue hinein« behauptet, das Honorar sei um 50.000,00 € zu kürzen, dies sei angemessen. Ihr Vortrag ist, wie das Landgericht zutreffend ausgeführt hat, unzureichend und rechtfertigt weitere Beweiserhebungen nicht.«[686]

1872 Das OLG Frankfurt hat bei einem gekündigten Projektsteuerungspauschalvertrag eine Reduzierung wegen folgender nicht mehr erbrachter Leistungen vorgesehen:

- Die anteilige Vergütung für das Mitwirken beim Ermitteln des Raum-, Flächen- und Anlagenbedarfs und der Anforderungen durch das Bau- und Funktionsprogramm (Grundleistung I B 2) entfällt, wenn ein Bau- und Funktionsprogramm überhaupt nicht erarbeitet wurde.
- Die anteilige Vergütung für die Projektbuchhaltung (Grundleistung I C 4) ist zu reduzieren, wenn die erforderliche Untergliederung hinsichtlich der einzelnen Haushaltsstellen nicht vorgenommen wurde.
- Eine Reduzierung der Vergütung für das Organisationshandbuch (Grundleistung II A 1) ist angezeigt, wenn Fortschreibungen nicht vorgenommen worden sind.
- Auch eine anteilige Honorierung für das Projekthandbuch ist zu reduzieren, wenn die Projektziele nicht vollständig erfasst und das Projekthandbuch nicht fortgeschrieben worden ist (Grundleistung II A 2).[687]

1873 Solange aber keine Anhaltspunkte dafür vorliegen, dass sich die Vertragsparteien über eine von dem Leistungsbild abweichende Leistungserbringung geeinigt hätten, können grundsätzlich alle entfallenen Einzelleistungen bei der Feststellung des Erfüllungsgrades berücksichtigt (abgezogen) werden.[688]

1874 Darüber hinaus ist es ggf. erforderlich, eine Zerlegung einzelner Leistungsphasen oder nur grob bestimmter Leistungen in selbständige Teilleistungen (Werkerfolge) durchzuführen.[689] Speziell weniger tief gegliederte Leistungsbilder, wie etwa dasjenige des früheren § 31 HOAI a.F., oder global-funktionale Projektsteuerungsleistungsbilder sind einer entsprechenden Aufteilung nur schwer zugänglich.

1875 Erleichtert wird die Abgrenzung der erbrachten von den nicht erbrachten Leistungen, wenn tiefer gegliederte Leistungsbeschreibungen wie etwa nach dem AHO-Leistungsbild zugrunde liegen.[690] Ist etwa auf das Honorarmodell AHO abgestellt worden, dann kann auch auf die dazugehörige prozentuale Aufteilung der Projekthonorare auf einzelne Leistungsphasen (vgl. dazu Rdn. 1674 f.) Bezug genommen werden. Wenn nämlich die Vertragsparteien in einem bestimmten Honorarmodell eine inhaltliche Aufteilung des Honorars auf einzelne Leistungen vorgenommen haben, ist dies

686 OLG Düsseldorf, Urteil vom 23.06.2009, Az. I 23 U 140/08, 23 U 140/08, in: IBR 2009, 530, IBR 2009, 595.

687 OLG Frankfurt, Urteil vom 20.06.2008, Az. 8 U 131/05 (Nichtzulassungsbeschwerde vom BGH zurückgewiesen, Beschluss vom 07.05.2009, Az. VII ZR 149/08), in: IBR 2009, 464.

688 Vgl. LG Wuppertal, Urteil vom 23.6.1998, Az. 11 O 205/94 (nicht veröffentlicht); für ein im Laufe des Projektes abgeändertes Leistungsbild, Einzelheiten dazu noch in der 1. Auflage, Rn. 479.

689 Vgl. OLG Düsseldorf, Urteil vom 29.12.2000, Az. 21 U 38/00, in: NJW-RR 2001, 882, 884; KG, Urteil vom 23.10.1998, Az. 4 U 5001/97, in: IBR 2000, 85; eine Darlegung zur Kalkulation ist insoweit nicht erforderlich, vgl. BGH, Urteil vom 20.01.2000, Az. VII ZR 97/99, in: BauR 2000, 726.

690 Vgl. dazu auch Schill, Der Projektsteuerungsvertrag, S. 134.

auch bei der vorzeitigen Kündigung zu beachten. Deshalb bedarf es auch nicht der Überprüfung, ob die prozentualen Zuordnungen des Honorars im Honorarmodell angemessen sind oder nicht. Der **BGH** hat es ausdrücklich gebilligt, bei der Abrechnung eines vorzeitig gekündigten Pauschalvertrages nach AHO die dortige **prozentuale Aufteilung der Einzelleistungen nach den Phasen des Leistungsbildes für die Abrechnung zu übernehmen**.[691]

Schon zuvor hatte das OLG Hamburg in einem Fall, in dem nicht konkret auf das AHO-Hono- 1876
rarmodell Bezug genommen war, eine entsprechende Aufteilung des Gesamthonorars auf die einzelnen Leistungen vorgenommen und es auch ausdrücklich akzeptiert – angesichts der Bedeutung der frühen Projektphasen –, die mit dem AHO-Modell verbundene »hohe Bewertung« der frühen Projektphasen zu übernehmen.[692] Ein bloß pauschales Bestreiten des Auftraggebers gegenüber substantiierten Ausführungen zum Umfang der bereits erbrachten Leistungen genügt nicht, um dem Werklohnanspruch erfolgreich entgegenzutreten.[693] Dementsprechend hat es auch das OLG Köln in einer Entscheidung zu einem Projektsteuerungsvertrag als ausreichend angesehen, wenn der Projektsteuerer den Leistungsstand nach vorzeitig gekündigtem Vertrag unter Eingehen auf die einzelnen Arbeitsphasen und die dafür in der Leistungs- und Honorarordnung angesetzten Prozentzahlen erläutert hat.[694]

Dort wo auch die Phasengliederung des Leistungsbildes, etwa der AHO-Leistungs- und Hono- 1877
rarordnung nicht ausreicht, um die Abgrenzung vorzunehmen, kann auf **Teilleistungskataloge** zurückgegriffen werden. So hat das OLG Frankfurt entschieden:[695]

»Endet ein Projektsteuerungsvertrag mit einer Pauschalvergütungsabrede vorzeitig, hat der Projektsteuerer den Umfang der erbrachten Leistungen wie auch die hierauf entfallende anteilige Pauschalvergütung darzulegen und zu beweisen.

Die auf die erbrachten Leistungen entfallende anteilige Pauschalvergütung ist anhand des Verhältnisses der erbrachten Leistungen zum vertraglichen Leistungsumfang festzustellen. Dabei ist eine Vergütungsvereinbarung der Parteien mit einer prozentualen Aufteilung des Pauschalhonorars nach Leistungsphasen und Handlungsbereichen (wie AHO-Leistungs- und Honorarordnung) zu berücksichtigen. Die konkrete Aufteilung kann das Gericht nach § 287 Abs. 2 ZPO vornehmen.«

Teilleistungskataloge (Wägungstabellen) können mithin als Ermittlungshilfe herangezogen wer- 1878
den.[696] Auf die in diesem Buch **abgedruckten Tabellen (Rdn. 1696 f.)** wird insoweit verwiesen.

Bewertet werden im Übrigen nur mangelfrei erbrachte Leistungen. Dem gekündigten Projektsteue- 1879
rer obliegt es daher vorzutragen und ggf. zu beweisen, dass die **erbrachten Leistungen mangelfrei** sind.[697] Ein Mangel kann z. B. darin liegen, dass der Architekt/Projektsteuerer seine Planung nicht nach den vertraglichen Vorgaben des Bauherrn ausgerichtet hat und der Auftraggeber deshalb gehalten ist, nach der Kündigung eine neue Planung erstellen zu lassen.

Ein Vergütungsanspruch für erbrachte Leistungen entsteht nicht, wenn die Leistungen (das Werk) 1880
wegen schwerwiegender Mängel nicht nachbesserungsfähig, für den Auftraggeber wertlos oder trotz

691 BGH, Beschluss vom 25.01.2007, Az. VII ZR 112/06, in: NZBau 2007, 315 = BauR 2007, 724 = ZfBR 2007, 338 = IBR 2007, 207.

692 OLG Hamburg, Urteil vom 03.09.2002, Az. 9 U 8/02, in: NZBau 2003, 686 = IBR 2003, 487 (Nichtzulassungsbeschwerde vom BGH zurückgewiesen, Beschluss vom 05.06.2003, Az. VII ZR 350/02).

693 OLG Köln, Urteil vom 16.04.2003, Az. 13 U 83/02, in: BauR 2005, 741 (Nichtzulassungsbeschwerde vom BGH zurückgewiesen, Beschluss vom 23.09.2004, Az. VII ZR 169/03).

694 OLG Köln, Urteil vom 16.04.2003, Az. 13 U 83/02 (Nichtzulassungsbeschwerde vom BGH zurückgewiesen, Beschluss vom 23.09.2004, Az. VII ZR 169/03).

695 OLG Frankfurt, Urteil vom 20.06.2008, Az. 8 U 131/05 (Nichtzulassungsbeschwerde vom BGH zurückgewiesen, Beschluss vom 07.05.2009, Az. VII ZR 149/08), IBR 2009, 463.

696 Vgl. auch KG, Urteil vom 13.04.2010, Az. 21 U 191/08, in: IBR 2012, 461.

697 BGH, Urteil vom 05.06.1997, Az. VII ZR 124/96, in: ZIP 1997, 1885, 1887; BGH, Urteil vom 11.03.1982, Az. VII ZR 128/81, in: BauR 1982, 290, 292.

Mangelfreiheit unbrauchbar oder dessen Verwertung unzumutbar ist.[698] Ist die Werkleistung mangelfrei erbracht, kann der Auftraggeber einwenden, dass die Leistung unabhängig von ihrer Mangelfreiheit für ihn nicht brauchbar oder ihre Verwertung **nicht zumutbar** ist. Dieser Einwand steht ihm aus dem Gesichtspunkt von Treu und Glauben zu, da er den Vertrag zu einer Zeit gekündigt hat, zu der der Architekt oder Ingenieur den werkvertraglich geschuldeten Erfolg noch nicht herbeigeführt hat. Unzumutbar kann die Verwertung einer an sich mangelfreien Leistung z. B. dann sein, wenn ein mit der Fertigstellung des Gewerkes beauftragter »neuer« Projektsteuerer die bereits erbrachten Teilleistungen nicht verwerten kann oder aus anerkennenswerten Gründen nicht verwerten will. Bei der Prüfung der Zumutbarkeit sind alle Umstände des Einzelfalls von Bedeutung, vor allem auch die Gründe für den Ausspruch der außerordentlichen Kündigung. Gelingt dem Auftraggeber der ihm obliegende Nachweis der Unzumutbarkeit der Verwendung von Leistungsergebnissen, so schuldet er kein Honorar für die betreffenden Leistungen.[699] Das gilt – wie das OLG München entschieden hat – auch für eine erfolgsabhängige Vergütung, soweit die Leistung des Projektsteuerers für den Auftraggeber kein Interesse mehr hätte.[700]

1881 Die **Beweislast** für den Umfang der erbrachten Leistungen liegt beim Projektsteuerer. Trägt der Projektsteuerer allerdings konkret zu den erbrachten Leistungen vor, dann kann sich der Auftraggeber grundsätzlich nicht mit pauschalem Bestreiten hiergegen wehren. Sein Verteidigungsvorbringen ist nur erheblich, wenn er zu dem Vortrag des Projektsteuerers substantiiert Stellung bezieht.[701]

5.12.4.2.4 Berechnung des maßgeblichen Gesamthonorars

1882 Ist die auf die erbrachte Leistung entfallende Vergütung ermittelt, steht gleichzeitig fest, dass diese Leistung mit Mehrwertsteuer zu beaufschlagen ist. Davon abzugrenzen ist die übrige Vergütung, die auf die nicht ausgeführten Leistungen entfällt. Hierauf fällt keine Umsatzsteuer an (siehe Rdn. 1902). Auf die Vergütung für die nicht erbrachten Leistungen sind die ersparten Aufwendungen bzw. die anderweitige Verwertung der Arbeitskraft anzurechnen.[702]

5.12.4.2.5 Zur Anrechnung ersparter Aufwendungen

1883 Der Auftragnehmer soll im Falle einer vorzeitigen Kündigung nach § 649 BGB weder besser noch schlechter stehen, als er stehen würde, wenn der Auftrag tatsächlich zu Ende geführt worden wäre. Auf die bei nicht mehr auszuführenden Leistungen entfallende Vergütung sind dementsprechend **diejenigen Aufwendungen anzurechnen, die infolge der Nichtausführung des konkreten Vertrages entfallen sind.**[703]

1884 In aller Regel können bei Projektsteuerungsverträgen die ersparten Aufwendungen anhand des **Honorargefüges** ermittelt werden, zumal dann, wenn dem Vergütungsmodell eine Personaleinsatzkalkulation zugrunde gelegen hat.[704] Sofern keine Anhaltspunkte für eine abweichende Vertragsabwicklung vorliegen, darf der Projektsteuerer die ersparten Aufwendungen auf der Grundlage seiner **ursprünglichen Kalkulation** ermitteln.[705]

1885 Ein striktes Festhalten an einer kalkulativen Ermittlung ersparter Aufwendungen würde indessen dem Anspruch nicht gerecht werden, dass der gekündigte Auftragnehmer nicht besser und nicht schlechter stehen darf, als bei **tatsächlich durchgeführtem Auftrag**. Einerseits kann es nämlich bei

698 KG, Urteil vom 02.12.2008, Az. 7 U 46/08, in: IBR 2010, 36.

699 So BGH, Urteil vom 05.06.1997, Az. VII ZR 124/96, in: ZIP 1997, 1885, 1887 (für den Architekten); vgl. auch von Rintelen, BauR 1998, 603, 607.

700 OLG München, Urteil vom 07.11.1995, Az. 9 U 3153/95, in: IBR 1997, 377.

701 So für einen Projektsteuerungsvertrag LG Hamburg, Urteil vom 23.11.2001, Az. 325 O 443/98.

702 BGH, Urteil vom 18.04.2002, Az. VII ZR 164/01, in: NZBau 2002, 507, 508.

703 BGH, Urteil vom 28.10.1999, Az. VII ZR 326/98, in: BauR 2000, 430, 431.

704 Vgl. OLG Düsseldorf, Urteil vom 16.04.1999, Az. 22 U 174/98, in: BauR 1999, 1049.

705 Vgl. für den Architekten Kniffka, in: Jahrbuch Baurecht 2000, 1, 10.

der Abwicklung eines Projektsteuerungsvertrages zu einer Verschiebung von Schwerpunkten des Leistungsbildes kommen, so dass auch eine Neugewichtung der Einzelleistungen und eine Neugewichtung ersparter Aufwendungen vorgenommen werden muss.[706] Auch kann es sein, dass sich sonstige Kalkulationsannahmen für den Gesamtauftrag im Laufe der Abwicklung geändert haben, etwa sich der Personaleinsatz deutlich gegenüber den kalkulierten Ansätzen reduziert hat.[707] Des Weiteren können sich Aufwendungen geringer oder höher darstellen, weil notwendige Personalressourcen, sei es aus eigenen Mitarbeitern, sei es über Nachunternehmervergaben, zu günstigeren oder zu ungünstigeren Bedingungen beschafft werden können als ursprünglich kalkuliert. Nach der Rechtsprechung des BGH ist bei vorzeitig gekündigten Pauschalverträgen nicht auf die ursprünglich kalkulierten, nunmehr ersparten Aufwendungen, sondern auf die **tatsächliche Ersparnis** abzustellen. Nur diese Abrechnung gewährleiste, dass der Auftragnehmer infolge der Kündigung keine Vorteile und keine Nachteile habe.[708]

Während die **erbrachten Leistungen in vollem Umfang** nach den vertraglichen Absprachen abgerechnet werden, sind bei den gekündigten Leistungsteilen Korrekturen vorzunehmen, welche die voraussichtliche wirtschaftliche Abwicklung unter Ansatz der tatsächlich ersparten Aufwendungen berücksichtigt.[709] Ein Wahlrecht des Projektsteuerers, entweder nach kalkulierten ersparten Aufwendungen oder tatsächlichen ersparten Aufwendungen vorzugehen, besteht insoweit nicht.[710] 1886

Anrechenbare **ersparte Aufwendungen** können folgende **Kostenpositionen** sein:[711] 1887

– Wie auch bei der Abrechnung eines gekündigten Bauvertrages sind zunächst die für die Abarbeitung des Projektmanagementvertrages maßgeblichen Personal- und Sachkosten zu erfassen. Der größte Kostenblock bei Projektmanagement- und -steuerungsunternehmen sind **Personalkosten**. Sieht der Projektsteuerer infolge der Kündigung von der Einstellung neuen Personals ab oder baut er bereits eingestelltes Personal ab, dann sind die kündigungsbedingt nicht mehr anfallenden Personalkosten erspart.[712]

  Voraussetzung ist aber immer, dass tatsächlich eine Personalreduktion erfolgt ist. Kündigt der Projektsteuerer sein Personal nicht, obgleich keine ausreichende Beschäftigung vorhanden ist, liegt eine Ersparnis nicht vor. Das Gesetz stellt allein auf die **tatsächliche Ersparnis** ab. Der Projektsteuerer ist auch rechtlich nicht verpflichtet, seine Personalstruktur zu reduzieren, weil der Auftraggeber einen Vertrag gemäß § 649 Satz 1 BGB gekündigt hat.[713] Etwas anderes kann nur in Fällen des Rechtsmissbrauchs gelten. Behält der Projektsteuerer das bisherige Personal, weil er es anderweitig einsetzen kann, liegt ebenfalls kein ersparter Aufwand vor. Der Projektsteuerer muss sich jedoch in diesen Fällen ggf. einen so genannten Ersatzerwerb nach § 649 Satz 2 BGB anrech- 1888

706 Eich, DAB-Architektenrechtsreport 2001, 49.

707 Vgl. einen entsprechenden Fall bei OLG Hamm, Urteil vom 20.11.2003, Az. 24 U 195/01, in: BauR 2006, 1310, 1311.

708 OLG Hamm, Urteil vom 20.11.2003, Az. 24 U 195/01, in: BauR 2006, 1310, 1311; BGH, Urteil vom 22.09.2005, Az. VII ZR 63/04, in: NZBau 2005, 683 = BauR 2005, 1916 = IBR 2005, 662; BGH, Urteil vom 18.04.2002, Az. VII ZR 164/01, in: NZBau 2002, 507, 508; BGH, Urteil vom 28.10.1999, Az. VII ZR 326/98, in: BauR 2000, 430, 431.

709 BGH, Urteil vom 28.10.1999, Az. VII ZR 326/98, in: BauR 2000, 430, 434; für das Abstellen auf tatsächlich ersparte Kosten auch KG, Urteil vom 22.02.1999, Az. 10 U 8304/97, in: BauR 2000, 594; ausführlich Eschenbruch, in: FS für Jagenburg, S. 179 f., vgl. auch Schulze-Hagen, FS für Jagenburg, S. 815.

710 So auch Drittler, BauR 2006, 1215, 1220 f.; a. A. Markus, NZBau 2005, 419.

711 Vgl. zu den Kosten des Projektsteuererbüros Pfarr/Hasselmann/Will, Bauherrenleistungen, S. 47.

712 Ausführlich zur Problematik der Personalkosten bei vorzeitig gekündigten Planerverträgen Schiffers, NZBau 2002, 185 ff.

713 BGH, Urteil vom 28.10.1999, Az. VII ZR 326/98, in: BauR 2000, 430, 432; OLG Düsseldorf, Urteil vom 05.12.2013, Az. 5 U 135/12, in: IBR 2014, 211; von Rintelen, BauR 1998, 603, 604.

nen lassen. Dann kann in einem solchen Fall die Deckung der allgemeinen Geschäftskosten und des Gewinns anzunehmen sein.[714]

1889 – Erspart sind i. d. R. auch die **Sachkosten**, die der Projektsteuerer infolge der Kündigung nunmehr erspart. Dazu gehören z. B. die projektbezogenen Aufwendungen für Schreib- und Zeichenmittel, Software-Lizenzen, Telefon- und Fotokopierkosten.[715] Der BGH hat einzelfallbezogen eine an Erfahrungswerten vorgetragene Pauschalierung hierfür von 2 % des Gesamthonorars akzeptiert.[716] Nicht angerechnet werden können auch Sachkosten, die Fixkosten darstellen, wie z. B. die Beschaffung und der Unterhalt von Bürogeräten, CAD-Software, nicht objektbezogene Versicherungen.[717]

1890 – Eine vereinbarte **Nebenkostenerstattung** ist Bestandteil der vertraglichen Vergütung. Dementsprechend muss auch geprüft werden, ob Nebenkosten als ersparter Aufwand entfallen.[718]

1891 – **Allgemeine Geschäftskosten** entfallen grundsätzlich nicht.[719] Das gilt sowohl für Sachkosten als auch für Lohnkosten, die in den allgemeinen Geschäftskosten enthalten sind.[720] Kosten für Mitarbeiter, die mit allgemeinen Büroarbeiten beschäftigt sind, sind dementsprechend kein Aufwand, der sich infolge der Kündigung verringert, es sei denn, die Mitarbeiter können für Arbeiten eingesetzt werden, die ohne Kündigung nicht hätten übernommen werden können (Ersatzerwerb).[721]

1892 – **Gewinn** und **Wagnis** werden im Falle einer vorzeitigen Kündigung nicht erspart. Sie sind kein ersparter Aufwand. Etwas anderes kann nur für konkret kalkulierte Risiken bei einer individuellen Wagniskalkulation angenommen werden.[722]

1893 Ein gewährter Nachlass auf die Vergütung ist auch bei dem gekündigten Leistungsteil zu berücksichtigen. Ein Skontoabzug kann jedoch bei der Kündigungsvergütung nach § 649 Satz 2 BGB nicht vorgenommen werden.[723]

1894 Hat der Projektsteuerer bereits sein Rentenalter erreicht und erfolgt eine Kündigung des in Bearbeitung befindlichen letzten Projektes, so kommt, wenn der Projektsteuerer als Einzelperson tätig war, ein Abzug für Personal-, Material- und Gerätekosten nicht in Betracht. Das gilt jedenfalls dann, wenn nicht widerlegt werden kann, dass der Projektsteuerer keine neuen Aufträge gewinnen konnte.[724]

5.12.4.2.6 Anrechnung anderweitigen oder böswillig unterlassenen Erwerbs

1895 Der Projektsteuerer muss sich überdies bei einer freien Kündigung des Auftraggebers anrechnen lassen, was er durch **anderweitige Verwendung der Arbeitskraft erzielt**. Anrechenbar ist die

714 Zu alledem BGH, Urteil vom 28.10.1999, Az. VII ZR 326/98, in: BauR 2000, 430, 432.
715 BGH, Urteil vom 28.10.1999, Az. VII ZR 326/98, in: BauR 2000, 430, 432.
716 BGH, a. a. O.
717 Vgl. Locher/Koeble/Frik, HOAI, Einl. Rn. 211 ff.
718 Vgl. dazu Löwe, a. a. O.
719 Allgemeine Auffassung, vgl. z. B. BGH, WM 1975, 707, 709; Kapellmann/Schiffers, Vergütung, Nachträge und Behinderungsfolgen beim Bauvertrag, Band 2, Rn. 1373.
720 Leinemann, VOB/B-Kommentar, § 8, Rn. 87.
721 Löwe, a. a. O.
722 Vgl. BGH, Urteil vom 22.09.2005, Az. VII 63/04, in: BauR 2005, 1916; BGH, Urteil vom 30.10.1997, Az. VII ZR 222/96, in: BauR 1998, 185 = IBR 1998, 50, 52 m. Anm. v. Schulze-Hagen, der darauf hinweist, dass der Auftragnehmer bei der Gewinnkalkulation zukünftig auf den Begriff Wagnis besser verzichten sollte (der BGH ist dabei von einer – eher untypischen – einzelprojektbezogenen Wagniskalkulation ausgegangen); gegen die Anrechnung des Wagnisses Kapellmann, in: Kapellmann/Vygen, Jahrbuch Baurecht 1998, 35, 63; für die Behandlung der allgemeinen Bauwagnisse wie dem Unternehmergewinn ebenfalls Schubert/Reister, in: Kapellmann/Vygen, Jahrbuch Baurecht 1999, 253, 263 ff.; LG Berlin, Urteil vom 11.04.2001, Az. 105 O 119/99, in: IBR 2001, 411 (Schulze-Hagen).
723 Hierzu OLG Hamm, Urteil vom 20.11.2003, Az. 24 U 195/01, in: BauR 2006, 1310, 1311.
724 LG Düsseldorf, Urteil vom 30.07.2008, Az. 8 O 247/07.

Vergütung aus Aufträgen, die infolge der freiwerdenden Kapazitäten hereingenommen werden (echte Ersatzaufträge/Füllaufträge). Die Voraussetzungen liegen nicht vor, wenn der Auftragnehmer einen neuen Auftrag auch mit freier Kapazität hätte bewältigen können (z. B. infolge der Anordnung von Überstunden oder kurzfristiger Personalaufstockung). Ein anderweitiger Erwerb liegt daher nicht vor, wenn der Projektsteuerer die gekündigten Leistungen mit dem vorhandenen Personal »nebenher« hätte durchführen können. Dann liegen keine echten Ersatzaufträge vor.[725] Da ein Unternehmen stets um Nachfolgeaufträge bemüht sein muss, kann ein Füllauftrag oder echter Ersatzauftrag nur angenommen werden, wenn ein Unternehmen voll oder zumindest im Grenzbereich von 100 % ausgelastet ist, so dass es den weiteren Auftrag ohne die Kündigung nicht hätte annehmen können.[726]

Auch das **zeitliche Vorziehen** eines zum Kündigungszeitpunkt bereits hereingenommenen Auftrages hat keinen Ersatzauftragscharakter.[727] Allerdings kann ein Füllauftrag vorliegen, wenn ein zusätzlicher Auftrag nur wegen der Kündigung angenommen wurde und durch das kündigungsbedingte mögliche Vorziehen bereits erteilter Aufträge eine zeitlich versetzte Lücke gefüllt werden kann.[728] Vom Auftraggeber anstelle der gekündigten Leistungen zusätzlich beauftragte Leistungen sind nur dann anrechnungspflichtiger Erwerb, wenn der Projektsteuerer die Leistung ohne die Kündigung nicht hätte kapazitätsmäßig bewältigen können oder die neue Leistung ohne die weggefallene Leistung nicht hätte beauftragt werden können.[729] Im Hinblick auf die in Freiberuflerkreisen keineswegs unüblichen besonderen Anstrengungen bei Kapazitätsspitzen wird man bei einem Projektsteuerer, der i. d. R. ihm angetragene Aufträge auch ausführen konnte, grundsätzlich keinen Ersatzerwerb annehmen können.[730] 1896

Deckungsbeiträge aus Füllaufträgen (Ersatzaufträgen zu ungünstigeren Konditionen) können – sofern sie tatsächlich hereingenommen worden sind – insoweit als anderweitiger Erwerb berücksichtigt werden, als kalkulierte Gemeinkosten und Gewinne des alten Auftrages gedeckt werden.[731] Das gilt auch, wenn der Projektsteuerer Sondernachlässe gegeben hat, aber teilweise noch eine Gemeinkostendeckung erreichen konnte.[732] 1897

Streitig ist allerdings, ob der Projektsteuerer zur **Hereinnahme von Aufträgen mit geringerer Deckung** von Allgemeinen Geschäftskosten und Gewinn verpflichtet ist.[733] Das wird im Regelfall nur bei Überschreiten der Schwelle der »Böswilligkeit« anzunehmen sein.[734] 1898

---

725 BGH, Urteil vom 30.09.1999, Az. VII ZR 206/98, in: BauR 2000, 126, 128.

726 OLG Hamm, Urteil vom 20.11.2003, Az. 24 U 195/01, in: BauR 2006, 1310, 1312.

727 Vgl. OLG Hamm, Urteil vom 20.11.2003, Az. 24 U 195/01, in: BauR 2006, 1310, 1313; Kapellmann/Schiffers, Vergütung, Nachträge und Behinderungsfolgen beim Bauvertrag, Band 2, Rn. 1384 m. w. N.; von Rintelen, BauR 1998, 603, 605.

728 OLG Hamm, Urteil vom 23.11.2003, Az. 24 U 195/01, IBR 2006, 435; OLG Hamm, Urteil vom 20.11.2003, Az. 24 U 195/01, in: BauR 2006, 1310, 1313.

729 Kapellmann/Schiffers, Vergütung, Nachträge und Behinderungsfolgen beim Bauvertrag, Band 2, Rn. 1385.

730 In diesem Sinne etwa von Rintelen, BauR 1998, 603, 606 für den Architekten; Löwe, ZfBR 1998, 121, 126; Werner/Siegburg, BauR 1997, 189.

731 BGH, Urteil vom 21.12.1995, Az. VII ZR 198/94, in: BauR 1996, 382, 383; Löwe, ZfBR 1998, 121, 126: Füllaufträge sind Aufträge, die wegen der Kündigung zur Auslastung des Unternehmens zu schlechteren Konditionen übernommen worden sind. Soweit durch solche Aufträge die Auslastung der Arbeitskräfte erreicht ist und die Verwendung des für das gekündigte Werk angeschafften Materials gesichert ist, sind Löhne und Material voll als ersparter Aufwand abzusetzen. Der darüber hinaus durch den Füllauftrag erzielte Erlös ist ggf. anderweitiger Erwerb.

732 Kapellmann, a. a. O., Rn. 81.

733 Bejahend Quack, in: Festschrift für von Craushaar, S. 309, 313; verneinend Kapellmann, a. a. O., Rn. 1387; vgl. auch Glöckner, BauR 1998, 669, 673.

734 Denn entsprechende Füllaufträge sind betriebswirtschaftlich als äußerst risikoreich zu qualifizieren, vgl. Wirth/Freund, in: Festschrift für Klaus Vygen, S. 88.

1899 Anzurechnen ist generell der **böswillig unterlassene** Erwerb. Die Teilvergütung für den nicht ausgeführten Leistungsteil kann daher gekürzt werden, wenn der Projektsteuerer eine ihm nachgewiesene zumutbare Ersatzmöglichkeit nicht ausführt.[735]

5.12.4.2.7 Abrechnung und Nachweise

1900 Der Projektmanager/Projektsteuerer hat bei der Geltendmachung von Vergütungsansprüchen nach Kündigung eines Projektsteuerungsvertrages die erbrachten Leistungen und die darauf entfallende Vertragsvergütung nach Maßgabe des abgeschlossenen Vertrages zu ermitteln. Eine bloß zeitanteilige **Abschätzung reicht** insoweit **nicht aus.**[736] Hat ein Projektsteuerer bis zur vorzeitigen Beendigung eines Pauschalvertrages nur ganz geringfügige Teilleistungen erbracht, kann die ihm zustehende Mindestvergütung in der Weise abgerechnet werden, dass er die gesamte Leistung als nicht erbracht zugrunde legt und von dem Pauschalpreis die hinsichtlich der Gesamtleistung ersparten Aufwendungen absetzt (also von der zweiteiligen Abrechnungsstruktur abgewichen wird, vgl. Rn. 1089 f.).[737]

1901 Der Auftraggeber trägt die **Beweislast** für ersparte Aufwendungen, anderweitige Verwendungen der Arbeitskraft des Projektsteuerers sowie dessen böswilliges Unterlassen.[738] Der **Projektsteuerer** hat allerdings die ersparten Aufwendungen im Einzelnen **darzulegen.** Zum Zwecke der Darlegung der ersparten Aufwendungen ist es dem Projektsteuerer nicht gestattet, auf Erfahrungssätze, etwa nicht vertragsbezogen berechnete Prozentsätze, auszuweichen. Er muss vielmehr die ersparten Aufwendungen vertragsbezogen und konkret ermitteln und darlegen.[739] In diesem Zusammenhang hat der Projektsteuerer zu erläutern, welche Kosten infolge der Nichtausführung des Auftrages entfallen. Zwar genügt er seiner Darlegungslast in diesem Zusammenhang in aller Regel, wenn er ersparte Aufwendungen unter Zugrundelegung seiner Kalkulation vorträgt, die nach dem System und der Differenzierung für Aufträge der konkreten Art gebräuchlich ist.[740] Sofern allerdings Anhaltspunkte dafür bestehen, dass sich die Auftragsabwicklung anders dargestellt hätte, als sich aus der Kalkulationsgrundlage ergibt, muss der Projektsteuerer auf die konkreten Einsparungen nach Maßgabe des abgeschlossenen Vertrages abstellen.[741]

1902 Nach der Auffassung des BGH muss die Vergütung für den ausgeführten Teil der Leistung, nicht aber die Vergütung für die nicht ausgeführte Leistung mit **Umsatzsteuer** beaufschlagt werden – was zwingend eine Aufteilung der Vergütung erfordert.[742] Für den Projektsteuerervertrag hat auch das LG Düsseldorf inzwischen entschieden, dass Umsatzsteuer nur für die bis zur Kündigung erbrachten

735 Vgl. Kapellmann/Schiffers, Vergütung, Nachträge und Behinderungsfolgen beim Bauvertrag, Band 2, Rn. 1387; Busche, in: Münchener Kommentar, BGB, § 649, Rn. 28.

736 OLG Dresden, IBR 2003, 90 (Revision durch BGH nicht angenommen).

737 BGH, Urteil vom 25.11.2007, Az. VII ZR 394/02, in: NZBau 2005, 147 = BauR 2005, 385 = IBR 2005, 75.

738 BGH, Urteil vom 21.12.2000, Az. VII ZR 467/99, in: BauR 2001, 666, 667 für den Architekten.

739 BGH, Urteil vom 28.10.1999, Az. VII ZR 326/98, in: BauR 2000, 430, 431; BGH, Urteil vom 10.10.1996, Az. VII ZR 250/94, in: BauR 1997, 156, 158; BGH, Urteil vom 08.02.1996, Az. VII ZR 219/94, in: BauR 1996, 412, 414; Werner/Siegburg, BauR 1997, 181; dabei reicht es nicht aus, vorzutragen, die ersparten Aufwendungen hätten sich prozentual in bestimmter Höhe auf einzelne Kosten verteilt, vgl. OLG Celle, Urteil vom 20.01.1998, Az. 16 U 68/97, in: BauR 1998, 1262.

740 Vgl. BGH, Urteil vom 14.01.1999, Az. VII ZR 277/97, in: BauR 1999, 642.

741 Vgl. zu den Darlegungs- und Beweiserleichterungen bei einem 1-Mannbüro, OLG Celle, Urteil vom 16.07.1998, Az. 14 U 198/97, in: BauR 1999, 191; vgl. auch Glöckner, BauR 1998, 669.

742 Vgl. BGH, Urteil vom 22.11.2007, Az. VII ZR 83/05, in: NZBau 2008, 247, 248 = BauR 2008, 506 = IBR 2008, 70; BGH, Urteil vom 24.04.1986, Az. VII ZR 139/84, in: BauR 1986, 577; BGH, Urteil vom 02.06.1987, Az. X ZR 39/86, in: BGHZ 101, 130; vgl. auch Rdn. 1865 f.; dazu umfassend Sterzinger, Umsatzsteuerliche Beurteilung vorzeitig aufgelöster Werkverträge, NZBau 2010, 10 f.

Werkleistungen angesetzt werden kann. Für die nicht erbrachten Leistungsteile liegt kein steuerpflichtiger Umsatz vor.[743]

Prüffähig ist eine Abrechnung, wenn der Auftraggeber in die Lage versetzt wird, die Berechti- 1903
gung der Forderung, gemessen an den vertraglichen Vereinbarungen, zu überprüfen.[744] Klagt der Projektsteuerer eine nicht prüffähige Abrechnung ein, dann darf die Klage nicht mangels Substantiierung des Anspruchs endgültig abgewiesen werden. Die Klageabweisung muss als zurzeit unbegründet erfolgen.[745]

5.12.4.2.8 Mindestpauschale nach § 649 S. 3 BGB

Mit dem Forderungssicherungsgesetz ist für Verträge, die ab dem 1.1. 2009 begründet worden sind, 1904
ein neuer § 649 Satz 3 BGB eingeführt worden. Hiernach wird vermutet, dass dem Unternehmer (hier Projektsteuerer) im Falle einer Kündigung des Auftraggebers nach § 649 BGB 5 % der auf den noch nicht erbrachten Teil der Werkleistung entfallenden vereinbarten Vergütung zustehen. Nur der noch nicht erbrachte Teil der Werkleistung und nicht die gesamte vereinbarte Vergütung ist Bemessungsgrundlage für die Pauschale von 5 %.[746]

§ 649 Satz 3 BGB ist lediglich eine widerlegbare Vermutung. Ihr kommt kein Leitbildcharakter 1905
zu. Regelungen in Allgemeinen Geschäftsbedingungen, die hiervon abweichen, können deshalb Bestand haben, wenn sie sachangemessen ausgestaltet sind. § 649 Satz 3 BGB führt auch nicht zu einer Änderung der Beweislast.[747]

5.12.4.3 Die Kündigung des werkvertraglichen Projektmanagement- bzw. Projektsteuerungsvertrages aus wichtigem Grund

Für **werkvertraglich geprägte Projektsteuererverträge** gelten weder die Kündigungsregeln des 1906
Dienstvertragsrechts (§§ 626, 627 BGB), noch können die Rechtsfolgen einer wichtigen Kündigung durch Berufung auf das jederzeitige Kündigungsrecht nach § 649 BGB herbeigeführt werden.[748]

Der Gesetzgeber hat mit der Schuldrechtsreform die bisher von der Rechtsprechung entwickelten 1907
Grundsätze zur außerordentlichen Kündigung von Dauerschuldverhältnissen in **§ 314 BGB** näher ausgestaltet. Es ist zwar nicht ganz zweifelsfrei, ob diese Norm direkt auf Projektsteuerungsverträge anzuwenden ist, zumal der BGH Projektsteuerungsverträge nicht ohne weiteres als Dauerschuldverhältnisse ansieht.[749] *Peters* verneint etwa grundsätzlich die Anwendbarkeit des § 314 BGB auf Werkverträge.[750] Gleichwohl wird in der Praxis des Projektsteuerungsrechts § 314 BGB auch auf Projektsteuerungsverträge angewendet. So hat das OLG Düsseldorf für einen Projektsteuerungsvertrag formuliert:

> *»Der Vergütungsanspruch für nicht erbrachte Leistungen unter Abzug ersparter Aufwendungen ist nicht auf-* 1908
> *grund einer berechtigten außerordentlichen Kündigung der Beklagten entfallen. Kündigt der Besteller aus wichtigem Grund, gilt § 649 Satz 2 BGB nicht, wenn der Auftragnehmer den Kündigungsgrund verschuldet hat. In einem solchen Fall kann der Unternehmer eine Vergütung für noch nicht erbrachte Leistungen nicht verlangen. Das Kündigungsrecht aus wichtigem Grund ist für den Werkvertrag auch nach dem Inkrafttreten des Schuldrechtsmodernisierungsgesetzes anwendbar. Auch wenn es sich bei einem Bauvertrag nicht um ein*

---

743 LG Düsseldorf, Urteil vom 30.07.2008, Az. 8 O 247/07.

744 Dazu ausführlich Rdn. 1367; vgl. auch BGH, Urteil vom 04.05.2000, Az. VII ZR 394/97, in: BauR 2000, 1191, 1192; BGH, Urteil vom 28.10.1999, Az. VII ZR 326/98, in: BauR 2000, 430, 431.

745 Vgl. BGH, Urteil vom 04.05.2000, Az. VII ZR 394/97, in: BauR 2000, 1191, 1192.

746 BGH, Urteil vom 28.07.2011, Az. VII ZR 45/11, in: IBR 2011, 570.

747 BGH, Urteil vom 05.05.2011, Az. VII ZR 181/10, in: NZBau 2011, 407; BGH, Urteil vom 05.05.2011, Az. VII ZR 161/10, in: NZBau 2011, 481.

748 Vgl. BGH, Urteil vom 26.07.2001, Az. X ZR 162/99, in: NZBau 2001, 621.

749 BGH, Urteil vom 09.06.2005, Az. III ZR 436/04, in: NZBau 2005, 509, 511 = BauR 2005, 1772 = IBR 2005, 499.

750 Dazu Peters, NZBau 2014, 681.

eigentliches Dauerschuldverhältnis im Sinne des § 314 BGB handelt, ist die gewohnheitsrechtlich für den Bauvertrag als Langzeitvertrag anerkannte Kündigung aus wichtigem Grund unter Anwendung der Grundsätze des § 314 BGB weiterhin anzuerkennen.

Ein wichtiger Kündigungsgrund lag entgegen der Ansicht der Beklagten jedoch nicht vor. Der Auftraggeber ist zur Kündigung aus wichtigem Grund berechtigt, wenn Vertragsverletzungen des Auftragnehmers von solchem Gewicht vorliegen, dass eine Fortsetzung des Vertrages für den Auftraggeber unzumutbar ist. An das Vorliegen eines vom Projektsteuerer zu vertretenen wichtigen Grundes sind strenge Anforderungen zu stellen. Maßgeblicher Zeitpunkt für das Vorliegen eines wichtigen Grundes ist der Zeitpunkt der Kündigung. Besteht der Grund für die Kündigung in einer Vertragsverletzung, ist gem. § 314 Abs. 2 zudem grundsätzlich eine Fristsetzung zur Abhilfe und eine erfolglose Abmahnung Voraussetzung der Kündigung.«[751]

1909 Das Landgericht Düsseldorf hatte die entsprechende Anwendung des § 314 BGB für den Projektsteuerungsvertrag ebenfalls als sachgerecht angesehen:

»Es bestehen keine Bedenken, diese in § 314 BGB ausdrücklich nur für Dauerschuldverhältnisse aufgenommenen Grundsätze auf länger laufende Werkverträge mit einem Dauerschuldverhältnissen ähnlichen Charakter – wie er hier vorliegt – anzuwenden. Inhaltlich entsprechen die Regelungen des § 314 BGB ohnehin weitgehend den für die außerordentliche Kündigung von Werkverträgen vor der Schuldrechtsreform geltenden Grundsätzen.«[752]

1910 Das OLG Karlsruhe hat sich im Zusammenhang mit der Kündigung eines Projektsteuerungsvertrages auf § 314 BGB gestützt.[753]

Notwendig für eine Kündigung eines Werkvertrages durch den Auftraggeber aus wichtigem Grund ist eine **schuldhafte, schwere Gefährdung des Vertragszwecks** durch den Auftragnehmer oder seiner Erfüllungsgehilfen sowie die **Unzumutbarkeit der Vertragsfortsetzung**.[754] Wartet der Auftraggeber über längere Zeit mit einer Kündigung wegen Gefährdung des Vertragszweckes ab, kann dies ein Indiz dafür sein, dass der Auftraggeber das Verhalten des Auftragnehmers nicht als gravierend und unzumutbar empfunden hat[755] (vgl. auch § 314 Abs. 3 BGB).

1911 Der **BGH** hat in der **Grundsatzentscheidung** vom 2.9.1999 **zur Kündigung eines Projektsteuerungsvertrages** aus wichtigem Grund ausgeführt:

»Ob ein wichtiger Grund zur Kündigung gegeben ist, ist nach Lage des Einzelfalls zu beurteilen. Dabei sind für die konkrete vertragliche Situation das Interesse des einen Vertragspartners an der Lösung vom Vertrage und das den anderen an dessen Weiterbestand umfassend gegeneinander abzuwägen. Bei dieser Abwägung können u. a. bedeutsam sein der Zweck und die Art des Vertrages, insbesondere das Ausmaß an persönlichen Bindungen, das Erfordernis persönlichen Vertrauens in die Loyalität, Wahrheitsliebe, Leistungsfähigkeit und Leistungsbereitschaft des Vertragspartners. Ferner können zu berücksichtigen sein die Gefährdung von Vermögensinteressen und die Effizienz von Kontrollmöglichkeiten. Zu würdigen ist dabei nicht nur der gesetzliche Vertragstyp, sondern seine konkrete Ausgestaltung durch die Interessen und Vereinbarungen der Beteiligten.«[756]

1912 In der vorgenannten Entscheidung hat der BGH die Kündigung eines Projektsteuerers für gerechtfertigt gehalten, der im Rahmen der übernommenen Projektbuchhaltung eigene streitige Ansprüche abgerechnet und hierbei **den Versuch einer bewussten Irreführung** zum eigenen Vorteil unternommen hatte. Der BGH stellt in diesem Zusammenhang heraus, dass der Auftraggeber von einem Projektsteuerer nach Maßgabe der konkret übernommenen Leistungen die **Identifikation mit seinen Interessen, Loyalität und Vertrauenswürdigkeit** erwarten könne und dementsprechend auch

751 OLG Düsseldorf, Urteil vom 23.06.2009, Az. 23 U 140/08, in: BeckRS 2009, 20329.

752 LG Düsseldorf, Urteil vom 30.07.2008, Az. 8 O 247/07.

753 OLG Karlsruhe, Urteil vom 19.04.2005, Az. 17 U 217/04, in: NZBau 2006, 50, 51 = BauR 2005, 1661 = IBR 2005, 385.

754 Vgl. OLG Düsseldorf, Urteil vom 26.03.2013, Az. 23 U 102/12, in: IBR 2013, 692; Peters/Jacoby, in: Staudinger, BGB, § 649, Rn. 57 ff. mit umfassenden weiteren Nachweisen.

755 Vgl. Peters/Jacoby, in: Staudinger, BGB, § 649, Rn. 60.

756 Vgl. BGH, Urteil vom 02.09.1999, Az. VII ZR 225/98, in: NZBau 2000, 29, 30 = BauR 1999, 1469, 1470 = WM 1999, 2126, 2127 = BB 1999, 2160 = IBR 2000, 37 (Eschenbruch).

eine Kündigung aus wichtigem Grund bei Zuwiderhandlung gegen diese Grundsätze möglich sei. Eine zusätzliche Nachfristsetzung hat der BGH nicht für notwendig erachtet.[757] In diesem Zusammenhang hat der BGH auch darauf hingewiesen, dass der Projektsteuerer mit dem Einwand, *»in der Immobilienbranche gehe es auch sonst nicht seriös zu«*, nicht durchdringen könne. Ein derartiger Sachverhalt würde jedenfalls ein unseriöses Verhalten eines Projektsteuerers oder eines sonstigen Sachwalters in Vermögensangelegenheiten nicht rechtfertigen können.[758]

Das OLG Karlsruhe hatte einen ähnlich gelagerten Fall zu entscheiden. Dort hatte ein Projekt- 1913
steuerer nach Streitigkeiten mit dem Auftraggeber über ausstehende Zahlungen die Projektleitung niedergelegt und in einem formellen Anschreiben an die Projektbeteiligten mitgeteilt, dass aufgrund von **Meinungsverschiedenheiten** *»zur Erfüllung der vertraglichen Auftraggeberpflichten uns und Dritten gegenüber«* alle damit verbundenen Aktivitäten eingestellt worden seien. Das OLG Kalrsruhe hat die daraufhin erklärte Kündigung des Auftraggebers aus wichtigem Grund als wirksam angesehen und ausgeführt:[759]

»Ein wichtiger Grund ist gegeben, wenn Tatsachen vorliegen, die unter Berücksichtigung aller Umstände und 1914
unter Abwägung der beiderseitigen Interessen die Fortsetzung des Vertrags für den Kündigenden unzumutbar machen. Bei der notwendigen umfassenden Würdigung sind die Besonderheiten des jeweiligen Vertragstyps zu berücksichtigen. … Bei einem Projektsteuerungsvertrag muss deshalb bei den Anforderungen an eine Kündigung aus wichtigem Grund auch berücksichtigt werden, dass ein solcher Vertrag von Kontroll- und Organisationsleistungen komplexer Art geprägt ist, die dem Projektsteuerer Führungs- oder Leitungsfunktionen einräumen. Im Vordergrund eines solchen Vertrages stehen ***Elemente des persönlichen Vertrauens*** *und sich daraus ergebende, schlecht überschaubare Risiken für den Vertragspartner (BGH, NZBau 2000, 29 = NJW 2000, 202). Die* ***Anforderungen*** *an eine Kündigung aus wichtigem Grund dürfen deshalb bei einem Projektsteuerungsvertrag nicht überspannt werden (BGH, NZBau 2000, 29 = NJW 2000, 202; vgl. auch OLG Dresden, NJW-RR 2000, 652). Auf ein Verschulden kommt es nicht an, maßgeblich ist vielmehr, wessen Verantwortungsbereich der wichtige Grund zuzuordnen ist.*

Der zwischen den Parteien abgeschlossene Vertrag ist ein Projektsteuerungsvertrag und räumte dem Kl. eine 1915
Vertrauensstellung *ein. … Ein Projektsteuerer ist maßgeblich am Kernbereich der Investitionsentscheidungen und des Investitionserfolgs beteiligt (Eschenbruch, NZBau 2002, 409). Leistungen der Bauüberwachung und der Projektsteuerung erfordern ein hohes Maß an Vertrauenswürdigkeit und Loyalität (BGH, NZBau 2000, 29 = NJW 2000, 202). Es ist deshalb gerechtfertigt, ein besonderes Vertrauensverhältnis zwischen Projektsteuerer und Bauherr anzunehmen. … Der Kl. hat – selbst wenn man davon ausgeht, dass die beiden Rechnungen fällig und einredefrei waren – die einem verantwortungsvollen Projektsteuerer gezogenen Grenzen überschritten. Es geht dabei entscheidend um die Frage, welches Verhalten von einem korrekten und loyalen Vertragspartner zu erwarten gewesen wäre. Die Vertrauensstellung aufgrund des konkreten Vertrages brachte es mit sich, dass der Kl. verpflichtet war, Differenzen* ***zunächst intern mit dem Bekl. zu klären****. Es war ihm grundsätzlich nicht gestattet, Dritte über zwischen ihm und dem Bekl. bestehende Meinungsverschiedenheiten zu informieren. … Die Bekl. hebt zu Recht hervor, dass ein Projektsteuerer in der Regel gegenüber Dritten als »rechte Hand« des Bauherrn anzusehen ist. Unter diesen Umständen muss ein Projektsteuerer bei Differenzen mit dem Auftraggeber Mitteilungen an Dritte auf das unabdingbar notwendige Maß beschränken. Das gilt auch für den Kl. im vorliegenden Fall, der nach den vertraglichen Bestimmungen das gesamte Leistungsbild des § 204 AHO zu erbringen und dabei in erheblichem Maße Interessen der Bekl. wahrzunehmen hatte.«*

Nach der Auffassung des OLG Düsseldorf reichen **als wichtiger Grund** für eine außerordentliche 1916
Kündigung eines Projektsteuerungsvertrages folgende Umstände **nicht aus**:
- ***Anzeige*** *des vom Auftraggeber eingeschalteten Architekten* ***bei der Architektenkammer*** *wegen berufsschädigenden Verhaltens und vorsätzlicher Unkollegialität.*
- *Vertragswidrige* ***Behördenkontakte***

757 Vgl. BGH, a. a. O., dazu Eschenbruch, NZBau 2000, 409 f.; Schill, NZBau 2002, 201, 203.
758 Vgl. BGH, a. a. O.
759 OLG Karlsruhe, Urteil vom 19.04.2005, Az. 17 U 217/04, in: NZBau 2006, 50 = BauR 2005, 1661 = IBR 2005, 385.

- ***Verschweigen von wichtigen Vorgängen** im Zusammenhang mit einem angeordneten Baustopp, wenn diese zumindest gegenüber dem bauleitenden Architektenbüro offenbart worden sind bzw. dort bekannt waren.*
- *Die **unzweckmäßige Gestaltung von Bauverträgen** (berechtigt allenfalls zu Mängelansprüchen, nicht jedoch ohne weiteres zur Kündigung aus wichtigem Grund).*

1917 Das OLG Düsseldorf hebt hervor, dass es unerheblich sei, ob der Auftraggeber im Falle der unberechtigten Kündigung auch eine freie Kündigung ausgesprochen habe bzw. die außerordentliche Kündigung als eine solche auszulegen sei. Denn nachdem der Projektsteuerer nach Kündigung die Arbeiten eingestellt und abgerechnet habe, sei in jedem Fall § 649 Satz 2 BGB anwendbar.[760]

1918 Wie auch der Architekt trifft den Projektsteuerer kraft Gesetzes keine **umfassende Verschwiegenheitspflicht**. Soweit nicht vertraglich etwas anderes bestimmt ist, ergibt sich aus der vertraglichen Nebenpflicht (Rücksichtnahmepflicht) lediglich, dass der Architekt oder Ingenieur **Geschäfts- oder Betriebsgeheimnisse**, die nur einem eng begrenzten Personenkreis bekannt sind, vertraulich zu behandeln hat. Eine Verletzung dieser Pflicht kann in der Regel erst nach erfolgloser Abmahnung eine außerordentliche Kündigung begründen.[761]

1919 Nach Auffassung des Landgerichts Düsseldorf sind die Erwägungen des OLG Karlsruhe dann nicht anwendbar, wenn der Projektsteuerer dem Auftraggeber kein vertragswidriges Verhalten vorwirft, sondern lediglich einer befürchteten Eskalation vorbeugen will oder aber der **Fortgang des Projektes** unter den Mitteilungen **nicht gelitten** hat.[762] Beleidigungen (**verbale Entgleisungen**) des Auftraggebers sind für den Projektsteuerer nicht stets hinnehmbar und berechtigen diesen ggf. ebenfalls zu einer Kündigung aus wichtigem Grund.[763]

1920 Das Vorliegen von **Mängeln**, auch grober aber nachbesserungsfähiger Mängel rechtfertigt eine Kündigung aus wichtigem Grund nicht.[764]

1921 Die vorstehend bereits behandelte Entscheidung des OLG Karlsruhe beleuchtet die auch im Verhältnis zwischen den Parteien eines Projektmanagement- oder Projektsteuerungsvertrages bestehenden **Kooperationspflichten**. Wenn es um Meinungsverschiedenheiten über die wechselseitigen Vertragspflichten kommt, darf der Vertragspartner eines Projektmanagementvertrages das Gesprächsangebot seines Vertragspartners nicht von vornherein ausschlagen, sondern hat sich zunächst unmittelbar um eine Klärung und Schlichtung der aufgetretenen Meinungsunterschiede zu bemühen.[765] Dagegen hat der Auftraggeber keinen Anspruch darauf, dass der Projektmanager ihn dabei unterstützt, im **Geschäftsverkehr in rechtswidriger Weise** durch **unzutreffende und irreführende Angaben** aufzutreten. In einem solchen Fall kann der Projektmanager Dritte über die Unrichtigkeit von Angaben aufklären.[766]

1922 Sofern **Meinungsunterschiede** speziell **zu Rechtsfragen** bestehen und ein komplexer Sachverhalt und eine Vielzahl ungelöster Probleme vorhanden sind, müssen beide Vertragsparteien zunächst daran mitwirken, eine Klärung der Streitpunkte herbeizuführen. Eine **vorschnelle Kündigung** kann daher eine Verletzung des Kooperationsgebotes darstellen und unwirksam sein.[767]

---

760 OLG Düsseldorf, Urteil vom 23.06.2009, Az. I 23 U 140/08, in: IBR 2009, 530.

761 Für den Architekten OLG Karlsruhe, Urteil vom 10.05.2005, Az. 8 U 238/04, in: IBR 2006, 102.

762 LG Düsseldorf, Urteil vom 30.07.2008, Az. 8 O 247/07.

763 OLG Frankfurt, Urteil vom 12.12.2008, Az. 24 U 14/08, in: IBR 2011, 223 für den Architekten.

764 OLG Bremen, Urteil vom 05.05.2011, Az. 5 U 41/10, in: IBR 2012, 651.

765 OLG Karlsruhe, Urteil vom 19.04.2005, Az. 17 U 217/04, in: NZBau 2006, 50, 51 = BauR 2005, 1661 = IBR 2005, 385.

766 So OLG Düsseldorf für den Architekten, Urteil vom 19.11.2004, Az. 22 U 71/04, in: BauRB 2005, 133 = OLGReport Düsseldorf 2005, 87.

767 OLG Brandenburg, Urteil vom 15.01.2008, Az. 11 U 98/07, in: IBR 2008, 207.

Liegt eine schuldhafte, **schwere Gefährdung des Vertragszweckes** vor, kann ein solcher Umstand die Kündigung aus wichtigem Grund rechtfertigen. Soweit es um verhaltens- bzw. leistungsbedingte Beanstandungen geht, wird der Kündigende i. d. R. die ausstehende ordnungsgemäße Leistung des Vertragspartners einfordern und diesem eine Nachfrist setzen müssen, bevor er eine Kündigung aus wichtigem Grund ausspricht (wie nunmehr auch in § 314 Abs. 2 BGB vorgesehen ist). Deshalb ist der bloße Hinweis auf Vertragsverletzungen, z. B. auf Steuerungsfehler oder den fehlenden Nachweis der Haftpflichtversicherung eines Architekten oder Projektsteuerers, nicht geeignet, sogleich eine Kündigung aus wichtigem Grund zu rechtfertigen.[768] Ein wichtiger Grund für eine außerordentliche Kündigung eines Werkvertrages durch den Auftraggeber liegt etwa vor, wenn Leistungen des Projektsteuerers in zentralen Bereichen **dauerhaft unvollständig oder fehlerhaft** sind (etwa hinsichtlich der Überwachung der Baukosten[769]) oder etwa der Projektsteuerer ohne Zustimmung des Auftraggebers **Provisionen** von Handwerkern entgegennimmt.[770] Auch die **Überschreitung** einer vereinbarten **Baukostenobergrenze** kann eine Kündigung aus wichtigem Grund rechtfertigen.[771] Entsprechendes gilt, wenn eine **mangelhafte oder verzögerte Leistungsausführung** trotz Nachfristsetzung nicht abgestellt wird.[772] Ein Projektmanagementvertrag kann vom Auftraggeber auch dann aus wichtigem Grund gekündigt werden, wenn ein Insolvenzverfahren über das Vermögen des Projektmanagementunternehmens eröffnet wird. Der Projektmanager ist zentraler Angelpunkt des Projektgeschehens. Er ist eine Vertrauensperson für viele Projektbeteiligte; eine derartige herausgehobene Position ist mit der **Insolvenzeröffnung** über das Vermögen des Projektmanagers nicht zu vereinbaren.[773] 1923

Das OLG Dresden hat die Kündigung eines Projektmanagementvertrages aus wichtigem Grund als zulässig angesehen, wenn der für die Projektbearbeitung **zuständige Mitarbeiter gekündigt** worden war und der Projektmanager den Auftraggeber hiervon nicht unverzüglich unterrichtet hat.[774] 1924

Auch dem **Projektsteuerer steht das Recht zu**, den Vertrag aus wichtigem Grund **zu kündigen**, falls die Fortsetzung **für ihn unzumutbar** ist. Das kann etwa der Fall sein, wenn der Auftraggeber Abschlagsrechnungen, die nicht streitig sind, nicht bezahlt.[775] Zahlt der Auftraggeber nicht ordnungsgemäß, steht dem Projektsteuerer die Möglichkeit offen, den Auftraggeber in Verzug zu setzen, § 286 BGB, und den Verzögerungsschaden (insbesondere Zinsschaden) geltend zu machen. Zahlt er auch nach einer Fristsetzung nicht, kann der Projektsteuerer nach § 323 BGB zurücktreten und/oder Schadensersatz statt der Leistungen nach § 281 BGB geltend machen. In ihrem Anwendungsbereich verdrängen die vorgenannten Vorschriften die allgemeinen Rechtsgrundsätze über die Kündigung aus wichtigem Grund. 1925

---

768 Vgl. BGH, Urteil vom 16.09.1993, Az. VII ZR 120/92, in: BauR 1993, 755; für dienstvertraglich geprägte Projektsteuererverträge, OLG Düsseldorf, Urteil vom 01.10.1998, Az. 54182/97: Kündigung nur mit Wirkung für die Zukunft; Begrenzung der Vergütung für die Vergangenheit auf »verwertbare« Leistungen ist zulässig.

769 Vgl. für den Architektenvertrag OLG Naumburg, Urteil vom 02.05.2002, Az. 4 U 38/02, in: BauR 2002, 1722, 1723.

770 Vgl. BGH, Urteil vom 31.03.1977, Az. VII ZR 186/74, in: BauR 1977, 363; einen guten Überblick über die in der Judikatur behandelten Einzelfälle bei der Kündigung von Architektenverträgen geben Werner/Pastor, Der Bauprozess, Rn. 1150 ff.

771 Für den Architekten vgl. OLG Hamm, Urteil vom 24.01.2006, Az. 21 U 139/01, in: IBR 2006, 570.

772 Vgl. für das Architektenrecht: OLG Düsseldorf, Urteil vom 26.06.2001, Az. 23 U 199/98, in: BauR 2002, 649, 650, 651; OLG Köln, Urteil vom 15.05.1998, Az. 20 U 91/97, in: IBR 2000, 34, 86, sowie OLG Stuttgart, Urteil vom 09.11.2000, Az. 7 U 143/98, in: IBR 2001, 377; OLG Stuttgart, Urteil vom 22.12.1999, Az. 4 U 171/99, in: IBR 2001, 378.

773 Vgl. auch OLG Frankfurt, Urteil vom 13.06.2001, Az. 3 U 64/00, in: IBR 2003, 32, für die Kündigung eines Bauingenieurs mit Anm. von Schulze-Hagen.

774 OLG Dresden, Urteil vom 29.07.1999, Az. 16 U 1687/98, in: NJW-RR 2000, 652 = IBR 2000, 558; dazu zustimmend Möllers, in: Korbion, Baurecht, Teil 14, Rn. 112; dazu auch Rdn. 1399.

775 Vgl. für den Architekten: BGH, Urteil vom 16.12.1999, Az. VII ZR 392/96, in: BauR 2000, 592.

1926 Macht der Kündigende zu Recht von einem Kündigungsrecht aus wichtigem Grund Gebrauch, dann enden mit dem Wirksamwerden der Kündigung die beiderseitigen Leistungspflichten. Dabei kann der Kündigende bei Vorliegen eines wichtigen Kündigungsgrundes die Kündigung **mit sofortiger Wirkung** erklären oder aber eine **Auslauffrist** vorsehen.[776] Die Leistungspflichten enden entweder sofort mit dem Zugang der Kündigungserklärung oder aber mit Beendigung der gesetzten Frist. Die berechtigte außerordentliche Kündigung lässt einen Vergütungsanspruch des Projektsteuerers grundsätzlich nur in dem Umfang unberührt, in dem er seine Leistungen erbracht hat und diese mängelfrei sind.[777] Auch der Anspruch auf diese Vergütung kann entfallen, wenn die bisherige Leistung für den Auftraggeber wertlos ist.[778] Ein Vergütungsanspruch des Projektsteuerers für die noch nicht erbrachten Leistungen besteht nicht, wenn dieser selbst den wichtigen Grund für die Kündigung des Auftraggebers verschuldet hat.[779]

1927 Derjenige, der einen wichtigen Kündigungsgrund verschuldet hat, haftet für alle Folgen der vorzeitigen Vertragsauflösung auf **Schadensersatz** wegen positiver Forderungsverletzung. Kündigt der Auftraggeber aus einem vom Projektsteuerer zu vertretenden wichtigen Grund, dann besteht dessen Schaden i. d. R. darin, dass er einen neuen Projektsteuerer einschalten muss, der – z. B. wegen der notwendigen erneuten Einarbeitung – teurer ist. Kündigt der Projektsteuerer aus einem vom Auftraggeber zu vertretenden Grund, dann steht ihm ein Schadensersatzanspruch in Höhe der Vergütung für noch nicht erbrachte Leistungen abzüglich ersparter Aufwendungen zu.[780] Kündigt der Projektsteuerer ohne wichtigen Grund, gilt dies i. d. R. als Erfüllungsablehnung. Der Projektsteuerer muss dann die Mehrkosten für die Beauftragung eines anderweitigen Projektsteuerers tragen.[781]

1928 Lediglich für die auf die erbrachten Leistungen entfallende Entgeltforderung kann der Projektsteuerer **Zinsen** nach § 288 Abs. 2 BGB geltend machen. Wegen des weitergehenden Anspruchs für nicht erbrachte Leistungen handele es sich nicht um eine Entgeltforderung im Sinne des § 288 Abs. 2 BGB, so dass insoweit lediglich der Zinssatz von 5 % über dem Basiszinssatz gem. § 288 Abs. 1 BGB anzuwenden ist.[782]

5.12.5 Vereinbarungen der Vertragsparteien zu den Kündigungsfolgen

1929 Die **Rechtsfolgen des § 649 BGB** gelten grundsätzlich **auch dann**, wenn die Vertragsparteien – ohne weitere Regelungen – den Leistungsumfang eines Projektsteuerungsvertrages einvernehmlich reduzieren oder den Vertrag aufgrund einer gemeinschaftlichen Abrede **aufheben**. Mit der einvernehmlichen Leistungskürzung oder Vertragsaufhebung ist i. d. R. ein Verzicht des Auftragnehmers (hier Projektsteuerers) auf die Vergütung nicht verbunden.[783] Seinen Restvergütungsanspruch nach § 649 Satz 2 BGB verliert der Projektsteuerer nur, wenn das ausdrücklich oder den Umständen nach vereinbart wurde.[784]

776 Vgl. BGH, Urteil vom 25.11.1998, Az. VIII ZR 221/97, in: ZIP 1999, 277.
777 Vgl. BGH, Urteil vom 26.07.2001, Az. X ZR 162/99, in: NZBau 2001, 621.
778 BGH, a. a. O.; BGH, Schäfer/Finnern, Z 3.007 Bl. 7; OLG Hamm, Urteil vom 28.01.1986, Az. 24 U 98/85, in: NJW-RR 1986, 764.
779 Vgl. BGH, Urteil vom 10.05.1990, Az. VII ZR 45/89, in: WM 1990, 1756; BGH, Urteil vom 29.06.1989, Az. VII ZR 330/87, in: BauR 1989, 626.
780 Vgl. BGH, Urteil vom 29.06.1989, Az. VII ZR 330/87, in: BauR 1989, 626.
781 Vgl. dazu für den Architekten: BGH, Urteil vom 05.07.2001, Az. VII ZR 201/99, in: NZBau 2001, 623, 624.
782 OLG Düsseldorf, Urteil v. 23.06.2009, I 23 U 140/08, IBR 2009, 595.
783 Vgl. BGH, NJW 1999, 2661, 2662; vgl. für den Bauvertrag: Kapellmann/Schiffers, Vergütung, Nachträge und Behinderungsfolgen beim Bauvertrag, Band 2, Rn. 1407 ff.; für Architektenverträge: Locher/Koeble/Frik, HOAI, Einl., Rn. 223, jeweils m. w. N.
784 BGH, Urteil vom 07.03.1974, Az. VII ZR 35/73, in: BauR 1974, 213 = NJW 1974, 945.

§ 649 BGB ist ein Strukturmerkmal von Werkverträgen. Eine Vertragsdurchführungspflicht besteht für den Auftraggeber grundsätzlich nicht.[785] Das freie Kündigungsrecht des BGB entspricht einer internationalen Vertragspraxis betreffend Bau- und verbundene Verträge, auch bei Projektsteuerungsverträgen. Dementsprechend sieht der BGH dieses Kündigungsrecht mit Recht als **nicht durch AGB ausschließbar** an (dazu auch Rdn. 1857 f.).[786] 1930

In Allgemeinen Geschäftsbedingungen dürfen in aller Regel die gesetzlichen Kündigungsrechte auch **nicht wesentlich erschwert** werden. Das gilt nicht nur für Einschränkungen des § 649 BGB, sondern auch für Modifizierungen der Kündigungsregeln bei Dienstleistungen, etwa nach § 628 BGB.[787] Auch ist es in AGB unzulässig, dem Auftraggeber ein jederzeitiges Kündigungsrecht mit den Rechtsfolgen einer Kündigung aus wichtigem Grund einzuräumen.[788] 1931

Speziell das freie Kündigungsrecht des Auftraggebers nach § 649 BGB ist bei Nichtvorliegen besonderer Umstände nur gerechtfertigt, wenn dem **Auftragnehmer** hierdurch **keine Nachteile** entstehen. Eine in Allgemeinen Geschäftsbedingungen des Auftraggebers enthaltene Klausel, wonach nur die erbrachten Leistungen des Auftragnehmers vergütet werden und weitergehende Ansprüche auch dann ausgeschlossen werden, wenn der Auftraggeber ohne besonderen Grund kündigt, benachteiligt den Auftragnehmer unangemessen und ist unwirksam.[789] 1932

Oftmals **pauschalieren** die Parteien die anrechenbaren ersparten Aufwendungen sowie den Ersatzerwerb. Eine derartige Pauschalierung ist nicht nur individuell, sondern auch in Allgemeinen Geschäftsbedingungen möglich.[790] Eine gewählte Pauschalierung ersparter Aufwendungen muss allerdings angemessen sein und der Gegenbeweis anderweitigen Erwerbs zugelassen bleiben. Mangels derartiger Voraussetzungen hat der BGH die in Architektenverträgen früher verwandte 40/60 %-Regelung für unwirksam gehalten.[791] Mit der Entscheidung hat sich der BGH allerdings nicht gegen die Pauschalierung als solche, sondern gegen Ausschluss der Berücksichtigung des anderweitigen Erwerbs gewandt.[792] 1933

Verwendet der Projektsteuerer selbst eine nach den §§ 307 ff. BGB unwirksame Klausel, dann ist er **als Verwender** an für ihn ungünstige Festlegungen **gebunden**, auch wenn sie bei Verwendung durch den Auftraggeber unwirksam sein sollten. So kann ein Projektsteuerer bei Verwendung einer von ihm vorgeschlagenen, unwirksamen 40/60 %-Klausel nur das auf 60 % pauschalierte Honorar verlangen, auch wenn seine tatsächlichen Ersparnisse oder anrechenbaren Ersatzeinkünfte 40 % nicht erreichen.[793] Genauso bindet sich ein Auftraggeber, wenn er selbst einen entsprechenden Auf- 1934

785 Bitter/Rauhut, JZ 2007, 964.

786 BGH, Urteil vom 10.06.1999, Az. VII ZR 365/98, in: NJW 1999, 3260, 3261; offengelasen in BGH, Urteil vom 27.01.2011, Az. VII ZR 133/10, in: NZBau 2011, 225; auch OLG Düsseldorf, Urteil vom 03.09.1999, Az. 12 U 118/99, in: BauR 1999, 1482 = IBR 2000, 87.

787 Vgl. BGH, Urteil vom 05.11.1998, Az. III ZR 226/97, in: WM 1999, 133, 134; vgl. auch OLG Braunschweig, Urteil vom 07.06.1999, Az. 7 U 115/98, in: VersR 2001, 204: Pauschale 50 %ige Vergütung für die nicht erbrachten Leistungen.

788 Vgl. dazu OLG Frankfurt, Urteil vom 02.04.1998, Az. 1 U 82/96, in: IBR 2000, 386.

789 BGH, Urteil vom 12.07.2007, Az. VII ZR 154/06, in: NZBau 2007, 634, 635 = BauR 2007, 1724 = ZfBR 2007, 777 = IBR 2007, 541.

790 Von Rintelen, BauR 1998, 603, 610; Glöckner, BauR 1998, 681.

791 Vgl. BGH, Urteil vom 10.10.1996, Az. VII ZR 250/94, in: BauR 1997, 156; BGH, Urteil vom 19.02.1998, Az. VII ZR 207/96, in: BauR 1998, 866, 867; nunmehr vom BGH auch auf den kaufmännischen Geschäftsverkehr erstreckt, BGH, Urteil vom 10.07.1998, Az. V ZR 360/96, in: DB 1999, 40, 41; zustimmend etwa Löwe, ZfBR 1998, 121, 127; in diesem Sinne auch OLG Braunschweig, Urteil vom 18.09.1997, Az. 2 U 31/97, in: BauR 1998, 785 = IBR 1998, 425; vgl. dazu im Einzelnen Rdn. 2601.

792 Vgl. Kniffka, Jahrbuch Baurecht 2000, 1, 19; von Rintelen, BauR 1998, 603, 610 f.; Thode, ZfIR 1998, 387, 388; vgl. dazu im Einzelnen Rdn. 2601.

793 Vgl. BGH, Urteil vom 28.10.1999, Az. VII ZR 326/98, in: BauR 2000, 430, 431; BGH, Urteil vom 30.09.1999, Az. VII ZR 206/98, in: BauR 2000, 126, 127; BGH, Urteil vom 04.12.1997, Az. VII ZR

teilungsprozentsatz vorgibt; der Projektsteuerer kann dann pauschal auf Basis des Aufteilungsprozentsatzes abrechnen.[794]

5.13 Sicherung der Honorarforderung des Projektsteuerers

5.13.1 Bauhandwerkersicherungshypothek

1935 Sofern das Vertragsverhältnis des Projektsteuerers werkvertraglichen Grundsätzen folgt, kann der Projektsteuerer seine Honoraransprüche durch Eintragung einer Sicherungshypothek nach § 648 BGB oder durch Verlangen einer sog. Vorleistungssicherheit nach § 648 a BGB absichern: Diese Sicherungsinstrumente kommen in Betracht, wenn bei dem Projektsteuerer Bedenken hinsichtlich der Leistungsfähigkeit des Auftraggebers bestehen; sie können auch bei der Durchsetzung der Vergütungsansprüche eine »heilsame« Wirkung haben.

1936 Nach § 648 BGB kann der **Unternehmer eines Bauwerks oder eines einzelnen Teils eines Bauwerks** für seine Forderungen aus dem Vertrag die Einräumung einer **Sicherheitshypothek an dem Grundstück des Bestellers** verlangen. Unternehmer eines Bauwerks ist auch der auf der Grundlage eines Werkvertrages tätige Architekt, sofern seine Objektplanungs- oder -überwachungsleistungen das Bauvorhaben gefördert haben.[795] Entsprechendes gilt für den Baubetreuer und auch Projektsteuerer, falls er auf Grund eines Werkvertrages das Bauwerk mitzuerstellen und nicht lediglich kaufmännisch-finanzielle oder rechtliche Tätigkeiten zu erbringen hat.[796] Die frühere Ausklammerung projektüberwachender Tätigkeiten aus dem Anwendungsbereich des § 648 BGB beruhte noch auf der Qualifizierung der Controllingtätigkeit als dienstvertragliche Leistung. Seitdem auch die objektüberwachende Tätigkeit als werkvertragliche Teilleistung begriffen wird, kann auch das Controllingmodell des Objektüberwachers bzw. des Projektsteuerers bei der Frage der Sicherungsmöglichkeit nach § 648 BGB nicht ausgeklammert werden.[797] Entscheidend ist allein, ob das Bauvorhaben durch den Projektsteuerer gefördert wurde.[798] Eine Sicherungsmöglichkeit scheidet allerdings aus, wenn es zwar zu einer Auftragsübertragung gekommen ist, eine konkrete baubezogene Werkleistung allerdings nicht realisiert werden konnte, etwa weil der Bau noch nicht begonnen oder zuvor abgebrochen wurde.[799] Nicht sicherungsfähig sind auch Vergütungsansprüche eines Projektsteuerers im Zusammenhang mit der Erstellung einer objektspezifischen due diligence. Erst wenn unter Ausnutzung der Pläne mit der Errichtung des Bauwerks angefangen worden ist, kann das Grundstück eine auf geistigen Leistungen beruhende Wertsteigerung erfahren haben.[800] **Sicher-**

187/96, in: BauR 1998, 357, 359, zustimmend Löwe, ZfBR 1998, 121, 127, für die Vertragsgestaltung vgl. allerdings Rdn. 2597 ff.

794 OLG Düsseldorf, Urteil vom 16.03.1999, Az. 23 U 156/98, in: BauR 2002, 660, Revision vom BGH nicht angenommen, Beschluss vom 22.03.2001, Az. VII ZR 145/99.

795 Vgl. Urteil vom 05.12.1968, Az. VII ZR 127/66, VII ZR 128/66, in: BGHZ 51, 190; OLG Düsseldorf, Urteil vom 25.04.1972, Az. 20 U 15/72, in: BauR 1972, 254; OLG Düsseldorf, Urteil vom 05.10.2004, Az. 21 U 26/04, in: NZBau 2005, 164 = BauR 2005, 585.

796 Vgl. Pastor in: Werner/Pastor, Der Bauprozess, Rn. 215; Voit in: BeckOK/ BGB § 648 Rn. 6 für den Baubetreuer Sprau, in: Palandt, BGB, § 648, Rn. 2; OLG Frankfurt, Urteil vom 16.06.1987, Az. 8 U 37/87, in: BauR 1988, 343; für den Baucontroller (Projektsteuerer) Heinrich, Der Baucontrollingvertrag, S. 153.

797 Vgl. Möllers, in: Korbion, Baurecht, Teil 14, Rn. 151; Werner/Pastor, Der Bauprozess, Rn. 215 m. w. N.; a. A. Leinemann, VOB/B-Kommentar, § 648 Rn. 4.

798 Vgl. Klaft, Bauhandwerkersicherung, S. 56; Locher/Koeble/Frik, HOAI, Einl., Rn. 269; Böggering, BauR 1983, 502, 509; a.A. OLG Hamburg, Beschluss vom 18.03.2009, Az. 14 W 24/09, in: BauR 2009, 1452 = IBR 2009, 654: Anspruch auf Eintragung einer Bauhandwerkerhypothek erst wenn mit den Bauarbeiten aufgrund der Vorleistungen des Auftragnehmers begonnen wurde.

799 Vgl. Locher/Koeble/Frik, HOAI, Einl., Rn. 269; Sprau, in: Palandt, BGB, § 648, Rn. 1.

800 Vgl. OLG Koblenz, Beschluss vom 02.03.2005, Az. 6 W 124/05, in: NZBau 2006, 188 = BauR 2005, 909 = IBR 2005, 264.

bar sind durch eine entsprechende Hypothek **alle aus dem Projektsteuerervertrag herrührenden Forderungen** (insbesondere sämtlicher Vergütungsansprüche) gegen den Auftraggeber. Nach Auffassung des OLG Düsseldorf gehört dazu auch die Vergütung für die nicht erbrachten Leistungen nach § 649 BGB.[801]

Eine einstweilige Verfügung auf Eintragung einer Vormerkung für eine Bauhandwerkersicherungs- 1937
hypothek kann gemäß § 939 ZPO aufgehoben werden, wenn die angebotene Ersatzsicherheit die gleiche Werthaltigkeit hat. Das ist bei unbedingten, unbefristeten, unwiderruflichen, schriftlichen selbstschuldnerischen Bürgschaften einer deutschen Bank regelmäßig der Fall.[802] Der Auftraggeber muss aber grundsätzlich auch **Eigentümer des Grundstücks** sein. Nur in Missbrauchsfällen kann von diesem Erfordernis abgesehen werden.[803] Sind Mängel vorhanden, so sind Abzüge wegen der Gewährleistungsansprüche vorzunehmen.[804] Die Vorschrift kann individualvertraglich – i. d. R. allerdings nicht durch AGB – abbedungen werden.[805]

Der Anspruch auf Eintragung einer Sicherungshypothek wird in der Praxis mittels einer einst- 1938
weiligen Verfügung, gerichtet auf Eintragung einer Vormerkung, durchgesetzt (§ 885 BGB). Denn bis zur Erlangung eines endgültigen Titels auf Eintragung der Sicherungshypothek kann das Grundstück längst verwertet worden sein. Das Landgericht Düsseldorf hat dementsprechend die Ansprüche eines Projektsteuerers nach Kündigung für die erbrachten und die nicht erbrachten Leistungen **mittels einstweiliger Verfügung gesichert** und die Eintragung einer Sicherungshypothek angeordnet.[806]

5.13.2 Vorleistungssicherheit, § 648 a BGB

§ 648 BGB trägt den **Sicherungsinteressen** der am Bau beteiligten Unternehmen nicht ausrei- 1939
chend Rechnung. Sicherungsmöglichkeiten sind auf den Fall beschränkt, dass der Auftraggeber auch Eigentümer des Grundstücks ist. Die Durchsetzung erfordert darüber hinaus in der Mehrzahl der Fälle ein gerichtliches Verfahren. Zur weiteren Absicherung der an Bauerrichtungsprozessen beteiligten Unternehmer hat der Gesetzgeber eine zusätzliche Form der Sicherung in § 648 a BGB kodifiziert. Hiernach kann der Unternehmer eines Bauwerks, einer Außenanlage oder eines Teils davon von dem Besteller Sicherheit für die noch nicht gezahlte Vergütung (zzgl. Nebenforderungen in Höhe von 10 %) verlangen. § 648 a BGB gibt dem Unternehmer insoweit einen gerichtlich durchsetzbaren Anspruch auf Übergabe einer entsprechenden Sicherheit. Kommt der Auftraggeber dem Verlangen innerhalb einer gesetzten, angemessenen Frist nicht nach, kann der Unternehmer darüber hinaus nach § 648 a Abs. 5 BGB (in der ab 1. 1. 2009 geltenden Fassung[807]) **wahlweise** die **Leistung verweigern oder den Vertrag kündigen**.

Unternehmer eines Bauwerkes im Sinne dieser Vorschrift ist auch der Architekt oder Ingenieur, wenn 1940
er eine für die Bauerrichtung **notwendige geistige Leistung** erbringt. Dies ist in der Begründung zum Regierungsentwurf der bis zum 31. 12. 2008 maßgeblichen Fassung der Vorschrift ausdrücklich klargestellt worden.[808] Die Neufassung per 1. 1. 2009 wollte den Anwendungsbereich lediglich

801 OLG Düsseldorf, Beschluss vom 14.08.2003, Az. 5 W 17/03, in: NZBau 2003, 615 = IBR 2004, 139.

802 KG, Urteil vom 29.07.2008, Az. 7 U 230/07, in: IBR 2010, 335.

803 Vgl. Urteil vom 22.10.1987, Az. VII ZR 12/87, in: BGHZ 102, 95; das gilt in Beherrschungsfällen/Betriebsaufspaltungen, vgl. OLG Celle, Urteil vom 31.10.2002, Az. 6 U 159/02, in: NZBau 2003, 332 = BauR 2003, 576.

804 BGH, Urteil vom 10.03.1977, Az. VII ZR 77/76, in: BauR 1977, 208; OLG Celle, Urteil vom 22.05.2001, Az. 16 U 70/01, in: BauR 2001, 1623 = IBR 2001, 665.

805 Siehe ausführlich Locher/Koeble/Frik, HOAI, Einl., Rn. 277.

806 Vgl. LG Düsseldorf, Beschluss vom 19.04.2007, Az. 3 O 93/07.

807 Schmidt, Der neue § 648a BGB, BauR 2009, 714; Scholtissek, Der Architekt und die Neuerung des Forderungssicherungsgesetzes, NZBau 2009, 91 f.

808 Vgl. BTDrucks. 12/1836, S. 8: »… Dies kann auch ein Architekt oder Statiker sein, wenn er dem Besteller kraft werkvertraglicher Verpflichtung eine für die Errichtung des Bauwerks notwendige geistige

erweitern.[809] Eine notwendige geistige Leistung in diesem Sinne liegt vor, wenn die Errichtung des Projekts durch die Werkleistung nicht unerheblich gefördert wird. Dabei ist ausreichend, dass bei objektiver Betrachtungsweise aus der Sicht der Vertragsparteien oder nur des Bestellers eine für das Projekt förderliche Handlung vorliegt.[810] Diese Voraussetzungen sind bei der Einschaltung eines Projektsteuerers für größere Bauprojekte regelmäßig zu bejahen.[811] Der Nachweis einer konkreten Werterhöhung eines betroffenen Bauwerks durch den Architekten oder Projektsteuerer muss bei § 648 a BGB nicht geführt werden.[812]

1941 Die Vorschrift des § 648 a BGB **sichert** den **gesamten zukünftigen Vergütungsanspruch**. Schon gem. der ausdrücklichen Klarstellung des Gesetzgebers in § 648 a Abs. 1 BGB bezieht sich der Sicherungsanspruch auch auf Nachträge (*»für die auch in Zusatzaufträgen vereinbarte«*). Damit sind nicht nur Vergütungsansprüche wegen geänderter Leistungen, sondern auch echte Zusatzleistungen (z. B. i. S. von § 1 Abs. 4 VOB/B) und zusätzliche Werkverträge gemeint.[813] Voraussetzung für den Sicherungsanspruch wegen nachträglicher Zusatzaufträge ist nicht, dass bereits zuvor eine Preisvereinbarung zustande gekommen sein muss.[814] Einbezogen sind nunmehr auch solche Ansprüche, die, wie etwa der Anspruch auf Schadenersatz (statt der Leistung), an die Stelle des Vergütungsanspruchsrechts treten, Abs. 1 S. 2. Gegenforderungen des Auftraggebers auf Erfüllung stehen dem Anspruch auf Sicherheit nicht entgegen. Ansprüche, mit denen der Besteller gegen den Anspruch des Projektsteuerers auf Vergütung aufrechnen kann, bleiben bei der Berechnung unberücksichtigt, es sei denn, sie sind unstreitig oder rechtskräftig festgestellt, § 648 a Abs. 1 S. 3 u. 4 BGB.[815]

1942 § 648 a Abs. 1 BGB gibt dem Auftragnehmer **auch nach der Abnahme** das Recht, eine Sicherheit zu verlangen, wie der Gesetzestext in Satz 3 nunmehr ausdrücklich klarstellt.[816] Auch nach einer Kündigung des Vertrages kann der Auftragnehmer eine Sicherheit nach § 648a Abs. 1 BGB verlangen. Sind die tatsächlichen Voraussetzungen der Berechnung des dargelegten Vergütungsanspruchs

Leistung schuldet.«

809 Vgl. BR-Drucks. 616/08 – Forderungssicherungsgesetz.

810 Siehe dazu Klaft, Bauhandwerkersicherung, S. 59.

811 Vgl. OLG Düsseldorf, Urteil vom 23.06.2009, Az. 23 U 140/08, in: IBR 2009, 530, wonach der Umstand, dass eine Vergütungsforderung eines Projektsteuerers durch eine Bürgschaft gemäß § 648a BGB gesichert ist den Ausschluss eines Vorbehaltsurteils nach § 302 ZPO nicht ausschließt; so zustimmend für den Baubetreuer Klaft, Bauhandwerkersicherung, S. 59; für den Projektsteuerer differenzierend Möllers, in: Korbion, Baurecht, Teil 14, Rn. 153; siehe auch Schmidt, Aktuelle Probleme der Bauhandwerkersicherung, NJW 2013, 497.

812 OLG Düsseldorf, Urteil vom 05.10.2004, Az. 21 U 26/04, in: NZBau 2005, 164 = BauR 2005, 585 für den Architekten.

813 Klaft, Bauhandwerkersicherung, S. 32, 33; Leinemann, NJW 1998, 3672, 3676, der dies sogar für Behinderungsschadensersatzansprüche bejaht; a. A. OLG Jena, Urteil vom 22.04.1998, Az. 2 U 1747/97, in: BauR 1999, 179 = IBR 1998, 522: nicht für Behinderungsschadensersatzansprüche.

814 Siehe Kapellmann/Schiffers, Vergütung, Nachträge und Behinderungsfolgen beim Bauvertrag, Band 1, Rn. 992 f.; fraglich ist nur, ob bei der Fristsetzung wegen zusätzlicher Vergütung der gesamte Vertrag als aufgehoben gilt oder aber dies auf den zusätzlichen Auftrag begrenzt werden kann; vgl. hierzu OLG Düsseldorf, Urteil vom 20.07.2004, Az. 21 U 178/03, in: IBR 2005, 321 (Nichtzulassungsbeschwerde vom BGH zurückgewiesen, Beschluss vom 10.03.2005, Az. VII ZR 195/04): Der Auftragnehmer ist nicht berechtigt, für eine dem Grunde nach beauftragte geänderte Leistung (VOB/B § 2 Nr. 5) eine (höhere) Sicherheitsleistung nach § 648 a zu verlangen, wenn eine neue Preisvereinbarung hierüber noch nicht getroffen ist.

815 Noch zur alten Rechtslage BGH, Urteil vom 27.09.2007, Az. VII ZR 80/05, in: NZBau 2008, 55 = BauR 2007, 2052 = IBR 2007, 675 sowie OLG Düsseldorf, Urteil vom 28.04.1998, Az. 23 U 150/97, in: IBR 1998, 471.

816 BGH, Urteil vom 16.04.2009, Az. VII ZR 9/08, in: BauR 2009, 1152 f.; vgl. zur alten Rechtslage BGH, Urteil vom 27.09.2007, Az. VII ZR 80/05, in: IBR 2007, 675: Kein Leistungsverweigerungsrecht nach § 648 a BGB, wenn der Unternehmer die Mängelbeseitigung endgültig verweigert.

streitig, ist dem Auftragnehmer für seine schlüssig dargelegte Vergütung eine Sicherheit ohne Klärung der Streitfragen zu gewähren. Etwas anderes gilt nur, wenn die Klärung der Streitfragen nicht zur einer Verzögerung des Rechtsstreites führt.[817]

Sicherbar war nach der bis 31. 12. 2008 geltenden Fassung des § 648 a Abs. 1 Satz 2 BGB der **voraussichtliche Vergütungsanspruch**, wie er sich aus dem Vertrag oder einem nachträglichen Zusatzauftrag ergibt sowie wegen Nebenforderungen verlangt werden. Obgleich der Gesetzestext nunmehr lediglich noch von der »vereinbarten Vergütung« spricht, hat sich der Anwendungsbereich nicht verengt. Bei zeitabhängigen Vergütungen oder von den Herstellkosten abhängigen Pauschalen muss der voraussichtliche Vergütungsanspruch schätzweise, und zwar grundsätzlich nach den formalen Maßstäben, die an eine Schlussrechnung zu stellen sind, festgestellt werden.[818] Zum voraussichtlichen Vergütungsanspruch gehören auch Ansprüche aus einer **Bonus-Regelung**, wenn der Projektsteuerer geltend machen kann, dass die Voraussetzungen der Bonus-Regelung voraussichtlich eintreten werden. Bei einem Pauschalvertrag genügt zur Konkretisierung der Höhe des Sicherungsanspruchs die Bezugnahme auf die Pauschale und die geleisteten Abschlagszahlungen.[819] Ein überhöhtes Sicherungsverlangen führt nicht zu dessen Unwirksamkeit. Der Auftraggeber ist vielmehr gehalten, die der Höhe nach feststellbare Sicherheit zu leisten.[820] 1943

Der Sicherungsanspruch bezieht sich auch dann auf die gesamte noch ausstehende Vergütung, wenn im Projektsteuerervertrag **Abschlagszahlungsregelungen** vorgesehen sind.[821] 1944

Stellt der Auftraggeber eine Sicherheit nach § 648 a BGB, ist dies für den Auftragnehmer i. d. R. von **erheblichem Vorteil**. Der Unternehmer ist nicht nur hinsichtlich seiner Vergütungsansprüche abgesichert, sondern hat bei der Endabrechnung seiner Ansprüche (bei den typischen Streitigkeiten über die Höhe des Schlussrechnungsbetrages) mit der ihm zur Verfügung gestellten Sicherheit (i. d. R. Bürgschaft) ein erhebliches Druckmittel in der Hand. Denn unabhängig davon, dass der Projektsteuerer seinem Auftraggeber nach § 648 a Abs. 3 BGB die Kosten der Sicherheitsleistung bis maximal 2 % p. a. auf den Sicherheitsbetrag zu erstatten hat,[822] bindet die Sicherheit beim Auftraggeber bzw. dessen Bank entsprechende Liquidität, so dass er ein erhebliches Interesse an der Rückgabe der Sicherheit hat. Die Vorschrift steht allerdings unter dem Vorbehalt, dass kein Fall des **Rechtsmissbrauches** vorliegt.[823] 1945

817 BGH, Urteil vom 06.03.2014, Az. VII ZR 349/12, in: BauR 2014, 992.

818 Vgl. dazu auch Peters/Jacoby, in: Staudinger, § 648 BGB, Rn. 32.

819 Vgl. dazu Klaft, Bauhandwerkersicherung, S. 84; Kapellmann/Schiffers, Vergütung, Nachträge und Behinderungsfolgen beim Bauvertrag, Band 2, Rn. 18.

820 OLG Dresden, Urteil vom 01.03.2006, Az. 12 U 2379/04, in: BauR 2006, 1318, 1319; OLG Düsseldorf, Urteil vom 28.04.1998, Az. 23 U 150/97, in: BauR 1999, 47, 48 = IBR 1998, 470; zutreffend Klaft, Bauhandwerkersicherung, S. 143; a. A. OLG Hamm, Urteil vom 25.09.2003, Az. 21 U 08/03, in: NZBau 2004, 445, 446: Ein Sicherheitsverlangen des Unternehmers gem. § 648 a BGB ist unwirksam, wenn der geltend gemachte Werklohnanspruch stark überhöht ist; der Besteller muss in diesem Fall auch nicht die dem Unternehmer zustehende geringere Sicherheit anbieten, wenn er deren Umfang nur mit einem unzumutbaren Aufwand ermitteln kann.

821 BGH, Urteil vom 09.11.2000, Az. VII ZR 82/99, in: NZBau 2001, 129 f. = NJW 2001, 822; OLG Düsseldorf, Urteil vom 28.04.1998, Az. 23 U 150/97, in: BauR 1999, 47 = IBR 1998, 470; LG Bonn, Urteil vom 02.12.1996, Az. 9 O 136/96, in: NJW-RR 1998, 530, 531; Klaft, Bauhandwerkersicherung, S. 93; Sturmberg, BauR 1994, 57, 61; Leinemann/Klaft, NJW 1995, 2521, 2522; Sturmberg, BauR 1995, 169; a. A. Hofmann/Koppmann, BauR 1994, 305; dieselben in: Die neue Bauhandwerkersicherung, S. 27 f.; Slapnicar/Wiegelmann, NJW 1993, 2903, 2905.

822 Der Auftraggeber kann den Projektsteuerer erst dann mit den Kosten für eine Sicherheitsleistung belasten, wenn er diese selbst aufgewendet hat, vgl. Stammkötter, ZfBR 1998, 225, 226.

823 Dazu vgl. Armgardt, NZBau 2006, 73.

1946 Kommt der Auftraggeber der Verpflichtung zur Sicherheitsgestellung nicht fristgemäß[824] nach, so kann der Projektsteuerer die **Aufnahme der Arbeit verweigern** oder die **Arbeit einstellen**; er kann also sein Leistungsverweigerungsrecht geltend machen.

1947 Der Projektsteuerer kann den Vertrag aber auch **kündigen**. Macht der Projektsteuerer von seinem Kündigungsrecht Gebrauch, weil der Auftraggeber die Sicherheit nicht innerhalb der von ihm gesetzten, angemessenen Frist gestellt hat, wird er durch § 648 a Abs. 5 S. 2 BGB so gestellt, wie er bei einer freien Kündigung des Auftraggebers stehen würde: Der Projektsteuerer kann die vereinbarte Vergütung verlangen; er muss sich jedoch dasjenige anrechnen lassen, was er infolge der Aufhebung des Vertrags an Aufwendungen erspart oder durch anderweitige Verwendung seiner Arbeitskraft erwirbt oder böswillig zu erwerben unterlässt. Es wird vermutet, dass danach dem Projektsteuerer 5 % der auf den noch nicht erbrachten Teil der Werkleistung entfallenden Vergütung zustehen.[825]

1948 Soweit der Projektsteuerer eine Vorleistungssicherheit erlangt hat, entfällt der Anspruch auf Einräumung einer **Sicherungshypothek**, § 648 a Abs. 4 BGB. Eine Vorleistungssicherheit kann der Projektsteuerer überdies nach § 648 a Abs. 6 BGB nicht verlangen, wenn der Auftraggeber eine **juristische Person des öffentlichen Rechts** oder ein öffentlich-rechtliches Sondervermögen ist oder sich die Leistungen – bei der Projektsteuerung wenig wahrscheinlich – auf Bauarbeiten zur Herstellung oder Instandsetzung eines Einfamilienhauses mit oder ohne Einliegerwohnung beziehen. Lediglich im Einzelfall kann die Geltendmachung eines Verlangens auf Sicherheitsleistung nach § 648a BGB **treuwidrig** sein. Auch bei einem Streit über Mängel ist die Geltendmachung des Sicherheitsverlangens nur dann verwerflich, wenn es als Vehikel missbrauch wird, um eigene Ansprüche durchzusetzen.[826]

1949 Nach § 648 a Abs. 7 BGB handelt es sich bei den Vorschriften betreffend die Vorleistungssicherheit um **zwingendes Recht**. Das bedeutet, dass diese Vorschriften auch in individualvertraglichen Regelungen nicht abbedungen werden können. Insbesondere sind Abreden nach § 648a Abs. 7 BGB unwirksam, nach denen der Auftragnehmer die Sicherheit nur verlangen kann, wenn der Auftraggeber seinerseits Sicherheiten gewährt oder nachdem die Bauvertragsparteien wechselseitig auf Sicherheiten verzichten.[827] Entgegen in der Literatur zu findenden Meinungsäußerungen ist das Verlangen nach einer Vorleistungssicherheit ein sehr scharfes Schwert zur Absicherung der finanziellen Interessen des Projektsteuerers, sofern von diesem Recht in einem ausreichend frühen Stadium der Leistungserbringung Gebrauch gemacht wird.[828]

---

824 Zur angemessenen Frist BGH, Urteil vom 31.03.2005, Az. VII ZR 346/03, in: NZBau 2005, 393 = BauR 2005, 1009 = IBR 2005, 369; OLG Hamm, Urteil vom 28.02.2008, Az. 24 U 81/07, in: IBR 2010, 83: Bei der Anforderung einer Sicherheit nach § 648a BGB ist in der Regel eine Frist von 7 Tagen ausreichend, für die Nachfrist genügen 3 bis 4 Werktage; LG Frankfurt, Urteil vom 28.05.2008, Az. 3-09 O 117/07, in: IBR 2008, 735.

825 OLG Düsseldorf, Urteil vom 28.04.1998, Az. 23 U 150/97, in: BauR 1999, 47, 48 = IBR 1998, 470; LG Bonn, Urteil vom 02.12.1996, Az. 9 O 136/96, in: NJW-RR 1998, 530, 531.

826 OLG Hamm, Urteil vom 25.11.2008, Az. 19 U 89/08, in: BauR 2009, 833.

827 OLG Hamm, Beschluss vom 28.01.2011, Az. 19 U 155/10, in: IBR 2011, 211.

828 Kapellmann/Schiffers, Vergütung, Nachträge und Behinderungsfolgen beim Bauvertrag, Band 2, (bis 3. Aufl.) Rn. 1155: »Das neue Instrument des § 648 a BGB gibt somit dem Auftragnehmer ein äußerst scharfes Instrument, das beliebte Auftraggeberspiel ›Zusatzauftrag ja, Preiseinigung vielleicht, Bezahlung freibleibend‹ zu verhindern«; kritisch dagegen Heinrich, Der Baucontrollingvertrag, S. 152 ff.

6 Haftung des Projektsteuerers

6.1 Dienst- und werkvertragliche Haftung

6.1.1 Grundlagen

6.1.1.1 Leistungspflichten und Haftung

Haftung[1] setzt die Verletzung einer vertraglichen Verhaltens-, Unterlassens- oder Zustandspflicht 1950
voraus. Die Haftung – auch des Projektmanagers/Projektsteuerers – ist immer ein **Spiegelbild der Leistungspflichten**.[2]

Selbst wenn ein Projektmanager/Projektsteuerer **Aufgaben** wahrnimmt, zu denen er einem 1951
abgeschlossenen Projektmanagementvertrag **gar nicht verpflichtet wäre**, hat er die Leistungen ordnungsgemäß auszuführen.[3]

Da dem Projektmanager/Projektsteuerer ganz unterschiedliche Aufgaben übertragen werden kön- 1952
nen, sind für **die Haftungsfrage eine Reihe von Aspekten von Bedeutung**, z. B.,

- ob der Projektmanager/Projektsteuerer als angestellter Mitarbeiter oder aber externer Dienst- oder Werkverpflichteter tätig wird,
- ob und inwieweit dienst- oder werkvertragliche Leistungen übertragen wurden,
- ob der Projektsteuerer lediglich ein Bemühen oder eine inhaltlich bestimmbare Leistungspflicht übernommen hat bzw. ob er eine primäre oder eine sekundäre Kontrollpflicht verletzt,
- ob der Projektmanager/Projektsteuerer (wie z. B. nach § 31 HOAI a.F. oder nach der Leistungs- 1953
  und Honorarordnung AHO) lediglich Koordinierungs- und Überwachungsbefugnisse in Richtung auf den Objektplaner übernommen hat und die Steuerung der ausführenden Unternehmen nur mittelbar durchführt oder ob er teilweise Leistungen eines Objektplaners ersetzt; ohne vertragliche Regelung ist der Projektsteuerer grundsätzlich nicht verpflichtet, Objektplanungsaufgaben selbst zu übernehmen,[4]
- ggf., ob er parallel zu anderen Projektbeteiligten mit (teil-)identischem Leistungsbild auftritt,
- ob er als Projektmanager Vertretungsmacht erhalten und dementsprechend auch eigenverantwortlich das Entscheidungsmanagement übernommen hat.

Zwischen Leistungspflicht und Vergütung ist streng zu unterscheiden. Gegenüber einem Schadens- 1954
ersatzanspruch wegen eines Beratungsfehlers des Projektsteuerers kann dieser nicht einwenden, dass sein Honorar in keinem Verhältnis zu dem übernommenen Risiko gestanden hat und damit ein Kalkulationsrisiko in unzulässiger Weise auf ihn abgewälzt worden wäre.[5]

6.1.1.2 Sorgfaltsmaßstab

Der Projektsteuerer schuldet dem Auftraggeber eine **fehlerfreie Projektmanagement- bzw. Pro-** 1955
jektsteuerungsleistung nach Maßgabe der vertraglich übernommenen Leistungen. Der für den Projektmanager/Projektsteuerer maßgebliche **Sorgfaltsmaßstab** ergibt sich – soweit nicht etwas anderes vereinbart ist – aus § 276 BGB. Der Projektsteuerer haftet hiernach für Vorsatz und Fahrlässigkeit. Dabei gilt grundsätzlich ein **objektiver Sorgfaltsstandard**.[6]

---

1 Haftung bezeichnet das Einstehenmüssen für ein Tätigwerden, ein Unterlassen oder einen Zustand, insbesondere die Rechtsfolgen einer Vertragsverletzung.

2 Vgl. von Minckwitz, Gewährleistung des Projektsteuerers, S. 3.

3 Vgl. BGH, Urteil vom 07.02.2002, Az. III ZR 1/01, in: ZfIR 2002, 446 (für den Architekten); OLG Köln, Urteil vom 28.09.2005, Az. 11 U 16/05, in: NZBau 2006, 183 = BauR 2006, 156 = IBR 2006, 38; OLG Köln, IBR 2003, 485 (für den Architekten).

4 OLG Celle, Urteil vom 04.06.1998, Az. 22 U 119/97.

5 OLG Naumburg, Urteil vom 27.05.2011, Az. 5 U 1/11, in: IBR 2013, 87, Nichtannahmebeschluss des BGH vom 25.10.2012, Az. VII ZR 158/11.

6 Vgl. dazu BGH, Urteil vom 14.02.1996, Az. IV ZR 334/94, in: NJW-RR 1996, 981 m. w. N.

1956 Der Projektmanager/Projektsteuerer hat die **Sorgfalt** anzuwenden, die von einem **gewissenhaften, sorgfältigen Angehörigen seines Berufsstandes** bei einem Projekt der betreffenden Art und der ihm übertragenen Aufgaben erwartet werden kann.[7] Er schuldet – vorbehaltlich einer anderweitigen vertraglichen Klarstellung – eine in jeder Hinsicht ordnungsgemäße Leistung und grundsätzlich **nicht nur ein »Bemühen«**. Das gilt ungeachtet des Umstandes, dass der Projektmanager/Projektsteuerer auf vielfältige Mitwirkungsleistungen Dritter angewiesen ist und daher nicht für den Projekterfolg als solchen einstehen kann. Auch das »Bemühen« um Genehmigungen oder Tätigwerden Dritter beinhaltet eine strikte Rechtspflicht und ist nicht von dem individuellen Vermögen des Projektmanagers/Projektsteuerers abhängig.[8]

1957 Einen **objektiven Berufsstandard** zu ermitteln ist deshalb schwer, weil Projektmanagement- und Projektsteuerungsleistungen von unterschiedlichen Berufsangehörigen wahrgenommen werden. Ob im Einzelfall die Sorgfalt eines Architekten, eines Bauingenieurs, eines Juristen oder eines Baupraktikers erwartet werden kann, hängt im Wesentlichen von dem abgeschlossenen Vertrag und der übernommenen Projektaufgabe ab. Vorbehaltlich anderweitiger Bestimmungen im jeweiligen Projektmanagement-/Projektsteuerungsvertrag wird nicht an den früheren Ausbildungsgang des Projektsteuerers oder dessen Berufszugehörigkeit anzuknüpfen sein, sondern an die angesichts der übernommenen Projektaufgaben zu erwartenden Kenntnisse. Die Berufung auf eine bislang fehlende einheitliche Ausbildung für Projektmanager/Projektsteuerer schützt daher nicht vor einer Haftung.[9] So wenig wie der Architekt eine in jeder Hinsicht optimale Planungslösung schuldet, haftet der Projektsteuerer im Rahmen seiner Tätigkeit für eine entsprechend **optimale Lösung** der Projektabwicklung.[10] Er darf allerdings einen ihm zuzubilligenden Ermessensspielraum nicht überschreiten (Rdn. 2015).[11]

1958 Im Verhältnis zwischen einem **Arbeitgeber und** dem **angestellten Projektsteuerer** gelten regelmäßig keine objektiven Leistungsanforderungen. Der Arbeitgeber kann dem Arbeitnehmer durch Ausübung seines Direktionsrechts einen dem persönlichen Leistungsvermögen entsprechenden Arbeitsplatz zuweisen. Innerhalb dieses Aufgabenbereiches muss der Arbeitnehmer aber unter angemessener Ausschöpfung seines persönlichen Leistungsvermögens arbeiten.[12] So genannte **Low-Performer**, die das Leistungsniveau vergleichbarer Mitarbeiter um 1/3 unterschreiten, verletzen gleichwohl in der Regel ihre vertraglichen Leistungspflichten.[13]

1959 Dem Auftraggeber steht es frei, **mehrere Projektbeteiligte mit derselben Aufgabenstellung** zu betrauen – entsprechende Leistungsüberschneidungen kommen speziell im Verhältnis zwischen Projektsteuerern und Objektplanern vor[14] –, dann darf sich bei gleichrangiger Pflichtenstellung keiner der Beteiligten darauf verlassen, dass der jeweils andere tätig wird.[15] Soweit der Auftraggeber

7 Zustimmend Fischer, in: Thode/Wirth/Kuffer, Praxishandbuch Architektenrecht, § 19, Rn. 68; von Minckwitz, Gewährleistung des Projektsteuerers, S. 20; Heiermann, in: Motzel, Projektmanagement in der Baupraxis, S. 66, 72; Knipp, Projektmanagement, S. 53; vgl. auch für den Architekten KG Berlin, Urteil vom 20.03.2006, Az. 24 U 48/05, in: BauR 2006, 1928, 1929: Der Architekt muss die zur Lösung der ihm übertragenen Planungsaufgaben notwendigen Kenntnisse auf dem Gebiet des Bauplanungs- und Bauordnungsrechts besitzen.

8 Vgl. Lehmann, Best efforts- und best endeavors-Verpflichtungen im US-amerikanischen und englischen Wirtschaftsrecht, S. 71 f.

9 Auch der Architekt kann sich nicht auf die unzureichende Ausbildung berufen, BGH, Urteil vom 10.07.2003, Az. VII ZR 329/02, in: BauR 2003, 1613 = ZfBR 2003, 760 = IBR 2003, 553.

10 Vgl. OLG München, Urteil vom 30.09.2008, Az. 9 U 5366/07, in: IBR 2010, 509 für den Architekten.

11 Schleswig Holsteinisches OLG, Urteil vom 25.04.2008, Az. 1 U 77/07, in: BauR 2010, 805 f.

12 Dazu ausführlich BAG, Urteil vom 17.01.2008, Az. 2 AZR 536/06, in: NJW 2008, 3019.

13 LAG Stuttgart, Urteil vom 06.09.2006, Az. 13 Sa 84/05, in: BB 2007, 1228.

14 Vgl. dazu Rdn. 189 ff.

15 Vgl. BGH, Urteil vom 19.07.2001, Az. IX ZR 246/00, in: DStR 2001, 1619, 1620 für das Tätigwerden mehrerer Spezialisten bei der Steuerberatung.

die Leistungen des Projektmanagers/Projektsteuerers von denjenigen der übrigen Projektbeteiligten abgegrenzt hat, muss genau geprüft werden, wo die Leistungsgrenze des Projektmanagers endet. Insbesondere ist zu prüfen, ob dem Projektmanager/Projektsteuerer eine unmittelbare Steuerung/Kontrolle der ausführenden Unternehmen obliegt oder ob er sich – wie bei einigen Projektsteuerungsmodellen immanent (§ 31 HOAI a.F.) – auf eine mittelbare Kontrolle der Leistungen der Objekt- und Fachplaner beschränken kann und im Übrigen nur bei offensichtlich zutage liegenden Fehlsteuerungen der ausführenden Unternehmen entsprechende Hinweispflichten hat. Aus der unterschiedlichen Stellung und der unterschiedlichen vertraglichen Schnittstellenbildung ergeben sich unterschiedliche Haftungsrisiken.

Wenn dem Projektmanager/Projektsteuerer keine unmittelbare Kontrollverpflichtung in Bezug auf 1960 die ausführenden Unternehmen obliegt, dann kann sich eine Haftung grundsätzlich nur aus der fehlerhaften Kontrolle der Objektüberwachung ergeben. Er hat in diesen Fällen – vorbehaltlich einer anderweitigen vertraglichen Regelung – selbst keine Verpflichtung, die Leistungen der ausführenden Unternehmen unmittelbar **vor Ort zu kontrollieren**. Soweit indessen der Projektmanager/Projektsteuerer eine Kontrollverpflichtung in Bezug auf Projektbeteiligte übernommen hat, hat er für deren Fehler mit einzustehen, wenn er diese nicht erkannt hat, obwohl die Fehler bei entsprechender Sorgfalt erkennbar gewesen wären und dieses Unterlassen für die Schadensentstehung mitursächlich geworden ist.[16]

Nach dem AHO-Leistungsbild 2014 schuldet der Projektsteuerer als Grundleistung ein »**anlassbezogenes örtliches Überprüfen der Leistungen der Objektüberwachung**«. Wenn dieses Leis- 1961 tungsbild vereinbart worden ist, besteht eine entsprechende Verpflichtung zu unmittelbar eigenen Kontrollleistungen vor Ort. Voraussetzung ist jedoch, dass der Projektsteuerer nach werkvertraglichen Grundsätzen konkrete Veranlassung hatte, sich vor Ort ein eigenes Bild über die Leistungen der Objektüberwachung zu machen. Das wird in der Regel anzunehmen sein, wenn sich aufgrund der schriftlichen Unterlagen, insbesondere in Baubesprechungsprotokollen Anhaltspunkte dafür ergeben, dass die Objektüberwachung nicht ordnungsgemäß arbeitet und eine Aufklärung des Sachverhaltes und die Entwicklung von sachgerechten Gegensteuerungsmaßnahmen zweckmäßigerweise eine Vorort-Kontrolle der Tätigkeiten erforderlich macht.

Sofern vertraglich nichts anderes bestimmt ist, findet die **Kontrollverpflichtung** des Projektsteue- 1962 rers dort **ihre Grenze**, wo Leistungen anderer fachlich Beteiligter betroffen sind, deren Fachgebiete der Projektsteuerer grundsätzlich nicht zu beherrschen braucht (z. B. diejenigen der Objektplaner, Fachplaner und Juristen),[17] wobei er gleichwohl aktiv werden muss, wenn Fehlsteuerungen aus dem Bereich der Vertragskräfte für ihn deutlich werden.

Bei einzelnen **Einsatzmodellen** des Projektmanagements übernimmt der Projektmanager/Projekt- 1963 steuerer einzelne Aufgaben aus den Leistungsbildern der Architekten und Ingenieure, etwa beim Baucontrolling Objektplanungsleistungen nach Leistungsphasen 6, 7 und ggf. 8. Dann gelten für den Projektsteuerer/Projektmanager unmittelbar die Haftungsgrundsätze, welche die Rechtsprechung für Architekten und Ingenieure entwickelt hat.[18] Aus der Übernahme entsprechender Leistungspflichten aus den Leistungsphasen 6 und 7 nach § 34 HOAI folgt indessen nicht ohne weiteres eine Verpflichtung, den bisherigen Bauentwurf auf mögliche **Optimierungen** zu überprüfen.[19]

16 BGH, Urteil vom 04.04.2002, Az. VII ZR 295/00, in: BauR 2002, 1112 für den Objektüberwacher und Architekten; OLG Düsseldorf, Urteil vom 29.04.2004, Az. 5 U 144/03, in: BauRB 2005, 45.

17 Knipp, in: Heiermann/Franke/Knipp, Baubegleitende Rechtsberatung, Rn. 337; hier gilt nichts anderes als im Verhältnis zwischen Objekt- und Fachplaner, vgl. etwa OLG Stuttgart, Urteil vom 13.12.2007, Az. 13 U 83/07, in: IBR 2008, 664.

18 Vgl. BGH, Urteil vom 10.06.1999, Az. VII ZR 215/98, in: NJW 1999, 3118; BGH, Urteil vom 13.07.2000, Az. VII ZR 139/99, in: NZBau 2000, 523 = BauR 2000, 1762, 1763.

19 OLG Düsseldorf, Urteil vom 29.01.2008, Az. 21 U 21/07, in: IBR 2009, 153, Nichtannahmebeschluss des BGH vom 18.12.2008, Az. VII ZR 91/08.

1964 Wenn allerdings ein Bausachverständiger oder Projeksteuerer keine umfassende Objektüberwachung, sondern lediglich »**12 Baustellenaudits**« übernommen hat, dann verletzt das beauftragte Büro seine Überwachungspflichten nur, wenn er solche Mängel nicht beanstandet, die er bei diesen Terminen oder aufgrund übergebener Unterlagen erkennen konnte.[20] Wenn lediglich eine punktuelle Beauftragung von Bauüberwachungsleistungen nach Zeithonorar vereinbart wurde, sind in der Regel auch nicht sämtliche Grundleistungen einer Objektüberwachung nach der HOAI geschuldet. Eine Haftung für Baumängel wegen fehlerhafter Überwachung lässt sich dann ebenfalls nur begründen, wenn ein Zusammenhang mit einer konkret geschuldeten Überwachungsleistung fest steht.[21] Erstellt ein Projektsteuerer im Rahmen eines **Kreditantrages** zur Finanzierung einer Baumaßnahme auftragsgemäß eine Übersicht zu erwartender Kosten zur Vorlage bei der Bank, ist es in der Regel nicht seine Aufgabe, Zweifelsfragen über die wirtschaftliche Realisierbarkeit oder wirtschaftliche Lösungsmöglichkeiten darzustellen.[22]

1965 Ist etwa dem Projektsteuerer lediglich die Aufgabe übertragen worden, gewisse Informationen über die **Bebaubarkeit eines Grundstücks** zu beschaffen und steht nicht fest, dass über die Weitergabe schlichter Auskünfte über den Inhalt von Dritten eingeholter Rechtsmeinungen ein weitergehender Beratungs-, Prüfungs- oder Kontrollauftrag erteilt werden sollte, kann eine Haftung bei unzutreffendem Mitteilungsergebnis ausscheiden. Das gilt insbesondere, wenn ein Auftraggeber als erfahrener Projektentwickler bewusst von einer verbindlichen Klärung der Zulässigkeit eines Projektes Abstand nimmt.[23]

1966 Der Projektsteuerer **haftet für seine Erfüllungsgehilfen, § 278 BGB**. Für die vom Bauherrn in selbständigen Verträgen beauftragten Architekten und Sonderfachleute hat der Projektmanager/ Projektsteuerer nicht einzustehen.[24] Etwas anderes gilt, wenn der Projektmanager Architekten und/ oder Sonderfachleute als seine Nachunternehmer beauftragt, etwa im Falle der Zusammenfassung von Projektmanagement und Generalplanung oder bei Construction-Management-Modellen.[25]

1967 Wie der Architekt muss auch der Projektsteuerer die **Grundzüge des Werkvertragsrechts beherrschen**.[26] Dasselbe gilt für die Grundzüge des Vergaberechts und des öffentlichen Baurechts.[27] Im Übrigen hat er bei Auftreten rechtlicher Problemstellungen den Auftraggeber zu informieren und diesem zu empfehlen, juristische Expertise einzuholen.[28] Übernimmt der Projektmanager/Projektsteuerer über seinen Pflichtenrahmen hinaus oder unter Verstoß gegen das RDG rechtliche Bewertungen und berät er dabei den Auftraggeber falsch, haftet er ebenfalls.[29]

1968 Den Projektmanager/Projektsteuerer können weitergehende Verpflichtungen zur Wahrung der Vermögensinteressen des Auftraggebers treffen als den Architekten.[30]

---

20 KG, Urteil vom 05.03.2013, Az. 27 U 93/12, in: IBR 2013, 633.

21 OLG Dresden, Urteil vom 20.12.2007, Az. 10 U 293/07, BauR 2008, 1939.

22 OLG München, Urteil vom 13.07.2010, Az. 9 U 4414/09, in: IBR 2012, 333, Nichtannahmebeschluss des BGH vom 09.02.2012, Az. VII ZR 127/10.

23 OLG Düsseldorf, Urteil vom 22.11.2013, Az. I 22 U 57/13, in: BauR 2014, 569 für den Architekten.

24 Vgl. BGH, Urteil vom 10.07.2003, Az. VII ZR 329/02, in: BauR 2003, 1918 = ZfBR 2003, 760 = IBR 2003, 552.

25 Siehe dazu Rdn. 433 f.

26 Dazu vgl. OLG Hamm, Urteil vom 15.02.2005, Az. 21 U 27/04, in: NZBau 2005, 525 = BauR 2005, 1350 = IBR 2005, 334.

27 Vgl. insoweit zu den notwendigen Rechtskenntnissen des Architekten KG, Urteil vom 20.03.2006, Az. 24 U 48/05, in: NZBau 2007, 316 = BauR 2006, 1928 = IBR 2006, 571.

28 Für den Fall schwierigerer rechtlicher Prüfungen OLG Stuttgart, Urteil vom 20.06.2002, Az. 2 U 209/01, in: NZBau 2003, 446 = BauR 2003, 1062 = IBR 2002, 428.

29 Siehe dazu Rdn. 1237 f.

30 Zur allgemeinen Vermögenswahrungsverpflichtung des Architekten vgl. OLG Düsseldorf, NZBau 2004, 553.

6.1.1.3 Darlegungs- und Beweislast

Eine **Feststellungsklage**, wonach ein Projektsteuerer zum Schadensersatz verpflichtet werden soll, setzt die **Benennung der einzelnen Vertragsverstöße** voraus. Nicht ausreichend ist der abstrakte Hinweis auf die Nichterfüllung oder Schlechterfüllung von Kontrollverpflichtungen, insbesondere hinsichtlich der Ausführung, der Qualität und der Quantität, wenn nicht im Einzelnen dargelegt wird, durch welche Handlungen im Detail der Projektmanager gegen seine Vertragspflichten verstoßen haben soll.[31] 1969

Die pauschale Behauptung fehlender Projektsteuerung und Koordinierung sowie unvollständiger Leistungen in Qualitäts-, Vertrags- und Terminmanagement stellt lediglich eine rechtliche Wertung eines tatsächlichen Verhaltens des Projektsteuerers dar, die ohne weitere Angaben nicht in ausreichender Weise mit subsumtionsfähigen Tatsachen unterlegt ist und daher prozessual unerheblich bleiben muss (vgl. auch Rdn. 1610).[32] 1970

Nach § 280 Abs. 1 Satz 2 BGB hat der beauftragte Projektmanager/Projektsteuerer zu beweisen, dass er eine etwaige Pflichtverletzung nicht verschuldet hat (nicht zu vertreten hat). Dementsprechend genügt der Auftraggeber seiner Darlegungs- und Beweislast, wenn er die konkrete, **objektive Pflichtverletzung** des Projektsteuerers/Projektmanagers darlegt und beweist. Aufgabe des Projektsteuerers/Projektmanagers ist es alsdann, sich hinsichtlich des Vorwurfs des Verschuldens **zu entlasten**, § 280 Abs. 1 Satz 2 BGB. 1971

Etwas anderes gilt aber für **Arbeitnehmer** (den angestellten Projektmanager). Nach § 619 a BGB trägt die Beweislast für ein Verschulden des angestellten Mitarbeiters der Auftraggeber. Dieser muss also nicht nur eine Pflichtwidrigkeit beweisen, sondern auch, dass der Arbeitnehmer diese schuldhaft begangen hat. Die Rechtsprechung hat die Haftung des Arbeitnehmers eingeschränkt. Er haftet zwar grundsätzlich für vorsätzliches Handeln in vollem Umfang. Bei fahrlässigem Handeln ist die Haftung jedoch beschränkt, und zwar nach einer einzelfallbezogenen Abwägung von Fahrlässigkeit, Grad der Verursachung und Schadensrisiko der Tätigkeit sowie auch subjektiver Umstände (wie Unerfahrenheit, Übermüdung etc.).[33] 1972

Stellen sich **Baumängel** heraus, stellt sich vielfach die Frage der Mitverantwortung der Architekten und Sonderfachleute und ggf. auch des Projektsteuerers. Hinsichtlich der Frage, ob überhaupt ein Baumangel gegeben ist, hilft dem Auftraggeber die so genannte **Symptomrechtsprechung** des BGH. Hiernach reicht es für die Substantiierungs- und Beweislast aus, auf erkennbare Symptome von Baumängeln hinzuweisen. Die genaue Ursache von Baumängeln braucht vom Auftraggeber nicht beschrieben zu werden. Der Hinweis auf das äußere Erscheinungsbild des körperlich hervorgetretenen Mangels am Bauwerk ist ausreichend.[34] Diese Symptomtheorie gilt mithin auch für die Haftung eines Architekten und Ingenieurs, wenn ein Mangelanspruch gegen den Architekten bzw. Ingenieur darauf gestützt wird, es liege ein Mangel am Bauwerk vor. Aus der Symptomtheorie folgt auch, dass bei einem Abgeltungsvergleich über Mängel in der Regel alle Folgen von Mängeln abgegolten sind, deren Mängelursachen im Abgeltungsvergleich benannt sind. Aus den Ursachen später resultierende Mängelfolgen sind deshalb im Zweifel mit dem Vergleich abgegolten.[35] 1973

---

31 LG Bielefeld, Urteil vom 05.11.2002, Az. 17 O 112/02.

32 OLG Naumburg (Dreso I), Urteil vom 14.03.2008, Az. 10 U 64/07, in: NZBau 2009, 318 f.

33 BAG, Urteil vom 15.11.2001, Az. 8 AZR 95/01, in: NJW 2002, 2900; BAG, NZA 2003, 37.

34 Vgl. BGH, Urteil vom 06.05.2004, Az. IX ZR 211/00, in: NZBau 2004, 510, 511 (für den Architekten); BGH, Urteil vom 08.05.2003, Az. VII ZR 407/01, in: NZBau 2003, 501 = BauR 2003, 1247 = IBR 2003, 365; BGH, Urteil vom 18.09.1997, Az. VII ZR 300/96, in: BauR 1997, 1065 = NJW 1998, 135 (für den Architektenvertrag); OLG Frankfurt, Urteil vom 07.07.2008, Az. 23 U 5/04, in: IBR 2009, 709; OLG Brandenburg, Beschluss vom 19.11.2008, Az. 12 W 52/08, in: IBR 2010, 331 sowie Ehrich, Mirko, Die Systemrechtsprechung – Grundlagen und Vorschläge zur Rechtfertigung, BauR 2010, 381.

35 OLG Karlsruhe, Beschluss vom 15.07.2010, Az. 8 U 82/09, in: IBR 2010, 563.

1974 Das OLG Naumburg hat die Symptomtheorie sogar für die Projektsteuerungsleistung als solche fruchtbar gemacht und ausgeführt, dass der Auftraggeber nicht gehalten sei, Mangelrescheinungen präzise als Planungs-, Koordinierungs- und Überwachungsfehler einzuordnen. Zu den Ursachen der Fehler brauche der Auftraggeber nicht vorzutragen, es genüge vielmehr, wenn er die Mangelerscheinungen (Symptome), die er dem Projektsteuerer zum Vorwurf machen wolle, hinreichend genau bezeichne.[36]

1975 Die **Feststellung eines Baumangels reicht indessen allein zur Feststellung einer Pflichtverletzung** auch des Projektmanagers **nicht aus**. Denn die Feststellung eines Baumangels ist für die Haftung eines Projektmanagers/-steuerers nur relevant, wenn der Mangel auf einem fehlerhaften Vorgehen des Projektmanagers/-steuerers beruht.[37] Der Schadensersatzanspruch gegen den Architekten oder Projektsteuerer wegen eines im Bauwerk verkörperten Mangels der Planung oder Bauüberwachung ist nach Grund und Höhe unabhängig von einer Haftung des Bauunternehmers.[38] Das OLG Naumburg[39] hat herausgestellt: »Nicht jeder Mangel am Bauwerk stellt sich zugleich auch als Mangel der Projektsteuerung dar; vielmehr können nur diejenigen Mängel, die auf eine vertragswidrige Erfüllung der dem Projektsteuerer übertragenen Koordinierungsaufgaben zurückzuführen sind, Mängelansprüche auslösen. Es ist insoweit exakt zwischen dem Bauwerk als solchem und dem vom Projektsteuerer geschuldeten nicht verkörperten (geistigen) Projektmanagementaufgaben zu unterscheiden.« Mithin muss festgestellt werden, dass der Projektmanager/Projektsteuerer für die Mängelentstehung bzw. deren Nichtbeseitigung mitverantwortlich gewesen ist. Davon kann jedoch nur ausgegangen werden, wenn er entweder in Fällen einer **primären Kontrollverpflichtung** die Bauleistungen nicht selbst ordnungsgemäß überwacht hat oder bei sekundärer Kontrollverpflichtung die Objektüberwachung nicht mit der gebotenen Sorgfalt kontrolliert hat und die Mängel bei ordnungsgemäßer Vertragserfüllung vermieden worden wären.[40]

1976 Wie beim Architekten kann aber je nach Art des Mangels und des Umfangs der Kontroll- und Steuerungsverpflichtung des Projektmanagers ein **erster Anschein** für eine entsprechende Pflichtverletzung sprechen.[41] Im Architektenrecht und auch im Recht der Projektsteuerung gilt die **Vermutung beratungskonformen Verhaltens**. Wenn der Projektsteuerer also erforderliche Hinweise an den Auftraggeber unterlässt bzw. dem Auftraggeber fehlerhaft berät, wird im Rahmen der Kausalität anzunehmen sein, dass der Auftraggeber sich bei ordnungsgemäßer Beratung entsprechend den Ratschlägen des Projektsteuerers verhalten hätte. Die Vermutung des beratungskonformen Verhaltens muss der Projektsteuerer in derartigen Fällen widerlegen (siehe dazu auch Rdn. 2157).[42] Dogmatisch gesehen handelt es sich – zumal im Kontext der Beraterhaftung – nicht um eine Beweislastumkehr, sondern um eine tatsächliche Vermutung, nach der die allgemeine Lebenserfahrung dafür spricht, dass derjenige, der einen anderen wegen seiner besonderen Sachkunde um Rat fragt, sich bei pflichtgemäßer Beratung auch beratungsgemäß verhalten hätte.[43] Derjenige, zu dessen Lasten eine tatsächliche Vermutung im Hinblick auf das hypothetische Verhalten des Vertragspartners greift, kann einerseits

---

36 OLG Naumburg (Dreso I), Urteil vom 14.03.2008, Az. 10 U 64/07, in: NZBau 2009, 318 f.

37 Für den Architekten: BGH, Urteil vom 07.03.2002, Az. VII ZR 1/00, in: NZBau 2002, 571, 572 = ZfBR 2002, 767, 768; vgl. auch BGH, Urteil vom 23.10.2003, Az. VII ZR 448/01, in: NZBau 2004, 50 = BauR 2004, 111 = IBR 2004, 25.

38 BGH, Urteil vom 23.10.2003, Az. VII ZR 448/01, in: NZBau 2004, 50 = BauR 2004, 111 = IBR 2004, 25.

39 OLG Naumburg (Dreso I), Urteil vom 14.03.2008, Az. 10 U 64/07, in: NZBau 2009, 318 f.

40 Vgl. für den Architekten BGH, Urteil vom 06.05.2004, Az. IX ZR 211/00, in: NZBau 2004, 510, 511 = BauR 2004, 1445 = IBR 2004, 525; OLG Naumburg, Urteil vom 26.11.2002, Az. 11 U 234/01, in: NZBau 2003, 389.

41 Vgl. BGH, Urteil vom 06.05.2004, Az. IX ZR 211/00, in: NZBau 2004, 510, 511 = BauR 2004, 1445 = IBR 2004, 525; dazu auch Ziegler, ZfBR 2004, 529, 531.

42 Für den Architekten: OLG Celle, Urteil vom 18.02.2010, Az. 5 U 119/09, in: NZBau 2010, 573.

43 Vgl. BGH, Urteil vom 03.06.2014, Az. XI ZR 435/12; BGH, Urteil vom 30.09.1993, Az. IX ZR 73/93, in: NJW 1994, 227; umfassend dazu Thomas, Hennig, VersR 2014, 922.

das Eingreifen der Vermutung durch Darlegung mehrerer gleichgeeigneter Handlungsalternativen vermeiden oder andererseits die Vermutung durch die schlüssige Darlegung von Tatsachen, die für eine gewisse Wahrscheinlichkeit eines atypischen Kausalverlaufs sprechen, entkräften.[44]

Ist zweifelhaft, ob der Projektsteuerer oder ein anderer Projektbeteiligter einen Schaden verursacht 1977
hat, kommen dem Auftraggeber **Beweiserleichterungen** zugute.[45] Wenn es um die Frage geht, ob der Projektmanager/Projektsteuerer gegen seine Kontrollverpflichtungen verstoßen hat, obliegt es dem Projektmanager/Projektsteuerer vorzutragen, welche Arbeiten er wann, wie oft, durch wenn und in welchem Umfang kontrolliert hat sowie was dabei festzustellen war.[46]

Angesichts der sehr unterschiedlichen Einsatzformen und Vertragsgestaltungen für Projektma- 1978
nagement- und Projektsteuerungsverträge kann auch nicht ohne weiteres von einer umfassenden **Dokumentationspflicht** ausgegangen werden. Ohne entsprechende Festlegungen im Leistungsbild müssten daher Beratungs- und Aufklärungsleistungen des Projektmanagers nicht stets schriftlich dokumentiert sein.[47] Wohl ergeben sich bei fehlender Dokumentation Beweiserleichterungen zugunsten des Auftraggebers (Rdn. 2127).

Der Projektsteuerer darf **Mitwirkungsleistungen zur Mängelbeseitigung** nicht davon abhängig 1979
machen, dass der Auftraggeber eine Erklärung abgibt, wonach er die Kosten der Untersuchungen weiterer Maßnahmen für den Fall übernimmt, dass der Auftragnehmer für den Mangel nicht verantwortlich ist.[48]

6.1.1.4 Unternehmerische Entscheidungsspielräume

Ein Sonderproblem ergibt sich dann, wenn dem Projektmanager **unternehmerische Entscheidun-** 1980
gen übertragen worden sind. Das ist typischerweise der Fall, wenn er nicht nur Aufgaben beratender Art in Stabsfunktion wahrnimmt, sondern ihm darüber hinaus im Rahmen der Übertragung ergänzender Projektleitungsbefugnisse (Linienfunktion), wie sie für **Projektmanagementmodelle im engen Sinne** kennzeichnend sind, Entscheidungsbefugnisse unternehmerischer Art übertragen worden sind. Die Haftung bei der Wahrnehmung unternehmerischer Entscheidungen ist in intensiver Form gesellschaftsrechtlich – im Anschluss an die so genannte *»ARAG-Entscheidung«*[49] des BGH – diskutiert worden. Der BGH hatte dort erstmals die Entscheidungsfreiräume für Geschäftsleiter nach Maßgabe der US-amerikanischen Business Judgement Rule übernommen. Die Rechtsprechung hat der Bundesgesetzgeber mit dem *UMAG*[50] in das Aktiengesetz überführt. Nach § 93 Abs. 1 Satz 2 AktG liegt eine Pflichtverletzung nicht vor, *»wenn das Vorstandsmitglied bei einer unternehmerischen Entscheidung vernünftigerweise annehmen durfte, auf der Grundlage angemessener Informationen zum Wohle der Gesellschaft zu handeln«*. Die Norm macht deutlich, dass derjenige, der unternehmerische Entscheidungen trifft, nicht verantwortlich gemacht werden kann, wenn er unparteiisch und unabhängig unter Berücksichtigung einer angemessenen Informationsbasis handelt und annehmen konnte, dass die Entscheidung im besten Interesse seiner Gesellschaft/seines Auftraggebers gelegen hat. Diese Grundsätze werden inzwischen nicht als Spezifikum des Aktienrechts angesehen, sondern als eine

44 Vgl. auch BGH, Urteil vom 08.05.2012, Az. IX ZR 262/10, in: NJW 2012, 2427; Thomas, Hennig, VersR 2014, 922, 924.
45 Vgl. BGH, Urteil vom 13.07.2000, Az. VII ZR 139/99, in: NZBau 2000, 523, 523 = BauR 2000, 1762, 1764; vgl. auch Rdn. 2127.
46 BGH, Urteil vom 06.05.2004, Az. IX ZR 211/00, in: NZBau 2004, 510, 511; BGH, Urteil vom 16.05.2002, Az. VII ZR 81/00, in: NZBau 2002, 574; noch ausführlicher OLG Naumburg, Urteil vom 26.11.2002, Az. 11 U 234/01, in: NZBau 2003, 389, 390, jeweils für den Architekten; vgl. Rdn. 2127.
47 So für Rechtsanwälte, Steuerberater und Banken BGH, Urteil vom 24.01.2006, Az. XI ZR 320/04, in: NJW 2006, 1429.
48 So in allgemeiner Form BGH, Urteil vom 02.09.2010, Az. VII ZR 110/09, in: IBR 2010, 612.
49 BGH, Urteil vom 21.04.1997, Az. II ZR 175/95, in: BGHZ 135, 244, 253.
50 Gesetz zur Unternehmensintegrität und Modernisierung des Anfechtungsrechts.

Sachgesetzlichkeit des unternehmerischen Entscheidens überhaupt.[51] Dementsprechend werden die Grundsätze inzwischen auf Geschäftsführer und Handelnde bei sämtlichen Gesellschaftsformen[52] und auch auf die unternehmerischen Handlungsspielräume für leitende Angestellte übertragen.[53] Diese Grundsätze sind auch auf den Projektmanager zu übertragen, der auf dienst- oder werkvertraglicher Basis unternehmerische Entscheidungsbefugnisse übertragen erhält, bei denen er Prognoseentscheidungen zu treffen hat und eigenverantwortlich Entscheidungen fällen muss.[54] Voraussetzung einer Haftungsverschonung ist dabei die Beachtung folgender Anforderungen:

1981
- Der Projektmanager/-leiter muss eine unternehmerische Entscheidung getroffen haben, bei der dem Entscheider eine Auswahlmöglichkeit in Bezug auf unterschiedliche Lösungsvarianten übertragen worden ist. Bei einem Untätigbleiben muss eine bewusste Entscheidung zum Untätigbleiben vorgelegen haben.
- Der Projektmanager/-leiter muss zum Wohl des Auftraggebers und darf nicht zum eigenen finanziellen Vorteil handeln. Eigene Interessen dürfen die Entscheidung nicht beeinflusst haben.
- Besondere Bedeutung ist der Entscheidungsvorbereitung zuzumessen. Der Projektmanager/-leiter muss sich zuvor eine angemessene Informationsbasis beschafft haben. Er hat in der Entscheidungssituation alle verfügbaren Informationsquellen tatsächlicher und rechtlicher Art auszuschöpfen und die Vor- und Nachteile (Risiken) sorgfältig abzuschätzen.[55]
- Der Projektmanager/-leiter muss in der subjektiven Überzeugung im besten Interesse des Auftraggebers gehandelt haben.
- Die Entscheidung darf nicht so ungewöhnlich sein, dass sie schlichtweg eine sachangemessene Interessenwahrnehmung verletzt (keine Übernahme übergroßer Risiken/keine Hazard-Entscheidungen).[56]

1982 Die vorstehenden Grundsätze stellen einen **Haftungsleitfaden für den externen Projektleiter** dar. Der Projektleiter kann die Entscheidungsvorbereitung auf einen Projektsteuerer übertragen. Die sogenannten Mitwirkungsleistungen des AHO-Leistungskataloges und vergleichbare Projektsteuererleistungsbilder begründen in der Regel eine entsprechende Verpflichtung zur sachgerechten Entscheidungsvorbereitung. Der Projektleiter kann dementsprechend die Projektsteuerung einsetzen, um seine eigene unternehmerische Entscheidung ordnungsgemäß vorzubereiten und deshalb auch Haftungsvorsorge zu betreiben. Schwierige Entscheidungen kann der Projektleiter durch Einholung des Rates eines unabhängigen, fachlich qualifizierten Berufsträgers vorbereiten. Der Projektleiter muss sich allerdings stets darüber vergewissern, ob der von ihm eingeschaltete Berufsträger (z.B. ein Projektsteuerer) selbst über die ausreichende und spezifische Sachkunde für die Entscheidungsvorbereitung verfügt.[57]

---

51 Vgl. Hauschka, GmbHR 2007, 11, 12.

52 Vgl. Lutter, ZIP 2007, 841, 847 f.

53 Vgl. Bürkle/Fecker, Unternehmerischer Haftungsspielraum für leitende Angestellte, NZA 2007, 589, 591.

54 Zur Haftung des Projektleiters vgl. Eschenbruch, in: Festschrift für Ulrich Werner, S. 247.

55 BGH, Beschluss vom 14.07.2008, Az. II ZR 202/07, in: DStR 2008, 1839.

56 Vgl. dazu im Einzelnen Lutter, ZIP 2007, 841; Bürkle/Fecker, NZA 2007, 589; Hauschka, GmbHR 2007, 11 f.; Schmidt, ZBB 2006, 31; Koch, ZGR 2006, 783.

57 Vgl. auch OLG Stuttgart, Urteil vom 25.11.2009, Az. 20 U 5/09, in: WM 2010, 120, zur Darlegungs- und Beweislast bei Schadensersatzansprüchen gegen Vorstandsmitglieder; dazu auch Fleischer, Holger, Vorstandshaftung und Vertrauen auf anwaltlichen Rat, NZG 2010, 121; der Arbeitskreis »externe und interne Überwachung der Unternehmen« der Schmalenbach Gesellschaft für Betriebswirtschaft e. V. hat **20 goldene Regeln** für die unternehmerische Entscheidung veröffentlicht, die nicht sämtlich haftungsbegründenden oder konkretisierenden Charakter haben, allerdings für die Feststellung der sachgerechten Ausübung unternehmerischer Leitungsmacht herangezogen werden können: ZIP-Report, ZIP 2006, 1068.

6.1.1.5 Haftungsbeispiele aus dem Bereich Projektmanagement/-steuerung

Die **Bandbreite** zur Haftung führender Verletzungshandlungen ist genauso vielgestaltig wie der Leistungsumfang der Projektsteuerertätigkeit. Folgende Beispielsfälle zur Projektsteuererhaftung sind von Gerichten bereits entschieden oder von der Literatur aufgegriffen worden: 1983

- **Unzureichende Kontrolle von Architektenplänen**[58]
- **Verletzung von Koordinierungspflichten** (z. B. unsachgemäße Abstimmung von Terminen für Umbauarbeiten bei vorhandenen Mietern)[59]
- **unsorgfältige Anwendung des öffentlichen Vergaberechts**: Der Projektsteuerer kann übergangenen Bietern sogar unmittelbar haften, wenn er unter bewusster Missachtung des Vergaberechts nicht dem Erstplatzierten zum Zuschlag verhilft;[60] ebenso haftet der Projektsteuerer dem Auftraggeber auf Schadensersatz, wenn er im Rahmen der Beschaffungen eines öffentlichen Auftraggebers eingeschaltet ist und nicht für die Einhaltung des Vergaberechts sorgt, so dass **Zuwendungen** widerrufen werden[61] 1984
- **Auswahlpflichtverletzung** bei der Vergabe von Leistungen an Unternehmen mit nicht ausreichender Leistungsfähigkeit (nicht ausreichende Referenzauswertung)[62]
- Verletzung der Verpflichtung, möglichst **kostengünstig zu handeln** und **bei zweifelhafter und unklarer Rechtslage keine Zahlungen** zu leisten[63] 1985
- **Rabatte, Skonti und Rückvergütungen** hat ein geschäftsbesorgend tätiger Projektsteuerer dem Bauherrn gutzuschreiben, auch wenn der Bauherr derartige finanzielle Vorteile nicht hätte erlangen können[64]
- Veranlassung eines Generalunternehmers, dem Projektmanager/Baubetreuer eine **Provision** zu zahlen[65]
- Verletzung der Verpflichtung zur **ordnungsgemäßen Zahlungsfreigabe** bei Bearbeitung von Förderungsverfahren[66] 1986
- unsachgemäßes **Änderungsmanagement** (nicht ausreichende Führung einer Mehr- und Minderkostenliste beim Generalunternehmereinsatz)[67]
- Versäumung einer Empfehlung zur Aufnahme von **Vertragsstrafenvereinbarungen** in Verträgen[68]

58 OLG Düsseldorf, Urteil vom 23.06.2009, Az. I 23 U 140/08, in: IBR 2009, 530.
59 BGH, Urteil vom 13.07.2000, Az. VII ZR 139/99, in: NZBau 2000, 523, 524 = BGH, BauR 2000, 1762, 1764 (Projektsteuerer/Baubetreuer); dazu auch Möllers, in: Korbion, Baurecht, Teil 14, Rn. 96.
60 LG Köln, Urteil vom 17.11.2004, Az. 28 O 449/04, in: BauR 2005, 1044, 1045.
61 OLG Düsseldorf, Urteil v. 27.06.2014, I 17 U 5/14, NZBau 2014, 644 = VergabeR 2014, 837 mit Anmerkung von Stolz.
62 BGH, Urteil vom 13.07.2000, Az. VII ZR 139/99, in: NZBau 2000, 523, 524 = BGH, BauR 2000, 1762, 1764 (Projektsteuerer/Baubetreuer).
63 OLG Saarbrücken, Urteil vom 03.08.2004, Az. 4 U 470/03, in: IBR 2005, 164 (für die wirtschaftliche Baubetreuung) = BauR 2005, 444, 890.
64 OLG Saarbrücken, Urteil vom 03.08.2004, Az. 4 U 470/03, in: IBR 2005, 164 (für die wirtschaftliche Baubetreuung) = BauR 2005, 444, 890.
65 KG, Urteil vom 02.03.2005, Az. 26 U 49/04.
66 OLG München, Urteil vom 28.03.2000, Az. 28 U 3035/99, in: IBR 2002, 373, Revision vom BGH nicht angenommen, Beschluss vom 21.03.2002, Az. VII ZR 396/00 (Projektsteuerer).
67 OLG München, Urteil vom 10.06.2001, Az. 9 U 1979/01, in: IBR 2002, 674.
68 BGH, Urteil vom 17.03.2000, Az. VII ZR 139/99, in: NZBau 2000, 523, 524 = BGH, BauR 2000, 1762, 1764 (Projektsteuerer/Baubetreuer).

- **Freigabe von Rechnungen**, insbesondere Schlussrechnungen, wegen nicht ausreichender Kontrolle der von der Bauüberwachung geprüften Rechnungen[69]

1987 - **Nicht ordnungsgemäße Dokumentation** des Abrechnungs- und Zahlungsverkehrs für die Erstellung der für eine Förderung notwendigen **Verwendungsnachweise**[70]
- **Unterlassen der Kündigung** eines unzuverlässigen, ausführenden Unternehmens[71]
- Wer eine **stichprobenhafte** Baukontrolle verspricht, haftet erfolgsbezogen für das Erkennen der im Laufe von Begutachtungen erfassten bzw. erkennbaren Mängel. In Allgemeinen Geschäftsbedingungen vorgesehene Haftungsbegrenzungen sind demgegenüber unwirksam[72]

1988 - Nicht ordnungsgemäße **Überwachungstätigkeit** bei originärer Überwachungsverpflichtung oder sekundärer stichprobenhafter Kontrollpflicht bei einem Generalunternehmercontrolling[73]
- Obliegt dem Projektsteuerer ein **Bautenstandscontrolling**, haftet er hierfür wie ein Architekt[74]; bei einem unrichtigen **Bautenstandsbericht** haftet der Projektsteuerer auch gegenüber Erwerbern,[75] dazu auch Rdn. 384

1989 - Auch **Angaben** des Projektsteuerers für einen Kreditantrag zur Finanzierung eines Bauvorhabens können eine Haftung begründen. Der Umfang der Sorgfaltspflicht in diesem Zusammenhang hängt von der übertragenen Aufgabenstellung des Projektsteuerers ab[76]
- **Nichtwahrnehmung** eines mit dem Bauherrn **abgestimmten Termins** zur Abnahme mit einem Sachverständigen[77]

1990 - Bei einem **Projektmanager**, der eine umfassende Entlastung des Bauherrn übernommen hat, besteht eine Handlungsverpflichtung ohne weiteres Mitwirken des Auftraggebers (**Verpflichtung zum proaktiven Handeln**). Der Projektmanager muss dann selbst Mehrkostenabrechnungen

69 OLG München, Urteil vom 28.03.2000, Az. 28 U 3035/99, in: IBR 2002, 373; zu den Prüfpflichten von Zahlungsfreigaben eines Architekten vgl. auch BGH, Urteil vom 04.04.2002, Az. VII ZR 295/00, in: NZBau 2002, 456 = BauR 2002, 1112; OLG Hamm, Urteil vom 07.08.2008, Az. 21 U 78/07, in: NZBau 2009, 45 f. = BauR 2009, 123 f.; OLG Celle, Urteil vom 23.05.2000, Az. 16 U 182/99, in: BauR 2000, 1897, 1898; OLG Naumburg, Urteil vom 29.05.2006, Az. 1 U 27/06, in: NJW-RR 2006, 1315; zur Übertragung der Haftungsgrundsätze für den Architekten bei fehlerhafter Freigabe von Abschlagsrechnungen auf die Projektsteuerung Schill, NZBau 2005, 489, 492.

70 OLG München, Urteil vom 28.03.2000, Az. 28 U 3035/99, in: IBR 2002, 373.

71 BGH, Urteil vom 13.07.2000, Az. VII ZR 139/99, in: NZBau 2000, 523, 524 = BGH, BauR 2000, 1762, 1764 (Projektsteuerer/Baubetreuer).

72 BGH, Urteil vom 11.10.2001, Az. VII ZR 475/00, in: NZBau 2002, 150 = BauR 2002, 315; vgl. auch BGH, Urteil vom 11.12.2003, Az. VII ZR 31/03, in: NZBau 2004, 215, 216 = BauR 2004, 674 = IBR 2004, 153; zur Untersuchungs- und Aufklärungspflicht des Architekten bei Mängeln, vgl. BGH, Urteil vom 26.10.2006, Az. VII ZR 133/04, in: NJW 2007, 365; LG Hamburg, Urteil vom 04.12.2012, Az. 321 O 87/12, in: NJW-RR 2013, 594; KG, Urteil vom 05.03.2013, Az. 27 U 93/12, in: IBR 2013, 633; OLG Dresden, Urteil vom 20.12.2007, Az. 10 U 293/07, in: IBR 2009, 21; der Auftraggeber kann jedoch auf Rechtsansprüche wegen eines falschen Bautenstandsberichts konkludent verzichten: OLG Dresden, Urteil vom 09.06.2005, Az. 9 U 1337/04, in: IBR 2006, 280.

73 OLG Karlsruhe, Urteil vom 30.11.1999, Az. 17 U 270/93, in: IBR 2001, 382, Revision vom BGH nicht angenommen, Beschluss vom 05.04.2001, Az. VII ZR 16/00.

74 Dazu vgl. BGH, Beschluss vom 23.02.2006, Az. VII ZR 158/05, in: IBR 2006, 280; BGH, Urteil vom 10.03.2005, Az. VII ZR 220/03, in: NZBau 2005, 397 = BauR 2005, 1052 = IBR 2005, 333; OLG Saarbrücken, Urteil vom 15.05.2008, Az. 8 U 119/07, in: IBR 2008, 660 sowie OLG Dresden, Urteil vom 26.10.2000, Az. 7 U 1524/00, in: IBR 2001, 134; OLG Brandenburg, Urteil vom 14.12.2005, Az. 4 U 167/99, in: IBR 2006, 281; kein Versicherungsschutz für bewusst falsche Bautenstandsbestätigung, OLG Dresden, Beschluss vom 14.08.2012, Az. 4 W 734/12, in: NZBau 2012, 713.

75 BGH, Urteil vom 25.09.2008, Az. VII ZR 35/07, in: IBR 2008, 743 für den Architekten.

76 OLG München, Urteil vom 17.03.2010, Az. 9 U 4414/09, in: IBR 2012, 333, Nichtannahmebeschluss des BGH vom 09.02.2012, Az. VII ZR 127/10.

77 Entstehung überflüssiger Kosten durch Erscheinen des Sachverständigen, vgl. BGH, Urteil vom 23.06.2005, Az. VII ZR 144/03, in: IBR 2005, 459.

nach § 8 Nr. 3 VOB/B veranlassen und kann sich nicht auf ein Mitverschulden des Auftraggebers berufen, wenn infolge seiner Unterlassungen Schäden auftreten[78]

- Besondere Haftungsrisiken bestehen während der **Projektentwicklung**: Hier hat das OLG Düsseldorf entschieden, dass vor der Erstellung einer Bauvoranfrage die Projektrahmenbedingungen geklärt sein müssen. Die Aufgaben müssten in der Reihenfolge einer Machbarkeitsanalyse, dann Investitions- und Finanzplanung und schließlich Wirtschaftlichkeitsberechnungen abgearbeitet werden.[79] Im Zweifel wird jedoch nicht davon auszugehen sein, dass ein Projektsteuerer, auch wenn er Informationen an Banken weiterzugeben hat, eigenständige Überprüfungsaufgaben zu übernehmen hat, die der betriebswirtschaftlichen Beratung zuzuweisen sind; er hat auch keine Untersuchungen nach dem betriebswirtschaftlichen Vorsichtsprinzip anzustellen[80] 1991
- Der Projektmanager kann auch wegen **falscher Angaben bei der Vertragsanbahnung**, insbesondere bei dem Erwerb eines Investitionsobjektes haften, § 311 Abs. 2 BGB[81] 1992
- **Unzulässige Rechtsberatung** durch den Projektsteuerer/Fehlberatung zu Vertragsstrafen[82]

Die Haftung hat – entsprechend der Rechtsnatur des Projektsteuerervertrages – entweder eine **dienst- oder eine werkvertragliche Basis** oder eine gesetzliche Grundlage (z. B. Deliktsrecht). Die Strukturen **dienst- und werkvertraglicher Haftung** sind in wichtigen Bereichen unterschiedlich ausgestaltet. 1993

6.1.2 Grundzüge dienstvertraglicher Haftung

Der dienstvertragliche Charakter einer Tätigkeit ist dadurch gekennzeichnet, dass die Tätigkeit als solche den Gegenstand der Leistungspflichten und ihre Schlechterfüllung die Grundlage einer möglichen Haftung bildet. Nicht entscheidend ist, ob das mit der Beauftragung des Dienstverpflichteten (hier Projektsteuerers) verfolgte Ziel erreicht wird. Eine erfolgsbezogene – zumal verschuldensunabhängige – Mängelhaftung, wie beim Werkvertrag, sieht das Dienstvertragsrecht nicht vor. Das **unverschuldete Versagen** bzw. das **Nichterreichen von Erfolgen** (wie Einhaltung von Budgets und Terminzielen) hat weder Einfluss auf die – i. d. R. zeitanteilig zu bestimmende – Vergütung noch auf die Haftung des Projektsteuerers. Der Projektsteuerer erbringt in diesen Fällen eben eine Dienstleistung, ohne dass er für den Erfolg seiner Tätigkeit einzustehen hätte. Etwas anderes gilt nur dann, wenn der Projektsteuerer ausnahmsweise in einem Dienstvertrag weitergehende Einstandspflichten übernommen hat. 1994

Werden Leistungen der Projektsteuerer von einem **Arbeitnehmer** erbracht, so ist ein sogenannter **subjektiver Leistungsbegriff** relevant, der sich an der individuellen Leistungsfähigkeit des Arbeitnehmers orientiert. Der Arbeitnehmer schuldet danach keine Normalleistungen oder Mindestleistungen, sondern ist nur verpflichtet, unter angemessener Anspannung seiner Fähigkeiten und Fertigkeiten sorgfältig zu arbeiten.[83] Dagegen ist bei freiberuflichen Dienstleistungen, also Dienstleistungen **Externer**, von **objektiven Leistungsanforderungen** auszugehen, der die Einhaltung der maßgeblichen Berufsstandards erwarten darf. 1995

Zum Ausgleich für die fehlende Gewährleistungspflicht des Dienstverpflichteten hat der Dienstherr das Recht, schon auf die Ausführung der Dienstleistung durch Erteilung von **konkreten Weisungen** Einfluss zu nehmen und den Dienstvertrag notfalls zu kündigen, wenn der Dienstverpflichtete trotz Abmahnung den Weisungen keine Folge leistet und seine dienstvertraglichen Pflichten nur schlecht erfüllt. Ein **Minderungsrecht** steht dem Dienstverpflichteten indessen nicht 1996

78 OLG München, Urteil vom 10.07.2001, Az. 9 U 1979/01, in: BauR 2003, 415.
79 OLG Düsseldorf, Urteil vom 24.05.2006, Az. 15 U 43/05, in: IBR 2006, 458.
80 OLG München, Urteil vom 13.07.2010, Az. 9 U 4414/09, in: IBR 2012, 333.
81 Vgl. BGH, Urteil vom 17.10.2003, Az. V ZR 84/02, in: NZBau 2004, 48 = NJW-RR 2004, 79 = IBR 2004, 167 für die Haftung einer Projektentwicklungsgesellschaft »Media Park Köln«.
82 OLG Saarbrücken, Urteil vom 03.03.2009, Az. 4 U 143/08–46 0, in: Beck RS 2009, 12824.
83 Maschmann, Frank, Die mangelhafte Arbeitsleistung, NZA 2006, 13, 15.

zu. Deshalb kann auch der Vergütungsanspruch wegen einer unzureichenden oder pflichtwidrigen Leistung eines Dienstverpflichteten nicht gekürzt werden oder in Wegfall geraten.[84] Bei einer völlig unbrauchbaren Leistung kann indessen die Vergütung ggf. auf Null »gemindert« werden.[85] Außerdem steht dem Dienstleister in der Regel kein Nachbesserungsrecht zu.[86]

1997 Der dienstvertraglich tätige Projektmanager hat die von ihm **übernommenen Vertragspflichten sorgfältig zu erfüllen**. Er hat sich die für seine Tätigkeit notwendigen Informationen und Kenntnisse selbständig zu beschaffen. Dazu gehört auch, dass der Projektmanager seinem Auftraggeber bzw. den weiteren an einem Projekt mitwirkenden Personen die Fragen stellt, die zur Klärung des zu beurteilenden Sachverhaltes erforderlich sind. Er darf sich nicht darauf verlassen, dass der Auftraggeber, der ihn gerade wegen seiner eigenen Bedenken hinzugezogen hat, von sich aus auf alle Punkte hinweist.[87]

1998 Erbringt der Projektsteuerer eine Dienstleistung, haftet er für Mängel seiner Leistungen nach § 280 BGB. Hiernach hat der Projektsteuerer/Projektmanager dem Auftraggeber bei Vertragsverletzungen den entstandenen Schaden zu ersetzen. Nach § 280 Abs. 1 Satz 2 BGB kann sich der **Projektsteuerer/Projektmanager hinsichtlich des erforderlichen Verschuldens** entlasten, trägt allerdings insoweit die **Beweislast**.[88] Handelt der Projektsteuerer/Projektmanager als Arbeitnehmer, gilt – im Verhältnis zum Arbeitgeber – die Verschuldensvermutung indessen nicht, § 619 a BGB.

1999 **Schadensersatz** nicht nur wegen der einzelnen Pflichtverletzung bei fortbestehendem Projektsteuerungsvertrag, sondern **»statt der Leistung«**, kann der Auftraggeber gem. § 281 Abs. 1 BGB verlangen. Die Voraussetzungen sind erfüllt, wenn der Projektsteuerer/Projektmanager eine fällige Leistung nicht oder nicht wie geschuldet erbringt und eine angemessene Frist zur Leistung oder Nacherfüllung fruchtlos verstreichen lässt, § 281 Abs. 1 BGB. Zu ersetzen ist in diesem Fall der sog. Nichterfüllungsschaden. Eine Fristsetzung ist ausnahmsweise entbehrlich, wenn der Projektsteuerer/Projektmanager die Leistung ernsthaft und endgültig verweigert oder besondere Umstände vorliegen, die unter Abwägung der beiderseitigen Interessen die sofortige Geltendmachung des Schadensersatzanspruchs rechtfertigen, § 281 Abs. 2 BGB. **Reine Verspätungsschäden** – die nicht zur Aufhebung des Vertrages führen – kann der Auftraggeber unter den Voraussetzungen §§ 286, 280 BGB ersetzt verlangen.

2000 Ein **Minderungsrecht** steht dem Dienstverpflichteten indessen nicht zu. Deshalb kann auch der Vergütungsanspruch wegen einer unzureichenden oder pflichtwidrigen Leistung eines Dienstverpflichteten nicht gekürzt werden oder in Wegfall geraten.[89] Bei einer völlig unbrauchbaren Leistung kann indessen die Vergütung ggf. auf Null »gemindert« werden.[90]

2001 Nach dem neuen Schuldrecht beträgt die regelmäßige **Verjährungsfrist für Schadensersatzansprüche 3 Jahre**, § 195 BGB. Sie beginnt mit dem Schluss des Jahres, in dem der Anspruch entstanden ist **und** der Auftraggeber von den den Anspruch begründenden Umständen und der Person des Schädigers Kenntnis erlangt hat oder ohne grobe Fahrlässigkeit erlangen musste, § 199 Abs. 1 BGB. Unabhängig von der Kenntnis verjähren Schadensersatzansprüche wegen Verletzung des Lebens, des Körpers, der Gesundheit, der Freiheit spätestens nach 30 Jahren, im Übrigen 10 Jahre

84 BGH, Urteil vom 15.07.2004, Az. IX ZR 256/03, in: VersR 2005, 270; offen gelassen OLG Düsseldorf, Beschluss vom 31.05.2011, Az. I 24 U 58/11, in: MDR 2012, 16.

85 Vgl. OLG Düsseldorf, Urteil vom 02.11.2005, Az. 15 U 117/04, in: NJW-RR 2006, 1074; offen gelassen OLG Düsseldorf, Beschluss vom 31.05.2011, Az. I 24 U 58/11, in: MDR 2012, 16.

86 BGH, Urteil vom 11.05.2006, Az. IX ZR 63/05, BB 2006, 1527.

87 OLG Düsseldorf, Urteil vom 24.05.2006, Az. 15 U 43/05, in: IBR 2006, 458.

88 OLG Düsseldorf, Urteil vom 24.05.2006, Az. 15 U 43/05, in: IBR 2006, 458.

89 BGH, VersR 2005, 270; OLG Düsseldorf, Beschluss vom 18.10.2010, Az. 1–24 U 50/10, in: MDR 2011, 1327 für die Anwaltsleistung.

90 Vgl. OLG Düsseldorf, Urteil vom 02.11.2005, Az. 15 U 117/04, in: NJW-RR 2006, 1074; OLG Koblenz, Beschluss vom 01.09.2011, Az. 5 U 862/11, in: MDR 2011, 1278.

nach Entstehung und Kenntnis/grob fahrlässiger Unkenntnis von ihrer Entstehung an, jedenfalls aber nach 30 Jahren. Das durch das Schuldrechtsmodernisierungsgesetz eingeführte neue Regelverjährungsrecht führt dazu, dass die Haftungsproblematik für auf dienstvertraglicher Ebene tätige Projektsteuerer deutlich entschärft worden ist. Während früher von einer 30-jährigen Verjährungsfrist auszugehen war,[91] wird nunmehr regelmäßig eine 3-jährige Verjährungsfrist eingreifen.

6.1.3 Grundzüge werkvertraglicher Mängelhaftung

In der überwiegenden Zahl der Fälle erbringt der Projektsteuerer/Projektmanager eine erfolgsbe- 2002
zogene technische Steuerungsleistung, die **werkvertraglichen Charakter** hat. Der Projektsteuerer/Projektmanager übernimmt in diesen Fällen eine selbstständige (Teil-)Aufgabe auf dem Weg zum Projekterfolg.[92]

Die Mängelansprüche bei **Mängeln der Werkleistung** ergeben sich aus §§ 633 ff. BGB. Da sich 2003
der Projekterfolg rechtlich erst mit der Abnahme konkretisiert, muss – auch nach der Schuldrechtsmodernisierung – zwischen den Leistungsphasen vor Abnahme und nach Abnahme unterschieden werden:

Vor der Abnahme (zur Abnahme siehe Rdn. 1765, 2611) stehen dem Auftraggeber seine auf Ver- 2004
schaffung der mangelfreien Werkleistung gerichteten vertraglichen Erfüllungsansprüche zu. Die §§ 275 ff., 323 ff. BGB stehen ihm vor der Abnahme uneingeschränkt zur Seite.[93] Insbesondere bleibt es dem Auftraggeber vorbehalten, die Abnahme des Werkes zu verweigern. Der Auftraggeber kann aber auf seinen Erfüllungsanspruch und die daraus abzuleitenden weitergehenden Rechte verzichten und sich auch schon vor Abnahme mit den Vorschriften zur Mängelhaftung begnügen, §§ 633, 634 ff. BGB.[94] Der BGH hat offen gelassen, ob er diese Rechtsprechung auch auf nach der Schuldrechtsmodernisierung (nach dem 31.12.2001) geschlossene Verträge anwenden will.[95] Jedenfalls will der BGH dann, wenn eine Abnahme der Werkleistung nach der Natur der Sache ausgeschlossen ist (dazu auch § 646 BGB), das Mängelrecht der §§ 344 ff. BGB anwenden, auch wenn die Leistung noch unvollständig ist.[96] Dem Auftraggeber sind vor der Abnahme die Mängelrechte insbesondere dann zuzuerkennen, wenn der Projektsteuerer/Projektmanager seine Leistungen nicht vertragsgerecht erbracht hat und offensichtlich ist, dass er die Mängel nicht mehr beseitigen kann[97] oder aber aus einem sonstigen Grunde die Nachbesserungsbefugnis verloren hat.[98] Der Projektsteuerer/Projektmanager muss allerdings bei nicht nachbesserungsfähigen Mängeln nicht mehr befürchten, 30 Jahre lang zu haften;[99] vielmehr gilt auch insoweit die neue 3-jährige Regelverjährung mit ihren ergänzenden Höchstfristen, § 199 BGB.

Nach der Abnahme gelten die Mängelansprüche der §§ 633 ff. BGB. Nach § 633 Abs. 1 BGB hat 2005
der Projektsteuerer/Projektmanager dem Auftraggeber das Werk frei von Sach- und Rechtsmängeln

91 Vgl. etwa BGH, Urteil vom 12.07.1971, Az. VII ZR 286/69, in: VersR 1971, 1041; strittig, für die Anwendung der kurzen 5-jährigen Verjährungsfrist auf Leistungen im Kernbereich der Architektentätigkeit OLG Düsseldorf, Urteil vom 28.05.1993, Az. 22 U 300/92, in: BauR 1994, 133; LG Konstanz, Urteil vom 29.03.1996, Az. 3 O 508/95, in: IBR 1998, 32 m. Anm. v. Preussner.

92 Siehe dazu Rdn. 1103 f., sowie etwa Heinrich, Der Baucontrollingvertrag, S. 130 ff. m. w. N.

93 Sprau, in: Palandt, BGB, Vorbem. v. § 633, Rn. 7.

94 Folnovic, BauR 2008, 1360; Sprau, in: Palandt, BGB, Vorbem. v. § 633, Rn. 7; vgl. zum alten Recht BGH, Urteil vom 17.02.1999, Az. X ZR 8/96, in: BauR 1999, 760, 761 = BGH, WM 1999, 1185, 1186; BGH, Urteil vom 07.07.1987, Az. X ZR 23/86, in: NJW-RR 1988, 310; vgl. auch OLG Dresden, Beschluss vom 19.10.2011, Az. 10 O 1826/10, in: IBR 2012, 591.

95 BGH, Urteil vom 06.06.2013, Az. VII ZR 355/12, in: VersR 2014, 472, 473; BGH, Urteil vom 24.02.2011, Az. VII ZR 61/10, in: NJW 2011, 1224; dazu auch Popesco, NZBau 2012, 137, 140.

96 BGH, Urteil vom 06.06.2013, Az. VII ZR 355/12, in: VersR 2014, 472, 474.

97 Sprau, in: Palandt, BGB, Vorbem. v. § 633, Rn. 7.

98 OLG Koblenz, Urteil vom 18.10.2007, Az. 5 U 521/07, in: IBR 2008, 81.

99 Vgl. BGH, Urteil vom 30.09.1999, Az. VII ZR 162/97, in: NZBau 2000, 22 = BauR 2000, 128.

zu verschaffen. Sach- und Rechtsmängel werden vom Gesetz gleichgestellt, § 633 Abs. 1, Abs. 3 BGB. Dem Sachmangel wird auch die Lieferung eines anderen Werks, wie auch die Leistung einer geringeren Menge gleichgestellt, § 633 Abs. 3 BGB.

2006 Ein **Sachmangel** liegt nach § 633 Abs. 1, 2 BGB dann vor, wenn die Projektsteuererleistung nicht die vereinbarte Beschaffenheit hat. Fehlt es an einer konkreten Beschaffenheitsvereinbarung im Projektsteuerungsvertrag, ist eine Mangelhaftigkeit gegeben, wenn sich die Leistung (das Werk) nicht für die nach dem Vertrag vorausgesetzte oder für die gewöhnliche Verwendung eignet oder nicht eine Beschaffenheit aufweist, die bei Werken der gleichen Art üblich ist die der Auftraggeber nach Art des Werks erwarten kann.

2007 Das Gesetz hat im Rahmen der neuen Mangeldefinition klargestellt, dass es für die Feststellung eines Mangels entscheidend darauf ankommt, ob der Auftragnehmer (Projektsteuerer) die vertraglichen Vorgaben eingehalten hat. Diese Vorgaben können sich auf bestimmte Tätigkeiten, bestimmte Ergebnisse wie auch funktional definierte Erfolge beziehen. Das **maßgebliche Steuerungssoll**[100] ist angesichts der Vielgestaltigkeit von Projektsteuerungsverträgen im Einzelfall mittels Auslegung zu ermitteln. Jede negative Abweichung von den vertraglichen Leistungsanforderungen stellt einen Mangel dar. Dort, wo es keine ausdrücklichen vertraglichen Maßstäbe gibt, ist auf die Eignung der Projektsteuerungsleistung für das konkrete Projekt und die Übereinstimmung mit Branchenstandards abzustellen.

2008 Ein Werk entspricht insbesondere nicht der **vereinbarten Beschaffenheit**, wenn es nicht die vereinbarte Funktionstauglichkeit aufweist.[101] In solchen Fällen liegt ein Mangel vor. Lässt sich die Funktionstauglichkeit mit vom Auftraggeber vorgegebenen Methoden/Ausführungsarten nicht erreichen, dann muss der Auftragnehmer zur Vermeidung eines Werkmangels gleichwohl die Funktionstauglichkeit anstreben. Nur dann, wenn er den Auftraggeber rechtzeitig auf den Widerspruch von funktionalen Angaben und methodischen Vorgaben hingewiesen hat und der Auftraggeber diesen Konflikt nicht entscheidet, wird der Auftragnehmer von seiner Mangelhaftung frei. Wenn der Auftragnehmer in einem solchen Fall von der vertraglich vorgesehenen Ausführungsart abweichen muss, hat er Anspruch auf eine Vergütungsanpassung im Hinblick auf einen etwaigen Mehraufwand.[102] Beruht ein Mangel des Werks auf der Vorleistung eines anderen Unternehmers, wird der Projektsteuerer ebenfalls von der Haftung frei, wenn er seiner Prüfungs- und Hinweispflicht nachgekommen ist.[103]

2009 **Allein der Umstand**, dass **Projektziele nicht erreicht** werden, begründet – außerhalb von Garantieübernahmen durch den Projektmanager/Projektsteuerer – nicht ohne weiteres einen Werkmangel. Es muss vielmehr untersucht werden, ob Zielverfehlungen unter Berücksichtigung der Hinweis- und Prüfpflichten des Projektmanagers auf einer Pflichtverletzung basieren. Es ist deshalb zu unterscheiden, ob die Zielerreichung an vom Projektmanager/-steuerer unbeeinflussbaren Umständen scheitert oder aber ob sich Umstände auswirken, die grundsätzlich beeinflussbar waren. Im letzteren Fall scheidet eine werkvertragliche Mängelhaftung nur aus, wenn der Projektmanager alle ihm zumutbaren Anstrengungen unternommen hat, um die Projektziele gleichwohl zu erreichen und er den Auftraggeber auf das voraussichtliche Nichterreichen der Projektziele und denkbare Abhilfemaßnahmen rechtzeitig hingewiesen hat.

2010 Hat etwa der Projektmanager/Projektsteuerer die übernommenen Einzelleistungen ordnungsgemäß erfüllt, werden jedoch die Projektziele aufgrund einer nicht vorhersehbaren **Insolvenz** eines für die

100 Vgl. Rdn. 1602 f.

101 Zum Begriff der Funktionstauglichkeit einer Planungsaufgabe, OLG Celle, Urteil vom 17.01.2013, Az. 16 U 94/11, in: IBR 2013, 629.

102 BGH, Urteil vom 08.11.2007, Az. VII ZR 183/05, in: NZBau 2008, 109, 111 = BauR 2008, 344 = ZfIR 2008, 495, 497 = IBR 2008, 79.

103 BGH, Urteil vom 08.11.2007, Az. VII ZR 183/05, in: NJW 2008, 511.

Projektabwicklung wichtigen Unternehmers verfehlt, so ist von einer mangelhaften Leistung des Projektmanagers nicht auszugehen. Der Projektmanager hätte keine Möglichkeit gehabt, den Störfaktor zu beeinflussen bzw. abzuwenden. Er muss jedoch seine Leistungen darauf einrichten, das Projekt unter den neuen Rahmenbedingungen bestmöglich zu steuern und die möglichen Maßnahmen mit dem Auftraggeber abstimmen. Bei einer Werkleistung, die **nicht zu einem geschuldeten Zeitpunkt** erbracht wird, verletzt der Auftragnehmer zwar seine vertragliche Leistungspflicht. Das ändert jedoch nichts daran, dass ein etwaiger Verzug nicht ohne Weiteres ein Mangel des schließlich zu erstellenden Werks begründet, sondern vom Gesetz eigenständig geregelt wird. Ein Mangel setzt voraus, dass das Werk infolge der Zeitverzögerung nicht die geschuldete Beschaffenheit aufweist.[104] Auch bei Projektsteuerungsverträgen führt eine **verspätete Projektsteuerungsleistung nicht notwendig zu einem Mangel** (siehe dazu auch Rdn. 2020).

Zutreffend hat das OLG Naumburg[105] ausgeführt: 2011

»Die rechtliche Qualifizierung des Vertragsverhältnisses als Werkvertrag besagt allerdings noch nicht, dass die Klägerin (hier: Projektsteuerungsunternehmen) auch die Einhaltung des ursprünglich vorgesehenen Baufertigstellungstermins unter Wahrung des geplanten Kostenrahmens als Werkerfolg geschuldet hat und sie sich gegenüber dem beklagten Land (hier: Auftraggeber) mithin zu einem **Rundum-Sorglos-Paket** *verpflichtete. … Der Projektsteuerer haftet keineswegs generell für die erfolgreiche Durchführung des Bauprojekts, insbesondere übernimmt er in der Regel* **nicht die Garantie** *für die vertragsgerechten Tätigkeiten der übrigen Projektbeteiligten. Denn ein zu 100 % durchgeplantes und entsprechend abgewickeltes Bauvorhaben gibt es nicht, zumal in der Baupraxis mit vielen unvorhergesehenen Entwicklungen zu rechnen ist.«*

Wenn sich der Projektmanager bei der Erledigung seiner Aufgaben der Vorleistung eines anderen 2012
Projektbeteiligten bedient, muss er prüfen und ggf. auch geeignete Erkundigungen einziehen, ob diese Vorarbeiten eine geeignete Grundlage für sein Gewerk bieten und keine Eigenschaften besitzen, die den Erfolg seiner Arbeit in Frage stellen können. Ist die Vorleistung mangelhaft und erfüllt deshalb auch das Werk des Projektsteuerers nicht die vertraglichen Anforderungen, ist auch die Leistung des Projektmanagers mangelbehaftet. Er wird von seiner Mangelhaftung nur frei, falls er darlegen und beweisen kann, dass er seinen Prüf- und Hinweispflichten nachgekommen ist.[106]

Allein der Umstand, dass auch eine optional erbrachte Projektsteuerungsleistung nicht zwangsläufig 2013
den Projekterfolg sichern kann – mithin stets ein gewisses **Systemrisiko** verbleibt –, steht einer Haftung nicht entgegen.[107]

Problemstellungen ergeben sich des Öfteren, wenn **Projektziele** vereinbart worden sind, die **sich** 2014
widersprechen, wie dies typischerweise bei Qualitäts-, Kosten- und Terminzielen der Fall sein kann. Sind derartige Ziele vereinbart und ergibt sich im Laufe des Projektes, dass die Berücksichtigung der einzelnen Ziele zu unterschiedlichen Lösungen/Entscheidungen führen müsste, so obliegt grundsätzlich dem Auftraggeber die Bestimmung des Vorrangs einzelner Ziele. Der Projektmanager hat den Auftraggeber allerdings über das Vorliegen des Zielkonfliktes als solchen und über die Möglichkeiten einer Auflösung zu informieren. Dementsprechend entsteht eine verschuldensunabhängige Haftung des Projektmanagers/-steuerers auch nicht bereits, wenn Zielkonflikte auftreten und ein Projektziel dementsprechend nicht uneingeschränkt umgesetzt werden kann.[108] Ohne besondere vertragliche Verpflichtung obliegt es dem Projektmanager auch nicht, eine Projektrealisierung »so kostengünstig wie möglich« durchzuführen.[109]

---

104 Vgl. dazu BGH, Urteil vom 28.05.2009, Az. Xa ZR 113/08, in: RIW 2009, 636, 637.
105 OLG Naumburg (Dreso I), Urteil vom 14.03.2008, Az. 10 U 64/087, NZBau 2009, 318 f.
106 BGH, Urteil vom 08.11.2007, Az. VII ZR 183/05, in: NZBau 2008, 109, 111 f.
107 Vgl. zum sog. Systemrisiko Kuffer, NZBau 2006, S. 1 f.; Ganten, BauR 2000, 643.
108 Vgl. von Minckwitz, BrBp 2005, 260.
109 Für den Architekten vgl. OLG Hamburg, Urteil vom 07.11.2003, Az. 1 U 108/02, in: BauR 2004, 687 = IBR 2004, 211.

2015 Nicht zutreffend erscheint es demgegenüber, wenn etwa *Schill*[110] darauf abhebt, dass der Mangel der Projektsteuererleistung generell in einer **fehlgeschlagenen Optimierung** liege. Das kann im Einzelfall richtig sein, nämlich dann, wenn die vertragliche Leistungspflicht eine derartige Optimierungsverpflichtung des Projektsteuerers/Projektmanagers in Bezug auf bestimmte Zielstellungen vorsieht und diese Verpflichtung verletzt wird. Im Übrigen kommt es genau darauf an, welche Einzeltätigkeiten, Ergebnisse und Erfolge der Projektsteuerer in seinem Vertrag versprochen hat.[111] Im Zweifel schuldet der Projektsteuerer wie auch der Planer keine optimale Lösung, geschuldet wird vielmehr eine **durchschnittlich brauchbare, sachgerechte Leistung**.[112]

2016 Ohne besondere Absprachen schuldet der Projektmanager einen **üblichen Aufwand** und nicht die Ausschöpfung des wirtschaftlich oder technisch Möglichen.[113]

2017 Die von der vertraglich bestimmten Beschaffenheit abweichende Leistung eines Auftragnehmers ist grundsätzlich auch dann **mangelhaft**, wenn ihn **kein Verschulden** trifft, etwa weil die Ausführung den für die Zeit anerkannten Regeln der Technik entspricht oder weil er nach allgemeinem Fachwissen auf Herstellerangaben und sonstige Informationen vertrauen konnte.[114]

2018 Ist das Werk mangelhaft, kann der Auftraggeber gem. § 634 BGB folgende **Mängelansprüche** geltend machen:
- nach § 635 BGB **Nacherfüllung** verlangen
- nach § 637 BGB eine **Selbstvornahme** durchführen
- nach §§ 636, 323, 326 Abs. 5 BGB von dem Vertrag **zurücktreten** (Rücktritt anstelle Wandlung)[115]
- nach § 638 BGB die Vergütung **mindern**
- nach den §§ 636, 280, 281, 283 und 311 a BGB **Schadensersatz** oder nach § 284 BGB Ersatz vergeblicher **Aufwendungen** verlangen (nur bei Verschulden).

2019 Angelpunkt des mit dem Schuldrechtsmodernisierungsgesetz novellierten Gewährleistungsrechtes ist der **Nacherfüllungsanspruch** (früherer Nachbesserungsanspruch) des Auftraggebers. § 635 Abs. 1 BGB regelt, dass der Auftraggeber bei Vorliegen eines Mangels Nacherfüllung verlangen kann. Der Auftragnehmer (hier Projektsteuerer/Projektmanager) kann alsdann nach seiner Wahl entscheiden, ob er den Mangel beseitigt oder ein neues Werk herstellt. Der Auftragnehmer hat in diesem Zusammenhang alle zum Zweck der Nacherfüllung erforderlichen Aufwendungen zu tragen, § 635 Abs. 2 BGB. Dazu gehören auch diejenigen Kosten, die der Besteller bei verständiger Würdigung für erforderlich halten durfte.[116] Die Unmöglichkeit der Nacherfüllung führt zu einem Erlöschen des Nacherfüllungsrechtes, § 275 Abs. 1 BGB. Darüber hinaus kann der Projektsteuerer/Projektmanager eine **Nacherfüllung** wegen unverhältnismäßigen Aufwandes, § 275 Abs. 2 BGB, und wegen unverhältnismäßiger Kosten, § 635 Abs. 3 BGB, **verweigern**.

2020 Nicht selten ergibt sich in der Praxis die Fragestellung, **bis wann** der Projektmanager/-steuerer eine vollständige und einwandfreie Teilleistung zu erbringen hat. Vielfach sind Auftraggeber mit ersten zur Abstimmung vorgelegten Arbeitsergebnissen nicht zufrieden oder wollen im Hinblick auf vermeintlich ausgebliebene Teilleistungen Abzüge von dem Honorar vornehmen. Soweit der Werkvertrag für die Teilleistung keine Terminierung beinhaltet, entscheiden allein die Erfordernisse des Projektes – und nicht das Wunschdenken des Auftraggebers –, wann die einzelne Leistung

110 Der Projektsteuerungsvertrag, S. 85 f.
111 Kritisch zum Optimierungsansatz von Schill auch Möllers, in: Korbion, Baurecht, Teil 14, Rn. 77.
112 Vgl. für den Architekten OLG Karlsruhe, Urteil vom 31.07.2001, Az. 17 U 140/99, in: IBR 2002, 83.
113 Vgl. dazu Blecken/Sundermaier/Niester, BauR 2004, 916, 918.
114 BGH, Urteil vom 10.11.2005, Az. VII ZR 147/04, in: NZBau 2006, 112 = BauR 2006, 375, 376 = IBR 2006, 16.
115 Vgl. dazu BGH, Beschluss vom 08.05.2008, Az. VII ZR 201/07, in: NZBau 2008, 576, 577.
116 Vgl. BGH, Urteil vom 27.03.2003, Az. VII ZR 443/01, in: NZBau 2003, 433 = BauR 2003, 1209, 1210 = IBR 2003, 350.

vollständig und ordnungsgemäß zu erbringen ist. Die Beweislast für die zeitgerechte Herstellung der Werkleistung trägt indessen der Projektsteuerer als Auftragnehmer.[117] Die bloß verzögerte Projektsteuererleistung begründet überdies keine Mängelhaftung, sondern ist nach den Regelungen des Verzuges zu behandeln (dazu auch Rdn. 2010).

Mit dem Nacherfüllungsanspruch des Auftraggebers korrespondiert das **Nacherfüllungsrecht** des Auftragnehmers. Es spielt indessen in der Praxis der Projektsteuerung/des Projektmanagements eine verhältnismäßig geringe Rolle. In den meisten Fällen mangelhafter Leistungen ist die **Nacherfüllung unmöglich**. Davon ist stets dann auszugehen, wenn sich der Mangel der Projektsteuererleistung auf Grund des Projektfortschritts nicht mehr beseitigen lässt.[118] Haben sich etwa Mängel einer Planung oder Bauüberwachung bereits im Bauwerk verkörpert, setzen Gewährleistungsansprüche nicht voraus, dass dem Auftragnehmer Gelegenheit gegeben wurde, die Mängel seiner Planung oder des Bauwerks zu beseitigen. Die Mängel müssen vorher vom Auftraggeber nicht einmal gerügt worden sein.[119] Bei Projektsteuererleistungen als Teil eines dynamischen Planungs- und Kontrollprozesses kommt eine Nachbesserung aus diesen Gründen oftmals nicht mehr in Betracht.[120] 2021

Speziell Maßnahmen der **Kosten- und Terminsteuerung** können zwar theoretisch wiederholt werden, haben sich jedoch angesichts des Fortschreitens der Projektrealisierung schnell überholt.[121] Im Einzelfall kann dies aber auch anders sein: Soweit Terminsteuerungsmaßnahmen im weiteren Projektfortschritt nachgeholt werden können bzw. zunächst unterlassene oder fehlerhafte Kostenermittlungen noch nacherstellt oder korrigiert werden und als Grundlage der weiteren Kostenfortschreibung genutzt werden können, ist eine Nacherfüllung nicht ausgeschlossen.[122] Ähnlich liegt es bei der **Qualitätssteuerung**. Hier besteht allerdings die Besonderheit, dass das Nacherfüllungsrecht regelmäßig untergeht, wenn sich ein Mangel des Projektsteuerungsgewerks in einem Mangel des Bauobjektes niedergeschlagen hat. In diesem Fall kann der Projektsteuerer/Projektmanager selbst durch eine Nacherfüllung seiner Leistungen den eingetretenen Fehler nicht mehr ohne weiteres korrigieren.[123] Mangelhafte Leistungen im Handlungsbereich **Dokumentation und Organisation** lassen sich dagegen oftmals nacherfüllen. Das gilt etwa für Mängel bei der Erstellung des Projekthandbuches und des Organisationshandbuches.[124] Entsprechendes ist im Falle unvollständiger oder sonst fehlerhafter Dokumentationen, deren Mängel im Projektablauf noch beseitigt werden können, anzunehmen.[125] Hat etwa der Projektsteuerer die Information einer Bank über Projektdetails zur Erreichung eines Kreditantrages übernommen und sind seine Auskünfte fehlerhaft, so kann eine Nacherfüllung grundsätzlich bis zur Entscheidung über den Kreditantrag nachgebessert werden. Die Aufforderung zur Mängelbeseitigung ist in einem solchen Fall nicht entbehrlich.[126] Wenn indessen die mangelhafte Dokumentation Vergabefehler begründet oder zu einem Widerruf von 2022

117 Vgl. BGH, Urteil vom 21.10.2003, Az. X ZR 218/01, in: NZBau 2004, 155 = BauR 2004, 331 = IBR 2004, 62 zur Beweislast dafür, dass eine angemessene Herstellungsfrist eines Werkunternehmers nicht abgelaufen ist.

118 Vgl. BGH, Urteil vom 30.09.1999, Az. VII ZR 162/97, in: BauR 2000, 129 (für den Architekten).

119 BGH, Urteil vom 11.10.2007, Az. VII ZR 65/06, in: NZBau 2008, 187 = BauR 2007, 2083 = IBR 2008, 102; anders wohl OLG Schleswig, Urteil v. 24.04.2009, 1 U 76/04, IBR 2009, 340.

120 Dazu im Einzelnen auch Möllers, in: Korbion, Baurecht, Teil 14, Rn. 82 f.; auch Heiermann, in: Der Projeksteuerungsvertrag – Abnahme, Haftung und Gewährleistungspflichten, S. 22; vgl. für die ähnliche Problematik beim objektüberwachenden Architekten Werner/Pastor, Der Bauprozess, Rn. 2167.

121 Vgl. dazu auch Heinrich, Der Baucontrollingvertrag, S. 161.

122 Preussner, in: Festschrift für Hans Ganten, S. 37, 41 (für den Architekten).

123 Vgl. Heiermann, a. a. O., S. 66, 72; für den Architekten vgl. BGH, Urteil vom 07.03.2002, Az. VII ZR 1/00, in: NZBau 2002, 571; OLG Düsseldorf, Urteil vom 23.08.2002, Az. 22 U 111/01, in: NZBau 2003, 445 = BauR 2003, 934.

124 So zutreffend Schill, Der Projektsteuerungsvertrag, S. 88.

125 Vgl. Heinrich, Der Baucontrollingvertrag, S. 161.

126 OLG München, Urteil vom 13.07.2010, Az. 9 U 4414/09, in: IBR 2012, 333.

Fördermitteln führt, kann ebenfalls ein Fall vorliegen, bei dem eine Nacherfüllung zwecklos und damit entbehrlich ist.

2023 Mit Beendigung und Abrechnung des Bauprojekts können aber Projektsteuerungsleistungen ihren Zweck in der Regel nicht mehr erfüllen. Sie müssen als Teil eines dynamischen Planungs- und Kontrollprozesses in den jeweiligen Bauphasen des Projekts erbracht werden, denen sie vertraglich zugeordnet sind. Jedenfalls nach Beendigung der Projektarbeit sind weder Maßnahmen des Organisationsmanagements, noch der Kosten- und Terminsteuerung nachholbar.[127] Damit **entfallen Nacherfüllungsansprüche**. Auch Kostenvorschussansprüche entfallen, wenn der Projektsteuerer lediglich im Rahmen einer gesamtschuldnerischen Haftung wegen Vorliegen eines Baumangels in Anspruch genommen wird. Denn dem Projektsteuerer obliegt nicht die konkrete Beseitigung des Baumangels.[128]

2024 Bleibt die Nacherfüllungsaufforderung des Auftraggebers erfolglos oder ist eine solche Aufforderung ausnahmsweise entbehrlich, dann kann der Auftraggeber gegen den Projektsteuerer/den Projektmanager die weiteren oben genannten Mängelansprüche geltend machen.[129] Von besonderer Bedeutung ist, dass das neue Recht keinen Verzug und keine qualifizierte **Fristsetzung mit Ablehnungsandrohung** erfordert. Vielmehr reicht eine **formlose Nacherfüllungsaufforderung mit Fristsetzung** aus, wobei eine solche aus Beweisgründen immer **schriftlich** erfolgen sollte. Eine Fristsetzung ist nach §§ 281 Abs. 2, 323 Abs. 2 BGB zudem **entbehrlich**, wenn

2025 – der Projektsteuerer/der Projektmanager die Leistung ernsthaft und endgültig verweigert (§ 281 Abs. 2 1. Alt. sowie § 323 Abs. 2 Nr. 1 BGB),
– besondere Umstände vorliegen, die unter Abwägung der beiderseitigen Interessen die sofortige Geltendmachung des Schadensersatzanspruchs rechtfertigen (§ 281 Abs. 2 2. Alt. sowie § 323 Abs. 2 Nr. 3 BGB),
– insbesondere zur Abwendung von Gefahren für die Gesundheit von Anwohnern, Besuchern und anderen Verkehrsteilnehmern, eine Fristsetzung nach § 323 Abs. 2 Nr. 3 BGB entbehrlich sein kann,[130]
– der Projektsteuer die Leistung zu einem im Vertrag bestimmten Termin oder innerhalb einer bestimmten Frist nicht bewirkt oder der Gläubiger im Vertrag den Fortbestand seines Leistungsinteresses an die Rechtzeitigkeit der Leistung gebunden hat (§ 323 Abs. 2 Nr. 2 BGB).

2026 Befindet sich der Auftragnehmer mit der Mängelbeseitigung in Verzug und beachtet er die Nacherfüllungsaufforderung des Auftraggebers nicht, **verliert** der Auftragnehmer die **Befugnis, den Mangel selbst nachzubessern**. Der Verlust des Nachbesserungsrechts tritt indessen nicht ein, wenn der Auftraggeber dem Auftragnehmer eine Nachbesserung untersagt oder diese in sonstiger Form vereitelt.[131] Die bloß vorübergehende Ablehnung des Nachbesserungsangebotes führt in aller Regel nicht zur Verwirkung, sondern allenfalls zum Annahmeverzug des Auftraggebers, der beendet ist, wenn der Auftraggeber später zu erkennen gibt, dass er die Mängelbeseitigung doch noch zulassen will.[132]

2027 Der Auftraggeber kann nach fruchtlosem Ablauf einer Frist zur Nacherfüllung insbesondere zur **Selbstvornahme** schreiten. Mehr als zwei Nacherfüllungsversuche muss der Auftraggeber ohnehin nicht akzeptieren.[133] Dieses früher als »Ersatzvornahme« bezeichnete Recht umfasst die Befugnis des Auftraggebers, mangelhafte Projektsteuerungsleistungen durch Dritte ausführen zu lassen und dem Projektsteuerer damit einhergehende Aufwendungen aufzuerlegen. Wichtig ist, dass dieses Recht

---

127 OLG Naumburg (Dreso I), Urteil vom 14.03.2008, Az. 10 U 64/07, in: NZBau 2009, 318 f.
128 OLG Koblenz, Urteil vom 07.10.2010, Az. 5 U 820/10, in: IBR 2012, 339 für den Architekten.
129 Knipp, Projektmanagement, S. 53; ähnlich Schill, Der Projektsteuerungsvertrag, S. 88 f.
130 BGH, Urteil vom 06.06.2013, Az. VII ZR 355/12, in: VersR 2014, 472, 474.
131 BGH, Urteil vom 27.11.2003, Az. VII ZR 93/01, in: BauR 2004, 501, 503.
132 Dazu BGH, Urteil vom 08.07.2004, Az. VII ZR 317/02, in: NZBau 2004, 611 = BauR 2004, 1500 = IBR 2004, 494.
133 Vgl. Preußner, in: Thode/Wirth/Kuffer, Praxishandbuch Architektenrecht, § 9, Rn. 63.

nicht mehr den Verzug mit einer Mängelbeseitigung und somit auch **kein Vertretenmüssen** des Projektsteuerers/Projektmanagers voraussetzt. Bedeutsam ist zudem, dass nunmehr das Recht des Auftraggebers, im Hinblick auf die entstehenden Aufwendungen Vorschuss zu verlangen, in § 637 Abs. 3 BGB gesetzlich verankert worden ist.

Der Auftraggeber muss allerdings nicht zur Selbstvornahme schreiten; er kann vielmehr unter den in §§ 636, 323, 326 Abs. 5 BGB genannten Voraussetzungen auch vom Vertrag zurücktreten. Dieses **Rücktrittsrecht** entspricht dem früheren Wandlungsrecht des Auftraggebers bei Mängeln der Werkleistungen. Die Rücktrittsberechtigung besteht auch, wenn der Projektsteuerer/Projektmanager die mangelhafte Leistung nicht zu vertreten hat. Das gilt selbst dann, wenn die verletzte Pflicht nicht in einem Gegenseitigkeitsverhältnis zur Leistungspflicht des Auftraggebers steht.[134] Ein Verzug ist ebenfalls nicht erforderlich; es reicht vielmehr grundsätzlich aus, dass eine Nacherfüllungsfrist fruchtlos verstrichen ist oder eine solche entbehrlich war. § 636 BGB regelt insoweit, dass es einer Fristsetzung nicht bedarf, wenn der Auftraggeber (hier Projektsteuerer/Projektmanager) die Nacherfüllung verweigert oder wenn die Nacherfüllung fehlgeschlagen oder dem Auftraggeber unzumutbar ist. 2028

Ausgeschlossen ist der Rücktritt allerdings, wenn die Pflichtverletzung unerheblich ist oder der Auftraggeber für den Rücktrittsgrund allein oder weit überwiegend verantwortlich ist bzw. Annahmeverzug des Auftraggebers vorliegt (§ 323 Abs. 6 BGB). Das bloße **Ausbleiben auftraggeberseitiger Mitwirkungsleistungen** kann einen Rücktritt jedenfalls so lange nicht rechtfertigen, als der Auftragnehmer auf die Leistungen zur Herstellung des von ihm geschuldeten werkvertraglichen Erfolges nicht angewiesen ist.[135] Der Rücktritt des Auftraggebers führt zu einem Abrechnungsverhältnis und bewirkt bei nicht in der Natur zurückzugebenden Leistungen im Ergebnis eine Minderung.[136] 2029

Alternativ kann der Auftraggeber auch **Schadensersatz** nach §§ 636 i. V. m. 280 ff. BGB verlangen. Die Schadensersatzansprüche setzen grundsätzlich **Verschulden** voraus, für dessen Vorliegen allerdings eine Vermutung spricht, § 280 Abs. 1 Satz 2 BGB. Der Projektsteuerer/Projektmanager muss sich dementsprechend entlasten, wenn er vorbringen will, ein Mangel sei von ihm weder fahrlässig noch vorsätzlich herbeigeführt worden. In diesem Zusammenhang kommt der Unterscheidung zwischen dem Projektsteuererwerk als solchem und dem Bauwerk besondere Bedeutung zu. Schadensersatz kann nicht ohne weiteres wegen Mängeln am Bauwerk verlangt werden. Vielmehr muss der Auftraggeber konkret vortragen und ggf. beweisen, dass ein am Bauwerk hervorgetretener Mangel gerade auf einer fehlerhaften Projektsteuererleistung beruht.[137] Übernimmt der Projektsteuerer die Erstellung von Bautenstandsberichten, kann ein **Vertrag mit drittschützender Wirkung** zugunsten finanzierender Banken oder Erwerber vorliegen, so dass auch eine Haftung gegenüber Dritten entstehen kann, wenn entsprechende Bautenstandsberichte nicht ordnungsgemäß erstellt worden sind.[138] 2030

Die §§ 281, 283, 311 a BGB erfassen zunächst die sog. **Mangelschäden**. Der Schadensersatz tritt an die Stelle der bisherigen Leistungsverpflichtung. Der Auftraggeber muss im Rahmen des Schadensersatzanspruchs in die Lage versetzt werden, einen Zustand herzustellen, der bei einwandfreier Leistung herbeigeführt worden wäre. Der Projektsteuerer/Projektmanager hat insbesondere alle Kosten zu ersetzen, die zu einer Behebung eines von ihm (mit-)verursachten – ggf. im Bauwerk realisierten – Mangels erforderlich sind. Dabei kann der Schadensersatzanspruch das Architektenhonorar 2031

134 Vgl. etwa Grüneberg, in: Palandt, BGB, § 323, Rn. 1.
135 OLG Düsseldorf, Urteil vom 14.01.2011, Az. 22 U 198/07, in: NJW 2011, 1081.
136 OLG Düsseldorf, Urteil vom 14.01.2011, Az. 22 U 198/07, in: NJW 2011, 1081; zu dieser Problematik auch BGH, Beschluss vom 14.07.2011, Az. VII ZR 113/10, in: NJW 2011, 3085.
137 Vgl. dazu Rdn. 1610 f.
138 BGH, Urteil vom 25.09.2008, Az. VII ZR 35/07, in: IBR 2008, 743.

ohne weiteres übersteigen[139] oder gar ein Vielfaches des Projektsteuererhonorars ausmachen.[140] § 280 Abs. 1 BGB erfasst darüber hinaus auch die nahen und entfernten **Mangelfolgeschäden** an Rechtsgütern des Auftraggebers, ferner alle weiteren Schäden, die durch die Nacherfüllung nicht erfasst oder beseitigt werden können, wie etwa Nutzungsausfall, Gewinnentgang, Gutachterkosten etc.[141] Die frühere Streitfrage, ob alle Folgeschäden, etwa bei Bausummenüberschreitungen (gem. § 635 BGB a. F.), nach den Gewährleistungsvorschriften zu ersetzen sind, ist durch die Schuldrechtsmodernisierung im bejahenden Sinne erledigt worden.[142] Ist der Projektsteuerer für der Entstehung von Kosten verantwortlich, die den Auftraggeber als Bauherrn ohnehin getroffen hätten, scheiden Schadensersatzansprüche in der Regel unter dem Gesichtspunkt »Sowieso-Kosten« aus.[143]

2032 Anstelle des Rücktritts kann der Auftraggeber auch **Minderung** des Projektsteuerergewerks verlangen, § 638 BGB. Anders als nach dem Recht vor der Schuldrechtsmodernisierung steht dem Auftraggeber nunmehr ein Gestaltungsrecht zu, das bei seiner Ausübung das Vertragsverhältnis teilweise umgestaltet. Die Minderungserklärung ist eine bedingungsfeindliche rechtsgestaltende Willenserklärung, die auch formlos abgegeben werden kann, bei einer Mehrheit beteiligter Personen indessen nur einheitlich abgegeben werden darf, § 638 Abs. 2 BGB. Die geminderte Vergütung ergibt sich aus der Formel mangelfreier Verkehrswert: mangelhafter Verkehrswert = voller Werklohn: x. Bei der Minderung ist ausschließlich auf das Projektsteuerungswerk abzustellen, nicht dagegen auf das Bauwerk oder auf bestimmte Schadensfolgen. Es ist daher zu klären, welchen (Verkehrs-)Wert das mangelhafte Projektsteuerungswerk im Vergleich zum mangelfreien Projektsteuerungswerk hat. Maßgeblich ist insoweit der Wert bei Vertragsschluss.[144] Der bei der Wertermittlung zu berücksichtigende Verkehrswert des Projektsteuerungswerkes der mangelfreien Leistung deckt sich bei marktgerechter Beauftragung mit der vereinbarten Vergütung.[145] Der BGH bietet eine erleichterte Berechnung der Minderung wie folgt an:

> *»Der Senat weist darauf hin, dass die Minderung, soweit erforderlich, durch Schätzung zu ermitteln ist (§§ 638 Abs. 3 Satz 2 BGB, 287 Abs. 2 ZPO). Ausgehend davon, dass der Wert der vereinbarten Leistungen dem wirklichen Wert entspricht, bestimmt sich die Minderung nach dem Wert des nicht erbrachten Teils. Im vorliegenden Fall bietet es sich an, nicht erbrachte Teilleistungen im Ausgangspunkt nach Maßgabe des offengelegten Preisgefüges des Vertrages zu bewerten.«*[146]

Zu beachten ist immer, dass Minderungsansprüche nicht dem Haftpflichtversicherungsschutz des Architekten oder Ingenieurs unterliegen, so dass die Durchsetzung ggf. erschwert ist.[147]

2033 Der Projektsteuerer braucht dem Bauherrn insoweit keinen Schadensersatz zu leisten, als bereits endgültig feststeht, dass der Bauherr an den Architekten oder Bauunternehmer wegen des gemeinsam (mit dem Projektsteuerer) verursachten Mangels keinen Werklohn mehr entrichten muss; denn in diesem Umfang des »ersparten«/»geminderten« Werklohns hat der Bauherr **keinen Schaden**

139 Vgl. BGH, Urteil vom 25.02.1999, Az. VII ZR 208/97, in: NJW 1999, 1705, 1706.

140 BGH (stichprobenartige Baukontrolle): Urteil vom 11.10.2001, Az. VII ZR 475/00, in: NZBau 2002, 150, 151 = BauR 2002, 315 ff.

141 Vgl. Sprau, in: Palandt, BGB, § 634, Rn. 8.

142 Siehe dazu 1. Aufl. dieses Werks, Rn. 502 ff.; zur früheren Rechtslage auch Schill, Der Projektsteuerungsvertrag, S. 92, jeweils mit weiteren Nachweisen zur früheren Rechtslage.

143 OLG Naumburg (Dreso I), Urteil vom 14.03.2008, Az. U 64/07, in: NZBau 2009, 318 f.

144 So nun der eindeutige Gesetzeswortlaut; anders noch Schill, Der Projektsteuerungsvertrag, S. 90.

145 Der Verkehrswert kann allerdings auch von der Vergütung abweichen; nicht entscheidend sind indessen entgegen Schill, Der Projektsteuerungsvertrag, S. 91, die aus der Projektsteuerung für den Auftraggeber erzielbaren Vorteile.

146 BGH, Urteil vom 06.06.2013, Az. VII ZR 355/12, in: VersR 2014, 472, 474.

147 Vgl. OLG Hamm, Urteil vom 07.02.2007, Az. 20 U 118/06, in: VersR 2007, 980, 981.

mehr.[148] In einem solchen Fall muss der Projektsteuerer nur befürchten, dass der in Anspruch genommene Architekt oder Bauunternehmer versucht, bei ihm Rückgriff zu nehmen.[149]

Unter dem Gesichtspunkt der **Vorteilsausgleichung** sind schadensmindernd diejenigen Mehrkosten abzuziehen, um die das Werk auch bei ordnungsgemäßer Beratung, Steuerung und Kontrolle von vornherein teurer geworden wäre (sog. **Sowieso-Kosten**).[150] 2034

Eine die gesetzliche Risikoverteilung beim Werkvertrag **abändernde Risikoübernahme** des Auftraggebers setzt eine gesonderte rechtsgeschäftliche Vereinbarung zwischen den Vertragsparteien voraus.[151] 2035

6.1.4 Haftung bei stufenweiser Beauftragung

Wird ein Projektmanager/-steuerer stufenweise beauftragt, stellt die jeweils abgerufene **Leistungsphase** in aller Regel **einen selbständigen Werkvertrag** dar. Deshalb ist auch die Mangelhaftigkeit des Projektsteuererwerks grundsätzlich nach den Anforderungen der konkret abgerufenen Leistungen der beauftragten Stufen zu beurteilen. Das kann bedeuten, dass der Projektsteuerer für sukzessive abgerufene Leistungsstufen sein Honorar ungeschmälert und unabhängig davon verlangen kann, ob und inwieweit die in späteren Leistungsphasen vorgesehenen Leistungserfolge tatsächlich erbracht werden. Für die Erfüllung der Leistungspflichten bis zum Abschluss der jeweiligen Stufen reicht es aus, dass die Leistungen in den folgenden Leistungsstufen grundsätzlich noch zu einer erfolgreichen Projektabwicklung hätten beitragen können. Der Leistungsabruf in Stufen segmentiert sozusagen auch die Haftung des Projektsteuerers, der nur noch stufenweise für die in den einzelnen Leistungsphasen geregelten Leistungserfolge einstehen muss.[152] 2036

Auch kann der mit Leistungen in späteren Projektstufen beauftragte Projektsteuerer in der Regel davon ausgehen, dass die zuvor an andere Fachbeteiligte beauftragten Leistungsphasen ordnungsgemäß erbracht worden sind. Ohne besondere Anhaltspunkte obliegt ihm weder eine Hinweis-, noch eine Überprüfungsverpflichtung.[153] 2037

6.1.5 Verjährung bei werkvertraglichen Mängelansprüchen

6.1.5.1 Verjährungsfristen

Die werkvertraglichen Mängelansprüche unterliegen einer besonderen Verjährungsregelung. Die **Verjährungsvorschriften** sind mit der Schuldrechtsmodernisierung neu strukturiert worden. Sie betragen nach **§ 634 a BGB**: 2038

– Bei einem Werk, dessen Erfolg in der Herstellung, Wartung oder Veränderung einer Sache oder in der Erbringung von Planungs- oder Überwachungsleistungen hierfür besteht 2 Jahre ab Abnahme.

148 So für den Architekten BGH, Urteil vom 26.07.2007, Az. VII ZR 5/06, in: NZBau 2007, 721, 722; BGH, Urteil vom 09.05.1996, Az. VII ZR 181/93, in: BauR 1996, 732 = ZfBR 1996, 264.

149 Vgl. dazu Rdn. 2169 f.

150 BGH, Urteil vom 17.05.1984, Az. VII ZR 169/82, in: BauR 1984, 510, 512; OLG Frankfurt, Urteil vom 05.04.2000, Az. 13 U 46/98, in: IBR 2001, 681 (Revision vom BGH nicht angenommen, Beschluss vom 26.07.2001, Az. VII ZR 215/00): »Hätte sich der Bauherr jedoch bei ordnungsgemäßer Leistung für ein kostengünstigeres Konzept entschieden, muss er sich einen Abzug für Sowieso-Kosten nicht entgegenhalten lassen«; OLG Düsseldorf, Urteil vom 19.12.1997, Az. 22 U 68/97, in: BauR 1998, 582, 584.

151 BGH, Urteil vom 12.05.2005, Az. VII ZR 45/04, in: NZBau 2005, 456, 457 = BauR 2005, 1314 = IBR 2005, 418.

152 Vgl. für den objektplanenden Architekten BGH, Urteil vom 18.09.1997, Az. VII ZR 300/96, in: NJW 1998, 135, 136.

153 Vgl. für den Architekten OLG Karlsruhe, Urteil vom 17.01.2006, Az. 17 U 168/04, in: NZBau 2006, 322 = IBR 2006, 572.

- Bei einem Bauwerk oder einem Werk, dessen Erfolg in der Erbringung von Planungs- oder Überwachungsleistungen hierfür besteht 5 Jahre ab Abnahme.
- Im Übrigen nach der regelmäßigen Verjährungsfrist 3 Jahre ab Kenntnis/grob fahrlässiger Unkenntnis.

2039 Nach wie vor macht es das Gesetz also erforderlich, genau zu untersuchen, worin die Werkleistung besteht. Nur so kann die Verjährungsfrist für Mängelansprüche festgestellt werden. Projektsteuerungsleistungen sind dabei unter die in § 634 a BGB genannten »**Planungs- oder Überwachungsleistungen**« zu subsumieren. Zumindest im Schwerpunkt enthalten sie Komponenten, die unschwer den Planungs- und Überwachungsleistungen zugeordnet werden können. Je nach Gegenstand der Werkleistung (Bauwerk oder sonstiges Werk) beträgt die Mängelhaftung hiernach entweder 5 Jahre oder 2 Jahre.

2040 Dagegen sind *Motzke/Wolff* der Auffassung, dass eine Projektsteuerungsleistung, wenn sie überhaupt eine Werkleistung darstelle, keine Leistung »für ein Bauwerk« sei. Der Projektsteuerer sei für das Projekt, nicht für das Objekt zuständig. Eine direkte Erbringung von Leistungen für ein Bauwerk sei nicht vorgesehen.[154] Ähnlich hat *Schulze-Hagen* für die stichprobenhafte Qualitätsüberwachung einer TÜV-Organisation die Auffassung vertreten, dass im Kern eine Sachverständigentätigkeit vorliege und somit auf die Regelverjährung nach § 634 a Abs. 1 Nr. 3 BGB abzustellen sei.[155] Beiden Annahmen ist zu widersprechen. Generell kann aus der Differenzierung zwischen Objekt und Projekt nichts für die Verjährungsfrage gewonnen werden (siehe dazu allgemein auch Rdn. 145 f.). Die Vorschrift des § 634 a BGB will für die genannten Bereiche die Gewährleistungsfrist für alle an der Bauwerkserrichtung Beteiligten vereinheitlichen. Die Vorschrift sieht auch keinen direkten Bezug der Planungs- und Überwachungsleistung zum Bauwerk selbst vor, sondern lässt mittelbare Beiträge zur Bauwerkserrichtung genügen. Dementsprechend gilt die Vorschrift für alle Planungs- und Überwachungsleistungen, die im Zusammenhang mit der Errichtung eines Bauvorhabens anfallen.[156]

2041 Im Falle von Planungs- und Überwachungsleistungen für ein Bauwerk beginnt die Verjährungsfrist nach 5, bei entsprechenden Leistungen für eine Sache (z. B. ein EDV-System) nach 2 Jahren, **berechnet von der Abnahme** an, § 634 a BGB. Die regelmäßige Gewährleistungsfrist von 3 Jahren (§ 195 BGB) – die Schäden außerhalb der werkvertraglichen Gewährleistung betrifft – beginnt mit dem Schluss des Jahres, in dem der Anspruch entstanden ist und der Anspruchsinhaber von den den Anspruch begründenden Umständen und der Person des Schuldners Kenntnis erlangt hat oder ohne grobe Fahrlässigkeit erlangen konnte (§ 199 Abs. 1 BGB). Des Weiteren ist bei der Regelverjährung zu berücksichtigen, dass zusätzlich Höchstfristen gelten, bei Verletzungen von Leib und Leben und Freiheit eine solche von 30 Jahren, im Übrigen regelmäßig eine solche von 10 Jahren. Für den Projektsteuerer bzw. Projektmanager, der in den Bau- und Immobilienmärkten tätig ist, wird i. d. R. die 5-jährige Verjährungsfrist, beginnend mit der Abnahme nach § 634 a Abs. 1 Nr. 2 BGB, maßgeblich sein.

2042 Die für den Beginn der Verjährungsfrist maßgebliche **Abnahme** ist dann zu bejahen, wenn der Auftraggeber die Projektsteuererleistung als im Wesentlichen vertragsgemäß entgegennimmt. Eine Abnahme kann nicht nur ausdrücklich, sondern auch konkludent, das heißt durch schlüssiges Verhalten des Auftraggebers erklärt werden. Erforderlich ist dabei ein tatsächliches Verhalten des Auftraggebers das geeignet ist, seinen Willen, das Werk als im Wesentlichen vertragsgemäß zu billigen, dem Auftragnehmer gegenüber eindeutig und schlüssig zum Ausdruck bringt. Die konkludente Abnahme einer Architekten- oder Ingenieurleistung kann darin liegen, dass der Auftraggeber nach Erbringung der Leistung und nach Ablauf einer angemessenen Prüffrist nach Inbezugnahme eines

154 Siehe dazu Motzke/Wolff, Praxis der HOAI, S. 487.
155 Schulze-Hagen, IBR 2002, 243.
156 Vgl. dazu auch Sprau, in: Palandt, § 634 a BGB, Rn. 14.

Bauvorhabens keine Mängel der Architekten- oder Ingenieurleistung rügt. In der Regel ist von einer konkludenten Abnahme erst nach Ablauf einer angemessenen Prüfungsfrist auszugehen.[157]

Die **konkludente Abnahme** setzt in aller Regel voraus, dass der Projektsteuerer alle ihm übertragenen Leistungen vollendet hat. Dementsprechend ist selbst der Ausgleich der Schlussrechnung nicht als konkludente Abnahme zu werten, wenn zu diesem Zeitpunkt noch wesentliche Teilleistungen ausstehen.[158] Von einer Abnahme wird i. d. R. auszugehen sein, wenn der Projektsteuerer seine Abschlussdokumentation (einschließlich Rechnungsabschluss) ohne Kritik des Auftraggebers vorlegt. Erst recht wird eine Abnahme anzunehmen sein, wenn der Auftraggeber die Schlussrechnung des Projektsteuerers rügelos bezahlt.[159] 2043

Eine Abnahme ist für den Verjährungsbeginn nicht erforderlich, wenn feststeht, dass die Vertragsleistungen nicht mehr erfüllt werden können.[160]

Werden bei einer **stufenweisen Beauftragung** Abnahmen der einzelnen Leistungsstufen durchgeführt, beginnt auch die Verjährung für Mängelhaftungsansprüche nicht einheitlich, sondern jeweils getrennt mit der Abnahme der in der jeweiligen Stufe zu erbringenden Leistungen.[161] 2044

Eine Abnahme ist zudem entbehrlich, wenn der Auftraggeber die Annahme des Werks als im Wesentlichen vertragsgemäß ernsthaft und endgültig ablehnt. Die Voraussetzungen sind etwa im Falle einer Vertragskündigung oder des Übergangs der ausschließlichen Geltendmachung von Schadensersatzansprüchen wegen entstandener Vermögensverluste anzunehmen.[162]

Im Einzelfall ist eine Werkleistung auch **nicht abnahmebedürftig**, nämlich dann, wenn die versprochenen Leistungen von vornherein nicht mehr nachgeholt werden können.[163] Bei einem umfassend beauftragten Architekten oder Ingenieur beginnt die Verjährung von Mängelansprüchen im Falle einer unterbliebenen Abnahme, wenn feststeht, dass eine weitere Erfüllung des Architektenvertrages nicht mehr in Betracht kommt, z.B. mit Ablauf der letzten Gewährleistungsfrist für einen Bauunternehmer.[164] 2045

Die Verjährungsfrist für Mängelansprüche bei Werkverträgen beginnt erst zu laufen, wenn die Abnahme erfolgt oder endgültig verweigert wird. Das gilt auch für Mängel der Leistung, die vor der Abnahme entstanden sind.[165] 2046

157 BGH, Urteil vom 26.09.2013, Az. VII ZR 220/12, in: NZBau 2013, 779: Für Architektenleistungen 6 Monate.

158 Dazu OLG München, Urteil vom 17.07.2012, Az. 13 U 4106/11, in: NJW 2012, 3088 = NZBau 2012, 711.

159 Locher/Koeble/Frik, HOAI, Einl., Rn. 127 ff.; zum Teil wird es für ausreichend gehalten, wenn das Werk im Wesentlichen dem Vertrag entsprechend hergestellt ist und vom Bauherrn gebilligt werden kann; nicht entscheidend sei, ob der Bauherr das Werk tatsächlich billigt. Das sei die Konsequenz des Umstandes, dass eine körperliche Abnahme (Entgegennahme) des Architektenwerkes grundsätzlich nicht in Betracht komme, vgl. Barth, ZfIR 1997, 712, 713; ähnlich Heiermann für den Projektsteuerervertrag, in: Der Projektsteuerungsvertrag – Abnahme, Haftung und Gewährleistungspflichten, S. 18: »Eine Abnahme i. S. einer körperlichen Entgegennahme findet nicht statt. Das Projektsteuererwerk kann aber jedenfalls dann als abgenommen gelten, wenn der Projektsteuerer alle ihm übertragenen Leistungen vollendet hat und der Auftraggeber die Schlussabrechnung des Projektsteuerers entgegengenommen hat«; vgl. auch Rdn. 1347, 1526, 1960.

160 OLG München, Urteil vom 17.07.2012, Az. 13 U 4106/11, in: NZBau 2012, 711; OLG Brandenburg, Urteil vom 10.01.2012, in: NJW 2012, 2594.

161 OLG Dresden, Urteil vom 17.06.2010, Az. 10 U 1648/08, in: IBR 2011, 475.

162 OLG Düsseldorf, Urteil vom 02.07.2009, Az. 5 U 170/08, in: NZBau 2010, 177.

163 BGH, Urteil vom 06.06.2013, Az. VII ZR 355/12, in: NJW 2013, 3022, für die Freihaltung von Schnee- und Eisglätte.

164 OLG München, Urteil vom 17.07.2012, Az. 13 U 4106/11, in: NJW 2012, 3088 = NZBau 2012, 711.

165 BGH, Urteil vom 10.02.2011, Az. VII ZR 8/10, in: NZBau 2011, 360, 361.

2047 Die Verjährung der Mängelansprüche kann nach § 203 Satz 1 BGB wegen »Verhandlungen« gehemmt sein, wobei für ein Verhandeln jeder Meinungsaustausch über den Schadensfall zwischen dem Berechtigten und dem Verpflichteten genügen kann, sofern nicht sofort und eindeutig jeder Ersatz abgelehnt wird.[166]

6.1.5.2 Sekundärhaftung

2048 In ständiger Rechtsprechung hat der BGH die Auffassung vertreten, dass ein Architekt oder Ingenieur verpflichtet sein kann, seinen Auftraggeber auf die Möglichkeit eines **Anspruchs gegen ihn selbst hinzuweisen**. Verstoße ein Auftragnehmer gegen diese Verpflichtung, dann kann er vertragswidrig handeln und damit einen sekundären Schadenersatzanspruch begründen.[167] Der BGH stützt diese Auffassung auf die besondere Aufgabenstellung des Architekten, wenn dieser eine Sachwalterstellung gegenüber dem Auftraggeber übernommen hat und gemäß der übernommenen Vertragspflichten primärer Ansprechpartner des Auftraggebers ist, wenn es zu Problemen in der Bauabwicklung kommt und dem Auftraggeber auch nach der Fertigstellung des Bauvorhabens bei der Durchsetzung der Ansprüche gegen andere Planungs- und Baubeteiligte behilflich sein soll.[168]

2049 Die Rechtsprechung des BGH hatte ursprünglich den Zweck, den Bauherrn in Fällen einer unabhängig von seiner Kenntnis einsetzenden kurzen Verjährungsfrist nach altem Recht zu schützen. Folge der Rechtsprechung war, dass der Auftragnehmer für von ihm zu verantwortende Mängel 30 Jahre haften konnte (sog. **Sekundärhaftung**). Nach der Schuldrechtsmodernisierung ist zweifelhaft geworden, ob ein wirkliches Bedürfnis für die Sekundärhaftung noch besteht.[169] Insoweit hat der BGH seine Rechtsprechung auch eingegrenzt und etwa einen Architekten, der lediglich mit den Leistungsphasen 1 bis 6 nach HOAI beauftragt war, mangels umfassender Sachverhaltsdarstellung keiner Sekundärhaftung unterworfen.[170] Außerdem hat der BGH entschieden, dass die Grundsätze über die **Sekundärhaftung** des Architekten prinzipiell **nicht auf Sonderfachleute** anwendbar sind, zumal ihnen keine zentrale Stellung als primärer Ansprechpartner des Bauherrn für das Bauvorhaben im Ganzen zukommt.[171]

2050 Der Annahme einer zentralen, herausgehobenen Stellung **als Sachwalter** steht es indessen nicht entgegen, wenn dem Architekten einzelne Leistungsphasen der Leistungsphasen 4 und 9 nach der HOAI nicht übertragen worden sind, weil dies eine zentrale Stellung bei der Durchführung des gesamten Bauwerks nicht berührt, sondern hier im Wesentlichen verwaltungstechnische Leistungen beinhaltet sind.[172] Eine Sekundärhaftung des Architekten oder Ingenieurs, scheidet auch aus, wenn der Auftraggeber selbst über die erforderliche Sachkunde verfügt oder wenn er erklärt, einen

166 OLG Düsseldorf, Urteil vom 02.07.2009, Az. 5 U 170/08, in: NZBau 2010, 177, 180.

167 BGH, Urteil vom 11.10.2007, Az. VII ZR 99/06, in: NZBau 2008, 60 = BauR 2008, 87 = IBR 2008, 18; Urteil vom 26.10.2006, Az. VII ZR 133/04, in: BauR 2007, 423; Urteil vom 04.04.2002, Az. VII ZR 143/99, in: BauR 2002, 1718; BGH, Urteil vom 26.09.1985, Az. VII ZR 50/84, in: BauR 1986, 112; Urteil vom 22.01.1987, Az. VII ZR 88/85, in: BauR 1987, 343; Urteil vom 06.06.1991, Az. VII ZR 372/89, in: BauR 1991, 606; Urteil vom 11.01.1996, Az. VII ZR 85/95, in: BauR 1996, 418; Urteil vom 29.02.1996, Az. VII ZR 90/94, in: BauR 1996, 570; Urteil vom 27.09.2001, Az. VII ZR 320/00, in: NJW 2002, 288, 289; OLG Hamm, Urteil vom 06.12.2005, Az. 21 U 66/05, in: NZBau 2006, 324 = ZfBR 2006, 242; OLG München, Urteil vom 12.06.2007, Az. 9 U 5699/06, in: BauR 2008, 1929, 1930.

168 BGH, Urteil vom 23.07.2009, Az. VII ZR 134/08, in: NZBau 2009, 789 = BauR 2009, 1607.

169 Vgl. von Rintelen, NZBau 2008, 209, 210 f.

170 BGH, Urteil vom 23.07.2009, Az. VII ZR 134/08, in: NZBau 2009, 789 = BauR 2009, 1607.

171 Dazu BGH, Urteil vom 28.07.2011, Az. VII ZR 4/10, in: NZBau 2011, 691, 692; kritisch zum Rechtsinstitut der Sekundärhaftung auch der Anwaltssenat des BGH: BGH Beschluss vom 17.07.2008, Az. IX ZR 174/05, in: DStR 2009, 134; ähnlich BGH, Urteil vom 10.12.2009, Az. VII ZR 42/08, in: IBR 2010, 93: Keine Sekundärhaftung für den Wirtschaftsprüfer.

172 BGH, Urteil vom 26.09.2013, Az. VII ZR 220/12, in: NZBau 2013, 779.

sachkundigen Dritten mit der Wahrung seiner Interessen wegen der Mängelverfolgung betrauen zu wollen.[173]

Wenn ein Projektmanager den Bauherrn nachvertraglich vorsätzlich oder fahrlässig hinsichtlich seiner Verantwortung in die Irre führt, kann hieran gleichwohl eine eigenständige Auskunftshaftung geknüpft werden. In diesem Fall stellt die fehlende Aufklärung eine vertragliche Nebenpflichtverletzung dar, so dass Haftungsansprüche wegen dieser Pflichtverletzung nicht der werkvertraglichen Pflicht von 5 Jahren unterliegen, sondern mit der Verletzung der Aufklärungspflicht die dreijährige Regelverjährung einsetzt, beginnend mit der Entstehung des Anspruchs und der Kenntnis von Anspruch und Schuldner, §§ 195, 199 BGB. 2051

Bislang hat die Rechtsprechung nicht ausdrücklich entschieden, dass die **Sekundärhaftung auch für den Projektsteuerer** gilt. Wenn dem Projektsteuerer in einer ähnlich zentralen Funktion wie einem Architekten nach dem Vollleistungsbild eine zentrale Aufgabenstellung als Sachwalter übertragen worden ist, dabei insbesondere den Auftraggeber auch im Rahmen der Geltendmachung von Ansprüchen gegen Dritte zu beraten hat (z.B. im Rahmen eines Regressmanagements), dann kann ebenfalls eine Sekundärhaftung nach den vorgenannten Grundsätzen eingreifen. *Weise* hat eine entsprechende Gewährleistungsfristverlängerung zu Lasten des Projektsteuerers bejaht: 2052

»Da die Projektsteuerung i. d. R. auch die Koordinierung und Kontrolle der Projektbeteiligten, d. h. der anderen Architekten und Ingenieure, sowie der wirtschaftlichen und finanziellen Belange des Bauherrn umfasst, ist die Stellung des Projektsteuerers im Verhältnis zu den Planungsbeteiligten mit der Stellung des Architekten zu den Bauunternehmern vergleichbar. Auch hinsichtlich der Planungsbeteiligten hat der Projektsteuerer die Aufgabe, bei der Feststellung von Planungsmängeln deren Ursachen zu klären und den Auftraggeber hierüber lückenlos aufzuklären, und zwar unter Einbeziehung der Möglichkeit seiner eigenen Haftung. Der Projektsteuerer übernimmt maßgebliche und typische Funktionen sowie die Interessen des Auftraggebers und wird daher zum Sachwalter des Auftraggebers. Im Hinblick auf die Übernahme von Funktionen des Auftraggebers steht der Projektsteuerer dem Auftraggeber sogar u. U. noch näher als der Architekt. Die Grundsätze des BGH zur Sekundärhaftung sind daher auch für Projektsteuerer entsprechend – im Rahmen ihres Aufgabengebietes – anwendbar.«[174] 2053

von Rintelen hat allerdings darauf hingewiesen, dass genau zu prüfen ist, ob der Projektsteuerer – wie auch der Architekt – auch nach der Fertigstellung des Bauvorhabens noch Sachwalter des Bauherrn ist.[175] Dabei kommt es nicht allein auf das vereinbarte Leistungsbild an. Zwar kann die Verwendung des AHO-Komplettleistungsbildes auf eine entsprechende zentrale Stellung auch des Projektsteuerers in Bezug auf Beratungspflichten hindeuten. Wenn jedoch der Vertrag eine Beendigung der Leistungspflichten etwa mit der Abnahme vorsieht, dürfte eine entsprechende Verpflichtung nicht anzunehmen sein. Eine entsprechende Anwendung der Sekundärhaftung kommt auch nicht in Betracht, wenn Projektsteuerungsleistungen im Rahmen von Werkunternehmerverträgen oder Bauträgerverträgen angeboten werden. Denn dann tritt die Projektsteuerungsleistung gegenüber der eigenen Interessenwahrnehmung der Bauunternehmer- oder Bauträgertätigkeit in den Hintergrund.[176] 2054

Eine Sekundärhaftung kommt überdies nur in Betracht, wenn der Architekt oder Ingenieur seine Pflicht zur Untersuchung und sachgerechten Aufklärung von Mängeln, die während seiner Gewährleistungsfrist auftreten, verletzt. Das gilt insbesondere in Fällen, in denen dem Architekten oder Ingenieur auch die Objektüberwachung übertragen ist. Die bloße unsorgfältige Überwachung (Verletzung der Hauptleistungspflicht) begründet indessen keine Sekundärhaftung, die nur bei unterlassener Aufklärung sichtbar gewordener Mängel eintreten kann.[177] 2055

173 BGH, Urteil vom 26.09.2013, Az. VII ZR 220/12, in: NZBau 2013, 779.

174 Weise, Die Sekundärhaftung der Architekten und Ingenieure, S. 41.

175 von Rintelen, NZBau 2008, 209, 214.

176 OLG Schleswig, Urteil vom 04.09.2009, Az. 4 U 27/09, in: NZBau 2010, 251, 254; so auch OLG Köln, Urteil vom 29.08.2012, Az. 16 U 30/11, in: IBR 2013, 271 für den Generalübernehmer.

177 OLG Dresden, Beschluss vom 11.08.2009, Az. 10 U 149/09, in: IBR 2010, 38, mit Hinweisen von von Rintelen.

6.1.5.3 Arglist

2056 Verjährungsrechtliche Besonderheiten bestehen überdies, wenn der Projektsteuerer/Projektmanager einen Mangel **arglistig verschwiegen** hat. Nach § 634 a Abs. 3 BGB ist in diesen Fällen die regelmäßige Verjährungsfrist von 3 Jahren einschlägig, beginnend mit Kenntnis von der Anspruchsentstehung und der Person des Schuldners, wobei jedoch der Anspruch nicht vor den in § 634 a Abs. 1 a BGB geregelten Fristen verjähren soll (also regelmäßig nicht vor 5 Jahren). Wenn auf Grund des arglistigen Verschweigens eine Mängelkenntnis über Jahre hinweg vermieden wird, kann die Verjährungsfrist zeitlich sehr weit hinausgeschoben werden. In Fällen, in denen es um Schadensersatzansprüche wegen Verletzung des Lebens, des Körpers, der Gesundheit oder der Freiheit geht, gilt eine Höchstfrist von 30 Jahren, im Übrigen von 10 Jahren.[178]

2057 Von einem arglistigen Verschweigen ist auszugehen, wenn der Auftragnehmer die Mangelhaftigkeit seiner Leistung kennt, sich auch **bewusst ist**, dass dadurch die erbrachte Leistung **erheblich beeinträchtigt** ist und den Mangel gleichwohl nicht offenbart, obwohl er nach den Umständen zur Mitteilung verpflichtet wäre.[179] Arglistig haftet grundsätzlich nur derjenige, der bewusst einen offenbarungspflichtigen Mangel verschweigt. Dieses Bewusstsein fehlt, wenn er als solcher nicht wahrgenommen worden ist.[180] Wenn ein Architekt oder Ingenieur eine umfassende Überwachungsverpflichtung übernommen hat, muss er dem Auftraggeber bei der Abnahme seiner Leistung offenbaren, wenn er Teile der Ausführung bewusst vertragswidrig nicht überwacht hat. Unterlässt er dies, so steht dieses Verhalten einer Arglist gleich, wobei unerheblich ist, ob der Architekt oder Ingenieur darauf vertraut, dass ein Unternehmer mangelfrei gearbeitet hat.[181]

2058 Dem steht es gleich, wenn der Architekt oder Ingenieur eine Erklärung ins Blaue hinein abgibt und dabei nicht offenbart, dass er keine zuverlässige Beurteilungsgrundlage für die Erklärung hat.[182] Nicht ausreichend ist dagegen die Feststellung, dass ein Mangel für einen Fachkundigen auf der Hand gelegen hat. Allein der Umstand, dass der Auftragnehmer bzw. seine Erfüllungsgehilfen bei einer ordnungsgemäßen Kontrolle den Mangel hätten feststellen können, begründet nicht den Vorwurf der Arglist.[183] Deshalb begründet selbst ein grob fahrlässiger Überwachungsfehler noch kein arglistiges Verschweigen.[184] Dem Auftragnehmer wird grundsätzlich nur die **Arglist** solcher **Mitarbeiter** zugerechnet, derer er sich bei der Erfüllung der Verpflichtung bedient, um Mängel seiner Leistung zu offenbaren. Dazu können auch eingeschaltete Bauleiter gehören. Einem Auftragnehmer kann allerdings eine Obliegenheitsverletzung nicht allein deshalb angelastet werden, weil ein **Nachunternehmer** die Herstellung der ihm übertragenen Werkaufgabe nicht richtig organisiert hat. Eine Zurechnung über § 278 BGB kommt nicht in Betracht, weil sich der Unternehmer regelmäßig nicht des Nachunternehmers zur Erfüllung seiner eigenen Organisationspflichten im Rahmen der dargestellten Obliegenheiten bedient.[185]

2059 Nach der Rechtsprechung des BGH kann sich ein Auftragnehmer seiner vertraglichen **Offenbarungspflicht** nicht dadurch entziehen, dass er sich bewusst unwissend hält. Sorgt er etwa bei der Herstellung des Werks nicht für eine den Umständen nach angemessene Überwachung und

178 OLG Karlsruhe, Urteil vom 24.01.2014, Az. 4 U 149/13, in: IBR 2014, 210: Ansprüche wegen arglistig verschwiegener Mängel verjähren spätestens nach 10 Jahren; Acker/Bechtold, NZBau 2002, 529, 584.

179 Vgl. Locher/Koeble/Frik, HOAI, Einl., Rn. 206.

180 BGH, Urteil vom 22.07.2010, Az. VII ZR 77/08, in: NZBau 2010, 763.

181 BGH, Beschluss vom 05.08.2010, Az. VII ZR 46/09, in: NZBau 2010, 771.

182 OLG Naumburg, Urteil vom 20.06.2013, Az. 1 U 91/12, in: IBR 2013, 634.

183 Vgl. BGH, Urteil vom 12.10.2006, Az. VII ZR 272/05, in: NZBau 2007, 96 = BauR 2007, 114 = NJW 2007, 366 = IBR 2006, 667.

184 OLG Dresden, Urteil vom 25.06.2009, Az. 10 O 1559/07, in: IBR 2010, 512; dazu auch OLG Hamm, Urteil vom 21.05.2010, Az. 19 U 2/10, in: IBR 2011, 207; OLG Koblenz, Urteil vom 06.04.2009, Az. 12 U 1495/07, in: IBR 2010, 511.

185 Vgl. dazu BGH, Urteil vom 11.10.2007, Az. VII ZR 99/06, in: NZBau 2008, 60, 61 = BauR 2008, 87 = NJW 2008, 145 = IBR 2008, 17.

Prüfung der Leistung und damit auch nicht dafür, dass er oder seine Erfüllungsgehilfen etwaige Mängel erkennen können, so handelt er vertragswidrig. Die verjährungsrechtliche Gleichsetzung der Verletzung einer Organisationsobliegenheit durch einen arbeitsteilig tätigen Architekten oder Ingenieur mit arglistigem Verhalten ist nur dann gerechtfertigt, wenn den Architekten oder Ingenieur der Vorwurf trifft, er habe mit seiner Organisation die Arglisthaftung vermeiden wollen. Dieser Vorwurf kann sich daraus ergeben, dass er, ohne selbst tätig zu werden, ganz darauf verzichtet, Gehilfen zur Erfüllung der Offenbarungspflicht einzuschalten. Ein solcher Vorwurf ist auch gerechtfertigt, wenn der Architekt oder Ingenieur zur Überwachung Personal einsetzt, von dem er weiß, dass es jener Pflicht nicht nachkommen wird oder nicht nachkommen kann, sei es, weil er nicht hinreichend kompetente Gehilfen ausgesucht oder weil er ihm keine ausreichende Möglichkeit gegeben hat, Mängel wahrzunehmen und pflichtgemäß zu offenbaren. Gleiches gilt, wenn er zwar ein entsprechendes Wissen nicht hat, er aber die Augen vor dieser Erkenntnis verschließt.[186]

Der Auftragnehmer muss jedenfalls die organisatorischen Voraussetzungen schaffen, um sachgerecht beurteilen zu können, ob seine Werkleistung fehlerfrei ist (**Organisationsverschulden**).[187] Dabei kann schon die Schwere und die Art des Mangels ein Indiz für eine fehlende oder nicht richtige Organisation sein. Allein das Vorliegen eines Baumangels reicht jedoch für die Annahme eines Organisationsverschuldens grundsätzlich nicht aus. [188] Der allein durch einen Baumangel verursachte Anschein einer Überwachungspflichtverletzung kann vielmehr nur ganz ausnahmsweise den Anschein erwecken, dass der hiermit betraute Architekt oder Ingenieur die mit der Bauleistung befassten Mitarbeiter unsorgfältig ausgesucht oder eingesetzt hatte. Ein entsprechender Anschein entfällt jedenfalls dann, wenn der Überwachungsfehler seiner Art nach auch einem sorgfältig ausgewählten und eingesetzten Bauleiter unterlaufen kann.[189] 2060

Die Rechtsprechung zum Organisationsverschulden kann dann für die Projektsteuerung relevant werden, wenn ein Projektsteuererunternehmen Nachunternehmer einsetzt und sich die Leistung insbesondere auf bauleitende oder bauüberwachende Tätigkeiten beziehen. Der Projektsteuerer darf kein Personal einsetzen, von dem er weiß, dass es seinen Verpflichtungen nicht nachkommen wird oder nicht nachkommen kann, sei es, weil er nicht ausreichend kompetente Gehilfen aussucht oder weil er ihnen keine genügende Möglichkeit gegeben hat, Mängel wahrzunehmen und pflichtgemäß zu offenbaren.[190] Allein die ggf. mangelhafte Ausführung bauleitender oder bauüberwachender Tätigkeiten stellt auch im Bereich der Projektsteuerung keine Frage des Organisationsverschuldens dar. Insbesondere kann der Projektsteuerer bei ordnungsgemäßer Auswahl von Fachleuten darauf 2061

186 BGH »Glasfassaden-Urteil«, Urteil vom 27.11.2008, Az. VII ZR 206/06, in: NZBau 2009, 187 f., bestätigt durch BGH, Urteil vom 22.07.2010, Az. VII ZR 77/08, in: NZBau 2010, 763; BGH, Urteil vom 15.05.2013, Az. VII ZR 257/11, in: NZBau 2013, 519, 521; OLG Düsseldorf, Urteil vom 07.12.2010, Az. 21 U 156/09, in: IBR 2011, 201; OLG Frankfurt, Urteil vom 13.03.2009, Az. 10 U 133/08, in: IBR 2009, 402; dazu Gartz, Benjamin, Obliegenheitsverletzungen des Bauherrn nach dem Glasfassaden-Urteil des Bundesgerichtshofs, BauR 2010, 703 f.; Boldt, Antje, Reduzierte Haftung des bauausführenden Architekten durch Mitverschulden des Bauherrrn bei Fehlern des planenden Architekten, NZBau 2009, 494.

187 Vgl. BGH, Urteil vom 12.03.1992, Az. VII ZR 5/91, in: BauR 1992, 500; OLG Düsseldorf, Urteil vom 30.03.2004, Az. 23 U 65/03, in: NZBau 2004, 454, 456 = BauR 2004, 1331 = IBR 2004, 331; KG, Urteil vom 08.12.2005, Az. 4 U 16/05, in: IBR 2006, 277; KG, Urteil vom 28.05.2009, Az. 27 U 27/08, in: IBR 2010, 331; OLG Rostock, Urteil vom 27.09.2005, Az. 4 U 82/03, in: IBR 2006, 276.

188 Vgl. BGH, Urteil vom 27.11.2008, Az. VII ZR 206/06, in: NZBau 2009, 185, 187; BGH, Urteil vom 21.09.2000, Az. I ZR 135/98, in: WM 2001, 86, 91; vgl. OLG Düsseldorf, Urteil vom 30.03.2004, Az. 23 U 65/03, in: NZBau 2004, 454, 456; OLG Frankfurt, Urteil vom 10.06.1998, Az. 15 U 67/97, in: IBR 1998, 532.

189 BGH, Urteil vom 22.07.2010, Az. VII ZR 77/08, in: NZBau 2010, 763.

190 Vgl. etwa OLG Hamburg, Urteil vom 26.11.2010, Az. 1 U 163/09, in: NJW 2011, 2663, 2665 mit weiteren Hinweisen für den Generalunternehmereinsatz.

vertrauen, dass diese ihre Leistungen auch sachgerecht ausüben werden.[191] Nach dem »Glasfassaden-Urteil« des BGH kann ein Organisationsverschuldens allerdings auch vorliegen, wenn er eigenes Personal einsetzt. Denn es mache keinen Unterschied, ob ein Unternehmer überhaupt keine Erfüllungsgehilfen bei der Verpflichtung zur Offenbarung von Mängeln der übernommenen Leistungen einsetzt oder so schlecht ausgewählte oder eingesetzte Erfüllungsgehilfen, dass er nicht davon ausgehen kann, diese würden ihre Pflichten erfüllen können.[192]

6.1.6 Verletzung der Pflicht zur Rücksichtnahme nach § 241 Abs. 2 BGB

2062 Nach § 241 Abs. 2 BGB kann ein Vertragsverhältnis jeden Teil zur Rücksicht auf die Rechte, Rechtsgüter und Interessen des anderen Teils verpflichten. Diese Pflichten sind von den vertraglichen Nebenpflichten, deren Verletzung Mängelansprüche und gesetzliche Schadensersatzansprüche nach §§ 280, 281 BGB auslösen, zu unterscheiden. Es geht hier um **Schutz- und Verhaltenspflichten**, die auf die Bewahrung der sonstigen Rechte des Vertragspartners gerichtet sind. Der Schadensersatz wegen Verletzung derartiger Sachwalterpflichten gemäß §§ 282, 241 Abs. 2 BGB gewährt einen Schadensersatzanspruch statt der Leistung ohne Setzung einer Nacherfüllungsfrist. Die Leistung durch den Schuldner muss lediglich nicht mehr zumutbar sein. *Preußner* sieht den Anwendungsbereich der Vorschrift speziell bei Projektsteuerern und SiGeKo.[193] Praktische Anwendungsfälle dürften dagegen eher selten sein, weil regelmäßig die Verletzung von Haupt- und Nebenpflichten in Rede steht, die der Mängelhaftung unterfällt.

6.1.7 Haftung wegen Verzugs

2063 Nach §§ 280, 286 BGB hat der Projektmanager/-steuerer dem Auftraggeber den Schaden zu ersetzen, der infolge einer **verzögerten Leistungserbringung** entsteht. Die bloß verzögerte Leistung unterliegt nicht dem Mängelhaftungsrecht (vgl. Rdn. 2010, 2020). Unter den Voraussetzungen des § 281 BGB kann der Auftraggeber auch Schadensersatz statt der Leistung verlangen, nach § 323 BGB vom Vertrage zurücktreten. Der Verzug des Projektsteuerers mit seinen Leistungen hat die Praxis bislang wenig befasst. Denn zwischen der nicht rechtzeitigen Leistungserbringung durch den Projektmanager und dem nicht rechtzeitigen Fertigwerden des Projektes ist zu unterscheiden.

2064 In den wenigsten Projektmanagementverträgen werden auch **konkrete Zeitpunkte für einzelne Handlungen** eines Projektmanagers festgelegt. In einem solchen Fall sind die Leistungen innerhalb eines Zeitraums zu erbringen, der notwendig ist, um die angestrebten Projekterfolge zu erreichen.[194] Da der Projektmanager bei werkvertraglichen Projektmanagementverträgen erfolgsorientiert handelt, kann er die Leistungszeit weitgehend selbst festlegen. Zuvor regelt § 271 Abs. 1 BGB, dass der Auftraggeber eine vereinbarte Leistung im Zweifel sofort verlangen kann und der Auftragnehmer sie also auch sofort erbringen muss. Nach Auffassung des BGH bedeutet dies aber bei Werkverträgen, dass der Auftragnehmer im Zweifel »alsbald« mit der Herstellung des Werks zu beginnen und dieses »in angemessener Zeit zügig zu Ende zu führen« hat.[195]

191 OLG Hamburg, Urteil vom 26.11.2010, Az. 1 U 163/09, in: NJW 2011, 2663, 2665.

192 BGH »Glasfassaden-Urteil«, Urteil vom 27.11.2008, Az. VII ZR 206/06, in: NZBau 2009, 185, 187, bestätigt durch BGH, Urteil vom 15.05.2013, Az. VII ZR 257/11, in: NZBau 2013, 519, 521; OLG Düsseldorf, Urteil vom 07.12.2010, Az. 21 U 156/09, in: IBR 2011, 201; OLG Frankfurt, Urteil vom 13.03.2009, Az. 10 U 133/08, in: IBR 2009, 402; dazu Gartz, Benjamin, Obliegenheitsverletzungen des Bauherrn nach dem Glasfassaden-Urteil des Bundesgerichtshofs, BauR 2010, 703 f.; Boldt, Antje, Reduzierte Haftung des bauausführenden Architekten durch Mitverschulden des Bauherrrn bei Fehlern des planenden Architekten, NZBau 2009, 494.

193 Preußner, in: Thode/Wirth/Kuffer, Praxishandbuch Architektenrecht, § 9, Rn. 186.

194 Vgl. dazu auch BGH, Urteil vom 23.11.2006, Az. VII ZR 110/05, in: NZBau 2007, 180 = BauR 2007, 571, 573 = IBR 2007, 139.

195 BGH, Urteil vom 08.03.2001, Az. VII 2 R 470/99, NZBau 2001, 389, bestätigt durch BGH, Urteil vom 20.02.2014, Az. VII ZR 172/13, NJW 2014, 1374.

Erbringt der Projektmanager eine Leistung **verfrüht**, trägt er selbst das Risiko, dass sie durch die Fortschreibung des Projektes überholt wird und er nochmals – ohne zusätzliche Vergütung – leisten muss. Verlangt der Auftraggeber indessen eine verfrühte Leistung, so kann dies ein Verlangen nach Vertragsänderung beinhalten. Stellt sich dann heraus, dass sich das Risiko der Unbrauchbarkeit der verfrühten Leistung verwirklicht, so kann der Projektmanager eine besondere Vergütung fordern.[196] 2065

6.1.8 Haftung aus unerlaubter Handlung

Den Projektsteuerer/Projektmanager kann neben der aus einem Projektsteuerungsvertrag abgeleiteten schuldrechtlichen Haftung eine solche wegen Deliktes treffen. Derartige Schadensersatzansprüche können entstehen, wenn auf Grund von Handlungen oder Unterlassungen des Projektsteuerers während der Projektrealisierung **absolut geschützte Rechtsgüter Dritter**, wie Leib und Leben und Eigentum, verletzt werden. 2066

Eine Haftung wegen **unterlassenen Tätigwerdens** kommt bei Bestehen einer Handlungspflicht, z. B. einer Verkehrssicherungspflicht, in Betracht. In der Rechtsprechung wird insoweit zwischen einer primären, vom Architekten, Ingenieur oder Projektsteuerer unmittelbar vertraglich übernommenen Verkehrssicherungspflicht und einer sekundären Verkehrssicherungspflicht differenziert, die im Zusammenhang mit einer nicht ordnungsgemäß erfüllten Schutz- und Nebenverpflichtung relevant werden kann. Beide Pflichtenlagen können bei unsorgfältigem Handeln zu einer unerlaubten Handlung und damit einer Schadensersatzverpflichtung auch gegenüber Dritten führen.[197] Verkehrssicherungspflichtig wird der mit einer örtlichen Bauaufsicht oder Bauleitung/Bauüberwachung beauftragte Auftragnehmer insbesondere, wenn Anhaltspunkte dafür vorliegen, dass der Auftraggeber in dieser Hinsicht nicht genügend sachkundig oder zuverlässig ist, oder wenn er Gefahrenquellen erkannt hat oder wenn er diese bei gewissenhafter Beachtung der ihm obliegenden Sorgfalt hätte erkennen können und den Auftraggeber hierauf nicht hinweist. Er muss auf Gefahren achten und darf seine Augen nicht verschließen, um auf diese Weise jeglichem Haftungsrisiko aus dem Weg zu gehen.[198] 2067

Zwar wird eine deliktische Schadensersatzpflicht gegenüber dem Auftraggeber nicht dadurch ausgelöst, dass der Projektsteuerer/Projektmanager an der **Herstellung eines von vornherein mangelbehafteten Bauwerks** mitwirkt,[199] indessen kann es zu einer Haftung gegenüber dem Auftraggeber, seinen Hilfspersonen wie auch Dritten kommen, sofern der Projektsteuerer seiner Pflicht zur Gefahrenvorsorge (seinen Controllingaufgaben) nicht ausreichend nachkommt und hierdurch ein **Schaden** des Auftraggebers **an bereits hergestellten Sachen** entsteht.[200] 2068

Wenn der Projektsteuerer/Projektmanager Teilleistungen einer Objektüberwachung übernimmt (etwa im Rahmen eines Generalunternehmercontrollings), trifft ihn eine Verkehrssicherungspflicht auch gegenüber Dritten, soweit ihm im Rahmen seiner Controllingaufgaben gefahrträchtige Bauzustände oder Abläufe bekannt oder erkennbar werden und er diesen nicht entgegenwirkt. Er hat 2069

---

196 Vgl. BGH »Hauptbahnhof Berlin«, Urteil vom 26.07.2007, Az. VII ZR 42/05, in: NZBau 2007, 653, 655 = BauR 2007, 1761 = IBR 2007, 565.

197 Vgl. etwa BGH, Urteil vom 13.03.2007, Az. VI ZR 178/05, in: NZBau 2007, 449 = NJW-RR 2007, 1027 = BauR 2007, 1267 = IBR 2007, 377; OLG Schleswig, Urteil vom 30.07.1998, Az. 11 U 36/97, in: BauR 1999, 1485.

198 BGH, Urteil vom 13.03.2007, Az. VI ZR 178/05, in: NZBau 2007, 449 = NJW-RR 2007, 1027 = BauR 2007, 1267 = IBR 2007, 377.

199 Zur Abgrenzung bei sog. weiterfressenden Fehlern vgl. BGH, Urteil vom 31.03.1998, Az. VI ZR 109/97, in: NJW 1998, 1942.

200 Vgl. BGH, Urteil vom 13.03.2007, Az. VI ZR 178/05, in: NZBau 2007, 449, 450 für den Architekten; BGH, Urteil vom 03.02.1998, Az. X ZR 27/96, in: ZIP 1998, 1073, 1075 für die Bauüberwachungsverpflichtung des Architekten.

mit darauf zu achten, dass Dritte infolge der Projektrealisierung keine Schäden erleiden.[201] Auch wenn ein SiGe-Koordinator eingeschaltet worden ist, kann den Projektsteuerer bei **erkennbaren Gefahren** für Leib und Leben Dritter aus Anlass der Projektrealisierung eine Informationspflicht treffen, deren Verletzung zu Schadensersatzansprüchen führt. Der Projektsteuerer hat seinen Auftraggeber über Mängel der SiGe-Koordination zu unterrichten oder je nach den Umständen des Einzelfalls erkannte Gefahrenlagen selbst abzustellen.

6.2 Haftungsschwerpunkte

6.2.1 Fehler bei Verletzung von Beratungspflichten

2070 Der **Inhalt der übernommenen Vertragspflichten** des Projektsteuerers bestimmt den Umfang seiner Haftung. Wo immer er schuldhaft fehlerhafte Leistungen erbringt, kann dies – sei es auf der Grundlage des Dienstvertragsrechts oder sei es auf der Grundlage des Werkvertragsrechts – Schadensersatzansprüche auslösen, §§ 280, 281 BGB bzw. 636 BGB.[202]

2071 Insbesondere wenn der Projektsteuerer in **Stabsfunktion** tätig ist – und dementsprechend keine eigenen Entscheidungs- und Vertretungsbefugnisse innehat –, so muss er dem Auftraggeber alle notwendigen Hinweise erteilen und zugänglichen Informationen vermitteln, damit dieser rechtzeitig auf die bei der Projektrealisierung Beteiligten einwirken und die Projektrealisierung entsprechend den Projektzielen umsetzen kann.[203] Sofern nicht technologisches Neuland beschritten wird, müssen die Beratungsleistungen geeignet sein, das Projekt zum Erfolg zu führen.[204]

2072 Der Projektmanager/-steuerer hat den Auftraggeber so zu beraten, dass die Projektziele erreicht werden können und Nachteile für den Auftraggeber verhindert werden, soweit solche voraussehbar und vermeidbar sind. Dabei hat er dem Auftraggeber grundsätzlich **den sichersten und gefahrlosesten Weg** vorzuschlagen und auf mögliche Risiken hinzuweisen, damit der Auftraggeber rechtzeitig sachgerechte Entscheidungen treffen kann.[205] Die **Beratungspflicht** ist indessen **nicht grenzenlos**. Je nach Art und Umfang der Projektaufgabe kann eine eingeschränkte Belehrung ausreichend sein, etwa bei besonderer Eilbedürftigkeit oder bei einem Aufwand, der außer Verhältnis zum Anlass steht. Eine in jeder Hinsicht lückenlose Aufklärung über alle Zusammenhänge und Folgen der Projektrealisierung kann nicht eingefordert werden.[206]

2073 Verletzt der Projektsteuerer die Verpflichtungen zur **Information und Beratung** des Auftraggebers und trifft dieser daher Fehlentscheidungen oder unterlässt er rechtzeitige Entscheidungen, dann hat der Projektsteuerer für die Folgen aufzukommen. Voraussetzung ist aber immer, dass die falsche Beratung bei dem jeweiligen Auftraggeber zu falschen Schlussfolgerungen führt und damit die fehlerhafte Beratungstätigkeit für ein bestimmtes Handeln des Auftraggebers kausal wird.[207] Das gilt auch für fehlerhafte Empfehlungen/Festlegungen zur Projektstruktur und -organisation. Speziell Beratungsleistungen zur rechtlich zulässigen Vergabestruktur, zur projektbezogenen Bildung von Unternehmereinsatzformen und Vergabepaketen gehören hierzu. Im Vergleich zum Architekten wird dem Projektsteuerer in wirtschaftlicher, technischer und rechtlicher Hinsicht eine intensivere

201 Vgl. für den Architekten BGH, Urteil vom 10.03.1977, Az. VII ZR 278/75, in: BauR 1977, 428; Urteil vom 12.11.1996, Az. VI ZR 270/95, in: BauR 1997, 148, 152; vgl. auch OLG Stuttgart, Urteil vom 12.03.1999, Az. 2 U 74/98, in: BauR 2000, 748, für die Verletzung von Unfallverhütungsvorschriften.

202 Siehe dazu im Einzelnen oben Rdn. 1950 f.

203 Vgl. etwa Knipp, in: Seminar rechtliche Problemstellungen beim Projektmanagement, S. 21, 33.

204 Zur eingeschränkten werkvertraglichen Haftung bei Entwicklungsleistungen vgl. BGH, Urteil vom 13.06.2006, Az. X ZR 167/04, in: NZBau 2006, 638, 640 = ZfBR 2007, 33 = IBR 2006, 507.

205 Ähnlich zur Anwaltshaftung BGH, Urteil vom 01.03.2007, Az. IX ZR 261/03, in: NJW 2007, 2485, 2486.

206 BGH, Urteil vom 01.03.2007, Az. IX ZR 261/03, in: NJW 2007, 2485, 2486 für die Anwaltshaftung.

207 Vgl. zur Unternehmensberatung: OLG Hamburg, Beschluss vom 05.07.2004, Az. 6 U 248/03, in: NJW-RR 2005, 137.

Beratung aufzuerlegen sein.[208] Dabei besteht die tatsächliche Vermutung, dass sich der Auftraggeber entsprechend einer zutreffenden Aufklärung oder Information verhalten hätte (dazu auch Rdn. 1976, 2157).[209]

Stork formuliert zutreffend: 2074

»Aus einer Einstellung ›Entscheiden will ich ja gar nicht, ich empfehle nur‹ schlusszufolgern, dass man deshalb nicht in die Haftung genommen werden könne, ist ebenso gefährlich wie falsch. Denn bei Beratungsfehlern macht sich der Projektsteuerer nach den allgemeinen Haftungsgrundsätzen schadensersatzpflichtig. Auch die fehlende Beratung ist als Unterlassung in die Kategorie Beratungsfehler einzustufen.«[210]

Das OLG Düsseldorf hat in Bezug auf die Schadensersatzforderung gegen einen Projektsteuerer 2075
wegen **Nichteinhaltung des Vergaberechts** entschieden:

»Der beauftragte Projektsteuerer haftet dem Auftraggeber auf Zahlung von Schadensersatz, wenn er die ihm obliegende Pflicht verletzt, für eine der Nr. 3.2 der Allgemeinen Nebenbestimmungen für die Zuwendungen zur Projektförderung (ANBest-B) entsprechender ordnungsgemäßer Ausschreibung und Dokumentation Sorge zu tragen und deren Durchführung zu kontrollieren.

Übernimmt der beauftragte Projektsteuerer für den Auftraggeber die Führung der Korrespondenz, so trifft ihn 2076
nicht nur die Pflicht zur Übersendung der fraglichen Unterlagen, sondern auch die Pflicht, den Auftraggeber auf die Bedeutung der Unterlagen und die Notwendigkeit einer Sammlung und Aufbewahrung im Hinblick auf die Auflagen des Zuwendungsbescheids hinzuweisen, zumal Projektsteuerungsverträgegerade der Entlastung des Bauherrn dienen.«[211]

Ergeben sich etwa in der Projektvorbereitungsphase Anhaltspunkte dafür, dass Baugrundprobleme 2077
bestehen oder aber mit Kontaminierungen (dementsprechend mit Entsorgungspflichten) zu rechnen ist, muss der Projektsteuerer den Bauherrn dahin beraten, zunächst **Sachverständige** mit der Klärung der in Rede stehenden Fragen zu beauftragen. Der vom Auftraggeber erteilte Hinweis, das Bauvorhaben solle möglichst schnell durchgeführt werden, entlastet den Projektsteuerer insofern nicht.[212] Der Umstand, dass auch den Architekten im Rahmen der Grundlagenermittlung entsprechende Beratungspflichten treffen, berührt die Projektsteuererhaftung im Verhältnis zum Auftraggeber ebenfalls nicht.[213]

Im Rahmen seiner Beratungspflichten hat der Projektmanager/-steuerer den Auftraggeber **unauf-** 2078
gefordert auf typische Projektgefahren hinzuweisen. Das betrifft insbesondere die Folgen von Insolvenzen eingeschalteter Projektbeteiligter und Vorsorgemaßnahmen für den Fall, dass einzelne Projektbeteiligte ihren Leistungsverpflichtungen nicht nachkommen oder sogar gekündigt werden müssen.[214] Sofern bekannt ist, dass in Verträgen mit Baubeteiligten Vertragsstrafen vereinbart sind und der Projektsteuerer Anhaltspunkte dafür hatte, dass der Objektüberwacher nicht für Vorbehalte im Abnahmeprotokoll sorgt, ist er verpflichtet, den Auftraggeber ggf. dazu zu beraten, einen Vertragsstrafenvorbehalt bei der förmlichen Abnahme aufzunehmen.[215]

Es ist nicht Aufgabe des Projektsteuerers, im Rahmen seiner Beratungsleistungen schwierige **Rechts-** 2079
fragen zu klären. Vielmehr hat er dem Auftraggeber anzuraten, in derartigen Fällen anwaltlichen

208 Schamir, in: Seminar rechtliche Problemstellungen beim Projektmanagement, S. 111, 115.
209 Ständige Rechtsprechung des BGH, vgl. Urteil vom 16.11.1993, Az. XI ZR 214/92, in: BGHZ 124, 151, 159; Urteil vom 09.06.1994, Az. IX ZR 125/93, in: BGHZ 126, 217, 223; Urteil vom 13.11.1997, Az. IX ZR 37/97, in: NJW 1998, 749.
210 Stork, Projektsteuerung und Projektmanagement im Bauwesen, S. 72.
211 OLG Düsseldorf, Urteil vom 27.06.2014, Az. I 17 U 5/14, in: NZBau 2014, 644.
212 Siehe dazu Rdn. 2181; sowie für den Architekten OLG Hamm, Urteil vom 21.05.1997, Az. 12 U 150/96, in: NJW-RR 1997, 1310, 1312.
213 Zur gesamtschuldnerischen Haftung s. Rdn. 2169 f.; zur Haftung des Architekten in derartigen Fällen vgl. OLG Hamm, Urteil vom 21.05.1997, Az. 12 U 150/96, in: NJW-RR 1997, 1310.
214 So Dieblich, a. a. O., S. 103.
215 Dazu für den Architekten, OLG Bremen, Urteil vom 06.12.2012, Az. 3 U 16/11, in: IBR 2013, 89.

Rat einzuholen. Erteilt der Projektsteuerer im Zusammenhang mit komplexen rechtlichen Fragen einen Rat, der sich letztlich als falsch erweist, hat er indessen für die Folgen dieser Falschberatung einzustehen. Der Umstand, dass er zu derartigen Fragestellungen nicht zu beraten braucht, entlastet ihn nicht, wenn er gleichwohl rechtliche Beratungskompetenz in Anspruch nimmt und einen falschen rechtlichen Rat erteilt.[216]

2080 Wenn allerdings der Projektsteuerer Mitwirkungshandlungen in Bezug auf die Beauftragung ausführender Unternehmen und Finanzierungs- und Förderungsverfahren übernimmt, dann hat er die insoweit geltenden vergaberechtlichen und sonstigen öffentlich-rechtlichen Bedingungen einzuhalten und deren Einhaltung zu dokumentieren.[217] Soweit komplexere Rechtsfragen involviert sind, sollte der Projektsteuerer den Auftraggeber auffordern, hierzu einen Rechtsbeistand einzuschalten.

2081 Ein pflichtwidriges Beratungsverhalten des Projektmanagers/-steuerers ist vom Auftraggeber **darzulegen und zu beweisen**, selbst soweit es um negative Tatsachen geht. Der Projektmanager/-steuerer darf sich aufgrund seiner Integration in das Projektgeschehen nicht damit begnügen, eine Pflichtverletzung zu bestreiten oder ganz allgemein zu behaupten, er habe den Auftraggeber ausreichend unterrichtet. Vielmehr muss er den Gang der Besprechungen im Einzelnen schildern und insbesondere konkrete Angaben dazu machen, welche Belehrungen und Ratschläge er erteilt hat und wie der Auftraggeber hierauf reagiert hat.[218]

6.2.2 Planungsfehler

2082 Ein Projektmanager/Projektsteuerer übernimmt gelegentlich auch eigenständige Planungsaufgaben. Diese beginnen mit objektbezogenen Planungselementen im Rahmen der Projektentwicklung, die sich etwa in Machbarkeitsstudien niederschlagen können und setzen sich z. B. in der Termin- und Kostenplanung fort. Für die Fehlerfreiheit dieser Planungsleistung hat der Projektsteuerer/Projektmanager wie auch für sonstige Beratungsleistungen einzustehen. Probleme bereitet die Behandlung der Planungsverantwortung in Fällen, in denen der **Projektsteuerer Planungsaufgaben aus den Leistungsbildern der Objektplaner oder Fachingenieure mit übernommen** hat. Insoweit ist zu differenzieren:

2083 – Soweit der Projektsteuerer/Projektmanager eigene Planungsleistungen übernimmt, haftet er für deren ordnungsgemäße Erbringung nach den bereits dargestellten dienst- bzw. werkvertraglichen Grundsätzen. Soweit Objekt- und Fachplaner eingeschaltet sind, ist jeweils genau zu prüfen, ob und inwieweit der Projektsteuerer hierneben noch Planungsverpflichtungen übertragen erhalten hat. Entscheidend sind insoweit die Festlegungen im Projektmanagement- bzw. -steuerungsvertrag. Wird der Projektsteuerer **ergänzend** zu Objektplanern und Fachplanern tätig, wird in der Regel – mangels anderweitiger vertraglicher Anhaltspunkte – nicht davon auszugehen sein, dass der Projektmanager/-steuerer Kernleistungen der Planungsbeteiligten mitzuübernehmen hat;

216 OLG Zweibrücken, Urteil vom 06.02.1998, Az. 1 U 59/97, in: BauR 1998, 1036, das eine Architektenhaftung in einem Fall verneinte, in dem es um schwierige Rechtsfragen ging und die Rechtsmeinung des Architekten sogar von zwei Verwaltungsjuristen geteilt wurde; a. A. allerdings Budnick, Architektenhaftung, S. 66: »Obgleich der Architekt als Sachwalter des Bauherrn die umfassende Betreuung des Bauvorhabens und damit auch die richtige Handhabung der rechtlichen Fragen schuldet, darf nicht bereits die falsche Beurteilung von Rechtsfragen an sich zur Annahme einer Pflichtverletzung des Architekten führen. Da Rechtskenntnisse nicht grundsätzlich vom Pflichtenkreis des Architekten umfasst werden, kann ihm nur der Vorwurf gemacht werden, dass er keinen rechtlichen Berater eingeschaltet hat und dadurch der Schaden des Bauherrn entstand. Der Projektsteuerer tut daher gut daran, genau zu prüfen, in welchem Umfang er rechtsberatend tätig sein darf (und nach dem abgeschlossenen Vertrag überhaupt muss)«; vgl. auch Rdn. 997 f.

217 OLG Düsseldorf, Urteil vom 27.06.2014, Az. I 17 U 5/14, in: NZBau 2014, 644.

218 Hier gilt nichts anderes als auch bei der Anwaltshaftung, vgl. BGH, Urteil vom 01.03.2007, Az. IX ZR 261/03, in: NJW 2007, 2485, 2486.

auch hat er keine reinen Objektplanungs- oder Fachplanungsleistungen zu übernehmen. Die AHO-Leistungs- und Honorarordnung (2014) regelt dazu in § 1 Abs. 6:

»Projektmanagementleistungen sind von Leistungen der Planungsbeteiligten zu unterscheiden, wie sie z.B. in der HOAI beschrieben sind. Wenn Projektmanagern derartige Planungs- und Überwachungsleistungen übertragen worden sind, bedarf dieser einer besonderen Vereinbarung. Originäre HOAI-Leistungen sind unter Beachtung des Preisrechts der HOAI zu vergüten.« 2084

- Der Objektplaner/Architekt schuldet als werkvertraglichen Erfolg eine **dauerhaft genehmigungsfähige Planung**.[219] Der Auftraggeber kann allerdings das Genehmigungsrisiko selbst übernehmen. Ungeachtet des Umstandes, dass Architekten- und Ingenieurleistungen einem dynamischen Anpassungsprozess im Projektablauf unterliegen, ist von einer Risikoübernahme des Auftraggebers in aller Regel nur auszugehen, wenn dieser umfassend über das bestehende rechtliche und wirtschaftliche Risiko aufgeklärt und belehrt worden ist und der Auftraggeber sich sodann auf einen derartigen Risikoausschluss rechtsgeschäftlich einlässt.[220] Soweit nicht das Leistungsbild des Projektmanagers/-steuerers ausnahmsweise etwas anderes regelt, ist der Projektmanager/-steuerer nicht verpflichtet, selbst eine entsprechende Genehmigungslage herbeizuführen. Er hat lediglich den Planungsfortschritt zu kontrollieren und Abhilfemaßnahmen vorzuschlagen, wenn sich insoweit Störpotentiale ergeben. Wenn der Projektsteuerer allerdings im Rahmen seiner Kontrollaufgaben erkennt, dass die beauftragte Planung nicht genehmigungsfähig ist, muss er wie der Planer selbst den Auftraggeber darauf hinweisen.[221] 2085
- Von einer entsprechenden Verantwortungsteilung ist auch auszugehen, wenn Planungsergebnisse der Planer des Auftraggebers in **Value-Engineering-Prozessen** optimiert werden sollen und der Projektsteuerer diese Prozesse leitet (vgl. dazu Rdn. 950). Nicht unproblematisch ist allerdings die Abgrenzung der Planungsverantwortlichkeit dann, wenn i. S. partnerschaftlicher Projektrealisierung sog. **Planungsteams** gebildet werden, die aus den Objektplanern und Fachplanern des Auftraggebers wie auch dem Projektsteuerer bestehen. In diesen Fällen wird genau zu untersuchen sein, welche Planungsverantwortung der Projektsteuerer/Projektmanager in seinem Projektsteuerungsvertrag übernommen hat. Das gilt insbesondere bei der Steuerung von BIM-Planungsprozessen (dazu Rdn. 79). Erschöpft sich die Tätigkeit der Planungsoptimierung durch den Projektsteuerer/Projektmanager in der Entwicklung von Vorschlägen für Optimierungen bzw. entsprechenden Hinweisen an die Objektplaner/Fachplaner des Auftraggebers, ist i. d. R. von einer **Alleinverantwortlichkeit** der Planer des Auftraggebers für die inhaltliche Richtigkeit der Planungsergebnisse auszugehen. Entsprechendes gilt, wenn dem Projektsteuerer im Wesentlichen die terminliche Steuerung des Planungsvorgangs obliegt. Schadensersatzansprüche gegen den Projektsteuerer/Projektmanager wegen inhaltlicher Mängel der Planung scheiden bei einer derartigen Konstellation im Regelfall aus. Anders ist es indessen, wenn das Projektmanagementbüro als gleichberechtigter Partner im Planungsprozess auftritt und eigenständige planerische Ergebnisse zu entwickeln hat. Entsprechendes kann sich ergeben, wenn die im Team erarbeiteten planerischen Zwischen- und Endergebnisse als gemeinsame Arbeitsergebnisse vorgestellt werden sollen. 2086

219 Vgl. BGH, Urteil vom 10.02.2011, Az. VII ZR 8/10, in: NZBau 2011, 360, 361; Urteil vom 26.09.2002, Az. VII ZR 290/01, in: NZBau 2003, 38 = BauR 2002, 1872 = IBR 2002, 671; Urteil vom 25.03.1999, Az. VII ZR 397/97, in: NJW-RR 1999, 1105 = BauR 1999, 1195; OLG Naumburg, Urteil vom 14.06.2006, Az. 6 U 111/05, in: BauR 2009, 119 f.; OLG Stuttgart, Beschluss vom 12.10.2006, Az. 5 U 111/06, in: NZBau 2007, 319 = BauR 2007, 160 = IBR 2006, 682; KG, Urteil vom 20.03.2006, Az. 24 U 48/05, in: NZBau 2007, 316; dazu auch Spiegels, NZBau 2007, 270; OLG Zweibrücken, Urteil vom 09.05.2007, Az. 1 U 56/00, in: IBR 2008, 100: Kommt eine erforderliche Genehmigung wegen eines im Risikobereich des Auftraggebers liegenden Umstandes nicht zustande, mindert das Fehlen der Genehmigung den Honoraranspruch des Planers jedenfalls nicht, wenn die Planung mangelfrei war.

220 BGH, Urteil vom 10.02.2011, Az. VII ZR 8/10, in: NZBau 2011, 360, 361.

221 Für den Planer, OLG München, Urteil vom 08.11.2011, Az. 9 U 1576/11, in: NZBau 2012, 45.

2087 – **Übernimmt** dagegen der Projektsteuerer **selbst Leistungen aus dem Bereich der Objektplanung** oder den Fachplanungen nach HOAI, hat er für die Richtigkeit der Planungsleistungen wie ein Architekt/Ingenieur einzustehen. Insoweit gelten keine Besonderheiten gegenüber der Architektenhaftung. Das gilt auch und insbesondere dann, wenn im Rahmen von Construction-Management-Modellen Objektplaner und Fachplaner als Nachunternehmer eingeschaltet werden. In diesem Fall erbringt der Projektsteuerer/Projektmanager im Verhältnis zum Auftraggeber eigene Planungsleistungen. Soweit der Projektsteuerer/Projektmanager im Rahmen von Machbarkeitsuntersuchungen die Genehmigungsfähigkeit eines Bauobjektes zu beurteilen hat, gilt auch insoweit die von der Rechtsprechung für Architekten entwickelte Rechtsprechung, dass die Leistung (das Werk) mangelhaft ist, wenn die Genehmigungsfähigkeit später – sei es auf Grund verweigerter Zustimmungen Dritter oder aber Anfechtungsklagen Dritter – nicht erreicht werden kann.[222]

2088 – **Steuert** der **Auftraggeber** selbst Planungs- und/oder **Projektmanagementressourcen bei**, dann müssen diese vom Projektsteuerer/Projektmanager in die Projektorganisation und das Projektmanagementgewerk einbezogen werden. Derartige Sachverhalte treten vermehrt auf, da die Auftraggeber oft eine Projektsteuerungsleistung beauftragen wollen, die vorhandene Planungs- und Managementkomponenten – etwa aus dem Nutzer- oder Facility Management-Bereich – einbezieht. In diesen Fällen obliegt dem Projektsteuerer/Projektmanager bei der Verwendung der ihm zur Verfügung gestellten Arbeitsergebnisse in der Regel nur eine sekundäre Kontrollverpflichtung.[223] Grundsätzlich kann er aber die Leistungsbeiträge des Auftraggebers als richtig zugrunde legen.

2089 – Bauen **Planungs- und Überwachungsleistungen** aufeinander auf, dann kann der Folgeplaner/Überwacher ohne konkrete Anhaltspunkte für eine fehlende oder unsorgfältige Leistungserbringung des Vorplaners davon ausgehen, dass dieser seine Leistungen ordnungsgemäß erbracht hat. Erst wenn dem Folgeplaner oder Überwacher aufgrund konkreter Anhaltspunkte auffallen muss, dass die erbrachte Vorleistung nicht ordnungsgemäß erbracht worden ist, besteht eine Untersuchungs- und Aufklärungspflicht.[224]

6.2.3 Fehler beim Projektcontrolling

2090 Der Projektsteuerer/-manager kann sehr unterschiedliche Aufgaben im Rahmen eines Projektcontrollings übernehmen. Praktisch jedes Projektsteuerungsmodell enthält **Controllingkomponenten**, sei es auch nur **als Hilfsfunktion** (Soll-Ist-Kontrollen) im Steuerungs-Regelkreis. Die Controllingaufgaben können sich auf das gesamte Spektrum der Projektsteuerungsaufgaben, mithin Organisation, Quantitäten und Qualitäten, Termine und Kosten beziehen. Bei einzelnen Projektcontrollingmodellen, etwa dem Generalunternehmercontrolling, tritt die Steuerungskomponente von vornherein zurück und die Controllingleistungen werden zum wesentlichen Inhalt der Vertragsleistungen des Projektsteuerers. Die unterschiedlichen Einsatzformen des Projektmanagements besagen als solche allerdings nichts über den Umfang der Haftung für mangelhafte Controllingleistungen. Entscheidend ist vielmehr, ob und in welchem Umfang der Projektsteuerer/-manager im Einzelfall Controllingtätigkeiten versprochen und diese nicht ordnungsgemäß ausgeführt hat.

Wenn der Projektsteuerer Projektüberwachungsleistungen erbringt, etwa im Rahmen eines sogenannten Baumanagementmodells, dann können die Objektüberwachungsleistungen die

222 Vgl. etwa BGH, Urteil vom 25.02.1999, Az. VII ZR 190/97, in: BauR 1999, 934 f. = WM 1999, 1181; auch OLG Düsseldorf, Urteil vom 20.06.2000, Az. 21 U 162/99, in: NZBau 2001, 35 = BauR 2000, 1515, 1516, sowie ergänzend BGH, Urteil vom 14.02.2001, Az. VII ZR 176/99, in: NJW 2001, 1276; Urteil vom 15.06.2000, Az. VII ZR 212/99, in: NZBau 2000, 433, 434.

223 Vgl. auch zum Architektenrecht, BGH, Urteil vom 09.11.2000, Az. VII ZR 362/99, in: NZBau 2001, 213 = BauR 2001, 273.

224 OLG Karlsruhe, Urteil vom 17.01.2006, Az. 17 U 168/04, in: NZBau 2006, 322.

Verpflichtung beinhalten, die Eignung der bisher erarbeiteten Planungsunterlagen dahingehend zu überprüfen, ob auf ihrer Grundlage ein mangelfreies Bauwerk errichtet werden kann.[225]

6.2.3.1 Originäre und sekundäre Kontrollverpflichtung

Für die Feststellung einer Vertragsverletzung im Rahmen von Projektcontrollingaufgaben ist von Bedeutung, ob der Projektmanager eine **originäre** (primäre) oder nur **sekundäre Kontrollpflicht** verletzt.[226] Eine primäre Kontrollpflicht liegt vor, wenn der Projektmanager eine Kontrollverpflichtung als vertragliche Hauptpflicht übernimmt. Von einer sekundären Kontrollpflicht soll dagegen gesprochen werden, wenn er im bloßen Zusammenhang mit seinen Vertragsleistungen Gefahrenquellen erkannt hat bzw. erkennen konnte und den Auftraggeber im Rahmen allgemeiner Nebenpflichten/Schutzpflichten hiervor warnen bzw. sonstige ihm zumutbare Maßnahmen ergreifen musste. 2091

In vielen Fällen übernimmt der Projektsteuerer – z. B. in der klassischen Einsatzform – eine von den Leistungen der Objektplaner und Fachingenieure abgegrenzte **selbständige Aufgabenstellung**. Der Projektsteuerer kann sich deshalb grundsätzlich darauf beschränken, die ihm übertragene Aufgabenstellung wahrzunehmen und muss nicht (Teil-)Leistungen Dritter selbst erbringen. Er darf somit grundsätzlich die Arbeitsergebnisse anderer Fachspezialisten bei seinen Leistungen zugrunde legen. In einem solchen Fall muss er die Arbeitsergebnisse anderer Projektbeteiligter nicht inhaltlich hinterfragen und hat grundsätzlich auch nicht die Pflicht, inhaltliche Detailkontrollen vorzunehmen. Ihm verbleibt aber eine sekundäre Kontrollverantwortung, die eingreift, wenn nach den zugrunde zu legenden fachspezifischen Kenntnissen eines Projektsteuerers Leistungsmängel der weiteren Projektbeteiligten erkennbar werden.[227] Wenn erkennbar unzuverlässige, wenig sachkundige oder offenkundig unerfahrene Vertragskräfte des Auftraggebers tätig werden, hat der Projektmanager den Auftraggeber hierauf unverzüglich hinzuweisen. 2092

Die heute in der Praxis gebräuchlichen Leistungsbilder sehen jedoch zumindest auch originäre Kontrollverpflichtungen in dem Sinne vor, dass der Projektsteuerer Leistungen von Dritten eigenverantwortlich und in vollem Umfang zu überprüfen/nachzuvollziehen hat. Dies kommt etwa im AHO-Leistungsbild (2004) durch die unterschiedliche Verwendung der Begriffe ***Prüfen*** und ***Überprüfen*** zum Ausdruck. Prüfen bedeutet nach dem AHO-Leistungsbild eine umfassende inhaltliche Prüfung der Vertragskonformität und Richtigkeit. Entsprechende Unterlagen sind mit einem Prüfvermerk zu versehen und vom Bearbeiter zu unterzeichnen. Überprüfen beinhaltet demgegenüber die Kontrolle eines abgeschlossenen Arbeitsergebnisses in Stichproben mit dem Ziel der Freigabe des Arbeitsergebnisses oder der Verwerfung/Zurückweisung. Die Leistung beinhaltet keine Vollkontrolle, sondern in der Regel eine stichprobenhafte Kontrolle u.a. auf Vollständigkeit, Plausibilität und Übereinstimmung mit den Projektzielen.[228] Die Unterscheidung wird etwa bei der Rechnungskontrolle relevant. Die Abschlags- und Schlussrechnungen der an der Planung beteiligten freiberuflich Tätigen hat der Projektsteuerer eigenverantwortlich vollinhaltlich zu überprüfen; die Abschlags- und Schlussrechnung der ausführenden Unternehmen werden nach der AHO und HOAI-Systematik von der Objektüberwachung geprüft. Hier übernimmt der Projektsteuerer im Rahmen der Aufgabenstellung »Kosten« lediglich eine stichprobenhafte Überprüfung, einschließlich Plausibilitätskontrollen. 2093

Fallen dem Projektsteuerer bei seinen Leistungen allerdings Mängel der Leistungen anderer Projektbeteiligter auf oder konnten ihm diese aufgrund seines Erfahrungshorizontes nicht verborgen 2094

225 OLG Brandenburg, Urteil vom 28.03.2013, Az. 12 U 96/12, in: IBR 2013, 355.

226 Zur Differenzierung zwischen primären und sekundären Kontrollpflichten hier auch BGH, Urteil vom 13.03.2007, Az. VI ZR 178/05, in: NZBau 2007, 449 = BauR 2007, 1267 = IBR 2007, 377, betreffend die Verkehrssicherungspflicht von Architekten.

227 Vgl. etwa für die Objektüberwachung Werner/Pastor, Der Bauprozess, Rn. 2021 m. w. N.

228 § 2 Abs. 4 f) und g) des Leistungsbildes AHO 2014.

bleiben, dann hat er gegenzusteuern;[229] die Unterlassung der Information des Auftraggebers bzw. der Einleitung von Gegensteuerungsmaßnahmen kann zu einer Haftung führen (siehe oben Rdn. 1962). Das OLG München hat entschieden, dass aus der Vereinbarung bloßer Mitwirkungs- und Kontrollpflichten nicht folge, dass der Projektsteuerer zwar eine Flächenberechnung eines Architekten im Rahmen der Weitergabe von Informationen für einen Kreditantrag nachrechnen müsse. Insbesondere sei der Projektsteuerer nicht verpflichtet, computergestützte Auswertungen über Flächenwerte aus einem Zeichenprogramm zu überprüfen. Auch die richtige Funktionsweise des Programms müsse der Projektsteuerer nicht hinterfragen. Er müsse erst handeln, wenn ein Anfangsverdacht für eine Unzulänglichkeit vorliege.[230]

2095 Soweit demnach nicht ausdrücklich eine vollinhaltliche Kontrolle (Prüfung) von Leistungsergebnissen Dritter vereinbart worden ist, kann der Projektsteuerer erforderlich erscheinende Kontrollen in **Stichproben** durchführen. So ist es auch zutreffend, wenn das OLG Karlsruhe für einen mit Controllingaufgaben betrauten Baubetreuer (im Rahmen eines Generalunternehmercontrollings) entschieden hat, dass dieser fehlerhafte Objektüberwachungsleistungen durch stichprobenhafte Kontrollen hätte überprüfen und aufdecken müssen.[231] Auch der BGH hat die Verpflichtung eines Baubetreuers zu einem wirksamen Plancontrolling bejaht.[232]

2096 Nimmt ein Projektsteuerer – wie ein Bausachverständiger – zur Vorbereitung der rechtsgeschäftlichen Abnahme an einer Mängelerfassung teil, obliegt ihm, soweit nichts anderes bestimmt ist, lediglich eine **Sichtprüfung** und keine Detailüberprüfung von Bauzuständen mit Substanzeingriffen und Bauteilöffnungen.[233] Übernimmt ein Projektsteuerer als Bausachverständiger lediglich die Durchführung von Baustellenaudits, haftet er nur für solche Mängel, die er bei den Terminen oder aufgrund übergebener Unterlagen erkannt hat oder erkennen konnte.[234]

2097 Nur wenn der Projektsteuerer die **volle inhaltliche Kontrolle** (Prüfung) der Leistungen anderer Projektbeteiligter übernommen hat, trifft ihn eine **eigenständige inhaltliche Überprüfungsverpflichtung**, wie sie etwa die Rechtsprechung im Verhältnis zwischen dem planenden und bauüberwachenden Architekten annimmt.[235]

2098 Soweit dem Projektmanager/-steuerer dagegen in allgemeiner Form eine **Controllingaufgabe** übertragen worden ist, richtet sich deren **Inhalt und Intensität** – soweit vertraglich nichts anderes festgeschrieben ist – nach den projektspezifischen Erfordernissen, insbesondere der Gefahrträchtigkeit des jeweiligen Leistungsbereiches. Wie der objektüberwachende Architekt muss sich der Projektsteuerer/-manager um die Kontrollbereiche besonders kümmern, die durch eine hohe Schadenshäufigkeit gekennzeichnet oder mit einem hohen Schadensrisiko verbunden sind. Bei einfacheren Sachverhalten kann er sich grundsätzlich auf eine stichprobenhafte Kontrolle beschränken.[236]

229 Vgl. auch OLG Hamm, Urteil vom 27.03.2009, Az. 25 U 58/07, in: DStR 2010, 1403.

230 OLG München, Urteil vom 13.07.2010, Az. 9 U 4414/09, in: IBR 2012, 333.

231 OLG Karlsruhe, Urteil vom 30.11.1999, Az. 17 U 270/93, in: IBR 2001, 382, Revision vom BGH nicht angenommen, Beschluss vom 05.04.2001, Az. VII ZR 16/00.

232 Vgl. BGH, Urteil vom 30.06.1994, Az. VII ZR 116/93, in: BauR 1994, 776 = NJW 1994, 2825 = IBR 1995, 3.

233 OLG Celle, Urteil vom 04.07.2007, Az. 7 U 14/07, in: BauR 2008, 1925 für den Bausachverständigen.

234 KG, Urteil vom 05.03.2013, Az. 27 U 93/12, in: IBR 2013, 633.

235 Vgl. dazu BGH, Urteil vom 09.11.2000, Az. VII ZR 362/99, in: NZBau 2001, 213 = BauR 2001, 273; Brandenburgisches OLG, Urteil vom 11.01.2000, Az. 11 U 197/98, in: BauR 2001, 283, 285; OLG Düsseldorf, Urteil vom 01.09.1999, Az. 5 U 58/97, in: IBR 2000, 132; OLG Hamburg, Urteil vom 18.12.1998, Az. 12 U 12/96, in: IBR 2000, 131, Revision vom BGH nicht angenommen, Beschluss vom 20.01.2000, Az. VII ZR 48/99.

236 Vgl. zur Architektenhaftung etwa BGH, Urteil vom 09.11.2000, Az. VII ZR 362/99, in: NZBau 2001, 213 = BauR 2001, 273; BGH, Urteil vom 15.06.2000, Az. VII ZR 212/99, in: NZBau 2000, 433, 434 = BauR 2000, 1330; OLG Brandenburg, Urteil vom 11.01.2000, Az. 11 U 197/98, in: BauR 2001, 283, 285.

Ist im Vertrag von einer Kontrollverpflichtung die Rede, ohne dass der Maßstab näher konkretisiert worden ist, dann wird davon auszugehen sein, dass der Projektsteuerer keine Vollkontrolle (Prüfung) der Leistungsergebnisse der übrigen fachlich Beteiligten zu übernehmen hat. 2099

6.2.3.2 Organisationscontrolling

Im Rahmen des Organisationscontrollings hat der Projektsteuerer/-manager nach Maßgabe des jeweils übernommenen Leistungsbildes die Projektabläufe mit den Festlegungen zur Projektstruktur und -organisation abzugleichen und Fehlsteuerungen entgegenzuwirken. Das betrifft z. B. die Einhaltung von Geschäftsführungs- und Vertretungsregelungen sowie die Aufgabenwahrnehmung der Projektbeteiligten, speziell im Schnittstellenbereich zwischen den einzelnen Planungsbereichen und Gewerken. Der BGH hat klargestellt, dass zu den Aufgaben des Projektsteuerers/-managers gehören kann, für ein sachangemessenes **Vertragscontrolling** zur Einhaltung von Vertragsfristen und auch deren Durchsetzung mittels Vertragsstrafevereinbarungen (soweit durchsetzbar) Sorge zu tragen.[237] 2100

6.2.3.3 Planungscontrolling

Im Rahmen eines Planungscontrollings obliegt dem Projektsteuerer/-manager – vorbehaltlich anderweitiger vertraglicher Festschreibungen – die Kontrolle der überreichten Planungsunterlagen auf Vollständigkeit, der Durcharbeitung der einzelnen übertragenen Leistungsphasen, ausreichender Planungstiefe, Plausibilität der Planungsergebnisse und stichprobenhaft der Übereinstimmung mit funktionalen Vertragszielen. 2101

Der Objektplaner ist verpflichtet, eine mit den Zielen des Auftraggebers abgestimmte, genehmigungsfähige Planung zu erstellen. Bereits Auflagen der Genehmigungsbehörde, die auf eine von dem Planervertrag abweichende Bauausführung hinauslaufen, stellen einen Mangel des Architektengewerkes dar.[238] Für die Controllingleistung des Projektsteuerers bedeutet dies, dass dieser ein Vorgehen des Objektplaners grundsätzlich nicht dulden darf, das Abweichungen von festgelegten Planungszielen in Kauf nimmt. Der Auftraggeber muss es grundsätzlich nicht hinnehmen, dass seine in dem Projektsteuerervertrag/Planervertrag konkretisierten Vorstellungen auf Grund eines vom Projektsteuerer maßgeblich beeinflussten Genehmigungsverfahrens geändert werden. Wenn etwa der Projektsteuerer/Projektmanager den Auftraggeber nicht darauf aufmerksam gemacht hat, dass ohne weiteres erkennbare Verstöße des Planers gegen Schallschutzanforderungen zu Flächenreduzierungen führen können, haftet er wegen des Flächenverlustes gesamtschuldnerisch neben dem Objektplaner auf Schadensersatz.[239] 2102

6.2.3.4 Vergabe- und Vertragscontrolling

Wichtige Aufgaben übernimmt der Projektsteuerer in der Vergabephase. Die Beachtung geltenden öffentlichen Vergaberechts ist eine wesentliche Aufgabe, deren Verletzung zur Schadensersatzpflicht des Projektsteuerers führen kann.[240] Der Projektsteuerer hat – bei Übernahme entsprechender Leistungen – im Rahmen der Vergabe zu kontrollieren, ob die Vergabeunterlagen zu einer eindeutigen und systemwahrenden Beschreibung des Planungs- und Bausolls führen. Aufmerksamkeit 2103

237 Vgl. BGH, Urteil vom 13.07.2000, Az. VII ZR 139/99, in: NZBau 2000, 523, 524 = BauR 2000, 1762, 1764 = NJW-RR 2000, 1547, 1548 (für den Baubetreuer).

238 Vgl. BGH, Urteil vom 19.02.1998, Az. VII ZR 236/96, in: ZfIR 1998, 277, 278 = BauR 1998, 579, 581.

239 Vgl. dazu BGH, Urteil vom 14.05.1998, Az. III ZR 229/97, in: NJW-RR 1998, 1169 = IBR 1998, 529 für den Fall einer Baubetreuerhaftung.

240 OLG München, Urteil vom 30.01.2001, Az. 13 U 4744/00, in: BauR 2001, 981 = IBR 2001, 433, verneint für den Objektplaner eine Prüfungspflicht in Bezug auf vergaberechtliche Rechtsfragen; zur Architektenhaftung in diesem Bereich: Budnick, Architektenhaftung, S. 54.

bedürfen z. B. die bei GU-Vergaben üblich gewordenen Einheitspreislisten als Grundlage des späteren Änderungsmanagements. Derartige Einheitspreise haben regelmäßig keinen Bezug zu Mengen und auch zur vertraglichen Preisbildung und können bei größeren Änderungen zu gravierenden Mehrbelastungen des Auftraggebers führen.[241] Auch die Eignung der Bieter für die Ausführung von Planungsleistungen hat der Projektsteuerer sorgfältig zu kontrollieren. Die Eignung muss anhand der Referenzen abgeprüft werden.[242] Ist dem Projektsteuerer die Betreuung der Beschaffung von Planungs- und Ausführungsleistungen übertragen worden, dann haftet er auch dafür, dass die Vorschriften des **Vergaberechts** und der **Fördermittelgeber** eingehalten werden.[243]

2104 Stellt der Projektsteuerer/-manager fest, dass Projektbeteiligte ihren **Vertragsfristen** zuwiderhandeln, hat er den Auftraggeber darauf hinzuweisen. In diesem Zusammenhang obliegt dem Projektsteuerer/-manager allerdings keine Rechtsberatung. Er muss dem Auftraggeber indessen einen qualifizierten Hinweis erteilen und – je nach Einzelfall – auch darauf aufmerksam machen, dass entsprechende Vertragsverletzungen zur Kündigung oder zu Schadensersatzpflichten führen können und ob eine Beratung durch einen Anwalt angezeigt erscheint.[244]

6.2.3.5 Ausführungscontrolling

2105 Besonders haftungsträchtig ist für den Projektsteuerer das Ausführungscontrolling. Hierzu ist streitig, ob der Projektsteuerer/-manager, der auf Grund eines nicht ausreichenden Controllings einen körperlichen Baumangel mitverursacht, haftet. *Diederichs* hat die Auffassung vertreten, eine Haftung des Projektsteuerers/-managers für das mängelfreie Bauwerk als körperliche Sache sei von vornherein ausgeschlossen, da sie dem Verantwortungsbereich des ausführenden Unternehmens zuzuordnen sei. Der Auffassung kann insoweit gefolgt werden, als dem Projektsteuerer nicht ohne weiteres eine originäre Kontrollverpflichtung während der Ausführung obliegt und er sich grundsätzlich auf die Kontrolle der Objektüberwachung beschränken darf. Richtig ist dagegen aber, dass der Projektsteuerer dann, wenn er das Ausführungscontrolling als vertragliche Hauptleistungspflicht übernommen hat oder ihm Fehler der Ausführung auffallen mussten, neben dem Bauunternehmen (und ggf. dem Architekten) gesamtschuldnerisch mithaften kann.[245]

2106 In der Zwischenzeit hat der BGH die Haftung eines Qualitätscontrollers – dessen Leistungsbild eine originäre Kontrollverpflichtung beinhaltete – für entstandene Baumängel bejaht.[246] In dieser Entscheidung hat der BGH darauf abgehoben, dass die Verantwortlichkeit des Qualitätscontrollers für Baumängel weder durch eine ausdrücklich als »**präventiv**« bezeichnete, noch eine »**stichprobenartig**« beauftragte **Bauüberwachung** in Zweifel gezogen werden könne.[247] Im entschiedenen Fall erhielt die Sachverständigenorganisation für ihr Qualitätscontrolling insgesamt 41 000 €. Eine Haftung für Schadensersatzansprüche in Höhe von ca. 650 000 € wurde vom BGH für möglich gehalten, da der nachbesserungsverpflichtete Generalunternehmer in der Zwischenzeit in Konkurs gefallen war. Auch das OLG Oldenburg hat entschieden, dass die Haftung für so genannte

241 Vgl. Kapellmann/Schiffers, Vergütung, Nachträge und Behinderungsfolgen beim Bauvertrag, Band 2, Rn. 1224.

242 Vgl. dazu BGH, Urteil vom 13.07.2000, Az. VII ZR 139/99, in: NZBau 2000, 523, 524 = BauR 2000, 1762, 1764 = NJW-RR 2000, 1547, 1549 (für den Baubetreuer).

243 OLG Düsseldorf, Urteil vom 27.06.2014, I 17 U 5/14, NZBau 2014, 644.

244 Vgl. zur Verpflichtung, ggf. eine Kündigung zu erklären (allerdings betreffend einen Bauträger): BGH, Urteil vom 13.07.2000, Az. VII ZR 139/99, in: NZBau 2000, 523, 524 = BGH, BauR 2000, 1762, 1764 = BGH, NJW-RR 2000, 1547, 1548.

245 Vgl. etwa Locher, Das private Baurecht, Rn. 402.

246 BGH, Urteil vom 11.10.2001, Az. VII ZR 475/00, in: NZBau 2002, 150, 151 = BauR 2002, 315, 317.

247 BGH, a. a.O; anders noch OLG München, Urteil vom 16.05.2000, Az. 13 U 4315/99, in: IBR 2001, 683.

Baustellenkontrollen unabhängig von der Honorarhöhe besteht, und allein von dem übernommenen Pflichtenkreis abhängt.[248]

Die **Kontrolldichte** ist bei einer originären Kontrollverpflichtung nach den jeweiligen Anforderungen des Einzelfalls zu ermitteln. Bei wichtigen Bauabschnitten muss derjenige, der die Bauüberwachung inne hat, sich persönlich oder durch erprobte Erfüllungsgehilfen unmittelbar von der Ordnungsgemäßheit der Ausführung der Arbeiten überzeugen. Gerade bei gefahrträchtigen kritischen Bauabschnitten muss der Bauüberwachende seine Verpflichtung besonders sorgfältig erfüllen.[249] Das Leistungsbild Projektsteuerung der AHO enthält in der Projektphase Ausführung die Grundleistung 2107

»Anlassbezogenes örtliches Überprüfen der Leistungen der Objektüberwachung (4 B Nr. 2).«

Diese Leistung begründet keine **originäre Objektüberwachungsleistung**. Sie soll allerdings sicherstellen, dass der das ordnungsgemäße Funktionieren der Objektüberwachung überprüfende Projektsteuerer dies nicht ausschließlich anhand von Baustellenberichten Dritter und etwaigen Protokollen (also als Schreibtischtäter) vornimmt, sondern sich ggf. in einem nach einem gemäß den konkreten Projektanforderungen maßgeblichen Umfang auch vor Ort auf der Baustelle versichert, ob es Defizite der Objektüberwachung gibt und wie diese bewältigt und abgestellt werden können. 2108

Übernimmt ein **technisches Überwachungsbüro** im Rahmen eines Bauüberwachungsmodells eine Überwachungstätigkeit innerhalb von 12 »Baustellenaudits«, dann verletzt der Auftragnehmer seine Überwachungspflicht nur dann, wenn er solche Mängel nicht beanstandet, die bei den Terminen oder aufgrund übergebener Unterlagen erkennbar gewesen sind. Wenn der Auftraggeber Mängelrechte geltend macht, muss er vortragen, bei welchem Baustellenaudit welche Mängel hätten auffallen müssen. Der Umstand, dass am Ende ein Qualitätssiegel erteilt werden soll, rechtfertigt alleine nicht die Annahme einer gesamtheitlichen Objektüberwachungsverantwortung.[250] 2109

Sofern der Projektsteuerer über die bloße Kontrolle der Objektüberwachungsleistungen hinaus **originäre Leistungen** des Ausführungscontrollings übernimmt und z.B. Mängel zu erfassen hat, ist im Rahmen der Auslegung festzustellen, ob die Leistungspflicht mit einer Tiefe zu erbringen ist, die ein Objektüberwacher schuldet oder ob lediglich eine reduzierte Leistung im Sinne des Bestehens einer **Sichtprüfung** (ohne Bauteilöffnung etc.) zugrunde zu legen ist.[251] Auch zu einer Ursachenermittlung ist der Projektsteuerer nicht ohne weiteres verpflichtet, wenn er in seinem Protokoll auf die noch ungeklärte Ursache aufgezeigter Mängel hinweist und der Auftraggeber keine weitergehende Ermittlung verlangt.[252] 2110

Selbst wenn der Projektsteuerer Aufgabenstellungen einer Objektüberwachung übernommen hat, dann schuldet er im Ausführungscontrolling nicht das Aufdecken jeden Ausführungsmangels. Auch die Intensität der insoweit übernommenen Überwachungsleistungen ist im Zweifel **anlassbezogen zu konkretisieren**. Weniger wichtige Leistungen muss der Überwacher nicht kontrollieren. Insoweit kann davon ausgegangen werden, dass derartige Leistungen von den ausführenden Unternehmen selbst ordnungsgemäß erbracht werden. Die Kontrolle kann sich in derartigen Fällen auf die Abnahmeergebnisse beschränken. Bei besonders schadensträchtigen Gewerken ist indessen eine höhere Überwachungsintensität geschuldet.[253] Speziell dann, wenn Bauleistungen besondere Gefahrenquellen mit sich bringen, besteht eine erhöhte Überwachungspflicht.[254] An die 2111

248 OLG Oldenburg, Urteil vom 20.02.2007, Az. 12 U 57/06, in: IBR 2007, 380.
249 OLG Frankfurt, Urteil vom 29.04.2009, Az. 4 U 149/08, in: NZBau 2009, 718, 719.
250 KG, Urteil vom 05.03.2013, Az. 27 U 93/12, in: IBR 2013, 633.
251 OLG Celle, Urteil vom 04.07.2007, Az. 7 U 14/07, in: BauR 2008, 1925 für den Bausachverständigen.
252 OLG Brandenburg, Urteil vom 13.02.2007, Az. 11 U 94/06, in: BauR 2008, 1922, 1924.
253 OLG München, Urteil vom 09.07.2013, Az. 28 U 4652/12 Bau, in: IBR 2013, 691.
254 OLG Düsseldorf, Urteil vom 28.10.2008, Az. 21 U 21/08, in: IBR 2009, 462.

Überwachungstätigkeit sind erhöhte Anforderungen zu stellen, wenn technische Schwächen oder Unzuverlässigkeiten des Werkunternehmers bekannt werden.[255]

2112 Wenn allerdings ein Baubetreuer, der neben einem Architekten tätig ist, explizit die **Kontrolle der Handwerker übernommen** hat, kann er auch für mangelhafte Arbeiten bei der Rückverfüllung von Arbeitsräumen nach werkvertraglichen Grundsätzen haften.[256]

2113 Für den mit der Objektüberwachung beauftragten Architekten gilt, dass diesem bei der Überwachung der Arbeiten einer ausführenden Firma zumindest offensichtliche handwerkliche Mängel auffallen müssen. Er sei verpflichtet, als mangelhaft erkannte Leistungen gegenüber den ausführenden Unternehmen zu beanstanden und diese zeitnah zur Beseitigung der Mängel aufzufordern. Wird dies nicht beachtet, muss er Rücksprache mit dem Auftraggeber halten und ihn umfassend über die technischen Gegebenheiten und Möglichkeiten unterrichten.[257]

2114 Schon in seiner Entscheidung vom 10.6.1999 hatte der BGH auf die **besondere Bedeutung des Projektcontrollings** für den werkvertraglichen Erfolg hingewiesen.[258] Das OLG Karlsruhe hat einen Generalunternehmercontroller wegen Verletzung von Controllingverpflichtungen zur Bezahlung eines Sanierungsaufwandes für vermeidbare Mängel verurteilt. Die Revision wurde vom BGH nicht angenommen.[259]

2115 Immer ist zu prüfen, in welchem Umfang der Projektmanager/-steuerer Controllingaufgaben übernommen hat. Ist ihm etwa lediglich die **technische Baustellenkontrolle** übertragen, dann obliegt dem Projektmanager/-steuerer nicht ohne weiteres die Abschlagszahlungskontrolle.[260]

Wer allerdings lediglich eine **wirtschaftliche Baubetreuung** übernimmt, ist nicht verpflichtet, die Ausführung der Bauleistungen zu überwachen.[261]

6.2.3.6 Abrechnungscontrolling

2116 Der objektplanende Architekt hat die Rechnungen der Bauunternehmer daraufhin zu untersuchen, ob sie der vertraglichen Vereinbarung entsprechen, ob sie fachtechnisch und rechnerisch richtig und ob die zugrunde gelegten Leistungen erbracht sind.[262] Der Projektsteuerer ist i. d. R. nach Maßgabe derselben Sorgfaltsmaßstäbe damit beauftragt, die **Rechnungen der freiberuflichen Architekten, Ingenieure und Berater** zu prüfen. Die vom Architekten geprüften Rechnungen der ausführenden Unternehmen kann er grundsätzlich – sofern der Projektsteuerervertrag nichts anderes bestimmt – in sein Kostenkontrollsystem übernehmen.[263] Er ist insoweit regelmäßig nur zu Schlüssigkeitsprüfungen verpflichtet.

2117 Dementsprechend sieht das **AHO-Leistungsbild** vor, dass der Projektsteuerer die Rechnung der Planungsbeteiligten und sonstigen Projektbeteiligten (außer bauausführenden Unternehmen) zu prüfen und Freigabevorschlägen zu unterbreiten hat, während in Bezug auf die Rechnungen ausführender Unternehmen lediglich eine Übeprüfung und Freigabevorschläge bezüglich der Rechnungsprüfung der Objektüberwachung vorzunehmen sind. Nach § 2 Abs. 4 des AHO-Leistungsbildes beinhaltet die Überprüfung die Kontrolle eines abgeschlossenen Arbeitsergebnisses in Stichproben, während das Prüfen die umfassende inhaltliche Prüfung auf Vertragskonformität und Richtigkeit beinhaltet.

---

255 OLG Düsseldorf, Urteil vom 21.12.2012, Az. 23 U 18/12, in: IBR 2014, 30.
256 OLG Düsseldorf, Urteil vom 08.05.2009, Az. 22 U 184/08, in: IBR 2010, 32.
257 OLG Rostock, Urteil vom 02.02.2011, Az. 2 U 20/08, in: IBR 2012, 338.
258 BGH, Urteil vom 10.06.1999, Az. VII ZR 215/98, in: NJW 1999, 3118.
259 OLG Karlsruhe, Urteil vom 30.11.1999, Az. 17 U 270/93, in: IBR 2001, 382.
260 OLG Oldenburg, Urteil vom 20.02.2007, Az. 12 U 57/06, in: IBR 2007, 380.
261 OLG Köln, Urteil vom 29.11.2006, Az. 17 U 145/05, in: IBR 2008, 167.
262 Vgl. BGH, Urteil vom 14.05.1998, Az. VII ZR 320/96, in: BauR 1998, 869 = ZfIR 1998, 401.
263 Vgl. Rdn. 1003 f.

Speziell bei **Zahlungsfreigaben** muss der Projektsteuerer sehr vorsichtig sein. Gibt der Projektsteuerer/-manager von der örtlichen Bauleitung erkennbar unrichtig/unvollständig geprüfte Rechnungen unter Verletzung seiner Kontrollpflicht frei, macht er sich schadensersatzpflichtig.[264] Dasselbe gilt, wenn der Projektsteuerer die Koordinierung und Kontrolle der Bearbeitung von **Finanzierungs- und Förderverfahren** nicht ordnungsgemäß durchführt.[265] Zum Generalunternehmercontrolling gehört nach Auffassung des OLG München zudem die Führung von **Nachtragslisten** mit einer Auswertung von Mehr- und Minderkosten.[266] 2118

Speziell unrichtige **Bautenstandsbestätigungen,** die ein Projektsteuerer im Rahmen einer übernommenen Kontrollverpflichtung ausstellt und die als Auszahlungsgrundlage für Abschlagszahlungen dienen sollen, können nicht nur **Schadensersatzansprüche** des Auftraggebers, sondern auch der **projektfinanzierenden Banken** begründen (zumeist sind diese in den Schutzbereich des Projektsteuerervertrages einbezogen).[267] 2119

Formale Vorgaben in Bezug auf Zahlungsempfänger und -konten müssen vom Projektsteuerer/-manager bei seinen Freigabevermerken sehr genau beobachtet werden. Das betrifft insbesondere Formalitäten im Zusammenhang mit der Hereinnahme von Sicherheiten (z. B. **Vorauszahlungsbürgschaften** und Garantien) und Veranlassung von Auszahlungen auf deren Grundlage. 2120

6.2.4 Mängel bei der Koordination

Von besonderer Bedeutung sind Pflichtverletzungen des Projektsteuerers im Rahmen der Koordination.[268] Der Projektsteuerer/-manager hat nach näherer Maßgabe der im Projektsteuerungsvertrag übernommenen Verpflichtungen das **ordnungsgemäße Zusammenwirken der am Projekt Beteiligten** zu planen (er hat die Aufbau- und Ablauforganisation zu entwickeln und rechtzeitig Schnittstellen für die entsprechenden Verträge zu konzipieren). Er hat darüber hinaus regelmäßig dafür zu sorgen, dass sich die Projektbeteiligten während der Bauausführung entsprechend der Projektorganisation verhalten und abgestimmt zusammenwirken. Die Koordinationsverpflichtung kann sich auf die zeitliche Koordinierung sowie die sachlich-inhaltliche Koordinierung der an der Projektrealisierung Beteiligten beziehen.[269] 2121

Der BGH hat aus der Verpflichtung des Projektsteuerers, **Baubesprechungen** mit Baubeteiligten abzuhalten, eine Koordinierungsverpflichtung entnommen, die dem Ziel diene, eine vertragsgerechte Durchführung des Bauvorhabens zu sichern. Diese Aufgabenstellung begründe eine erfolgsbezogene, auf eine Bauüberwachung gerichtete Verpflichtung mit werkvertraglichem Charakter.[270] Der BGH hat überdies für den Fall einer Koordinierungspflichtverletzung eine Haftung des Baubetreuers/Projektsteuerers in einem Fall bejaht, in dem dieser Verpflichtungen eines Architekten übernommen und im Rahmen eines Umbauprojektes nicht für die ordnungsgemäße Abstimmung zwischen ausführenden Unternehmern und noch vorhandenen Mietern gesorgt hatte.[271] Er hat 2122

264 OLG München, Urteil vom 28.03.2000, Az. 28 U 3035/99, in: IBR 2002, 373, Revision vom BGH nicht angenommen, Beschluss vom 21.03.2002, Az. VII ZR 396/00; für Objektüberwacher BGH, Urteil vom 07.02.2002, Az. III ZR 1/01, in: NJW 2002, 1196, 1197.

265 OLG München, a. a. O.

266 Bei einem Leistungsbild nach § 31 HOAI: OLG München, Urteil vom 10.07.2001, Az. 9 U 1979/01, in: IBR 2002, 674.

267 Vgl. für den Architekten BGH, Urteil vom 25.09.2008, Az. VII ZR 35/07, in: NZBau 2009, 126, 127; Urteil vom 07.02.2002, Az. III ZR 1/01, in: NJW 2002, 1196, 1197.

268 Für den Baubetreuer: BGH, Urteil vom 13.07.2000, Az. VII ZR 139/99, in: NZBau 2000, 523, 524 = BGH, BauR 2000, 1762, 1764 = NJW-RR 2000, 1547, 1548; vgl. insoweit zur Architektenhaftung ausführlich Budnick, Architektenhaftung, S. 68 ff.

269 Budnick, Architektenhaftung, S. 69 ff.

270 BGH, Urteil vom 10.06.1999, Az. VII ZR 215/98, in: NJW 1999, 3118.

271 Vgl. BGH, Urteil vom 13.07.2000, Az. VII ZR 139/99, in: NZBau 2000, 523, 524 = BGH, BauR 2000, 1762, 1764 = NJW-RR 2000, 1547, 1548.

insoweit ausdrücklich von einer schadensersatzbegründenden Koordinierungspflichtverletzung des Baubetreuers/Projektsteuerers gesprochen.

2123 Eine Haftung wegen einer Verletzung der Koordinerungsverpflichtung kommt nicht nur in Betracht, wenn der Projektsteuerer in **Projektmanagementfunktion**, also mit Weisungsbefugnissen ausgestattet, tätig ist. Eine entsprechende Koordinierungspflichtverletzung kann auch vorliegen, soweit er ausschließlich als **beratende Stabsstelle** tätig werden soll. Entscheidend ist, dass es zu einer Aufgabe gehört – sei es beratend oder unmittelbar einwirkend –, für die Koordinierung der Bauabläufe zu sorgen. Nur dann, wenn der Auftraggeber den Rat des Projektsteuerers nicht annimmt, kann sich bei der Tätigkeit in Stabsstellenfunktion eine Haftungsminderung ergeben.

2124 In der Baupraxis mit ihren vielen unvorhersehbaren Entwicklungen stellt die Koordinierungsaufgabe erhebliche Ansprüche an den Projektsteuerer. **Schwachstellen** lassen sich in der Praxis nicht vermeiden. Eine hundertprozentig vorgeplante und entsprechend abgewickelte Baustelle wird es nicht geben. Allerdings muss der Projektsteuerer dort, wo er entweder wesentliche Zusammenhänge konzeptionell nicht berücksichtigt hat oder aber Fehlentscheidungen im Zusammenhang mit der Koordination der am Bau Beteiligten trifft, für eventuelle Schäden des Auftraggebers einstehen. Insoweit können die Pflichten des Projektsteuerers prinzipiell nicht geringer sein als die des bauüberwachenden Architekten.[272]

2125 Der Projektsteuerer haftet allerdings nur dann, wenn die mangelhafte Koordination **kausal** auf sein Verhalten zurückzuführen ist. Nur wenn der Mangel auf sein Projektsteuerungs-/Projektmanagementgewerk zurückgeht, muss der Projektsteuerer mit einer Inanspruchnahme rechnen. Er **haftet demnach nicht generell für die erfolgreiche Durchführung des Projektes**. Insbesondere haftet er nicht für die vertragsgerechte Tätigkeit der übrigen Projektbeteiligten, etwa die rechtzeitige Arbeitsaufnahme durch bauausführende Unternehmen. Der Projektsteuerer übernimmt auch – ohne ausdrückliche anderslautende Vereinbarung – keine Garantie für einen bestimmten Projekterfolg.[273] Auch der Abschluss eines werkvertraglichen Projektsteuerungsvertrags ist nicht mit einer garantieartigen Terminzusage verbunden. Eine Termingarantie müsste vielmehr konkret vereinbart werden.[274]

2126 Will der Auftraggeber etwa Schadensersatzansprüche wegen **Terminüberschreitungen** gegen einen Projektsteuerer geltend machen, reicht es nicht aus, wenn er den Vorwurf fehlerhaften Projektsteuererhandelns erhebt. Vielmehr ist es seine Aufgabe, in nachvollziehbarer, vom Projektsteuerer konkret bestreitbarer und vom Gericht im Wege einer Beweisaufnahme überprüfbarer Weise darzutun, dass der Projektsteuerer die nach seinem Vertrag und nach dem Ablauf der Baustelle erforderlichen Handlungen nicht rechtzeitig erbracht hat und die Terminüberschreitung hierauf beruht.[275] Die bloße **Behauptung mangelnder Koordinierung** stellt eine **Wertung** eines tatsächlichen Verhaltens des Projektsteuerers durch den Auftraggeber dar; welche Tatsachen dieser Wertung aber zugrunde liegen, lässt sich diesem Vorbringen nicht entnehmen, so dass ein derartig allgemein gehaltener Vortrag prozessual unerheblich ist.[276] Das Landgericht Bielefeld hat eine Feststellungsklage gegen einen Projektsteuerer bereits als unzulässig abgewiesen, weil der Auftraggeber ihm nur abstrakt vorgeworfen hatte, Leistungen des Termin-, Kosten- und Qualitätscontrollings nicht ordnungsgemäß erbracht zu haben.[277] Will etwa ein Auftraggeber dem Projektsteuerer die verspätete Fertigstellung

272 Vgl. dazu BGH, Urteil vom 13.07.2000, Az. VII ZR 139/99, in: BauR 2000, 1762 ff. = NJW-RR 2000, 1547 f.

273 OLG Düsseldorf, Urteil vom 01.10.1998, Az. 5 U 182/97, in: BauR 1999, 508 = IBR 1999, 332.

274 OLG Naumburg (Dreso I), Urteil vom 14.03.2008, Az. 10 U 64/07, in: NZBau 2009, 318 f.

275 Vgl. dazu auch Rdn. 1973.

276 Vgl. für den bauüberwachenden Architekten: Löffelmann/Fleischmann, Architektenrecht, Rn. 568 ff.; Budnick, Architektenhaftung, S. 74; OLG Frankfurt, Urteil vom 28.03.1990, Az. 17 U 159/88, in: BauR 1991, 370; dazu auch Rdn. 1969 f.

277 LG Bielefeld, Urteil vom 05.11.2002, Az. 17 O 112/02: Sollen Schadensersatzansprüche festgestellt werden, so ist eine bestimmte Bezeichnung des zum Ersatz verpflichtenden Ereignisses erforderlich.

eines Bauvorhabens anlasten, dann muss er grundsätzlich darlegen und beweisen, dass Ursache hierfür Mängel der Projektsteuerungsleistung sind, insbesondere **Verzögerungen nicht auf Leistungsbeiträgen anderer Projektbeteiligter** beruhen.[278]

Da der Beweis einer solchen negativen Tatbestandsvoraussetzung vom Auftraggeber schwer zu führen ist, kommen ihm **Beweiserleichterungen** zugute. Aufgabe des Projektsteuerers ist es i. d. R., für eine ordnungsgemäße Dokumentation des Bauablaufes zu sorgen. Liegt eine solche aber nicht vor, so dass im Nachhinein unklar bleibt, worauf eine nicht unerhebliche Verzögerung der Bauabwicklung zurückzuführen ist, kann es zu einer Umkehr der Beweislast zu Lasten des Projektsteuerers kommen. Der BGH hat etwa einen Baubetreuer im Zusammenhang mit der Verletzung der Kooperationsverpflichtung den negativen Beweis auferlegt, dass eine Verletzung der Koordinationsverpflichtung nicht vorgelegen habe: 2127

»Die Behauptung der Kläger, die Verzögerung sei dadurch entstanden, dass die Handwerker sich nicht rechtzeitig bei den Mietern angemeldet hätten, ist ausreichend für den Vorwurf einer Koordinationspflichtverletzung der Beklagten, weil sie keine Kenntnisse über die Maßnahmen haben können, die die Beklagte zur Erfüllung ihrer Koordinationspflicht ergriffen hat. Die Beklagte hätte, da es sich um interne Vorgänge handelt, die nur sie kennen kann, Tatsachen vortragen müssen, aus denen sich ergibt, dass sie ihrer Koordinationspflicht genügt hat.«[279] 2128

Hinsichtlich des Verschuldens hat sich der Projektsteuerer/Projektmanager ohnehin zu entlasten, § 280 Abs. 1 Satz 2 BGB (vgl. auch Rdn. 1974, 2030).[280] 2129

6.2.5 Fehler bei der Kostenplanung und -kontrolle/Bausummenüberschreitung

6.2.5.1 Allgemeines

Von besonderer Bedeutung ist die Haftung des Projektsteuerers/Projektmanagers im Kostenbereich. Mit einem Projektsteuerungsvertrag können dem Projektsteuerer/Projektmanager unterschiedliche Aufgaben im Rahmen der Kostenplanung und Kostensteuerung übertragen werden. Dabei kann die Leistungspflicht des Projektsteuerers/Projektmanagers auf die Ermittlung eines Kostenrahmens und die spätere Kontrolle der Kostenplanung und der -ermittlungen der Objektplaner beschränkt werden. Sie kann aber auch darüber hinausgehen und eine originäre Kostenplanungs- und Kostensteuerungsverpflichtung enthalten. Im Umfang der übernommenen Leistungsverpflichtungen besteht auch eine Haftungsgefahr, etwa für 2130

- **Fehler bei der Kostenplanung** (mangelhafte Erstellung der Mengengerüste/Einsetzen falscher Preise usw.)
- **Fehler bei der Kostensteuerung** (z. B. keine rechtzeitige Information des Bauherrn/keine Planung von Korrekturen und Alternativen).[281]

Für die Frage des **Haftungsumfangs** bei Vorlage einer mangelhaften Projektsteuerungs-/Managementleistung im Zusammenhang mit einer Kostenüberschreitung kommt es zudem darauf an, ob die Pflichtverletzung 2131

- auf einer Bausummengarantie/Baukostengarantie oder
- auf einer Verfehlung einer vertraglich vereinbarten Kostengrenze oder

278 Vgl. insoweit zum objektüberwachenden Architekten: Löffelmann/Fleischmann, Architektenrecht, Rn. 570; OLG Frankfurt, Urteil vom 28.03.1990, Az. 17 U 159/88, in: BauR 1991, 370, 371.

279 BGH, Urteil vom 13.07.2000, Az. VII ZR 139/99, in: NZBau 2000, 523, 524 = BGH, BauR 2000, 1762, 1764 = NJW-RR 2000, 1547, 1548.

280 BGH, Urteil vom 13.07.2000, Az. VII ZR 139/99, in: NZBau 2000, 523, 524 = BGH, BauR 2000, 1762, 1764 = NJW-RR 2000, 1547, 1548.

281 Heinrich, Der Baucontrollingvertrag, S. 172.

– auf einer allgemeinen Pflichtverletzung im Kostenbereich (einem Fehler bei der Kostenplanung, der Kostensteuerung oder einem allgemeinen Koordinierungsfehler mit Kostenauswirkungen) beruht.[282]

6.2.5.2 Verletzung einer Bausummengarantie

2132 Eine Bausummengarantie/eine Baukostengarantie liegt vor, wenn der Projektsteuerer/Projektmanager sich verpflichtet hat, die eine bestimmte Bausumme übersteigenden Mehrkosten in jedem Fall selbst zu tragen (und den Auftraggeber insoweit frei zu halten), und zwar auch dann, wenn und soweit den Projektsteuer/Projektmanager in Bezug auf die Kostenüberschreitung kein Verschulden trifft.[283] Eine derartige Bausummengarantie/Baukostengarantie liegt nur vor, wenn der Projektsteuerer ein selbstständiges Garantieversprechen unter Einbeziehung der Risiken aus Unwägbarkeiten und nicht ordnungsgemäß erbrachter Leistungsbeiträgen Dritter bei einem Bauprojekt abgegeben hat (echte selbständige Garantie). Wie beim Architekten kann wegen der weitreichenden Risiken nur in seltenen Ausnahmefällen angenommen werden, dass ein unbedingter Verpflichtungswille im Sinne einer selbständigen Garantie bestanden hat. Im Rahmen von Kostenzusagen setzt die Annahme einer entsprechenden Zusage in der Regel voraus, dass der Umfang der für die Bausumme zu erbringenden Leistungen auf der Grundlage einer Entwurfsplanung bereits im Detail feststeht.[284] Ob ein solcher echter Garantievertrag begründet werden sollte, ist **Auslegungsfrage**.

2133 Den gängigen Leistungs- und Honorarmodellen ist eine Bausummengarantie nicht zu entnehmen.[285] Sofern eine – wegen der Gefährlichkeit einer Bausummengarantie – ausdrückliche Garantiezusage mit der Annahme einer selbständigen Garantieverpflichtung fehlt, ist große Zurückhaltung zu üben.[286] Die Annahme einer solchen Kostengarantie setzt i. d. R. voraus, dass eine klare und unmissverständliche Vereinbarung der Parteien vorliegt, aus der sich die garantierten Kosten

282 Vgl. OLG Naumburg (Dreso I), Urteil vom 14.03.2008, Az. 10 U 64/07, NZBau 2009, 318 f., welches darauf hinweist, dass auch der werkvertragliche Projektsteuerungsvertrag keine garantiemäßige Haftung beinhalte, sondern in jedem Einzelfall geprüft werden müsse, ob eine Kostengrenze oder Bausummengarantie konkret vereinbart worden sei.

283 Vgl. BGH, Urteil vom 22.11.2012, Az. VII ZR 200/10, in: NZBau 2013, 172 f.; dazu Jochem, NZBau 2013, 352; OLG Hamm, Urteil vom 21.07.2011, Az. 24 U 151/04, in: IBR 2011, 592: Die Annahme einer Baukostengarantie ist nur in den Fällen gerechtfertigt, in denen der Auftragnehmer verspricht, im Rahmen einer persönlichen Verpflichtung für die Einhaltung eines bestimmten Baukostenbetrages in jedem Fall persönlich einzustehen; Heiermann, in: Motzel, Projektmanagement in der Baupraxis, S. 66, 74: »Sollte der Projektsteuerer darüber hinaus eine ausdrückliche Garantie bezüglich der Einhaltung der veranschlagten Baukosten übernommen haben, so haftet er ohne Verschulden auf Erfüllung seiner vertraglichen Zusagen und bei Überschreitung der Kosten auf Schadensersatz. Er haftet dann für alle Mehrkosten mit der Einschränkung, dass Änderungswünsche des Bauherrn zu dessen Lasten gehen.«

284 Dazu OLG Naumburg, Urteil vom 17.07.2007, Az. 9 U 164/06, in: IBR 2010, 640, Nichtzulassungsbeschwerde durch den BGH zurückgewiesen, BGH, Beschluss vom 08.07.2010, Az. VII ZR 158/07.

285 Verneinend etwa für das Leistungsbild AHO/DVP; Schill, Der Projektsteuerungsvertrag, S. 100.

286 Zur Auslegung: Lauer, Die Haftung des Architekten bei Bausummenüberschreitung, S. 97; Miegel, Die Haftung des Architekten, S. 21; Heiermann führt in: Motzel, Projektmanagement in der Baupraxis, S. 66, 73, zutreffend aus: »Wenn der Projektsteuerer seinem Auftraggeber vertraglich bestimmte Qualitäten, Kosten oder Termine garantiert oder zusichert, kann sich seine Haftung wesentlich verschärfen. Ansatzpunkt für die Haftung des Projektsteuerers ist dann nicht mehr die Mangelhaftigkeit seiner konkreten Leistung, sondern die Tatsache, dass eine solche Zusicherung nicht eingehalten worden ist. Äußerste Vorsicht ist deshalb aus der Sicht des Projektsteuerers bei der Abgabe von Zusicherungen oder Garantien geboten«; kritisch zu Garantien auch Wingsch, Bauwirtschaft 1984, 1056, 1059; von Minckwitz, Gewährleistung des Projektsteuerers, S. 21; dazu auch OLG Celle, Urteil vom 30.01.2002, Az. 7 U 89/97, in: IBR 2003, 260 (Revision durch BGH nicht angenommen, Beschluss vom 13.01.2003, Az. VII ZR 89/02): Eine Bausummen- oder Baukostengarantie des Architekten kann nur ganz ausnahmweise angenommen werden. Nicht einmal die Zusage des Architekten, für den Fall der Überschreitung einer Kostengrenze die Mehrkosten selbst zu tragen, kann ohne weiteres als Garantie verstanden werden.

auch genau ablesen lassen.[287] Es reicht indessen die ausdrückliche Zusicherung, dass die Baukosten eine entsprechende Höchstgrenze in keinem Fall überschreiten werden;[288] bzw. die Zusage, dass der Projektsteuerer die über eine Garantiesumme hinausgehenden Kosten selbst übernimmt. Die Vereinbarung einer Kostengrenze allein reicht für die Annahme einer Garantie nicht aus.[289] Gleichfalls reicht der vertragliche Hinweis nicht, ein Baukostenbudget des Bauherrn sei zu beachten und die kalkulierten Kosten seien einzuhalten.[290] Haben die Parteien einen schriftlichen Projektsteuerervertrag abgeschlossen und ist dort eine entsprechende Bausummengarantie nicht festgelegt, muss der Auftraggeber, der sich auf eine entsprechende Bausummengarantie beruft, die für die Richtigkeit und Vollständigkeit des Vertrages sprechende tatsächliche Vermutung widerlegen.[291] Wegen der verschuldensunabhängigen Haftung sind Bausummengarantien/Baukostengarantien als Allgemeine Geschäftsbedingungen in der Regel unwirksam. Die Unwirksamkeit kann allerdings nicht aus dem Verstoß gegen die HOAI abgeleitet werden, die eben kein vertragsrechtliches Leitbild darstellt.[292]

Ist eine entsprechende Bausummengarantie zu bejahen, dann haftet der Projektsteuerer im Rahmen eines Erfüllungsanspruchs (**verschuldensunabhängig**) auf Ersatz aller Kosten, welche die Garantiesumme überschreiten.[293] Nach Auffassung des BGH beinhaltet ein derartiges Garantieversprechen eine selbständige Garantieerklärung, die dem Auftraggeber **unabhängig** von einem bei ihm durch die Baukostenüberschreitung **eingetretenen Schaden** und **unabhängig von einem Verschulden** einen Anspruch auf Zahlung der Mehrkosten begründet.[294] Die Haftung umfasst auch Mehrkosten aus den Leistungsbereichen weiterer Projektbeteiligter, etwa Bauunternehmer, Lieferanten usw., soweit der Auftraggeber hiermit belastet wird.[295] Der Projektsteuerer trägt dabei das Risiko von nicht vorhersehbaren Preissteigerungen genauso wie die Kosten wegen der Notwendigkeit abweichender Bauausführungen aus baurechtlichen oder bautechnischen Gründen. Die Haftung umfasst jedoch im Zweifel nicht Mehrkosten wegen Änderungen der Bauvorlage aus reinen Zweckmäßigkeits- oder Gestaltungserwägungen des Bauherrn.[296] Auf Toleranzen kann sich der Projektsteuerer bei Abgabe einer Bausummengarantie grundsätzlich nicht berufen. Auch eine Vorteilsausgleichung wegen einer Verkehrswertsteigerung des Objektes kommt hier grundsätzlich nicht in Betracht.[297] 2134

287 Vgl. OLG Düsseldorf, Urteil vom 06.12.2002, Az. 5 U 28/02, in: BauR 2003, 1604 = IBR 2003, 613: Eine Kostengarantie kann nicht schon bei bloßer Erstellung einer Kostenschätzung angenommen werden. Sie setzt eine eindeutige Erklärung des »Garanten« voraus; LG Konstanz, Urteil vom 29.03.1996, Az. 3 O 508/95, in: IBR 1998, 32 m. Anm. v. Preussner; OLG Celle, Urteil vom 27.06.1996, Az. 14 U 198/95, in: IBR 1998, 353: In der Erklärung »persönlich die Einhaltung des Gesamtvolumens garantieren zu können« liegt noch keine Baukostengarantie.

288 Vgl. auch BGH, Urteil vom 04.12.1986, Az. VII ZR 197/85, in: BauR 1987, 225; die Zusicherung einer bestimmten Kostengröße ist Unterfall der Bausummengarantie, so dass der Projektsteuerer in einem solchen Fall auch ohne Verschulden haftet: Lauer, Die Haftung des Architekten bei Bausummenüberschreitungen, S. 22; Miegel, Die Haftung des Architekten, S. 45.

289 OLG Koblenz, Urteil vom 22.03.2001, Az. 5 U 627/00, in: NZBau 2002, 231, 232.

290 OLG Düsseldorf, Urteil vom 23.10.2012, Az. 21 U 155/11, in: IBR 2013, 305.

291 Vgl. OLG Celle, Urteil vom 27.06.1996, Az. 14 U 198/95, in: BauR 1998, 1030, 1031 (Revision vom BGH nicht angenommen, Beschluss vom 26.03.1998, Az. VII ZR 246/98).

292 Teilweise anders Jochem, NZBau 2013, 352.

293 Vgl. BGH, Urteil vom 04.12.1986, Az. VII ZR 197/85, in: BauR 1987, 225, 226 = NJW-RR 1987, 337; Löffelmann/Fleischmann/Ihle, Architektenrecht, Rn. 2178.

294 BGH, Urteil vom 22.11.2012, Az. VII ZR 200/10, in: NZBau 2013, 172 f.; dazu Jochem, NZBau 2013, 352.

295 Vgl. für den Architekten Werner/Pastor, Der Bauprozess, Rn. 2281.

296 Miegel, Die Haftung des Architekten, S. 21; fraglich ist, ob eine Baukostengarantie gegenstandslos ist, wenn die ursprüngliche Planung einvernehmlich abgeändert oder in erweitertem Umfang ausgeführt wird oder ob sie fortgeschrieben werden muss, im ersten Sinne OLG Düsseldorf, Urteil vom 15.11.1994, Az. 21 U 98/94, in: BauR 1995, 411; Werner/Pastor, Der Bauprozess, Rn. 2283.

297 Vgl. RG, Urteil vom 28.06.1932, Az. III 293/31, in: RGZ 137, 83; Miegel, Die Haftung des Architekten, S. 21.

Im Einzelnen muss geprüft werden, welche Gesamtkosten von einer entsprechenden Garantieerklärung umfasst sind, im Zweifel sind es nicht Kosten der Mängelbeseitigung für den Fall verjährter Schadensersatzansprüche gegen ausführende Unternehmen.[298]

2135 Liegt eine Bausummengarantie vor, folgt daraus schadensersatzrechtlich, dass die für die **Vergütungsfeststellung** etwa maßgeblichen anrechenbaren Kosten auf die Garantiesumme beschränkt bleiben. Der Projektsteuerer kann in einem solchen Fall nicht argumentieren, dass das Werk auch bei ordnungsgemäßer Ausführung von vornherein teurer geworden wäre, weil ihm dieses Risiko gerade übertragen wurde.[299]

2136 Soweit eine derartige selbständige Baukostengarantie von einem Architekten abgegeben worden ist und der Architekt oder Ingenieur hierfür ein Prämienversprechen erhalten hat, ist die Prämie nach Auffassung des BGH eine Vergütung, die nicht der HOAI unterliegt. Eine Kostengarantie gehöre weder zu den Grundleistungen noch zu den Besonderen Leistungen der Leistungsbilder der HOAI. Die HOAI enthalte öffentliches Preisrecht und regele, in welcher Höhe und nach welchen Gesichtspunkten Ingenieure und Architekten Entgelt berechnen können bzw. müssen, wenn sie dem Grunde nach einen vertraglichen Entgeltanspruch haben. Für andere, vor allem vertragsrechtliche Regelungen hatte der Verordnungsgeber keine Ermächtigung.[300]

6.2.5.3 Verfehlung einer Kosten(ober-)grenze

2137 Von der Bausummengarantie, einer verschuldensunabhängigen Einstandsverpflichtung für Überschreitung einer festgelegten Bausumme, **ist die vertragliche Vereinbarung eines Kostenlimits** oder -rahmens bzw. einer Kosten(ober-)grenze zu unterscheiden. Die vertragliche Festlegung einer solchen Kostengrenze beinhaltet noch keine Garantie, sondern in aller Regel eine Beschaffenheitsvereinbarung für das Projektsteuerungswerk i. S. des § 633 Abs. 2 BGB.[301]

2138 Die Zugrundelegung einer entsprechenden Kostengrenze in einem Projektsteuerungs-/Projektmanagementvertrag gibt dem Gesamtvertrag i. d. R. einen **werkvertraglichen Schwerpunkt**. Die Haftung hierfür richtet sich nach den bereits dargestellten Grundsätzen zu Mängelansprüchen bei Werkverträgen.[302]

2139 Da die Überschreitung der Kostengrenze die Verfehlung einer werkvertraglichen Beschaffenheitsvereinbarung darstellt, entstehen die Mängelhaftungsansprüche nach § 634 BGB auch bei einer Kostengrenze grundsätzlich unabhängig davon, ob der Projektmanager/Projektsteuerer die Verfehlung der Kostengrenze **verschuldet** hat. Lediglich bei der Geltendmachung von Schadensersatz

298 BGH, Urteil vom 22.11.2012, Az. VII ZR 200/10, in: NZBau 2013, 175; dazu Jochem, NZBau 2013, 352.

299 Für den Architekten vgl. BGH, Urteil vom 30.06.1994, Az. VII ZR 116/93, in: BauR 1994, 776; Urteil vom 13.07.1970, Az. VII ZR 189/68, in: WM 1970, 1139, 1140; bejahend Thode, a. a. O., S. 22; das dürfte jedoch eine Frage der Vertragsauslegung im Einzelfall sein.

300 BGH, Urteil vom 22.11.2012, Az. VII ZR 200/10, in: NZBau 2013, 172, 175; dazu Jochem, NZBau 2013, 352.

301 Vgl. BGH, Urteil vom 13.02.2003, Az. VII ZR 395/01, in: NZBau 2003, 388, 389 = BauR 2003, 1061 = ZfBR 2003, 452 = IBR 2003, 315; Urteil vom 17.01.1991, Az. VII ZR 47/90, in: BauR 1991, 366; Urteil vom 16.12.1993, Az. VII ZR 115/92, in: BauR 1994, 268; OLG Köln, Urteil vom 04.09.2001, Az. 3 U 166/00, in: BauR 2002, 978 f.; OLG Naumburg, Urteil vom 11.04.2001, Az. 2 U 100/99, in: BauR 2001, 1299 = IBR 2001, 680; OLG Naumburg, Urteil vom 17.07.2007, Az. 9 U 164/06, in: IBR 2010, 640, Nichtzulassungsbeschwerde durch den BGH zurückgewiesen, Beschluss vom 08.07.2010, Az. VII ZR 158/07; Thode, Gewährleistung und Haftung, S. 22.

302 Im Hinblick auf die Schuldrechtsmodernisierung ist die frühere Zweifelsfrage, ob im Einzelfall nicht eine positive Vertragsverletzung vorliegen kann, überholt, vgl. etwa OLG Brandenburg, Urteil vom 09.04.1999, Az. 4 U 128/98, in: BauR 1999, 1202 = IBR 1999, 490, für die Verletzung von Werkvertragsrecht; eher zur PVV tendierend, Budnick, Architektenhaftung, S. 113; Schill, Der Projektsteuerungsvertrag, S. 96.

nach § 636 i. V. m. § 280 BGB wird Verschulden vorausgesetzt; allerdings trägt insoweit der Projektmanager/Projektsteuerer die Darlegungs- und Beweislast dafür, dass er die Pflichtverletzung nicht zu vertreten hat.[303] Das im Hinblick auf einen geltend gemachten Schadensersatzanspruch erforderliche Verschulden fehlt allerdings, wenn die Nichteinhaltung der Kostenobergrenze auf Sonder- oder Änderungswünschen des Auftraggebers zurückzuführen ist. Wohl ist der Projektsteuerer unter Umständen gehalten, den Auftraggeber auf die Kostenfolgen entsprechender Änderungswünsche hinzuweisen.[304] Der Auftraggeber muss zur Inanspruchnahme eines Projektsteuerers oder Architekten wegen Bausummenüberschreitungen den Haftungsgrund (z.B. die Vereinbarung eines bestimmten, überschrittenen Kostenrahmens), die Kausalität zwischen Pflichtverletzung und Schaden sowie den eingetretenen Schaden vortragen. Im Rahmen der Kausalität hat der Auftraggeber schlüssig darzulegen, dass er in Kenntnis der wahren Umstände vom Bauvorhaben Abstand genommen oder welche konkreten Einsparungsmaßnahmen er veranlasst hat.[305]

Ohne für ihn erkennbare besondere Umstände, die auf die Unrichtigkeit eines vereinbarten Bau- 2140
kostenlimits hindeuten, darf der Auftraggeber sich grundsätzlich auf die Richtigkeit der Angaben des Architekten oder Ingenieurs verlassen.[306]

Die Haftung wegen der Überschreitung einer Kostengrenze kommt grundsätzlich nur in Betracht, 2141
wenn dem Projektmanager/Projektsteuerer eine Pflichtverletzung vorzuwerfen ist. Er haftet für die Überschreitung der werkvertraglich zugrunde gelegten Kostengrenze indessen nicht, soweit die Überschreitung auf Umständen beruht, die er im Rahmen seiner Managementleistungen nicht beeinflussen konnte. Das gilt insbesondere für Mehrkosten auf Grund **vertragswidrigen Verhaltens** Dritter, Änderungsanordnungen des Bauherrn wie auch unerwarteter Verteuerungen von Bauprodukten.[307] Denn diese Umstände beruhen nicht auf einem Mangel des Projektsteuerungswerkes. Anders als bei der Bausummengarantie kann sich der Projektsteuerer/Projektmanager also hinsichtlich von ihm nicht beeinflussbarer Dritteinwirkungen entlasten, vorausgesetzt, er ist seiner Beratungs- und Hinweisverpflichtung in Bezug auf Gegensteuerungsmaßnahmen nachgekommen.

Zur Begründung einer werkvertraglichen Kostengrenze (eines Kostenlimits) bedarf es einer 2142
besonderen Vereinbarung. Diese Kostenvereinbarung kann ausdrücklich, aber auch konkludent geschlossen werden.[308] Die Vereinbarung eines Kostenlimits kann sich auch aus den Umständen ergeben, z. B. aus der Vorgabe eines Budgets und der Festlegung von Finanzierungsmöglichkeiten und -grenzen.[309] Hatte der Bauherr bei der Beauftragung klar zum Ausdruck gebracht, die Kosten des Bauvorhabens dürften einen bestimmten Betrag nicht übersteigen, dann wird ein Kostenlimit Vertragsinhalt.[310] Allein die Benennung einer bestimmten Kostengröße als Bemessungsgrundlage für das Honorar wird bei Projektsteuererverträgen dagegen grundsätzlich keine Festlegung eines Kostenlimits beinhalten.[311] Ergibt sich die Vereinbarung einer Kostengrenze nicht aus dem Vertrag,

303 Vgl. OLG Stuttgart, Urteil vom 19.10.1999, Az. 10 U 89/97, in: BauR 2000, 1893.
304 OLG Düsseldorf, Urteil vom 23.10.2012, Az. 21 U 155/11, in: IBR 2013, 350.
305 OLG Dresden, Urteil vom 10.01.2008, Az. 10 U 445/06, in: IBR 2009, 218, Nichtzulassungsbeschwerde vom BGH zurückgewiesen, Beschluss vom 13.11.2008, Az. VII ZR 28/08.
306 OLG Hamm, Urteil vom 21.07.2011, Az. 24 U 151/04, in: IBR 2011, 593.
307 Vgl. OLG Stuttgart, Urteil vom 19.10.1999, Az. 10 U 89/97, in: BauR 2000, 1893, 1894; Lauer, Die Haftung des Architekten bei Bausummenüberschreitungen, S. 23; Miegel, Die Haftung des Architekten, S. 61.
308 Vgl. Miegel, Die Haftung des Architekten, S. 57; Werner/Pastor, Der Bauprozess, Rn. 2285.
309 Vgl. etwa Werner/Pastor, Der Bauprozess, Rn. 2285; vgl. auch Budnick, Architektenhaftung, S. 110; nach OLG Düsseldorf, Urteil vom 06.07.2007, Az. 22 U 44/05, in: IBR 2007, 693, muss allerdings die Vorgabe einer Bausumme als Beschaffenheit klar aus dem Architektenvertrag hervorgehen.
310 Vgl. OLG Naumburg, Urteil vom 11.04.2002, Az. 2 U 100/99, in: BauR 2001, 1299 = IBR 2001, 680.
311 Schon im Anwendungsbereich der HOAI ist streitig, ob die Angabe geschätzter Herstellkosten im Zusammenhang mit der Honorarberechnung als Benennung eines Kostenlimits qualifiziert werden kann; nach Lauer, Die Haftung des Architekten bei Bausummenüberschreitung, S. 17, soll bei der

so spricht die Vermutung der Vollständigkeit und Richtigkeit der Privaturkunde gegen eine solche Vereinbarung.[312]

2143 Hat der Projektsteuerer allerdings in seinem Vertrag die Kostenplanung und Kostensteuerung übernommen und obliegt es ihm insbesondere, den Investitionsrahmen zu ermitteln und festzulegen, so ist bei werkvertraglich ausgerichteten Projektsteuererverträgen in dem später vom Projektsteuerer ermittelten und vom Auftraggeber akzeptierten **Investitionsrahmen** gleichzeitig eine für die Gewährleistung maßgebliche Kostengrenze zu sehen. Für die Einhaltung dieser selbstermittelten Kostengrenze hat der Projektsteuerer alsdann nach werkvertraglichen Grundsätzen einzustehen.[313] Vor der Abnahme des Projektsteuerergewerkes trifft den Projektsteuerer die Beweislast, dass er das Baukostenlimit nicht verletzt hat.[314]

2144 Fraglich ist, ob sich der Projektsteuerer/Projektmanager bei Vereinbarung einer rechnerisch fixierten Kostengrenze noch auf **Toleranzen** berufen kann. Zwar ist die Vereinbarung einer Kostengrenze nur besonderer Kristallisationspunkt einer werkvertraglichen Leistungspflicht, so dass die darauf basierende Haftung keine andere Struktur hat als die Haftung für allgemeine Pflichtverletzungen im Kostenbereich. Indessen wird durch die Benennung einer Kostengrenze die Leistungspflicht betraglich genau konkretisiert, so dass in diesem Fall viel dafür spricht, eine Toleranz abzulehnen. Dementsprechend hat auch der BGH angenommen, dass Toleranzen nur ausnahmsweise zugestanden werden könnten, wenn sich im Vertrag entsprechende Anhaltspunkte finden.[315] Die Benennung eines **Kostenrahmens** muss indessen noch keine feste Kostenobergrenze beinhalten, sondern kann noch Toleranzen beinhalten.[316]

2145 Die Kosten(ober-)grenze kann endgültig rechnerisch fixiert sein, etwa durch **konkret beziffertes Budget**, z.B. auf Basis anrechenbarer Kosten nach DIN 276. Es kann aber auch als ca.-Betrag (Kostenrahmen) vertraglich vorgegeben sein. Sofern Auftraggeber und Projektsteuerer von einer bestimmten Kostenbasis ausgehen und diese unter der Überschrift als Kostenrahmen zur Grundlage ihres Vertrages machen, handelt es sich um eine Kostenobergrenze im Sinne einer Beschaffenheitsvereinbarung.[317] Welche Art der Kosten(ober-)grenze vereinbart worden ist, ist eine Frage der Auslegung anhand der gesamten Umstände des Einzelfalls. Liegt nur die Vereinbarung eines

Architektenleistung bereits die Benennung der Bemessungsgrundlage für das Honorar gleichzeitig die Kostengrenze darstellen; a. A. OLG Frankfurt, Urteil vom 02.05.2007, Az. 3 U 211/06, in: IBR 2008, 663 sowie OLG Düsseldorf, Urteil vom 20.12.1991, Az. 22 U 145/91, in: BauR 1993, 356, 357; OLG Naumburg, Urteil vom 11.04.2002, Az. 2 U 100/99, in: BauR 2001, 1299 = IBR 2001, 680: Die Ermittlung der Kosten in einer ersten Kostenschätzung oder Kostenberechnung reicht allein nicht aus; Entsprechendes gilt für Angaben gegenüber der Baubehörde; Löffelmann/Fleischmann, Architektenrecht, Rn. 1702; die Kostenvorgabe in Bezug auf ein Honorarangebot stellt noch keine Kostenobergrenze für Baukosten als Beschaffungsvereinbarung dar, OLG Zweibrücken, Beschluss vom 03.11.2008, Az. 8 U 25/08, in: IBR 2009, 219.

312 OLG Saarbrücken, Urteil vom 25.05.2004, Az. 4 U 589/03, in: BauR 2005, 1957, 1958; OLG Karlsruhe, Urteil vom 24.07.2007, Az. 8 U 93/06, in: IBR 2008, 524.

313 Vgl. für den Architekten: Lauer, Die Haftung des Architekten bei Bausummenüberschreitung, S. 18; Werner/Pastor, Der Bauprozess, Rn. 2285.

314 Vgl. Lauer, Die Haftung des Architekten bei Bausummenüberschreitung, S. 26.

315 BGH, Urteil vom 13.02.2003, Az. VII ZR 395/01, in: NZBau 2003, 388, 389 = BauR 2003, 1061 = ZfBR 2003, 452; Urteil vom 23.01.1997, Az. VII ZR 171/95, in: BauR 1997, 494 = NJW-RR 1997, 850; OLG Stuttgart, Urteil vom 19.10.1999, Az. 10 U 89/97, in: BauR 2000, 1893, 1894; Bräuer, NZBau 2013, 417, 419; teilweise kritisch Jochem, NZBau 2013, 352, 354; Feske, BrBp. 2005, 60; insoweit abweichend zur 1. Auflage dieses Buches.

316 Vgl. dazu OLG Dresden, Urteil vom 16.04.2003, Az. 11 U 1633/02, in: IBR 2003, 556: Auch ein Kostenrahmen ist nach werkvertraglichen Grundsätzen einzuhalten, wobei das OLG jedoch Toleranzgrenzen diskutiert.

317 OLG Celle, Urteil vom 07.01.2009, Az. 14 U 115/08, in: IBR 2009, 217.

Kostenrahmens vor, dann kann sich zugunsten des Architekten ein im Einzelfall festzustellender Toleranzrahmen ergeben.[318]

Wenn der Auftraggeber in Kenntnis der Kostenüberschreitung die Planungsergebnisse freigibt und umsetzt, ohne von dem Architekten eine Nachbesserung der Planung zu verlangen, ist es zweifelhaft, ob dieser sich noch auf einen Mangel des Architektenwerks berufen kann.[319] Ein Schadensersatzanspruch entsteht jedoch grundsätzlich erst nach fruchtlosem Ablauf einer Frist zur **Nacherfüllung**, sofern der Mangel noch behoben werden kann.[320] Eine ausdrückliche Fristsetzung zur Nachbesserung ist jedoch entbehrlich, wenn der Auftraggeber nicht annehmen kann, dass der Projektsteuerer durch Ausnutzung ihm zumutbarer Steuerungsmöglichkeiten zur Kosteneinsparung eine Einhaltung des Kostenrahmens hätte erreichen können. Eine Nachbesserungsfähigkeit im Hinblick auf eine fehlerhafte Kostenermittlung besteht nur dann, wenn Modifizierungen in der Planung zu einem dem Bauherrn noch zumutbaren und vom Vertragsgegenstand noch gedeckten Planungsabweichung führen.[321] 2146

Der Schaden besteht bei der Baukostenüberschreitung in Höhe der über den vorgesehenen Baukosten liegenden tatsächlichen Kosten. Dieser, zu Lasten des Auftraggebers entstehende Mehraufwand, ist allerdings um erlangte Wertvorteile zu bereinigen. Dazu gehört auch der durch den Mehraufwand gesteigerte Wert des Objektes.[322] 2147

Bei einer **Anknüpfung des Honoraranspruchs an anrechenbare Kosten** führt die Überschreitung eines Kostenlimits i. d. R. dazu, dass die für einen Honoraranspruch maßgeblichen anrechenbaren Kosten – wie bei der Bausummenüberschreitung – höchstens nach dem Kostenlimit berechnet werden dürfen.[323] An dieser Rechtslage ändert sich auch dann nichts, wenn sich der von den Vertragsparteien vorgegebene Standard mit den vereinbarten Baukosten nicht realisieren lässt.[324] 2148

Bei Überschreiten einer Kostenobergrenze kann der Auftraggeber den Projektmanagement-/-steuerungsvertrag aus wichtigem Grund **kündigen.**[325] 2149

6.2.5.4 Allgemeine Pflichtverletzungen im Kostenbereich

Haben die Vertragsparteien weder eine Kostengarantie noch eine Kosten(ober-)grenze vereinbart, dann stehen dem Auftraggeber nur Haftungsansprüche zu, sofern der Projektsteuerer gegen sonstige vertragliche Pflichten im Handlungsbereich Kosten verstoßen hat. Derartige Fehler können auf einer fehlerhaften Kostenplanung oder Kostensteuerung,[326] aber auch auf fehlerhaften Empfehlungen usw. beruhen.[327] Sofern der Projektmanager nicht davon ausgehen kann, dass der Auftraggeber 2150

318 Bräuer, NZBau 2013, 417, 419.

319 Jochem, NZBau 2013, 352, 355; auch Bräuer, NZBau 2013, 417, 418.

320 OLG Celle, Urteil vom 10.07.2003, Az. 14 U 213/02, in: BauR 2004, 359.

321 OLG Hamm, Urteil vom 21.07.2011, Az. 24 U 151/04, in: IBR 2011, 593.

322 OLG Hamm, Urteil vom 15.03.2013, Az. I-12 U 152/12, in: NZBau 2013, 388.

323 Vgl. OLG Köln, Urteil vom 17.11.2004, Az. 11 U 53/04, in: NZBau 2005, 467; BGH, Urteil vom 23.01.2003, Az. VII ZR 362/01, in: NZBau 2003, 281 = BauR 2003, 566, 567 = IBR 2003, 203; OLG Naumburg, Urteil vom 11.04.2001, Az. 2 U 100/99, in: IBR 2001, 680: Eine darüber hinausgehende Minderung scheidet jedoch aus, soweit nicht ein anderer Mangel als die Bausummenüberschreitung vorhanden ist; differenzierend Böhme, BauR 2004, 397 f.

324 BGH, Urteil vom 23.01.2003, Az. VII ZR 362/01, in: NZBau 2003, 281 = BauR 2003, 566, 567 = IBR 2003, 203.

325 OLG München, Urteil vom 06.09.2005, Az. 28 U 1860/04, in: IBR 2007, 381 (Nichtzulassungsbeschwerde vom BGH zurückgewiesen, Beschluss vom 26. 04.2007, Az. VII ZR 250/05); auch LG Mönchengladbach, Urteil vom 28.07.2005, Az. 10 O 505/03, in: NZBau 2006, 318.

326 So Thode, a. a. O., S. 23 für den Architekten; OLG Naumburg, Urteil vom 11.04.2001, Az. 2 U 100/99, in: BauR 2001, 1299 = IBR 2001, 680: »Die laufende Kostenkontrolle gehört zu den Nebenpflichten des Architekten.«

327 Vgl. Locher/Koeble/Frik, HOAI, Einl., Rn. 113.

sich wirtschaftlicher Risiken bewusst ist, hat er den Auftraggeber auf etwaige Abweichungen in der Entwicklung der kalkulierten Baukosten von den finanziellen Rahmenbedingungen hinzuweisen.[328] Das Fehlen einer Bausummengarantie oder Kostengrenze führt dementsprechend nicht etwa dazu, dass der Projektsteuerer die Kostenentwicklung nicht durchgängig zu kontrollieren und den Bauherrn nicht über die Fehlentwicklungen zu informieren hätte. Verletzt der Projektmanager seine Verpflichtung zur ordnungsgemäßen Kostensteuerung und wird ein Bauwerk wegen der hohen Baukosten für den Bauherrn unrentabel, so dass es nicht verwirklicht wird, so steht dem Projektmanager kein Honoraranspruch zu.[329] Ist streitig, ob der Auftraggeber das Bauvorhaben bei rechtzeitiger Information über drohende Kostenüberschreitung abgebrochen hätte, gilt die **Vermutung beratungsgerechten Handelns** nicht (dazu auch Rdn. 2157).[330]

2151 Für das DVP-/AHO-Leistungs- und Honorarmodell hat etwa *Schill* ausgeführt:

> *»Ausgehend vom Leistungsbild des AHO-Vorschlags hat der Projektsteuerer die Kostenschätzungen und -berechnungen der Objekt- und Fachplaner zu überprüfen und erforderliche Anpassungsmaßnahmen zu veranlassen. Weiter hat er bei der Vergabe die Sollwerte auf Grund der Kostenberechnungen vorzugeben und die Angebote hierauf zu überprüfen. Insgesamt muss der Projektsteuerer die Kosten zur Einhaltung der Kostenziele steuern. Auf Grund dieser Verpflichtung ist zunächst festzustellen, dass eine Verletzung dieser Pflichten eine Verletzung von Hauptleistungspflichten des Projektsteuerers darstellt.«*

Zu den Grundleistungen für die Projektsteuerung nach dem AHO-Leistungsbild gehört das

> *»Mitwirken bei der Erstellung des Kostenrahmens für Investitionskosten und Nutzungskosten.«*

2152 Wie der Architekt hat der Projektsteuerer darauf hinzuwirken, dass der Auftraggeber die finanziellen Projektziele eindeutig definiert. Wie auch im Verhältnis zum Architekten gilt der Grundsatz, dass die vom Auftraggeber im Rahmen der Projektvorbereitung (Grundlagenermittlung) zum Ausdruck gebrachten Kostenvorstellungen in dem Sinne verbindlich sind, dass die vorbehaltlich späterer Änderungen den Kostenrahmen bestimmen und jedenfalls dann regelmäßig zum Vertragsinhalt werden, wenn der Projektsteuerer oder Architekt ihm nicht widerspricht.[331]

2153 Die Pflichtverletzung des Projektsteuerers kann darin liegen, dass er Kosten fehlerhaft ermittelt, ihre Entwicklung ungenügend kontrolliert, die Kostensteigerung selbst verursacht oder aber den Auftraggeber unzureichend beraten und über die Kostensteigerung nicht ausreichend aufgeklärt hat. Eine Aufklärungsverpflichtung des Projektsteuerers über Ungenauigkeiten der Kostenermittlungen nach der DIN 276 sind zumindest dann erforderlich, wenn auf ihrer Grundlage eine Investitions- und Finanzierungsentscheidung getroffen werden muss.[332] Eine Hinweis- und Warnpflicht des Projektsteuerers kann allerdings entfallen, wenn die Verteuerung für den Bauherrn bereits unschwer aus den Gesamtumständen zu ersehen ist.[333]

2154 Im Einzelfall kann es von großer Bedeutung sein, ob der Projektsteuerer eine **eigene Kostenermittlungs- und Steuerungsverpflichtung** übernommen hat oder lediglich die Kostenplanungen und -ermittlungen wie auch die Kostensteuerung des Objektplaners zu kontrollieren hat. Denn der Objektplaner hat bereits in der Grundlagenermittlung die Vorstellung des Bauherrn in

328 Für den Architekten OLG Düsseldorf, Urteil vom 16.12.2003, Az. 21 U 24/03, in: BauR 2004, 1024 f. = IBR 2004, 435.

329 So für den Architekten OLG Düsseldorf, Urteil vom 27.02.1997, Az. 5 U 65/96, in: BauR 1998, 880, 883.

330 OLG Hamm, Urteil vom 12.05.2004, Az. 25 U 101/03, in: NZBau 2004; OLG Hamm, Urteil vom 15.03.2013, Az. I-12 U 152/12, in: NZBau 2013, 388; OLG Oldenburg, Urteil vom 15.01.2013, Az. 2 U 49/12, in: IBR 2013, 287; OLG Frankfurt, Urteil vom 15.12.2011, Az. 12 U 71/10, in: NZBau 2012, 306, 309.

331 Für den Architekten BGH, Urteil vom 21.03.2013, Az. VII ZR 230/11, in: BauR 2013, 1143.

332 OLG Hamm, Urteil vom 15.03.2013, Az. I-12 U 152/12, in: NZBau 2013, 388.

333 So für den Architekten OLG Köln, Urteil vom 17.11.2004, Az. 11 U 53/04, in: NZBau 2005, 467, 470.

wirtschaftlicher Hinsicht zu erfragen und zu erörtern und das Projektbudget zu ermitteln.[334] Nicht jeder Fehler aus dem Kostenbereich muss einen Mangel des Projektsteuerergewerks begründen. Für eine Verletzung der Kontrollverpflichtung hat der Projektsteuerer zudem nur einzustehen, sofern der Schaden kausal auf der Verletzung der Kontrollpflicht beruht. Zur Begründung eines Schadensersatzanspruchs muss der Auftraggeber daher regelmäßig vortragen, was er getan hätte, wenn er rechtzeitig von einer sich abzeichnenden Kostenabweichung erfahren hätte.[335]

Je nach Rechtsnatur der allgemeinen Pflichtverletzung aus dem Kostenbereich haftet der Projektsteuerer/Projektmanager nach dienst- oder werkvertraglichen Grundsätzen.[336] Im Rahmen der werkvertraglichen Mangelhaftung nach den §§ 633 ff. BGB steht dem Projektsteuerer/Projektmanager grundsätzlich ein **Nacherfüllungsrecht** zu. Dies gilt jedoch nur so lange, als im Rahmen der Kostensteuerung erwartete Kostenüberschreitungen noch beeinflusst bzw. kompensiert werden können. Die Nacherfüllung kann allerdings nicht darin bestehen, dass der Projektsteuerer, der einen Fehler im Bereich des Kostenwesens gemacht hat, nunmehr bei anderen Gewerken sparen darf, um durch Einsatz geringerer Standards die verursachten Kostennachteile wieder auszugleichen. Entsprechende Optimierungsmöglichkeiten muss der Projektsteuerer für den Auftraggeber ohnehin wahrnehmen. Eingetretene Kostennachteile lassen sich damit nicht ausgleichen. In der Regel greift damit die Nacherfüllungsmöglichkeit nur dann durch, wenn der Kostennachteil noch nicht endgültig eingetreten ist. Wenn sich der Fehler einmal in der Form von Mehrkosten im Budget niedergeschlagen hat, ist eine Abhilfe regelmäßig nicht mehr möglich. Das werkvertragliche Nacherfüllungsrecht und eine Fristsetzung sind daher zumeist überflüssig. Solange eine Nacherfüllung indessen möglich ist, muss der Auftraggeber dem Projektmanager/Projektsteuerer – vorbehaltlich der §§ 636, 281 Abs. 2, 323 Abs. 2 BGB – mit Fristsetzung auffordern, die Nacherfüllung vorzunehmen. Greift er etwa vorher zur Selbstvornahme, führt dies zu einem Anspruchsverlust. Ansprüche können auch ausgeschlossen sein, wenn der Bauherr in voller Kenntnis zu erwartender Kostenüberschreitungen weiter baut.[337] 2155

Ein Schadensersatz des Auftraggebers wegen fehlerhafter Kostenermittlungen oder sonst falscher Beratung durch den Projektsteuerer setzt voraus, dass der Auftraggeber die Ursächlichkeit der Vertragsverletzung für den Schaden nachweist. Auf die Vermutung für beratungsgerechtes Verhalten kann er sich dabei nach der Auffassung des OLG Hamm nicht stützen. Der Bauherr hat deshalb grundsätzlich vorzutragen und zu beweisen, dass er letztlich bei rechtzeitiger Aufklärung von dem Bauvorhaben ganz oder teilweise Abstand genommen hätte.[338] So kann die Ursächlichkeit zu verneinen sein, wenn der Auftraggeber nach Vorlage einer ersten Kostenschätzung ganz neue Planungsideen entwickelt oder umfangreiche Umgestaltungen vornehmen lässt.[339] 2156

Nach herrschender Auffassung kommt dem Auftraggeber indessen die Vermutung des **beratungsgerechten Verhaltens** zugute, zumindest die einer tatsächlichen Vermutung (dazu Rdn. 1976, 2150). Wollte man eine entsprechende Vermutung verneinen, wären die Anforderungen an die Darlegung nicht allzu hoch anzusetzen, weil es sich um hypothetische Abläufe handelt. Dementsprechend kann der unbestrittene Vortrag des Auftraggebers, sich bei zutreffender Beratung über die voraussichtlichen Baukosten gegen die Errichtung und für die Veräußerung einer unbebauten Teilfläche entschieden zu haben, ausreichen, um einen Schadensersatzanspruch zu begründen. Der 2157

334 BGH, Urteil vom 21.03.2013, Az. VII ZR 230/11, in: IBR 2013, 284; Beschluss vom 07.02.2013, Az. VII ZR 3/12, in: IBR 2013, 285; Urteil vom 21.03.2012, Az. VII ZR 230/11, in: NZBau 2013, 386; dazu auch Bräuer, NZBau 2013, 420.

335 KG, Urteil vom 22.12.1998, Az. 21 U 7759/95, in: IBR 2001, 71.

336 Vgl. Werner/Pastor, Der Bauprozess, Rn. 1929 ff.; Locher/Koeble/Frik, HOAI, Einl., Rn. 420 ff.

337 Vgl. OLG Stuttgart, Urteil vom 19.10.1999, Az. 10 U 89/97, in: BauR 2000, 1893, 1895 f.; OLG Düsseldorf, Urteil vom 05.02.1999, Az. 22 U 172/98, in: NJW-RR 1999, 1696 = IBR 1999, 225.

338 OLG Hamm, Urteil vom 15.03.2013, Az. I-12 U 152/12, in: NZBau 2013, 388, 389 = IBR 2013, 286; ebenso OLG Oldenburg, Urteil vom 15.01.2013, Az. 2 U 49/12, in: IBR 2013, 287.

339 BGH, Beschluss vom 07.02.2013, Az. VII ZR 3/12, in: IBR 2013, 285.

erzielte Verkaufspreis und die aufgewandten Baukosten können in diesem Kontext als Wertmaßstäbe für die Ermittlung eines Schadens zugrunde gelegt werden, ohne ein Sachverständigengutachten über den Wert eines Gebäudes einholen zu müssen.[340]

6.2.5.5 Toleranzen

2158 Dem Objektplaner werden im Bereich der Kostenplanung und -steuerung gewisse Schätzungsfreiräume zugestanden. Dabei gibt es aber keine festen, einheitlich zugrunde zu legenden Toleranzgrenzen. Es kommt jeweils auf die vertraglich definierten Anforderungen und die jeweilige Art der Kostenermittlung an. So kann der Rahmen enger zu stecken sein, wenn das Projekt mit einzuhaltenden Budgets oder öffentlich-rechtlicher Förderung realisiert werden muss.[341] In der Praxis werden Faustformeln und dabei in Abhängigkeit zum Genauigkeitsgrad der Kostenermittlung unterschiedliche Toleranzgrößen benannt:[342]

- Bei der Kostenschätzung (Grundleistung in § 15 Abs. 2: Leistungsphase 2): 30 %[343]
- Bei der Kostenberechnung (Leistungsphase 3): 20 bis 25 %[344]
- Bei dem Kostenanschlag (Leistungsphase 7, auf der Grundlage der Unternehmerangebote entwickelt) 10 bis 15 %[345]

2159 Der BGH hat insoweit ausgeführt:

> *»Für die ein Bauvorhaben begleitenden Kostenermittlungen des Architekten kann dieser gewisse Toleranzen insoweit in Anspruch nehmen, als die in den Ermittlungen enthaltenen Prognosen von unvermeidbaren Unsicherheiten und Unwägbarkeiten abhängen. Ein Schadensersatzanspruch des Bauherrn wegen fehlerhafter Kostenermittlung oder sonstiger falscher Beratung des Architekten zur Kostenentwicklung setzt voraus, dass der Bauherr die Ursächlichkeit der Vertragsverletzung für den Schaden nachweist.«*[346]

Dementsprechend scheidet eine Berufung auf sogenannte Toleranzen bei Kostenberechnungen der Architekten oder Projektsteuerer von vornherein aus, wenn die Abweichungen der Kostenermittlung von den tatsächlichen Baukosten auf individuellen Fehleinschätzungen beruht.

2160 Angesichts der ab der **5. HOAI-Novelle** erweiterten, durchgängigen Kostenplanungs- und Kontrollpflicht des Architekten und der eher einzelfallbezogenen Bestimmung von Toleranzen anhand unvermeidbarer Unsicherheiten durch den BGH erscheint es zweifelhaft, ob allgemeingültige **prozentuale Genauigkeitsgrade** (Schätzungstoleranzen) überhaupt noch zugrunde gelegt werden können.

2161 Sofern der Projektsteuerer nicht eine Bausummengarantie oder eine Kostengrenze übernommen hat, können für ihn ebenfalls **einzelfallbezogen festzustellende Toleranzen** gelten.[347] Verletzt der Projektsteuerer/Projektmanager seine Kostenkontrollverpflichtung im Hinblick auf die Objektplanung und haftet er deshalb gesamtschuldnerisch neben dem Architekten, kann er regelmäßig im Innenverhältnis gegenüber dem Architekten Regress nehmen.[348]

---

340 OLG Frankfurt, Urteil vom 15.12.2011, Az. 12 U 71/10, in: NZBau 2012, 306, 309.

341 Vgl. Korbion, in: Korbion/Mantscheff/Vygen, HOAI, § 4, Rn. 55 ff.

342 Einen guten Überblick gibt Budnick, Architektenhaftung, S. 128 ff.; vgl. Löffelmann/Fleischmann, Architektenrecht, Rn. 1707.

343 Vgl. Heinrich, Der Baucontrollingvertrag, S. 26; Werner/Pastor, Der Bauprozess, Rn. 2299, jeweils m. w. N.; vgl. auch Locher/Koeble/Frik, HOAI, Einl. Rn. 170.

344 Heinrich, Der Baucontrollingvertrag, S. 29; Locher/Koeble/Frik, HOAI, Einl., Rn. 170; etwas strenger Lauer, Die Haftung des Architekten bei Bausummenüberschreitung, S. 20.

345 Löffelmann/Fleischmann, Architektenrecht, Rn. 1707; Heinrich, Der Baucontrollingvertrag, S. 29; Werner/Pastor, Der Bauprozess, Rn. 2300; OLG Hamm, Urteil vom 29.03.1990, Az. 21 U 139/89, in: BauR 1991, 246.

346 BGH, Urteil vom 23.01.1997, Az. VII ZR 171/95, in: BauR 1997, 494.

347 Wie hier Schill, Der Projektsteuerungsvertrag, S. 97.

348 Vgl. dazu Rdn. 1654; auch Schill, Der Projektsteuerungsvertrag, S. 100.

Für den Projektsteuerer können im Einzelfall auch geringere Toleranzen gelten als für den Architekten.[349] Von wesentlicher Bedeutung ist dabei u. a. der **Genauigkeitsgrad der vertraglich übernommenen Kostenplanung**. Soweit der Projektsteuerer verpflichtet ist, die Kostenermittlungen der Objektplaner zu steuern und zu kontrollieren, werden ihm Schätzungstoleranzen in ähnlicher Weise zugebilligt werden können wie einem Architekten selbst. Sofern der Projektsteuerer allerdings eine Kostensteuerung mit einem höheren Genauigkeitsgrad übernommen hat, etwa durch eine parallele Kostenermittlung,[350] ergeben sich auch höhere Genauigkeitsgrade bei der Kostenplanung.[351] Bei eigenständiger Kostenplanungsverpflichtung des Projektsteuerers werden heute Schätzungstoleranzen von etwa 10 % diskutiert.[352] Nach Überarbeitung von Wettbewerbsentwürfen und Planungsalternativen kann dieser Schwankungsbereich auf plus/minus 5 % eingegrenzt werden.[353] Sind Kostenermittlungen zu besonderen Zwecken, etwa für Investitionsentscheidungen erforderlich, dann haben der Projektsteuerer wie der Architekt im Rahmen ihrer Beratungspflicht darauf hinzuweisen, dass bereits vorliegende Kostenermittlungen diesen Anforderungen nicht entsprechen.[354] 2162

Vertraglich sollten die Anforderungen an **Toleranzgrenzen genau fixiert** werden. Projektsteuerungsverträge enthalten oftmals genaue Toleranzvorgaben, die Abweichungen von 5 % bis im Einzelfall 15 % von vorgegebenen Kostenzielen zulassen. Gewisse Anhaltspunkte für den Vertragswillen der Parteien hinsichtlich der dem Projektsteuerer verbliebenen Toleranzen im Kostenbereich lassen sich auch aus vereinbarten Bonus-Malus-Regelungen[355] entnehmen. Haben die Vertragsparteien eine Malusregelung zugrunde gelegt, wird i. d. R. anzunehmen sein, dass Bausummenüberschreitungen, die sich im Rahmen der der Malusregelung zugrunde liegenden Toleranzen halten, ausschließlich nach den Grundsätzen der Malusregelung behandelt werden (und nicht etwa eine werkvertragliche 2163

349 Dazu auch Möllers, in: Korbion, Baurecht, Teil 14, Rn. 101: Es dürfte sachgerecht sein, den Toleranzrahmen beim Projeksteuerer niedriger anzusetzen, weil die zentrale Aufgabe des Projektsteuerers in wesentlich stärkerem Maße als beim Architekten von wirtschaftlichen Aspekten geprägt ist; Stapelfeld, BauR 1994, 693, 705: »Zu Recht ist deshalb die Haftung des Projektsteuerers auch für Bausummenüberschreitungen nach § 635 BGB zu beurteilen, und die Toleranzgrenzen sind sicherlich enger zu ziehen als bei den (mitverantwortlichen) Architekten«; Mochmann, Vortrag Weinheim, S. 22: »Für die fehlerhafte Kostenermittlung durch den Architekten gibt es gewisse Toleranzgrenzen, die aus meiner Sicht zunächst auch für den Projektsteuerer gelten. Ich kann mir jedoch vorstellen, dass bei einem entsprechenden Verfahren, bei dem sich ein Projektsteuerer wegen fehlerhafter Kostenermittlung verantworten muss, die Toleranzgrenzen wesentlich enger gesteckt werden. Allerdings ist mir ein solches Verfahren bisher nicht bekannt«; für eine strengere Verpflichtung/Haftung des Projektsteuerers auch Schamir, in: Seminar rechtliche Problemstellungen beim Projektmanagement, S. 111, 115; nach Heiermann soll allerdings auch der Projektsteuerer im Rahmen der Kostensteuerung eine Toleranzgrenze von 15 bis 25 % in Anspruch nehmen können, vgl. Heiermann, in: Motzel, Projektmanagement in der Baupraxis, S. 66, 74; Knipp, Projektmanagement, S. 54, formuliert: »Die Haftung des Projektsteuerers bezieht sich auch auf Bausummenüberschreitungen. Hier sind insbesondere die Toleranzgrenzen, die die Rechtsprechung zugunsten der Architekten gesetzt hat, enger zu ziehen als bei den ggf. mitverantwortenden Architekten«; vgl. zu den technischen Möglichkeiten der Fehlerfreiheit, bezogen auf die einzelnen Kostenermittlungsarten und Kosten-Nutzen-Überlegungen: Budnick, Architektenhaftung, S. 322 ff.; zustimmend Schill, Der Projektsteuerungsvertrag, S. 98.

350 Vgl. dazu Rdn. 956 f., 2091 f.

351 Vgl. etwa Racky, Entscheidungshilfe, S. 110: Toleranzbereich von etwa 5 % bei ausführungsorientierter Kostenermittlung nach Konstruktionselementen; Cadez, Risikowertanalyse, S. 37: 10 bis 15 % nach Elementaufgliederung, 5 bis 10 % nach Positionsbeschreibung.

352 Zum Teil wird schon für die Vorplanung eine Schwankungsbreite hinsichtlich der Bestimmung der Gesamtbaukosten von plus/minus 5 % angegeben, vgl. Heinrich, Der Baucontrollingvertrag, S. 10; selbst Sicherheiten von 2 bis 3 % werden als heute machbar angegeben, vgl. Näser, DAB 1982, 939; großzügiger Schill, der eine Obergrenze bei der Kostensteuerung von 20 % anerkennen will, vgl. Schill, Der Projektsteuerungsvertrag, S. 100.

353 Jaißle, Vortrag Weinheim, S. 17.

354 OLG Frankfurt, Urteil vom 15.12.2011, Az. 12 U 71/10, in: NZBau 2012, 308.

355 Vgl. dazu im Einzelnen Rdn. 1517 f., 2549 f.

Kostengrenze überschreiten). Etwas anderes dürfte nur dann gelten, wenn dem Projektsteuerer sonstige konkrete Verstöße gegen seine Berufspflichten – mit Auswirkung auf die Kosten – vorzuwerfen sind.

2164 Insbesondere bleibt – wie auch beim Architektenrecht – die Haftung für einzelne individualisierbare Fehler im Kostenbereich, z. B. unterlassene Kalkulation von erkennbar anzusetzenden Kostenpositionen (vergessene Mehrwertsteuer, unrealistische Kubikmeterpreise) – durch irgendwelche Toleranzgrenzen unbeeinflusst.[356] Unter Hinweis darauf, dass der BGH keinen generellen Toleranzrahmen für Architekten mehr akzeptiert, hebt *Fischer* hervor, dass dem Projektsteuerer **allenfalls** noch ein **Prognosespielraum** zustehen kann.[357]

6.2.5.6 Vorteilsausgleichung

2165 Haben sich die höheren Kosten im Gebäude selbst niedergeschlagen, müssen grundsätzlich – außerhalb einer Bausummengarantie – etwaige Vorteile berücksichtigt werden, die in einer erhöhten Nutzungsmöglichkeit des Gebäudes und damit einem höheren Verkehrswert liegen (sog. Vorteilsausgleich).[358] Die Berücksichtigung entsprechender Vorteile bei der Schadensberechnung macht eine Unterscheidung zwischen sog. **echten und unechten Bausummenüberschreitungen** erforderlich.

2166 Von der **echten Bausummenüberschreitung** wird gesprochen, wenn die Fehlleistung des Architekten ausschließlich Nachteile für den Auftraggeber hat. Das ist etwa der Fall, wenn einerseits unnötige Leistungen veranlasst oder andererseits Leistungen einfach zu teuer eingekauft werden. In derartigen Fällen entspricht die Kostenüberschreitung der Schadenshöhe.

2167 Von einer **unechten Bausummenüberschreitung** ist dagegen auszugehen, wenn dem Bauherrn neben Nachteilen auch Vorteile entstanden sind.[359] Hier erfordert die Schadensberechnung einen **Verkehrswertvergleich**. Bei Gewerbeobjekten muss auf den Ertragswert abgestellt werden, bei selbstgenutzten Objekten auf den Sachwert.[360] Maßgeblich ist dabei der Verkehrswert zum Zeitpunkt der Fertigstellung.[361] Ein gestiegener Verkehrswert ist indessen nicht anzurechnen, wenn dem Auftraggeber der ihm aufgedrängte Vermögenszuwachs nach seinen wirtschaftlichen Verhältnissen nicht zumutbar ist. In diesen Fällen ist auf die Rechtsgrundsätze zur sog. **aufgedrängten Bereicherung** abzustellen.[362] Selbst wenn eine »Schadenskompensation« wegen gestiegenen Wertes des Bauwerks vorliegt, bleibt eine Haftung des Projektsteuerers wegen zusätzlicher Finanzierungskosten möglich.[363]

---

356 Vgl. BGH, Urteil vom 07.11.1996, Az. VII ZR 23/95, in: BauR 1997, 335; auch OLG Frankfurt, Urteil vom 15.12.2011, Az. 12 U 71/10, in: NZBau 2012, 306, 308.

357 Fischer, in: Thode/Wirth/Kuffer, Praxishandbuch Architektenrecht, § 19, Rn. 72.

358 Vgl. BGH, Urteil vom 16.12.1993, Az. VII ZR 115/92, in: BauR 1994, 268, 270; Werner/Pastor, Der Bauprozess, Rn. 2308; Locher/Koeble/Frik, HOAI, Einl., Rn. 171 ff., jeweils m. w. N.

359 Vgl. Locher/Koeble/Frik, HOAI, Einl., Rn. 171; Miegel, Die Haftung des Architekten, S. 10; Hasselmann, Praktische Baukostenplanung und -kontrolle, S. 26; mit anderer begrifflicher Systematisierung Anker/Adler, BauR 1998, 465, 466.

360 Vgl. Werner/Pastor, Der Bauprozess, Rn. 2311; Locher/Koeble/Frik, HOAI, Einl. Rn. 171.

361 OLG Stuttgart, Urteil vom 19.10.1999, Az. 10 U 89/97, in: BauR 2000, 1893, 1894.

362 Vgl. Lauer, Die Haftung des Architekten bei Bausummenüberschreitung, S. 47; Werner/Pastor, Der Bauprozess, Rn. 2313; Locher/Koeble/Frik, HOAI, Einl., Rn. 171; nach OLG Celle, Urteil vom 27.06.1996, Az. 14 U 198/95, in: BauR 1998, 1030, 1031 (Revision vom BGH nicht angenommen, Beschluss vom 26.03.1998), kann Ersatz zusätzlicher Finanzierungskosten wegen gestiegener Baukosten vom Bauherrn nicht verlangt werden, wenn dieser ein größeres Haus mit der von ihm gewünschten großzügigeren Raumaufteilung erhalten hat.

363 Vgl. Anker/Adler, BauR 1998, 465, 466; Lauer, Die Haftung des Architekten bei Bausummenüberschreitung, S. 47 f., 53, 77 f.; Locher/Koeble/Frik, HOAI, Einl., Rn. 171.

Besonders gefährlich wird die Kostenüberschreitung für den Projektsteuerer dann, wenn er für einen Projektentwickler tätig ist und dieser das zu errichtende Objekt vom »Reißbrett« zu einem feststehenden Preis verkauft hat. Denn dann kann der Projektentwickler mögliche Wertsteigerungen des Objektes nicht mehr nutzen. Eine Vorteilsausgleichung scheidet von vornherein aus.[364] 2168

6.3 Gesamtschuldnerische Haftung und Haftungsausgleich

6.3.1 Gesamtschuldnerische Haftung für Mängel

Der Projektsteuerer **arbeitet** zur Erreichung der Projektziele mit unterschiedlichen Projektbeteiligten **zusammen**, z. B. mit den Architekten hinsichtlich der Planungsinhalte, der Termineinhaltung und der Kostenkontrolle, mit bauausführenden Unternehmen hinsichtlich der Einhaltung der Termine und Qualitätsziele. Entsteht in einem solchen Fall ein Schaden, stellt sich die Frage nach einer gesamtschuldnerischen Haftung gegenüber dem Auftraggeber. 2169

Ein **Gesamtschuldverhältnis** liegt vor, wenn mehrere Auftragnehmer eine gleichrangige Leistungspflicht übernommen haben. Das ist etwa der Fall, wenn die Leistungen mehrerer Unternehmen demselben Zweck dienen, nämlich auf die Herstellung eines mangelfreien Bauvorhabens gerichtet sind.[365] Für die Beurteilung der Gesamtschuld ist nicht auf die Rechtsnatur der Vertragsleistungen abzustellen. Entscheidend ist, ob die anspruchsbegründende Pflichtverletzung denselben Schutzzweck verletzt. In Bezug auf Baumängel ist dies etwa der Fall, wenn sich auf die mangelfreie Herstellung eines Bauobjektes gerichtete Vertragspflichten, ggf. auch Nacherfüllungsleistungen, überschneiden. 2170

Projektsteuerer und Architekten sind auf Grund der recht unterschiedlichen Natur ihrer Tätigkeiten grundsätzlich nicht Gesamtschuldner in Bezug auf ihre Leistungspflichten.[366] Dasselbe gilt für das Verhältnis der Pflichten eines Projektmanagers/Projektsteuerers einerseits und derjenigen eines Fachplaners oder Bauunternehmers andererseits. Allerdings hat die Rechtsprechung Architekt und Bauunternehmer hinsichtlich gemeinsam verursachter Mängel als gleichrangig Verantwortliche qualifiziert. Die Leistungen beider Projektbeteiligter sei auf Befriedigung desselben Leistungsinteresses des Auftraggebers gerichtet. Unabhängig von der jeweiligen Rechtsnatur der geltend gemachten Gewährleistungsansprüche liege eine **haftungsrechtliche Gesamtschuldnerschaft** vor.[367] Auch sonstige Projektbeteiligte sind bei gemeinsamer Verantwortlichkeit für einen Mangel als gesamtschuldnerisch Haftende angesehen worden, etwa ein planender und ein bauüberwachender Architekt[368] sowie ein Bauunternehmer, ein planender Architekt und ein Sonderfachmann.[369] 2171

Ob der **Projektmanager/-steuerer gesamtschuldnerisch** neben dem Architekten, Fachingenieur und ausführenden Unternehmer haften kann, war längere Zeit **ungeklärt**. 2172

Locher, Knipp und *Diederichs* verneinen eine gesamtschuldnerische Haftung, insbesondere bei Verletzung von Kontrollpflichten.[370] Sie haben hervorgehoben, dass der Projektsteuerer **quasi im Lager des Auftraggebers** stehe und deshalb mit den übrigen am Bau Beteiligten keine gleichrangige 2173

364 LG Potsdam, Urteil vom 26.11.2008, Az. 6 O 73/08, in: IBR 2010, 91.

365 Vgl. etwa Kniffka, BauR 2005, 274 f.; Glöckner, BauR 2005, 251 f.

366 Vgl. BGH, Beschluss vom 01.02.1965, Az. GSZ 1/64, in: BGHZ 43, 227, 230.

367 Vgl. BGH, Beschluss vom 01.02.1965, Az. GSZ 1/64, in: BGHZ 43, 227, 230; BGH, Urteil vom 19.12.1968, Az. VII ZR 23/66, in: BGHZ 51, 275, 279; OLG Naumburg, Urteil vom 25.04.2001, Az. 5 U 10/01, in: IBR 2001, 320; OLG Hamm, Urteil vom 19.11.1999, Az. 12 U 91/99, in: BauR 2000, 1363.

368 BGH, Urteil vom 29.09.1988, Az. VII ZR 182/87, in: BauR 1989, 97.

369 BGH, Urteil vom 11.10.1990, Az. VII ZR 228/89, in: BauR 1991, 79; vgl. Werner/Pastor, Der Bauprozess, Rn. 2491.

370 Diederichs, in: Hartmann, HOAI, Stand: Juni 2009, § 31, Rn. 12; Locher/Koeble/Frik, HOAI, Einl., Rn. 433; offen gelassen durch von Minckwitz, Gewährleistung des Projektsteuerers, S. 23.

Haftungsgemeinschaft bilde. Dem sind jüngst *Thiele*[371], *Dieblich*[372] und *Möllers*[373] beigetreten und haben ausgeführt, dass eine gesamtschuldnerische Haftung von Projektsteuerern, Objektplanern und Fachplanern dem Auftraggeber gegenüber ausscheidet, da der Projektsteuerer typische Auftraggeberfunktionen erfüllt und daher kein fachlich Beteiligter auf der Auftragnehmer-, sondern auf der Auftraggeberseite ist.

2174 *Heinrich* hat eine entgegenstehende Auffassung vertreten: Für das Verhältnis von Projektsteuerer und den sonstigen Projektbeteiligten könne nämlich nichts anderes gelten als für das Verhältnis von Architekt und Sonderfachleuten und für das Verhältnis von Architekt und Bauunternehmen. Auch hier gelte es herauszustellen, dass zwar die Leistungsbeiträge der unterschiedlichen Projektbeteiligten nicht deckungsgleich ausgestaltet seien, dass aber bei einem gemeinsam verursachten Schaden gleichwohl eine haftungsrechtliche Zweckgemeinschaft vorliegen könne, die zur gesamtschuldnerischen Gewährleistung bzw. Schadensersatzleistung führe.[374] Dieser Auffassung sind *Schill*[375] und auch *Pastor*[376] beigetreten.

2175 Die Auffassung, wonach zwischen Auftraggeberseite und Auftragnehmerseite zu differenzieren ist, beruht auf einem **überholten Sphärendenken**. Der Auftraggeber entledigt sich diverser Koordinierungs-, Steuerungs- und Planungsarbeiten durch Einschaltung unterschiedlicher Fachkräfte. Projektmanagement- und -steuerungsleistungen nehmen hier keine Sonderstellung ein. Ob ein umfassend beauftragter Architekt oder ein Projektsteuerer im Zusammenhang mit der Überwachung eines ausführenden Unternehmens Fehler macht, ist für die Haftungsfolgen und auch für die gesamtschuldnerische Haftung letztlich gleichgültig.

2176 **Gleichwohl** ergibt sich hiernach im Falle eines Schadenseintritts nicht stets eine **gesamtschuldnerische Haftungsgemeinschaft** zwischen Projektmanager und Architekt und ausführenden Unternehmen. Sie ist speziell dort nicht gegeben, wo der Projektmanager keine unmittelbaren, auf die Planung oder Herstellung bezogenen Pflichten übernommen hat, sondern sein Aufgabenfeld darauf beschränkt ist, den Auftraggeber in allgemeiner Form hinsichtlich der Überwindung aufgetretener Störpotentiale (z. B. auch durch Geltendmachung von Ansprüchen gegenüber den Vertragskräften) zu beraten.[377] Dort, wo der Projektsteuerer aber selbst die Verpflichtung übernommen hat, für eine mangelfreie Bauwerksfeststellung mitzusorgen, etwa durch eigenständige Kontrollen, haftet er gesamtschuldnerisch mit den übrigen Projektbeteiligten. Diese Rechtsauffassung wird auch durch die Entscheidung des BGH zur stichprobenhaften Baukontrolle bestätigt.

2177 In dieser Entscheidung hat der Bundesgerichtshof eine **Haftung** des mit einer stichprobenhaften Baukontrolle betrauten Auftragnehmers **wegen nicht ordnungsgemäßer Kontrollleistungen** neben dem in Konkurs geratenen Bauunternehmen für aufgetretene Mängel für möglich gehalten. Die Thematik einer etwa fehlenden gesamtschuldnerischen Haftung hat der BGH in diesem Fall nicht einmal aufgeworfen.[378] Für die Baubetreuung hatte der BGH dies schon 1994 klargestellt.[379] Die Möglichkeit einer gesamtschuldnerischen Haftung kann dementsprechend nicht verneint werden.

---

371 Thiele, in: Messerschmidt/Voit, Privates Baurecht, Kommentar zu §§ 631 ff. BGB, 1. Auflage, 2008, C, Rn. 193.

372 Dieblich, in: Festschrift für Diederichs, S. 98.

373 Möllers, in: Korbion, Baurecht, Teil 14, Rn. 120.

374 Vgl. Heinrich, Der Baucontrollingvertrag, S. 176.

375 Vgl. Schill, Der Projektsteuerungsvertrag, S. 105, 107.

376 Werner/Pastor, Der Bauprozess, Rn. 2063 f.

377 Vgl. auch Glöckner, BauR 2005, 251, 262.

378 Vgl. BGH, Urteil vom 11.10.2001, Az. VII ZR 475/00, in: NZBau 2002, 150, 151 = BauR 2002, 315, 317; anders noch OLG München, Urteil vom 16.05.2000, Az. 13 U 4315/99, in: IBR 2001, 683.

379 Vgl. BGH, Urteil vom 30.06.1994, Az. VII ZR 116/93, in: BauR 1994, 776 = NJW 1994, 2825 = IBR 1995, 3.

In einem Fall, in dem der Projektsteuerer wegen Nichtbeachtung der Vergabevorschriften (wegen Verpflichtung zur Rückzahlung von **Fördergeldern**) durch einen Auftraggeber in Anspruch genommen wurde, hat das OLG Düsseldorf die Einwendungen des Projektsteuerers, für diese Pflichtverletzungen hafte der Architekt, formuliert: 2178

»Im Verhältnis zur Kl. kommt es nur darauf an, ob die Bekl. die von der Kl. geltend gemachten Pflichten trafen. Ob entsprechende Pflichten auch für den Architekten der Kl. galten, ist unerheblich, da beide ggf. **gesamtschuldnerisch** *der Kl.* **haften**. *Es ist allein Sache der Bekl., ggf. Ausgleichsansprüche nach § 426 BGB geltend zu machen.«*[380] 2179

Das Thema der gesamtschuldnerischen Haftung von Architekt (Objektplaner) und Projektsteuerer ist infolge der **HOAI-Novelle 2013** und der 4. Auflage des AHO-Leistungsbildes (2014) noch **verschärft worden**. Denn auf die explizite Ausweitung des Leistungsbildes der Objektplanungsleistungen im Rahmen der HOAI 2013 auf eine durchgängige Kosten- und Terminsteuerung ist mit dem AHO-Leistungsbild nicht mit einer Reduzierung der Projektsteuererleistung auf reine Controllingaufgaben reagiert worden. Vielmehr soll der Projektsteuerer gerade in diesen Disziplinen weiterhin wichtige Aufgaben wahrnehmen und auf eine durchgängige Kosten- und Terminsteuerung unter Einhaltung der Projektziele in einem verzahnten Zusammenwirken mit dem Objektplaner hinwirken. Sowohl bei der Kostenplanung und Kostensteuerung wie auch bei der Terminplanung und Terminsteuerung findet ein ständiger Informationsabgleich und eine Fortschreibung projektübergreifender Kosten- und Terminplanungen des Projektsteuerers mit den objektbezogenen der Architekten und Ingenieure statt. Kommt es hier zu Fehlern, an denen beide Auftragnehmer, also sowohl Projektsteuerer wie auch Architekten mitgewirkt haben, kann es zu einer gesamtschuldnerischen Haftungsgemeinschaft zwischen Projektsteuerer und Architekt kommen.[381] 2180

Der **Projektsteuerer** darf allerdings nicht **als »Haftpflichtversicherer«** der übrigen Projektbeteiligten verstanden werden (eine Gefahr, auf die *Lenzen* für das Verhältnis zwischen dem planenden Architekten und bauleitenden Architekten hingewiesen hat).[382] Mit besonderem Augenmerk muss daher bei Schadenssachverhalten, die auf Grund eines Zusammenwirkens mehrerer Projektbeteiligter entstanden sind, geprüft werden, ob dem Projektsteuerer ein eigenständiger Fehler bei der Abwicklung seiner Projektmanagementleistungen unterlaufen ist. 2181

Haftet der Projektsteuerer gesamtschuldnerisch neben weiteren Projektbeteiligten, kann er ausnahmsweise – ungeachtet der Haftung auf vollen Schadensersatz – dem Auftraggeber ein Mitverschulden nach § 254 entgegenhalten, wenn der Auftraggeber entweder selbst oder durch einen Erfüllungsgehilfen ihm gegenüber Obliegenheiten (Mitwirkungsverpflichtungen) verletzt hat und der Schadensersatzanspruch hierauf beruht.[383] Die Höhe der verbleibenden Haftungsquote des Projektsteuerers bei gesamtschuldnerischer Inanspruchnahme ist auf seine Verursachung zum Verschuldensbeitrag beschränkt, lässt sich der Verursachungsbeitrag nicht ermitteln, haften mehrere Gesamtschuldner für den ganzen Schaden.[384] Nur in Fällen des **Rechtsmissbrauches** gilt etwas anderes.[385] Ein Schadensersatzanspruch kann nicht allein deshalb verneint werden, weil der 2182

380 OLG Düsseldorf, Urteil vom 27.06.2014, Az. I 17 U 5/14, in: NZBau 2014, 644.

381 Ähnlich OLG Celle, Urteil vom 19.08.2009, Az. 7 U 257/08, in: NJW-RR 2010, 238, für das verzahnte Zusammenarbeiten von Architekt und Statiker.

382 Vgl. dazu Lenzen, BauR 2000, 816; kritisch dazu auch Dieblich, a. a. O., S. 98 f.

383 BGH »Glasfassaden-Urteil«, Urteil vom 27.11.2008, Az. VII ZR 206/06, in: NZBau 2009, 185, 188 f., bestätigt durch BGH, Urteil vom 15.05.2013, Az. VII ZR 257/11, in: NZBau 2013, 519, 521; OLG Düsseldorf, Urteil vom 07.12.2010, Az. 21 U 156/09, in: IBR 2011, 201; OLG Frankfurt, Urteil vom 13.03.2009, Az. 10 U 133/08, in: IBR 2009, 402; dazu Gartz, Benjamin, Obliegenheitsverletzungen des Bauherrn nach dem Glasfassaden-Urteil des Bundesgerichtshofs, BauR 2010, 703 f.; Boldt, Antje, Reduzierte Haftung des bauausführenden Architekten durch Mitverschulden des Bauherrrn bei Fehlern des planenden Architekten, NZBau 2009, 494.

384 Vgl. OLG Jena, Urteil vom 21.07.2011, Az. 1 U 1223/05, in: IBR 2013, 17.

385 OLG Oldenburg, Beschluss vom 02.08.2010, Az. 2 U 68/10, in: IBR 2011, 221.

Auftraggeber entgegen Hinweisen des Projektmanagers Werklohn wegen Mängeln der Bauausführung nicht einbehalten hat.[386]

6.3.2 Innenausgleich

2183 Im Falle einer gesamtschuldnerischen Mithaftung stehen dem vom Auftraggeber in Anspruch genommenen Projektsteuerer ggf. Rückgriffsansprüche gegen die Mitverursacher nach § 426 BGB zu. Die Höhe des Rückgriffsanspruchs richtet sich nach dem jeweiligen Mitverursachungs- und Verschuldensanteil der Gesamtschuldner.[387] Existieren neben dem unmittelbar Verantwortlichen weitere Vertragskräfte, die die Tätigkeit des Verantwortlichen nicht ordnungsgemäß beaufsichtigt oder kontrolliert haben, haftet in der Regel der für die Schadensverursachung unmittelbar Verantwortliche im Innenverhältnis allein.[388] So hat etwa im Verhältnis zum Projektsteuerer der Architekt seine Planungsfehler und der Bauunternehmer seine Ausführungsfehler grundsätzlich allein zu verantworten.[389] Beruhen Mängel ausnahmsweise auf Planungs- oder Koordinationsmängeln des Projektsteuerers, kann der Haftungsanteil des Architekten und Bauunternehmers zurückgedrängt werden oder ganz entfallen.[390] Der von *Heinrich* vertretenen Auffassung, dass dem Baucontroller (wie dem Projektsteuerer) im Verhältnis zum Architekten von vornherein nur ein geringfügiger Verursachungsbeitrag zugerechnet werden kann, soweit es um Fehler im bautechnischen Bereich geht, jedoch ein überwiegender Verursachungsbeitrag, soweit die Vergabe- oder Kostenkontrolle betroffen ist, kann in dieser Allgemeinheit nicht gefolgt werden.[391] Diese Lösung ist zu schematisch, weil es in den angesprochenen Leistungsbereichen unterschiedliche Schwerpunkte und Verantwortlichkeiten der Berufsgruppen geben kann.

2184 Soweit etwa nach dem AHO-Leistungsbild 2014 Projektsteuerer und Objektplaner in arbeitsteiligem, verzahntem Zusammenwirken Kosten- und Terminplanungs- und -steuerungsaufgaben wahrzunehmen haben und es hierbei zu Fehlern kommt, ist einzelfallbezogen festzustellen, wessen Schadensverursachungsbeitrag im Vordergrund steht. So kann in den frühen Projektphasen der Beitrag des Projektsteuerers mit demjenigen des Architekten gleich zu bewerten sein. Wenn der Architekt in späteren Projektphasen etwa bepreiste Leistungsverzeichnisse zu erarbeiten hat oder aber Terminplanungen in der Objektüberwachungsphase erarbeitet, beschränkt sich die Aufgabe des Projektsteuerers zunehmend auf eine Plausibilitäts- und Stichprobenkontrolle und ggf. anlassbezogene örtliche Überprüfen. In diesen Fällen überwiegt der Haftungsanteil des Objektplaners.

2185 Der gesamtschuldnerische Ausgleichsanspruch ist selbstständiger Natur und **verjährt** – unabhängig von der Verjährung des Anspruchs des Auftraggebers gegen beide Beteiligte – gem. der regelmäßigen Verjährungsfrist nach 3 Jahren (§ 195 BGB).[392] Gegenüber dem Rechtszustand vor der Schuldrechtsmodernisierung tritt in vielen Fällen eine deutliche Verkürzung der Verjährungsfristen ein. Nach neuem Recht kann sich angesichts des von der Anspruchsentstehung und der Kenntnis von Anspruch und Schuldner abhängigen Verjährungsbeginns ausnahmsweise auch eine längere

386 Dazu BGH, Urteil vom 26.07.2007, Az. VII ZR 5/06, in: NZBau 2007, 721, 723 = BauR 2007, 1875 = NJW-RR 2008, 176, 178 = IBR 2007, 590.

387 Heiermann, in: Motzel, Projektmanagement in der Baupraxis, S. 66, 73; vgl. dazu auch Diederichs, in: Hartmann, HOAI, Stand: Juni 2009, § 31, Rn. 11, S. 54 ff.; Locher/Koeble/Frik, HOAI, Einl. Rn. 194; Ebertz, BauR 1995, 442, allgemein für das Verhältnis von Bauunternehmer und Architekten.

388 Vgl. OLG Frankfurt, Urteil vom 04.02.2004, Az. 1 U 52/03, in: NZBau 2004, 397, 398 = BauR 2004, 1329 = IBR 2004, 330; für das Verhältnis von Architekt und Bauunternehmen etwa OLG Frankfurt, Urteil vom 10.10.2012, Az. 9 U 90/11, in: IBR 2013, 212.

389 Vgl. etwa OLG Köln, Urteil vom 07.04.1993, Az. 11 U 277/99, in: BauR 1993, 744, 745; OLG Hamm, Urteil vom 24.10.1989, Az. 24 U 27/89, in: BauR 1990, 638, 639; für den Projektsteuerer auch Heinrich, Der Baucontrollingvertrag, S. 179; sowie Reineke, IBR 1995, 3.

390 Vgl. BGH, Urteil vom 15.12.1969, Az. VII ZR 8/68, in: VersR 1970, 280 für den Architekten.

391 Vgl. Heinrich, Der Baucontrollingvertrag, S. 177.

392 Vgl. Locher/Koeble/Frik, HOAI, Einl. Rn. 193.

Verjährungsfrist ergeben, so dass der auf Schadensersatz in Anspruch genommene Projektmanager/Projektsteuerer ggf. noch Rückgriff gegen Architekten und Bauunternehmer nehmen kann, wenn Schadensersatzansprüche des Auftraggebers gegen diese Baubeteiligten bereits verjährt sind.[393] Nach neuem Recht ist es allerdings ebenfalls nicht ausgeschlossen, dass die Ausgleichsansprüche nach § 426 BGB verjähren, bevor der Hauptprozess zwischen dem Projektsteuerer/Projektmanager und dem Auftraggeber abgeschlossen ist. Nach der Auffassung des BGH entsteht der Ausgleichsanspruch unabhängig von seiner Ausprägung als Mitwirkungs-, Befreiungs- oder Zahlungsanspruch einheitlich mit der Begründung der Gesamtschuld im Sinne des § 199 BGB.[394] Der Ausgleichsanspruch nach § 426 Abs. 1 BGB setzt vorraus, dass der Ausgleichsberechtigte Kenntnis von den Umständen hat, die einen Anspruch des Auftraggebers gegen den Ausgleichsverpflichteten begründen und von denjenigen, die einen Anspruch des Auftraggebers gegen ihn selbst begründen sowie von denjenigen, die das Gesamtschuldverhältnis begründen und schließlich von den Umständen, die im Innenverhältnis eine Ausgleichspflicht begründen.[395] Dem Projektsteuerer/Projektmanager ist zu empfehlen, eine Hemmung der Verjährung gegenüber etwaigen gesamtschuldnerisch Mithaftenden noch während eines Regressprozesses herbeizuführen, z. B. durch Streitverkündung, § 204 Nr. 6 BGB.

6.4 Mitverschulden des Auftraggebers

6.4.1 Eigenes Mitverschulden des Auftraggebers

Soweit der Auftraggeber Leitungs- oder Steuerungsaufgaben auf einen Projektmanager/-steuerer 2186
übertragen hat, kann sich dieser gegenüber dem Auftraggeber in aller Regel nicht darauf berufen, der Auftraggeber trage ein Mitverschulden, weil er ihn nicht ordnungsgemäß **kontrolliert** habe. Denn die Einschaltung des Projektmanagers/-steuerers dient zumeist gerade dem Zweck, den Auftraggeber hinsichtlich der Aufgabenwahrnehmung zu entlasten.

Im Rahmen des »**Glasfassaden-Urteils**« hat allerdings der BGH seine Rechtsprechung dahinge- 2187
hend konkretisiert, dass der Bauherr gegenüber seinen Auftragnehmern die Obliegenheit haben kann, sachgerechte Informationen, Unterlagen und Pläne zur Verfügung zu stellen, sofern der Auftragnehmer darauf angewiesen ist, mit diesen Informationen und Unterlagen seine Leistungen ordnungsgemäß zu erbringen. So soll der Auftraggeber insbesondere gehalten sein, dem bauaufsichtsführenden Architekten einwandfreie Pläne zur Verfügung zu stellen und dem Tragwerksplaner sachgerechte Angaben zu Boden- und Grundwasserverhältnissen zu überreichen. Der Auftraggeber erfülle damit zwar keine bindende schuldrechtliche Verpflichtung, wohl aber eine Obliegenheit, die dazu führe, dass dem Auftraggeber ein Mitverschulden nach § 254 BGB zuzurechnen ist. Zwar treffe es zu, dass der Auftraggeber bei der Beauftragung von Architekten und Sonderfachleuten darauf vertrauen müsse, dass diese in der erforderlichen Weise zusammenwirken. Dies rechtfertige es jedoch nicht, den Auftraggeber von der Verantwortung für die Entstehung des Schadens zu befreien, der dadurch entstehen könne, dass er durch einen Erfüllungsgehilfen unzureichende Arbeitsergebnisse übermittle.[396]

---

393 Vgl. BGH, Urteil vom 09.03.1972, Az. VII ZR 178/70, in: BGHZ 58, 216, 218; Ebertz, BauR 1995, 442, 444.

394 BGH, Urteil vom 18.06.2009, Az. VII ZR 167/08, in: IBR 2009, 590.

395 BGH, Versäumnisurteil vom 18.06.2009, Az. VII ZR 167/08, in: BauR 2009, 1458.

396 BGH »Glasfassaden-Urteil«, Urteil vom 27.11.2008, Az. VII ZR 206/06, in: NZBau 2009, 185, 188 f., bestätigt durch BGH, Urteil vom 15.05.2013, Az. VII ZR 257/11, in: NZBau 2013, 519, 521; OLG Düsseldorf, Urteil vom 07.12.2010, Az. 21 U 156/09, in: IBR 2011, 201; OLG Frankfurt, Urteil vom 13.03.2009, Az. 10 U 133/08, in: IBR 2009, 402; dazu Gartz, Benjamin, Obliegenheitsverletzungen des Bauherrn nach dem Glasfassaden-Urteil des Bundesgerichtshofs, BauR 2010, 703 f.; Boldt, Antje, Reduzierte Haftung des bauausführenden Architekten durch Mitverschulden des Bauherrrn bei Fehlern des planenden Architekten, NZBau 2009, 494.

2188 Eine entsprechende Haftungsminderung kann es allerdings in Bezug auf mangelhafte **Vorleistungen** des Auftraggebers im Verhältnis zum Projektsteuerer nur insoweit geben, als es sich wirklich um Informationen oder Unterlagen handelt, auf deren Grundlage der Projektsteuerer seine Leistungen erst erbringen kann. Dort, wo der Projektsteuerer selbst arbeitsteilig mit dem Objektplaner oder sonstigen Fachbeteiligten die Projektunterlagen erarbeitet, kommt diese Rechtsprechung nicht zur Anwendung. Im Übrigen ist selbst dann, wenn der Auftraggeber den Projektsteuerer mit noch unzureichenden Unterlagen versieht, das Mitverschulden des Auftraggebers in aller Regel nicht allzu hoch zu gewichten, da es vornehmlich Aufgabe des Projektsteuerers ist, den Auftraggeber bei der Projektplanung und -durchführung zu beraten und zu unterstützen.

2189 Ein **Mitverschulden** des Auftraggebers kann dann **besonderes Gewicht** erlangen, wenn der Auftraggeber den Projektsteuerer nicht von Beginn des Projektes an beauftragt, sondern erst in späteren Projektphasen. Wenn der Auftraggeber den Projektsteuerer in derartigen Fällen nicht damit beauftragt, die bisherigen Ergebnisse der Projektentwicklung aufzuarbeiten und zu überprüfen, kann dieser grundsätzlich davon ausgehen, dass er auf den ihm mitgeteilten Unterlagen aufbauen und das Projekt auf dieser Grundlage fortführen kann. Wenn sich dann später herausstellt, dass die dem Projektsteuerer an die Hand gegebenen Projektvoraussetzungen fehlerhaft oder unvollständig waren, kann hierin eine Obliegenheitsverpflichtung des Auftraggebers liegen, die einerseits einen Mitverschuldenseinwand begründet, andererseits auch zu Ansprüchen nach § 642 BGB führen kann.

2190 Beachtet der Projektsteuerer bei der Ausführung seiner Leistungen eine ihm pflichtwidrig nicht bekannt gegebene, weil vom Auftraggeber nicht weitergeleitete Auflage in der Baugenehmigung – trotz eigener Erkundigungspflicht – nicht, kann er sich gegenüber dem Schadensersatzanspruch des Auftraggebers auf den Mitverschuldenseinwand berufen.[397]

2191 Kommt es zu einem terminkritischen Bauverlauf, bemühen sich i. d. R. alle Beteiligten, verlorene Zeit – koste es, was es wolle – aufzuholen. Der Projektmanager/-steuerer muss sich aber davor hüten, über gebotene Beschleunigungsmaßnahmen hinaus – nur um der Beschleunigung willen – unsorgfältige Arbeit vom Projektbeteiligten zuzulassen. Lässt er etwa zu, dass Aufträge an ausführende Unternehmen auf Grund einer nicht ausreichend konkretisierten und/oder detaillierten Planung und oder unvollständiger Leistungsverzeichnisse vergeben werden, kann er auf Schadensersatz haften, und zwar grundsätzlich auch dann, wenn der Auftraggeber ihn ständig zur Beschleunigung angehalten hat. Der Projektmanager/Projektsteuerer hat den Auftraggeber in derartigen Fällen mit allem Nachdruck auf die aus einem solchen Verfahren resultierenden Gefährdungspotentiale hinzuweisen und muss prüfen, ob er die Leistung nicht besser unter Inkaufnahme von Verzögerungen so durchführt, dass ein geordneter Bauablauf gesichert ist. Umgekehrt kann der Projektmanager/-steuerer dem Auftraggeber keinen Mitverschuldenseinwand wegen **nicht rechtzeitiger Anforderung von Projektsteuerungsleistungen** entgegenhalten, sofern der Projektmanager/-steuerer nach seinem Vertrag die entsprechenden Bauherrenaufgaben eigenverantwortlich zu bearbeiten hat.[398]

2192 Hält der Bauherr den Projektsteuerer/Projektmanager **trotz entsprechender Hinweise** auf eine schädliche Abwicklungspraxis zu einer Fortsetzung der bisherigen Projektrealisierung an, kann der Projektsteuerer dem Auftraggeber ein Mitverschulden nach § 254 BGB entgegenhalten.[399] Wenn der Projektsteuerer dem Bauherrn in nachvollziehbarer und bestimmter Form von einem schadenträchtigen Vorgehen abrät, ihn jedoch nicht überzeugen kann, so kann dies nach § 254 BGB auch zu einer vollständigen Haftungsfreistellung führen.[400] Voraussetzung ist aber die Feststellung, dass

---

397 Ähnlich für das ausführende Unternehmen BGH, Urteil vom 05.02.1998, Az. VII ZR 170/96, in: NJW-RR 1998, 738, 739.

398 Vgl. OLG München, Urteil vom 10.7.2001, Az. 9 U 1979/01, in: IBR 2002, 674.

399 Auch Wirth, in: Hesse/Korbion/Mantscheff/Vygen, HOAI, Einf. Rn. 257 f.

400 Im Einzelfall kommt es auf die Fachkunde des Bauherrn und das Vertrauen des Auftragnehmers in die Fachkunde des Bauherrn anhand objektivierbarer Anhaltspunkte an, vgl. Preussner, Der fachkundige

der Auftraggeber die Gefahr des Schadenseintritts erkannt und das sich daraus ergebende Risiko tatsächlich in Kauf genommen hat.[401] Die Hinweispflicht des Projektsteuerers wird nicht deshalb von vornherein entbehrlich, weil der Auftraggeber besonders **sachkundig** ist oder sich eines sachkundigen Architekten oder Bauleiters bedient.[402]

Eines **schriftlichen Hinweises** bedarf es anders als bei § 4 Nr. 3 VOB/B nicht. Allerdings ist es 2193 nachdrücklich zu empfehlen, einen entsprechenden schriftlichen Hinweis auf die Schadensfolgen zu erteilen, da anderenfalls Beweisschwierigkeiten entstehen können. Weist nur ein Projektbeteiligter den Bauherrn in ausreichender Form auf den Mangel hin und ordnet der Bauherr gleichwohl die Ausführung in der bisher vorgesehenen Art und Weise an, dann wird nur der ordnungsgemäß auf die Gefahr hinweisende, nicht jedoch der andere Architekt, Ingenieur oder Projektsteuerer von der Leistung frei.[403] In einem solchen Fall kann es allerdings an der notwendigen Kausalität für eine Haftung fehlen, weil der nicht beachtete Hinweis belegt, dass der Bauherr nicht aufklärungsbedürftig war und eine Wiederholung voraussichtlich zu keinem anderen Ergebnis geführt hätte.

6.4.2 Verschulden von Erfüllungsgehilfen des Auftraggebers

Das Verhalten von Erfüllungsgehilfen im Sinne des § 278 BGB muss sich der Auftraggeber wie 2194 eigenes Mitverschulden anrechnen lassen. Voraussetzung ist jedoch stets, dass Vertragskräfte des Auftraggebers vertragliche Pflichten des Auftraggebers gegenüber dem in Anspruch genommenen Projektsteuerer verletzen.[404]

In der Regel sind Architekten, Ingenieure und bauausführende Leistungsträger **nicht Erfüllungsgehilfen** des Bauherrn zur Wahrnehmung seiner Pflichten gegenüber dem Projektmanager/-steuerer, 2195 weshalb der Projektmanager/-steuerer dem Bauherrn auch keinen Mitverschuldenseinwand entgegensetzen kann.[405] So ist auch der objektüberwachende Architekt keineswegs Erfüllungsgehilfe des Bauherrn im Verhältnis zu ausführenden Unternehmen.[406] Im Anschluss an das »Glasfassaden-Urteil« des BGH steht allerdings fest, dass zu Lasten des Auftraggebers, wenn dieser entweder selbst Mitwirkungspflichten gegenüber dem Projektsteuerer verletzt oder aber derartige Aufgaben von Architekten oder sonstigen Fachbeteiligten vornehmen lässt, ein Mitverschuldenseinwand nach § 254 BGB in Betracht kommt.[407] Ein Mitverschulden wegen der Architektentätigkeit ist dem Auftraggeber allerdings nur insoweit anzulasten, als es nicht gerade zu den Aufgaben des

Bauherr, S. 166 f.; vgl. dazu auch OLG Koblenz, Urteil vom 10.04.2003, Az. 5 U 1687/01, in: NZBau 2003, 681 = BauR 2003, 1728 = IBR 2003, 1081.

401 BGH, Urteil vom 21.04.1994, Az. VII ZR 244/92, in: BauR 1994, 533; so auch Heiermann, in: Motzel, Projektmanagement in der Baupraxis, S. 66, 73: »Nach einhelliger Auffassung in Rechtsprechung und Literatur kann die Gewährleistung des Architekten gegenüber dem Bauherrn entfallen, wenn er auf ausdrückliche Weisung des Bauherrn gehandelt hat. Voraussetzung ist allerdings i. d. R., dass der Architekt den Bauherrn über die Folgen seiner Weisung auch belehrt hat. Diese Grundsätze sind meiner Auffassung nach ohne weiteres auch auf den Projektsteuerer übertragbar. Wenn der Auftraggeber also Weisungen erteilt, die der Projektsteuerer nicht für sachgerecht erachtet, so sollte er unbedingt den Auftraggeber hierauf hinweisen, um seinen Hinweispflichten nachzukommen.«

402 Vgl. BGH, Urteil vom 18.04.2001, Az. VII ZR 457/98, in: BauR 2001, 622, 623 = NJW-RR 2001, 520.

403 Vgl. Heinrich, Der Baucontrollingvertrag, S. 176.

404 Locher/Koeble/Frik, HOAI, Einl., Rn. 430 ff.

405 Vgl. dazu Zöpfl, Rechtsnatur und Rechtsprobleme des Bauprojektsteuerungsvertrages, S. 153, vgl. dazu auch Rdn. 1714.

406 BGH, Urteil vom 18.04.2002, Az. VII ZR 70/01, in: IBR 2002, 368.

407 BGH »Glasfassaden-Urteil«, Urteil vom 27.11.2008, Az. VII ZR 206/06, in: NZBau 2009, 185, 188 f., bestätigt durch BGH, Urteil vom 15.05.2013, Az. VII ZR 257/11, in: NZBau 2013, 519, 521; OLG Düsseldorf, Urteil vom 07.12.2010, Az. 21 U 156/09, in: IBR 2011, 201; OLG Frankfurt, Urteil vom 13.03.2009, Az. 10 U 133/08, in: IBR 2009, 402; dazu Gartz, Benjamin, Obliegenheitsverletzungen des Bauherrn nach dem Glasfassaden-Urteil des Bundesgerichtshofs, BauR 2010, 703 f.; Boldt, Antje,

Projektsteuerers gehörte, die Objektplanung auf derartige Fehlerquellen hin zu überprüfen.[408] Nicht zurechnen lassen muss sich der Auftraggeber das Mitverschulden eines Bauunternehmers, der regelmäßig nicht als sein Erfüllungsgehilfe anzusehen ist.[409]

2196 Die Rechtsprechung des BGH, wonach der Auftraggeber dem bauüberwachenden Architekten mangelfreie Pläne zur Verfügung zu stellen hat, kann für den Projektsteuerer nicht ohne weiteres herangezogen werden. Das OLG Düsseldorf hat insoweit ausgeführt:

»Nimmt er (der Auftraggeber) den bauüberwachenden Architekten wegen eines übersehenen Planungsmangels in Anspruch, muss er sich das Verschulden des von ihm eingesetzten Planers zurechnen lassen. Vorliegend war es aber gerade Aufgabe des Klägers, die Architektenpläne zu prüfen. Ihm oblag die übergeordnete Kontrollfunktion. So ist die Prüfung der Arbeitsergebnisse der Planer unter Einbeziehung von sachgerechten Varianten und ggf. der erforderlichen Anpassung als Grundleistungspflicht des Klägers vertraglich festgehalten. Die Verletzung der Kontrollfunktion des Klägers wird nicht dadurch beeinflusst, dass die zur Kontrolle vorgelegten Unterlagen tatsächliche Fehler aufwiesen.«[410]

2197 Auch im Falle mehrerer **parallel arbeitender Architekten** muss der Bauherr sich kein Mitverschulden wegen eines Planungsfehlers eines bauplanenden Architekten anspruchsmindernd zurechnen lassen, wenn der haftende zweite Architekt gerade die Prüfung der fehlerhaften Planungen übernommen hatte.[411]

6.5 Haftungsbegrenzung

2198 Die dargestellten umfangreichen Haftungsgefahren sowie die oftmals vorhandenen Lücken im Haftpflichtdeckungsschutz nötigen i. d. R. dazu, in Verträgen über Projektsteuererleistungen eine Haftungsbegrenzung vorzusehen. Eine vertragliche Haftungsbegrenzung ist, wenn sie **individuell** geschieht, grundsätzlich wirksam, soweit sie nicht gegen das Verbot sittenwidriger oder treuwidriger Vereinbarungen verstößt (§§ 138, 242 BGB).

2199 Handelt es sich jedoch um eine Haftungsbegrenzungsklausel in **Allgemeinen Geschäftsbedingungen**, also für eine Vielzahl von Verträgen vorformulierten Vertragsbedingungen, die von einer Vertragspartei der anderen gestellt werden, dann sind die Sondervorschriften des BGB für Allgemeine Geschäftsbedingungen zu beachten. Hiernach gilt:

- Für den Vertragspartner überraschende Klauseln sind unwirksam, § 305 c Abs. 1 BGB
- Individualvereinbarungen haben immer Vorrang, § 305 b BGB
- Zweifel bei der Auslegung von Allgemeinen Geschäftsbedingungen gehen zu Lasten des Verwenders, § 305 c Abs. 2 BGB
- Nach § 307 Abs. 1 Satz 1 BGB sind Bestimmungen in Allgemeinen Geschäftsbedingungen unwirksam, wenn sie den Vertragspartner des Verwenders entgegen den Geboten von Treu und Glauben unangemessen benachteiligen. Eine derartige Benachteiligung ist nach § 307 Abs. 2 BGB im Zweifel anzunehmen, wenn eine Bestimmung mit wesentlichen Grundgedanken der gesetzlichen Regelung, von der abgewichen wird, nicht zu vereinbaren ist oder wesentliche Rechte oder Pflichten, die sich aus der Natur des Vertrages ergeben, so einschränkt, dass die Erreichung des Vertragszwecks gefährdet ist.
- Eine unangemessene Benachteiligung kann sich auch daraus ergeben, dass eine Bestimmung in Allgemeinen Geschäftsbedingungen nicht klar und verständlich ist, § 307 Abs. 1 Satz 2 BGB.

2200 Diese allgemeinen Anforderungen an Allgemeine Geschäftsbedingungen werden ergänzt durch besondere Vorschriften in den §§ 308, 309 BGB (die zwar grundsätzlich nicht gegenüber

Reduzierte Haftung des bauausführenden Architekten durch Mitverschulden des Bauherrrn bei Fehlern des planenden Architekten, NZBau 2009, 494.

408 So Heinrich, Der Baucontrollingvertrag, S. 179.

409 Vgl. Schill, Der Projektsteuerungsvertrag, S. 104.

410 OLG Düsseldorf, Urteil vom 23.06.2009, Az. 23 U 140/08, in: BeckRS 2009, 20329.

411 OLG Celle, Urteil vom 24.07.2014, Az. 16 U 59/13, in: IBR 2014, 616.

Unternehmen und juristischen Personen des öffentlichen Rechts Verwendung finden, jedoch vielfach eine Indizfunktion für eine unangemessene Benachteiligung i. S. des § 307 Abs. 1 BGB erfüllen).

Hiernach gilt für Haftungsbegrenzungsklauseln in **Allgemeinen Geschäftsbedingungen** von Projektsteuerungsverträgen: 2201

- Die Haftung für gravierende Pflichtverletzungen, sog. **Kardinalspflichten, darf nicht ausgeschlossen sein**, § 307 Abs. 2 Nr. 2 BGB.[412] Nach der Auffassung des BGH ist aber auch eine Vertragsklausel unwirksam, die explizit einen Haftungsausschluss unter Ausnahme von Kardinalpflichten vorsieht, da der Begriff Kardinalpflichten für den Rechtsverkehr nicht eindeutig sei. Möglich, aber auch ausreichend sei eine abstrakte Erläuterung des Begriffs Kardinalpflicht, wie sie von der Rechtsprechung definiert wird,[413] etwa in dem Sinne, dass keine Verletzung wesentlicher Vertragspflichten, bei deren Verletzung der Vertragszweck gefährdet ist, vorliegen darf. Außerdem kann eine Vertragsklausel in Allgemeinen Geschäftsbedingungen unwirksam sein, bei der sich ein Auftragnehmer, der eine umfassende Organisationspflicht übernommen hat, von Schnittstellenrisiken freizeichnen will.[414]
- Entsprechend § 309 Nr. 7 b BGB ist eine Haftungsbegrenzung für **grob fahrlässige oder vorsätzliche Pflichtverletzungen** unwirksam. Dasselbe gilt für Haftungsausschlüsse, welche die **Verletzung von Leben, Körper und Gesundheit** nicht ausnehmen. Dies bedeutet, dass Allgemeine Geschäftsbedingungen, die einen ausschließlich auf bestimmte Schadensfolgen oder -höhen bezogenen Haftungsausschluss vorsehen, mit den §§ 305 ff. BGB nicht vereinbar sind. Sie können auch nicht teilweise aufrechterhalten werden. In der Gerichtspraxis haben bislang Haftungsbegrenzungsklauseln von Projektsteuererunternehmen einer Überprüfung zumeist nicht standgehalten.[415]

Der BGH hat in Bezug auf einen Projektcontrollingvertrag formuliert: 2202

> *»Der Ausschluss jedweder Haftung der Beklagten für Schadensersatzansprüche wegen nicht erkannter, verdeckter oder sonstiger Mängel, unabhängig vom Grad des Verschuldens, ist unwirksam. Die Klausel enthält eine Freizeichnung von einer Schadensersatzhaftung auch für den Fall, dass sich die Beklagte der Aufdeckung von Mängeln bewusst verschließt oder ihre Verpflichtung zur Feststellung erkennbarer Mängel grob vernachlässigt.«*[416]

In einem anderen Kontext hat der BGH eine Haftungsbegrenzungsklausel für Vermögensschäden in Allgemeinen Geschäftsbedingungen für wirksam gehalten, die vorsah:

> *»Bei fahrlässig verursachten Sach- und Vermögensgegenständen haften das … und seine Erfüllungsgehilfen nur bei Verletzung einer wesentlichen Vertragspflicht, jedoch der Höhe nach beschränkt auf die bei Vertragsschluss vorhersehbaren und vertragstypischen Schäden.«*[417]

Die vorzitierten Ausführungen des BGH beziehen sich auf ein Leistungsbild, in dem ein Projektcontroller ausdrücklich nur eine stichprobenhafte Baukontrolle übernommen hatte. Die Rechtsprechung gilt erst recht im Falle umfassender Projektsteuerungsmodelle.[418] 2203

412 Zutreffend Locher/Koeble/Frik, HOAI, Einl. Rn. 245.
413 BGH, Urteil vom 20.07.2005, Az. VIII ZR 121/04, in: NJW-RR 2005, 1496.
414 Dazu BGH, Urteil vom 01.12.2005, Az. I ZR 103/04, in: NJW-RR 2006, 758 aus dem Transportrecht.
415 Vgl. BGH, Urteil vom 11.10.2001, Az. VII ZR 475/00, in: NZBau 2002, 150, 151 = BauR 2002, 315, 317; auch OLG München, Urteil vom 10.7.2001, Az. 9 U 1979/01, in: IBR 2002, 674 für den Fall der Erfassung auch vorsätzlicher Verstöße.
416 BGH, Urteil vom 11.10.2001, Az. VII ZR 475/00, in: NZBau 2002, 150, 151 = BauR 2002, 315, 317; dazu auch die im weiteren Verfahren getroffene Entscheidung des BGH, Urteil vom 11.12.2003, Az. VII ZR 31/03, in: BauR 2004, 674.
417 BGH, Urteil vom 18.07.2012, Az. VIII ZR 337/11, in: NJW 2013, 291, 293.
418 Etwas anderes kann bei Individualvereinbarungen gelten, siehe insofern die Folgeentscheidung OLG München, Urteil vom 10.12.2002, Az. 13 U 4315/99, in: BauR 2003, 553.

- Möglich bleibt daher lediglich eine **Freizeichnung von der Haftung wegen leicht fahrlässigen Verhaltens.** Vielfach wird eine entsprechende Haftungsbegrenzung mit dem bestehenden Haftpflichtversicherungsschutz verknüpft. In derartigen Fällen muss i. d. R. ein angemessenes Verhältnis zwischen Versicherungssumme und übernommenem Risiko bestehen.[419] Nach Auffassung des BGH richtet sich die Wirksamkeit einer summenmäßigen Haftungsbegrenzung in einem Formularvertrag danach, ob die Höchstsumme ausreichend bemessen ist, um die vertragstypischen, vorhersehbaren Schäden abzudecken. Dementsprechend kann die Haftungsbegrenzung grundsätzlich so erfolgen, dass die Haftung unter Herausnahme atypischer Schäden auf den vertragstypisch zu erwartenden Schaden beschränkt wird.[420] Durch eine Entscheidung des OLG Celle sind allerdings vertragstypisch vorhersehbare Schäden nicht ohne weiteres deckungsgleich mit dem typischen Deckungsumfang einer der Haftpflichtversicherung, deshalb kann nicht ohne weiteres in einem Formularvertrag eine Haftungsbegrenzung auf »versicherbare Schäden« vorgesehen werden.[421] Erforderlich ist in aller Regel eine Berücksichtigung des Bauvolumens.[422] Unwirksam ist eine Anknüpfung an den Haftpflichtversicherungsschutz, soweit dieser nicht konkret benannt oder hinsichtlich der Reichweite unklar bleibt (Verstoß gegen das Transparenzgebot, § 307 Abs. 1 Satz 2 BGB).[423] Unwirksam ist jedenfalls die generelle Beschränkung von Schadensersatzansprüchen wegen Bausummenüberschreitungen.

2204 – Nach §§ 309 Nr. 8 b, 307 BGB sind **Subsidiaritätsklauseln** unwirksam, wonach der Projektsteuerer nur dann haftet, wenn weitere am Bau Beteiligte zuvor gerichtlich in Anspruch genommen worden sind.[424] Die **gesamtschuldnerische Haftung** darf – soweit sie besteht – nicht formularmäßig eingeschränkt werden.[425] Möglich bleibt dagegen eine Regelung in Allgemeinen Geschäftsbedingungen, wonach der Auftraggeber zunächst außergerichtlich eine Inanspruchnahme für einen Schaden unmittelbar verantwortlicher Dritter ernsthaft versuchen soll.[426]

2205 – Umstritten ist die Frage, ob der Projektsteuerer formularmäßig vereinbaren kann, dass ihm bei Eintritt eines Schadens zunächst **selbst die Beseitigung des Schadens** übertragen werden muss.[427] Eine entsprechende Klausel kann sich von vornherein nur auf das Projektsteuerungsgewerk selbst beziehen. Soweit auf Grund eines mangelnden Projektsteuerungsgewerkes ein

---

419 OLG Celle, Urteil vom 20.11.2001, Az. 16 U 187/99, in: IBR 2004, 26 (Nichtzulassungsbeschwerde durch BGH zurückgewiesen, Beschluss vom 13.11.2003, Az. VII ZR 439/01): Die Begrenzung des Schadensersatzanspruchs des Auftraggebers bei einfacher Fahrlässigkeit auf die Versicherungssumme ist nur wirksam, wenn eine objektangemessene Versicherungssumme vereinbart worden ist. Bei einem Bauvolumen von 4,25 Mio. € ist eine Berufshaftpflicht von 150 000,00 € nicht angemessen; dazu im Einzelnen: Locher/Koeble/Frik, HOAI, Einl., Rn. 242 (für den Architekten); Lauer, Die Haftung des Architekten bei Bausummenüberschreitung, S. 106, 107; Korbion/Locher, AGB-Gesetz L XII, Rn. 25; Budnick, Architektenhaftung, S. 41; siehe aber zur Eingrenzung von Schadensersatzverpflichtungen bei leichter Fahrlässigkeit im Mietrecht BGH, Beschluss vom 24.10.2001, Az. VIII ARZ 1/01, in: JZ 2002, 1001 f.

420 BGH, Urteil vom 18.07.2012, Az. VIII ZR 337/11, in: NJW 2013, 291, 295.

421 OLG Celle, Urteil vom 17.01.2013, Az. 6 U 94/11.

422 Werner/Pastor, Der Bauprozess, Rn. 2722, formulieren: »Damit ist eine generelle betragsmäßige Haftungsbeschränkung in AGB- oder Formularverträgen unwirksam.«

423 Ähnlich Locher/Koeble/Frik, HOAI, Einl. Rn. 241.

424 Vgl. etwa auch die Rechtsprechung des BGH zur Unzulässigkeit von Subsidiaritätsklauseln in Allgemeinen Geschäftsbedingungen von Bauträgern, BGH, Urteil vom 21.03.2002, Az. VII ZR 493/00, in: NZBau 2002, 495 = BauR 2002, 1385.

425 OLG Oldenburg, Urteil vom 03.07.2007, Az. 2 U 137/05, in: IBR 2009, 221, Nichtzulassungsbeschwerde durch den BGH zurückgewiesen, Beschluss vom 19.06.2008, Az. VII ZR 142/07; Korbion/Locher, AGB-Gesetz, L XII, Rn. 32 ff.; Werner/Pastor, Der Bauprozess, Rn. 2734.

426 Vgl. Budnick, Architektenhaftung, S. 46; Dammert, in: Rechtshandbuch des gesamtheitlichen Bauens, Festschrift für Hans Ganten, S. 3, 12; Locher/Koeble/Frik, HOAI, Einl., Rn. 237.

427 Für die Zulässigkeit Locher/Koeble/Frik, HOAI, Einl., Rn. 250; Wolf/Horn/Lindacher, AGB-Gesetz, 3. Aufl. 1994, § 23, Rn. 311, jeweils mit weiteren umfassenden Nachweisen; a. A. Ulmer/Brandner/

Schaden am Bau eingetreten ist, kann der Projektsteuerer für sich kein Schadensbeseitigungsrecht in Anspruch nehmen, sondern allenfalls das Recht der Steuerung der Schadensbeseitigung.[428] Im Übrigen kann in Allgemeinen Geschäftsbedingungen das Nacherfüllungsrecht, aber auch die Beschränkung des Nacherfüllungsrechtes nicht wirksam ausgeschlossen werden.

- **Beweislastklauseln**, die die gesetzliche Beweisposition verändern, etwa dem Auftraggeber die Beweislast für das Verschulden des Projektsteuerers auferlegen, verstoßen gegen § 309 Nr. 12 a BGB.[429]
- Unwirksam ist auch eine **Verkürzung der Verjährungsfrist** für die Gewährleistungsan- 2206
sprüche gegen den Projektsteuerer in AGB auf 2 Jahre, während bei Dienstvertragsrecht die 3-jährige Regelverjährung nach § 195 BGB oder bei Werkvertragsrecht die 5-jährige Verjährung nach § 634 a BGB zur Anwendung käme.[430] Dementsprechend ist die Verkürzung der Verjährungsfrist für baubegleitende Begutachtungsleistungen eines technischen Überwachungsvereins als eine Abänderung der geltenden 5-Jahresfrist für die Verjährung von Mängelansprüchen unwirksam.[431] Generell ist eine Verkürzung gesetzlicher Verjährungsfristen in Allgemeinen Geschäftsbedingungen nur möglich, wenn sich die Verjährungsfrist nicht auf Haftungsansprüche wegen Verletzung von Leben, Körper und Gesundheit oder wegen groben Verschuldens bezieht.[432]
- **Vertragsstrafevereinbarungen** sind in Allgemeinen Geschäftsbedingungen gegenüber Nicht- 2207
kaufleuten unwirksam, § 309 Nr. 6 BGB. Im Verhältnis zu Kaufleuten kommt es jeweils auf die Angemessenheit der Einzelbestimmungen an.[433]
- Streitig ist auch, ob formularmäßig **Teilabnahmevereinbarungen** getroffen werden können mit der Konsequenz, dass hierdurch eine Gewährleistungsverkürzung eintritt.[434]

Keine wirksamen Haftungsbegrenzungsvereinbarungen sind lediglich **einseitige Hinweise** eines 2208
Auftragnehmers in Bezug auf die von ihm geprüften und bewerteten Sachverhalte. Ein einseitiger formelhafter Hinweis, der Projektsteuerer habe bestimmte Sachverhalte nicht geprüft oder sei von deren Vorliegen ausgegangen, befreit nicht von der Haftung, wenn der Projektsteuerer die Aufklärung entsprechender Sachverhalte schuldet, z.B. die erforderlichen Angaben vom Auftraggeber oder dessen Erfüllungsgehilfen zunächst hätte einfordern müssen.[435]

6.6 Haftung des Auftraggebers für den Projektsteuerer?

Der Projektsteuerer/Projektmanager kann Erfüllungsgehilfe des Auftraggebers im Verhältnis zu 2209
anderen Baubeteiligten, wie Architekten, Sonderfachleuten und Bauunternehmer sein, § 278 BGB. Ob sich der Auftraggeber das Tätigwerden des Projektsteuerers/Projektmanagers wie eigenes anrechnen lassen muss, hängt davon ab, ob er sich im Einzelfall des Projektsteuerers/Projektmanagers zur Erfüllung einer Verbindlichkeit bedient.[436] Darüber hinaus kann auch bei fehlender Quali-

Hensen, AGB-Recht, Teil 2, Besondere Vertragstypen (1) Architekten- und Ingenieursverträge, Rn. 5; zum Streitstand auch Budnick, Architektenhaftung, S. 46.

428 Anders wohl für den Architekten Locher/Koeble/Frik, HOAI, Einl. Rn. 250.

429 Vgl. Werner/Pastor, Der Bauprozess, Rn. 2730; Locher/Koeble/Frik, HOAI, Einl. Rn. 240.

430 BGH, Urteil vom 25.06.1992, Az. VII ZR 128/91, in: BauR 1992, 794; vgl. Werner/Pastor, Der Bauprozess, Rn. 2727.

431 LG Hamburg, Urteil vom 04.12.2012, Az. 321 O 87/12, in: NJW-RR 2013, 594.

432 BGH, Urteil vom 15.11.2006, Az. VIII ZR 3/06, in: IBR 2008, 145 = NJW 2007, 674.

433 BGH, Urteil vom 16.07.1998, Az. VII ZR 9/97, in: BauR 1998, 1094, 1095; vgl. zur Vertragsstrafe beim Bauen Cuypers, ZfBR 1998, 272 ff.

434 KG, Urteil vom 12.02.2004, Az. 4 U 162/02, in: NZBau 2004, 337 = IBR 2004, 436; für die Zulässigkeit einer formularmäßigen Teilabnahmevereinbarung nach Fertigstellung des Gebäudes unter Abkopplung der Leistungsphasen 9 für den Architekten Korbion/Locher, AGB-Gesetz, L XII, Rn. 42 m. w. N.

435 Vgl. für entsprechende Schutzklauseln eines Tragwerksplaners BGH, Urteil vom 15.05.2013, Az. VII ZR 257/11, in: NZBau 2013, 519, 520.

436 Locher/Koeble/Frik, HOAI, Einl., Rn. 430; Schill, Der Projektsteuerungsvertrag, S. 104.

fikation als Erfüllungsgehilfe eine Zurechnung über den Mitverschuldenseinwand nach § 254 BGB nach den Grundsätzen des »Glasfassaden-Urteils« in Betracht kommen.[437] Entscheidend ist jeweils die Einsatzform und Aufgabenstellung der Projektsteuerung nach dem konkret abgeschlossenen Vertrag.

6.6.1 Beratende Tätigkeit

2210 Ist der Projektsteuerer i. S. der klassischen Projektsteuerung in reiner Stabsfunktion tätig und berät er unterstützend den Auftraggeber, stellt sich die Frage der Erfüllungsgehilfeneigenschaft nicht. Denn in einem solchen Fall handelt im Außenverhältnis ausschließlich der Auftraggeber.

6.6.2 Planungs- und Koordinierungsverschulden und fehlerhaftes Entscheidungsmanagement

2211 Plant und/oder koordiniert der Projektmanager im Rahmen der ihm übertragenen Aufgaben und Kompetenzen die weiteren Projektbeteiligten und entsteht hierdurch ein Schaden, dann muss sich der Auftraggeber die schadensträchtigen Leistungen des Projektsteuerers wie eigenes Handeln zurechnen lassen. Fordert der Auftraggeber vom Architekten oder Bauunternehmer Schadensersatz, können diese dem Auftraggeber ein Mitverschulden des Projektsteuerers nach § 254 BGB entgegenhalten.[438] Speziell in Bezug auf Koordinierungsfehler und darauf basierender Behinderungsschadensersatzansprüche muss sich der Auftraggeber das Verschulden eines Projektmanagers/ Projektsteuerers zurechnen lassen.[439]

6.6.3 Wahrnehmung von Controllingaufgaben durch den Projektsteuerer

2212 Sofern und soweit dem Projektsteuerer/Projektmanager Controllingaufgaben übertragen werden, können sich die übrigen Projektbeteiligten dem Auftraggeber gegenüber nicht auf eine mangelnde Kontrolle, ungenügende Prüfung oder Überwachung durch den Projektsteuerer/Projektmanager berufen. Denn insoweit handelt dieser nicht in Erfüllung einer Verbindlichkeit des Auftraggebers gegenüber den weiteren Projektbeteiligten. Diese haben keinen Anspruch auf eine Überwachung durch den Auftraggeber und können ihre Verantwortung nicht wegen eines entsprechenden »Überwachungsverschuldens« teilweise an den Auftraggeber zurückreichen.

2213 Speziell dann, wenn sich Mängel der Bauleistung zeigen, die bei ordnungsgemäßem Controlling der Bauunternehmen vermeidbar gewesen wären, können sich diese dem Auftraggeber gegenüber nicht auf eine unzureichende Überwachung durch den Projektsteuerer/Projektmanager berufen. Der Umstand, dass das Controlling des Auftraggebers im Verhältnis zum Bauunternehmer versagt,

437 BGH »Glasfassaden-Urteil«, Urteil vom 27.11.2008, Az. VII ZR 206/06, in: NZBau 2009, 185, 188 f., bestätigt durch BGH, Urteil vom 15.05.2013, Az. VII ZR 257/11, in: NZBau 2013, 519, 521; OLG Düsseldorf, Urteil vom 07.12.2010, Az. 21 U 156/09, in: IBR 2011, 201; OLG Frankfurt, Urteil vom 13.03.2009, Az. 10 U 133/08, in: IBR 2009, 402; dazu Gartz, Benjamin, Obliegenheitsverletzungen des Bauherrn nach dem Glasfassaden-Urteil des Bundesgerichtshofs, BauR 2010, 703 f.; Boldt, Antje, Reduzierte Haftung des bauausführenden Architekten durch Mitverschulden des Bauherrrn bei Fehlern des planenden Architekten, NZBau 2009, 494.

438 Heinrich, Der Baucontrollingvertrag, S. 178; Knipp, Projektmanagement, S. 56 f.; in diesem Sinne wohl auch Locher/Koeble/Frik, HOAI, Einl., Rn. 430 ff.; Heiermann, in: Motzel, Projektmanagement in der Baupraxis, S. 66, 73, führt aus: »Zumindest für die Bereiche Planung und Organisation ist zu erwarten, dass die Gerichte zu dem Ergebnis gelangen, dass sich der Architekt gegenüber dem Bauherrn auf ein Mitverschulden des Projektsteuerers und der Projektsteuerer auf ein Mitverschulden des Architekten berufen kann mit der Folge, dass die Ansprüche des Auftraggebers gegen Architekten und Projektsteuerer gemindert werden; in diesem Sinne nunmehr auch Schill, Der Projektsteuerungsvertrag, S. 104.«

439 So Kniffka, IBR-Seminar Bauzeitverzögerung, 22.3.2002 in Hannover, Seminarskript S. 29.

mindert die Gewährleistungspflicht der bauausführenden Unternehmen also nicht.[440] Sofern und soweit der Projektsteuerer/Projektmanager allerdings im Rahmen eines Projektcontrollings Weisungen erteilt oder Mitwirkungspflichten für den Auftraggeber ausübt, kann ein Verursachungsbeitrag des Projektsteuerers die Schadensersatzverpflichtung des planenden oder bauausführenden Unternehmens gem. § 254 BGB mindern.

Kniffka[441] erläutert: 2214

»Entsprechend ist auch der Einsatz von Projektsteuerern zu beurteilen. Sie werden grundsätzlich nur im Interesse des Auftraggebers tätig. Soweit sie zur Koordinierung der Baustelle eingesetzt werden, erfüllen sie jedoch Schuldnerpflichten, so dass der Auftraggeber für deren Fehler haftet. Gleiches gilt, wenn Projektsteuerer bindende Anweisungen an den Auftragnehmer für die Ausführung des Bauvorhabens geben.«

Locher/Koeble/Frik formulierten im Hinblick auf das frühere Leistungsbild AHO/DVP: 2215

»Soweit der Auftraggeber dem Projektsteuerer gegenüber keine Pflicht zu einem bestimmten Verhalten hat, muss sich dieser ein Mitverschulden des Architekten nach den §§ 254, 278 BGB im Verhältnis zum Projektsteuerer nicht anrechnen lassen. Setzt der Auftraggeber den Projektsteuerer zu an sich dem Auftraggeber obliegenden oder seiner Sicherheit dienenden Kontrollen ein wie ›Überprüfen der Kostenschätzung‹ (Projektstufe 2 C DVP […]) oder zum ›Prüfen der Rechnungen zur Zahlung‹ (Projektstufe 2 C DVP) oder zum ›Überprüfen der Planungsergebnisse‹ (Projektstufe 3 B DVP), so besteht insofern keine Verpflichtung des Auftraggebers dem Architekten gegenüber.

Anders ist es, wenn der Projektsteuerer den Terminrahmen ›festlegt‹ (Projektstufe 1 D DVP), die Ablaufplanung ›aufstellt‹ und ›abstimmt‹ (Projektstufe 2 D DVP) oder Deckungsbestätigungen für Aufträge vorgibt (Projektstufe 3 C DVP). Hier ist also im Einzelfall nach der jeweils geschuldeten Tätigkeit zu differenzieren.«[442]

440 Locher, Rechtliche Grundlagen und Einordnung des Projektsteuerers, S. 6, führt aus: »Weil der Projektsteuerer typische Auftraggeberfunktionen erfüllt, ist er insofern auch Erfüllungsgehilfe des Auftraggebers gegenüber anderen Baubeteiligten. Dies bedeutet, dass der Auftraggeber sich das Mitverschulden durch den Projektsteuerer insoweit anrechnen lassen muss, als er sich des Projektsteuerers zur Erfüllung einer Verbindlichkeit bedient. Dies wird vor allem bei Planungs- und Koordinationsverschulden des Projektsteuerers in Frage kommen, nicht jedoch bei mangelnder Kontrolle, ungenügender Prüfung und Überwachung.«

441 Kniffka, Jahrbuch Baurecht 2000, 1, 3.

442 Locher/Koeble/Frik, HOAI, 9. Auflage, 2005, § 31, Rn. 24 f.

7 Vergabe von Projektsteuererleistungen

7.1 Grundlagen

Projektsteuerungsleistungen für Immobilien- und Bauprojekte haben erhebliche wirtschaftliche Bedeutung. Ein **privatrechtlich organisierter Auftraggeber**, der nicht durch die öffentliche Hand beherrscht wird und der auch kein sog. Sektorenauftraggeber ist, kann Projektsteuererleistungen im Markt frei – nach eigenen Zweckmäßigkeitsüberlegungen – beschaffen. Er steht i. d. R. in freiem Wettbewerb und hat dementsprechend auch die wirtschaftlichen Konsequenzen seiner Vergabe zu tragen. 2216

Wo indessen von der Allgemeinheit finanzierte oder konzessionierte Nachfrage(-macht) ausgeübt wird, bedarf es **Kontrollmechanismen**, die sicherstellen, dass der im Wettbewerb ermittelte leistungsfähigste Bieter beauftragt wird. Dementsprechend haben öffentliche Auftraggeber bestimmte Verfahrensregeln zu beachten, wenn sie Aufträge vergeben wollen. Der Beschaffungsakt bleibt zwar privatrechtlicher Natur (er erfolgt durch einen Vertragsschluss; der Zuschlag ist die Annahme eines Vertragsangebotes des Bieters bei öffentlichen Ausschreibungen), gleichwohl kann der öffentliche Auftraggeber nicht nach seinem Belieben vergeben. Er hat vielmehr das Vergaberecht in der Form ihn bindender Vergabeordnungen zu beachten. 2217

Das Vergaberecht hat in den letzten Jahren eine rasante Entwicklung hinter sich. Das Tempo ist im Wesentlichen durch den **EG-Richtliniengeber** bestimmt worden, der zunächst neben drei rein leistungsbezogenen Richtlinien (Lieferkoordinierungsrichtlinie, Baukoordinierungsrichtlinie und Dienstleistungsrichtlinie) eine zusätzliche, auch private Auftraggeber in bestimmten Branchen betreffende Richtlinie, nämlich die Sektorenrichtlinie, erlassen hatte. 2218

Im Rahmen eines EU-Legislativpaketes (2004) sind die Liefer-, Bau- und Dienstleistungsrichtlinien zur Vergabekoordinierungsrichtlinie[1] zusammengefasst worden. Die Sektorenrichtlinie[2] und die Rechtsmittelrichtlinie wurden in diesem Zusammenhang angepasst. Diese Richtlinien hat der EU-Richtliniengeber inzwischen um eine eigenständige Richtlinie für den Verteidigungs- und Sicherheitssektor ergänzt.[3] Diese europäischen Vergaberichtlinien sind Grundlage des derzeitigen Vergaberechtsrahmens für die Marktteilnehmer für Beschaffungen in Deutschland und auch Grundlage der nachfolgenden Darstellungen der Vergabe von Projektsteuerungsleistungen. 2219

Nicht unerwähnt bleiben darf aber, dass am **26.02.2014 wiederum neue EU-Richtlinien** in Kraft getreten sind. Die derzeit noch geltende Vergabekoordinierungsrichtlinie ist dabei in eine Basisrichtlinie[4] und eine Konzessionsrichtlinie[5] aufgespalten worden. Diese Richtlinien wie auch eine neue Sektorenrichtlinie[6] bedürfen noch der Umsetzung in nationales Recht, wobei die allgemeine Umsetzungsfrist am 28.04.2016 endet. 2220

Der deutsche Gesetzgeber hat in regelmäßigen Abständen mehr oder weniger gelungene Umsetzungsbemühungen für die EU-Vorgaben zum Vergaberecht unternommen. Das Ergebnis ist ein derzeit noch sehr unübersichtliches allgemeines Vergaberegime für öffentliche Beschaffungen, wie aus der nachfolgenden Übersicht zu Ziff. 7.2 hervorgeht. Projektsteuerungsleistungen werden durch öffentliche Auftraggeber ganz überwiegend nach den nationalen Vergabeordnungen der VOF – und weniger häufig nach der VOL/A – vergeben. Sektorenauftraggeber vergeben Projektsteuerungsleistungen nach der SektVO. Hierauf konzentrieren sich auch die nachfolgenden Darstellungen. 2221

1 Richtlinie 2004/18/EG v. 31.03.2004, Abl. L 134 v. 30.04.2004.
2 Richtlinie 2004/17/EG v. 31.03.20014, Abl. L 134 v. 30.04.2004.
3 Richtlinie 2009/81/EG v. 13.07.2009, Abl. L 216 v. 20.08.2009.
4 Richtlinie 2014/24/EU v. 26.02.2014, Abl. L 94 v. 28.03.2014.
5 Richtlinie 2014/23/EU v. 26.02.2014, Abl. L 94 v. 28.03.2014.
6 Richtlinie 2014/25/EU v. 26.02.2014, Abl. L 94 v. 28.03.2014.

2222 Dieses Buch kann keine Gesamtdarstellung des Vergaberechts liefern: Hier sollen nur die Eckpunkte herausgegriffen werden, die für die Beurteilung der Vergabe von Projektsteuererleistungen von Bedeutung sind. Dieses Ziel macht es allerdings unerlässlich, auf einige Grundzüge des Vergaberechts einzugehen.

2223 Nicht weiter eingegangen werden kann an dieser Stelle auch auf die Rechtsstellung des **Projektmanagers als Vertreter der Vergabestelle** in einem Vergabeverfahren. Festzuhalten ist lediglich, dass der öffentliche Auftraggeber sich nur bei der Vorbereitung der Vergabe der Mithilfe anderer Personen bedienen kann. Die Entscheidungen im Vergabeverfahren, insbesondere die Wertung, muss durch die Vergabestelle selbst erfolgen.[7] So wenig wie ein öffentlicher Auftraggeber die Verantwortung für die Vergabe an einen Sachverständigen übertragen darf, ist auch ein Projektsteuerungsbüro nicht befugt, die Wertungs- und Zuschlagsentscheidung für den Auftraggeber durchzuführen. Wenn ein Projektsteuerungsbüro für einen öffentlichen Auftraggeber tätig wird, muss der öffentliche Auftraggeber den Zuschlagsvorschlag des Projektsteuerungsbüros durch einen billigenden Prüfungsvermerk mit verantwortlicher Unterschrift versehen.[8] Die Hinzuziehung eines Projektsteuerers in einem Vergabeverfahren bedarf keines Hinweises in der Bekanntmachung. Der Auftraggeber darf Empfehlungen des Projektsteuerers zum Ausschluss eines Bieters wegen Unzuverlässigkeit nicht blind vertrauen.[9]

2224 Die **Kosten für die Einschaltung eines Projektsteuerers** sind von einem unterlegenen Bieter in einem Nachprüfungsverfahren nicht zu tragen, da die Vergabestelle das Vergabeverfahren einschließlich des Nachprüfungsverfahrens grundsätzlich selbst durchführen muss. Die Projektmanagementleistungen ersetzen insoweit lediglich Aufgabenstellungen der Vergabestelle selbst.[10]

2225 Wenn der Auftraggeber einen Projektsteuerer mit der Durchführung eines Vergabeverfahrens beauftragt und dieser während des Vergabeverfahrens wiederholt gegenüber den Bietern als Ansprechpartner »quasi anstelle« des Auftraggebers auftritt, kann es zur Wahrung von Form und Fristen im Vergabeverfahren ausreichen, wenn entsprechende Erklärungen der Bieter gegenüber dem Projektsteuerer abgegeben werden.[11]

---

7 OLG München, Beschluss vom 15.07.2005, Az. Verg. 14/05, in: IBR 2005, 508; Schill, NZBau 2005, 489, 490 = NZBau 2006, 472 = IBR 2005, 505; bloße Informationsdefizite, die durch die Beteiligung von Sachverständigen in Vergabeverfahren entstehen, rechtfertigen noch nicht die Annahme, die Grenzen unzulässiger Teilnahme von Beratern/Sachverständigen wären überschritten, OLG Karlsruhe, Beschluss vom 16.06.2010, Az. 15 Verg 4/10, in: IBR 2010, 588.

8 OLG München, Beschluss vom 29.09.2009, Az. Verg. 12/09, in: IBR 2009, 723.

9 VK Südbayern, Beschluss vom 11.09.2014, Az. Z 3-3-3194-1-34-07/14, in: VPR 2014, 286.

10 Ausführlich dazu Schill, NZBau 2005, 489, 490.

11 So für die Rügefrist VK Sachsen, Beschluss vom 10.04.2010, Az. 1/SVK/007-10, in: IBR 2010, 523.

7.2 Übersicht über die Rechtsquellen des Vergaberechts

Normenhierarchie im Vergaberecht 2226
– oberhalb der Schwellenwerte des § 2 VgV –

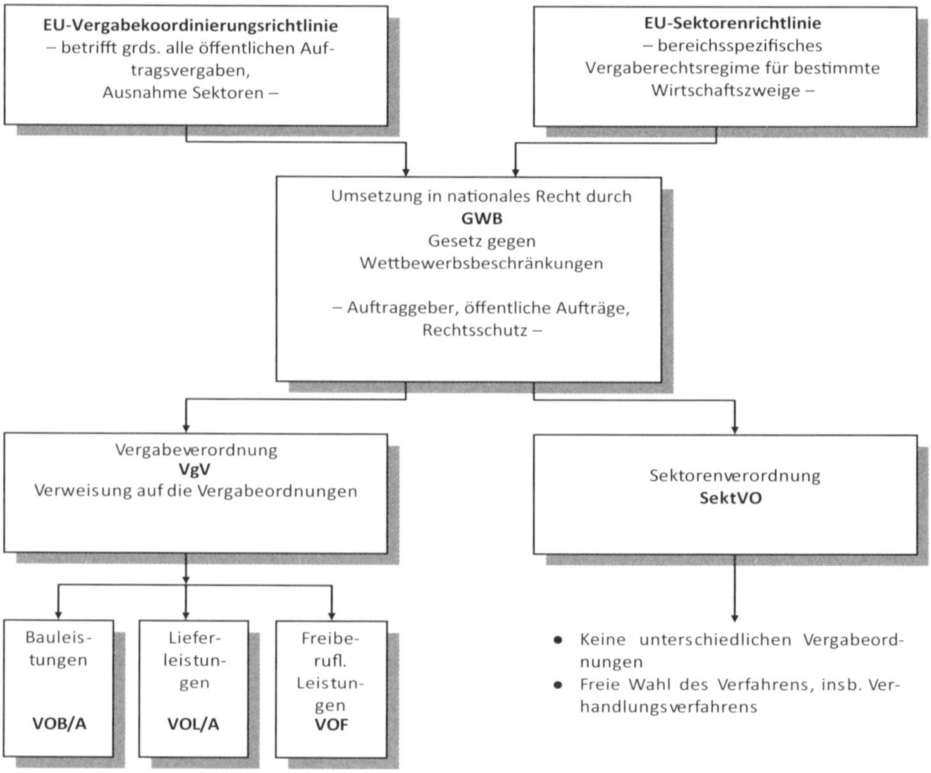

7.3 Vierstufige Normenhierarchie

Das deutsche Vergaberecht wird derzeit durch eine vierstufigen Systematik geprägt. Folgende **Normenhierarchie** ist zu beachten: 2227

7.3.1 GWB

Grundlagenregelung sind die Vorschriften des **GWB**. Sie enthalten die **Maximen des Vergabeverfahrens** (Auftragsvergabe an fachkundige, leistungsfähige und zuverlässige Unternehmen/Zuschlag auf das wirtschaftlichste Angebot), Bestimmungen über den **Anwendungsbereich** (öffentliche Auftraggeber als Adressaten/und ausgeklammerte Bereiche), Vorschriften über das **Nachprüfungsverfahren** (Bieterschutz) sowie **verfahrensrechtliche Vorschriften**. Zum Zwecke der Umsetzung verweist dieses Gesetz auf eine Rechtsverordnung, welche die Einzelheiten des Vergabeverfahrens regelt. 2228

7.3.2 Vergabeverordnung (VgV)

Die **Vergabeverordnung** über die Vergabe öffentlicher Aufträge[12] (VgV) ist das **Bindeglied** zwischen den Vorschriften des GWB und den einzelnen Vergabeordnungen, welche die Beschaffungsverfahren im Einzelnen ausgestalten. Die VgV bestimmt matrixartig, für welche Auftraggeber und 2229

12 V. 11.02.2003, BGBl. I S. 169, zuletzt geändert durch die 7. Änderungsverordnung vom 15.10.2013, BGBl. I S. 3584.

für welche Auftragsvergaben (Bauleistungen, Lieferleistungen und Dienstleistungen) die einzelnen Verdingungsordnungen (VOB/A, VOL/A und VOF) gelten sollen. Gleichzeitig legen ihre Vorschriften fest, dass die Verdingungsordnungen nur in Fällen zu beachten sind, welche die europäischen Schwellenwerte überschreiten. Die VgV gilt gemäß § 2 Abs. 3 nicht für verteidigungs- und sicherheitsrelevante Aufträge nach § 99 Abs. 7 GWB. Für diesen Bereich ist die gesonderte Vergabeordnung für die Bereiche Verteidigung und Sicherheit (VSVgV)[13] in Kraft gesetzt worden.

7.3.3 VOL/A, VOF, SektVO, VSVgV

2230 Die jeweils einschlägigen **Vergabeverfahren** sind in den **Vergabeordnungen** geregelt. Für Projektsteuerungsleistungen kommen folgende Vergabeordnungen in Betracht: Auftraggeber, die keine Sektorenauftraggeber sind und nicht dem Bereich Verteidigungssicherheit zuzuordnen sind, vergeben Projektsteuerungsleistungen entweder nach der Vergabe- und Vertragsordnung für Leistungen Teil A (VOL/A) oder der Vergabeordnung für freiberufliche Leistungen (VOF).

Für Auftraggeber, die Beschaffungen in den Sektoren (Verkehr, Trinkwasserversorgung und Energieversorgung) durchführen, gelten die besonderen Vorschriften der **Sektorenverordnung** (SektVO).[14]

Für die Bereiche Verteidigung und Sicherheit gilt die Vergabeordnung für die Bereiche **Verteidigung und Sicherheit** (VSVgV).[15]

7.3.4 Landesrecht

2231 Hierneben sind **Landesvergabegesetze** zu beachten, die vornehmlich der Einhaltung von Mindestlohn- und Tariftreuevorschriften gelten und der Sicherstellung umweltgerechter Beschaffungen und der Einhaltung von Gleichbehandlungsregelungen (Frauenförderung) dienen.

7.4 Die dem Vergaberecht unterliegenden Beschaffungen

2232 Dem Vergaberecht unterworfen sind sog. **öffentliche Aufträge**. Hierbei handelt es sich um entgeltliche Verträge zwischen sog. öffentlichen Auftraggebern und Unternehmen, die Liefer-, Bau- oder Dienstleistungen zum Gegenstand haben, sowie Auslobungsverfahren, die zu Dienstleistungsaufträgen führen können (§ 99 Abs. 1 GWB).

2233 Die **öffentlichen Auftraggeber** sind in § 98 GWB definiert. Hierbei handelt es sich um folgende Auftraggeber:[16]

- Nr. 1: **Gebietskörperschaften** sowie deren Sondervermögen

2234 – Nr. 2: Andere **juristische Personen** des öffentlichen und des privaten Rechts, die zu dem besonderen Zweck gegründet wurden, im **Allgemeininteresse liegende Aufgaben nichtgewerblicher Art zu erfüllen**, wenn sie öffentliche Auftraggeber nach Nr. 1 oder Nr. 3 einzeln oder gemeinsam durch Beteiligung oder auf sonstige Weise überwiegend finanzieren oder über ihre Leitung die Aufsicht ausüben oder mehr als die Hälfte der Mitglieder eines ihrer zur Geschäftsführung oder Aufsicht berufenen Organe bestimmt haben. Das Gleiche gilt dann, wenn die Stelle, die einzeln oder gemeinsam mit anderen die überwiegende Finanzierung gewährt oder die Mehrheit der Mitglieder eines zur Geschäftsführung oder Aufsicht berufenen Organs bestimmt hat, unter Satz 1 fällt.
- Nr. 3: **Verbände** von öffentlichen Auftraggebern

2235 – Nr. 4: Natürliche oder juristische Personen des privaten Rechts, die auf dem Gebiet der **Trinkwasser- oder Energieversorgung** oder des **Verkehrs** tätig sind, wenn diese Tätigkeiten auf der Grundlage von besonderen oder ausschließlichen Rechten ausgeübt werden, die von einer

13 V. 12.07.2012, BGBl. I S. 1509.
14 Verordnung v. 23.09.2009, BGBl. I S. 3110.
15 Verordnung v. 12.07.2012, BGBl. I S. 1509.
16 Vgl. zum Auftraggeberbegriff nach neuem Kartellvergaberecht Eschenbruch, in Kulartz/Kus/Portz, Kommentar zum GWB-Vergaberecht, § 98, Rn. 1 ff.; Dreher, DB 1998, 2579 ff.

zuständigen Behörde gewährt wurden, oder wenn öffentliche Auftraggeber auf diese Personen einzeln oder gemeinsam einen beherrschenden Einfluss ausüben können (sog. **Sektorenauftraggeber**).
- Nr. 5: Natürliche oder juristische Personen des privaten Rechts in Fällen, in denen sie für **Tiefbaumaßnahmen, für die Errichtung von Krankenhäusern, Sport-, Erholungs- oder Freizeiteinrichtungen, Schul-, Hochschul- oder Verwaltungsgebäuden** oder für damit in Verbindung stehenden Dienstleistungen und Auslobungsverfahren von Stellen, die unter Nr. 1 bis 3 fallen, Mittel erhalten, mit denen diese **Vorhaben zu mehr als 50 v. H. finanziert werden**. 2236
- Nr. 6: Natürliche oder juristische Personen des privaten Rechts, die mit öffentlichen Auftraggebern, die unter Nr. 1 bis 3 fallen, einen Vertrag über die Erbringung von Bauleistungen abgeschlossen haben, bei dem die Gegenleistung für die Bauarbeiten statt in einer Vergütung in dem Recht auf Nutzung der baulichen Anlage, gegebenenfalls zuzüglich der Zahlung eines Preises, hinsichtlich der Aufträge an Dritte besteht **(Baukonzessionen)**. 2237

Die wichtigsten Gruppen öffentlicher Auftraggeber sind die Gebietskörperschaften und deren Sondervermögen (das sind die Bundesrepublik Deutschland, die Länder, die Landkreise, die Gemeinden und die Regierungsbezirke). Des Weiteren sind die in § 98 Nr. 2 GWB angesprochenen **juristischen Personen des öffentlichen oder privaten Rechts, die im Allgemeininteresse liegende Aufgaben erfüllen**, wenn sie öffentlich-rechtlich beherrscht werden, von besonderer Bedeutung. Hier geht es vornehmlich um die privatisierten, aber von öffentlichen Stellen beherrschten Unternehmen. Welche Unternehmen hierunter fallen, ist in einem Anhang 1 zur Baukoordinierungsrichtlinie konkretisiert.[17] 2238

§ 99 Abs. 2 bis 5 GWB beschreiben die **Arten öffentlicher Aufträge**, nämlich Liefer-, Bau- und Dienstleistungsaufträge sowie Auslobungsverfahren. Dabei ist darauf hinzuweisen, dass unter Bauaufträgen auch Verträge über die Ausführung von Bauleistungen durch Dritte gem. den vom Auftraggeber genannten Erfordernissen fallen, das sind **Kommunalleasing- und Kommunalfondskonstruktionen**, sofern eine Gesamtbeschaffung sämtlicher Leistungen erfolgen soll.[18] Infolge der Umsetzung der neuen EU-Vergaberichtlinien aus 2014 werden auch bislang vergabefreie Konzessionsvergaben im Bereich der Dienstleistungen und der Sektoren dem Vergaberecht unterworfen. Da allerdings Projektsteuererleistungen selten als Konzessionen vergeben werden können, wird auf eine nähere Kommentierung der Konzessionsvergaben im nachfolgenden Kapitel verzichtet. 2239

In § 100 GWB sind **Ausnahmebereiche** genannt, die dem Vergaberecht nicht unterliegen, hierzu gehören Arbeitsverträge, Baumaßnahmen auf Grund internationaler Abkommen, Maßnahmen im sicherheitsrelevanten Bereich, Bankdienstleistungen, sowie im Verhältnis zu verbundenen Unternehmen und schließlich Forschungs- und Entwicklungsdienstleistungen und Schlichtungsleistungen. 2240

Für die Projektsteuerungsleistung ist insbesondere bedeutsam, dass Arbeitsverträge dem Vergaberecht nicht unterliegen. Dieser Ausnahmetatbestand bezieht sich allerdings nur auf klassische Arbeitsverträge. Nicht umfasst sind: 2241
- Die Abstellung eines Projektmanagers als Geschäftsführer einer Projektgesellschaft; ein Arbeitsvertrag liegt dann in der Regel wegen des fehlenden umfassenden Weisungsrechtes nicht vor. Vergaberechtlich ist zumindest dann kein Arbeitsrecht maßgeblich, wenn sich die Ausschreibung in erster Linie an juristische Personen richtet, die Geschäftsleitungsfunktionen für Dritte übernehmen. In aller Regel handelt es sich um eine Leistung der Unternehmensberatung.[19]

17 Siehe dazu im Einzelnen Schlenke/Thomas, BauR 1997, 412 ff.; vgl. auch Kulartz, VergabeR 1998, Heft Nr. 2, 25 ff.
18 Vgl. dazu im Einzelnen Eschenbruch/Niebuhr, BB 1996, 2417 ff.
19 VK Sachsen-Anhalt, Beschluss vom 02.03.2011, Az. 2 VK LSA 39/10: Gestellung des Geschäftsführers kein Arbeitsvertrag im Sinne des GWB.

2242 – Auch die Arbeitnehmerüberlassung ist eine dem Vergaberecht unterliegende Leistung, die nicht der Privilegierung der Arbeitsverträge unterfällt.[20] Allerdings handelt es sich bei der Arbeitnehmerüberlassung um eine sogenannte nachrangige Dienstleistung im Sinne der Kategorie 22 »Arbeits- und Arbeitskräftevermittlung« nach Anh. I Teil B der VOL/A, so dass hierfür reduzierte vergaberechtliche Vorgaben gelten.

Verzeichnis der vom Vergaberecht erfassten Auftraggeber, speziell Einrichtungen nach § 98 Nr. 2 GWB

2243 **1 Juristische Personen des öffentlichen Rechts**

Die bundes-, landes- und gemeindeunmittelbaren Körperschaften, Anstalten und Stiftungen des öffentlichen Rechts, insbesondere in folgenden Bereichen:

1.1 Körperschaften

- wissenschaftliche Hochschulen und verfasste Studentenschaften
- berufsständische Vereinigungen (Rechtsanwalts-, Notar-, Steuerberater-, Wirtschaftsprüfer-, Architekten-, Ärzte- und Apothekerkammern)
- Wirtschaftsvereinigungen (Landwirtschafts-, Handwerks-, Industrie- und Handelskammern, Handwerksinnungen, Handwerkskammern)
- Sozialversicherungen (Krankenkassen, Unfall- und Rentenversicherungsträger)
- kassenärztliche Vereinigungen
- Genossenschaften und Verbände

1.2 Anstalten und Stiftungen

Die der staatlichen Kontrolle unterliegenden und im Allgemeininteresse tätig werdenden Einrichtungen nichtgewerblicher Art, insbesondere in folgenden Bereichen:

- Rechtsfähige Bundesanstalten
- Versorgungsanstalten und Studentenwerke
- Kultur-, Wohlfahrts- und Hilfsstiftungen

2. Juristische Personen des Privatrechts

Der privaten Kontrolle unterliegende und im Allgemeininteresse tätig werdende Einrichtungen nichtgewerblicher Art, einschließlich der kommunalen Versorgungsunternehmen:

- Gesundheitswesen (Krankenhäuser, Kurmittelbetriebe, medizinische Forschungseinrichtungen, Untersuchungs- und Tierkörperbeseitigungsanstalten)
- Kultur (öffentliche Bühnen, Orchester, Museen, Bibliotheken, Archive, zoologische und botanische Gärten)
- Soziales (Kindergärten, Kindertagesheime, Erholungseinrichtungen, Kinder- und Jugendheime, Freizeiteinrichtungen, Gemeinschafts- und Bürgerhäuser, Frauenhäuser, Altersheime, Obdachlosenunterkünfte)
- Sport (Schwimmbäder, Sportanlagen und -einrichtungen)
- Sicherheit (Feuerwehren, Rettungsdienste)
- Bildung (Umschulungs-, Aus-, Fort- und Weiterbildungseinrichtungen, Volksschulen)
- Wissenschaft, Forschung und Entwicklung (Forschungseinrichtungen, wissenschaftliche Gesellschaften und Vereine, Wissenschaftsförderung)
- Entsorgung (Straßenreinigung, Abfall- und Abwasserbeseitigung)
- Bauwesen und Wohnungswirtschaft (Stadtplanung, Stadtentwicklung, Wohnungsunternehmen, Wohnraumvermittlung)
- Wirtschaft (Wirtschaftsförderungsgesellschaften)
- Friedhofs- und Bestattungswesen
- Zusammenarbeit mit Entwicklungsländern (Finanzierung, technische Zusammenarbeit, Entwicklungshilfe, Ausbildung)

20 VK Düsseldorf, Beschluss vom 11.02.2004, Az. VK 43/03; dazu auch Kulartz/Kus/Portz, Kommentar zum GWB Vergaberecht, § 100, Rn. 39.

7.5 Schwellenwerte

Die sog. Schwellenwerte bestimmen, ab welchen Auftragsvolumina das Kartellvergaberecht mit seinen zwingenden Vorgaben für das Vergabeverfahren und den sich anschließenden Rechtsschutz einschlägig ist. Außerdem regeln sie den Anwendungsbereich der EG-Vorschriften der VOB/A und der VOL/A. Die Schwellenwerte sind vormals in § 2 VgV geregelt gewesen und werden inzwischen direkt durch die EU-Kommission festgelegt. Per 01.01.2014 galten folgende Schwellenwerte: 2244
- Allgemeine Liefer- und Dienstleistungsaufträge: 207 000 €
- Dienstleistungsaufträge Oberster Bundesbehörden: 134 000 €
- Für Liefer- und Dienstleistungsaufträge im Bereich der Trinkwasser- oder Energieversorgung oder im Verkehrsbereich (Sektoren): 414 000 €.

Die Vergabeverordnung enthält Vorschriften zur Schätzung der jeweiligen Auftragswerte. Der Schwellenwert ist grundsätzlich nach der **geschätzten Gesamtvergütung** für die vorgesehene Beauftragung zu bestimmen. Insbesondere darf der Wert des beabsichtigten Auftrages nicht in der Absicht geschätzt oder aufgeteilt werden, um ihn unterhalb der Schwellenwerte für eine entsprechende Auftragsvergabe zu halten, § 3 Abs. 1 VgV. Teilaufträge müssen jeweils addiert werden. Optionsrechte sind ebenfalls mit zu berücksichtigen, § 3 Abs. 1, 5, 6 VgV. Unzulässig ist es etwa, Projektsteuerungsverträge sukzessive nach Baufortschritt oder nach getrennten Bauabschnitten zu vergeben, um damit die Schwellenwerte zu unterschreiten.[21] 2245

Handelt es sich um **zeitlich begrenzte Lieferaufträge** von bis zu 12 Monaten oder um Dienstleistungsaufträge mit bis zu 48 Monaten Laufzeit, für die kein Gesamtpreis angegeben ist, muss eine Schätzung nach Maßgabe des Auftragswertes entsprechend der Laufzeit des Vertrages erfolgen. Bei unbefristeten Verträgen oder bei nicht absehbarer Vertragsdauer folgt der Auftragswert aus der monatlichen Zahlung, multipliziert mit 48 (Auftragswert für 4 Jahre), vgl. § 3 Abs. 4 VgV. Bei regelmäßig wiederkehrenden Aufträgen oder Daueraufträgen ist auf den Auftragswert von 12 Monaten abzustellen, § 3 Abs. 4 VgV. 2246

Wenn Projektsteuerer zusammen mit anderen freien Berufen **interdisziplinäre Leistungen** anbieten, dann ist für die Berechnung des Schwellenwertes auf die Summe der Einzelleistungen abzustellen (entschieden für Beratungsleistungen zu einem ÖPP-Projekt).[22] 2247

Probleme entstehen, wenn ein öffentlicher Auftraggeber einen Vertrag über Projektsteuerungsleistungen vorzeitig beendet (etwa durch Aufhebungsvereinbarung oder Kündigung) und alsdann die Restleistungen neu vergeben muss. In diesen Fällen stellt sich die Frage, ob der maßgebliche Schwellenwert aus der Summe der bereits erbrachten und der noch zu erbringenden oder nur in Bezug auf die noch zu erbringenden Leistungen zu ermitteln ist. Wenn eine Vergabekammer jedoch zu der Auffassung gelangt, dass der Schwellenwert nach der Summe beider Auftragsteile zu bemessen ist und dementsprechend feststellt, dass der geschlossene Vertrag unwirksam ist, tritt die Rechtsfolge erst mit Bestandskraft des Beschlusses der Vergabekammer ein und es besteht kein Rechtsschutzinteresse des Auftraggebers festzustellen, dass er den beauftragten Projektsteuerer vorläufig weiter arbeiten lassen kann.[23]

Ein Auftraggeber ist nicht verpflichtet, das **Gesamtportfolio** der Leistungen der Projektsteuerung, wie sie etwa im Leistungsbild der AHO-Fachkommission enthalten sind, losweise weiter aufzugliedern, obgleich bei Großprojekten vielfach eine Teilung der Projektsteuerungsleistung vorgenommen wird. Die Aufteilung in Lose der Projektsteuerung führt zu einem erheblichen Koordinierungsaufwand des Auftraggebers.[24] Entscheidet sich indessen der Auftraggeber aufgrund der Projektspezifika 2248

21 EuGH, Urteil vom 15.03.2012, Az. C-574/10, in: IBR 2012, 288.
22 OLG München, Beschluss vom 28.04.2006, Az. Verg 6/06, in: NZBau 2007, 59 = IBR 2006, 467.
23 OLG Naumburg, »Projektsteuerung«, Beschluss vom 07.01.2014, Az. 2 Verg 1/14, in: VergabeR 2014, 491, 494.
24 Vgl. zu Losaufteilung auch Boesen, VergabeR 2011, 364.

für eine Aufteilung von Projektsteuerungsleistungen nach Handlungsbereichen(wie z.B. für das Termin- oder Kostenmanagement), ist der jeweilige Schwellenwert für den Einzelauftrag getrennt zu ermitteln. Wie bei der Vergabe der einzelnen Planungsleistungen für Objektplanungen und Fachplanungen findet keine Zusammenrechnung statt.

2249 Bei Projektsteuerungsleistungen, die nach § 31 HOAI oder den Empfehlungen der AHO-Fachkommission Projektmanagement/-steuerung vergeben werden, kann die vorausgeschätzte Gesamtvergütung anhand der **Honorarmethode AHO** nach anrechenbaren Kosten unter Ansatz einer mittleren Honorarzone 3/0 ermittelt werden. Ein Umbau-/Modernisierungszuschlag in Höhe von 20 % ist ggf. hinzuzurechnen.[25]

2250 Bedient sich der Projektsteuerer im Rahmen seiner Leistungserbringung weiterer Unternehmen als Nachunternehmer (etwa der früheren Objektplaner im Rahmen eines Controllingmodells als Plancontroller-Nachunternehmer), müssen alle Auftragswerte, **einschließlich** der vergebenen **Nachunternehmerleistung**, zusammengerechnet werden. Insoweit kann ein Projektsteuerer nicht anders behandelt werden als ein **Generalplaner**.[26] Vergibt der Auftraggeber allerdings Leistungen der Steuerung, der Plankontrolle sowie der Qualitätskontrolle an getrennte Büros, dann liegt hier keine unzulässige Trennung des Auftrages i. S. von § 3 Abs. 7 Satz 3 VgV vor. Der Sachverhalt ist nicht anders zu beurteilen als die Beauftragung unterschiedlicher Fachingenieure.[27] Bei einer **stufenweisen Beauftragung** müssen sämtliche Honorarvolumina für die einzelnen Stufen zusammengerechnet werden.[28]

2251 Werden die **Schwellenwerte unterschritten**, dann kommt das **Kartellvergaberecht** grundsätzlich nicht zur Anwendung. Dann ist in aller Regel lediglich das **allgemeine Haushaltsrecht** anwendbar, das für öffentliche Auftraggeber die Anwendung der Basisparagraphen der Vertrags- und Vergabeordnungen VOB/A und VOL/A vorschreibt. Für freiberufliche Leistungen unterhalb der Schwellenwerte ist keine Verdingungsordnung vorgesehen. Diese müssen nach allgemeinen Haushaltsgrundsätzen und im Falle grenzüberschreitender Bedeutung unter Beachtung der Grundfreiheiten des Gemeinschaftsrechts (Gleichbehandlung und Transparenz) vergeben werden.[29] Ein Primärrechtsschutz besteht grundsätzlich nicht.[30]

7.6 Projektsteuerung als Dienstleistung i. S. des Vergaberechts

2252 Projektsteuererleistungen sind – gleichgültig, ob zivilrechtlich als Werk- oder Dienstvertrag zu qualifizieren – **Dienstleistungen i. S. des EU-Vergaberechts**. Sie sind in den gleichlautenden Anhängen I Teil A der Vergabeordnungen erfasst. Nach der jeweiligen Anlage I A unterfallen gem. Kategorie 12 folgende Leistungen den Vergabevorschriften für Dienstleistungen:
- Architektur, technische Beratung und Planung;
- integrierte technische Leistungen;
- Stadt- und Landschaftsplanung;
- zugehörige wissenschaftliche und technische Beratung;
- technische Versuche und Analysen.

2253 Dieser Kategorie 12 der EG-Nomenklatur[31] sind insbesondere Leistungen des Bauprojektmanagements zuzuordnen. Hierunter fallen sowohl Leistungen der Projektleitung wie auch der

25 VK Thüringen, Beschluss vom 15.01.2003, Az. 216–4004. 20–067/02-EF-S, in: IBR 2003, 154.
26 Vgl. zum Generalplaner Müller-Wrede, in: Müller-Wrede, VOF, § 1, Rn. 135.
27 Vgl. dazu Kulartz/Portz, VOL und VOF, § 3 VOF, S. 366 f.
28 Vgl. Müller-Wrede, Kommentar zur VOF, § 3, Rn. 134 ff.
29 Vgl. EuGH, Urteil vom 14.06.2007, Az. C-6/05, in: ZfBR 2007, 588, 593.
30 BVerfG, Beschluss vom 13.06.2006, Az. 1 BvR 1160/03, in: VergabeR 2006, 871, 877.
31 CPV-Nomenklatur = Common Procurement Vocabulary.

Projektsteuerung.[32] Nach der Verordnung der Kommission vom 28.11.2007 zum gemeinsamen Vokabular für öffentliche Auftraggeber sind dem *Projektmanagement im Bauwesen* folgende CPV-Code zugeordnet:
- 715300000-2 Beratung im Bauwesen
- 71541000-2 Projektmanagement im Bauwesen
- 71700000-5 Kontroll- und Überwachungsleistungen

Maßgeblich ist überdies die CPC-Referenz 867.

Die Qualifizierung der **Projektsteuererleistung als Dienstleistung** im vergaberechtlichen Sinne 2254
entscheidet noch nicht abschließend über die Anwendung einer **bestimmten Vergabeordnung**. Projektsteuererleistungen können vielmehr zu behandeln sein nach:
- Die Vorschriften der SektVO über Dienstleistungsvergaben bei Beauftragungen durch **Sektorenauftraggeber**. 2255
- Die Vorschriften der Vergabeordnung für die Bereiche Verteidigung und Sicherheit (VSVgV) für Beschaffungen in Sicherheitsbereichen.
- Der VOF – bei Leistungen, **deren Lösung nicht eindeutig und erschöpfend beschrieben werden kann**, soweit es sich um **freiberufliche** Tätigkeiten handelt oder solche Leistungen, die im Wettbewerb mit freiberuflichen Tätigkeiten angeboten werden.
- Der VOL/A – bei sonstigen Liefer- und Dienstleistungsaufträgen, auch freiberuflichen Dienstleistungsaufträgen, soweit die Lösungen nicht **eindeutig und erschöpfend beschrieben werden können**.

Für die Qualifizierung der Projektsteuerungsleistung als sog. Dienstleistung i. S. des Vergaberechts 2256
kommt es nicht darauf an, ob die Leistung i. S. der **schuldrechtlichen Vertragstypologie** als **Werkleistung oder Dienstleistung** qualifiziert werden muss.[33] Vielmehr sind auch Beauftragungen von Projektsteuerungsunternehmen, denen ein Werkvertrag zugrunde liegt, als Dienstleistung und ggf. freiberufliche Dienstleistung i. S. des Vergaberechts zu werten.

Die Zuordnung zu einer bestimmten Vergabeordnung hat Konsequenzen für das Vergabeverfah- 2257
ren. Während etwa bei der VOL/A der Vorrang der offenen Vergabe zu beachten ist und nur in Ausnahmefällen eine beschränkte Vergabe oder gar ein Verhandlungsverfahren in Betracht kommt, steht dem Auftraggeber nach der SektVO (dort § 6) die Wahl des Vergabeverfahrens frei, während **nach der VOF (dort § 3) grundsätzlich das Verhandlungsverfahren** durchzuführen ist. Bei der Vergabeordnung für die Bereiche Verteidigung und Sicherheit kann der Auftraggeber gemäß § 11 zwischen dem nichtoffenen Verfahren und dem Verhandlungsverfahren wählen. Es muss deshalb

32 Vgl. Kaufhold/Mayerhofer/Reichl, Die VOF im Vergaberecht, § 2, Rn. 18: »Dieser Leistungsart können wohl auch die Dienstleistungen beim Bauprojektmanagement zugeordnet werden. Hierzu zählen die Leistungen bei der Projektleitung und Projektsteuerung. Die Projektleitung umfasst den in aller Regel nicht delegierbaren Teil der Auftraggeberfunktionen. Soweit dennoch Leistungen der Projektleitung auf Dritte übertragen werden sollen, kommen hierfür z. B. Leistungen nach Untersuchungen der AHO in Frage. Auch die Leistungen bei der Projektsteuerung nach § 31 sind nach der amtlichen Begründung zur HOAI »originäre Aufgaben des Auftraggebers«. Letztere zählen infolge der Aufnahme in die HOAI nach § 1 HOAI zweifelsfrei zu den Leistungen der Architekten und Ingenieure. … Die fachliche Verantwortung der Projektleitung verdeutlicht nach Auffassung der Verfasser, dass diese Leistungen nur von Architekten und Ingenieuren durchgeführt werden können. Daraus kann insgesamt gefolgert werden, dass die Leistungen bei Projektmanagement richtigerweise nicht der Kategorie 11 mit der CPC-Referenz Nr. 866 zugeordnet werden, sondern zu den Architekten- und Ingenieurleistungen nach Kategorie 12 mit der CPC-Referenz Nr. 867 (hier alternativ 86 711 und 86 719 bzw. 87 621 bzw. 86 721 und 86 729) zählen«; VK Sachsen, Beschluss vom 05.01.2001, Az. 1/SVK/111–00, in: IBR 2001, 451 (Eschenbruch), welche die Projektsteuerungsleistungen als Dienstleistungen i. S. des § 99 Abs. 4 GWB qualifizierte: »Ausgeschrieben war die Erbringung von Beratungs- und Koordinationsleistungen. Diese Leistungen sind weder eine Bau- noch eine Lieferleistung und unterfallen somit dem Auffangtatbestand des § 99 Abs. 4 GWB«; VK Nordbayern, Beschluss vom 19.7.2002, Az. 320 VK-3194–20/02.

33 Vgl. dazu Rdn. 892.

genau ermittelt werden, welche Vergabeordnung bei Projektsteuererleistungen im jeweiligen Einzelfall maßgeblich ist.

2258

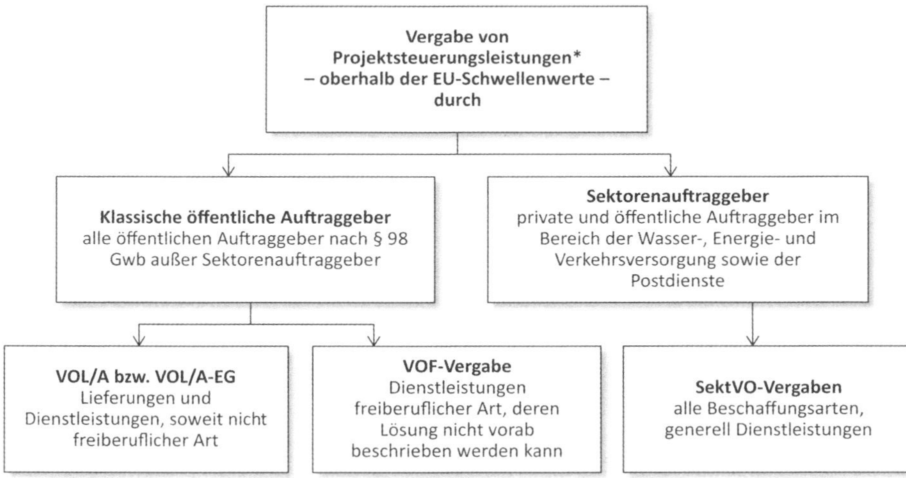

*Achtung: Es existieren zusätzliche Sondervergaberegime, etwa für den Sicherheits- und Verteidigungsbereich, für Konzessionen und sogenannte B-Leistungen usw.

7.6.1 Projektsteuerung als freiberufliche Leistung i. S. der VOF

2259 Die VOF findet gem. § 1 Abs. 1 der Verordnung nur Anwendung auf die Vergabe von Leistungen, die im Rahmen einer freiberuflichen Tätigkeit erbracht oder im Wettbewerb mit freiberuflichen Tätigkeiten angeboten werden. Gem. § 5 Abs. 2 VgV sind indessen Dienstleistungen, deren Gegenstand eine Aufgabe ist, deren Lösung vorab eindeutig und erschöpfend beschrieben werden kann, nicht von der VOF umfasst, sondern nach der VOL/A zu beschaffen. Dementsprechend unterfallen der Verdingungsordnung VOF nur folgende Dienstleistungen:

- freiberufliche Leistungen oder im Wettbewerb mit freiberuflich Tätigen angebotene Leistungen,
- die nicht eindeutig und erschöpfend beschreibbar sind,
- mit einem Auftragswert von mehr als 207 000 € (ab 01.01.2014),
- die in dem GWB, dem VgV bzw. der VOF nicht ausdrücklich von der Vergabeverpflichtung ausgenommen sind.

2260 Insbesondere ist zu beachten, dass die in der **Anlage I Teil B** der VOF genannten, nicht prioritären **Leistungen** ohne wesentliche konkrete verfahrensrechtliche und inhaltliche Vorgaben vergeben werden können. Für die Vergabe dieser Aufträge sind gem. § 5 Abs. 1 Nr. 2 VgV grundsätzlich nur die europäischen Spezifikationen bei der Beschreibung der Aufgabenstellung und die Mitteilungsverpflichtungen betreffend vergebene Aufträge zu beachten, § 6 Abs. 2, 7, 14 VOF. Lediglich bei einer grenzüberschreitenden Relevanz entsprechender Vergaben sind die Grundfreiheiten des Gemeinschaftsrechts zusätzlich zu berücksichtigen. Diese Ausnahmevorschriften können etwa Bedeutung haben, wenn Projektsteuerungs- und Rechtsberatungsleistungen zusammen ausgeschrieben werden und die nicht prioritären Rechtsberatungsleistungen wertmäßig überwiegen.[34] Entsprechendes gilt auch dann, wenn Projektsteuerungsleistungen in der Form von Arbeitnehmerüberlassungsleistungen erbracht werden. Dann sind diese der Kategorie 22 zuzuordnen. Für derartige Vergaben gelten mithin auch die erleichterten Vergabevorschriften für sogenannte B-Leistungen.

34 Zur Zulässigkeit vgl. Rdn. 2245.

7.6.1.1 Freiberufliche Leistungen

Probleme bereitet bereits die Feststellung, ob die Projektsteuerung eine freiberufliche Leistung ist. Bei der Verwendung des Begriffs der freiberuflichen Leistung knüpft die VOL/A an die **Begriffsbildung des Steuerrechts**, dort § 18 Abs. 1 Nr. 1 EStG, an.[35] 2261

Nach der bereits an anderer Stelle dieses Buches behandelten Frage des freiberuflichen Charakters von Projektsteuerungsleistungen[36] ist nur bei Vorliegen ganz bestimmter Charakteristika (insbesondere einer eigenverantwortlichen, selbstständigen Berufsausübung) von einer freiberuflichen Tätigkeit auszugehen. Soweit die Projektsteuerungsleistung dagegen **gewerblich** erbracht wird, scheidet die Annahme einer freiberuflichen Leistung aus.[37] 2262

Für Fälle, in denen nicht eindeutig festzustellen ist, ob eine bestimmte Leistung von Freiberuflern erbracht wird, enthält die VOL/A in § 1, 3. Alt. eine Klarstellung. Hiernach findet die VOL/A nämlich keine Anwendung, wenn eine freiberufliche Leistung gleichzeitig im Wettbewerb zu Gewerbebetrieben angeboten wird. Oder anders ausgedrückt: Es ist **immer** auf die **VOF** abzustellen, wenn hinsichtlich zu vergebender Leistungen ein **Wettbewerbsverhältnis entweder** zwischen Freiberuflern oder zwischen Freiberuflern und Gewerbetreibenden besteht.[38] Der Auftraggeber ist daher gehalten, sich ein Bild über die Wettbewerbssituation zwischen freiberuflich Tätigen und Gewerbetreibenden zu verschaffen, um das richtige Vergabeverfahren entweder nach der VOF oder der VOL/A durchführen zu können.[39] 2263

Projektsteuerungsleistungen für die Bau- und Immobilienmärkte werden unter den heutigen Marktverhältnissen in vielfältiger Form auch von **freiberuflich strukturierten Büros** erbracht. Da die Wettbewerbsverhältnisse offen zutage liegen, bedarf es insoweit i. d. R. keiner gesonderten Markterkundung durch Sachverständige.[40] Etwas anderes gilt allenfalls für hochspezialisierte Steuerungsleistungen in engen Märkten, die nur von einer handverlesenen Zahl ausschließlich gewerblich organisierter Unternehmen angeboten werden (z. B. im Bereich Medien-, Schienen- oder Weltraumtechnik). 2264

Dementsprechend ist die **Projektsteuerung grundsätzlich** als eine **freiberufliche Leistung** im Sinne der VOF anzusehen.[41]

7.6.1.2 Nicht abschließend beschreibbare Leistungen i. S. der VOF

Mit der Qualifizierung als freiberuflich i. S. der vorstehenden Ausführungen ist indessen noch nicht entschieden, dass Projektsteuererleistungen endgültig nach der VOF zu vergeben wären. Die VOF kommt nämlich nur zur Anwendung, wenn ein weiteres Tatbestandsmerkmal vorliegt. Es muss sich nämlich um eine Leistung handeln, deren Lösung **nicht eindeutig und erschöpfend beschrieben** werden kann, § 5 Abs. 2 VgV, § 1 Abs. 1 VOF. 2265

Ist die Lösung eindeutig und erschöpfend beschreibbar, muss sie auch als freiberufliche Leistung nach der Vergabeordnung für Leistungen (VOL/A) vergeben werden. Die Vergabeerleichterungen der VOF sollen dementsprechend nur dann zur Anwendung gelangen, wenn die Natur der zu vergebenden Leistungen eine Vergabe im Rahmen eines formalisierten wettbewerblichen Verfahrens (nach vergleichbaren Kriterien) nicht zulässt. 2266

35 Vgl. OLG Düsseldorf, Beschluss vom 10.08.2011, Az. VII Verg 36/11, in: VergabeR 2012, 85.
36 Vgl. dazu Rdn. 284.
37 Nach Jochem, DAB 1998, 49, 50, kommt es vergaberechtlich nicht einmal darauf an, ob die Tätigkeit durch eine Einzelperson oder eine Gesellschaft erbracht wird.
38 Siehe dazu die Erläuterungen zur VOL/A, Rdn. 2354 ff.
39 Vgl. Müller-Wrede, BauR 1998, 470, 472.
40 Zur Einschaltung eines Sachverständigen nach § 6 VOF vgl. Müller/Wrede, BauR 1998, 470, 472.
41 VK Sachsen, Beschluss vom 19.5.2000, Az. 1/SVK/42–00, in: IBR 2000, 477; VK Sachsen, Beschluss vom 05.01.2001, Az. 1/SVK/111–00, in: IBR 2001, 451; Neuenfeld, NZBau 2000, 405, 409.

2267 Wann nun eine Lösung eindeutig und erschöpfend beschreibbar ist, lässt sich nur schwer feststellen. Dieses Abgrenzungskriterium ist auf Initiative der Bundesländer in den Gesetzentwurf eingefügt worden. Er hatte seine Grundlage in Art. 11 Abs. 2 c der vormaligen Dienstleistungsrichtlinie, die nur für bestimmte Dienstleistungen, nämlich geistig-schöpferische Dienstleistungen (bei denen Leistungen nicht hinreichend genau festgelegt werden können, um sie im offenen oder nicht offenen Verfahren zu vergeben), das Verhandlungsverfahren vorgesehen hatte. Der Gesetzgeber hat mit dem ÖPP-Beschleunigungsgesetz § 1 Abs. 1 VOF wörtlich an den Text des § 5 Satz 2 VgV angepasst, so dass heute klargestellt ist, dass sich die eindeutige und erschöpfende Beschreibbarkeit nicht auf die Leistung, sondern auf die Lösung beziehen muss. Ein früherer Meinungsstreit zu diesem Thema hat sich damit erledigt.[42] Schon vor der gesetzlichen Klarstellung hatte die überwiegende Meinung darauf abgestellt, dass geprüft werden müsse, ob die Lösung als solche vorab beschrieben oder erst entwickelt werden müsse.[43] Denn eine Leistung kann stets vorab beschrieben werden, fraglich ist allenfalls, in welcher Form dies geschieht, ob in konkreter, abstrakter, detaillierter oder funktionaler Form.[44] Erforderlich ist hiernach, dass das vom Auftraggeber gewünschte Ergebnis der Tätigkeit des Freiberuflers vorab genau definierbar ist.

2268 Immer da, wo eine konzeptionelle oder planerische Leistung mit Beurteilungsspielraum gefordert wird, ist demnach davon auszugehen, dass die Lösung nicht vorab eindeutig und erschöpfend beschreibbar sei (wobei es jedoch stets auf den Einzelfall ankomme).[45] Eine Nicht-Beschreibbarkeit ist dann anzunehmen, wenn der Auftragnehmer aufgrund ihm zugestandener Kognitions-, Bewertungs- und Gestaltungsspielräume die Aufgabenlösungen selbständig zu entwickeln hat. Dies bezieht sich insbesondere auf hochqualifizierte und geistig schöpferische Leistungen.[46]

2269 Das OLG München hat darauf hingewiesen, dass theoretisch kaum eine Leistung vorstellbar sei, die nicht vorab detailliert festgelegt werden könne. Für die hier in Rede stehende Abgrenzung beschreibbarer und nicht beschreibbarer Leistungen sei im konkreten Einzelfall zu ermitteln, wie groß der **schöpferische, gestalterische und konstruktive Freiraum** des potentiellen Auftragnehmers zur Ausfüllung der vom Auftraggeber bereits festgelegten Rahmenbedingungen und

42 Siehe dazu noch die 3. Auflage, Rn. 1713 f.

43 Müller/Wrede, BauR 1998, 470, 475.

44 Quack, BauR 1997, 899, 903: »Wenn man Himmel und Hölle beschreiben kann, dann ist nicht einzusehen, warum das in diesem oder auch engerem Sinne nicht auch von den Leistungen eines Tragwerksplaners möglich sein soll, oder auch von denen der Architekten. Bis auf einige theologische Sachverhalte lässt sich im Wortsinn so gut wie alles beschreiben, nicht immer mit Worten, aber das ist ja auch nicht das Problem, wenn es denn nur um die Beschreibbarkeit geht. Bei richtiger Auslegung hat somit die VOF bei weitem nicht die Bedeutung, die ihr offenbar zugemessen wird. Nicht eindeutig und erschöpfende Beschreibbarkeit von Leistungen im Sinne von § 2 ist bei Architekten- und Ingenieurleistungen vielmehr nur bei ungewöhnlichen Bauaufgaben anzunehmen, bei denen ein Projektfindungsprozess objektiv unerlässlich ist.«; VK Sachsen, Beschluss vom 29.06.2001, Az. 1/SVK/31-01, in: IBR 2001, 563 (in der Besprechung von Weyand weist dieser darauf hin, dass die Grundsätze auch für die Projektsteuerung Geltung haben müssten); Schabel, VergabeR 1997, Heft Nr. 4, 40, 41; ähnlich auch Franke/Höfler, ZVgR 1997, 277, 281.

45 Locher, in: Kapellmann/Vygen, Jahrbuch Baurecht 1999, 240, 248; indessen formuliert Müller-Wrede, ZVgR 1998, 375: »Vielmehr ist darauf abzustellen, ob die jeweilige freiberufliche Leistung eines Planers dergestalt beschrieben werden kann, dass der Bewerber im offenen oder nichtoffenen Verfahren in der Lage ist, ohne Rücksprache mit dem Auftraggeber und ohne umfangreiche Vorarbeiten ein Honorarangebot abzugeben. Von wenigen Ausnahmen abgesehen, setzt eine derartig detaillierte Leistungsbeschreibung gerade die Planungsleistung voraus, die nachgefragt wird. Selbst wenn man etwa die Bauüberwachung als ausführende Funktion ansehen würde, wäre sie dadurch nicht eindeutig und erschöpfend beschreibbar, da der Architekt oder Ingenieur als Objektüberwacher vielfältige Entscheidungen treffen muss, die sich im Vorfeld keineswegs nach den genannten Kriterien beschreiben lassen. Somit ist davon auszugehen, dass Planungsleistungen von Architekten und Ingenieuren, von ganz wenigen Ausnahmen abgesehen, regelmäßig nach der VOF zu vergeben sind. …«

46 OLG Düsseldorf, Beschluss vom 10.08.2011, Az. VII Verg 36/11, in: VergabeR 2012, 85; dazu auch VK Bund, Beschluss vom 07.04.2011, Az. VK 1-22/11.

gesteckten Zielvorgaben ist. Ist ein solcher Freiraum in erkennbarem Maße vorhanden und gewollt, geht es insbesondere darum, dass der Auftragnehmer aufgrund seiner beruflichen Erfahrung und Kompetenz eine eigenständige, kreative Lösung findet, so mag das planerische Ziel des Auftrags beschreibbar sein, nicht jedoch die planerische Umsetzung. Für die Durchführung von Beratungsleistungen betreffend eine ÖPP- (PPP-) Maßnahme hat das OLG München das Vorliegen einer nicht abschließend beschreibbaren Leistung im Sinne der VOF bejaht.[47]

Hänsel/Grosse[48] vertreten die Auffassung, Projektsteuerungs- und Projektmanagementleistungen seien vornehmlich der VOL/A zuzuweisen: 2270

> *»Projektsteuerung und Projektmanagement können nicht eindeutig der VOL/A oder der VOF zugewiesen werden. Entscheidend ist auch hier das Maß der kreativen Leistung durch den Auftragnehmer. Im Regelfall dürfte die VOL/A anwendbar sein, da sowohl der Umfang der Tätigkeit, als auch der Leistungserfolg des Projektsteuerers/Projektmanagers vorab eindeutig und erschöpfend beschreibbar sind bzw. genauer gesagt aufgrund der Vielgestaltigkeit der möglichen Leistungsinhalte sogar exakt beschrieben werden müssen.«*

Dagegen sehen etwa *Kaufhold/Mayerhofer/Reichl* Projektsteuerungsleistungen als nicht eindeutig und erschöpfend beschreibbar an: 2271

> *»Die von Architekten und Ingenieuren bewirkten Leistungsergebnisse in Form des mit dem Auftraggeber vereinbarten »Werkes« sind das Ergebnis von Denkprozessen, deren für die Erfüllung der Aufgabenstellung erforderlichen Leistungen in Inhalt und Ablauf nicht vorab, erst recht nicht eindeutig und erschöpfend beschreibbar sind. Dies gilt auch für die Leistungen im Rahmen der* ***Projektsteuerung*** *und Objektüberwachung. So ist es erforderlich, dem Planungs- und Baugeschehen förderliche Reaktionen auf unerwartete Ereignisse im Zuge der Abwicklung einer Maßnahme durch den Einsatz von Ingenieurerfahrung und -kreativität sowie Managementerfahrung garantieren zu können. Derartige Reaktionen sind wegen der Unkalkulierbarkeit und erwarteter Ereignisse nicht ›vorab eindeutig und erschöpfend beschreibbar‹.«*[49]

In der Tat muss im jeweiligen Einzelfall analysiert werden, welchen Gegenstand die auszuschreibende Projektsteuerungsleistung hat. Im Regelfall wird die Projektsteuerungs- oder Projektmanagementtätigkeit im Detail und hinsichtlich der durchzuführenden einzelnen Steuerungsmaßnahmen nicht vorab definierbar sein. **In aller Regel ist daher die VOF einschlägig**. In der Praxis werden Projektsteuerungsleistungen beinahe ausnahmslos nach der VOF vergeben. 2272

Gleichwohl muss vorsorglich immer geprüft werden, ob nicht im Einzelfall die zu übertragenden Leistungen genau beschreibbar sind.[50]

- In der Regel, insbesondere dann, wenn Projektsteuerungsleistungen nach dem Leistungsbild AHO übertragen werden, hat der Bauherr zwar ein Projektziel vor Augen, die Projektsteuerung soll ihm gerade erst helfen, die vielen Unsicherheiten des Projektrealisierungsprozesses zu überwinden. Der Projektsteuerer soll mithin die notwendigen, nicht im Einzelnen detailliert vorzuplanenden Unwägbarkeiten der Projektrealisierung überwinden helfen. Dementsprechend wird überwiegend angenommen, dass Projektsteuerungsleistungen freiberufliche Leistungen im Sinne der VOF sind.[51] 2273

47 OLG München, Beschluss vom 28.04.2006, Az. Verg 6/06, in: NZBau 2007, 59 = IBR 2006, 467.

48 Vergabe von Architekten- und Ingenieurleistungen, Praxiswissen Vergaberecht, 2. Auflage, S. 15.

49 Vgl. Kaufhold/Mayerhofer/Reichl, Die VOF im Vergaberecht, § 2, Rn. 27.

50 Für eine Prüfung im Einzelfall auch Locher, in: Kapellmann/Vygen, Jahrbuch Baurecht 1999, 240, 248; so auch Müller, in: Daub/Eberstein, Kommentar zur VOL/A, § 1, Rn. 22 ff.; auch Müller-Wrede, Kommentar zur VOF, § 1, Rn. 110 ff.

51 Vgl. etwa OLG Stuttgart, Beschluss vom 28.11.2002, Az. 2 Verg 10/02, in: NZBau 2003, 232 = BauR 2003, 777 = VergabeR 2003, 226 = IBR 2003, 157; VK Thüringen, Beschluss vom 29.11.2002, Az. 216–4004. 20–015/02-SON, sowie VK Thüringen, Beschluss vom 20.12.2002, Az. 216-4004. 20-062/02-EF-S, in: IBR 2003, 154; Bundeskartellamt, 1. VK des Bundes, Beschluss vom 11.11.2003, Az. VK-1–101/03 betreffend Projektcontrollingleistungen; VK Süd-Bayern, Beschluss vom 12.01.2004, Az. 61–12/03; VK Nordbayern, Beschluss vom 19.07.2002, Az. 320. VK-3194–20/02.

2274 – Wenn ein Projektsteuerer für die Komplettrealisierung eines Bauvorhabens/Projektes eingeschaltet ist, macht es auch keinen Sinn, zwischen einzelnen Leistungen, deren Lösung nicht vorab beschreibbar ist und solchen, die beschreibbar sind, zu differenzieren und dementsprechend die Gesamtleistung nach unterschiedlichen Vergabeordnungen zu vergeben.[52]

2275 – Ist dem Projektsteuerer sogar die **Projektentwicklung** übertragen (z. B. Leistungsphase »0«), besteht seine Aufgabe im Wesentlichen darin, gemeinsam mit dem Auftraggeber Projektideen zu entwickeln und durch die eigene Kreativität das Projekt zu konzeptionieren, liegt eine typische freiberufliche Leistung vor, die schwerlich eindeutig und erschöpfend beschreibbar ist. Zwar lässt sich auch hier eine Beschreibung i. S. eines funktionsbezogenen Leistungsverzeichnisses vornehmen, das Ergebnis der Planungs- und Entwicklungstätigkeit ist jedoch bei Beauftragung nicht erkennbar. Die Lösung ist auch nicht vorab beschreibbar, sondern soll gefunden werden.

2276 – Ähnliches gilt, wenn dem Projektsteuerer **auch die Projektleitung** übertragen worden ist (Projektmanagementmodell). Auch in diesem Falle hat der Projektsteuerer eigenverantwortlich und eigeninitiativ Maßnahmen zur Steuerung des Projektes vorzunehmen, deren Lösung im Vorhinein nicht eindeutig beschrieben werden kann. Auch hier liegt eine freiberufliche Leistung vor, deren Lösung nicht vorab im Einzelnen beschrieben werden kann und daher der VOF unterfällt.

2277 – Kritischer ist der Fall zu beurteilen, dass der Projektsteuerer i. S. eines dienstvertraglichen Ansatzes seinen Auftraggeber nur zu **einzelnen technisch-wirtschaftlichen Aspekten beraten** soll. In diesen Fällen ist die Aufgabenstellung und das Leistungsbild genau dahingehend zu analysieren, ob von dem Projektsteuerer eine Lösungsfindung abgefordert wird. Entsprechendes gilt auch bei Arbeitnehmerüberlassungsmodellen.

2278 – Zweifelhaft kann es im Einzelfall auch sein, ob der Projektsteuerer Leistungen vornimmt, deren Lösung nicht vorab beschreibbar ist, wenn er vornehmlich in Controllingfunktionen eingesetzt wird (ähnlich einer Objektüberwachung). Das ist etwa der Fall bei einem **Generalunternehmercontrolling**. Wenn in einem solchen Fall der Generalunternehmervertrag bereits geschlossen ist, der Projektsteuerer also inhaltlich auf die Projektrealisierung nur geringe Einflussmöglichkeiten hat, sondern vornehmlich eingeschaltet wird, um die ordnungsgemäße Leistungserbringung zu kontrollieren, dann kann argumentiert werden, dass nicht mehr geistig-schöpferische und intellektuelle Leistungen im Vordergrund stehen, sondern vornehmlich ausführende Tätigkeiten, die auch i. S. der VOL/A beschreibbar wären. Aber auch in diesem Falle dürfte es auf den Einzelfall ankommen. Insbesondere dann, wenn die dem Generalunternehmer überlassene Planung nicht abgeschlossen ist und dem Projektsteuerer nach dem GU-Vertrag ausreichende Möglichkeiten zur Plankontrolle und Planbeeinflussung zustehen, verbleibt ein ausreichender gestalterischer Spielraum.[53] Etwas anderes dürfte nur dann anzunehmen sein, wenn Steuerungsleistungen, die mit einer inhaltlichen Einflussnahme verbunden sind, letztlich ausscheiden und es lediglich um Soll-Ist-Abgleiche und eine klassische Überwachungsleistung geht.

2279 Die Vergabekammer Sachsen – und anschließend die Vergabekammern Arnsberg[54] und Schleswig-Holstein[55] – haben etwa angenommen, dass bei der isolierten Vergabe von Objektüberwachungsleistungen entsprechend der Leistungsphase 8 (Leistungsbilder der §§ 15 und 73 HOAI) eine

52 So auch mit Recht Locher, in: Kapellmann/Vygen, Jahrbuch Baurecht 1999, 240, 248.

53 Locher, in: Kapellmann/Vygen, Jahrbuch Baurecht 1999, 240, 249, formuliert für die ähnliche Problematik bei der Objektüberwachung der Architekten: »Hier kann durchaus eine erschöpfend und eindeutig beschreibbare Leistung vorliegen, insbesondere, wenn der Bau bei Eintritt der Objektüberwachung schon weitgehend abgewickelt ist oder es sich um ein einfaches Bauwerk handelt, dessen Verwirklichung der Planung in Bausubstanz keine besonderen Anforderungen stellt. Anders kann es sein, wenn noch zum Zeitpunkt der Übertragung der Objektüberwachung ein erheblicher Gestaltungsspielraum vorhanden ist, insbesondere, wenn Änderungswünsche bauseits geltend gemacht werden und/oder die Anforderungen des Einzelfalls eine besonders intensive Aufsichtstätigkeit verlangen oder Fragen der künstlerischen Oberleitung und solche der ästhetischen Gestaltung offengeblieben sind«.

54 VK Arnsberg, Beschluss vom 09.04.2002, Az. VK-3–03/02.

55 VK Schleswig-Holstein, Beschluss vom 12.11.2004, Az. VK-SH-30/04.

beschreibbare Leistung i. S. der VOL/A anzunehmen sei. Die VOF sei nicht einschlägig, da die Leistung eindeutig und erschöpfend beschreibbar sei.[56] Als Rezensent der IBR-Besprechung weist *Weyand* darauf hin, dass sich somit infolge einer abschnittsweisen Beauftragung ein unterschiedliches Vergaberegime ergeben könne. Er ist zudem der Meinung, dass sich diese Entscheidung **auf Projektsteuerungsleistungen übertragen** ließe.[57] Jedenfalls ist dann von einer Vergabepflicht nach VOL/A bei reinen Objektüberwachungsleistungen auszugehen, wenn sich die Überwachung auf allgemein übliche bzw. gängige Bauarbeiten bezieht und nicht besondere Anforderungen, beispielsweise hinsichtlich der künstlerischen Oberleitung oder aus sonstigen Gründen, besondere Schwierigkeitsgrade ergeben.[58]

Eine Vergabestelle kann **interdisziplinäre Projektmanagementleistungen** mit rechtlichen, techni- 2280
schen und betriebswirtschaftlichen Beratungssegmenten einheitlich – und ohne losweise Aufgliederung – nach Maßgabe der VOF ausschreiben, sofern ein einheitlicher Beratungsansatz erforderlich ist (z. B. für die Durchführung eines PPP-Projektes). Der Einbeziehung von Rechtsberatungsleistungen stehen Gründe des Standesrechts nicht entgegen. Rechtsanwälte können vergaberechtlich nicht rügen, dass der Projektmanager ggf. nach dem Rechtsberatungsgesetz gehindert ist, die rechtlichen Beratungsleistungen zu erbringen.[59] Dagegen kann der Grundsatz der Fachlosvergabe nach § 97 Abs. 3 bei der einheitlichen Vergabe von Projektsteuerungs- und Rechtsdienstleistungen nicht als grundsätzlich unbeachtlich angesehen werden. Vielmehr bedarf die einheitliche Vergabe entsprechender Leistungen einer sachlichen Rechtfertigung des Auftraggebers, wobei alleine Koordinierungserleichterungen des Auftraggebers nicht ausreichend sind.[60] Außerhalb von PPP-Vergaben ist die gemeinsame Vergabe von Projektsteuerungs- und Rechtsdienstleistungen daher für einen öffentlichen Auftraggeber nicht ohne weiteres möglich.[61]

7.6.1.3 Die Vergabe von Projektsteuererleistungen nach der VOF

Die **Grundsätze der Vergabe** sind in § 2 VOF geregelt. Aufträge sind hiernach im leistungsbezoge- 2281
nen Wettbewerb an **fachkundige, leistungsfähige und zuverlässige Bewerber** zu vergeben, wobei kleinere Büroorganisationen und Berufsanfänger angemessen beteiligt werden sollen, § 2 Abs. 1 und Abs. 4 VOF. Nach § 2 Abs. 2 VOF sind alle Bewerber **gleich zu behandeln** und wettbewerbsbeschränkende Vorgehensweisen unzulässig.[62] § 2 Abs. 3 VOF regelt schließlich, dass die Durchführung freiberuflicher Leistungen unabhängig von Ausführungs- und Lieferinteressen erfolgen soll.

Nach § 3 Abs. 1 VOF sind Aufträge über **freiberufliche Leistungen im Verhandlungsverfahren** 2282
mit vorheriger Vergabebekanntmachung zu vergeben. In diesem Verfahren spricht der Auftraggeber aus den nach Durchführung eines Teilnahmewettbewerbs ausgewählten Bewerbern einzelne geeignete Bieter an, um mit diesen über die Auftragsbedingungen zu verhandeln. Eine Auftragsvergabe ohne vorherige Vergabebekanntmachung ist nur in den in § 3 Abs. 4 VOF genannten Sonderfällen (Geheimhaltungserfordernisse, Schutz von Ausschließlichkeitsrechten, Preisträger des Wettbewerbs, zusätzliche Dienstleistungen in gewissem Umfang, neue, wiederholende Dienstleistungen in besonderen Fällen und schließlich in Dringlichkeitsfällen, die vom Auftraggeber nicht vorausgesehen werden konnten) möglich. Werden einem Auftragnehmer bei einem komplexen Projekt mit mehreren Objekten und parallel zum vollständig aufrechtzuerhaltenden Betrieb eines Krankenhauses Projektsteuerungsleistungen entzogen, kann es zulässig sein, die erforderlichen

56 Vgl. VK Sachsen, Beschluss vom 29.06.2001, Az. 1/SVK/31-01, in: IBR 2001, 563.
57 Vgl. VK Sachsen, Beschluss vom 29.06.2001, Az. 1/SVK/31-01, in: IBR 2001, 563 (Weyand); dazu auch ergebnisoffen Matuschak, in: Praxishandbuch für die Vergabe von Bau- und Planungsleistungen nach VOB/A und VOF, C I, Rn. 25.
58 Müller-Wrede, in: Müller-Wrede, VOF, 3. Auflage, 2008, § 2, Rn. 79.
59 OLG Jena, Beschluss vom 06.06.2007, Az. 9 Verg 3/07, in: NZBau 2007, 730 = VergabeR 2007, 677 = IBR 2007, 506.
60 VK Brandenburg, Beschluss vom 03.09.2014, Az. VK 14/14, in: NZBau 2014, 793, 797.
61 VK Brandenburg, Beschluss vom 03.09.2014, Az. VK 14/14, in: NZBau 2014, 793, 797.
62 Ausführlich hierzu Marx, in: Müller-Wrede, VOF, § 2, Rn. 14 ff.

Projektsteuerungsleistungen im Verhandlungsverfahren ohne vorherigen Aufruf zum Wettbewerb an einen anderen Projektsteuerer zu vergeben.[63]

Wichtig ist, dass sogenannte Nachtragsleistungen auch ohne vorgeschalteten Teilnahmewettbewerb im Verhandlungswege vergeben werden können. Dies sieht § 3 Abs. 4 d VOF für folgende Leistungen vor:

2283 *»Für zusätzliche Dienstleistungen, die weder in dem der Vergabe zugrunde liegenden Entwurf noch im zuerst geschlossenen Vertrag vorgesehen sind, die aber wegen eines unvorhergesehenen Ereignisses zur Ausführung der darin beschriebenen Dienstleistungen erforderlich sind, sofern der Auftrag an eine Person vergeben wird, die diese Dienstleistungen erbringt,*

- *wenn sich die zusätzlichen Dienstleistungen in technischer und wirtschaftlicher Hinsicht nicht ohne wesentlichen Nachteil für den Auftraggeber vom Hauptauftrag trennen lassen oder*
- *wenn diese Dienstleistungen zwar von der Ausführung des ursprünglichen Auftrages getrennt werden können, aber für dessen Vollendung unbedingt erforderlich sind.*

Der Gesamtwert der Aufträge für die zusätzlichen Dienstleistungen darf jedoch 50 v.H. des Wertes des Hauptauftrages nicht überschreiten.«

2284 Die Ausnahmetatbestände werden restriktiv ausgelegt, wobei der EuGH objektiv zwingende Gründe voraussetzt, die insbesondere dann nicht vorliegen, wenn der Auftraggeber den entstandenen Zeitverzug selbst zu verantworten hat.[64]

2285 Nach dem Wortlaut des § 3 Abs. 1 VOF ist das **Verhandlungsverfahren** das nach der VOF **allein zulässige Vergabeverfahren**. Die in der Vorschrift geregelte Ausschließlichkeit des Verhandlungsverfahrens findet seine Grundlage in der Entstehungsgeschichte der Vorschrift.[65] In der Literatur wird jedoch darauf hingewiesen, dass dem Auftraggeber schwerlich verwehrt werden kann, ein noch wettbewerbsfreundlicheres offenes oder beschränktes Vergabeverfahren durchzuführen. Die Reduzierung der Vergabeform auf das Verhandlungsverfahren bei Freiberuflerleistungen sei weder geboten, noch mit den europäischen Vergabeanforderungen in Einklang zu bringen.[66] Es spricht viel dafür, dem Auftraggeber die Wahl einer anderen Vergabeform offen zu lassen. Dies erscheint schon deshalb zweckmäßig, weil bereits die Abgrenzung der nach der VOF und der VOL/A zu vergebenden Leistungen schwierig ist. Wenn der Auftraggeber sich dazu entschließt, ein wettbewerbsfreundlicheres Verfahren durchzuführen, um im Einzelfall vorsorglich auch den Anforderungen der VOL/A zu genügen, wird hiergegen rechtlich nichts einzuwenden sein.

2286 Auf die **Vorankündigung** können sich Interessierte innerhalb einer vom Auftraggeber gesetzten Frist, die regelmäßig mindestens 37 Tage nach Absendung, bei elektronischer Übermittlung 30 Tage beträgt, bewerben. In Fällen besonderer Dringlichkeit beträgt die Frist für den Antrag mindestens 15 Tage oder mindestens 10 Tage bei elektronischer Übermittlung, jeweils ab dem Tag der Absendung der Bekanntmachung, § 7 Abs. 1, 2 VOF.

2287 Hat die Vergabestelle bei der Ausschreibung von Projektsteuerungsleistungen in der Bekanntmachung des Verhandlungsverfahrens mit vorgeschaltetem Teilnahmewettbewerb die Zahl der Bewerber, die zur Angebotsaufgabe bzw. Teilnahme aufgefordert werden, auf eine bestimmte Zahl beschränkt, hat die Vergabestelle sich selbst gebunden und es stellt einen Verstoß gegen das

63 OLG Naumburg, Beschluss vom 14.03.2014, Az. 2 Verg. 1/2014 IBR 2014, 431 = VergabeR 2014, 787 f. mit Anmerkung von Voppel.

64 Vgl. etwa Kaufhold/Mayerhofer/Reichl, Die VOF im Vergaberecht, § 5, Rn. 10; Müller-Wrede, VOF, § 3, Rn. 88.

65 Vgl. Müller-Wrede, Kommentar zur VOF, § 3, Rn. 19 ff..

66 Vgl. Müller-Wrede, BauR 1998, 470, 478; a. A. Drey, ZVgR 1997, 11; die Vergabekammer Düsseldorf hat angenommen, dass auch im Anwendungsbereich der VOF keine Grundlage für die Anwendung des Verhandlungsverfahrens bestehe. Das gelte zumindest dann, wenn die Leistungsbeschreibung den vorgezeichneten Lösungsweg bereits beinhalte, Beschluss vom 30.09.2002, Az. VK-26/2002-L.

Willkürverbot und das Transparenzgebot eines Vergabeverfahrens dar, wenn die Vergabestelle darüber hinaus einen weiteren Projektsteuerer als Bieter zulässt.[67]

Ein Anspruch auf Nachrücken im Falle des Ausschlusses eines vorplatzierten Teilnehmers im nachfolgenden Verhandlungsverfahren besteht nicht. Die in § 10 Abs. 4 VOF genannte Mindestzahl von 3 betrifft nur die Anzahl der Teilnehmer, die zur Angebotsabgabe aufzufordern sind, bedeutet aber nicht, dass bei Ausschluss eines Bieters im Verhandlungsverfahren die Verpflichtung besteht, den nächstplatzierten Bieter im Teilnahmewettbewerb nunmehr zur Angebotsabgabe aufzufordern.[68]

Der Auftraggeber wählt unter Berücksichtigung der in § 4 Abs. 6 VOF benannten Ausschluss- 2288
gründe und der Mindestanforderungen an die finanzielle und wirtschaftliche Leistungsfähigkeit sowie die fachliche Eignung mindestens 3 geeignete Bewerber aus (sofern eine hinreichende Anzahl geeigneter Bewerber vorhanden ist), § 5 VOF.[69] Die Auswahlmethode ist dem Auftraggeber freigestellt; allerdings muss er das Gleichbehandlungsgebot nach § 2 Abs. 2 VOF beachten.[70]

Der öffentliche Auftraggeber hat in der Vergabebekanntmachung anzugeben, welche Nachweise 2289
über die finanzielle, wirtschaftliche oder fachliche Eignung oder welche anderen Nachweise von den Bewerbern zu erbringen sind. Es handelt sich hierbei um die der Auswahl unter den Bewerbern zugrunde liegenden Kriterien (so genannte **Eignungskriterien**). Diese Eignungsgesichtspunkte sind im Wesentlichen unternehmensbezogen. Die Eignungskriterien dürfen nur Unterlagen und Angaben beinhalten, die durch den Gegenstand des Auftrages gerechtfertigt sind, § 5 Abs. 1 VOF.

Diese Eignungskriterien hat der öffentliche Auftraggeber möglichen Bewerbern in der Vergabebe- 2290
kanntmachung in einer Weise bekannt zu geben, die dem Anhang II entspricht, § 10 Abs. 2 VOF. Er hat dabei deutlich zu machen, welche Nachweise beizufügen sind. Entsprechende Eignungskriterien sind erfahrungsgemäß Angaben zur wirtschaftlichen und personellen Leistungsfähigkeit des Büros, der Organisation, Qualitätsmanagementsystemen und insbesondere Referenzen. Fehlende Erklärungen und Nachweise, die bis zum Ablauf der Bewerbungsfrist nicht vorgelegt wurden, können auf Anforderung der Auftraggeber bis zum Ablauf einer zu bestimmenden Nachfrist nachgereicht werden, § 5 Abs. 3 VOF.

Wenn der öffentliche Auftraggeber bereits vor der Vergabebekanntmachung Regeln für die Gewich- 2291
tung der an die Eignungsprüfung anzulegenden Auswahlkriterien aufgestellt hat, müssen in der Vergabebekanntmachung auch die **Gewichtungsfaktoren** mitgeteilt werden.[71] Die Erstellung einer Punktebewertung nach Veröffentlichung der Vergabebekanntmachung und vor Ablauf der Frist für die Teilnahmeanträge ist rechtlich unbedenklich.[72] Soweit keine bestimmte Gewichtung vorgegeben war, kann die Vergabestelle im Rahmen ihres Beurteilungsspielraums eine Bewertung der Eignungskriterien vornehmen und dabei insbesondere auch praktische Erfahrungen bei vergleichbaren Projekten, speziell des für die Auftragsausführung vorgesehenen Personals, schwerpunktmäßig berücksichtigen.[73]

Unklarheiten bezüglich der Anforderungen an Eignungskriterien wie Referenzen gehen zu Lasten 2292
der Vergabestelle. Sie muss insbesondere bei der Abforderung von Referenzen klar und unmissverständlich formulieren, welche Anforderungen sie stellt. Fordert die Vergabestelle bei der Ausschreibung von Projektsteuerungsleistungen mindestens eine Referenz, darf sie einen Bieter nicht ausschließen, der mehr Referenzen überreicht.[74]

---

67 OLG München »Sport- und Freizeitpark«, Beschluss vom 19.12.2013, Az. Verg 12/13, in: BauR 2014, 466.

68 OLG München, »Sport- und Freizeitpark«, Beschluss vom 19.12.2013, Az. Verg 12/13, in: VergabeR 2014, 466, 473.

69 Ausführlich zum Vorgehen Müller-Wrede, in: Müller-Wrede, VOF, § 3, Rn. 33 ff.

70 VK Nordbayern, Beschluss vom 19.7.2002, Az. 320 VK-3194–20/02.

71 EuGH, Urteil vom 12.12.2002, Az. C-470/99, in: VergabeR 2003, 141, 142 = ZfBR 2003, 176 = IBR 2003, 92; OLG Düsseldorf, Beschluss vom 29.10.2003, Az. VII Verg. 43/03, in: VergabeR 2004, 100 = IBR 2004, 42.

72 VK Bremen, Beschluss vom 06.01.2005, Az. 810-VK-4/04.

73 OLG Düsseldorf, Beschluss vom 29.10.2003, Az. VII Verg. 43/03, in: VergabeR 2004, 100 = IBR 2004, 42.

74 VK Sachsen, Beschluss vom 24.09.2009, Az. 1/S VK/040-9, in: IBR 2010, 221.

2293 Vergleichbar ist eine Referenzleistung mit der ausgeschriebenen Leistung, wenn sie dieser so weit ähnelt, dass sie einen tragfähigen Rückschluss auf die Leistungsfähigkeit des Bieters für die ausgeschriebene Leistung eröffnet, das heißt die **Referenzen** den hinreichend **sicheren Schluss zulassen**, dass der Bieter über die für die Durchführung des Auftrags erforderliche Fachkunde und Leistungsfähigkeit verfügt.

2294 Bei der Bewertung der Frage der Vergleichbarkeit der Referenz kommt der Vergabestelle, die regelmäßig über spezifisches Fachwissen und fachliche Erfahrungen zum Gegenstand der Ausschreibung verfügt, ein nur eingeschränkt überprüfbarer Beurteilungsspielraum zu. Öffentliche Aufträge sind, um dem öffentlichen Auftraggeber eine möglichst kostengünstige Beschaffung zu ermöglichen, im Wettbewerb der Bieter zu vergeben. Eine restriktive Auslegung des Merkmals der Vergleichbarkeit birgt die Gefahr in sich, dass faktisch abgeschlossene Teilmärkte entstehen.[75]

2295 Jeder Bewerber oder Bieter kann sich nach § 5 Abs. 6 auch als Mitglied einer Bietergemeinschaft bei der Erfüllung eines Auftrags der Kapazitäten eines anderen Unternehmens bedienen, ungeachtet des rechtlichen Charakters der zwischen ihm und diesen Unternehmen bestehenden Verbindungen. Er muss in diesem Fall vor Zuschlagserteilung dem Auftraggeber gegenüber nachweisen, dass ihm die erforderlichen Mittel zur Verfügung stehen, z.B. durch Vorlage einer entsprechenden Verpflichtungserklärung dieses Unternehmens.

2296 Das OLG Brandenburg hat in einem Fall, in dem ein Auftraggeber einen **Generalplanungsauftrag** (Leistungsphasen 1–5 HOAI) erteilt und Aufgaben der **Objektüberwachung und** der **Projektsteuerung** zusätzlich ausschreiben wollte, entschieden, dass dem bereits beauftragten Generalplanungsunternehmen in seiner Eigenschaft als Bewerber um den zusätzlichen Auftrag nicht auch die Objektüberwachungs- und Projektsteuerungsaufgaben übertragen werden könnten. Das Unternehmen sei nämlich nicht hinreichend zuverlässig, weil es die ihm übertragenen Aufgaben eines **»unabhängigen Baumanagers«** nicht wahrnehmen könne. Es müsse sich letztlich selbst kontrollieren.[76] Die Literatur ist dem teilweise gefolgt.[77] Es ist aber zweifelhaft, ob dieser Begründungsansatz zutreffend ist, zumal es durchaus möglich und üblich ist (siehe Einsatzform Generalplanungsmanagement, dazu Rdn. 295), Generalplanungs- und Projektmanagementleistungen zusammenzufassen. Es spricht nichts dafür, dass die von vornherein vorgesehene Vollbeauftragung eines Architekten mit den Leistungsphasen 1 bis 8 nach HOAI anders behandelt werden müsste, als die getrennte Beauftragung zunächst der reinen Planungstätigkeiten und einer sich anschließenden Ausschreibung von Objektüberwachungsleistungen. Denn der objektüberwachende Architekt hat auch die Pläne zu überprüfen, die ihm in der Leistungsphase 8 von den Planungsbeteiligten zur Verfügung gestellt werden, bevor er sie zur Ausführung frei gibt. Zwar kann es im Einzelfall zweckmäßig sein, diese Leistungsphasen unterschiedlichen Beteiligten zu übertragen, auch um eine nochmalige unabhängige Kontrolle von Leistungsergebnissen zu erhalten. Derartige Strategien sind jedoch wiederum stets mit Nachteilen im Workflow und für Abwicklungszeiträume verbunden. Vergaberechtlich geht es in diessen Fällen ausschließlich darum, dass ein ggf. vorgefasster Bieter vorliegt, der als Projektant gewisse Wettbewerbsvorsprünge für sich in Anspruch nehmen kann, wobei es Aufgabe des Auftraggebers ist, diese Wettbewerbsvorsprünge durch erhöhte Transparenz und Information zu kompensieren (vgl. Rdn. 2371).[78]

2297 Richtig ist indessen, dass sich unter den konkreten Umständen ein **Wettbewerbsvorsprung** (siehe dazu nachfolgend das Projektantenproblem, vgl. Rdn. 2371) des Generalplaners ergeben konnte, weil für ihn eine rechtliche Schnittstelle zur »Selbstkontrolle« nicht erforderlich war oder jedenfalls nicht umgesetzt werden konnte und zudem aufgrund der Vorbefassung ggf. bereits ein deutlicher

75 OLG München, »Sport- und Freizeitpark«, Beschluss vom 19.12.2013, Az. Verg 12/13, in: VergabeR 2014, 466, 471.

76 OLG Brandenburg, Beschluss vom 16.01.2007, Az. Verg W 7/06, in: NZBau 2007, 332 = VergabeR 2007, 235.

77 Jochem, in: Festschrift für Hans Ganten, S. 285 f.

78 OLG München, Beschluss vom 25.07.2013, Az. Verg 7/13, in: VergabeR 2014, 52, 53.

Informationsvorsprung bestanden hat. Im Übrigen ist es auch bei Übertragung der klassischen Planungsleistungen nach § 34 HOAI so, dass der planende Architekt auch mit Objektüberwachungsleistungen betraut werden darf. Auch die Objektüberwachungsleistungen beinhalten eine gewisse Selbstkontrolle in Bezug auf die zuvor erbrachten Planungsleistungen.

Der Nachweis der finanziellen und wirtschaftlichen Leistungsfähigkeit des Bewerbers kann in der 2298
Regel durch einen oder mehrere der nachstehenden Nachweise erbracht werden:
- Entsprechende Bankerklärung oder den Nachweis entsprechender Berufshaftpflichtversicherungsdeckungen,
- Vorlage von Bilanzen oder Bilanzauszügen, falls sie eine Veröffentlichung nach dem Gesellschaftsrecht des Mitgliedsstaates, in dem der Bewerber ansässig ist, vorgeschrieben ist,
- Erklärung über den Gesamtumsatz des Bewerbers und seinen Umsatz für entsprechende Dienstleistungen in den letzten 3 Geschäftsjahren, § 5 Abs. 4 Satz 1 VOF.

Kann ein Bewerber oder Bieter aus einem berechtigten Grund die vom Auftraggeber geforder- 2299
ten Nachweise nicht erbringen, so kann er den Nachweis einer finanziellen und wirtschaftlichen Leistungsfähigkeit durch Vorlage jedes anderen, vom Auftraggeber für geeignet erbrachten Beleges erbringen, § 5 Abs. 4 Satz 2 VOF.

Der Auftraggeber kann die Eignung in Frage stellen, wenn das Auftragsvolumen für den zu vergebe- 2300
nen Auftrag einen größeren **Anteil am Gesamtumsatz** des Projektsteuerungsunternehmers als 30 % hat.[79] Hat der Auftraggeber nach § 5 Abs. 5 VOF den Nachweis der Erfahrung für Projektsteuerungsleistungen bezogen auf einen bestimmen Projekttyp abgefordert, so kann er, wenn entsprechende Erfahrungen nicht nachgewiesen werden, ein Projektsteuerungsunternehmen selbst dann nicht berücksichtigen, wenn er zuvor bei anderen Projekten hiermit gute Erfahrungen gemacht hat.[80]

Sofern der Auftraggeber **Mindestbedingungen** für die Feststellung der Eignung festlegt, dürfen 2301
nur solche Unternehmen im weiteren Verhandlungsverfahren berücksichtigt werden, welche die Mindestanforderungen erfüllt haben.[81] Wenn die Vergabestelle selbst das Leistungs- und Honorarmodell der **AHO-Fachkommission** bei der Ausschreibung zugrunde legt, soll es nicht zulässig sein, bei der Wertung auf ein preisunterbietendes Marktangebot mit abweichender Leistungs- oder Vergütungsstruktur abzustellen.[82]

Als Bewerber im Vergabeverfahren kommen nach § 4 Abs. 1 Satz 1 VOF sowohl **natürliche und** 2302
juristische Personen in Betracht. Die Formulierung zeigt, dass die Organisationsform des Leistungserbringers – anders als bei der Definition des Freiberuflers im Steuerrecht – allein nicht entscheidend für die Anwendbarkeit der VOF ist. § 4 Abs. 2 VOF regelt, dass die Bewerber verpflichtet sind, notwendige Auskünfte zu erteilen, insbesondere über die wirtschaftliche Verknüpfung und Zusammenarbeit mit anderen Unternehmen und die Namen und die berufliche Qualifikation der Personen, die die Leistung tatsächlich erbringen sollen. § 4 Abs. 4 VOF sieht vor, dass der Auftraggeber einen Auftrag auch an mehrere Bewerber gemeinsam vergeben kann und dabei verlangen darf, dass diese Bewerber eine bestimmte Rechtsform annehmen, soweit dies für die ordnungsgemäße Durchführung des Auftrages notwendig ist.

Bei der Bewerberauswahl im Rahmen des Teilnahmewettbewerbes ist es gem. § 10 Abs. 1 VOF 2303
mithin Sache der Vergabestelle, im Rahmen einer pflichtgemäßen Ermessensausübung zu prüfen, welcher der für grundsätzlich geeignet befundenen Projektmanager die Teilnahmekriterien am ehesten erfüllt. Ein **Anspruch auf Teilnahme** am Verhandlungsverfahren **besteht grundsätzlich nicht**. Maßstab für die Frage, ob die Vergabestelle die Reduzierung des Teilnahmekreises

79 Vgl. Kulartz, in: Müller-Wrede, VOF, § 5 Rn. 42.
80 VK Sachsen, Beschluss vom 19.05.2000, Az. 1/SVK/42-00, in: IBR 2000, 477.
81 Vgl. Müller-Wrede, in: Müller-Wrede, VOF, § 9, Rn. 92 sowie § 3, Rn. 35.
82 VK Thüringen, Beschluss vom 15.01.2003, Az. 216–4004. 20–067/02-EF-S, in: IBR 2003, 154.

vergaberechtmäßig vorgenommen hat, ist letztlich das Diskriminierungs- und Willkürverbot. Ein Abstellen auf die Anzahl von Referenzen ist nicht ohne weiteres willkürlich.[83]

2304 Da die VOF schon nach ihrem Anwendungsbereich keine eindeutig und erschöpfend beschreibbaren Leistungen umfasst, spricht § 6 VOF nicht von einer Leistungsbeschreibung, sondern von einer sog. **»Aufgabenbeschreibung«**. Der Auftraggeber hat die zu vergebende Leistung so zu beschreiben, dass alle Bewerber die Beschreibung im gleichen Sinne verstehen, § 6 Abs. 1 VOF. **Technische Spezifikationen,[84] die die Leistungen betreffen, sind festzulegen.**

2305 **Im Übrigen müssen spätestens mit der Aufforderung zur Verhandlung alle Auftragskriterien angegeben werden,** deren Anwendung vorgesehen ist, und zwar möglichst in der Reihenfolge der ihnen zuerkannten Bedeutung, § 11 Abs. 4 VOF. Auch die Gewichtung der Auftragskriterien ist anzugeben.[85] § 11 Abs. 4 VOF lautet:

> *»Die Auftraggeber haben in der Aufgabenbeschreibung oder der Vergabebekanntmachung oder Aufforderung zur Angebotsabgabe alle Zuschlagskriterien anzugeben, deren Anwendung vorgesehen ist. Sie haben auch anzugeben, wie die einzelnen Kriterien gewichtet werden. Die Gewichtung kann mittels einer Spanne angegeben werden. Kann die Gewichtung aus nachvollziehbaren Gründen nicht angegeben werden, so gibt der Auftraggeber die Kriterien in der absteigenden Reihenfolge ihrer Bedeutung an.«*

2306 Regeln für die **Verhandlungsführung** sind in der VOF (wie auch der Dienstleistungsrichtlinie) nicht enthalten. Der Auftraggeber kann dementsprechend den Ablauf des Verhandlungsverfahrens weitgehend selbst gestalten, soweit er die Einzelvorschriften der VOF beachtet und dem Grundsatz einer fairen und objektiven Verhandlungsführung Rechnung trägt.[86] Die einzelnen Stufen des Verfahrens, die Maßnahmen, die Feststellung sowie die Begründung der einzelnen Entscheidungen sind mit Vergabevermerk festzuhalten, um die Transparenz eines Vergabeverfahrens betreffend Projektmanagementleistungen herzustellen.[87] Erweist sich ein durchgeführtes Verhandlungsverfahren als mit grundsätzlichen Mängeln behaftet, ist die Vergabestelle gleichwohl in der Regel nur zu verpflichten, das Verhandlungsverfahren in den Stand »Wertung Angebote der Projektsteuerer« zurückzuversetzen, um anschließend das Verhandlungsverfahren unter Beachtung der Vorschriften der VOF und der Rechtsauffassung der Vergabekammer zu wiederholen.[88]

2307 Wählt der Auftraggeber das Verhandlungsverfahren, so dürfen die Bieter davon ausgehen, dass es zumindest eine Verhandlungsrunde gibt.[89] Projektsteuererleistungen werden zumeist nach Durchführung eines **Verhandlungsgespräches/Auftragsgespräches**, ggf. auch nach Durchführung eines Workshops, vergeben. Im Rahmen des persönlichen Gespräches erhalten die Büros Gelegenheit, eine Präsentation durchzuführen. Zudem kann der Auftraggeber Aufklärungen verlangen und sich über die persönliche Qualifikation der Projektmitarbeiter ein Bild verschaffen. Nicht selten, speziell bei Vergaben von Projektsteuerungsleistungen in Bezug auf Großprojekte, veranstaltet der Auftraggeber mit Projektsteuerungsbüros Workshops, in deren Rahmen bereits projektspezifische Festlegungen getroffen werden sollen. Zwar werden Kosten für die Ausarbeitung von Bewerbungsunterlagen grundsätzlich nicht erstattet, § 13 Abs. 2 VOF. Allerdings sieht § 13 Abs. 3 VOF vor, dass dann, wenn Entwürfe, Pläne, Zeichnungen, Berechnungen oder andere Unterlagen ausgearbeitet werden sollen, für alle Bewerber eine angemessene Vergütung festzusetzen ist. Dementsprechend wird der Auftraggeber bei der Initiierung vorlaufender Tätigkeiten mehrerer Projektsteuerungsbüros in der Bewerbungsphase den Büros für derartige Tätigkeiten auch eine Vergütung zu gewähren haben. Im

83 VK Bremen, Beschluss vom 06.01.2005, Az. 810-VK-4/04 betreffend Projektsteuerungsleistungen für ein medizinisches Versorgungszentrum.
84 Vgl. dazu Kulartz, in: Müller-Wrede, VOF, § 6, Rn. 8 ff.
85 Vgl. dazu VK Baden-Württemberg, Beschluss vom 20.06.2002, Az. 1 VK 27/02 für Projektsteuerungsleistungen.
86 Vgl. Kaufhold/Mayerhofer/Reichl, Die VOF im Vergaberecht, § 5, Rn. 3.
87 VK Thüringen, Beschluss vom 15.01.2003, Az. 216–4004. 20–067/02-EF-S, in: IBR 2003, 154.
88 VK Thüringen, Beschluss vom 15.01.2003, Az. 216–4004. 20–067/02-EF-S, in: IBR 2003, 154.
89 VK Baden-Württemberg, Beschluss vom 14.10.2011, Az. 1 VK 51/11, 1 VK 53/11.

Rahmen des Verhandlungsverfahrens tritt oftmals die Frage auf, ob einmal abgegebene ursprüngliche Angebote wirksam bleiben oder nicht. Maßgeblich sind hierbei zunächst die Festlegungen des Auftraggebers in den Vergabebedingungen. Soweit dort nichts Abweichendes geregelt ist, muss angenommen werden, dass immer nur ein gültiges Angebot eines Bieters vorliegt. Entweder hält der Bieter sein erstes Angebot ausdrücklich unverändert aufrecht oder er optimiert dieses in Verhandlungen zum endgültigen Angebot, das an die Stelle des ersten Angebotes tritt.[90] Der Auftraggeber ist nicht davor geschützt, dass der Auftragnehmer sein Angebot im Laufe des Vergabeverfahrens nicht aufrecht erhält, sondern ungünstigere Bedingungen anbietet. Die Konsequenz, dass der Bieter daher im Verhandlungsverfahren selbst entscheiden kann, ob er an dem Verfahren weiter mit Auftragsaufsicht teilnehmen will, selbst bestimmen kann, hat der Gesetzgeber in Kauf genommen.[91]

Das von der VOF vorgesehene **Auswahlverfahren ist zweistufig** ausgelegt. Es unterscheidet zwi- 2308
schen der **Eignungsprüfung** und der **Zuschlagsentscheidung**. Im Rahmen der Eignungsprüfung werden die eingegangenen Interessenbekundungen bzw. Angebote daraufhin überprüft, ob der jeweilige Bieter überhaupt die Eignung für die Ausführung der Leistungen aufweist. Im Rahmen der Auftragsentscheidung wird geprüft, welcher geeignete Anbieter das beste (annehmbarste) Angebot unterbreitet hat. Die Entscheidung über die Beauftragung ist eine auftragsbezogene Prognoseentscheidung, bei welcher der Vergabestelle ein grundsätzlich weiterer Beurteilungsspielraum zusteht.[92]

Nach der Rechtsprechung des EuGH[93] und des BGH[94] ist die **Eignungsprüfung grundsätzlich** 2309
strikt von der Auftragserteilung zu unterscheiden. Auch die Eignungskriterien, die über die Eignung des Bieters entscheiden, sollen nicht mit den Auftragskriterien identisch sein. Es handele sich um zwei inhaltlich unterschiedliche Prüfungsstadien. Deshalb könne auch im Rahmen der Zuschlagskritieren ein **»Mehr an Eignung«** nicht berücksichtigt werden.[95] Nach § 11 Abs. 5 Satz 2 VOF ist bei der Festlegung der Auftragskriterien auf die klare und nachvollziehbare Abgrenzung zu den Eignungskriterien bei der Auswahl der Bieter zu achten.

Auf dieser Grundlage hat sich ein Meinungsstreit entwickelt, ob und inwieweit nicht ausnahmsweise 2310
bei freiberuflichen, geistigen Leistungen besondere Fähigkeiten des Bieters herangezogen werden können. Denn bei qualitätsorientierten VOF-Auftragsvergaben ist eine strikte Trennung zwischen Eignungskriterien und Auftragskriterien nur schwerlich durchführbar.[96] Schwerlich einzusehen wäre auch, wenn ein Angebot eines Projektsteuerers, der seine besten Mitarbeiter einsetzt, nicht höher bewertet werden dürfe als das eines Konkurrenten, der Berufsanfänger anbietet.[97] In der zu dieser Problematik ergangenen Entscheidung »Lianakis«[98] hat der EuGH allerdings herausgestellt, dass nur solche Kriterien, die »im Wesentlichen« oder »in erster Linie« mit der Beurteilung der Eignung zusammenhängen, nicht zur Ermittlung des wirtschaftlich günstigsten Angebotes verwendet werden dürfen. Dem folgend wird es bei VOF-Vergaben zulässig sein, auf eine besondere Erfahrung des Bieters zurückzugreifen, **wenn diese sich leistungsbezogen auswirkt**.[99] Auf dieser Grundlage hat sich eine Rechtsprechung der Vergabekammern und Senate herausgebildet, wonach zumindest dann, wenn leistungsbezogene Wertungsaspekte auch für den konkreten Auftrag (z.B. im Sinne

90 OLG Brandenburg, Beschluss vom 16.02.2012, Az. Verg W 1/12, in: IBR 2012, 290.
91 OLG Brandenburg, Beschluss vom 16.02.2012, Az. Verg W 1/12, in: IBR 2012, 290.
92 OLG Düsseldorf, Beschluss vom 08.10.2003, Az. VII–Verg. 48/03, in: IBR 2004, 95; VK Süd-Bayern, Beschluss vom 12.01.2004, Az. 61–12/03 für die Projeksteuerung.
93 Vgl. EuGH »ERGA OSE«, Urteil vom 12.11.2009, Az. C-199/07, in: NZBau 2010, 120 f.; EuGH »Lianakis«, Urteil vom 24.01.2008, Az. C-532/06, in: NZBau 2008, 262.
94 Vgl. BGH, Urteil vom 08.09.1998, in: BauR 1998, 1246, 1248.
95 Dazu auch OLG Düsseldorf, Beschluss vom 14.01.2009, Az. VII Verg 59/09, in: NZBau 2009, 398 = VergabeR 2009, 619.
96 OLG Rostock, Beschluss vom 16.05.2001, Az. 17 W 1/01, 17 W 2/01, in: BauR 2001, 1634 = IBR 2001, 392.
97 Gasper, VergabeR 2010, 776.
98 EuGH »Lianakis«, Urteil vom 24.01.2008, Az. C-532/06, in: NZBau 2008, 262.
99 OLG Düsseldorf, Beschluss vom 21.05.2008, Az. VII-Verg 19/08, Verg 19/08, in: NZBau 2009, 67.

des Ausführungskonzepts oder Angaben zu den Fähigkeiten des Bieters und seines Personals für die konkrete Auftragsentwicklung) von Bedeutung sind, hierauf bei der Zuschlagsentscheidung/Auftragsvergabe abgestellt werden kann.[100] So soll es nicht ausgeschlossen sein, die Personalressourcen eines Unternehmens einerseits bei der Eignung zu bewerten, das konkret zur Auftragsdurchführung vorgesehene Projektteam hinsichtlich dessen Kompetenzen bei der Zuschlagsprüfung zu berücksichtigen.[101] Wenn indessen die Vergabestelle bereits im Zuge der Eignungsprüfung konkret die Erfahrung und Qualifikation einzelner Mitarbeiter des Bewerbers mit vergleichbaren Projekten abfragt, kann derselbe Aspekt nicht noch mal als Zuschlagskriterium herangezogen werden.[102]

2311 Mit der Umsetzung der neuen EU-Vergaberichtlinie 2014 in das nationale Recht wird es voraussichtlich zu einer Aufhebung der strikten Trennung von Eignungs- und Auftragskriterien kommen.[103] Augenblicklich verbleibt jedoch noch eine Unsicherheit. So hat das OLG Düsseldorf die Kriterien der »Kommunikationsfähigkeit und Kooperationsbereitschaft des Projektleiters« und »Verfügbarkeit und örtliche Präsenz« der Eignungsprüfung zugeordnet und als Zuschlagskriterien unzulässig angesehen.[104] Auch das OLG München hatte die Merkmale »erfahrenes Personal« und »Erfahrung in der Zusammenarbeit« als vergaberechtswidrige Zuschlagskriterien qualifiziert.[105]

2312 Der Meinungsstreit hat jedenfalls teilweise seine Relevanz dadurch verloren, dass der Bundesrat mit der 7. Verordnung zur Änderung der Verordnung über die Vergabe öffentlicher Aufträge am 20.09.2013 die Vergabeverordnung geändert und in § 5 Abs. 1 VgV für **nicht prioritäre Dienstleistungsvergaben** (dazu Rdn. 1705) folgende Sätze angefügt hat:

> *»Wenn im Fall des Satzes 1 Nr. 2 tatsächlich Anhaltspunkte dafür vorliegen, dass die Organisation, die Qualifikation und die Erfahrung des bei der Durchführung des betreffenden Auftrags eingesetzten Personals erheblichen Einfluss auf die Qualität der Auftragsausführung haben können, können diese Kriterien bei der Ermittlung des wirtschaftlichsten Angebots berücksichtigt werden. Bei der Bewertung dieser Kriterien können insbesondere der Erfolg und die Qualität bereits erbrachter Leistungen berücksichtigt werden. Die Gewichtung der Organisation, der Qualifikation und der Erfahrung des mit der Durchführung betreffenden Auftrages beauftragt betrauten Personals soll zusammen 25 % der Gewichtung aller Zuschlagskriterien nicht überschreiten.«*

2313 Für die Praxis ist wichtig, dass es auch nach dieser Änderung des § 5 Abs. 1 VgV bei dem Grundsatz verbleibt, dass die Qualifikation und die Erfahrung des bei der Durchsetzung eingesetzten Personals grundsätzlich nicht als Zuschlags- oder Auftragskriterium vorgesehen werden kann. Das ist nur im Rahmen der sogenannten nicht prioritären (»B«-Leistungen) und nur ausnahmsweise und dann der Fall, wenn tatsächliche Anhaltspunkte dafür vorliegen (und dementsprechend von der Vergabestelle auch transparent dargelegt werden können), dass derartige Kriterien Einfluss auf die Qualität der

100 OLG Naumburg, Beschluss vom 22.12.2011, Az. 1 VK LSA 32/11, in: ZfBR 2012, 520.

101 OLG Rostock, Beschluss vom 16.05.2001, Az. 17 W 1/01, 17 W 2/01, in: VergabeR 2001, 315: In einem Verfahren nach der VOF kann die fachliche Eignung und Leistungsfähigkeit bei der Bewertung der bestmöglichen Leistung (§ 16 Abs. 1 VOF) erneut herangezogen werden. Die in den Verfahren nach der VOB und der VOL geltende Trennung der beiden Stufen ist im Bereich der freiberuflichen Dienstleistungen regelmäßig nicht möglich, soweit die Auftragsvergabe weitgehend auf einer Prognoseentscheidung beruht, die lediglich die personellen Qualifikationen des Bieters berücksichtigen kann.

102 OLG München »Ortsnahe Planungsleistungen«, Beschluss vom 21.11.2013, Az. Verg 09/13, in: VergabeR 2014, 456.

103 Dazu ausführlich Pauka, NZBau 2015, 18.

104 OLG Düsseldorf, Beschluss vom 03.08.2011, Az. VII Verg 16/11, in: VergabeR 2012, 227; dazu auch Dittmann, Qualität durch Eignungs- und/oder Zuschlagskriterien, NZBau 2013, 746.

105 OLG München, Beschluss vom 21.11.2013, Az. Verg 9/13, in: IBR 2014, 105: Auch im VOF-Verfahren ist – jedenfalls derzeit – streng zwischen Eignungs- und Zuschlagskriterien zu unterscheiden; fragt die Vergabestelle bereits im Zuge der Eignungsprüfung konkret die Erfahrung und Qualifikation einzelner Mitarbeiter des Bewerbers mit vergleichbaren Projekten ab, kann dieser Aspekte nicht nochmals als Zuschlagskriterium herangezogen werden; entsprechend auch OLG Karlsruhe, Beschluss vom 21.12.2012, Az. 15 Verg 10/12, in: VergabeR 2013, 622 f. sowie Bundeskartellamt, 2. VK des Bundes, Beschluss vom 29.03.2006, Az. VK 2-11/06: Bei einem Projektsteuerervertrag dürfen besondere Eignungsaspekte, die sich leistungsbezogen auswirken, in der letzten Wertungsstufe berücksichtigt werden.

Auftragsausführung haben. Auch wenn bei Projektsteuerungs- oder Projektmanagementleistungen von diesen Voraussetzungen auszugehen sein wird, bedarf es einer entsprechenden Erläuterung im Vergabevermerk. Wichtig ist auch, dass die Gesamtgewichtung der Organisation, der Qualifikation und der Erfahrung 25 % der Gewichtung aller Zuschlagskriterien nicht überschreiten soll.

Die Praxis trägt den Anforderungen an die **Zweistufigkeit der Wertung** bei Eignungs- und Zuschlagskriterien im Falle von Projektmanagementvergaben dadurch Rechnung, dass auf der **Eignungsstufe das Unternehmen im Allgemeinen** auf seine Leistungsfähigkeit hin überprüft wird (in Bezug auf technisch-wirtschaftliche Leistungsfähigkeit des Unternehmens und beizubringende Nachweise in der Form von Unternehmens-Referenzen), während **im Rahmen der Auftragskriterien** entscheidend auf das **projektspezifische Angebot und das Projektteam** und dessen Erfahrungen abgestellt wird.[106] Die 3. Vergabekammer des Bundeskartellamtes hat die auch in der Praxis vorherrschende Vorgehensweise gebilligt, die **Kompetenz und Erfahrung** des vorgesehenen **Projektleiters** und des fachspezifischen Personals auch bei den Zuschlagskriterien zu berücksichtigen, wenngleich diese Kriterien bei der allgemeinen Bewertung der Eignung des Unternehmens bereits berücksichtigt worden seien.[107] Zumindest die Berücksichtigung solcher Kriterien auch als Zuschlagskriterien, die einen Bezug auf die projektbezogene Performance haben, ist anerkannt. Voraussetzung ist stets, dass sich die höhere Qualität im Angebot selbst niederschlägt.[108] 2314

In welcher **Differenziertheit und Tiefe** ein öffentlicher Auftraggeber ein Bewertungssystem aufzustellen hat, lässt sich nur einzelfallbezogen beantworten. Maßgeblich ist, dass die Bieter erkennen können, auf welche Gesichtspunkte es dem Auftraggeber mit welcher Gewichtung ankommt, so dass sie ihr Angebot nach den Bedürfnissen des Auftraggebers optimal gestalten können.[109] 2315

Nach § 11 Abs. 6 Satz 2 VOF schließt der Auftraggeber den Vertrag mit dem Bieter, der auf Grund des ausgehandelten Auftragsinhalts und der ausgehandelten Auftragsbedingungen im Rahmen der bekanntgemachten Zuschlagskriterien und deren Gewichtung die **bestmögliche Leistung** erwarten lässt. Nach § 11 Abs. 5 VOF berücksichtigen die Auftraggeber bei der Entscheidung über die Auftragserteilung die verschiedenen, durch den Auftragsgegenstand gerechtfertigten Kriterien, wie z.B. Qualität, fachlicher oder technischer Wert, Ästhetik, Zweckmäßigkeit, Umwelteigenschaften, Kundendienst und technische Hilfe, Leistungszeitpunkt, Ausführungszeitraum oder -frist und Preis/Honorar. Bei Festlegung der Auftragskriterien ist auf eine klare und nachvollziehbare Abgrenzung zu den Eignungskriterien bei der Auswahl der Bewerber zu achten (vgl. Rdn. 2309).

Die Festlegung der auftragsbezogenen Kriterien (Auftragskriterien/Zuschlagskriterien) zur Ermittlung des wirtschaftlichsten Angebotes steht **im Ermessen des Auftraggebers**. Die Kontrolle der Nachprüfungsinstanzen hat sich dabei auf die Frage zu beschränken, ob ein Ermessensmissbrauch oder ein sonstiger Ermessensfehler zu beanstanden ist.[110] So wie der Auftraggeber bestimmen kann, welche Leistungen er beschafft, kann er auch festlegen, welche Kriterien für ihn bei der Beschaffung 2316

106 Vgl. Michels/Rude, VergabeR 2008, 183, 192; auch Foppe, VergabeR 2003, 233, 234: Im Rahmen eines sinnvoll geführten Auftragsgespräches, wie es § 24 Abs. 1 Satz 2 VOF gerade für die Vergabe von Architekten- und Ingenieurleistungen vorsieht, lässt sich ein Bild darüber gewinnen, wie der Bewerber an die gestellte Aufgabe herangehen will. Dem dient insbesondere auch die Präsentation von Referenzobjekten, die es ermöglicht, bezogen auf die zu beauftragende Leistung die Qualität des Lösungsansatzes zu belegen. Die vom Auftraggeber zu treffende Prognoseentscheidung beruht dann zwar – auch – auf den vorangegangenen Leistungen des Bewerbers; sie betrifft aber leistungsbezogene Kriterien und nicht die grundsätzliche Eignung des Bewerbers. Die vom Gericht vorgenommene Bewertung der Präsentation eines Referenzobjektes als Grundlage für die Entscheidung über die Qualität des Angebots folgt genau diesem Ansatz. Auch hinsichtlich etwa der zeitlichen Abwicklung des Projektes kann der Bewerber seine Vorstellungen im Rahmen eines Auftragsgespräches darlegen, ohne dass es bereits eines Leistungsergebnisses bedarf.

107 Bundeskartellamt, 3. VK des Bundes, Beschluss vom 23.08.2006, Az. VK-96/06.

108 Egger, NZBau 2004, 582, 586.

109 OLG Brandenburg, Beschluss vom 19.12.2011, Az. Verg W 17/11, in: IBR 2012,108.

110 Dazu auch OLG Düsseldorf, Beschluss vom 14.01.2009, Az. VII Verg 59/09, in: NZBau 2009, 398 = VergabeR 2009, 619.

entsprechender Leistungen maßgeblich sind. Ob der Auftraggeber daher eine vornehmlich preisorientierte Vergabe oder eine mehr qualitätsorientierte Vergabe durchführt, steht grundsätzlich in seinem Ermessen.

Bei der Auswahl der Auftragskriterien ist der Auftraggeber nicht an die beispielhafte Auflistung in § 11 Abs. 5 VOF gebunden.

Die 3. Vergabekammer des Bundes hat es zumindest für zulässig gehalten, bei der Bewertung des Oberkriteriums »**Gesamteindruck der Präsentation**« als Unterkriterium auch »Beantwortung der Fragen« zu berücksichtigen.[111]

Bei terminkritischen Projekten darf der Gesichtspunkt, dass ein Ingenieurbüro **ortsansässig** ist oder aber ab Leistungsbeginn ein örtliches Büro einrichten will, positiv gewertet werden.[112]

2317 Als mögliche **Auftragskriterien** (die in der Bekanntmachung oder der Aufgabenbeschreibung zu spezifizieren sind) kommen insbesondere in Betracht:[113]

- **Qualifikation des Projektteams (soweit nicht bereits bei der Eignung berücksichtigt)**
  - Berufliche Qualifikation der Mitglieder des Projektteams, speziell Qualifikation des vorgesehenen Projektleiters.
  - Nachweisliche Projekterfahrung der Mitglieder des Projektteams bei vergleichbaren Projekten (beruflicher Lebenslauf, Referenzen).
  - Sonstiges Persönlichkeitsprofil der Mitarbeiter (nach Durchführung eines Aufklärungsgespräches): Analytisches Denken, Kreativität, Durchsetzungsvermögen, Urteilsfähigkeit.
- **Angebotsinhalte**
  - Method Statement – Umsetzungskonzept des Anbieters
  - sonstige Konzepte, etwa zur Personalvorhaltung und -sicherung
  - Eingesetztes Projektmanagementsystem
  - Einzusetzendes Qualitätsmanagementsystem
  - EDV-Systeme und Projektmanagementsoftware.
- **Angebotenes Honorar**
  - Honorar und Personaleinsatzplanung
  - Honorarsystematik
  - Incentives
  - Honorare bei Vertragsverlängerung
  - Bedarfsstundensätze
  - Nebenkosten.
- **vorgelegter Terminplan**
- **Umfang des angebotenen Haftpflichtversicherungsschutzes.**

2318 Die **Auftragskriterien** müssen **so formuliert** sein, dass sie auch eine **gesicherte Grundlage für die spätere Wertung** darstellen. Sie müssen auf Grund gesicherter Erkenntnisquellen bewertet werden können.[114] Vorhandene Werkzeuge wie eine eigene Baukostendatenbank können dabei als Auftragskriterium herangezogen werden.[115] Genauso zulässig ist die Wertung des Kriteriums der Zusammensetzung des **Projektteams** (Organigramm mit Personalaufbau).[116] Im Rahmen eines VOF-Verfahrens wurde auch das Wertungskriterium »Auftreten und Kompetenz des Projektleiters«, »Kompetenz (Vermittlung von Fachwissen und Erfahrung)« als zulässiges Auftragskriterium

111 Dazu Bundeskartellamt, 3. VK des Bundes, Beschluss vom 23.08.2006, Az. VK3–96/06.
112 OLG Hamburg, Beschluss vom 07.08.2002, Az. 1 Verg 2/02, in: NJOZ 2002, 2595.
113 Vgl. zu den Auswahlkriterien Volkmann, Projektabwicklung, S. 310; für Planer ebenfalls Volkmann, DAB 2002, 39, 40; für Projektsteuerer vgl. Bohn/Heinzmann, in: Schäfer/Conzen, Immobilien-Projektentwicklung, S. 247.
114 BGH, Urteil vom 26.10.1999, Az. X ZR 30/98, in: NZBau 2000, 35 ff.
115 Vgl. BayObLG, Beschluss vom 10.09.2001, Az. Verg 14/01, in: IBR 2001, 635.
116 VK Mecklenburg-Vorpommern, Beschluss vom 11.01.2001, Az. 1 VK 13/00.

angesehen.[117] Zulässiges Auftragskriterium ist auch das Abstellen auf Erfahrungen bei den für das Projekt konkret einzusetzenden Mitgliedern des Projektteams.[118] Auch die Bewertung von Angeboten anhand einer **Präsentation** ist generell möglich und vergaberechtlich zulässig. Allerdings darf der Auftraggeber nur die bekanntgemachten Kriterien und Unterkriterien verwenden. In Bezug auf die Wertung einer Präsentation verbleibt dem öffentlichen Auftraggeber ein Rest an Wertungsspielraum, der sich der gerichtlichen Überprüfung entzieht.[119] Auch Umsetzungskonzepte und Schulungskonzepte können Auftragskriterien sein.[120] Angesichts der vornehmlich qualitätsorientierten Vergabetechnik der VOF muss dem Preis nicht etwa eine Mindestgewichtung (z. B. i. S. von 30 %) zugewiesen werden.[121] Dies erschließt sich schon daraus, dass § 16 Abs. 2 VOF den **Preis/das Honorar** in dem Beispielskatalog als **letztes Auftragskriterium** benennt.

Wenn der Auftraggeber ein schriftlich ausgearbeitetes Konzept (Methodendarstellung) oder eine entsprechende Präsentation des Projektsteuerers als Eignungskriterium verwendet, dann hat er bei der Definition der (Unter-) Kriterien darauf zu achten, dass die ausgewählten **Kriterien einen Bezug zum konkreten Projektauftrag haben**. Die Bewertung entsprechender Darstellungen nach »Rhetorik, Visualisierung, Medieneinsatz, Kreativität« weisen einen derartigen Zusammenhang zum Auftrag nicht aus und führen deshalb zu einer mit einem Nachprüfungsverfahren angreifbaren Vergabe.[122]

Der Auftraggeber wird vor der abschließenden Definition der Auftragskriterien die **Vergabestrategie** für Projektsteuerungsleistungen festlegen müssen. Er kann dabei zwischen einer **qualitätsorientierten Selektion** und einer **preisorientierten Selektion** unterscheiden. Der Auftraggeber kann jeweils der Bedeutung des Projektteams, des Projektsteuerungsunternehmens, der Verfahren und Werkzeuge wie auch dem Preis/Honorar eine unterschiedliche Gewichtung zukommen lassen. Die nachfolgende Übersicht verdeutlicht eine beispielhafte Grundstruktur für derartige Auswahlstrategien (Rangfolgen von Auftragskriterien). 2319

2320

Qualitätsorientierte Auswahl	**Preisorientierte Auswahl**
60 % Qualitätsmerkmale der eingesetzten Mitarbeiter	70 % Preis/Honorar
25 % Preis/Honorar	15 % angebotene Methoden und Vorgehensweisen (Method-Statement)
10 % angebotene Methoden und Vorgehensweisen (Method-Statement)	10 % Verfahren und Werkzeuge
5 % Personaleinsatzplanung und vertragliche Risiken	5 % Personaleinsatzplanung und vertragliche Risiken

Anders als bei **internationalen Projekten**, bei denen fast ausnahmslos die Personalqualifikation des angebotenen Teams und deren Mitarbeiter abgestellt wird und dabei etwa auf die Dauer der Berufserfahrung, besondere Kompetenzen und Methoden-Know-how, spielen im deutschen Rechtsraum vornehmlich preisliche Überlegungen eine Rolle.[123] 2321

117 Bundeskartellamt, 2. VK des Bundes, Beschluss vom 21.11.2013, Az. VK 2-102/13, in: IBR 2014, 106.

118 VK Mecklenburg-Vorpommern, Beschluss vom 11.01.2001, Az. 1 VK 13/00.

119 OLG München, Beschluss vom 02.11.2012, Az. Verg 26/12, in: ZfBR 2013, 73; OLG München, Beschluss vom 25.07.2013, Az. Verg 7/13 sowie Beschluss vom 21.11.2013, Az. Verg 9/13; auch VK Bund, Beschluss vom 24.05.2012, Az. VK 3-45/12, in: IBR 2012, 536.

120 Vgl. etwa OLG Düsseldorf, Beschluss vom 19.06.2013, Az. VII Verg 4/13, »Rettungsdienstleistungen im Ennepe-Ruhr-Kreis für das Kriterium Umsetzungskonzept« sowie OLG Düsseldorf, Beschluss vom 17.01.2013, Az. VII Verg 35/12 für ein Schulungskonzept.

121 So OLG Dresden, Beschluss vom 25.01.2001, Az. WVerg 11/00, WVerg 12/00, WVerg 0011/00, WVerg 0012/00, in: NZBau 2001, 459 = BauR 2001, 690 für Bauvergaben.

122 VK Brandenburg, Beschluss vom 03.09.2014, Az. VK 14/14.

123 Zum internationalen Projektmanagement vgl. Steiger, Friedrich, Erfahrungen bei der Auswahl von Projektbeteiligten im internationalen Projektmanagement, S. 9 f.

2322 ► ***Praxisbeispiel für die Gewichtung von Zuschlagskriterien:***

»Das wirtschaftlichste Angebot im Sinne von § 97 Abs. 5 GWB wird unter Berücksichtigung folgender Zuschlagskriterien mit der jeweils benannten Gewichtung ermittelt:

Zuschlagskriterien mit Unterkriterien maximal erreichbare Punktezahl

15.1	***Kommerzielle Angebotsinhalte***	***500 Punkte***
15.1.1	*Summe der Honorare »Startphase« und »projektbezogene Vergütung« gem. Formblatt Honorarangebot Ziffer 1*	*350 Punkte*
15.1.2	*Summe der Vergütung nach Zeitaufwand gem. Formblatt Honorarangebot Ziffer 2*	*140 Punkte*
15.1.3	*Systemkosten des Projektkommunikationssystems gem. Formblatt Honorarangebot Ziffer 3*	*10 Punkte*
15.2	***Auftragsbezogene Qualitäts- und Leistungsmerkmale***	***500 Punkte***
15.2.1	*Auftragsbezogenes Organisations- und Ablaufkonzept Programm- und Projektsteuerung nach Ziffer 14.1*	*200 Punkte*
15.2.2	*Konzept für die Startphase nach Ziffer 14.2*	*200 Punkte*
15.2.3	*Projektkommunikationssystem und Kostensteuerungssystem nach Ziffer 14.3*	*100 Punkte*
Gesamt		***1.000 Punkte***

2323 Wenn der Auftragsgegenstand im Laufe von Verhandlungen derartige Konturen erhält, dass **vergleichbare Angebote herbeigeführt werden können**, so hat der Auftraggeber die Verhandlungsteilnehmer gleichzeitig zur Abgabe eines Angebotes mit gleichem Informationsstand aufzufordern.[124] Um dem Gebot der Transparenz zu genügen, muss der Auftraggeber den Inhalt von Verhandlungen protokollieren und den Vergabevermerk (§ 12) festhalten.

2324 In dem Wettbewerbsaufruf (der Bekanntmachung) nach § 9 Abs. 1 VOF hat der Auftraggeber das Muster gem. Anhang II der Verordnung zu verwenden. Das Muster sieht vor, dass auch Angaben zu Varianten und Alternativvarianten und Alternativangebote (Nebenangebote) zu machen sind. Der Auftraggeber kann daher auch bei einem VOF-Verfahren Nebenangebote für die Projektsteuerung hinsichtlich des Aufgabenkataloges oder in kaufmännischer Hinsicht (etwa Erfolgsprämien etc.) zulassen. Lässt er sie zu, hat er die Mindestbedingungen für die Nebenangebote anzugeben.[125] Wenn die Mindestanforderungen erfüllt sind, **müssen** Nebenangebote gewertet werden.[126]

2325 Anders ist dies hinsichtlich der **Verhandlungsangebote von Bietern** zu werten. Sofern Nebenangebote ausgeschlossen sind, steht es dem Bieter gleichwohl frei, im Rahmen des Verhandlungsverfahrens

124 Vgl. Müller-Wrede, in: Müller-Wrede, VOF, § 11, Rn. 20 ff., insb. Rn. 24.

125 Vgl. EugH, Urteil vom 16.10.2003, Az. C-421/01, in: NZBau 2004, 279 = VergabeR 2004, 50 = IBR 2003, 683; BayObLG, Beschluss vom 22.06.2004, Az. Verg 013/04, Verg 13/04, in: NZBau 2004, 626 = VergabeR 2004, 654 = IBR 2004, 535; VK Nordbayern, Beschluss vom 06.08.2004, Az. 320. VK-3194-26/04, mit Anmerkung von Christiani, in: IBR 2004, 586; OLG Rostock, Beschluss vom 24.11.2004, Az. 17 Verg 6/04, in: IBR 2005, 107.

126 Dicks, VergabeR 2012, S. 318.

Verhandlungsangebote zu unterbreiten (soweit diese die Mindestanforderungen berücksichtigen). Es besteht allerdings **keine Verpflichtung** des Auftraggebers, **auf** diese **Verhandlungsangebote einzugehen**. Ihm obliegt es lediglich, Verhandlungsangebote sachgerecht und willkürfrei zu prüfen und diese im Rahmen des von der VOF vorgegebenen Verhandlungsverfahrens zu berücksichtigen. Da Projektsteuerungsleistungen in der Regel nicht allein nach dem Kriterium des niedrigsten/günstigsten Preises ausgeschrieben werden, spielt die Frage, ob Nebenangebote überhaupt zuzulassen sind, wenn der Preis das einzige Zuschlagskriterium ist,[127] keine entscheidende Rolle.

Es ist unbedingt erforderlich, als **Auftragskriterien** entweder schon in der Vergabebekanntmachung oder aber in der Aufgabenbeschreibung eine konkrete **Reihenfolge der Bewertungskriterien** vorzugeben. § 11 Abs. 4 VOF verdeutlicht, dass bei der Entscheidung über die Auftragserteilung nur (!) die in der Vergabebekanntmachung oder in der Aufgabenbeschreibung aufgezählten, auf die erwartete fachliche Leistung bezogenen Kriterien zu berücksichtigen sind. Die Berücksichtigung nicht genannter Zuschlagskriterien ist nicht zulässig.[128] Mängel einer nicht ordnungsgemäßen Bekanntmachung von Auftragskriterien sind im Vergabeverfahren grundsätzlich nicht mehr heilbar.[129] 2326

Der öffentliche Auftraggeber muss den Bietern **mit der Bekanntmachung oder den Vergabeunterlagen**, in jedem Fall aber rechtzeitig vor Ablauf der Angebotsfrist, die Auftrags-/Zuschlagskriterien, die er anzuwenden beabsichtigt, und deren Gewichtung bekannt geben; bei der Wertung der Angebote sind diese vollständig und ausschließlich zu berücksichtigen. Inwieweit eine Verpflichtung des öffentlichen Auftraggebers besteht, Unterkriterien auszudiffrenzieren, hängt von den Umständen des Einzelfalls ab. Die Grenze, ab der das Offenlassen konkreter Bewertungsmaßstäbe vergaberechtlich zulässig ist, ist jedenfalls erreicht, wenn die aufgestellten Wertungsmaßstäbe so unbestimmt sind, dass Bieter nicht mehr angemessen über die Kriterien und Modalitäten informiert werden. Hat der Auftraggeber Zuschlagskriterien, Unterkriterien, Gewichtungsregeln oder Bewertungsmatrixen aufgestellt, sind diese den Bietern vollständig offen zu legen. Der öffentliche Auftraggeber darf sich nicht darauf beschränken, die Zuschlagskriterien als solche zu benennen, sondern hat den Bietern auch die hierzu aufgestellten Unterkriterien mitzuteilen. Das gilt auch dann, wenn die Bildung von Unterkriterien erst nachträglich erfolgt.[130] 2327

Nicht nur die Auftragskriterien selbst müssen also entweder schon in der Vergabebekanntmachung oder in der Aufforderung zur Angebotsabgabe spezifiziert werden, sondern auch etwaige **Unterkriterien und Gewichtungsfaktoren**.[131] Unterkriterien dürfen nachträglich nur ausnahmsweise benannt werden, wenn durch ihre Benennung weder die Zuschlagskriterien (Auftragskriterien) selbst geändert, noch die Wettbewerbsstellung der Bieter beeinträchtigt wird.[132] Nur ganz ausnahmsweise, wenn hierfür sachgerechte Gründe sprechen, darf von der Vorabbekanntgabe von Gewichtungsfaktoren abgesehen werden.[133] 2328

127 Vgl. etwa OLG Düsseldorf, Beschluss vom 18.10.2010, Az. VII Verg 39/10, in: VergabeR 2011, 604.
128 Vgl. Müller-Wrede, in: Müller-Wrede, VOF, § 11, Rn. 37.
129 Vgl. Müller-Wrede, in: Müller-Wrede, VOF, § 11, Rn. 159.
130 OLG Düsseldorf, Beschluss vom 19.06.2013, Az. VII Verg 8/13, in: VergabeR 2014, 46 f.; dazu auch Kulartz/Scholz, Zuschlagskriterien – Grenzen bei der Gewichtung, VergabeR 2014, 108 f.
131 Vgl. EuGH »ATI«, Urteil vom 24.11.2005, Az. C-331/04, in: NZBau 2006; OLG München, Beschluss vom 17.01.2008, Az. Verg 15/07, in: NZBau 2008, 280; Hölzl/Friton, NZBau 2008, 307, 309 f.; Michels/Rude, VergabeR 2008, 183, 191.
132 OLG München, Beschluss vom 17.01.2008, Az. Verg 15/07, in: VergabeR 2008, 574, 575; Beschluss vom 15.11.2007, Az. Verg 10/07, in: IBR 2008, 41.
133 Hölzl/Friton, NZBau 2008, 307, 310.

2329 Sind bei einer Ausschreibung von freiberuflichen Leistungen **Auftragskriterien weder in der Vergabebekanntmachung noch in der Aufgabenbeschreibung** oder in der Aufforderung zur Angebotsabgabe enthalten, kann eine Wertung nicht erfolgen; insbesondere auch nicht nach den Kriterien des niedrigsten Preises.[134]

2330 Die **Auftragskriterien** können dementsprechend bei Projektsteuererleistungsvergaben nicht erst nach Eingang der Angebote definiert oder konkretisiert werden.[135] Insbesondere ist einem öffentlichen Auftraggeber nach Entscheidung der Vergabekammer Sachsen nicht gestattet, Preisfindungskriterien nach dem **AHO/DVP-Leistungs- und Honorarmodell** ohne vorherige Benennung in der Bekanntmachung/Angebotsaufforderung erst bei der Entscheidung über die Beauftragung Vergabe zugrunde zu legen (zumal dann, wenn die Preisbildungsvorschriften nicht zuvor als Auftragskriterien festgelegt worden waren). Die Vergabekammer Sachsen ist noch weiter gegangen und hat entschieden, dass die Empfehlungen der AHO-Fachkommission Projektsteuerung keinerlei normative Wirkung enthielten und daher mangels Rechtsverbindlichkeit als zwingendes Auswahlkriterium erst gar nicht geeignet seien. Ein Angebot dürfe deshalb nicht ausgeschlossen werden, wenn es nicht nach Maßgabe der Honorarvorschriften entwickelt worden sei, sondern ausschließlich eine Monatspauschale enthalte.[136] Zu dieser Entscheidung ist anzumerken, dass sie nicht dahingehend missverstanden werden darf, dass ein Auftraggeber nicht zum Zwecke der Aufgabenbeschreibung auf das Leistungsbild AHO/DVP Bezug nehmen kann. Speziell die Leistungsbeschreibung des AHO-Modells ist für die Vergabe von Projektsteuerungsleistungen geeignet.[137]

2331 Des Weiteren kann der Auftraggeber auch **nähere Vorgaben** hinsichtlich der **Kalkulation** von Projektsteuerungsleistungen machen und sich dabei ebenfalls an den Vorschlägen der AHO-Fachkommission orientieren. Insoweit ist aber eine klare Benennung etwaiger Auftragskriterien notwendig, da die Honorarordnung AHO/DVP gerade keine gesetzliche Gebühren- und Honorarordnung i. S. des § 11 Abs. 5 Satz 3 VOF ist.

2332 (nicht besetzt)

2333 Die Vergabestelle hat über die Leistung zu verhandeln und damit zumindest ein so genanntes **Auftragsgespräch** gem. § 11 Abs. 1 VOF durchzuführen, bevor die Zuschlagsentscheidung getroffen wird. Die Verhandlung kann sich auf alle vertragsrelevanten Aspekte erstrecken. Auch die Preisangebote sind im Rahmen der VOF grundsätzlich verhandelbar.[138] Über den Preis darf nur dann nicht verhandelt werden, wenn eine gesetzlich zwingende Gebührenordnung vorliegt, was für die Projektsteuerung grundsätzlich nicht der Fall ist.[139] Im Übrigen sind bei Preisverhandlungen die Grundsätze des fairen Verfahrens gegenüber allen Bietern zu beachten.[140]

2334 Die Vergabekammer Weimar hat entschieden, dass im Hinblick auf die fehlende eindeutige und erschöpfende Beschreibbarkeit von Projektsteuerungsleistungen zwingend **Verhandlungen über Auftragsbedingungen**, insbesondere Leistungen und Honorar, zu führen sind. Eine Verhandlung, die lediglich dazu dient, die das Projekt betreuenden Mitarbeiter und deren Referenzen vorzustellen, schöpfte die Vergabeverpflichtung nicht aus.[141]

---

134 BayObLG, Beschluss vom 24.09.2002, Az. Verg 16/02, in: VergabeR 2003, 59, 61 = NZBau 2003, 582 = IBR 2002, 690.

135 Vgl. VK Sachsen-Anhalt, Beschluss vom 25.04.2001, Az. VK Hal 04/01, in: IBR 2001, 451.

136 VK Sachsen-Anhalt, Beschluss vom 25.04.2001, Az. VK Hal 04/01, in: IBR 2001, 451.

137 So auch Kulartz, in: Müller-Wrede, VOF, § 6, Rn. 5 f.

138 Vgl. OLG Stuttgart, Beschluss vom 28.11.2002, Az. 2 Verg 10/02, in: VergabeR 2003, 226, 230 = NZBau 2003, 232 = BauR 2003, 777 = IBR 2003, 157.

139 Vgl. Rdn. 1299 ff.

140 OLG Stuttgart, Beschluss vom 28.11.2002, Az. 2 Verg 10/02, in: VergabeR 2003, 226, 230 = NZBau 2003, 232 = BauR 2003, 777 = IBR 2003, 157.

141 VK Weimar, Beschluss vom 20.12.2002, Az. 216–4004. 20–062/02 EF-S; dazu Schill, NZBau 2005, 489, 490.

Das Kriterium der »bestmöglichen Leistung« entspricht den Kriterien in § 25 VOB/A und VOL/A, wo jeweils vom **»wirtschaftlichsten Angebot«** die Rede ist; der niedrigste Preis muss danach nicht allein entscheiden.[142] Bei freiberuflichen Leistungen, die überwiegend geistiger Natur sind, verliert der Preis von vornherein den Charakter eines allein entscheidenden Wettbewerbskriteriums. Der Auftraggeber hat allerdings genau anzugeben, welche Wichtung der Preis und die ggf. weiteren Kriterien haben, die er der Zuschlagsentscheidung zugrunde legen will. 2335

Wenn sich nach Verhandlungen mit den Projektsteuerern ergibt, dass alle anderen Auftragskritieren mit **derselben Punktzahl** bewertet werden müssen, entscheidet **allein der Preis**.[143] 2336

(nicht besetzt) 2337-2339

Wenn die Vergabestelle die Vergabeabsicht endgültig aufgegeben und somit die Ausschreibung aufgehoben hat, dann kann der Projektsteuerer eine Anordnung auf Fortsetzung des Vergabeverfahrens mit dem Ziel einer Zuschlagserteilung im Regelfall nicht erreichen. Etwas anderes gilt nur, wenn der **Verzicht auf die Ausschreibung** nur zum Schein erfolgt. Wohl kann er die Feststellung begehren, dass er durch die Aufhebung der Vergabe in seinen Rechten verletzt ist. Die Möglichkeit eines Verzichts auf die Auftragsvergabe wird in der Sektorenrichtlinie vorausgesetzt. Eine entsprechende Verzichtserklärung ist unter Berücksichtigung der Prinzipien des Transparenzgebotes, des Vertrauensschutzes und des Willkürverbotes zu treffen.[144] 2340

7.6.1.4 Ausschreibungsstrategien für Projektsteuererleistungen

Die sachgerechte Beschaffung von Projektsteuerungsleistungen stellt sich in der Praxis als schwierig dar. Dies hängt zum einen damit zusammen, dass selbst bei Abforderung von Vorgehens- und Lösungskonzepten, Personaleinsatzplänen und Verhandlungsgesprächen mit den relevanten Projektteams nur schwer die Leistungsfähigkeit des angebotenen Teams ergründet werden kann. Zudem ergibt sich für den Auftraggeber die Problematik, dass er am Ende vielfach nicht diejenigen Beteiligten als Mitglied des von ihm gewünschten Projektteams erhält, die ihm versprochen wurden (darauf wird an anderer Stelle eingegangen, siehe dazu Rdn. 2421). Es ist von wesentlicher Bedeutung, dass der Auftraggeber vor der Vergabe eine genaue Vorstellung von den zu beauftragenden Leistungen, deren Abwicklung und dem jeweiligen Personaleinsatzkonzept des Anbieters entwickelt. In jedem Fall sollte der Auftraggeber seine diesbezüglichen Beschaffungskonzeptionen dadurch abklären, dass er von Bietern für Projektsteuerungsleistungen ein Vorgehens- und Lösungskonzept (Method Statement) und ein Personaleinsatzkonzept abfordert. Nur wenn diese Unterlagen vorliegen, kann der Auftraggeber überhaupt prüfen, was hinter der konkret angebotenen Leistung »Projektsteuerung« steckt. Er kann dabei auch noch einmal abgleichen, ob seine eigenen Vorstellungen über die Vorgehensweise und dem Personaleinsatz übereinstimmen. Nur hierdurch erhält der Auftraggeber eine ausreichende Grundlage für »aufgeklärte« Verhandlungen mit einzelnen Bietern. Er wird nämlich feststellen, dass Vorgehens- und Lösungskonzepte sowie auch die Personaleinsatzplanung der Bieter oft sehr deutlich voneinander abweichen. Er hat dann eine Grundlage, die einzelnen Konzepte und Einsatzpläne zu hinterfragen und mit dem jeweiligen Bieter-Verhandlungsteam zu diskutieren. Auf dieser Grundlage erhält er eine sicherere, aber nie vollkommene Möglichkeit zur Einschätzung seines Beschaffungsziels und des angebotenen Bieterkonzeptes. 2341

142 Vgl. OLG Düsseldorf, »Botschaftssanierung«, Beschluss vom 27.11.2002, Az. Verg 45/02, VII Verg 45/02, in: VergabeR 2003, 342, 344 = BauR 2003, 1092 = IBR 2003, 155.
143 Bundeskartellamt, 1. VK des Bundes, Beschluss vom 11.11.2003, Az. VK-1–101/03.
144 VK des Landes Brandenburg, Beschluss vom 17.08.2004, Az. VK-23/04.

2342 **Ein Vergabekonzept für Projektsteuerungsleistungen**

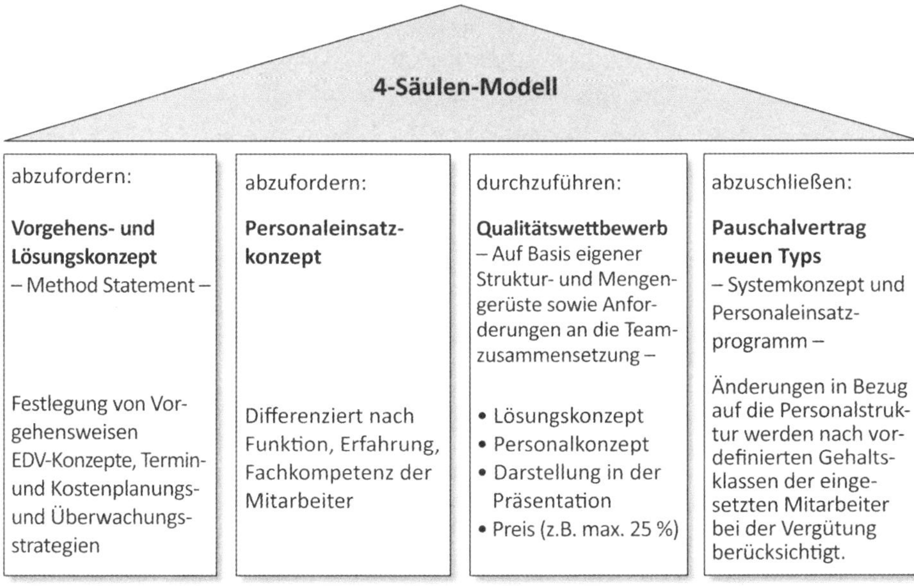

Bei der Beauftragung wird es dann darum gehen, die in den Verhandlungen gewonnenen Erkenntnisse auch in Verträge umzusetzen. Dies kann dadurch geschehen, dass entweder Festlegungen in einem Verhandlungsprotokoll oder aber von einem Bieter vorgelegte Vorgehens- und Lösungskonzepte und Personaleinsatzkonzepte zur Vertragsgrundlage gemacht werden. In beiden Fällen hat der Auftraggeber zu beachten, dass hierdurch die vertraglichen Anforderungen nicht in Frage gestellt werden. Speziell beim Personaleinsatzkonzept muss beachtet werden, dass im Falle der Beauftragung eines Pauschalvertrages durch die Einbeziehung eines Personaleinsatzkonzeptes nicht eine Pauschalvertragsstruktur in Frage gestellt wird und letztlich ein aufwandsbezogenes Vertragskonzept vereinbart wird. Dies kann einerseits durch eine Klarstellung im Vertrag oder andererseits durch Deklarierung eines Personaleinsatzkonzeptes als bloße kalkulative Grundlage geschehen. Auf der Vergütungsebene kann alsdann versucht werden, eine flexible Regelung dahingehend zu treffen, dass bei Änderungen der Personalstruktur eine Vergütungsanpassung nach Maßgabe der beruflichen Qualifikation der tatsächlich eingesetzten Mitarbeiter stattfindet.

Beispielhaftes Personalcluster für eine flexible Vergütungsänderung des Projektes 2343

- „Die Alternative zum wenig erfolgversprechenden Spiegelstrichzählen" -

Funktion	Erfahrung	Referenzen	Fachausbildung/ Zertifikate	Monatssätze
Projektleiter (Senior Projektmanager)	*8 – 10 Jahre branchenbezogene Berufs- und Führungserfahrung*			
Stellvertretender Projektleiter (Projektmanager Professional)	*3 – 5 Jahre branchenbezogene Berufs- und Führungserfahrung*			
Projektsteuerer (Projektmanager)	*mind. 2 – 3 Jahre branchenbezogene Berufs- und Projekterfahrung*			
Sonstige Mitarbeiter (Ingenieure)	*Architekten oder Ingenieure Bachelor/Master*			

Qualifikationspyramide in Anlehnung an DVP-Zert®

Zur Vermeidung eines unzulässigen Informationstransfers von Beteiligten des Vergabeprozesses an Bieter und zur Sicherstellung der Kompetenz eigenständiger Beschaffungsstellen im Unternehmen werden vielfach **2-Umschlagverfahren** verwendet. Nach Durchführung einer Präqualifikation werden die Anbieter zur Abgabe von Angeboten mit zwei separaten, geschlossenen Umschlägen aufgefordert. Der Umschlag 1 enthält dabei die technischen Anforderungen, der Umschlag 2 die Abgabe der Preisangebote. Die Umschläge werden von unterschiedlichen Beteiligten der Auftraggeberorganisation geöffnet und ausgewertet. Im internationalen Kontext findet sich auch die Regelung, dass nur bezüglich derjenigen Bieter das Preisangebot überhaupt geöffnet wird, die sich technisch als die zwei bis drei »besten Bieter« darstellen. Ein derartiges 2-Umschlagverfahren entspricht am ehesten den Compliance-Anforderungen. Es führt aber auch zu Friktionen im Beschaffungsprozess, weil das technische Beauftragungs-Know-how der Vergabestelle bei abschließenden Preisverhandlungen keine Berücksichtigung finden kann. 2344

2345 **Praxisbeispiel für die Prüfung von – Eignungskriterien (Muster der öffentlichen Hand)**

BEISPIEL PROJEKTSTEUERUNG

AUSWAHLVERFAHREN (AUSWAHLKRITERIEN)

Maßnahme: | VOF /

Bewerber: Lfd. Nummer : Eingangsnummer :

1. Ausschlusskriterien

			ja	nein
Bewerbungsdatum: .... /	termingerechte Vorlage	:	☐	☐
Vollständige Bewerbungsunterlagen (falls nicht, Benennung fehlender Unterlagen / Angaben:)		:	☐	☐
Unabhängigkeitserklärung nach § 7 VOF /	Erklärung unterzeichnet	:	☐	☐
Eigenerklärung nach § 11 VOF /	Erklärung unterzeichnet	:	☐	☐
Bewerbungsbogen (vollständig ausgefüllt und rechtsverbindlich unterschrieben)		:	☐	☐
Nachweis der Unterschriftsberechtigung /	beiliegend (falls erforderlich:☐)	:	☐	☐

2. Erfüllung der Anforderungen nach § 12/ § 13 VOF (Mindestanforderungen)

Bewertungskriterium	Bewertung[1]	nicht erfüllt	erfüllt
I. Finanzielle und wirtschaftliche Leistungsfähigkeit			
- Ø Umsatz der letzten 3 Jahre PS/PC Leistungen (gem. Bewerbungsbogen) ☐<2fach, ☐2fach, ☐3fach, ☐>3fach Ø jährlicher Auftragswert	> [....]fach* des Ø jährlichen Auftragswertes	☐	☐
II. Fachliche Eignung			
- Jährliches Mittel der Mitarbeiter in den letzten drei Jahren (gem. Bewerbungsbogen) ▶ erforderliche Anzahl von Projektmitarbeitern = ca. [....]* Personen	Anzahl der fachlich geeigneten Mitarbeiter > [....]fach* der erforderlinden Projektmitarbeiter	☐	☐
- Berufliche Qualifikation der Büroleitung / der technischen Leitung sowie Organisationsstruktur (Aufgabenverteilung/ Zuständigkeiten)	Ausbildung: fachbezogen Organisationsstruktur: geeignet	☐	☐
- Berufliches Qualifikationsprofil der Büromitarbeiter /Leistungspotential	projektspezifisch geeignet	☐	☐
- Qualifikation des Büros hinsichtlich der objektspezifischen Kriterien [*) BEISPIELE]: ☐ *Auslandserfahrung*[*)] ☐ *Denkmalpflegeerfahrung*[*)] ☐ *Bauen bei lfd. Betrieb*[*)]	> [....] * Kriterien sind vergleichbar	☐	☐
- Technische Ausstattung [2)] / Weiterbildung [2)] / Qualitätszertifikate [2)]	entspricht den Anforderungen [2)]	☐	☐
	Gesamtergebnis[3)]	☐	☐

3. Erfahrungen und Referenzen (projektbezogen)

Projekt 1 (P1)	Projektbezeichnung :
	Art der Baumaßnahme :
	Baukosten (ohne NK) :
	Projektdauer :
	Leistungen d. Bewerbers :
Projekt 2 (P2)	Projektbezeichnung :
	Art der Baumaßnahme :
	Baukosten (ohne NK) :
	Projektdauer :
	Leistungen d. Bewerbers :

	Kriterien*		Punkteverteilung*	max. Punkte*		erreichte Punkte	
Projekt 1 und 2 vergleichbar (s. Bewerbungsbogen)	(1)Gebäudetyp, (2) Art, (3)Umfang, (4)Baukosten, (5)Projektdauer, (6)objektspezifische Besonderheiten	P1	(1): 0-3 / (2): 0-3 / (3): 0-3 /	15			
		P2	(4): 0-3 / (5): 0-1 / (6): 0-2		15		
Leistung Projekt 1 + 2 vergleichbar (Projekt-/ Leistungsstufen)	(PV)Projektvorbereitung, (PL)Planung, (AV)Ausführungsvorbereitung, (PF)Ausführung, (PA)Projektabschluss	P1	(PV): 0-3 / (PL): 0-3 / (AV):	15			
		P2	0-3 / (PF): 0-3 / (PA): 0-3		15		
Leistung Projekt 1 + 2 vergleichbar (Leistungsbereiche)	Leistungsbereiche: (1)Kostenkontrolle/-steuerung, (2)Terminkontrolle/-steuerung, (3)Qualitätskontrolle, (4) [.....]	P1	(1): 0-5 / (2): 0-5 / (3): 0-3 /	15			
		P2	(4): 0-2		15		
Referenzen zu 1 + 2	Referenz vorgelegt / Auskünfte eingeholt	P1	Positiv, projektbezogen übertragbar 0-5	5			
		P2			5		
			Summe P1 + P2	50	50		
			Gesamtsumme	100			

1) Alle mit * versehene Stellen sind vor Beginn des Auswahlverfahrens projektspezifisch festzulegen.
2) Bewertung nur sofern erforderlich und soweit im Bekanntmachungstext konkrete Anforderungen dazu formuliert u. aufgenommen sind/wurden.
3) Das Gesamtergebnis ist erfüllt, wenn sämtliche Anforderungen erfüllt sind.

Praxisbeispiel für die Prüfung von – Auftragskriterien (Muster der öffentlichen Hand) 2346

BEISPIEL PROJEKTSTEUERUNG

VERHANDLUNGSVERFAHREN (ZUSCHLAGSKRITERIEN)

Maßnahme:		VOF /
Bewerber:	Lfd. Nummer :	
	Eingangsnummer :	

Zuschlagskriterium		Bewertung	Pkt. max.	erreicht
I. Qualität und Erfahrung des Projektteams				
- Projektleiter	Name :	Fachspezifische Ausbildung, ausreichende Berufserfahrung, verantwortliche Positionen	10	
	Ausbildung			
	Berufserfahrung			
	Vglb. Projekterfahrung	Vergleichbarkeit	10	
	Pers. Auftreten *1	Durchsetzungsvermögen	20	
- Vertreter des Projektleiter	Name	Fachspezifische Ausbildung, ausreichende Berufserfahrung, verantwortliche Positionen	5	
	Ausbildung			
	Berufserfahrung			
	Vglb. Projekterfahrung	Vergleichbarkeit	5	
	Pers. Auftreten	Durchsetzungsvermögen	5	
- Mitarbeiter des Projekt-teams (auch Fachplaner)[1]	Ausbildung *1	Fachspezifische Ausbildung	25 [Fachplaner (20) / sonstige Mitarbeiter(5)]	
	Vglb. Projekterfahrung	Vergleichbarkeit		
	Pers. Auftreten	Durchsetzungsvermögen		
- Einbindung d. Projektbearbeiter in andere Projekte / Art der Einbindung: *2		Auswirkungen auf die Leistungsfähigkeit	10	
- Auftraggeberreferenzen (bezogen auf Mitglieder des Projektteams) Anzahl :		positiv / aussagekräftig	10	
		Zwischensumme I	100	
II. Qualität der Herangehensweise an das Projekt				
- Vorgeschlagene projektspezifische Bearbeitungs-Methodik	Darstellung der Ansätze zur Bewältigung des Projekts	Qualität u. Angemessenheit	20	
	Methodik der Steuerung komplexer u. komplizierter Vorgänge	Qualität	20	
	Kommunikation zwischen den Beteiligten	extern / intern	10+10	
- Maßnahmen zur Termin und Kostensicherung		Qualität der dargestellten Maßnahmen	20	
- Sicherstellung Präsenz i. Planungs- u. Ausführungsphase *3		Angemessenheit	20	
		Zwischensumme II	100	
III. Sonstige objektspezifische Zuschlagskriterien				
- Kenntnisse *bei schwieriger Gründung / Wasserhaltung* *)		siehe Auswertung Fragebogen	20	
- Kenntnisse *bei der Behandlung von Altlasten /Bauabfällen* *)		siehe Auswertung Fragebogen	30	
- Kenntnisse *bei Erschließungsmaßnahmen gr. Umfangs* *)		siehe Auswertung Fragebogen	30	
- Kenntnisse *im öffentlichen / privaten Baurecht u. Vergaberecht* *)		siehe Auswertung Fragebogen	20	
*) BEISPIEL, SIEHE ANLAGE (FRAGEBOGEN)		Zwischensumme III	100	
IV. Honorar				
- Vollständigkeit, Höhe, Angemessenheit		Diagramm + Berechnung	100	
		Zwischensumme IV	100	
		Gesamtsumme	400	

VERHÄLTNIS HOCHBAU (60) : FACHBAU (20) = 75 : 25 (bei der hier gewählten Punkteverteilung)

Abschließende Bewertung

Rubrik Zuschlagskriterium	Wichtung	Punkteeintrag	Faktor	Punkte nach Wichtung
I. Qualität und Erfahrung des Projektteams	40 %		0,40	
II. Qualität der Herangehensweise an das Projekt	30 %		0,30	
III. Sonstige objektspezifische Zuschlagskriterien	20 %		0,20	
IV. Honorar	10 %		0,10	
		Gesamtpunktzahl		

Hochbau und Fachbau werden unter I Qualität und Erfahrung des Projektteams in Verhältnis 75:25 gewertet.

BEKANNT ZU GEBENDE ZUSCHLAGSKRITERIEN (+ ggf. Diagramm, siehe Anmerkung [4])

[1] Bei mehreren Mitarbeitern für das Projekt - je Mitarbeiter - gesondert erfassen und einzeln bewerten [Anlage zur Matrix 2 (Bewertung bei mehreren Mitarbeitern)], Gesamtbewertung ermitteln und auf Seite 1 eintragen.

2347 **ERGÄNZENDE TEXTLICHE ANMERKUNGEN ZUR PUNKTE- BEWERTUNG**

Verhandlungsgespräch am	:
Uhrzeit von / bis	:
Ablauf	: *4
Teilnehmer Auftraggeber	:
Teilnehmer Auftragnehmer	:

Zuschlagskriterium

I. Qualität und Erfahrung des Projektteams

*5

II. Qualität der Herangehensweise an das Projekt

*5

III. Sonstige objektspezifische Zuschlagskriterien

(Siehe ausgewerteten Fragebogen)

IV. Honorar

III Sonstige objektspezifische Kenntnisse – Fachfragen zu HOAI / RBBau, VOB / VHB ...... – 2348

Fragen zu Gründung/ Wasserhaltung*) (maximale Punktzahl 20)				
	Frage	erwartete Antwort	Max. P	erreicht
1				
2				
3				
Summe			20	

Fragen zu Altlasten / Bauabfälle*) (maximale Punktzahl 30)				
	Frage	erwartete Antwort	Max. P	erreicht
4				
5				
6				
7				
Summe			30	

Fragen zu Erschließungsmaßnahmen*) (maximale Punktzahl 30)				
	Frage	erwartete Antwort	Max. P	erreicht
8				
9				
10				
11				
12				
Summe			30	

Fragen zum öffentlichen / privaten Baurecht /Vergaberecht*) (maximale Punktzahl 20)				
	Frage	erwartete Antwort	Max. P	erreicht
13				
14				
15				
Summe			20	

*) Beispiel – Bezug Matrix 2 III Sonstige objektspezifische Zuschlagskriterien –

Diagramm zur Bewertung des Honorars

2349

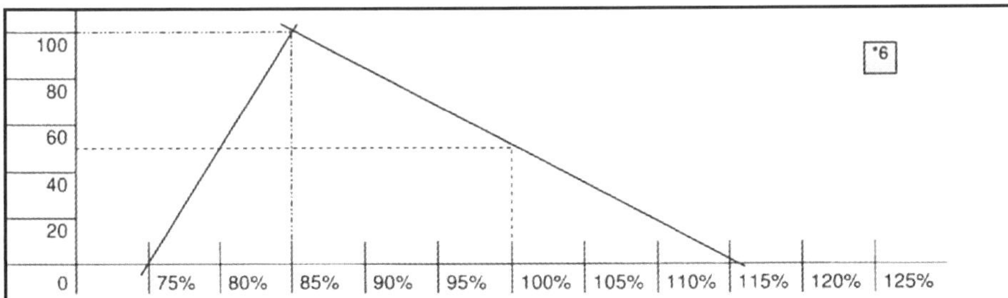

Ordinate = Punkte 0 bis 100
Abzisse = Honorar in % in Relation zum Mittelwert in %
100% (Mittelwert) = Summe Honorare / Anzahl Bewerber

Bewerber = [.....] siehe Berechnungsblatt vom ....

Festlegungen(z.B.):
< 75% = nicht auskömmlich
> 115% = überhöht
85% = höchste Punktzahl

Quelle[2]

BEWERTUNG BEI MEHREREN MITARBEITERN

Zuschlagskriterium		Bewertung	Pkt. max.	erreicht
Zu I. Qualität und Erfahrung des Projektteams bei mehreren Mitarbeitern				
- Mitarbeiter 1 (Fachtechnik)	Name : ______ Aufgabenbereich : ______	Fachspezifische Ausbildung Vergleichbarkeit Durchsetzungsvermögen	20	
- Mitarbeiter 2 (Fachtechnik)	Name : ______ Aufgabenbereich : ______	Fachspezifische Ausbildung Vergleichbarkeit Durchsetzungsvermögen	20	
		Summe	∑/Anz.d. MA	
- Mitarbeiter 3	Name : ______ Aufgabenbereich : ______	Fachspezifische Ausbildung Vergleichbarkeit Durchsetzungsvermögen	5	
- Mitarbeiter 4	Name : ______ Aufgabenbereich : ______	Fachspezifische Ausbildung Vergleichbarkeit Durchsetzungsvermögen	5	
- Mitarbeiter 5	Name : ______ Aufgabenbereich : ______	Fachspezifische Ausbildung Vergleichbarkeit Durchsetzungsvermögen	5	
- Mitarbeiter 6	Name : ______ Aufgabenbereich : ______	Fachspezifische Ausbildung Vergleichbarkeit Durchsetzungsvermögen	5	
		Summe	∑/Anz.d. MA	
		Summe Mitarbeiter[4]	20+5=**25**	

ANMERKUNGEN:

*1 *Es sollte den ausgewählten Bewerbern zu den Verhandlungsgesprächen jeweils mitgeteilt werden, dass Wert darauf gelegt wird, das Projektteam, insbesondere den vorgesehenen Projektleiter, persönlich kennen zu lernen. Der Eindruck der entsprechenden Person soll, einer Stellenbesetzung entsprechend, auch in die Beurteilung des Projektteams einfließen.*

*2 *Aussagen über die Auslastung der Person durch andere Projekte lassen Rückschlüsse auf die Bearbeitungs- bzw. Betreuungsintensität und ihre den Projekterfordernissen entsprechende Angemessenheit zu. Hier wird z.B. die Problematik angesprochen, wenn ein Projektleiter gleichzeitig die Position des Geschäftsführers der Firma innehat.* 2350

*3 *Bei Bedarf, der ausgewählte Bewerber soll darlegen, mit welchen Maßnahmen er beabsichtigt, die Projektsteuerung vor Ort sicherzustellen.*

*4 *Um eine Gleichbehandlung zu sichern, empfiehlt es sich, den Ablauf der Verhandlungsgespräche thematisch und zeitlich durchzuplanen und ggf. im Rahmen der Einladung bekannt zu geben.*

*5 *Die Punktebewertung der Matrix 2 sollte – insbesondere bei Punkteabzug – ergänzend in Stichpunkten verbal/textlich dargelegt werden. Hierauf kann bei Rückfragen zurückgegriffen werden.*

*6 *Das Diagramm eignet sich nur bei FbT-Leistungen, deren Honorar frei vereinbart werden kann, wie z.B. bei Projektsteuerern. Sofern vom Diagramm Gebrauch gemacht werden soll, empfiehlt es sich, es im Rahmen der Bekanntgabe der Zuschlagskriterien bekannt zu geben.*
Die im Beispiel genannten Festlegungen (<75% = 0,85% = 100 Punkte etc.) sind nicht bindend und können nach Bedarf angepasst werden. Das Diagramm ist dann dementsprechend anzupassen. Die Ermittlung der Punkte kann auch rechnerisch erfolgen, hierzu liegt ein Berechnungsbeispiel (Excel) vor. Sofern andere Festlegungen ausgewählt werden, sind die Formeln im Berechnungsbeispiel entsprechend anzupassen.

Gesonderter Hinweis:
Die vorgenommene Punkteverteilung und die aufgeführte Wichtung sind als Empfehlung zu verstehen. Die Bewertungsbögen sind jeweils den projektspezifischen Erfordernissen entsprechend im konkreten Fall zu überarbeiten. Es empfiehlt sich, eine genaue Festlegung zur Punkteverteilung erst zu einem relativ späten Zeitpunkt im Verfahren vorzunehmen, um die bei der Verfahrensdurchführung für die Beurteilung zulässigen Spielräume ausschöpfen zu können. Hierbei ist darauf zu achten, dass die Zwischensumme I, II, III und IV immer gleich groß ist (wie im Beispiel = 100), da ansonsten eine bekannt zu gebende „Unter-Wichtung" (bzw. doppelte Wichtung) vorliegt.

Der Auftraggeber muss die **Bieter, deren Angebote nicht berücksichtigt werden sollen**, nach § 101 a GWB über den Namen der Bieter, dessen Angebot angenommen werden soll und über den Grund der vorgesehenen Nichtberücksichtigung ihres Angebotes und über den frühesten Zeitpunkt des Vertragsschlusses unverzüglich informieren. Ein Vertrag darf erst 15 Kalendertage nach Absendung der Information geschlossen werden. Wird die Information per Fax oder auf elektronischem Wege versendet, verkürzt sich die Frist auf 10 Kalendertage. Ein dennoch abgeschlossener Vertrag ist **nichtig**. 2351

Die **Beendigung** des Vergabeverfahrens erfolgt mit Vertragsabschluss, § 11 Abs. 7 VOF.[145] Allerdings können nicht berücksichtigte Bieter bei Vorliegen der noch darzustellenden Voraussetzungen ein Nachprüfungsverfahren einleiten. 2352

145 Vgl. OLG Dresden, Beschluss vom 11.07.2000, Az. WVerg 0005/00, WVerg 5/00, in: BauR 2001, 235.

2353 Nach § 14 VOF muss der Auftraggeber über jeden vergebenen Auftrag nach der VOF spätestens innerhalb von 48 Tagen nach der Auftragserteilung das Amt für amtliche Veröffentlichungen der EG **benachrichtigen**. Die Benachrichtigung ist auf einem speziellen Meldeblatt (Anhang II Muster C) vorzunehmen.

7.6.2 Vergabe von Projektsteuerungsleistungen nach der VOL/A

2354 Sofern es sich um freiberufliche Leistungen handelt, deren Lösung vorab eindeutig und erschöpfend beschrieben werden kann, müssen die Projektsteuererleistungen grundsätzlich nach der VOL/A ausgeschrieben werden, § 5 Abs. 2 VgV. Etwas anderes gilt nur insoweit, als die Sektorenrichtlinie einschlägig ist, bei der der Auftraggeber die Verfahrensart frei wählen und damit immer das Verhandlungsverfahren umsetzen kann. Nach der VOL/A sind die Leistungen i. d. R. im Wettbewerb zu vergeben, wobei § 3 VOL/A / § 3 EG verschiedene Vergabearten vorsieht, nämlich die
- **Öffentliche Ausschreibung (Oberart der EU-Schwellenwerte: Offenes Verfahren)**
- **Beschränkte Ausschreibung mit vorangegangenem Teilnahmewettbewerb (oberhalb der EU-Schwellenwerte: Nichtoffenes Verfahren)**
- **Freihändige Vergabe mit vorausgegangenem Teilnahmewettbewerb (oberhalb der EU-Schwellenwerte: Verhandlungsverfahren mit vorausgegangenem Teilnahmewettbewerb).**

2355 Bei der öffentlichen Ausschreibung (im offenen Verfahren) werden Leistungen aufgrund einer öffentlichen Aufforderung zur Angebotsabgabe an eine unbeschränkte Zahl von Unternehmen vergeben.

2356 Bei beschränkter Ausschreibung (nichtoffenem Verfahren) werden Leistungen nach Aufforderung einer beschränkten Zahl von Unternehmen zur Einreichung von Angeboten vergeben.

2357 Bei freihändiger Vergabe (Verhandlungsverfahren) werden Leistungen ohne förmliches Verfahren bzw. nach Durchführung eines Teilnahmewettbewerbs vergeben. Bei der beschränkten Ausschreibung einer freihändigen Vergabe beziehen die Auftraggeber zumindest 3 Bewerber bei der Angebotsaufforderung bzw. den Verhandlungen ein.

2358 Die Durchführung von Vergabeverfahren zur Markterkundung und zur Ertragsberechnung ist unzulässig, § 2 Abs. 3 VOB/A. Gleichwohl kann im Vorfeld einer öffentlichen Vergabe eine Markterkundung erfolgen, soweit dies diskriminierungsfrei geschieht und lediglich Informationen über ansonsten nicht zu beschaffende Auftragsbeschaffungsdetails erlangt werden sollen.

2359 Die **öffentliche Ausschreibung** hat im Bereich der VOL/A Vorrang. Nach § 3 Abs. 2 VOL/A darf nur in begründeten Ausnahmefällen eine beschränkte Ausschreibung und eine freihändige Vergabe erfolgen. Dabei ist von der ausschreibenden Stelle im Rahmen eines Vergabevermerkes aktenkundig zu machen, weshalb von einer öffentlichen oder beschränkten Ausschreibung abgesehen worden ist. Der Vorrang der öffentlichen Ausschreiben vor anderen Vergabearten rechtfertigt sich aus dem Zweck, einen möglichst breiten und transparenten Wettbewerb zu schaffen und damit sicherzustellen, dass der im Sinne der Ausschreibung günstigste Anbieter den Zuschlag erhält.[146]

2360 Eine **beschränkte Ausschreibung** ist nur zulässig, wenn
- die Leistung nach ihrer Eigenart nur von einem beschränkten Kreis von Unternehmen in geeigneter Weise ausgeführt werden kann, besonders wenn eine außergewöhnliche Eignung erforderlich ist
- eine öffentliche Ausschreibung aus anderen Gründen, z.B. Dringlichkeit oder Geheimhaltung, unzweckmäßig ist.

146 BVerwG, Beschluss vom 13.02.2013, Az. 3 B 58/12, in: NZBau 2013, 391.

Eine beschränkte Ausschreibung ohne Teilnahmewettbewerb ist zulässig, wenn 2361

- eine öffentliche Ausschreibung kein wirtschaftliches Ergebnis gehabt hat,
- die öffentliche Ausschreibung für den Auftraggeber oder die Bewerber einen Aufwand verursachen würde, der zu einem erreichten Vorteil oder dem Wert der Leistung im Missverhältnis stehen würde. Eine freihändige Vergabe ist nach § 3 Abs. 5 VOL/A nur ausnahmsweise zulässig, wenn die dort genannten Ausnahmetatbestände gegeben sind, etwa nach Aufhebung einer öffentlichen oder beschränkten Ausschreibung, im Anschluss an Entwicklungsleistungen, wenn es sich um die Lieferung von Waren und die Erbringung von Dienstleistungen zur Erfüllung wissenschaftlich-technischer Fachaufgaben handelt, bei geringfügigen Nachbestellungen (max. 20 %) oder aus Geheimhaltungsgründen oder die Leistung vor Vergabe nicht so eindeutig und erschöpfend beschrieben werden kann, dass hinreichend vergleichbare Angebote erwartet werden können, zudem in Fällen äußerster Dringlichkeit oder, bei der Angewiesenheit auf ein Unternehmen, mithin für die Leistung aus besonderen Gründen nur ein Unternehmen in Betracht kommt.

Sofern die Projektsteuerung Leistungen der **Projektentwicklung** umfasst oder die gesamte verantwortliche Steuerung eines Projektes beinhaltet, kommt auch bei Anwendung der VOL/A ein Verhandlungsverfahren/eine freihändige Vergabe in Betracht. 2362

Nach § 7 VOL/A soll der Auftraggeber die Leistung **eindeutig und so erschöpfend beschreiben**, dass alle Bewerber die Bewerbung im gleichen Sinne verstehen müssen und das miteinander vergleichbare Angebote zu erwarten sind (Leistungsbeschreibung). 2363

Nach § 8 VOL/A sind dem Bieter Vergabeunterlagen zuzusenden, die folgende Unterlagen enthalten: 2364

- ein Anschreiben (Aufforderung zur Angebotsabgabe)
- Beschreibung der Einzelheiten der Durchführung des Verfahrens (Bewerbungsbedingungen), einschl. der Angabe der Zuschlagskriterien, sofern diese nicht in der Bekanntmachung bereits benannt sind
- die Vertragsunterlagen, die aus Leistungsbeschreibung und Vertragsbedingungen bestehen.

Der Auftraggeber kann gem. § 8 Abs. 4 VOL/A Nebenangebote zulassen. Fehlt eine entsprechende Angabe in der Bekanntmachung oder den Vergabeunterlagen, sind keine Nebenangebote zugelassen. 2365

Soweit das Angebot nicht nach § 16 Abs. 3 VOL/A **ausgeschlossen** werden muss (z. B. weil wesentliche Preisangaben fehlen, Unterschriftsleistungen nicht vorhanden sind oder sonstige formelle Mängel bestehen), muss es dahingehend überprüft werden, ob für die Erfüllung der vertraglichen Verpflichtung die erforderliche Fachkunde, Leistungsfähigkeit und Zuverlässigkeit angenommen werden kann.

Der **Zuschlag** hat grundsätzlich auf das **wirtschaftlichste Angebot** zu erfolgen. Auch wenn der niedrigste Angebotspreis nicht allein entscheidend ist, ist er doch ein wichtiges Vergabekriterium. Preisrechtliche Vorgaben bestehen bei der Vergabe von Projektsteuererleistungen auch im Rahmen der VOL/A nicht.[147] 2366

7.6.3 Vergabe von Projektsteuererleistungen nach der SektVO

Die privaten und öffentlichen Sektorenauftraggeber in den Bereichen Verkehr/Trinkwasser- und Energieversorgung können Dienstleistungen, auch Projektsteuererleistungen, nach der SektVO vergeben. Dieses Vergaberegime belässt dem Auftraggeber die Möglichkeit, das Vergabeverfahren, insbesondere das Verhandlungsverfahren, frei zu wählen, wovon in der Praxis auch Gebrauch gemacht wird. Die Ausgestaltung und der Ablauf des Verhandlungsverfahrens entspricht in etwa demjenigen 2367

147 Vgl. dazu Rdn. 1299 f.

nach der VOF, wobei die SektVO weniger strikt einzuhaltende Vorschriften für das Vergabeverfahren selbst enthält.

2368 Lange Zeit war umstritten, wie öffentliche und private **Sektorenauftraggeber** freiberufliche Leistungen zu vergeben haben.[148] Die herrschende Meinung hatte bereits in der Vergangenheit die Auffassung vertreten, dass die Vergabe von freiberuflichen Leistungen, auch Projektsteuerungsleistungen, unmittelbar nach der Sektorenrichtlinie zu erfolgen haben.[149] Dieser Meinungsstreit ist infolge des Inkrafttretens der SektVO (Sektorenverordnung) vom 23.09.2009 überholt. Der Gesetzgeber hat mit der SektVO ein eigenes Vergaberegime für Sektorenauftraggeber geschaffen, dem auch die Vergabe von Projektsteuerungsleistungen unterfällt.

2369 In der Praxis wählen Sektorenauftraggeber praktisch **ausnahmslos Verhandlungsverfahren**, § 6 Abs. 1 SektVO. Der erforderliche Teilnahmewettbewerb und das anschließende Verhandlungsverfahren entsprechen in der Abwicklung dem Verhandlungsverfahren nach der VOF. Dabei ist jedoch zu prüfen, ob nicht besondere Regelungen zur Anwendung kommen. So sieht § 6 Abs. 5 und Abs. 6 SektVO Erleichterungen für die Vergabe zusätzlicher und geänderter Leistungen vor.

7.7 Praxisbeispiel: Bekanntmachung und Ausschreibung von Projektsteuererleistungen

2370 Nachfolgend ist beispielhaft eine Vergabebekanntmachung einer Projektsteuerungsleistung nach Maßgabe der VOF abgedruckt.

► ***Bekanntmachung der Vergabe einer Projektsteuerungsleistung im beschleunigten Verhandlungsverfahren nach VOF (Praxisbeispiel)***

1. Auftraggeber: Land Nordrhein-Westfalen, vertreten durch das Ministerium für Bauen und Wohnen, dieses vertreten durch die Bezirksregierung Düsseldorf, diese vertreten durch das Staatliche Bauamt Düsseldorf I … … … … …, Telefon: … … … … .; Telefax: … … … … … .
2. Kategorie der Dienstleistung und Beschreibung: CPV: 74142310, Kategorie 12 CPC-Referenznummer 867 Vorhaben: Neubauten … … … … . Leistungsbereiche: Projektsteuerungsleistungen nach § 31 HOAI in Anlehnung an die Leistungs- und Honorarordnung, Projektsteuerung gem. Empfehlung der AHO-Fachkommission Projektsteuerung, Projektstufen 2 bis 4 in den Handlungsbereichen A bis D mit der Maßgabe, dass die Vergütung frei vereinbart werden kann. Die Projektsteuerungsleistungen sollen vor dem Hintergrund eines beabsichtigten Generalplanervertrages und einer Baudurchführung im Generalunternehmerverfahren erbracht werden. Der Auftraggeber behält sich die Beauftragung einzelner Projektstufen und Handlungsbereiche vor.
3. Ausführungsort: Düsseldorf
4. a) Vorbehalt für einen besonderen Berufsstand: Architekten und/oder Ingenieure/beratende Ingenieure oder nach § 23 VOF entsprechend Zuzulassende
   b) Rechts- und Verwaltungsvorschrift: Richtlinien für die Durchführung der Bauaufgaben der Staatlichen Bauverwaltung Nordrhein-Westfalen (RLBauNW).
   c) Verpflichtung zur Angabe des Namens und der Qualifikation: Ja
5. Unterteilung in Lose: Bewerbung für Teilleistungen nicht zugelassen.
6. Zahl der Dienstleistungserbringer, die zur Angebotsabgabe aufgefordert werden: 3 bis 5.
7. Varianten: Nicht zugelassen.
8. Dauer des Auftrages oder Frist für die Erbringung der Dienstleistungen: Sofort nach Vergabe bis Gebäudefertigstellung
9. Rechtsform der Bietergemeinschaft: Gesamtschuldnerisch haftend mit bevollmächtigtem Vertreter. Eine Bietergemeinschaft, an die der Auftrag vergeben wird, muss die Rechtsform einer BGB-Gesellschaft haben.

148 Zum Meinungsstreit vgl. 3. Auflage dieses Buches, Rdn. 1785.

149 OLG Düsseldorf, Beschluss vom 21.05.2008, Az. Verg. 19/08, in: IBR 2008, 770; OLG Brandenburg, Beschluss vom 16.01.2007, Az. Verg W 7/06, in: NZBau 2007, 332.

10. a) Begründung für beschleunigtes Verfahren: Mitwirkung an kurzfristig zu vergebenden Planungsaufträgen, Rahmenterminplan.
    b) Schlusstermin für Eingang der Teilnahmeanträge:
    c) Anschrift, an die diese Anträge zu richten sind:
    d) Sprache(n), in der (denen) diese Anträge abgefasst sein müssen: deutsch (gilt auch für Rückfragen und Schriftwechsel).
11. Ggf. geforderte Kaution und Sicherheiten: Nachweis einer Berufshaftpflichtversicherung in Höhe von ... ... €
12. Mindestbedingungen: Der Dienstleistungserbringer hat den Nachweis seiner Fachkunde, Leistungsfähigkeit, Erfahrung und Zuverlässigkeit zu erbringen. Dem Antrag auf Teilnahme sind folgende Unterlagen beizufügen: Erklärung über die Anzahl der fest angestellten Beschäftigten, aus der auch die Qualifikation der Führungskräfte und des für das Bauvorhaben vorgesehenen Projektleiters ersichtlich ist, Erklärung, aus der hervorgeht, über welche technische Ausstattung der Bewerber verfügt, Erklärung über Auftragsanteil, für den der Bewerber möglicherweise einen Unterauftrag zu erteilen beabsichtigt, Erklärung über den Gesamtumsatz des Bewerbers in den letzten 3 Jahren, Nachweis der Eintragung ins Berufsregister nach Maßgabe des Mitgliedsstaates, in dem der Bewerber tätig ist, Erklärung, dass der Bewerber in der Lage ist, unmittelbar nach Beauftragung die Leistungen zu erbringen, Erklärung über die Bereitschaft, auf Anforderung ein Büro am Ausführungsort zu unterhalten, Angabe von Referenzobjekten, Auskünfte darüber, ob und auf welche Art der Dienstleistungserbringer wirtschaftlich mit Unternehmen verknüpft ist und/oder auf den Auftrag bezogen, in relevanter Weise mit anderen zusammenarbeitet.
13. Bereits ausgewählte Dienstleistungserbringer: Architekt für Objektplanung Gebäude und Führung des Generalplanerteams
14. Sonstige Angaben: Nachprüfstelle: Bezirksregierung Düsseldorf
15. Der Auftrag wird dem Bieter erteilt, dessen Fachkunde, Erfahrung, Leistungsfähigkeit und Zuverlässigkeit feststeht, der über ausreichende Erfahrungen im Umgang mit öffentlichen Bauvorhaben verfügt und der die Gewähr für eine wirtschaftliche Planung und Bauausführung bietet. Maßgebende Kriterien sind weiterhin Qualität und Strukturierung von Lösungsvorschlägen, Eindruck des Projektleiters, Nachweis interdisziplinärer Erfahrungen.
16. Tag der Absendung der Bekanntmachung:
17. Tag des Eingangs der Bekanntmachung beim Amt für Amtliche Veröffentlichung der Europäischen Gemeinschaften:

7.8 Das Projektantenproblem

7.8.1 Problemaufriss

Die **Projektantenproblematik** beschreibt die Frage, ob ein Projektsteuerungsunternehmen, das 2371
auf Grund eines bereits bestehenden Auftragsverhältnisses oder sonstiger Umstände Vorkenntnisse betreffend gesondert auszuschreibender weiterer Leistungen hat, an einem Vergabeverfahren für diese weiteren Leistungen beteiligt werden kann. Konzerndimensional stellt sich die weitere Frage, ob und inwieweit mit dem Projektsteuerungsunternehmen verbundene Gesellschaften bei der Ausschreibung von Leistungen beteiligt werden dürfen, auf die der Projektsteuerer zuvor Einfluss genommen hat. Praktisch relevant wird die Projektantenproblematik bei folgenden **Sachverhalten**:

- Ein Projektsteuerungsunternehmen wird in der Projektentwicklungsphase auf Grund eines ein- 2372
  gegrenzten Auftrages tätig; im Anschluss hieran erkennt der Auftraggeber die Notwendigkeit der Durchführung eines Vergabeverfahrens für weitere Leistungen und möchte den Projektsteuerer bei der Vergabe der weiteren Leistungen beteiligen.
- Objekt- oder fachplanerische Leistungen sind bereits beauftragt worden; anschließend soll die Projektsteuerervergabe stattfinden, wobei sich an dieser Vergabe auch das Objekt- bzw. Fachplanungsbüro oder ein mit diesem verbundenes Projektsteuerungsunternehmen beteiligen will.
- Das Projektsteuerungsunternehmen ist bereits beauftragt, ein mit ihm verbundenes Unternehmen im Rahmen der Vergabe von Objektplanungs- oder Fachplanungsleistungen zu beteiligen.

2373 – Das Projektsteuerungsunternehmen ist im Rahmen der Entwicklung von Verfahrenstechnik oder einer Prototypenentwicklung als Grundlage für eine spätere Vergabe tätig; an der Ausschreibung der Leistungen für die Ausführung will sich der Projektsteuerer wieder bzw. ein mit ihm verbundenes Unternehmen für sonstige Planungsleistungen beteiligen.
– Ein mit dem bereits beauftragten Projektsteuererbüro verbundenes Versicherungs- oder Bankinstitut möchte sich in der Ausschreibung von Finanzierungs- oder Versicherungsdienstleistungen bewerben.

2374 Allen diesen Fallkonstellationen ist die besondere Problematik eigen, dass bei der durchzuführenden Vergabe bereits Vorkenntnisse eines Bewerbers (zumeist eines Projektsteuerungsunternehmens) vorhanden sind. Dieser **Informationsvorsprung** kann im Einzelfall den Grundsatz der **Chancengleichheit** im Vergabeverfahren gefährden. Vor diesem Hintergrund stellt sich die Frage, ob das Projektsteuererunternehmen oder das mit ihm verbundene Unternehmen nicht von der weiteren Vergabe ausgeschlossen werden muss.

7.8.1.1 Die Vorschrift des § 16 VgV

2375 Gemäß § 16 Abs. 1 VgV dürfen als **Organmitglied** oder **Mitarbeiter** eines Auftraggebers oder als Beauftragter oder als Mitarbeiter eines Beauftragten des Auftraggebers bei der Entscheidung in einem Vergabeverfahren für den Auftraggeber Personen nicht mitwirken, soweit sie in diesem Verfahren Bieter oder Bewerber sind, einen solchen beraten oder sonst unterstützen oder als gesetzlicher Vertreter oder nur in dem Vergabeverfahren vertreten, es sei denn, dass dadurch in der Person kein Interessenkonflikt besteht oder die Tätigkeiten sich nicht auf die Entscheidung in dem Vergabeverfahren auswirken.[150] Als voreingenommen gelten auch Personen, deren Angehörige die vorgenannten Voraussetzungen der Abs. 1 bis 3 des § 16 VgV erfüllen.

2376 Die Vorschrift kann sich insbesondere dann auswirken, wenn die Vergabestelle selbst an einem Projektsteuerungsunternehmen beteiligt ist, welches sich um einen Projektsteuerungsauftrag bewerben soll. Allein der Umstand, dass ein organschaftlicher Vertreter der Vergabestelle Gesellschafterrechte bei einem Bieter ausübt, soll indessen nicht ausreichen, um das bietende Unternehmen zu einer voreingenommenen Person im Sinne des § 16 VgV zu erklären, sofern der organschaftliche Vertreter an dem Verfahren selbst nicht beteiligt worden ist.[151]

2377 In § 16 VgV findet sich lediglich eine Regelung für die Frage, unter welchen Bedingungen Personen auf Grund möglicher Interessenkonflikte nicht an der Vergabeentscheidung mitwirken dürfen. Das spiegelbildliche Problem, ob und inwieweit in der Frühphase eines Projektes beteiligte Personen später nicht für Leistungen beauftragt werden dürfen, regelt die Vorschrift nicht.[152] § 16 VgV statuiert zudem lediglich ein **Mitwirkungsverbot**. Ein Bewerbungsverbot ergibt sich hieraus nicht.[153]

---

150 Ausführlich zum Regelungsinhalt des § 16 VgV Schneider, in: Kapellmann/Messerschmidt, VOB Teile A und B, § 16 VgV, Rn. 1 ff.

151 VK Thüringen, Beschluss vom 26.11.2002, Az. 216–4004. 20–015/02-SON; kritisch zu dieser Entscheidung Plankemann, DAB November 2003, S. 45 f.

152 Vgl. zu dieser Thematik auch die Entscheidung Schönefeld des OLG Brandenburg, Beschluss vom 03.08.1999, Az. 6 Verg 1/99, in: WuW/E 1999, Verg 231; dazu ausführlich Winnes, NZBau 2002, 371 f., sowie BayObLG, Beschluss vom 20.12.1999, Az. Verg 8/99, in: NZBau 2000, 259, 260 = BauR 2000, 557, 560; auch Dankwerts, NZBau 2000, 242.

153 OLG Jena, Beschluss vom 08.04.2003, Az. 6 Verg 9/02, in: NZBau 2003, 624 = VergabeR 2003, 577 f. = IBR 2003, 325.

7.8.1.2 § 4 Abs. 5 VOF

Im Anschluss an Entscheidungen des Europäischen Gerichtshofes[154] ist die Projektantenproblematik in der Zwischenzeit in § 4 Abs. 5 VOF bzw. 6 Abs. 6 VOL/A explizit ausgestaltet worden. So heißt es dort (§ 4 Abs. 5 VOF): 2378

»Haben Bewerber oder Bieter vor Einleitung des Vergabeverfahrens Auftraggeber beraten oder sonst unterstützt, haben Auftraggeber sicherzustellen, dass der Wettbewerb durch die Teilnahme dieser Bewerber oder Bieter nicht verfälscht wird.«

Die Vorschriften des § 6 Abs. 6 VOL/A und des § 4 Abs. 5 VOF ersetzen die frühere Regelung in § 4 Abs. 5 VgV. Daraus ergibt sich zunächst, dass die Beteiligung eines Projektanten an einem Vergabeverfahren nicht automatisch zu einem Verfahrensfehler führt. Vielmehr kann der Auftraggeber die Vergabe auch in diesem Fall rechtmäßig durchführen, wenn er durch geeignete Maßnahmen sicherstellt, dass der Wettbewerb durch die Teilnahme dieses Projektanten nicht verfälscht wird.

Nur wenn demnach keine geeigneten Maßnahmen in Betracht kommen, die eine Verfälschung des Wettbewerbs verhindern oder kompensieren, soll ein Ausschluss des Projektanten im Vergabeverfahren in Betracht kommen.[155] 2379

Ein Auftraggeber darf deshalb nicht ohne weiteres ein bei demselben Projekt in der Vergangenheit bereits eingeschaltetes Projektsteuerungsbüro von einer Neuausschreibung ausschließen. Das OLG München hat angenommen, dass dem Auftraggeber die Verpflichtung obliegt, etwa vorhandene Wissensvorsprünge des vormaligen Projektsteuerers auszugleichen. Solange eine konkrete Wettbewerbsverfälschung hierdurch beseitigt werden kann, darf ein Ausschluss des vormals bereits tätigen Projektsteuerungsunternehmens nicht erfolgen.[156] Wenn der vormalige Projektsteuerer im Rahmen eines Architektenwettbewerbs tätig gewesen ist, reicht es für die Beseitigung des Informationsvorsprungs in der Regel aus, wenn allen Bietern die Ergebnisse des Architektenwettbewerbs mitgeteilt werden und diese hiernach kalkulieren können.[157]

7.8.2 Konsequenzen für die Projektantenproblematik

7.8.2.1 Vermeidung von Teilbeauftragungen/stufenweise Beauftragung

Oftmals steht im Frühstadium eines Projektes noch nicht fest, wie die zukünftige Projektabwicklung organisiert werden soll. Dementsprechend werden Projektbeteiligte noch nicht mit den Leistungsbildern für die gesamte Projektdauer beauftragt. Aus vergaberechtlichen Gründen muss berücksichtigt werden, dass die Beauftragung von Teilleistungen, insbesondere isolierter Leistungsphasen, das Projektantenproblem auslöst, weil der in den ersten Leistungsphasen tätige Freiberufler oftmals über einen erheblichen Informationsvorsprung verfügt. Dementsprechend sollte soweit möglich auf die Vergabe von Basisaufträgen mit optionaler Anschlussbeauftragung eines stufenweisen Projektsteuererauftrages ausgewichen werden. 2380

Wegen ihrer Nähe zur Rahmenbeauftragung wird auch die stufenweise Beauftragung bei Architekten- und Ingenieurleistungen (entsprechendes gilt für Projektsteuererleistungen) vergaberechtlich zulässig angesehen.[158]

---

154 EuGH, Urteil vom 03.03.2005, Az. C-21/03, C-34/03, in: NzBau 2005, 351, 353 = VergabeR 2005, 319, 324 = IBR 2005, 229.

155 Vgl. dazu Michel, NZBau 2006, 689.

156 OLG München »Sport- und Freizeitpark«, Beschluss vom 19.12.2013, Az. Verg 12/13, in: VergabeR 2014, 466.

157 OLG München »Sport- und Freizeitpark«, Beschluss vom 19.12.2013, Az. Verg 12/13, in: VergabeR 2014, 466.

158 EuGH, Urteil vom 15.03.2012, Az. C-574/10, Kommission/Deutschland, in: VergabeR 2012, 593; Thüringer OLG, Beschluss vom 19.10.2010, Az. 9 Verg 5/10, in: VergabeR 2011, 510.

2381 Wenn eine stufenweise Beauftragung von Projektsteuerungsleistungen erfolgt, der Auftraggeber aber später dem erfolgreichen Bieter die weiteren Leistungsstufen nicht übertragen will, müssen diese erneut ausgeschrieben werden. Der Auftraggeber darf nicht lediglich mit den Teilnehmern des früheren Teilnahmewettbewerbs in Vertragsverhandlungen einsteigen.[159]

7.8.2.2 Beseitigung von Informationsvorsprüngen

2382 Schwierigkeiten beinhaltet die genaue Festlegung, wann ein solcher Informationsvorsprung vorliegt, der zu einem Ausschluss des Projektanten nötigt. Allein das Bestehen einer gesellschaftsrechtlichen Verbindung zwischen einem Beratungsunternehmen, das in der Vergabe tätig war, und einem Bieter reicht für einen Ausschluss vom Verfahren nicht aus.[160] Zum Ausschluss kann allerdings die Mitwirkung eines verbundenen Unternehmens oder eines Angehörigen bei der Definition der Auftragskriterien im Rahmen einer Vergabe führen.[161] Nach Auffassung des Bayerischen Obersten Landesgerichts widerspricht es dem wettbewerbsrechtlichen Gleichbehandlungsgebot, in einem VOF-Verfahren den Wissens- und Erfahrungsvorsprung, der aus einem gesondert vergebenen früheren Bauabschnitt desselben Bauvorhabens stammt, im Vergabeverfahren für den weiteren Bauablauf zu nutzen.[162] Dem wird für den Fall zuzustimmen sein, dass eine Kompensation der Informations- und Wissensvorsprünge nach Maßgabe der konkret gewählten Auftragskriterien nicht möglich ist.

2383 Wenn ein Projektsteuerungsunternehmen Beratungsleistungen für die Prüfung und Änderung eines Vorhabens zu einer Gesamtprojektrealisierung vornimmt, ist es nicht ohne weiteres bei der späteren Bewerbung um Projektsteuerungsleistungen ausgeschlossen. Die Übermittlung der Zielplanung allen Bietern des Vergabeverfahrens betreffend Projektsteuererleistungen gegenüber kann den Wissensvorsprung ausschließen.[163]

Die abstrakte Möglichkeit einer Vorteilserlangung durch Vorkenntnisse reicht nicht aus, den betreffenden Bieter von Projektmanagentleistungen auszuschließen. Eine Wettbewerbsverfälschung kann in der Regel durch die Übermittlung aller Projektunterlagen an die Beteiligten des Vergabeverfahrens vermieden werden.[164]

2384 Wenngleich der Informationsvorsprung als sog. Projektant eine spätere Beteiligung des Projektsteuerers in der Vergabe zusätzlicher Leistungen nicht prinzipiell ausschließt, muss der Auftraggeber bei einer Projektantenbeteiligung doch **Vorsorgemaßnahmen** treffen, die eine Diskriminierung der übrigen Bieter ausschließen:[165]

- Der Projektant darf bei der **Durchführung der Vergabe** für den Anschlussauftrag **nicht unmittelbar beteiligt** werden. Schon seine Beteiligung an der Herstellung von Ausschreibungsunterlagen ist kritisch zu bewerten. Dabei kann im Einzelfall die Erarbeitung einer Leistungsbeschreibung noch unschädlich sein, soweit diese nicht auf einen speziellen Bieter zugeschnitten ist oder Vorteile bei der Vergabe ermöglicht.[166] Jedenfalls ist eine Mitwirkung bei der Konzeption von Bewerbungsbedingungen und Auftragskriterien sowie bei der Führung von Verhandlungen in der Regel als Ausschlussgrund zu werten.

2385 – Die **Anforderungen an das Angebot** und **die Auftragskriterien** sind so zu gestalten, dass aus einem etwaigen Wissensvorsprung tatsächlich kein Wertungsvorteil resultiert. Wenn dementsprechend an einer Ausschreibung von Projektsteuerungsleistungen ein Projektant beteiligt ist,

159 OLG Jena, Beschluss vom 19.10.2010, Az. 9 Verg 5/10, in: NZBau 2011, 256.
160 Vgl. OLG Koblenz, Beschluss vom 10.08.2000, Az. 1 Verg 2/00, in: BauR 2001, 240.
161 BayObLG, Beschluss vom 20.12.1999, Az. Verg 8/99, in: NZBau 2000, 259, 260 = BauR 2000, 557, 560 für den Fall von Angehörigen.
162 BayObLG, Beschluss vom 10.09.2001, Az. Verg 14/01, in: IBR 2001, 635.
163 OLG München, Beschluss vom 10.02.2011, Az. Verg 24/10, in: VergabeR 2011, 739.
164 OLG Düsseldorf, Beschluss vom 25.04.2012, Az. VII Verg 100/11, in: IBR 2012, 533.
165 Vgl. dazu Michels/Rude, VergabeR 2008, 183, 184.
166 Vergabeüberwachungsausschuss Bund, IBR 1997, 2.

ist dem Auftraggeber empfohlen, von den bewerbenden Projektsteuerungsunternehmen keine eigenständigen Konzepte für die Umsetzung eines Projektes abzufordern und zu bewerten, wenn diese von dem Projektanten aufgrund seines Wissensvorsprungs schneller oder qualitativ besser bearbeitet werden können.

- Damit sich etwaige **Informations-** und **Erfahrungsvorsprünge** des Projektanten nicht entscheidend auswirken können, muss eine hinreichende Information aller sonstigen Bieter sichergestellt werden. Projektinformationen, die der Projektant unmittelbar aufgrund seiner Vorbefassung mit der Auftragsvergabe erhalten hat, sollen den anderen Bewerbern zur Verfügung gestellt werden. Bewerbungsfristen und Angebotsfristen sind generell ausreichend lang zu bemessen, damit sich die Vorinformationen eines Projektanten nicht entscheidend auswirken können. Den Bewerbern sind **Informationsrechte** einzuräumen. Die Anzahl der zugelassenen Bewerber sollte einen effektiven Wettbewerb ermöglichen. 2386
- Eine **transparente Organisation** des gesamten Vergabeverfahrens ist sicherzustellen. Die Auftragskriterien sind eindeutig und so zu formulieren und zu definieren, dass sich hieraus keinerlei zusätzliche Chancen für den Projektanten ergeben können. 2387
- **Nebenangebote** sollten möglichst zugelassen werden. Dabei sind Nebenangebote des Projektanten besonders kritisch zu prüfen und auszuschließen, sofern sich aus den Nebenangeboten ein entsprechender Informations- oder Erfahrungsvorsprung aus der früheren Tätigkeit des Projektanten ableiten lässt.[167]

Im Ergebnis muss nicht jeder Verstoß gegen diese Vorsorgemaßnahmen zu einem zwingenden Ausschluss des Projektanten führen. Das gilt insbesondere dann, wenn der Bieter lediglich ein mit dem Projektanten verbundenes Unternehmen ist und keine Anhaltspunkte dafür sprechen, dass insoweit ein Informations- und Erfahrungstransfer stattfindet. Wenn die Verdingungsunterlagen durch den Projektanten wesentlich beeinflusst worden sind, muss aber sichergestellt sein, dass der Projektant im weiteren Vergabeverfahren, insbesondere bei der **Wertung der Angebote**, nicht beteiligt wird. 2388

Das OLG München hat es zugelassen, dass ein in der Frühphase der Planung tätiger Planungsbeteiligter sich anschließend um Projektsteuerungsleistungen bewirbt. Ein derartig vorgefasster Bieter könne nur dann vom Wettbewerb ausgeschlossen werden, wenn durch seine Teilnahme der Wettbewerb verfälscht werde. Erscheint eine konkrete Wettbewerbsverfälschung bei objektiver Betrachtung der Leistungen möglich, obliegt dem Auftraggeber die Verpflichtung, den Wissensvorsprung des einen Bieters durch Information aller anderen Bieter auszugleichen. Welche Egalisierungsmaßnahme im Einzelfall erforderlich ist, entscheidet der öffentliche Auftraggeber nach pflichtgemäßem Ermessen.[168] 2389

7.8.2.3 Kausalität

Der Ausschluss eines so genannten Projektanten wegen wettbewerbswidriger Wissensvorsprünge ist aber nur möglich, wenn sich die entsprechenden Wettbewerbsvorteile im Rahmen des Vergabeverfahrens konkret ausgewirkt haben.[169] Deshalb ist nicht ohne weiteres davon auszugehen, dass bei einer Planungs- oder Projektsteuerungsleistung, die typischerweise zeitlich in einzelne Leistungsphasen aufgegliedert wird und deren erste Leistungsphasen bereits an ein Unternehmen vergeben worden sind, die Beteiligung des entsprechenden Unternehmens bei Auftragsvergaben betreffend 2390

167 OLG Brandenburg, Beschluss vom 29.07.2008, Az. Verg W 10/08, in: VergabeR 2009, 222: Nebenangebote können nur berücksichtigt werden, wenn der Auftraggeber Angaben zu Mindestanforderungen in Form von sachlich-technischen Vorgaben gemacht hat. Entspricht ein Nebenangebot den Mindestanforderungen, hat der Auftraggeber eine Prüfung dahingehend vorzunehmen, ob das Nebenangebot im Amtsentwurf gleichwertig ist. Die Erfüllung der Mindestanforderungen ist kein Äquivalent der Gleichwertigkeit.

168 OLG München, Beschluss vom 25.07.2013, Az. Verg 7/13, in: IBR 2013, 645.

169 VK Baden-Württemberg, Beschluss vom 23.01.2003, Az. 1 VK-70/02; VK Lüneburg, Beschluss vom 21.01.2003, Az. 203-VgK-30/2002.

weitere Leistungsphasen von vornherein ausgeschlossen ist.[170] Dagegen ist nach Auffassung des OLG Jena davon auszugehen, dass derjenige Bieter, der bereits erste Leistungsphasen nach einem Leistungsbild der HOAI erbracht hat, als Bewerber für weitere Leistungsphasen auszuschließen ist. Etwas anderes kann gelten, wenn die Vorbefassung den Wettbewerb ausnahmsweise nicht beeinträchtigt.[171]

2391 Die Rüge, ein Bieter habe aufgrund von Informationsvorsprüngen für eine Planungs- und Projektmanagementleistung ein reduziertes Personalkonzept anbieten können, ist unbegründet, wenn sich herausstellt, dass der günstigste Bieter wegen des geringeren Personenmonatssatzes und nicht etwa des Mengensatzes den Zuschlag erhalten musste.[172]

7.8.3 Konzernangebote

2392 Zwar ist es mit dem vergaberechtlichen (geheimen) Wettbewerbsprinzip unvereinbar, wenn ein Bieter an der Ausschreibung teilnimmt, dem das Angebot eines Mitbewerbers um den Zuschlag ganz oder teilweise bekannt ist. Davon ist in der Regel auszugehen, wenn einzelne Bieter zugleich Mitglied einer Bietergemeinschaft sind. Eine solche Vermutung ist aber nicht gerechtfertigt, wenn zwei bei der Angebotsabgabe gesellschaftsrechtlich über eine Holdinggesellschaft verbundene Bieter an einer Ausschreibung teilnehmen. Vielmehr ist in derartigen Fällen der konkrete Nachweis wettbewerbsbeschränkender Absprachen erforderlich. Die Bieter haben sich nach Aufforderung dazu zu erklären, ob und in welchem Umfang ein Informationsaustausch erfolgt ist.[173]

Nach Auffassung des EuGH kommt ein Ausschluss der Bietergemeinschaft bzw. eines konkurrierenden Mitgliedsunternehmens erst dann in Betracht, wenn diesem die Möglichkeit eingeräumt wurde, nachzuweisen, dass trotz eines möglicherweise »bösen Anscheins« die beiden konkurrierenden Angebote unabhängig voneinander eingereicht wurden.[174]

7.9 Rechtsschutz/Schadensersatz bei Verletzung vergaberechtlicher Bestimmungen durch den Auftraggeber

2393 Die Prüfung der Rechtsstellung eines benachteiligten Projektsteuerers in einem Vergabeverfahren hängt im Wesentlichen davon ab, ob die **EU-Schwellenwerte** für die Anwendung des Vergabekartellrechts (§§ 97 ff. GWB) überschritten sind.

2394 Im Falle einer Auftragsvergabe von Projektsteuerungsleistungen mit einem Wert **unterhalb der EU-Schwellenwerte** kann der übergangene Projektsteuerer grundsätzlich kein Nachprüfungsverfahren einleiten. Ihm steht **kein vergaberechtlicher Primärrechtsschutz** zur Verfügung. Eine zivilrechtliche einstweilige Verfügung kommt nur in Ausnahmefällen (offensichtlicher Missbrauch oder grenzüberschreitende Bedeutung bei Missachtung der EU-Grundfreiheiten) in Betracht.[175]

2395 Wohl hat er die Möglichkeit, nachträglich Schadensersatzansprüche nach §§ 311 Abs. 2 Nr. 1 i. V. m. 280 ff. BGB geltend zu machen. Denn schon durch die Beteiligung am Vergabeverfahren entstehen vorvertragliche Schutzpflichten. Deren Verletzung kann zu einer Schadensersatzpflicht des öffentlichen Auftraggebers führen. Die Ansprüche sind auf den Ersatz des Schadens gerichtet,

170 VK Baden-Württemberg, Beschluss vom 23.01.2003, Az. 1 VK-70/02; VK Lüneburg, Beschluss vom 21.01.2003, Az. 203 VgK.-30/2002.

171 OLG Jena, Beschluss vom 08.04.2003, Az. 6 Verg 9/02, in: NZBau 2003, 624 = IBR 2003, 325.

172 Vgl. OLG Brandenburg, NZBau 2007, 329, 331.

173 VK Sachsen, Beschluss vom 28.10.2008, Az. 1 SVK/054-8.

174 EuGH, Urteil vom 23.12.2009, Az. C-376/08, in: NZBau 2010, 261; Urteil vom 19.05.2009, Az. C-538/07, in: NZBau 2009, 607; OLG Düsseldorf, Beschluss vom 13.04.2011, Az. VII Verg 4/03, in: NZBau 2011, 371; dazu auch Mager/v.d. Recke, NZBau 2011, 541.

175 Vgl. etwa OLG Hamm, Urteil vom 12.02.2008, Az. 4 U 190/07, in: IBR 2008, 671: Ein zivilrechtlicher Unterlassungsgrund kommt nur in Betracht, wenn der Auftraggeber vorsätzlich rechtswidrig oder willkürlich gehandelt hat.

den der Bieter dadurch erlitten hat, dass er darauf vertraut hat, die Ausschreibung werde in Übereinstimmung mit den vergaberechtlichen Vorschriften abgewickelt. Ein daraus abgeleiteter Anspruch ist im Allgemeinen auf den Ersatz des sog. **negativen Interesses**, d. h. auf den Ersatz der durch Beteiligung an der Ausschreibung entstandenen Aufwendungen beschränkt, kann in besonderen Fällen aber auch den Ersatz des sog. positiven Interesses, vor allem den durch die Nichterreichung des Auftrages **entgangenen Gewinn** erfassen. Letzteres ist dann der Fall, wenn der übergangene Bieter bei ordnungsgemäßer Anwendung des Vergaberechts eigentlich als Bestqualifizierter hätte beauftragt werden müssen und die Vergabe auch tatsächlich durchgeführt wird.[176]

Sofern die **Schwellenwerte überschritten** sind, ist in aller Regel ein ausreichender **Primärrechtsschutz** sichergestellt. Nach dem Kartellvergaberecht gelten dann folgende Grundsätze: 2396

Ein Bieter, der sich in seinen Rechten in Bezug auf ein vergabegerechtes Verfahren nach § 97 Abs. 7 GWB verletzt sieht, kann nach § 107 GWB eine Überprüfung des Antrags bei der **Vergabekammer** stellen **(Nachprüfungsantrag)**. Dem Bieter steht es auch frei, einen Verfahrensantrag an eine Vergabeprüfstelle zu richten, um eine formlose und möglicherweise einvernehmliche Regelung zu erzielen. Es ist jedoch im Regelfall zu empfehlen, sogleich das förmliche Nachprüfungsverfahren gem. §§ 107 ff. GWB einzuleiten. Die **Vergabekammern** werden nach Bundes- und Landesrecht eingerichtet. Die jeweils zuständige Vergabekammer erforscht den Sachverhalt von Amts wegen und muss darauf achten, dass das Vergabeverfahren nicht unangemessen beeinträchtigt wird, § 118 GWB. Es besteht für alle Beteiligten eine **Akteneinsichtmöglichkeit**, § 111 GWB. 2397

Informiert die Vergabekammer den öffentlichen Auftraggeber in Textform über die Antrag auf Nachprüfung, darf dieser vor einer Entscheidung der Vergabekammer und dem Ablauf der Beschwerdefrist nach § 117 Abs. 1 GWB den Zuschlag nicht erteilen. Eine Missachtung dieser Vorschrift führt zur Nichtigkeit des Vertrages. Die Vergabekammer kann dem Auftraggeber allerdings auf seinen Antrag gestatten, den Zuschlag nach Ablauf von 2 Wochen seit Bekanntgabe dieser Entscheidung zu erteilen, wenn unter Berücksichtigung aller Interessen ein Aufschub nicht geboten erscheint, § 115 Abs. 2 GWB. Bei der in diesem Zusammenhang notwendigen Interessenabwägung wird im Hinblick auf zu beauftragende Projektsteuerungsleistungen von den Vergabekammern i. d. R. kein Vorabzuschlag erteilt werden. Bis zum Abschluss des Nachprüfungsverfahrens sind Auftraggeber gehalten, die notwendigen **Projektsteuerungsleistungen vorübergehend** anderweitig sicherzustellen.[177] 2398

Die Vergabekammer entscheidet, ob der Antragsteller in seinen Rechten verletzt ist und trifft geeignete Maßnahmen, um eine Rechtsverletzung zu beseitigen und eine Schädigung der betroffenen Interessen zu verhindern (§ 114 Abs. 1 GWB). Ein bereits erteilter **Zuschlag** kann indessen **nicht aufgehoben** werden (§ 114 Abs. 2 GWB). 2399

Allerdings kommt ein Auftrag nicht zustande, wenn der Auftraggeber seiner **Vorabinformationspflicht** nach § 101 a) und b) GWB nicht nachkommt. Die Feststellung der Rechtsverletzung durch die Vergabekammer führt dazu, dass der beeinträchtigte Bieter **Schadensersatz** geltend machen kann.

Gegen Entscheidungen der Vergabekammer ist die **sofortige Beschwerde** zum Oberlandesgericht zulässig, § 116 GWB. Die sofortige Beschwerde muss innerhalb einer Notfrist von 2 Wochen erhoben werden, die mit Zustellung der Entscheidung der Vergabekammer beginnt, § 117 GWB. Die sofortige Beschwerde hat **aufschiebende Wirkung** gegenüber der Entscheidung der Vergabekammer. 2400

176 Vgl. BGH, Urteil vom 08.09.1998, Az. X ZR 109/96, in: BauR 1998, 1246, 1247; Urteil vom 08.09.1998, Az. X ZR 48/97, in: BauR 1998, 1232, 1233, sowie Urteil vom 08.09.1998, Az. X ZR 99/96, in: BauR 1998, 1238, 1240 (in den letzten beiden Fällen zum Problem des Vertrauensschutzes bei Aufhebung der Ausschreibung); LG Mühlhausen, Urteil vom 10.10.1997, Az. 6 O 248/97, in: NJW-RR 1999, 52, 53; insbesondere darf das Angebot nicht auszuschließen sein, BGH, Urteil vom 16.04.2002, Az. X ZR 67/00, in: BauR 2002, 1236, 1238.

177 VK Magdeburg, Beschluss vom 21.6.2001, Az. 33–32571/07 VK 09/0170.

Auf Antrag des Auftraggebers kann das Gericht unter Berücksichtigung der Erfolgsaussichten der sofortigen Beschwerde den weiteren Fortgang des Vergabeverfahrens und den **Zuschlag gestatten**, § 118 Abs. 2 GWB. Gegen die Entscheidung ist ein Rechtsmittel nicht möglich, § 121 GWB.

2401 Wird wegen eines Verstoßes gegen Vergabevorschriften **Schadensersatz** begehrt und hat ein Verfahren vor der Vergabekammer stattgefunden, ist das ordentliche Gericht an die bestandskräftige Entscheidung der Vergabekammer und die Entscheidung des Oberlandesgerichts über die Beschwerde gebunden, § 124 Abs. 1 GWB. Wenn feststeht, dass der Auftraggeber gegen eine den Schutz von Unternehmen betreffende Vorschrift des Kartellvergaberechts verstoßen hat und das Unternehmen ohne diesen Rechtsverstoß bei der Wertung der Angebote eine echte Chance gehabt hat, den Zuschlag zu erhalten, dann bestimmt § 126 GWB, dass das Unternehmen Schadensersatz für die Kosten der Vorbereitung des Angebotes oder der Teilnahme an einem Vergabeverfahren verlangen kann. Das unterlegene Projektsteuerungsunternehmen braucht dementsprechend lediglich nachzuweisen, dass die Auftragsvergabe dem Kartellvergaberecht unterliegt, eine Verletzung bieterschützender Vorschriften des Vergaberechts erfolgt ist und es eine »echte Chance« auf Zuschlagserteilung gehabt hätte. Es muss insoweit nicht beweisen, dass es tatsächlich den Zuschlag erhalten hätte.[178]

2402 § 126 Satz 2 GWB sieht vor, dass der unterlegene Bieter auch **weitergehende Ansprüche** auf Schadensersatz nach allgemeinen gesetzlichen Vorschriften geltend machen kann. Im Rahmen des allgemeinen Schadensersatzrechts kann der Projektsteuerer, zu dessen Lasten Vergaberechtsvorschriften verletzt worden sind, ggf. sogar den entgangenen Gewinn geltend machen. Dies setzt aber voraus, dass ihm der Nachweis der erforderlichen Auftragserteilung bei ordnungsgemäßer Durchführung des Vergabeverfahrens gelingt.[179]

---

178 Zur sog. echten Chance vgl. Verfürth, in: Kulartz/Kus/Portz, Kommentar zum Vergaberecht, § 126, Rn. 12 ff.

179 Wobei rechtlich noch nicht abschließend herausgearbeitet ist, inwieweit dem übergangenen Bieter Beweiserleichterungen zugute kommen können: BGH, Urteil vom 25.11.1992, Az. VIII ZR 170/91, in: NJW 1993, 520, 521; OLG Düsseldorf, Urteil vom 28.03.1995, Az. 23 U 118/94, in: BauR 1996, 98, 101; Jasper, DB 1998, 2151, 2157.

8 Vertragsgestaltung

8.1 Allgemeine Grundlagen der Vertragsgestaltung bei Projektsteuerungsverträgen

Angesichts der Vielgestaltigkeit der Leistungen der Projektsteuerung und des Projektcontrollings gibt es **den Projektsteuerervertrag** nicht. Der im Einzelfall zu konzipierende Projektmanagementvertrag hängt von vielen, ggf. zum Teil miteinander verwobenen und sich beeinflussenden Anforderungen ab, die durch die Stellung und das Verständnis des Auftraggebers, Anforderungen der Projektfinanzierung, der Einsatzform der übrigen Projektbeteiligten und der Art des jeweiligen Projektes maßgeblich bestimmt werden. Dementsprechend formuliert etwa *Rodewoldt* zutreffend: 2403

»Angesichts des Fehlens eines vertraglichen Leitbildes und der Vielfalt der Aufgabenstellungen kann ein Vertragsmuster nicht alle denkbaren Aufgabenstellungen der Projektsteuerung erfassen; es kann nur als Richtlinie oder Checkliste dienen. Einen Vertragstyp mit Vorbildfunktion für alle Fälle kann es nicht geben. Aufgabe der Projektsteuerung ist die Vereinfachung der Projektrealisierung eines Vorhabens durch dessen Strukturierung. Sie ist kein rechtlicher Vorgang, so dass allein ein Vertrag diese Aufgabe auch nicht lösen kann. Der ›richtige‹ Vertrag muss die von Fall zu Fall wechselnden Vorstellungen der Parteien, wie der Erfolg erreicht werden soll, aufgreifen und in rechtliche Kategorien umsetzen. Ein Vertrag sollte der konkreten Aufgabenstellung folgen, nicht die Aufgabenstellung einem Mustervertrag.«[1] 2404

Hansen hat deshalb **Vertragsmuster** für Projektsteuererverträge zu Recht als **Anachronismus** bezeichnet.[2] 2405

Veröffentlichte Vertragsmuster für die Projektsteuerung 2406
- *BBR-Vertragsmuster* für die Projektabwicklung nach RBBau-Systematik[3]
- *Eschenbruch*, in: AHO-Fachkommission Projektsteuerung/Projektmanagement, Untersuchungen zum Leistungsbild, zur Honorierung und zur Beauftragung von Projektmanagementleistungen in der Bau- und Immobilienwirtschaft[4]
- *Eschenbruch*, in: Wirth, Darmstädter Baurechtshandbuch, Teil IX[5]
- *Knipp*, in: Heiermann/Franke/Knipp, Baubegleitende Rechtsberatung, derselbe in AHO-Fachkommission Heft 9 (2008)[6]
- *Rodewoldt*, in: Roquette/Otto, Vertragsbuch privates Baurecht[7]
- Steiner, in: Ulbrich, Formularbuch des Fachanwalts Bau- und Architektenrecht[8]
- *Wingsch*, Leistungsbeschreibungen und Leistungsbewertungen zur HOAI [9]

mögen als Checkliste verwendet werden, in jedem Einzelfall ist jedoch zu überprüfen, ob nicht die konkreten Anforderungen an die Projektsteuererleistung Abweichungen und Fortentwicklungen eines Vertragstextes notwendig machen.[10]

---

1 Rodewold, in: Roquette/Otto, Vertragsbuch privates Baurecht, S. 174.
2 Vgl. Hansen, in: DVP, Projektmanagement in Praxisbeispielen, S. 2 ff.; Unger, in: DVP, Projektmanagement in Praxisbeispielen, S. 20, formuliert: »Den Projektsteuerervertrag gibt es nicht!«; kritisch auch Knipp, Projektmanagement, S. 40 ff.
3 Siehe dazu Anhang 2, Rdn. 2908.
4 Eschenbruch, in: AHO-Fachkommission, Projektsteuerung/Projektmanagement, Untersuchungen zum Leistungsbild, zur Honorierung und zur Beauftragung von Projektmanagementleistungen in der Bau- und Immobilienwirtschaft, 3. Aufl. 2008.
5 Eschenbruch, in: Wirth, Darmstädter Baurechtshandbuch, Teil IX, Rn. 97.
6 Knipp, in: Heiermann/Franke/Knipp, Baubegleitende Rechtsberatung, München 2002, S. 401 f.
7 Rodewoldt, a. a. O., S. 154 f.
8 Steiner, in: Ulbrich, Formularbuch des Fachanwalts Bau- und Architektenrecht, Würzburg 2009, S. 478 f.
9 Wingsch, Leistungsbeschreibungen und Leistungsbewertungen zur HOAI mit Vertragsbeispielen und Checklisten, 2. Aufl., S. 40.
10 Vgl. dazu Hansen, in: DVP, Projektmanagement in Praxisbeispielen, S. 16, der darauf hinweist, dass auch bei der Verwendung von Vertragsmustern immer wieder konkreter Verhandlungsbedarf besteht,

2407 Bei der Verwendung von **Vertragsmustern** sind immer die Sondervorschriften für **Allgemeine Geschäftsbedingungen** nach den §§ 305 ff. BGB zu beachten. Wer Vertragsmuster – gleichgültig ob selbst entworfen oder aus Formularverträgen übernommen – ganz oder teilweise verwendet, muss damit rechnen, dass diese möglicherweise einer Wirksamkeitskontrolle nach § 305 c BGB (überraschende oder mehrdeutige Klauseln) oder nach den §§ 307 ff. BGB (unangemessene Klauseln) nicht standhalten. Vorformuliert können Vertragsbedingungen selbst dann sein, wenn sie nicht einmal schriftlich aufgezeichnet sind, sondern planmäßig von dem Verwender entsprechender Leerzeilen per Hand oder maschinenschriftlich in einen Vertrag eingefügt werden.[11] Die Mehrfachverwendung kann sich bereits dadurch ergeben, dass der Auftraggeber entsprechende Vertragsklauseln gegenüber ein und derselben Partei mehrfach stellt. Die Benutzung von vorformulierten Bedingungen aus Formularmustern stellt per se die Verwendung einer Allgemeinen Geschäftsbedingung dar; dabei ist dann auch nicht erforderlich, dass der jeweilige Verwender diese, zur Mehrfachverwendung empfohlene Regelung tatsächlich auch mehrfach anwenden will.[12] Nicht den Sonderregelungen für Allgemeine Geschäftsbedingungen unterfallen **Individualvereinbarungen**, § 305 Abs. 1 Satz 3 BGB. Die Vorschrift setzt ein wirkliches Aushandeln voraus. Der Verwender muss den gesetzesfremden Kerngehalt seiner Allgemeinen Geschäftsbedingungen inhaltlich ernsthaft zur Disposition stellen und dem anderen Teil Gestaltungsfreiheit zur Wahrung eigener Interessen einräumen.[13] Ein Aushandeln einzelner Vertragsbedingungen ändert grundsätzlich nichts daran, dass die übrigen Klauseln Allgemeine Geschäftsbedingungen bleiben.[14]

2408 Ungeachtet der Notwendigkeit, den einzelnen Projektsteuerungsvertrag unter Berücksichtigung der Projektspezifika, der Projektbeteiligten wie auch der besonderen Vertragsinhalte individuell zu gestalten, lassen sich doch **national und international übliche Grobstrukturen** von Projektsteuerungsverträgen identifizieren. Die Strukturmerkmale von Projektsteuerungsverträgen sind aus dem nachfolgend abgedruckten Überblick wie auch der nachfolgend abgedruckten Gliederungsübersicht von Projektsteuerungsverträgen ersichtlich. Die im Rahmen der Vertragsgestaltung auftretenden Problemstellungen sind in der nationalen wie auch internationalen Projektpraxis weitgehend vergleichbar. Wohl ist etwa die anglo-amerikanische Vertragspraxis durch die stärkere Verwendung von Standardvertragsmustern für Projektsteuerungsverträge (wie etwa CMAA, AIA, RICS) geprägt. Bei diesen Standardvertragsmustern handelt es sich zumeist um den Ausschnitt aus einem verbandsbezogen erstellten Vertragsnetz mit einer ganz **spezifischen Rollenzuweisung** an die Projektbeteiligten, speziell an den beteiligten Projektmanager. Die Vereinbarkeit eines solchen Regelmodells mit den konkreten Projekterfordernissen bedarf der Abklärung in jedem Einzelfall. Im Übrigen aber sind die Problemstellungen und auch Lösungsansätze weitgehend vergleichbar.[15]

---

neue Entwicklungen aufgenommen werden müssen und das Hinterfragen einmal erstellter Verdingungsunterlagen zur Verbesserung der Verträge und Optimierung der Vertragsklauseln führt.

11 BGH, Urteil vom 30.10.1991, Az. VIII ZR 51/91, in: BGHZ 115, 391; Urteil vom 30.09.1987, Az. IVa ZR 6/86, in: NJW 1988, 410.

12 BGH, Urteil vom 16.10.1990, Az. V ZR 217/89, in: NJW 1991, 843.

13 BGH, Urteil vom 03.11.1999, Az. VIII ZR 269/98, in: NJW 2000, 1110; BGH, Urteil vom 10.10.1991, Az. VII ZR 289/90, in: NJW 1992, 1107.

14 BGH, Urteil vom 06.03.1986, Az. III ZR 195/84, in: BGHZ 97, 215.

15 Vgl. zu den Projektmanagementeinsatzformen Rdn. 250 f.

Die nachfolgenden Hinweise zur Vertragsgestaltung bei Projektsteuererverträgen sollen Vertragswerke betreffen, die zwischen einem **Auftraggeber (Bauherrn)** und einem **unabhängigen Projektsteuererunternehmen** abgeschlossen werden. Die Hinweise beziehen sich vornehmlich auf die externe Leistungserbringung für den Bauherrn und speziell die Projektrealisierung mit Einzelplanern und einzelnen Unternehmen. Für Projektsteuererverträge unter Beteiligung von Kumulativleistungsträgern wie Totalunternehmern oder Generalunternehmern müssen weitere Besonderheiten beachtet werden, die in diesem Kapitel nicht abschließend behandelt werden können. Abschließend ist noch eine Übersicht über die Probleme der Gestaltung von Construction-Management-Verträgen angefügt. 2409

2410

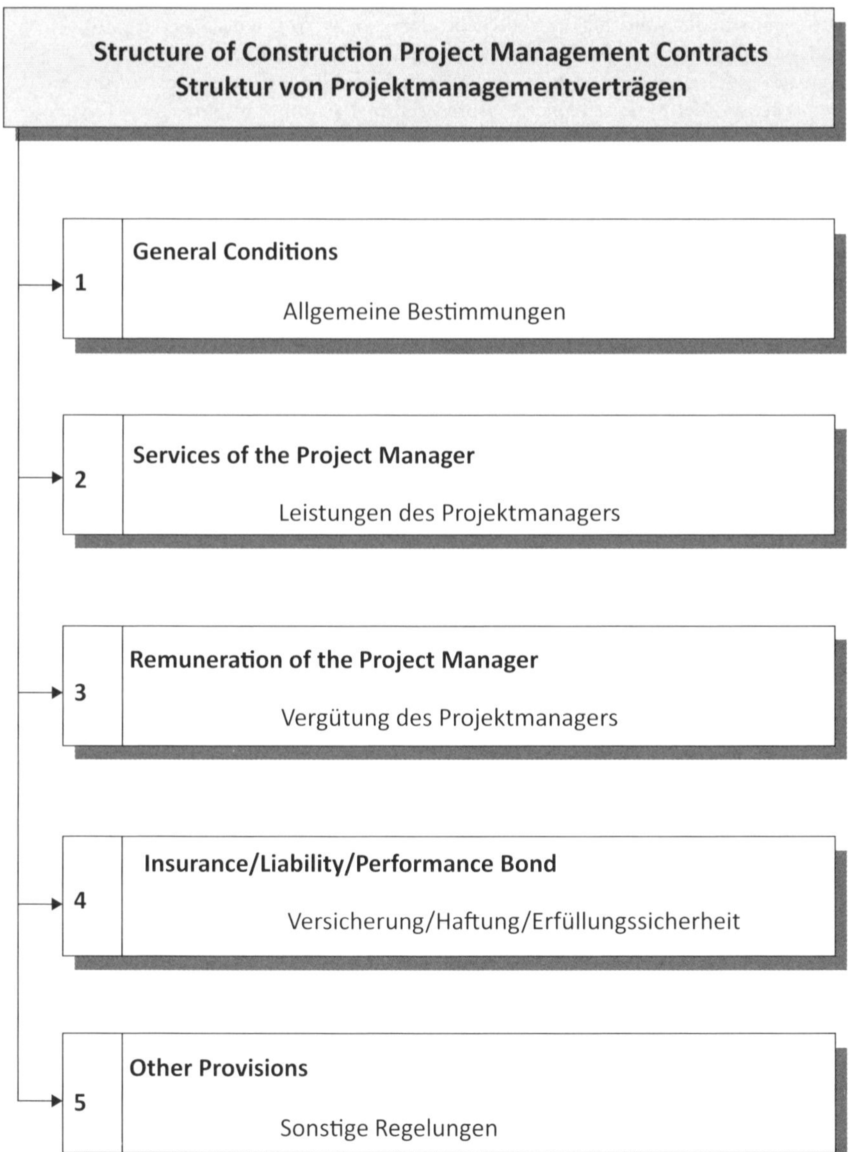

2411 Wie *Steiner* zutreffend herausgearbeitet hat, macht es keinen Sinn, prinzipiell eigenständige Vertragsmuster jeweils für **Projektsteuerungs- und für Projektmanagementverträge** zu entwerfen. Vielmehr ist es zweckmäßig, den Projektsteuerungsvertrag als Grundmuster vorzusehen und dabei diejenigen ergänzenden Tätigkeiten, die der Projektleitung zugeordnet sind, den maßgeblichen Stellen des Vertrages additiv hinzuzufügen. Die relevanten Entscheidungs- und Durchsetzungskompetenzen können deshalb gemäß den konkreten Projektanforderungen sowohl im Vertragstext wie auch im Leistungsbild entsprechend berücksichtigt werden (dazu auch das Praxisbeispiel bei Rdn. 2443).[16]

8.2 Der Projektsteuerungs-Pauschalvertrag

2412 Projektsteuerungsleistungen werden ganz überwiegend auf werkvertraglicher Basis mit Projektsteuerungs-Pauschalverträgen beauftragt. Zumindest bei Standardprojekten hat sich diese Form der Beauftragung in Deutschland durchgesetzt. Nur in Ausnahmefällen erfolgt die Beschaffung auf der Grundlage von dienst- oder werkvertraglichen Abreden mit einer aufwandsbezogenen Vergütungsabrede oder aber in der Form von Arbeitnehmerüberlassungen oder befristeten Arbeitsverträgen. Kennzeichen des Projektsteuerungs-Pauschalvertrages ist die Beauftragung eines Projektsteuerungsunternehmens auf der Grundlage eines umfassenden Standardleistungsbildes, verknüpft mit einer pauschalen Vergütung (entweder auf der Basis anrechenbarer Kosten oder eines Wettbewerbspreises). Für Standardprojekte hat sich die Beauftragungsform des Projektsteuerungs-Pauschalvertrages auch als eine belastbare Beschaffungsstrategie herausgestellt. Für Projekte mit besonderen Anforderungen muss aber jeweils konkret entschieden werden, ob die umfassende Einbindung eines Projektsteuerungsunternehmens in einen Projektsteuerungs-Pauschalvertrag sinnvoll ist. Hier kann es geboten sein, je nach Projektspezifika Projektsteuerungsaufgaben entsprechend den jeweils vorhandenen Kompetenzen an unterschiedliche Büros zu vergeben. Auch kann es im Einzelfall – entsprechend der anglo-amerikanischen Praxis – sinnhaft sein, Projektsteuerungsunternehmen nur für bestimmte Leistungsphasen zu beauftragen. Letztlich kann es im Einzelfall zweckmäßig sein, Projektsteuerungsleistungen auch im Rahmen von Kumulativleistungsträgervergaben durch Generalplaner oder -unternehmer erbringen zu lassen (dazu Rdn. 737).

2413 Ungeachtet der weiten Verbreitung der Projektsteuerungs-Pauschalverträge hat sich in den letzten Jahren eine Unzufriedenheit vieler Auftraggeber mit dieser Beauftragungsform ergeben. Vielfach wird kritisiert, dass das durch die Projektsteuerungsunternehmen eingesetzte Personal nicht hinreichend fachlich qualifiziert ist und/oder nicht sämtliche übertragenen Leistungen erbracht werden. Auftraggeber haben dementsprechend einige Vertragsstrategien entwickelt, um die qualitätsgerechte Projektsteuerungsleistung bei Vereinbarung eines Standardleistungsbildes die AHO-Leistungs- und Vergütungsordnung sicherzustellen:

– Speziell institutionelle Auftraggeber erbringen Projektmanagementleistungen wieder zunehmend **mit eigenem Personal** und kümmern sich intensiv um die entsprechende Qualifizierung der Mitarbeiter.

2414 – Zum Teil gehen die Auftraggeber auch dazu über, **den Personalkörper** der vorhandenen Projektmanager (die Projektleitung) des eigenen Hauses lediglich **situativ (projektbezogen) zu ergänzen**. Das heißt, es werden lediglich Berufsträger, die Projektmanagementleistungen erbringen, gesucht, um diese in die eigene Projektmanagementorganisation einzubinden. Oft geschieht dies mittels einer **Arbeitnehmerüberlassung**. Am Markt tätige Projektmanagementunternehmen werden deshalb oft aufgefordert, gegen hierfür vereinbarte Vergütung, qualifiziertes Personal für eine projektspezifische Ergänzung der Mitarbeiter der AG-Organisation abzustellen.

2415 – Zum Teil versuchen Auftraggeber, sich ergänzend vertraglich abzusichern, und zwar beispielhaft durch

16 Dazu Steiner, in: Ulbrich, a.a.O., S. 478, 483 f.

- **Vergabe** der Projektmanagement-/Projektsteuerungsleistungen für ein Projekt nicht mehr an ein Unternehmen, sondern an **mehrere Unternehmen**, die jeweils nur einzelne Handlungsbereiche erbringen. Ungeachtet der Versuche, in diesen Verträgen mit den einzelnen Projektmanagementunternehmen eine wechselseitige Koordinierungsverpflichtung für die beauftragten Projektmanagementunternehmen vertraglich zu verankern, verbleibt bei derartigen Fällen allerdings ein erhebliches Schnittstellenmanagement beim Auftraggeber.
- Zum Teil wird der Versuch unternommen, das **angebotene Personal vertraglich festzuschreiben**, gelegentlich werden mit dieser Zielsetzung Vertragsstraferegelungen oder Bonus-Malus-Klauseln verbunden. Praktisch zeigt sich jedoch, dass sich ein Abwandern/ein Austausch der Projektbeteiligten (sei es von den Projektmanagement-/Projektsteuerungsunternehmen gewünscht oder nicht) schlichtweg nur sehr eingeschränkt verhindern lässt. 2416
- Gelegentlich wird vorgesehen, einzelne Teilleistungen der Projektsteuerung fest mit einzelnen Vergütungsanteilen zu verknüpfen (mithin den einzelnen **»Spiegelstrichleistungen«** konkrete Teilvergütungen zuzuweisen). Auch dieser Projektansatz ist letztlich wenig geeignet, um zur Qualitätssicherung der Projektmanagement-/Projektsteuerungsleistungen beizutragen. Regelmäßig versucht der Auftraggeber, erst nach Abschluss der Leistungen des Projektsteuerers eine »Spiegelstrichdiskussion« herbeizuführen und das schlussgerechnete Honorar zu kürzen. Das führt jedoch nicht mehr zu einer Qualitätssicherung. Zum anderen lässt sich die Projektsteuerung nicht als eine Summe von einzelnen Spiegelstrichen begreifen. Der Schwerpunkt und das Gewicht der einzelnen Spiegelstrichleistungen der Projektsteuerung verändert sich zudem je nach den Projektanforderungen des konkreten Projektes. 2417
- Ein weiteres Konzept besteht darin, Projektmanagement-/Projektsteuerungsleistungen für ein Projekt lediglich in **Jahresscheiben** zu beauftragen oder aber die stufenweise Beauftragung sehr kleinteilig auszugestalten. Derartige Konzepte haben aber auch ihre Nachteile, weil entsprechende Lösungen in der Vertragsgestaltung schwer umsetzbar sind, weil nur wenige – zumeist nicht die besten – Projektsteuerungsunternehmen sich auf derartige Leistungsanforderungen einlassen. Im Zweifel kann der Auftraggeber nicht damit rechnen, bei einer solch unsicheren Projektgestaltung in der Zukunft das qualifizierteste Personal angeboten zu erhalten. 2418
- Auch über die Personalsicherung hinaus wird vielfach versucht, Projektmanagement-/Projeksteuerungsunternehmen durch mehr erfolgsorientierte Vergütungsregelungen, insbesondere **Bonus-Malus-Regelungen**, zur qualitätsgerechten Leistungserbringung anzuhalten. 2419

Alle vorgenannten Strategien können im Einzelfall einen positiven Einfluss auf die Leistungserbringung haben. Eine grundsätzlich geeignete/überlegene Lösung zur Sicherstellung der Projektmanagement-/Projektsteuerungsqualität durch entsprechende Unternehmen kann hierdurch nicht erreicht werden. Alle Maßnahmen haben teilweise Vor- aber auch Nachteile und stellen keine durchgängig geeignete Alternativlösung zum Projektsteuerungs-Pauschalvertrag dar.[17] 2420

Die aufgetretenen Fehlsteuerungen bei der Abwicklung von Projektsteuerungsverträgen sind auch die Folge der zumeist rein preisorientierten Wettbewerbe, die für Projektsteuerungsunternehmen in Deutschland kaum Raum lassen, qualifiziertes Personal dauerhaft zu binden und bei den Projekten einzusetzen. Die zum Teil angestrebte vollständige Delegation von Projektmanagementfunktionen ist auch Ausdruck der generellen Transaktionsstrategien, die ausschließlich auf eine Aufgabendelegation mittels Verträgen setzen. 2421

Abhilfe kann eine weiterentwickelte Beauftragungsform schaffen, wie sie etwa bei Rdn. 2341 vorgestellt worden ist. Diese beinhaltet die Abforderung von Vorgehens- und Lösungskonzepten einerseits und einem Personaleinsatzkonzept andererseits von den bietenden Projektsteuerungsunternehmen. Schon im Vorfeld hat der Auftraggeber selbst qualifizierte Vorstellungen über die

17 Eschenbruch, Strukturen des Projektsteuerungsvertrages, Vortragsskript für die 42. Baurechtstagung der arge baurecht am 16.11.2013, S. 10 f.

umzusetzenden Methoden und den Umfang des Personaleinsatzes zu entwickeln und alsdann nach Eingang dieser Bieterunterlagen zu vergleichen. Auf dieser Grundlage kann er überhaupt erst Angebote von Projektsteuerungsunternehmen professionell bewerten und erhält eine Grundlage für die anschließende Verhandlung mit den Projektsteuerungsunternehmen, in deren Rahmen die Konzepte und die Personaleinsatzmodelle und deren Zweckmäßigkeit diskutiert werden können. Im Zusammenhang mit der Beauftragung des Projektsteuerungsunternehmens muss dann darauf geachtet werden, dass die Vorgehens- und Lösungskonzepte wie auch das Personaleinsatzkonzept vertraglich verankert werden, ohne dass dabei der Pauschalvertragscharakter verloren geht.

2422 Um dem Umstand möglicher Personalwechsel im Laufe der Projektabwicklung zumindest honorartechnisch Rechnung zu tragen, bietet es sich an, eine flexible Vergütungsregelung vorzusehen, die bei einer Änderung des Projektteams dem unterschiedlichen Kompetenz- und Erfahrungsstand der einzelnen Mitarbeiter Rechnung trägt. Bei einem Personalwechsel ist deshalb genau zu betrachten, ob die eingesetzten Mitarbeiter noch mit den ursprünglich versprochenen vergleichbar sind. Bei Differenzen in Bezug auf Berufserfahrung und Kompetenz sollte die Vergütung angepasst werden (siehe dazu Rdn. 2341).

8.3 Vertragsparteien

2423 Beide Vertragsparteien eines Projektsteuerungsvertrages haben darauf zu achten, dass sie mit dem richtigen, insbesondere einem ausreichend leistungsfähigen Partner kontrahieren, der im Vertrag **genau zu benennen** ist. Die Praxis ist in diesem Punkt durch große Sorglosigkeit der Projektsteuerungsunternehmen gekennzeichnet. Vielfach werden die Vertragsparteien nicht klar benannt.[18] Der Rechtsträger des jeweiligen Vertragspartners (als Einzelperson, BGB-Gesellschaft, Handelsgesellschaft oder juristische Person bzw. Anstalt des öffentlichen Rechts) muss jedoch konkret ausgewiesen werden.[19] Bleibt die Vertragsgestaltung ungenau und kommen mehrere Auftraggeber in Betracht, trägt der Projektmanager die volle Darlegungs- und Beweislast dafür, dass zwischen dem vermeintlichen Auftraggeber und ihm ein Projektsteuerungsvertrag zustande gekommen ist.[20] Nur wenn sich hierfür konkrete Anhaltspunkte finden, können die Gerichte mit einer Vertragsauslegung helfen. So hat der BGH entschieden, dass bei einer Auftragserteilung durch ein verbundenes Unternehmen (Konzernunternehmen) in der Regel diejenige Gesellschaft Vertragspartner werden soll, die innerhalb des Unternehmensverbundes entsprechende Aufgaben tatsächlich wahrnimmt.[21] Bestehen allerdings Zweifel an der Unternehmensbezogenheit eines Geschäftes – etwa weil das Geschäft auch das eigene Unternehmen des Vertreters betreffen kann – geht das zu Lasten des Erklärenden und es greift aus Gründen der Verkehrssicherheit der Auslegungsgrundsatz des Handelns im eigenen Namen ein.[22]

---

18 In der Praxis werden – unverständlicherweise – Fehler gemacht, vgl. etwa jüngst für den Fall eines gescheiterten Vertragsbeitritts: BGH, Urteil vom 04.12.1997, Az. VII ZR 187/96, in: BauR 1998, 357, 358; vgl. zu dieser Problematik auch BGH, Urteil vom 25.02.1999, Az. VII ZR 8/98, in: BauR 1999, 668 = IBR 1999, 378.

19 Dazu auch Schill, Der Projektsteuerungsvertrag, S. 137; BGH, Urteil vom 25.02.1999, Az. VII ZR 8/98, in: BauR 1999, 668 = IBR, 1999, 378; im Falle einer nicht ausreichenden Konkretisierung des Vertragspartners im Vertrag können die Grundsätze über sog. unternehmensbezogene Geschäfte Hilfestellung leisten, vgl. OLG Köln, Urteil vom 18.06.1999, Az. 19 U 211/98, in: NJW-RR 1999, 1615 = ZfBR 2000, 101; OLG Nürnberg, Urteil vom 28.09.2000, Az. 13 U 2401/00, in: NZBau 2001, 337 = BauR 2001, 438.

20 Dazu OLF Frankfurt, Urteil vom 29.08.2003, Az. 19 U 237/02, in: BauR 2004, 112 = IBR 2003, 545 für den Architekten.

21 BGH, Urteil vom 07.07.2005, Az. I ZR 24/02, in: NJW-RR 2006, 978; zur Vertreterstellung des Hausverwalters bei baurelevanten Aufträgen vgl. BGH, Urteil vom 08.01.2004, Az. VII ZR 12/03, in: NZBau 2004, 268 = BauR 2004, 843 = IBR 2004, 235; zur Erteilung von Aufträgen durch den Architekten vgl. BGH, Urteil vom 07.12.2006, Az. VII ZR 166/05, in: NZBau 2007, 241 = BauR 2007, 574 = IBR 2007, 199.

22 BGH, Urteil vom 13.10.2094, Az. IX ZR 25/94; OLG Celle, BauR 2014, 2120, 2125.

Aus diesen Grundsätzen über das unternehmensbezogene Geschäft lässt sich indessen keine Vermutung dafür herleiten, dass ein Architekten- oder Ingenieurvertrag mit dem Unternehmen abgeschlossen werden soll, das das Bauvorhaben realisiert.[23] Erweckt allerdings ein Architekt oder Ingenieur bei der Anbahnung eines Vertrages mit einer Firma den Anschein, er selbst sei Inhaber der Firma, so haftet er für die Vertragserfüllung persönlich, auch wenn tatsächlich ein Dritter Inhaber der Firma ist.[24] Ebenso kann sich ein Projektmanager, der eine vermögenslose Hülle einer Gesellschaft lediglich zum Schein vorgeschoben hat, wegen der Inanspruchnahme eigenen Vertrauens schadensersatzpflichtig machen.[25] 2424

Bei **kommunalen Auftraggebern** ist darauf zu achten, dass die Vertretungsmacht geklärt ist. Hier sind einerseits die Vorschriften der Gemeindeordnung zur Vertretungsbefugnis und zu den Schriftformanforderungen zu beachten. In der Regel ist dort vorgesehen, dass Verpflichtungsgeschäfte schriftlich abgeschlossen werden müssen (wobei es sich um eine interne Beschränkung der Vertretungsmacht der Kommunalorgane handelt).[26] Wenn es sich allerdings um ein Geschäft der laufenden Verwaltung handelt, kann die Formbedürftigkeit entfallen.[27] Nur im Ausnahmefall ist die Berufung auf entsprechende Formvorschriften treuwidrig oder löst einen Schadensersatzanspruch der Gemeinde aus.[28] Im Einzelfall können sich auch gesetzliche Bereicherungsansprüche ergeben; diese scheiden allerdings aus, wenn die Körperschaft öffentlichen Rechts die Maßnahme mangels Fördermittel nicht durchführt.[29] 2425

8.4 Präambel/Gegenstand des Vertrages

Die Formulierung einer **Präambel** in Verträgen, auch Projektsteuerungsverträgen, hat sich bewährt. Sie kann als Darstellung der Motivationslage der Vertragsparteien (als Tatsachenverständigung) und spätere Auslegungshilfe wertvolle Dienste leisten.[30] In der Präambel können insbesondere objektunabhängige Zielvorstellungen der Vertragsparteien niedergelegt werden. Das gilt z. B. für Elemente von **Partnering-Konzepten**; auch die erwartete Intensität der Betreuung und das **Grundverständnis über eine** möglichst weitgehende **Entlastung des Auftraggebers** von Projektmanagementleistungen im Sinne der Bestellung eines Projektmanagers als »Generalkümmerer« kann sich hier niederschlagen. 2426

Die Regelungen zum Gegenstand eines Vertrages enthalten zumeist eine **Grobbeschreibung** der Projektsteuerungsaufgaben nebst Angaben zur **Individualisierung des Projektes**, auf das sich die Leistungen des Projektsteuerers beziehen sollen. Derartige Regelungen konkretisieren bereits das inhaltliche Steuerungssoll. Verändert der Auftraggeber später diese Grundlage der Projektrealisierung, hätte dies Auswirkungen auf die Vertragsleistung und evtl. zusätzliche Vergütungsansprüche des Projektmanagers zur Folge. 2427

23 OLG Köln, Urteil vom 01.06.2011, Az. 16 U 77/09, in: IBR 2012, 271.
24 OLG Frankfurt, Urteil vom 08.10.2008, Az. 7 U 261/06, in: IBR 2009, 458.
25 BGH, Urteil vom 13.06.2002, Az. VII ZR 30/01, in: NZBau 2002, 569.
26 Vgl. etwa OLG Frankfurt, Urteil vom 30.04.2012, Az. 24 U 63/11, in: NZBau 2012, 505.
27 OLG Brandenburg, Urteil vom 23.06.2011, Az. 12 U 22/11, in: NZBau 2011, 627 = NJW-RR 2011, 1393.
28 Vgl. BGH, Urteil vom 22.09.2005, Az. VII ZR 34/04, in: NZBau 2006, 171 = BauR 2005, 1918 = IBR 2006, 10, OLG Frankfurt, Urteil vom 30.04.2012, Az. 24 U 63/11, in: NZBau 2012, 505 sowie OLG Brandenburg, Urteil vom 04.03.2004, Az. 12 U 130/03, in: IBR 2005, 330, Nichtzulassungsbeschwerde durch den BGH zurückgewiesen, Beschluss vom 14.04.2005, Az. VII ZR 96/04.
29 OLG Celle, Beschluss vom 27.03.2006, Az. 14 U 237/05, in: IBR 2006, 338.
30 Vgl. Behr, in: Kapellmann/Vygen, Jahrbuch Baurecht 2001, S. 131, 173.

2428 Bei einer Baumaßnahme, die aus mehreren Gebäuden oder Bauabschnitten besteht, ist genau festzulegen, auf **welche Teile** sich die Projektsteuerungsleistungen beziehen sollen.[31] Mit besonderem Augenmerk ist zu klären, ob außerhalb des Geländes befindliche Anlagen, z. B. auch Erschließungsmaßnahmen, mit zum Vertragsgegenstand gehören.[32] Auch die Benennung der **Eigentumsverhältnisse** an dem zu bebauenden Grundstück kann von Bedeutung sein.[33] Des Weiteren ist festzulegen, wie die Bauabwicklung geplant ist und wann die Projektsteuerungstätigkeit endet.[34]

2429 Vielfach finden sich bereits in der Präambel die für werkvertragliche Projektmanagement- bzw. -steuerungsverträge kennzeichnenden und wichtigen **Projektzielvorgaben**. Die Projektziele lassen sich dabei mit einem unterschiedlichen Härtegrad definieren, nämlich:

- Als bloß unverbindliche Benennung von Zielstellungen des Auftraggebers,
- als werkvertragliche Beschaffenheitsvereinbarung oder
- als Kosten- oder Termingarantie.[35]

2430 Als **Projektziele** werden in Architekten- und Ingenieur- wie auch Projektsteuerungsverträgen in der Regel folgende Zielvorgaben definiert:

- Terminziele für das Gesamtprojekt (nicht für die einzelne Projektsteuerungsleistung)
- Kostenvorgabe als Kostenobergrenze (für das Gesamt- oder Teilprojekt, nach Maßgabe der Kostengliederungen der Din 276)
- Qualitätsvorgaben (z.B. durch Definition funktionaler Projektziele, Zertifizierungsanforderungen, Referenzprojekte usw.)

2431 Insoweit wird auf die Darlegungen bei Rdn. 584 f., 2131 f. verwiesen.

► Praxisbeispiel für eine werkvertragliche Projektzielklausel:

*»(1) Die Vertrags- und Projektziele sind vom AN unter allen Umständen und unabhängig von den im Anhang … beschriebenen Einzelleistungen im Rahmen des ihm übertragenen Leistungsumfangs herbeizuführen und einzuhalten (**Werkerfolg**). Zum geschuldeten Werkerfolg gehört das Herbeiführen und Bewirken eines nach den Vorgaben des AG im Zusammenwirken mit den anderen Projektbeteiligten vertragsgemäß geplanten Projektes einschließlich eines umfassenden koordinierten und kontrollierten Projektablaufs sowie das Entstehenlassen eines mängelfreien und vertragsgerechten Bauwerks. Dazu gehört insbesondere die Steuerung und Kontrolle sowie das Herbeiführen und Bewirken einer vertragsgerechten Leistungserfüllung durch sämtliche Projektbeteiligte, insbesondere der Planer.*

2432 *(2) Soweit die vorgenannten Projektziele angesichts des Kosten- und Terminrahmens nicht zu verwirklichen sind, wird der AN den AG hierauf unverzüglich hinweisen. AG und AN werden sich alsdann über eine Anpassung der Qualitäts-, Termin- und Kostenvorgaben abstimmen.*

31 Diederichs, Leitfaden zum Projektsteuerungsvertrag, S. 3, formuliert: »Es hat sich jedoch bewährt, in den Gegenstand des Vertrages nicht nur die Projektbezeichnung aufzunehmen, sondern auch
- die einzelnen Bauabschnitte bzw. Komponenten oder aber die ausdrückliche Benennung derjenigen Bereiche, die nicht dazu gehören sollen,
- geometrische Flächen und Kubaturangaben,
- voraussichtliche Investitionssumme, z. B. gem. Kostenrahmen mit Bezugsdatum und Brutto- bzw. Nettoangaben sowie
- den voraussichtlichen oder geplanten Zeitpunkt der Baufertigstellung/Beginn der Inbetriebnahme«; vgl. in diesem Sinne auch Knipp, Projektmanagement, S. 42.

32 Locher, Rechtliche Grundlagen und Einordnung des Projektsteuerers, S. 1, meint, dass sich der Projektbegriff auf Bauwerke i. S. von § 3 Nr. 1 HOAI beschränke, also die Leistungsbereiche der Stadtplaner und Landschaftsarchitekten ohne besondere Regelung nicht erfasst seien.

33 Vgl. Schill, Der Projektsteuerungsvertrag, S. 137.

34 Vgl. Stemmer/Wierer, BauR 1997, 935, 940.

35 Siehe dazu im Einzelnen Rdn. 2131 f.

Die dem AN beauftragten Leistungen sind darauf gerichtet, den AG hinsichtlich der Projektleitungsaufgaben möglichst weitgehend zu entlasten. Der AN hat daher selbständig, planend und koordinierend Entscheidungsvorlagen zu erarbeiten, die Projektbeteiligten vorausschauend zu koordinieren bzw. sonstige Ergebnisse zu erarbeiten, so dass ein ungestörter Projektablauf – projektablaufkonforme Leistungserbringung durch Dritte vorausgesetzt – möglich ist, insbesondere dem AG ausreichend Zeit verbleibt, auf der Grundlage der Empfehlungs- und Unterstützungs – sowie Koordinierungsleistungen des AN notwendige Entscheidungen zu treffen.«

8.5 Grundlagen des Vertrages

Die in den meisten Projektsteuerungsverträgen benannten Grundlagen des Vertrages sollen dazu dienen, die bei der Ausführung der Projektsteuerungsleistung zu beachtenden **(rechtlichen) Rahmenbedingungen** vorzugeben. Die Vertragspraxis ist in diesem Zusammenhang durch Auflistungen geprägt, die oftmals eine Vielzahl von Normen, aber auch tatsächlichen Grundlagen der Ausführung beinhalten. Vorzugswürdig erscheint es in diesem Zusammenhang, zwischen den **Vertragsbestandteilen einerseits** und den **Vertragsgrundlagen andererseits zu differenzieren**. Unter den Vertragsbestandteilen können die rechtlichen Normkomplexe benannt werden, nach denen sich der Projektsteuerer zu richten hat. Als Vertragsgrundlagen können etwa bereits abgeschlossene Vertragswerke anderer Projektbeteiligter wie auch rechtliche Normenkomplexe benannt werden, die nicht unmittelbar für die Projektsteuerungsleistung selbst, wohl aber für die im Rahmen der Projektrealisierung notwendige Umsetzung von Bedeutung sind (ein etwa zu beachtendes Vergaberegime, vorgegebene Abwicklungsnormen für Bauverträge wie die VOB/B oder VOL/B).[36] 2433

Im Rahmen komplexerer Vertragswerke findet sich zumeist nicht nur eine Auflistung der Vertragsgrundlagen. Vielfach werden explizit **Rangfolgen** für die anzuwendenden Vertragsgrundlagen konzipiert. Dabei wird die Rangigkeit i. d. R. vom Speziellen zum Allgemeinen ausgebildet. Als vorrangige Rechtsquelle sollte dabei auf die Bestimmungen des Projektsteuerervertrages selbst verwiesen werden. Im Anschluss hieran können – bei einer einheitlichen Auflistung der Vertragsgrundlagen – zunächst die bereits feststehenden, tatsächlich vorhandenen Arbeitsgrundlagen (z. B. erste Planungen, Budgets, Terminziele usw.) benannt werden. Nachrangig sollte auf die einschlägigen Bestimmungen des Bürgerlichen Gesetzbuches Bezug genommen werden, soweit eine umfassende werkvertraglich geprägte Beauftragung in Rede steht, konkret auf die werkvertraglichen Vorschriften. Hierdurch kann unmissverständlich deutlich gemacht werden, dass der Vertrag insgesamt werkvertraglichen Charakter haben soll.[37] Möglich ist es auch, zu regeln, dass Rechtsfolgen unterschiedlicher gesetzlicher Vertragstypen bei einem Projektsteuerungsvertrag zur Anwendung gelangen sollen.[38] 2434

Zur weiteren Präzisierung der Leistungspflichten mag auf die **allgemein anerkannten Regeln** der Technik verwiesen werden. Für Werkverträge geht der BGH davon aus, dass der Unternehmer üblicherweise stillschweigend die Einhaltung der allgemein anerkannten Regeln der Technik verspricht. Entspricht die Werkleistung diesen nicht, so liegt regelmäßig ein Werkmangel vor.[39] Im Hinblick auf den Umstand, dass lediglich eine Vermutung vorliegt und diese Vermutung für Dienstleistungsverträge nicht gilt, empfiehlt es sich, auf die allgemein anerkannten Regeln der Technik zu 2435

36 So aber Stemmer/Wierer, BauR 1997, 935, 940.

37 In diesem Sinne auch die Empfehlung bei Werner/Pastor, Der Bauprozess, Rn. 1933; mit Recht weist allerdings Quack in: Seminar rechtliche Problemstellungen beim Projektmanagement, S. 7, 17, darauf hin, dass allein der Hinweis auf Werkvertragsrecht nicht ausreichen könne, um das Vertragswerk tatsächlich werkvertraglichen Regeln zu unterstellen. Entscheidend ist die Formulierung erfolgsorientierter Leistungspflichten, auf die es im Einzelfall ankommen dürfte.

38 So Weindorf in: Seminar rechtliche Problemstellungen beim Projektmanagement, S. 59, 60.

39 BGH, Urteil vom 07.03.2013, Az. VII ZR 134/12, in: NJW 2013, 1226; dazu Sass, Technische Regeln und das Werkvertragsrecht, NZBau 2014, 137.

verweisen. Schließlich können an dieser Stelle weitere Projektziele, wie etwa die Wirtschaftlichkeit, hervorgehoben oder näher präzisiert werden.[40]

2436 Der Projektsteuerervertrag sollte selbst die wesentlichen Vertragsbestimmungen – und zwar projektspezifisch konzipiert – enthalten. Auch eine generelle Bezugnahme auf die Honorarordnung für Architekten und Ingenieure (HOAI) ist regelmäßig nicht zu empfehlen. Denn das zwingende Preisrecht der HOAI ist für Projektsteuererverträge grundsätzlich bedeutungslos.[41] Soweit allerdings Honorarmodelle, wie das AHO-/DVP-Honorarmodell, Verwendung finden sollen, die eng an die HOAI angelehnt sind, muss jeweils eine konkrete Inbezugnahme erfolgen. Darüber hinaus kann eine Verweisung auf die allgemeinen Vorschriften der HOAI, wie die §§ 7, 8 HOAI, erfolgen, soweit die dort geregelten Rechtsfolgen zugrunde gelegt werden sollen.

2437 Nicht für den Projektsteuerungsvertrag selbst, sondern als **Vertragsgrundlage für die Ausführung** kann z. B. auf Standardvertragsbedingungen des Bauwesens verwiesen werden (etwa die VOB/B).[42]

2438 Die so entwickelte Rangfolge von Vertragsgrundlagen ist – entsprechend dem Parteiwillen – **als sinnvolles Ganzes** und damit **widerspruchsfrei auszulegen**. Diese Auslegung kann auch zu von der vertraglichen Rangfolge abweichendem Vorrang führen.[43] Jedenfalls führt die Inbezugnahme widersprüchlicher Vertragsgrundlagen nicht dazu, dass der Vertrag wegen Dissenses unwirksam wäre. Bei Unklarheiten über nicht von vornherein in Übereinstimmung zu bringende Vertragserklärungen hat sich die Auslegung zunächst an demjenigen Teil zu orientieren, der die Leistung konkret beschreibt. Es ist davon auszugehen, dass der Anbieter eine Leistung widerspruchsfrei anbieten will.[44] Die praktische Bedeutung vertraglicher Rangfolgen hat durch die Rechtsprechung des BGH an Bedeutung verloren.[45]

---

40 Formuliert werden könnte etwa: »Der Auftragnehmer hat bei allen seinen Steuerungsleistungen mögliche Rationalisierungs- und Sparmaßnahmen zu berücksichtigen und auf die Optimierung der Bau- sowie Nutzungskosten hinzuwirken«; üblich sind auch Formulierungen wie: »Die Leistungen müssen dem allgemeinen Stand der einschlägigen Wissenschaft, den allgemein anerkannten Regeln der Technik, dem Grundsatz der Wirtschaftlichkeit und den öffentlich-rechtlichen Bestimmungen entsprechen.«

41 Vgl. dazu Rdn. 1299.

42 Es könnte etwa formuliert werden: »Vertragsgrundlagen sind:
1. Dieser Vertrag mit allen seinen Anlagen
2. Folgende Planungsunterlagen, Nutzerangaben und Ausführungsbedingungen des Bauherrn:
3. Die Vorschriften des Werkvertragsrechts (§ 631 ff. BGB).
4. Die technischen Vorschriften für Bauleistungen in der zur Zeit der Durchführung des Bauvorhabens geltenden Fassung sowie der zu diesem Zeitpunkt geltende Stand der Technik.
5. Die einschlägigen Vorschriften der Berufsgenossenschaften und sonstigen Behörden, die für die Erfüllung des Vertrages maßgebenden DIN-, VDI- und VDE-Vorschriften neuester Stand, sowie die jeweils geltenden bauordnungsrechtlichen Bestimmungen.«

43 Vgl. BGH, Urteil vom 05.12.2002, Az. VII ZR 342/01, in: BauR 2003, 388; BGH, Urteil vom 11.03.1999, Az. VII ZR 179/98, in: BauR 1999, 897; OLG Frankfurt, IBR 2007, 14.

44 BGH, Urteil vom 05.12.2002, Az. VII ZR 342/01, in: NZBau 2003, 149 = BauR 2003, 388 = ZfBR 2003, 253 = IBR 2003, 117.

45 Vgl. Quack, ZfBR 2002, 641: Die praktische Bedeutung solcher vertraglicher Regelungen ist bei richtigem, allerdings keineswegs verbreitetem Verständnis verschwindend gering, weil es das Ziel der Auslegung nach §§ 133, 157 BGB ist, den Vertrag als sinnvolles und widerspruchsfreies Ganzes zu verstehen. Die vertragliche Funktion von Widerspruchs- und sonstigen Auslegungsklauseln beschränkt sich damit auf den schmalen Rahmenbereich zwischen erfolgreicher Auslegung und Dissens.

► Praxisbeispiel für Vertragsbestandteile und Grundlagen des Vertrages:

»***Vertragsbestandteile** sind in der nachfolgenden Reihenfolge:* 2439

1. *Die allgemeinen Vertragsbedingungen – AVB zu den Verträgen für freiberuflich Tätige, Anhang 19 der RBBau*
2. *Die Bestimmungen über den Dienstvertrag (§§ 611 ff. BGB)*
3. *DIN 276 Juni 1993 mit erforderlicher Transformation auf DIN 276 April 1981 für die Honorarermittlung*
4. *Über § 1 AVB hinaus die einschlägigen technischen, wirtschaftlichen und rechtlichen Normen, Richtlinien, Gesetze, Verordnungen und Bestimmungen, insbesondere die RBBau*
5. *Die Bestimmungen über die bauaufsichtliche Behandlung von Baumaßnahmen des Bundes nach der BauONW sowie die dazu geltenden Verwaltungsvorschriften und Richtlinien*
6. *Das Sicherheitshandbuch des Bundes (SHB)*
7. *Die Bundeshaushaltsordnung (BHO)*
8. *Liegenschaftsverzeichnis entsprechend Anlage …*
9. *Leistungsmatrix, projektbezogen gem. Anlage …*
10. *Übersicht Personaleinsatz, Anlage …*
11. *Projektdatenblätter, Anlage …*

Der Auftragnehmer hat seinen Leistungen zugrunde zu legen: 2440

1. *Die mit dem Auftraggeber abgestimmten bzw. noch abzustimmenden Organisationshandbücher mit dem jeweils neuesten Stand*
2. *Die vorliegenden Erlasse des …*
3. *Die vorhandenen Bau- bzw. Planunterlagen sowie weitere vom Auftraggeber zur Verfügung gestellte Unterlagen*
4. *Die Raum- und Funktionsprogramme der Nutzer*
5. *Sämtliche Verträge mit allen Freischaffenden, die für die Maßnahmen in den in § 1 genannten Liegenschaften eingeschaltet wurden*
6. *Das Pflichtenheft CAD/Raum- und Gebäudebuch in der vorläufigen Endfassung vom …*
7. *Die Geschäftsordnung des … in der jeweils gültigen Ordnung, soweit sie dem AN bekannt gemacht wurde*«

8.6 Leistungsbild

8.6.1 Allgemeine Grundsätze

Der exakten Festlegung der Projektsteuerungsleistung kommt entscheidende Bedeutung zu.[46] Eine **präzise Leistungsbeschreibung** dient nicht nur der Spezifizierung übernommener Aufgaben und der Abgrenzung zu Aufgabenfeldern anderer Projektbeteiligter, sondern ist auch für die Ermittlung und Verhandlung der Vergütung wie auch die Feststellung von Mitwirkungspflichten des Auftraggebers von Bedeutung.[47] Gelingt keine klare Aufgabenbeschreibung, insbesondere keine klare Schnittstellendefinition im Verhältnis zur eigenen Projektleitung des Auftraggebers und zu Leistungen der Objektplaner und Fachingenieure, muss der Versuch gelungener Vertragsgestaltung von vornherein scheitern:[48] Die Vertragspartner sollten dementsprechend genau prüfen, ob die bereits veröffentlichten (Muster-)Leistungsbilder für die konkrete Projektaufgabe verwendbar sind. Angesichts der Vielgestaltigkeit der Aufgaben für Projektsteuerer ist eine genaue Analyse, welche Leistungen für das jeweils konkrete Projekt – in Abgrenzung zu anderen Projektbeteiligten – einer Projektsteuerung übertragen werden sollen, unentbehrlich.[49] 2441

46 Dazu auch Schill, Der Projektsteuerungsvertrag, S. 137.

47 Vgl. Behr, in: Kapellmann/Vygen, Jahrbuch Baurecht 2001, S. 131, 145 ff.

48 Stapelfeld, BauR 1994, 693, 700, formuliert: »Der Formulierung der Leistungsbeschreibung ist gerade von Seiten des Auftraggebers hohe Aufmerksamkeit zu schenken, keinesfalls sollte man dies allein dem Projektsteuerer überlassen, der natürlich seine eigenen Interessen durchsetzen wird.«

49 Vgl. dazu Rdn. 199 f.

2442 Die inhaltlichen Anforderungen der Leistungsbeschreibung sind auf die jeweilige **Projektabwicklungsmethodik des Auftraggebers** abzustimmen. So haben große Auftraggeberorganisationen in der Regel eigene Projektmanagementstrategien, die auch bei einer Delegation von Projektmanagementaufgaben berücksichtigt werden müssen. Bei **Bundesbehörden** ist dies der Projektmanagementleitfaden **der RBBau**, dazu Rdn. 62 f.

2443 Schließlich muss die **Projektsteuerereinsatzform** festgelegt werden. Insbesondere ist zu regeln, ob der Projektsteuerer – in **Stabsfunktion** – mit Beratungsaufgaben betraut oder ob er – in **Linienfunktion** – mit Entscheidungs- und Weisungsbefugnis ausgestattet werden soll. Im zweiten Fall »delegiert« der Auftraggeber einen weitergehenderen Teil seiner Projektleitungsaufgaben. Bei Übertragung von Vertretungsmacht liegt in der Regel ein sog. Projektmanagementmodell vor.[50]

▶ Praxisbeispiel für eine Entscheidung von Vertretungsregelungen bei einem Projektmanagementvertrag im engen Sinne (Linienfunktion)

2444 *»Der AN ist verpflichtet, eine* ***aktive Projektleitung*** *unter Übernahme von Entscheidungsverantwortung zu erbringen. Dies bedeutet, dass der AN nicht nur bevollmächtigt, sondern auch verpflichtet ist, eigene projektrelevante Entscheidungen auch ohne Rücksprache mit dem AG zu treffen und ggf. von der Vollmacht gemäß Ziff. … Gebrauch zu machen. Dies gilt im Besonderen für alle Entscheidungen, die im Rahmen der Projektdurchführung als Routineentscheidung anzusehen sind. Die Entscheidungen sind stets und unverzüglich schriftlich im Dokumentationsmanagementsystem zu dokumentieren, so dass der AG sie im Nachgang überprüfen/plausibilisieren kann. Es ist periodisch zu berichten (wöchentlich, am Montag). Der AG ist jederzeit und ohne Ankündigung berechtigt, die Entscheidungsbefugnis ganz oder teilweise wieder an sich zu ziehen. Die Verpflichtung, die Außenvertretung wahrzunehmen bleibt ggf. unberührt.*

Der AN ist jedoch verpflichtet, Rücksprache zu nehmen und zuvor die Entscheidung des AG unter Vorlage vollständiger Entscheidungsvorlagen einzuholen, wenn die Entscheidungen in die festgelegten Zielstellungen des AG (dieses Vertrages oder des Generalplanervertrages) einzugreifen. Der AN hat dann die Entscheidung des AG rechtzeitig vorzubereiten und abzuwarten. Anschließend ist die getroffene Entscheidung zu vollziehen.

Der AN hat zügig zu handeln und Entscheidungen binnen 5 Arbeitstagen zu treffen, soweit sie nicht zuvor mit dem AG abzustimmen sind.

Der AN ist zur Wahrung der Rechte und Interessen des AG im Rahmen der ihm übertragenen Leistungen berechtigt und verpflichtet.

2445 *Dies umfasst die Vollmacht zur Vornahme rechtsgeschäftsähnlicher und rechtsgeschäftlicher Handlungen, wie z.B. Mahnungen, Beanstandungen, Fristsetzungen, Abnahme usw., von Leistungen anderer Projektbeteiligter, die Anordnung von zusätzlichen und geänderten Leistungen freiberuflich Tätiger oder ausführender Unternehmen bis zu einem jeweiligen Höchstbetrag je Einzelfall in Höhe von brutto 250.000,00 € sowie Änderung vereinbarter Fristen und Termine.*

Die Vollmacht ist jederzeit widerruflich und umfasst jedoch nicht das Recht zur Unterbevollmächtigung unternehmensfremder Dritter juristischer oder natürlicher Personen. Die Vollmacht darf nur von der Geschäftsführung des AN, der/m Projektleiter/in und im Falle ihrer/s einer Verhinderung von der/m stellvertretenden Projektleiter/in ausgeübt werden. Der AG ist berechtigt, den Umfang der Vollmacht in beide Richtungen jederzeit anzupassen. Ein Anspruch auf Mehrvergütung besteht ggf. nicht.

2446 *Der AN hat diese Vollmacht in der Funktion als Projektmanager zum Wohle des AG stets verantwortungsvoll wahrzunehmen.*

Die Vollmacht des AN erstreckt sich nicht auf
- *die Kündigung oder sonstige Beendigung von Verträgen*
- *die Einleitung gerichtlicher Verfahren und den Abschluss von Vergleichen in gerichtlichen Verfahren*

50 Vgl. Rdn. 332 f.

- *Verzicht auf Forderungen*
- *Handlungen im Rahmen von kaufmännischen Bestätigungsschreiben*
- *Anerkennung von Forderungen, auf die kein Anspruch besteht*
- *wesentliche Änderung der Konzepte.«*

Die **Vertretungsbefugnisse** des Projektsteuerers sind im Detail zu regeln. Üblicherweise erhält der 2447
Projektsteu erer keine umfassende Vertretungsmacht,[51] insbesondere keine solche, die ihn unmittelbar zur Begründung von Verträgen mit Wirkung für den Auftraggeber berechtigt. Allerdings wird dem Projektsteuerer i. d. R. die Vertretungsmacht eingeräumt, Weisungs- und Entscheidungsrechte in Bezug auf die Organisation des Bauablaufes, Termine und auszuführende Qualitäten – jeweils im Rahmen der abgeschlossenen Verträge – auszuüben.[52] Bei Gefahr im Verzug sollte dem Projektsteuerer allerdings die Verpflichtung und Befugnis auferlegt sein, sofort einzugreifen.

Soweit einem Projektsteuerer Vertretungsbefugnisse im Hinblick auf die Durchführung von Ver- 2448
gaben/Beauftragungen erteilt werden, kann es sachangemessen sein, die Vertretungsbefugnis an die zuvor gemeinsam abgestimmten gewerkespezifisch aufgegliederten **Vergabebudgets** anzuknüpfen.

► Praxisbeispiel für eine Vertretungsregelung

»Der Auftragnehmer ist zur Wahrung der Rechte und Interessen des Auftraggebers im Rahmen der 2449
ihm übertragenen Leistungen berechtigt und verpflichtet. Dies umfasst insbesondere die Vornahme rechtsgeschäftähnlicher und rechtsgeschäftlicher Handlungen im Rahmen der im Leistungsbild umschriebenen Einzelleistungen, z. B. die Mahnung, Beanstandung, Fristsetzung usw. von Leistungen anderer Projektbeteiligter, die Anordnung von zusätzlichen oder geänderten Leistungen freiberuflich Tätiger oder ausführender Unternehmen bis zu einem jeweiligen Höchstbetrag von 5 000,00 € sowie die Änderung vereinbarter Fristen und Termine. Der Auftragnehmer darf seine Vollmacht nur insoweit ausüben, als dass die vorgegebene Kostenobergrenze und der Gesamtfertigstellungstermin eingehalten wird. Die Vollmacht des Auftragnehmers erstreckt sich nicht auf

- *den Abschluss von Verträgen oder Nachtragsvereinbarungen*
- *die Kündigung oder sonstige Beendigung von Verträgen*
- *den Abschluss von Vergleichen*
- *die Anerkennung von oder den Verzicht auf Forderungen*
- *die rechtsgeschäftliche Abnahme von Bauleistungen.«*

8.6.2 Leistungsbeschreibung

Bei der Konkretisierung der Leistungsinhalte muss zunächst die **grundsätzliche Beschreibungs-** 2450
technik bestimmt werden. Die Leistungsbeschreibung kann dabei

- prozessorientiert,
- ergebnisbezogen
- oder auch funktional

aufgebaut sein.[53] Bei der funktionalen Leistungsbeschreibung kann eine weitgehende Detaillierung 2451
durch prozessspezifisch beschriebene Einzelleistungen der Projektsteuerung erfolgen.

Vorsicht ist bei der Verwendung von einseitigen Leistungsbestimmungsrechten nach §§ 315, 316 BGB geboten. Derartige Leistungsbestimmungsrechte sind, selbst wenn sie sich auf Hauptleistungen eines Vertrages beziehen, einer Inhaltskontrolle nicht entzogen.[54]

51 Vgl. Rdn. 717 f.
52 Vgl. dazu Rdn. 717 f.
53 Vgl. dazu Rdn. 571 f.
54 BGH, Urteil vom 20.07.2005, Az. VIII ZR 121/04, in: NJW-RR 2005, 1496.

8.6.2.1 Tätigkeitsorientierte bzw. prozesshafte Leistungsbeschreibungen

2452 In der Praxis dominieren **tätigkeitsorientierte Leistungsbeschreibungen**, wie sie etwa der Leistungs- und Honorarordnung der AHO-Fachkommission zu entnehmen sind. Dabei werden in abstrakter Form einzelne Leistungen benannt, die der Projektmanager/-steuerer zum Zwecke des Erreichens der Projektziele erbringen soll.

2453 Die oftmals anzutreffende nur allgemeine Beschreibung von Tätigkeiten macht eine nähere inhaltliche **Präzisierung von Vorgehensweisen** notwendig. Dem dient insbesondere die nähere **Definition des Mitwirkungsbegriffs**[55] für die Projektsteuerung (dazu Rdn. 2503). In der Praxis sind vielfältige Versuche anzutreffen, diesen im AHO-/DVP-Modell bereits näher spezifizierten Handlungsauftrag weitergehend oder anders zu konkretisieren. Dabei ist aus der Sicht des Projektsteuerers darauf zu achten, dass sich seine Leistungspflichten nicht mit Verantwortlichkeiten anderer Projektbeteiligter überschneiden. Anderenfalls führt dies zur Gefahr gesamtschuldnerischer Mithaftung für den Fall, dass Fehler auftreten.[56]

2454 Gelegentlich wird die im Leistungsbild benannte Gesamtleistung noch dahingehend differenziert, dass zwischen einem **Projektsteuerungssystem**, der Zurverfügungstellung der notwendigen Hard- und Software und der Durchführung der Projektsteuerung vor Ort unterschieden wird.

2455 Entweder dem Vertrag selbst oder dem Projekthandbuch kann eine Leistungsbeschreibung mit **Matrix-Darstellung** als Anlage beigefügt werden, aus der sich aufgabenbezogen ergibt, welche Einzelleistung jeweils vom Bauherrn, vom Projektsteuerer oder von sonstigen fachlich Beteiligten wahrzunehmen ist (vgl. Rdn. 657).[57] Eine beispielhafte Matrix Projektsteuerung zur Abgrenzung von den HOAI-Leistungen findet sich auch bei *Wingsch*.[58]

2456 Vertragstechnisch werden ausdifferenzierte Leistungsbilder entweder im Vertrag selbst beschrieben oder aber in einer gesonderten **Anlage**. Wegen der in der Praxis gebräuchlichen Leistungsbilder wird auf die im Anhang dieses Buches abgedruckten Leistungsbilder verwiesen.

2457 Soweit **Standardleistungsbilder**, etwa nach **AHO**, verwendet werden sollen, ist zu prüfen, ob entsprechende Leistungsbilder nicht projektspezifisch angepasst werden muss. Angesichts der typischerweise methodenneutralen Ausgestaltung entsprechender Standardleistungsbilder ist zu prüfen, ob nicht eine nähere Präzisierung der Anforderungen an eine Kosten- und Terminsteuerung erforderlich ist, etwa der Verwendung der Netzplantechnik oder bestimmte Darstellungsformen bei der Terminsteuerung oder der Verwendung bestimmter Kostenermittlungssysteme/Transformationstechniken

---

55 Vgl. dazu auch Rdn. 1162.

56 Vygen, Die Rolle der Projektsteuerung bei der rechtsgeschäftlichen Abnahme der Ausführungsleistungen, S. 15, formuliert: »Die Formulierung eines möglichst konkreten Leistungsbildes ist stets die beste Haftungsbegrenzung.« Es sollte deshalb nicht die Regelung des § 15 HOAI übernommen werden, die als Grundleistung vorsieht: »Abnahme der Bauleistungen unter Feststellung von Mängeln«, da bei dieser Formulierung unklar ist, ob die rechtsgeschäftliche Abnahme oder nur die technische Abnahme geschuldete Leistung ist. Besser ist es, das Leistungsbild auf die Mitwirkung bei der Abnahme zu beschränken und ggf. die Vorbereitung und Organisation der Abnahme mit aufzunehmen, also die Bestimmung eines Termins zur förmlichen Abnahme und die Versendung der Einladungen dazu, nicht aber die Abnahme selbst als Sollleistung aufzunehmen; zur Definition der Mitwirkungsleistungen auch Kochendörfer, in: Kapellmann/Vygen, Jahrbuch Baurecht 1999, S. 267, 276.

57 Sofern der Projektsteuerer für Generalunternehmer tätig wird, wird vielfach geregelt, dass dieser direkte Gespräche mit dem Bauherrn nur nach vorheriger Zustimmung des Auftraggebers durchführen darf. Neuere Erkenntnisse aus Gesprächen mit dem Bauherrn sind zunächst dem Auftraggeber unverzüglich mitzuteilen. Darüber hinaus ist in derartigen Fällen oft Regelungsgegenstand, dass der Projektsteuerer die von ihm zu erbringenden Leistungen vor der endgültigen Ausarbeitung und Durchführung in prüfbarer Form mit dem Auftraggeber (GU) abzustimmen hat.

58 Wingsch, Leistungsbeschreibungen und Leistungsbewertungen zur HOAI, S. 67.

bei der Kostensteuerung sowie nähere Festlegung zur EDV-Unterstützung. Näher geregelt werden sollten insbesondere die Anforderungen an ein **Projektinformationssystem**.

Speziell im Hinblick auf **Controllingleistungen** bedarf es der näheren Präzisierung, ob eine origi- 2458
näre oder lediglich sekundäre Kontrollpflicht besteht. Insbesondere ist klarzustellen, mit welchem Rhythmus und mit welcher Intensität Controllingleistungen vorzunehmen sind. Beim Plancontrolling empfiehlt sich eine nähere Vorgabe der Controllinginhalte und -berichte.

► Praxisbeispiel für Festlegungen zum Plancontrolling:

»Der AN prüft in Stichproben die vom Generalplaner aufgestellten Bauunterlagen, wobei sich die 2459
Prüfung insbesondere erstreckt auf die

- *Übereinstimmung mit dem genehmigten Bauantrag*
- *Vollständigkeit der erforderlichen Unterlagen nach RBBau*
- *Zweckmäßigkeit und Wirtschaftlichkeit der Planung, unter Berücksichtigung auch der Folgekos-* 2460
ten; dazu gehören die Abstimmung der baulichen mit den betriebstechnischen Erfordernissen, die Eignung der Konstruktion und der Baustoffe, der technischen Ausrüstung und der Ausstattung, bei Neubauten auch die Funktionstüchtigkeit des Grundrisses und die Angemessenheit der Raumgrößen sowie die architektonische Gestaltung unter Berücksichtigung der örtlichen Verhältnisse
- *Erfüllung der öffentlich-rechtlichen Bestimmungen*
- *Richtigkeit der Kostenermittlungen*
- *Berücksichtigung der Nutzervorgaben*

Alle Prüfungen sind kenntlich zu machen und in einem Prüfbericht zusammenzufassen. Erweisen sich umfangreiche Änderungen oder Ergänzungen als erforderlich, sind die Unterlagen mit einem Bericht an den Aufsteller zurückzugeben. Die Unterlagen sind mit dem Firmenstempel zu versehen und zu unterzeichnen.«

Für das **Kostencontrolling** sollte die Methodik und Gliederungstiefe wie auch der Aufbau der 2461
Berichte festgelegt werden. Beim Ausführungscontrolling spielt zumeist die Frage eine Rolle, ob **vor Ort Kontrollen** notwendig sind und in welchem Abstand diese vorgenommen werden. Darüber hinaus ist regelmäßig klarzustellen, ob lediglich eine stichprobenartige oder durchgängige (permanente) Kontrolle geschuldet wird und nach welchen Sorgfaltsstandards vorzugehen ist.

Anforderungen an eine etwaige **technisch-wirtschaftliche Beratung**, Energiestudien, Empfehlun- 2462
gen für Baustoffe und Betrieb sollten überdies festgelegt werden.

Näher regelungsbedürftig sind auch die Einzelheiten der **Berichts- und Protokollierungsanfor-** 2463
derungen sowie die Einbeziehung bestimmter Behörden, Organe oder Gremien des Auftraggebers selbst. Hier hängt es im Wesentlichen von der Organisation und Rechtsnatur des Auftraggebers und von dem konkreten Projekt ab, welche Erfordernisse gestellt werden müssen. Die Zeitabstände regelmäßiger Berichte, die Verpflichtung zur Lieferung außerordentlicher Berichte sowie die formellen und inhaltlichen Anforderungen an die Berichterstattung sollten festgelegt werden. Oftmals behält sich der Auftraggeber vor, Richtlinien für ein periodisches Berichtswesen, die Protokollführung, Dokumentation und Archivierung sowie Qualitätssicherung zu entwickeln. Zumeist wird vereinbart, dass der Projektmanager/-steuerer **monatlich** einen **schriftlichen Bericht** mit einer **Soll-/Ist-Abweichungs- und Trendanalyse** vorzulegen hat.

► Praxisbeispiel für ein Berichtswesen:

»Der Construction Manager hat monatlich Berichte anzufertigen und dem Kunden vorzulegen. In- 2464
halt der Monatsberichte sind der Stand der Arbeiten gegenüber den geplanten oder prognostizierten Positionen, Planungsentwicklungen und Bauausführungsfragen. Des Weiteren ist die Kostensituation darzustellen. Es soll darauf hingewiesen werden, an welcher Stelle mögliche Probleme zu erwarten sind und Maßnahmen aufgezeigt werden, die zur Behandlung kritischer Fragen unternommen werden können. Die Berichte sollen klar und verständlich sein und verschiedene Level beinhalten wie folgt:

- *Executive Report (Level 1): Es soll ein Überblick über Verlauf, Planung und Ausführung und Kosten gegeben werden; inklusive einer Stellungnahme zu kritischen Punkten oder Problemen*
- *Elemental Report (Level 2): Berichte zu jedem einzelnen Trade Contract, zusammen mit einer Trendanalyse und einer Kostenübersicht jedes einzelnen Gewerkepakets*
- *Detailed Report (Level 3): Jede Aktivität des Vergabe- und Bauprogramms soll entsprechend ihrem Fortschritt in einem prozentualen Vergleich zwischen prognostiziertem und tatsächlichem Leistungsstand wiedergegeben werden …«*

2465 Die Struktur für die **Codierung** der (Termin-)Planung sowie die Kostengruppengliederungen für die Erstellung von Kostenplanungen sollten vorgegeben werden.

2466 Ergänzend wäre die Verpflichtung des Projektsteuerers zur Unterstützung des AG bei seiner **Öffentlichkeitsarbeit** regelungsbedürftig. Hervorgehoben werden kann auch die Verpflichtung des Projektsteuerers, ausschließlich die Interessen des AG zu berücksichtigen und zu vertreten, sowie ein Vertraulichkeitsschutz/eine Geheimhaltungsverpflichtung (auch nach Beendigung des Vertragsverhältnisses).

2467 Die prozessorientierte Beschreibungstechnik von Einzelleistungen wird gelegentlich ergänzt durch so genannte **Komplettheitsklauseln**, die sicherstellen sollen, dass der Projektsteuerer sämtliche Leistungen erbringt, die für die Erreichung der maßgeblichen Projektziele notwendig sind. Derartige Komplettheitsklauseln sind bereits Ausdruck einer mehr funktionalen Aufgabenbeschreibung. Liegt ein detailliertes Leistungsbild zugrunde, sind Komplettheitsklauseln regelmäßig restriktiv auszulegen.[59] Individualvertragliche Komplettheitsklauseln sind grundsätzlich wirksam und haben auch Vorrang vor detaillierten Leistungsbeschreibungen.[60] Als Allgemeine Geschäftsbedingungen sind entsprechende Komplettheitsklauseln in Projektsteuerungsverträgen dann als unangemessen und unwirksam im Sinne von § 307 BGB zu qualifizieren, wenn die Leistungen formularmäßig auf der Grundlage eines detaillierten Leistungsbildes auftraggeberseits beauftragt wurden. Aber auch dann, wenn eine Leistung detailliert beschrieben worden ist, kann der Leistungsumfang durch eine sogenannte Komplettheits- oder Vollständigkeitsklausel auf die Ausführung notwendiger, aber im Vertrag nicht ausdrücklich aufgeführter Leistungen erweitert werden.[61] Nimmt der Projektsteuerer auch Leitungsaufgaben wahr, etwa in der Einsatzform des Projektmanagements, dann kann sich bereits aus der Auslegung des Vertrages ergeben, dass eine gesamtheitliche Übernahme aller Projektmanagementaufgaben Vertragsziel der Parteien gewesen ist. Bei einer wirksam vereinbarten Komplettheitsklausel ist die Reichweite danach zu bestimmen, was der Projektmanager nach seinem Empfängerhorizont bei Vertragsschluss als Komplettheitsanforderung erkennen konnte.[62]

8.6.2.2 Leistungsbeschreibung mit ausgewiesenen Leistungsergebnissen

2468 Die Vertragspraxis hat Musterleistungsbeschreibungen entwickelt, welche die vom Projektmanager/-steuerer **zu erarbeitenden Leistungsergebnisse** detailliert regeln. Beispielhaft können die Leistungsbeschreibung bei *Wingsch*[63] und bei *Ahrens/Bastian/Muchowski*[64] herangezogen werden.

2469 Für öffentliche Auftraggeber enthält die RBBau bestimmte Anforderungen und fordert **Leistungsergebnisse**, die unter Mitwirkung des Projektmanagers erarbeitet werden müssen. Deshalb enthält etwa der nachfolgend teilweise abgedruckte Projektmanagementvertrag des BBR (siehe Rdn. 2908) eine Reihe von ergebnisbezogenen Festlegungen für das Leistungsbild.

---

59 Vgl. etwa zur Auslegung von Vollständigkeitsklauseln in einem Bauvertrag BGH, Urteil vom 25.03.2004, Az. VII ZR 453/02, in: NZBau 2004, 322 = NJW-RR 2004, 880 = IBR 2004, 322; Beschluss vom 26.02.2004, Az. VII ZR 96/03, in: BauR 2004, 994.

60 Vgl. dazu KG, Urteil vom 18.12.2001, Az. 15 U 49/01, in: IBR 2003, 343 (Revision vom BGH nicht angenommen, Beschluss vom 08.05.2003, Az. VII ZR 106/02).

61 OLG Düsseldorf, Urteil vom 27.05.2014, Az. 23 U 162/13, IBR 2015, 3.

62 Vgl. etwa OLG Düsseldorf, Urteil vom 30.09.2003, Az. 23 U 204/02, in: BauR 2004, 506 f. = IBR 2004, 61 für den Bauvertrag.

63 Wingsch, Leistungsbeschreibungen und Leistungsbewertungen zur HOAI, S. 51.

64 Dazu Ahrens/Bastian/Muchowski, Handbuch Projektsteuerung – Baumanagement, S. 124 ff.

Ob und inwieweit bestimmte Leistungsergebnisse abgefordert werden, hängt von der konkreten Projektaufgabe und von den Projektmanagementanforderungen des Auftraggebers ab.

8.6.2.3 Funktionale Leistungsbeschreibungen/zielbasierte Leistungsbeschreibungen

Insbesondere bei werkvertraglich basierten Projektmanagementverträgen ist die Benennung der **Vertragsziele** von besonderer Bedeutung. Ein Auftraggeber kann Wert darauf legen, dass seine konkreten Projektziele als Vorgabe für die Leistungen des Projektmanagements eindeutig definiert werden. Dabei können die Ziele für Bau- und Immobilienprojekte in Organisations-, Qualitäts-, Kosten und Terminziele aufgegliedert werden. 2470

► Praxisbeispiel für die Vereinbarung von Projektzielen:

»Der AN hat seine Leistungen so zu erbringen, dass folgende Ziele erreicht werden: 2471
1. *Qualitätsziele durch Erfüllung der Anforderungen gem. Anlagen …*
2. *Kostenziele durch Einhaltung einer Gesamtbudgetgrenze von max. … € zzgl. Mehrwertsteuer*
3. *Terminziele durch Einhaltung des Zeitpunktes für die Fertigstellung/Übergabe …«.*

Die **Zieldefinition** ist **sorgfältig durchzuführen**. Die vereinbarten Ziele sind in aller Regel Beschaffenheitsvereinbarungen und konkretisieren den anzustrebenden Werkerfolg.[65] 2472

Besondere Problemstellungen ergeben sich, wenn ein Projektmanagementbüro in einer **Frühphase eines Projektes** beauftragt werden soll und der Auftraggeber die Projektziele noch nicht definiert hat, ggf. der Projektmanager auch Projektentwicklungsaufgaben übernimmt, als deren Ergebnis erst definierte Projektziele stehen sollen. Soll schon im frühen Stadium eine Gesamtbeauftragung erfolgen, lässt sich dies vertragstechnisch wie folgt umsetzen: 2473
- **Vollbeauftragung mit definiertem Sonderkündigungsrecht** zu einem vorgesehenen Zeitpunkt: Der Auftraggeber soll den Vertrag außerordentlich kündigen können, wenn es nicht zum Abschluss eines Vertragsnachtrages mit Festlegung der Projektziele zu einem bestimmten Zeitpunkt kommt. Für diesen Fall ist sicherzustellen, dass § 649 BGB individualvertraglich ausgeschlossen werden kann. 2474
- **Stufenweise Beauftragung** mit einer **Verpflichtung** zur **Anschlussbeauftragung** nur, wenn vor der Vergabe der Planungsleistungen eine einvernehmliche Definition von Projektzielen erfolgt und diese zum Gegenstand des Vertrages gemacht worden sind. 2475
- Beauftragung von Projektsteuerungsleistungen im Sinne eines **Rahmenvertrages** dergestalt, dass über die Leistungen einzelner Projektstufen jeweils **gesonderte Leistungsabrufe** getätigt werden müssen, bei denen für den jeweiligen Bauabschnitt oder die jeweilige Projektstufe gesonderte Zielvereinbarungen getroffen werden.

Aus der Sicht des Projektsteuerers kann die Vorgabe von Projektzielen, welche den **werkvertraglichen Erfolg** im Einzelnen spezifizieren sollen, dann zu **Haftungsproblemen** führen, wenn nicht eindeutig geklärt ist, wie vorzugehen ist, wenn die Projektziele (aufgrund von objektiven Projektumständen oder Störpotentialen Dritter) nicht mehr zu erreichen sind. Der Auftraggeber hat nämlich zu entscheiden, wie er mit Sachverhalten umgeht, bei denen die Projektziele auch bei ordnungsgemäßer Vertragsleistung des Projektsteuerers nicht mehr zu erreichen sind. 2476

Immer ist die Definition von werkvertraglichen Projektzielen von übernommenen Garantien abzugrenzen (dazu auch Rdn. 2545f.). Der Projektsteuerer wird nicht von sich aus die Vereinbarung von Projektzielen anbieten,[66] es sei denn, im Rahmen von Incentivevereinbarungen.[67]

---

65 Siehe dazu Rdn. 478 f., 1614 f.

66 Vgl. Behr, in: Kapellmann/Vygen, Jahrbuch Baurecht 2001, S. 131, 145.

67 Bei der global-funktionalen Leistungsbeschreibung könnte etwa wie folgt formuliert werden: »Der Auftragnehmer übernimmt für alle Projektstufen die erforderlichen Projektsteuerungsleistungen im Bereich der Handlungsbereiche… Er hat seine Leistungen nach Art und Umfang so zu erbringen, dass folgende Projektziele erreicht werden:

8.6.3 Änderungsbefugnis des Auftraggebers zum Steuerungssoll

2477 In jedem Fall sollte eine Anordnungsbefugnis des Auftraggebers in Bezug auf **geänderte oder zusätzliche Projektsteuererleistungen** vorgesehen werden. Auch die Grenzen der Anordnungsbefugnis, z. B. dasselbe Projekt oder die Zumutbarkeit der Durchführung der angeordneten Arbeiten für das Projektsteuererbüro, sollten geregelt werden.[68]

► Praxisbeispiel für eine einfache Anordnungsregelung

2478 *»Nicht vereinbarte Projektmanagementleistungen, die zur Durchführung des Projektes notwendig werden, hat der AN auf Verlangen des AG mitauszuführen. Die Vergütung hierfür hat der AN möglichst vor Leistungsbeginn mit dem AG zu vereinbaren.*

2479 *Der AN erhält nur dann eine zusätzliche Vergütung, wenn er vor Beginn der Leistung schriftlich die geänderte oder zusätzliche Leistung benennt und die dafür geforderte Zusatzvergütung bekannt gibt und wenn der AG daraufhin eine schriftliche Leistungs- oder Honorarvereinbarung mit dem AN schließt; wenn der AG schuldhaft eine solche Honorarvereinbarung ablehnt, braucht der AN die Leistungen nicht auszuführen.«*

► Praxisbeispiel für eine umfassendere Anordnungsregelung:

2480 *»Der AG hat das Recht, den Leistungsumfang des AN im Rahmen üblicher Programm- oder Projektsteuerungsleistungen jederzeit in beliebigem Umfang zu ändern oder zusätzliche Programm- oder Projektsteuerungsleistungen zu verlangen. Diese Änderungen oder Zusatzleistungen sowie solche, die nicht vom AG veranlasst worden sind, sondern aus sonstigen Gründen notwendig werden, sind im Rahmen des Erfüllungsanspruchs des AG ein Teil der vom AN zu erbringenden Vertragsleistung. Ebenso sind etwaige Verbesserungen der Leistung durch den AN und das damit bedingte Ändern, sowie alle daraus resultierenden Mehrleistungen Teil der Vertragsleistung des AN. Hierzu rechnet auch das Berücksichtigen etwaiger Ergebnisse und Auflagen aus öffentlich-rechtlichen Genehmigungsverfahren.*

Werden wesentliche Änderungen oder wesentliche zusätzliche Programm- oder Projektsteuerungsleistungen durch den AG veranlasst und müssen deshalb deshalb bereits vertragsgemäß erbrachte Programm- oder Projektsteuerungsleistungen neu erbracht werden oder sind deshalb zu den ursprünglichen Vertragsleistungen wesentliche besondere Anforderungen oder wesentliche Programm- oder Projektsteuerungsaufgaben neu hinzugekommen oder hat der AG solche Anforderungen oder Programm- bzw. Projektsteuerungsziele nachträglich wesentlich geändert, so liegt eine besonders zu vergütende Leistung vor, für welche die Vergütungsregelungen aus § … gelten. Tritt durch die vorgenannten Gegebenheiten eine Vereinfachung oder Erleichterung der Leistungserbringung für den AN ein, so hat der AG entsprechend voranstehender Festlegungen einen Anspruch auf angemessene Verringerung des Honoraranspruchs des AN.«

2481 Für die so geänderten und zusätzlichen Leistungen müssten alsdann die Rechtsfolgen der Vergütungsanpassung näher geregelt werden. Hier stehen verschiedene methodische Vorgehensweisen

---

1. Qualitätsziele: (z. B. Nutzerbedarfsprogramm mit Raum-, Funktions- und Ausstattungsprogramm und/oder Vergleichsbaumaßnahme)
2. Kostenziele: (Gesamtbudgetgrenze von max. … Mio. € brutto zum Zeitpunkt der Kostenfeststellung)
3. Terminziele durch Einhaltung des Gesamtfertigstellungszeitpunktes und/oder Übergabe an den Nutzer zum … … … … … … … … «

ähnlich Diederichs, Leitfaden zum Projektsteuerungsvertrag, S. 6.

68 Ähnlich Knipp, Projektmanagement, S. 46, der allerdings – anders als in diesem Werk – eine einseitige Änderungsbefugnis nicht anerkennt, sondern in jedem Fall eine vertragliche Regelung für erforderlich hält: »Um hier für den Auftraggeber Sicherheit zu erreichen, sollte deshalb klargestellt werden, dass nicht vereinbarte Leistungen, die der Auftraggeber zur Herstellung der baulichen Anlagen oder zur Projektverwirklichung fordert, der Auftragnehmer mit übernehmen muss, es sei denn, sein Büro ist auf derartige Leistungen nicht eingerichtet. Vergütungsanspruch und Vergütungshöhe solcher Leistungen sollten nach Zeithonorar (Vorausschätzung oder Festbetrag) und Mann-Monatssätzen vereinbart werden.«

und materielle Anpassungskriterien zur Auswahl. I. d. R. ist es zweckmäßig, die zusätzliche oder geänderte Vergütung auf der Grundlage des vertraglichen – kalkulierten – Preisniveaus festzulegen.[69] Kalkulationsgrundlagen für die Vergütung der geänderten oder zusätzlichen Leistungen, wie etwa **Personaleinsatzpläne und Bedarfsstundensätze**, sollten konkret ausgewiesen werden. Des Weiteren kann festgehalten werden, dass über den Leistungsumfang und die Höhe der Vergütung für zusätzliche Leistungen möglichst eine schriftliche Vereinbarung – vor Ausführung – getroffen werden soll und dass die Vergütung grundsätzlich hiervon abhängig ist.[70]

In der Vertragspraxis wird oftmals zwischen der **Anpassung von Projektzielen** als solche und der 2482
Anordnung geänderter oder zusätzlicher Leistungen im Detail **unterschieden**. Eine derartige Unterscheidung ist dann sinnvoll, wenn einerseits Projektziele definiert sind, andererseits ein prozessbezogener Leistungskatalog vorgegeben ist. Nicht jede Änderung eines Projektziels muss sich nämlich auf die prozessbeschriebenen Einzelleistungen auswirken. Durch eine Änderung des Prozessziels kann sich eine neue Steuerungsgrundlage ergeben, ohne dass sich die vorzunehmenden Leistungen als solche ändern. Vielfach wird bei diesen Regelungen für den Fall der Änderung der Projektziele an die Regelungen über die Änderungen der Geschäftsgrundlage, § 313 BGB, angeknüpft. Derartige Regelungen sind im Zweifel dahingehend zu interpretieren, dass sie sich nur auf Fallgestaltungen beziehen, in denen die Änderung des Projektziels die vereinbarten Leistungskataloge nicht verändert. Sofern aus der Projektzielanpassung Änderungen von Einzelleistungen hervorgehen, soll eine solche Klausel eine Honoraranpassung wegen Änderung der vereinbarten Leistungen nicht ausschließen; entgegenstehende Regelungen wären jedenfalls als Standardregelungen gemäß § 307 BGB unwirksam.

► Praxisbeispiel für eine einfache Änderungsfolgenregelung (wegen der Mehrvergütungsansprüche ausschließenden Wirkung nur individuell zulässig!):

»Ein Honorar für zusätzliche, geänderte oder wiederholte Leistungen kann der Auftraggeber nur 2483
dann beanspruchen, wenn diese über das zur optimierten, ordnungsgemäßen und vollständigen Erbringung der vertraglichen Leistungen erforderliche Maß hinausgehen, im Verhältnis dazu nicht unwesentlichen Arbeits- und Zeitaufwand verursachen und der Honoraranspruch dem Grunde und der Höhe nach vor Leistungserbringung schriftlich angezeigt worden ist. Als nicht unwesentlicher Arbeits- und Zeitaufwand gilt ein Zeitaufwand von mehr als … Stunden je zusätzlicher Teilleistung. Eine zusätzliche Vergütung wird ausschließlich im Umfang des den unwesentlichen Arbeits- und Zeitaufwand nachweislich übersteigenden Aufwandes gezahlt. Meinungsverschiedenheiten über Grund und Höhe etwaiger Mehrvergütungsansprüche berechtigen den Auftragnehmer nicht zur Arbeitseinstellung; beide Parteien sind verpflichtet, auf Grundlage des Vertrages und der vereinbarten Vergütung am Abschluss einer Nachtragsverhandlung mitzuwirken.«

69 Diederichs, Leitfaden zum Projektsteuerungsvertrag, S. 12, schlägt folgende Klausel vor: »Nicht vereinbarte Leistungen, die der Auftraggeber zur Herstellung der baulichen Anlagen fordert und die zur Ausführung der vertraglichen Leistung notwendig werden, hat der Auftragnehmer auf Verlangen des Auftraggebers mitauszuführen, außer wenn sein Betrieb auf derartige Leistungen nicht eingerichtet ist. Die Vergütung hierfür hat der Auftragnehmer vor Leistungsbeginn mit dem Auftraggeber zu vereinbaren. Andere Leistungen können dem Auftragnehmer nur mit seiner Zustimmung übertragen werden.«

70 Zumindest sollte eine Ankündigungsfrist vertraglich vorgesehen werden; so etwa Kapellmann, Schlüsselfertiges Bauen, Rn. 233: »Der AN muss dem AG sowohl bei Anordnung, geänderte Leistungen auszuführen, wie bei Anordnung, zusätzliche Leistungen auszuführen, einen daraus resultierenden Vergütungsanspruch ankündigen, bevor er mit der Ausführung der Leistung beginnt; unterlässt er die Ankündigung, steht ihm kein Vergütungsanspruch zu, es sei denn, dass der AG an einer Vergütungspflicht für die geänderten oder zusätzlichen Leistungen objektiv keine ernsthaften Zweifel haben kann oder der AN die Anordnung ohne Verschulden unterlässt.«

▶ Praxisbeispiel für Projektablaufstörungen (dazu auch Rdn. 2535 und 2581):

2484 *»Im Zuge der Leistungserfüllung ist die Bewältigung von Projektablaufstörungen, ggf. unter erhöhten Aufwendungen, durch den Auftragnehmer eigenverantwortlich zu tragen. Diese Projektstörungen gehören, sofern nicht offenkundig durch den Auftraggeber zu vertreten, zu den mit den Steuerungsaufgaben übernommenen Risiken des Konfliktmanagements zur Erreichung der vereinbarten Projektziele. Evtl. erhöhte Aufwendungen hat der Auftragnehmer in sein Honorar einzukalkulieren. Sie werden nicht gesondert vergütet.*

2485 *Als Projektablaufstörungen in diesem Sinne werden insbesondere einvernehmlich festgelegt:*

- *Geänderte Rechtsvorschriften oder bautechnische Normen*
- *Marktwirtschaftliche Kostenentwicklungen*
- *Rechtsstreitigkeiten, Insolvenzen, Ersatzvornahmen*
- *Wiederholte Nachbesserungen mangelhafter Leistungen Dritter, insbesondere auch zur Vollständigkeit und den Formvorgaben der Unterlagen*

Bei öffentlichen Auftraggebern:

- *Änderungen, Ergänzungen des Bedarfsträgers im Rahmen der Mitwirkung zur EW-Bau zur Präzisierung der vereinbarten Projektziele*
- *Komplexität von Verwaltungsabläufen (zunehmende Beteiligung einer Vielzahl von Entscheidungsträgern, getrennter Haushaltstitel, Bewirtschaftung)*
- *Vergaberechtliche Verfahrensverzögerungen*

2486 *Glaubt sich der Auftragnehmer über die Projektablaufstörungen hinaus in der Ausführung seiner Leistung behindert, hat er die Hinderungsgründe unverzüglich schriftlich gegenüber dem Auftraggeber anzuzeigen. Unterlässt er die Anzeige, stehen ihm Ansprüche aus dem Behinderungstatbestand nicht zu. Sind die hindernden Umstände vom Auftraggeber zu vertreten, hat der Auftragnehmer Anspruch auf Ersatz des nachweislichen Schadens, auf entgangenen Gewinn jedoch nur bei Vorsatz und grober Fahrlässigkeit.*

Zur Durchsetzung der Ansprüche gemäß der von der Rechtsprechung aufgestellten Grundsätze hat der Auftragnehmer im Einzelnen nachzuweisen, worauf die Behinderung beruhte, in Verbindung mit einem differenzierten Soll-/Ist-Abgleich zur Art seiner Aufwendungen bezüglich Personal- und Bürokosten, Kapazitäts- und Zeitbedarf. Er hat u.a. darzulegen, welche Anstrengungen er unternommen hat, um den Schaden zu minimieren bzw. was er an Aufwendungen ersparen konnte.«

2487 Auch in einem Projektsteuerervertrag sind Klauseln, wonach die Vergütung für vom Auftraggeber geforderte Nachtragsleistungen (zusätzlichen Leistungen) die Einreichung von schriftlichen Nachtragsangeboten vor Ausführung der Leistungen erfordert und die Vergütung hiervon abhängig macht, in Allgemeinen Geschäftsbedingungen unwirksam.[71]

8.6.4 Projektteam/Projektbüro/Projektkommunikation

2488 Ergänzend wäre zu klären, **wer** die **Leistungen** des Projektsteuerungsbüros **tatsächlich zu erbringen hat**. Der Erfolg der Projektsteuerung hängt nicht selten von der persönlichen Kompetenz der einzelnen Projektsteuerer ab. Deshalb ist es geboten, die persönliche Leistungserbringung durch qualifizierte Mitarbeiter des Projektsteuererbüros vertraglich zu sichern: Dort, wo dies rechtlich erforderlich ist, kann die Verpflichtung zur eigenen Leistungserbringung durch das beauftragte Projektsteuererbüro hervorgehoben und die Hinzuziehung von Dritten von der Zustimmung des Auftraggebers abhängig gemacht werden. Darüber hinaus mag die Anforderung gestellt werden, dass der AN nur zuverlässige, geeignete Mitarbeiter einsetzt, welche über die notwendige Qualifikation und Erfahrung verfügen.

71 OLG Oldenburg, Urteil vom 18.01.2007, Az. 8 U 181/06, in: BauR 2009, 1917 f. für den Architekten.

► Praxisbeispiel für Qualifizierungsanforderungen:

»Die mit den Leistungen dieses Vertrages beauftragten Projektmitarbeiter (nachfolgend ausdrücklich aufgelistet) müssen über eine abgeschlossene Fachausbildung (Dipl.-Ing. TH/FH) und eine angemessene Berufspraxis – i. d. R. mindestens 5 Jahre – verfügen; alle anderen am Projekt Beteiligten i. d. R. mindestens 2 Jahre. 2489

Darüber hinaus hat der AN mit ausreichend qualifiziertem Personal dafür Sorge zu tragen, dass die Leistungen dieses Vertrages zeitgerecht und ordnungsgemäß erfüllt werden können. Als Mindestbesetzung gelten die in der Anlage 4 mit den Zeitanteilen benannten Projektmitarbeiter des AN.«

► Praxisbeispiel für Qualitätsanforderungen an das Projektteam nebst Definition eines Servicelevels:

»Der AN setzt für das Projekt die benannten Mitarbeiter ein und gewährleistet deren ständige Einsetzbarkeit und Verfügbarkeit. Die Projektmitarbeiter dürfen nur mit Zustimmung des AG ausgewechselt werden, es sei denn, das Arbeits- oder sonstige Dienstverhältnis zwischen AN und dem benannten Mitarbeiter besteht nicht mehr. Ein Verstoß gegen diese Verpflichtung berechtigt den AG zur Kündigung aus wichtigem Grund. 2490

Entspricht die Leistung des AN trotz Abmahnung des AG nicht den vertraglichen Anforderungen, ist der AG berechtigt, einen Austausch des Projektteams oder einzelner Projektteammitglieder zu verlangen. Kommt der AN dieser Verpflichtung nicht nach, so ist der AG zur Kündigung oder Teilkündigung des Vertrages aus wichtigem Grund berechtigt. Die Verantwortlichkeit des AN bleibt davon unberührt.

Der AN steht dafür ein, dass seine personelle, sachliche und finanzielle Kapazität und Leistungsfähigkeit, seine Erfahrungen und die Organisation seines Büros eine vertragsgemäße Leistungserbringung sicherstellen, insbesondere, dass sein Büro so organisiert und eingerichtet ist, dass das Projekt termingerecht, mangelfrei und innerhalb des Budgets und des vereinbarten Qualitätsstandards realisiert wird und die vereinbarten bzw. festgelegten Vertragsziele eingehalten werden (können).

Der AN garantiert, dass grundsätzlich der verantwortliche Projektleiter oder in begründeten Ausnahmefällen sein Vertreter innerhalb des Zeitraums von … auf Anforderung des AG einsatzbereit vor Ort erscheint (Reaktionszeit). Die Reaktionszeit umfasst den Zeitraum, innerhalb dessen der AN sich einsatzbereit vor Ort befinden muss. Er beginnt mit dem Zugang der Anforderung in Textform (Fax, E-Mail) und läuft nur innerhalb der üblichen Geschäftszeiten (Werktags 8:00 bis 18:00 Uhr). In jedem Fall der Nichteinhaltung der Reaktionszeit ist der AN zur Zahlung eines pauschalierten Schadensersatzes in Höhe des Betrages verpflichtet, der dem höchsten Tagesverrechnungssatz des Projektleiters gem. Honorarermittlungsblatt (Anlage …) entspricht. Bei höherer Gewalt ist die Geltendmachung von Schadensersatzansprüchen ausgeschlossen.« 2491

Bei der Vergabe der Projektsteuererleistungen sollte sich der Auftraggeber das **Projektteam** in der Gesamtheit **benennen lassen**, um sicher zu sein, dass seinen Anforderungen bei der Auswahl der Personen Rechnung getragen worden ist. Darüber hinaus sollte er sicherstellen, dass die Projektmitarbeiter des Projektmanagers/-steuerers für die Dauer des Projektes auch tatsächlich zur Verfügung stehen und nicht unnötige **Wechsel** eintreten. Dies kann dadurch geschehen, dass der Austausch von Mitarbeitern von der Zustimmung des Auftraggebers abhängig gemacht wird. Eine derartige Verfahrensweise ist zumindest hinsichtlich des eingesetzten Projektleiters und dessen Stellvertreter empfehlenswert. Entsprechende Regelungen können durch Vertragsstrafeversprechen oder durch ein vertraglich vorgesehenes außerordentliches Kündigungsrecht des Auftraggebers abgesichert werden. In der Praxis hat es auch Regelungen gegeben, bei denen ein Bonus-Versprechen des Auftraggebers für Personalkontinuität ausgelobt worden ist. Aus der Sicht der Projektsteuerungsunternehmen ist eine zu enge Bindung ihres Personals problematisch, weil oftmals gerade die besonders qualifizierten Mitarbeiter des Projektsteuerungsunternehmens gebunden werden und für weitere unternehmerische Aufgaben nicht zur Verfügung stehen. 2492

2493 Zu beachten ist aber, dass bei einer zu engen Mitarbeiterbindung letztlich eine Dienstleistung im Vordergrund des Vertrages stehen kann und die Personalgestellung als Arbeitnehmerüberlassung zu werten ist.

► Praxisbeispiel zur Mitarbeiterstabilisierung:

»Der AN benennt dem AG vor Leistungsbeginn namentlich den Projektleiter sowie den Stellvertreter.

2494 *Scheidet der Projektleiter oder dessen Stellvertreter sowie weiteres vom AN benanntes Führungspersonal/ Leitungspersonal aus, ist dem AG unverzüglich Mitteilung zu machen, sobald sich das Ausscheiden abzeichnet oder verfestigt. Der AN wird dem AG in diesen Fällen bereits mit dieser Mitteilung Vorschläge für Ersatzpersonal unterbreiten, das hinsichtlich Qualifikation und Erfahrung mit dem zu ersetzenden Leitungspersonal zumindest gleichwertig ist. Die entsprechende Qualifikation und Erfahrung ist mit der voranstehenden Mitteilung nachzuweisen. Die im Rahmen des Teilnahmewettbewerbs vom AG definierten Vorgaben für das dort benannte Leitungspersonal sind in jedem Fall einzuhalten.*

2495 *Eine Ablösung bzw. Neubestellung von Leitungspersonal ist nur mit vorheriger schriftlicher Einwilligung des AG oder auf dessen begründetes Verlangen hin möglich. Eine Einwilligung des AG darf nicht ohne wichtigen Grund verweigert werden. Ein wichtiger Grund für die Verweigerung der Einwilligung liegt insbesondere vor, wenn die Qualifikation oder Erfahrung des ersetzenden Leitungspersonals sich mit der Qualifikation oder der Erfahrung des zu ersetzenden Leitungspersonals gleichwertig ist oder vom AN nicht hinreichend nachgewiesen wurde.«*

2496 Zur Vermeidung einer **Arbeitnehmerüberlassung**[72] kann im Vertrag dokumentiert werden, dass der Mitarbeiter des Projektsteuerers nicht in den Betrieb des Auftraggebers eingegliedert ist, sondern seine Tätigkeit nach Ort, Zeit und Ausführung im Wesentlichen selbständig erbringen kann.[73] Vorsorglich empfiehlt sich eine Regelung, wonach der Projektsteuerer Weisungs- und Aufsichtsbefugnisse über die eingesetzten Mitarbeiter selbst ausübt.

2497 Des Weiteren ist regelungsbedürftig, ob der Projektsteuerer ein **Büro** vor Ort unterhält/einrichtet und zu welchen Zeiten dieses besetzt sein muss, um eine orts- und zeitnahe Steuerung der Bautätigkeit sicherzustellen. Auch die Kostentragung für die Benutzung der Büroräumlichkeiten sowie der Kommunikationsmittel sollte geklärt werden. Es kann zweckmäßig sein, dem Projektsteuerer nicht nur die tägliche Präsenz, sondern – **während der Ausführung** – auch tägliche Kontrollen vor Ort aufzuerlegen.

► Praxisbeispiel für ein Projektsteuerungsbüro vor Ort:

2498 *»Der Auftragnehmer ist verpflichtet, ein halbes Jahr vor Leistungsstufe 4 bis zur Fertigstellung der Baumaßnahme ein Baubüro auf der Liegenschaft ausreichend zu besetzen.*

Der Auftragnehmer hat durch mindestens 3 baufachlich geeignete Mitarbeiter, davon mindestens 1 Mitarbeiter der Fachrichtung TGA, während des Betriebs der Baustelle im Baubüro präsent zu sein.

Die Räume für dieses Baubüro werden vom Auftraggeber einschließlich Telefonanschluss, Beleuchtung, Wasser-/Abwasseranschluss und Heizkörpern kostenlos zur Verfügung gestellt.

72 Vgl. zur Reichweite des Verbotes der gewerblichen Arbeitnehmerüberlassung BGH, Urteil vom 17.03.2000, Az. VII ZR 78/99, in: NJW 2000, 1557 = NZBau 2000, 290; BAG, Urteil vom 25.10.2000, Az. 7 AZR 487/99, in: ZIP 2001, 302 = MDR 2001, 636; zur Abgrenzung der Arbeitnehmerüberlassung vom Werkvertrag vgl. auch BGH, Urteil vom 21.01.2003, Az. X ZR 261/01, in: NZA 2003, 616 = NZBau 2003, 275 = IBR 2003, 227.

73 Zur Abgrenzung der Arbeitnehmerüberlassung vom Werkvertrag vgl. BGH, Urteil vom 25.06.2002, Az. X ZR 83/00, in: ZfBR 2002, 778 = DB 2002, 2216, 2217.

Die Möblierung und Technikausstattung übernimmt der Auftragnehmer.

Die anteilig für seine genutzte Fläche anfallenden Betriebskosten für Wasser/Abwasser, Strom und Reinigung sowie Telefongrund- und Gesprächskosten trägt der Auftragnehmer.«

Größere Projekte werden heute mittels **internetbasierter Kommunikationssysteme** gesteuert. Die Vorhaltung entsprechender EDV-Systeme dient dem Projektmanager zumeist selbst zur Sicherstellung einer sachangemessenen Projektmanagementtätigkeit. Je nach Projekttyp ist der Einsatz allerdings nicht selbstverständlich. In jedem Fall sollten die Anforderungen an das beizustellende System geregelt werden. Die oftmals zu beschaffenden Lizenzen für eine Vielzahl von Projektbeteiligten (zumeist werden alle Planungs- und Baubeteiligten verpflichtet, sich eines entsprechenden Kommunikationssystems zu bedienen) lösen erhebliche Kosten aus. Geklärt werden kann/sollte in diesem Zusammenhang: 2499

- Bereitstellung eines internetbasierten Projektmanagement-Systems zum Zwecke
- Zentraler Datenablage,
- Datenaustausch zwischen den Projektbeteiligten,
- Informationssystem mit relevanten Projektdaten (Kosten, Termine etc.),
- Dokumentation der Planung und des Planungsfortschritts (Visualisierung von CAD-Plänen).
- Beraten zu projektbezogenen Fragen in der EDV sowie Präsentationen, Schulungen, Betreuung und Betrieb;
- Systemadministration und etwaige Anpassungen des Systems;
- Anbindung der Projektbeteiligten, insbesondere deren Betreuung bei digitaler Planung;
- Erstellen und Pflegen eines Kommunikationshandbuchs;
- Datenüberlassung an den AG bei Projektende.

Wegen weiterer **Einzelheiten** kann auf **Heft 19 des AHO**, neue Leistungsbilder zum Projektmanagement in der Bau- und Immobilienwirtschaft, dort Ziff. 2 Implementierung und Anwendung von Projektkommunikationssystemen, verwiesen werden.[74] 2500

► Praxisbeispiel für eine Vertragsregelung zum Projektkommunikationssystem:

»Die internetbasierte Daten- und Informationsaustauschplattform für die Projektkommunikation (PKMS) ist durch den Auftragnehmer während der Leistungserbringung zu nutzen. 2501

Der Auftragnehmer hat sämtliche projektrelevante Daten und Informationen elektronisch zu übergeben und in diesem System den anderen Projektbeteiligten im Rahmen ihrer Berechtigung zur Verfügung zu stellen.

Die für seine eigenen Leistungen notwendigen Daten und Informationen anderer Projektbeteiligter kann er in elektronischer Form aus diesem System entnehmen.

Im Zuge der administrativen Tätigkeit überwacht und organisiert der Auftragnehmer die Anwendung des PKMS durch die Projektbeteiligten.

Dazu gehören die Umsetzung des Projektorganisationshandbuchs in Form der Rollen- und Rechtevergabe und die Organisation der Teilnehmer im System, z.B. durch Filter, Verteiler, Ablage und Anpassungen im Projekt, bezogen auf Änderungen der Teilnehmer und deren Rollen und Rechte.

Ferner die Dateneinstellung/Informationsbereitstellung der am Planungs- und Ausführungsprozess Beteiligten im PKMS. Die Ablage (Dokumentation) der Daten erfolgt nach dem mit dem Auftraggeber abgestimmten Aktenablagesystem.

74 Vgl. AHO-Fachkommission, Neue Leistungsbilder zum Projektmanagement in der Bau- und Immobilienwirtschaft, Nr. 19 der Schriftenreihe des AHO, Stand: September 2004, Berlin 2004.

Weiterhin gehören dazu die Ermittlungen des Bedarfs für den hardwaretechnischen Betrieb des Systems, des Bedarfs an Projektbetreuungsleistungen und Schulungen aller Systemnutzer und die Vorbereitung der Beauftragung dieser Leistungen an den Systemanbieter.

Im DV-unterstützten Projektkommunikationssystem sollen mindestens eingestellt werden:
- *Organisations- und Projekthandbuch*
- *Pläne und Detailzeichnungen*
- *Projekterhebliche Korrespondenz*
- *ES-Bau und EW-Bau*
- *Besprechungsprotokolle*
- *Wiederkehrende und einmalige Berichte*

Die mit der Administration und Anwendung des PKMS verbundenen Aufwendungen sind in das Honorar einzukalkulieren.«

8.7 Leistungen des Auftraggebers

2502 Auch die Mitwirkungsverpflichtungen des Auftraggebers sind regelungsbedürftig. Für den Projektsteuerer hat dieser Regelungskomplex erhebliche Bedeutung, weil die Auftraggeber sich nicht selten hinsichtlich der eigenen Kompetenz oder Ressourcen zur Ausübung der bei ihnen verbliebenen (Rest-)Projektleitung überschätzen und ein späterer Streit über die von dem jeweiligen Auftraggeber noch zu erbringenden Leistungen oft vorprogrammiert ist.

2503 Eine ordnungsgemäße Abgrenzung zwischen den Mitwirkungsleistungen des Auftraggebers und den Leistungen des Projektsteuerers ist unverzichtbar.[75] Sie dient gleichsam der Konkretisierung der Leistungspflichten und der Eingrenzung von Haftungsrisiken. Zum Teil wird empfohlen, eine Leistungsabgrenzung mit derselben Tiefe vorzunehmen, wie derartige Schnittstellenbeschreibungen im Verhältnis zu anderen am Bau Beteiligten vorgenommen werden.[76] Allerdings bergen die in der Praxis vielfach verwendeten umfangreichen Kataloge über Mitwirkungsverpflichtungen des Auftraggebers für den Auftraggeber die Gefahr, dass der Projektsteuerer sich dann, wenn im Projekt Unklarheiten zum Leistungsumfang oder Konflikte auftreten, zunächst einmal auf die vorrangige Erbringung von Mitwirkungsleistungen des Auftraggebers beruft. Es ist deshalb aus der Sicht des Auftraggebers in jedem Fall zu regeln, dass der Projektsteuerer die **Mitwirkungsleistungen des Auftraggebers (mit) zu steuern** hat, d. h., dass er die Mitwirkungsleistungen des Auftraggebers terminlich zu planen, abzufordern und ggf. zu kontrollieren hat. Die Durchführung der Mitwirkungshandlungen verbleibt dann dem Auftraggeber selbst.[77]

---

75 Vgl. dazu auch Schill, Der Projektsteuerungsvertrag, S. 138.

76 Vgl. die Empfehlung bei Diederichs, Leitfaden zum Projektsteuerungsvertrag, S. 7.

77 Stemmer/Wierer, BauR 1997, 935, 944, wollen im Regelfall – das müsse im Einzelfall sehr genau überprüft werden – folgende Aufgaben als dem Auftraggeber vorbehalten:

»a) Vom Auftraggeber werden folgende Leistungen übernommen oder in seinem Auftrag von anderen fachlich Beteiligten erbracht:

a.1 Bereitstellung (ggf. in Kopie) der für die Vertragserfüllung erforderlichen Pläne, Unterlagen, Verträge und Berechnungen sowie Daten und Informationen, soweit sie dem Auftraggeber selbst zur Verfügung stehen.

a.2 Wahrnehmen der Bauherrenaufgaben mit folgenden Schwerpunktleistungen:
- Rechtzeitiges Herbeiführen der erforderlichen Entscheidungen,
- Durchsetzen der erforderlichen Maßnahmen und Vollzug der Verträge,
- Herbeiführen aller erforderlichen Einwilligungen und Genehmigungen,
- Abstimmungen und Koordination mit den Nutzern,
- Festlegen der Vergabeart, Auswahl der Firmen, Vervielfältigungen und Versand der Ausschrebungsunterlagen, Entgegennehmen der Angebote, Durchführen der Verdingungsverhandlungen, Mitwirken bei Gesprächen mit Bietern, Auftragserteilung,
- Fachtechnische und rechnerische Prüfung der Rechnungen der ausführenden Firmen (obliegt den Architekten und Fachingenieuren),

Das AHO-Leistungsbild (2014) enthält im Anhang A eine Zusammenstellung der Mitwirkungshandlungen des Auftraggebers bei der Beauftragung eines Projektsteuerers mit dem Grundleistungsbild AHO-Heft Nr. 9 (2014). Erstmals mit der 4. Auflage des Leistungsbildes des AHO-Heftes Nr. 9 werden damit die klassischen Mitwirkungsleistungen des Auftraggebers beispielhaft beschrieben. Auf diesen Anhang kann insoweit verwiesen werden.[78]

In engem Zusammenhang mit der **Leistungsabgrenzung zum Auftraggeber** steht die Schnittstellendefinition zwischen Projektsteuerung und den am Projekt beteiligten Objekt-, Fachplanern und sonstigen fachlich Beteiligten. Der Projektsteuerervertrag sollte zumindest festhalten, welche Fachleute seitens des Auftraggebers bereits eingeschaltet sind. Denn die Beauftragung der Objekt- und Fachplaner sowie der sonstigen Beteiligten kann bereits wesentliche Elemente der Projektrealisierung vorzeichnen. Gegebenenfalls ist an dieser Stelle auch festzulegen, wie die Steuerung in Bezug auf die weiteren Projektbeteiligten erfolgen soll und welche Informationen und auch Planungsunterlagen – wann? – dem Projektsteuerer vorzulegen sind. Bei Vereinbarung des AHO-Leistungsbildes ist zu beachten, dass seit der 4. Auflage (2014) beim Anhang zum grünen Heft 9 Mitwirkungsleistungen des Auftraggebers explizit genannt sind. 2504

– Zahlungen.

b) Folgende Leistungen werden von den nachstehend genannten, an der Planung und Überwachung fachlich Beteiligten erbracht:
Objektplanung (Gebäude) durch
Objektplanung (Freianlagen) durch
Objektüberwachung durch
Tragwerksplanung durch
Vermessung durch
Technische Ausrüstung:
Gas-, Wasser- und Abwassertechnik durch
Wärmeversorgungs-, Brauchwassererwärmungs- und Raumlufttechnik durch
Elektrotechnik durch
Sonstige Technik durch
Wärmeschutznachweis durch
Innenräume durch«;

Diederichs, Leitfaden zum Projektsteuerungsvertrag, S. 8, benennt die typischerweise vom Auftraggeber zu benennenden Projektleitungsaufgaben wie folgt: »Vom Auftraggeber werden folgende Leistungen übernommen oder in seinem Auftrag von anderen fachlich Beteiligten erbracht:

1. Bereitstellen der für die Vertragserfüllung erforderlichen Pläne, Unterlagen, Verträge und Berechnungen sowie Daten und Informationen, soweit sie dem Auftraggeber selbst zur Verfügung stehen.
2. Wahrnehmen der Projektleitung für die Baumaßnahme, unter anderem mit folgenden Schwerpunktleistungen:
   - Rechtzeitiges Herbeiführen bzw. Treffen der erforderlichen Entscheidungen,
   - Durchsetzen der erforderlichen Maßnahmen und Vollzug der Verträge,
   - Herbeiführen aller erforderlichen Einwilligungen und Genehmigungen,
   - Konfliktmanagement,
   - Leiten der Projektbesprechungen auf Geschäftsführungs-/Vorstandsebene,
   - Führen aller Verhandlungen mit projektbezogener, vertragsrechtlicher oder öffentlich-rechtlicher Bindungswirkung,
   - Wahrnehmen der zentralen Projektanlaufstelle und
   - Wahrnehmen von projektbezogenen Repräsentationspflichten.
3. Bereitstellen der für den Auftragnehmer zur Erfüllung seiner Leistungen erforderlichen Büroräume einschließlich Errichtung inkl. Kommunikationseinrichtungen und deren Nutzung, Beleuchtung, Heizung und Reinigung.«

78 Projektmanagementleistungen in der Bau- und Immobilienwirtschaft, erarbeitet von der AHO-Fachkommission, 4. vollständig überarbeitete Auflage, Mai 2014, S. 157 f.

2505 Ganz besonders wichtig ist in diesem Zusammenhang die Regelung der **Planfreigabefristen** durch den Auftraggeber. Derartige Fristen können einen Auftraggeber in der Praxis in erhebliche Schwierigkeiten bringen. Ähnlich bedeutsam ist die Festlegung von Fristen für Vergabeentscheidungen des Auftraggebers. Ein sog. »48-Std.-Konzept« soll sich nach Auffassung einzelner Projektsteuerer in der Praxis bewährt haben. Danach verpflichtet sich der Auftraggeber, im Konfliktfall nach gemeinsamer Anhörung des Auftragnehmers und des Projektleiters des Auftraggebers eine projektbezogene Entscheidung innerhalb von 48 Stunden zu fällen, um den termingerechten Fortgang des Projektes nicht zu gefährden.[79] Die 48-Stunden-Regelung erscheint allerdings aus der Sicht der Auftraggeber zu stringent. Die Frist ist angesichts der Komplexität von Projektaufgaben und der ggf. problematischen »Greifbarkeit« der Entscheidungsträger oft zu kurz.

2506 Bei Bauteamgestaltungen wie auch der Beauftragung eines Juristischen Projektmanagements neben einer Projektsteuerung können besondere Anforderungen an die Beschreibung des Zusammenwirkens der Projektbeteiligten auftreten.

► Praxisbeispiel I: Klausel zur Leistungsabgrenzung von der unzulässigen Rechtsdienstleistung

2507 *»Die Parteien sind darüber einig, dass die nach diesem Vertrag geschuldete Tätigkeit des Auftragnehmers ihren Schwerpunkt in der technischen, wirtschaftlichen und organisatorischen Aufgabenwahrnehmung hat, Leistungen zu rechtlichen Angelegenheiten nur als Hilfs- und Nebentätigkeiten geschuldet sind. Dementsprechend sind Leistungen des Auftragnehmers mit Schnittstelle zur Rechtsdienstleistung nicht als Wahrnehmung rechtlicher Sachaufgaben zu verstehen; der Auftragnehmer schuldet lediglich eine Mitwirkung in technisch-wirtschaftlicher Hinsicht, die die Grundlagen für das vom Auftraggeber wahrzunehmende juristische Projektmanagement schafft.«*

► Praxisbeispiel II: Operative Zusammenarbeitsklausel für juristisches und technisches Projektmanagement:

2508 *»Der AN koordiniert die Vergaben des AG für die Leistungen der ausführenden Unternehmen. Er steuert dabei notwendige Mitwirkungsleistungen der Architekten und Sonderfachleute. Der AN führt insbesondere Submissionstermine durch und erstellt für den AG einen Vergabespiegel und einen Vergabevorschlag. Dem Vergabevorschlag ist jeweils eine Stellungnahme des Juristischen Projektmanagements beizufügen. Die Ergebnisse des Juristischen Projektmanagements sind bei dem Entscheidungsvorschlag zu berücksichtigen.*

Soweit Verhandlungsverfahren durchgeführt werden, soll ein Vergabeteam gebildet werden, das aus dem Projektleiter des AG, dem AG, dem Objekt- und/oder Fachplaner und dem Juristischen Projektmanagement besteht. Der AN koordiniert das Vergabeteam. Entscheidungen und Empfehlungen des Vergabeteams sollen einstimmig getroffen werden. Kommt es im Vergabeteam zu Meinungsunterschieden, informiert der AN die Geschäftsführung mittels schriftlichem Bericht.«

8.8 Gesamtauftrag, Teilauftrag, stufenweise Beauftragung

2509 Der Auftraggeber ist nicht genötigt, den Projektsteuerer von vornherein für die gesamte Projektlaufzeit zu beauftragen. Er kann **Teilaufträge** vergeben, soweit sich eine Projektaufgabe sachlich und/oder zeitlich segmentieren lässt.[80] Die Interessenlage der Vertragspartner eines Projektsteuerungsvertrages ist hier unterschiedlich. Während die Projektsteuererbüros nach möglichst langfristiger und umfassender Auftragssicherung streben, kann der Auftraggeber zumeist kein Interesse daran haben, sich ohne praktische Einblicke in die Qualität der Projektsteuererarbeit schon zu Beginn eines Projektes für die gesamte Projektdauer zu binden. Insbesondere wird er die Rechtsfolge des § 649 BGB

79 DVP-Vorstand, in: DVP, Projektmanagement in Praxisbeispielen, S. 2.

80 Bohn/Heinzmann, in: Schäfer/Conzen, Immobilien-Projektentwicklung, S. 247: »Bei großen, langlaufenden und ggf. noch risikobehafteten Projekten kann es sinnvoll sein, die Leistungen in einzelne, aufbauende Auftragsstufen aufzuteilen.«

vermeiden wollen, nämlich die Gefahr, im Falle einer Kündigung, zumal in einer frühen Projektphase, für die Zeit nach der Kündigung einen wesentlichen Teil der vereinbarten Vergütung zahlen zu müssen.[81] Dieses Ziel kann alternativ dadurch erreicht werden, dass die »Kündigungsvergütung« nach § 649 BGB näher ausgestaltet wird. Die nationale und internationale Vertragspraxis sieht als Alternativkonzept vor, im Falle einer freien Auftraggeberkündigung das Projektsteuererhonorar für einen Zeitraum weiter zu zahlen, der üblicherweise erforderlich ist, um Projektmitarbeiter neu zu beschäftigen oder freizusetzen (oft wird ein »Nachlauf« von 3 Monaten vereinbart).

Wenn etwa der positive **Abschluss der Projektentwicklungsphase** noch nicht sicher ist, z. B. die Finanzierung noch nicht feststeht, die Baugenehmigung noch aussteht oder noch nicht klar ist, welche Planer- und Unternehmereinsatzformen (mit ihrer unterschiedlichen Substituierung von Bauleitungsfunktionen) zur Anwendung kommen, ist eine stufenweise Beauftragung oft unverzichtbar. Gegebenenfalls reicht es bereits aus, einzelne Handlungsbereiche der Projektsteuerung auszuklammern: Innerhalb der übertragenen Projektstufen und Handlungsbereiche kann der Auftraggeber dann beurteilen, ob er mit den Ergebnissen der Tätigkeit des Projektsteuerers einverstanden ist und eine weitere Beauftragung wünscht. Öffentliche Auftraggeber können so auch sicherstellen, dass die Durchführung des Projektes haushaltsmäßig gesichert bleibt. 2510

Speziell für beratende Anwälte kann es einen Regressgrund darstellen, wenn sie den Auftraggeber bei einer noch unsicheren Projektrealisierung nicht dahingehend belehren, eine Projektsteuererbeauftragung auch **stufenweise** vorzunehmen oder die Folgen des § 649 BGB nicht in anderer Form wirksam zu begrenzen. 2511

Die stufenweise Beauftragung kann eine Untergliederung in **rein zeitlicher Hinsicht oder sachlich (inhaltlich)** nach einzelnen Phasen des Projektfortschritts umfassen. Speziell dann, wenn es dem Auftraggeber um eine **»Erprobungsphase«** geht oder der Projektsteuerer akquisitorisch eine Konzeptionsphase **(Schnupperphase)** anbieten will,[82] kann es ausreichen, eine inhaltlich nicht näher differenzierte erste Stufe von bis zu 6 Monaten vorzusehen. Die Projektsteuerungstätigkeit endet alsdann entweder bei Erreichen dieser Frist (es sei denn, es erfolgt die Beauftragung mit der zweiten Stufe), oder aber dem Auftraggeber steht ein Kündigungsrecht zu. Aber auch der Auftraggeber kann i. d. R. kein Interesse daran haben, dass die Projektsteuerertätigkeit inmitten des Projekts und ohne Bildung einer inhaltlichen Schnittstelle endet. Die Vorgehensweise mag im Einzelfall sinnvoll sein, wenn ein kleineres Projekt in Rede steht oder ein Lösungsrecht des Auftraggebers wegen der noch nicht abgeschlossenen Strukturierung des Projektes vorgesehen werden soll. Bei größeren Projekten hat aber auch der Auftraggeber ein erhebliches Interesse an der durchgängigen Wahrung des Projekt-Know-hows und der Stabilität des Mitarbeiterteams des Projektmanagers. Im Regelfall sollte daher der stufenweisen Beauftragung eine sachlich (inhaltlich) begründete Phasenbildung zugrunde gelegt werden. 2512

Sofern das Projekt in einzelne **Stufen (Phasen)** gegliedert werden kann, wird der Auftraggeber den Projektsteuerer – unter dem Vorbehalt der Weiterbeauftragung – zunächst mit einzelnen Stufen des Projektes beauftragen. Die stufenweise Beauftragung kann dabei sowohl als Einzelabruf einer rahmenvertraglichen Bindung, als auch auf der Grundlage eines Vorvertrages wie auch – regelmäßig – eines Optionsvertrages/eines nach § 158 BGB aufschiebend durch den Leistungsabruf bedingten Vertrages umgesetzt werden.[83] 2513

Sachangemessen ist eine stufenweise Untergliederung z. B. nach der Projektstufe 0 (Projektentwicklung), der Projektstufe 1 (Abschluss der Vorplanung nach HOAI) oder der Projektstufe 2 (Abschluss der Genehmigungsplanung nach HOAI). Vor einer Teilung des Projektsteuererauftrages in zu viele Stufen muss gewarnt werden. Auf erste Sicht erscheint es für den Auftraggeber vorteilhaft, den Projektsteuerer während der gesamten Projektdauer im Hinblick auf die noch 2514

81 Vgl. auch Stapelfeld, BauR 1994, 693, 704.
82 Vgl. dazu Behr, in: Kapellmann/Vygen, Jahrbuch Baurecht 2001, 131, 160.
83 Vgl. zur rechtssystematischen Einordnung Schmidt, BauR 1999, 539.

ausstehende Beauftragung für weitere Stufen zu Höchstleistungen anzutreiben. Andererseits ist zu bedenken, dass der Projektsteuerer sein qualifiziertes Personal langfristig einplanen muss. Sind die Voraussetzungen für eine dauerhafte Fortsetzung der Projektarbeit nicht gegeben, wird der Auftraggeber nicht sicher sein können, dass ihm eine qualifizierte Mannschaft während der gesamten Projektdauer zur Verfügung steht. Außerdem macht ein häufiger Wechsel von Projektmanagementpartnern keinen Sinn. Der vom AG zu bezahlende Einarbeitungsaufwand für einen neuen Projektsteuerer ist hoch. Schließlich ist zu berücksichtigen, dass der Projektsteuerer bei Beendigung seines Auftrages nach Abschluss einer von vornherein festgelegten Stufe lediglich den werkvertraglichen Erfolg bis zur Beendigung der Stufe schuldet, nicht jedoch den Gesamterfolg, so dass sich auch Gewährleistungsprobleme ergeben können, wenn der Projektsteuerer bei einer stufenweisen Beauftragung ausgetauscht wird.[84] Die mit der Zergliederung des Gesamtauftrages in einzelne Stufen verbundene Segmentierung der Haftung des Projektsteuerers kann vertragsrechtlich entschärft werden, etwa durch ausdrückliche Hinweise, dass im Falle der Anschlussbeauftragung eine durchgängige Verantwortlichkeit des Projektsteuerungsbüros besteht.[85]

2515 Es muss bei der Ausgestaltung einer stufenweisen Beauftragung darauf geachtet werden, dass die **Voraussetzungen für die Anschlussbeauftragung** klar definiert werden. Dabei sollte festgelegt werden, ob die Beauftragung weiterer Stufen im freien Ermessen des Auftraggebers steht oder vom Eintritt bestimmter Umstände abhängen soll (Finanzierung; Sicherung der Projektdurchführung – aufschiebende Bedingungen). Des Weiteren ist zu klären, ob eine einseitige Bindungsklausel vereinbart werden soll, also dem Auftraggeber eine Option auf weitere Leistungen des Projektsteuerers zusteht, während dieser gebunden bleibt.[86] Eine entsprechend vorformulierte Bindungsklausel kann, wenn die Bindung lange dauern soll und eine entsprechende Ressourcenbindung beim Projektsteuerungsbüro herbeiführt, gegen § 307 Abs. 2 BGB verstoßen.[87] Zur Vermeidung einer Unwirksamkeit vorformulierter stufenweiser Beauftragungsklauseln mit einer längeren Bindungsfrist für das Projektsteuerungsunternehmen wird diesem in Verträgen oftmals ein Kündigungsrecht zugestanden (für den Fall, dass ein Leistungsabruf nicht innerhalb einer bestimmten Frist erfolgt).[88] Grundsätzlich sollte der Vertrag vorsehen, dass ein etwaiger Abruf (Ausübung der Option) einige Wochen/Monate vor Beendigung der Stufe zu erfolgen hat, damit der Projektsteuerer sein Personal mit hinreichender Vorlauffrist disponieren kann.

84 Zur Gewährleistungsproblematik vgl. Rdn. 1554.
85 Vgl. Behr, in: Kapellmann/Vygen, Jahrbuch Baurecht 2001, S. 131, 162; auch BGH, Urteil vom 18.09.1997, Az. VII ZR 300/96, in: BauR 1997, 1065.
86 Vgl. Stemmer/Wierer, BauR 1997, 935, 941.
87 Für eine Unwirksamkeit als AGB: Löffelmann/Fleischmann, Architektenrecht, Rn. 742; für die Zulässigkeit: Werner, BauR 1992, 695, 698; weiterführend Langen, in: Kapellmann, Juristisches Projektmanagement, Kap. 8, Rn. 8, S. 185.
88 Vgl. dazu Behr, in: Kapellmann/Vygen, Jahrbuch Baurecht 2001, S. 131, 160.

▶ Praxisbeispiel für eine Stufenbeauftragung:

»Der Auftraggeber beabsichtigt, bei Fortsetzung der Planung und Ausführung der Baumaßnahmen dem Auftragnehmer weitere Leistungsstufen – einzeln oder im Ganzen – zu übertragen. Wesentliche Voraussetzungen sind die Einhaltung der vorgegebenen Kostenobergrenze, die Bestätigung der Entwurfsunterlage – Bau – und die Zuweisung der Haushaltsmittel. Die Übertragung erfolgt durch schriftliche Mitteilung. 2516

Der Auftraggeber behält sich vor, die Übertragung weiterer Leistungen auf einzelne Abschnitte der Baumaßnahme zu beschränken.

Ein Rechtsanspruch auf Übertragung weiterer Leistungen besteht nicht.

Der Auftragnehmer ist verpflichtet, diese weiteren Leistungen zu erbringen, wenn ihm vom Auftraggeber innerhalb von 24 Monaten nach Fertigstellung der bereits übertragenen Leistungsstufen zumindest die Leistungen der nachfolgenden Leistungsstufe eines Bauabschnitts übertragen werden.

Aus dieser Art der Beauftragung allein kann der Auftragnehmer keine Erhöhung seines Honorars ableiten.

Nach Überschreitung der 24-monatigen Karenzzeit kann der Auftragnehmer bei einer nachweislich veränderten Kostenstruktur seines Büros eine Anpassung des Honorars für die noch ausstehenden Leistungen verlangen. 2517

Für jede einzelne Leistung besteht eine durchgängige Verantwortung über alle übertragenen Leistungsstufen hinaus. Die Leistungsmängel bereits abgeschlossener Leistungsstufen sind jederzeit nachzubessern.

Einzelne Teilleistungen einer Leistungsstufe können, sofern dies dem Werkerfolg geschuldet ist, in einer anderen Leistungsstufe ergänzend erforderlich werden. Der Auftragnehmer kann daraus keine Erhöhung seines Honorars ableiten.«

8.9 Termine und Fristen

Die Vorgabe von **Ausführungsterminen** (Vertragsterminen) kann auch für die Projektsteuerungsleistung von Bedeutung sein. Dabei lässt sich die terminliche Leistungsverpflichtung des Projektsteuerers zumeist nicht direkt – wie etwa in Planungsterminplänen für Objektplaner –, sondern nur in indirekter Form definieren. Dies kann dergestalt geschehen, dass dem Projektsteuerer vorgegeben wird, terminlich so zu arbeiten, dass bestimmte Terminziele des Projektes eingehalten werden können. 2518

Insbesondere in der **Frühphase des Projektes** ist der Projektsteuerer oft damit befasst, die Terminplanung für das gesamte Projekt erst noch zu erarbeiten. Es kommt recht häufig vor, dass der Auftraggeber von vornherein auf einen bestimmten Realisierungszeitraum festgelegt ist (z. B. auf Grund von steuerlichen Rahmenbedingungen oder nur zeitlich begrenzt zur Verfügung stehender Fördertöpfe sowie Nutzungszwängen wegen auslaufender Mietverhältnisse und schließlich wegen bestimmter Investitionszwecke). 2519

▶ Praxisbeispiel für Termine und Fristen:

»Der AN verpflichtet sich, alle für die Ausführung des Bauvorhabens erforderlichen Leistungen so rechtzeitig zu erbringen, dass der zwischen dem AG und den Planern bzw. den Nachunternehmern zu vereinbarende Fertigstellungstermin nicht aus Gründen gefährdet oder verzögert wird, die in der Sphäre des AN liegen. 2520

Der AN ist verpflichtet, monatlich den Stand der Vertragserfüllung in einem schriftlichen Statusbericht offen zu legen.

Als Fertigstellungs- und Übergabetermin für das Projekt ist der … vorgesehen.

Die Leistungen des AN werden ab … bis voraussichtlich … erbracht (also … Monate).

Verlängert sich die Ausführung des Projekts aus Gründen, die der AG zu vertreten hat, so ist der AN weiterhin verpflichtet, die vereinbarten Leistungen zu erbringen. In diesem Fall erhält der AN ab dem ersten Monat der Verlängerung eine noch auszuhandelnde Vergütung, maximal aber € … netto pro Monat.«

2521 **Fehlt** eine entsprechende **Terminvorgabe**, ist im Zweifel anzunehmen, dass der Projektsteuerer seine Leistung alsbald aufzunehmen und zügig zu Ende zu führen hat. Er muss seine Leistung auf die Bedürfnisse des Projektes abstellen.[89] Zwischentermine für Projektsteuerungsleistungen sind nur ausnahmsweise sinnvoll, etwa wenn es um die Vorlage wichtiger abgegrenzter Arbeitsergebnisse geht.[90] Wenig sinnvoll ist es dagegen, Zwischentermine in Bezug auf den Abschluss einzelner Leistungsphasen des Projeksteuerers – je nach Phasenmodell – zugrunde zu legen. Das gilt besonders bei einer gewerkeweisen Vergabe.

2522 Zweckmäßig kann es sein, die Anforderungen an die eigene Terminplanung des Projektsteuerers noch weiter zu konkretisieren, etwa im Hinblick auf die vom Projektsteuerer selbst zu erbringende Terminplanung. Insofern kann auf die Anforderungen nach dem AHO-Leistungsbild Bezug genommen werden, oder etwa auf individuelle vertragliche Anforderungen.

► Praxisbeispiel für Detailanforderungen an die Terminplanung des Projektsteuerers:

2523 *»Der Auftragnehmer hat den zeitlichen Ablauf des Projektes kontinuierlich zu beobachten und die Einhaltung der Terminvorgaben durch Kontrollen und Steuerungsmaßnahmen zu sichern, in allen Leistungsstufen Optimierungsvorschläge zu unterbreiten und abzustimmen sowie den zeitlichen Ablauf in übersichtlich und nachvollziehbarer Weise zu dokumentieren (Soll-/Ist-Vergleich).*

Der vom Auftragnehmer aufzustellende Rahmenterminplan ist nach abgrenzbaren Projektabschnitten zu gliedern und muss Zwischentermine (Meilensteine) für die einzelnen Projektetappen beinhalten.

2524 *Auf der Grundlage des Rahmenterminplans hat der Auftragnehmer in Abstimmung mit den fachlich Beteiligten einen differenzierten Zeit- und Ablaufplan – Generalablaufplan – aufzustellen. In ihm ist der kritische Weg nach DIN 69900 auszuweisen.*

Der Generalablaufplan ist vom Auftragnehmer vorzuschreiben, wenn die Zwischentermine nicht eingehalten werden können. Dabei hat er Beschleunigungsmöglichkeiten unter Berücksichtigung der Leistungskapazitäten der fachlich Beteiligten aufzuzeigen, um den Fertigstellungstermin halten zu können.«

2525 Gerät der Projektsteuerer mit seiner Leistung **in Verzug**, haftet er auf Schadensersatz, § 286 BGB. Voraussetzung ist i. d. R. eine gesonderte Inverzugsetzung durch Mahnung, sofern der Projektsteuerer nicht eine Vertragsfrist in der Form einer Kalenderfrist oder Ereignisfrist missachtet oder ein sonstiger Ausnahmefall des § 286 Abs. 2 BGB vorliegt.

2526 Zur Absicherung des Auftraggebers werden zunehmend **Vertragsstrafen** in Projektsteuerungsverträgen vereinbart. Eine entsprechende Vertragspraxis findet sich auch in internationalen Projektsteuerungsverträgen, inzwischen aber auch in Deutschland.[91] Aus der Vertragspraxis sind

89 Vgl. dazu auch Rdn. 2053.

90 Zu umfangreich erscheint die Regelung bei Stemmer/Wierer, BauR 1997, 935, 944.

91 Zukünftig ist mit der Verbreitung von Vertragsstraferegelungen auch im Planerbereich zu rechnen; Kapellmann, Schlüsselfertiges Bauen, Rn. 305, formuliert: »Schließlich halte ich es für dringend empfehlenswert, gegenüber NU im Planungsbereich praktikable Sanktionen einzuführen für den Fall, dass der NU mit seinen Leistungen in Verzug kommt; in Betracht können hier z. B. Teil-Vertragsstrafen kommen, Honorarabschläge (soweit im Rahmen der HOAI-Regelung möglich) oder dergleichen.«

Regelungen bekannt geworden, wonach die Vertragsstrafe je Kalendertag mit 0,07 % des angebotenen Projektsteuerungshonorars, höchstens 5 %, bemessen worden ist. Des Weiteren ist es in der Vertragspraxis nicht unüblich, in Höhe einer möglichen Vertragsstrafe von vornherein einen Einbehalt von der vereinbarten Gesamtvergütung als Sicherheit vorzusehen. Häufiger finden sich allerdings terminbezogene Erfolgsklauseln in der Form von Bonus-Malus-Regelungen.[92] Zumeist sind Vertragsstrafen ein ungeeignetes Mittel, um den Projektsteuerer zur ordnungsgemäßen Leistung anzuhalten. Da selbst bei werkvertraglichen Verträgen schwerlich eine Verantwortung des Projektmanagers für einen bestimmten Erfolg der Projektrealisierung angenommen werden kann, ergibt sich schon die Frage, woran Vertragsstrafen anknüpfen sollen. Zumeist ist aber das Verschuldenserfordernis zweifelhaft.

► Praxisbeispiel für eine Vertragsstrafenregelung (Malus):

»Sollte der AN das vereinbarte Kostenbudget aus Gründen nicht einhalten, die er mit zu vertreten hat, so ist der AG berechtigt, für jede Kostenüberschreitung von 50 000,00 € ausgehend von dem vereinbarten Kostenbudget auf der Grundlage der in § … genannten Kostenermittlungen eine Vertragsstrafe in Höhe von 5 000,00 €, höchstens jedoch 50 000,00 €, geltend zu machen. Die Geltendmachung eines darüber hinausgehenden Schadens bleibt unberührt.«[93] 2527

Die vorstehende Vertragsstrafenregelung begegnet Bedenken, weil sie kein alleiniges Verschulden des Auftragnehmers erfordert, sondern offenbar regeln will, dass auch bei vom Auftraggeber mit zu vertretenden Kostenerhöhungen eine Einstandspflicht eintritt. Dies ist jedenfalls in AGB gemäß § 307 BGB nicht zulässig. 2528

Die **Leistungspflichten** des Projektsteuerers können **zeitlich befristet** werden. Dies ist selbst bei werkvertraglich fundierten Projektsteuerungsverträgen möglich und ggf. zweckmäßig, wenn eine Pauschalvergütung anderenfalls mit zu hohen Risikozuschlägen kalkuliert werden müsste. Alternativ kommt in Betracht, das Ende der Projektsteuererleistung an die Beendigung der Tätigkeit der planenden und ausführenden Firmen (z. B. deren Schlussrechnung), zzgl. einer gewissen Karenzfrist anzuknüpfen, die es ermöglicht, nachlaufende Verpflichtungen, wie die Gewährleistungsverfolgung usw. einzuschließen. Die Voraussetzungen für eine Anschlussbeauftragung – bei unerwarteter Verlängerung der Projektzeit – und deren vergütungsrechtliche Folgen (z. B. Monatspauschale oder Stundenaufwand) sollten ebenfalls vertraglich niedergelegt werden. 2529

Nicht selten vereinbaren die Vertragsparteien auch eine sog. **Regelleistungszeit**. Diese Regelleistungszeit dient als Basis für die Feststellung von Mehrleistungen und Ansprüchen auf Honoraranpassung bei einer Verlängerung der zeitlichen Inanspruchnahme des Projektsteuerers; ihr Ablauf führt aber nicht zu einer automatischen Beendigung des Vertrags. Dabei können Bagatellklauseln/Karenzzeiträume vorgesehen werden, wonach erst ab einem bestimmten Zeitraum/Prozentsatz der Regelleistungszeitüberschreitung eine zusätzliche Vergütungspflicht einsetzt. Gelegentlich werden von einer solchen Berechnung auch Zeiten ausgenommen, die lediglich der – nachlaufenden – Kostenfeststellung dienen.[94] 2530

Die Vereinbarung einer Regelleistungszeit bedeutet im Zweifel, dass der Projektsteuerer, sofern der Auftraggeber nach Auslaufen der Regelleistungszeit weitere Tätigkeiten des Projektsteuerers wünscht, diese auch zu erbringen hat. Der Vertrag wird also nicht beendet; die Regelleistungszeit kennzeichnet nur den Zeitraum der vertraglichen Leistungsdauer, für den eine Vergütung fest vereinbart worden ist. Anschlussleistungszeiten müssen besonders vergütet werden. Die Regelleistungszeit enthält allerdings in der Regel auch eine Einschätzung der Vertragsparteien darüber, wie 2531

92 Vgl. dazu im Einzelnen Rdn. 1517 f.
93 Zitiert nach Knipp, in: Heiermann/Franke/Knipp, Baubegleitende Rechtsberatung, Rn. 409.
94 Vgl. dazu OLG Naumburg (Dreso I), Urteil vom 14.03.2008, Az. 10 U 64/07, in: BauR 2009, 1171; auch die Vorschläge bei Rodewoldt, in: Roquette/Otto, Vertragsbuch privates Baurecht, Rn. 58; dazu auch Rdn. 1617.

lange die Projektrealisierung grundsätzlich dauern soll. Wird diese Zeit wesentlich überschritten, kann ein Fall der Anpassung der Geschäftsgrundlage vorliegen, § 313 BGB und der Projektsteuerer kann im Falle fehlender Zumutbarkeit der weiteren Leistungserbringung berechtigt sein, eine vorzeitige Auflösung des Vertrages zu begehren.

2532 In aller Regel ist es zweckmäßig, eine **Regelleistungszeit** zu definieren. Feste, rein werkvertragliche Laufzeiten sind der Projektsteuerungsleistung, die in der Regel aufwandsbezogen kalkuliert wird, nicht angemessen. Der Projektsteuerer kann den Erfolg des Projektes, auch in terminlicher Hinsicht, nicht garantieren. Verlängert sich die Laufzeit aus Gründen, die er nicht beeinflussen kann, wird die Bindung an eine feste Pauschale von vornherein als unzumutbar empfunden. Eskalationen in der Zusammenarbeit sind damit vorgezeichnet. Gleichwohl entspricht die Vereinbarung einer Regelleistungszeit keineswegs dem heutigen Standard der Vertragsgestaltung, wie das nachfolgende Praxisbeispiel belegt:

2533 *»Regelleistungszeiten für die Projektsteuerung der Leistungsstufen 2 bis 5 sind nicht vorgesehen. Die Einhaltung der terminlichen Vertragsziele gem. Ziff. … bleibt davon unberührt.*

Verzögerungen in der Leistungserbringung der Planungs- und Baubeteiligten und dem Projektablauf lösen keine zusätzlichen Vergütungsansprüche für eine verlängerte Projekt- und Vertragslaufzeit aus. Es ist eher originäre Aufgabe des AN, jedwede Terminverzögerung in allen Leistungsstufen und Phasen der Projektrealisierung zu vermeiden und alle etwaigen zusätzlichen Aufwendungen und Leistungen zur Einhaltung der eigenen Vertragstermine und der Ausführungstermine der anderen Beteiligten und/oder der Verlängerung der Projektdauer zu übernehmen.

2534 *Sofern der AG das Projekt oder die Projektabwicklung zum vorläufigen Stillstand oder zu einer vorübergehenden Unterbrechung bringt und dies schriftlich erklärt, ohne dass dies durch den AN zu vertreten oder von ihm mitverursacht worden ist, steht dem AN jedoch für die Stillstands- und Unterbrechungszeit eine Entschädigung nach § 642 BGB zu, sofern dieser Zeitraum mehr als 6 % Monate dauert. Als Unterbrechung gelten die Zeiträume zwischen der Beauftragung von weiteren Stufen.«*

Die Vereinbarung derartiger Ausschlussklauseln sollte sehr sorgfältig erwogen werden. Als Standardvertragsbedingung wäre sie unwirksam nach § 307 BGB.

2535 Es ist zu empfehlen, Regelungen aufzunehmen, die klarstellen, dass bestimmte Unwägbarkeiten der Projektabwicklung, zu deren Überwindung der Projektmanager gerade beauftragt worden ist, nicht zur Geltendmachung von Projektmanagementvertrags-Nachträgen herangezogen werden können.

► Praxisbeispiel für eine »Behinderungsklausel« (dazu auch Rdn. 2484, 2581):

2536 *»Glaubt sich der Auftragnehmer durch Unterlassung oder Verzögerung einer Mitwirkungshandlung des Auftraggebers in der Ausführung seiner Leistungen behindert, hat er die Hinderungsgründe unverzüglich schriftlich gegenüber dem Auftraggeber anzuzeigen. Unterlässt er die Anzeige, stehen ihm Ansprüche aus dem Behinderungsgrund nicht zu, es sei denn, dieser ist offenkundig oder dem Auftraggeber bekannt.*

2537 *Störungen während der Projektabwicklung, insbesondere durch mangelhafte, verspätete oder aus sonstigen Gründen vertragswidrige Leistungen freiberuflich Tätiger oder ausführender Unternehmen, hieraus resultierende Nachbesserungen, Fristsetzungen, Kündigungen und erforderliche Beauftragungen von Drittunternehmen, Insolvenzen usw. gelten nicht als Behinderung; Mehraufwendungen zur Einhaltung der Projektziele trotz auftretender Störungen gehören vielmehr zum Leistungsumfang des Auftragnehmers.«*

Soweit eine derartige Klausel gesetzliche Ansprüche nach § 642 BGB ausschließt, ist sie nur individuell wirksam vereinbar.

8.10 Kostensteuerung

2538 Der Projektsteuerervertrag kann konkrete Vorgaben über die vom Projektsteuerer vorzunehmende Kostenplanung und -kontrolle enthalten.

► **Praxisbeispiel zur Kostenkontrolle des öffentlichen Auftraggebers:**

»Der Auftragnehmer hat die Entwicklung der Baukosten kontinuierlich zu beobachten, die maßgeblichen Kostenfaktoren zu analysieren, die Kosten eigenständig zu ermitteln, die ermittelten und genehmigten mit den real zu erwartenden Kosten zu vergleichen und in übersichtlicher und nachvollziehbarer Weise die Kosten zu dokumentieren und zu prognostizieren sowie Vorschläge zur Erhaltung der Kostenvorgaben zu unterbreiten. Frühzeitig hat der Auftragnehmer auf Kostenrisiken hinzuweisen.

Dabei nutzt er das von dem Auftraggeber zur Verfügung gestellte Kostenkontrollsystem … . Auf Antrag und vorbehaltlich der Zustimmung durch den Auftraggeber kann ein auftragnehmereigenes Kostenkontrollprogramm zur Anwendung kommen. Voraussetzung ist: 2539

- *Die Konformität mit …*
- *Das sich die in der Anlage … beigefügten Musterlisten aus dem auftragnehmereigenen Programm generieren lassen*

Die Kostenplanung und -kontrolle und die Verpflichtung zur Einhaltung der Kostenvorgaben der Kosten der Kostengruppe 200 bis 700 DIN 276 ist insbesondere Leistungspflicht des Auftragnehmers.

Die Projektbuchführung und Haushaltsmittelübersicht muss in einer Weise aufgebaut, organisiert und fortgeschrieben werden, dass eine tagesaktuelle Auskunft über den Stand der Beauftragung und Abrechnung sämtlicher Aufträge und Abrechnungen sichergestellt ist. Sie muss ferner zuverlässige Prognosen hinsichtlich der voraussichtlichen künftigen Ausgaben – monats-, quartals- und jahresweise – ermöglichen.

Quartalsweise sind die Haushaltsdaten mit der anweisenden Stelle abzugleichen. Evtl. auftretende Unstimmigkeiten hat der Auftragnehmer selbständig zu klären und zu beheben. 2540

Alle Zahlungsvorgänge sind in einem elektronischen Bauausgabebuch nach Vorgaben des Auftraggebers zu erfassen.

Zur Sicherstellung der termingerechten Zahlung der Rechnungen ist eine Rechnungsliste zu führen und ein entsprechendes Mahnwesen gegenüber den weiteren Planungsbeteiligten durchzuführen.

Die Honorarabrechnungen der freiberuflich Tätigen sind vom Projektsteuerer zu prüfen und mit Benennung des festgelegten Zahlungstermins an die Projektleitung zu senden.«

8.11 Leistungsgarantien und Erfolgsklauseln

Das Recht der **Leistungsstörungen** sollte konkret vertraglich fixiert werden (»autonome Vertragsregelung«). Die oftmals vorzufindenden »Schönwetterverträge« der Projektsteuerer tragen den Interessen ihrer Auftraggeber nicht immer Rechnung.[95] 2541

Nicht selten werden in der Vertragspraxis von Projektsteuerungsunternehmen **Erfüllungssicherheiten** verlangt, i. d. R. Bankbürgschaften bis zur Höhe von 10 % des Auftragswertes. Derartige 2542

95 Sehr kritisch Quack, in: Seminar rechtliche Problemstellungen beim Projektmanagement, S. 7, 19: »Die Möglichkeit, baubegleitende Dienstleistungen als im Verkehr angebotenes Produkt zu beschreiben, besagt nichts darüber, dass es auch lieferbar ist (überhaupt oder extern oder intern), es besagt schon gar nicht, dass derjenige, der ein Produkt entdeckt und dargestellt hat, es auch liefern kann, noch weniger, dass er es in der wünschenswerten Qualität liefern kann. Deshalb ist die Kautelarjuristische Aufgabe der Qualitätsgewährleistung und Qualitätssicherung, wie bei allen Innovationen, sehr ernst zu nehmen. … Erforderlich ist eine autonome Vertragsregelung, die das Leistungsstörungsrecht tendenziell vollständig vertraglich regelt. Das ist das Gegenteil der in der Praxis üblichen Leistungsbeschreibung mit Entgelt- und Kündigungsregelung, die man als ›Schönwettervertrag mit Blitzableiter‹ bezeichnen könnte.«

Anforderungen sind insbesondere bei internationalen Projektmanagementverträgen üblich.[96] Im Regelfall kann hiervon Abstand genommen werden, wenn ein ausreichendes Haftpflichtversicherungskonzept besteht, zumal die Vereinbarung entsprechender Sicherheiten den Aufwand für das Vertragsmanagement und die Vertragskosten erhöht. In Allgemeinen Geschäftsbedingungen kann eine Bürgschaft auf erstes Anfordern auch gegenüber Projektsteuerern grundsätzlich nicht wirksam verlangt werden.[97]

► Praxisbeispiel für eine Erfüllungssicherheit:

2543 *»Als Sicherheit für die vertragsgemäße Erfüllung dieses Vertrages, einschließlich der Abrechnung, hat der AN eine Vertragserfüllungssicherheit in Höhe von 5 v.H. der jeweiligen Auftragssumme (ohne Umsatzsteuer) zu zahlen. Der AG wird hiervon von jeder Abschlagszahlung einen Betrag von 5 % ohne Umsatzsteuer einbehalten. Der AN ist berechtigt, den Einbehalt durch eine Vertragserfüllungsbürgschaft nach folgenden Maßgaben abzulösen:*

Die Vertragserfüllungsbürgschaft ist vom AN in Form einer Bürgschaft eines in der EG zugelassenen Kreditinstitutes oder Kreditversicherers zu stellen. Die Bürgschaft ist nach inhaltlicher Vorgabe des AG, und zwar gem. Formblatt »Vertragserfüllungsbürgschaft gem. Anhang ...« auszustellen.

Die Vertragserfüllungsbürgschaft wird ausgezahlt und zurückgegeben, wenn die Vertragsleistungen abgenommen, der AN zur Einreichung der Schlussrechnung berechtigt und die nach ... vereinbarte Mängelhaftungssicherheit gestellt ist. ...

2544 *Nimmt der AG während der Vertragsdauer Beträge aus der Vertragserfüllungssicherheit (Bareinbehalt und/oder Bürgschaft) ganz oder teilweise in Anspruch, so ist der AN verpflichtet, die Vertragserfüllungssicherheit – bis zum Zeitpunkt der Abnahme, ggf. mehrfach – wieder auf den Bestand aufzufüllen, der sich aus dem Gesamtbetrag von 5 % aus sämtlichen geleisteten Abschlagszahlungen jeweils ergibt.«*

2545 Projektsteuerer geben gelegentlich **Qualitäts-, Termin- oder Kostengarantien** ab. Derartige Zusagen sind im Rahmen der Gestaltung von Projektmanagementverträgen i. d. R. ungeeignete Hilfsmittel. Sie sind für Projektsteuererunternehmen äußerst gefährlich, weil sie angesichts der Unwägbarkeiten bei der Realisierung von Bauvorhaben praktisch nicht beherrschbar sind. Die Haftung für derartige Beschaffenheitsgarantien kann nach § 639 BGB nicht einmal eingeschränkt werden. Derartige Zusagen sind schließlich nicht versicherbar.[98]

2546 Wie auch bei den Objektplanungsverträgen hat es sich bei Projektsteuererverträgen eingebürgert, eine **Kostenobergrenze** als Projektzielvorgabe zu definieren. Dabei handelt es sich nicht um eine Kostengarantie, sondern um eine Beschaffenheitsvereinbarung, mithin ein werkvertragliches zu erreichendes Projektziel. Der Projektsteuerer haftet, sofern er die Leistungen nicht so erbringt, dass dieses Ziel erreicht werden kann. Er haftet allerdings nicht für das Fehlschlagen der Zielerreichung infolge von Änderungen oder sonstiger Handlungen/Unterlassungen des Auftraggebers sowie nicht beherrschbarer Leistungsstörungen aus dem Bereich Dritter.

► Praxisbeispiel für eine Regelung zur Kostenobergrenze:

2547 *»Der Auftragnehmer hat seine Leistungen daran auszurichten, dass die Kostenobergrenze nicht überschritten wird. Er hat hierbei eine mit dem Auftraggeber abzustimmende Kostenreserve zu bilden und zu bewirtschaften, die nicht durch Planungsbeteiligte für ihr Leistungsbild in Anspruch genommen werden darf.*

96 In Deutschland kann sogar in Allgemeinen Geschäftsbedingungen geregelt werden, dass eine Vertragserfüllungsbürgschaft bei Vertragsunterschrift auszuhändigen ist, vgl. BGH, Urteil vom 20.04.2000, Az. VII ZR 458/97, in: NZBau 2000, 424 = BauR 2000, 1498.

97 Vgl. BGH, Urteil vom 12.07.2001, Az. IX ZR 380/98, in: BauR 2002, 123; Urteil vom 18.04.2002, Az. VII ZR 192/01, in: BauR 2002, 1239; Urteil vom 24.01.2002, Az. IX ZR 204/00, in: NJW 2002, 1198; Fischer, WM 2001, 1093, 1095.

98 Vgl. Stapelfeld, BauR 1994, 693, 704.

Der Auftragnehmer hat dazu die Entwicklung der Baukosten kontinuierlich zu beobachten, die maßgeblichen Kostenfaktoren zu analysieren, die Kosten eigenständig zu ermitteln, die ermittelten und genehmigten mit den real zu erwartenden Kosten zu vergleichen und in übersichtlich und nachvollziehbarer Weise die Kostenentwicklung zu dokumentieren und zu bewerten sowie Vorschläge zur Erhaltung der Kostenziele zu unterbreiten.

Wird erkennbar, dass die vom Auftraggeber vorgegebene Kostenobergrenze unter Wahrung der quantitativen und qualitativen Anforderungen mit der bisherigen Planung, nach dem Ergebnis der Ausschreibung einer Leistung und dem bisher vorgesehenen Bauablauf nicht eingehalten werden kann, hat der Auftragnehmer den Auftraggeber unverzüglich unter Darlegung der aus seiner Sicht möglichen Handlungsvarianten und deren Auswirkungen auf Kosten, Qualitäten und Termine und Wirtschaftlichkeit des Objektes zu unterrichten.« 2548

Die Vertragspraxis weicht zunehmend auf **Bonus-Malus-Regelungen** aus. Mit ihnen kann insbesondere eine Kosten- und Termineinhaltung prämiert werden. Die Vereinbarung derartiger Prämien wird zum Teil kritisiert, weil vom Projektsteuerer im Rahmen der Erfüllung seiner Vertragsleistung in jedem Fall eine Ausschöpfung der technisch-wirtschaftlichen Lösungsmöglichkeiten erwartet werde und nicht erst bei Gewährung eines Erfolgshonorars.[99] Entsprechende Vergütungsvereinbarungen sind aber zweifellos wirksam.[100] Bonus-Malus-Regelungen sind auch prinzipiell geeignet, den Einsatz der betroffenen Freiberufler zu steigern: Zu beachten ist allerdings, dass die Prämienregelung den Besonderheiten des jeweiligen Projektes Rechnung trägt und weder zu einer Bereicherung noch – auf Grund der konkreten Ausgestaltung – zu negativen Leistungsanreizen führen kann. Derartige Anreizsysteme sind i. d. R. nur dort sinnvoll, wo dem Projektsteuerer auch in hohem Maße Einfluss auf die Projektabwicklung gewährt wird.[101] Zweifelhaft ist die Zweckmäßigkeit derartiger Regelungen schon dann, wenn der Projektsteuerer ausschließlich in Stabsfunktion tätig werden soll und erst recht bei der Einschaltung des Projektsteuerers für Controllingleistungen.[102] 2549

Gegenstand der **terminbezogenen Bonus-Malus-Regelungen** ist oftmals eine vorher definierte Regelbauzeit. Wird die Regelbauzeit eingehalten, erhält der Projektsteuerer ein bestimmtes Zusatzhonorar, ggf. in der Form eines festen prozentualen Zuschlages, ggf. auch in flexibler Höhe, anknüpfend an die Erträge, die der Auftraggeber durch eine vorzeitige Vermietung erzielt. Derartige Klauseln spornen die Projektsteuerer naturgemäß an, wobei **Zielkonflikte** zur Qualitätssicherung nicht völlig auszuschließen sind.[103] Entsprechende Regelungen sind auch zum Nachteil des Projektsteuerers möglich (sog. **Malus-Regelungen**). Auch sie sind sorgfältig auszugestalten. Der Strafcharakter darf nicht kontraproduktiv werden, etwa dergestalt, dass der Projektsteuerer während der Realisierung des Projektes feststellen muss, dass er die zur kostendeckenden Bearbeitung erforderlichen Vergütungsziele – aus welchen Gründen auch immer – nicht mehr erreichen kann. Gelegentlich lässt sich der Auftraggeber dadurch weitergehend absichern, dass er einen Teil des Projektsteuererhonorars zunächst zur Absicherung des möglichen »Malus« einbehalten darf. 2550

Auch hinsichtlich der Einhaltung festgelegter **Kostenziele** sind **Bonus-Malus-Regelungen** durchaus üblich. Die Differenz zwischen kalkulierten (geplanten) und später festgestellten Kosten kann Grundlage für die Bestimmung des Bonus oder Malus sein.[104] 2551

---

99 Diederichs, in: AHO-Fachkommission Projektsteuerung, S. 89.
100 Vgl. Werner/Pastor, Der Bauprozess, Rn. 1937.
101 Werner/Pastor, Der Bauprozess, Rn. 1937, formulieren zu Recht: »Sie setzen sinnvollerweise voraus, dass die Kostenermittlung, die Kostensteuerung und die Kostenkontrolle weitgehend in der Hand des Projektsteuerers liegen.«
102 Vgl. dazu auch Rdn. 1517 f.
103 Vgl. auch Stapelfeld, BauR 1994, 693, 704.
104 Vgl. dazu auch Werner/Pastor, Der Bauprozess, Rn. 1937.

2552 Von besonderer Bedeutung ist es, die **Ermittlungsgrundlagen** der Bonus-Malus-Regelung im Vertrag **genau zu regeln**. Bei kostenbezogenen Boni geht es zunächst um die konkrete Benennung des Kostenziels auf der Grundlage einer bestimmten Kostenermittlungsart und schließlich um die Bestimmung der Basis für die Feststellung der endgültigen Kosten bei Abschluss des Projektes.[105] Speziell bei herstellkostenabhängigen Pauschalverträgen, bei denen eine vom Projektsteuerer initiierte Planungsänderung zur Kostenersparnis gleichzeitig zu einer Honorarminderung führt, muss noch ein ausreichender Anreiz verbleiben (eine Feinabstimmung des jeweiligen Modells ist unerlässlich).

► Praxisbeispiel für eine Bonus-Malus-Regelung

2553 *»1. Bonus*
Sofern das Kostenziel (Ziff. …) unterschritten wird, erhält der AN einen Bonus auf das vertraglich geschuldete Honorar in Höhe von 5 % des Betrages, um den die festgestellten anrechenbaren Kosten das Kostenziel unterschreiten. Sofern und soweit der AG entscheidet, Nutzungskonzepte zu verwenden, die weitere investive Kosten auf dritte Betreiber verlagern (z.B. Betreibermodell Versammlungsstätte) oder Umsatzsteuer (Vorsteuer) durch eine umsatzsteuerpflichtige Nutzung eingespart wird, sind diese Kostenminderungen insoweit nicht anzusetzen. Der Bonus ist auf max. 100.000,00 € begrenzt.

2554 *2. Malus*
Sofern die Kostenobergrenze (Ziff. …) überschritten wird, mindert sich das vertraglich geschuldete Honorar in Höhe von 5 %, um die die festgestellten anrechenbaren Kosten die Kostenobergrenze übersteigen. Sofern und soweit der AG durch Anweisung die Grundlagen gemäß Ziff. … verändert und hierdurch die Kosten steigen, mindert sich das Honorar insoweit nicht. Das Honorar mindert sich weiter nicht, wenn und soweit die Kostensteigerung durch höhere Gewalt, Insolvenz eines Unternehmens oder ungewöhnliche Marktbewegungen verursacht sind. Der Malus ist jeweils auf netto 100.000,00 € begrenzt.«

2555 Bei der Festlegung der Berechnungsgrundlagen für einen Kosten-Bonus ist stets vorab zu klären, ob und inwieweit sich bestimmte Projektumstände auf die Berechnungsgrundlage auswirken können. Dabei geht es einerseits um die Frage, ob der Projektmanager über den Kosten-Bonus an bloßen **Abmagerungsvorschlägen** partizipieren darf, also solchen Vorschlägen, bei denen die Leistungsqualität ohne Mehrwert für den Auftraggeber reduziert wird (ggf. in Abhängigkeit davon, ob der Auftraggeber dem zustimmt oder nicht). Entsprechendes gilt für die Berücksichtigungsfähigkeit von Rabatten, Skonti, Schadensersatz- und Minderungsrechten gegenüber Bauunternehmen.

2556 Auch im Übrigen müssen die Auswirkungen des auftraggeberseitigen **Änderungsmanagements** auf vereinbarte Bonus-Malus-Regelungen genau geregelt werden. Änderungsanordnungen, die zu Mehr- oder Minderkosten oder Terminverlängerungen/-verkürzungen führen, haben oft unmittelbare Auswirkungen auf die Ermittlungsgrundlagen des Bonus-Malus-Systems. Der Auftraggeber muss sich darüber bewusst sein, dass er mit der Einführung der Bonus-Malus-Regelung auch die zusätzlichen Grundlagen für die Verfolgung von Eigeninteressen des Projektmanagers/-steuerers legt (die Interessenparallelität aufhebt) und insbesondere eine zusätzliche Ebene für Nachtragsdiskussionen im Verhältnis zum Projektmanager/-steuerer begründet. Ist nichts anderes geregelt, wird davon auszugehen sein, dass bei auftraggeberseitigen Änderungen der Ermittlungsgrundlagen einer Bonus-Malus-Regelung eine Fortschreibung der Bonus-Ziele erforderlich wird.[106] Will der Projektsteuerer in einem solchen Fall geltend machen, die Bonus-Regelung greife trotz der Verfehlung der vertraglich festgeschriebenen Ziele, muss er die Grundlagen der Bonus-Regelung im Einzelnen darstellen, auftraggeberseitige Änderungen genau darlegen und ihre Auswirkungen auf die von den Vertragsparteien zugrunde gelegten Bonus-Ziele und deren angemessene Fortschreibung

105 Wird etwa ein Projektsteuerer – auch für Teilgewerke – im Auftrage eines Generalunternehmers tätig, knüpfen diese zur Ermittlung der tatsächlichen Kosten nicht selten an die Summe der geprüften Schlussrechnungen an.

106 Vgl. dazu Rdn. 1517, 1707.

genau benennen und ggf. beweisen. Andererseits darf der Projektsteuerer auf Grund einer Bonus-Malus-Regelung nicht an Folgen von Änderungen wirtschaftlich partizipieren, die gleichzeitig eine Verletzung seiner Vertragsleistungen nach dem Projektsteuerungsvertrag darstellen.

Generalunternehmer vereinbaren mit Projektsteuerern gelegentlich ebenfalls Bonus-Regelungen, 2557
wobei sie allerdings die von ihnen durchgesetzten Nachträge bei der Bonus-Regelung ausnehmen wollen.

▶ **Praxisbeispiel für einen Bonus auf der Grundlage des Projektgewinns eines Projektentwicklers:**

»Der AN erhält nach erfolgreicher Projektrealisierung, d. h. sofern das Projekt vollständig fertiggestellt ist, eine Gewinnbeteiligung des zu diesem Zeitpunkt erzielten Gewinnes der Projektgesellschaft in Höhe von 10 %. Ausgangsbudget hierfür ist die der AR-Vorlage beigefügte Wirtschaftlichkeitsberechnung. Diese Gewinnbeteiligungsregelung gilt auch für den Fall, dass das Projekt vorab veräußert wird (z. B. Grundstück plus Baurecht).

Sollte sich ein höherer als der in der Wirtschaftlichkeitsberechnung zur AR-Vorlage angenommene 2558
Gewinn ergeben, erhält der AN zusätzlich zu der vorgenannten Gewinnbeteiligung von 10 % eine Beteiligung in Höhe von 30 %, bezogen auf die positive Gewinndifferenz.«

In aller Regel ist es auch notwendig, die **Auswirkungen** einer etwaigen **freien Auftraggeberkündigung** auf ein Bonus-Versprechen im Einzelnen zu regeln. Anderenfalls wäre es dem Auftraggeber möglich, kurz vor Abschluss des Projektes den Projektsteuerervertrag einseitig zu beenden und damit auch die Bonus-Regelung zu unterlaufen. Deshalb sollte der Projektsteuerervertrag bei einer Bonus-Klausel Regelungen dazu enthalten, inwieweit eine Bonus-Regelung bei einer Kündigung nach § 649 BGB zu berücksichtigen ist. Dabei sind mehrere Varianten denkbar: 2559
- Ein Bonus muss bei vorzeitiger Beendigung nur gezahlt werden, wenn die Voraussetzungen zum Kündigungszeitpunkt bereits endgültig erfüllt sind.
- Ein Bonus kann zudem versprochen werden, wenn die Voraussetzungen für das Bonus-Verspre- 2560
chen bei Abschluss des Projektes erreicht worden sind, ohne dass der beauftragte Projektsteuerer in den letzten Projektphasen hieran mitgewirkt haben muss.
- Der Bonus kann als verdient geregelt werden, wenn zum Zeitpunkt der Kündigung davon auszugehen ist, dass die Bonus-Voraussetzungen im weiteren Projektablauf erreicht werden, ohne dass es darauf ankommt, insoweit auf die tatsächliche Projektabwicklung ohne Mithilfe des Projektsteuerers abzustellen.

Für alle derartigen Regelungen lassen sich im Einzelfall kontextuelle Gründe finden. Wichtig ist, dass 2561
die Vertragsparteien bereits im Projektsteuerungsvertrag eine entsprechende Regelung getroffen haben.

Des Weiteren ist zu klären, ob und inwieweit **Abschlagszahlungen** auf das Bonus-Versprechen bereits 2562
vor Projektabschluss bei voraussichtlich sicherem Erreichen der Projektziele erfolgen können und ob und wann etwaige Boni fällig werden, deren Ziele bereits vor Abnahme der Projektsteuerungsleistungen im Übrigen eintreten. Wird nichts geregelt, tritt die Fälligkeit gemäß §§ 632 a, 641 BGB ein.

Der BGH hat angenommen, dass ein Pauschal-Grundhonorar und ein zusätzliches Erfolgshono- 2563
rar selbständige Entgeltvereinbarungen sein können. Deshalb sei ein **»verdientes Erfolgshonorar«** auch dann abrechnungsfähig, wenn der Auftrag vorzeitig gekündigt sei und die Parteien über die Berechtigung und den Umfang des pauschalen Grundhonorars gestritten haben.[107]

Projektsteuererbüros, die von der eigenen Leistung überzeugt sind und auf eine vertrauensvolle 2564
Zusammenarbeit mit dem Auftraggeber zurückblicken können, vereinbaren gelegentlich sog. **Zufriedenheitsklauseln**. Derartige Klauseln sehen vor, dass es einen »Vergütungsbonus« gibt, wenn der Bauherr mit der Leistung des Projektsteuererbüros zufrieden ist. In diesen Fällen muss genau

107 BGH, Urteil vom 07.12.2006, Az. VII ZR 290/04, in: BauR 2007, 576, 577 = IBR 2007, 140.

untersucht werden, ob die Zusage überhaupt rechtliche Bindungswirkung begründen oder ob die Auszahlung des Bonus entweder im freien Belieben/im freien Ermessen oder billigen Ermessen des Auftraggebers stehen sollte.[108] Inwieweit sich der Auftraggeber binden wollte, wird anhand einer Auslegung des Projektsteuerervertrages zu ermitteln sein. Im Zweifel ist nach § 315 Abs. 1 BGB anzunehmen, dass die Bestimmung nach billigem Ermessen zu treffen ist.[109] Dem Projektsteuerer steht in einem solchen Fall die Überprüfung der Ermessenentscheidung – d. h., ob der Auftraggeber die Grenzen des ihm eingeräumten Ermessens überschritten hat – nach § 315 Abs. 3 BGB zu.

2565 Vertraglich zu klären ist auch, ob und in welchem Umfang Nebenkosten auf ein Erfolgshonorar gezahlt werden. Da Nebenkosten oftmals einen konkreten Aufwand des Projektmanagementbüros ausgleichen sollen, ist es nicht selbstverständlich, dass eine pauschale Nebenkostenregelung auch erfolgsabhängige Honoraranteile erfasst. Das LG München hat es bei einem ergänzenden Erfolgshonorar abgelehnt, die Klausel, wonach dem Projektmanager pauschal 5 % des Nettohonorars als Nebenkosten zustehen, auf das Erfolgshonorar zu erstrecken.[110]

2566 Zusätzliche Prämien und Boni unterliegen der Umsatzsteuerpflicht.[111]

8.12 Sonstige Honorarfragen

2567 Eine wichtige vertragliche Weichenstellung beinhaltet die Festlegung der **Pauschalvergütung** in der Form einer herstellkostenabhängigen oder einer herstellkostenunabhängigen Pauschale. Im Falle einer herstellkostenabhängigen Pauschale (Berechnungshonorar) müssen die Bezugsgrundlagen für die Herstellkosten genau benannt werden.[112] Insoweit kann es sich empfehlen, die Kosten der DIN 276 zur Bemessungsgrundlage heranzuziehen, deren Gegenstand tatsächlich vom Projektsteuerer koordiniert werden muss. Ist etwa der Auftraggeber schon Eigentümer des Grundstücks, können die reinen Grundstückskosten ausgeklammert werden. Baunebenkosten – mit Ausnahme der Projektsteuererkosten selbst – sind allerdings heranzuziehen, da der Projektsteuerer regelmäßig auch die Planerleistungen zu steuern hat. Außerdem ist zu klären, in welchen Fällen zusätzlich zur herstellkostenabhängigen Honorarentwicklung eine Honoraranpassung bei einzelnen geänderten Leistungen möglich ist.

► Praxisbeispiel für eine Vergütungsregelung bei herstellkostenabhängiger Vergütung:

2568 *»Das Honorar für Grundleistungen der Projektsteuerung richtet sich nach:*
- *den anrechenbaren Kosten des Projektes gem. DIN 276 (Juni 1993) mit den Kostengruppen 100 bis 700, ohne 110 (Grundstückswert), 710 (Bauherrenaufgaben) und 760 (Finanzierung),*
- *der Honorarzone, der das Projekt angehört,*
- *der Honorartafel für Projektsteuerung sowie*
- *der Bewertung der Grundleistungen in den einzelnen Projektstufen in v. H. des Honorars.*

2569 *Die anrechenbaren Kosten richten sich:*
- *für die Projektstufen 1 bis 2 nach der Kostenberechnung, solange diese nicht vorliegt, nach der Kostenschätzung,*
- *für die Projektstufen 3 bis 5 nach der Kostenfeststellung, solange diese nicht vorliegt, nach dem Kostenanschlag.*

108 Vgl. zu den verschiedenen Entscheidungskriterien des Bestimmungsberechtigten: Würdinger, in: Münchener Kommentar, BGB, § 315, Rn. 28 ff.
109 Vgl. in diesem Zusammenhang auch RG, Urteil vom 01.08.1941, Az. III 12/41, in: RGZ 167, 225, 235.
110 LG München, Urteil vom 11.04.2008, Az. 11 O 24026/07, in: IBR 2008, 464.
111 OLG Köln, Urteil vom 14.04.2000, Az. 11 U 221/99, in: VersR 2001, 1158 für die Beschleunigungsprämie.
112 Vgl. dazu § 5 DVP/AHO-Honorarstruktur.

Es wird als Honorarsatz der Mindestsatz der Honorartafel nach § 206 HOAI (AHO-Entwurf) in der Honorarzone III vereinbart.

Bewertung der Grundleistungen in v. H. des Grundhonorars nach § 206 HOAI

		Tabellenregelwert	***Vereinbarter Projektwert***	2570
Stufe 1	*Projektvorbereitung*	*26*	*26*	
Stufe 2	*Planung*	*21*	*21*	
Stufe 3	*Ausführungsvorbereitung*	*19*	*19*	
Stufe 4	*Ausführung*	*26*	*26*	
Stufe 5	*Projektabschluss*	*8*	*8*	
Summe		***100***	***100***	

Bei Umbauten/Modernisierungen Erhöhung um 25 v. H. des Honorars.

Verzögert sich die Projektdauer (Regellaufzeit) wesentlich durch Umstände, die der Projektsteuerer nicht zu vertreten hat, so ist für die Mehraufwendungen eine zusätzliche Vergütung zu vereinbaren. Eine Überschreitung bis zu 10 v. H. der festgelegten Ausführungszeit, max. jedoch 3 Monate, ist durch das Honorar abgegolten. Für den daran anschließenden Zeitraum erhält der Projektsteuerer für die entstandenen Mehraufwendungen eine zusätzliche Vergütung bis zum Höchstbetrag der Vergütung je Monat, die er durchschnittlich für die Projektsteuerung während der vereinbarten Vertragsdauer erhalten hat.« 2571

In der Praxis sind auch Gestaltungen vorzufinden, die grundsätzlich auf einer herstellkostenabhängigen Honorarregelung aufbauen, jedoch ein vorläufiges Honorar als **Mindesthonorar** festlegen. Durch Einsparstrategien der Projektsteuerung soll das Projektsteuerungsunternehmen nicht bestraft werden. 2572

Im Falle der Entscheidung für einen **Pauschalvertrag** mit einer herstellkostenunabhängigen Pauschale (Berechnungshonorar) sollten die Ermittlungsgrundlagen der Pauschalvergütung im Einzelnen benannt werden. Die Strukturelemente des Nachtragswesens müssen auch bei einer herstellkostenunabhängigen Pauschalvergütung vertraglich festgelegt werden.[113] 2573

(nicht besetzt) 2574

Pauschalhonorare können im Übrigen frei gebildet werden.[114] Sie können abgeleitet werden von herstellkostenabhängigen Kalkulationsansätzen, von Personaleinsatzplänen oder aber im Wettbewerb gefunden werden.[115] Die Ermittlungsgrundlagen für entsprechende Pauschalhonorare sind im Projektsteuerungsvertrag möglichst festzuschreiben. Darüber hinaus sind die Folgen geänderter Leistungen zu regeln. Üblicherweise finden sich in diesem Zusammenhang Vertragsgestaltungen, wonach bei einer wesentlichen Veränderung der Kalkulationsparameter eine Anpassung der Vergütung entsprechend dem Mehraufwand vorzunehmen ist. 2575

Zum Zwecke der Beurteilung **änderungsbedingter Vergütungsanpassungen** sowie der Abrechnung vorzeitig beendeter Projektsteueraufträge ist es zweckmäßig, für die einzelnen Phasen (Stufen) und ggf. **Handlungsbereiche gesonderte Honoraranteile** auszuweisen.[116] Gestaltungen in Allgemeinen Geschäftsbedingungen, die eine Änderung des Pauschalpreises bei Änderungsanordnungen 2576

113 Knipp, in: Seminar rechtliche Problemstellungen beim Projektmanagement, S. 21, 39, schlägt vor, außerhalb der Schwankungsbreite von +10 % (Anlehnung an § 2 Nr. 3 VOB/B) eine Honoraranpassung zuzulassen; derselbe, in Projektmanagement, S. 46, schlägt für zusätzliche und geänderte Leistungen eine Vergütung nach Zeithonoraren (Vorausschätzung oder Festbetrag) und Mann-Monatssätzen vor.

114 Vgl. dazu Rdn. 1399 f.

115 Vgl. dazu Rdn. 1363.

116 Insoweit kann auf § 6 des DVP-/AHO-Modells verwiesen werden.

des Auftraggebers von einer schriftlichen Honorarvereinbarung abhängig machen oder aber eine Vergütung nur für Mehrleistungen vorsehen, welche einen bestimmten Aufwand übersteigen, verstoßen im Regelfall gegen § 307 BGB.[117]

2577 Besondere Anforderungen an die Vertragsgestaltung erfordern überdies **Cost-plus-fee-Vereinbarungen**. Speziell aus pauschalen und Selbstkostenerstattungselementen zusammengesetzte Vergütungsabreden von Construction-Management-Verträgen sind schwierig auszugestalten. Die nähere Abgrenzung der zu erstattenden Leistungen, deren Abgrenzung von der Basis-fee und von dem vom Projektmanager verursachten Kostensteigerungen, sind wichtige Elemente entsprechender Vertragsregelungen.[118]

2578 Für **unvorhergesehene Leistungen**, die nach Zeitaufwand vergütet werden sollen, sollten die maßgeblichen Vergütungssätze festgelegt werden (und zwar Stunden- oder Tagessätze für Inhaber, Projektleiter, Architekten und Ingenieure sowie sonstige technische Mitarbeiter getrennt). Regelungsbedürftig ist bei länger dauernden Projekten auch eine mögliche Anpassung der Tagessätze (z. B. entsprechend der Anpassung an bestimmte Tarifgruppen im Baugewerbe) bzw. eines Prozentsatzes (z. B. 80 %) hiervon.[119]

► Praxisbeispiel für eine Stundenvergütungsregelung in einem Projektsteuerervertrag

2579 *»Werden über den vertraglich vereinbarten Rahmen hinaus weitere Leistungen des AN beauftragt und wird die Berechnung nach Zeitaufwand vereinbart, werden folgende Stundensätze (netto) vergütet:*

- *Für Architekten und Ingenieure mit 10 Jahren und mehr Berufserfahrung … €/Std.*
- *Für Architekten und Ingenieure mit weniger als 10 Jahren Berufserfahrung wird ein um 25 % verringerter Stundensatz vereinbart. Sonstige Mitarbeiter (technische Zeichner, Assistenten) sind in die Preise einkalkuliert und werden nicht gesondert vergütet.*

Über die geleisteten Stunden ist vom AN ein Nachweis zu führen. Dieser muss die Tätigkeit im Einzelnen, das heißt zumindest Zeit (Datum und Anzahl der geleisteten Stunden), Personal und konkrete Tätigkeitsinhalte aufführen. Die kleinste Zeiteinheit beträgt 6 Minuten. Die Nachweise sind vom AN unterschrieben wöchentlich zur Gegenzeichnung zuzuleiten. Unterlässt der AN eine fristgerechte Einreichung, hat er daraus resultierende Mehraufwendungen des AG bei der Prüfung, z.B. durch die Einschaltung eines sachverständigen Dritten zur Leistungsbewertung, zu tragen. Die Unterzeichnung von Stundenzetteln durch den AG stellt kein Anerkenntnis hinsichtlich der zusätzlichen Vergütungspflichtigkeit dem Grunde und der Höhe nach dar.«

2580 Für Fälle auftraggeberseitig verursachter **Behinderungen** können die Rechtsfolgen in Projektsteuerungsverträgen konkret ausgestaltet werden, und zwar ggf. unter Abänderung der in § 642 BGB niedergelegten Grundsätze. Vielfach wird (auch) in Projektsteuerungsverträgen vereinbart, dass der Projektsteuerer, wenn er sich in der ordnungsgemäßen Durchführung seiner Leistungen behindert glaubt, dies dem Auftraggeber unverzüglich, spätestens jedoch am Tage nach Eintritt der Behinderung schriftlich anzukündigen hat und dass der Projektsteuerer Rechtsnachteile erleidet (insbesondere zusätzliche Vergütungsansprüche verlieren kann), wenn er nicht entsprechend vorgeht. Möglich ist es etwa, die Auswirkungen der Behinderung auf die Vergütung nach den Grundsätzen über den Fortfall der Geschäftsgrundlage zu behandeln.

---

117 Vgl. für Bauleistungen OLG Düsseldorf, Urteil vom 30.01.1997, Az. 12 U 28/96, in: BauR 1998, 874, 875.

118 Vgl. Rdn. 1512 f.

119 Dabei können auch tarifliche Erhöhungen von Zusatzleistungen, wie z. B. Weihnachtsgeld, berücksichtigt werden.

Besonders regelungsbedürftig sind die Auswirkungen von **Verzögerungen** sowie **Unterbrechungen der Arbeit** oder des vorübergehenden Ruhens des Projektes (vgl. auch Rdn. 2434, 2535). Ab einer bestimmten Dauer wird der Projektsteuerer nicht mehr ohne eine Vergütungsanpassung an dem Vertrag festgehalten werden können. Hier sollten vertraglich bestimmte Schwellenwerte benannt werden, ab denen eine Honoraranpassung in Frage kommt. So kann etwa vereinbart werden, dass sich die Laufzeit des Projektsteuerungsvertrages verlängert und der Projektsteuerer zeitanteilig weiter zu vergüten ist. Des Weiteren kann unter bestimmten Umständen ein Aufschlag für Mehraufwendungen vorgesehen werden.[120] Zum Teil wird vorgeschlagen, insoweit an die Systematik der RBBau für Objektüberwachungsleistungen anzuknüpfen.[121] Bei einer verlängerten Vertragslaufzeit kann es zudem angemessen sein, die Honorierung zu **indexieren**. Die RBBau sieht in Ziff. 2.8 vor: 2581

»Verzögert sich die Bauzeit durch Umstände, die der Auftragnehmer nicht zu vertreten hat, wesentlich, so kann für die Mehraufwendungen eine zusätzliche Vergütung vereinbart werden. Eine Überschreitung bis 20 v. H. der festgestellten Ausführungszeit, maximal jedoch 6 Monate, ist durch das Honorar abgegolten. Für den daran anschließenden Zeitraum soll der Auftragnehmer für die nachweislich gegenüber den Grundleistungen entstandenen Mehraufwendungen eine zusätzliche Vergütung bis zum Höchstbetrag der Vergütung je Monat erhalten, die er als Anteil der Vergütung für die Objektüberwachung je Monat der vereinbarten Ausführungszeit erhalten hat.« 2582

Die 20 %-Grenze wie auch der Karenzzeitraum von 6 Monaten beinhalten indessen erhebliche Eingriffe in die Rechtsstellung des Projektsteuerers und sind als AGB-Regelungen kritisch. Das gilt insbesondere, wenn eine Honorarkalkulation, die auf einem festen Zeiteinsatz beruht, abgerufen werden soll. 2583

Schließlich kann für den Fall, dass während der Zeit des Ruhens der Bauleistungen noch eingeschränkte Leistungen erforderlich werden, eine Sonderregelung getroffen werden. 2584

Gelegentlich finden sich in Projektsteuererverträgen **Schiedsgutachterklauseln** betreffend Streitigkeiten über Honorarfragen anlässlich zusätzlicher oder geänderter Vergütungen. 2585

Da auf Projektsteuerungsverträge die allgemeinen Vorschriften der HOAI keine Anwendung finden, ist die Frage der **Nebenkostenerstattung** gesondert zu regeln. Dabei kann sich der Vertragsgestalter an § 7 HOAI anlehnen. In der Praxis finden sich auch Vertragsgestaltungen, wonach der Projektsteuerer verpflichtet ist, ein **Projektbüro auf eigene Kosten** vorzuhalten, aber Nebenkosten erstattungspflichtig sind, sofern der Auftraggeber an ihrer Entstehung mitgewirkt hat (z. B. Fahrt- und Reisekosten vorab genehmigt).[122] Der Projektsteuerervertrag kann schließlich regeln, dass mit einer Gesamthonorarpauschale alle Nebenkosten abgegolten sind. 2586

120 Vgl. etwa die sehr ausführlichen Vorschläge von Stemmer/Wierer, BauR 1997, 935, 946; so schlägt etwa Diederichs, in: AHO-Fachkommission Projektsteuerung, S. 89, folgende Vertragsklausel vor: »Verzögert sich die Projektdauer wesentlich durch Umstände, die der Auftragnehmer nicht zu vertreten hat, so ist für die Mehraufwendungen eine zusätzliche Vergütung zu vereinbaren. Eine Überschreitung bis zu 10 v. H. des festgelegten Ausführungszeitraums, maximal jedoch 3 Monate, ist durch das Honorar abgegolten.
Für den daran anschließenden Zeitraum erhält der Auftragnehmer für die gegenüber den Grundleistungen entstandenen Mehraufwendungen eine zusätzliche Vergütung bis zum Höchstbetrag der Vergütung je Monat, die er durchschnittlich für die Projektsteuerung während der vereinbarten Vertragsdauer erhalten hat«; eine derartige Vorgehensweise benachteiligt allerdings i. d. R. den Auftraggeber, da die Fortschreibung der Durchschnittsvergütung auf die Verlängerungsdauer der möglichen unterschiedlichen Inanspruchnahme nicht Rechnung trägt.

121 Knipp, in: Seminar rechtliche Problemstellungen beim Projektmanagement, S. 21, 39.

122 Vgl. etwa Stemmer/Wierer, BauR 1997, 935, 946.

► Praxisbeispiel für eine Nebenkostenklausel

2587 *»Die Nebenkosten werden entsprechend § 7 HOAI*
- *pauschal mit ... % des Nettohonorars*
- *pauschal zum Festpreis in Höhe von ... %*
- *zum Nachweis, vorläufig geschätzt ... %*

erstattet. Darin sind Kosten enthalten für:
- *Unterlagen und Vervielfältigungen und Datenträger*
- *Post- und Fernmeldegebühren*
- *Reisen innerhalb ...*
- *Kosten der Datenkommunikation/systemgebundenen Datenbereitstellung*
- *Kosten für das Baubüro einschließlich Einrichtung und Betriebskosten*
- *...*

2588 *Fahrtkosten sowie Tage- und Übernachtungsgelder bei veranlassten und genehmigten Reisen, die über den Umkreis von 15 km vom Geschäftssitz des Auftragnehmers hinausgehen – ausgenommen Reisen, die unter der vorgenannten Ziff. ... berücksichtigt sind –, werden nach dem Bundesreisenkostengesetz sowie dem Steuerentlastungsgesetz erstattet. Für Wegstrecken sind 0,... €/km zugrunde zu legen. Sämtliche Belege sind innerhalb eines Jahres im Original vorzulegen. Sie können auf Anforderung, nach entsprechender Kennzeichnung durch den Auftraggeber, sofern Kopien dazu vorliegen, an den Auftragnehmer zurückgereicht werden.«*

2589 Gem. § 632 a BGB kann der Projektsteuerer von seinem Auftraggeber – soweit es sich um einen werkvertraglich basierten Projektsteuerungsvertrag handelt – **Abschlagszahlungen** verlangen. Vertragliche Konkretisierungen, z. B. Zahlungspläne, sind zu empfehlen.

2590 Abweichend hiervon wird nach § 15 Abs. 1 HOAI das Honorar bereits fällig, wenn die Leistung vertragsgemäß erbracht worden ist und außerdem eine Honorarschlussrechnung überreicht ist. Die Vorschrift ist aber auf Projektsteuererverträge nicht anwendbar.[123]

2591 Im Falle der Vereinbarung von **Abschlagszahlungen** können die Fälligkeitstermine für die einzelnen Zahlungen zeitbezogen oder leistungsbezogen festgelegt werden. Zweckmäßigerweise wird dabei an die Fertigstellung bestimmter Planungs- oder Bauleistungen angeknüpft. Dann ist es entbehrlich, von vornherein feststehende Termine für Abschlagszahlungen festzulegen. Gelegentlich ist in Projektsteuererverträgen festgehalten, dass im Falle einer Verschiebung der Fertigstellung eine Verlängerung der Vertragsdauer mit »entsprechender Honorarfortzahlung in unveränderter Höhe« anzunehmen ist.[124] Das ist aber eine für den Auftraggeber zu pauschale Lösung, weil Terminverschiebungen nicht stets mit einem entsprechenden unverändert fortdauernden Aufwand des Projektsteuerers verbunden sind.

2592 Nicht selten finden sich Abschlagszahlungsregelungen dergestalt, dass der Projektsteuerer entsprechend einem Zahlungsplan oder ratierlich Abschlagszahlungen erhält, die 90 bzw. 95 % der ihm zustehenden Vergütung ausmachen.[125] Aus den Allgemeinen Geschäftsbedingungen des Auftraggebers, wonach dem Architekten oder Ingenieur nur Abschlagszahlungen in Höhe von 95 % des

---

123 Siehe dazu Rdn. 1764.

124 So Diederichs, Leitfaden zum Projektsteuerungsvertrag, S. 14.

125 Knipp, Projektmanagement, S. 46, empfiehlt: »Zahlungen sollten nach einem vereinbarten leistungsbezogenen Zahlungsplan erfolgen, der sich nach Erfordernis (Leistungsänderungen und Terminänderungen) ändert und fortzuschreiben ist. Abschlagszahlungen sollten in Höhe von 90 % des vollen Honorars gewährt werden. Für abgeschlossene Teilleistungen (beauftragte Stufen) sollte der Projektsteuerer eine Teilschlussrechnung einreichen, so dass dann die Auszahlung von mindestens 95 % erfolgen kann«; die formularmäßige Geltendmachung von Sicherheitseinbehalten ist kritisch zu beurteilen, vgl. Schmeel, MDR 2001, 620, 621; LG Köln, Urteil vom 24.06.1998, Az. 14 U 548/97, BauR 1999, 1206.

Honorars für die nachgewiesenen Leistungen einschließlich Umsatzsteuer gewährt werden, ist nach der Rechtsauffassung des BGH, gemessen am Leitbild des vormaligen § 8 Abs. 2 HOAI a.F. (2009) zumindest dann unwirksam, wenn der Architekt/Ingenieur infolge der Beauftragung der Leistungsphase 9 nach HOAI noch lange Zeit auf die Schlussrechnungsfähigkeit warten muss.[126] Diese Wertung wird nach Inkrafttreten des § 632 BGB auf alle werkvertraglich basierten Projektsteuerungsverträge zu übertragen sein. Das gilt umso mehr, als Sicherheitseinbehalte für Gewährleistungsmängel in der Regel durch die Vereinbarung und das Bestehen eines Haftpflichtversicherers teilweise entbehrlich sind (vgl. auch Rdn. 2650). Die Haftpflichtversicherer decken Vermögensschäden wegen Verletzung von Vertragspflichten durch den Projektsteuerer ab. Allerdings verbleiben Sicherheitslücken, wie etwa das Einstehenmüssen für selbst eingegangene Termin- und Kostenzusagen.

► Praxisbeispiel für eine individuelle Abschlagszahlungsregelung:

»Der AN kann Abschlagszahlungen bis zu 95 % für nachgewiesene, vertragsgemäße Leistungen nach Maßgabe des als Anlage … beigefügten Zahlungsplans verlangen. Die Abschlagszahlungen werden innerhalb von … Wochen nach Eingang von prüffähigen Abschlagsrechnungen fällig. 2593

Der Betrag in Höhe von 5 % der vereinbarten Vergütung wird nach vertragsgemäßer Erfüllung der Leistungen der Stufe … ausgezahlt. Auf Wunsch des AN kann dieser gegen eine, nach den inhaltlichen Vorgaben des AG ausgestellte Bürgschaft eines in der europäischen Gemeinschaft zugelassenen Kreditinstitutes abgelöst werden.«

Schließlich ist klarzustellen, dass der Auftraggeber zusätzlich die **Umsatzsteuer** zu tragen hat. Da Projektsteuererleistungen oftmals über Jahre hinweg erbracht werden, ist zudem zu regeln, dass Umsatzsteuer in Höhe des jeweils geltenden Umsatzsteuersatzes geschuldet wird. 2594

Der nicht vorsteuerabzugsberechtigte Auftraggeber hat ein Interesse daran, im Falle einer Mehrwertsteuererhöhung während der Projektrealisierung nicht die erhöhte Mehrwertsteuer für die Gesamtvergütung zahlen zu müssen. Aus diesem Grunde wird er auf eine **Teilbarkeit** der Leistungen i. S. des Umsatzsteuerrechts hinwirken wollen. Handelt es sich bei den zu beauftragenden Projektsteuererleistungen um solche mit dienstvertraglichem Charakter, dann liegen sog. Dauerleistungen vor, die nach den Anwendungserlassen der Finanzverwaltung zeitlich abgegrenzt werden können.[127] Sofern ein werkvertraglicher Charakter der Projektsteuererleistung dominiert, müssen die Gesamtleistungen mit dem endgültigen Mehrwertsteuersatz angesetzt werden, es sei denn, das Auftragsvolumen ließe sich in sog. Teilleistungen segmentieren. Derartige Teilleistungen sind grundsätzlich gegeben, wenn eine stufige Beauftragung vorgesehen ist. Allein die Zugrundelegung gestufter Leistungsbilder für die Feststellung der Vergütung reicht indessen nach Ziff. 179 der Umsatzsteuerrichtlinien nicht aus. Muss der nicht vorsteuerabzugsberechtigte Auftraggeber, z. B. der öffentliche Auftraggeber, in der Zukunft mit steigenden Umsatzsteuersätzen rechnen, empfiehlt es sich, das Leistungsbild nicht nur vergütungsbezogen, sondern auch leistungsbezogen in teilabnahmefähige Abschnitte aufzugliedern und ggf. auch aus diesem Grunde eine stufenweise Beauftragung vorzusehen.[128] Klarstellungsbedürftig ist ggf. auch, dass der Auftraggeber im Falle der freien Kündigung bei einer entsprechenden Veranlagung des Projektsteuerers durch das zuständige Finanzamt Umsatzsteuern auf die Vergütung für den nicht mehr ausgeführten Teil der Leistungen zu zahlen hat. 2595

126 Vgl. BGH, Beschluss vom 22.12.2005, Az. VII ZB 84/05, in: NZBau 2006, 245 = BauR 2006, 674 = IBR 2006, 212 = ZfBR 2006, 338; dazu auch Scholtiessek, NZBau 2006, 299.

127 Vgl. z. B. BMF-Schreiben vom 28.2.1983, BStBl. 1983 I, 299, 304; BMF-Schreiben vom 10.2.1998; dazu auch Jochem, DAB 1998, 313.

128 Vgl. Leonard, in: Bunjes, ZStG, § 13, Rn. 16, 20.

2596 Damit keine Erfüllungsrisiken auftreten, sollte überdies klargestellt werden, auf welches **Konto** der Auftraggeber mit befreiender Wirkung leisten kann.

8.13 Kündigung

2597 Die Voraussetzungen und Rechtsfolgen einer **Kündigung aus wichtigem Grund** können vertraglich präzisiert werden. Insbesondere kann festgelegt werden, ob § 314 BGB auf den konkreten Projektsteuerungsvertrag Anwendung findet. Es kann zudem zweckmäßig sein, schon im Vorfeld erkannte Situationen einer wichtigen Kündigung ausführlich zu beschreiben. Der Vertrag kann z. B. vorsehen, dass bestimmte Umstände einen wichtigen Kündigungsgrund für den Auftraggeber darstellen und für diese Fälle § 649 BGB nicht anwendbar ist. So kann es zweckmäßig sein, dem Auftraggeber im Falle des fehlenden Nachweises einer vertragsgemäßen Haftpflichtversicherung, des vertragswidrigen Abzugs von Projektmitarbeitern sowie des Wechsels der Vergabestrategie oder längeren Projektstillstandszeiten (z. B. wegen Ausbleiben der Baugenehmigung) ein Kündigungsrecht aus wichtigem Grund zuzugestehen. Auch die Einleitung eines Insolvenzverfahrens kann als Kündigungsgrund vorgesehen werden, ohne dass ein Verstoß gegen § 117 InsO vorliegt.[129]

► Praxisbeispiel für eine Kündigungsklausel aus wichtigem Grund:

2598 *»Als wichtiger Kündigungsgrund für den AG gilt insbesondere*

(1) wenn der AN seine Leistungen eingestellt hat oder das Insolvenzverfahren oder ein vergleichbares gesetzliches Verfahren beantragt oder ein solches Ve.rfahren eröffnet oder dessen Eröffnung mangels Masse abgelehnt wird;

(2) wenn der AG Subunternehmer ohne Zustimmung des AG einsetzt oder ohne Zustimmung des AG Leistungen, die durch genehmigte Subunternehmer erbracht werden sollen, als Eigenleistung erbringt;

(3) wenn der AN festgelegte Mitarbeiter ohne Zustimmung des AG abzieht;

(4) wenn der AN mit seinen Leistungen in Terminverzug gerät;

(5) wenn der AG das vertragsgegenständliche Bauprogramm oder einzelne Projekte aus den in § … genannten Gründen aufgeben muss;

(6) wenn Mitglieder aus der Ingenieurgemeinschaft – gleich aus welchem Grund – vorzeitig aus dieser ausscheiden und hierdurch die weitere Vertragserfüllung gefährdet erscheint.

Jede Kündigung ist schriftlich zu erklären.«

2599 Die **ordentliche Kündigung des Auftragnehmers** (Projektsteuerers) kann explizit ausgeschlossen werden. Bei Projektsteuererverträgen mit werkvertraglichem Charakter bedarf es insoweit keiner gesonderten vertraglichen Klarstellung. Ist der Projektsteuerervertrag ein Werkvertrag, kann nur der **Auftraggeber** ohnehin jederzeit nach § 649 BGB kündigen. Angesichts des Meinungsstreites über die Rechtsnatur der Projektsteuererverträge kann es sich empfehlen – wie in der Praxis durchaus üblich –, ergänzend auf § 649 BGB zu verweisen.[130] Auch Dienstverträge können diesem Regelungsmodell unterstellt werden.

2600 Im Falle der vorzeitigen Beendigung eines Projektsteuerungsvertrages ist oftmals die **Bewertung der erbrachten Leistungen** schwierig. Deshalb kann es sich empfehlen, vertragliche Regeln für die Bewertung erbrachter Projektsteuerungsleistungen (etwa nach abgeschlossenen Phasen) vorzusehen.

129 Vgl. auch OLG Celle, Urteil vom 05.03.2014, Az. 7 U 114/13, NZBau 2014, 696 f.
130 In diesem Sinne auch die Empfehlung von Werner/Pastor, Der Bauprozess, Rn. 1933.

Denn der erbrachte Leistungsumfang muss nicht unbedingt mit einem Abschlagszahlungsplan oder dem anteiligen Zeitverbrauch übereinstimmen.[131]

Zu beachten ist, dass § 649 S. 3 BGB in der ab dem 1. 1. 2009 geltenden Fassung eine Vermutung dahingehend enthält, dass dem Unternehmer 5 % der auf den noch nicht erbrachten Teil der Werkleistung entfallenden vereinbarten Vergütung zustehen. 2601

In Fällen, in denen die Vertragsparteien die Vergütung für den Fall einer freien Kündigung des Projektsteuerers vorab regeln und den »entgangenen Gewinn« pauschalieren wollen, fordert der BGH eine Überprüfung dahingehend, dass sich die pauschalierte Vergütung im Rahmen dessen hält, was typischerweise im Falle einer entsprechenden Kündigung als Vergütung infolge einer vorzeitigen Beendigung des Vertrages zu erwarten wäre. Mit der 5 %-Klausel des § 649 S. 3 BGB wollte der Gesetzgeber kein gesetzliches Leitbild für Pauschalierungsabreden bewirken, es verbleibt somit dabei, dass die pauschalierte Vergütung nicht unangemessen sein darf, was anhand der tatsächlichen Gegebenheiten zu prüfen ist.[132] Projektsteuererverträge werden typischerweise mit dem erforderlichen Personalaufwand zzgl. unternehmerischer Risikozuschläge/ Unternehmergewinn kalkuliert. Die ersparten Aufwendungen für das Personal bei einem vorzeitig gekündigten Projektmanagementvertrag machen in der Regel durchaus 70 bis 80 % aus, so dass Pauschalierungsregelungen, die Projektsteuerern im Falle der vorzeitigen Kündigung ohne wichtigen Grund einen pauschalen »entgangenen Gewinn« in Höhe von 30 % zuweisen, keineswegs unwirksam sein dürften.[133] 2602

Individualvertraglich kann selbstverständlich auch eine höhere oder niedrigere »Kündigungsvergütung« bestimmt werden.

▶ Praxisbeispiel für eine Kündigungsklausel:

»Wird das Vertragsverhältnis aus einem Grund gekündigt, den der AG zu vertreten hat, hat der AN Anspruch auf die vereinbarte Vergütung, jedoch abzüglich ersparter Aufwendungen, die auf 60 % der Vergütung für die noch nicht erbrachten Leistungen festgelegt werden. Den Parteien bleibt vorbehalten, niedrigere bzw. höhere ersparte Aufwendungen nachzuweisen. Weitergehende Ansprüche des AN sind ausgeschlossen. 2603

Wird das Vertragsverhältnis aus einem Grund gekündigt, den der AN zu vertreten hat, sind dem AN unter Ausschluss weitergehender Ansprüche nur die bis zum Zeitpunkt der Ausübung des Kündigungsrechts erbrachten und nachgewiesenen, für den AG verwertbaren Leistungen zu vergüten. Schadensersatzansprüche des AG bleiben unberührt.

Im Falle vorzeitiger Beendigung des Vertrages wird die Vergütung innerhalb von 6 Wochen nach Vorlage einer den Anforderungen des ... genügenden Honorarschlussrechnung fällig.«

Auftraggeber befürchten oftmals, bei einer Kündigung nach § 649 BGB eine hohe »Kündigungsentschädigung« zahlen zu müssen, obgleich die Mitarbeiter des Projektsteuerers alsbald wieder bei 2604

---

131 Vgl. KG, Urteil vom 22.02.1999, Az. 10 U 8304/97, in: BauR 2000, 594.

132 BGH, Urteil vom 05.05.2011, Az. VII ZR 161/10, in: NZBau 2011, 481 = NJW 2011, 3030.

133 So für den Architekten Kapellmann, in: Kapellmann/Vygen, Jahrbuch Baurecht 1998, 35, 80; der DVP-Vorstand berichtet in: DVP, Projektmanagement in Praxisbeispielen, S. 5, davon, dass mit öffentlichen Auftraggebern mehrfach eine von 60 % auf 30 % reduzierte Pauschale für entgangenen Gewinn vereinbart worden sei; Werner/Pastor, Der Bauprozess, Rn. 1137, halten der Höhe nach nach wie vor eine Pauschale von 40 % für ersparte Aufwendungen für wirksam, sofern die Möglichkeit des Nachweises höherer ersparter Aufwendungen erhalten bleibt; das OLG Frankfurt hat indessen eine Allgemeine Geschäftsbedingung in einem Projektsteuerungsvertrag für unwirksam erklärt, wonach im Falle einer Kündigung zumindest 10 % des Honorars zu zahlen sind. Das OLG Frankfurt hat entscheidend darauf abgestellt, dass die Klausel dem Auftraggeber den Nachweis eines geringeren Aufwandes (oder einer höheren Ersparnis) nicht zugelassen hat, vgl. OLG Frankfurt, Urteil vom 24.04.2006, Az. 8 U 131/05, in: IBR 2007, 317.

anderen Projekten eingesetzt werden. Individualvertraglich ist es nicht ausgeschlossen und im Einzelfall zu empfehlen, anderweitige Kündigungsfolgen vorzusehen. So kann individualvertraglich geregelt werden, dass bei einer Kündigung des Auftraggebers die Vergütung für die zuletzt im Projekt tätigen Mitarbeiter für eine bestimmte Anzahl von Monaten weitergezahlt wird und weitere Ansprüche jedoch ausgeschlossen sind.

2605 Darüber hinaus kann vorgesehen werden, dass dem Auftraggeber das Recht zusteht, nach erfolgter Kündigung für noch erforderliche Leistungen, eine ausreichende Zahl qualifizierter Mitarbeiter des Projektsteuerers weiterhin (nach zuvor definierten Tagessätzen einsetzen) zu dürfen. Dieses Recht sollte allerdings zeitlich befristet werden.

► Praxisbeispiel Regelung eines Mitarbeitereinsatzes nach Kündigung:

2606 *»Wird der Vertrag vorzeitig gekündigt, so gilt, dass der AN verpflichtet ist, nach erfolgter Kündigung bei Leistungen, die nach Auffassung des AG für die ordnungsgemäße Abwicklung erforderlich sind, eine ausreichende Zahl entsprechend qualifizierter Mitarbeiter weiterhin zur Verfügung zu stellen. Die Mitarbeiter werden nach Tagessätzen entsprechend den Festlegungen dieses Vertrages vergütet. Die Nebenkostenregelung gilt entsprechend.«*

2607 Schließlich sollte der **Herausgabeanspruch** des Auftraggebers hinsichtlich erstellter Pläne, projektspezifischer Arbeitsunterlagen, Zeichnungen und Datenträgern bei Beendigung des Vertrages geregelt werden.[134] Nutzungsrechte für erstellte Dateien sollten ebenfalls definiert werden.

2608 Klarstellend kann auch vermerkt werden, dass im Falle der Kündigungsberechtigung nicht nur eine gesamte Kündigung des Vertragsverhältnisses, sondern auch eine Teilkündigung möglich ist.

► Praxisbeispiel für eine Teilkündigungsregelung:

2609 *»Die in § ... festgelegten Regelungen gelten für Teilkündigungen entsprechend.*

Der AG kann Teilkündigungen auch ohne Vorliegen eines wichtigen Grundes bis zu 10 % der beauftragten Leistung aussprechen, ohne dass dadurch Zahlungsansprüche des AN gem. § 649 BGB begründet werden.«

2610 Anmerkung: Der generelle Ausschluss des § 649 BGB bei Teilkündigungen bis zu einem festgelegten Anteil des Auftragsumfangs ist ggf. wegen Verstoßes gegen § 307 BGB in Allgemeinen Geschäftsbedingungen unwirksam.

8.14 Abnahme

2611 Regelungsbedürftig erscheint der Zeitpunkt der **Abnahme** bei Projektsteuerungsverträgen auf werkvertraglicher Basis als **Dreh- und Angelpunkt** für Leistungen, Gewährleistung und Fälligkeit der Vergütung:[135]

- Die Abnahme ist gemäß § 641 BGB zunächst Fälligkeitsvoraussetzung für den Vergütungsanspruch, Abschlagszahlungen nach § 632 a BGB ausgenommen.
- Mit der Abnahme gelangt das Gewährleistungsrecht zur Anwendung, soweit es um Mängel geht (die allgemeinen Leistungsstörungsrechte sind ausgeschlossen).
- Mit der Abnahme geht die Leistungsgefahr auf den Auftraggeber über. Bis zur Abnahme muss der Auftraggeber die Leistung auch dann erneut erbringen, wenn sie ohne sein Verschulden untergegangen ist und kein Fall der Unmöglichkeit vorliegt.

134 Wie der Architekt ist auch der Projektsteuerer hinsichtlich der Nutzungsbefugnis seiner Pläne und Unterlagen vorleistungspflichtig; er muss seine Gebührenansprüche ggf. nach §§ 648, 648 a BGB absichern, vgl. OLG Köln, Beschluss vom 11.07.1997, Az. 11 W 21/97, in: BauR 1999, 189, 190 = NJW-RR 1998, 1097 m. w. N.; auch OLG Hamm, Urteil vom 20.08.1999, Az. 25 U 88/99, in: BauR 2000, 295; a. A. Lauer, BauR 2000, 812 ff.

135 So auch Stapelfeld, a. a. O.

- Außer im Falle des § 645 BGB trägt der Auftragnehmer bis zur Abnahme die Vergütungsgefahr. Er kann also keine Vergütung beanspruchen, wenn das Werk vor der Abnahme durch einen nicht vom Auftraggeber zu verantwortenden Umstand untergeht. 2612
- Die Beweislast für behauptete Mängel kehrt sich mit der Abnahme um, außer der Besteller behält sich die Abnahme wegen erkannter Mängel vor.
- Mit der Abnahme beginnt gemäß § 634 a Abs. 2 BGB die Gewährleistungsfrist für alle Mängel, unabhängig davon, ob sie verdeckt oder wahrnehmbar sind.
- Mit der Abnahme ist der Werklohn gesetzlich zu verzinsen, wenn er nicht gestundet ist, § 641 Abs. 4 BGB.

Die werkvertragliche **Projektsteuerungsleistung** ist **abnahmefähig**. Eine nähere Konkretisierung des bei den Projektsteuerungsleistungen schwierig festzustellenden Abnahmezeitpunktes ist zu empfehlen.[136] 2613

Insbesondere ist zu regeln, ob eine stillschweigende oder konkludente Abnahme möglich oder ausgeschlossen und nur eine förmliche Abnahme zulässig ist und wie das **Abnahmeprozedere** abzuwickeln ist. 2614

Da der Zeitpunkt der Abnahme der Projektsteuererleistung lange Zeit nach der Abnahme der Bauleistungen liegen kann, ist es hier – ähnlich wie beim Architektenvertrag – nahe liegend, bei der Vertragsgestaltung für den Beginn der Verjährung von Mängelansprüchen vertraglich auf die Abnahme der Bauleistungen abzustellen. Ob eine derartige, von einem Projektsteuerer gestellte Regelung zulässig ist, wonach die Verjährungsfrist für Mängelansprüche bereits mit der Abnahme des Bauwerks zu laufen beginnt, ist zweifelhaft.[137] 2615

Auch die Vereinbarung von **Teilabnahmen** ist möglich. Eine Teilabnahme setzt allerdings grundsätzlich eine vertragliche Vereinbarung voraus, wonach der Wille des Auftraggebers eine Teilabnahme zu erklären, wegen der schwerwiegenden Folgen der Abnahme klar zum Ausdruck kommen muss. Die Vereinbarung einer Teilabnahme ergibt sich nicht bereits daraus, dass die Vertragsparteien den Beginn der Verjährungsfrist an bauliche Abnahmen anknüpfen.[138] Speziell bei großen Projekten mit teilabnahmefähigen Bauabschnitten für die ausführenden Unternehmen kann auch eine Teilabnahme der Projektsteuererleistung vorgesehen werden.[139] Nicht nur bei Architektenverträgen, sondern auch bei Projektmanagementverträgen ist daher sowohl die Vereinbarung einer Teilabnahme möglich, wie auch, dass für die teilabgenommenen Leistungen – z.B. bis zum Abschluss der Projektphase 4 – die Verjährung ab dem Zeitpunkt der erklärten Teilabnahme zu laufen beginnt.[140] 2616

► Praxisbeispiel einer Teilabnahmeklausel:

»Der Auftraggeber nimmt die Leistungen der anderen Projektbeteiligten nach entsprechender Beratung durch den Auftragnehmer ab, soweit dazu nicht der Auftragnehmer selbst beauftragt oder bevollmächtigt ist. Der Auftraggeber hat die Leistungen des Auftragnehmers im Wege einer Teilabnahme abzunehmen, sobald die 4. Phase (Ausführung) vollständig vertragsgemäß erbracht, insbesondere das Projekt schlüsselfertig übergeben wurde. Die Leistungen der 5. Phase (Projektabschluss) nimmt der Auftraggeber nach deren vollständiger vertragsgemäßer Erbringung ab.«[141] 2617

136 Vgl. dazu Rdn. 1767.

137 Für den Architektenvertrag bejahen die Zulässigkeit OLG Zweibrücken, Urteil vom 02.03.1998, Az. 7 U 161/97, in: IBR 1998, 447; vgl. auch OLG Naumburg, Urteil vom 01.03.2000, Az. 12 U 63/98, in: IBR 2001, 679; dagegen KG, Urteil vom 12.02.2004, Az. 4 U 162/02, in: NZBau 2004, 337 = IBR 2004, 436: Allgemeine Geschäftsbedingungen, nach deren Inhalt die Verjährungsfrist für diese Ansprüche bereits mit Abnahme des Bauwerks zu laufen beginnt, verstoßen gegen § 11 Nr. 10 f. des AGBG.

138 BGH, Urteil vom 10.10.2013, Az. VII ZR 19/12, in: NZBau 2014, 47, 49.

139 Vertragsgestaltend kann etwa festgehalten werden, dass die Leistungen des AN mit einem bestimmten Ereignis (z. B. Abnahme der Bauwerke) enden – mit Ausnahme kostenfeststellender Maßnahmen – und dass der AN hiernach die Abnahme seiner Leistungen fordern kann und der AG sie innerhalb bestimmter Frist vorzunehmen hat.

140 Vgl. OLG Düsseldorf, Urteil vom 13.05.2004, Az. 5 U 47/03, in: NZBau 2006, 125 f.; BGH, Urteil vom 11.05.2006, Az. VII ZR 300/04, in: BauR 2006, 1332, 1333.

141 Text nach Rodewoldt, in: Roquette/Otto, Vertragsbuch privates Baurecht, S. 197, Rn. 68 f.

2618 Eine Teilabnahme der Projektsteuererleistung nach der Projektphase 4 (gem. DVP-/AHO-Modell) ist angezeigt, um ein Hinausschieben der Abnahme bis zur Erledigung der Gewährleistungsansprüche gegen ausführende Unternehmer zu vermeiden.[142]

2619 Bei phasengegliederten Leistungsbildern muss ohnehin überlegt werden, ob nicht **phasenbezogene Teilabnahmen** stattfinden sollen.[143]

8.15 Haftung und Gewährleistung

2620 Bei **werkvertraglich** basierten Projektsteuerungsverträgen lässt sich die **Erfolgsorientierung** durch entsprechende Ausgestaltung des Leistungsbildes, auch durch Projektziele, herausarbeiten.[144] Die Ausgestaltung des gesamten Vertragswerkes nach werkvertraglichen Vorschriften ist möglich, wie bereits im Einzelnen dargestellt worden ist.[145]

2621 Zudem wird oft klargestellt, dass der Projektsteuerer für eine **fehlerfreie, den allgemeinen Regeln der Technik entsprechende** und mit der Sorgfalt eines **gewissenhaften Berufsangehörigen** erbrachte **Projektsteuererleistung** einzustehen hat.[146]

► Praxisbeispiel für Haftungsgründe:

2622 *»Der AN haftet insbesondere dafür, dass seine Leistungen den anerkannten Regeln der Technik sowie den sonstigen öffentlich-rechtlichen oder sonstigen einschlägigen Bestimmungen und Richtlinien in ihrer jeweiligen Fassung gem. § … sowie dem Grundsatz der Wirtschaftlichkeit gem. … entsprechen.*

2623 *Der AN sichert als Vereinbarung über die Beschaffenheit zu, dass*
- *die von ihm aufgrund dieses Vertrages jeweils zu erstellenden Unterlagen für die weitere Bearbeitung bestimmungsgemäß geeignet sind und*
- *die Programm- bzw. Projektsteuerungsleistungen zweckgerichtet geeignet sind, die zu realisierenden Projektbereiche in den beauftragten Projektstufen im vom AG festgelegten bzw. genehmigten Termin- und Kostenrahmen zu ermöglichen.«*

2624 Eine **Haftungsbeschränkung** liegt im Interesse des Projektsteuerers. Angesichts der involvierten Risiken und der Komplexität des Projektgeschehens können Haftungsrisiken nie ganz ausgeschlossen werden. Sie bergen für Projektsteuerungsunternehmen nicht selten – angesichts ihres finanziellen Gewichts – die Gefahr einer Existenzvernichtung. Der inhaltlich und betragsmäßig begrenzte Deckungsschutz gängiger Haftpflichtversicherungspolicen schafft nicht immer eine ausreichende Vorsorge. Wohl stellen die Höhe des Haftpflichtversicherungsschutzes und auch die Bedeutung der Projektrisiken ein Entscheidungskriterium für die Festlegung einer interessengerechten Haftungs- und Haftungsbegrenzungsregelung dar. Oftmals kann eine Begrenzung der Haftung für einfache Fahrlässigkeit auf den angemessenen Deckungsschutz der Haftpflichtversicherung angezeigt sein.[147] Die Grenzen, die das BGB in Bezug auf Allgemeine Geschäftsbedingungen zieht, sind an anderer Stelle bereits erläutert worden.[148]

---

142 Für die Teilabnahme nach Phase 8 des § 15 HOAI vgl. OLG Naumburg, Urteil vom 01.03.2000, Az. 12 U 63/98, in: IBR 2001, 679, Revision vom BGH nicht angenommen, Beschluss vom 05.04.2001, Az. VII ZR 161/00: Auch in AGB zulässig; Heiermann, in: Der Projektsteuerungsvertrag – Abnahme, Haftung und Gewährleistungspflichten, S. 18 ff.

143 Vgl. zur Diskussion bei Architektenverträgen Neuenfeld, Mittl. Bl. ARGE Baurecht, 1/2000, S. 4, 6; Behr, in: Kapellmann/Vygen, Jahrbuch Baurecht 2001, S. 131 ff.; zur AGB-Widrigkeit bei Verkürzung der Verjährung: OLG Schleswig, Beschluss vom 06.07.1999, Az. 6 U 69/97, in: BauR 2001, 1286, Revision vom BGH nicht angenommen, Beschluss vom 23.11.2000, Az. VII ZR 277/99.

144 Stapelfeld, BauR 1994, 693, 704.

145 Vgl. dazu Rdn. 908 f., 1029, 1524.

146 Vgl. von Minckwitz, Gewährleistung des Projektsteuerers, S. 20.

147 Vgl. von Minckwitz, Gewährleistung des Projektsteuerers, S. 21; Behr, in: Kapellmann/Vygen, Jahrbuch Baurecht 2001, S. 131, 179, schlägt vor, eine Haftungsbegrenzung auf den Haftpflichtversicherungsschutz herbeizuführen, soweit der Auftragnehmer nicht vorsätzlich oder grob fahrlässig handelt.

148 Vgl. Rdn. 2198.

In Allgemeinen Geschäftsbedingungen kann eine Haftung wegen sogenannter Kardinalpflichten und grob fahrlässiger oder vorsätzlicher Pflichtverletzung nicht ausgeschlossen werden. In Bezug auf die Kardinalpflichten ist eine abstrakte Erläuterung des Begriffs notwendig, etwa dergestalt, dass keine Verletzung wesentlicher Vertragsfristen vorliegen darf, die den Vertragszweck gefährden.[149] 2625

Schließlich ist zu prüfen, ob und inwieweit eine Absicherung des Auftraggebers hinsichtlich etwaiger Mängelansprüche – unabhängig von dem bestehenden Haftpflichtversicherungsschutz, der i. d. R. derartige Ansprüche umfasst – erfolgen soll. Insoweit kommen – allerdings nur in Individualvereinbarungen wirksam zu begründende (vgl. Rdn. 2650) – Gewährleistungseinbehalte (z. B. 5 % des Honorars) in Betracht. Auch eine Ablösungsberechtigung zugunsten des Projektsteuerers ist denkbar. Eine Ablösung des Einbehaltes durch eine Bürgschaft auf erstes Anfordern kann der Auftraggeber formularmäßig nicht wirksam einfordern.[150] 2626

► Praxisbeispiel einer Absicherungsklausel für Mängelansprüche:

»(1) Als Sicherheit für die Erfüllung aller Mängelansprüche des AG, auf Schadensersatzansprüche für Mangel- und Mangelfolgeschäden sowie Kostenvorschuss- bzw. Kostenerstattungsansprüche hat der AN dem AG Sicherheit in Höhe von 5 % der vom AG geprüften Bruttoschlussrechnungssumme zu stellen. 2627

(2) Hat der AN die Vertragserfüllungssicherheit durch Bareinbehalt gestellt, so wandelt sich dieser mit erfolgter Abnahme in einen Mängelhaftungseinbehalt um. Ein etwaiger Differenzbetrag zwischen hiernach vorhandenem Einbehalt und nach (1) erforderlichem Differenzbetrag wird bei der Schlusszahlung einbehalten oder bei einem Guthaben zugunsten des AN ausgezahlt.

(3) Der AN kann den Mängelhaftungseinbehalt entsprechend § … durch Bankbürgschaft nach inhaltlicher Vorgabe durch den AG gemäß Formblatt »Mängelhaftungs- und Überzahlungsbürgschaft« ablösen.

(4) AG und AN erweitern den Sicherungszweck der »Mängelhaftungs- und Überzahlungsbürgschaft« ausdrücklich auch auf die Absicherung von AG-Ansprüchen gegen den AN aus Überzahlungen.

(5) Der AN kann von dem AG die Auszahlung bzw. Rückgabe der Mängelhaftungssicherheit verlangen, sobald die Verjährungsfrist für Mängelansprüche abgelaufen ist und die bis dahin vom AG erhobenen Ansprüche erfüllt sind.

(6) Für die Verpflichtung des AN zur Aufrechterhaltung der Sicherheit im Falle einer Inanspruchnahme durch den AG wird auf § … verwiesen. Die entsprechende Verpflichtung gilt für die Mängelhaftungssicherheit während der nach (5) maßgeblichen Dauer.« 2628

Anmerkung: Vorsicht ist bei der vorbenannten Vertragsklausel hinsichtlich der Erweiterung des Sicherungszwecks und der Auffüllungsverpflichtung in Bezug auf die Sicherheit walten zu lassen; eine entsprechende Standardklausel können wegen Verstoßes gegen § 307 BGB unwirksam sein.

Die in Allgemeinen Geschäftsbedingungen eines Ingenieurs enthaltene Verkürzung der Verjährungsfrist für Gewährleistungsansprüche für auf Bauwerke bezogene Planungs- und Überwachungsleistungen auf 2 Jahre ist unwirksam. Das gilt auch bei der Verwendung gegenüber einer juristischen Person des öffentlichen Rechts.[151] Dies rechtfertigt der BGH mit der Erwägung, dass bereits die 5-jährige Gewährleistungsfrist verhältnismäßig kurz ist, weil oftmals schwere Mängel erst nach Jahren hervortreten können.

---

149 BGH, Urteil vom 20.07.2005, Az. VIII ZR 121/04, in: NJW-RR 2005, 1496.

150 Vgl. BGH, Urteil vom 02.04.1998, Az. IX ZR 79/97, in: WM 1998, 1062, 1064; in derartigen Fällen ist dem Projektsteuerer zu empfehlen, seinerseits eine Sicherheitsleistung nach § 648 a BGB zu fordern.

151 BGH, Urteil vom 10.10.2013, Az. VII ZR 19/12, in: NZBau 2014, 47.

8.16 Haftpflichtversicherung des Auftragnehmers

2629 Die Haftpflichtversicherung des Projektsteuerers ist ein wichtiges Thema. Grund und Höhe der Absicherung und der Versicherungsnachweis sind vertraglich zu regeln.

Die **Berufshaftpflichtversicherung der Architekten und Ingenieure** sichert grundsätzlich auch alle dem Berufsbild entsprechenden Leistungen ab, auch solche des **Projektsteuerers** wie auch Sicherheits- und Gesundheitskoordinators (SiGeKo) oder Gutachterleistungen.[152]

2630 Wird ein Projektsteuerer auf **Nacherfüllung** in Anspruch genommen, so ist diese Verpflichtung zur Nacherfüllung zugleich Erfüllung des Projektsteuerervertrages selbst und nicht Gegenstand der Haftpflichtversicherung. Die Beseitigung der Mängel des Projektsteuererwerks gehört ebenfalls zur Erfüllung des Projektsteuerungsvertrages und ist als solche nicht Gegenstand der Versicherung. Ebenso wenig besteht Versicherungsschutz, wenn der Auftraggeber wegen eines Mangels der Leistungen des Projektsteuerers vom Vertrag zurücktritt oder Minderung – Herabsetzung des Projektsteuererhonorars – verlangt.[153] Während Mängelbeseitigungsnebenkosten als Erfüllungsschäden grundsätzlich unversichert sind, sind Mangelfolgeschäden grundsätzlich versichert.[154]

2631 Sofern der Projektsteuerer mit seinem Versicherer lediglich die **übliche Berufshaftpflichtversicherung** für Architekten und Ingenieure abgeschlossen und keine Sonderabreden getroffen hat, bleibt auch das Risiko aus der Überschreitung der im Projektsteuerervertrag übernommenen Baukosten- und Terminzusagen sowie aus der Überschreitung von Vor- und Kostenanschlägen weitgehend unversichert, obgleich es sich um Kernbestandteile der Projektsteuereraufgaben handelt.[155] Der Gesamtverband der Deutschen Versicherungswirtschaft (GDV) hat dies zum Anlass genommen, ein eigenes Versicherungskonzept für Projektsteuerer herauszugeben.[156] Diese Versicherungsbedingungen sind nachfolgend abgedruckt (Anhang 3, Rdn. 3193). Danach gilt u. a.:

2632 *»Mitversichert ist die gesetzliche Haftpflicht des Versicherungsnehmers*

a) als Projektsteuerer/Projektcontroller für die Erstellung von Bauwerken/Projekten, insbesondere Beratungs-, Koordinations-, Dokumentations-, Informations- und Kontrollleistungen;

...

Eingeschlossen in den Versicherungsschutz sind auch

a) Mängel oder Schäden am Bauwerk

b) Ansprüche aufgrund von Aufwendungen oder Kosten; es sei denn, sie wären bei ordnungsgemäßer Planung und/oder Erstellung des Objektes ohnehin angefallen (Sowieso-Kosten)

...

2633 *Die Ausschlüsse gemäß § 4 Ziff. I 5 und § 4 Ziff. I 6 b AHB finden keine Anwendung.*

...

Ausgeschlossen sind Ansprüche wegen Schäden:

1. Aus der Überschreitung der Bauzeit sowie von eigenen Fristen und eigenen Terminen

...

152 Von Rintelen, NZBau 2006, 402; Schmalzl/Krause-Allenstein, Berufshaftpflichtversicherung, 2. Aufl., Rn. 455: Gleichwohl ist dem Architekten, der zusätzlich Projektsteuerungsleistungen übernimmt, zu empfehlen, auf die übernommene Projektsteuerungsleistung hinzuweisen, da damit eine Risikoerhöhung verbunden ist.

153 Vgl. OLG Hamm, Urteil vom 07.02.2007, Az. 20 U 118/06, in: VersR 2007, 980, 981; von Rintelen, NZBau 2006, 402.

154 Von Rintelen, NZBau 2006, 401, 405.

155 Strophff, in: Der Projektsteuerungsvertrag – Absicherung des Kosten- und Terminrisikos von Projektsteuerern und Architekten/Ingenieuren durch die Berufshaftpflichtversicherung, S. 6; sehr ausführlich – auch zur Reichweite der Haftungsausschlüsse – Budnick, Architektenhaftung, S. 174 ff.; dazu ausführlich auch Knipp, Projektmanagement, S. 48 ff.; vgl. A IV BBR-Arch (Fassung 1994), S. 6.

156 Vgl. dazu auch Fischer, in: Thode/Wirth/Kuffer, Praxishandbuch Architektenrecht, § 19, Rn. 73.

Die Berufshaftpflicht ist nicht versichert, wenn der Versicherungsnehmer Verpflichtungen übernimmt, die über das im Antrag/Versicherungsschein beschriebene Berufsbild hinausgehen. Dies ist insbesondere der Fall, wenn der Versicherungsnehmer

a) Bauten ganz oder teilweise
im eigenen Namen und für eigene Rechnung
im eigenen Namen und für fremde Rechnung
im fremden Namen für eigene Rechnung
erstellen lässt.«

Versicherbare Projektsteuerungsrisiken sind insbesondere folgende Leistungen: 2634

»Versichert ist die gesetzliche Haftpflicht des Versicherungsnehmers für die Folgen von Verstößen bei der Ausübung der Tätigkeit als Projektsteuerer/Projektcontroller/Projektmanager für die Erstellung von Bauwerken. Hierzu zählen insbesondere Beratungs-, Koordinierungs-, Dokumentations-, Informations- und Kontrollleistungen.

Eingeschlossen sind Ansprüche wegen Schäden aus der Überschreitung von eigenen Fristen und Terminen. Dies gilt nicht, wenn die Tätigkeiten als Projektsteuerer und Tätigkeiten als Objekt- und Fachplaner im Sinne der HOAI am identischen Projekt übernommen werden.

Ausgeschlossen bleiben jedoch Ansprüche wegen Schäden aus Zusagen und Erklärungen bezüglich der Fertigstellung des Bauvorhabens oder eines Teils davon durch den Versicherungsnehmer oder Dritte. 2635

Die Versicherungssumme für Schäden aus der Überschreitung der eigenen Fristen und Termine beträgt im Rahmen der Versicherungssumme für sonstige Schäden (Sach- und Vermögensschäden) 300.000,00 € je Schaden. Dies stellt sogleich die Höchstsatzleistung für alle Versicherungsfälle eines Versicherungsjahres dar.«

Versicherer sind grundsätzlich bereit, **übliche Ausschlüsse** in den Versicherungsbedingungen, die wesentliche Leistungsbestandteile der Projektsteuerertätigkeit betreffen, gegen Vereinbarung von Sonderprämien entfallen zu lassen. So sind versicherbar: 2636

- Ansprüche aus fehlerhaften Mengen- oder Kostenermittlungen,
- aus der Überschreitung von Bauzeit sowie der Nichteinhaltung von Fristen und Terminen durch den Projektsteuerer.[157]

Berufshaftpflichtversicherer sind in der Zwischenzeit ebenfalls bereit, die kompletten Leistungen des Projektsteuerers nach dem **AHO-Leistungsbild** zu versichern. Übernommen werden dabei auch Ansprüche wegen Schäden aus der Überschreitung von eigenen Fristen und Terminen als Projektsteuerer, sofern für das identische Projekt nicht gleichzeitig auch Planungsleistungen erbracht werden. Auch Versicherungen gegen die Haftung aus Immobilienbewertungen/technische Due Diligence und sonstiger technischer Beratungen werden angeboten. Versicherungskonzepte schließen Schiedsgerichts- und Mediationsklauseln bei Bedarf ein. 2637

Kein Versicherungsschutz besteht im Übrigen für Schäden durch bewusst gesetzes-, vorschrifts- oder sonst pflichtwidriges Verhalten. Eine solche Pflichtwidrigkeit scheidet bereits dann aus, wenn der Versicherungsnehmer überzeugt war oder zumindest hoffte, dass durch sein Handeln kein 2638

157 Vgl. Diederichs, in: Motzel, Projektmanagement in der Baupraxis, S. 27; so auch Schamir, in: Seminar rechtliche Problemstellungen beim Projektmanagement, S. 111, 114: »Allerdings gegen Prämienzuschlag und unter Ausschluss von Sowieso-Kosten«; in diesem Sinne auch Bruns, Bauwirtschaft 1998, 30, 31; der DVP-Vorstand empfiehlt für den Ausschluss der Überschreitung der Bauzeit sowie von Fristen und Terminen folgende Formulierung: »Dass nur eigene Fristen und Termine des Auftragnehmers sowie feste Zusagen und Erklärungen über die Fertigstellung des Objektes oder eines Teils davon, die als eigenständige Anspruchsgrundlage neben Terminplan herangezogen werden können, ausgeschlossen bleiben«, so in: DVP, Projektmanagement in Praxisbeispielen, S. 4; gleichwohl verbleiben Bereiche, speziell bei den von Projektsteuerern mitverursachten Termin- und Kostenüberschreitungen, für die kein Versicherungsschutz zu erlangen ist, vgl. dazu Strophff, in: Der Projektsteuerungsvertrag – Absicherung des Kosten- und Terminrisikos von Projektsteuerern und Architekten/Ingenieuren durch die Berufshaftpflichtversicherung, S. 10 ff., 16.

Schaden entstehen würde.[158] Die Pflichtwidrigkeitsklausel greift deshalb insbesondere in Fällen ein, in denen der Projektmanager weiß, dass die Ausführungen nicht den technischen Regelwerken entsprechen.[159]

2639 Die Haftpflicht des Architekten oder Ingenieurs ist bundesgesetzlich nicht vorgegeben. Es existieren jedoch landesrechtliche Vorschriften, die eine Haftpflichtversicherung für Architekten und Ingenieure vorschreiben, in Nordrhein-Westfalen folgt dies etwa aus § 22 Abs. 2 Nr. 5 Baukammerngesetz NRW, in Bayern aus § 24 Abs. 1 Satz 2 Nr. 3 Baukammerngesetz Bayern. Eine abgeschlossene **Haftpflichtversicherung** begründet grundsätzlich **keinen Direktanspruch** des geschädigten Auftraggebers. Etwas anderes gilt indessen in der Insolvenz des versicherten Projektsteuerers, § 115 Abs. 1 Satz 1 Nr. 2 VVG. Die abgeschlossene Haftpflichtversicherung ist daher sozusagen **insolvenzfest.**[160] Nach § 108 Abs. 1 Satz 1 VVG sind Abtretungen des Versicherungsnehmers an einen Unbeteiligten im Verhältnis zum Geschädigten relativ unwirksam. Nach Ziff. 29 der Allgemeinen Versicherungsbedingungen für die Haftpflichtversicherung (AHB) des Gesamtverbandes der Deutschen Versicherungswirtschaft (GDV) gilt: Der Freistellungsanspruch darf vor seiner endgültigen Feststellung ohne Zustimmung des Versicherers weder abgetreten noch verpfändet werden. Eine Abtretung an den geschädigten Dritten ist zulässig.

2640 Dementsprechend kann eine Abtretung schon im Rahmen des Abschlusses eines Projektsteuerungsvertrages an den potentiell geschädigten Auftraggeber vorgenommen werden. Einer Zustimmung des Versicherers bedarf es insoweit nicht. Voraussetzung ist stets, dass die Abtretung ausschließlich an den Auftraggeber als geschädigten Dritten erfolgt.

2641 Zur **Höhe** der notwendigen **Deckungssumme** kann auf die Richtwerte der RBBau Erläuterungen zu § 7 des Vertragsmusters verwiesen werden. Hiernach wird bei Projekten bis etwa 15 Mio. € eine Versicherungssumme von rd. 300 000,00 € für ausreichend angesehen, für solche bis 25 Mio. € von rd. 500 000,00 € und für Projekte über 25 Mio. € eine Versicherungssumme ab rd. 1 Mio. €. Bei Großprojekten können die Anforderungen an die Deckungssummen deutlich höher sein, 1–5 Mio. € oder höher. Die höhere Versicherung wird meistens als Exzedentenversicherung vereinbart. Die praktischen Erfahrungen zeigen, dass es sehr schwer ist, über 5 Mio. € hinausgehende Versicherungssummen für Projektmanager auf dem Versicherungsmarkt einzudecken.

2642 Der Auftraggeber kann für größere Bauprojekte **projektbezogene Versicherungskonzepte** vorsehen, in deren Rahmen alle Projektbeteiligten, z. B. Planer, Projektsteuerer/Projektcontroller und ausführende Firmen versichert sind. Ein derartiges projektbezogenes Versicherungskonzept hat – ungeachtet entstehender Mehrkosten wegen oft vorhandenen Doppelversicherungsschutzes – verschiedene Vorteile, insbesondere ist die Haftungsaufteilung zwischen Planern und ausführenden Unternehmen nicht mehr von Bedeutung, so dass oftmals störende Beweisverfahren vermieden werden können. Darüber hinaus entfällt die Aufzehrungsgefahr des Haftpflichtversicherungsschutzes infolge einer einheitlichen Deckungssumme für das gesamte Projekt.[161] In diesem Fall werden die anteiligen Prämien oft auf Planer und Unternehmer umgelegt und von der Vergütung einbehalten. Durch die Umlage der Versicherungskosten verteuert sich aber in der Regel das Projekt, weil die Kosten mit Zuschlägen beaufschlagt werden, so dass der Auftraggeber zumeist gut daran tut, entsprechende Kosten von vornherein selbst zu tragen.

158 BGH, Urteil vom 26.09.1990, Az. IV ZR 147/89, in: VersR 1991, 176; von Rintelen, NZBau 2006, 401, 408.

159 Von Rintelen, a. a. O.

160 Vgl. BGH, Urteil vom 08.12.2005, Az. VII ZR 138/04, in: NZBau 2006, 254, 255.

161 Vgl. dazu Hansen, in: DVP, Projektmanagement in Praxisbeispielen, S. 17 mit einer umfassenderen Darstellung; auch Schwanke, BW 2001, 39.

► Praxisbeispiel für eine projektbezogene Haftpflichtversicherungsvereinbarung:

»Der AG hat eine Haftpflicht- und Bauleistungsversicherung zu Lasten aller Auftragnehmer und der übrigen an dem Projekt Beteiligten nach deutschem Recht abgeschlossen. Der Versicherungsvertrag ist dem AN bekannt gegeben worden: 2643

Die Deckungssummen der Haftpflichtversicherung betragen für Personenschäden … € und für Sach- und Vermögensschäden … €. Während der Gesamtlaufzeit des Projektes stehen diese insgesamt … mal zur Verfügung.

Die Selbstbeteiligung beträgt … € je Schadensfall, ausgenommen bei Personenschäden.

Die anteilige Prämie für die kombinierte Haftpflicht- und Bauleistungsversicherung beträgt für den AN 0,14 % auf die mit dem AN vereinbarte Honorarsumme zzgl. der geltenden Versicherungssteuer.« 2644

In derartigen Fällen ist zu regeln, ob die Auftragnehmer bei Vorliegen eines Versicherungsfalles den Selbstbehalt zu übernehmen haben.

Es kann geregelt werden, dass Zahlungsverpflichtungen des Auftraggebers nicht einsetzen, bevor der Abschluss einer entsprechenden Versicherung **nachgewiesen** ist. Überdies wird man dem Auftraggeber das Recht einräumen können, den Vertrag aus wichtigem Grund zu kündigen, wenn der Projektsteuerer die versprochene Haftpflichtversicherung nicht abgeschlossen oder binnen angemessener Zeit nachgewiesen hat.[162] 2645

Die Vereinbarung zwischen dem Auftraggeber und dem Projektsteuerer, eine Berufshaftpflichtversicherung abzuschließen/vorzuhalten, beinhaltet grundsätzlich **keinen stillschweigenden Ausschluss** oder keine Begrenzung **der Haftung** des Projektmanagers/Projektsteuerers.[163] 2646

8.17 Sicherheiten

Der Vertragsgestalter hat im Einzelfall zu prüfen, welche **Sicherheitsbedürfnisse** in Bezug auf die Projektmanagementleistung beim Auftraggeber tatsächlich bestehen. Das objektive Bedürfnis nach Sicherheitsleistung kann von den Projektspezifika, aber auch der maßgeblichen Projektmanagementeinsatzform abhängen. Je mehr Verantwortung dem Projektmanager übertragen wird, umso eher besteht für den Auftraggeber ein Absicherungsbedürfnis. Auch können die Anforderungen einer Projektfinanzierung im Einzelfall Anforderungen an Sicherheiten stellen. 2647

Nachdem es der BGH[164] allerdings im Zusammenhang mit den **Abschlagszahlungsregelungen** als nicht angemessen angesehen hat, bei einem Architekten oder Ingenieur pauschal 5 % der Leistungen einzubehalten, solange dieser auf die Schlussabrechnung infolge der Beauftragung mit Leistungen der Leistungsphase 9 gemäß HOAI sehr lange warten muss, sind die Grenzen für Sicherheiten in Allgemeinen Geschäftsbedingungen auch für Projektmanagementverträge enger geworden. **Einbehalte** von Vergütungsansprüchen für erbrachte Leistungen kommen auch angesichts des Umstandes, dass die Produktionskosten bei Projektmanagementleistungen im Wesentlichen in dem Mitarbeitereinsatz bestehen, bei langlaufenden Verträgen ohne Teilabnahmen nur im Falle einer individuellen Vereinbarung in Betracht. In der Regel müssen die Projektspezifika dafür sprechen, einen Einbehalt vorzunehmen. Eine ausreichende Rechtfertigung für Einbehalte kann etwa eine Bonus-Malus-Regelung sein, wonach die Nachteile eines vorläufigen Einbehaltes durch die berechtigte Aussicht auf Erzielung höherer Boni kompensiert werden. 2648

Gemäß der Rechtsprechung des BGH zu den Bauverträgen kann in Allgemeinen Geschäftsbedingungen nicht eine **Vertragserfüllungsbürgschaft** in Höhe von 10 % vereinbart werden, wenn 2649

162 Vgl. dazu für die Architektenhaftpflichtversicherung: BGH, Urteil vom 16.09.1993, Az. VII ZR 120/92, in: BauR 1993, 755 = ZfBR 1994, 15.

163 BGH, Urteil vom 08.12.2005, Az. VII ZR 138/04, in: NZBau 2006, 254 für den Architekten = ZfBR 2006, 333 = IBR 2006, 214.

164 Vgl. dazu Rdn. 1787.

gleichzeitig von Abschlagszahlungen Einbehalte vorgenommen werden.[165] Eine entsprechende Höchstgrenze gilt auch bei Projektsteuerungsverträgen. Ein Versprechen, eine Vertragserfüllungsbürgschaft auf erstes Anfordern zu stellen, ist auch gegenüber Projektmanagern sowohl durch öffentliche wie private Auftraggeber ausgeschlossen.[166]

2650 Im Hinblick auf die weitreichende Haftpflichtversicherung des Architekten und Ingenieurs ist auch eine **Sicherheit wegen Mängelansprüchen** (Gewährleistungsbürgschaft) in der Regel nicht von Nöten. Sie kann deshalb in Allgemeinen Geschäftsbedingungen nicht wirksam vorgesehen werden. Eine individuell vereinbarte Gewährleistungssicherheit ist indessen zulässig, in der Praxis allerdings kaum vorzufinden. Erst recht ist in Allgemeinen Geschäftsbedingungen für einen Projektsteuerervertrag die Vereinbarung einer Sicherheit für Mängelansprüche **auf erstes Anfordern** unzulässig.

2651 In vorformulierten Projektsteuerungsverträgen sind Klauseln, wonach Abschlagszahlungseinbehalte nur durch eine Bürgschaft abgelöst werden können, die unter Verzicht auf die Einrede nach § 768 BGB ausgestellt sind, unwirksam.[167]

8.18 Urheberrechte des Projektsteuerers

2652 Eine nähere Regelung etwaiger Urheberrechte des Projektsteuerers ist zu empfehlen.

Nach § 2 Abs. 1 Nr. 4 und 7 UrhG können »Werke der Baukunst« sowie Zeichnungen, Pläne, Skizzen usw. für Bauwerke urheberrechtlich geschützt sein. Das setzt voraus, dass die entsprechenden Leistungen eine **persönliche geistige Schöpfung** darstellen (§ 2 Abs. 2 UrhG). Nicht jede Planung eines Architekten genießt daher Urheberrechtsschutz. Es kommt entscheidend darauf an, ob ein künstlerisch gestalteter Bau – und nicht nur ein Zweckbau – betroffen ist. Zumeist wird es an der eigenschöpferischen Gestaltungshöhe der Architektenleistung fehlen.

2653 In der Regel ist der Projektsteuerer nicht objektplanend tätig, so dass der Urheberrechtsschutz für ihn keine entscheidende Rolle spielt. Gelegentlich kommt es allerdings vor, dass der Projektsteuerer in einer frühen Projektphase eine **kreative Planungsidee** hat, diese ggf. auch zu Papier bringt – wenngleich skizzenhaft. In diesen Fällen kommt ein Urheberrechtsschutz in Betracht. Entsprechendes gilt, wenn Projektsteuerer in Planungsteams arbeiten und Einfluss auf gestalterische Lösungen nehmen. Auch kann es aus der Perspektive des Projektsteuerers zweckmäßig sein, ihm für nicht urheberrechtsschutzfähige Leistungen ein vertragliches Schutzrecht einzuräumen, etwa dergestalt, dass auf die Rechtsfolgen des Urheberrechtsgesetzes verwiesen wird.[168] Ein einstweiliger Rechtsschutz wegen Verletzung von Urheberrechten kommt indessen nur in Betracht, wenn der Berechtigte nach Erlangung von Kenntnis einer drohenden oder erfolgten Rechtsverletzung unverzüglich eine einstweilige Verfügung beantragt.[169]

2654 Bei der Beauftragung von Architekten mit der Vollarchitektur oder nur bis zur Entwurfsplanung werden die urheberrechtlichen Nutzungsrechte, die für die Umsetzung der Planung erforderlich sind, im Zweifel auf den Besteller übertragen.[170] Denn nach der sog. **Zweckübertragungstheorie** überträgt der Urheber im Zweifel nicht mehr Rechte, als der Vertragspartner für den konkreten

---

165 BGH, Urteil vom 09.12.2010, Az. VII ZR 7/10, in: NZBau 2011, 229, 231.

166 Vgl. dazu BGH, Urteil vom 22.11.2001, Az. VII ZR 208/00, in: BauR 2002, 463, 465; Urteil vom 26.04.2007, Az. VII ZR 152/06, in: ZfBR 2007, 560, 562 mit umfassenden weiteren Nachweisen aus der Rechtsprechung zu Bauverträgen.

167 So der BGH auch für VOB-Verträge, BGH, Urteil vom 28.07.2011, Az. VII ZR 207/09, in: NZBau 2011, 610.

168 Vgl. dazu Behr, in: Kapellmann/Vygen, Jahrbuch Baurecht 2001, S. 131, 161.

169 OLG Stuttgart (»Stuttgart 21«), Beschluss vom 11.08.2010, Az. 4 U 106/10, in: NZBau 2010, 639.

170 Meier, BauR 2012, 867; anders OLG Celle, Urteil vom 02.03.2011, Az. 14 U 140/10, in: IBR 2011, 277: In der Regel ist im Bereich der Entwurfsplanung noch nicht von einem Nachbaurecht auszugehen. Erst dann, wenn der Architekt auch die Genehmigungsplanung erstellt hat und ihm die Vorlage bei der Baugenehmigungsbehörde übertragen worden ist, ist von der Übertragung des Nachbaurechts auszugehen.

Vertragszweck benötigt. Tätigkeiten in der Akquisitionsphase oder in der Projektvorbereitung rechtfertigen deshalb nicht ohne weiteres die Annahme, dass der Projektsteuerer in diesem Zusammenhang entstandene Nutzungsrechte überträgt.[171]

Auftraggeber streben in aller Regel danach, ein **nicht ausschließliches Nutzungsrecht** für das jeweilige Projekt mit der Maßgabe übertragen zu erhalten, die Unterlagen für die Realisierung des Projektes gebrauchen zu dürfen, auch wenn mit ihm das Vertragsverhältnis vorzeitig aufgelöst wird. 2655

Regelungen zum **Veröffentlichungsrecht** könnten vorsehen, dass der Auftraggeber das Recht zur Veröffentlichung von Arbeitsergebnissen des Projektsteuerers auch ohne Namensangabe des Projektsteuerers hat. Gegebenenfalls kann zudem vorgesehen werden, dass der Projektsteuerer zur Veröffentlichung projektbezogener Arbeitsergebnisse der vorherigen schriftlichen Zustimmung des AG bedarf. 2656

8.19 Nachunternehmereinsatz

bei werkvertraglich basierten Projektmanagementverträgen ist eine vertragliche Regelung zweckmäßig, unter welchen Voraussetzungen ein Nachunternehmereinsatz gestattet ist.

► Praxisbeispiel für eine Subunternehmerklausel eines Projektsteuerungsvertrages:

»(1) Über die gem. Anhang … vom AG genehmigte Hinzuziehung von Subunternehmern bedarf jede weitere Einbeziehung von Subunternehmern der vorherigen schriftlichen Zustimmung des AG. Eine vorherige schriftliche Zustimmung durch den AG ist ebenfalls erforderlich, wenn der AN eine Leistung, für die nach der Subunternehmerliste ein Subunternehmer vorgesehen war, nachträglich als Eigenleistung erbringen will. 2657

Sofern und soweit ein bereits beauftragter Subunternehmer mit seiner Leistungserbringung endgültig – gleich aus welchem Grunde – ausfällt, werden AG und AN einvernehmlich eine Anschlusslösung anstreben; das Zustimmungserfordernis aus dem Satz 1 gilt entsprechend.

(2) Die an die Subunternehmer zu beauftragenden Leistungen samt dazugehörigenden Leistungsbildern sind vorher mit dem AG abzustimmen. 2658

Die an die Subunternehmer zu beauftragenden Leistungen sind vom AN inhaltlich und terminlich in die vertragliche Leistung zu integrieren.

(3) Der AN koordiniert und überwacht die von ihm beauftragten Subunternehmer in allen Leistungsphasen terminlich und fachlich-inhaltlich innerhalb sämtlicher beauftragter Leistungs- und Fachbereiche, einschließlich der vollständigen terminlichen und inhaltlichen Schnittstellenkoordination.

(4) Der AN übt gegenüber den von ihm beauftragten Subunternehmern alle AG-Rechte und Funktionen aus. Maßnahmen, die bei einem Subunternehmer eine höhere Vergütung, als ursprünglich zwischen AN und Subunternehmer vereinbart, auslösen, wird der AN in eigener Zuständigkeit regulieren, jedoch den AG von derartigen geltend gemachten Forderungen der Subunternehmer unterrichten. Die vertraglichen Vergütungsansprüche des AN gegen den AG bleiben unberührt. 2659

(5) Der AN wird den Subunternehmern sämtliche Verpflichtungen in Bezug auf die Modalitäten der Vertragserfüllung auferlegen, die er selbst gegenüber dem AG in diesem Vertrag übernommen, sofern sie die Leistungen des Subunternehmers betreffen. Die jeweiligen Mindest-Grunddeckungssummen der Berufshaftpflichtversicherung müssen derjenigen aus § … entsprechen. In den Verträgen mit den Subunternehmern sind insbesondere die Verpflichtung zur persönlichen Leistungserbringung und das Verbot der Weiterbeauftragung aufzuerlegen.

(6) In denen mit den Subunternehmern abzuschließenden Verträgen wird der AN sicherstellen, dass der AG unmittelbar von diesen auftragsbezogene Auskünfte einholen und Einsicht in auftragsbezogene Unterlagen nehmen kann. Der AG wird den AN von einer Ausübung dieser Vertragsrechte jeweils 2660

171 Vgl. etwa für das Urheberrecht des Architekten: BGH, Urteil vom 29.03.1957, Az. I ZR 236/55, in: BGHZ 24, 55, 70 (»Ledigenheim«) sowie ausführlich Schwer, BauR 1997, 401, 409.

unterrichten und ihm Gelegenheit geben, ebenfalls teilzunehmen, soweit AG und Subunternehmer unmittelbar Gespräche führen.

(7) In den von AN mit den Subunternehmern abzuschließenden Verträgen ist weiterhin deren Verpflichtung aufzunehmen, sich zusätzlich und unmittelbar an den AG in folgenden Fällen zu wenden:

- *Bei Meinungsverschiedenheiten zwischen AN und Subunternehmern über wesentliche, die Leistungen des Subunternehmers betreffenden Fragen, auch soweit es um die Koordinierung ihrer Leistungen mit den Leistungen anderer Subunternehmen und/oder der fachlich Beteiligten geht,*
- *die auftretenden Schwierigkeiten in Bezug auf die vom Subunternehmer zu erbringenden Leistungen, wenn der Weg über den AN zur Abwendung einer drohenden Gefahr nicht als gangbar erscheint und*
- *bei wesentlichen, insbesondere die Kostenvorgaben und die Vertragstermine betreffenden Tatbestände.*

2661 *(8) Für die Vergütung der vom AN beauftragten Subunternehmer gelten die im vorliegenden Vertrag vereinbarten Honorarermittlungsgrundlagen, welche der AN in die von ihm mit den Subunternehmern abzuschließenden Subunternehmerverträge übernehmen wird mit der Maßgabe, dass kein Abschlag zugunsten des AN für dessen koordinierenden und verwalterischen Aufwand vereinbart werden kann.*

Der AN wird dem AG die Schlussrechnung des Subunternehmers in Kopie zur Kenntnisnahme zuleiten.

2662 *(9) Alle vom AN mit Leistungen dieses Vertrages beauftragte Dritte sind deren Erfüllungsgehilfen. Der AN muss sich das Verschulden seiner Subunternehmer wie eigenes zurechnen lassen.«*

Die Subunternehmerklausel ist weitreichend und ist hinsichtlich der Gleichhaltung der Verträge, speziell in Bezug auf die Honorierung, nicht ohne weiteres sachdienlich. Wenn der Hauptprojektsteuerer umfangreiche Koordinierungsmaßnahmen zu übernehmen hat, macht es keinen Sinn, die Berücksichtigung der hierfür erforderlichen Aufwendungen bei der Weitervergabe von vornherein auszuschließen. Eine derartige Klausel ist als Allgemeine Geschäftsbedingung unter dem Blickwinkel des § 307 BGB bedenklich.

8.20 Vertraulichkeit/Verpflichtungserklärung

2663 Der Projektsteuerer erfährt im Rahmen der Projektrealisierung – abhängig vom jeweils zu realisierenden Auftraggeber und Projekt – ggf. eine Vielzahl sensibler Daten und der Auftraggeber hat Interesse daran, dass vertrauliche Daten nicht unbefugt weitergegeben werden können. Deshalb enthalten Projektsteuerungsverträge oftmals Regelungen zum Vertraulichkeitsschutz.

► Praxisbeispiel zum Vertraulichkeitsschutz:

2664 *»Der Auftragnehmer ist verpflichtet, Informationen, von denen er im Zusammenhang mit seiner Tätigkeit über das Objekt, den Auftraggeber oder eine mit dem Auftraggeber verbundene Gesellschaft Kenntnis erlangt, streng vertraulich zu behandeln. Der Auftragnehmer hat es insbesondere zu unterlassen, Informationen im Zusammenhang mit seiner Tätigkeit nach diesem Vertrag an die Öffentlichkeit, namentlich an Medien, weiterzugeben, es sei denn, es liegt für jeden betreffenden Einzelfall eine schriftliche Zustimmung des Auftraggebers vor. Bis zum Ablauf einer Frist von 6 Monaten nach Beendigung dieses Vertrages ist dem Auftragnehmer die Weitergabe von Informationen im vorbezeichneten Sinne an die Öffentlichkeit vollständig untersagt.*

2665 *Der Auftraggeber behält sich Exklusivrechte für jegliche Veröffentlichungen zum Bauvorhaben vor. So unterliegen sämtliche Publikationen durch den Auftragnehmer der vorherigen schriftlichen Genehmigung des Auftraggebers.*

Sämtliche im Rahmen dieses Vertrages und seiner Bestandteile dem Auftragnehmer zugänglich gemachten Informationen und Dokumentationen sind vertraulich zu behandeln und durch den Auftragnehmer Dritten nur nach vorheriger schriftlicher Zustimmung des Auftraggebers weiterzuleiten. Die Weitergabe von Unterlagen und Informationen an die Nachunternehmer unterliegt denselben Beschränkungen. Grundsätzlich muss der Auftragnehmer sämtliche seiner Nachunternehmer ebenfalls zur Vertraulichkeit verpflichten. Ein Verstoß gegen diese Verschwiegenheitspflicht stellt für den Auftraggeber einen wichtigen Kündigungsgrund dar.«

Außerdem kann der Auftraggeber ggf. klarstellend darauf hinweisen, dass er die personenbezogenen Daten des Projektsteuerers und seiner Mitarbeiter – soweit er diese verwaltet – nach den Regeln des Bundesdatenschutzgesetzes verarbeiten darf. 2666

► Praxisbeispiel für eine Datenschutzklausel:

»Der AN stimmt der Speicherung von personenbezogenen Daten des AN, dessen Subunternehmern sowie Mitarbeitern des AN im Rahmen der Zweckbestimmungen dieses Vertrages zu (§ 28 BDSG). Er nimmt weiter zustimmend zur Kenntnis, dass der AG sich das Recht der Datenübermittlung im Rahmen des § 29 BDSG vorbehält. Zwischen AG und AN besteht Einvernehmen darüber, dass mit dieser Bestimmung den Anforderungen nach § 33 BDSG Genüge getan ist. Der AN übernimmt es, seine Mitarbeiter und Subunternehmer entsprechend zu benachrichtigen und seinen Subunternehmern die Verpflichtung aufzuerlegen, ihre Mitarbeiter entsprechend zu informieren.« 2667

Oftmals wird zum Schutz der Projektsteuerer auch geregelt, dass der Auftraggeber darauf verzichtet, Mitarbeiter des Projektsteuerers in eigene Dienste – sei es auch nur als freie Mitarbeiter – zu übernehmen (**Abwerbeverbot**). Im Einzelfall kann diese Verpflichtung vertragsstrafebeschwert ausgestaltet werden. 2668

Öffentliche Auftraggeber verlangen vielfach die Abgabe einer Erklärung nach dem Verpflichtungsgesetz.

► Praxisbeispiel zur Verpflichtungserklärung:

»Der Auftragnehmer verpflichtet sich, auf Verlangen des Auftragnehmers eine Verpflichtungserklärung gemäß Anh. 16 RBBau (Verpflichtung nach dem Verpflichtungsgesetz vom 09.03.1974, BGBl. I S. 469 ff./574 in der zum Zeitpunkt des Vertragsschluss geltenden Fassung) über die gewissenhafte Erfüllung seiner Obliegenheiten nach dem Verpflichtungsgesetz vor der vom Auftraggeber dafür anzugebenden zuständigen Behörde/Stelle abzugeben. 2669

Er hat dafür zu sorgen, dass ggf. auch seine, mit der Leistungsphase betrauten Beschäftigten gegenüber dem Auftraggeber ebenfalls rechtzeitig eine solche Verpflichtungserklärung vor der zuständigen Behörde/Stelle abgeben.«

8.21 Abtretungsverbote/Aufrechnungsausschlüsse und Ausschluss von Zurückbehaltungsrechten/Übertragungsklauseln

Zum Zwecke der Sicherung einer nachvollziehbaren und vereinfachten Abwicklung können die Vertragsparteien zu Abtretungsverboten, zu Aufrechnungsausschlüssen und zum Ausschluss von Zurückbehaltungsrechten greifen. In Projektsteuerungsverträgen ist ein **Abtretungsausschluss** grundsätzlich unbedenklich. Eine Unwirksamkeit nach § 307 Abs. 7 Abs. 1 Satz 1 BGB kommt nur in Betracht, wenn ein schützenswertes Interesse des Verwenders an dem Abtretungsverbot nicht besteht oder die berechtigten Belange des Vertragspartners an einer freien Abtretbarkeit vertraglicher Ansprüche das entgegenstehende Interesse des Verwenders überwiegen. Davon ist nicht allein deshalb auszugehen, weil der Vertragspartner die Ansprüche als Versicherungsgrundlage verwenden will. § 354 a HGB sichert ein derartiges Anliegen bereits, steht aber der Wirksamkeit eines Abtretungsausschlusses nicht entgegen.[172] 2670

Auch der **Ausschluss der Aufrechnung** ist grundsätzlich – auch in Allgemeinen Geschäftsbedingungen – zulässig, soweit die Aufrechnung nicht mit unbestrittenen oder rechtskräftig festgestellten 2671

172 Vgl. BGH, Urteil vom 13.07.2006, Az. VII ZR 51/05, in: BauR 2007, 373 = NZBau 2006, 780 = IBR 2006, 608 für den Bauvertrag; BGH, Urteil vom 25.11.1999, Az. VII ZR 22/99, in: BauR 2000, 569 = IBR 2000, 111.

Gegenforderungen erfolgt.[173] Das gilt indessen nach der Rechtsprechung des BGH zu Architektenverträgen nicht bei Aufrechnungsverboten in Allgemeinen Geschäftsbedingungen, sofern der Projektsteuerer eine Aufrechnung gegen den Honoraranspruch nur mit unbestrittenen oder rechtskräftig festgestellten Forderungen verbieten will.[174] Zum Teil wird angenommen, dass Aufrechnungsverbote in Allgemeinen Geschäftsbedingungen unwirksam sind, wenn diese sich auf mit der aufgerechneten Hauptforderung synallagmatisch verknüpfte Ansprüche beziehen.[175]

2672 Der generelle **Ausschluss von Zurückbehaltungsrechten** ist indessen in Allgemeinen Geschäftsbedingungen unwirksam.[176] Wenn somit ein Leistungsverweigerungsrecht besteht, das nicht ausgeschlossen werden kann, kann ein Verzug des Auftragnehmers nicht eintreten, und zwar unabhängig davon, in welcher Höhe das Leistungsverweigerungsrecht geltend gemacht worden ist.[177]

Für Auftraggeber, speziell für Projektentwickler, kann es zweckmäßig sein, von vornherein eine Übertragung der Vertragsrechte auf einen neuen Projektrechtsträger zu vereinbaren.[178] Eine derartige Übertragung ist individualvertraglich jederzeit möglich, in Allgemeinen Geschäftsbedingungen allerdings nur insoweit, als die Übertragungszustimmung einen sachlichen projektbezogenen Grund hat und der Projektsteuerer hierdurch nicht rechtlos gestellt werden kann, in dem etwa Vertragsrechte und -pflichten auf eine nicht ausreichend bonitätsstarke Gesellschaft übertragen werden.

▶ Praxisbeispiel für eine Übertragungsklausel:

2673 *»Der AG ist berechtigt, seine Befugnisse nach diesem Vertrag jederzeit ganz oder teilweise auf Dritte zu übertragen. Die Verpflichtung des AG gegenüber dem AN zur Erfüllung aller nach diesem Vertrag übernommenen Vertragspflichten wird hierdurch nicht berührt.*

Der AG ist ferner berechtigt, zu Finanzierungszwecken im Wege der Vertragsübernahme den vorliegenden Vertrag ganz oder teilweise mit der Folge auf einen Dritten zu übertragen, z.B. ein Konzernunternehmen oder eine Beteiligungsgesellschaft des …-Konzerns, dass der bisherige AG zum maßgeblichen Stichtag aus dem Vertragsverhältnis ausscheidet und der Dritte sodann ausschließlich und in vollem Umfang die Rechtsstellung des AG weiterführt. Der AN stimmt einer derartigen etwaigen künftigen Vertragsübernahme bereits jetzt zu.«

2674 Im Falle der Verwendung von Projektkommunikationssystemen können unterschiedliche Regelungen erforderlich werden. Deren Ausgestaltung hängt davon ab, ob der Auftraggeber selbst ein entsprechendes Projektkommunikationssystem vorgibt oder aber derartige Projektkommunikationssysteme vom Projektsteuerer im eigenen Namen zur Verfügung zu stellen sind (vgl. Rdn. 2500); speziell für Fälle von Vertragsstörungen und Kündigungen sollte der Auftraggeber den Datenzugriff sichern.

▶ Praxisbeispiel für das Eintrittsrecht in ein Projektkommunikationssystem, welches vom Projektsteuerer betrieben wird:

2675 *»Der AN räumt dem AN das Recht ein, jederzeit in den vom AN mit einem Subunternehmer geschlossenen Vertrag zur Einrichtung und zur Pflege des vom AN verwendeten und vom AG genehmigten Projektkommunikationssystems anstelle des AN an den zwischen AN und dem Subunternehmer vereinbarten Konditionen einzutreten. Der AN hat dieses Eintrittsrecht in der Form einer Vertragsübernahme mit dem jeweiligen Subunternehmer für das Projektkommunikationssystem zu vereinbaren und die Zustimmung des Subunternehmers zu einer künftigen Vertragsübernahme einzuholen.«*

---

173 OLG Bamberg, Urteil vom 29.04.2002, Az. 4 U 26/01, in: IBR 2002, 495; LG Oldenburg, Urteil vom 21.06.1999, Az. 13 O 2850/98, in: BauR 2000, 764.

174 BGH, Urteil vom 07.04.2011, Az. VII ZR 209/07, in: NJW 2011, 1729 = NZBau 2011, 428, 429; dazu Preußner, NZBau 2011, 599.

175 OLG Nürnberg, Urteil vom 20.08.2014, Az. 12 U 2119/13, in: IBR 2014, 654.

176 Vgl. BGH, Urteil vom 31.03.2005, Az. VII ZR 180/04, in: NZBau 2005, 392 = BauR 2005, 1010, 1011 für den Bauvertrag.

177 BGH, a. a. O.

178 Vgl. dazu auch Knipp, Projektmanagement, S. 51.

8.22 Regelungen im Falle einer ARGE-Beauftragung

Will der Auftraggeber eine ARGE aus Projektsteuerungsunternehmen beauftragen, entsteht ein zusätzlicher Regelungsbedarf. Insbesondere ist sicherzustellen, dass Vertretungsberechtigungen eindeutig benannt sind und die Haftung der einzelnen Mitglieder der ARGE aus den vertraglichen Regelungen hervorgehen. 2676

► Praxisbeispiel für eine ARGE-Klausel:

»Hat der AN die Rechtsform einer Gesellschaft bürgerlichen Rechts nach §§ 705 ff. BGB, so gilt folgendes: 2677

(1) Der AN führt den vorliegenden Vertrag als Ingenieurgesellschaft in der Gesellschaft bürgerlichen Rechts gem. §§ 705 ff. BGB durch.

Die Ingenieurgemeinschaft besteht aus folgenden Gesellschaftern (Name, Anschrift, Vertreter).

a) ....

b) ....

Die vorgenannten Gesellschafter der Ingenieurgesellschaft haften dem AG gesamtschuldnerisch.

(2) Der AN wird gegenüber dem AG durch den Gesellschafter

....

rechtsgeschäftlich vertreten. Beschränkungen oder Änderungen der Vertretungsbefugnis bleiben im Rahmen des Vertrages gegenüber dem AG wirkungslos, es sei denn, der AG stimmt einer anderweitigen Regelung schriftlich zu.

Der AN benennt als verbindliche Zustellungsadresse der Ingenieurgemeinschaft für den AG:

....

(3) Der AG kann gegenüber dem vorgenannten vertretungsberechtigten Gesellschafter Zahlungen an den AN mit schuldbefreiender Wirkung leisten.

(4) Änderungen im Gesellschafterbestand der Ingenieurgemeinschaft des AN bedürfen der vorherigen schriftlichen Zustimmung des AG. Scheidet einer der in (1) genannten Gesellschafter des AN – gleichgültig aus welchem Rechtsgrund – vor Erbringung sämtlicher AN-Leistungen aus der Ingenieurgemeinschaft aus, so stellt dies einen vom AN zu vertretenden wichtigen Grund für eine außerordentliche, auch fristlose Kündigung des AG dar. 2678

(5) Wird die Ingenieurgemeinschaft des AG – gleich aus welchem Grund – aufgelöst, so bleibt die gesamtschuldnerische Haftung der Gesellschafter gegenüber dem AG bestehen, ebenso die Vertretungsberechtigung des benannten vertretungsberechtigten Gesellschafters samt dessen Berechtigung zur Empfangnahme von Leistungen des AG – es sei denn, gesetzlich zwingende Hinderungsgründe stehen dem entgegen.

(6) Bürgschaften des AN sind ausschließlich als Gesamtbürgschaft des AN in einer Urkunde zu stellen; anteilige Bürgschaften der Gesellschafter der Ingenieurgesellschaft sind ausgeschlossen.«

8.23 Schlussbestimmungen

Schlussendlich finden sich in Projektsteuerungsverträgen abschließende Regelungen zu folgenden Problembereichen:[179] 2679

- Verjährung
- Aufbewahrungsvorschriften

179 Vgl. dazu auch Knipp, Projektmanagement, S. 51, 52.

- Formvorschriften[180]
- Erfüllungsort[181]
- anwendbares Recht[182]
- Gerichtsstand.

Der Ort, an dem der Projektsteuerer/-controller seine vertraglichen Leistungen schwerpunktmäßig ausführt, bestimmt den Gerichtsstand des Erfüllungsortes. Es sind Baubegehungen in nicht näher definierten »regelmäßigen« Abständen vereinbart. Um im Rahmen einer äußerlichen Inaugenscheinnahme Feststellungen zu treffen, ist Erfüllungsort das Büro des Projektcontrollers und nicht die Baustelle.[183]

8.24 Besondere Probleme der Vertragsgestaltung bei CM-Modellen in Stichpunkten

2680 **1. Wahl des Construction Management-Modells**
- z. B. Agency Construction Management (Construction Management as adviser
- Construction Management »at risk« (Management Contracting)
- Leistungsprogramm, insbesondere Festlegung durch »Clients Brief«/Nutzerbedarfsprogramm
- Projekt-Control-Plan

2. Unternehmensform des Construction Managers
- Projektmanagement-Unternehmer als Construction Manager
- Generalunternehmer als Construction Manager

2681 Es ist für die Vertragsgestaltung, z. B. für den Vertragsaufbau, aber auch für Sicherheiten von Bedeutung, ob das Construction Management-Modell auf einem Projektmanagementvertrag fußt oder auf einem Generalunternehmervertrag aufbaut.

3. Festlegungen des Stufenmodells
- Einstufige Modelle, ggf. mit vorgeschaltetem Projektforum
- Zweistufige Modellform

2682 Mit oder ohne Option zur Anschlussberufung bei Zielerreichung der Stufe 1; die Stufigkeit muss auf der Leistungsebene und auf der Honorarebene abgebildet werden; i. d. R. endet die Stufe 1 nach Erstellung einer teilfunktionalen Ausschreibungsgrundlage für die Stufe 2 (und ggf. Einholung der Baugenehmigung).

4. Abgrenzung der Planungsverantwortlichkeiten
- Abgrenzung der Planungstätigkeit des AG/Planers und des CM (insbesondere Planprüfung des AG)
- Definition von Schnittstellen und Planungsverantwortlichkeiten
- Speziell: Planungsverantwortlichkeit in Bezug auf die Einbeziehung des CM in Planungsprozesse (Optimierungsvorschläge – Value Engineering-Workshops etc.)

2683 **5. Vergütung**
- Festlegung der Vergütungsmechanismen
- Vergütung für Eigenleistungen und Kostenerstattung (Nachunternehmerkosten/Sachkosten)
- Im Rahmen der Selbstkostenerstattungsregelung; Begrenzung/Steuerung der Teambildung durch AG/Erforderlichkeit von Kosten/Abgrenzung von Leistungen des AG

---

180 Zur regelmäßigen konkludenten Abbedingung der Schriftform vgl. OLG Düsseldorf, Beschluss von 14.10.2014, Az. I-22 U 104/14, NZBau 2015, 105, 108.

181 Dazu BGH, Urteil vom 07.12.2000, Az. VII ZR 404/99, in: BauR 2001, 979; KG, Urteil vom 28.04.1998, Az. 21 U 8396/97, in: BauR 1999, 940.

182 Vgl. zum internationalen Privatrecht bei Architekten- und Ingenieurverträgen BGH, Urteil vom 27.02.2003, Az. VII ZR 169/02, in: NZBau 2003, 386, 387 = BauR 2003, 748 = IBR 2003, 254.

183 OLG Köln, Beschluss vom 02.05.2010, Az. 8 W 34/10, in: IBR 2010, 427; LG Heidelberg, Beschluss vom 26.11.2012, Az. 3 O 237/12, in: IBR 2013, 126.

- Deckelung der Selbstkostenerstattungsregelung durch garantierten Maximumpreis (GMP)
- Definition des garantierten Maximumpreises (keine Garantie!)
- Aufteilungsmechanismen in Bezug auf den GMP, speziell im Hinblick auf Risikozuschläge, Optimierungen, Teilkündigungen
- Änderungen des GMP
- Änderungen, Behinderungen
- Vergütungsvereinbarung als Bonus-Manus-Regelung: Nach Budgetgrundsätzen/Termin- und Kostenbonus/Grundlagen der Bonusberechnung
- Pauschalpreisvereinbarung nach erfolgreichem Abschluss der Planungsphase

6. Auswahl und Beauftragung der Nachunternehmer 2684

- Nachunternehmerauswahl und -beauftragung durch CM
- Verfahren der Nachunternehmerauswahl (Abstimmung der Nachunternehmerlisten)
- Wertung und Beauftragung von Nachunternehmern/Vorschlagsrechte/Widerspruchsrechte des AG
- Unbedingt: **Die zeitliche Strukturierung der Abläufe und Mitwirkungsrechte der Beteiligten im Vergabeprozess**
- Vergabe von Rahmenbedingungen für Nachunternehmerverträge durch den AG (etwa in Bezug auf vorhandene vertragliche Bindungen des AG/Durchstellung)
- (Keine) Einwirkung des AG auf die Nachunternehmerabwicklung im Anschluss an die Beauftragung
- Mitwirkung des AG bei nachträglichen Vertragsänderungen, Vergleichen und Prozessen

7. Gefahrtragung und Gewährleistung 2685

- Wer trägt Gefahr (AG oder CM)
- Regelung einer originären Generalleistungsverpflichtung oder lediglich Gewährleistungsmanagement

8. Probleme der Terminverantwortlichkeit

- Terminrisiken bei Einsatz von Nominated Subcontractor
- Verpflichtung der AG-Vertragskräfte, insbesondere der Planer, zur Mitwirkung in Planungs- und Ausführungsteams, Abgrenzung der Verantwortlichkeiten für Terminverzögerungen
- Zwischen- und Fertigstellungstermine und Vertragsstrafen

9. Abrechnungsprobleme 2686

- Abschlagszahlungen:
  Bei GMP-Modellen ist in Bezug auf den jeweiligen Fertigstellungsgrad (Grundlage für Abschlagsleistung) immer zu prüfen, ob GMP-Deckelung auch anteilig eingehalten ist/im Übrigen Schwierigkeiten bei der Leistungsabgrenzung nach Kostenerstattung (Anknüpfung an Fälligkeit der NU-Rechnungen?)
- Schlussrechnungen:
  Probleme bei der Kostenerstattungsregelung/NU-Leistungen müssen sämtlichst abgerechnet sein/Probleme ergeben sich bei der Berücksichtigung von Skonti, Minderungen und Schadensersatzansprüchen gegen NUs/Vollzugs- und Vertragsstrafeansprüche, die dem AG gut gebracht werden müssen, Durchsetzungskosten, speziell Prozesskosten und Prozessrisiken/ sowie der Zeitablauf bis zum endgültigen Abschluss der NU-Abrechnung/Rechte auf Teilschlussrechnungen.
- Regelung zu den sog. gläsernen Taschen, insbesondere Rechnungslegung/Informations- und Einsichtsrechte.

Anhang 1 Projektmanagement-Leistungsbilder der Praxis

Übersicht

1. Leistungsbilder Projektsteuerung und Projektmanagement 2687

– Leistungsbilder für die gesamte Wirtschaft –

Anmerkung: Wegen der inzwischen historischen Leistungsbilder von *Pfarr, Hasselmann, Will* (»Berliner Arbeitskreis« – 1984), Leistungsbild nach *Stemmer/Wierer* (3-phasig – 1997) sowie *Terdenge* (4-phasig – 1981) und *Kyrein* (1997) wird auf die Vorauflage verwiesen. In Bezug auf die aktuellen Leistungsbilder aus Österreich gebührt Herrn Prof. Dr. Lechner Dank für die Übermittlung der bei der Universität Graz in Fortschreibung der HO-PS entwickelten und für diese Veröffentlichung zur Verfügung gestellten Leistungsbilder.

2. Spezielle Leistungsbilder (Praxisbeispiele)

– Leistungsbilder des Projektcontrollings –

Leistungsbild 1.1
5-Phasen-Leistungsbild *AHO 2014 nebst Kommentierung*

1. Projektvorbereitung	
Grundleistungen	**Besondere Leistungen**
A Organisation, Information, Koordination und Dokumentation (übrige Handlungsbereiche einbeziehend)	**A Organisation, Information, Koordination und Dokumentation (übrige Handlungsbereiche einbeziehend)**
1 Entwickeln, Abstimmen und Dokumentieren der projektspezifischen Organisationsvorgaben mit Projektstrukturplanung 2 Entwickeln und Abstimmen der Grundlagen für die Planung der Planung 3 Mitwirken bei der Festlegung der Projektziele und der Dokumentation der Projektvorgaben 4 Vorschlagen und Abstimmen der Kommunikationsstruktur des Informations-, Berichts- und Protokollwesens 5 Vorschlagen und Abstimmen des Entscheidungsmanagements 6 Vorschlagen und Abstimmen des Änderungsmanagements 7 Mitwirken beim Risikomanagement 8 Mitwirken bei der Auswahl eines Projektkommunikationssystems	1 Koordination von speziellen Organisationseinheiten des Auftraggebers 2 Erstellen von Vorlagen und besondere Berichterstattung in Auftraggeber- und sonstigen Gremien 3 Einrichten eines eigenen Projektkommunikationssystems 4 Erstellen der aufbau- und ablauforganisatorischen Grundlagen zur Planung, übergreifenden Überwachung und Steuern von mehreren verknüpften Projekten (Programme, Projektportfolios) 5 Konzipieren, Vorbereiten und Abstimmen von Risikomanagementsystemen mit besonderen Anforderungen 6 Mitwirken bei den Vorbereitungen besonderer behördlicher Genehmigungsverfahren (z. B. Planfeststellungsverfahren) 7 Erstellen eines Konzepts zur Erfassung aller betroffenen Dritten und der relevanten Öffentlichkeit sowie deren Beteiligung im weiteren Projektablauf
B Qualitäten und Quantitäten	**B Qualitäten und Quantitäten**
1 Überprüfen der bestehenden Grundlagen zur Bedarfsplanung auf Vollständigkeit und Plausibilität 2 Mitwirken bei der Klärung der Standortfragen, bei der Beschaffung der standortrelevanten Unterlagen, bei der Grundstücksbeurteilung hinsichtlich Nutzung in privatrechtlicher und öffentlich-rechtlicher Hinsicht 3 Überprüfen der Ergebnisse der Grundlagenermittlung der Planungsbeteiligten	1 Erstellen und Abstimmen einer Bedarfsplanung 2 Durchführen einer differenzierten Anfrage bezüglich der Infrastruktur (Ver- und Entsorgungsmedien, Verkehr etc.) und Beschaffen der relevanten Informationen und Unterlagen 3 Vorbereiten und Durchführen von Ideen-, Programm- und Realisierungswettbewerben 4 Strukturieren der Prozesse zur Formulierung und Umsetzen der Nachhaltigkeitsstrategie in der Aufbau- und Ablauforganisation
C Kosten und Finanzierung	**C Kosten und Finanzierung**
1 Mitwirken bei der Erstellung des Kostenrahmens für Investitionskosten und Nutzungskosten 2 Mitwirken bei der Ermittlung und Beantragung von Investitions- und Fördermitteln 3 Prüfen und Freigabevorschläge bezüglich der Rechnungen der Planungsbeteiligten und sonstigen Projektbeteiligten (außer bauausführenden Unternehmen) zur Zahlung 4 Abstimmen und Einrichten der projektspezifischen Kostenverfolgung	1 Erstellen von Wirtschaftlichkeitsuntersuchungen 2 Verwenden von auftraggeberseitig vorgegebenen EDV-Programmen mit besonderen Anforderungen in Bezug auf die Informationsverarbeitung und Dokumentation

D Termine, Kapazitäten und Logistik	**D Termine, Kapazitäten und Logistik**
1 Aufstellen und Abstimmen des Terminrahmens 2 Aufstellen und Abstimmen des Steuerungsterminplanes für das Gesamtprojekt und Ableiten des Kapazitätsrahmens 3 Erfassen logistischer Einflussgrößen unter Berücksichtigung relevanter Standort- und Rahmenbedingungen	– –
E Verträge und Versicherungen	**E Verträge und Versicherungen**
1 Mitwirken bei der Erstellung einer Vergabe- und Vertragsstruktur für das Gesamtprojekt 2 Vorbereiten und Abstimmen der Inhalte der Planerverträge 3 Mitwirken bei der Auswahl der zu Beteiligenden, bei Verhandlungen und Vorbereitungen der Beauftragungen 4 Vorschlagen der Vertragstermine und -fristen für die Planerverträge 5 Mitwirken bei der Erstellung eines Versicherungskonzeptes für das Gesamtprojekt	– –
2. Planung 2688	
A Organisation, Information, Koordination und Dokumentation (übrige Handlungsbereiche einbeziehend)	**A Organisation, Information, Koordination und Dokumentation (übrige Handlungsbereiche einbeziehend)**
1 Fortschreiben der projektspezifischen Organisationsvorgaben mit Projektstrukturplanung 2 Analysieren und Bewerten der Planungsprozesse auf Konformität mit den vorgegebenen Projektzielen 3 Fortschreiben der Dokumentation der Projektvorgaben 4 Überprüfen und Umsetzen der Kommunikationsstruktur – regelmäßiges Informieren und Abstimmen mit dem Auftraggeber (Berichtswesen) 5 Umsetzen des Entscheidungsmanagements 6 Umsetzen des Änderungsmanagements 7 Analysieren und Bewerten der Koordinationsleistungen des Objektplaners 8 Mitwirken beim Risikomanagement 9 Analysieren und Bewerten der ordnungsgemäßen Nutzung des Projektkommunikationssystems durch die Projektbeteiligten 10 Mitwirken bei der Herbeiführung der behördlichen Genehmigung	1 Vertreten der Planungskonzeption gegenüber der Öffentlichkeit unter besonderen Anforderungen und Zielsetzungen sowie bei mehr als fünf Erläuterungs- oder Erörterungsterminen 2 Betreiben eines eigenen Projektkommunikationssystems 3 Umsetzen von Risikomanagementsystemen mit besonderen Anforderungen 4 Mitwirken bei der Einbeziehung zu beteiligender Dritter und der Öffentlichkeit bei der weiteren Projektrealisierung
B Qualitäten und Quantitäten	**B Qualitäten und Quantitäten**
1 Laufendes Analysieren und Bewerten der Leistungen der Planungsbeteiligten 2 Steuern der Planung der Bemusterungen 3 Überprüfen der Ergebnisdokumentation der Planungsbeteiligten zu den einzelnen Leistungsphasen der Planung	1 Steuern der Nachhaltigkeits- und Zertifizierungsprozesse 2 Steuern der Planung bei 3- bis n-dimensionaler Gebäudemodellbearbeitung sowie BIM-Administration

C Kosten und Finanzierung	C Kosten und Finanzierung
1 Überprüfen der Kostenschätzung und -berechnung der Objekt- und Fachplaner sowie Veranlassen erforderlicher Anpassungsmaßnahmen 2 Kostensteuerung zur Einhaltung der Kostenziele 3 Planen von Mittelbedarf und Mittelabfluss 4 Prüfen und Freigabevorschläge bezüglich der Rechnungen der Planungsbeteiligten und sonstigen Projektbeteiligten (außer bauausführenden Unternehmen) zur Zahlung 5 Fortschreiben der projektspezifischen Kostenverfolgung (kontinuierlich)	1 Erstellen einer Kostenschätzung/Kostenberechnung nach DIN 276 2 Erstellen der Nutzungskostenschätzung, -berechnung sowie Nutzungskostensteuerung 3 Erstellen von Wirtschaftlichkeitsberechnungen 4 Durchführen eines Value Engineering mit Überprüfen der Planung auf Wirtschaftlichkeit, Vergabefähigkeit, Nachhaltigkeit, Energieverbrauch, Materialeignung, Logistik, Workflow
D Termine, Kapazitäten und Logistik	**D Termine, Kapazitäten und Logistik**
1 Fortschreiben des Terminrahmens 2 Überprüfen des Terminplans der Planungsbeteiligten für den Planungs- und Bauablauf, insbesondere auf Einhaltung des Terminrahmens 3 Fortschreiben des Steuerungsterminplanes unter Berücksichtigung des Terminplans der Planungsbeteiligten für den Planungs- und Bauablauf 4 Terminsteuerung der Planung einschließlich Analyse und Bewertung der Terminfortschreibungen der Planungsbeteiligten 5 Mitwirken bei der Aktualisierung der logistischen Einflussgrößen 6 Aufstellen und Abstimmen des Terminrahmens zur Integration des strategischen Facility Managements	1 Erstellen eines Terminplans für Planung und Bauablauf bei (noch) nicht vorliegenden Terminplänen der Planungsbeteiligten 2 Erstellen des Vergabeterminplans bei (noch) nicht vorliegenden Terminplänen der Planungsbeteiligten 3 Erstellen eines Logistikkonzepts 4 Abgleichen logistischer Maßnahmen mit Anlieger- und Nachbarschaftsinteressen
E Verträge und Versicherungen	**E Verträge und Versicherungen**
1 Mitwirken bei der Durchsetzung von Vertragspflichten gegenüber den Beteiligten 2 Mitwirken bei der Umsetzung des Versicherungskonzeptes für alle Projektbeteiligten	
2689 **3. Ausführungsvorbereitung**	
A Organisation, Information, Koordination, Dokumentation (übrige Handlungsbereiche einbeziehend)	**A Organisation, Information, Koordination, Dokumentation (übrige Handlungsbereiche einbeziehend)**
1 Fortschreiben der projektspezifischen Organisationsvorgaben mit Projektstrukturplanung 2 Analysieren und Bewerten der Planungsprozesse auf Konformität mit den vorgegebenen Projektzielen 3 Fortschreiben der Dokumentation der Projektvorgaben 4 Überprüfen und Umsetzen der Kommunikationsstruktur – regelmäßiges Informieren und Abstimmen mit dem Auftraggeber (Berichtswesen) 5 Umsetzen des Entscheidungsmanagements 6 Umsetzen des Änderungsmanagements 7 Analysieren und Bewerten der Koordinationsleistungen des Objektplaners 8 Mitwirken beim Risikomanagement 9 Analysieren und Bewerten der ordnungsgemäßen Nutzung des Projektkommunikationssystems durch die Projektbeteiligten	1 Betreiben eines eigenen Projektkommunikationssystems 2 Umsetzen von Risikomanagementsystemen mit besonderen Anforderungen 3 Mitwirken bei der Einbeziehung zu beteiligender Dritter und der Öffentlichkeit bei der weiteren Projektrealisierung

B Qualitäten und Quantitäten	**B Qualitäten und Quantitäten**
1 Laufendes Analysieren und Bewerten der Planungsergebnisse auf Konformität mit den vorgegebenen Projektzielen 2 Überprüfen der von den Planungsbeteiligten erstellten Angebotsauswertungen und Vergabevorschläge 3 Überprüfen der unmittelbaren und mittelbaren Auswirkungen von Nebenangeboten auf Konformität mit den vorgegebenen Projektzielen 4 Mitwirken bei den erforderlichen Bemusterungen	1 Versenden der Ausschreibungsunterlagen 2 Steuern der Nachhaltigkeits- und Zertifizierungsprozesse
C Kosten und Finanzierung	**C Kosten und Finanzierung**
1 Überprüfen der von den Planern ermittelten Soll-Werte für die Vergaben auf Basis der aktuellen Kostenberechnung 2 Überprüfen der von den Planungsbeteiligten auf der Grundlage bepreister Leistungsverzeichnisse erstellten Kostenermittlungen 3 Überprüfen der Angebotsauswertungen im Hinblick auf die Angemessenheit der Preise 4 Vorgeben der Deckungsbestätigungen für Aufträge 5 Kostensteuerung unter Berücksichtigung der Angebotsprüfungen und Kostenvergleiche der Planungsbeteiligten 6 Prüfen und Freigabevorschläge der Rechnungen der Planungsbeteiligten und sonstigen Projektbeteiligten (außer bauausführenden Unternehmen) zur Zahlung 7 Planen von Mittelbedarf und Mittelabfluss 8 Fortschreiben der projektspezifischen Kostenverfolgung (kontinuierlich)	1 Erstellen von Wirtschaftlichkeitsberechnungen
D Termine, Kapazitäten und Logistik	**D Termine, Kapazitäten und Logistik**
1 Fortschreiben des Terminrahmens 2 Überprüfen der Vergabeterminplanung der Planungsbeteiligten 3 Fortschreiben des Steuerungsterminplanes unter Berücksichtigung des Terminplans der Planungsbeteiligten für den Planungs- und Bauablauf 4 Überprüfen der vorliegenden Angebote im Hinblick auf vorgegebene Terminziele 5 Terminsteuerung mit Soll-Ist-Vergleichen betreffend Ausführungsplanung sowie Vorbereitung und Durchführung der Vergabe 6 Mitwirken bei der Aktualisierung und Prüfung der Entwicklung der logistischen Einflussgrößen	1 Fortschreiben der Terminplanung für Planung und Bauablauf 2 Erstellen und Fortschreiben des Vergabeterminplans 3 Fortführen des Abgleichens logistischer Maßnahmen mit Anliefer- und Nachbarschaftsinteressen

E Verträge und Versicherungen	E Verträge und Versicherungen
1 Mitwirken bei der Durchsetzung von Vertragspflichten gegenüber den Beteiligten 2 Mitwirken bei der Strukturierung des Vergabeverfahrens 3 Überprüfen der Vertragsunterlagen für die Vergabeeinheiten auf Vollständigkeit und Plausibilität sowie Bestätigen der Versandfertigkeit 4 Mitwirken bei den Vergabeverhandlungen bis zur Unterschriftsreife 5 Mitwirken bei der Vorgabe der Vertragstermine und -fristen für die Besonderen Vertragsbedingungen der Ausführungs- und Lieferleistungen	1 Mitwirken bei der Auswahl, Beschaffung, dem Aufbau und der Einführung von speziellen Informationssystemen (z. B. für das Facility Management)
2690 **4. Ausführung**	
A Organisation, Information, Koordination, Dokumentation (übrige Handlungsbereiche einbeziehend)	**A Organisation, Information, Koordination, Dokumentation (übrige Handlungsbereiche einbeziehend)**
1 Fortschreiben der projektspezifischen Organisationsvorgaben mit Projektstrukturplanung 2 Analysieren und Bewerten der Planungsprozesse auf Konformität mit den vorgegebenen Projektzielen 3 Fortschreiben der Dokumentation der Projektvorgaben 4 Überprüfen und Umsetzen der Kommunikationsstruktur – regelmäßiges Informieren und Abstimmen mit dem Auftraggeber (Berichtswesen) 5 Umsetzen des Entscheidungsmanagements 6 Umsetzen des Änderungsmanagements 7 Analysieren und Bewerten der Koordinationsleistungen der Objektüberwachung 8 Mitwirken beim Risikomanagement 9 Analysieren und Bewerten der ordnungsgemäßen Nutzung des Projektkommunikationssystems durch die Projektbeteiligten 10 Unterstützen des Auftraggebers bei der Einleitung von selbständigen Beweisverfahren	1 Koordinieren besonderer Anforderungen der Betreiber/-Nutzerorganisation 2 Betreiben eines eigenen Projektkommunikationssystems 3 Organisatorisches und baufachliches Unterstützen bei Gerichtsverfahren 4 Umsetzen von Risikomanagementsystemen mit besonderen Anforderungen 5 Mitwirken bei der Einbeziehung zu beteiligender Dritter und der Öffentlichkeit bei der weiteren Projektrealisierung
B Qualitäten und Quantitäten	**B Qualitäten und Quantitäten**
1 Analysieren und Bewerten der Leistungen der Objektüberwachung sowie Vorschlagen und Abstimmen von Anpassungsmaßnahmen bei Gefährdung von Projektzielen 2 Anlassbezogenes örtliches Überprüfen der Leistungen der Objektüberwachung	1 Steuern der Nachhaltigkeits- und Zertifizierungsprozesse

C Kosten und Finanzierung	**C Kosten und Finanzierung**
1 Kostensteuerung zur Einhaltung der Kostenziele 2 Prüfen und Freigabevorschläge bezüglich der Rechnungen der Planungsbeteiligten und sonstigen Projektbeteiligten (außer bauausführenden Unternehmen) zur Zahlung 3 Überprüfen und Freigabevorschläge bezüglich der Rechnungsprüfung der Objektüberwachung zur Zahlung an ausführende Unternehmen 4 Vorgeben von Deckungsbestätigungen für Nachträge 5 Fortschreiben der Planung zu Mittelbedarf und Mittelabfluss 6 Fortschreiben der projektspezifischen Kostenverfolgung (kontinuierlich)	1 Prüfen der Rechnungen der ausführenden Unternehmen
D Termine, Kapazitäten und Logistik	**D Termine, Kapazitäten und Logistik**
1 Fortschreiben des Terminrahmens 2 Überprüfen des Terminplans der Planungsbeteiligten, insbesondere auf Einhaltung des Terminrahmens 3 Fortschreiben der Steuerungsterminpläne unter Berücksichtigung des Terminplans der Planungsbeteiligten 4 Terminsteuerung der Ausführung unter Berücksichtigung der Objektüberwachungsleistungen	1 Erstellen einer detaillierten Inbetriebnahmeplanung unter Integration aller Projektbeteiligten einschließlich Nutzer
E Verträge und Versicherungen	**E Verträge und Versicherungen**
1 Mitwirken bei der Durchsetzung von Vertragspflichten gegenüber den Beteiligten 2 Unterstützen des Auftraggebers bei der Abwendung von Forderungen Dritter (Nachbarn, Bürgerinitiativen etc.) 3 Überprüfen der Nachtragsprüfungen durch die Objektüberwachung und Mitwirken bei der Beauftragung 4 Mitwirken bei der Abnahmevorbereitung sowie bei der Durchführung der Abnahmen und Inbetriebnahme	1 Koordinieren der versicherungsrelevanten Schadensabwicklung
5. Projektabschluss	2691
A Organisation, Information, Koordination und Dokumentation (übrige Handlungsbereiche einbeziehend)	**A Organisation, Information, Koordination und Dokumentation (übrige Handlungsbereiche einbeziehend)**
1 Mitwirken bei der organisatorischen und administrativen Konzeption und bei der Durchführung der Übergabe/Übernahme bzw. Inbetriebnahme/Nutzung 2 Veranlassen der systematischen Zusammenstellung und Archivierung der Projektdokumentation 3 Überprüfen der Zusammenstellung von Dokumentationsunterlagen durch die Planungsbeteiligten 4 Überprüfen und Umsetzen der Kommunikationsstruktur – regelmäßiges Informieren und Abstimmen mit dem Auftraggeber (Berichtswesen) 5 Abschließen des Entscheidungs-/Änderungs- und Risikomanagements 6 Organisieren des Abschlusses des Projektkommunikationssystems	1 Organisatorisches und baufachliches Unterstützen bei Gerichtsverfahren 2 Organisieren des Abschlusses des eigenen Projektkommunikationssystems 3 Abschließen des Risikomanagementsystems mit besonderen Anforderungen 4 Prüfen der Projektdokumentation der fachlich Beteiligten

B Qualitäten und Quantitäten	B Qualitäten und Quantitäten
1 Analysieren und Bewerten der Auflistung der Verjährungsfristen für Mängelansprüche	1 Veranlassen, Koordinieren und Steuern der Beseitigung nach der Abnahme aufgetretener Mängel 2 Steuern der Nachhaltigkeits- und Zertifizierungsprozesse
C Kosten und Finanzierung	**C Kosten und Finanzierung**
1 Überprüfen der Kostenfeststellung der Objekt- und Fachplaner 2 Prüfen und Freigabevorschläge bezüglich der Rechnungen der Planungsbeteiligten und sonstigen Projektbeteiligten zur Zahlung 3 Überprüfen und Freigabevorschläge bezüglich der Rechnungsprüfung der Objektüberwachung zur Zahlung an ausführende Unternehmen 4 Überprüfen der Leistungen der Planungsbeteiligten bei der Freigabe von Sicherheitsleistungen 5 Abschließen der projektspezifischen Kostenverfolgung	1 Erstellen des Verwendungsnachweises
D Termine, Kapazitäten und Logistik	**D Termine, Kapazitäten und Logistik**
1 Steuern der Inbetriebnahme, Abnahme und Übergabe	
E Verträge und Versicherungen	**E Verträge und Versicherungen**
1 Mitwirken bei der rechtsgeschäftlichen Abnahme der Planungsleistungen	

2692 **Kommentierung zur 4. Auflage des Leistungsbildes AHO 2014**

Zur Entstehung des Leistungsbildes und den zugrundeliegenden Leitgedanken kann auf die Darstellung bei Rdn. 47, zu den Vor- und Nachteilen des Leistungsbildes im Vergleich zu anderen Leistungsangeboten auf die Ausführungen bei Rdn. 1206 verwiesen werden. Zu beachten ist, dass das Leistungsbild Projektsteuerung nach AHO (2014) nur zur Anwendung kommt, soweit die Parteien es zur Vertragsgrundlage gemacht haben und für die jeweils in Rede stehende Leistung keine abweichenden Bestimmungen getroffen haben. Zu beachten ist des Weiteren, dass das Leistungsbild Projektsteuerung nach AHO (2014) auf den HOAI-Leistungsbildern für die Planungsbeteiligten aufbaut. Bei der Verwendung abweichender Leistungsbilder für die Planungsbeteiligten bedarf es Anpassungen des Leistungsbildes für die Projektsteuerung.

2693 Heft Nr. 9 der Schriftenreihe des AHO (2014) enthält bereits einen Kommentarteil zu den Grund- und Besonderen Leistungen. Dieser Kommentarteil des Heftes 9 ist jedoch kein Kommentar im juristischen Sinne. In dem Kommentarteil des Heftes 9 werden Projektsteuerern inhaltliche Hilfestellungen gegeben, welche Aufgaben im Zusammenhang mit den aufgelisteten Einzelleistungen zweckmäßigerweise erbracht werden können. Die Kommentierung im Heft Nr. 9 hat daher nicht das Ziel, juristisch festzulegen, was vertragsrechtlich unter den genannten Einzelleistungen zu subsumieren ist.[1]

1 Beispielsammlungen finden sich etwa bei Diederichs, Grundleistungen der Projektsteuerung; instruktiv auch Volkmann, Projektabwicklung.

Die 4. Auflage des Leistungsbildes des AHO hat zu einer erheblichen Anpassung und Erweiterung des Leistungsbildes für die Projektsteuerung geführt. Zur Kommentierung des Leistungsbildes der 3. Auflage (2009) kann auf die Vorauflage dieses Buches verwiesen werden. 2694

Das fortgeschriebene Leistungsbild gilt für alle Verträge, die nach Veröffentlichung des neuen Leistungsbildes im Mai 2014 zustande gekommen sind und die auf das neue Leistungsbild oder allgemein auf das AHO-Leistungsbild verweisen.

Zum Verständnis der Struktur des Leistungsbildes wird auf die nachfolgende Übersicht verwiesen, welche die seit der 3. Auflage vorgenommene Strukturierung in fünf Handlungsbereiche, einen handlungsbereichsübergreifenden Handlungsbereich A und einzelne Handlungsbereiche B bis E beinhaltet und erstmals auch den gesonderten Handlungsbereich E »Verträge und Versicherungen« graphisch darstellt.[2] 2695

2696

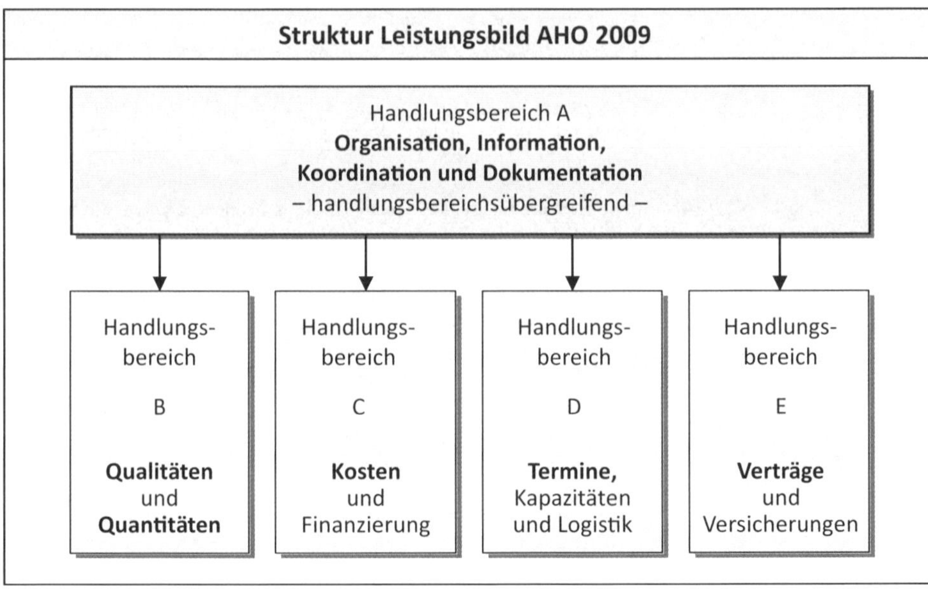

2 Weitere Erläuterungen zu den einzelnen Leistungen des AHO-Leistungsbildes finden sich zudem bei Diederichs, Immobilienmanagement im Lebenszyklus, S. 155 ff., sowie derselbe in: DVP, Grundleistungen der Projektsteuerung, Handlungsbereiche A bis E (4 Einzelveröffentlichungen).

	1 Projektvorbereitung	Kommentierung
	A Organisation, Information, Koordination und Dokumentation	**A Organisation, Information, Koordination und Dokumentation**
2697	*1. Grundleistung:* **Entwickeln, Abstimmen und Dokumentieren der projektspezifischen Organisationsvorgaben mit Projektstrukturplanung**	**Vorbemerkungen**: Im Zusammenhang mit der 3. Auflage (2009) hatte die AHO-Fachkommission geprüft, ob die bisherige Gliederung des Leistungsbildes in Leistungsphasen und Handlungsbereiche aufrechterhalten bleiben soll, zumal es bei der Projektrealisierung sowohl terminlich wie auch inhaltlich zu Überschneidungen von Leistungsphasen oder Handlungsbereichen kommen kann. Das gilt speziell bei der Einzelvergabe, bei der einzelne Auftragsverhältnisse parallel/sich überschneidend abgewickelt werden. Die bisherige Gliederung ist jedoch aufrechterhalten worden, um weiterhin eine nach Phasen und auch Handlungsbereichen gestufte oder abgegrenzte Beauftragung zu ermöglichen. Seit der 3. Auflage sind die Handlungsbereiche um den Teil E »Verträge und Versicherungen« erweitert worden. Hierbei wurden die bisher verstreuten Leistungen in einen neuen Handlungsbereich zusammengefasst, ohne dass nach der Auffassung der AHO-Fachkommission damit zusätzliche Leistungen begründet werden sollten. Gleichzeitig wurde der Handlungsbereich A »Organisation, Information, Koordination und Dokumentation« zu einem handlungsbereichsübergreifenden Leistungsbereich ausgestaltet.
2698		**Zur 1. Grundleistung**: Die Grundleistung A 1 ist seit der 3. Auflage des Leistungsbildes nicht unerheblich verändert worden. Die Leistung bezieht sich seither nicht mehr allgemein auf die Projektziele, die in einer gesonderten Grundleistung behandelt werden, sondern auf die gesamte Projektorganisation. Des Weiteren ist nicht mehr von einem »*Organisationshandbuch*« die Rede, sondern von Organisationsvorgaben. Organisationsvorgabe ist dabei der Oberbegriff, der sowohl ein Organisationshandbuch wie auch ein Projekthandbuch beinhalten kann. Die geänderte Begriffsbildung hängt damit zusammen, dass nach der heutigen Praxis nicht immer zwischen Organisations- und Projekthandbüchern getrennt wird und zudem immer weniger Organisations- und Projektvorgaben in Handbuchform erstellt werden. Vielfach werden derartige organisatorische Hilfsmittel nur noch auf Datenträgern abgespeichert oder aber in dem Projektraum eines Projektkommunikationssystems hinterlegt. Der Projektmanager muss deshalb nach dem AHO-Leistungsbild zwar die Inhalte erarbeiten, die zu einem Organisations- oder Projekthandbuch gehören, jedoch ohne Spezifizierung im Projektsteuerungsvertrag kein körperliches Handbuch erstellen. Dem Projektsteuerer obliegt allerdings das Vorschlagen und das Abstimmen geeigneter organisatorischer Vorgaben in einer projektspezifischen Art und Weise (und zwar in aufbau- und ablauforganisatorischer Hinsicht). Des Weiteren hat der Projektmanager die mit dem Auftraggeber abgestimmten Organisationsvorgaben zu dokumentieren.

699		Seit der 4. Auflage beinhaltet die Verpflichtung zur Entwicklung projektspezifischer Organisationsvorgaben auch einen Projektstrukturplan. Die Projektstrukturierung dient nach DIN 69901-3:2009-01 Ziff. 4.4.1 Abs. 2 der übersichtlichen Darstellung der Gesamtheit aller Aufgaben eines Projektes mit ihren jeweiligen Abhängigkeiten und unterstützt – durch eine sinnvolle Untergliederung – die Projektplanung und -steuerung. Die Projektstruktur gibt allen Beteiligten eine klare Orientierung und erleichtert die Kommunikation sowie die Delegation von Arbeitspaketen (intern wie extern). Bestandteil eines Projektstrukturplanes sind – eine Liste der Projektbeteiligten, – eine Aufgabenzuweisung sowie – die Festlegung von Regelabläufen für die Standardprojektprozesse. Der Umfang der erwarteten Tätigkeiten wird durch die Komplexität des Projektes bestimmt. Je komplexer das Projekt, desto höher ist der Stellenwert organisatorischer Vorgaben.
700	*2. Grundleistung:* **Entwickeln und Abstimmen der Grundlagen für die Planung der Planung**	Zu Beginn der Planung sind die relevanten Grundlagen sowie Planinhalte und -abläufe für die einzelnen Leistungsphasen der Planung abzustimmen. Dieser Abstimmungsprozess zwischen den Projektbeteiligten ist festzulegen und im Rahmen der Organisationsvorgaben zu dokumentieren. Hierunter fallen im Wesentlichen folgende Sachverhalte: – Prüfung der fachlichen Abdeckung der Zielerreichung durch Planungsbeteiligte und Gutachter mit Schnittstellenabstimmung zwischen den Beteiligten – Abstimmen von Prüfschemata sowie Planungsumläufen für die Vorplanung, Entwurfsplanung, Ausführungsplanung, M+W-Planung – CAD-Anforderungen – Formale Anforderungen an Pläne (z.B. Formate Planköpfe, Planänderungslisten usw.) – Steuerung der Planverteilung – Dokumentation der Planerstellung, Planeingangs-/Planausgangslisten usw. – Sonstige Anforderungen an das Plancontrolling Speziell die Abstimmungserfordernisse zwischen Bauherrn (Projektsteuerung) und Objektplanung im Hinblick auf sämtliche Planungsphasen sind festzulegen und zu dokumentieren.
701	*3. Grundleistung:* **Mitwirken bei der Festlegung der Projektziele und die Dokumentation der Projektvorgaben**	Die Festlegung der Projektziele wurde erstmals mit der 4. Auflage des Leistungsbildes an dieser Stelle verankert. Es handelt sich um eine Mitwirkungsleistung des Projektsteuerers im Prozess der Zielfindung. Dabei hat der Projektmanager zunächst die von dem Auftraggeber selbst und weiteren Beteiligten entwickelten Projektziele zu erfragen, diese zusammenzufassen und zu bewerten und ggf., sofern sich Unzulänglichkeiten oder Widersprüche ergeben, hierauf hinzuweisen und die geänderte Zielfindung zu moderieren. Es ist nicht die Aufgabe des Projektsteuerers, die Ziele des Auftraggebers selbständig zu definieren. Die Erarbeitung eines eigenständigen Zielkataloges, speziell im Sinne einer Bedarfsplanung ist Gegenstand der Besonderen Leistungen B 1 und gehört nicht zum Standardleistungsumfang. In der Projektpraxis ist es bedauerlicherweise oft so, dass der Auftraggeber das Projekt ohne klare Zielvorgaben beginnt. Dann hat der Projektmanager auf die Notwendigkeit der Erstellung einer Bedarfsplanung und Abstimmung der Projektziele hinzuweisen. Nach dem Leistungsbild AHO hat der Projektmanager selbst einen entsprechenden Zielkatalog nicht zu erstellen. Wenn der Auftraggeber bei dem Projektmanager Leistungen zur erstmaligen Definition des Zielkataloges abfragen möchte, kann dies im Rahmen der Beauftragung einer Besonderen Leistung, insbesondere derjenigen einer Bedarfsplanung, geschehen.

	Während in der Grundleistung 1 die Dokumentation der organisatorischen Rahmenbedingungen geregelt wird, betrifft diese 3. Grundleistung die Dokumentation der abgestimmten, inhaltlichen Projektziele. Die im Rahmen dieser Leistungen typischerweise zu produzierenden Dokumentationsunterlagen sind beispielhaft in der AHO-Leistungs- und Honorarordnung unter Ziff. 3.1.1.3 (S. 40) benannt.
2702 ***4. Grundleistung:*** **Vorschlagen und Abstimmen der Kommunikationsstruktur des Informations-, Berichts- und Protokollwesens**	Bis einschließlich zur 3. Auflage des Leistungsbildes war in dieser Grundleistung nur das Berichtswesen angesprochen. Seit der 4. Auflage umfasst diese Grundleistung generell die Kommunikationsstrukturen des Informations-, Berichts- und Protokollwesens. Der Projektsteuerer schlägt die Struktur und die Abläufe für das Berichtswesen vor. Die Kommunikation erfasst nicht nur Informationen, über die zu berichten ist, sondern den gesamten Informationsaustausch. Bei der Kommunikation geht es zunächst um Strukturvorschläge für Kommunikationsplattformen und technische Organisationshilfsmittel, Kommunikationshierarchien und Vertraulichkeitsstufen. Des Weiteren werden Kommunikationskanäle festgelegt, innerhalb derer in Bezug auf das Projekt Informationen ausgetauscht werden können. Das Berichtswesen entscheidet dann, in welchen Umfang die mitgeteilten Informationen für eine Weitergabe an den Auftraggeber aufbereitet und diesem übermittelt werden müssen. Das Protokollwesen regelt, welche Sitzungen durch den Projektsteuerer zu steuern und mittels Protokollen zu dokumentieren sind. Das sind typischerweise alle Besprechungen, die unter Federführung des Projektsteuerers geführt werden, also in der Regel Bauherren- und Projektsteuerer-Jour-fixe, nicht jedoch automatisch – sofern nicht etwas anderes festgelegt ist – Planerbesprechungen und Baubesprechungen. Das Protokollwesen beinhaltet nicht nur die Protokollierung von mündlichen Besprechungen, sondern auch die angemessene Dokumentation des gesamten Informationswesens. Hierzu gehört auch die Klärung der Datensicherheit und der Datenhoheit im Projekt. Das Berichtswesen soll die Kommunikation im Projekt vornehmlich zwischen Auftraggeber und den übrigen Projektbeteiligten absichern. Je nach Organisation der Auftraggeberstruktur sind dabei besondere Anforderungen in Bezug auf die Einbindung unternehmensinterner Gremien, z. B. auch Controlling und Revision, zu berücksichtigen. Die Vorschläge müssen ein regelmäßiges Standard-Berichtswesen sowie die Sofort-Berichterstattung bei kritischen Projektsituationen beinhalten. In der Praxis wird häufig eine »Ampeltechnik« verwendet, die zu den einzelnen Berichtsgegenständen farblich verdeutlicht, ob die Projektziele eingehalten, gefährdet oder verfehlt sind.[3]
2703 ***5. Grundleistung:*** **Vorschlagen, Abstimmen und Umsetzen des Entscheidungsmanagements**	Neu aufgenommen worden ist seit der 3. Auflage das Entscheidungsmanagement. Ein sachgerechtes Entscheidungsmanagement ist die Voraussetzung für jedes erfolgreiche Projektmanagement. Welche Aufgaben der Projektmanager im Rahmen des Entscheidungsmanagements zu übernehmen hat, hängt zunächst von der Projektmanagementeinsatzform ab. Im Rahmen der Einsatzform der Projektsteuerung hat er die Entscheidungen des Auftraggebers lediglich vorzubereiten. Im Rahmen des Projektmanagements i. e. S. kommt – mit einer vertraglich festzulegenden Bandbreite – auch eigenverantwortliches Entscheiden des Projektmanagers in Betracht.

3 Eschenbruch/Grüner, Ampelsysteme im Projektberichtswesen – ein complianceverträgliches Informationstool für Projektleiter und Entscheidungsträger?, BauR 2013, S. 1348 ff.

		Die hier in Rede stehende Grundleistung betrifft Tätigkeiten bei Einsatz eines Projektsteuerers. Schon nach dem Wortlaut der Leistung übernimmt der Projektsteuerer das Treffen der Entscheidungen nicht selbst. Entscheidungen sind dem Auftraggeber vorbehalten. Der Projektsteuerer hat allerdings ein Entscheidungsmanagementsystem vorzuschlagen und schuldet dabei eine Mitwirkungsleistung. Im Rahmen dieser Mitwirkungsleistung hat der Projektsteuerer den Auftraggeber in umfassender Form bei Entscheidungen zu unterstützen. Gemäß dem AHO-Mitwirkungsbegriff gemäß § 2 Abs. 4 a) obliegt es dem Projektsteuerer, die Teilleistungen anderer Projektbeteiligter inhaltlich abschließend zusammenzuführen und diese mit einer eigenen Bewertung dem Auftraggeber zur Entscheidung zu übermitteln. Er hat dabei die Daten so aufzuarbeiten, dass der Auftraggeber sachgerecht entscheiden kann.
704		Welche Einzelleistungen der Projektsteuerer hier zu erbringen hat und welche weiteren Leistungen den weiteren Projektbeteiligten in Verträgen aufgegeben werden, ist vom Projektsteuerer vorzuschlagen und mit dem Auftraggeber abzustimmen. Das einmal so abgestimmte Entscheidungsmanagementsystem ist alsdann von dem Projektsteuerer umzusetzen. Er hat darauf zu achten, dass entsprechend dem Entscheidungsmanagementsystem vorgegangen wird und alle Beteiligten rechtzeitig ihre Beiträge hierzu abliefern. Im Ergebnis schuldet der Projektsteuerer damit die Entwicklung eines funktionsfähigen Systems, welches den Auftraggeber in die Lage versetzt, während des Projektablaufes zeitnah sachgerechte Entscheidungen zu treffen. Der Projektsteuerer trägt infolge der Übernahme des Entscheidungsmanagements eine Mitverantwortung für ein funktionierendes Entscheidungsmanagement. Soweit indessen der Auftraggeber entweder ausdrücklich oder konkludent – ohne Hinzuziehung des Projektsteuerers – entscheidet, führt dies nicht dazu, dass die Leistung des Projektsteuerers mangelhaft wäre oder aber die Vergütung gemindert werden könnte. Je nach Komplexität des Projektes gehören zum Entscheidungsmanagement Entscheidungslisten bzw. Entscheidungsterminpläne (soweit sie nicht anderen Projektbeteiligten übertragen sind), Entscheidungsregelabläufe und Formularblätter für Entscheidungen.
705	***6. Grundleistung:*** **Vorschlagen, Abstimmen und Umsetzung des Änderungsmanagements**	Seit der 3. Auflage enthält das AHO-Leistungsbild als handlungsbereichsübergreifende Leistung das Vorschlagen, Abstimmen und Umsetzen des Änderungsmanagements. Änderungsmanagement wird in DIN 69904 – Projektmanagementsysteme – unter Ziff. 5.9 wie folgt definiert: *»Dieses Element umfasst die Prozesse und Regeln für die Änderung von Projektzielen und -prozessen und deren Prioritäten. Das Element sichert auch die Erfassung, Bewertung und Entscheidung über die Änderung von Projektzielen und steuert deren Umsetzung.«* Im Rahmen dieser Leistung hat der Projektsteuerer dem Auftraggeber vorzuschlagen, wie mit dem projektimmanenten Problem von Änderungen umzugehen ist. Auch hier ist er gefordert, einen Systemansatz vorzuschlagen, projektspezifisch auszuformulieren, abzustimmen und umzusetzen.

	Zielstellung ist es dabei zunächst, Änderungssachverhalte – auch aus der Auftraggeberorganisation – möglichst einzudämmen und nicht abwendbare Änderungen hinsichtlich ihrer Auswirkungen zu analysieren, deren Umsetzung vorzubereiten und zu begleiten und die hieraus ableitbaren Ansprüche der Projektbeteiligten sachgerecht zu steuern. Dabei sind sowohl Änderungen der Planung, genehmigungsrelevante Änderungen wie auch Änderungen der Ausführung zu berücksichtigen. Das Änderungsmanagementsystem muss überdies die Bereiche Erfassung des Änderungsbedarfs, methodische Behandlung von Änderungen, Entscheidungsmanagement und Dokumentation beinhalten. Welche Leistungen der Projektsteuerer in diesem Zusammenhang selbst übernimmt, schreibt das Leistungsbild nicht vor. Im Rahmen der von ihm zu steuernden Aufgabenstellung kann der Projektsteuerer dabei mitwirken, wesentliche Fachbeiträge auf andere Projektbeteiligte zu übertragen oder bei diesem zu belassen (wie etwa der Objektüberwachung). Er ist aber dafür verantwortlich, dass ein handlungsfähiges System zur sachangemessenen Steuerung von Änderungen eingerichtet wird. Elemente eines solchen Änderungsmanagementsystems sind Nachtrags- und Behinderungslisten zur Dokumentation aller aufgetretenen Änderungen, Regelabläufe und Formulare für das Änderungswesen.
2706 *7. Grundleistung:* **Mitwirken beim Risikomanagement**	Während das bisherige Leistungsbild bis zur 3. Auflage lediglich das »Mitwirken beim Einschätzen der technischen Risiken« ab der Leistungsphase 2 (Planung) kannte, ist das Mitwirken beim Risikomanagement seit der 4. Auflage eine Grundleistung der ersten Leistungsphase. Des Weiteren ist die Beschränkung auf technische Risiken aufgegeben worden. Von einem Projektmanager wird grundsätzlich eine umfassendere Mitwirkung beim Risikomanagement erwartet. Hiernach beinhaltet Risikomanagement die Beratung des Auftraggebers bei der Identifikation von Risiken unter Berücksichtigung der Beiträge der weiteren Projektbeteiligten und Sonderfachleute/Gutachter. Es beinhaltet ferner die laufende Bewertung der Risiken und das Vorschlagen von Maßnahmen zur Eingrenzung der Risiken unter Berücksichtigung der Beiträge von weiteren Projektbeteiligten. Der Projektmanager wirkt allerdings nur bezogen auf die von ihm übernommenen technisch-wirtschaftlichen Aufgaben bei der Risikoerfassung und Risikomanagement mit. Risikomanagement insgesamt ist eine viel weiterreichende Aufgabenstellung. Über die ihm obliegenden technisch-wirtschaftlichen Aufgaben hinaus ist der Projektmanager nicht zu einer Mitwirkung verpflichtet. Die Entscheidung über die Bewertung von Risiken und das Auslösen von etwaigen Kompensationsmaßnahmen obliegt allein dem Auftraggeber. Im Rahmen seiner Aufgabenstellung hat der Projektsteuerer also die risikorelevanten Erkenntnisse bei allen von ihm zu steuernden Projektbeteiligten mit technisch-wirtschaftlichem Inhalt abzufragen, diese zusammenzufassen und dem Auftraggeber zur Entscheidungsfindung vorzustellen, wobei er entsprechend dem Mitwirkungsbegriff AHO eine eigene Bewertung vorzunehmen hat. Wenn allerdings ein Großprojekt mit spezifischen Anforderungen an ein umfassendes, betriebswirtschaftliches Risikomanagementsystem umgesetzt werden soll, sind hierauf bezogene Leistungen des Konzipierens, Vorbereitens und Abstimmens Aufgaben, die als Besondere Leistung B 5 definiert sind.

707	*8. Grundleistung:* **Mitwirken bei der Auswahl eines Projektkommunikationssystems**	Ein brauchbares Kommunikationssystem ist das Herz eines erfolgreichen Projektes. Bestandteile des Kommunikationssystems sind zunächst definierte Besprechungs- und Berichtsstrukturen. Alsdann geht es um die Abwicklung der Kommunikation in Bezug auf alle relevanten Projektinformationen. Projekte werden heute vornehmlich über EDV-gestützte Kommunikationstechniken gesteuert. Diese umfassen zumeist – aber nicht notwendig – sowohl Texte wie auch Grafiken und Pläne (Projektkommunikationsplattformen). Der Projektsteuerer hat den Auftraggeber zu vorhandenen Kommunikationsmitteln zu befragen und mit diesem gemeinsam abzustimmen, ob bereits im Unternehmen eingesetzte Tools ausreichen, um die Kommunikationssteuerung im Projekt zu übernehmen. Wenn dies nicht der Fall ist, wird er ggf. den Einsatz eines projektspezifischen Kommunikationssystems vorschlagen. In diesem Zusammenhang hat der Projektsteuerer die technisch-wirtschaftlichen Anforderungen des Projektes an ein Projektkommunikationssystem zu benennen und den Auftraggeber bei der Auswahlentscheidung zu unterstützen. Der Projektsteuerer ist indessen kein EDV-Berater. Ihm obliegt nicht die Beratung hinsichtlich der Geeignetheit von im Markt angebotenen Systemen im Detail (z.B. in Bezug auf deren Leistungsfähigkeit oder im Hinblick auf funktionsfähige Schnittstellen zu den vorhandenen Kommunikationssystemen des Auftraggebers). Im Hinblick auf involvierte Rechtsfragen bei der Vorgabe eines Projektkommunikationssystems hat er für die Einschaltung eines Rechtsberaters Sorge zu tragen.[4]
708		Soweit in Abstimmung mit dem Projektmanager ein Projektkommunikationssystem festgelegt wurde, hat er bei seinen Leistungen das Projektkommunikationssystem auch umzusetzen und selbst zu verwenden. Vorbehaltlich der Dritten Besonderen Leistung ist er für die Funktionsfähigkeit und den Betrieb des Projektkommunikationssystems indessen nicht verantwortlich. Der Projektsteuerer muss auch nicht ohne besondere Vergütung ungewöhnliche Einarbeitungs- bzw. Betriebsaufwendungen übernehmen, wenn der Auftraggeber ungewöhnliche Anforderungen an die Bedienung eines Projektkommunikationssystems stellt. Die Benutzung der im Markt gebräuchlichen Softwaresysteme wie MS-Project usw. ist dagegen eine Standardleistung. Der Projektsteuerer schuldet im Rahmen dieser Leistung nicht die Zurverfügungstellung eines eigenen Systems.

4 Eschenbruch, in: Festschrift für Wolfdietrich Kalusche, Zeitreise der Planungs- und Bauökonomie, Der Einsatz von Planungsplattformen – Juristische Risiken und deren Beherrschung durch Vertragsgestaltung, S. 308.

2709 **– Besondere Leistungen –**	
1. Besondere Leistung: **Koordination von speziellen Organisationseinheiten des AG**	Nach dem Verständnis der AHO-Fachkommission – die im Zusammenhang mit der Neuherstellung der 3. Auflage nochmals diskutiert worden ist – ist die Trennung zwischen Grundleistungen und Besonderen Leistungen nach wie vor unverzichtbar, insbesondere um für ein Standardleistungsbild eine sachangemessene, nicht überteuerte Vergütungsstruktur anbieten zu können. Dies macht es notwendig, die typischerweise notwendigen Leistungen von den nur in besonderen Fällen und unter besonderen Anforderungen notwendigen Leistungen zu trennen. Diese nur ausnahmsweise zusätzlich in Betracht kommenden Leistungen sind – nicht abschließend – als Besondere Leistungen ausgewiesen. Sie werden bei Beauftragung des AHO-Leistungsbildes nur dann Vertragsgegenstand, soweit sie explizit beauftragt werden. Allein der Umstand, dass sich im Laufe der Projektabwicklung herausstellt, dass derartige Leistungen im Sinne des werkvertraglichen Erfolgsbegriffs erforderlich werden, reicht nicht aus, um eine entsprechend erweiterte Leistungspflicht anzunehmen. Der Projektsteuerer hat aber in entsprechenden Fällen den Auftraggeber darauf hinzuweisen, dass Besondere Leistungen notwendig sind und diesem aufzuzeigen, wer diese Leistungen erbringen kann. Die Beauftragung erfolgt dann gegen zusätzliche Vergütung. Nach Auffassung der AHO-Fachkommission sind die Besonderen Leistungen des AHO-Leistungsbildes nicht abschließend definiert. Die Vertragsparteien können weitere Aufgaben zum Gegenstand weiterer Besonderer Leistungen machen.
2710	Der Projektsteuerer ist in der Regel dem Projektleiter des Auftraggebers unterstellt. Der Projektleiter ist sein Auftraggebervertreter. Der Projektsteuerer berichtet dem Projektleiter und unterstützt diesen bei der Projektabwicklung. Oftmals erwartet der Auftraggeber, dass der Projektsteuerer auch diverse Organisationseinheiten auf Auftraggeberseite koordinierend einbezieht. Das können Aufsichtsgremien, unternehmensinterne Stellen, wie Controlling und Revision, Muttergesellschaften und interne Nutzer/Facility-Manager sein. Zwar hat der Projektsteuerer bei dem Aufbau der Projektorganisation die Entscheidungswege und die Einbindung von speziellen Organisationseinheiten des Auftraggebers mitzuberücksichtigen. Er ist jedoch – ohne entsprechende vertragliche Abrede – nicht verpflichtet, Zustimmungen und Entscheidungen derartiger Organisationseinheiten des AG einzuholen. Herr der Auftraggeberorganisation bleibt zunächst der Auftraggeber selbst. Soweit allerdings im Rahmen der Organisationsvorgaben festgelegt ist, dass bestimmte Berichterstattungen des Projektsteuerers an bestimmte Gremien, z. B. Vorstände/Aufsichtsräte, vorzunehmen sind, hat der Projektsteuerer entsprechende koordinative Aufgaben auch zu erledigen. Bei der Beauftragung ist darauf zu achten, dass eine genaue Abgrenzung der Aufgabenstellung in Richtung Auftraggeberorganisation erfolgt. Von besonderer Bedeutung ist das sogenannte Nutzer- oder Mietermanagement (auch Nutzerprojektmanagement genannt). Inhalt dieser Leistung ist es, dass eine spezielle Nutzerorganisation des Auftraggebers mit eigenständig auftretenden Beteiligten koordiniert werden muss. Bei gewerblichen Neubauprojekten spielt auch die entsprechende Mieterkoordination eine wesentliche Rolle. Derartige Aufgabenstellungen sind Besondere Leistungen. Ein ergänzendes Leistungsbild findet sich etwa in Heft 19 der AHO-Fachkommission.

11	*2. Besondere Leistung:* **Erstellung von Vorlagen und besondere Berichterstattung in Auftraggeber- und sonstigen Gremien**	Soweit es nicht um die vorbezeichnete – in den Organisationsvorgaben enthaltenen – Standardberichterstattungen geht, die auch gegenüber Auftraggebergremien vorzunehmen sind, sondern eine in besonderer Form aufbereitete oder auf speziellen Sitzungen von Gremien vorzunehmende Berichterstattung verlangt wird, handelt es sich nicht mehr um eine Grundleistung der Projektsteuerung gemäß dem AHO-Leistungsmodell. Derartige Sonderauftritte bzw. Teilnahmen an Besprechungen sind gesondert zu vereinbaren und auch zu vergüten. Zum Grundleistungsumfang gehört in aller Regel die Durchführung von Besprechungen und Abstimmungen unter Beteiligung besonderer Auftraggeber- und sonstiger Gremien. Die Steuerung der einzelnen Gremien selbst gehört indessen nicht zum Grundleistungsumfang. Des Weiteren ist die Besondere Leistung dann zu übertragen, wenn erheblicher Mehraufwand dadurch entsteht, dass etwa – bei einem Großprojekt – ein intensives Berichtswesen für unternehmensinterne Gremien eingefordert wird und dadurch ein erheblicher Aufwand für die Projektsteuerung entsteht. Klassische Beispiele hierfür sind die Vorbereitung auf eine Projektdarstellung in einem politischen Gremium (etwa Rat einer Stadt), die Unterrichtung der Unternehmensführung (oder eines Aufsichtsrates) mittels eines gesondert hierauf zugeschnittenen Berichtes usw. Die bloße Verwendung der allgemeinen Berichtsunterlagen und die nur gelegentliche Präsentation derselben in einem Auftraggebergremium löst eine zusätzliche Vergütungspflicht indessen noch nicht aus.
12	*3. Besondere Leistung:* **Einrichten eines eigenen Projektkommunikationssystems**	Hat der Auftraggeber ein Projektkommunikationssystem beschafft, ist die Installation und der Betrieb des Projektkommunikationssystems nicht Aufgabe des Projektmanagers. Dieser hat lediglich seine Daten in das Projektkommunikationssystem einzustellen. Es ist Aufgabe des Auftraggebers, den Betrieb eines entsprechenden Systems durch den Systemanbieter sicherzustellen und für eine ausreichende Einarbeitung der Projektbeteiligten zu sorgen. Der Auftraggeber kann allerdings erwarten, dass der Projektsteuerer – wenn er im Rahmen der Grundleistung A 9 mitgewirkt hat – das unter seiner Beteiligung angeschaffte Projektkommunikationssystem auch beherrscht und dementsprechend seine Mitarbeiter in der Lage sind, das System auch zu bedienen und alle relevanten Informationen einzustellen und zu verarbeiten. Der Projektsteuerer hat aber bei Einwendung des AHO-Leistungsbildes ein eigenes Projektkommunikationssystem weder zu liefern noch zu betreiben. Der Einsatz eines Projektkommunikationssystems des Projektsteuerers (gleichgültig, ob dieser über eigenes System verfügt oder dieses erst noch durch einen Lieferanten beschafft werden muss, gehört nicht zur Grundleistung und muss im Einzelfall gesondert beauftragt werden.
13	*4. Besondere Leistung:* **Erstellen der aufbau- und ablauforganisatorischen Grundlagen zur Planung, übergreifenden Überwachung und Steuern von mehreren verknüpften Projekten (Programme, Projektportfolios)**	Ein Projektportfolio besteht gemäß DIN ISO 21500:2003-06E aus einer Mehrzahl von Projekten oder Programmen die nach einer einheitlichen Methodik bearbeitet werden sollen. Das Projektportfoliomanagement erfordert eine Projektbearbeitung auf mehreren Stufen, nämlich zum einen betreffend die strategische Steuerung des Projektportfolios, zum anderen die operative Steuerung der einzelnen Projekte oder Programme. Die übergreifende, strategische Aufgabenstellung bei derartigen Projekten ist weder vom Leistungsbild noch der Vergütung des AHO-Leistungsbildes umfasst. In der Besonderen Leistung B 4 ist lediglich die organisatorische Aufgabenwältigung auf der ersten (strategischen) Stufe angesprochen. Auch bei der Abwicklung von entsprechenden Portfolios kann es zusätzliche Aufgabenstellungen geben, die über die operative Projektabwicklung im Sinne eines Standardleistungsbildes hinausgehen.

Rdn.		
		Bei derartigen mehrstufigen Organisations- und Steuerungskomplexen sind die besonderen Anforderungen der übergreifenden Steuerung zu erfassen und honorarmäßig im Rahmen einer Besonderen Leistung zu bewerten und zu beauftragen.
2714	*5. Besondere Leistung:* **Konzipieren, Vorbereiten und Abstimmen von Risikomanagementsystemen mit besonderen Anforderungen**	Im Grundleistungsumfang des AHO-Leistungsbildes ist die Mitwirkung bei dem Risikomanagement umfasst (7. Grundleistung). Die Leistungen betreffen allerdings zum einen lediglich die technisch-wirtschaftlichen Inhalte, zum anderen lediglich die projektspezifisch erforderlichen Mindestanforderungen an die Steuerung durch die Projektsteuerung erkannte bzw. zu erkennende Projektrisiken aus dem vorgenannten Bereich. Sofern – etwa bei Großprojekten – umfassende betriebswirtschaftlich fundierte Risikomanagementsysteme eingesetzt werden, entsteht ein ganz erheblicher Zusatzaufwand für die Projektsteuerung. Die diesbezüglichen Leistungen sind gesondert zu erfassen und honorarmäßig zu bewerten.
2715	*6. Besondere Leistung:* **Mitwirken bei den Vorbereitungen besonderer behördlicher Genehmigungsverfahren (z.B. Planfeststellungsverfahren)**	Im Rahmen der Grundleistungen bearbeitet der Projektsteuerer Fragen der Beschaffung der Baugenehmigung und wirkt bei der Klärung der zugrunde liegenden Informationen mit. Bei Großprojekten, Infrastrukturmaßnahmen und auch Sonderprojekten werden vielfach sehr aufwendig zu steuernde Genehmigungsverfahren erforderlich (Raumordnungsverfahren, Planfeststellungsverfahren nach dem BImSchG, UVP-Prüfungen usw.). Projektsteuerungsleistungen dieser Art erfordern eine spezifische Fachkompetenz und erheblichen Personalaufwand und sind deshalb als Besondere Leistung zu beauftragen und zu vergüten.
2716	*7. Besondere Leistung:* **Erstellen eines Konzeptes zur Erfassung aller betroffenen Dritten und der relevanten Öffentlichkeit sowie deren Beteiligung im weiteren Projektablauf**	Bei dieser Leistung geht es um das klassische Stakeholder-Management. Großprojekte können in aller Regel nur erfolgreich bewältigt werden, wenn alle betroffenen Dritten frühzeitig und umfassend bei der Projektplanung und -umsetzung erfasst, informiert, einbezogen und gesteuert werden. Zur Bewältigung dieser Aufgabe sind Besondere Leistungen erforderlich, die in der Kommentierung des Leistungsbildes der AHO-Fachkommission unter Ziff. 3.1.1.B7 aufgelistet worden sind. In der Praxis gibt es umfassendere Leistungsbilder zur Bewältigung dieser Aufgabenstellung. Vielfach sind auch Marktteilnehmer tätig, die über besondere Marketing- und Kommunikationskompetenz verfügen.

Rdn.	1 Projektvorbereitung	Kommentierung
2717	**B Qualitäten und Quantitäten**	**B Qualitäten und Quantitäten**
	1. Grundleistung: **Überprüfung der bestehenden Grundlagen zur Bedarfsplanung auf Vollständigkeit und Plausibilität**	Mit der 3. Auflage 2009 wurde die erste Grundleistung des Handlungsbereichs B klarer gefasst und herausgestellt, dass der Projektsteuerer selbst nicht die Bedarfsplanung erstellt. Seinerzeit wurde noch an die Begrifflichkeit des Nutzerbedarfsprogramms angeknüpft, die im Zuge der technischen Normierung in die Bedarfsplanung nach DIN 18205 eingegangen ist. Die Erstellung der Bedarfsplanung ist zentrale Aufgabenstellung der Projektentwicklung. Das Leistungsbild der AHO geht dementsprechend davon aus, dass eine im Wesentlichen umsetzungsfähige Bedarfsplanung durch den Auftraggeber erarbeitet worden ist (siehe dazu Rdn. 268).

		Dem Projektsteuerer obliegt im Rahmen dieser Leistung lediglich die Überprüfung der bestehenden Grundlagen der Bedarfsplanung. Es ist grundsätzlich nicht Aufgabe des Projektsteuerers, die Bedarfsplanung selbst zu erstellen. So wie die HOAI 2013 dies für den Architekten regelt, ist auch im Leistungsbild AHO der Projektsteuerung die Bedarfsplanung eine Besondere Leistung (Besondere Leistung Nr. 1 der Projektvorbereitung zu Qualitäten/Quantitäten). Sofern der Auftraggeber den Projektsteuerer beauftragt, Leistungen der Bedarfsplanung zu erbringen, geschieht dies im Rahmen der Beauftragung einer Besonderen Leistung, in der Regel gegen zusätzliche Vergütung. Stellt der Projektsteuerer bei seiner Vollständigkeits- und Plausibilitätsprüfung fest, dass keine umsetzungsfähige Bedarfsplanung vorhanden ist oder wesentliche Festlegungen fehlen, hat er den Auftraggeber darauf hinzuweisen und Vorschläge zu unterbreiten, wie die Bedarfsplanung vervollständigt werden kann. Er kann auch anbieten, insoweit notwendige Leistungen gegen gesondertes Honorar selbst zu erbringen.
18	*2. Grundleistung:* **Mitwirken beim Klären der Standortfragen, Beschaffen der standortrelevanten Unterlagen, der Grundstücksbeurteilung hinsichtlich Nutzung in privatrechtlicher und öffentlich-rechtlicher Hinsicht**	Diese Grundleistung der Projektsteuerung betrifft die Klärung der in der Bedarfsplanung festgelegten Anforderungen an den Standort und dessen Bebaubarkeit. Standortfragestellungen werden in der Regel im Rahmen der Grundlagenermittlung und im Rahmen der Vorplanung durch die Architekten geklärt, vgl. Lph. 1 Grundleistung a) und d) sowie Lph. 2 Grundleistung d) HOAI 2013). Der Projektsteuerer hat daran mitzuwirken, dass der Architekt sämtliche relevanten Standortfragen berücksichtigt, die für seine Leistungen relevant sein können und die Arbeitsergebnisse des Projektsteuerers in dieser Hinsicht zu überprüfen. Im Bedarfsfall hat er den Architekten auf erkennbare Problemfelder der Standortbedingungen hinweisen, auf noch zu beschaffende Grundstücksunterlagen in Bezug auf privatrechtliche und öffentlich-rechtliche Randfragen (z. B. Abstandsflächen, Wegenutzungen usw.) aufmerksam machen. Die Aufgabenstellung ist eine Mitwirkungsleistung. Sie besagt nicht, dass der Projektsteuerer hier die Klärung und Beibringung der Unterlagen selbst vorzunehmen hat. Ihm obliegt im Wesentlichen eine Steuerungsaufgabe. Soweit dem Projektsteuerer allerdings bei Beauftragung bekannt ist, dass noch bestimmte standortspezifische Rahmenbedingungen zu erarbeiten sind (und die Übertragung dieser Leistungen auf Dritte nicht vorgesehen ist), kann sich im Wege der Auslegung ergeben, dass der Projektsteuerer derartige Leistungen als eigene Leistungen übernommen hat (soweit sie nicht ausdrücklich als Besondere Leistungen qualifiziert worden sind).
19	*3. Grundleistung:* **Überprüfen der Ergebnisse der Grundlagenermittlung der Planungsbeteiligten**	Der Objektplaner hat die Ergebnisse der Grundlagenermittlung zusammenzufassen, zu erläutern und zu dokumentieren (Grundleistung e) der Lph. 1 HOAI 2013). Die HOAI sieht strikt phasenbezogene Leistungen der Architekten- und Ingenieure mit einer Dokumentation der Leistungsergebnisse nach Abschluss einer Planungsphase vor. Sofern und soweit derartige Leistungsbilder mit Planungsbeteiligten vereinbart werden sollen, schuldet der Projektsteuerer als Grundleistung die Überprüfung dieser Ergebnisdokumentation. Der Projektsteuerer hat hier zu prüfen, ob eine entsprechende Ergebnisdokumentation vorliegt, ob sie vollständig ist und ob die Annahmen des Planers plausibel sind. Die Ergebnisse der Grundlagenermittlung sind eine wichtige Basis für die weitere Planung. Unvollständigkeiten und Fehler müssen deshalb durch den Projektsteuerer in dieser frühen Planungsphase aufgedeckt und aufgezeigt werden. Der Projektsteuerer muss diese Leistungen nicht selbst erbringen, aber er muss den Auftraggeber auf eine etwa gegebene Unzulänglichkeit der bestehenden Ergebnisdokumentation hinweisen und für eine vertragsgerechte Erstellung dieser Leistung durch die Planungsbeteiligten hinwirken.

2720	– **Besondere Leistungen** –	
	1. Besondere Leistung: **Erstellung und Abstimmung eines Nutzerbedarfsprogramms**	Sofern auftraggeberseits keine entsprechende Bedarfsplanung vorliegt, hat der Projektsteuerer dies festzustellen und den Auftraggeber über die Notwendigkeit einer Bedarfsplanung vor Projektstart hinzuweisen. Er hat ihn darüber zu belehren, dass diese Leistung erbracht werden muss, gleichgültig ob durch den Auftraggeber selbst, als Besondere Leistung des Objektplaners in der Leistungsphase 1 nach HOAI 2013 oder aber als Besondere Leistung des Projektsteuerers nach dem Leistungsbild Projektsteuerung AHO 2014. Wenn die Bedarfsplanung grob unvollständig oder mit wesentlichen Mängeln behaftet ist und dementsprechend keine Grundlage für die weitere Projektabwicklung sein kann, hat der Projektsteuerer den Auftraggeber hierauf hinzuweisen und den Abhilfebedarf zu definieren.
2721	*2. Besondere Leistung:* **Durchführen einer differenzierten Anfrage bezüglich der Infrastruktur (Ver- und Entsorgungsmedien, Verkehr etc.) und Beschaffung der relevanten Informationen und Unterlagen**	Bestandteil der Standortanalyse ist auch die Klärung relevanter Infrastrukturfragen in Bezug auf Ver- und Entsorgungsmedien und -verkehr. Derartige inhaltliche Klärungen obliegen dem Projektsteuerer ohne besondere vertragliche Vereinbarung nicht. Allein die Klärung von Ver- und Entsorgungsleitungen usw. kann erhebliche Zeit und Aufwand in Anspruch nehmen. Dasselbe gilt für planfestzustellende Verkehrseinrichtungen etc. Derartige Leistungen sind als Besondere Leistungen zu beauftragen und auch zu vergüten. Im Rahmen der Grundleistungen ist der Projektsteuerer nicht ohne weiteres verpflichtet, die Planung im Detail auf die Berücksichtigung der Ergebnisse der Spartenanfragen zu prüfen. Erst recht muss er die Ausführungspläne nicht daraufhin durchsehen, ob die Sparten dort ordnungsgemäß abgebildet sind bzw. ob die Erklärung der Spartenfreiheit durch Planungsbeteiligte richtig ist. Soweit allerdings Anhaltspunkte dafür vorliegen, dass hier keine ordnungsgemäße Berücksichtigung vorhandener Sparten vorliegt, hat er dem im Rahmen von Kontrollen nachzugehen und den Auftraggeber zu informieren. Soll der Projektsteuerer derartige Leistungen eigenverantwortlich übernehmen, bedarf es der Beauftragung einer Besonderen Leistungen.
2722	*3. Besondere Leistung:* **Vorbereitung und Durchführen von Ideen-, Programm- und Realisierungswettbewerben**	Die Vorbereitung der Beauftragung von Planern ist Gegenstand des Leistungsbereiches E Verträge und Versicherungen. Die Vergabe derartiger Leistungen durch öffentliche Auftraggeber auf der Grundlage der VOF oder SektVO bringt erhebliche Komplexitäten und auch Arbeitsaufwand mit sich. Eine ganz besonders aufwendige Bearbeitung bringen indessen Planungswettbewerbe und darauf basierende Beauftragungen von Planungsbeteiligten mit sich. Ideen-, Programm- und Realisierungswettbewerbe nach den RPW (2008 – vormals GRW oder aber den RAW) erfordern ein Spezialwissen und eine Erfahrung im Umgang mit entsprechenden Verfahren und sind auch sehr arbeitsaufwendig. Wegen des hier in Rede stehenden besonderen Zeit- und Handlungsaufwandes ist diese Leistung als Besondere Leistung ausgestaltet. Sie verpflichtet zur Beratung bezüglich der einzusetzenden Verfahrensordnung, deren Einbindung in vergaberechtliche Rahmenbedingungen (soweit kein juristisches Spezialwissen erforderlich ist), die Erstellung der Auslobungsunterlagen, die Durchführung der Vorprüfung, die Teilnahme an Preisgerichtssitzungen und deren Vorbereitung, die Erstellung der Wettbewerbsdokumentation und die Vorbereitung der Beauftragung.

23	*4. Besondere Leistung:* **Strukturieren der Prozesse zur Formulierung und Umsetzung der Nachhaltigkeitsstrategie in der Aufbau- und Ablauforganisation**	Verfolgt der Auftraggeber Nachhaltigkeitsstrategien, die ggf. sogar in einer Zertifizierung zum Ausdruck kommen sollen, beinhaltet dies eine sämtliche Phasen der Projektrealisierung durchlaufende Ausrichtung der Planungs- und Ausführungsprozesse auf diese Nachhaltigkeitsaspekte. Der hiermit in Verbindung stehende Aufgabenumfang, der im Wesentlichen in der Steuerung der Projektbeteiligten zur Einhaltung aller Nachhaltigkeitsanforderungen auf sämtlichen Ebenen der Planung und Ausführung besteht, ist keine Grundleistung, sondern soll als Besondere Leistung beauftragt werden. Dem Projektsteuerer fällt dann die Aufgabe zu, die Projektbeteiligten, ggf. unter zusätzlicher Einbindung eines Nachhaltigkeitsberaters und eines Auditors, für die Zertifizierungssysteme so aufeinander abzustimmen, dass Nachhaltigkeitsziele erreicht werden können (dazu ausführlicher Heft 9 der AHO Schriftenreihe, 2014, S. 52, 53).

	1 Projektvorbereitung	Kommentierung
	C Kosten und Finanzierung	**C Kosten und Finanzierung**
24	*1. Grundleistung:* **Mitwirken bei der Erstellung des Rahmens für Investitionskosten und Nutzungskosten**	Liegt bereits ein auftraggeberseitiges Erstbudget bzw. ein definiertes Kostenziel vor, dann obliegt es dem Projektsteuerer, dieses in Zusammenarbeit mit den weiteren Projektbeteiligten zu prüfen. Liegt noch kein Kostenrahmen vor, hat der Projektsteuerer einen entsprechenden Kostenrahmen unter Einbeziehung der bereits beauftragten Projektbeteiligten und deren Leistungsergebnisse zu erstellen. Der Projektsteuerer hat das Kostenbudget mit Kostenkennwerten zu erarbeiten bzw. zu kontrollieren. Dabei ist das Kostenbudget nach den Kostengruppen der DIN 276 zu untergliedern (Hauptkostengruppen). Ggf. hat eine Überprüfung des Kostenrahmens mit BGF- oder BRI-Kennwerten zu erfolgen. Zusätzlich zur Ermittlung des Kostenrahmens ist ein Nutzungskostenrahmen nach Din 18090:2008-02 zu erstellen. Der Projektsteuerer hat im Rahmen dieser Leistung auch bereits Kostenrisiken zu bewerten und insbesondere zukünftige Kostensteigerungen durch Indexentwicklungen oder ähnliche Umstände zu berücksichtigen und entsprechende Risikobudgets zu bilden. Kosten für Nachhaltigkeitssysteme und im Hinblick auf angestrebte Zertifizierungen (»Green Building«) sind ebenfalls in die Betrachtung einzubeziehen. Die 1. Grundleistung der Projektvorbereitung zur Erarbeitung des Kostenrahmens ist eine wichtige Grundleistung. Der Kostenrahmen bildet die Grundlage für alle weiteren Planungs- und Realisierungsmaßnahmen und beschreibt die finanzielle Basis der gesamten späteren Projektabwicklung.
25	*2. Grundleistung:* **Mitwirken beim Ermitteln und Beantragen von Investitions- und Fördermitteln**	Ohne besondere Hinweise hat der Projektsteuerer keine Verpflichtung, auf die Beantragung von Investitions- und Fördermitteln hinzuweisen. Soweit allerdings für ihn bei der Auftragserteilung erkennbar ist, dass alternative Finanzierungsformen oder die Förderfähigkeit in Betracht kommen, hat er den Auftraggeber auf derartige Umstände aufmerksam zu machen. Er hat alsdann alle vorhandenen Informationen zusammenzutragen. Dem Projektsteuerer obliegt allerdings nach dem AHO-Leistungsbild keine Fördermittelberatung. Seine Aufgabe ist auch nicht, eine Projektfinanzierung zu konfigurieren oder inhaltlich zu überprüfen. Vielmehr hat er im Zusammenhang mit der Beantragung von Investitions- und Fördermitteln die technisch-wirtschaftlichen Grundlagen für eine entsprechende Beantragung zusammenzustellen und bei fehlenden Unterlagen Hinweise an den Auftraggeber zur Beschaffung zu erteilen.

2726		Kernaufgabe des Projektsteuerers ist es in diesem Kontext, die Leistungen aller Projektbeteiligten zu koordinieren, damit der Prozess der Beantragung von Fördermitteln inhaltlich und rechtzeitig umgesetzt wird. Dazu gehört es auch, terminliche Vorgaben für die Tätigkeiten der einzelnen Beteiligten zu entwickeln und diese in Zusammenarbeit mit dem Auftraggeber festschreiben zu lassen.
2727	*3. Grundleistung:* **Prüfen und Freigabevorschläge bezüglich der Rechnungen der Planungsbeteiligten und sonstigen Projektbeteiligten (außer bauausführende Unternehmen) zur Zahlung**	Die Grundleistung ist sprachlich präzisiert worden. Anstelle von »Prüfen und Freigeben« ist nunmehr von »Prüfen und Freigabevorschlägen« die Rede. Inhaltlich ergeben sich damit keine Änderungen. Die Formulierung soll lediglich verdeutlichen, dass die Freigabe selbst dem Auftraggeber obliegt. Der Projektsteuerer erarbeitet Freigabevorschläge. Für die Verantwortlichkeit ergeben sich hierauf keine Unterschiede. Insbesondere ist der Auftraggeber nicht verpflichtet, Freigabevorschläge nochmals eigenständig zu überprüfen. Des Weiteren ist durch die Neufassung klargestellt worden, dass sowohl die Prüfung der Rechnungen der Planungsbeteiligten und der sonstigen Projektbeteiligten erfasst ist, mithin auch die Prüfung von Honorarrechnungen von Beratern, Gutachtern und sonstigen Institutionen. Dies war nach der früheren Fassung noch unklar.
2728		Dem Projektsteuerer obliegt im Rahmen dieser Leistungen die volle inhaltliche Überprüfung der Rechnungen der Projektbeteiligten (außer den bauausführenden Unternehmen). Die Rechnungsprüfung der bauausführenden Unternehmen obliegt dagegen in der Regel der Objektplanung in der Leistungsphase 8, so dass der Projektsteuerung insoweit nur eine Plausibilitätskontrolle obliegt. Bei den Rechnungen der Gutachter und Planer und sonstiger Berater hat der Projektsteuerer die Konformität der Rechnungen mit den vertraglichen Bestimmungen inhaltlich im Detail zu überprüfen und die sachliche und rechnerische Übereinstimmung in einem Prüfvermerk für den AG zu dokumentieren.
2729		Die Leistung schließt mit einem Freigabevorschlag betreffend die Rechnungen der Planungbeteiligten oder sonstigen Projektbeteiligten (außer bauausführenden Unternehmen) zur Zahlung ab. Mit dem Freigabevorschlag übernimmt der Projektsteuerer eine wichtige Verantwortung und auch eine haftungsträchtige Leistung. Stellt sich später heraus, dass der Auftraggeber Rechnungen bezahlt hat, die aus Gründen, die der Projektsteuerer aus von ihm zu vertretenden Gründen übersehen hat, nicht ausgezahlt werden durften, kann dem Auftraggeber ein Ersatzanspruch zustehen. Insbesondere gehört zur Rechnungsprüfung der Abgleich von HOAI-Rechnungen mit dem Abrechnungssystem der HOAI, der dortigen Tafelwerte und der weiteren Honorarberechnungsparameter. Soweit Rechtsfragen involviert sind, darf der Projektsteuerer den Auftraggeber darauf hinweisen, dass die Prüfung über die normale Rechnungsprüfung hinausgeht und wesentliche juristische Fragestellungen beinhaltet. Der Auftraggeber hat dann juristischen Rat einzuholen. Die Rechnungsprüfung ist erst nach Eingang desselben abzuschließen.
2730	*4. Grundleistung:* **Abstimmen und Einrichten der projektspezifischen Kostenverfolgung für den Mittelabfluss**	Die Leistung wurde früher als Einrichtung der Projektbuchhaltung qualifiziert. Eine Projektbuchhaltung im umfassenden Sinne ist nunmehr nicht mehr Gegenstand der Leistung des Projektsteuerers. Gegenstand der Leistung ist die Erarbeitung der voraussichtlichen Vergabesummen für jede Planungs- und Bauleistung und die Sicherstellung der Einrichtung und Durchführung der Kostenverfolgung. Dem Auftraggeber sind die voraussichtlichen Mittelabflüsse in betragsmäßiger und terminlicher Hinsicht zu benennen, damit dieser die Projektfinanzierung hierauf einrichten kann. Außerdem muss für die Zukunft sichergestellt sein, dass Veränderungen, z. B. aufgrund von Nachträgen, erfasst und dokumentiert werden sowie die Mittelverfolgung fortgeschrieben wird.

31		Die 3. Auflage des AHO-Leistungsbildes enthielt eine Beschränkung dieser Grundleistung auf die Kostenverfolgung »für den Mittelabfluss«. Diese Beschränkung ist aufgegeben worden, ohne dass dadurch eine inhaltliche Erweiterung der Leistung erfolgen sollte. Im Vordergrund dieser Leistung steht nicht das allgemeine Nachtragsmanagement, sondern das ständige Informierthalten des Auftraggebers im Sinne einer aktuellen Auskunftsbereitschaft über die Entwicklung der Budgets, der Auftrags- und Abrechnungssummen, Kostenüber- bzw. -unterschreitungen sowie die Einhaltung der Projektziele.
32		Diese Leistung bedeutet nicht, dass der Projektsteuerer Leistungen der HOAI zwangsläufig mitübernehmen muss. Vielmehr ist die Leistung so zu verstehen, dass der Projektsteuerer Leistungen, die der Objektplaner nach der HOAI übernimmt, fruchtbar gemacht werden können. Der Projektsteuerer schuldet dort, wo auf Leistungen der Objektplaner zurückgegriffen werden kann, keine eigenen Ermittlungen betreffend die projektspezifische Kostenverfolgung, muss diese aber auf Plausibilität überprüfen. Unter anderem geht es darum, den Auftraggeber in die Lage zu versetzen – ggf. auch über Kostentrendbetrachtungen – seine Finanzierung für das maßgebliche Projekt auf die tatsächlich zu erwartenden Mittelabflüsse auszurichten und Schwierigkeiten aufgrund zu spät erkannter Kostensteigerungen zu vermeiden.
	– Besondere Leistungen –	
33	***1. Besondere Leistung:*** **Erstellen von Wirtschaftlichkeitsuntersuchungen**	Wirtschaftlichkeitsuntersuchungen sind der Projektentwicklung zugeordnet, sie sind der Projektvorbereitung vorgelagert. Deshalb handelt es sich um eine Besondere Leistung, die erst die Überprüfung der Entscheidungsgrundlagen für die Umsetzung eines Projektes zum Gegenstand hat. Derartige Wirtschaftlichkeitsuntersuchungen können die Umsetzungsfähigkeit des Projektes selbst zum Gegenstand haben, aber auch bestimmte Beschaffungsvarianten betreffen. Sie beinhalten in aller Regel eine Berechnung im Sinne einer Kosten-Nutzenanalyse. Derartige Berechnungen setzen auf der Kostenseite die Erfassung aller anfallenden Kosten für Kapital, Planung, Bau, Errichtung, Steuern, Betriebskosten und Bauunterhaltung voraus, auf der Ertragsseite die Ermittlung der zu erwartenden Einnahmen. Zu derartigen Wirtschaftlichkeitsuntersuchungen, die hinsichtlich ihres Anforderungsprofils genau zu definieren sind, können auch Sensitivitätsanalysen und Szenariobetrachtungen gehören, insbesondere wenn es darum geht, mehr oder weniger geeignete Projektrealisierungsformen miteinander zu vergleichen.
34		Die Qualifizierung der Besonderen Leistungen ist vornehmlich als Hinweis darauf zu verstehen, dass Wirtschaftlichkeitsuntersuchungen in der Regel als Bestandteil der Projektentwicklung und nicht Grundleistung des Leistungsbildes der Projektsteuerung nach AHO sind. Die genauen Leistungsanforderungen an diese Besondere Leistung, Wirtschaftlichkeitsuntersuchungen und auch die hierfür maßgebliche Vergütung haben die Vertragsparteien im Detail festzulegen.

2735	*2. Besondere Leistung:* **Verwenden von auftraggeberseitig vorgegebenen EDV-Programmen mit besonderen Anforderungen in Bezug auf die Informationsverarbeitung und Dokumentation**	Nicht selten kommt es vor, dass Auftraggeber spezifische Buchhaltungsprogramme verwenden, die Auswirkungen auf die Projektabwicklung haben. Diese Buchhaltungssysteme beinhalten nicht selten eine eigene Methodik, die nur schwerlich mit den Projektprozessen und Projektkommunikationssystemen in Einklang gebracht werden kann. Wenn hieraus besondere Anforderungen erwachsen, die nicht den in der Praxis üblichen Erfassungs- und Abwicklungsmodalitäten entsprechen, sind diese Aufgaben Besondere Leistungen. Die Besonderen Leistungen sind im Einzelnen zu beschreiben und in Bezug auf die Vergütung des Projektsteuerers gesondert zu bewerten. Mit der 4. Auflage des Leistungsbildes ist diese Besondere Leistung sprachlich präzisiert worden. Es ist im Einzelnen zu prüfen, ob die Programmfunktionalität auftraggeberseitiger Programmsysteme zu Bearbeitungsmehraufwendungen führt. Maßstab ist das, was der Projektsteuerer als marktüblichen Standard auftraggeberseitiger EDV-Verarbeitung erwarten kann. Wenn aber die vorhandenen EDV-Rahmenbedingungen zur Notwendigkeit von intensiven Schulungen zur Sicherstellung der Informationsverarbeitung oder aber zu sehr aufwendigen Prozessen bei der Dokumentation führen, kann eine Besondere Leistung vorliegen.

	1 Projektvorbereitung	**Kommentierung**
2736	**D Termine, Kapazitäten und Logistik**	**D Termine, Kapazitäten und Logistik**
	1. Grundleistung: **Aufstellen und Abstimmen des Terminrahmens**	Auch nach der HOAI 2013 enthalten die Grundleistungen der Lph. 1 (Grundlagenermittlung) keine explizite Verpflichtung des Objektplaners, einen Terminrahmen zu erstellen. Im Hinblick auf den werkvertraglichen Inhalt der gebräuchlichen Vertragsmuster wird der Objektplaner aber in der Regel ebenfalls verpflichtet sein, terminliche Rahmenbedingungen zu erarbeiten und mit dem Auftraggeber festzulegen. Im Hinblick auf die bestehende Regelungslücke in den Leistungsbildern der HOAI enthalten die Projektsteuerungsleistungsbilder seit jeher die ausdrückliche Verpflichtung des Projektsteuerers, einen entsprechenden Terminrahmen zu erarbeiten. Der Terminrahmen enthält eine erste Grobgliederung des Vorhabens in Meilensteine, für die Projektvorbereitung, Planungsdauern, Genehmigungsdauern, Beginn- und Fertigstellungstermine für die einzelnen Bauleistungen und die Fertigstellung/Übergabe des Gebäudes in die Nutzung. In der Regel enthält ein derartiger Rahmenplan 20 – 30 Vorgänge. Bei größeren Projekten kann es sich auch um deutlich mehr Einzelvorgänge handeln.
2737		Der Projektsteuerer muss also ausreichende Fachkenntnisse mitbringen, um die Bauaufgabe terminlich zu durchdringen und einen ersten Terminrahmen zu erstellen. Das ist ein Meilensteinplan, der – soweit erforderlich – durch einen Erläuterungsbericht ergänzt wird. Als Darstellungsform hat sich ein Balkenplan bewährt, der die wesentlichen Vorgänge des gesamten Projektablaufes auf einer Seite abbildet. Mit den heutigen EDV-Terminplanungstools wird in der Regel ein vernetzter Balkenplan erzeugt.

38	*2. Grundleistung:* **Aufstellen und Abstimmen des Steuerungsterminplans für das Gesamtprojekt und Ableiten des Kapazitätsrahmens**	Im Hinblick auf die HOAI 2013, die erstmals in der Lph. 2 eine Grundleistung des Objektplaners vorsieht, *»Erstellen eines Terminplans mit den wesentlichen Vorgängen des Planungs- und Bauablaufs«* war eine Neuausrichtung auch der Projektsteuerungsleistungen im Bereich der Terminplanung erforderlich. Begrifflich wurde dies dadurch deutlich gemacht, dass von dem Begriff der Generalablaufplanung Abstand genommen und stattdessen generell von Steuerungsterminplanung gesprochen wird. Nach dem aktuellen AHO-Konzept hat der Projektsteuerer dementsprechend neben der durchgängigen Entwicklung und Fortschreibung des Terminrahmens auch einen gesamtprojektbezogenen Steuerungsterminplan (vormals Generalablaufplan) zu erstellen und fortzuschreiben. Die beiden Terminplanungsebenen (Terminrahmen und Steuerungsterminplan) bleiben in der Verantwortung des Projektsteuerers, wobei ab der Lph. 2 nach HOAI die Ergebnisse der Abstimmungen mit den Planungsbeteiligten bezüglich der von diesen zu erstellenden Terminplänen in die Fortentwicklung von Terminrahmen und Steuerungsterminplanung integriert werden müssen.
39		Unter Berücksichtigung der Organisationsvorgaben, dort insbesondere der Aufbau- und Ablauforganisation, der ermittelten Kapazitäten und sonstigen Rahmenbedingungen hat der Projektsteuerer dabei einen vernetzten Terminplan für das Gesamtprojekt zu erstellen, der tiefer gegliedert ist als der Terminrahmen. Es werden nicht nur Meilensteine dargestellt, sondern einzelne Planungs-, Genehmigungs- und Vergabeschritte, die Bauausführung nach Bauteilen oder Losen sowie die Inbetriebnahme- und Übergabephase. In diesem Zusammenhang werden die Vertragstermine für die Planer entwickelt und vorgegeben. Diese Generalablaufplanung enthält in der Regel 20 – 70 Vorgänge, bei größeren Projekten können es durchaus mehr sein. In den folgenden Phasen der Terminplanung werden aus diesem Steuerungsterminplan einzelne (Detail-) Steuerungsterminpläne abgeleitet, etwa ein Steuerungsterminplan für Planungsvorbereitung und Vergabe der Planung, ein Steuerungsterminplan der Planung, ein Steuerungsterminplan der Ausführungsplanung usw., welche alsdann von den Planungsbeteiligten im weiteren Fortschritt des Projektes fortentwickelt werden. Die übergeordnete Steuerungsterminplanung ist um einen Erläuterungsbericht unter Aufnahme der getroffenen Annahmebezugsdaten zu ergänzen. Der kritische Weg und die wesentlichen Risiken der Projektabwicklung sollten dabei herausgearbeitet sein.
40		In den folgenden Phasen der Terminplanung werden aus diesem Steuerungsterminplan einzelne (Detail-) Steuerungsterminpläne abgeleitet, etwa ein Steuerungsterminplan für Planungsvorbereitung und Vergabe der Planung, ein Steuerungsterminplan der Planung, ein Steuerungsterminplan der Ausführungsplanung usw., welche alsdann von den Planungsbeteiligten im weiteren Fortschritt des Projektes fortentwickelt werden. Die übergeordnete Steuerungsterminplanung ist um einen Erläuterungsbericht unter Aufnahme der getroffenen Annahmebezugsdaten zu ergänzen. Der kritische Weg und die wesentlichen Risiken der Projektabwicklung sollten dabei herausgearbeitet sein.

2741	*3. Grundleistung:* **Erfassen logistischer Einflussgrößen unter Berücksichtigung relevanter Standort- und Rahmenbedingungen**	Diese Leistung ist durch die 4. Auflage des AHO-Leistungsbildes unberührt geblieben. In den Vorauflagen des Leistungsbildes hat es jedoch mehrfach Präzisierungen gegeben. Der Projektsteuerer ist im Rahmen dieser Leistung verpflichtet, logistische Zwangspunkte des Bauvorhabens zu erfassen und hat auf daraus ableitbare Problempunkte hinzuweisen und Lösungsvorschläge zu unterbreiten. Dem Projektsteuerer obliegt es insbesondere, den Auftraggeber darauf hinzuweisen, falls ein projektspezifisches Logistikkonzept von Sonderfachleuten zu entwerfen ist. Speziell bei Großbaustellen ergeben sich typische Zwangspunkte im Hinblick auf die ungestörte Ver- und Entsorgung der Baustelle mit Baumaterialien und dem reibungslosen Zugang und Verkehrsfluss für alle am Projekt Beteiligten. Zumeist muss auch eine ausreichende Sicherung und Bewachung unter Berücksichtigung der arbeitsrechtlichen Schutzgesetze installiert werden. Besonders bei Baustellen mit mehreren Objekten und unterschiedlichen Auftragnehmern entsteht hier eine besondere Aufgabenstellung, welche nur mit einer gesonderten Logistikordnung (Baustellenordnung) beherrscht werden kann. Die Aufstellung und Umsetzung einer solchen Logistikordnung obliegt dem Projektsteuerer nicht. Entsprechende Leistungen können bei Vorliegen entsprechenden Fachwissens als Besondere Leistungen übertragen werden.
	– Besondere Leistungen –	
	Keine	

	1 Projektvorbereitung	Kommentierung
2742	**E Verträge und Versicherungen**	**E Verträge und Versicherungen**
	1. Grundleistung: **Mitwirkung bei der Erstellung einer Vergabe- und Vertragsstruktur für das Gesamtprojekt**	Der Projektsteuerer ist kein Rechtsberater. Gleichwohl obliegen ihm innerhalb der Rahmenbedingungen des Rechtsdienstleistungsgesetzes zulässige (auch rechtlich relevante) Beratungstätigkeiten bei der Projektrealisierung (dazu Rdn. 961). Wesentliche Aufgabenstellungen sind die Zusammenstellung aller Informationen für den Auftraggeber, welche für die Entscheidung über – das einschlägige Vergaberegime – die möglichen Einsatzformen für die Projektbeteiligten (Einzelplaner/Generalplaner; Einzelunternehmer/Paketunternehmer/Generalunternehmer usw.) – die Festlegung der maßgeblichen Vertragsformen (Einheitspreisverträge/Pauschalverträge, Vergütung nach HOAI oder – soweit zulässig – nach Personaleinsatzplänen usw.) – die Abgrenzung der einzelnen Aufgabenpakete in den Planungs- und Ausführungsbereichen – die Beratung zu speziellen Leistungsbildern wie Fassadenplanung/-beratung, Lichtplanung usw.
2743		Die Leistungen müssen darauf gerichtet sein, eine in sich widerspruchsfreie vertragsrechtliche Projektorganisation sicherzustellen. Bei Großprojekten kann hier bereits eine erhebliche juristische Kompetenz erforderlich sein, um eine belastbare Vergabe- und Vertragsstruktur sicherzustellen. Dann hat der Projektsteuerer den Auftraggeber auf diesen Umstand hinzuweisen, damit entsprechendes Experten-Know-how rechtzeitig einbezogen werden kann. Die Vorteilhaftigkeit der einzelnen Organisations- und Vertragskonzepte ist ggf. mit einer Matrix über die Vor- und Nachteile der einzelnen Einsatzformen darzustellen. Außerdem sind mit dem Auftraggeber Strategien der außergerichtlichen Streitschlichtung zu erörtern und bei Bedarf unter Zuhilfenahme der Rechtsberatung des Auftraggebers auszugestalten.

44	***2. Grundleistung:*** **Vorbereiten und Abstimmen der Inhalte der Planerverträge**	Bei einfach gelagerten Projekten können Standardverträge für Planer, wie sie etwa in der RBBau enthalten sind, verwendet werden. Vornehmliche Aufgabe des Projektsteuerers ist es hier, Leistungsbilder für die einzelnen Planungsleistungen abzustimmen, zumal die HOAI-Leistungsbilder nicht für jeden Einsatzfall umfassend geeignet sind. Insbesondere ist jeweils festzulegen, welche Besonderen Leistungen projektspezifisch erforderlich sind und wie die einzelnen Planungsbeteiligten hinsichtlich ihrer Koordinierungs- und Informationsaufgaben verzahnt werden müssen. Vorgaben für den Personaleinsatz wie auch für die Honorarermittlung (speziell dann, wenn die HOAI, z. B. aufgrund der Höhe der anrechenbaren Baukosten – nicht anwendbar ist) gehören zum Leistungsinhalt.
45		Besondere Aufmerksamkeit bedarf die Ausgestaltung der stufenweisen Beauftragung, zumal die HOAI-Leistungsbilder die maßgebliche Leistung nicht trennscharf auf die einzelnen Leistungsphasen verteilen und etwa bei der Beauftragung der Objektüberwachung darauf zu achten ist, dass die nachlaufende Fortschreibung der Ausführungsplanung noch erfolgt und das Nachtragsmanagement möglichst bei der Objektüberwachung verankert wird. Des Weiteren ist bei Generalplanungskonzepten auf spezielle Mechanismen zur Sicherstellung der Prüfung und Integration der Fachplanungsleistungen zu achten. Schließlich muss bedacht werden, dass bei einzelnen Unternehmereinsatzmodellen die unterschiedliche Verteilung von Planungsaufgaben und unterschiedliche Leistungsbeschreibungsformen anzutreffen sind, so dass schon in der Frühphase der Ausgestaltung der Planerverträge entweder die spätere Unternehmereinsatzform abgestimmt oder eine stufenweise Beauftragung mit alternativer Abrufbefugnis sogenannter ersetzender Besonderer Leistungen vorgesehen werden muss.
46	***3. Grundleistung:*** **Mitwirken bei der Auswahl der zu Beteiligenden, bei Verhandlungen und Vorbereitungen der Beauftragungen**	Der Projektsteuerer hat den Auftraggeber bei der Auswahl der Projektbeteiligten zu unterstützen, etwa der Planer, Berater und Gutachter. In diesem Kontext hat er Vorschläge für die Beauftragung leistungsfähiger Planungsunternehmen zu unterbreiten oder aber eine Ausschreibung durchzuführen und die eingehenden Bewerbungen auf Geeignetheit zu überprüfen. Ihm obliegt dabei die Beratung zu Eignungs-, Bewerbungs- und Zuschlagskriterien und die Beratung zu Leistungsbildern, sofern nicht bereits ein Objektplaner beauftragt ist, der diese Leistungen zu erbringen hat. In Bezug auf die Unterstützung eines öffentlichen Auftraggebers gelten Besonderheiten. Dieser hat nämlich bei der Beauftragung von Projektbeteiligten, Planern und Gutachtern die Rahmenbedingungen des jeweiligen geltenden Vergaberegimes zu beachten, etwa der Regelungen der VOF oder der SektVO, ggf. auch der VOL/A. Speziell die Durchführung entsprechender öffentlicher Auftragsvergaben, z.B. als VOF-Verfahren, beinhaltet erhebliche Komplexitäten und auch einen zusätzlichen Aufwand betreffend Bekanntmachung, Eignungsprüfung, Vergabeverhandlung, Verantwortung von Bieterrügen, Einsprüchen, Mitbearbeitung des Vergabevermerks, notwendige Informationen und Bekanntmachungen der Vergabe. Diese Leistungen werden zum Teil durch spezialisierte VOF-Büros als Sonderfachleute erbracht.

2747		Ab der 4. Auflage des AHO-Leistungsbildes findet sich in der Kommentierung der Hinweis, dass die Beauftragung mit VOF-Verfahren, soweit es um die operative Unterstützung des Auftraggebers bei der Abwicklung entsprechender Beauftragungen geht, nicht zu den Grundleistungen gehört, sondern als Besondere Leistung zu vereinbaren und damit auch zusätzlich zu vergüten ist. Für Auftraggeber bedeutet dies, dass sie entsprechende Besondere Leistungen vorsehen und hierüber auch ein Einvernehmen in Bezug auf die Vergütung mit dem Projektsteuerer herbeiführen sollen. Entsprechendes gilt erst Recht, wenn Projektbeteiligte im Rahmen formalisierter Wettbewerbe, etwa nach den Richtlinien für Planungswettbewerbe (RPW 2013) beauftragt werden sollen.
2748		Soweit Verhandlungen zulässig sind, sind diese vom Projektsteuerer vorzubereiten und die technisch-wirtschaftlichen Inhalte für die Planerbeauftragungen vorzugeben. Die Anlagen für die Planerverträge sind auf Vollständigkeit und Widerspruchsfreiheit zu überprüfen.
2749	***4. Grundleistung:*** **Vorgabe der Vertragstermine und -fristen für die Planerverträge**	Eine besondere Aufgabenstellung liegt in der Vorgabe der Vertragstermine und -fristen für die Planerverträge. Hier hat der Projektsteuerer Kapazitätsüberlegungen anzustellen und zu prüfen, welche Vertragstermine und -fristen unter Berücksichtigung der Leistungsfähigkeit der eingeschalteten Planungsbüros, der Planungsaufgabe und der Projektziele realistischerweise in Betracht kommen. Soweit noch keine abschließenden Termine für die Vorlage von Planungsergebnissen definiert werden können, sind insoweit Ausführungszeiträume und ggf. Leistungsbestimmungsrechte (nach juristischer Überprüfung) vorzusehen. Die Vorgabe der Vertragstermine und -fristen für die Planerverträge ist eine anspruchsvolle und wichtige Aufgabe für die Projektsteuerung.
2750		Zu beachten ist, dass auch dem Objektplaner eine Verpflichtung zur Terminplanung der Planung obliegt, wobei in der Lph. 2 eine entsprechende Grundleistung vorgesehen ist. Im Rahmen der Beauftragung sind dementsprechend auch vom Planer entsprechende Kapazitäten des Planungsbüros abzufragen und die Vorstellung des Planungsbüros über die terminliche Auftragsabwicklung mitzuberücksichtigen, damit nicht später Widersprüche zwischen der Terminplanung der Planung durch den Projektsteuerer und dem Planer auftreten. Zweckmäßigerweise sollten die Ergebnisse der Kapazität der Planungen des Planers in ein Personaleinsatzkonzept eingehen, welches zur Grundlage der Beauftragung gemacht werden kann.
2751	***5. Grundleistung:*** **Mitwirkung bei der Erstellung eines Versicherungskonzeptes für das Gesamtprojekt**	Ein sachangemessenes Versicherungskonzept ist für jede größere Baumaßnahme erforderlich. Dazu gehört die Definition von Deckungshöhen bei Haftpflichtversicherungen für Planungs- und Baubeteiligte wie auch Vorgaben hinsichtlich abzuschließender Montage- und/oder Bauwesenversicherungen. Die Mitwirkung des Projektsteuerers erstreckt sich insoweit darauf, die aus der Größe und Komplexität der jeweiligen Aufgabenstellung erwachsenden Risiken aufzuzeigen und an der Definition des Versicherungsbedarfs durch den Auftraggeber mitzuwirken. Er hat dabei alle technisch-wirtschaftlichen Entscheidungsparameter aufzubereiten, die für die Erarbeitung eines Versicherungskonzeptes durch den Auftraggeber erforderlich sind. Dem Projektsteuerer obliegt allerdings nicht die Erarbeitung eines Versicherungskonzeptes selbst. Insbesondere ist er nicht für die Konzeption einer projektspezifisch aufgesetzte Projektversicherung (zur gesamtheitlichen Einbeziehung aller Projektbeteiligten) zuständig.

752

	Die Steuerungsleistungen sind so auszurichten, dass bereits zum Zeitpunkt der Beauftragung der Planungsbeteiligten ein Versicherungskonzept erarbeitet ist und fortan bei allen Vertragsschlüssen die Versicherungskonzeption zugrunde gelegt werden kann. Insbesondere auftraggeberseitige Vorgaben im Hinblick auf eine von Projektbeteiligten beizubringende Objektdeckung oder Projektversicherungen, ggf. auch Exzedentenversicherungen, haben Auswirkungen auf die vertraglichen Regelungen zur Versicherungspflicht der Projektbeteiligten.
– Besondere Leistungen –	
Keine	

	2 Planung	Kommentierung
2753	**A Organisation, Information, Koordination und Dokumentation (handlungsbereichsübergreifend)**	**A Organisation, Information, Koordination und Dokumentation (handlungsbereichsübergreifend)**
	1. Grundleistung: **Fortschreiben der projektspezifischen Organisationsvorgaben mit Projektstrukturplanung**	Im Rahmen dieser Leistungen werden die in der Phase 1 Projektvorbereitung erarbeiteten Organisationsvorgaben fortgeschrieben. Dies kann im Rahmen eines Organisationshandbuches oder in sonstiger projektspezifisch angepasster Form, auch im Rahmen der Dokumentation im Rahmen eines Projektkommunikationssystems erfolgen. Zu Beginn der Leistungsphase Planung sollten alle organisatorischen Rahmenbedingungen abschließend dokumentiert sein, damit eine insgesamt handlungsfähige Projektorganisation für einen störungsfreien Planungsprozess sichergestellt ist.
2754		Erstmals ab der 4. Auflage des AHO-Leistungsbildes ist als Bestandteil der Organisationsvorgaben auch die Projektstrukturplanung als vom Projektsteuerer zu erarbeitende Leistung vorgesehen. Eine entsprechende Leistung findet sich im Leistungsbild des Objektplaners nach HOAI, Lph. 1 als Besondere Leistung. Der Auftraggeber kann daher entscheiden, ob er die Projektstrukturplanung vom Projektsteuerer oder vom Objektplaner erbringen lässt. Erstellt der Objektplaner aufforderungsgemäß eine entsprechende Projektstrukturplanung, bedarf es einer gesonderten Erstellung durch den Projektsteuerer nicht mehr. Dieser hat alsdann das Ergebnis der Leistungen des Objektplaners zu prüfen. Ein Anlass für eine Honorarminderung ergibt sich hieraus nicht. Der Projektstrukturplan sollte die Aufbauorganisation des Projektes im Detail beschreiben, insbesondere alle wesentlichen Projektbeteiligten mit Vertrags- und Weisungs-/Anordnungsbeziehungen.
2755	*2. Grundleistung:* **Analysieren und Bewerten der Planungsprozesse auf Konformität mit den vorgegebenen Projektzielen**	Aufgabe des Projektsteuerers ist es, die Planungstätigkeit in terminlicher und inhaltlicher Hinsicht, auch hinsichtlich der Koordinierung und die ordnungsgemäße Integration der Fachplanungsleistungen durch die Objektplanung zu überprüfen. Er hat die Ergebnisse stichprobenweise zu analysieren und bei Bedarf steuernd einzugreifen. Bei erkennbaren Fehlsteuerungen kann sich die Notwendigkeit ergeben, dass der Projektsteuerer an den Planungsgesprächen teilnimmt. Er hat zudem für eine ordnungsgemäße Protokollierung der Planungsbesprechungen Sorge zu tragen und ebenfalls ib Stichpunkten zu überprüfen, ob sich aus den Protokollen Hinweise für Projektzielverfehlungen ergeben.
2756	*3. Grundleistung:* **Fortschreiben der Dokumentation der Projektvorgaben**	Bei dieser Leistung geht es im Wesentlichen um die Fortschreibung der in der Projektvorbereitung vorgesehenen Leistung zur Mitwirkung bei der Festlegung der Projektziele und Dokumentation der Projektvorgaben. Hierauf kann verwiesen werden.
	4. Grundleistung: **Überprüfen und Umsetzen der Kommunikationsstruktur – regelmäßiges Informieren und Abstimmen mit dem Auftraggeber (Berichtswesen)**	Diese Leistung des Projektsteuerers beinhaltet im Wesentlichen die Fortschreibung der Leistungen entsprechend der 4. Grundleistung in der Projektvorbereitung. Hauptaufgabenstellung dieser Leistung ist die Sicherstellung eines geordneten und funktionsfähigen Informations- und Berichtswesens auch in der weiteren Projektstufe Planung.
2757	*5. Grundleistung:* **Umsetzen des Entscheidungsmanagements**	Die Leistung setzt die entsprechende Grundleistung aus der Projektvorbereitung fort. Insoweit geht es für den Bereich der Planung um die maßgebliche Entscheidungsvorbereitung unter Herbeiführung aller planungsrelevanten Entscheidungen des AG.

58	***6. Grundleistung:*** **Umsetzen des Änderungsmanagements**	Die Instrumente und Methoden des Änderungsmanagementsystems sind sachgerecht einzusetzen. Der Projektsteuerer hat darauf zu achten, dass alle Änderungen erfasst, die zugrunde liegenden Sachverhalte dokumentiert, Änderungsfolgen in terminlicher und finanzieller Hinsicht bewertet und Entscheidungen aufgrund der geänderten Sachlage getroffen werden. Dabei ist auch zu prüfen, ob und inwieweit die Umsetzung der Regelabläufe, Listen und Formulare für Änderungen in der Praxis erfolgt und ggf. Gegensteuerungsmaßnahmen vorzuschlagen. Wenn der Projektsteuerer die Leistung »Umsetzen des Änderungsmanagements« übernommen hat, dann hat er – selbstverständlich – auch alle Maßnahmen zur Steuerung von Änderungssachverhalten zu unternehmen. Das heißt, er hat an der Erfassung und Bewertung von Nachtragssachverhalten mitzuwirken. Er hat auch alle Unterstützungshandlungen vorzunehmen, damit Abweichungen, Wiederholungen im Planungsprozess wie auch Störungen im Planungsfortschritt, ggf. auch Kündigungen (Austausch) von Planern, sicher bewältigt werden können. Alleine Störungen des Planungsprozesses berechtigen bei Übernahme des Änderungsmanagements nicht dazu, eine geänderte Leistung des Projektmanagements anzunehmen und eine zusätzliche Vergütung zu verlangen.
59	***7. Grundleistung:*** **Analysieren und Bewerten der Koordinationsleistungen des Objektplaners**	Diese Leistung ist mit der 4. Auflage des AHO-Leistungsbildes neu in den Leistungskatalog aufgenommen worden. Hintergrund ist die Verstärkung der Koordinationsanforderungen an den Objektplaner nach der HOAI-Novelle 2013. Schon in der Vorplanung hat der Objektplaner in seinen Grundleistungen für die Koordination und Integration von Leistungen der Fachplaner zu sorgen. Der jeweilige Planungsvertrag kann weitergehende Anforderungen enthalten. Es ist dementsprechend eine wichtige Kontrollaufgabe des Projektsteuerers, Koordinierungstätigkeiten des Objektplaners zu überwachen, Defizite aufzuzeigen und für Abhilfe zu sorgen. Das Analysieren und Bewerten der Koordinationsleistungen bezieht sich sowohl auf die Planung der Koordination, einschl. einer geordneten Schnittstellendokumentation sowie einer Überwachung der tatsächlich durchgeführten Koordinationsleistungen.
60	***8. Grundleistung:*** **Mitwirken beim Risikomanagement**	Diese Leistung betrifft die Fortsetzung der Mitwirkungsleistung des Projektsteuerers beim Risikomanagement aus der Projektvorbereitung. Sofern und soweit bei der Abwicklung der Planungsleistungen Risiken erkennbar werden, hat der Projektsteuerer diese zu identifizieren, den Auftraggeber hierauf hinzuweisen und die Risiken zu bewerten. Gegenmaßnahmen hat er dem Auftraggeber vorzuschlagen.
	9. Grundleistung: **Analysieren und Bewerten der ordnungsgemäßen Nutzung des Projektkommunikationssystems durch die Projektbeteiligten**	Der Projektsteuerer selbst hat – soweit er nicht mit entsprechenden Besonderen Leistungen beauftragt wird – den Betrieb des Kommunikationssystems nicht selbst sicherzustellen. Er hat aber zu prüfen, ob ein vorhandenes Projektkommunikationssystem ordnungsgemäß genutzt wird, ob die notwendigen technischen Abläufe störungsfrei funktionieren, eine ausreichende Einweisung und Schulung der Projektbeteiligten stattfindet und die Nutzung der Kommunikationsressourcen im Rahmen der Planungstätigkeit ordnungsgemäß erfolgt.
61	***10. Grundleistung:*** **Mitwirken bei der Herbeiführung der behördlichen Genehmigungen**	Diese Leistung ist mit der 4. AHO-Novelle sprachlich nochmals neu gefasst worden. Die AHO-Fachkommission hat dabei den Mitwirkungscharakter der Leistung betont. Herr der Antragsverfahren ist der Objektplaner. Dem Projektsteuerer obliegt die Steuerung der Genehmigungsverfahren unter Einbindung des Objektplaners und der sonstigen fachlich Beteiligten. Aus der Formulierung ergibt sich auch, dass es sich um eine erfolgsorientierte Tätigkeit handelt. Alle Steuerungsleistungen müssen auf die Herbeiführung der behördlichen Genehmigung gerichtet sein.

	– Besondere Leistungen –	
2762	*1. **Besondere Leistung: Vertreten der Planungskonzeption gegenüber der Öffentlichkeit unter besonderen Anforderungen und Zielsetzungen sowie bei mehr als fünf Erläuterungs- oder Erörterungsterminen***	Der Projektsteuerer hat bei dem Vertreten der Planungskonzeption mitzuwirken. Das bezieht sich auch auf die Präsentation der Planungskonzeption durch die Objektplaner gegenüber Gremien des Auftraggebers und bei Bauvorhaben, die im öffentlichen Interesse liegen, auch im Verhältnis zur Öffentlichkeit. Die Leistungen sind allerdings auf übliche Unterstützungsmaßnahmen begrenzt. Wenn ein Projekt stark in die Kritik gerät und überdurchschnittlich viele oder schwierige Erörterungstermine zur Darstellung der Planungsergebnisse stattfinden, sind diese als Besondere Leistungen zu qualifizieren. Generell sind mehr als 5 Erläuterungs- oder Erörterungstermine als Besondere Leistung zu beauftragen und besonders zu vergüten und nicht in den Grundleistungen enthalten. Das »Vertreten der Planungskonzeption« bezieht sich auf die dem Projektsteuerer obliegenden Überwachungstätigkeiten im Hinblick auf Projektziele, Organisation, Qualitäten, Kosten und Termine und die Bewältigung des ihm übertragenen Risikomanagements.
2763	*2. **Besondere Leistung: Betreiben eines eigenen Projektkommunikationssystems***	In der Projektvorbereitung ist als Besondere Leistung das Einrichten eines eigenen Projektkommunikationssystems vorgesehen. Während der Planungsphase geht es um das Betreiben eines eigenen Projektkommunikationssystems. Die Nutzung eines eigenen Projektkommunikationssystems des Projektsteuerers für die Projektkommunikationsprozesse ist nicht Grundleistung. Selbstverständlich obliegt es aber den Projektsteuerern, ein vom Auftraggeber oder von Dritten zur Verfügung gestelltes Projektkommunikationssystem bei den Kommunikationsprozessen einzubeziehen. Einzelheiten sind vom Projektsteuerer im Rahmen der Projektorganisationsvorgaben zu regeln.
2764	*3. **Besondere Leistung: Umsetzen von Risikomanagementsystemen mit besonderen Anforderungen***	Diese Leistung korrespondiert mit der Leistung 1 A B 5 aus der Projektvorbereitung. Die dortigen Abgrenzungen zum allgemeinen Risikomanagement sind auch hier maßgeblich. Bei dieser besonderen Leistung geht es um die Umsetzung von Risikomanagementsystemen mit besonderen Anforderungen während der Planungsphase.
2765	*4. **Besondere Leistung: Mitwirken bei der Einbeziehung zu beteiligender Dritter und der Öffentlichkeit bei der weiteren Projektrealisierung***	Diese Leistung entspricht der 7. Besonderen Leistung aus der Projektvorbereitung (1 A B 7). Die Leistung hat die Umsetzung des Stakeholder-Konzeptes während der Planungsphase zum Gegenstand

	2 Planung	**Kommentierung**
2766		
	B Qualitäten und Quantitäten	**B Qualitäten und Quantitäten**
	1. Grundleistung: **Laufendes Analysieren und Bewerten der Leistungen der Planungsbeteiligten**	Bis einschließlich zur 3. Auflage des AHO-Leistungsbildes hieß diese 1. Grundleistung: »Überprüfen der Planungsergebnisse auf Konformität mit den vorgegebenen Projektzielen«. Es handelte sich einerseits um eine bloße Überprüfungsleistung. Diese war auch ausschließlich darauf gerichtet, die Konformität mit den vorgegebenen Projektzielen herauszuarbeiten. Die ab der 4. Auflage geltende Formulierung der 1. Grundleistung bezieht sich auf die gesamten Leistungen der Planungsbeteiligten hinsichtlich ihrer qualitativen Erbringung. Damit ist die Beschränkung der Kontrolle auf die Konformität mit den vorgegebenen Projektzielen aufgegeben.

767		Die Leistungen des Projektsteuerers bestehen allerdings nicht darin, dass er selbst die Planungsleistungen im Detail überprüft. Er hat diese aber zu analysieren und zu bewerten, was entsprechend der Legaldefinition in § 2 Abs. 4 des Leistungsbildes eine Kontrolle des laufenden Projektprozesses/Projektfortschritts bzw. von Leistungen der Projektbeteiligten in Stichproben mit dem Ziel einer Handlungsempfehlung an den Auftraggeber beinhaltet. Die Leistungspflicht bezieht sich hier also auf eine Analyse und eine Berichtstätigkeit sowie das Vorschlagen von zu treffenden Entscheidungen. Dabei darf sich der Projektsteuerer auf stichprobenhafte Überprüfungen beschränken. Er hat auch nicht die Aufgabe, die einzelnen Planungsergebnisse mit der fachtechnischen Tiefe eines Planungsbeteiligten zu überprüfen: Er ersetzt die Planer nicht und es besteht keine Verpflichtung zur Überprüfung der Planungsergebnisse im Detail. Andererseits darf der Projektsteuerer die Augen vor Planungsmängeln und -fehlern nicht verschließen. Sofern erkennbar oder sogar offenkundig ist, dass Planungen nicht sorgfältig bearbeitet werden oder Fehler geschehen, hat der Projektsteuerer unverzüglich einzuschreiten und den Auftraggeber hierauf hinzuweisen. Er ist auch dafür verantwortlich, dass in diesen Fällen Mängelansprüche, insbesondere Nacherfüllungsansprüche geltend gemacht werden. Er ist indessen nicht verpflichtet, ohne erkennbaren Anlass nach Planungsfehlern zu suchen.
768		Nur solche Planungsmängel, die einem Projektsteuerer, der in der Regel Bauingenieur oder Architekt sein wird, aufgrund seiner Berufsausbildung ohne weiteres auffallen müssen, hat der Projektsteuerer im Rahmen der Qualitätsprüfung der Planung aufzugreifen und zu steuern.
769	*2. Grundleistung:* **Steuern der Planung der Bemusterungen**	Eine leistungsfähige Organisation und Durchführung von Bemusterungen ist ein Erfolgsfaktor bei Bau- und Immobilienprojekten. Dem Projektsteuerer obliegt es hierbei, den Prozess der Planung der Bemusterungen rechtzeitig aufzugreifen und die Beteiligten so zu steuern, dass die Bemusterungen rechtzeitig und ordnungsgemäß durchgeführt werden. Die Aufgabenstellung des Projektsteuerers bei dieser Leistung besteht zunächst darin, unter Einbeziehung der Objekt- und Fachplaner die zu bemusternden Objektbereiche zu identifizieren. Dabei kann es sich um großformatige Fassadenmuster oder Raummuster, sogar ganze Musterhäuser handeln, aber auch um einzelne Ausstattungsgegenstände. Die zu bemusternden Gegenstände sind zunächst zu erfassen und alsdann in Kategorien für unterschiedliche Bemusterungsanforderungen zu differenzieren. Hierneben muss schon im Rahmen der Planung bestimmt werden, wie der Bemusterungsprozess terminlich und inhaltlich zu strukturieren ist. Dabei hat der Projektsteuerer auf eine Terminliste/einen Terminplan zur Bemusterung hinzuwirken. Die Aufgaben der einzelnen Beteiligten sind unter Berücksichtigung der jeweils gewählten Unternehmereinsatzformen festzulegen. Dazu gehört auch die Festlegung des Verfahrens als solches (Vorbemusterungen/Hand- oder Katalogmuster/Tageslicht oder Kunstlicht/Sicherstellung usw.). Viele Elemente dieses Bemusterungssystems müssen später in den Bauverträgen festgeschrieben werden. Aufgabenstellung des Projektsteuerers ist es nicht, selbst die Durchführung der Bemusterung zu planen. Er hat vielmehr die Beteiligten rechtzeitig zusammenzuführen und eine ordnungsgemäß Planung und Vorbereitung von Bemusterungen hinzuwirken. Die Organisation der Bemusterung im Verhältnis zu den ausführenden Firmen und auch die Präsentation der bemusterten Objekte und die Einholung der Entscheidung des Auftraggebers ist grundsätzlich Aufgabe der Planungsbeteiligten.

2770	***3. Grundleistung:*** **Überprüfen der Ergebnisdokumentation der Planungsbeteiligten zu den einzelnen Leistungsphasen der Planung**	Die HOAI 2013 hat eine verstärkte Ausrichtung der Planungsleistungen nach den einzelnen Leistungsphasen der Planung vorgesehen und nach jeder Leistungsphase, z.B. der Objektplanungsbeteiligten, einen Prozessschritt benannt, der lautet: »Zusammenfassen, Erläutern und Dokumentieren der Ergebnisse« Dies schuldet der Objektplaner etwa am Ende der Grundlagenermittlung und der Entwurfsplanung. Wenn ein HOAI-Leistungsbild zugrunde gelegt wird, obliegt dem Projektsteuerer die Prüfung dieser Phasenabschlüsse und die Vorlage einer ordnungsgemäßen Ergebnisdokumentation durch die Planungsbeteiligten. Werden abweichende Leistungsbilder zugrunde gelegt, hat der Projektsteuerer ebenfalls darauf zu achten, dass die Phasenabschnitte der Leistungsbilder eingehalten und zum Ende ihrer Phase eine klare Ergebnisdokumentation erfolgt. Der schleichende Phasenübergang bei Planungstätigkeiten ist ein wesentlicher Grund für spätere, zeitaufwendige und teure Wiederholungen von Planungsleistungen.
2771		Aufgabenstellung des Projektsteuerers ist es zu prüfen, ob alle Leistungen der jeweiligen Leistungsphase vertragsgemäß erbracht worden sind und ob die Projektziele gemäß der Ergebnisdokumentation auch eingehalten werden. Insbesondere ist zu prüfen, ob die jeweilige Leistungsphase wirklich abgeschlossen ist oder aber, ob noch wesentliche Überprüfungen oder Planungsergebnisse ausstehen, die vor Übergang zur nächsten Planungsphase noch abgearbeitet werden müssen. Im Wesentlichen geht es um eine Plausibilitäts- und Vollständigkeitskontrolle in Bezug auf die Planerleistungen anhand der von den Planern erstellten phasenabschließenden Zusammenfassung ihrer Ergebnisse.
	– Besondere Leistungen –	
2772	***1. Besondere Leistung: Steuern von Nachhaltigkeits- und Zertifizierungsprozessen***	Es existiert eine Reihe von Nachhaltigkeits- und Zertifizierungssystemen für das Bauen. Das in Deutschland verbreitete System ist das Deutsche Gütesiegel Nachhaltiges Bauen (DGNB). Die Einbeziehung von Nachhaltigkeits- und Zertifizierungsprozessen in die Projektrealisierung erfordert einerseits die Wahrnehmung zusätzlicher Aufgabenstellungen durch die Planungsbeteiligten, andererseits aber auch entsprechende Steuerungsansätze der Projektsteuerung. Der Projektsteuerer hat dabei das Nachhaltigkeits- und Zertifizierungssystem zu analysieren und die Planungsbeteiligten so zu steuern, dass die Anforderungen des Systems eingehalten werden. Dabei ist rechtzeitig auf die Einbeziehung entsprechender Fachkräfte wie Nachhaltigkeitsberatern und Auditoren hinzuweisen. Durch die Übernahme der Besonderen Leistung wird der Projektsteuerer nicht automatisch zum Nachhaltigkeitsberater. Von ihm kann allerdings erwartet werden, dass er den Auftraggeber im Hinblick auf Nachhaltigkeits- und Zertifizierungsprozesse in grundsätzlicher Hinsicht berät, ihn auf die unterschiedlichen Systeme hinweist und die rechtzeitige Einbeziehung entsprechender Fachberater empfiehlt.
2773	***2. Besondere Leistung: Steuern der Planung bei 3-n-dimensionaler Gebäudemodellbearbeitung sowie BIM-Administration***	BIM steht für Building Information Modeling. Es handelt sich um ein Planungs- und Managementtool auf Datenbankbasis. Die betreffenden Projektbeteiligten, insbesondere Planungsbeteiligten, arbeiten hiernach an einem gemeinsamen (virtuellen) Gebäudemodell, entweder auf der Basis einer einheitlichen Softwarelösung oder aber durch Verwendung unterschiedlicher Softwaretools, die über eine Schnittstelle verbunden werden. Sofern sich das Datenbankmodell auf die 3-dimensionale Planung der wesentlichen Planungsbeteiligten beschränkt, geht es lediglich um die 3-D-Gebäudemodellbearbeitung. Die BIM-Technik beinhaltet aber die grundsätzliche Möglichkeit, die 3-D-Gebäudemodellbearbeitung mit Kosten und Terminen zu verknüpfen. Es werden dementsprechend weitere Dimensionen angeboten, weshalb von nD-Modellen gesprochen wird.

774

	Bei derartigen Prozessen übernimmt der Projektsteuerer ebenfalls eine besondere Unterstützungsaufgabe für den Auftraggeber. Er muss ein grundsätzliches Verständnis für diese Technologie mitbringen und unter Einbeziehung der erforderlichen Fachkräfte dafür Sorge tragen, dass die geeigneten Softwaremodule beschafft und erfahrene Planungsbeteiligte ausgewählt und entsprechend den besonderen Aufgabenstellungen der BIM-Leistungserbringung beauftragt werden. Der Projektsteuerer wird aber durch die Übernahme dieser Besonderen Leistung nicht zum BIM-Manager. Dem BIM-Manager obliegt in der Regel das Management des Softwareeinsatzes und die Herbeiführung ordnungsgemäßer Planungsprozesse in der BIM-Technologie. Derartige Leistungen können vom Projektsteuerer mitangeboten werden, sind allerdings von der Besonderen Leistung B 2 nicht erfasst. Es ist darauf hinzuweisen, dass die 3-D- oder 4-D-Gebäudemodellbearbeitung (BIM) auch eine Besondere Leistung für die Planungsbeteiligten in der Leistungsphase 2 nach § 33 HOAI darstellt.

775

2 Planung	Kommentierung
C Kosten und Finanzierung	**C Kosten und Finanzierung**
1. Grundleistung: **Überprüfen der Kostenschätzungen und -berechnungen der Objekt- und Fachplaner sowie Veranlassen erforderlicher Anpassungsmaßnahmen**	Das Überprüfen der Kostenschätzung und -berechnung der Objekt- und Fachplaner beinhaltet eine inhaltliche Kontrolle der jeweiligen Arbeitsergebnisse. Dazu gehört aber nicht eine komplette parallele Kostenermittlung, wie schon die erste Besondere Leistung dieses Handlungsbereichs deutlich macht. Der Projektsteuerer hat hier aber einerseits Plausibilitätsbetrachtungen vorzunehmen, andererseits stichprobenartig einzelne Kostenansätze, möglichst Leitpositionen, zu überprüfen. Dabei können auch punktuelle Eigenermittlungen erforderlich werden, falls die Kostenermittlungen der Planer nicht durchgängig sorgfältig und richtig erscheinen. Eine vertiefte Kostenermittlung, etwa um eine weitere Gliederungsstelle nach DIN 276, wird von dem Projektsteuerer als Grundleistung nicht verlangt. Dies wäre eine Besondere Leistung. Wohl hat der Projektsteuerer die Ergebnisse seiner Überprüfungen zusammenzustellen und dem Auftraggeber vorzustellen und auf etwaigen Handlungsbedarf/Anpassungsmaßnahmen hinzuweisen.[5] Sofern Planungsleistungen nach der HOAI erbracht werden sollen, ist zu berücksichtigen, dass nach der HOAI 2013 eine strikte Phaseneinteilung für die Leistungserbringung gilt. Das ist natürlich nur dann der Fall, wenn auch die entsprechenden Leistungsbilder der HOAI als Handlungsprogramm vereinbart sind. In diesem Fall kommt der Abgrenzung der einzelnen Leistungsphasen erhebliche Bedeutung zu. Insbesondere obliegt es dem Projektsteuerer, in der jeweiligen Leistungsphase bereits die entsprechenden Leistungsergebnisse zu überprüfen. Speziell die Kostenschätzung in der Leistungsphase Vorplanung bedarf einer genauen Analyse, um nicht wegen nicht ausreichend geklärter Randbedingungen Planungsschleifen und Einsparrunden zu provozieren. Der Zeitraum der Vorplanung muss deshalb intensiv genutzt werden, um Chancen für eine wirtschaftliche Planung und Realisierung des Bauvorhabens zu nutzen.

5 Siehe dazu die Flussdiagramme als Projektbeispiele bei Diederichs, in: Grundleistungen der Projektsteuerung – Beispiele für den Handlungsbereich C Kosten und Finanzierung, S. 59 f.

2776	*2. Grundleistung:* **Kostensteuerung zur Einhaltung der Kostenziele**	Infolge der HOAI-Novelle 2013 obliegt dem Objektplaner nicht nur die Erstellung einer Kostenschätzung in der Lph. 2 und einer Kostenberechnung in der Lph. 3, sondern auch eine Kostenkontrolle. In der Lph. 2 der Vergleich der Ergebnisse der Kostenschätzung mit den finanziellen Rahmenbedingungen, in der Lph. 3 der Vergleich der Kostenberechnung mit der Kostenschätzung. Aus der Formulierung der HOAI wird zu entnehmen sein, dass der Objektplaner bereits einen Kostenrahmen schuldet, ohne dass nach dem Leistungsbild der HOAI hierfür formale Anforderungen definiert wären. Dies bedeutet, dass der Projektsteuerer bei Vereinbarung der HOAI-Leistungskataloge grundsätzlich auf eine Kostenkontrolle der Objektplaner abstellen kann. Entsprechendes gilt für einzelne Fachplanungsleistungen. Der Projektsteuerer hat daher vornehmlich darauf zu achten, dass die Planungsbeteiligten die entsprechenden Kostenermittlungen rechtzeitig erstellen und die Kostenkontrollen auch in Übereinstimmung mit den Leistungsbildern vornehmen. Der Projektsteuerer braucht in diesen Fällen nicht vorauseilende Kostenvergleiche selbst zu erstellen.
2777		Ergeben sich Abweichungen der Kostenschätzungen und -berechnungen von den Projektzielen oder stellen sich Mängel der Kostenschätzungen und -berechnungen heraus bzw. nimmt der Planungsbeteiligte den Kostenvergleich nicht vereinbarungsgemäß vor, hat der Projektsteuerer Gegenmaßnahmen zu initiieren. Diese können darin liegen, dem AG Planungsänderungen vorzuschlagen, welche die Einhaltung der Kostenziele sicherstellen. Dazu gehört auch die Begleitung der Untersuchung von Alternativen und Varianten, speziell in der Leistungsphase 2 nach § 34 HOAI sowie insbesondere die Steuerung von Einsparrunden und dabei die Bewertung der Ergebnisse und Vorschläge an den AG zur Weiterverfolgung einzelner Planungskonzepte. Wegen weiterer Einzelheiten kann auf Ziff. 3.2.3.2 der Kommentierung der AHO-Fachkommission verwiesen werden.
2778	*3. Grundleistung:* **Planen von Mittelbedarf und Mittelabfluss**	Diese Leistung betrifft die Planung der für die Planungs- und Bauabwicklung notwendigen Liquidität. Der Auftraggeber soll wissen, wann er mit bestimmten Zahlungsanforderungen rechnen muss, um den Fortgang der Planungs- und Bauarbeiten durch ausreichende Liquidität sicherzustellen. Der Projektsteuerer hat dabei unter Zugrundelegung der in den Steuerungsablaufplänen vorgesehenen Zeiträume für die Ausführung von Leistungen die voraussichtliche Höhe der jeweiligen Rechnungsbeträge zu ermitteln, wobei die Liquiditätsplanung entsprechend dem Planungsfortschritt ggf. zu vertiefen ist. Speziell in den frühen Planungsphasen kann allenfalls eine überschlägige Ermittlung des Liquiditätsabflusses vorgenommen werden, wobei auf Erfahrungssätze und veröffentlichte Mittelabflusskurven zurückgegriffen werden kann.
2779	*4. Grundleistung:* **Prüfen und Freigabevorschläge bezüglich der Rechnungen der Projektbeteiligten und sonstigen Projektbeteiligten (außer bauausführenden Unternehmen) zur Zahlung**	Bei dieser Leistung kann zunächst auf die Kommentierung zu Ziff. 3.1.1.3 verwiesen werden. Der Projektsteuerer hat die Rechnungen der Planungsbeteiligten auf formale und inhaltliche Richtigkeit zu überprüfen (nicht lediglich stichprobenartige Prüfung) und Vorschläge zur Freigabe der Rechnungen an den Auftraggeber zu unterbreiten. Diese Verpflichtung bezieht sich auf die Rechnungen der Planungsbeteiligten aber auch der sonstigen Projektbeteiligten, etwa Gutachter und sonstige Dritte. Lediglich bauausführende Unternehmen sind ausgenommen, weil nach den Leistungsbildern der HOAI Rechnungen ausführender Unternehmen von dem Objektplaner (Objektüberwacher) geprüft werden.

780	*5. Grundleistung:* **Fortschreiben der projektspezifischen Kostenverfolgung (kontinuierlich)**	Insoweit kann zunächst auf Ziff. 3.1.3.4 verwiesen werden. Die Leistung betrifft in Ergänzung der 1. und 2. Grundleistung des Abschnitts vornehmlich die Dokumentation der Ergebnisse der Überprüfung der Kostenermittlung und der Kostensteuerung zur Einhaltung der Projektziele im Rahmen der üblicherweise auf EDV-Basis eingerichteten projektspezifischen Kostenverfolgung. Das heißt, die Daten werden so zusammengetragen, dass dem Auftraggeber möglichst zeitnah ein Überblick über die Kostensituation des Projektes einschließlich etwaiger Abweichungen durch Planungsüberarbeitungen und Planungsänderungen vermittelt wird.
	– Besondere Leistungen –	
781	***1. Besondere Leistung: Erstellung einer Kostenschätzung/Kostenberechnung nach DIN 276***	Derartige Kostenermittlungen sind nach den Leistungsbildern der HOAI Grundleistungen der Objektplanung und von Fachplanungen. Gleichwohl kann es dazu kommen, dass ein Auftraggeber (auch) einen Projektsteuerer mit derartigen Leistungen betrauen will, etwa, um eine größere Projektsicherheit zu erhalten, oder aber als Ersatzvornahme bei fehlerhaften Planerleistungen. Eigenständige Kostenermittlungen des Projektsteuerers sind grundsätzlich Besondere Leistungen. Das gilt erst recht, wenn der Projektsteuerer parallele Kostenermittlungen zu erstellen hat, an die besondere Anforderungen gestellt werden, also z. B. eine höhere Gliederungstiefe als in der DIN 276 für die einzelne Planungsphase vorgeschrieben oder aber eine bauelementbezogene Kostenermittlung in frühen Projektphasen verlangt werden. Diese Leistungen kann der Projektsteuerer bei Vorliegen entsprechender Kompetenzen gegen besondere Vergütung anbieten.
782	***2. Besondere Leistung: Erstellen der Nutzungskostenschätzung, -berechnung sowie Nutzungskostensteuerung***	Entsprechendes gilt für eigenständige Nutzungskostenschätzungen, die ebenfalls üblicherweise von den Objekt- und Fachplanern erstellt werden. Sie sind Besondere Leistungen, wenn sie nach dem AHO-Leistungsbild von einem Projektsteuerer abgefordert werden. Inhaltlich geht es um Leistungen nach DIN 18960:2008-02 Nutzungskosten im Hochbau. Die Norm enthält Grundsätze zur Nutzungskostenplanung und Nutzungskostengliederung sowie eine Tabelle mit Nutzungskostengruppen Nr. 300 bis 490.
	3. Besondere Leistung: Erstellen von Wirtschaftlichkeitsberechnungen	In diesem Kontext ist zunächst darauf hinzuweisen, dass die Durchführung von Wirtschaftlichkeitsuntersuchungen eine Besondere Leistung der Vorplanung, Anlage 10 zu § 34 HOAI, ist. Wirtschaftlichkeitsberechnungen sind Besondere Leistungen der Entwurfsplanung. Der Auftraggeber kann also entscheiden, ob er entsprechende Wirtschaftlichkeitsberechnungen dem Objektplaner oder aber dem Projektsteuerer als Besondere Leistung überträgt. Während mit Wirtschaftlichkeitsuntersuchungen im Wesentlichen Analysen zu einzelnen Aspekten der Wirtschaftlichkeit, auch zum Wirtschaftlichkeitsvergleich einzelner Planungsvarianten gemeint sind, enthält die Wirtschaftlichkeitsberechnung eine detaillierte Kosten-Nutzen-Berechnung. Dabei können Wirtschaftlichkeitsberechnungen sowohl bautechnische Planungsvarianten betreffen wie auch den Vergleich von Baukosten- und Nutzungskostenersparnissen bzw. Mehraufwendungen, oder aber bestimmte Planerunternehmereinsatzformen beinhalten. Der genaue Umfang der Wirtschaftlichkeitsberechnung wie auch die Honorierungsgrundlagen sind im Einzelfall zu vereinbaren.

2783	*4. Besondere Leistung: Durchführung eines Value-Engineerings mit Überprüfen der Planung auf Wirtschaftlichkeit, Vergabefähigkeit, Nachhaltigkeit, Energieverbrauch, Materialeignung, Logistik, Workflow*	Value-Engineering ist ein Prozess, der die Untersuchung der Wirtschaftlichkeit der Planungsergebnisse zum Gegenstand hat. Planungsergebnisse sollen mittels einschlägiger Experten und Diskussionen in den Workflows hinterfragt, um so Planungsalternativen und Strategien für eine möglichst wirtschaftliche Immobilie zu erarbeiten. Die Beauftragung eines Projektsteuerers mit Value-Engineering-Prozessen beinhaltet nicht notwendigerweise die Übertragung inhaltlicher Planungsaufgaben, sondern vielmehr die Strukturierung eines entsprechenden Prozesses und die Vorbereitung der Beauftragung entsprechender Planungsexperten sowie Mitwirkung bei der Bewertung und Auswahl entsprechender Optimierungsvorschläge und deren Integration in den Planungsprozess. Alternativ kann der Projektsteuerer auch mit der eigenverantwortlichen und planerischen Untersuchung vorliegender Planungsergebnisse auf Wirtschaftlichkeit und Optimierung beauftragt werden. Dies wird aber im Zweifel nicht anzunehmen sein. In jedem Fall ist sowohl der Inhalt des Value-Engineerings wie auch die Vergütung im Einzelnen zu regeln.
2784		Klarzustellen ist, dass in der Lph. 3 der Objektplanung ebenfalls eine entsprechende Besondere Leistung geregelt ist (»Analyse der Alternativen/Varianten und deren Wertung mit Kostenuntersuchung (Optimierung))«. Es wird aber in der Regel unzweckmäßig sein, den ohnehin eingeschalteten Objektplaner mit derartigen Besonderen Leistungen zu beauftragen. Die Neigung, eigene Planungsergebnisse zu hinterfragen, wird tendenziell gering sein. Diese nach der HOAI inhaltliche Planungstätigkeit kann allerdings auch isoliert einem anderen Planungsbüro übertragen werden.

	2 Planung	Kommentierung
	D Termine, Kapazitäten und Logistik	**D Termine, Kapazitäten und Logistik**
2785	***1. Grundleistung:*** **Fortschreiben des Terminrahmens**	Nach dem Leistungsbild AHO für die Projektsteuerung erstellt der Projektsteuerer den Terminrahmen für das Gesamtprojekt und schreibt diesen Terminrahmen auch während der gesamten Projektdauer durch fort, und zwar unter Berücksichtigung der sich im weiteren Projektablauf ergebenden Terminplanungskonkretisierungen und Anpassungen.
2786	***2. Grundleistung:*** **Überprüfen des Terminplans der Planungsbeteiligten für den Planungs- und Bauablauf, insbesondere auf Einhaltung des Terminrahmens**	Nach der HOAI 2013 hat der Objektplaner in der Leistungsphase 2, Vorplanung, einen Terminplan mit den wesentlichen Vorgängen des Planungs- und Bauablaufs zu erstellen. Welche Tiefe ein derartiger Terminplan nach er HOAI haben muss, ist bislang nicht abschließend geklärt. Es wird angenommen, dass jedenfalls nicht mehr verlangt werden kann, als ein Balkenterminplan. Immerhin muss dieser Plan nicht nur die Planungsabläufe terminlich strukturieren, sondern auch bereits einen ersten Überblick über die zu erwartenden Bauabläufe ermöglichen. Der Projektsteuerer hatte für die rechtzeitige Vorlage eines entsprechenden Terminplans zu sorgen, die Inhalte zu überprüfen und mit dem Objektplaner abzustimmen und diese Terminanforderungen mit dem Terminrahmen und den Steuerungsterminen abzugleichen und die Rahmen- und Steuerungsterminplanung ggf. anzupassen. Besonderes Augenmerk ist auf die Terminplanung der Planung zu legen.

787	***3. Grundleistung:*** **Fortschreiben des Steuerungsterminplans unter Berücksichtigung des Terminplans der Planungsbeteiligten für den Planungs- und Bauablauf**	Während in der 3. Auflage des AHO-Leistungsbildes das Aufstellen, Abstimmen und Fortschreiben der Steuerungsablaufplanung für Planung und Ausführung getrennt ausgewiesen war, ist diese Leistung nunmehr für beide Terminplanungsgegenstände zusammengefasst worden. Dem Projektsteuerer obliegt nach dem Leistungsbild AHO nicht nur die durchgängige Erstellung und Fortschreibung eines Terminrahmens, sondern entsprechendes in Bezug auf die Steuerungsterminplanung (auch Grobterminplanung oder Generalablaufplanung genannt). Auf die Darlegungen zu Ziff. 3.1.4.2 wird insoweit verwiesen. Die wesentliche Tätigkeit bei der Fortschreibung des Steuerungsterminplans ist auf die Erarbeitung der maßgeblichen Vertragstermine für Planungsbeteiligte (soweit noch nicht beauftragt) und Ausführungsbeteiligte zu legen. Die Terminplanung ist im Hinblick auf einzelne Gewerke und Bauteile zu vertiefen.
788		Je nach Projektgröße und -komplexität hat der Projektsteuerer aus dem Steuerungsterminplan detaillierte Steuerungsterminpläne zu erarbeiten, insbesondere für die Ausführungsplanung der einzelnen Planungsbeteiligten und die Ausführungsgewerke. Die einzelnen detaillierten Steuerungsterminpläne sind in enger Abstimmung mit dem Objektplaner und dessen Terminplanung der Planung wie auch der vorgesehenen Ausführungsvarianten festzulegen. Insbesondere sind die Planungsbeteiligten anzuhalten, möglichst frühzeitig die baukörperrelevanten Strukturierungen für die Vergabepakete und die Ausführung der Rohbauarbeiten zu definieren, um die Steuerungsterminplanung abzusichern. Bei der Steuerungsterminplanung sind die maßgeblichen Planungs- und Ausführungskapazitäten zu ermitteln.
789	***4. Grundleistung:*** **Terminsteuerung der Planung einschließlich Analyse und Bewertung der Terminfortschreibung der Planungsbeteiligten**	Die Planungsbeteiligten, speziell der Objektplaner, hat den in der Leistungsphase 2, Vorplanung, erstellten Terminplan in den folgenden Leistungsphasen fortzuschreiben. Es kommt deshalb zu einer Parallelität der Rahmen- und Steuerungsablaufplanung auf Seiten der Projektsteuerung und der Detailterminplanung auf Seiten der Planungsbeteiligten. Auf der Grundlage der vom Projektsteuerer erarbeiteten Terminvorgaben hat dieser jeweils zu analysieren und zu bewerten, ob die Terminfortschreibung der Planungsbeteiligten mit den übergeordneten Terminvorgaben aus Rahmenterminplan und Steuerungsterminplanebene übereinstimmt und ggf. Abhilfe zu initiieren. Gegenstand der Leistungspflicht ist die Erstellung von Soll-Ist-Vergleichen und Abweichungsanalysen und Erarbeitung von Vorschlägen zur Gegensteuerung. Für den Bereich der Planlieferung ist insbesondere zu kontrollieren, ob die Planliefertermine eingehalten werden. Planeingangs- und Planlieferlisten sind zu überwachen. Soll-Ist-Abweichungen haben ihre Ursache oftmals in fehlenden Kapazitäten der beteiligten Planer oder ausführenden Unternehmen. Dementsprechend sind ggf. auch Kapazitätskontrollen erforderlich.
790	***5. Grundleistung:*** **Mitwirken beim Aktualisieren der logistischen Einflussgrößen**	Der Projektsteuerer hat die technisch-wirtschaftlichen Daten für bestehende Logistikkonzepte bereit zu halten und darauf zu achten, dass logistische Abhängigkeiten auch bei dem Planungsprozess Berücksichtigung finden. Soweit erforderlich, weist der Projektsteuerer den AG auf Unstimmigkeiten und Fehler in der Planung aufgrund logistischer Abhängigkeiten hin. Dabei geht es unter anderem um die Berücksichtigung ausreichender Baustelleneinrichtungs- und Montageflächen sowie ausreichende Flächen und Ressourcen für Anlieferung/Transporte und Kranbedienung/Krankapazitäten. Klarzustellen ist in diesem Kontext, dass dem Projektsteuerer nicht selbst die Logistikplanung obliegt. Er hat allerdings unter Berücksichtigung der ihm bekannten Daten über die logistischen Anforderungen die Annahmen der Planungsbeteiligten auf Plausibilität und stichprobenartig auch auf brauchbare Lösungen zu überprüfen.

2791	***6. Grundleistung:*** **Aufstellen und Abstimmen des Terminrahmens zur Integration des strategischen Facility Managements**	So frühzeitig wie möglich müssen bei der Planung auch Anforderungen des späteren Facility Managements berücksichtigt werden. Aufgabenstellung des Projektsteuerers ist es in diesem Kontext nicht, die Anforderungen des Facility Managements zu entwickeln. Er hat allerdings die erforderlichen Informationen bei dem Auftraggeber anzufordern und auf die Bedeutung der rechtzeitigen Berücksichtigung des Facility Managements hinzuweisen und ggf. einen Prozess auf Seiten des Auftraggebers hinsichtlich der Beibringung der Anforderungen zum Facility Management zu initiieren. In diesem Kontext hat der Projektsteuerer auch einen Terminrahmen aufzustellen und abzustimmen, der im einzelnen Teilschritte, zu denen bestimmte Arbeitsschritte auf den Weg zur Definition der Anforderungen des Facility Managements abgearbeitet und im Planungsprozess zu Verfügung gestellt werden, benennt. Dazu kann auch die Unterstützung des Auftraggebers bei der Auswahl eines Informationssystems oder bestimmter Facility Management-Leistungen gehören.
2792		In vielen Fällen ist es auch so, dass eine Facility Management-Einheit bereits besteht, aber noch keine Vorstellungen über eigene Anforderungen entwickelt hat. Hier besteht die Aufgabenstellung darin, die Entwicklung der Anforderungen des Facility Managements an den Planungsprozess anzustoßen. Der Projektsteuerer erbringt aber selbst keine Facility Management-Leistungen. Die Leistung ist beim AHO-Leistungsbild so formuliert, dass der Projektsteuerer hier vornehmlich Initiator ist und die rechtzeitige (terminliche) Einbindung des Facility Managements planerisch darzustellen hat.
	– Besondere Leistungen –	
2793	***1. Besondere Leistung: Erstellen eines Terminplans für Planung und Bauablauf bei (noch) nicht vorliegenden Terminplänen der Planungsbeteiligten***	Es ist nicht auszuschließen, dass Objekt- und sonstige Fachplanungsbeteiligte entweder nicht in der Lage oder nicht willens sind, die nach den Leistungsbildern der Planung (etwa der HOAI) vorgesehenen Terminplanungen ordnungsgemäß zu erstellen. Wenn der Auftraggeber in dieser Situation den Projektsteuerer bittet, diese in den Leistungsbildern der Planer enthaltenen Leistungen zu erbringen, dann beauftragt er keine Grundleistungen. Vielmehr hat sich mit dem Projektsteuerer über die Erbringung einer Besonderen Leistung und die dafür maßgebliche Vergütung zu verständigen.
2794	***2. Besondere Leistung: Erstellung eine Vergabeterminplans bei (noch) nicht vorliegenden Terminplänen der Planungsbeteiligten***	Das Aufstellen eines Vergabeterminplans ist Grundleistung der Leistungsphase 6, Vorbereitung der Vergabe. Die wesentlichen Elemente des Vergabeterminplans müssen allerdings bereits vorab geklärt werden. Der Projektsteuerer hat im Rahmen der Grundleistungen nach AHO die rechtzeitige Zurverfügungstellung der Angaben zum Vergabeterminplan bei den Planungsbeteiligten abzufordern. Genügt der Objektplaner nicht den vertraglichen Anforderungen in Bezug auf die rechtzeitige und ordnungsgemäße Erstellung eines Vergabeterminplans, kann der Auftraggeber auch den Projektsteuerer mit einer derartigen Leistung beauftragen. Hierbei handelt es sich allerdings um eine Besondere Leistung der Projektsteuerung und der Projektsteuerer muss diese Leistung nur gegen zusätzliche Vergütung erbringen. Dabei stellt sich die Frage, ob er nicht hierfür auch die volle Vergütung der entsprechenden Grundleistung nach der HOAI fordern kann.

795	*3. Besondere Leistung: Erstellen eines Logistikkonzeptes*	Die logistischen Anforderungen der Baustelle sind vom Objektplaner bereits bei der Ausführungsplanung zu berücksichtigen und in den Vergaben umzusetzen. Bei komplexeren Zusammenhängen, insbesondere logistikintensiven Rohbau- und Ausbauleistungen, beauftragen Auftraggeber oftmals hierauf spezialisierte Unternehmen mit der Erstellung von gesonderten Logistikplänen. Derartige Leistungen können auch einem Projektsteuerer übertragen werden, gehören jedoch nicht zu den Grundleistungen. Die projektspezifischen Anforderungen an das jeweilige Logistikkonzept sind im Rahmen der Beauftragung eines Projektsteuerers zu klären und die Vergütung hierfür ist zwischen Projektsteuerer und Auftraggeber zu regeln.
796	*4. Besondere Leistung: Abgleichen logistischer Maßnahmen mit Anlieger- und Nachbarschaftsinteressen*	Im Rahmen dieser Leistung, die nicht zu den Grundleistungen gehört, obliegt dem Projektsteuerer die ggf. erforderliche Abstimmung baulogistischer Anforderungen mit den Anlieger- und Nachbarschaftsinteressen. Nicht selten macht die Bauausführung Eingriffe in nachbarschaftliche Grundstücke erforderlich. Dies kann etwa im Zusammenhang mit der Herstellung der Spartenfreiheit des Grundstücks geschehen, in Bezug auf Überbauten, Rückverankerungen und Kranüberschwenken. Eine direkte Absprache mit Anliegern und Nachbarn ist nicht Bestandteil der Grundleistung, sondern bedarf einer besonderen Beauftragung des Projektsteuerers gegen angemessene Vergütung.

	2 Planung	Kommentierung
797	**E Verträge und Versicherungen**	**E Verträge und Versicherungen**
	1. Grundleistung: **Mitwirken bei der Durchsetzung von Vertragspflichten gegenüber den Beteiligten**	Bei dieser 1. Grundleistung des Handlungsbereiches E geht es im Wesentlichen darum, dass der Projektsteuerer dem Auftraggeber die notwendige technisch-wirtschaftliche Unterstützung leistet, um Ansprüche gegenüber Dritten durchsetzen zu können. Hierbei geht es zum einen um eine Analysetätigkeit, die darin besteht, Abweichungen von Vertragspflichten festzustellen und zu dokumentieren, soweit diese Leistungen nicht anderen Projektbeteiligten obliegen. Darüber hinaus hat der Projektsteuerer dafür zu sorgen, dass die notwendigen Sachverhalte zusammengetragen werden und der Auftraggeber hierdurch in die Lage versetzt wird, seine Ansprüche gegenüber Dritten durchzusetzen. Schwierig ist die Abgrenzung vom sogenannten Regressmanagement. Speziell bei großen Projekten kann die Verfolgung der Einzelansprüche und Regresse gegenüber einer Vielzahl von Beteiligten und deren Aufarbeitung mit Identifikation, Analyse und Dokumentation einen erheblichen Aufwand verursachen. Die Übernahme einer derartigen selbständigen Managementaufgabe gehört nicht zu den Grundleistungen. Die Rechtsverfolgung und Anspruchsdurchsetzung selbst obliegt dem Auftraggeber. Dieser muss grundsätzlich auch über die entsprechenden Ressourcen verfügen, seine Ansprüche zu verwalten und durchzusetzen. Aufgabe des Projektsteuerers ist es aber, die hierfür notwendigen Informationen zusammenstellen zu lassen bzw. zu übermitteln, damit ein Regressmanagement funktionieren kann.

2798		Gegenstand der Leistung ist eine Mitwirkungsleistung, für welche die Mitwirkungsdefinition nach § 2 Abs. 4 a gilt, wonach der Projektsteuerer die Teilleistung in Zusammenarbeit mit anderen Projektbeteiligten inhaltlich abschließend zusammenstellt und übermittelt, wobei er eine eigene Bewertung dem Auftraggeber zur Entscheidung vorzulegen hat. Welche Aufgabe der Projektsteuerer bei der Durchsetzung von Vertragspflichten gegenüber Beteiligten hat, hängt oftmals auch von der Projektmanagementeinsatzform, insbesondere vom Umfang übertragener Vollmachten und den weiteren Vertragsbestimmungen ab. Soweit komplexere juristische Problemstellungen involviert sind, hat der Projektsteuerer den Auftraggeber hierauf hinzuweisen und die Einhaltung einer Rechtsberatung zu empfehlen. Sieht der Projektsteuerer hiervon ab und empfiehlt er Maßnahmen, die sich rechtlich als fehlerhaft erweisen, haftet er in der Regel unabhängig davon, dass er eigentlich zur Erteilung entsprechenden Rates gar nicht verpflichtet gewesen wäre. Immer hat der Projektsteuerer darauf zu achten, dass er über ausreichende Vollmachten für sein Agieren auf der Baustelle bei der Durchsetzung von Vertragspflichten verfügt. Anderenfalls könnten seine Inverzugsetzungen und Durchsetzungsmaßnahmen rechtlich unerheblich sein und dem Auftraggeber hierdurch ein Schaden entstehen. Vertraglich ist möglichst zu regeln, ob und in welchem Umfang auch Hilfeleistungen bei laufenden Prozessverfahren vom Projektsteuerer gefordert werden. Die Grundleistung in Ziff. E (1) umfasst grundsätzlich auch die technisch-wirtschaftliche Unterstützung des AG mit Informationen bei der Durchsetzung von Vertragspflichten vor Gericht. Dies gilt aber – vorbehaltlich anderweitiger Festlegungen – grundsätzlich nicht über die Vertragsdauer hinaus.
2799	***2. Besondere Leistung: Mitwirken bei der Umsetzung des Versicherungskonzeptes für alle Projektbeteiligten***	Im Rahmen dieser Grundleistung hat der Projektmanager darauf hinzuwirken, dass bei Schadensfällen eine rechtzeitige Schadensanzeige bei den maßgeblichen Versicherungen erfolgt und die Voraussetzungen für die Regulierung zügig geschaffen werden. Der Abschluss der vertraglich zugesagten Versicherungen ist zu prüfen.

	3 Ausführungsvorbereitung	**Kommentierung**
	A Organisation, Information, Koordination, Dokumentation (handlungsbereichsübergreifend)	**A Organisation, Information, Koordination, Dokumentation (handlungsbereichsübergreifend)**
800	***1. Grundleistung:*** **Fortschreiben der projektspezifischen Organisationsvorgaben mit Projektstrukturplan** ***2. Grundleistung:*** **Analysieren und Bewerten der Planungsprozesse auf Konformität mit den vorgegebenen Projektzielen** ***3. Grundleistung:*** **Fortschreiben der Dokumentation der Projektvorgaben** ***4. Grundleistung:*** **Überprüfen und Umsetzen der Kommunikationsstruktur – regelmäßiges Informieren und Abstimmen mit dem Auftraggeber (Berichtswesen)**	Die hier aufgelisteten Leistungen entsprechen inhaltlich den zu den Leistungsphasen Projektvorbereitung und Planung benannten Grundleistungen. Für alle dort genannten handlungsbereichsübergreifenden, systemischen Leistungen ist bedeutsam, dass der Einsatz der Bauunternehmen geplant und vorbereitet werden muss. Bei einer stufenweisen Beauftragung von Planungsleistungen ist die Objektüberwachungsleistung abzurufen, ggf. noch auf die konkrete Einsatzform der tätigen Unternehmen auszurichten. Im Rahmen des Berichts- und Besprechungswesens sind die Baubesprechungen vorzubereiten. Die Baubesprechungen werden in der Regel durch den Objektplaner/Objektüberwacher durchgeführt. Der Projektsteuerer überwacht die ordnungsgemäße Protokollführung und die Protokollinhalte auf Besonderheiten und Steuerungspotential. Bei Bedarf hat der Projektsteuerer sich auch vor Ort ein Bild zu machen. Die unterschiedlichen Besprechungsebenen und die Beteiligten sind mit dem Auftraggeber festzulegen.
801	***5. Grundleistung:*** **Umsetzen des Entscheidungsmanagements** ***6. Grundleistung:*** **Umsetzen des Änderungsmanagements** ***7. Grundleistung:*** **Analysieren und Bewerten der Koordinationsleistungen des Objektplaners** ***8. Grundleistung:*** **Mitwirken beim Risikomanagement** ***9. Grundleistung:*** **Analysieren und Bewerten der ordnungsgemäßen Nutzung des Projektkommunikationssystems durch die Projektbeteiligten**	Beim Änderungsmanagement, Entscheidungsmanagement und Risikomanagement ist im besonderen Maße auf diejenigen klassischen Problembereiche zu achten, die während der Ausführung zu Störpotentialen führen können, dabei insbesondere die abschließende Willensbildung des Auftraggebers in Bezug auf das Bausoll, rechtzeitig vorliegende und qualitativ ausreichende Planung und entsprechende Leistungsbeschreibungen.
	– Besondere Leistungen –	
	1. Besondere Leistung: Betreiben eines eigenen Projektkommunikationssystems	Siehe dazu die Ausführungen bei der Leistungsphase Planung, Handlungsbereich A, 2. Besondere Leistung.
	2. Besondere Leistung: Umsetzen von Risikomanagementsystemen mit besonderen Anforderungen	Siehe dazu die Ausführungen bei der 5. Besonderen Leistung zu Ziff. 2 A B B.

3. Besondere Leistung: Mitwirken bei der Einbeziehung zu beteiligender Dritter und der Öffentlichkeit bei der weiteren Projektrealisierung	Insoweit wird auf die 7. Besondere Leistung zu Ziff. 1 A B 7 verwiesen.

	3 Ausführungsvorbereitung	Kommentierung
	B Qualitäten und Quantitäten	**B Qualitäten und Quantitäten**
2802	*1. Grundleistung:* **Laufendes Analysieren und Bewerten der Planungsergebnisse auf Konformität mit den vorgegebenen Projektzielen**	Die Leistung des Analysierens und Bewertens bezieht sich hier auf die Ausführungsplanung, das Vorbereiten der Vergabe und das Mitwirken bei der Vergabe. Gemäß der Legaldefinition in § 2 Abs. 4 h des Leistungsbildes bedeutet Analysieren und Bewerten: Die Kontrolle eines laufenden Projektprozesses/Projektfortschritts bzw. von Leistungen der Projektbeteiligten in Stichproben mit dem Ziel einer Handlungsempfehlung an den Auftraggeber. Auch in diesem Kontext geht es nicht darum, dass die Planungsergebnisse im Detail mit der Bearbeitungstiefe und den Kenntnissen eines Planers überprüft werden, sondern vielmehr darum, die Planungsergebnisse im Hinblick auf die Einhaltung formaler und materieller Standards zu überprüfen und mit den Projektzielen abzugleichen, wobei die Überprüfung stichprobenartig erfolgen kann. Überprüfungsbedürftig sind oft die rechtzeitige Integration der Fachplanungsleistungen bei der Ausführungsplanung und der Übergabe vollständiger Ausführungsplanungsergebnisse. In diesem Kontext ist klarzustellen, dass die Prüfung der Leistungsverzeichnisse zum Bestandteil der Projektsteuerungsleistungen im Rahmen der AHO-Grundleistungen gehört. Nach dem derzeitigen Aufbau des Leistungsbildes ist diese Leistung explizit im Handlungsbereich E angesprochen, gehört aber nach Auffassung der AHO-Fachkommission auch inhaltlich zum Handlungsbereich B. Eine explizite Klarstellung hierzu wird späteren Neuauflagen des AHO-Heftes vorbehalten.[6]
2803	*2. Grundleistung:* **Überprüfen der von den Planungsbeteiligten erstellten Angebotsauswertungen und Vergabevorschläge**	Der Objektplaner schuldet in der Leistungsphase 7 nach § 34 HOAI das Prüfen und Werten der Angebote einschließlich Aufstellen eines Preisspiegels nach Einzelpositionen oder Teilleistungen und die Erstellung von Vergabevorschlägen. Der Projektsteuerer hat diese Auswertungen auf Plausibilität und Wirtschaftlichkeit zu überprüfen. Die Überprüfung beinhaltet eine Stichprobenkontrolle der einzelnen Ergebnisunterlagen. Diese bezieht sich sowohl auf die von Bietern eingereichten Hauptangebote (einschließlich deren Wertbarkeit) und auch etwaiger Nebenangebote (wobei deren Zulässigkeit ebenfalls stichprobenhaft zu überprüfen ist). Genau so ist der Preisspiegel einer stichprobenartigen Überprüfung zu unterziehen, insbesondere, wenn Bieter eng beieinander liegende Preisangebote abgegeben haben.

6 Dazu Protokoll zur 51. Sitzung der AHO-Fachkommission Projektmanagement/Projektsteuerung am 11.11.2014, Berlin.

		Die dem Projektsteuerer obliegende Plausibilitätskontrolle bezieht sich speziell auf erkennbare Manipulationen, wettbewerbswidrige Preisbildung, formale Fehler und ggf. Überprüfung der Preise auf Unauskömmlichkeit bzw. Überteuerung bzw. spekulative Elemente; bei funktionalen Leistungsbeschreibungen ist in technisch-wirtschaftlicher Hinsicht auch die angebotene technische Lösung auf Übereinstimmung mit den Projektzielen zu überprüfen. Die Aufgabenstellung umfasst stichprobenartige Detailüberprüfungen, ansonsten Plausibilitätsbewertungen der Auswertungen der Objektplaner sowie Prüfung der Dokumentation aller Verfahrensschritte.
804	*3. Grundleistung:* **Überprüfen der unmittelbaren und mittelbaren Auswirkungen von Nebenangeboten auf Konformität mit den vorgegebenen Projektzielen**	Auch in diesem Kontext geht es wieder um eine Überprüfungsleistung entsprechend der Legaldefinition in § 2 Abs. 4 h AHO. Bei öffentlichen Auftraggebern ist zu prüfen, ob das Nebenangebot zulässig ist, insbesondere ob Wertungskriterien für Nebenangebote vorliegen und eine über die rein preisrechtliche Bewertung hinausgehende Bewertung der Nebenangebote erforderlich ist. Auch hier ersetzt der Projektsteuerer nicht diejenigen Leistungen, die einem Objektplaner nach § 15 Leistungsphase 7 HOAI obliegen. Seine Kontrollfunktion ist beschränkt auf die Feststellung der Konformität mit den vorgegebenen Projektzielen (siehe dazu auch Leistungsphase 2, Planung, A 2). Nebenangebote sind insbesondere hinsichtlich der Auswirkung auf andere Gewerke und zusätzlichen Planungsaufwand sowie Auswirkungen auf die Terminziele hin zu untersuchen. Der Projektsteuerer hat auch zu berücksichtigen, dass im Rahmen der Vergabe von öffentlichen Auftraggebern Rahmenbedingungen für Nebenangebote schon durch öffentliche Bekanntmachung bzw. die Aufforderung zur Angebotsabgabe festgelegt sind. Diese Rahmenbedingungen können grundsätzlich im weiteren Verlauf des Vergabeverfahrens nicht mehr geändert werden.
805	*4. Grundleistung:* **Mitwirken bei den erforderlichen Bemusterungen**	Bei dieser Leistung hat der Projektsteuerer darauf zu achten, dass die in der Leistungsphase Planung festgelegten Bemusterungskonzepte ordnungsgemäß abgewickelt werden, insbesondere Bemusterungen zeitgerecht und in inhaltlich ausreichender Form stattfinden bzw. in den Leistungsbeschreibungen für die ausführenden Unternehmen vertraglich verpflichtend vorgesehen sind.
	– Besondere Leistungen –	
	1. Besondere Leistung: Versenden der Ausschreibungsunterlagen	Das Einholen von Angeboten einschließlich des Versandes der Ausschreibungsunterlagen ist bei Anwendung der HOAI-Leistungsbilder Aufgabe der Objektplaner. Insoweit übernimmt der Projektsteuerer im Rahmen der ersten Grundleistung lediglich eine Überprüfung auf Vollständigkeit und Plausibilität und führt ggf. eine Stichprobenkontrolle durch. Gelegentlich überträgt der Auftraggeber dem Projektsteuerer den Versand der Ausschreibungsunterlagen. Nach dem AHO-Leistungsbild handelt es sich hierbei um eine Besondere Leistung, die bei der Übertragung des Grundleistungskataloges nicht beinhaltet ist und auch zusätzlich vergütet werden soll.

2806	*2. Besondere Leistung:* ***Steuern der Nachhaltigkeits- und Zertifizierungsprozesse***	Speziell in der Phase der Ausführungsvorbereitung sind die Anforderungen aus vorgegebenen Nachhaltigkeits- und Zertifizierungsprozessen in die Ausführungsplanung und die Ausschreibungsunterlagen einzuarbeiten. Erfolgt die Einbeziehung nicht ordnungsgemäß, können angestrebte Zertifizierungsergebnisse nicht erreicht werden bzw. erfordern einen erheblichen zusätzlichen Finanzmitteleinsatz. Die Berücksichtigung von Nachhaltigkeits- und Zertifizierungsprozessen kann sich auf die Firmenauswahl, insbesondere auch auf Wartungs- und Instandhaltungsanforderungen auswirken. Zudem sind oft Anforderungen an den Baustellenbetrieb einzuhalten, um die Nachhaltigkeitsanforderungen zu erfüllen. Auch wenn eigens ein Auditor eingesetzt wird und die Ergebnisse von einer Zertifizierungsgesellschaft bewertet werden, verbleibt ein erheblicher Kontrollbedarf für die Projektsteuerung. Die Projektsteuerung hat nicht nur dafür zu sorgen, dass alle entsprechenden Fachleute »an Bord« sind, sondern auch, dass diese ihre Leistungen ordnungsgemäß, insbesondere auch zeitgerecht erbringen, damit alle für die Nachhaltigkeits- und Zertifizierungsprozesse relevanten Aspekte Bestandteil der Ausführungsplanung und der Leistungsbeschreibung sowie der Angebote ausführender Unternehmen werden.

	3 Ausführungsvorbereitung	Kommentierung
	C Kosten und Finanzierung	**C Kosten und Finanzierung**
2807	*1. Grundleistung:* **Überprüfen der von den Planern ermittelten Soll-Werte für die Vergaben auf Basis der aktuellen Kostenberechnung**	Nach den Leistungsbildern der HOAI hat der Objektplaner in der Leistungsphase 6 die Leistungsbeschreibungen zu erstellen und die maßgeblichen Mengen zu ermitteln. Auf dieser Grundlage sind in der 4. Grundleistung der Leistungsphase 6 gem. § 34 HOAI die Kosten auf der Grundlage vom Planer bepreister Leistungsverzeichnisse zu ermitteln. Die Vorgabe der Sollwerte für die Vergabeeinheiten waren bis einschließlich zur 3. Auflage des AHO-Leistungsbildes Aufgabenstellung der Projektsteuerer. Durch die Erweiterung des Planerleistungsbildes nach der HOAI handelt es sich nunmehr um eine explizit in den Leistungsbildern der HOAI bezeichnete Objektplanerleistung. Die Aufgabenstellung des Projektsteuerers wechselt daher in eine Überwachungsposition. Der Projektsteuerer hat demnach zu überprüfen, ob das aktuelle Projektbudget (Kostenrahmen) und dessen Anpassungen aufgrund der inzwischen erfolgten Kostenschätzung und Kostenberechnung ordnungsgemäße auf die gewerkebezogenen Vergabeeinheiten transformiert worden ist. Gegenstand der Überprüfung ist insbesondere die Budgeteinhaltung als solche. Bei der Bildung bepreister Leistungsverzeichnisse zeigen sich oft Kostenerhöhungen/-überschreitungen und Projektbudgets müssen angepasst werden. Diese Umstände sind dem Auftraggeber unverzüglich mit Vorschlägen zum weiteren Vorgehen zu übermitteln. In der Regel erteilt der Projektsteuerer dann Deckungsbestätigungen im Rahmen der Prüfung der Vergabeeinheiten.

808	*2. Grundleistung:* **Überprüfen der von den Planungsbeteiligten auf der Grundlage bepreister Leistungsverzeichnisse erstellten Kostenermittlung**	Nach den nunmehr in der Leistungsphase 6 nach § 34 HOAI vorgesehenen 3. Grundleistung hat der Objektplaner auch die Kosten auf der Grundlage der bepreisten Leistungsverzeichnisse zu ermitteln. Die bepreisten Leistungsverzeichnisse ersetzen seit der HOAI 2013 den früher in der Leistungsphase 7 angesiedelten Kostenanschlag. Die Bepreisung kann unter Berücksichtigung von vorhandenen Erfahrungswerten und ansonsten nach statistischen Daten erfolgen. Gemäß der weiteren Grundleistung der Leistungsphase 5 hat durch den Objektplaner noch eine Kostenkontrolle durch Vergleich der vom Planer bespreisten Leistungsverzeichnisse mit der Kostenberechnung stattzufinden. Abweichungen hat bereits der Objektplaner dem Auftraggeber unverzüglich mitzuteilen. Der Projektsteuerer hat hier zu überprüfen, ob eine ordnungsgemäße Kostenermittlung durch bepreiste Leistungsverzeichnisse vorliegt und ob der Objektplaner die Kostenkontrolle ordnungsgemäß vorgenommen hat und ein Vergleich mit der Kostenberechnung vorliegt sowie dem Auftraggeber etwaige Abweichungen zur Kenntnis zu bringen. Sind die Leistungen unvollständig oder ergeben sich Abweichungen, ist der Auftraggeber hierauf hinzuweisen.
809	*3. Grundleistung:* **Überprüfen der Angebotsauswertungen im Hinblick auf die Angemessenheit der Preise**	Nach der Leistungsphase 7 (Mitwirken bei der Vergabe nach § 34 HOAI) holt der Objektplaner die Angebote ein. Er prüft und wertet die Angebote aus und stellt einen Preisspiegel auf. Die Angebotsauswertung und der erstellte Preisspiegel sind vom Projektsteuerer zu überprüfen, der eine Vollständigkeits- und Plausibilitätsprüfung ggf. – bei ausreichenden Hinweisen für Ungenauigkeiten oder Fehler – eine Stichprobenkontrolle vorzunehmen hat. Die Angemessenheit der Preise kann mittels Vergleichswerten aus dem selben Projekt (anderen Gewerken) aus anderen Projekten oder aus statistischen Unterlagen, aber auch anhand von Katalogen der einzelnen Lieferanten erfolgen. Bei der Prüfung der Preisspiegel ist die jeweils vollständige Erfassung des Angebotes mit sämtlichen weiteren Hinweisen der einzelnen Bieter zu überprüfen. Die Leistung beinhaltet auch die Beratung des Auftraggebers im Umgang mit Kostenüberschreitungen im Sinne notwendiger Einsparrunden und der ggf. erforderlichen Aufhebung von Ausschreibungen.
810	*4. Grundleistung:* **Vorgeben der Deckungsbestätigungen für Aufträge**	Nach Abschluss der dritten Grundleistung steht fest, wie die Angebote kostenmäßig zu bewerten sind und in welcher Höhe der Auftraggeber für die einzelnen Vergabeeinheiten mit Kosten aus der Ausschreibung zu rechnen hat. Soweit und sofern die Angebote im Budget liegen, hat der Projektsteuerer Deckungsbestätigungen zu erteilen. Soweit dies nicht der Fall ist, muss untersucht werden, ob noch freiwerdende Mittel aus anderen Budgets zur Verfügung stehen und diese hierfür eingesetzt werden können oder ob mit Bietern nachverhandelt werden muss (bzw. beim öffentlichen Auftraggeber Ausschreibungen aufgehoben werden müssen). Hierzu hat der Projektsteuerer Vorschläge zu unterbreiten und sich mit dem Auftraggeber abzustimmen.
811	*5. Grundleistung:* **Kostensteuerung unter Berücksichtigung der Angebotsprüfungen und Kostenvergleiche der Planungsbeteiligten**	Diese Grundleistung betrifft die Analyse und Bewertung der Kostenentwicklung in der Phase der Ausführungsvorbereitung. Insoweit hat der Projektsteuerer Soll-Ist-Vergleiche anzustellen, um festzustellen, ob es unbeabsichtigte Kostensteigerungen gibt und den Auftraggeber rechtzeitig zu informieren und Vorschläge zur Kompensation etwaiger Kostenüberschreitungen zu unterbreiten. Notwendige Anpassungen von Qualitäten, Freigaben von Fabrikatsvorgaben, Alternativen, Beauftragung von Sondervorschlägen müssen berücksichtigt werden.

6. Grundleistung: **Prüfen und Freigabevorschläge der Rechnungen der Projektbeteiligten und sonstigen Projektbeteiligten (außer bauausführende Unternehmen) zur Zahlung**	Im Rahmen dieser Leistung obliegt dem Projektsteuerer die Prüfung der Rechnungen der Planer, Gutachter und Berater und die Erarbeitung von Freigabevorschlägen. Wie auch schon bei der entsprechenden Leistung aus den vorangegangenen Leistungsphasen handelt es sich um eine komplette inhaltliche Überprüfung der sachlichen und rechnerischen Richtigkeit der Rechnungen.
2812 *7. Grundleistung:* **Planen von Mittelbedarf und Mittelabfluss**	Nach Vorlage der Kostenanschläge kann der Mittelbedarf und der Mittelabfluss weiter konkretisiert und im Detail geplant werden. Ggf. sind vom Projektsteuerer Anpassungsmaßnahmen vorzuschlagen.
8. Grundleistung: **Fortschreiben der projektspezifischen Kostenverfolgung (kontinuierlich)**	Die Leistung betrifft die übergreifende Kostenkontrolle mit Kostenprognosen für den Auftraggeber. Dieser ist insbesondere dahingehend zu unterrichten, ob Kostenbudgets angepasst werden müssen und zusätzliche Liquidität für die Projektabwicklung bereitgestellt werden muss. Der Projektsteuerer hat dabei den voraussichtlichen Mittelabfluss in Abhängigkeit zu den Vergabeergebnissen und den Ausführungsterminen zu untersuchen und zu konkretisieren.
– Besondere Leistungen –	
2813 ***1. Besondere Leistung: Erstellen von Wirtschaftlichkeitsberechnungen***	Auch im Zusammenhang mit der Ausführungsvorbereitung kann sich die Zweckmäßig der Durchführung von Wirtschaftlichkeitsberechnungen ergeben, etwa dann, wenn Sondervorschläge von Bietern geprüft und bewertet werden müssen. Derartige Wirtschaftlichkeitsberechnungen, wie sie etwa in 3. Besonderen Leistung der Leistungsphase Planung/Kosten und Finanzierung beschrieben sind, wären Besondere Leistungen, deren Beauftragung und Vergütung mit dem Projektsteuerer konkret zu verhandeln sind.

3 Ausführungsvorbereitung	**Kommentierung**
D Termine, Kapazitäten und Logistik	**D Termine, Kapazitäten und Logistik**
2814 *1. Grundleistung:* **Fortschreiben des Terminrahmens**	Dem Projektsteuerer obliegt durchgängig die Aufstellung und Fortentwicklung der Rahmenterminplanung. Diese ist in der Phase der Ausführungsvorbereitung auf die Erkenntnisse dieser Phase fortzuschreiben. Insbesondere Ablaufstörungen im Planungs- und Vergabeprozess können zu einer Anpassung der Rahmenterminplanung nötigen.
2815 *2. Grundleistung:* **Überprüfen der Vergabeterminplanung der Planungsbeteiligten**	Ab der HOAI 2013 hat der Objektplaner nach den Leistungsbildern der HOAI einen gesonderten Vergabetermin zu erstellen (Grundleistung der Leistungsphase 6). Der Vergabeterminplan zu Beginn der Leistungsphase 6 kommt eigentlich schon zu spät. Entsprechende Überlegungen sind schon im zeitlichen Vorfeld zu initiieren. Der Vergabeterminplan der Objektplaner muss sämtliche relevante Abschnitte der Vergabeverfahren für die einzelnen Gewerke enthalten. Bei größeren oder komplexen Projekten kann ein derartiger Vergabeterminplan 100 bis 200 Einzelvergaben umfassen, die zeitlich im Detail zu strukturieren sind. Der Projektsteuerer hat diesen vom Objektplaner erstellten Vergabeterminplan zu prüfen. Gegenstand der Prüfung sind insbesondere ausreichende Vorbereitungs- und Entscheidungsfristen für den Auftraggeber, Einhaltung von Mindestfristen nach öffentlichem Vergaberecht sowie realistische Angebots- und Bearbeitungsfristen für Bieter. Oft neigen die Planungsbeteiligten dazu, Verzögerungen der Planungsprozesse durch Verkürzung der Fristen bei Vergabeprozessen zu kompensieren. Dies führt in der Praxis zu erheblichen Ablaufstörungen in der Vergabe und dem späteren Leistungsbeginn der Ausführungsbeteiligten. Der Projektsteuerer hat insoweit auf eine in sich schlüssige Ablaufplanung für die Vergaben zu achten und dem Auftraggeber im Bedarfsfall Abhilfevorschläge zu unterbreiten.

16	*3. Grundleistung:* **Fortschreiben des Steuerungsterminplans unter Berücksichtigung des Terminplans der Planungsbeteiligten für den Planungs- und Bauablauf**	In der Leistungsphase 5 (Ausführungsplanung) nach § 34 HOAI hat der Objektplaner den Terminplan für den Planungs- und Bauablauf fortzuschreiben und im Rahmen der Leistungsphase 6 den Vergabeterminplan zu erstellen. Dem Projektsteuerer verbleibt dagegen die Steuerungsterminplanung für das Gesamtprojekt. Die Daten und Erkenntnisse aus den Terminplanungen der Planungsbeteiligten hat der Projektsteuerer mit den Vorgaben aus der Steuerungsterminplanung abzustimmen, die etwaigen Anpassungen mit den Planungsbeteiligten zu erörtern und ggf. für Anpassungen der Terminplanung der Planungsbeteiligten Sorge zu tragen. Die Steuerungsterminplanung ist jedenfalls zum Ende einer Leistungsphase auf notwendige Anpassungen hin zu überprüfen und fortzuschreiben.
	4. Grundleistung: **Überprüfen der vorliegenden Angebote im Hinblick auf vorgegebene Terminziele**	Die eingehenden Unternehmerangebote müssen im Hinblick auf die vorgegebenen Terminziele überprüft werden. Optimierungsmöglichkeiten sind zu untersuchen und – soweit zulässig – zu verhandeln. Ergibt sich, dass der oder die Unternehmer die vorgeplanten Kapazitäten nicht entsprechend beibringen und dementsprechend die Termine nicht wie vorgesehen einhalten können, muss der Auftraggeber informiert werden. Dem Projektsteuerer obliegt es dann, Abhilfevorschläge zu erarbeiten und dem Auftraggeber vorzuschlagen.
17	*5. Grundleistung:* **Terminsteuerung mit Soll-Ist-Vergleichen betreffend Ausführungsplanung sowie Vorbereitung und Durchführung der Vergabe**	Bei der Planung, Ausschreibung und Vergabe obliegt dem Projektsteuerer die Terminkontrolle und -steuerung in Bezug auf alle Projektbeteiligten. Speziell die rechtzeitige Vorlage der für die Ausschreibung erforderlichen Planungsergebnisse und Leistungsbeschreibungsinhalte ist Kernaufgabe der Projektsteuerung. Sofern die Planungsunterlagen nicht in der notwendigen Tiefe beigestellt werden können, sind alternative Vergabeformen, z. B. auch die Vergabe von Bauleistungen in der Form von Budget- oder GMP-Verträgen, vorzuschlagen. Ggf. sind Nachbesserungen einzufordern, und hierdurch bedingt Zuschlagstermine zu verschieben und die notwendigen Zustimmungen der Bieter einzuholen.
18	*6. Grundleistung:* **Mitwirken bei der Aktualisierung und Prüfung der Entwicklung der logistischen Einflussgrößen**	Dem Projektsteuerer obliegt es im Rahmen der Ausführungsvorbereitung, logistische Einflussgrößen bei der Planung und Ausschreibung zu überprüfen, die Einbeziehung tauglicher Baustelleneinrichtungspläne bzw. Logistikpläne in die Ausschreibungsunterlagen sicherzustellen und derartige Unterlagen auf Plausibilität und Vollständigkeit zu überprüfen. Soweit Lücken bestehen, hat er den Auftraggeber hierauf hinzuweisen und für Abhilfe Sorge zu tragen. Speziell bei Einzelvergaben ist darauf zu achten, dass die Mitbenutzung von Kränen usw. für alle Baubeteiligten gesichert ist. Die Logistikplanung selbst wird nicht durch den Projektsteuerer erstellt, sondern durch den Objektplaner oder einen zu diesem Zweck beauftragten Fachplaner. Dem Projektsteuerer obliegt hier die Überprüfung der Arbeitsergebnisse auf Plausibilität, Übereinstimmung der Leistungsbeschreibungen und eingehenden Angeboten sowie etwaigen Sondervorschlägen der Bieter. Aus den Vergaben ersichtliche Anpassungszwänge sind aufzuzeigen und der Auftraggeber entsprechend zu informieren erforderlichenfalls und Abhilfevorschläge zu unterbreiten.

	– Besondere Leistungen –	
2819	*1. Besondere Leistung: Fortschreiben der Terminplanung für Planung und Bauablauf*	Die Terminplanung für Planung und Bauablauf obliegt grundsätzlich den Planungsbeteiligten, insbesondere der Objektplanung bis zur Leistungsphase 5 nach § 34 HOAI, mit der dann einsetzenden Vergabeterminplanung. Wenn sich herausstellt, dass die Planungsbeteiligten der Verpflichtung zur Terminplanung nicht ordnungsgemäß nachkommen können, oder aber der Auftraggeber eine zusätzliche Absicherung durch parallele Terminplanung erhalten möchte, dann werden dem Projektsteuerer oftmals anstelle der Objektplanerleistungen entsprechende Terminplanungsaufgaben übertragen. Diese Leistungen, welche die Leistungen der Objektplanung ersetzen sollen, sind Besondere Leistungen der Projektsteuerung und damit gesondert zu beauftragen und auch zu vergüten.
2820	*2. Besondere Leistung: Erstellen und Fortschreiben des Vergabeterminplans*	Hier gilt das zuvor Gesagte entspechend. Ist der Objektplaner nicht in der Lage, einen entsprechenden Vergabeterminplan zu erstellen, oder aber wünscht der Auftraggeber eine parallele Vergabeterminplanung durch den Projektsteuerer, ist auch diese Leistung gesondert als Besondere Leistung zu beauftragen und zu vergüten.
	3. Besondere Leistung: Fortführen des Abgleichens logistischer Maßnahmen mit Anliefer- und Nachbarschaftsinteressen	Sofern (als Besondere Leistung) beauftragt, hat der Projektsteuerer das Logistikkonzept im Hinblick auf die Umsetzbarkeit und Vereinbarkeit mit Anliefer- und Nachbarschaftsinteressen zu überprüfen und insbesondere darauf zu achten, dass alle Nachbarschaftszustimmungen – soweit erforderlich – erteilt worden sind.

	3 Ausführungsvorbereitung	Kommentierung
	E Verträge und Versicherungen	**E Verträge und Versicherungen**
2821	***1. Grundleistung:*** **Mitwirken beim Durchsetzen von Vertragspflichten gegenüber den Beteiligten**	Dem Projektsteuerer obliegt die Mitwirkung bei der Durchsetzung von Vertragspflichten gegenüber Beteiligten. Das sind in dieser Leistungsphase planungsbeteiligte Gutachter und Berater. Insbesondere geht es um die Durchsetzung der rechtzeitigen und vollständigen Planlieferung und Fertigstellung der Vergabeunterlagen. Notwendige Schritte hierzu hat der Projektsteuerer dem Auftraggeber vorzuschlagen und auf sachgerechte Möglichkeiten zur Einforderung der Vertragspflichten hinzuweisen.
2822	***2. Grundleistung:*** **Mitwirken bei der Strukturierung des Vergabeverfahrens**	Im Rahmen der Ausführungsvorbereitung obliegt den Objektplanern im Rahmen der Leistungsphasen 6 und 7 nach HOAI die Vorbereitung der Vergabe bzw. die Mitwirkung bei der Vergabe. Im Hinblick auf die insoweit mehr strukturierende und kontrollierende Aufgaben des Projektsteuerers ist die Grundleistung mit der 4. Auflage des AHO-Leistungsbildes redaktionell dahingehend konkretisiert worden, dass sich die Aufgabenstellung des Projektsteuerers auf die Mitwirkung bei der Strukturierung des Vergabeverfahrens bezieht. Bei öffentlichen Auftraggebern gehört dazu neben der Beratung zu Eignungs- und Zuschlagskriterien die Unterstützung des Auftraggebers bei der Festlegung der Vergabeart sowie der einzelnen Verfahrensschritte und der Abwicklung des Verfahrens in Übereinstimmung mit den Vorschriften des Vergaberechts. Sofern komplexere vergaberechtliche Fragen auftreten, hat er dem Auftraggeber anzuraten, anwaltlichen Rat einzuholen. Bei privaten Auftraggebern und solchen öffentlichen Auftraggebern, die Verhandlungsverfahren durchführen können, geht es zunächst ebenso um die Festlegung einer bestimmten Vergabestruktur und der Festlegung von Eignungs- und Zuschlagskriterien. Bei beschränkten Vergaben oder privaten Auftraggebern obliegt dem Projektsteuerer die Mitwirkung bei der Zusammenstellung der Firmenlisten. Außerdem hat der Projektsteuerer eine Verhandlungsstrategie zu entwickeln, insbesondere auch zur Frage, inwieweit und nach welchen Kriterien Bieter ausgeschieden werden bzw. bis zum Ende des Verfahrens mit mehreren Bietern parallel verhandelt wird.

		Aufgabe des Projektsteuerers nach dem AHO-Leistungsbild ist es auch in diesem Kontext nicht, Leistungen mit zu übernehmen, die dem Objektplaner in den Leistungsphasen 6 und 7 übertragen sind, sondern er hat aufgrund seiner eigenen Fach- und Marktkenntnisse zu überwachen, ob die Leistungen des Objektplaners ordnungsgemäß erbracht werden und ggf. einen eigenen Beitrag aufgrund eigener Recherchen und Marktkenntnisse zu erbringen, wenn erkennbar wird, dass Optimierungen erforderlich sind.
23	*3. Grundleistung:* **Überprüfen der Vertragsunterlagen für die Vergabeeinheiten auf Vollständigkeit und Plausibilität sowie Bestätigen der Versandfertigkeit**	Der Projektsteuerer hat die Verdingungsunterlagen vor dem Versand auf Vollständigkeit und Plausibilität zu überprüfen. Dies ist in der Praxis eine sehr wichtige Aufgabenstellung, weil die von den verschiedenen Planungsbeteiligten zusammengestellten Unterlagen oftmals nicht kongruent sind, zum Teil Lücken und Widersprüchlichkeiten aufweisen. Dem Projektsteuerer fällt hier die wichtige Aufgabe zu, die Versandfertigkeit der Unterlagen ganzheitlich zu bewerten und ggf. Abhilfe bei den Beteiligten einzufordern. Nach Herstellung der Versandfertigkeit hat er diese dem Auftraggeber zu bestätigen.
24	*4. Grundleistung:* **Mitwirken bei den Vergabeverhandlungen bis zur Unterschriftsreife**	Der Projektsteuerer unterstützt den Auftraggeber bei den Vergabeverhandlungen von der Vorbereitung bis zum Vertragsabschluss. Die Leistung ist im Ergebnis darauf gerichtet, die Vergabeempfehlung des Objektplaners aufgrund des Verlaufs der Verhandlungen zu überprüfen und zu bestätigen. So hat der Projektsteuerer stichprobenartig Angebote und den Preisspiegel des Objektplaners zu überprüfen. Das beinhaltet in der Regel eine Vollständigkeits- und Plausibilitätsprüfung sowie eine Stichprobenprüfung von einzelnen Sachverhalten. Zum Leistungsumfang gehört auch, dass er für eine inhaltliche Klärung aller in den Verhandlungen als klärungsbedürftig erkannten Fragestellungen im auftraggeberseitigen Projektteam Sorge trägt und die Beteiligten entsprechend koordiniert. Ihm obliegt auch die Koordination und Überwachung der Dokumentation aller Vergabeverhandlungen. Eine Präsenz des Projektsteuerers bei allen Vergabeverhandlungen ist dabei nicht gefordert.
25	*5. Grundleistung:* **Mitwirken bei der Vorgabe der Vertragstermine und -fristen für die Besonderen Vertragsbedingungen der Ausführungs- und Lieferleistungen**	Mit der 4. Auflage des Leistungsbildes AHO ist auch diese Grundleistung neu ausgerichtet worden. Denn aufgrund der Neuregelung der Terminplanung in den Leistungsbildern der Objektplanung steht nun fest, dass der Objektplaner auch die Terminplanung der Bauausführung einschließlich der Vorgabe der Vertragstermine und -fristen zu übernehmen hat. Der Projektsteuerer hat aber die eigene Steuerungsterminplanung mit derjenigen des Objektplaners abzustimmen und dabei auch die geplanten Terminabläufe für die Ausführung mit zu überprüfen. Dementsprechend hat er die rechtzeitige Erarbeitung der Vertragstermine und -fristen zu initiieren und deren Übereinstimmung mit dem Steuerungsterminplan der Projektsteuerung zu überwachen. Dabei sind neben den Beginnterminen und den Fertigstellungszeitpunkten (alternativ der Festlegung von Ausführungsfristen) auch projektrelevante Zwischenfristen festzulegen, die eine eigenständige Bedeutung für die Projektrealisierung bzw. für die wirtschaftliche Interessen des Auftraggebers darstellen (z. B. Fertigstellung Rohbau oder geschlossene Hülle; Fertigstellung von Mietbereichen usw.).

– Besondere Leistungen –	
2826 ***1. Besondere Leistung: Mitwirken bei Auswahl, Beschaffung, Aufbau und Einführung von speziellen Informationssystemen (z. B. für Facility Management)***	Sofern der Auftraggeber beabsichtigt, spezielle Informationssysteme, etwa ein CAFM-Informationssystem, zur Verwaltung der Gebäudedaten im Rahmen der späteren Gebäudebewirtschaftung zu beschaffen, kann der Projektsteuerer als Besondere Leistung hier wichtige Mitwirkungshandlungen übernehmen. Dabei geht es einerseits um die Unterstützung bei der Beschaffung eines entsprechenden Systems, andererseits aber auch um die Berücksichtigung der Anforderungen eines solchen CAFM-Informationssystems bei der Vorgabe an von ausführenden Unternehmen beizustellenden Dokumentationsunterlagen. Wird diese Leistung nicht beauftragt, kann der Projektsteuerer grundsätzlich davon ausgehen, dass ihm auftraggeberseitige Anforderungen an die Dokumentation aus der Perspektive der Gebäudewirtschaft benannt werden; er muss somit keine eigene Planungs- und Entwicklungsaufgabe im Hinblick auf die Gebäudebewirtschaftung übernehmen.

	4 Ausführung	**Kommentierung**
	A Organisation, Information, Koordination, Dokumentation (handlungsbereichsübergreifend)	**A Organisation, Information, Koordination, Dokumentation (handlungsbereichsübergreifend)**
27	*1. Grundleistung:* **Fortschreiben der projektspezifischen Organisationsvorgaben mit Projektstrukturplanung** *2. Grundleistung:* **Analysieren und Bewerten der Planungsprozesse auf Konformität mit den vorgegebenen Projektzielen** *3. Grundleistung:* **Fortschreiben der Dokumentation der Projektvorgaben**	In Bezug auf die handlungsbereichsübergreifenden Leistungen kann auf die Kommentierungen zu den Leistungsphasen Projektvorbereitung und Planung und auch Ausführungsvorbereitung verwiesen werden. Die einzelnen Managementleistungen erfassen nunmehr auch die wichtige Bauausführungsphase. Unter dem hier herrschenden Entscheidungs- und Änderungsdruck zeigt sich, ob die vorbereitend erarbeiteten Systeme geeignet sind. Bei Auftreten von Fehlsteuerungen ist seitens der Projektsteuerung zu prüfen, ob die Organisationsvorgaben, Besprechungsberichtswesen, Änderungs-, Entscheidungs- und Risikomanagement zu überarbeiten sind. Zu beachten ist auch hier, dass ggf. Änderungen der Projektstrukturplanung rechtzeitig zu initiieren und vorzuschlagen sind. Auch während der Ausführung können noch Planungsergebnisse zur Verfügung zu stellen sein, insbesondere in Fällen paralleler Planung und Ausführung. Das Analysieren und Bewerten der Planungsprozesse auf Konformität mit den vorgegebenen Projektzielen, insbesondere den Organisationsvorgaben ist dabei zu vorzunehmen.
28	*4. Grundleistung:* **Überprüfen und Umsetzen der Kommunikationsstruktur – regelmäßiges Informieren und Abstimmen mit dem Auftraggeber (Berichtswesen)** *5. Grundleistung:* **Umsetzen des Entscheidungsmanagements** *6. Grundleistung:* **Umsetzen des Änderungsmanagements** *7. Grundleistung:* **Analysieren und Bewerten der Koordinationsleistungen der Objektüberwachung**	Soweit es neue Planungs- und Projektvorgaben gibt, sind diese auch während der Ausführung zu dokumentieren. Schließlich hat sich der Projektsteuerer auch während der Ausführung um die ordnungsgemäße Umsetzung der vereinbarten Kommunikationsstruktur zu kümmern und zu überwachen, dass das Informations- und Berichtswesen von allen Projektbeteiligten ordnungsgemäß umgesetzt wird. Von großer Bedeutung in dieser Leistungsphase ist die Umsetzung des Entscheidungs- und Änderungsmanagements. Hier geht es im Wesentlichen um die strukturierte Behandlung und Überwachung von Leistungsänderungen und Projektstörungen. Insoweit hat der Projektsteuerer dafür Sorge zu tragen, dass die vereinbarten Regelabläufe eingehalten und insbesondere die notwendigen Sachverhalte zeitnah geklärt werden. Dabei geht es ganz überwiegend um die Überprüfung der Ergebnisse der Objektplanung. Vom Leistungsumfang nicht umfasst ist die Erstellung baubetrieblicher Gutachten, die auch nach den Leistungsbildern der HOAI nicht zum Leistungsumfang der Objektplaner gehören.
29	*8. Grundleistung:* **Mitwirken beim Risikomanagement** *9. Grundleistung:* **Analysieren und Bewerten der ordnungsgemäßen Nutzung des Projektkommunikationssystems durch die Projektbeteiligten**	Soweit es neue Planungs- und Projektvorgaben gibt, sind diese auch während der Ausführung zu dokumentieren. Schließlich hat sich der Projektsteuerer auch während der Ausführung um die ordnungsgemäße Umsetzung der vereinbarten Kommunikationsstruktur zu kümmern und zu überwachen, dass das Informations- und Berichtswesen von allen Projektbeteiligten ordnungsgemäß umgesetzt wird. Von großer Bedeutung in dieser Leistungsphase ist die Umsetzung des Entscheidungs- und Änderungsmanagements. Hier geht es im Wesentlichen um die strukturierte Behandlung und Überwachung von Leistungsänderungen und Projektstörungen. Insoweit hat der Projektsteuerer dafür Sorge zu tragen, dass die vereinbarten Regelabläufe eingehalten und insbesondere die notwendigen Sachverhalte zeitnah geklärt werden. Dabei geht es ganz überwiegend um die Überprüfung der Ergebnisse der Objektplanung. Vom Leistungsumfang nicht umfasst ist die Erstellung baubetrieblicher Gutachten, die auch nach den Leistungsbildern der HOAI nicht zum Leistungsumfang der Objektplaner gehören.

10. Grundleistung: **Unterstützen des Auftraggebers bei der Einleitung von selbständigen Beweisverfahren**	Schließlich steht und fällt der Projekterfolg in der Projektstufe Ausführung mit der Koordination der Baubeteiligten durch die Objektüberwachung. Es ist deshalb eine wesentliche Aufgabe der Projektsteuerung, für das Funktionieren der Koordinationsleistungen der Objektüberwachung Sorge zu tragen. Sobald hier Fehlsteuerungen erkennbar werden, hat er den Auftraggeber hierauf hinzuweisen und Abhilfemaßnahmen vorzuschlagen (wie etwa Anmahnung von Leistungen, Verhandlungen über Verstärkung der Objektüberwachung, Durchführung von Ersatzvornahmen und Hinzuziehung Dritter). In der Ausführungsphase zeigen sich – zumal in der Phase, in der auch die Ausbauleistungen beginnen oder vorangetrieben werden müssen – die Risiken der Projektabwicklung. Der Projektsteuerer hat hier sorgfältig den Bauablauf zu überprüfen und den Auftraggeber rechtzeitig auf Risiken und auf Maßnahmen zur Gegensteuerung hinzuweisen. Hierneben hat der Projektsteuerer zu überwachen, dass die Beteiligten das Projektkommunikationssystem ordnungsgemäß nutzen.
2830	Mit der erstmals in der 3. Auflage des AHO-Leistungsbildes aufgenommenen Leistung zur Unterstützung des Auftraggebers bei der Einleitung von selbständigen Beweisverfahren wird klargestellt, dass der Projektsteuerer auch bei entsprechenden Auseinandersetzungen streitiger Art mitzuwirken hat. Dabei geht es vornehmlich darum, die Projektbeteiligten zu koordinieren, damit die für selbständige Beweisverfahren notwendigen Informationen und Unterlagen zeitnah zusammengestellt werden. Der Projektsteuerer hat die Unterlagen auf Vollständigkeit und Plausibilität zu überprüfen, bevor sie an den Auftraggeber bzw. dessen Rechtsvertretung weitergegeben werden.
2831 **– Besondere Leistungen –**	
1. Besondere Leistung: Koordination besonderer Anforderungen der Betreiber-/Nutzerorganisation	Die für eine Immobilie vorgesehenen Nutzer verfügen oftmals über eine eigene (größere) Organisation. Es entsteht bei der Projektrealisierung die Notwendigkeit, diese eigenständige Organisation in ihrer Willensbildung auf die Projekterfordernisse auszurichten. Insbesondere müssen in der Regel eine Vielzahl Beteiligter in der Betreiber- und Nutzerorganisation koordiniert werden, um rechtzeitig die notwendigen Projektentscheidungen zu treffen. Das Management der Nutzerleistungen ist eine eigenständige Projektaufgabe und ein entsprechendes Leistungsbild ist in Heft Nr. 19 Kapitel 5 der AHO-Schriftenreihe vorgestellt worden. Es handelt sich nicht um eine Grundleistung. In den Grundleistungen ist der Projektsteuerer lediglich verpflichtet, die ihm benannten Anforderungen und Entscheidungen des Nutzers, sei es des Bauherrn als Eigennutzer oder aber der gesonderten Nutzerorganisation bei den Projektprozessen zu berücksichtigen. Wenn aber die Nutzerorganisation selbst hinsichtlich ihrer Willensbildung koordiniert werden muss, handelt es sich um eine Besondere Leistung, die der Projektsteuerer ohne gesonderte Beauftragung nicht übernehmen muss. Über die notwendigen Inhalte und die Vergütung hierfür haben sich die Beteiligten zu verständigen, wobei dies oftmals auf Basis der Abstellung zusätzlicher Mitarbeiter für diese Aufgabenstellung gegen zeitaufwandsbezogene Vergütung erfolgt.
2. Besondere Leistung: Betreiben eines eigenen Projektkommunikationssystems	Die Leistung umfasst die Sicherstellung des Betriebes eines eigenen Projektkommunikationssystems einschließlich der Aufrechterhaltung der Funktionsfähigkeit und der Einweisung der neuen Projektbeteiligten.

332	*3. Besondere Leistung: Organisatorisches und baufachliches Unterstützen bei Gerichtsverfahren*	Bei dieser Leistung geht es nicht lediglich darum, Unterlagen für ein Verfahren zusammenzustellen, sondern um Mitwirkung bei der zutreffenden Sachverhaltserfassung in Schriftsätzen der Rechtsberatung und das Führen von entsprechenden Abstimmungsgesprächen. Vielfach ist es für Gerichtsverfahren erforderlich, dass die notwendigen Sachzusammenhänge nochmals erläutert werden und ein Ansprechpartner zur Verfügung steht, der berichten kann, wie einzelne Abläufe entstanden sind, welche Kausalitäten in Betracht kommen und wo entsprechende Dokumente und Unterlagen zu finden sind.
	4. Besondere Leistung: Umsetzung von Risikomanagementsystemen mit besonderen Anforderungen	Hier kann auf die 5. Besondere Leistung der Leistungsphase Projektvorbereitung, Handlungsbereich A, Bezug genommen werden.
	5. Besondere Leistung: Mitwirken bei der Einbeziehung zu beteiligender Dritter und der Öffentlichkeit bei der weiteren Projektrealisierung	Auch hier kann Bezug genommen werden auf die vorstehende Kommentierung, nämlich der 7. Besonderen Leistung zur Projektvorbereitung, Handlungsbereich A.

	4 Ausführung	Kommentierung
	B Qualitäten und Quantitäten	**B Qualitäten und Quantitäten**
333	*1. Grundleistung:* **Analysieren und Bewerten der Leistungen der Objektüberwachung sowie Vorschlagen und Abstimmen von Anpassungsmaßnahmen bei Gefährdung von Projektzielen**	Im Rahmen der Ausführung obliegt dem Projektsteuerer die Überprüfung der Einhaltung der Projektvorgaben. Anhand der Baubesprechungsprotokolle, Terminpläne, Schriftverkehr mit Firmen usw. lässt sich in der Regel feststellen, ob die Baustelle komplikationslos verläuft oder aber Fehlsteuerungen auftreten, die sich speziell auf die Qualität der Leistung der Baufirmen auswirken können. Der Projektsteuerer hat hier darauf zu achten, dass die Objektüberwachung funktioniert, insbesondere die Leistungen zur Qualitätsüberprüfung durch die Objektüberwachung rechtzeitig aufgenommen und mit der notwendigen Intensität und Koordinationskompetenz durchgeführt werden. Speziell geht es in diesem Kontext darum, dass schon während der Ausführung eine Mängelerfassung stattfindet und die Firmen zeitnah angehalten werden, diese zu beseitigen. Auch ist darauf zu achten, dass rechtzeitig Ausführungspläne vorliegen, mit denen die Objektüberwachung tatsächlich arbeitet. Sofern die Objektüberwachung ad hoc-Maßnahmen organisiert, ist für eine ordnungsgemäße Dokumentation dieser möglicherweise von vorhandenen Planungen abweichenden oder die Planung konkretisierenden Leistungen Sorge zu tragen.
34	*2. Grundleistung:* **Anlassbezogenes, örtliches Überprüfen der Leistungen der Objektüberwachung**	Einige Projektsteuerungsunternehmen haben in der Vergangenheit die qualitative Projektabwicklung lediglich vom Schreibtisch aus beurteilen wollen. Das neue Leistungsbild AHO ab der 4. Auflage stellt klar, dass zumindest dann, wenn Anlässe für ein örtliches Überprüfen der

	Leistungen der Objektüberwachung vorhanden sind, der Projektsteuerer entsprechend aktiv werden muss. Das wird immer dann anzunehmen sein, wenn Fehlsteuerungen der Bauabläufe erkennbar werden. Der Projektsteuerer kann sich dann nicht darauf beschränken, Abhilfeanforderungen auf der Basis des ihm vorliegenden Schriftverkehrs, insbesondere der Baustellenprotokolle zu entwerfen. Er hat sich vielmehr selbst ein Bild über die örtlichen Gegebenheiten, insbesondere die personelle Ausstattung der Objektüberwachung, deren Tätigkeiten vor Ort, der Kompetenz der eingesetzten Mitarbeiter usw. zu machen, um beurteilen zu können, wie Mängel der Objektüberwachungsfunktion behoben werden können. Bei Fehlsteuerungen wird der Projektsteuerer Besprechungen mit der Objektüberwachung durchführen, ggf. dem Auftraggeber Vorschläge für Gegensteuerungsmaßnahmen unterbreiten und auch bei Ersatzvornahmen mitwirken.
– Besondere Leistungen –	
2835 ***1. Besondere Leistung: Steuern der Nachhaltigkeits- und Zertifizierungsprozesse***	Die Vorgabe der Umsetzung von Nachhaltigkeits- und Zertifizierungsprozessen für Bauprojekte bringt für viele Projektbeteiligte zusätzliche Aufgaben mit sich. Planungsbeteiligte haben die Nachhaltigkeitsziele bei allen Planungstätigkeiten zu beachten. Ausführende Unternehmen müssen ebenfalls die relevanten Nachhaltigkeitsanforderungen an den Baubetrieb wie auch an die Qualität der Ausführung einhalten. Aufgabenstellung der Projektsteuerung ist es dabei, im Rahmen dieser Besonderen Leistung die Einhaltung der qualitätsrelevanten Vorgaben aus Nachhaltigkeits- und Zertifizierungsprozessen im Rahmen der Ausführung zu überprüfen und alle Projektbeteiligten auf das Erreichen der Zertifizierungsziele auszurichten.

4 Ausführung	**Kommentierung**
C Kosten und Finanzierung	**C Kosten und Finanzierung**
2836 ***1. Grundleistung:*** **Kostensteuerung zur Einhaltung der Kostenziele**	Dem Projektsteuerer obliegt in der Ausführungsphase die Kostensteuerung zur Einhaltung der Kostenziele. Er hat Abweichungen von dem Kostenrahmen festzustellen und insbesondere zu überprüfen, ob während der Ausführung relevante Änderungen gegenüber den von der Planung ermittelten Kosten auf der Grundlage bepreister Leistungsverzeichnisse auftreten. Dabei hat er vornehmlich die von den Objektplanungsbeteiligten zu erarbeitenden Kostenveränderungen zu überprüfen und auf relevante Abweichungen gegenüber dem Auftraggeber zeitnah hinzuweisen. Das gilt insbesondere in Bezug auf die Bewertung der aus Leistungsänderungen und Behinderungen resultierenden Kostenveränderungen. Ggf. müssen Kostenziele fortgeschrieben, Entscheidungen über Kosteneinsparungen usw. mit dem Auftraggeber abgestimmt werden. Es handelt sich letztlich um eine Teilleistung aus dem Bereich Änderungsmanagement der 6. Grundleistung des Handlungsbereichs A.
2. Grundleistung: **Prüfen und Freigabevorschläge bezüglich der Rechnungen der Planungsbeteiligten und sonstigen Projektbeteiligten (außer bauausführenden Unternehmen) zur Zahlung**	In der Ausführungsphase rechnet eine Vielzahl der Projektbeteiligten aus dem Bereich Planer und Gutachter ihre Leistungen ab. Diese Leistungen sind vom Projektsteuerer zu prüfen (vollständige Einzelprüfung) und dem Auftraggeber ist die Freigabe entsprechend geprüfter Rechnungsbeträge vorzuschlagen. Diese Leistung ist eine originäre Projektsteuerungsleistung.

337	*3. Grundleistung:* **Überprüfen und Freigabevorschläge bezüglich der Rechnungsprüfung der Objektüberwachung zur Zahlung an ausführende Unternehmen**	Bei der Rechnungsprüfung ausführender Unternehmen ist es so, dass die Rechnungsprüfung einschließlich des Prüfens der Ausmaße der bauausführenden Unternehmen von der Objektüberwachung (7. Grundleistung der Leistungsphase 8 nach HOAI) übernommen wird. Dem Projektsteuerer obliegt hier keine originäre Überprüfungspflicht in Bezug auf die Rechnungen ausführender Unternehmen. Er prüft aber die Rechnungsprüfung der Objektüberwachung. Das kann im Einzelfall bedeuten, dass gleichwohl einzelne Abrechnungselemente einer Prüfung bedürfen. Der Projektsteuerer kann sich in der Regel aber auf eine Vollständigkeits-, Plausibilitäts- und Stichprobenkontrolle beschränken. Er muss nicht jede Einzelposition der Rechnung ausführender Unternehmen nochmals bewerten. Die Prüftiefe hängt im Wesentlichen davon ab, wie sorgsam die Objektüberwachung Rechnungen prüft. Stellt der Projektsteuerer fest, dass die Rechnungsprüfung der ausführenden Unternehmen durch die Objektüberwachung nicht ordnungsgemäß vorgenommen wird, hat er dies dem Auftraggeber unverzüglich mitzuteilen und Abhilfevorschläge zu unterbreiten, ggf. eine Ersatzvornahme vorzuschlagen.
338		Eine Überprüfung der von der Objektüberwachung bereits vorgeprüften Rechnungen wird durch einen Prüfstempel der Projektsteuerung oder durch ein Handzeichen des im Rahmen der Überprüfung tätig werdenden Projektsteuerers dokumentiert. Der Projektsteuerer haftet dementsprechend auch nicht für die Richtigkeit von Freigaben der Rechnungen bauausführender Unternehmen. Er haftet aber dafür, dass er die Objektüberwachungstätigkeit im Rahmen der Rechnungsprüfung hinlänglich überprüft hat. Zumindest dann, wenn generell Zweifel an der ordnungsgemäßen Objektüberwachungstätigkeit in Bezug auf Rechnungswesen vorgelegen haben oder aber bei der einzelnen Rechnung Auffälligkeiten gegeben waren, muss der Projektsteuerer seine Prüfungstätigkeit vertiefen und kann dementsprechend ggf. auch für die Schäden aufgrund fehlerhafter Rechnungsprüfung in Anspruch genommen werden.
339	*4. Grundleistung:* **Vorgeben von Deckungsbestätigungen für Nachträge**	Sofern aufgrund von Leistungsänderungen zusätzliche Vergütungsansprüche entstehen, hat der Projektsteuerer den Auftraggeber darauf hinzuweisen und Budgeterhöhungen zu initiieren. Alsdann sind von ihm Deckungsbestätigungen auszusprechen. Hierdurch wird sichergestellt, dass alle kostenmäßigen Voraussetzungen für die Beauftragung der Nachträge geschaffen sind.
	5. Grundleistung: **Fortschreiben der projektspezifischen Kostenverfolgung (kontinuierlich)**	Die in der Ausführungsvorbereitung übernommene Kostenverfolgung ist während der Ausführung fortzuführen. Hier erwächst dem Projektsteuerer aufgrund des erhöhten Datenanfalls ein nicht unerheblicher Bearbeitungsaufwand.
	– Besondere Leistungen –	
340	***1. Besondere Leistung:*** ***Prüfen der Rechnungen der ausführenden Unternehmen***	Die Projektsteuerung kann grundsätzlich erwarten, dass die Objektüberwachung die Rechnungen der ausführenden Unternehmen prüft, wie dies etwa in der Leistungsphase 8 für die Objektplanung nach der HOAI vorgesehen ist. Nicht selten kommt es indessen vor, dass die Leistungen von der Objektüberwachung nicht ordnungsgemäß erbracht werden. Dann kann der Auftraggeber diese Leistungen im Rahmen einer Besonderen Leistung auch dem Projektsteuerer übertragen, sofern sich die Vertragsparteien über den Leistungsinhalt und die zusätzliche Vergütung für diese Besondere Leistung verständigen. Die Ausgestaltung dieser Besonderen Leistung zeigt auf, dass der Projektsteuerer eben nicht originär die Rechnungen der ausführenden Unternehmen zu überprüfen hat.

	4 Ausführung	Kommentierung
	D Termine, Kapazitäten und Logistik	**D Termine, Kapazitäten und Logistik**
2841	*1. Grundleistung:* **Fortschreiben des Terminrahmens**	Dem Projektsteuerer obliegt durchgängig die Betreuung des Terminrahmens, aus dem seine Steuerungsterminplanung abgeleitet wird. Beide Terminebenen sind von ihm weiterhin zu betreuen, wobei die Steuerungsterminpläne während des Bauablaufs zunehmend durch die Terminsteuerung der Objektüberwachung substituiert wird.
2842	*2. Grundleistung:* **Überprüfen des Terminplans der Planungsbeteiligten, insbesondere auf Einhaltung des Terminrahmens**	Nach der Systematik der HOAI, die auch dem AHO-Leistungsbild zugrunde liegt, übernimmt der Objektplaner in der Leistungsphase 8 das Aufstellen, Fortschreiben und Überwachen eines Terminplans (Balkendiagramm). Die Ausfertigung von Terminplänen schuldet daher zunächst einmal der Objektüberwachung. Dem Projektsteuerer obliegt die Überprüfung der Übereinstimmung der von der Objektüberwachung erstellten Terminpläne mit der eigenen Rahmenterminplanung. Soweit erforderlich, übernimmt der Projektsteuerer aus den Terminplänen des Objektüberwachers und den Detailablaufplänen der ausführenden Unternehmen wichtige Zwischentermine und schreibt mittels dieser Erkenntnisse seine Rahmen- und Steuerungsterminplanung fort. Im Rahmen der Leistung hat der Projektsteuerer insbesondere zu überprüfen, ob die Objektüberwachung die ihr obliegenden Terminpläne rechtzeitig und mit der erforderlichen Tiefe und auch mit der notwendigen Kenntnis über Kapazitäten und Abläufe auf der Baustelle erstellt, so dass sie eine ordnungsgemäße Umsetzung gewährleisten. Speziell bei Großprojekten tritt die Problematik auf, dass Terminpläne für ein Gesamtprojekt oft bereits überholt sind, wenn sie verabschiedet worden sind. Die Aufgabenstellung des Projektsteuerers ist hier darauf zu richten, funktionstüchtige Systeme für die Erstellung von bereichsbezogenen Terminplänen zu entwickeln, die leicht zu einem jeweils neuen Gesamtterminplan aggregiert werden können. Hier geht es vornehmlich darum, die Tätigkeit der Objektüberwachung zu überwachen und bei Fehlsteuerungen den Auftraggeber rechtzeitig zu informieren, damit dieser aktiv werden kann. Eine wesentliche Aufgabe besteht auch darin, frühzeitig zu erkennen, ob der Objektüberwachung die erforderlichen Ressourcen für eine leistungsfähige Terminplanung überhaupt zur Verfügung stehen.
2843	*3. Grundleistung:* **Fortschreiben der Steuerungsterminpläne unter Berücksichtigung des Terminplans der Planungsbeteiligten**	Der Projektsteuerer schreibt die Steuerungsterminpläne für das Gesamtprojekt unter Einbeziehung der Erkenntnisse aus der Steuerungsterminplanung der Planungsbeteiligten während der Bauausführung fort. Dazu gehört indessen keine Detailterminplanung während der Ausführung mehr, welche der Objektüberwachung und zum Teil den ausführenden Firmen obliegen.
2844	*4. Grundleistung:* **Terminsteuerung der Ausführung unter Berücksichtigung der Objektüberwachungsleistungen**	Bei dieser Leistung geht es konkret darum, anhand der von der Objektüberwachung zu erstellenden Terminplanungen und eigener Ermittlungen, Kapazitätsberechnungen und Abschätzungen auf von vornherein ordnungsgemäße Terminabläufe hinzuwirken.

– Besondere Leistungen –	
345 *1. **Besondere Leistung: Erstellung einer detaillierten Inbetriebnahmeplanung unter Integration aller Projektbeteiligten einschließlich Nutzer***	Nicht zu den Grundleistungen der Projektsteuerung gehört eine detaillierte Inbetriebnahmeplanung. Im Rahmen einer Inbetriebnahmeplanung sind in der Regel eine Vielzahl weiterer Projektbeteiligter einzubeziehen. Die Inbetriebnahmeplanung steht auch außerhalb der reinen baulichen Realisierung des Projektes. Sie kann einem Projektsteuerer mit in Auftrag gegeben werden, sofern dieser über das entsprechende Know-how verfügt. Sie ist dann Besondere Leistung und gesondert zu vergüten, wenn nicht etwas anderes vertraglich vereinbart ist.

4 Ausführung	**Kommentierung**
E Verträge und Versicherungen	**E Verträge und Versicherungen**
346 *1. **Grundleistung:*** **Mitwirken beim Durchsetzen von Vertragspflichten gegenüber den Beteiligten**	Auch in dieser Phase obliegt dem Projektsteuerer die Unterstützung des Auftraggebers zur Durchsetzung von Vertragspflichten gegenüber den Beteiligten, hier speziell den ausführenden Unternehmen. Dabei geht es um die Mitwirkung bei der Geltendmachung von Verzugs- und Mängelansprüchen, Anordnung der Ausführung geänderter und zusätzlicher Leistungen sowie ggf. Beschleunigungsanordnungen usw. Soweit dem Projektsteuerer Vollmacht erteilt ist, kann er eigenverantwortlich handeln. Unabhängig davon, ob er bevollmächtigt ist oder nicht, hat er sich bei einem rechtsgeschäftlichen Auftreten gegenüber Dritten vorab mit dem Auftraggeber abzustimmen.
347	Soweit der Projektsteuerer rechtlich relevant handelt, sollte er Standardvertragsbedingungen zugrunde legen bzw. Standardbriefe und -formulierungen verwenden. Nicht ohne Not sollte er selbst gestrickte Vertragsbedingungen oder Schreiben einsetzen. In der Regel bietet die VOB/B eine sichere Rechtsgrundlage für das Auftreten gegenüber Baubeteiligten. Bei einem weitergehenden rechtlichen Unterstützungsbedarf soll der Projektsteuerer rechtzeitig auf die Einschaltung eines Rechtsberaters des Auftraggebers hinwirken. Er hat die Grenzen des Rechtsdienstleistungsgesetzes einzuhalten (er verliert ansonsten auch seinen Haftpflichtschutz).
348 *2. **Grundleistung:*** **Unterstützen des Auftraggebers bei der Abwendung von Forderungen Dritter (z. B. Nachbarn, Bürgerinitiativen etc.)**	Soweit sich Dritte gegen die Realisierung des Projektes in der Ausführungsphase wenden, z. B. Nachbarn oder Bürgerinitiativen, obliegt dem Projektsteuerer die technisch-wirtschaftliche Unterstützung des Auftraggebers. Insbesondere hat der Projektsteuerer den Auftraggeber in Bezug auf die Auswirkungen derartiger Forderungen auf die Projektabwicklung zu beraten. Wenn die Unterstützungsleistung einen erheblichen Umfang ausmacht, etwa bei Infrastrukturprojekten (dort z.B. die Vertretung gegen Bürgerinitiativen), kann eine Besondere Leistung vorliegen, die besonders zu vergüten ist.
349 *3. **Grundleistung:*** **Überprüfen der Nachtragsprüfungen durch die Objektüberwachung und Mitwirken bei der Beauftragung**	Die Prüfung der Nachtragsangebote ausführender Firmen obliegt nach den HOAI-Leistungsbildern dem Objektplaner (Leistungsphase 7, 3. Grundleistung). Ausgenommen ist die Prüfung von bauwirtschaftlich/baubetrieblich begründeten Nachtragsangeboten, die seit der HOAI (2013) auch explizit als Besondere Leistung der Objektplanung vorgesehen ist. Der Projektsteuerer hat zu überprüfen, ob die Objektüberwachung ihrer Aufgabenstellung rechtzeitig und ordnungsgemäß nachkommt. Speziell bei Großprojekten muss für eine zügige Nachtragsprüfung und -beauftragung gesorgt werden. Doppelte Prüfkreisläufe sind hier oft schädlich, so dass der Projektsteuerer auch Systeme und Regelabläufe mit zu entwickeln hat, die eine Nachtragsprüfung ohne großen Zeitverzug ermöglichen.

2850		Im Rahmen der Überprüfungstätigkeit wirkt der Projektsteuerer im Sinne einer Vollständigkeits- und Plausibilitätsprüfung mit und führt Stichproben durch. Er muss nicht jeden einzelnen Nachtrag mit der Genauigkeit eines Objektplaners überprüfen. Zielstellung ist die Sicherstellung einer ordnungsgemäßen Leistung des Objektplaners in der Leistungsphase 7. Ein Sonderproblem entsteht, wenn ein unabhängiges – nicht mit den Leistungsphasen 1–7 nach § 34 HOAI beauftragtes – Objektüberwachungsbüro eingeschaltet wird. Dann liegt nach der Systematik der HOAI die Nachtragsprüfung noch bei dem planenden Architekten (Leistungsphase 7). Bei derartigen Leistungsaufspaltungen hat der Projektsteuerer von vornherein dafür Sorge zu tragen, dass Leistungen der Nachtragsprüfung auch in den Händen des Planungsbeteiligten liegen, der die Aufgabenstellung sachgerecht erfüllen kann.
2851		Soweit zweckmäßig, hat der Projektsteuerer auch an Nachtragsverhandlungen mitzuwirken. Er hat sich im Rahmen der Termin- und Kostensteuerung darüber zu versichern, wie sich die Summen von Nachtrags- und Behinderungsfolgen entwickeln und darauf hinzuwirken, dass die Prüfungen so zügig vorgenommen werden, dass keine unkalkulierbaren Risiken entstehen. Standards der Nachtragsprüfung und -beauftragung sind vom Projektsteuerer zu entwickeln. Wie der Objektplaner, schuldet auch der Projektsteuerer nicht die Prüfung von bauwirtschaftlich/baubetrieblich begründeten Nachtragsangeboten. Derartige baubetriebliche Analysen und Gutachten können dem Projektsteuerer als Besondere Leistung beauftragt werden.
2852	***4. Grundleistung:*** **Mitwirken bei der Abnahmevorbereitung sowie bei der Durchführung der Abnahmen und Inbetriebnahme**	Die Abnahme ist ein wichtiger Meilenstein bei der Abwicklung von Bauverträgen. Mit der Abnahmeerklärung des Auftraggebers nimmt dieser das Werk als im Wesentlichen vertragsgemäß entgegen. Die Abnahme hat einschneidende Rechtsfolgen, wie die Beendigung des Erfüllungsstadiums, der Beginn der Mängelhaftung (Gewährleistung), den Gefahrübergang und die Beweislastumkehr in Bezug auf Mängel. Der Schwerpunkt der Tätigkeit des Projektsteuerers liegt dabei in der Abnahmevorbereitung. Er hat dafür zu sorgen, dass die Abnahmevorbereitung als ein selbständiger Aufgabenbereich wahrgenommen wird und für eine entsprechende Planung und Durchführung abnahmevorbereitender Begehungen und Mängelerfassung zu sorgen. Unter Mitwirkung des Objektplaners hat der Projektsteuerer den Auftraggeber bei der Feststellung der Abnahmevoraussetzungen zu unterstützen. Auf Wunsch des Auftraggebers wirkt der Projektsteuerer auch an der Abnahmeverhandlung mit. Er hat darauf zu achten, dass die Abnahmeprotokolle die notwendigen Vorbehalte in Bezug auf Vertragsstrafen und die möglichst vollständige Aufnahme der Mängel enthalten. Außerdem hat der Projektsteuerer den Auftraggeber bei der Organisation der vorlaufenden und endgültigen behördlichen Abnahmen, der Endkontrolle und Funktionsprüfungen zu betreuen. Auch wenn es sich im Kern um Objektüberwachungsleistungen handelt, sind hier wichtige Voraussetzungen der Abnahme betroffen. Gleichfalls betreut er den Auftraggeber – nicht eine gesonderte Nutzerorganisation – bei der Inbetriebnahme, sofern nicht die Inbetriebnahme ein längere Zeit nach der Abnahme liegender Vorgang ist, der außerhalb der Leistungen des Projektsteuerers liegt.

– Besondere Leistungen –	
353 *1. Besondere Leistung: Koordinieren der versicherungsrelevanten Schadensabwicklung*	Sofern versicherungsrelevante Schäden auftreten, obliegt dem Projektsteuerer zwar die Kontrolle der ordnungsgemäßen Umsetzung des Versicherungskonzeptes als Grundleistung. Er hat jedoch die versicherungsrechtliche Schadensabwicklung inhaltlich nicht zu betreuen. Dies ist Sache des Auftraggebers. Sofern der Auftraggeber über die allgemeine technisch-wirtschaftliche Unterstützung hinaus die versicherungsrelevante Schadensabwicklung in die Hände des Projektsteuerers legen will und dieser den maßgeblichen Schriftverkehr mit der Versicherung zu führen hat, handelt es sich um eine Besondere Leistung, die auch besonders zu vergüten ist.

	5 Projektabschluss	Kommentierung
	A Organisation, Information, Koordination und Dokumentation (handlungsbereichsübergreifend)	**A Organisation, Information, Koordination und Dokumentation (handlungsbereichsübergreifend)**
2854	*1. Grundleistung:* **Mitwirken bei der organisatorischen und administrativen Konzeption und bei der Durchführung der Übergabe/Übernahme bzw. Inbetriebnahme/Nutzung**	Aufgabe des Projektsteuerers ist hier die Durchführung der Übergabe an Nutzer und evtl. der Inbetriebnahme durch den Auftraggeber. Mitwirken bedeutet in diesem Zusammenhang die Koordination aller Beteiligten zur erfolgreichen Durchführung. Die Konzeption, Vorbereitung und insbesondere Terminablaufplanung ist bereits Gegenstand der Leistungen in der Leistungsphase Ausführung. Zur Mitwirkung gehört es auch, dass der Projektsteuerer rechtzeitig die Schnittstellen der Nutzerorganisation erkennt und für eine Struktur sorgt, die eine organisatorisch reibungslose Übergabe/Inbetriebnahme ermöglicht.
2855	*2. Grundleistung:* **Veranlassen der systematischen Zusammenstellung und Archivieren der Projektdokumentation**	Der Projektsteuerer hat hier die Objekt- und Fachplaner zu veranlassen, die Planungsdokumentation – soweit nicht bereits erfolgt – zu erstellen und auch die von den Unternehmen beizusteuernden Dokumentationsunterlagen zu prüfen. Insoweit obliegt dem Projektsteuerer insbesondere die Kontrolle der Tätigkeiten der Objektüberwacher und Fachplaner und eine Plausibilitäts- und Vollständigkeitskontrolle in Bezug auf die Dokumentationsunterlagen.
2856	*3. Grundleistung:* **Überprüfen der Zusammenstellung der Dokumentationsunterlagen durch die Planungsbeteiligten**	Diese Leistung des Projeksteuerers betrifft die Ergebnisse der vorstehenden Grundleistung. Die erarbeitete Projektdokumentation ist vom Projektsteuerer einer Vollständigkeits- und Plausibilitätskontrolle, hierneben aber auch stichprobenartigen Überprüfungen zu unterziehen. Auf dieser Grundlage ist die Ordnungsgemäßheit der Dokumentation dem Auftraggeber zu bestätigen.
2857	*4. Grundleistung:* **Überprüfen und Umsetzen der Kommunikationsstruktur – regelmäßiges Informieren und Abstimmen mit dem Auftraggeber (Berichtswesen)**	Auch in der Phase des Projektabschlusses hat der Projektsteuerer eine ordnungsgemäße Kommunikation und ein ordnungsgemäßes Berichtswesen sicherzustellen. Er hat auch darauf zu achten, dass die eingesetzten Regelabläufe für Entscheidungs-, Änderungs- und Risikomanagement eingehalten werden und die Aufgabenstellung ordnungsgemäß abgeschlossen und dokumentiert wird.
2858	*5. Grundleistung:* **Abschließen des Entscheidungs-/Änderungs- und Risikomanagements** *6. Grundleistung:* **Organisieren des Abschlusses des Projektkommunikationssystems**	Eine besondere Aufgabe fällt dem Projektsteuerer in Bezug auf den Abschluss des Projektkommunikationssystems zu. Soweit ein entsprechendes Projektkommunikationssystem eingesetzt wird, hat der Projektsteuerer mit dafür zu sorgen, dass die gespeicherten Daten ordnungsgemäß erfasst, systematisiert und geschützt werden. Ihm obliegt die Mitwirkung bei der Datensicherung zugunsten des Auftraggebers und er hat zudem bei der Schlussabwicklung des Vertragsverhältnisses mit den jeweiligen Dienstleistungen und der Abnahme der Leistungen mitzuwirken.
	– Besondere Leistungen –	
2859	***1. Besondere Leistung: Organisatorisches und baufachliches Unterstützen bei Gerichtsverfahren***	Diese Besondere Leistung betrifft die Unterstützung des Auftraggebers bei laufenden Gerichtsverfahren ab dem Projektabschluss. Derartige Unterstützungsleistungen können erheblichen Aufwand verursachen. Sie sind im Vorhinein typischerweise nicht kalkulierbar und deshalb als Besondere Leistung zu beauftragen und zu vergüten. In der Regel ist eine Vergütung nach Zeitaufwand angemessen.

	2. Besondere Leistung: Organisieren des Abschlusses des eigenen Projektkommunikationssystems	Hier geht es um das von dem Projektsteuerer (als Besondere Leistung) beigebrachte Projektkommunikationssystem. Wenn der Projektsteuerer mit einer derartigen Besonderen Leistung beauftragt ist, stellt auch der formale Abschluss der Projektkommunikation über das bereitgehaltene EDV-System eine Besondere Leistung dar. Hierbei geht es im Wesentlichen um die Mitwirkung bei Datensicherung und der Datenübermittlung an den Auftraggeber unter Berücksichtigung der getroffenen vertraglichen Vereinbarungen.
60	*3. Besondere Leistung: Abschließendes Risikomanagement mit besonderen Anforderungen*	Sofern dem Projektsteuerer die Abwicklung eines Risikomanagementsystems mit besonderen Anforderungen als Besondere Leistung übertragen worden ist, muss auch dieses Systems abgeschlossen werden. Üblicherweise wird dem Projektsteuerer dann vorgegeben, Abschlussberichte zu erstellen oder die Informationen aus dem Risikomanagementsystem zusammenfassend aufzubereiten. Einzelheiten der insoweit zu beauftragenden Besonderen Leistung sind einvernehmlich zwischen den Vertragsparteien festzulegen, und zwar genauso wie die Höhe der hierfür geschuldeten besonderen Vergütung.
61	*4. Besondere Leistung: Prüfen der Projektdokumentation der fachlich Beteiligten*	Sofern die hierfür nach der HOAI zuständigen Objektplaner und Fachplanungsbeteiligten trotz der Einwirkung des Projektsteuerers die Projektdokumentation nicht ordnungsgemäß koordinieren und beibringen, kann der Auftraggeber den Projektsteuerer beauftragen, diese Leistungen anstelle der Planungsbeteiligten vorzunehmen und die Projektdokumentation zusammenzustellen. Diese Leistung ist dann eine Besondere Leistung, die gesondert zu vergüten ist.

	5 Projektabschluss	Kommentierung
	B Qualitäten und Quantitäten	**B Qualitäten und Quantitäten**
62	*1. Grundleistung:* **Analysieren und Bewerten der Auflistung der Verjährungsfristen für Mängelansprüche**	In der Leistungsphase 8 nach § 34 HOAI schuldet der Objektüberwacher das »Auflisten der Verjährungsfristen für Mängelansprüche«. Aufgabe der Objektplaner ist es, unter Berücksichtigung der bei der Abnahme festgehaltenen Mängel, für die einzelnen Mängel (mit ggf. unterschiedlichen Verjährungsfristen) die einzelnen Endzeitpunkte für die Verjährung von Mängelhaftungsansprüchen aufzulisten. Hierdurch soll dem Auftraggeber ermöglicht werden, anhand einer Arbeitsunterlage auf einen Blick nachzuvollziehen, bis zu welchen Zeitpunkten in der Zukunft etwaige Mängelhaftungsansprüche geltend gemacht werden müssen.
63		Die Ergebnisunterlagen sind von dem Projektsteuerer zu überprüfen. Dieser hat eine Vollständigkeits- und Plausibilitätskontrolle und bei Anhaltspunkt für eine nicht ordnungsgemäße Leistung auch Eigenermittlungen anzustellen. Hierbei handelt es sich zum Teil um eine schwierige, möglicherweise auch rechtlich komplexe Bewertung, insbesondere dann, wenn durch Mängelanzeige des Auftraggebers Verjährungsfristen in Lauf gesetzt werden. In Fällen, bei denen es um schwierigere juristische Bewertungen geht, ist der Auftraggeber auf die Notwendigkeit der Hinzuziehung eines Rechtsberaters hinzuweisen. Die üblicherweise notwendigen Prüfhandlungen erstrecken sich auf die Vollständigkeit der Mangelhaftungsverzeichnisse (u.a. einen Abgleich mit den Projektbeteiligtenlisten) und die maßgeblichen Vertragsregelungen über Verjährungsfristen für Mängel sowie stichprobenhaft die vom Objektüberwacher berechneten Ablauffristen für die Mängelhaftung bei einzelnen Werkverträgen. Das Prüfergebnis ist zusammenfassend zu erstellen und dem Auftraggeber mitzuteilen. Nach dem Kommentar zu den Grundleistungen sowie zu den Besonderen Leistungen des AHO-Heftes 9 (Seite 111) ist das Erstellen der Mängelhaftungsverzeichnisse für Planer- und Gutachterleistungen selbst keine Grundleistung der Projektsteuerung. Sie soll bei Bedarf besonders vergütet werden.

	– Besondere Leistungen –	
2864	*1. Besondere Leistung: Veranlassen, Koordinieren und Steuern der Beseitigung von nach der Abnahme aufgetretenen Mängeln*	Das Überwachen der Mängelbeseitigung innerhalb der Verjährungsfrist war früher Grundleistung der Architekten in der Leistungsphase 9 nach HOAI. Seit der HOAI 2013 handelt es sich lediglich noch um eine Besondere Leistung. Das AHO-Leistungsbild hat seit jeher vorgesehen, dass die Grundleistungen der Projektsteuerung auf die Veranlassung der Beseitigung von Mängeln gerichtet sind, die bei der Abnahme aufgetreten sind. Erforderliche Koordinierungs- und Steuerungsleistungen in Bezug auf nach der Abnahme auftretende Mängel waren nie Grundleistungen. Somit ist auch beim Projektsteuer – wie beim Objektplaner – die Übertragung der Koordinierungs- und Steuerleistungen für nach Abnahme aufgetretene Mängel eine Besondere Leistung, die auch gesondert zu vergüten ist.
2865	*2. Besondere Leistung: Steuern der Nachhaltigkeits- und Zertifizierungsprozesse*	Soweit dem Projektsteuerer die Betreuung von Nachhaltigkeits- und Zertifizierungsprozessen in der Projektsteuerung übertragen worden ist, handelt es sich durchgängig um Besondere Leistungen. Das gilt auch für die Phase des Projektabschlusses. Kernaufgabe ist es hierbei, die abschließenden Unterlagen und Nachweise für die Zertifizierungsstelle zusammenzustellen bzw. zusammenstellen zu lassen mit dem Ziel, eine positive Zertifizierungsentscheidung zu erreichen.

	5 Projektabschluss	**Kommentierung**
	C Kosten und Finanzierung	**C Kosten und Finanzierung**
2866	***1. Grundleistung:*** **Überprüfen der Kostenfeststellung der Objekt- und Fachplaner**	In der Leistungsphase 8 nach § 34 HOAI obliegt dem Objekt- und Fachplaner die Kostenfeststellung. Aufgabe des Projektsteuerers ist es, die Kostenfeststellungen auf Plausibilität zu überprüfen und ggf. stichprobenartig nachzuhaken, falls sich anlassbezogen Bedenken gegen die Richtigkeit der Kostenfeststellung ergeben. Nicht zu den Grundleistungen der Projektsteuerung gehört es, die Kostenfeststellung eigenständig anstelle oder parallel zu den Objekt- und Fachplanern zu erstellen.
2867	***2. Grundleistung:*** **Prüfen und Freigabevorschläge bzgl. der Rechnungen der Planungsbeteiligten und sonstigen Projektbeteiligten zur Planung**	Auch im Rahmen des Projektabschlusses sind Rechnungen von Planungsbeteiligten oder sonstigen Projektbeteiligten zu prüfen und Freigabevorschläge zu erstellen. Insofern gelten dieselben Maßstäbe wie während der Ausführung.
2868	***3. Grundleistung:*** **Überprüfen und Freigabevorschläge bzgl. der Rechnungsprüfung der Objektüberwachung zur Zahlung an ausführende Unternehmen**	In Bezug auf Rechnungen der Planungsbeteiligten kontrolliert der Projektsteuerer die Rechnungen (auch die Schlussrechnungen) der ausführenden Unternehmen nicht unmittelbar. Er überprüft lediglich die ordnungsgemäße Prüfleistung der Objektüberwachung gemäß der Aufgabenstellung in Leistungsphase 8 nach HOAI. Der Projektsteuerer wirkt daran mit, dass die Schlusszahlung ordnungsgemäß ermittelt wird und dementsprechend der Auftraggeber vor Nachforderungen weitestgehend geschützt wird. Auch hier geht es um eine Überprüfungsleistung. Die Detailprüfung der Schlussrechnung wird vom Projektsteuerer nicht verlangt. Er hat allerdings die Rechnung der ausführenden Firmen auf Vollständigkeit und Plausibilität zu überprüfen und Stichprobenkontrollen vorzunehmen. Nach dieser Prüfung ist ein Freigabevorschlag an den Auftraggeber zu übermitteln. Dabei sind etwaige Einbehalte wegen noch nicht fertiggestellter Leistungen oder mangelhafter Leistungen eindeutig zu bezeichnen, damit die finanzielle Restabwicklung ohne weitere Probleme vorgenommen werden kann.

369	*4. Grundleistung:* **Überprüfen der Leistungen der Planungsbeteiligten bei der Freigabe von Sicherheitsleistungen**	Das Mitwirken bei der Freigabe von Sicherheitsleistungen obliegt der Objektüberwachung nach Leistungsphase 9 gemäß § 34 HOAI. Soweit eine entsprechende Übertragung erfolgt ist, obliegt dem Projektsteuerer auch hier lediglich die Überprüfung der Objektplanerleistung. Fraglich ist allenfalls, welche Leistungen der Projektsteuerer schuldet, wenn dem Objektplaner die Leistungsphase 9 nicht übertragen ist. Dann sollte der Projektsteuerer den Auftraggeber unmittelbar unterstützen und die Voraussetzungen für die Freigabe von Sicherheiten prüfen und dem Auftraggeber insoweit Empfehlungen erteilen.
370	*5. Grundleistung:* **Abschließen der projektspezifischen Kostenverfolgung**	Die Kostenverfolgung für den Mittelabfluss führt bei idealen Verhältnissen dazu, dass mit Abschluss der Tätigkeit der Projektsteuerung auch der Mittelabfluss abschließend geklärt ist. Oftmals sind jedoch diverse Abrechnungsvorgänge noch offen, z. B. im Falle der Geltendmachung von Zurückbehaltungsrechten, ausstehender Schlussrechnungen usw. Für diese Fälle ist die Kostenverfolgung für den Mittelabfluss durch den Projektsteuerer dadurch abzuschließen, dass er einen abschließenden Status über die noch zu erledigenden Vorgänge des Mittelabflusses (nicht erledigte Vergütungen von Projektbeteiligten) zu erstellen hat.
371		Sofern allerdings zum Auslaufen des Projektsteuerervertrages einzelne Kostenblöcke nicht abschließend geklärt sind, hat der Projektsteuerer unterschiedliche Kostenblöcke darzustellen: – Abgerechnete Leistungen mit deckungsgleichem Zahlungsstand – Abgerechnete Leistungen mit einer Differenz zwischen Abrechnungs- und Zahlungsstand, etwa wegen noch offener Prüfsachverhalte, Sicherheitseinbehalten usw. – Noch nicht abgerechnete Leistungen, deren Grundlage allerdings bereits gelegt ist, ggf. mit Abschätzungen
	– Besondere Leistungen –	
372	*1. Besondere Leistung:* ***Erstellen des Verwendungsnachweises***	Im Falle der Beantragung von Fördermitteln hat der Auftraggeber zum Nachweis der sachgerechten Verwendung einen Verwendungsnachweis zu erstellen. Die Anforderungen ergeben sich aus einschlägigen Förderrechten und den Förderbescheiden. Die Das Erstellen von Verwendungsnachweisen kann dem Projektsteuerer in Fällen übertragen werden, in denen eine geförderte Maßnahme vorliegt. Die Erstellung des Verwendungsnachweises ist ggf. eine aufwendige Leistung, die nicht der Grundleistung der Projektsteuerung nach dem AHO-Leistungsbild zugewiesen ist.

	5 Projektabschluss	Kommentierung
	D Termine, Kapazitäten und Logistik	**D Termine, Kapazitäten und Logistik**
373	*1. Grundleistung:* **Steuern der Inbetriebnahme, Abnahme und Übergabe**	Im Rahmen der Grundleistung obliegt dem Projektsteuerer die terminliche Koordinierung der Beteiligten für Abnahmen, Übergaben und Inbetriebnahmen.

	5 Projektabschluss	Kommentierung
	E Verträge und Versicherungen	**E Verträge und Versicherungen**
2874	*1. Grundleistung:* **Mitwirken bei der rechtsgeschäftlichen Abnahme der Planerleistungen**	In dieser Leistungsphase obliegt dem Projektsteuerer die Mitwirkung bei der Durchführung der rechtsgeschäftlichen Abnahme der Planungsleistungen. Er hat somit den Auftraggeber bei der Durchführung der Abnahme zu unterstützen und insbesondere aufgrund der ihm aus der Abnahmevorbereitung und Abnahmedurchführung bekannten Sachverhalte dazu Stellung zu nehmen, ob die Abnahmevoraussetzungen vorliegen oder die Abnahme noch zurückgestellt werden kann. Soweit sich hier komplexere Rechtsfragen ergeben, hat er die Einschaltung eines Anwaltes zu empfehlen. Die Leistung bezieht sich schon dem Wortlaut nach nur auf die Abnahme von Planungsleistungen. Die Abnahme der Ausführungsleistungen hat der Projektsteuerer bereits über die Koordinierung und Übernahme der Objektplanung/-überwachung zu steuern.

Leistungsbild 1.2 2875

Leistungsbild Projektsteuerung nach *Wingsch* (2007)

– siehe dazu auch den Vertragsvorschlag im Anhang 2 Ziff. 1 –

Das Leistungsbild von *Wingsch* basiert auf dem Leistungsbild AHO, enthält jedoch eine Vielzahl weitergehender Anforderungen, deren Festschreibung durchaus im Interesse der Beteiligten liegen kann. Kennzeichen des Leistungsbildes sind u. a.:

- Das Leistungsbild enthält keine Unterteilung nach Phasen;
- das Leistungsbild ist gekennzeichnet durch eine vertiefte Definition von Einzelleistungen der Projektsteuerung, insbesondere in Bezug auf die Festlegung von einzelnen Methoden, etwa der Termin- und Kostenplanung;
- darüber hinaus werden die Leistungen so präzisiert, dass das Leistungsbild um zusätzliche Anforderungen erweitert wird, wie etwa zweimonatliche Projektstandsberichte, Vergabeberichte, stichprobenhafte Überprüfung der Planerleistungen, Kontrolle von Bestands-, Betriebs- und Wartungsunterlagen usw.;
- das Leistungsbild enthält gleichzeitig Wägungsanteile für einzelne Teilleistungen.

Anlage ... zum Vertrag vom ...
zwischen
Betreffend Projekt

Leistungsbeschreibung und -bewertung Projektsteuerung gem. § 31 HOAI 2876

A

Vorbemerkungen und allgemeine Leistungspflichten

1.

Bei den am linken Rand kenntlich gemachten Texten sind fallweise Präzisierungen vorzunehmen, um

1.1

etwaige Leistungsüberschneidungen mit Planerleistungen auszuschließen,

1.2

Klarstellungen betreffend die Leistungen des AN zu gewährleisten.

2.

Die im folgenden Abschnitt B ausgewiesenen Grundleistungen gelten i. S. v. zentralen Leistungen und stellen keinen abschließenden Leistungskatalog dar.

Der Leistungsumfang des AN erstreckt sich auf alle delegierbaren AG-Leistungen i. S. des § 31 HOAI und dessen Ausfüllung in Anlehnung an die »Untersuchung zum Leistungsbild des § 31 HOAI und zur Honorierung für die Projektsteuerung – Nr. 9 der Schriftenreihe des AHO – Ausschuss der Ingenieurverbände und Ingenieurkammern für die Honorarordnung e. V.«

3.

Die Projektleitung mit Entscheidungsbefugnis i. S. d. Definition des AHO (siehe vorstehende Ziff. 2) ist nicht Gegenstand der Leistungen des AN.

4.

Für die Ermittlung des Leistungsbedarfs und die Bewertung der Handlungsbereiche und Teilleistungen gilt folgendes zweckmäßige Vorgehen sowohl seitens des AG als auch des AN:

4.1

Ermittlung des Leistungsbedarfs:

4.1.1

zunächst sind die erforderlichen Leistungen je Handlungsbereich und Teilleistung zu ermitteln,

4.1.2

nicht benötigte Grund-, Teil- und Besondere Leistungen sind durchzustreichen,

4.1.3

weitere sachgerechte Besondere Leistungen sind bei der jeweiligen Leistungsphase einzufügen,

4.2

Bewertung der Leistungsphasen und Teilleistungen:

4.2.1

innerhalb der Spalte »Basis« sind Orientierungswerte (als Ergebnis der Auswertung einer Vielzahl von Verträgen u. a. relevanter Unterlagen) mit 100% Honorar aller Grundleistungen ausgewiesen,

4.2.2

innerhalb der Spalte »Vertrag« werden nach Ermittlung der erforderlichen Leistungen nach Umfang, Inhalt und Tiefe unter Berücksichtigung der auftraggeber- und objektspezifischen Rahmenbedingungen die jeweiligen Teilleistungen ober- oder unterhalb der Orientierungswerte der Spalte »Basis« bewertet und fixiert; dies als

4.2.2.1

Angebot des AN oder

4.2.2.2

Individualabrede zwischen AG und AN mit ausgehandelten Werten.

2877 5.

Die im folgenden Abschnitt C ausgewiesenen Leistungen gehen über den Rahmen der Projektsteuerung hinaus, zumal sie nicht zum fachlichen Leistungsinhalt von Architekten und Ingenieuren gehören.

Die Leistungen in Abschnitt B 1.2.3 sind immer dann durchzuführen, wenn die Projektsteuerung während der Projektrealisierung hinzugezogen wird. Auf diese Weise wird gewährleistet, dass einerseits die noch durchzuführenden Projektsteuerungsleistungen sachgerecht ermittelt und bewertet werden und andererseits eine zweifelsfreie Leistungsbasis für die Projektsteuerung gefertigt wird.

6.

Die Regelungen in den Abschnitten D und E stellen Orientierungswerte für das Grundhonorar in besonderen Fällen dar.

7.

Projektbeteiligte im Sinne dieser Leistungsbeschreibung sind mit Ausnahme der ausführenden Firmen insbesondere

7.1

der AG,

7.2

die an der Planung und Überwachung der Bauausführung fachlich beteiligten Objektplaner, Fachplaner und Sonderfachleute,

7.3

die Genehmigungsbehörden und die in deren Auftrag tätigen Institutionen.

8.

Für den Leistungsinhalt des AN gelten folgende Definitionen:

8.1

das Aufstellen, Abstimmen und Fortschreiben beinhaltet

8.1.1

die Vorgabe der Solldaten (Planen/Ermitteln),

8.1.2

die Kontrolle (Überprüfen und Soll-/Ist-Vergleich),

8.1.3

die Steuerung (Abweichungsanalyse, Anpassen, Aktualisieren);

8.2

Mitwirken heißt stets, der AN hat die genannten Teilleistungen in Zusammenarbeit mit den anderen Projektbeteiligten inhaltlich abschließend zusammenzufassen und mit einer Empfehlung zum weiteren Vorgehen dem AG zur Entscheidung vorzulegen;

8.3

Sämtliche Arbeitsergebnisse des AN erfordern vor Freigabe und Umsetzung die vorherige Abstimmung mit dem AG und dessen Bestätigung.

9.

In allen Einzelfällen hat der AN dem AG entscheidungsreife, nachvollziehbare Unterlagen mit Einbeziehung sachgerechter Varianten und sich daraus ableitenden Konsequenzen zur Verfügung zu stellen und ggf. ergänzend zu erläutern.

Im Rahmen der komplexen Aufklärungs- und Beratungsleistungen des AN gehört hierzu auch, solche Varianten zu untersuchen und vorzuschlagen, die vom AG nicht vorgesehen, aber den wirtschaftlichen Zielen seines Projektprogramms hinsichtlich Investitions- und Nutzungsaufwand entsprechen.

10. 2878

Der AN hat den AG unverzüglich kontinuierlich insbesondere hinsichtlich folgender Aspekte zu unterrichten:

10.1

über alle Entwicklungen, die das vom AG genehmigte Projektprogramm gefährden können,

10.2

über die Ergebnisse der Projektbesprechungen durch Übergabe der zutreffenden Protokolle mit zugehörigen Anlagen, i. d. R. binnen drei Arbeitstagen nach den Besprechungsterminen.

11.

Etwaige Änderungen des Projektprogramms bedürfen in jedem Einzelfall der ausdrücklichen schriftlichen Zustimmung des AG.

12.

Stichprobenweise Prüfungen/Kontrollen der Leistungen der Projektbeteiligten werden durch den AN i. d. R. auf der Basis bzw. analog der A-B-C-Methode mit der Maßgabe durchgeführt, dass bei festgestellten Abweichungen vom Projektprogramm/Fehlentwicklungen im Bereich A auch die folgenden Bereiche zu prüfen sind.

13.

Der AN hat darauf zu achten, dass der AG bei den Verdingungsverfahren für Bau- und/oder Lieferleistungen nicht an die VOB/A bzw. die VOL/A gebunden ist. Unbeschadet vorstehender Festlegung sind die vorgenannten Regelwerke vom AN bei den Verdingungsverfahren zu beachten.

14.

Bei der Projektvorbereitung und -durchführung sind die wirtschaftlichen Interessen des AG hinsichtlich des Investitions- und Nutzungsaufwandes in den Vordergrund zu stellen. Zeitgemäße Möglichkeiten von Rationalisierungen sind im Einvernehmen mit dem AG zu verwirklichen.

2879 15.

Jegliche Verhandlungen mit Behörden und in deren Auftrag tätigen Institutionen (z. B. TÜV, Gewerbeaufsicht, DEKRA, vorbeugender Brandschutz u. a.) sind vorab zeitlich und inhaltlich mit dem AG abzustimmen.

16.

Für Kostenermittlungen, Kostenkontrollen und dem AG oder der Projektsteuerung zur Verfügung zu stellende Angaben und Unterlagen betreffend DIN 276, dem wohnungsrechtlichen Berechnungsrecht oder analogen Kostenermittlungen (z. B. für Ingenenieurbauwerke und Verkehrsanlagen) gelten folgende Regelungen:

16.1

die Kostenermittlungen sind in einer vom AN mit dem AG abzustimmenden Gliederungssystematik (gem. DIN 276 von 1981/2006 oder einer analogen Gliederung) durchzuführen,

16.2

die Kostenermittlungen innerhalb der einzelnen Leistungsphasen werden nach Vergabeeinheiten, Losen, Teillosen und bedeutenden Einzelleistungen (Positionen) in einer mit dem AG abzustimmenden Kostengliederung (gem./analog Ziff. 4.2 der DIN 276, Ausgabe 2006) durchgeführt bzw. erstellt,

16.3

bei Kostenermittlungen ist die Umsatzsteuer in jeweils gesetzlich geltender Höhe auszuweisen,

16.4

als Bestandteile der Kostenberechnung sind Muster und Proben von allen dauerhaft sichtbar bleibenden Teilen des Gebäudes/der baulichen Anlage vorzulegen, die in die Vergabeunterlagen integriert und Bestandteil der Abnahme der Bauausführung werden,

17. 2880

Der AN ist/ist nicht verpflichtet und hat darauf zu achten, dass

17.1

für die Kostenplanung (Kostenermittlung, Kostenkontrolle, Kostensteuerung) die vom AG verwendete Software in unveränderter Programmstruktur zwecks direktem Datenaustausch einzusetzen/eingesetzt wird. Insoweit erhält der AN mittels Standleistung und Rechteregelung des AG direkten Zugriff auf das EDV-System des AG. Die Kosten für die Einrichtung, Vorhaltung und Gebühren der Standleitung gehen zu Lasten des AN;

17.2

für die Vorbereitung der Vergabe und die Mitwirkung bei der Vergabe ist das vom AG vorgegebene Gliederungssystem und eine Software mit REB-Schnittstelle zu verwenden, die sicherstellen, dass ein direkter Datenaustausch mit dem in vorstehender Unterziffer genannten EDV-System des AG erfolgt.

18

Rechnungen aller Projekt- und Baubeteiligten sind in einer vom AN mit dem AG abgestimmten Gliederung bzw. entsprechend den buchhalterischen Anforderungen (z. B. AfA-Schlüssel) des AG aufzustellen und dem AG zu übergeben.

19 2881

Der AN hat die mit dem AG abgestimmten/von ihm vorgegebenen Organisationsrichtlinien sowohl betreffend seine Leistung als auch diejenigen der Projektbeteiligten zu beachten; dies sind insbesondere u. a.:

19.1

Projekthandbuch,

19.2

Projektkommunikationsrichtlinie (digitalisierter Datenaustausch),

19.3

Dokumentationsrichtlinie (Bestandsunterlagen bei Objektabnahme und -übergabe),

19.4

Betriebsordnung für Fremdfirmen und deren Mitarbeiter.

B

Leistungsbild

1.	**Handlungsbereich Organisation, Information, Koordination und Dokumentation**		
1.1	**Grundleistungen**		

2882

	1.1.1	Kontinuierliche Information und Abstimmung mit dem AG;	2,50	
2883	1.1.2	Erstellen, Abstimmung mit dem AG und kontinuierliche Fortschreibung/Aktualisierung des Projekthandbuches gem. der Fortentwicklung/Ausfüllung des Projektprogramms als jederzeit aktuelle Projektinformationsunterlage. Das Projekthandbuch und die kontinuierlichen Aktualisierungen erhalten der AG in 3-facher Ausfertigung, alle an der Planung fachlich Beteiligten (mit Ausnahme der ausführenden Firmen) in 1-facher Ausfertigung. Mit Projektabschluss beinhaltet das Projekthandbuch u. a. das verwirklichte Projektprogramm. Das Projekthandbuch ist wie folgt zu gliedern:	3,00	
	1.1.2.1	Anwenderhinweise,		
	1.1.2.2	Allgemeine Projektinformationen,		
	1.1.2.3	Projektorganisation und -dokumentation,		
	1.1.2.4	Kosten/Liquidität/Finanzierung,		
	1.1.2.5	Termine/Fristen,		
	1.1.2.6	Standards,		
	1.1.2.7	Berechnungen,		
	1.1.2.8	Genehmigungen,		
	1.1.2.9	Abnahmen/Übergaben,		
	1.1.2.10	Bestands-/Revisionsunterlagen;		
2884	1.1.3	Unterstützung des AG beim Vertreten des Projektprogramms gegenüber den Projektbeteiligten und im Rahmen von Verhandlungen mit Behörden und Projektbetroffenen;	3,00	
	1.1.4	Vorbereitung und Moderation/Leitung sowie Ergebnisprotokollierung der Projektbesprechungen mit den an der Planung fachlich Beteiligten im wöchentlichen/14-tägigen Turnus als zentrales Informations- und Koordinationsinstrument. Dies schließt die temporäre, sachgerechte Teilnahme des AN an Planungs- und Baubesprechungen der an der Planung fachlich Beteiligten ein;	6,00	
	1.1.5	Ergebnisprotokollierung sonstiger Besprechungen (z. B. mit dem AG, Genehmigungsbehörden und deren Erfüllungsinstitutionen, Mietern), an denen der AN teilnimmt und deren Ergebnisprotokollierung nicht zum Leistungsgegenstand der Planbeteiligten gehört (Bau- und Planungsbesprechungen)		
	1.1.6	Erstellung und Übergabe monatlicher/vierteljährlicher Projektstandsberichte in 2-facher Ausfertigung, insbesondere betreffend:	2,00	
	1.1.6.1	Leistungsstand der an der Planung fachlich Beteiligten,		

1.1.6.2	Kosten- und Terminentwicklung als Soll-Ist-Vergleiche,			
1.1.6.3	Zahlungsstand mit Gegenüberstellung der Verbindlichkeiten gem. vom AG erteilter Aufträge,			
1.1.6.4	Bautenstand einschl. ggf. zweckmäßiger Fotodokumentation,			
1.1.6.5	ggf. besondere Entwicklungen,			
1.1.6.6	Statusbewertung mit Prognose hinsichtlich des Projektziels;			
1.1.7	Bekanntmachung der Ausschreibungsverfahren gem./analog den Regelungen des § 17 VOB/A in den mit dem AG abgestimmten Medien;	0,30		
1.1.8	Versand der von den Planern zu liefernden Vergabeunterlagen für Bau- und Lieferleistungen an die Firmen/Bieter gem. der mit dem AG abgestimmten Bieterliste. Die Vergabeunterlagen werden von den Planern	1,50		2885
1.1.8.1	in ausreichend vervielfältigter Anzahl zur Verfügung gestellt,			
1.1.8.2	in 1-facher Ausfertigung als Hardkopie/digitalisiert geliefert, die auf Veranlassung des AN zu vervielfältigen sind. Die Angebote sind von den Bietern bei dem AG in verschlossenem Umschlag mit der Aufschrift des Bauvorhabens und des Gewerkes/Fachloses einzureichen;			
1.1.9	Durchführung der Submission/Angebotsöffnung mit/ohne Beisein der Bieter mit Ergebnisprotokollierung und Weiterleitung der eingegangenen Angebote an die Planer zwecks Prüfung, Aufklärung und Wertung entsprechend dem mit diesen vereinbarten Leistungsumfang;	0,20		
1.1.10	Veranlassen der erforderlichen behördlichen und analogen Abnahmen, Endkontrollen und/oder Funktionsprüfungen;	0,50		2886
1.1.11	Vorbereiten und Koordinieren der organisatorischen und administrativen Konzeption und Mitwirken bei der Durchführung der Übergabe/Übernahme bzw. Inbetriebnahme/Nutzung der fertiggestellten baulichen Anlagen an den AG bzw. den/die Nutzer;	1,00		
1.1.12	Mitwirken bei der Erstellung der Anforderungslisten der von den an der Planung fachlich Beteiligten und/oder den ausführenden Firmen zur Verfügung zu stellenden, benötigten Objektdokumentation;	0,50		

	1.1.13	Mitwirken beim systematischen Zusammenstellen und Archivieren der Projekt- und Objektdokumentation;	1,20	
	1.1.14	Mitwirken beim Aufstellen des Gewährleistungskalenders für die Projektbeteiligten einschl. der ausführenden Firmen.	0,30	
2887	**1.2**	**Besondere Leistungen**		
	1.2.1	Bedarfs- und Organisationsplanung als Basis für die Definition des Projektprogramms (z. B. Flächen-, Funktions-, Raum- und Ausstattungsprogramm);	projektspezifisch	
	1.2.2	Standortanalysen im Zusammenhang mit der Projektentwicklung/Investitionsplanung und dem maßgeblichen Ziel, hinreichend gesicherte Grundlagen für Prognoserechnungen zu erarbeiten;	projekt-spezifisch	
	1.2.3	Statusermittlung und -bewertung (für den Fall, dass die Projektsteuerung erst während der Verwirklichung des Projekts/der Bauabsicht hinzugezogen wird). Hierzu gehört i. d. R.:	projektspezifisch	
	1.2.3.1	Feststellung und Dokumentation des Projektstatus insbesondere betreffend:		
	1.2.3.1.1	Projekt-/Bauprogramm-Definition (Qualität, Quantität, Kosten, Termine, prognostizierter Nutzungskosten, prognostizierter Rohrendite),		
	1.2.3.1.2	Stand der öffentlich-rechtlichen Genehmigungen,		
2888	1.2.3.1.3	Stand der vertraglichen Regelungen zwischen AG und Dritten (Planer, ausführende Firmen, Ver- und Entsorgungsträger, Nachbarn u. a.),		
	1.2.3.1.4	Stand und Bewertung der von den Projektbeteiligten erbrachten Leistungen (Projektorganisation, Planungsstand, Kostenentwicklung, Terminentwicklung, Dokumentation),		
	1.2.3.1.5	Dokumentation der erhaltenen Unterlagen und Informationen,		
	1.2.3.2	Erstellung und Übergabe eines Berichts einschließlich Empfehlung eines Vorgehenskonzeptes als Grundlage für die Abstimmung mit dem AG im Hinblick auf die weitere Projektrealisierung und den Leistungsumfang des AN.		
	1.2.4	Vorbereitung und Durchführung eines Planungswettbewerbes gem./analog GRW	projektspezifisch	
	2.	**Handlungsbereich Qualitäten und Quantitäten**		
	2.1	**Grundleistungen**		
2889	2.1.1	Mitwirken bei der Erstellung des Flächen-, Raum- und Funktionsprogramms als Bestanteil des Projektprogramms;	1,00	

2.1.2	Mitwirken beim Klären von Standortaspekten und dem Beschaffen standortrelevanter Unterlagen;	0,50		
2.1.3	Mitwirken bei der Erstellung der Bau- und Ausstattungsbeschreibung	1,50		
2.1.3.1	als Bestandteil des Projektprogramms,			
2.1.3.2	als spezielle Nutzer-/Mieterbaubeschreibung;			
2.1.4	Mitwirken bei der Auswahl der zu beteiligenden Planer, Berater u. a. Projektbeteiligten durch	2,00		
2.1.4.1	Erstellen einer Matrix mit den erforderlichen Leistungen und deren Zuordnung zu den vorgesehenen Projektbeteiligten zwecks Vermeidung von Leistungslücken oder -überschneidungen und als Basis für die Prognostizierung der voraussichtlichen Vergütung der an Planung und Überwachung der Ausführung zu Beteiligenden,			
2.1.4.2	Prognostizierung der voraussichtlichen Vergütung der an der Planung und Überwachung der Ausführung zu Beteiligenden; sofern zutreffend mit Einbeziehung einer Vergleichsberechnung für den Fall, dass Teile der Leistung von ausführenden Firmen erbracht werden sollen (z. B. Ausführungsplanung mit der Folge, dass diese Leistungen von den Architekten und Ingenieuren vor Ausführungsfreigabe zu prüfen sind),			2890
2.1.4.3	Formulierung der von den Planern und Beratern benötigten Leistungen und deren Leistungsgrundlagen,			
2.1.4.4	Einholung von Angeboten,			
2.1.4.5	Prüfung und Wertung von Angeboten,			
2.1.4.6	Vorbereitung, Mitwirkung und Ergebnisprotokollierung vertragsvorbereitender Verhandlungen,			
2.1.4.7	schriftliche Vergabeempfehlung einschließlich			
2.1.4.7.1	Vergabebericht mit Prüf- und Wertungsbericht,			
2.1.4.7.2	Vertragsvorschlag auf standardisierter Basis (z. B. gem. RBBau);			
2.1.5	Mitwirken bei Ausschreibungsverfahren für Bau- und sonstige Leistungen, insbesondere betreffend	1,00		2891
2.1.5.1	Entwicklung, Abstimmung und Festlegung der Gliederung und des Inhalts der Vergabeunterlagen,			

	2.1.5.2	stichprobenweise Prüfung der Vergabeunterlagen vor Versand an potentielle Bieter/Bewerber u. a. hinsichtlich Erfüllung der mit den an der Planung fachlich Beteiligten vereinbarten Systematik, Vollständigkeit, Vermeidung von Leistungsüberschneidungen zwischen Projektbeteiligten und ausführenden Firmen mit Veranlassung ggf. erforderlicher Richtigstellungen und Anerkennen der Versandfertigkeit,		
	2.1.5.3	Mitwirken beim Erstellen und Festlegen der Liste der Bekanntmachungsmedien gem. oder analog § 17 VOB/A,		
	2.1.5.4	Mitwirken beim Erstellen und Freigeben der Firmenlisten für die Ausschreibungen,		
	2.1.5.5	Beantwortung von Bewerberanfragen während der Angebotsfrist mit Einbeziehung der von den an der Planung fachlich Beteiligten zu liefernden Beiträge;		
	2.1.6	Prüfen der Arbeitsergebnisse der Planer (Zeichnungen, Beschreibungen, Berechnungen) durch Stichproben im Hinblick auf Einhaltung des Projektprogramms mit Einbeziehung sachgerechter Varianten hinsichtlich Funktionen, Standards und der gebotenen Wirtschaftlichkeit der Bauausführung und Objektnutzung mit Veranlassen erforderlicher Anpassungen. Hierzu gehören auch die von den Planern durchzuführenden Untersuchungen von Varianten auf der Basis »Stand der Technik« mit Bewertung hinsichtlich Investitions- und Nutzungsaufwand;	6,00	
2892	2.1.7	Veranlassen der erforderlichen Bemusterungen in Ausfüllung des Projektprogramms als Basis für die	1,00	
	2.1.7.1	Erstellung der Vergabeunterlagen durch die an der Planung fachlich Beteiligten,		
	2.1.7.2	Festlegung der endgültigen Art der Bauausführung in Ausfüllung der Bau- und Lieferverträge;		
	2.1.8	Kontrolle sachgerechter Prüfung, Aufklärung und Wertung von Angeboten einschließlich etwaiger Änderungsvorschläge und Nebenangebote der Bieter für die Bauausführung durch die an der Planung fachlich Beteiligten;	1,00	
	2.1.9	Mitwirken bei Aufklärungsverhandlungen analog § 24 VOB/A in technisch-wirtschaftlicher Hinsicht;	2,00	
	2.1.10	Kontrolle der Planer im Hinblick auf deren sachgerechte Objektüberwachung/örtliche Bauüberwachung;	3,00	

2.1.11	Veranlassen der Übergabe der vereinbarten Bestands-, Betriebs- und Wartungsunterlagen durch die Projektbeteiligten, einschließlich ausführender Firmen entsprechend den Dokumentationsvorgaben des AG bzw. den vertraglichen Regelungen mit den an der Planung fachlich Beteiligten und den ausführenden Firmen einschließlich Prüfung auf Vollständigkeit und sachgerechte Gliederungssystematik.	1,00		
2.2	**Besondere Leistungen**			2893
3.	**Handlungsbereich Kosten und Finanzierung**			
3.1	**Grundleistungen**			
3.1.1	Erstellen von Leistungs- und Vergütungsübersichten (z. B. Matrix) als Schnittstellenabgrenzung zwischen	2,00		
3.1.1.1	den Projektbeteiligten (Auftraggeber ./. Projektsteuerung ./. den an der Planung fachlich Beteiligten),			
3.1.1.2	Projektbeteiligten ./. bauausführenden Firmen;			
3.1.1.3	Prognostizierung der voraussichtlichen Vergütung der an der Planung und Überwachung der Ausführung Beteiligten; sofern zutreffend mit Einbeziehung einer Vergleichsberechnung für den Fall, dass Teile der Leistung von ausführenden Firmen erbracht werden sollen (z. B. Ausführungsplanung mit der Folge, dass diese Leistungen von Architekten und Ingenieuren vor Ausführungsfreigabe zu prüfen sind).			
3.1.2	Mitwirken bei der Entwicklung und Festlegung des Kostenrahmens und der Kostengliederung für	8,00		2894
3.1.2.1	die Investition gem. oder analog DIN 276 unter besonderer Berücksichtigung			
3.1.2.1.1	sachgerechter Ermittlung der anrechenbaren Kosten gem. HOAI für die Vergütung der an der Planung fachlich Beteiligten,			
3.1.2.1.2	durchgängiger Kostenkontrolle während der Bauvorbereitung und Bauausführung,			
3.1.2.2	die Betriebs- und Instandsetzungskosten gem. DIN 18960;			
3.1.3	Planung und Fortschreibung von Mittelbedarf und Mittelabfluss (Liquiditätsplanung);	3,00		
3.1.4	Prüfung und Zahlungsfreigabe der Rechnungen der an der Planung fachlich Beteiligten;	4,00		
3.1.5	Kostenkontrolle und Kostensteuerung zur Einhaltung der Kostenziele durch	12,50		
3.1.5.1	stichprobenweise Kontrolle der Kostenermittlungen/Kostenprognosen der an der Planung fachlich Beteiligten entsprechend den einzelnen Leistungsphasen mit Veranlassung ggf. erforderlicher Anpassungsmaßnahmen,			2895

3.1.5.2	stichprobenweise Kontrolle der Rechnungsprüfung durch die an der Planung fachlich Beteiligten,		
3.1.5.3	sachliche Prüfung der Berechtigung etwaiger Nachtragsforderungen der Planungsbeteiligten und ausführenden Firmen,		
3.1.5.4	sachliche Prüfung und Zahlungsfreigabe von Rechnungen ausführender Firmen,		
3.1.5.5	Freigabe von Sicherheitsleistungen;		
3.1.6	Erstellen und Führen der Projektbuchhaltung (Bauausgabebuch) gem. den Anforderungen des AG in Übereinstimmung mit dessen Betriebsbuchhaltung;	4,00	
3.1.7	Vorbereiten der Anträge für Fremdfinanzierungen (Realkreditinstitute, Fördermittel, sonstige Dritte) einschl. Mitwirken beim Ermitteln und Beantragen von Investitionsmitteln;	2,00	
3.1.8	Veranlassen der Prüfung steuerrechtlicher Aspekte durch den AG im Hinblick auf die Investition und die Art der geplanten Objektnutzung.	0,50	
2896 **3.2**	**Besondere Leistungen**		
3.2.1	Prognostizierung und Fortschreibung der Betriebs- und Instandsetzungskosten der Kostengruppen 300 und 400 der DIN 18960 auf der Basis von Mengengerüsten dem Planungs- und Baufortschritt folgend. Die Berechnungen sind mindestens bei folgenden Planungsständen/Entwicklungen durchzuführen/zu überprüfen:		
3.2.1.1	vor Genehmigung der Vorplanung gem. Lph. 2 der HOAI,	2,50	
3.2.1.2	vor Genehmigung der Entwurfsplanung gem. Lph. 3 der HOAI,	2,50	
3.2.1.3	vor Baubeginn/Beauftragung bauausführender Firmen auf der Basis der vorgesehenen vertraglichen Regelungen mit den bauausführenden Firmen,	2,50	
3.2.1.4	bei Qualitätsänderungen der Bau- und Ausstattungsstandards;	2,50	
3.2.2	Einrichtung und Führung von Baukonten einschl. Abwicklung des Zahlungsverkehrs mit den Projektbeteiligten und den ausführenden Firmen;	5,00	
3.2.3	Beschaffung der Finanzierung, insbesondere durch	projekt-spezifisch	
3.2.3.1	Einholung von Angeboten und Verhandlungen mit Kreditinstituten,		
3.2.3.2	Beantragung und Verfolgung der Bewilligung von Fördermitteln.		

4.	**Handlungsbereich Termine und Kapazitäten**			
4.1	**Grundleistungen**			2897
4.1.1	Erstellen, Abstimmen und Fortschreiben des Rahmenterminplanes für das Gesamtprojekt (inhaltlich identisch mit dem Rahmennetzplan gem. DIN 69900, Teil 1);	2,00		
4.1.2	Aufstellen, Abstimmen und Fortscheiben der Teilterminpläne (inhaltlich identisch mit dem Teilnetzplan als Grobnetzplan gem. DIN 69900, Teil 1) für	3,00		
4.1.2.1	Bauvorbereitung (Leistungen der an der Planung fachlich Beteiligten),			
4.1.2.2	Bauausführung auf der Grundlage einer vom AN zu entwickelnden grundsätzlichen Bauablaufkonzeption,			
4.1.2.3	Übergabe und Inbetriebnahme des Objektes;			
4.1.3	Aufstellen, Abstimmen und Fortschreiben der Feinterminpläne (inhaltlich identisch mit dem Feinnetzplan gem. DIN 69900, Teil 1) für angemessene Phasen der Bauvorbereitung (i. d. R. für Zeitabschnitte von ca. 6 Monaten);	6,00		
4.1.4	Ablaufsteuerung der Bauvorbereitung mit Vorschlagen und Abstimmen erforderlicher Anpassungsmaßnahmen;	3,00		2898
4.1.5	Veranlassen der Erstellung, Abstimmung und Fortschreibung der für die Bauausführung seitens des Objektplaners zu erstellenden Terminpläne und deren Prüfung auf Übereinstimmung mit dem Teilterminplan gem. vorstehender Ziff. 4.1.2.2, nämlich	2,50		
4.1.5.1	Grobterminplan (inhaltlich identisch mit dem Grobnetzplan gem. DIN 69900, Teil 1),			
4.1.5.2	erforderliche phasenweise Feinterminpläne (inhaltlich identisch mit dem Feinnetzplan gem. DIN 69900, Teil 1), i. d. R. für Zeitabschnitte von ca. 6 Monaten;			
4.1.6	Veranlassen der Vorgabe der erforderlichen Vertragsfristen seitens des Objektplaners für die Bauausführung und Lieferungen (abgeleitet aus dem Teilterminplan für die Bauausführung gem. vorstehender Ziff. 4.1.2.2);	0,50		
4.1.7	Kontrolle der sachgerechten Terminsteuerung der Bauausführung einschl. Veranlassung erforderlicher Maßnahmen bei Gefährdung vereinbarter Fristen/Termine durch die an der Planung fachlich Beteiligten;	3,00		

	4.1.8	Aufstellen, Abstimmen und Fortschreiben des Feinterminplanes (inhaltlich identisch mit Feinnetzplänen gem. DIN 69900, Teil 1) für die Übergabe und Inbetriebnahme des Objektes an den Nutzer einschl. Ablaufsteuerung.	2,00	
	4.2	Besondere Leistungen		
2899	4.2.1	Vorgezogene Baubetriebs- und Bauablaufplanung bei zeitkritischen Objekten oder solchen, bei denen die örtlichen Bedingungen für die Ausführung der Bauleistungen keinen Raum für Varianten zulassen zwecks Festlegung von Rahmenbedingungen für die Vorbereitung von Bauverträgen. Die Vergütung dieser »vorgezogenen Teil-Arbeitsvorbereitung« der ausführenden Firmen kann sich der Auftraggeber von den ausführenden Firmen ersetzen lassen, wenn es ihm im Rahmen der Vorbereitung des Bauvertrages gelingt, die zutreffende Leistung seitens des Bieters – nach hinreichender Prüfung – als eigene Leistung und damit Grundlage für seine Disposition anerkannt zu bekommen;	projekt-spezifisch	
	4.2.2	Untersuchungen im Sinne von § 5 Nr. 3 VOB Teil B als Grundlage für notwendige auftraggeberseitige Maßnahmen gegenüber säumigen bauausführenden Firmen. Die Vergütung dieser Leistung begründet i. d. R. Schadensersatzforderungen des Auftraggebers gegenüber säumigen bauausführenden Firmen;	projekt-spezifisch	
	4.2.3	Prüfung der sachgerechten Erfüllung des § 6 Nr. 3 VOB Teil B seitens der bauausführenden Firmen mit Ausarbeitung eines Vorgehenskonzeptes zur Durchsetzung der AG-Rechte.	projekt-spezifisch	
2900	C	**Leistungen von Fachgebieten außerhalb der HOAI**		
		Diese Leistungen sind mit den Regelungen des § 31 HOAI nicht erfasst, weil es sich um fachfremde Leistungen von Architekten und Ingenieuren handelt. Für die Durchführung dieser Leistungen sind i. d. R. besondere behördliche Zulassungen erforderlich (z. B. Rechtsberatung, Steuerberatung, Baubetreuung). Insbesondere bei Baubetreuungstätigkeiten/Projektleitung gem. Definition des AHO mit rechtsgeschäftlicher Vertretung des Auftraggebers ist darauf zu achten, dass ggf. merkliche steuerliche Veränderungen für den AN eintreten und von ihm zu erfüllen sind.		
	1.	**Handlungsbereich Recht (juristisches Bauamanagement – Rechtsberatung)**		
		Hinweis: Die Rechtsberatung darf nur durchführen, wer die dafür erforderliche behördliche Erlaubnis hat. Zum Leistungsgegenstand gehört nicht die prozessuale Vertretung des AG.		

1.1	Mitwirken bei der Vorbereitung der Verträge mit den an der Planung fachlich zu Beteiligenden	4,00		2901
1.1.1	Erstellen projektspezifischer Leistungsbeschreibungen und -bewertungen in Ausfüllung des § 5 HOAI;			
1.1.2	Einholen, Prüfen und Werten der Angebote;			
1.1.3	Führen von vertragsrelevanten Angebotsbesprechungen mit rechtlichem Inhalt einschl. Ergebnisprotokollierung als Angebotsergänzungen der jeweiligen Bieter;			
1.1.4	Vorschlagen der zu Beauftragenden einschl. Vorbereiten der Verträge und Mitwirken beim Abschluss der Verträge;			
1.2	Mitwirken bei der Vorbereitung der Verträge für die Bauausführung	12,00		
1.2.1	Mitwirkung bei der Vorgabe einheitlicher Vergabeverfahren;			
1.2.2	Ausarbeiten der für die Vorbereitung der Bau- und Lieferverträge erforderlichen rechtlichen Regelungen, nämlich			2902
1.2.2.1	Aufforderung zur Angebotsabgabe,			
1.2.2.2	Bewerbungsbedingungen,			
1.2.2.3	Besondere Vertragsbedingungen,			
1.2.2.4	Zusätzliche Vertragsbedingungen,			
1.2.2.5	Kontrolle der von den an der Planung fachlich Beteiligten erstellten Teile von Verdingungsunterlagen im Hinblick auf rechtliche Aspekte und Veranlassen ggf. erforderlicher Anpassungen,			
1.2.2.6	Führen von vertragsrelevanten Angebotsbesprechungen mit rechtlichem Inhalt/Vereinbarung von Individualabreden einschl. Ergebnisprotokollierung als Angebotsergänzungen der jeweiligen Bieter,			
1.2.2.7	Mitwirken bei der Erstellung der Vergabevorschläge,			
1.2.2.8	Mitwirken beim Abschluss der Bauverträge in rechtlicher Hinsicht;			
1.3	Beratung des AG in rechtlicher Hinsicht während der Durchführung von Verträgen mit Projektbeteiligten und den bauausführenden Firmen:	20,00		
1.3.1	Mitwirken bei der Standortbeurteilung in baurechtlicher Hinsicht;			2903
1.3.2	Mitwirken beim Einholen der erforderlichen bauordnungsrechtlichen Auskünfte und Genehmigungen;			
1.3.3	Vertragsänderungen als Folge			
1.3.3.1	Zusätzlicher oder geänderter Leistungen,			

	1.3.3.2	gestörten Ablaufes (Behinderung und Unterbrechung der Ausführung);		
	1.4	Mitwirken bei der rechtsgeschäftlichen Abnahme der Leistungen der Projektbeteiligten, einschließlich ausführenden Firmen.	2,00	
	2.	**Handlungsbereich Versicherungen**		
	2.1	Erstellen einer Leistungs- und Risikoanalyse als Basis für die Ermittlung erforderlichen Versicherungsschutzes der Projekt- und Baubeteiligten;	2,00	
2904	2.2	Sicherstellung ausreichenden Versicherungsschutzes (Personen- und sonstige Schadensdeckung) der Projekt- und Baubeteiligten durch	1,00	
	2.2.1	Vorgabe erforderlichen Versicherungsschutzes,		
	2.2.2	Prüfung bestehenden Versicherungsschutzes,		
	2.2.3	Veranlassung erforderlicher projektspezifischer Anpassung der Deckungssummen;		
	2.3	Vorbereiten und Durchführen von Ausschreibungsverfahren zwecks Sicherstellung projekt- bzw. objektspezifisch erforderlichen Versicherungsschutzes – in der Regel als projekt-/objektbezogene Exzedentenrückversicherung – für	2,00	
	2.3.1	Projektbeteiligte mit Ausnahme der ausführenden Firmen,		
	2.3.2	bauausführende Firmen;		
	2.4	Mitwirken bei der Regulierung von Schadensfällen.	Fallweise	
		v. H. des Grundhonorars		------
2905	**D**	**Vergütungsanteile nach Leistungsstufen**		
		Das Honorar der Grund- und Besonderen Leistungen gem. vorstehenden Abschnitten B und C gliedert sich nach Leistungsstufen wie folgt:		
	1.	Leistungsstufe I Projektvorbereitung Projektentwicklung/Investitionsplanung	10%	
	2.	Leistungsstufe II Planung Teil 1		
	2.1	Leistungen parallel zu Lph. 1 der Planer gem. HOAI	16%	
	2.2	Leistungen parallel zu Lph. 2 der Planer gem. HOAI	12%	
	3.	Leistungsstufe III Planung Teil 2 Leistungen parallel zu Lph. 3 der Planer gem. HOAI	8%	
	4.	Leistungsstufe IV Planung Teil 3 Leistungen parallel zu Lph. 4 der Planer gem. HOAI	1%	
	5.	Leistungsstufe V Ausführungsvorbereitung		

5.1	Leistungen parallel zu Lph. 5 der Planer gem. HOAI	8%		
5.2	Leistungen parallel zu Lph. 6 der Planer gem. HOAI	5%		
5.3	Leistungen parallel zu Lph. 7 der Planer gem. HOAI	6%		
6.	Leistungsstufe VI Ausführung und Projektabschluss			
6.1	Leistungen parallel zu Lph. 8 der Planer gem. HOAI	26%		
6.2	Leistungen parallel zu Lph. 9 der Planer gem. HOAI	8%		
E	**Vergütungsvarianten bei Abweichungen von Standard-Beauftragungen**			2906
1.	Wird ein Generalplaner beauftragt, ist die Vergütung des AN wie folgt zu reduzieren:			
1.1	Für den Fall, dass der Generalplaner keinen Koordinationszuschlag auf die Vergütung seiner Subplaner erhält, auf	90%		
1.2	Für den Fall, dass der Generalplaner einen Koordinationszuschlag auf die Vergütung seiner Subplaner erhält, wie vorstehend Ziff. 1.1 abzüglich des dem Generalplaner gewährten Koordinationszuschlages.	projekt-spezifisch		
2.	Werden aus wirtschaftlichen oder technischen Gründen mehrere Fachlose der Bauleistungen zusammengefasst und beauftragt, ist die Vergütung der Grundleistungen des AN wie folgt zu reduzieren:			
2.1	Bei zwei bis sieben »Paketvergaben« auf	95%		
2.2	Bei Vergabe an einen Generalunternehmer auf	90%		
3.	Werden nicht alle Handlungsbereiche gem. Abschnitt B beauftragt, so beträgt das Grundhonorar – orientiert am Gesamthonorar aller Handlungsbereiche – für die Bereiche			2907
3.1	Kosten und Termine	75%		
3.2	Qualitäten und Kosten	75%		
3.3	Qualitäten und Termine	75%		
3.4	Kosten	60%		
3.5	Termine	60%		
3.6	Qualitäten	50%		
3.7	Organisation	20%		

Leistungsbild 1.3
Praxisbeispiel: Vertragsauszug aus Projektsteuerungsvertrag Bund (BBR) nebst Leistungsbild (Leistungsbild 2004)

2908 Der Projektsteuerungsvertrag Bund aus 2008 hat sich in der Praxis nicht durchgesetzt. Bundes- und Landesbehörden verwenden allerdings noch Teile des vormaligen Vertragsmusters und Leistungsbildes. Hierzu wird auf die komplette Kommentierung des Vertragswerkes in der Vorauflage verwiesen. Im Hinblick auf den Umstand, dass auch die Bundesbehörden in vielfältiger Hinsicht auf das Leistungsbild AHO zurückgreifen und dieses projektspezifisch anpassen, wird von einem Neuabdruck der Kommentierung zum Mustervertrag abgesehen.

Die Leistungsanforderungen der Bundesbehörden sind im Vergleich zu den Standardleistungsbildern der Projektsteuerung hoch. Dem Projektsteuerer wird wenig Freiraum für eine eigene Abwicklungsmethodik gelassen. Dies hängt auch damit zusammen, dass die Prozessabläufe bei der Projektrealisierung der öffentlichen Hand weitestgehend standardisiert sind. RBBau und Vergabehandbuch des Bundes legen wesentliche Prozessschritte fest (vgl. Rdn. 629).

Leistungs- und Vertragsmodelle im Überblick

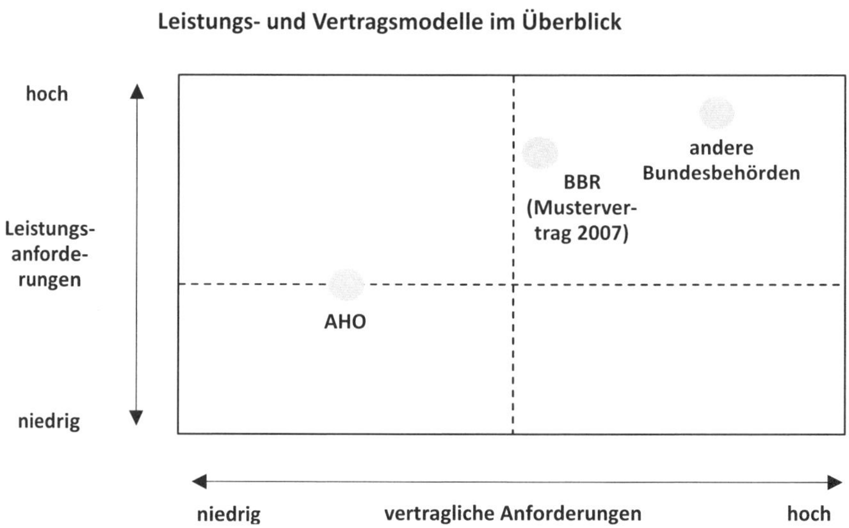

Vertragsmuster und Leistungsbild sind in der Literatur bereits behandelt worden.[7]

§ 3

Leistungen des Auftragnehmers

3.1 Allgemeine Leistungsanforderungen/Auftragsumfang
- Das Leistungsbild umfasst Controllings-/Steuerungsleistungen des Auftragnehmers in Stabsfunktion für die in § 1 dieses Vertrages benannte Baumaßnahme.
- Die Controlling- und Steuerungsleistungen unterteilen sich in folgende Projektstufen:
  - Projektstufe 1: Projektvorbereitung/Einarbeitung
  - Projektstufe 2: Planung (Vor-, Entwurfs-, Genehmigungsplanung)
  - Projektstufe 3: Ausführungsvorbereitung (Ausführungsplanung, Vorbereitung und Mitwirkung bei der Vergabe)
  - Projektstufe 4: Ausführung (Projektüberwachung)
  - Projektstufe 5: Projektabschluss (Projektbetreuung und Dokumentation)

7 Bayat/Eschenbruch, Der Projektmanagement-Mustervertrag BBR, NZBau 2008, 281.

Die einzelnen Projektstufen gliedern sich in vier Handlungsbereiche:
- Organisation, Information, Koordination und Dokumentation
- Qualitäten und Quantitäten
- Kosten und Finanzierung
- Termine und Kapazitäten

- Für den nachfolgend beschriebenen Leistungsumfang werden folgende Begriffsbestimmungen definiert:

- **Aufstellen, Abstimmen und Fortschreiben:** 2909
  - Vorgabe abgestimmter Soll-Daten
  - Kontrolle durch Überprüfen und Vergleich von Soll-/Ist-Daten
  - Erfassen der Ist-Zustände, Dokumentation durch Abweichungsanalysen und Maßnahmen zur Anpassung und Aktualisierung

- **Mitwirken:**
  - Inhaltlich abschließende, schriftliche Zusammenfassung und Vorlage an den Auftraggeber zur Entscheidung mit folgenden Mindestanforderungen:
  - Umfassende und abschließende Sachverhaltsdarstellung mit Problemdefinition
  - Festlegung und Gewichtung von Entscheidungskriterien
  - Darstellung und Bewertung möglicher Alternativen und Varianten
  - Abschließender Entscheidungsvorschlag
  - Darstellung der Auswirkungen im Hinblick auf die einzelnen Projektziele bei Annahme des 2910
    Entscheidungsvorschlages

- **Stellungnahme:**
  - Schriftliche Ausarbeitung mit den unter »Mitwirken« definierten Mindestinhalten, anhand derer der Auftraggeber in der Lage ist, ohne Rückgriff auf sonstige Dokumente den maßgeblichen Sachverhalt zu erfassen und diesen zur Grundlage einer eigenen Entscheidung zu machen.

- **Prüfung in Stichproben:**
  - Sicherstellung der ordnungsgemäßen und vollständigen Leistungserfüllung der am Projekt Beteiligten durch Überprüfung solcher Leistungsergebnisse, die für die Einhaltung des Vertragszieles wesentlich sind oder ein besonderes Fehler- oder Risikopotential beinhalten. Die Stichproben sind so zu setzen, dass wesentliche technische, funktionelle oder wirtschaftliche Mängel aufgedeckt werden.

- **Prüfung:**
  - Prüfen von Bauunterlagen

- Die Prüfung von Bauunterlagen erstreckt sich auf alle in den Bauunterlagen behandelten Einzelheiten. Insbesondere zu beachten sind dabei:
  - Übereinstimmung mit der genehmigten HU-Bau,
  - Zweckmäßigkeit und Wirtschaftlichkeit und Nachhaltigkeit der Planung, auch unter Berücksichtigung der Folgekosten sowie des Leitfadens für Nachhaltiges Bauen,
  - Vollständigkeit der erforderlichen Unterlage. Dazu gehört die Abstimmung der baulichen mit den betriebstechnischen Erfordernissen, die Eignung der Konstruktionen, Baustoffe und der Technischen Anlagen,
  - die Erfüllung der öffentlich-rechtlichen Bestimmungen,
  - die Einhaltung der anerkannten Regeln der Technik,
  - die Richtigkeit der Kostenermittlung.

- Durch diese Prüfung wird die Verantwortung und Haftung der fachlich Beteiligten in keiner Weise eingeschränkt.

- Die Prüfung ist in einem Prüfbericht zu dokumentieren. Erweisen sich umfangreiche Änderungen oder Ergänzungen als erforderlich, sind die Unterlagen den fachlich Beteiligten zur Überarbeitung zurückzugeben.
  - Prüfen von Honorarrechnungen
- Honorarrechnungen von fachlich Beteiligten sind auf der Grundlage der abgeschlossenen Verträge vollständig auf Vertragskonformität zu prüfen. Der Rechnungsbetrag ist wie folgt in schwarz festzustellen:

2911

Sachlich und rechnerisch richtig (mit … … … Euro) als Teilbescheinigung gem. Ziff. 2.7.1 der Anlage zur VV Nr. 2.6 zu § 34 BHO __________ __________ Datum Unterschrift

- Zum Zeichen der Prüfung hat der AN die geprüften Angaben durch Abhaken kenntlich zu machen; Änderungen und Ergänzungen sind entsprechend zu kennzeichnen.
  - Prüfen von Bau-/und Lieferrechnungen
- Der AN prüft in Stichproben nach Erhalt der Prüfergebnisse der Objektüberwachungen die Rechnungen und deren Anlagen auf Vertragskonformität sowie sachliche, fachtechnische und rechnerische Richtigkeit in schwarz mit:

2912

in Stichproben geprüft Sachlich richtig (mit … … … Euro) als Teilbescheinigung gem. Ziff. 2.7.1 der Anlage zur VV Nr. 2.6 zu § 34 BHO __________ __________ Datum Unterschrift

- Zum Zeichen der Prüfung hat der AN die stichprobenhafte Prüfung durch Abhaken kenntlich zu machen; Änderungen und Ergänzungen sind entsprechend zu kennzeichnen.
  - Prüfen von Verdingungsunterlagen
- Der AN prüft die Verdingungsunterlagen auf Vollständigkeit, technische, wirtschaftliche und funktionale Mängel sowie hinsichtlich der Übereinstimmung mit den Projektzielen, der genehmigten HU-Bau, der Einhaltung vergaberechtlicher Bestimmungen und sonstiger Rahmenbedingungen des Auftraggebers.
- Erweisen sich umfangreiche Änderungen oder Ergänzungen als erforderlich, sind die Unterlagen den fachlich Beteiligten zur Überarbeitung zurückzugeben.
- Die Prüfung ist auf dem Vergabevermerk in schwarz wie folgt zu dokumentieren:

2913

Projektsteuerer geprüft __________ __________ Datum Unterschrift

  - Prüfen von Angeboten
- Der AN prüft die Angebote in Stichproben auf Vollständigkeit sowie hinsichtlich der Übereinstimmung mit den Projektzielen, der genehmigten HU-Bau, der Einhaltung vergaberechtlicher Bestimmungen und sonstiger Rahmenbedingungen des Auftraggebers.

2914 – Die Stichproben sind so anzusetzen, dass wesentliche vergaberechtliche, technische, funktionale und wirtschaftliche Mängel aufgedeckt werden. Erweisen sich umfangreiche Änderungen oder Ergänzungen als erforderlich, sind die Unterlagen den fachlich Beteiligten zur Überarbeitung zurückzugeben.
- Die stichprobenhafte Prüfung ist auf dem Vergabevermerk in schwarz wie folgt zu dokumentieren:

Projektsteuerer geprüft _______________ _______________ Datum Unterschrift

- Der Auftraggeber überträgt dem Auftragnehmer die Leistungen nach 3.2.
- Er beabsichtigt, dem Auftragnehmer bei Fortsetzung der Planung und Durchführung der Baumaßnahme weitere Leistungen nach 3.3 bis 3.5 – einzeln oder im Ganzen – zu übertragen. Die Übertragung erfolgt durch schriftliche Mitteilung.
- Der Auftragnehmer ist verpflichtet, diese weiteren Leistungen zu erbringen, wenn ihm vom Auftraggeber innerhalb von 24 Monaten nach Fertigstellung der Leistungen nach 3.2 zumindest die Leistungen nach 3.3 übertragen werden. 2915
- Der Auftraggeber behält sich vor, die Übertragung weiterer Leistungen auf einzelne Projektstufen, Abschnitte der Baumaßnahme zu beschränken.
- Ein Rechtsanspruch auf Übertragung der Leistungen nach 3.3 bis 3.5 besteht nicht.
- Aus der stufenweisen Beauftragung kann der Auftragnehmer keine Erhöhung seines Honorars ableiten.
- Wenn dem Auftragnehmer die Leistungen nach 3.3 nicht innerhalb von 24 Monaten nach Fertigstellung der Leistungen nach 3.2 übertragen werden, kann der Auftragnehmer den Vertrag aus wichtigen Gründen kündigen, ohne dass dem Auftraggeber wegen der Kündigung ein Schadensersatzanspruch zusteht. Die Kündigung kann nur innerhalb einer Frist von zwei Wochen nach Übertragung der Leistungen nach 3.3 ausgesprochen werden. Ansprüche der Vertragsparteien aus den §§ 4 bis 6 AVP(PS) bleiben unberührt.

- **Umfang der Leistungen für:**

3.2 die Leistungen bis zur Fertigstellung der Haushaltsunterlage – Bau (HU-Bau) 2916

3.2.1 Projektstufe 1 – Projektvorbereitung/Einarbeitung

A Einarbeitung in die Projektaufgabe durch Sichten und Bewerten der vom AG übergebenen Unterlagen

B Mitwirken beim Festlegen der Projektziele

3.2.2 Projektstufe 2 – Planung

3.2.2.1 Organisation/Information/Koordination/Dokumentation

A Entwickeln, Vorschlagen, Fortschreiben der Projektorganisation durch ein projektspezifisch zu erstellendes Organisations- und Projekthandbuch

B Mitwirken bei der Auswahl der fachlich Beteiligten und der Vertragsverhandlungen

C Vorbereiten der Verträge mit den fachlich Beteiligten einschließlich Abstimmung der Vertragsinhalte und Schnittstellen sowie Fertigung des Vergabevermerks und des Vertragsentwurfs

D Mitwirken beim Durchsetzen von Vertragspflichten gegenüber den fachlich Beteiligten

E Vorbereiten der Zusammenstellung erforderlicher Unterlagen und der Präsentation für Bauherr und Nutzer

F Mitwirken beim Verfahren zur Genehmigung der HU-Bau einschließlich evtl. Nachträge und bei der Erwirkung bauordnungsrechtlicher Genehmigungen

G Stellungnahme zu Berichten der fachlich Beteiligten und zu Anfragen, Anregungen und Bedenken des Nutzers

H Prüfbericht zur HU-Bau

I Vorbereiten, Durchführen und Dokumentation regelmäßiger Nutzer-, Koordinierungs-, Ablaufbesprechungen und Abstimmungsgesprächen

J Mitwirken bei der Erarbeitung von Stellungnahmen zu Prüfungsmitteilungen des Bundesrechnungshofes

K Aufstellen eines Aktenplanes und Betreiben eines gemeinsamen Ablagesystems nach Aktenplan

2917 **3.2.2.2 Qualitäten/Quantitäten**

A Prüfen der Planungsergebnisse auf Konformität mit den vorgegebenen Projektzielen sowie Entwerfen von Anpassungsmaßnahmen und Erarbeiten von Entscheidungsvorschlägen für den Auftraggeber

B Vorbereiten und Durchführen der erforderlichen Abstimmungsgespräche mit AG, Nutzer und fachlich Beteiligten zur Festlegung der Qualitäten

3.2.2.3 Kosten/Finanzierung

A Prüfen der Kostenberechnungen der fachlich Beteiligten und Gegenüberstellung mit der durchzuführenden Parallelermittlung sowie Veranlassen erforderlicher Anpassungsmaßnahmen, insbesondere im Hinblick auf die Investitions- und Betriebskosten

2918 B Plausibilitätsprüfung der Mengenermittlung der fachlich Beteiligten

C Analyse der Abweichungen zwischen den Ermittlungen der fachlich Beteiligten und den eigenen Ermittlungen

D Vorschlagen und Abstimmen von möglichen Alternativen und Anpassungsmaßnahmen zur Erhöhung der Wirtschaftlichkeit im Hinblick auf die Investitions- und Baunutzungskosten

E Veranlassung der Zusammenstellung und Prüfen der voraussichtlichen Baunutzungskosten

F Ermittlung von Mittelbedarf, Mittelabfluss und Verpflichtungsermächtigungen

G Zusammenstellung der Soll-Vorgabe für die Kostenkontrolle

H Einrichten und Fortschreiben der Projektbuchhaltung für den Mittelabfluss mit Kostenübersicht sowie Wahren der Kostenübersicht durch regelmäßige Berichterstattung:
- 1 × pro Monat Kurzbericht zum Stichtag Monatsende

2919
- alle 3 Monate Kostenstandsbericht (= Quartalsbericht)

I Prüfen und Freigeben der Honorarrechnungen der fachlich Beteiligten zur Zahlung, einschließlich Fertigen der Auszahlungsanordnungen

J Stichprobenhafte Prüfung von Rechnungen von Ausführungsfirmen für bautechnische Untersuchungen und Freigabe zur Zahlung einschließlich Fertigen der Auszahlungsanordnungen

K Vorbereiten und Durchführen der erforderlichen Abstimmungsgespräche mit AG, Nutzer und fachlich Beteiligten zur Beseitigung der Abweichungen und Erzeugen einer abgestimmten Kostenberechnung

L Führen der Muster zur Kostenkontrolle gemäß RBBau oder Eigenprogramm des AN mit gleichem Inhalt

2920 M Einrichten und Führen des elektronischen Bauausgabebuches

3.2.2.4 Termine/Kapazitäten

A Entwickeln eines Rahmenterminplanes für das Projekt sowie Entwickeln eines Generalablaufplanes für die Planung, Ausführungsvorbereitung, Bauvorbereitung und Bauausführung. Der Generalablaufplan für die Planung und Ausführungsvorbereitung (Planerstellung LPH 5, LV-Erstellung und Vergabetermine) ist durch Steuerungs- und Detailterminpläne zu untersetzen und mit dem Auftraggeber und den Projektbeteiligten abzustimmen.

B Prüfen der von den fachlich Beteiligten anzufertigenden und fortzuschreibenden Steuerungs- und Detailterminpläne
- Bei Bedarf Erstellen verfeinerter Checklisten und Entscheidungskataloge als Grundlage der weiteren Projektabwicklung

C Überprüfen der Termineinhaltung und der Terminkoordination der fachlich Beteiligten

D Organisation und Vorbereitung des Mahnwesens bei Terminüberschreitung

E Dokumentation eingetretener Terminverzüge und Benennung der Verzögerungsumstände

F Monatlicher Bericht zum Stand der Termine

3.3 die Leistungen bis zur Fertigstellung der Ausführungsunterlagen und zur Vorbereitung und Durchführung der Vergabe

3.3.1 Projektstufe 3 – Ausführungsvorbereitung (Ausführungsplanung, Vorbereitung und Mitwirkung bei der Vergabe)

3.3.1.1 Organisation/Information/Koordination/Dokumentation 2921

A Fortschreiben der Projektorganisation in dem projektspezifisch erstellten Organisations- und Projekthandbuch
B Fortschreiben/Anpassen der Verträge mit den fachlich Beteiligten
C Soweit erforderlich, Mitwirken bei der Auswahl von weiteren fachlich Beteiligten und der Vertragsverhandlungen
D Soweit erforderlich, Vorbereiten der Verträge mit den fachlich Beteiligten einschließlich Abstimmung der Vertragsinhalte und Schnittstellen sowie Fertigung des Vergabevermerks und des Vertragsentwurfs
E Mitwirkung bei der Durchsetzung der Vertragspflichten
F Laufende Information des Auftraggebers und des Nutzers entsprechend den Festlegungen im Organisations- und Projekthandbuch
G Vorbereiten, Durchführen und Dokumentation regelmäßiger Nutzer-, Koordinierungs- Ablaufbesprechungen und Abstimmungsgesprächen
H Vorbereiten/Veranlassen der Zusammenstellung erforderlicher Unterlagen für Abstimmungsgespräche mit dem Bauherrn und dem Nutzer
I Mitwirkung bei der Erarbeitung von Stellungnahmen zu Prüfungsmitteilungen des Bundesrechnungshofes
J Ergänzen, Fortschreiben und Betreiben eines gemeinsamen Ablagesystems

3.3.1.2 Qualitäten/Quantitäten 2922

A Prüfen der Ausführungsunterlagen auf Konformität mit der genehmigten HU-Bau
B Herbeiführen erforderlicher Entscheidungen bei zwingenden Abweichungen von der genehmigten HU-Bau
C Prüfen der Verdingungsunterlagen auf Plausibilität, Vollständigkeit, Übereinstimmung mit den Vergabegrundsätzen der VOB/A, VOL/A, des VHB und Bestätigung der Versandreife
D Prüfen der Vergabevorschläge auf Einhaltung der vergaberechtlichen Regelungen einschließlich Überprüfung der Angebotsauswertung

3.3.1.3 Kosten/Finanzierung 2923

A Prüfen der Verdingungsunterlagen gemäß 3.1 des Vertrages
B Abgabe der Deckungsbestätigung für Aufträge
C Prüfen der Kostenanschläge der fachlich Beteiligten sowie Veranlassen erforderlicher Anpassungsmaßnahmen, soweit erforderlich
D Ermitteln von Einzelpositionen in Abstimmung mit Nutzer, AG und fachlich Beteiligten für Gegenmaßnahmen zur Einhaltung der Kostenziele
E Fortschreiben des Mittelbedarfs, Mittelabflusses und der Verpflichtungsermächtigungen
F Prüfen und Freigeben der Honorarrechnungen der fachlich Beteiligten zur Zahlung einschließlich Fertigung der Auszahlungsanordnungen
G Stichprobenhafte Prüfung von Rechnungen der Ausführungsfirmen und Freigabe zur Zahlung einschließlich Fertigung der Auszahlungsanordnungen
H Eingabe der genehmigten HU-Bau in ein EDV-gestütztes Überwachungssystem, Führen der Muster zur Kostenkontrolle gemäß RBBau oder Eigenprogramm des AN mit gleichen Inhalten

I Fortschreiben derProjektbuchhaltung für den Mittelabfluss mit Kostenübersicht sowie Wahren der Kostenübersicht durch regelmäßige Berichterstattung
- 1 × pro Monat Kurzbericht zum Stichtag Monatsende
- alle 3 Monate Kostenstandsbericht (= Quartalsbericht)

J Einrichten und Führen des elektronischen Bauausgabebuches

2924 **3.3.1.4 Termine/Kapazitäten**

A Prüfen und Fortschreiben des Generalablaufplanes für Planung, Bauvorbereitung und Bauausführung

B Prüfen der Steuerungs- und Ablaufpläne der Planer und Fachplaner

C Prüfen der Vertragstermine und -fristen für die Ausführungs- und Lieferzeiten einschließlich Vorschläge und Abstimmen von Anpassungsmaßnahmen sowie Dokumentation eingetretener Verzüge mit Benennung der Verzögerungsgründe

D Organisation und Vorbereitung des Mahnwesens bei Terminüberschreitung

E Monatlicher Bericht zum Stand der Termine

3.4 die Leistungen bis zum Abschluss der Ausführung

2925 **3.4.1 Projektstufe 4 – Ausführung (Objektüberwachung)**

3.4.1.1 Organisation/Information/Koordination/Dokumentation

A Fortschreiben der Projektorganisation in dem projektspezifisch erstellten Organisations- und Projekthandbuch

B Fortschreiben/Anpassen der Verträge mit den fachlich Beteiligten

C Mitwirkung bei der Durchsetzung der Vertragspflichten

D Laufende Information des Auftraggebers und des Nutzers entsprechend den Festlegungen im Organisations- und Projekthandbuch

E Vorbereiten, Durchführen und Dokumentieren regelmäßiger Nutzer-, Koordinierungs-, Ablaufbesprechungen und Abstimmungsgesprächen

F Vorbereiten der Abnahmen der Ausführungsleistungen, der Übergabe/Übernahme von Teilbaumaßnahmen in organisatorischer Hinsicht

G Ergänzen, Fortschreiben und Betreiben eines gemeinsamen Ablagesystems

2926 **3.4.1.2 Qualitäten/Quantitäten**

A Kostenkontrolle zur Einhaltung der Kostenziele durch Bewertung der Bau- und Honorarkostenentwicklung im Vergleich zur/zum Kostenberechnung/-anschlag, unter Einbeziehung der Kontrollleistungen der beteiligten Planer/Fachplaner, Aufstellen und Fortschreiben der Kostenkontrolle und monatliche Kostenberichterstattung

B Soweit erforderlich, Fortschreiben der Ermittlung von Einsparpositionen in Abstimmung mit Nutzer, AG, fachlich Beteiligten zur Einhaltung des Kostenzieles

C Prüfen und Freigeben von Honorarrechnungen der Planer zur Zahlung, einschließlich Ausfertigen der Auszahlungsanordnungen

D Prüfen der Vergabevorschläge mit Prüfvermerk

E Stichprobenhafte Prüfung der Nachtragsangebote mit Prüfvermerk

F Prüfen und Freigeben der Rechnungen der Ausführungsfirmen zur Zahlung, einschließlich Fertigung der Auszahlungsanordnungen. Für Schlusszahlungen ist eine Checkliste zu erarbeiten, in die alle Voraussetzungen für die Anordnung der Zahlung aufzunehmen sind, sie ist von den Beteiligten bei Schlusszahlungen abzuarbeiten.

G Abgabe der Deckungsbestätigungen für Nachträge und weitere Aufträge

H Fortschreiben des Mittelbedarfes, Mittelabflusses und der erforderlichen Verpflichtungsermächtigungen

I Quartalsweise Prüfen der voraussichtlichen Endabrechnungssummen von Aufträgen, unter Berücksichtigung von voraussichtlichen Mehr- oder Mindermengen und der voraussichtlichen Kosten von noch nicht vergebenen Leistungen einschließlich ggf. Vorschlagen von Anpassungsmaßnahmen
J Analysieren und Begründen von Abweichungen zwischen Kostenvorgabe, Vergabe- und Abrechnungssummen dem Grunde und der Höhe nach
K Führen der Muster zum Stand der Bearbeitung und zur Kostenkontrolle des Projekts gemäß RBBau oder Eigenprogramm des AN mit gleichen Inhalten
L Fortschreiben der Projektbuchhaltung für den Mittelabfluss sowie Wahren der Kostenübersicht durch regelmäßige Berichterstattung:
- 1 × pro Monat Kurzbericht zum Stichtag Monatsende
- alle 3 Monate Kostenstandsbericht (= Quartalsbericht)

M Führen des elektronischen Bauausgabebuches

3.4.1.4 Termine/Kapazitäten 2927

A Prüfen und Abstimmen der Ablaufplanung der Ausführung zur Einhaltung der Terminziele und Abstimmen der Ergebnisse mit den Planungsbeteiligten
B Prüfen der Fortschreibung der Grobablaufplanung und Kontrolle der Detailablaufplanung der Projektbeteiligten für die Bauausführung
C Vorschlagen und Abstimmen von Anpassungsmaßnahmen bei Gefährdung von Projektzielen und Dokumentieren in Ergebnisprotokollen
D Organisation und Vorbereiten des Mahnwesens bei Terminüberschreitungen
E Dokumentation eingetretener Terminverzüge und Benennung der Verzögerungsumstände
F Monatlicher Bericht zum Stand der Termine

3.5 die Leistungen bis zum Projektabschluss

3.5.1 Projektstufe 5 – Projektabschluss (Projektbetreuung, Dokumentation) 2928

3.5.1.1 Organisation/Information/Koordination/Dokumentation

A Laufende Information und Abstimmung mit dem Auftraggeber und dem Nutzer
B Einholen erforderlicher Zustimmungen des Auftraggebers
C Vorbereiten der administrativen und organisatorischen Konzeption der Durchführung der Übergabe/Übernahme bzw. Inbetriebnahme/Nutzung einschließlich Veranlassung der Zusammenstellung der Übergabeunterlagen gemäß RBBau
D Mitwirkung bei der Erstellung von Stellungnahmen zu Prüfungsmitteilungen des Bundesrechnungshofes innerhalb der Vertragslaufzeit

3.5.1.2 Qualitäten/Quantitäten

A Vorbereiten der erforderlichen behördlichen Abnahmen, Endkontrollen und/oder 2929
Funktionsprüfungen
B Prüfen der Abschlussdokumentation der fachlich Beteiligten auf Vollständigkeit gemäß vertraglichen Vereinbarungen
C Prüfen der Gewährleistungsverzeichnisse
D Vorbereiten/Veranlassen organisatorischer Maßnahmen zur Beseitigung von Mängeln und Gewährleistungsschäden einschließlich Mahnwesen bis zum Ende der Vertragslaufzeit

3.5.1.3 Kosten/Finanzierung 2930

A Prüfen der Kostenfeststellungen der fachlich Beteiligten einschließlich der Kostenfeststellungen der Kosten, die durch die fachlich Beteiligten nicht erfasst werden (u. a. Nebenkosten)
B Stichprobenhafte Prüfung von Rechnungen/Schlussrechnungen und Freigabe zur Zahlung für Ausführungsleistungen einschließlich Mitwirken bei der Freigabe von Sicherheitsleistungen und Fertigung der Auszahlungsanordnungen (Sicherheitsleistungen bis zum Ende der Vertragslaufzeit)

C Prüfung behinderungsbedingter Schadensersatzforderungen der Ausführungsbereiche gemäß VOB/B § 6, Nr. 6 der Höhe nach einschließlich Stellungnahme zu den Behinderungsursachen
D Prüfen und Freigeben von Honorarrechnungen/Honorarschlussrechnungen der fachlich Beteiligten zur Zahlung einschließlich Fertigung der Auszahlungsanordnungen
E Abschluss der Projektbuchhaltung für den Mittelabfluss mit Kostenbericht
F Darstellung der Maßnahmen und Zuordnung der Kosten nach Kostengruppen in einem Gesamtdokument

3.5.1.4 Termine/Kapazitäten

A Prüfen und Kontrollieren der Ablaufplanung zur Übergabe und Inbetriebnahme

Leistungsbild 1.4

2931

Anlage zum Projektsteuerungsvertrag Bund (BBR): Spezifische Leistungspflichten Projektsteuerung (2008)

2 Planung	Kommentierung

Anlage zu § 6

Spezifische Leistungspflichten Projektsteuerung

	Leistungsstufe 1 **Projektvorbereitung**	
	Leistungen der Projektvorbereitung und Einschaltung der fachlich Beteiligten	
☐	**Grundlagenermittlung – Projektgrundlagen –**	
☐	Klären der Aufgabenstellung im Rahmen der Durchsicht der vom Auftraggeber zur Verfügung gestellten Unterlagen (§ 3 des Vertrages) und ggf. Vorschlag zur Präzisierung der Projektziele.	
☐	Ermitteln des gesamten erforderlichen Planungsleistungsbedarfes mit eindeutiger Definition der Leistungsschnittstellen (zur Verantwortungsabgrenzung und Vermeidung von Doppelbeauftragung).	
☐	Beschaffen und Zusammenstellen notwendiger Unterlagen für die Ausschreibung / den Leistungsstart der Leistungen der fachlich Beteiligten.	
☐	**Erstellung des Organisations- und Projekthandbuches**	
	<Information, Koordination, Organisation und Dokumentation>	
	Das Organisations- und Projekthandbuch muss mindestens aus folgenden Bestandteilen bestehen:	
☐	**Projektbeschreibung (Kurzfassung), Projektziele und grundlegende Projektdaten**	
		Im Wesentlichen basierend auf den genehmigten Bauunterlagen (ES-Bau /KVM-Bau/AA-Bau)
☐	**Projektbeteiligtenliste**	
		Namen, Adressen, Ansprechpartner, E-Mail, Fax, Telefon, u.a. auch von beteiligten Behörden und Ämtern (Genehmigungsbehörden, Feuerwehr, Arbeitsschutz, u.Ä.).
☐	**Projektorganisation / Organigramm**	
		Die Projektorganisation muss eine eindeutige Zuordnung von Aufgaben, Kompetenzen und Verantwortung sämtlicher Projektbeteiligter beinhalten; die entsprechenden Zuständigkeiten auf der Auftraggeber-, Bedarfs- und Entscheidungsträgerseite werden dem Auftragnehmer mitgeteilt.
☐	**Projektstrukturplan**	
		Beschreiben der Maßnahmenstruktur – Gliederung der Baumaßnahme in Teilmaßnahmen und Bauabschnitte – verbal und graphisch.
☐	**Projektprozess- / Regelablaufpläne**	
		Die Projektprozess- und Regelablaufpläne sind in Form von Flussdiagrammen zu erstellen. In diesen sind auch die für die einzelnen Leistungen vorgesehenen Bearbeiter aufzunehmen; beim Regelablauf „Rechnungsprüfung" darüber hinaus die zur Verfügung stehende Bearbeitungszeit. Die Regelabläufe für die Planung sollen die Integration der Fachplanungsleistungen, die Optimierung der Planung, die Berücksichtigung der Anforderungen des Auftraggebers, die Einhaltung der Zeitvorgaben sowie insbesondere auch die systematische Planregistrierung sicherstellen. Es sind daher u.a. notwendige Zwischenstadien zur sukzessiven Prüfung und Abstimmung der Planung und des Planungsfortschritts festzulegen. Entsprechendes gilt auch für die Leistungsbeschreibungen / Leistungsverzeichnisse.
		Für folgende Aufgabenbereiche sind Projektprozess- und Regelablaufpläne zu erstellen:
	☐	Entwurfsplanung
	☐	Ausführungsplanung
	☐	Leistungsverzeichnisse
	☐	Ausschreibung und Vergabe, bis zur Übergabe der versandfertigen Unterlagen
	☐	Prüfung von Rechnungen, bis zur Übergabe an die Kasse
	☐	Prüfung von Nachtragsangebote, bis zur Beauftragung/Zurückweisung
	☐	Verfolgung Ausführungsmängel
	☐	Verfolgung Behinderungsanzeigen (Anzeigen der bauausführenden Firmen)
	☐	Dokumentation (u.a. Kennzeichnung) und Ablage aller Projektakten (Aktenhaltung)

2932

Anlage zu § 6

Spezifische Leistungspflichten Projektsteuerung

☐	**Terminpläne**	
		Einzuordnen/Einzustellen sind der Rahmentermin- und der Generalauflaufplan sowie die detaillierten Terminpläne der Planung, der Ausführungsvorbereitungen, der Bauausführung und der Projektsabschlussphase.
☐	**Kostenübersichten**	
		Einzuordnen/Einzustellen sind die Kostenermittlungen zur Vorplanung (Kostenschätzung), zur EW-Bau / Bauunterlage (Kostenberechnung) und zur Ausführungsvorbereitung (Kostenanschlag), jeweils gemäß Muster 6 RBBau, sowie die sukzessiv fortzuschreibenden Kostenkontrollübersichten.
☐	**Periodische Steuerungs- und Koordinationsbesprechungen / Besprechungskalender**	
		Planen der Besprechungsorganisation regelmäßiger Besprechungen nach Teilnehmerkreisen (u.a. Bauherrn-, Bedarfsträger-, Koordinationen-, Planungs- und Baubesprechungen) sowie Vorschlagen sinnvoller Besprechungszyklen (Besprechungskalender).
		Einzuordnen/Einzustellen sind der Besprechungskalender und die Besprechungsprotokolle.
☐	**Periodische Projektberichte / Statusberichte**	
		Erstellen einer Vorlage für die Projekt- sowie für die Statusberichte für eine inhaltliche Abstimmung über Informationsgehalt und Informationstiefe sowie der Vorlagezyklen der Berichte (K6 RBBau und Muster 15).
		Einzuordnen/Einzustellen sind die Projekt- und Statusberichte.
☐	**Projektbuchführung / Hauhaltsmittelübersicht**	
		Erstellen einer Vorlage für eine inhaltliche Abstimmung einer Haushaltsmittelübersicht, in der alle Mittelzuweisungen / Bestätigungen, Verpflichtungsermächtigungen und der Mittelabfluss erfasst werden sollen.
		Einzuordnen/Einzustellen ist die Hauhaltsmittelübersicht.
☐	**Entscheidungs- und Änderungsmanagement**	
	-	Entscheidungsträgermatrix
	-	Entscheidungsstandardablauf (als Flussdiagramm)
	-	Liste der Entscheidungen
		Der Auflistung sind Angaben zum Abwicklungsstatus hinzuzufügen.
	-	Entscheidungs-/ Änderungsantrage
		Die Entscheidungsanträge sind durchzunummerieren und müssen Folgendes enthalten: Grundlagen / Sachverhaltsdarstellung / Bewertung im Hinblick auf Qualität / Auswirkungen auf Termine und Kosten / bei Änderungen Verursacher / eine Empfehlung des Projektsteuerers / Datum, bis wann die Entscheidung zu treffen ist (angemessener Entscheidungszeitraum) / das Aufstellungsdatum und die Unterschrift des Aufstellers.
☐	**Leistungspflichten fachlich Beteiligter**	
		Auszüge aus den Verträgen (Leistungsbilder) der fachlich Beteiligten und des Auftragnehmers.
☐	**Auftragsabwicklung fachlich Beteiligte / Bau- und Lieferleistungen**	
		Erstellen einer Liste „Auftragsabwicklung" für alle Vergaben an fachlich Beteiligte sowie für die Bau- und Lieferleistungen mit Angaben zum Beauftragungsstand und, nach der Beauftragung, zum Leistungsstand (≈ in %).
		Einzuordnen/Einzustellen sind die Auftragsabwicklungslisten.
☐	**Projektabwicklungsstatuslisten**	
	☐	Pläne und Detailzeichnungen: Eingang / Ausgang (Freigabe)
	☐	Rechnungen: Eingang / Ausgang (Bundeskasse)
	☐	Nachträge: Eingang / Erledigung (Beauftragung; Zurückweisung)
	☐	Mangelmeldungen: Eingang / Erledigung (Ansprüche geltend gemacht und durchgesetzt)
	☐	Behinderungsanzeigen: Eingang / Erledigung (Beseitigung Behinderungstatbestand)
☐	**Aktenplan**	
		Erstellen eines Aktenplanes unter Beachtung der Abschnitte H und J RBBau sowie der Dokumentationsrichtlinie.

Anlage zu § 6 2933

Spezifische Leistungspflichten Projektsteuerung

		Einzuordnen/Einzustellen ist der Aktenplan.
	☐	**Zugriffsregelung / -berechtigungen digitales Organisations- und Projekthandbuch**
		Festlegen des Umfangs der Zugriffsberechtigung der Projektbeteiligten auf Bestandteile des Organisations- und Projekthandbuches in Abhängigkeit vom jeweiligen Informationsbedarf.
	☐	**Projektchronik**
		Fortlaufende und systematische textliche und nach Ausführungsbeginn auch visuelle Dokumentation (Bilddokumentation) der wesentlichen Projektetappen.
☐	**Erstellung eines Rahmentermin- und Generalablaufplanes**	
		<Terminplanung, -steuerung und Kapazitäten>
		Der Rahmentermin- und Generalablaufplan muss mindestens Zwischentermine – nach Objekten (bei mehreren Objekten) und Bauabschnitten gegliedert – für folgende Projektetappen aufweisen:
	☐	Vergabe der Planungsleistungen
	☐	Vorplanung
	☐	Entwurfsplanung
	☐	Genehmigungsplanung / Vorlage bei Genehmigungsbehörden
	☐	Ausführungsplanung / Detailplanung
	☐	Vorbereitung der Vergabe
	☐	Mitwirkung bei der Vergabe
	☐	Baudurchführung / Baufertigstellung
	☐	Projektabschlussphase
		Der Terminplan ist in der mit dem Auftraggeber abgestimmten Fassung Grundlage der Vertragsverhandlungen mit den fachlich Beteiligten und der weiteren detaillierten Termin- und Ablaufpläne.
☐	**Einschaltung der fachlich Beteiligten**	
		<Vertragsmanagement Leistungen fachlich Beteiligter>
	☐	**Vergabekonzept**
		Erstellen eines Vergabekonzepts mit folgendem Inhalt:
	-	Auflistung der zu vergebenden Leistungen nach Art und Umfang je Einzelvergabe, ggf. unter Berücksichtigung der Ergebnisse der Grundlagenermittlung (Projektgrundlagen),
	-	Vorschläge zum jeweils anzuwendenden Wettbewerbs- / Vergabeverfahren (GRW , VOF, VOL, freihändig),
	-	Detailterminplanung auf der Grundlage des abgestimmten Rahmenterminplanes mit Darstellung der erforderlichen Zeitdauer der einzelnen Vergabeverfahren sowie der Vergabezeitpunkte.
	☐	**Wettbewerbe**
	☐	Mitwirken beim Vorbereiten eines Ideenwettbewerbes nach der GRW 1995*. Folgende Leistungen sind zu erbringen:
	-	
	-	
	☐	Mitwirken beim Vorbereiten eines Realisierungswettbewerbes nach der GRW 1995*, ggf. i.V.m. einem Vergabeverfahren nach VOF. Folgende Leistungen sind zu erbringen:
	-	
	-	
	☐	**Vergabeverfahren**
		Vorbereiten und Mitwirken bei den Verfahren zur Vergabe der Leistungen an fachlich Beteiligte, sowie für bau- und labortechnische Untersuchungen.

* jetzt: RPW 2008

2934

Anlage zu § 6

Spezifische Leistungspflichten Projektsteuerung

☐	Ausarbeiten und Zusammenstellen der Vergabeunterlagen		
	-	Aufforderungsschreiben, Aufgaben- bzw. Leistungsbeschreibungen, Vertragsentwürfe und Einschaltvermerke.	
	☐	Bei EU-weiten Vergabeverfahren darüber hinaus:	
		-	Bekanntmachungstexte, Bewerbungsbögen sowie Auswahl- und Zuschlagsmatrizen
☐	Angebotsprüfung / Verhandlungen		
	-	Prüfen und Werten der Angebote und Eignungsnachweise – soweit gefordert –	
	-	Vorbereiten, Teilnehmen und Mitwirken an Verhandlungsgesprächen – soweit erforderlich –	
	-	Erstellen des Vergabevorschlages	
	☐	Bei EU-weiten Vergabeverfahren darüber hinaus:	
		-	Auswerten der Bewerbungen nach festgelegter Auswahlmatrix (1. Verfahrenstufe) und Vorschlag vom Bewerbern für die 2. Verfahrensstufe
		-	Vorbereiten, Teilnehmen und Mitwirken an den Verhandlungsgesprächen
		-	Auswerten der Verhandlungsgespräche nach festgelegter Zuschlagsmatrix
		-	Erstellen des Vergabevermerks sowie der Informationsschreiben nach den Vergabevorschriften
☐	**Verträge/Aufträge**		
	Mitwirken bei der Beauftragung der Leistungen an fachlich Beteiligte sowie für die bau- und labortechnischen Untersuchungen.		
	-	Überarbeiten und Anpassen der Vertragsentwürfe unter Berücksichtigung der geprüften Angebote und Verhandlungsergebnisse – soweit erforderlich –	
	-	Zusammenstellen der Vertragsunterlagen (Anlagen zum Vertrag)	
	-	Erstellen der Mittelbindungsblätter und Weitergabe der Vertragsunterlagen an den Auftraggeber zur Beauftragung, jeweils in Verbindung mit der Deckungsbestätigung.	
	Bei der Erstellung der Vergabe- und Vertragsunterlagen ist, soweit vorhanden, auf Formulare und Muster des Auftraggebers zurückzugreifen.		
☐	**Ergänzende Leistungen Leistungsstufe 1**		
☐			
☐			
☐			
☐			

Anlage zu § 6 2935

Spezifische Leistungspflichten Projektsteuerung

		Leistungsstufe 2 **Entwurfsunterlage – Bau / HU-Bau / Bauunterlage**
		Leistungen zur Erstellung der Entwurfsunterlage – Bau / HU-Bau / Bauunterlage
☐	**Planung der Planung**	
		<Information, Koordination, Organisation und Dokumentation>
	☐	Einweisung der fachlich Beteiligten in die Projektorganisation sowie in das Informations- und Kommunikationssystem.
	☐	Koordinieren und Organisieren der Abstimmungsgespräche mit dem Auftraggebergremium und den fachlich Beteiligten zur Vorstellung der alternativen Lösungsmöglichkeiten / Zwischenstadien der Planung.
	☐	Teilnehmen an maßgeblichen Planungsbesprechungen der fachlich Beteiligten.
	☐	Teilnehmen und Unterstützen des Auftraggebers bei den Verhandlungen mit den Behörden über die Genehmigungsfähigkeit, einschließlich Protokollführung und Verteilung an alle maßgeblichen Beteiligten.
	☐	Klären unter Einbeziehung der fachlich Beteiligten, ob sämtliche für die Genehmigung der Baumaßnahme vom Bauherrn einzubeziehenden Rechtsbereiche – „nicht aufgedrängtes Recht" – nach dem Leitfaden zum Baunebenrecht (gemäß BauO Bln) berücksichtigt sind und Erstellen eines Ergebnisvermerks hierzu.
		Mitwirken beim Einholen der Genehmigungen einzubeziehender Rechtsbereiche, soweit erforderlich.
	☐	Mitwirken beim Verfahren zur Genehmigung / Einholung der Einverständniserklärung zur Entwurfsunterlage – Bau – / HU-Bau / Bauunterlage durch Teilnahme an Besprechungen und Unterstützung des Auftraggebers beim Erläutern der Baumaßnahme gegenüber den Entscheidungsträgern.
		<Terminplanung, -steuerung und Kapazitäten>
	☐	Erstellen eines zielgerichteten Steuerungsterminplanes für die Planungsphase. Dabei sind Zwischentermine für die Abstimmung der Vor- und Entwurfsplanung (Planungszwischenstadien, Vorstellung alternativer Lösungen) mit dem Auftraggebergremium, sowie Prüf- und Pufferzeiten für ggf. erforderliche Überarbeitungen, einzuplanen.
		Abstimmen des Terminplanes mit den fachlich Beteiligten und dem Auftraggeber.
	☐	Ab Planungsstart ist jede Abweichung vom Steuerungsterminplan zu registrieren und hinsichtlich ihrer Auswirkung auf das Terminziel der Planungsphase zu bewerten und ggf. – soweit das Terminziel gefährdet ist – unter Einbeziehung der Beiträge der fachlich Beteiligten, Optimierungsvorschläge auszuarbeiten und – soweit relevant – Entscheidungsanträge zu erstellen.
	☐	Erstellen und Versenden von Mahnschreiben bei Terminüberschreitungen und Erledigungsverfolgung.
☐	**Vorplanung (Projekt- und Planungsvorbereitung)**	
		<Qualitäts- und Quantitätskontrolle und -sicherung>
	☐	Analysieren der Vorplanung und der darin enthaltenen Lösungsansätze / alternativen Lösungsmöglichkeiten im Hinblick auf die Projektziele sowie Aufbereiten der Ergebnisse als Tischvorlage für die Abstimmungsgespräche.
	☐	Beraten des Auftraggebergremiums bei den Entscheidungen zur Vorplanung.
	☐	Erstellen eines Prüfberichtes zur Vorplanung im Rahmen der Übergabe der Vorplanungsergebnisse an den Auftraggeber. Dabei ist insbesondere auf Konformität mit den Projektzielen einzugehen.

2936

Anlage zu § 6

Spezifische Leistungspflichten Projektsteuerung

	<Kostenkontrolle, -steuerung und Haushaltsmittel>
☐	Kostenkontrolle durch Erstellen einer Eigenermittlung – Kostenschätzung – auf der Basis der Vorplanung für die Kostengruppen 200 – 700 DIN 276. Bei einem abweichenden Ergebnis gegenüber der Kostenplanung der fachlich Beteiligten sind die Ursachen mit den Projektbeteiligten zu untersuchen, zu korrigieren und zu protokollieren.
	Sofern eine Überschreitung der Kostenobergrenze vorliegt, sind Vorschläge zur Optimierung des Konzepts, unter Beibehaltung der qualitativen / quantitativen und terminlichen Zielvorgaben, insbesondere durch die Planer, die dazu aufzufordern sind, auszuarbeiten. Auswerten der Ergebnisse und Erstellen von Entscheidungsanträgen.
☐	**Entwurfsplanung (System- und Integrationsplanung)**
	<Qualitäts- und Quantitätskontrolle und -sicherung>
☐	Beraten des Auftraggebergremiums bei den Entscheidungen zur Entwurfsplanung.
☐	Prüfen der Entwurfsunterlage – Bau – (EW-Bau) / HU-Bau / Bauunterlage auf:
-	Vollständigkeit und Übereinstimmung mit den formalen Anforderungen Abschnitt F RBBau,
-	Zweckmäßigkeit, Wirtschaftlichkeit und Nachhaltigkeit der Planung unter Berücksichtigung der Folgekosten,
-	Konformität mit den Projektzielen,
-	Eignung der Konstruktion, der Baustoffe und der betriebstechnischen Anlagen,
-	Integration der Planungen der fachlich Beteiligten,
-	Beachtung der öffentlich-rechtlichen Bestimmungen,
-	Beachtung der anerkannten Regeln der Technik,
-	Richtigkeit der Kostenermittlung sowie der der Baunutzungskostenzusammenstellung gemäß DIN 18 960.
	Die Prüfung ist in einem Prüfbericht zu dokumentieren. Sind umfangreiche Änderungen und Überarbeitungen durch die Ersteller erforderlich, ist die Unterlage, nach Absprache mit dem Auftraggeber, an die fachlich Beteiligten zur Überarbeitung zurückzugeben.
	Das Prüfergebnis ist kenntlich zu machen und mit der Bescheinigung „geprüft" zu versehen.
	Durch die Prüfung wird die Verantwortung und Haftung der fachlich Beteiligten nicht eingeschränkt.
	<Kostenkontrolle, -steuerung und Haushaltsmittel>
☐	Kostenkontrolle durch Erstellung einer Eigenermittlung – Kostenberechnung – auf der Basis der Entwurfsplanung für die Kostengruppen 200 – 700 DIN 276. Bei einem abweichenden Ergebnis gegenüber der Kostenplanung der fachlich Beteiligten sind die Ursachen mit den Projektbeteiligten zu untersuchen, zu korrigieren und zu protokollieren.
	Sofern eine Überschreitung der Kostenobergrenze vorliegt, sind Vorschläge zur Optimierung des Konzepts, unter Beibehaltung der qualitativen / quantitativen und terminlichen Zielvorgaben, insbesondere durch die Planer, die dazu aufzufordern sind, auszuarbeiten. Auswerten der Ergebnisse und Erstellen von Entscheidungsanträgen.
☐	**Leistungen für das bauaufsichtliche Verfahren**
	<Qualitäts- und Quantitätskontrolle und -sicherung>
☐	Prüfen der Baugenehmigungs-/ Zustimmungsunterlagen einschließlich des Antrages auf Vollständigkeit und Übereinstimmung mit den formalen Anforderungen.
	<Kostenkontrolle, -steuerung und Haushaltsmittel>
☐	Auswerten der erteilten Baugenehmigung / Zustimmung im Hinblick auf ihre Auswirkungen auf die Zielvorgaben, insbesondere die Kostenziele, unter Einbeziehung der Beiträge der fachlich Beteiligten. Zusammenstellung der Ergebnisse in einem Prüfbericht.

Anlage zu § 6

Spezifische Leistungspflichten Projektsteuerung

☐	**Ergänzende Leistungen Leistungsstufe 2**
☐	
☐	
☐	
☐	

Anlage zu § 6 2937

Spezifische Leistungspflichten Projektsteuerung

	Leistungsstufe 3 **Ausführungsvorbereitung**		
	Leistungen zur Ausführungsplanung, Vorbereitung und Mitwirkung bei der Vergabe		
☐	**Planung der Ausführungsvorbereitung**		
	<Information, Koordination, Organisation und Dokumentation>		
☐	Erarbeiten eines Konzepts für die Ausführungsvorbereitung unter Einbeziehung der Leistungen und Beiträge der fachlich Beteiligten. Ziel des „Ausführungsvorbereitungskonzepts" ist:		
	-	die Strukturierung der Baudurchführung unter Berücksichtigung der Baustellenlogistik und -einrichtung sowie des Sicherheits- und Gesundheitsschutzes,	
	-	die Erfassung des Ausführungsplanungsbedarfes sowie des Umfangs und Inhalts der Leistungsverzeichnisse nach Vergabeeinheiten,	
	-	die Regelung der detaillierten Ablaufprozesse für die Erstellung der Ausführungspläne und der Leistungsverzeichnisse zur Sicherstellung:	
		-	der Integration des Bauleistungsbedarfs aus Planungen der fachlich Beteiligten,
		-	der Verteilung und Zugrundelegung des aktuellen Planstandes,
		-	der termingerechten Bereitstellung der freigegebenen Pläne und Leistungsverzeichnisse,
	-	die Wahl der Vergabeart nach vergaberechtlichen Gesichtspunkten und die Klärung der Verfahrensweise.	
	Hierbei sind insbesondere die Bestimmungen zu Ziffer 1.2, 1.3 und 1.6 Abschnitt G RBBau zu beachten. Jede erhebliche Abweichung von der EW-Bau / HU-Bau setzt die Genehmigung eines Nachtrages nach Ziffer 5 Abschnitt E RBBau voraus.		
	Umsetzung des abgestimmten Ausführungsvorbereitungskonzepts.		
☐	Koordinieren und Organisieren der Inaugenscheinnahme von Bemusterungen.		
	<Terminplanung, -steuerung und Kapazitäten>		
☐	Entwickeln eines zielgerichteten Steuerungsterminplanes für die Ausführungsvorbereitung zur Sicherstellung der termingerechten Erstellung:		
	-	der Ausführungsplanung,	
	-	der Vergabeunterlagen (Leistungsverzeichnisse etc.), in Abhängigkeit von der Vergabeart,	
	unter Berücksichtigung von Zwischenterminen für auftraggeberseitige Prüfungsläufe sowie Prüf- und Pufferzeiten für ggf. erforderliche Überarbeitungen.		
	Die Zeitplanung für die Vergabeverfahren ist dabei in einer Weise zu gestalten, dass vergabebedingte Unterberechungen (z.B. aufgrund von Nachprüfungsanträgen) in einem für vergleichbare Bauvorhaben durchschnittlichen und meist vorhersehbaren Umfang, ohne negative Auswirkungen auf die Zielvorgaben aufgefangen werden können.		
	Abstimmen des Terminplanes mit den fachlich Beteiligten und dem Auftraggeber.		
☐	Ab Beginn der Leistungen ist jede Abweichung vom Steuerungsterminplan zu registrieren und hinsichtlich ihrer Auswirkung auf das Terminziel dieser Projektphasen zu bewerten und ggf. – soweit das Terminziel gefährdet ist – unter Einbeziehung der fachlich Beteiligten, Optimierungsvorschläge auszuarbeiten und – soweit relevant – Entscheidungsanträge zu erstellen.		
☐	Erstellen und Versenden von Mahnschreiben bei Terminüberschreitungen und Erledigungsverfolgung.		
☐	**Ausführungsplanung**		
	<Qualitäts- und Quantitätskontrolle und -sicherung>		
☐	Beraten des Auftraggebergremiums bei den Entscheidungen zu Ausführungsdetails/Mustern.		

2938

Anlage zu § 6

Spezifische Leistungspflichten Projektsteuerung

☐	Prüfen der Ausführungsplanung auf:	
	-	Vollständigkeit und Einhaltung der formalen Anforderungen nach Abschnitt F RBBau,
	-	Konformität mit der Entwurfsplanung und den Qualitätszielen,
	-	Beachtung der öffentlich-rechtlichen Bestimmungen,
	-	Beachtung der anerkannten Regeln der Technik,
	-	Integration der Beiträge der fachlich Beteiligten.
	-	Kodierung der Pläne gemäß Dokumentationsrichtlinie
	Unvollständige und mangelhafte Leistungen sind mit entsprechenden Hinweisen zu versehen und zur Überarbeitung zurückzugeben.	
	Das Prüfergebnis ist kenntlich zu machen und mit der Bescheinigung „geprüft" zu versehen.	
	Durch die Prüfung wird die Verantwortung und Haftung der fachlich Beteiligten nicht eingeschränkt.	
	<Kostenkontrolle, -steuerung und Haushaltsmittel>	
☐	Prüfung der von den Planern/Objektüberwachern fortgeschriebenen Kostenberechung aufgrund der Konkretisierung der Planung im Rahmen der Ausführungsplanung.	
☐	**Vorbereitung der Vergabe**	
	<Qualitäts- und Quantitätskontrolle und -sicherung>	
☐	Ausarbeiten einheitlicher Vorgaben für Vorbemerkungen zu den Leistungsverzeichnissen, unter Berücksichtigung der Festlegungen zum Ausführungsvorbereitungskonzept sowie der vergaberechtlichen Belange und der ATV nach VOB/C.	
☐	Prüfen der Leistungsverzeichnisse auf:	
	-	Vollständigkeit und Einhaltung der formalen Vorgaben
	-	technische, wirtschaftliche und funktionelle Mängel,
	-	Plausibilität der Mengenansätze,
	-	Übereinstimmung mit der Ausführungsplanung und den Projektzielen,
	-	Beachtung der anerkannten Regeln der Technik,
	-	Beachtung der Vergabevorschriften, insbesondere § 9 VOB/A / § 8 VOL/A,
	-	Einhaltung der Vorgaben der Dokumentationsrichtlinie.
	Unvollständige und mangelhafte Leistungen sind mit entsprechenden Hinweisen zu versehen und zur Überarbeitung zurückzugeben.	
	Das Prüfergebnis ist kenntlich zu machen und mit der Bescheinigung „geprüft" zu versehen.	
	Durch die Prüfung wird die Verantwortung und Haftung der fachlich Beteiligten nicht eingeschränkt.	
	<Kostenkontrolle, -steuerung und Haushaltsmittel>	
☐	Prüfen der Umgliederung der Kostenberechnung in vergabeorientierte Kostenkontrolleinheiten nach Muster 16 RBBau und Feststellen der Soll-Kosten-Vorgaben je Vergabeeinheit, sowie Sicherstellung der Fortführung der Kostenkontrolle unter Verwendung der Muster 17 und 18 RBBau oder gleichwertiger Muster oder Instrumente.	
	Hierbei ist für jede Vergabeeinheit eine Kostenprognose – unter Berücksichtigung einer Risikoreserve für Nachaufträge, zur Sicherstellung der Anforderungen nach Ziffer 1.2 Abschnitt G RBBau – zu erstellen.	
☐	Hinwirken bei der Erstellung der Leistungsverzeichnisse durch die fachlich Beteiligten auf eine systematische Positionsnummerierung die eine Zuordnung der einzelnen Positionen der Leistungsverzeichnisse zu den Kostengruppen der DIN 276 mit geringst möglichem Aufwand ermöglicht. Soweit dem im Einzelfall keine sachlichen/ wirtschaftlichen Gesichtspunkte entgegenstehen.	
☐	Prüfen der von den Planern / Objektüberwachern ausgepreisten Leistungsverzeichnisse.	

Anlage zu § 6 2939

Spezifische Leistungspflichten Projektsteuerung

☐	**Mitwirkung bei der Vergabe**	
	<Qualitäts- und Quantitätskontrolle und -sicherung>	
☐	Ausarbeiten von einheitlichen Besonderen / Weiteren Besonderen Vertragsbestimmungen, unter Berücksichtigung der Festlegungen zum Ausführungsvorbereitungskonzept sowie der vergaberechtlichen Belange.	
☐	Prüfen der Vergabeunterlagen, u.a. auch sämtliche Unterlagen für EU-weite Ausschreibungen auf Übereinstimmung mit den Vergabegrundsätzen und projektspezifischen Festlegungen und Feststellen der Versandfertigkeit.	
☐	Prüfen der Notwendigkeit der Ausschreibung von Wartungsarbeiten für betriebstechnische Anlagen.	
☐	Übergeben der Vergabeunterlagen an den Auftraggebers zum Versand, mindestens [.....] Wochen vor dem geplanten Versandtermin.	
☐	Teilnahme an Gesprächen zur Aufklärung des Angebotsinhaltes (§ 24 VOB/A) und Protokollieren der Gesprächeinhalte.	
☐	Prüfen der Vergabevorschläge/Vergabevermerke hinsichtlich der Einhaltung vergaberechtlicher Bestimmungen sowie der Übereinstimmung mit den Projektzielen. Hierbei auch Überprüfung der Prüfung der Nebenangebote nach den gleichen Kriterien.	
☐	Vorbereiten der Unterlagen für die Beauftragung der Bauausführungsleistungen unter Verwendung der Muster des Auftraggebers, hierbei u.a. auch Fertigen der Informations- bzw. Absageschreiben bei EU-weiten Vergabeverfahren.	
☐	Stellung nehmen zu Vergabebeschwerden.	
	<Kostenkontrolle, -steuerung und Haushaltsmittel>	
☐	Prüfen des von den fachlich Beteiligten nach der ersten maßgeblichen Ausschreibungsrunde vorzulegenden Kostenanschlages nach DIN 276. Dieser muss unter Verwendung des Musters 6 RBBau mindestens:	
	-	bis in die dritte Gliederungsebene gegliedert,
	-	aus den Einheits- und Pauschalpreisen der vorliegenden Angebote der ersten maßgeblichen Ausschreibungsrunde bestehen und
	-	durch ortsübliche Marktpreise (z.B. ausgepreiste Leistungsverzeichnisse) vervollständigt sein.
☐	Ergänzen des geprüften Kostenanschlages um die Kostengruppe 700 der DIN 276.	
☐	Kostenkontrolle durch Vergleich des Kostenanschlages mit der nach vergabeorientierten Kostenkontrolleinheiten umgegliederten Kostenberechnung – Kostengruppen 200 – 700 DIN 276 –, unter Verwendung der Muster 16 / 17 und 18 RBBau oder gleichwertiger Muster oder Instrumente.	
☐	Abgleich der Kostenkontrolle mit der Kostenkontrolle der fachlich Beteiligten. Soweit Abweichungen vorliegen, sind die Ursachen zu klären und notwendige Maßnahmen zur Einhaltung des Kostenziels, unter Beibehaltung der qualitativen / quantitativen und terminlichen Zielvorgaben, durchzuführen.	
☐	Untersuchen und Aufzeigen von Ausgleichmaßnahmen bei Soll-Kosten-Abweichungen der Angebote zur Einhaltung der Kostenvorgaben und auch zur Optimierung.	
☐	Abgeben von Deckungsbestätigungen für die geprüften Angebote.	
☐	**Ergänzende Leistungen Leistungsstufe 3**	
☐		
☐		
☐		
☐		

2940 **Anlage zu § 6**

Spezifische Leistungspflichten Projektsteuerung

		Leistungsstufe 4 **Objektüberwachung**
		Leistungen für die Objektüberwachung
		<Information, Koordination, Organisation und Dokumentation>
☐		Teilnehmen an maßgeblichen Baubesprechungen der fachlich Beteiligten.
☐		Prüfen und Auswerten der Protokolle zu den Baubesprechungen im Hinblick auf Zielabweichungen..
☐		Prüfen der ordnungsgemäßen Führung des Bautagebuches.
☐		Prüfen behinderungsbedingter Schadensersatzforderungen und anderer möglicher Ansprüche der bauausführenden Unternehmen gegenüber dem Auftraggeber auf der Basis der herbeizuführenden Stellungnahmen von den fachlich Beteiligten. Erstellen von abschließenden Stellungnahmen und Entscheidungsanträgen zu den Schadensersatzforderungen.
☐		Prüfen der vom fachlich Beteiligten vorgeschlagenen Vorgehensweise bei Insolvenz von Bauausführungsunternehmen hinsichtlich der weiteren Bauabwicklung und -ausführung in organisatorischer, vergaberechtlicher, terminlicher und kostenmäßiger Hinsicht. Erstellen der Entscheidungsanträge sowie Koordinieren der vorzusehenden Maßnahmen.
☐		Mitwirken bei der Erstellung von Stellungnahmen zu Prüfungsmitteilungen des Bundesrechnungshofes.
☐		Organisatorisches und baufachliches Unterstützen des Auftraggebers bei Gerichtsverfahren.
☐		Vorbereiten von Grundsteinlegung(en) / Richtfest(en), unter Beachtung von Einzelgebiet K9 RBBau.
☐		Vorbereiten des Verfahrens zur Beauftragung der künstlerischen Ausgestaltung an bildende Künstler nach Einzelgebiet K7 RBBau sowie dem Leitfaden Kunst am Bau. Folgende Leistungen sind zu erbringen:
	-	[.....]
		<Terminplanung, -steuerung und Kapazitäten>
☐		Prüfen der Bauzeitenpläne der fachlich Beteiligten hinsichtlich:
	-	der Übereinstimmung mit dem Generalterminplan,
	-	der Berücksichtigung der Festlegungen zum abgestimmten Ausführungsvorbereitungskonzept,
	-	der eingeplanten Kapazitäten und Vorgangsdauern auf Schlüssigkeit,
	-	der Einbeziehung der anderen Fachgewerke sowie der Sicherheits- und Gesundheitsschutzmaßnahmen (Baustellenverordnung).
		Soweit erforderlich, Abfordern und Prüfen von Optimierungsvorschlägen und Aufzeigen von Beschleunigungsmaßnahmen.
☐		Fortlaufende Überwachung der Einhaltung des aktuell abgestimmten Bauzeitenplanes.
		Bei eingetretenen Verzögerungen sind Vorschläge zum zeitlichen Ausgleich der Verzögerung von den fachlich Beteiligten abzufordern, zu prüfen und zu koordinieren.
		<Qualitäts- und Quantitätskontrolle und -sicherung>
☐		Prüfen des Baustelleneinrichtungsplans des fachlich Beteiligten auf Übereinstimmung mit den Festlegungen aus dem Ausführungsvorbereitungskonzept.
☐		Periodische Begehung der Baustelle zur Prüfung und Feststellung der ordnungsgemäßen Objektüberwachung durch die fachlich Beteiligten sowie der Bauausführung hinsichtlich der Qualitätsziele. Erstellung eines Protokolls der Begehung.
		Im Protokoll sind festgestellte Mängel und streitgegenständliche Sachverhalte festzuhalten.

Anlage zu § 6 2941

Spezifische Leistungspflichten Projektsteuerung

☐		Veranlassung der Verfolgung von Ausführungsmängeln durch die fachlich Beteiligten. Die Abarbeitung der Mängel ist bis zur Vorlage der Erledigungsmeldung – schriftlich – zu verfolgen und ggf. anzumahnen.
☐		Prüfen von Ausführungsänderungen, insbesondere auf Konformität mit den Projektzielen sowie Vorschlagen und Abstimmen von Anpassungsleistungen – soweit erforderlich –..
☐		Sicherstellen der Funktionsprüfung der betriebstechnischen Anlagen vor Abnahme.
☐		Sicherstellen der Prüfung der Bestandsdokumentation der bauausführenden Unternehmen durch die fachlich Beteiligten unter Berücksichtigung der Vorgaben gemäß der Dokumentationsrichtlinie.
☐		Veranlassung der Durchführung der technischen Abnahme durch die fachlich Beteiligten und Erstellung einer verbindlichen Empfehlung für die rechtsgeschäftliche Abnahme durch den Auftraggeber.
☐		Erarbeiten der Anträge auf behördliche Abnahmen, Vorbereitung und Teilnahme daran.
☐		Prüfung der Gewährleistungslisten auf Vollständigkeit.
☐		Veranlassung der Verfolgung der Mängelbeseitigung aus der Abnahme durch die fachlich Beteiligten. Die Abarbeitung der Mängel ist bis zur Vorlage der Erledigungsmeldung – schriftlich – zu verfolgen und ggf. anzumahnen.
		<Kostenkontrolle, -steuerung und Haushaltsmittel>
☐		Kostenkontrolle durch Vergleich der Abrechnungskosten mit dem Kostenanschlag, sukzessiv bis zur Abrechnung der letzten Schlussrechnung, Kostengruppen 200 - 700 DIN 276 (1993), unter Verwendung der Muster 16 / 17 und 18 RBBau oder gleichwertiger Muster oder Instrumente.
☐		Abgleich mit der Kostenkontrolle der fachlich Beteiligten. Soweit Abweichungen vorliegen, sind die Ursachen zu klären und notwendige Maßnahmen zu Einhaltung der Kostenvorgabe durchzuführen.
☐		Rechnungsprüfung Bau- und Lieferleistungen:
-		Der Auftragnehmer hat darauf hinzuwirken, dass:
	-	jeder Schluss-/Rechnung die begründenden Unterlagen vollständig und geordnet (Abschnitt J RBBau) beiliegen, bei Abschlagsrechnungen zumindest die Aufmaße die Gegenstand der Abschlagsrechnung sind,
	-	abgeschlossene Bauausführungsleistungen innerhalb von zwei Monaten ab-/schlussgerechnet werden, ansonsten, bei nicht zeitgerechter Vorlage der Rechnungen, die Firmen unter Fristsetzung dazu aufgefordert werden,
	-	die Bearbeitung der Schluss-/Rechnungen ist in einer Weise zu organisieren, dass eine Nachlaufzeit nach Bauausführungsabschluss vermieden wird.
		Zur Wahrung der Kostenübersicht ist insbesondere auch die regelmäßige / laufende Aufmaßerstellung bzw. Mengenfeststellung (u.a. Mehr- und / oder Mindermenge) – unabhängig vom Rechnungseingang – zu veranlassen und zu kontrollieren.
-		Rechnungen sind nach folgenden Kriterien zu prüfen:
	-	Vollständigkeit der Prüfung durch den Objektüberwacher,
	-	Vollständigkeit der zahlungsbegründen Unterlagen,
	-	Vorliegen der Bescheinigung durch den fachlich Beteiligten entsprechend der vertraglichen Vereinbarung und der Anlage „Feststellungsbescheinigungen“,
	-	in Stichproben die Richtigkeit der Mengenangaben sowie -berechnungen und der Einheitspreise sowie Berücksichtigung von vereinbarten Abzügen, die geprüften Ansätze sind durch Unterstreichung zu kennzeichnen,
	-	ob Sicherheitsleistungen / Bürgschaften – soweit vereinbart – freigegeben werden können,
		☐ einschließlich Fertigung der Auszahlungsanordnung und des Mittelbindungsblattes unter Verwendung der dafür vorgesehenen Formularvordrucke bzw. ggf. über das Kostenkontrollsystem in elektronischer Form. Die Anordnung der Zahlung erfolgt durch den Auftraggeber.

2942

Anlage zu § 6

Spezifische Leistungspflichten Projektsteuerung

		Das Prüfergebnis ist auf Rechnungen und den begründenden Unterlagen kenntlich zu machen und mit der Bescheinigung „sachlich und rechnerisch richtig“ gemäß 2.3.4 Abschnitt B RBBau und der Anlage „Feststellungsbescheinigungen“ zu versehen.
	☐	Bei Rechnungen aus Verträgen > [..........] € sind [...]% der Abschlagsrechnungen und alle Schlussrechnungen vollständig und in allen Einzelheiten zu prüfen und festzustellen.
		Das Prüfergebnis auf Rechnungen und den begründenden Unterlagen ist kenntlich zu machen und mit der Bescheinigung „sachlich und rechnerisch richtig“ gemäß 2.3.4 Abschnitt B RBBau und der Anlage „Feststellungsbescheinigungen“ zu versehen.
		☐ Fertigen der Auszahlungsanordnung und des Mittelbindungsblattes, unter Verwendung der Muster des Auftraggebers bzw. ggf. über das Kostenkontrollsystem in elektronischer Form. Die Anordnung der Zahlung erfolgt durch den Auftraggeber.
☐	Nachtragsprüfung Bau- und Lieferleistungen:	
	-	Der Auftragnehmer hat darauf hinzuwirken, dass die Nachträge kurzfristig und vor Leistungserbringung geprüft, verhandelt und beauftragt werden,
	-	Prüfung der Vergabevorschläge sowie Überprüfung der Prüfung der Nachtragsangebote unter Zugrundelegung des „Leitfadens zur Vergütung bei Nachträgen“ (VHB),
		Unterstützung des Auftraggebers bei den Verhandlungen – soweit erforderlich –,
		Prüfung von Kostenausgleichsmaßnahmen innerhalb des Auftrages oder innerhalb anderer Aufträge zur Einhaltung der Kostenvorgaben,
		Abgabe von Deckungsbestätigungen.
☐	Veranlassung der Fortschreibung des Energieausweises nach EnEV und der jährlichen Verbrauchswerte der Betriebskosten.	
☐	Prüfung der von den fachlich Beteiligten aufzustellenden Kostenfeststellung nach DIN 276.	
☐	Klären und Begründen von nicht mehr abwendbaren Kostenerhöhungen gegenüber der Kostenvorgabe dem Grunde und der Höhe nach.	
☐ **Ergänzende Leistungen Leistungsstufe 4**		
☐		
☐		
☐		
☐		

Anlage zu § 6 2943

Spezifische Leistungspflichten Projektsteuerung

	Leistungsstufe 5 **Projektabschluss**
	Leistungen zum Projektabschluss und zur Dokumentation
	<Information, Koordination, Organisation und Dokumentation>
☐	Mitwirkung bei der Erstellung von Stellungnahmen zu Prüfungsmitteilungen des Bundesrechnungshofes bis zum Vertragsende.
☐	Organisatorische und baufachliche Unterstützung des Auftraggebers bei Gerichtsverfahren bis zum Vertragsende.
☐	Vorbereitung der Bauübergabe an den Bedarfsträger nach Abschnitt H RBBau.
	Zusammenstellung der Bauübergabeunterlagen nach Abschnitt H RBBau, unter Einbeziehung der von den fachlich Beteiligten im Rahmen ihrer Leistungen hierzu zusammenzustellenden Unterlagen.
	☐ Organisieren und kontrollieren der Einweisung des Bedienungspersonals in die Funktion und den Betrieb der Betriebstechnischen Anlagen.
☐	Übergabe sämtlicher nach dem Aktenplan sukzessiv zusammengestellter Projektakten in Verbindung mit einem Übergabeprotokoll.
	<Terminplanung, -steuerung und Kapazitäten>
☐	Erstellung eines Steuerungsterminplans für die Projektabschlussphase, insbesondere bezüglich Bauabrechnungsabschluss und Mängelbeseitigung. Abstimmung des Terminplanes mit dem Auftraggeber und den fachlich Beteiligten. Überwachung der termingerechten Abwicklung der Leistungen.
	<Qualitäts- und Quantitätskontrolle und -sicherung>
☐	Prüfung der Dokumentation der fachlich Beteiligten auf Vollständigkeit und Vertragskonformität
☐	Prüfung der digitalen Bestandsunterlagen auf Vollständigkeit sowie Schlüssigkeit der Maßangaben gemäß den vertraglichen Vereinbarungen.
☐	Koordinieren der Berichtigung und Ergänzung des Raum- und Gebäudebuches, soweit aufgrund der Prüfergebnisse der FM-Leitstelle des Auftraggebers Bedarf besteht.
	<Kostenkontrolle, -steuerung und Haushaltsmittel>
☐	Ergänzen der geprüften Kostenfeststellung um die Kostengruppe 700 DIN 276.
	<Vertragsmanagement Leistungen fachlich Beteiligter>
☐	Erstellung der Vergabeunterlagen für die Beauftragung der Erstellung der Bestandsunterlagen / des Raum- und Gebäudebuches, gemäß Vergabeverfahren Leistungsstufe 1, unter Beachtung der projektspezifischen Festlegungen nach Abstimmung mit dem Bedarfsträger und der FM-Stelle des Auftraggebers.
	Prüfung und Wertung der Angebote und Erstellung eines Vergabevorschlages.
☐	Abnahme der Leistungen der fachlich Beteiligten
	Vorbereiten der förmlichen Abnahme der Leistungen der fachlich Beteiligten – in der Regel Teilabnahmen nach Abschluss der Leistungsphase 8 der §§ 15, 55, 73 und ggf. 64 HOAI – sowie Erstellung einer verbindlichen Abnahmeempfehlung.
☐	Schlussrechnungsprüfung der Leistungen fachlich Beteiligter
	Prüfung der Honorarschluss-/Teilschlussrechungen der fachlich Beteiligten in allen Teilen entsprechend den vertraglichen Vereinbarungen.

2944

Anlage zu § 6

Spezifische Leistungspflichten Projektsteuerung

	Das Prüfergebnis ist kenntlich zu machen und mit der Bescheinigung „sachlich und rechnerisch richtig" gemäß 2.3.4 Abschnitt B RBBau und nach Anlage „Merkblatt Feststellungsbescheinigungen" auf Rechnungen und den begründenden Unterlagen zu versehen.
☐	Zusammenstellung der Rechnungen (AZ und SZ) und begründenden Unterlagen gemäß Abschnitt J RBBau sowie Erstellung der Auszahlungsanordnung und des Mittelbindungsblattes, unter Verwendung der Muster des Auftraggebers bzw. ggf. über das Kostenkontrollsystem in elektronischer Form. Die Anordnung der Zahlung erfolgt durch den Auftraggeber.
☐	**Ergänzende Leistungen Leistungsstufe 5**
☐	
☐	
☐	
☐	

Leistungsbilder Österreich (Lechner, Graz: LM.VM. 2014)

Leistungsbild 1.5 2945

Leistungsbild Projektsteuerung (Österreich)

PPH 1 Leistungsbild Projektsteuerung – Projektvorbereitung		
Grundleistungen	**Optionale Leistungen**	
A Organisation, Information, Koordination und Dokumentation	**A Organisation, Information, Koordination und Dokumentation**	
a) Entwickeln, Abstimmen und Dokumentieren der projektspezifischen Organisationsunterlagen (OHB, PHB, Projektstrukturpläne, Vergabemodelle …) b) Organisation der Projektentwicklung, der Grundlagen für die Planung c) Vorschlagen, Abstimmen und Umsetzen des Informations-, Berichts- und Protokollwesens d) Vorschlagen, Abstimmen und Umsetzen der Kommunikationsstruktur des Entscheidungs-/Änderungsmanagements e) Mitwirken bei der Erfassung von Risiken, Aufbau eines Risikomanagements f) Mitwirken bei der Auswahl eines Projektkommunikationssystems	1. Koordination von speziellen Organisationseinheiten des Auftraggebers, Nutzers 2. Erstellen von Vorlagen und besondere Berichterstattung in Auftraggeber- und sonstigen Gremien 3. Einrichten, Betreiben eines PKM, eines PDM 4. Erstellung der aufbau- und ablauforganisatorischen Grundlagen zur Planung, übergreifender Überwachung und Steuerung von mehreren unterschiedlich verknüpften Projekten (Programmen, Projekt-portfolios) 5. Konzeption, Vorbereiten und Abstimmen vom RSK-System mit besonderen Anforderungen 6. Mitwirken bei der Vorbereitung besonderer behördlicher Genehmigungsverfahren (zB. SUP, UVE, FWP, BBP) 7. Analyse betroffener Dritter, Aufbau, Veranlassen eines Konzepts zur Außenkommunikation, Öffentlichkeitsarbeit, Beteiligungsmodell	
B Qualitäten und Quantitäten	**B Qualitäten und Quantitäten**	2946
g) Mitwirken beim Aufstellen, Fortschreiben der Projektziele und Projektvorgaben h) Analyse, Bewertung der Bedarfsplanung i) Analyse, Bewertung der Projektentwicklung bis zur Aufgabenstellung für die Planer j) Mitwirken bei Standortfragen, bei der Beschaffung, Analyse und Bewertung der standortrelevanten Unterlagen, der Nutzungsmöglichkeiten in privat- und öffentlich-rechtlicher Hinsicht	1. Erstellen, Abstimmen der Bedarfsplanung 2. Differenzierte Anfragen zu Ver-/Entsorgungsmedien, Verkehr etc., Beschaffung der relevanten Informationen und Unterlagen 3. Projektentwicklung nach LM.VM.PE 4. Strukturieren der Prozesse, der Vorgaben und Kriterien zu Zertifizierungen, Energieeffizienz und Nachhaltigkeit	
C Kosten und Finanzierung	**C Kosten und Finanzierung**	
a) Mitwirken bei der Erstellung des Kostenrahmens (Invest- und Nutzungskosten) b) Mitwirken bei der Ermittlung und Beantragung von Investitions- und Fördermittel c) Prüfen der Rechnungen von Planungsbeteiligten d) Abstimmen und Einrichten der projektspezifischen Kostenverfolgung	1. Aufstellen, Fortschreiben einer vertieften Kostenanalyse (Kostenrahmen nach LGR, Kostenschätzung nach Gewerken, Unterleistungsgruppen) 2. Erstellen von Wirtschaftlichkeitsuntersuchungen 3. Verwenden AG-spezifischer EDV-Programme zur Informationsverarbeitung und Dokumentation	
D Termine und Kapazitäten	**D Termine und Kapazitäten**	
a) Aufstellen, Abstimmen, Fortschreiben des Rahmenterminplans für das Gesamtprojekt b) Aufstellen und Abstimmen des Steuerungsterminplans für die PPH 1, infolge PPH 2, des Kapazitätsrahmens für die Planervergaben c) Aufstellen und Abstimmen der Vertragsterminpläne der Planer		

d) Erfassen logistischer Einflussgrößen unter Berücksichtigung der Standort- und Rahmenbedingungen e) Ablaufsteuerung der Projektvorbereitung, Bedarfsplanung, Standortanalyse, -suche, der Erhebung der Projektgrundlagen, der Liegenschaftssicherung, der Bestandserhebungen, der Raumprogrammierungen, ev. Machbarkeitsstudien, der Planervergaben	
2947 **E Verträge und Versicherungen**	**E Verträge und Versicherungen**
a) Mitwirken bei der Erstellung einer Vergabe- und Vertragsstruktur für das Gesamtprojekt b) Vorbereiten und Abstimmen der Inhalte der Verträge für die Projektentwicklung und die Planung c) Mitwirken bei der Auswahl der zu Beteiligenden, bei Verhandlungen, Vorbereiten der Aufträge d) Vorgeben der Vertragstermine und -fristen für die Planerverträge e) Mitwirken bei der Erstellung eines Versicherungskonzeptes für das Gesamtprojekt	1. Vorarbeiten, Durchführen von Wettbewerben und Verhandlungsverfahren zB. nach LM.VM˙VB

2948

PPH 2 Leistungsbild Projektsteuerung – Planung	
A Organisation, Information, Koordination und Dokumentation	**A Organisation, Information, Koordination und Dokumentation**
a) Fortschreiben der projektspezifischen Organisationsunterlagen, Projektstrukturplanung b) Analyse und Bewertung der Plandaten und der Planungsprozesse, Vorschlagen von Maßnahmen c) Regelmäßiges Informieren und Abstimmen mit dem Auftraggeber (Berichtswesen, Besprechungskreise), Führen der Steuerungsgespräche mit dem Projektteam d) Mitwirken beim Vertreten der Planungskonzeption in den Projektgremien e) Umsetzen des Entscheidungsmanagements, Aufbau des Änderungsmanagements f) Mitwirken bei den Risikoanalysen, Vorschlagen von Maßnahmen g) Analyse, Bewertung der Nutzung des PKM	1. Koordination von speziellen Organisationseinheiten des Auftraggebers, Nutzers 2. Erstellen von Vorlagen und besondere Berichterstattung in Auftraggeber- und sonstigen Gremien 3. Betreiben des PKM, PDM 4. Aufbau, Umsetzen von Risikomanagementsystemen mit besonderer Anforderung 5. Vertreten der Planungskonzeption gegenüber der Öffentlichkeit unter besonderen Anforderungen und Zielsetzungen 6. Mitwirken bei der Außenkommunikation und Öffentlichkeitsarbeit 7. Koordinieren der Projektbeteiligten bei mehreren unterschiedlichen Bauwerken, Projekten, MultiPM, sowie bei mehreren (Objekt)Planern
2949 **B Qualitäten und Quantitäten**	**B Qualitäten und Quantitäten**
a) Fortschreiben der Projektziele und -vorgaben, MW an Ergänzungen der Bedarfsangaben, b) Analyse, Bewertung der Planungs(teil)ergebnisse, der Integration + Koordination der Planungsbeiträge durch den Objektplaner sowie der Vorabstimmungen mit Behörden und Genehmigungen c) Organisation der Planungsfreigaben und Bemusterungen d) Analysen, Bewertungen, Empfehlungen	1. Überarbeiten, Nachführen der Bedarfsplanung 2. Optimieren der Planungsergebnisse durch besondere Untersuchungen zu Wirtschaftlichkeit, Vergabefähigkeit, funktionalen Lösungen, Logistiken 3. Aufbau eines Änderungsmanagements bei Einschaltung eines Generalunternehmens 4. Steuern der Zertifizierungs-, Energieeffizienz und Nachhaltigkeitsprozesse 5. Planungssteuerung in nD-Modellen, BIM

C Kosten und Finanzierung	C Kosten und Finanzierung	2950
a) Analyse und Bewertung der Kostenschätzungen und -berechnungen der Objekt- und Fachplaner; Veranlassen von Anpassungsmaßnahmen b) Kostensteuerung zur Einhaltung der Kostenziele c) Planen von Mittelbedarf und Mittelabfluss d) Prüfen der Rechnungen von Planungsbeteiligten e) Fortschreiben der projektspezifischen Kostenverfolgung	1. Erstellen von Kostenschätzung, Kostenberechnung nach ÖN B 1801-1 (1./2. Ebene) 2. Erstellen einer vertieften Kostenschätzung/Kostenberechnung nach ULG, Leitpositionen 3. vertieftes Kostenmanagement (vKOM), Umgliederung KB in Gewerkebudgets, Reserven, Führen der Gewerkebudgets (ÄEVs, PLFs, Index), Führen der Risiken, Kostenänderungsmeldungen, Führen der Aufträge, der oATs, Führen der Rechnungen, der oREs, Analyse Budget – AT – RE – Trend, Analyse der Risiken und Reserven, Prognose der Preisgleitungen Prognose HMN auf Schlussrechnung, Vorschläge zu Steuerungsmaßnahmen 4. Erstellen der Nutzungskostenschätzung/-berechnung, sowie Nutzungskostensteuerung 5. Erstellen, Fortschreiben von Wirtschaftlichkeitsberechnungen	
D Termine und Kapazitäten	**D Termine und Kapazitäten**	2951
a) Fortschreiben des Rahmenterminplanes b) Fortschreiben der Steuerungsterminpläne, Soll/Ist-Vergleiche, Steuerungsmaßnahmen c) Analyse, Bewertung und Integration der Planungsterminplanung und der Ausführungsterminplanung der Planer in die phasenbezogene Vertiefung der TPs der PS d) Mitwirken beim Aktualisieren der logistischen Einflussgrößen e) Ablaufsteuerung der Planung f) Aufstellen, Abstimmen der Kapazitätspläne aus den Angaben der Projektbeteiligten, Maßnahmen dazu g) Aufstellen, Abstimmen eines Terminrahmens für die Integration eines Facility Managements	1. Erstellen, Fortschreiben der PTP, ATP der Planer, Betreuung des Planungsumlaufs, der Planfreigaben 2. Erstellen, Fortschreiben der Ausführungsterminplanung, der Vergabeterminplanung 3. Vertiefte Terminplanung und -kontrolle RTP, Entscheidungsterminplan, PTP, Sollplanlisten, Planumlauf, ATP, auf Ebene von ULG Leitpositionen, Terminkontrolle aller TP-Ebenen, Maßnahmen/Revisionen 4. Erstellen eines Logistikkonzepts für die Baudurchführung 5. Abgleichen logistischer Maßnahmen mit öffentlichen und Anliegerinteressen	
E Verträge und Versicherungen	**E Verträge und Versicherungen**	2952
a) MW bei der Durchsetzung von Vertragspflichten gegenüber den Beteiligten b) Mitwirken bei der Umsetzung des Versicherungskonzeptes für alle Projektbeteiligten c) MW am Realisierungsbeschluss, Abruf der weiteren Planungsleistungen d) Vorbereiten der Vergabestruktur in Gewerken, Losen		

	PPH 3 Leistungsbild Projektsteuerung – Ausführungsvorbereitung	
2953	**A Organisation, Information, Koordination und Dokumentation**	**A Organisation, Information, Koordination und Dokumentation**
	a) Fortschreiben der projektspezifischen Organisationsunterlagen, Projektstrukturplanung b) Analyse und Bewertung der Plandaten und Planungsprozesse, Vorschlagen von Maßnahmen c) Regelmäßiges Informieren und Abstimmen mit dem AG (Berichtswesen, Besprechungskreise), Führen der Steuerungsgespräche mit den Planern d) Umsetzen des Änderungsmanagements, Mitwirken bei den Risikoanalysen, Maßnahmen f) Analyse und Bewertung der Nutzung des PKM	1. Koordination von speziellen Organisationseinheiten des Auftraggebers, Nutzers 2. Erstellen von Vorlagen und besondere Berichterstattung in Auftraggeber- und sonstigen Gremien 3. Betreiben des PKM, DMS 4. Umsetzen von RSK-Systemen mit besonderen Anforderungen 5. Mitwirken an der Außenkommunikation und Öffentlichkeitsarbeit 6. Koordinieren der Projektbeteiligten bei mehreren unterschiedlichen Projekten, Multi-PM sowie bei mehreren (Objekt)Planern
2954	**B Qualitäten und Quantitäten**	**B Qualitäten und Quantitäten**
	a) Fortschreiben der Projektziele und -vorgaben, MW an Ergänzungen der Bedarfsangaben b) Analyse, Bewertung der Planungs(teil)ergebnisse auf Konformität mit den Projektzielen, der Integration + Koordination der Planungsbeteiligten durch den Objektplaner, Maßnahmen dazu c) Analyse, Bewertung der Schnittstellenkoordination, gewerkeweise Bewertung der Ausschreibungsreife d) Analyse, Bewertung der Angebotsauswertungen und Vergabevorschläge, auch v. Nebenangeboten e) Mitwirken beim Aktualisieren der logistischen Einflussgrößen f) Mitwirken bei den Angebotsverhandlungen und Auftragserteilungen und Bemusterungen	1. Überprüfen der Planungsergebnisse durch besondere Wirtschaftlichkeitsuntersuchungen 2. Fortschreiben des Gebäude- und Raumbuches, Einbeziehung d. Ergebnisse d. Ausführungsplanung 3. Veranlassen oder Durchführen von Sonderkontrollen der Ausführungsvorbereitung 4. Versand der Ausschreibungsunterlagen 5. Änderungsmanagement bei Einschaltung eines Generalunter- bzw. Totalübernehmers sowie bei funktionalen Ausschreibungen 6. Steuern der Zertifizierungs-, Energieeffizienz – und Nachhaltigkeitsprozesse 7. Planungssteuerung in nD-Modellen, BIM
2955	**C Kosten und Finanzierung**	**C Kosten und Finanzierung**
	a) Vorgabe der Soll-Werte für Vergabeeinheiten auf der Basis der fortgeschriebenen Kostenberechnung (Budget + ÄEV), Deckungsbestätigungen b) Überprüfen der bepreisten LVs, der Kostenanschläge der Objekt- und Fachplaner, Veranlassen von Maßnahmen c) Überprüfen der Angebotsauswertungen, der Angemessenheit d. Preise sowie v. Nachtragsangeboten d) Kostensteuerung zur Einhaltung der Kostenziele e) Prüfen der Rechnungen von Planungsbeteiligten f) Fortschreiben Mittelbedarf, Mittelabfluss g) Fortschreiben der projektspez. Kostenverfolgung auf Gewerkeebene	1. vertieftes Kostenmanagement (vKOM), Nachführen der Gewerke-Budgets, der Reserven, Führen der ÄEVs, PLFs, Führen der Risiken, der KOM, Führen der Aufträge, der oATs, Führen der Rechnungen, der oREs, Prognose HMN auf die Schlussrechnungen, Analyse KB – AT – RE – Trend, Analyse der Risiken und Reserven, Vorschläge zu Steuerungsmaßnahmen 2. vertiefte Kostenkontrolle bei kritischen Gewerke 3. Beratung, Zuarbeit in Vergaberechtsverfahren, sowie Ausarbeitung von Abwehrkonzepten

D Termine und Kapazitäten	**D Termine und Kapazitäten**	2956
a) Fortschreiben der Rahmenterminplanung b) Fortschreiben der Steuerungsterminplanung, Soll/ Ist-Vergleiche, Maßnahmen c) Analyse, Bewertung und Integration der PTP und der ATP, sowie der Vergabeterminplanung der Planer in die Terminplanung der PS d) Mitwirken beim Aktualisieren der logistischen Einflussgrößen e) Überprüfen der vorliegenden Angebote und Nebenangebote im Hinblick auf die Terminziele f) Ablaufsteuerung der Ausführungsvorbereitung	1. Fortschreiben der PTP, ATP der Planer, Organisation, Kontrolle des Planumlaufs, der Planfreigaben 2. Erstellen des Vergabeterminplans, der Vertrags- und Zwischentermine für die LVs 3. vertiefte Terminplanung und -kontrolle RTP, Entscheidungsterminplan, PTP, Sollplanliste Gewerke AFP→LV, PTP, Sollplanlisten, Planumlauf, Freigaben VTP, Vergabekalender, Vertragstermine, ATP, auf Basis ABC Analyse der LVs, ATP Auszug für Vertrags- und Kontrollebene, Terminkontrollen, Maßnahmen, Revisionen 4. Kapazitätspläne für Vergabeanalysen, Bewertung der Kapazitäts- und Flexibilitätsangaben der Bieter 5. Fortschreiben des Logistikkonzepts für die Baudurchführung 6. Fortschreiben des Abgleichs logistischer Maßnahmen mit öff. und Anliegerinteressen	
E Verträge und Versicherungen	**E Verträge und Versicherungen**	2957
a) MW b. d. Durchsetzung v. Vertragspflichten gegenüber den Beteiligten b) MW bei den Termin- und Organisationsunterlagen für Vergabeverfahren für Bau- und Lieferverträge c) Mitwirken beim Vorgeben der Vertragstermine und -fristen für die Ausführungs-, Lieferleistungen d) Analyse + Bewertung d. Vergabeunterlagen, Festst. Versandfertigkeit e) Führen der Vergabeverhandlungen bis zur Unterschriftsreife	1. Mitwirken bei der Auswahl, Beschaffung, dem Aufbau und der Einführung von speziellen Informationssystemen (z.B. für das Facility Management) 2. Analyse von Daten zur Bieterbeurteilung (erforderlicher Personal-, Maschinen- und Geräteeinsatz nach Art, Umfang und zeitlicher Verteilung, Arbeitsvorbereitung)	

PPH 4 Leistungsbild Projektsteuerung – Ausführung		2958
A Organisation, Information, Koordination und Dokumentation	**A Organisation, Information, Koordination und Dokumentation**	
a) Fortschreiben der projektspezifischen Organisationsunterlagen b) Analyse, Bewertung der Bauabwicklungsorganisation, der Koordination der Beteiligten, der Dokumentation des Bauablaufs, der Organisation der Abnahmen c) Regelmäßiges Informieren und Abstimmen mit dem AG (Berichtswesen, Besprechungskreise) d) Umsetzen des Änderungsmanagements, Mitwirken bei den Risikoanalysen, Maßnahmen e) Analyse, Bewertung der Zusammenstellungen der Dokumentation f) Analyse, Bewertung der Nutzung des PKM	1. Koordinieren besonderer Anforderungen der Betreiber/Nutzerorganisationen 2. Betreiben des PKM, DMS 3. Umsetzen von RSK-Systemen mit bes. Anforderungen 4. Mitwirken an der Außenkommunikation und Öffentlichkeitsarbeit 5. Koordinieren der Projektbeteiligten bei mehreren unterschiedlichen Bauwerken, Projekten, MultiPM, sowie bei mehreren (Objekt)Planern	

2959	**B Qualitäten und Quantitäten**	**B Qualitäten und Quantitäten**
	a) Fortschreiben der Projektziele und -vorgaben b) Analyse, Bewertung der Qualitätssicherungen der öBA, Maßnahmen dazu c) Analyse, Bewertung der Vorabnahmen und Mängelverzeichnisse, Mitwirken bei der Abnahme, Übergabe d) Analyse, Bewertung der Mängelbeseitigungen	1. Veranlassen oder Durchführen von Sonderkontrollen bei der Ausführung, z.B. durch Einschalten von Sachverständigen und Prüfbehörden 2. Änderungsmanagement bei Einschaltung eines Generalunter- bzw. Totalübernehmers sowie bei funktionalen Ausschreibungen 3. Veranlassen, Koordinieren, Steuern der Mängelbeseitigungen 4. Steuern der Zertifizierungs-, Energieeffizienz – und Nachhaltigkeitsprozesse
2960	**C Kosten und Finanzierung**	**C Kosten und Finanzierung**
	a) Kostensteuerung zur Einhaltung der Kostenziele b) Überprüfen der Nachtragsprüfungen c) Vorgabe von Deckungsbestätigungen für Nachträge d) Analyse, Bewertung der Aufmaßdokumentation, der Vergleiche mit Plandaten, Maßnahmen e) Analyse, Bewertung der Beiträge der öBA zur Rechnungsprüfung, zu Gegenverrechnungen, Kostenkontrolle und Kostenfeststellung f) Freigabe von Rechnungen, sowie Prüfen der Rechnungen von Planungsbeteiligten g) Fortschreiben Mittelbedarfs-, Mittelabflussplanung h) Fortschreiben der projektspezifischen Kostenverfolgung, auf Gewerkeebene	1. vertiefte Kostenmanagement (vKOM), Nachführen der Budgets, der Reserven, Führen der Risiken, der KOÄs, Führen der Aufträge, der OATs, Führen der Rechnungen, der PLFs, Analyse KB - AT - RE - Trend, Analyse der Risiken, Ressourcen Prognosen HMN auf die Schlussrechnungen, Vorschläge zu Steuerungsmaßnahmen, 2. Kontrolle der Rechnungsprüfung der öBA, Analyse der Mengenentwicklung, bzw. Prüfen von Rechnungen ausführender Unternehmen 3. Aufbau der Claimabwehrorganisation, 4. Mitwirkung an der Claimabwehr 5. Teilnahme an Preisprüfungskommissionen, baubegleitenden Einigungs-, Konfliktlösungsplattformen 6. Erstellen eines Nutzungskostenanschlags
2961	**D Termine und Kapazitäten**	**D Termine und Kapazitäten**
	a) Fortschreiben der Rahmenterminplanung b) Fortschreiben der Steuerungsterminplanung, Soll/Ist-Vergleiche, Steuerungsmaßnahmen c) Analyse, Bewertung und Integration der Bauablauf-planung und -kontrolle der öBA in die TPs der PS d) Überprüfen der Ergebnisse der Baubesprechungen (Baustellen-Jours-Fixes) anhand der Protokolle der Bauaufsichten, Vorschlagen und Abstimmen von Anpassungsmaßnahmen bei Gefährdung von Projektzielen e) Analyse, Bewertung der sonstigen Terminunterlagen, Soll-/Ist Vergleiche, Maßnahmen f) Analysen, Bewertung der Kapazitätseinsätze der AN, Soll-/Ist Vergleich, Maßnahmen g) Ablaufsteuerung der Ausführung, insbesondere der Abnahme, Übergabe, Inbetriebnahme, unter Einbeziehung der Beiträge der öBA	1. Fortschreiben, Vertiefen PTP, ATP 2. vertiefte Terminplanung und -kontrolle RTP, Entscheidungsterminplan, PTP, Sollplanliste Gewerke AFP→LVZ, PTP, Sollplanliste, Organisation, Kontrolle Planumlauf, Freigaben, ATP, auf Basis ABC Analyse der LVs, ATP Auszug, Vertrags- und Kontrollebene, VTP, Fortschreibung, Terminkontrolle, Maßnahmen, Revisionen 3. Ablaufsteuerung der Ausführung zur Einhaltung der Terminziele 4. Analyse der Behinderungs-/Verzögerungsdokumentation der öBA 5. detaillierte Ablaufplanung zur Übergabe/Übernahme und Inbetriebnahme/Nutzung

E Verträge und Versicherungen	E Verträge und Versicherungen	
a) Mitwirken bei der Durchsetzung von Vertragspflichten gegenüber den Beteiligten b) Unterstützen des Auftraggebers bei der Abwendung von Forderungen von Nicht-Projektbeteiligten (Nachbarn, Bürgerinitiativen etc.) c) Überprüfen der Nachtragsaufträge und Mitwirken bei der Beauftragung d) Mitwirken bei der Abnahmevorbereitung/Abnahme der Ausführungsleistungen, Analyse, Bewertung der Abnahmeempfehlungen	1. Abhalten regelmäßiger Bauvertragsbesprechungen bei kritischen Gewerken sowie Unterstützen des AG bei der Abwehr bauwirtschaftlich begründeter Nachträge (Claims) 2. organisatorische, baufachliche Unterstützung bei streitlichen Verfahren, Beweissicherungen 3. Koordinieren der versicherungsrelevanten Schadensabwicklung 4. Veranlassen der behördlichen Abnahmen, 5. Endkontrollen und/oder Funktionsprüfungen	2962

PPH 5 Leistungsbild Projektsteuerung – Projektabschluss		2963
A Organisation, Information, Koordination und Dokumentation	**A Organisation, Information, Koordination und Dokumentation**	
a) Abschluss der Organisationsunterlagen (debriefing) b) Abschluss des Entscheidungs-/Änderungs- und Risikomanagements c) Organisation des Abschlusses des PKM, Veranlassen der Datenkonservierung, -archivierung	1. organisatorische, baufachliche Unterstützung bei streitlichen Verfahren, Beweissicherungen 2. Abschluss des PKM, Übergabe der Daten 3. Abschluss des RSK-Systems 4. Mitwirken an der Außenkommunikation und Öffentlichkeitsarbeit 5. Koordinieren der Projektbeteiligten bei mehreren unterschiedlichen Bauwerken, Projekten, MultiPM, sowie mehreren (Objekt)Planern	
B Qualitäten und Quantitäten	**B Qualitäten und Quantitäten**	2964
a) Analyse, Bewertung der Mängelhaftungsverzeichnisse, der Mängelbeseitigung b) Mitwirken bei der Abnahme der Planerleistungen	1. Überprüfen der Projektdokumentation der fachlich Beteiligten 2. Veranlassen, Koordinieren der Beseitigung von nach der Abnahme aufgetretenen Mängel 3. Abschluss der Zertifizierungs-, Energieeffizienz- und Nachhaltigkeitsprozesse	
C Kosten und Finanzierung	**C Kosten und Finanzierung**	2965
a) Überprüfen der Kostenfeststellungen der Objekt- und Fachplaner b) Freigabe von Rechnungen und Prüfen der Rechnungen der Planungsbeteiligten c) Freigabe von Schlussabrechnungen sowie Mitwirken bei der Freigabe von Einbehalten d) Abschluss der projektspezifischen Kostenverfolgung (kaufmännischer Projektabschluss)	1. Prüfung der Schlussabrechnungen 2. Abschluss Kostenmanagement, Analyse der Erreichung des Kostenziels, der Abwicklungen und der Ursachen von Abweichungen 3. Erstellen des Verwendungsnachweises 4. Abschluss der Projektbuchhaltung für den Mittelzufluss und der Anlagenkonten 5. Abschließende Aktualisierung der Baunutzungskosten, Hinweise zur Nutzungskostensteuerung	
D Termine und Kapazitäten	**D Termine und Kapazitäten**	2966
a) Steuern der Inbetriebnahme b) Steuern der Schlussfeststellungen c) Analyse, Bewertung des Projektablaufs		
E Verträge und Versicherungen	**E Verträge und Versicherungen**	
a) Mitwirken bei der rechtsgeschäftlichen Abnahme der Planungsleistungen und der Schlussfeststellungen	1. Organisieren, Unterstützen b. streitlichen Verfahren 2. Bearbeiten von Schadensfällen	

Leistungsbild 1.6

Leistungsbild begleitende Kontrolle[8] (Österreich)

2967

PPH 1 Leistungsbild BK – Projektvorbereitung	
Grundleistungen	**Optionale Leistungen**
A Organisation, Information, Koordination und Dokumentation	**A Organisation, Information, Koordination und Dokumentation**
a) Analyse, Bewerten der Organisationsunterlagen b) Analyse, Bewerten der Unterlagen zu Berichtswesen, Entscheidungs-/Änderungsmanagement c) Mitwirken beim Erfassen der Risiken, dem Aufbau des Risikomanagements d) Analyse, Bewerten der Teilschritte zur Projektentwicklung e) Prüfen der Leistungsbilder für Planer, Konsulenten und Sonderfachleute auf Vollständigkeit und Übereinstimmung mit den übergeordneten Projektzielen f) Beratung zu und Kontrolle der Vergabeverfahren der geistigen Leistungen	1. Prüfung von Projektentscheidungsgrundlagen 2. Prüfung des Projekt- und Organisationshandbuches und Beratung des Auftraggebers bei den Nachbesserungsmaßnahmen 3. Kontrolle der Leistungsbilder für Planer, Konsulenten und Sonderfachleute 4. Kontrolle der Ermittlung von Erhaltungs- und Betriebskosten 5. Beratung zur Öffentlichkeitsarbeit 6. Besondere Berichterstattung in Auftraggeber- und sonstigen Gremien
2968 **B Qualitäten und Quantitäten**	**B Qualitäten und Quantitäten**
a) Analyse, Bewerten der Projektgrundlagen, der Projektentwicklung hinsichtlich: – Sinnhaftigkeit – Praxistauglichkeit – Mindeststandards – Zielorientiertheit – Vollständigkeit – Wirtschaftlichkeit und Sparsamkeit – Regeln der Technik b) Analyse, Bewerten der Nutzeranforderungen, der Bedarfsplanung c) Analyse, Bewertung zu Standortfragen, ggf. zu Bestandsobjekten	1. Kontrolle der Projektziele auf deren Umwelterheblichkeit und Umweltverträglichkeit 2. Kontrolle der Planungsgrundlagen (Nutzeranforderungen, Raum- und Funktionsprogramm) 3. Analyse, Bewertung der Vorgaben zu Zertifizierungssystemen, Nachhaltigkeit und Lebenszykluskosten
2969 **C Kosten und Finanzierung**	**C Kosten und Finanzierung**
a) Überprüfen der Festlegungen zum Kostenrahmen in Abstimmung mit dem Auftraggeber inkl. der dazu erforderlichen Grundlagen b) Überprüfen von Aufträgen, Rechnungen c) Analyse, Bewertung der Methoden und Regeln der Kostenverfolgung	1. Beratung bei der Kostenermittlungssystematik in Abstimmung mit dem Auftraggeber 2. Kontrolle der Wertermittlung für bebaute und unbebaute Grundstücke, Bestandsobjekte 3. Prüfung des Kostenrahmens durch Evaluierung der Angemessenheit der Kostenansätze
D Termine und Kapazitäten	**D Termine und Kapazitäten**
a) Überprüfen des Rahmenterminplanes des Gesamtprojekts, der Steuerungsterminpläne, sowie der Vertragsterminpläne für die Planung b) Analyse, Bewertung der Terminsteuerung	1. Prüfung des Rahmenterminplanes 2. Prüfung der Steuerungsterminpläne und des Planungsterminplanes

8 Lechner, Graz LM.VM. 2014 (Österreich).

E Verträge und Versicherungen	E Verträge und Versicherungen	
a) Analyse und Bewertung der Vergabe- und Vertragsstruktur für das Gesamtprojekt, b) auch der Inhalte der Planerverträge c) Beratung bei der Auswahl der zu Beteiligenden, bei Verhandlungen und Vorbereitungen der Beauftragungen d) Überprüfen der Vertragstermine und -fristen für die Planerverträge, sowie der Kapazitäten e) Beratung bei der Erstellung eines Versicherungskonzeptes für das Gesamtprojekt	1. Teilnahme am Preisgericht, Bewertungs-kommission 2. Analyse der Vergabeverfahren	2970

PPH 2 Leistungsbild BK – Planung		
A Organisation, Information, Koordination und Dokumentation	**A Organisation, Information, Koordination und Dokumentation**	2971
a) Analyse, Bewerten der Fortschreibung der Projekt- und Organisationsunterlagen b) Überprüfen der Plandaten und der Planungsprozesse c) Analyse und Bewertung des Entscheidungs- und Änderungsmanagements d) Analyse und Bewertung des Risikomanagements e) Laufende Beratung des Auftraggebers	1. Besondere Berichterstattung in Auftraggeber- und sonstigen Gremien 2. Beratung zur Öffentlichkeitsarbeit	
B Qualitäten und Quantitäten	**B Qualitäten und Quantitäten**	2972
a) Analyse, Bewerten der zusammengefassten Planungsergebnisse auf Einhaltung der – Projektziele – vertraglichen Verpflichtungen – behördlichen/gesetzlichen Vorschreibungen – wirtschaftliche Rahmenbedingungen – Optimierungsansätze b) sowie auf – Vollständigkeit und Plausibilität c) Kontrolle, ob die Genehmigungs(vor)verfahren durchgeführt und positiv abgeschlossen wurden	1. Teilprüfung von Ausarbeitungen der Projektbeteiligten zB. für Optimierungen 2. Überprüfung der Planungsleistungen auf technische Richtigkeit und/oder Maßkontrolle 3. Analyse, Bewertung der Vorgaben von Zertifizierungssystemen, Nachhaltigkeit und Lebenszykluskosten	
C Kosten und Finanzierung	**C Kosten und Finanzierung**	2973
a) Überprüfung der Kostenschätzung zum Vorentwurf und der Kostenberechnung zum Entwurf, insbesondere hinsichtlich – Übereinstimmung mit dem Kostenrahmen – Übereinstimmung mit der vorgegebenen Ermittlungsmethodik – Prüfung der Mengenansätze – Bewerten der Kostenansätze b) Überprüfen von Aufträgen, Rechnungen c) Kontrolle der anlassbezogenen und periodischen Berichterstattung zum Kostenstatus	1. Überprüfung einer vertieften Kostenschätzung und Kostenberechnung, Prüfen der Mengensätze, Bewerten der Kostenansätze 2. Variantenbetrachtungen, Optimierungsbetrachtungen, Teilnehmen an kommissionellen Sitzungen 3. Kontrolle der Wirtschaftlichkeitsberechnung	

2974

D Termine und Kapazitäten	D Termine und Kapazitäten
a) Überprüfen der Rahmen- und Steuerungsterminplanung für die Planungsphase, sowie der Terminplanbeiträge der Planer b) Überprüfen der Rahmen- und Steuerungsterminplanung für die Ausführungsvorbereitungs- und Ausführungsphase c) Kontrolle der anlassbezogenen und periodischen Berichterstattung zum Terminstatus	1. Überprüfen einer vertieften Terminplanung und -kontrolle
E Verträge und Versicherungen	**E Verträge und Versicherungen**
a) Beratung bei der Durchsetzung von Vertragspflichten gegenüber den Beteiligten b) Beratung bei der Umsetzung des Versicherungskonzeptes für alle Projektbeteiligten c) Prüfen der Beschlussunterlagen	

2975

PPH 3 Leistungsbild BK – Ausführungsvorbereitung	
A Organisation, Information, Koordination und Dokumentation	**A Organisation, Information, Koordination und Dokumentation**
a) Analyse, Bewerten der Fortschreibung der Projekt- und Organisationsunterlagen b) Überprüfen der Plandaten und der Planungsprozesse c) Analyse und Bewertung des Entscheidungs-, Änderungs- und Risikomanagements d) Laufende Beratung des AG	1. Besondere Berichterstattung in Auftraggeber und sonstigen Gremien 2. Beratung zur Öffentlichkeitsarbeit
2976 **B Qualitäten und Quantitäten**	**B Qualitäten und Quantitäten**
a) Überprüfen der Ausführungs- und Detailplanung auf Übereinstimmung mit den genehmigten Einreichplänen und den Behördenauflagen, sowie den vorgegebenen Projektzielen b) Überprüfen der Leistungsbeschreibungen und Mengenermittlungen c) Prüfen der zusammengestellten Unterlagen je Vergabeeinheit d) Prüfen des (standardisierten) Fragenkataloges für die Bewertung von Angeboten als Grundlage für die Vergabeentscheidung in Bezug auf Kalkulationsunterlagen, Lebensdauer, Wirtschaftlichkeit, Referenzen, Serviceaufwand, etc. e) Beratung bei den erforderlichen Entscheidungen des Auftraggebers f) Kontrolle der Unterlagen und der Übergaben an die ausführenden Unternehmen	1. Teilprüfung von Ausarbeitungen der Projektbeteiligten 2. Überprüfen der Ausführungs- und Detailplanung auf technische Richtigkeit und/oder Maßkontrolle 3. Analyse, Bewertung der Vorgaben zu Zertifizierungssystemen, Nachhaltigkeit und Lebenszykluskosten
2977 **C Kosten und Finanzierung**	**C Kosten und Finanzierung**
a) Überprüfen der Kostenanschläge der Planer mit den Sollwerten der jeweiligen Vergabeeinheiten b) Überprüfen der Vorgabe der Deckungsbestätigungen für Aufträge und Nachträge c) Überprüfen von Aufträgen, Rechnungen d) Kontrolle der anlassbezogenen und periodischen Berichterstattung zum Kostenstatus e) Analyse und Bewertung der Maßnahmen zur Kostensteuerung	1. Kontrolle der Kostenanschläge durch Evaluierung der Kostenansätze 2. Prüfen, Kontrolle von Aufträgen, Rechnungen

D Termine und Kapazitäten	**D Termine und Kapazitäten**	2978
a) Überprüfen der Rahmen- und der Steuerungsterminplanung b) Überprüfen der Vertragsterminpläne c) Kontrolle der anlassbezogenen und periodischen Berichterstattung zum Terminstatus d) Analyse und Bewertung der Terminsteuerung	1. Prüfen der vertieften Ausführungsterminplanung 2. Prüfen der vertieften Vertragsterminpläne, Kapazitätsanalyse dazu	
E Verträge und Versicherungen	**E Verträge und Versicherungen**	2979
a) Beratung bei der Durchsetzung von Vertragspflichten gegenüber den Beteiligten b) Prüfen der Vergabeverfahren für Bau- und Lieferverträge c) Prüfen der Vertragsunterlagen für die Vergabeeinheiten auf Vollständigkeit und Plausibilität d) Prüfen der Vergabevorschläge auf Grundlage der Ergebnisse der Bietergespräche e) Beratung bei den Vergabeverhandlungen bis zur Unterschriftsreife, Prüfen der Werkverträge und Nachträge f) Kontrolle der Vertragstermine und -fristen für die Ausführungs- und Lieferleistungen	1. Beratung bei der Auswahl, Beschaffung, dem Aufbau und der Einführung von speziellen Informationssystemen (z.B. für das Facility Management)	

PPH 4 Leistungsbild BK – Ausführung		2980
A Organisation, Information, Koordination und Dokumentation	**A Organisation, Information, Koordination und Dokumentation**	
a) Analyse, Bewerten der Fortschreibung der Projekt- und Organisationsunterlagen b) Analyse, Bewerten der Vorgaben zum OHB der ÖBA c) Analyse und Bewertung des Entscheidungs-, Änderungs- und Risikomanagements d) laufende Beratung des AG	1. Besondere Berichterstattung in Auftraggeber- und sonstigen Gremien 2. Beratung zur Öffentlichkeitsarbeit	
B Qualitäten und Quantitäten	**B Qualitäten und Quantitäten**	2981
a) Überprüfen der Ausführung auf Übereinstimmung mit der genehmigten Einreichplanung, den Behördenauflagen, der Ausführungs- und Detailplanung und den Verträgen b) Überprüfen der Planstände zur Bauausführung, sowie der ergänzende Angaben der Planer c) Analyse und Bewertung der Qualitätssicherungsmaßnahmen der öBA (Prüfplan, Prüfbuch), sowie des Baustellenfortschritts d) Beratung des Auftraggebers bei der Leistungsabnahme (Prüfung der Leistungserfüllung) unter Federführung von Planern, Fachplanern und der Örtlichen Bauaufsicht	1. Kontrolle der Ausführung nach anlassbezogenen Anforderungen 2. Abnahmevertretung des Auftraggebers mit definierter Vollmacht 3. Analyse, Bewertung der Vorgaben von Zertifizierungssystemen, Nachhaltigkeit und Lebenszykluskosten	

2982

C Kosten und Finanzierung	**C Kosten und Finanzierung**
a) Kontrolle der Kostendokumentation des Projekts auf Basis der gewerkeweisen Kostenkontrolle b) Überprüfen von Deckungsbestätigungen für Nachträge sowie der Risikovorsorge/Reserven c) Überprüfen von Aufmaßen/ Rechnungen und Zahlungsfreigaben d) Kontrolle der anlassbezogenen und periodischen Kostenkontrollberichte (PS+ÖBA) e) Analyse und Bewertung der Maßnahmen zur Kostensteuerung	1. Prüfen, Kontrolle von Aufträgen, Rechnungen

2983

D Termine und Kapazitäten	**D Termine und Kapazitäten**
a) Überprüfen der Rahmen- und der Steuerungsterminpläne b) Überprüfen der Detailterminpläne für die Ausführung c) Überprüfen der Terminplanung für die Abnahmen/ Übergaben, den Probebetrieb, die Einschulungen und Inbetriebnahmen d) Kontrolle der anlassbezogenen und periodischen Terminkontrollberichten e) Analyse und Bewertung der Terminsteuerung f) Analyse und Bewertung bei Verzugs- und Behinderungsfällen, sowie Gegenmaßnahmen	1. Prüfen der vertieften Ausführungsterminplanung 2. Vertiefte Kontrolle der Kostenverläufe bei speziellen Vertrags- und Unternehmereinsatzformen, wie z.B. bei General- oder Totalunternehmeraufträgen zu einem Guaranteed Maximum Price (GMP), bei Build-Operate-Transfer-Verträgen (BOT) oder bei Public-Private-Partnership-Modellen (PPP) 3. Mitwirkung an der Claimabwehr 4. Teilnahme an Preisprüfungskommissionen, baubegleitenden Einigungs- und Konfliktlösungsplatt-formen

2984

E Verträge und Versicherungen	**E Verträge und Versicherungen**
a) Beratung bei der Durchsetzung von Vertragspflichten gegenüber den Beteiligten b) Beratung des Auftraggebers bei der Abwendung von Forderungen von Nicht-Projektbeteiligten (Nachbarn, Bürgerinitiativen etc.) c) Prüfen der Nachtragsprüfungen und der Beauftragungen d) Mitwirken bei der Abnahme der Ausführungsleistungen e) Prüfen der Prozesse und Ergebnisse zu Abnahmen, Endkontrollen und/oder Funktionsprüfungen	1. Mitwirken an Bauvertragsbesprechungen 2. Mitwirken an streitlichen Verfahren

2985

PPH 5 Leistungsbild BK – Projektabschluss	
A Organisation, Information, Koordination und Dokumentation	**A Organisation, Information, Koordination und Dokumentation**
a) Überprüfen der Prozesse/Ergebnisse zur Abschlussdokumentation	1. Begleitende Kontrolle innerhalb der Gewährleistungsfrist 2. Beratung zu Vorgangsweise und den notwendigen Bearbeitungen während der Gewährleistungsfrist 3. Übernahmevertretung des Auftraggebers mit definierter Vollmacht zur Durchführung der rechtsgeschäftlichen Abnahme der Ausführungs- und Planungsleistungen

B Qualitäten und Quantitäten	**B Qualitäten und Quantitäten**
a) Beratung des Auftraggebers bei der Leistungsabnahme (Kontrolle und Bewertung der Leistungserfüllung) in Zusammenarbeit mit Planern, Fachplanern und der Örtlichen Bauaufsicht	
C Kosten und Finanzierung	**C Kosten und Finanzierung**
a) Prüfen der Projektgesamtkosten nach Vorlage aller Schlussrechnungen b) Beratung zu Vertrags- und Rechnungsfragen	
D Termine und Kapazitäten	**D Termine und Kapazitäten** 2986
a) Überprüfen der Terminplanung für den Projektabschluss (= Übergabe und Inbetriebnahme)	
E Verträge und Versicherungen	**E Verträge und Versicherungen**
a) Beratung bei der rechtsgeschäftlichen Abnahme der Planungsleistungen	1. Mitwirken an streitlichen Verfahren

Leistungsbild 1.7

Leistungsbild Generalplanung[9] (Österreich)

2987

LPH 1 Leistungsbild GP-Management – Organisationsaufbau	
Grundleistungen	**Optionale Leistungen**
A Organisation, Information, Koordination und Dokumentation	**A Organisation, Information, Koordination und Dokumentation**
a) Aufbau, Anpassen der GP-Organisation an die Organisationsunterlagen b) Analyse der Fachbereiche, Kriterien für die zu beteiligenden Co-Planer c) Aufbau, Anpassen der Struktur für die Zusammenarbeit im Informations-, Berichts-, Protokollwesen d) Aufbau, Führen der Besprechungskreise e) Dokumentation der GP-Besprechungen, Kontrolle und Einfordern der Erledigungen f) Veranlassen von Koordination und Integration der Beiträge der GP-Beteiligten und anderer an der Planung fachlich Beteiligter g) Aufbau, Anpassen der Strukturen für die Zusammenarbeit zum Entscheidungs- und Änderungsmanagement des AG h) Beiträge zu den Risikoanalysen, Abgrenzung zu den GP-Risiken i) Aufbau, Anpassen an PKM-DMS	1. Aufbau BIM – Organisation Definition Rollen, Zuständigkeiten Analyse Anforderungen Planung und Bau, FM – Entwicklung BIM-Standards, -workflow – Entwicklung Standards für Qualitätsmonitoring (Prüfsoftware) – Aufbau der Kostenrechnung zu BIM 2. Aufbau, Durchführen von Schulungen zu BIM 3. Mitwirkung an der Öffentlichkeitsarbeit
2988 **B Qualitäten und Quantitäten**	**B Qualitäten und Quantitäten**
a) Analysen der Projekt-/ Planungsziele, der Aufgabenstellung, der Bedarfsplanung b) Abgrenzen der Leistungen der (Fach)Planer c) Aufbau, Anpassen der Organisation zur Durchführung der Eigen-, Fremdkontrollen d) Umsetzen des Entscheidungs- und Änderungsmanagements, Zusammenstellen der Unterlagen	
2989 **C Kosten und Finanzierung**	**C Kosten und Finanzierung**
a) Analyse des Kostenrahmens, der Einschätzungen der Co-Planer b) Einrichten des GP+Co-Planerrechnungswesens, Kostenkontrolle, Konten c) Einrichten der Standardprozesse zu Aufträgen/ Rechnungen/Gegenrechnungen d) Prüfen, Zusammenstellen der Rechnungen zur GP-Rechnung, Beobachten, Wahren der Fristen e) Aufteilen der anteiligen Rechnungs-Eingänge, Aufbau von Reserven, Rückstellungen f) Aufbau, Anpassen der Kostenkontrolle	1. Mitwirken an vKOM 2. Analyse/Klärung der Teilbudgets – Investitionskosten – Betriebskosten – Lebenszykluskosten
2990 **D Termine und Kapazitäten**	**D Termine und Kapazitäten**
a) Analyse der Rahmenterminpläne des AG b) Festlegen / Abgrenzen der AG-TP zur GP-TP, Festlegen der TP und TK-Instrumente c) Aufbau, Anpassen des Planungsterminplanes (PTP), der Kapazitäten, der Ressourcen d) Teilnahme an Projektablaufbesprechungen	1. Mitwirken an vTPK

9 Lechner, Graz LM.VM. 2014 (Österreich).

E Verträge und Versicherungen	E Verträge und Versicherungen	2991
a) Analyse, Verhandlung, Beschlussfassung zum GP-Vertrag des AG b) Vorbereiten und Abstimmen der Inhalte der Co-Planerverträge und der int. Einbehalte c) Mitwirken bei der Auswahl der zu Beteiligenden, Vorgeben der Vertragstermine und -fristen für die Planerverträge, Verhandlungen, Ausfertigen der Aufträge d) Erörtern der Vergabepakete und Vertragsstruktur für das Gesamtprojekt e) Erstellung eines Versicherungskonzeptes für das GP-Team (Projektversicherung)	1. Aufbau der Vertragsteile BIM Klären des Eigentums am Modell Klären der Nutzungsrechte Klären der Kosten, Kostenträger	

LPH 2+3+4 Leistungsbild GP-Management – Planung (VE, E, EI)		2992
A Organisation, Information, Koordination und Dokumentation	**A Organisation, Information, Koordination und Dokumentation**	
a) Mitwirken an der Fortschreibung der Organisationsunterlagen, Anpassen im GP-Team b) Organisation und Dokumentation der int. GP-Besprechungen, Klären von Konflikten c) Organisation, Koordination und Dokumentation von Planungsbesprechungen, Besprechungskreise, Besprechungskalender, Einladungen, Besprechungsleitung, Protokollierung; Sicherstellen der Kommunikation der GP-Beteiligten; Kontrolle und Einfordern der Erledigung\ d) Umsetzung der Planungsrichtlinien, Layouts, Layer e) Mitwirken am Entscheidungs-/Änderungsmanagement, Aufbereitung für GP-Team f) Ausarbeiten von Risikoaussagen, Konzepte für Maßnahmen (Projekt und GP-seitig) g) Herbeiführung der Dokumentationen je LPH zur Übergabe/Freigabe durch AG/PS h) Vortrag, Vertreten der Ergebnisse der LPHen im Projektteam, Bestellergremien i) Betreiben des DMS	1. Erarbeiten einheitlicher Planungsrichtlinien, Layouts, Layer bzw. des BIM – Modells (Normen, Regeln, Konventionen) 2. Modellmanagement (BIM) • Modellursprung, Koordinatensystem • Objektarten (Elemente), Teilmodelle • Prozessstandards (Einpflegen, Zugriffe) • Prüfen der Datenübergabe der Co-Planer • Prüfen der Datenübergabe ext. Planer • Festlegungen zu Raumbuch, AKS • Aufbau, Durcharbeiten von Simulationen • Information, Verteiler zu Planständen, Revisionen • Abrufen von Beiträgen der Co-Planer • Archivieren je LPH/Abschnitt/Einspielung • Verknüpfen der Teilmodelle, Analysen • Auswertungen, Kollisionsprüfungen • Verwaltung der Beteiligten/Rechte • Dokumentation 3. Durchführen von Schulungen im BIM 4. Analyse, Bewertung der BIM-Arbeit, Führen der Kostenrechnung zu BIM 5. Änderungsmanagement für das BIM-Modell 6. Erfassen der Anforderungen/Daten für das FM 7. Weiterentwicklung Öffentlichkeitsarbeit	
B Qualitäten und Quantitäten	**B Qualitäten und Quantitäten**	2993
a) Begleiten des Planungsprozesses b) Sichern der Koordination und Integration der Beiträge der GP-Beteiligten c) Herbeiführen der Beiträge zum Entscheidungs- und Änderungsmanagement d) Zusammenführen der ÄEVs e) Qualitätssicherung der Ergebnisse der LPHen auf Einhaltung der Projektziele	1. Analyse, Bewertung von Planungsvarianten, Optimierungen, Simulationen zB. (Energie, Licht, Wind, Schall, Schatten ...) • Ökobilanzierung • Lebenszykluskosten • Bewirtschaftungskriterien 2. Produktkataloge auf Basis LCC 3. Koordination, Aufbereitung, Austausch von Daten für Zertifizierungen zur Nachhaltigkeit 4. Bewirtschaftungsplanung	

C Kosten und Finanzierung	C Kosten und Finanzierung
a) Sichten der KS, KB der Planer, Erarbeiten von Anpassungsmaßnahmen b) Prüfen, Zusammenstellen der Rechnungen zur GP-Rechnung, Beobachten, Wahren der Fristen c) Aufteilen der anteiligen GP-Rechnungseingänge d) Fortschreiben des GP+Co-Planerrechnungswesens, Verwalten der Einbehalte, Reserven	1. Mitwirken an vKOM 2. Variantenberechnungen, Kosten zu B.1
2994 **D Termine und Kapazitäten**	**D Termine und Kapazitäten**
a) Mitwirken an der Gesamtterminplanung der PS b) Beiträge zu RTP, Fortschreiben PTP, ATP c) Erstellen/Abstimmen der Detailablaufpläne Planung, Organisations-Planumlauf, Freigaben d) Kontrolle der Ressourcen, Kapazitäten der Co-Planer, Kontrolle des PTP, der DTP, Soll-Ist-Vergleiche e) Ermitteln der Abweichung, Analyse der Begründungen, Veranlassen von Maßnahmen, Anpassungen f) Dokumentieren der Terminplanstände g) Führen, Protokollieren der Ablaufbesprechungen, Teilnahme an AG-seitigen Ablaufbesprechungen	1. Mitwirken an vTPK 2. Lebenszyklusterminplanung 3. Variantenanalysen, Termine zu B.1
E Verträge und Versicherungen	**E Verträge und Versicherungen**
a) GP-int. Durchsetzen der Vertragspflichten b) MW am Realisierungsbeschluss	

2995

LPH 5+6 LB GP-Management – Ausführungsvorbereitung	
A Organisation, Information, Koordination und Dokumentation	**A Organisation, Information, Koordination und Dokumentation**
a) Mitwirken an der Fortschreibung der Organisations-grundlagen b) Organisation, Koordination, Dokumentation der GP-Besprechungen, Klären von Konflikten; Sicherstellen der Kommunikation d. GP-Beteiligten; Kontrolle/Einfordern der Erledigung von Aufgaben c) Koordination der gewerkeweisen Ausführungsplanung, Ausschreibung und Vergabe, Integration der Fachbeiträge, der Freigaben GP-intern und mit AG/PS d) Überwachen der Regelkreise der Planung e) Veranlassen besonderer Abstimmungen zw. den GP-Beteiligten f) Mitwirken an Änderungsmanagement, Aufbereiten für GP-Team g) Ausarbeiten von Risikoaussagen, Konzepte für Maßnahmen (Projekt und GP-seitig) h) Betreiben des DMS	1. Fortschreiben Planungsmodelle 2. Modellmanagement (BIM) • Modellursprung, Koordinatensystem • Objektarten (Elemente), Teilmodelle • Prozessstandards (Einpflegen, Zugriffe) • Dokumentation • Archivieren je LPH/Abschnitt/Einspielung • Verknüpfen der Teilmodelle, Analysen • Auswertungen, Kollisionsprüfungen • Verwaltung der Beteiligten/Rechte 3. (Nach)Schulungen zu BIM 4. Analyse, Bewertung der BIM-Arbeit, Führen der Kostenrechnung zu BIM 5. Vorbereiten der Mitwirkung der AN am BIM, Rechte, Pflichten, Kosten 6. Einbeziehen RFID im BIM-Modell 7. Änderungsmanagement für das BIM – Modell

B Qualitäten und Quantitäten	**B Qualitäten und Quantitäten**	2996
a) Begleiten des Planungsprozesses b) Sichern der Koordination und Integration der Beiträge der GP-Beteiligten c) Zusammenführung der ÄEVs d) Unterstützen beim Überwachen der Einhaltung der Planungsziele e) Qualitätssicherung der gewerkebezogenen Unterlagen je Leistungsphase, zur Übergabe und Freigabe an den AG, sowie die AN f) Qualitätssicherung der Ausschreibungsunterlagen für die Vergabeeinheiten in Bezug auf Vollständigkeit und Plausibilität sowie Versandfertigkeit g) Übergabe und Vertreten der Ausführungsunterlagen an die AN	1. Analyse, Bewertung von Planungsvarianten, Optimierungen, Simulationen zB. (Energie, Licht, Wind, Schall, Schatten ...) • Ökobilanzierung • Lebenszykluskosten • Bewirtschaftungskriterien 2. Koordination, Aufbereitung, Austausch von Daten für Zertifizierungen 3. Planungs-, LV-Ergänzungen für FM, Bewirtschaftung	
C Kosten und Finanzierung	**C Kosten und Finanzierung**	2997
a) Sichten der Kostenanschläge der Co-Planer, Erarbeiten von Anpassungsmaßnahmen b) Zusammenführen der Angebotsauswertung, der Preisprüfungen, der Vergabevorschläge, der Nachtragsprüfungen c) Prüfen, Zusammenstellen der Rechnungen zur GP-Rechnung, Beobachten, Wahren der Fristen d) Aufteilen der anteiligen GP-Rechnungseingänge e) Fortschreiben des GP+Co-Planerrechnungswesens, Verwalten der Einbehalte, Reserven	1. Mitwirken an vKOM 2. Variantenberechnungen, Kosten zu B.1	
D Termine und Kapazitäten	**D Termine und Kapazitäten**	2998
a) Mitwirken an der Gesamtterminplanung der PS b) Beiträge zu RTP, Fortschreiben PTP, ATP c) Fortschreiben der Detailablaufplanung, Organisation Planumlauf, LV Abstimmung, Freigaben d) Kontrolle d. Ressourcen/Kapazitäten d. Co-Planer, Kontrolle PTP, DTP; Soll-/ Ist-Vergleiche e) Ermitteln der Abweichung, Analyse der Begründungen, Veranlassen von Maßnahmen, Anpassungen f) Dokumentieren der Terminplanstände g) Führen, Protokollieren der Ablaufbesprechungen, Teilnahme an AG-seitigen Ablaufbesprechungen	1. Mitwirken an vTPK 2. Lebenszyklusterminplanung 3. Variantenanalyse, Termine zu B.1	
E Verträge und Versicherungen	**E Verträge und Versicherungen**	2999
a) Mitwirken bei der Durchsetzung von Vertragspflichten gegenüber den Beteiligten b) Qualitätssicherung der Vergabevorschläge, der Kostenvergleiche c) Mitwirken bei den Vergabeverhandlungen bis zur Unterschriftsreife		

3000	**LPH 7+8 Leistungsbild GP-Management – Ausführung**	
	A Organisation, Information, Koordination und Dokumentation	**A Organisation, Information, Koordination und Dokumentation**
	a) Organisation, Koordination/Dokumentation von Planungs- und Baubesprechungen b) Sicherstellen der Kommunikation der Projektbeteiligten c) Kontrolle/Einfordern der Erledigung von Aufgaben der Co-Planer d) Veranlassen besonderer Abstimmungen zw. den GP-Beteiligten und der Bauabwicklung e) Kontrolle der Dokumentation der Planer und Ausführenden f) Betreiben des DMS	1. Fortschreiben Planungsmodell • Organisation der MW der Baubeteiligten, Rechte • Vorgaben zur M+W Planung, Dokubeiträge der AN • Analyse, Selektion der Datenmengen für FM 2. Übergabedoku des Archivmodells 3. Durchführung von Schulungen für AN zu BIM 4. Prüfen der Datenübergabe der AN sowie für Betriebspersonal 5. Analyse, Bewertung der BIM-Arbeit, Führen der Kostenrechnung zu BIM 6. Überarbeiten BIM-Modell für die Objektdokumentation
	B Qualitäten und Quantitäten	**B Qualitäten und Quantitäten**
	a) Aufbau, Umsetzung der Besprechungskreise der öBA, Analyse der Ergebnisse im Vergleich zu den Vorgaben, Einfordern der Erledigungen b) Aufbau, Umsetzung der Qualitätssicherungen, des Reportings, der Dokumentation (Prüfplan + Prüfbuch) c) Unterstützen beim Überwachen der Einhaltung der Planungsziele d) Zusammenführung der Dokumentation aller Planungsunterlagen und der Dokumentation der AN	
3001	**C Kosten und Finanzierung**	**C Kosten und Finanzierung**
	a) Prüfen, Zusammenstellen der Rechnungen zur GP-Rechnung, Beobachten, Wahren der Fristen b) Aufteilen der anteiligen GP-Rechnungseingänge c) Fortschreiben GP+Co-Planerrechnungswesen, Verwalten der Einbehalte, Reserven d) Qualitätssicherung der Aufmaßbearbeitungen, der Rechnungsprüfungen und Gegenforderungen e) Überprüfen der Kostenfeststellungen der Co-Planer	1. Mitwirken an vKOM
3002	**D Termine und Kapazitäten**	**D Termine und Kapazitäten**
	a) Mitwirken an der Gesamtterminplanung der PS b) Qualitätssicherung der Ausführungsterminpläne der öBAs auf Basis STP, ATP der Planer c) Kontrolle ATP, Soll-/Ist-Vergleiche des GP d) Kontrolle der Ressourcen/Kapazitäten und der Terminerreichung der AN e) Ermitteln der Abweichung, Analyse der Begründungen, Veranlassen von Maßnahmen, Anpassungen f) Dokumentieren der Terminplanstände g) Führen, Protokollieren der Ablaufbesprechungen, Teilnahme an den Ablaufbesprechungen der AG	1. Mitwirken an vTPK

E Verträge und Versicherungen	E Verträge und Versicherungen
a) Mitwirken bei der Durchsetzung von Vertragspflichten gegenüber den Beteiligten b) Qualitätssicherung der Nachtragsprüfungen und Mitwirken bei der Beauftragung c) Mitwirken bei der Abnahme der Ausführungsleistungen d) Zusammenführen der behördlichen Abnahmen, Endkontrollen und / oder Funktionsprüfungen	1. Unterstützen des Auftraggebers bei der Abwendung von Forderungen von Nicht-Projektbeteiligten (Nachbarn, Bürgerinitiativen etc.) 2. fachliches Mitwirken in streitlichen Verfahren

3003

LPH 9 Leistungsbild GP-Management – Projektabschluss	
A Organisation, Information, Koordination und Dokumentation	**A Organisation, Information, Koordination und Dokumentation**
a) Zusammenstellen aller erfassten Daten für eine Abschlussdokumentation b) Sicherstellen der Kommunikation der Projektbeteiligten c) Abschließende Sicherung/Kontrolle des DMS d) Unterstützen beim Erwirken der Abnahme der Planungsleistung durch den Bauherrn	1. Analyse, Bewertung der BIM-Arbeit, Abschluss der Kostenrechnung zu BIM
B Qualitäten und Quantitäten	**B Qualitäten und Quantitäten**
a) Organisation der Zuständigkeiten (Schnittstellen), in Fragen der Beurteilung der Gewährleistungsmängel	
C Kosten und Finanzierung	**C Kosten und Finanzierung**
a) Prüfen, Zusammenstellen der Rechnungen zur GP-Rechnung, Beobachten, Wahren der Fristen b) Aufteilen der anteiligen GP-Rechnungseingänge c) Risikobetrachtung, Festlegen der Reserven, Auflösen der Einbehalte d) Abschluss Rechnungswesen, Kostenfeststellung e) Mitwirken beim Erstellen der Schlussrechnung an den Auftraggeber	1. Mitwirken an vKOM
D Termine und Kapazitäten	**D Termine und Kapazitäten**
a) Erstellen und Abstimmen eines Detailterminplans für den Abschluss der eigenen Arbeiten b) Debriefing	1. Mitwirken an vTPK
E Verträge und Versicherungen	**E Verträge und Versicherungen**
a) Herbeiführen der Abnahme der GP-Leistungen, (Haftungsbeginn), Beenden der Projektversicherung (Nachlaufzeit)	1. Übergabe BIM-Modell an AG+FM

3004 (beside C Kosten und Finanzierung)

Leistungsbild 2.1

Leistungsbild Projektcontrolling nach *AHO* (2004)

Rn.	1. Projektvorbereitung	
3005	**Grundleistungen**	**Besondere Leistungen**
	A Organisation, Information, Koordination und Dokumentation	**A Organisation, Information, Koordination und Dokumentation**
	1. Überprüfen des Projekt- und Organisationshandbuches 2. Mitwirken bei der Vertragsgestaltung mit dem Investor 3. Überprüfen der Leistungsbilder der zu Beteiligenden auf Vollständigkeit und Übereinstimmung mit den übergeordneten Projektzielen 4. Beraten zur Auswahl und Beauftragung der zu Beteiligenden	1. Vertiefte Kontrolle von Projektentscheidungsgrundlagen 2. Vertiefte Überprüfung des Projekt- und Organisationshandbuches und Beratung des Auftraggebers bei Änderungen/Ergänzungen 3. Vertiefte Überprüfung der Leistungsbilder der zu Beteiligenden 4. Kontrolle der Ermittlung von Nutzungskosten 5. Besondere Berichterstattung in Auftraggeber- und sonstigen Gremien
	B Qualitäten und Quantitäten	**B Qualitäten und Quantitäten**
3006	1. Überprüfen und ggf. Mitwirken bei der Erstellung der Projektgrundlagen hinsichtlich – Funktionalität – Zielorientiertheit – Vollständigkeit – Mindestandards – Wirtschaftlichkeit – Regeln der Technik 2. Überprüfen der Nutzeranforderungen 3. Überprüfen des Raum- und Funktionsprogrammes	1. Kontrolle der Projektziele auf deren Umweltverträglichkeit 2. Vertiefte Überprüfung der Planungsgrundlagen (Nutzeranforderungen, Raum- und Funktionsprogramm)
	C Kosten und Finanzierung	**C Kosten und Finanzierung**
3007	1. Überprüfen der Festlegung des Kostenrahmens in Abstimmung mit dem Auftraggeber	1. Beraten zu der Kostenermittlungssystematik in Abstimmung mit dem Auftraggeber 2. Kontrolle von Wertermittlungen für bebaute und unbebaute Grundstücke
	D Termine und Kapazitäten	**D Termine und Kapazitäten**
3008	1. Überprüfen des Terminrahmens des Gesamtprojekts sowie der Generalablaufplanung mit Kapazitätsrahmen	1. Vertiefte Überprüfung des Terminrahmens 2. Vertiefte Überprüfung des Generalablaufplanes mit Änderungsvorschlägen

Rn.	2. Planung	
3009	**Grundleistungen**	**Besondere Leistungen**
	A Organisation, Information, Koordination und Dokumentation	**A Organisation, Information, Koordination und Dokumentation**
	1. Überprüfen der Fortschreibung des Projekt- und Organisationshandbuches 2. Beraten des Auftraggebers beim Durchsetzen von Vertragspflichten bzw. Vertragsstandards 3. Laufende Beratung des Auftraggebers	1. Besondere Berichterstattung in Auftraggeber- und sonstigen Gremien

B Qualitäten und Quantitäten	**B Qualitäten und Quantitäten**	
1. Überprüfung der Planungsergebnisse auf Einhaltung der – vertraglichen Verpflichtungen – Projektziele – wirtschaftlichen Rahmenbedingungen – Vollständigkeit und Plausibilität 2. Überprüfen, ob die erforderlichen Genehmigungsverfahren veranlasst bzw. positiv abgeschlossen wurden	1. Vertiefte Teilprüfung von Ausarbeitungen der Projektbeteiligten, ggf. mit Änderungsvorschlägen 2. Stichprobenartige Überprüfung der Planungsleistungen auf technische Richtigkeit	3010
C Kosten und Finanzierung	**C Kosten und Finanzierung**	3011
1. Überprüfen der Kostenschätzungen und Berechnungen hinsichtlich – Übereinstimmung mit dem Kostenrahmen – Übereinstimmung mit der vorgegebenen Ermittlungsmethodik 2. Überprüfen der voraussichtlichen Nutzungskosten 3. Kontrolle der periodischen Berichterstattung zum Kostenstatus	1. Vertiefte Überprüfung der Kostenschätzungen und -berechnungen durch Analyse der Angemessenheit der Kostenansätze	
D Termine und Kapazitäten	**D Termine und Kapazitäten**	3012
1. Überprüfen der Grob- und Detailablaufplanung für die Planung 2. Überprüfen der Grobablaufplanung für die Ausführung 3. Abstimmen der terminlichen Randbedingungen mit den Vorgaben aus dem Nutzer-Vertrag bzw. den Anforderungen der Nutzerausstattung	1. Vertiefte Überprüfung des Detailrahmenterminplanes für die Planungsphase mit Korrektur-/Änderungsvorschlägen 2. Vertiefte Überprüfung des Grobterminplanes für die Ausführungsphase mit Korrektur-/Änderungsvorschlägen	

3. Ausführungsvorbereitung		
Grundleistungen	**Besondere Leistungen**	
A Organisation, Information, Koordination und Dokumentation	**A Organisation, Information, Koordination und Dokumentation**	
1. Überprüfen der Fortschreibung des Projekt- und Organisationshandbuches 2. Beraten des Auftraggebers bei der Durchsetzung von Vertragspflichten 3. Beraten zu und Kontrolle des Vergabeverfahrens für die Ausführungsleistungen 4. Überprüfen der Werkverträge und der Besonderen und Allgemeinen Vertragsbestimmungen 5. Mitwirken bei der laufenden Information des Auftraggebers 6. Mitwirkung bei der Etablierung des Änderungsamanagements	1. Besondere Berichterstattung in Auftraggeber- und sonstigen Gremien	3013

	B Qualitäten und Quantitäten	**B Qualitäten und Quantitäten**
3014	1. Kontrolle der Planungsergebnisse auf Übereinstimmung mit den vorgegebenen Projektzielen 2. Stichprobenartige Kontrolle der Leistungsbeschreibungen und Mengenermittlungen 3. Kontrolle der zusammengestellten Unterlagen je Vergabeeinheit 4. Überprüfen der Angebotsauswertungen in technisch-wirtschaftlicher Hinsicht 5. Mitwirken bei den erforderlichen Entscheidungen des Auftraggebers	1. Vertiefte Teilprüfung von Ausarbeitungen der Projektbeteiligten 2. Stichprobenartige Überprüfung der Ausführungs- und Detailplanung auf technische Richtigkeit
	C Kosten und Finanzierung	**C Kosten und Finanzierung**
3015	1. Überprüfen der Kostenanschläge der Planer auf der Grundlage der Sollwerte der jeweiligen Vergabeeinheiten 2. Kontrolle der Vorgabe der Deckungsbestätigungen für Aufträge 3. Überprüfen der laufenden Soll-Ist-Vergleiche der Kostenkontrolle 4. Überprüfen der Nutzungskosten 5. Aufbau einer Leistungsstandserfassung als Voraussetzung für Zahlungsfreigaben 6. Beraten des Auftraggebers bei Vorschlägen zur Budgetanpassung bzw. Kosteneinhaltung	1. Vertiefte Überprüfung der Kostenanschläge durch Analyse der Kostenansätze 2. Erstellung einer internen Mehr-/Minderleistungsdokumentation
	D Termine und Kapazitäten	**D Termine und Kapazitäten**
	1. Überprüfen der General- und Grobablaufplanung für die Planung und Ausführung 2. Überprüfen der vorzugebenden bzw. zu vereinbarenden Vertragstermine 3. Kontrolle der periodischen Terminkontrollberichte	1. Vertiefte Überprüfung des Ausführungsterminplanes 2. Vertiefte Überprüfung von Vertragsterminplänen

	4. Ausführung	
	Grundleistungen	**Besondere Leistungen**
	A Organisation, Information, Koordination und Dokumentation	**A Organisation, Information, Koordination und Dokumentation**
3016	1. Kontrolle der Fortschreibung des Projekt- und Organisationshandbuches 2. Beraten des Auftraggebers beim Durchsetzen von Vertragspflichten 3. Kontrolle der Durchführung der erforderlichen Genehmigungsverfahren 4. Laufende Beratung des Auftraggebers zu Entscheidungsvorlagen und Freigaben im Rahmen des Änderungsmanagements	1. Besondere Berichterstattung in Auftraggeber- und sonstigen Gremien
	B Qualitäten und Quantitäten	**B Qualitäten und Quantitäten**
3017	1. Stichprobenartige Kontrolle der Ausführung auf Übereinstimmung mit der freigegebenen Ausführungs- und Detailplanung, genehmigten Ausführungsänderungen, vorgegebenen Qualitätsstandards bzw. gemäß Bemusterungen 2. Beraten des Auftraggebers bei der Leistungsabnahme	1. Vertiefte Kontrolle der Ausführung nach anlassbezogenen Anforderungen 2. Abnahmevertretung des Auftraggebers mit definierter Vollmacht

C Kosten und Finanzierung	C Kosten und Finanzierung
1. Kontrolle der Kostendokumentation des Projektes auf Basis der regelmäßigen Projektberichte der Projektsteuerung (laufende Kostenkontrolle) 2. Prüfen der Zahlungsfreigaben der Projektüberwachung und der Projektsteuerung 3. Überprüfen von Nachträgen dem Grunde und der Höhe nach 4. Kontrolle von Deckungsbestätigungen für Nachträge	1. Detaillierte rechnungsmäßige Überprüfung der gesamten Bauabrechnung 2. Vertiefte Kontrolle der Kostenverläufe bei speziellen Vertrags- und Unternehmereinsatzformen wie z. B. bei General- oder Totalunternehmeraufträgen zu einem Guaranteed Maximum Price (GMP), bei Build-Operate-Transfer-Verträgen (BOT) oder bei Public-Private-Partnership-Modellen (PPP)
D Termine und Kapazitäten	**D Termine und Kapazitäten**
1. Kontrolle der Detailterminpläne für die Ausführung 2. Kontrolle der Ablaufplanung für die Abnahmen/Übergaben, den Probebetrieb und die Inbetriebnahmen	1. Vertiefte Kontrolle der Detailterminpläne für die Ausführung mit Vorschlägen für Beschleunigungs-/Anpassungsmaßnahmen

3018

5. Projektabschluss	
Grundleistungen	**Besondere Leistungen**
A Organisation, Information, Koordination und Dokumentation	**A Organisation, Information, Koordination und Dokumentation**
1. Beraten bei der organisatorischen und administrativen Konzeption und bei der Durchführung der Übergabe/Übernahme bzw. Inbetriebnahme/Nutzung 2. Beraten beim systematischen Zusammenstellen und Archivieren der Bauakten inkl. Projekt- und Organisationshandbuch 3. Laufende Beratung des Auftraggebers	1. Besondere Berichterstattung in Auftraggeber- und sonstigen Gremien 2. Begleitende Kontrolle während der Gewährleistung
B Qualitäten und Quantitäten	**B Qualitäten und Quantitäten**
1. Beraten des Auftraggebers bei der rechtsgeschäftlichen Abnahme der Ausführungs- und Planungsleistungen	1. Begleitende Kontrolle innerhalb der Gewährleistungsfristen 2. Beraten zur Vorgehensweise und ggf. erforderlichen Bearbeitungen während der Gewährleistungsfristen 3. Vertretung des Auftraggebers mit definierter Vollmacht zur Durchführung der rechtsgeschäftlichen Abnahme der Ausführungs- und Planungsleistungen
C Kosten und Finanzierung	**C Kosten und Finanzierung**
1. Überprüfen der Projektgesamtkosten nach Vorlage aller Schlussrechnungen und der Kostenfeststellungen der Objekt- und Fachplaner	
D Termine und Kapazitäten	**D Termine und Kapazitäten**
1. Überprüfen der Ablaufplanung für die Übergabe und Inbetriebnahme	

3019

3020

Leistungsbild 2.2

Projektcontrolling nach GU-Beauftragung[10]

3021 **Der Auftragnehmer wird mit den notwendigen und zweckmäßigen Steuerungs-/Controllingleistungen in Bezug auf den GU für das Projekt beauftragt, und zwar mit der Kontrolle, Überwachung und Optimierung von Kosten und Qualität. Die Leistungserstellung umfasst insbesondere:**

1 Organisation, Information, Koordination, Dokumentation

1.1 Beratung zur Bauherrenorganisation und Projektorganisation (Verzeichnis der Projektbeteiligten, Aufgaben- und Kompetenzbeschreibung, organisatorische Zuordnung, Bauteile- und Geschossgliederung, Planaufteilung, Planbezeichnung, Klärung der Planungs- und Entscheidungsabläufe)

1.2 Erstellen, Abstimmen, Fortschreiben und Bereitstellen eines Organisations- und Projekthandbuches; Mitwirken bei der Erstellung und Archivierung der Bauakten

1.3 Laufende Information und Abstimmung mit dem Auftraggeber, auf Wunsch des AG auch Teilnahme an Besprechungen und Berichterstattungen in Gremien. Erarbeiten oder Beschaffen entscheidungsreifer Vorlagen (mit Aufzeigen der Auswirkungen auf Kosten und Termine)

1.4 Quartalsweise Berichterstattung bezüglich Leistungs-, Termin- und Kostenstand in Form eines zusammengefassten Berichtes mit Soll-Ist-Vergleich und Vorschlägen für Steuerungsmaßnahmen. Der AN erteilt dem Konsortialfinanzierer gegenüber grundsätzlich Auskunft in Form von Übersendung der Quartalsberichte

1.5 Steuerung von Mitwirkungsleistungen des Auftraggebers. Einholung erforderlicher Zustimmungen des Auftraggebers

1.6 Durchführung und Protokollierung von Regelbesprechungen unter Einschluss der Erstellung eines Besprechungsplans, Einladungswesens, Durchführung der Besprechung, Abfassung von Besprechungsprotokollen, Einstellen in das Informationssystem und Umsetzungskontrolle

1.7 Koordination von Planern, Sonderfachleuten, Gutachtern und sonstigen Vertragskräften des AG zum Zwecke der Entscheidungsvorbereitung. Mitwirkung bei der Vorbereitung entsprechender Planer- und Beraterverträge. Überwachen der Planer- und Beraterverträge (Prüfung der Honorarrechnungen/Überwachen der Leistungserfüllung)

1.8 Mitwirken bei der Durchsetzung von Vertragspflichten gegenüber Projektbeteiligten

1.9 Unterstützung des AG in behördlichen Verfahren sowie Unterstützung des AG – speziell hinsichtlich der Informationssammlung und -erteilung der laufenden projektbezogenen Gerichtsverfahren (auch Beweissicherungsverfahren)

3022 1.10 Einrichten eines Projektinformationssystems mit Online-Datenzugriff des AG, in dem u. a. Besprechungsprotokolle, Kosten, Termine, Entscheidungen, Listen von Änderungsanträgen und in Arbeit befindlichen Nachträgen abgefragt werden können und das auf Word- und Excel-Basis sowie weiterer für die Informationsübermittlung notwendiger Programme aufgebaut ist

1.11 Information des Juristischen Projektmanagements

2 Qualitäten und Quantitäten

2.1 Erarbeitung von Entscheidungsvorschlägen im Rahmen von Planungsfreigaben und Bemusterungen unter Einbeziehung der Fachabteilungen des AG sowie von dessen Vertragskräften (s. 1.5)

3023 2.2 Kontrolle der Pläne, der Ausführungsqualität und der Ausführungsänderungen

2.3 Die Plankontrolle umfasst im Einzelnen: Kontrolle der Objektpläne des GU und der Montagepläne des GU für die technische Gebäudeausrüstung auf:

10 Vgl. zum Projektcontrolling noch Rdn. 308 f.

Vollständigkeit (maßgebliche Details)
Planqualität
Übereinstimmung mit den Inhalts- und Funktionalzielen aus dem GU-Vertrag
Plausibilität
Qualitätsstandards
Der AN übernimmt die Kennzeichnung und die schriftliche Dokumentation der festgestellten Mängel und informiert insoweit die Projektleitung des AG. Nach Durchführung der Plankontrolle, ggf. nach vorheriger Überarbeitung oder Übernahme von Prüfeintragungen der Genehmigungsstellen, gibt der AN einen Freigabevermerk

2.4 Im Rahmen der Qualitätskontrolle wird der AN folgende Arbeiten übernehmen:
Kontrolle der Ausführung des Objektes auf Übereinstimmung mit genehmigten/freigegebenen Ausführungsplänen sowie der Leistungsbeschreibung des GU-Vertrages
Feststellung etwaiger Ausführungsverzüge im Hinblick auf Terminvorgaben im Rahmen von Qualitätskontrollbegehungen; Hinweis auf Auswirkungen auf den Zahlungsplan
Beurteilung von Mustern, Freigabe von Mustern zur Genehmigung durch den AG
Bearbeitung der bei Abnahme festgestellten Mängel und Überwachung von deren Beseitigung

2.5 Beratung des AG zu etwaigen Änderungsanordnungen und deren Folgen (Änderungsmanagement)

2.6 Mitwirken bei behördlichen Abnahmen sowie bei Endkontrollen und Funktionsprüfungen sowie der Einweisung des Bedienungs- und Wartungspersonals

2.7 Mitwirken bei der rechtsgeschäftlichen Abnahme und Inbetriebnahme, insbesondere auch von Änderungsleistungen und Gewährleistungsarbeiten

2.8 Mitwirken bei der Koordinierung der Randbedingungen des Projektes (Schnittstellen zu gesonderten Baumaßnahmen und Bauumständen sowie Verkehrsführung usw.)

2.9 Herbeiführen der erforderlichen Entscheidungen des Auftraggebers

2.10 Erstellung von Gewährleistungsverzeichnissen, Überwachen der Mängelbeseitigung, Unterstützung des AG beim Prüfen von Wartungs- und Energielieferungsverträgen

3 Kosten und Finanzierung 3024

3.1 Erstellung von Terminplänen auf der Grundlage des im GU-Vertrag enthaltenen Zahlungsplans für Zahlungsfreigaben

3.2 Durchführung eines laufenden Kosten- und Leistungscontrollings, u. a. bei Beurteilung von Nachträgen und Abrechnungen

3.3 Übersichten über den Zahlungsstand, Rechnungen und Rechnungsprüfung, Freigabe der Rechnungen zur Zahlung

3.4 Beurteilung von Entscheidungsvorlagen zu Nachträgen

3.5 Projektbuchhaltung und deren Fortschreibung für den Mittelabfluss sowie deren Abschluss

3.6 Mitwirkung bei Anforderung von Kostenaufgliederungen durch den GU

4 Termine und Kapazitäten 3025

4.1 Teilnahme und Überprüfen der Ergebnisse der Baubesprechungen, Vorschläge und Abstimmungen von Anpassungsmaßnahmen bei Gefährdung von Projektzielen

4.2 Mitwirkung bei der Festlegung und ggf. Änderung von Terminplänen im Verhältnis zum GU

4.3 Kontrolle der Ausführung bezüglich der Terminvorgaben (Soll-Ist-Vergleich)

4.4 Beratung des AG zu Terminzwängen und Terminabhängigkeiten hinsichtlich der Mitwirkung im Projekt und in Bezug auf Randbedingungen

4.5 Ablaufsteuerung unter Berücksichtigung der Rechte des AG nach dem GU-Vertrag; Erarbeitung von Vorschlägen zu Anpassungsmaßnahmen

4.6 Veranlassung und Mitwirkung bei der Ablaufplanung und -steuerung zur Übergabe und Inbetriebnahme

4.7 Erstellung eines Berichtswesens mit Soll-Ist-Wird-Prognosen und -Empfehlungen

4.8 Dokumentation der Projektdurchführung

3026 **5 Projektabschluss**

5.1 Überprüfung der Schlussdokumentation des GU
5.2 Mitwirkung bei der Freigabe der Schlussrechnungen und der Rückgabe von Sicherheiten
5.3 Erstellung eines Projektabschlussberichtes

Leistungsbild 2.3

Projektcontrolling bei GÜ-Vergabe von Immobilienfonds[11]

Phase 1: Projektbesorgung während der Projektplanungsphase 3027

1.1 Prüfung von Planungsleistungen auf vertragliche Vollständigkeit (Basis HOAI)
1.2 Abgleichung mit anderen Vertragsunterlagen, z. B. Baubeschreibung
1.3 Verantwortliche Koordination und Überwachung der Planüberprüfung durch die Fachprojektbesorger und Freigabe der vorgelegten Planungen
1.4 Erstellen und Fortschreiben des Organisationshandbuches
1.5 Aufstellen eines Projektablaufplans auf Basis des Grobterminplans des Generalübernehmers
1.6 Koordination aller Fachprojektbesorger
1.7 Dokumentation und laufende Information des Auftraggebers (Termine, Vermietungsstand, Kosten, Vertragsfortschreibung in Form eines Monatsberichtes)
1.8 Durchführung von Projektbesprechungen mit den Fachprojektbesorgern und dem GÜ sowie seinen Projektbeteiligten
1.9 Vorbereitung, Aufbereitung und Teilnahme an regelmäßigen Projektbesprechungen mit dem AG
1.10 Vorbereitung und Herbeiführung von Entscheidungen des Auftraggebers
1.11 Prüfung von Zahlungsanforderungen
1.12 Planprüfung

Phase 2: Projektbesorgung während der Realisierung 3028

2.1 Prüfung der Terminsituation anhand des Projektablaufplans und dessen Fortschreibung
2.2 Initiierung der Bemusterung durch die Generalübernehmer zu Material- und Fabrikatsentscheidungen in enger Abstimmung mit dem AG
2.3 Einwirken auf die gewerkeübergreifende Durchgängigkeit der Fabrikatenwahl
2.4 Kontinuierliche Überprüfung der Ausführung des Projekts auf Übereinstimmung mit den freigegebenen Planungen und Leistungsbeschreibungen aller Gewerke
2.5 Prüfung von Änderungsvorschlägen
2.6 Mitwirkung bei der Prüfung von Nachträgen, insbesondere durch die Koordination der Prüfung durch die Fachprojektbesorger
2.7 Beratung des AG in Bezug auf die Integration von Mieterwünschen/Nutzungen
2.8 Prüfung von Energielieferverträgen/Rentabilitätsberechnungen hinsichtlich alternativer Energiebezugsmöglichkeiten

Phase 3: Projektbesorgung während der Abnahmephase 3029

3.1 Koordination und Mitwirkung bei der Abnahme der Leistungen des Generalübernehmers und bei der Überprüfung der Funktionen anhand der mit dem Auftraggeber abgestimmten Abnahmechecklisten
3.2 Zusammenstellung der festgestellten Mängel aller Fachbereiche in Protokollform
3.3 Koordination und Mitwirkung bei der Überprüfung der Beseitigung der Mängel, die bei Abnahme der Leistungen festgestellt wurden, mit den Fachprojektbesorgern
3.4 Koordination und Mitwirkung bei der Überprüfung der Revisionsunterlagen
3.5 Koordination und Mitwirkung bei der Überleitung des Bauwerks und der Aufbereitung aller Unterlagen
3.6 Koordination und Mitwirkung bei der Prüfung der Flächenaufmaße
3.7 Prüfung der Schlussrechnung und Mitwirkung bei der Aufbereitung der Gesamtinvestitionskosten
3.8 Erstellung der Schlussdokumentation des Gesamtprojektes einschließlich des Erstellens einer Gewährleistungsliste

11 Vgl. Unger, in: DVP, Projektmanagement in Praxisbeispielen, S. 6 ff.

3.9 Leistungsmessungen an RLT-Anlagen und Heizungsanlagen nach Abstimmung mit dem AG

3.10 Erarbeitung der Instandhaltungsgrundlagen, wie Wartungshandbuch und Checklisten nach Vorgabe des Bauherrn (Wartungshandbuch/Checklisten)

3030 **Phase 4: Projektbesorgung während der Gewährleistungsverfolgung**

4.1 Koordination und Mitwirkung bei der Überprüfung der Beseitigung von Mängeln, die innerhalb der Gewährleistungsfristen auftreten

4.2 Durchführung von Ortsbegehungen zur Mängelfeststellung vor Ablauf der Verjährungsfrist

4.3 Prüfung der Anträge für die Freigabe der Sicherheitsleistung

Leistungsbild 2.4 3031

Projektsteuerung und Projektcontrolling bei Einsatzmodell des Generalplanermanagements

Generalplanermanagement	Controlling
1. Leistungen des Projektcontrollings bis zur Vorlage des Masterplanes (Leistungsphasen 1 und 2, HOAI)	**1. Leistungen der Projektsteuerung bis zur Vorlage des Masterplanes (Leistungsphasen 1 und 2, HOAI)**
A. Organisation, Information, Koordination, Dokumentation 1. Vorbereitung der Beauftragung des Generalplaners/Projektsteuerers und Mitwirkung bei der Verhandlung dieses Vertrages bis zur Unterschriftsreife. 2. Prüfen der vom Generalplaner/Projektsteuerer aufgestellten Organisations- und Projekthandbücher. **B. Qualitäten und Quantitäten** 1. Überprüfung der Ergebnisse des Generalplaners/Projektsteuers bei der Erstellung der Grundlagen für das Gesamtprojekt hinsichtlicht Bedarf nach Art und Umfang (Nutzerbedarfsprogramm NBP) in Stichproben und auf Plausibilität. 2. Überprüfung der Raum-, Flächen- oder Anlagenbedarfsermittlungen und der Ermittlungen des Generalplaners/Projektsteuerers hinsichtlich der Anforderungen an Standard und Ausstattung durch das Bau- und Funktionsprogramm in Stichproben und auf Plausibilität. 3. Überprüfen der Planungsergebnisse des Generalplaners/Projektsteuerers auf Plausibilität i. S. der Konformität mit den vorgegebenen Projektzielen. 4. Mitwirken beim Durchsetzen von Vertragspflichten gegenüber den Planungsbeteiligten. 5. Herbeiführen der diesbezüglich erforderlichen Entscheidungen des Auftraggebers. **C Kosten** 1. Mitwirken beim Festlegen des Rahmens für Investitionen und Baunutzungskosten. 2. Mitwirken beim Ermitteln und Beantragen von Investitionsmitteln. 3. Überprüfen der Kostenschätzung des Generalplaners/Projektsteuerers durch parallele Ermittlung, gegliedert nach Leistungsbereichen gem. Standardleistungsbuch und Gewerken nach VOB Teil C sowie Kostengruppen der DIN 276. 4. Analyse der Ergebnisse der Kostenschätzung durch Darstellen der Abweichungen zwischen den Ermittlungen des Generalplaners/Projektsteuerers und den eigenen Ermittlungen,	**A. Organisation, Information, Koordination, Dokumentation** 1. Entwickeln, Vorschlagen, Abstimmen und Fortschreiben der Projektorganisation durch ein projektspezifisches Organisationshandbuch. 2. Aktuelle Dokumentation der jeweils vorliegenden Pläne, Berechnungen und Beschreibungen in einem Projekthandbuch mit Organisationshandbuch, Nutzerbedarfsprogramm, Liste der vorhandenen und noch zu erstellenden Planungsunterlagen, Überblick über den Stand sowie die weitere Entwicklung sämtlicher Genehmigungsverfahren, Zusammenstellung der Flächen und Kubaturen nach DIN 277, Qualitätsbeschreibungen mit Erläuterungsbericht 3032 zur Planung durch Projekt-/Baubeschreibung, aus der die Qualitäten zu Baukonstruktionen, Fassade, TGA und signifikanten Raumtypen ablesbar sind, jeweils aktuellen Kostenermittlungen mit zugehörigen Erläuterungsberichten, jeweils aktuellen Terminplänen mit Erläuterungsberichten, jeweils aktuellem Maßnahmen- und Entscheidungskatalog sowie einer Liste der getroffenen maßgeblichen Entscheidungen mit den jeweiligen Konsequenzen für Qualitäten, Kosten und Termine unter Einbeziehung der jeweiligen Trends bis zum Projektende. 3. Laufende Information und Abstimmung mit dem Auftraggeber. 4. Einholen der erforderlichen Zustimmung des Auftraggebers. **B. Qualitäten und Quantitäten** 3033 1. Erstellungen der Grundlagen für das Gesamtprojekt hinsichtlich Bedarf nach Art und Umfang (Nutzerbedarfsprogramm NBP). 2. Ermitteln des Raum-, Flächen- oder Anlagenbedarfs und der Anforderungen an Standard und Ausstattung durch das Bau- und Funktionsprogramm.

Vorschlagen und Abstimmen von möglichen Alternativen und Anpassungsmaßnahmen zur Erhöhung der Wirtschaftlichkeit im Hinblick auf Investitions- und Baunutzungskosten, Vorbereiten und gemeinsam mit dem Auftraggeber Durchführen der erforderlichen Abstimmungsgespräche mit dem Generalplaner/Projektsteuerer und den vom AG direkt beauftragten fachlich Beteiligten zur Beseitigung der Abweichungen und 3034 Erzeugung einer abgestimmten Kostenschätzung unter Einhaltung der Kostenziele. 5. Prüfbericht zum Erläuterungsbericht zur Kostenschätzung des Generalplaners/Projektsteuerers. 6. Prüfen und Freigeben der Rechnungen des Generalplaners zur Zahlung. **D. Termine und Kapazitäten** 1. Überprüfung des vom Generalplaner aufzustellenden Terminrahmens und der Generalablaufplanung für die Abwicklung des Gesamtprojektes mit den wesentlichen Eckdaten für die einzelnen Projektphasen. 2. Überprüfen der vom Generalplaner anzufertigenden und fortzuschreibenden Grob- sowie Detailablaufplanung für die Planung und Abstimmung der Ergebnisse.	3. Klären der Standortfragen, Beschaffen der standortrelevanten Unterlagen, der Grundstücksbeurteilung hinsichtlich Nutzung in privatrechtlicher und öffentlich-rechtlicher Hinsicht. **C. Kosten und Finanzierung** 1. Planung von Mittelbedarf und Mittelabfluss. 2. Zusammenstellen der voraussichtlichen Baunutzungskosten. **D. Termine und Kapazitäten** 1. Entwickeln, Vorschlagen und Festlegen des Terminrahmens. 2. Aufstellen/Abstimmen der Generalplanung und Ableiten des Kapazitätsrahmens. 3. Ablaufsteuerung der Planung. 4. Führen und Protokollieren von Ablaufbesprechungen der Planung sowie Vorschlagen und Abstimmen von erforderlichen Anpassungsmaßnahmen.

Generalplanermanagement	Controlling
2. Leistungen des Projektcontrollings während der Planungsphase (Leistungsphasen 3 und 4 HOAI)	**2. Leistungen des Projektsteuerers für Phase 2 (Leistungsphasen 3 und 4 HOAI)**
3035 **A. Organisation, Information, Koordination, Dokumentation** 1. Prüfen der vom Generalplaner fortzuschreibenden Organisations- und Projekthandbücher. 2. Mitwirken beim Durchsetzen von Vertragspflichten gegenüber dem Generalplaner. **B. Qualitäten und Quantitäten** 1. Überprüfen der Planungsergebnisse auf Plausibilität i. S. der Konformität mit den vorgegebenen Projektzielen. 2. Herbeiführen der diesbezüglich erforderlichen Entscheidungen des Auftraggebers. 3036 **C. Kosten** 1. Überprüfen der Kostenberechnungen des Generalplaners/Projektsteuerers durch Fortschreiben der abgestimmten Kostenschätzung nach der Leitpositionsmethode oder einer anderen angemessenen Kostenermittlungs- und Prüfmethode, gegliedert nach Bauteilen, Kostengruppen nach DIN 276, Leistungsbereichen nach dem Standardleistungsbuch sowie nach Verga	**A. Organisation, Information, Koordination, Dokumentation** 1. Fortschreiben des Organisationshandbuches. 2. Dokumentation der wesentlichen projektbezogenen Plandaten in einem Projekthandbuch. 3. Mitwirken beim Vertreten der Planungskonzeption bei Erläuterungs- und Erörterungsterminen. 4. Mitwirken bei Genehmigungsverfahren. 5. Laufende Information und Abstimmung mit dem Auftraggeber. 6. Einholen der erforderlichen Zustimmungen des Auftraggebers. **B. Qualitäten und Quantitäten** 1. Herbeiführen der erforderlichen Entscheidungen des Auftraggebers. **C. Kosten und Finanzierung** 1. Zusammenstellen der voraussichtlichen Benutzungskosten. 2. Planung von Mittelbedarf und Mittelabfluss.

beeinheiten unter Heranziehung von Plausibilitätsprüfungen der Mengen des Generalplaners sowie Ermittlung der Einheitspreise auf der Grundlage der Entwurfspläne. 2. Analyse der Ergebnisse der Kostenberechnung analog Ziffer 3.2.1 C4. 3. Prüfbericht zum Erläuterungsbericht zur Kostenberechnung des Generalplaners/Projektsteuerers. 4. Überprüfen der vom Generalplaner/Projektsteuerer aufzustellenden Mittelbedarfs- und Mittelabflussplanung. 5. Prüfen und Freigeben der Rechnungen des Generalplaners zur Zahlung. 6. Einrichten der Projektbuchhaltung für den Mittelabfluss. **D. Termine und Kapazitäten** 3037 1. Überprüfen der vom Generalplaner aufzustellenden General-, Grob- und Detailablaufplanung auf Plausibilität. 2. Dokumentation eingetretener Planungsverzüge mit Benennung der wesentlichen Verzögerungsumstände. 3. Organisation und Vorbereitung des Mahnwesens bei Nichteinhaltung der Termine durch die Planungsbeteiligten.	**D. Termine und Kapazitäten** 1. Aufstellen und Abstimmen der Grob- und Detailablaufplanung für die Planung. 2. Aufstellen und Abstimmen der Grobablaufplanung für die Ausführung. 3. Ablaufsteuerung der Planung. 4. Fortschreiben der General- und Grobablaufplanung für Planung und Ausführung sowie der Detailablaufplanung für die Planung. 5. Führen und Protokollieren von Ablaufbesprechungen für Planung sowie Vorschlagen und Abstimmen von erforderlichen Anpassungsmaßnahmen.

Generalplanermanagement	Controlling
3. Leistungen für das Projektcontrolling während der Ausführungsvorbereitung (Leistungsphasen 5 bis 7, HOAI)	**3. Leistungen des Projektsteuerers während der Ausführungsvorbereitung (Leistungsphasen 5 bis 7, HOAI)** 3038
A. Organisation, Information, Koordination, Dokumentation 1. Prüfen der vom Generalplaner fortzuschreibenden Organisations- und Projekthandbücher. 2. Mitwirken beim Durchsetzen von Vertragspflichten gegenüber dem Generalplaner. **B. Qualitäten und Quantitäten** 1. Überprüfen der Planungsergebnisse inkl. evtl. Planungsänderungen auf Plausibilität i. S. der Konformität mit den vorgegebenen Projektzielen. 2. Mitwirken beim Freigeben der Firmenliste für Ausschreibungen. 3. Überprüfen der Verdingungsunterlagen für die Vergabeeinheiten und Anerkennen der Versandfertigkeit. 4. Überprüfen der Angebotsauswertungen in technisch-wirtschaftlicher Hinsicht. 5. Beurteilen der unmittelbaren und mittelbaren Auswirkungen von Alternativangeboten auf Konformität mit den vorgegebenen Projektzielen. 6. Mitwirken bei abschließenden Vergabeverhandlungen zur Unterzeichnung der Bauverträge. 7. Herbeiführen der diesbezüglich erforderlichen Entscheidungen des Auftraggebers.	**A. Organisation, Information, Koordination, Dokumentation** 1. Fortschreiben des Organisationshandbuches. 2. Fortschreiben des Projekthandbuches. 3. Laufende Information und Abstimmung mit dem Auftraggeber. 4. Einholen der erforderlichen Zustimmungen des Auftraggebers. **B. Qualitäten und Quantitäten** 1. Mitwirken bei den Vergabeverhandlungen bis zur Unterschriftsreife. **C. Kosten und Finanzierung** 1. Zusammenstellen der aktualisierten Baunutzungskosten. 2. Fortschreiben der Mittelbewirtschaftung. **D. Termine und Kapazitäten** 3039 1. Aufstellen und Abstimmen der Steuerungsablaufplanung für die Ausführung. 2. Fortschreiben der General- und Grobablaufplanung für die Planung und Ausführung sowie der Steuerungsablaufplanung für die Planung.

C. Kosten 1. Vorgabe der Soll-Werte für Vergabeeinheiten auf Basis der aktuellen Kostenberechnung. 2. Überprüfen der vorliegenden Angebote im Hinblick auf die vorgegebenen Kostenziele und Beurteilungen der Angemessenheit der Preise. 3. Vorgabe der Deckungsbestätigungen für Anträge. 4. Überprüfen der vorgelegten Kostenanschläge und der Vorschläge für erforderliche Anpassungsmaßnahmen zwecks Freigabe zur Entscheidung. 3040 5. Prüfen und Freigeben der Rechnungen des Generalplaners/Projektsteuerers zur Zahlung. 6. Fortschreiben der Projektbuchhaltung für den Mittelabfluss. **D. Termine und Kapazitäten** 1. Überprüfen der Steuerungsablaufplanung für die Ausführung sowie der fortgeschriebenen General- und Grobablaufplanung für Planung und Ausführung. 2. Überprüfen der in den Besonderen Vertragsbedingungen vorgegebenen Vertragstermine und -fristen für die Ausführungs- und Lieferleistungen. 3. Bewerten der vorliegenden Angebote im Hinblick auf die vorgegebenen Terminziele.	3. Vorgabe der Vertragstermine und -fristen für die Besonderen Vertragsbedingungen der Ausführungs- und Lieferleistungen. 4. Überprüfen der vorliegenden Angebote im Hinblick auf vorgegebene Terminziele. 5. Führen und Protokollieren von Ablaufbesprechungen der Ausführungsvorbereitung sowie Vorschlagen und Abstimmen von erforderlichen Anpassungsmaßnahmen.

Generalplanermanagement	Controlling
4. Leistungen des Projektcontrollings während der Ausführung bis zum Projektabschluss (Leistungsphase 8 HOAI)	**4. Leistungen der Projektsteuerung während der Ausführung bis zum Projektabschluss (Leistungsphase 8 HOAI)**
3041 **A. Organisation, Information, Koordination, Dokumentation** 1. Prüfen der vom Generalplaner fortzuschreibenden Organisations- und Projekthandbücher. 2. Mitwirken beim Durchsetzen von Vertragspflichten gegenüber dem Generalplaner. 3042 **B. Qualitäten und Quantitäten** 1. Überprüfen der Beurteilungen von Ausführungsänderungen und ggf. der Revision von Qualitätsstandards nach Art und Umfang durch 14-tägige Ausführungskontrollen auf der Baustelle. 2. Mitwirken bei der Abnahme der Ausführungsleistungen in organisatorischer Hinsicht und stichprobenartige Überprüfung der Abnahmeergebnisse des Generalplaners (keine Mitwirkung an fachtechnischen und rechtsgeschäftlichen Abnahmen). 3. Herbeiführen der diesbezüglich erforderlichen Entscheidungen des Auftraggebers. **C. Kosten** 1. Kostensteuerung zur Einhaltung der Kostenziele durch kontinuierliches Erfassen und Buchen der Rechnungsbeträge.	**A. Organisation, Information, Koordination, Dokumentation** 1. Fortschreiben des Organisationshandbuches. 2. Fortschreiben des Projekthandbuches. 3. Laufende Information und Abstimmung mit dem Auftraggeber. 4. Einholen der erforderlichen Zustimmungen des Auftraggebers. **B. Qualitäten und Quantitäten** 1. Herbeiführen der erforderlichen Entscheidungen des Auftraggebers. **C. Kosten und Finanzierung** 1. Fortschreiben der Mittelbewirtschaftungen. **D. Termine und Kapazitäten** 1. Überprüfen und Abstimmen der Zeitpläne des Objektplaners und der ausführenden Firmen mit den Steuerungsablaufplänen der Ausführung des Projektsteuerers. 2. Ablaufsteuerung der Ausführung zur Einhaltung der Terminziele.

2. Periodisches Überprüfen voraussichtlicher Endabrechnungssummen von Aufträgen (Vergabeeinheiten) und der voraussichtlichen Kosten noch nicht vergebener Leistungen zur Einhaltung des Kostenziels mit Abweichungsanalyse, Vorschlagen und Abstimmen von erforderlichen und noch möglichen Anpassungsmaßnahmen und Herbeiführen von Entscheidungen des Auftraggebers im Hinblick auf die Einhaltung der Kosten unter Einbeziehung der Ergebnisse der Objektüberwachung. 3. Freigabe der Rechnungen des Generalplaners zur Zahlung. 4. Mitwirken bei der Beurteilung von Nachtragsforderungen dem Grunde und der Höhe nach unter Verwendung der Beurteilung durch die Objektüberwachung (keine juristische Beratung). 5. Vorgabe von Deckungsbestätigungen für Nachträge.Überprüfen der Kostenfeststellung des Generalplaners. **D. Termine und Kapazitäten** 3043 1. Überprüfen der vom Generalplaner/Projektsteuerer vorzulegenden Steuerungsablaufpläne der Ausführung. 2. Überprüfen der vom Generalplaner/Projektsteuerer zu erbringenden Ablaufplanung und -steuerung zur Übergabe und Inbetriebnahme.	3. Überprüfen der Ergebnisse der Baubesprechungen anhand der Protokolle der Objektüberwachung, Vorschlagen und Abstimmen von Anpassungsmaßnahmen bei Gefährdung von Projektzielen. 4. Führen und Protokollieren von Ablaufbesprechungen der Ausführungsvorbereitung sowie Vorschlagen und Abstimmen von erforderlichen Anpassungsmaßnahmen.

3044 **Leistungsbild 2.5**

Projektrevision (*Preuß*, in: DVP, Strategien des Projektmanagements, Teil 8 (2003))

Eine häufig in der Praxis vorkommende Aufgabenstellung an Projektmanager/Projektsteuerer ist die Untersuchung und Bewertung eines Projektes in einer kritischen (verfahrenen) Situation mit Erarbeitung und Vorstellung entsprechender Maßnahmen/Vorschläge zur Korrektur.

Im nachfolgenden Leistungsbild ist eine derartige **Aufgabenstellung »Projektrevision«** an Hand eines Projektes **beispielhaft dargestellt**, bei dem der Bauherr nach 1,5 Jahren Planungszeit für die Leistungsphasen 1 und 2 nicht mehr sicher war, ob und wie das Projekt weitergeführt werden könnte.

Die zunächst allgemeine Formulierung der Aufgaben basierte auf den Handlungsbereichen der Projektsteuerung wie folgt:

A) Handlungsbereich Organisation
- Bestandsaufnahme in der Projektaufbau- und Ablauforganisation und Abstimmung erforderlicher Änderungen.
- Bestandsaufnahme in den Vertragsverhältnissen der Planungsbeteiligten.
- Bestandsaufnahme in den getroffenen Entscheidungen und Vorschlag eines zukünftigen Entscheidungsmanagements.

B) Handlungsbereich Qualitäten
- Bestandsaufnahme Nutzerbedarfsprogramm und Analyse im Hinblick auf den erreichten Planungsstand (Flächenwirtschaftlichkeit).
- Bestandsaufnahme in den genehmigungsrechtlichen Fragestellungen.
- Bestandsaufnahme in der Umsetzung von Nutzerwünschen.

C) Handlungsbereich Kosten
- Analyse des bestehenden Kostenrahmens.
- Bewertung der momentan bestehenden Unwägbarkeiten in Planung, Genehmigung und Analyse der Auswirkungen auf den Kostenrahmen.
- Analyse des Kostenrahmens für Baunebenkosten.

3045 **D) Handlungsbereich Termine**
- Bestandsaufnahme in der bisherigen Terminstruktur und Ableitung eines realistischen Ausführungsrahmens für Planung und Ausführung.

In der konkreten Umsetzung der Aufgabenstellung wurden folgende Einzelleistungen erbracht, die jeweils auf den Einzelfall anzupassen sind:

1) Analyse von Dokumenten
- geschlossene Verträge
- vorliegende Gutachten
- Unterlagen zur Bauvoranfrage

3046 **2) Analyse des aktuellen Planungsstandes auf**
- Umsetzung der Projektziele/Projektvorgaben allgemein
- Umsetzung der Forderungen aus Nutzerbedarfsprogramm oder Standardvorgaben
- Flächen und Flächenwirtschaftlichkeit
- Stellplatzkonzept hinsichtlich Wirtschaftlichkeit, Bedarf und in Bezug auf Bauherrenvorgaben, Ausnutzung des Baurechts
- Flexibilität des Entwurfs im Hinblick auf Eigennutzung und Vermietung (Nutzungskonzept)
- Bewertung erreichter GFZ und GRZ in Bezug auf Genehmigungsfähigkeit
- Bewertung der Planung hinsichtlich Einhaltung von Abstandsflächen: Chancen/Risiken
- Bewertung der Planung hinsichtlich Einhaltung denkmalschutzrechtlicher Belange: Chancen/Risiken
- Rechtliche Bewertung der möglichen bzw. notwendig zu schaffenden Stellplätze

- Nutzbarkeit und Vermarktbarkeit der geplanten Mieteinheiten
- Mögliche Optimierungsansätze bei Flächen und Kosten
- Gesamtkonzept hinsichtlich Flexibilität und Qualität
- Bewertung (Schätzung) der aktuellen Herstellkosten (Aufwand)
- Überprüfung der erreichbaren (prognostizierten) Mieteinnahmen (Nutzen)
- Überprüfung des Verkehrswertes des Gebäudes (Aufwand)
- Überprüfung der Renditenberechnung
- Bewertung des Wertzuwachses
- Gesamtaussage zu erreichbarer/prognostizierter Rendite

3) Bestandsaufnahme Projektorganisation
- Analyse der Projektorganisation
- Überprüfung der Projektorganisation auf Effizienz und Zweckmäßigkeit
- Vorschlag zur Änderung der Projektorganisation

4) Interviews mit Projektbeteiligten 3047
- Projektsteuerer
- Projektleiter beim Architekten
- Beratende Juristen
- Planungsbeteiligte

5) Objektbegehung
- Diverse Objektbegehungen mit Fotodokumentation

Im Ergebnis einer zweimonatigen Untersuchung wurden dem Bauherrn dann Entscheidungsvorschläge für die Fortführung des Projektes unterbreitet. Diese Entscheidungsvorschläge basierten aber auf konkreten Feststellungen und Analysen.

Leistungsbild Projektleitung: 3048

1. Rechtzeitiges Herbeiführen bzw. Treffen der erforderlichen Entscheidungen sowohl hinsichtlich Funktion, Konstruktion, Standard und Gestaltung als auch hinsichtlich Qualität, Kosten und Terminen.
2. Erteilen der Weisungen an die Projektbeteiligten und ausführenden Firmen in Abstimmung mit dem Auftraggeber.
3. Durchsetzen der erforderlichen Maßnahmen und Vollzug der Verträge unter Wahrung der Rechte und Pflichten des Auftraggebers.
4. Herbeiführen der erforderlichen Genehmigungen, Einwilligungen und Erlaubnisse im Hinblick auf den jeweiligen Stand der Baumaßnahme.
5. Konfliktmanagement zur Orientierung der unterschiedlichen Interessen der Projektbeteiligten auf einheitliche Projektziele hinsichtlich Qualitäten, Kosten und Termine u. a. im Hinblick auf
   - die Pflicht der Projektbeteiligten zur fachlich-inhaltlichen Integration der verschiedenen Planungs-/und Durchführungsleistungen und
   - die Pflicht der Projektbeteiligten zur Untersuchung von alternativen Lösungsmöglichkeiten.
6. Leiten und Protokollieren von Projektbesprechungen auf Geschäftsführungsebene bzw. mit den Verantwortlichen zur Vorbereitung/Einleitung/Durchsetzung von Entscheidungen.
7. Führen aller Verhandlungen mit projektbezogener vertragsrechtlicher oder öffentlich-rechtlicher Bindungswirkung für den Auftraggeber mit dessen Einbindung. Der Auftraggeber kann Fachleute und weitere Baubeteiligte zuziehen.
8. Wahrnehmen der zentralen Projektanlaufstelle: Sorge für die Abarbeitung des Entscheidungs-/Maßnahmenkatalogs.
9. Teilnahme an projektbezogenen Repräsentationspflichten gegenüber dem Finanzier, den Trägern öffentlicher Belange und der Öffentlichkeit nach Abstimmung und unter Einbindung des Auftraggebers.
10. Unterstützung des Auftraggebers bei der Formulierung der Projektziele und Projektanforderungen.

3049 11. Aktive Teilnahme an Finanzierungsgesprächen, an Vermarktungsrunden, an Mietvertragsverhandlungen, an Planervertragsverhandlungen, Führen der Vergabeverhandlungen für Bauleistungen, an Nachtragsverhandlungen bei Bauleistungen, bei Gesprächen und Verhandlungen zu Erschließungsfragen unter Einbindung des Bauherrn, an Rechtsberatungsrunden, weiterhin Teilnahme an Gesprächen und Verhandlungen zu Genehmigungsfragen mit z. B. LBK, DSch, GAA, Feuerwehr, RGU etc., Organisation des Krisenmanagements, Teilnahme bei juristischen Auseinandersetzungen, Teilnahme an Nachbarverhandlungen, Teilnahme bei Versicherungsfragen aus Bauwesenversicherung und Bauherrenhaftpflichtversicherung.

12. Durchführung eines regelmäßigen Projektreportings gegenüber dem Auftraggeber mit Darstellung der aktuellen Situationen und Prognosebetrachtungen, sowie Aufstellung der Projektkosten.

13. Bereitstellen der für die Vertragserfüllung erforderlichen Pläne, Unterlagen, Verträge und Berechnungen sowie Daten und Informationen.

3050 14. Der Auftragnehmer verpflichtet sich, dem AG eine Bieterliste sowie ein Leistungsverzeichnis von jedem Gewerk zu übermitteln und auf Verlangen sämtliche Ausschreibungs- und Angebotsunterlagen zu überlassen.

15. Durchsetzen der erforderlichen Maßnahmen, Überwachung und Koordination der Mietereinbauten.

16. Als Projektleiter verpflichtet sich der Auftragnehmer, Herrn ... einzusetzen. Bei nicht vom Auftragnehmer zu beeinflussendem Ausfall von Herrn ... muss der Auftragnehmer einen gleichwertig qualifizierten vertretenden Projektleiter einsetzen. Der Auftraggeber behält sich das Recht vor, die Ersatzbesetzung zurückzuweisen und die Einsetzung eines anderen Mitarbeiters zu verlangen.

17. Förderlich mit allen Baubeteiligten im Interesse des Auftraggebers einschließlich Projektsteuerer und Architekten zur Erreichung der Ziele zusammenzuarbeiten.

Leistungsbild 2.6 3051

Auftraggeberbetreuung bei Abschluss eines gewerblichen Mietvertrages für eine Spezialimmobilie mit Bauerrichtungsverpflichtung

1 Planung

1.1 Aufstellung der Projektorganisationsstruktur mit Festlegung von Abläufen, Kompetenzen/Verantwortlichkeiten und Organisationshilfsmitteln

1.2 Zusammenstellung der funktionalen, technischen, qualitativen und gestalterischen Vorgaben für die Bauaufgabe (Raum- und Funktionsprogramm, Mieterbaubeschreibung)

1.3 Mitwirken bei der Formulierung von Kontroll- und Einwirkungsmöglichkeiten des Auftraggebers in den Ablauf der Bauerrichtung

1.4 Prüfen des vom Auftraggeber aufgestellten Kostenrahmens/Möglichkeiten der Mietreduzierung

1.5 Prüfen des vom Auftraggeber aufgestellten Terminrahmens: ist der Einzugstermin realistisch?

1.6 Konzeption der Bestandsdokumentation des Mieters

2 Ausführungsvorbereitung (Vergabephase)

2.1 Überwachung des Vergabefortschritts, Terminkontrolle

2.2 Überprüfen der Vor-, Entwurfs- und Ausführungsplanung des Vermieters im Hinblick auf die Sollvorgaben des Auftraggebers/Mieters

2.3 Kontrolle der Planungen hinsichtlich Nutzerflexibilität und Wirtschaftlichkeit

2.4 Organisation und Kontrolle der Berücksichtigung von Anpassungswünschen des Auftraggebers in der Planungsphase

2.5 Schnittstellenanalyse in Bezug auf Mietereinbauten sowie der Abgrenzung angemieteter Flächen von Drittnutzern

2.6 Prüfung und Beratung zu den Auswirkungen vom Vermieter angebotener Alternativausführungen

2.7 Überprüfung möglicher Kostenverlagerungen aus dem Investitions- und dem Betriebskostenbereich

2.8 Konzeption der Entscheidungsprozesse für Planfreigaben, Bemusterungen und Änderungsanordnungen

2.9 Herbeiführung notwendiger Entscheidungen des Auftraggebers/Mieters im Planungsverlauf

2.10 Laufende Information des Mieters/Auftraggebers über das Planungsgeschehen

3. Ausführungsphase

3.1 Überwachen der Einhaltung des vertraglich vereinbarten Qualitätsstandards durch stichprobenartige Begutachtung des Planungs- und Ausführungsprozesses, insbesondere auch der angelieferten Materialien und deren Bearbeitung

3.2 Feststellen von Ausführungsmängeln und Veranlassen der Mängelbeseitigung

3.3 Hinweis an den Auftraggeber bezüglich 3052
etwa erforderlicher zusätzlicher Qualitätskontrollen durch Sonderfachleute

3.4 Herbeiführung notwendiger Entscheidungen des Auftraggebers in der Ausführungsphase

3.5 Prüfung etwaiger Forderungen des Vermieters auf Grund von Änderungsanordnungen

3.6 Kontrolle der Funktionen durch stichprobenartige Prüfung im Rahmen der Inbetriebsetzung und Einregulierung von Anlagen und Systemen

3.7 Hinweise zur Einhaltung von sicherheitstechnischen Anforderungen

3.8 Laufende Information des Auftraggebers über das Baugeschehen

3.9 Durchsicht der Bestandsdokumentation auf 3053
Vollständigkeit bzw. Nutzbarkeit

3.10 Mitwirken bei der Übernahme des Mietobjektes

3.11 Kontrolle der Mängelbeseitigung

4. Alle Phasen

4.1 Wahrnehmung der Funktionen als zentrale Anlaufstelle des Auftraggebers für die technische Abwicklung des Projektes

4.2 Information durch quartalsweise Sachstandsberichte

4.3 Laufende Beratung und Information des Auftraggebers

4.4 Mitwirken bei allen erforderlichen internen und externen Entscheidungsprozessen des Auftraggebers/Mieters

4.5 Mitwirken bei allen erforderlichen Genehmigungen bzw. Einwilligungen des Mieters/Auftraggebers im Verhältnis zum Vermieter

4.6 Mitwirkung bei der Wahrnehmung und Durchsetzung vertraglich abgesicherter Rechte des Mieters/Auftraggebers gegen den Vermieter bis zur Beseitigung der bei Abnahme festgestellten Mängel

3054 **Leistungsbild 2.7**

Leistungsbild Projektleitung (*Preuß/Eschenbruch* (2005))

Überblick über die Aufgaben der Projektleitung

Aufgaben der Projektleitung

1. Basisaufgaben der PL (i. d. R. nicht delegierbar)
- Schaffung einer Rechtsträgerorganisation für das Projekt (auch Repräsentation)
- Projektcompliance
- Projektgeschäftsordnung
- Definition der Fundamentalziele
- Sicherstellung der Finanzierung
- Entscheidung über Start und Abbruch des Projektes
- Bestellung des Projektleiters

2. Organisations- und Entscheidungsmanagement
- Entwicklung der Projektleitungsorganisation/Teambildung
- Erarbeitung der Aufbau- und Ablauforganisation für das Projekt, auch Festlegung der PSt-, Planer und Unternehmereinsatzform
- Einrichtung des Risiko- und Änderungsmanagements
- Detaillierung der Projektziele
- Planungs- und Entscheidungsmanagement betreffend Qualität, Kosten und Termine

3055 **3. Vertragsmanagement**
- Wahrnehmung als Anlaufstelle für Vertragsfragen
- Organisation der Projektaufgabe Recht/Beauftragung von Rechtsanwälten
- Abstimmung der Vertragssysteme und der Konfliktmanagementsysteme
- Vertragsverhandlung und Abschluss
- Vertragsmanagement im Übrigen einschließlich der Durchsetzung der Rechte gegenüber Behörden und Dritten

4. Grundstücks- und Genehmigungsmanagement
- Beschaffung des Baugrundstücks/technische Baureifmachung
- Schaffung von Baurecht (Bauplanungs- und Bauordnungsrecht)
- Einholung sonstiger Genehmigungen (Denkmalschutz, Wasserrechte, Altlasten etc.)
- Einholung von Genehmigungen Dritter

5. Nutzermanagement der Projektleitung
- Nutzerkonzeption, Machbarkeitsanalysen
- Nutzersuche/Festlegen der Nutzeranforderungen
- Einbeziehung des Nutzers in die Projektabwicklung
- Betreuung des Nutzers bei der Vorbereitung der Abnahme/Übergabe

6. Controlling
- Etablierung eines Controllingsystems
- Projektbegleitendes Risikomanagement
- Deeskalationsmanagement

Leistungsbild 2.8 3056
Projektentwicklung gem. AHO-Fachkommission, Heft 19, 2004

A: Standortanalyse und -prognose (Makro- und Mikrostandort)

Beschreibung eines vorhandenen Standortes oder Beschreibung der Standortanforderungen an einen noch zu beschaffenden Standort

1. Definition der räumlichen Rahmenbedingungen des Projektes

2. Auswahl und Erhebung relevanter harter Standortfaktoren auf Makro- und Mikroebene
2.1 Geografische Lage und Grundstücksstrukturen
2.2 Verkehrsstruktur
2.3 Wirtschaftsstruktur und Umfeldnutzungen

3. Auswahl und Erhebung relevanter weicher Standortfaktoren auf Makro- und Mikroebene
3.1 Soziodemografische Struktur
3.2 Image und Investitionsklima

4. Wechselseitige Betrachtung von Standort- und Marktsituation

5. Entscheidungsvorschlag (mittels Nutzwertanalyse und/oder Portfolio-Matrix)

6. Auswahl standortgeeigneter Nutzungen für vorhandene Standorte oder nutzungsgeeigneter Standorte für noch zu beschaffenden Standort

B: Marktrecherche (Nachfrager/Kunden und Konkurrenzangebote)

Auswahl und Erhebung relevanter Marktindikatoren auf Gesamt- und Teilmarktebene

1. Nachfrageranalyse
1.1 Flächenbedarf, differenziert nach
- Flächengesuchen
- Konkreten Anmietungsinteressen
- Vermietungsleistungen
- Marktsättigungsgrenzen
- Verdrängungseffekten
- Agglomerationseffekten
- Befragungsergebnissen

1.2 Potenzialanalyse zur Erhebung sektorenspezifischer Kenngrößen mit
- sektoraler Marktentwicklung
- möglichen Steigerungsraten
- Auslastungsgraden/Frequenzen
- Kaufkraftströmen/Zentralität
- Rechnerischem Flächen- und Umsatzpotenzial
- Branchenspezifischer Mietbelastbarkeit
- Befragungsergebnissen

2. Angebotsanalyse
2.1 Flächenbestand, differenziert nach
- Lagequalitäten
- Regionaler Verteilung
- Objekttypen und -größen in Zahlen 3057
- Branchenstruktur
- Angebotsniveau
- Alter und Zustand
- Jüngeren Baufertigstellungen
- Ausstattungsniveau
- Leerständen/Leerstandsraten
- Konkreten Flächenangeboten
- Wettbewerbsposition

2.2 Flächenplanung, differenziert nach
- Flächen in der Planung, in der Vorbereitung, im Bau
- Realisierungswahrscheinlichkeit
- Realisierungshorizonten 3058
- Geplanten Nutzern/Betreibern
- Zukünftigen Lagequalitäten
- Zukünftiger regionaler Verteilung
- Objekttypen und -größen
- Ausstattungsniveau
- Mittelfristigen Flächenangeboten
- Wettbewerbspositionen

3. Preisanalyse, differenziert nach
- Mietenspiegel
- Bestands-, Durchschnitts- und Spitzenmieten
- Üblichen Konditionen
- Aktuellen Neuvermietungen
- Anzeigenauswertung
- Ausstattungsniveau
- Bodenrichtwerten
- Aktuellen Verkäufen/Vervielfältigern
- Prognosen der Preisentwicklung
- Wettbewerbsposition im Preisgefüge 3059

4. Wechselseitige Betrachtung von Markt- und Standortsituation unter Einbeziehung der Marktlage des Nutzungssektors, der projektspezifischen Marktchancen, der Ertragsaussichten, der Rendite und des Mietenmix

5. Entscheidungsvorschlag zum weiteren Vorgehen

C: Grundstücksakquisition und -sicherung 3060

Veranlassen aller erforderlichen Maßnahmen, um im Falle einer Entscheidung für die Projektweiterführung (Ziff. N) über ein adäquates Grundstück verfügen zu können

1. Grundstücksakquisition

1.1 Identifizierung von geeigneten Grundstücken

1.2 Untersuchung der Einflussfaktoren für die Grundstückskaufentscheidung mit

3061 • unmittelbaren Parametern
  - Größe der Grundstücksfläche
  - Erweiterungsfähigkeit
  - Tragfähigkeit des Baugrundes
  - Grundwasserstand und Grundwasserschwankungen
  - Handicaps (Altstandort, Altlasten, Bodendenkmäler, Denkmalschutzauflagen, Kriegseinwirkungen) und

3062 • Mittelbaren Parametern
  - Kaufpreis
  - Baurecht (§§ 12, 30, 33, 34 und 35 BauGB i. V. m. § 9 BauGB und BauNVO)
  - Örtlichen Gestaltungssatzungen
  - Innerstädtischer Lage
  - Verkehrsanbindung
  - Entfernung zu Arbeits-, Einkaufs-, Freizeit- und Kultureinrichtungen

1.3 Einsicht in die Grundbücher zur Klärung
- der Eigentumsverhältnisse (Abt I)
- der Lasten und Beschränkungen (Abt. II) sowie
- der Hypotheken-, Grund- und Rentenschuld (Abt. III)

1.4 Klärung der Möglichkeiten des Grundstückserwerbs durch
- Vorkaufsrecht
- Schuldrechtlichen Vorvertrag
- Ankaufsrecht des Käufers
- Grundstückskauf

2. Grundstückssicherung

2.1 Sicherung der Bebaubarkeit nach BauGB

3063 • Unterscheidung der 5 Fälle nach BauBG
- § 12: Das Grundstück liegt im Bereich eines Bauvorhaben- und Erschließungsplanes
- § 30: Das Grundstück liegt im Geltungsbereich eines rechtskräftigen Bebauungsplanes
- § 33: Ein Bebauungsplan befindet sich erst im Aufstellungsverfahren

3064 • § 34: Das Grundstück liegt innerhalb der im Zusammenhang bebauten Ortsteile

3065 2.2 Abstimmen der Regelungen für den Grundstückskaufvertrag mit
- Kaufgegenstand
- Kaufpreis
- Besitzübergabe
- Bestehenden Miet- und Pachtverhältnissen
- Rechtsmängeln
- Sachmängeln
- Sicherung des Erwerbers
- Sicherung des Veräußerers
- Kaufpreisfinanzierung
- Rücktrittsklausel (z. B. bei noch nicht gesicherter Bebaubarkeit des Grundstücks)

D: Nutzungskonzeption (Nutzerbedarfsprogramm (DIN 18205), Funktions-, Raum- und Ausstattungsprogramm)

Erstellen einer wirtschaftlich tragfähigen Nutzungskonzeption, Erarbeiten des zugehörigen Nutzerbedarfsprogramms nach DIN 18205 sowie eines Funktions-, Raum- und Ausstattungsprogramms

1. Nutzungskonzeption

1.1 Generieren von Projektideen für eine sach- und zeitgerechte Nutzung für
- vorhandenen Standort mit zu beschaffendem Kapital
- vorhandenes Kapital mit zu beschaffendem Standort und
- vorhandenen konkreten Nutzerbedarf mit zu beschaffendem Standort und Kapital

1.2 Beschaffen der erforderlichen Basisinformationen für Nutzungskonzeptionen durch Kontakte zu den relevanten Institutionen und Auswertung der relevanten Mediennachrichten

1.3 Erarbeitung und Darstellung der Vorgaben des Nutzers/Investors mit
- wirtschaftlichen Rahmenbedingungen (Budget, Zielrendite, Planungskennwerte, Qualitätsstandards, Raum- und Funktionsprogramm)
- zeitlichen Vorgaben (z. B. zu Baubeginn und bei Fertigstellung)
- räumlichen Vorgaben (zu Standort, Lage und Verkehrsanbindung)

2. Nutzerbedarfsprogramm nach DIN 18205

2.1 Definition der Projektziele

2.2 Überprüfen von Bedarfsdeckungsalternativen (z. B. durch Umbau, Erweiterung, Neubau oder Umzug)

2.3 Organisationsuntersuchung des Nutzers mit
- Konzeption der künftigen Aufbauorganisation
- Mitarbeiterbefragung zu Kommunikationsanalyse und Arbeitsplatzanforderungen
- Konzeption der Ablauforganisation

2.4 Bedarfsplanung nach DIN 18205 mit
- Ermittlung des Flächenbedarfs für nutzungsspezifische Flächen und Sonderflächen sowie Stellplätze
- Anforderungen an Bauweise und Geschossbelegung

- Anforderungen an die tragenden und nichttragenden Baukonstruktionen
- Anforderungen an die Technischen Anlagen
- Anforderungen an die Optik
- Anforderungen an die Außenanlagen
- Anforderungen an die Sicherheitskonzeption
- Denkmalschutzanforderungen
- Bauökologische Anforderungen
- Zugehörigen Anlagen

3. Funktions-, Raum- und Ausstattungsprogramm zur Umsetzung der Bedarfsanforderungen und zur Schaffung von Grundlagen für die Planungskonzeption

3.1 Funktionsprogramm mit Zuordnung der einzelnen Funktionsbereiche, Raumgruppen und Sonderflächen/-räume unter Berücksichtigung der Arbeits- und Kommunikationsbeziehungen sowie der betrieblichen Logistik.

3.2 Raumprogramm mit Flächen und Räumen für die unterzubringenden Nutzungseinheiten inklusive der erforderlichen Sonderflächen und Sonderräume unter Verwendung eines zu erarbeitenden oder vorhandenen Arbeitsplatztypenkataloges.

3.3 Ausstattungsprogramm zur Vorgabe der erforderlichen Ausrüstung mit Betriebs- und Gebäudetechnik sowie der Einrichtung mit Maschinen, Geräten und Mobiliar mit Optimierung
- der Arbeitsplatzausstattung und des Arbeitsumfeldes
- der Maschinenanordnung und -aufstellung und
- der gebäude- und betriebstechnischen Ver- und Entsorgungssysteme sowie der Einbauten, Geräte und Ausstattung mit Inventar

E: Vorplanungskonzept

Konzeptionelle planerische Umsetzung des Nutzerbedarfsprogramms

1. Erarbeiten eines Vorplanungskonzeptes zur Nutzungskonzeption zum Nachweis der planerischen Umsetzbarkeit des Nutzerbedarfsprogramms auf dem vorgesehenen Grundstück und der Erfüllung des Raumprogramms durch eine Gebäude- und Geschossbelegung.

2. Darstellung der Ergebnisse durch

2.1 Lageplan M 1:1000 oder M 1:500

2.2 Grundrisse, Schnitte und Ansichten M 1:200

2.3 Erläuterungsbericht zu den wesentlichen städtebaulichen, gestalterischen, funktionalen, technischen, bauphysikalischen, wirtschaftlichen, energiewirtschaftlichen und landschaftsökologischen Zusammenhängen sowie dem Nachweis der baurechtlichen Umsetzbarkeit des Projektes auf dem vorgesehenen Grundstück

F: Vermarktung (Vermietung, Verkauf)

Konzeption des Immobilienmarketings sowie Auswahl eines externen Dienstleisters für Marketing- und PR-Maßnahmen

Vermietungsmanagement, Mieterbetreuung und Management des Mieterausbaus sowie Einbindung externer Makler

Organisation des Verkaufs durch Direktvertrieb oder Einbindung externer Makler

1. Projektmarketing mit Analyse, Prognose, Zielfestlegung, Strategie- und Detailplanung sowie Realisation und Kontrolle aller Maßnahmen zur Vermarktung des Projektes. Dazu gehören

1.1 Projekt-Marketing

1.2 Standortmarketing

1.3 Medienarbeit des Projektentwicklers

1.4 Vertriebsorganisation mit Maklern

1.5 Erarbeiten eines Kommunikationskonzeptes zur Entwicklung eines Markencharakters für das Projekt

2. Vermietung

2.1 Auswahl der Vermietungspartner

2.2 Beratungs- und Vermietungsaufträge

2.3 Definition und Ansprache der Mieter-Zielgruppen

2.4 Marketingstrategie

2.5 Festlegen der Kommunikationsmaßnahmen und des Budgets

2.6 Abstimmen der Vermarktungszeitachse

2.7 Abstimmen der Inhalte des Mietvertrages

3. Verkauf

3.1 Ermittlung potentieller Investorengruppen

3.2 Erarbeiten der Begründungen zu den entscheidungsrelevanten Anlagekriterien wie
- Standortqualität
- Mieterbonität und Mietermix

3.3 Mietvertrag

3.4 Gebäudemanagement

3.5 Nutzungsflexibilitäten

3.6 Gebäudeeffizienz

3.7 Architektur

3.8 Gebäudesubstanz

3.9 Image und Prestige des Projektes

4. Vorbereitung der Kaufverträge durch Verhandlungen mit Kaufinteressenten bis zur Unterschriftsreife 3066

G: Projektfinanzierung

Vorbereiten und Durchführung von Finanzierungsverhandlungen mit Kreditinstituten für das Gesamtprojekt bis zur Unterschriftsreife

1. Überprüfen möglicher Formen der Projektfinanzierung

2. Überprüfen und Kontaktaufnahme zu möglichen Anbietern der Projektfinanzierung
3. Vorbereiten und Durchführen von Finanzierungsverhandlungen mit ausgewählten Anbietern von Projektfinanzierungen für das Gesamtprojekt bis zur Unterschriftsreife

H: Immobilien-, Unternehmens- und Gesellschaftersteuern (Grunderwerb-, Grund-, Gewerbe-, Körperschaft-, Einkommen-, Erbschaftsteuer)

3067 **Untersuchen und Darlegen der Veränderung der Projektfinanzierung durch Steuereffekte unter**
3068 **Einbindung von im Immobilien-, Unternehmens- und Gesellschaftssteuerrecht erfahrenen Steuerberatern**

1. Überprüfen der für die Projektfinanzierung in Abhängigkeit von der Finanzierungsform relevanten Steuerarten
2. Untersuchen und Darlegen der Veränderung der Projektfinanzierung durch Steuereffekte unter Einbindung von im Unternehmens-, Gesellschafter- und Immobiliensteuerrecht erfahrenen Steuerberatern

I: Kostenrahmen für Investitionen (DIN 276) und Nutzungskostn (DIN 18960)

Erstellen des Rahmens für Investitionen und Baunutzungskosten

3069 1. Erstellen des Rahmens für Investitionen
2. Erstellen des Rahmens für Baunutzungskosten

J: Terminrahmen

Entwickeln, Vorschlagen und Festlegen des Terminrahmens

K: Ertragsrahmen

Abschätzen der zu erwartenden Erträge aus Vermietung oder Verkauf

1. Abschätzen der nachhaltig erzielbaren Erträge aus Vermietung durch Auswertung von relevanten Mietpreisspiegeln und Marktberichten
2. Abschätzen der nachhaltig erzielbaren Erträge durch Verkauf an Hand einer Verkehrswertermittlung nach den Grundsätzen der Wertermittlungsverordnung (WertV)

L: Rentabilitätsanalyse und -prognose mit Sensitivitätsanalyse

1. Erstellen einer Rentabilitätsanalyse nach der einfachen Developerrechnung und Bewertung
2. Erstellen einer Rentabilitätsprognose für den erwarteten Nutzungszeitraum mit Hilfe der Kapitalwertmethode
3. Durchführen einer Sensitivitätsanalyse durch Veränderung von Mieterträgen bzw. Verkaufspreis, Gesamtinvestitionskosten
4. Nutzungskosten und Schadenshöhe aus der Risikoanalyse

M: Risikoanalyse und -bewertung

Risikoanalyse und -prognose mit Stakeholderanalyse

1. Durchführen einer Risikoanalyse und -prognose durch Abschätzen der Eintrittswahrscheinlichkeiten und möglichen Schadenshöhen aus aktuell unbekannten, jedoch möglichen Einzelrisiken und Bewertung
2. Ermitteln der Häufigkeitsverteilung und der Summenkurve der Schadenshöhe für die mit minimaler, wahrscheinlicher und maximaler Tragweite vorgegebenen Schadensereignisse
3. Einbeziehen der voraussichtlichen Projektstakeholder in die Risikoanalyse und -prognose und Ermitteln der Veränderungen auf die ermittelte Schadenshöhe

N: Entscheidungsvorbereitung

Entscheidungsvorbereitung für die Projektweiterführung oder den Projektabbruch

1. Auswerten der Ergebnisse der Rentabilitätsanalyse und -prognose mit Sensitivitätsanalyse sowie der Risikoanalyse und -prognose mit Stakeholderanalyse in einem Koordinatensystem der Erfolgsfaktoren für die Projektentwicklung
2. Erstellen einer Nutzwertanalyse zur Beurteilung von nicht monetär bewertbaren Faktoren von Projektentwicklungsalternativen
3. Entscheidungsempfehlung für die Projektweiterführung oder den Projektabbruch mit Begründung

Leistungsbild 2.9 3070

Nutzerprojektsteuerung gem. *AHO Fachkommission, Heft 19, 2004*

Die Leistungen für das Nutzer-Projektmanagement sind gemäß Bild 18 in 5 Leistungsphasen zu gliedern:
- Nutzerseitige Planung
- Vorbereitung der Inbetriebnahme und des Umzugs
- Nutzerseitige Inbetriebnahme
- Ein-/Umzug
- Räumung Altstandorte

Die in Bild 18 aufgeführten Teilleistungen werden nachfolgend in ein Leistungsbild überführt mit den bekannten 4 Handlungsbereichen:
A Organisation, Information, Koordination, Dokumentation
B Qualitäten und Quantitäten
C Kosten und Finanzierung
D Termine, Kapazitäten und Logistik

Das externe Projektmanagement von Nutzerleistungen unterstützt den Nutzer bei den im Rahmen der Vorbereitung, Planung und Durchführung seiner Gebäudebesiedelung anfallenden Aufgaben.

Ein externes »Projektmanagement Nutzer« ist als Stabsstelle der für die Gebäudebesiedelung zuständigen Projektleitung zuzuordnen.

3071

1. Nutzerseitige Planung	**1. Nutzerseitige Planung**
A Organisation, Information, Koordination und Dokumentation 1. Ergänzen des Organisationshandbuches 2. Mitwirken beim Durchsetzen von Vertragspflichten gegenüber den externen Beteiligten 3. Mitwirken bei der Koordination und Erfolgskontrolle der Arbeitskreise 4. Führen und Protokollieren von Besprechungen der Arbeitskreise und Planungsgruppen 5. Definieren der Schnittstellen zwischen internen und externen Beteiligten 6. Definieren der Schnittstellen zwischen Nutzerprojekt und Bauprojekt 7. Laufende Information und Abstimmen mit dem Auftraggeber 8. Einholen der erforderlichen Zustimmungen des Auftraggebers 9. Berichterstattung in Nutzergremien 10. Fortschreiben der Übersicht über Nutzerentscheidungen **B Qualitäten und Quantitäten** 1. Überprüfen von Planungsergebnissen interner (Arbeitskreise) und externer (Planer) Beteiligter auf Übereinstimmung mit den vorgegebenen Projektzielen 2. Mitwirken bei der Strukturierung bzw. Detaillierung von Aufgabenpaketen der Arbeitskreise und Fachplaner	3. Zusammenfassen der Planungsergebnisse von Arbeitskreisen und Fachplanern 4. Darlegen interner und externer Planungsergebnisse, Anforderungen und Änderungen, soweit diese Einfluss auf die Bauausführung nehmen **C Kosten und Finanzierung** 1. Überprüfen der Kostenschätzungen der Arbeitskreise und Fachplaner sowie Veranlassen erforderlicher Anpassungsmaßnahmen 2. Planen von Mittelbedarf und Mittelabfluss 3. Prüfen und Freigabe von Rechnungen zur Zahlung in Abstimmung mit dem Auftraggeber 4. Fortschreiben der Projektbuchhaltung für den Mittelabfluss **D Termine, Kapazitäten und Logistik** 1. Terminieren und Terminkontrolle der Erledigung der Aufgabenpakete 2. Aufstellen und Abstimmen der Grobablaufplanung für die Inbetriebnahme 3. Aufstellen und Abstimmen der Grobablaufplanung für den Ein-/Umzug entsprechend den Anforderungen des Geschäftsbetriebes 4. Aufstellen und Abstimmen der Grobablaufplanung für die Räumung der Altobjekte entsprechend den Ablaufplanungen für Inbetriebnahme und Ein-/Umzug 5. Fortschreiben der Terminliste für Nutzerentscheidungen

3072

2. Vorbereitung der Inbetriebnahme und des Umzugs	2. Vorbereitung der Inbetriebnahme und des Umzugs
A Organisation, Information, Koordination und Dokumentation 1. Fortschreiben des Organisationshandbuches 2. Mitwirkung beim Durchsetzen von Vertragspflichten gegenüber den externen Beteiligten 3. Mitwirken bei der Koordination und Erfolgskontrolle der Arbeitskreise 4. Führen und Protokollieren von Besprechungen der Arbeitskreise und Planungsgruppen 5. Erstellen von Detailorganisationsstrukturen für Inbetriebnahme, Ein-/Umzug und Räumung 6. Koordination der Erstellung der Ausschreibungen durch die beauftragten Fachplaner 7. Laufende Information und Abstimmung mit dem Auftraggeber 8. Einholen der erforderlichen Zustimmungen des Auftraggebers 9. Berichterstattung in Nutzergremien 10. Fortschreiben der Übersicht über Nutzerentscheidungen **B Qualitäten und Quantitäten** 1. Überprüfen von Planungsergebnissen interner (Arbeitskreise) und externer (Planer) Beteiligter auf Übereinstimmung mit den vorgegebenen Projektzielen 3073 2. Überprüfen der Planungsergebnisse auf Übereinstimmung mit den definierten Schnittstellen 3. Kontrolle der tatsächlichen bauseitigen Umsetzung von Nutzeranforderungen und -änderungen 4. Fortschreiben der Übersicht über Nutzeraktivitäten 5. Mitwirken beim Freigeben der Firmenliste für Ausschreibungen 6. Überprüfen der Schnittstelleneinhaltung zwischen den Vergabepaketen 7. Vorgabe, Prüfung und Abstimmung der Vergabe- und Vertragsbedingungen für die Ausschreibungen 8. Überprüfen der Angebotsauswertungen und Vergabevorschläge der Fachplaner in technisch-wirtschaftlicher Hinsicht	9. Beurteilen der unmittelbaren und mittelbaren Auswirkungen von Alternativangeboten auf Übereinstimmung mit den vorgegebenen Projektzielen 10. Mitwirkung bei den Vergabeverfahren (Bieter-/Vertragsgespräche) bis zur Unterschriftsreife 11. Mitwirkung bei der Erstellung des Vertrages **C Kosten und Finanzierung** 1. Vorgabe der Soll-Werte für Vergabeeinheiten auf Basis der aktuellen Kostenberechnung 2. Überprüfung der vorliegenden Angebote im Hinblick auf die vorgegebenen Kostenziele und Beurteilung der Angemessenheit der Preise 3. Überprüfung der Kostenschätzungen der Arbeitskreise und Fachplaner sowie Veranlassen erforderlicher Anpassungsmaßnahmen 4. Zusammenstellen der aktualisierten Ausstattungskosten 5. Vorgabe von Deckungsbestätigungen für Aufträge 6. Prüfung und Freigabe von Rechnungen zur Zahlung in Abstimmung mit dem Auftraggeber 7. Fortschreiben der Projektbuchhaltung für den Mittelabluss **D Termine, Kapazitäten und Logistik** 1. Fortschreiben und Anpassen der Terminpläne zur Erledigung der Aufgabenpakete 2. Aufstellen von Einzelinbetriebnahmeplänen und Abstimmen mit Fachplanung und Ausführung 3. Überprüfen vorliegender Angebote im Hinblick auf vorgegebene Terminziele 4. Aufstellen von Logistikplänen für Inbetriebnahme, Ein-/Umzug und Räumung in Abstimmung mit den jeweils Beteiligten 5. Fortschreiben der Terminliste für Nutzerentscheidungen

3. Nutzerseitige Inbetriebnahme	**3. Nutzerseitige Inbetriebnahme**	3074
A Organisation, Information, Koordination und Dokumentation 1. Fortschreiben des Organisationshandbuches 2. Mitwirken bei der Durchsetzung von Vertragspflichten gegenüber den externen Beteiligten 3. Koordination der Inbetriebnahmeabläufe zwischen den Beteiligten 4. Laufende Information und Abstimmung mit dem Auftraggeber 5. Einholen der erforderlichen Zustimmungen des Auftraggebers 6. Berichterstattung in Nutzergremien 7. Fortschreiben der Übersicht über Nutzerentscheidungen	**C Kosten und Finanzierung** 1. Kostensteuerung zur Einhaltung der Kostenziele 2. Beurteilen der Nachtragsprüfungen 3. Vorgabe von Deckungsbestätigungen für Nachträge 4. Fortschreiben der Mittelbewirtschaftung 5. Fortschreiben der Projektbuchhaltung für den Mittelabfluss 6. Prüfen und Freigeben von Rechnungen zur Zahlung in Abstimmung mit dem Auftraggeber	
B Qualitäten und Quantitäten 1. Mitwirken bei der Abnahme der Ausführungsleistungen der Nutzeraustattungen 2. Mitwirken bei der Abnahme von Bauleistungen mit Schnittstellen zu Inbetriebnahmeleistungen 3. Fortschreiben der Übersicht über Nutzeraktivitäten 4. Herbeiführen erforderlicher Entscheidungen des Auftraggebers	**D Termine, Kapazitäten und Logistik** 1. Ablaufsteuerung der Inbetriebnahmeleistungen zur Einhaltung der Terminziele 2. Laufende Überprüfung und Abstimmung der Terminpläne mit allen Beteiligten 3. Laufende Überprüfung und Abstimmung der Logistikpläne mit allen Beteiligten 4. Überprüfung der Ergebnisse der Ausführungsbesprechungen anhand der Protokolle der Inbetriebnahmeüberwachung, Vorschlagen und Abstimmung von Anpassungsmaßnahmen bei Gefährdung von Projektzielen 5. Fortschreiben der Terminliste für Nutzerentscheidungen	3075

4. Ein-/Umzug	**5. Räumung und Rückbau der Altstandorte**	3076
A Organisation, Information, Koordination und Dokumentation 1. Fortschreiben des Organisationshandbuches 2. Mitwirken bei der Durchsetzung von Vertragspflichten gegenüber den externen Beteiligten 3. Koordination der Ein-/Umzugsabläufe zwischen den Beteiligten einschließlich Inbetriebnahme und Bau 4. Laufende Information und Abstimmung mit dem Auftraggeber 5. Einholen der erforderlichen Zustimmungen des Auftraggebers 6. Berichterstattung in Nutzergremien 7. Fortschreiben der Übersicht über Nutzerentscheidungen	**A Organisation, Information, Koordination und Dokumentation** 1. Fortschreiben des Organisationshandbuches 2. Laufende Information und Abstimmung mit dem Auftraggeber 3. Einholen der erforderlichen Zustimmungen des Auftraggebers 4. Berichterstattung in Nutzergremien 5. Fortschreiben der Übersicht über Nutzerentscheidungen **B Qualitäten und Quantitäten** 1. Mitwirken bei der Abnahme von Räumungs- und Rückbauleistungen an den Altstandorten 2. Fortschreiben der Übersicht über Nutzeraktivitäten	
B Qualitäten und Quantitäten 1. Mitwirken bei der Kontrolle und Abnahme der Umzugsleistungen 2. Fortschreiben der Übersicht über Nutzeraktivitäten **C Kosten und Finanzierung** 1. Kostensteuerung zur Einhaltung der Kostenziele 2. Beurteilen der Nachtragsprüfungen 3. Fortschreiben der Mittelbewirtschaftung 4. Fortschreiben der Projektbuchhaltung für den Mittelabfluss 5. Prüfung und Freigabe von Rechnungen zur Zahlung in Abstimmung mit dem Auftraggeber	**C Kosten und Finanzierung** 1. Kostensteuerung zur Einhaltung der Kostenziele 2. Beurteilen der Nachtragsprüfungen 3. Vorgabe von Deckungsbestätigungen für Nachträge 4. Fortschreiben der Mittelbewirtschaftung 5. Fortschreiben der Projektbuchhaltung für den Mittelabfluss 6. Prüfung und Freigabe von Rechnungen zur Zahlung in Abstimmung mit dem Auftraggeber	3077

D Termine, Kapazitäten und Logistik 1. Ablaufsteuerung der Ein-/Umzugsaktivitäten zur Einhaltung der Terminziele 2. Überprüfen der Detailumzugspläne der Umzugsspedition 3. Fortschreiben der Terminliste für Nutzerentscheidungen	**D Termine, Kapazitäten und Logistik** 1. Ablaufsteuerung der Räumungs- und Rückbauaktivitäten zur Einhaltung der Terminziele 2. Fortschreiben der Terminliste für Nutzerentscheidungen

Leistungsbild 2.10 3078

Leistungsbild für Consulting-Leistungen im Facility Management (*Preuß*)

1. Projektvorbereitung/Planung	2. Objektrealisierung	
A. Organisation, Information, Koordination und Dokumentation	**A. Organisation, Information, Koordination und Dokumentation**	
1. Grundlagenermittlung und Mitwirken bei der Zieldefinition zum Facility Management 2. Mitwirken bei der Erstellung der Dokumentation 3. Festlegen der notwendigen Bestands- und Vertragsdaten 4. Mitwirken bei der Konzeption zum Aufbau der Betreiberorganisation 5. Festlegen des Informationsflusses mit dem Nutzer/Auftraggeber 6. Festlegen von Strategien für Teilnutzung, Umnutzung, Außerbetriebnahme, Abriss und Verwertung 7. Mitwirken bei der Bestandsbewertung	1. Ableiten der Kenngrößen aus den Zieldefinitionen und Konzeption des Benchmarking 2. Mitwirken beim Dokumentenmanagement 3. Mitwirken beim Aufbau der Bestands- und Vertragsdaten 4. Mitwirken bei der Umsetzung der Betreiberorganisation 5. Laufende Information des Nutzers/Auftraggebers zur Vorbereitung von Entscheidungen 6. Festlegen von Strategien für Teilnutzungen, Außerbetriebnahme, Umnutzung, Abriss und Verwertung 7. Mitwirken bei der Bestandsbewertung	3079
B. Qualitäten und Quantitäten	**B. Qualitäten und Quantitäten**	
1. Konzeption der Datenübernahme, -aufbereitung sowie -auswertung 2. Festlegen des Aufbaus und der Koordination für Planungsdokumente 3. Festlegungen zum Umgang mit Betriebs-, Mängel- und Störungsmeldungen 4. Mitwirken beim Festlegen der Verbrauchswerterfassung 5. Definition der Anforderungen sowie Konzeption der Informationstechnologien 6. Erarbeiten von Strategien für operative Dienstleistungen einschließlich des Bedarfs und der Anforderungen	1. Mitwirken bei der Datenübernahme, -aufbereitung sowie -auswertung 2. Plausibilitätsprüfung und Steuerung der Dokumentation 3. Überwachen der Umsetzung der Betriebs-, Mängel- und Störungskonzeption 4. Planung/Überwachung der Verbrauchswerterfassung 5. Mitwirken bei Auswahl, Beschaffung, Aufbau und Einführung eines Informationssystems 6. Planen der Dienstleistungen, Mitwirken bei der Ausschreibung und Vergabe	3080
C. Kosten und Finanzierung	**C. Kosten und Finanzierung**	
1. Erstellen der Nutzungskostenschätzung und später der Nutzungskostenberechnung 2. Konzeption des Marketing für die Vermittlung von Mietflächen 3. Wirtschaftlichkeitsberechnung (WB) sowie Nutzen-Kosten-Untersuchung (NKU) 4. Konzeption der Kontenführung hinsichtlich der laufenden Nutzungskosten	1. Erstellen des Nutzungskostenanschlages 2. Mitwirken beim Marketing und der Vermittlung von Mietflächen 3. Wirtschaftlichkeitsberechnung (WB) sowie Nutzen-Kosten-Untersuchung (NKU) 4. Mitwirken beim Aufbau der Kontenführung hinsichtlich der laufenden Nutzungskosten	3081
D. Termine und Kapazitäten	**D. Termine und Kapazitäten**	
1. Aufstellen und Abstimmen des Terminrahmens sowie der notwendigen Kapazitäten zum strategischen FM 2. Mitwirken bei der Erstellung von betriebsrelevanten Terminplänen	1. Überwachen der Einhaltung des Terminrahmens zum strategischen FM hinsichtlich der Aufnahme des operativen FM 2. Aktualisieren der betriebsrelevanten Terminpläne 3. Erstellen eines Detailterminplans zur Dienstleisterkoordination	

3082 **Leistungsbild 2.11**

Leistungsbild Construction Management – Leistungsbild nach *Racky*[12] (2004)

a) **Projektvorbereitung**
- Unterstützung des AG bei der Formulierung des Zielkataloges und der Nutzeranforderungen
- Beratung des AG bei der Auswahl weiterer Projektbeteiligter und dem Aufbau der Projektorganisation
- Evtl. Organisation des Architektenwettbewerbs und Unterstützung des AG bei Gestaltung und Abschluss von Planerverträgen
- Mitwirkung bei der Ermittlung des Kostenrahmens, Durchführung der ersten Kostenschätzung

b) **Planung**
- Aufbau sowie terminliche und organisatorische Überwachung des Planumlaufschemas, persönliche Überwachung der Lieferung aller relevanten Planungsleistungen durch die Planungsbeteiligten
- Technische Koordination der Planungsbeteiligten
- Ständige Überprüfung der Planung im Hinblick auf die Umsetzung der Nutzungsanforderungen
- Permanente Bewertung der Planung hinsichtlich der zu erwartenden Baukosten, Fortschreibung der Kostenermittlung, Dokumentation kostenrelevanter Planungsänderungen und Ausarbeitung entsprechender Entscheidungsgrundlagen für den AG
- Erarbeitung von Optimierungsmöglichkeiten betreffend die ausführungstechnische Umsetzbarkeit der Planung sowie den Einsatz von Baumodellen und -verfahren
- Unterstützung des AG bei der Beschaffung erforderlicher behördlicher Genehmigungen und Zulassungen, Koordination der betreffenden Verfahren und der daran Beteiligten

3083 c) **Ausschreibung und Vergabe**
- Koordination und Beratung des Architekten und der Fachplaner bei der Erstellung der Ausschreibungsunterlagen
- Aufgliederung der Bauleistungen in projektspezifisch vorteilhafte Vergabeeinheiten, Erstellung der dazugehörigen Bieterlisten
- Durchführung der Ausschreibung, Auswertung der Angebote, Prüfung von Sondervorschlägen der Bieter und Unterbreitung der Vergabevorschläge an den AG
- Einarbeitung der Vergabepreise in die Kostenermittlung, Unterbreitung von Vorschlägen bezüglich kostensparender Alternativen und Änderungen bei Überschreitung der Teilbudgets

3084 d) **Bauausführung**
- Koordinierung und Überwachung der ausführenden Firmen in Bezug auf die Einhaltung der Termin- und Qualitätsziele sowie der Sicherheitsvorschriften
- Prüfung der Rechnungen und Nachträge, fortwährende Überwachung und Dokumentation der Kostenentwicklung
- Mitwirken bei der Abnahme der Leistungen der ausführenden Firmen

e) **Projektabschluss**
- Koordination und Übernahme der Inbetriebnahme des Gebäudes
- Prüfung der Schlussrechnungen, Abschluss der Kostenfeststellungen
- Prüfung der Projektdokumentation und Archivierung der Bauakten

12 Racky, in: Status quo und Perspektiven der Bauvertragsgestaltung aus betrieblicher Sicht in: Schriftenreihe Bauwirtschaft, IBW Symposium, 2004, Partnerschaftliche Vertragsmodelle für Bauprojekte.

Leistungsbild 2.12 3085

Leistungsbild Construction Management at agency gem. AHO, Heft 19, 2004

1. Projektvorbereitung	1. Projektvorbereitung
A Organisation, Strategien, Koordination, Information und Dokumentation 1. Entwickeln, Vorschlagen, Erstellen und Festlegen der Projektziele, Projektorganisation und der Projektablaufstrategien durch ein projektspezifisch zu erstellendes Organisations-/Projekthandbuch 2. Auswahl der zu Beteiligenden und Führen von Verhandlungen 3. Vorbereitung der Beauftragung der zu Beteiligenden 4. Laufende Information und Abstimmung mit dem Auftraggeber 5. Einholen der erforderlichen Zustimmungen des Auftraggebers 6. Mitwirken bei der Konzeption und Festlegung eines Projektkommunikationssystems *7. Auswahl/Entwickeln, Vorschlagen, Erstellen und Einführen eines Dokumentenmanagementsystems einschl. eines Planmanagementsystems* *8. Mitwirken bei der betriebswirtschaftlich-organisatorischen Beratung des Auftraggebers zur Bedarfsanalyse, Projektentwicklung und Grundlagenermittlung* *9. Veranlassen besonderer Abstimmungsverfahren zur Sicherung der Projektziele* *10. Koordination aller Projektbeteiligten innerhalb der Gremien des Auftraggebers* *11. Entwickeln, Abstimmen, Festlegen und Einführen eines Änderungsmanagementsystems* **B Qualitäten und Quantitäten** 1. Mitwirken bei der Definition der Grundlagen für das Gesamtprojekt hinsichtlich Bedarf nach Art und Umfang (NBP/Design Brief) 2. Mitwirken beim Ermitteln des Raum-, Flächen- oder Anlagenbedarfs und der Anforderungen an Standard und Ausstattung durch das Bau- und Funktionsprogramm	3. Mitwirken beim Klären der Standortfragen, Beschaffen der standortrelevanten Unterlagen, der Grundstücksbeurteilung hinsichtlich Nutzung in privatrechtlicher und öffentlich-rechtlicher Hinsicht 4. Herbeiführen der erforderlichen Entscheidungen des Auftraggebers *5. Erstellen, Abstimmen, Festlegen, Koordinieren und Durchführen eines fortlaufenden Projektoptimierungsprozesses (Value Management)* *6. Zusammenstellen der erforderlichen Unterlagen, Abwickeln und/oder Prüfen von Ideen-, Programm- und Realisierungswettbewerben* *7. Veranlassen und Mitwirken beim Erstellen der Umwelterheblichkeit und Umweltverträglichkeit* **C Kosten und Finanzierung** 1. Mitwirken beim Festlegen des Rahmens für Investitionen und Baunutzungskosten 3086 2. Mitwirken beim Ermitteln und Beantragen von Investitionsmitteln 3. Prüfen und Freigabe von Rechnungen zur Zahlung 4. Einrichten und Fortschreiben der Projektbuchhaltung für den Mittelabfluss und die Anlagenkonten *5. Überprüfen von Wertermittlungen für bebaute und unbebaute Grundstücke* **D Termine, Kapazitäten und Logistik** 1. Entwickeln, Vorschlagen, Festlegen des Terminrahmens 2. Aufstellen/Abstimmen des Generalterminplans und Ableiten des Kapazitätsrahmens 3087 3. Festlegen logistischer Einflussgrößen unter Berücksichtigung relevanter Standort- und Rahmenbedingungen **E Bauüberwachung** *Keine Tätigkeiten in dieser Projektstufe*

2. Planung	2. Planung 3088
A Organisation, Strategie, Koordination, Information und Dokumentation 1. Fortschreiben des Organisationshandbuches 2. Dokumentation der wesentlichen projektbezogenen Plandaten in einem Projekthandbuch 3. Mitwirken beim Durchsetzen von Vertragspflichten gegenüber den Projektbeteiligten 4. Mitwirken beim Vertreten der Planungskonzeption 5. Vertreten der Planungskonzeption gegenüber der Öffentlichkeit	6. Mitwirken und Unterstützen bei Genehmigungsverfahren *7. Fortschreiben eines Dokumentenmanagementsystems einschl. eines Planmanagementsystems* *8. Koordination aller Projektbeteiligten innerhalb der Gremien des Auftraggebers* *9. Erstellen, Abstimmen, Festlegen und fortlaufende Durchführung eines Risikomanagements* 10. Überwachen des Betriebes eines Projektkommunikationssystems

11. *Entwickeln, Abstimmen und Fortschreiben des Berichtswesens*

3089 12. Einholen der erforderlichen Zustimmungen des Auftraggebers
13. Laufende Information und Abstimmung mit dem Auftraggeber
14. *Fortschreiben eines Änderungsmanagementsystems*

B Qualitäten und Quantitäten

1. Überprüfen der Planungsergebnisse inkl. evtl. Planungsänderungen auf Konformität mit den vorgegebenen Projektzielen
2. *Koordinieren und Durchführen eines fortlaufenden Projektoptimierungsprozesses (Value Management)*
3. Erstellen einer Vergabestrategie in Zusammenarbeit mit den Planern
4. Herbeiführen der erforderlichen Entscheidungen des Auftraggebers
5. Festlegen der Qualitätsstandards ohne/mit Mengen in einem Gebäude- und Raumbuch
6. Mitwirken bei der Planfreigabe
7. Überprüfen der Planungsergebnisse durch Wirtschaftlichkeitsuntersuchungen

C Kosten und Finanzierung

1. Überprüfen der Kostenschätzungen und -berechnungen der Objekt- und Fachplaner sowie Veranlassen erforderlicher Anpassungsmaßnahmen
2. Erstellen einer Kostenschätzung und -berechnung und Abstimmen des Gesamtbudgets
3. Prüfen und Freigabe von Rechnungen zur Zahlung
4. Fortschreiben der Projektbuchhaltung für den Mittelabfluss
5. Zusammenstellen der voraussichtlichen Baunutzungskosten
6. Planung von Mittelbedarf und Mittelabfluss
7. *Fortlaufende Kostenkontrolle einschl. Erstellen des Kostenberichts*

D Termine, Kapazitäten und Logistik

1. Aufstellen/Abstimmen der Grob- und Detailablaufplanung für die Planung
2. Aufstellen/Abstimmen der Grobablaufplanung für die Ausführung
3. Ablaufsteuerung der Planung
4. Fortschreiben der General- und Grobablaufplanung für die Planung und Ausführung sowie der Detailablaufplanung für die Planung
5. Führen und Protokollieren von Ablaufbesprechungen der Planung sowie Vorschlagen und Abstimmen von erforderlichen Anpassungsmaßnahmen
6. Aktualisieren der logistischen Einflussgrößen unter Einarbeitung in die Ergebnisunterlagen der Termin- und Kapazitätsplanung
7. Erstellen eines eigenständigen Logistikkonzeptes mit logistischen Lösungen für infrastrukturelle Anbindungen mit möglichen Transportwegen, Andienungsmöglichkeiten, Verkehrs- und Lagerflächen sowie für Rettungsdienste unter Einschluss von öffentlich-rechtlichen Erfordernissen
8. Abgleichen logistischer Maßnahmen mit Anlieger- und Nachbarschaftsinteressen

E Bauüberwachung

1. *Abstimmen des Logistikkonzeptes mit dem Sicherheits- und Gesundheitsschutzkoordinator (SiGeKo)*
2. Erstellen, Festlegen und Fortschreiben der Bauausführungsstrategie
3. Entwickeln von temporären Sicherheitskonzepten während der Bauausführung
4. Erstellen und Fortschreiben eines Baustelleneinrichtungsplanes/-logistikplanes

3090 **3. Ausführungsvorbereitung**

A Organisation, Strategien, Koordination, Information und Dokumentation

1. Fortschreiben des Organisationshandbuches
2. Fortschreiben des Projekthandbuches
3. Mitwirken beim Durchsetzen von Vertragspflichten gegenüber den Projektbeteiligten
4. Laufende Information und Abstimmung mit dem Auftraggeber
5. Einholen der erforderlichen Zustimmungen des Auftraggebers
6. *Fortschreiben des Berichtswesens*
7. *Aktualisieren und Optimieren der Vergabestrategie*
8. *Fortschreiben eines Änderungsmanagementsystems*
9. *Fortschreiben und Aktualisieren eines Risikomanagementsystems*

3. Ausführungsvorbereitung

B Qualitäten und Quantitäten

1. Überprüfen der Planungsergebnisse inkl. evtl. Planungsänderungen und Konformität mit den vorgegebenen Projektzielen
2. Koordinieren und Durchführen eines fortlaufenden Projektoptimierungsprozesses (Value Management)
3. Erstellen von Firmenlisten für Ausschreibungen
4. Herbeiführen der erforderlichen Entscheidungen des Auftraggebers
5. Überprüfen der Verdingungsunterlagen für die Gewerke/Vergabeeinheiten und Anerkennen der Versandunterlagen
6. Überprüfen und Kontrollieren der verschiedenen Leistungsbeschreibungen bzw. Leistungsbilder hinsichtlich Ausführung und Anerkennen der Versandfertigkeit

7. Überprüfen der Planungsergebnisse durch Wirtschaftlichkeitsuntersuchung
8. Versand der Ausschreibungsunterlagen
9. Überprüfen der Angebotsauswertung für die Ausführung in technisch-wirtschaftlicher Hinsicht
10. Beurteilen der unmittelbaren und mittelbaren Auswirkungen von Alternativangeboten auf Konformität mit den vorgegebenen Projektzielen
11. Führen und Protokollieren von Vergabeverhandlungen bis zur Unterschriftsreife

C Kosten und Finanzierung

1. Vorgabe der Sollwerte für Gewerke/Vergabeeinheiten auf der Basis der aktuellen Kostenberechnung unter Berücksichtigung des Schnittstellenrisikos
2. Überprüfen der vorliegenden Angebote im Hinblick auf die vorgegebenen Kostenziele und Beurteilung der Angemessenheit der Preise
3. Vorgabe der Deckungsbestätigungen für Aufträge
4. Überprüfen der Kostenanschläge für Objekt- und Fachplaner sowie Veranlassen erforderlicher Anpassungsmaßnahmen
5. Prüfen und Freigabe von Rechnungen zur Zahlung
6. Fortschreiben der Projektbuchhaltung für den Mittelabfluss
7. Zusammenstellen der voraussichtlichen Baunutzungskosten
8. Fortschreiben der Mittelbewirtschaftung
9. *Erstellen von fortlaufenden Kostenberichten*

D Termine, Kapazitäten und Logistik 3091

1. Aufstellen und Abtimmen der Steuerungsablaufplanung für die Ausführung
2. Fortschreiben der General- und Grobablaufplanung für die Planung und Ausführung sowie der Steuerungsablaufplanung für die Planung
3. Vorgabe der Vertragstermine und -fristen für die besonderen Vertragsbedingungen der Ausführungs- und Lieferleistungen
4. Überprüfen der vorliegenden Angebote im Hinblick auf vorgegebene Terminziele
5. Führen und Protokollieren von Ablaufbesprechungen der Ausführungsvorbereitungen sowie Vorschlagen und Abstimmen von erforderlichen Anpassungsmaßnahmen
6. *Aktualisieren und Prüfen der Entwicklung der logistischen Einflussgrößen*
7. *Aktualisieren und Optimieren der Logistikplanung durch logistische Rahmenbedingungen/Maßnahmen*
8. *Abgleichen logistischer Maßnahmen mit Anlieger- und Nachbarschaftsinteressen*

E Bauüberwachung

1. *Aktualisieren und Optimieren eines Baustelleneinrichtungsplanes/-logistikplanes*
2. *Ermitteln von Ablaufdaten zur Bieterbeurteilung (erforderlicher Personal-, Maschinen- und Geräteeinsatz nach Art, Umfang und zeitlicher Verteilung)*
3. *Aktualisieren und Optimieren der Bauausführungsstrategie*

4. Ausführung | **4. Ausführung** 3092

A Organisation, Strategien, Koordination, Information und Dokumentation

1. Fortschreiben des Organisationshandbuches
2. Fortschreiben des Projekthandbuches
3. Mitwirken beim Durchsetzen von Vertragspflichten gegenüber den Projektbeteiligten
4. Laufende Information und Abstimmung mit dem Auftraggeber
5. Einholen der erforderlichen Zustimmungen des Auftraggebers
6. *Fortschreiben des Berichtswesens*
7. *Aktualisieren und Optimieren der Projektstrategien (für Bauablauf und Abnahme/Inbetriebnahme)*
8. *Unterstützen des Auftraggebers bei Krisensituationen (z.B. bei Ausscheiden von Beteiligten)*
9. Unterstützen des Auftraggebers beim Abwenden unberechtigter Drittforderungen
10. *Fortschreiben eines Dokumentenmanagementsystems einschließlich eines Planmanagementsystems*
11. *Koordination aller Projektbeteiligten innerhalb der Gremien des Auftraggebers*
12. *Fortschreiben und Aktualisieren eines Risikomanagementregisters*
13. *Überwachen des Betriebs eines Projektkommunikationssystems*
14. *Erstellen und Fortführen eines Entscheidungs- und Maßnahmenkataloges* 3093
15. *Fortschreiben eines Änderungsmanagementsystems*

B Qualitäten und Quantitäten

1. Prüfen von Ausführungsänderungen ggf. Revision von Qualitätsstandards nach Art und Umfang (Value Management)
2. Herbeiführen der erforderlichen Entscheidungen des Auftraggebers

C Kosten und Finanzierung

1. Kostensteuerung zur Einhaltung der Kostenziele
2. *Rechnungsprüfung und Freigabe zur Zahlung*
3. Fortschreiben der Projektbuchhaltung für den Mittelabfluss
4. Fortschreiben der Mittelbewirtschaftung
5. *Erstellen von fortlaufenden Kostenberichten*
6. *Beurteilen und Freigeben der Nachträge*
7. *Vergabe der Deckungsbestätigungen für Nachträge*

D Termine, Kapazitäten und Logistik 1. Überprüfen und Abstimmen der Terminpläne der ausführenden Firmen mit den Steuerungsablaufplänen der Ausführung des Construction Managers 2. Ablaufsteuerung der Ausführung zur Einhaltung der Terminziele 3. Überprüfen der Ergebnisse der Baubesprechungen, Vorschlagen und Abstimmen von Anpassungsmaßnahmen bei Gefährdung von Projektzielen *4. Aufstellen und Abstimmen der Steuerungsablaufplanung zur Übergabe und Inbetriebnahme* *5. Aktualisieren und Prüfen der Entwicklung der logistischen Einflussgrößen* *6. Aktualisieren und Optimieren der Logistikplanung durch logistische Rahmenbedingungen/Maßnahmen* 7. Abgleichen und kontinuierliches Fortführen der Abstimmung logistischer Maßnahmen mit Anlieger- und Nachbarschaftsinteressen	**E Bauüberwachung** *1. Umsetzen des Logistikkonzeptes* *2. Aktualisieren und Optimieren eines Baustelleneinrichtungsplanes/-logistikplanes* 3. Aktualisieren, Optimieren und Umsetzen der Bauausführungsstrategie 4. Steuerung und Kontrolle der Aktivitäten der ausführenden Firmen 5. Überwachen der Schnittstellen der ausführenden Firmen 6. Umsetzen von temporären Sicherheitskonzepten während der Bauausführung 7. Fortlaufendes Abstimmen des Logistikkonzeptes mit dem Sicherheits- und Gesundheitsschutzkoordinator (SiGeKo) 8. Umsetzen des Müllentsorgungskonzeptes 9. Umsetzen der Soziallogistik 10. Führen und Protokollieren von Baubesprechungen 11. Konfliktmanagement während der Bauausführung hinsichtlich Qualitäten, Kosten und Terminen

3094

5. Projektabschluss	**5. Projektabschluss**
A Organisation, Strategien, Koordination, Information und Dokumentation 1. Mitwirken bei der organisatorischen und administrativen Konzeption und bei der Durchführung der Übergabe/Übernahme bzw. Inbetriebnahme/Nutzung 2. Mitwirken beim systematischen Zusammenstellen und Archivieren der Bauakten inkl. Projekt- und Organisationshandbuch 3. Laufende Information und Abstimmung mit dem Auftraggeber 4. Einholen der erforderlichen Zustimmungen des Auftraggebers 5. Mitwirken beim Einweisen des Bedienungs- und Wartungspersonals für Betriebstechnische Anlagen 6. Prüfen der Projektdokumentation der fachlich Beteiligten 7. Mitwirken bei der betrieblichen und baufachlichen Beratung des Auftraggebers zur Übergabe/Übernahme bzw. Inbetriebnahme/Nutzung 3095 8. Unterstützung des Auftraggebers beim Prüfen von Wartungs- und Energielieferungsverträgen **B Qualitäten und Quantitäten** 1. Veranlassen der erforderlichen behördlichen Abnahmen, Endkontrollen und/oder Funktionsprüfungen 2. Mitwirken bei der rechtsgeschäftlichen Abnahme der Planungsleistungen 3. Prüfen der Gewährleistungsverzeichnisse	**C Kosten und Finanzierung** 1. Überprüfen der Kostenfeststellung der Objekt- und Fachplaner 2. Freigabe der Rechnungen zur Zahlung 3. Aktualisieren der Baunutzungskosten 4. Freigabe von Schlussrechnungen sowie Mitwirken bei der Freigabe von Sicherheitsleistungen 5. Abschluss der Projektbuchhaltung für den Mittelabfluss **D Termine, Kapazitäten und Logistik** 1. Ablaufplanung zur Übergabe/Übernahme bzw. Inbetriebnahme/Nutzung 2. Mitwirken beim systematischen Zusammenstellen und Archivieren der Logistikplanung und Dokumentation 3. Zusammenfassen und Dokumentieren der mit den Anlieger- und Nachbarschaftsinteressen erfolgten Abstimmungen **E Bauüberwachung** *1. Umsetzen und Durchführung des Übergabe-/Übernahme- bzw. Inbetriebnahme-/Nutzungskonzeptes* *2. Koordinieren und Kontrollieren der Mängelbeseitigungsleistungen der ausführenden Unternehmen*

Leistungsbild 2.13 3096

Leistungsbild Internationale Projektsteuerung nach *Borg*[13] *(2005)*

Projektstufe 1 – Projektvorbereitung		
Grundleistungen	**Besondere Leistungen**	
A Organisation, Information, Koordination und Dokumentation		
1. Mitwirken bei der Projektzieldefinition und der Priorisierung der Projektziele. 2. Entwickeln, Festlegen und Implementieren der Organisations-, Informations- und Kommunikationsstruktur für das Projekt in Abstimmung mit dem Auftraggeber. 3. Mitwirken bei der Auswahl der zu Beteiligenden, Führen von Verhandlungen, Vorbereiten ihrer Beauftragung und Einführen in das Projekt. 4. Laufende Projektsachstandsinformation und Abstimmung mit dem Auftraggeber. 5. Vorbereiten, Durchführen/Moderieren und Nachbereiten der regelmäßigen Projektbesprechungen sowie ggf. weiterer Besprechungen mit geeigneten Beteiligten.	1. In Zusammenarbeit mit dem Auftraggeber, Vorschlagen, Abstimmen und Festlegen eines geeigneten Verfahrens zur Schlichtung von Konflikten zwischen den projektbeteiligten Vertragsparteien sowie dessen organisatorische und vertragliche Umsetzung. 2. Vorschlagen, Abstimmen und Festlegen geeigneter Maßnahmen zur Teamentwicklung sowie die organisatorische und vertragliche Umsetzung, Wahrnehmen der zentralen Anlaufstelle für die Teamentwicklung.	
B Qualitäten und Quantitäten		
1. Mitwirken bei der Entwicklung des Projektanforderungskataloges.	1. In Abstimmung mit dem Auftraggeber Veranlassen von und Teilnehmen an einer zweckmäßigen Anzahl von Risikomanagement-Workshops mit geeigneten Beteiligten. Ferner Prüfen und Dokumentieren der erzielten Ergebnisse in einem Risikoverzeichnis sowie Vorschlagen und Abstimmen von Maßnahmen zu deren Umsetzung.	3097
C Kosten		
1. Erstellen des Projektbudgets mit Erläuterungsbericht. 2. Prüfen und Freigeben von Rechnungen zur Zahlung.	1. In Abstimmung mit dem Auftraggeber Veranlassen von und Teilnehmen an einer zweckmäßigen Anzahl von Value Management Workshops mit geeigneten Beteiligten. Ferner Prüfen und Dokumentieren der erzielten Ergebnisse sowie Vorschlagen und Abstimmen von Maßnahmen zu deren Umsetzung. 2. Unterstützen des Auftraggebers bei der Beantragung von Investitionsmitteln.	3098
D Termine und Kapazitäten		
1. Aufstellen und Abstimmen der Masterplanung für das gesamte Projekt mit Erläuterungsbericht.		

13 Konzeption eines Leistungsbildes und Honoraruntersuchungen für das internationale Bau-Projektmanagement, Wuppertal 2005.

	Projektstufe 2 – Planung	
3099	**Grundleistungen**	**Besondere Leistungen**
	A Organisation, Information, Koordination und Dokumentation	
	1. Fortschreiben der Projektziele 2. Überprüfen und Fortschreiben der Organisations-, Informations- und Kommunikationsstruktur für Planung und Ausführung. 3. Erstellen eines Projekthandbuches. 4. Laufende Projektsachstandsinformation und Abstimmung mit dem Auftraggeber. 5. Mitwirken bei Terminieren und Fortschrittskontrolle aller für ein Investitionsvorhaben erforderlichen Genehmigungsverfahren. 6. Vorbereiten, Durchführen/Moderieren und Nachbereiten der regelmäßigen Projektbesprechungen sowie ggf. weiterer Besprechungen mit geeigneten Beteiligten.	1. In Abstimmung mit dem Auftraggeber und Realisierung der Projekt-PR.
	B Qualitäten und Quantitäten	
3100	1. Überprüfen und Fortschreiben des Projektanforderungskatalogs. 2. Prüfen der Planungsergebnisse auf Übereinstimmung mit den vorgegebenen Projektzielen.	1. In Abstimmung mit dem Auftraggeber Veranlassen von und Teilnehmen an einer zweckmäßigen Anzahl von Risikomanagement-Workshops mit geeigneten Beteiligten. Ferner Prüfen und Dokumentieren der erzielten Ergebnisse in einem Risikoverzeichnis sowie Vorschlagen und Abstimmen von Maßnahmen zu deren Umsetzung.
	C Kosten	
3101	1. Präzisieren des Projektbudgets 2. Mittelbedarfs- und Abflussplanung. 3. Prüfen und Freigeben von Rechnungen zur Zahlung. 4. Kostenkontrolle und -steuerung.	1. In Abstimmung mit dem Auftraggeber Veranlassen von und Teilnehmen an einer zweckmäßigen Anzahl von Value Engineering Workshops mit geeigneten Beteiligten zweck kritischer Beurteilung der durch den/die Planer vorgesehenen Lösungsvorschläge. Ferner Prüfen und Dokumentieren der erzielten Ergebnisse sowie Vorschlagen und Abstimmen von Maßnahmen zu deren Umsetzung. 2. Umfassende Kostenkontrolle.
3102	**D Termine und Kapazitäten**	
	1. Entwickeln und Abstimmen der Steuerungsablaufplanung der Planung und Ausführungsvorbereitung sowie der Grobablaufplanung der Ausführung. 2. Ablaufkontrolle und -steuerung.	

Projektstufe 3 – Ausführungsvorbereitung		
Grundleistungen	**Besondere Leistungen**	
A Organisation, Information, Koordination und Dokumentation		
1. Fortschreiben der Projektziele. 2. Überprüfen und Fortschreiben der Organisations-, Informations- und Kommunikationsstruktur. 3. Fortführen des Projekthandbuches. 4. Laufende Projektsachstandsinformation und Abstimmung mit dem Auftraggeber. 5. Vorbereiten, Durchführen/Moderieren und Nachbereiten der regelmäßigen Projektbesprechungen sowie ggf. weiterer Besprechungen mit geeigneten Beteiligten. 6. Vorbereiten der Beauftragung von Projektbeteiligten und Einführung in das Projekt.	1. Zusammenstellen der Vergabeunterlagen. 2. Durchführen geeigneter Maßnahmen zur Teamentwicklung sowie die organisatorische Umsetzung von Teamentwicklung fördernden Prozessen. Wahrnehmen der zentralen Anlaufstelle für die Teamentwicklung.	3103
B Qualitäten und Quantitäten		
1. Überprüfen und Fortschreiben des Projektanforderungskataloges. 2. Prüfen von Planungsergebnissen und -änderungen. 3. Mitwirken beim Erstellen der Firmenliste für die Ausschreibungen. 4. Prüfen der Vergabeunterlagen. 5. Prüfen der Angebotsauswertungen in technischer und wirtschaftlicher Hinsicht sowie deren Dokumentation mittels Bericht mit Vergabeempfehlung. 6. Mitwirken bei den Vergabeverhandlungen.	1. Aufstellen von Leistungsbeschreibungen mit Leistungsverzeichnissen. 2. Abstimmen und Koordinieren der Leistungsbeschreibungen der an der Planung fachlich Beteiligten. 3. Einholen von Angeboten. 4. Prüfen und Werten der Angebote einschl. Erstellung eines Berichts mit Vergabeempfehlung.	3104
C Kosten		
1. Präzisieren des Projektbudgets. 2. Fortschreiben der Mittelbedarfs- und -abflussplanung sowie deren Steuerung und Kontrolle. 3. Prüfen und Freigeben von Rechnungen zur Zahlung. 4. Kostenkontrolle und -steuerung.	1. Umfassende Kostenkontrolle.	3105
D Termine und Kapazitäten		
1. Erstellen und Abstimmen der Steuerungsablaufplanung der Ausführungsvorbereitung und Ausführung. 2. Ablaufkontrolle und -steuerung. 3. Vorgeben der Vertragstermine und -fristen der Ausführung.		3106

	Projektstufe 4 – Ausführung	
	Grundleistungen	**Besondere Leistungen**
	A Organisation, Information, Koordination und Dokumentation	
3107	1. Fortschreiben der Organisations-, Informations- und Kommunikationsstruktur. 2. Fortführen des Projekthandbuches. 3. Laufende Projektsachstandsinformation und Abstimmung mit dem Auftraggeber. 4. Vorbereiten, Durchführen/Moderieren und Nachbereiten der regelmäßigen Projektbesprechungen mit geeigneten Beteiligten.	1. Übergabe des Objekts einschließlich Zusammenstellung und Übergabe der erforderlichen Unterlagen (Bedienungsanleitungen, Prüfprotokolle etc.). 2. Durchführen geeigneter Maßnahmen zur Teamentwicklung sowie die organisatorische Umsetzung von die Teamentwicklung fördernden Prozessen. Wahrnehmen der zentralen Anlaufstelle für die Teamentwicklung.
	B Qualitäten und Quantitäten	
3108 3109	1. Überprüfen und Fortschreiben des Projektanforderungskataloges. 2. Prüfen und Bewerten von Anträgen auf Ausführungsänderungen hinsichtlich Berechtigung, Vertretbarkeit und Konsequenzen. 3. Mitwirken bei der Abnahme der Ausführungsleistungen.	1. Überwachung der Ausführung des Objektes auf Übereinstimmung mit dem Bauvertrag. 2. Teilnahme an der rechtsgeschäftlichen Abnahme der Bauleistungen und ggf. Ausstellen des »Certificate of practical completion« unter Feststellung von Mängeln. 3. Überwachen der Beseitigung der bei der Abnahme der Bauleistung festgestellten Mängel. 4. Übernahme des Auftraggeber-Nachtragsmanagements. 5. In Abstimmung mit dem Auftraggeber Veranlassen von und Teilnehmen an einer zweckmäßigen Anzahl von Risikomanagement-Workshops mit geeigneten Beteiligten. Ferner Prüfen und Dokumentieren der erzielten Ergebnisse in einem Risikoverzeichnis sowie Vorschlagen und Abstimmen von Maßnahmen zu deren Umsetzung.
	C Kosten	
3110	1. Mittelbedarfs- und -abflusssteuerung und -kontrolle. 2. Prüfen und Freigeben von Rechnungen zur Zahlung. 3. Beurteilen der Nachtragsprüfungen. 4. Kostenkontrolle und -steuerung.	1. In Abstimmung mit dem Auftraggeber Veranlassen von und Teilnehmen an einer zweckmäßigen Anzahl von Value Engineering Workshops mit geeigneten Beteiligten zweck kritischer Beurteilung der durch den/die Unternehmer vorgesehenen Prozesse und Bauteile/-materialien (»components«) sowie Prüfen und Dokumentieren der erzielten Ergebnisse sowie Vorschlagen und Abstimmen von Maßnahmen zu deren Umsetzung. 2. Prüfen der Rechnungen der ausführenden Unternehmen. 3. Umfassende Kostenkontrolle einschließlich Nachweis der entstandenen Kosten.
	D Termine und Kapazitäten	
3111	1. Abstimmen der Detailablaufplanung für die Ausführung. 2. Ablaufkontrolle und -steuerung. 3. Mitwirken bei der Erstellung der Ablaufplanung zur Übergabe und Inbetriebnahme.	

Projektstufe 5 – Projektabschluss		
Grundleistungen	**Besondere Leistungen**	3112
A Organisation, Information, Koordination und Dokumentation		
1. Mitwirken beim Zusammenstellen der Projektakten. 2. Mitwirken bei der Konzeption der Inbetriebnahme, Übergabe/Übernahme.		
B Qualitäten und Quantitäten		
1. Mitwirken beim Vorbereiten und Steuern der Endkontrollen und/oder Funktionsprüfungen und behördlichen Abnahmen.		3113
C Kosten		
1. Mitwirken bei der Kostenfeststellung. 2. Prüfen und Freigeben von Schlussrechnungen.		
D Termine und Kapazitäten		
Keine Grundleistungen.		

3114 **Leistungsbild 2.14**

Projektsteuerung und Juristisches Projektmanagement im Überblick/einschließlich interdisziplinäres Leistungsbild

	Technisch-wirtschaftliches Projektmanagement		Juristisches Projektmanagement		Total Projektmanagement
1.	Aktive Projektleitung Besprechungsführung Entscheidungsfindung Entscheidungsdokumentation Bauherreninformation	+	Unterstützung bei allen Rechtsfragen Vertretungsregelung für die Projektleitung Compliance- Organisation Organisationsrecht im Übrigen		Optimal koordiniertes Projekt
2.	Aufbauorganisation Entscheidungsstruktur Projektstrategie Standardanweisungen	+	Gesellschaftsrechtliche Struktur Vertragsstrategien und -strukturen Handlungsanweisungen		Projektorganisation und Projekthandbuch
3.	Planerverträge Leistungsbilder Honorare	+	Planerverträge Vertragsgestaltung für die Planerverträge		Sichere Planerverträge
4.	Ablaufrelevante Projektbedingungen	+	Juristische Verfahrenszwänge		Terminkonzept Meilenstein
5.	Kostenrelevante Projektgrundlagen Technisch Funktionell Gestalterisch	+	Rechtliche Absicherung der Finanzierungsgrundlagen z. B. durch Vereinbarung fester Kostengrenzen in Verträgen		Kostenkonzept Budgetgrundlagen
6.	Planungskontrolle Planungsinhalte Budgets Qualitäten Fristen	+	Planungskontrolle Festlegung der Qualitätsanforderungen an die Planung Festlegung der Vertragstermine für die Planung Festlegung der Kontrolldichte		Planungsfreigabe Bauanträge
7.	Ausschreibungskonzept Planungsinhalte Budgets Qualitäten Fristen	+	Ausschreibungskonzept Vergabeverfahren Fristen Vorbemerkungen		»Wasserdichte« Ausschreibung

	Technisch-wirtschaftliches Projektmanagement		Juristisches Projektmanagement		Total Projektmanagement
8.	Angebotsprüfung inhaltlich preislich Vergabeverhandlungen	+	Angebotsprüfung Vertragsbedingungen Vergabeverhandlungen	→	Gesicherte Vergaben und Bauleistungsverträge
9.	Auftragsüberwachung Nachtragsüberwachung Abrechnungsüberwachung Hochrechnung	+	Nachtragsbewertung und Anti-Claim- Management Schlussrechnungskontrolle	→	Kostensicherheit
10.	Generalterminplan Steuerungsterminplan Terminüberwachung Beschleunigungsszenarien	+	Rechtliche Umsetzung Inverzugsetzung Vertragsstrafen Ersatzvornahmen Kündigung	→	Terminsicherheit
11.	Qualitätskontrolle Begleitung bei wesentlichen Abnahmen	+	Mängelrügen Abnahmeformalien	→	Sicherstellung der Inbetriebnahme incl. Abnahmen
12.	Koordination Mängelbeseitigung Einschaltung Gutachter	+	Durchsetzung der Gewährleistung Gewährleistungsfristen Beweisverfahren	→	Überwachung Mängelbeseitigung

3115 **Projektsteuerung und Juristisches Projektmanagement**
– Detailliertes interdisziplinäres Leistungsbild –

Projektsteuerung (als technisch-wirtschaftliches Projektmanagement)	**Ergebnisse**	**Juristisches Projektmanagement (JurProM®)**
Leistungsbereich 0 Städtebauliche Projektentwicklung und/oder Projektentwicklung von Hochbauprojekten		Leistungsbereich 0 Juristische Projektentwicklung
0.1 Grundstücksvorbereitung		**0.1 Grundstücksvorbereitung**
0.1.1 Erhebung aller Grundstücksrandbedingungen – Vorhandene bauliche Anlagen, Grundstücke, Mietverträge – Altlasten, Verdachtsflächen – Angrenzende Nutzungen – Baugrundgutachten	– Erschlossenes und arrondiertes Grundstück in optimaler Größe – Frei von sachlichen und dinglichen Rechten	**0.1.1 Rechtliche Analyse der vorhandenen Grundstückssituation** – Klärung von Eigentumsfragen/Rechten Dritter (z. B. Wegerechte) – Prüfung der Grundstücksrandbedingungen auf rechtliche Risiken – Vorbereitung der Beauftragung von Bodengutachten, Sonderfachleuten und Maklern
0.1.2 Grundstücksarrondierung – Parzellierung, Umlegung – Vermessung und Veränderungsnachweis		**0.1.2 Rechtliche Beratung zu Grundstücksarrondierungen** – Vorbereitung des eventuell ausstehenden Erwerbsaktes durch Kaufoptionen, widerrufliche oder endgültige Kaufverträge – Beratung betreffend Zukäufe, Umlegungen, Enteignungen sowie sonstige Maßnahmen der Bodenordnung
3116 **0.1.3 Freimachen des Grundstücks** – Strategien zur Freimachung und weitere Entwicklung – Mitwirkung bei der Ablösung von Mietverhältnissen bzw. Kündigung von Mietverhältnissen – Abbruch baulicher Anlagen/Räumen des Baugrundstücks – Altlastensanierung		**0.1.3 Freimachen des Grundstücks** – Beratung zur Beendigung von Nutzungsverhältnissen – Klärung von Altlastenverantwortlichkeiten/Abwehr von Inanspruchnahmen durch Behörden – Beratung zur Einholung von Abbruchgenehmigungen, Baumfällgenehmigungen – Verträge betreffend die Freimachung des Grundstücks
0.1.4 Herstellen der Erschließungsanlagen – Projektmanagementleistungen für die Planung und Bauausführung der Erschließungsanlagen (Straßen, Wege, Plätze, Leistungen usw.)		**0.1.4 Beratung zur Erschließung** – Konzeption von/und Beratungsleistungen zu Erschließungsverträgen und sonstigen öffentlichrechtlichen Verträgen – Zivilrechtliche und öffentlichrechtliche Absicherungen (Baulasten, Dienstbarkeiten)

Projektsteuerung (als technisch-wirtschaftliches Projektmanagement)	**Ergebnisse**	**Juristisches Projektmanagement (JurProM®)**	
0.2 Städtebauliche Planung	– Optimierte Planung von Bebauung und Erschließung – Effiziente Bauleitplanungsverfahren – Investoren-freundliche städtebauliche Verträge	**0.2 Städtebauliche Planung**	
0.2.1 Konzeption der Planung – Baumassenstudie/ Testentwurfsverfahren – Betreuung von Ideenwettbewerben		**0.2.1 Beratungsleistungen bei der Planungskonzeption** – Öffentlich-rechtliche Rahmenbedingungen der Planung – Rechtliche Strukturen des städtebaulichen Konzeptes – Beratung zu vergaberechtlichen Fragen	3117
0.2.2 Management der Bauleitplanung – Überwachung von Bauleitplanungsverfahren – Rahmenplan – Bebauungsplan – Vorhaben- und Erschließungsplan – Fachlich/inhaltliche Kontrolle von städtebaulichen Verträgen		**0.2.2 Beratung zur Bauleitplanung** – Einwirkung auf die Bauleitplanung, speziell betreffend die Erstellung oder Änderung eines Bebauungsplans oder Vorhaben- und Erschließungsplans – Beratung und Konzeption von städtebaulichen Verträgen	
0.3 Gebäudeplanung (bei der Projektentwicklung von Hochbauprojekten)	– Funktions- tüchtiges Gebäude, maßgeschneidert auf Bauherrenbedürfnisse – Definierte Kosten- und Terminrahmen – Frühzeitige abgesicherte Rentabilität – Gesicherte Genehmigungsfähigkeit	**0.3 Gebäudeplanung**	
0.3.1 Machbarkeitsstudie – Testentwürfe/Bebauungsstudie – Visualisierung – Kosten- und Ertragsermittlung – Wirtschaftlichkeits-prüfung mit Sensivitätsanalyse		**0.3.1 Juristischer Teil der Machbarkeitsstudie (als besondere Leistung)** – Rechtliche Sicherung des Standortes, der Finanzierung und der Bebauungsmöglichkeit – Möglichkeit der Einbeziehung öffentlicher Stellen – Realisierung öffentlicher Finanzierungsmittel	3118

	Projektsteuerung (als technisch-wirtschaftliches Projektmanagement)	Ergebnisse	Juristisches Projektmanagement (JurProM®)
	0.3.2 Projektvorbereitung – Programming = Aufstellen eines Raum- und Funktionsprogramms – Betreuung von Architektenwettbewerben oder ähnlichen Verfahren – Planungsoptimierung – Einstieg in Kosten- und Terminplanung sowie Projektorganisation		**0.3.2 Projektvorbereitung** – Beratung zur Festlegung der Vergabeform und der Vertragssystematik – Beratung zum Finanzierungs- und rechtlichen Organisationsmodell – Konzeption von Gemeinschaftsverhältnissen und Verträgen – Beratung zu der Unternehmer- und Planereinsatzform einschließlich Vertragssystematik – Entwurf und Verhandlungen von Verträgen mit Fachingenieuren und Sonderfachleuten
	0.3.3 Genehmigungsverfahren – Inhaltliche Abklärung der Genehmigungsfähigkeit des Bauvorhabens – Feststellen und Prüfen von erforderlichen Befreiungen und Ausnahmen – Vorhaben- und Erschließungspläne bzw. Bebauungsplanänderungen – Begleitung des Baugenehmigungsverfahrens		**0.3.3 Mitwirkung bei der Schaffung des Baurechts** – Beratung bei der Einholung der Baugenehmigung und eines etwaigen Bauvorbescheides – Beratung zur Abwehr von Nachbarwidersprüchen – Konzeption von Verträgen mit Dritten zur Schaffung der baurechtlichen Voraussetzungen
3119	**0.4 Vermarktung und Vertrieb** **0.4.1 Marktforschung** – Durchführung einer Markt- und Standortanalyse für die Fläche/das Objekt – Entwickeln von Nutzungskonzeptionen für die Fläche/das Objekt – Investorengespräche	– Immobilien- markt- gerechte Entwicklung von Flächen und Gebäuden – Optimale Vertriebskonzeption und vertriebsunterstützende Maßnahmen – Bestmögliche Erträge aus Vermietung und/oder Verkauf	**0.4 Vermarktung und Vertrieb** **0.4.1 Marktforschung** – Beratung zum Vermarktungskonzept, speziell im Hinblick auf Haftungsrisiken
	0.4.2 Marketingplanung – Ausarbeiten der Vertriebskonzeption – Festlegen der Preispolitik		**0.4.2 Planung** – Beratung zu den rechtlichen Strukturen des Vertriebskonzeptes
	0.4.3 Vertriebsmanagement – Gezielte Ansprache von Investoren und Analyse von deren Anforderungen – Steuerung des externen Vertriebspersonals		**0.4.3 Vertrieb** – Rechtliche Beratung zu einzelnen Problemfragen des Vertriebs
3120	**0.4.4 Verkauf und/oder Vermietung** – Führen von Verkaufs- bzw. Vermietungsverhandlungen – Mitwirkung bei der Vertragskonzeption und dem Abschluss von Kauf- und Mietverträgen		**0.4.4 Verkauf und/oder Vermietung** – Konzeption von Kauf- und Mietverträgen – Führen von Vertragsverhandlungen, soweit erforderlich

Projektsteuerung (als technisch-wirtschaftliches Projektmanagement)	**Ergebnisse**	**Juristisches Projektmanagement (JurProM®)**
Leistungsbereich 1 **Organisations- und Koordinationsmanagement** Schaffen der organisatorischen Voraussetzungen und Überwachen der Projektabwicklung		**Leistungsbereich 1** **Organisation und Koordination** Schaffen der rechtlichen Voraussetzungen und Beratung zu Rechtsfragen
1.1 Entwickeln der organisatorischen Projektgrundlagen	– Klare gesellschaftliche Strukturen – Abgestimmtes Vertragswesen – Juristisch abgesicherte Vergabeverfahren – Klare Organisationsstrukturen – Klare Entscheidungsstrukturen – Klare Informationsstrukturen	**1.1 Entwickeln der juristischen Grundlagen für die Projektorganisation**
1.1.1 Entwickeln einer projektbezogenen Vergabestrategie – Einzelplaner oder Generalplaner – Konventionelle oder funktionale Ausschreibung – Einzelvergaben oder Vergabe an Generalunternehmer – Vergabearten		**1.1.1 Juristische Beratung bei der Entwicklung einer projektbezogenen Vergabestrategie** – Beratung zu den rechtlichen Konsequenzen und Risiken unterschiedlicher Vergabemodelle (Einzelvergabe/GU-/GÜ- und Totalübernehmervergaben) – Beratung zu Vergabealternativen nach EG-Vergaberecht 3121
1.1.2 Aufstellen und Fortschreiben der Projektorganisation – Verzeichnis der Projektbeteiligten – Definition der Aufgabenstellungen, Leistungsbegrenzungen und Kompetenzen – Projektstruktur (Bauteil- und Geschossgliederung, Planaufteilung) – Informationssystematik (Besprechungsregelung, Berichtswesen) – Klären der Planungs- und Entscheidungsabläufe – Zusammenfassen der organisatorischen Grundlagen im Organisationshandbuch		**1.1.2 Juristische Beratung bei der Erstellung der Projektorganisation** – Beratung des AG zur rechtlichen Projektstruktur (z. B. Objektgesellschaften/ Leasing/Betreibermodelle) – rechtliche Vorgaben für die Entscheidungsbefugnisse beim Auftraggeber (Geschäftsführungsbefugnisse, Vertretungsmacht, Genehmigungserfordernisse für die Erteilung von Aufträgen, Nachträgen Kostenrahmen, Planungsänderungen) – Vorklärung rechtlich relevanter Verfahrensschritte beim Projektablauf (EG-Ausschreibungen, komplexe Genehmigungsverfahren, wie z. B. Vorhaben- und Erschließungspläne, Straßenrecht, Umweltschutz usw.) – Rechtlich-organisatorische Festlegungen und Hinweise im Juristischen Projekthandbuch (z. B. Informationswesen; Vollmacht des Projektsteuerers?)

	Projektsteuerung (als technisch-wirtschaftliches Projektmanagement)	Ergebnisse	Juristisches Projektmanagement (JurProM®)
	1.2 Überwachen der Projektabwicklung	**Aktive Projektleitung auf gesicherter Entscheidungsbasis** Zielsichere Bauherrenentscheidung durch: – Vorbereitung – Umsetzung und – Dokumentation	**1.2 Juristische Beratung bei der Projektabwicklung**
3122	**1.2.1 Unterstützung der Projektleitung des Auftraggebers** – Wahrnehmen der Bauherreninteressen gegenüber den Projektbeteiligten, Behörden und Trägern öffentlicher Belange im Rahmen der erteilten Vollmachten und des beauftragten Leistungsbildes		**1.2.1 Juristische Unterstützung der Projektleitung des Auftraggebers** – Beratung der Projektleitung zu Kompetenzstreitigkeiten bei der Abwicklung des Projektes – Juristische Unterstützung des Auftraggebers gegenüber den Projektbeteiligten (Projektsteuerer, Architekten usw.), Behörden und Trägern öffentlicher Belange bei Bedarf
	1.2.2 Gesamtkoordination und Information – Regelmäßige Koordinationsgespräche (Vorbereitung, Gesprächsleitung, Protokoll) – Sicherstellen der Information (Besprechungsprotokolle, regelmäßige Projektberichte)		**1.2.2 Mitwirkung bei der Gesamtkoordination und Information bzgl. Rechtsfragen** – Teilnahme an ausgewählten Koordinationsgesprächen zum Zwecke der Beratung bei projektrelevanten Rechtsfragen – Soweit erforderlich, Kontrolle der Protokoll- und Projektberichte zu projektrelevanten Rechtsfragen – Beratung, Prüfung und Kontrolle zu juristischen Problemen bei der Koordination
	1.2.3 Entscheidungsvorbereitung – Erarbeiten oder Beschaffen entscheidungsreifer Vorlagen – Teilnahme an Entscheidungssitzungen		**1.2.3 Mitwirkung bei der Entscheidungsvorbereitung in rechtlicher Hinsicht** – Mitwirken bei der Erarbeitung von Entscheidungsvorlagen, soweit rechtlich relevante Fragestellungen betroffen sind – Teilnahme an ausgewählten Entscheidungssitzungen
	1.2.4 Entscheidungsdokumentation – Dokumentation wesentlicher Planungsentscheidungen – Dokumentation der Vergabeentscheidungen		

Projektsteuerung (als technisch-wirtschaftliches Projektmanagement)	**Ergebnisse**	**Juristisches Projektmanagement (JurProM®)**	
Leistungsbereich 2 Vertragsmanagement (fachlich-organisatorische Unterstützung)	**Techn. Vertragsinhalte und jur. Vertragstexte werden zur Deckung gebracht:** – Bei Planer- und Generalplanerverträgen – Bei Bauleistungsverträgen – Bei Generalunternehmerverträgen	**Leistungsbereich 2 Vertragswesen (juristische Bearbeitung)**	
2.1 Mitwirken bei der Vertragserstellung		2.1 Erstellen der Verträge	
2.1.1 Mitwirken bei der Vorbereitung der Planer- und Beraterverträge – Mitwirken bei der Auswahl der Planungsbeteiligten – Vorbereiten und Abstimmen von Leistungsbildern und sonstigen Vertragsinhalten – Ermitteln der anrechenbaren Kosten – Mitwirkung bei Vertragsverhandlungen		**2.1.1 Erstellen der Planer- und Beraterverträge** – Rechtliche Beratung bei der Auswahl der Planungsbeteiligten (z. B. bei vorhandenem Urheberrecht) – Vertragstypologie: Architektenverträge/Generalplanerverträge/Arge-Verträge – Vorbereitung von Verträgen mit eindeutigen Vorgaben für Termine und Kosten sowie Qualitätsstandards (Schnittstellen, Planlieferfristen, Kostengrenze, Bonus-Malus-Regelung usw.) – Führen von rechtlich schwierigen Vertragsgesprächen – Dokumentation der wesentlichen Schritte der Vertragsverhandlungen	3123
2.1.2 Mitwirken bei der Vorbereitung der Firmenverträge – Mitwirken beim Erarbeiten einheitlicher allgemeiner Vertragsbedingungen mit den maßgeblichen Projektbeteiligten – Mitwirken bei Vertragsverhandlungen – Vorbereiten und Abstimmen von Vertragsinhalten		**2.1.2 Erstellen der Verträge mit ausführenden Firmen** – Vertragstypologie: Einheitspreisverträge, Detail- und Globalpauschalverträge, GU- und GÜ-Verträge sowie Totalübernehmerverträge – In besonderen Fällen Beratung zu Vorbemerkungen der LVs und funktionalen Leistungsbeschreibungen – Erstellen der Vertragsentwürfe, einschließlich allgemeiner Vertragsbedingungen – Führen von rechtlich schwierigen Vertragsgesprächen	

	Projektsteuerung (als technisch-wirtschaftliches Projektmanagement)	Ergebnisse	Juristisches Projektmanagement (JurProM®)
3124			**2.1.3 Auswertung der abgeschlossenen Verträge und Entwicklung des juristischen Projekthandbuchs** – Vertragsdatei und Vertragsregister – Operationalisierung – Handlungsanweisungen für die Bauleitung – Dokumentation wesentlicher Schritte der Vertragsverhandlungen
	2.2 Überwachen der Leistungserbringung	**Die Vertragsüberwachung wird aktiv betrieben:** – Kontrolle der Leistungserbringung – Überwachung der Honorar- und Leistungsabrechnung – Dokumentation der Zahlungsstände **Die zielsichere Abwehr unberechtigter Nachträge (aufgrund klarer Grundlagen) spart Zeit, Ärger und viel Geld.**	2.2 Rechtliche Beratung bei Leistungsstörungen
	2.2.1 Überwachen der Leistungserbringung der Planer- und Beraterverträge – Überwachen der Planerleistungen auf Leistungserbringung (keine Planprüfung beziehungsweise Planfreigabe) – Prüfen der Honorarrechnungen der Planer – Prüfen der Schlussrechnungen der Planer		**2.2.1 Rechtliche Beratung bei Leistungsstörungen im Verhältnis zu Planern und Beratern** – Rechtliche Beratung bei unterschiedlichen Auffassungen hinsichtlich der vertraglichen Leistungsinhalte im Verhältnis zu Planern und Sonderfachleuten – Beratung zu Reaktionsmöglichkeiten auf Termin- und Kostenabweichungen – Beratung zu Spezialfragen der HOAI
3125	**2.2.2 Überwachen des Zahlungsverkehrs mit den ausführenden Firmen** – Plausibilitätskontrolle der von der Objektüberwachung geprüften Abschlagsrechnungen – Prüfen der Zahlungspläne (leistungsbezogene Stichtage) – Plausibilitätskontrolle der von der Objektüberwachung geprüften Nachträge – Plausibilitätskontrolle der von der Objektüberwachung geprüften Schlussrechnungen der Firmen		**2.2.2 Rechtliche Beratung bei Leistungsstörungen im Verhältnis zu ausführenden Firmen** – Steuerung des Baugeschehens über das juristische Projekthandbuch – Beratung zu Reaktionsmöglichkeiten bei festgestellten Leistungsabweichungen (Verzug, Mahnstufen, Kündigung)
			2.2.3 Claim-Management – Abwehr von unberechtigten Nachträgen, z. B. aus Behinderung – Definition und Festlegung der Beweissicherung während der Projektdurchführung
			2.2.4 Juristische Abrechnungskontrolle – Im Einzelfall Kontrolle auf Prüfbarkeit, Einhaltung rechtlicher Vorgaben usw.

Projektsteuerung (als technisch-wirtschaftliches Projektmanagement)	**Ergebnisse**	**Juristisches Projektmanagement (JurProM®)**	
Leistungsbereich 3 Qualitätsmanagement		**Leistungsbereich 3 Beratung zu rechtlichen Fragen der Qualitätssicherung**	
3.1 Schaffung der Qualitätsanforderungen – Qualität kann man planen – Rechtlich abgesicherte Planungsanforderungen		**3.1 Beratung zu rechtlichen Fragen bei der Definition der Qualitätsanforderungen** – Juristische Verankerung von Qualitätsanforderungen – Gelbdruck der DIN maßgeblich oder nicht? – Anerkannte Regeln der Technik?	3126
3.1.1 Flächenwirtschaftlichkeit, flächenoptimiertes Gebäude – Beraten zum wirtschaftlichen Ansatz von Sekundär- und Technikflächen – Prüfen der Flächenkennwerte des geplanten Entwurfes und Vorschlag von möglichen Verbesserungen			
3.1.2 Raumanforderung und Ausbauqualitäten – Beraten des Bauherrn bei der Definition der Raumanforderungen – Beraten des Bauherrn zum Qualitätsrahmen in technisch-wirtschaftlicher Hinsicht – Erfassen der generellen Qualitätsstandards in Abstimmung mit dem Bauherrn und weiteren Planungsbeteiligten			
3.2 Umsetzung der Qualitätsanforderungen (Kontrolle)	– Die Umsetzung kontrollieren – Klares Vorgehen bei Auslegungsfragen in Bezug auf die zu bauende Qualität – Juristisch abgesicherte Mängelrügen und sonstige Sanktionen – Technisch und juristisch einwandfreie Abnahmen	**3.2 Beratung zu rechtlichen Fragen bei der Umsetzung der Qualitätsanforderungen (Kontrolle)**	3127
3.2.1 Kontrolle der Planung – Überprüfen der Planung auf Einhaltung der Qualitätsvorgaben zu Baukonstruktion, technische Gebäudeausrüstung und Freianlagen (Stichproben, Plausibilität)		**3.2.1 Mitwirkung bei der Kontrolle der Planung** – Rechtliche Beratung bei Differenzen hinsichtlich der Planungsqualität – Definition rechtlicher Anforderungen an den Planungsprozess: Abläufe, Abstimmungen, Genehmigungen – Rechtliche Beratung bei wiederholter Planung, Planungsalternativen und Umplanungen	

Projektsteuerung (als technisch-wirtschaftliches Projektmanagement)	Ergebnisse	Juristisches Projektmanagement (JurProM®)
3.2.2 Kontrolle der Ausschreibung und Vergabe – Überprüfen der Leistungsverzeichnisse auf Einhaltung der Qualitätsvergaben zu Baukonstruktionen, technischen Gebäudeausrüstungen und Freianlagen (Stichproben, Plausibilität) – Mitwirken bei der Beurteilung von Sondervorschlägen		**3.2.2 Mitwirkung bei der Kontrolle der Ausschreibung und Vergabe** – Rechtliche Beratung bei Differenzen in der Auslegung funktionaler Leistungsbeschreibungen – Rechtliche Beratung hinsichtlich der Zulassung von Sondervorschlägen
3128 **3.2.3 Kontrolle der Bauausführung** – Stichprobenartige Qualitätsprüfung der Bauausführung		**3.2.3 Mitwirkung bei der Kontrolle der Bauausführung** – Rechtliche Beratung bei Qualitätsabweichungen (Rügen, Mängelbeseitigungsaufforderungen, Selbsthilfe, Kündigung) – Verfolgung der Mängelbeseitigung bis zur Abnahme
3.2.4 Koordination der Gebäudeübernahme – Koordination der Mängelfeststellung/-beseitigung und der Abnahmen – Teilnahme an Baubegehungen zur Mängelfeststellung bei wesentlichen Gewerken – Koordination der Beibringung der Bestands-, Genehmigungs- und Revisionsunterlagen – Veranlassen der Auflistung der Gewährleistungsfristen		**3.2.4 Mitwirken bei der Koordination der Gebäudeübernahme** – Beratung zur Vorbereitung der Abnahme, insbesondere zum Abnahmeverfahren – Festlegung der Art der Abnahme (förmliche Abnahme, bedingte Abnahme, Verweigerung der Abnahme mit Ankündigung rückwirkender Nachholung bei Mängelbeseitigung innerhalb bestimmter Frist usw.) – Rechtliche Beratung zu den Abnahmevoraussetzungen und bei der Mängelfeststellung – Beratung zur Möglichkeit von Beweissicherung und Unterbrechung der Gewährleistung usw.
Leistungsbereich 4 Kostenmanagement		**Leistungsbereich 4 Beratung zu Rechtsfragen bei der Kostenkontrolle**
4.1 Schaffen der Grundlagen für die Kostenplanung	– Klarheit bei den Kosten – vom ersten Tag an – Eindeutige Grundlagen für Bauherr und Planer	**4.1 Mitwirken bei dem Aufstellen und Überprüfen des Kostenrahmens**

Projektsteuerung (als technisch-wirtschaftliches Projektmanagement)	Ergebnisse	Juristisches Projektmanagement (JurProM®)	
4.1.1 Aufstellen oder Überprüfung des Kostenrahmens – Abklären des Ermittlungsumfangs – Aufstellen der maßgeblichen Vorgaben und Einschränkungen für die Kostenplanung – Aufstellen des Kostenrahmens mit Erläuterungsbericht, Abstimmen mit dem Bauherrn		**4.1.1 Rechtliche Vorfragen bei der Finanzierung** – Beratungsleistung bei der Konzeption des Finanzierungsmodells – Prüfung der Auswirkungen von Genehmigungen und notwendigen Zustimmungen Dritter auf den Kostenrahmen – Implementierung des Kostenrahmens in Verträge (Vertragsmanagement)	3129
4.1.2 Aufstellen und Fortschreiben von Mittelabflussplänen			
4.2 Kostenüberwachung	– Systematische Kostenermittlungen – Durch Budgets abgesicherte Vergaben – Aktives Anti-Claim-Management – Aktuelle Auftragsübersicht – Aktuelle Abrechnungsübersicht – Laufende Hochrechnung der voraussichtlichen Endabrechnung	**4.2 Juristische Beratung bei der Kostenüberwachung**	
4.2.1 Durchführen der Kostenkontrollen – Überprüfen der Kostenermittlungen der Architekten und Fachingenieure auf Vollständigkeit, Plausibilität und Wirtschaftlichkeit – Durchführen eigener Kontrollermittlungen zu einzelnen Planungsphasen – Abweichungsanalyse zum genehmigten Kostenrahmen und zu eventuellen Kostenermittlungen anderer Planungsbeteiligter – Vorschlagen von Steuerungsmaßnahmen		**4.2.1 Juristische Beratung bei der Kosten- und Zahlungskontrolle** – Rechtliche Prüfung von Abschlagszahlungen, Nachträgen, Tagelohnrechnungen und Schlussrechnungen – Erarbeiten von Strategien für die Abwehr von Nachträgen sowie drohender Kostenüberschreitungen (Klärung von Rechtsfragen bei so genannten Einsparrunden)	

Projektsteuerung (als technisch-wirtschaftliches Projektmanagement)	Ergebnisse	Juristisches Projektmanagement (JurProM®)
3130 **4.2.2 Kontrolle der Ausschreibung und Vergabe** – Vorgabe und Kontrolle der Budgets für die einzelnen Vergabeeinheiten – Überprüfen der Mengenansätze der Leistungsverzeichnisse – Aufstellen der Kostendeckungsnachweise für die einzelnen Aufträge		**4.2.2 Juristische Beratung zur Kostenkontrolle bei Ausschreibung und Vergabe** – Vorgabe der rechtlichen Anforderungen für die Rechnungs- und Nachtragsprüfung
4.2.3 Abrechnungs- und Zahlungskontrolle (Planung und Baudurchführung) – Vorgabe und Abstimmen des Kostendokumentationssystems – Erfassen der erforderlichen Projektdaten im System KOWA – Zahlungsfreigabe der geprüften Honorarrechnungen – Zahlungsfreigabe der auf Plausibilität geprüften Firmenrechnungen – Einarbeiten und kontrollieren der Nachtragsbudgets		**4.2.3 Juristische Beratung bei der Abrechnungs- und Zahlungskontrolle (Planung und Baudurchführung)** – Rechtliche Prüfung von Abschlagszahlungen, Nachträgen, Tagelohnrechnungen und Schlussrechnungen – Beratung zu und Prüfung von Nachträgen, Tagelohnrechnungen und sonstigen Forderungen von Unternehmen bei drohenden Kostenüberschreitungen – Mitwirken bei der Erstellung von Nachtragsbudgets – Unterstützung bei Verhandlungen mit planenden und ausführenden Unternehmen
4.2.4 Kostenberichte – Erarbeiten regelmäßiger Kostenübersichten – Quartalsweiser Ausdruck der Kostendokumentation – Kostenfeststellung mit Abschlussbericht		**4.2.4 Juristische Beratung betreffend Sicherheiten** – Vorbereitung der auftragnehmerseits zu stellenden Bürgschaften und sonstigen Sicherheiten – Mitwirkung bei der Einforderung von Sicherheiten – Beratung zur Inanspruchnahme von Sicherheiten – Beratung zur Rückgabe von Sicherheiten
Leistungsbereich 5 **Terminmanagement**		**Leistungsbereich 5** **Beratung zu Rechtsfragen bei der Terminkontrolle**
5.1 Schaffen der Voraussetzungen für eine effektive Terminüberwachung	– Durchgängige Terminplanung – Umsetzung der Ecktermine in das Vertragswerk – Aktive Terminsteuerung der Planung – Aktive Terminsteuerung der Vergaben und Bauausführung	**5.1 Schaffen der rechtlichen Voraussetzungen für eine effektive Terminüberwachung**

Projektsteuerung (als technisch-wirtschaftliches Projektmanagement)	Ergebnisse	Juristisches Projektmanagement (JurProM®)	
5.1.1 Erstellen eines Rahmenplanes für das Gesamtprojekt – Terminkonzept mit Darstellung von Abhängigkeiten und Entscheidungsstufen – Abstimmen des Terminkonzeptes mit den Beteiligten – Ausarbeiten und Verabschieden des endgültigen Ablaufs inkl. Erläuterungsbericht		**5.1.1 Klärung rechtlicher Vorfragen** – Prüfung der Auswirkungen rechtlicher Probleme (wie Genehmigungsverfahren) auf das Terminkonzept – Vertragliche Einbindung der Planer in das Terminkonzept für die Bauausführung	3131
5.1.2 Erstellen der Terminplanung für die Planung und Ausschreibung – Aufstellung von Steuerungsterminplänen oder -listen (für die Planung) – Vorgabe der Ausschreibungs- und Vergabetermine			
5.1.3 Erstellen der Terminplanung für die Baudurchführung – Klärung der logistischen Voraussetzungen für die Baudurchführung – Aufstellen, Abstimmen und Kontrollieren des Generalablaufplanes für die Baudurchführung als Grundlage für die Terminverhandlungen mit den ausführenden Unternehmen – Vorgabe von Vertragsterminen für die Baufirmen – Erstellen und Aktualisieren von Steuerungsterminplänen oder -listen (Detailterminierung und Arbeitsvorbereitung durch Objektüberwachung bzw. ausführende Firmen selbst)		**5.1.3 Beratung zu vertragsrechtlichen Problemstellungen vorgesehener Terminabläufe** – Klärung der vertraglichen Voraussetzungen für logistische Anforderungen – Umsetzung in Vertragstermine – Klärung terminlicher Abhängigkeiten aus juristischer Sicht, z. B. in Bezug auf Schlechtwetter, Behinderungen, Pufferzeiten usw.	
5.2 Terminsteuerung	– Zielsichere Reaktion auf Störungen im Bauablauf – Aktives Claim-Management	**5.2 Rechtsberatung hinsichtlich Terminsteuerung**	
5.2.1 Steuerung der Planung und Ausschreibung – Überprüfen des Planungsfortschrittes in regelmäßigen Steuerungsbesprechungen (Vorbereitung, Gesprächsleitung, Protokoll) – Kontrolle der Ausschreibungs- und Vergabetermine		**5.2.1 Rechtsberatung bei Planung und Ausschreibung** – Beratung zu Reaktionen betreffend Terminabweichungen (Vertragsstrafen/Verzugsschadensersatzansprüche)	3132

Projektsteuerung (als technisch-wirtschaftliches Projektmanagement)	Ergebnisse	Juristisches Projektmanagement (JurProM®)
5.2.2 Steuerung der Bauausführung – Klären der logistischen Voraussetzungen für die Baudurchführung – Aufstellen, Abstimmen und Kontrollieren des Generalablaufplanes für die Baudurchführung als Grundlage für die Terminverhandlungen mit den ausführenden Unternehmen – Vorgabe von Vertragsterminen für die Baufirmen – Erstellen und Aktualisieren von Steuerungsterminplänen oder -listen (Detailterminierung und Arbeitsvorbereitung durch Objektüberwachung bzw. ausführende Firmen selbst) – Übergeordnete Kontrolle des Bauablaufs (Detailkontrolle durch Objektüberwachung) – Vorschlagen und Abstimmen von Steuerungsmaßnahmen		**5.2.2 Rechtsberatung bei der Überwachung der Bauausführung** – Beratung zu Reaktionen auf Terminabweichungen/ Beschleunigungsmaßnahmen – Vertragsmanagement – Abwehr von Ansprüchen wegen Terminabweichungen – Claim-Management/Vertragsmanagement – Beratung betreffend die Voraussetzungen und die Geltendmachung von Vertragsstrafen und Verzugsschadensersatzansprüchen
5.2.3 Berichtswesen zum terminlichen Ablauf für Planung, Ausschreibung und Baudurchführung		

Anhang 2 Projektmanagement-Vertragsmuster

Anmerkung: Wegen der Vertragsmuster nach Wingsch bzw. dem nicht fortgeschriebenen Vertragsmuster Bund (dazu Bayat/Eschenbruch, NZBau 2008, 281 f.) wird auf die Vorauflage verwiesen.

Übersicht

Vertragsmuster gem. AHO Heft 9 (Eschenbruch, 2014) 3133

Praxisbeispiel: Projektmanagementvertrag

Projektmanagementvertrag/Projektsteuerungsvertrag

Zwischen ....

– im folgenden **Auftraggeber**[1] genannt –

und der ....

– im folgenden **Auftragnehmer** genannt –

wird folgender **Projektmanagementvertrag/Projektsteuerungsvertrag*** geschlossen:

§ 1 Gegenstand des Vertrags 3134

Gegenstand des Vertrags sind Projektmanagementleistungen/Projektsteuerungsleistungen* für das folgende Projekt:

....

1 Auftraggeber und Auftragnehmer sind genau zu bezeichnen. In der Praxis sind hier vielfältige Ungenauigkeiten anzutreffen. Speziell bei öffentlichen Auftraggebern und bei konzernverbundenen Auftraggebern oder Auftragnehmern ist auf eine genaue Bezeichnung des jeweiligen Vertragspartners zu achten. Die Vertretungsverhältnisse sind ebenfalls präzise anzugeben.

Anmerkung:
* Unzutreffendes bitte streichen
** Zutreffendes bitte ankreuzen

1.1 Allgemeine Projektbeschreibung

- Projektbezeichnung: ....
- Grundstück: ....
- Nutzungszweck: ....
- Art des Projekts**:
  ☐ Neubau ☐ Instandsetzung/Sanierung/Umbau
  Sonstige Besonderheiten ....

3135 ### 1.2 Stand der Projektrealisierung/Planung/Genehmigung

- Stand der bisherigen Projektrealisierung ....
- Bereits beauftragte Planungsbeteiligte ....
- Bereits beauftragte ausführende Unternehmen ....
- Anwendbarkeit öffentlichen Vergaberechts ....
- Auftraggeberseitiges Bedarfsprogramm**[2]
  ☐ liegt vor ☐ liegt nicht vor
- vorgesehene Planer- und Unternehmereinsatzformen**
  ☐ Einzelplaner ohne Lph 5 ☐ Einzelplaner mit Lph 5
  ☐ Generalplaner ohne Lph 5 ☐ Generalplaner mit Lph 5
  ☐ Einzelunternehmer ☐ Teil-Generalunternehmer
  ☐ Generalunternehmer/Generalübernehmer ohne Lph 5
  ☐ Generalunternehmer/Generalübernehmer mit Lph 5
  ☐ Totalunternehmer/Totalübernehmer
  ....

3136 ### 1.3 Projektmanagementeinsatzform

Gegenstand dieses Vertrags sind Leistungen des/der**

☐ Projektmanagements (gesamtheitlich beauftragte Leistungen aus den Leistungsbildern Projektsteuerung, § 2 und Projektleitung, § 3 AHO-Heft Nr. 9)

☐ Projektsteuerung gem. § 2 AHO-Heft Nr. 9

☐ Projektleitung (Leistungen ausschließlich nach dem Leistungsbild Projektleitung, § 3 AHO-Heft Nr. 9)

☐ Projektcontrolling (Leistungen mit vornehmlich kontrollierendem Charakter, z. B. Generalunternehmercontrolling)

Folgende weitere allgemeine Anforderungen an die Leistungserbringung gelten als vereinbart:

....

3137 ## § 2 Projektziele und Grundlagen des Vertrags

2.1 Projektziele

Der Auftragnehmer hat bei seinen Leistungen folgende Projektziele zu beachten:

2.1.1 Kostenziel:[3] Planungs- und Baukosten (Kostengruppen 200 bis 700 gemäß DIN 276-1:2008-12 als Kostenobergrenze)

2.1.2 Terminziel: Fertigstellung bis zum ....

2.1.3 Qualitätsziel: ....

2 Entscheidungsunterlage Bau (ESBau nach RBBau).

3 Bei öffentlichen Auftraggebern wird z. T. auf die haushaltsrechtlich anerkannten Summen der ES-Bau als verpflichtendes Kostenziel Bezug genommen.

2.1.4 Etwaige Nachhaltigkeitsanforderungen/Zertifizierungsziele: ....

Sollte sich im Rahmen der weiteren Projektvorbereitung und -abwicklung herausstellen, dass die Projektziele wesentlich gefährdet sind, hat der Auftragnehmer den Auftraggeber hierauf unverzüglich hinzuweisen und Anpassungsmaßnahmen vorzuschlagen.

2.2 Grundlagen des Vertrags und Vertragsbestandteile 3138

Für die Leistungen des Auftragnehmers gelten vorrangig die in diesem Vertrag getroffenen Regelungen sowie die nachfolgenden Vertragsbestandteile:

2.2.1 Das Leistungsbild für … auf Basis AHO, **Anlage 1** zu diesem Vertrag
2.2.2 Die Honorarermittlung vom …, **Anlage 2** zu diesem Vertrag
2.2.3 Das Mitarbeiterverzeichnis des Auftragnehmers (Projektteam), **Anlage 3** zu diesem Vertrag
2.2.4 Der Rahmenterminplan vom …, **Anlage 4** zu diesem Vertrag
2.2.5 Der Zahlungsplan vom …, **Anlage 5** zu diesem Vertrag (soweit vereinbart)
2.2.6 Die Projektgrundlagen (Liste der übergebenen Unterlagen) gemäß **Anlage 6** zu diesem Vertrag[4]
2.2.7 Ergänzend die Untersuchungen zum Leistungsbild, zur Honorierung und zur Beauftragung von Projektmanagementleistungen der Bau- und Immobilienwirtschaft der AHO-Fachkommission, Heft Nr. 9 der AHO-Schriftenreihe, Stand … 3139
2.2.8 Sonstige Vorschriften …[5]
2.2.9 Die Vorschriften des BGB über den Werkvertrag
2.2.10 Die Baustellenverordnung (BaustellV) vom 10.06.1998
2.2.11 Grundlage des Vertrags sind schließlich die allgemein anerkannten Regeln der Technik, die einschlägigen öffentlich-rechtlichen Bestimmungen und der Grundsatz der Wirtschaftlichkeit unter Beachtung der Anforderungen des Auftraggebers

§ 3 Leistungen des Auftragnehmers

3.1 Leistungsbild 3140

Dem Auftragnehmer werden die aus der **Anlage 1** zu diesem Vertrag ersichtlichen Leistungen übertragen.

Soweit in dem als Anlage 1 beigefügten Leistungsbild Begriffe wie »Mitwirken«, »Erstellen«, »Aufstellen« bzw. »Abstimmen«, »Umsetzen«, »Fortschreiben« oder »Prüfen« bzw. »Überprüfen«, »Analysieren und Bewerten« und »Steuern« verwandt werden, ist für das Begriffsverständnis auf Kap. 2, § 2 Abs. 4 AHO Heft 9 abzustellen.

3.2 Leistungsstufen

Sofern in diesem Vertrag nicht etwas anderes bestimmt ist, erfolgt die Beauftragung des Auftragnehmers in Leistungsstufen. Die mit diesem Vertrag erfolgte Festbeauftragung des Auftragnehmers bezieht sich auf folgende Projektstufen nach § 2 AHO-Heft Nr. 9**:

☐ Die Projektstufen 1 bis 2 (Projektvorbereitung und Planung gemäß § 2 AHO-Heft Nr. 9)

---

4 Bei öffentlichen Auftraggebern kann auf die Entscheidungsunterlage Bau (ES Bau) verwiesen werden, für den weiteren Projektablauf auf die Entwurfsunterlage Bau (EW-Bau).

5 Für den öffentlichen Auftraggeber sind etwa folgende Inbezugnahmen denkbar: Die für den Auftraggeber maßgeblichen Vorschriften und Verwaltungsvorschriften, insbesondere die RBBau, BHO, das VHB, die Regelungen des öffentlichen Vergabewesens und der RPW sowie folgende Leitfäden des Auftraggebers: … (z.B. Dokumentationsrichtlinie/Leitfaden nachhaltiges Bauen/Brandschutzleitfaden/Energiebedarfsausweise im Nichtwohnungsbau/Recycling/BfR-Vermessung/Arbeitshilfen Boden- und Grundwasserschutz/Arbeitshilfen Kampfmittelräumung, ggf. Vorgaben zum Geheimschutz/Sicherheitseinstufung gemäß Sicherheitsüberprüfungsgesetz usw.); bei Landesbehörden wird z. T. auf die Dienstanweisung der jeweiligen Staatshochbauverwaltung verwiesen.

☐ Die Projektstufen 1 bis 5 (Projektvorbereitung bis Projektabschluss gemäß § 2 AHO-Heft Nr. 9)
☐ ....

3141 Soweit dem Auftragnehmer nicht sämtliche Leistungsstufen übertragen werden, erklärt der Auftraggeber die grundsätzliche Absicht, den Auftragnehmer auch mit weiteren Leistungsstufen zu beauftragen. Wesentliche Voraussetzung hierfür ist die Einhaltung der vorgegebenen Projektziele. Einen Rechtsanspruch auf Anschlussbeauftragung hat der Auftragnehmer nicht. Die Beauftragung der weiteren Leistungsstufen erfolgt durch schriftlichen Leistungsabruf des Auftraggebers.

Der Auftragnehmer hat den Auftraggeber unaufgefordert schriftlich zu unterrichten, wenn der Abschluss der beauftragten Leistungsstufe bevorsteht oder für ihn erkennbar wird, dass nach Beendigung der ihm übertragenen Leistungen weitere Projektmanagement-*/Projektsteuerungstätigkeiten* notwendig werden. Der Auftragnehmer verpflichtet sich, die weiteren optional vorgesehenen Leistungsstufen nach diesem Vertrag zu erbringen, wenn der Auftraggeber sie innerhalb einer Frist von 12 Kalenderwochen nach Abschluss der übertragenen Leistungsstufe abruft. Die Frist beginnt nicht vor einer schriftlichen Mitteilung des Auftragnehmers nach Satz 1. Eine etwaige Anschlussbeauftragung erfolgt schriftlich. In der bloßen Annahme von einzelnen Leistungen aus einer noch nicht beauftragten Stufe liegt nicht die Anschlussbeauftragung des Auftragnehmers mit einer oder mehreren Leistungsstufen.

3142 3.3 Beauftragte Handlungsbereiche

Die Beauftragung bezieht sich auf folgende Handlungsbereiche**:
☐ Alle Handlungsbereiche (Organisation/Qualitäten und Quantitäten/Kosten/Termine/Verträge und Versicherungen)
☐ Ausschließlich die Handlungsbereiche ....

3.4 Beauftragte Leistungen aus dem Bereich der Projektleitung

Der Auftragnehmer übernimmt des Weiteren folgende Leistungen aus dem Bereich der Projektleitung**:
☐ Leistungsbild Projektleitung gemäß § 3 der Leistungs- und Honorarordnung Projektmanagement des AHO
☐ Folgende Einzelleistungen aus dem Bereich der Projektleitung gemäß § 3: ....
....

3143 3.5 Beauftragte Besondere Leistungen

Dem Auftragnehmer werden über die Grundleistungen der Leistungs- und Honorarordnung Projektmanagement AHO hinaus folgende Besondere Leistungen übertragen**
☐ Keine Besonderen Leistungen
☐ Die im Leistungsbild **Anlage 1** ausgewiesenen Besonderen Leistungen
☐ Sonstige Besondere Leistungen:
....

3.6 Änderung der Planer- und Unternehmereinsatzform

3144 Der Auftragnehmer berät den Auftraggeber hinsichtlich der zweckmäßigerweise einzusetzenden Planer- und Unternehmereinsatzform und deren Fortschreibung. Werden nach der Beauftragung der Projektmanagementleistungen*/der Projektsteuerungsleistungen* Planer- oder Unternehmereinsatzform geändert, so ist die Vergütung anzupassen, und zwar unter Berücksichtigung des voraussichtlichen Mehr- bzw. Minderaufwands; im Zweifel gelten die Honorarvorschläge zu § 8 (2) AHO.

3.7 Geänderte und zusätzliche Leistungen

Der Auftraggeber ist berechtigt, die Projektziele gem. § 2.2.1 dem Projektfortschritt/den Projekterfordernissen entsprechend zu ändern sowie geänderte oder zusätzliche Projektmanagementleistungen*/Projektsteuerungsleistungen* einseitig anzuordnen. Die Befugnisse stehen dem Auftraggeber bereits dann zu, wenn entsprechende Änderungen sachdienlich sind, um das Projekt entsprechend seinen Anforderungen zu realisieren. Voraussetzung ist, dass das Unternehmen des Auftragnehmers auf die Erbringung der geänderten Projektmanagement-*/Projektsteuerungsleistungen* eingerichtet ist. Die Auswirkungen geänderter und zusätzlicher Leistungen auf die Vergütung werden in § 7.2 dieses Vertrags geregelt. 3145

3.8 Rechtsdienstleistungen

Sofern bei der Projektabwicklung Rechtsdienstleistungen erforderlich werden, hat der Auftragnehmer den Auftraggeber hierauf hinzuweisen, die erforderlichen juristischen Leistungsbeiträge zu benennen und entsprechende Leistungen beim Auftraggeber anzufordern. 3146

§ 4 Zusammenarbeit Auftraggeber–Auftragnehmer und sonstige Projektbeteiligte

4.1 Allgemeine Leistungsanforderungen

Der Auftragnehmer hat alle Leistungen zu erbringen, die nach Maßgabe der Bestimmungen dieses Vertrags und des Leistungsbildes zur Erreichung der in diesem Vertrag beschriebenen Projektziele erforderlich sind. Er hat insbesondere während der gesamten Vertragslaufzeit die im Rahmen der Projektziele festgelegten Quantitäten und Qualitäten, Termine und Kosten zu überwachen und auf deren Einhaltung hinzuwirken. Seine eigenen Leistungen hat der Auftragnehmer so rechtzeitig zu erbringen, dass die Terminziele eingehalten werden können. 3147

Der Auftragnehmer hat darauf hinzuwirken, dass die künftigen Betriebs- und Unterhaltungskosten des Objekts in Abhängigkeit von den funktionalen Nutzungszielen gering gehalten werden. Baukosten dürfen nicht mit der Folge eingespart werden, dass die absehbaren Betriebs-, Verbrauchs- und Instandhaltungskosten so steigen, dass die Einsparungen dadurch ausgeglichen werden.

Die Leistungspflicht des Auftragnehmers umfasst auch die Steuerung solcher Leistungen von Projektbeteiligten, die im Zeitpunkt des Vertragsschlusses noch nicht abschließend definiert sind, jedoch während der Projektrealisierung erforderlich werden. Er ist verpflichtet, die bestehende Projektorganisation kontinuierlich zu überprüfen und ggf. erforderliche oder zweckmäßige Optimierungs- und Verbesserungsvorschläge zu unterbreiten.[6] 3148

6 Weitere Leistungsanforderungen des öffentlichen Auftraggebers können sein:

- ☐ Die Vorgaben der genehmigten Haushaltsunterlagen sind verbindlich; Abweichungen bedürfen der vorherigen Zustimmung des Auftraggebers (§§ 24 und 54 BHO).
- ☐ Die Leistungen sind so rechtzeitig zu erbringen, dass die Bauübergabe nach Abschnitt H RBBau gesichert ist.
- ☐ Das Prüfergebnis auf Rechnungen und entsprechenden Unterlagen ist entsprechend Ziff. 2.3.4 Abschnitt B RBBau und der Anlage Feststellungsbescheinigungen zu kennzeichnen.
- ☐ Das Prüfergebnis auf Nachtragsangeboten ist mit der Bescheinigung sachlich und rechnerisch richtig gemäß Ziff. 2.3.4 B RBBau und der Anlage Feststellungsbescheinigungen zu versehen.
- ☐ Die Projektstufe 2 nach AHO umfasst die Erarbeitung der Entwurfsunterlage Bau gemäß Abschnitt F 2 RBBau.
- ☐ Im Rahmen der Ausführungsvorbereitung obliegt dem AN die Umgliederung der Kostengruppen nach DIN 276 in vergabeorientierte Kostenkontrolleinheiten (KKE) auf der Basis der Muster 16 bis 18 RBBau oder gleichwertiger Formulare.
- ☐ Im Rahmen der Ausführung obliegt dem Auftragnehmer die Prüfung der Kostenfeststellung unter Verwendung der digitalen Erhebungsformulare nach K 6 Nr. 2 RBBau.
- ☐ Der Projektabschluss setzt voraus, dass alle Leistungen zur Vorbereitung der Übergabe nach Abschnitt H RBBau erbracht sind.

4.2 Berichts- und Besprechungswesen

3149 Dem Auftragnehmer obliegt die Führung des Berichts- und Besprechungswesens für das Projekt. Dazu gehören die Dokumentation der von ihm geführten Besprechungen und die Erledigungsverfolgung.

Der Auftragnehmer übernimmt zudem die Entscheidungsvorbereitung und dabei insbesondere eine Entscheidungsterminplanung für den Auftraggeber.

Darüber hinaus verpflichtet sich der Auftragnehmer, den Auftraggeber regelmäßig über den Projektfortschritt zu unterrichten, und zwar über den terminlichen Verlauf der Maßnahme, durchgeführte Beschaffungen, zu den Kosten, zum Mittelabfluss sowie den Terminen. Die regelmäßige Berichterstattung erfolgt**

- ☐ mittels schriftlicher Quartalsberichte
- ☐ einmal pro Monat als Kurzbericht zum Stichtag Monatsende (Statusbericht) sowie 4 x jährlich als Sachstandsbericht, jeweils zum Quartalsende (Quartalsbericht)
- ☐ ....

3150 Im Rahmen der regelmäßigen Berichterstattung sind Termin- und Kostenabweichungen im Rahmen einer Soll-/Ist-Darstellung aufzuzeigen.

Unabhängig von der Regelberichterstattung obliegt dem Auftragnehmer eine unverzügliche schriftliche Informationspflicht über besondere Projektvorkommnisse, insbesondere über das Auftreten von Termin- und Kostenabweichungen gegenüber den Projektzielen sowie des Eintritts von Umständen, die die Gefahr entsprechender Abweichungen hervorrufen.

Der Auftragnehmer hat sein Berichtswesen so aufzubauen, dass eine aktuelle Auskunft über den Stand des Projekts, speziell im Hinblick auf die Durchführung von Beschaffungen, Mittelverwendung, Kosten, Termine und Qualitäten möglich ist.

Der Auftragnehmer wird den Auftraggeber über mit Dritten, z.B. Behörden oder weiteren Projektbeteiligten, geführte Korrespondenz in jedem Einzelfall durch unverzügliche Überstellung von 2 Kopien unterrichten. Das gilt auch für Ergebnisvermerke oder Protokolle sowie auch sonstige Aufzeichnungen im Rahmen der Projektrealisierung, die der Auftragnehmer im Rahmen der Projektrealisierung erstellt.

4.3 Beachtung der Anordnungen des Auftraggebers

3151 Anordnungen des Auftraggebers wird der Auftragnehmer beachten. Der Auftragnehmer hat den Auftraggeber unverzüglich schriftlich darauf hinzuweisen, wenn die Vorgaben oder Anordnungen des Auftraggebers, unrichtig oder unzweckmäßig/unwirtschaftlich sind und Alternativvorschläge unterbreiten.

Die Leistungsanforderungen an den Auftragnehmer werden durch die Sachkunde des Auftraggebers nicht gemindert.

4.4 Information durch den Auftraggeber

3152 Der Auftraggeber wird dem Auftragnehmer alle Pläne, Unterlagen, Verträge, Berechnungen, Daten und Informationen zur Verfügung stellen, damit der Auftragnehmer seine Leistungen zeitgerecht und im Übrigen ordnungsgemäß erstellen kann. Soweit dies erforderlich ist, wird der Auftraggeber den Auftragnehmer bei der Anforderung von Leistungen bzw. der Anspruchsdurchsetzung gegenüber Vertragskräften (insbesondere Planern und ausführenden Unternehmen) unterstützen.

4.5 Finanzierung

Die termingerechte Klärung der Finanzierung zur Sicherstellung des Baubeginns sowie die Zurverfügungstellung eines bebauungsfähigen Grundstücks ist Sache des Auftraggebers.

4.6 Projektteam des Auftragnehmers

Der Auftragnehmer hat die ihm übertragenen Leistungen im eigenen Unternehmen zu erbringen. Eine Übertragung auf Nachunternehmer ist ohne Zustimmung des Auftraggebers nicht zulässig. 3153

Der Auftragnehmer hat als verantwortliche Mitarbeiter für die Bearbeitung der Projektaufgabe folgende Personen benannt (Projektteam)**:

☐ gemäß Mitarbeiterverzeichnis (**Anlage 3**)

☐ Projektleiter: ....
Stellvertretender Projektleiter: ....
Projektmitarbeiter: ....

Projektleiter, stellvertretender Projektleiter und Projektmitarbeiter … müssen über eine abgeschlossene Fachausbildung und eine angemessene Berufspraxis – in der Regel mindestens 3/5 Jahre* – verfügen.

Der Auftragnehmer verpflichtet sich, die vorstehend benannten Mitarbeiter während der gesamten Projektdauer zur Leistungserbringung zur Verfügung zu stellen, soweit nicht unabwendbare Ereignisse die Zurverfügungstellung aus rechtlichen oder tatsächlichen Gründen ausschließen. Die Mitarbeiter dürfen im Übrigen nur mit schriftlicher Zustimmung des Auftraggebers ausgewechselt werden. Der Auftraggeber kann die Zustimmung aus sachlichem Grund verweigern, insbesondere wenn neue Mitarbeiter nicht die Qualifikation des vormals angekündigten Mitarbeiters ausweisen.

Der Auftraggeber ist berechtigt, vom Auftragnehmer die Auswechslung eines Mitarbeiters zu verlangen, wenn dieser aufgrund von ihm zu vertretender Umstände nicht mehr das Vertrauen des Auftraggebers hat. Der Auftraggeber kann darüber hinaus eine Ergänzung der Mitarbeiter durch geeignete Fachleute ohne zusätzliche Vergütung verlangen, wenn die vom Auftragnehmer eingesetzten Mitarbeiter einen ordnungsgemäßen bzw. störungsfreien Planungs- bzw. Bauablauf nicht gewährleisten können.

....[7]

4.7 Projektbüro 3154

Der Auftragnehmer hat**

☐ dafür Sorge zu tragen, dass der Projektleiter bzw. dessen Stellvertreter erreichbar und nach Erfordernis vor Ort präsent sind;

☐ in der räumlichen Nähe zum Bauvorhaben bzw. im Bereich der Baustelleneinrichtung ein eigenes Projektbüro zu unterhalten, und zwar**

  ☐ ab Vertragsbeginn

  ☐ ab Beginn der Ausführungsleistungen

Soweit der Auftragnehmer ein eigenes Projektbüro vorzuhalten hat, vereinbaren die Vertragsparteien betreffend Zurverfügungstellung der Büroräume, Büroausstattung und Kommunikationsmittel Folgendes: 3155

....

Der … trägt die Kosten des Projektbüros (Miete, Medien, Reinigung).

Das Projektbüro ist während folgender Zeiträume besetzt zu halten: ....

Für eine Vertretung während Urlaubs- bzw. sonstigen Abwesenheitszeiten von Projektleiter und Stellvertreter hat der Auftragnehmer vorausschauend Sorge zu tragen.

7 Ein öffentlicher Auftraggeber könnte hier regeln: Weder der Auftragnehmer noch eine der in § 16 Abs. 1 und Abs. 2 VgV genannten Personen dürfen in einem von ihm vertragsgemäß betreuten Vergabeverfahren für einen Bewerber oder Bieter tätig sein.

4.8 Büroausstattung

3156 Der Auftragnehmer stellt die notwendigen Kommunikationsmittel. Er hat sicherzustellen, dass er per Telefon, Telefax und E-Mail erreichbar ist. Die Kosten der Telekommunikationseinrichtungen werden wie folgt getragen**:

☐ Die gesamten Betriebskosten der Kommunikationsmittel trägt der …

☐ Die verbrauchsunabhängigen Kosten trägt der Auftraggeber, die verbrauchsabhängigen Kosten trägt der Auftragnehmer

3157 4.9 EDV/Projektkommunikationssysteme**

☐ Die Projektkommunikation wird unter Einsatz eines internetbasierten Projektkommunikationssystems … abgewickelt. Der Auftragnehmer verwendet dieses Programm während der Durchführung der vertraglichen Leistungen. Die Bereitstellung, Datenerhaltung und -sicherung sowie Master-Administration und Gestaltung werden vom Systemanbieter des Auftraggebers vorgenommen

☐ Ein geeignetes Projektkommunikationssystem stellt der Auftragnehmer im Rahmen seiner Vertragsleistungen zur Verfügung. Der Auftragnehmer übermittelt dem Auftraggeber in abzustimmenden zeitlichen Abständen auf Datenträger den aktuellen Datenstatus des Projekts. Nach Beendigung des Projekts erhält der Auftraggeber einen kompletten Datensatz.

☐ Die Ablage von Daten erfolgt nach der vom Auftraggeber vorgegebenen bzw. mit dem Auftraggeber abgestimmten Aktenablagestruktur …

3158 Die mit der Nutzung des Projektkommunikationssystems verbundenen personellen Mehraufwendungen (z.B. für Schulung und Dateneingabe/Datenauswertung) sind, soweit in diesem Vertrag und seinen Anlagen nichts anderes bestimmt ist, mit dem vertraglichen Honorar abgegolten.

4.10 Informationsübermittlung

Die vom Auftragnehmer vorzulegenden Unterlagen/Dokumentationen sind dem Auftraggeber in Papierform sowie in einer für den Auftraggeber ohne weitere Konvertierung zu verarbeitenden Datenform zu übergeben.

Mehrausfertigungen von Unterlagen/Dokumentationen für Gremien und fachlich Beteiligte sind vom Auftragnehmer bei Bedarf zur Verfügung zu stellen.

§ 5 Vertretung des Auftraggebers durch den Auftragnehmer

5.1 Ausrichtung der Tätigkeit auf die Interessen des Auftraggebers

3159 Der Auftragnehmer ist zur Wahrung der Rechte und Interessen des Auftraggebers im Rahmen der ihm übertragenen Leistungen berechtigt und verpflichtet. Der Auftragnehmer hat den Auftraggeber unverzüglich zu unterrichten, sofern sich Ansprüche gegen andere Projektbeteiligte oder Dritte ergeben könnten.

3160 5.2 Bevollmächtigung**

☐ Der Auftragnehmer hat grundsätzlich keine Vertretungsmacht für den Auftraggeber, insbesondere kann er für den Auftraggeber keine Verträge abschließen, aufheben oder ändern.

☐ Für folgende Entscheidungen wird dem Projektsteuerer indessen Vertretungsmacht erteilt**:

- ☐ Einforderung von Leistungen der Projektbeteiligten, einschließlich Mängelrügen, Abhilfeverlangen und Inverzugsetzung
- ☐ Geltendmachung von Auskunfts- und Einsichtsrechten
- ☐ Organisation von Projekt-, Planungs- und Baubesprechungen, Festlegung von Organisationsterminen und Qualitäten in Baubesprechungen
- ☐ Entscheidungen zu Planungsfreigaben und Bemusterungen

- ☐ Vertretung des Auftraggebers bei Abnahmen/Erklärung von Vorbehalten wegen Vertragsstrafen
- ☐ Dem Auftragnehmer wird im Rahmen der Übertragung von Projektleitungsaufgaben Vertretungsmacht für folgende mit der Projektabwicklung in Zusammenhang stehende Geschäfte eingeräumt:

  ....

  ....

  ....

Im Innenverhältnis ist der Auftragnehmer verpflichtet, die Weisung des Auftraggebers in Bezug auf alle wesentlichen Geschäftsvorfälle einzuholen, insbesondere bei finanziellen Entscheidungen ab ... € (einmalig oder bei laufenden Leistungen jährlich) sowie bei Maßnahmen, die die Drittverwendungsfähigkeit oder die Funktionsfähigkeit zu beeinträchtigen vermögen oder wesentliche Qualitätseinbußen bei dem Projekt beinhalten.

§ 6 Termine, Fristen, Regelbauzeit 3161

6.1 Beginn der Leistungen des Auftragnehmers**

- ☐ Der Auftragnehmer hat am ... mit seinen Leistungen begonnen
- ☐ Der Auftragnehmer wird mit seinen Leistungen am ... beginnen

6.2 Beendigung der Leistungen des Auftragnehmers

Die Leistungen des Auftragnehmers enden**

- ☐ ... Monate nach Abschluss dieses Vertrags
- ☐ 3 Monate nach Abnahme der Leistungen der bauausführende Unternehmen, mit Ausnahme der Prüfung der Schlussrechnungen der Planer
- ☐ nach Erledigung aller übernommenen Leistungen

Sofern nach vorstehend benanntem Zeitpunkt für die Beendigung der Leistungen des Auftragnehmers noch Restleistungen vorzunehmen sind, wie etwa solche zur Prüfung der Schlussrechnungen der Planungs- und Baubeteiligten, der Kostenfeststellung, der Mitwirkung bei der Beseitigung von Abnahmemängeln, endet die Leistungsverpflichtung des Auftragnehmers spätestens 1 Jahr nach dem vorgenannten Zeitpunkt. 3162

Sofern zum vorgesehenen Beendigungszeitraum Hauptleistungen noch nicht erbracht sind, insbesondere weil die Ausführungsleistungen der Unternehmen noch nicht abgeschlossen sind, führt die vorzeitige Beendigung der Leistungspflicht gemäß § 6.2 (1. und 2. Variante) nicht zu einer Reduzierung der Vergütung. Dem Auftraggeber steht es frei, eine Verlängerung des Leistungszeitraums nach § 6.3 zu vereinbaren.

6.3 Verlängerung des Leistungszeitraums/Regelleistungszeitraum

6.3.1

Die Vertragsparteien haben bei der Vergütungsfestlegung einen Regelleistungszeitraum des Auftragnehmers von ... Monaten für die Projektstufe(-n) ... und ... Monate für die Projektstufe ... zugrunde gelegt. 3163

6.3.2

Sofern der Auftragnehmer nach Beendigung der vorbenannten Regelleistungszeiten noch Vertragsleistungen zu erbringen hat und die Regelleistungszeit um 10 % überschritten wird sowie der Auftragnehmer die Terminüberschreitungen nicht zu vertreten hat, so kann der Auftragnehmer eine zusätzliche Vergütung für den dadurch entstehenden Mehraufwand gemäß § 7.2 dieses Vertrages verlangen, wenn der Auftraggeber den Auftragnehmer zu den weiteren Leistungen hinzuzieht.

6.4 Abnahme

3164 Beide Vertragsparteien können die förmliche Abnahme der Leistungen des Auftragnehmers beantragen, wenn diese vollständig und im Wesentlichen mangelfrei erbracht worden sind. Soweit in diesem Vertrag nichts anderes bestimmt ist, ist eine Teilabnahme einzelner Leistungsstufen und Leistungsphasen ausgeschlossen.

§ 7 Honorierung

7.1 Vergütungssystem

3165 Die Vertragsparteien legen folgendes Honorarsystem zugrunde**:
- ☐ Honorierung nach anrechenbaren Kosten gem. § 4 AHO-Heft Nr. 9
- ☐ Honorarpauschale als Festpreis **(Anlage 2)**
- ☐ Honorierung nach Zeitaufwand (Abrechnungsauftrag) § 9 AHO-Heft Nr. 9
- ☐ Honorarpauschale auf Basis einer Personaleinsatzplanung
- ☐ Bonus-/Malus-Regelung **(Anlage 2)**

Soweit in diesem Vertrag und/oder den Vertragsanlagen nicht etwas anderes bestimmt ist, kommen für die Honorarregelungen die §§ 1 f. AHO-Heft Nr. 9 zur Anwendung.

7.2 Vergütung für geänderte und zusätzliche Projektsteuerungsleistungen

3166 Ändern sich die Projektvorgaben für den Auftragnehmer, etwa dadurch, dass der Auftraggeber Projektziele ändert, zusätzliche oder geänderte Leistungen anordnet oder sonstige Störungen auftreten, die der Sphäre des Auftraggebers zuzuordnen sind und die sich auf die Beauftragung der Projektmanagement-*/Projektsteuerungsleistungen* dergestalt auswirken, dass sich die Anforderungen an die Projektsteuererleistung in nicht vorhersehbarer Form ändern (das Steuerungssoll geändert wird), hat der Auftragnehmer Anspruch auf Anpassung der vertraglichen Vergütung nach Maßgabe der vereinbarten Honorargrundlagen. Der Auftragnehmer schuldet die Mitwirkung bei der Überwindung von Störungen während der Projektabwicklung, insbesondere durch mangelhafte, verspätete oder aus sonstigen Gründen vertragswidrige Leistungen freiberuflich Tätiger oder ausführender Unternehmen sowie hieraus resultierender Nachbesserungen, Fristsetzungen, Kündigungen und erforderlicher Beauftragungen von Drittunternehmern, der Überwindung von Insolvenzen usw. Dementsprechend begründen derartige Störungen grundsätzlich keine Ansprüche auf Mehrvergütung, Entschädigung oder Schadensersatz, es sei denn, der Auftraggeber kommt seinen Mitwirkungspflichten in Bezug auf die Beseitigung der Störungen nicht nach oder es liegt ein Fall der Störung der Geschäftsgrundlage vor, vgl. § 313 Abs. 1 BGB. § 6.3 dieses Vertrages bleibt unberührt.

7.2.1 Anzeigepflicht

3167 Glaubt der Auftragnehmer, aufgrund einer Änderung des Steuerungssolls (Beauftragungen/Anordnungen des Auftraggebers oder geänderter Projektumstände) zusätzliche Vergütungsansprüche geltend machen zu können, hat er diese vor Ausführung der entsprechenden Leistungen schriftlich dem Auftraggeber unter Benennung der voraussichtlichen Vergütungshöhe anzuzeigen. Mehrvergütungsansprüche des Auftragnehmers sind ausgeschlossen, wenn dieser die vorgenannte Anzeige unterlassen hat, es sei denn, der Auftraggeber hat die Änderung eingefordert/angeordnet oder die notwendige Abweichung vom Steuerungssoll ist aus sonstigen Gründen offenkundig.

7.2.2 Honorargrundlagen

3168 Die Vergütung für geänderte oder zusätzliche Projektmanagementleistungen wird auf Grundlage des gewählten Honorarsystems nach § 7.1 dieses Vertrags ermittelt. Lässt sich insoweit keine eindeutige Grundlage feststellen, werden Vergütungsänderungen nach Maßgabe des zusätzlichen oder ersparten Zeitaufwands berechnet. Maßgeblich sind die in der Honorarermittlung (**Anlage 2**) zum Vertrag festgelegten Honorarsätze, hilfsweise die Sätze gemäß § 9 Abs. 2 AHO-Heft Nr. 9. Der

Auftragnehmer hat dem Auftraggeber prüfbar durch Stundenbelege nachzuweisen, in welcher Höhe ihm für einzelne Leistungen aufgrund von geänderten Anforderungen/geändertem Steuerungssoll Mehraufwand entstanden ist. Sämtliche Nebenkosten und Erschwernisse sind in diesem Fall durch zeitaufwandsbezogene Zusatzvergütung abgegolten.

7.2.3 Nachtragsvereinbarungen

Auftraggeber und Auftragnehmer sollen zeitnah einen Vergütungsnachtrag hinsichtlich etwaiger 3169
Vergütungsänderungen in schriftlicher Form schließen. Bei gravierenden Veränderungen in der Projektabwicklung, insbesondere auch bei Überschreiten der in diesem Vertrag zugrunde gelegten Bauzeit, sollen sich die Vertragsparteien möglichst über eine ergänzende Pauschalierung auf der Grundlage des Vertragspreisniveaus verständigen. Schlägt die Verständigung fehl, ist nach konkretem Mehraufwand abzurechnen. Streitigkeiten über vermeintliche Mehrvergütungsansprüche berechtigen grundsätzlich nicht zur Leistungsverweigerung.

7.2.4 Abschlagszahlungen

Abschlagszahlungen des Auftraggebers erfolgen nach Maßgabe des Zahlungsplans (**Anlage 5**), sofern der dort zugrunde gelegte Leistungsfortschritt erreicht wird. Liegt kein Zahlungsplan vor, kann der Auftragnehmer Abschlagszahlungen in Höhe der nachgewiesenen Leistungen fordern.

7.2.5 Schlusszahlung

Die Schlusszahlung wird fällig, wenn der Auftragnehmer die Leistung aus diesem Vertrag erfüllt 3170
und eine Schlussrechnung eingereicht hat. Der Auftraggeber wird innerhalb von … Tagen nach Vorlage einer Abschlags- oder Schlussrechnung Zahlung leisten.

7.2.6 Nebenkosten

Hinsichtlich der Nebenkosten treffen die Vertragsparteien folgende Regelung**: 3171

- ☐ Als Festpauschale für sämtliche Nebenkosten im Sinne des § 14 Abs. 2 HOAI (2013) wird ein Monatsbetrag von … € vereinbart
- ☐ Nebenkosten im Sinne des § 14 Abs. 2 HOAI (2013), einschließlich aller Reisekosten (Fahrt- und Übernachtungskosten) werden pauschal mit …% des Nettohonorars vergütet
- ☐ Nebenkosten im Sinne des § 14 Abs. 2 HOAI (2013) werden ausschließlich auf Einzelnachweis erstattet
- ☐ Nebenkosten im Sinne des § 14 Abs. 2 HOAI (2013) werden nicht erstattet, mit Ausnahme von Fahrt- und Übernachtungskosten, die nach Maßgabe der steuerrechtlichen Freibeträge zusätzlich erstattet werden
- ☐ Eine Nebenkostenerstattung findet nicht statt; die Nebenkosten sind im Pauschalhonorar enthalten
- ☐ ……………………………………………………………………………………………[8]

7.2.7 Umsatzsteuer

Der Auftraggeber zahlt zusätzlich zu der Vergütung nach dieser Vereinbarung die jeweilige Umsatz- 3172
steuer in der gesetzlichen Höhe.

8 Bei öffentlichen Auftraggebern kann zusätzlich angeführt werden: Bei Erstattung von Reisekosten auf Einzelnachweis ist das Bundesreisekostengesetz anzuwenden.

§ 8 Allgemeine Pflichten des Auftragnehmers

8.1 Vertrauensvolle Zusammenarbeit

Der Auftragnehmer arbeitet eng und vertrauensvoll mit dem Auftraggeber und den anderen, vom Auftraggeber für die Abwicklung des Vorhabens eingesetzten Projektbeteiligten zusammen.

8.2 Anforderungen an die Tätigkeit

3173 Als Sachwalter des Auftraggebers darf der Auftragnehmer Unternehmer- oder Lieferanteninteressen ebenso wenig vertreten wie Interessen sonstiger Dritter.

Der Auftragnehmer schuldet eine fachkundige und im Übrigen ordnungsgemäße Projektsteuerungsleistung. Im Rahmen der Koordinierung übernimmt er grundsätzlich keine Objektplanungs- oder Fachplanungsleistungen. Er hat die Leistungsbeiträge der übrigen Projektbeteiligten allerdings – unter Berücksichtigung der berufsüblichen Kenntnisse eines Architekten oder Ingenieurs mit der nach diesem Vertrag zugrunde gelegten Berufserfahrung – zu überprüfen und Stichprobenkontrollen vorzunehmen.

8.3 Geheimhaltung

3174 Der Auftragnehmer verpflichtet sich überdies, alle Informationen, das Objekt betreffend, vertraulich zu behandeln und seine Mitarbeiter einer entsprechenden Geheimhaltungsverpflichtung zu unterwerfen. Auf seine Projektbeteiligung darf der Auftragnehmer hinweisen. Der Auftraggeber kann Muster für entsprechende Geheimhaltungserklärungen vorgeben.

8.4 Unterlagen des Auftragnehmers

Die vom Auftragnehmer in Erfüllung dieses Vertrags gefertigten oder beschafften Unterlagen sind dem Auftraggeber nach Vertragsende auf dessen Verlangen auszuhändigen. Der Auftragnehmer darf die Herausgabe wegen fälliger Honoraransprüche verweigern, sofern der Auftraggeber eine Vergütungspflicht dem Grunde nach verneint und keine Sicherheit stellt.

8.5 Auskünfte des Auftragnehmers

3175 Nach der Erfüllung aller Leistungen hat der Auftragnehmer gleichwohl Auskunft zu erteilen. Auskünfte, die der Auftraggeber später als 3 Monate nach Vertragsbeendigung verlangt, sind vergütungspflichtig. Die Vergütung erfolgt auf der Grundlage des Zeithonorars gemäß **Anlage 2**.

§ 9 Versicherungen/Haftung

9.1 Umfang des Haftpflichtversicherungsschutzes

3176 Der Auftragnehmer schließt zur Sicherung etwaiger Ersatzansprüche nach diesem Vertrag eine Haftpflichtversicherung mit folgenden Deckungssummen ab und weist diese nach:

- Personenschäden … €
- Sach- und Vermögensschäden … €

jeweils**

☐ einfach maximiert im Versicherungsjahr (die Versicherungssumme steht einmal im Versicherungsjahr zur Verfügung)

☐ zweifach maximiert im Versicherungsjahr

für die gesamte Vertragsdauer.

9.2 Versicherungsschutz als Zahlungsvoraussetzung

3177 Der Auftragnehmer hat vor dem Nachweis des Versicherungsschutzes keinen Anspruch auf Zahlungen nach diesem Vertrag. Auf Anforderung des Auftraggebers wird der Auftragnehmer seinen

Versicherer anweisen, dem Auftraggeber Mitteilung zu machen, wenn sich Veränderungen hinsichtlich des Versicherungsschutzes ergeben.

9.3 Haftungsansprüche

Mängel- und Schadensersatzansprüche des Auftraggebers richten sich, soweit nachfolgend nichts 3178
Abweichendes bestimmt ist, nach den gesetzlichen Vorschriften.

Sofern der Auftragnehmer nicht vorsätzlich oder grob fahrlässig gehandelt hat, ist seine Haftung auf die Höhe der in diesem Vertrag vereinbarten Deckungssummen der Haftpflichtversicherung begrenzt. Das gilt nicht bei Schadensersatzansprüchen wegen der Verletzung von Leben, Körper und Gesundheit oder bei der Verletzung von so genannten Kardinalspflichten (wesentliche Vertragspflichten).

Der Auftragnehmer kann verlangen, dass er an der Beseitigung eines festgestellten Mangels beteiligt wird, soweit dies dem Auftraggeber im Einzelfall zumutbar ist.

9.4 Verjährung von Haftungsansprüchen

Die Verjährung für sämtliche Haftungsansprüche, einschließlich Mängelansprüche, beginnt mit 3179
der Abnahme der letzten vom Projektsteuerer zu betreuenden Leistung ausführender Unternehmen, spätestens jedoch mit Abnahme der Projektsteuerungsleistung; für hiernach noch vom Projektsteuerer zu erbringende Leistungen beginnt die Verjährung mit dem Zeitpunkt des Abschlusses dieser Leistungen.

9.5 Haftung von ARGE-Mitgliedern

Für die Erfüllung der vertraglichen Leistungen haftet jedes Mitglied einer Arbeitsgemein- 3180
schaft, auch nach dem etwaigen Austritt aus der Arbeitsgemeinschaft und nach deren Auflösung gesamtschuldnerisch.

Zahlungen erfolgen mit befreiender Wirkung an das federführende Mitglied oder ein allein vertretungsberechtigtes Mitglied. Das gilt auch für den Fall der Auflösung der Arbeitsgemeinschaft.

§ 10 Urheberrecht

10.1 Grundsatz

Soweit die vom Auftragnehmer erzeugten Arbeitsergebnisse urheberrechtlichen Charakter haben, 3181
überträgt der Auftragnehmer dem Auftraggeber – ohne zusätzliche Vergütung – das unbeschränkte Nutzungsrecht für das vertragsgegenständliche Bauvorhaben, und zwar auch in Bezug auf Änderungen und unabhängig davon, ob das Vertragsverhältnis fortbesteht oder vorzeitig beendet wird.

10.2 Weisungen des Auftraggebers

Fachliche Weisungen darf der Auftragnehmer nicht unter Berufung auf seine Urheberrechte 3182
zurückweisen.

10.3 Dateien

Soweit der Auftragnehmer im Laufe des Projekts Dateien anlegt, hat er diese dem Auftraggeber 3183
nach Beendigung des Projekts unentgeltlich auf geeigneten Datenträgern zu überlassen. Der Auftragnehmer wird dem Auftraggeber behilflich sein, etwaige Programme, die zur Bearbeitung dieser Daten notwendig sind, zu angemessenen Bedingungen zu erwerben.

§ 11 Kündigung

11.1 Allgemeine Anforderungen an Kündigungen

3184 Der Auftragnehmer kann diesen Vertrag nur aus wichtigem Grund kündigen. Eine Kündigung hat schriftlich zu erfolgen.

11.2 Kündigung durch den Auftraggeber aus wichtigem Grund

3185 Kündigt der Auftraggeber aus einem Grund, den der Auftragnehmer zu vertreten hat, so sind die bis dahin erbrachten und nachgewiesenen Leistungen sowie die hierauf entfallenden Nebenkosten bis zum Wirksamwerden der Kündigung abzurechnen und zu vergüten. Weitere Vergütungsansprüche stehen dem Auftragnehmer nicht zu. Ein wichtiger Grund für eine Kündigung durch den Auftraggeber liegt u. a. vor, wenn:

11.2.1 Der Auftragnehmer ohne Zustimmung des Auftraggebers Leistungen an Nachunternehmer vergibt
11.2.2 Der Auftragnehmer das in **Anlage 3** »Mitarbeiterverzeichnis« aufgeführte Personal ohne vorherige Ankündigung gegenüber dem Auftraggeber vertragswidrig austauscht
11.2.3 Der Auftragnehmer überschuldet oder zahlungsunfähig ist oder ein Antrag auf Eröffnung eines Insolvenzverfahrens über das Unternehmen des Auftragnehmers gestellt und nicht binnen eines Kalendermonats zurückgenommen oder anderweitig erledigt wurde
11.2.4 Der Auftragnehmer auch nach fruchtlosem Ablauf einer angemessenen Nachfrist den Berufshaftpflichtversicherungsschutz nicht nachweist
11.2.5 Der Auftragnehmer erkannt hat, dass die Einhaltung der Projektziele nachhaltig gefährdet ist, den Auftraggeber jedoch darüber nicht unterrichtet hat.
11.2.6 Der Auftragnehmer seine Tätigkeit trotz fruchtloser Nachfristsetzung nicht rechtzeitig aufnimmt oder sein vorzuhaltendes Baubüro nicht ordnungsgemäß personell und/oder sachlich ausgestattet vorhält.
11.2.7 Der Auftragnehmer mehrfach oder gravierend gegen ihm nach diesem Vertrag obliegende wesentliche Vertragspflichten verstößt und dem Auftraggeber deshalb eine weitere Zusammenarbeit nicht zumutbar ist.

11.3 Kündigung des Auftraggebers ohne wichtigen Grund

3186 Wird der Vertrag aus einem sonstigen Grund vom Auftraggeber gekündigt, gilt Folgendes**:
☐ § 649 BGB
☐ der Auftragnehmer erhält die volle vertragliche Vergütung unter Abzug ersparter Aufwendungen und Anrechnung eines Erwerbs durch anderweitige Verwendung der Arbeitskraft sowie böswilliger Unterlassung anderweitiger Verwendung seiner Arbeitskraft. Ersparte Aufwendungen werden grundsätzlich mit 60 % des Honorars für die noch nicht erbrachten Leistungen pauschaliert, sofern nicht eine der Vertragsparteien andere ersparte Aufwendungen nachweist.
☐ Über die Vergütung für erbrachte Leistungen hinaus erhält der Auftragnehmer die vertragliche Vergütung für eine Höchstdauer von weiteren … Monaten, ab Beendigung des Monats, in dem die Kündigung erklärt wurde, sofern und soweit er nachweist, dass er seine projektbearbeitenden Mitarbeiter nicht in anderen Projekten beschäftigen kann. Weitere Ansprüche sind ausgeschlossen.

§ 12 Schlussvorschriften

12.1 Abwerbeverbot

3187 Im Hinblick auf die vertrauensvolle Zusammenarbeit verpflichten sich Auftraggeber und Auftragnehmer, während der Projektlaufzeit und 2 Jahre hiernach, keinen Mitarbeiter des anderen Vertragspartners oder eines mit diesem verbundenen Unternehmens abzuwerben.

12.2 Erfüllungsort

Erfüllungsort für alle Leistungen nach diesem Vertrag ist der Sitz des Auftraggebers.

12.3 Anwendbares Recht/Gerichtsstand

Es gilt das Recht der Bundesrepublik Deutschland. Gerichtsstand ist …

12.4 Schriftform

Änderungen und Ergänzungen sowie Nebenabreden zu diesem Vertrag bedürfen der Schriftform.

12.5 Salvatorische Klausel

Sollten einzelne Bestimmungen dieses Vertrags rechtsunwirksam sein, wird die Rechtswirksamkeit der übrigen Bestimmungen hiervon nicht berührt. Die Vertragsparteien verpflichten sich, die unwirksame Bestimmung durch eine Regelung zu ersetzen, die rechtlich zulässig ist und dem Sinn und Zweck des Vertrags nach den Vorstellungen der Vertragsparteien am nächsten kommt.

12.6 Weitere Bestimmungen[9]

……………………………………………………………………………………………………

………………………………………	………………………………………
Ort, Datum	Ort, Datum
………………………………………	………………………………………
Auftraggeber	Auftragnehmer

Praxisbeispiele: Vertragsanlagen für die Honorarermittlung 3188

Alternative 1: Honorarermittlung nach anrechenbaren Kosten

(1) Die Vertragsparteien gehen von vorläufigen anrechenbaren Kosten nach DIN 276 (2008) mit den Kostengruppen 100 bis 700 ohne 110, 710 und 760 in Höhe von voraussichtlich … € aus.

(2) Gemäß § 5 Abs. 2 AHO Heft 9 legen die Vertragsparteien die Honorarzone wie folgt fest: ……………………………………………………………………………………………

(3) Die Vertragsparteien bewerten die dem AN zu übertragenden Projektstufen und die darauf entfallende Vergütung wie folgt:
   - ☐ mit den in § 6 Abs. 4 AHO Heft 9 genannten Prozentsätzen
   - ☐ ………………………………………………………………………………

(4) Die in dem Leistungsbild enthaltenen Aufgabenstellungen der Projektleitung in § 3 AHO Heft 9 werden wie folgt festgelegt : … %/€

(5) Honoraranpassung wegen Besonderheiten der Projektrealisierung:
   - ☐ Aufgrund der Notwendigkeiten von Umbauten und Modernisierungen ergibt sich eine Honorarerhöhung wie folgt:
     … € oder % des Honorars

9 Für öffentliche Auftraggeber kann sich ein Hinweis auf das Verpflichtungsgesetz empfehlen: Der Auftragnehmer verpflichtet sich, auf Verlangen des Auftraggebers rechtzeitig vor Aufnahme der Tätigkeiten eine Verpflichtungserklärung über die gewissenhafte Erfüllung seiner Obliegenheiten nach dem Verpflichtungsgesetz abzugeben. Er hat dafür zu sorgen, dass auch seine mit den Leistungen fachlich betrauten Beschäftigten und Nachunternehmer gegenüber dem Auftraggeber ebenfalls rechtzeitig eine Verpflichtungserklärung abgeben. Z. T. wird von öffentlichen Auftraggebern eine aufschiebbare Bedingung dergestalt aufgenommen, dass die erstmalige förmliche Verpflichtung nach dem Verpflichtungsgesetz erfolgt sein muss.

☐ Bei den anrechenbaren Kosten wird die vorhandene Bausubstanz, deren technische bzw. gestalterische Bearbeitung mitgesteuert wird, in folgender Höhe mitberücksichtigt:
… €

☐ Aufgrund der gewählten Planer- und Unternehmereinsatzform ergibt sich folgende weitere Festlegung entsprechend § 8 AHO-Heft 9: ………………………………………………

3189 (6) Das vorläufige Gesamthonorar beläuft sich auf diesen Grundlagen auf … €

(7) Zusätzlich erhält der AN Nebenkosten nach Ziffer 7.2.6 des Vertrags.

(8) Der AG trägt überdies die jeweils gültige Umsatzsteuer in der gesetzlichen Höhe.

(9) Endgültige Honorarbestimmung

☐ Die endgültige Honorarabrechnung erfolgt nach Maßgabe der Kostenberechnung.

(10) Bedarfsmonats- und -stundensätze

Sofern der Auftraggeber geänderte oder zusätzliche Leistungen anordnet, werden für den Mitarbeitereinsatz des AN folgende Honorarsätze vereinbart:

☐ Honorarsätze gemäß § 7 Abs. 5 AHO – Mittelsatz

☐ Es werden folgende Monatsverrechnungssätze vereinbart:

- ☐ für den Inhaber/den Projektleiter/in … €/Monat
- ☐ für den Projektbearbeiter/in … €/Monat
- ☐ technische/wirschaftliche/r Mitarbeiter/in … €/Monat

3190 Die anteiligen Tagesverrechnungssätze ergeben sich durch Division mit dem Faktor … Ein anteiliger Stundensatz errechnet sich durch Division des Tagessatzes durch…

Hilfs- und Sekretariatskräfte sind von den vorgenannten Stundensätzen umfasst.

Entsprechende Zeithonorare werden zzgl. Nebenkosten und jeweils gültiger Umsatzsteuer vom AN abgerechnet.

(11) Weitere Vereinbarungen

☐ Bei der Honorarermittlung haben die Vertragsparteien eine Regelleistungszeit gemäß § 6.3 des Vertrags wie folgt festgelegt:

☐ ……………………………………………………………………………………

………………………………………	………………………………………
Ort, Datum	Ort, Datum
………………………………………	………………………………………
Auftraggeber	Auftragnehmer

3191 **Alternative 2: Pauschalhonorarbildung auf Basis einer Personaleinsatzplanung**

(1) Die Vertragsparteien vereinbaren ein Pauschalhonorar. Das Pauschalhonorar ist für die gesamte Vertragsdauer fest vereinbart. Es ist grundsätzlich unabhängig von der Entwicklung der anrechenbaren Kosten des Projekts sowie des tatsächlichen Ressourceneinsatzes durch den Auftragnehmer.

(2) Mit dem vereinbarten pauschalen Projektmanagement-/Projektsteuerungshonorar* sind sämtliche vertragsgegenständlichen Leistungen des Auftragnehmers für die Vertragsdauer abgegolten, ausgenommen vergütungspflichtige zusätzliche und geänderte Leistungen nach dem abgeschlossenen Projektmanagement-/Projektsteuerungsvertrag*.

(3) Vorbehaltlich anderweitiger Festlegungen im Projektmanagement-/Projektsteuerungsvertrag* bleibt das Pauschalhonorar unverändert, wenn es zu zeitlich versetzter oder überlappender Abfolge von Projektstufen kommt.

(4) Der Auftragnehmer erhält als Gesamtpauschale für sämtliche Leistungen nach dem Projektmanagement-/Projektsteuerungsvertrag* folgende Vergütung:
… €

Die Gesamtpauschale verteilt sich auf die einzelnen Projektstufen und Handlungsbereiche gemäß der nachfolgenden Tabelle:

Projektstufen *Handlungsbereiche*	*Projektvorbereitung*	*Planung*	*Ausführungsvorbereitung*	*Ausführung*	*Projektabschluss*
Organisation/Information					
Qualitäten/Quantitäten					
Kosten/Finanzierung					
Termine/Kapazitäten					
Verträge/Versicherungen					

Die Vertragsparteien haben bei der Vereinbarung der Honorarpauschale die **Personaleinsatzplanung** des Auftragnehmers **(Anlage ...)** zugrunde gelegt. Die Personaleinsatzplanung ist nicht Vertragsgegenstand. Änderungen des Personaleinsatzes auf Seiten des Auftragnehmers führen grundsätzlich nicht zu einer Anpassung der vereinbarten Pauschale.

Sofern allerdings das Steuerungssoll durch den Auftraggeber geändert wird, sind etwaige Mehr- oder Minderkosten unter Berücksichtigung der Personaleinsatzplanung und der nachfolgend benannten Bedarfsstundensätze zu berechnen.

(5) Zusätzlich erhält der AN **Nebenkosten** nach Ziffer 7.2.6 des Vertrags. Der AG trägt überdies 3192
die jeweils gültige **Umsatzsteuer** in der gesetzlichen Höhe.

(6) Bedarfsmonats- und -stundensätze
Sofern der Auftraggeber geänderte oder zusätzliche Leistungen anordnet, werden für den Mitarbeitereinsatz des AN folgende Honorarsätze vereinbart:
- ☐ Honorarsätze gemäß § 8 Abs. 2 AHO Heft 9 (Mittelsatz),
- ☐ Es werden folgende Monatsverrechnungssätze vereinbart:
  - ☐ für den Inhaber/den Projektleiter/in ... €/Monat
  - ☐ für den Projektbearbeiter/in ... €/Monat
  - ☐ technische/wirtschaftliche/r Mitarbeiter/in ... €/Monat

Die anteiligen Tagesverrechnungssätze ergeben sich durch Division mit dem Divisor ... Ein anteiliger Stundensatz errechnet sich durch Division des Tagessatzes durch ...

Technische Hilfs- und Sekretariatskräfte sind von den vorgenannten Stundensätzen umfasst.

Entsprechende Zeithonorare werden zzgl. Nebenkosten und jeweils gültiger Umsatzsteuer vom AN abgerechnet.

(7) eitere Vereinbarungen
- ☐ Bei der Honorarermittlung haben die Vertragsparteien eine Regelleistungszeit gemäß § 6.3 des Vertrags wie folgt festgelegt:
- ☐ ....
  ...

....	....
Ort, Datum	Ort, Datum
....	....
Auftraggeber	Auftragnehmer

*Unzutreffendes bitte streichen

Anhang 3 Versicherungsrechtliche Vorschriften

1. Besondere Bedingungen und Risikobeschreibungen für die Berufshaftpflichtversicherung für Projektsteuerer (Gesamtverband der deutschen Versicherungswirtschaft) 3193

Übersicht

A. Berufshaftpflichtversicherung

Der Versicherungsschutz für die im Antrag/Versicherungsschein beschriebene Tätigkeit wird auf der Grundlage der Allgemeinen Versicherungsbedingungen für die Haftpflichtversicherung (AHB) gewährt, soweit die nachfolgenden Besonderen Bedingungen für die Berufshaftpflichtversicherung nichts anderes bestimmen.

1. Gegenstand der Versicherung

1.1 Versichert ist die gesetzliche Haftpflicht des Versicherungsnehmers für die Folgen von Verstößen bei der Ausübung der Tätigkeit als Projektsteuerer/Projektcontroller für die Erstellung von Bauwerken, insbesondere Beratungs-, Koordinations-, Dokumentations-, Informations und Kontrollleistungen.
Eingeschlossen ist – abweichend von § 4 Ziff. 18 AHB – die gesetzliche Haftpflicht wegen Schäden durch Umwelteinwirkungen durch vom Versicherungsnehmer erbrachte Arbeiten oder sonstige Leistungen. Nicht versichert sind Leistungen des Objekt- und Fachplaners im Sinne der HOAI.

1.2 Der Versicherungsschutz umfasst Personenschäden und sonstige Schäden (Sach- und Vermö- 3194
gensschäden gem. § 1 Ziff. 1 AHB und 3 AHB) zu den im Versicherungsschein festgelegten Versicherungssummen. Diese bilden die Höchstgrenze bei jedem Verstoß.

1.3 *Soweit nicht etwas anderes vereinbart wurde, gilt:*
Die Versicherungssummen stehen nur einmal zur Verfügung,

a) wenn mehrere gleiche oder gleichartige Verstöße, die unmittelbar auf demselben Fehler beruhen,
   - zu Schäden an einem Bauwerk oder mehreren Bauwerken führen, auch wenn diese Bauwerke nicht zum selben Bauvorhaben gehören, welches Gegenstand der Projektsteuerungsleistungen ist und/oder
   - zu Schäden durch eine oder mehrere Umwelteinwirkungen führen;

b) wenn mehrere Verstöße zu einem einheitlichen Schaden führen;

c) gegenüber mehreren entschädigungspflichtigen Personen, auf die sich der Versicherungsschutz bezieht.
   § 3 Ziff. III 2 Abs. 1 Satz 3 AHB wird gestrichen.

2. Beginn und Umfang des Versicherungsschutzes 3195

Soweit nicht etwas anderes vereinbart wurde, gilt:

2.1 Der Versicherungsschutz umfasst Verstöße, die zwischen Beginn und Ablauf des Versicherungsvertrages begangen werden, sofern sie dem Versicherer nicht später als fünf Jahre nach Abschluss des Vertrages gemeldet werden.

2.2 Beim erstmaligen Abschluss einer Berufshaftpflichtversicherung erstreckt sich der Versicherungsschutz auch auf solche Verstöße, die innerhalb eines Jahres vor Beginn des Versicherungsvertrages begangen wurden, wenn sie dem Versicherungsnehmer bis zum Vertragsschluss nicht bekannt waren (Rückwärtsversicherung).

Als bekannt gilt ein Verstoß auch dann, wenn er auf einem Vorkommnis beruht, das der Versicherungsnehmer als Fehler erkannt oder das ihm gegenüber als Fehler bezeichnet wurde, auch wenn noch keine Schadensersatzansprüche erhoben oder angedroht wurden.

2.3 Eingeschlossen in den Versicherungsschutz ist der Schaden am Bauwerk, welcher Gegenstand der Projektsteuererleistung ist.

3196 2.4 Die Ausschlüsse gem. § 4 Ziff. 1 5 AHB und § 4 Ziff. I 6 b) AHB finden keine Anwendung.

2.5 Eingeschlossen ist – abweichend von § 4 Ziff. I 7 AHB und § 4 Ziff. 1 8 AHB – die gesetzliche Haftpflicht aus dem deckungsvorsorgefreien Umfang mit radioaktiven Stoffen, Röntgeneinrichtungen und Störstrahlern sowie wegen Schäden, die in unmittelbarem oder mittelbarem Zusammenhang stehen mit Laseranlagen und Laserstrahlen.

Soweit der vorstehende Einschluss auch Schäden durch Umwelteinwirkungen umfasst, besteht kein Versicherungsschutz über die Umwelthaftpflicht-Basisversicherung.

Ausgeschlossen bleiben Haftpflichtansprüche

a) wegen genetischer Schäden;
b) aus Schadenfällen von Personen, die – gleichgültig für wen oder in wessen Auftrag – aus beruflichem oder wissenschaftlichem Anlass im Betrieb des Versicherungsnehmers eine Tätigkeit ausüben und hierbei die von energiereichen ionisierenden Strahlen oder Laserstrahlen ausgehenden Gefahren in Kauf zu nehmen haben. Dies gilt nur hinsichtlich der Folgen von Personenschäden.

3197 **3. Arbeitsgemeinschaften und Planungsringe**

3.1 Für Haftpflichtansprüche aus der Teilnahme an Arbeitsgemeinschaften, bei denen die Aufgaben im Verhältnis nach Fachgebieten, Teilleistungen oder Bauabschnitten aufgeteilt sind, besteht Versicherungsschutz für Verstöße, die bei einer vom Versicherungsnehmer übernommenen Aufgabe begangen wurden, und zwar voll bis zu den vereinbarten Versicherungssummen.

3.2 *Soweit nicht etwas anderes vereinbart wurde, gilt:*
Sind die Aufgaben nicht im Sinne von Abs. 1 aufgeteilt, so ermäßigen sich die Ersatzpflicht des Versicherers und die vereinbarten Versicherungssummen auf die Quote, welche der prozentualen Beteiligung des Versicherungsnehmers an der Arbeitsgemeinschaft entspricht. Ist eine quotenmäßige Aufteilung nicht vereinbart, so gilt der verhältnismäßige Anteil entsprechend der Anzahl der Partner der Arbeitsgemeinschaft.

3.3 *Soweit nicht etwas anderes vereinbart wurde, gilt:*
Vom Versicherungsschutz ausgeschlossen bleiben Ansprüche der Partner der Arbeitsgemeinschaften untereinander sowie Ansprüche der Arbeitsgemeinschaften gegen die Partner oder umgekehrt wegen solcher Schäden, die ein Partner oder die Arbeitsgemeinschaft unmittelbar erlitten hat.

3.4 Die Bestimmungen der Ziff. 1 bis 3 sind bei Teilnahme an Planungsringen entsprechend anzuwenden.

3198 **4. Ausschlüsse**

Soweit nicht etwas anderes vereinbart wurde, gilt:
Ausgeschlossen sind Ansprüche wegen Schäden

4.1 aus der Überschreitung eigener Fristen und Termine sowie aus Zusagen oder Erklärungen bezüglich der Fertigstellung des Bauvorhabens oder eines Teils davon;
4.2 aus Zusagen über Bauwerkskosten und aus Ansprüchen wegen Aufwendungen, die bei ordnungsgemäßer Erstellung des Bauwerks sowieso angefallen wären;
4.3 aus der Verletzung von gewerblichen Schutzrechten und Urheberrechten,
4.4 aus der Vergabe von Lizenzen;
4.5 aus dem Abhandenkommen von Sachen einschl. Geld, Wertpapieren und Wertsachen;
4.6 die als Folge eines im Inland oder Ausland begangenen Verstoßes im Ausland eingetreten sind;
4.7 die der Versicherungsnehmer oder ein Mitversicherter durch ein bewusst gesetz-, vorschrifts- oder sonst pflichtwidriges Verhalten verursacht hat;

4.8 aus der Vermittlung von Geld-, Kredit-, Grundstücks- oder ähnlichen Geschäften sowie aus der Vertretung bei solchen Geschäften;

4.9 aus Zahlungsvorgängen jeder Art, aus Kassenführung sowie wegen Untreue und Unterschlagung;

4.10 von juristischen Personen oder natürlichen Personen, die am Versicherungsnehmer beteiligt sind.

5. Mitversicherte Personen 3199

Mitversichert ist die gesetzliche Haftpflicht

5.1 der gesetzlichen Vertreter des Versicherungsnehmers oder solcher Personen, die er zur Leistung oder Beaufsichtigung angestellt hat, in dieser Eigenschaft;

5.2 sämtlicher übrigen Betriebsangehörigen für Schäden, die sie in Ausführung ihrer dienstlichen Verrichtungen verursachen. Als Betriebsangehörige gelten auch die nicht in einem Angestelltenverhältnis stehenden Mitarbeiter (freie Mitarbeiter).

Soweit nicht etwas anderes vereinbart wurde, gilt:

Ausgeschlossen sind Haftpflichtansprüche aus Personenschäden, bei denen es sich um Arbeitsunfälle und Berufskrankheiten im Betrieb des Versicherungsnehmers gemäß dem Sozialgesetzbuch VII handelt. Das Gleiche gilt für solche Dienstunfälle gemäß den beamtenrechtlichen Vorschriften, die in Ausübung oder infolge des Dienstes Angehörigen derselben Dienststelle zugefügt werden.

6. Nicht versicherte Risiken 3200

Soweit nicht etwas anderes vereinbart wurde, gilt:

6.1 Die Berufshaftpflicht ist nicht versichert, wenn der Versicherungsnehmer Verpflichtungen übernimmt, die über das im Antrag/Versicherungsschein beschriebene Berufsbild hinausgehen. Dies ist insbesondere der Fall, wenn der Versicherungsnehmer

a) Bauwerke ganz oder teilweise
im eigenen Namen und für eigene Rechnung
im eigenen Namen für fremde Rechnung
im fremden Namen für eigene Rechnung
erstellen lässt

b) selbst Bauwerke erstellt, die Gegenstand seiner Projektsteuererleistung sind oder Baustoffe liefert

c) plant oder bau- bzw. montageüberwachende und -leitende Tätigkeiten am Bauwerk übernimmt, welche Gegenstand seiner Projektsteuerungsleistung sind.

6.2 Die Berufshaftpflicht ist auch dann nicht versichert, wenn die unter Ziff. 1 a) bis c) genannten Voraussetzungen gegeben sind

a) in der Person eines mit dem Versicherungsnehmer in häuslicher Gemeinschaft lebenden Angehörigen (§ 4 Ziff. II 2 Abs. 2 AHB) oder

b) in der Person eines Geschäftsführers oder Gesellschafters des Versicherungsnehmers oder

c) bei Unternehmen, die vom Versicherungsnehmer oder einem Angehörigen im Sinne von a), Geschäftsführer oder Gesellschafter des Versicherungsnehmers geleitet werden, die ihnen gehören oder an denen sie beteiligt sind.

B. Haus- und Grundstücks-Haftpflichtversicherung 3201

1. Versichert ist – nach Maßgabe der AHB und der nachstehenden Bestimmungen – die gesetzliche Haftpflicht als Eigentümer, Mieter, Pächter, Leasingnehmer oder Nutznießer von Grundstücken, Gebäuden oder Räumlichkeiten, die ausschließlich für den versicherten Beruf oder für Wohnzwecke des Versicherungsnehmers und seiner Betriebsangehörigen benutzt werden, wenn Berufsstätte und Wohnung in engem räumlichen Zusammenhang stehen.

2. Mitversichert ist die gesetzliche Haftpflicht

2.1 des Versicherungsnehmers als Bauherr oder Unternehmer von Bauarbeiten (Neubauten, Umbauten, Reparaturen, Abbruch-, Grabearbeiten) auf den Grundstücken bis zu einer

Bausumme von – *soweit nicht etwas anderes vereinbart wurde* – EUR 50 000,– je Bauvorhaben. Wird dieser Betrag überschritten, so entfällt die Mitversicherung,

2.2 des Versicherungsnehmers als früherer Besitzer aus § 836 Abs. 2 BGB, wenn die Versicherung bis zum Besitzwechsel bestand,

3202 2.3 der durch Arbeitsvertrag mit Verwaltung, Reinigung, Beleuchtung und sonstigen Betreuung der Grundstücke beauftragten Personen für Ansprüche, die gegen sie aus Anlass der Ausführung der Verrichtungen erhoben werden.
Soweit nicht etwas anderes vereinbart wurde, gilt:
Ausgeschlossen sind Haftpflichtansprüche aus Personenschäden, bei denen es sich um Arbeitsunfälle und Berufskrankheiten im Betrieb des Versicherungsnehmers gemäß dem Sozialgesetzbuch VII handelt. Das Gleiche gilt für solche Dienstunfälle gemäß den beamtenrechtlichen Vorschriften, die in Ausübung oder infolge des Dienstes Angehörigen derselben Dienststelle zugefügt werden.

2.4 der Insolvenzverwalter in dieser Eigenschaft (§ 7 AHB).

3. Eingeschlossen sind – abweichend von § 4 Ziff. I 5 AHB – Haftpflichtansprüche wegen Sachschäden durch häusliche Abwässer, die im Gebäude selbst anfallen (also keine industriellen und gewerblichen Abwässer) und Haftpflichtansprüche wegen Sachschäden, die durch Abwässer aus dem Rückstau des Straßenkanals auftreten.
§ 4 Ziff. I 8 AHB bleibt unberührt.
Diese Deckungserweiterung findet für die Umwelthaftpflicht-Basisversicherung keine Anwendung.

3203 C. Umwelthaftpflicht-Basisversicherung

1. Gegenstand der Versicherung

1.1 Versichert ist – abweichend von § 4 Ziff. I 8 AHB – im Rahmen und Umfang des Vertrages die gesetzliche Haftpflicht privatrechtlichen Inhalts des Versicherungsnehmers wegen Personen- und Sachschäden durch Umwelteinwirkung, wenn diese Umwelteinwirkung nicht von Anlagen oder Tätigkeiten ausgeht oder ausgegangen ist, die unter Ziff. 2 fallen.
Mitversichert sind gem. § 1 Ziff. 3 AHB Vermögensschäden aus der Verletzung von Aneignungsrechten, des Rechts am eingerichteten und ausgeübten Gewerbebetrieb, wasserrechtlichen Benutzungsrechten oder -befugnissen. Sie werden wie Sachschäden behandelt.

1.2 Eingeschlossen sind im Umfang der Deckung gem. Ziff. 1.1 – teilweise abweichend von § 4 Ziff. I 5 AHB – gesetzliche Haftpflichtansprüche wegen Sachschäden, welche entstehen durch allmähliche Einwirkung der Temperatur, von Gasen, Dämpfen, Feuchtigkeit, von Niederschlägen (Rauch, Ruß, Staub u. dgl.).

1.3 Versicherungsschutz besteht auch dann, wenn gelagerte Stoffe bei ihrer Verwendung im räumlichen und gegenständlichen Zusammenhang mit versicherten Anlagen in Boden, Luft oder Wasser (einschl. Gewässer) gelangen, ohne in diese eingebracht oder eingeleitet zu sein.

1.4 Der Versicherungsschutz bezieht sich auch auf die Haftpflicht wegen Schäden eines Dritten, die dadurch entstehen, dass Stoffe in Abwässer und mit diesen in Gewässer gelangen.

3204 **2. Risikobegrenzung**

Nicht versichert ist die Haftpflicht wegen Umwelteinwirkungen aus

2.1 Anlagen des Versicherungsnehmers, die bestimmt sind, gewässerschädliche Stoffe herzustellen, zu verarbeiten, zu lagern, abzulagern, zu befördern oder wegzuleiten (WHG-Anlagen),

2.2 Anlagen des Versicherungsnehmers gem. Anhang 1 zum Umwelthaftungsgesetz (UHG-Anlagen),

2.3 Anlagen des Versicherungsnehmers, die nach dem Umweltschutz dienenden Bestimmungen einer Genehmigungs- oder Anzeigepflicht unterliegen (sonstige deklarierungspflichtige Anlagen),

2.4 Abwasseranlagen des Versicherungsnehmers oder dem Einbringen oder Einleiten von Stoffen in ein Gewässer oder Einwirken auf ein Gewässer derart, dass die physikalische, chemische oder biologische Beschaffenheit des Wassers verändert wird, durch den Versicherungsnehmer (Abwasseranlagen- und Einwirkungsrisiko),

2.5 Anlagen des Versicherungsnehmers gem. Anhang 2 zum Umwelthaftungsgesetz (UHG-Anlagen/Pflichtversicherung).

3. Versicherungsfall 3205

Versicherungsfall ist – abweichend von § 1 Ziff. 1 und § 5 Ziff. 1 AHB – die nachprüfbare erste Feststellung des Personenschadens (Tod, Verletzung oder Gesundheitsschädigung von Menschen), Sachschadens (Beschädigung oder Vernichtung von Sachen) oder eines gem. Ziff. 1.1 mitversicherten Vermögensschadens durch den Geschädigten, einen sonstigen Dritten oder den Versicherungsnehmer. Der Versicherungsfall muss während der Wirksamkeit der Versicherung eingetreten sein. Hierbei kommt es nicht darauf an, ob zu diesem Zeitpunkt bereits Ursache oder Umfang des Schadens oder die Möglichkeit zur Erhebung von Haftpflichtansprüchen erkennbar war.

4. Aufwendungen vor Eintritt des Versicherungsfalles 3206

Soweit nicht etwas anderes vereinbart wurde, gilt:

4.1 Der Versicherer ersetzt, auch ohne dass ein Versicherungsfall eingetreten ist,
- nach einer Störung des Betriebes oder
- aufgrund behördlicher Anordnung

Aufwendungen des Versicherungsnehmers für Maßnahmen zur Abwendung oder Minderung eines sonst unvermeidbar eintretenden Personen-, Sach- oder gem. Ziff. 1.1 mitversicherten Vermögensschadens. Die Feststellung der Störung des Betriebes oder die behördliche Anordnung müssen in die Wirksamkeit der Versicherung fallen, wobei maßgeblich der frühere Zeitpunkt ist.

4.2 Aufwendungen aufgrund behördlicher Anordnungen im Sinne der Ziff. 4.1 werden unter den dort genannten Voraussetzungen unbeschadet der Tatsache übernommen, dass die Maßnahmen durch den Versicherungsnehmer oder im Wege der Ersatzvornahme durch die Behörde ausgeführt werden.

4.3 Im Rahmen des für Aufwendungen gem. Ziff. 4 vereinbarten Gesamtbetrages werden dem Versicherungsnehmer die Aufwendungen voll ersetzt, falls er

4.3.1 dem Versicherer die Feststellung einer derartigen Störung des Betriebes oder eine behördliche Anordnung unverzüglich angezeigt hat und alles getan hat, was erforderlich ist, die Aufwendungen auf den Umfang zu begrenzen, der notwendig und objektiv geeignet ist, den Schadenseintritt zu verhindern oder den Schadensumfang zu mindern und auf Verlangen des Versicherers fristgemäß Widerspruch gegen behördliche Anordnungen eingelegt hat oder 3207

4.3.2 sich mit dem Versicherer über die Maßnahmen abgestimmt hat.

Ist eine Abstimmung nach Lage des Einzelfalls zeitlich nicht möglich, ersetzt der Versicherer die Aufwendungen, die der Versicherungsnehmer den Umständen nach für geboten halten durfte.

4.4 Liegen die Voraussetzungen der Ziff. 4.3 nicht vor, so werden die Aufwendungen nur in dem Umfang ersetzt, in dem die Maßnahmen notwendig und objektiv geeignet waren, den Schadenseintritt zu verhindern oder den Schadensumfang zu mindern.

4.5 Aufwendungen werden im Rahmen der vereinbarten Versicherungssumme und der Jahreshöchstersatzleistung bis zu einem Gesamtbetrag von … EUR je Störung des Betriebes oder behördlicher Anordnung, pro Versicherungsjahr jedoch nur … EUR, ersetzt.

Der Versicherungsnehmer hat von den Aufwendungen … % selbst zu tragen.

Kommt es trotz Durchführung der Maßnahme zu einem Schaden, so werden die vom Versicherer ersetzten Aufwendungen auf die für den Versicherungsfall maßgebende Versicherungssumme angerechnet, es sei denn, dass der Ersatz dieser Aufwendungen im Rahmen der Jahreshöchstersatzleistung eines früheren Versicherungsjahres die Ersatzleistung für Versicherungsfälle tatsächlich gemindert hat.

4.6 Nicht ersatzfähig sind in jedem Falle Aufwendungen – auch soweit sie sich mit Aufwendungen im Sinne der Ziff. 4.1 decken – zur Erhaltung, Reparatur, Erneuerung, Nachrüstung, Sicherung oder Sanierung von Betriebseinrichtungen, Grundstücken oder Sachen (auch gemietete, gepachtete, geleaste und dgl.) des Versicherungsnehmers; auch für solche, die früher im Eigentum oder Besitz des Versicherungsnehmers standen.

3208 **5. Nicht versicherte Tatbestände**

Nicht versichert sind, *soweit nicht etwas anderes vereinbart wurde*:

5.1 Ansprüche wegen Schäden, die dadurch entstehen oder entstanden sind, dass beim Umgang mit wassergefährdenden Stoffen diese Stoffe verschüttet werden, abtropfen, ablaufen, verdampfen, verdunsten oder durch ähnliche Vorgänge in den Boden oder ein Gewässer gelangen. Das gilt nicht, soweit solche Vorgänge auf einer Störung des Betriebes beruhen.

5.2 Ansprüche wegen Schäden, die durch betriebsbedingte unvermeidbare, notwendige oder in Kauf genommende Umwelteinwirkungen entstehen.
Das gilt nicht, wenn der Versicherungsnehmer den Nachweis erbringt, dass er nach dem Stand der Technik zum Zeitpunkt der schadensursächlichen Umwelteinwirkungen unter den Gegebenheiten des Einzelfalles die Möglichkeiten derartiger Schäden nicht erkennen musste.

5.3 Ansprüche wegen bei Vertragsbeginn bereits eingetretener Schäden.

5.4 Ansprüche wegen Schäden, für die nach Maßgabe früherer Versicherungsverträge Versicherungsschutz besteht oder hätte beantragt werden können.

5.5 Ansprüche wegen Schäden, die sich daraus ergeben, dass der Versicherungsnehmer nach Beginn des Versicherungsverhältnisses Grundstücke erwirbt oder in Besitz nimmt, die zu diesem Zeitpunkt bereits von einer Umwelteinwirkung betroffen waren.

3209 5.6 Ansprüche wegen Schäden aus Eigentum, Besitz oder Betrieb von Anlagen oder Einrichtungen zur Endablagerung von Abfällen.

5.7 Ansprüche wegen Schäden, die durch vom Versicherungsnehmer hergestellte oder gelieferte Erzeugnisse, durch Arbeiten oder sonstige Leistungen entstehen.

5.8 Ansprüche wegen Schäden, die durch vom Versicherungsnehmer erzeugte oder gelieferte Abfälle nach Auslieferung entstehen.

5.9 Ansprüche gegen die Personen (Versicherungsnehmer oder jeden Mitversicherten), die den Schaden dadurch verursachen, dass sie bewusst von Gesetzen, Verordnungen oder an den Versicherungsnehmer gerichteten behördlichen Anordnungen oder Verfügungen, die dem Umweltschutz dienen, abweichen.

5.10 Ansprüche gegen die Personen (Versicherungsnehmer oder jeden Mitversicherten), die den Schaden dadurch verursachen, dass sie es bewusst unterlassen, die vom Hersteller gegebenen oder nach dem Stand der Technik einzuhaltenden Richtlinien oder Gebrauchsanweisungen für Anwendung, regelmäßige Kontrollen, Inspektionen oder Wartungen zu befolgen oder notwendige Reparaturen bewusst nicht ausführen.

5.11 Ansprüche wegen genetischer Schäden.

5.12 Ansprüche
- wegen Bergschäden (i. S. d. § 114 BBergG), soweit es sich handelt um die Beschädigung von Grundstücken, deren Bestandteilen und Zubehör,
- wegen Schäden beim Bergbaubetrieb (i. S. d. § 115 BBergG) durch schlagende Wetter, Wasser- und Kohlensäureeinbrüche sowie Kohlenstaubexplosionen.

5.13 Ansprüche wegen Schäden infolge der Veränderung der Lagerstätte des Grundwassers oder seines Fließverhaltens.

5.14 Ansprüche wegen Schäden, die nachweislich auf Kriegsereignissen, anderen feindseligen Handlungen, Aufruhr, inneren Unruhen, Generalstreik, illegalen Streiks oder unmittelbar auf Verfügungen oder Maßnahmen von hoher Hand beruhen; das Gleiche gilt für Schäden durch höhere Gewalt, soweit sich elementare Naturkräfte ausgewirkt haben.

3210 **6. Versicherungssummen/Maximierung/Serienschadenklausel/Selbstbehalt**

Soweit nicht etwas anderes vereinbart wurde, gilt:

6.1 Die Versicherungssumme beträgt je Versicherungsfall pauschal für Personen-, Sach- sowie gem. Ziff. 1.1 mitversicherte Vermögensschäden EUR ... (bei Personenschäden für die einzelne Person jedoch nicht mehr als EUR ...).
Diese Versicherungssumme bildet auch die Höchstersatzleistung des Versicherers für alle Versicherungsfälle eines Versicherungsjahres.

6.2 Für den Umfang der Leistung des Versicherers bildet die angegebene Versicherungssumme die Höchstgrenze bei jedem Versicherungsfall. Dies gilt auch dann, wenn sich der Versicherungsschutz auf mehrere entschädigungspflichtige Personen erstreckt.
Mehrere während der Wirksamkeit der Versicherung eintretende Versicherungsfälle
– durch dieselbe Umwelteinwirkung
– durch mehrere unmittelbar auf derselben Ursache oder unmittelbar auf den gleichen Ursachen beruhenden Umwelteinwirkungen, wenn zwischen gleichen Ursachen ein innerer, insbesondere sachlicher und zeitlicher, Zusammenhang besteht,

gelten unabhängig von ihrem tatsächlichen Eintritt als ein Versicherungsfall, der im Zeitpunkt des ersten dieser Versicherungsfälle als eingetreten gilt. § 3 III 2 Abs. 1 Satz 3 AHB wird gestrichen.

6.3 Der Versicherungsnehmer hat bei jedem Versicherungsfall von der Schadensersatzleistung EUR ... selbst zu tragen.

7. Nachhaftung 3211

Soweit nicht etwas anderes vereinbart wurde, gilt:

7.1 Endet das Versicherungsverhältnis wegen des vollständigen oder dauernden Wegfalls des versicherten Risikos oder durch Kündigung des Versicherers oder des Versicherungsnehmers, so besteht der Versicherungsschutz für solche Personen-, Sach- oder gem. Ziff. 1.1 mitversicherte Vermögensschäden weiter, die während der Wirksamkeit der Versicherung eingetreten sind, aber zum Zeitpunkt der Beendigung des Versicherungsverhältnisses noch nicht festgestellt waren, mit folgender Maßgabe:
– Der Versicherungsschutz gilt für die Dauer von 3 Jahren vom Zeitpunkt der Beendigung des Versicherungsverhältnisses an gerechnet.
– Der Versicherungsschutz besteht für die gesamte Nachhaftungszeit im Rahmen des bei Beendigung des Versicherungsverhältnisses geltenden Versicherungsumfangs, und zwar in Höhe des unverbrauchten Teils der Versicherungssumme des Versicherungsjahres, in dem das Versicherungsverhältnis endet.

7.2 Ziff. 7.1 gilt für den Fall entsprechend, dass während der Laufzeit des Versicherungsverhältnisses ein versichertes Risiko teilweise wegfällt, mit der Maßgabe, dass auf den Zeitpunkt des Wegfalls des versicherten Risikos abzustellen ist.

Zu A., B. und C.: 3212

Soweit nicht etwas anderes vereinbart wurde, gilt:

1. Kraftfahrzeuge, Kraftfahrzeug-Anhänger und Wasserfahrzeuge

Nicht versichert ist die Haftpflicht wegen Schäden, die der Versicherungsnehmer, ein Mitversicherter oder eine von ihnen bestellte oder beauftragte Person durch den Gebrauch eines Kfz oder Kfz-Anhängers verursachen.

Nicht versichert ist die Haftpflicht wegen Schäden, die der Versicherungsnehmer, ein Mitversicherter oder eine von ihnen bestellte oder beauftragte Person durch den Gebrauch eines Wasserfahrzeuges verursachen oder für die sie als Halter oder Besitzer eines Wasserfahrzeuges in Anspruch genommen werden.

Besteht nach diesen Bestimmungen für einen Versicherten (Versicherungsnehmer oder Mitversicherten) kein Versicherungsschutz, so gilt das auch für alle anderen Versicherten.

Eine Tätigkeit der in Abs. 1 und Abs. 2 genannten Personen an einem Kfz, Kfz-Anhänger und Wasserfahrzeug ist kein Gebrauch im Sinne dieser Bestimmung, wenn keine dieser Personen Halter oder Besitzer des Fahrzeuges ist und wenn das Fahrzeug hierbei nicht in Betrieb gesetzt wird.

2. Luftfahrzeuge

Nicht versichert ist die Haftpflicht wegen Schäden, die der Versicherungsnehmer, Mitversicherter oder eine von ihnen bestellte oder beauftragte Person durch den Gebrauch eines Luftfahrzeuges verursachen oder für die sie als Halter oder Besitzer eines Luftfahrzeuges in Anspruch genommen werden.

Besteht nach diesen Bestimmungen für einen Versicherten (Versicherungsnehmer oder Mitversicherten) kein Versicherungsschutz, so gilt das auch für alle anderen Versicherten.

Nicht versichert ist die Haftpflicht aus

3213 a) der Planung oder Konstruktion, Herstellung oder Lieferung von Luftfahrzeugen oder Teilen für Luftfahrzeuge, soweit die Teile ersichtlich für den Bau von Luftfahrzeugen oder den Einbau in Luftfahrzeuge bestimmt waren.

b) Tätigkeiten (z. B. Montage, Wartung, Inspektion, Überholung, Reparatur, Beförderung) an Luftfahrzeugen oder Luftfahrzeugteilen,

und zwar wegen Schäden an Luftfahrzeugen, der mit diesen beförderten Sachen, der Insassen sowie wegen sonstiger Schäden durch Luftfahrzeuge.

3. Brand- und Explosionsschäden

Nicht versichert sind Haftpflichtansprüche gegen die Personen (Versicherungsnehmer oder jeden Mitversicherten), die den Schaden durch bewusst gesetz-, vorschrifts- oder sonst pflichtwidrigen Umgang mit brennbaren oder explosiblen Stoffen verursachen.

2. Praxisbeispiel: Besondere Vereinbarungen und Risikobeschreibung für Projektsteuerer

R+V Versicherung, Ausgabe: August 2006

3214 **I. Risikobeschreibung**

Versicherungsschutz besteht für die rechtlich zulässige Tätigkeit des Projektsteuerer, soweit sich diese bezieht auf

1. die Beratung bei der Gründung, Umwandlung, Sanierung und Auflösung von Unternehmen;
2. die gutachtliche Beurteilung bestehender Betriebsverhältnisse. Die gutachtliche Bewertung fremder, nicht im Eigentum des Auftraggebers stehender Unternehmen zum Zwecke des Kaufs oder Verkaufs (Due Diligence) ist mitversichert;
3. die gutachtliche Beurteilung bestehender Marktverhältnisse (Marktanalyse) sowie die rechtlich zulässige Beratung im Bereich Marketing, Vertrieb und Merchandising;
4. die Erstellung von Kalkulationsgrundlagen, Durchführung von Zeitstudien, Erstellung von Richtwertkatalogen und deren Verwendung für Kalkulationen;
5. Wirtschaftlichkeitsberechnungen sowie sonstige Berechnungen aufgrund anerkannter betriebswirtschaftlicher Methoden;
6. die Beratung auf dem Gebiet des Rechnungswesens sowie die Beratung bei der Einführung/Umsetzung von Risiko-Management-Systemen;
7. Gutachten und Vorschläge zur Optimierung des Produktionsablaufes, der Lagerhaltung, des Materialflusses und der Logistik;
8. die Personalberatung, Personalbedarfsplanung, Personalsuche und Personalschulung;
9. Gutachten und Beratung zur Organisation, Rationalisierung und Optimierung von Unternehmen und Betriebsabläufen, sowie kaufmännische Dienstleistung im Bereich des Qualitätsmanagements und der Umweltmanagementberatung;
10. die Beratung bei der Finanzierung von Projekten, bei der Beantragung von Fördermitteln, Cash-flow-Beratung und -Planung;
11. die Tätigkeit als Sachverständiger in den unter Ziff. 1 bis 11 versicherten Bereichen;
12. die Umsetzung von Beratungsergebnissen im versicherten Bereich sowie die damit verbundene Wahrnehmung von Projektleitungs- und Managementaufgaben (Interims-Management)

II. Erweiterung des Versicherungsumfangs 3215

Der Versicherungsschutz erstreckt sich auch auf folgende Tätigkeit:

Bearbeitung von fremden Bauvorhaben auf rechtlichem und finanziellem Gebiet. Mitversichert ist die Bearbeitung von eigenen Bauvorhaben auf rechtlichem und finanziellem Gebiet für fremde Rechnung.

Hierzu gehören auch der Erwerb des Baugrundstücks und die bestimmungsgemäße Veräußerung des fertiggestellten Bauwerks, die Einholung von behördlichen Bescheiden und Genehmigungen einschließlich der behördlichen Abnahme des Bauwerks, die Ausschreibung, Einholung und Prüfung von Angeboten und die Vergabe von Bauarbeiten.

III. Versicherungsumfang

Abweichend von § 1 Abs. II der Allgemeinen Versicherungsbedingungen für die Vermögensschaden-Haftpflichtversicherung (AVB) sind Schäden an Sachen nicht versichert.

IV. Ausschlüsse 3216

In Ergänzung zu § 4 AVB sind vom Versicherungsschutz ausgeschlossen Schäden, die dadurch entstanden sind, dass

1. der Zustand des Bodens, der Luft oder des Wassers (auch Grundwasser/Gewässer) verändert oder nicht oder fehlerhaft berücksichtigt worden ist;
2. Versicherungsverträge nicht oder nicht ordnungsgemäß abgeschlossen, erfüllt oder fortgeführt werden;
3. der Zins- und Tilgungsdienst für nachstellige Grundpfandrechte nicht ordnungsgemäß durchgeführt wird;
4. ein Kredit oder Zwischenkredit nicht gewährt wird oder Kreditmittel nicht oder nur zu anderen Konditionen beschafft werden können;
5. zweckgebundene Gelder für zweckfremde Aufgaben oder Leistungen verwendet werden;
6. Grundstücke, grundstücksgleiche Rechte, Bauwerke, Baumaterial oder sonstige Wirtschaftsgüter nicht oder nur mit Verlust veräußert oder verwertet werden können;
7. der Versicherungsnehmer zur Gewährleistung herangezogen wird;
8. der Versicherungsnehmer in Vermögensverfall gerät.
   In weiterer Ergänzung zu § 4 AVB bezieht sich der Versicherungsschutz nicht auf Haftpflichtansprüche wegen Schäden
9. aus der Planung (wohl hingegen Layoutplanung), Konstruktion oder Berechnung von Fabriken, Gebäuden, Maschinen und Anlagenkomponenten einschließlich der Bauüberwachung (Architekten- und Ingenieurrisiko) sowie der Berechnung von Bauzeiten und Lieferfristen;
10. aus Garantie- und Erfolgszusagen oder dem Treffen von Entscheidungen anstelle des Auftraggebers; Ziff. I. 12 bleibt hiervon unberührt;
11. aus einer Tätigkeit für Auftraggeber, die mit dem Versicherungsnehmer durch Personalunion, Gesellschaftsverhältnis oder Kapitalbeteiligung verbunden sind, sowie aus der Ausübung von Geschäftsführungs- und Linienfunktionen – Ziff. I. 12 bleibt hiervon unberührt;
12. im Zusammenhang mit der Erhebung von Organhaftungsansprüchen (z. B. § 43 GmbHG, § 93 AktG) gegenüber dem Versicherungsnehmer.

Stichwortverzeichnis

Die Zahlen verweisen auf die jeweiligen Randnummern.